# 中国资本市场法制发展报告

## — 2010 —

中国证券监督管理委员会

法律出版社
LAW PRESS CHINA

**图书在版编目(CIP)数据**

中国资本市场法制发展报告.2010/桂敏杰主编;中国证券监督管理委员会编.—北京:法律出版社,2011.11
ISBN 978-7-5118-2603-9

Ⅰ.①中… Ⅱ.①桂…… ②中… Ⅲ.①证券法—研究报告—中国—2010 Ⅳ.①D922.287.4

中国版本图书馆 CIP 数据核字(2011)第 207137 号



**责任编辑**/李 群 **装帧设计**/乔智炜

**出版**/法律出版社 **编辑统筹**/法规出版分社
**总发行**/中国法律图书有限公司 **经销**/新华书店
**印刷**/北京中科印刷有限公司 **责任印制**/吕亚莉

**开本**/787×1092 毫米 1/16 **印张**/71.25 **字数**/1400 千
**版本**/2011 年 11 月第 1 版 **印次**/2011 年 11 月第 1 次印刷

**法律出版社**/北京市丰台区莲花池西里 7 号(100073)
**电子邮件**/info@lawpress.com.cn **销售热线**/010-63939792/9779
**网址**/www.lawpress.com.cn **咨询电话**/010-63939796

**中国法律图书有限公司**/北京市丰台区莲花池西里 7 号(100073)
**全国各地中法图分、子公司电话:**
**第一法律书店**/010-63939781/9782 **西安分公司**/029-85388843 **重庆公司**/023-65382816/2908
**上海公司**/021-62071010/1636 **北京分公司**/010-62534456 **深圳公司**/0755-83072995

**书号:**ISBN 978-7-5118-2603-9 **定价:**240.00 元

**主　编：** 桂敏杰

**副主编：** 黄　炜

胡宝海

程合红

2010年12月12日，中国资本市场20周年成就展在北京展览馆隆重开幕。中共中央政治局委员、国务院副总理王岐山出席开幕式并参观展览。中央有关部委和北京市的负责同志出席了开幕式。

2010年4月8日，股指期货启动仪式在上海举行，中共中央政治局委员、上海市委书记俞正声和中国证监会主席尚福林共同启动了股指期货。

2010年12月30日，“中国资本市场20周年座谈会”在北京举行，中国证监会主席尚福林出席并讲话，证监会前主席刘鸿儒、周道炯、周正庆，前副主席陈耀先、范福春，科技部副部长王伟中，社科院副院长李扬出席会议。证监会副主席桂敏杰主持会议，证监会纪委书记李小雪，副主席庄心一、姚刚、刘新华，主席助理姜洋、朱从玖、吴利军出席会议。

2010年1月13日，中国证监会在北京召开全国证券期货监管工作会议，证监会主席尚福林、副主席桂敏杰出席并讲话，证监会纪委书记李小雪，副主席庄心一、姚刚、刘新华，主席助理姜洋、朱从玖、吴利军出席会议。上海证券交易所理事长耿亮、深圳证券交易所理事长陈东征出席会议。

2010年8月12日，“打击证券期货犯罪专项工作协调会”在北京召开，中国证监会副主席桂敏杰主持会议，国务院法制办主任宋大涵、全国人大常委会法工委副主任郎胜、最高人民法院副院长熊选国、最高人民检察院副院长朱孝清、证监会副主席姚刚、公安部经侦局局长孟庆丰出席会议。

# 序

对于资本市场,人们更多关注的往往是股价的涨与跌,指数的高与低,交易的盈与亏,融资的多与少等,而较少注意这些经济现象背后的法律制度和法治建设。事实上,市场与法治是一对孪生姊妹,资本市场的发展须臾离不开法治。如果说市场经济是法治经济,那么,资本市场就是法治市场。

作为商品经济发展到一定阶段的产物,资本市场是一种比较高级的市场形态,社会财富高度集中,财产关系错综复杂,市场主体之间的利益既相冲突又相依存。资本市场中发生的情况和问题,事态急、牵涉广、变化快、风险大,可能影响经济和社会发展的全局。资本市场对于法治建设有着内在的动力和渴求,完善的立法、有效的执法以及公正的司法,是资本市场有序运行的基础和前提。考察世界上不同国家和地区资本市场的发展历史与现状,我们不难看出,在资本市场的建立、发展中,法治的意义和作用常常以非常直接的方式表现出来。市场的地位需要依法巩固,市场的体系需要依法构建;市场的行为需要依法规范,市场的创新需要依法确认;市场的秩序需要依法维护,市场的风险有赖于法律的有效防范和化解;更为重要的是,法治可以为市场的信心提供最为可靠和稳定的支撑。离开法治,资本市场的秩序和理性将是不可想象的。

我国资本市场正处于新兴加转轨的重要发展时期,法治建设的任务非常繁重,法治建设的意义尤为重大。无论是要处理改革发展中出现的各种新情况,还是妥善解决各种历史遗留的老问题,都要求必须有与其相适应的法律制度和法律机制,都必须有充分的法律依据和有效的法律手段。要发展我国资本市场,必须走法治的道路,这是大家在总结资本市场发展的经验教训之后,收获的重要体会,形成的基本共识。

从一定意义上说,我国资本市场的发展历史,也是我国资本市场法律制度从无到有,从少到多,从简单到系统的演进历程,重视和加强法治建设,历来是资本市场改革与发展的重中之重。十多年来,我国资本市场法治建设取得了明显的成就,逐渐摸索出了一条适应资本市场发展需要,符合资本市场规律要求,有中国特色的资本市场法治建设道路,为资本市场健康稳定发展发挥了非常重要的作用。

资本市场法治建设的成就首先表现为相关法律制度的完善。以《公司法》、《证券法》、《证券投资基金法》、《期货交易管理条例》的制定和修订,以及一系列配套行政法规、规章、规范性文件、自律规则和有关司法解释的制定、修改为标志,资本市场法律规则体系进行了一次全方位的清理和重构,已经形成了比较完整的、多层次的、基本适应资本市场改革发展需要的我国资本市场法律体系。

在基本实现了资本市场发展和规范有法可依的同时,中国证监会按照依法行政、建设法治政府的要求,进一步健全了资本市场行政执法体制,如改革、完善股票发行审核委员会制度,设立由专职委员组成的行政处罚委员会等,严格了执法程序,比较系统地规范了以行政许可和行政处罚为主的资本市场行政执法活动,依法作出了大量的行政许可决定,查处了一批严重扰乱市场秩序的证券期货违法违规案件,增强了行政执法的效能。同时,有关部门和单位还加大了对证券期货刑事犯罪的打击力度,并依法审判、处理了大量与证券期货相关的民事、行政诉讼案件。

资本市场法治建设的成果,既表现为具体的法律制度和执法实践,也表现为法治在促进资本市场发展方面所取得的社会、经济效果。随着我国资本市场法律体系的进一步完备和执法水平的进一步提高,我国资本市场实现了重大的转折性变化,在社会经济生活中的地位与影响越来越突出。二者之间这种时间上的同步与关联,其实正反映了它们的内在联系,是对资本市场法治建设历史作用的客观注解。在近年的股权分置改革、提高上市公司质量和证券公司综合治理等资本市场改革、发展的攻坚中,法治建设所发挥的关键作用都得到了比较充分的体现。

尤为可喜的是,在资本市场法治建设中,经过坚持不懈的努力,市场主体的法律意识不断增强,法治观念进一步树立;监管机构和自律组织也更加注重并越来越善于运用法律来对市场进行监督和管理,依法办事开始从外在的强制性工作要求逐步转变为自觉的意识和行为。

资本市场的法治建设,既是资本市场发展的重要内容,也是我国法治建设不可或缺的组成部分。随着资本市场的不断发展和我国法治建设水平的不断提高,资本市场法治建设也需要与时俱进,改革创新,不断注入新的内涵与活力。今后一段时期,随着资本市场的深入发展,将会不可避免地出现更多新的情况和变化,并会产生许多新的问题,法治建设面临着很大的压力和挑战。这就要求我们一定要在深入研究和认识新形势下资本市场法治建设的规律与特点基础上,进一步加强和做好法治工作,有重点、有针对性地完善法律制度、改进执法方式、加大执法力度,努力把资本市场的法律制度打造得更为科学、完备,切实做到严格执法、科学执法、文明执法,保障执法的规范性和有效性。有关法律规定的内容要充分体现出资本市场的专业性,突出法律对新的产品活动、新的市场关系和新的市场形势进行调整和监控的前瞻性,增强法律在执法实践中的适用性,提高法律在立法技术和形式上的规范性;要积极研究、推进资本市场的执法体制创新,深化资本市场行政审批体制改革,探索、完善新型执法模式,加强调查取证、罚没款执行等行政执法工作中的薄弱环节,提高执法效率,严肃查处资本市场中的各种违法违规行为;特别是要顺应新形势下市场发展和法治建设的要求,在完善市场法律机制、增强市场法治观念、培育市场法治文化、改善市场法治环境等方面狠下工夫,为资本市场的长远发展奠定坚实基础。

为了总结我国资本市场法治建设的实践,梳理资本市场法治建设的经验,进一步提高资本市场法治建设水平,中国证监会专门组织编辑了《中国资本市场法制发展报告》,第一次以年鉴的形式对以往资本市场法治建设的成果进行汇编整理,系统地记录资本市场法治建设的历史进程,为未来资本市场法治建设提供资料和借鉴,是一件非常有意义的事情。值此《中国资本市场法制发展报告(2006)》即将出版之际,愿以本文与大家共勉,祝愿我国资本市场法治建设取得更大进步,我国资本市场发展繁荣、昌盛。

尚福林

2007年9月24日

# 内 容 说 明

本《报告》总结了2010年我国资本市场法制建设的主要成果，并力图反映我国资本市场法制发展的整体状况、发展水平和所处阶段。《报告》在编辑体例和内容上，基本遵循了2009年《报告》的做法，主要包括以下内容：

第一部分为重要文献，主要收录了《中国证监会行政复议、行政诉讼案件研究报告》等2件重要文件。

第二部分为领导讲话，主要收录了有关领导在2010年关于资本市场法制建设的重要讲话18篇。

第三部分为法律法规，主要收录了2010年证券期货市场法律制度建设综述，2010年颁布的与资本市场发展相关的法律法规，包括法律6部、行政法规和法规性文件9部、规章16件、法律适用意见1件和司法解释7件的全文，以及64件规范性文件的目录和9件法律文件的说明。

第四部分为执法实践，主要收录了2010年中国证监会在行政许可、信息公开、打击非法证券活动、案件稽查、证监会各业务部门监管工作、行政处罚、行政复议与行政诉讼、律师监管、诚信建设、普法工作等方面的工作综述、法律问题评析，以及行政处罚、市场禁入和行政复议决定书等内容。

第五部分为派出机构依法行政工作，收录了中国证监会12家派出机构的依法行政工作报告。

第六部分为市场自律组织及相关机构法制建设，收录了上海证券交易所、深圳证券交易所、上海期货交易所、大连商品交易所、郑州商品交易所、中国金融期货交易所、中国证券登记结算公司、中国证券投资者保护基金公司、中国期货保证金监控中心、中国证券业协会和中国期货业协会2010年法制建设的工作综述，并收录了上海证券交易所、深圳证券交易所、上海期货交易所、大连商品交易所、郑州商品交易所和中国金融期货交易所作出的纪律措施决定书目录。

第七部分为监管专题，收录了《新股发行体制改革工作报告》等中国证监会系统各单位、部门报送的专项监管工作报告10篇。

第八部分为综述评析，收录了华东政法大学胡改蓉博士等撰写的《2010年中国证券市场法制研究报告》，从我国证券市场法制概况等十个方面对2010年资本市场法制发展取得的成就及存在的问题做了具体阐述和评析。

第九部分为案例评析，收录了2010年在资本市场上有较大影响的9个典型案例分析。

第十部分为司法文书选编，收录了海信科龙电器股份有限公司证券虚假陈述赔偿案民事判决书等司法文书5件。

第十一部分为法律意见书选编，收录了包括主要证券法律服务业务类别在内的13份法律意见书。

附录为2010年资本市场法制建设大事记，按时间顺序收录了2010年发生的对资本市场法制建设有重要影响的事件130件。

# 目 录

## 第一部分 重要文献



## 第二部分 领导讲话

# 第三部分 法律法规

## 一、立法工作



## 二、法律文件

### (一)法律



### (二)行政法规、法规性文件



### (三)中国证监会规章



### (四)证券期货法律适用意见



### (五)其他部委发布的与资本市场相关的部门规章

(六)司法解释



**三、法律文件说明**

# 第四部分　执法实践

## 一、行政许可



## 二、信息公开



## 三、打击非法证券活动工作



## 四、案件稽查



## 五、证监会各业务部门监管工作



## 六、行政处罚

## 七、行政复议与行政诉讼



## 八、法律问题评析

**二、深圳证券交易所**



**三、上海期货交易所**



**四、大连商品交易所**



**五、郑州商品交易所**



**六、中国金融期货交易所**



**七、中国证券登记结算有限责任公司**



**八、中国证券投资者保护基金公司**



**九、中国期货保证金监控中心**



**十、中国证券业协会**



**十一、中国期货业协会**



## 第七部分 监 管 专 题

## 第八部分 综述评析



## 第九部分 案例评析



## 第十部分 司法文书选编



## 第十一部分 法律意见书选编

### 一、境内发行上市类

# 附　　录

# 第一部分　重要文献

## 中国证监会行政复议、行政诉讼案件研究报告

(2010年3月3日)

行政复议和行政诉讼作为资本市场法制建设的一部分,在有效化解行政争议、检验监管执法成效的同时,对进一步做好我会监管执法工作、提高监管执法水平也具有重要借鉴意义。

中国证监会(以下简称我会)自1998年第一件行政复议案起至2009年,共办理了300余件行政复议、行政诉讼案件(仅指以我会为被告的行政诉讼案件,以派出机构为被告的行政诉讼案件未列入统计范围)及申请国务院裁决的案件。从这些案件反映的情况来看,我会成立以来,特别是2004年以来,通过加强资本市场法律制度建设、创新监管执法体制以及落实执法责任制等一系列卓有成效的工作,行政复议、行政诉讼数量总体平稳,而且与具体行政行为数量占比逐年下降,执法质量明显提高,执法水平显著提升。

### 一、行政复议、诉讼案件统计分析

(一)行政复议、诉讼案件总量

从办案总量上看,我会成立以来至2009年,共办理以我会、派出机构或者交易所为被申请人的行政复议案件256件,以我会为被告的行政诉讼案件45件,向国务院申请最终裁决的案件9件。从平均数量看,年均复议案件21件、诉讼案件约4件,国务院裁决年均不到1件。与我会监管执法所作出的具体行政行为的决定数量相比,案件数量较少,比例较低。以2004年以来的执法数据为例,我会针对行政相对人(包括机构和个人)作出的直接影响其具体权益的行政决定,年均数量为3384.5件,而同期发生的复议、诉讼等案件为188件,年均仅为31件,占比不到1%。这在一定程度上表明我会监管执法的总体质量比较高,相对来说争议较少,也说明我会多年来大力推进依法行政工作,取得了较好的效果。(关于历年案件统计数,见表格1)

**表格1:历年案件数统计明细表**

| 年份(年) | 1998 | 1999 | 2000 | 2001 | 2002 | 2003 | 2004 | 2005 | 2006 | 2007 | 2008 | 2009 |
|---|---|---|---|---|---|---|---|---|---|---|---|---|
| 复议(件) | 12 | 17 | 5 | 0 | 30 | 42 | 24 | 21 | 37 | 19 | 29 | 20 |
| 诉讼(件) | 1 | 0 | 2 | 0 | 7 | 5 | 2 | 5 | 4 | 11 | 7 | 1 |
| 裁决(件) | 0 | 0 | 2 | 0 | 0 | 0 | 0 | 0 | 4 | 0 | 2 | 1 |
| 注:2001年案件量为零是综合现有案件及统计标准对跨年度案件进行了调整的结果,并不影响案件总数的统计分析。 | | | | | | | | | | | | |
| 2010年新收55件行政复议案件,行政诉讼8件,国务院裁决0件。 | | | | | | | | | | | | |

(二)行政复议、诉讼案件主体类型

从申请人情况看,在全部行政复议案件中,个人申请行政复议的211件,公司、机构或者其他组织申请行政复议的45件,个人申请占比高达83%。在全部行政诉讼案件中,个人提起行政诉讼的36件,机构提起行政诉讼的9件,个人提起诉讼占比也达到80%。这一数据在一定程度上显示个人责任问题更容易产生行政争议。(关于个人、机构复议、诉讼数,见表格2)

**表格2:个人、机构复议、诉讼数统计表**

| | 个人 | 机构 |
|---|---|---|
| 复议(件) | 211 | 45 |
| 诉讼(件) | 36 | 9 |

进一步看,在所有复议、诉讼案件中,上市公司高管(董事、监事、总经理)提起行政复议、诉讼的为111人次,证券公司高管29人次,期货公司高管4人次。其他公司、机构、个人提起行政复议、诉讼的相对较为分散。也就是说,此前个人提起复议、诉讼的主要是上市公司高管和证券公司高管,这与我会近几年来重点打击上市公司信息披露违法违规和大力开展证券公司综合治理工作是吻合的,这也体现出行政复议工作突出显示执法工作重心的规律。(关于不同机构以及高管复议、诉讼数,见表格3、表格4)

**表格3:机构复议、诉讼数统计表**

| | 上市公司 | 证券公司 | 期货公司 | 咨询机构 | 中介机构 |
|---|---|---|---|---|---|
| 复议(件) | 10 | 1 | 3 | 2 | 24 |
| 诉讼(件) | 4 | 2 | 0 | 0 | 4 |
| 注:中介机构是指律师事务所、会计师事务所、审计师事务所。 | | | | | |

**表格4:公司高管复议、诉讼案件数统计表**

| | 上市公司高管 | 证券公司高管 | 期货公司高管 |
|---|---|---|---|
| 复议(件) | 101 | 24 | 4 |
| 诉讼(件) | 10 | 5 | 0 |
| 注:一人同时提出两个不同行政复议申请的,案件统计为2件。 | | | |

从行政复议被申请人类型看,以我会为被申请人的,为246件;以派出机构、交易所或者协会为被申请人的,为10件,其中直接以派出机构为被申请人的案件数量为5件,主要是要求派出机构履行职责的案件。这一数据反映了集中统一监管执法体制下,我会大部分重要具体行政行为由会机关作出的实际情况。(关于被申请人类型统计数,见表格5)

**表格5:被申请人类型统计表**

| | 证监会 | 派出机构 | 交易所 | 协会 |
|---|---|---|---|---|
| 复议(件) | 246 | 5 | 4 | 1 |
| 注:个别案件同时要求派出机构和我会履行职责而提起复议申请的,对于被申请人中有我会的,在统计时计算在会机关项目下,不再重复计算。 | | | | |

(三)行政复议、诉讼案件案由

从全部复议、诉讼案件反映的案由看,因行政处罚和市场禁入(以下统称行政处罚)提起行政复议和行政诉讼的案件数量位居第一,达到210件,占比超过70%。由于行政处罚属于对相对人作出的损益性具体行政行为,复议和诉讼案件较为集中在该领域,反映出行政争议的一般规律。位居第二位的是涉及行政许可类的案件,为39件。涉及行政不作为等信访类和涉及风险处置及注销许可等行政监管措施类的案件分列第三位、第四位，数量分别达到33件和18件，此外还有1件涉及信息公开的复议案。（关于复议、诉讼案由统计数，见表格6）

**表格6：行政复议、诉讼案由统计表**

| | 行政处罚 | 行政许可 | 行政监管措施 | 信访事项 | 信息公开 |
|---|---|---|---|---|---|
| 复议（件） | 189 | 30 | 15 | 21 | 1 |
| 诉讼（件） | 21 | 9 | 3 | 12 | 0 |

注：信访事项主要为涉及未履行监管职责的行政不作为、行政确认等事项，行政许可事项包括不予批准、终止上市等事项。

（四）行政复议、诉讼案件处理结果

从行政复议、诉讼案件处理结果上看，在全部案件中，复议后变更或撤销原具体行政行为的42件，仅占16.5%，行政诉讼案件判决撤销或变更我会具体行政行为的2件，仅占4.4%（一件为2000年万邦律师事务所律师孙炜不服我会行政处罚的行政诉讼案，一件为2001年海南凯立公司诉我会不予上市退回申报材料的行政诉讼案）。其中2003年以来，以我会为被告的35件行政诉讼案全部以当事人撤诉、法院不予受理或判决我会胜诉结案，其中一审判决后上诉的只有2件，而且以我会胜诉结案。这些数据一方面清楚地表明我会目前行政执法水平较高，这些年我会在行政执法方面所做的大量改革和创新收到了非常好的效果；另一方面也表明行政复议的内部监督纠正功能得到了较好的发挥，经过行政复议以后的诉讼风险相对降低。（关于处理结果统计数，见表格7、表格8）

**表格7：行政复议处理结果统计表**

| | 维持 | 变更 | 撤销 | 不予受理 | 撤回申请 | 其他 |
|---|---|---|---|---|---|---|
| 复议（件） | 126 | 28 | 14 | 43 | 25 | 20 |

注：其他主要是指转交信访处理以及未办结等事项。

**表格8：行政诉讼处理结果统计表**

| | 维持 | 撤销 | 不予受理 | 原告撤诉 | 其他 |
|---|---|---|---|---|---|
| 诉讼（件） | 15 | 2 | 20 | 6 | 2 |

注：判决维持类的案件也包括驳回原告诉讼请求的案件；不予受理类的案件也包括驳回原告起诉或者法院未予立案的案件；其他是指未审结的案件。

## 二、行政复议、诉讼案件争议理由

通过对全部行政复议、诉讼案件所反映的争议理由进行梳理统计，行政相对人主要对具体行政行为的事实证据、执法程序、法律依据等方面提出异议。尽管行政复议、诉讼案件中当事人所提出的争议理由，结合个案大部分并不成立，但其中较为突出地反映出当事人维护自己权益的关注重点，同时也在一定程度上反映出执法工作的薄弱环节，客观上对我会监管执法工作起着警示和借鉴作用。

一是认为事实认定不清、证据不足。据统计，有136件行政复议案件、13件行政诉讼案件中的申请人或原告提出案件事实认定不清、证据不足，这类争议理由位居第一。具体来说，反映在事实认定上，有的认为违法事实不准确或者有瑕疵；有的认为不予受理或者不予许可的事实依据不成立；还有的提出没有证据支持。在责任认定上，有的认为没有区分不同性质、地位的责任人员及其所起的不同作用或者不区分故意与过失进行处罚；有的认为没有相关履责标准，不能证明其未履行勤勉尽责义务；还有的提出处罚决定书认定的责任人员与表述的违法事实不能一一对应。在证据支持上,有的认为定案仅凭孤立间接证据,而且证据收集不全面,只收集和认定有责、责重的证据;有的认为证据无效、不符合法定要求或者证据间存在矛盾,甚至提出相反证据;还有的认为证据证明力不足,针对性不强,行政处罚决定书等法律文书中只是笼统地提出证据种类,而没有一一列明。

二是认为处罚或者其他行政行为处理不当。以处罚或者处理不当作为申请行政复议理由之一的案件为117件,行政诉讼案件5件,案件数量占所有争议焦点的第二位。有的认为处罚幅度选择性过宽,缺乏统一、规范的标准,同等情形下处罚不一致;有的认为行政处罚或者其他行政行为处理结果没有考虑减轻、从轻情节;还有的则认为行政处罚已过追诉时效等。

三是认为程序不当。从统计情况看,在行政许可、行政处罚、日常监管等不同执法环节上都出现过这类争议理由。在行政许可方面,有的认为行政许可审核不够公开透明;有的认为超出审核法定期限。在行政处罚方面,有的认为听证未全部出示证据和充分质证,特别是未出示证明个人违法的事实证据;有的认为听证的事实与作出处罚依据的事实不符;还有的认为没有告知复议、诉讼权利。在日常监管方面,有的认为注销、撤销许可应当履行告知、听证等程序。在处理难度较大、较复杂的信访环节,同样也有申请人提出程序不当的争议理由,比如认为超期答复,包括未履行信访受理告知、延长办理期限告知等法定程序。

四是认为法律适用错误。总体上因法律适用方面而引起的行政争议相对较少。一些比较容易引发争议的问题,比如市场禁入措施的合法性、原《证券法》第177条虚假陈述责任主体是发行人还是上市公司的问题等,已经随着相关法律的修订完善和司法判决的支持得到有效化解。但也有少数案件当事人在复议、诉讼阶段提出存在法律适用问题,主要涉及法律具体适用和抽象行政行为审查两个方面。在具体适用方面,有的认为适用主体错误,比如认为应当适用证券公司的条款,被错误适用在银行机构上;有的认为适用情节错误,比如认定挪用客户交易结算资金,却适用了以公司出现重大经营风险等为条件的法律条款;还有的认为适用法律、法规、规章中兜底条款的随意性大。在抽象行政行为审查方面,体现在一些个案上,主要是认为适用的规章、规范性文件等与上位法律有冲突。有的认为以不符合经营条件为由注销许可证的有关规章不符合《行政许可法》;有的认为《证券、期货投资咨询管理暂行办法》违反《证券法》的规定;还有的认为我会相关规范性文件侵犯了其合法权益。

此外,个别当事人对申请我会公开相关信息的决定不服提出复议申请,要求公开《首次公开发行股票并在创业板上市管理办法》的社会公开征求意见情况。近期还出现不服我会冻结行政强制措施提出复议和申请国家赔偿的案件,相关当事人认为我会实施冻结措施时,将其账户认定为违法嫌疑人控制的账户,错误实施冻结,侵害了其合法权益。

### 三、行政复议、诉讼案件对监管执法工作的启示

资本市场行政执法工作,尤其行政处罚和市场禁入措施,不但对行政相对人财产权益产生直接影响,且对其声誉、执业、经营等人身权益产生重大影响,产生行政争议是正常和必然的。由于我会一直以来重视健全法制、完善执法机制和重视执法监督工作,行政执法工作总体上都能经受上级行政机关复核和司法审查。但上述行政复议、诉讼案件及其所反映的行政争议对我们进一步改善监管执法工作也提出了一些有价值的启示。

一是行政争议是监管执法工作的一面镜子、一把尺子,其反映执法工作问题、衡量执法工作水平、促进执法工作改善的功能是不可替代的。多年来,我会根据行政争议反映的问题,不断完善证券期货法律制度、创新执法体制、改进执法工作、化解监管矛盾。随着资本市场改革发展的不断深入,市场和监管执法工作中的新矛盾、新问题还会通过行政争议不断反映出来,只要针对行政争议反映的问题不断完善制度、改进执法工作,行政复议和行政应诉工作的积极作用就能充分体现。

二是资本市场公开透明的特点、公平公正的价值追求以及规则导向的属性决定,我会监管执法工作的社会监督力度、舆论关注程度和行政相对人的维权意识比一般行政执法领域要强,我会监管执法过程的任何一个细节、任何一点瑕疵都可能在行政争议中反映出来。因此,依法行政的工作要

求，严谨、细致的工作作风任何时候都不能忽视。

三是依法行政、严格执法的同时，也应当加强执法行为的释法说理工作，加强执法过程的公开透明。应当看到，相当多的行政争议是由于当事人对法律、法规、规章理解不透，对我会行政执法过程、结果，以及对相关事实、理由不了解、不理解造成的。因此，应当把释法说理作为增强执法科学性、有效性的要求，作为执法工作的一部分来看待，不但做到执法行为合法、合理，还要尽可能让当事人理解、认同，心服口服。

四是尽可能细化执法标准，不但做到监管执法行为合法，还应当尽量做到合理、适当。部分行政复议、诉讼案件中，尽管根据法律规定，具体行政行为并不违法，但由于相关归责标准不具体，自由裁量幅度过于宽泛，造成当事人对相关处理结果的合理性、公正性提出质疑。因此，细化执法标准，是保障执法结果公平、合理，增强执法公信力的重要基础。

# 立足市场导向　依法规范监管<br>为资本市场改革发展创造良好法治环境

## ——中国证监会全国依法行政会议经验交流材料

（2010年8月27日）

国务院《关于推进资本市场改革开放和稳定发展的若干意见》实施以来，我国资本市场的改革和发展取得了重大进展。我们工作的体会之一是，只有正确领会和贯彻落实《全面推进依法行政实施纲要》，立足市场导向，依法规范监管，才能确保资本市场的公开、公平和公正，实现资本市场的科学发展。我们主要有以下做法：

**一、积极顺应市场内在需求，不断完善法律制度体系**

资本市场是规则导向的市场，对法律、法规和各项规则有着强烈的依赖和需求。作为新兴市场，我国资本市场具有发展快、变动多的特点，客观上需要法律制度不断修改、调整，以适应市场改革创新的需要。为此，我们一方面积极推动立法机关对公司法、证券法进行全面修订，同时，依据修订后的法律，对资本市场法规体系进行了全方位梳理和重构，并推动证券期货交易所等自律机构同步对市场规则进行立、改、废。截至目前，我国资本市场现行有效的法规文件共有462件，其中，超过85%的文件是近六年制定和修订的；市场自律机构制定的上市、交易、清算规则，经过整合后也超过了700件。资本市场基本形成了包括法律、行政法规、规章、规范性文件和自律规则在内的多层次法律制度体系，市场运行、市场参与者行为和监管执法的各个方面都实现了有法可依、有规则可循。在此过程中，我们推动了公司治理、独立董事、金融机构破产、背信行为刑事制裁、市场禁入等一系列法律制度创新，推动了国家民商事、行政、刑事法律制度的进步。

**二、全面推进监管职能转变，不断健全市场约束机制**

市场经济的要义是充分发挥市场在资源配置中的基础性作用，强化市场约束机制。为了实现这一目标，我们采取了一系列制度创新和改革措施，积极推进监管职能的转变：一是全方位扩大市场自治范围，取消和调整了2/3以上的审批项目，共128项；将上市核准等权力赋予证券交易所，将证券、期货从业人员资格管理下放给证券、期货业协会。二是建立由市场专业人士组成的“证券发行审核委员会”、“并购重组审核委员会”对股票发行、并购重组进行审核,证监会则更多扮演监督者的角色。三是大力推进证券发行市场化改革,建立由市场中介机构负责上市保荐的制度,取消对股票发行价格的窗口指导,代之以股票发行询价制度和发行失败制度,由市场供求双方博弈价格,形成定价的市场约束机制。四是借鉴成熟市场经验,发挥会计师事务所、律师事务所、财务顾问机构、资信评级机构等证券服务组织对证券市场重要业务活动的规范、约束、监督和把关作用。五是通过加强市场诚信体系建设,提高诚信意识,引导各类市场经营、服务机构规范治理、守法经营。六是通过建立投资者适当性准入制度以及加强宣传教育等方式培育投资者理性投资,提升投资者的规则意识和风险防范意识。

**三、全程规范监管执法行为,不断提升监管机构公信力**

按法定程序办事,是依法行政的重要内容,也是依法行政的重要保障,没有程序公正,就很难保证实体公正和结果公正。六年来,我们对证监会系统行政受理、行政许可、立案调查、强制措施、案件审理、处罚听证、市场禁入等全部监管执法行为,通过制度层面进行全程规范,出台程序性规则160余件。特别是,针对资本市场风险扩散快、波及广,不当行为必须及时矫正的特点,我们专门出台了规范日常监管行为《证券期货市场监督管理措施实施办法》,对监管措施的种类设定、实施程序等作出了统一规范。通过坚持不懈地立规矩、约束监管行为,证监会全体监管干部的程序意识有了明显增强,严格按程序办事的自觉性有了明显提高,同时也提升了监管机构的公信力。

**四、改革创新执法体制机制,不断增强监督有效性**

依照法律授权,证监会拥有全面监管市场和对违法违规行为进行执法的权力,为了有效防止滥用权力和以权谋私,我们探索建立了符合我国现阶段发展水平的监管和执法工作体制。一是实施“查审分离”行政处罚执法制度。违法案件调查由稽查部门实施,处罚则由另行设立的“行政处罚委员会”集体讨论、合议决定,调查和审理分离从机制上保障了案件查处的公平与公正。以2009年为例,我会作出行政处罚决定76件,当事人复议率仅为6%,较查审分离前下降了近一半。二是推行行政许可审核流程全程公开。在严格执行信息公开制度的同时,我们进一步实行了行政许可审核过程的公开透明。目前,我会证券公司和基金公司的相关行政许可从申请受理到做出行政许可决定的审核流程全部在网上公开,行政许可进展到什么阶段,都能在网上查询,从而有效保证了对行政许可的实时监督。三是发挥行政复议的监督功能,我会成立了由证监会以外专家参与的行政复议委员会,参与复议案件的审理,监督我们的工作。六年来,我会共办理行政复议案件150余件,其中作出撤销、变更决定的22件,变更比为14.67%,有效发挥了行政复议对前段执法行为的监督作用。

我们一定认真学习贯彻温家宝总理重要讲话和这次会议精神,力争为资本市场的改革发展创造更好的法治环境。

# 第二部分 领导讲话

## 温家宝总理在全国依法行政工作会议上的讲话

（2010 年 8 月 27 日）

这次全国依法行政工作会议的主要任务，是总结 2004 年国务院发布《全面推进依法行政实施纲要》以来的工作，分析依法行政工作面临的新情况新问题，加快推进法治政府建设。

### 一、充分认识加快建设法治政府的重要性和紧迫性

依法行政是现代政治文明的重要标志。一个政党取得政权后，应当把党的意志通过法定程序变为宪法和法律，依照宪法和法律治理国家，这是党在夺取政权与执政时期的最大区别。贯彻依法治国基本方略，推进依法行政，建设法治政府，是我们党治国理政从理念到方式的革命性变化，是我国政治体制改革迈出的重要一步，具有划时代的重要意义。

《全面推进依法行政实施纲要》是新时期加快建设法治政府的指导性文件。建设法治政府的核心是依法行政。纲要实施 6 年来，我们始终把依法行政放在政府自身建设的重要位置，强调政府各项工作都要依法办事，推动法治政府建设取得了重要进展。一是建立健全工作规则。国务院两次修订《国务院工作规则》。2003 年提出“实行科学民主决策、坚持依法行政、加强行政监督”三项准则，2008 年增加了“推进政务公开、加强廉政建设”两项准则。各级政府也都建立健全了政府工作规则，加快了依法行政的步伐。二是加快推进法制建设。国务院向全国人大及其常委会提出法律议案 47 件，制定行政法规 167 件，各部门和地方政府制定规章 5208 件。我们特别加强了政府自身建设的立法，提交全国人大常委会审议通过了行政许可法、公务员法，制定了政府信息公开条例、行政机关公务员处分条例等。这些法律法规对规范政府行为、推进依法行政发挥了重要作用。三是加强科学民主决策。各级政府不断完善重大事项调查研究和集体决策制度，重大决策专家咨询制度、公示制度、公开征求意见和社情民意反映制度，决策跟踪反馈和责任追究制度，进一步健全科学民主决策程序。近年来，国务院的重大决策特别是涉及人民群众切身利益的重要事项，都以适当方式听取人民群众、民主党派、专家学者和社会各界的意见。四是切实规范行政行为。广大公务员依法行政的自觉性和能力进一步提高。2004 年开始实施的行政许可法，是一部规范政府行为的重要法律。我们以贯彻实施这部法律为契机，大力推进行政审批制度改革，并以此为着力点，推动政府职能转变，解决权力过于集中又得不到有效监督的问题。几年来中央一级取消和调整审批项目 2176 项，地方各级政府取消和调整 77629 项。在行政执法方面，进一步加强了对执法行为的监督管理。改进执法方式，推行综合执法，要求向社会公开特别是向当事人告知执法依据、执法程序和执法结果，有效遏制了乱处罚、乱收费、乱摊派和多头执法、重复执法等问题。五是进一步加强行政监督。我国实行人民代表大会制度，各级政府都由同级人民代表大会产生，对它负责，受它监督。同时政府还要接受人民政协的民主监督。近年来，国务院除一年一度向全国人民代表大会报告政府工作外，还选择若干事关改革发展稳定大局、群众切身利益和社会普遍关心的热点问题，向全国人大常委会专题报告，每年将上年度财政预算执行情况和其他财政收支情况的审计报告提请全国

人大常委会审议,接受询问和监督。在政府内部,加强了层级监督和监察、审计等专门监督。近年来,我们加大了行政问责制度的实施力度,加强了对滥用职权、失职渎职、决策失误、行政违法等问题的责任追究,得到人民群众的支持和拥护。我们还大力推进政务公开,创造条件保障人民群众对政府工作的知情权,让人民群众直接监督政府。2007 年国务院公布《中华人民共和国政府信息公开条例》,要求所有政府信息,除受法律保护的国家秘密、商业秘密和个人隐私外,都要向社会和人民群众公开。这个条例的实施,是政府自身建设的一个重大进展,必将发挥越来越重要的作用。

同时,我们也清醒地看到,虽然依法行政工作取得较大进展,但存在的问题还很多,还不能适应形势和任务的要求。当前,我国经济社会发展进入新阶段。国内外环境更为复杂,挑战增多。转变经济发展方式和调整经济结构的任务更加紧迫和艰巨;城乡之间、地区之间发展不平衡,收入分配不公平和差距扩大,社会结构和利益格局深刻调整,部分地区和一些领域社会矛盾有所增加,群体性事件时有发生。要解决经济社会发展中出现的新问题,必须深化改革,同时也要求加快推进依法行政,建设法治政府。

加快建设法治政府是发展社会主义市场经济的必然要求。市场经济应当是法治经济,必须运用法律法规调整政府、市场、企业之间的关系。目前政府职能转变仍不到位,对经济主体的干预过多,有的甚至侵犯企业和投资者的合法权益,造成市场扭曲。市场经济条件下政府履行职责,无论是经济调节、市场监管,还是社会管理和公共服务,都必须依法办事。对各类市场主体,要依法管理、依法提供服务,依法维护他们的合法权利,为他们创造公平竞争的良好环境。

加快建设法治政府是促进社会公平正义的基本保证。保护宪法和法律赋予公民的各种权利,是政府义不容辞的职责。当前我国经济社会各个领域的改革都已进入攻坚阶段,引发利益冲突的风险增大。我们必须正确把握改革、发展、稳定的关系,依法调节社会利益关系,维护公民合法权益,加快建立健全法律法规,完善各项政策,为人民群众提供更好的基本生活保障和发展条件,保证全体人民共享改革发展成果。

加快建设法治政府是深化政治体制改革的重要方面。我国的改革是全面改革,各方面的改革必须协调推进。没有政治体制改革,经济体制和其他领域的改革乃至整个现代化建设就不可能成功。深化政治体制改革,要以保证人民当家作主为根本,坚定不移地发展社会主义民主政治,建设社会主义法治国家。确保人民依法享有广泛的权利和自由,依法享有平等参与、平等发展的权利。建设法治政府,政府严格依法行政,依法管理经济和社会事务,这是保障公民各方面权益的基本要求,是推进政治体制改革的一个重要方面。

加快建设法治政府是政府建设和反腐败的重要举措。我们必须认识到,在和平建设时期,执政党的最大危险是腐败。而滋生腐败的根本原因是权力得不到有效监督和制约。这个问题解决不好,政权的性质就会改变,就会“人亡政息”,这是我们面临的一个极为严峻的重大考验。建设法治政府,严格依法行政,不断推进政府工作制度化、规范化、程序化,这不仅是政府自身建设的重要目标,也是反腐倡廉的重要保障。

## 二、加强政府立法和制度建设

依法行政首先要解决有法可依的问题。要按照有利于调动人民群众积极性和创造性、激发社会活力和竞争力、解放和发展生产力、维护公平正义、规范权力运行的要求,加强和改进政府立法和制度建设。

一是着眼于服务经济社会发展大局,加强重点领域的立法工作。下一阶段立法工作重点要在解决经济社会发展中的深层次矛盾,推动科学发展、促进社会和谐方面取得更大进展。在经济体制方面,完善财税、环保、土地等方面的法律法规。在改善民生和发展社会事业方面,完善收入分配、就业、社会保障、教育、医疗等方面的法律法规,加强应对突发事件、预防化解社会矛盾纠纷等方面的制度建设。在政府自身建设方面,进一步加强规范政府行为方面的立法,完善行政权力运行规则,坚持用制度管权、管事、管人,强化民主监督机制,切实提高行政效能。

二是健全立法机制，提高立法质量。要坚持依法立法，政府立法工作要符合法定的权限和程序。在我国，全国人大及其常委会行使国家立法权，负责制定法律，但法律草案可由国务院提出。国务院根据宪法和法律制定行政法规，部门根据法律和行政法规制定规章。省级人大及其常委会可以制定地方性法规。要坚决克服立法过程中的部门利益化倾向，坚决克服借立法之机谋取私利、损害公民和市场主体合法权益的行为。要坚持科学立法，正确认识和把握经济社会发展的规律，顺应时代变迁和形势变化的要求，增强法律制度的科学性、合理性和可操作性。立"新法"与改"旧法"要并重，对出台时间早且长期没有修改、社会反映强烈的法律法规及时进行分析评估，对确实不符合经济社会发展要求的，要及时修改或者废止。要坚持民主立法，立法的过程应当有人民群众广泛参与，保证人民群众的意见和建议得到充分表达，合理的诉求、合法的利益得到充分体现。近些年来，我们在"开门立法"方面进行了积极探索，许多直接涉及群众切身利益的法律法规草案都向全社会公开征求意见，取得了比较好的效果。这些好做法要继续坚持和完善。

三是坚决维护法制统一，确保政令畅通。国家的法律制度和中央的重大决策，体现的是全体人民的意志和国家经济社会发展的全局性部署。要正确处理好局部与全局的关系，防止政出多门、政令不一和各行其是。现在，有的地方和部门出台的一些规章制度和政策性文件，违法增设许可项目、处罚种类和强制措施，违法规定地区封锁和部门垄断条件，违背市场经济的基本原则，损害了国家法制的统一性和权威性，损害了人民群众的合法权益，严重影响了党和政府的形象。今后，各级行政机关要严格遵守宪法和立法法的规定，按照法定权限及程序立法和出台规范性文件，加强合法性审查，做到下位法与上位法不矛盾、不抵触，政策之间"不打架"。各地方和部门都要顾全大局，维护国家整体利益，自觉执行中央决策和国家法律，做到有法必依、执法必严、违法必究。要加强对规章和规范性文件的备案审查，发现问题坚决纠正，该修改的修改，该废止的废止。要及时受理和处理人民群众提出的审查有关规章和规范性文件的建议。同时要注意保持法律制度和政策的连续性、稳定性。

## 三、坚持科学民主决策

决策是行政行为的起点。近些年来，我们逐步形成了一套科学民主决策的制度和工作机制，也还存在一些比较突出的问题，主要是决策权力过分集中于"一把手"，一些政府部门集决策权、执行权、监督权于一身，监督机制和责任机制不健全，听取群众意见和专家咨询论证流于形式、走过场。深入推进科学民主决策，要从三个方面入手。

一要依法决策。合法是决策的第一要件。要坚决防止越权决策、违法决策。各级政府及其工作人员要全面正确履行职责，依法行使决策权。对于重大决策，必须进行合法性审查，超出法定权限或与法律法规抵触的，不得作出决策。

二要健全决策程序。科学严密的程序是正确决策的重要前提。各级行政机关要进一步建立健全重大决策的规则，把公众参与、专家咨询、风险评估、合法性审查和集体讨论决定，作为决策的必经程序。要进一步加强对主要领导干部决策权力的监督，防止个人独断专行。需要注意的是，听证会、专家咨询参加人员要有广泛的代表性，特别是要有各个利益相关方参加。这样更有利于协调各方面利益关系，才能得到广大人民群众的理解和拥护，也有利于执行和落实。

三要强化决策责任。要建立健全重大决策跟踪反馈和评估制度，实现决策权和决策责任相统一。在决策执行过程中，要定期通过多种途径了解决策实施情况，全面评估决策执行效果。根据评估结果，适时调整和完善有关决策，及时采取补救措施或停止执行错误决策，最大限度地减少损失。对违反科学民主决策规定、出现重大决策失误、给国家和人民造成重大损失的，要按照"谁决策、谁负责"的要求追究责任。

### 四、严格依法办事

政府能做什么,不能做什么,要由法律来确定。政府只能行使法律赋予的权力,所有行政行为都要于法有据、程序正当。各项法律法规一旦公布实施,就必须得到有效贯彻执行,做到令行禁止,提高制度的执行力和公信力。

政府要依法履行各项职能。没有法律、法规、规章的规定,行政机关不得作出影响公民、企业、其他社会组织权益和增加他们义务的决定。政府不仅要按照法定权限办事,还要按照法定程序办事。没有程序的民主,就没有实质的民主;没有程序的公正,就很难保证实体公正和结果公正。当前重权限、轻程序的问题比较突出,许多损害、侵犯群众利益的突出问题,往往是不按程序办事或程序不规范造成的。要把建立和完善行政程序,作为推进依法行政的一项重要任务。各级政府及工作人员特别是领导干部,都要树立程序意识,严格按程序办事。对违反行政程序损害群众利益、造成严重后果的,要依纪依法追究责任。

要进一步规范行政执法。行政执法是政府大量的、日常性行政活动,与企业和人民群众的切身利益密切相关。这些年来,行政执法总体上有了很大改善,但乱执法、粗暴执法、执法谋私等问题依然突出,人民群众反映强烈。要按照规范执法、公正执法、文明执法的要求,进一步加强和改善行政执法。要规范执法主体,界定执法权限,减少执法层级,整合执法资源,推进综合执法。要进一步完善行政执法程序,规范工作流程,依法细化、量化自由裁量权。要改进执法方式,不得粗暴对待当事人,不得侵害执法对象的人身权利和人格尊严。要进一步完善执法经费保障机制,行政执法经费由财政保障,不与罚没收入挂钩。要严格执行执法人员资格制度,狠抓执法纪律和职业道德教育,全面提高执法人员素质。严格落实执法责任制,对违法者要严肃追究责任。

这里再强调一下市县政府依法行政问题。市县级政府处在政府工作的第一线,直接面向广大人民群众,处理各种社会矛盾,头绪繁多,工作压力大。提高市县政府依法行政能力,是全面推进依法行政、建设法治政府的重要任务,对于促进经济社会协调发展,特别是减少社会矛盾、把矛盾有效化解在基层、解决在当地具有重要作用。国务院于2008年下发了《关于加强市县政府依法行政的决定》,对这项工作进行了全面部署,要继续抓好贯彻落实,确保各项制度严格执行。

### 五、全面推进政务公开

公开透明、让权力在阳光下运行,是现代政府的重要特征。通过这些年的实践,我们深刻地认识到,无论是规范权力运行、方便群众监督、有效防治腐败,还是提供高效便民服务,政务公开都是十分有效的措施。人民政府的根本宗旨就是全心全意为人民服务,政府的绝大多数政务信息都与人民群众的利益密切相关。进一步推进政务公开,就是要让人民群众更好地了解政府运行、更广泛地参与政府管理、更直接地监督政府行为。我们要使公开透明成为政府依法行政的一项基本制度。

一要加大政府信息公开力度。《中华人民共和国政府信息公开条例》实施以来,各地各部门政府信息公开范围不断扩大,公开方式不断创新,迈出了新步伐。要坚持以公开为原则、不公开为例外,凡是不涉及国家秘密、商业秘密和个人隐私的政府信息,都要向社会公开。要重点推进财政预算、公共资源配置、重大建设项目批准和实施、社会公益事业建设等领域的信息公开。政府财政资金管理和使用是人民群众和社会各界关注的一个热点。今年我们开始推行财政预算公开,要求把政府所有收支全部纳入预算管理,所有公共支出、基本建设支出、行政经费支出预算和执行情况都公开透明,让老百姓清清楚楚地知道政府花了多少钱、办了什么事;此外,政府性基金收支预算、中央国有资本经营预算等,也要全部向社会公开。今年初国务院一些部门在网上公开了去年的部门预算和执行情况,带了个好头。社会各方面总的反映比较好,同时也提出了一些意见和建议。我们要认真总结经验,把这项工作做得更好。今后所有政府信息公开,都要做到及时、准确、全面、具体,让老百姓看得懂、用得上。对人民群众申请公开政府信息的,要依法在时限内予以答复,并做好相应的服务工作。要建立健全政府信息公开的监督和保障机制,定期对政府信息公开工作进行评议考核。同时也要注意处理好信息公开与保守秘密的关系,对依法应当保密的信息,切实做好保密工作。

二要深入推进办事公开。这是政务公开的重要方面,与人民群众的关系最为密切。所有面向社会服务的政府部门以及医院、学校、公交、公用等公共事业领域,都要全面推进办事公开制度,提供高效便民服务。进一步拓宽办事公开领域,依法公开办事的依据、流程和结果,利用公共媒体、互联网、公告栏、电话咨询等各种方式,实现办事项目有关信息的充分告知,便于群众知情、参与和监督。

三要创新政务公开方式。进一步加强电子政务建设,充分利用现代信息技术,建设好互联网信息服务平台和便民服务网络平台,方便人民群众通过互联网办事。要把政务公开与行政审批制度改革结合起来,开展网上电子审批、一个窗口集中办理和"一站式"服务等。规范和发展各级各类行政服务中心,对与企业、社会和人民群众密切相关的行政管理事项,要尽可能纳入行政服务中心办理,优化工作流程,改善服务质量,提高服务效率,降低行政成本。

## 六、健全行政监督体系和问责制度

规范权力运行,要靠法制和监督。在长期实践中,我们已经形成了一套比较完善的监督体系,包括人大及其常委会的监督、政协的民主监督,人民法院依法实施的监督,政府系统内部的层级监督和专门监督,以及新闻舆论监督、人民群众监督等社会监督,这些都很重要。这里,我着重强调三个方面。

一是更加重视群众和舆论监督。人民群众直接监督政府具有特殊重要的意义。人民满意不满意,是评价政府一切行为的最高标准。要完善群众举报投诉制度,拓宽群众监督渠道,依法保障人民群众监督政府的权利。要支持新闻媒体对违法或者不当行政行为进行曝光。对人民群众检举、新闻媒体反映的问题,行政机关要认真调查、核实,及时依法作出处理,并将结果向社会公布。加强行政复议,依法纠正违法或不当的行政行为。要正确对待和认真做好行政应诉工作。行政诉讼是人民群众监督政府的一种重要形式。在行政诉讼中,政府和原告是平等的法律主体。各级政府和工作人员特别是领导干部,一定要摆正位置,尊重法律、尊重当事人、尊重并自觉履行人民法院的判决和裁定。积极引导人民群众通过法定渠道反映诉求、解决纠纷。

二是进一步加强审计、监察工作。审计、监察等部门依法独立行使专门监督,是法律赋予的权力。近年来,有关部门认真履行职责,开展了富有成效的工作,社会反响很好。各级政府要支持审计、监察部门依法独立行使监督权。审计部门要着力加强财政专项资金和预算执行审计、重大投资项目审计、金融审计、国有企业领导人员经济责任审计等工作,加强社会保障基金、住房公积金、扶贫救灾等公共资金的审计工作。监察部门要全面履行法定职责,进一步加强执法监察,积极推进行政问责和绩效管理监察,严肃查处有令不行、有禁不止和失职渎职等行为。

三是严格行政问责。任何形式的监督,只有与责任追究结合起来,才能取得实效。近年来我们加大了这方面的工作力度,但有些重大责任事故仍然没有及时处理,有的甚至不了了之。2009 年 7 月中央在总结近年来问责实践基础上,制定了《关于实行党政领导干部问责的暂行规定》。有了制度就要严格按制度办事并长期坚持,不使行政问责因人、因时、因地而变化。对有令不行、有禁不止、行政不作为、失职渎职、违法行政等行为,导致一个地区、一个部门发生重大责任事故或严重违法行政案件的,要严肃追究有关领导直至行政首长的责任,督促和约束政府机关和工作人员依法行使职权、履行职责。同时要研究行政问责立法相关问题,推进这项工作法制化。

国务院各部门、地方各级政府,要着力提高公务员依法行政的意识和能力。所有政府工作人员都要树立宪法和法律观念,带头学法、守法、用法,自觉接受监督。坚持依法处理经济社会事务和解决各种矛盾,不能以权代法、以权压法、以权废法。要作遵法守法的表率。要带头遵守各项法律法规和法定程序,带头依法办事,在全社会营造良好的法治环境。

全面推进依法行政,加快建设法治政府,任务艰巨,责任重大。我们要在以胡锦涛同志为总书记的党中央领导下,以邓小平理论和"三个代表"重要思想为指导,深入贯彻落实科学发展观,锐意进取,扎实工作,不断取得法治政府建设的新成效。

# 王兆国副委员长在全国地方立法研讨会上的讲话

(2010 年 11 月 11 日)

在全党全国深入学习贯彻党的十七届五中全会精神的新形势下,我们今天在这里召开第十六次全国地方立法研讨会,深入探讨中国特色社会主义法律体系有关问题,这对于形成中国特色社会主义法律体系、建设社会主义法治国家具有重要意义。

**一、关于中国特色社会主义法律体系的形成**

党的十五大提出了到 2010 年形成中国特色社会主义法律体系的目标,党的十六大作了重申,党的十七大提出了完善中国特色社会主义法律体系的任务。吴邦国委员长在十一届全国人大常委会第一次会议上就提出明确的立法工作目标,在提高立法质量的前提下,确保到 2010 年形成中国特色社会主义法律体系并不断加以完善。改革开放 30 多年来,在中国共产党领导下,经过各方面坚持不懈的努力,截至目前,已制定宪法和现行有效法律共 237 件、行政法规 690 多件、地方性法规 8600 多件,我国经济建设、政治建设、文化建设、社会建设以及生态文明建设的各个方面总体上做到了有法可依。一个立足中国国情、适应社会主义初级阶段要求、体现党的主张和人民意志统一、符合改革开放和社会主义现代化建设需要,以宪法为统帅的多层次、多部门的中国特色社会主义法律体系即将形成。

从中国特色社会主义法律体系的形成历程来看,充分体现了三个方面的"相适应"。一是与处于社会主义初级阶段的国情相适应。我国正处于并将长期处于社会主义初级阶段,这就决定了我国法律体系的构建必须从这一阶段的特点出发,不能与之相脱离,否则就成了无源之水、无本之木。二是与改革开放和社会主义现代化建设进程相适应。改革开放和现代化建设的阶段性任务不同,对法律提出的需求以及能够为制定和实施法律提供的条件也就不同,法律体系构建必须紧紧把握改革开放和现代化建设的要求,紧紧把握依法治国、建设社会主义法治国家的要求,不能脱离和超越现实,也不能为了体系而体系。三是与法律体系自身发展规律相适应。法律体系逐步形成和不断完善的过程,既是经济社会不断发展变化的反映,也是法律体系自身规律的体现。法律体系要经历一个从无到有、从初步形成到基本形成再到形成、然后经过不断完善趋于更加成熟的过程。

从法律体系本身来看,理解中国特色社会主义法律体系的形成,要把握以下四个方面:第一,涵盖社会关系各个方面的法律部门应当齐全;第二,各个法律部门中基本的、主要的法律应当制定出来;第三,以法律为主干,相应的行政法规、地方性法规、自治条例和单行条例,应当制定出来与之配套;第四,法律体系内部应当做到科学和谐统一。用以上标志来衡量,我国已形成以宪法为统帅、法律为主干,包括行政法规、地方性法规、自治条例和单行条例等,由宪法、民法商法、行政法、经济法、社会法、刑法、诉讼与非诉讼程序法等法律部门组成的中国特色社会主义法律体系统一整体。各个法律部门中基本的、主要的特别是起支架作用的法律已大体上制定出来,与法律相配套的行政法规和地方性法规已比较齐全。从广义上说,还有更多数量的规章也在社会生活中发挥重要的规范作用。再加上经过法律、行政法规、地方性法规的集中清理,法律体系内部也已基本上做到了科学和谐统一。

准确理解中国特色社会主义法律体系的形成，还需要注意把握以下几个问题：

一是，看法律体系的形成，要从它的作用来判断。构建法律体系是为了解决有法可依的问题。法律体系形成与否，不能简单以法律的多少来论。目前我国经济、政治、文化、社会等各方面基本的、主要的特别是起支架作用的法律大体上已经有了，中国特色社会主义法律体系已经总体上能够适应当前我国经济社会发展的需要。当然，这并不是说，现有的法律就已经足够了；法律体系形成之后，我们仍然需要根据发展变化了的情况制定新的法律，适时修改已有的法律。

二是，看法律体系的形成，要将它作为一个整体来审视。不仅要看法律，还要看行政法规和地方性法规，它们都是我国法律体系的重要组成部分，共同发挥调整社会关系的作用。有些事项在宪法中作出规定，有些应当在法律中作出规定，有些则可以由行政法规和地方性法规规定。各个层次的法律规范在各自的领域发挥作用，各司其职。对用法律来规范尚不具备条件的，可依法制定行政法规，待取得经验、条件成熟时再制定法律；对一些地方事务，可依法制定地方性法规进行规范。

三是，看法律体系的形成，要从我国的国情和实际出发。世界上并没有也不可能有统一的法律体系判断标准。不同国家由于国情不同，法律体系的内容和形式会有所不同。构建法律体系，任何时候都必须立足本国国情。不是国外法律体系中有的法律我们都必须有，也不是国外法律体系中没有的法律我们就不能制定。不符合我国国情和实际的，我们不搞；我国现实生活需要的，我们要及时制定。对于国外经验，我们既要借鉴，又不能照搬。

此外，理解法律体系的形成，还要注意把握法律规范与其他社会规范的关系。调整社会关系的手段历来是多种多样的，除法律规范外，还有国家在一定时期出台的政策、在某一具体领域的政策措施，还有行业规范、道德规范、社会习俗等。并不是所有问题都要通过立法来解决，也不是法律规范越多就越好。确实需要用法律手段来调整的，才考虑制定法律规范；能够通过其他调整手段解决的，就没有必要制定法律。我们既要充分发挥法制的作用，也要充分发挥其他社会规范的作用。

总之，深入理解中国特色社会主义法律体系的形成，要从历史和时代背景出发，全面认识中国特色社会主义法律体系的历史使命和作用；要从客观实际出发，始终立足于我国社会主义初级阶段的基本国情和现实需要。

## 二、关于中国特色社会主义法律体系的基本特征

中国特色社会主义法律体系，是中国特色社会主义伟大事业的重要组成部分，是全面实施依法治国基本方略、建设社会主义法治国家的基础，是新中国成立60多年特别是改革开放30多年来经济社会发展实践经验制度化、法律化的集中体现，具有十分鲜明的特征。

（一）这个法律体系体现了中国特色社会主义的本质要求

一国法律体系的性质由一个国家社会制度的性质所决定。我国是工人阶级领导的、以工农联盟为基础的人民民主专政的社会主义国家。在社会主义初级阶段，我国实行公有制为主体、多种所有制经济共同发展的基本经济制度。这就决定了我们构建的必然是中国特色社会主义性质的法律体系，它以邓小平理论、“三个代表”重要思想为指导，深入贯彻落实科学发展观，坚持党的领导、人民当家作主、依法治国有机统一。它包括的全部法律规范，它确立的各项法律制度，必须有利于巩固和发展社会主义制度，以体现人民共同意志、维护人民根本利益、保障人民当家作主为本质要求。这是以公有制为基础的中国特色社会主义法律体系与以私有制为基础的资本主义法律体系的本质区别。哪些法律需要制定，哪些法律不需要制定，具体法律制度的内容如何，都要从社会主义的本质要求出发，从中国特色社会主义制度和处于社会主义初级阶段的实际出发，从人民群众的根本意志和长远利益出发。

（二）这个法律体系体现了改革开放和社会主义现代化建设的时代要求

新时期最鲜明的特点是改革开放。改革开放作为当代中国的伟大社会实践，为法律体系的建立和完善提供了波澜壮阔的舞台。中国特色社会主义法律体系与改革开放和现代化建设相伴而

生、相互促进,具有鲜明的时代特征。一方面,改革开放和现代化建设为法律体系构建提供内在需求和动力,提供实践基础和经验。改革开放和现代化建设越向前推进,经济社会的发展变化越深刻,对健全和完善法律制度的要求就越迫切,法律体系构建所依赖的基础也就越扎实。另一方面,法律体系的构建为改革开放和现代化建设提供法制环境,积极发挥促进、规范、指引和保障作用,注意妥善处理法律稳定性和改革变动性的关系,在及时肯定已有成功做法、巩固已有改革开放成果的同时,又要为进一步改革开放留下空间。

(三)这个法律体系体现了结构内在统一而又多层次的科学要求

中华人民共和国成立后,建立了统一的、多民族的、单一制的社会主义国家。由于历史的原因,我国各地经济社会发展很不平衡。与此相适应,在最高国家权力机关集中行使立法权的前提下,为了使我们的法律既能通行全国,又能适应各地方千差万别不同情况的需要,以便在实践中能行得通,遵循在中央统一领导下充分发挥地方主动性、积极性的宪法原则,我国逐步确立了统一而又分层次的立法体制。实践证明,这一立法体制符合我国国情,是行之有效的。与这一立法体制相适应,中国特色社会主义法律体系在结构上表现为统一而又多层次的特征,既有全国人大及其常委会制定的法律,也有国务院制定的行政法规,还有地方人大及其常委会依据法定权限制定的地方性法规。这一立法体制也决定了各构成部分在法律体系中的地位和作用,概括地说,宪法是统帅,法律是主干,行政法规和地方性法规是对国家法律的细化和补充。它们由不同立法主体按照宪法和法律规定的立法权限制定,区分不同层次,具有不同效力,都是中国特色社会主义法律体系的有机组成部分,共同构成一个完整的统一体,符合统一、系统、分层的科学要求。

(四)这个法律体系体现了继承中国法制文化优秀传统和借鉴人类法制文明成果的文化要求

中国特色社会主义法律体系的构建,始终立足于基本国情,从实际出发,坚持将传承历史传统、借鉴文明成果和进行制度创新有机结合起来,做到古为今用、洋为中用、兼容并蓄,充分体现这个法律体系在文化上的先进性、包容性和广泛性。一方面,继承中华法制文化中的优秀成分,适应改革开放和现代化建设需要进行制度创新。另一方面,充分吸收人类法律文明的成果,借鉴国外的有益经验,但又不是简单的照搬照抄,而是根据中国国情和实际,吸收有益之处,为我所用。实践证明,只有既继承发扬我国优秀的法律文化传统,又借鉴吸收人类法律文明成果,才能走出一条符合我国国情、顺应时代潮流的中国特色社会主义法治道路。

(五)这个法律体系体现了动态、开放、与时俱进的发展要求

经过30多年的努力,目前国家经济、政治、文化、社会生活的各个方面总体上做到了有法可依。但是,必须看到,社会实践是法律的基础,法律是实践经验的总结,并随着社会实践的发展而不断发展。实践没有止境,法律体系也要与时俱进、不断创新,它必然是动态的、开放的、发展的,而不是静止的、封闭的、固定的。我国正处于并将长期处于社会主义初级阶段,整个国家还处于体制改革和社会转型时期,社会主义制度还需要不断自我完善和发展,社会主义市场经济体制也还有个完善过程,因而反映并规范这种制度和体制的中国特色社会主义法律体系,就必然具有稳定性与变动性、阶段性与前瞻性相统一的特点,必将适应我国经济社会发展和法治建设进程的现实需要而不断发展完善。社会实际变化了,法律体系必将随之变化并与之相适应。随着经济社会的不断发展,我们需要及时制定新的法律规范,修改原有的法律规范,废止不符合社会实际、过时的法律规范。因此,不能用静止、孤立的眼光看待法律体系,而应始终保持发展的、开放的态度。

## 三、关于中国特色社会主义法律体系形成的重要意义

中国特色社会主义法律体系的形成,是我国社会主义民主法制建设的一个重要里程碑,体现了改革开放的重大成果,反映了建设中国特色社会主义的内在要求和现实需要,具有十分重要的意义。

（一）对于坚持中国特色社会主义政治发展道路，发展社会主义民主，推进社会主义法治国家建设，具有重要意义

中国特色社会主义法律体系，牢牢立足于中国实际，确立了人民代表大会制度这一根本政治制度，确立了中国共产党领导的多党合作和政治协商制度，确立了民族区域自治制度和基层群众自治制度，确立了其他各项民主政治制度，为实现党的领导、人民当家作主、依法治国有机统一提供了坚实的法律基础，为党领导广大人民群众当家作主，依照宪法和法律规定，通过各种途径和形式管理国家和社会事务，管理经济和文化事业，保证国家各项工作依法进行，提供了可靠的法制保障。中国特色社会主义法律体系的形成，对于保证党执政兴国、带领全国各族人民建设中国特色社会主义，保证国家统一、民族团结、经济发展、社会进步和长治久安；对于全面推进依法行政，继续深化行政体制改革，加快转变政府职能，努力建设法治政府；对于积极推进司法体制改革，充分发挥司法制度和司法机关的作用，实现司法公正，提高司法效率，维护社会公平正义；对于保障国家经济、政治、文化、社会生活的正常秩序，保持社会长期稳定，全面落实依法治国基本方略，加快建设社会主义法治国家，具有重要作用。

（二）对于坚持改革开放，建立和完善社会主义市场经济体制，推进社会主义现代化建设，具有重要意义

改革开放以来，按照进一步解放和发展生产力的要求，以及建立和完善社会主义市场经济体制的改革目标要求，国家制定了一系列引导和规范市场经济运行、维护市场经济秩序、保证国家对经济活动进行宏观调控和管理的法律法规，为建设统一开放、竞争有序的现代市场体系，完善宏观调控体制，促进经济快速健康可持续发展，提供了有效的法制保障。中国特色社会主义法律体系的形成，对于坚持改革开放，努力解决经济体制中的深层次矛盾，破除社会主义现代化建设中的各种体制机制障碍，着力构建充满活力、富有效率、更加开放、有利于科学发展的体制机制；对于解放和发展社会生产力，极大地调动人民群众建设中国特色社会主义的积极性，进一步促进经济建设、政治建设、文化建设、社会建设以及生态文明建设，大幅度提高综合国力，全面建设小康社会，具有重要作用。

（三）对于坚持以人为本，保障和改善民生，推进社会主义和谐社会构建，具有重要意义

中国特色社会主义法律体系为坚持以人为本、尊重和保障人权、维护公民合法权益、促进人的全面发展提供了法制保障。改革开放以来，国家特别注重从制度上解决公民权利和利益保障问题。我国宪法明确规定，国家尊重和保障人权。我国法律制度从不同方面对公民的经济权利、政治权利、文化权利、社会权利等进一步作了具体规定，从实体上和程序上切实保证公民享有广泛的、充分的、真实的自由和权利，充分体现了社会主义制度保障人权的优越性，有利于依法实现好、维护好、发展好最广大人民的根本利益。中国特色社会主义法律体系的形成，对于党和国家不断扩大人民民主，保证人民当家作主；对于坚持走共同富裕道路，实现发展成果由人民共享；对于大力发展文化、教育等事业，加大对教育、科技、文化、卫生等领域的投入和支持力度，将公民的文化、教育等权利落到实处；对于依法保障人民各项权益，进一步保障和改善民生，构建社会主义和谐社会，具有重要作用。

（四）对于实现国家繁荣富强和中华民族的伟大复兴，具有重要意义

中国是世界上历史悠久的文明古国，曾创造了光辉灿烂的文化。近代中国因逐渐变成半殖民地、半封建的国家而日渐衰落。中国共产党领导中国人民通过艰苦斗争建立新的政权后，一直为实现国家富强和民族复兴而进行不懈努力。改革开放以来，中国特色社会主义建设事业取得了伟大成就。但是，我们依然是一个发展中大国。中国有13亿多人口，是一个有着几千年独特历史文化但民主法制建设起步较晚的古老大国，是一个正处于经济快速发展和社会急剧转型时期的新兴大国。在这样的条件下进行社会主义现代化建设十分不易。要实现国家繁荣富强和中华民族的伟大复兴，就必须有符合中国国情的完备的现代法律制度作为支撑。中国特色社会主义法律体系的形成，是中国共产党自觉运用依法执政理念指导法治实践的历史成果，对从根本上引导人们转变旧的

思想观念、树立社会主义法治理念,全面推进依法治国,建设社会主义法治国家,最终实现国家的繁荣富强和中华民族的伟大复兴,具有重要作用。

# 王岐山副总理致中国金融期货交易所股指期货启动仪式的贺辞

(2010 年 4 月 8 日)

今天,股指期货正式启动,标志着我国资本市场改革发展又迈出了一大步。这对于发育和完善我国资本市场体系具有重要而深远的意义。我对此表示热烈祝贺!

在当前极为复杂的经济形势下,推出股指期货,充分表明了党中央、国务院推进资本市场改革发展的坚定决心。股指期货是国际上成熟的金融衍生产品,流动性强、透明度高,具备价格发现、风险对冲、稳定市场等重要功能。自诞生以来,股指期货走过了近 30 年的发展历程,经受了历次金融危机的考验,没有出现大的系统性风险。目前,股指期货已发展成为全球交易量最大的期货品种。

作为一种金融衍生产品,股指期货毕竟是一把"双刃剑",既是管理风险的工具,使用不当也极易引发风险。我们坚持把防范风险放在首要位置,既充分借鉴国际成熟的做法,又充分联系我国资本市场的实际,经过反复论证,做了大量缜密的准备工作。通过完善法制环境,强化监管,提高门槛,降低杠杆,加强投资者教育,提高投资者风险意识和承受能力,确保股指期货平稳推出。

我国资本市场诞生 20 年来,虽然经历风风雨雨,但始终不断向前发展,显示出强大的生机和活力。近年来,股权分置改革、创业板、融资融券等重大基础性制度建设不断推进,资本市场在拓宽融资渠道、优化资源配置、服务经济发展等方面,发挥着越来越重要的作用。

我们要清醒地看到,我国资本市场发育还比较稚嫩,与发达国家相比,存在较大差距,还有很长的路要走。要科学全面地认识资本市场功能,坚持市场配置资源的基础性作用不动摇;加快转变发展方式,调整结构;处理好创新与监管的关系;守住不发生系统性风险的底线,力求实现资本市场又好又快发展。

我坚信,伴随着经济持续快速发展,金融改革开放不断推进,我国资本市场的巨大潜力将进一步释放,未来发展前景会更加广阔!

# 尚福林主席在资本市场法制建设新春座谈会上的讲话

(2010 年 1 月 11 日)

回顾过去的一年,我国资本市场面对国际金融危机的严重冲击,面对复杂困难的国内外经济金融形势,依然保持了持续稳定健康发展。截至去年 12 月底,沪深两市总市值 24.39 万亿元,全球排位第三。全年共有 257 家公司发行 A 股股票和债券,资本市场累计为企业融资 4466 亿元,居全球前列。

资本市场的改革发展离不开法工委、法制办、最高法院、最高检察院、公安部和司法部等单位的大力支持,在座的各位领导更是在支持我会的相关工作中付出了辛苦。在大家的共同努力下,去年证券期货市场法制建设取得显著成效。

**一、基础性法律制度建设取得新的成果**

一是《刑法修正案(七)》正式公布,增加了对金融从业人员从事“老鼠仓”等背信交易行为的刑事规制,为惩治证券市场利益输送违法行为提供了保障。

二是《证券投资基金法》修订工作已完成立法论证和修改调研,形成了基本思路,转入正式立法程序。

三是《上市公司监督管理条例》审查取得实质性进展。目前法制办和我会已就主要问题取得共识,有望与有关部门协调意见后提请国务院审议。

**二、及时为市场发展改革提供司法政策支持**

最高法院正式出台了被风险处置的证券公司审理和执行的意见。融资融券、股指期货、可交换债券担保、上市公司破产重整等涉及金融创新的司法解释均已进入决策论证阶段。国债回购纠纷案件处理也已形成原则意见。

**三、打击证券期货犯罪专项工作取得重要进展**

去年,针对司法实践中存在的现实问题,法工委、法制办、最高法院、最高检察院、公安部和证监会共同召开部际协调会,成立专题工作组,开展打击证券期货犯罪专项工作。目前,专题组围绕内幕交易罪和操纵市场罪的认定、配套证据规则、案件移送标准和指定管辖等重要问题,形成了重要阶段性成果,已经具备提请部际协调会论证决策的条件。

**四、有力惩处破坏市场秩序的新型违法犯罪**

司法机关依法查处了一批涉及内幕交易、操纵市场、非法咨询、非法证券活动的重要案件。特别是对新的市场形势下出现的新的犯罪如汪建中操纵市场、高淳陶瓷内幕交易等给予制裁,有力保障了市场重大发展改革措施的实施。

**五、积极协助我会做好证券期货市场维稳和日常监管工作**

对于市场关注的权证诉讼系列案、国债回购案和上市公司破产案件等,司法机关主动征询证监会意见,加强律师执业监管,依法妥善处理,有效排解了纠纷,稳定了市场预期,取得了良好的社会效果。

**六、大力支持和指导我会行政执法工作**

在大唐电信、福建三农等国务院行政裁决案件处理中,充分考虑证券执法案件涉众性强,市场预期高,社会影响大的特点,支持我会执法工作。对我会执法中遇到的疑难复杂和普遍性问题给予了有力指导和支持。今年针对我会的三起行政诉讼的案件,法院均判决我会胜诉。

资本市场发展到今天,特别是“国九条”发布实施以来,我国资本市场发生了重大而又深刻的变革,随着资本市场发展和改革的深入,资本市场法制建设也面临从以制度建构为重点转向以法律实施为重点的转变。如何适应这样的变化要求,进一步提高资本市场依法监管工作的水平,增强工作的有效性和主动性,这是摆在我们面前的现实课题。今年上半年国务院要召开依法行政工作会议,我会考虑年内专门召开一次证券期货法制工作会议,统筹研究立法、执法、综合监管体制构建、诚信建设等各项工作,为实现资本市场的有效监管提供法律支持和保证。希望大家继续关心、重视和支持资本市场发展,重视和支持资本市场法制建设,维护市场“公开、公平、公正”,切实保护中小投资者合法权益,具体来说有以下几个方面工作:

(1)今年,我会从完善市场体系、机制和功能的需要出发,将继续推进包括发行体制、融资融券、股指期货、国际板、场外市场建设等一系列改革创新措施,这些举措将对市场运行方式乃至于人们的投资理念、市场文化产生重要而深远的影响。由于这些工作对我们来讲都是新事,必然会遇到与现行法律规定的适用协调问题,希望立法、司法机关在有关法律制度安排和司法政策等方面能给予大力支持和帮助。

(2)上市公司是证券市场的基础,加强上市公司监管,提高上市公司的规范化运作水平,始终是我会的工作重点。针对"五粮液"等案例暴露出的上市公司治理存在的问题,特别是部分改制上市企业遗留的关联交易、同业竞争以及控股股东、实际控制人行为不规范等突出问题,需要我们采取有效措施切实加以解决。希望全国人大、法制办能够支持我会在《上市公司监督管理条例》中增加相应内容,力争上半年正式出台。

(3)基金行业作为证券市场机构投资者的主要力量,对于市场健康稳定发展具有重要作用。目前在公募基金发展和监管中遇到的现实问题以及私募基金监管缺位的实际状况,都需要及时对《证券投资基金法》进行修改和完善,希望立法机关支持我会共同推进《证券投资基金法》修改工作,争取年内尽早提请审议。

(4)对于严重侵害投资者合法权益的证券期货犯罪行为给予及时而有力的刑事打击,是维护资本市场"三公"原则最为有效的手段。希望司法机关在去年专题工作成果的基础上,上半年能够正式出台内幕交易、操纵市场的刑事司法解释及相关案件的移送、证据规则和指定管辖等司法政策文件,切实加大违法犯罪行为的查处力度。

(5)证券民事赔偿机制和制度是保护投资者合法权益的重要基础性制度,是资本市场健康稳定发展的重要条件。希望在总结近年来资本市场民事赔偿司法实践经验的基础上,尽快修改、制定包括虚假陈述、内幕交易、操纵市场民事责任的司法解释,进一步健全民事赔偿制度。

(6)随着我国市场经济体制的不断发展,社会转型的不断深入,证券行政执法工作也面临着许多新的矛盾和问题,需要我们不断更新执法理念、创新执法制度。对于我会在市场执法工作中基于监管工作需要面临的执法实践问题,包括行政违法的证明标准问题、行政和解制度的可行性问题、律师证券法律业务的有效监管问题等希望各单位能够给予支持和帮助。

# 尚福林主席在证监会党委中心组(扩大)学习"行政程序制度与依法行政"专题报告会上的讲话

(2010年6月29日)

我们按照"五五"普法工作规划要求,召开扩大的党委中心组学习报告会,专门邀请中国政法大学法学院院长薛刚凌同志为我会系统全体干部作"行政程序制度与依法行政"专题法制讲座。

近日,温家宝总理主持召开国务院常务会议,专题研究部署进一步推动依法行政工作,强调在今后一个时期,必须全面推进依法行政,不断提高政府执行力和公信力,努力实现建设法治政府的目标。今年3月,温家宝总理在国务院第三次廉政工作会议上,专门要求各级政府把建立和完善行政程序,作为今年推进依法行政和政府立法的重要任务。国务院连续就加强依法行政工作做出部署,我们应当高度重视,认真贯彻落实总理的指示精神,在以往工作的基础上,进一步做好包括程序法治建设在内的依法行政的各项工作。

我国资本市场恢复、发展近二十年来,尤其是国务院《全面推进依法行政实施纲要》明确提出

“程序正当”的执法要求以来，我会始终坚持把程序规范作为法治建设的重点工作来抓，十分注重依法规范监管执法行为，用实体法来规范做什么，用程序法来规范怎么做，全面发挥程序约束对于遏制权力寻租、预防腐败发生、保证法律正确高效实施的重要作用。五年来，我们针对资本市场监管执法的各个环节、各个方面，对监管决策、信息公开、行政许可、案件调查、强制措施、案件审理、处罚听证、市场禁入、复议诉讼、信访处理等各类行政行为均提出程序规范的工作要求，专门出台程序性规则160余件，建立起一整套监管执法程序制度，实现了监管执法的全程规范。相关执法文件，法律部已经汇编成《证券期货执法工作手册》印送系统全体干部。我会严格按照程序法治的要求履行职责，对于资本市场的规范发展起到了促进和保障的积极作用，得到了市场的好评。同时，程序法治建设中也还有许多新的挑战和问题，需要我们正确面对、努力克服，把依法行政工作不断引向深入。

薛刚凌教授从依法行政对程序法治的基本要求、行政程序制度的重要地位和价值、行政程序的主要制度、行政程序制度发展面临的问题四个方面，围绕“行政程序制度与依法行政”这一主题进行了系统的讲解。薛教授的授课深刻分析了法治政府建设对程序法治的内在需求，从行政程序的核心价值出发，梳理程序建设的各项制度要求，剖析我国程序法治面临的深层次文化制约，特别是结合资本市场改革发展的实践，对完善资本市场的程序法治建设提出了许多中肯的意见和看法，对于我们做好资本市场的监管执法工作，具有十分重要的指导意义。

在资本市场监管执法工作中，严格按照程序办事，既是全面推进依法行政的重要内容和重要保障，也是资本市场改革发展的内在需要。资本市场是一个资金流动迅速、信息高度透明、舆论高度关注的市场，凡事都要立规矩、有尺度，监管执法必须公开透明、公正合理。尤其是在改革开放三十多年后的今天，全社会民主法治意识大大增强，网络媒体高度发达，监管执法的任何一点微小的程序瑕疵，都可能引发针对监管执法机关公信力的质疑和批评，极易造成监管工作的被动。只有严格按照程序办事，确保作出的每一项监管决定，实施的每一项监管行为，采取的每一项监管措施，不仅在实体上符合法律规定，而且在程序上也都能经受住考验，监管执法工作才能顺利有效地进行，处理结果才能得到理解和支持，复议诉讼风险才能得到防范和控制，即使发生了行政争议，也能做到说得清、道得明、立得住，不会造成工作被动。

薛教授刚才讲到，在我国全面实现程序法治还面临着重实体、轻程序的文化传统、社会理性精神不足、社会博弈能力不强等深层次文化制约，顺应社会发展的需要，建立健全程序法治的各项具体制度，进一步提升依法行政的能力，这是我们共同面临的现实课题。应当看到，在我们的实际工作中，有的同志对按照程序办事的重要性认识不足，觉得按程序办事手续多、时间长、效率低、很麻烦。从我会复议、诉讼案件的统计分析情况来看，“程序失当”是引发行政争议的三大主因之一。因此，我们必须认真落实温家宝总理提出的“各级政府及工作人员特别是领导干部，必须树立程序意识，严格按程序办事”的工作要求，切实加强程序法治建设，努力把资本市场的依法行政工作提高到新的水平。为此，我强调以下几个方面的要求：

一是要抓程序完善。在我会现有的程序制度的基础上，要突出重点，进一步完善各项程序制度。对于《行政许可法》、《行政处罚法》等法律中有明确程序规范要求的，要全面梳理我会制定的具体的实施规范，保证不留空白，全面落实。要及时跟踪国家立法的最新进展，对于最近出台的《国家赔偿法》，以及即将出台的《行政强制法》等法律、法规提出的新的程序要求，要提前研究，及时针对我会工作实际，提出实施要求。要围绕立法、决策、执法、监督等各项行政行为，进一步提出程序规范要求，没有相应程序规定的，要尽快补充完善，对已有规定要在实践中不断总结、完善、优化。特别是要充分发挥监管措施及时矫正市场不当行为的积极作用，及时总结实施经验，修改完善《证券期货市场监督管理措施实施办法》，适时作为规章公布，努力实现我会监管执法每一个环节、每一个步骤的规范化。

二是要抓程序执行。要采取有效措施，保障各项程序制度在实际工作中得到切实执行。在立法工作中，要严格按照程序规范，把公众参与、专家咨询、风险评估、合法性审查和集体讨论决定等必经步骤落到实处。今后,规章和规范性文件草案不按程序办理、未经合法性审查的,一律不得提请主席办公会审议。在具体执法中,作出对行政相对人不利的行政决定时,原则上要提前告知,并给予其陈述和申辩的机会,作出决定后,要及时告知行政相对人享有申请行政复议或提出行政诉讼的救济权利。尤其是要用程序严格规范裁量权的行使,不仅要合理设定裁量幅度,细化标准,压缩裁量空间,更要建立健全类似"双审双岗制"、"会议决定制"等约束自由裁量的制衡机制,要把说明理由作为自由裁量决定的必经步骤,保证市场和行政相对人能够最大程度地理解我会行政决定。

三是要抓公开透明。公开和透明是实现程序法治的最可靠的保证。立法、决策要公开征求意见,除涉及保密等法定事由外,全部规章草案和对行政相对人设定义务的规范性文件草案都要向社会公开征求意见。要及时、全面公开执法依据,向社会公布规章、规范性文件,没有公布的、不符合规范要求的"内部文件"、"部门函件",一律不得作为执法依据。要全程公开执法流程,公布执法程序信息,及时更新执法进程,最近,机构监管领域开始试行行政许可审核进程网上公开工作,是一种很好的尝试,要及时总结经验,逐步扩大公开范围。要及时公布各项执法结果,把行政许可、行政处罚、市场禁入、日常监管措施等处理决定,及时告知行政相对人,并按规定向社会公开,让市场知晓。

四是要抓责任落实。严格落实按程序办事的要求,关键是要抓好责任落实。要继续完善辖区监管责任制,落实岗位责任要求,实现责任到岗到人、流程清晰,执法留痕、尽职免责。要切实加强对日常执法行为的监督,落实好行政执法责任制、行政监察责任制的各项工作要求,做好行政执法文书、执法案卷的规范和评查工作,通过落实执法过程监督,努力提升执法规范水平。要完善群众举报投诉制度,高度重视舆论监督,保障人民群众的监督权,对有关问题要认真调查核实,积极引导人民群众通过法定渠道反映诉求、化解矛盾纠纷。对于违反行政程序的执法个案,复议机构要加大监督力度,该改变的改变,该撤销的撤销。对于"程序失当"导致败诉的案件,要认真落实执法责任,依法应当处理的,坚决追究相关人员的责任。

我国资本市场改革发展实践,对资本市场的依法监管提出了更高的要求,我们必须自觉以科学发展观为指导,进一步增强法治意识和程序观念,严格规范执法行为,切实履行法定职责,不断推进资本市场法治化进程,努力为资本市场的改革开放和稳定发展创造更好的法治环境。

## 尚福林主席在依法行政工作新闻媒体采访活动上的讲话

(2010年9月30日)

国务院《全面推进依法行政实施纲要》实施的6年,正好也是我会贯彻落实国务院《关于推进资本市场改革开放和稳定发展的若干意见》的6年。我们在全面推进资本市场改革发展的过程中,认真落实国务院关于法治政府建设的各项工作要求,在依法行政方面做了大量的工作,也取得了一定的成绩。我们在工作实践中深切体会到,市场经济是法治经济,现代政府是法治政府。资本市场必须将法治的要求贯穿于资本市场改革发展的整体进程,落实到资本市场改革发展的全部方面,这样才能真正有公开、公平、公正的市场秩序,才能有稳定持久的市场信心,才能从根本上保护广大投资者的合法权益,资本市场的科学发展也才能有坚实可靠的基础。

依法行政的核心是限制和约束行政权力,立足于这一根本要求,我们着重从以下几个方面抓好依法行政各项工作的落实:

一、立足于贯彻依法治国方略的全局要求，自觉把资本市场的发展和规范全面纳入法治轨道。我们在资本市场改革发展中，贯彻依法治国的全局要求，一是坚持把法律制度作为调节和处理市场关系的基本准则。资本市场是法治市场。有关市场改革措施的安排、权利义务的配置、产品业务的设计都要建立在法律的基础之上，体现为具体有效的法律形式。二是坚持把遵守法律作为市场主体行为的基本规范。参与市场活动的所有主体包括上市公司、证券经营机构、证券中介服务机构、投资者和监管机关，都要遵守法律的规范，自觉服从规则治理的要求。三是坚持把依法行政作为约束监管权力的基本要求。强调用法律和法规监管市场，自觉接受法律对行政权力的限制和约束，确保行政权力授予有据、行使有规、监督有效，树立资本市场的监管公信。

二、立足于市场功能发挥的内在要求，全面夯实市场发展和规范的法治基础。法治是资本市场的"立市之基"。实现资本市场在资源配置中的基础性功能，必须充分发挥市场力量自我约束的作用，尽量减少政府对市场活动和经济主体的干预，切实做到规制适度、边界合理。为此，我们采取了一系列改革措施，完善法律规则、积极推进监管职能转变：一是及时修改法规和规则。在积极推动立法机关对公司法、证券法进行全面修订的同时，依据修订后的法律，对资本市场法规体系进行了全方位梳理和重构。截至目前，我国资本市场现行有效的法规文件共有479件，其中，87%的文件是近6年制定和修订的。二是全方位扩大市场自律范围。6年来，我们已经取消和调整了2/3以上的审批项目，共128项；将上市核准等权力赋予证券交易所，将证券、期货从业人员资格管理下放给证券、期货业协会。三是大力推进证券发行市场化改革。建立由市场中介机构负责上市保荐的制度，取消对股票发行价格的窗口指导，由市场供求双方决定价格，发行制度改革的第一步目标基本实现，正在积极进行第二步的改革。四是发挥中介机构独立把关作用。由中介机构对证券市场重要业务活动进行规范、约束、监督，建立市场主体自我约束机制。

三、立足于市场实践，切实发挥法治对于市场规范发展的引领和推动作用。法律对社会关系的调整不仅具有规范和保障的积极作用，而且具有引领和推动的重要功能。近几年来，我们在资本市场改革和发展的实践中，一是注意用法治的方法引领和推动市场的发展。通过修订完善法律法规，创新具体制度安排，为股权分置改革、创业板市场、融资融券、股指期货、发行定价制度、并购重组制度等改革措施的平稳推出、有序运行创造条件，奠定基础。二是注意用法治的方法引领和推动市场监管。资本市场的违法违规行为，会严重损害投资者的利益，针对资本市场监管工作面临的突出问题，如大股东掏空上市公司、内幕交易、"老鼠仓"交易等违法违规行为，我们推动国家立法机关、司法机关以及其他政府部门，修订出台刑法修正案（六）、刑法修正案（七），打击证券期货犯罪的专门司法解释，以及内幕信息管理制度等，有效打击了资本市场的违法违规行为。

四、立足于落实程序正当和公开透明要求，严格规范监管执法行为。我们注意从行为规范和公开透明等角度入手，全面规范和约束行政行为，不断提升监管执法的公信力。一是健全公众参与制度，确保行政决策规范高效。我会要求重大决策、重大制度建设都必须经过公开征求意见的程序，每周召开一次新闻通气会，回答记者提问，听取社会公众的意见，专门出台了《证券期货规章草案公开征求意见试行规则》，对制定规章和规范性文件要向社会公开征求意见、公开反馈意见，作了强制性要求。二是遵循"程序正当"的理念，全程规范执法行为。程序正当要有相应的程序规则来保障，需要出台专门的程序规定。我会针对监管决策、信息公开、行政许可、日常监管、案件调查、强制措施、案件审理、处罚听证、市场禁入、复议诉讼、信访处理等全部监管执法行为均提出了程序规范的工作要求，专门出台程序性规则160余件。三是强化公开透明要求，全面推进政务公开。我们认真贯彻政府信息公开条例，认真落实主动公开和依申请公开的要求。截至2010年8月底，我会主动公开信息28804件，对于当事人公开信息的申请，全部给予了回复。与此同时，我会证券公司和基金公司相关行政许可从申请受理到做出行政决定的审核流程，全部在网上公开，并明确时限要求，行政许可进展到什么阶段，申请人和社会公众可以在网上查询，从而有效保证了对行政许可的实时监督。

五、立足于权力制衡的机制完善,改革创新执法工作体制。改革创新是资本市场的永恒主题。我们遵循权力制衡约束的理念,下力气约束自身监管行为,探索建立了符合我国现阶段发展水平的监管和执法工作体制。一是实施“查审分离”行政处罚执法制度。违法案件调查由稽查部门实施,创新建立“行政处罚委员会”这一专职机构负责处罚审理,由一批具有法律专业知识背景和市场监管实践经验的委员,借鉴采用法院合议庭集体讨论、合议决定的方式审理案件。二是落实“决策分工”的行政许可实施制度。我们除了要求在审核部门建立起“双人制”、“会议制”等一系列分工制约的工作制度,还在股票发行和上市公司并购重组等市场最为关注的领域,建立了由会计师、律师等市场专业人士组成的“证券发行审核委员会”、“并购重组审核委员会”进行许可审核的制度,委员名单向社会公示,增加其责任感,增强社会监督力度,以确保行政许可集体决策和专家把关,形成了行政许可全流程的有效制约。三是强化“监督制约”的行政复议功能。我会成立了有证监会以外专家参与的行政复议委员会,参与复议案件的审理,保证行政复议工作的独立性、权威性和专业性,有效监督我们的执法工作。6年来,我会共办理行政复议案件150余件,其中作出撤销、变更决定的22件,变更比为14.67%,有效发挥了行政复议对前端执法行为的监督作用。

在全面推进资本市场依法行政的过程中,我们形成了一些有特色的做法。一是大力推进立法。先后推动修订、制定公司法、证券法、基金法和期货交易条例,特别是推动修订刑法严厉打击了侵占上市公司资产、背信行为等犯罪行为,为资本市场的发展提供了坚实的制度基础。随着市场的发展情况的变化,我们还要继续修改完善相关法律法规制度。二是严格规范执法。我们立足于制衡约束行政权力,做了大量的工作,建立查审分离体制、创设了行政处罚委,规范执法程序等,适应了市场发展的内在需要。三是特别强调透明、公开。包括执法依据的公开、行政审核流程的公开、行政决定的公开等,促进提高了资本市场和监管执法工作的透明度,增强了市场对监管机构的监督。四是高度重视普法工作。通过加大投资者教育培训力度,在行政处罚决定中强调“说理”,提高了市场主体的法治意识。尤其是,在立法过程中强调公众参与,在公布草案的同时,通过新闻稿进行解释说明,事实上,征求公众意见的过程也是向社会普法的过程,促进社会对资本市场改革措施和相关制度的理解。通过普及法律工作,资本市场依法运行、遵纪守法的理念、意识得到明显增强。

总的来看,我们在依法行政方面虽然做了一定的工作,但目前的市场还是发展中的市场,受各方面因素影响也比较大,我们所做的工作仍然还是比较初步的。随着资本市场基础性制度建设的不断完善,我国资本市场规模迅速扩大、参与主体大量增加、广度深度不断拓展、产品业务创新日趋活跃,市场运行的环境和基础正在发生重大而又深刻的变化。特别是国民经济发展方式和结构调整的新的形势,对于资本市场的改革发展提出了新的要求。资本市场是规则导向的市场,法治是市场成熟发展的必要条件。我们越是希望市场发展,越是希望市场机制有效,越是需要依靠法治,越是需要强调依法行政。下一步,我们将认真贯彻全国依法行政工作会议精神,落实《国务院关于加快推进法治政府建设的意见》的各项工作要求,努力把中国证监会的依法行政工作提高到新的水平。

## 尚福林主席在第一届“上证法治论坛”上的讲话

(2010年12月4日)

在中国资本市场建立20周年之际,上海证券交易所联合北京大学法学院、中国人民大学法学院、华东政法大学经济法律研究院在这里举办上证法治论坛，回顾资本市场法治建设的历史轨迹，探讨当前法治建设的重点问题，展望未来法治建设的方向，具有十分重要的意义。

以20世纪90年代初上海、深圳两个证券交易所成立为标志，中国资本市场从无到有，从小到大，取得了令人瞩目的成就。截至2010年11月底，沪深交易所共有上市公司2026家，历年股票融资总额约3万亿元，总市值26.43万亿元。投资者参与广泛，股票有效账户超过1.3亿户。今年前三季度，我国商品期货市场成交量为21.47亿手，居全球前列。我国资本市场在完善公司治理、促进资本形成、发现市场价格、优化资源配置、分散市场风险等方面的功能和作用，不断显现，并为各方面普遍认同。资本市场为社会主义市场经济体制的改革和完善提供了重要的、不可或缺的基础性制度安排，具备了在更高的层次上为国民经济和社会发展服务的能力和条件。

我们在推进资本市场改革和发展的进程中，始终重视加强法治建设，特别是2004年国务院《关于推进资本市场改革开放和稳定发展的若干意见》和《全面推进依法行政实施纲要》发布以来，我们始终把不断加强市场基础性制度建设作为贯彻落实科学发展观，促进市场稳定健康发展的基础性工作，坚持把法律制度作为调节和处理市场关系的基本准则，坚持把遵守法律作为市场主体行为的基本规范，坚持把依法行政作为履行监管职权的基本要求。按照“抓法治、推改革、促发展”的工作思路，始终坚持将法治建设作为基础性重点工作来抓，积极推动国家立法机关适时出台或及时修订公司法、证券法、证券投资基金法和期货条例等资本市场基础性法律法规，并以此为基础，狠抓法规体系的建立和完善。截至目前，包括法律、行政法规、司法解释、规章、规范性文件和自律规则在内的资本市场法律制度体系基本形成并不断完善。可以说，20年来我国资本市场的重大改革和发展，都体现了法律制度的变革和创新。资本市场法律制度的不断完善，有效保障了资本市场功能作用的发挥。

一是公司组织法律制度的不断完善增强了上市公司的内生竞争力。资本市场对于企业上市有一整套严格的规范要求，在对企业进行股份制改造的基础上，建立起健全的公司治理机制和信息披露制度，形成股东、市场和社会对于上市公司的监督和制约，促使上市公司持续创造和获取财富以回报股东。自2005年开始，我们按照国务院的统一部署，集中开展了提高上市公司质量的专项工作，重点围绕完善公司治理、健全内部控制、提高透明度、加强激励和约束等方面的问题，进一步完善上市公司组织制度。相关经验为新修改的《公司法》和《证券法》所确认，不仅有效提升了上市公司的内生竞争力，也为全社会的企业组织创新提供了范例和样本。

二是并购重组法律制度的不断完善提升了资源配置的质量和效率。为了适应我国经济发展方式转变的全局要求，我们积极推动修订《证券法》，对上市公司并购重组制度做出重大调整。按照放松收购管制、培育控制权市场的总体思路，改进了全面要约收购制度，丰富了市场化的并购支付工具，建立了一致行动人监管制度等。根据《证券法》修订确立的并购重组法律制度，我们及时制定出台《上市公司重大资产重组管理办法》和《上市公司并购重组财务顾问业务管理办法》，修改《上市公司收购管理办法》，形成了并购重组的法律制度体系，为有效提升并购重组的质量和效率提供了保障。

三是证券投资基金法律制度的不断完善改变了资本市场的投资者结构。为了改变我国资本市场发展初期投资者以散户为主的局面，我们着力发展证券投资基金等机构投资者，推动出台了《证券投资基金法》，并以此为基础建立了比较完整的基金法律制度体系，明确了基金管理公司、托管银行对基金持有人的受托责任，规范了证券投资基金的募集、销售、投资运作及内部风险控制机制，推动了证券投资基金行业的发展。同时，我们还积极协调相关方面制定政策法规，推动保险资金、社保基金以及企业年金进入证券市场投资，推动商业银行重返交易所债券市场，显著改善了资本市场的投资者结构。截至2010年11月底，机构投资者持股占流通A股市值的比例达70%。证券投资基金法律制度的实践同时也为我国资产管理行业的协调发展积累了宝贵的经验。

四是风险防范和处置法律制度的不断完善保障了资本市场安全稳定运行。总结证券公司风险处置工作的经验，我们探索建立了一整套风险处置制度，确立了以“有限偿付”为基础的国家收购政策及证券投资者保护基金制度,建立起证券交易结算资金第三方存管、证券公司净资本监管等制度,并在相关法规中得以确立。在《企业破产法》修订中,我们推动建立了金融机构破产的“三暂缓”制度。同时,我们还推动修改《证券法》规定了“净额结算”、“货银对付”、结算财产履约优先等核心结算原则,确保了证券交易结算系统的安全。这些法律制度的建立,大大增强了资本市场的防范、管理和化解风险的能力。

五是多层次市场体系法律制度的不断完善满足了市场多元化投融资需求。在不断完善主板市场法律制度的同时,我们积极推进中小企业板市场、创业板市场法律制度建设,并以稳步扩大中关村代办转让市场试点为抓手,探索完善场外市场法律制度,建立多层次资本市场法律制度体系,为不同发展时期、不同成长阶段的企业提供了合法的股权融资和转让平台。大力发展债券市场,建立起以发债主体信用责任为基础的公司债券发行制度,为不同投资偏好、不同风险承受能力的投资者提供了丰富的市场产品。稳步推进期货市场基础性制度建设,健全期货品种体系,正式推出股指期货,进一步完善商品期货和金融期货法律制度,期货市场管理风险和发现价格的功能显著增强。

六是发行融资法律制度的不断完善强化了市场化的价格形成和约束机制。我们认真总结我国股票发行先后经历的指标管理、政府推荐、行政审批等不同制度安排的实践经验,推动修改《证券法》,确立了核准制发行融资制度,由专门的发行审核委员会提出审核意见后,证监会依照法定条件核准股票发行申请。近年来,我们不断深化发行体制的市场化改革,发挥市场中介机构的把关作用,实行证券发行上市保荐制度,取消对股票发行价格的窗口指导,建立完善了股票发行询价制度和发行失败制度,逐步培育形成了由市场供求双方博弈的市场定价和市场约束机制。

七是监管执法制度的不断完善维护了“公开、公平、公正”的市场秩序。近年来,我们大力推进执法体制的改革和创新,以统一稽查执法队伍建设为重点,大力加强稽查执法力量。会同公安机关建立专门的证券期货犯罪侦查局,并不断完善工作机制,优化协作模式。创新建立“查审分离”的行政处罚执法制度,优化监管执法的权力配置。在《证券法》修订中赋予了监管机关冻结查封等权力。我们还积极推动出台打击证券期货刑事犯罪、证券侵权民事赔偿的等一批司法政策,有效发挥了司法机关在维护资本市场秩序中的职能作用。与此同时,我们还本着依法行政的理念,严格规范监管权力的行使,对监管决策、监管措施、行政许可、强制措施、处罚听证、市场禁入等监管执法行为提出了程序规范的工作要求,有效提高了监管机关的执法水平。

伴随着资本市场改革发展的实践,我国资本市场法治建设取得了令人瞩目的成绩。有评论认为,近几年中国资本市场的法律制度与成熟市场接轨迅速,在国际上代表了新兴市场的领先水平。公司治理、独立董事、金融机构破产、背信行为制裁、市场禁入措施等大量法律制度创新在有效满足资本市场实践需要的同时,客观上推动了国家民商事、行政、刑事法律制度的进步。我们在工作实践中深刻体会到,法治是推动资本市场改革的主导力量,是实现资本市场规范化运行的必然选择。市场越是发展,市场机制越是有效,交易安排和利益关系越是复杂,越是需要依靠法治。正如有的学者指出的那样,法治不一定是市场初期发展的前提条件,但却是市场成熟发展的必要条件。

第一,法治是发挥资本市场功能作用的内在要求。资本市场的要义在于发挥市场在资源配置中的基础作用,市场机制作用的发挥必须通过法治的方法、依靠法治的手段来实现。只有通过法治才能够保证市场主体公平参与市场竞争,使得各种市场主体都可以依法公平参与到资本市场的投融资活动中来;只有通过法治才能够保障市场交易活动的正常进行,对破坏市场正常秩序的行为依法追究其法律责任,维护公开、公平、公正的市场秩序;只有通过法治明确政府监管市场的职责,才能减少行政管制,充分发挥市场内在规律的作用,充分发挥市场主体自身的创新能力。

第二,法治是深化资本市场改革创新的重要力量。创新是资本市场的动力之源,也是活力所在。创新离不开法治的规范和保障。市场创新在很大程度上是法治创新。市场创新涉及的每一个产品、每一种交易方式,本身都包括权利、义务、责任的安排和分配,是一种或者几种法律关系的集中体现。市场创新还往往涉及对市场利益的重新分配和调整,在推行过程中不可避免地会触动既有利益格局,需要法律在调整市场利益关系方面提供有力的制度保障。

第三,法治是防范、管理和化解系统性风险的治本之策。市场发展的实践证明,系统性风险的产生与法律制度的设计缺陷相形相伴,与监管执法的失效密切相关。系统性风险的防范首先有赖于单个产品的设计、单个业务的安全,需要相关主体在设计产品、制定业务规则时,做到权利和义务关系清楚,权利和责任配置均衡,风险的分担公平合理。系统性风险的监管,需要相应的金融监管法律根据市场发展的需要,及时将一些具有系统重要性的金融机构、产品和市场纳入监管范围。只有将系统性风险的防范、管理和化解纳入法治的轨道,才能守住系统性风险的底线。

第四,法治是树立资本市场监管公信的根本保障。资本市场涉及利益重大,市场的公平性、公正性备受关注。我国资本市场仍然处于"新兴加转轨"的阶段,市场机制发育不够健全,一些市场矛盾还难以由市场自身来解决,市场各方对监管机构公开、公平、公正的期盼要求很高。特别是在当今网络媒体高度发达的社会环境中,资本市场的股民与网民高度重合,任何监管执法行为,都可能引起社会的关注。监管公信的确立离不开法治,只有严格做到依法监管,监管公信才能有根本的保障。

党的十七届五中全会立足于加快转变经济发展方式的全局要求,明确提出了加快多层次市场体系建设,显著提高直接融资比例,积极发展债券市场,稳步发展场外交易市场和期货市场的工作目标和任务。资本市场20年发展的经验告诉我们,资本市场是法治的市场,法治对于资本市场的改革和发展具有十分重要的引导、推动和保障作用。完成"十二五"规划的各项任务,要求我们更加重视法治建设在资本市场改革发展中的重要作用,更加善于运用法治的方法推进资本市场的改革和发展,不断建立完善市场体系、产品业务、发行融资、并购重组、资产管理、监管执法等方面的法律制度。当前和今后一个时期,需要重点做好以下几方面的工作:

一是加快多层次资本市场法律制度建设。要立足于构建统一监管的全国性场外市场,在扩大中关村园区股份报价转让试点的基础上,尽快出台《非上市股份有限公司股份公开转让试行办法》,并抓紧研究制定《非上市公众公司监督管理办法》,确立非上市公众公司监管法律制度。要以提高市场效率、发挥市场功能、保护持有人合法权益为出发点,修订完善《公司债券发行试点办法》,进一步完善债券发行方式、丰富债券品种、优化投资者结构,健全债券交易、结算、信用评级和监管体制,推动建设规则统一、互联互通的债券市场。

二是积极推动基金法律制度的修改和完善。要在认真总结实践经验的基础上,按照既要强化约束、加强监管,又要放松管制、促进创新的立法思路,推动立法机关全面修订《证券投资基金法》。特别是要适应私募基金发展的现实需要,借鉴国际监管经验,按照统一监管标准,防止监管套利的原则,建立适当的私募基金监管制度,为资产管理业务的协调发展创造条件。

三是抓紧制定完善期货交易法律制度。要认真总结《期货交易管理条例》实施以来的实践经验,立足于期货市场的长期稳定发展,明确期货市场的法律定位,完善期货交易和期货风险监管制度,推动立法机关制定出台我国的《期货法》。

四是不断健全上市公司监管法律制度。积极推动制定出台《上市公司监督管理条例》。要立足于我国上市公司监管的需要,加强对上市公司控股股东、实际控制人的监管,建立有针对性的制度安排。要以提高并购质量和效率为目标,进一步完善市场化并购重组制度安排。要统筹研究上市公司退市制度改革,进一步完善上市公司的退出机制。

五是抓紧制定完善资本市场对外开放法律制度。要按照国务院关于上海国际金融中心建设的总体部署,抓紧研究出台《境外上市公司境内首次发行股票并上市试点办法》,积极推进证券交易所国际板市场建设。要在系统总结境内企业境外上市实践经验的基础上,推动修订出台《国务院关于股份有限公司境外募集股份及上市的特别规定》。

六是推动建立专门的资本市场监管执法制度。要尊重监管执法的内在规律,科学总结监管机构有效执法的监管职能和职权配置。要合理借鉴境外成熟市场的经验和做法,务实安排行政监管和司法监管有效衔接,探索建立符合资本市场监管需要的司法专门化制度。要抓紧制定出台证券期货刑事、民事和行政执法的专门司法政策文件,不断优化资本市场监管执法的司法环境。

随着资本市场改革发展的不断深入,市场创新的日趋活跃,资本市场法治建设必然会面临许多新的问题和挑战。有效解决问题,应对挑战,需要我们法学界、法律界和证券期货业界的共同努力。希望大家一如既往地关心和支持资本市场的改革和发展,勇于推动理论创新和实践创新,努力为资本市场法治进步贡献智慧和力量。

# 尚福林主席在“引进法官深化证券执法体制改革会议”上的讲话

(2010 年 12 月 28 日)

经过各方近一年时间的共同努力,中国证监会引进法官挂职担任行政处罚委员会委员,深化证券执法体制改革的工作今天迈出了实质性的第一步。在当前最高人民法院和北京市第一中级人民法院工作任务非常繁重,人手极为紧缺的情况下,此次委派两位具有丰富审判经验、专家型的高级法官到我会交流挂职担任行政处罚委的委员,充分体现了司法部门坚持能动司法,司法为民和服务经济发展大局的理念,对资本市场高度重视和对证监会工作的鼎力支持。下面我就进一步做好证券执法工作讲几点意见。

**一、不断加强监管执法工作是维护资本市场稳定健康发展的根本保障**

今年正值我国资本市场建立 20 周年。二十年来,在党中央、国务院的正确领导下,资本市场改革发展取得巨大成就。目前,我国证券市场股票总市值近 27 万亿,位于世界前列,上市公司超过 2000 家,股票账户开户数已达 1.3 亿户,资本市场在国民经济中的作用和地位日益突出,证券市场已经成为老百姓投资理财和实现财产性收入增长的重要渠道。

监管执法是金融监管工作的重要组成部分,是现代金融监管机构最重要和最基本的职能。此次国际金融危机的发生再一次充分表明了加强金融监管执法的重要性。长期以来,我会始终高度重视稽查执法工作,一直在大力推进证券执法体制改革,不断探索有中国特色的证券执法体制。2002 年我会初步确立了“查审分离”体制,将证券违法案件的调查和审理分别由两个部门独立行使。2006 年,为了适应资本市场快速发展的新形势,根据温总理关于“建立健全有中国特色的证券执法体制非常重要和紧迫”的指示精神,经国务院批准,我会进一步进行了以“查审分离”为核心的证券执法体制改革,设立了专门的行政处罚委员会及其办公室,成立了稽查总队,壮大了稽查力量,实现了案件审理的专门化、专职化和专业化,这在我国行政管理体系中尚属首例,不仅是我国行政处罚执法体制的重大创新,也是我国金融监管体制改革的重要探索,受到各方面的广泛关注和肯定。

四年来,我会共作出行政处罚决定 212 项和市场禁入决定 76 项,对 899 名个人和 142 家机构分别实施了行政处罚,罚没款总计金额近 5 亿元人民币,对 236 名当事人采取了市场禁入措施,查处了许多具有重大社会影响的案件,证监会的执法效率和质量有了明显提高,证券执法的专业性、权威性和社会效果显著提升,改革的效果逐步显现。

随着我国资本市场规模不断扩大,创业板、融资融券、股指期货等新业务陆续推出,上市公司并购重组日趋活跃,证券市场违法违规活动出现了一些新情况,内幕交易、证券从业人员“利益冲突”型违法、新型操纵证券市场以及非法证券投资咨询等活动在各类违法违规行为中的比重逐渐加大。

我会的稽查执法工作面临着一些困难和挑战：一是相关法律、法规的规定比较原则，不够明确，在理解和适用上往往存在不同认识；二是法律赋予我会的调查取证权力比较有限，与当事人利用先进技术手段和跨部门执法协作中的盲区和弱点规避调查、隐匿证据的能力不相称；三是有限的监管资源和急速扩张的市场规模带来的不断增长的监管需要之间矛盾日益突出；四是当事人法律意识、维权意识不断提高，对我会执法的规范性、公正性、权威性提出了更高的要求。因此，如何继续深化证券执法体制改革，建立一种更加高效、公正、权威的证券执法机制，是摆在我们面前的一个重大而迫切课题。

**二、司法部门的大力支持是加强证券监管执法的必要条件**

大力发展资本市场是党中央、国务院做出的战略决策。资本市场的健康稳定发展有赖于各个方面的共同努力，有赖于各个部门的大力支持。长期以来，法院系统对我会监管工作给予了有力支持，推动出台了《审理证券市场因虚假陈述引发民事赔偿案件的若干规定》、《关于审理期货纠纷案件若干问题的规定》以及有关整治非法证券活动等十多件司法文件；在股权分置改革中，积极研究部署各种诉讼风险的预防和化解工作；在证券公司综合治理活动中，全国法院在最高人民法院的指导下，妥善处理了一批证券公司风险处置和破产关闭案件；针对涉及证券交易所和中国证券登记结算公司的案件，明确了集中管辖制度等。去年以来，在打击证券期货犯罪专项工作中，最高人民法院又给予我们大力支持，拟出台有关内幕交易等刑事案件具体应用法律若干问题的司法解释，解决内幕交易等违法犯罪行为认定难的问题，加大对证券犯罪的打击力度。近期还将专门就证券行政处罚相关的证据问题出台专门的司法文件，支持证监会更加规范、有效地执法。北京市第一中级人民法院是对我会具体行政行为进行直接司法审查的法院，对我们各项工作给予的支持帮助同样是非常具体和直接，特别是在审理涉及我会的行政诉讼的工作中，依法支持我会的证券监管工作，维护监管的权威。2009 年，北京市第一中级人民法院在“丁立业案”的审判中，明确肯定了我会对信息披露违法行为责任认定的归责原则，有力支持了我会依法打击信息披露违法行为，保护广大投资者的合法权益，产生了良好的社会效果。像这样的例子还很多，就不一一列举了。

司法部门更加深入地介入和支持证券市场监管工作，不仅有利于在微观层面更好地处理各类证券民事、行政争议，也有利于依法严厉打击证券刑事犯罪活动，维护证券市场秩序，保护投资者合法权益，从而更好地发挥司法机关在维护金融秩序和稳定，保障国民经济又好又快增长，促进和实现社会和谐方面的重要作用。因此，我们真诚地欢迎司法机关在证券执法中发挥更加积极、能动的作用，也希望在证券行政执法与司法之间形成更加深入、紧密和长效的合作机制。

**三、引进法官挂职担任专职委员是深化我国证券执法体制的重要探索**

通过对世界上成熟市场执法体制的研究和比较，我们发现，发达市场的证券监管机构在查处违法案件中，大多都在行政执法程序中引入司法或准司法要素，以确保案件查处的专业化和权威性。例如，美国证交会把稽查部门调查完的案件交由内部的“行政法官”审理；英国和我国香港地区设立专门负责证券违法案件审理的市场失当行为审裁处；法国金融监管局行政处罚委员会中引入法国最高法院和最高行政法院的四名法官担任委员参与案件的审理、处罚；等等，都体现了司法元素有效融入行政监管又保持相对独立、内部监督制衡的特点，对市场监管权威和公信的建立和维系起到重要的作用。参考借鉴境外成熟市场的经验和做法，结合中国的实际，我们希望通过尝试引入法官挂职担任处罚委委员，继续探索适合我国国情的证券执法体制。

今年 9 月，经商最高人民法院，我会就引进法官深化证券执法体制向国务院进行了专报，温总理对此给予高度肯定并作出重要批示。此后，双方积极落实批示精神，深入沟通，紧密配合，使法官挂职担任证监会处罚委委员很快付诸实施。

此项机制的建立，使证券监管与司法部门的良性互动、交流合作迈上一个新的台阶，具有重要意义。

一是司法专业力量充实到我会,既有利于加强我会执法的专业性和规范性,促进执法水平的提升,也有利于从源头上减少行政争议,提高我会执法的权威和公信力;

二是此项干部交流机制将大大增进我会与司法部门的协调和沟通,加强司法部门对资本市场特性和证券执法工作的理解,营造更加有利于证券监管和执法的司法环境;

三是司法部门参与证券期货违法案件的审理工作,可以贴近资本市场监管实践,学习资本市场的专业知识,有利于增强司法部门对证券期货案件涉及法律的理解和把握能力,培养熟悉资本市场情况的司法审判队伍,使司法部门在处理证券期货市场案件以及制定有关司法解释时能够更加符合资本市场实际,更有针对性,从而促进司法审判工作更好地支持资本市场健康稳定发展。

总之,此项机制的建立有利于维护证券市场公开公正的环境和良好的秩序,有利于双方建立更加紧密的行政和司法的良性互动机制,开创了司法部门支持行政执法的全新模式,是司法部门和证券监管部门共同落实科学发展观的一次生动实践。因此,我们必须共同把这项工作做好、做出实效来。

下面,我对如何做好这项工作提几点希望。

一是希望证监会相关部门抓好机制的落实工作。特别是处罚委要积极主动与办公厅、人教部和行政中心沟通协调,确保协调落实好法官委员的工作条件,做好后勤保障和服务;帮助法官委员迅速熟悉和掌握业务知识,更好地了解资本市场和监管工作;妥善安排好法官委员的工作任务,关心法官委员的生活,很好地支持配合法官委员工作,务必实现首批法官委员交流合作开门红。

二是希望法官委员积极发挥作用。来到证监会后,能够尽快融入环境,进入角色,利用专业特长帮助证监会解决疑难个案;更要发挥专业优势,对行政执法中的问题和困难建言献策,同时也要遵守证券监管工作人员廉洁自律的各项要求和纪律。希望法官委员在六个月的挂职期间工作、学习充实,有所收获,回去以后更好地支持证券市场监管。

三是希望双方进一步深化合作,完善机制。希望在总结第一批法官挂职交流经验的基础上,逐步将参加交流干部的范围从最高人民法院、北京市第一中级人民法院扩大到金融证券活动发达地区中级以上人民法院及其他司法部门,使这项干部交流合作机制常态化、长效化。并且,双方要着眼长远,在合作过程中不断完善机制、体制,努力将该项合作实现更高层次的制度化,最终能通过法律固定下来,使之具有更强大的生命力,努力使证券行政执法体制改革取得更大的突破和成功。

## 尚福林主席在资本市场20周年座谈会上的讲话

(2010年12月31日)

今天我们在这里召开座谈会,纪念我国资本市场建立20周年。

建立和发展资本市场,是党和国家为推进我国改革开放和社会主义现代化事业做出的一项重大决策,是建设有中国特色社会主义事业的一个伟大探索。1978年党的十一届三中全会后,随着经济体制改革的逐步推进,对培育和发展股份制提出了迫切需求。1990年12月,在改革开放进一步深化和经济发展的内生需求推动下,我国资本市场的开拓者们勇于突破传统思想束缚,白手起家,艰苦创业,在学习探索的基础上,建立了上海、深圳证券交易所,开创了在社会主义市场经济体制下建设资本市场的先河。20年来,在党中央国务院的正确领导下,在相关部门、地方政府和市场参与各方的共同努力下,我们坚持在探索中前进,在改革中创新、在开拓中进取,在市场培育和建设、规则建立和完善、监管和发展等方面取得了重大突破,我国资本市场已经逐步发展成为社会主义市场经济体系的重要组成部分；坚持从经济社会发展的内在需要出发，不断完善资本市场体系和产品结构，不断完善资产定价、投资融资、资源配置、风险管理等功能，我国资本市场已逐步发展成为与我国经济地位相匹配、具有全球影响力的市场；坚持加强市场基础建设，确立了全国集中统一的监管体系，不断健全公司治理、发行融资、并购重组、监管执法机制，不断完善发行、定价、交易、结算制度，我国资本市场成长为一个在法律制度、交易规则、监管体系等方面与国际公认规则基本一致的市场；坚持积极稳妥地深化改革创新，成功推进了股权分置改革、证券公司综合治理、上市公司规范运作、内幕交易综合防控等一系列综合改革，推出了创业板、股指期货、融资融券、股票发行体制等重大创新，根据行业状况及市场成熟度，有针对性地实施了一系列"请进来"和"走出去"的开放举措，我国资本市场探索出了一条符合市场发展规律和我国国情市情的发展道路；坚持强化和改进市场监管，将维护广大投资者特别是中小投资者的合法权益作为监管工作的重中之重，严厉打击坐庄操纵、恶意造假、内幕交易等违法违规行为，有力维护了公开、公平、公正的市场秩序。

20 年来，伴随着改革开放的伟大历史进程，我国资本市场走过了不平凡的发展历程。今天，我国资本市场已经有 2062 家上市公司，1.3 亿户投资者，106 家证券公司，62 家基金公司，163 家期货公司，股票总市值全球第二，商品期货市场成交量居世界第一位。资本市场在拓宽融资渠道、促进资本形成、优化资源配置、分散市场风险方面发挥了不可替代的重要作用，有力推动了实体经济又好又快发展，成为支持我国经济社会持续健康发展的重要平台。

第一，资本市场的建立和发展是我国经济体制改革的重要成果，资本市场已经成为社会主义市场经济体制的重要组成部分。我国资本市场的规模扩展和发育程度的提高，促进了社会生产要素的商品化进程，促进了明晰产权关系，促进了企业加强经营自主权，规范了企业的经济行为，推动股份制成为公有制的主要实现形式，为社会主义市场经济体制的改革和完善提供了重要的制度安排。

第二，资本市场促进了我国国有企业改革，促进了民营企业建立现代企业制度。资本市场的建立和发展，既有力推动了国有企业经营机制的转换，又为各种经济成分参与国企改革、分享经济增长成果提供了有效途径。经过 20 年的发展，国有控股或参股的重要骨干企业基本都已成为上市公司，国有资产增值效应明显，国有经济的活力、控制力和影响力显著增强。在中小板和创业板的上市公司中，民营企业占比超过 80%，有力促进了民营企业加速发展，推动了民营企业按公众公司的要求建立现代企业制度。可以说，资本市场从机制安排上，体现了"公有制为主体、多种所有制共同发展"的基本经济制度的要求。

第三，资本市场的发展进一步完善了我国现代金融体系，提升了我国经济运行的质量和效率。资本市场的建立和发展，在银行信贷体系之外，为企业发展提供了市场化的资本形成与融资机制，培育了新的金融业态，改变了长期以来单纯依靠银行体系的融资格局，推动了我国金融业向现代金融体系的转变。融资结构的改善，提升了金融体系的效率，维护了金融体系的整体安全。近年来，我国大型商业银行全部完成了股份制改造并成功上市，资本充足率、治理水平和抗风险能力大幅度提升，改善了金融业整体运行质量，为抗御本轮国际金融危机冲击、支持我国经济率先复苏提供了重要支撑。

第四，资本市场提供了资金支持和体制机制支持，增强了我国经济发展的内生动力。资本市场集聚社会资金，充实企业资本，为国家经济发展筹集了数万亿的长期资金。资本市场为中小企业和创新型企业的发展提供更加完善的风险补偿、资本增值和退出机制，通过市场化的方式，加速了各类创业资源和资本资源的有机融合。借助资本市场的平台，大量代表经济未来发展方向的高科技、创新型企业脱颖而出，为推动我国产业结构调整、支持自主创新提供了重要支持。

第五，资本市场推广了现代市场经济理念。资本市场的快速发展，培育了商业信用，拓宽了我国居民的投资渠道，普及了风险意识、金融意识和理财观念，证券和金融投资走进了越来越多居民的日常生活，使社会投资、股权文化、公开透明、公平正义等市场经济基本观念深入人心。

资本市场 20 年来的发展成就，是一批又一批市场开拓者、建设者、参与者共同奋斗的结果。广大亲历这20年发展历程并倾注辛劳和汗水的同志们,所有关心资本市场改革发展并贡献智慧和力量的朋友们,都有充分理由为我国资本市场取得的成就感到欣慰和自豪。20年来,我国资本市场虽经历过不少曲折,但始终坚定向前、蓬勃发展,显示出了强大的生机与活力,初步具备了在更高层面服务经济社会发展全局的条件和能力。我国资本市场富有成效的实践告诉我们:在社会主义初级阶段建设和发展资本市场,必须坚持科学发展观,不断深化对市场经济运行规律、资本市场发展规律的认识,不断深化对资本市场建设重要性、复杂性、长期性的认识,更好地凝聚社会共识,形成发展合力;必须坚持服务经济社会发展全局,以此为出发点和落脚点,使改革的目标、原则、路径与经济体制改革相协调,与经济发展水平相适应,与时代发展要求相促进;必须坚持市场化改革方向,尊重历史,尊重市场,不断优化改革的方法和路径,逐步培育和发挥市场机制的作用,不断健全有利于市场稳定健康发展的体制机制;必须把保护中小投资者合法权益作为监管工作的重中之重,依法监管,依法治市,切实提高市场运行的规范化程度,有效维护"公开、公平、公正"的市场秩序;必须妥善处理成熟市场经验与我国资本市场特点和需求的关系,循序渐进地推进资本市场改革开放,不断提高我国资本市场在开放条件下的竞争实力。资本市场发展的实践是我国改革开放宝贵经验的重要组成部分,我们将始终牢记、倍加珍惜并不断丰富完善。

党的十七届五中全会从战略全局出发,明确提出了"十二五"时期经济社会发展的指导思想、基本要求、奋斗目标、主要任务和重大举措,对深化金融体制和资本市场改革做出了重要部署。作为发挥市场在资源配置中基础作用的重要平台,我国资本市场将肩负更加重要的历史使命。我们要深入贯彻落实十七届五中全会精神,以科学发展观为统领,坚定不移地贯彻党中央、国务院关于推进资本市场改革发展的决策部署,进一步加快资本市场重点领域和关键环节的改革创新步伐,进一步推进资本市场稳定健康发展。

第一,坚持解放思想,勇于探索,努力开创资本市场科学发展的新局面。与成熟市场相比,我国的资本市场总体上仍处于探索阶段。通过深化改革开放、发展创新,推动市场不断走向成熟,还需要一个相当长的过程。要立足于中央全面建设小康社会的战略布局,深刻认识资本市场对于加快经济发展方式转变的重大意义,不断深化对资本市场普遍规律和我国资本市场自身规律的认识;始终保持清醒头脑,注重解决好影响市场功能发挥的体制机制障碍;科学谋划和研究提出下一步推进资本市场改革发展的思路和措施;善于在变化的环境中抓住和用好发展机遇,推动我国资本市场在科学发展的道路上不断迈出新步伐。

第二,全面发挥市场功能,为全面建设小康社会做出新贡献。党的十七届五中全会提出要显著提高直接融资比重,在今后的市场改革发展中要积极提升资本市场的资源配置功能。要运用资本纽带引导和推动生产要素和社会资源向具有竞争力的新兴行业、高成长性企业集聚,积极培育战略性新兴产业发展,促进创新型国家建设。要积极促进市场化并购重组,加快存量资源的整合,通过资本市场平台促进产业结构优化和升级。进一步发挥资本市场在促进资本形成、流转、集聚等方面的作用,不断提高资本市场服务经济社会发展全局的能力。

第三,大力完善市场体系和结构,增加市场的广度和深度。要进一步完善多次层次股票市场体系,逐步形成包括主板、中小企业板、创业板和场外市场在内、结构合理、功能健全、运行高效的市场体系。要加快完善市场融资结构,大力发展公司债券市场,推进债券市场的互联互通,稳步提升债券融资在扩大直接融资中的功能和作用。要有效发挥期货市场在发现价格和风险管理方面的功能,促进期货市场与现货市场良性互动、协调发展。要适应居民收入增长和社会保障改革的要求,进一步优化资本市场税收环境,重视资本市场投资回报,为广大投资者提供参与经济发展和分享经济增长成果的机会。

第四,深化改革创新,为推动市场稳定健康发展提供新动力。改革创新是资本市场前进的动力源泉。要大力改善融资结构,加大市场机制建设和组织制度创新。继续培育以市场为导向的创新机制,让各类市场主体更多的参与到改革创新中来,并成为创新主导力量,不断增强市场改革创新的内在动力。要以服务实体经济作为市场创新的基本前提,扎实做好新产品、新业务、新举措推出前的基础工作，深入论证创新活动对市场的影响，满足经济社会发展的内在要求。

第五，继续加强和改进市场监管，维护经济金融安全。防范化解风险是市场发展永恒的主题。要不断改进监管理念、监管模式和内涵，加强对市场前瞻性问题的研究，健全资本市场应急机制和应急预案，增强监管能力建设。协调推进强化民事责任、行政执法和司法制裁的有机统一，坚决严厉地打击各类违法违规行为，保护投资者合法权益。加强投资者教育，健全市场诚信体系，培育健康股权文化。强化对跨境资本流动的监测和监管，维护市场平稳运行。

资本市场20年来的伟大成就已经载入史册。今天，我们推动资本市场稳定健康发展的任务更加艰巨、使命更加光荣。让我们更加紧密地团结在以胡锦涛同志为总书记的党中央周围，高举中国特色社会主义伟大旗帜，坚持以邓小平理论和"三个代表"重要思想为指导，深入贯彻落实科学发展观，团结拼搏，锐意进取，开创资本市场改革开放新局面，努力为夺取全面建设小康社会新胜利做出新的更大贡献！

# 桂敏杰副主席在期货市场监管工作座谈会上的讲话

（2010年8月25日）

刚才尚福林主席的重要讲话已经就期货市场改革发展所取得的经验、面临的形势和下一步的基本思路进行了全面深刻的阐述，提出了明确具体的要求。召开这次期货市场监管工作座谈会主要有三个目的：一是了解各交易所市场监管工作开展情况，对交易所的监管工作做一个评估；二是交流经验、沟通做法，促进提高交易所的市场监管工作；三是分析形势、统一认识，协调期货市场的监管立场和理念。以后，我们想每年都召开一次这样的监管工作座谈会，集中对期货市场改革和监管工作进行专题研究。下面，我想重点从市场监管的角度谈两方面意见。

**一、期货市场监管工作面临的新形势和新挑战**

刚才，尚主席已经对当前我国期货市场发展的形势进行了全面深入的分析。经过这些年来的规范发展，我国期货市场已经进入了一个新的发展阶段，由此对市场监管工作也提出了更新、更高的要求。以2002年党的十六大召开为划分期货市场发展阶段的时间节点，2002年之前，主要是清理整顿；2002年之后，开始快速发展、规范发展。商品期货的品种数量、成交量、保证金总额、投资者开户数都成倍增长，期货市场已经发展成为一个大市场，在国际上也有重要影响力。同时，期货市场的功能已经开始逐步发挥，对实体经济运行产生了较大影响，期货价格正日益成为企业生产经营决策的重要关注指标。要用"大市场"的概念来看待和认识期货市场，既然已经是一个"大市场"，那么对监管工作的要求也就不同了。这是目前我们期货市场监管工作所面临的一个重要形势。

期货市场集中统一监管体制建立以来，特别是2004年2月国务院《关于推进资本市场改革开放和稳定发展的若干意见》发布以后，市场监管工作取得了积极进展，为期货市场持续平稳健康发展提供了有力保障。主要有以下五个标志性的特点：

（一）市场监管的法制基础得到进一步完善。总体上讲，期货市场法制建设取得了重大进展。2007年4月，国务院全面修订实施了《期货交易管理条例》（以下简称《条例》），新条例赋予了证监会更多新的监管职能。现行的期货监管方面的部门规章有6件、规范性文件有31件，基本上覆盖了期货交易所、中介机构、金融期货业务、高管及从业人员、投资者保障等期货市场的各个方面。目前以国务院《条例》为核心,以证监会部门规章和规范性文件为主体,并通过期货交易所、中国期货保证金监控中心公司和中国期货业协会的若干规则细则予以体现落实的,具有中国特色的期货市场法规制度体系已基本形成。

(二)市场监管的基础性制度得到进一步健全。针对市场和行业的发展实际,大力推进各项基础性监管制度建设。建立了期货保证金安全存管监控制度和期货投资者保障基金制度;以净资本为核心的期货公司风险指标监管制度和分类监管制度;期货开户实名制、统一开户制度和股指期货投资者适当性制度;正在建设"期货市场运行监测监控系统";实施了期货交易所交易、交割、监查、产品上市等主要业务活动的监管工作指引等。

(三)市场监管的体制机制得到进一步强化。2006 年国务院批准设立了中国期货保证金监控中心公司和中国金融期货交易所。2008 年会党委充实了中国期货保证金监控中心公司职能,除保证金监控外,还授权中国期货保证金监控中心公司对期货市场进行监测监控。2009 年中央编办批准我会期货监管机构设置调整,期货监管分设一、二部,分别负责市场监管和中介机构监管。各派出机构大部分都已设立了期货监管处,期货监管的编制和人员较过去有了较大幅度的增长。建立了期货监管的"五位一体"工作机制。

(四)市场监管能力和应急能力得到进一步增强。坚持从严监管,严格执法,切实强化市场监管和中介机构监管,妥善防范和化解市场运行风险,监管的有效性得到增强,监管水平也逐步提高。这些年来,证监会、交易所和其他"五位一体"各方逐步积累了应对突发性事件和妥善处置市场风险的经验和能力,有效地化解了近年来由于国际市场期货价格大幅波动所引发的较大风险。尤其是 2008 年我们成功处置了受国际金融危机影响而导致的"十一"长假后期货市场"百年一遇"的重大系统性风险,保证了期货市场的稳定健康运行。股指期货上市以来,期货市场与证券市场相关各方加强监管协作,总体上实现了股指期货市场的平稳起步和安全运行。

(五)期货交易所规范运作水平得到进一步提升。这些年来,各期货交易所切实履行市场交易组织和一线监管的双重职责,在维护期货市场平稳运行、深化市场培育和投资者教育、服务国民经济发展等方面发挥着独特而重要的作用。作为我会监管力量的延伸,各期货交易所立足防范系统性风险,积极采取多种风险控制措施,加强市场运维管理和一线监管工作,有力维护了市场运行的平稳有序。同时,各期货交易所根据市场发展实际,不断完善产品和业务规则,深入开展产业服务,为促进市场功能发挥发挥了重要作用。此外,各期货交易所切实加强自身建设,内部管理能力、规范运作水平和国际影响力不断提升。

基于会党委对期货市场正处于从量的扩张向质的提升转变的关键时期的这一判断,"十二五"期间,我国期货市场发展的内、外部形势将发生巨大的变化,市场监管工作也将面临着诸多新的挑战。概括起来,我想主要有以下五个方面的挑战。

(一)国际衍生品市场的监管变革带来的挑战。从 2007 年次贷危机爆发至今,美欧各国都在推进金融监管体制改革。目前美国已经通过了新的金融监管改革法案,监管理念和监管思路都发生了很大的变化。如何评估和应对国际衍生品市场监管变革将给我国发展期货等衍生品市场带来的影响,以及如何研判我国期货市场未来发展可能出现的新情况、新问题和新矛盾,比如对高频交易的监管问题,这些都将是期货市场监管工作必然要面临的新形势和新挑战。

(二)国务院、相关部委、媒体和社会各界高度关注带来的挑战。近段时间以来,国务院领导同志对期货市场的发展变化非常关注,对期货市场的运行、监管也有很多批示。股指期货上市以来,期货市场的一举一动受到了来自市场和社会更大范围和更深程度的关注,股民、期民、网民正快速重合,各种或正面的、或负面的多元化的舆论信息正日益成为常态。随着期货市场对国民经济的影响越来越大,社会各界对期货市场的宽容度降低了,期望值变高了,往往一个事件会引起很多的评论。对于上述变化,我们一定要有心理准备,去迎接新环境下的市场监管挑战。

(三)期货市场内外联系日益复杂带来的跨市场监管挑战。从期货市场内部看,农产品期货、金属期货、能源期货和化工期货之间,以及商品期货与金融期货之间,由于面对着同样的会员公司和大致重合的投资者群体,各个市场之间的相互联系和影响日益紧密,期货市场全市场的风险监测、监控和市场监管工作带来的挑战将越来越大。再从期货市场外部看,商品期货市场与商品现货市场之间、股指期货市场与股票市场之间的联动作用和交织影响日益复杂,如何进一步深化跨市场监管的机制和内容,防范跨市场系统性风险是一个重大的挑战。此外,国内期货市场与境外期货市场的联动以及合格境外机构投资者(QFII)即将进入股指期货市场也将给我们的跨境监管合作带来挑战。

(四)监管理念、监管原则、监管标准尚未达成共识带来的挑战。加强期货市场监管的理念在各个监管机构之间还没有统一认识,这种差异性还比较大。各期货交易所之间监管的标准不一致,同样一件事情,这个交易所不能做,那个交易所可以做,这样就出现了"木桶理论"所谓的短板效应。各地证监局在期货监管方面也存在发展不平衡、监管尺度不统一等问题。证监会和交易所的监管职责分工问题还需要进一步磨合。针对期货市场运行和交易特点的监查体系也不尽完善,对违法违规行为进行立案调查的标准、流程和工作机制还没有建立起来。这些都是今后期货市场监管工作面临的艰巨挑战。

(五)期货公司数量多、实力弱小带来的挑战。这些年来,期货市场取得了快速发展,但作为这个市场重要中介机构的期货公司总体上看还是实力比较弱小、抗风险能力低、竞争力不强。这是我们在监管上不得不考虑的实际状况。比如信息安全监管工作,由于期货公司自身实力弱小,灾备之类的很多监管要求都没法严格落实。如何规范发展、做优做强期货公司是下一步监管工作的一大挑战。

## 二、对期货市场监管工作几个重点问题的看法

期货一部、二部分设一年多来,会同各期货交易所、各地证监局、中国期货保证金监控中心公司、中国期货业协会等系统单位和会内相关部门,在贯彻落实《条例》赋予的监管职责、切实强化市场监管和中介机构监管、有效防范市场风险等方面进行了一些有益的尝试,值得肯定。下面,我想就市场监管的几个重点问题谈一些看法,供大家参考。

(一)要清晰和明确期货市场的监管目标

美国商品期货交易委员会这样描述它的监管使命:"保护市场参与者和公众在期货期权交易中远离欺诈、操纵和交易滥用,建设一个公开、富有竞争力和财务稳健的期货、期权市场。通过监管,促进期货市场有效发挥价格发现和风险防范作用,更好地担当起促进国民经济良好运行的重要职能。"这给我们的市场监管一个很重要的启示,就是要打击欺诈、打击操纵和打击交易滥用。会党委多次要求,要把打击市场操纵、防范和化解风险、保护投资者合法权益以及促进市场功能发挥作为期货市场监管的重点。如何进一步清晰、明确期货市场监管的目标,期货一部、期货二部和各期货交易所都要加强思考和研究。

(二)要提升市场运行质量,促进市场功能发挥

当前,期货市场最大的形势就是市场交易量已经非常大,但市场发展的质量还须继续提高,服务企业套期保值和产业发展的能力还有很大的提升空间。目前,交易量急剧增长,但套期保值量没有跟上。如果市场投机气氛日益浓厚,社会上就会质疑这个市场的价值。作为市场交易的中心,各期货交易所的领导要重视这个问题。如果套期保值量能够增加,那么交易量的增长是正常的,交易量仅仅靠压是行不通的。要加强市场监管,坚决抑制市场过度投机,严厉打击市场操纵等违法违规行为,切实防范系统性风险,不断提升市场运行的质量。同时,要进一步根据实体经济的发展需要,修改、完善交易规则,方便企业参与期货市场套期保值,更好地发挥期货市场服务国民经济发展的经济功能。

(三)要加强期货交易所一线监管工作

依据《条例》的规定,期货市场违法违规行为主要有两大类:一类是针对期货公司的,期货公司的违法违规行为过去几年证监会及派出机构查处了很多。另一类是针对交易行为的,这方面目前

还是空白。这里,我想重点强调四个问题:一是交易所对交易违法违规行为的查处负有第一责任。无论是异常交易,还是违法违规交易,交易所具有一线监控的优势,能够发现日常交易中存在的一系列问题,因此,交易所负有调查、监测、判断和报告的主要责任。二是要处理好风险控制和监管的关系。风险控制和监管不是一回事。我们所谈的监管主要是指对违法违规交易行为的监控和查处,这也是交易所的重要职责之一。各交易所要落实好尚主席提出的强势监管理念,不能只抓风险控制,不重视市场监管。三是要正确看待违法和违规的关系。长期以来,期货市场的很多问题都是在交易所层面进行处理,似乎只有违规、没有违法。要研究清楚哪些行为是违规,哪些行为是违法。不能所有的问题都在交易所层面解决,交易所自律监管和证监会行政监管既要明确职责分工,又要衔接顺畅。要有针对性地打击违法违规行为。四是要加强交易所监查队伍建设。交易所要负责监控市场异常交易行为、对异常交易行为进行调查分析、对违法违规行为进行处理和报告、对违法行为还要移送和协助调查等,任务重、要求高。要配备足够的专业市场监控监查人员,为履行好一线监管职责提供人力资源保障。

(四)要强化监管职能,完善监管工作机制

一是要加强期货中介机构合规监管。要在期货公司净资本监管和分类监管的基础上,进一步加大对整个期货行业规范运作的监管力度。要引导、推动期货公司转变经营理念,规范经纪行为,强化专业服务能力,深化客户服务和管理工作。二是要对交易所监管工作建立一个新的评价机制。期货一部要牵头对交易所规则制度的执行情况,以及一线监管的制度建设和工作效果进行评估,不断加强和改进交易所一线监管。三是要组织研究交易所手续费返还的问题。期货一部要牵头组织各期货交易所对手续费返还问题进行深入研究,客观进行评估,研究提出监管思路和实施办法。四是要进一步完善期货监管"五位一体"的监管工作机制。期货一部、期货二部及会机关有关部门,要进一步梳理期货监管方面的工作职责,做到分工明确、配合高效。交易所、证监局、中国期货保证金监控中心公司、中国期货业协会要各司其职,分工协作。

(五)要加强跨市场监管,防范跨市场风险

目前,我们已经建立了股指期货跨市场监管协调小组,经过这段时间以来的运行实践,这套监管机制对于加强股指期货市场监管、防范跨市场风险发挥了积极作用。跨市场监管工作我们没有任何经验可循,要继续加强探索研究。期货一部作为跨市场监管协调小组的办公室,要组织中国金融期货交易所、沪深证券交易所、中国证券登记结算公司和中国期货保证金监控中心公司,对前一阶段的跨市场监管工作进行评估,进一步加强跨市场的数据交换和分析研判工作,更好地促进监管信息共享和监管政策协调。

# 李小雪书记在全国证券期货监管系统纪检监察工作会议上的讲话

(2010年5月6日)

这次会议的主要任务是:认真贯彻落实党的十七大和十七届四中全会精神,按照第十七届中央纪委第五次全会和国务院第三次廉政工作会议的部署,回顾总结2009年以来的党风廉政建设和反腐败工作,研究提出今后一段时期反腐倡廉建设任务,努力开创证券期货监管系统党风廉政建设和反腐败工作新局面。

## 一、2009 年党风廉政建设和反腐败工作回顾

2009 年是很不平凡的一年。面对经济工作和资本市场极其复杂困难的局面，会党委坚持以邓小平理论和“三个代表”重要思想为指导，深入贯彻落实科学发展观，认真学习贯彻党的十七大、十七届四中全会、国务院第二次廉政工作会议和十七届中央纪委三次、四次全会精神，先后 11 次专题研究部署党风廉政建设工作。会党委书记、主席尚福林同志多次对党风廉政建设和反腐败工作作出重要指示。在中央纪委监察部和会党委的正确领导下，各级纪检监察机构按照“服务科学发展、强化两项职能，加大惩治力度、更加注重预防”的工作思路，认真落实《中国证监会关于 2009 年党风廉政建设和反腐败工作要点》，组织召开了传达学习十七届中央纪委三次全会精神视频会、证券期货监管系统纪检监察工作会、贯彻落实中央四个文件视频会等多个会议，把确保监督到位作为全年工作的主题，党风廉政建设和反腐败工作取得了新的成效。

（一）全面履行监督检查职责

贯彻落实中央《关于开展工程建设领域突出问题专项治理工作的意见》。分别召开各证券、期货交易所和部分派出机构工程建设领域突出问题专项治理工作会议，认真组织查找 2008 年以来立项、在建和竣工的建设项目招投标活动等重点环节存在的突出问题，切实做到“一手抓工程、一手抓廉政”。认真落实中央《关于深入开展“小金库”治理工作的意见》，积极开展自查。针对检查中发现的问题，会同会计部等部门及时完善管理措施，强化监督制约。

严格执行中央《关于坚决制止公款出国（境）旅游的通知》。妥善处理好有关单位派员参团出国的问题，坚决杜绝以公务考察为名变相出国（境）旅游的行为。严格控制出国（境）、车辆购置及运行、公务接待等费用支出。

会同法律部、协调部和部分派出机构成立 2 个检查组对 6 个证监局开展执法监察和效能监察，促进了依法行政，落实了行政执法责任制。组织召开部分派出机构效能建设工作座谈会，促进监管部门改善行政管理，提高执行力和公信力。

系统各单位结合实际，通过建立督查制度、“红皮书”运行机制、“三合一”检查制度等方式，认真开展监督检查，提升了监管效能。

（二）领导干部廉洁自律意识有了新的提高

认真开展“每月一课”活动，增强了广大党员干部廉洁自律的自觉性。公开发布《中国证监会工作人员行为准则》，进一步规范工作人员依法行政、廉洁从政行为，在全社会引起较好反响。突出抓好党员领导干部尤其是各部门、各单位主要负责人的教育，组织会机关副处级以上干部和系统在京单位领导参观银监会反腐倡廉警示教育展。联合证监会党校、机关党委、北京证监局组织监管干部到西柏坡参观考察，提高宗旨意识，坚定理想信念。在厦门、河北、黑龙江证监局及中国证券投资者保护基金公司的支持下，积极参与人民银行牵头开展的金融机构反腐倡廉展览筹备工作。会同信息中心在会内网设专栏，开展“扬正气，促和谐”廉政公益广告展播活动，廉政文化建设不断推进。

继续开展“每季一查”活动，严禁领导干部利用职务上的便利谋取不正当利益。认真做好中央纪委部署的 5 项重点工作，对个别违规问题进行了核查。各级党员干部自觉遵守廉洁自律规定，严格执行工作人员禁止买卖股票规定，全面完成会内各部门和系统各单位工作人员股票账户清理工作。这项工作抓得比较早，争取了主动，是必要的。

（三）惩治和预防腐败体系建设扎实推进

认真落实中央纪委《关于贯彻落实〈建立健全惩治和预防腐败体系 2008－2012 年工作规划〉的分工方案》中证监会牵头任务，在中央纪委的支持和指导下，积极开展内幕信息知情人登记制度试点工作。细化分解中央纪委《关于中央和国家机关贯彻落实 2009 年反腐倡廉工作任务的分工意见》，督促相关部门认真完成反腐败工作任务。

认真贯彻中央纪委《关于推进惩治和预防腐败体系建设的检查办法（试行）》。7－8 月份，组

织各部门、各单位积极开展惩防体系建设自查和整改工作。10 月份,成立 3 个检查组,对会内 6 个部门和系统 6 个单位进行了重点抽查。11 月份,按照中央纪委要求,由主管惩防体系建设工作的会领导带队,再次对有关单位进行检查,推动了惩防体系建设各项任务的落实。

围绕权、钱、人等重要领域和关键岗位加强改革和制度建设。会纪委研究制定《中国证监会纪委关于加强监督工作的若干意见》,明确了加强监督的指导思想、工作任务和监督机制。制定出台《关于加强发审委委员监督工作的若干意见(试行)》,加大了对证券发行审核的监督力度。办公厅积极梳理行政许可项目,压缩合并、减少行政许可审批项目 16 项。发行部进一步完善审核人员初审工作底稿、发审委委员工作底稿和检查保荐机构的保荐业务工作底稿,提高了审核工作的规范化水平。机构部在行政许可审核工作中坚持标准、条件、程序全部公开,从受理到最终结果的要求与过程最大限度公开,取得了良好效果。上市部针对市场广泛关注的并购重组审核工作,进一步改进接待制度,开通业务咨询信箱,公开申报程序和审核流程,努力做到审核工作公开、公平、公正。基金部建立了基金产品分类审核制度,简化了审核程序,提高了审核效率。人教部进一步完善专业人才引进机制,扎实推进专业职位聘任制试点和干部竞争上岗工作。其他各部门也都按照会党委和会纪委要求,进一步加强内控机制建设,用制度规范行为。

系统各有关单位积极探索从源头上防治腐败的措施和办法。一些单位积极开展处级干部和中层管理人员竞争上岗以及干部轮岗交流工作,加强了干部队伍建设,防止了用人上的不正之风。一些单位通过制定固定资产采购管理办法等制度,加强了对财政资金的使用管理。一些单位通过梳理排查廉政风险点,建立廉政风险防范机制,有效地预防了腐败问题的发生。

(四)对权力运行的监督制约切实加强

积极配合中央巡视组对我会开展巡视。各部门、各单位领导班子从政治和全局的高度,充分认识巡视工作的重要意义,坚决把思想和行动统一到中央的部署和要求上来,自觉接受中央巡视组的监督检查。

贯彻落实《中国共产党巡视工作条例(试行)》,扎实开展巡视工作,取得了较好的成绩。全年共派出 3 个巡视组,完成对上海、深圳等 12 家派出机构的巡视。加大了对派出机构领导班子及其成员的监督力度,运用诫勉谈话、提醒谈话等手段,发挥巡视的教育、警示和预防作用。在巡视工作中,我们广泛征求意见,特别是广泛听取群众的意见,对巡视中发现的问题,与“一把手”坦诚交换意见。每年的巡视工作结束后,会党委都要听汇报,之后我们才反馈意见。从巡视情况看,各单位班子成员特别是主要负责同志起到了领导核心作用,但也难免出现这样那样的问题。怎样做好日常的监督教育,巡视工作在这方面有突破。对问题要不要见面,有些问题听起来刺耳,但还是见面的好。把问题拿出来,本身是提醒,我们的班子成员要逐步习惯于听到这些意见,绝大多数单位觉得听到这些意见难能可贵。进一步推进巡视工作的规范化、制度化建设,修订完善《中国证监会巡视工作规程》,制定《巡视工作信访件办理程序》、《回访工作程序》等制度。发挥监督合力,加强与会内相关部门的沟通协调,共同研究巡视中发现的问题,提高了改进意见和建议的针对性。认真开展巡视回访,强化了对被巡视单位整改落实情况的监督检查。

前移监督重心和关口,对办公厅、信息中心、行政中心等部门大额资金使用环节以及行政许可、稽查办案、行政处罚等权力集中的重点部门、重点岗位的监督得到加强。以证监会网站改版更新为契机,重新编写行政许可办事指南并在外网公示,政务公开制度进一步完善。

系统各单位坚持“半年一评”和廉政监督卡等制度,进一步扩大社会监督范围,对防范腐败起到了积极作用。

(五)信访举报和查办案件工作力度加大

认真做好信访举报和办案工作。对发现的苗头性问题,及时与有关人员进行谈话提醒;对有关单位和人员的相关问题,组织力量进行核查。

认真开展治理商业贿赂专项工作。根据中央纪委领导批示和金融系统治理商业贿赂协调小组要求,牵头召开“金融机构治理商业贿赂工作联席会议”,为金融机构开展治理商业贿赂专项工作建立了良好的协作配合机制。

认真做好案件协查工作,中国证券登记结算公司纪委积极配合中央办公厅、中央纪委、教育部纪检组以及北京市纪委等单位核查案件21件;稽查局、发行部等部门还选派骨干力量,参与中央纪委专案查处工作。

(六)纪检监察组织建设进一步加强

深入开展“做党的忠诚卫士、当群众的贴心人”主题实践活动和学习王瑛同志先进事迹活动,促进了纪检监察干部整体素质和工作水平的提高。认真贯彻落实《关于加强证券期货监管系统纪检监察队伍建设的若干意见》(以下简称《若干意见》),先后对安徽、青岛、福建证监局纪委书记拟任人选进行考察,严把纪委书记关。加大干部教育培训力度,分4期组织系统28名纪检监察干部参加中央纪委举办的培训班进行集中培训;分3期对派出机构10名纪检监察干部在会纪委监察局分别培训3个月。系统相关单位有的调整充实了纪委班子,有的设置了党办(纪检办),有的配备了专职纪检监察干部,纪检监察机构组织建设得到进一步加强。

一年来,按照确保监督到位的工作主题,反腐倡廉建设突出重点、整体推进,取得了重要进展。同时,我们也必须清醒地看到,当前党风廉政建设和反腐败工作仍然面临着一些新情况新问题,主要表现在:利用行政权力寻租的风险依然存在;利用市场敏感信息为他人谋取利益的现象需要防范;一些重要领域和关键环节还存在制度空白,跟不上形势发展需要;有的反腐倡廉法规制度和政策措施可操作性不强,执行力度不够,存在重制定、轻执行的现象;监管干部的作风建设有待进一步加以改进。纪检监察工作还存在着一些薄弱环节,主要表现在:对如何紧贴监管工作实际,做好监督保障工作的思路还不够开阔;对如何改进方式方法,切实增强反腐倡廉教育的针对性、实效性还缺乏具体措施;对如何创新监督方法、确保监督到位还缺乏有力手段;对党风廉政建设新情况新问题的研究相对滞后,工作前瞻性还比较欠缺;不少单位对反腐倡廉建设中好的做法和经验总结报告还不够及时。我们一定要高度重视这些问题,并切实加以改进。

## 二、认真做好2010年的反腐倡廉工作

2010年是全面贯彻党的十七届四中全会精神、深入推进证券期货监管系统反腐倡廉建设的重要一年。今年的工作要点已经下发,关键是采取切实有效的措施,抓好落实。下面,我结合当前形势,就今年的几项重点工作再谈几点意见:

(一)要以党的十七届四中全会和第十七届中央纪委第五次全会、国务院第三次廉政工作会议精神为指导,进一步加大保障监督力度

今年以来,围绕贯彻落实党的十七届四中全会《关于加强和改进新形势下党的建设若干重大问题的决定》和中央经济工作会议精神,党中央、国务院作出了一系列重大决策部署。按照中央要求,会党委围绕加快转变经济发展方式和经济结构调整,坚定不移地推进资本市场改革开放,在完善市场体制机制,加快市场体系建设,加强市场监管等方面提出了一系列重要措施。为贯彻执行好党中央、国务院的重大决策部署,会党委还先后召开了传达学习十七届中央纪委五次全会精神视频会议、贯彻实施《中国共产党党员领导干部廉洁从政若干准则》(以下简称《廉政准则》)视频会议、党委中心组(扩大)学习会议,对维护政令畅通提出了明确要求。各级党委对此要高度重视,各级纪检监察机构要在党委的领导下综合运用廉政监察、执法监察和效能监察等手段,加大监督检查力度,坚决纠正有令不行、有禁不止的行为。

各级党员领导干部要带头弘扬党的优良作风,下大气力解决突出问题。特别是今年中央对所有中央部门公用经费统一压缩了5%,各部门、各单位要坚持勤俭节约,反对铺张浪费,对公务接待、公车使用、因公出国出境经费严格按要求实行量化指标控制。各级纪检监察机构要认真履行职责,切实加强监督检查,确保各项要求落实到位。

(二)要以深入学习贯彻《廉政准则》为抓手,进一步做好领导干部廉洁自律工作

贯彻实施《廉政准则》是促进党员领导干部廉洁自律一项重要的基础性工作。按照会党委要

求,会纪委制定了"中国证监会关于贯彻实施《廉政准则》的具体规定"讨论稿提交这次会议讨论,大家要充分发表意见和建议。会后,会纪委要认真梳理大家的意见和建议,抓紧修改"具体规定",报会党委审定后下发。各部门、各单位也要结合实际,完善相关措施。特别要对照《廉政准则》中涉及资本市场的内容,逐条加以细化,并认真贯彻执行。最近,有关媒体围绕证监会工作人员涉嫌内幕交易的报道使我们的工作受到社会广泛关注。虽然我们前一段初核没有发现内幕交易行为,但这件事也从另一个方面给我们敲响了警钟,工作人员的亲属买卖股票,违反了纪律要求。对调入证监会时间不长的同志是不是思想麻痹,存在不知、不查、不清理的情况,其他同志是不是存在松懈、灯下黑的情况,我们要及时加强教育提醒,明确高压线不能碰,底线不能破。无论是工作中直接接触到的或通过其他渠道获取的内幕信息,坚决不能外泄,也不能传播。作为监管干部,应该比其他人有更高的规范意识,对监管干部的要求也应该更加严格。每个监管干部的头脑中时刻都要绷紧这根弦,自觉做到不该传的信息坚决不传,不该做的事情坚决不做。今后,发现监管干部利用内幕信息谋取不正当利益或违反规定买卖股票,一定要严肃处理,造成严重后果的,要依纪依法追究有关部门和单位主要负责人的责任。

今年开展廉洁自律工作的重点是深入开展"三学三改"活动,其具体内容:一是认真学习监管人员及亲属不准买卖股票的规定,切实整改违反规定买卖股票的行为。最近我们要组织开展各部门、各单位工作人员和新进人员家属遵守中央关于禁止买卖股票规定情况自查和清理工作。各部门、各单位要认真组织好此项工作,并于5月底前,将自查和清理工作情况书面报告会纪委。"三学三改"活动中再进行复核。二是认真学习监管人员不得泄露内幕信息和传播非公开信息的规定,切实整改利用职务之便谋取不正当利益的行为。三是认真学习公务回避的规定,切实整改有可能发生利益冲突的行为。为搞好"三学三改"活动,会纪委编辑了《证券期货监管系统工作人员党风廉政建设学习手册》,计划出版后召开全系统视频会议,请尚主席作学习动员,会后要下发学习大纲,规定每个月需要学习的重点篇目和整改内容。各级党委都要成立学习领导小组,党委书记或支部书记牵头,纪委书记负责日常工作。学习手册活动后期,全系统工作人员都要签订承诺书,保证已知晓各项规定并按规定执行。按照会党委要求,今后,会纪委会同人教部对新招录的工作人员也要进行这方面培训,培训后也要签订承诺书。

深入开展警示教育。结合证券期货行业和监管系统发生的违纪违法案件,以案施教,以案明纪,警示党员干部认识到教训就在身边、诱惑就在眼前、失足就在脚下,切实增强廉洁自律的自觉性。

认真执行领导干部报告个人有关事项的规定。最近,中央政治局会议审议通过了《关于领导干部报告个人有关事项的规定》和《关于对配偶子女均已移居国(境)外的国家工作人员加强管理的暂行规定》,进一步完善了领导干部报告个人有关事项制度,明确规定领导干部必须报告本人婚姻变化及配偶和子女移居国(境)外、从业等事项,本人有关收入事项,本人及配偶和共同生活的子女房产、投资等事项。各级领导干部要按照两个规定要求,认真执行。

(三)要以开展金融从业人员行为准则执行情况检查工作为契机,进一步探索建立证券期货行业反腐倡廉建设的有效机制

最近一段时期,根据贺国强同志的重要指示精神,我们正在认真开展金融机构从业人员行为准则的监督检查工作。会党委对此高度重视,尚福林同志明确要求,"要认真学习贯彻贺国强同志的重要指示精神和中纪委的工作要求,进一步完善、认真落实证券从业人员(包括上市公司高管)从业行为准则,完善内部控制制度和外部监督机制,组织好检查和媒体宣传工作。此项工作要作为今年我会的一项重点工作抓紧、抓实。"

根据中央纪委要求和会党委部署,行业各机构要重点围绕《反商业贿赂公约》、《证券业从业人员执业行为准则》和《期货从业人员执业行为准则(修订)》开展自查,并将是否从事股票买卖或期货交易、内幕交易、"老鼠仓"和不正当交易行为作为自查重点。要通过自查和集中检查,及时发现存在的突出问题,及时修订和完善从业人员行为准则,进一步规范和约束从业行为。要以这次检查

为契机,结合开展金融系统反腐倡廉建设展览工作,建立正面宣传教育引导机制,充分挖掘从业人员贯彻执行行为准则好的做法和经验以及发现的典型事迹,加大宣传力度,营造舆论氛围,树立从业人员良好形象。

开展集中检查只是一项阶段性的工作,目的是通过全系统、全行业的检查促使行为准则得到更好地执行,通过系统梳理各个环节的业务规则和配套指引,加强内控机制建设。在开展从业人员行为准则的检查中,我们要积极探索建立证券期货行业反腐倡廉建设的有效机制,可以地方证监局为平台,召集辖区内的证券公司、基金管理公司、期货公司参加,探索建立证券期货行业反腐倡廉工作联席会议制度。经常收到市场方面的信访件,反映的主要是一些机构自身经营管理中的腐败问题,这些机构和我们没有任何隶属关系,我们没有直接的监管手段。为此,我们向中央纪委反映,建议证监会派出机构与地方纪检监察机构建立联席会议制度,建立一个平台,共同研究这个问题。中央纪委研究后认为很有价值,何勇和马馼同志已经批准。中央纪委二室想邀请其他室配合,选择部分省市试点,不改变党的隶属关系,增加新的平台,共同研究这个问题。逐步建立重要情况沟通、反馈、报告机制和调研监督机制。必要时,可针对一些突出问题开展联合调查,并将有关情况及时向相关主管部门通报。通过我们的努力,进一步形成证券期货行业风清气正的良好氛围。

(四)要以强化对权力运行的制约为关键,进一步完善反腐倡廉制度体系

一是认真做好巡视工作,切实加强对各单位领导班子及其成员的监督。关于巡视工作,这次会上我们专门安排了一次汇报,希望大家高度重视巡视工作中反映的问题,并切实加以改正。要深入贯彻《中国共产党巡视工作条例(试行)》,进一步完善各项巡视制度,认真总结开展巡视工作试点以来的经验,分析存在的问题。抓紧启动对各期货交易所,中国证券登记结算公司,中国证券投资者保护基金公司,中国证券业、期货业协会等单位的巡视。强化沟通协调和信息共享,敢于和善于发现问题,不断加大巡视成果运用力度。要适当增加巡视回访家数,加大对整改落实情况的督促检查力度。

二是严格执行民主集中制。进一步完善各部门、各单位领导班子议事规则,完善“三重一大”集体决策制度,充分发挥民主决策的作用,绝不允许“一把手”独断专行,个人说了算。各部门、各单位领导班子成员要加强互相监督,经常进行谈心活动,开展批评和自我批评,发现不良苗头,要及时提醒、及时纠正。领导干部要坚持党性原则,勇于揭露和纠正工作中的缺点和错误,自觉克服明哲保身、怕得罪人的好人主义庸俗作风。

三是严格执行公务回避制度。这方面,中央早有规定。今年1月份,贺国强同志在听取中央纪委二室工作汇报时强调,“金融行业与老百姓关系密切,如内幕信息问题,老百姓反映强烈,去年你们查办的几个案件证实了问题的存在。问题的发生,还是制度不健全,要从制度上提出哪些事情领导干部要回避、要禁止。”对中央的有关规定和贺国强同志的重要指示精神,我们要深入领会,切实组织实施。会党委即将讨论《中国证监会工作人员任职回避和公务回避规定(试行)》,文件正式下发后,各部门、各单位要认真组织实施,并结合实际,建立本部门、本单位公务回避的制度规定。通过建章立制和加强制度建设形成监管干部依法依规办事的刚性约束机制。各级领导干部要严格执行回避制度,凡家属、子女和身边工作人员涉及与公共利益冲突的重要情况,该报告的一定要及时报告,该回避的一定要及时回避。会纪委要加强与会党委组织部的沟通协调,做好监督工作。

四是扎实推进惩防体系建设。对我会牵头的任务,要制定出年度工作计划,逐项分解到各协办部门和会内各业务部门。最近,上市部正协调有关中央国家机关和部门,建立内幕交易综合防控跨部门专题工作小组,计划用一个月左右的时间,集中开展调研。全系统各有关部门和单位要积极配合,深入研究内幕信息的产生源头、传递过程和内幕交易的发生环节,进一步扩大内幕信息知情人登记制度试点范围,加强综合防治、协调查处,切实增强执法的有效性和威慑力。

五是积极推进反腐倡廉制度创新,不断深化预防腐败工作。会纪委要会同上市部抓紧修改出台加强对重组委监督的实施意见,进一步强化对重组事项审核过程的监督。同时,要加快研究制定证监会工作人员与离会人员交往规则,建立防止利益冲突的机制。进一步推动行政审批制度改革,

规范行政审批事项和行为。结合开展“小金库”治理工作,严格执行“收支两条线”制度,健全财政资金监管制度,强化账目和现金管理,关键是入大账,坚决切断“小金库”的资金来源,完善治理工作的长效机制。要建立健全保障制度执行的工作机制,加强对制度执行情况的监督检查,严肃处理违反制度的行为,提高制度执行力,维护制度权威性。

(五)要以查办违纪违法案件为手段,进一步落实从严治党、从严治政的方针

进一步加大查办案件工作力度。严肃查处上市公司并购重组过程中领导干部利用内幕信息进行内幕交易或泄露内幕信息的案件;严肃查处监管部门利用行政许可权、稽查处罚权、日常监管权等进行权力寻租的案件;继续深入开展治理商业贿赂专项工作。同时,要注意查处那些职级不高、金额不多、事情不大的案件。做到既严肃执纪,又宽严相济、区别对待,教育挽救犯错误的干部。我们过去的经验是警钟长鸣,加强制衡机制建设,这方面,会内一些部门创造了很多好的经验,值得我们借鉴。

各级党委要加强对查办案件工作的领导,完善组织协调机制。对瞒案不报、压案不办的,要依纪依法严肃认真地追究有关人员的责任。要通过剖析典型案件,发现体制机制制度方面存在的漏洞,及时建章立制,防患于未然,进一步堵疏于已然,充分发挥案件查办工作在治本和预防方面的积极作用。

认真执行中央纪委《关于纪检监察机关严格依纪依法办案的意见》,加强对案件工作全过程的管理和监督。强化案件审理和申诉受理,保证所办案件经得起历史的检验。认真做好信访举报工作,研究制定加强信访督察督办工作制度。对涉及资本市场违规行为的信访举报,要督促有关部门及时办理;对涉及监管干部的信访举报,要加强梳理排查。坚持以事实为依据,以法律为准绳,既要严厉惩治腐败分子不手软,也要注意保护党员干部和行政监察对象的合法权益。

继续深入开展工程建设领域突出问题专项治理工作。根据中央治理工程建设领域突出问题领导小组办公室的部署,系统各单位开展了自查。目前,自查工作已经结束,并进入重点抽查阶段。会纪委已会同会计部成立检查组,开展重点抽查工作。抽查工作结束后,要认真汇总情况,形成检查工作报告,及时报送中央治理工作领导小组。

(六)要以加强纪检监察自身建设为基础,进一步提高纪检监察工作的能力和水平

各级纪检监察机构要在党委的领导下,全面履行职责,加大对反腐败工作的组织协调力度。善于从全局上把握和分析反腐败斗争的形势,从整体上把握反腐败工作的进展情况,及时发现存在的问题,研究对策,给党委当好参谋。要大力加强纪检监察机构领导班子建设。从目前看,2008 年的《若干意见》,大部分落实了,但还有难点。比如,“一把手”兼任纪委书记的问题,不能绝对说不好,还要调研。要选拔党性好、作风正、能力强、威信高的同志担任各单位纪委主要领导,优化班子年龄、知识和专业结构,增强班子整体功能和合力。完善议事规则,进一步提高纪检监察工作程序化、规范化、制度化水平。要大力加强纪检监察队伍建设。证券期货监管系统纪检监察队伍总体上比较薄弱。我到证监会工作时,总人数才 70 多人,垂直监管系统建立后,一些局才 20 多人,现在有的局有 100 多人,在资本市场任务繁重的情况下,我们把力量放在一线监管上,但我们在加强内部监督制约方面有所欠缺,特别是派出机构在这方面困难更多一些。纪检监察队伍是党的工作队伍,存在人数少和各级领导关注业务工作多而对纪检监察工作关注不够有关。我们面对的是世界第三大市场,客观上压力很大,特别是随着监管队伍的发展壮大,也出现了一系列新情况新问题,加强对权力的制约监督本身也需要投入更多的精力,从这方面来说,我们的纪检监察队伍需要加强。短期内可能不会增加更多人员,需要进一步研究和探索现有条件下如何更有效地发挥纪检监察干部的作用。要根据各单位人员情况,探索哪些局需要设专职纪检监察干部,哪些局需要根据工作量对纪检监察干部相对固定一定的时间。要找一些党性好、有威信、熟悉业务工作的同志做纪检监察工作,这样有好处。懂业务,可以找准制约监督的关键部位,确保监督到位;有威信的同志,办事公道。要批评人,首先要团结人。受到批评的人,往往会怀疑你是不是公道。如果一个同志平时和大家关系融洽,有威信,你批评他,他能听得进,能接受你的意见。所以要尽量挑一些得力的同志做纪检监察

工作,使我们的工作上台阶。要探索纪检监察职业特点,注重选调熟悉经济、法律、金融、审计等专业知识的人才充实纪检监察干部队伍。各单位要有专人负责纪检监察工作,按照各单位人员编制情况,适当增加纪检监察干部人数。要以思想政治建设、能力建设和作风建设为重点,坚持用中国特色社会主义理论体系武装头脑,加强业务培训,不断提高政治素质和履行职责的能力。坚持从严要求,加强对纪检监察干部队伍的管理和监督,使纪检监察干部队伍思想政治建设进一步加强、能力素质进一步提高、作风进一步改进、创造力凝聚力战斗力进一步增强,自觉做到对党和国家无限忠诚、对腐败分子和消极腐败现象坚决斗争、对广大干部和群众关心爱护、对自己和亲属严格要求,树立可亲、可信、可敬的良好形象。

**三、加强领导协调,把党风廉政建设和反腐败工作的各项任务落到实处**

一是把党风廉政建设和反腐败工作摆上重要议事日程。各级党委要进一步增强忧患意识和责任意识,坚持"两手抓、两手都要硬",坚决贯彻党中央、国务院、中央纪委和会党委有关方针政策和反腐倡廉工作部署,把党风廉政建设和反腐败工作纳入监管业务工作的整体格局之中,通盘考虑,统一部署。对反腐倡廉工作中出现的新情况,绝不能不闻不问,要及时掌握、认真分析,有针对性地提出工作思路,采取有力措施切实加以解决。对反腐败工作中出现的重大问题,要及时向会党委、会纪委报告,并提出对策建议。

二是严格执行党风廉政建设责任制。各级党委要进一步加强对党风廉政建设工作的领导,发挥好总揽全局、协调各方的作用,使反腐败领导体制和工作机制有效运转起来,营造齐心协力反腐败的工作局面。党委主要领导要切实履行第一责任人的政治责任,管好班子,带好队伍,重大问题要亲自过问、一抓到底;班子其他成员也要根据分工,抓好自己职责范围内的反腐倡廉工作,真正做到"一岗双责"。会内各部门以及各单位业务处室要按照责任分工,发挥职能优势,从业务特点出发,针对容易滋生腐败行为的关键岗位和重点环节,完善管理,健全制度。各级纪检监察机构对牵头负责的工作要认真组织实施,并协调其他牵头部门抓好任务落实。

三是切实加强纪检监察工作的领导。各级党委要定期听取纪检监察工作的汇报,指导和支持纪检监察机构开展工作。对纪检监察机构在工作中遇到的重大问题和实际困难,要及时研究并认真加以解决。最近,中央纪委连续印发了《关于加强和改进中央企业和中央金融机构纪检监察组织建设的若干意见》和《关于进一步加强和改进纪检监察干部队伍建设的若干意见》两个文件。希望各级党委按照两个文件要求,进一步加强纪检监察机构组织建设,注意从业务骨干中选拔优秀人才到纪检监察机构工作,积极推动纪检监察工作人员向业务部门和处室的轮岗交流。对作出突出成绩的优秀纪检监察工作人员,及时予以奖励,适时提拔使用,努力建设一支政治坚强、公正廉洁、纪律严明、业务精通、作风优良的高素质纪检监察干部队伍。

今年的反腐倡廉工作任务十分繁重,特别是最近社会舆论不平静,我们一定要按照中央的部署,在会党委的正确领导下,全面贯彻落实科学发展观,开拓进取,扎实工作,为促进资本市场稳定健康发展作出新的更大贡献。

# 庄心一副主席在证券行业风险处置总结会上的讲话

(2010年9月25日)

在国务院的坚强领导和有关部门、司法机关、地方政府的大力支持配合下,经过近七年的艰苦奋战和不懈努力,证券公司风险处置主要工作已经圆满完成。今天,我们一起共同回顾近七年来的艰辛历程和丰硕成果,深化对风险处置工作的认识,总结经验教训。同时进一步明确后续工作安排,要求大家再接再厉,继续保质保量地完成后续遗留事项和配合司法破产工作,确保风险处置后续工作有机纳入日常监管,切实巩固风险处置成果。

## 一、证券公司风险处置工作的简要回顾

我国证券公司是在经济体制转轨过程中,伴随着证券市场的探索、发展而产生和快速成长起来的。由于经验不足、管理不力、内外部约束机制不健全等多方面的原因,逐步积累了不少问题和风险。多数证券公司背负着沉重的历史包袱,挪用客户交易结算资金和债券、违规代客理财、非法操纵证券交易价格、账外经营等问题比较普遍,有的甚至十分严重。进入2002年后,随着市场的持续低迷,多年积累的风险从2003年下半年开始集中爆发,来势很猛,情况复杂,事态紧迫,证券公司面临自产生以来的第一次行业性危机。全国132家证券公司,共计3000多家营业部,分布在36个省、市、区,部分公司管理已经失控,营业部风险随时可能爆发。其中,南方、“德隆系”等34家公司的资金链已经断裂。据事后摸底统计,2003年底全行业存在客户交易结算资金缺口640亿元,违规资产管理1853亿元,挪用经纪客户债券134亿元,股东占款195亿元;超比例持股99只,账外经营1050亿元;84家公司存在1648亿元流动性缺口,是当时行业实有净资产的2.8倍。证券公司风险已经严重危及资本市场的安全,并波及社会稳定,成为制约资本市场发展的突出问题。

国务院领导对证券公司的问题和风险高度重视,及时作出了一系列重要指示,并多次召开专题会议,听取情况汇报,研究应对之策,要求积极稳妥地处置高风险证券公司,采取综合性措施对证券行业进行全面整顿和规范。面对严峻的形势,证监会党委坚决贯彻国务院的要求和部署,果断决策,建立机制,组织力量快速有力地采取了一系列风险处置措施。继2003年12月撤销新华证券后,2004年1月我会对南方证券实施行政接管,正式拉开处置高风险证券公司的序幕。随后几个月又陆续处置了“德隆系”和闽发证券等高风险证券公司。通过这些措施,有效控制了个案风险向外部蔓延和冲击,为集中处置高风险证券公司积累了经验、赢得了时间。在总结个案处置经验的基础上,2004年5月,我会出台了《证券公司风险处置特别处理办法》,确立了处置高风险证券公司的工作机制。

在应急处置高危公司的同时,为了给证券行业提供足够的自我解决问题的空间,同时又能准确掌握全行业风险底数和经营状况,我会报经国务院同意后对全行业实施了“讲实话、真整改、定责任、给时间”的政策,自2004年8月开始采取公司自查、年报审计和证监局核查相结合的方式,全面深入地开展证券公司摸底和整改工作,鼓励各证券公司在规定时间内如实报告风险状况,切实进行整改;对于继续弄虚作假、隐瞒情况的公司坚决予以查处。到2005年10月,摸底工作结束,证券公司底数基本清晰。这一政策的实施使得监管部门第一次全面彻底地掌握了行业的风险状况,实现了行业风险的新老划断,明确了责任边界。在此基础上,我会着力推动证券公司主动纠正违规行为,弥补客户交易结算资金缺口。到2006年10月,101家公司完成整改,达到合规标准。因此,在风险处置过程中,除资金链断裂、顶风作案、拒不交底、未能按期完成整改的公司被依法予以处置外,所有能如实报告风险状况、切实进行整改的公司都获得了合理的政策空间和充足的时间,依靠自己的努力,平稳妥善化解了各自的风险。

在责任追究上,我会坚持实事求是原则,对相关责任人员的处理实施了“五个区别对待”的政策,即“救火的”与“放火的”区别对待,缩小风险的与扩大风险的区别对待,职务行为与个人行为区别对待,交底整改与不交底整改区别对待,配合风险处置与不配合风险处置区别对待。上述区别对待政策具体体现了“过罚相当”的原则,极大地调动了高风险公司相关人员交底整改、配合工作的积极性,促进了风险处置工作的平稳开展,同时又为运用行政、司法手段依法惩处违法违规责任人员提供了合理客观的事实依据。

证券公司风险处置直接涉及为数众多的证券公司客户、员工、债权人和股东的切身利益。为明

确金融机构风险处置的债权偿付政策，2004 年 9 月 30 日，国务院批准颁布了《个人债权及客户证券交易结算资金收购意见》，明确了“依法清偿、适当收购”的原则，并实施了对个人债权打折收购、对客户交易结算资金全额收购的政策。打折收购政策的实施意味着市场信用基础的重大改变，是对以往金融风险处置债权偿付机制的关键性突破，意义重大，但对证券公司风险处置则是一场严峻的考验。针对收购政策实施过程中突出的敏感类债权等机构债权、机构名义个人债权以及打折收购等涉及稳定的问题，国务院办公厅先后发布了《关于贯彻实施个人债权及客户证券交易结算资金收购意见过程中进一步做好社会稳定工作若干意见的通知》、《关于做好证券公司风险处置和破产过程中稳定工作的通知》，要求各有关部门、地方政府切实做好风险处置过程中的维稳工作，并明确了相关问题的处理原则。在风险处置期间，针对执行过程中的各类具体情况，本着求真务实的精神，我会单独或会同有关部门共出台了各类指导性文件 70 多个，陆续制定完善了风险处置的各项工作规则和政策机制，涉及账户清理、个人债权及客户交易结算资金收购、证券类资产转让、员工安置、中介机构选聘、司法破产衔接、责任追究以及维稳工作等各个环节，形成了完整配套、操作性强、前后一致的收购政策体系。2008 年 4 月出台的《证券公司风险处置条例》对上述做法进行了固化并将其上升到行政法规的层面，为风险处置工作提供了法律依据。

在边实践、边摸索、边完善和不断总结、积累经验的基础上，为干净彻底化解被处置公司风险，防止久拖不决或遗留后患，我会认真开展了风险处置收口工作，并最终确立行政清理后转司法破产为主要收口模式。我会配合最高法院于 2005 年和 2007 年先后两次召开法院审理证券公司破产案件座谈会，明确证券公司破产案件受理的 8 个条件，以及破产案件审理过程中管理人指定、债权申报等疑难问题的处理原则，推动 26 家被处置证券公司顺利进入了司法破产程序，实现了行政清理与司法破产的有效衔接。此后，最高法院又发布相关司法解释，就案件审理过程中出现的个别法院认定客户交易结算资金，债权人主张托管公司或证券类资产受让公司承担被处置公司债务等问题明确了处理意见，依法维护了风险处置相关政策的统一性。

在各方、各地的共同努力下，总共处置了 31 家证券公司，重组了 27 家证券公司，证券行业除以拨备、冲销等方式化解大量历史风险外，通过国家收购方式弥补了 245.6 亿元客户交易结算资金缺口，收购个人债权 120.6 亿元，涉及 1153 万个账户和 26 万名个人债权人，转移了 700 多万客户，安置了 1.78 万名员工，179 名责任人被行政处罚或市场禁入，102 名责任人被追究刑事责任，处理上访事件 1.53 万件，接待上访人员 18.37 万人次。在风险处置的全过程中，大家始终如一，坚持依法合规办事，坚持务实周密工作，坚持协作配合，既牢牢坚持原则，维护了监管的严肃性和政策执行的一致性，又基本避免了重大群体性事件和恶性个案，维护了社会稳定大局。

风险处置是手段，制度建设是基础，行业发展是目标，只有行业健康持续发展才是防范化解风险的最好保障。我会在集中处置高风险公司的同时，全面启动了全行业的综合治理，要求风险处置、日常监管和推进行业发展三管齐下，鼓励证券公司在业务和管理等方面合规开展创新活动。2005 年 7 月，国务院办公厅转发我会《证券公司综合治理工作方案》，明确化解风险和制度建设同步推进，加强行业监管与鼓励创新发展有机结合，并要求各地区、各部门积极支持配合。我会以此为契机，在有关方面的支持配合下，一方面督促证券公司切实整改，坚决处置了一批拒不整改或整改无望的高风险公司；另一方面深入查找制度的薄弱环节，有针对性地改革完善了客户交易结算资金存管、国债回购交易结算和资产管理业务等基础性制度。同时，指导中国证券业协会组织业内专家严格按照标准开展创新类和规范类证券公司评审工作，支持规范经营的证券公司正常发展，支持优质公司在风险可测、可控、可承受的前提下，推出新产品，试办新业务，拓展业务空间，改善盈利模式。通过分类监管、区别对待，引导激励证券公司规范经营，在当时起到了改善证券公司形象，推动行业资源向优质公司集中，支持其做优做强的积极作用，也为日后改进完善监管机制，提高监管针对性、有效性提供了有效经验。

经过综合治理，证券公司彻底甩掉了困扰已久的沉重包袱，基本根治了“散、乱、差”等顽症痼疾，重获新生，面貌一新，发展环境全面改善。2007 年 8 月，尚福林主席在证券公司综合治理工作总结表彰视频会议上,对证券公司综合治理工作进行了全面总结,指出综合治理取得了三项主要成果:一是证券公司历史遗留风险彻底化解,财务状况显著改善,合规经营意识和风险管理能力明显增强;二是证券公司监管法规制度得到完善,基础性制度的改革取得实质进展,日常监管、市场退出和投资者保护的长效机制初步形成;三是监管队伍得到了全面锻炼,监管的有效性、针对性明显增强,监管权威大大提高。这三大成果的取得,有力地推动了资本市场的改革与发展,并为证券公司常规监管工作的开展打下了扎实的基础。据统计,2007 年底全行业净资本为 2977 亿元,较 2004 年底增长了 565%;2009 年底全行业净资本达到 3832 亿元,较 2004 年底增长了 755%。近几年,全行业健康持续发展,风险始终控制在较低水平,在前几年股市大幅波动和应对国际金融危机过程中,较好地规避了风险,为稳定资本市场发挥了良好作用。综合治理工作获得了全市场、全行业的广泛好评,也得到了国务院领导同志的充分肯定。这一历史性的重要成果来之不易,其中饱含着我们风险处置战线全体同志的心血与奉献。

## 二、证券公司风险处置工作的主要体会

"前事不忘,后事之师。"我们回顾风险处置工作和成就关键在于深刻总结分析风险的成因和风险处置的经历,从中获得启发与借鉴。下面我就此谈几点体会:

一是制定明确可行的政策法规,坚持在实践中不断完善基础性制度并一以贯之地落实,是风险处置和风险防范的基础。

法律法规和基础性制度不健全是导致行业风险的重要原因之一。制定完善的政策法规、改革基础性制度,既是处置、防范和化解风险的重要措施,也是加强监管、促进发展的重要前提。证券公司风险处置初期,只能采取"一事一议"的方式进行处理。随着风险处置工作的不断深入,实践中逐步形成了操作性较强的风险处置政策法规体系。同时,对客户交易结算资金存管、资产管理、国债回购、账户管理等基础性制度的改革,也彻底解决了那些危害市场和行业发展的老问题,从制度上形成了防范风险的屏障。各项政策法规的出台和不断完善,并在执行中始终一贯地坚持一致性、严肃性,使风险处置工作从被动走向主动,从个案走向统一,从探索走向规范,最大程度地保护了广大投资者和债权人的利益,也为常规监管提供了充分有效的支持和保障。

二是建立透明高效的工作机制,是风险处置高效、平稳展开的保障。

证券公司风险处置是我会第一次集中众多资源展开的大规模行业治理行动,如何有效地组织力量高效地开展工作,保证涉及社会各方重大利益的政策执行能够实现公开、公正、公平,成为风险处置成败的关键因素之一。没有透明高效的工作机制,风险处置工作就难以顺利推进。风险处置初期,我会及时设立风险处置办公室作为风险处置的统一组织协调机构,同时改组沪、深专员办为专职风险处置机构,加强风险处置现场协调指导力量。每处置一家证券公司,即成立工作组、托管组、行政清理组、稽查组,公安部门成立专案组,五个小组既各有侧重,又在统一政策和要求下互相协助配合,形成了"五组联动"的高效工作机制。为解决被处置公司疑难账户定性等复杂问题,我会建立了行政清理组、工作组(专员办)、风险办、"五人小组"和部际会议等"五级论证"定性机制,对于疑难问题逐级论证,严格把关,所有政策、规则一旦确定,就严格执行,不论压力多大,也绝不"特殊"处理。由此既保护了投资者和债权人的合法权益,又维护了国家政策的严肃性、统一性。特别是"五人小组",对证券公司风险处置中疑难账户论证和重大复杂问题的处理发挥了重要作用。实践证明,上述工作机制是风险处置工作能够公开透明、运作高效、平稳展开的有力保障。

三是监管工作和风险处置离不开各有关部门、地方政府和司法机关的大力支持、通力合作。

证券公司风险具有外部性、公共性和突发性的特点,对其处置单靠监管部门及其委托的托管清算机构力量难以实现。其中,处置工作需要平稳的司法环境,最高人民法院及时下达的"三中止"司法保护措施有力支持了处置工作的有序开展;处理债权需要收购政策和资金,人民银行、财政部的支持和把关非常重要;债权甄别、机构名义个人债处理、维护稳定以及解决各类社会性问题要依靠地方政府;打击惩治证券犯罪离不开公安部门和各司法机关;维持被处置公司的运转,防止非正

常冻结、扣划,实施破产清算必须依靠各级人民法院。鉴于证券公司风险处置的特殊性和复杂性,我会积极主动与各有关部门和地方政府沟通协调,建立信任,形成共识,取得支持,实践中逐渐形成了跨部门、跨地区的高效务实的协作机制,顺利解决了客户交易结算资金缺口弥补和个人债权收购、机构名义个人债处理、责任追究、维护稳定、司法破产衔接等诸多问题。患难见真情,我会在风险处置过程中也与各有关部门和地方政府的同志们结下了纯洁、宝贵的战斗友谊,并为更多、更久的协作支持打下了良好基础。

四是引入中介机构,建立市场化的处置机制,对降低行政处置成本、提高处置效率、保证风险处置顺利完成,发挥了重大作用。

证券公司风险处置引入市场中介机构具体参与,并制定了中介机构选聘、考核、激励等一系列制度,先后共有3家资产管理公司、16家证券公司,13家律师事务所,4家会计师事务所作为托管清算机构参与了处置工作。中介机构的积极参与,在处置证券公司风险中发挥了不可替代的作用,不仅弥补了监管人力的不足,增强了工作的专业性,也有助于风险处置得到各利益相关方更多的理解和认可。同时,为解决资金保障问题,国务院批准设立了中国证券投资者保护基金公司,建立了从证券市场筹集资金收购客户交易结算资金缺口和个人债权的机制。证券投资者保护基金取之于市场,用之于市场,降低了国家处置风险的成本。这种在人员、资金上引入市场机制,以市场力量化解行业风险的长效机制的建立,极大地提高了风险处置的效率,对其他金融领域也有很好的借鉴意义。

五是行政清理与司法破产有效衔接是现阶段处置金融风险的有效模式。

金融企业发生重大风险后如何进行处置,处置后如何最终实现收口一直是个现实难题。证券公司风险处置既要迅速果断开局,又要干净利索收口。由监管部门先期实施行政清理后再由法院受理破产是破解这一难题的有效模式。两个阶段,两种程序,但针对的是同一对象,要实现的也是同一目标。我会与人民法院紧密协作,优势互补,良性互动,高度重视风险处置收口中行政清理与司法破产的衔接工作。最高法院明确了证券公司破产案件的受理条件和审理过程中疑难问题的处理方法;我会将受理条件作为行政清理工作的主要标准,并尽全力做实做好。监管部门与人民法院的紧密配合实现了行政处置与司法破产的无缝衔接,确保了风险处置收口的顺利完成。

六是政策出台应充分考虑市场主体的承受能力,在保护投资者利益、维护社会稳定和防范道德风险之间寻求合理平衡。

在证券公司风险处置中,国家对个人债权采取了“依法清偿、适当收购、区别对待、逐步收紧”的打折收购政策。打折收购政策开创了金融机构个人债权不由国家全额买单的先河,标志着市场信用机制的基础由国家信用向公司信用的转变。逐步收紧的打折收购政策的实施,对投资者进行了一次风险警示教育,较好地实现了保护中小投资者利益、维护社会稳定与防范道德风险之间的合理平衡,为平稳有序处置证券公司风险创造了必要条件。通过政策的实施,投资者自我保护和风险自担意识得到明显提升。

七是诚信合规经营是证券公司的生命线,必须始终对证券公司违法违规行为采取零容忍态度,净化行业生态。

综合治理以前,不少证券公司缺乏诚信稳健经营的理念和健全的公司治理以及内部控制机制,管理制度形同虚设,甚至认为只有违法违规才能生存。在这种理念支配下,证券公司挪用客户交易结算资金、保本保底委托理财、操纵证券交易价格等现象相当普遍。通过综合治理,我会对证券公司进行了全面而严格的清理整顿,对违法违规行为予以坚决打击,对于拒不整改的公司坚决予以处置。被处置证券公司的惨痛教训促使证券行业普遍转变了经营理念,将合规经营作为内在要求,注重内部制度建设,健全业务流程和客户管理制度,内部控制机制逐步完善。经营理念的转变,助长了证券公司合规经营意识,行业生态得到净化,对于证券行业的长远健康发展具有重要意义。

八是不断成熟的监管队伍和中介机构,是资本市场稳定健康发展的客观需要。

风险处置工作涉及面广、敏感度高、政策性强,工作时效紧、头绪多、任务重,这对于广大监管干部来说,既是一场严峻的考验,又是一次全面的学习和锻炼。通过风险处置,大家充分认识了证券公司风险的成因,对证券公司有了全面深入的了解,对监管工作的理解更加深刻,应对复杂局面、处理复杂问题的能力得到提高。参加风险处置的中介机构也通过行政清理、托管等工作,对政策执行的严肃性认识更加深刻,对证券行业的经营管理更加熟悉,对市场的运行规律把握更加准确,职业操守和专业能力得到提升。

九是必须始终将保护投资者合法权益置于一切监管工作的核心。

保护投资者合法权益是证券监管的基本目标之一,也是风险处置工作平稳推进的前提。通过风险处置,我们有针对性地改革完善了投资者保护的相关措施,完善了证券公司常规状态下的监管制度和经营失败状态下的处置规则,充分体现了保护投资者合法权益的宗旨。目前在证券公司监管工作中已形成了以诚信与资质为标准的市场准入制度、以第三方存(托)管为基础的客户资产保护制度、以信息真实透明为目标的信息公开披露制度、以净资本为核心的经营风险监控制度、以营销活动为主要载体的投资者教育和客户适当性管理制度、以“依法清偿、适当收购”为原则的投资者补偿制度六个方面相互配套的投资者保护措施,在实践中也取得了良好效果。这种以投资者合法权益为核心的监管理念和经营要求,也赢得了市场广泛认同,证券公司的整体形象明显改观。

证券公司风险处置工作是我国证券行业发展历史上的第一次,它既是一场难得的监管实践,也是一本厚重的教科书,它带给我们的启示远远不止这些。证券公司风险处置深化了我们对资本市场发展规律的认识,丰富了我们对监管有效性的理解,其留下了深刻的经验教训,值得大家牢牢记取。

## 三、善始善终做好各项后续工作,切实巩固风险处置成果

当前,证券公司风险处置的主要工作已经完成,但我们也应清醒地认识到,被处置证券公司一些后续事项尚需时日,配合破产审理工作仍在进行中。这些工作处理不当将会损害已经取得的风险处置成果,有的甚至会产生颠覆性的影响。因此,各相关单位必须恪尽职守、再接再厉,越到后期越要缜密、越要扎实,要将各项后续工作平稳周密地纳入日常监管,落实到各个相关单位,巩固来之不易的风险处置成果,切实做到善始善终。

关于后续工作的安排和要求,风险办、专员办、保护基金的同志将会具体布置。我简要地讲以下三点意见:

一是相关各方要毫不动摇地坚决维护风险处置政策的统一性和严肃性。在处理遗留问题过程中,遇有重大或共性的问题应及时报告;对苗头性问题要做到早发现、早分析、早解决;对疑难个案要及时沟通、准确处理、不留后患,决不允许因个案处理不当引起对风险处置政策的质疑。在后续工作中,各方要共同坚持政策的一致性、连续性和严肃性,要严格按已确定的政策办理,严防出现执行不一和政策反复的情形,这是一条纪律,各相关单位和人员必须严格遵循。

二是要将风险处置后续工作有机纳入日常监管。对风险处置后续工作,不可有丝毫的麻痹大意、松劲懈怠,不能出现模糊地带与脱节现象。风险办要继续统筹协调有关各方按照统一的工作安排,准确平稳地处理好各类后续事项,做到历史情况清楚、处理标准和流程统一、主体和责任明确,确保工作质量和效率。沪、深专员办和保护基金公司要保持良好工作状态,继续发挥中坚作用,尽心尽责完成各自工作任务。各行政清理组组成单位、各证券类资产受让公司要根据委托协议和有关职责要求,认真负责做好后续工作。各相关证监局要配套安排好后续工作,按照有关要求,切实履行好风险处置后续事项的一线监管职能。

三是要认真做好配合人民法院的破产案件审理工作。我在2007年南宁会议上强调过,配合支持人民法院的审理工作就是我们的本职工作,人民法院的审理工作终结之日才是我们行政处置工作任务彻底完成之时。在后续工作安排和执行中,必须保证此项工作落实到位,不留空白。

在党中央和国务院的正确领导下,经过大家的艰苦努力,证券公司风险处置的主要工作已经顺

利完成。相信大家一定能够善始善终做好各项后续工作，切实维护风险处置成果，真正做到不为自己留遗憾，不给未来留后患，由此为中国资本市场的改革开放和稳定发展奉献上我们的一份赤诚，尽到我们应尽的一份义务。

# 姚刚副主席在北京市第二届律师论坛上的讲话

（2010年11月27日）

近年来，中国证监会贯彻落实“国九条”等一系列政策措施，着力加强资本市场基础性制度建设，积极推进股权分置改革、开展证券公司综合治理、加快建设多层次资本市场体系、完善资本市场法律法规，中国资本市场的规模显著扩大，层次和结构日趋完善，对国民经济发展的积极作用逐步显现，为抵御国际金融危机冲击、促进经济平稳较快发展提供了重要支撑。“十一五”期间，沪深两市总市值增长了约5倍，股票投资者和基金投资者开户数均超过1亿户；截至2010年10月底，我国上市公司1997家，沪深股市总市值27.1万亿元，总市值全球排名第三位。

在资本市场快速发展的过程中，以律师事务所和律师为代表的中介服务机构和人员做出了重要的贡献。中国资本市场建立之初，就十分重视发挥法律服务机构的作用，为了保障证券法律服务质量，我国曾经对律师及律师事务所从事证券法律业务实行资格审批。随着证券市场和证券法律服务业务的发展，2002年12月，按照国务院行政审批制度改革的总体要求，中国证监会和司法部联合取消了律师及律师事务所从事证券法律业务资格审批。同时，积极推动证券法律业务规则体系建设，全程规范证券律师执业行为，夯实监管工作制度基础。

近年来，随着资本市场改革开放和创新发展，广大证券从业律师和律师事务所按照《证券法》、《律师法》等法律法规的要求，遵循诚实守信、勤勉尽责的原则，不断拓展和创新业务领域，为资本市场提供了越来越广泛的法律服务：既包括法定的业务，如对证券的发行上市和并购重组等活动进行核查和验证，出具法律意见，为证券、基金、期货等机构申请资格和产品提供法律文件，鉴证上市公司股东大会、基金持有人大会等，也包括接受相关当事人委托开展的业务，如代理出庭反映中小投资者诉求，代理被查处的当事人参加行政处罚听证，在公司破产中充当清算人角色等。据统计，仅2007年至2009年，证监会共收到各类法律意见书近2860件，其中2009年1060件，比2006年的700件增加了51%。正式向中国证监会报送法律意见书的律师事务所约达580家次，签字律师达400多名。其中，北京地区的律师事务所出具的法律意见书数量最多，占全部法律意见书的比重超过50%。证券从业律师通过勤勉尽责和专业服务，对资本市场的规范发展起到了促进保障作用。值得一提的是，中国证监会的主板发行审核委员会、创业板发行审核委员会、重大重组审核委员会，自成立以来，每年都有一定比例的律师担任委员，如第十二届主板发行审核委员会25名委员中，由5名律师担任委员，其中4名是北京律师。这些律师按照证监会的规定，经过选拔、公示等程序，选聘为专职委员之后，从事大量的审核工作，平均每年审核企业130余家，每年参加发审会超过90次，为中国资本市场直接融资和并购重组做出了重要贡献。

实践证明，广大证券从业律师和律师事务所依法独立开展的专业服务，已经成为资本市场实现有效监管的重要力量。随着我国资本市场进一步发展和改革创新的不断推进，律师事务所和律师等中介机构和人员将有更为宽阔的舞台，市场对其期望和要求也将进一步提高。下面，我就建立健全相关制度，更好地发挥律师和律师事务所在资本市场中的作用提几点意见：

（一）证券从业律师和律师事务所要恪守诚实守信、勤勉尽责的原则，积极发挥专业把关作用证券从业律师应当履行《律师法》、《证券法》规定的勤勉尽责的要求，按照《律师事务所从事证券法律业务管理办法》及相关执业准则的规定，诚实守信，严格履行核查与验证的法定义务，积极发挥专业把关功能。现实中，还存在一些证券从业律师法律服务水平不高，对业务不够熟悉，难以完全胜任执业要求的情况；部分律师核查和验证工作不到位，尽职调查工作流于形式，缺乏独立性和公正性。这些问题的存在不利于证券从业律师提高服务质量，也不利于市场秩序的规范。

律师作为中介服务人员，还要妥善解决其在利益维护和利益代表方面所具有的“双重性”问题。依法将个人利益与委托人利益、个人利益与市场公共利益、委托人利益与投资者利益有机结合。既要不断提高证券从业律师的职业道德，还要继续强化律师协会等外部监督机制，加强对证券法律业务的监督。

（二）证券从业律师和律师事务所要适应资本市场的改革创新，进一步拓展证券法律服务业务的深度和广度

中国资本市场仍处在“新兴加转轨”的发展阶段，随着资本市场的改革创新和国际化进程的加快，新产品、新业务、新板块、新交易方式等改革创新层出不穷，市场主体在发行上市、并购重组、跨境业务、产品创新等方面面临的法律问题更加复杂，对证券法律服务的全面性、专业性提出了更高的要求。如何提高证券法律服务的前瞻性，密切关注市场创新过程中可能出现的法律关系和利益纠纷，妥善处理和解决重大疑难法律问题，这是证券从业律师面临的新课题。广大证券从业律师和律师事务所，需要从证券市场规范发展和改革创新的实际需要出发，大胆创新，科学论证，在推进市场发展的同时，促进法律理论和实践的不断进步。

（三）证券从业律师和律师事务所要强化风险意识，进一步加强内控制度建设

中国资本市场的快速发展，为广大律师提供了发展壮大的机遇。据统计，在2009年发行上市、并购重组等证券法律业务量排名居前的律师事务所，很多也是综合业务量排名居前的律师事务所。随着证券法律业务日益增多、法律问题日趋复杂，证券从业律师事务所在做强做大的同时，风险意识和责任意识也应当进一步增强，要更加重视风险控制制度的建立和落实。目前，大多数从事证券法律业务的律师事务所已按照《律师事务所从事证券法律业务管理办法》的规定，建立了包括风险控制等在内的执业制度，并能在实践中贯彻落实，从项目的接受委托到法律意见书的起草、复核与出具等各个执业环节，有关执业活动得到进一步规范。一些以证券法律业务为主、规模较大、业务能力较强的律师事务所，还专门针对证券业务的规范，制定《证券律师业务指引》和《律师办理证券业务规范》。实践证明，内控制度健全，并严格贯彻执行的律师事务所，其执业行为更加趋于严谨规范，证券法律服务能力也更加完备突出。

随着我国资本市场改革发展的进一步深化，证券期货创新业务和创新产品的不断推出，无论是市场主体还是监管部门，都越来越重视律师在证券业务中的核查和把关作用，证券从业律师已经成为资本市场健康稳定发展不可或缺的重要力量。希望广大从事证券法律业务的律师和律师事务所，紧紧围绕“当事人利益服务者”和“市场秩序维护者”的角色定位，恪守勤勉尽责的原则，严格履行核查与验证的法定义务，积极发挥专业把关的功能，为资本市场的健康稳定发展做出更大的贡献。

# 刘新华副主席在2010中国金融高峰会上的讲话

（2010年5月27日）

很高兴参加第13届中国北京国际科技产业博览会2010中国金融高峰会，在国际金融环境依

然复杂多变的情况下，本次高峰会以金融重建与经济发展为主体，进行深入地探讨，对于我们认识和把握后国际金融危机时期的经济、金融发展的机遇和挑战，循序渐进地推动中国金融业的改革创新和功能发挥，促进解决经济发展中的长期问题，具有重要的意义。

今年以来，希腊等欧洲国家的主权债务危机，影响持续扩散，国际经济金融的不稳定因素在增加，国内宏观经济持续向好，但经济运行中的新的问题和矛盾也比较突出。在这种情况下，影响我国资本市场发展的不稳定不确定因素，也有所增加。在党中央、国务院的正确领导下，中国证监会在高度关注、及时防范欧洲主权债务危机溢出效应的同时，着力完善市场化运行的体制机制，着力健全市场结构和市场的体系层次，着力加强和改进市场的监管，着力发挥资本服务经济发展的功能。主要表现在这样几个方面。

一是在完善证券交易机制方面，坚持试点先行、逐步推开原则，稳妥推进融资融券试点，扎实做好方案评审、资格审核以及市场监管等相关工作。3 月 31 日，首批六家公司正式启动融资融券试点。二是在发展金融衍生品市场方面，遵循高标准、稳起步、严监管的目标，完成了股指期货主要制度规则的发布实施，全面推进了客户开户、人员培训、技术保障等工作。4 月 16 日，股指期货正式挂牌交易。三是在强化市场功能发挥方面，支持符合条件的企业上市，加强对创业板推荐工作的指引，强化创业板服务自主创新的功能定位，完善并购重组制度体系，大力促进上市公司行业整合和产业升级。四是在规范市场运行秩序方面，出台和完善了证券公司经济业务管理、证券公司分类监管以及上市公司现场检查等规则。打击违法违规行为，强化对融资融券等创新业务的市场监管，及时发现、及时分析、及时处理异常交易行为。五是在稳步推进资本市场对外开放方面，根据第二轮中美战略与经济对话达成的成果，将允许在中国境内依法设立的合格外商投资公司，依照相关法律法规开展股指期货业务，制定在审慎监管基础上，允许合格境外机构投资者投资股指期货产品的相关规定。

截至今年 4 月底，我国沪深两市的上市公司加数达到了 1837 家，总市值 22.79 万亿元，流通市值达到 14.73 万亿元，今年前四个月，我国期货市场共成交 8.6 万亿。值得一提的是，融资融券和股指期货运行正常，截至 4 月 30 日，沪深两市融资融券交易累积成交额达到 6.67 亿元，其中融资交易额达到了 6.25 亿元，占累积交易金额的 94%，融券交易额达到 4167 万元，占累积成交额的 6%。扩大试点的工作，正在稳步地推进。股指期货自上市以来，总体运行平稳，期现货价格连通性较好，首个到期合约平稳运行交割，成交金额达到 43967.22 亿元，日成交金额达到了 1759 亿元。

当前，推进资本市场改革发展面临着新的情况和问题，坚定不移地服务加快经济发展方式的转变，坚定不移地推进市场改革创新，坚定不移地加强和改进市场监管，不断提高市场整体运行质量和效率，要求我们重点做好以下几方面的工作。第一，以发挥功能为主线，加大对经济发展方式转变的支持力度，完善上市公司市场化并购重组的制度安排，通过并购重组，促进产业结构调整，积极扩大公司债权市场规模，丰富交易所市场债权品种，不断提升交易所债权市场的吸引力，强化期货市场功能的发挥，有效满足相关企业日益增长的风险管理的需要。第二，以市场化为导向，坚持不懈强化市场基础建设，大力加强市场法制基础的建设，逐步构建市场诚信体系，健全市场约束和价格约束，完善有利于市场稳定运行的体制机制。第三，以扩大覆盖面为重点，积极稳步推进多层次市场体系建设，稳步发展主板和中小板市场，落实好创业板的功能定位，培育和支持战略性新兴产业发展，积极研究不同层次市场间的转板机制，逐步形成各层次市场间的有机联系的市场体系。第四，以加强监管为抓手，及时防范和有效化解市场风险，加强常规监管，依法严惩违法行为，进一步加强对融资融券的监管，逐步把握其内在规律和特点，强化对股票市场、期货市场的检测和跨市场的监管联动，维护市场的平稳运行。

加强科技与金融合作，大力发展战略性的新兴产业，是贯彻落实党中央国务院关于加强经济发展方式转变重大战略任务的必然要求，近年来，中国证监会与相关部委、地方政府密切合作，取得了相应成效，截至今年 4 月底，中小企业板共上市 395 家，其中 186 家企业拥有国家火炬计划项目或“863”计划项目，去年以来我们推出的创业板，截至今年 4 月底，已经有 178 家企业挂牌上市，其中高新企业比例高达88%,创业板逐步成为培育战略性新兴产业和自主创新企业的重要平台。

后国际金融危机时期,世界产业格局和经济社会发展的路径,正在发生着深刻变化,具有自主知识产权创新能力的新兴产业,成为引领全球经济新的增长点,当前和今后一个时期,我们将继续鼓励和支持具有较强科技创新能力的企业,利用资本市场,加快发展。通过拓展和丰富资本市场,服务科技创新的方式、路径和渠道,推动各类创新资源与资本市场的有效融合,努力为加快经济发展方式转变,作出新的贡献。

# 姜洋主席助理在期货公司及证券公司股指期货培训班上的讲话

(2010年1月24日)

1月8日,中国证监会召开新闻发布会,宣布国务院原则同意推出股指期货品种,同时明确了上市准备工作需要3个月左右的时间。目前,股指期货上市的各项准备工作正在有条不紊地推进之中,投资者适当性制度、股指期货合约及规则细则等已经或正在公开征求意见,准备工作很快就将进入投资者开户阶段。做好投资者开户工作,是保障股指期货顺利上市和平稳运行的重要一环,期货公司和从事股指期货中间介绍业务的证券公司任务艰巨,责任重大。为深入落实投资者适当性制度,扎实推进开户工作,我们专门分层次举办了期货公司和证券公司各类人员的系列培训班。借这个机会,我对期货公司和证券公司股指期货的推进工作谈几点意见:

## 一、推出股指期货对于资本市场改革发展意义重大

稳妥推出股指期货既是贯彻落实《国务院关于推进资本市场改革开放和稳定发展的若干意见》精神的重要体现,也是深化资本市场基础性制度建设的战略举措。“国九条”明确指出,研究开发与股票和债券相关的新品种及其衍生产品。经过近30年的不断完善,交易机制和风险控制措施已较为成熟,产品简单、透明度高、监管严格,大力发展包括股指期货在内的场内衍生品市场成为国际趋势。股指期货具有健全股票市场价格形成机制和对冲股票市场价格风险的功能。股指期货推出后,随着其功能的逐步发挥,将给我国证券市场和期货市场带来转折性的变化,对深化我国资本市场改革发展意义重大。

成熟的股指期货市场大概有如下五方面的作用。

一是有利于形成股票市场的“内在稳定器”机制。长期以来,我国股票市场单边运行,缺乏稳定运行的约束机制,导致市场波动幅度较大。虽然股指期货推出后,总体上不会改变股票市场长期运行的趋势,但由于股指期货提供了多空双向交易机制,在股市非理性上涨时,投资者的看空预期可以在期货市场上实现,起到平抑股价的作用;在股市非理性下跌时,又能通过期货市场做多给予市场支撑。这种内在制衡机制有利于增加市场弹性,促进股市平稳运行,避免因暴涨暴跌而损害到实体经济。

二是有利于形成股票市场市场化的价格形成机制。期货市场具有价格发现的重要功能,推出股指期货有利于股票市场更加科学、合理地发现价格,逐步形成市场化的资产定价机制。而资本市场也只有成为资产、资本的价格发现场所,才能真正成为实体经济的“晴雨表”,才能为市场化配置资源,建立健全市场经济体制发挥积极作用。

三是有利于培育股票市场成熟的机构投资者队伍。成熟股指期货市场经验表明,股指期货先

作为一种风险管理和对冲工具,有利于机构投资者的投资组合和套期保值。股指期货上市后,可以为我国股票市场增加新的投资工具和风险管理工具,促进机构投资者的成熟,更好地发挥其稳定市场的重要作用。

四是有利于完善股票市场的内在体制机制。一个完整意义上的股票市场,应该包括股票发行一级市场、股票交易二级市场和管理股市风险的股指期货市场。这三个市场有机协调、相伴共生、功能互补。全球大多数股票市场都是由这三个市场组成的,一级市场实现了筹资,二级市场实现了资产定价和优化配置,而股指期货市场则实现了股市风险的分割、转移和再分配。股指期货市场以期货交易的机制使股市风险可表征、可分割、可转移和可管理,对于维护股市稳定健康和可持续发展具有积极作用。

五是有利于完善期货市场体系。经过这些年来的规范发展,我国商品期货市场持续稳定健康发展,服务国民经济发展的能力逐步显现。推出股指期货,促进金融期货市场平稳起步,将有利于拓展期货公司业务范围,增强期货公司做优做强的能力,也将有利于完善期货市场的市场结构,形成商品期货市场与金融期货市场协调发展的新局面。

## 二、珍惜机遇,严控风险,全力确保股指期货平稳推出

从2001年证监会组织开展股指期货交易可行性研究算起,股指期货的研发和筹备工作已近9年时间。这期间,资本市场各项重大改革稳步推进,市场内外部环境发生了积极变化;商品期货市场法规制度不断完善,监管机制逐步健全,规范发展能力进一步增强;股指期货从研发到筹备,期间又经历了应对国际金融危机的实践,监管部门和市场各方对衍生品风险的认识和运行规律的把握更加深刻。当前,国内外经济金融形势总体平稳,推出股指期货面临着十分有利的内外部条件。

(一)当前推出股指期货时机已经成熟

1. 资本市场体制机制的不断完善,为推出股指期货创造了良好的市场环境。

近年来,根据党中央、国务院的决策部署,证监会认真贯彻落实“国九条”精神,坚持“标本兼治、远近结合、内外并重”的方针,坚定不移地强化资本市场基础性制度建设。股权分置改革从根本上解决了股票市场定价机制扭曲的问题,为股指期货的推出奠定了现货市场基础。随着股权分置改革基本完成,目前我国股市流通股市值已经超过了非流通股市值,占到总市值的64%。在全流通的市场条件下,发行制度改革、推出创业板等重大政策措施的出台,进一步完善了市场体制机制,夯实了资本市场稳定健康发展的内在基础,在这样的背景下推出股指期货已经水到渠成。

2. 期货市场法规制度逐步健全,市场监管不断加强,具备了推出股指期货交易的制度环境。

一是符合中国市场实际的期货市场法规体系基本形成,《期货交易管理条例》及配套规章和规范性文件的陆续出台,为我国推出包括股指期货在内的金融期货奠定了法规基础。二是期货市场基础制度不断健全。成立了期货保证金监控中心,推行具有中国特色的期货保证金存管监控制度;建立严格的期货开户实名制和统一开户制度;建设期货市场运行监测监控系统,提高了市场分析和风险防范能力;实施以净资本为核心的风险监管制度和期货公司分类监管制度。三是监管工作机制进一步完善,监管水平不断提高。建立了证监会机关、派出机构、期货交易所、监控中心和期货业协会“五位一体”监管工作机制,优化了监管资源,提高了监管效率。现行的法规制度和监管体系经受住了国际金融危机的考验,增强了股指期货顺利推出和平稳运行的信心。

3. 股指期货各项筹备工作已经就绪,具备了推出股指期货的现实条件。

2006年1月,证监会成立了“金融期货筹备领导小组”,开始推进股指期货上市的工作。2006年9月,经国务院同意,证监会批准成立了中金所。按照“高标准、稳起步”的要求,完成了合约规则制定、技术系统建设,建立了跨市场监管协作机制,开展了大规模的投资者教育活动。同时,开展了三年多的仿真交易,既检验了合约、完善了规则、优化了风险控制制度,还对交易所和期货公司技术系统的安全性、可靠性进行了全面测试和实战演练。一年多来,中金所认真反思了此次国际金融危机的教训,强化了风险控制措施,完善了应急处置预案,加强了技术系统保障。目前各项筹备工

作基本完成。

当前,中央应对国际金融危机、保持经济平稳较快发展的一揽子计划取得了明显成效,经济回升向好的趋势不断巩固。股票市场运行总体平稳。此时推出股指期货交易,对投资者的心理影响较小,对股票市场产生剧烈冲击的可能性不大。但是今年我国宏观经济形势可能较为复杂,资本市场运行面临的不确定、不稳定因素较多,要珍惜当前难得的机遇,稳妥推出股指期货。

(二)要十分注重风险防范,确保股指期货平稳推出

期货等金融衍生品是一把"双刃剑",既能管理风险,使用不当也会引发风险。1995年,巴林银行因内控不严,一个交易员在日经225股指期货上亏损近15亿美元,导致一家百年银行破产,震惊了国际金融市场。这次国际金融危机的教训再次告诉我们,衍生品本身是个好东西,但失去监管就会变异,就会放大风险。我国20世纪90年代发展国债期货时,因为风险控制缺失、监管不到位而酿成了"3·27事件",从此我国金融期货市场陷入停滞达10多年之久。因此,发展金融衍生产品,风险防范永远都是第一位的,要十分珍惜来之不易的机会,切实强化风险防范工作,确保股指期货平稳推出。

尽管各期货公司、证券公司筹备股指期货已经有三年多的时间了,但是当前我们仍然要把风险防范放在十分突出的位置。证监会确立了以平稳推出和安全运行为首要目标,明确了严控风险、引导投资者有序参与的指导思想。各项制度设计也体现了从严从紧的思路,其目的只有一个,千方百计保障股指期货平稳上市。各期货公司、证券公司要对照证监会和交易所的要求,进一步检视各项业务准备工作,全面细致地梳理内控制度、风险控制体系、业务操作流程、技术系统等各个环节,做好风险隐患排查工作,完善应急预案,确保无一遗漏,万无一失。

股指期货推出后,将给股票市场运行带来一系列深刻的变化,对投资者行为、股票市场估值、市场预期和市场文化等影响深远,特别是对股票市场投资者原有的投资理念冲击巨大。如果这些股票市场的投资者进入股指期货市场,对期货交易的理念和机制有一个熟悉的过程,若出现巨额损失将可能成为市场和社会的不稳定因素。因此,深化投资者教育,特别是针对中小投资者的风险教育非常迫切,要按照"把规则讲透、把风险讲够"的原则,持续深入地开展投资者教育工作。

当前,一项十分重要的工作就是投资者开户工作。做好投资者开户工作就等于股指期货上市工作成功了一半。各期货公司、证券公司要精心准备,打赢这一场硬仗。股指期货市场不是一个大众市场,这是一个被西方发达市场定义为高杠杆、高风险、高收益的市场,是一个对投资者风险承受能力要求很高的市场,不适合一般投资者参与。欧美及日本等国监管部门对中介机构发展客户参与股指期货交易都有严格的规定,不允许金融机构发展不具备适当性条件的投资者进行交易。因此,借鉴成熟股指期货市场的经验,证监会和中金所要求期货公司必须把好入门关,期货公司必须要求参与者要熟悉产品知识与交易规则、具有较高的风险承受能力。美国次贷危机以及香港雷曼迷你债券等重大风险事件启示我们,任何金融创新必须要处理好与投资者风险承受能力的关系,妥善做好相关制度安排,将适当的产品销售给适当的投资者。各期货公司、证券公司在开户环节要严格落实好投资者适当性制度,综合评估投资者对股指期货的认知程度、接受程度和风险承受程度,从源头上深化投资者风险教育,有效避免投资者盲目入市,真正做到保护投资者的合法权益。

**三、下一步工作要求**

推出股指期货是资本市场一项重大的制度创新。无论是对于监管部门、交易所,还是对于期货公司、证券公司等市场主体而言,我们都面临着一个全新的市场,新情况、新变化,新问题、新矛盾将不断出现。现有的制度设计、风控措施、技术系统等,都需要接受新的实践检验。我们应当按照"以平稳推出和安全运行为首要目标,严格控制风险,引导投资者有序参与,不追求交易量和活跃程度,逐步发挥市场功能"的指导思想开展股指期货交易。目前,各期货公司、证券公司热情都很高,盲目乐观情绪蔓延,急躁冒进,大干快上,开户下指标、定任务的苗头性倾向有所显现。这与我们稳妥推出股指期货的指导思想是背离的、也是有害的。市场各方要按照这个指导思想有条不紊

地开展工作。各期货公司、证券公司要切实增强使命感和责任感，严格落实各项监管要求，切实履行中介机构的职责，与监管部门、交易所一道，共同推进股指期货市场平稳起步。

（一）要严格贯彻落实投资者适当性制度

实施投资者适当性制度，事关股指期货的顺利推出和上市后的平稳运行，对于防控市场风险、保护投资者权益具有十分重要的意义。各期货公司、证券公司要认真学习领会投资者适当性制度的精神实质，进一步完善内控、合规制度，把适当性制度的各项要求落到实处。期货公司是落实投资者适当性制度的主要责任主体，总经理是第一责任人。要根据证监会、中金所和中期协的有关规定，严格执行投资者适当性制度，建立以了解客户和分类管理为核心的客户管理和服务制度。从事期货中间介绍业务的证券公司也要建立相应的内控、合规制度，严格执行投资者适当性制度的相关要求。在制度的执行过程中，要严防把关不严，协助客户弄虚作假；更要严防形式主义，走过场。

投资者适当性制度的落实情况，是期货公司、证券公司内控和合规管理的重要内容，将直接与分类监管评价挂钩。中金所、各证监局将从严监管，加大对制度执行情况的检查力度，对于违法违规行为，发现一起，查处一起，决不姑息。中金所将对违反适当性制度的会员公司采取警示、暂停受理申请开立新的交易编码等自律措施。证监局也将对违反适当性制度的期货公司、证券公司采取谈话提醒、限期整改、限制业务等监管措施，情节严重的，还要依法进行行政处罚。同时，要加大责任追究的力度，责任到人，对工作人员负有责任的，中金所和证监局也将采取通报批评、公开谴责、暂停或撤销任职及从业资格等处罚措施。

（二）要精心组织投资者开户工作

开户环节是投资者进入股指期货市场的第一道关口。期货公司和从事期货中间介绍业务的证券公司要严把开户关，一方面要规范客户开发，加强客户风险教育，持续深化客户服务，推进客户分类管理；另一方面要加强开户环节管理，明确开户业务流程和合规要求，建立开户审核工作制度和责任追究制度。投资者适当性制度的相关要求要嵌入开户环节，投资者适当性制度实施方案及相关制度报中金所和公司所在地派出机构备案，并在通过中金所的备案审查后方能正式接受客户开户。中金所将统一公布股指期货开户举报电话，接受社会监督。

各期货公司、证券公司要制定股指期货投资者集中开户的应对预案，进行充分的业务培训，组织足够的人员，布置合适的场地和设施，准备充足的开户材料，确保投资者开户工作平稳有序推进。要建立客户投诉和纠纷的处理机制，做好客户的沟通解释工作，建立与中金所的信访联动机制，配合中金所做好信访工作，将各种不稳定因素和苗头性问题消除在基层、化解在萌芽状态。

（三）要规范开展中间介绍业务

近期，证监会下发了《关于进一步加强证券公司为期货公司提供中间介绍业务管理的通知》，进一步强化了证券公司为期货公司提供介绍业务的规范运作、风险防范和监督管理。各期货公司、证券公司要加强协调配合，按照权责明确、风险可控的原则制定中间介绍业务实施的联合办法和联合规划，做好联合自查，严格依据双方的风险管理能力、技术水平确定开展介绍业务的证券公司营业部数量，成熟一家、验收一家、开业一家，有效防范中间介绍业务风险。各期货公司和通过中间介绍业务开业验收的证券公司要切实做好开户衔接工作，按照要求做好制度流程设计、开户人员准备、技术系统和内控管理等各项工作。

特别需要强调的是，股指期货推出后，大量的证券投资者可能希望短期内参与股指期货交易。各期货公司、证券公司要坚持以风险控制为核心原则，逐步共同发展符合适当性制度要求的介绍业务客户，坚决杜绝为提高市场占有率而盲目发展客户的行为。

（四）要切实保障信息系统安全

各期货公司要进一步落实《期货公司信息技术管理指引》，继续完善信息技术系统，加强信息技术系统运行维护和网络安全防护，切实保障信息技术系统的稳定性和安全性。期货公司要根据中金所的工作进展积极开展信息技术系统的升级、联网和测试工作，落实业务值守制度，做好股指期货相关技术系统的准备工作，切实确保交易正常进行。全面结算会员与交易会员要做好分级结算制度实施的测试和演练。

各期货公司、证券公司要加强介绍业务技术系统的衔接和联网测试工作,保障介绍业务技术系统的安全运行。要制定信息技术系统应急预案,加强应急演练,对上市初期可能出现的各种情况做到预研预判,应对有策,遇到突发事件要及时处置和报告。

股指期货上市工作时间紧、任务重、要求高,各期货公司、证券公司要高度重视,周密部署,狠抓落实,全力做好各项准备工作,为这项重大改革创新取得成功积极贡献力量。

# 朱从玖主席助理在多层次资本市场建设与投资者保护研讨会上的讲话

(2010 年 5 月 7 日)

今天会议的主题是"多层次资本市场建设与投资者权益保护研讨会",契合了近几年证监会在推动资本市场发展监管工作的一个重要方面。

刚刚陈东征理事长作了很重要、很有深度的讲话,显示出市场组织者对司法实践的迫切需求。今天参加会议的都是法律界的专家、学者和实务工作者,感到很亲切。应该说资本市场过去 20 年的发展,法律法规的保驾护航是至关重要的,如果没有专家、学者和实务工作者在理论上的探索,在制定法律法规,特别是行政执法方面的支持和帮助,资本市场很难有今天的发展成果。

资本市场未来的发展还面临更加艰巨的任务,有更大的发展需求,比如陈理事长提出的创业板直接退市等,如何做好制度安排是我们面临重大问题中的一部分,有赖于理论界、法律界、实务界的帮助,所以这个会议非常重要,很有意义。我想从一个市场的监管者、实务工作者的角度,谈一谈对实际工作中一些情况的认识和思考。

保护投资者权益是资本市场讨论很久的一个话题,所以它的必要性、重要性无需赘述。多层次市场建设是我们市场创新发展的一个方面,去年推出的创业板市场,今年推出的股指期货、融资融券,都是加强资本市场建设的重要举措。未来市场创新发展还会有更多的任务,但保护投资者权益始终是我们市场发展的一个基本立足点,没有这个立足点,市场创新发展就失去基础,相信大家对这一点应该有共识。

从我们的实践工作当中来看,投资者权益被损害的情形主要有三类:

第一类是严重损害投资者利益的犯罪行为。比如内幕交易、操纵市场、上市公司的财务造假或欺诈上市、"老鼠仓"、挪用客户资金等。这些行为在市场近几年的实践当中,都有查处过的具体案例,大家应该有比较清晰的记忆。这类行为从某种意义上讲是直接从投资者那里抢钱,是一种掠夺性的、严重侵害投资者权益的犯罪行为。

第二类是损害投资者利益的违规行为。这类行为可能监管部门体会更深一点,因为日常监管工作中经常面对,比如未真实、准确、完整地披露信息,造成对投资者的误导,导致其利益受到损害;比如在上市公司治理方面,有一些公司在机制设计上会有妨碍投资者行使表决权、知情权、监督权,甚至是收益分配权的情形,包括很多公司具有分红条件,投资者作为股东应当获得红利,但公司却不予分红,投资者的权益因此受到了一定程度的损害,市场对此也有抱怨和批评;再比如一些上市公司进行对外担保,看似合理,但是可能不仅对上市公司利益产生负面影响,而且长期来看对保护利益相关者也非常不利。还有一些不公平的交易,如"客户优先"是证券公司在交易环节的基本原则之一,在证券公司既有经纪业务又有自营业务、资产管理业务的情况下,如何贯彻"客户优先"原则,使得参与交易的投资者利益得到保护,这当中也存在不少问题。这类市场中大量发生的问题,相比较前一类问题并不那么显现,具有一定的隐蔽性,是监管执法过程中必须重点查处的行为。

第三类是诚信责任存在瑕疵。信用制度建设是资本市场发展的前提,没有信用基础的资本市场,立足点很窄、不稳定,甚至难以为继。由于我们的市场仍是一个新兴加转轨的市场,信用制度或信用体系建设还存在相当多的不足,增加了市场发展中监管的难度。比如公司管理层的信托责任,大部分公司股东并不直接参与公司的经营和管理,而是交给董事、管理层,因此公司管理层甚至是公司的董事实际上都负有信托义务,但是这当中有不少违背信托义务的行为发生,受到的批评、诟病很多。以基金管理人对基金持有人负有的信托义务为例,如何能够使基金管理人的每一笔投资和交易都能够从基金持有人的利益出发?近几年我们查处了这方面的"老鼠仓"等极端情形,还有一些不明显或者缺乏证据,但可能存在利益输送、违背信托义务的行为。再比如中介机构的勤勉义务,资本市场大量地依赖中介机构,但是中介机构的勤勉尽责情况,在实践中差异很大,有的机构的工作比较粗糙,甚至连简单的事实、明显的前后矛盾都不能发现。中介机构作为一个市场信誉度很高的专业机构参与到市场中,如果诚信普遍存在瑕疵,投资者权益的保护就会被大打折扣。

上述三类情形是监管工作中经常遇到的主要情况,对此,我们不仅高度关注,而且一直致力于采取多种手段解决这类问题,使投资者权益能够得到切实保护。由于问题比较复杂,而且相关工作或采取的措施并非立竿见影,有些可能需要较长时间才能真正见效,所以这样的一些工作并不能广泛地被市场所熟知。然而,我们的投资者保护工作确实取得了很大的进步,现在上市公司已将近2000家,市值二十四五万亿,投资者数量多,参与度非常广泛,包含了国际和国内的投资者,这样的发展从某种程度上也验证了我们经过积极努力,在投资者权益保护方面所取得的成绩。

具体而言,近年来我们证监会系统主要从以下几方面来加强投资者权益保护:

第一是法律法规体系建设。证监会成立第一天起就在推动制定法律法规,在没有开展任何工作之前就配合国务院法制部门制定《股票发行与交易管理暂行条例》。1994年施行《公司法》,1999年施行《证券法》,两部大法奠定了资本市场发展的基石。2005年根据市场发展情况,对《证券法》和《公司法》进行了修订。目前与资本市场直接相关的法律法规、司法解释、规章规范性文件、自律规则等,已达470件之多。法律法规体系的建立,从两个方面夯实了资本市场的制度基础,一方面是合规的是什么,另一方面是不合规的是什么。正反两个方面把资本市场法制要求的核心原则加以落实,可以说这在我们国家的经济领域是遥遥领先的。

第二是稽查和处罚。证监会成立之后很快即成立了稽查组,最早是在法律部门,后来又成立专门的会稽查局并在九个大区设立分局,近几年又专门成立了稽查总队,配备人员显著增多,稽查力度大幅加强。不仅如此,公安部专门成立了证券犯罪侦查局,市场违法违规行为的查处力量得到极大增强。在证券公司综合治理中关闭了30多家证券公司,还有一些上市公司违法违规侵害投资者权益,这些公司的高管们锒铛入狱,受到了法律的制裁。稽查和处罚为我们法律法规的落实,为市场制度的建立,为核心原则的落实,打下了很好的基础,这也是我们市场虽然有不少不法行为存在,但是仍然有一个能够稳健向前发展的环境的重要原因之一。

第三是自律监管。证券、期货交易所在自律监管方面,无论是制定、健全规则体系,还是实务监管,都做了大量工作,比如在上市公司信息披露的监管方面,大家经常能从报纸新闻上看到交易所"公开谴责、公开批评",对一些账户限制交易,对一些会员的交易资格进行限制等,这都是自律监管所采取的措施。

再说到公司治理,近几年围绕保护投资者的权益而展开的治理大股东占用上市公司资金、关联交易等专项治理活动,推动了上市公司治理的规范化,推动公司的董事会、管理层尽力履行诚信责任、代理责任,为股东的利益着想。

多年来,我们对投资者教育常抓不懈,特别是新产品推出时更加明显,在市场上的效果也非常显著。比如推出创业板和股指期货时,投资者教育方面的工作非常有特色,创业板首先推出了投资者适当性管理制度,这是对于投资者权益保护的一个非常重要的机制。股指期货在投资者的适当性管理基础上又进行了丰富和完善,进一步对于参与股指期货的投资者提示风险,增强他们审慎投资和参与的意识。保护投资者权益方面取得的积极成绩,是未来市场发展的一个重要基础。

但是,投资者权益保护不是一蹴而就的,尽管对于投资者权益保护还存在认识上的分歧,尽管我们已经做了大量工作,但这项工作未来仍然面临诸多挑战,仍有许多需要解决的问题。

投资者权益保护工作未来面临的重要挑战主要表现在以下几个方面:

一是"新兴加转轨"的市场。我们经常说我国资本市场仍然是"新兴加转轨"的市场,由于我们发展时间比较短,经验不够丰富,环境不够成熟、充分,一些在发达市场已是常规的违法违规行为,在我们的市场上,可能很多人并不认为是违法或者不当。比如传递上市公司未公开披露的盈利、重组等信息,在社会众多的参与者中很多人并不以为这是不当行为,但这些行为不仅导致其他投资者的损失,而且有些可能已违法,甚至产生内幕交易,这需要我们逐渐积累监管经验,逐步完善外部环境。

二是民事赔偿制度。我们查处过很多违法违规的案例,比如银广夏、ST红光、大庆联谊等上市公司,当时投资者在通过民事赔偿方式保护自己权益方面存在一定困难,这与我们市场发展的阶段相关。从国际的经验来看,民事赔偿制度对资本市场健康稳定发展非常重要,它与犯罪行为或者是违法违规行为有对称性。与传统的刑事犯罪不同,资本市场上的犯罪、违规行为基本上是以获取利益为目的,民事赔偿制度就是剥夺违规者的利益,这对市场犯规行为的惩治在某种程度上将比判处刑罚更有针对性,也更有意义。因此这个制度对于资本市场非常迫切,也具有相当的威慑力。

三是市场主体的成熟程度和市场约束机制的健全。市场必须要有约束机制,每一个参与到这个市场的主体,有利益就应有相匹配的责任,没有只有利益没有责任的市场。但是由于市场参与主体还不够成熟,想到利益的多,知晓责任的少;想获得利益的多,愿意承担责任的少。这其中不仅有投资者,中介机构也存在这样的不足。市场参与主体的成熟程度、责任承担意识将对约束机制产生重要影响。比如,在发行体制改革过程中,有些股票发行价格过高,被市场舆论质疑、批评,认为市盈率太高、发行价太高。但是在申购时投资者的申购热情依然很高,中签率却很低,而且上市后的股价依然上涨,这也从侧面反映了市场约束机制的不健全。

四是中介机构的可靠性。中介机构在资本市场发挥着重要作用,我们的审核、监管工作还是以合规性为主、实质性为辅。合规性意味着有人在前面把关,这些把关的机构包括我们的保荐机构、会计师事务所、律师事务所、评估机构、评级机构等。中介机构的信誉、诚信和专业水平对市场的质量有着重要影响。国际金融危机爆发的重要原因是次级债债务,这其中有两类中介机构受到批评较多:一类是国际投行,另一类是评级机构,这些都是中介机构。所以,中介机构在市场中起到了支撑性的作用,其可靠性对于投资者权益的保护至关重要。

五是制度的完备性、健全性和执行程度。资本市场的制度规则体系现在已基本健全,但可能还需要进一步完备。首先,随着市场的不断发展,制度修改的频率相对较高,而且修改以后,为了适应实践的需要,可能很快还要再作修改。还有一些规则仅适应一些特定情况,不具有普遍的适用性。其次,在制度执行时,除了证监会,司法系统以及其他的执法部门也在执行,使得这些制度的执行成为一个体系,而这个体系如何能够充分准确地把制度执行到位,对于投资者权益保护也是至关重要的。

总之,投资者权益保护是市场创新发展的基础和立足点,在投资者权益保护方面,法律法规的制定者、执行者、市场的监管者,已经迈出了很大的步伐,也取得了相当大的成绩。未来市场的发展需要我们继续加强制度建设,解决这方面的难点和重点问题,使得我们市场未来的发展取得更积极、更稳妥、更规范的效果。

# 吴利军主席助理在第二次证券期货监管系统人才工作联席会议上的讲话

（2010年4月1日）

这次会议用一天时间，总结了第一次联席会议以来的有关工作，观看了海外人才引进工作纪实短片，审议了人教部提交会议讨论的三份方案。大家谈得非常好，听了以后很受启发。联席会组建的时间不是很长，但各成员单位、会机关相关部门都非常重视，今天联席会各成员单位分管人事工作的领导、人力资源部门主要负责人，会机关法律部、会计部、信息中心主要领导和有关同志亲自参加会议。我相信有这样一个好的基础，下一步系统人才工作肯定能够做得更好。借这个机会，我也对如何加强系统人才工作谈几点意见，并就下一步重点抓好哪些工作谈几点看法，供大家讨论。

**一、深化对人才工作的理解，切实增强工作主动创新的意识**

人才工作是组织工作的重要组成部分，也是会党委高度重视、高度关注的一项重点工作。从人才工作的形成和发展来看，过去一直从属于人事工作的范畴，现在中央把人才工作纳入国家总体战略，主要还是为了强调人才的重要性和人才工作的特殊性。从人才工作的对象来看，我理解并不只是针对某类人或某类群体，而是通过合理的机制和手段，使每个人都有可能成为人才，所以“人才”的概念是非常宽泛的，方式方法上也是非常灵活的。从我会未来人才工作的发展趋势来看，针对我会专业性强和专业构成复杂的特点，人才工作要更加注重专业性和技术性方面的要求。所以，相对于人才对资本市场的基础性和决定性作用，必须从建立有利于专业人才成长和发挥作用的长效机制入手，以人才工作的创新开展实现人才的领先发展。

（一）要围绕实现人才的脱颖而出思考如何创新

推进人才工作体制机制创新，包括思路创新、制度创新、管理创新等各个方面，其中制度创新是人才工作创新发展的“灵魂”所在。平时大家也有所关注，为什么外企和民企在人事管理上，决策效率就那么高。相反，有些人在我们这个体制下表现得很普通，但一旦换了另一种环境或另外一种体制，就很容易脱颖而出，我想归根到底还是机制发挥了重要作用。包括过去好多国企也是这样，按照旧的模式管理存在很多问题，但只要外资一控股或新的理念一进来，好多问题就会迎刃而解，这也说明是机制在发挥关键的作用。因此，要想建立人才成长的“快车道”，让优秀人才真正有施展才华的空间，必须从体制机制上找原因，从创新选人用人制度上做文章。而且在推进人才工作体制机制创新方面，我们也面临不少问题，遇到的困难比较多，需要创新的工作也很多。

（二）要围绕破解体制机制性障碍思考如何创新

目前，我国资本市场的市场化发展程度越来越高，人才成长、流动规律也越来越趋向于市场化，但现行的人才管理机制还缺乏灵活性和有效性，与人才成长的自身需求还有一定的差距。比如，交易所、会管公司等单位，本应有更好的条件建立更为有效的人才激励机制，但实际上人事管理也逐步趋向于机关化了。有几家交易所的员工职务等级、薪酬标准的评估等都是通过聘请外面的人力资源评估机构完成的。这项工作我们不是不能做，主要是自己做矛盾太大，意见太多，难以摆平，只好借别人的“嘴”解决自己的事。目前，不少境外机构薪酬水平都有人们比较认可的一定市场定价，不同岗位、不同类型人员都有不同的薪酬水平。将来随着我们行业的发展，人员的薪酬水平也会形成不同岗位不同标准。所以，要按照现代管理理念去研究人才机制创新，如果仍沿用老思路、老办法来解决新问题是行不通的,甚至在现有体制下有些政策是失灵的。比如说干部能上能下的问题,员工合理辞退的问题,在一些企业很容易做到,但在我们现行体制下就很难解决。所以,人才工作中面临的一些体制性障碍和深层次问题,值得我们反思。

(三)要围绕建立灵活的引才用才机制思考如何创新

近几年,随着市场规模的不断扩大,行业及系统对外引才的力度也在不断加大。可以肯定,好多归国人员愿意投身到中国资本市场,看重的还是中国资本市场未来的发展,认为所从事的是"朝阳事业",在国外的经验积累回国后能有用武之地。同时,中央对海外引才工作也十分重视,针对高层次人才制定了特殊的引进政策,这也为我们开展对外引才工作奠定了良好的政策基础和环境基础。但从不足方面来看,主要是针对其他类型引进人才的一些配套措施还没有及时有效地跟上,比如薪酬待遇问题、住房和医疗保障问题、家属和子女安置问题,都需要依靠我们自身的力量去协调解决,而且在实际协调过程中也存在较大的难度。所以,在我们自身条件、资源有限的情况下,如何既保证引才的质量,又能有效节约引才成本;既能体现对引进人才价值的尊重,又能同时调动和发挥好引进人才和现有人才的积极性,是值得我们关注和思考的问题。下一步我们的考虑是,要针对引进对象的层次和类别,积极探索引才和引智相结合等多种手段。对系统内外的一些高层次人才,通过在一些关键岗位设立高级专业技术职务,采用聘用制的方式予以安排或引进,重在发挥他们在一些重大技术性问题上的定向把关作用。从发挥人才的作用和调动"两个积极性"的角度来看,这些方式是值得探讨的,在建立灵活引才用才机制方面也是非常有效的。

(四)要围绕提高行业人才竞争力思考如何创新

以前,我们针对系统待遇偏低、留不住人的问题搞过多次调研,采取了一些有效措施,取得了一定的成效。目前,交易所、会管公司方面也反映,由于受体制机制的制约,也不同程度地出现了人才吸引难、稳定难和保留难的问题。我想,如果不注重加强人才体制机制的创新,恐怕在吸引人才、留住人才、提高行业竞争力等方面就会遇到更多的实际困难。所以在现行的管理体制下,如何不断创新完善我们的政策机制,不断提高整个行业的人才竞争力,是我们做好下一步人才工作的重点。解决这些问题,需要我们进一步解放思想,准确把握市场化的人才发展规律,积极探索市场化的人才工作机制,尽可能突破体制机制性障碍对人才工作的制约。在人才引进、管理、薪酬、考核等方面,既要发挥好联席会的桥梁纽带作用,也要充分调动系统各单位的主观能动性,不断推进系统人才工作的体制创新、机制创新和管理创新。

## 二、把握市场化人才发展规律,积极探索推进发展的新举措

准确把握市场化的人才发展规律,关键是要尊重人才的个性化特征,遵从人才的自然成长规律。今天参加会议的多是长期从事人事工作的领导,平时工作中大家都深有体会,"人"的工作确实占用了我们大部分精力,但人才工作仍然面临较多的问题。应该说,我们积累了多年党管干部、党管人才的有益经验,但人才的社会化、市场化发展趋势也始终在对相对滞后的人才工作理念发起冲击。如果不注重按照市场化的人才发展规律办事,不注重推进人才政策机制、方式手段的创新,自然也难以形成生动灵活的人才工作新局面。把握市场化人才发展规律,推进人才工作体制机制创新,要从以下几个方面加强考虑。

(一)要加强对系统人才工作的规划设计

从统筹人才工作的整体布局来看,加强对系统人才工作的规划设计,必须始终强化"大人才"的观念。这就是要求我们开展人才工作要有很宽的视野,既要关注局部,又要关照全局;既要把握行业特点,又要分析人才成长规律;既要着眼资本市场的长远发展,又要兼顾人才的现实需求。应该说,这些年我们在人才工作理念和制度设计上,基本还是能够保持很宽的视野,在干部竞争上岗、培训交流、班子配备等方面,能够达到制定政策与各单位实际情况的有效衔接。今后在有条件的情况下,我们还是要考虑把人才工作领域向整个行业延伸,把系统各单位的人才发展纳入会党委重点考虑的范畴。目前,构建系统人才发展规划是加强对系统人才工作统筹指导的重要手段。去年根

据中组部的要求,我会参与制定了《证券行业"十二五"人才发展规划》,并对行业人才发展现状进行了初步调研,但从课题完成的质量来看,《规划》的针对性、指导性和操作性还有必要提升。所以,下一步我们要继续把制定行业及系统人才发展规划作为一项重点工作加以推进,通过系统各单位的共同参与、集思广益,使系统人才工作有一个清晰的发展目标和工作思路。

(二)要建立开放性的人才工作机制

从人才的成长来看,人才的概念并不是一成不变的。有些人今天是中等人才,今后可能会成为高级人才;有些人昨天是高级人才,但过一段时间也可能会降为中等人才,所以人才的成长是一个动态的发展过程。我们强调建立开放性的工作机制,就是要尊重人才的发展规律,通过动态的培养和筛选过程,把所有人都纳入到这个体制机制中来,从而达到我们发现人才、培养人才的根本目标。建立开放性的人才工作机制,必须充分尊重和体现我们行业的特殊性。金融市场可以说是市场经济的高级形态,而资本市场又是金融市场中的高级形态,所以证券行业的人才培养更应体现超前性、时代性和创新性特征。作为证券期货市场的监管人员,我们在工作当中所承受的社会压力,所追求的营造公开透明的市场环境,可能其他金融监管机构人员体会不到。但是从人才成长环境来看,我们又具有其他金融监管机构无可比拟的优势。比如,市场对人才的吸引力,整个行业、系统的资源优势等。所以,我们既要看到压力,更要认清优势,从特殊性中找出一条适合我会人才发展的新路子,把系统内外的人才工作优势有效地集中、调动和利用起来,推动我会人才工作在原有基础上取得更大的发展。

(三)要在重点难点问题上寻求突破

近年来,随着我国资本市场的不断发展,会党委对人才工作也更加重视,工作思路越来越清晰,工作重点也越来越突出。特别是第一次全国人才工作座谈会召开以后,系统各单位在会党委的领导下,紧紧围绕贯彻落实会党委制定的《关于加强证券监管系统人才工作的若干意见》,做了诸多扎实而有效的工作,全系统人才数量、素质结构发生了明显变化。但是按照会党委确立的工作目标和逐年稳步推进的思路,我们在贯彻落实《意见》上还存在明显的差距和不足:一是系统人才建设的长短期规划还未建立,不利于保持系统人才建设的可持续发展和有计划有目标地推进。二是人才引进渠道还不是很畅通,一些专业素质较好、监管工作急需的人才尚无法转入我会参与管理体制。三是人才评价方法和选拔任用机制存在欠缺,在针对系统内不同单位情况建立更加灵活的选人用人机制等方面,还需要进一步加强研究。四是高层次人才严重短缺及后备资源储备不足,仍是当前及今后一个时期制约系统人才建设的重点难点问题。五是人才保障机制还不够完善,在政策机制、人才环境、服务保障等方面,各类人才投身监管工作的归属感、追求自我价值实现的自豪感尚无法得到有效满足。针对这些问题,我们要从加强制度设计和机制创新入手,根据每个问题的复杂程度和轻重缓急逐一加以解决。同时,也希望联席会各成员单位今后更加关注人才工作,多花点时间和精力研究人才工作中的一些重点难点问题,不断把我会人才工作提升到新水平。

**三、抓好重点人才工作落实,不断提升系统人才建设质量**

据了解,年内中央将召开第二次全国人才工作会议,届时将会有一些重大的政策措施出台。结合贯彻落实全国人才工作会议精神,我会也要把人才工作摆到更加突出的位置,在推进系统人才建设方面制定一些实实在在的举措。此次会议上人教部提交的几套方案,要根据会议讨论情况抓紧补充完善。此外,还有以下几项具体工作,希望联席会认真研究讨论。

(一)研究制定系统人才建设发展规划

在今年整个人事工作的安排上,我们确立了建立一套机制、各设计一个规划图和现状图、建立后备人才库的"一二一"目标任务,围绕这些目标任务的落实,有些基础性工作需要抓紧建立。首先,要着眼继续扎实推进系统人才队伍建设,在认真总结近年来我会开展人才工作经验的基础上,以会党委名义研究制定《关于进一步加强证券监管系统人才队伍建设的意见》。本着增强《意见》的指导性、针对性和操作性,我们考虑《意见》要针对不同类型的队伍,建立一套完整的包括引进、培养、选拔、管理、使用等机制在内的配套措施。其次,要结合贯彻落实《国家"十二五"人才发展规划》,研究制定行业及系统人才建设发展规划。如果制定长期规划存在困难,可以先制定一个5年左右的短期规划,这样我们人才建设发展的目标就清晰了,措施也完整了。

(二)研究如何分类推进专业人才队伍建设

从专业划分来看,目前我会专业人才主要集中在法律、会计、财经、计算机及其他类别,不同类型的人才有不同的发展规律及培养需求。从性质来看,有的专业人才分布在专业性较强的岗位,有的则是在综合类的岗位工作,不同的岗位对人才的素质能力要求也不一样。针对这些特点,我们要进一步分析各支队伍建设的规律特点,分类研究制定加强各类人才队伍建设的对策举措,建立形成适合不同专业人才成长的工作机制。包括建立专业技术职称评审制度,目前尽管我会专业人才类别很多,专业标准和技术水平要求很高,但职称评审制度在我会一直没能正式启动。对此人教部近期也与国家人社部进行了沟通,人社部也支持我们在试点的基础上,把这项工作及时开展起来。

(三)抓好高层次重点专业人才的培养

除了上面提到的"一二一"工作目标,今年我们还确立了"一主四重"的工作重点。"一主"主要是以"一把手"队伍建设为主体,"四重"就是要突出重点单位、重点岗位、重点专业、重点人才的选拔培养。在会管单位班子建设方面,适当压缩部分会管单位党委班子、经营班子的规模比例,压缩下来的指标用于增设高级会管专业技术职务,以提高整个班子的专业决策水平。同时,加强会机关业务部门班子和派出机构班子建设,也适当增加高级专业技术职务的配备比例。在此基础上,进一步加强对领军人才的重点培养,通过发挥各专业委员会、人才工作联席会等多种机制的作用,遴选确定一批重点培养对象,按照专业分类和职能分工,为他们量身定做包括选拔、培训、管理在内的培养方案。现在正是用人的时候,我们在重点人才的培养上,应该有一些大的创新和举措。

(四)争取在人才政策机制创新上取得更大突破

年内,需要联席会各成员单位支持并参与的工作有以下几项:一是高级专业技术职位聘任制试点工作。目前相关方案已经得到国务公务员局的批准,在具体操作层面如何组织实施,希望今年利用联席会平台把这项工作再推进一下。会机关组织成功后,在派出机构也逐步扩大试点范围。二是完善会管高级专业职位管理制度。按照规定,会管单位党委班子、经营班子成员都有任期和年龄限制,但对会管高级专业技术职务人员原则上是放宽的,目的是更好地发挥高级专业人才的作用。但后续人员选聘、管理工作如何组织实施,现在只有原则性的考虑,希望通过联席会平台把有些政策再予以细化和深化,争取尽快拿出具体的组织实施方案。三是交易所及会管公司薪酬管理办法。目前交易所、会管公司已经有了初步的思路,会党委印发的两个办法也引入了专业化的管理理念,但对会管单位的绩效考核如何组织,如何贯彻好这两个办法,还要做进一步的工作。

(五)进一步提高联席会议事谋事的质量

关于联席会的作用,我想依据文件规定主要是做好三件事:一是研究政策。即按照"大人才"的理念和"大系统"的工作格局,制定合理的人才发展战略,建立有活力的人才机制,营造良好的人才工作环境,打造人才聚集的平台,这是联席会今后应该努力的方向。二是设计制度。自联席会成立以来,我们依靠联席会这个平台,先后设计了海外人才引进工作方案和会管单位薪酬管理办法,实际运行起来非常有效。下一步有关人才政策的研究制定,还要多依靠联席会平台,把有关单位纳入进来,通过发挥各单位的整体优势和工作合力,使制定的政策更具有针对性和指导性。三是推动工作。人才工作能否得到有效落实,既需要联席会集思广益、定向把关,也需要各成员单位在具体实施中给予重点关注,对不完善之处及时提出改进意见。这次会议提到的一些重点工作,会后可根据每项任务的关联度确定合理分工,明确每项任务完成的时间表。年内联席会也要争取多围绕几个专题,多召开几次会议。人教部作为联席会的办公室,也要积极探索更加灵活有效方式,及时发布一些人才工作的动态信息。

人才工作是推进中国资本市场创新发展的"希望工程"和基础工程,联席会在推进系统人才建设中所承担的责任重大、任务艰巨。希望以第二次联席会议为契机,各成员单位尤其是领导同志更加关心、支持系统人才工作，在会党委的领导下，不断开创我会人才工作的新局面！

# 最高人民法院奚晓明副院长在引进法官深化证券执法体制改革会议上的讲话

（2010年12月28日）

在今年中央经济工作会议刚刚结束之际，我们法院系统与证监会有关领导、同志们一起召开引进法官深化证券执法体制改革联席会，研究探讨引进法官参与行政处罚案件的审理工作，建立专业干部交流机制，深化证券执法体制改革的问题，具有十分重要的意义。当前和今后一个时期人民法院工作的重要任务，就是认真贯彻落实中央经济工作会议精神，扎实做好各项审判执行工作，充分发挥司法职能作用，为促进经济平稳较快发展提供有力司法保障和优质司法服务。在此，我代表最高法院党组，对证监会为法院系统提供的干部交流机会表示感谢，对双方干部交流机制的建立表示热烈的祝贺。下面我简单谈几点意见：

**一、要深刻认识经济形势发展变化对人民法院工作的影响，切实提高司法保障能力**

资本市场的迅速建立和发展壮大，是我国改革开放32年来最伟大的成果之一。经过20年的发展，尤其是近年来各项改革举措的实施，资本市场已经发展到总市值与国内经济总值大体相当，上市公司超过2000家，投资主体超过1亿的规模，已经成为我国社会主义市场经济极为重要的组成部分。随着全球贸易的进一步发展，我国资本市场将进一步成熟和强大，也将促进我国实体经济总量和质量进一步提升。

伴随着资本市场规模的不断扩大，上市公司的并购重组活动日趋频繁，证券市场的一些违法违规活动也出现了一些新情况。近年来，人民法院通过一系列涉及证券资本案件的审理，出台了许多相关司法解释和审判指导意见，在部分经济发达的地区法院设置了专门的合议庭，通过司法审判的力量积极推动资本市场的规范和健康发展。

刚刚结束的中央经济工作会议，对明年经济工作做了全面部署，突出了科学发展主题和加快转变经济发展方式，明确了明年经济工作的总体要求、重要原则和主要任务。促进社会投资稳定增长和结构优化，积极推进金融、投资体制改革，推动产业结构调整，规划发展新兴产业，扶持中小企业发展，加强技术创新体系建设，促进企业技术改造和兼并重组，这些重大任务的落实和实施，都离不开资本市场的健康发展。

党的十七届五中全会通过的“十二五”规划建议明确提出：要加快多层次资本市场体系建设，显著提高直接融资比重。积极发展债券市场，稳步发展场外交易市场和期货市场。完善市场法规和监管体制，规范市场秩序，为我国资本市场发展和监管、市场法治建设等提出了明确方向和总体要求。

人民法院要准确把握新形势下我国经济发展面临的机遇和挑战，准确把握经济发展大局对司法工作的新要求，进一步增强责任感、使命感、紧迫感，充分发挥审判职能作用，积极做好司法应对工作，为促进经济平稳较快发展切实提高司法保障能力，确保人民法院工作始终服从服务于经济社会发展的大局。

**二、积极推动行政监管和司法规范的互动机制，为资本市场创造良性法治环境**

行政监管和司法规范，是资本市场不可或缺、相辅相成的有机组成部分。行政监管通过直接对市场规划建设、日常监管发挥积极作用,司法规范则是通过审判权的正确行使对市场起到行为引导和价值评判的作用。

这些年来,两大系统良性互动,通力协作,在打击市场各类违法犯罪行为、处置高风险证券公司、建设各种法律责任制度和有关重大案件处理等方面效果显著。以资本市场为基础的虚拟经济相比传统的实体经济,有其自身的特点。证券期货市场内幕交易、操纵市场、虚假披露等违法违规案件扩散快、影响大,市场和社会关注度高,案件头绪多,取证难、认定难、执行难。因此市场规范和监管困难较大,这也是资本市场世界范围的共性。

今后,我们要积极拓展市场司法规范和行政监管协作的深度、广度和力度,法院刑事、民事、行政审判部门要在业务上加强与监管部门的合作,共同研究当下急需解决的难题,切实推进社会管理创新机制,努力为资本市场的科学发展创造良性法治环境。

人民法院应围绕中央经济工作会议确立的经济工作的主要任务,积极为资本市场的发展提供有力的司法保障和服务。一是要研究探讨完善资本市场的法律责任制度,在一些相对成熟的领域逐步起草制定有关刑事、民事和行政诉讼方面的司法解释;二是要着力培养一批既懂资本市场规律又谙熟法律的法官队伍,提高相关业务庭室法官队伍素质;三是要在案件数量较多地区的人民法院成立专门的合议庭和审判庭,逐步建立和完善符合资本市场需求的审判机制。

## 三、建立和完善干部交流机制,促进司法审判和行政监管队伍建设

干部挂职锻炼不仅有利于促进干部个人的成长进步,也有利于全面加强队伍建设。实践证明,干部到相关岗位交流挂职,有利于熟悉了解有关领域的实际情况,提出的意见建议、研究制定的政策,就会更有科学性、针对性和可操作性。最高法院党组一直非常重视干部交流挂职工作,自2000年以来,我院已先后选派了100余名干部进行挂职锻炼,尤其近几年,更是加大了选派的力度,选派岗位也更趋于多元化。

选派优秀法官直接参与行政处罚案件的审理工作,有利于加强司法审判部门与证券监管部门的沟通、了解,促进双方的队伍建设,形成互利共赢的良好局面,意义非常重大。我们通过选派法官到监管部门交流任职工作,一是深入资本市场监管实践,进一步充实资本市场专业知识,充分了解资本市场的各种违法行为,增强对证券期货案件涉及法律的理解和把握,促进法院司法审判工作和有关司法解释的制定;二是深入了解证券监管工作性质和行政处罚程序机制,加强对资本市场特殊性和对执法工作的理解;三是在行政监管和司法审判之间建立畅通的联系机制和渠道,使司法审判工作为资本市场的健康稳定发展提供更为有力的保障;四是通过交流挂职法官与证券监管部门的共同努力,协助推动一些市场监管急需的制度建设,例如借鉴国外成熟制度,推动建立行政处罚中的和解机制等。

这里,我对法院到监管机构挂职工作的同志提出几点要求和希望:交流挂职是一段非常宝贵的工作经历。交流挂职干部要坚持做事不做客,安下心来,从每件具体工作做起,真正取得对实际工作的发言权,切实填补实践经验的不足。要多向监管部门的领导和同志们学习,要严于律己宽以待人,要注意工作中的方法,掌握法律尺度,切实为证券执法体制改革做出应有的贡献。有关业务部门要舍得选派优秀的骨干力量去监管部门交流,不要仅仅考虑眼前的工作,要着眼长远,做好人才培养。政治部和交流挂职干部所在的庭室要积极关心挂职干部,支持他们的工作,帮助解决后顾之忧,让他们能在交流岗位上安心工作,做出更大的成绩。

# 第三部分　法律法规

## 一、立 法 工 作

### 2010 年证券期货市场法律制度建设综述

2010 年中国证监会紧紧围绕党和国家经济工作大局,结合证券市场发展新形势和新要求,坚持依法立法、科学立法、民主立法,大力加强制度建设,资本市场法律制度体系已经形成。全年证监会单独或者联合国务院其他部委发布规章 3 件,规范性文件 40 件。截至 2010 年底,现行有效的专门规范证券期货市场的法律文件共计 472 件。其中,法律 3 件,行政法规、法规性文件 18 件,规章 62 件,规范性文件 389 件。证券期货市场法律制度市场约束更加强化,服务市场改革创新的作用明显加强,信息披露监管、合规监管进一步健全,资本市场保障功能日益显现。

**一、引导市场主体归位尽责,促进经济发展方式转变**

紧紧围绕党和国家经济工作大局,增强市场约束机制,引导市场主体归位尽责,深化发行制度改革,推动资本市场并购重组,促进创业板、中小企业和文化产业发展,健全资本市场结构,优化资源配置,促进经济发展方式转变和经济结构调整。

(一)深化新股发行体制改革,引导市场主体归位尽责

全面总结第一阶段改革经验,培育市场机制,强化市场约束,出台《关于深化新股发行体制的指导意见》,修订《证券发行与承销管理办法》,进一步完善报价申购和配售约束机制,扩大询价对象范围,充实网下机构投资者,增强定价信息透明度,完善回拨机制和中止发行机制,推动发行人、投资者、承销商等市场主体归位尽责。新股价格市场化约束机制逐步形成,达到了预期效果。

(二)完善并购重组制度,提高审核效率

贯彻落实《国务院关于促进企业兼并重组的意见》,形成完善并购重组市场化十项制度安排,提高并购重组的审核效率、透明度和规范度,促进行业整合和产业升级。发布《关于填报〈上市公司并购重组专业意见附表〉的规定》,要求对相关并购重组申请事项出具专业意见的财务顾问填报相应的专业意见附表,并将专业意见附表作为专业意见的附件一并上报。

(三)积极实施行政指导,引导创业板市场发展

出台《关于进一步做好创业板推荐工作的指引》,明确保荐机构应重点推荐和应审慎推荐的产业及领域,强调推荐企业的创新能力和成长性。促进高新技术企业和战略性新兴产业发展,落实国家自主创新战略,带动社会创新创业。

(四)支持创业投资发展,促进中小企业成长

与财政部等发布《关于豁免国有创业投资机构和国有创业投资引导基金国有股转持义务有关问题的通知》,规定经国务院批准,对符合条件的国有创投机构和国有创投引导基金投资于未上市中小企业形成的国有股,可申请豁免

由社保基金会转持。鼓励和引导创业投资机构加大对早期项目的投资,促进我国创业投资事业的发展和科技创新目标的实现,推动产业结构调整。

(五)支持文化产业发展,培育新的经济增长点

与央行等部委联合出台《关于金融支持文化产业振兴和发展繁荣的指导意见》,积极支持符合条件的文化企业在主板、创业板上市融资,鼓励符合条件的文化企业通过债券市场融资,促进文化发展大繁荣,培育新的经济增长点,从而实现保增长、扩内需、调结构、促发展的目标。

## 二、深化资本市场改革,平稳推动市场改革创新

培育市场机制,深化资本市场改革,根据市场参与各方的成熟程度,水到渠成推出金融期货、信用交易、债券市场领域多项创新举措。

(一)推出股指期货,金融期货破冰

充分考虑投资者风险承受能力,发布了《关于建立股指期货投资者适当性制度的规定(试行)》,明确了投资者参与股指期货的硬性指标和综合性指标,其中初步设计的开户资金门槛为50万元人民币,法人投资者同时应拥有100万元以上人民币净资产。制定《证券公司参与股指期货交易指引》和《证券投资基金参与股指期货交易指引》,要求证券公司、证券投资基金参与股指期货应以套期保值目的为主,严格限制投机,严控风险,严控规模,保障股指期货安全运行。

(二)启动融资融券,信用交易机制初步建立

发布《关于开展证券公司融资融券业务试点工作的指导意见》,稳妥启动融资融券业务试点。全年25家证券公司获试点资格,累计开户4.2万户,成交金额1,197.7亿元,证券市场的信用交易机制初步建立。

(三)发展债券市场,完善市场体系

与人民银行、银监会联合发布《关于上市商业银行在证券交易所参与债券交易试点有关问题的通知》,推动商业银行重返交易所债券市场,显著改善资本市场投资者结构。与人民银行等部委联合修订《国际开发机构人民币债券发行管理暂行办法》,明确在中国境内申请发行人民币债券的国际开发机构债券发行申请及审批程序,进一步规范了国际开发机构发行人民币债券行为,促进我国债券市场发展和对外开放。

## 三、强化信息披露监管,提高市场透明度

完善上市公司、基金公司、创业板上市公司信息披露规则体系,强化信息披露监管,切实保护投资者合法权益。

(一)强化上市公司财务信息披露,提高报告透明度

公布《公开发行证券的公司信息披露编报规则第9号——净资产收益率和每股收益的计算及披露》和《公开发行证券的公司信息披露编报规则第15号——财务报告的一般规定》,根据近年来的监管工作需要,新增了对同一控制企业合并和反向购买等情况下净资产收益率和每股收益的计算及披露要求等内容。

(二)根据创业板特点,完善相关信息披露规则

制定《公开发行证券的公司信息披露编报规则第20号——创业板上市公司季度报告内容与格式特别规定》和《公开发行证券的公司信息披露内容与格式准则第31号——创业板上市公司半年度报告的内容与格式》,根据创业板公司业绩不稳定、经营风险高等特点,对创业板上市公司季度报告和半年度报告作出更为严格的规定。要求公司董事会报告无形资产、核心竞争力、核心技术团队等重大变化对公司经营可能产生的影响,以及拟采取的应对措施。

(三)发布基金公司信息披露模板,规范披露行为

发布《证券投资基金信息披露XBRL模板第3号——年度报告与半年度报告》和《证券投资基金信息披露XBRL模板第4号〈基金合同生效公告及十一类临时公告(试行)〉》,要求证券投资基金公司在编制披露基金年报和半年报、对外公开披露相关公告时使用规定模板,规范基金经营机构信息披露行为。

## 四、强化合规监管，推动市场主体规范发展

加强和改进对上市公司、证券公司、基金业、期货业、证券服务机构等的监管，有效维护公开、公平、公正的市场秩序。

（一）建立上市公司内控规范体系，完善公司治理

出台《上市公司现场检查办法》，将控股股东、实际控制人、并购重组当事人、证券服务机构等有关单位和个人纳入检查范围。与财政部等联合发布《企业内部控制配套指引》，适应我国企业实际、融合国际先进经验的企业内部控制规范体系基本建立。

（二）注重证券公司合规管理，强化分类监管

强化证券公司合规监管，出台《关于加强上市证券公司监管的规定》，强化了上市证券公司的信息披露义务，要求上市证券公司建立健全信息管理制度、重大事项报告和内幕信息知情人登记制度。完善证券公司分类监管，修订《证券公司分类监管规定》，增加了证券公司评价项目，调整了部分评价标准，完善风险控制指标动态调整机制。加强证券公司业务监管，发布《证券公司借入次级债管理规定》，要求证券公司借入次级债务应当经股东大会作出专项决议，并符合借入资金有合理用途、借入债务数额不得超过一定比例、债务借入形式被证监会认可等条件。出台《关于加强证券经纪业务管理的规定》，首次明确证券公司应对客户进行分类管理，要求证券公司不得限制客户终止交易代理关系、转移资产，客户申请转托管、撤销指定交易和销户的，应当在接受客户申请并完成其账户交易结算后两个交易日内办理完毕。加强规章解释，就证券公司办理定向资产管理业务，运用所管理的资金投资于境外证券市场如何参照执行《合格境内机构投资者境外证券投资管理试行办法》提出具体适用意见。

（三）完善基金监管，保护份额持有人权益

出台《关于保本基金的指导意见》，要求基金管理人通过一定的保本投资策略进行运作，同时引入保本保障机制，以保证基金份额持有人在保本周期到期时，可以获得投资本金保证，切实保护基金份额持有人权益。

（四）加强期货业监管，防范过度投机

加强期货业监管，防范过度投机风险，制定《关于期货交易所、期货公司缴纳期货投资者保障基金有关事项的规定》，对期货交易所、期货公司缴纳期货投资者保障基金的时间、缴纳比例、减免税等有关事项作出了详细规定。

（五）完善证券服务机构监管，强化约束机制

制定《证券期货行业反洗钱工作实施办法》，明确监管机构及行业协会的职责和证券期货经营机构反洗钱义务，进一步配合反洗钱行政主管部门加强证券期货反洗钱工作，维护证券期货市场秩序。制定《证券投资顾问业务规则》和《发布研究报告业务规则》对证券公司、证券投资咨询机构从事证券投资顾问业务、发布证券研究报告的行为进行规范。与司法部联合发布《律师事务所证券法律业务执业规则》和《律师事务所证券投资基金法律业务执业细则》，为律师从事证券法律业务活动提供业务规范和指导，也为查处律师未勤勉尽责案件提供认定依据。与新闻出版总署联合出台《关于进一步加强证券期货信息传播管理的若干规定》，规范报刊证券期货信息传播行为，保护投资者和社会公众合法权益。

## 五、重视规章清理，坚持依法行政

按照国务院的统一部署，全面开展证券期货规章和规范性文件清理工作，修改、废止与资本市场不适应、不协调的法规文件。同时加强自身约束，坚持依法行政。

（一）开展规章清理，维护法规体系科学合理

根据证券期货市场发展的实际需要，在制定出台新法的同时，全面清理现行规章和规范性文件，全年共修改 29 件，废止 36 件，着力解决不适应、不一致、不协调问题，维护了证券期货法律体系的科学、统一、和谐。

（二）完善规则体系，加强自身约束

规范行政复议工作，制定《行政复议办法》，将复议委员会制度法定化，细化了行政复议受理、审理等一整套程序，明确行政复议听证制度和建议书制度，规定了行政复议和解等创新做法，进一步加强了行政复议工作的培训和保障。首次实现年度复议结案率 100%。

**六、强化监管协作,营造有利监管环境**

内幕交易和执行难是市场高度关注的老大难问题,证监会积极与相关部门沟通,完善协调机制,加强监管协作,使相关工作取得了突破性进展。

(一)建立综合防控体系,严打内幕交易

会同公安部、监察部、国资委、预防腐败局等四部委报请办公厅转发了《关于依法打击和防控内幕交易的意见》,对内幕交易打击和防控工作作出统一部署。明确了国务院相关部门、地方政府和监管部门的职责任务,“群防群控、综合防治”的内幕交易防控体系初步形成。

(二)加强部门协作,建立司法判决执行的联动机制

与19个部门联合会签《关于印发〈关于建立和完善执行联动机制若干问题的意见〉的通知》,完善执行联动机制,负责监督证券登记结算机构、证券、期货经营机构依法协助人民法院查询、冻结、扣划证券和证券交易结算资金,标志着国家层面的以人民法院为主、各部门协作联动的执行联动机制正式建立。

(三)推动司法解释出台,营造良好司法环境

协助最高人民检察院、公安部发布《关于公安机关管辖的刑事案件立案追诉标准的规定(二)》,对欺诈发行股票、债券,违规披露、不披露重要信息,诱骗投资者买卖证券、期货合约,操纵证券、期货市场等案件的追诉标准做出明确规定。推动最高人民法院出台《关于审理期货纠纷案件若干问题的规定(二)》,增加对期货交易所因履行职责引起的相关案件指定管辖、结算担保金等新型交易结算财产的保全和执行等规定,进一步完善与期货市场相适应的司法配套环境。

# 二、法律文件

## (一)法　　律

## 中华人民共和国保守国家秘密法

(1988年9月5日第七届全国人民代表大会常务委员会第三次会议通过
2010年4月29日第十一届全国人民代表大会常务委员会第十四次会议修订)

目　　录



### 第一章　总　　则

**第一条**　为了保守国家秘密,维护国家安全和利益,保障改革开放和社会主义建设事业的顺利进行,制定本法。

**第二条**　国家秘密是关系国家安全和利益,依照法定程序确定,在一定时间内只限一定范围的人员知悉的事项。

**第三条**　国家秘密受法律保护。

一切国家机关、武装力量、政党、社会团体、企业事业单位和公民都有保守国家秘密的义务。

任何危害国家秘密安全的行为，都必须受到法律追究。

**第四条**　保守国家秘密的工作（以下简称保密工作），实行积极防范、突出重点、依法管理的方针，既确保国家秘密安全，又便利信息资源合理利用。

法律、行政法规规定公开的事项，应当依法公开。

**第五条**　国家保密行政管理部门主管全国的保密工作。县级以上地方各级保密行政管理部门主管本行政区域的保密工作。

**第六条**　国家机关和涉及国家秘密的单位（以下简称机关、单位）管理本机关和本单位的保密工作。

中央国家机关在其职权范围内，管理或者指导本系统的保密工作。

**第七条**　机关、单位应当实行保密工作责任制，健全保密管理制度，完善保密防护措施，开展保密宣传教育，加强保密检查。

**第八条**　国家对在保守、保护国家秘密以及改进保密技术、措施等方面成绩显著的单位或者个人给予奖励。

## 第二章　国家秘密的范围和密级

**第九条**　下列涉及国家安全和利益的事项，泄露后可能损害国家在政治、经济、国防、外交等领域的安全和利益的，应当确定为国家秘密：

（一）国家事务重大决策中的秘密事项；

（二）国防建设和武装力量活动中的秘密事项；

（三）外交和外事活动中的秘密事项以及对外承担保密义务的秘密事项；

（四）国民经济和社会发展中的秘密事项；

（五）科学技术中的秘密事项；

（六）维护国家安全活动和追查刑事犯罪中的秘密事项；

（七）经国家保密行政管理部门确定的其他秘密事项。

政党的秘密事项中符合前款规定的，属于国家秘密。

**第十条**　国家秘密的密级分为绝密、机密、秘密三级。

绝密级国家秘密是最重要的国家秘密，泄露会使国家安全和利益遭受特别严重的损害；机密级国家秘密是重要的国家秘密，泄露会使国家安全和利益遭受严重的损害；秘密级国家秘密是一般的国家秘密，泄露会使国家安全和利益遭受损害。

**第十一条**　国家秘密及其密级的具体范围，由国家保密行政管理部门分别会同外交、公安、国家安全和其他中央有关机关规定。

军事方面的国家秘密及其密级的具体范围，由中央军事委员会规定。

国家秘密及其密级的具体范围的规定，应当在有关范围内公布，并根据情况变化及时调整。

**第十二条**　机关、单位负责人及其指定的人员为定密责任人，负责本机关、本单位的国家秘密确定、变更和解除工作。

机关、单位确定、变更和解除本机关、本单位的国家秘密，应当由承办人提出具体意见，经定密责任人审核批准。

**第十三条**　确定国家秘密的密级，应当遵守定密权限。

中央国家机关、省级机关及其授权的机关、单位可以确定绝密级、机密级和秘密级国家秘密；设区的市、自治州一级的机关及其授权的机关、单位可以确定机密级和秘密级国家秘密。具体的定密权限、授权范围由国家保密行政管理部门规定。

机关、单位执行上级确定的国家秘密事项，需要定密的，根据所执行的国家秘密事项的密级确定。下级机关、单位认为本机关、本单位产生的有关定密事项属于上级机关、单位的定密权限，应当先行采取保密措施，并立即报请上级机关、单位确定；没有上级机关、单位的，应当立即提请有相应定密权限的业务主管部门或者保密行政管理部门确定。

公安、国家安全机关在其工作范围内按照规定的权限确定国家秘密的密级。

**第十四条**　机关、单位对所产生的国家秘密事项，应当按照国家秘密及其密级的具体范围的规定确定密级,同时确定保密期限和知悉范围。

**第十五条** 国家秘密的保密期限,应当根据事项的性质和特点,按照维护国家安全和利益的需要,限定在必要的期限内;不能确定期限的,应当确定解密的条件。

国家秘密的保密期限,除另有规定外,绝密级不超过三十年,机密级不超过二十年,秘密级不超过十年。

机关、单位应当根据工作需要,确定具体的保密期限、解密时间或者解密条件。

机关、单位对在决定和处理有关事项工作过程中确定需要保密的事项,根据工作需要决定公开的,正式公布时即视为解密。

**第十六条** 国家秘密的知悉范围,应当根据工作需要限定在最小范围。

国家秘密的知悉范围能够限定到具体人员的,限定到具体人员;不能限定到具体人员的,限定到机关、单位,由机关、单位限定到具体人员。

国家秘密的知悉范围以外的人员,因工作需要知悉国家秘密的,应当经过机关、单位负责人批准。

**第十七条** 机关、单位对承载国家秘密的纸介质、光介质、电磁介质等载体(以下简称国家秘密载体)以及属于国家秘密的设备、产品,应当做出国家秘密标志。

不属于国家秘密的,不应当做出国家秘密标志。

**第十八条** 国家秘密的密级、保密期限和知悉范围,应当根据情况变化及时变更。国家秘密的密级、保密期限和知悉范围的变更,由原定密机关、单位决定,也可以由其上级机关决定。

国家秘密的密级、保密期限和知悉范围变更的,应当及时书面通知知悉范围内的机关、单位或者人员。

**第十九条** 国家秘密的保密期限已满的,自行解密。

机关、单位应当定期审核所确定的国家秘密。对在保密期限内因保密事项范围调整不再作为国家秘密事项,或者公开后不会损害国家安全和利益,不需要继续保密的,应当及时解密;对需要延长保密期限的,应当在原保密期限届满前重新确定保密期限。提前解密或者延长保密期限的,由原定密机关、单位决定,也可以由其上级机关决定。

**第二十条** 机关、单位对是否属于国家秘密或者属于何种密级不明确或者有争议的,由国家保密行政管理部门或者省、自治区、直辖市保密行政管理部门确定。

## 第三章 保密制度

**第二十一条** 国家秘密载体的制作、收发、传递、使用、复制、保存、维修和销毁,应当符合国家保密规定。

绝密级国家秘密载体应当在符合国家保密标准的设施、设备中保存,并指定专人管理;未经原定密机关、单位或者其上级机关批准,不得复制和摘抄;收发、传递和外出携带,应当指定人员负责,并采取必要的安全措施。

**第二十二条** 属于国家秘密的设备、产品的研制、生产、运输、使用、保存、维修和销毁,应当符合国家保密规定。

**第二十三条** 存储、处理国家秘密的计算机信息系统(以下简称涉密信息系统)按照涉密程度实行分级保护。

涉密信息系统应当按照国家保密标准配备保密设施、设备。保密设施、设备应当与涉密信息系统同步规划,同步建设,同步运行。

涉密信息系统应当按照规定,经检查合格后,方可投入使用。

**第二十四条** 机关、单位应当加强对涉密信息系统的管理,任何组织和个人不得有下列行为:

(一)将涉密计算机、涉密存储设备接入互联网及其他公共信息网络;

(二)在未采取防护措施的情况下,在涉密信息系统与互联网及其他公共信息网络之间进行信息交换;

(三)使用非涉密计算机、非涉密存储设备存储、处理国家秘密信息;

(四)擅自卸载、修改涉密信息系统的安全技术程序、管理程序;

(五)将未经安全技术处理的退出使用的涉密计算机、涉密存储设备赠送、出售、丢弃或者改作其他用途。

**第二十五条** 机关、单位应当加强对国家秘密载体的管理，任何组织和个人不得有下列行为：

（一）非法获取、持有国家秘密载体；

（二）买卖、转送或者私自销毁国家秘密载体；

（三）通过普通邮政、快递等无保密措施的渠道传递国家秘密载体；

（四）邮寄、托运国家秘密载体出境；

（五）未经有关主管部门批准，携带、传递国家秘密载体出境。

**第二十六条**　禁止非法复制、记录、存储国家秘密。

禁止在互联网及其他公共信息网络或者未采取保密措施的有线和无线通信中传递国家秘密。

禁止在私人交往和通信中涉及国家秘密。

**第二十七条**　报刊、图书、音像制品、电子出版物的编辑、出版、印制、发行，广播节目、电视节目、电影的制作和播放，互联网、移动通信网等公共信息网络及其他传媒的信息编辑、发布，应当遵守有关保密规定。

**第二十八条**　互联网及其他公共信息网络运营商、服务商应当配合公安机关、国家安全机关、检察机关对泄密案件进行调查；发现利用互联网及其他公共信息网络发布的信息涉及泄露国家秘密的，应当立即停止传输，保存有关记录，向公安机关、国家安全机关或者保密行政管理部门报告；应当根据公安机关、国家安全机关或者保密行政管理部门的要求，删除涉及泄露国家秘密的信息。

**第二十九条**　机关、单位公开发布信息以及对涉及国家秘密的工程、货物、服务进行采购时，应当遵守保密规定。

**第三十条**　机关、单位对外交往与合作中需要提供国家秘密事项，或者任用、聘用的境外人员因工作需要知悉国家秘密的，应当报国务院有关主管部门或者省、自治区、直辖市人民政府有关主管部门批准，并与对方签订保密协议。

**第三十一条**　举办会议或者其他活动涉及国家秘密的，主办单位应当采取保密措施，并对参加人员进行保密教育，提出具体保密要求。

**第三十二条**　机关、单位应当将涉及绝密级或者较多机密级、秘密级国家秘密的机构确定为保密要害部门，将集中制作、存放、保管国家秘密载体的专门场所确定为保密要害部位，按照国家保密规定和标准配备、使用必要的技术防护设施、设备。

**第三十三条**　军事禁区和属于国家秘密不对外开放的其他场所、部位，应当采取保密措施，未经有关部门批准，不得擅自决定对外开放或者扩大开放范围。

**第三十四条**　从事国家秘密载体制作、复制、维修、销毁，涉密信息系统集成，或者武器装备科研生产等涉及国家秘密业务的企业事业单位，应当经过保密审查，具体办法由国务院规定。

机关、单位委托企业事业单位从事前款规定的业务，应当与其签订保密协议，提出保密要求，采取保密措施。

**第三十五条**　在涉密岗位工作的人员（以下简称涉密人员），按照涉密程度分为核心涉密人员、重要涉密人员和一般涉密人员，实行分类管理。

任用、聘用涉密人员应当按照有关规定进行审查。

涉密人员应当具有良好的政治素质和品行，具有胜任涉密岗位所要求的工作能力。

涉密人员的合法权益受法律保护。

**第三十六条**　涉密人员上岗应当经过保密教育培训，掌握保密知识技能，签订保密承诺书，严格遵守保密规章制度，不得以任何方式泄露国家秘密。

**第三十七条**　涉密人员出境应当经有关部门批准，有关机关认为涉密人员出境将对国家安全造成危害或者对国家利益造成重大损失的，不得批准出境。

**第三十八条**　涉密人员离岗离职实行脱密期管理。涉密人员在脱密期内，应当按照规定履行保密义务，不得违反规定就业，不得以任何方式泄露国家秘密。

**第三十九条**　机关、单位应当建立健全涉密人员管理制度，明确涉密人员的权利、岗位责任和要求，对涉密人员履行职责情况开展经常性的监督检查。

**第四十条**　国家工作人员或者其他公民发现国家秘密已经泄露或者可能泄露时，应当立即采取补救措施并及时报告有关机关、单位。机关、单位接到报告后，应当立即作出处理，并及时向保密行政管理部门报告。

## 第四章 监督管理

**第四十一条** 国家保密行政管理部门依照法律、行政法规的规定,制定保密规章和国家保密标准。

**第四十二条** 保密行政管理部门依法组织开展保密宣传教育、保密检查、保密技术防护和泄密案件查处工作,对机关、单位的保密工作进行指导和监督。

**第四十三条** 保密行政管理部门发现国家秘密确定、变更或者解除不当的,应当及时通知有关机关、单位予以纠正。

**第四十四条** 保密行政管理部门对机关、单位遵守保密制度的情况进行检查,有关机关、单位应当配合。保密行政管理部门发现机关、单位存在泄密隐患的,应当要求其采取措施,限期整改;对存在泄密隐患的设施、设备、场所,应当责令停止使用;对严重违反保密规定的涉密人员,应当建议有关机关、单位给予处分并调离涉密岗位;发现涉嫌泄露国家秘密的,应当督促、指导有关机关、单位进行调查处理。涉嫌犯罪的,移送司法机关处理。

**第四十五条** 保密行政管理部门对保密检查中发现的非法获取、持有的国家秘密载体,应当予以收缴。

**第四十六条** 办理涉嫌泄露国家秘密案件的机关,需要对有关事项是否属于国家秘密以及属于何种密级进行鉴定的,由国家保密行政管理部门或者省、自治区、直辖市保密行政管理部门鉴定。

**第四十七条** 机关、单位对违反保密规定的人员不依法给予处分的,保密行政管理部门应当建议纠正,对拒不纠正的,提请其上一级机关或者监察机关对该机关、单位负有责任的领导人员和直接责任人员依法予以处理。

## 第五章 法律责任

**第四十八条** 违反本法规定,有下列行为之一的,依法给予处分;构成犯罪的,依法追究刑事责任:

(一)非法获取、持有国家秘密载体的;

(二)买卖、转送或者私自销毁国家秘密载体的;

(三)通过普通邮政、快递等无保密措施的渠道传递国家秘密载体的;

(四)邮寄、托运国家秘密载体出境,或者未经有关主管部门批准,携带、传递国家秘密载体出境的;

(五)非法复制、记录、存储国家秘密的;

(六)在私人交往和通信中涉及国家秘密的;

(七)在互联网及其他公共信息网络或者未采取保密措施的有线和无线通信中传递国家秘密的;

(八)将涉密计算机、涉密存储设备接入互联网及其他公共信息网络的;

(九)在未采取防护措施的情况下,在涉密信息系统与互联网及其他公共信息网络之间进行信息交换的;

(十)使用非涉密计算机、非涉密存储设备存储、处理国家秘密信息的;

(十一)擅自卸载、修改涉密信息系统的安全技术程序、管理程序的;

(十二)将未经安全技术处理的退出使用的涉密计算机、涉密存储设备赠送、出售、丢弃或者改作其他用途的。

有前款行为尚不构成犯罪,且不适用处分的人员,由保密行政管理部门督促其所在机关、单位予以处理。

**第四十九条** 机关、单位违反本法规定,发生重大泄密案件的,由有关机关、单位依法对直接负责的主管人员和其他直接责任人员给予处分;不适用处分的人员,由保密行政管理部门督促其主管部门予以处理。

机关、单位违反本法规定,对应当定密的事项不定密,或者对不应当定密的事项定密,造成严重后果的,由有关机关、单位依法对直接负责的主管人员和其他直接责任人员给予处分。

**第五十条** 互联网及其他公共信息网络运营商、服务商违反本法第二十八条规定的,由公安机关或者国家安全机关、信息产业主管部门按照各自职责分工依法予以处罚。

**第五十一条** 保密行政管理部门的工作人员在履行保密管理职责中滥用职权、玩忽职守、徇私舞弊的,依法给予处分;构成犯罪的,依法追究刑事责任。

## 第六章 附 则

**第五十二条** 中央军事委员会根据本法制定中国人民解放军保密条例。

**第五十三条** 本法自2010年10月1日起施行。

# 全国人民代表大会常务委员会关于修改《中华人民共和国国家赔偿法》的决定

(2010年4月29日第十一届全国人民代表大会常务委员会第十四次会议通过 2010年4月29日中华人民共和国主席令第29号公布)

第十一届全国人民代表大会常务委员会第十四次会议决定对《中华人民共和国国家赔偿法》作如下修改:

一、将第二条修改为:"国家机关和国家机关工作人员行使职权,有本法规定的侵犯公民、法人和其他组织合法权益的情形,造成损害的,受害人有依照本法取得国家赔偿的权利。

"本法规定的赔偿义务机关,应当依照本法及时履行赔偿义务。"

二、将第三条第三项修改为:"(三)以殴打、虐待等行为或者唆使、放纵他人以殴打、虐待等行为造成公民身体伤害或者死亡的"。

三、将第四条第三项修改为:"(三)违法征收、征用财产的"。

四、将第六条第三款修改为:"受害的法人或者其他组织终止的,其权利承受人有权要求赔偿。"

五、将第九条修改为:"赔偿义务机关有本法第三条、第四条规定情形之一的,应当给予赔偿。

"赔偿请求人要求赔偿,应当先向赔偿义务机关提出,也可以在申请行政复议或者提起行政诉讼时一并提出。"

六、在第十二条中增加一款,作为第三款:"赔偿请求人不是受害人本人的,应当说明与受害人的关系,并提供相应证明。"

增加一款,作为第四款:"赔偿请求人当面递交申请书的,赔偿义务机关应当当场出具加盖本行政机关专用印章并注明收讫日期的书面凭证。申请材料不齐全的,赔偿义务机关应当当场或者在五日内一次性告知赔偿请求人需要补正的全部内容。"

七、将第十三条改为第十三条、第十四条。第十三条:"赔偿义务机关应当自收到申请之日起两个月内,作出是否赔偿的决定。赔偿义务机关作出赔偿决定,应当充分听取赔偿请求人的意见,并可以与赔偿请求人就赔偿方式、赔偿项目和赔偿数额依照本法第四章的规定进行协商。

"赔偿义务机关决定赔偿的,应当制作赔偿决定书,并自作出决定之日起十日内送达赔偿请求人。

"赔偿义务机关决定不予赔偿的,应当自作出决定之日起十日内书面通知赔偿请求人,并说明不予赔偿的理由。"

第十四条:"赔偿义务机关在规定期限内未作出是否赔偿的决定,赔偿请求人可以自期限届满之日起三个月内,向人民法院提起诉讼。

"赔偿请求人对赔偿的方式、项目、数额有异议的,或者赔偿义务机关作出不予赔偿决定的,赔偿请求人可以自赔偿义务机关作出赔偿或者不予赔偿决定之日起三个月内,向人民法院提起诉讼。"

八、增加一条,作为第十五条:"人民法院审理行政赔偿案件,赔偿请求人和赔偿义务机关对自己提出的主张,应当提供证据。

"赔偿义务机关采取行政拘留或者限制人身自由的强制措施期间,被限制人身自由的人死亡或者丧失行为能力的,赔偿义务机关的行为与被限制人身自由的人的死亡或者丧失行为能力是否存在因果关系,赔偿义务机关应当提供证据。”

**九**、将第十四条改为第十六条,第二款修改为:“对有故意或者重大过失的责任人员,有关机关应当依法给予处分;构成犯罪的,应当依法追究刑事责任。”

**十**、将第十五条改为第十七条,修改为:“行使侦查、检察、审判职权的机关以及看守所、监狱管理机关及其工作人员在行使职权时有下列侵犯人身权情形之一的,受害人有取得赔偿的权利:(一)违反刑事诉讼法的规定对公民采取拘留措施的,或者依照刑事诉讼法规定的条件和程序对公民采取拘留措施,但是拘留时间超过刑事诉讼法规定的时限,其后决定撤销案件、不起诉或者判决宣告无罪终止追究刑事责任的;(二)对公民采取逮捕措施后,决定撤销案件、不起诉或者判决宣告无罪终止追究刑事责任的;(三)依照审判监督程序再审改判无罪,原判刑罚已经执行的;(四)刑讯逼供或者以殴打、虐待等行为或者唆使、放纵他人以殴打、虐待等行为造成公民身体伤害或者死亡的;(五)违法使用武器、警械造成公民身体伤害或者死亡的。”

**十一**、将第十六条改为第十八条,修改为:“行使侦查、检察、审判职权的机关以及看守所、监狱管理机关及其工作人员在行使职权时有下列侵犯财产权情形之一的,受害人有取得赔偿的权利:(一)违法对财产采取查封、扣押、冻结、追缴等措施的;(二)依照审判监督程序再审改判无罪,原判罚金、没收财产已经执行的。”

**十二**、将第十七条改为第十九条,第三项修改为:“(三)依照刑事诉讼法第十五条、第一百四十二条第二款规定不追究刑事责任的人被羁押的”。

第四项修改为:“(四)行使侦查、检察、审判职权的机关以及看守所、监狱管理机关的工作人员与行使职权无关的个人行为”。

**十三**、将第十九条改为第二十一条,修改为:“行使侦查、检察、审判职权的机关以及看守所、监狱管理机关及其工作人员在行使职权时侵犯公民、法人和其他组织的合法权益造成损害的,该机关为赔偿义务机关。

“对公民采取拘留措施,依照本法的规定应当给予国家赔偿的,作出拘留决定的机关为赔偿义务机关。

“对公民采取逮捕措施后决定撤销案件、不起诉或者判决宣告无罪的,作出逮捕决定的机关为赔偿义务机关。

“再审改判无罪的,作出原生效判决的人民法院为赔偿义务机关。二审改判无罪,以及二审发回重审后作无罪处理的,作出一审有罪判决的人民法院为赔偿义务机关。”

**十四**、将第二十条改为第二十二条,修改为:“赔偿义务机关有本法第十七条、第十八条规定情形之一的,应当给予赔偿。

“赔偿请求人要求赔偿,应当先向赔偿义务机关提出。

“赔偿请求人提出赔偿请求,适用本法第十一条、第十二条的规定。”

**十五**、将第二十一条改为第二十三条和第二十四条。第二十三条:“赔偿义务机关应当自收到申请之日起两个月内,作出是否赔偿的决定。赔偿义务机关作出赔偿决定,应当充分听取赔偿请求人的意见,并可以与赔偿请求人就赔偿方式、赔偿项目和赔偿数额依照本法第四章的规定进行协商。

“赔偿义务机关决定赔偿的,应当制作赔偿决定书,并自作出决定之日起十日内送达赔偿请求人。

“赔偿义务机关决定不予赔偿的,应当自作出决定之日起十日内书面通知赔偿请求人,并说明不予赔偿的理由。”

第二十四条:“赔偿义务机关在规定期限内未作出是否赔偿的决定,赔偿请求人可以自期限届满之日起三十日内向赔偿义务机关的上一级机关申请复议。

“赔偿请求人对赔偿的方式、项目、数额有异议的,或者赔偿义务机关作出不予赔偿决定的,赔偿请求人可以自赔偿义务机关作出赔偿或者不予赔偿决定之日起三十日内,向赔偿义务机关的上一级机关申请复议。

“赔偿义务机关是人民法院的,赔偿请求人可以依照本条规定向其上一级人民法院赔偿委员会申请作出赔偿决定。”

**十六**、将第二十二条改为第二十五条,第二款修改为："赔偿请求人不服复议决定的，可以在收到复议决定之日起三十日内向复议机关所在地的同级人民法院赔偿委员会申请作出赔偿决定；复议机关逾期不作决定的，赔偿请求人可以自期限届满之日起三十日内向复议机关所在地的同级人民法院赔偿委员会申请作出赔偿决定。"

**十七**、增加一条，作为第二十六条："人民法院赔偿委员会处理赔偿请求，赔偿请求人和赔偿义务机关对自己提出的主张，应当提供证据。

"被羁押人在羁押期间死亡或者丧失行为能力的，赔偿义务机关的行为与被羁押人的死亡或者丧失行为能力是否存在因果关系，赔偿义务机关应当提供证据。"

**十八**、增加一条，作为第二十七条："人民法院赔偿委员会处理赔偿请求，采取书面审查的办法。必要时，可以向有关单位和人员调查情况、收集证据。赔偿请求人与赔偿义务机关对损害事实及因果关系有争议的，赔偿委员会可以听取赔偿请求人和赔偿义务机关的陈述和申辩，并可以进行质证。"

**十九**、增加一条，作为第二十八条："人民法院赔偿委员会应当自收到赔偿申请之日起三个月内作出决定；属于疑难、复杂、重大案件的，经本院院长批准，可以延长三个月。"

**二十**、将第二十三条改为第二十九条，第一款修改为："中级以上的人民法院设立赔偿委员会，由人民法院三名以上审判员组成，组成人员的人数应当为单数。"

**二十一**、增加一条，作为第三十条："赔偿请求人或者赔偿义务机关对赔偿委员会作出的决定，认为确有错误的，可以向上一级人民法院赔偿委员会提出申诉。

"赔偿委员会作出的赔偿决定生效后，如发现赔偿决定违反本法规定的，经本院院长决定或者上级人民法院指令，赔偿委员会应当在两个月内重新审查并依法作出决定，上一级人民法院赔偿委员会也可以直接审查并作出决定。

"最高人民检察院对各级人民法院赔偿委员会作出的决定，上级人民检察院对下级人民法院赔偿委员会作出的决定，发现违反本法规定的，应当向同级人民法院赔偿委员会提出意见，同级人民法院赔偿委员会应当在两个月内重新审查并依法作出决定。"

**二十二**、将第二十四条改为第三十一条，第二款修改为："对有前款规定情形的责任人员，有关机关应当依法给予处分；构成犯罪的，应当依法追究刑事责任。"

**二十三**、将第二十七条改为第三十四条，第一款第一项修改为："（一）造成身体伤害的，应当支付医疗费、护理费，以及赔偿因误工减少的收入。减少的收入每日的赔偿金按照国家上年度职工日平均工资计算，最高额为国家上年度职工年平均工资的五倍"。

第一款第二项修改为："（二）造成部分或者全部丧失劳动能力的，应当支付医疗费、护理费、残疾生活辅助具费、康复费等因残疾而增加的必要支出和继续治疗所必需的费用，以及残疾赔偿金。残疾赔偿金根据丧失劳动能力的程度，按照国家规定的伤残等级确定，最高不超过国家上年度职工年平均工资的二十倍。造成全部丧失劳动能力的，对其扶养的无劳动能力的人，还应当支付生活费"。

第二款修改为："前款第二项、第三项规定的生活费的发放标准，参照当地最低生活保障标准执行。被扶养的人是未成年人的，生活费给付至十八周岁止；其他无劳动能力的人，生活费给付至死亡时止。"

**二十四**、将第三十条改为第三十五条，修改为："有本法第三条或者第十七条规定情形之一，致人精神损害的，应当在侵权行为影响的范围内，为受害人消除影响，恢复名誉，赔礼道歉；造成严重后果的，应当支付相应的精神损害抚慰金。"

**二十五**、将第二十八条改为第三十六条，第一项修改为："（一）处罚款、罚金、追缴、没收财产或者违法征收、征用财产的，返还财产"。

第五项修改为："（五）财产已经拍卖或者变卖的，给付拍卖或者变卖所得的价款；变卖的价款明显低于财产价值的，应当支付相应的赔偿金"。

增加一项，作为第七项："（七）返还执行的罚款或者罚金、追缴或者没收的金钱，解除冻结的存款或者汇款的，应当支付银行同期存款利息"。

**二十六**、将第二十九条改为第三十七条，修改为:"赔偿费用列入各级财政预算。

"赔偿请求人凭生效的判决书、复议决定书、赔偿决定书或者调解书,向赔偿义务机关申请支付赔偿金。

"赔偿义务机关应当自收到支付赔偿金申请之日起七日内,依照预算管理权限向有关的财政部门提出支付申请。财政部门应当自收到支付申请之日起十五日内支付赔偿金。

"赔偿费用预算与支付管理的具体办法由国务院规定。"

二十七、将第三十二条改为第三十九条,第一款修改为:"赔偿请求人请求国家赔偿的时效为两年,自其知道或者应当知道国家机关及其工作人员行使职权时的行为侵犯其人身权、财产权之日起计算,但被羁押等限制人身自由期间不计算在内。在申请行政复议或者提起行政诉讼时一并提出赔偿请求的,适用行政复议法、行政诉讼法有关时效的规定。"

本决定自2010年12月1日起施行。

《中华人民共和国国家赔偿法》根据本决定作相应修改并对条款顺序作相应调整,重新公布。

**附件:**

# 中华人民共和国国家赔偿法

(1994年5月12日第八届全国人民代表大会常务委员会第七次会议通过
根据2010年4月29日第十一届全国人民代表大会常务委员会第十四次会议
《关于修改〈中华人民共和国国家赔偿法〉的决定》修正)

## 目　录



## 第一章　总　　则

**第一条**　为保障公民、法人和其他组织享有依法取得国家赔偿的权利,促进国家机关依法行使职权,根据宪法,制定本法。

**第二条**　国家机关和国家机关工作人员行使职权,有本法规定的侵犯公民、法人和其他组织合法权益的情形,造成损害的,受害人有依照本法取得国家赔偿的权利。

本法规定的赔偿义务机关,应当依照本法及时履行赔偿义务。

## 第二章　行 政 赔 偿

### 第一节　赔 偿 范 围

**第三条**　行政机关及其工作人员在行使行政职权时有下列侵犯人身权情形之一的,受害人有取得赔偿的权利:

(一)违法拘留或者违法采取限制公民人身自由的行政强制措施的;

(二)非法拘禁或者以其他方法非法剥夺公民人身自由的;

(三)以殴打、虐待等行为或者唆使、放纵他人以殴打、虐待等行为造成公民身体伤害或者死亡的;

(四)违法使用武器、警械造成公民身体伤害或者死亡的;

（五）造成公民身体伤害或者死亡的其他违法行为。

**第四条**　行政机关及其工作人员在行使行政职权时有下列侵犯财产权情形之一的，受害人有取得赔偿的权利：

（一）违法实施罚款、吊销许可证和执照、责令停产停业、没收财物等行政处罚的；

（二）违法对财产采取查封、扣押、冻结等行政强制措施的；

（三）违法征收、征用财产的；

（四）造成财产损害的其他违法行为。

**第五条**　属于下列情形之一的，国家不承担赔偿责任：

（一）行政机关工作人员与行使职权无关的个人行为；

（二）因公民、法人和其他组织自己的行为致使损害发生的；

（三）法律规定的其他情形。

## 第二节　赔偿请求人和赔偿义务机关

**第六条**　受害的公民、法人和其他组织有权要求赔偿。

受害的公民死亡，其继承人和其他有扶养关系的亲属有权要求赔偿。

受害的法人或者其他组织终止的，其权利承受人有权要求赔偿。

**第七条**　行政机关及其工作人员行使行政职权侵犯公民、法人和其他组织的合法权益造成损害的，该行政机关为赔偿义务机关。

两个以上行政机关共同行使行政职权时侵犯公民、法人和其他组织的合法权益造成损害的，共同行使行政职权的行政机关为共同赔偿义务机关。

法律、法规授权的组织在行使授予的行政权力时侵犯公民、法人和其他组织的合法权益造成损害的，被授权的组织为赔偿义务机关。

受行政机关委托的组织或者个人在行使受委托的行政权力时侵犯公民、法人和其他组织的合法权益造成损害的，委托的行政机关为赔偿义务机关。

赔偿义务机关被撤销的，继续行使其职权的行政机关为赔偿义务机关；没有继续行使其职权的行政机关的，撤销该赔偿义务机关的行政机关为赔偿义务机关。

**第八条**　经复议机关复议的，最初造成侵权行为的行政机关为赔偿义务机关，但复议机关的复议决定加重损害的，复议机关对加重的部分履行赔偿义务。

## 第三节　赔 偿 程 序

**第九条**　赔偿义务机关有本法第三条、第四条规定情形之一的，应当给予赔偿。

赔偿请求人要求赔偿，应当先向赔偿义务机关提出，也可以在申请行政复议或者提起行政诉讼时一并提出。

**第十条**　赔偿请求人可以向共同赔偿义务机关中的任何一个赔偿义务机关要求赔偿，该赔偿义务机关应当先予赔偿。

**第十一条**　赔偿请求人根据受到的不同损害，可以同时提出数项赔偿要求。

**第十二条**　要求赔偿应当递交申请书，申请书应当载明下列事项：

（一）受害人的姓名、性别、年龄、工作单位和住所，法人或者其他组织的名称、住所和法定代表人或者主要负责人的姓名、职务；

（二）具体的要求、事实根据和理由；

（三）申请的年、月、日。

赔偿请求人书写申请书确有困难的，可以委托他人代书；也可以口头申请，由赔偿义务机关记入笔录。

赔偿请求人不是受害人本人的，应当说明与受害人的关系，并提供相应证明。

赔偿请求人当面递交申请书的，赔偿义务机关应当当场出具加盖本行政机关专用印章并注明收讫日期的书面凭证。申请材料不齐全的，赔偿义务机关应当当场或者在五日内一次性告知赔偿请求人需要补正的全部内容。

**第十三条**　赔偿义务机关应当自收到申请之日起两个月内，作出是否赔偿的决定。赔偿义务机关作出赔偿决定，应当充分听取赔偿请求人的意见，并可以与赔偿请求人就赔偿方式、赔偿项目和赔偿数额依照本法第四章的规定进行协商。

赔偿义务机关决定赔偿的，应当制作赔偿决定书，并自作出决定之日起十日内送达赔偿请求人。

赔偿义务机关决定不予赔偿的,应当自作出决定之日起十日内书面通知赔偿请求人,并说明不予赔偿的理由。

**第十四条** 赔偿义务机关在规定期限内未作出是否赔偿的决定,赔偿请求人可以自期限届满之日起三个月内,向人民法院提起诉讼。

赔偿请求人对赔偿的方式、项目、数额有异议的,或者赔偿义务机关作出不予赔偿决定的,赔偿请求人可以自赔偿义务机关作出赔偿或者不予赔偿决定之日起三个月内,向人民法院提起诉讼。

**第十五条** 人民法院审理行政赔偿案件,赔偿请求人和赔偿义务机关对自己提出的主张,应当提供证据。

赔偿义务机关采取行政拘留或者限制人身自由的强制措施期间,被限制人身自由的人死亡或者丧失行为能力的,赔偿义务机关的行为与被限制人身自由的人的死亡或者丧失行为能力是否存在因果关系,赔偿义务机关应当提供证据。

**第十六条** 赔偿义务机关赔偿损失后,应当责令有故意或者重大过失的工作人员或者受委托的组织或者个人承担部分或者全部赔偿费用。

对有故意或者重大过失的责任人员,有关机关应当依法给予处分;构成犯罪的,应当依法追究刑事责任。

## 第三章 刑事赔偿

### 第一节 赔偿范围

**第十七条** 行使侦查、检察、审判职权的机关以及看守所、监狱管理机关及其工作人员在行使职权时有下列侵犯人身权情形之一的,受害人有取得赔偿的权利:

(一)违反刑事诉讼法的规定对公民采取拘留措施的,或者依照刑事诉讼法规定的条件和程序对公民采取拘留措施,但是拘留时间超过刑事诉讼法规定的时限,其后决定撤销案件、不起诉或者判决宣告无罪终止追究刑事责任的;

(二)对公民采取逮捕措施后,决定撤销案件、不起诉或者判决宣告无罪终止追究刑事责任的;

(三)依照审判监督程序再审改判无罪,原判刑罚已经执行的;

(四)刑讯逼供或者以殴打、虐待等行为或者唆使、放纵他人以殴打、虐待等行为造成公民身体伤害或者死亡的;

(五)违法使用武器、警械造成公民身体伤害或者死亡的。

**第十八条** 行使侦查、检察、审判职权的机关以及看守所、监狱管理机关及其工作人员在行使职权时有下列侵犯财产权情形之一的,受害人有取得赔偿的权利:

(一)违法对财产采取查封、扣押、冻结、追缴等措施的;

(二)依照审判监督程序再审改判无罪,原判罚金、没收财产已经执行的。

**第十九条** 属于下列情形之一的,国家不承担赔偿责任:

(一)因公民自己故意作虚伪供述,或者伪造其他有罪证据被羁押或者被判处刑罚的;

(二)依照刑法第十七条、第十八条规定不负刑事责任的人被羁押的;

(三)依照刑事诉讼法第十五条、第一百四十二条第二款规定不追究刑事责任的人被羁押的;

(四)行使侦查、检察、审判职权的机关以及看守所、监狱管理机关的工作人员与行使职权无关的个人行为;

(五)因公民自伤、自残等故意行为致使损害发生的;

(六)法律规定的其他情形。

### 第二节 赔偿请求人和赔偿义务机关

**第二十条** 赔偿请求人的确定依照本法第六条的规定。

**第二十一条** 行使侦查、检察、审判职权的机关以及看守所、监狱管理机关及其工作人员在行使职权时侵犯公民、法人和其他组织的合法权益造成损害的,该机关为赔偿义务机关。

对公民采取拘留措施,依照本法的规定应当给予国家赔偿的,作出拘留决定的机关为赔偿义务机关。

对公民采取逮捕措施后决定撤销案件、不

起诉或者判决宣告无罪的,作出逮捕决定的机关为赔偿义务机关。

再审改判无罪的,作出原生效判决的人民法院为赔偿义务机关。二审改判无罪,以及二审发回重审后作无罪处理的,作出一审有罪判决的人民法院为赔偿义务机关。

## 第三节　赔偿程序

**第二十二条**　赔偿义务机关有本法第十七条、第十八条规定情形之一的,应当给予赔偿。

赔偿请求人要求赔偿,应当先向赔偿义务机关提出。

赔偿请求人提出赔偿请求,适用本法第十一条、第十二条的规定。

**第二十三条**　赔偿义务机关应当自收到申请之日起两个月内,作出是否赔偿的决定。赔偿义务机关作出赔偿决定,应当充分听取赔偿请求人的意见,并可以与赔偿请求人就赔偿方式、赔偿项目和赔偿数额依照本法第四章的规定进行协商。

赔偿义务机关决定赔偿的,应当制作赔偿决定书,并自作出决定之日起十日内送达赔偿请求人。

赔偿义务机关决定不予赔偿的,应当自作出决定之日起十日内书面通知赔偿请求人,并说明不予赔偿的理由。

**第二十四条**　赔偿义务机关在规定期限内未作出是否赔偿的决定,赔偿请求人可以自期限届满之日起三十日内向赔偿义务机关的上一级机关申请复议。

赔偿请求人对赔偿的方式、项目、数额有异议的,或者赔偿义务机关作出不予赔偿决定的,赔偿请求人可以自赔偿义务机关作出赔偿或者不予赔偿决定之日起三十日内,向赔偿义务机关的上一级机关申请复议。

赔偿义务机关是人民法院的,赔偿请求人可以依照本条规定向其上一级人民法院赔偿委员会申请作出赔偿决定。

**第二十五条**　复议机关应当自收到申请之日起两个月内作出决定。

赔偿请求人不服复议决定的,可以在收到复议决定之日起三十日内向复议机关所在地的同级人民法院赔偿委员会申请作出赔偿决定;复议机关逾期不作决定的,赔偿请求人可以自期限届满之日起三十日内向复议机关所在地的同级人民法院赔偿委员会申请作出赔偿决定。

**第二十六条**　人民法院赔偿委员会处理赔偿请求,赔偿请求人和赔偿义务机关对自己提出的主张,应当提供证据。

被羁押人在羁押期间死亡或者丧失行为能力的,赔偿义务机关的行为与被羁押人的死亡或者丧失行为能力是否存在因果关系,赔偿义务机关应当提供证据。

**第二十七条**　人民法院赔偿委员会处理赔偿请求,采取书面审查的办法。必要时,可以向有关单位和人员调查情况、收集证据。赔偿请求人与赔偿义务机关对损害事实及因果关系有争议的,赔偿委员会可以听取赔偿请求人和赔偿义务机关的陈述和申辩,并可以进行质证。

**第二十八条**　人民法院赔偿委员会应当自收到赔偿申请之日起三个月内作出决定;属于疑难、复杂、重大案件的,经本院院长批准,可以延长三个月。

**第二十九条**　中级以上的人民法院设立赔偿委员会,由人民法院三名以上审判员组成,组成人员的人数应当为单数。

赔偿委员会作赔偿决定,实行少数服从多数的原则。

赔偿委员会作出的赔偿决定,是发生法律效力的决定,必须执行。

**第三十条**　赔偿请求人或者赔偿义务机关对赔偿委员会作出的决定,认为确有错误的,可以向上一级人民法院赔偿委员会提出申诉。

赔偿委员会作出的赔偿决定生效后,如发现赔偿决定违反本法规定的,经本院院长决定或者上级人民法院指令,赔偿委员会应当在两个月内重新审查并依法作出决定,上一级人民法院赔偿委员会也可以直接审查并作出决定。

最高人民检察院对各级人民法院赔偿委员会作出的决定,上级人民检察院对下级人民法院赔偿委员会作出的决定,发现违反本法规定的,应当向同级人民法院赔偿委员会提出意见,同级人民法院赔偿委员会应当在两个月内重新审查并依法作出决定。

**第三十一条**　赔偿义务机关赔偿后,应当向有下列情形之一的工作人员追偿部分或者全部赔偿费用:

(一)有本法第十七条第四项、第五项规定情形的;

(二)在处理案件中有贪污受贿,徇私舞弊,枉法裁判行为的。

对有前款规定情形的责任人员,有关机关应当依法给予处分;构成犯罪的,应当依法追究刑事责任。

## 第四章　赔偿方式和计算标准

**第三十二条**　国家赔偿以支付赔偿金为主要方式。

能够返还财产或者恢复原状的,予以返还财产或者恢复原状。

**第三十三条**　侵犯公民人身自由的,每日赔偿金按照国家上年度职工日平均工资计算。

**第三十四条**　侵犯公民生命健康权的,赔偿金按照下列规定计算:

(一)造成身体伤害的,应当支付医疗费、护理费,以及赔偿因误工减少的收入。减少的收入每日的赔偿金按照国家上年度职工日平均工资计算,最高额为国家上年度职工年平均工资的五倍;

(二)造成部分或者全部丧失劳动能力的,应当支付医疗费、护理费、残疾生活辅助具费、康复费等因残疾而增加的必要支出和继续治疗所必需的费用,以及残疾赔偿金。残疾赔偿金根据丧失劳动能力的程度,按照国家规定的伤残等级确定,最高不超过国家上年度职工年平均工资的二十倍。造成全部丧失劳动能力的,对其扶养的无劳动能力的人,还应当支付生活费;

(三)造成死亡的,应当支付死亡赔偿金、丧葬费,总额为国家上年度职工年平均工资的二十倍。对死者生前扶养的无劳动能力的人,还应当支付生活费。

前款第二项、第三项规定的生活费的发放标准,参照当地最低生活保障标准执行。被扶养的人是未成年人的,生活费给付至十八周岁止;其他无劳动能力的人,生活费给付至死亡时止。

**第三十五条**　有本法第三条或者第十七条规定情形之一,致人精神损害的,应当在侵权行为影响的范围内,为受害人消除影响,恢复名誉,赔礼道歉;造成严重后果的,应当支付相应的精神损害抚慰金。

**第三十六条**　侵犯公民、法人和其他组织的财产权造成损害的,按照下列规定处理:

(一)处罚款、罚金、追缴、没收财产或者违法征收、征用财产的,返还财产;

(二)查封、扣押、冻结财产的,解除对财产的查封、扣押、冻结,造成财产损坏或者灭失的,依照本条第三项、第四项的规定赔偿;

(三)应当返还的财产损坏的,能够恢复原状的恢复原状,不能恢复原状的,按照损害程度给付相应的赔偿金;

(四)应当返还的财产灭失的,给付相应的赔偿金;

(五)财产已经拍卖或者变卖的,给付拍卖或者变卖所得的价款;变卖的价款明显低于财产价值的,应当支付相应的赔偿金;

(六)吊销许可证和执照、责令停产停业的,赔偿停产停业期间必要的经常性费用开支;

(七)返还执行的罚款或者罚金、追缴或者没收的金钱,解除冻结的存款或者汇款的,应当支付银行同期存款利息;

(八)对财产权造成其他损害的,按照直接损失给予赔偿。

**第三十七条**　赔偿费用列入各级财政预算。

赔偿请求人凭生效的判决书、复议决定书、赔偿决定书或者调解书,向赔偿义务机关申请支付赔偿金。

赔偿义务机关应当自收到支付赔偿金申请之日起七日内,依照预算管理权限向有关的财政部门提出支付申请。财政部门应当自收到支付申请之日起十五日内支付赔偿金。

赔偿费用预算与支付管理的具体办法由国务院规定。

## 第五章　其 他 规 定

**第三十八条**　人民法院在民事诉讼、行政诉讼过程中,违法采取对妨害诉讼的强制措施、保全措施或者对判决、裁定及其他生效法律文书执行错误,造成损害的,赔偿请求人要求赔偿的程序,适用本法刑事赔偿程序的规定。

**第三十九条**　赔偿请求人请求国家赔偿的

时效为两年，自其知道或者应当知道国家机关及其工作人员行使职权时的行为侵犯其人身权、财产权之日起计算，但被羁押等限制人身自由期间不计算在内。在申请行政复议或者提起行政诉讼时一并提出赔偿请求的，适用行政复议法、行政诉讼法有关时效的规定。

赔偿请求人在赔偿请求时效的最后六个月内，因不可抗力或者其他障碍不能行使请求权的，时效中止。从中止时效的原因消除之日起，赔偿请求时效期间继续计算。

**第四十条**　外国人、外国企业和组织在中华人民共和国领域内要求中华人民共和国国家赔偿的，适用本法。

外国人、外国企业和组织的所属国对中华人民共和国公民、法人和其他组织要求该国国家赔偿的权利不予保护或者限制的，中华人民共和国与该外国人、外国企业和组织的所属国实行对等原则。

## 第六章　附　　则

**第四十一条**　赔偿请求人要求国家赔偿的，赔偿义务机关、复议机关和人民法院不得向赔偿请求人收取任何费用。

对赔偿请求人取得的赔偿金不予征税。

**第四十二条**　本法自1995年1月1日起施行。

# 全国人民代表大会常务委员会关于修改《中华人民共和国行政监察法》的决定

（2010年6月25日第十一届全国人民代表大会常务委员会第十五次会议通过
2010年6月25日中华人民共和国主席令第31号公布）

第十一届全国人民代表大会常务委员会第十五次会议决定对《中华人民共和国行政监察法》作如下修改：

一、将第二条修改为："监察机关是人民政府行使监察职能的机关，依照本法对国家行政机关及其公务员和国家行政机关任命的其他人员实施监察。"

二、将第五条修改为："监察工作应当实行教育与惩处相结合、监督检查与制度建设相结合。"

三、将第六条修改为："监察工作应当依靠群众。监察机关建立举报制度，公民、法人或者其他组织对于任何国家行政机关及其公务员和国家行政机关任命的其他人员的违反行政纪律行为，有权向监察机关提出控告或者检举。监察机关应当受理举报并依法调查处理；对实名举报的，应当将处理结果等情况予以回复。"

增加一款，作为第二款："监察机关应当对举报事项、举报受理情况以及与举报人相关的信息予以保密，保护举报人的合法权益，具体办法由国务院规定。"

四、将第八条第二款修改为："监察机关派出的监察机构或者监察人员，对监察机关负责并报告工作。监察机关对派出的监察机构和监察人员实行统一管理，对派出的监察人员实行交流制度。"

五、将第十八条修改为："监察机关对监察对象执法、廉政、效能情况进行监察，履行下列职责：

"（一）检查国家行政机关在遵守和执行法律、法规和人民政府的决定、命令中的问题；

"（二）受理对国家行政机关及其公务员和国家行政机关任命的其他人员违反行政纪律行为的控告、检举；

"（三）调查处理国家行政机关及其公务员和国家行政机关任命的其他人员违反行政纪律的行为；

"（四）受理国家行政机关公务员和国家行

政机关任命的其他人员不服主管行政机关给予处分决定的申诉,以及法律、行政法规规定的其他由监察机关受理的申诉;

"(五)法律、行政法规规定由监察机关履行的其他职责。"

增加一款,作为第二款:"监察机关按照国务院的规定,组织协调、检查指导政务公开工作和纠正损害群众利益的不正之风工作。"

**六**、将第二十二条修改为:"监察机关在办理违反行政纪律案件中,可以提请有关行政部门、机构予以协助。"

增加一款,作为第二款:"被提请协助的行政部门、机构应当根据监察机关提请协助办理的事项和要求,在职权范围内予以协助。"

**七**、在第二十三条增加二项,作为第六、七项:"(六)需要给予责令公开道歉、停职检查、引咎辞职、责令辞职、免职等问责处理的;

"(七)需要完善廉政、勤政制度的"。

**八**、增加一条,作为第二十七条:"监察机关应当依法公开监察工作信息。"

**九**、将第三十五条改为第三十六条,修改为:"监察决定、监察建议应当以书面形式送达有关单位、人员。"

增加二款,作为第二、三款:"监察机关对违反行政纪律的人员作出给予处分的监察决定,由人民政府人事部门或者有关部门按照人事管理权限执行。

"人民政府人事部门或者有关部门应当将监察机关作出的给予处分的监察决定及其执行的有关材料归入受处分人员的档案。"

**十**、增加一条,作为第四十六条:"泄露举报事项、举报受理情况以及与举报人相关的信息的,依法给予处分;构成犯罪的,依法追究刑事责任。"

**十一**、增加一条,作为第五十条:"监察机关对法律、法规授权的具有公共事务管理职能的组织及其从事公务的人员和国家行政机关依法委托从事公共事务管理活动的组织及其从事公务的人员实施监察,适用本法。"

**十二**、将本法中的"行政处分"修改为"处分",第十五条、第十六条中的"国家公务员"修改为"公务员",第三十七条中的"国家公务员"修改为"国家行政机关公务员"。

本决定自2010年10月1日起施行。

《中华人民共和国行政监察法》根据本决定作相应修改并对条款顺序作相应调整,重新公布。

**附件:**

# 中华人民共和国行政监察法

(1997年5月9日第八届全国人民代表大会常务委员会第二十五次会议通过
根据2010年6月25日第十一届全国人民代表大会常务委员会第十五次会议
《关于修改〈中华人民共和国行政监察法〉的决定》修正)

目　　录



## 第一章　总　　则

**第一条**　为了加强监察工作,保证政令畅通,维护行政纪律,促进廉政建设,改善行政管理,提高行政效能,根据宪法,制定本法。

**第二条**　监察机关是人民政府行使监察职能的机关,依照本法对国家行政机关及其公务员和国家行政机关任命的其他人员实施监察。

**第三条**　监察机关依法行使职权，不受其他行政部门、社会团体和个人的干涉。

**第四条**　监察工作必须坚持实事求是，重证据、重调查研究，在适用法律和行政纪律上人人平等。

**第五条**　监察工作应当实行教育与惩处相结合、监督检查与制度建设相结合。

**第六条**　监察工作应当依靠群众。监察机关建立举报制度，公民、法人或者其他组织对于任何国家行政机关及其公务员和国家行政机关任命的其他人员的违反行政纪律行为，有权向监察机关提出控告或者检举。监察机关应当受理举报并依法调查处理；对实名举报的，应当将处理结果等情况予以回复。

监察机关应当对举报事项、举报受理情况以及与举报人相关的信息予以保密，保护举报人的合法权益，具体办法由国务院规定。

## 第二章　监察机关和监察人员

**第七条**　国务院监察机关主管全国的监察工作。

县级以上地方各级人民政府监察机关负责本行政区域内的监察工作，对本级人民政府和上一级监察机关负责并报告工作，监察业务以上级监察机关领导为主。

**第八条**　县级以上各级人民政府监察机关根据工作需要，经本级人民政府批准，可以向政府所属部门派出监察机构或者监察人员。

监察机关派出的监察机构或者监察人员，对监察机关负责并报告工作。监察机关对派出的监察机构和监察人员实行统一管理，对派出的监察人员实行交流制度。

**第九条**　监察人员必须遵纪守法，忠于职守，秉公执法，清正廉洁，保守秘密。

**第十条**　监察人员必须熟悉监察业务，具备相应的文化水平和专业知识。

**第十一条**　县级以上地方各级人民政府监察机关正职、副职领导人员的任命或者免职，在提请决定前，必须经上一级监察机关同意。

**第十二条**　监察机关对监察人员执行职务和遵守纪律实行监督的制度。

**第十三条**　监察人员依法执行职务，受法律保护。

任何组织和个人不得拒绝、阻碍监察人员依法执行职务，不得打击报复监察人员。

**第十四条**　监察人员办理的监察事项与本人或者其近亲属有利害关系的，应当回避。

## 第三章　监察机关的职责

**第十五条**　国务院监察机关对下列机关和人员实施监察：

（一）国务院各部门及其公务员；

（二）国务院及国务院各部门任命的其他人员；

（三）省、自治区、直辖市人民政府及其领导人员。

**第十六条**　县级以上地方各级人民政府监察机关对下列机关和人员实施监察：

（一）本级人民政府各部门及其公务员；

（二）本级人民政府及本级人民政府各部门任命的其他人员；

（三）下一级人民政府及其领导人员。

县、自治县、不设区的市、市辖区人民政府监察机关还对本辖区所属的乡、民族乡、镇人民政府的公务员以及乡、民族乡、镇人民政府任命的其他人员实施监察。

**第十七条**　上级监察机关可以办理下一级监察机关管辖范围内的监察事项；必要时也可以办理所辖各级监察机关管辖范围内的监察事项。

监察机关之间对管辖范围有争议的，由其共同的上级监察机关确定。

**第十八条**　监察机关对监察对象执法、廉政、效能情况进行监察，履行下列职责：

（一）检查国家行政机关在遵守和执行法律、法规和人民政府的决定、命令中的问题；

（二）受理对国家行政机关及其公务员和国家行政机关任命的其他人员违反行政纪律行为的控告、检举；

（三）调查处理国家行政机关及其公务员和国家行政机关任命的其他人员违反行政纪律的行为；

（四）受理国家行政机关公务员和国家行政机关任命的其他人员不服主管行政机关给予处分决定的申诉，以及法律、行政法规规定

的其他由监察机关受理的申诉;

(五)法律、行政法规规定由监察机关履行的其他职责。

监察机关按照国务院的规定,组织协调、检查指导政务公开工作和纠正损害群众利益的不正之风工作。

## 第四章 监察机关的权限

**第十九条** 监察机关履行职责,有权采取下列措施:

(一)要求被监察的部门和人员提供与监察事项有关的文件、资料、财务账目及其他有关的材料,进行查阅或者予以复制;

(二)要求被监察的部门和人员就监察事项涉及的问题作出解释和说明;

(三)责令被监察的部门和人员停止违反法律、法规和行政纪律的行为。

**第二十条** 监察机关在调查违反行政纪律行为时,可以根据实际情况和需要采取下列措施:

(一)暂予扣留、封存可以证明违反行政纪律行为的文件、资料、财务账目及其他有关的材料;

(二)责令案件涉嫌单位和涉嫌人员在调查期间不得变卖、转移与案件有关的财物;

(三)责令有违反行政纪律嫌疑的人员在指定的时间、地点就调查事项涉及的问题作出解释和说明,但是不得对其实行拘禁或者变相拘禁;

(四)建议有关机关暂停有严重违反行政纪律嫌疑的人员执行职务。

**第二十一条** 监察机关在调查贪污、贿赂、挪用公款等违反行政纪律的行为时,经县级以上监察机关领导人员批准,可以查询案件涉嫌单位和涉嫌人员在银行或者其他金融机构的存款;必要时,可以提请人民法院采取保全措施,依法冻结涉嫌人员在银行或者其他金融机构的存款。

**第二十二条** 监察机关在办理违反行政纪律案件中,可以提请有关行政部门、机构予以协助。

被提请协助的行政部门、机构应当根据监察机关提请协助办理的事项和要求,在职权范围内予以协助。

**第二十三条** 监察机关根据检查、调查结果,遇有下列情形之一的,可以提出监察建议:

(一)拒不执行法律、法规或者违反法律、法规以及人民政府的决定、命令,应当予以纠正的;

(二)本级人民政府所属部门和下级人民政府作出的决定、命令、指示违反法律、法规或者国家政策,应当予以纠正或者撤销的;

(三)给国家利益、集体利益和公民合法权益造成损害,需要采取补救措施的;

(四)录用、任免、奖惩决定明显不适当,应当予以纠正的;

(五)依照有关法律、法规的规定,应当给予行政处罚的;

(六)需要给予责令公开道歉、停职检查、引咎辞职、责令辞职、免职等问责处理的;

(七)需要完善廉政、勤政制度的;

(八)其他需要提出监察建议的。

**第二十四条** 监察机关根据检查、调查结果,遇有下列情形之一的,可以作出监察决定或者提出监察建议:

(一)违反行政纪律,依法应当给予警告、记过、记大过、降级、撤职、开除处分的;

(二)违反行政纪律取得的财物,依法应当没收、追缴或者责令退赔的。

对前款第(一)项所列情形作出监察决定或者提出监察建议的,应当按照国家有关人事管理权限和处理程序的规定办理。

**第二十五条** 监察机关依法作出的监察决定,有关部门和人员应当执行。监察机关依法提出的监察建议,有关部门无正当理由的,应当采纳。

**第二十六条** 监察机关对监察事项涉及的单位和个人有权进行查询。

**第二十七条** 监察机关应当依法公开监察工作信息。

**第二十八条** 监察机关的领导人员可以列席本级人民政府的有关会议,监察人员可以列席被监察部门的与监察事项有关的会议。

**第二十九条** 监察机关对控告、检举重大违法违纪行为的有功人员,可以依照有关规定给予奖励。

## 第五章　监 察 程 序

**第三十条**　监察机关按照下列程序进行检查：

（一）对需要检查的事项予以立项；

（二）制定检查方案并组织实施；

（三）向本级人民政府或者上级监察机关提出检查情况报告；

（四）根据检查结果，作出监察决定或者提出监察建议。

重要检查事项的立项，应当报本级人民政府和上一级监察机关备案。

**第三十一条**　监察机关按照下列程序对违反行政纪律的行为进行调查处理：

（一）对需要调查处理的事项进行初步审查；认为有违反行政纪律的事实，需要追究行政纪律责任的，予以立案；

（二）组织实施调查，收集有关证据；

（三）有证据证明违反行政纪律，需要给予处分或者作出其他处理的，进行审理；

（四）作出监察决定或者提出监察建议。

重要、复杂案件的立案，应当报本级人民政府和上一级监察机关备案。

**第三十二条**　监察机关对于立案调查的案件，经调查认定不存在违反行政纪律事实的，或者不需要追究行政纪律责任的，应当予以撤销，并告知被调查单位及其上级部门或者被调查人员及其所在单位。

重要、复杂案件的撤销，应当报本级人民政府和上一级监察机关备案。

**第三十三条**　监察机关立案调查的案件，应当自立案之日起六个月内结案；因特殊原因需要延长办案期限的，可以适当延长，但是最长不得超过一年，并应当报上一级监察机关备案。

**第三十四条**　监察机关在检查、调查中应当听取被监察的部门和人员的陈述和申辩。

**第三十五条**　监察机关作出的重要监察决定和提出的重要监察建议，应当报经本级人民政府和上一级监察机关同意。国务院监察机关作出的重要监察决定和提出的重要监察建议，应当报经国务院同意。

**第三十六条**　监察决定、监察建议应当以书面形式送达有关单位、人员。

监察机关对违反行政纪律的人员作出给予处分的监察决定，由人民政府人事部门或者有关部门按照人事管理权限执行。

人民政府人事部门或者有关部门应当将监察机关作出的给予处分的监察决定及其执行的有关材料归入受处分人员的档案。

**第三十七条**　有关单位和人员应当自收到监察决定或者监察建议之日起三十日内将执行监察决定或者采纳监察建议的情况通报监察机关。

**第三十八条**　国家行政机关公务员和国家行政机关任命的其他人员对主管行政机关作出的处分决定不服的，可以自收到处分决定之日起三十日内向监察机关提出申诉，监察机关应当自收到申诉之日起三十日内作出复查决定；对复查决定仍不服的，可以自收到复查决定之日起三十日内向上一级监察机关申请复核，上一级监察机关应当自收到复核申请之日起六十日内作出复核决定。

复查、复核期间，不停止原决定的执行。

**第三十九条**　监察机关对受理的不服主管行政机关处分决定的申诉，经复查认为原决定不适当的，可以建议原决定机关予以变更或者撤销；监察机关在职权范围内，也可以直接作出变更或者撤销的决定。

法律、行政法规规定由监察机关受理的其他申诉，依照有关法律、行政法规的规定办理。

**第四十条**　对监察决定不服的，可以自收到监察决定之日起三十日内向作出决定的监察机关申请复审，监察机关应当自收到复审申请之日起三十日内作出复审决定；对复审决定仍不服的，可以自收到复审决定之日起三十日内向上一级监察机关申请复核，上一级监察机关应当自收到复核申请之日起六十日内作出复核决定。

复审、复核期间，不停止原决定的执行。

**第四十一条**　上一级监察机关认为下一级监察机关的监察决定不适当的，可以责成下一级监察机关予以变更或者撤销，必要时也可以直接作出变更或者撤销的决定。

**第四十二条**　上一级监察机关的复核决定和国务院监察机关的复查决定或者复审决定为最终决定。

**第四十三条**　对监察建议有异议的，可以自收到监察建议之日起三十日内向作出监察建议的监察机关提出,监察机关应当自收到异议之日起三十日内回复;对回复仍有异议的,由监察机关提请本级人民政府或者上一级监察机关裁决。

**第四十四条** 监察机关在办理监察事项中,发现所调查的事项不属于监察机关职责范围内的,应当移送有处理权的单位处理;涉嫌犯罪的,应当移送司法机关依法处理。

接受移送的单位或者机关应当将处理结果告知监察机关。

## 第六章 法律责任

**第四十五条** 被监察的部门和人员违反本法规定,有下列行为之一的,由主管机关或者监察机关责令改正,对部门给予通报批评;对负有直接责任的主管人员和其他直接责任人员依法给予处分:

(一)隐瞒事实真相、出具伪证或者隐匿、转移、篡改、毁灭证据的;

(二)故意拖延或者拒绝提供与监察事项有关的文件、资料、财务账目及其他有关材料和其他必要情况的;

(三)在调查期间变卖、转移涉嫌财物的;

(四)拒绝就监察机关所提问题作出解释和说明的;

(五)拒不执行监察决定或者无正当理由拒不采纳监察建议的;

(六)有其他违反本法规定的行为,情节严重的。

**第四十六条** 泄露举报事项、举报受理情况以及与举报人相关的信息的,依法给予处分;构成犯罪的,依法追究刑事责任。

**第四十七条** 对申诉人、控告人、检举人或者监察人员进行报复陷害的,依法给予处分;构成犯罪的,依法追究刑事责任。

**第四十八条** 监察人员滥用职权、徇私舞弊、玩忽职守、泄露秘密的,依法给予处分;构成犯罪的,依法追究刑事责任。

**第四十九条** 监察机关和监察人员违法行使职权,侵犯公民、法人和其他组织的合法权益,造成损害的,应当依法赔偿。

## 第七章 附则

**第五十条** 监察机关对法律、法规授权的具有公共事务管理职能的组织及其从事公务的人员和国家行政机关依法委托从事公共事务管理活动的组织及其从事公务的人员实施监察,适用本法。

**第五十一条** 本法自公布之日起施行。1990年12月9日国务院发布的《中华人民共和国行政监察条例》同时废止。

# 中华人民共和国人民调解法

(2010年8月28日第十一届全国人民代表大会常务委员会第十六次会议通过
2010年8月28日中华人民共和国主席令第34号公布)

## 目录



## 第一章 总则

**第一条** 为了完善人民调解制度,规范人民调解活动,及时解决民间纠纷,维护社会和谐稳定,根据宪法,制定本法。

**第二条** 本法所称人民调解,是指人民调解委员会通过说服、疏导等方法,促使当事人在平等协商基础上自愿达成调解协议,解决民间纠纷的活动。

**第三条** 人民调解委员会调解民间纠纷,应当遵循下列原则:

(一)在当事人自愿、平等的基础上进行调解;

(二)不违背法律、法规和国家政策;

(三)尊重当事人的权利,不得因调解而阻止当事人依法通过仲裁、行政、司法等途径维护自己的权利。

**第四条** 人民调解委员会调解民间纠纷,不收取任何费用。

**第五条** 国务院司法行政部门负责指导全国的人民调解工作,县级以上地方人民政府司法行政部门负责指导本行政区域的人民调解工作。

基层人民法院对人民调解委员会调解民间纠纷进行业务指导。

**第六条** 国家鼓励和支持人民调解工作。县级以上地方人民政府对人民调解工作所需经费应当给予必要的支持和保障,对有突出贡献的人民调解委员会和人民调解员按照国家规定给予表彰奖励。

## 第二章 人民调解委员会

**第七条** 人民调解委员会是依法设立的调解民间纠纷的群众性组织。

**第八条** 村民委员会、居民委员会设立人民调解委员会。企业事业单位根据需要设立人民调解委员会。

人民调解委员会由委员三至九人组成,设主任一人,必要时,可以设副主任若干人。

人民调解委员会应当有妇女成员,多民族居住的地区应当有人数较少民族的成员。

**第九条** 村民委员会、居民委员会的人民调解委员会委员由村民会议或者村民代表会议、居民会议推选产生;企业事业单位设立的人民调解委员会委员由职工大会、职工代表大会或者工会组织推选产生。

人民调解委员会委员每届任期三年,可以连选连任。

**第十条** 县级人民政府司法行政部门应当对本行政区域内人民调解委员会的设立情况进行统计,并且将人民调解委员会以及人员组成和调整情况及时通报所在地基层人民法院。

**第十一条** 人民调解委员会应当建立健全各项调解工作制度,听取群众意见,接受群众监督。

**第十二条** 村民委员会、居民委员会和企业事业单位应当为人民调解委员会开展工作提供办公条件和必要的工作经费。

## 第三章 人民调解员

**第十三条** 人民调解员由人民调解委员会委员和人民调解委员会聘任的人员担任。

**第十四条** 人民调解员应当由公道正派、热心人民调解工作,并具有一定文化水平、政策水平和法律知识的成年公民担任。

县级人民政府司法行政部门应当定期对人民调解员进行业务培训。

**第十五条** 人民调解员在调解工作中有下列行为之一的,由其所在的人民调解委员会给予批评教育、责令改正,情节严重的,由推选或者聘任单位予以罢免或者解聘:

(一)偏袒一方当事人的;

(二)侮辱当事人的;

(三)索取、收受财物或者牟取其他不正当利益的;

(四)泄露当事人的个人隐私、商业秘密的。

**第十六条** 人民调解员从事调解工作,应当给予适当的误工补贴;因从事调解工作致伤致残,生活发生困难的,当地人民政府应当提供必要的医疗、生活救助;在人民调解工作岗位上牺牲的人民调解员,其配偶、子女按照国家规定享受抚恤和优待。

## 第四章 调 解 程 序

**第十七条** 当事人可以向人民调解委员会申请调解;人民调解委员会也可以主动调解。当事人一方明确拒绝调解的,不得调解。

**第十八条** 基层人民法院、公安机关对适宜通过人民调解方式解决的纠纷,可以在受理前告知当事人向人民调解委员会申请调解。

**第十九条**　人民调解委员会根据调解纠纷的需要,可以指定一名或者数名人民调解员进行调解,也可以由当事人选择一名或者数名人民调解员进行调解。

**第二十条**　人民调解员根据调解纠纷的需要,在征得当事人的同意后,可以邀请当事人的亲属、邻里、同事等参与调解,也可以邀请具有专门知识、特定经验的人员或者有关社会组织的人员参与调解。

人民调解委员会支持当地公道正派、热心调解、群众认可的社会人士参与调解。

**第二十一条**　人民调解员调解民间纠纷,应当坚持原则,明法析理,主持公道。

调解民间纠纷,应当及时、就地进行,防止矛盾激化。

**第二十二条**　人民调解员根据纠纷的不同情况,可以采取多种方式调解民间纠纷,充分听取当事人的陈述,讲解有关法律、法规和国家政策,耐心疏导,在当事人平等协商、互谅互让的基础上提出纠纷解决方案,帮助当事人自愿达成调解协议。

**第二十三条**　当事人在人民调解活动中享有下列权利:

(一)选择或者接受人民调解员;

(二)接受调解、拒绝调解或者要求终止调解;

(三)要求调解公开进行或者不公开进行;

(四)自主表达意愿、自愿达成调解协议。

**第二十四条**　当事人在人民调解活动中履行下列义务:

(一)如实陈述纠纷事实;

(二)遵守调解现场秩序,尊重人民调解员;

(三)尊重对方当事人行使权利。

**第二十五条**　人民调解员在调解纠纷过程中,发现纠纷有可能激化的,应当采取有针对性的预防措施;对有可能引起治安案件、刑事案件的纠纷,应当及时向当地公安机关或者其他有关部门报告。

**第二十六条**　人民调解员调解纠纷,调解不成的,应当终止调解,并依据有关法律、法规的规定,告知当事人可以依法通过仲裁、行政、司法等途径维护自己的权利。

**第二十七条**　人民调解员应当记录调解情况。人民调解委员会应当建立调解工作档案,将调解登记、调解工作记录、调解协议书等材料立卷归档。

## 第五章　调 解 协 议

**第二十八条**　经人民调解委员会调解达成调解协议的,可以制作调解协议书。当事人认为无需制作调解协议书的,可以采取口头协议方式,人民调解员应当记录协议内容。

**第二十九条**　调解协议书可以载明下列事项:

(一)当事人的基本情况;

(二)纠纷的主要事实、争议事项以及各方当事人的责任;

(三)当事人达成调解协议的内容,履行的方式、期限。

调解协议书自各方当事人签名、盖章或者按指印,人民调解员签名并加盖人民调解委员会印章之日起生效。调解协议书由当事人各执一份,人民调解委员会留存一份。

**第三十条**　口头调解协议自各方当事人达成协议之日起生效。

**第三十一条**　经人民调解委员会调解达成的调解协议,具有法律约束力,当事人应当按照约定履行。

人民调解委员会应当对调解协议的履行情况进行监督,督促当事人履行约定的义务。

**第三十二条**　经人民调解委员会调解达成调解协议后,当事人之间就调解协议的履行或者调解协议的内容发生争议的,一方当事人可以向人民法院提起诉讼。

**第三十三条**　经人民调解委员会调解达成调解协议后,双方当事人认为有必要的,可以自调解协议生效之日起三十日内共同向人民法院申请司法确认,人民法院应当及时对调解协议进行审查,依法确认调解协议的效力。

人民法院依法确认调解协议有效,一方当事人拒绝履行或者未全部履行的,对方当事人可以向人民法院申请强制执行。

人民法院依法确认调解协议无效的,当事人可以通过人民调解方式变更原调解协议或者达成新的调解协议,也可以向人民法院提起诉讼。

## 第六章　附　则

**第三十四条**　乡镇、街道以及社会团体或者其他组织根据需要可以参照本法有关规定设立人民调解委员会，调解民间纠纷。

**第三十五条**　本法自2011年1月1日起施行。

# 中华人民共和国社会保险法

（2010年10月28日第十一届全国人民代表大会常务委员会第十七次会议通过
2010年10月28日中华人民共和国主席令第35号公布）

## 目　录



## 第一章　总　则

**第一条**　为了规范社会保险关系，维护公民参加社会保险和享受社会保险待遇的合法权益，使公民共享发展成果，促进社会和谐稳定，根据宪法，制定本法。

**第二条**　国家建立基本养老保险、基本医疗保险、工伤保险、失业保险、生育保险等社会保险制度，保障公民在年老、疾病、工伤、失业、生育等情况下依法从国家和社会获得物质帮助的权利。

**第三条**　社会保险制度坚持广覆盖、保基本、多层次、可持续的方针，社会保险水平应当与经济社会发展水平相适应。

**第四条**　中华人民共和国境内的用人单位和个人依法缴纳社会保险费，有权查询缴费记录、个人权益记录，要求社会保险经办机构提供社会保险咨询等相关服务。

个人依法享受社会保险待遇，有权监督本单位为其缴费情况。

**第五条**　县级以上人民政府将社会保险事业纳入国民经济和社会发展规划。

国家多渠道筹集社会保险资金。县级以上人民政府对社会保险事业给予必要的经费支持。

国家通过税收优惠政策支持社会保险事业。

**第六条**　国家对社会保险基金实行严格监管。

国务院和省、自治区、直辖市人民政府建立健全社会保险基金监督管理制度，保障社会保险基金安全、有效运行。

县级以上人民政府采取措施，鼓励和支持社会各方面参与社会保险基金的监督。

**第七条**　国务院社会保险行政部门负责全国的社会保险管理工作，国务院其他有关部门在各自的职责范围内负责有关的社会保险工作。

县级以上地方人民政府社会保险行政部门负责本行政区域的社会保险管理工作，县级以上地方人民政府其他有关部门在各自的职责范围内负责有关的社会保险工作。

**第八条**　社会保险经办机构提供社会保险服务,负责社会保险登记、个人权益记录、社会保险待遇支付等工作。

**第九条**　工会依法维护职工的合法权益,有权参与社会保险重大事项的研究,参加社会保险监督委员会,对与职工社会保险权益有关的事项进行监督。

## 第二章　基本养老保险

**第十条**　职工应当参加基本养老保险,由用人单位和职工共同缴纳基本养老保险费。

无雇工的个体工商户、未在用人单位参加基本养老保险的非全日制从业人员以及其他灵活就业人员可以参加基本养老保险,由个人缴纳基本养老保险费。

公务员和参照公务员法管理的工作人员养老保险的办法由国务院规定。

**第十一条**　基本养老保险实行社会统筹与个人账户相结合。

基本养老保险基金由用人单位和个人缴费以及政府补贴等组成。

**第十二条**　用人单位应当按照国家规定的本单位职工工资总额的比例缴纳基本养老保险费,记入基本养老保险统筹基金。

职工应当按照国家规定的本人工资的比例缴纳基本养老保险费,记入个人账户。

无雇工的个体工商户、未在用人单位参加基本养老保险的非全日制从业人员以及其他灵活就业人员参加基本养老保险的,应当按照国家规定缴纳基本养老保险费,分别记入基本养老保险统筹基金和个人账户。

**第十三条**　国有企业、事业单位职工参加基本养老保险前,视同缴费年限期间应当缴纳的基本养老保险费由政府承担。

基本养老保险基金出现支付不足时,政府给予补贴。

**第十四条**　个人账户不得提前支取,记账利率不得低于银行定期存款利率,免征利息税。个人死亡的,个人账户余额可以继承。

**第十五条**　基本养老金由统筹养老金和个人账户养老金组成。

基本养老金根据个人累计缴费年限、缴费工资、当地职工平均工资、个人账户金额、城镇人口平均预期寿命等因素确定。

**第十六条**　参加基本养老保险的个人,达到法定退休年龄时累计缴费满十五年的,按月领取基本养老金。

参加基本养老保险的个人,达到法定退休年龄时累计缴费不足十五年的,可以缴费至满十五年,按月领取基本养老金;也可以转入新型农村社会养老保险或者城镇居民社会养老保险,按照国务院规定享受相应的养老保险待遇。

**第十七条**　参加基本养老保险的个人,因病或者非因工死亡的,其遗属可以领取丧葬补助金和抚恤金;在未达到法定退休年龄时因病或者非因工致残完全丧失劳动能力的,可以领取病残津贴。所需资金从基本养老保险基金中支付。

**第十八条**　国家建立基本养老金正常调整机制。根据职工平均工资增长、物价上涨情况,适时提高基本养老保险待遇水平。

**第十九条**　个人跨统筹地区就业的,其基本养老保险关系随本人转移,缴费年限累计计算。个人达到法定退休年龄时,基本养老金分段计算、统一支付。具体办法由国务院规定。

**第二十条**　国家建立和完善新型农村社会养老保险制度。

新型农村社会养老保险实行个人缴费、集体补助和政府补贴相结合。

**第二十一条**　新型农村社会养老保险待遇由基础养老金和个人账户养老金组成。

参加新型农村社会养老保险的农村居民,符合国家规定条件的,按月领取新型农村社会养老保险待遇。

**第二十二条**　国家建立和完善城镇居民社会养老保险制度。

省、自治区、直辖市人民政府根据实际情况,可以将城镇居民社会养老保险和新型农村社会养老保险合并实施。

## 第三章　基本医疗保险

**第二十三条**　职工应当参加职工基本医疗保险,由用人单位和职工按照国家规定共同缴纳基本医疗保险费。

无雇工的个体工商户、未在用人单位参加职工基本医疗保险的非全日制从业人员以及其他灵活就业人员可以参加职工基本医疗保险，由个人按照国家规定缴纳基本医疗保险费。

**第二十四条**　国家建立和完善新型农村合作医疗制度。

新型农村合作医疗的管理办法，由国务院规定。

**第二十五条**　国家建立和完善城镇居民基本医疗保险制度。

城镇居民基本医疗保险实行个人缴费和政府补贴相结合。

享受最低生活保障的人、丧失劳动能力的残疾人、低收入家庭六十周岁以上的老年人和未成年人等所需个人缴费部分，由政府给予补贴。

**第二十六条**　职工基本医疗保险、新型农村合作医疗和城镇居民基本医疗保险的待遇标准按照国家规定执行。

**第二十七条**　参加职工基本医疗保险的个人，达到法定退休年龄时累计缴费达到国家规定年限的，退休后不再缴纳基本医疗保险费，按照国家规定享受基本医疗保险待遇；未达到国家规定年限的，可以缴费至国家规定年限。

**第二十八条**　符合基本医疗保险药品目录、诊疗项目、医疗服务设施标准以及急诊、抢救的医疗费用，按照国家规定从基本医疗保险基金中支付。

**第二十九条**　参保人员医疗费用中应当由基本医疗保险基金支付的部分，由社会保险经办机构与医疗机构、药品经营单位直接结算。

社会保险行政部门和卫生行政部门应当建立异地就医医疗费用结算制度，方便参保人员享受基本医疗保险待遇。

**第三十条**　下列医疗费用不纳入基本医疗保险基金支付范围：

（一）应当从工伤保险基金中支付的；

（二）应当由第三人负担的；

（三）应当由公共卫生负担的；

（四）在境外就医的。

医疗费用依法应当由第三人负担，第三人不支付或者无法确定第三人的，由基本医疗保险基金先行支付。基本医疗保险基金先行支付后，有权向第三人追偿。

**第三十一条**　社会保险经办机构根据管理服务的需要，可以与医疗机构、药品经营单位签订服务协议，规范医疗服务行为。

医疗机构应当为参保人员提供合理、必要的医疗服务。

**第三十二条**　个人跨统筹地区就业的，其基本医疗保险关系随本人转移，缴费年限累计计算。

## 第四章　工伤保险

**第三十三条**　职工应当参加工伤保险，由用人单位缴纳工伤保险费，职工不缴纳工伤保险费。

**第三十四条**　国家根据不同行业的工伤风险程度确定行业的差别费率，并根据使用工伤保险基金、工伤发生率等情况在每个行业内确定费率档次。行业差别费率和行业内费率档次由国务院社会保险行政部门制定，报国务院批准后公布施行。

社会保险经办机构根据用人单位使用工伤保险基金、工伤发生率和所属行业费率档次等情况，确定用人单位缴费费率。

**第三十五条**　用人单位应当按照本单位职工工资总额，根据社会保险经办机构确定的费率缴纳工伤保险费。

**第三十六条**　职工因工作原因受到事故伤害或者患职业病，且经工伤认定的，享受工伤保险待遇；其中，经劳动能力鉴定丧失劳动能力的，享受伤残待遇。

工伤认定和劳动能力鉴定应当简捷、方便。

**第三十七条**　职工因下列情形之一导致本人在工作中伤亡的，不认定为工伤：

（一）故意犯罪；

（二）醉酒或者吸毒；

（三）自残或者自杀；

（四）法律、行政法规规定的其他情形。

**第三十八条**　因工伤发生的下列费用，按照国家规定从工伤保险基金中支付：

（一）治疗工伤的医疗费用和康复费用；

（二）住院伙食补助费；

（三）到统筹地区以外就医的交通食宿费；

（四）安装配置伤残辅助器具所需费用；

（五）生活不能自理的，经劳动能力鉴定委员会确认的生活护理费；

（六）一次性伤残补助金和一至四级伤残

职工按月领取的伤残津贴;

(七)终止或者解除劳动合同时,应当享受的一次性医疗补助金;

(八)因工死亡的,其遗属领取的丧葬补助金、供养亲属抚恤金和因工死亡补助金;

(九)劳动能力鉴定费。

**第三十九条** 因工伤发生的下列费用,按照国家规定由用人单位支付:

(一)治疗工伤期间的工资福利;

(二)五级、六级伤残职工按月领取的伤残津贴;

(三)终止或者解除劳动合同时,应当享受的一次性伤残就业补助金。

**第四十条** 工伤职工符合领取基本养老金条件的,停发伤残津贴,享受基本养老保险待遇。基本养老保险待遇低于伤残津贴的,从工伤保险基金中补足差额。

**第四十一条** 职工所在用人单位未依法缴纳工伤保险费,发生工伤事故的,由用人单位支付工伤保险待遇。用人单位不支付的,从工伤保险基金中先行支付。

从工伤保险基金中先行支付的工伤保险待遇应当由用人单位偿还。用人单位不偿还的,社会保险经办机构可以依照本法第六十三条的规定追偿。

**第四十二条** 由于第三人的原因造成工伤,第三人不支付工伤医疗费用或者无法确定第三人的,由工伤保险基金先行支付。工伤保险基金先行支付后,有权向第三人追偿。

**第四十三条** 工伤职工有下列情形之一的,停止享受工伤保险待遇:

(一)丧失享受待遇条件的;

(二)拒不接受劳动能力鉴定的;

(三)拒绝治疗的。

## 第五章 失业保险

**第四十四条** 职工应当参加失业保险,由用人单位和职工按照国家规定共同缴纳失业保险费。

**第四十五条** 失业人员符合下列条件的,从失业保险基金中领取失业保险金:

(一)失业前用人单位和本人已经缴纳失业保险费满一年的;

(二)非因本人意愿中断就业的;

(三)已经进行失业登记,并有求职要求的。

**第四十六条** 失业人员失业前用人单位和本人累计缴费满一年不足五年的,领取失业保险金的期限最长为十二个月;累计缴费满五年不足十年的,领取失业保险金的期限最长为十八个月;累计缴费十年以上的,领取失业保险金的期限最长为二十四个月。重新就业后,再次失业的,缴费时间重新计算,领取失业保险金的期限与前次失业应当领取而尚未领取的失业保险金的期限合并计算,最长不超过二十四个月。

**第四十七条** 失业保险金的标准,由省、自治区、直辖市人民政府确定,不得低于城市居民最低生活保障标准。

**第四十八条** 失业人员在领取失业保险金期间,参加职工基本医疗保险,享受基本医疗保险待遇。

失业人员应当缴纳的基本医疗保险费从失业保险基金中支付,个人不缴纳基本医疗保险费。

**第四十九条** 失业人员在领取失业保险金期间死亡的,参照当地对在职职工死亡的规定,向其遗属发给一次性丧葬补助金和抚恤金。所需资金从失业保险基金中支付。

个人死亡同时符合领取基本养老保险丧葬补助金、工伤保险丧葬补助金和失业保险丧葬补助金条件的,其遗属只能选择领取其中的一项。

**第五十条** 用人单位应当及时为失业人员出具终止或者解除劳动关系的证明,并将失业人员的名单自终止或者解除劳动关系之日起十五日内告知社会保险经办机构。

失业人员应当持本单位为其出具的终止或者解除劳动关系的证明,及时到指定的公共就业服务机构办理失业登记。

失业人员凭失业登记证明和个人身份证明,到社会保险经办机构办理领取失业保险金的手续。失业保险金领取期限自办理失业登记之日起计算。

**第五十一条** 失业人员在领取失业保险金期间有下列情形之一的,停止领取失业保险金,并同时停止享受其他失业保险待遇:

(一)重新就业的;

(二)应征服兵役的;

（三）移居境外的；

（四）享受基本养老保险待遇的；

（五）无正当理由，拒不接受当地人民政府指定部门或者机构介绍的适当工作或者提供的培训的。

**第五十二条**　职工跨统筹地区就业的，其失业保险关系随本人转移，缴费年限累计计算。

## 第六章　生育保险

**第五十三条**　职工应当参加生育保险，由用人单位按照国家规定缴纳生育保险费，职工不缴纳生育保险费。

**第五十四条**　用人单位已经缴纳生育保险费的，其职工享受生育保险待遇；职工未就业配偶按照国家规定享受生育医疗费用待遇。所需资金从生育保险基金中支付。

生育保险待遇包括生育医疗费用和生育津贴。

**第五十五条**　生育医疗费用包括下列各项：

（一）生育的医疗费用；

（二）计划生育的医疗费用；

（三）法律、法规规定的其他项目费用。

**第五十六条**　职工有下列情形之一的，可以按照国家规定享受生育津贴：

（一）女职工生育享受产假；

（二）享受计划生育手术休假；

（三）法律、法规规定的其他情形。

生育津贴按照职工所在用人单位上年度职工月平均工资计发。

## 第七章　社会保险费征缴

**第五十七条**　用人单位应当自成立之日起三十日内凭营业执照、登记证书或者单位印章，向当地社会保险经办机构申请办理社会保险登记。社会保险经办机构应当自收到申请之日起十五日内予以审核，发给社会保险登记证件。

用人单位的社会保险登记事项发生变更或者用人单位依法终止的，应当自变更或者终止之日起三十日内，到社会保险经办机构办理变更或者注销社会保险登记。

工商行政管理部门、民政部门和机构编制管理机关应当及时向社会保险经办机构通报用人单位的成立、终止情况，公安机关应当及时向社会保险经办机构通报个人的出生、死亡以及户口登记、迁移、注销等情况。

**第五十八条**　用人单位应当自用工之日起三十日内为其职工向社会保险经办机构申请办理社会保险登记。未办理社会保险登记的，由社会保险经办机构核定其应当缴纳的社会保险费。

自愿参加社会保险的无雇工的个体工商户、未在用人单位参加社会保险的非全日制从业人员以及其他灵活就业人员，应当向社会保险经办机构申请办理社会保险登记。

国家建立全国统一的个人社会保障号码。个人社会保障号码为公民身份号码。

**第五十九条**　县级以上人民政府加强社会保险费的征收工作。

社会保险费实行统一征收，实施步骤和具体办法由国务院规定。

**第六十条**　用人单位应当自行申报、按时足额缴纳社会保险费，非因不可抗力等法定事由不得缓缴、减免。职工应当缴纳的社会保险费由用人单位代扣代缴，用人单位应当按月将缴纳社会保险费的明细情况告知本人。

无雇工的个体工商户、未在用人单位参加社会保险的非全日制从业人员以及其他灵活就业人员，可以直接向社会保险费征收机构缴纳社会保险费。

**第六十一条**　社会保险费征收机构应当依法按时足额征收社会保险费，并将缴费情况定期告知用人单位和个人。

**第六十二条**　用人单位未按规定申报应当缴纳的社会保险费数额的，按照该单位上月缴费额的百分之一百一十确定应当缴纳数额；缴费单位补办申报手续后，由社会保险费征收机构按照规定结算。

**第六十三条**　用人单位未按时足额缴纳社会保险费的，由社会保险费征收机构责令其限期缴纳或者补足。

用人单位逾期仍未缴纳或者补足社会保险费的，社会保险费征收机构可以向银行和其他金融机构查询其存款账户；并可以申请县级以上有关行政部门作出划拨社会保险费的决定，书面通知其开户银行或者其他金融机构划拨社会保险费。用人单位账户余额少于应当缴纳的社会保险费的,社会保险费征收机构可以要求该用人单位提供担保,签订延期缴费协议。

用人单位未足额缴纳社会保险费且未提供担保的,社会保险费征收机构可以申请人民法院扣押、查封、拍卖其价值相当于应当缴纳社会保险费的财产,以拍卖所得抵缴社会保险费。

## 第八章　社会保险基金

**第六十四条**　社会保险基金包括基本养老保险基金、基本医疗保险基金、工伤保险基金、失业保险基金和生育保险基金。各项社会保险基金按照社会保险险种分别建账,分账核算,执行国家统一的会计制度。

社会保险基金专款专用,任何组织和个人不得侵占或者挪用。

基本养老保险基金逐步实行全国统筹,其他社会保险基金逐步实行省级统筹,具体时间、步骤由国务院规定。

**第六十五条**　社会保险基金通过预算实现收支平衡。

县级以上人民政府在社会保险基金出现支付不足时,给予补贴。

**第六十六条**　社会保险基金按照统筹层次设立预算。社会保险基金预算按照社会保险项目分别编制。

**第六十七条**　社会保险基金预算、决算草案的编制、审核和批准,依照法律和国务院规定执行。

**第六十八条**　社会保险基金存入财政专户,具体管理办法由国务院规定。

**第六十九条**　社会保险基金在保证安全的前提下,按照国务院规定投资运营实现保值增值。

社会保险基金不得违规投资运营,不得用于平衡其他政府预算,不得用于兴建、改建办公场所和支付人员经费、运行费用、管理费用,或者违反法律、行政法规规定挪作其他用途。

**第七十条**　社会保险经办机构应当定期向社会公布参加社会保险情况以及社会保险基金的收入、支出、结余和收益情况。

**第七十一条**　国家设立全国社会保障基金,由中央财政预算拨款以及国务院批准的其他方式筹集的资金构成,用于社会保障支出的补充、调剂。全国社会保障基金由全国社会保障基金管理运营机构负责管理运营,在保证安全的前提下实现保值增值。

全国社会保障基金应当定期向社会公布收支、管理和投资运营的情况。国务院财政部门、社会保险行政部门、审计机关对全国社会保障基金的收支、管理和投资运营情况实施监督。

## 第九章　社会保险经办

**第七十二条**　统筹地区设立社会保险经办机构。社会保险经办机构根据工作需要,经所在地的社会保险行政部门和机构编制管理机关批准,可以在本统筹地区设立分支机构和服务网点。

社会保险经办机构的人员经费和经办社会保险发生的基本运行费用、管理费用,由同级财政按照国家规定予以保障。

**第七十三条**　社会保险经办机构应当建立健全业务、财务、安全和风险管理制度。

社会保险经办机构应当按时足额支付社会保险待遇。

**第七十四条**　社会保险经办机构通过业务经办、统计、调查获取社会保险工作所需的数据,有关单位和个人应当及时、如实提供。

社会保险经办机构应当及时为用人单位建立档案,完整、准确地记录参加社会保险的人员、缴费等社会保险数据,妥善保管登记、申报的原始凭证和支付结算的会计凭证。

社会保险经办机构应当及时、完整、准确地记录参加社会保险的个人缴费和用人单位为其缴费,以及享受社会保险待遇等个人权益记录,定期将个人权益记录单免费寄送本人。

用人单位和个人可以免费向社会保险经办机构查询、核对其缴费和享受社会保险待遇记录,要求社会保险经办机构提供社会保险咨询等相关服务。

**第七十五条**　全国社会保险信息系统按照国家统一规划,由县级以上人民政府按照分级负责的原则共同建设。

## 第十章　社会保险监督

**第七十六条**　各级人民代表大会常务委员

会听取和审议本级人民政府对社会保险基金的收支、管理、投资运营以及监督检查情况的专项工作报告，组织对本法实施情况的执法检查等，依法行使监督职权。

**第七十七条**　县级以上人民政府社会保险行政部门应当加强对用人单位和个人遵守社会保险法律、法规情况的监督检查。

社会保险行政部门实施监督检查时，被检查的用人单位和个人应当如实提供与社会保险有关的资料，不得拒绝检查或者谎报、瞒报。

**第七十八条**　财政部门、审计机关按照各自职责，对社会保险基金的收支、管理和投资运营情况实施监督。

**第七十九条**　社会保险行政部门对社会保险基金的收支、管理和投资运营情况进行监督检查，发现存在问题的，应当提出整改建议，依法作出处理决定或者向有关行政部门提出处理建议。社会保险基金检查结果应当定期向社会公布。

社会保险行政部门对社会保险基金实施监督检查，有权采取下列措施：

（一）查阅、记录、复制与社会保险基金收支、管理和投资运营相关的资料，对可能被转移、隐匿或者灭失的资料予以封存；

（二）询问与调查事项有关的单位和个人，要求其对与调查事项有关的问题作出说明、提供有关证明材料；

（三）对隐匿、转移、侵占、挪用社会保险基金的行为予以制止并责令改正。

**第八十条**　统筹地区人民政府成立由用人单位代表、参保人员代表，以及工会代表、专家等组成的社会保险监督委员会，掌握、分析社会保险基金的收支、管理和投资运营情况，对社会保险工作提出咨询意见和建议，实施社会监督。

社会保险经办机构应当定期向社会保险监督委员会汇报社会保险基金的收支、管理和投资运营情况。社会保险监督委员会可以聘请会计师事务所对社会保险基金的收支、管理和投资运营情况进行年度审计和专项审计。审计结果应当向社会公开。

社会保险监督委员会发现社会保险基金收支、管理和投资运营中存在问题的，有权提出改正建议；对社会保险经办机构及其工作人员的违法行为，有权向有关部门提出依法处理建议。

**第八十一条**　社会保险行政部门和其他有关行政部门、社会保险经办机构、社会保险费征收机构及其工作人员，应当依法为用人单位和个人的信息保密，不得以任何形式泄露。

**第八十二条**　任何组织或者个人有权对违反社会保险法律、法规的行为进行举报、投诉。

社会保险行政部门、卫生行政部门、社会保险经办机构、社会保险费征收机构和财政部门、审计机关对属于本部门、本机构职责范围的举报、投诉，应当依法处理；对不属于本部门、本机构职责范围的，应当书面通知并移交有权处理的部门、机构处理。有权处理的部门、机构应当及时处理，不得推诿。

**第八十三条**　用人单位或者个人认为社会保险费征收机构的行为侵害自己合法权益的，可以依法申请行政复议或者提起行政诉讼。

用人单位或者个人对社会保险经办机构不依法办理社会保险登记、核定社会保险费、支付社会保险待遇、办理社会保险转移接续手续或者侵害其他社会保险权益的行为，可以依法申请行政复议或者提起行政诉讼。

个人与所在用人单位发生社会保险争议的，可以依法申请调解、仲裁，提起诉讼。用人单位侵害个人社会保险权益的，个人也可以要求社会保险行政部门或者社会保险费征收机构依法处理。

## 第十一章　法律责任

**第八十四条**　用人单位不办理社会保险登记的，由社会保险行政部门责令限期改正；逾期不改正的，对用人单位处应缴社会保险费数额一倍以上三倍以下的罚款，对其直接负责的主管人员和其他直接责任人员处五百元以上三千元以下的罚款。

**第八十五条**　用人单位拒不出具终止或者解除劳动关系证明的，依照《中华人民共和国劳动合同法》的规定处理。

**第八十六条**　用人单位未按时足额缴纳社会保险费的，由社会保险费征收机构责令限期缴纳或者补足，并自欠缴之日起，按日加收万分之五的滞纳金；逾期仍不缴纳的，由有关行政部门处欠缴数额一倍以上三倍以下的罚款。

**第八十七条**　社会保险经办机构以及医疗机构、药品经营单位等社会保险服务机构以欺诈、伪造证明材料或者其他手段骗取社会保险基金支出的，由社会保险行政部门责令退回骗取的社会保险金，处骗取金额二倍以上五倍以下的罚款；属于社会保险服务机构的，解除服务协议；直接负责的主管人员和其他直接责任人员有执业资格的，依法吊销其执业资格。

**第八十八条**　以欺诈、伪造证明材料或者其他手段骗取社会保险待遇的，由社会保险行政部门责令退回骗取的社会保险金，处骗取金额二倍以上五倍以下的罚款。

**第八十九条**　社会保险经办机构及其工作人员有下列行为之一的，由社会保险行政部门责令改正；给社会保险基金、用人单位或者个人造成损失的，依法承担赔偿责任；对直接负责的主管人员和其他直接责任人员依法给予处分：

（一）未履行社会保险法定职责的；

（二）未将社会保险基金存入财政专户的；

（三）克扣或者拒不按时支付社会保险待遇的；

（四）丢失或者篡改缴费记录、享受社会保险待遇记录等社会保险数据、个人权益记录的；

（五）有违反社会保险法律、法规的其他行为的。

**第九十条**　社会保险费征收机构擅自更改社会保险费缴费基数、费率，导致少收或者多收社会保险费的，由有关行政部门责令其追缴应当缴纳的社会保险费或者退还不应当缴纳的社会保险费；对直接负责的主管人员和其他直接责任人员依法给予处分。

**第九十一条**　违反本法规定，隐匿、转移、侵占、挪用社会保险基金或者违规投资运营的，由社会保险行政部门、财政部门、审计机关责令追回；有违法所得的，没收违法所得；对直接负责的主管人员和其他直接责任人员依法给予处分。

**第九十二条**　社会保险行政部门和其他有关行政部门、社会保险经办机构、社会保险费征收机构及其工作人员泄露用人单位和个人信息的，对直接负责的主管人员和其他直接责任人员依法给予处分；给用人单位或者个人造成损失的，应当承担赔偿责任。

**第九十三条**　国家工作人员在社会保险管理、监督工作中滥用职权、玩忽职守、徇私舞弊的，依法给予处分。

**第九十四条**　违反本法规定，构成犯罪的，依法追究刑事责任。

## 第十二章　附　　则

**第九十五条**　进城务工的农村居民依照本法规定参加社会保险。

**第九十六条**　征收农村集体所有的土地，应当足额安排被征地农民的社会保险费，按照国务院规定将被征地农民纳入相应的社会保险制度。

**第九十七条**　外国人在中国境内就业的，参照本法规定参加社会保险。

**第九十八条**　本法自2011年7月1日起施行。

# 中华人民共和国涉外民事关系法律适用法

（2010年10月28日第十一届全国人民代表大会
常务委员会第十七次会议通过　2010年10月28日
中华人民共和国主席令第36号公布）

## 目　　录

第六章　债　　权
第七章　知识产权
第八章　附　　则

## 第一章　一般规定

**第一条**　为了明确涉外民事关系的法律适用,合理解决涉外民事争议,维护当事人的合法权益,制定本法。

**第二条**　涉外民事关系适用的法律,依照本法确定。其他法律对涉外民事关系法律适用另有特别规定的,依照其规定。

本法和其他法律对涉外民事关系法律适用没有规定的,适用与该涉外民事关系有最密切联系的法律。

**第三条**　当事人依照法律规定可以明示选择涉外民事关系适用的法律。

**第四条**　中华人民共和国法律对涉外民事关系有强制性规定的,直接适用该强制性规定。

**第五条**　外国法律的适用将损害中华人民共和国社会公共利益的,适用中华人民共和国法律。

**第六条**　涉外民事关系适用外国法律,该国不同区域实施不同法律的,适用与该涉外民事关系有最密切联系区域的法律。

**第七条**　诉讼时效,适用相关涉外民事关系应当适用的法律。

**第八条**　涉外民事关系的定性,适用法院地法律。

**第九条**　涉外民事关系适用的外国法律,不包括该国的法律适用法。

**第十条**　涉外民事关系适用的外国法律,由人民法院、仲裁机构或者行政机关查明。当事人选择适用外国法律的,应当提供该国法律。

不能查明外国法律或者该国法律没有规定的,适用中华人民共和国法律。

## 第二章　民事主体

**第十一条**　自然人的民事权利能力,适用经常居所地法律。

**第十二条**　自然人的民事行为能力,适用经常居所地法律。

自然人从事民事活动,依照经常居所地法律为无民事行为能力,依照行为地法律为有民事行为能力的,适用行为地法律,但涉及婚姻家庭、继承的除外。

**第十三条**　宣告失踪或者宣告死亡,适用自然人经常居所地法律。

**第十四条**　法人及其分支机构的民事权利能力、民事行为能力、组织机构、股东权利义务等事项,适用登记地法律。

法人的主营业地与登记地不一致的,可以适用主营业地法律。法人的经常居所地,为其主营业地。

**第十五条**　人格权的内容,适用权利人经常居所地法律。

**第十六条**　代理适用代理行为地法律,但被代理人与代理人的民事关系,适用代理关系发生地法律。

当事人可以协议选择委托代理适用的法律。

**第十七条**　当事人可以协议选择信托适用的法律。当事人没有选择的,适用信托财产所在地法律或者信托关系发生地法律。

**第十八条**　当事人可以协议选择仲裁协议适用的法律。当事人没有选择的,适用仲裁机构所在地法律或者仲裁地法律。

**第十九条**　依照本法适用国籍国法律,自然人具有两个以上国籍的,适用有经常居所的国籍国法律;在所有国籍国均无经常居所的,适用与其有最密切联系的国籍国法律。自然人无国籍或者国籍不明的,适用其经常居所地法律。

**第二十条**　依照本法适用经常居所地法律,自然人经常居所地不明的,适用其现在居所地法律。

## 第三章　婚姻家庭

**第二十一条**　结婚条件,适用当事人共同经常居所地法律;没有共同经常居所地的,适用共同国籍国法律;没有共同国籍,在一方当事人经常居所地或者国籍国缔结婚姻的,适用婚姻缔结地法律。

**第二十二条**　结婚手续,符合婚姻缔结地法律、一方当事人经常居所地法律或者国籍国法律的,均为有效。

**第二十三条**　夫妻人身关系,适用共同经常居所地法律;没有共同经常居所地的,适用共同国籍国法律。

**第二十四条** 夫妻财产关系,当事人可以协议选择适用一方当事人经常居所地法律、国籍国法律或者主要财产所在地法律。当事人没有选择的,适用共同经常居所地法律;没有共同经常居所地的,适用共同国籍国法律。

**第二十五条** 父母子女人身、财产关系,适用共同经常居所地法律;没有共同经常居所地的,适用一方当事人经常居所地法律或者国籍国法律中有利于保护弱者权益的法律。

**第二十六条** 协议离婚,当事人可以协议选择适用一方当事人经常居所地法律或者国籍国法律。当事人没有选择的,适用共同经常居所地法律;没有共同经常居所地的,适用共同国籍国法律;没有共同国籍的,适用办理离婚手续机构所在地法律。

**第二十七条** 诉讼离婚,适用法院地法律。

**第二十八条** 收养的条件和手续,适用收养人和被收养人经常居所地法律。收养的效力,适用收养时收养人经常居所地法律。收养关系的解除,适用收养时被收养人经常居所地法律或者法院地法律。

**第二十九条** 扶养,适用一方当事人经常居所地法律、国籍国法律或者主要财产所在地法律中有利于保护被扶养人权益的法律。

**第三十条** 监护,适用一方当事人经常居所地法律或者国籍国法律中有利于保护被监护人权益的法律。

## 第四章 继 承

**第三十一条** 法定继承,适用被继承人死亡时经常居所地法律,但不动产法定继承,适用不动产所在地法律。

**第三十二条** 遗嘱方式,符合遗嘱人立遗嘱时或者死亡时经常居所地法律、国籍国法律或者遗嘱行为地法律的,遗嘱均为成立。

**第三十三条** 遗嘱效力,适用遗嘱人立遗嘱时或者死亡时经常居所地法律或者国籍国法律。

**第三十四条** 遗产管理等事项,适用遗产所在地法律。

**第三十五条** 无人继承遗产的归属,适用被继承人死亡时遗产所在地法律。

## 第五章 物 权

**第三十六条** 不动产物权,适用不动产所在地法律。

**第三十七条** 当事人可以协议选择动产物权适用的法律。当事人没有选择的,适用法律事实发生时动产所在地法律。

**第三十八条** 当事人可以协议选择运输中动产物权发生变更适用的法律。当事人没有选择的,适用运输目的地法律。

**第三十九条** 有价证券,适用有价证券权利实现地法律或者其他与该有价证券有最密切联系的法律。

**第四十条** 权利质权,适用质权设立地法律。

## 第六章 债 权

**第四十一条** 当事人可以协议选择合同适用的法律。当事人没有选择的,适用履行义务最能体现该合同特征的一方当事人经常居所地法律或者其他与该合同有最密切联系的法律。

**第四十二条** 消费者合同,适用消费者经常居所地法律;消费者选择适用商品、服务提供地法律或者经营者在消费者经常居所地没有从事相关经营活动的,适用商品、服务提供地法律。

**第四十三条** 劳动合同,适用劳动者工作地法律;难以确定劳动者工作地的,适用用人单位主营业地法律。劳务派遣,可以适用劳务派出地法律。

**第四十四条** 侵权责任,适用侵权行为地法律,但当事人有共同经常居所地的,适用共同经常居所地法律。侵权行为发生后,当事人协议选择适用法律的,按照其协议。

**第四十五条** 产品责任,适用被侵权人经常居所地法律;被侵权人选择适用侵权人主营业地法律、损害发生地法律的,或者侵权人在被侵权人经常居所地没有从事相关经营活动的,适用侵权人主营业地法律或者损害发生地法律。

**第四十六条** 通过网络或者采用其他方式

侵害姓名权、肖像权、名誉权、隐私权等人格权的，适用被侵权人经常居所地法律。

**第四十七条**　不当得利、无因管理，适用当事人协议选择适用的法律。当事人没有选择的，适用当事人共同经常居所地法律；没有共同经常居所地的，适用不当得利、无因管理发生地法律。

## 第七章　知识产权

**第四十八条**　知识产权的归属和内容，适用被请求保护地法律。

**第四十九条**　当事人可以协议选择知识产权转让和许可使用适用的法律。当事人没有选择的，适用本法对合同的有关规定。

**第五十条**　知识产权的侵权责任，适用被请求保护地法律，当事人也可以在侵权行为发生后协议选择适用法院地法律。

## 第八章　附　则

**第五十一条**　《中华人民共和国民法通则》第一百四十六条、第一百四十七条，《中华人民共和国继承法》第三十六条，与本法的规定不一致的，适用本法。

**第五十二条**　本法自2011年4月1日起施行。

# （二）行政法规、法规性文件

# 中华人民共和国审计法实施条例

（1997年10月21日国务院令第231号公布
2010年2月2日国务院第100次常务会议修订通过）

## 第一章　总　则

**第一条**　根据《中华人民共和国审计法》（以下简称审计法）的规定，制定本条例。

**第二条**　审计法所称审计，是指审计机关依法独立检查被审计单位的会计凭证、会计账簿、财务会计报告以及其他与财政收支、财务收支有关的资料和资产，监督财政收支、财务收支真实、合法和效益的行为。

**第三条**　审计法所称财政收支，是指依照《中华人民共和国预算法》和国家其他有关规定，纳入预算管理的收入和支出，以及下列财政资金中未纳入预算管理的收入和支出：

（一）行政事业性收费；

（二）国有资源、国有资产收入；

（三）应当上缴的国有资本经营收益；

（四）政府举借债务筹措的资金；

（五）其他未纳入预算管理的财政资金。

**第四条**　审计法所称财务收支，是指国有的金融机构、企业事业组织以及依法应当接受审计机关审计监督的其他单位，按照国家财务会计制度的规定，实行会计核算的各项收入和支出。

**第五条**　审计机关依照审计法和本条例以及其他有关法律、法规规定的职责、权限和程序进行审计监督。

审计机关依照有关财政收支、财务收支的法律、法规，以及国家有关政策、标准、项目目标等方面的规定进行审计评价，对被审计单位违反国家规定的财政收支、财务收支行为，在法定职权范围内作出处理、处罚的决定。

**第六条**　任何单位和个人对依法应当接受审计机关审计监督的单位违反国家规定的财政

收支、财务收支行为,有权向审计机关举报。审计机关接到举报,应当依法及时处理。

## 第二章 审计机关和审计人员

**第七条** 审计署在国务院总理领导下,主管全国的审计工作,履行审计法和国务院规定的职责。

地方各级审计机关在本级人民政府行政首长和上一级审计机关的领导下,负责本行政区域的审计工作,履行法律、法规和本级人民政府规定的职责。

**第八条** 省、自治区人民政府设有派出机关的,派出机关的审计机关对派出机关和省、自治区人民政府审计机关负责并报告工作,审计业务以省、自治区人民政府审计机关领导为主。

**第九条** 审计机关派出机构依照法律、法规和审计机关的规定,在审计机关的授权范围内开展审计工作,不受其他行政机关、社会团体和个人的干涉。

**第十条** 审计机关编制年度经费预算草案的依据主要包括:

(一)法律、法规;

(二)本级人民政府的决定和要求;

(三)审计机关的年度审计工作计划;

(四)定员定额标准;

(五)上一年度经费预算执行情况和本年度的变化因素。

**第十一条** 审计人员实行审计专业技术资格制度,具体按照国家有关规定执行。

审计机关根据工作需要,可以聘请具有与审计事项相关专业知识的人员参加审计工作。

**第十二条** 审计人员办理审计事项,有下列情形之一的,应当申请回避,被审计单位也有权申请审计人员回避:

(一)与被审计单位负责人或者有关主管人员有夫妻关系、直系血亲关系、三代以内旁系血亲或者近姻亲关系的;

(二)与被审计单位或者审计事项有经济利益关系的;

(三)与被审计单位、审计事项、被审计单位负责人或者有关主管人员有其他利害关系,可能影响公正执行公务的。

审计人员的回避,由审计机关负责人决定;审计机关负责人办理审计事项时的回避,由本级人民政府或者上一级审计机关负责人决定。

**第十三条** 地方各级审计机关正职和副职负责人的任免,应当事先征求上一级审计机关的意见。

**第十四条** 审计机关负责人在任职期间没有下列情形之一的,不得随意撤换:

(一)因犯罪被追究刑事责任的;

(二)因严重违法、失职受到处分,不适宜继续担任审计机关负责人的;

(三)因健康原因不能履行职责 1 年以上的;

(四)不符合国家规定的其他任职条件的。

## 第三章 审计机关职责

**第十五条** 审计机关对本级人民政府财政部门具体组织本级预算执行的情况,本级预算收入征收部门征收预算收入的情况,与本级人民政府财政部门直接发生预算缴款、拨款关系的部门、单位的预算执行情况和决算,下级人民政府的预算执行情况和决算,以及其他财政收支情况,依法进行审计监督。经本级人民政府批准,审计机关对其他取得财政资金的单位和项目接受、运用财政资金的真实、合法和效益情况,依法进行审计监督。

**第十六条** 审计机关对本级预算收入和支出的执行情况进行审计监督的内容包括:

(一)财政部门按照本级人民代表大会批准的本级预算向本级各部门(含直属单位)批复预算的情况、本级预算执行中调整情况和预算收支变化情况;

(二)预算收入征收部门依照法律、行政法规的规定和国家其他有关规定征收预算收入情况;

(三)财政部门按照批准的年度预算、用款计划,以及规定的预算级次和程序,拨付本级预算支出资金情况;

(四)财政部门依照法律、行政法规的规定和财政管理体制,拨付和管理政府间财政转移支付资金情况以及办理结算、结转情况;

(五)国库按照国家有关规定办理预算收入的收纳、划分、留解情况和预算支出资金的拨付情况；

（六）本级各部门（含直属单位）执行年度预算情况；

（七）依照国家有关规定实行专项管理的预算资金收支情况；

（八）法律、法规规定的其他预算执行情况。

**第十七条**　审计法第十七条所称审计结果报告，应当包括下列内容：

（一）本级预算执行和其他财政收支的基本情况；

（二）审计机关对本级预算执行和其他财政收支情况作出的审计评价；

（三）本级预算执行和其他财政收支中存在的问题以及审计机关依法采取的措施；

（四）审计机关提出的改进本级预算执行和其他财政收支管理工作的建议；

（五）本级人民政府要求报告的其他情况。

**第十八条**　审计署对中央银行及其分支机构履行职责所发生的各项财务收支，依法进行审计监督。

审计署向国务院总理提出的中央预算执行和其他财政收支情况审计结果报告，应当包括对中央银行的财务收支的审计情况。

**第十九条**　审计法第二十一条所称国有资本占控股地位或者主导地位的企业、金融机构，包括：

（一）国有资本占企业、金融机构资本（股本）总额的比例超过50%的；

（二）国有资本占企业、金融机构资本（股本）总额的比例在50%以下，但国有资本投资主体拥有实际控制权的。

审计机关对前款规定的企业、金融机构，除国务院另有规定外，比照审计法第十八条第二款、第二十条规定进行审计监督。

**第二十条**　审计法第二十二条所称政府投资和以政府投资为主的建设项目，包括：

（一）全部使用预算内投资资金、专项建设基金、政府举借债务筹措的资金等财政资金的；

（二）未全部使用财政资金，财政资金占项目总投资的比例超过50%，或者占项目总投资的比例在50%以下，但政府拥有项目建设、运营实际控制权的。

审计机关对前款规定的建设项目的总预算或者概算的执行情况、年度预算的执行情况和年度决算、单项工程结算、项目竣工决算，依法进行审计监督；对前款规定的建设项目进行审计时，可以对直接有关的设计、施工、供货等单位取得建设项目资金的真实性、合法性进行调查。

**第二十一条**　审计法第二十三条所称社会保障基金，包括社会保险、社会救助、社会福利基金以及发展社会保障事业的其他专项基金；所称社会捐赠资金，包括来源于境内外的货币、有价证券和实物等各种形式的捐赠。

**第二十二条**　审计法第二十四条所称国际组织和外国政府援助、贷款项目，包括：

（一）国际组织、外国政府及其机构向中国政府及其机构提供的贷款项目；

（二）国际组织、外国政府及其机构向中国企业事业组织以及其他组织提供的由中国政府及其机构担保的贷款项目；

（三）国际组织、外国政府及其机构向中国政府及其机构提供的援助和赠款项目；

（四）国际组织、外国政府及其机构向受中国政府委托管理有关基金、资金的单位提供的援助和赠款项目；

（五）国际组织、外国政府及其机构提供援助、贷款的其他项目。

**第二十三条**　审计机关可以依照审计法和本条例规定的审计程序、方法以及国家其他有关规定，对预算管理或者国有资产管理使用等与国家财政收支有关的特定事项，向有关地方、部门、单位进行专项审计调查。

**第二十四条**　审计机关根据被审计单位的财政、财务隶属关系，确定审计管辖范围；不能根据财政、财务隶属关系确定审计管辖范围的，根据国有资产监督管理关系，确定审计管辖范围。

两个以上国有资本投资主体投资的金融机构、企业事业组织和建设项目，由对主要投资主体有审计管辖权的审计机关进行审计监督。

**第二十五条**　各级审计机关应当按照确定的审计管辖范围进行审计监督。

**第二十六条**　依法属于审计机关审计监督对象的单位的内部审计工作，应当接受审计机关的业务指导和监督。

依法属于审计机关审计监督对象的单位，

可以根据内部审计工作的需要,参加依法成立的内部审计自律组织。审计机关可以通过内部审计自律组织,加强对内部审计工作的业务指导和监督。

**第二十七条** 审计机关进行审计或者专项审计调查时,有权对社会审计机构出具的相关审计报告进行核查。

审计机关核查社会审计机构出具的相关审计报告时,发现社会审计机构存在违反法律、法规或者执业准则等情况的,应当移送有关主管机关依法追究责任。

## 第四章 审计机关权限

**第二十八条** 审计机关依法进行审计监督时,被审计单位应当依照审计法第三十一条规定,向审计机关提供与财政收支、财务收支有关的资料。被审计单位负责人应当对本单位提供资料的真实性和完整性作出书面承诺。

**第二十九条** 各级人民政府财政、税务以及其他部门(含直属单位)应当向本级审计机关报送下列资料:

(一)本级人民代表大会批准的本级预算和本级人民政府财政部门向本级各部门(含直属单位)批复的预算,预算收入征收部门的年度收入计划,以及本级各部门(含直属单位)向所属各单位批复的预算;

(二)本级预算收支执行和预算收入征收部门的收入计划完成情况月报、年报,以及决算情况;

(三)综合性财政税务工作统计年报、情况简报,财政、预算、税务、财务和会计等规章制度;

(四)本级各部门(含直属单位)汇总编制的本部门决算草案。

**第三十条** 审计机关依照审计法第三十三条规定查询被审计单位在金融机构的账户的,应当持县级以上人民政府审计机关负责人签发的协助查询单位账户通知书;查询被审计单位以个人名义在金融机构的存款的,应当持县级以上人民政府审计机关主要负责人签发的协助查询个人存款通知书。有关金融机构应当予以协助,并提供证明材料,审计机关和审计人员负有保密义务。

**第三十一条** 审计法第三十四条所称违反国家规定取得的资产,包括:

(一)弄虚作假骗取的财政拨款、实物以及金融机构贷款;

(二)违反国家规定享受国家补贴、补助、贴息、免息、减税、免税、退税等优惠政策取得的资产;

(三)违反国家规定向他人收取的款项、有价证券、实物;

(四)违反国家规定处分国有资产取得的收益;

(五)违反国家规定取得的其他资产。

**第三十二条** 审计机关依照审计法第三十四条规定封存被审计单位有关资料和违反国家规定取得的资产的,应当持县级以上人民政府审计机关负责人签发的封存通知书,并在依法收集与审计事项相关的证明材料或者采取其他措施后解除封存。封存的期限为7日以内;有特殊情况需要延长的,经县级以上人民政府审计机关负责人批准,可以适当延长,但延长的期限不得超过7日。

对封存的资料、资产,审计机关可以指定被审计单位负责保管,被审计单位不得损毁或者擅自转移。

**第三十三条** 审计机关依照审计法第三十六条规定,可以就有关审计事项向政府有关部门通报或者向社会公布对被审计单位的审计、专项审计调查结果。

审计机关经与有关主管机关协商,可以在向社会公布的审计、专项审计调查结果中,一并公布对社会审计机构相关审计报告核查的结果。

审计机关拟向社会公布对上市公司的审计、专项审计调查结果的,应当在5日前将拟公布的内容告知上市公司。

## 第五章 审计程序

**第三十四条** 审计机关应当根据法律、法规和国家其他有关规定,按照本级人民政府和上级审计机关的要求,确定年度审计工作重点,编制年度审计项目计划。

审计机关在年度审计项目计划中确定对国有资本占控股地位或者主导地位的企业、金融机构进行审计的，应当自确定之日起7日内告知列入年度审计项目计划的企业、金融机构。

**第三十五条** 审计机关应当根据年度审计项目计划，组成审计组，调查了解被审计单位的有关情况，编制审计方案，并在实施审计3日前，向被审计单位送达审计通知书。

**第三十六条** 审计法第三十八条所称特殊情况，包括：

（一）办理紧急事项的；

（二）被审计单位涉嫌严重违法违规的；

（三）其他特殊情况。

**第三十七条** 审计人员实施审计时，应当按照下列规定办理：

（一）通过检查、查询、监督盘点、发函询证等方法实施审计；

（二）通过收集原件、原物或者复制、拍照等方法取得证明材料；

（三）对与审计事项有关的会议和谈话内容作出记录，或者要求被审计单位提供会议记录材料；

（四）记录审计实施过程和查证结果。

**第三十八条** 审计人员向有关单位和个人调查取得的证明材料，应当有提供者的签名或者盖章；不能取得提供者签名或者盖章的，审计人员应当注明原因。

**第三十九条** 审计组向审计机关提出审计报告前，应当书面征求被审计单位意见。被审计单位应当自接到审计组的审计报告之日起10日内，提出书面意见；10日内未提出书面意见的，视同无异议。

审计组应当针对被审计单位提出的书面意见，进一步核实情况，对审计组的审计报告作必要修改，连同被审计单位的书面意见一并报送审计机关。

**第四十条** 审计机关有关业务机构和专门机构或者人员对审计组的审计报告以及相关审计事项进行复核、审理后，由审计机关按照下列规定办理：

（一）提出审计机关的审计报告，内容包括：对审计事项的审计评价，对违反国家规定的财政收支、财务收支行为提出的处理、处罚意见，移送有关主管机关、单位的意见，改进财政收支、财务收支管理工作的意见；

（二）对违反国家规定的财政收支、财务收支行为，依法应当给予处理、处罚的，在法定职权范围内作出处理、处罚的审计决定；

（三）对依法应当追究有关人员责任的，向有关主管机关、单位提出给予处分的建议；对依法应当由有关主管机关处理、处罚的，移送有关主管机关；涉嫌犯罪的，移送司法机关。

**第四十一条** 审计机关在审计中发现损害国家利益和社会公共利益的事项，但处理、处罚依据又不明确的，应当向本级人民政府和上一级审计机关报告。

**第四十二条** 被审计单位应当按照审计机关规定的期限和要求执行审计决定。对应当上缴的款项，被审计单位应当按照财政管理体制和国家有关规定缴入国库或者财政专户。审计决定需要有关主管机关、单位协助执行的，审计机关应当书面提请协助执行。

**第四十三条** 上级审计机关应当对下级审计机关的审计业务依法进行监督。

下级审计机关作出的审计决定违反国家有关规定的，上级审计机关可以责成下级审计机关予以变更或者撤销，也可以直接作出变更或者撤销的决定；审计决定被撤销后需要重新作出审计决定的，上级审计机关可以责成下级审计机关在规定的期限内重新作出审计决定，也可以直接作出审计决定。

下级审计机关应当作出而没有作出审计决定的，上级审计机关可以责成下级审计机关在规定的期限内作出审计决定，也可以直接作出审计决定。

**第四十四条** 审计机关进行专项审计调查时，应当向被调查的地方、部门、单位出示专项审计调查的书面通知，并说明有关情况；有关地方、部门、单位应当接受调查，如实反映情况，提供有关资料。

在专项审计调查中，依法属于审计机关审计监督对象的部门、单位有违反国家规定的财政收支、财务收支行为或者其他违法违规行为的，专项审计调查人员和审计机关可以依照审计法和本条例的规定提出审计报告，作出审计决定，或者移送有关主管机关、单位依法追究责任。

**第四十五条** 审计机关应当按照国家有关规定建立、健全审计档案制度。

**第四十六条** 审计机关送达审计文书，可以直接送达,也可以邮寄送达或者以其他方式送达。直接送达的,以被审计单位在送达回证上注明的签收日期或者见证人证明的收件日期为送达日期;邮寄送达的,以邮政回执上注明的收件日期为送达日期;以其他方式送达的,以签收或者收件日期为送达日期。

审计机关的审计文书的种类、内容和格式,由审计署规定。

## 第六章 法律责任

**第四十七条** 被审计单位违反审计法和本条例的规定,拒绝、拖延提供与审计事项有关的资料,或者提供的资料不真实、不完整,或者拒绝、阻碍检查的,由审计机关责令改正,可以通报批评,给予警告;拒不改正的,对被审计单位可以处5万元以下的罚款,对直接负责的主管人员和其他直接责任人员,可以处2万元以下的罚款,审计机关认为应当给予处分的,向有关主管机关、单位提出给予处分的建议;构成犯罪的,依法追究刑事责任。

**第四十八条** 对本级各部门(含直属单位)和下级人民政府违反预算的行为或者其他违反国家规定的财政收支行为,审计机关在法定职权范围内,依照法律、行政法规的规定,区别情况采取审计法第四十五条规定的处理措施。

**第四十九条** 对被审计单位违反国家规定的财务收支行为,审计机关在法定职权范围内,区别情况采取审计法第四十五条规定的处理措施,可以通报批评,给予警告;有违法所得的,没收违法所得,并处违法所得1倍以上5倍以下的罚款;没有违法所得的,可以处5万元以下的罚款;对直接负责的主管人员和其他直接责任人员,可以处2万元以下的罚款,审计机关认为应当给予处分的,向有关主管机关、单位提出给予处分的建议;构成犯罪的,依法追究刑事责任。

法律、行政法规对被审计单位违反国家规定的财务收支行为处理、处罚另有规定的,从其规定。

**第五十条** 审计机关在作出较大数额罚款的处罚决定前,应当告知被审计单位和有关人员有要求举行听证的权利。较大数额罚款的具体标准由审计署规定。

**第五十一条** 审计机关提出的对被审计单位给予处理、处罚的建议以及对直接负责的主管人员和其他直接责任人员给予处分的建议,有关主管机关、单位应当依法及时作出决定,并将结果书面通知审计机关。

**第五十二条** 被审计单位对审计机关依照审计法第十六条、第十七条和本条例第十五条规定进行审计监督作出的审计决定不服的,可以自审计决定送达之日起60日内,提请审计机关的本级人民政府裁决,本级人民政府的裁决为最终决定。

审计机关应当在审计决定中告知被审计单位提请裁决的途径和期限。

裁决期间,审计决定不停止执行。但是,有下列情形之一的,可以停止执行:

(一)审计机关认为需要停止执行的;

(二)受理裁决的人民政府认为需要停止执行的;

(三)被审计单位申请停止执行,受理裁决的人民政府认为其要求合理,决定停止执行的。

裁决由本级人民政府法制机构办理。裁决决定应当自接到提请之日起60日内作出;有特殊情况需要延长的,经法制机构负责人批准,可以适当延长,并告知审计机关和提请裁决的被审计单位,但延长的期限不得超过30日。

**第五十三条** 除本条例第五十二条规定的可以提请裁决的审计决定外,被审计单位对审计机关作出的其他审计决定不服的,可以依法申请行政复议或者提起行政诉讼。

审计机关应当在审计决定中告知被审计单位申请行政复议或者提起行政诉讼的途径和期限。

**第五十四条** 被审计单位应当将审计决定执行情况书面报告审计机关。审计机关应当检查审计决定的执行情况。

被审计单位不执行审计决定的,审计机关应当责令限期执行;逾期仍不执行的,审计机关可以申请人民法院强制执行,建议有关主管机关、单位对直接负责的主管人员和其他直接责任人员给予处分。

**第五十五条** 审计人员滥用职权、徇私舞弊、玩忽职守,或者泄露所知悉的国家秘密、商业秘密的，依法给予处分；构成犯罪的，依法追究刑事责任。

审计人员违法违纪取得的财物，依法予以追缴、没收或者责令退赔。

## 第七章　附　　则

**第五十六条**　本条例所称以上、以下，包括本数。

本条例第五十二条规定的期间的最后一日是法定节假日的，以节假日后的第一个工作日为期间届满日。审计法和本条例规定的其他期间以工作日计算，不含法定节假日。

**第五十七条**　实施经济责任审计的规定，另行制定。

**第五十八条**　本条例自 2010 年 5 月 1 日起施行。

# 国务院办公厅关于做好政府信息依申请公开工作的意见

（2010 年 1 月 12 日　国办发〔2010〕5 号）

各省、自治区、直辖市人民政府，国务院各部委、各直属机构：

自 2008 年 5 月 1 日《中华人民共和国政府信息公开条例》（以下简称《条例》）施行以来，各地区、各部门在受理依申请公开政府信息过程中遇到一些新的情况。根据有关法律法规政策和工作实践，现提出以下意见。

### 一、准确把握《条例》第十三条内涵

《条例》的立法本意是为了保障公民、法人和其他组织依法获取政府信息，提高政府工作透明度，促进依法行政，充分发挥政府信息对人民群众生产、生活和经济社会活动的服务作用。公开政府信息应当遵循公正、公平、便民的原则。

为此，《条例》第九条明确了政府信息主动公开的 4 项基本要求，第十条、第十一条规定了县级以上人民政府及其部门应当重点主动公开的 15 类政府信息；第十二条还规定了乡（镇）人民政府应当重点主动公开的 8 类政府信息。《条例》还设置了依申请公开制度，以满足公民、法人或者其他组织自身生产、生活、科研等特殊需要。为规范依申请公开工作，《国务院办公厅关于施行中华人民共和国政府信息公开条例若干问题的意见》（国办发〔2008〕36 号）第十四条规定，行政机关对申请人申请公开与本人生产、生活、科研等特殊需要无关的政府信息，可以不予提供；对申请人申请的政府信息，如公开可能危及国家安全、公共安全、经济安全和社会稳定，按规定不予提供，可告知申请人不属于政府信息公开的范围。

### 二、准确把握政府信息的适用范畴

《条例》所称政府信息，是指行政机关在履行职责过程中制作或者获取的，以一定形式记录、保存的信息。

行政机关向申请人提供的政府信息，应当是正式、准确、完整的，申请人可以在生产、生活和科研中正式使用，也可以在诉讼或行政程序中作为书证使用。因此，行政机关在日常工作中制作或者获取的内部管理信息以及处于讨论、研究或者审查中的过程性信息，一般不属于《条例》所指应公开的政府信息。

行政机关向申请人提供的政府信息，应当是现有的，一般不需要行政机关汇总、加工或重新制作（作区分处理的除外）。依据《条例》精神，行政机关一般不承担为申请人汇总、加工或重新制作政府信息，以及向其他行政机关和公民、法人或者其他组织搜集信息的

义务。

## 三、明确"一事一申请"原则

在实际工作中,有时会遇到一个申请要求公开分属多个行政机关制作或保存的政府信息,有的申请公开的信息类别和项目繁多,受理机关既不能如需提供,又难以一一指明哪条信息不存在,哪条信息属于哪个行政机关公开,影响了办理时效。为提高工作效率,方便申请人尽快获取所申请公开的信息,对一些要求公开项目较多的申请,受理机关可要求申请人按照"一事一申请"原则对申请方式加以调整:即一个政府信息公开申请只对应一个政府信息项目。

同时,对将申请公开的政府信息拆分过细的情况,即申请人就一个具体事项向同一行政机关提出多个内容相近的信息公开申请,行政机关需要对现有的信息进行拆分处理才能答复,受理机关可要求申请人对所提申请作适当归并处理。

## 四、妥善处理研究课题类申请

对于要求行政机关为其大范围提供课题研究所需资料、数据的申请,因其不同于《条例》规定一般意义上的申请,且在一定程度上超出了设置依申请公开的立法本意,行政机关可要求申请人对其申请方式作出调整:

对于课题研究所需政府信息,若已经主动公开的,可告知申请人通过政府网站、政府公报、部门统计年鉴、相关公开出版物和档案馆、图书馆信息查阅点等渠道自行查阅。

通过主动公开渠道确实难以获取的政府信息,申请人可按照"一事一申请"的方式,向相关行政机关分别提出申请。

## 五、加大政府信息主动公开工作力度

政府信息主动公开和依申请公开是《条例》规定的我国政府信息公开的两种基本方式,二者相辅相成。全面、及时、准确地主动公开政府信息,可以大大减少依申请公开数量。各地区、各部门都应加大政府信息主动公开工作力度,增强主动性、权威性和实效性。凡是《条例》规定应该公开、能够公开的事项,都应及时、全面、主动公开。各部门要细化本系统政府信息公开目录和范围,抓紧对本系统所涉政府信息哪些可以公开,哪些可部分公开,提出明确的指导意见,供本系统各单位依循。

在受理依申请公开政府信息过程中,对于需要或者可以让社会广泛知晓的政府信息,行政机关应在答复申请人的同时,通过政府网站等渠道主动公开,尽量避免将公共性政府信息只向个别申请人公开,以减少对同一政府信息的一再申请,节约行政成本,提高工作效率。

## 六、改进依申请公开政府信息服务

各地区、各部门要进一步拓宽受理渠道,为申请人提供便捷的依申请公开服务。进一步完善申请的受理、审查、处理、答复程序,有关记录应当保存备查。对于申请事项不属于政府信息公开工作范畴或无法按申请提供政府信息的,应主动与申请人沟通,尽量取得申请人的理解。在答复申请时,要依法有据、严谨规范、慎重稳妥。

## 七、加强、完善保密审查和协调会商

要进一步完善政府信息公开保密审查机制,规范审查程序,落实审查责任。遇到情况复杂或者可能涉及国家安全、公共安全、经济安全和社会稳定的申请,应加强相关部门间的协调会商,依据有关法律法规,对申请是否有效、信息是否应该公开、公开后可能带来的影响等进行综合分析,研究提出处理意见。

各地区、各部门要在实践中积极探索,积累经验,完善规章制度,积极稳妥推进政府信息公开工作。

# 国务院关于进一步做好利用外资工作的若干意见

（2010 年 4 月 6 日　国发〔2010〕9 号）

各省、自治区、直辖市人民政府，国务院各部委、各直属机构：

利用外资是我国对外开放基本国策的重要内容。改革开放以来，我国积极吸引外商投资，促进了产业升级和技术进步，外商投资企业已成为国民经济的重要组成部分。目前，我国利用外资的优势依然明显。为提高利用外资质量和水平，更好地发挥利用外资在推动科技创新、产业升级、区域协调发展等方面的积极作用，现提出如下意见：

## 一、优化利用外资结构

（一）根据我国经济发展需要，结合国家产业调整和振兴规划要求，修订《外商投资产业指导目录》，扩大开放领域，鼓励外资投向高端制造业、高新技术产业、现代服务业、新能源和节能环保产业。严格限制“两高一资”和低水平、过剩产能扩张类项目。

（二）国家产业调整和振兴规划中的政策措施同等适用于符合条件的外商投资企业。

（三）对用地集约的国家鼓励类外商投资项目优先供应土地，在确定土地出让底价时可按不低于所在地土地等别相对应《全国工业用地出让最低价标准》的 70% 执行。

（四）鼓励外商投资高新技术企业发展，改进并完善高新技术企业认定工作。

（五）鼓励中外企业加强研发合作，支持符合条件的外商投资企业与内资企业、研究机构合作申请国家科技开发项目、创新能力建设项目等，申请设立国家级技术中心认定。

（六）鼓励跨国公司在华设立地区总部、研发中心、采购中心、财务管理中心、结算中心以及成本和利润核算中心等功能性机构。在 2010 年 12 月 31 日以前，对符合规定条件的外资研发中心确需进口的科技开发用品免征进口关税和进口环节增值税、消费税。

（七）落实和完善支持政策，鼓励外商投资服务外包产业，引入先进技术和管理经验，提高我国服务外包国际竞争力。

## 二、引导外资向中西部地区转移和增加投资

（八）根据《外商投资产业指导目录》修订情况，补充修订《中西部地区外商投资优势产业目录》，增加劳动密集型项目条目，鼓励外商在中西部地区发展符合环保要求的劳动密集型产业。

（九）对符合条件的西部地区内外资企业继续实行企业所得税优惠政策，保持西部地区吸收外商投资好的发展势头。

（十）对东部地区外商投资企业向中西部地区转移，要加大政策开放和技术资金配套支持力度，同时完善行政服务，在办理工商、税务、外汇、社会保险等手续时提供便利。鼓励和引导外资银行到中西部地区设立机构和开办业务。

（十一）鼓励东部地区与中西部地区以市场为导向，通过委托管理、投资合作等多种方式，按照优势互补、产业联动、利益共享的原则共建开发区。

## 三、促进利用外资方式多样化

（十二）鼓励外资以参股、并购等方式参与国内企业改组改造和兼并重组。支持 A 股上市公司引入境内外战略投资者。规范外资参与境内证券投资和企业并购。依法实施反垄断审查，并加快建立外资并购安全审查制度。

（十三）利用好境外资本市场，继续支持符合条件的企业根据国家发展战略及自身发展需要到境外上市，充分利用两个市场、两种资源，不断提高竞争力。

(十四)加快推进利用外资设立中小企业担保公司试点工作。鼓励外商投资设立创业投资企业,积极利用私募股权投资基金,完善退出机制。

(十五)支持符合条件的外商投资企业境内公开发行股票、发行企业债和中期票据,拓宽融资渠道,引导金融机构继续加大对外商投资企业的信贷支持。稳步扩大在境内发行人民币债券的境外主体范围。

## 四、深化外商投资管理体制改革

(十六)《外商投资产业指导目录》中总投资(包括增资)3亿美元以下的鼓励类、允许类项目,除《政府核准的投资项目目录》规定需由国务院有关部门核准之外,由地方政府有关部门核准。除法律法规明确规定由国务院有关部门审批外,在加强监管的前提下,国务院有关部门可将本部门负责的审批事项下放地方政府审批,服务业领域外商投资企业的设立(金融、电信服务除外)由地方政府按照有关规定进行审批。

(十七)调整审批内容,简化审批程序,最大限度缩小审批、核准范围,增强审批透明度。全面清理涉及外商投资的审批事项,缩短审批时间。改进审批方式,在试点并总结经验的基础上,逐步在全国推行外商投资企业合同、章程格式化审批,大力推行在线行政许可,规范行政行为。

## 五、营造良好的投资环境

(十八)规范和促进开发区发展,发挥开发区在体制创新、科技引领、产业集聚、土地集约方面的载体和平台作用。支持符合条件的省级开发区升级,支持具备条件的国家级、省级开发区扩区和调整区位,制定加快边境经济合作区建设的支持政策措施。

(十九)进一步完善外商投资企业外汇管理,简化外商投资企业外汇资本金结汇手续。对依法经营、资金紧张暂时无法按时出资的外商投资企业,允许延长出资期限。

(二十)加强投资促进,针对重点国家和地区、重点行业加大引资推介力度,广泛宣传我国利用外资政策。积极参与多双边投资合作,把"引进来"和"走出去"相结合,推动跨国投资政策环境不断改善。

国务院各有关部门、地方各级人民政府要统一认识,坚持积极有效利用外资的方针,坚持以我为主、择优选资,促进"引资"与"引智"相结合,不断提高利用外资质量。要总结改革开放经验,结合新形势、新要求,进一步加大改革创新力度,提高便利化程度,创造更加开放、更加优化的投资环境,全面提高利用外资工作水平。

# 国务院关于鼓励和引导民间投资健康发展的若干意见

(2010年5月7日　国发〔2010〕13号)

各省、自治区、直辖市人民政府,国务院各部委、各直属机构:

改革开放以来,我国民间投资不断发展壮大,已经成为促进经济发展、调整产业结构、繁荣城乡市场、扩大社会就业的重要力量。在毫不动摇地巩固和发展公有制经济的同时,毫不动摇地鼓励、支持和引导非公有制经济发展,进一步鼓励和引导民间投资,有利于坚持和完善我国社会主义初级阶段基本经济制度,以现代产权制度为基础发展混合所有制经济,推动各种所有制经济平等竞争、共同发展;有利于完善社会主义市场经济体制,充分发挥市场配置资源的基础性作用,建立公平竞争的市场环境;有利于激发经济增长的内生动力,稳固可持续发展的基础,促进经济长期平稳较快发展;有利于扩大社会就业,增加居民收入,拉动国内消费,

促进社会和谐稳定。为此,提出以下意见:

## 一、进一步拓宽民间投资的领域和范围

(一)深入贯彻落实《国务院关于鼓励支持和引导个体私营等非公有制经济发展的若干意见》(国发〔2005〕3号)等一系列政策措施,鼓励和引导民间资本进入法律法规未明确禁止准入的行业和领域。规范设置投资准入门槛,创造公平竞争、平等准入的市场环境。市场准入标准和优惠扶持政策要公开透明,对各类投资主体同等对待,不得单对民间资本设置附加条件。

(二)明确界定政府投资范围。政府投资主要用于关系国家安全、市场不能有效配置资源的经济和社会领域。对于可以实行市场化运作的基础设施、市政工程和其他公共服务领域,应鼓励和支持民间资本进入。

(三)进一步调整国有经济布局和结构。国有资本要把投资重点放在不断加强和巩固关系国民经济命脉的重要行业和关键领域,在一般竞争性领域,要为民间资本营造更广阔的市场空间。

(四)积极推进医疗、教育等社会事业领域改革。将民办社会事业作为社会公共事业发展的重要补充,统筹规划,合理布局,加快培育形成政府投入为主、民间投资为辅的公共服务体系。

## 二、鼓励和引导民间资本进入基础产业和基础设施领域

(五)鼓励民间资本参与交通运输建设。鼓励民间资本以独资、控股、参股等方式投资建设公路、水运、港口码头、民用机场、通用航空设施等项目。抓紧研究制定铁路体制改革方案,引入市场竞争,推进投资主体多元化,鼓励民间资本参与铁路干线、铁路支线、铁路轮渡以及站场设施的建设,允许民间资本参股建设煤运通道、客运专线、城际轨道交通等项目。探索建立铁路产业投资基金,积极支持铁路企业加快股改上市,拓宽民间资本进入铁路建设领域的渠道和途径。

(六)鼓励民间资本参与水利工程建设。建立收费补偿机制,实行政府补贴,通过业主招标、承包租赁等方式,吸引民间资本投资建设农田水利、跨流域调水、水资源综合利用、水土保持等水利项目。

(七)鼓励民间资本参与电力建设。鼓励民间资本参与风能、太阳能、地热能、生物质能等新能源产业建设。支持民间资本以独资、控股或参股形式参与水电站、火电站建设,参股建设核电站。进一步放开电力市场,积极推进电价改革,加快推行竞价上网,推行项目业主招标,完善电力监管制度,为民营发电企业平等参与竞争创造良好环境。

(八)鼓励民间资本参与石油天然气建设。支持民间资本进入油气勘探开发领域,与国有石油企业合作开展油气勘探开发。支持民间资本参股建设原油、天然气、成品油的储运和管道输送设施及网络。

(九)鼓励民间资本参与电信建设。鼓励民间资本以参股方式进入基础电信运营市场。支持民间资本开展增值电信业务。加强对电信领域垄断和不正当竞争行为的监管,促进公平竞争,推动资源共享。

(十)鼓励民间资本参与土地整治和矿产资源勘探开发。积极引导民间资本通过招标投标形式参与土地整理、复垦等工程建设,鼓励和引导民间资本投资矿山地质环境恢复治理,坚持矿业权市场全面向民间资本开放。

## 三、鼓励和引导民间资本进入市政公用事业和政策性住房建设领域

(十一)鼓励民间资本参与市政公用事业建设。支持民间资本进入城市供水、供气、供热、污水和垃圾处理、公共交通、城市园林绿化等领域。鼓励民间资本积极参与市政公用企事业单位的改组改制,具备条件的市政公用事业项目可以采取市场化的经营方式,向民间资本转让产权或经营权。

(十二)进一步深化市政公用事业体制改革。积极引入市场竞争机制,大力推行市政公用事业的投资主体、运营主体招标制度,建立健全市政公用事业特许经营制度。改进和完善政府采购制度,建立规范的政府监管和财政补贴机制,加快推进市政公用产品价格和收费制度改革,为鼓励和引导民间资本进入市政公用事业领域创造良好的制度环境。

(十三)鼓励民间资本参与政策性住房建设。支持和引导民间资本投资建设经济适用住房、公共租赁住房等政策性住房,参与棚户区改

造,享受相应的政策性住房建设政策。

## 四、鼓励和引导民间资本进入社会事业领域

(十四)鼓励民间资本参与发展医疗事业。支持民间资本兴办各类医院、社区卫生服务机构、疗养院、门诊部、诊所、卫生所(室)等医疗机构,参与公立医院转制改组。支持民营医疗机构承担公共卫生服务、基本医疗服务和医疗保险定点服务。切实落实非营利性医疗机构的税收政策。鼓励医疗人才资源向民营医疗机构合理流动,确保民营医疗机构在人才引进、职称评定、科研课题等方面与公立医院享受平等待遇。从医疗质量、医疗行为、收费标准等方面对各类医疗机构加强监管,促进民营医疗机构健康发展。

(十五)鼓励民间资本参与发展教育和社会培训事业。支持民间资本兴办高等学校、中小学校、幼儿园、职业教育等各类教育和社会培训机构。修改完善《中华人民共和国民办教育促进法实施条例》,落实对民办学校的人才鼓励政策和公共财政资助政策,加快制定和完善促进民办教育发展的金融、产权和社保等政策,研究建立民办学校的退出机制。

(十六)鼓励民间资本参与发展社会福利事业。通过用地保障、信贷支持和政府采购等多种形式,鼓励民间资本投资建设专业化的服务设施,兴办养(托)老服务和残疾人康复、托养服务等各类社会福利机构。

(十七)鼓励民间资本参与发展文化、旅游和体育产业。鼓励民间资本从事广告、印刷、演艺、娱乐、文化创意、文化会展、影视制作、网络文化、动漫游戏、出版物发行、文化产品数字制作与相关服务等活动,建设博物馆、图书馆、文化馆、电影院等文化设施。鼓励民间资本合理开发旅游资源,建设旅游设施,从事各种旅游休闲活动。鼓励民间资本投资生产体育用品,建设各类体育场馆及健身设施,从事体育健身、竞赛表演等活动。

## 五、鼓励和引导民间资本进入金融服务领域

(十八)允许民间资本兴办金融机构。在加强有效监管、促进规范经营、防范金融风险的前提下,放宽对金融机构的股比限制。支持民间资本以入股方式参与商业银行的增资扩股,参与农村信用社、城市信用社的改制工作。鼓励民间资本发起或参与设立村镇银行、贷款公司、农村资金互助社等金融机构,放宽村镇银行或社区银行中法人银行最低出资比例的限制。落实中小企业贷款税前全额拨备损失准备金政策,简化中小金融机构呆账核销审核程序。适当放宽小额贷款公司单一投资者持股比例限制,对小额贷款公司的涉农业务实行与村镇银行同等的财政补贴政策。支持民间资本发起设立信用担保公司,完善信用担保公司的风险补偿机制和风险分担机制。鼓励民间资本发起设立金融中介服务机构,参与证券、保险等金融机构的改组改制。

## 六、鼓励和引导民间资本进入商贸流通领域

(十九)鼓励民间资本进入商品批发零售、现代物流领域。支持民营批发、零售企业发展,鼓励民间资本投资连锁经营、电子商务等新型流通业态。引导民间资本投资第三方物流服务领域,为民营物流企业承接传统制造业、商贸业的物流业务外包创造条件,支持中小型民营商贸流通企业协作发展共同配送。加快物流业管理体制改革,鼓励物流基础设施的资源整合和充分利用,促进物流企业网络化经营,搭建便捷高效的融资平台,创造公平、规范的市场竞争环境,推进物流服务的社会化和资源利用的市场化。

## 七、鼓励和引导民间资本进入国防科技工业领域

(二十)鼓励民间资本进入国防科技工业投资建设领域。引导和支持民营企业有序参与军工企业的改组改制,鼓励民营企业参与军民两用高技术开发和产业化,允许民营企业按有关规定参与承担军工生产和科研任务。

## 八、鼓励和引导民间资本重组联合和参与国有企业改革

(二十一)引导和鼓励民营企业利用产权市场组合民间资本,促进产权合理流动,开展跨地区、跨行业兼并重组。鼓励和支持民间资本在国内合理流动,实现产业有序梯度转移,参与西部

大开发、东北地区等老工业基地振兴、中部地区崛起以及新农村建设和扶贫开发。支持有条件的民营企业通过联合重组等方式做大做强，发展成为特色突出、市场竞争力强的集团化公司。

（二十二）鼓励和引导民营企业通过参股、控股、资产收购等多种形式，参与国有企业的改制重组。合理降低国有控股企业中的国有资本比例。民营企业在参与国有企业改制重组过程中，要认真执行国家有关资产处置、债务处理和社会保障等方面的政策要求，依法妥善安置职工，保证企业职工的正当权益。

## 九、推动民营企业加强自主创新和转型升级

（二十三）贯彻落实鼓励企业增加研发投入的税收优惠政策，鼓励民营企业增加研发投入，提高自主创新能力，掌握拥有自主知识产权的核心技术。帮助民营企业建立工程技术研究中心、技术开发中心，增加技术储备，搞好技术人才培训。支持民营企业参与国家重大科技计划项目和技术攻关，不断提高企业技术水平和研发能力。

（二十四）加快实施促进科技成果转化的鼓励政策，积极发展技术市场，完善科技成果登记制度，方便民营企业转让和购买先进技术。加快分析测试、检验检测、创业孵化、科技评估、科技咨询等科技服务机构的建设和机制创新，为民营企业的自主创新提供服务平台。积极推动信息服务外包、知识产权、技术转移和成果转化等高技术服务领域的市场竞争，支持民营企业开展技术服务活动。

（二十五）鼓励民营企业加大新产品开发力度，实现产品更新换代。开发新产品发生的研究开发费用可按规定享受加计扣除优惠政策。鼓励民营企业实施品牌发展战略，争创名牌产品，提高产品质量和服务水平。通过加速固定资产折旧等方式鼓励民营企业进行技术改造，淘汰落后产能，加快技术升级。

（二十六）鼓励和引导民营企业发展战略性新兴产业。广泛应用信息技术等高新技术改造提升传统产业，大力发展循环经济、绿色经济，投资建设节能减排、节水降耗、生物医药、信息网络、新能源、新材料、环境保护、资源综合利用等具有发展潜力的新兴产业。

## 十、鼓励和引导民营企业积极参与国际竞争

（二十七）鼓励民营企业"走出去"，积极参与国际竞争。支持民营企业在研发、生产、营销等方面开展国际化经营，开发战略资源，建立国际销售网络。支持民营企业利用自有品牌、自主知识产权和自主营销，开拓国际市场，加快培育跨国企业和国际知名品牌。支持民营企业之间、民营企业与国有企业之间组成联合体，发挥各自优势，共同开展多种形式的境外投资。

（二十八）完善境外投资促进和保障体系。与有关国家建立鼓励和促进民间资本国际流动的政策磋商机制，开展多种形式的对话交流，发展长期稳定、互惠互利的合作关系。通过签订双边民间投资合作协定、利用多边协定体系等，为民营企业"走出去"争取有利的投资、贸易环境和更多优惠政策。健全和完善境外投资鼓励政策，在资金支持、金融保险、外汇管理、质检通关等方面，民营企业与其他企业享受同等待遇。

## 十一、为民间投资创造良好环境

（二十九）清理和修改不利于民间投资发展的法规政策规定，切实保护民间投资的合法权益，培育和维护平等竞争的投资环境。在制订涉及民间投资的法律、法规和政策时，要听取有关商会和民营企业的意见和建议，充分反映民营企业的合理要求。

（三十）各级人民政府有关部门安排的政府性资金，包括财政预算内投资、专项建设资金、创业投资引导资金，以及国际金融组织贷款和外国政府贷款等，要明确规则、统一标准，对包括民间投资在内的各类投资主体同等对待。支持民营企业的产品和服务进入政府采购目录。

（三十一）各类金融机构要在防范风险的基础上，创新和灵活运用多种金融工具，加大对民间投资的融资支持，加强对民间投资的金融服务。各级人民政府及有关监管部门要不断完善民间投资的融资担保制度，健全创业投资机制，发展股权投资基金，继续支持民营企业通过股票、债券市场进行融资。

（三十二）全面清理整合涉及民间投资管理的行政审批事项，简化环节、缩短时限，进一

步推动管理内容、标准和程序的公开化、规范化,提高行政服务效率。进一步清理和规范涉企收费,切实减轻民营企业负担。

**十二、加强对民间投资的服务、指导和规范管理**

(三十三)统计部门要加强对民间投资的统计工作,准确反映民间投资的进展和分布情况。投资主管部门、行业管理部门及行业协会要切实做好民间投资的监测和分析工作,及时把握民间投资动态,合理引导民间投资。要加强投资信息平台建设,及时向社会公开发布国家产业政策、发展建设规划、市场准入标准、国内外行业动态等信息,引导民间投资者正确判断形势,减少盲目投资。

(三十四)建立健全民间投资服务体系。充分发挥商会、行业协会等自律性组织的作用,积极培育和发展为民间投资提供法律、政策、咨询、财务、金融、技术、管理和市场信息等服务的中介组织。

(三十五)在放宽市场准入的同时,切实加强监管。各级人民政府有关部门要依照有关法律法规要求,切实督促民间投资主体履行投资建设手续,严格遵守国家产业政策和环保、用地、节能以及质量、安全等规定。要建立完善企业信用体系,指导民营企业建立规范的产权、财务、用工等制度,依法经营。民间投资主体要不断提高自身素质和能力,树立诚信意识和责任意识,积极创造条件满足市场准入要求,并主动承担相应的社会责任。

(三十六)营造有利于民间投资健康发展的良好舆论氛围。大力宣传党中央、国务院关于鼓励、支持和引导非公有制经济发展的方针、政策和措施。客观、公正宣传报道民间投资在促进经济发展、调整产业结构、繁荣城乡市场和扩大社会就业等方面的积极作用。积极宣传依法经营、诚实守信、认真履行社会责任、积极参与社会公益事业的民营企业家的先进事迹。

各地区、各部门要把鼓励和引导民间投资健康发展工作摆在更加重要的位置,进一步解放思想,转变观念,深化改革,创新求实,根据本意见要求,抓紧研究制定具体实施办法,尽快将有关政策措施落到实处,努力营造有利于民间投资健康发展的政策环境和舆论氛围,切实促进民间投资持续健康发展,促进投资合理增长、结构优化、效益提高和经济社会又好又快发展。

# 国务院关于第五批取消和下放管理层级行政审批项目的决定

(2010年7月4日　国发〔2010〕21号)

各省、自治区、直辖市人民政府,国务院各部委、各直属机构:

2009年以来,按照国务院的统一部署和行政审批制度改革的要求,行政审批制度改革工作部际联席会议依据行政许可法等法律法规的规定,组织对国务院部门的行政审批项目进行了新一轮集中清理。经严格审核论证,国务院决定第五批取消和下放管理层级行政审批项目184项。其中,取消的行政审批项目113项,下放管理层级的行政审批项目71项。

各地区、各部门要认真做好取消和下放管理层级行政审批项目的落实和衔接工作,切实加强后续监管。要按照深化行政管理体制改革、转变政府职能的要求,继续深化行政审批制度改革,进一步减少行政审批项目,规范审批流程,创新审批方式,健全行政审批制约监督机制,加强对行政审批权运行的监督。

附件:1. 国务院决定取消的行政审批项目目录(节选)

2. 国务院决定下放管理层级的行政审批项目目录(略)

**附件1：**

## 国务院决定取消的行政审批项目目录(节选)

| 部门 | 序号 | 项目名称 | 设定依据 |
|---|---|---|---|
| 证监会 | 83 | 证券公司证券业务资格审批 | 《中华人民共和国证券法》(中华人民共和国主席令〔2005〕第43号) |
| | 84 | 外国证券类机构驻华代表机构地址变更审批 | 《国务院关于发布〈中华人民共和国国务院关于管理外国企业常驻代表机构的暂行规定〉的通知》(国发〔1980〕272号) |

# 国务院关于加快培育和发展战略性新兴产业的决定

(2010年10月10日　国发〔2010〕32号)

各省、自治区、直辖市人民政府，国务院各部委、各直属机构：

战略性新兴产业是引导未来经济社会发展的重要力量。发展战略性新兴产业已成为世界主要国家抢占新一轮经济和科技发展制高点的重大战略。我国正处在全面建设小康社会的关键时期，必须按照科学发展观的要求，抓住机遇，明确方向，突出重点，加快培育和发展战略性新兴产业。现作出如下决定：

**一、抓住机遇，加快培育和发展战略性新兴产业**

战略性新兴产业是以重大技术突破和重大发展需求为基础，对经济社会全局和长远发展具有重大引领带动作用，知识技术密集、物质资源消耗少、成长潜力大、综合效益好的产业。加快培育和发展战略性新兴产业对推进我国现代化建设具有重要战略意义。

(一)加快培育和发展战略性新兴产业是全面建设小康社会、实现可持续发展的必然选择。我国人口众多、人均资源少、生态环境脆弱，又处在工业化、城镇化快速发展时期，面临改善民生的艰巨任务和资源环境的巨大压力。要全面建设小康社会、实现可持续发展，必须大力发展战略性新兴产业，加快形成新的经济增长点，创造更多的就业岗位，更好地满足人民群众日益增长的物质文化需求，促进资源节约型和环境友好型社会建设。

(二)加快培育和发展战略性新兴产业是推进产业结构升级、加快经济发展方式转变的重大举措。战略性新兴产业以创新为主要驱动力，辐射带动力强，加快培育和发展战略性新兴产业，有利于加快经济发展方式转变，有利于提升产业层次、推动传统产业升级、高起点建设现代产业体系，体现了调整优化产业结构的根本要求。

(三)加快培育和发展战略性新兴产业是构建国际竞争新优势、掌握发展主动权的迫切需要。当前，全球经济竞争格局正在发生深刻变革，科技发展正孕育着新的革命性突破，世界主要国家纷纷加快部署，推动节能环保、新能源、信息、生物等新兴产业快速发展。我国要在未来国际竞争中占据有利地位，必须加快培育和发展战略性新兴产业，掌握关键核心技术及相关知识产权，增强自主发展能力。

加快培育和发展战略性新兴产业具备诸多

有利条件,也面临严峻挑战。经过改革开放30多年的快速发展,我国综合国力明显增强,科技水平不断提高,建立了较为完备的产业体系,特别是高技术产业快速发展,规模跻身世界前列,为战略性新兴产业加快发展奠定了较好的基础。同时,也面临着企业技术创新能力不强,掌握的关键核心技术少,有利于新技术新产品进入市场的政策法规体系不健全,支持创新创业的投融资和财税政策、体制机制不完善等突出问题。必须充分认识加快培育和发展战略性新兴产业的重大意义,进一步增强紧迫感和责任感,抓住历史机遇,加大工作力度,加快培育和发展战略性新兴产业。

**二、坚持创新发展,将战略性新兴产业加快培育成为先导产业和支柱产业**

根据战略性新兴产业的特征,立足我国国情和科技、产业基础,现阶段重点培育和发展节能环保、新一代信息技术、生物、高端装备制造、新能源、新材料、新能源汽车等产业。

(一)指导思想。

以邓小平理论和"三个代表"重要思想为指导,深入贯彻落实科学发展观,把握世界新科技革命和产业革命的历史机遇,面向经济社会发展的重大需求,把加快培育和发展战略性新兴产业放在推进产业结构升级和经济发展方式转变的突出位置。积极探索战略性新兴产业发展规律,发挥企业主体作用,加大政策扶持力度,深化体制机制改革,着力营造良好环境,强化科技创新成果产业化,抢占经济和科技竞争制高点,推动战略性新兴产业快速健康发展,为促进经济社会可持续发展作出贡献。

(二)基本原则。

坚持充分发挥市场的基础性作用与政府引导推动相结合。要充分发挥我国市场需求巨大的优势,创新和转变消费模式,营造良好的市场环境,调动企业主体的积极性,推进产学研用结合。同时,对关系经济社会发展全局的重要领域和关键环节,要发挥政府的规划引导、政策激励和组织协调作用。

坚持科技创新与实现产业化相结合。要切实完善体制机制,大幅度提升自主创新能力,着力推进原始创新,大力增强集成创新和联合攻关,积极参与国际分工合作,加强引进消化吸收再创新,充分利用全球创新资源,突破一批关键核心技术,掌握相关知识产权。同时,要加大政策支持和协调指导力度,造就并充分发挥高素质人才队伍的作用,加速创新成果转化,促进产业化进程。

坚持整体推进与重点领域跨越发展相结合。要对发展战略性新兴产业进行统筹规划、系统布局,明确发展时序,促进协调发展。同时,要选择最有基础和条件的领域作为突破口,重点推进。大力培育产业集群,促进优势区域率先发展。

坚持提升国民经济长远竞争力与支撑当前发展相结合。要着眼长远,把握科技和产业发展新方向,对重大前沿性领域及早部署,积极培育先导产业。同时,要立足当前,推进对缓解经济社会发展瓶颈制约具有重大作用的相关产业较快发展,推动高技术产业健康发展,带动传统产业转型升级,加快形成支柱产业。

(三)发展目标。

到2015年,战略性新兴产业形成健康发展、协调推进的基本格局,对产业结构升级的推动作用显著增强,增加值占国内生产总值的比重力争达到8%左右。

到2020年,战略性新兴产业增加值占国内生产总值的比重力争达到15%左右,吸纳、带动就业能力显著提高。节能环保、新一代信息技术、生物、高端装备制造产业成为国民经济的支柱产业,新能源、新材料、新能源汽车产业成为国民经济的先导产业;创新能力大幅提升,掌握一批关键核心技术,在局部领域达到世界领先水平;形成一批具有国际影响力的大企业和一批创新活力旺盛的中小企业;建成一批产业链完善、创新能力强、特色鲜明的战略性新兴产业集聚区。

再经过十年左右的努力,战略性新兴产业的整体创新能力和产业发展水平达到世界先进水平,为经济社会可持续发展提供强有力的支撑。

**三、立足国情,努力实现重点领域快速健康发展**

根据战略性新兴产业的发展阶段和特点,要进一步明确发展的重点方向和主要任务,统筹部署,集中力量,加快推进。

（一）节能环保产业。重点开发推广高效节能技术装备及产品，实现重点领域关键技术突破，带动能效整体水平的提高。加快资源循环利用关键共性技术研发和产业化示范，提高资源综合利用水平和再制造产业化水平。示范推广先进环保技术装备及产品，提升污染防治水平。推进市场化节能环保服务体系建设。加快建立以先进技术为支撑的废旧商品回收利用体系，积极推进煤炭清洁利用、海水综合利用。

（二）新一代信息技术产业。加快建设宽带、泛在、融合、安全的信息网络基础设施，推动新一代移动通信、下一代互联网核心设备和智能终端的研发及产业化，加快推进三网融合，促进物联网、云计算的研发和示范应用。着力发展集成电路、新型显示、高端软件、高端服务器等核心基础产业。提升软件服务、网络增值服务等信息服务能力，加快重要基础设施智能化改造。大力发展数字虚拟等技术，促进文化创意产业发展。

（三）生物产业。大力发展用于重大疾病防治的生物技术药物、新型疫苗和诊断试剂、化学药物、现代中药等创新药物大品种，提升生物医药产业水平。加快先进医疗设备、医用材料等生物医学工程产品的研发和产业化，促进规模化发展。着力培育生物育种产业，积极推广绿色农用生物产品，促进生物农业加快发展。推进生物制造关键技术开发、示范与应用。加快海洋生物技术及产品的研发和产业化。

（四）高端装备制造产业。重点发展以干支线飞机和通用飞机为主的航空装备，做大做强航空产业。积极推进空间基础设施建设，促进卫星及其应用产业发展。依托客运专线和城市轨道交通等重点工程建设，大力发展轨道交通装备。面向海洋资源开发，大力发展海洋工程装备。强化基础配套能力，积极发展以数字化、柔性化及系统集成技术为核心的智能制造装备。

（五）新能源产业。积极研发新一代核能技术和先进反应堆，发展核能产业。加快太阳能热利用技术推广应用，开拓多元化的太阳能光伏光热发电市场。提高风电技术装备水平，有序推进风电规模化发展，加快适应新能源发展的智能电网及运行体系建设。因地制宜开发利用生物质能。

（六）新材料产业。大力发展稀土功能材料、高性能膜材料、特种玻璃、功能陶瓷、半导体照明材料等新型功能材料。积极发展高品质特殊钢、新型合金材料、工程塑料等先进结构材料。提升碳纤维、芳纶、超高分子量聚乙烯纤维等高性能纤维及其复合材料发展水平。开展纳米、超导、智能等共性基础材料研究。

（七）新能源汽车产业。着力突破动力电池、驱动电机和电子控制领域关键核心技术，推进插电式混合动力汽车、纯电动汽车推广应用和产业化。同时，开展燃料电池汽车相关前沿技术研发，大力推进高能效、低排放节能汽车发展。

## 四、强化科技创新，提升产业核心竞争力

增强自主创新能力是培育和发展战略性新兴产业的中心环节，必须完善以企业为主体、市场为导向、产学研相结合的技术创新体系，发挥国家科技重大专项的核心引领作用，结合实施产业发展规划，突破关键核心技术，加强创新成果产业化，提升产业核心竞争力。

（一）加强产业关键核心技术和前沿技术研究。围绕经济社会发展重大需求，结合国家科技计划、知识创新工程和自然科学基金项目等的实施，集中力量突破一批支撑战略性新兴产业发展的关键共性技术。在生物、信息、空天、海洋、地球深部等基础性、前沿性技术领域超前部署，加强交叉领域的技术和产品研发，提高基础技术研究水平。

（二）强化企业技术创新能力建设。加大企业研究开发的投入力度，对面向应用、具有明确市场前景的政府科技计划项目，建立由骨干企业牵头组织、科研机构和高校共同参与实施的有效机制。依托骨干企业，围绕关键核心技术的研发和系统集成，支持建设若干具有世界先进水平的工程化平台，结合技术创新工程的实施，发展一批由企业主导，科研机构、高校积极参与的产业技术创新联盟。加强财税政策引导，激励企业增加研发投入。加强产业集聚区公共技术服务平台建设，促进中小企业创新发展。

（三）加快落实人才强国战略和知识产权战略。建立科研机构、高校创新人才向企业流

动的机制,加大高技能人才队伍建设力度。加快完善期权、技术入股、股权、分红权等多种形式的激励机制,鼓励科研机构和高校科技人员积极从事职务发明创造。加大工作力度,吸引全球优秀人才来华创新创业。发挥研究型大学的支撑和引领作用,加强战略性新兴产业相关专业学科建设,增加急需的专业学位类别。改革人才培养模式,制定鼓励企业参与人才培养的政策,建立企校联合培养人才的新机制,促进创新型、应用型、复合型和技能型人才的培养。支持知识产权的创造和运用,强化知识产权的保护和管理,鼓励企业建立专利联盟。完善高校和科研机构知识产权转移转化的利益保障和实现机制,建立高效的知识产权评估交易机制。加大对具有重大社会效益创新成果的奖励力度。

(四)实施重大产业创新发展工程。以加速产业规模化发展为目标,选择具有引领带动作用,并能够实现突破的重点方向,依托优势企业,统筹技术开发、工程化、标准制定、市场应用等环节,组织实施若干重大产业创新发展工程,推动要素整合和技术集成,努力实现重大突破。

(五)建设产业创新支撑体系。发挥知识密集型服务业支撑作用,大力发展研发服务、信息服务、创业服务、技术交易、知识产权和科技成果转化等高技术服务业,着力培育新业态。积极发展人力资源服务、投资和管理咨询等商务服务业,加快发展现代物流和环境服务业。

(六)推进重大科技成果产业化和产业集聚发展。完善科技成果产业化机制,加大实施产业化示范工程力度,积极推进重大装备应用,建立健全科研机构、高校的创新成果发布制度和技术转移机构,促进技术转移和扩散,加速科技成果转化为现实生产力。依托具有优势的产业集聚区,培育一批创新能力强、创业环境好、特色突出、集聚发展的战略性新兴产业示范基地,形成增长极,辐射带动区域经济发展。

## 五、积极培育市场,营造良好市场环境

要充分发挥市场的基础性作用,充分调动企业积极性,加强基础设施建设,积极培育市场,规范市场秩序,为各类企业健康发展创造公平、良好的环境。

(一)组织实施重大应用示范工程。坚持以应用促发展,围绕提高人民群众健康水平、缓解环境资源制约等紧迫需求,选择处于产业化初期、社会效益显著、市场机制难以有效发挥作用的重大技术和产品,统筹衔接现有试验示范工程,组织实施全民健康、绿色发展、智能制造、材料换代、信息惠民等重大应用示范工程,引导消费模式转变,培育市场,拉动产业发展。

(二)支持市场拓展和商业模式创新。鼓励绿色消费、循环消费、信息消费,创新消费模式,促进消费结构升级。扩大终端用能产品能效标识实施范围。加强新能源并网及储能、支线航空与通用航空、新能源汽车等领域的市场配套基础设施建设。在物联网、节能环保服务、新能源应用、信息服务、新能源汽车推广等领域,支持企业大力发展有利于扩大市场需求的专业服务、增值服务等新业态。积极推行合同能源管理、现代废旧商品回收利用等新型商业模式。

(三)完善标准体系和市场准入制度。加快建立有利于战略性新兴产业发展的行业标准和重要产品技术标准体系,优化市场准入的审批管理程序。进一步健全药品注册管理的体制机制,完善药品集中采购制度,支持临床必需、疗效确切、安全性高、价格合理的创新药物优先进入医保目录。完善新能源汽车的项目和产品准入标准。改善转基因农产品的管理。完善并严格执行节能环保法规标准。

## 六、深化国际合作,提高国际化发展水平

要通过深化国际合作,尽快掌握关键核心技术,提升我国自主发展能力与核心竞争力。把握经济全球化的新特点,深度开展国际合作与交流,积极探索合作新模式,在更高层次上参与国际合作。

(一)大力推进国际科技合作与交流。发挥各种合作机制的作用,多层次、多渠道、多方式推进国际科技合作与交流。鼓励境外企业和科研机构在我国设立研发机构,支持符合条件的外商投资企业与内资企业、研究机构合作申请国家科研项目。支持我国企业和研发机构积极开展全球研发服务外包,在境外开展联合研发和设立研发机构,在国外申请专利。鼓励我国企业和研发机构参与国际标准的制定,鼓励

外商投资企业参与我国技术示范应用项目,共同形成国际标准。

(二)切实提高国际投融资合作的质量和水平。完善外商投资产业指导目录,鼓励外商设立创业投资企业,引导外资投向战略性新兴产业。支持有条件的企业开展境外投资,在境外以发行股票和债券等多种方式融资。扩大企业境外投资自主权,改进审批程序,进一步加大对企业境外投资的外汇支持。积极探索在海外建设科技和产业园区。制定国别产业导向目录,为企业开展跨国投资提供指导。

(三)大力支持企业跨国经营。完善出口信贷、保险等政策,结合对外援助等积极支持战略性新兴产业领域的重点产品、技术和服务开拓国际市场,以及自主知识产权技术标准在海外推广应用。支持企业通过境外注册商标、境外收购等方式,培育国际化品牌。加强企业和产品国际认证合作。

## 七、加大财税金融政策扶持力度,引导和鼓励社会投入

加快培育和发展战略性新兴产业,必须健全财税金融政策支持体系,加大扶持力度,引导和鼓励社会资金投入。

(一)加大财政支持力度。在整合现有政策资源和资金渠道的基础上,设立战略性新兴产业发展专项资金,建立稳定的财政投入增长机制,增加中央财政投入,创新支持方式,着力支持重大关键技术研发、重大产业创新发展工程、重大创新成果产业化、重大应用示范工程、创新能力建设等。加大政府引导和支持力度,加快高效节能产品、环境标志产品和资源循环利用产品等推广应用。加强财政政策绩效考评,创新财政资金管理机制,提高资金使用效率。

(二)完善税收激励政策。在全面落实现行各项促进科技投入和科技成果转化、支持高技术产业发展等方面的税收政策的基础上,结合税制改革方向和税种特征,针对战略性新兴产业的特点,研究完善鼓励创新、引导投资和消费的税收支持政策。

(三)鼓励金融机构加大信贷支持。引导金融机构建立适应战略性新兴产业特点的信贷管理和贷款评审制度。积极推进知识产权质押融资、产业链融资等金融产品创新。加快建立包括财政出资和社会资金投入在内的多层次担保体系。积极发展中小金融机构和新型金融服务。综合运用风险补偿等财政优惠政策,促进金融机构加大支持战略性新兴产业发展的力度。

(四)积极发挥多层次资本市场的融资功能。进一步完善创业板市场制度,支持符合条件的企业上市融资。推进场外证券交易市场的建设,满足处于不同发展阶段创业企业的需求。完善不同层次市场之间的转板机制,逐步实现各层次市场间有机衔接。大力发展债券市场,扩大中小企业集合债券和集合票据发行规模,积极探索开发低信用等级高收益债券和私募可转债等金融产品,稳步推进企业债券、公司债券、短期融资券和中期票据发展,拓宽企业债务融资渠道。

(五)大力发展创业投资和股权投资基金。建立和完善促进创业投资和股权投资行业健康发展的配套政策体系与监管体系。在风险可控的范围内为保险公司、社保基金、企业年金管理机构和其他机构投资者参与新兴产业创业投资和股权投资基金创造条件。发挥政府新兴产业创业投资资金的引导作用,扩大政府新兴产业创业投资规模,充分运用市场机制,带动社会资金投向战略性新兴产业中处于创业早中期阶段的创新型企业。鼓励民间资本投资战略性新兴产业。

## 八、推进体制机制创新,加强组织领导

加快培育和发展战略性新兴产业是我国新时期经济社会发展的重大战略任务,必须大力推进改革创新,加强组织领导和统筹协调,为战略性新兴产业发展提供动力和条件。

(一)深化重点领域改革。建立健全创新药物、新能源、资源性产品价格形成机制和税费调节机制。实施新能源配额制,落实新能源发电全额保障性收购制度。加快建立生产者责任延伸制度,建立和完善主要污染物和碳排放交易制度。建立促进三网融合高效有序开展的政策和机制,深化电力体制改革,加快推进空域管理体制改革。

(二)加强宏观规划引导。组织编制国家战略性新兴产业发展规划和相关专项规划,制

定战略性新兴产业发展指导目录,开展战略性新兴产业统计监测调查,加强与相关规划和政策的衔接。加强对各地发展战略性新兴产业的引导,优化区域布局、发挥比较优势,形成各具特色、优势互补、结构合理的战略性新兴产业协调发展格局。各地区要根据国家总体部署,从当地实际出发,突出发展重点,避免盲目发展和重复建设。

(三)加强组织协调。成立由发展改革委牵头的战略性新兴产业发展部际协调机制,形成合力,统筹推进。

国务院各有关部门、各省(区、市)人民政府要根据本决定的要求,抓紧制定实施方案和具体落实措施,加大支持力度,加快将战略性新兴产业培育成为先导产业和支柱产业,为我国现代化建设作出新的贡献。

# 国务院关于加强法治政府建设的意见

(2010 年 10 月 10 日　国发〔2010〕33 号)

各省、自治区、直辖市人民政府,国务院各部委、各直属机构:

2004 年 3 月,国务院发布《全面推进依法行政实施纲要》(以下简称《纲要》),明确提出建设法治政府的奋斗目标。为在新形势下深入贯彻落实依法治国基本方略,全面推进依法行政,进一步加强法治政府建设,现提出以下意见。

## 一、加强法治政府建设的重要性紧迫性和总体要求

1. 加强法治政府建设的重要性紧迫性。贯彻依法治国基本方略,推进依法行政,建设法治政府,是我们党治国理政从理念到方式的革命性变化,具有划时代的重要意义。《纲要》实施 6 年来,各级人民政府对依法行政工作高度重视,加强领导、狠抓落实,法治政府建设取得了重要进展。当前,我国经济社会发展进入新阶段,国内外环境更为复杂,挑战增多。转变经济发展方式和调整经济结构的任务更加紧迫和艰巨,城乡之间、地区之间发展不平衡,收入分配不公平和差距扩大,社会结构和利益格局深刻调整,部分地区和一些领域社会矛盾有所增加,群体性事件时有发生,一些领域腐败现象仍然易发多发,执法不公、行政不作为乱作为等问题比较突出。解决这些突出问题,要求进一步深化改革,加强制度建设,强化对行政权力运行的监督和制约,推进依法行政,建设法治政府。各级行政机关及其领导干部一定要正确看待我国经济社会环境的新变化,准确把握改革发展稳定的新形势,及时回应人民群众的新期待,切实增强建设法治政府的使命感、紧迫感和责任感。

2. 加强法治政府建设的总体要求。当前和今后一个时期,要深入贯彻科学发展观,认真落实依法治国基本方略,进一步加大《纲要》实施力度,以建设法治政府为奋斗目标,以事关依法行政全局的体制机制创新为突破口,以增强领导干部依法行政的意识和能力、提高制度建设质量、规范行政权力运行、保证法律法规严格执行为着力点,全面推进依法行政,不断提高政府公信力和执行力,为保障经济又好又快发展和社会和谐稳定发挥更大的作用。

## 二、提高行政机关工作人员特别是领导干部依法行政的意识和能力

3. 高度重视行政机关工作人员依法行政意识与能力的培养。行政机关工作人员特别是领导干部要带头学法、遵法、守法、用法,牢固树立以依法治国、执法为民、公平正义、服务大局、党的领导为基本内容的社会主义法治理念,自觉养成依法办事的习惯,切实提高运用法治思维和法律手段解决经济社会发展中突出矛盾和问题的能力。要重视提拔使用依法行政意识

强，善于用法律手段解决问题、推动发展的优秀干部。

4. 推行依法行政情况考察和法律知识测试制度。拟任地方人民政府及其部门领导职务的干部，任职前要考察其掌握相关法律知识和依法行政情况。公务员录用考试要注重对法律知识的测试，对拟从事行政执法、政府法制等工作的人员，还要组织专门的法律知识考试。

5. 建立法律知识学习培训长效机制。完善各级行政机关领导干部学法制度。要通过政府常务会议会前学法、法制讲座等形式，组织学习宪法、通用法律知识和与履行职责相关的专门法律知识。县级以上地方各级人民政府每年至少要举办两期领导干部依法行政专题研讨班。各级行政学院和公务员培训机构举办的行政机关公务员培训班，要把依法行政知识纳入教学内容。定期组织行政执法人员参加通用法律知识培训、专门法律知识轮训和新法律法规专题培训，并把培训情况、学习成绩作为考核内容和任职晋升的依据之一。

## 三、加强和改进制度建设

6. 突出政府立法重点。要按照有利于调动人民群众积极性和创造性、激发社会活力和竞争力、解放和发展生产力、维护公平正义、规范权力运行的要求，加强和改进政府立法与制度建设。重点加强有关完善经济体制、改善民生和发展社会事业以及政府自身建设方面的立法。对社会高度关注、实践急需、条件相对成熟的立法项目，要作为重中之重，集中力量攻关，尽早出台。

7. 提高制度建设质量。政府立法要符合经济社会发展规律，充分反映人民意愿，着力解决经济社会发展中的普遍性问题和深层次矛盾，切实增强法律制度的科学性和可操作性。严格遵守法定权限和程序，完善公众参与政府立法的制度和机制，保证人民群众的意见得到充分表达、合理诉求和合法利益得到充分体现。除依法需要保密的外，行政法规和规章草案要向社会公开征求意见，并以适当方式反馈意见采纳情况。建立健全专家咨询论证制度，充分发挥专家学者在政府立法中的作用。法律法规规章草案涉及其他部门职责的，要充分听取相关部门的意见；相关部门要认真研究，按要求及时回复意见。加强政府法制机构在政府立法中的主导和协调作用，涉及重大意见分歧、达不成一致意见的，要及时报请本级人民政府决定。坚决克服政府立法过程中的部门利益和地方保护倾向。积极探索开展政府立法成本效益分析、社会风险评估、实施情况后评估工作。加强行政法规、规章解释工作。

8. 加强对行政法规、规章和规范性文件的清理。坚持立“新法”与改“旧法”并重。对不符合经济社会发展要求，与上位法相抵触、不一致，或者相互之间不协调的行政法规、规章和规范性文件，要及时修改或者废止。建立规章和规范性文件定期清理制度，对规章一般每隔5年、规范性文件一般每隔2年清理一次，清理结果要向社会公布。

9. 健全规范性文件制定程序。地方各级行政机关和国务院各部门要严格依法制定规范性文件。各类规范性文件不得设定行政许可、行政处罚、行政强制等事项，不得违法增加公民、法人和其他组织的义务。制定对公民、法人或者其他组织的权利义务产生直接影响的规范性文件，要公开征求意见，由法制机构进行合法性审查，并经政府常务会议或者部门领导班子会议集体讨论决定；未经公开征求意见、合法性审查、集体讨论的，不得发布施行。县级以上地方人民政府对本级政府及其部门的规范性文件，要逐步实行统一登记、统一编号、统一发布。探索建立规范性文件有效期制度。

10. 强化规章和规范性文件备案审查。严格执行法规规章备案条例和有关规范性文件备案的规定，加强备案审查工作，做到有件必备、有错必纠，切实维护法制统一和政令畅通。要重点加强对违法增加公民、法人和其他组织义务或者影响其合法权益，搞地方或行业保护等内容的规章和规范性文件的备案审查工作。建立规范性文件备案登记、公布、情况通报和监督检查制度，加强备案工作信息化建设。对公民、法人和其他组织提出的审查建议，要按照有关规定认真研究办理。对违法的规章和规范性文件，要及时报请有权机关依法予以撤销并向社会公布。备案监督机构要定期向社会公布通过备案审查的规章和规范性文件目录。

## 四、坚持依法科学民主决策

11. 规范行政决策程序。加强行政决策程序建设,健全重大行政决策规则,推进行政决策的科学化、民主化、法治化。要坚持一切从实际出发,系统全面地掌握实际情况,深入分析决策对各方面的影响,认真权衡利弊得失。要把公众参与、专家论证、风险评估、合法性审查和集体讨论决定作为重大决策的必经程序。作出重大决策前,要广泛听取、充分吸收各方面意见,意见采纳情况及其理由要以适当形式反馈或者公布。完善重大决策听证制度,扩大听证范围,规范听证程序,听证参加人要有广泛的代表性,听证意见要作为决策的重要参考。重大决策要经政府常务会议或者部门领导班子会议集体讨论决定。重大决策事项应当在会前交由法制机构进行合法性审查,未经合法性审查或者经审查不合法的,不能提交会议讨论、作出决策。

12. 完善行政决策风险评估机制。凡是有关经济社会发展和人民群众切身利益的重大政策、重大项目等决策事项,都要进行合法性、合理性、可行性和可控性评估,重点是进行社会稳定、环境、经济等方面的风险评估。建立完善部门论证、专家咨询、公众参与、专业机构测评相结合的风险评估工作机制,通过舆情跟踪、抽样调查、重点走访、会商分析等方式,对决策可能引发的各种风险进行科学预测、综合研判,确定风险等级并制定相应的化解处置预案。要把风险评估结果作为决策的重要依据,未经风险评估的,一律不得作出决策。

13. 加强重大决策跟踪反馈和责任追究。在重大决策执行过程中,决策机关要跟踪决策的实施情况,通过多种途径了解利益相关方和社会公众对决策实施的意见和建议,全面评估决策执行效果,并根据评估结果决定是否对决策予以调整或者停止执行。对违反决策规定、出现重大决策失误、造成重大损失的,要按照谁决策、谁负责的原则严格追究责任。

## 五、严格规范公正文明执法

14. 严格依法履行职责。各级行政机关要自觉在宪法和法律范围内活动,严格依照法定权限和程序行使权力、履行职责。要全面履行政府职能,更加重视社会管理和公共服务,着力保障和改善民生,切实解决就业、教育、医疗、社会保障、保障性住房等方面人民群众最关心的问题。加大行政执法力度,严厉查处危害安全生产、食品药品安全、自然资源和环境保护、社会治安等方面的违法案件,维护公共利益和经济社会秩序。认真执行行政许可法,深化行政审批制度改革,进一步规范和减少行政审批,推进政府职能转变和管理方式创新。着力提高政府公信力,没有法律、法规、规章依据,行政机关不得作出影响公民、法人和其他组织权益或者增加其义务的决定;行政机关参与民事活动,要依法行使权利、履行义务、承担责任。

15. 完善行政执法体制和机制。继续推进行政执法体制改革,合理界定执法权限,明确执法责任,推进综合执法,减少执法层级,提高基层执法能力,切实解决多头执法、多层执法和不执法、乱执法问题。改进和创新执法方式,坚持管理与服务并重、处置与疏导结合,实现法律效果与社会效果的统一。加强行政执法信息化建设,推行执法流程网上管理,提高执法效率和规范化水平。县级以上人民政府要建立相关机制,促进行政执法部门信息交流和资源共享。完善执法经费由财政保障的机制,切实解决执法经费与罚没收入挂钩问题。

16. 规范行政执法行为。各级行政机关都要强化程序意识,严格按程序执法。加强程序制度建设,细化执法流程,明确执法环节和步骤,保障程序公正。要平等对待行政相对人,同样情形同等处理。行政执法机关处理违法行为的手段和措施要适当适度,尽力避免或者减少对当事人权益的损害。建立行政裁量权基准制度,科学合理细化、量化行政裁量权,完善适用规则,严格规范裁量权行使,避免执法的随意性。健全行政执法调查规则,规范取证活动。坚持文明执法,不得粗暴对待当事人,不得侵害执法对象的人格尊严。加强行政执法队伍建设,严格执法人员持证上岗和资格管理制度,狠抓执法纪律和职业道德教育,全面提高执法人员素质。根据法律法规规章立、改、废情况及时调整、梳理行政执法依据,明确执法职权、机构、岗位、人员和责任,并向社会公布。充分利用信息化手段开展执法案卷评查、质量考核、满意度测评等工作,加强执法评议考核,评议考核结果要作为执法人员奖励惩处、晋职晋级的重要依据。严格落实行政执法责任制。

## 六、全面推进政务公开

17. 加大政府信息公开力度。认真贯彻实施政府信息公开条例，坚持以公开为原则、不公开为例外，凡是不涉及国家秘密、商业秘密和个人隐私的政府信息，都要向社会公开。加大主动公开力度，重点推进财政预算、公共资源配置、重大建设项目批准和实施、社会公益事业建设等领域的政府信息公开。政府全部收支都要纳入预算管理，所有公共支出、基本建设支出、行政经费支出的预算和执行情况，以及政府性基金收支预算和中央国有资本经营预算等情况都要公开透明。政府信息公开要及时、准确、具体。对人民群众申请公开政府信息的，要依法在规定时限内予以答复，并做好相应服务工作。建立健全政府信息公开的监督和保障机制，定期对政府信息公开工作进行评议考核。依法妥善处理好信息公开与保守秘密的关系，对依法应当保密的，要切实做好保密工作。

18. 推进办事公开。要把公开透明作为政府工作的基本制度，拓宽办事公开领域。所有面向社会服务的政府部门都要全面推进办事公开制度，依法公开办事依据、条件、要求、过程和结果，充分告知办事项目有关信息。要规范和监督医院、学校、公交、公用等公共企事业单位的办事公开工作，重点公开岗位职责、服务承诺、收费项目、工作规范、办事纪律、监督渠道等内容，为人民群众生产生活提供优质、高效、便利的服务。

19. 创新政务公开方式。进一步加强电子政务建设，充分利用现代信息技术，建设好互联网信息服务平台和便民服务网络平台，方便人民群众通过互联网办事。要把政务公开与行政审批制度改革结合起来，推行网上电子审批、“一个窗口对外”和“一站式”服务。规范和发展各级各类行政服务中心，对与企业和人民群众密切相关的行政管理事项，要尽可能纳入行政服务中心办理，改善服务质量，提高服务效率，降低行政成本。

## 七、强化行政监督和问责

20. 自觉接受监督。各级人民政府和政府部门要自觉接受人大及其常委会的监督、政协的民主监督和人民法院依法实施的监督。对事关改革发展稳定大局、人民群众切身利益和社会普遍关心的热点问题，县级以上人民政府要主动向同级人大常委会专题报告。拓宽群众监督渠道，依法保障人民群众监督政府的权利。完善群众举报投诉制度。高度重视舆论监督，支持新闻媒体对违法或者不当的行政行为进行曝光。对群众举报投诉、新闻媒体反映的问题，有关行政机关要认真调查核实，及时依法作出处理，并将处理结果向社会公布。

21. 加强政府内部层级监督和专门监督。上级行政机关要切实加强对下级行政机关的监督，及时纠正违法或者不当的行政行为。保障和支持审计、监察等部门依法独立行使监督权。审计部门要着力加强财政专项资金和预算执行审计、重大投资项目审计、金融审计、国有企业领导人员经济责任审计等工作，加强社会保障基金、住房公积金、扶贫救灾资金等公共资金的专项审计。监察部门要全面履行法定职责，积极推进行政问责和政府绩效管理监察，严肃追究违法违纪人员的责任，促进行政机关廉政勤政建设。

22. 严格行政问责。严格执行行政监察法、公务员法、行政机关公务员处分条例和关于实行党政领导干部问责的暂行规定，坚持有错必纠、有责必问。对因有令不行、有禁不止、行政不作为、失职渎职、违法行政等行为，导致一个地区、一个部门发生重大责任事故、事件或者严重违法行政案件的，要依法依纪严肃追究有关领导直至行政首长的责任，督促和约束行政机关及其工作人员严格依法行使权力、履行职责。

## 八、依法化解社会矛盾纠纷

23. 健全社会矛盾纠纷调解机制。要把行政调解作为地方各级人民政府和有关部门的重要职责，建立由地方各级人民政府负总责、政府法制机构牵头、各职能部门为主体的行政调解工作体制，充分发挥行政机关在化解行政争议和民事纠纷中的作用。完善行政调解制度，科学界定调解范围，规范调解程序。对资源开发、环境污染、公共安全事故等方面的民事纠纷，以及涉及人数较多、影响较大、可能影响社会稳定的纠纷，要主动进行调解。认真实施人民调解法，积极指导、支持和保障居民委员会、村民委员会等基层组织开展人民调解工作。推动建立行政调解与人民调解、司法调解相衔接的大调解联动机制,实现各类调解主体的有效互动,形成调解工作合力。

24. 加强行政复议工作。充分发挥行政复议在解决矛盾纠纷中的作用,努力将行政争议化解在初发阶段和行政程序中。畅通复议申请渠道,简化申请手续,方便当事人提出申请。对依法不属于复议范围的事项,要认真做好解释、告知工作。加强对复议受理活动的监督,坚决纠正无正当理由不受理复议申请的行为。办理复议案件要深入调查,充分听取各方意见,查明事实、分清是非。注重运用调解、和解方式解决纠纷,调解、和解达不成协议的,要及时依法公正作出复议决定,对违法或者不当的行政行为,该撤销的撤销,该变更的变更,该确认违法的确认违法。行政机关要严格履行行政复议决定,对拒不履行或者无正当理由拖延履行复议决定的,要依法严肃追究有关人员的责任。探索开展相对集中行政复议审理工作,进行行政复议委员会试点。健全行政复议机构,确保复议案件依法由两名以上复议人员办理。建立健全适应复议工作特点的激励机制和经费装备保障机制。完善行政复议与信访的衔接机制。

25. 做好行政应诉工作。完善行政应诉制度,积极配合人民法院的行政审判活动,支持人民法院依法独立行使审判权。对人民法院受理的行政案件,行政机关要依法积极应诉,按规定向人民法院提交作出具体行政行为的依据、证据和其他相关材料。对重大行政诉讼案件,行政机关负责人要主动出庭应诉。尊重并自觉履行人民法院的生效判决、裁定,认真对待人民法院的司法建议。

## 九、加强组织领导和督促检查

26. 健全推进依法行政的领导体制和机制。地方各级人民政府和政府部门都要建立由主要负责人牵头的依法行政领导协调机制,统一领导本地区、本部门推进依法行政工作。县级以上地方人民政府常务会议每年至少听取两次依法行政工作汇报,及时解决本地区依法行政中存在的突出问题,研究部署全面推进依法行政、加强法治政府建设的具体任务和措施。加强对推进依法行政工作的督促指导、监督检查和舆论宣传,对成绩突出的单位和个人按照国家有关规定给予表彰奖励,对工作不力的予以通报批评。加强依法行政工作考核,科学设定考核指标并纳入地方各级人民政府目标考核、绩效考核评价体系,将考核结果作为对政府领导班子和领导干部综合考核评价的重要内容。

27. 强化行政首长作为推进依法行政第一责任人的责任。各级人民政府及其部门要把全面推进依法行政、加强法治政府建设摆在更加突出的位置。行政首长要对本地区、本部门依法行政工作负总责,切实承担起领导责任,将依法行政任务与改革发展稳定任务一起部署、一起落实、一起考核。县级以上地方人民政府每年要向同级党委、人大常委会和上一级人民政府报告推进依法行政情况,政府部门每年要向本级人民政府和上一级人民政府有关部门报告推进依法行政情况。

28. 加强法制机构和队伍建设。县级以上各级人民政府及其部门要充分发挥法制机构在推进依法行政、建设法治政府方面的组织协调和督促指导作用。进一步加强法制机构建设,使法制机构的规格、编制与其承担的职责和任务相适应。要加大对法制干部的培养、使用和交流力度,重视提拔政治素质高、法律素养好、工作能力强的法制干部。政府法制机构及其工作人员要努力提高新形势下做好政府法制工作的能力和水平,努力当好政府或者部门领导在依法行政方面的参谋、助手和顾问。

29. 营造学法遵法守法的良好社会氛围。各级人民政府及其部门要采取各种有效形式深入开展法治宣传教育,精心组织实施普法活动,特别要加强与人民群众生产生活密切相关的法律法规宣传,大力弘扬社会主义法治精神,切实增强公民依法维护权利、自觉履行义务的意识,努力推进法治社会建设。

各地区、各部门要把贯彻落实本意见与深入贯彻《纲要》和《国务院关于加强市县政府依法行政的决定》(国发〔2008〕17 号)紧密结合起来,根据实际情况制定今后一个时期加强法治政府建设的工作规划,明确工作任务、具体措施、完成时限和责任主体,确定年度工作重点,扎扎实实地推进依法行政工作,务求法治政府建设不断取得新成效,实现新突破。

# 国务院关于促进企业兼并重组的意见

（2010 年 8 月 28 日　国发〔2010〕27 号）

各省、自治区、直辖市人民政府，国务院各部委、各直属机构：

为深入贯彻落实科学发展观，切实加快经济发展方式转变和结构调整，提高发展质量和效益，现就加快调整优化产业结构、促进企业兼并重组提出以下意见：

## 一、充分认识企业兼并重组的重要意义

近年来，各行业、各领域企业通过合并和股权、资产收购等多种形式积极进行整合，兼并重组步伐加快，产业组织结构不断优化，取得了明显成效。但一些行业重复建设严重、产业集中度低、自主创新能力不强、市场竞争力较弱的问题仍很突出。在资源环境约束日益严重、国际间产业竞争更加激烈、贸易保护主义明显抬头的新形势下，必须切实推进企业兼并重组，深化企业改革，促进产业结构优化升级，加快转变发展方式，提高发展质量和效益，增强抵御国际市场风险能力，实现可持续发展。各地区、各有关部门要把促进企业兼并重组作为贯彻落实科学发展观，保持经济平稳较快发展的重要任务，进一步统一思想，正确处理局部与整体、当前与长远的关系，切实抓好促进企业兼并重组各项工作部署的贯彻落实。

## 二、主要目标和基本原则

（一）主要目标。

通过促进企业兼并重组，深化体制机制改革，完善以公有制为主体、多种所有制经济共同发展的基本经济制度。加快国有经济布局和结构的战略性调整，健全国有资本有进有退的合理流动机制，鼓励和支持民营企业参与竞争性领域国有企业改革、改制和改组，促进非公有制经济和中小企业发展。兼并重组企业要转换经营机制，完善公司治理结构，建立现代企业制度，加强和改善内部管理，加强技术改造，推进技术进步和自主创新，淘汰落后产能，压缩过剩产能，促进节能减排，提高市场竞争力。

进一步贯彻落实重点产业调整和振兴规划，做强做大优势企业。以汽车、钢铁、水泥、机械制造、电解铝、稀土等行业为重点，推动优势企业实施强强联合、跨地区兼并重组、境外并购和投资合作，提高产业集中度，促进规模化、集约化经营，加快发展具有自主知识产权和知名品牌的骨干企业，培养一批具有国际竞争力的大型企业集团，推动产业结构优化升级。

（二）基本原则。

1. 发挥企业的主体作用。充分尊重企业意愿，充分调动企业积极性，通过完善相关行业规划和政策措施，引导和激励企业自愿、自主参与兼并重组。

2. 坚持市场化运作。遵循市场经济规则，充分发挥市场机制的基础性作用，规范行政行为，由企业通过平等协商、依法合规开展兼并重组，防止“拉郎配”。

3. 促进市场有效竞争。统筹协调，分类指导，促进提高产业集中度，促进大中小企业协调发展，促进各种所有制企业公平竞争和优胜劣汰，形成结构合理、竞争有效、规范有序的市场格局。

4. 维护企业与社会和谐稳定。严格执行相关法律法规和规章制度，妥善解决企业兼并重组中资产债务处置、职工安置等问题，依法维护债权人、债务人以及企业职工等利益主体的合法权益，促进企业、社会的和谐稳定。

## 三、消除企业兼并重组的制度障碍

（一）清理限制跨地区兼并重组的规定。为优化产业布局、进一步破除市场分割和地区封锁，要认真清理废止各种不利于企业兼并重组和妨碍公平竞争的规定，尤其要坚决取消各

地区自行出台的限制外地企业对本地企业实施兼并重组的规定。

(二)理顺地区间利益分配关系。在不违背国家有关政策规定的前提下,地区间可根据企业资产规模和盈利能力,签订企业兼并重组后的财税利益分成协议,妥善解决企业兼并重组后工业增加值等统计数据的归属问题,实现企业兼并重组成果共享。

(三)放宽民营资本的市场准入。切实向民营资本开放法律法规未禁入的行业和领域,并放宽在股权比例等方面的限制。加快垄断行业改革,鼓励民营资本通过兼并重组等方式进入垄断行业的竞争性业务领域,支持民营资本进入基础设施、公共事业、金融服务和社会事业相关领域。

## 四、加强对企业兼并重组的引导和政策扶持

(一)落实税收优惠政策。研究完善支持企业兼并重组的财税政策。对企业兼并重组涉及的资产评估增值、债务重组收益、土地房屋权属转移等给予税收优惠,具体按照财政部、税务总局《关于企业兼并重组业务企业所得税处理若干问题的通知》(财税〔2009〕59 号)、《关于企业改制重组若干契税政策的通知》(财税〔2008〕175 号)等规定执行。

(二)加强财政资金投入。在中央国有资本经营预算中设立专项资金,通过技改贴息、职工安置补助等方式,支持中央企业兼并重组。鼓励地方人民政府通过财政贴息、信贷奖励补助等方式,激励商业银行加大对企业兼并重组的信贷支持力度。有条件的地方可设立企业兼并重组专项资金,支持本地区企业兼并重组,财政资金投入要优先支持重点产业调整和振兴规划确定的企业兼并重组。

(三)加大金融支持力度。商业银行要积极稳妥开展并购贷款业务,扩大贷款规模,合理确定贷款期限。鼓励商业银行对兼并重组后的企业实行综合授信。鼓励证券公司、资产管理公司、股权投资基金以及产业投资基金等参与企业兼并重组,并向企业提供直接投资、委托贷款、过桥贷款等融资支持。积极探索设立专门的并购基金等兼并重组融资新模式,完善股权投资退出机制,吸引社会资金参与企业兼并重组。通过并购贷款、境内外银团贷款、贷款贴息等方式支持企业跨国并购。

(四)支持企业自主创新和技术进步。支持有条件的企业建立企业技术中心,提高研发水平和自主创新能力,加快科技成果向现实生产力转化。大力支持兼并重组企业技术改造和产品结构调整,优先安排技术改造资金,对符合国家产业政策的技术改造项目优先立项。鼓励和引导企业通过兼并重组淘汰落后产能,切实防止以兼并重组为名盲目扩张产能和低水平重复建设。

(五)充分发挥资本市场推动企业重组的作用。进一步推进资本市场企业并购重组的市场化改革,健全市场化定价机制,完善相关规章及配套政策,支持企业利用资本市场开展兼并重组,促进行业整合和产业升级。支持符合条件的企业通过发行股票、债券、可转换债等方式为兼并重组融资。鼓励上市公司以股权、现金及其他金融创新方式作为兼并重组的支付手段,拓宽兼并重组融资渠道,提高资本市场兼并重组效率。

(六)完善相关土地管理政策。兼并重组涉及的划拨土地符合划拨用地条件的,经所在地县级以上人民政府批准可继续以划拨方式使用;不符合划拨用地条件的,依法实行有偿使用,划拨土地使用权价格可依法作为土地使用权人的权益。重点产业调整和振兴规划确定的企业兼并重组项目涉及的原生产经营性划拨土地,经省级以上人民政府国土资源部门批准,可以国家作价出资(入股)方式处置。

(七)妥善解决债权债务和职工安置问题。兼并重组要严格依照有关法律规定和政策妥善分类处置债权债务关系,落实清偿责任,确保债权人、债务人的合法利益。研究债务重组政策措施,支持资产管理公司、创业投资企业、股权投资基金、产业投资基金等机构参与被兼并企业的债务处置。切实落实相关政策规定,积极稳妥解决职工劳动关系、社会保险关系接续、拖欠职工工资等问题。制定完善相关政策措施,继续支持国有企业实施主辅分离、辅业改制和分流安置富余人员。认真落实积极的就业政策,促进下岗失业人员再就业,所需资金从就业专项资金中列支。

(八)深化企业体制改革和管理创新。鼓励兼并重组企业进行公司制、股份制改革,建立

健全规范的法人治理结构，转换企业经营机制，创新管理理念、管理机制和管理手段，加强和改善生产经营管理，促进自主创新，提高企业市场竞争力。

## 五、改进对兼并重组的管理和服务

（一）做好信息咨询服务。加快引进和培养熟悉企业并购业务特别是跨国并购业务的专门人才，建立促进境内外并购活动的公共服务平台，拓宽企业兼并重组信息交流渠道，加强市场信息、战略咨询、法律顾问、财务顾问、资产评估、产权交易、融资中介、独立审计和企业管理等咨询服务，推动企业兼并重组中介服务加快专业化、规范化发展。

（二）加强风险监控。督促企业严格执行兼并重组的有关法律法规和政策，规范操作程序，加强信息披露，防范道德风险，确保兼并重组操作规范、公开、透明。深入研究企业兼并重组中可能出现的各种矛盾和问题，加强风险评估，妥善制定相应的应对预案和措施，切实维护企业、社会和谐稳定。有效防范和打击内幕交易和市场操纵行为，防止恶意收购，防止以企业兼并重组之名甩包袱、偷逃税款、逃废债务，防止国有资产流失。充分发挥境内银行、证券公司等金融机构在跨国并购中的咨询服务作用，指导和帮助企业制定境外并购风险防范和应对方案，保护企业利益。

（三）维护公平竞争和国家安全。完善相关管理办法，加强和完善对重大的企业兼并重组交易的管理，对达到经营者集中法定申报标准的企业兼并重组，依法进行经营者集中审查。进一步完善外资并购管理规定，建立健全外资并购国内企业国家安全审查制度，鼓励和规范外资以参股、并购方式参与国内企业改组改造和兼并重组，维护国家安全。

## 六、加强对企业兼并重组工作的领导

建立健全组织协调机制，加强对企业兼并重组工作的领导。由工业和信息化部牵头，发展改革委、财政部、人力资源社会保障部、国土资源部、商务部、人民银行、国资委、税务总局、工商总局、银监会、证监会等部门参加，成立企业兼并重组工作协调小组，统筹协调企业兼并重组工作，研究解决推进企业兼并重组工作中的重大问题，细化有关政策和配套措施，落实重点产业调整和振兴规划的相关要求，协调有关地区和企业做好组织实施。各地区要努力营造企业跨地区、跨行业、跨所有制兼并重组的良好环境，指导督促企业切实做好兼并重组有关工作。

附件：促进企业兼并重组任务分工表

**附件：**

# 促进企业兼并重组任务分工表

| 序号 | 工作任务 | 牵头单位 | 参加单位 |
|---|---|---|---|
| 1 | 清理取消阻碍企业兼并重组的规定。 | 工业和信息化部 | 各省、自治区、直辖市人民政府 |
| 2 | 放宽民营资本的市场准入。 | 工业和信息化部 | 发展改革委、国土资源部、工商总局、银监会等 |
| 3 | 完善和落实企业兼并重组的税收优惠政策。 | 财政部 | 税务总局 |
| 4 | 鼓励商业银行开展并购贷款业务，扩大贷款规模。鼓励商业银行对兼并重组后的企业实行综合授信。通过并购贷款、境内外银团贷款、贷款贴息等方式支持企业跨国并购。 | 银监会、人民银行 | 发展改革委、工业和信息化部、财政部 |
| 5 | 积极探索设立专门并购基金等兼并重组融资新模式，完善股权投资退出机制。支持符合条件的企业通过发行股票、债券、可转换债等为兼并重组融资。 | 证监会、发展改革委 | 工业和信息化部、财政部 |

续表

| 序号 | 工作任务 | 牵头单位 | 参加单位 |
|---|---|---|---|
| 6 | 在中央国有资本经营预算中设立专项资金,支持中央企业兼并重组。 | 财政部 | 国资委、发展改革委、工业和信息化部、商务部 |
| 7 | 鼓励地方人民政府通过财政贴息、信贷奖励、补助等方式,激励商业银行加大对企业兼并重组的信贷支持力度。有条件的地方可设立企业兼并重组专项资金。 | 各省、自治区、直辖市人民政府 | |
| 8 | 进一步推进资本市场企业并购重组的市场化改革,健全市场化定价机制,完善相关规章及配套政策,支持企业利用资本市场开展兼并重组。鼓励上市公司以股权、现金及其他金融创新方式作为兼并重组的支付手段。 | 证监会 | 发展改革委、财政部、商务部、人民银行、银监会 |
| 9 | 完善土地使用优惠政策。 | 国土资源部 | 财政部 |
| 10 | 加大对兼并重组企业技术改造支持力度。支持有条件的企业建立企业技术中心。鼓励和引导企业通过兼并重组淘汰落后产能,切实防止以兼并重组为名盲目扩张产能和低水平重复建设。 | 发展改革委、工业和信息化部 | 财政部 |
| 11 | 研究债务重组政策措施,支持资产管理公司、创业投资企业、股权投资基金、产业投资基金等机构参与被兼并企业的债务处置。 | 财政部 | 发展改革委、人民银行、国资委、银监会 |
| 12 | 制订完善相关政策措施,继续支持国有企业实施主辅分离、辅业改制和分流安置富余人员。 | 财政部、国资委 | 人力资源和社会保障部 |
| 13 | 落实积极的就业政策,促进下岗失业人员再就业。 | 人力资源和社会保障部,财政部,各省、自治区、直辖市人民政府 | 国资委 |
| 14 | 建立促进境内外并购活动的公共服务平台。 | 工业和信息化部 | 发展改革委、商务部、证监会 |
| 15 | 发挥境内银行、证券公司等金融机构在跨国并购中的咨询服务作用,指导和帮助企业制定境外并购风险防范和应对方案。 | 商务部 | 银监会、证监会、工业和信息化部、发展改革委等 |
| 16 | 督促企业严格执行有关法律法规和政策,规范操作程序,加强信息披露。有效防范和打击内幕交易和市场操纵行为,防止恶意收购,防止以企业兼并重组之名甩包袱、偷逃税款、逃废债务,防止国有资产流失。 | 工业和信息化部 | 发展改革委、财政部、商务部、国资委、人民银行、税务总局、工商总局、银监会、证监会 |
| 17 | 深入研究企业兼并重组中可能出现的各种矛盾和问题,加强风险评估,制定相应的应对预案。 | 工业和信息化部 | 发展改革委、财政部、人力资源和社会保障部、商务部、人民银行、国资委、银监会、证监会 |

续表

| 序号 | 工作任务 | 牵头单位 | 参加单位 |
|---|---|---|---|
| 18 | 对达到经营者集中法定申报标准的企业兼并重组，依法进行经营者集中审查。 | 商务部 | 发展改革委、工业和信息化部、国资委等 |
| 19 | 完善相关管理办法，加强和完善对重大的企业兼并重组交易的管理。 | 工业和信息化部 | 发展改革委、财政部、商务部、国资委、证监会 |
| 20 | 建立企业兼并重组工作部际协调机制。 | 工业和信息化部 | 发展改革委、财政部、人力资源和社会保障部、国土资源部、商务部、人民银行、国资委、税务总局、工商总局、银监会、证监会等 |

# 国务院办公厅转发证监会等部门关于依法打击和防控资本市场内幕交易意见的通知

（2010 年 11 月 16 日　国办发〔2010〕55 号）

各省、自治区、直辖市人民政府，国务院各部委、各直属机构：

证监会、公安部、监察部、国资委、预防腐败局《关于依法打击和防控资本市场内幕交易的意见》已经国务院同意，现转发给你们，请认真贯彻执行。

## 关于依法打击和防控资本市场内幕交易的意见

（证监会、公安部、监察部、国资委、预防腐败局）

为维护市场秩序，保护投资者合法权益，促进我国资本市场稳定健康发展，现就依法打击和防控资本市场内幕交易提出以下意见：

### 一、统一思想，提高认识

内幕交易，是指上市公司高管人员、控股股东、实际控制人和行政审批部门等方面的知情人员，利用工作之便，在公司并购、业绩增长等重大信息公布之前，泄露信息或者利用内幕信息买卖证券谋取私利的行为。这种行为严重违反了法律法规，损害投资者和上市公司合法权益。证券法第五条规定，“禁止欺诈、内幕交易和操纵证券市场的行为”，第七十三条规定，“禁止证券交易内幕信息的知情人和非法获取内幕信息的人利用内幕信息从事证券交易活动”。刑法第一百八十条、第一百八十二条对内幕交易、利用信息优势操纵证券交易价格等行为的量刑和处罚作出了明确规定。

当前，打击和防控资本市场内幕交易面临的形势较为严峻。一些案件参与主体复杂，交易方式多样,操作手段隐蔽,查处工作难度很大。随着股指期货的推出,内幕交易更具隐蔽性、复杂性。各地区、各相关部门要充分认识内幕交易的危害性,统一思想,高度重视,根据刑法和证券法等法律法规规定,按照齐抓共管、打防结合、综合防治的原则,采取针对性措施,切实做好有关工作。

打击和防控资本市场内幕交易工作涉及面广,社会关注度高,需要动员各方面力量,促进全社会参与。要通过法制宣传、教育培训等多种形式,普及刑法、证券法等法律知识,帮助相关人员和社会公众提高对内幕交易危害性的认识,增强遵纪守法意识。要坚持正确的舆论导向,增强舆论引导的针对性和实效性,充分发挥社会舆论监督作用,形成依法打击和防控资本市场内幕交易的社会氛围。

## 二、完善制度,有效防控

内幕信息,是指上市公司经营、财务、分配、投融资、并购重组、重要人事变动等对证券价格有重大影响但尚未正式公开的信息。加强内幕信息管理是防控内幕交易的重要环节,对从源头上遏制内幕交易具有重要意义。各地区、各相关部门要建立完善内幕信息登记管理制度,提高防控工作的制度化、规范化水平。

一是抓紧制定涉及上市公司内幕信息的保密制度,包括国家工作人员接触内幕信息管理办法,明确内幕信息范围、流转程序、保密措施和责任追究要求,并指定负责内幕信息管理的机构和人员。二是尽快建立内幕信息知情人登记制度,要求内幕信息知情人按规定实施登记,落实相关人员的保密责任和义务。三是完善上市公司信息披露和停复牌等相关制度,督促上市公司等信息披露义务人严格依照法律法规,真实、准确、完整、及时地披露信息。四是健全考核评价制度,将内幕交易防控工作纳入企业业绩考核评价体系,明确考核的原则、内容、标准、程序和方式。五是细化、充实依法打击和防控内幕交易的规定,完善内幕交易行为认定和举证规则,积极探索内幕交易举报奖励制度。

所有涉及上市公司重大事项的决策程序,都要符合保密制度要求,简化决策流程,缩短决策时限,尽可能缩小内幕信息知情人范围。研究论证上市公司重大事项,原则上应在相关证券停牌后或非交易时间进行。

## 三、明确职责,重点打击

证券监督管理部门要切实负起监管责任,对涉嫌内幕交易的行为,要及时立案稽查,从快作出行政处罚;对涉嫌犯罪的,要移送司法机关依法追究刑事责任,做到有法必依,执法必严,违法必究;对已立案稽查的上市公司,要暂停其再融资、并购重组等行政许可;对负有直接责任的中介机构及相关人员,要依法依规采取行政措施,暂停或取消其业务资格。公安机关在接到依法移送的案件后,要及时立案侦查。各级监察机关、各国有资产监督管理部门要依据职责分工,对泄露内幕信息或从事内幕交易的国家工作人员、国有(控股)企业工作人员进行严肃处理。

各地区要按照依法打击和防控资本市场内幕交易工作的部署和要求,加强组织领导,落实责任主体,进一步细化和落实各项制度,完善配套措施和办法,强化监督,严格问责,积极支持和配合有关方面做好相关工作。

各地区、各相关部门要认真按照法律法规规定,各司其职,协同配合,建立和完善案件移送、执法合作、信息管理、情况沟通等工作机制,形成上下联动、部门联动、地区联动的综合防治体系和强大打击合力。证监会要会同公安部、监察部、国资委、预防腐败局等部门抓紧开展一次依法打击和防控内幕交易专项检查,查办一批典型案件并公开曝光,震慑犯罪分子。

# (三)中国证监会规章

## 中国证券监督管理委员会行政复议办法

(2010年5月4日 证监会令第67号)

《中国证券监督管理委员会行政复议办法》已经2010年2月11日中国证券监督管理委员会第269次主席办公会议审议通过,现予公布,自2010年7月1日起施行。

### 第一章 总 则

**第一条** 为了保护公民、法人或者其他组织的合法权益,保障和监督中国证券监督管理委员会(以下简称中国证监会)依法行使监管职权,进一步发挥行政复议制度在解决证券期货行政争议中的作用,不断提高证券期货监督管理机构的依法行政水平,根据《中华人民共和国行政复议法》(以下简称《行政复议法》)、《中华人民共和国证券法》、《中华人民共和国行政复议法实施条例》(以下简称《行政复议法实施条例》)等法律、行政法规,制定本办法。

**第二条** 公民、法人或者其他组织认为中国证监会或其派出机构、授权组织的具体行政行为侵犯其合法权益的,依照《行政复议法》、《行政复议法实施条例》和本办法的规定向中国证监会申请行政复议。

中国证监会作为行政复议机关,受理行政复议申请,对被申请行政复议的具体行政行为进行审查并作出决定。

对中国证监会具体行政行为不服申请原级行政复议的,原承办具体行政行为有关事项的部门或者机构(以下简称原承办部门)负责向行政复议机构作出答复。

对中国证监会派出机构或者授权组织的具体行政行为不服申请行政复议的,由派出机构或者授权组织负责向行政复议机构作出答复。

**第三条** 中国证监会负责法制工作的机构作为行政复议机构具体办理行政复议事项,除应当依照《行政复议法》第三条、《行政复议法实施条例》第三条的规定履行职责外,还应当履行下列职责:

(一)组织行政复议听证;

(二)根据需要提请召开行政复议委员会工作会议;

(三)提出审查意见;

(四)办理行政复议和解、组织行政复议调解等事项;

(五)指导派出机构的行政应诉工作;

(六)法律、行政法规规定的其他职责。

**第四条** 专职行政复议人员应当具备以下条件:

(一)正直诚实,品行良好;

(二)受过法律专业教育;

(三)从事证券期货业工作2年以上或者取得法律、会计等专业资格;

(四)法律、行政法规规定的其他条件。

**第五条** 中国证监会设立行政复议委员会,审查重大复杂行政复议案件。

重大行政应诉案件,可以提交行政复议委员会进行讨论。

**第六条** 中国证监会通过适当的形式,公布中国证监会管辖的行政复议案件受理范围、受理条件、行政复议申请书样式、行政复议案件审理程序,以及接受行政复议申请书的地址、传真号码等事项。

## 第二章 行政复议范围

**第七条** 公民、法人或者其他组织对中国证监会或其派出机构、授权组织作出的具体行政行为不服,有下列情形之一的,可以向中国证监会申请行政复议:

(一)对中国证监会或其派出机构作出的警告、罚款、没收违法所得、责令关闭、撤销任职资格或者证券从业资格、暂停或者撤销业务许可、吊销业务许可证等行政处罚决定不服的;

(二)对中国证监会或其派出机构作出的证券、期货市场禁入决定不服的;

(三)对中国证监会或其派出机构作出的冻结、查封、限制交易等行政强制措施不服的;

(四)对中国证监会或其派出机构作出的限制业务活动、限期撤销境内分支机构、限制分配红利、限制转让财产、责令限制股东行使股东权利以及责令更换董事、监事、高级管理人员或者限制其权利等行政监管措施不服的;

(五)认为中国证监会或其派出机构、授权组织侵犯其合法的经营自主权的;

(六)认为符合法定条件,申请办理证券、期货行政许可事项,中国证监会或其派出机构没有依法办理的;

(七)认为中国证监会或其派出机构在政府信息公开工作中的具体行政行为侵犯其合法权益的;

(八)认为中国证监会或其派出机构、授权组织的其他具体行政行为侵犯其合法权益的。

**第八条** 中国证监会或其派出机构、授权组织的下列行为不属于行政复议申请的范围:

(一)中国证监会或其派出机构、授权组织对其工作人员作出的行政处分以及其他人事处理决定;

(二)中国证监会或其派出机构、授权组织对证券、期货民事争议所作的调解行为;

(三)由中国证监会或其派出机构作出的行政调解和行政和解行为;

(四)不具有强制力的证券、期货行政指导行为;

(五)中国证监会或其派出机构对公民、法人或者其他组织提起申诉的重复处理行为;

(六)证券、期货交易所或证券、期货业协会依据自律规则,对公民、法人或者其他组织作出的决定;

(七)对公民、法人或者其他组织的权利义务不产生实际影响的行为。

## 第三章 行政复议申请

**第九条** 依照《行政复议法》、《行政复议法实施条例》以及本办法提起行政复议申请的公民、法人或者其他组织是行政复议的申请人。

**第十条** 依据《行政复议法实施条例》第七条的规定申请行政复议的,申请人应当同时向行政复议机构提交股份制企业的股东大会、股东代表大会、董事会作出的申请行政复议的决议和授权委托书。

**第十一条** 向行政复议机构申请作为第三人参加行政复议的,应当证明其与被审查的具体行政行为有利害关系。

经行政复议机构审查同意或者认为第三人有必要参加行政复议的,行政复议机构可以书面通知第三人。

第三人不参加行政复议,不影响行政复议案件的审理。

**第十二条** 申请人、第三人委托代理人向行政复议机构提交的授权委托书应当载明下列事项:

(一)委托人姓名或者名称,委托人为法人或者其他组织的,还应当载明法定代表人或者主要负责人的姓名、职务;

(二)代理人姓名、身份证号码、工作单位、通讯地址、邮政编码及电话等联系方式;

(三)委托事项和代理期间;

(四)代理人代为提起、变更、撤回行政复议申请、参加行政复议调解、达成行政复议和解、参加行政复议听证、递交证据材料、收受行政复议法律文书等代理权限;

(五)委托日期及委托人签字或者盖章。

提交授权委托书,应当提供委托人和代理人身份证明,以律师身份代理参加行政复议的,还应当提供律师执业证明文件。

**第十三条** 申请人对中国证监会或其派出机构、授权组织的具体行政行为不服申请行政复议的,作出该具体行政行为的中国证监会或其派出机构、授权组织是被申请人。

中国证监会或其派出机构委托其他组织作出具体行政行为的，中国证监会或其派出机构是被申请人。

**第十四条**　申请人对两个以上派出机构或授权组织共同作出的具体行政行为不服申请行政复议的，共同作出具体行政行为的机构或组织是共同被申请人。

**第十五条**　派出机构或者其他组织依照法律、行政法规、规章规定，报经中国证监会批准作出具体行政行为的，中国证监会是被申请人。

## 第四章　行政复议受理

**第十六条**　对符合《行政复议法实施条例》第十八条、第二十八条的规定，属于行政复议机关受理的行政复议申请，自行政复议机构收到之日起即为受理。

行政复议机构收到行政复议申请的日期，属于申请人当面递交的，由行政复议机构经办人在申请书上注明收到日期，并且由递交人签字确认；属于直接从邮递渠道收取或者其他单位、部门转来的，由行政复议机构签收确认；属于申请人以传真方式提交的，以行政复议机构接收传真之日为准。

**第十七条**　依照《行政复议法实施条例》第二十九条的规定，行政复议机构可以自收到该行政复议申请之日起5日内书面通知申请人补正，有下列情形之一的，属于行政复议申请材料不齐全或者表述不清楚：

（一）未依照《行政复议法实施条例》第十九条第（一）项的规定提供申请人基本情况；

（二）无申请人身份证明文件；

（三）无明确的被申请人；

（四）行政复议请求不具体、不明确；

（五）委托代理申请复议的手续不全或者权限不明确；

（六）未依照《行政复议法实施条例》第二十一条的规定提供证明材料；

（七）其他行政复议申请材料不齐全或者表述不清楚的情形。

申请人收到补正通知后，无正当理由逾期不补正的，视为放弃行政复议申请。

**第十八条**　申请人采取传真方式提出行政复议申请的，行政复议机构可以要求申请人依照《行政复议法实施条例》第二十九条、本办法第十七条的规定补充提交申请材料的原件。

**第十九条**　行政复议申请材料不齐全或者表述不清楚，或者采取传真方式提出行政复议申请，行政复议机构书面通知申请人补正或者提交原件的，受理的审查期限应当自收到补正后的行政复议申请材料或者原件之日起算。

**第二十条**　下列情形不视为申请行政复议，行政复议机构可以告知申请人处理结果或者转由其他机构处理并告知申请人：

（一）对中国证监会工作人员的个人违法违纪行为进行举报、控告的；

（二）不涉及中国证监会具体行政行为，只对中国证监会规章或者规范性文件有异议的；

（三）对行政处罚认定的事实、适用的依据、处罚种类、处罚幅度及处罚程序等没有异议，仅因经济困难，请求减、免、缓缴罚款的；

（四）请求解答法律、行政法规、规章的；

（五）其他以行政复议申请名义，进行信访投诉的情形。

## 第五章　行政复议审理

### 第一节　行政复议答复

**第二十一条**　行政复议机构应当自受理行政复议申请之日起7日内，将行政复议答复通知书、行政复议申请书副本或者行政复议申请笔录复印件以及申请人提交的证据、有关材料的副本发送被申请人或者原承办部门。

**第二十二条**　被申请人或者原承办部门应当自收到申请书副本或者申请笔录复印件之日起10日内，向行政复议机构提交行政复议答复意见书，并同时提交当初作出具体行政行为的全部证据、依据和其他有关材料。

行政复议答复意见书应当载明下列内容：

（一）被申请人当初作出具体行政行为时所认定的事实、证据及适用的法律、行政法规、规章及规范性文件，对有关事实的陈述应当注明相应的证据及证据的来源；

（二）对申请人行政复议申请中陈述的事实和理由逐条进行答辩并进行相应的举证；

（三）对有关具体行政行为建议维持、变更、撤销或者确认违法，建议驳回行政复议申

请,进行行政复议调解等结论;

(四)作出书面答复的时间。

被申请人或者原承办部门应当按照行政执法案卷的要求提交单独装订的行政复议答复证据案卷,并明确申请人、第三人可以查阅的案卷材料范围。

### 第二节　行政复议审理

**第二十三条**　一般行政复议案件,由行政复议机构负责审查并提出复议意见;重大复杂的行政复议案件,由行政复议机构提请行政复议委员会进行审查,由行政复议委员会提出复议意见。

行政复议机构审查复议案件,必须有2名以上行政复议人员共同进行。行政复议委员会通过委员会工作会议审查行政复议案件。行政复议委员会的组成和工作规则另行规定。

**第二十四条**　案件审理人员或者出席会议的复议委员与本案有利害关系或者有其他关系可能影响公正审理行政复议案件的,应当进行回避。

**第二十五条**　对于案件事实复杂、申请人与被申请人就同一认定事实提交的证据不一致或者行政复议机构认为必要的,行政复议机构可以依照《行政复议法实施条例》第三十四条的规定向有关组织和人员调查取证。

行政复议机构采用询问方式进行调查取证的,应当制作询问笔录,由被调查单位和人员签字或者盖章确认。

**第二十六条**　行政复议机关提供必要的条件,方便申请人、第三人查阅有关材料。

申请人、第三人查阅有关材料应当遵守下列规定:

(一)申请人、第三人向行政复议机构提出书面阅卷请求,阅卷不得违反相关保密的规定;

(二)申请人、第三人应当按照指定的时间、地点和阅卷范围进行查阅;

(三)查阅时,申请人、第三人应当出示身份证件;

(四)申请人、第三人可以摘抄查阅材料的内容;

(五)申请人、第三人不得有涂改、替换、毁损、隐匿查阅的材料等行为。

申请人、第三人违反前款第(五)项的,行政复议机构应当立即终止其查阅。情节严重的,依法移送公安机关处理。

### 第三节　行政复议听证

**第二十七条**　申请人、被申请人或者原承办部门对案件事实争议较大或者案件重大复杂的,行政复议机构可以采取听证的方式审理。

被申请人在作出原具体行政行为时,已经采取听证方式的或者采取书面审查可以查明事实、证据的,行政复议机构不再采取听证方式审理。

**第二十八条**　行政复议机构决定举行听证的,按照下列程序和要求进行:

(一)行政复议机构应当将听证的时间、地点、具体要求等事项提前3日通知有关当事人;

(二)行政复议听证人员为不得少于3人的单数,由行政复议机构负责人确定,并且指定其中1人为听证主持人;

(三)举行听证时,被申请人或者原承办部门的工作人员应当提供行政复议答复意见书以及相应的证据、依据,申请人、第三人可以提出证据,并进行申辩和质证;

(四)听证应当制作笔录,听证笔录应当交听证参加人确认无误后签字或者盖章。

## 第六章　行政复议决定

**第二十九条**　行政复议机关对行政复议机构或者行政复议委员会提出的复议意见进行审查,经行政复议机关的负责人同意或者集体讨论通过后,依法作出行政复议决定。

**第三十条**　依照《行政复议法》第三十一条的规定,有下列情况之一的,可以视为案件情况复杂,经行政复议机关的负责人批准,行政复议期限可以适当延长,但是延长期限最多不超过30日:

(一)需要举行行政复议听证的;

(二)申请人、第三人提出新的事实、理由或者证据需进一步调查核实的;

(三)申请人与被申请人进行和解或者行政复议机构进行调解的;

(四)情况复杂,不能在规定期限内作出行

政复议决定的其他情况。

延长复议期限，应当制作决定延期通知书，告知有关当事人。

**第三十一条**　行政复议机关作出行政复议决定，应当制作行政复议决定书，送达申请人和第三人，抄送被申请人。

行政复议决定书应当载明下列内容：

（一）申请人、第三人基本情况：自然人姓名、性别、工作单位及职务（原工作单位及职务）、住址；法人或者其他组织的名称、地址、法定代表人或者主要负责人的姓名、职务；

（二）被申请人名称、地址；

（三）申请人申请复议的请求、事实和理由；

（四）被申请人答复的事实、理由、证据和依据；

（五）行政复议认定的事实和相应的证据；

（六）作出行政复议决定的具体理由和法律依据；

（七）行政复议决定的结论；

（八）行政复议决定的救济途径；

（九）作出行政复议决定的日期。

行政复议决定书应当加盖行政复议机关的印章。

**第三十二条**　行政复议决定书一经送达，即发生法律效力。行政复议机关可以通过中国证监会门户网站、中国证监会公告等方式公布生效的行政复议决定书。

## 第七章　行政复议和解和调解

**第三十三条**　经被申请人同意，原承办部门、派出机构或者授权组织和申请人可以依照《行政复议法实施条例》第四十条的规定在作出行政复议决定之前自愿达成和解，并向行政复议机构提交书面和解协议。

和解协议应当载明行政复议请求、事实、理由、和解的条件和达成和解的结果。

和解协议应当由申请人和被申请人或者原承办部门签字或者盖章。

**第三十四条**　行政复议机构应当对申请人和作出具体行政行为的机构提交的和解协议进行备案。和解确属双方真实意思表示，和解内容不损害社会公共利益和他人合法权益的，行政复议机构应当准许和解，终止行政复议案件的审理。

在行政复议期间内未达成和解协议的，行政复议机关应当及时作出行政复议决定。

**第三十五条**　经行政复议机构准许和解的，申请人和被申请人应当履行和解协议。

**第三十六条**　有下列情形之一的，行政复议机关可以进行调解：

（一）公民、法人或者其他组织对中国证监会行使自由裁量权作出的具体行政行为不服申请行政复议的；

（二）行政赔偿或者行政补偿纠纷。

**第三十七条**　调解应当符合以下要求：

（一）查明案件事实，充分尊重申请人和被申请人的意愿；

（二）调解应当按照自愿、合法的原则，调解结果不得损害国家利益、社会公共利益或者他人合法权益。

**第三十八条**　申请人和被申请人经调解达成协议的，行政复议机关应当制作行政复议调解书。行政复议调解书应当载明下列内容：

（一）申请人基本情况：自然人姓名、性别、工作单位及职务（原工作单位及职务）、住址；法人或者其他组织的名称、地址、法定代表人或者主要负责人的姓名、职务；

（二）被申请人名称、地址；

（三）申请人申请行政复议的请求、事实和理由；

（四）被申请人答复的事实、理由、证据和依据；

（五）进行调解的基本情况；

（六）调解协议的主要内容和调解结果；

（七）申请人、被申请人履行调解书的义务；

（八）日期。

行政复议调解书应当加盖行政复议专用章。行政复议调解书经申请人、被申请人签字或者盖章，即具有法律效力。申请人和被申请人应当履行生效的行政复议调解书。

## 第八章　行政复议指导和监督

**第三十九条**　行政复议机关在行政复议期间发现相关行政行为违法或者需要做好善后工

作等情况的,可以向被申请人或者原承办部门制作行政复议意见书,并抄报中国证监会监察部门。

行政复议意见书由行政复议机构具体承办,应当包括具体行政行为存在的问题、认定事实、理由和依据、整改意见等。

被申请人或者原承办部门应当自收到行政复议意见书之日起60日内将纠正相关行政违法行为、改进执法工作或者做好善后工作的情况报告行政复议机构。

对突出问题不予整改导致重复违法的,行政复议机关要予以通报。

**第四十条** 行政复议机构在行政复议期间发现法律、行政法规、规章的实施中带有普遍性的问题,可以向有关立法机关或其他有关行政机关提出完善立法的建议。

行政复议建议书应包括法律、行政法规、规章等存在的问题,相关事实、理由和依据、工作建议等。

**第四十一条** 中国证监会应当建立行政复议统计报告制度,定期对行政复议、行政应诉案件情况进行分析、研究,总结工作中的经验及不足,提出改进意见。

**第四十二条** 行政复议人员应当每年参加至少2次行政复议机构或者中国证监会业务部门组织的监管业务培训,提高行政复议人员的专业素质。

业务培训包括以下内容:

(一)行政复议及行政应诉业务培训;

(二)证券期货案件调查、审理等业务培训;

(三)证券期货日常监管及创新业务培训;

(四)涉及证券期货市场监管的政治、经济理论培训等。

**第四十三条** 行政复议机构对于在办理行政复议、行政应诉案件过程中成绩显著的单位和个人,可以提请中国证监会依照有关规定给予表彰和奖励。

## 第九章 附 则

**第四十四条** 行政复议机关在受理、审查、决定行政复议申请过程中,可使用行政复议专用章。在中国证监会行政复议活动中,行政复议专用章和行政复议机关的印章具有同等法律效力。

**第四十五条** 外国人、无国籍人、外国组织在中华人民共和国境内向中国证监会申请行政复议,适用本办法。

**第四十六条** 本办法自2010年7月1日起施行。2002年11月25日发布的《中国证券监督管理委员会行政复议办法》(证监会令第13号)同时废止。

# 证券期货业反洗钱工作实施办法

(2010年9月1日 证监会令第68号)

《证券期货业反洗钱工作实施办法》已经2010年2月11日中国证券监督管理委员会第269次主席办公会议审议通过,现予公布,自2010年10月1日起施行。

## 第一章 总 则

**第一条** 为进一步配合国务院反洗钱行政主管部门加强证券期货业反洗钱工作,有效防范证券期货业洗钱和恐怖融资风险,规范行业反洗钱监管行为,推动证券期货经营机构认真落实反洗钱工作,维护证券期货市场秩序,根据《中华人民共和国反洗钱法》(以下简称《反洗钱法》)、《中华人民共和国证券法》、《中华人民共和国证券投资基金法》及《期货交易管理条例》等法律法规，制定本办法。

**第二条**　本办法适用于中华人民共和国境内的证券期货业反洗钱工作。

从事基金销售业务的机构在基金销售业务中履行反洗钱责任适用本办法。

**第三条**　中国证券监督管理委员会（以下简称证监会）依法配合国务院反洗钱行政主管部门履行证券期货业反洗钱监管职责，制定证券期货业反洗钱工作的规章制度，组织、协调、指导证券公司、期货公司和基金管理公司（以下简称证券期货经营机构）的反洗钱工作。

证监会派出机构按照本办法的规定，履行辖区内证券期货业反洗钱监管职责。

**第四条**　中国证券业协会和中国期货业协会依照本办法的规定，履行证券期货业反洗钱自律管理职责。

**第五条**　证券期货经营机构应当依法建立健全反洗钱工作制度，按照本办法规定向当地证监会派出机构报送相关信息。证券期货经营机构发现证券期货业内涉嫌洗钱活动线索，应当依法向反洗钱行政主管部门、侦查机关举报。

## 第二章　监管机构及行业协会职责

**第六条**　证监会负责组织、协调、指导证券期货业的反洗钱工作，履行以下反洗钱工作职责：

（一）配合国务院反洗钱行政主管部门研究制定证券期货业反洗钱工作的政策、规划，研究解决证券期货业反洗钱工作重大和疑难问题，及时向国务院反洗钱行政主管部门通报反洗钱工作信息；

（二）参与制定证券期货经营机构反洗钱有关规章，对证券期货经营机构提出建立健全反洗钱内控制度的要求，在证券期货经营机构市场准入和人员任职方面贯彻反洗钱要求；

（三）配合国务院反洗钱行政主管部门对证券期货经营机构实施反洗钱监管；

（四）会同国务院反洗钱行政主管部门指导中国证券业协会、中国期货业协会制定反洗钱工作指引，开展反洗钱宣传和培训；

（五）研究证券期货业反洗钱的重大问题并提出政策建议；

（六）及时向侦查机关报告涉嫌洗钱犯罪的交易活动，协助司法部门调查处理涉嫌洗钱犯罪案件；

（七）对派出机构落实反洗钱监管工作情况进行考评，对中国证券业协会、中国期货业协会落实反洗钱工作进行指导；

（八）法律、行政法规规定的其他职责。

**第七条**　证监会派出机构履行以下反洗钱工作职责：

（一）配合当地反洗钱行政主管部门对辖区证券期货经营机构实施反洗钱监管，并建立信息交流机制；

（二）定期向证监会报送辖区内半年度和年度反洗钱工作情况，及时报告辖区证券期货经营机构受反洗钱行政主管部门检查或处罚等信息及相关重大事件；

（三）组织、指导辖区证券期货业的反洗钱培训和宣传工作；

（四）研究辖区证券期货业反洗钱工作问题，并提出改进措施；

（五）法律、行政法规以及证监会规定的其他职责。

**第八条**　中国证券业协会、中国期货业协会履行以下反洗钱工作职责：

（一）在证监会的指导下，制定和修改行业反洗钱相关工作指引；

（二）组织会员单位开展反洗钱培训和宣传工作；

（三）定期向证监会报送协会年度反洗钱工作报告，及时报告相关重大事件；

（四）组织会员单位研究行业反洗钱工作的相关问题；

（五）法律、行政法规以及证监会规定的其他职责。

## 第三章　证券期货经营机构反洗钱义务

**第九条**　证券期货经营机构应当依法履行反洗钱义务，建立健全反洗钱内部控制制度。证券期货经营机构负责人应当对反洗钱内部控制制度的有效实施负责，总部应当对分支机构执行反洗钱内部控制制度进行监督管理，根据要求向当地证监会派出机构报告反洗钱工作开展情况。

**第十条**　证券期货经营机构应当向当地证监会派出机构报送其内部反洗钱工作部门设置、负责人及专门负责反洗钱工作的人员的联系方式等相关信息。如有变更,应当自变更之日起10个工作日内报送更新后的相关信息。

**第十一条**　证券期货经营机构应当在发现以下事项发生后的5个工作日内,以书面方式向当地证监会派出机构报告:

(一)证券期货经营机构受到反洗钱行政主管部门检查或处罚的;

(二)证券期货经营机构或其客户从事或涉嫌从事洗钱活动,被反洗钱行政主管部门、侦查机关或者司法机关处罚的;

(三)其他涉及反洗钱工作的重大事项。

**第十二条**　证券期货经营机构应当按照反洗钱法律法规的要求及时建立客户风险等级划分制度,并报当地证监会派出机构备案。在持续关注的基础上,应适时调整客户风险等级。

**第十三条**　证券期货经营机构在为客户办理业务过程中,发现客户所提供的个人身份证件或机构资料涉嫌虚假记载的,应当拒绝办理;发现存在可疑之处的,应当要求客户补充提供个人身份证件或机构原件等足以证实其身份的相关证明材料,无法证实的,应当拒绝办理。

**第十四条**　证券期货经营机构通过销售机构向客户销售基金等金融产品时,应当通过合同、协议或其他书面文件,明确双方在客户身份识别、客户身份资料和交易记录保存与信息交换、大额交易和可疑交易报告等方面的反洗钱职责和程序。

**第十五条**　证券期货经营机构应当建立反洗钱工作保密制度,并报当地证监会派出机构备案。

反洗钱工作保密事项包括以下内容:

(一)客户身份资料及客户风险等级划分资料;

(二)交易记录;

(三)大额交易报告;

(四)可疑交易报告;

(五)履行反洗钱义务所知悉的国家执法部门调查涉嫌洗钱活动的信息;

(六)其他涉及反洗钱工作的保密事项。

查阅、复制涉密档案应当实施书面登记制度。

**第十六条**　证券期货经营机构应当建立反洗钱培训、宣传制度,每年开展对单位员工的反洗钱培训工作和对客户的反洗钱宣传工作,持续完善反洗钱的预防和监控措施。每年年初,应当向当地证监会派出机构上报反洗钱培训和宣传的落实情况。

**第十七条**　证券期货经营机构不遵守本办法有关报告、备案或建立相关内控制度等规定的,证监会及其派出机构可采取责令改正、监管谈话或责令参加培训等监管措施。

## 第四章　附　则

**第十八条**　本办法自2010年10月1日起施行。

# 关于修改《证券发行与承销管理办法》的决定

(2010年10月11日　证监会令第69号)

《关于修改〈证券发行与承销管理办法〉的决定》已经2010年6月24日中国证券监督管理委员会第273次主席办公会议审议通过,现予公布,自2010年11月1日起施行。

一、第五条第二款修改为:"询价对象是指符合本办法规定条件的证券投资基金管理公司、证券公司、信托投资公司、财务公司、保险机构投资者、合格境外机构投资者、主承销商自主推荐的具有较高定价能力和长期投资取向的机构投资者,以及经中国证监会认可的其他机构投资者。"

二、第五条增加一款,作为第三款:"主承销商自主推荐机构投资者的,应当制订明确的推荐标准,建立透明的推荐决策机制,并报中国证券业协会登记备案。"

三、第九条修改为:"主承销商应当在询价时向询价对象提供投资价值研究报告。发行人、主承销商和询价对象不得以任何形式公开披露投资价值研究报告的内容,但中国证监会另有规定的除外。"

四、第十四条修改为:"首次发行的股票在中小企业板、创业板上市的,发行人及其主承销商可以根据初步询价结果确定发行价格,不再进行累计投标询价。"

五、删除第十六条。

六、第二十六条增加一项,作为第十一项:"主承销商自主推荐机构投资者管理的证券投资账户。"

七、删除第二十九条第二款。

八、第三十二条增加一款,作为第二款:"网上申购不足时,可以向网下回拨由参与网下的机构投资者申购,仍然申购不足的,可以由承销团推荐其他投资者参与网下申购。"

九、增加一条,作为第三十二条:"初步询价结束后,公开发行股票数量在4亿股以下,提供有效报价的询价对象不足20家的,或者公开发行股票数量在4亿股以上,提供有效报价的询价对象不足50家的,发行人及其主承销商不得确定发行价格,并应当中止发行。

网下机构投资者在既定的网下发售比例内有效申购不足,不得向网上回拨,可以中止发行。网下报价情况未及发行人和主承销商预期、网上申购不足、网上申购不足向网下回拨后仍然申购不足的,可以中止发行。中止发行的具体情形可以由发行人和承销商约定,并予以披露。

中止发行后,在核准文件有效期内,经向中国证监会备案,可重新启动发行。"

十、第五十五条增加一款,作为第二款:"发行人及其主承销商应当在发行价格确定后,披露网下申购情况、网下具体报价情况。"

本决定自2010年11月1日起施行。

《证券发行与承销管理办法》根据本决定作相应修改,重新公布。

## (四)证券期货法律适用意见

## 《合格境内机构投资者境外证券投资管理试行办法》第四十六条证券公司开展境外证券投资定向资产管理业务的适用意见——证券期货法律适用意见第6号

(2010年8月16日　证监会公告〔2010〕22号)

为明确证券公司开展境外证券投资定向资产管理业务的法律适用,我会制定了《〈合格境内机构投资者境外证券投资管理试行办法〉第四十六条境外证券投资定向资产管理业务的适用意见——证券期货法律适用意见第6号》,现予公布,请遵照执行。

《合格境内机构投资者境外证券投资管理试行办法》(证监会令第46号,以下简称《QDII试行办法》)第四十六条规定,取得境内机构投资者资格的证券公司办理定向资产管理、专项资产管理业务,运用所管理的资金投资于境外证券市场的,参照本办法执行。鉴于《QDII试行办法》的规定主要是针对基金、集合计划等募集资金的理财产品,现就证券公司办理定向资产管理业务,运用所管理的资金投资于境外证券市场如何参照执行《QDII试行办法》提出以下适用意见:

一、证券公司境外证券投资定向资产管理业务,是指证券公司接受单一客户委托,与客户签订定向资产管理合同,根据合同约定的方式、条件和要求,通过客户的账户管理客户委托资产,进行境外证券投资管理的活动。

二、《关于实施〈合格境内机构投资者境外证券投资管理办法〉有关问题的通知》(证监发〔2007〕81号,以下简称《通知》)是《QDII试行办法》的配套规定,证券公司开展境外证券投资定向资产管理业务应当同时参照适用《通知》的相关规定。

三、鉴于下列规定是针对基金、集合计划等向多个客户募集资金进行证券投资的理财产品的特点做出的规定,证券公司开展境外证券投资定向资产管理业务不予适用:

(一)《QDII试行办法》第二章第十条、第十一条,第四章第二十条、第二十二条,第五章第二十四条、第二十五条、第二十六条、第二十八条,第七章第三十九条;

(二)《通知》第四条,第五条第二项下的要求5至要求7、第四项至第九项,以及第六条、第七条、第九条。

上述条款涉及事宜需要予以明确的,证券公司可以与客户通过合同约定。

四、证券公司境外证券投资定向资产管理业务作为定向资产管理业务的一种特殊形式,也应当适用《证券公司客户资产管理业务试行办法》和《证券公司定向资产管理业务实施细则》的规定。

## (五)其他部委发布的与资本市场相关的部门规章

# 律师事务所名称管理办法

(2010年1月4日　司法部令第120号)

《律师事务所名称管理办法》已经2009年12月15日司法部部务会议审议通过,现予发布,自2010年3月1日起施行。

### 第一章　总　　则

**第一条**　为了加强律师事务所名称管理,规范律师事务所名称使用,根据《中华人民共和国律师法》(以下简称《律师法》)和有关法律、法规的规定,制定本办法。

**第二条**　律师事务所对经司法行政机关依法核准的律师事务所名称享有专用权。律师事务所依法使用名称,受法律保护。

**第三条**　设立律师事务所,应当在申请设立许可前,按照本办法的规定办理律师事务所名称预核准。

预核准的律师事务所名称,由省、自治区、直辖市司法行政机关在实施律师事务所设立许可时予以核准。

### 第二章　律师事务所名称规范

**第四条**　律师事务所只能选择、使用一个名称。

**第五条**　律师事务所名称应当使用符合国

家规范的汉字。

民族自治地方律师事务所的名称，可以同时使用本民族自治地方通用的民族语言文字。

**第六条**　律师事务所名称应当由“省（自治区、直辖市）行政区划地名、字号、律师事务所”三部分内容依次组成。

合伙律师事务所的名称，可以使用设立人的姓名连缀或者姓氏连缀作字号。

**第七条**　律师事务所名称中的字号应当由两个以上汉字组成，并不得含有下列内容和文字：

（一）有损国家利益、社会公共利益或者有损社会主义道德风尚的，不尊重民族、宗教习俗的；

（二）政党名称、党政军机关名称、群众组织名称、社会团体名称及其简称；

（三）国家名称，重大节日名称，县（市辖区）以上行政区划名称或者地名；

（四）外国国家（地区）名称、国际组织名称及其简称；

（五）可能对公众造成欺骗或者误解的；

（六）汉语拼音字母、外文字母、阿拉伯数字、全部由中文数字组成或者带有排序性质的文字；

（七）“中国”、“中华”、“全国”、“国家”、“国际”、“中心”、“集团”、“联盟”等字样；

（八）带有“涉外”、“金融”、“证券”、“专利”、“房地产”等表明特定业务范围的文字或者与其谐音的文字；

（九）与已经核准或者预核准的其他律师事务所名称中的字号相同或者近似的；

（十）字号中包括已经核准或者预核准的其他律师事务所名称中的字号的；

（十一）与已经核准在中国内地（大陆）设立代表机构的香港、澳门、台湾地区律师事务所名称中的中文字号相同或者近似的；

（十二）与已经核准在中国境内设立代表机构的外国律师事务所名称中的中文译文字号相同或者近似的；

（十三）其他不适当的内容和文字。

**第八条**　律师事务所分所名称应当由“总所所在地省（自治区、直辖市）行政区划地名、总所字号、分所所在地的市（含直辖市、设区的市）或者县行政区划地名（地名加括号）、律师事务所”四部分内容依次组成。

## 第三章　律师事务所名称预核准

**第九条**　律师事务所名称预核准，由省、自治区、直辖市司法行政机关依设立人的申请予以办理。

**第十条**　申请律师事务所名称预核准，由设立人或者设立人指定的代表向省、自治区、直辖市司法行政机关提交《律师事务所名称预核准申请表》，提出五至十个备选名称，并标明拟选用的先后顺序。

在民族自治地方设立律师事务所的，申请名称预核准的材料，应当先提交所在地设区的市级司法行政机关，经其审核后报送省、自治区、直辖市司法行政机关。

**第十一条**　省、自治区、直辖市司法行政机关应当自收到名称预核准申请材料之日起十日内进行审核，对于符合规定的备选名称，提交司法部进行名称检索。

对于所有备选名称不符合规定或者符合规定的备选名称少于五个的，应当告知申请人重新选报或者补报备选名称。

**第十二条**　司法部自收到律师事务所备选名称材料之日起十日内完成名称检索，并将检索结果通知提交检索的省、自治区、直辖市司法行政机关。

**第十三条**　省、自治区、直辖市司法行政机关自收到检索结果之日起七日内，应当根据检索结果，向申请人发出《律师事务所名称预核准通知书》；对所有备选名称均不符合规定的，应当在通知中说明理由，并告知申请人重新选报名称。

**第十四条**　有两个或者两个以上的申请人申请预核准的律师事务所名称相同或者近似的，应当根据收到申请的先后顺序办理名称预核准。

**第十五条**　经预核准的律师事务所名称，自省、自治区、直辖市司法行政机关发出《律师事务所名称预核准通知书》之日起六个月内有效。有效期满，设立人未提交律师事务所设立申请的，预核准的律师事务所名称失效。

在有效期内，律师事务所未经司法行政机关许可设立的，不得使用预核准的律师事务所名称。

**第十六条**　申请律师事务所设立许可时,申请人应当提交《律师事务所名称预核准通知书》。

省、自治区、直辖市司法行政机关在作出准予设立律师事务所决定时,核准使用预核准的律师事务所名称,并在行政许可决定书和颁发的《律师事务所执业许可证》中予以载明。

律师事务所分所名称,由分所设立所在地的省、自治区、直辖市司法行政机关在作出准予分所设立决定时予以核准。

**第十七条**　律师事务所变更名称,应当按照本办法规定办理名称预核准。省、自治区、直辖市司法行政机关应当根据律师事务所变更名称的申请及已预核准的律师事务所名称,办理律师事务所名称变更手续。

律师事务所设立分所的,应当自总所名称获准变更之日起三十日内,向分所设立许可机关申请变更分所名称。

## 第四章　律师事务所名称的使用

**第十八条**　律师事务所应当在住所醒目位置标明律师事务所名称。

**第十九条**　律师事务所使用名称从事执业活动或者其他活动,应当遵循诚实信用的原则,不得违反法律、法规和规章的规定。

**第二十条**　律师事务所印章、银行账户、牌匾、信笺、对外推介材料以及本所律师名片使用的名称,应当使用司法行政机关核准的律师事务所名称。

律师事务所在其出具的法律文书及其他文件上使用的名称,应当与司法行政机关核准使用的名称相同。

律师事务所自本所名称获准变更之日起一年内,可以在本所推介材料、律师名片上使用新名称时加注变更前的名称。

**第二十一条**　律师事务所使用名称,不得在核准使用的名称中或者名称后使用或者加注"律师集团"、"律师联盟"等文字。

律师事务所可以根据业务需要,将本所名称译成外文。律师事务所外文名称,应当自决定使用之日起十五日内报省、自治区、直辖市司法行政机关备案。外文名称违反译文规则的,备案机关应当责令其纠正。

**第二十二条**　律师事务所有下列情形之一的,不得申请变更名称:

(一)受到停业整顿处罚,期限未满的;

(二)发生终止事由的;

(三)本所取得设立许可后不满一年的,但发生变更组织形式或者分立、合并情形的除外。

## 第五章　律师事务所名称的监督管理

**第二十三条**　省、自治区、直辖市司法行政机关应当依照《律师法》、《律师事务所管理办法》和本办法的规定,办理律师事务所名称预核准、律师事务所设立许可名称核准和律师事务所变更名称核准。

预核准的名称、设立许可核准的名称和核准变更的名称,应当自核准之日起三十日内报司法部备案。

律师事务所因终止被注销的,应当自注销之日起三十日内,将被注销的律师事务所名称报司法部备案。

分所的审核机关应当将核准分所名称或者注销分所名称的决定自核准之日或者注销之日起三十日内抄送设立分所的律师事务所的审核机关。

**第二十四条**　律师事务所获准变更名称,或者因终止被注销的,其变更或者被注销前使用的名称,自获准变更或者被注销之日起三年内,省、自治区、直辖市司法行政机关不得核准其他律师事务所使用。

**第二十五条**　律师事务所违反规定使用名称的,由县级司法行政机关给予批评教育,责令改正,并对其整改情况进行监督;情节严重的,由所在地设区的市级司法行政机关或者直辖市区(县)司法行政机关依据《律师法》等有关规定给予相应的行政处罚。

**第二十六条**　司法行政机关违反本办法规定办理律师事务所名称预核准或者核准的,上一级司法行政机关应当责令其改正。

## 第六章　附　　则

**第二十七条**　本办法所称的行政区划地

名,是指不包括“省”、“自治区”、“直辖市”、“市”、“县”、“区”等行政区划称谓的地方名称。

**第二十八条** 《律师事务所名称预核准申请表》、《律师事务所名称预核准通知书》和《律师事务所名称变更预核准申请表》、《律师事务所名称变更预核准通知书》的格式文本,由司法部规定。

**第二十九条** 司法部建立全国律师事务所名称检索系统,为各地办理律师事务所名称预核准提供名称检索服务。

**第三十条** 本办法自2010年3月1日起施行。司法部1995年2月22日发布的《律师事务所名称管理办法》(司法部令第36号)同时废止。

本办法施行前律师事务所名称不符合本办法有关规定的,应当自本办法施行后一年内按照本办法的有关规定予以变更。

# 保险公司董事、监事和高级管理人员任职资格管理规定

(2010年1月8日 保监会令2010年第2号)

《保险公司董事、监事和高级管理人员任职资格管理规定》已经2009年12月29日中国保险监督管理委员会主席办公会议审议通过,现予公布,自2010年4月1日起施行。

## 第一章 总 则

**第一条** 为了加强和完善对保险公司董事、监事和高级管理人员的管理,保障保险公司稳健经营,促进保险业健康发展,根据《中华人民共和国保险法》(以下简称《保险法》)和有关法律、行政法规,制定本规定。

**第二条** 中国保险监督管理委员会(以下简称中国保监会)根据法律和国务院授权,对保险公司董事、监事和高级管理人员任职资格实行统一监督管理。

中国保监会的派出机构根据授权负责辖区内中资保险公司分支机构高级管理人员任职资格的监督管理,但中资保险公司新设省级分公司总经理任职资格核准除外。

**第三条** 本规定所称保险公司,是指经保险监督管理机构批准设立,并依法登记注册的商业保险公司。

本规定所称保险公司分支机构,是指经保险监督管理机构批准,保险公司依法设立的分公司、中心支公司、支公司、营业部和营销服务部以及各类专属机构。

专属机构高级管理人员任职资格管理和营销服务部负责人的任职管理,由中国保监会另行规定。

本规定所称保险机构,是指保险公司及其分支机构。

**第四条** 本规定所称高级管理人员,是指对保险机构经营管理活动和风险控制具有决策权或者重大影响的下列人员:

(一)总公司总经理、副总经理和总经理助理;

(二)总公司董事会秘书、合规负责人、总精算师、财务负责人和审计责任人;

(三)分公司、中心支公司总经理、副总经理和总经理助理;

(四)支公司、营业部经理;

(五)与上述高级管理人员具有相同职权的管理人员。

**第五条** 保险机构董事、监事和高级管理人员,应当在任职前取得中国保监会核准的任

职资格。

## 第二章　任职资格条件

**第六条**　保险机构董事、监事和高级管理人员应当遵守法律、行政法规和中国保监会的有关规定,遵守保险公司章程。

**第七条**　保险机构董事、监事和高级管理人员应当具有诚实信用的品行、良好的合规经营意识和履行职务必需的经营管理能力。

**第八条**　保险机构董事、监事和高级管理人员应当通过中国保监会认可的保险法规及相关知识测试。

**第九条**　保险公司董事长应当具有金融工作5年以上或者经济工作10年以上工作经历。

保险公司董事和监事应当具有5年以上与其履行职责相适应的工作经历。

**第十条**　保险公司董事会秘书应当具有大学本科以上学历以及5年以上与其履行职责相适应的工作经历。

**第十一条**　保险公司总经理、副总经理和总经理助理应当具有下列条件:

(一)大学本科以上学历或者学士以上学位;

(二)从事金融工作8年以上或者经济工作10年以上。

保险公司总经理除具有前款规定条件外,还应当具有下列任职经历之一:

(一)担任保险公司分公司总经理以上职务高级管理人员5年以上;

(二)担任保险公司部门负责人5年以上;

(三)担任金融监管机构相当管理职务5年以上;

(四)其他足以证明其具有拟任职务所需知识、能力、经验的职业资历。

**第十二条**　保险公司省级分公司总经理、副总经理和总经理助理应当具有下列条件:

(一)大学本科以上学历或者学士以上学位;

(二)从事金融工作5年以上或者经济工作8年以上。

保险公司省级分公司总经理除具有前款规定条件外,还应当具有下列任职经历之一:

(一)担任保险公司中心支公司总经理以上职务高级管理人员3年以上;

(二)担任保险公司省级分公司部门负责人以上职务3年以上;

(三)担任其他金融机构高级管理人员3年以上;

(四)担任国家机关、大中型企业相当管理职务5年以上;

(五)其他足以证明其具有拟任职务所需知识、能力、经验的职业资历。

**第十三条**　保险公司分公司、中心支公司总经理、副总经理和总经理助理应当具有下列条件:

(一)大学本科以上学历或者学士以上学位;

(二)从事金融工作3年以上或者从事经济工作5年以上。

保险公司分公司、中心支公司总经理除具有前款规定条件外,还应当具有下列任职经历之一:

(一)担任保险机构高级管理人员2年以上;

(二)担任保险公司分公司、中心支公司部门负责人以上职务2年以上;

(三)担任其他金融机构高级管理人员2年以上;

(四)担任国家机关、大中型企业相当管理职务3年以上;

(五)其他足以证明其具有拟任职务所需知识、能力、经验的职业资历。

**第十四条**　保险公司支公司、营业部经理应当具有保险工作3年以上或者经济工作5年以上的工作经历。

**第十五条**　保险机构拟任董事长和高级管理人员具有硕士以上学位的,其任职条件中从事金融工作或者经济工作的年限可以减少2年。

**第十六条**　保险机构拟任高级管理人员符合下列条件之一的,其任职条件中的学历要求可以放宽至大学专科:

(一)从事保险工作8年以上;

(二)从事法律、会计或者审计工作8年以上;

(三)在金融机构、大中型企业或者国家机关担任管理职务8年以上;

（四）取得注册会计师、法律职业资格或者中国保监会认可的其它专业资格；

（五）在申报任职资格前3年内，个人在经营管理方面受到保险公司表彰；

（六）在申报任职资格前5年内，个人获得中国保监会或者地市级以上政府表彰；

（七）拟任艰苦边远地区高级管理人员。

**第十七条**　保险机构主持工作的副总经理或者其他高级管理人员任职资格核准，适用本规定同级机构总经理的有关规定。

**第十八条**　外国保险公司分公司高级管理人员任职资格核准，适用本规定保险公司总公司高级管理人员的有关规定。

**第十九条**　保险机构应当与高级管理人员建立劳动关系，订立书面劳动合同。

**第二十条**　保险机构高级管理人员兼任其他经营管理职务应当遵循下列规定：

（一）不得违反《中华人民共和国公司法》（以下简称《公司法》）等国家有关规定；

（二）不得兼任存在利益冲突的职务；

（三）具有必要的时间履行职务。

**第二十一条**　保险机构拟任董事、监事或者高级管理人员有下列情形之一的，中国保监会不予核准其任职资格：

（一）无民事行为能力或者限制民事行为能力；

（二）贪污、贿赂、侵占财产、挪用财产或者破坏社会主义市场经济秩序，被判处刑罚，执行期满未逾5年，或者因犯罪被剥夺政治权利，执行期满未逾5年；

（三）被判处其他刑罚，执行期满未逾3年；

（四）被金融监管部门取消、撤销任职资格，自被取消或者撤销任职资格之日起未逾5年；

（五）被金融监管部门禁止进入市场，期满未逾5年；

（六）被国家机关开除公职，自作出处分决定之日起未逾5年；

（七）因违法行为或者违纪行为被吊销执业资格的律师、注册会计师或者资产评估机构、验证机构等机构的专业人员，自被吊销执业资格之日起未逾5年；

（八）担任破产清算的公司、企业的董事或者厂长、经理，对该公司、企业的破产负有个人责任的，自该公司、企业破产清算完结之日起未逾3年；

（九）担任因违法被吊销营业执照、责令关闭的公司、企业的法定代表人，并负有个人责任的，自该公司、企业被吊销营业执照之日起未逾3年；

（十）个人所负数额较大的债务到期未清偿；

（十一）申请前1年内受到中国保监会警告或者罚款的行政处罚；

（十二）因涉嫌从事严重违法活动，被中国保监会立案调查尚未作出处理结论；

（十三）受到其他行政管理部门重大行政处罚未逾2年；

（十四）在香港、澳门、台湾地区或者中国境外被判处刑罚，执行期满未逾5年，或者因严重违法行为受到行政处罚，执行期满未逾3年；

（十五）中国保监会规定的其他情形。

**第二十二条**　在被整顿、接管的保险公司担任董事、监事或者高级管理人员，对被整顿、接管负有直接责任的，在被整顿、接管期间，不得到其他保险机构担任董事、监事或者高级管理人员。

## 第三章　任职资格核准

**第二十三条**　保险机构董事、监事和高级管理人员的任职资格核准申请和本规定要求的相关报告，应当由保险公司、省级分公司或者根据《保险公司管理规定》指定的计划单列市分支机构负责提交。

**第二十四条**　保险机构董事、监事和高级管理人员，应当在任职前向中国保监会提交下列书面材料一式三份，并同时提交有关电子文档：

（一）拟任董事、监事和高级管理人员任职资格核准申请书；

（二）中国保监会统一制作的董事、监事和高级管理人员任职资格申请表；

（三）拟任董事、监事或者高级管理人员身份证、学历证书等有关证书的复印件，有护照的应当同时提供护照复印件；

(四)对拟任董事、监事或者高级管理人员品行、专业知识、业务能力、工作业绩等方面的综合鉴定;

(五)拟任高级管理人员劳动合同签章页复印件;

(六)中国保监会规定的其他材料。

保险机构应当如实提交前款规定的材料。保险机构以及拟任董事、监事和高级管理人员应当对材料的真实性、完整性负责,不得有虚假记载、误导性陈述和重大遗漏。

**第二十五条** 保险机构拟任高级管理人员频繁更换保险公司任职的,应当由本人提交两年内工作情况的书面说明,并解释更换任职的原因。

**第二十六条** 中国保监会在核准保险机构拟任董事、监事或者高级管理人员的任职资格前,可以向原任职机构核实其工作的基本情况。

**第二十七条** 中国保监会可以对保险机构拟任董事、监事或者高级管理人员进行任职考察谈话,包括下列内容:

(一)了解拟任人员的基本情况;

(二)对拟任人员需要重点关注的问题进行提示;

(三)中国保监会认为应当考察的其他内容。

任职考察谈话应当制作书面记录,由考察人和拟任人员签字。

**第二十八条** 中国保监会应当自受理任职资格核准申请之日起20日内,作出核准或者不予核准的决定。20日内不能作出决定的,经本机关负责人批准,可以延长10日,并应当将延长期限的理由告知申请人。

决定核准任职资格的,应当颁发核准文件;决定不予核准的,应当作出书面决定并说明理由。

**第二十九条** 已核准任职资格的保险机构高级管理人员,在同一保险机构内调任、兼任同级或者下级高级管理人员职务,无须重新核准其任职资格,但中国保监会对拟任职务的资格条件有特别规定的除外。

保险机构董事、监事调任或者兼任高级管理人员,应当重新报经中国保监会核准任职资格。

**第三十条** 保险机构董事、监事或者高级管理人员有下列情形之一的,其任职资格自动失效:

(一)获得核准任职资格后,保险机构超过2个月未任命;

(二)从该保险公司离职;

(三)受到中国保监会禁止进入保险业的行政处罚;

(四)出现《公司法》第一百四十七条第一款或者《保险法》第八十二条规定的情形。

## 第四章 监督管理

**第三十一条** 除本规定第二十九条第一款规定的情形外,未经中国保监会核准任职资格,保险机构不得以任何形式任命董事、监事或者高级管理人员。

**第三十二条** 保险机构出现下列情形之一,可以指定临时负责人,但临时负责时间不得超过3个月:

(一)原负责人辞职或者被撤职;

(二)原负责人因疾病、意外事故等原因无法正常履行工作职责;

(三)中国保监会认可的其他特殊情况。

临时负责人应当具有与履行职责相当的能力,并不得有本规定禁止担任高级管理人员的情形。

**第三十三条** 保险机构应当自下列决定作出之日起10日内,向中国保监会报告:

(一)董事、监事或者高级管理人员的任职、免职或者批准其辞职的决定;

(二)对高级管理人员作出的撤职或者开除的处分决定;

(三)根据撤销任职资格的行政处罚,解除董事、监事或者高级管理人员职务的决定;

(四)根据禁止进入保险业的行政处罚,解除董事、监事或者高级管理人员职务、终止劳动关系的决定;

(五)指定或者撤销临时负责人的决定;

(六)根据本规定第四十条、第四十一条规定,暂停职务的决定。

**第三十四条** 保险机构董事、监事和高级管理人员应当按照中国保监会的规定参加培训。

**第三十五条** 保险机构应当按照中国保监

会的规定对董事长和高级管理人员实施审计。

**第三十六条**　保险机构董事、监事或者高级管理人员在任职期间犯罪或者受到其他机关重大行政处罚的，保险机构应当自知道或者应当知道判决或者行政处罚决定之日起10日内，向中国保监会报告。

**第三十七条**　保险机构出现下列情形之一的，中国保监会可以对直接负责的董事、监事或者高级管理人员出示重大风险提示函，进行监管谈话，要求其就相关事项作出说明，并可以视情形责令限期整改：

（一）在业务经营、资金运用、公司治理结构或者内控制度等方面出现重大隐患的；

（二）董事、监事或者高级管理人员违背《公司法》规定的忠实和勤勉义务，严重危害保险公司业务经营的；

（三）中国保监会规定的其他情形。

**第三十八条**　保险机构频繁变更高级管理人员，对经营造成不利影响的，中国保监会可以采取下列监管措施：

（一）要求其上级机构作出书面说明；

（二）出示重大风险提示函；

（三）对有关人员进行监管谈话；

（四）依法采取的其他措施。

**第三十九条**　中国保监会建立和完善保险机构董事、监事和高级管理人员管理信息系统。

保险机构董事、监事和高级管理人员管理信息系统记录下列内容：

（一）任职资格申请材料的基本内容；

（二）职务变更情况；

（三）与该人员相关的风险提示函和监管谈话记录；

（四）离任审计报告；

（五）刑罚和行政处罚；

（六）中国保监会规定的其他内容。

**第四十条**　保险机构董事、监事或者高级管理人员涉嫌重大违法犯罪，被行政机关立案调查或者司法机关立案侦查的，保险机构应当暂停相关人员的职务。

**第四十一条**　保险机构出现下列情形之一的，中国保监会可以在调查期间责令其暂停与被调查事件相关的董事、监事或者高级管理人员的职务：

（一）偿付能力严重不足；

（二）涉嫌严重损害被保险人的合法权益；

（三）未按照规定提取或者结转各项责任准备金；

（四）未按照规定办理再保险；

（五）未按照规定运用保险资金。

**第四十二条**　保险机构在整顿、接管、撤销清算期间，或者出现重大风险时，中国保监会可以对该机构直接负责的董事、监事或者高级管理人员采取以下措施：

（一）通知出境管理机关依法阻止其出境；

（二）申请司法机关禁止其转移、转让或者以其他方式处分财产，或者在财产上设定其他权利。

## 第五章　法律责任

**第四十三条**　隐瞒有关情况或者提供虚假材料申请任职资格的机构或者个人，中国保监会不予受理或者不予核准任职资格申请，并在1年内不再受理对该拟任董事、监事或者高级管理人员的任职资格申请。

**第四十四条**　以欺骗、贿赂等不正当手段取得任职资格的，由中国保监会撤销该董事、监事或者高级管理人员的任职资格，并在3年内不再受理其任职资格的申请。

**第四十五条**　保险机构违反《保险法》规定，中国保监会依照《保险法》除对该机构给予处罚外，对其直接负责的主管人员和其他直接责任人员给予警告，并处1万元以上10万元以下的罚款；情节严重的，撤销任职资格或者从业资格。

**第四十六条**　保险机构或者其从业人员违反本规定，由中国保监会依照法律、行政法规进行处罚；法律、行政法规没有规定的，由中国保监会责令改正，给予警告，对有违法所得的处以违法所得1倍以上3倍以下罚款，但最高不超过3万元，对没有违法所得的处以1万元以下罚款；涉嫌犯罪的，依法移交司法机构追究刑事责任。

## 第六章　附　　则

**第四十七条**　保险集团公司、保险控股公司董事、监事和高级管理人员任职资格管理适用本规定,法律、行政法规和中国保监会另有规定的,适用其规定。

**第四十八条** 外资独资保险公司、中外合资保险公司董事、监事和高级管理人员任职资格管理适用本规定,法律、行政法规和中国保监会另有规定的,适用其规定。

**第四十九条** 中国保监会对保险公司的独立董事、财务负责人、总精算师、合规负责人以及审计责任人的任职资格管理另有规定的,适用其规定。

**第五十条** 保险机构依照本规定报送的任职资格审查材料和其他文件资料,应当用中文书写。原件是外文的,应当附经中国公证机构公证的中文译本。

**第五十一条** 本规定所称日,是指工作日,不包括法定节假日。

**第五十二条** 本规定由中国保监会负责解释。

**第五十三条** 本规定自2010年4月1日起施行;中国保监会2006年7月12日发布的《保险公司董事和高级管理人员任职资格管理规定》(保监会令〔2006〕4号)同时废止。

# 律师事务所年度检查考核办法

(2010年4月8日 司法部令第121号)

《律师事务所年度检查考核办法》已经2010年4月7日司法部部务会议审议通过,现予发布,自发布之日起施行。

## 第一章 总 则

**第一条** 为了规范律师事务所年度检查考核工作,加强对律师事务所执业和管理活动的监督,根据《中华人民共和国律师法》(以下简称《律师法》)的规定,结合律师管理工作实际,制定本办法。

**第二条** 律师事务所年度检查考核,是指司法行政机关定期对律师事务所上一年度的执业和管理情况进行检查考核,对其执业和管理状况作出评价。

年度检查考核,应当引导律师事务所及其律师遵守宪法和法律,加强自律管理,依法、诚信、尽责执业,忠实履行中国特色社会主义法律工作者的职业使命,维护当事人合法权益,维护法律正确实施,维护社会公平和正义。

**第三条** 司法行政机关对律师事务所进行年度检查考核,应当坚持依法、公正、公开的原则。

**第四条** 省、自治区、直辖市司法行政机关负责指导、监督本行政区域律师事务所的年度检查考核工作。

设区的市级或者直辖市区(县)司法行政机关负责组织实施对本行政区域内律师事务所的年度检查考核工作。

县级司法行政机关负责年度检查考核的初审工作。

**第五条** 司法行政机关对律师事务所的年度检查考核应当与律师协会对律师执业的年度考核相结合。

## 第二章 检查考核内容

**第六条** 对律师事务所进行年度检查考核,主要检查考核律师事务所遵守宪法和法律、履行法定职责、实行自律管理的情况,具体包括下列内容:

(一)律师队伍建设情况;

(二)业务活动开展情况;

(三)律师执业表现情况;

(四)内部管理情况;

（五）受行政奖惩、行业奖惩的情况；

（六）履行律师协会会员义务的情况；

（七）省、自治区、直辖市司法行政机关根据需要认为应当检查考核的其他事项。

**第七条**　本办法第六条第一项规定的“律师队伍建设情况”，主要包括并可分解为下列事项：

（一）律师人员的数量、素质、结构变化的情况；

（二）组织律师开展思想政治教育和律师职业道德、执业纪律教育的情况；

（三）组织律师开展业务学习和参加职业培训的情况；

（四）开展律师党建工作的情况。

**第八条**　本办法第六条第二项规定的“业务活动开展情况”，主要包括并可分解为下列事项：

（一）办理业务的数量和类别、拓展服务领域、提高服务质量以及业务收入等方面的情况；

（二）在开展业务活动中遵守法律、法规、规章和行业规范的情况；

（三）指导和监督律师代理重大案件、群体性案件的情况；

（四）对律师执业实施监督和投诉查处的情况；

（五）履行法律援助义务、参加社会服务及其他社会公益活动的情况；

（六）因执业活动受到当事人、有关部门及社会公众表扬、投诉的情况。

**第九条**　本办法第六条第三项规定的“律师执业表现情况”，主要包括并可分解为下列事项：

（一）律师在执业活动中遵守法律、法规和规章，遵守职业道德、执业纪律和执业行为规范的情况；

（二）律师履行法律援助义务、参加社会服务及其他社会公益活动的情况；

（三）律师受行政奖惩、行业奖惩的情况；

（四）律师执业年度考核的情况。

**第十条**　本办法第六条第四项规定的“内部管理情况”，主要包括并可分解为下列事项：

（一）执业管理制度建立和实施的情况；

（二）收费管理、财务管理和分配管理制度建立和实施的情况；

（三）依法纳税的情况；

（四）建立执业风险、事业发展等基金及其使用的情况；

（五）管理聘用律师和辅助人员的情况；

（六）管理分支机构的情况；

（七）管理申请律师执业人员实习的情况；

（八）业务档案、律师执业档案建立和管理的情况；

（九）章程、合伙制度实施的情况。

**第十一条**　司法行政机关对律师事务所进行年度检查考核，应当同时对律师协会对律师执业年度考核的结果进行备案审查。

## 第三章　考核等次和评定标准

**第十二条**　律师事务所年度检查考核结果分为“合格”和“不合格”二个等次。

考核等次是司法行政机关对律师事务所上一年度执业和管理情况的总体评价。

**第十三条**　律师事务所的执业和管理活动符合下列标准的，考核等次为“合格”：

（一）能够遵守宪法和法律，较好地履行法定职责；

（二）在律师队伍建设、开展业务活动、实行内部管理等方面符合法律、法规、规章和行业规范的要求；

（三）本所未因执业违法行为受到行政处罚，或者受到行政处罚已按要求完成整改。

**第十四条**　律师事务所有下列情形之一的，考核等次为“不合格”：

（一）放任、纵容、袒护律师执业违法行为，造成严重后果的；

（二）不按规定建立健全内部管理制度，日常管理松懈、混乱，造成本所不能正常运转的；

（三）本所受到行政处罚未按要求进行整改或者整改未达标的；

（四）本所不能保持法定设立条件的；

（五）提交的年度执业情况报告和律师执业年度考核情况存在严重弄虚作假行为的；

（六）有其他严重违法行为，造成恶劣社会影响的。

## 第四章 检查考核程序

**第十五条** 律师事务所年度检查考核工作,应当在每年的三月至五月集中办理。具体工作流程和时间安排,由省、自治区、直辖市司法行政机关规定。

**第十六条** 律师事务所接受年度检查考核,应当在完成对本所律师执业年度考核和本所执业、管理情况总结后,依据本办法规定的检查考核内容,按照规定时间,向所在地的县级司法行政机关报送本所上一年度执业情况报告和对本所律师执业年度考核的情况,并提交下列材料:

(一)年度财务审计报告;

(二)开展业务活动的统计报表;

(三)纳税凭证;

(四)年度内被获准的重大变更事项的批件;

(五)获得行政或者行业表彰奖励、受到行政处罚或者行业惩戒的证明材料;

(六)建立执业风险、事业发展等基金的证明材料;

(七)为聘用律师和辅助人员办理养老、失业、医疗等社会保险的证明材料;

(八)履行法律援助义务、参加社会服务及其他社会公益活动的证明材料;

(九)履行律师协会会员义务的证明材料;

(十)省、自治区、直辖市司法行政机关要求提供的其他材料。

**第十七条** 县级司法行政机关收到律师事务所报送的材料后,应当依照本办法的规定进行审查,发现报送的执业情况报告及有关材料不齐全或者有疑义的,应当要求律师事务所予以补充或者作出说明,必要时可以进行调查核实。

县级司法行政机关应当在规定的时间内完成审查,出具初审意见和考核等次评定建议,连同律师事务所报送的材料,一并报设区的市级司法行政机关。

**第十八条** 律师事务所在向县级司法行政机关报送年度检查考核材料的同时,应当将对本所律师执业年度考核的意见报所在地市级律师协会进行审查,由其确定考核结果。

律师协会应当将律师执业年度考核结果按规定时间报设区的市级或者直辖市区(县)司法行政机关备案。

**第十九条** 设区的市级司法行政机关收到县级司法行政机关报送的律师事务所的材料和初审意见后,应当依照本办法规定的考核内容和考核标准,对律师事务所上一年度的执业和管理情况进行审查,同时对市级律师协会报备的律师执业年度考核结果予以备案审查。根据审查结果,为律师事务所评定考核等次。

在审查中,发现律师事务所报送的材料以及县级司法行政机关的初审意见、律师协会对律师的考核结果与实际情况不符,或者收到相关投诉、举报的,可以进行调查核实或者责成县级司法行政机关、律师协会重新进行审查。

考核机关对律师事务所评定考核等次,应当征求市级律师协会的意见。

**第二十条** 直辖市区域内的律师事务所,由直辖市区(县)司法行政机关按照本办法第十六条、第十八条和第十九条的相关规定,直接进行年度检查考核。

**第二十一条** 律师事务所的考核等次评定后,设区的市级或者直辖市区(县)司法行政机关应当将考核结果在本地律师工作管理网站上予以公示。公示期不得少于七日。

律师事务所对考核结果有异议的,可以向考核机关申请复查。考核机关应当自收到申请之日起十日内进行复查,并将复查结果书面告知申请人。

**第二十二条** 设区的市级或者直辖市区(县)司法行政机关在年度考核结果确定后,应当在律师事务所执业许可证副本上加盖"律师事务所年度检查考核"专用章,并注明考核结果;在律师执业证书上加盖"律师年度考核备案"专用章。

**第二十三条** 律师事务所因涉嫌违法正在接受查处,或者受到停业整顿处罚且处罚期未满的,应当暂缓考核,待有查处结果或者处罚期满后再予考核。

**第二十四条** 对被评定为"合格"的律师事务所,经检查考核发现该所在律师队伍建设、开展业务活动、实行内部管理等方面存在问题的,由设区的市级或者直辖市区(县)司法行政机关责令其限期整改,并对其整改情况进行监督。

**第二十五条** 对被评定为"不合格"的律

师事务所,由设区的市级或者直辖市区(县)司法行政机关根据其存在违法行为的性质、情节及危害程度,依法给予停业整顿一个月以上六个月以下的处罚,并责令其整改;同时对该所负责人和负有直接责任的律师依法给予相应的处罚;情节特别严重的,依法吊销其执业许可证。

律师事务所因有本办法第十四条第四项规定情形被评定为"不合格"的,考核机关应当责令其限期整改。经整改仍不符合法定设立条件的,应当终止。

**第二十六条** 律师事务所不按规定接受年度检查考核的,由设区的市级或者直辖市区(县)司法行政机关公告责令其限期接受年度检查考核;逾期仍未接受年度检查考核的,视为自行停办,由司法行政机关收回并注销其执业许可证。

**第二十七条** 律师事务所年度检查考核结果和律师执业年度考核结果,应当分别记入律师事务所和律师执业档案。

律师事务所年度检查考核结果应当记入该所负责人、合伙人的律师执业档案。

## 第五章 考核结果备案和公告

**第二十八条** 设区的市级或者直辖市区(县)司法行政机关在年度检查考核工作结束后,应当将本行政区域开展律师事务所年度检查考核的情况总结及考核结果报省、自治区、直辖市司法行政机关备案,同时抄送当地市级律师协会。

**第二十九条** 省、自治区、直辖市司法行政机关收到备案材料后应当及时进行审核,完成汇总,将本行政区域律师事务所年度检查考核的结果在指定的报刊和政府网站上予以公告。

公告的内容,应当同时包括律师事务所的名称、执业许可证号、组织形式、住所地址、邮编、电话、负责人、律师姓名及执业证号等内容。

**第三十条** 省、自治区、直辖市司法行政机关应当于每年的五月底将本行政区域开展律师事务所年度检查考核的情况总结及考核结果报告司法部,同时抄送省、自治区、直辖市律师协会。

**第三十一条** 司法部根据省、自治区、直辖市司法行政机关报送的律师事务所年度检查考核结果及相关资料,按年度编制全国律师事务所及律师名录,并向社会公布。

## 第六章 附　　则

**第三十二条** 律师事务所分所由其所在地的设区的市级或者直辖市区(县)司法行政机关依照本办法的规定进行年度检查考核。考核结果应当报省、自治区、直辖市司法行政机关备案,同时抄送设立分所的律师事务所所在地的设区的市级或者直辖市区(县)司法行政机关。

**第三十三条** 本办法自发布之日起施行。

# 律师和律师事务所违法行为处罚办法

(2010年4月8日 司法部令第122号)

《律师和律师事务所违法行为处罚办法》已经2010年4月7日司法部部务会议审议通过,现予发布,自2010年6月1日起施行。

## 第一章 总　　则

**第一条** 为了加强对律师、律师事务所执业活动的监督,规范律师执业行为,维护正常的法律服务秩序,根据《中华人民共和国律师法》(以下简称《律师法》)、《中华人民共和国行政处罚法》(以下简称《行政处罚法》)的有关规定,制定本办法。

**第二条**　律师、律师事务所有违法行为,应当给予行政处罚的,由司法行政机关依照《律师法》、《行政处罚法》和有关法律、法规、规章以及本办法的规定实施行政处罚。

**第三条**　司法行政机关实施行政处罚,应当遵循公正、公开的原则;应当以事实为依据,与违法行为的性质、情节以及社会危害程度相当;应当坚持处罚与教育相结合,教育引导律师、律师事务所依法执业,恪守职业道德和执业纪律。

**第四条**　司法行政机关应当建立健全对行政处罚的监督制度。上一级司法行政机关应当加强对下一级司法行政机关实施行政处罚的监督和指导,发现行政处罚违法、不当的,应当及时责令纠正。

司法行政机关工作人员在实施行政处罚活动中,有违法违纪行为的,应当依法给予行政处分;构成犯罪的,依法追究刑事责任。

## 第二章　律师应予处罚的违法行为

**第五条**　有下列情形之一的,属于《律师法》第四十七条第一项规定的律师"同时在两个以上律师事务所执业的"违法行为:

(一)在律师事务所执业的同时又在其他律师事务所或者社会法律服务机构执业的;

(二)在获准变更执业机构前以拟变更律师事务所律师的名义承办业务,或者在获准变更后仍以原所在律师事务所律师的名义承办业务的。

**第六条**　有下列情形之一的,属于《律师法》第四十七条第二项规定的律师"以不正当手段承揽业务的"违法行为:

(一)以误导、利诱、威胁或者作虚假承诺等方式承揽业务的;

(二)以支付介绍费、给予回扣、许诺提供利益等方式承揽业务的;

(三)以对本人及所在律师事务所进行不真实、不适当宣传或者诋毁其他律师、律师事务所声誉等方式承揽业务的;

(四)在律师事务所住所以外设立办公室、接待室承揽业务的。

**第七条**　有下列情形之一的,属于《律师法》第四十七条第三项规定的律师"在同一案件中为双方当事人担任代理人,或者代理与本人及其近亲属有利益冲突的法律事务的"违法行为:

(一)在同一民事诉讼、行政诉讼或者非诉讼法律事务中同时为有利益冲突的当事人担任代理人或者提供相关法律服务的;

(二)在同一刑事案件中同时为被告人和被害人担任辩护人、代理人,或者同时为二名以上的犯罪嫌疑人、被告人担任辩护人的;

(三)担任法律顾问期间,为与顾问单位有利益冲突的当事人提供法律服务的;

(四)曾担任法官、检察官的律师,以代理人、辩护人的身份承办原任职法院、检察院办理过的案件的;

(五)曾经担任仲裁员或者仍在担任仲裁员的律师,以代理人身份承办本人原任职或者现任职的仲裁机构办理的案件的。

**第八条**　曾经担任法官、检察官的律师,从人民法院、人民检察院离任后二年内,担任诉讼代理人、辩护人或者以其他方式参与所在律师事务所承办的诉讼法律事务的,属于《律师法》第四十七条第四项规定的"从人民法院、人民检察院离任后二年内担任诉讼代理人或者辩护人的"违法行为。

**第九条**　有下列情形之一的,属于《律师法》第四十七条第五项规定的律师"拒绝履行法律援助义务的"违法行为:

(一)无正当理由拒绝接受律师事务所或者法律援助机构指派的法律援助案件的;

(二)接受指派后,懈怠履行或者擅自停止履行法律援助职责的。

**第十条**　有下列情形之一的,属于《律师法》第四十八条第一项规定的律师"私自接受委托、收取费用,接受委托人财物或者其他利益的"违法行为:

(一)违反统一接受委托规定或者在被处以停止执业期间,私自接受委托,承办法律事务的;

(二)违反收费管理规定,私自收取、使用、侵占律师服务费以及律师异地办案差旅费用的;

(三)在律师事务所统一收费外又向委托人索要其他费用、财物或者获取其他利益的;

(四)向法律援助受援人索要费用或者接受受援人的财物或者其他利益的。

**第十一条**　律师接受委托后,除有下列情形之外，拒绝辩护或者代理，不按时出庭参加诉讼或者仲裁的，属于《律师法》第四十八条第二项规定的违法行为：

（一）委托事项违法，或者委托人利用律师提供的法律服务从事违法活动的；

（二）委托人故意隐瞒与案件有关的重要事实或者提供虚假、伪造的证据材料的；

（三）委托人不履行委托合同约定义务的；

（四）律师因患严重疾病或者受到停止执业以上行政处罚的；

（五）其他依法可以拒绝辩护、代理的。

**第十二条**　有下列情形之一的，属于《律师法》第四十八条第三项规定的律师"利用提供法律服务的便利牟取当事人争议的权益的"违法行为：

（一）采用诱导、欺骗、胁迫、敲诈等手段获取当事人与他人争议的财物、权益的；

（二）指使、诱导当事人将争议的财物、权益转让、出售、租赁给他人，并从中获取利益的。

**第十三条**　律师未经委托人或者其他当事人的授权或者同意，在承办案件的过程中或者结束后，擅自披露、散布在执业中知悉的委托人或者其他当事人的商业秘密、个人隐私或者其他不愿泄露的情况和信息的，属于《律师法》第四十八条第四项规定的"泄露商业秘密或者个人隐私的"违法行为。

**第十四条**　有下列情形之一的，属于《律师法》第四十九条第一项规定的律师"违反规定会见法官、检察官、仲裁员以及其他有关工作人员，或者以其他不正当方式影响依法办理案件的"违法行为：

（一）在承办代理、辩护业务期间，以影响案件办理结果为目的，在非工作时间、非工作场所会见法官、检察官、仲裁员或者其他有关工作人员的；

（二）利用与法官、检察官、仲裁员或者其他有关工作人员的特殊关系，影响依法办理案件的；

（三）以对案件进行歪曲、不实、有误导性的宣传或者诋毁有关办案机关和工作人员以及对方当事人声誉等方式，影响依法办理案件的。

**第十五条**　有下列情形之一的，属于《律师法》第四十九条第二项规定的律师"向法官、检察官、仲裁员以及其他有关工作人员行贿，介绍贿赂或者指使、诱导当事人行贿的"违法行为：

（一）利用承办案件的法官、检察官、仲裁员以及其他工作人员或者其近亲属举办婚丧喜庆事宜等时机，以向其馈赠礼品、金钱、有价证券等方式行贿的；

（二）以装修住宅、报销个人费用、资助旅游娱乐等方式向法官、检察官、仲裁员以及其他工作人员行贿的；

（三）以提供交通工具、通讯工具、住房或者其他物品等方式向法官、检察官、仲裁员以及其他工作人员行贿的；

（四）以影响案件办理结果为目的，直接向法官、检察官、仲裁员以及其他工作人员行贿、介绍贿赂或者指使、诱导当事人行贿的。

**第十六条**　有下列情形之一的，属于《律师法》第四十九条第三项规定的律师"向司法行政部门提供虚假材料或者有其他弄虚作假行为的"违法行为：

（一）在司法行政机关实施检查、监督工作中，向其隐瞒真实情况，拒不提供或者提供不实、虚假材料，或者隐匿、毁灭、伪造证据材料的；

（二）在参加律师执业年度考核、执业评价、评先创优活动中，提供不实、虚假、伪造的材料或者有其他弄虚作假行为的；

（三）在申请变更执业机构、办理执业终止、注销等手续时，提供不实、虚假、伪造的材料的。

**第十七条**　有下列情形之一的，属于《律师法》第四十九条第四项规定的律师"故意提供虚假证据或者威胁、利诱他人提供虚假证据，妨碍对方当事人合法取得证据的"违法行为：

（一）故意向司法机关、行政机关或者仲裁机构提交虚假证据，或者指使、威胁、利诱他人提供虚假证据的；

（二）指示或者帮助委托人或者他人伪造、隐匿、毁灭证据，指使或者帮助犯罪嫌疑人、被告人串供，威胁、利诱证人不作证或者作伪证的；

（三）妨碍对方当事人及其代理人、辩护人合法取证的，或者阻止他人向案件承办机关或者对方当事人提供证据的。

**第十八条**　有下列情形之一的，属于《律师法》第四十九条第五项规定的律师"接受对方当事人财物或者其他利益，与对方当事人或

者第三人恶意串通,侵害委托人权益的”违法行为:

(一)向对方当事人或者第三人提供不利于委托人的信息或者证据材料的;

(二)与对方当事人或者第三人恶意串通、暗中配合,妨碍委托人合法行使权利的;

(三)接受对方当事人财物或者其他利益,故意延误、懈怠或者不依法履行代理、辩护职责,给委托人及委托事项的办理造成不利影响和损失的。

**第十九条** 有下列情形之一的,属于《律师法》第四十九条第六项规定的律师“扰乱法庭、仲裁庭秩序,干扰诉讼、仲裁活动的正常进行的”违法行为:

(一)在法庭、仲裁庭上发表或者指使、诱导委托人发表扰乱诉讼、仲裁活动正常进行的言论的;

(二)阻止委托人或者其他诉讼参与人出庭,致使诉讼、仲裁活动不能正常进行的;

(三)煽动、教唆他人扰乱法庭、仲裁庭秩序的;

(四)无正当理由,当庭拒绝辩护、代理,拒绝签收司法文书或者拒绝在有关诉讼文书上签署意见的。

**第二十条** 有下列情形之一的,属于《律师法》第四十九条第七项规定的律师“煽动、教唆当事人采取扰乱公共秩序、危害公共安全等非法手段解决争议的”违法行为:

(一)煽动、教唆当事人采取非法集会、游行示威,聚众扰乱公共场所秩序、交通秩序,围堵、冲击国家机关等非法手段表达诉求,妨害国家机关及其工作人员依法履行职责,抗拒执法活动或者判决执行的;

(二)利用媒体或者其他方式,煽动、教唆当事人以扰乱公共秩序、危害公共安全等手段干扰诉讼、仲裁及行政执法活动正常进行的。

**第二十一条** 有下列情形之一的,属于《律师法》第四十九条第八项规定的律师“发表危害国家安全、恶意诽谤他人、严重扰乱法庭秩序的言论的”违法行为:

(一)在承办代理、辩护业务期间,发表、散布危害国家安全,恶意诽谤法官、检察官、仲裁员及对方当事人、第三人,严重扰乱法庭秩序的言论的;

(二)在执业期间,发表、制作、传播危害国家安全的言论、信息、音像制品或者支持、参与、实施以危害国家安全为目的活动的。

**第二十二条** 律师违反保密义务规定,故意或者过失泄露在执业中知悉的国家秘密的,属于《律师法》第四十九条第九项规定的“泄露国家秘密的”违法行为。

## 第三章 律师事务所应予处罚的违法行为

**第二十三条** 有下列情形之一的,属于《律师法》第五十条第一项规定的律师事务所“违反规定接受委托、收取费用的”违法行为:

(一)违反规定不以律师事务所名义统一接受委托、统一收取律师服务费和律师异地办案差旅费,不向委托人出具有效收费凭证的;

(二)向委托人索要或者接受规定、合同约定之外的费用、财物或者其他利益的;

(三)纵容或者放任本所律师有本办法第十条规定的违法行为的。

**第二十四条** 有下列情形之一的,属于《律师法》第五十条第二项规定的律师事务所“违反法定程序办理变更名称、负责人、章程、合伙协议、住所、合伙人等重大事项的”违法行为:

(一)不按规定程序办理律师事务所名称、负责人、章程、合伙协议、住所、合伙人、组织形式等事项变更报批或者备案的;

(二)不按规定的条件和程序发展合伙人,办理合伙人退伙、除名或者推选律师事务所负责人的;

(三)不按规定程序办理律师事务所分立、合并,设立分所,或者终止、清算、注销事宜的。

**第二十五条** 有下列情形之一的,属于《律师法》第五十条第三项规定的律师事务所“从事法律服务以外的经营活动的”违法行为:

(一)以独资、与他人合资或者委托持股方式兴办企业,并委派律师担任企业法定代表人或者总经理职务的;

(二)从事与法律服务无关的中介服务或者其他经营性活动的。

**第二十六条** 律师事务所从事或者纵容、放任本所律师从事本办法第六条规定的违法行为的，属于《律师法》第五十条第四项规定的律师事务所“以诋毁其他律师事务所、律师或者支付介绍费等不正当手段承揽业务的”违法行为。

**第二十七条**　有下列情形之一的，属于《律师法》第五十条第五项规定的律师事务所“违反规定接受有利益冲突的案件的”违法行为：

（一）指派本所律师担任同一诉讼案件的原告、被告代理人，或者同一刑事案件被告人辩护人、被害人代理人的；

（二）未按规定对委托事项进行利益冲突审查，指派律师同时或者先后为有利益冲突的非诉讼法律事务各方当事人担任代理人或者提供相关法律服务的；

（三）明知本所律师及其近亲属同委托事项有利益冲突，仍指派该律师担任代理人、辩护人或者提供相关法律服务的；

（四）纵容或者放任本所律师有本办法第七条规定的违法行为的。

**第二十八条**　有下列情形之一的，属于《律师法》第五十条第六项规定的律师事务所“拒绝履行法律援助义务的”违法行为：

（一）无正当理由拒绝接受法律援助机构指派的法律援助案件的；

（二）接受指派后，不按规定及时安排本所律师承办法律援助案件或者拒绝为法律援助案件的办理提供条件和便利的；

（三）纵容或者放任本所律师有本办法第九条规定的违法行为的。

**第二十九条**　有下列情形之一的，属于《律师法》第五十条第七项规定的律师事务所“向司法行政部门提供虚假材料或者有其他弄虚作假行为的”违法行为：

（一）在司法行政机关实施检查、监督工作时，故意隐瞒真实情况，拒不提供有关材料或者提供不实、虚假的材料，或者隐匿、毁灭、伪造证据材料的；

（二）在参加律师事务所年度检查考核、执业评价、评先创优活动中，提供不实、虚假、伪造的材料或者有其他弄虚作假行为的；

（三）在办理律师事务所重大事项变更、设立分所、分立、合并或者终止、清算、注销的过程中，提供不实、虚假、伪造的证明材料或者有其他弄虚作假行为的。

**第三十条**　有下列情形之一，造成严重后果和恶劣影响，属于《律师法》第五十条第八项规定的律师事务所“对本所律师疏于管理，造成严重后果的”违法行为：

（一）不按规定建立健全内部管理制度，日常管理松懈、混乱，造成律师事务所无法正常运转的；

（二）不按规定对律师执业活动实行有效监督，或者纵容、袒护、包庇本所律师从事违法违纪活动，造成严重后果的；

（三）纵容或者放任律师在本所被处以停业整顿期间或者律师被处以停止执业期间继续执业的；

（四）不按规定接受年度检查考核，或者经年度检查考核被评定为“不合格”的；

（五）不按规定建立劳动合同制度，不依法为聘用律师和辅助人员办理失业、养老、医疗等社会保险的；

（六）有其他违法违规行为，造成严重后果的。

## 第四章　行政处罚的实施

**第三十一条**　司法行政机关对律师的违法行为给予警告、罚款、没收违法所得、停止执业处罚的，由律师执业机构所在地的设区的市级或者直辖市区（县）司法行政机关实施；给予吊销执业证书处罚的，由许可该律师执业的省、自治区、直辖市司法行政机关实施。

司法行政机关对律师事务所的违法行为给予警告、罚款、没收违法所得、停业整顿处罚的，由律师事务所所在地的设区的市级或者直辖市区（县）司法行政机关实施；给予吊销执业许可证书处罚的，由许可该律师事务所设立的省、自治区、直辖市司法行政机关实施。

**第三十二条**　律师有《律师法》第四十七条以及本办法第五条至第九条规定的违法行为的，由司法行政机关给予警告，可以处五千元以下的罚款；有违法所得的，没收违法所得；情节严重的，给予停止执业三个月以下的处罚。

律师有《律师法》第四十八条以及本办法第十条至第十三条规定的违法行为的，由司法行政机关给予警告，可以处一万元以下的罚款；

有违法所得的,没收违法所得;情节严重的,给予停止执业三个月以上六个月以下的处罚。

律师有《律师法》第四十九条以及本办法第十四条至第二十二条规定的违法行为的,由司法行政机关给予停止执业六个月以上一年以下的处罚,可以处五万元以下的罚款;有违法所得的,没收违法所得;情节严重的,吊销其律师执业证书;构成犯罪的,依法追究刑事责任。

**第三十三条**　律师事务所有《律师法》第五十条以及本办法第二十三条至第三十条规定的违法行为的,由司法行政机关视其情节给予警告、停业整顿一个月以上六个月以下的处罚,可以处十万元以下的罚款;有违法所得的,没收违法所得;情节特别严重的,吊销律师事务所执业许可证书。

**第三十四条**　司法行政机关对律师、律师事务所的违法行为实施行政处罚,应当根据《行政处罚法》、《律师法》和司法部关于行政处罚程序的规定以及本办法的规定进行。

**第三十五条**　律师、律师事务所对司法行政机关给予的行政处罚,享有陈述权、申辩权、要求听证权;对行政处罚决定不服的,有权依法申请行政复议或者提起行政诉讼;因司法行政机关违法给予行政处罚受到损害的,有权依法提出赔偿要求。

**第三十六条**　司法行政机关实施行政处罚,应当对律师、律师事务所违法行为的事实、证据进行全面、客观、公正地调查、核实,必要时可以依法进行检查。

调查违法行为,可以要求被调查的律师、律师事务所说明情况、提交有关材料;可以调阅律师事务所有关业务案卷和档案材料;可以向有关单位、个人调查核实情况、收集证据;对可能灭失或者以后难以取得的证据,可以先行登记保存。

司法行政机关可以委托下一级司法行政机关或者违法行为发生地的司法行政机关进行调查,也可以委托律师协会协助进行调查。

**第三十七条**　行政处罚的具体适用,由司法行政机关依照《律师法》和本办法的有关规定,根据律师、律师事务所违法行为的事实、性质、情节以及危害程度,在法定的处罚种类及幅度的范围内进行裁量,作出具体处罚决定。

对律师给予警告、停止执业、吊销律师执业证书的处罚,对律师事务所给予警告、停业整顿、吊销律师事务所执业许可证书的处罚,可以酌情并处罚款;有违法所得的,没收违法所得。

**第三十八条**　律师、律师事务所有下列情形之一的,可以从轻或者减轻行政处罚:

(一)主动消除或者减轻违法行为危害后果的;

(二)主动报告,积极配合司法行政机关查处违法行为的;

(三)受他人胁迫实施违法行为的;

(四)其他依法应当从轻或者减轻处罚的。

违法行为轻微并及时纠正,没有造成危害后果的,不予行政处罚。

**第三十九条**　律师、律师事务所的违法行为有下列情形之一的,属于《律师法》规定的违法情节严重或者情节特别严重,应当在法定的行政处罚种类及幅度的范围内从重处罚:

(一)违法行为给当事人、第三人或者社会公共利益造成重大损失的;

(二)违法行为性质、情节恶劣,严重损害律师行业形象,造成恶劣社会影响的;

(三)同时有两项以上违法行为或者违法涉案金额巨大的;

(四)在司法行政机关查处违法行为期间,拒不纠正或者继续实施违法行为,拒绝提交、隐匿、毁灭证据或者提供虚假、伪造的证据的;

(五)其他依法应当从重处罚的。

**第四十条**　律师在受到警告处罚后一年内又发生应当给予警告处罚情形的,应当给予停止执业三个月以上一年以下的处罚;在受到停止执业处罚期限未满或者期满后二年内又发生应当给予停止执业处罚情形的,应当吊销律师执业证书。

律师事务所在受到停业整顿处罚期限未满或者期满后二年内又发生应当给予停业整顿处罚情形的,应当吊销其律师事务所执业许可证书。

**第四十一条**　律师事务所因违法行为受到处罚的,司法行政机关应当依照《律师法》第五十条第二款的规定,对该所负责人视其管理责任以及失职行为情节轻重,给予相应的行政处罚。

律师事务所因违法行为受到处罚的,应当同时追究负有直接责任的律师的法律责任,依法给予相应的行政处罚。

**第四十二条**　律师、律师事务所的违法行为构成犯罪,应当依法追究刑事责任的,司法行政机关应当将案件移送司法机关处理,不得以行政处罚代替刑事处罚。

律师因违法执业构成故意犯罪或者因非执业事由构成故意犯罪受到刑事处罚的,司法行政机关应当吊销其律师执业证书;因过失犯罪受到刑事处罚的,在其服刑或者执行缓刑期间应当停止履行律师职务,刑期届满后可再申请恢复执业。

**第四十三条** 司法行政机关实施行政处罚,应当经机关负责人审批,并依照《行政处罚法》的要求制作行政处罚决定书。

对情节复杂或者重大违法行为给予较重的行政处罚的,司法行政机关的负责人应当集体讨论决定;集体讨论决定时,可以邀请律师协会派员列席。

**第四十四条** 司法行政机关实施行政处罚,可以根据需要,采用适当方式,将有关行政处罚决定在律师行业内予以通报或者向社会公告。

**第四十五条** 被处罚的律师、律师事务所应当自觉、按时、全面地履行行政处罚决定,并向司法行政机关如实报告履行情况。

司法行政机关应当对律师、律师事务所履行行政处罚决定的情况实施监督,发现问题及时责令纠正或者依法采取相应的措施。

**第四十六条** 律师、律师事务所因违法执业受到行政处罚,其违法行为对当事人或者第三人造成损害的,应当依法承担相应的民事责任。

因律师违法行为造成律师事务所承担赔偿责任的,律师事务所赔偿后可以向有故意或者重大过失行为的律师追偿。

**第四十七条** 律师受到停止执业处罚期限未满的,不得申请变更执业机构;受到六个月以上停止执业处罚的,执行处罚的期间以及期满未逾三年的,不得担任合伙人。

律师事务所受到停业整顿处罚期限未满的,不得自行决定解散,不得申请变更名称,不得申请分立、合并,不得申请设立分所;该所负责人、合伙人和对律师事务所受到停业整顿处罚负有直接责任的律师不得申请变更执业机构。

## 第五章 附 则

**第四十八条** 对律师事务所分所及其律师的违法行为给予行政处罚,由分所所在地的司法行政机关依照《律师法》和本办法的规定实施。处罚决定应当抄送设立分所的律师事务所及其所在地设区的市级或者直辖市区(县)司法行政机关。

**第四十九条** 本办法所称的设区的市级司法行政机关,包括地区、州以及不设区的地级市司法行政机关。

**第五十条** 本办法自2010年6月1日起施行。司法部2004年3月19日发布的《律师和律师事务所违法行为处罚办法》(司法部令第86号)同时废止。

# 保险公司信息披露管理办法

(2010年5月12日 保监会令2010年第7号)

《保险公司信息披露管理办法》已经2010年4月12日中国保险监督管理委员会主席办公会议审议通过,现予公布,自2010年6月12日起施行。

## 第一章 总 则

**第一条** 为了规范保险公司的信息披露行为,保障投保人、被保险人和受益人的合法权益,促进保险业健康发展,根据《中华人民共和国保险法》等法律、行政法规,制定本办法。

**第二条** 本办法所称保险公司,是指经保险监督管理机构批准设立,并依法登记注册的商业保险公司。

本办法所称信息披露,是指保险公司向社会公众公开其经营管理相关信息的行为。

**第三条**　保险公司信息披露应当遵循真实、准确、完整、及时、有效的原则,不得有虚假记载、误导性陈述和重大遗漏。

保险公司信息披露应当尽可能使用通俗易懂的语言。

**第四条**　保险公司应当按照法律、行政法规和中国保险监督管理委员会(以下简称中国保监会)的规定进行信息披露。

保险公司可以在法律、行政法规和中国保监会规定的基础上披露更多信息。

**第五条**　中国保监会根据法律和国务院授权,对保险公司的信息披露行为进行监督管理。

## 第二章　信息披露的内容

**第六条**　保险公司应当披露下列信息:

(一)基本信息;

(二)财务会计信息;

(三)风险管理状况信息;

(四)保险产品经营信息;

(五)偿付能力信息;

(六)重大关联交易信息;

(七)重大事项信息。

**第七条**　保险公司披露的基本信息应当包括公司概况和公司治理概要。

**第八条**　保险公司披露的公司概况应当包括下列内容:

(一)法定名称及缩写;

(二)注册资本;

(三)注册地;

(四)成立时间;

(五)经营范围和经营区域;

(六)法定代表人;

(七)客服电话和投诉电话;

(八)各分支机构营业场所和联系电话;

(九)经营的保险产品目录及条款。

**第九条**　保险公司披露的公司治理概要应当包括下列内容:

(一)近3年股东大会(股东会)主要决议;

(二)董事简历及其履职情况;

(三)监事简历及其履职情况;

(四)高级管理人员简历、职责及其履职情况;

(五)公司部门设置情况;

(六)持股比例在5%以上的股东及其持股情况。

**第十条**　保险公司披露的上一年度财务会计信息应当与经审计的年度财务会计报告保持一致,并包括下列内容:

(一)财务报表,包括资产负债表、利润表、现金流量表和所有者权益变动表;

(二)财务报表附注,包括财务报表的编制基础,重要会计政策和会计估计的说明,重要会计政策和会计估计变更的说明,或有事项、资产负债表日后事项和表外业务的说明,对公司财务状况有重大影响的再保险安排说明,企业合并、分立的说明,以及财务报表中重要项目的明细;

(三)审计报告的主要审计意见,审计意见中存在解释性说明、保留意见、拒绝表示意见或者否定意见的,保险公司还应当就此作出说明。

实际经营期未超过3个月的保险公司年度财务报告可以不经审计。

**第十一条**　保险公司披露的风险管理状况信息应当与经董事会审议的年度风险评估报告保持一致,并包括下列内容:

(一)风险评估,包括对保险风险、市场风险、信用风险和操作风险等主要风险的识别和评价;

(二)风险控制,包括风险管理组织体系简要介绍、风险管理总体策略及其执行情况。

**第十二条**　人身保险公司披露的产品经营信息是指上一年度保费收入居前5位的保险产品经营情况,包括产品的保费收入和新单标准保费收入。

**第十三条**　财产保险公司披露的产品经营信息是指上一年度保费收入居前5位的商业保险险种经营情况,包括险种名称、保险金额、保费收入、赔款支出、准备金、承保利润。

**第十四条**　保险公司披露上一年度的偿付能力信息应当包括下列内容:

(一)公司的实际资本和最低资本;

(二)资本溢额或者缺口;

(三)偿付能力充足率状况;

（四）相比报告前一年度偿付能力充足率的变化及其原因。

保险公司偿付能力充足率不足的，应当说明原因。

**第十五条**　保险公司披露的重大关联交易信息应当包括下列内容：

（一）交易对手；

（二）定价政策；

（三）交易目的；

（四）交易的内部审批流程；

（五）交易对公司本期和未来财务及经营状况的影响；

（六）独立董事的意见。

重大关联交易的认定和计算，应当符合中国保监会的有关规定。

**第十六条**　保险公司有下列重大事项之一的，应当披露相关信息并作出简要说明：

（一）控股股东或者实际控制人发生变更；

（二）更换董事长或者总经理；

（三）当年董事会累计变更人数超过董事会成员人数的三分之一；

（四）公司名称、注册资本或者注册地发生变更；

（五）经营范围发生重大变化；

（六）合并、分立、解散或者申请破产；

（七）撤销省级分公司；

（八）偿付能力出现不足或者发生重大变化；

（九）重大战略投资、重大赔付或者重大投资损失；

（十）保险公司或者其董事长、总经理因经济犯罪被判处刑罚；

（十一）重大诉讼或者重大仲裁事项；

（十二）保险公司或者其省级分公司受到中国保监会的行政处罚；

（十三）更换或者提前解聘会计师事务所；

（十四）中国保监会规定的其他事项。

## 第三章　信息披露的方式和时间

**第十七条**　保险公司应当建立公司互联网站，按照本办法的规定披露相关信息。

**第十八条**　保险公司应当在公司互联网站披露公司的基本信息。

公司基本信息发生变更的，保险公司应当自变更之日起10个工作日内更新。

**第十九条**　保险公司应当制作年度信息披露报告，年度信息披露报告应当包括本办法第六条第（二）项至第（五）项规定的内容。

保险公司应当在每年4月30日前在公司互联网站和中国保监会指定的报纸上发布年度信息披露报告。

**第二十条**　保险公司发生本办法第六条第（六）项、第（七）项规定事项之一的，应当自事项发生之日起10个工作日内编制临时信息披露报告，并在公司互联网站上发布。

**第二十一条**　保险公司不能按时进行信息披露的，应当在规定披露的期限届满前，在公司互联网站公布不能按时披露的原因以及预计披露时间。

保险公司延迟披露的时间不得迟于规定披露期限届满后的第20个工作日。

**第二十二条**　保险公司的互联网站应当保留最近5年的公司年度信息披露报告和最近3年的临时信息披露报告。

**第二十三条**　保险公司在公司互联网站和中国保监会指定报纸以外披露信息的，其内容不得与公司互联网站和中国保监会指定报纸披露的内容相冲突，且不得早于公司互联网站和中国保监会指定报纸的披露时间。

## 第四章　信息披露的管理

**第二十四条**　保险公司应当建立信息披露管理制度并报中国保监会。保险公司的信息披露管理制度应当包括下列内容：

（一）信息披露的内容和基本格式；

（二）信息的审核和发布流程；

（三）信息披露事务的职责分工、承办部门和评价制度；

（四）责任追究制度。

**第二十五条**　保险公司董事会秘书负责管理公司信息披露事务。未设董事会的保险公司，应当指定公司高级管理人员管理信息披露事务。

保险公司应当将董事会秘书或者指定的高级管理人员、承办信息披露事务的部门的联系方式报中国保监会。

**第二十六条** 保险公司应当在公司互联网站主页的显著位置设置信息披露专栏。

**第二十七条** 保险公司应当加强公司互联网站建设,维护公司互联网站安全,方便社会公众查阅信息。

**第二十八条** 保险公司应当使用中文进行信息披露。同时披露外文文本的,中、外文文本内容应当保持一致;两种文本不一致的,以中文文本为准。

## 第五章 附 则

**第二十九条** 中国保监会对保险产品经营信息和其他信息的披露另有规定的,从其规定。

**第三十条** 保险集团公司、政策性保险公司以及再保险公司不适用本办法,但经营直接保险业务的保险集团公司除外。

经营直接保险业务的外国保险公司分公司参照适用本办法。

**第三十一条** 上市保险公司按照上市公司信息披露的要求已经披露本办法规定的有关信息的,可免予重复披露。

**第三十二条** 本办法由中国保监会负责解释。

**第三十三条** 本办法自2010年6月12日起施行。

# 非金融机构支付服务管理办法

(2010年6月14日 中国人民银行令〔2010〕第2号)

根据《中华人民共和国中国人民银行法》等法律法规,中国人民银行制定了《非金融机构支付服务管理办法》,经2010年5月19日第7次行长办公会议通过,现予公布,自2010年9月1日起施行。

## 第一章 总 则

**第一条** 为促进支付服务市场健康发展,规范非金融机构支付服务行为,防范支付风险,保护当事人的合法权益,根据《中华人民共和国中国人民银行法》等法律法规,制定本办法。

**第二条** 本办法所称非金融机构支付服务,是指非金融机构在收付款人之间作为中介机构提供下列部分或全部货币资金转移服务:

(一)网络支付;

(二)预付卡的发行与受理;

(三)银行卡收单;

(四)中国人民银行确定的其他支付服务。

本办法所称网络支付,是指依托公共网络或专用网络在收付款人之间转移货币资金的行为,包括货币汇兑、互联网支付、移动电话支付、固定电话支付、数字电视支付等。

本办法所称预付卡,是指以营利为目的发行的、在发行机构之外购买商品或服务的预付价值,包括采取磁条、芯片等技术以卡片、密码等形式发行的预付卡。

本办法所称银行卡收单,是指通过销售点(POS)终端等为银行卡特约商户代收货币资金的行为。

**第三条** 非金融机构提供支付服务,应当依据本办法规定取得《支付业务许可证》,成为支付机构。

支付机构依法接受中国人民银行的监督管理。

未经中国人民银行批准,任何非金融机构和个人不得从事或变相从事支付业务。

**第四条** 支付机构之间的货币资金转移应当委托银行业金融机构办理,不得通过支付机构相互存放货币资金或委托其他支付机构等形式办理。

支付机构不得办理银行业金融机构之间的货币资金转移,经特别许可的除外。

**第五条**　支付机构应当遵循安全、效率、诚信和公平竞争的原则,不得损害国家利益、社会公共利益和客户合法权益。

**第六条**　支付机构应当遵守反洗钱的有关规定,履行反洗钱义务。

## 第二章　申请与许可

**第七条**　中国人民银行负责《支付业务许可证》的颁发和管理。

申请《支付业务许可证》的,需经所在地中国人民银行分支机构审查后,报中国人民银行批准。

本办法所称中国人民银行分支机构,是指中国人民银行副省级城市中心支行以上的分支机构。

**第八条**　《支付业务许可证》的申请人应当具备下列条件:

(一)在中华人民共和国境内依法设立的有限责任公司或股份有限公司,且为非金融机构法人;

(二)有符合本办法规定的注册资本最低限额;

(三)有符合本办法规定的出资人;

(四)有5名以上熟悉支付业务的高级管理人员;

(五)有符合要求的反洗钱措施;

(六)有符合要求的支付业务设施;

(七)有健全的组织机构、内部控制制度和风险管理措施;

(八)有符合要求的营业场所和安全保障措施;

(九)申请人及其高级管理人员最近3年内未因利用支付业务实施违法犯罪活动或为违法犯罪活动办理支付业务等受过处罚。

**第九条**　申请人拟在全国范围内从事支付业务的,其注册资本最低限额为1亿元人民币;拟在省(自治区、直辖市)范围内从事支付业务的,其注册资本最低限额为3千万元人民币。注册资本最低限额为实缴货币资本。

本办法所称在全国范围内从事支付业务,包括申请人跨省(自治区、直辖市)设立分支机构从事支付业务,或客户可跨省(自治区、直辖市)办理支付业务的情形。

中国人民银行根据国家有关法律法规和政策规定,调整申请人的注册资本最低限额。

外商投资支付机构的业务范围、境外出资人的资格条件和出资比例等,由中国人民银行另行规定,报国务院批准。

**第十条**　申请人的主要出资人应当符合以下条件:

(一)为依法设立的有限责任公司或股份有限公司;

(二)截至申请日,连续为金融机构提供信息处理支持服务2年以上,或连续为电子商务活动提供信息处理支持服务2年以上;

(三)截至申请日,连续盈利2年以上;

(四)最近3年内未因利用支付业务实施违法犯罪活动或为违法犯罪活动办理支付业务等受过处罚。

本办法所称主要出资人,包括拥有申请人实际控制权的出资人和持有申请人10%以上股权的出资人。

**第十一条**　申请人应当向所在地中国人民银行分支机构提交下列文件、资料:

(一)书面申请,载明申请人的名称、住所、注册资本、组织机构设置、拟申请支付业务等;

(二)公司营业执照(副本)复印件;

(三)公司章程;

(四)验资证明;

(五)经会计师事务所审计的财务会计报告;

(六)支付业务可行性研究报告;

(七)反洗钱措施验收材料;

(八)技术安全检测认证证明;

(九)高级管理人员的履历材料;

(十)申请人及其高级管理人员的无犯罪记录证明材料;

(十一)主要出资人的相关材料;

(十二)申请资料真实性声明。

**第十二条**　申请人应当在收到受理通知后按规定公告下列事项:

(一)申请人的注册资本及股权结构;

(二)主要出资人的名单、持股比例及其财务状况;

(三)拟申请的支付业务;

(四)申请人的营业场所;

(五)支付业务设施的技术安全检测认证

证明。

**第十三条** 中国人民银行分支机构依法受理符合要求的各项申请,并将初审意见和申请资料报送中国人民银行。中国人民银行审查批准的,依法颁发《支付业务许可证》,并予以公告。

《支付业务许可证》自颁发之日起,有效期5年。支付机构拟于《支付业务许可证》期满后继续从事支付业务的,应当在期满前6个月内向所在地中国人民银行分支机构提出续展申请。中国人民银行准予续展的,每次续展的有效期为5年。

**第十四条** 支付机构变更下列事项之一的,应当在向公司登记机关申请变更登记前报中国人民银行同意:

(一)变更公司名称、注册资本或组织形式;

(二)变更主要出资人;

(三)合并或分立;

(四)调整业务类型或改变业务覆盖范围。

**第十五条** 支付机构申请终止支付业务的,应当向所在地中国人民银行分支机构提交下列文件、资料:

(一)公司法定代表人签署的书面申请,载明公司名称、支付业务开展情况、拟终止支付业务及终止原因等;

(二)公司营业执照(副本)复印件;

(三)《支付业务许可证》复印件;

(四)客户合法权益保障方案;

(五)支付业务信息处理方案。

准予终止的,支付机构应当按照中国人民银行的批复完成终止工作,交回《支付业务许可证》。

**第十六条** 本章对许可程序未作规定的事项,适用《中国人民银行行政许可实施办法》(中国人民银行令〔2004〕第3号)。

## 第三章 监督与管理

**第十七条** 支付机构应当按照《支付业务许可证》核准的业务范围从事经营活动,不得从事核准范围之外的业务,不得将业务外包。

支付机构不得转让、出租、出借《支付业务许可证》。

**第十八条** 支付机构应当按照审慎经营的要求,制订支付业务办法及客户权益保障措施,建立健全风险管理和内部控制制度,并报所在地中国人民银行分支机构备案。

**第十九条** 支付机构应当确定支付业务的收费项目和收费标准,并报所在地中国人民银行分支机构备案。

支付机构应当公开披露其支付业务的收费项目和收费标准。

**第二十条** 支付机构应当按规定向所在地中国人民银行分支机构报送支付业务统计报表和财务会计报告等资料。

**第二十一条** 支付机构应当制定支付服务协议,明确其与客户的权利和义务、纠纷处理原则、违约责任等事项。

支付机构应当公开披露支付服务协议的格式条款,并报所在地中国人民银行分支机构备案。

**第二十二条** 支付机构的分公司从事支付业务的,支付机构及其分公司应当分别到所在地中国人民银行分支机构备案。

支付机构的分公司终止支付业务的,比照前款办理。

**第二十三条** 支付机构接受客户备付金时,只能按收取的支付服务费向客户开具发票,不得按接受的客户备付金金额开具发票。

**第二十四条** 支付机构接受的客户备付金不属于支付机构的自有财产。

支付机构只能根据客户发起的支付指令转移备付金。禁止支付机构以任何形式挪用客户备付金。

**第二十五条** 支付机构应当在客户发起的支付指令中记载下列事项:

(一)付款人名称;

(二)确定的金额;

(三)收款人名称;

(四)付款人的开户银行名称或支付机构名称;

(五)收款人的开户银行名称或支付机构名称;

(六)支付指令的发起日期。

客户通过银行结算账户进行支付的,支付机构还应当记载相应的银行结算账号。客户通过非银行结算账户进行支付的,支付机构还应当记载客户有效身份证件上的名称和号码。

**第二十六条**　支付机构接受客户备付金的，应当在商业银行开立备付金专用存款账户存放备付金。中国人民银行另有规定的除外。

支付机构只能选择一家商业银行作为备付金存管银行，且在该商业银行的一个分支机构只能开立一个备付金专用存款账户。

支付机构应当与商业银行的法人机构或授权的分支机构签订备付金存管协议，明确双方的权利、义务和责任。

支付机构应当向所在地中国人民银行分支机构报送备付金存管协议和备付金专用存款账户的信息资料。

**第二十七条**　支付机构的分公司不得以自己的名义开立备付金专用存款账户，只能将接受的备付金存放在支付机构开立的备付金专用存款账户。

**第二十八条**　支付机构调整不同备付金专用存款账户头寸的，由备付金存管银行的法人机构对支付机构拟调整的备付金专用存款账户的余额情况进行复核，并将复核意见告知支付机构及有关备付金存管银行。

支付机构应当持备付金存管银行的法人机构出具的复核意见办理有关备付金专用存款账户的头寸调拨。

**第二十九条**　备付金存管银行应当对存放在本机构的客户备付金的使用情况进行监督，并按规定向备付金存管银行所在地中国人民银行分支机构及备付金存管银行的法人机构报送客户备付金的存管或使用情况等信息资料。

对支付机构违反第二十五条至第二十八条相关规定使用客户备付金的申请或指令，备付金存管银行应当予以拒绝；发现客户备付金被违法使用或有其他异常情况的，应当立即向备付金存管银行所在地中国人民银行分支机构及备付金存管银行的法人机构报告。

**第三十条**　支付机构的实缴货币资本与客户备付金日均余额的比例，不得低于10%。

本办法所称客户备付金日均余额，是指备付金存管银行的法人机构根据最近90日内支付机构每日日终的客户备付金总量计算的平均值。

**第三十一条**　支付机构应当按规定核对客户的有效身份证件或其他有效身份证明文件，并登记客户身份基本信息。

支付机构明知或应知客户利用其支付业务实施违法犯罪活动的，应当停止为其办理支付业务。

**第三十二条**　支付机构应当具备必要的技术手段，确保支付指令的完整性、一致性和不可抵赖性，支付业务处理的及时性、准确性和支付业务的安全性；具备灾难恢复处理能力和应急处理能力，确保支付业务的连续性。

**第三十三条**　支付机构应当依法保守客户的商业秘密，不得对外泄露。法律法规另有规定的除外。

**第三十四条**　支付机构应当按规定妥善保管客户身份基本信息、支付业务信息、会计档案等资料。

**第三十五条**　支付机构应当接受中国人民银行及其分支机构定期或不定期的现场检查和非现场检查，如实提供有关资料，不得拒绝、阻挠、逃避检查，不得谎报、隐匿、销毁相关证据材料。

**第三十六条**　中国人民银行及其分支机构依据法律、行政法规、中国人民银行的有关规定对支付机构的公司治理、业务活动、内部控制、风险状况、反洗钱工作等进行定期或不定期现场检查和非现场检查。

中国人民银行及其分支机构依法对支付机构进行现场检查，适用《中国人民银行执法检查程序规定》（中国人民银行令〔2010〕第1号发布）。

**第三十七条**　中国人民银行及其分支机构可以采取下列措施对支付机构进行现场检查：

（一）询问支付机构的工作人员，要求其对被检查事项作出解释、说明；

（二）查阅、复制与被检查事项有关的文件、资料，对可能被转移、藏匿或毁损的文件、资料予以封存；

（三）检查支付机构的客户备付金专用存款账户及相关账户；

（四）检查支付业务设施及相关设施。

**第三十八条**　支付机构有下列情形之一的，中国人民银行及其分支机构有权责令其停止办理部分或全部支付业务：

（一）累计亏损超过其实缴货币资本的50%；

(二)有重大经营风险;

(三)有重大违法违规行为。

**第三十九条**　支付机构因解散、依法被撤销或被宣告破产而终止的,其清算事宜按照国家有关法律规定办理。

## 第四章　罚　　则

**第四十条**　中国人民银行及其分支机构的工作人员有下列情形之一的,依法给予行政处分;构成犯罪的,依法追究刑事责任:

(一)违反规定审查批准《支付业务许可证》的申请、变更、终止等事项的;

(二)违反规定对支付机构进行检查的;

(三)泄露知悉的国家秘密或商业秘密的;

(四)滥用职权、玩忽职守的其他行为。

**第四十一条**　商业银行有下列情形之一的,中国人民银行及其分支机构责令其限期改正,并给予警告或处 1 万元以上 3 万元以下罚款;情节严重的,中国人民银行责令其暂停或终止客户备付金存管业务:

(一)未按规定报送客户备付金的存管或使用情况等信息资料的;

(二)未按规定对支付机构调整备付金专用存款账户头寸的行为进行复核的;

(三)未对支付机构违反规定使用客户备付金的申请或指令予以拒绝的。

**第四十二条**　支付机构有下列情形之一的,中国人民银行分支机构责令其限期改正,并给予警告或处 1 万元以上 3 万元以下罚款:

(一)未按规定建立有关制度办法或风险管理措施的;

(二)未按规定办理相关备案手续的;

(三)未按规定公开披露相关事项的;

(四)未按规定报送或保管相关资料的;

(五)未按规定办理相关变更事项的;

(六)未按规定向客户开具发票的;

(七)未按规定保守客户商业秘密的。

**第四十三条**　支付机构有下列情形之一的,中国人民银行分支机构责令其限期改正,并处 3 万元罚款;情节严重的,中国人民银行注销其《支付业务许可证》;涉嫌犯罪的,依法移送公安机关立案侦查;构成犯罪的,依法追究刑事责任:

(一)转让、出租、出借《支付业务许可证》的;

(二)超出核准业务范围或将业务外包的;

(三)未按规定存放或使用客户备付金的;

(四)未遵守实缴货币资本与客户备付金比例管理规定的;

(五)无正当理由中断或终止支付业务的;

(六)拒绝或阻碍相关检查监督的;

(七)其他危及支付机构稳健运行、损害客户合法权益或危害支付服务市场的违法违规行为。

**第四十四条**　支付机构未按规定履行反洗钱义务的,中国人民银行及其分支机构依据国家有关反洗钱法律法规等进行处罚;情节严重的,中国人民银行注销其《支付业务许可证》。

**第四十五条**　支付机构超出《支付业务许可证》有效期限继续从事支付业务的,中国人民银行及其分支机构责令其终止支付业务;涉嫌犯罪的,依法移送公安机关立案侦查;构成犯罪的,依法追究刑事责任。

**第四十六条**　以欺骗等不正当手段申请《支付业务许可证》但未获批准的,申请人及持有其 5% 以上股权的出资人 3 年内不得再次申请或参与申请《支付业务许可证》。以欺骗等不正当手段申请《支付业务许可证》且已获批准的,由中国人民银行及其分支机构责令其终止支付业务,注销其《支付业务许可证》;涉嫌犯罪的,依法移送公安机关立案侦查;构成犯罪的,依法追究刑事责任;申请人及持有其 5% 以上股权的出资人不得再次申请或参与申请《支付业务许可证》。

**第四十七条**　任何非金融机构和个人未经中国人民银行批准擅自从事或变相从事支付业务的,中国人民银行及其分支机构责令其终止支付业务;涉嫌犯罪的,依法移送公安机关立案侦查;构成犯罪的,依法追究刑事责任。

## 第五章　附　　则

**第四十八条**　本办法实施前已经从事支付业务的非金融机构,应当在本办法实施之日起 1 年内申请取得《支付业务许可证》。逾期未取得的,不得继续从事支付业务。

**第四十九条**　本办法由中国人民银行负责解释。

**第五十条**　本办法自 2010 年 9 月 1 日起施行。

# 保险资金运用管理暂行办法

(2010年7月30日　保监会令2010年第9号)

## 第一章　总　　则

**第一条**　为了规范保险资金运用行为,防范保险资金运用风险,维护保险当事人合法权益,促进保险业持续、健康发展,根据《中华人民共和国保险法》(以下简称《保险法》)等法律、行政法规,制定本办法。

**第二条**　在中国境内依法设立的保险集团(控股)公司、保险公司从事保险资金运用活动适用本办法规定。

**第三条**　本办法所称保险资金,是指保险集团(控股)公司、保险公司以本外币计价的资本金、公积金、未分配利润、各项准备金及其他资金。

**第四条**　保险资金运用必须稳健,遵循安全性原则,符合偿付能力监管要求,根据保险资金性质实行资产负债管理和全面风险管理,实现集约化、专业化、规范化和市场化。

**第五条**　中国保险监督管理委员会(以下简称中国保监会)依法对保险资金运用活动进行监督管理。

## 第二章　资金运用形式

### 第一节　资金运用范围

**第六条**　保险资金运用限于下列形式:

(一)银行存款;

(二)买卖债券、股票、证券投资基金份额等有价证券;

(三)投资不动产;

(四)国务院规定的其他资金运用形式。

保险资金从事境外投资的,应当符合中国保监会有关监管规定。

**第七条**　保险资金办理银行存款的,应当选择符合下列条件的商业银行作为存款银行:

(一)资本充足率、净资产和拨备覆盖率等符合监管要求;

(二)治理结构规范、内控体系健全、经营业绩良好;

(三)最近三年未发现重大违法违规行为;

(四)连续三年信用评级在投资级别以上。

**第八条**　保险资金投资的债券,当达到中国保监会认可的信用评级机构评定的,且符合规定要求的信用级别,主要包括政府债券、金融债券、企业(公司)债券、非金融企业债务融资工具以及符合规定的其他债券。

**第九条**　保险资金投资的股票,主要包括公开发行并上市交易的股票和上市公司向特定对象非公开发行的股票。

投资创业板上市公司股票和以外币认购及交易的股票由中国保监会另行规定。

**第十条**　保险资金投资证券投资基金的,其基金管理人应当符合下列条件:

(一)公司治理良好,净资产连续三年保持在人民币一亿元以上;

(二)依法履行合同,维护投资者合法权益,最近三年没有不良记录;

(三)建立有效的证券投资基金和特定客户资产管理业务之间的防火墙机制;

(四)投资团队稳定,历史投资业绩良好,管理资产规模或者基金份额相对稳定。

**第十一条**　保险资金投资的不动产,是指土地、建筑物及其他附着于土地上的定着物。具体办法由中国保监会制定。

**第十二条**　保险资金投资的股权,应当为境内依法设立和注册登记,且未在证券交易所公开上市的股份有限公司和有限责任公司的股权。

**第十三条** 保险集团(控股)公司、保险公司不得使用各项准备金购置自用不动产或者从事对其他企业实现控股的股权投资。

**第十四条** 保险集团(控股)公司、保险公司对其他企业实现控股的股权投资,应当满足有关偿付能力监管规定。保险集团(控股)公司的保险子公司不符合中国保监会偿付能力监管要求的,该保险集团(控股)公司不得向非保险类金融企业投资。

实现控股的股权投资应当限于下列企业:

(一)保险类企业,包括保险公司、保险资产管理机构以及保险专业代理机构、保险经纪机构;

(二)非保险类金融企业;

(三)与保险业务相关的企业。

**第十五条** 保险集团(控股)公司、保险公司从事保险资金运用,不得有下列行为:

(一)存款于非银行金融机构;

(二)买入被交易所实行"特别处理"、"警示存在终止上市风险的特别处理"的股票;

(三)投资不具有稳定现金流回报预期或者资产增值价值、高污染等不符合国家产业政策项目的企业股权和不动产;

(四)直接从事房地产开发建设;

(五)从事创业风险投资;

(六)将保险资金运用形成的投资资产用于向他人提供担保或者发放贷款,个人保单质押贷款除外;

(七)中国保监会禁止的其他投资行为。

中国保监会可以根据有关情况对保险资金运用的禁止性规定进行适当调整。

**第十六条** 保险集团(控股)公司、保险公司从事保险资金运用应当符合下列比例要求:

(一)投资于银行活期存款、政府债券、中央银行票据、政策性银行债券和货币市场基金等资产的账面余额,合计不低于本公司上季末总资产的5%;

(二)投资于无担保企业(公司)债券和非金融企业债务融资工具的账面余额,合计不高于本公司上季末总资产的20%;

(三)投资于股票和股票型基金的账面余额,合计不高于本公司上季末总资产的20%;

(四)投资于未上市企业股权的账面余额,不高于本公司上季末总资产的5%;投资于未上市企业股权相关金融产品的账面余额,不高于本公司上季末总资产的4%,两项合计不高于本公司上季末总资产的5%;

(五)投资于不动产的账面余额,不高于本公司上季末总资产的10%;投资于不动产相关金融产品的账面余额,不高于本公司上季末总资产的3%,两项合计不高于本公司上季末总资产的10%;

(六)投资于基础设施等债权投资计划的账面余额不高于本公司上季末总资产的10%;

(七)保险集团(控股)公司、保险公司对其他企业实现控股的股权投资,累计投资成本不得超过其净资产。

前款(一)至(六)项所称总资产应当扣除债券回购融入资金余额、投资连结保险和非寿险非预定收益投资型保险产品资产;保险集团(控股)公司总资产应当为集团母公司总资产。

非金融企业债务融资工具是指具有法人资格的非金融企业在银行间债券市场发行的,约定在一定期限内还本付息的有价证券;

未上市企业股权相关金融产品是指股权投资管理机构依法在中国境内发起设立或者发行的以未上市企业股权为基础资产的投资计划或者投资基金等;

不动产相关金融产品是指不动产投资管理机构依法在中国境内发起设立或者发行的以不动产为基础资产的投资计划或者投资基金等;

基础设施等债权投资计划是指保险资产管理机构等专业管理机构根据有关规定,发行投资计划受益凭证,向保险公司等委托人募集资金,投资基础设施项目等,按照约定支付本金和预期收益的金融工具。

保险集团(控股)公司、保险公司应当控制投资工具、单一品种、单一交易对手、关联企业以及集团内各公司投资同一标的的比例,防范资金运用集中度风险。

保险资金运用的具体管理办法,由中国保监会制定。中国保监会可以根据有关情况对保险资金运用的投资比例进行适当调整。

**第十七条** 投资连结保险产品和非寿险非预定收益投资型保险产品的资金运用,应当在资产隔离、资产配置、投资管理、人员配备、投资交易和风险控制等环节,独立于其他保险产品资金,具体办法由中国保监会制定。

## 第二节　资金运用模式

**第十八条**　保险集团(控股)公司、保险公司应当按照“集中管理、统一配置、专业运作”的要求,实行保险资金的集约化、专业化管理。

保险资金应当由法人机构统一管理和运用,分支机构不得从事保险资金运用业务。

**第十九条**　保险集团(控股)公司、保险公司应当选择符合条件的商业银行等专业机构,实施保险资金运用第三方托管和监督,具体办法由中国保监会制定。

托管的保险资产独立于托管机构固有资产,并独立于托管机构托管的其他资产。托管机构因依法解散、被依法撤销或者被依法宣告破产等原因进行清算的,托管资产不属于其清算财产。

**第二十条**　托管机构从事保险资金托管的,主要职责包括:

(一)保险资金的保管、清算交割和资产估值;

(二)监督投资行为;

(三)向有关当事人披露信息;

(四)依法保守商业秘密;

(五)法律、法规、中国保监会规定和合同约定的其他职责。

**第二十一条**　托管机构从事保险资金托管,不得有下列行为:

(一)挪用托管资金;

(二)混合管理托管资金和自有资金或者混合管理不同托管账户资金;

(三)利用托管资金及其相关信息谋取非法利益;

(四)其他违法行为。

**第二十二条**　保险集团(控股)公司、保险公司的投资管理能力应当符合中国保监会规定的相关标准。

保险集团(控股)公司、保险公司根据投资管理能力和风险管理能力,可以自行投资或者委托保险资产管理机构进行投资。

**第二十三条**　保险集团(控股)公司、保险公司委托保险资产管理机构投资的,应当订立书面合同,约定双方权利与义务,确保委托人、受托人、托管人三方职责各自独立。

保险集团(控股)公司、保险公司应当履行制定资产战略配置指引、选择受托人、监督受托人执行情况、评估受托人投资绩效等职责。

保险资产管理机构应当执行委托人资产配置指引,根据保险资金特性构建投资组合,公平对待不同资金。

**第二十四条**　保险集团(控股)公司、保险公司委托保险资产管理机构投资的,不得有下列行为:

(一)妨碍、干预受托机构正常履行职责;

(二)要求受托机构提供其他委托机构信息;

(三)要求受托机构提供最低投资收益保证;

(四)非法转移保险利润;

(五)其他违法行为。

**第二十五条**　保险资产管理机构受托管理保险资金的,不得有下列行为:

(一)违反合同约定投资;

(二)不公平对待不同资金;

(三)混合管理自有、受托资金或者不同委托机构资金;

(四)挪用受托资金;

(五)向委托机构提供最低投资收益承诺;

(六)以保险资金及其投资形成的资产为他人设定担保;

(七)其他违法行为。

**第二十六条**　保险资产管理机构根据中国保监会相关规定,可以将保险资金运用范围的投资品种作为基础资产,开展保险资产管理产品业务。

保险集团(控股)公司、保险公司委托投资或者购买保险资产管理产品,保险资产管理机构应当根据合同约定,及时向有关当事人披露资金投向、投资管理、资金托管、风险管理和重大突发事件等信息,并保证披露信息的真实、准确和完整。

保险资产管理机构应当根据受托资产规模、资产类别、产品风险特征、投资业绩等因素,按照市场化原则,以合同方式与委托或者投资机构,约定管理费收入计提标准和支付方式。

保险资产管理产品业务,是指由保险资产管理机构为发行人和管理人,向保险集团(控股)公司、保险公司以及保险资产管理机构等投资人发售产品份额,募集资金,并选聘商业银行等专业机构为托管人,为投资人利益开展的投资管理活动。

## 第三章 决策运行机制

### 第一节 组织结构与职责

**第二十七条** 保险集团(控股)公司、保险公司应当建立健全公司治理,在公司章程和相关制度中明确规定股东大会、董事会、监事会和经营管理层的保险资金运用职责,实现保险资金运用决策权、运营权、监督权相互分离,相互制衡。

**第二十八条** 保险资金运用实行董事会负责制。保险公司董事会应当对资产配置和投资政策、风险控制、合规管理承担最终责任,主要履行下列职责:

(一)审定保险资金运用管理制度;

(二)确定保险资金运用的管理方式;

(三)审定投资决策程序和授权机制;

(四)审定资产战略配置规划、年度投资计划和投资指引及相关调整方案;

(五)决定重大投资事项;

(六)审定新投资品种的投资策略和运作方案;

(七)建立资金运用绩效考核制度;

(八)其他相关职责。

董事会应当设立资产负债管理委员会(投资决策委员会)和风险管理委员会。

**第二十九条** 保险集团(控股)公司、保险公司决定委托投资,以及投资无担保债券、股票、股权和不动产等重大保险资金运用事项,应当经董事会审议通过。

**第三十条** 保险集团(控股)公司、保险公司经营管理层根据董事会授权,应当履行下列职责:

(一)负责保险资金运用的日常运营和管理工作;

(二)建立保险资金运用与财务、精算、产品和风控等部门之间的协商机制;

(三)审议资产管理部门拟定的保险资产战略配置规划和年度资产配置策略,并提交董事会审定;

(四)控制和管理保险资金运用风险;

(五)执行经董事会审定的资产配置规划和年度资产配置策略;

(六)提出调整资产战略配置调整方案;

(七)其他职责。

**第三十一条** 保险集团(控股)公司、保险公司应当设置专门的保险资产管理部门,并独立于财务、精算、风险控制等其他业务部门,履行下列职责:

(一)拟定保险资金运用管理制度;

(二)拟定资产战略配置规划和年度资产配置策略;

(三)拟定资产战略配置调整方案;

(四)执行年度资产配置计划;

(五)实施保险资金运用风险管理措施;

(六)其他职责。

保险集团(控股)公司、保险公司自行投资的,保险资产管理部门应当负责日常投资和交易管理;委托投资的,保险资产管理部门应当履行委托人职责,监督投资行为和评估投资业绩等职责。

**第三十二条** 保险集团(控股)公司、保险公司的资产管理部门应当在投资研究、资产清算、风险控制、业绩评估、相关保障等环节设置岗位,建立防火墙体系,实现专业化、规范化、程序化运作。

保险集团(控股)公司、保险公司自行投资的,资产管理部门应当设置投资、交易等与资金运用业务直接相关的岗位。

**第三十三条** 保险集团(控股)公司、保险公司风险管理部门以及具有相应管理职能的部门,应当履行下列职责:

(一)拟定保险资金运用风险管理制度;

(二)审核和监控保险资金运用合法合规性;

(三)识别、评估、跟踪、控制和管理保险资金运用风险;

(四)定期报告资金运用风险管理状况;

(五)其他职责。

**第三十四条** 保险资产管理机构应当设立首席风险管理执行官。

首席风险管理执行官为公司高级管理人员,负责组织和指导保险资产管理机构风险管理,履职范围应当包括保险资产管理机构运作的所有业务环节，独立向董事会、中国保监会报告有关情况，提出防范和化解重大风险建议。

首席风险管理执行官不得主管投资管理。如需更换，应当于更换前至少五个工作日向中国保监会书面说明理由和其履职情况。

### 第二节　资金运用流程

**第三十五条**　保险集团(控股)公司、保险公司应当建立健全保险资金运用的管理制度和内部控制机制，明确各个环节、有关岗位的衔接方式及操作标准，严格分离前、中、后台岗位责任，定期检查和评估制度执行情况，做到权责分明、相对独立和相互制衡。相关制度包括但不限于：

(一)资产配置相关制度；

(二)投资研究、决策和授权制度；

(三)交易和结算管理制度；

(四)绩效评估和考核制度；

(五)信息系统管理制度；

(六)风险管理制度等。

**第三十六条**　保险集团(控股)公司、保险公司应当以独立法人为单位，统筹境内境外两个市场，综合偿付能力约束、外部环境、风险偏好和监管要求等因素，分析保险资金成本、现金流和期限等负债指标，选择配置具有相应风险收益特征、期限及流动性的资产。

**第三十七条**　保险集团(控股)公司、保险公司应当建立专业化分析平台，并利用外部研究成果，研究制定涵盖交易对手管理和投资品种选择的模型和制度，构建投资池、备选池和禁投池体系，实时跟踪并分析市场变化，为保险资金运用决策提供依据。

**第三十八条**　保险集团(控股)公司、保险公司应当建立健全相对集中、分级管理、权责统一的投资决策和授权制度，明确授权方式、权限、标准、程序、时效和责任，并对授权情况进行检查和逐级问责。

**第三十九条**　保险集团(控股)公司、保险公司应当建立和完善公平交易机制，有效控制相关人员操作风险和道德风险，防范交易系统的技术安全疏漏，确保交易行为的合规性、公平性和有效性。公平交易机制至少应当包括以下内容：

(一)实行集中交易制度，严格隔离投资决策与交易执行；

(二)构建符合相关要求的集中交易监测系统、预警系统和反馈系统；

(三)建立完善的交易记录制度；

(四)在账户设置、研究支持、资源分配、人员管理等环节公平对待不同资金等。

**第四十条**　保险集团(控股)公司、保险公司应当建立以资产负债管理为核心的绩效评估体系和评估标准，定期开展保险资金运用绩效评估和归因分析，推进长期投资、价值投资和分散化投资，实现保险资金运用总体目标。

**第四十一条**　保险集团(控股)公司、保险公司应当建立保险资金运用信息管理系统，减少或者消除人为操纵因素，自动识别、预警报告和管理控制资产管理风险，确保实时掌握风险状况。

信息管理系统应当设定合规性和风险指标阀值，将风险监控的各项要素固化到相关信息技术系统之中，降低操作风险、防止道德风险。

信息管理系统应当建立全面风险管理数据库，收集和整合市场基础资料，记录保险资金管理和投资交易的原始数据，保证信息平台共享。

## 第四章　风险管控

**第四十二条**　保险集团(控股)公司、保险公司应当建立全面覆盖、全程监控、全员参与的保险资金运用风险管理组织体系和运行机制，改进风险管理技术和信息技术系统，通过管理系统和稽核审计等手段，分类、识别、量化和评估各类风险，防范和化解风险。

**第四十三条**　保险集团(控股)公司、保险公司应当管理和控制资产负债错配风险，以偿付能力约束和保险产品负债特性为基础，加强成本收益管理、期限管理和风险预算，确定保险资金运用风险限额，采用缺口分析、敏感性和情景测试等方法，评估和管理资产错配风险。

**第四十四条**　保险集团(控股)公司、保险公司应当管理和控制流动性风险，根据保险业务特点和风险偏好，测试不同状况下可以承受的流动性风险水平和自身风险承受能力，制定流动性风险管理策略、政策和程序，防范流动性风险。

**第四十五条**　保险集团(控股)公司、保险公司应当管理和控制市场风险，评估和管理利率风险、汇率风险以及金融市场波动风险,建立有效的市场风险评估和管理机制,实行市场风险限额管理。

**第四十六条** 保险集团(控股)公司、保险公司应当管理和控制信用风险,建立信用风险管理制度,及时跟踪评估信用风险,跟踪分析持仓信用品种和交易对手,定期组织回测检验。

**第四十七条** 保险集团(控股)公司、保险公司应当加强同业拆借、债券回购和融资融券业务管理,严格控制融资规模和使用杠杆,禁止投机或者用短期拆借资金投资高风险和流动性差的资产。保险资金参与衍生产品交易,仅限于对冲风险,不得用于投机和放大交易,具体办法由中国保监会制定。

**第四十八条** 保险集团(控股)公司、保险公司应当发挥内部稽核和外部审计的监督作用,每年至少进行一次保险资金运用内部全面稽核审计。内控审计报告应当揭示保险资金运用管理的合规情况和风险状况。主管投资的高级管理人员、保险资金运用部门负责人和重要岗位人员离职前,应当进行离任审计。

保险集团(控股)公司、保险公司应当定期向中国保监会报告保险资金运用内部稽核审计结果和有关人员离任审计结果。

**第四十九条** 保险集团(控股)公司、保险公司应当建立保险资金运用风险处置机制,制定应急预案,及时控制和化解风险隐患。投资资产发生大幅贬值或者出现债权不能清偿的,应当制定处置方案,并及时报告中国保监会。

**第五十条** 保险集团(控股)公司、保险公司应当确保风险管控相关岗位和人员具有履行职责所需知情权和查询权,有权查阅、询问所有与保险资金运用业务相关的数据、资料和细节,并列席与保险资金运用相关的会议。

## 第五章 监督管理

**第五十一条** 中国保监会对保险资金运用的监督管理,采取现场监管与非现场监管相结合的方式。

**第五十二条** 中国保监会应当根据公司治理结构、偿付能力、投资管理能力和风险管理能力,对保险集团(控股)公司、保险公司保险资金运用实行分类监管、持续监管和动态评估。

中国保监会应当强化对保险公司的资本约束,确定保险资金运用风险监管指标体系,并根据评估结果,采取相应监管措施,防范和化解风险。

**第五十三条** 保险集团(控股)公司、保险公司分管投资的高级管理人员、资产管理部门的主要负责人、保险资产管理机构的董事、监事、高级管理人员,应当在任职前取得中国保监会核准的任职资格。

**第五十四条** 保险集团(控股)公司、保险公司的重大股权投资,应当报中国保监会核准。

保险资产管理机构发行或者发起设立的保险资产管理产品,实行初次申报核准,同类产品事后报告。

中国保监会按照有关规定对上述事项进行合规性、程序性审核。

重大股权投资,是指对拟投资非保险类金融企业或者与保险业务相关的企业实施控制的投资行为。

**第五十五条** 中国保监会有权要求保险集团(控股)公司、保险公司提供报告、报表、文件和资料。

提交报告、报表、文件和资料,应当及时、真实、准确、完整。

**第五十六条** 保险集团(控股)公司、保险公司的股东大会、股东会、董事会的重大投资决议,应当在决议作出后5个工作日内向中国保监会报告,中国保监会另有规定的除外。

**第五十七条** 中国保监会有权要求保险集团(控股)公司、保险公司将保险资金运用的有关数据与中国保监会的监管信息系统动态连接。

**第五十八条** 保险集团(控股)公司和保险公司的偿付能力状况不符合中国保监会要求的,中国保监会可以限制其资金运用的形式、比例。

**第五十九条** 保险集团(控股)公司、保险公司违反资金运用形式和比例有关规定的,由中国保监会责令限期改正。

**第六十条** 中国保监会有权对保险集团(控股)公司、保险公司的董事、监事、高级管理人员和资产管理部门负责人进行监管谈话,要求其就保险资金运用情况、风险控制、内部管理等有关重大事项作出说明。

**第六十一条** 保险集团(控股)公司、保险公司严重违反资金运用有关规定的,中国保监会可以责令调整负责人及有关管理人员。

**第六十二条** 保险集团(控股)公司、保险公司严重违反保险资金运用有关规定,被责令限期改正逾期未改正的,中国保监会可以决定选派有关人员组成整顿组,对公司进行整顿。

**第六十三条** 保险集团(控股)公司、保险公司违反本规定运用保险资金的,由中国保监会依法给予行政处罚。

**第六十四条** 保险资金运用的其他当事人在参与保险资金运用活动中,违反有关法律、行政法规和本办法规定的,中国保监会应当记录其不良行为,并将有关情况通报其行业主管部门;情节严重的,中国保监会可以通报保险集团(控股)公司、保险公司3年内不得与其从事相关业务,并商有关监管部门依法给予行政处罚。

**第六十五条** 中国保监会工作人员滥用职权、玩忽职守,或者泄露所知悉的有关单位和人员的商业秘密的,依法追究法律责任。

## 第六章 附 则

**第六十六条** 保险资产管理机构管理运用保险资金参照本办法执行。

**第六十七条** 保险公司缴纳的保险保障基金等运用,从其规定。

**第六十八条** 中国保监会对保险集团(控股)公司资金运用另有规定的,从其规定。

**第六十九条** 本办法由中国保监会负责解释和修订。

**第七十条** 本办法自2010年8月31日起施行。原有的有关政策和规定,凡与本办法不一致的,一律以本办法为准。

# 信托公司净资本管理办法

(2010年8月24日 银监会令2010年第5号)

## 第一章 总 则

**第一条** 为加强对信托公司的风险监管,促进信托公司安全、稳健发展,根据《中华人民共和国银行业监督管理法》、《中华人民共和国信托法》等有关法律法规,制定本办法。

**第二条** 本办法适用于在中华人民共和国境内依法设立的信托公司。

**第三条** 本办法所称净资本,是指根据信托公司的业务范围和公司资产结构的特点,在净资产的基础上对各固有资产项目、表外项目和其他有关业务进行风险调整后得出的综合性风险控制指标。对信托公司实施净资本管理的目的,是确保信托公司固有资产充足并保持必要的流动性,以满足抵御各项业务不可预期损失的需要。

本办法所称风险资本,是指信托公司按照一定标准计算并配置给某项业务用于应对潜在风险的资本。

**第四条** 信托公司应当按照本办法的规定计算净资本和风险资本。

**第五条** 信托公司应当根据自身资产结构和业务开展情况,建立动态的净资本管理机制,确保净资本等各项风险控制指标符合规定标准。

**第六条** 中国银行业监督管理委员会可以根据市场发展情况和审慎监管原则,对信托公司净资本计算标准及最低要求、风险控制指标、风险资本计算标准等进行调整。

对于本办法未规定的新产品、新业务,信托公司在设计该产品或开展该业务前,应当按照规定事前向中国银行业监督管理委员会报告。中国银行业监督管理委员会根据信托公司新产品、新业务的特点和风险状况,审慎确定相应的比例和计算标准。

**第七条** 中国银行业监督管理委员会按照本办法对信托公司净资本管理及相关风险控制指标状况进行监督检查。

## 第二章 净资本计算

**第八条** 净资本计算公式为:净资本 = 净资产 - 各类资产的风险扣除项 - 或有负债的风险扣除项 - 中国银行业监督管理委员会认定的其他风险扣除项。

**第九条** 信托公司应当在充分计提各类资产减值准备的基础上,按照中国银行业监督管理委员会规定的信托公司净资本计算标准计算净资本。

**第十条** 信托公司应当根据不同资产的特点和风险状况,按照中国银行业监督管理委员会规定的系数对资产项目进行风险调整。信托公司计算净资本时,应当将不同科目中核算的同类资产合并计算,按照资产的属性统一进行风险调整。

(一)金融产品投资应当根据金融产品的类别和流动性特点按照规定的系数进行调整。信托公司以固有资金投资集合资金信托计划或其他理财产品的,应当根据承担的风险相应进行风险调整;

(二)股权投资应当根据股权的类别和流动性特点按照规定的系数进行风险调整;

(三)贷款等债权类资产应当根据到期日的长短和可回收情况按照规定的系数进行风险调整。

资产的分类中同时符合两个或两个以上分类标准的,应当采用最高的扣除比例进行调整。

**第十一条** 对于或有事项,信托公司在计算净资本时应当根据出现损失的可能性按照规定的系数进行风险调整。

信托公司应当对期末或有事项的性质(如未决诉讼、未决仲裁、对外担保等)、涉及金额、形成原因和进展情况、可能发生的损失和预计损失的会计处理情况等在净资本计算表的附注中予以充分披露。

## 第三章 风险资本计算

**第十二条** 由于信托公司开展的各项业务存在一定风险并可能导致资本损失,所以应当按照各项业务规模的一定比例计算风险资本并与净资本建立对应关系,确保各项业务的风险资本有相应的净资本来支撑。

**第十三条** 信托公司开展固有业务、信托业务和其他业务,应当计算风险资本。

风险资本计算公式为:风险资本 = 固有业务风险资本 + 信托业务风险资本 + 其他业务风险资本

固有业务风险资本 = 固有业务各项资产净值 × 风险系数

信托业务风险资本 = 信托业务各项资产余额 × 风险系数

其他业务风险资本 = 其他各项业务余额 × 风险系数

各项业务的风险系数由中国银行业监督管理委员会另行发布。

**第十四条** 信托公司应当按照有关业务的规模和规定的风险系数计算各项业务风险资本。

## 第四章 风险控制指标

**第十五条** 信托公司净资本不得低于人民币2亿元。

**第十六条** 信托公司应当持续符合下列风险控制指标:

(一)净资本不得低于各项风险资本之和的100%;

(二)净资本不得低于净资产的40%。

**第十七条** 信托公司可以根据自身实际情况,在不低于中国银行业监督管理委员会规定标准的基础上,确定相应的风险控制指标要求。

## 第五章 监督检查

**第十八条** 信托公司董事会承担本公司净资本管理的最终责任,负责确定净资本管理目标,审定风险承受能力,制定并监督实施净资本管理规划。

**第十九条** 信托公司高级管理人员负责净资本管理的实施工作,包括制定本公司净资本管理的规章制度,完善风险识别、计量和报告程序,定期评估净资本充足水平,并建立相应的净资本管理机制。

**第二十条** 信托公司应当编制净资本计算

表、风险资本计算表和风险控制指标监管报表。

中国银行业监督管理委员会可以根据监管需要，要求信托公司以合并数据为基础编制净资本计算表、风险资本计算表和风险控制指标监管报表。

**第二十一条**　信托公司应当在每季度结束之日起18个工作日内，向中国银行业监督管理委员会报送季度净资本计算表、风险资本计算表和风险控制指标监管报表。如遇影响净资本等风险控制指标的特别重大事项，应当及时向中国银行业监督管理委员会报告。

**第二十二条**　信托公司总经理应当至少每年将净资本管理情况向董事会书面报告一次。

**第二十三条**　信托公司董事长、总经理应当对公司年度净资本计算表、风险资本计算表和风险控制指标监管报表签署确认意见，并保证报表真实、准确、完整，不存在虚假记载、误导性陈述和重大遗漏。

**第二十四条**　信托公司应当在年度报告中披露净资本、风险资本以及风险控制指标等情况。

**第二十五条**　信托公司净资本等相关风险控制指标与上季度相比变化超过30%或不符合规定标准的，应当在该情形发生之日起5个工作日内，向中国银行业监督管理委员会书面报告。

**第二十六条**　信托公司净资本等相关风险控制指标不符合规定标准的，中国银行业监督管理委员会可以视情况采取下列措施：

（一）要求信托公司制定切实可行的整改计划、方案，明确整改期限；

（二）要求信托公司采取措施调整业务和资产结构或补充资本，提高净资本水平；

（三）限制信托公司信托业务增长速度。

**第二十七条**　对未按要求完成整改的信托公司，中国银行业监督管理委员会可以进一步采取下列措施：

（一）限制分配红利；

（二）限制信托公司开办新业务；

（三）责令暂停部分或全部业务。

**第二十八条**　对信托公司净资本等风险控制指标继续恶化，严重危及该信托公司稳健运行的，除采取第二十七条规定的相关措施外，中国银行业监督管理委员会还可以采取下列措施：

（一）责令调整董事、监事及高级管理人员；

（二）责令控股股东转让股权或限制有关股东行使股东权利；

（三）责令停业整顿；

（四）依法对信托公司实行接管或督促机构重组，直至予以撤销。

### 第六章　附　　则

**第二十九条**　本办法由中国银行业监督管理委员会负责解释。

**第三十条**　本办法自公布之日起施行。

# 融资性担保公司董事、监事、高级管理人员任职资格管理暂行办法

（2010年9月27日　银监会令2010年第6号）

### 第一章　总　　则

**第一条**　为加强对融资性担保公司董事、监事、高级管理人员的任职资格管理，促进融资性担保行业合法、稳健运行，根据《中华人民共和国公司法》、《融资性担保公司管理暂行办法》等有关规定，制定本办法。

**第二条**　本办法所称董事是指融资性担保公司的董事长、副董事长、独立董事和其他董事会成员。

本办法所称监事是指融资性担保公司的监

事长、副监事长和其他监事会成员。

本办法所称高级管理人员是指融资性担保公司的总经理、副总经理、首席风险官、首席合规官、财务负责人以及其他对公司经营管理具有决策权或者对公司风险控制起重要作用的人员。

未担任前三款所列职务或虽称谓不同,但实际履行董事、监事、高级管理人员职责的人员,应当纳入本办法的任职资格管理。

融资性担保公司分支机构总经理的任职资格管理适用本办法关于高级管理人员的有关规定。

**第三条** 担任融资性担保公司董事、监事、高级管理人员,应当报经监管部门核准任职资格。

**第四条** 本办法所称监管部门是指省、自治区、直辖市人民政府确定的负责监督管理本辖区融资性担保公司的部门。

## 第二章 董事、监事、高级管理人员任职资格条件

**第五条** 融资性担保公司董事、监事、高级管理人员应当具备以下条件:

(一)具有完全民事行为能力;

(二)遵纪守法,诚实守信,勤勉尽职,具有良好的职业操守、品行和声誉;

(三)熟悉经济、金融、担保的法律法规,具有良好的合规意识和审慎经营意识;

(四)具备与拟任职务相适应的知识、经验和能力。

**第六条** 下列人员不得担任融资性担保公司董事、监事、高级管理人员:

(一)有故意或重大过失犯罪记录的;

(二)因违反职业操守或者工作严重失职给所任职的机构造成重大损失或者恶劣影响的;

(三)最近五年担任因违法经营而被撤销、接管、合并、宣告破产或者吊销营业执照的机构的董事、监事、高级管理人员,并负有个人责任的;

(四)曾在履行工作职责时有提供虚假信息等违反诚信原则行为,或指使、参与所任职机构对抗依法监管或案件查处,情节严重的;

(五)被取消董事、监事、高级管理人员任职资格或禁止从事担保或金融行业工作的年限未满的;

(六)提交虚假申请材料或明知不具备本办法规定的任职资格条件,采用欺骗、贿赂等不正当手段获得任职资格核准的;

(七)个人或配偶有数额较大的到期未偿还债务的;

(八)法律、法规规定的其他情形。

**第七条** 独立董事拟任人除符合本办法第五条、第六条规定外,还应当是法律、经济、金融、财会或担保方面的专业人士,并不得与拟任职的融资性担保公司存在利益冲突。

**第八条** 融资性担保公司高级管理人员应从事担保或金融工作三年以上,或从事相关行业工作五年以上。

融资性担保公司高级管理人员应当了解所任职务的职责,熟悉任职公司的管理框架、盈利模式,熟知任职公司的内控制度,具备与所任职务相适应的风险管理能力。

融资性担保公司高级管理人员不得在其他经济组织兼职,经监管部门同意的除外。

## 第三章 董事、监事、高级管理人员任职资格的管理

**第九条** 融资性担保公司申请核准董事、监事、高级管理人员任职资格,应当将下列申请材料报送监管部门:

(一)申请人授权签字人签署并加盖公章的致监管部门的申请书。申请书应当说明拟任人拟任的职务、职责、权限,以及该职务在公司组织结构中的位置。

(二)拟任人身份证明、学历证明的复印件,拟任人简历和未来履职计划。

(三)由拟任人签署的陈述书和任职之后将守法尽责的承诺书。陈述书应当包括拟任人无犯罪或其他不良行为记录,拟任人或其配偶无数额较大的到期未偿还债务,拟任人与拟担任职务不存在利益冲突等内容。

(四)法律、行政法规或公司章程规定任命

董事、监事、高级管理人员应召开股东(大)会或董事会会议的,应当报送相应的会议决议。

(五)监管部门要求的其他材料。

**第十条** 监管部门可以约见董事、监事、高级管理人员拟任人进行任职前谈话或考试,对拟任人的资格进行审查。

**第十一条** 融资性担保公司或其分支机构新设立时,董事、监事、高级管理人员任职资格核准申请可以与该机构设立申请一并受理、审查并决定。

**第十二条** 跨省、自治区、直辖市的融资性担保公司分支机构总经理的任职资格,由分支机构所在地监管部门负责核准,并由总公司向其住所地监管部门备案。

**第十三条** 融资性担保公司的董事、监事、高级管理人员拟任人在监管部门核准其任职资格前不得履职。

## 第四章 附 则

**第十四条** 公司制以外的融资性担保机构中实际履行董事、监事和高级管理人员职责的人员的任职资格管理参照本办法执行。

**第十五条** 省、自治区、直辖市融资性担保机构监管部门可以根据本办法的规定,制定实施细则。

**第十六条** 本办法颁布前已担任融资性担保公司董事、监事、高级管理人员的,应当向监管部门重新确认其任职资格。不具备本办法规定的资格条件但具备实际履职能力的,经监管部门考核认定后可以取得任职资格,具体认定办法由各省、自治区、直辖市融资性担保机构监管部门制定。

**第十七条** 本办法自公布之日起施行。

# 商业银行董事履职评价办法(试行)

(2010年12月10日 银监会令2010年第7号)

## 第一章 总 则

**第一条** 为了进一步完善商业银行公司治理机制,规范董事履职行为,保护商业银行、存款人和其他客户的合法权益,根据《中华人民共和国公司法》、《中华人民共和国银行业监督管理法》、《中华人民共和国商业银行法》等法律法规,制定本办法。

**第二条** 本办法所称董事履职评价是指商业银行依照法律法规和有关规定,对董事的履职情况进行评价的行为。

本办法所称董事是指经银行业监督管理机构核准任职资格的商业银行董事。

**第三条** 董事履职评价应当遵循依法合规、客观公正、科学有效的原则。

**第四条** 商业银行应当建立健全董事履职评价制度,按照规定开展评价工作。

**第五条** 商业银行监事会对董事履职评价工作负最终责任,银行业监督管理机构对商业银行董事履职评价工作进行监督。

## 第二章 评价内容

**第六条** 董事对商业银行负有忠实义务和勤勉义务。董事应当按照相关法律、法规、规章及商业银行章程的要求,专业、高效地履行职责,维护商业银行利益,推动商业银行履行社会责任。

**第七条** 董事应当具备履职所必需的专业知识、工作经验和基本素质,具有良好的职业道德。

**第八条** 董事应当保守商业银行秘密,不得在履职过程中接受不正当利益,不得利用董事地位谋取私利,不得为股东利益损害商业银行利益。

**第九条** 董事应当如实告知商业银行本职、兼职情况,并保证所任职务与其在商业银行的任职不存在利益冲突。

董事不得在可能发生利益冲突的金融机构兼任董事。

**第十条** 董事应当按照相关监管规定,如实向董事会、监事会报告关联关系情况,并按照相关要求及时报告上述事项的变动情况。

董事个人直接或者间接与商业银行业务有关联关系时,应当及时告知关联关系的性质和程度,并按照相关规定履行回避义务。

**第十一条** 董事任职前应当书面签署尽职承诺,任职期间应当恪守承诺,勤勉履职。

**第十二条** 商业银行应当对董事在商业银行的工作时间规定最低要求。

独立董事和董事会专门委员会主任委员每年在商业银行工作的时间不得少于15个工作日。

**第十三条** 董事每年应当亲自出席三分之二以上的董事会会议。董事因故不能出席,应当书面委托其他董事代为出席,委托书中应当载明授权范围。

**第十四条** 董事应当持续了解和分析商业银行的运行情况,定期阅读商业银行各项经营报告、财务报告以及风险管理的相关报告,全面把握监管机构、外部审计和社会公众对商业银行的评价,对商业银行事务做出独立、专业、客观的判断,并通过合法渠道提出自己的意见和建议。商业银行应当建立健全相关制度,为董事履职提供必要的信息和资源。

**第十五条** 董事在履职过程中,应当重点关注以下事项:

(一)商业银行战略规划的制定和实施;

(二)商业银行高级管理层的选聘和监督;

(三)商业银行资本管理和资本补充;

(四)商业银行风险偏好、风险战略和风险管理制度;

(五)商业银行重大对外投资和资产处置项目;

(六)商业银行薪酬和绩效考核制度及其执行情况;

(七)商业银行高级管理层的执行力。

**第十六条** 董事参加董事会专门委员会期间,应当持续深入跟踪专门委员会职责范围内商业银行相关事项的变化情况及影响,并按照议事规则及时提出专业意见,提请专门委员会予以关注。

**第十七条** 董事担任董事会专门委员会的主任委员期间,应当按照职责权限认真开展专门委员会工作,按照规定及时召开专门委员会会议形成专业意见,或者根据董事会授权对专门事项提出审议意见。

**第十八条** 执行董事应当完整、真实、及时地向董事会报告商业银行经营情况及相关信息,保证董事会及其成员充分了解商业银行运行状况。

**第十九条** 执行董事应当严格执行董事会决议,并将执行情况及时报告董事会。执行董事应当认真研究决议执行中出现的问题,提出科学可行的意见和建议供董事会讨论决策。

**第二十条** 非执行董事应当从商业银行长远利益出发,做好商业银行与股东的沟通工作,不得将股东自身利益置于商业银行和其他股东利益之上。

**第二十一条** 非执行董事应当重点关注高级管理层对董事会决议的落实情况。如商业银行审慎监管指标不能达到监管要求,或近期可能出现偏差时,非执行董事应当支持商业银行及时整改。

**第二十二条** 非执行董事应当关注股东与商业银行的关联交易情况,支持商业银行完善关联交易管理系统,确保关联交易合法合规。

**第二十三条** 独立董事应当对董事会讨论事项发表客观、公正的独立意见,注重维护存款人和中小股东权益。

**第二十四条** 独立董事在履职过程中,应当特别关注以下事项:

(一)商业银行关联交易的合法性和公允性;

(二)商业银行年度利润分配方案;

(三)商业银行信息披露的完整性和真实性;

(四)可能造成商业银行重大损失的事项;

(五)可能损害存款人和中小股东利益的事项。

## 第三章　评 价 方 法

**第二十五条**　商业银行应当按照本办法要求,建立健全董事履职的监督评价体系和董事履职跟踪记录制度,完善履职档案,制定明确的评价制度和实施细则。

**第二十六条**　商业银行应当按年度对所有在职董事进行履职评价。对于评价年度内任职机构或任职岗位发生变化的董事,应当在综合履职信息的基础上进行评价。

**第二十七条**　商业银行应当建立健全评价操作体系,科学合理地确定各项评价要素的内容,充分列示对每一要素的评价依据。

**第二十八条**　商业银行应当按照本办法对董事履职情况做出评价,评价要素不得少于本办法第二章的要求。

**第二十九条**　商业银行董事履职评价应当充分发挥监事的作用,评价工作可以包括董事自评、董事互评、董事会评价、监事会评价等环节,由监事会形成最终评价结果。

**第三十条**　商业银行应当依据评价结果将董事划分为称职、基本称职和不称职三个级别。

**第三十一条**　董事履职过程中出现下列情形之一的,董事当年履职评价不得评为称职:

(一)董事该年度内未能亲自出席三分之二(含)以上的董事会会议的;

(二)董事表达反对意见时,不能正确行使表决权的;

(三)董事会违反章程、议事规则和决策程序议决重大事项,董事未提出反对意见的;

(四)商业银行资本充足率、资产质量等主要审慎监管指标未达到监管要求,董事未能及时提请董事会有效整改的;

(五)商业银行经营战略出现重大偏差,董事未能及时提出意见或修正要求的;

(六)商业银行风险管理政策出现重大失误,董事未能及时提出意见或修正要求的;

(七)银行业监督管理机构认定的其他情形。

**第三十二条**　董事履职过程中出现下列情形之一的,董事当年履职评价应当为不称职:

(一)泄露商业秘密,损害商业银行合法利益的;

(二)在履职过程中获取不正当利益,或者利用董事地位谋取私利的;

(三)董事会决议违反法律、法规或者商业银行章程,致使商业银行遭受严重损失,董事没有提出异议的;

(四)银行业监管管理机构认定的其他严重失职行为。

## 第四章　评 价 应 用

**第三十三条**　监事会应当将评价结果通报股东大会和董事会,并通知董事本人,根据评价结果提出工作建议或处理意见。

被评为基本称职的董事,董事会和监事会应当组织会谈,向董事本人提出限期改进要求;董事会应当组织培训,帮助董事提高履职能力。如长期未能有效改进,商业银行应当更换董事。

被评为不称职的董事,商业银行应当及时更换。

**第三十四条**　商业银行应当在每个年度终了四个月内,将各环节的董事履职评价结果和全部评价依据报告银行业监督管理机构。

**第三十五条**　银行业监督管理机构应当对商业银行董事履职评价进行监督。

商业银行评价制度、程序不符合规定,或评价结果严重失真的,银行业监督管理机构应当要求商业银行限期改正,并视情况追究商业银行评价责任。

**第三十六条**　银行业监督管理机构可根据董事履职评价结果组织开展专项现场检查,督促商业银行完善公司治理。

**第三十七条**　银行业监督管理机构应当将商业银行董事的年度履职评价结果及时录入银行业金融机构董事和高级管理人员监督管理系统。

## 第五章　附　　则

**第三十八条**　本办法适用于中华人民共和国境内设立的商业银行,城市信用合作社、农村信用合作社、金融资产管理公司、信托投资公司、财务公司、金融租赁公司以及经银行业监督管理机构批准设立的其他金融机构参照执行。

**第三十九条**　本办法由中国银行业监督管

理委员会解释。

**第四十条**　本办法自公布之日起实施。

# 工商行政管理机关禁止垄断协议行为的规定

(2010年12月31日　工商总局令第53号)

**第一条**　为了制止经济活动中的垄断协议行为,根据《中华人民共和国反垄断法》(以下简称《反垄断法》),制定本规定。

**第二条**　禁止经营者在经济活动中达成垄断协议。

垄断协议是指违反《反垄断法》第十三条、第十四条、第十六条的规定,经营者之间达成的或者行业协会组织本行业经营者达成的排除、限制竞争的协议、决定或者其他协同行为。

协议或者决定包括书面形式和口头形式。

其他协同行为是指经营者虽未明确订立书面或者口头形式的协议或者决定,但实质上存在协调一致的行为。

**第三条**　认定其他协同行为,应当考虑下列因素:

(一)经营者的市场行为是否具有一致性;

(二)经营者之间是否进行过意思联络或者信息交流;

(三)经营者能否对一致行为作出合理的解释。

认定其他协同行为,还应当考虑相关市场的结构情况、竞争状况、市场变化情况、行业情况等。

**第四条**　禁止具有竞争关系的经营者就限制商品的生产数量或者销售数量达成下列垄断协议:

(一)以限制产量、固定产量、停止生产等方式限制商品的生产数量或者限制商品特定品种、型号的生产数量;

(二)以拒绝供货、限制商品投放量等方式限制商品的销售数量或者限制商品特定品种、型号的销售数量。

**第五条**　禁止具有竞争关系的经营者就分割销售市场或者原材料采购市场达成下列垄断协议:

(一)划分商品销售地域、销售对象或者销售商品的种类、数量;

(二)划分原料、半成品、零部件、相关设备等原材料的采购区域、种类、数量;

(三)划分原料、半成品、零部件、相关设备等原材料的供应商。

**第六条**　禁止具有竞争关系的经营者就限制购买新技术、新设备或者限制开发新技术、新产品达成下列垄断协议:

(一)限制购买、使用新技术、新工艺;

(二)限制购买、租赁、使用新设备;

(三)限制投资、研发新技术、新工艺、新产品;

(四)拒绝使用新技术、新工艺、新设备;

(五)拒绝采用新的技术标准。

**第七条**　禁止具有竞争关系的经营者就联合抵制交易达成以下垄断协议:

(一)联合拒绝向特定经营者供货或者销售商品;

(二)联合拒绝采购或者销售特定经营者的商品;

(三)联合限定特定经营者不得与其具有竞争关系的经营者进行交易。

**第八条**　本规定未明确规定的其他垄断协议,除价格垄断协议外,由国家工商行政管理总局依法认定。

**第九条**　禁止行业协会以下列方式组织本行业的经营者从事本规定禁止的垄断协议行为:

(一)制定、发布含有排除、限制竞争内容的行业协会章程、规则、决定、通知、标准等;

(二)召集、组织或者推动本行业的经营者达成含有排除、限制竞争内容的协议、决议、纪要、备忘录等。

**第十条** 经营者违反本规定第四条至第八条规定，达成并实施垄断协议的，由工商行政管理机关责令停止违法行为，没收违法所得，并处上一年度销售额百分之一以上百分之十以下的罚款；尚未实施所达成的垄断协议的，可以处五十万元以下的罚款。

行业协会违反本规定第九条规定，组织本行业的经营者达成垄断协议的，工商行政管理机关可以对其处五十万元以下的罚款；情节严重的，工商行政管理机关可以提请社会团体登记管理机关依法撤销登记。

工商行政管理机关确定具体罚款数额时，应当考虑违法行为的性质、情节、程度、持续的时间等因素。

经营者之间串通或者行业协会组织经营者串通，尚未达成垄断协议的，工商行政管理机关应当及时予以制止。

经营者主动停止垄断协议行为的，工商行政管理机关可以酌情减轻或者免除对该经营者的处罚。

**第十一条** 经营者主动向工商行政管理机关报告所达成垄断协议的有关情况并提供重要证据的，工商行政管理机关可以酌情减轻或者免除对该经营者的处罚。

工商行政管理机关决定减轻或者免除处罚，应当根据经营者主动报告的时间顺序、提供证据的重要程度、达成、实施垄断协议的有关情况以及配合调查的情况确定。

重要证据是指能够对工商行政管理机关启动调查或者对认定垄断协议行为起到关键性作用的证据，包括参与垄断协议的经营者、涉及的产品范围、达成协议的内容和方式、协议的具体实施情况等。

**第十二条** 对第一个主动报告所达成垄断协议的有关情况、提供重要证据并全面主动配合调查的经营者，免除处罚。对主动向工商行政管理机关报告所达成垄断协议的有关情况并提供重要证据的其他经营者，酌情减轻处罚。

**第十三条** 本规定第十一条、第十二条所称的减轻或者免除处罚，主要是指对《反垄断法》第四十六条规定的罚款的减轻或者免除。

**第十四条** 经营者能够提供材料，证明所达成的协议符合《反垄断法》第十五条规定的，经工商行政管理机关认定，不适用本规定。

**第十五条** 对工商行政管理机关依照本规定作出的行政处罚等决定不服的，可以依法申请行政复议或者提起行政诉讼。

**第十六条** 工商行政管理机关反垄断执法人员应当按照《工商行政管理机关查处垄断协议、滥用市场支配地位案件程序规定》的规定，严格依法办案。

工商行政管理机关反垄断执法人员滥用职权、玩忽职守、徇私舞弊或者泄露执法过程中知悉的商业秘密的，依照有关规定处理。

**第十七条** 农业生产者及农村经济组织在农产品生产、加工、销售、运输、储存等经营活动中实施的联合或者协同行为，不适用本规定。

**第十八条** 本规定所称商品包括服务。

**第十九条** 本规定由国家工商行政管理总局负责解释。

**第二十条** 本规定自2011年2月1日起施行。

# 工商行政管理机关<br>禁止滥用市场支配地位行为的规定

（2010年12月31日 工商总局令第54号）

**第一条** 为了制止经济活动中的滥用市场支配地位行为，根据《中华人民共和国反垄断法》（以下简称《反垄断法》），制定本规定。

**第二条** 禁止具有市场支配地位的经营者

在经济活动中滥用市场支配地位,排除、限制竞争。

**第三条**　市场支配地位是指经营者在相关市场内具有能够控制商品价格、数量或者其他交易条件,或者能够阻碍、影响其他经营者进入相关市场能力的市场地位。

本条所称其他交易条件是指除商品价格、数量之外能够对市场交易产生实质影响的其他因素,包括商品品质、付款条件、交付方式、售后服务等。

本条所称能够阻碍、影响其他经营者进入相关市场,是指排除其他经营者进入相关市场,或者延缓其他经营者在合理时间内进入相关市场,或者其他经营者虽能够进入该相关市场,但进入成本提高难以在市场中开展有效竞争等。

**第四条**　禁止具有市场支配地位的经营者没有正当理由,通过下列方式拒绝与交易相对人进行交易:

(一)削减与交易相对人的现有交易数量;

(二)拖延、中断与交易相对人的现有交易;

(三)拒绝与交易相对人进行新的交易;

(四)设置限制性条件,使交易相对人难以继续与其进行交易;

(五)拒绝交易相对人在生产经营活动中以合理条件使用其必需设施。

在认定前款第(五)项时,应当综合考虑另行投资建设、另行开发建造该设施的可行性、交易相对人有效开展生产经营活动对该设施的依赖程度、该经营者提供该设施的可能性以及对自身生产经营活动造成的影响等因素。

**第五条**　禁止具有市场支配地位的经营者没有正当理由,实施下列限定交易行为:

(一)限定交易相对人只能与其进行交易;

(二)限定交易相对人只能与其指定的经营者进行交易;

(三)限定交易相对人不得与其竞争对手进行交易。

**第六条**　禁止具有市场支配地位的经营者没有正当理由搭售商品,或者在交易时附加其他不合理的交易条件:

(一)违背交易惯例、消费习惯等或者无视商品的功能,将不同商品强制捆绑销售或者组合销售;

(二)对合同期限、支付方式、商品的运输及交付方式或者服务的提供方式等附加不合理的限制;

(三)对商品的销售地域、销售对象、售后服务等附加不合理的限制;

(四)附加与交易标的无关的交易条件。

**第七条**　禁止具有市场支配地位的经营者没有正当理由,对条件相同的交易相对人在交易条件上实行下列差别待遇:

(一)实行不同的交易数量、品种、品质等级;

(二)实行不同的数量折扣等优惠条件;

(三)实行不同的付款条件、交付方式;

(四)实行不同的保修内容和期限、维修内容和时间、零配件供应、技术指导等售后服务条件。

**第八条**　工商行政管理机关认定本规定第四条至第七条所称的正当理由,应当综合考虑下列因素:

(一)有关行为是否为经营者基于自身正常经营活动及正常效益而采取;

(二)有关行为对经济运行效率、社会公共利益及经济发展的影响。

**第九条**　本规定未明确规定的其他滥用市场支配地位行为,除价格垄断行为外,由国家工商行政管理总局依法认定。

**第十条**　认定经营者具有市场支配地位,应当依据下列因素:

(一)该经营者在相关市场的市场份额,以及相关市场的竞争状况。

市场份额是指一定时期内经营者的特定商品销售额、销售数量等指标在相关市场所占的比重。

分析相关市场竞争状况应当考虑相关市场的发展状况、现有竞争者的数量和市场份额、商品差异程度以及潜在竞争者的情况等。

(二)该经营者控制销售市场或者原材料采购市场的能力。

认定经营者控制销售市场或者原材料采购市场的能力,应当考虑该经营者控制销售渠道或者采购渠道的能力,影响或者决定价格、数量、合同期限或者其他交易条件的能力,以及优先获得企业生产经营所必需的原料、半成品、零部件及相关设备等原材料的能力。

（三）该经营者的财力和技术条件。

认定经营者的财力和技术条件，应当考虑该经营者的资产规模、财务能力、盈利能力、融资能力、研发能力、技术装备、技术创新和应用能力、拥有的知识产权等。

对于经营者的财力和技术条件的分析认定，应当同时考虑其关联方的财力和技术条件。

（四）其他经营者对该经营者在交易上的依赖程度。

认定其他经营者对该经营者在交易上的依赖程度，应当考虑其他经营者与该经营者之间的交易量、交易关系的持续时间、转向其他交易相对人的难易程度等。

（五）其他经营者进入相关市场的难易程度。

认定其他经营者进入相关市场的难易程度，应当考虑市场准入制度、拥有必需设施的情况、销售渠道、资金和技术要求以及成本等。

（六）与认定该经营者市场支配地位有关的其他因素。

**第十一条**　有下列情形之一的，可以推定经营者具有市场支配地位：

（一）一个经营者在相关市场的市场份额达到二分之一的；

（二）两个经营者在相关市场的市场份额合计达到三分之二的；

（三）三个经营者在相关市场的市场份额合计达到四分之三的。

有前款第二项、第三项规定的情形，其中有的经营者市场份额不足十分之一的，不应当推定该经营者具有市场支配地位。

**第十二条**　被推定具有市场支配地位的经营者，能够根据本规定第十条所列因素，证明其在相关市场内不具有控制商品价格、数量或者其他交易条件，或者不具有能够阻碍、影响其他经营者进入相关市场的能力，则不应当认定其具有市场支配地位。

**第十三条**　涉嫌滥用市场支配地位行为的经营者，在工商行政管理机关规定的期限内，可以陈述其行为合理性的理由并提供有关证据。

**第十四条**　经营者违反本规定第四条至第七条、第九条规定，滥用市场支配地位的，由工商行政管理机关责令停止违法行为，没收违法所得，并处上一年度销售额百分之一以上百分之十以下的罚款。

工商行政管理机关确定具体罚款数额时，应当考虑违法行为的性质、情节、程度、持续的时间等因素。

经营者主动停止滥用市场支配地位行为的，工商行政管理机关可以酌情减轻或者免除对该经营者的处罚。

**第十五条**　对工商行政管理机关依照本规定作出的行政处罚等决定不服的，可以依法申请行政复议或者提起行政诉讼。

**第十六条**　工商行政管理机关反垄断执法人员应当按照《工商行政管理机关查处垄断协议、滥用市场支配地位案件程序规定》的规定，严格依法办案。

工商行政管理机关反垄断执法人员滥用职权、玩忽职守、徇私舞弊或者泄露执法过程中知悉的商业秘密的，依照有关规定处理。

**第十七条**　本规定所称商品包括服务。

**第十八条**　本规定由国家工商行政管理总局负责解释。

**第十九条**　本规定自2011年2月1日起施行。

# 工商行政管理机关制止滥用行政权力排除、限制竞争行为的规定

（2010年12月31日　工商总局令第55号）

**第一条**　为了制止滥用行政权力排除、限制竞争行为，根据《中华人民共和国反垄断法》

(以下简称《反垄断法》),制定本规定。

**第二条**　行政机关和法律、法规授权的具有管理公共事务职能的组织不得滥用行政权力,排除、限制竞争。

**第三条**　行政机关和法律、法规授权的具有管理公共事务职能的组织不得滥用行政权力,从事下列行为:

(一)以明确要求、暗示或者拒绝、拖延行政许可以及重复检查等方式限定或者变相限定单位或者个人经营、购买、使用其指定的经营者提供的商品或者限定他人正常的经营活动;

(二)对外地商品执行与本地同类商品不同的技术要求、检验标准,或者采取重复检验、重复认证等歧视性技术措施,阻碍、限制外地商品进入本地市场;

(三)采取专门针对外地商品的行政许可,或者对外地商品实施行政许可时采取不同的许可条件、程序、期限等,阻碍、限制外地商品进入本地市场;

(四)设置关卡或者采取其他手段,阻碍、限制外地商品进入本地市场或者本地商品运往外地市场;

(五)以设定歧视性资质要求、评审标准或者不依法发布信息等方式,排斥或者限制外地经营者参加本地的招标投标活动;

(六)采取不平等待遇等方式,排斥或者限制外地经营者在本地投资或者设立分支机构或者妨碍外地经营者在本地的正常经营活动;

(七)强制经营者之间达成、实施排除、限制竞争的垄断协议,强制具有市场支配地位的经营者从事滥用市场支配地位行为。

**第四条**　行政机关不得滥用行政权力,以决定、公告、通告、通知、意见、会议纪要等形式,制定、发布含有排除、限制竞争内容的规定。

前款规定适用于法律、法规授权的具有管理公共事务职能的组织。

**第五条**　经营者不得从事下列行为:

(一)以行政机关和法律、法规授权的具有管理公共事务职能的组织的行政限定为由,达成、实施垄断协议和滥用市场支配地位;

(二)以行政机关和法律、法规授权的具有管理公共事务职能的组织的行政授权为由,达成、实施垄断协议和滥用市场支配地位;

(三)以依据行政机关和法律、法规授权的具有管理公共事务职能的组织制定、发布的行政规定为由,达成、实施垄断协议和滥用市场支配地位。

**第六条**　行政机关和法律、法规授权的具有管理公共事务职能的组织违反本规定第三条、第四条规定的,国家工商行政管理总局和省、自治区、直辖市工商行政管理局依照《反垄断法》第五十一条的规定,可以就行政机关和法律、法规授权的具有管理公共事务职能的组织滥用行政权力排除、限制竞争的行为表现及其后果,向其有关上级机关提出依法处理的建议。

**第七条**　经营者违反本规定第五条规定从事垄断行为的,依照《工商行政管理机关禁止垄断协议行为的规定》、《工商行政管理机关禁止滥用市场支配地位行为的规定》处理。

**第八条**　经营者达成并实施垄断协议的,由工商行政管理机关责令停止违法行为,没收违法所得,并处上一年度销售额百分之一以上百分之十以下的罚款;尚未实施所达成的垄断协议的,可以处五十万元以下的罚款。经营者滥用市场支配地位的,由工商行政管理机关责令停止违法行为,没收违法所得,并处上一年度销售额百分之一以上百分之十以下的罚款。

**第九条**　法律、行政法规对行政机关和法律、法规授权的具有管理公共事务职能的组织滥用行政权力实施排除、限制竞争行为的处理另有规定的,依照其规定。

**第十条**　工商行政管理机关反垄断执法人员应当按照《工商行政管理机关制止滥用行政权力排除、限制竞争行为程序规定》的规定,严格依法办案。

工商行政管理机关反垄断执法人员滥用职权、玩忽职守、徇私舞弊或者泄露执法过程中知悉的商业秘密的,依照有关规定处理。

**第十一条**　本规定所称商品包括服务。

**第十二条**　本规定由国家工商行政管理总局负责解释。

**第十三条**　本规定自2011年2月1日起施行。

## （六）司法解释

# 关于印发《最高人民检察院　公安部关于公安机关管辖的刑事案件立案追诉标准的规定（二）》的通知

（2010年5月18日　公通字〔2010〕23号）

各省、自治区、直辖市人民检察院，公安厅、局，军事检察院，新疆生产建设兵团人民检察院、公安局：

为及时、准确打击经济犯罪，根据《中华人民共和国刑法》、《中华人民共和国刑事诉讼法》等有关法律规定，最高人民检察院、公安部制定了《最高人民检察院　公安部关于公安机关管辖的刑事案件立案追诉标准的规定（二）》，对公安机关经济犯罪侦查部门管辖的刑事案件立案追诉标准作出了规定，现印发给你们，请遵照执行。各级公安机关应当依照此规定立案侦查，各级检察机关应当依照此规定审查批捕、审查起诉。各地在执行中遇到的问题，请及时分别报最高人民检察院和公安部。

# 最高人民检察院　公安部关于公安机关管辖的刑事案件立案追诉标准的规定（二）

### 一、危害公共安全案

**第一条［资助恐怖活动案（刑法第一百二十条之一）］**　资助恐怖活动组织或者实施恐怖活动的个人的，应予立案追诉。

本条规定的“资助”，是指为恐怖活动组织或者实施恐怖活动的个人筹集、提供经费、物资或者提供场所以及其他物质便利的行为。“实施恐怖活动的个人”，包括预谋实施、准备实施和实际实施恐怖活动的个人。

### 二、破坏社会主义市场经济秩序案

**第二条［走私假币案（刑法第一百五十一条第一款）］**　走私伪造的货币，总面额在二千元以上或者币量在二百张（枚）以上的，应予立案追诉。

**第三条［虚报注册资本案（刑法第一百五十八条）］**　申请公司登记使用虚假证明文件或者采取其他欺诈手段虚报注册资本，欺骗公司登记主管部门，取得公司登记，涉嫌下列情形之一的，应予立案追诉：

（一）超过法定出资期限，实缴注册资本不足法定注册资本最低限额，有限责任公司虚报数额在三十万元以上并占其应缴出资数额百分之六十以上的，股份有限公司虚报数额在三百万元以上并占其应缴出资数额百分之三十以上的；

（二）超过法定出资期限，实缴注册资本达到法定注册资本最低限额，但仍虚报注册资本，有限责任公司虚报数额在一百万元以上并占其应缴出资数额百分之六十以上的，股份有限公司虚报数额在一千万元以上并占其应缴出资数额百分之三十以上的；

（三）造成投资者或者其他债权人直接经济损失累计数额在十万元以上的；

(四)虽未达到上述数额标准,但具有下列情形之一的:

1. 两年内因虚报注册资本受过行政处罚二次以上,又虚报注册资本的;

2. 向公司登记主管人员行贿的;

3. 为进行违法活动而注册的。

(五)其他后果严重或者有其他严重情节的情形。

**第四条[虚假出资、抽逃出资案(刑法第一百五十九条)]** 公司发起人、股东违反公司法的规定未交付货币、实物或者未转移财产权,虚假出资,或者在公司成立后又抽逃其出资,涉嫌下列情形之一的,应予立案追诉:

(一)超过法定出资期限,有限责任公司股东虚假出资数额在三十万元以上并占其应缴出资数额百分之六十以上的,股份有限公司发起人、股东虚假出资数额在三百万元以上并占其应缴出资数额百分之三十以上的;

(二)有限责任公司股东抽逃出资数额在三十万元以上并占其实缴出资数额百分之六十以上的,股份有限公司发起人、股东抽逃出资数额在三百万元以上并占其实缴出资数额百分之三十以上的;

(三)造成公司、股东、债权人的直接经济损失累计数额在十万元以上的;

(四)虽未达到上述数额标准,但具有下列情形之一的:

1. 致使公司资不抵债或者无法正常经营的;

2. 公司发起人、股东合谋虚假出资、抽逃出资的;

3. 两年内因虚假出资、抽逃出资受过行政处罚二次以上,又虚假出资、抽逃出资的;

4. 利用虚假出资、抽逃出资所得资金进行违法活动的。

(五)其他后果严重或者有其他严重情节的情形。

**第五条[欺诈发行股票、债券案(刑法第一百六十条)]** 在招股说明书、认股书、公司、企业债券募集办法中隐瞒重要事实或者编造重大虚假内容,发行股票或者公司、企业债券,涉嫌下列情形之一的,应予立案追诉:

(一)发行数额在五百万元以上的;

(二)伪造、变造国家机关公文、有效证明文件或者相关凭证、单据的;

(三)利用募集的资金进行违法活动的;

(四)转移或者隐瞒所募集资金的;

(五)其他后果严重或者有其他严重情节的情形。

**第六条[违规披露、不披露重要信息案(刑法第一百六十一条)]** 依法负有信息披露义务的公司、企业向股东和社会公众提供虚假的或者隐瞒重要事实的财务会计报告,或者对依法应当披露的其他重要信息不按照规定披露,涉嫌下列情形之一的,应予立案追诉:

(一)造成股东、债权人或者其他人直接经济损失数额累计在五十万元以上的;

(二)虚增或者虚减资产达到当期披露的资产总额百分之三十以上的;

(三)虚增或者虚减利润达到当期披露的利润总额百分之三十以上的;

(四)未按照规定披露的重大诉讼、仲裁、担保、关联交易或者其他重大事项所涉及的数额或者连续十二个月的累计数额占净资产百分之五十以上的;

(五)致使公司发行的股票、公司债券或者国务院依法认定的其他证券被终止上市交易或者多次被暂停上市交易的;

(六)致使不符合发行条件的公司、企业骗取发行核准并且上市交易的;

(七)在公司财务会计报告中将亏损披露为盈利,或者将盈利披露为亏损的;

(八)多次提供虚假的或者隐瞒重要事实的财务会计报告,或者多次对依法应当披露的其他重要信息不按照规定披露的;

(九)其他严重损害股东、债权人或者其他人利益,或者有其他严重情节的情形。

**第七条[妨害清算案(刑法第一百六十二条)]** 公司、企业进行清算时,隐匿财产,对资产负债表或者财产清单作虚伪记载或者在未清偿债务前分配公司、企业财产,涉嫌下列情形之一的,应予立案追诉:

(一)隐匿财产价值在五十万元以上的;

(二)对资产负债表或者财产清单作虚伪记载涉及金额在五十万元以上的;

(三)在未清偿债务前分配公司、企业财产价值在五十万元以上的;

(四)造成债权人或者其他人直接经济损失数额累计在十万元以上的;

（五）虽未达到上述数额标准，但应清偿的职工的工资、社会保险费用和法定补偿金得不到及时清偿，造成恶劣社会影响的；

（六）其他严重损害债权人或者其他人利益的情形。

**第八条［隐匿、故意销毁会计凭证、会计账簿、财务会计报告案（刑法第一百六十二条之一）］** 隐匿或者故意销毁依法应当保存的会计凭证、会计账簿、财务会计报告，涉嫌下列情形之一的，应予立案追诉：

（一）隐匿、故意销毁的会计凭证、会计账簿、财务会计报告涉及金额在五十万元以上的；

（二）依法应当向司法机关、行政机关、有关主管部门等提供而隐匿、故意销毁或者拒不交出会计凭证、会计账簿、财务会计报告的；

（三）其他情节严重的情形。

**第九条［虚假破产案（刑法第一百六十二条之二）］** 公司、企业通过隐匿财产、承担虚构的债务或者以其他方法转移、处分财产，实施虚假破产，涉嫌下列情形之一的，应予立案追诉：

（一）隐匿财产价值在五十万元以上的；

（二）承担虚构的债务涉及金额在五十万元以上的；

（三）以其他方法转移、处分财产价值在五十万元以上的；

（四）造成债权人或者其他人直接经济损失数额累计在十万元以上的；

（五）虽未达到上述数额标准，但应清偿的职工的工资、社会保险费用和法定补偿金得不到及时清偿，造成恶劣社会影响的；

（六）其他严重损害债权人或者其他人利益的情形。

**第十条［非国家工作人员受贿案（刑法第一百六十三条）］** 公司、企业或者其他单位的工作人员利用职务上的便利，索取他人财物或者非法收受他人财物，为他人谋取利益，或者在经济往来中，利用职务上的便利，违反国家规定，收受各种名义的回扣、手续费，归个人所有，数额在五千元以上的，应予立案追诉。

**第十一条［对非国家工作人员行贿案（刑法第一百六十四条）］** 为谋取不正当利益，给予公司、企业或者其他单位的工作人员以财物，个人行贿数额在一万元以上的，单位行贿数额在二十万元以上的，应予立案追诉。

**第十二条［非法经营同类营业案（刑法第一百六十五条）］** 国有公司、企业的董事、经理利用职务便利，自己经营或者为他人经营与其所任职公司、企业同类的营业，获取非法利益，数额在十万元以上的，应予立案追诉。

**第十三条［为亲友非法牟利案（刑法第一百六十六条）］** 国有公司、企业、事业单位的工作人员，利用职务便利，为亲友非法牟利，涉嫌下列情形之一的，应予立案追诉：

（一）造成国家直接经济损失数额在十万元以上的；

（二）使其亲友非法获利数额在二十万元以上的；

（三）造成有关单位破产，停业、停产六个月以上，或者被吊销许可证和营业执照、责令关闭、撤销、解散的；

（四）其他致使国家利益遭受重大损失的情形。

**第十四条［签订、履行合同失职被骗案（刑法第一百六十七条）］** 国有公司、企业、事业单位直接负责的主管人员，在签订、履行合同过程中，因严重不负责任被诈骗，涉嫌下列情形之一的，应予立案追诉：

（一）造成国家直接经济损失数额在五十万元以上的；

（二）造成有关单位破产，停业、停产六个月以上，或者被吊销许可证和营业执照、责令关闭、撤销、解散的；

（三）其他致使国家利益遭受重大损失的情形。

金融机构、从事对外贸易经营活动的公司、企业的工作人员严重不负责任，造成一百万美元以上外汇被骗购或者逃汇一千万美元以上的，应予立案追诉。

本条规定的“诈骗”，是指对方当事人的行为已经涉嫌诈骗犯罪，不以对方当事人已经被人民法院判决构成诈骗犯罪作为立案追诉的前提。

**第十五条［国有公司、企业、事业单位人员失职案（刑法第一百六十八条）］** 国有公司、企业、事业单位的工作人员，严重不负责任，涉嫌下列情形之一的，应予立案追诉：

（一）造成国家直接经济损失数额在五十万元以上的；

（二）造成有关单位破产，停业、停产一年

以上,或者被吊销许可证和营业执照、责令关闭、撤销、解散的;

(三)其他致使国家利益遭受重大损失的情形。

**第十六条[国有公司、企业、事业单位人员滥用职权案(刑法第一百六十八条)]** 国有公司、企业、事业单位的工作人员,滥用职权,涉嫌下列情形之一的,应予立案追诉:

(一)造成国家直接经济损失数额在三十万元以上的;

(二)造成有关单位破产,停业、停产六个月以上,或者被吊销许可证和营业执照、责令关闭、撤销、解散的;

(三)其他致使国家利益遭受重大损失的情形。

**第十七条[徇私舞弊低价折股、出售国有资产案(刑法第一百六十九条)]** 国有公司、企业或者其上级主管部门直接负责的主管人员,徇私舞弊,将国有资产低价折股或者低价出售,涉嫌下列情形之一的,应予立案追诉:

(一)造成国家直接经济损失数额在三十万元以上的;

(二)造成有关单位破产,停业、停产六个月以上,或者被吊销许可证和营业执照、责令关闭、撤销、解散的;

(三)其他致使国家利益遭受重大损失的情形。

**第十八条[背信损害上市公司利益案(刑法第一百六十九条之一)]** 上市公司的董事、监事、高级管理人员违背对公司的忠实义务,利用职务便利,操纵上市公司从事损害上市公司利益的行为,以及上市公司的控股股东或者实际控制人,指使上市公司董事、监事、高级管理人员实施损害上市公司利益的行为,涉嫌下列情形之一的,应予立案追诉:

(一)无偿向其他单位或者个人提供资金、商品、服务或者其他资产,致使上市公司直接经济损失数额在一百五十万元以上的;

(二)以明显不公平的条件,提供或者接受资金、商品、服务或者其他资产,致使上市公司直接经济损失数额在一百五十万元以上的;

(三)向明显不具有清偿能力的单位或者个人提供资金、商品、服务或者其他资产,致使上市公司直接经济损失数额在一百五十万元以上的;

(四)为明显不具有清偿能力的单位或者个人提供担保,或者无正当理由为其他单位或者个人提供担保,致使上市公司直接经济损失数额在一百五十万元以上的;

(五)无正当理由放弃债权、承担债务,致使上市公司直接经济损失数额在一百五十万元以上的;

(六)致使公司发行的股票、公司债券或者国务院依法认定的其他证券被终止上市交易或者多次被暂停上市交易的;

(七)其他致使上市公司利益遭受重大损失的情形。

**第十九条[伪造货币案(刑法第一百七十条)]** 伪造货币,涉嫌下列情形之一的,应予立案追诉:

(一)伪造货币,总面额在二千元以上或者币量在二百张(枚)以上的;

(二)制造货币版样或者为他人伪造货币提供版样的;

(三)其他伪造货币应予追究刑事责任的情形。

本规定中的“货币”是指流通的以下货币:

(一)人民币(含普通纪念币、贵金属纪念币)、港元、澳门元、新台币;

(二)其他国家及地区的法定货币。

贵金属纪念币的面额以中国人民银行授权中国金币总公司的初始发售价格为准。

**第二十条[出售、购买、运输假币案(刑法第一百七十一条第一款)]** 出售、购买伪造的货币或者明知是伪造的货币而运输,总面额在四千元以上或者币量在四百张(枚)以上的,应予立案追诉。

在出售假币时被抓获的,除现场查获的假币应认定为出售假币的数额外,现场之外在行为人住所或者其他藏匿地查获的假币,也应认定为出售假币的数额。

**第二十一条[金融工作人员购买假币、以假币换取货币案(刑法第一百七十一条第二款)]** 银行或者其他金融机构的工作人员购买伪造的货币或者利用职务上的便利,以伪造的货币换取货币,总面额在二千元以上或者币量在二百张(枚)以上的,应予立案追诉。

**第二十二条[持有、使用假币案(刑法第一**

百七十二条)] 明知是伪造的货币而持有、使用,总面额在四千元以上或者币量在四百张(枚)以上的,应予立案追诉。

**第二十三条[变造货币案(刑法第一百七十三条)]** 变造货币,总面额在二千元以上或者币量在二百张(枚)以上的,应予立案追诉。

**第二十四条[擅自设立金融机构案(刑法第一百七十四条第一款)]** 未经国家有关主管部门批准,擅自设立金融机构,涉嫌下列情形之一的,应予立案追诉:

(一)擅自设立商业银行、证券交易所、期货交易所、证券公司、期货公司、保险公司或者其他金融机构的;

(二)擅自设立商业银行、证券交易所、期货交易所、证券公司、期货公司、保险公司或者其他金融机构筹备组织的。

**第二十五条[伪造、变造、转让金融机构经营许可证、批准文件案(刑法第一百七十四条第二款)]** 伪造、变造、转让商业银行、证券交易所、期货交易所、证券公司、期货公司、保险公司或者其他金融机构的经营许可证或者批准文件的,应予立案追诉。

**第二十六条[高利转贷案(刑法第一百七十五条)]** 以转贷牟利为目的,套取金融机构信贷资金高利转贷他人,涉嫌下列情形之一的,应予立案追诉:

(一)高利转贷,违法所得数额在十万元以上的;

(二)虽未达到上述数额标准,但两年内因高利转贷受过行政处罚二次以上,又高利转贷的。

**第二十七条[骗取贷款、票据承兑、金融票证案(刑法第一百七十五条之一)]** 以欺骗手段取得银行或者其他金融机构贷款、票据承兑、信用证、保函等,涉嫌下列情形之一的,应予立案追诉:

(一)以欺骗手段取得贷款、票据承兑、信用证、保函等,数额在一百万元以上的;

(二)以欺骗手段取得贷款、票据承兑、信用证、保函等,给银行或者其他金融机构造成直接经济损失数额在二十万元以上的;

(三)虽未达到上述数额标准,但多次以欺骗手段取得贷款、票据承兑、信用证、保函等的;

(四)其他给银行或者其他金融机构造成重大损失或者有其他严重情节的情形。

**第二十八条[非法吸收公众存款案(刑法第一百七十六条)]** 非法吸收公众存款或者变相吸收公众存款,扰乱金融秩序,涉嫌下列情形之一的,应予立案追诉:

(一)个人非法吸收或者变相吸收公众存款数额在二十万元以上的,单位非法吸收或者变相吸收公众存款数额在一百万元以上的;

(二)个人非法吸收或者变相吸收公众存款三十户以上的,单位非法吸收或者变相吸收公众存款一百五十户以上的;

(三)个人非法吸收或者变相吸收公众存款给存款人造成直接经济损失数额在十万元以上的,单位非法吸收或者变相吸收公众存款给存款人造成直接经济损失数额在五十万元以上的;

(四)造成恶劣社会影响的;

(五)其他扰乱金融秩序情节严重的情形。

**第二十九条[伪造、变造金融票证案(刑法第一百七十七条)]** 伪造、变造金融票证,涉嫌下列情形之一的,应予立案追诉:

(一)伪造、变造汇票、本票、支票,或者伪造、变造委托收款凭证、汇款凭证、银行存单等其他银行结算凭证,或者伪造、变造信用证或者附随的单据、文件,总面额在一万元以上或者数量在十张以上的;

(二)伪造信用卡一张以上,或者伪造空白信用卡十张以上的。

**第三十条[妨害信用卡管理案(刑法第一百七十七条之一第一款)]** 妨害信用卡管理,涉嫌下列情形之一的,应予立案追诉:

(一)明知是伪造的信用卡而持有、运输的;

(二)明知是伪造的空白信用卡而持有、运输,数量累计在十张以上的;

(三)非法持有他人信用卡,数量累计在五张以上的;

(四)使用虚假的身份证明骗领信用卡的;

(五)出售、购买、为他人提供伪造的信用卡或者以虚假的身份证明骗领的信用卡的。

违背他人意愿,使用其居民身份证、军官证、士兵证、港澳居民往来内地通行证、台湾居民来往大陆通行证、护照等身份证明申领信用卡的,或者使用伪造、变造的身份证明申领信用卡的,应当认定为"使用虚假的身份证明骗领信用卡"。

**第三十一条[窃取、收买、非法提供信用卡信息案(刑法第一百七十七条之一第二款)]** 窃取、收买或者非法提供他人信用卡信息资料,足以伪造可进行交易的信用卡,或者足以使他人以信用卡持卡人名义进行交易,涉及信用卡一张以上的,应予立案追诉。

**第三十二条[伪造、变造国家有价证券案(刑法第一百七十八条第一款)]** 伪造、变造国库券或者国家发行的其他有价证券,总面额在二千元以上的,应予立案追诉。

**第三十三条[伪造、变造股票、公司、企业债券案(刑法第一百七十八条第二款)]** 伪造、变造股票或者公司、企业债券,总面额在五千元以上的,应予立案追诉。

**第三十四条[擅自发行股票、公司、企业债券案(刑法第一百七十九条)]** 未经国家有关主管部门批准,擅自发行股票或者公司、企业债券,涉嫌下列情形之一的,应予立案追诉:

(一)发行数额在五十万元以上的;

(二)虽未达到上述数额标准,但擅自发行致使三十人以上的投资者购买了股票或者公司、企业债券的;

(三)不能及时清偿或者清退的;

(四)其他后果严重或者有其他严重情节的情形。

**第三十五条[内幕交易、泄露内幕信息案(刑法第一百八十条第一款)]** 证券、期货交易内幕信息的知情人员、单位或者非法获取证券、期货交易内幕信息的人员、单位,在涉及证券的发行,证券、期货交易或者其他对证券、期货交易价格有重大影响的信息尚未公开前,买入或者卖出该证券,或者从事与该内幕信息有关的期货交易,或者泄露该信息,或者明示、暗示他人从事上述交易活动,涉嫌下列情形之一的,应予立案追诉:

(一)证券交易成交额累计在五十万元以上的;

(二)期货交易占用保证金数额累计在三十万元以上的;

(三)获利或者避免损失数额累计在十五万元以上的;

(四)多次进行内幕交易、泄露内幕信息的;

(五)其他情节严重的情形。

**第三十六条[利用未公开信息交易案(刑法第一百八十条第四款)]** 证券交易所、期货交易所、证券公司、期货公司、基金管理公司、商业银行、保险公司等金融机构的从业人员以及有关监管部门或者行业协会的工作人员,利用因职务便利获取的内幕信息以外的其他未公开的信息,违反规定,从事与该信息相关的证券、期货交易活动,或者明示、暗示他人从事相关交易活动,涉嫌下列情形之一的,应予立案追诉:

(一)证券交易成交额累计在五十万元以上的;

(二)期货交易占用保证金数额累计在三十万元以上的;

(三)获利或者避免损失数额累计在十五万元以上的;

(四)多次利用内幕信息以外的其他未公开信息进行交易活动的;

(五)其他情节严重的情形。

**第三十七条[编造并传播证券、期货交易虚假信息案(刑法第一百八十一条第一款)]** 编造并且传播影响证券、期货交易的虚假信息,扰乱证券、期货交易市场,涉嫌下列情形之一的,应予立案追诉:

(一)获利或者避免损失数额累计在五万元以上的;

(二)造成投资者直接经济损失数额在五万元以上的;

(三)致使交易价格和交易量异常波动的;

(四)虽未达到上述数额标准,但多次编造并且传播影响证券、期货交易的虚假信息的;

(五)其他造成严重后果的情形。

**第三十八条[诱骗投资者买卖证券、期货合约案(刑法第一百八十一条第二款)]** 证券交易所、期货交易所、证券公司、期货公司的从业人员,证券业协会、期货业协会或者证券期货监督管理部门的工作人员,故意提供虚假信息或者伪造、变造、销毁交易记录,诱骗投资者买卖证券、期货合约,涉嫌下列情形之一的,应予立案追诉:

(一)获利或者避免损失数额累计在五万元以上的;

(二)造成投资者直接经济损失数额在五

万元以上的；

（三）致使交易价格和交易量异常波动的；

（四）其他造成严重后果的情形。

**第三十九条［操纵证券、期货市场案（刑法第一百八十二条）］** 操纵证券、期货市场，涉嫌下列情形之一的，应予立案追诉：

（一）单独或者合谋，持有或者实际控制证券的流通股份数达到该证券的实际流通股份总量百分之三十以上，且在该证券连续二十个交易日内联合或者连续买卖股份数累计达到该证券同期总成交量百分之三十以上的；

（二）单独或者合谋，持有或者实际控制期货合约的数量超过期货交易所业务规则限定的持仓量百分之五十以上，且在该期货合约连续二十个交易日内联合或者连续买卖期货合约数累计达到该期货合约同期总成交量百分之三十以上的；

（三）与他人串通，以事先约定的时间、价格和方式相互进行证券或者期货合约交易，且在该证券或者期货合约连续二十个交易日内成交量累计达到该证券或者期货合约同期总成交量百分之二十以上的；

（四）在自己实际控制的账户之间进行证券交易，或者以自己为交易对象，自买自卖期货合约，且在该证券或者期货合约连续二十个交易日内成交量累计达到该证券或者期货合约同期总成交量百分之二十以上的；

（五）单独或者合谋，当日连续申报买入或者卖出同一证券、期货合约并在成交前撤回申报，撤回申报量占当日该种证券总申报量或者该种期货合约总申报量百分之五十以上的；

（六）上市公司及其董事、监事、高级管理人员、实际控制人、控股股东或者其他关联人单独或者合谋，利用信息优势，操纵该公司证券交易价格或者证券交易量的；

（七）证券公司、证券投资咨询机构、专业中介机构或者从业人员，违背有关从业禁止的规定，买卖或者持有相关证券，通过对证券或者其发行人、上市公司公开作出评价、预测或者投资建议，在该证券的交易中谋取利益，情节严重的；

（八）其他情节严重的情形。

**第四十条［背信运用受托财产案（刑法第一百八十五条之一第一款）］** 商业银行、证券交易所、期货交易所、证券公司、期货公司、保险公司或者其他金融机构，违背受托义务，擅自运用客户资金或者其他委托、信托的财产，涉嫌下列情形之一的，应予立案追诉：

（一）擅自运用客户资金或者其他委托、信托的财产数额在三十万元以上的；

（二）虽未达到上述数额标准，但多次擅自运用客户资金或者其他委托、信托的财产，或者擅自运用多个客户资金或者其他委托、信托的财产的；

（三）其他情节严重的情形。

**第四十一条［违法运用资金案（刑法第一百八十五条之一第二款）］** 社会保障基金管理机构、住房公积金管理机构等公众资金管理机构，以及保险公司、保险资产管理公司、证券投资基金管理公司，违反国家规定运用资金，涉嫌下列情形之一的，应予立案追诉：

（一）违反国家规定运用资金数额在三十万元以上的；

（二）虽未达到上述数额标准，但多次违反国家规定运用资金的；

（三）其他情节严重的情形。

**第四十二条［违法发放贷款案（刑法第一百八十六条）］** 银行或者其他金融机构及其工作人员违反国家规定发放贷款，涉嫌下列情形之一的，应予立案追诉：

（一）违法发放贷款，数额在一百万元以上的；

（二）违法发放贷款，造成直接经济损失数额在二十万元以上的。

**第四十三条［吸收客户资金不入账案（刑法第一百八十七条）］** 银行或者其他金融机构及其工作人员吸收客户资金不入账，涉嫌下列情形之一的，应予立案追诉：

（一）吸收客户资金不入账，数额在一百万元以上的；

（二）吸收客户资金不入账，造成直接经济损失数额在二十万元以上的。

**第四十四条［违规出具金融票证案（刑法第一百八十八条）］** 银行或者其他金融机构及其工作人员违反规定，为他人出具信用证或者其他保函、票据、存单、资信证明，涉嫌下列情形之一的，应予立案追诉：

（一）违反规定为他人出具信用证或者其

他保函、票据、存单、资信证明,数额在一百万元以上的;

(二)违反规定为他人出具信用证或者其他保函、票据、存单、资信证明,造成直接经济损失数额在二十万元以上的;

(三)多次违规出具信用证或者其他保函、票据、存单、资信证明的;

(四)接受贿赂违规出具信用证或者其他保函、票据、存单、资信证明的;

(五)其他情节严重的情形。

**第四十五条[对违法票据承兑、付款、保证案(刑法第一百八十九条)]** 银行或者其他金融机构及其工作人员在票据业务中,对违反票据法规定的票据予以承兑、付款或者保证,造成直接经济损失数额在二十万元以上的,应予立案追诉。

**第四十六条[逃汇案(刑法第一百九十条)]** 公司、企业或者其他单位,违反国家规定,擅自将外汇存放境外,或者将境内的外汇非法转移到境外,单笔在二百万美元以上或者累计数额在五百万美元以上的,应予立案追诉。

**第四十七条[骗购外汇案(全国人民代表大会常务委员会《关于惩治骗购外汇、逃汇和非法买卖外汇犯罪的决定》第一条)]** 骗购外汇,数额在五十万美元以上的,应予立案追诉。

**第四十八条[洗钱案(刑法第一百九十一条)]** 明知是毒品犯罪、黑社会性质的组织犯罪、恐怖活动犯罪、走私犯罪、贪污贿赂犯罪、破坏金融管理秩序犯罪、金融诈骗犯罪的所得及其产生的收益,为掩饰、隐瞒其来源和性质,涉嫌下列情形之一的,应予立案追诉:

(一)提供资金账户的;

(二)协助将财产转换为现金、金融票据、有价证券的;

(三)通过转账或者其他结算方式协助资金转移的;

(四)协助将资金汇往境外的;

(五)以其他方法掩饰、隐瞒犯罪所得及其收益的来源和性质的。

**第四十九条[集资诈骗案(刑法第一百九十二条)]** 以非法占有为目的,使用诈骗方法非法集资,涉嫌下列情形之一的,应予立案追诉:

(一)个人集资诈骗,数额在十万元以上的;

(二)单位集资诈骗,数额在五十万元以上的。

**第五十条[贷款诈骗案(刑法第一百九十三条)]** 以非法占有为目的,诈骗银行或者其他金融机构的贷款,数额在二万元以上的,应予立案追诉。

**第五十一条[票据诈骗案(刑法第一百九十四条第一款)]** 进行金融票据诈骗活动,涉嫌下列情形之一的,应予立案追诉:

(一)个人进行金融票据诈骗,数额在一万元以上的;

(二)单位进行金融票据诈骗,数额在十万元以上的。

**第五十二条[金融凭证诈骗案(刑法第一百九十四条第二款)]** 使用伪造、变造的委托收款凭证、汇款凭证、银行存单等其他银行结算凭证进行诈骗活动,涉嫌下列情形之一的,应予立案追诉:

(一)个人进行金融凭证诈骗,数额在一万元以上的;

(二)单位进行金融凭证诈骗,数额在十万元以上的。

**第五十三条[信用证诈骗案(刑法第一百九十五条)]** 进行信用证诈骗活动,涉嫌下列情形之一的,应予立案追诉:

(一)使用伪造、变造的信用证或者附随的单据、文件的;

(二)使用作废的信用证的;

(三)骗取信用证的;

(四)以其他方法进行信用证诈骗活动的。

**第五十四条[信用卡诈骗案(刑法第一百九十六条)]** 进行信用卡诈骗活动,涉嫌下列情形之一的,应予立案追诉:

(一)使用伪造的信用卡,或者使用以虚假的身份证明骗领的信用卡,或者使用作废的信用卡,或者冒用他人信用卡,进行诈骗活动,数额在五千元以上的;

(二)恶意透支,数额在一万元以上的。

本条规定的"恶意透支",是指持卡人以非法占有为目的,超过规定限额或者规定期限透支,并且经发卡银行两次催收后超过三个月仍不归还的。

恶意透支,数额在一万元以上不满十万元

的，在公安机关立案前已偿还全部透支款息，情节显著轻微的，可以依法不追究刑事责任。

**第五十五条［有价证券诈骗案（刑法第一百九十七条）］** 使用伪造、变造的国库券或者国家发行的其他有价证券进行诈骗活动，数额在一万元以上的，应予立案追诉。

**第五十六条［保险诈骗案（刑法第一百九十八条）］** 进行保险诈骗活动，涉嫌下列情形之一的，应予立案追诉：

（一）个人进行保险诈骗，数额在一万元以上的；

（二）单位进行保险诈骗，数额在五万元以上的。

**第五十七条［逃税案（刑法第二百零一条）］** 逃避缴纳税款，涉嫌下列情形之一的，应予立案追诉：

（一）纳税人采取欺骗、隐瞒手段进行虚假纳税申报或者不申报，逃避缴纳税款，数额在五万元以上并且占各税种应纳税总额百分之十以上，经税务机关依法下达追缴通知后，不补缴应纳税款、不缴纳滞纳金或者不接受行政处罚的；

（二）纳税人五年内因逃避缴纳税款受过刑事处罚或者被税务机关给予二次以上行政处罚，又逃避缴纳税款，数额在五万元以上并且占各税种应纳税总额百分之十以上的；

（三）扣缴义务人采取欺骗、隐瞒手段，不缴或者少缴已扣、已收税款，数额在五万元以上的。

纳税人在公安机关立案后再补缴应纳税款、缴纳滞纳金或者接受行政处罚的，不影响刑事责任的追究。

**第五十八条［抗税案（刑法第二百零二条）］** 以暴力、威胁方法拒不缴纳税款，涉嫌下列情形之一的，应予立案追诉：

（一）造成税务工作人员轻微伤以上的；

（二）以给税务工作人员及其亲友的生命、健康、财产等造成损害为威胁，抗拒缴纳税款的；

（三）聚众抗拒缴纳税款的；

（四）以其他暴力、威胁方法拒不缴纳税款的。

**第五十九条［逃避追缴欠税案（刑法第二百零三条）］** 纳税人欠缴应纳税款，采取转移或者隐匿财产的手段，致使税务机关无法追缴欠缴的税款，数额在一万元以上的，应予立案追诉。

**第六十条［骗取出口退税案（刑法第二百零四条第一款）］** 以假报出口或者其他欺骗手段，骗取国家出口退税款，数额在五万元以上的，应予立案追诉。

**第六十一条［虚开增值税专用发票、用于骗取出口退税、抵扣税款发票案（刑法第二百零五条）］** 虚开增值税专用发票或者虚开用于骗取出口退税、抵扣税款的其他发票，虚开的税款数额在一万元以上或者致使国家税款被骗数额在五千元以上的，应予立案追诉。

**第六十二条［伪造、出售伪造的增值税专用发票案（刑法第二百零六条）］** 伪造或者出售伪造的增值税专用发票二十五份以上或者票面额累计在十万元以上的，应予立案追诉。

**第六十三条［非法出售增值税专用发票案（刑法第二百零七条）］** 非法出售增值税专用发票二十五份以上或者票面额累计在十万元以上的，应予立案追诉。

**第六十四条［非法购买增值税专用发票、购买伪造的增值税专用发票案（刑法第二百零八条第一款）］** 非法购买增值税专用发票或者购买伪造的增值税专用发票二十五份以上或者票面额累计在十万元以上的，应予立案追诉。

**第六十五条［非法制造、出售非法制造的用于骗取出口退税、抵扣税款发票案（刑法第二百零九条第一款）］** 伪造、擅自制造或者出售伪造、擅自制造的可以用于骗取出口退税、抵扣税款的非增值税专用发票五十份以上或者票面额累计在二十万元以上的，应予立案追诉。

**第六十六条［非法制造、出售非法制造的发票案（刑法第二百零九条第二款）］** 伪造、擅自制造或者出售伪造、擅自制造的不具有骗取出口退税、抵扣税款功能的普通发票一百份以上或者票面额累计在四十万元以上的，应予立案追诉。

**第六十七条［非法出售用于骗取出口退税、抵扣税款发票案（刑法第二百零九条第三款）］** 非法出售可以用于骗取出口退税、抵扣税款的非增值税专用发票五十份以上或者票面额累计在二十万元以上的，应予立案追诉。

**第六十八条［非法出售发票案（刑法第二百零九条第四款）］** 非法出售普通发票一百

份以上或者票面额累计在四十万元以上的,应予立案追诉。

**第六十九条[假冒注册商标案(刑法第二百一十三条)]** 未经注册商标所有人许可,在同一种商品上使用与其注册商标相同的商标,涉嫌下列情形之一的,应予立案追诉:

(一)非法经营数额在五万元以上或者违法所得数额在三万元以上的;

(二)假冒两种以上注册商标,非法经营数额在三万元以上或者违法所得数额在二万元以上的;

(三)其他情节严重的情形。

**第七十条[销售假冒注册商标的商品案(刑法第二百一十四条)]** 销售明知是假冒注册商标的商品,涉嫌下列情形之一的,应予立案追诉:

(一)销售金额在五万元以上的;

(二)尚未销售,货值金额在十五万元以上的;

(三)销售金额不满五万元,但已销售金额与尚未销售的货值金额合计在十五万元以上的。

**第七十一条[非法制造、销售非法制造的注册商标标识案(刑法第二百一十五条)]** 伪造、擅自制造他人注册商标标识或者销售伪造、擅自制造的注册商标标识,涉嫌下列情形之一的,应予立案追诉:

(一)伪造、擅自制造或者销售伪造、擅自制造的注册商标标识数量在二万件以上,或者非法经营数额在五万元以上,或者违法所得数额在三万元以上的;

(二)伪造、擅自制造或者销售伪造、擅自制造两种以上注册商标标识数量在一万件以上,或者非法经营数额在三万元以上,或者违法所得数额在二万元以上的;

(三)其他情节严重的情形。

**第七十二条[假冒专利案(刑法第二百一十六条)]** 假冒他人专利,涉嫌下列情形之一的,应予立案追诉:

(一)非法经营数额在二十万元以上或者违法所得数额在十万元以上的;

(二)给专利权人造成直接经济损失在五十万元以上的;

(三)假冒两项以上他人专利,非法经营数额在十万元以上或者违法所得数额在五万元以上的;

(四)其他情节严重的情形。

**第七十三条[侵犯商业秘密案(刑法第二百一十九条)]** 侵犯商业秘密,涉嫌下列情形之一的,应予立案追诉:

(一)给商业秘密权利人造成损失数额在五十万元以上的;

(二)因侵犯商业秘密违法所得数额在五十万元以上的;

(三)致使商业秘密权利人破产的;

(四)其他给商业秘密权利人造成重大损失的情形。

**第七十四条[损害商业信誉、商品声誉案(刑法第二百二十一条)]** 捏造并散布虚伪事实,损害他人的商业信誉、商品声誉,涉嫌下列情形之一的,应予立案追诉:

(一)给他人造成直接经济损失数额在五十万元以上的;

(二)虽未达到上述数额标准,但具有下列情形之一的:

1. 利用互联网或者其他媒体公开损害他人商业信誉、商品声誉的;

2. 造成公司、企业等单位停业、停产六个月以上,或者破产的。

(三)其他给他人造成重大损失或者有其他严重情节的情形。

**第七十五条[虚假广告案(刑法第二百二十二条)]** 广告主、广告经营者、广告发布者违反国家规定,利用广告对商品或者服务作虚假宣传,涉嫌下列情形之一的,应予立案追诉:

(一)违法所得数额在十万元以上的;

(二)给单个消费者造成直接经济损失数额在五万元以上的,或者给多个消费者造成直接经济损失数额累计在二十万元以上的;

(三)假借预防、控制突发事件的名义,利用广告作虚假宣传,致使多人上当受骗,违法所得数额在三万元以上的;

(四)虽未达到上述数额标准,但两年内因利用广告作虚假宣传,受过行政处罚二次以上,又利用广告作虚假宣传的;

(五)造成人身伤残的;

(六)其他情节严重的情形。

**第七十六条[串通投标案(刑法第二百二

十三条)]　投标人相互串通投标报价,或者投标人与招标人串通投标,涉嫌下列情形之一的,应予立案追诉:

(一)损害招标人、投标人或者国家、集体、公民的合法利益,造成直接经济损失数额在五十万元以上的;

(二)违法所得数额在十万元以上的;

(三)中标项目金额在二百万元以上的;

(四)采取威胁、欺骗或者贿赂等非法手段的;

(五)虽未达到上述数额标准,但两年内因串通投标,受过行政处罚二次以上,又串通投标的;

(六)其他情节严重的情形。

**第七十七条[合同诈骗案(刑法第二百二十四条)]**　以非法占有为目的,在签订、履行合同过程中,骗取对方当事人财物,数额在二万元以上的,应予立案追诉。

**第七十八条[组织、领导传销活动案(刑法第二百二十四条之一)]**　组织、领导以推销商品、提供服务等经营活动为名,要求参加者以缴纳费用或者购买商品、服务等方式获得加入资格,并按照一定顺序组成层级,直接或者间接以发展人员的数量作为计酬或者返利依据,引诱、胁迫参加者继续发展他人参加,骗取财物,扰乱经济社会秩序的传销活动,涉嫌组织、领导的传销活动人员在三十人以上且层级在三级以上的,对组织者、领导者,应予立案追诉。

本条所指的传销活动的组织者、领导者,是指在传销活动中起组织、领导作用的发起人、决策人、操纵人,以及在传销活动中担负策划、指挥、布置、协调等重要职责,或者在传销活动实施中起到关键作用的人员。

**第七十九条[非法经营案(刑法第二百二十五条)]**　违反国家规定,进行非法经营活动,扰乱市场秩序,涉嫌下列情形之一的,应予立案追诉:

(一)违反国家有关盐业管理规定,非法生产、储运、销售食盐,扰乱市场秩序,具有下列情形之一的:

1. 非法经营食盐数量在二十吨以上的;

2. 曾因非法经营食盐行为受过二次以上行政处罚又非法经营食盐,数量在十吨以上的。

(二)违反国家烟草专卖管理法律法规,未经烟草专卖行政主管部门许可,无烟草专卖生产企业许可证、烟草专卖批发企业许可证、特种烟草专卖经营企业许可证、烟草专卖零售许可证等许可证明,非法经营烟草专卖品,具有下列情形之一的:

1. 非法经营数额在五万元以上,或者违法所得数额在二万元以上的;

2. 非法经营卷烟二十万支以上的;

3. 曾因非法经营烟草专卖品三年内受过二次以上行政处罚,又非法经营烟草专卖品且数额在三万元以上的。

(三)未经国家有关主管部门批准,非法经营证券、期货、保险业务,或者非法从事资金支付结算业务,具有下列情形之一的:

1. 非法经营证券、期货、保险业务,数额在三十万元以上的;

2. 非法从事资金支付结算业务,数额在二百万元以上的;

3. 违反国家规定,使用销售点终端机具(POS机)等方法,以虚构交易、虚开价格、现金退货等方式向信用卡持卡人直接支付现金,数额在一百万元以上的,或者造成金融机构资金二十万元以上逾期未还的,或者造成金融机构经济损失十万元以上的;

4. 违法所得数额在五万元以上的。

(四)非法经营外汇,具有下列情形之一的:

1. 在外汇指定银行和中国外汇交易中心及其分中心以外买卖外汇,数额在二十万美元以上的,或者违法所得数额在五万元以上的;

2. 公司、企业或者其他单位违反有关外贸代理业务的规定,采用非法手段,或者明知是伪造、变造的凭证、商业单据,为他人向外汇指定银行骗购外汇,数额在五百万美元以上或者违法所得数额在五十万元以上的;

3. 居间介绍骗购外汇,数额在一百万美元以上或者违法所得数额在十万元以上的。

(五)出版、印刷、复制、发行严重危害社会秩序和扰乱市场秩序的非法出版物,具有下列情形之一的:

1. 个人非法经营数额在五万元以上的,单位非法经营数额在十五万元以上的;

2. 个人违法所得数额在二万元以上的,单位违法所得数额在五万元以上的;

3. 个人非法经营报纸五千份或者期刊五千本或者图书二千册或者音像制品、电子出版物五百张(盒)以上的,单位非法经营报纸一万五千份或者期刊一万五千本或者图书五千册或者音像制品、电子出版物一千五百张(盒)以上的;

4. 虽未达到上述数额标准,但具有下列情形之一的:

(1)两年内因出版、印刷、复制、发行非法出版物受过行政处罚二次以上的,又出版、印刷、复制、发行非法出版物的;

(2)因出版、印刷、复制、发行非法出版物造成恶劣社会影响或者其他严重后果的。

(六)非法从事出版物的出版、印刷、复制、发行业务,严重扰乱市场秩序,具有下列情形之一的:

1. 个人非法经营数额在十五万元以上的,单位非法经营数额在五十万元以上的;

2. 个人违法所得数额在五万元以上的,单位违法所得数额在十五万元以上的;

3. 个人非法经营报纸一万五千份或者期刊一万五千本或者图书五千册或者音像制品、电子出版物一千五百张(盒)以上的,单位非法经营报纸五万份或者期刊五万本或者图书一万五千册或者音像制品、电子出版物五千张(盒)以上的;

4. 虽未达到上述数额标准,两年内因非法从事出版物的出版、印刷、复制、发行业务受过行政处罚二次以上的,又非法从事出版物的出版、印刷、复制、发行业务的。

(七)采取租用国际专线、私设转接设备或者其他方法,擅自经营国际电信业务或者涉港澳台电信业务进行营利活动,扰乱电信市场管理秩序,具有下列情形之一的:

1. 经营去话业务数额在一百万元以上的;

2. 经营来话业务造成电信资费损失数额在一百万元以上的;

3. 虽未达到上述数额标准,但具有下列情形之一的:

(1)两年内因非法经营国际电信业务或者涉港澳台电信业务行为受过行政处罚二次以上,又非法经营国际电信业务或者涉港澳台电信业务的;

(2)因非法经营国际电信业务或者涉港澳台电信业务行为造成其他严重后果的。

(八)从事其他非法经营活动,具有下列情形之一的:

1. 个人非法经营数额在五万元以上,或者违法所得数额在一万元以上的;

2. 单位非法经营数额在五十万元以上,或者违法所得数额在十万元以上的;

3. 虽未达到上述数额标准,但两年内因同种非法经营行为受过二次以上行政处罚,又进行同种非法经营行为的;

4. 其他情节严重的情形。

**第八十条[非法转让、倒卖土地使用权案(刑法第二百二十八条)]** 以牟利为目的,违反土地管理法规,非法转让、倒卖土地使用权,涉嫌下列情形之一的,应予立案追诉:

(一)非法转让、倒卖基本农田五亩以上的;

(二)非法转让、倒卖基本农田以外的耕地十亩以上的;

(三)非法转让、倒卖其他土地二十亩以上的;

(四)违法所得数额在五十万元以上的;

(五)虽未达到上述数额标准,但因非法转让、倒卖土地使用权受过行政处罚,又非法转让、倒卖土地的;

(六)其他情节严重的情形。

**第八十一条[提供虚假证明文件案(刑法第二百二十九条第一款、第二款)]** 承担资产评估、验资、验证、会计、审计、法律服务等职责的中介组织的人员故意提供虚假证明文件,涉嫌下列情形之一的,应予立案追诉:

(一)给国家、公众或者其他投资者造成直接经济损失数额在五十万元以上的;

(二)违法所得数额在十万元以上的;

(三)虚假证明文件虚构数额在一百万元且占实际数额百分之三十以上的;

(四)虽未达到上述数额标准,但具有下列情形之一的:

1. 在提供虚假证明文件过程中索取或者非法接受他人财物的;

2. 两年内因提供虚假证明文件,受过行政处罚二次以上,又提供虚假证明文件的。

(五)其他情节严重的情形。

**第八十二条[出具证明文件重大失实案**

**(刑法第二百二十九条第三款)]**　承担资产评估、验资、验证、会计、审计、法律服务等职责的中介组织的人员严重不负责任,出具的证明文件有重大失实,涉嫌下列情形之一的,应予立案追诉:

(一)给国家、公众或者其他投资者造成直接经济损失数额在一百万元以上的;

(二)其他造成严重后果的情形。

**第八十三条[逃避商检案(刑法第二百三十条)]**　违反进出口商品检验法的规定,逃避商品检验,将必须经商检机构检验的进口商品未报经检验而擅自销售、使用,或者将必须经商检机构检验的出口商品未报经检验合格而擅自出口,涉嫌下列情形之一的,应予立案追诉:

(一)给国家、单位或者个人造成直接经济损失数额在五十万元以上的;

(二)逃避商检的进出口货物货值金额在三百万元以上的;

(三)导致病疫流行、灾害事故的;

(四)多次逃避商检的;

(五)引起国际经济贸易纠纷,严重影响国家对外贸易关系,或者严重损害国家声誉的;

(六)其他情节严重的情形。

## 三、侵犯财产案

**第八十四条[职务侵占案(刑法第二百七十一条第一款)]**　公司、企业或者其他单位的人员,利用职务上的便利,将本单位财物非法占为己有,数额在五千元至一万元以上的,应予立案追诉。

**第八十五条[挪用资金案(刑法第二百七十二条第一款)]**　公司、企业或者其他单位的工作人员,利用职务上的便利,挪用本单位资金归个人使用或者借贷给他人,涉嫌下列情形之一的,应予立案追诉:

(一)挪用本单位资金数额在一万元至三万元以上,超过三个月未还的;

(二)挪用本单位资金数额在一万元至三万元以上,进行营利活动的;

(三)挪用本单位资金数额在五千元至二万元以上,进行非法活动的。

具有下列情形之一的,属于本条规定的“归个人使用”:

(一)将本单位资金供本人、亲友或者其他自然人使用的;

(二)以个人名义将本单位资金供其他单位使用的;

(三)个人决定以单位名义将本单位资金供其他单位使用,谋取个人利益的。

**第八十六条[挪用特定款物案(刑法第二百七十三条)]**　挪用用于救灾、抢险、防汛、优抚、扶贫、移民、救济款物,涉嫌下列情形之一的,应予立案追诉:

(一)挪用特定款物数额在五千元以上的;

(二)造成国家和人民群众直接经济损失数额在五万元以上的;

(三)虽未达到上述数额标准,但多次挪用特定款物的,或者造成人民群众的生产、生活严重困难的;

(四)严重损害国家声誉,或者造成恶劣社会影响的;

(五)其他致使国家和人民群众利益遭受重大损害的情形。

## 附　则

**第八十七条**　本规定中的“多次”,是指三次以上。

**第八十八条**　本规定中的“虽未达到上述数额标准”,是指接近上述数额标准且已达到该数额的百分之八十以上的。

**第八十九条**　对于预备犯、未遂犯、中止犯,需要追究刑事责任的,应予立案追诉。

**第九十条**　本规定中的立案追诉标准,除法律、司法解释、本规定中另有规定的以外,适用于相应的单位犯罪。

**第九十一条**　本规定中的“以上”,包括本数。

**第九十二条**　本规定自印发之日起施行。2001年4月18日最高人民检察院、公安部印发的《关于经济犯罪案件追诉标准的规定》(公发〔2001〕11号)和2008年3月5日最高人民检察院、公安部印发的《关于经济犯罪案件追诉标准的补充规定》(高检会〔2008〕2号)同时废止。

# 关于印发《人民检察院扣押、冻结涉案款物工作规定》的通知

(2010 年 5 月 9 日　高检发〔2010〕9 号)

各省、自治区、直辖市人民检察院,军事检察院,新疆生产建设兵团人民检察院:

《人民检察院扣押、冻结涉案款物工作规定》已经 2010 年 4 月 7 日最高人民检察院第十一届检察委员会第三十三次会议通过,现印发你们,请认真贯彻执行。

## 人民检察院扣押、冻结涉案款物工作规定

### 第一章　总　　则

**第一条**　为了规范人民检察院扣押、冻结涉案款物工作,提高执法水平和办案质量,保护公民、法人和其他组织合法权益,根据刑法、刑事诉讼法及其他有关规定,制定本规定。

**第二条**　本规定所称扣押、冻结的涉案款物,是指人民检察院在依法行使检察职权过程中扣押、冻结的违法所得、与犯罪有关的款物、作案工具和非法持有的违禁品等。

犯罪嫌疑人、被告人实施违法犯罪行为所取得的财物及其孳息属于违法所得。

**第三条**　违法所得的一切财物,应当予以追缴或者责令退赔。对被害人的合法财产,应当依法及时返还。违禁品和供犯罪所用的财物,应当予以扣押、冻结,并依法处理。

**第四条**　人民检察院扣押、冻结、保管、处理涉案款物,必须严格依法进行。严禁以虚假立案或者其他非法方式扣押、冻结款物。对涉案单位私设账外资金但与案件无关的,不得扣押、冻结,可以通知有关主管机关或者其上级单位处理。严禁扣押、冻结与案件无关的合法财产。

**第五条**　严禁在立案之前扣押、冻结款物。立案之前发现涉嫌犯罪的款物,如果符合立案条件的,应当及时立案,并采取扣押、冻结措施,以保全证据和防止涉案款物转移。

个人或者单位在立案之前向人民检察院自首时携带涉案款物的,人民检察院可以先行接收,并向自首人开具接收凭证,根据立案和侦查情况决定是否扣押、冻结。

人民检察院扣押、冻结涉案款物后,应当对案件及时进行侦查,不得在无法定理由情况下撤销案件或者停止对案件的侦查。

**第六条**　人民检察院扣押、冻结犯罪嫌疑人、被告人的涉案款物,应当为犯罪嫌疑人、被告人及其所扶养的家属保留必需的生活费用和物品。

扣押、冻结单位的涉案款物,应当尽量不影响该单位正常的办公、生产、经营等活动。

**第七条**　人民检察院实行扣押、冻结款物与保管款物相分离的原则,账实必须相符。

**第八条**　人民检察院扣押、冻结、保管、处理涉案款物,实行办案部门和保管部门分工负责、相互制约的原则,并接受侦查监督、公诉、控告申诉、纪检监察等部门的监督。

**第九条**　人民检察院扣押、冻结、保管、处理涉案款物,应当书面告知当事人或者其近亲属有权按照有关规定进行投诉。

当事人、其他直接利害关系人或者其近亲属认为人民检察院扣押、冻结、保管、处理涉案款物侵犯自身合法权益或者有违法情形的,可以向该人民检察院投诉,也可以直接向其上一级人民检察院投诉。接到投诉的人民检察院应当按照有关规定及时进行审查并作出处理和

答复。

刑事诉讼程序终结后，当事人认为人民检察院违法扣押、冻结涉案款物而申请刑事赔偿的，尚未办结的投诉程序应当终止，负责办理投诉的部门应当将相关材料移交刑事赔偿工作部门。

**第十条** 人民检察院扣押、冻结、保管、处理涉案款物，应当按照有关规定接受人民监督员的监督。

**第十一条** 人民检察院扣押、冻结、处理涉案款物应当使用最高人民检察院统一制定的法律文书，填写必须规范、完备，文书存根必须完整。

禁止使用“没收决定书”、“罚款决定书”等不符合规定的文书扣押、冻结、处理涉案款物。

**第十二条** 扣押、冻结、保管、处理涉及国家秘密、商业秘密、个人隐私的款物，应当严格遵守有关保密规定。

## 第二章 扣押、冻结涉案款物的程序

**第十三条** 扣押、冻结涉案款物，应当报经检察长批准，由两名以上检察人员执行。

**第十四条** 在现场勘查、搜查、拘留、逮捕过程中发现的可用以证明犯罪嫌疑人有罪或者无罪的各种物品，非法持有的违禁品，可能属于违法所得的款项，应当扣押；与案件无关的，不得扣押。不能立即查明是否与案件有关的可疑款物，可以先行扣押并按照本规定第二十一条审查处理。

需要扣押犯罪嫌疑人到案时随身携带的物品的，按照前款规定办理。对于与案件无关的个人用品，逐件登记，随人移交或者退还其家属。

**第十五条** 需要扣押、冻结的涉案款物不在本辖区的，办理案件的人民检察院应当依照有关法律及本规定，持相关法律文书及简要案情等材料，商请被扣押、冻结款物所在地的人民检察院协助执行，被请求的人民检察院应当协助执行。

被请求协助的人民检察院有异议的，可以向办理案件的人民检察院提出。双方达不成一致意见的，应当逐级报请上级人民检察院进行协商；必要时，报请共同的上级人民检察院决定。

**第十六条** 对于扣押的款物，检察人员应当会同在场见证人和被扣押款物持有人查点清楚，经拍照或者录像后予以扣押，并当场开列扣押清单一式四份，注明扣押物品的名称、型号、规格、数量、质量、颜色、新旧程度、包装等主要特征，由检察人员、见证人和持有人签名或者盖章。持有人拒绝签名、盖章或者不在场的，应当在清单上注明。

扣押、冻结市场价格波动较大的股票、债券、基金、权证、期货、仓单、黄金等，应当书面告知当事人或者其近亲属有权按照本规定第三十二条第二款的规定申请出售。

**第十七条** 对于应当扣押但不便提取或者不必提取的不动产、生产设备或者其他财物，应当扣押其权利证书，经拍照或者录像后原地封存，或者交持有人或者其近亲属保管，并开列扣押（原地封存）清单一式四份，注明相关物品的详细地址和相关特征，同时注明已经拍照或者录像以及其权利证书已被扣押，由检察人员、见证人和持有人签名或者盖章。启封时应当有见证人、持有人在场并签名或者盖章。持有人拒绝签名、盖章或者不在场的，应当在清单上注明。

被扣押的财物交持有人或者其近亲属保管的，检察人员应当书面告知保管人对被扣押的财物必须妥善保管，不得转移、变卖、毁损、出租、抵押、赠予等。

**第十八条** 办案部门扣押、冻结下列款物，应当进行相应的处理：

（一）扣押外币、金银珠宝、文物、字画以及其他不易辨别真伪的贵重物品，应当开列清单注明特征，经拍照或者录像后当场密封，由检察人员、见证人和被扣押物品持有人在密封材料上签名或者盖章。根据办案需要及时委托具有资质的部门出具鉴定报告。启封时应当有见证人或者持有人在场并签名或者盖章；

（二）对存折、存单、信用卡、股票、债券、基金、权证、期货、其他有价证券以及具有一定特征能够证明案情的现金或者实物，应当注明特征、编号、种类、面值、张数、金额等，经拍照或者录像后作为实物进行封存，由检察人员、见证人和被扣押物品持有人在密封材料上签名或者盖章，并且冻结相应的账户。启封时应当有见证

人或者持有人在场并签名或者盖章;

(三)对录音带、录像带、磁盘、光盘、优盘、移动硬盘等磁质、电子存储介质,应当注明案由、内容、规格、类别、应用长度、文件格式、制作或者提取时间、制作人或者提取人等;

(四)对易损毁、灭失、变质以及其他不宜长期保存的物品,应当采取笔录、绘图、拍照、录像等方法加以保全后进行封存;

(五)按照本规定第十七条原地封存或者交持有人或者其近亲属保管的财物,应当将扣押决定书复印件送达当地不动产或者生产设备等财物的登记、管理部门,告知其在解除扣押之前,禁止办理出售、转让、抵押等;

(六)对单位的涉密电子设备、文件等物品,应当在拍照或者录像后当场密封,由检察人员、见证人、单位有关负责人在密封材料上签名或者盖章。启封时应当有见证人、单位有关负责人在场并签名或者盖章。

对于有关人员拒绝按照前款有关规定签名或者盖章的,人民检察院应当在相关文书上注明。

**第十九条** 对犯罪嫌疑人用违法所得与合法收入共同购置的不可分割的财产,可以先行扣押、冻结,并按照本规定第二十一条审查处理。对无法分开退还的财产,应当在案件办结后予以拍卖、变卖,对不属于违法所得的部分予以退还。

**第二十条** 犯罪嫌疑人被拘留、逮捕后,其亲友受犯罪嫌疑人委托或者主动代为向检察机关上交或退赔涉案款物的,参照本规定第十六条、第十七条办理,由检察人员、代为上交款物人员、见证人在扣押清单上签名或者盖章。

代为上交款物人员应当在清单上注明系受犯罪嫌疑人委托或者主动代替犯罪嫌疑人上交或者退赔。

**第二十一条** 对扣押、冻结的款物,办案部门应当及时进行审查。经查明确实与案件无关的,应当在三日内作出解除或者退还决定,并通知有关当事人或者其近亲属办理相关手续。

**第二十二条** 人民检察院侦查监督、公诉部门发现侦查部门有违法扣押、冻结、处理涉案款物情形的,可以依法提出纠正意见。

## 第三章 扣押、冻结涉案款物的保管

**第二十三条** 人民检察院对于扣押、冻结的涉案款物及其孳息,应当如实登记,妥善保管。

**第二十四条** 人民检察院负责财务装备的部门是扣押款物的管理部门,负责对扣押款物统一管理。法律和有关规定另有规定的除外。

**第二十五条** 办案部门扣押款物后,应当在三日内移交管理部门,并附扣押清单复印件。由于特殊原因不能按时移交的,经检察长批准,可以由办案部门暂时保管,在原因消除后及时移交。

**第二十六条** 下列扣押款物可以不移交本院管理部门,由办案部门拍照或者录像后及时按照有关规定处理:

(一)对不便提取或者不必提取的不动产、生产设备或者其他财物,可以按照本规定第十七条的规定交持有人或者其近亲属保管;

(二)对珍贵文物、珍贵动物及其制品、珍稀植物及其制品,按照国家有关规定移送主管机关;

(三)对毒品、淫秽物品等违禁品,及时移送有关主管机关,或者根据办案需要严格封存,不得使用或者扩散;

(四)对爆炸性、易燃性、放射性、毒害性、腐蚀性等危险品,及时移送有关部门或者根据办案需要委托有关主管机关妥善保管;

(五)对易损毁、灭失、变质以及其他不宜长期保存的物品,可以经检察长批准后及时委托有关部门拍卖、变卖;

(六)对单位的涉密电子设备、文件等物品,可以在密封后交被扣押物品的单位保管。

**第二十七条** 办案部门向管理部门移交扣押的款物时,应当列明物品的名称、规格、特征、质量、数量或者现金的数额等,出具本规定第十八条要求的手续。管理部门应当当场审验,对不符合规定的,应当要求办案部门立即补正;符合规定的,应当在移交清单上签名并向办案部门开具收据。

**第二十八条** 对扣押款应当逐案设立明细账,并及时存入指定银行的专用账户,严格收付手续。

**第二十九条** 对扣押的实物应当建账设

卡,一案一账,一物一卡。

办案部门对于细小物品,可以根据物品种类分袋、分件、分箱设卡。

**第三十条** 对扣押物品应当设立符合防火、防盗、防潮、防尘等安全要求的专用保管场所,并配备必要的计量和存储设备。严格封存登记和出入库手续。管理人员应当定期对扣押款物进行检查,防止挪用、丢失、损毁等。

**第三十一条** 为了核实证据,需要临时调用扣押款物时,应当经检察长批准。加封的款物启封时,办案部门和管理部门应当同时派员在场,并应当有见证人或者持有人在场,当面查验。归还时,应当重新封存,由管理人员清点验收。管理部门应当对调用和归还情况进行登记。

## 第四章 扣押、冻结涉案款物的处理

**第三十二条** 扣押、冻结的款物,除依法应当返还被害人或者经查明确实与案件无关的以外,不得在诉讼程序终结之前处理。法律和有关规定另有规定的除外。

权利人申请出售被扣押、冻结的股票、债券、基金、权证、期货、仓单、黄金等,不损害国家利益、被害人利益,不影响诉讼正常进行的,经检察长批准或者检察委员会决定,在案件终结前可以依法出售,所得价款由管理部门保管。

扣押、冻结汇票、本票、支票的,应当在有效期限内作出处理。经检察长批准或者检察委员会决定,在案件终结前依法变现的,所得价款由管理部门保管,并及时书面告知当事人或者其近亲属。

**第三十三条** 处理扣押、冻结的涉案款物,应当由办案部门提出意见,报请检察长决定。负责保管扣押、冻结涉案款物的管理部门会同办案部门办理相关的处理手续。

人民检察院向其他机关移送的案件需要随案移送扣押、冻结的涉案款物的,按照前款的规定办理。

**第三十四条** 决定撤销案件的,侦查部门应当在撤销案件决定书中写明对扣押、冻结的涉案款物的处理结果。扣押的违法所得需要没收的,应当提出检察意见,移送有关主管机关处理。需要返还原主或者被害人的,应当解除扣押、冻结,直接返还。

因犯罪嫌疑人死亡而撤销案件,被冻结的存款、汇款应当依法予以没收或者返还被害人的,可以申请人民法院裁定通知冻结犯罪嫌疑人存款、汇款的金融机构上缴国库或者返还被害人;因其他原因撤销案件的,直接通知冻结机构上缴国库或者返还被害人。需要返还犯罪嫌疑人的,应当解除冻结并返还犯罪嫌疑人或者其合法继承人。

**第三十五条** 侦查部门移送审查起诉时,应当在侦查终结报告、移送审查起诉意见书中提出对扣押、冻结的涉案款物的处理意见,并列明款物去向存入案卷。

公诉部门审查案件时,应当对随案移送的扣押、冻结涉案款物清单、处理意见进行审查。对账实不符的,应当要求侦查部门进行核实、更正。经审查认为不应当扣押、冻结的,公诉部门应当提出处理意见,报检察长批准后解除扣押、冻结,返还原主或者被害人。

**第三十六条** 决定不起诉的案件,公诉部门应当在不起诉决定书中写明对扣押、冻结的涉案款物的处理结果。需要没收被不起诉人违法所得的,应当提出检察意见,连同不起诉决定书一并移送有关主管机关处理。需要返还原主或者被害人的,应当解除扣押、冻结,直接返还。

**第三十七条** 提起公诉的案件,公诉部门应当在起诉书中写明对扣押、冻结的涉案款物的处理情况。对作为证据使用的扣押物品,应当随案移送。对不宜移送的,应当将其清单、照片或者其他证明文件随案移送。

人民检察院冻结的犯罪嫌疑人存在金融机构的款项,应当向人民法院随案移送该金融机构出具的证明文件。

扣押的涉案款物,对依法不移送的,应当待人民法院作出生效判决后,按照人民法院的通知上缴国库。

人民检察院应当严格按照人民法院的生效判决、裁定处理扣押、冻结的款物。对于起诉书中未认定的扣押、冻结款物以及起诉书中已经认定、但人民法院判决、裁定中未认定的扣押、冻结款物,参照本规定第三十六条、第四十条的规定处理。

**第三十八条** 犯罪嫌疑人在审查起诉中死亡,对其被冻结的存款、汇款应当依法予以没收或者返还被害人的,可以申请人民法院裁定通知冻结犯罪嫌疑人存款、汇款的金融机构上缴国库或者返还被害人。需要返还犯罪嫌疑人的,应当解除冻结并返还其合法继承人。

**第三十九条**　人民检察院作出撤销案件决定书、不起诉决定书或者收到人民法院生效判决、裁定书后,应当在三十日以内对扣押、冻结的款物依法作出处理,并制作扣押、冻结款物的处理报告,详细列明每一项款物的来源、去向并附有关法律文书复印件,报检察长审核后存入案卷。情况特殊的,经检察长决定,可以延长三十日。

**第四十条**　扣押、冻结的涉案款物,经审查属于被害人的合法财产,不需要在法庭出示的,人民检察院应当及时返还。诉讼程序终结后,经查明属于犯罪嫌疑人、被不起诉人以及被告人的合法财产的,应当及时返还。领取人应当在返还款物清单上签名或者盖章。返还清单、物品照片应当附入卷宗。

**第四十一条**　对于应当返还被害人的扣押、冻结款物,无人认领的,应当公告通知。公告满一年无人认领的,依法上缴国库。

无人认领的款物在上缴国库后有人认领,经查证属实的,人民检察院应当向人民政府财政部门申请退库或者返还。原物已经拍卖、变卖的,应当退回价款。

**第四十二条**　对于贪污、挪用公款犯罪案件中扣押、冻结的涉案款物,除法院判决上缴国库的以外,应当归还原单位。原单位已不存在或者虽然存在但对被贪污、挪用的款项已经作为损失核销的,应当上缴国库。

**第四十三条**　人民检察院处理扣押、冻结的款物,应当制作扣押、冻结款物处理决定书并送达当事人或者其近亲属,由当事人或者其近亲属在处理清单上签名或者盖章。当事人或者其近亲属不签名的,应当在处理清单上注明。处理扣押、冻结的单位款物,应当由单位有关负责人签名并加盖公章,单位负责人不签名的,应当在处理清单上注明。

**第四十四条**　扣押、冻结的涉案款物应当依法上缴国库或者返还有关单位和个人的,如果有孳息,应当一并上缴或者返还。

## 第五章　监督检查与责任追究

**第四十五条**　人民检察院纪检监察部门应当会同本院其他有关部门对本院的扣押、冻结、保管、处理涉案款物工作进行定期检查。每年至少检查一次。

人民检察院扣押、冻结、保管、处理涉案款物的相关法律文书送达或者制作完成后,办案部门应当在五日内将法律文书复印件送本院纪检监察部门。纪检监察部门应当及时进行审查,认为违法的,及时提出纠正意见;必要时报请检察长处理或者向上一级人民检察院纪检监察部门报告。

上级人民检察院纪检监察部门应当对下级人民检察院的扣押、冻结、保管、处理涉案款物工作进行监督,并适时会同有关部门进行检查。

**第四十六条**　人民检察院负有扣押、冻结、保管、处理涉案款物权限、职责的人员岗位变动时,其所在部门应当会同本院纪检监察、财务装备等部门对扣押、冻结的有关款物进行检查并办理工作交接手续。

**第四十七条**　人民检察院工作人员在扣押、冻结、保管、处理涉案款物工作中违反本规定的,应当区别情形,按照检察人员纪律处分规定追究责任;构成犯罪的,依法追究刑事责任。

因违反规定导致国家赔偿的,应当依照国家赔偿法的规定向有关责任人员追偿部分或者全部赔偿费用。

## 第六章　附　　则

**第四十八条**　其他机关随案移送人民检察院的涉案款物的扣押、冻结、保管、处理,依照本规定执行。

**第四十九条**　对扣押、冻结款物的保管、鉴定、估价、公告等支付的费用,列入人民检察院办案经费,不得向当事人收取。

**第五十条**　设立案件管理部门的人民检察院,可以根据有关规定确定案件管理部门、纪检监察部门、财务装备部门在扣押、冻结款物的保管、处理、监督工作中的职责与分工。

**第五十一条**　本规定所称犯罪嫌疑人、被告人、被害人,包括自然人、单位。

**第五十二条** 本规定所称有关主管机关，是指对犯罪嫌疑人违反法律、法规的行为以及对有关违禁品、危险品具有行政管理、行政处罚、行政处分权限的机关和纪检监察部门。

**第五十三条** 本规定由最高人民检察院解释。

**第五十四条** 本规定自发布之日起施行。最高人民检察院2006年3月27日发布的《人民检察院扣押、冻结款物工作规定》同时废止。

# 关于印发《关于进一步贯彻“调解优先、调判结合”工作原则的若干意见》的通知

（2010年6月7日 法发〔2010〕16号）

各省、自治区、直辖市高级人民法院，解放军军事法院，新疆维吾尔自治区高级人民法院生产建设兵团分院：

现将最高人民法院《关于进一步贯彻“调解优先、调判结合”工作原则的若干意见》予以印发，请各地结合实际，认真贯彻执行。

# 关于进一步贯彻“调解优先、调判结合”工作原则的若干意见

“调解优先、调判结合”工作原则是认真总结人民司法实践经验，深刻分析现阶段形势任务得出的科学结论，是人民司法优良传统的继承和发扬，是人民司法理论和审判制度的发展创新，对于充分发挥人民法院调解工作在化解社会矛盾、维护社会稳定、促进社会和谐中的积极作用，具有十分重要的指导意义。为进一步贯彻该工作原则，特制定本意见。

## 一、牢固树立调解意识，进一步增强贯彻“调解优先、调判结合”工作原则的自觉性

1. 深刻认识新时期加强人民法院调解工作的重要性。全面加强调解工作，是继承中华民族优秀文化和发扬人民司法优良传统的必然要求，是发挥中国特色社会主义司法制度政治优势的必然要求，是维护社会和谐稳定的必然要求，是充分发挥人民法院职能作用的必然要求。

我国正处于经济社会发展的重要战略机遇期和社会矛盾凸显期，维护社会和谐稳定的任务艰巨繁重。深入推进社会矛盾化解、社会管理创新、公正廉洁执法三项重点工作，是人民法院在新形势下履行自身历史使命的必然要求，是人民法院积极回应人民群众关切的必然要求，也是当前和今后一个时期人民法院的首要工作任务。“调解优先、调判结合”既是推动矛盾化解的重要原则，也是社会管理创新的重要内容，又是对法官司法能力的考验。深入推进三项重点工作，必须坚决贯彻这一工作原则，不断增强调解意识，积极创新调解机制，努力提高调解能力，着力推动人民调解、行政调解、司法调解“三位一体”大调解工作体系建设，有效化解社会矛盾，真正实现案结事了，为保障经济社会又好又快发展，维护社会和谐稳定，提供更加有力的司法保障和服务。

2. 牢固树立“调解优先”理念。调解是高质量审判，调解是高效益审判，调解能力是高水平司法能力。调解有利于化解社会矛盾，实现案结事了，有利于修复当事人之间的关系，实现和谐。各级法院要深刻认识调解在有效化解矛

盾纠纷、促进社会和谐稳定中所具有的独特优势和重要价值，切实转变重裁判、轻调解的观念，把调解作为处理案件的首要选择，自觉主动地运用调解方式处理矛盾纠纷，把调解贯穿于立案、审判和执行的各个环节，贯穿于一审、二审、执行、再审、申诉、信访的全过程，把调解主体从承办法官延伸到合议庭所有成员、庭领导和院领导，把调解、和解和协调案件范围从民事案件逐步扩展到行政案件、刑事自诉案件、轻微刑事案件、刑事附带民事案件、国家赔偿案件和执行案件，建立覆盖全部审判执行领域的立体调解机制。要带着对当事人的真挚感情，怀着为当事人解难题、办实事的愿望去做调解工作。要做到能调则调，不放过诉讼和诉讼前后各个阶段出现的调解可能性，尽可能把握一切调解结案的机会。

3. 准确认识和把握"调解优先、调判结合"工作原则。要紧紧围绕"案结事了"目标，正确处理好调解与裁判这两种审判方式的关系。在处理案件过程中，首先要考虑用调解方式处理；要做到调解与裁判两手都要抓、两手都要硬；不论是调解还是裁判，都必须立足于有效化解矛盾纠纷、促进社会和谐，定分止争，实现法律效果与社会效果的有机统一。要根据每个案件的性质、具体情况和当事人的诉求，科学把握运用调解或者裁判方式处理案件的基础和条件。对于有调解可能的，要尽最大可能促成调解；对于没有调解可能的、法律规定不得调解的案件，要尽快裁判，充分发挥调解与裁判两种手段的作用。既要注意纠正不顾办案效果、草率下判的做法，也要注意纠正片面追求调解率、不顾当事人意愿强迫调解的做法。要努力实现调解结案率和息诉服判率的"两上升"，实现涉诉信访率和强制执行率的"两下降"，推动人民法院调解工作迈上新台阶，实现新发展。

## 二、完善调解工作制度，抓好重点环节，全面推进调解工作

4. 进一步强化民事案件调解工作。各级法院特别是基层法院要把调解作为处理民事案件的首选结案方式和基本工作方法。对依法和依案件性质可以调解的所有民事案件都要首先尝试通过运用调解方式解决，将调解贯穿于民事审判工作的全过程和所有环节。

对《最高人民法院关于适用简易程序审理民事案件的若干规定》第十四条规定的婚姻家庭纠纷、继承纠纷、劳务合同纠纷、交通事故和工伤事故引起的权利义务关系较为明确的损害赔偿纠纷、宅基地和相邻关系纠纷、合伙协议纠纷、诉讼标的额较小的民事纠纷，在开庭审理时应当先行调解。但是根据案件的性质和当事人的实际情况不能调解或者显然没有调解必要的除外。

要下大力气做好以下民事案件的调解工作：事关民生和群体利益、需要政府和相关部门配合的案件；可能影响社会和谐稳定的群体性案件、集团诉讼案件、破产案件；民间债务、婚姻家庭继承等民事纠纷案件；案情复杂、难以形成证据优势的案件；当事人之间情绪严重对立的案件；相关法律法规没有规定或者规定不明确、适用法律有一定困难的案件；判决后难以执行的案件；社会普遍关注的敏感性案件；当事人情绪激烈、矛盾激化的再审案件、信访案件。

对《最高人民法院关于人民法院民事调解工作若干问题的规定》第二条规定的适用特别程序、督促程序、公示催告程序、破产还债程序的案件，婚姻关系、身份关系确认案件以及其他依案件性质不能进行调解的民事案件，不予调解。

5. 积极探索刑事案件调解、和解工作。要在依法惩罚犯罪的同时，按照宽严相济刑事政策的要求，通过积极有效的调解工作，化解当事人恩怨和对抗情绪，促进社会和谐。

要根据刑事诉讼法有关规定，积极开展刑事自诉案件调解工作，促进双方自行和解。对被告人认罪悔过，愿意赔偿被害人损失，取得被害人谅解，从而达成和解协议的，可以由自诉人撤回起诉，或者对被告人依法从轻或免予刑事处罚。对民间纠纷引发的轻伤害等轻微刑事案件，诉至法院后当事人自行和解的，应当准许并记录在案。也可以在不违反法律规定的前提下，对此类案件尝试做一些促进和解的工作。

对刑事附带民事诉讼案件，要在调解的方法、赔偿方式、调解案件适用时间、期间和审限等方面进行积极探索，把握一切有利于附带民事诉讼调解结案的积极因素，争取达成民事赔偿调解协议，为正确适用法律和执行宽严相济

刑事政策创造条件。

6. 着力做好行政案件协调工作。在依法维护和监督行政机关依法行使行政职权的同时,要针对不同案件特点,通过积极有效的协调、和解,妥善化解行政争议。

在不违背法律规定的前提下,除了对行政赔偿案件依法开展调解外,在受理行政机关对平等主体之间的民事争议所作的行政裁决、行政确权等行政案件,行政机关自由裁量权范围内的行政处罚、行政征收、行政补偿和行政合同等行政案件,以及具体行政行为违法或者合法但不具有合理性的行政案件时,应当重点做好案件协调工作。

对一些重大疑难、影响较大的案件,要积极争取党委、人大支持和上级行政机关配合,邀请有关部门共同参与协调。对具体行政行为违法或者合法但不具有合理性的行政案件,要通过协调尽可能促使行政机关在诉讼中自行撤销违法行为,或者自行确认具体行政行为无效,或者重新作出处理决定。

7. 努力做好执行案件和解工作。要进一步改进执行方式,充分运用调解手段和执行措施,积极促成执行和解,有效化解执行难题。

对被执行财产难以发现的,要充分发挥执行联动威慑机制的作用,通过限制高消费措施、被执行人报告财产制度,以及委托律师调查、强制审计、公安机关协查等方式方法,最大限度地发现被执行人的财产,敦促被执行人提出切实可行的还款计划。

对被执行人系危困、改制、拟破产企业的,要协调有关部门和被执行人,综合运用执行担保、以物抵债、债转股等方式,促成双方当事人达成执行和解协议。

8. 进一步做好诉前调解工作。在收到当事人起诉状或者口头起诉之后、正式立案之前,对于未经人民调解、行政调解、行业调解等非诉讼纠纷解决方式调处的案件,要积极引导当事人先行就近、就地选择非诉讼调解组织解决纠纷,力争将矛盾纠纷化解在诉前。

当事人选择非诉讼调解的,应当暂缓立案;当事人不同意选择非诉讼调解的,或者经非诉讼调解未达成协议,坚持起诉的,经审查符合相关诉讼法规定的受理条件的,应当及时立案。

要进一步加强与人民调解组织、行政调解组织以及其他调解组织的协调与配合,有条件的基层法院特别是人民法庭应当设立诉前调解工作室或者“人民调解窗口”,充分发挥诉前调解的案件分流作用。

9. 进一步强化立案调解工作。在案件立案之后、移送审判业务庭之前,要充分利用立案窗口“第一时间接触当事人、第一时间了解案情”的优势,积极引导当事人选择调解方式解决纠纷。

对事实清楚、权利义务关系明确、争议不大的简单民事案件,在立案后应当及时调解;对可能影响社会和谐稳定的群体性案件、集团诉讼案件,敏感性强、社会广泛关注的案件,在立案后也要尽可能调解。对当事人拒绝调解的,无法及时与当事人及其委托代理人取得联系的,或者案情复杂、争议较大的案件,以及法律规定不得调解的案件,应当在立案后及时移送审理。对在调解过程中发现案件涉及国家利益、社会公共利益和第三人利益的,案件需要审计、评估、鉴定的,或者需要人民法院调查取证的,应当终结调解程序,及时移送审理。

立案阶段的调解应当坚持以效率、快捷为原则,避免案件在立案阶段积压。适用简易程序的一审民事案件,立案阶段调解期限原则上不超过立案后10日;适用普通程序的一审民事案件,立案阶段调解期限原则上不超过20日,经双方当事人同意,可以再延长10日。延长的调解期间不计入审限。

10. 积极探索和加强庭前调解工作。在案件移送审判业务庭、开庭审理之前,当事人同意调解的,要及时进行调解。要进一步加强庭前调解组织建设,有条件的人民法院可以探索建立专门的庭前调解组织。要进一步优化审判资源配置,有条件的人民法院可以探索试行法官助理等审判辅助人员开展庭前调解工作,提高调解工作效率,减轻审判人员的工作负担。

11. 继续抓好委托调解和协助调解工作。在案件受理后、裁判作出前,经当事人同意,可以委托有利于案件调解解决的人民调解、行政调解、行业调解等有关组织或者人大代表、政协委员等主持调解,或者邀请有关单位或者技术专家、律师等协助人民法院进行调解。调解人可以由当事人共同选定,也可以经双方当事人同意,由人民法院指定。当事人可以协商确定民事案件委托调解的期限,一般不超过30日。经双方当事人同意,可以顺延调解期间,但最长不超过60日。延长的调解期间不计入审限。人民法院委托调解人调解,应当制作调解移交函,附送主要案件材料,并明确委托调解的注意事项和当事人的相关请求。

12. 大力做好再审案件调解工作。对历时时间长、认识分歧较大的再审案件,当事人情绪激烈、矛盾激化的再审案件,改判和维持效果都不理想的再审案件,要多做调解、协调工作,尽可能促成当事人达成调解、和解协议。对抗诉再审案件,可以邀请检察机关协助人民法院进行调解;对一般再审案件,可以要求原一、二审法院配合进行调解;对处于执行中的再审案件,可以与执行部门协调共同做好调解工作。

13. 扎实做好调解回访工作。对于已经达成调解协议的,各级法院可以通过实地见面访、远程通讯访或者利用基层调解工作网络委托访等形式及时回访,督促当事人履行调解协议。对于相邻权、道路交通事故、劳动争议等多发易发纠纷的案件,应当将诉讼调解向后延伸,实现调解回访与息诉罢访相结合,及时消除不和谐苗头,巩固调解成果,真正实现案结事了。

14. 注重发挥律师和法律援助机构在调解工作中的积极作用。各级法院要积极推动、引导律师和法律援助机构参与或者主持调解、和解,共同做好调解工作。要积极探索,争取当地司法行政部门、律师协会的支持,注意解决律师风险代理收费与调解结案之间的矛盾。要积极推动律师协会建立推荐优秀律师担任调解员的制度,推进律师和法律援助机构参与或者主持调解工作的制度化、规范化。对于在调解工作中成绩突出的律师和法律援助机构,人民法院应当向当地司法行政部门、律师协会提出予以表彰和奖励的建议。

**三、规范调解活动,创新调解工作机制,提高调解工作质量**

15. 切实贯彻当事人自愿调解原则。要积极引导并为双方当事人达成调解协议提供条件、机会和必要的司法保障。除了法律另有规定的以外,要尊重当事人选择调解或者裁判方式解决纠纷的权利,尊重当事人决定调解开始时机、调解方式方法和调解协议内容的权利。要在各个诉讼环节,针对当事人的文化知识、诉讼能力的不同特点,用通俗易懂的语言,进行释法解疑,充分说明可能存在的诉讼风险,引导当事人在充分认识自身权利义务的基础上,平等自愿地解决纠纷。

16. 切实贯彻合法调解原则。要依法规范调解过程中法官审判权的行使,确保调解程序符合有关法律规定,不得违背当事人自愿去强迫调解,防止以判压调、以拖促调。要及时查明当事人之间的纠纷争执点和利益共同点,准确合理确定当事人利益关系的平衡点,维持双方当事人权利义务基本均衡,确保调解结果的正当性。要认真履行对调解协议审查确认职责,确保调解协议的内容不违反法律规定,不损害国家利益、社会公共利益、第三人利益以及社会公序良俗,正确发挥司法调解的功能,切实维护公平正义。

17. 科学把握当判则判的时机。要在加强调解的同时,切实维护当事人合法权益,注意防止不当调解和片面追求调解率的倾向,不得以牺牲当事人合法权益为代价进行调解。对当事人虚假诉讼或者假借调解拖延诉讼的,应依法及时制止并做出裁判;对一方当事人提出的方案显失公平,勉强调解会纵容违法者、违约方,且使守法者、守约方的合法权益受损的,应依法及时裁判;对调解需要花费的时间精力、投入的成本与解决效果不成正比的,应依法及时裁判;对涉及国家利益或者社会公共利益的案件,具有法律适用指导意义的案件,或者对形成社会规则意识有积极意义的案件,应注意依法及时裁判结案,充分发挥裁判在明辨是非、规范行为、惩恶扬善中的积极作用。

18. 加强对调解工作的监督管理。要充分考虑调解工作的特点,建立健全有利于调解工作科学发展的审判流程管理体系。要落实《最高人民法院关于人民法院民事调解工作若干问题的规定》第四条、第六条关于特定情况下的和解、调解期间不计入审限的规定,合理放宽对调解案件适用时间、期间和审限的限制。当事人愿意进行调解,但审理期限即将届满的,可以由当事人协商确定继续调解的期限,经人民法院审查同意后,由承办法官记录在卷。案件有达成调解协议的可能,当事人不能就继续调解的期限达成一致的,经本院院长批准,可以合理延长调解期限。同时,要针对各类调解案件在审理流程中不同环节的特点,确定合理的案件流转程序,避免在调判对接、调判转换环节因效率不高而延长案件处置周期;要加强对调解工作的跟踪管理和评查,及时纠正调解工作中存在的问题,着重解决硬调、久调不决等问题,确保调解工作质量。

19. 进一步加强对法官在调解工作中的职业行为约束。各级法院的法官,在调解过程中要注重着装仪表,约束举止言行,保持客观公正,平等保护各方当事人合法权益,不偏袒一方。根据案件的具体情况,法官可以在调解过程中分别做各方当事人的调解工作,但不得违反有关规定,私自单方面会见当事人及其委托的代理人。

20. 进一步规范调解协议督促条款、担保履行条款的适用。在调解过程中,要关注义务履行人的履行能力和履行诚意,在确保调解协议内容具体、明确并具有可执行性的同时,注重引导当事人适用《最高人民法院关于人民法院民事调解工作若干问题的规定》第十条、第十一条规定的督促条款和担保履行条款,提高调解协议的自动履行率。对原告因质疑被告履行调解协议的诚意而不愿调解的案件、争议标的额较大的案件,以及调解协议确定的履行期限较长或者分期履行的案件,可以通过适用督促条款、担保履行条款,促进调解协议的达成,促使义务履行人自动履行调解协议。要注意总结调解经验,制定规范性的表述方式,明确条款的生效条件,防止调解结案后双方当事人对协议条款内容的理解产生歧义。

21. 建立健全类型化调解机制。要不断总结调解经验,努力探索调解规律,建立健全以调解案件分类化、调解法官专业化、调解方法特定化为内容的类型化调解机制,建立相应的调解模式,提高调解同类案件的工作效率和成功率。要根据案件利益诉求、争议焦点的相似性,对道路交通事故损害赔偿纠纷、医疗损害赔偿纠纷、劳动争议等案件试行类型调解模式,实现"调解一案、带动一片"的效果。要根据类型案件的特点,选配具有专业特长、经验丰富的法官调解,鼓励法官加强对类型案件调解理论和方法的梳理和研究,将经过实践检验行之有效的个案调解方法,提升为同类案件的调解技巧,不断丰富调解的形式和手段。

22. 建立健全调解工作激励机制。要修改完善调解工作统计指标体系,完善统计口径,要从统计和考核民事案件调解情况,发展到对诉前、立案、庭前、庭中、庭后、执行、再审、申诉、信访等诸环节的调解案件,以及刑事、行政等各项调解、和解和协调工作进行统计和考核。在考核指标体系方面,在适当考虑办案数量、结案率和改判发回率的同时,突出对办案社会效果的考核,加大调解撤诉率、服判息诉率、申请再审率、申诉率、信访率、强制执行率和调解案件自动履行率等指标的权重。要建立健全能够反映调解工作量和社会效果的量化考核体系和考评方法,作为评价各级法院调解工作成效的标准和法官业绩考评的参考依据,正确引导调解工作方向,提高调解水平。

23. 建立健全调解能力培养长效机制。要及时总结调解工作经验,整理典型案例,加强对调解工作的指导。要把调解能力培养列入法官年度和专门培训计划,要以提高做群众工作的能力为核心,着力加强调解能力建设。要继续推行法官教法官、新进人员到基层和信访窗口接受锻炼等做法,鼓励法官深入社会、深入实践、深入基层,深刻把握社情民意,了解本地风俗习惯,学会运用群众语言,不断贴近人民群众,切实增强调解工作的效果。

24. 建立健全调解保障机制。各级法院要积极争取当地党委和政府的支持,把调解工作经费纳入财政预算。要积极争取中央政法补助专款资金和省级财政配套资金支持,充分发挥专款资金的使用效益,加大对调解工作的经费投入。要在经费、装备和人员编制等方面向基层法院和人民法庭倾斜,加大投入,进一步夯实调解工作基层基础。要争取专项经费支持,为参与调解的特邀调解员、委托调解人提供经费保障,对在调解工作中成绩突出的特邀调解员、委托调解人,要予以表彰和奖励。

## 四、进一步推动"大调解"工作体系建设,不断完善中国特色纠纷解决机制

25. 坚持在党委领导和政府支持下推进工作体系建设。各级法院要紧紧依靠党委领导,积极争取政府支持,鼓励社会各界参与,充分发挥司法的推动作用,将人民调解、行政调解、司

法调解"大调解"工作体系建设纳入推进三项重点工作的整体部署。在坚持三大调解各司其职的前提下,充分发挥司法的引导、保障作用,加强与人民调解、行政调解在程序对接、效力确认、法律指导等方面的协调配合,及时把社会矛盾纠纷化解在基层和萌芽状态,有力促进社会和谐稳定。

26. 推动"大调解"工作网络体系的建立。各级法院要加强与村委会、居委会、工会、共青团、妇联、侨联等组织密切配合,形成化解社会矛盾的合力。要充分利用自身的资源来支持其他调解组织开展工作,有条件的地方可以在基层法院和人民法庭设立人民调解工作室等必要的办公场所,为其他组织调处纠纷提供支持,同时也要注意利用其他社会组织和有关部门的调解资源。可以在处理纠纷比较多的派出所、交警队、妇联、工会等单位设立巡回调解点。要建立以人大代表、政协委员、基层干部、人民陪审员、离退休干部以及社会各界人士组成的覆盖各级、各部门、各行业的特邀调解员、调解志愿者网络库,加强与人民调解、行政调解组织网络的对接,逐步形成资源共享、力量共用、良性互动的"大调解"工作网络体系。

27. 加强在"大调解"工作体系中的沟通协调。各级法院要加强与各级联席会议、人民调解、行政调解以及其他调解组织的联系,及时掌握矛盾纠纷排查情况,紧紧抓住影响社会和谐稳定的源头性、根本性、基础性问题,充分发挥不同调解组织的职能互补作用,引导不同类型的矛盾纠纷由不同的调解组织解决,相互借力、共谋调处。要依靠党委的领导和"大调解"工作体系,对可能起诉到人民法院的重大案件提前做好工作预案,对已受理的重大或群体性案件,要充分依托"大调解"工作体系协调相关职能部门稳妥处置化解。

28. 加强对人民调解、行政调解的法律指导。各级法院要加强与人民调解、行政调解组织的工作沟通和经验交流,相互学习借鉴好经验、好做法,共同提高调解水平。要积极开展对"大调解"工作中新情况、新问题的分析研究,加强对人民调解、行政调解组织的指导,帮助人民调解、行政调解组织完善工作程序,规范调解行为。要配合司法行政机关等政府职能部门和有关组织,指派审判经验丰富的审判人员采取"以案代训"、"观摩调解"等方式对人民调解员、行政调解人员开展培训。对人民法院变更、撤销或者确认无效的调解协议及其原因,应当以适当方式及时反馈给相关调解组织,并就审理中发现的问题提出意见和建议。

29. 进一步完善调解衔接机制。对经人民调解、行政调解、行业调解或者其他具有调解职能的组织调解达成的协议,需要确认效力的,有管辖权的人民法院应当依法及时审查确认;符合强制执行条件的,人民法院应当依法及时执行。具有债权内容的诉讼外调解协议,经公证机关依法赋予强制执行效力的,债权人可以向被执行人住所地或者被执行的财产所在地人民法院申请执行。

# 关于印发《关于办理死刑案件审查判断证据若干问题的规定》和《关于办理刑事案件排除非法证据若干问题的规定》的通知

(2010 年 6 月 13 日　法发〔2010〕20 号)

各省、自治区、直辖市高级人民法院、人民检察院、公安厅(局)、国家安全厅(局)、司法厅(局),解放军军事法院、军事检察院、总政治部保卫部,新疆维吾尔自治区高级人民法院生产建设兵团分院、新疆生产建设兵团人民检察院、公安局、司法局、监狱管理局:

为进一步完善我国刑事诉讼制度,根据中央关于深化司法体制和工作机制改革的总体部署,经过广泛深入调查研究,最高人民法院、最高人民检察院、公安部、国家安全部和司法部近日联合制定了《关于办理死刑案件审查判断证据若干问题的规定》和《关于办理刑事案件排除非法证据若干问题的规定》(以下简称两个《规定》),现印发给你们,请遵照执行。

为了在司法实践中严格贯彻执行两个《规定》,现提出以下意见:

**一、充分认识制定、执行两个《规定》的重要意义**

两个《规定》对政法机关办理刑事案件特别是死刑案件提出了更高的标准、更严的要求,对于完善我国刑事诉讼制度,提高执法办案水平,推进社会主义法治建设,具有十分重要的意义。中央对两个《规定》高度重视,中央政治局常委、中央政法委书记周永康同志主持召开中央政法委员会全体会议暨司法体制改革专题汇报会,认真讨论了两个《规定》,要求各级人民法院、人民检察院、公安机关、国家安全机关和司法行政机关要依法履行职责,严格执行两个《规定》,讲事实、讲证据、讲法律、讲责任,确保办案质量,依法惩治犯罪、切实保障人权、维护司法公正,确保办理的每一起刑事案件都能经得起法律和历史的检验。各省、自治区、直辖市相关部门要从全面准确执行国家法律,贯彻党和国家刑事政策的高度,积极加强宣传工作,充分认识出台两个《规定》的重要意义。

**二、认真组织开展对两个《规定》的培训**

各级人民法院、人民检察院、公安机关、国家安全机关、司法行政等单位和部门应当根据实际情况,通过不同途径,采取不同方式,认真、及时地开展对两个《规定》的培训和学习工作,要精心组织相关办案人员参加专项培训,确保使每一名刑事办案人员都能够全面掌握两个《规定》的具体内容。

**三、严格贯彻执行两个《规定》**

两个《规定》不仅全面规定了刑事诉讼证据的基本原则,细化了证明标准,还进一步具体规定了对各类证据的收集、固定、审查、判断和运用;不仅规定了非法证据的内涵和外延,还对审查和排除非法证据的程序、证明责任等问题进行了具体的规范。切实把两个《规定》贯彻好、执行好,对于进一步提高执法办案水平,进一步强化执法人员素质,必将发挥重要作用。各相关部门在司法实践中要严格贯彻落实两个《规定》,牢固树立惩罚犯罪与保障人权并重的观念、实体法与程序法并重的观念,依法、全面、客观地收集、审查、判断证据,严把事实关、证据关,切实提高刑事案件审判质量,确保将两个《规定》落到实处,把每一起刑事案件都办成铁案。在贯彻执行中遇到的新情况、新问题和探索出的新经验、新做法,要认真总结,并及时报告中央主管部门。

另,办理其他刑事案件,参照《关于办理死刑案件审查判断证据若干问题的规定》执行。

## 关于办理死刑案件审查判断证据若干问题的规定

为依法、公正、准确、慎重地办理死刑案件,惩罚犯罪,保障人权,根据《中华人民共和国刑事诉讼法》等有关法律规定,结合司法实际,制定本规定。

**一、一般规定**

**第一条** 办理死刑案件,必须严格执行刑法和刑事诉讼法,切实做到事实清楚,证据确实、充分,程序合法,适用法律正确,确保案件质量。

**第二条** 认定案件事实,必须以证据为根据。

**第三条** 侦查人员、检察人员、审判人员应当严格遵守法定程序,全面、客观地收集、审查、核实和认定证据。

**第四条** 经过当庭出示、辨认、质证等法庭调查程序查证属实的证据,才能作为定罪量刑的根据。

**第五条**　办理死刑案件,对被告人犯罪事实的认定,必须达到证据确实、充分。

证据确实、充分是指:

(一)定罪量刑的事实都有证据证明;

(二)每一个定案的证据均已经法定程序查证属实;

(三)证据与证据之间、证据与案件事实之间不存在矛盾或者矛盾得以合理排除;

(四)共同犯罪案件中,被告人的地位、作用均已查清;

(五)根据证据认定案件事实的过程符合逻辑和经验规则,由证据得出的结论为唯一结论。

办理死刑案件,对于以下事实的证明必须达到证据确实、充分:

(一)被指控的犯罪事实的发生;

(二)被告人实施了犯罪行为与被告人实施犯罪行为的时间、地点、手段、后果以及其他情节;

(三)影响被告人定罪的身份情况;

(四)被告人有刑事责任能力;

(五)被告人的罪过;

(六)是否共同犯罪及被告人在共同犯罪中的地位、作用;

(七)对被告人从重处罚的事实。

## 二、证据的分类审查与认定

1. 物证、书证

**第六条**　对物证、书证应当着重审查以下内容:

(一)物证、书证是否为原物、原件,物证的照片、录像或者复制品及书证的副本、复制件与原物、原件是否相符;物证、书证是否经过辨认、鉴定;物证的照片、录像或者复制品和书证的副本、复制件是否由二人以上制作,有无制作人关于制作过程及原件、原物存放于何处的文字说明及签名。

(二)物证、书证的收集程序、方式是否符合法律及有关规定;经勘验、检查、搜查提取、扣押的物证、书证,是否附有相关笔录或者清单;笔录或者清单是否有侦查人员、物品持有人、见证人签名,没有物品持有人签名的,是否注明原因;对物品的特征、数量、质量、名称等注明是否清楚。

(三)物证、书证在收集、保管及鉴定过程中是否受到破坏或者改变。

(四)物证、书证与案件事实有无关联。对现场遗留与犯罪有关的具备检验鉴定条件的血迹、指纹、毛发、体液等生物物证、痕迹、物品,是否通过DNA鉴定、指纹鉴定等鉴定方式与被告人或者被害人的相应生物检材、生物特征、物品等作同一认定。

(五)与案件事实有关联的物证、书证是否全面收集。

**第七条**　对在勘验、检查、搜查中发现与案件事实可能有关联的血迹、指纹、足迹、字迹、毛发、体液、人体组织等痕迹和物品应当提取而没有提取,应当检验而没有检验,导致案件事实存疑的,人民法院应当向人民检察院说明情况,人民检察院依法可以补充收集、调取证据,作出合理的说明或者退回侦查机关补充侦查,调取有关证据。

**第八条**　据以定案的物证应当是原物。只有在原物不便搬运、不易保存或者依法应当由有关部门保管、处理或者依法应当返还时,才可以拍摄或者制作足以反映原物外形或者内容的照片、录像或者复制品。物证的照片、录像或者复制品,经与原物核实无误或者经鉴定证明为真实的,或者以其他方式确能证明其真实的,可以作为定案的根据。原物的照片、录像或者复制品,不能反映原物的外形和特征的,不能作为定案的根据。

据以定案的书证应当是原件。只有在取得原件确有困难时,才可以使用副本或者复制件。书证的副本、复制件,经与原件核实无误或者经鉴定证明为真实的,或者以其他方式确能证明其真实的,可以作为定案的根据。书证有更改或者更改迹象不能作出合理解释的,书证的副本、复制件不能反映书证原件及其内容的,不能作为定案的根据。

**第九条**　经勘验、检查、搜查提取、扣押的物证、书证,未附有勘验、检查笔录,搜查笔录,提取笔录,扣押清单,不能证明物证、书证来源的,不能作为定案的根据。

物证、书证的收集程序、方式存在下列瑕疵,通过有关办案人员的补正或者作出合理解

释的,可以采用:

(一)收集调取的物证、书证,在勘验、检查笔录,搜查笔录,提取笔录,扣押清单上没有侦查人员、物品持有人、见证人签名或者物品特征、数量、质量、名称等注明不详的;

(二)收集调取物证照片、录像或者复制品,书证的副本、复制件未注明与原件核对无异,无复制时间、无被收集、调取人(单位)签名(盖章)的;

(三)物证照片、录像或者复制品,书证的副本、复制件没有制作人关于制作过程及原物、原件存放于何处的说明或者说明中无签名的;

(四)物证、书证的收集程序、方式存在其他瑕疵的。

对物证、书证的来源及收集过程有疑问,不能作出合理解释的,该物证、书证不能作为定案的根据。

**第十条**　具备辨认条件的物证、书证应当交由当事人或者证人进行辨认,必要时应当进行鉴定。

2. 证人证言

**第十一条**　对证人证言应当着重审查以下内容:

(一)证言的内容是否为证人直接感知。

(二)证人作证时的年龄、认知水平、记忆能力和表达能力,生理上和精神上的状态是否影响作证。

(三)证人与案件当事人、案件处理结果有无利害关系。

(四)证言的取得程序、方式是否符合法律及有关规定:有无使用暴力、威胁、引诱、欺骗以及其他非法手段取证的情形;有无违反询问证人应当个别进行的规定;笔录是否经证人核对确认并签名(盖章)、捺指印;询问未成年证人,是否通知了其法定代理人到场,其法定代理人是否在场等。

(五)证人证言之间以及与其他证据之间能否相互印证,有无矛盾。

**第十二条**　以暴力、威胁等非法手段取得的证人证言,不能作为定案的根据。

处于明显醉酒、麻醉品中毒或者精神药物麻醉状态,以致不能正确表达的证人所提供的证言,不能作为定案的根据。

证人的猜测性、评论性、推断性的证言,不能作为证据使用,但根据一般生活经验判断符合事实的除外。

**第十三条**　具有下列情形之一的证人证言,不能作为定案的根据:

(一)询问证人没有个别进行而取得的证言;

(二)没有经证人核对确认并签名(盖章)、捺指印的书面证言;

(三)询问聋哑人或者不通晓当地通用语言、文字的少数民族人员、外国人,应当提供翻译而未提供的。

**第十四条**　证人证言的收集程序和方式有下列瑕疵,通过有关办案人员的补正或者作出合理解释的,可以采用:

(一)没有填写询问人、记录人、法定代理人姓名或者询问的起止时间、地点的;

(二)询问证人的地点不符合规定的;

(三)询问笔录没有记录告知证人应当如实提供证言和有意作伪证或者隐匿罪证要负法律责任内容的;

(四)询问笔录反映出在同一时间段内,同一询问人员询问不同证人的。

**第十五条**　具有下列情形的证人,人民法院应当通知出庭作证;经依法通知不出庭作证证人的书面证言经质证无法确认的,不能作为定案的根据:

(一)人民检察院、被告人及其辩护人对证人证言有异议,该证人证言对定罪量刑有重大影响的;

(二)人民法院认为其他应当出庭作证的。

证人在法庭上的证言与其庭前证言相互矛盾,如果证人当庭能够对其翻证作出合理解释,并有相关证据印证的,应当采信庭审证言。

对未出庭作证证人的书面证言,应当听取出庭检察人员、被告人及其辩护人的意见,并结合其他证据综合判断。未出庭作证证人的书面证言出现矛盾,不能排除矛盾且无证据印证的,不能作为定案的根据。

**第十六条**　证人作证,涉及国家秘密或者个人隐私的,应当保守秘密。

证人出庭作证,必要时,人民法院可以采取限制公开证人信息、限制询问、遮蔽容貌、改变声音等保护性措施。

3. 被害人陈述

**第十七条**　对被害人陈述的审查与认定适用前述关于证人证言的有关规定。

4. 被告人供述和辩解

**第十八条**　对被告人供述和辩解应当着重审查以下内容：

(一)讯问的时间、地点、讯问人的身份等是否符合法律及有关规定,讯问被告人的侦查人员是否不少于二人,讯问被告人是否个别进行等。

(二)讯问笔录的制作、修改是否符合法律及有关规定,讯问笔录是否注明讯问的起止时间和讯问地点,首次讯问时是否告知被告人申请回避、聘请律师等诉讼权利,被告人是否核对确认并签名(盖章)、捺指印,是否有不少于二人的讯问人签名等。

(三)讯问聋哑人、少数民族人员、外国人时是否提供了通晓聋、哑手势的人员或者翻译人员,讯问未成年同案犯时,是否通知了其法定代理人到场,其法定代理人是否在场。

(四)被告人的供述有无以刑讯逼供等非法手段获取的情形,必要时可以调取被告人进出看守所的健康检查记录、笔录。

(五)被告人的供述是否前后一致,有无反复以及出现反复的原因;被告人的所有供述和辩解是否均已收集入卷;应当入卷的供述和辩解没有入卷的,是否出具了相关说明。

(六)被告人的辩解内容是否符合案情和常理,有无矛盾。

(七)被告人的供述和辩解与同案犯的供述和辩解以及其他证据能否相互印证,有无矛盾。

对于上述内容,侦查机关随案移送有录音录像资料的,应当结合相关录音录像资料进行审查。

**第十九条**　采用刑讯逼供等非法手段取得的被告人供述,不能作为定案的根据。

**第二十条**　具有下列情形之一的被告人供述,不能作为定案的根据：

(一)讯问笔录没有经被告人核对确认并签名(盖章)、捺指印的;

(二)讯问聋哑人、不通晓当地通用语言、文字的人员时,应当提供通晓聋、哑手势的人员或者翻译人员而未提供的。

**第二十一条**　讯问笔录有下列瑕疵,通过有关办案人员的补正或者作出合理解释的,可以采用：

(一)笔录填写的讯问时间、讯问人、记录人、法定代理人等有误或者存在矛盾的;

(二)讯问人没有签名的;

(三)首次讯问笔录没有记录告知被讯问人诉讼权利内容的。

**第二十二条**　对被告人供述和辩解的审查,应当结合控辩双方提供的所有证据以及被告人本人的全部供述和辩解进行。

被告人庭前供述一致,庭审中翻供,但被告人不能合理说明翻供理由或者其辩解与全案证据相矛盾,而庭前供述与其他证据能够相互印证的,可以采信被告人庭前供述。

被告人庭前供述和辩解出现反复,但庭审中供认的,且庭审中的供述与其他证据能够印证的,可以采信庭审中的供述;被告人庭前供述和辩解出现反复,庭审中不供认,且无其他证据与庭前供述印证的,不能采信庭前供述。

5. 鉴定意见

**第二十三条**　对鉴定意见应当着重审查以下内容：

(一)鉴定人是否存在应当回避而未回避的情形。

(二)鉴定机构和鉴定人是否具有合法的资质。

(三)鉴定程序是否符合法律及有关规定。

(四)检材的来源、取得、保管、送检是否符合法律及有关规定,与相关提取笔录、扣押物品清单等记载的内容是否相符,检材是否充足、可靠。

(五)鉴定的程序、方法、分析过程是否符合本专业的检验鉴定规程和技术方法要求。

(六)鉴定意见的形式要件是否完备,是否注明提起鉴定的事由、鉴定委托人、鉴定机构、鉴定要求、鉴定过程、检验方法、鉴定文书的日期等相关内容,是否由鉴定机构加盖鉴定专用章并由鉴定人签名盖章。

(七)鉴定意见是否明确。

(八)鉴定意见与案件待证事实有无关联。

(九)鉴定意见与其他证据之间是否有矛

盾,鉴定意见与检验笔录及相关照片是否有矛盾。

(十)鉴定意见是否依法及时告知相关人员,当事人对鉴定意见是否有异议。

**第二十四条** 鉴定意见具有下列情形之一的,不能作为定案的根据:

(一)鉴定机构不具备法定的资格和条件,或者鉴定事项超出本鉴定机构项目范围或者鉴定能力的;

(二)鉴定人不具备法定的资格和条件、鉴定人不具有相关专业技术或者职称、鉴定人违反回避规定的;

(三)鉴定程序、方法有错误的;

(四)鉴定意见与证明对象没有关联的;

(五)鉴定对象与送检材料、样本不一致的;

(六)送检材料、样本来源不明或者确实被污染且不具备鉴定条件的;

(七)违反有关鉴定特定标准的;

(八)鉴定文书缺少签名、盖章的;

(九)其他违反有关规定的情形。

对鉴定意见有疑问的,人民法院应当依法通知鉴定人出庭作证或者由其出具相关说明,也可以依法补充鉴定或者重新鉴定。

6. 勘验、检查笔录

**第二十五条** 对勘验、检查笔录应当着重审查以下内容:

(一)勘验、检查是否依法进行,笔录的制作是否符合法律及有关规定的要求,勘验、检查人员和见证人是否签名或者盖章等。

(二)勘验、检查笔录的内容是否全面、详细、准确、规范:是否准确记录了提起勘验、检查的事由,勘验、检查的时间、地点,在场人员、现场方位、周围环境等情况;是否准确记载了现场、物品、人身、尸体等的位置、特征等详细情况以及勘验、检查、搜查的过程;文字记载与实物或者绘图、录像、照片是否相符;固定证据的形式、方法是否科学、规范;现场、物品、痕迹等是否被破坏或者伪造,是否是原始现场;人身特征、伤害情况、生理状况有无伪装或者变化等。

(三)补充进行勘验、检查的,前后勘验、检查的情况是否有矛盾,是否说明了再次勘验、检查的原由。

(四)勘验、检查笔录中记载的情况与被告人供述、被害人陈述、鉴定意见等其他证据能否印证,有无矛盾。

**第二十六条** 勘验、检查笔录存在明显不符合法律及有关规定的情形,并且不能作出合理解释或者说明的,不能作为证据使用。

勘验、检查笔录存在勘验、检查没有见证人的,勘验、检查人员和见证人没有签名、盖章的,勘验、检查人员违反回避规定的等情形,应当结合案件其他证据,审查其真实性和关联性。

7. 视听资料

**第二十七条** 对视听资料应当着重审查以下内容:

(一)视听资料的来源是否合法,制作过程中当事人有无受到威胁、引诱等违反法律及有关规定的情形;

(二)是否载明制作人或者持有人的身份,制作的时间、地点和条件以及制作方法;

(三)是否为原件,有无复制及复制份数;调取的视听资料是复制件的,是否附有无法调取原件的原因、制作过程和原件存放地点的说明,是否有制作人和原视听资料持有人签名或者盖章;

(四)内容和制作过程是否真实,有无经过剪辑、增加、删改、编辑等伪造、变造情形;

(五)内容与案件事实有无关联性。

对视听资料有疑问的,应当进行鉴定。

对视听资料,应当结合案件其他证据,审查其真实性和关联性。

**第二十八条** 具有下列情形之一的视听资料,不能作为定案的根据:

(一)视听资料经审查或者鉴定无法确定真伪的;

(二)对视听资料的制作和取得的时间、地点、方式等有异议,不能作出合理解释或者提供必要证明的。

8. 其他规定

**第二十九条** 对于电子邮件、电子数据交换、网上聊天记录、网络博客、手机短信、电子签名、域名等电子证据,应当主要审查以下内容:

(一)该电子证据存储磁盘、存储光盘等可移动存储介质是否与打印件一并提交;

(二)是否载明该电子证据形成的时间、地

点、对象、制作人、制作过程及设备情况等;

(三)制作、储存、传递、获得、收集、出示等程序和环节是否合法,取证人、制作人、持有人、见证人等是否签名或者盖章;

(四)内容是否真实,有无剪裁、拼凑、篡改、添加等伪造、变造情形;

(五)该电子证据与案件事实有无关联性。

对电子证据有疑问的,应当进行鉴定。

对电子证据,应当结合案件其他证据,审查其真实性和关联性。

**第三十条**　侦查机关组织的辨认,存在下列情形之一的,应当严格审查,不能确定其真实性的,辨认结果不能作为定案的根据:

(一)辨认不是在侦查人员主持下进行的;

(二)辨认前使辨认人见到辨认对象的;

(三)辨认人的辨认活动没有个别进行的;

(四)辨认对象没有混杂在具有类似特征的其他对象中,或者供辨认的对象数量不符合规定的;尸体、场所等特定辨认对象除外;

(五)辨认中给辨认人明显暗示或者明显有指认嫌疑的。

有下列情形之一的,通过有关办案人员的补正或者作出合理解释的,辨认结果可以作为证据使用:

(一)主持辨认的侦查人员少于二人的;

(二)没有向辨认人详细询问辨认对象的具体特征的;

(三)对辨认经过和结果没有制作专门的规范的辨认笔录,或者辨认笔录没有侦查人员、辨认人、见证人的签名或者盖章的;

(四)辨认记录过于简单,只有结果没有过程的;

(五)案卷中只有辨认笔录,没有被辨认对象的照片、录像等资料,无法获悉辨认的真实情况的。

**第三十一条**　对侦查机关出具的破案经过等材料,应当审查是否有出具该说明材料的办案人、办案机关的签字或者盖章。

对破案经过有疑问,或者对确定被告人有重大嫌疑的根据有疑问的,应当要求侦查机关补充说明。

## 三、证据的综合审查和运用

**第三十二条**　对证据的证明力,应当结合案件的具体情况,从各证据与待证事实的关联程度、各证据之间的联系等方面进行审查判断。

证据之间具有内在的联系,共同指向同一待证事实,且能合理排除矛盾的,才能作为定案的根据。

**第三十三条**　没有直接证据证明犯罪行为系被告人实施,但同时符合下列条件的可以认定被告人有罪:

(一)据以定案的间接证据已经查证属实;

(二)据以定案的间接证据之间相互印证,不存在无法排除的矛盾和无法解释的疑问;

(三)据以定案的间接证据已经形成完整的证明体系;

(四)依据间接证据认定的案件事实,结论是唯一的,足以排除一切合理怀疑;

(五)运用间接证据进行的推理符合逻辑和经验判断。根据间接证据定案的,判处死刑应当特别慎重。

**第三十四条**　根据被告人的供述、指认提取到了隐蔽性很强的物证、书证,且与其他证明犯罪事实发生的证据互相印证,并排除串供、逼供、诱供等可能性的,可以认定有罪。

**第三十五条**　侦查机关依照有关规定采用特殊侦查措施所收集的物证、书证及其他证据材料,经法庭查证属实,可以作为定案的根据。

法庭依法不公开特殊侦查措施的过程及方法。

**第三十六条**　在对被告人作出有罪认定后,人民法院认定被告人的量刑事实,除审查法定情节外,还应审查以下影响量刑的情节:

(一)案件起因;

(二)被害人有无过错及过错程度,是否对矛盾激化负有责任及责任大小;

(三)被告人的近亲属是否协助抓获被告人;

(四)被告人平时表现及有无悔罪态度;

(五)被害人附带民事诉讼赔偿情况,被告人是否取得被害人或者被害人近亲属谅解;

(六)其他影响量刑的情节。

既有从轻、减轻处罚等情节,又有从重处罚等情节的,应当依法综合相关情节予以考虑。

不能排除被告人具有从轻、减轻处罚等量刑情节的,判处死刑应当特别慎重。

**第三十七条**　对于有下列情形的证据应当

慎重使用，有其他证据印证的，可以采信：

（一）生理上、精神上有缺陷的被害人、证人和被告人，在对案件事实的认知和表达上存在一定困难，但尚未丧失正确认知、正确表达能力而作的陈述、证言和供述；

（二）与被告人有亲属关系或者其他密切关系的证人所作的对该被告人有利的证言，或者与被告人有利害冲突的证人所作的对该被告人不利的证言。

**第三十八条**　法庭对证据有疑问的，可以告知出庭检察人员、被告人及其辩护人补充证据或者作出说明；确有核实必要的，可以宣布休庭，对证据进行调查核实。法庭进行庭外调查时，必要时，可以通知出庭检察人员、辩护人到场。出庭检察人员、辩护人一方或者双方不到场的，法庭记录在案。

人民检察院、辩护人补充的和法庭庭外调查核实取得的证据，法庭可以庭外征求出庭检察人员、辩护人的意见。双方意见不一致，有一方要求人民法院开庭进行调查的，人民法院应当开庭。

**第三十九条**　被告人及其辩护人提出有自首的事实及理由，有关机关未予认定的，应当要求有关机关提供证明材料或者要求相关人员作证，并结合其他证据判断自首是否成立。

被告人是否协助或者如何协助抓获同案犯的证明材料不全，导致无法认定被告人构成立功的，应当要求有关机关提供证明材料或者要求相关人员作证，并结合其他证据判断立功是否成立。

被告人有检举揭发他人犯罪情形的，应当审查是否已经查证属实；尚未查证的，应当及时查证。

被告人累犯的证明材料不全，应当要求有关机关提供证明材料。

**第四十条**　审查被告人实施犯罪时是否已满十八周岁，一般应当以户籍证明为依据；对户籍证明有异议，并有经查证属实的出生证明文件、无利害关系人的证言等证据证明被告人不满十八周岁的，应认定被告人不满十八周岁；没有户籍证明以及出生证明文件的，应当根据人口普查登记、无利害关系人的证言等证据综合进行判断，必要时，可以进行骨龄鉴定，并将结果作为判断被告人年龄的参考。

未排除证据之间的矛盾，无充分证据证明被告人实施被指控的犯罪时已满十八周岁且确实无法查明的，不能认定其已满十八周岁。

**第四十一条**　本规定自二〇一〇年七月一日起施行。

# 关于办理刑事案件排除非法证据若干问题的规定

为规范司法行为，促进司法公正，根据刑事诉讼法和相关司法解释，结合人民法院、人民检察院、公安机关、国家安全机关和司法行政机关办理刑事案件工作实际，制定本规定。

**第一条**　采用刑讯逼供等非法手段取得的犯罪嫌疑人、被告人供述和采用暴力、威胁等非法手段取得的证人证言、被害人陈述，属于非法言词证据。

**第二条**　经依法确认的非法言词证据，应当予以排除，不能作为定案的根据。

**第三条**　人民检察院在审查批准逮捕、审查起诉中，对于非法言词证据应当依法予以排除，不能作为批准逮捕、提起公诉的根据。

**第四条**　起诉书副本送达后开庭审判前，被告人提出其审判前供述是非法取得的，应当向人民法院提交书面意见。被告人书写确有困难的，可以口头告诉，由人民法院工作人员或者其辩护人作出笔录，并由被告人签名或者捺指印。

人民法院应当将被告人的书面意见或者告诉笔录复印件在开庭前交人民检察院。

**第五条**　被告人及其辩护人在开庭审理前或者庭审中，提出被告人审判前供述是非法取得的，法庭在公诉人宣读起诉书之后，应当先行当庭调查。

法庭辩论结束前，被告人及其辩护人提出被告人审判前供述是非法取得的，法庭也应当进行调查。

**第六条** 被告人及其辩护人提出被告人审判前供述是非法取得的,法庭应当要求其提供涉嫌非法取证的人员、时间、地点、方式、内容等相关线索或者证据。

**第七条** 经审查,法庭对被告人审判前供述取得的合法性有疑问的,公诉人应当向法庭提供讯问笔录、原始的讯问过程录音录像或者其他证据,提请法庭通知讯问时其他在场人员或者其他证人出庭作证,仍不能排除刑讯逼供嫌疑的,提请法庭通知讯问人员出庭作证,对该供述取得的合法性予以证明。公诉人当庭不能举证的,可以根据刑事诉讼法第一百六十五条的规定,建议法庭延期审理。

经依法通知,讯问人员或者其他人员应当出庭作证。

公诉人提交加盖公章的说明材料,未经有关讯问人员签名或者盖章的,不能作为证明取证合法性的证据。

控辩双方可以就被告人审判前供述取得的合法性问题进行质证、辩论。

**第八条** 法庭对于控辩双方提供的证据有疑问的,可以宣布休庭,对证据进行调查核实。必要时,可以通知检察人员、辩护人到场。

**第九条** 庭审中,公诉人为提供新的证据需要补充侦查,建议延期审理的,法庭应当同意。

被告人及其辩护人申请通知讯问人员、讯问时其他在场人员或者其他证人到庭,法庭认为有必要的,可以宣布延期审理。

**第十条** 经法庭审查,具有下列情形之一的,被告人审判前供述可以当庭宣读、质证:

(一)被告人及其辩护人未提供非法取证的相关线索或者证据的;

(二)被告人及其辩护人已提供非法取证的相关线索或者证据,法庭对被告人审判前供述取得的合法性没有疑问的;

(三)公诉人提供的证据确实、充分,能够排除被告人审判前供述属非法取得的。

对于当庭宣读的被告人审判前供述,应当结合被告人当庭供述以及其他证据确定能否作为定案的根据。

**第十一条** 对被告人审判前供述的合法性,公诉人不提供证据加以证明,或者已提供的证据不够确实、充分的,该供述不能作为定案的根据。

**第十二条** 对于被告人及其辩护人提出的被告人审判前供述是非法取得的意见,第一审人民法院没有审查,并以被告人审判前供述作为定案根据的,第二审人民法院应当对被告人审判前供述取得的合法性进行审查。检察人员不提供证据加以证明,或者已提供的证据不够确实、充分的,被告人该供述不能作为定案的根据。

**第十三条** 庭审中,检察人员、被告人及其辩护人提出未到庭证人的书面证言、未到庭被害人的书面陈述是非法取得的,举证方应当对其取证的合法性予以证明。

对前款所述证据,法庭应当参照本规定有关规定进行调查。

**第十四条** 物证、书证的取得明显违反法律规定,可能影响公正审判的,应当予以补正或者作出合理解释,否则,该物证、书证不能作为定案的根据。

**第十五条** 本规定自二〇一〇年七月一日起施行。

# 最高人民法院关于审理外商投资企业纠纷案件若干问题的规定(一)

(2010年8月5日 法释〔2010〕9号)

为正确审理外商投资企业在设立、变更等过程中产生的纠纷案件,保护当事人的合法权益,根据《中华人民共和国民法通则》、《中华人民共和国合同法》、《中华人民共和国物权法》、

《中华人民共和国公司法》、《中华人民共和国中外合资经营企业法》、《中华人民共和国中外合作经营企业法》、《中华人民共和国外资企业法》等法律法规的规定，结合审判实践，制定本规定。

**第一条** 当事人在外商投资企业设立、变更等过程中订立的合同，依法律、行政法规的规定应当经外商投资企业审批机关批准后才生效的，自批准之日起生效；未经批准的，人民法院应当认定该合同未生效。当事人请求确认该合同无效的，人民法院不予支持。

前款所述合同因未经批准而被认定未生效的，不影响合同中当事人履行报批义务条款及因该报批义务而设定的相关条款的效力。

**第二条** 当事人就外商投资企业相关事项达成的补充协议对已获批准的合同不构成重大或实质性变更的，人民法院不应以未经外商投资企业审批机关批准为由认定该补充协议未生效。

前款规定的重大或实质性变更包括注册资本、公司类型、经营范围、营业期限、股东认缴的出资额、出资方式的变更以及公司合并、公司分立、股权转让等。

**第三条** 人民法院在审理案件中，发现经外商投资企业审批机关批准的外商投资企业合同具有法律、行政法规规定的无效情形的，应当认定合同无效；该合同具有法律、行政法规规定的可撤销情形，当事人请求撤销的，人民法院应予支持。

**第四条** 外商投资企业合同约定一方当事人以需要办理权属变更登记的标的物出资或者提供合作条件，标的物已交付外商投资企业实际使用，且负有办理权属变更登记义务的一方当事人在人民法院指定的合理期限内完成了登记的，人民法院应当认定该方当事人履行了出资或者提供合作条件的义务。外商投资企业或其股东以该方当事人未履行出资义务为由主张该方当事人不享有股东权益的，人民法院不予支持。

外商投资企业或其股东举证证明该方当事人因迟延办理权属变更登记给外商投资企业造成损失并请求赔偿的，人民法院应予支持。

**第五条** 外商投资企业股权转让合同成立后，转让方和外商投资企业不履行报批义务，经受让方催告后在合理的期限内仍未履行，受让方请求解除合同并由转让方返还其已支付的转让款、赔偿因未履行报批义务而造成的实际损失的，人民法院应予支持。

**第六条** 外商投资企业股权转让合同成立后，转让方和外商投资企业不履行报批义务，受让方以转让方为被告、以外商投资企业为第三人提起诉讼，请求转让方与外商投资企业在一定期限内共同履行报批义务的，人民法院应予支持。受让方同时请求在转让方和外商投资企业于生效判决确定的期限内不履行报批义务时自行报批的，人民法院应予支持。

转让方和外商投资企业拒不根据人民法院生效判决确定的期限履行报批义务，受让方另行起诉，请求解除合同并赔偿损失的，人民法院应予支持。赔偿损失的范围可以包括股权的差价损失、股权收益及其他合理损失。

**第七条** 转让方、外商投资企业或者受让方根据本规定第六条第一款的规定就外商投资企业股权转让合同报批，未获外商投资企业审批机关批准，受让方另行起诉，请求转让方返还其已支付的转让款的，人民法院应予支持。受让方请求转让方赔偿因此造成的损失的，人民法院应根据转让方是否存在过错以及过错大小认定其是否承担赔偿责任及具体赔偿数额。

**第八条** 外商投资企业股权转让合同约定受让方支付转让款后转让方才办理报批手续，受让方未支付股权转让款，经转让方催告后在合理的期限内仍未履行，转让方请求解除合同并赔偿因迟延履行而造成的实际损失的，人民法院应予支持。

**第九条** 外商投资企业股权转让合同成立后，受让方未支付股权转让款，转让方和外商投资企业亦未履行报批义务，转让方请求受让方支付股权转让款的，人民法院应当中止审理，指令转让方在一定期限内办理报批手续。该股权转让合同获得外商投资企业审批机关批准的，对转让方关于支付转让款的诉讼请求，人民法院应予支持。

**第十条** 外商投资企业股权转让合同成立后，受让方已实际参与外商投资企业的经营管理并获取收益，但合同未获外商投资企业审批机关批准，转让方请求受让方退出外商投资企业的经营管理并将受让方因实际参与经营管理而获得的收益在扣除相关成本费用后支付给转让方的,人民法院应予支持。

**第十一条** 外商投资企业一方股东将股权全部或部分转让给股东之外的第三人,应当经其他股东一致同意,其他股东以未征得其同意为由请求撤销股权转让合同的,人民法院应予支持。具有以下情形之一的除外:

(一)有证据证明其他股东已经同意;

(二)转让方已就股权转让事项书面通知,其他股东自接到书面通知之日满三十日未予答复;

(三)其他股东不同意转让,又不购买该转让的股权。

**第十二条** 外商投资企业一方股东将股权全部或部分转让给股东之外的第三人,其他股东以该股权转让侵害了其优先购买权为由请求撤销股权转让合同的,人民法院应予支持。其他股东在知道或者应当知道股权转让合同签订之日起一年内未主张优先购买权的除外。

前款规定的转让方、受让方以侵害其他股东优先购买权为由请求认定股权转让合同无效的,人民法院不予支持。

**第十三条** 外商投资企业股东与债权人订立的股权质押合同,除法律、行政法规另有规定或者合同另有约定外,自成立时生效。未办理质权登记的,不影响股权质押合同的效力。

当事人仅以股权质押合同未经外商投资企业审批机关批准为由主张合同无效或未生效的,人民法院不予支持。

股权质押合同依照物权法的相关规定办理了出质登记的,股权质权自登记时设立。

**第十四条** 当事人之间约定一方实际投资、另一方作为外商投资企业名义股东,实际投资者请求确认其在外商投资企业中的股东身份或者请求变更外商投资企业股东的,人民法院不予支持。同时具备以下条件的除外:

(一)实际投资者已经实际投资;

(二)名义股东以外的其他股东认可实际投资者的股东身份;

(三)人民法院或当事人在诉讼期间就将实际投资者变更为股东征得了外商投资企业审批机关的同意。

**第十五条** 合同约定一方实际投资、另一方作为外商投资企业名义股东,不具有法律、行政法规规定的无效情形的,人民法院应认定该合同有效。一方当事人仅以未经外商投资企业审批机关批准为由主张该合同无效或者未生效的,人民法院不予支持。

实际投资者请求外商投资企业名义股东依据双方约定履行相应义务的,人民法院应予支持。

双方未约定利益分配,实际投资者请求外商投资企业名义股东向其交付从外商投资企业获得的收益的,人民法院应予支持。外商投资企业名义股东向实际投资者请求支付必要报酬的,人民法院应酌情予以支持。

**第十六条** 外商投资企业名义股东不履行与实际投资者之间的合同,致使实际投资者不能实现合同目的,实际投资者请求解除合同并由外商投资企业名义股东承担违约责任的,人民法院应予支持。

**第十七条** 实际投资者根据其与外商投资企业名义股东的约定,直接向外商投资企业请求分配利润或者行使其他股东权利的,人民法院不予支持。

**第十八条** 实际投资者与外商投资企业名义股东之间的合同被认定无效,名义股东持有的股权价值高于实际投资额,实际投资者请求名义股东向其返还投资款并根据其实际投资情况以及名义股东参与外商投资企业经营管理的情况对股权收益在双方之间进行合理分配的,人民法院应予支持。

外商投资企业名义股东明确表示放弃股权或者拒绝继续持有股权的,人民法院可以判令以拍卖、变卖名义股东持有的外商投资企业股权所得向实际投资者返还投资款,其余款项根据实际投资者的实际投资情况、名义股东参与外商投资企业经营管理的情况在双方之间进行合理分配。

**第十九条** 实际投资者与外商投资企业名义股东之间的合同被认定无效,名义股东持有的股权价值低于实际投资额,实际投资者请求名义股东向其返还现有股权的等值价款的,人民法院应予支持;外商投资企业名义股东明确表示放弃股权或者拒绝继续持有股权的,人民法院可以判令以拍卖、变卖名义股东持有的外商投资企业股权所得向实际投资者返还投资款。

实际投资者请求名义股东赔偿损失的，人民法院应当根据名义股东对合同无效是否存在过错及过错大小认定其是否承担赔偿责任及具体赔偿数额。

**第二十条** 实际投资者与外商投资企业名义股东之间的合同因恶意串通，损害国家、集体或者第三人利益，被认定无效的，人民法院应当将因此取得的财产收归国家所有或者返还集体、第三人。

**第二十一条** 外商投资企业一方股东或者外商投资企业以提供虚假材料等欺诈或者其他不正当手段向外商投资企业审批机关申请变更外商投资企业批准证书所载股东，导致外商投资企业他方股东丧失股东身份或原有股权份额，他方股东请求确认股东身份或原有股权份额的，人民法院应予支持。第三人已经善意取得该股权的除外。

他方股东请求侵权股东或者外商投资企业赔偿损失的，人民法院应予支持。

**第二十二条** 人民法院审理香港特别行政区、澳门特别行政区、台湾地区的投资者、定居在国外的中国公民在内地投资设立企业产生的相关纠纷案件，参照适用本规定。

**第二十三条** 本规定施行后，案件尚在一审或者二审阶段的，适用本规定；本规定施行前已经终审的案件，人民法院进行再审时，不适用本规定。

**第二十四条** 本规定施行前本院作出的有关司法解释与本规定相抵触的，以本规定为准。

# 最高人民法院关于开展行政诉讼简易程序试点工作的通知

（2010年11月17日 法〔2010〕446号）

各省、自治区、直辖市高级人民法院，新疆维吾尔自治区高级人民法院生产建设兵团分院：

为保障和方便当事人依法行使诉讼权利，减轻当事人诉讼负担，保证人民法院公正、及时审理行政案件，经中央批准，现就在部分基层人民法院开展行政诉讼简易程序试点工作的有关问题通知如下：

一、下列第一审行政案件中，基本事实清楚、法律关系简单、权利义务明确的，可以适用简易程序审理：

（一）涉及财产金额较小，或者属于行政机关当场作出决定的行政征收、行政处罚、行政给付、行政许可、行政强制等案件；

（二）行政不作为案件；

（三）当事人各方自愿选择适用简易程序，经人民法院审查同意的案件。

发回重审、按照审判监督程序再审的案件不适用简易程序。

二、适用简易程序审理的案件，被告应当在收到起诉状副本或者口头起诉笔录副本之日起10日内提交答辩状，并提供作出行政行为时的证据、依据。被告在期限届满前提交上述材料的，人民法院可以提前安排开庭日期。

三、适用简易程序审理的案件，经当事人同意，人民法院可以实行独任审理。

四、人民法院可以采取电话、传真、电子邮件、委托他人转达等简便方式传唤当事人。经人民法院合法传唤，原告无正当理由拒不到庭的，视为撤诉；被告无正当理由拒不到庭的，可以缺席审判。

前述传唤方式，没有证据证明或者未经当事人确认已经收到传唤内容的，不得按撤诉处理或者缺席审判。

五、适用简易程序审理的案件，一般应当一次开庭并当庭宣判。法庭调查和辩论可以围绕主要争议问题进行，庭审环节可以适当简化或者合并。

六、适用简易程序审理的行政案件，应当在

立案之日起45日内结案。

七、当事人就适用简易程序提出异议且理由成立的,或者人民法院认为不宜继续适用简易程序的,应当转入普通程序审理。

八、最高人民法院确定的行政审判联系点法院(不包括中级人民法院)可以开展行政诉讼简易程序试点。

各高级人民法院可以选择法治环境较好、行政审判力量较强和行政案件数量较多的基层人民法院开展行政诉讼简易程序试点,并报最高人民法院备案。

# 最高人民法院关于审理期货纠纷案件若干问题的规定(二)

(2010年12月27日 法释〔2011〕1号)

为解决相关期货纠纷案件的管辖、保全与执行等法律适用问题,根据《中华人民共和国民事诉讼法》等有关法律、行政法规的规定以及审判实践的需要,制定本规定。

**第一条** 以期货交易所为被告或者第三人的因期货交易所履行职责引起的商事案件,由期货交易所所在地的中级人民法院管辖。

**第二条** 期货交易所履行职责引起的商事案件是指:

(一)期货交易所会员及其相关人员、保证金存管银行及其相关人员、客户、其他期货市场参与者,以期货交易所违反法律法规以及国务院期货监督管理机构的规定,履行监督管理职责不当,造成其损害为由提起的商事诉讼案件;

(二)期货交易所会员及其相关人员、保证金存管银行及其相关人员、客户、其他期货市场参与者,以期货交易所违反其章程、交易规则、实施细则的规定以及业务协议的约定,履行监督管理职责不当,造成其损害为由提起的商事诉讼案件;

(三)期货交易所因履行职责引起的其他商事诉讼案件。

**第三条** 期货交易所为债务人,债权人请求冻结、划拨以下账户中资金或者有价证券的,人民法院不予支持:

(一)期货交易所会员在期货交易所保证金账户中的资金;

(二)期货交易所会员向期货交易所提交的用于充抵保证金的有价证券。

**第四条** 期货公司为债务人,债权人请求冻结、划拨以下账户中资金或者有价证券的,人民法院不予支持:

(一)客户在期货公司保证金账户中的资金;

(二)客户向期货公司提交的用于充抵保证金的有价证券。

**第五条** 实行会员分级结算制度的期货交易所的结算会员为债务人,债权人请求冻结、划拨结算会员以下资金或者有价证券的,人民法院不予支持:

(一)非结算会员在结算会员保证金账户中的资金;

(二)非结算会员向结算会员提交的用于充抵保证金的有价证券。

**第六条** 有证据证明保证金账户中有超过上述第三条、第四条、第五条规定的资金或者有价证券部分权益的,期货交易所、期货公司或者期货交易所结算会员在人民法院指定的合理期限内不能提出相反证据的,人民法院可以依法冻结、划拨超出部分的资金或者有价证券。

有证据证明期货交易所、期货公司、期货交易所结算会员自有资金与保证金发生混同,期货交易所、期货公司或者期货交易所结算会员在人民法院指定的合理期限内不能提出相反证据的,人民法院可以依法冻结、划拨相关账户内的资金或者有价证券。

**第七条**　实行会员分级结算制度的期货交易所或者其结算会员为债务人，债权人请求冻结、划拨期货交易所向其结算会员依法收取的结算担保金的，人民法院不予支持。

有证据证明结算会员在结算担保金专用账户中有超过交易所要求的结算担保金数额部分的，结算会员在人民法院指定的合理期限内不能提出相反证据的，人民法院可以依法冻结、划拨超出部分的资金。

**第八条**　人民法院在办理案件过程中，依法需要通过期货交易所、期货公司查询、冻结、划拨资金或者有价证券的，期货交易所、期货公司应当予以协助。应当协助而拒不协助的，按照《中华人民共和国民事诉讼法》第一百零三条之规定办理。

**第九条**　本规定施行前已经受理的上述案件不再移送。

**第十条**　本规定施行前本院作出的有关司法解释与本规定不一致的，以本规定为准。

# 附件一：中国证监会规范性文件目录

**综合**

关于金融支持文化产业振兴和发展繁荣的指导意见

（2010年3月19日　中央宣传部、中国人民银行、财政部、文化部、广电总局、新闻出版总署、银监会、证监会、保监会　银发〔2010〕94号）

关于废止部分证券期货规章的决定（第九批）

（2010年5月7日　证监会公告〔2010〕16号）

关于全面推进农村金融产品和服务方式创新的指导意见

（2010年5月19日　人民银行、银监会、证监会、保监会　银发〔2010〕198号）

中国证券监督管理委员会公告该公告是关于中国证监会行政事业性收费标准和缴款方式的规定

（2010年6月4日　证监会公告〔2010〕18号）

关于进一步做好中小企业金融服务工作的若干意见

（2010年6月21日　中国人民银行、银监会、证监会、保监会　银发〔2010〕193号）

关于印发《关于建立和完善执行联动机制若干问题的意见》的通知

（2010年7月7日　纪检委、组织部、宣传部、中央社会治安综合治理委员会办公室、最高人民法院、最高人民检察院、发改委、公安部、监察部、民政部、司法部、国土资源部、住房和城乡建设部、人民银行、国家税务总局、国家工商总局、国务院法制办、银监会、证监会　法发〔2010〕15号）

关于促进黄金市场发展的若干意见

（2010年7月22日　人民银行、发改委、工业和信息化部、财政部、税务总局、证监会　银发〔2010〕211号）

关于进一步做好汶川地震灾后重建金融支持与服务工作的指导意见

（2010年9月21日　人民银行、银监会、证监会、保监会　银发〔2010〕271号）

关于废止部分证券期货规章的决定（第十批）

（2010年12月26日　证监会公告〔2010〕36号）

关于印发《关于加强报刊传播证券期货信息管理工作的若干规定》的通知

（2010年12月29日　新闻出版总署、证监会　新出联〔2010〕17号）

**发行类**

关于进一步做好创业板推荐工作的指引

（2010年3月19日　证监会公告〔2010〕8号）

国际开发机构人民币债券发行管理暂行

办法

(2010年9月16日　人民银行、财政部、发改委、证监会　人民银行公告〔2010〕第10号)

关于深化新股发行体制改革的指导意见

(2010年10月11日　证监会公告〔2010〕26号)

关于豁免国有创业投资机构和国有创业投资引导基金国有股转持义务有关问题的通知

(2010年10月13日　财政部、国资委、证监会、社保基金会　财企〔2010〕278号)

**市场类**

关于个人转让上市公司限售股所得征收个人所得税有关问题的补充通知

(2010年11月10日　财政部、税务总局、证监会　财税〔2010〕70号)

关于上市商业银行在证券交易所参与债券交易试点有关问题的通知

(2010年9月30日　证监发〔2010〕91号)

**机构类**

关于开展证券公司融资融券业务试点工作的指导意见

(2010年1月22日　证监会公告〔2010〕3号)

关于加强证券经纪业务管理的规定

(2010年4月1日　证监会公告〔2010〕11号)

证券公司参与股指期货交易指引

(2010年4月21日　证监会公告〔2010〕14号)

关于修改《证券公司分类监管规定》的决定

(2010年5月14日　证监会公告〔2010〕17号)

关于修改《关于加强上市证券公司监管的规定》的决定

(2010年6月30日　证监会公告〔2010〕20号)

《合格境内机构投资者境外证券投资管理试行办法》第四十六条证券公司开展境外证券投资定向资产管理业务的适用意见——证券期货法律适用意见第6号

(2010年8月16日　证监会公告〔2010〕22号)

证券公司借入次级债务规定

(2010年9月1日　证监会公告〔2010〕23号)

证券投资顾问业务暂行规定

(2010年10月12日　证监会公告〔2010〕27号)

发布证券研究报告暂行规定

(2010年10月12日　证监会公告〔2010〕28号)

**证券服务机构类**

律师事务所证券法律业务执业规则(试行)

(2010年10月20日　证监会、司法部　证监会公告〔2010〕33号)

律师事务所证券投资基金法律业务执业细则(试行)

(2010年10月20日　证监会、司法部　证监会公告〔2010〕34号)

**上市公司类**

上市公司现场检查办法

(2010年4月13日　证监会公告〔2010〕12号)

关于印发企业内部控制配套指引的通知

(2010年4月15日　财政部、证监会、审计署、银监会、保监会　财会〔2010〕11号)

**信息披露类**

公开发行证券的公司信息披露编报规则第9号——净资产收益率和每股收益的计算及披露(2010年修订)

(2010年1月11日　证监会公告〔2010〕2号)

公开发行证券的公司信息披露编报规则第15号——财务报告的一般规定(2010年修订)

(2010年1月11日　证监会公告〔2010〕1号)

公开发行证券的公司信息披露编报规则第20号——创业板上市公司季度报告的内容与格式

(2010年3月29日　证监会公告〔2010〕10号)

公开发行证券的公司信息披露内容与格式准则第31号——创业板上市公司半年度报告的内容与格式

（2010年6月29日　证监会公告〔2010〕19号）

关于填报《上市公司并购重组财务顾问专业意见附表》的规定

（2010年11月18日　证监会公告〔2010〕31号）

**基金类**

证券投资基金信息披露XBRL模板第3号《年度报告和半年度报告》

（2010年2月8日　证监会公告〔2010〕5号）

证券投资基金参与股指期货交易指引

（2010年4月21日　证监会公告〔2010〕13号）

关于保本基金的指导意见

（2010年10月26日　证监会公告〔2010〕30号）

证券投资基金信息披露XBRL模板第4号《基金合同生效公告及十一类临时公告（试行）》

（2010年11月18日　证监会公告〔2010〕32号）

**期货类**

关于建立股指期货投资者适当性制度的规定（试行）

（2010年2月5日　证监会公告〔2010〕4号）

关于期货交易所、期货公司缴纳期货投资者保障基金有关事项的规定

（2010年3月15日　证监会公告〔2010〕7号）

# 附件二：其他部委发布与资本市场相关的规范性文件目录

关于做好限售股转让所得个人所得税征收管理工作的通知

（2010年1月15日　国税发〔2010〕8号）

关于印发《会计师事务所分所管理暂行办法》的通知

（2010年1月15日　财会〔2010〕2号）

关于中央企业国有产权协议转让有关事项的通知

（2010年1月26日　国资发产权〔2010〕11号）

关于印发《会计师事务所服务收费管理办法》的通知

（2010年1月27日　发改价格〔2010〕196号）

关于印发《商业银行稳健薪酬监管指引》的通知

（2010年2月21日　银监发〔2010〕14号）

关于印发《保险集团公司管理办法（试行）》的通知

（2010年3月12日　保监发〔2010〕29号）

关于印发《中央企业商业秘密保护暂行规定》的通知

（2010年3月25日　国资发〔2010〕41号）

关于进一步做好企业法人法定代表人任职限制规定执行工作的通知

（2010年4月15日　工商企字〔2010〕82号）

关于充分发挥工商行政管理职能作用进一步做好服务外商投资企业发展工作的若干意见

（2010年5月7日　工商外企字〔2010〕94号）

关于印发《地方金融企业财务监督管理办法》的通知

（2010年6月7日　财金〔2010〕56号）

关于印发《会计师事务所财务管理暂行办法》的通知

（2010年6月13日　财会〔2010〕14号）

关于印发切实加强广播电视证券节目管理的通知

(2010 年 7 月 14 日　广电总局　广发〔2010〕59 号)

关于印发企业会计准则解释第 4 号的通知

(2010 年 7 月 14 日　财会〔2010〕15 号)

企业重组业务企业所得税管理办法

(2010 年 7 月 26 日　国家税务总局公告 2010 年第 4 号)

关于调整保险资金投资政策有关问题的通知

(2010 年 7 月 31 日　保监发〔2010〕66 号)

关于加强保险业反洗钱工作的通知

(2010 年 8 月 10 日　保监发〔2010〕70 号)

关于印发《保险公司内部控制基本准则》的通知

(2010 年 8 月 10 日　保监发〔2010〕69 号)

关于境外人民币清算行等三类机构运用人民币投资银行间债券市场试点有关事宜的通知

(2010 年 8 月 16 日　银发〔2010〕217 号)

关于保险保障基金有关税收问题的通知

(2010 年 9 月 6 日　财税〔2010〕77 号)

关于技术先进型服务企业有关企业所得税政策问题的通知

(2010 年 11 月 5 日　财税〔2010〕65 号)

关于金融企业贷款利息收入确认问题的公告

(2010 年 11 月 5 日　国家税务总局公告 2010 年第 23 号)

关于上海期货交易所开展期货保税交割业务有关增值税问题的通知

(2010 年 12 月 2 日　财税〔2010〕108 号)

关于印发《金融企业选聘会计师事务所招标管理办法(试行)》的通知

(2010 年 12 月 3 日　财金〔2010〕169 号)

关于科技型中小企业创业投资引导基金股权投资收入收缴暂行办法的通知

(2010 年 12 月 9 日　财企〔2010〕361 号)

# 三、法律文件说明

## 中国证监会有关部门负责人就发布《关于建立股指期货投资者适当性制度的规定(试行)(征求意见稿)》和配套文件答记者问

(2010 年 1 月 15 日)

日前,中国证监会有关部门负责人就发布《关于建立股指期货投资者适当性制度的规定(试行)(征求意见稿)》(以下简称《规定》)和配套文件回答了记者提问。全文如下:

**问**:为什么要在股指期货市场实行投资者适当性制度?

**答**:随着我国多层次资本市场体系建设的推进,积极探索建立与我国资本市场创新相适应的制度安排,使参与者的风险认知和风险承受能力与金融创新产品相适应,切实保护投资者的合法权益,已成为市场发展的迫切要求。股指期货在国际市场已经是一个成熟的金融产品,但在我国新兴加转轨的特定市场环境下,推出股指期货必须考虑我国资本市场的发展阶段,切实落实将适当的产品销售给适当的投资者的原则。

与股票、债券相比，股指期货具有专业性强、杠杆高、风险大的特点，客观上要求参与者具备较高的专业水平、较强的经济实力和风险承受能力，不适合一般投资者广泛参与。充分对投资者进行股指期货风险教育的同时，通过设置适当的程序和要求，建立与产品风险特征相匹配的投资者适当性制度，从源头上深化投资者风险教育，有效避免投资者盲目入市，真正做到保护投资者的合法权益。

股指期货投资者适当性制度是我国资本市场重要的基础性制度，是对投资者教育和保护投资者利益工作的深化，有利于进一步推动形成良好的资本市场文化和培育成熟的投资者队伍，是股指期货市场平稳起步和健康发展的重要保障。

**问**：股指期货投资者适当性制度的制度体系是怎样的？

**答**：多层次、系统的制度规则体系是保障投资者适当性制度落到实处的依据和关键。我们从证监会规章、交易所业务规则、期货业协会自律规则等三个层面制定并形成了一整套股指期货投资者适当性制度规则体系。

一是中国证监会制定的《关于建立股指期货投资者适当性制度的规定（试行）》，对投资者适当性制度提出原则要求，同时授权自律组织制定具体实施办法。

二是中国金融期货交易所（以下简称中金所）制定的《股指期货投资者适当性制度实施办法（试行）》、《股指期货投资者适当性制度操作指引（试行）》，明确股指期货投资者适当性的基本要求、程序、工作机制以及自律监管措施等。

三是中国期货业协会制定《期货公司执行股指期货投资者适当性制度管理规则》和《股指期货交易特别风险揭示书》，修订《证券公司为期货公司提供中间介绍业务协议指引》，督促期货公司和从事中间介绍业务的证券公司向投资者充分揭示股指期货交易风险，严格执行股指期货投资者适当性制度。

**问**：在股指期货投资者适当性制度制定过程中，做了哪些调研论证工作？

**答**：在股指期货投资者适当性制度制定过程中，我们按照“高标准、稳起步”的要求，研究了国内外成熟经验，在中介机构、投资者中进行了广泛的调研和试点。我们参考了美国、欧盟和日本等成熟市场的实践，借鉴了创业板、基金业和信托业等有关经验，考察了我国证券、期货客户群体的实际情况。我们分批在期货公司、证券公司营业部等进行了调研和试点。调研过程中，我们以问卷调查和访谈的形式，对30家证券、期货公司的近100多名开户人员和600多名投资者进行了调研，充分听取了他们的意见和建议；同时，我们从“指标验证”和“制度完善”两方面对部分期货公司客户进行开户试点，通过调研和试点，我们验证了指标设计的合理性和可操作性，不断完善了股指期货投资者适当性制度草案。

**问**：请介绍一下海外成熟市场投资者适当性制度的相关情况？

**答**：作为金融监管重要环节的投资者适当性管理制度在海外成熟资本市场已经较为普遍。海外成熟市场大多在法律层面规定了投资者适当性制度，主要包括两方面的涵义：一是要求某些高风险金融产品的参与者必须具备一定的资质；二是要求金融机构在销售产品时应将适当的产品销售给适当的投资者。

一是根据市场的不同特点，要求某些高风险金融产品的参与者必须具备一定的资质，法律法规对特定类型的投资者实行市场准入限制。如美国《证券法》规定了参与私募证券认购的投资者资格，对投资者的净资产和专业知识进行了要求；日本东京证券交易所与伦敦证券交易所合作设立的TOKYO AIM创业板市场，东京证券交易所为保护个人投资者的利益，特别规定了较高的准入门槛，仅允许净资产或金融资产在3亿日元以上，并有1年以上交易经验的投资者参与交易。日本《金融商品法》规定，禁止中介机构劝诱75岁以上的人士从事期货交易。

二是依据投资者适当性分类，法律法规要求金融机构在为普通投资者提供服务时应遵守更严格的行为准则，避免投资者盲目或轻率投资。例如，美国全美期货业协会（NFA）要求，对于特定人群（如已退休人士，年收入低于2.5万美元者，净资产低于2.5万美元者，无期货期权投资经验者，年龄低于23周岁者等等），期货经纪商除了要求客户签署风险揭示书外，还要再签署一份附加风险揭示书；欧盟金融工具市场指令(MiFID)提出新的投资者保护规定,主要从销售适当性的角度,要求金融机构必须对客户的金融工具交易经验与知识进行评估,金融机构必须收集有关客户的经验、知识、财务状况及投资目标的相关信息,评估金融工具交易是否适合于客户。

**问**:股指期货投资者适当性制度的理念是什么?

**答**:股指期货投资者适当性制度的理念是通过有关制度安排,强化市场监管,督促期货公司审慎选择股指期货投资者,将适当的产品销售给适当的客户,保护投资者权益,形成股指期货市场有较强经济实力和风险承受能力,有股指期货基础知识,有相关交易经历的"三有"投资者群体。

**问**:股指期货投资者适当性制度对投资者的主要要求是什么?

**答**:根据中金所的规定,股指期货投资者适当性标准分为自然人和法人投资者标准。

自然人投资者适当性标准包括以下几个方面:

一是资金门槛要求,申请开户时保证金账户可用资金余额不低于人民币50万元;二是具备股指期货基础知识,通过相关测试;三是股指期货仿真交易经历或者商品期货交易经历要求,客户须具备至少有10个交易日、20笔以上的股指期货仿真交易成交记录或者最近三年内具有至少10笔以上的商品期货成交记录。

自然人投资者还应当通过期货公司的综合评估。综合评价指标包括投资者的基本情况、相关投资经历、财务状况和诚信状况等。

法人投资者适当性标准从财务状况、业务人员、内控制度建设等方面提出要求,并结合监管部门对基金管理公司、证券公司等特殊法人投资者的准入政策进行规定。

自然人投资者和法人投资者均不能存在重大不良诚信记录;不存在法律、法规、规章和交易所业务规则禁止或者限制从事股指期货交易的情形。

在执行投资者适当性制度过程中,投资者应当全面评估自身的经济实力、产品认知能力、风险控制能力、生理及心理承受能力等,审慎决定是否参与股指期货交易。投资者应当如实申报开户材料,不得采取虚假申报等手段规避投资者适当性标准要求。投资者应当遵守"买卖自负"的原则,承担股指期货交易的履约责任,不得以不符合投资者适当性标准为由拒绝承担股指期货交易履约责任。投资者适当性制度对投资者的各项要求以及依据制度进行的评价,不构成投资建议,不构成对投资者的获利保证。此外,投资者应遵守法律法规,通过正当途径维护自身合法权益,不得侵害国家利益及他人的合法权益,不得扰乱社会公共秩序。

**问**:投资者参与股指期货交易除符合适当性制度标准外,还须满足哪些要求?

**答**:根据中国证监会的规定,投资者参与股指期货交易除符合适当性制度标准外,还须满足实名制要求。《期货市场客户开户管理规定》规定,个人客户本人应当携带身份证等有效证明文件亲自办理开户手续,签署开户资料,不得委托代理人代为办理开户手续;单位客户应当携带组织机构代码证和营业执照等有效身份证明文件办理开户手续,单位客户代理人应出具单位客户的授权委托书、代理人的身份证和其他开户证件。

期货公司和接受期货公司委托协助办理开户手续的证券公司依法核对客户身份,并保存客户的影像资料。

**问**:投资者签署的《股指期货交易特别风险揭示书》有何特点?

**答**:与商品期货风险揭示书内容相比,《股指期货交易特别风险揭示书》有三点变化:

一是增加了股指期货产品的风险特性揭示。主要增加了股指期货现金交割、与股票市场联动等新特点、新内容,其中特别突出了股指期货合约标的较大、可能造成较大亏损的特点。

二是提示投资者应当满足投资者适当性标准的规定,综合评价自身经济实力、专业知识、风险控制能力和身体及心理承受能力,审慎决定是否参与股指期货交易。同时告知投资者适当性制度对投资者的各项要求以及依据制度对投资者进行的评价,不构成对投资者的投资建议,不构成对投资者的获利保证。

三是增加投资者申明自愿承担风险的内容,遵循"买卖自负"的金融市场原则,不得以不符合适当性标准为由拒绝承担股指期货交易履约责任。

**问**:期货公司应当如何正确认识和执行投资者适当性制度?

**答**:期货公司是落实股指期货投资者适当性制度的主要责任主体,期货公司应当根据中国证监会、中金所和中国期货业协会有关规定,认真评估投资者的产品认知水平和风险承受能力,选择适当的投资者审慎参与股指期货交易,严格执行投资者适当性制度各项要求,建立以了解客户和分类管理为核心的客户管理和服务制度。严格落实以下要求:

一是期货公司应当根据相关规定,制定实施方案,建立工作制度,完善内部分工与业务流程,建立以了解客户和分类管理为核心的客户管理和服务制度;二是建立并有效执行客户开发责任追究制度,明确客户开发人员、审核人员、服务人员、相关部门负责人和公司高级管理人员的责任;三是应当向投资者充分揭示股指期货风险,全面客观介绍股指期货法律法规、业务规则和产品特征;四是对投资者资金和交易经历严格把关、测试投资者的股指期货基础知识,审慎评估投资者的风险承受能力,认真审核投资者开户申请材料;五是应当建立客户资料档案,并为客户保密;六是应当督促客户遵守与股指期货交易相关的法律、行政法规、规章及交易所业务规则,持续开展风险教育,加强客户交易行为的合法合规性管理;七是应当为客户提供合理的投诉渠道,告知投诉的方法和程序,妥善处理纠纷,督促客户依法维护自身权益。

**问**:证券公司为期货公司提供中间介绍业务时应如何执行投资者适当性制度?

**答**:取得中间介绍业务资格的证券公司接受期货公司委托,协助办理开户手续的,期货公司与证券公司应当建立介绍业务的对接规则。证券公司应当向客户充分揭示股指期货交易风险,审查客户开户资料,做好相关知识测试、综合评估和开户入金指导等工作,配合处理客户纠纷,严格执行投资者适当性制度。

**问**:为保证投资者适当性制度的落实,有哪些监管措施?

**答**:建立股指期货投资者适当性制度是我国资本市场的一项重要制度创新。中国证监会及其派出机构、中金所、保证金监控中心和中国期货业协会按照“统一领导、各司其职、各负其责、加强协作、联合监管”的原则,发挥监管协作机制优势。中金所和期货保证金监控中心对制度关键指标进行核查验证,确保关键指标的执行到位。中国证监会派出机构、中金所分别从日常监管和自律管理的角度,加大监管力度及责任追究。中国期货业协会加强风险揭示,强化行业自律,切实增强会员公司制度执行的自觉性。

期货公司违反投资者适当性制度要求,未能执行相关内控、合规制度的,中国证监会及其派出机构依据相关法律法规的规定,采取限制或者暂停部分期货业务、停止批准新增业务或者分支机构等监管措施;情节严重的,根据《期货交易管理条例》第七十条规定,责令改正,给予警告,没收违法所得,并处违法所得1倍以上3倍以下的罚款;没有违法所得或者违法所得不满10万元的,并处10万元以上30万元以下的罚款;情节严重的,责令停业整顿或者吊销期货业务许可证。对直接负责的主管人员和其他直接责任人员给予警告,并处1万元以上5万元以下的罚款;情节严重的,暂停或者撤销任职资格、期货从业人员资格。

期货公司违反投资者适当性制度要求的,中金所可以采取责令整改、暂停受理申请开立新的交易编码、暂停或者限制业务、调整或者取消会员资格等处罚措施;中国期货业协会可以采取通报批评、公开谴责、取消会员资格等处罚。期货公司工作人员对违规行为负有责任的,中金所可以采取通报批评、公开谴责、暂停从事交易所期货业务和取消从事交易所期货业务资格等处罚措施;情节严重的,中国期货业协会可以处以撤销任职资格、取消从业资格等行政处罚或者纪律处分。

# 《关于建立股指期货投资者适当性制度的规定(试行)(征求意见稿)》的起草说明

(2010年2月5日)

**一、起草背景**

随着我国多层次资本市场体系建设的推进,积极探索建立与我国资本市场创新相适应的制度安排,使参与者的风险认知和风险承受能力与金融创新产品相适应,切实保护投资者的合法权益,已成为市场发展的迫切要求。股指期货在国际市场已经是一个十分成熟的金融产品,但在我国新兴加转轨的特定市场环境下,推出股指期货必须考虑我国资本市场的发展阶段和广大投资者对金融创新产品的熟悉程度。与股票、债券相比,股指期货杠杆高、专业性强、风险大,不适合一般投资者广泛参与,要求投资者必须具备较强的经济实力、熟悉产品知识与交易规则、具有较高的风险承受能力。充分对投资者进行股指期货风险教育的同时,在股指期货市场设置适当的程序和要求,建立与产品风险特征相匹配的投资者适当性制度,从源头上深化投资者风险教育,有效避免投资者盲目入市,真正做到保护投资者的合法权益。

为此,根据《期货交易管理条例》、《期货交易所管理办法》、《期货公司管理办法》、《期货市场客户开户管理规定》等行政法规、规章,我会制定了《关于建立股指期货投资者适当性制度的规定(试行)》(以下简称《规定》)。通过建立投资者适当性制度,推行将适当的产品销售给适当的投资者的理念,督促期货公司审慎选择客户,完善投资者保护机制和风险教育机制,保障股指期货平稳起步和健康发展。

**二、主要内容**

《规定》共16条,主要是对建立股指期货投资者适当性制度提出原则要求,授权自律组织制定具体实施办法,并对监管安排进行规定。具体内容如下:

(一)规定股指期货市场投资者适当性制度的基本内容。即根据股指期货的产品特征和风险特性,区别投资者的产品认知水平和风险承受能力,选择适当的投资者审慎参与股指期货交易,并建立与之相适应的监管制度安排。

(二)明确对投资者参与股指期货交易的基本要求。投资者应当全面评估自身的经济实力、产品认知能力、风险控制能力,审慎决定是否参与股指期货交易。投资者应当如实申报开户材料,不得采取虚假申报等手段规避投资者适当性标准要求,投资者应当遵守"买卖自负"的原则,承担股指期货交易的履约责任。

(三)强化期货公司落实股指期货适当性制度的责任。一是应当根据适当性制度规定建立并有效执行客户开发管理制度和开户审核工作制度,完善业务流程和内部分工,建立以了解客户和分类管理为核心的客户管理和服务制度;二是向投资者充分揭示股指期货风险,全面客观介绍股指期货法律法规、业务规则和产品特征;三是对投资者资金和交易经历严格把关、测试投资者的股指期货基础知识,审慎评估投资者的风险承受能力,认真审核投资者开户申请材料;四是应当建立客户资料档案,并为客户保密。

(四)明确有关各方的监管协作机制。中国证监会及其派出机构,中国金融期货交易所,中国期货保证金监控中心,中国期货业协会应当按照"统一领导、各司其职、各负其责、加强协作、联合监管"的原则,加强监管协作。

(五)明确监督检查职责。中国证监会及其派出机构对期货公司执行投资者适当性制度的情况进行监督检查。中国金融期货交易所、中国期货业协会对期货公司执行投资者适当性制度的情况进行自律管理。中国期货保证金监控中心对期货公司执行投资者适当性制度的最低资金要求进行核查验证。期货公司违反投资者适当性制度要求,中国证监会及其派出机构依据相关法律法规的规定,采取监管措施;情节严重的,根据《期货交易管理条例》第七十条进行行政处罚;中国金融期货交易所、中国期货业协会根据业务规则和自律规则对其进行纪律处分。

此外,《规定》中还明确了取得中间介绍业务资格的证券公司的责任。取得中间介绍业务资格的证券公司接受期货公司委托,协助办理开户手续的,应当对投资者开户资料和身份真实性等进行审查,向投资者充分揭示股指期货交易风险,进行相关知识测试和风险评估,做好开户入金指导,配合处理客户纠纷,严格执行投资者适当性制度。中国证监会及其派出机构发现证券公司违反投资者适当性制度要求的,依法采取监管措施或予以行政处罚。

# 关于《上市公司现场检查办法》的起草说明

(2010年4月13日)

从1995年开始,根据我国具体国情和上市公司监管的实际需要,证监会独创性地开展了对上市公司巡回检查的试点工作。2001年在总结前期经验的基础上,制订发布了《上市公司检查办法》,从制度层面规范巡回检查和专项检查行为,对上市公司检查工作起了重要的指导作用。近一段时期以来,随着股改和清欠工作的完成,我国资本市场发生了根本性变化,为适应全流通形势下上市公司监管的需要,更好地与辖区监管责任制相配套,证监会对2001年发布的《上市公司检查办法》进行了全面修订,并更名为《上市公司现场检查办法》(以下简称《办法》)。

**一、修订背景及过程**

2005年修订的《证券法》、《公司法》对上市公司规范运作提出了更高要求,并明确规定了证监会的监督、管理职能。《国务院批转证监会关于提高上市公司质量意见的通知》(国发34号文)中也明确提出证券监管部门要强化对上市公司的监管,不断提高公司质量和规范运作水平。股改、清欠工作的完成,解决了制约证券市场发展的制度性障碍,进一步夯实了市场发展的基础,促进了上市公司质量的提高。在全流通形势下,随着市场化程度的提高,市场各方利益与资本市场紧密相连,对上市公司监管提出了新的挑战。对此,证监会及时调整部署,针对市场出现的新情况和新问题,加大了现场检查工作的力度,结合日常监管与股改、清欠工作的实践,综合采用全面检查、专项检查、回访检查等多样化的检查方式,并积极探索与其他监管机构的合作与信息共享,发挥监管合力的作用。实践表明,现场检查是适应我国证券市场需要的、行之有效的上市公司监管模式,是与非现场监管互为补充的重要方式,对提高上市公司监管工作的有效性和针对性大有益处。

随着市场环境的变化,以及辖区监管责任制的实施,不断发展和完善我国上市公司现场检查制度显得尤为迫切。经过几年的探索和发展,当前上市公司监管实践对现场检查的方式、频次、范围和质量均提出了更高要求,包括针对特定问题及时开展的专项检查,以及根据"三及时、五到场"的要求,对上市公司股价异动、重大事件、媒体质疑等作出快速反应的检查,目的在于及时发现和化解风险,促进上市公司规范运作,保障市场健康有序运行。据此,证监会对2001年发布实施的《上市公司检查办法》进行修订和完善,将行之有效的监管经验加以制度化和规则化,以更好地指导监管实践,不断提高现场检查工作水平。

**二、本次修订的主要内容**

本次修订的《办法》共五章三十三条,分别为总则、现场检查内容及方式、现场检查程序、

监督管理、附则。主要包括:

(一)规范了对检查人员和检查对象的行为要求

为保障现场检查行为顺利进行,《办法》在总则中对检查人员与检查对象的行为均进行了规范,一方面要求检查对象及其工作人员应当配合现场检查活动,保证提供的有关文件和资料真实、准确、完整和及时,不得拒绝、阻碍和隐瞒;另一方面,规定中国证监会依法履行职责,进行现场检查的人员必须忠于职守,依法办事,廉洁自律,确保现场检查独立、客观、公正、高效,不得干预检查对象正常的生产经营活动,不得利用职务便利牟取不正当利益并不得泄露所知悉的检查对象的商业秘密等,并对监管部门根据需要聘请的证券服务机构及其执业人员一体适用,以保证公平、公正。此外还规定了检查人员的回避和问责机制等。

(二)细化现场检查程序的相关要求

一是规定了对检查人员的要求,在组织实施现场检查时,检查人员不得少于2人且必须出示合法证件,同时还应出具现场检查通知书。二是对通知时限的要求,在组织实施全面检查或者专项检查时,监管部门应至少提前5个工作日以书面方式告知检查对象。另外,在出现重大紧急情况或者有显著证据证明提前告知检查对象可能影响检查效果的情况下,可实施突击检查。三是规定了检查对象应当及时提供检查所需的文件和资料,并保证真实准确完整。四是规定检查人员除查阅、复制相关文件和资料外,还可以询问方式要求检查对象和相关人员做出说明,要求制作询问笔录并签名确认,以增强严肃性。五是为保证取证准确、完整,规定检查人员还可以采取记录、录音、录像、照相、查看等措施。六是规定检查过程中发现证券服务机构涉嫌违规的,可对该证券服务机构进行检查。七是明确实施全面检查或者专项检查的,检查人员应当按照要求制作、完成检查工作报告,并在检查工作报告完成后5个工作日内,告知检查对象检查情况。在回访检查的情形下,也要求在检查工作完成后5个工作日内告知检查对象检查情况。

(三)延伸了现场检查的范围

2001年的《上市公司检查办法》规定的检查范围主要限于对辖区内上市公司进行检查。结合证监会的监管实践,本次修订对现场检查范围作了一定延伸,不仅包括上市公司及其所属企业和机构,还规定,如现场检查中发现的问题涉及上市公司控股股东或实际控制人、并购重组当事人、证券服务机构等有关单位和个人的,可以一并在检查事项范围内进行检查。这一变化的原因:一是全流通形势下,上市公司规范运作往往与众多的利益主体密切相关,相关各方尤其是大股东、实际控制人等在上市公司规范运作过程中对其具有越来越大的影响力;二是必要时扩展检查范围,增加检查内容,对提高发现问题的可能性、增强威慑力,具有实际效果。

(四)突出了现场检查的重点

《办法》突出了现场检查重点,规定现场检查应重点关注公司治理和信息披露,防止侵害中小股东的合法权益,促进上市公司规范运作水平不断提高,主要包括:(一)信息披露的真实性、准确性、完整性、及时性和公平性;(二)公司治理的合规性;(三)控股股东、实际控制人行使股东权利或控制权的规范性;(四)会计核算和财务管理的合规性;(五)中国证监会认定的其他事项。通过确定检查重点,使现场检查工作做到目标明确,有的放矢,提高现场检查的质量,树立监管权威。在方式上,明确根据现场检查内容,可以采取全面检查、专项检查、现场走访、列席会议、回访检查等多种方式,增强监管的灵活性和有效性。

(五)明确了监督管理措施

一是针对检查中发现的问题,《办法》参考《证券期货市场监督管理措施实施办法(试行)》中的有关内容,规定监管部门可采取下列监督管理措施:(一)责令改正;(二)监管谈话;(三)出具警示函;(四)责令公开说明;(五)责令定期报告;(六)责令参加培训;(七)认定为不适当人选;(八)中国证监会依法可以采取的其他监督管理措施。所采取的监督管理措施按照规定记入诚信档案并在必要时予以公开。

二是明确相关监管要求。(一)监管部门发出责令改正决定书的,检查对象应当自收到决定书之日起30日内提交整改报告;(二)整改报告报经监管部门无异议后,报送证券交易所予以披露,并同时披露董事会关于整改工作的决议和监事会的意见;(三)公司应在定期报告中披露截至上一报告期末尚未完成的整改工作的进展情况。

三是规定监管部门对发现的问题除采取监管措施外，还应持续监督公司的整改情况，并对整改结果出具评价意见，实质上也是对公司提出的持续监管要求。

四是明确规定了检查人员的回避义务，强调了检查人员（包括监管部门根据需要聘请的证券服务机构及其执业人员）的纪律要求及相应的法律责任，更好地规范监管部门及其工作人员的自身行为要求。

# 关于《中国证券监督管理委员会行政复议办法》的修订说明

（2010年5月4日）

为贯彻落实国务院全国行政复议工作座谈会会议提出的充分发挥行政复议在化解行政争议、促进法治政府建设、构建和谐社会中的重要作用，全面推进依法行政、依法监管，根据《行政复议法》、《证券法》、《行政复议法实施条例》等法律、行政法规，结合当前我国资本市场"新兴加转轨"的实际特点和发展现状，中国证监会在全面总结以前行政复议工作实践并借鉴国内外相关规章、制度及经验的基础上，对2002年11月25日颁布的《行政复议办法》（证监会令第13号）进行修订，形成了新的《行政复议办法》）（以下简称《办法》）。《办法》突出了行政复议化解资本市场行政争议的主渠道作用，强化了行政复议监督执法的力度，创新了行政复议审理机制，规范了行政复议案件办理程序。现将《办法》有关情况说明说下：

## 一、修订背景

中国证监会成立以来一直高度重视行政复议工作，并以此不断提高全会的依法行政能力。在行政复议制度建设方面，先后制定发布了《行政复议办法》、《关于进一步加强行政复议及行政应诉工作的通知》、《关于进一步加强行政复议及行政应诉工作协调配合的通知》，建立起答复答辩、复议审理、复议意见书和共同应诉等一系列工作制度。在行政复议组织建设方面，针对证监会原级行政复议监督的特点，较早成立了行政复议专门处室和行政复议委员会，近年来又调整了复议委员会组成人员，提高了复议委员层次，扩大了复议委员范围，强化对前端监管执法行为的监督和制约。五年来，证监会共收到不服证监会及派出机构的行政复议案件142件，涉及的机构和个人与同期被行政处罚、市场禁入和采取行政监管措施的机构和个人相比，分别占0.47%和1.56%。其中经过行政复议，作出撤销、变更决定的20件，占复议案件总数的14.1%，复议后绝大多数案件没有被提起行政诉讼。行政复议办案水平在制度规范、组织保障的前提下不断提高，有力地发挥了行政复议的纠错与监督作用，基本做到了定纷止争、案结事了。这些好的工作经验和做法有必要在规章层面加以总结完善和确定下来。

特别是，2006年以来党中央、国务院《关于预防和化解行政争议健全行政争议解决机制的意见》（中办发〔2006〕27号）、国务院行政复议工作座谈会以及2009年全国行政复议工作经验交流暨"双先"、"双优"表彰大会，对行政复议都提出了更高的新要求。2007年国务院审议通过的《行政复议法实施条例》也对行政复议制度规定了新机制和新手段，其中畅通复议渠道、规范受理程序、创新审理方式、提倡和解调解等新规定需要在证监会的复议办法中进一步落实。

按照党中央、国务院对做好行政复议工作的有关精神和重要部署，为确保行政复议工作与经济社会发展和资本市场监管工作大局相适应，中国证监会对2002年制订的《行政复议办法》进行全面地修改和完善。《办法》以畅通复议渠道、提高案件办理质量和效率、创新复议体制机制、加强复议能力建设等方面为修订原则，采取了“补充加创新”的解释性修订方法，对上位法已作出明确规定的，《办法》里不再重复。在形成征求意见稿后，证监会向系统内和社会公开征求了意见，共收到修改意见和建议共计114条，经认真研究，吸收65条，虽未吸收但可以继续研究讨论的15条，并进行了多次修改。2009年经证监会主席办公会议审议，数易其稿，基本完成了修订工作，并最终形成《办法》。

**二、《办法》的主要内容**

办法结构上共9章、46条，包括“总则”、“行政复议范围”、“行政复议申请”、“行政复议受理”、“行政复议审理”、“行政复议决定”、“行政复议和解和调解”、“行政复议指导和监督”、“附则”，主要有以下内容：

一是以“复议为民”为宗旨，细化行政复议受理、审理等一整套程序。《办法》通过梳理行政复议范围，规定阅卷、鉴定、听证以及和解、调解的程序和要求，确保当事人在纠纷处理过程中“有机会参与，有条件说话”。对依法确实不属于行政复议范围或者应当通过其他途径解决的事项，也规定复议机构要主动告知，认真作出解释，妥善处理。

二是以创新复议体制机制为手段，在总结多年实践经验的基础上，把复议委员会制度法定化、固定化，进一步提高了行政复议的公信力。《办法》明确了证监会设立行政复议委员会，还规定了委员会的案件审理规则，实行了原承办具体行政行为有关事项的业务部门负责人不得作为委员提出复议意见等回避制度。同时由证监会领导担任主任委员，吸收市场专业人员参与行政复议，较好地保证了复议监督的独立性、权威性和专业性。

三是以落实依法行政为目标，规定行政复议意见书和建议书制度，进一步发挥复议监督作用。《办法》规定对于在行政复议期间发现的相关行政行为存在不当等情况，要向被申请人或者原承办部门制发行政复议意见书，提出改进工作、完善制度的工作要求。证监会的复议意见书和建议书制度不限于“纠正一错”、提出完善制度和改进执法的意见和建议，还可以对合法适当的监管行为、执法手段予以肯定和推广。

四是以明确复议工作标准为基础，规范行政复议内部工作机制，明确工作责任。为切实做到受理规范、审理有据、裁决合法，《办法》强化了原承办具体行政行为有关事项的各相关单位的职责，特别是在明确答复义务的同时，进一步细化了复议答复意见书的内容和案卷证据要求，其中证据案卷基本上达到了法院审理证据的标准，大大增强了行政复议机构的独立性，较好地保证了行政复议办案的质量。

五是以加强行政复议能力建设为保障，明确复议人员任职条件，加强日常教育培训。《办法》要求专职复议人员必须受过法律专业教育，而且要求从事证券期货业工作2年以上或者通过国家统一司法考试，同时专门规定了行政复议人员应当每年参加监管业务培训，更好地提升了复议工作干部队伍的整体素质和依法行政能力。

**三、征求意见的吸收采纳情况**

2008年和2009年4月分别在系统内外征求的修改意见和建议，经归纳整理，主要有以下情况：

（一）关于规章文字方面的修改和调整，如建议“人员”改为“个人”，“股份制企业”改为“有限公司、股份有限公司”等，基本上均予以采纳。

（二）关于增加细化条款的建议。如建议在复议范围中增加政府信息公开工作中申请行政复议的情形，在补正材料的具体情形中增加委托代理手续不全或者权限不明确的情形等建议，予以采纳。同时对于增加被申请人申请鉴定的建议，未予采纳。主要是考虑到证监会执法证据绝大部分属于复印件，不具备鉴定的条件，而且实践中鉴定工作较为复杂，因此最终删除了办法的鉴定部分，不作细化规定。鉴定工作依照《行政复议法实施条例》办理。还有建议增加股份制企业员工的复议权，鉴于实际上超出了《行政复议法实施条例》规定的范围，未予采纳。

（三）关于删除条款的建议。如建议删除承办部门超期答复作为审理延期条件的规定，规范听证审理的范围，删除被申请人重新作出具体行政行为的规定等，予以采纳。同时对于建议行政监管措施不列入可以复议的范围等，未予采纳。

(四)进一步明确相关条款的建议。如建议明确公民包括外籍人士,建议考虑行政复议和解与行政执法制度对接问题,明确听证通知书送达当事人的提前天数,明确阅卷制度中涉及的“有关材料”的范围等,予以采纳。同时对于进一步明确复议委员会的职责等建议,未予采纳。

此外还有意见认为《办法》针对证券监管工作的实际情况,具有较强的操作性,基本无意见,同时认为新办法既细化了有关规定,又进行了积极探索和创新,建议尽快出台。

**四、《办法》需要说明的主要问题**

(一)关于行政复议委员会制度

《办法》第3条第一次明确规定了行政复议委员会及其合议审理原则,是对证监会近九年来复议委员会制度的确认,符合全国行政复议工作座谈会提出的“创新行政复议方式方法:有条件的地方和部门,可以开展行政复议委员会的试点”要求,证监会的做法也受到了国务院法制办的肯定。对于复议委员会工作机制的规定,还体现在《办法》第23条等条款。

有建议提出明确行政复议委员会的性质、地位、组成原则及其与行政复议机构、行政复议机关的关系,但考虑由于目前试点中的行政复议委员会工作机制还在继续探索之中,进行明确规定难度较大,经研究后认为可以待条件成熟后另行制定办法进一步予以明确。因此《办法》对行政复议委员会仅作了基本规定,相关工作细则,由证监会《行政复议委员会工作规则》等相关其他规范性文件予以明确。

(二)关于行政复议范围

《办法》依据《证券法》、《证券投资基金法》、《期货交易管理条例》、《证券公司监督管理条例》、《证券公司风险处置条例》等法律、法规对证监会具体行政行为进行了全面梳理,细化规定了《行政复议法》第六条行政复议范围的情形,除了不服行政处罚决定、市场禁入决定、行政强制措施较为常见的复议申请情形,还包括了限制业务活动、股东权利等行政监管措施,此外也规定了侵犯合法经营自主权、未依法办理行政许可事项、涉及信息公开工作争议的情形。

有意见认为行政监管措施具有一定的创新性,应留有一定的空间,不宜明确规定为行政复议范围。经研究认为,《行政复议法实施条例》规定了宽松的行政复议条件,只要申请人认为行政机关的具体行政行为侵犯其合法权益提起复议申请的,原则上必须受理。如果不将行政监管措施列入复议范围,逻辑结构不完整,也不够严谨。《办法》根据《证券法》第150条,按照适当有限的原则,选取了一部分行政监管措施作为复议范围。

(三)关于行政复议和解与调解

《办法》依据《行政复议法实施条例》第40条、第50条在证券期货领域中第一次专章规定了行政复议和解与调解制度。

和解和调解是《行政复议法实施条例》的重要突破,符合国务院《全面推进依法行政实施纲要》规定的积极探索预防和解决社会矛盾的新路子的要求。在行政法领域引入和解、调解制度,是对行政诉讼和复议不适用和解、调解一般理论的重大突破。在证监会的复议和解和调解规则中,主要有两点需要说明:

一是《证券法》等法律、行政法规已经赋予了证监会在合法范围内的自由裁量权,为证监会落实复议和解和调解制度奠定了法律基础。根据《行政复议法实施条例》的规定,可以和解和调解的具体行政行为应当是证监会行使法律规定的自由裁量权作出的裁量性具体行政行为。比如《证券法》规定的“发行人、上市公司或者其他信息披露义务人未按照规定披露信息,或者所披露的信息有虚假记载、误导性陈述或者重大遗漏的,责令改正,给予警告,并处以三十万元以上六十万元以下的罚款。对直接负责的主管人员和其他直接责任人员给予警告,并处以三万元以上三十万元以下的罚款”,就属于裁量性法律规定。另外还有一些法律规定可以由证监会选择执法方式。因此,依照这些法律规定由证监会作出的具体行政行为产生争议时,都可以选择复议和解或者调解的方式解决。

二是《复议办法》适当吸收了境外和解制度中放弃救济条款的规定。根据最高院《关于执行〈中华人民共和国行政诉讼法〉若干问题的解释》第1条的规定,调解行为不属于行政诉讼受案范围,经研究认为行政复议的范围也可以参照行政诉讼的规定。为此,《复议办法》第

8条规定了行政调解和行政和解行为不属于复议范围。

考虑到复议和解和调解制度在证券期货监管工作中还属于比较新的领域,《办法》更多地规定了和解和调解程序,为今后进一步探索和总结行政和解与调解经验、细化相关规定、制定和解协议文本等工作预留了制度空间。

(四)关于行政复议意见书和建议书制度

《办法》依据《行政复议法实施条例》第57条以及吸收了证监会《关于进一步加强证券期货行政复议及行政应诉工作的通知》中复议监督制度的相关内容,规定了复议意见书和建议书制度。实践中,仅仅对申请人提出的具体行政行为进行合法性和合理性审查还不够,往往还有一些相关联的其他违法行为或者需要有关机关做好宣传解释或者后续的善后工作,这种情况一般不宜在行政复议决定书中直接予以明确,而复议意见书和建议书制度恰好可以有效地解决这类问题。证监会的复议意见书除依照有关法律规定要求被申请人或者原承办部门及时纠正、整改以外,还有两个新特点:一是规定了行政复议意见书抄报证监会监察部门,加大了复议监督力度。二是对突出问题不予整改导致重复违法的,规定予以通报批评。此外,证监会的复议意见书和建议书制度不限于"纠正一错"、提出完善制度和改进执法的意见和建议,还可以对合法适当的监管行为、执法手段予以肯定和推广。

# 中国证监会新闻发言人就《关于深化新股发行体制改革的指导意见(征求意见稿)》和《关于修改〈证券发行与承销管理办法〉的决定(征求意见稿)》答记者问

(2010年8月20日)

按照新股发行体制改革的整体安排,近日中国证监会就《关于深化新股发行体制改革的指导意见(征求意见稿)》(以下简称《指导意见》)和《关于修改〈证券发行与承销管理办法〉的决定(征求意见稿)》(以下简称《修改决定》)公开向社会征求意见。中国证监会新闻发言人就相关问题接受了记者的采访。

**记者**:去年6月证监会推出了新股发行体制改革,至今已有一年多的时间,请谈一下前期改革的进展情况,改革取得了哪些成效?

**答**:去年6月10日我会启动了新一轮新股发行体制改革,这次改革继续市场化改革方向不动摇,紧紧围绕定价和发行承销方式两个关键环节,完善制度安排,强化市场约束。改革的方向是通过完善制度进一步强化市场约束,推动发行人、投资者、承销商等市场主体归位尽责,重视中小投资者的参与意愿,使新股价格更能反映市场选择,市场主体的行为更加慎重自律,促进长期理性投资。在具体实施上,按照分步实施、逐步完善的原则,分阶段逐步推出各项改革措施,其中第一阶段主要推出四项具体措施:完善询价和申购的报价约束机制,设定最低申购的底限;将网下网上申购参与对象分开;网上单个申购账户设定上限;加强新股认购风险提示。

截至2010年6月底,共有295家企业(上海主板公司22家、深圳中小板公司180家、创业板公司93家)按照新办法发行新股。从目前情况来看,新股发行进展有序,各项改革要求逐步落实,达到了第一阶段改革目标。主要表现是:新股定价的市场化程度进一步提高,对最终的定价结果我会没有实施行政指导;冻结资金量显著减少,机构巨额资金申购新股状况大大缓解;个人投资者中签户数大幅提高,股份配售向有意愿的个人投资者倾斜;新股上市首日涨幅大幅下降,一二级市场价差明显缩小;投资者进一步增强了防范一级市场投资风险的意识;市场参与主体的履职尽责意识显著提高,角色定位逐渐清晰。目前市场化的改革方向得到了社会的普遍认同,把发行体制改革向纵深推进成为市场共识,推出下一步改革措施的市场条件已基本具备。为此,我们起草了《指导意见》并向社会公开征求意见。

**记者**:能否介绍一下新股发行体制改革第二阶段措施的基本思路?

**答**:新股发行体制改革是一个整体,改革原则、基本内容和预期目标去年都已向社会公开征求过意见,这些既定事项都没有变。按照分步实施、逐步完善的原则,第二阶段改革措施是新股发行体制改革的组成部分,也是第一阶段改革措施的延伸和继续。这一阶段改革的主要考虑是在前期改革的基础上,进一步完善询价过程中报价和配售约束机制,促进新股定价进一步市场化;增强定价信息透明度,强化对询价机构的约束,合理引导市场;进一步增加承销与配售的灵活性,理顺承销机制,完善回拨机制和中止发行机制,强化发行人、投资人、承销商等市场主体的职责。具体考虑有以下几个方面:

1. 继续完善询价过程中报价和配售约束机制,提高中小型公司新股发行中单个机构获配股份的数量,加大定价者的责任,促进报价更加审慎和真实。

2. 适当扩大参与询价的机构范围,允许主承销商推荐一定数量的具有较高定价能力、优质长期的机构投资者参与网下询价和配售。

3. 增强定价信息透明度,督促券商、机构的询价定价不断审慎自律,强化社会公众的价值投资理念。

4. 完善回拨机制和中止发行机制,督促发行人及其主承销商合理设计承销流程,有效管理承销风险。

**记者**:《指导意见》提出了网下可摇号配售,这主要是解决什么问题?

**答**:网下配售主要由报价和配售两个环节构成。第一阶段改革提出了最低申购量要求,机构投资者在参与询价时需同时申报价格及对应的申购数量,基本杜绝了高报不买和低报高买的情况,由此解决了报价环节的问题。但是在配售环节,目前网下配售采用的是对全部有效申购进行同比例配售,所有有效报价机构均可获配股份,由于认购踊跃,单个机构获配股份数量较少。以中小板公司发行为例,单一机构通常只能获配几万股左右,最少的不足1万股。因获配股份数量太少,询价对象认真研究上市公司的基本面并审慎报价的动力比较薄弱,不同程度地存在报价随意的情况,有人为抬高报价水平的倾向。

为此,《指导意见》进一步完善询价过程中报价和配售约束机制,提高中小型公司新股发行中单个机构获配股份的数量,加大网下报价的责任机制。在具体操作上,不再对全部有效申购进行比例配售,而是由券商和发行人事前对网下配售确定配售数量,再通过随机摇号的方式确定一定数量的可获配机构。这样单个询价机构需要购买的股份数量和相应的资金会大幅增加,加大了定价者的责任,促进报价更加审慎和真实。

举例来说,某中小板公司网下发行1000万股,在目前的配售体制下,通常有100家左右的机构可以获配,而且基本上是平均分配,也就是说每家只能获配10万股,再假设发行价为10元,那么每家机构的获配金额也就是持股成本仅为100万元。100万元对个人投资者来说可能是一笔不小的数字,但是对专业的机构投资者来说还只能算是微乎其微的。这次《指导意见》要求承销商设置每笔配售的配售数量,比如每笔配售200万股,这样最多只能有5家机构获配,每家机构的获配金额至少是2000万元,2000万元的持股成本比之前的100万元有了大幅提高。增强了利益约束,促进机构在参与报价时更加慎重。按照《指导意见》的要求,如果申报价格在发行价格以上的机构超过5家,须通过随机摇号的方式确定最终获配的机构。

**记者**:扩大询价对象范围,主要是基于什么考虑?

**答**:目前A股市场参与询价和配售的对象限定为基金公司等六类机构,同国际市场相比,可参与机构的种类、数量相对有限,且主承销商不能挑选。这一方面存在参与询价的机构不够充分的情况,不能发挥主承销商选择优质投资者的市场功能;另一方面由于询价机构为所有承销活动的公共客户,使得承销商在平衡发行人和投资人利益时,倾向于发行人的可能性大,推高价格的动力强,而不够重视投资者的利益。境外成熟市场一般都赋予主承销商配售权,允许主承销商自主选择投资者进行配售。这样承销商必须满足发行人和投资人双方的要求,可以为发行人提供相比较而言长期的、高素质的股东群体。

从长期趋势来看,赋予主承销商配售权是市场发展的方向,但是从现阶段来看完全放开条件尚不成熟,要逐步创造条件。在这个方面《指导意见》进行了一定尝试,适度扩大网下询价机构的范围。在具体操作上,网下机构扩容采用的是主承销商挑选推荐方式,即主承销商推荐一定数量的具有较高定价能力、优质长期的机构投资者参与网下询价和配售。这样,在发行时参与询价和配售的除了目前的询价对象之外,还包括由该项目的主承销商推荐的部分机构。从单次发行来看,新增的网下机构数量不多,对目前询价对象队伍的冲击也不大。同时,承销商推荐机构投资者必须遵循严格的标准,履行科学透明的决策程序,建立一个本公司内部的机构投资者名单,在具体项目发行时,再从这个机构名单中挑选一部分机构参与询价和配售,同时公开披露挑选这些机构的具体标准、决策过程,这些机构投资者均由证券业协会进行登记备案管理。

**记者**:《指导意见》在增强定价信息透明度方面,采取了哪些新的措施?

**答**:询价过程是一个买卖双方价格博弈的过程,各环节信息公开有助于提高透明度,强化对询价机构的约束,合理引导市场。《指导意见》进一步提高定价信息透明度,主要采取了两项措施:

1. 要求主承销商披露投资价值研究报告的关键结论和主要参考信息。主承销商投资价值研究报告反映的是承销商对发行人股票的投资价值的预测,对新股定价有较大的影响作用,目前该报告仅向网下机构投资者提供。《指导意见》要求主承销商披露在推介路演阶段向询价对象提供的对发行人股票的估值结论、发行人同行业可比上市公司的市盈率或其他等效指标。这样增加了透明度,也增加了约束机制。引入披露机制可以督促主承销商更加重视其投资价值研究报告,不断提高研究质量。

2. 披露网下机构报价情况。《指导意见》要求主承销商发行人及其主承销商须披露参与询价的机构的具体报价情况,即把参与询价的各配售对象的具体报价向社会公开,这样不仅方便公众监督,也可以增强对机构报价的"软约束"。

目前网下询价的披露主要限于首尾两端,即具备询价对象资格的机构名单、最终配售的结果。在此基础上,机构报价情况、主承销商研究报告结论等定价过程的披露将构成定价公开的完整链条,整个询价过程的透明度将获得较大提升。这样可以促进券商、机构的询价定价不断审慎自律,社会公众也进一步了解询价定价的全过程,不断强化价值投资理念。

**记者**:《指导意见》对完善回拨机制和中止发行机制有哪些新的安排?

**答**:市场化的定价机制需要更加灵活的发行承销机制与之配套。为此,《指导意见》对回拨机制和中止发行机制进行了进一步的完善,增加了回拨事项和中止事由,在保护投资者利益与方便承销商管理承销风险之间合理平衡。

主要要求是:网上申购不足时,可以向网下回拨由参与网下的机构投资者申购,仍然申购不足的,可以由承销团推荐其他投资者参与网下申购。网下机构投资者在既定的网下发售比例内有效申购不足,不得向网上回拨,可以中止发行。在网下报价情况未及发行人预期、网上申购不足、网上申购不足向网下回拨后仍然申购不足的情况下,发行人及其承销商可以中止发行。中止发行后,在核准文件有效期内,经向中国证监会备案,可重新启动发行。

**记者**:市场有人建议监管部门推出主承销商配售权、存量配售等制度安排,《指导意见》对此有何考虑?

**答**:很长时间以来,主承销商配售权和存量发售都是市场热议的话题,这其中很重要的一个原因是境外成熟市场都有这两项制度安排。对赋予主承销商配售权,我们在前面已经提到过,从长期趋势来看,这是市场发展的方向,但是从现阶段来看完全放开条件尚不成熟,要逐步创造条件。存量配售也是同样的问题,需要进一步统一认识,完善和解决相关技术和理念、认识等问题。因此,对主承销商配售权、存量配售问题我们将继续进行研究,待市场条件成熟时择机推出。

需要强调的是,新股发行体制改革涉及面广,需要主要的参与各方担负起自己的职责,也就是发行人、投资人、承销商等市场主体归位尽责。因此,市场各方应当按照新股发行体制改革精神,统一理念、提高认识,精心部署、周密安排，切实将各项改革要求和措施落到实处。尤其是承销商要切实担负起责任，既要考虑发行人也要考虑投资者，要维护买卖双方的长期利益和根本利益。

**记者**：请您谈一下《指导意见》和《修改决定》两个文件的关系？

**答**：《指导意见》拟推出的部分改革措施需要在《证券发行与承销管理办法》中有所体现，两个文件需要协调一致，为此我们起草了《修改决定》，并将二者一并向社会公开征求意见。

# 《证券期货业反洗钱工作实施办法（征求意见稿）》的起草说明

（2010 年 9 月 1 日）

**一、起草背景**

自 2007 年 10 月证券期货业正式纳入反洗钱监管体系以来，中国证监会一直高度重视反洗钱工作，按照反洗钱法律法规和反洗钱工作部际联席会议确定的工作职责，积极配合国务院反洗钱行政主管部门中国人民银行，认真组织行业开展各项反洗钱工作：1. 建立行业反洗钱内外部工作机制；2. 指导证券期货业协会在金融行业率先制定并发布行业反洗钱工作和客户风险等级划分标准等相关指引；3. 稳步推进和完善证券期货业反洗钱基本制度建设，清理规范账户，全面实现开户实名制；4. 积极推动将反洗钱工作有关要求纳入证监会日常监管工作；5. 认真组织行业机构落实各项反洗钱工作要求；6. 积极组织、推动行业机构开展多种形式的反洗钱培训和宣传工作；7. 深入开展全行业反洗钱调研活动，全面梳理证券期货业反洗钱工作存在问题和困难；8. 积极向中国人民银行反映行业履行反洗钱义务情况。

在中国人民银行的大力指导支持下，经过两年多的起步和探索阶段，证券期货业的反洗钱工作取得明显成效，并已开始由大规模推动制度的建立向完善制度和工作有效性转变。

随着证券期货市场的进一步发展，我会感受到现有的反洗钱法律法规主要是规范整个金融行业，针对证券期货业发展特色的反洗钱规章制度尚需进一步细化和完善。为进一步配合中国人民银行做好证券期货业反洗钱监管工作，切实落实反洗钱法律法规赋予我会的反洗钱监管工作职责，有必要建立与反洗钱法律法规相配套的、并与证券期货业特色相适应的监管制度。

为此，根据《反洗钱法》、《金融机构反洗钱规定》、《金融机构大额交易和可疑交易报告管理办法》、《金融机构报告涉嫌恐怖融资的可疑交易管理办法》、《金融机构客户身份识别和客户身份资料及交易记录保存管理办法》以及《证券法》、《证券投资基金法》、《期货交易管理条例》等法律法规，我会制定了《证券期货业反洗钱工作实施办法（征求意见稿）》（以下简称《实施办法》）。拟通过规定中国证监会及其派出机构在行业反洗钱工作中的监管职责、行业协会的自律管理职责以及证券期货经营机构在行业反洗钱监管体系中应尽的义务及工作程序等内容，进一步完善行业反洗钱监管工作机制，提高监管资源配置效率，保证行业反洗钱信息渠道畅通，将反洗钱监管工作日常化、制度化，有效推动行业贯彻落实反洗钱法律法规要求，维护证券期货业平稳健康发展。

**二、总体框架和主要内容**

根据反洗钱法律法规的规定和要求，以及反洗钱配套规章的相关条款，结合证券期货业反洗钱工作实际情况，《实施办法》的框架设计共四章十九条，第一章“总则”，第二章“监管机构及行业协会职责”，第三章“证券期货经营机构反洗钱义务”，第四章“附则”。

各章节的主要内容如下：

第一章“总则”，规定了《实施办法》的制定宗旨、适用范围、中国证监会及其派出机构和行业协会反洗钱工作职责和任务、中国证监会所监督管理的金融机构的反洗钱义务。

第二章“监管机构及行业协会职责”,明确了中国证监会及其派出机构、中国证券业和期货业协会在反洗钱工作监管任务方面的职责分工。

第三章“证券期货经营机构反洗钱义务”,规定了证券期货经营机构应尽的反洗钱工作义务,特别是包括向当地中国证监会派出机构的报告、备案制度,并规定了证券期货经营机构违反本《实施办法》所应承担的责任。

第四章“附则”,规定了本《实施办法》的生效日期。

# 《证券投资顾问业务暂行规定》和《发布证券研究报告暂行规定》的起草说明

(2010年10月12日)

**一、起草背景**

证券投资咨询服务是证券服务的重要内容,具有满足投资者的专业顾问服务需求,促进证券市场合理定价的功能,与投资者利益息息相关,是证券市场不可或缺的重要组成部分。规范发展证券投资咨询业务,对于保护投资者利益,促进证券市场健康发展具有重要现实意义。

我国证券投资咨询伴随证券市场的建立而自发产生,初期主要表现为“股评”形式,经历了“媒体股评”、“会员制业务”的曲折探索,一度出现“黑嘴”、“庄托”、违规广告营销等问题。在持续监管规范下,经过十几年的不断探索,近年来证券投资咨询业务进入了重新定位和转型阶段,逐步形成证券投资顾问业务和发布证券研究报告两种基本业务形式。

当前,证券投资顾问服务和发布证券研究报告已经成为证券公司、证券投资咨询机构提供证券服务的重要方式。已有88家证券公司、少数证券投资咨询机构从事发布证券研究报告业务,形成了近2000人的研究队伍,每年发布证券研究报告近30万篇。部分证券公司结合证券经纪业务服务的深化,积极探索证券投资顾问服务形式,建立投资顾问团队,为客户提供增值服务;证券投资咨询机构正在向证券投资顾问业务转型。两种业务形式体现了证券投资咨询服务的本原,适应了投资者对专业咨询服务的需求,也与境外成熟证券市场的咨询服务方式相吻合。

1997年《证券、期货投资咨询管理暂行办法》对从事证券投资咨询业务确立了资格管理、行为规范、法律责任等制度。2001年以来,针对“媒体股评”、“会员制业务”等暴露出的问题,证监会发布了一系列规范性文件。这些制度规范对规范证券投资咨询业务发挥了积极作用。但是,在证券投资咨询业务重新定位的新形势下,原有制度规范存在一些局限性,难以适应证券投资咨询业务规范发展和监管需要,亟需针对证券投资顾问业务和发布证券研究报告两种基本业务形式,制定针对性、操作性的制度规范。

适应证券投资咨询业务形式的转变,从健全证券投资咨询基础制度出发,证监会制定发布了《证券投资顾问业务暂行规定》和《发布证券研究报告暂行规定》。

**二、起草过程**

近年来,证券行业一直在探索证券投资咨询业务的形式和定位,呼吁出台促进业务规范发展的基础制度。我会从2007年开始进行市场调研,跟踪证券投资咨询业态发展,研究美国、欧洲、我国香港地区等成熟资本市场的经验。2009年初形成了证券投资咨询业务定位为证券投资顾问业务和发布证券研究报告两种基本模式的思路。在此基础上,基于当前市场实践,充分吸收证券行业的意见,制订了《证券投资顾问业务暂行规定》和《发布证券研究报告暂行规定》。两个规定是证券行业对证券投资咨询业务不断探索、认识不断深化的结果。

**三、《证券投资顾问业务暂行规定》的主要内容**

(一)调整对象。《投资顾问规定》的调整对象是证券公司、证券投资咨询机构接受客户委托,按照约定,向客户提供涉及证券及证券相关产品的投资建议服务,并获取经济利益的经营活动(第2条)。

(二)基本原则。从事证券投资顾问业务应当遵循合法原则、诚实信用原则、忠实客户利益原则(第3-5条)。

(三)关键业务环节的规范要求。1. 了解客户并评估客户风险承受能力(第11条)。2. 告知客户并公示本公司和投资顾问服务人员的基本信息,向客户提供风险揭示书(第12、13条)。3. 明确签订投资顾问协议的规范要求;规定客户签约后悔权,应当约定客户可以在签订协议之日起5个工作日内,书面提出解除协议(第14条)。4. 明确提供投资建议服务的基本要求,包括服务适当性、具有合理依据、提示投资风险等,强调公司应当为证券投资顾问服务提供必要的研究支持(第15-19条)。5. 规定不得泄露客户投资决策信息,为他人抢先交易提供便利(第20条)。6. 明确客户回访、投诉处理要求(第21、22条)。7. 明确收取投资顾问服务费用的原则要求(第23条)。8. 从禁止性要求、媒体广告、讲座和报告会等方面,规范业务推广和客户招揽行为(第24-26条)。

(四)内部管理制度要求。1. 规定投资顾问人员注册和人员管理制度要求(第7、8条)。2. 规定健全业务管理制度、合规管理和风险控制机制(第9条)。3. 要求公司保证证券投资顾问人员数量、业务能力、合规管理和风险控制与服务方式、业务规模相适应(第10条)。4. 明确留痕管理和业务档案保存要求(第28条)。

(五)明确监管措施。

**四、《发布证券研究报告暂行规定》的主要内容**

(一)调整对象。发布证券研究报告,是证券公司、证券投资咨询机构对证券及证券相关产品的价值、市场走势或者相关影响因素进行分析,形成证券估值、投资评级等投资分析意见,制作证券研究报告,并向客户发布的行为(第2条)。

(二)基本原则。发布证券研究报告应当遵循合法原则,独立、客观、公平、审慎原则,有效防范利益冲突,公平对待利益相关者(第3条)。

(三)关键业务环节的规范要求。1. 规定证券研究报告载明事项(第8条);2. 规定制作证券研究报告的要求和署名证券分析师的责任(第9条);3. 规定证券研究报告发布前的质量控制和合规审查要求(第10条);4. 规定发布证券研究报告应当公平对待发布对象,不得将证券研究报告的内容或者观点优先提供给特定对象(第11条);5. 规定发布证券研究报告的利益冲突管理和利益冲突情形披露等要求(第12、13条);6. 规定执行隔离墙制度,加强证券分析师跨越隔离墙管理,建立健全静默期制度和实施机制(第14-16条)。

(四)内部管理要求。1. 规定证券分析师注册登记、发布证券研究报告实行集中统一管理(第5、6条);2. 保证发布证券研究报告不受外部利益相关者的影响(第7条);3. 规定发布证券研究报告合规管理要求(第17条);4. 规定业务留痕管理和档案保存要求(第18条)。

(五)明确监管措施(第22条)。

**五、对有关现实问题的处理**

(一)证券投资顾问与证券分析师分开注册管理问题

证券投资顾问服务要基于所服务客户的立场,按照忠实客户利益原则,向客户提供适当的、有针对性的投资建议。发布证券研究报告不针对具体客户提供操作性投资建议,要基于独立、客观的立场,提供证券估值、投资评级等投资分析意见,强调公平对待发布对象。两者是证券投资咨询业务的不同业务形式,具有不同的职能,应当由不同的人员承担。

两个规定明确,向客户提供证券投资顾问服务的人员,应当具有证券投资咨询执业资格,并在中国证券业协会注册登记为证券投资顾问;在发布的证券研究报告上署名的人员,应当具有证券投资咨询执业资格,并在中国证券业协会注册登记为证券分析师;同一人员不得同时注册登记为证券分析师和证券投资顾问。根据上述规定,证券投资咨询执业人员应当根据其所在部门和业务类别,分别注册登记为证券投资顾问和证券分析师。

(二)规范利用软件工具等载体提供证券投资建议问题

目前,一些证券咨询软件具有提示买卖时点、选择具体股票等服务功能,是一种证券投资辅助决策工具。这类产品具有一定的市场需求,也暴露出夸大广告营销、误导投资者等问题。

《证券投资顾问业务暂行规定》明确,以软件工具、终端设备等为载体,向客户提供投资建议或者类似功能服务的,应当执行该规定的各项规范要求,并且符合下列要求:客观说明软件工具、终端设备的功能,不得对其功能进行虚假、不实、误导性宣传;揭示软件工具、终端设备的固有缺陷和使用风险,不得隐瞒或者有重大遗漏;说明软件工具、终端设备所使用的数据信息来源;表示软件工具、终端设备具有选择证券投资品种或者提示买卖时机功能的,应当说明其方法和局限。

(三)进一步规范证券投资咨询人员参与媒体证券节目问题

媒体证券节目具有向投资者传播证券信息、普及证券知识和投资者教育等功能,也发挥了一定作用。但是,近年来一些不法分子利用公众媒体的辐射面和公信力,一度出现了夸大宣传、误导投资者、进行"抢帽子交易"操纵股价等问题。对此,证券信息传播有关规定明确了规范要求。在此基础上,考虑到现阶段中小投资者有通过媒体获取证券信息的需求和遏制违法违规行为的需要,两个规定进一步明确了证券投资咨询人员参与媒体证券节目的管理要求。

一是,确立了证券投资顾问、证券分析师参与媒体证券节目的底线要求。证券投资顾问不得通过广播、电视等公众媒体作出买入、卖出或者持有具体证券的投资建议。证券分析师通过媒体对具体证券发表评论意见,不得明示或者暗示保证投资收益。

二是,鼓励证券公司、证券投资咨询机构组织安排证券投资顾问、证券分析师,按照证券信息传播的有关规定,通过广播、电视、网络、报刊等公众媒体,客观、专业、审慎地对宏观经济、行业状况、证券市场变动情况发表分析或评论,为公众投资者提供证券资讯服务,传播证券知识,揭示投资风险,引导理性投资。

**六、出台两个规定的意义**

两个规定确立了证券投资咨询的两种基本业务形式,明确了证券投资顾问和证券分析师的角色定位,强调了证券研究在证券服务体系中的基础作用,反映了证券投资咨询是向客户提供专业顾问服务的本质特征。作为基础性制度规范,两个规定为证券投资顾问业务和发布证券研究报告提供了操作性业务规范和制度保障,为处理证券投资咨询领域中存在的若干现实问题提供了法规依据。

两个规定的出台,有利于引导证券公司加强证券研究和服务投入,培育证券研究和顾问服务团队,提高研究水平和综合服务能力,提升证券服务核心竞争力;有利于引导证券投资咨询机构加快业务转型,探索形成新的业务发展模式;有利于促进证券投资咨询业务规范发展,保护投资者合法权益,维护证券市场秩序。

# 《关于填报〈上市公司并购重组专业意见附表〉的规定》的起草说明

(2010年11月18日)

为进一步推进并购重组市场化进程,加大中介机构在并购重组中的作用和责任,提高并购重组的效率和质量,中国证监会发布了《关于填报〈上市公司并购重组专业意见附表〉的规定》,及其附件《上市公司并购重组财务顾问专业意见附表第1－4号》(以下简称《专业意见附表》)。

**一、文件的起草背景**

文件起草的主要背景和考虑包括:

（一）明确财务顾问尽职调查工作要求和工作标准

目前财务顾问的工作职责虽有原则性规定，但对具体工作内容、工作方式和工作要求缺乏具体实施细则。《专业意见附表》通过对财务顾问从事上市公司并购重组相关业务尽职调查工作的关注要点进行明确、具体的要求，有利于引导财务顾问勤勉尽责，充分发挥财务顾问在并购重组中的把关作用，体现进一步发挥市场力量的监管导向。

（二）推进审核流程的简化，提高审核标准透明度和市场效率

《专业意见附表》作为申报材料的必备文件，有助于规范财务顾问编制相关专业意见附表的内容和格式，使申报文件标准化，同时有利于简化审核流程，规范审核标准，提高审核效率。

（三）为强化后续监管提供依据

为有效实施财务顾问监管，引导财务顾问提高竞争力和执业水平，建立市场化选择机制，促进财务顾问制度规范发展，中国证监会将推进完善财务顾问制度建设。《专业意见附表》的出台是财务顾问制度建设的重要环节，有助于为后续监管提供标准和依据，是进一步推进财务顾问制度的基础。

**二、文件的主要内容**

《专业意见附表》包括《上市公司并购重组财务顾问专业意见附表第1号——上市公司收购》（以下简称《专业意见附表第1号》）、《上市公司并购重组财务顾问专业意见附表第2号——重大资产重组》（以下简称《专业意见附表第2号》）、《上市公司并购重组财务顾问专业意见附表第3号——发行股份购买资产》（以下简称《专业意见附表第3号》）和《上市公司并购重组财务顾问专业意见附表第4号——回购社会公众股份》（以下简称《专业意见附表第4号》）四个文件。

《专业意见附表第1号》明确了财务顾问在上市公司收购业务中的关注要点，包括收购人基本情况、收购目的、收购人的实力、收购资金来源及收购人的财务资料、不同收购方式及特殊收购主体的关注要点、收购程序、收购的后续计划及相关承诺、本次收购对上市公司的影响分析、申请豁免的特别要求、要约收购的特别要求和其他事项。

《专业意见附表第2号》明确了财务顾问在重大资产重组业务中的关注要点，包括交易对方情况、购买资产的状况、出售资产的状况、交易定价的公允性、债权债务纠纷的风险、重组须获得的相关批准、对上市公司的影响和其他相关事宜。

《专业意见附表第3号》明确了财务顾问在发行股份购买资产业务中的关注要点，包括是否符合发行股份购买资产条件、交易对方的情况、定向发行购买资产的情况、交易定价的公允性、定向发行须获得的相关批准、对上市公司的影响和相关事宜。

《专业意见附表第4号》明确了财务顾问在上市公司回购社会公众股份业务中的关注要点，包括是否符合回购条件、回购的必要性及可行性、交易定价的公允性、回购须获得的相关批准、对上市公司的影响和其他相关事宜。

# 中国证监会有关部门负责人就《律师事务所证券法律业务执业规则（试行）》和《律师事务所证券投资基金法律业务执业细则（试行）》答记者问

（2010年12月22日）

近日，中国证监会会同司法部签发了证监会〔2010〕第33号公告和第34号公告，公布了

《律师事务所证券法律业务执业规则(试行)》(以下简称《执业规则》)和《律师事务所证券投资基金法律业务执业细则(试行)》(以下简称《基金细则》)。这两项规则将于 2011 年 1 月 1 日起施行。为便于从事证券法律业务的律师和其他市场主体,特别是广大投资者更好地理解这两项规则的基本精神和主要内容,证监会有关部门负责人接受了记者的采访。

**问**:能否介绍一下《执业规则》和《基金细则》出台的背景?

**答**:证券市场是一个信息高度透明、资金流动迅速的市场,由于所涉问题专业性强,相关财产关系复杂,与市场各方的利益关系重大,客观上要求由独立的第三方提供专业判断、进行专业把关、提出专业意见。因此,包括律师事务所及律师在内的中介服务机构和人员,作为独立的第三方,在证券市场中具有非常重要的地位。

近年来,伴随着我国资本市场的不断发展,国内证券法律服务业也不断壮大,广大从事证券法律业务的律师事务所及律师,按照《证券法》、《律师法》和《律师事务所从事证券法律业务管理办法》(证监会令〔2007〕第 41 号,以下简称《管理办法》)等法律、法规和规章的有关规定,在各项证券法律业务活动中,勤勉尽责,审慎履行核查和验证义务,严谨论证和解决重大法律问题,在促进市场规范运作,服务市场监管,推动市场发展和制度完善等各个方面,都发挥了不可替代的重要作用。总体来说,证券法律服务业务为资本市场的改革和发展作出了自己应有贡献,其重要性越来越受到市场各方的高度重视。

在看到成绩的同时,我们必须正视现实存在的问题。证券期货市场律师事务所与其他服务机构职责边界还不清晰,勤勉职责的标准还不明确,有的律师事务所未能切实履行法律专业特殊注意义务,没有充分运用专业能力进行深入分析,有的法律意见书逻辑分析欠缺,作出的结论比较简单等。

这些问题的存在,必然会影响证券法律业务执业的质量,损害证券法律服务专业队伍的形象,削弱证券法律服务行业对市场发展的作用,应当引起整个行业的重视,积极采取措施加以改正或予以防范。特别是,律师事务所及律师从事的证券法律服务执业活动,涉及相关法律规定的理解与适用,是证券市场法律执行与实施的重要组成部分,其执业水平的高低,意义重大,直接关系到相关法律能否得到正确贯彻落实,投资者的合法权益能否得到切实维护,市场的公平、公正原则能否得到有效遵循。因此,证券法律服务必须严格、规范,按照统一、明确的执业准则进行。

在反复研究论证和广泛征求意见的基础上,我们联合司法部发布了《执业规则》和《基金细则》,正是为了落实《证券法》关于律师从事证券法律业务应当勤勉尽责的规定,以及《管理办法》依法制定业务规则的要求,探索构建律师从事证券法律业务执业规范体系。这既是为律师从事证券法律业务活动提供业务规范和指导,也是为查处律师未勤勉尽责案件提供认定依据,从而促进证券法律业务整体质量的进一步提高,促进证券法律服务行业的公平竞争与健康发展。

**问**:能否介绍证券法律业务执业规则体系构建的总体思路?

**答**:律师事务所证券法律业务执业规则体系以《管理办法》为总的规范,包括一个基本业务规则,若干个具体业务细则及法律意见书内容与格式准则。在内容分工上,《执业规则》解决“怎么做”的问题,侧重于规范方法、程序;《基金细则》等业务规则解决“做什么”的问题,侧重于规范实体事项;“内容与格式准则”解决“写什么”的问题,侧重于保证法律意见书的标准化、规范化。基本业务规则对《管理办法》所设定的核查验证、法律意见书、工作底稿和执业质量控制等基本制度予以细化。具体业务细则按照业务领域划分,包括证券投资基金细则、发行上市细则、并购重组细则、证券公司相关业务细则,以及期货法律业务细则等,分别规定相应领域各项核查验证的主要内容。两类规则均为规范性文件,以公告公布。同时,针对为首次公开发行、再融资、并购重组等重要证券业务出具法律意见书的具体要求,完善相应的内容与格式准则文件。

**问**:能否介绍《执业规则》和《基金细则》的主要内容?

**答**:《执业规则》包括总则、查验规则、法律意见书、工作底稿和附则等 5 章 43 条,对《管理办法》中律师从事各类证券法律业务应当普遍遵循的基本执业规范进一步做出明确、具体的规定，确立了基本的执业制度，明确了基本的执业方式和程序。主要内容包括：

（一）对主要查验方式和主要查验事项做出具体操作性规范。本着规范、审慎查验的原则，围绕以下三项具体要求，从查验方式和查验事项两个角度明确查验规则：一是书面留痕。采用查证、面谈、书面审查、实地调查、查询、函证等各种方式查验的，都应当作好书面记录，并由经办律师和相关人员签字（第12条－第17条）。二是审查原件。对法人及分支机构的主体资格、不动产、知识产权、生产设备、存款等的查验，都应当取得原件；确实无法获得原件查验的，应当采用查询、复核等方式予以确认（第19条－第24条）。三是存疑追加查证程序。对于从不同来源获取的证据或者通过不同查验方式获取的证据内容不一致的情形，律师应当追加必要的程序查证（第28条）。

（二）对法律意见书的内容与格式予以明确。针对实践中法律意见书内容与格式不统一、不规范的问题，明确了法律意见书的基本内容与一般格式。一是规范法律意见书的标题、收件人、法律依据、声明事项等（第31条－第34条）。二是明确法律意见书正文的必备内容，包括相关事实材料、查验原则、查验方式、查验内容、查验过程、查验结果、国家有关规定、结论性意见以及所涉及的必要文件资料等（第35条）。三是强化法律意见书的严肃性，明确律师事务所不得对法律意见书进行修改，但应当关注申请文件的修改和中国证监会的反馈意见，按规定出具补充法律意见书（第38条）。

（三）对查验计划、意见复核等质量控制程序予以细化。查验计划应当列明需要查验的具体事项、查验程序、查验方法等内容；对查验计划的落实情况要进行评估和总结，说明计划未得到落实的原因和所采取的措施（第9条）。明确规定律师事务所应当建立、健全内部业务质量和执业风险控制机制（第7条）。讨论复核应当制作相关记录存入工作底稿，参与讨论复核的律师要签名确认（第37条）。

（四）对工作底稿的制作、主要内容进一步具体化。一是明确规定工作底稿是判断律师工作是否已经勤勉尽责的重要证据，中国证监会及其派出机构可根据工作需要调阅、检查工作底稿（第39条）。二是要求工作底稿应当全面记录律师承担项目的基本情况（第40条）。三是规定工作底稿内容应当真实、完整、记录清晰，标明目录索引和页码，由律师签名，并加盖律师事务所公章（第41条）。

《基金细则》共11章47条，按照《管理办法》和《执业规则》中确立的普遍遵循的证券法律业务执业规范，对照《证券投资基金法》、《证券投资基金管理公司管理办法》等基金相关法律、规章关于行政许可条件的规定，对律师从事证券投资基金法律业务的主要查验事项和内容等做出明确、具体的规定。主要内容包括：

（一）关于申请设立基金管理公司及其分支机构查验内容。对基金管理公司的设立申请，根据《基金公司管理办法》关于公司设立条件、主要股东、其他股东及境外股东的资格条件的规定，主要查验拟设立公司主要股东、其他股东及境外股东的主体资格、章程草案的合法合规和有效性、注册资本、高级管理人员和业务人员的适格性及内部监控制度的健全程度等事项（第4条、第5条、第7条－第10条）；根据《基金公司管理办法》关于股东出资比例和股东之间不得互持股份的规定，主要查验股东之间关联关系（第6条）；根据《基金公司管理办法》关于分支机构设立条件的规定，主要查验申请设立分支机构的公司的治理内控以及经营财务状况、公司受处罚记录、公司被调查或者被责令整改的情况及拟设立分支机构的名称、场所、人员等相关事项（第11条－第16条）。

（二）关于基金管理公司变更事项的查验内容。对基金管理公司修改章程事项，根据《证券投资基金法》关于章程应当合法合规的规定和《基金公司管理办法》关于章程变更程序的规定，主要查验对修改内容和修改程序的合法性（第17条、第18条）；对基金管理公司变更股东，主要根据新增股东是主要股东、其他股东还是外资股东，主要查验资格条件、出资和与其他股东的关联关系是否符合《基金公司管理办法》的相关规定（第19条－第21条）；对基金管理公司变更名称、住所、注册资本，根据《基金公司管理办法》的规定，主要查验相关变更事项是否履行法定的变更程序等（第22条－第24条）。

（三）关于基金管理公司高管人员任职资

格的查验内容。根据《证券投资基金行业高级管理人员任职管理办法》关于高管人员任职资格条件的规定，主要查验拟任高管人员是否取得基金从业资格、是否通过证券投资法律知识考试、是否具备规定的从业经历及是否存在不得担任高管人员的情形等相关事项（第25条－第29条）。

（四）关于基金募集、证券投资基金销售业务和基金份额持有人大会决议核准申请材料的查验内容。对基金募集申请材料，根据《证券投资基金运作管理办法》关于拟任基金管理人、基金托管人资格条件、募集基金条件的规定和《证券投资基金法》关于基金管理人与基金托管人不得为同一人、不得相互出资或者持有股份的规定，对主要查验事项作出规定（第30条－第35条）。对基金销售业务申请材料，根据《证券投资基金销售管理办法》关于商业银行、证券公司、证券投资咨询机构和专业基金销售机构申请基金销售业务资格条件的规定，主要查验业务资格、遵守法规情况、人员情况等。关于证券投资基金销售业务申请材料，如果销售机构为商业银行，主要查验商业银行的业务资格、遵守法规情况、人员情况；如果销售机构为证券公司，除资格、人员情况，还查验诉讼、仲裁等事项；如果销售机构为证券投资咨询机构，除前述查验内容，还包括注册资本、高管人员的从业资格等事项（第36条－第39条）。基金份额持有人大会是基金份额持有人享有的重要权利，《证券投资基金法》和《证券投资基金运作管理办法》对大会召集人的主体资格、大会审议内容、大会表决程序等事项作了明确规定，《基金细则》规定主要以前述事项为查验内容（第40条－第45条）。

**问**：能否介绍一下围绕《执业规则》、《基金细则》的实施和证券法律业务执业规则体系的完善，下一步还有什么考虑？

**答**：面对实践发展的更高要求和市场对发挥律师作用的更高期待，为了促进证券法律行业的规范发展，实现有效监管，下一步我们将主要抓好以下几项工作：一是会同司法部，组织开展《执业规则》、《基金细则》贯彻培训工作，明确加强学习、提高执业水平和严格监管的要求；二是加快推进执业规则体系建设，抓紧制定出台发行融资、并购重组、机构业务、期货业务以及境外融资等业务规则；三是促进广大从业律师事务所和律师要贯彻执业要求，建立健全执业制度，在各项业务工作中切实履行勤勉尽责的义务，审慎核查验证。我们要将各项监管职责落到实处，不断加强和改进监管工作，努力开创行业发展和监管服务“两个良好局面”。

2010年7月21日，中国证监会2008-2009年度稽查立功表彰大会在北京召开，证监会主席尚福林、副主席桂敏杰出席并讲话，证监会纪委书记李小雪，副主席庄心一、姚刚、刘新华，主席助理姜洋、朱从玖、吴利军，上海证券交易所理事长耿亮，深圳证券交易所理事长陈东征出席会议。

2010年8月25日，中国证监会在北京召开期货市场监管工作座谈会，证监会主席尚福林、副主席桂敏杰、主席助理姜洋出席并讲话。

2010年10月10日，中国证监会在北京召开第三届上市公司并购重组审核委员会成立大会，证监会主席尚福林出席并讲话，副主席庄心一出席会议。

2010年12月28日，中国证监会召开引进法官深化证券执法体制改革会议，证监会主席尚福林出席会议并讲话，证监会副主席姚刚、主席助理吴利军出席会议。

2010年9月30日，中宣部会同国务院法制办组织人民日报、新华社、中央电视台、中国青年报、法制日报等5家中央新闻单位组成依法行政采访团，对中国证监会全面推进依法行政工作的典型经验进行集中采访。证监会主席尚福林出席会议并讲话，副主席刘新华出席会议。

2010年6月29日，中国证监会党委中心组（扩大）召开法制报告会，证监会党委书记、主席尚福林主持，中国政法大学法学院院长薛刚凌作“行政程序制度与依法行政”报告。

2010年12月4日，第一届“上证法治”论坛在北京召开，中国证监会主席尚福林出席并讲话。

2010年5月6日，全国证券期货监管系统纪检监察工作会议在武汉召开，中国证监会纪委书记李小雪出席会议并讲话，湖北省副省长赵斌出席会议。

2010年3月20日《证券投资基金法》修改专题座谈会在北京召开，中国证监会副主席姚刚主持，全国人大财经委法案室、证监会基金部、法律部、中国证券业协会有关负责同志以及有关市场专业人士出席会议。

2010年11月27日，2010第二届北京律师论坛在北京召开，中国证监会副主席姚刚出席并讲话。

2010年11月18日，中国证监会召开证券期货法制专项工作会议，就境外资本市场重要法律文献翻译平台建设工作进行专门部署，证监会副主席刘新华出席会议并讲话。

2010年5月7日，多层次资本市场建设与投资者权益保护研讨会在深圳举行。中国证监会主席助理朱从玖和深交所理事长陈东征出席会议并讲话。

2010年12月24日，中国证监会法律部与司法部律师公证工作指导司共同组织召开了律师证券法律业务执业规则实施座谈会。证监会法律部、司法部律师公证工作指导司、证监会基金部、发行部、创业板部、中华全国律师协会、中国证券业协会有关负责同志出席会议。

# 第四部分　执法实践

## 一、行 政 许 可

### （一）2010年行政许可受理工作综述

2010年，中国证监会继续坚持依法行政、高效透明的工作作风，努力提高服务意识，按照《行政许可法》、《中国证券监督管理委员会行政许可实施程序规定》等要求，扎实做好行政许可受理相关工作。

**一、规范有序开展行政许可受理工作**

2010年，证监会共接收各类行政许可申请2308件，正式受理2175件，发出补正通知593件，一次反馈通知1163件，二次反馈通知78件；送达行政许可批复1947件，终止审查决定184件，不予受理决定25件，办理受理前撤回行政许可申请59件；此外，还接待行政许可申请人员、咨询人员等15000余人次。

**二、完善行政许可管理系统和工作月报制度**

为进一步规范证监会行政许可受理工作，提高审核效率，便于受理及审核人员跟踪行政许可项目，根据受理工作需要，2010年证监会再次对行政许可管理系统进行更新完善，使系统记录更加完整、统计功能更加完善。目前，更新后的行政许可管理系统已经投入使用，进一步提高了行政许可受理工作效率。

依托新的行政许可管理系统，证监会进一步完善了行政许可受理工作月报制度，对每月行政许可情况准确、及时进行跟踪反馈，为科学决策提供了依据，对按时审批起到了督促作用，促进了行政许可受理工作水平的提高。

**三、规范行政许可公示内容，加强便民服务**

按照《行政许可法》和《中国证券监督管理委员会行政许可实施程序规定》的有关要求，证监会应当公示行政许可项目的名称、设定依据、条件、数量、期限以及需要申请人提交的全部申请材料目录和申请书示范文本等内容。前期，证监会已在门户网站信息公开栏目中公示了行政许可项目的设定依据等内容。为增强行政许可事项的透明度，方便申请人查阅，证监会进一步规范了行政许可事项公示内容和格式，督促会内行政许可职能部门对证监会门户网站上有关行政许可事项公示内容进行统一清理和更新。同时，为方便申请人掌握申请材料的格式和规范，证监会行政许可受理部门统一印制了48项行政许可的所有公示内容，包括项目名称、申报材料目录、申报流程、申报须知等，放置于行政许可受理办公地点，供申请人随时领取查阅，更好地为申请人服务。

# (二)2010年证监会作出的行政许可决定书目录

| 序号 | 名称 | 发文日期 | 文号 |
|---|---|---|---|
| 1 | 关于泰君安证券股份有限公司设立国泰君安享精品基金一号集合资产管理计划的批复 | 2010年1月4日 | 证监许可〔2010〕0001号 |
| 2 | 关于核准海南航空股份有限公司非公开发行股票的批复 | 2010年1月4日 | 证监许可〔2010〕0002号 |
| 3 | 关于核准山东鲁信高新技术产业股份有限公司向山东省鲁信投资控股有限公司发行股份购买资产的批复 | 2010年1月5日 | 证监许可〔2010〕0003号 |
| 4 | 关于核准豁免山东省鲁信投资控股集团有限公司要约收购山东鲁信高新技术产业股份有限公司股份义务的批复 | 2010年1月5日 | 证监许可〔2010〕0004号 |
| 5 | 关于核准航天证券经纪有限责任公司变更注册资本的批复 | 2010年1月5日 | 证监许可〔2010〕0005号 |
| 6 | 关于核准万联证券有限责任公司变更注册资本的批复 | 2010年1月5日 | 证监许可〔2010〕0006号 |
| 7 | 关于核准大通证券股份有限公司变更注册资本的批复 | 2010年1月5日 | 证监许可〔2010〕0007号 |
| 8 | 关于核准湖南金信期货经纪有限公司变更注册资本和股权的批复 | 2010年1月6日 | 证监许可〔2010〕0008号 |
| 9 | 关于核准南方策略优化股票型证券投资基金募集的批复 | 2010年1月6日 | 证监许可〔2010〕0009号 |
| 10 | 关于核准摩根士丹利华鑫基金管理有限公司修改章程的批复 | 2010年1月7日 | 证监许可〔2010〕0010号 |
| 11 | 关于核准豁免广东省交通集团有限公司要约收购广东省高速公路发展股份有限公司股份义务的批复 | 2010年1月7日 | 证监许可〔2010〕0011号 |
| 12 | 关于核准中国西电电气股份有限公司首次公开发行股票的批复 | 2010年1月6日 | 证监许可〔2010〕0012号 |
| 13 | 关于核准万峻保荐代表人资格的批复 | 2010年1月6日 | 证监许可〔2010〕0013号 |
| 14 | 关于核准郭护湘保荐代表人资格的批复 | 2010年1月6日 | 证监许可〔2010〕0014号 |
| 15 | 关于核准张志斌保荐代表人资格的批复 | 2010年1月6日 | 证监许可〔2010〕0015号 |
| 16 | 关于核准汪怡、张耀坤保荐代表人资格的批复 | 2010年1月6日 | 证监许可〔2010〕0016号 |

续表

| 序号 | 名称 | 发文日期 | 文号 |
| --- | --- | --- | --- |
| 17 | 关于核准上海拓中建设股份有限公司首次公开发行股票的批复 | 2010年1月7日 | 证监许可〔2010〕0018号 |
| 18 | 关于核准安徽泰尔重工股份有限公司首次公开发行股票的批复 | 2010年1月7日 | 证监许可〔2010〕0019号 |
| 19 | 关于核准中海上证50指数增强型证券投资基金募集的批复 | 2010年1月7日 | 证监许可〔2010〕0020号 |
| 20 | 关于不予核准华西能源工业股份有限公司首次公开发行股票的决定 | 2010年1月7日 | 证监许可〔2010〕0021号 |
| 21 | 关于不予核准上海麦杰科技股份有限公司首次公开发行股票并在创业板上市申请的决定 | 2010年1月7日 | 证监许可〔2010〕0022号 |
| 22 | 关于不予核准深圳市佳创视讯技术股份有限公司首次公开发行股票并在创业板上市申请的决定 | 2010年1月7日 | 证监许可〔2010〕0023号 |
| 23 | 关于不予核准深圳市卓宝科技股份有限公司首次公开发行股票并在创业板上市申请的决定 | 2010年1月7日 | 证监许可〔2010〕0024号 |
| 24 | 关于核准中天证券有限责任公司证券投资基金销售业务资格的批复 | 2010年1月7日 | 证监许可〔2010〕0025号 |
| 25 | 关于核准中航三鑫股份有限公司非公开发行股票的批复 | 2010年1月8日 | 证监许可〔2010〕0026号 |
| 26 | 关于核准招商证券股份有限公司在北京等地设立3家分公司的批复 | 2010年1月8日 | 证监许可〔2010〕0027号 |
| 27 | 关于核准关少平担任高盛(中国)有限责任公司上海代表处首席代表的批复 | 2010年1月8日 | 证监许可〔2010〕0028号 |
| 28 | 关于核准恒泰证券股份有限公司变更公司章程重要条款的批复 | 2010年1月8日 | 证监许可〔2010〕0029号 |
| 29 | 关于核准东莞证券有限责任公司在广东设立5家证券营业部的批复 | 2010年1月8日 | 证监许可〔2010〕0030号 |
| 30 | 关于核准国元证券股份有限公司在安徽等地设立4家证券营业部的批复 | 2010年1月8日 | 证监许可〔2010〕0031号 |
| 31 | 关于核准江海证券有限公司在黑龙江设立2家证券营业部的批复 | 2010年1月8日 | 证监许可〔2010〕0032号 |
| 32 | 关于核准蓝星清洗股份有限公司重大资产重组及向成都市兴蓉投资有限公司发行股份购买资产的批复 | 2010年1月11日 | 证监许可〔2010〕0033号 |
| 33 | 关于核准成都市兴蓉投资有限公司公告核准蓝星清洗股份有限公司收购报告书并豁免其要约收购义务的批复 | 2010年1月11日 | 证监许可〔2010〕0034号 |
| 34 | 关于核准齐鲁证券有限公司在山东设立4家证券营业部的批复 | 2010年1月11日 | 证监许可〔2010〕0035号 |

续表

| 序号 | 名称 | 发文日期 | 文号 |
|---|---|---|---|
| 35 | 关于核准江马期货经纪有限公司变更注册资本的批复 | 2010年1月13日 | 证监许可〔2010〕0036号 |
| 36 | 关于核准广东高乐玩具股份有限公司首次公开发行股票的批复 | 2010年1月11日 | 证监许可〔2010〕0037号 |
| 37 | 关于核准南通精华制药股份有限公司首次公开发行股票的批复 | 2010年1月11日 | 证监许可〔2010〕0038号 |
| 38 | 关于核准北京科锐配电自动化股份有限公司首次公开发行股票的批复 | 2010年1月11日 | 证监许可〔2010〕0039号 |
| 39 | 关于核准深圳市漫步者科技股份有限公司首次公开发行股票的批复 | 2010年1月11日 | 证监许可〔2010〕0040号 |
| 40 | 关于核准马鞍山鼎泰稀土新材料股份有限公司首次公开发行股票的批复 | 2010年1月11日 | 证监许可〔2010〕0041号 |
| 41 | 关于不予核准贵州贵航汽车零部件股份有限公司向中国贵州航空工业(集团)有限责任公司等发行股份购买资产的决定 | 2010年1月11日 | 证监许可〔2010〕0042号 |
| 42 | 关于核准四川川润股份有限公司公开发行股票的批复 | 2010年1月11日 | 证监许可〔2010〕0043号 |
| 43 | 关于核准桂林旅游股份有限公司的批复 | 2010年1月11日 | 证监许可〔2010〕0044号 |
| 44 | 关于核准博时大中华亚太精选股票证券投资基金募集的批复 | 2010年1月11日 | 证监许可〔2010〕0045号 |
| 45 | 关于核准郭忠杰保荐代表人资格的批复 | 2010年1月11日 | 证监许可〔2010〕0046号 |
| 46 | 关于核准张运发保荐代表人资格的批复 | 2010年1月11日 | 证监许可〔2010〕0047号 |
| 47 | 关于核准戴文俊保荐代表人资格的批复 | 2010年1月11日 | 证监许可〔2010〕0048号 |
| 48 | 关于核准王明希、骆中兴、王宏斌保荐代表人资格的批复 | 2010年1月11日 | 证监许可〔2010〕0049号 |
| 49 | 关于核准浦银安盛基金管理有限公司周文桐基金行业高级管理人员任职资格的批复 | 2010年1月12日 | 证监许可〔2010〕0050号 |
| 50 | 关于核准康乐担任景顺投资管理有限公司北京代表处首席代表的批复 | 2010年1月13日 | 证监许可〔2010〕0051号 |
| 51 | 关于核准东海证券有限责任公司设立东风5号集合资产管理计划的批复 | 2010年1月14日 | 证监许可〔2010〕0052号 |
| 52 | 关于核准中国国际金融有限公司设立中金安心回复集合资产管理计划的批复 | 2010年1月14日 | 证监许可〔2010〕0053号 |
| 53 | 关于核准广发增强型基金优选集合资产管理计划延长存续期及变更集合资产管理合同重要条款的批复 | 2010年1月14日 | 证监许可〔2010〕0054号 |
| 54 | 关于核准国海证券有限责任公司设立国海内需增长集合资产管理计划的批复 | 2010年1月14日 | 证监许可〔2010〕0055号 |

续表

| 序号 | 名称 | 发文日期 | 文号 |
| --- | --- | --- | --- |
| 55 | 关于核准武汉中百集团股份有限公司配股的批复 | 2010年1月14日 | 证监许可〔2010〕0056号 |
| 56 | 关于核准华安证券有限责任公司变更持有5%以上股权的股东的批复 | 2010年1月14日 | 证监许可〔2010〕0057号 |
| 57 | 关于核准齐鲁证券有限公司在北京设立1家分公司的批复 | 2010年1月14日 | 证监许可〔2010〕0058号 |
| 58 | 关于核准日信证券有限公司变更持有5%以上股份的股东的批复 | 2010年1月14日 | 证监许可〔2010〕0059号 |
| 59 | 关于核准烟台杰瑞石油服务集团股份有限公司首次公开发行股票的批复 | 2010年1月14日 | 证监许可〔2010〕0060号 |
| 60 | 关于核准大连科冕木业股份有限公司首次公开发行股票的批复 | 2010年1月14日 | 证监许可〔2010〕0062号 |
| 61 | 关于核准山东兴民钢圈股份有限公司首次公开发行股票的批复 | 2010年1月14日 | 证监许可〔2010〕0063号 |
| 62 | 关于核准二重集团(德阳)重型装备股份有限公司首次公开发行股票的批复 | 2010年1月14日 | 证监许可〔2010〕0064号 |
| 63 | 关于核准中天证券有限责任公司变更注册资本的批复 | 2010年1月14日 | 证监许可〔2010〕0065号 |
| 64 | 关于核准恒泰长财证券有限责任公司在吉林设立2家证券营业部的批复 | 2010年1月14日 | 证监许可〔2010〕0066号 |
| 65 | 关于核准财富证券有限责任公司设立财富1号集合资产管理计划的批复 | 2010年1月14日 | 证监许可〔2010〕0067号 |
| 66 | 关于核准东方证券股份有限公司设立东方红5号——灵活配置集合资产管理计划的批复 | 2010年1月14日 | 证监许可〔2010〕0068号 |
| 67 | 关于核准国标瑞银沪深300金融地产指数证券投资基金(LOF)募集的批复 | 2010年1月15日 | 证监许可〔2010〕0069号 |
| 68 | 关于核准深圳农村商业银行股份有限公司证券投资基金销售业务资格的批复 | 2010年1月15日 | 证监许可〔2010〕0070号 |
| 69 | 关于核准和兴证券经纪有限责任公司变更公司章程重要条款的批复 | 2010年1月12日 | 证监许可〔2010〕0071号 |
| 70 | 关于核准鲁能金穗期货经纪有限公司变更注册资本和股份的批复 | 2010年1月15日 | 证监许可〔2010〕0072号 |
| 71 | 关于核准中天期货经纪有限公司变更股权的批复 | 2010年1月18日 | 证监许可〔2010〕0073号 |
| 72 | 关于核准中行期货经纪有限公司变更股权的批复 | 2010年1月18日 | 证监许可〔2010〕0074号 |
| 73 | 关于核准四川福临运业集团股份有限公司首次公开发行股票的批复 | 2010年1月15日 | 证监许可〔2010〕0075号 |

续表

| 序号 | 名称 | 发文日期 | 文号 |
| --- | --- | --- | --- |
| 74 | 关于核准河南森源电气股份有限公司首次公开发行股票的批复 | 2010 年 1 月 15 日 | 证监许可〔2010〕0076 号 |
| 75 | 关于核准无锡百川化工股份有限公司首次公开发行股票的批复 | 2010 年 1 月 15 日 | 证监许可〔2010〕0077 号 |
| 76 | 关于核准北京首都国际机场股份有限公司的公开发行公司债券的批复 | 2010 年 1 月 15 日 | 证监许可〔2010〕0078 号 |
| 77 | 关于核准中国第一重型机械股份公司首次公开发行股票的批复 | 2010 年 1 月 15 日 | 证监许可〔2010〕0079 号 |
| 78 | 关于核准深圳浩宁达仪表股份有限公司首次公开发行股票的批复 | 2010 年 1 月 15 日 | 证监许可〔2010〕0080 号 |
| 79 | 关于核准山东齐星铁塔科技股份有限公司首次公开发行股票的批复 | 2010 年 1 月 15 日 | 证监许可〔2010〕0081 号 |
| 80 | 关于收回法国兴业资产管理有限公司证券投资业务许可证的决定 | 2010 年 1 月 19 日 | 证监许可〔2010〕0082 号 |
| 81 | 关于核准海富通中小盘股票型证券投资基金募集的批复 | 2010 年 1 月 18 日 | 证监许可〔2010〕0083 号 |
| 82 | 关于核准鲁证期货有限公司变更股权的批复 | 2010 年 1 月 19 日 | 证监许可〔2010〕0084 号 |
| 83 | 关于核准秋江期货公司首席风险官任职资格的批复 | 2010 年 1 月 19 日 | 证监许可〔2010〕0085 号 |
| 84 | 关于核准长江证券股份有限公司变更公司章程重要条款的批复 | 2010 年 1 月 19 日 | 证监许可〔2010〕0086 号 |
| 85 | 关于核准河北财达证券经纪有限责任公司变更公司章程重要条款的批复 | 2010 年 1 月 19 日 | 证监许可〔2010〕0087 号 |
| 86 | 关于核准中银基金管理有限公司修改章程的批复 | 2010 年 1 月 15 日 | 证监许可〔2010〕0088 号 |
| 87 | 关于核准东方证券股份有限公司在上海设立 2 家证券营业部的批复 | 2010 年 1 月 19 日 | 证监许可〔2010〕0089 号 |
| 88 | 关于核准大同证券经纪有限责任公司在浙江等地设立 4 家证券营业部的批复 | 2010 年 1 月 19 日 | 证监许可〔2010〕0090 号 |
| 89 | 关于核准豁免中国建筑工程总公司要约收购中国建筑股份有限公司股份义务的批复 | 2010 年 1 月 19 日 | 证监许可〔2010〕0091 号 |
| 90 | 关于核准豁免南京长江油运公司要约收购中国长江航运集团南京油运股份有限公司股份义务的批复 | 2010 年 1 月 20 日 | 证监许可〔2010〕0092 号 |
| 91 | 关于核准厦门三五互联科技股份有限公司首次公开发行股票并在创业板上市的批复 | 2010 年 1 月 20 日 | 证监许可〔2010〕0093 号 |
| 92 | 关于核准深圳市中青宝网网络科技股份有限公司首次公开发行股票并在创业板上市的批复 | 2010 年 1 月 20 日 | 证监许可〔2010〕0094 号 |
| 93 | 关于核准北京万邦达环保技术股份有限公司首次公开发行股票并在创业板上市的批复 | 2010 年 1 月 20 日 | 证监许可〔2010〕0095 号 |

续表

| 序号 | 名称 | 发文日期 | 文号 |
| --- | --- | --- | --- |
| 94 | 关于核准珠海欧比特控制工程股份有限公司首次公开发行股票并在创业板上市的批复 | 2010年1月20日 | 证监许可〔2010〕0096号 |
| 95 | 关于长沙中联重工科技发展股份有限公司非公开发行股票的批复 | 2010年1月20日 | 证监许可〔2010〕0097号 |
| 96 | 关于核准光大保德信中小盘股票型证券投资基金募集的批复 | 2010年1月20日 | 证监许可〔2010〕0098号 |
| 97 | 关于核准湖北鼎龙化学股份有限公司首次公开发行股票并在创业板上市的批复 | 2010年1月20日 | 证监许可〔2010〕0099号 |
| 98 | 关于核准厦门三维丝环保股份有限公司首次公开发行股票并在创业板上市的批复 | 2010年1月20日 | 证监许可〔2010〕0100号 |
| 99 | 关于核准汕头万顺包装材料股份有限公司首次公开发行股票并在创业板上市的批复 | 2010年1月20日 | 证监许可〔2010〕0101号 |
| 100 | 关于核准豁免卧龙控股集团有限公司要约收购卧龙电气集团股份有限公司股份义务的批复 | 2010年1月21日 | 证监许可〔2010〕0104号 |
| 101 | 关于核准农银汇理中小盘股票型证券投资基金募集的批复 | 2010年1月21日 | 证监许可〔2010〕0106号 |
| 102 | 关于核准豁免中国联合网络通信集团有限公司要约收购中国联合网络通信股份有限公司股份义务的批复 | 2010年1月22日 | 证监许可〔2010〕0107号 |
| 103 | 关于核准江小林期货公司首席风险官任职的批复 | 2010年1月22日 | 证监许可〔2010〕0108号 |
| 104 | 关于核准北京蓝色光标品牌管理顾问股份有限公司首次公开发行股票并在创业板上市的批复 | 2010年1月22日 | 证监许可〔2010〕0109号 |
| 105 | 关于核准浙江新和成股份有限公司非公开发行股票的批复 | 2010年1月25日 | 证监许可〔2010〕0110号 |
| 106 | 关于浙江古越龙山绍兴酒股份有限公司非公开发行股票的批复 | 2010年1月25日 | 证监许可〔2010〕0111号 |
| 107 | 关于核准刘勇保荐代表人资格的批复 | 2010年1月22日 | 证监许可〔2010〕0112号 |
| 108 | 关于核准王洪亮保荐代表人资格的批复 | 2010年1月22日 | 证监许可〔2010〕0113号 |
| 109 | 关于核准李峰立保荐代表人资格的批复 | 2010年1月22日 | 证监许可〔2010〕0114号 |
| 110 | 关于核准袁晓明保荐代表人资格的批复 | 2010年1月22日 | 证监许可〔2010〕0115号 |
| 111 | 关于核准陈琳保荐代表人资格的批复 | 2010年1月22日 | 证监许可〔2010〕0116号 |
| 112 | 关于核准李晓芳保荐代表人资格的批复 | 2010年1月22日 | 证监许可〔2010〕0117号 |
| 113 | 关于核准深圳市卓翼科技股份有限公司首次公开发行股票的批复 | 2010年1月27日 | 证监许可〔2010〕0118号 |
| 114 | 关于核准浙江亚厦装饰股份有限公司首次公开发行股份的批复 | 2010年1月26日 | 证监许可〔2010〕0119号 |

续表

| 序号 | 名称 | 发文日期 | 文号 |
|---|---|---|---|
| 115 | 关于核准浙江亚太药业股份有限公司首次公开发行股票的批复 | 2010年1月26日 | 证监许可〔2010〕0120号 |
| 116 | 关于核准山西同德化工股份有限公司首次公开发行股票的批复 | 2010年1月26日 | 证监许可〔2010〕0121号 |
| 117 | 关于核准安徽神剑新材料股份有限公司首次公开发行股票的批复 | 2010年1月26日 | 证监许可〔2010〕0122号 |
| 118 | 关于核准四川丹甫制冷压缩及股份有限公司首次公开发行股票的批复 | 2010年1月26日 | 证监许可〔2010〕0123号 |
| 119 | 关于核准江南证券有限责任公司变更公司章程重要条款的批复 | 2010年1月27日 | 证监许可〔2010〕0125号 |
| 120 | 关于核准东方证券股份有限公司设立东方红—先锋2号集合资产管理计划的批复 | 2010年1月28日 | 证监许可〔2010〕0126号 |
| 121 | 关于核准财富证券有限责任公司变更公司章程重要条款的批复 | 2010年1月28日 | 证监许可〔2010〕0127号 |
| 122 | 关于核准航天证券经纪有限责任公司变更公司章程重要条款的批复 | 2010年1月28日 | 证监许可〔2010〕0128号 |
| 123 | 关于核准上投摩根基金管理有限公司章硕麟、童威基金行业高级管理人员任职资格的批复 | 2010年1月29日 | 证监许可〔2010〕0129号 |
| 124 | 关于核准上海市医药股份有限公司向上海医药(集团)有限公司等发行股份购买资产及吸收合并上海实业医药投资股份有限公司和上海中西药业股份有限公司的批复 | 2010年1月29日 | 证监许可〔2010〕0132号 |
| 125 | 关于核准豁免上海医药(集团)有限公司及一致行动人要约收购上海医药股份有限公司股份义务的批复 | 2010年1月29日 | 证监许可〔2010〕0133号 |
| 126 | 关于核准洛阳银行股份有限公司证券投资基金销售业务资格的批复 | 2010年1月29日 | 证监许可〔2010〕0134号 |
| 127 | 关于核准中金股票策略集合资产管理计划延长存续期及变更集合资产管理合同重要条款的批复 | 2010年1月29日 | 证监许可〔2010〕0135号 |
| 128 | 关于核准中国航空科技工业股份有限公司增发境外上市外资股的批复 | 2010年1月29日 | 证监许可〔2010〕0136号 |
| 129 | 关于核准王却东担任星展唯高达香港有限公司上海代表处首席代表的批复 | 2010年2月1日 | 证监许可〔2010〕0137号 |
| 130 | 关于核准华泰证券股份有限公司首次公开发行股票的批复 | 2010年2月1日 | 证监许可〔2010〕0138号 |
| 131 | 关于核准汉王科技股份有限公司首次公开发行股票的批复 | 2010年2月1日 | 证监许可〔2010〕0139号 |

续表

| 序号 | 名称 | 发文日期 | 文号 |
|---|---|---|---|
| 132 | 关于核准刘哲保荐代表人资格的批复 | 2010年2月1日 | 证监许可〔2010〕0140号 |
| 133 | 关于核准陈大汉保荐代表人资格的批复 | 2010年2月1日 | 证监许可〔2010〕0141号 |
| 134 | 关于核准刘丽华保荐代表人资格的批复 | 2010年2月1日 | 证监许可〔2010〕0142号 |
| 135 | 关于核准秦成栋保荐代表人资格的批复 | 2010年2月1日 | 证监许可〔2010〕0143号 |
| 136 | 关于核准冯烜、倪进保荐代表人资格的批复 | 2010年2月1日 | 证监许可〔2010〕0144号 |
| 137 | 关于核准王为丰、王会然保荐代表人资格的批复 | 2010年2月1日 | 证监许可〔2010〕0145号 |
| 138 | 关于核准吴风来保荐代表人资格的批复 | 2010年2月1日 | 证监许可〔2010〕0146号 |
| 139 | 关于核准胡伟保荐代表人资格的批复 | 2010年2月1日 | 证监许可〔2010〕0147号 |
| 140 | 关于核准罗红雨保荐代表人资格的批复 | 2010年2月1日 | 证监许可〔2010〕0148号 |
| 141 | 关于核准臧黎明保荐代表人资格的批复 | 2010年2月1日 | 证监许可〔2010〕0149号 |
| 142 | 关于核准国联证券股份有限公司在湖南等地设立5家证券营业部的批复 | 2010年2月2日 | 证监许可〔2010〕0150号 |
| 143 | 关于核准湘财证券有限公司变更公司章程重要条款的批复 | 2010年2月3日 | 证监许可〔2010〕0151号 |
| 144 | 关于核准李秋芳期货公司首席风险官任职资格的批复 | 2010年2月8日 | 证监许可〔2010〕0152号 |
| 145 | 关于核准中国恒天集团有限公司公告保定天鹅股份有限公司收购报告书并豁免其要约收购义务的批复 | 2010年2月3日 | 证监许可〔2010〕0153号 |
| 146 | 关于核准黄永华保荐代表人资格的批复 | 2010年2月3日 | 证监许可〔2010〕0154号 |
| 147 | 关于核准温家明保荐代表人资格的批复 | 2010年2月3日 | 证监许可〔2010〕0155号 |
| 148 | 关于核准胡海平保荐代表人资格的批复 | 2010年2月3日 | 证监许可〔2010〕0156号 |
| 149 | 关于核准李建保荐代表人资格的批复 | 2010年2月3日 | 证监许可〔2010〕0157号 |
| 150 | 关于核准周新宇保荐代表人资格的批复 | 2010年2月3日 | 证监许可〔2010〕0158号 |
| 151 | 关于核准陈运兴保荐代表人资格的批复 | 2010年2月3日 | 证监许可〔2010〕0159号 |
| 152 | 关于核准山东隆基机械股份有限公司首次公开发行股票的批复 | 2010年2月3日 | 证监许可〔2010〕0160号 |
| 153 | 关于核准杭州中恒电气股份有限公司首次公开发行股票的批复 | 2010年2月3日 | 证监许可〔2010〕0161号 |
| 154 | 关于核准潜江永安药业股份有限公司首次公开发行股票的批复 | 2010年2月3日 | 证监许可〔2010〕0162号 |
| 155 | 关于核准豁免维维集团股份有限公司要约收购维维食品饮料股份有限公司股份义务的批复 | 2010年2月5日 | 证监许可〔2010〕0163号 |
| 156 | 关于核准财富里昂证券有限责任公司变更公司章程重要条款的批复 | 2010年2月5日 | 证监许可〔2010〕0165号 |

续表

| 序号 | 名称 | 发文日期 | 文号 |
|---|---|---|---|
| 157 | 关于核准乌鲁木齐市商业银行股份有限公司证券投资基金销售业务资格的批复 | 2010年2月8日 | 证监许可〔2010〕0167号 |
| 158 | 关于核准海富通基金管理有限公司在香港设立海富通资产管理(香港)有限公司的批复 | 2010年2月8日 | 证监许可〔2010〕0168号 |
| 159 | 关于不予核准北京博晖创新光电技术股份有限公司首次公开发行股票并在创业板上市申请的决定 | 2010年2月8日 | 证监许可〔2010〕0169号 |
| 160 | 关于核准深圳诺普信农化股份有限公司非公开发行股票的批复 | 2010年2月8日 | 证监许可〔2010〕0170号 |
| 161 | 关于不予核准泰安泰山工程机械股份有限公司首次公开发行股票申请的决定 | 2010年2月8日 | 证监许可〔2010〕0171号 |
| 162 | 关于核准华泰联合证券有限责任公司在湖北设立8家证券营业部的批复 | 2010年2月8日 | 证监许可〔2010〕0172号 |
| 163 | 关于核准万和证券经纪有限公司变更持有5%以上股权的股东的批复 | 2010年2月8日 | 证监许可〔2010〕0173号 |
| 164 | 关于核准上海证券有限责任公司变更业务范围的批复 | 2010年2月8日 | 证监许可〔2010〕0174号 |
| 165 | 关于核准海际大和证券有限责任公司变更业务范围的批复 | 2010年2月8日 | 证监许可〔2010〕0175号 |
| 166 | 关于核准泰达荷银中证财富大盘指数证券投资基金募集的批复 | 2010年2月8日 | 证监许可〔2010〕0176号 |
| 167 | 关于核准招商证券股份有限公司设立招商证券智远成长集合资产管理计划的批复 | 2010年2月8日 | 证监许可〔2010〕0177号 |
| 168 | 关于核准工银瑞信全球精选股票型证券投资基金募集的批复 | 2010年2月8日 | 证监许可〔2010〕0178号 |
| 169 | 关于核准联讯证券有限责任公司证券投资咨询业务资格的批复 | 2010年2月8日 | 证监许可〔2010〕0179号 |
| 170 | 关于核准海通证券股份有限公司设立孩童新兴成长集合资产管理计划的批复 | 2010年2月8日 | 证监许可〔2010〕0180号 |
| 171 | 关于核准华安证券有限责任公司设立华安理财1号稳定收益集合资产管理计划的批复 | 2010年2月8日 | 证监许可〔2010〕0181号 |
| 172 | 关于核准中银国际证券有限责任公司设立中银国际证券中国红货币宝集合资产管理计划的批复 | 2010年2月8日 | 证监许可〔2010〕0182号 |
| 173 | 关于核准长江证券股份有限公司设立长江证券超越理财趋势掘金集合资产管理计划的批复 | 2010年2月8日 | 证监许可〔2010〕0183号 |
| 174 | 关于核准友邦华泰量化先行股票型证券投资基金募集的批复 | 2010年2月8日 | 证监许可〔2010〕0184号 |

续表

| 序号 | 名称 | 发文日期 | 文号 |
| --- | --- | --- | --- |
| 175 | 关于核准常青藤投资管理公司合格境外机构投资者资格的批复 | 2010年2月8日 | 证监许可〔2010〕0185号 |
| 176 | 关于核准北京七星华创电子股份有限公司首次公开发行股票的批复 | 2010年2月8日 | 证监许可〔2010〕0186号 |
| 177 | 关于核准康力电梯股份有限公司首次公开发行股票的批复 | 2010年2月8日 | 证监许可〔2010〕0187号 |
| 178 | 关于核准太极计算机股份有限公司首次公开发行股票的批复 | 2010年2月8日 | 证监许可〔2010〕0188号 |
| 179 | 关于核准上海汽车集团股份有限公司重大资产重组方案的批复 | 2010年2月9日 | 证监许可〔2010〕0189号 |
| 180 | 关于核准豁免中国五矿集团公司要约收购五矿发展股份有限公司股份义务的批复 | 2010年2月10日 | 证监许可〔2010〕0190号 |
| 181 | 关于核准豁免金世旗国际控股有限公司要约收购中天城投集团股份有限公司股份义务的批复 | 2010年2月20日 | 证监许可〔2010〕0191号 |
| 182 | 关于核准航空证券有限责任公司变更持有5%以上股权的股东批复 | 2010年2月10日 | 证监许可〔2010〕0192号 |
| 183 | 关于核准东海证券有限责任公司变更公司章程重要条款的批复 | 2010年2月10日 | 证监许可〔2010〕0193号 |
| 184 | 关于核准东北高速公路股份有限公司分立的批复 | 2010年2月10日 | 证监许可〔2010〕0194号 |
| 185 | 关于核准广西桂冠电力股份有限公司重大资产重组及向中国大唐集团公司发行股份购买资产的批复 | 2010年2月10日 | 证监许可〔2010〕0195号 |
| 186 | 关于核准豁免中国大唐集团公司要约收购广西桂冠电力股份有限公司股份义务的批复 | 2010年2月10日 | 证监许可〔2010〕0196号 |
| 187 | 关于核准山东南山铝材股份有限公司非公开发行股票的批复 | 2010年2月10日 | 证监许可〔2010〕0197号 |
| 188 | 关于四川海特高新技术股份有限公司非公开发行股票的批复 | 2010年2月10日 | 证监许可〔2010〕0198号 |
| 189 | 关于核准宁波华翔电子股份有限公司非公开发行股票的批复 | 2010年2月10日 | 证监许可〔2010〕0199号 |
| 190 | 关于核准吴潇保荐代表人资格的批复 | 2010年2月10日 | 证监许可〔2010〕0200号 |
| 191 | 关于核准丁宁保荐代表人资格的批复 | 2010年2月10日 | 证监许可〔2010〕0201号 |
| 192 | 关于核准严文广保荐代表人资格的批复 | 2010年2月10日 | 证监许可〔2010〕0202号 |
| 193 | 关于核准李东泽、赵宏、封江涛保荐代表人资格的批复 | 2010年2月10日 | 证监许可〔2010〕0203号 |
| 194 | 关于核准朵莎保荐代表人资格的批复 | 2010年2月10日 | 证监许可〔2010〕0204号 |
| 195 | 关于核准程久君、袁占虎保荐代表人资格的批复 | 2010年2月10日 | 证监许可〔2010〕0205号 |

续表

| 序号 | 名称 | 发文日期 | 文号 |
|---|---|---|---|
| 196 | 关于核准彭德强、张德坤保荐代表人资格的批复 | 2010年2月10日 | 证监许可〔2010〕0206号 |
| 197 | 关于核准黎滢保荐代表人资格的批复 | 2010年2月10日 | 证监许可〔2010〕0207号 |
| 198 | 关于核准国泰纳斯达克100指数证券投资基金募集的批复 | 2010年2月12日 | 证监许可〔2010〕0208号 |
| 199 | 关于核准诺安中小盘精选股票型证券投资基金募集的批复 | 2010年2月12日 | 证监许可〔2010〕0209号 |
| 200 | 关于核准宏源证券股份有限公司设立宏源证券"金之宝"集合资产管理计划的批复 | 2010年2月12日 | 证监许可〔2010〕0210号 |
| 201 | 关于核准东北证券股份有限公司设立东北证券2号成长精选集合资产管理计划的批复 | 2010年2月12日 | 证监许可〔2010〕0211号 |
| 202 | 关于核准国元证券股份有限公司设立国元黄山3号集合资产管理计划的批复 | 2010年2月12日 | 证监许可〔2010〕0212号 |
| 203 | 关于核准福建三农集团股份有限公司向福建泰禾投资有限公司发行股份购买资产的批复 | 2010年2月20日 | 证监许可〔2010〕0213号 |
| 204 | 关于核准福建泰禾投资有限公司公告福建三农集团股份有限公司收购报告书并豁免其要约收购义务的批复 | 2010年2月20日 | 证监许可〔2010〕0214号 |
| 205 | 关于核准招商银行股份有限公司境外上市外资股配股的批复 | 2010年2月20日 | 证监许可〔2010〕0215号 |
| 206 | 关于核准诚浩证券有限责任公司在辽宁设立2家证券营业部的批复 | 2010年2月20日 | 证监许可〔2010〕0216号 |
| 207 | 关于核准豁免广州发展集团有限公司要约收购广州发展实业控股集团股份有限公司股份义务的批复 | 2010年2月21日 | 证监许可〔2010〕0218号 |
| 208 | 关于核准浙江伟星新型建材股份有限公司首次公开发行股票的批复 | 2010年2月21日 | 证监许可〔2010〕0219号 |
| 209 | 关于核准北京联信永益科技股份有限公司首次公开发行股票的批复 | 2010年2月21日 | 证监许可〔2010〕0220号 |
| 210 | 关于核准江西正邦科技股份有限公司非公开发行股票的批复 | 2010年2月21日 | 证监许可〔2010〕0221号 |
| 211 | 关于核准启明信息技术股份有限公司配股的批复 | 2010年2月21日 | 证监许可〔2010〕0222号 |
| 212 | 关于不予核准北京易讯无限信息技术股份有限公司首次公开发行股票并在创业板上市申请的决定 | 2010年2月21日 | 证监许可〔2010〕0223号 |
| 213 | 关于核准财富里昂证券有限责任公司证券投资基金销售业务资格的批复 | 2010年2月21日 | 证监许可〔2010〕0224号 |
| 214 | 关于核准香港上海汇丰银行有限公司从事外资股经纪业务资格的批复 | 2010年2月21日 | 证监许可〔2010〕0225号 |

续表

| 序号 | 名称 | 发文日期 | 文号 |
| --- | --- | --- | --- |
| 215 | 关于核准广发内需增长灵活配置混合型证券投资基金募集的批复 | 2010年2月21日 | 证监许可〔2010〕0226号 |
| 216 | 关于核准上证180价值交易型开放式指数证券投资基金及联接基金募集的批复 | 2010年2月21日 | 证监许可〔2010〕0227号 |
| 217 | 关于核准国联安双禧中证100指数分级证券投资基金募集的批复 | 2010年2月21日 | 证监许可〔2010〕0228号 |
| 218 | 关于核准兴业合润分级股票型证券投资基金募集的批复 | 2010年2月21日 | 证监许可〔2010〕0229号 |
| 219 | 关于核准华泰联合证券有限责任公司变更公司章程重要条款的批复 | 2010年2月22日 | 证监许可〔2010〕0230号 |
| 220 | 关于核准华创证券经纪有限责任公司变更公司章程重要条款的批复 | 2010年2月22日 | 证监许可〔2010〕0231号 |
| 221 | 关于核准国信证券股份有限公司设立国信"金理财"6号集合资产管理计划的批复 | 2010年2月22日 | 证监许可〔2010〕0232号 |
| 222 | 关于核准方正证券有限责任公司设立方正金泉友1号集合资产管理计划的批复 | 2010年2月22日 | 证监许可〔2010〕0233号 |
| 223 | 关于核准红塔证券股份有限公司持有5%以上股权的股东的批复 | 2010年2月21日 | 证监许可〔2010〕0234号 |
| 224 | 关于核准豁免莱州市农业科学院要约收购山东登海种业股份有限公司股份义务的批复 | 2010年2月25日 | 证监许可〔2010〕0235号 |
| 225 | 关于核准辽宁方大集团实业有限公司公告方大特钢科技股份有限公司要约收购报告书的批复 | 2010年2月25日 | 证监许可〔2010〕0236号 |
| 226 | 关于核准山东新北洋信息技术股份有限公司首次公开发行股份的批复 | 2010年2月25日 | 证监许可〔2010〕0237号 |
| 227 | 关于核准山东丽鹏股份有限公司首次公开发行股票的批复 | 2010年2月25日 | 证监许可〔2010〕0238号 |
| 228 | 关于核准周平保荐代表人资格的批复 | 2010年2月26日 | 证监许可〔2010〕0239号 |
| 229 | 关于核准李伟敏保荐代表人资格的批复 | 2010年2月26日 | 证监许可〔2010〕0240号 |
| 230 | 关于核准涂军涛保荐代表人资格的批复 | 2010年2月26日 | 证监许可〔2010〕0241号 |
| 231 | 关于核准王钦刚保荐代表人资格的批复 | 2010年2月26日 | 证监许可〔2010〕0242号 |
| 232 | 关于核准赵怡保荐代表人资格的批复 | 2010年2月26日 | 证监许可〔2010〕0243号 |
| 233 | 关于核准吴永强保荐代表人资格的批复 | 2010年2月26日 | 证监许可〔2010〕0244号 |
| 234 | 关于核准郭永洁保荐代表人资格的批复 | 2010年2月26日 | 证监许可〔2010〕0245号 |
| 235 | 关于核准崇义章源钨业股份有限公司首次公开发行股票的批复 | 2010年2月26日 | 证监许可〔2010〕0246号 |

续表

| 序号 | 名称 | 发文日期 | 文号 |
|---|---|---|---|
| 236 | 关于核准山东鲁丰铝箔股份有限公司首次公开发行股票的批复 | 2010年2月26日 | 证监许可〔2010〕0247号 |
| 237 | 关于核准苏州东山精密制造集团股份有限公司首次公开发行股票的批复 | 2010年2月26日 | 证监许可〔2010〕0248号 |
| 238 | 关于核准东方财富信息股份有限公司首次公开发行股票并在创业板上市的批复 | 2010年2月26日 | 证监许可〔2010〕0249号 |
| 239 | 关于核准苏州恒久光电科技股份有限公司首次公开发行股票并在创业板上市的批复 | 2010年2月26日 | 证监许可〔2010〕0250号 |
| 240 | 关于核准上海康耐特光学股份有限公司首次公开发行股票并在创业板上市的批复 | 2010年2月26日 | 证监许可〔2010〕0251号 |
| 241 | 关于核准福建中能电气股份有限公司首次公开发行股票并在创业板上市的批复 | 2010年2月26日 | 证监许可〔2010〕0252号 |
| 242 | 关于核准黑牛食品股份有限公司首次公开发行股票的批复 | 2010年2月26日 | 证监许可〔2010〕0253号 |
| 243 | 关于核准湖北国创高新材料股份有限公司首次公开发行股票的批复 | 2010年2月26日 | 证监许可〔2010〕0254号 |
| 244 | 关于核准航天科技控股集团股份有限公司向中国航天科工飞航技术研究院发行股份购买资产的批复 | 2010年2月26日 | 证监许可〔2010〕0255号 |
| 245 | 关于核准豁免中国航天科工集团公司及一致行动人要约收购航天科技控股集团股份有限公司股份义务的批复 | 2010年2月26日 | 证监许可〔2010〕0256号 |
| 246 | 关于核准招商银行股份有限公司配股的批复 | 2010年2月26日 | 证监许可〔2010〕0257号 |
| 247 | 关于核准万向钱潮股份有限公司增发股票的批复 | 2010年3月1日 | 证监许可〔2010〕0258号 |
| 248 | 关于核准浙江双箭橡胶股份有限公司首次公开发行股票的批复 | 2010年3月2日 | 证监许可〔2010〕0259号 |
| 249 | 关于核准北京利尔高温材料股份有限公司首次公开发行股份的批复 | 2010年3月2日 | 证监许可〔2010〕0260号 |
| 250 | 关于核准重庆水务集团股份有限公司首次公开发行股份的批复 | 2010年3月2日 | 证监许可〔2010〕0261号 |
| 251 | 关于核准北京大北农科技集团股份有限公司首次公开发行股票的批复 | 2010年3月3日 | 证监许可〔2010〕0262号 |
| 252 | 关于核准南京科远自动化集团股份有限公司首次公开发行股票的批复 | 2010年3月3日 | 证监许可〔2010〕0263号 |
| 253 | 关于核准深圳市新亚电子制程股份有限公司首次公开发行股票的批复 | 2010年3月3日 | 证监许可〔2010〕0264号 |
| 254 | 关于核准华西证券有限责任公司变更公司章程重要条款的批复 | 2010年3月4日 | 证监许可〔2010〕0265号 |

续表

| 序号 | 名称 | 发文日期 | 文号 |
| --- | --- | --- | --- |
| 255 | 关于核准广东天龙油墨集团股份有限公司首次公开发行股票并在创业板上市的批复 | 2010 年 3 月 8 日 | 证监许可〔2010〕0266 号 |
| 256 | 关于核准郑州华晶金刚石股份有限公司首次公开发行股票并在创业板上市的批复 | 2010 年 3 月 8 日 | 证监许可〔2010〕0267 号 |
| 257 | 关于核准北京海兰信数据科技股份有限公司首次公开发行股票并在创业板上市的批复 | 2010 年 3 月 8 日 | 证监许可〔2010〕0268 号 |
| 258 | 关于核准江西三川水表股份有限公司首次公开发行股票并在创业板上市的批复 | 2010 年 3 月 8 日 | 证监许可〔2010〕0269 号 |
| 259 | 关于核准诺德中小盘股票型证券投资基金募集的批复 | 2010 年 3 月 8 日 | 证监许可〔2010〕0270 号 |
| 260 | 关于核准兴业证券有限责任公司在重庆市等地设立 5 家证券营业部的批复 | 2010 年 3 月 8 日 | 证监许可〔2010〕0271 号 |
| 261 | 关于核准河北财达证券有限责任公司在河北设立 2 家证券营业部的批复 | 2010 年 3 月 8 日 | 证监许可〔2010〕0272 号 |
| 262 | 关于核准中原证券有限公司变更公司章程重要条款的批复 | 2010 年 3 月 8 日 | 证监许可〔2010〕0273 号 |
| 263 | 关于核准万家基金管理有限公司钱华基金行业高级管理人员任职资格的批复 | 2010 年 3 月 9 日 | 证监许可〔2010〕0274 号 |
| 264 | 关于核准红塔证券股份有限公司在云南设立 2 家证券营业部的批复 | 2010 年 3 月 9 日 | 证监许可〔2010〕0275 号 |
| 265 | 关于核准重庆三五九期货经纪有限公司变更股权的批复 | 2010 年 3 月 12 日 | 证监许可〔2010〕0276 号 |
| 266 | 关于核准格林期货有限公司变更注册资本和股权的批复 | 2010 年 3 月 12 日 | 证监许可〔2010〕0277 号 |
| 267 | 关于核准上海金鹏期货经纪有限公司变更注册资本和股权的批复 | 2010 年 3 月 12 日 | 证监许可〔2010〕0279 号 |
| 268 | 关于季红担任标准人寿投资公司北京代表处首席代表的批复 | 2010 年 3 月 11 日 | 证监许可〔2010〕0280 号 |
| 269 | 关于核准贵州信邦制药股份有限公司首次公开发行股票的批复 | 2010 年 3 月 11 日 | 证监许可〔2010〕0281 号 |
| 270 | 关于核准山东蓝帆塑料股份有限公司首次公开发行股票的批复 | 2010 年 3 月 11 日 | 证监许可〔2010〕0282 号 |
| 271 | 关于核准北京合众思壮科技股份有限公司首次公开发行股票的批复 | 2010 年 3 月 11 日 | 证监许可〔2010〕0283 号 |
| 272 | 关于核准宜宾天原集团股份有限公司首次公开发行股票的批复 | 2010 年 3 月 11 日 | 证监许可〔2010〕0284 号 |

续表

| 序号 | 名称 | 发文日期 | 文号 |
|---|---|---|---|
| 273 | 关于核准浙江南洋科技股份有限公司首次公开发行股票的批复 | 2010年3月11日 | 证监许可〔2010〕0285号 |
| 274 | 关于核准江苏长青农化股份有限公司首次公开发行股票的批复 | 2010年3月11日 | 证监许可〔2010〕0286号 |
| 275 | 关于核准杨敏期货公司首席风险官任职资格的批复 | 2010年3月16日 | 证监许可〔2010〕0287号 |
| 276 | 关于核准中港期货有限公司变更注册资本和股权的批复 | 2010年3月16日 | 证监许可〔2010〕0288号 |
| 277 | 关于核准江苏峰期货经纪有限公司变更注册资本和股权的批复 | 2010年3月16日 | 证监许可〔2010〕0289号 |
| 278 | 关于核准博时基金管理有限公司修改章程的批复 | 2010年3月12日 | 证监许可〔2010〕0290号 |
| 279 | 关于核准金元比联基金管理有限公司修改章程的批复 | 2010年3月12日 | 证监许可〔2010〕0291号 |
| 280 | 关于核准海际大和证券有限责任公司变更公司章程重要条款的批复 | 2010年3月15日 | 证监许可〔2010〕0292号 |
| 281 | 关于核准浙商证券有限责任公司设立浙商金惠1号集合资产管理计划的批复 | 2010年3月15日 | 证监许可〔2010〕0293号 |
| 282 | 关于核准东北证券股份有限公司为期货公司提供中间介绍业务资格的批复 | 2010年3月16日 | 证监许可〔2010〕0294号 |
| 283 | 关于核准光大期货有限公司变更注册资本的批复 | 2010年3月16日 | 证监许可〔2010〕0295号 |
| 284 | 关于核准民生证券有限责任公司为期货公司提供中间介绍业务资格的批复 | 2010年3月16日 | 证监许可〔2010〕0296号 |
| 285 | 关于核准中原证券股份有限公司为期货公司提供中间介绍业务资格的批复 | 2010年3月16日 | 证监许可〔2010〕0297号 |
| 286 | 关于核准华泰联合证券有限责任公司为期货公司提供中间介绍业务资格的批复 | 2010年3月16日 | 证监许可〔2010〕0298号 |
| 287 | 关于核准东海期货有限责任公司变更注册资本和股权的批复 | 2010年3月16日 | 证监许可〔2010〕0299号 |
| 288 | 关于核准华西证券有限公司为期货公司提供中间介绍业务资格的批复 | 2010年3月16日 | 证监许可〔2010〕0300号 |
| 289 | 关于核准景顺长城基金管理有限公司刘颂基金行业高级管理人员任职资格的批复 | 2010年3月16日 | 证监许可〔2010〕0301号 |
| 290 | 关于核准银华深证100指数分级证券投资基金募集的批复 | 2010年3月16日 | 证监许可〔2010〕0302号 |
| 291 | 关于核准信诚基金管理有限公司变更住所及修改章程的批复 | 2010年3月16日 | 证监许可〔2010〕0303号 |
| 292 | 关于不予核准兰州佛慈制药股份有限公司首次公开发行股票申请的决定 | 2010年3月16日 | 证监许可〔2010〕0304号 |

续表

| 序号 | 名称 | 发文日期 | 文号 |
|---|---|---|---|
| 293 | 关于核准新疆中泰化学股份有限公司非公开发行股票的批复 | 2010年3月16日 | 证监许可〔2010〕0305号 |
| 294 | 关于核准兴业证券股份有限公司变更公司章程重要条款的批复 | 2010年3月18日 | 证监许可〔2010〕0306号 |
| 295 | 关于核准富国通胀通缩主题轮动股票型证券投资基金募集的批复 | 2010年3月17日 | 证监许可〔2010〕0309号 |
| 296 | 关于核准东吴证券有限责任公司变更为股份有限公司的批复 | 2010年3月17日 | 证监许可〔2010〕0310号 |
| 297 | 关于核准国泰君安证券股份有限公司融资融券业务资格的批复 | 2010年3月19日 | 证监许可〔2010〕0311号 |
| 298 | 关于核准国信证券股份有限公司融资融券业务资格的批复 | 2010年3月19日 | 证监许可〔2010〕0312号 |
| 299 | 关于核准中信证券股份有限公司融资融券业务资格的批复 | 2010年3月19日 | 证监许可〔2010〕0313号 |
| 300 | 关于核准光大证券股份有限公司融资融券业务资格的批复 | 2010年3月19日 | 证监许可〔2010〕0314号 |
| 301 | 关于核准海通证券股份有限公司融资融券业务资格的批复 | 2010年3月19日 | 证监许可〔2010〕0315号 |
| 302 | 关于核准广发证券股份有限公司融资融券业务资格的批复 | 2010年3月19日 | 证监许可〔2010〕0316号 |
| 303 | 关于核准摩根士丹利华鑫卓越成长股票型证券投资基金募集的批复 | 2010年3月19日 | 证监许可〔2010〕0317号 |
| 304 | 关于核准华安行业轮动股票型证券投资基金募集的批复 | 2010年3月19日 | 证监许可〔2010〕0318号 |
| 305 | 关于核准中邮核心主题股票型证券投资基金募集的批复 | 2010年3月19日 | 证监许可〔2010〕0319号 |
| 306 | 关于核准同方股份有限公司向唐山晶源科技有限公司发行股份购买资产的批复 | 2010年3月19日 | 证监许可〔2010〕0320号 |
| 307 | 关于核准江南证券有限公司变更持有5%以上股权的股东的批复 | 2010年3月17日 | 证监许可〔2010〕0321号 |
| 308 | 关于核准齐鲁证券有限公司在山东设立4家证券营业部的批复 | 2010年3月22日 | 证监许可〔2010〕0322号 |
| 309 | 关于核准五矿证券经纪有限责任公司证券投资咨询和与证券交易、证券投资活动有关的财务顾问业务资格的批复 | 2010年3月22日 | 证监许可〔2010〕0323号 |
| 310 | 关于核准财富证券有限责任公司变更业务范围的批复 | 2010年3月22日 | 证监许可〔2010〕0324号 |

续表

| 序号 | 名称 | 发文日期 | 文号 |
| --- | --- | --- | --- |
| 311 | 关于核准财富里昂证券有限责任公司变更业务范围的批复 | 2010 年 3 月 22 日 | 证监许可〔2010〕0325 号 |
| 312 | 关于核准豁免上海医药工业研究院要约收购上海现代制药股份有限公司股份义务的批复 | 2010 年 3 月 22 日 | 证监许可〔2010〕0326 号 |
| 313 | 关于核准招商基金管理有限公司杨奕基金行业高级管理人员任职资格的批复 | 2010 年 3 月 23 日 | 证监许可〔2010〕0327 号 |
| 314 | 关于核准杨锐担任派杰有限公司上海代表处首席代表的批复 | 2010 年 3 月 24 日 | 证监许可〔2010〕0328 号 |
| 315 | 关于核准海信科龙电器股份有限公司重大资产重组及向青岛海信空调有限公司发行股份购买资产的批复 | 2010 年 3 月 23 日 | 证监许可〔2010〕0329 号 |
| 316 | 关于核准青岛海信空调有限公司公告海信科龙电器股份有限公司收购报告书并豁免其要约收购义务的批复 | 2010 年 3 月 23 日 | 证监许可〔2010〕0330 号 |
| 317 | 关于核准新乡化纤股份有限公司非公开发行股票的批复 | 2010 年 3 月 24 日 | 证监许可〔2010〕0331 号 |
| 318 | 关于核准南京医药股份有限公司非公开发行股票的批复 | 2010 年 3 月 24 日 | 证监许可〔2010〕0332 号 |
| 319 | 关于核准新疆中基实业股份有限公司非公开发行股票的批复 | 2010 年 3 月 24 日 | 证监许可〔2010〕0333 号 |
| 320 | 关于核准上海复星医药(集团)股份有限公司非公开发行股票的批复 | 2010 年 3 月 24 日 | 证监许可〔2010〕0334 号 |
| 321 | 关于核准豁免张建华要约收购山东新华锦国股份有限公司股份义务的批复 | 2010 年 3 月 24 日 | 证监许可〔2010〕0335 号 |
| 322 | 关于核准豁免浙江省国际贸易集团有限公司要约收购浙江东方集团股份有限公司股份义务的批复 | 2010 年 3 月 25 日 | 证监许可〔2010〕0336 号 |
| 323 | 关于核准蒲江保荐代表人资格的批复 | 2010 年 3 月 24 日 | 证监许可〔2010〕0337 号 |
| 324 | 关于核准贾红刚保荐代表人资格的批复 | 2010 年 3 月 24 日 | 证监许可〔2010〕0338 号 |
| 325 | 关于核准宋双喜保荐代表人资格的批复 | 2010 年 3 月 24 日 | 证监许可〔2010〕0339 号 |
| 326 | 关于核准王珏保荐代表人资格的批复 | 2010 年 3 月 24 日 | 证监许可〔2010〕0340 号 |
| 327 | 关于核准黄晓彦保荐代表人资格的批复 | 2010 年 3 月 24 日 | 证监许可〔2010〕0341 号 |
| 328 | 关于核准张力保荐代表人资格的批复 | 2010 年 3 月 24 日 | 证监许可〔2010〕0342 号 |
| 329 | 关于核准张力保荐代表人资格的批复 | 2010 年 3 月 24 日 | 证监许可〔2010〕0342 号 |
| 330 | 关于核准苏勋智、戴立洪保荐代表人资格的批复 | 2010 年 3 月 24 日 | 证监许可〔2010〕0343 号 |
| 331 | 关于核准王建文保荐代表人资格的批复 | 2010 年 3 月 24 日 | 证监许可〔2010〕0344 号 |
| 332 | 关于核准田建桥保荐代表人资格的批复 | 2010 年 3 月 24 日 | 证监许可〔2010〕0345 号 |

续表

| 序号 | 名称 | 发文日期 | 文号 |
|---|---|---|---|
| 333 | 关于核准陶传标保荐代表人资格的批复 | 2010年3月24日 | 证监许可〔2010〕0346号 |
| 334 | 关于核准王宗奇保荐代表人资格的批复 | 2010年3月24日 | 证监许可〔2010〕0347号 |
| 335 | 关于核准朱超保荐代表人资格的批复 | 2010年3月25日 | 证监许可〔2010〕0348号 |
| 336 | 关于核准王刚保荐代表人资格的批复 | 2010年3月25日 | 证监许可〔2010〕0349号 |
| 337 | 关于核准刘文宁、傅毅清保荐代表人资格的批复 | 2010年3月25日 | 证监许可〔2010〕0350号 |
| 338 | 关于核准康卫、赵铁成保荐代表人资格的批复 | 2010年3月25日 | 证监许可〔2010〕0351号 |
| 339 | 关于核准姚爱国保荐代表人资格的批复 | 2010年3月25日 | 证监许可〔2010〕0352号 |
| 340 | 关于核准龙海峰、杨淑敏保荐代表人资格的批复 | 2010年3月25日 | 证监许可〔2010〕0353号 |
| 341 | 关于核准何书茂保荐代表人资格的批复 | 2010年3月25日 | 证监许可〔2010〕0354号 |
| 342 | 关于核准韩志达保荐代表人资格的批复 | 2010年3月25日 | 证监许可〔2010〕0355号 |
| 343 | 关于核准吴宝利保荐代表人资格的批复 | 2010年3月25日 | 证监许可〔2010〕0356号 |
| 344 | 关于核准李华峰保荐代表人资格的批复 | 2010年3月25日 | 证监许可〔2010〕0357号 |
| 345 | 关于核准杨志伟保荐代表人资格的批复 | 2010年3月25日 | 证监许可〔2010〕0358号 |
| 346 | 关于核准成井滨保荐代表人资格的批复 | 2010年3月25日 | 证监许可〔2010〕0359号 |
| 347 | 关于核准张勇保荐代表人资格的批复 | 2010年3月25日 | 证监许可〔2010〕0360号 |
| 348 | 关于核准廖晴飞保荐代表人资格的批复 | 2010年3月25日 | 证监许可〔2010〕0361号 |
| 349 | 关于核准安信证券有限责任公司在深圳设立2家证券营业部的批复 | 2010年3月25日 | 证监许可〔2010〕0362号 |
| 350 | 关于核准民生证券有限责任公司在北京设立2家证券营业部的批复 | 2010年3月25日 | 证监许可〔2010〕0363号 |
| 351 | 关于核准豁免中国国际贸易中心有限公司要约收购中国国际贸易中心股份有限公司股份义务的批复 | 2010年3月26日 | 证监许可〔2010〕0364号 |
| 352 | 关于核准豁免吴念博要约收购苏州固锝电子股份有限公司股份义务的批复 | 2010年3月26日 | 证监许可〔2010〕0365号 |
| 353 | 关于核准上海安诺其纺织化工股份有限公司首次公开发行股票并在创业板上市的批复 | 2010年3月26日 | 证监许可〔2010〕0366号 |
| 354 | 关于核准浙江南都电源动力股份有限公司首次公开发行股票并在创业板上市的批复 | 2010年3月26日 | 证监许可〔2010〕0367号 |
| 355 | 关于核准浙江金利华电气股份有限公司首次公开发行股票并在创业板上市的批复 | 2010年3月26日 | 证监许可〔2010〕0368号 |
| 356 | 关于核准北京碧水源科技股份有限公司首次公开发行股票并在创业板上市的批复 | 2010年3月26日 | 证监许可〔2010〕0369号 |
| 357 | 关于核准北京华谊嘉信整合营销顾问股份有限公司首次公开发行股票并在创业板上市的批复 | 2010年3月26日 | 证监许可〔2010〕0370号 |

续表

| 序号 | 名称 | 发文日期 | 文号 |
|---|---|---|---|
| 358 | 关于核准天津力生制药股份有限公司首次公开发行股份的批复 | 2010 年 3 月 26 日 | 证监许可〔2010〕0371 号 |
| 359 | 关于核准江苏联发纺织股份有限公司首次公开发行股票的批复 | 2010 年 3 月 26 日 | 证监许可〔2010〕0372 号 |
| 360 | 关于核准厦门市建筑科学研究院集团股份有限公司首次公开发行股票的批复 | 2010 年 3 月 17 日 | 证监许可〔2010〕0373 号 |
| 361 | 关于核准无锡双象超纤材料股份有限公司首次公开发行股份的批复 | 2010 年 3 月 26 日 | 证监许可〔2010〕0374 号 |
| 362 | 关于核准西安陕鼓动力股份有限公司首次公开发行股票的批复 | 2010 年 3 月 26 日 | 证监许可〔2010〕0375 号 |
| 363 | 关于核准广东电力发展股份有限公司非公开发行股份的批复 | 2010 年 3 月 26 日 | 证监许可〔2010〕0376 号 |
| 364 | 关于核准豁免广东省粤电集团有限公司要约收购广东电力发展股份有限公司股份义务的批复 | 2010 年 3 月 26 日 | 证监许可〔2010〕0377 号 |
| 365 | 关于核准上证社会责任交易型开放式指数证券投资基金及其联接基金募集的批复 | 2010 年 3 月 26 日 | 证监许可〔2010〕0378 号 |
| 366 | 关于不予核准吉林永大集团股份有限公司首次公开发行股份申请的决定 | 2010 年 3 月 26 日 | 证监许可〔2010〕0379 号 |
| 367 | 关于核准中国建银投资证券有限责任公司变更公司章程重要条款的批复 | 2010 年 3 月 29 日 | 证监许可〔2010〕0380 号 |
| 368 | 关于核准中国贵州航空工业(集团)有限责任公司及一致行动人公告中航三鑫股份有限公司收购报告书并豁免其要约收购义务的批复 | 2010 年 3 月 29 日 | 证监许可〔2010〕0381 号 |
| 369 | 关于核准中国国际金融有限公司人民币普通股票自营业务资格的批复 | 2010 年 3 月 29 日 | 证监许可〔2010〕0382 号 |
| 370 | 关于不予核准北京星光影视设备科技股份有限公司首次公开发行股票申请的批复 | 2010 年 3 月 29 日 | 证监许可〔2010〕0383 号 |
| 371 | 关于核准丽江玉龙旅游股份有限公司非公开发行股份的批复 | 2010 年 3 月 29 日 | 证监许可〔2010〕0384 号 |
| 372 | 关于核准新疆天康畜牧生物技术股份有限公司非公开发行股份的批复 | 2010 年 3 月 29 日 | 证监许可〔2010〕0385 号 |
| 373 | 关于核准贵州长征电气股份有限公司非公开发行股份的批复 | 2010 年 3 月 29 日 | 证监许可〔2010〕0386 号 |
| 374 | 关于不予核准天津巴莫科技股份有限公司首次公开发行股份的批复 | 2010 年 3 月 29 日 | 证监许可〔2010〕0387 号 |
| 375 | 关于核准湖北兴发化工集团股份有限公司非公开发行股份的批复 | 2010 年 3 月 29 日 | 证监许可〔2010〕0388 号 |

续表

| 序号 | 名称 | 发文日期 | 文号 |
|---|---|---|---|
| 376 | 关于核准中信国安集团公司公告中信国安葡萄酒业股份有限公司收购报告书并豁免其要约收购义务的批复 | 2010年3月29日 | 证监许可〔2010〕0389号 |
| 377 | 关于核准浙江大地期货经纪有限公司变更注册资本和股权的批复 | 2010年3月31日 | 证监许可〔2010〕0390号 |
| 378 | 关于核准摩根士丹利华鑫基金管理有限公司变更住所及修改章程的批复 | 2010年3月26日 | 证监许可〔2010〕0391号 |
| 379 | 关于核准云南白药控股有限公司公告云南白药集团股份有限公司收购报告书并豁免其要约收购义务的批复 | 2010年3月31日 | 证监许可〔2010〕0392号 |
| 380 | 关于核准招商证券股份有限公司变更公司章程重要条款的批复 | 2010年3月31日 | 证监许可〔2010〕0393号 |
| 381 | 关于核准东海证券有限责任公司设立东风6号集合资产管理计划的批复 | 2010年3月29日 | 证监许可〔2010〕0394号 |
| 382 | 关于核准东海证券有限责任公司在江苏等地设立4家证券营业部的批复 | 2010年3月31日 | 证监许可〔2010〕0395号 |
| 383 | 关于核准大通证券有限责任公司在大连设立2家证券营业部的批复 | 2010年3月31日 | 证监许可〔2010〕0396号 |
| 384 | 关于核准信达证券股份有限责任公司变更公司章程重要条款的批复 | 2010年3月31日 | 证监许可〔2010〕0397号 |
| 385 | 关于核准豁免云南冶金集团股份有限公司要约收购云南铝业股份有限公司股份义务的批复 | 2010年4月1日 | 证监许可〔2010〕0398号 |
| 386 | 关于核准韩涛期货公司首席风险官任职资格的批复 | 2010年4月2日 | 证监许可〔2010〕0399号 |
| 387 | 关于核准北京三聚环保新材料股份有限公司首次公开发行股份并在创业板上市的批复 | 2010年4月2日 | 证监许可〔2010〕0400号 |
| 388 | 关于核准北京当升材料科技股份有限公司首次公开发行股份并在创业板上市的批复 | 2010年4月2日 | 证监许可〔2010〕0401号 |
| 389 | 关于核准上海华平信息技术股份有限公司首次公开发行股份并在创业板上市的批复 | 2010年4月2日 | 证监许可〔2010〕0402号 |
| 390 | 关于核准北京数字政通科技股份有限公司首次公开发行股票并在创业板上市的批复 | 2010年4月2日 | 证监许可〔2010〕0403号 |
| 391 | 关于核准深圳市海普瑞药业股份有限公司首次公开发行股票的批复 | 2010年4月2日 | 证监许可〔2010〕0404号 |
| 392 | 关于核准广东省广告股份有限公司首次公开发行股票的批复 | 2010年4月2日 | 证监许可〔2010〕0405号 |
| 393 | 关于核准上海交技发展股份有限公司首次公开发行股票的批复 | 2010年4月2日 | 证监许可〔2010〕0406号 |

续表

| 序号 | 名称 | 发文日期 | 文号 |
| --- | --- | --- | --- |
| 394 | 关于核准福建星网锐捷通讯股份有限公司首次公开发行股票的批复 | 2010年4月2日 | 证监许可〔2010〕0407号 |
| 395 | 关于核准湖南梦洁家纺股份有限公司首次公开发行股票的批复 | 2010年4月2日 | 证监许可〔2010〕0408号 |
| 396 | 关于核准南方建材股份有限公司非公开发行股票的批复 | 2010年4月2日 | 证监许可〔2010〕0409号 |
| 397 | 关于核准威海华东数控股份有限公司增发股份的批复 | 2010年4月2日 | 证监许可〔2010〕0410号 |
| 398 | 关于不予核准山东东佳集团股份有限公司首次公开发行股票申请的决定 | 2010年4月2日 | 证监许可〔2010〕0411号 |
| 399 | 关于核准张志国保荐代表人资格的批复 | 2010年4月6日 | 证监许可〔2010〕0413号 |
| 400 | 关于核准五矿证券经纪有限责任公司证券投资基金销售业务资格的批复 | 2010年4月6日 | 证监许可〔2010〕0414号 |
| 401 | 关于核准东吴货币市场证券投资基金募集的批复 | 2010年4月6日 | 证监许可〔2010〕0415号 |
| 402 | 关于核准新疆天山水泥股份有限公司非公开发行股票的批复 | 2010年4月6日 | 证监许可〔2010〕0416号 |
| 403 | 关于核准华商产业升级股票型证券投资基金募集的批复 | 2010年4月6日 | 证监许可〔2010〕0417号 |
| 404 | 关于核准豁免中国中材股份有限公司要约收购新疆天山水泥股份有限公司股份义务的批复 | 2010年4月6日 | 证监许可〔2010〕0418号 |
| 405 | 关于核准豁免浙江物产国际贸易有限公司及一致行动人要约收购南方建材股份有限公司股份义务的批复 | 2010年4月2日 | 证监许可〔2010〕0419号 |
| 406 | 关于核准金鹰基金管理有限公司刘东、殷克胜基金行业高级管理人员任职资格的批复 | 2010年4月8日 | 证监许可〔2010〕0420号 |
| 407 | 关于核准国信证券股份有限公司在浙江省义乌市设立1家分公司的批复 | 2010年3月30日 | 证监许可〔2010〕0421号 |
| 408 | 关于核准豁免北京京能国际能源股份有限公司要约收购北京京能热电股份有限公司股份义务的批复 | 2010年4月9日 | 证监许可〔2010〕0422号 |
| 409 | 关于核准豁免中国保利集团公司要约收购保利房地产(集团)股份有限公司股份义务的批复 | 2010年4月9日 | 证监许可〔2010〕0423号 |
| 410 | 关于核准吴旺顺保荐代表人资格的批复 | 2010年4月8日 | 证监许可〔2010〕0424号 |
| 411 | 关于核准肖世宁保荐代表人资格的批复 | 2010年4月8日 | 证监许可〔2010〕0425号 |
| 412 | 关于核准国信证券股份有限公司国信金理财—泰然1号集合资产管理计划的批复 | 2010年4月9日 | 证监许可〔2010〕0427号 |
| 413 | 关于核准华泰证券股份有限公司设立华泰紫金智富集合资产管理计划的批复 | 2010年4月9日 | 证监许可〔2010〕0428号 |

续表

| 序号 | 名称 | 发文日期 | 文号 |
| --- | --- | --- | --- |
| 414 | 关于核准江海证券有限公司变更公司章程重要条款的批复 | 2010 年 4 月 9 日 | 证监许可〔2010〕0429 号 |
| 415 | 关于核准宁波 GQY 视讯股份有限公司首次公开发行股票并在创业板上市的批复 | 2010 年 4 月 12 日 | 证监许可〔2010〕0431 号 |
| 416 | 关于核准国民技术股份有限公司首次公开发行股票并在创业板上市的批复 | 2010 年 4 月 12 日 | 证监许可〔2010〕0432 号 |
| 417 | 关于核准杭州中瑞思创科技股份有限公司首次公开发行股票并在创业板上市的批复 | 2010 年 4 月 12 日 | 证监许可〔2010〕0433 号 |
| 418 | 关于核准北京数码视讯科技股份有限公司首次公开发行股票并在创业板上市的批复 | 2010 年 4 月 12 日 | 证监许可〔2010〕0434 号 |
| 419 | 关于核准李刚担任科提比资产运用株式会社上海代表处首席代表的批复 | 2010 年 4 月 12 日 | 证监许可〔2010〕0435 号 |
| 420 | 关于核准江苏雅克科技股份有限公司首次公开发行股票的批复 | 2010 年 4 月 12 日 | 证监许可〔2010〕0436 号 |
| 421 | 关于核准深圳和而泰智能控制股份有限公司首次公开发行股票的批复 | 2010 年 4 月 12 日 | 证监许可〔2010〕0437 号 |
| 422 | 关于核准北京四维图新科技股份有限公司首次公开发行股票的批复 | 2010 年 4 月 12 日 | 证监许可〔2010〕0438 号 |
| 423 | 关于核准浙江爱仕达电器股份有限公司首次公开发行股票的批复 | 2010 年 4 月 12 日 | 证监许可〔2010〕0439 号 |
| 424 | 关于核准浙江嘉欣丝绸股份有限公司首次公开发行股票的批复 | 2010 年 4 月 12 日 | 证监许可〔2010〕0440 号 |
| 425 | 关于核准许昌远东传动轴股份有限公司首次公开发行股票的批复 | 2010 年 4 月 12 日 | 证监许可〔2010〕0441 号 |
| 426 | 关于核准豁免中国南方机车车辆工业集团公司要约收购株洲时代新材料科技股份有限公司股份义务的批复 | 2010 年 4 月 12 日 | 证监许可〔2010〕0443 号 |
| 427 | 关于不予核准杭州正方软件股份有限公司首次公开发行股票并在创业板上市申请的决定 | 2010 年 4 月 12 日 | 证监许可〔2010〕0444 号 |
| 428 | 关于不予核准智胜化工股份有限公司首次公开发行股票申请的决定 | 2010 年 4 月 12 日 | 证监许可〔2010〕0445 号 |
| 429 | 关于不予核准广东冠昊生物科技股份有限公司首次公开发行股票并在创业板上市申请的决定 | 2010 年 4 月 12 日 | 证监许可〔2010〕0446 号 |
| 430 | 关于核准广西桂东电力股份有限公司非公开发行股票的批复 | 2010 年 4 月 12 日 | 证监许可〔2010〕0447 号 |
| 431 | 关于核准中国铝业股份有限公司非公开发行股票的批复 | 2010 年 4 月 12 日 | 证监许可〔2010〕0448 号 |

续表

| 序号 | 名称 | 发文日期 | 文号 |
|---|---|---|---|
| 432 | 关于核准国光电器股份有限公司非公开发行股票的批复 | 2010 年 4 月 12 日 | 证监许可〔2010〕0449 号 |
| 433 | 关于不予核准深圳市方直科技股份有限公司首次公开发行股票并在创业板上市申请的决定 | 2010 年 4 月 12 日 | 证监许可〔2010〕0450 号 |
| 434 | 关于核准北京同仁堂科技发展股份有限公司转到香港交易所主板上市的批复 | 2010 年 4 月 12 日 | 证监许可〔2010〕0451 号 |
| 435 | 关于核准江苏双良空调设备股份有限公司公开发行可转换公司债券的批复 | 2010 年 4 月 12 日 | 证监许可〔2010〕0452 号 |
| 436 | 关于核准华泰证券股份有限责任公司在辽宁等地设立 5 家证券营业部的批复 | 2010 年 4 月 12 日 | 证监许可〔2010〕0453 号 |
| 437 | 关于核准中原证券股份有限责任公司在河南设立 2 家证券营业部的批复 | 2010 年 4 月 12 日 | 证监许可〔2010〕0454 号 |
| 438 | 关于核准江海证券股份有限责任公司在黑龙江设立 2 家证券营业部的批复 | 2010 年 4 月 12 日 | 证监许可〔2010〕0455 号 |
| 439 | 关于核准日信证券股份有限责任公司在内蒙古等地设立 4 家证券营业部的批复 | 2010 年 4 月 12 日 | 证监许可〔2010〕0456 号 |
| 440 | 关于核准国泰君安证券股份有限责任公司在广西等地设立 5 家证券营业部的批复 | 2010 年 4 月 12 日 | 证监许可〔2010〕0457 号 |
| 441 | 关于核准博时创业成长股票型证券投资基金募集的批复 | 2010 年 4 月 12 日 | 证监许可〔2010〕0458 号 |
| 442 | 关于核准国海富兰克林基金管理有限公司李彪基金行业高级管理人员任职资格的批复 | 2010 年 4 月 12 日 | 证监许可〔2010〕0459 号 |
| 443 | 关于核准李泽侯期货公司首席风险官任职资格的批复 | 2010 年 4 月 15 日 | 证监许可〔2010〕0460 号 |
| 444 | 关于核准韩雪期货公司首席风险官任职资格的批复 | 2010 年 4 月 15 日 | 证监许可〔2010〕0461 号 |
| 445 | 关于核准法盛全球资产管理公司设立北京代表处的批复 | 2010 年 4 月 13 日 | 证监许可〔2010〕0462 号 |
| 446 | 关于核准中信金通证券股份有限责任公司变更公司章程重要条款的批复 | 2010 年 4 月 13 日 | 证监许可〔2010〕0463 号 |
| 447 | 关于核准邹颖保荐代表人资格的批复 | 2010 年 4 月 14 日 | 证监许可〔2010〕0464 号 |
| 448 | 关于核准张文奇保荐代表人资格的批复 | 2010 年 4 月 14 日 | 证监许可〔2010〕0465 号 |
| 449 | 关于核准张赟保荐代表人资格的批复 | 2010 年 4 月 14 日 | 证监许可〔2010〕0466 号 |
| 450 | 关于核准李维丰保荐代表人资格的批复 | 2010 年 4 月 14 日 | 证监许可〔2010〕0467 号 |
| 451 | 关于核准严胜保荐代表人资格的批复 | 2010 年 4 月 14 日 | 证监许可〔2010〕0468 号 |
| 452 | 关于核准陈晔保荐代表人资格的批复 | 2010 年 4 月 14 日 | 证监许可〔2010〕0469 号 |
| 453 | 关于核准鹏华环球发现证券投资基金募集的批复 | 2010 年 4 月 13 日 | 证监许可〔2010〕0470 号 |

续表

| 序号 | 名称 | 发文日期 | 文号 |
| --- | --- | --- | --- |
| 454 | 关于核准汇丰普信地低碳先锋股票型证券投资基金募集的批复 | 2010 年 4 月 13 日 | 证监许可〔2010〕0471 号 |
| 455 | 关于核准国泰基金管理有限公司梁之平基金行业高级管理人员任职资格的批复 | 2010 年 4 月 15 日 | 证监许可〔2010〕0472 号 |
| 456 | 关于核准中国航空工业集团公司公告哈尔滨东安汽车动力股份有限公司收购报告书并豁免其要约收购义务的批复 | 2010 年 4 月 15 日 | 证监许可〔2010〕0473 号 |
| 457 | 关于核准国元证券股份有限公司变更公司章程重要条款的批复 | 2010 年 4 月 15 日 | 证监许可〔2010〕0474 号 |
| 458 | 关于核准齐勇燕保荐代表人资格的批复 | 2010 年 4 月 19 日 | 证监许可〔2010〕0475 号 |
| 459 | 关于核准胡小娥保荐代表人资格的批复 | 2010 年 4 月 19 日 | 证监许可〔2010〕0476 号 |
| 460 | 关于核准覃涛保荐代表人资格的批复 | 2010 年 4 月 19 日 | 证监许可〔2010〕0477 号 |
| 461 | 关于核准鹏华信用增利债券型证券投资基金募集的批复 | 2010 年 4 月 19 日 | 证监许可〔2010〕0478 号 |
| 462 | 关于核准嘉实恒生中国企业指数证券投资基金(LOF)募集的批复 | 2010 年 4 月 19 日 | 证监许可〔2010〕0479 号 |
| 463 | 关于核准工银瑞信双利债券型证券投资基金募集的批复 | 2010 年 4 月 19 日 | 证监许可〔2010〕0480 号 |
| 464 | 关于核准长信中短债证券投资基金募集的批复 | 2010 年 4 月 19 日 | 证监许可〔2010〕0481 号 |
| 465 | 关于核准嘉实价值优势股票型证券投资基金募集的批复 | 2010 年 4 月 19 日 | 证监许可〔2010〕0482 号 |
| 466 | 关于核准国泰君安证券股份有限公司设立国泰君安富香江集合资产管理计划的批复 | 2010 年 4 月 19 日 | 证监许可〔2010〕0483 号 |
| 467 | 关于核准友邦华泰基金管理有限公司变更名称及修改公司章程的批复 | 2010 年 4 月 19 日 | 证监许可〔2010〕0484 号 |
| 468 | 关于核准华宝兴业基金管理有限公司变更股权及修改公司章程的批复 | 2010 年 4 月 19 日 | 证监许可〔2010〕0485 号 |
| 469 | 关于核准覃辉、唐淋保荐代表人资格的批复 | 2010 年 4 月 20 日 | 证监许可〔2010〕0486 号 |
| 470 | 关于核准熊丹保荐代表人资格的批复 | 2010 年 4 月 20 日 | 证监许可〔2010〕0487 号 |
| 471 | 关于核准程瑶保荐代表人资格的批复 | 2010 年 4 月 20 日 | 证监许可〔2010〕0488 号 |
| 472 | 关于核准董欣欣保荐代表人资格的批复 | 2010 年 4 月 20 日 | 证监许可〔2010〕0489 号 |
| 473 | 关于核准朱永华保荐代表人资格的批复 | 2010 年 4 月 20 日 | 证监许可〔2010〕0490 号 |
| 474 | 关于核准梁炜、牛岗、安薇保荐代表人资格的批复 | 2010 年 4 月 20 日 | 证监许可〔2010〕0491 号 |
| 475 | 关于核准陈伟保荐代表人资格的批复 | 2010 年 4 月 20 日 | 证监许可〔2010〕0492 号 |
| 476 | 关于核准丁一保荐代表人资格的批复 | 2010 年 4 月 20 日 | 证监许可〔2010〕0493 号 |

续表

| 序号 | 名称 | 发文日期 | 文号 |
| --- | --- | --- | --- |
| 477 | 关于核准东方基金管理有限责任公司王兴宇基金行业高级管理人员任职资格的批复 | 2010年4月20日 | 证监许可〔2010〕0494号 |
| 478 | 关于核准天治基金管理有限公司刘珀宏、闫译文基金行业高级管理人员任职资格的批复 | 2010年4月20日 | 证监许可〔2010〕0495号 |
| 479 | 关于核准中科英华高技术股份有限公司非公开发行股票的批复 | 2010年4月20日 | 证监许可〔2010〕0496号 |
| 480 | 关于核准上海电气集团股份有限公司非公开发行股票的批复 | 2010年4月20日 | 证监许可〔2010〕0497号 |
| 481 | 关于核准山东威高集团医用高分子制品股份有限公司转到香港交易所主板上市的批复 | 2010年4月20日 | 证监许可〔2010〕0498号 |
| 482 | 关于核准达以安资产管理公司合格境外机构投资者资格的批复 | 2010年4月20日 | 证监许可〔2010〕0499号 |
| 483 | 关于核准日信证券有限责任公司证券资产管理业务资格的批复 | 2010年4月20日 | 证监许可〔2010〕0500号 |
| 484 | 关于核准长江证券股份有限公司在广西等地设立4家证券营业部的批复 | 2010年4月20日 | 证监许可〔2010〕0501号 |
| 485 | 关于核准东兴证券股份有限公司设立东兴1号优选基金集合资产管理计划的批复 | 2010年4月20日 | 证监许可〔2010〕0502号 |
| 486 | 关于核准多氟多化工股份有限公司首次公开发行股票的批复 | 2010年4月20日 | 证监许可〔2010〕0503号 |
| 487 | 关于核准江苏常发制冷股份有限公司首次公开发行股票的批复 | 2010年4月20日 | 证监许可〔2010〕0504号 |
| 488 | 关于核准武汉高德红外股份有限公司首次公开发行股票的批复 | 2010年4月20日 | 证监许可〔2010〕0505号 |
| 489 | 关于核准淄博齐翔腾达化工股份有限公司首次公开发行股票的批复 | 2010年4月20日 | 证监许可〔2010〕0506号 |
| 490 | 关于核准广联达软件股份有限公司首次公开发行股票的批复 | 2010年4月20日 | 证监许可〔2010〕0507号 |
| 491 | 关于核准江苏九九久科技股份有限公司首次公开发行股票的批复 | 2010年4月20日 | 证监许可〔2010〕0508号 |
| 492 | 关于核准湖南汉森制药股份有限公司首次公开发行股票的批复 | 2010年4月20日 | 证监许可〔2010〕0509号 |
| 493 | 关于核准豁免北京城建集团有限责任公司要约收购北京城建投资发展股份有限公司股份义务的批复 | 2010年4月20日 | 证监许可〔2010〕0510号 |
| 494 | 关于核准河南豫能控股股份有限公司重大资产重组及向河南投资集团有限公司发行股份购买资产的批复 | 2010年4月20日 | 证监许可〔2010〕0511号 |

续表

| 序号 | 名称 | 发文日期 | 文号 |
|---|---|---|---|
| 495 | 关于核准豁免河南投资集团有限公司要约收购河南豫能控股股份有限公司股份义务的批复 | 2010年4月20日 | 证监许可〔2010〕0512号 |
| 496 | 关于核准招商深证100指数证券投资基金募集的批复 | 2010年4月21日 | 证监许可〔2010〕0513号 |
| 497 | 关于核准江苏鱼跃医疗设备股份有限公司非公开发行股票的批复 | 2010年4月21日 | 证监许可〔2010〕0514号 |
| 498 | 关于核准南通科技投资集团股份有限公司非公开发行股票的批复 | 2010年4月21日 | 证监许可〔2010〕0515号 |
| 499 | 关于核准银华信用债券型证券投资基金募集的批复 | 2010年4月22日 | 证监许可〔2010〕0516号 |
| 500 | 关于核准瑞银证券有限责任公司在上海设立2家分公司的批复 | 2010年4月23日 | 证监许可〔2010〕0517号 |
| 501 | 关于核准东方证券股份有限公司设立证券资产管理子公司的批复 | 2010年4月23日 | 证监许可〔2010〕0518号 |
| 502 | 关于不予核准山东金创股份有限公司首次公开发行股票申请的决定 | 2010年4月23日 | 证监许可〔2010〕0519号 |
| 503 | 关于不予核准山东立晨物流股份有限公司首次公开发行股票申请的决定 | 2010年4月23日 | 证监许可〔2010〕0520号 |
| 504 | 关于不予核准西安隆基硅材料股份有限公司首次公开发行股票申请的决定 | 2010年4月22日 | 证监许可〔2010〕0521号 |
| 505 | 关于不予核准浙江梦娜袜业股份有限公司首次公开发行股票申请的决定 | 2010年4月22日 | 证监许可〔2010〕0522号 |
| 506 | 关于不予核准宏昌电子材料股份有限公司首次公开发行股票申请的决定 | 2010年4月22日 | 证监许可〔2010〕0523号 |
| 507 | 关于核准时代出版传媒股份有限公司非公开发行股票的批复 | 2010年4月23日 | 证监许可〔2010〕0524号 |
| 508 | 关于核准浙江大东南包装股份有限公司非公开发行股票的批复 | 2010年4月23日 | 证监许可〔2010〕0525号 |
| 509 | 关于核准豁免万丰奥特控股集团有限公司及一致行动人要约收购浙江万丰奥威汽轮股份有限公司义务的批复 | 2010年4月23日 | 证监许可〔2010〕0526号 |
| 510 | 关于核准民生证券有限责任公司变更注册资本的批复 | 2010年4月23日 | 证监许可〔2010〕0527号 |
| 511 | 关于核准国联安信心增益债券型证券偷袭基金募集的批复 | 2010年4月22日 | 证监许可〔2010〕0528号 |
| 512 | 关于核准顾晶晶保荐代表人资格的批复 | 2010年4月23日 | 证监许可〔2010〕0529号 |
| 513 | 关于核准雷亦保荐代表人资格的批复 | 2010年4月23日 | 证监许可〔2010〕0530号 |

续表

| 序号 | 名称 | 发文日期 | 文号 |
|---|---|---|---|
| 514 | 关于核准中国平煤神马能源化工集团有限责任公司公告神马实业股份有限公司收购报告书并豁免其要约收购义务的批复 | 2010年4月26日 | 证监许可〔2010〕0531号 |
| 515 | 关于核准河南新大新材料股份有限公司首次公开发行股票并在创业板上市的批复 | 2010年4月26日 | 证监许可〔2010〕0532号 |
| 516 | 关于核准河北恒信移动商务股份有限公司首次公开发行股票并在创业板上市的批复 | 2010年4月26日 | 证监许可〔2010〕0533号 |
| 517 | 关于核准辽宁奥克化学股份有限公司首次公开发行股票并在创业板上市的批复 | 2010年4月26日 | 证监许可〔2010〕0534号 |
| 518 | 关于核准东莞劲胜精密组件股份有限公司首次公开发行股票并在创业板上市的批复 | 2010年4月26日 | 证监许可〔2010〕0535号 |
| 519 | 关于核准兰州海默科技股份有限公司首次公开发行股票并在创业板上市的批复 | 2010年4月26日 | 证监许可〔2010〕0536号 |
| 520 | 关于核准中国平煤神马能源化工集团有限责任公司公告平顶山天安煤业股份有限公司收购报告书并豁免其要约收购义务的批复 | 2010年4月26日 | 证监许可〔2010〕0537号 |
| 521 | 关于核准河南新野纺织股份有限公司非公开发行股票的批复 | 2010年4月27日 | 证监许可〔2010〕0538号 |
| 522 | 关于不予核准海南天然橡胶产业集团股份有限公司首次公开发行股票申请的决定 | 2010年4月26日 | 证监许可〔2010〕0539号 |
| 523 | 关于核准豁免长沙通城实业集团有限公司要约收购长沙通程控股股份有限公司股份义务的批复 | 2010年4月26日 | 证监许可〔2010〕0540号 |
| 524 | 关于核准江南证券有限责任公司变更公司章程重要条款的批复 | 2010年4月28日 | 证监许可〔2010〕0541号 |
| 525 | 关于核准华西证券有限责任公司设立华西证券锦城1号集合资产管理计划的批复 | 2010年4月30日 | 证监许可〔2010〕0543号 |
| 526 | 关于核准景顺长城基金管理有限公司赵如冰基金行业高级管理人员任职资格的批复 | 2010年4月30日 | 证监许可〔2010〕0544号 |
| 527 | 关于核准张代伟保荐代表人资格的批复 | 2010年4月30日 | 证监许可〔2010〕0545号 |
| 528 | 关于核准王晓辉保荐代表人资格的批复 | 2010年4月30日 | 证监许可〔2010〕0546号 |
| 529 | 关于核准银河基金管理有限公司熊科金基金行业高级管理人员任职资格的批复 | 2010年5月4日 | 证监许可〔2010〕0547号 |
| 530 | 关于核准深圳市银之杰科技股份有限公司首次公开发行股票并在创业板上市的批复 | 2010年5月4日 | 证监许可〔2010〕0548号 |
| 531 | 关于核准海南康之药业股份有限公司首次公开发行股票并在创业板上市的批复 | 2010年5月4日 | 证监许可〔2010〕0549号 |

续表

| 序号 | 名称 | 发文日期 | 文号 |
|---|---|---|---|
| 532 | 关于核准安徽荃银高科种业股份有限公司首次公开发行股票并在创业板上市的批复 | 2010年5月4日 | 证监许可〔2010〕0550号 |
| 533 | 关于核准芜湖长信科技股份有限公司首次公开发行股票并在创业板上市的批复 | 2010年5月4日 | 证监许可〔2010〕0551号 |
| 534 | 关于核准杭州海康威视数字技术股份有限公司首次公开发行股票的批复 | 2010年5月4日 | 证监许可〔2010〕0552号 |
| 535 | 关于核准福建三元达通讯股份有限公司首次公开发行股票的批复 | 2010年5月4日 | 证监许可〔2010〕0553号 |
| 536 | 关于核准广东皮宝制药股份有限公司首次公开发行股票的批复 | 2010年5月4日 | 证监许可〔2010〕0554号 |
| 537 | 关于核准深圳市爱施德股份有限公司首次公开发行股票的批复 | 2010年5月4日 | 证监许可〔2010〕0555号 |
| 538 | 关于核准国泰君安期货有限公司变更注册资本的批复 | 2010年5月6日 | 证监许可〔2010〕0556号 |
| 539 | 关于核准第一创业证券有限责任公司为期货公司提供中间介绍业务资格的批复 | 2010年5月6日 | 证监许可〔2010〕0558号 |
| 540 | 关于核准中国国际金融有限公司为期货公司提供中间介绍业务资格的批复 | 2010年5月6日 | 证监许可〔2010〕0559号 |
| 541 | 关于核准浙江省永安期货经纪有限公司变更股权的批复 | 2010年5月6日 | 证监许可〔2010〕0560号 |
| 542 | 关于核准万军保荐代表人资格的批复 | 2010年5月4日 | 证监许可〔2010〕0561号 |
| 543 | 关于核准吴国平保荐代表人资格的批复 | 2010年5月4日 | 证监许可〔2010〕0562号 |
| 544 | 关于核准广永期货有限公司变更注册资本和股权的批复 | 2010年5月10日 | 证监许可〔2010〕0563号 |
| 545 | 关于核准华鑫期货有限公司金融期货经纪业务资格的批复 | 2010年5月10日 | 证监许可〔2010〕0564号 |
| 546 | 关于核准方正期货有限公司金融期货经纪业务资格的批复 | 2010年5月10日 | 证监许可〔2010〕0565号 |
| 547 | 关于核准甘肃陇达期货经纪有限公司金通期货经纪业务资格的批复 | 2010年5月10日 | 证监许可〔2010〕0566号 |
| 548 | 关于核准建信基金管理有限责任公司王新艳基金行业高级管理人员任职资格的批复 | 2010年5月4日 | 证监许可〔2010〕0567号 |
| 549 | 关于不予核准河南金博士种业股份有限公司首次公开发行股票申请的决定 | 2010年5月4日 | 证监许可〔2010〕0569号 |
| 550 | 关于不予核准设立瑞丰基金管理有限公司申请的决定 | 2010年5月4日 | 证监许可〔2010〕0570号 |

续表

| 序号 | 名称 | 发文日期 | 文号 |
|---|---|---|---|
| 551 | 关于核准中信金通证券有限责任公司在浙江设立3家证券营业部的批复 | 2010年5月4日 | 证监许可〔2010〕0572号 |
| 552 | 关于核准河南恒星科技股份有限公司非公开发行股票的批复 | 2010年5月4日 | 证监许可〔2010〕0573号 |
| 553 | 关于核准江苏宏图高科技股份有限公司非公开发行股票的批复 | 2010年5月4日 | 证监许可〔2010〕0574号 |
| 554 | 关于核准福建众和股份有限公司非公开发行股票的批复 | 2010年5月4日 | 证监许可〔2010〕0575号 |
| 555 | 关于核准吉林吉恩镍业股份有限公司非公开发行股票的批复 | 2010年5月4日 | 证监许可〔2010〕0576号 |
| 556 | 关于核准江西洪都航空股份有限公司非公开发行股票的批复 | 2010年5月4日 | 证监许可〔2010〕0577号 |
| 557 | 关于核准湘财证券有限责任公司在湖南设立2家证券营业部的批复 | 2010年5月4日 | 证监许可〔2010〕0578号 |
| 558 | 关于核准中信金通证券有限责任公司在浙江省宁波市设立1家分公司的批复 | 2010年5月4日 | 证监许可〔2010〕0579号 |
| 559 | 关于核准华安基金管理有限公司李勍基金行业高级管理人员任职资格的批复 | 2010年5月5日 | 证监许可〔2010〕0580号 |
| 560 | 关于核准新疆凯迪投资有限责任公司公告新疆天山毛纺织股份有限公司收购报告书并豁免其要约收购义务的批复 | 2010年5月5日 | 证监许可〔2010〕0581号 |
| 561 | 关于核准红塔证券股份有限公司为期货公司提供中间介绍业务资格的批复 | 2010年5月6日 | 证监许可〔2010〕0582号 |
| 562 | 关于核准广发期货有限公司变更注册资本的批复 | 2010年5月6日 | 证监许可〔2010〕0583号 |
| 563 | 关于核准安徽徽商期货经纪有限公司变更注册资本和股权的批复 | 2010年5月7日 | 证监许可〔2010〕0584号 |
| 564 | 关于核准北京首创期货有限责任公司变更股权的批复 | 2010年5月7日 | 证监许可〔2010〕0585号 |
| 565 | 关于核准兴业银行股份有限公司配股的批复 | 2010年5月4日 | 证监许可〔2010〕0586号 |
| 566 | 关于核准豁免鲁楚平及一致行动人要约收购中山大洋电机股份有限公司股份义务的批复 | 2010年5月5日 | 证监许可〔2010〕0587号 |
| 567 | 关于核准华商稳健双利债券型证券投资基金募集的批复 | 2010年5月4日 | 证监许可〔2010〕0590号 |
| 568 | 关于核准浙江康盛股份有限公司首次公开发行股票的批复 | 2010年5月5日 | 证监许可〔2010〕0594号 |
| 569 | 关于核准凯撒(中国)股份有限公司首次公开发行股票的批复 | 2010年5月5日 | 证监许可〔2010〕0595号 |

续表

| 序号 | 名称 | 发文日期 | 文号 |
| --- | --- | --- | --- |
| 570 | 关于核准深圳达实智能股份有限公司首次公开发行股票的批复 | 2010年5月5日 | 证监许可〔2010〕0596号 |
| 571 | 关于核准天虹商场股份有限公司首次公开发行股票的批复 | 2010年5月5日 | 证监许可〔2010〕0597号 |
| 572 | 关于核准四川科伦药业股份有限公司首次公开发行股票的批复 | 2010年5月5日 | 证监许可〔2010〕0598号 |
| 573 | 关于核准广州毅昌科技股份有限公司首次公开发行股票的批复 | 2010年5月5日 | 证监许可〔2010〕0599号 |
| 574 | 关于核准甘肃陇达期货经纪有限公司变更注册资本和股权的批复 | 2010年5月7日 | 证监许可〔2010〕0600号 |
| 575 | 关于核准国海良时期货有限公司首次公开发行股票的批复 | 2010年5月7日 | 证监许可〔2010〕0601号 |
| 576 | 关于核准鲁证期货有限公司变更注册资本和股权的批复 | 2010年5月7日 | 证监许可〔2010〕0602号 |
| 577 | 关于核准新湖期货有限公司变更注册资本和股权的批复 | 2010年5月7日 | 证监许可〔2010〕0603号 |
| 578 | 关于核准卧龙电气集团股份有限公司增发股票的批复 | 2010年5月6日 | 证监许可〔2010〕0604号 |
| 579 | 关于核准北京高华证券有限责任公司证券投资基金销售业务资格的批复 | 2010年5月6日 | 证监许可〔2010〕0605号 |
| 580 | 关于核准融通深证成份指数证券投资基金募集的批复 | 2010年5月6日 | 证监许可〔2010〕0606号 |
| 581 | 关于核准厦门合兴包装印刷股份有限公司非公开发行股票的批复 | 2010年5月6日 | 证监许可〔2010〕0607号 |
| 582 | 关于不予核准山东信德科技股份有限公司首次公开发行股票申请的决定 | 2010年5月7日 | 证监许可〔2010〕0608号 |
| 583 | 关于不予核准上海开能环保设备股份有限公司首次公开发行股票并在创业板上市申请的决定 | 2010年5月7日 | 证监许可〔2010〕0609号 |
| 584 | 关于核准航空证券有限责任公司变更注册资本的批复 | 2010年5月7日 | 证监许可〔2010〕0610号 |
| 585 | 关于核准四川湖山电子股份有限公司重大资产重组及向四川九州电器集团有限责任公司发行股份购买资产的批复 | 2010年5月7日 | 证监许可〔2010〕0611号 |
| 586 | 关于核准东方证券股份有限公司设立东方红基金宝集合资产管理计划的批复 | 2010年5月7日 | 证监许可〔2010〕0612号 |
| 587 | 关于核准豁免四川九州电器集团有限责任公司要约收购四川湖山电子股份有限公司股份义务的批复 | 2010年5月7日 | 证监许可〔2010〕0613号 |

续表

| 序号 | 名称 | 发文日期 | 文号 |
|---|---|---|---|
| 588 | 关于核准中国航空科技工业股份有限公司及一致行动人公告中行光电科技股份有限公司收购报告书并豁免其要约收购义务的批复 | 2010年5月10日 | 证监许可〔2010〕0614号 |
| 589 | 关于核准上海建工股份有限公司向上海建工(集团)总公司发行股份购买资产的批复 | 2010年5月10日 | 证监许可〔2010〕0615号 |
| 590 | 关于核准豁免上海建工(集团)总公司要约收购上海建工股份有限公司股份义务的批复 | 2010年5月10日 | 证监许可〔2010〕0616号 |
| 591 | 关于核准金亚平保荐代表人资格的批复 | 2010年5月10日 | 证监许可〔2010〕0617号 |
| 592 | 关于核准张骐保荐代表人资格的批复 | 2010年5月10日 | 证监许可〔2010〕0618号 |
| 593 | 关于核准毕伟伟保荐代表人资格的批复 | 2010年5月10日 | 证监许可〔2010〕0619号 |
| 594 | 关于核准高伟程保荐代表人资格的批复 | 2010年5月11日 | 证监许可〔2010〕0620号 |
| 595 | 关于核准林旭斌保荐代表人资格的批复 | 2010年5月11日 | 证监许可〔2010〕0621号 |
| 596 | 关于核准新疆金风科技股份有限公司发行境外上市外资股的批复 | 2010年5月11日 | 证监许可〔2010〕0622号 |
| 597 | 关于核准航空证券有限责任公司变更公司章程重要条款的批复 | 2010年5月12日 | 证监许可〔2010〕0623号 |
| 598 | 关于核准交银施罗德主题优选灵活配置混合型证券投资基金募集的批复 | 2010年5月12日 | 证监许可〔2010〕0624号 |
| 599 | 关于核准上海锦江国际酒店发展股份有限公司重大资产重组方案的批复 | 2010年5月12日 | 证监许可〔2010〕0625号 |
| 600 | 关于核准苏州胜利精密制造科技股份有限公司首次公开发行股票的批复 | 2010年5月12日 | 证监许可〔2010〕0626号 |
| 601 | 关于核准中原特钢股份有限公司首次公开发行股票的批复 | 2010年5月12日 | 证监许可〔2010〕0627号 |
| 602 | 关于核准浙江尤夫高薪纤维股份有限公司首次公开发行股票的批复 | 2010年5月12日 | 证监许可〔2010〕0628号 |
| 603 | 关于核准贵州百灵企业集团制药股份有限公司首次公开发行股票的批复 | 2010年5月12日 | 证监许可〔2010〕0629号 |
| 604 | 关于核准国泰价值经典股票型证券投资基金(LOF)募集的批复 | 2010年5月12日 | 证监许可〔2010〕0630号 |
| 605 | 关于核准国泰君安证券股份有限公司设立证券资产管理子公司的批复 | 2010年5月12日 | 证监许可〔2010〕0631号 |
| 606 | 关于核准银河蓝筹精选股票型证券投资基金募集的批复 | 2010年5月12日 | 证监许可〔2010〕0632号 |
| 607 | 关于核准长盛基金管理有限公司修改章程的批复 | 2010年5月12日 | 证监许可〔2010〕0633号 |

续表

| 序号 | 名称 | 发文日期 | 文号 |
| --- | --- | --- | --- |
| 608 | 关于核准云南临沧鑫圆锗业股份有限公司首次公开发行股票的批复 | 2010年5月12日 | 证监许可〔2010〕0634号 |
| 609 | 关于核准金鹰基金管理有限公司修改章程的批复 | 2010年5月13日 | 证监许可〔2010〕0635号 |
| 610 | 关于核准华泰证券股份有限公司设立华泰紫金周期轮动集合资产管理计划的批复 | 2010年5月13日 | 证监许可〔2010〕0636号 |
| 611 | 关于核准融通基金管理有限公司田德军基金行业高级管理人员任职资格的批复 | 2010年5月13日 | 证监许可〔2010〕0637号 |
| 612 | 关于核准泰达宏利基金管理有限公司修改章程的批复 | 2010年5月13日 | 证监许可〔2010〕0638号 |
| 613 | 关于核准栾铁夫期货公司首席风险官任职资格的批复 | 2010年5月17日 | 证监许可〔2010〕0639号 |
| 614 | 关于核准中国石油化工股份有限公司公开发行公司债券的批复 | 2010年5月14日 | 证监许可〔2010〕0640号 |
| 615 | 关于核准中银国际证券有限责任公司设立中国红新股增强1号限额特定集合资产管理计划的批复 | 2010年5月14日 | 证监许可〔2010〕0641号 |
| 616 | 关于核准光大证券股份有限公司设立光大阳光集结号收益型一期集合资产管理计划的批复 | 2010年5月14日 | 证监许可〔2010〕0642号 |
| 617 | 关于不予核准北京侏罗纪软件股份有限公司首次公开发行股票并在创业板上市申请的决定 | 2010年5月14日 | 证监许可〔2010〕0643号 |
| 618 | 关于核准广发亚太（除日本）精选股票型证券投资基金募集的批复 | 2010年5月14日 | 证监许可〔2010〕0644号 |
| 619 | 关于核准招商信用添利债券型证券投资基金募集的批复 | 2010年5月14日 | 证监许可〔2010〕0645号 |
| 620 | 关于核准长盛沪深300指数证券投资基金（LOF）募集的批复 | 2010年5月14日 | 证监许可〔2010〕0646号 |
| 621 | 关于核准浙商证券有限责任公司在北京等地设立5家证券营业部的批复 | 2010年5月14日 | 证监许可〔2010〕0647号 |
| 622 | 关于核准深圳市兆驰股份有限公司首次公开发行股票的批复 | 2010年5月17日 | 证监许可〔2010〕0648号 |
| 623 | 关于核准杭州杭氧股份有限公司首次公开发行股票的批复 | 2010年5月17日 | 证监许可〔2010〕0649号 |
| 624 | 关于核准广东棕榈园林股份有限公司首次公开发行股票的批复 | 2010年5月17日 | 证监许可〔2010〕0650号 |
| 625 | 关于核准天津九安医疗电子股份有限公司首次公开发行股票的批复 | 2010年5月17日 | 证监许可〔2010〕0651号 |
| 626 | 关于核准浙江万里扬变速器股份有限公司首次公开发行股票的批复 | 2010年5月17日 | 证监许可〔2010〕0652号 |

续表

| 序号 | 名称 | 发文日期 | 文号 |
|---|---|---|---|
| 627 | 关于核准长江润发机械股份有限公司首次公开发行股票的批复 | 2010 年 5 月 17 日 | 证监许可〔2010〕0653 号 |
| 628 | 关于核准深圳市兴森快捷电路科技股份有限公司首次公开发行股票的批复 | 2010 年 5 月 17 日 | 证监许可〔2010〕0654 号 |
| 629 | 关于核准浙江闰土股份有限公司首次公开发行股票的批复 | 2010 年 5 月 17 日 | 证监许可〔2010〕0655 号 |
| 630 | 关于核准唐山港集团股份有限公司首次公开发行股票的批复 | 2010 年 5 月 17 日 | 证监许可〔2010〕0656 号 |
| 631 | 关于核准吴宏兴保荐代表人资格的批复 | 2010 年 5 月 18 日 | 证监许可〔2010〕0657 号 |
| 632 | 关于核准豁免常州高新技术产业开发区发展(集团)总公司要约收购黑牡丹(集团)股份有限公司股份义务的批复 | 2010 年 5 月 19 日 | 证监许可〔2010〕0658 号 |
| 633 | 关于核准国海富兰克林基金管理有限公司吴显玲基金行业高级管理人员任职资格的批复 | 2010 年 5 月 19 日 | 证监许可〔2010〕0659 号 |
| 634 | 关于核准众业达电气股份有限公司首次公开发行股票的批复 | 2010 年 5 月 20 日 | 证监许可〔2010〕0660 号 |
| 635 | 关于核准哈尔滨誉衡药业股份有限公司首次公开发行股票的批复 | 2010 年 5 月 20 日 | 证监许可〔2010〕0661 号 |
| 636 | 关于核准江苏神通阀门股份有限公司首次公开发行股票的批复 | 2010 年 5 月 20 日 | 证监许可〔2010〕0662 号 |
| 637 | 关于核准杭州巨星科技股份有限公司首次公开发行股票的批复 | 2010 年 5 月 20 日 | 证监许可〔2010〕0663 号 |
| 638 | 关于核准北京启明星辰信息技术股份有限公司首次公开发行股票的批复 | 2010 年 5 月 20 日 | 证监许可〔2010〕0664 号 |
| 639 | 关于核准博时宏观回报债券型证券投资基金募集的批复 | 2010 年 5 月 20 日 | 证监许可〔2010〕0665 号 |
| 640 | 关于核准天弘深证成份指数证券投资基金(LOF)募集的批复 | 2010 年 5 月 20 日 | 证监许可〔2010〕0666 号 |
| 641 | 关于核准方正科技集团股份有限公司配股的批复 | 2010 年 5 月 20 日 | 证监许可〔2010〕0667 号 |
| 642 | 关于核准四川美丰化工股份有限公司发行可转换公司债券的批复 | 2010 年 5 月 20 日 | 证监许可〔2010〕0668 号 |
| 643 | 关于核准广西梧州中恒集团股份有限公司非公开发行股票的批复 | 2010 年 5 月 20 日 | 证监许可〔2010〕0669 号 |
| 644 | 关于核准安徽六国化工股份有限公司非公开发行股票的批复 | 2010 年 5 月 20 日 | 证监许可〔2010〕0670 号 |
| 645 | 关于核准苏州新海宜通信科技股份有限公司非公开发行股票的批复 | 2010 年 5 月 20 日 | 证监许可〔2010〕0671 号 |

续表

| 序号 | 名称 | 发文日期 | 文号 |
|---|---|---|---|
| 646 | 关于核准浙江传化股份有限公司非公开发行股票的批复 | 2010年5月20日 | 证监许可〔2010〕0672号 |
| 647 | 关于核准西南证券股份有限公司非公开发行股票的批复 | 2010年5月20日 | 证监许可〔2010〕0673号 |
| 648 | 关于核准江苏新民纺织科技股份有限公司非公开发行股票的批复 | 2010年5月20日 | 证监许可〔2010〕0674号 |
| 649 | 关于核准福建新大陆电脑股份有限公司非公开发行股票的批复 | 2010年5月20日 | 证监许可〔2010〕0675号 |
| 650 | 关于核准重庆三峡水利电力（集团）股份有限公司非公开发行股票的批复 | 2010年5月20日 | 证监许可〔2010〕0676号 |
| 651 | 关于核准信诚深度价值股票型证券投资基金（LOF）募集的批复 | 2010年5月21日 | 证监许可〔2010〕0679号 |
| 652 | 关于核准中国轻工集团公司公告中国海诚工程科技股份有限公司收购报告书并豁免其要约收购义务的批复 | 2010年5月21日 | 证监许可〔2010〕0680号 |
| 653 | 关于核准中国远洋运输（集团）总公司公告中远航运股份有限公司收购报告书并豁免其要约收购义务的批复 | 2010年5月21日 | 证监许可〔2010〕0681号 |
| 654 | 关于核准刘元高保荐代表人资格的批复 | 2010年5月25日 | 证监许可〔2010〕0703号 |
| 655 | 关于核准李伟保荐代表人资格的批复 | 2010年5月25日 | 证监许可〔2010〕0704号 |
| 656 | 关于核准龙荣保荐代表人资格的批复 | 2010年5月25日 | 证监许可〔2010〕0705号 |
| 657 | 关于核准程杰保荐代表人资格的批复 | 2010年5月25日 | 证监许可〔2010〕0706号 |
| 658 | 关于核准马闪亮保荐代表人资格的批复 | 2010年5月25日 | 证监许可〔2010〕0707号 |
| 659 | 关于核准陈敬涛保荐代表人资格的批复 | 2010年5月25日 | 证监许可〔2010〕0708号 |
| 660 | 关于核准深圳市海王英特龙生物技术股份有限公司增发境外上市外资股的批复 | 2010年5月26日 | 证监许可〔2010〕0713号 |
| 661 | 关于核准齐鲁证券有限公司在山东等地设立4家证券营业部的批复 | 2010年5月26日 | 证监许可〔2010〕0716号 |
| 662 | 关于核准东莞证券有限责任公司设立旗峰2号积极配置集合资产管理计划的批复 | 2010年5月26日 | 证监许可〔2010〕0717号 |
| 663 | 关于核准华安基金管理有限公司在香港设立华安资产管理（香港）有限公司的批复 | 2010年5月26日 | 证监许可〔2010〕0718号 |
| 664 | 关于核准TCL集团股份有限公司非公开发行股票的批复 | 2010年5月26日 | 证监许可〔2010〕0719号 |
| 665 | 关于核准方大集团股份有限公司非公开发行股票的批复 | 2010年5月26日 | 证监许可〔2010〕0720号 |

续表

| 序号 | 名称 | 发文日期 | 文号 |
| --- | --- | --- | --- |
| 666 | 关于核准豁免深圳市中兴新通讯设备有限公司要约收购中兴通讯股份有限公司股份义务的批复 | 2010年5月26日 | 证监许可〔2010〕0721号 |
| 667 | 关于核准新华基金管理有限公司王卫东、徐端赛基金行业高级管理人员任职资格的批复 | 2010年5月27日 | 证监许可〔2010〕0722号 |
| 668 | 关于核准中国银行股份有限公司公开发行可转换公司债券的批复 | 2010年5月27日 | 证监许可〔2010〕0723号 |
| 669 | 关于核准西南证券股份有限公司在重庆设立2家证券营业部的批复 | 2010年5月27日 | 证监许可〔2010〕0724号 |
| 670 | 关于核准恒泰长财证券有限责任公司在吉林设立2家证券营业部的批复 | 2010年5月27日 | 证监许可〔2010〕0725号 |
| 671 | 关于核准国海证券有限责任公司在广西设立2家证券营业部的批复 | 2010年5月27日 | 证监许可〔2010〕0726号 |
| 672 | 关于核准国元证券股份有限公司在北京等地设立2家分公司的批复 | 2010年5月27日 | 证监许可〔2010〕0727号 |
| 673 | 关于核准中信万通证券有限责任在山东设立5家证券营业部的批复 | 2010年5月27日 | 证监许可〔2010〕0728号 |
| 674 | 关于核准长江证券有限公司变更业务范围的批复 | 2010年5月27日 | 证监许可〔2010〕0729号 |
| 675 | 关于核准银河期货经纪有限公司变更注册资本的批复 | 2010年5月28日 | 证监许可〔2010〕0730号 |
| 676 | 关于核准龙星化工股份有限公司首次公开发行股票的批复 | 2010年5月28日 | 证监许可〔2010〕0731号 |
| 677 | 关于核准珠海恒基达鑫国际化工仓储股份有限公司首次公开发行股票的批复 | 2010年5月28日 | 证监许可〔2010〕0732号 |
| 678 | 关于核准江阴中南重工股份有限公司首次公开发行股票的批复 | 2010年5月28日 | 证监许可〔2010〕0733号 |
| 679 | 关于核准河南省中原内配股份有限公司首次公开发行股票的批复 | 2010年5月28日 | 证监许可〔2010〕0734号 |
| 680 | 关于核准郑州煤矿机械集团股份有限公司首次公开发行股票的批复 | 2010年5月28日 | 证监许可〔2010〕0735号 |
| 681 | 关于不予核准杭州先临三维科技股份有限公司首次公开发行股票并在创业板上市申请的决定 | 2010年5月28日 | 证监许可〔2010〕0736号 |
| 682 | 关于核准湘财祈年期货经纪有限公司变更股权的批复 | 2010年6月1日 | 证监许可〔2010〕0737号 |
| 683 | 关于核准孙兆院保荐代表人资格的批复 | 2010年5月31日 | 证监许可〔2010〕0738号 |
| 684 | 关于核准梁太福保荐代表人资格的批复 | 2010年5月31日 | 证监许可〔2010〕0740号 |
| 685 | 关于核准周兴国保荐代表人资格的批复 | 2010年5月31日 | 证监许可〔2010〕0741号 |

续表

| 序号 | 名称 | 发文日期 | 文号 |
| --- | --- | --- | --- |
| 686 | 关于核准吴华贵保荐代表人资格的批复 | 2010 年 5 月 31 日 | 证监许可〔2010〕0742 号 |
| 687 | 关于核准孙树军、马云涛保荐代表人资格的批复 | 2010 年 5 月 31 日 | 证监许可〔2010〕0743 号 |
| 688 | 关于核准长江证券承销保荐有限公司变更业务范围的批复 | 2010 年 5 月 27 日 | 证监许可〔2010〕0744 号 |
| 689 | 关于核准威海广泰空港设备股份有限公司向自然人孙凤明发行股份购买资产的批复 | 2010 年 5 月 31 日 | 证监许可〔2010〕0745 号 |
| 690 | 关于核准上证民营企业 50 交易型开放式指数证券投资基金及联接基金募集的批复 | 2010 年 6 月 1 日 | 证监许可〔2010〕0747 号 |
| 691 | 关于核准中银价值精选灵活配置混合型证券投资基金募集的批复 | 2010 年 6 月 1 日 | 证监许可〔2010〕0748 号 |
| 692 | 关于核准天风证券有限责任公司变更持有 5% 以上股权的股东的批复 | 2010 年 6 月 1 日 | 证监许可〔2010〕0749 号 |
| 693 | 关于核准五矿有色金属控股有限公司公告株洲冶炼集团股份有限公司收购报告书并豁免其要约收购义务的批复 | 2010 年 6 月 1 日 | 证监许可〔2010〕0750 号 |
| 694 | 关于核准佛山市国星光电股份有限公司首次公开发行股票的批复 | 2010 年 6 月 1 日 | 证监许可〔2010〕0751 号 |
| 695 | 关于核准山东益生种畜禽股份有限公司首次公开发行股票的批复 | 2010 年 6 月 1 日 | 证监许可〔2010〕0752 号 |
| 696 | 关于核准广东长城集团股份有限公司首次公开发行股票并在创业板上市的批复 | 2010 年 6 月 1 日 | 证监许可〔2010〕0754 号 |
| 697 | 关于核准安徽盛运机械股份有限公司首次公开发行股票并在创业板上市的批复 | 2010 年 6 月 1 日 | 证监许可〔2010〕0755 号 |
| 698 | 关于核准江苏金通灵风机股份有限公司首次公开发行股票并在创业板上市的批复 | 2010 年 6 月 1 日 | 证监许可〔2010〕0756 号 |
| 699 | 关于核准经易期货经纪有限公司变更注册资本和股权的批复 | 2010 年 6 月 12 日 | 证监许可〔2010〕0757 号 |
| 700 | 关于核准金鹏期货经纪有限公司变更注册资本和股权的批复 | 2010 年 6 月 4 日 | 证监许可〔2010〕0758 号 |
| 701 | 关于核准豁免南京南瑞集团公司要约收购国电南瑞科技股份有限公司股份义务的批复 | 2010 年 6 月 2 日 | 证监许可〔2010〕0759 号 |
| 702 | 关于核准五矿有色金属控股有限公司及一致行动人公告中钨高新材料股份有限公司收购报告书并豁免其要约收购义务的批复 | 2010 年 6 月 2 日 | 证监许可〔2010〕0760 号 |
| 703 | 关于核准中国国际期货有限公司变更注册资本的批复 | 2010 年 6 月 4 日 | 证监许可〔2010〕0761 号 |
| 704 | 关于核准长盛基金管理有限公司凤良志基金行业高级管理人员任职资格的批复 | 2010 年 6 月 3 日 | 证监许可〔2010〕0762 号 |

续表

| 序号 | 名称 | 发文日期 | 文号 |
| --- | --- | --- | --- |
| 705 | 关于核准申银万国证券股份有限公司融资融券业务资格的批复 | 2010年6月3日 | 证监许可〔2010〕0763号 |
| 706 | 关于核准东方证券股份有限公司融资融券业务资格的批复 | 2010年6月3日 | 证监许可〔2010〕0764号 |
| 707 | 关于核准招商证券股份有限公司融资融券业务资格的批复 | 2010年6月3日 | 证监许可〔2010〕0765号 |
| 708 | 关于核准华泰证券股份有限公司融资融券业务资格的批复 | 2010年6月3日 | 证监许可〔2010〕0766号 |
| 709 | 关于核准中国银河证券股份有限公司融资融券业务资格的批复 | 2010年6月3日 | 证监许可〔2010〕0767号 |
| 710 | 关于核准仇智坚保荐代表人资格的批复 | 2010年6月2日 | 证监许可〔2010〕0768号 |
| 711 | 关于核准秦翠萍保荐代表人资格的批复 | 2010年6月2日 | 证监许可〔2010〕0769号 |
| 712 | 关于核准浙江宏达经编股份有限公司向李宏等发行股份购买资产的批复 | 2010年6月3日 | 证监许可〔2010〕0770号 |
| 713 | 关于核准博时基金管理有限公司修改章程的批复 | 2010年6月3日 | 证监许可〔2010〕0771号 |
| 714 | 关于核准中信建投期货经纪有限公司变更注册资本的批复 | 2010年6月8日 | 证监许可〔2010〕0772号 |
| 715 | 关于核准深圳金汇期货经纪有限公司金融期货经纪业务资格的批复 | 2010年6月8日 | 证监许可〔2010〕0773号 |
| 716 | 关于核准招金期货有限公司金融期货经纪业务资格的批复 | 2010年6月8日 | 证监许可〔2010〕0774号 |
| 717 | 关于核准上海金源期货经纪有限责任公司金融期货经纪业务资格的批复 | 2010年6月8日 | 证监许可〔2010〕0775号 |
| 718 | 关于核准中航通用飞机有限责任公司及一致行动人公告中航重机股份有限公司收购报告书并豁免其要约收购义务的批复 | 2010年6月3日 | 证监许可〔2010〕0776号 |
| 719 | 关于核准中航通用飞机有限责任公司公告贵州贵航汽车零部件股份有限公司收购报告书并豁免其要约收购义务的批复 | 2010年6月3日 | 证监许可〔2010〕0777号 |
| 720 | 关于核准交通银行股份有限公司配股的批复 | 2010年6月3日 | 证监许可〔2010〕0778号 |
| 721 | 关于不予核准山东同大海岛新材料股份有限公司首次公开发行股票并在创业板上市申请的决定 | 2010年6月4日 | 证监许可〔2010〕0780号 |
| 722 | 关于不予核准上海金仕达卫宁软件股份有限公司首次公开发行股票并在创业板上市申请的决定 | 2010年6月4日 | 证监许可〔2010〕0781号 |
| 723 | 关于不予核准上海天玑科技股份有限公司首次公开发行股票并在创业板上市申请的决定 | 2010年6月4日 | 证监许可〔2010〕0782号 |

续表

| 序号 | 名称 | 发文日期 | 文号 |
|---|---|---|---|
| 724 | 关于核准研祥智能科技股份有限公司转到香港交易所主板上市的批复 | 2010 年 6 月 4 日 | 证监许可〔2010〕0783 号 |
| 725 | 关于核准兴业证券股份有限公司设立兴业证券金麒麟 3 号优选基金组合集合资产管理计划的批复 | 2010 年 6 月 4 日 | 证监许可〔2010〕0784 号 |
| 726 | 关于核准上海大陆期货有限公司变更股权的批复 | 2010 年 6 月 8 日 | 证监许可〔2010〕0785 号 |
| 727 | 关于核准广东盛路通信科技股份有限公司首次公开发行股票的批复 | 2010 年 6 月 4 日 | 证监许可〔2010〕0786 号 |
| 728 | 关于核准浙江金州管道科技股份有限公司首次公开发行股票的批复 | 2010 年 6 月 4 日 | 证监许可〔2010〕0787 号 |
| 729 | 关于核准上海摩恩电气股份有限公司首次公开发行股票的批复 | 2010 年 6 月 4 日 | 证监许可〔2010〕0788 号 |
| 730 | 关于核准湖南长高高压开关集团股份有限公司首次公开发行股票的批复 | 2010 年 6 月 4 日 | 证监许可〔2010〕0789 号 |
| 731 | 关于核准长盛基金管理有限公司朱剑彪基金行业高级管理人员任职资格的批复 | 2010 年 6 月 7 日 | 证监许可〔2010〕0790 号 |
| 732 | 关于核准小川桂担任中央三井信托银行株式会社(证券业务)北京代表处首席代表的批复 | 2010 年 6 月 7 日 | 证监许可〔2010〕0792 号 |
| 733 | 关于核准交通银行袁庆伟基金行业高级管理人员任职资格的批复 | 2010 年 6 月 8 日 | 证监许可〔2010〕0793 号 |
| 734 | 关于核准中信证券股份有限公司变更注册资本的批复 | 2010 年 6 月 8 日 | 证监许可〔2010〕0794 号 |
| 735 | 关于核准中国农业银行股份有限公司发行境外上市外资股的批复 | 2010 年 6 月 9 日 | 证监许可〔2010〕0795 号 |
| 736 | 关于核准豁免山西西山煤电股份有限公司及一致行动人要约收购山西焦化股份有限公司股份义务的批复 | 2010 年 6 月 9 日 | 证监许可〔2010〕0796 号 |
| 737 | 关于核准新疆百花村股份有限公司向农六师国有资产经营有限责任公司等发行股份购买资产的批复 | 2010 年 6 月 9 日 | 证监许可〔2010〕0797 号 |
| 738 | 关于核准豁免农六师国资产经营有限责任公司要约收购新疆百花村股份有限公司股份义务的批复 | 2010 年 6 月 9 日 | 证监许可〔2010〕0798 号 |
| 739 | 关于核准东风汽车零部件有限公司公告东风电子科技股份有限公司收购报告书并豁免其要约收购义务的批复 | 2010 年 6 月 9 日 | 证监许可〔2010〕0799 号 |
| 740 | 关于核准招商证券股份有限公司设立招商智远稳健 2 号集合资产管理计划的批复 | 2010 年 6 月 11 日 | 证监许可〔2010〕0800 号 |
| 741 | 关于核准安琪酵母股份有限公司向湖北日升科技有限公司发行股份购买资产的批复 | 2010 年 6 月 12 日 | 证监许可〔2010〕0801 号 |

续表

| 序号 | 名称 | 发文日期 | 文号 |
| --- | --- | --- | --- |
| 742 | 关于核准招商基金管理有限公司王晓东、招生章基金行业高级管理人员任职资格的批复 | 2010 年 6 月 11 日 | 证监许可〔2010〕0802 号 |
| 743 | 关于核准平安证券有限责任公司变更公司章程重要条款的批复 | 2010 年 6 月 12 日 | 证监许可〔2010〕0803 号 |
| 744 | 关于核准东海证券有限责任公司设立东海精选 1 号集合资产管理计划的批复 | 2010 年 6 月 12 日 | 证监许可〔2010〕0804 号 |
| 745 | 关于核准中国农业银行股份有限公司首次公开发行股票的批复 | 2010 年 6 月 13 日 | 证监许可〔2010〕0805 号 |
| 746 | 关于撤销苏州恒久光电科技股份有限公司首次公开发行股票行政许可的决定 | 2010 年 6 月 13 日 | 证监许可〔2010〕0806 号 |
| 747 | 关于核准农银汇理大盘蓝筹股票型证券投资基金募集的批复 | 2010 年 6 月 13 日 | 证监许可〔2010〕0807 号 |
| 748 | 关于核准深证红利交易型开放式指数证券投资基金及其联接基金募集的批复 | 2010 年 6 月 13 日 | 证监许可〔2010〕0808 号 |
| 749 | 关于核准华安香港精选股票型证券投资基金募集的批复 | 2010 年 6 月 13 日 | 证监许可〔2010〕0809 号 |
| 750 | 关于核准华创证券有限责任公司证券投资基金销售业务资格的批复 | 2010 年 6 月 13 日 | 证监许可〔2010〕0810 号 |
| 751 | 关于核准中国民族证券有限责任公司变更持有 5% 以上股权的股东的批复 | 2010 年 6 月 13 日 | 证监许可〔2010〕0811 号 |
| 752 | 关于核准航天证券有限责任公司证券自营和证券承销业务资格的批复 | 2010 年 6 月 13 日 | 证监许可〔2010〕0812 号 |
| 753 | 关于核准上海航天汽车机电股份有限公司配股的批复 | 2010 年 6 月 13 日 | 证监许可〔2010〕0813 号 |
| 754 | 关于不予核准深圳市脉山龙信息技术股份有限公司首次公开发行股票并在创业板上市申请的决定 | 2010 年 6 月 13 日 | 证监许可〔2010〕0814 号 |
| 755 | 关于核准银泰证券有限责任公司变更注册资本的批复 | 2010 年 6 月 13 日 | 证监许可〔2010〕0815 号 |
| 756 | 关于核准西南证券股份有限公司设立珠峰 1 号集合资产管理计划的批复 | 2010 年 6 月 13 日 | 证监许可〔2010〕0816 号 |
| 757 | 关于核准东吴证券有限责任公司设立东吴财富 2 号基金优选集合资产管理计划的批复 | 2010 年 6 月 13 日 | 证监许可〔2010〕0817 号 |
| 758 | 关于核准江南证券有限责任公司设立金航 1 号集合资产管理计划的批复 | 2010 年 6 月 13 日 | 证监许可〔2010〕0818 号 |
| 759 | 关于核准西部证券股份有限公司设立西部证券财富长江 1 号集合资产管理计划的批复 | 2010 年 6 月 13 日 | 证监许可〔2010〕0819 号 |

续表

| 序号 | 名称 | 发文日期 | 文号 |
|---|---|---|---|
| 760 | 关于核准第一创业证券有限责任公司在山东等地设立5家证券营业部的批复 | 2010年6月13日 | 证监许可〔2010〕0820号 |
| 761 | 关于核准厦门证券有限公司在厦门设立2家证券营业部的批复 | 2010年6月13日 | 证监许可〔2010〕0821号 |
| 762 | 关于核准光大证券股份有限公司在广东等地设立3家分公司的批复 | 2010年6月13日 | 证监许可〔2010〕0822号 |
| 763 | 关于核准光大证券股份有限公司在上海设立5家证券营业部的批复 | 2010年6月13日 | 证监许可〔2010〕0823号 |
| 764 | 关于核准东莞证券有限责任公司在辽宁等地设立5家证券营业部的批复 | 2010年6月13日 | 证监许可〔2010〕0824号 |
| 765 | 关于核准平安证券有限责任公司在宁夏等地设立5家证券营业部的批复 | 2010年6月13日 | 证监许可〔2010〕0825号 |
| 766 | 关于核准宏源证券股份有限公司在山东等地设立2家证券营业部的批复 | 2010年6月13日 | 证监许可〔2010〕0826号 |
| 767 | 关于核准华西证券有限责任公司在四川设立2家证券营业部的批复 | 2010年6月13日 | 证监许可〔2010〕0827号 |
| 768 | 关于核准苏州天马精细化学品股份有限公司首次公开发行股票的批复 | 2010年6月13日 | 证监许可〔2010〕0828号 |
| 769 | 关于核准大连壹桥海洋苗业股份有限公司首次公开发行股票的批复 | 2010年6月13日 | 证监许可〔2010〕0830号 |
| 770 | 关于核准四川科新机电股份有限公司首次公开发行股票并在创业板上市的批复 | 2010年6月13日 | 证监许可〔2010〕0831号 |
| 771 | 关于核准广东金刚玻璃科技股份有限公司首次公开发行股票并在创业板上市的批复 | 2010年6月13日 | 证监许可〔2010〕0832号 |
| 772 | 关于核准湛江国联水产开发股份有限公司首次公开发行股票并在创业板上市的批复 | 2010年6月13日 | 证监许可〔2010〕0833号 |
| 773 | 关于核准姚于蓉保荐代表人资格的批复 | 2010年6月13日 | 证监许可〔2010〕0834号 |
| 774 | 关于核准张海东、胡军保荐代表人资格的批复 | 2010年6月13日 | 证监许可〔2010〕0835号 |
| 775 | 关于核准艾可仁、柳淑丽保荐代表人资格的批复 | 2010年6月13日 | 证监许可〔2010〕0836号 |
| 776 | 关于核准邢金海保荐代表人资格的批复 | 2010年6月13日 | 证监许可〔2010〕0837号 |
| 777 | 关于核准赵麟保荐代表人资格的批复 | 2010年6月17日 | 证监许可〔2010〕0838号 |
| 778 | 关于核准蔡丹保荐代表人资格的批复 | 2010年6月17日 | 证监许可〔2010〕0839号 |
| 779 | 关于核准高元保荐代表人资格的批复 | 2010年6月17日 | 证监许可〔2010〕0840号 |
| 780 | 关于核准刘丹保荐代表人资格的批复 | 2010年6月17日 | 证监许可〔2010〕0841号 |
| 781 | 关于核准毛豪列保荐代表人资格的批复 | 2010年6月17日 | 证监许可〔2010〕0842号 |

续表

| 序号 | 名称 | 发文日期 | 文号 |
|---|---|---|---|
| 782 | 关于核准贾世宝保荐代表人资格的批复 | 2010 年 6 月 17 日 | 证监许可〔2010〕0843 号 |
| 783 | 关于核准熊顺祥保荐代表人资格的批复 | 2010 年 6 月 17 日 | 证监许可〔2010〕0844 号 |
| 784 | 关于核准胡智慧保荐代表人资格的批复 | 2010 年 6 月 17 日 | 证监许可〔2010〕0845 号 |
| 785 | 关于核准宁波衫立期货经纪有限公司变更注册资本和股权的批复 | 2010 年 6 月 21 日 | 证监许可〔2010〕0846 号 |
| 786 | 关于核准李雅婷期货公司首席风险官任职资格的批复 | 2010 年 6 月 24 日 | 证监许可〔2010〕0847 号 |
| 787 | 关于核准西藏同信证券有限责任公司在新疆等地设立 4 家证券营业部的批复 | 2010 年 6 月 18 日 | 证监许可〔2010〕0848 号 |
| 788 | 关于核准交银施罗德基金管理有限公司钱文挥基金行业高级管理人员任职资格的批复 | 2010 年 6 月 21 日 | 证监许可〔2010〕0849 号 |
| 789 | 关于核准曹晓红期货公司首席风险官任职资格的批复 | 2010 年 6 月 23 日 | 证监许可〔2010〕0850 号 |
| 790 | 关于核准中谷期货经纪有限公司变更注册资本和股权的批复 | 2010 年 6 月 24 日 | 证监许可〔2010〕0851 号 |
| 791 | 关于核准泰安鲁润股份有限公司非公开发行股票的批复 | 2010 年 6 月 23 日 | 证监许可〔2010〕0852 号 |
| 792 | 关于不予核准贵州高峰石油机械股份有限公司首次公开发行股票并在创业板上市申请的决定 | 2010 年 6 月 23 日 | 证监许可〔2010〕0853 号 |
| 793 | 关于核准中原证券股份有限公司在河南设立 2 家证券营业部的批复 | 2010 年 6 月 23 日 | 证监许可〔2010〕0854 号 |
| 794 | 关于核准长城伟业期货有限公司变更注册资本的批复 | 2010 年 6 月 25 日 | 证监许可〔2010〕0855 号 |
| 795 | 关于核准安信期货有限责任公司变更股权的批复 | 2010 年 6 月 25 日 | 证监许可〔2010〕0856 号 |
| 796 | 关于核准豁免中国国电集团公司要约收购国电电力发展股份有限公司股份义务的批复 | 2010 年 6 月 24 日 | 证监许可〔2010〕0858 号 |
| 797 | 关于核准张小翎担任摩根大通证券(亚太)有限公司上海代表处首席代表的批复 | 2010 年 6 月 25 日 | 证监许可〔2010〕0859 号 |
| 798 | 关于核准陈脘明担任法国巴黎资本(亚洲)有限公司上海代表处首席代表的批复 | 2010 年 6 月 25 日 | 证监许可〔2010〕0860 号 |
| 799 | 关于核准深圳发展银行股份有限公司非公开发行股票的批复 | 2010 年 6 月 28 日 | 证监许可〔2010〕0862 号 |
| 800 | 关于核准国信证券股份有限公司设立国信金理财限额特定 1 号集合资产管理计划的批复 | 2010 年 6 月 28 日 | 证监许可〔2010〕0863 号 |
| 801 | 关于核准设立纽银梅隆西部基金管理有限公司的批复 | 2010 年 6 月 28 日 | 证监许可〔2010〕0864 号 |

续表

| 序号 | 名称 | 发文日期 | 文号 |
|---|---|---|---|
| 802 | 关于核准广东南洋电缆集团股份有限公司非公开发行股票的批复 | 2010年6月28日 | 证监许可〔2010〕0865号 |
| 803 | 关于核准彩虹显示器件股份非公开发行股票的批复 | 2010年6月28日 | 证监许可〔2010〕0866号 |
| 804 | 关于不予核准武汉凯迪电力股份非公开发行股票申请的决定 | 2010年6月28日 | 证监许可〔2010〕0867号 |
| 805 | 关于核准秦皇岛天业通联重工股份有限公司首次公开发行股票的批复 | 2010年6月28日 | 证监许可〔2010〕0868号 |
| 806 | 关于核准深圳欧菲光科技股份有限公司首次公开发行股票的批复 | 2010年6月28日 | 证监许可〔2010〕0869号 |
| 807 | 关于核准江西赣锋锂业股份有限公司首次公开发行股票的批复 | 2010年6月28日 | 证监许可〔2010〕0870号 |
| 808 | 关于核准二六三网络通信股份有限公司首次公开发行股票的批复 | 2010年6月28日 | 证监许可〔2010〕0871号 |
| 809 | 关于核准中海货币市场证券投资基金募集的批复 | 2010年6月28日 | 证监许可〔2010〕0872号 |
| 810 | 关于核准银华抗通胀主题证券投资基金(LOF)募集的批复 | 2010年6月28日 | 证监许可〔2010〕0873号 |
| 811 | 关于核准嘉实稳固收益债券型证券投资基金募集的批复 | 2010年6月28日 | 证监许可〔2010〕0874号 |
| 812 | 关于核准易方达消费行业股票型证券投资基金募集的批复 | 2010年6月28日 | 证监许可〔2010〕0875号 |
| 813 | 关于不予核准中卫国脉通信股份有限公司重大资产和业务出售及发行股份和现金购买资产的决定 | 2010年6月29日 | 证监许可〔2010〕0876号 |
| 814 | 关于核准国盛证券有限责任公司变更公司章程重要条款的批复 | 2010年6月29日 | 证监许可〔2010〕0877号 |
| 815 | 关于核准中国银河证券股份有限公司设立银河福星1号集合资产管理计划的批复 | 2010年6月29日 | 证监许可〔2010〕0878号 |
| 816 | 关于核准融通基金管理有限公司修改章程的批复 | 2010年6月30日 | 证监许可〔2010〕0879号 |
| 817 | 关于核准易方达基金管理有限公司修改章程的批复 | 2010年6月30日 | 证监许可〔2010〕0880号 |
| 818 | 关于不予核准上海冠华不锈钢制品股份有限公司首次公开发行股票申请的决定 | 2010年6月30日 | 证监许可〔2010〕0881号 |
| 819 | 关于核准深圳市纺织(集团)股份有限公司非公开发行股票的批复 | 2010年6月30日 | 证监许可〔2010〕0882号 |
| 820 | 关于核准宁波东力传动设备股份有限公司非公开发行股票的批复 | 2010年6月30日 | 证监许可〔2010〕0883号 |
| 821 | 关于核准际华集团股份有限公司首次公开发行股票的批复 | 2010年6月30日 | 证监许可〔2010〕0884号 |

续表

| 序号 | 名称 | 发文日期 | 文号 |
|---|---|---|---|
| 822 | 关于核准陕西航天动力高科技股份有限公司配股的批复 | 2010 年 6 月 30 日 | 证监许可〔2010〕0885 号 |
| 823 | 关于核准铜陵有色金属集团股份有限公司公开发行可转换公司债券的批复 | 2010 年 6 月 30 日 | 证监许可〔2010〕0886 号 |
| 824 | 关于核准烟台银行股份有限公司证券投资基金销售业务资格的批复 | 2010 年 6 月 30 日 | 证监许可〔2010〕0887 号 |
| 825 | 关于核准国投瑞银优化增强债券型证券投资基金募集的批复 | 2010 年 6 月 30 日 | 证监许可〔2010〕0888 号 |
| 826 | 关于核准江西华伍制动器股份有限公司首次公开发行股票并在创业板上市的批复 | 2010 年 6 月 30 日 | 证监许可〔2010〕0889 号 |
| 827 | 关于核准易联众信息技术股份有限公司首次公开发行股票并在创业板上市的批复 | 2010 年 6 月 30 日 | 证监许可〔2010〕0890 号 |
| 828 | 关于核准大连智云自动化装备股份有限公司首次公开发行股票并在创业板上市的批复 | 2010 年 6 月 30 日 | 证监许可〔2010〕0891 号 |
| 829 | 关于核准中证南方小康产业交易型开放式指数证券投资基金及其联接基金募集的批复 | 2010 年 6 月 30 日 | 证监许可〔2010〕0892 号 |
| 830 | 关于核准渤海银行证券投资基金托管资格的批复 | 2010 年 6 月 29 日 | 证监许可〔2010〕0893 号 |
| 831 | 关于核准渤海银行赵亚萍基金行业高级管理人员任职资格的批复 | 2010 年 6 月 29 日 | 证监许可〔2010〕0894 号 |
| 832 | 关于核准华安证券有限责任公司变更公司章程重要条款的批复 | 2010 年 7 月 2 日 | 证监许可〔2010〕0895 号 |
| 833 | 关于核准新时代证券有限责任公司变更注册资本的批复 | 2010 年 6 月 30 日 | 证监许可〔2010〕0896 号 |
| 834 | 关于核准金瑞期货有限公司变更注册资本和股权的批复 | 2010 年 7 月 6 日 | 证监许可〔2010〕0897 号 |
| 835 | 关于核准山西三立期货经纪有限公司变更注册资本和股权的批复 | 2010 年 7 月 6 日 | 证监许可〔2010〕0898 号 |
| 836 | 关于核准上海东证期货有限公司变更注册资本的批复 | 2010 年 7 月 6 日 | 证监许可〔2010〕0899 号 |
| 837 | 关于核准上海永大期货经纪有限公司变更注册资本的批复 | 2010 年 7 月 6 日 | 证监许可〔2010〕0900 号 |
| 838 | 关于核准德国商业银行股份有限公司合格境外机构投资者资格的批复 | 2010 年 7 月 5 日 | 证监许可〔2010〕0901 号 |
| 839 | 关于核准南京三宝科技股份有限公司转到香港交易所主板上市的批复 | 2010 年 7 月 5 日 | 证监许可〔2010〕0902 号 |
| 840 | 关于不予核准上海龙宇燃油股份有限公司首次公开发行股票申请的决定 | 2010 年 7 月 6 日 | 证监许可〔2010〕0903 号 |

续表

| 序号 | 名称 | 发文日期 | 文号 |
|---|---|---|---|
| 841 | 关于核准宁夏青龙管业股份有限公司首次公开发行股票的批复 | 2010 年 7 月 6 日 | 证监许可〔2010〕0904 号 |
| 842 | 关于核准广东珠江啤酒股份有限公司首次公开发行股票的批复 | 2010 年 7 月 6 日 | 证监许可〔2010〕0905 号 |
| 843 | 关于核准昆山金利表面材料应用科技股份有限公司首次公开发行股票的批复 | 2010 年 7 月 6 日 | 证监许可〔2010〕0906 号 |
| 844 | 关于核准嘉事堂药业股份有限公司首次公开发行股票的批复 | 2010 年 7 月 6 日 | 证监许可〔2010〕0907 号 |
| 845 | 关于核准安本亚洲资产管理有限公司合格境外机构投资者资格的批复 | 2010 年 7 月 6 日 | 证监许可〔2010〕0908 号 |
| 846 | 关于核准刘洁期货公司首席风险官任职资格的批复 | 2010 年 7 月 7 日 | 证监许可〔2010〕0909 号 |
| 847 | 关于核准周静期货公司首席风险官任职资格的批复 | 2010 年 7 月 8 日 | 证监许可〔2010〕0910 号 |
| 848 | 关于核准江南期货经纪有限公司变更股权的批复 | 2010 年 7 月 7 日 | 证监许可〔2010〕0911 号 |
| 849 | 关于核准国信期货有限责任公司变更注册资本的批复 | 2010 年 7 月 7 日 | 证监许可〔2010〕0912 号 |
| 850 | 关于核准京都期货经纪有限公司变更注册资本的批复 | 2010 年 7 月 7 日 | 证监许可〔2010〕0913 号 |
| 851 | 关于核准兴业期货有限公司变更注册资本和股权的批复 | 2010 年 7 月 7 日 | 证监许可〔2010〕0914 号 |
| 852 | 关于核准广东高新兴通信股份有限公司首次公开发行股票并在创业板上市的批复 | 2010 年 6 月 30 日 | 证监许可〔2010〕0915 号 |
| 853 | 关于核准国联证券股份有限公司变更公司章程重要条款的批复 | 2010 年 7 月 6 日 | 证监许可〔2010〕0916 号 |
| 854 | 关于核准五矿实达期货经纪有限责任公司变更注册资本和股权的批复 | 2010 年 7 月 8 日 | 证监许可〔2010〕0917 号 |
| 855 | 关于核准江苏东华期货经纪有限公司变更注册资本和股权的批复 | 2010 年 7 月 8 日 | 证监许可〔2010〕0918 号 |
| 856 | 关于核准广晟期货有限公司变更股权的批复 | 2010 年 7 月 8 日 | 证监许可〔2010〕0919 号 |
| 857 | 关于核准上海永大期货经纪有限公司金融期货经纪业务资格的批复 | 2010 年 7 月 8 日 | 证监许可〔2010〕0920 号 |
| 858 | 关于核准陈波保荐代表人资格的批复 | 2010 年 7 月 6 日 | 证监许可〔2010〕0921 号 |
| 859 | 关于核准刘亚利保荐代表人资格的批复 | 2010 年 7 月 6 日 | 证监许可〔2010〕0922 号 |
| 860 | 关于核准郭瑛英保荐代表人资格的批复 | 2010 年 7 月 6 日 | 证监许可〔2010〕0923 号 |
| 861 | 关于核准吴其明保荐代表人资格的批复 | 2010 年 7 月 6 日 | 证监许可〔2010〕0924 号 |
| 862 | 关于核准廖标稳保荐代表人资格的批复 | 2010 年 7 月 6 日 | 证监许可〔2010〕0925 号 |

续表

| 序号 | 名称 | 发文日期 | 文号 |
| --- | --- | --- | --- |
| 863 | 关于核准孙川保荐代表人资格的批复 | 2010 年 7 月 6 日 | 证监许可〔2010〕0926 号 |
| 864 | 关于核准于迎涛保荐代表人资格的批复 | 2010 年 7 月 6 日 | 证监许可〔2010〕0927 号 |
| 865 | 关于核准程杨保荐代表人资格的批复 | 2010 年 7 月 6 日 | 证监许可〔2010〕0928 号 |
| 866 | 关于核准信蓓等 3 人保荐代表人资格的批复 | 2010 年 7 月 6 日 | 证监许可〔2010〕0929 号 |
| 867 | 关于核准长江期货有限公司变更注册资本的批复 | 2010 年 7 月 9 日 | 证监许可〔2010〕0930 号 |
| 868 | 关于光大证券股份有限公司设立光大阳光内需动力集合资产管理计划的批复 | 2010 年 7 月 8 日 | 证监许可〔2010〕0931 号 |
| 869 | 关于核准长江证券股份有限公司设立长江证券超越理财核心成长集合资产管理计划的批复 | 2010 年 7 月 8 日 | 证监许可〔2010〕0932 号 |
| 870 | 关于核准安信证券股份有限公司设立安信理财 3 号宏观领航集合资产管理计划的批复 | 2010 年 7 月 8 日 | 证监许可〔2010〕0933 号 |
| 871 | 关于核准蔡诗文保荐代表人资格的批复 | 2010 年 7 月 8 日 | 证监许可〔2010〕0934 号 |
| 872 | 关于核准周鹏保荐代表人资格的批复 | 2010 年 7 月 8 日 | 证监许可〔2010〕0935 号 |
| 873 | 关于核准李军伟保荐代表人资格的批复 | 2010 年 7 月 8 日 | 证监许可〔2010〕0936 号 |
| 874 | 关于核准中山证券有限责任公司变更公司章程重要条款的批复 | 2010 年 7 月 9 日 | 证监许可〔2010〕0937 号 |
| 875 | 关于核准安信证券股份有限公司变更公司章程重要条款的批复 | 2010 年 7 月 9 日 | 证监许可〔2010〕0938 号 |
| 876 | 关于核准天源证券经纪有限公司变更公司章程重要条款的批复 | 2010 年 7 月 9 日 | 证监许可〔2010〕0939 号 |
| 877 | 关于核准新华基金管理有限公司变更股权及修改章程的批复 | 2010 年 7 月 9 日 | 证监许可〔2010〕0940 号 |
| 878 | 关于核准东海证券有限责任有限公司在江苏等地设立 4 家证券营业部的批复 | 2010 年 7 月 9 日 | 证监许可〔2010〕0941 号 |
| 879 | 关于核准方正证券有限责任公司在湖南设立 2 家证券营业部的批复 | 2010 年 7 月 9 日 | 证监许可〔2010〕0942 号 |
| 880 | 关于核准兴业证券有限公司在福建等地设立 5 家证券营业部的批复 | 2010 年 7 月 9 日 | 证监许可〔2010〕0943 号 |
| 881 | 关于核准民生证券有限责任公司在深圳设立 1 家分公司的批复 | 2010 年 7 月 9 日 | 证监许可〔2010〕0944 号 |
| 882 | 关于核准申银万国证券股份有限公司设立申银万国 3 号基金宝集合资产管理计划的批复 | 2010 年 7 月 9 日 | 证监许可〔2010〕0945 号 |
| 883 | 关于核准信达证券股份有限公司设立信达满堂红基金优选集合资产管理计划的批复 | 2010 年 7 月 9 日 | 证监许可〔2010〕0946 号 |
| 884 | 关于核准国泰君安证券股份有限公司设立国泰君安得利二号货币增强集合资产管理计划的批复 | 2010 年 7 月 9 日 | 证监许可〔2010〕0947 号 |

续表

| 序号 | 名称 | 发文日期 | 文号 |
|---|---|---|---|
| 885 | 关于核准国联证券股份有限公司设立国联金如意2号集合资产管理计划的批复 | 2010年7月9日 | 证监许可〔2010〕0948号 |
| 886 | 关于核准山西证券设立2家证券营业部的批复 | 2010年7月9日 | 证监许可〔2010〕0949号 |
| 887 | 关于核准广发行业领先股票型证券投资基金募集的批复 | 2010年7月12日 | 证监许可〔2010〕0950号 |
| 888 | 关于核准华泰证券股份有限公司设立华泰紫金龙—大中华集合资产管理计划的批复 | 2010年7月12日 | 证监许可〔2010〕0951号 |
| 889 | 关于不予核准广东广机国际招标股份有限公司首次公开发行股票并在创业板上市申请的决定 | 2010年7月12日 | 证监许可〔2010〕0952号 |
| 890 | 关于核准大秦铁路股份有限公司增发股票的批复 | 2010年7月12日 | 证监许可〔2010〕0953号 |
| 891 | 关于核准厦门乾照光电股份有限公司首次公开发行股票并在创业板上市申请的批复 | 2010年7月12日 | 证监许可〔2010〕0954号 |
| 892 | 关于核准山东省尤洛卡自动化装备股份有限公司首次公开发行股票并在创业板上市申请的批复 | 2010年7月12日 | 证监许可〔2010〕0955号 |
| 893 | 关于核准宁波双林汽车部件股份有限公司首次公开发行股票并在创业板上市申请的批复 | 2010年7月12日 | 证监许可〔2010〕0956号 |
| 894 | 关于核准成都国腾电子技术股份有限公司首次公开发行股票并在创业板上市申请的批复 | 2010年7月12日 | 证监许可〔2010〕0957号 |
| 895 | 关于核准西安达刚路面机械股份有限公司首次公开发行股票并在创业板上市申请的批复 | 2010年7月12日 | 证监许可〔2010〕0958号 |
| 896 | 关于核准乐视网信息技术（北京）股份有限公司首次公开发行股票并在创业板上市申请的批复 | 2010年7月12日 | 证监许可〔2010〕0959号 |
| 897 | 关于核准豁免株洲冶炼集团有限责任公司要约收购株洲冶炼集团股份有限公司股份义务的批复 | 2010年7月13日 | 证监许可〔2010〕0960号 |
| 898 | 关于核准浦银安盛沪深300指数增强型证券投资基金募集的批复 | 2010年7月14日 | 证监许可〔2010〕0961号 |
| 899 | 关于核准长信量化先锋股票型证券投资基金募集的批复 | 2010年7月14日 | 证监许可〔2010〕0962号 |
| 900 | 关于核准金元比联消费主题股票型证券投资基金募集的批复 | 2010年7月14日 | 证监许可〔2010〕0963号 |
| 901 | 关于核准东吴证券有限责任公司在北京等地设立5家证券营业部的批复 | 2010年7月13日 | 证监许可〔2010〕0964号 |
| 902 | 关于核准东吴证券股份有限公司变更公司章程重要条款的批复 | 2010年7月14日 | 证监许可〔2010〕0965号 |
| 903 | 关于核准长江证券股份有限公司设立长江证券超越理财龙腾1号集合资产管理计划的批复 | 2010年7月16日 | 证监许可〔2010〕0966号 |

续表

| 序号 | 名称 | 发文日期 | 文号 |
|---|---|---|---|
| 904 | 关于核准东方证券股份有限公司设立东方红—开源集合资产管理计划的批复 | 2010年7月16日 | 证监许可〔2010〕0967号 |
| 905 | 关于核准江苏南大苏富特科技股份有限公司增发境外上市外资股的批复 | 2010年7月22日 | 证监许可〔2010〕0968号 |
| 906 | 关于核准刘昊保荐代表人资格的批复 | 2010年7月22日 | 证监许可〔2010〕0969号 |
| 907 | 关于核准高瑾妮保荐代表人资格的批复 | 2010年7月22日 | 证监许可〔2010〕0970号 |
| 908 | 关于核准韩志科保荐代表人资格的批复 | 2010年7月22日 | 证监许可〔2010〕0971号 |
| 909 | 关于核准大通证券股份有限公司在大连设立2家证券营业部的批复 | 2010年7月22日 | 证监许可〔2010〕0972号 |
| 910 | 关于核准华创证券有限责任公司变更注册资本的批复 | 2010年7月22日 | 证监许可〔2010〕0973号 |
| 911 | 关于核准汇鑫期货经纪有限公司变更注册资本和股权的批复 | 2010年7月23日 | 证监许可〔2010〕0974号 |
| 912 | 关于核准国元取货有限责任公司变更股权的批复 | 2010年7月23日 | 证监许可〔2010〕0975号 |
| 913 | 关于核准豁免中国长江三峡集团公司要约收购中国长江电力股份有限公司股份义务的批复 | 2010年7月23日 | 证监许可〔2010〕0976号 |
| 914 | 关于核准中欧基金管理有限公司唐步基金行业高级管理人员任职资格的批复 | 2010年7月22日 | 证监许可〔2010〕0977号 |
| 915 | 关于核准中证期货有限公司变更注册资本的批复 | 2010年7月26日 | 证监许可〔2010〕0978号 |
| 916 | 关于核准冠华期货经纪有限公司变更注册资本的批复 | 2010年7月26日 | 证监许可〔2010〕0979号 |
| 917 | 关于核准海南星海期货经纪有限公司变更注册资本和股权的批复 | 2010年7月26日 | 证监许可〔2010〕0980号 |
| 918 | 关于核准豁免海信集团有限公司及其一致行动人要约收购青岛海信电器股份有限公司股份义务的批复 | 2010年7月26日 | 证监许可〔2010〕0981号 |
| 919 | 关于核准建信全球机遇股票型证券投资基金募集的批复 | 2010年7月23日 | 证监许可〔2010〕0982号 |
| 920 | 关于核准海富通稳固收益债券型证券投资基金募集的批复 | 2010年7月23日 | 证监许可〔2010〕0983号 |
| 921 | 关于核准诺安主题精选股票型证券投资基金募集的批复 | 2010年7月23日 | 证监许可〔2010〕0984号 |
| 922 | 关于核准上证周期行业50交易型开放式指数证券投资基金及其联接基金募集的批复 | 2010年7月23日 | 证监许可〔2010〕0985号 |
| 923 | 关于核准烟台龙源电力技术股份有限公司首次公开发行股票并在创业板上市的批复 | 2010年7月23日 | 证监许可〔2010〕0986号 |
| 924 | 关于核准新疆西部牧业股份有限公司首次公开发行股票并在创业板上市的批复 | 2010年7月23日 | 证监许可〔2010〕0987号 |

续表

| 序号 | 名称 | 发文日期 | 文号 |
|---|---|---|---|
| 925 | 关于核准河北建新化工股份有限公司首次公开发行股票并在创业板上市的批复 | 2010年7月23日 | 证监许可〔2010〕0988号 |
| 926 | 关于核准华富强化回报债券型证券投资基金募集的批复 | 2010年7月23日 | 证监许可〔2010〕0989号 |
| 927 | 关于核准广州海格通信集团股份有限公司首次公开发行股票的批复 | 2010年7月23日 | 证监许可〔2010〕0990号 |
| 928 | 关于核准宁波港股份有限公司首次公开发行股票的批复 | 2010年7月23日 | 证监许可〔2010〕0991号 |
| 929 | 关于核准沪士电子股份有限公司首次公开发行股票的批复 | 2010年7月23日 | 证监许可〔2010〕0992号 |
| 930 | 关于核准浙江艾迪西流体控制股份有限公司首次公开发行股票的批复 | 2010年7月23日 | 证监许可〔2010〕0993号 |
| 931 | 关于不予核准厦门蒙发利科技(集团)股份有限公司首次公开发行股票申请的决定 | 2010年7月23日 | 证监许可〔2010〕0994号 |
| 932 | 关于不予核准江苏裕兴薄膜科技股份有限公司首次公开发行股票并在创业板上市申请的决定 | 2010年7月23日 | 证监许可〔2010〕0995号 |
| 933 | 关于不予核准四川有机实业股份有限公司首次公开发行股票并在创业板上市申请的决定 | 2010年7月23日 | 证监许可〔2010〕0996号 |
| 934 | 关于不予核准湖南金能科技股份有限公司首次公开发行股票并在创业板上市申请的决定 | 2010年7月23日 | 证监许可〔2010〕0997号 |
| 935 | 关于核准东兴证券股份有限公司变更上海分公司业务范围的批复 | 2010年7月23日 | 证监许可〔2010〕0998号 |
| 936 | 关于核准欧阳祖军、王玉亭保荐代表人资格的批复 | 2010年7月23日 | 证监许可〔2010〕0999号 |
| 937 | 关于核准乔绪德保荐代表人资格的批复 | 2010年7月23日 | 证监许可〔2010〕1000号 |
| 938 | 关于核准贺骞保荐代表人资格的批复 | 2010年7月23日 | 证监许可〔2010〕1001号 |
| 939 | 关于核准刘军保荐代表人资格的批复 | 2010年7月23日 | 证监许可〔2010〕1002号 |
| 940 | 关于核准佐野伸広担任野村证券株式会社上海代表处首席代表的批复 | 2010年7月27日 | 证监许可〔2010〕1003号 |
| 941 | 关于核准万联证券有限责任公司变更公司章程重要条款的批复 | 2010年7月27日 | 证监许可〔2010〕1004号 |
| 942 | 关于核准深圳瑞龙期货有限公司变更注册资本和股权的批复 | 2010年7月27日 | 证监许可〔2010〕1005号 |
| 943 | 关于核准天津金谷期货经纪有限公司变更注册资本和股权的批复 | 2010年7月28日 | 证监许可〔2010〕1006号 |
| 944 | 关于核准浙江大越期货经纪有限责任公司变更注册资本和股权的批复 | 2010年7月28日 | 证监许可〔2010〕1007号 |

续表

| 序号 | 名称 | 发文日期 | 文号 |
| --- | --- | --- | --- |
| 945 | 关于核准烟台中州期货经纪有限公司变更注册资本和股权的批复 | 2010 年 7 月 27 日 | 证监许可〔2010〕1008 号 |
| 946 | 关于核准浙江省永安期货经纪有限公司变更注册资本的批复 | 2010 年 7 月 27 日 | 证监许可〔2010〕1009 号 |
| 947 | 关于核准天鸿期货经纪有限公司金融期货经纪业务资格的批复 | 2010 年 7 月 27 日 | 证监许可〔2010〕1010 号 |
| 948 | 关于核准齐鲁证券有限公司变更公司章程重要条款的批复 | 2010 年 7 月 27 日 | 证监许可〔2010〕1011 号 |
| 949 | 关于核准中信证券股份有限公司变更公司章程重要条款的批复 | 2010 年 7 月 27 日 | 证监许可〔2010〕1012 号 |
| 950 | 关于核准汇添富基金管理有限公司陈灿辉基金行业高级管理人员任职资格的批复 | 2010 年 7 月 27 日 | 证监许可〔2010〕1013 号 |
| 951 | 关于核准老凤祥股份有限公司向上海浦区国有资产监督管理委员会发行股份购买资产的批复 | 2010 年 7 月 28 日 | 证监许可〔2010〕1014 号 |
| 952 | 关于核准上海市黄浦区国有资产监督管理委员会公告老凤祥股份有限公司收购报告书并豁免其要约收购义务的批复 | 2010 年 7 月 28 日 | 证监许可〔2010〕1015 号 |
| 953 | 关于核准豁免浙江宏润控股有限公司及郑宏舫要约收购宏润建设集团股份有限公司股份义务的批复 | 2010 年 7 月 28 日 | 证监许可〔2010〕1016 号 |
| 954 | 关于核准安信期货有限责任公司变更注册资本的批复 | 2010 年 7 月 29 日 | 证监许可〔2010〕1017 号 |
| 955 | 关于核准金元期货经纪有限公司变更注册资本和股权的批复 | 2010 年 7 月 29 日 | 证监许可〔2010〕1018 号 |
| 956 | 中国光大银行股份有限公司首次公开发行股票的批复 | 2010 年 7 月 28 日 | 证监许可〔2010〕1019 号 |
| 957 | 关于核准江西鑫新实业股份有限公司重大资产出售及向江西省出版集团公司发行股份购买资产的批复 | 2010 年 7 月 29 日 | 证监许可〔2010〕1020 号 |
| 958 | 关于核准江西省出版集团公司公告江西鑫新实业股份有限公司收购报告书并豁免其要约收购义务的批复 | 2010 年 7 月 29 日 | 证监许可〔2010〕1021 号 |
| 959 | 关于核准东安黑豹股份有限公司向金城集团有限公司、中航投资控股有限公司发行股份购买资产的批复 | 2010 年 7 月 29 日 | 证监许可〔2010〕1022 号 |
| 960 | 关于核准张科期货公司首席风险官任职资格的批复 | 2010 年 7 月 30 日 | 证监许可〔2010〕1023 号 |
| 961 | 关于核准江海证券有限公司在黑龙江设立 2 家证券营业部的批复 | 2010 年 7 月 29 日 | 证监许可〔2010〕1024 号 |
| 962 | 关于核准国联证券有限公司在江苏设立 5 家证券营业部的批复 | 2010 年 7 月 29 日 | 证监许可〔2010〕1025 号 |

续表

| 序号 | 名称 | 发文日期 | 文号 |
|---|---|---|---|
| 963 | 关于核准国开证券有限公司在北京设立2家证券营业部的批复 | 2010年7月29日 | 证监许可〔2010〕1026号 |
| 964 | 关于核准招商证券有限公司在广东设立5家证券营业部的批复 | 2010年7月29日 | 证监许可〔2010〕1027号 |
| 965 | 关于核准华创证券有限公司在北京等地设立2家证券营业部的批复 | 2010年7月29日 | 证监许可〔2010〕1028号 |
| 966 | 关于核准新时代证券有限责任公司证券资产管理业务资格的批复 | 2010年7月29日 | 证监许可〔2010〕1029号 |
| 967 | 关于核准李伟民期货公司首席风险官任职资格的批复 | 2010年8月4日 | 证监许可〔2010〕1030号 |
| 968 | 关于核准中欧基金管理有限公司徐红光基金行业高级管理人员任职资格的批复 | 2010年7月30日 | 证监许可〔2010〕1031号 |
| 969 | 关于核准通化双龙化工股份有限公司首次公开发行股票并在创业板上市的批复 | 2010年7月30日 | 证监许可〔2010〕1032号 |
| 970 | 关于核准博爱新开源制药股份有限公司首次公开发行股票并在创业板上市的批复 | 2010年7月30日 | 证监许可〔2010〕1033号 |
| 971 | 关于核准青岛华仁药业股份有限公司首次公开发行股票并在创业板上市的批复 | 2010年7月30日 | 证监许可〔2010〕1034号 |
| 972 | 关于核准五矿海勤期货有限公司变更股权的批复 | 2010年8月4日 | 证监许可〔2010〕1035号 |
| 973 | 关于核准豁免中国长江电力股份有限公司股份义务的批复 | 2010年8月2日 | 证监许可〔2010〕1036号 |
| 974 | 关于核准第一创业证券有限责任公司变更公司章程重要条款的批复 | 2010年8月2日 | 证监许可〔2010〕1037号 |
| 975 | 关于核准英大证券有限责任公司与证券交易、证券投资活动有关的财务顾问业务资格的批复 | 2010年8月2日 | 证监许可〔2010〕1038号 |
| 976 | 关于核准国泰君安证券股份有限公司在浙江等地设立5家证券营业部的批复 | 2010年8月3日 | 证监许可〔2010〕1039号 |
| 977 | 关于核准天源证券经纪有限公司在青海设立2家证券营业部的批复 | 2010年8月3日 | 证监许可〔2010〕1040号 |
| 978 | 关于核准长城证券有限责任公司在湖北等地设立5家证券营业部的批复 | 2010年8月3日 | 证监许可〔2010〕1041号 |
| 979 | 关于核准赵沂蒙、常厚顺保荐代表人资格的批复 | 2010年8月2日 | 证监许可〔2010〕1042号 |
| 980 | 关于核准马青海保荐代表人资格的批复 | 2010年8月2日 | 证监许可〔2010〕1043号 |
| 981 | 关于核准蒋理保荐代表人资格的批复 | 2010年8月2日 | 证监许可〔2010〕1044号 |
| 982 | 关于核准吴文浩保荐代表人资格的批复 | 2010年8月2日 | 证监许可〔2010〕1045号 |
| 983 | 关于核准曲文波保荐代表人资格的批复 | 2010年8月2日 | 证监许可〔2010〕1046号 |

续表

| 序号 | 名称 | 发文日期 | 文号 |
| --- | --- | --- | --- |
| 984 | 关于核准罗浩保荐代表人资格的批复 | 2010年8月2日 | 证监许可〔2010〕1047号 |
| 985 | 关于核准周灌青保荐代表人资格的批复 | 2010年8月2日 | 证监许可〔2010〕1048号 |
| 986 | 关于核准赵桂荣保荐代表人资格的批复 | 2010年8月2日 | 证监许可〔2010〕1049号 |
| 987 | 关于核准洪如明保荐代表人资格的批复 | 2010年8月2日 | 证监许可〔2010〕1050号 |
| 988 | 关于核准赵立新保荐代表人资格的批复 | 2010年8月2日 | 证监许可〔2010〕1051号 |
| 989 | 关于核准张连江保荐代表人资格的批复 | 2010年8月2日 | 证监许可〔2010〕1052号 |
| 990 | 关于核准博时基金管理有限公司杨锐、董良泓、李志惠、李雪松、邵凯基金行业高级管理人员任职资格的批复 | 2010年8月4日 | 证监许可〔2010〕1053号 |
| 991 | 关于核准华创证券有限责任公司变更业务范围的批复 | 2010年8月4日 | 证监许可〔2010〕1054号 |
| 992 | 关于核准特变电工股份有限公司增发股票的批复 | 2010年7月27日 | 证监许可〔2010〕1055号 |
| 993 | 关于核准浙江向日葵光能科技股份有限公司首次公开发行股票并在创业板上市的批复 | 2010年8月4日 | 证监许可〔2010〕1056号 |
| 994 | 关于核准深圳万讯自控股份有限公司首次公开发行股票并在创业板上市的批复 | 2010年8月4日 | 证监许可〔2010〕1057号 |
| 995 | 关于核准杭州顺网科技股份有限公司首次公开发行股票并在创业板上市的批复 | 2010年8月4日 | 证监许可〔2010〕1058号 |
| 996 | 关于核准中航电测仪器股份有限公司首次公开发行股票并在创业板上市的批复 | 2010年8月4日 | 证监许可〔2010〕1059号 |
| 997 | 关于核准豁免康恩贝集团有限公司首次公开发行股票并在创业板上市的批复 | 2010年8月5日 | 证监许可〔2010〕1060号 |
| 998 | 关于核准豁免青岛海尔创业投资咨询有限公司及一致行动人要约收购青岛海尔股份有限公司股份义务的批复 | 2010年8月5日 | 证监许可〔2010〕1061号 |
| 999 | 关于核准四川天齐锂业股份有限公司首次公开发行股票的批复 | 2010年8月9日 | 证监许可〔2010〕1062号 |
| 1000 | 关于核准山东三维石化工程股份有限公司首次公开发行股票的批复 | 2010年8月9日 | 证监许可〔2010〕1063号 |
| 1001 | 关于核准山东金正大生态工程股份有限公司首次公开发行股票的批复 | 2010年8月9日 | 证监许可〔2010〕1064号 |
| 1002 | 关于核准银华成长先锋混合型证券投资基金募集的批复 | 2010年8月9日 | 证监许可〔2010〕1065号 |
| 1003 | 关于核准申万巴黎深证成指分级证券投资基金募集的批复 | 2010年8月9日 | 证监许可〔2010〕1066号 |
| 1004 | 关于核准回天富医药保健股票型证券投资基金募集的批复 | 2010年8月9日 | 证监许可〔2010〕1067号 |

续表

| 序号 | 名称 | 发文日期 | 文号 |
|---|---|---|---|
| 1005 | 关于核准兴业沪深300指数增强型证券投资基金(LOF)募集的批复 | 2010年8月9日 | 证监许可〔2010〕1068号 |
| 1006 | 关于核准KB资产运用合格境外机构投资者资格的批复 | 2010年8月9日 | 证监许可〔2010〕1069号 |
| 1007 | 关于核准深圳市东江环保股份有限公司转到香港交易所主板上市的批复 | 2010年8月9日 | 证监许可〔2010〕1070号 |
| 1008 | 关于核准中国建材股份有限公司增发境外上市外资股的批复 | 2010年8月9日 | 证监许可〔2010〕1071号 |
| 1009 | 关于核准信诚增强收益债券型证券投资基金募集的批复 | 2010年8月9日 | 证监许可〔2010〕1072号 |
| 1010 | 关于核准南方基金管理有限公司变更股权的批复 | 2010年8月9日 | 证监许可〔2010〕1073号 |
| 1011 | 关于核准国信证券股份有限公司在深圳设立5家证券营业部的批复 | 2010年8月9日 | 证监许可〔2010〕1074号 |
| 1012 | 关于核准瑞银证券有限责任公司设立瑞银财富1号集合资产管理计划的批复 | 2010年8月9日 | 证监许可〔2010〕1075号 |
| 1013 | 关于核准国海证券有限责任公司设立国海收益精选集合资产管理计划的批复 | 2010年8月9日 | 证监许可〔2010〕1076号 |
| 1014 | 关于核准中银国际证券有限责任公司设立中国红稳定价值集合资产管理计划的批复 | 2010年8月9日 | 证监许可〔2010〕1077号 |
| 1015 | 关于核准财通证券有限责任公司设立金色钱塘—核心动力集合资产管理计划的批复 | 2010年8月9日 | 证监许可〔2010〕1078号 |
| 1016 | 关于核准中国国际金融有限公司变更持有5%以上股权的股东的批复 | 2010年8月9日 | 证监许可〔2010〕1079号 |
| 1017 | 关于核准中国国际金融有限公司设立中金消费指数集合资产管理计划的批复 | 2010年8月9日 | 证监许可〔2010〕1080号 |
| 1018 | 关于核准华创证券股份有限公司在北京等地设立4家证券营业部的批复 | 2010年8月9日 | 证监许可〔2010〕1081号 |
| 1019 | 关于核准中银国际证券有限责任公司变更业务范围的批复 | 2010年8月9日 | 证监许可〔2010〕1082号 |
| 1020 | 关于核准广东塔牌集团股份有限公司公开发行可转换公司债券的批复 | 2010年8月9日 | 证监许可〔2010〕1083号 |
| 1021 | 关于核准广东德豪润达电气股份有限公司非公开发行股票的批复 | 2010年8月9日 | 证监许可〔2010〕1084号 |
| 1022 | 关于核准新疆青松建材化工(集团)股份有限公司配股的批复 | 2010年8月9日 | 证监许可〔2010〕1085号 |
| 1023 | 关于不予核准新疆宏泰矿业股份有限公司首次公开发行股票申请的决定 | 2010年8月9日 | 证监许可〔2010〕1086号 |

续表

| 序号 | 名称 | 发文日期 | 文号 |
|---|---|---|---|
| 1024 | 关于不予核准浙江佳力科技股份有限公司首次公开发行股票申请的决定 | 2010年8月9日 | 证监许可〔2010〕1087号 |
| 1025 | 关于核准中信证券股份有限公司变更业务范围的批复 | 2010年8月9日 | 证监许可〔2010〕1088号 |
| 1026 | 关于核准中信万通证券有限责任公司变更业务范围的批复 | 2010年8月9日 | 证监许可〔2010〕1089号 |
| 1027 | 关于核准中信金通证券案有限责任公司变更业务范围的批复 | 2010年8月9日 | 证监许可〔2010〕1090号 |
| 1028 | 关于核准首创有限责任公司变更持有5%以上股权的股东的批复 | 2010年8月9日 | 证监许可〔2010〕1091号 |
| 1029 | 关于核准张润潮保荐代表人资格的批复 | 2010年8月10日 | 证监许可〔2010〕1092号 |
| 1030 | 关于核准孙炜保荐代表人资格的批复 | 2010年8月10日 | 证监许可〔2010〕1093号 |
| 1031 | 关于核准李鸿保荐代表人资格的批复 | 2010年8月10日 | 证监许可〔2010〕1094号 |
| 1032 | 关于核准朱桢、林剑云保荐代表人资格的批复 | 2010年8月10日 | 证监许可〔2010〕1095号 |
| 1033 | 关于核准陈超保荐代表人资格的批复 | 2010年8月10日 | 证监许可〔2010〕1096号 |
| 1034 | 关于核准中德证券有限责任公司变更公司章程重要条款的批复 | 2010年8月10日 | 证监许可〔2010〕1097号 |
| 1035 | 关于核准光大证券股份有限公司设立光大阳光集结号收益型二期集合资产管理计划的批复 | 2010年8月10日 | 证监许可〔2010〕1098号 |
| 1036 | 关于核准福建榕基软件股份有限公司首次公开发行股票的批复 | 2010年8月11日 | 证监许可〔2010〕1099号 |
| 1037 | 关于核准江苏中超电缆股份有限公司首次公开发行股票的批复 | 2010年8月11日 | 证监许可〔2010〕1100号 |
| 1038 | 关于核准向晓娟保荐代表人资格的批复 | 2010年8月11日 | 证监许可〔2010〕1101号 |
| 1039 | 关于核准旺地明保荐代表人资格的批复 | 2010年8月11日 | 证监许可〔2010〕1102号 |
| 1040 | 关于核准招商证券股份有限公司设立招商智远稳健3号集合资产管理计划的批复 | 2010年8月11日 | 证监许可〔2010〕1103号 |
| 1041 | 关于核准航天证券有限责任公司变更公司章程重要条款的批复 | 2010年8月11日 | 证监许可〔2010〕1104号 |
| 1042 | 关于核准深圳市长盈精密技术股份有限公司首次公开发行股票并在创业板上市的批复 | 2010年8月12日 | 证监许可〔2010〕1105号 |
| 1043 | 关于核准陕西坚瑞消防股份有限公司首次公开发行股票并在创业板上市的批复 | 2010年8月12日 | 证监许可〔2010〕1106号 |
| 1044 | 关于核准北京嘉寓门窗幕墙股份有限公司首次公开发行股票并在创业板上市的批复 | 2010年8月12日 | 证监许可〔2010〕1107号 |

续表

| 序号 | 名称 | 发文日期 | 文号 |
| --- | --- | --- | --- |
| 1045 | 关于核准东方日升新能源股份有限公司首次公开发行股票并在创业板上市的批复 | 2010年8月12日 | 证监许可〔2010〕1108号 |
| 1046 | 关于核准中信金通证券有限责任公司在浙江设立2家证券营业部的批复 | 2010年8月12日 | 证监许可〔2010〕1109号 |
| 1047 | 关于核准渤海证券有限责任公司在天津设立2家证券营业部的批复 | 2010年8月12日 | 证监许可〔2010〕1110号 |
| 1048 | 关于核准卜道明担任麦格理证券(澳大利亚)股份有限公司上海代表处首席代表的批复 | 2010年8月13日 | 证监许可〔2010〕1111号 |
| 1049 | 关于核准湘潭电机股份有限公司配股的批复 | 2010年8月13日 | 证监许可〔2010〕1112号 |
| 1050 | 关于核准红塔证券股份有限公司设立红塔登峰1号集合资产管理计划的批复 | 2010年8月16日 | 证监许可〔2010〕1113号 |
| 1051 | 关于核准富国汇利分级债券型证券投资基金募集的批复 | 2010年8月16日 | 证监许可〔2010〕1114号 |
| 1052 | 关于核准德邦证券有限责任公司变更持有5%以上股权的股东的批复 | 2010年8月16日 | 证监许可〔2010〕1115号 |
| 1053 | 关于核准刘智保荐代表人资格的批复 | 2010年8月16日 | 证监许可〔2010〕1116号 |
| 1054 | 关于核准国泰君安证券股份有限公司设立国泰君安君亨富利股票集合资产管理计划的批复 | 2010年8月17日 | 证监许可〔2010〕1118号 |
| 1055 | 关于核准豁免中国大唐集团公司要约收购大唐国际发电股份有限公司股份义务的批复 | 2010年8月18日 | 证监许可〔2010〕1119号 |
| 1056 | 关于核准蒋涛期货公司首席风险官任职资格的批复 | 2010年8月19日 | 证监许可〔2010〕1120号 |
| 1057 | 关于核准日信证券有限责任公司在内蒙古设立2家证券营业部的批复 | 2010年8月18日 | 证监许可〔2010〕1121号 |
| 1058 | 关于核准华安证券有限责任公司在安徽设立2家证券营业部的批复 | 2010年8月18日 | 证监许可〔2010〕1122号 |
| 1059 | 关于核准广州汽车集团股份有限公司发行境外上海斯外资股的批复 | 2010年8月18日 | 证监许可〔2010〕1123号 |
| 1060 | 关于核准浙江双环传动机械股份有限公司首次公开发行股票的批复 | 2010年8月18日 | 证监许可〔2010〕1124号 |
| 1061 | 关于核准宁波圣莱达电器股份有限公司首次公开发行股票的批复 | 2010年8月18日 | 证监许可〔2010〕1125号 |
| 1062 | 关于核准希努尔男装股份有限公司首次公开发行股票的批复 | 2010年8月18日 | 证监许可〔2010〕1126号 |
| 1063 | 关于核准深圳立讯精密工业股份有限公司首次公开发行股票的批复 | 2010年8月18日 | 证监许可〔2010〕1127号 |
| 1064 | 关于核准中昌海运股份有限公司向上海三盛宏投资(集团)有限责任公司等发行股份购买资产的批复 | 2010年8月19日 | 证监许可〔2010〕1128号 |

续表

| 序号 | 名称 | 发文日期 | 文号 |
| --- | --- | --- | --- |
| 1065 | 关于核准上海三盛宏业投资(集团)有限责任公司及一致行动人公告中昌海运股份有限公司收购报告书并豁免其要约收购义务的批复 | 2010年8月19日 | 证监许可〔2010〕1129号 |
| 1066 | 关于核准申能股份有限公司增发股票的批复 | 2010年8月19日 | 证监许可〔2010〕1130号 |
| 1067 | 关于核准中国建银投资证券有限责任公司变更持有5%以上股权的股东的批复 | 2010年8月19日 | 证监许可〔2010〕1131号 |
| 1068 | 关于核准海马投资集团股份有限公司非公开发行股票的批复 | 2010年8月19日 | 证监许可〔2010〕1132号 |
| 1069 | 关于核准恒泰长财证券有限责任公司证券投资基金销售业务资格的批复 | 2010年8月19日 | 证监许可〔2010〕1133号 |
| 1070 | 关于核准中银全球策略证券投资基金(FOF)募集的批复 | 2010年8月19日 | 证监许可〔2010〕1134号 |
| 1071 | 关于核准新华基金管理有限公司变更住所的批复 | 2010年8月20日 | 证监许可〔2010〕1135号 |
| 1072 | 关于核准大通证券股份有限公司变更注册资本的批复 | 2010年8月20日 | 证监许可〔2010〕1136号 |
| 1073 | 关于核准山东宝莫生物化工股份有限公司首次公开发行股票的批复 | 2010年8月20日 | 证监许可〔2010〕1137号 |
| 1074 | 关于核准江苏常宝钢管股份有限公司首次公开发行股票的批复 | 2010年8月20日 | 证监许可〔2010〕1138号 |
| 1075 | 关于核准浙江富春江环保热电股份有限公司首次公开发行股票的批复 | 2010年8月20日 | 证监许可〔2010〕1139号 |
| 1076 | 关于核准河南雏鹰农牧股份有限公司首次公开发行股票的批复 | 2010年8月20日 | 证监许可〔2010〕1140号 |
| 1077 | 关于核准民生证券有限责任公司变更公司章程重要条款的批复 | 2010年8月20日 | 证监许可〔2010〕1141号 |
| 1078 | 关于核准刘积红期货公司首席风险官任职资格的批复 | 2010年8月24日 | 证监许可〔2010〕1142号 |
| 1079 | 关于核准乔文忠期货公司首席风险官任职资格的批复 | 2010年8月24日 | 证监许可〔2010〕1143号 |
| 1080 | 关于核准饶国芳期货公司首席风险官任职资格的批复 | 2010年8月24日 | 证监许可〔2010〕1144号 |
| 1081 | 关于核准金元比联基金管理有限公司任开宇基金兴业高级管理人员任职资格的批复 | 2010年8月23日 | 证监许可〔2010〕1145号 |
| 1082 | 关于核准中信证券股份有限公司设立中信证券贵宾1号主题精选集合资产管理计划的批复 | 2010年8月23日 | 证监许可〔2010〕1146号 |
| 1083 | 关于核准摩乃科斯证券股份有限公司在北京设立代表处的批复 | 2010年8月24日 | 证监许可〔2010〕1147号 |

续表

| 序号 | 名称 | 发文日期 | 文号 |
|---|---|---|---|
| 1084 | 关于核准五矿证券经纪有限责任公司变更公司章程重要条款的批复 | 2010年8月23日 | 证监许可〔2010〕1148号 |
| 1085 | 关于核准陕西证券经纪有限责任公司变更公司章程重要条款的批复 | 2010年8月23日 | 证监许可〔2010〕1149号 |
| 1086 | 关于核准北汽福田汽车股份有限公司非公开发行股票的批复 | 2010年8月24日 | 证监许可〔2010〕1150号 |
| 1087 | 关于核准豁免北京国有资本经营管理中心要约收购北汽福田汽车股份有限公司股份义务的批复 | 2010年8月24日 | 证监许可〔2010〕1151号 |
| 1088 | 关于不予核准浙江哈尔斯真空器皿股份有限公司首次公开发行股票申请的决定 | 2010年8月24日 | 证监许可〔2010〕1152号 |
| 1089 | 关于核准杭州士兰微电子股份有限公司非公开发行股票的批复 | 2010年8月24日 | 证监许可〔2010〕1153号 |
| 1090 | 关于核准中信证券股份有限公司在北京等地设立5家分公司的批复 | 2010年8月24日 | 证监许可〔2010〕1154号 |
| 1091 | 关于核准中国工商银行股份有限公司公开发行可转换公司债券的批复 | 2010年8月24日 | 证监许可〔2010〕1155号 |
| 1092 | 关于核准四川广安爱众股份有限公司非公开发行股票的批复 | 2010年8月24日 | 证监许可〔2010〕1156号 |
| 1093 | 关于核准徐工集团工程机械股份有限公司非公开发行股票的批复 | 2010年8月24日 | 证监许可〔2010〕1157号 |
| 1094 | 关于核准重庆智飞生物制品股份有限公司首次公开发行股票并在创业板上市的批复 | 2010年8月24日 | 证监许可〔2010〕1158号 |
| 1095 | 关于核准太阳鸟游艇股份有限公司首次公开发行股票并在创业板上市的批复 | 2010年8月24日 | 证监许可〔2010〕1159号 |
| 1096 | 关于核准天津瑞普生物技术股份有限公司首次公开发行股票并在创业板上市的批复 | 2010年8月24日 | 证监许可〔2010〕1160号 |
| 1097 | 关于核准深圳市汇川技术股份有限公司首次公开发行股票并在创业板上市的批复 | 2010年8月24日 | 证监许可〔2010〕1161号 |
| 1098 | 关于核准天津经纬电材股份有限公司首次公开发行股票并在创业板上市的批复 | 2010年8月24日 | 证监许可〔2010〕1162号 |
| 1099 | 关于核准山东阳谷华泰化工股份有限公司首次公开发行股票并在创业板上市的批复 | 2010年8月24日 | 证监许可〔2010〕1163号 |
| 1100 | 关于核准宏源期货有限公司变更注册资本的批复 | 2010年8月27日 | 证监许可〔2010〕1164号 |
| 1101 | 关于核准国泰君安期货有限公司变更注册资本的批复 | 2010年8月27日 | 证监许可〔2010〕1165号 |
| 1102 | 关于核准联讯证券有限责任公司在广东设立2家证券营业部的批复 | 2010年8月25日 | 证监许可〔2010〕1166号 |

续表

| 序号 | 名称 | 发文日期 | 文号 |
| --- | --- | --- | --- |
| 1103 | 关于核准长江证券股份有限公司在湖北等地设立4家证券营业部的批复 | 2010年8月25日 | 证监许可〔2010〕1167号 |
| 1104 | 关于核准华海期货有限公司金融期货经纪业务资格的批复 | 2010年8月30日 | 证监许可〔2010〕1168号 |
| 1105 | 关于核准和合期货经纪有限公司金融期货经纪业务资格的批复 | 2010年8月30日 | 证监许可〔2010〕1169号 |
| 1106 | 关于核准重庆先融期货经纪有限公司变更注册资本的批复 | 2010年8月30日 | 证监许可〔2010〕1170号 |
| 1107 | 关于核准成都市新筑路桥机械股份有限公司首次公开发行股票的批复 | 2010年8月26日 | 证监许可〔2010〕1171号 |
| 1108 | 关于核准深圳广田装饰集团股份有限公司首次公开发行股票的批复 | 2010年8月26日 | 证监许可〔2010〕1172号 |
| 1109 | 关于核准烟台双塔食品股份有限公司首次公开发行股票的批复 | 2010年8月26日 | 证监许可〔2010〕1173号 |
| 1110 | 关于核准招商期货有限公司变更注册资本的批复 | 2010年8月30日 | 证监许可〔2010〕1174号 |
| 1111 | 关于核准方正证券有限责任公司为期货公司提供中间介绍业务资格的批复 | 2010年8月30日 | 证监许可〔2010〕1175号 |
| 1112 | 关于核准北京首创期货有限责任公司变更注册资本和股权的批复 | 2010年8月31日 | 证监许可〔2010〕1176号 |
| 1113 | 关于核准北方期货经纪有限责任公司变更股权的批复 | 2010年8月31日 | 证监许可〔2010〕1177号 |
| 1114 | 关于核准德邦期货有限公司变更股权的批复 | 2010年8月31日 | 证监许可〔2010〕1178号 |
| 1115 | 关于核准华鑫证券有限责任公司为期货公司提供中间介绍业务资格的批复 | 2010年8月31日 | 证监许可〔2010〕1179号 |
| 1116 | 关于核准中天证券有限责任公司为期货公司提供中间介绍业务资格的批复 | 2010年8月31日 | 证监许可〔2010〕1180号 |
| 1117 | 关于核准中山证券有限责任公司为期货公司提供中间介绍业务资格的批复 | 2010年8月31日 | 证监许可〔2010〕1181号 |
| 1118 | 关于核准财通证券有限责任公司在浙江等地设立4家证券营业部的批复 | 2010年8月30日 | 证监许可〔2010〕1182号 |
| 1119 | 关于核准海通证券有限责任公司在浙江等地设立5家证券营业部的批复 | 2010年8月30日 | 证监许可〔2010〕1183号 |
| 1120 | 关于核准李敏期货公司首席风险官任职资格的批复 | 2010年8月31日 | 证监许可〔2010〕1184号 |
| 1121 | 关于核准黄露期货公司首席风险官任职资格的批复 | 2010年8月31日 | 证监许可〔2010〕1185号 |
| 1122 | 关于核准湖北新华光信息材料股份有限公司向西安北方光电有限公司等发行股份购买资产的批复 | 2010年8月31日 | 证监许可〔2010〕1186号 |

续表

| 序号 | 名称 | 发文日期 | 文号 |
|---|---|---|---|
| 1123 | 关于核准西安北方光电有限公司公告湖北新华光信息材料股份有限公司收购报告书并豁免其要约收购义务的批复 | 2010年8月31日 | 证监许可〔2010〕1187号 |
| 1124 | 关于核准温军婴保荐代表人资格的批复 | 2010年8月30日 | 证监许可〔2010〕1188号 |
| 1125 | 关于核准罗霄保荐代表人资格的批复 | 2010年8月30日 | 证监许可〔2010〕1189号 |
| 1126 | 关于核准杨晓涛保荐代表人资格的批复 | 2010年8月30日 | 证监许可〔2010〕1190号 |
| 1127 | 关于核准梁化彬保荐代表人资格的批复 | 2010年8月30日 | 证监许可〔2010〕1191号 |
| 1128 | 关于核准甘宁保荐代表人资格的批复 | 2010年8月30日 | 证监许可〔2010〕1192号 |
| 1129 | 关于核准廖晓靖保荐代表人资格的批复 | 2010年8月30日 | 证监许可〔2010〕1193号 |
| 1130 | 关于核准周宏科保荐代表人资格的批复 | 2010年8月30日 | 证监许可〔2010〕1194号 |
| 1131 | 关于核准李小波保荐代表人资格的批复 | 2010年8月30日 | 证监许可〔2010〕1195号 |
| 1132 | 关于核准费春成、陈伟保荐代表人资格的批复 | 2010年8月30日 | 证监许可〔2010〕1196号 |
| 1133 | 关于核准华宝证券有限责任公司变更公司章程重要条款的批复 | 2010年8月31日 | 证监许可〔2010〕1197号 |
| 1134 | 关于核准国泰基金管理有限公司余荣权基金行业高级管理人员任职资格的批复 | 2010年9月1日 | 证监许可〔2010〕1198号 |
| 1135 | 关于核准方正证券有限责任公司变更为股份有限公司的批复 | 2010年9月1日 | 证监许可〔2010〕1199号 |
| 1136 | 关于核准富国全球债券证券投资基金募集的批复 | 2010年9月1日 | 证监许可〔2010〕1200号 |
| 1137 | 关于核准摩根士丹利华鑫消费领航混合型证券投资基金募集的批复 | 2010年9月1日 | 证监许可〔2010〕1201号 |
| 1138 | 关于核准南方广利回报债券型证券投资基金募集的批复 | 2010年9月1日 | 证监许可〔2010〕1202号 |
| 1139 | 关于核准上证龙头企业交易型开放式指数证券投资基金及其联接基金募集的批复 | 2010年9月1日 | 证监许可〔2010〕1203号 |
| 1140 | 关于核准中银稳健双利债券型证券投资基金募集的批复 | 2010年9月1日 | 证监许可〔2010〕1204号 |
| 1141 | 关于核准中海环保新能源主题灵活配置混合型证券投资基金募集的批复 | 2010年9月1日 | 证监许可〔2010〕1205号 |
| 1142 | 关于核准建信内生动力股票型证券投资基金募集的批复 | 2010年9月1日 | 证监许可〔2010〕1206号 |
| 1143 | 关于核准富达基金(香港)有限公司合格境外机构投资者资格的批复 | 2010年9月1日 | 证监许可〔2010〕1207号 |
| 1144 | 关于核准广发基金管理有限公司在香港设立广发国际资产管理有限公司的批复 | 2010年9月1日 | 证监许可〔2010〕1208号 |

续表

| 序号 | 名称 | 发文日期 | 文号 |
|---|---|---|---|
| 1145 | 关于核准齐商银行股份有限公司证券投资基金销售业务资格的批复 | 2010年9月1日 | 证监许可〔2010〕1209号 |
| 1146 | 关于核准东港安全印刷股份有限公司增发股票的批复 | 2010年9月1日 | 证监许可〔2010〕1210号 |
| 1147 | 关于核准湖南科力远新能源股份有限公司非公开发行股票的批复 | 2010年9月1日 | 证监许可〔2010〕1211号 |
| 1148 | 关于核准宁波银行股份有限公司非公开发行股票的批复 | 2010年9月1日 | 证监许可〔2010〕1212号 |
| 1149 | 关于核准金元证券股份有限公司在深圳设立2家分公司的批复 | 2010年9月1日 | 证监许可〔2010〕1213号 |
| 1150 | 关于核准国泰君安证券股份有限公司设立君安君得鑫股票集合资产管理计划的批复 | 2010年9月1日 | 证监许可〔2010〕1214号 |
| 1151 | 关于核准中国南方航空股份有限公司增发境外上市外资股的批复 | 2010年9月1日 | 证监许可〔2010〕1215号 |
| 1152 | 关于核准招商证券股份有限公司设立招商证券智远内需集合资产管理计划的批复 | 2010年9月1日 | 证监许可〔2010〕1216号 |
| 1153 | 关于核准信诚金砖四国积极配置证券投资基金(LOF)募集的批复 | 2010年9月1日 | 证监许可〔2010〕1217号 |
| 1154 | 关于核准大成景丰分级债券型证券投资基金募集的批复 | 2010年9月2日 | 证监许可〔2010〕1218号 |
| 1155 | 关于核准新天绿色能源股份有限公司发行境外上市外资股的批复 | 2010年9月1日 | 证监许可〔2010〕1219号 |
| 1156 | 关于核准刘敏担任香港上海汇丰银行有限公司(证券业务)北京代表处首席代表的批复 | 2010年9月2日 | 证监许可〔2010〕1221号 |
| 1157 | 关于核准成自龙担任日盛嘉富证券国际有限公司上海代表处席代表的批复 | 2010年9月2日 | 证监许可〔2010〕1222号 |
| 1158 | 关于核准中国长江航运集团南京油运股份有限公司非公开发行股票的批复 | 2010年9月2日 | 证监许可〔2010〕1223号 |
| 1159 | 关于核准豁免南京长江油运公司要约收购中国长江航运南京油运股份有限公司股份义务的批复 | 2010年9月2日 | 证监许可〔2010〕1224号 |
| 1160 | 关于核准国都证券有限责任公司设立国都安心成长集合资产管理计划的批复 | 2010年9月2日 | 证监许可〔2010〕1225号 |
| 1161 | 关于核准上海证券理财1号集合资产管理计划延长存续期及变更集合资产管理合同重要条款的批复 | 2010年9月5日 | 证监许可〔2010〕1226号 |
| 1162 | 关于核准江苏润邦重工股份有限公司首次公开发行股票的批复 | 2010年9月6日 | 证监许可〔2010〕1227号 |

续表

| 序号 | 名称 | 发文日期 | 文号 |
|---|---|---|---|
| 1163 | 关于核准上海嘉麟杰纺织品股份有限公司首次公开发行股票的批复 | 2010年9月6日 | 证监许可〔2010〕1228号 |
| 1164 | 关于核准豁免浙江精工建设产业集团有限公司要约收购长江精工钢结构（集团）股份有限公司股份义务的批复 | 2010年9月6日 | 证监许可〔2010〕1230号 |
| 1165 | 关于核准中国恒天集团有限公司公告恒天凯马股份有限公司收购报告书并豁免其要约收购义务的批复 | 2010年9月7日 | 证监许可〔2010〕1231号 |
| 1166 | 关于核准汇丰普信基金管理有限公司林彤彤基金行业高级管理人员任职资格的批复 | 2010年9月8日 | 证监许可〔2010〕1232号 |
| 1167 | 关于核准杭州前进齿轮箱集团股份有限公司首次公开发行股票的批复 | 2010年9月9日 | 证监许可〔2010〕1233号 |
| 1168 | 关于核准大连易世达新能源发展股份有限公司首次公开发行股票并在创业板上市的批复 | 2010年9月9日 | 证监许可〔2010〕1234号 |
| 1169 | 关于核准上海锐奇工具股份有限公司首次公开发行股票并在创业板上市的批复 | 2010年9月9日 | 证监许可〔2010〕1235号 |
| 1170 | 关于核准成都银河磁体股份有限公司首次公开发行股票并在创业板上市的批复 | 2010年9月9日 | 证监许可〔2010〕1236号 |
| 1171 | 关于核准苏州锦富新材料股份有限公司首次公开发行股票并在创业板上市的批复 | 2010年9月9日 | 证监许可〔2010〕1237号 |
| 1172 | 关于核准辽宁大金重工股份有限公司首次公开发行股票的批复 | 2010年9月9日 | 证监许可〔2010〕1238号 |
| 1173 | 关于核准明富环球新加坡私人有限公司在上海设立代表处的批复 | 2010年9月9日 | 证监许可〔2010〕1239号 |
| 1174 | 关于核准兴业证券股份有限公司首次公开发行股票的批复 | 2010年9月9日 | 证监许可〔2010〕1240号 |
| 1175 | 关于核准华宝兴业新兴产业股票型证券投资基金募集的批复 | 2010年9月10日 | 证监许可〔2010〕1241号 |
| 1176 | 关于核准博时行业轮动股票型证券投资基金募集的批复 | 2010年9月9日 | 证监许可〔2010〕1242号 |
| 1177 | 关于核准中国南方航空股份有限公司非公开发行股票的批复 | 2010年9月9日 | 证监许可〔2010〕1243号 |
| 1178 | 关于核准招商标普金砖四国指数证券投资基金（LOF）募集的批复 | 2010年9月9日 | 证监许可〔2010〕1244号 |
| 1179 | 关于核准上投摩根大盘蓝筹股票型证券投资基金募集的批复 | 2010年9月9日 | 证监许可〔2010〕1245号 |
| 1180 | 关于核准汇丰普信消费红利股票型证券投资基金募集的批复 | 2010年9月10日 | 证监许可〔2010〕1246号 |

续表

| 序号 | 名称 | 发文日期 | 文号 |
|---|---|---|---|
| 1181 | 关于不予核准淮安嘉诚高新化工股份有限公司首次公开发行股票申请的决定 | 2010 年 9 月 9 日 | 证监许可〔2010〕1247 号 |
| 1182 | 关于不予核准江苏玉龙钢管股份有限公司首次公开发行股票申请的决定 | 2010 年 9 月 9 日 | 证监许可〔2010〕1248 号 |
| 1183 | 关于不予核准广西丰林木业集团股份有限公司首次公开发行股票申请的决定 | 2010 年 9 月 13 日 | 证监许可〔2010〕1249 号 |
| 1184 | 关于核准万和证券经纪有限公司证券投资基金销售业务资格的批复 | 2010 年 9 月 13 日 | 证监许可〔2010〕1250 号 |
| 1185 | 关于核准中邮创业基金管理有限公司变更股权及修改章程的批复 | 2010 年 9 月 13 日 | 证监许可〔2010〕1251 号 |
| 1186 | 关于核准岳阳纸业股份有限公司配股的批复 | 2010 年 9 月 13 日 | 证监许可〔2010〕1252 号 |
| 1187 | 关于核准北京北斗星通导航技术股份有限公司非公开发行股票的批复 | 2010 年 9 月 13 日 | 证监许可〔2010〕1253 号 |
| 1188 | 关于核准福建冠福现代家用股份有限公司非公开发行股票的批复 | 2010 年 9 月 13 日 | 证监许可〔2010〕1254 号 |
| 1189 | 关于核准歌尔声学股份有限公司非公开发行股票的批复 | 2010 年 9 月 13 日 | 证监许可〔2010〕1255 号 |
| 1190 | 关于核准深圳市科陆电子科技股份有限公司非公开发行股票的批复 | 2010 年 9 月 13 日 | 证监许可〔2010〕1256 号 |
| 1191 | 关于核准广州智光电气股份有限公司非公开发行股票的批复 | 2010 年 9 月 13 日 | 证监许可〔2010〕1257 号 |
| 1192 | 关于核准泰豪科技股份有限公司公开发行公司债券的批复 | 2010 年 9 月 13 日 | 证监许可〔2010〕1258 号 |
| 1193 | 关于核准德邦证券有限责任公司变更公司章程重要条款的批复 | 2010 年 9 月 15 日 | 证监许可〔2010〕1259 号 |
| 1194 | 关于核准华林证券有限责任公司变更公司章程重要条款的批复 | 2010 年 9 月 13 日 | 证监许可〔2010〕1260 号 |
| 1195 | 关于核准占利民保荐代表人资格的批复 | 2010 年 9 月 14 日 | 证监许可〔2010〕1261 号 |
| 1196 | 关于核准崔垒保荐代表人资格的批复 | 2010 年 9 月 14 日 | 证监许可〔2010〕1262 号 |
| 1197 | 关于核准陈志宏保荐代表人资格的批复 | 2010 年 9 月 14 日 | 证监许可〔2010〕1263 号 |
| 1198 | 关于核准黄萌保荐代表人资格的批复 | 2010 年 9 月 14 日 | 证监许可〔2010〕1264 号 |
| 1199 | 关于核准陶映冰保荐代表人资格的批复 | 2010 年 9 月 14 日 | 证监许可〔2010〕1265 号 |
| 1200 | 关于核准许佳保荐代表人资格的批复 | 2010 年 9 月 14 日 | 证监许可〔2010〕1266 号 |
| 1201 | 关于核准增建、丁颖华保荐代表人资格的批复 | 2010 年 9 月 14 日 | 证监许可〔2010〕1267 号 |
| 1202 | 关于核准梅兴中保荐代表人资格的批复 | 2010 年 9 月 14 日 | 证监许可〔2010〕1268 号 |

续表

| 序号 | 名称 | 发文日期 | 文号 |
|---|---|---|---|
| 1203 | 关于核准陈仕郴保荐代表人资格的批复 | 2010年9月14日 | 证监许可〔2010〕1269号 |
| 1204 | 关于核准黄传照保荐代表人资格的批复 | 2010年9月14日 | 证监许可〔2010〕1270号 |
| 1205 | 关于核准汪岳保荐代表人资格的批复 | 2010年9月14日 | 证监许可〔2010〕1271号 |
| 1206 | 关于核准浙江金固股份有限公司首次公开发行股票的批复 | 2010年9月14日 | 证监许可〔2010〕1272号 |
| 1207 | 关于核准浙江永强集团股份有限公司首次公开发行股票的批复 | 2010年9月14日 | 证监许可〔2010〕1273号 |
| 1208 | 关于核准中南出版传媒集团股份有限公司首次公开发行股票的批复 | 2010年9月14日 | 证监许可〔2010〕1274号 |
| 1209 | 关于核准齐鲁证券有限公司在山东等地设立5家证券营业部的批复 | 2010年9月15日 | 证监许可〔2010〕1275号 |
| 1210 | 关于核准三安光电股份有限公司非公开发行股票的批复 | 2010年9月15日 | 证监许可〔2010〕1276号 |
| 1211 | 关于核准上投摩根全球新兴市场股票型证券投资基金募集的批复 | 2010年9月15日 | 证监许可〔2010〕1277号 |
| 1212 | 关于核准上海浦东发展银行股份有限公司非公开发行股票的批复 | 2010年9月15日 | 证监许可〔2010〕1278号 |
| 1213 | 关于核准国投瑞银中证下游消费与服务产业指数证券投资基金(LOF)募集的批复 | 2010年9月15日 | 证监许可〔2010〕1279号 |
| 1214 | 关于核准泰信发展主题股票型证券投资基金募集的批复 | 2010年9月15日 | 证监许可〔2010〕1280号 |
| 1215 | 关于核准豁免山东威达集团有限公司要约收购山东威达机械股份有限公司股份义务的批复 | 2010年9月15日 | 证监许可〔2010〕1281号 |
| 1216 | 关于核准豁免罗永清一致行动人要约收购四川川润股份有限公司股份义务的批复 | 2010年9月15日 | 证监许可〔2010〕1282号 |
| 1217 | 关于核准豁免王相利欧股份有限公司股份义务的批复 | 2010年9月15日 | 证监许可〔2010〕1283号 |
| 1218 | 关于核准国泰君安证券股份有限公司设立国泰君安君亨稳健债券限额特定集合资产管理计划的批复 | 2010年9月15日 | 证监许可〔2010〕1284号 |
| 1219 | 关于核准山东墨龙石油机械股份有限公司首次公开发行股票的批复 | 2010年9月13日 | 证监许可〔2010〕1285号 |
| 1220 | 关于核准荣盛石化股份有限公司首次公开发行股票的批复 | 2010年9月13日 | 证监许可〔2010〕1286号 |
| 1221 | 关于核准江苏通鼎光电股份有限公司首次公开发行股票的批复 | 2010年9月13日 | 证监许可〔2010〕1287号 |
| 1222 | 关于核准赵寒松保荐代表人资格的批复 | 2010年9月15日 | 证监许可〔2010〕1288号 |

续表

| 序号 | 名称 | 发文日期 | 文号 |
|---|---|---|---|
| 1223 | 关于核准豁免武汉华中科技大产业集团有限公司及一致行动人要约收购华工科技产业股份有限公司股份义务的批复 | 2010年9月16日 | 证监许可〔2010〕1289号 |
| 1224 | 关于核准万和证券经纪有限公司在海南设立2家证券营业部的批复 | 2010年9月15日 | 证监许可〔2010〕1290号 |
| 1225 | 关于核准上海泰胜风能装备股份有限公司首次公开发行股票并在创业板上市的批复 | 2010年9月16日 | 证监许可〔2010〕1291号 |
| 1226 | 关于核准深圳市新国都技术股份有限公司首次公开发行股票并在创业板上市的批复 | 2010年9月16日 | 证监许可〔2010〕1292号 |
| 1227 | 关于核准深圳市英唐智能控制股份有限公司首次公开发行股票并在创业板上市的批复 | 2010年9月16日 | 证监许可〔2010〕1293号 |
| 1228 | 关于核准民生证券有限责任公司在安徽等地设立5家证券营业部的批复 | 2010年9月17日 | 证监许可〔2010〕1294号 |
| 1229 | 关于核准恒泰长财证券有限责任公司在吉林设立2家证券营业部的批复 | 2010年9月17日 | 证监许可〔2010〕1295号 |
| 1230 | 关于核准中国建银投资证券有限责任公司在北京等地设立5家证券营业部的批复 | 2010年9月17日 | 证监许可〔2010〕1296号 |
| 1231 | 关于核准南京证券有限责任公司在江苏设立2家证券营业部的批复 | 2010年9月17日 | 证监许可〔2010〕1297号 |
| 1232 | 关于核准红塔证券股份有限公司在云南设立4家证券营业部的批复 | 2010年9月17日 | 证监许可〔2010〕1298号 |
| 1233 | 关于核准中天证券有限责任公司在辽宁设立2家证券营业部的批复 | 2010年9月17日 | 证监许可〔2010〕1299号 |
| 1234 | 关于核准西南证券股份有限公司在重庆设立2家证券营业部的批复 | 2010年9月17日 | 证监许可〔2010〕1300号 |
| 1235 | 关于核准三普药业股份有限公司向远东控股集团有限公司发行股份购买资产的批复 | 2010年9月17日 | 证监许可〔2010〕1301号 |
| 1236 | 关于核准东控股集团有限公司公告三普药业股份有限公司收购报告书并豁免其要约收购义务的批复 | 2010年9月17日 | 证监许可〔2010〕1302号 |
| 1237 | 关于核准南京钢铁股份有限公司向南京南钢钢铁联合有限公司发行股份购买资产的批复 | 2010年9月17日 | 证监许可〔2010〕1303号 |
| 1238 | 关于核准豁免南京南钢钢铁联合有限公司要约收购南京钢铁股份有限公司股份义务的批复 | 2010年9月17日 | 证监许可〔2010〕1304号 |
| 1239 | 关于核准上海棱光实业股份有限公司向上海建筑材料(集团)总公司发行股份购买资产的批复 | 2010年9月17日 | 证监许可〔2010〕1305号 |
| 1240 | 关于核准豁免上海建筑材料(集团)总公司要约收购上海棱光实业股份有限公司股份义务的批复 | 2010年9月17日 | 证监许可〔2010〕1306号 |

续表

| 序号 | 名称 | 发文日期 | 文号 |
|---|---|---|---|
| 1241 | 关于核准安信证券股份有限公司变更公司章程重要条款的批复 | 2010 年 9 月 20 日 | 证监许可〔2010〕1307 号 |
| 1242 | 关于核准中国建银投资证券有限责任公司变更公司章程重要条款的批复 | 2010 年 9 月 20 日 | 证监许可〔2010〕1308 号 |
| 1243 | 关于核准王颖期货公司首席风险官任职资格的批复 | 2010 年 9 月 21 日 | 证监许可〔2010〕1309 号 |
| 1244 | 关于核准王丽娜期货公司首席风险官任职资格的批复 | 2010 年 9 月 21 日 | 证监许可〔2010〕1310 号 |
| 1245 | 关于核准曹永军期货公司首席风险官任职资格的批复 | 2010 年 9 月 21 日 | 证监许可〔2010〕1311 号 |
| 1246 | 关于核准设立浙商基金管理有限公司的批复 | 2010 年 9 月 20 日 | 证监许可〔2010〕1312 号 |
| 1247 | 关于不予核准烟台万润精细化工股份有限公司首次公开发行股票申请的决定 | 2010 年 9 月 20 日 | 证监许可〔2010〕1313 号 |
| 1248 | 关于不予核准山东丰元化学股份有限公司首次公开发行股票申请的决定 | 2010 年 9 月 20 日 | 证监许可〔2010〕1314 号 |
| 1249 | 关于不予核准珠海元盛电子科技股份有限公司首次公开发行股票并在创业板上市申请的决定 | 2010 年 9 月 20 日 | 证监许可〔2010〕1315 号 |
| 1250 | 关于不予核准深圳市东方嘉盛供应链股份有限公司首次公开发行股票并在创业板上市申请的决定 | 2010 年 9 月 20 日 | 证监许可〔2010〕1316 号 |
| 1251 | 关于核准郭宣忠保荐代表人资格的批复 | 2010 年 9 月 20 日 | 证监许可〔2010〕1317 号 |
| 1252 | 关于核准许平保荐代表人资格的批复 | 2010 年 9 月 20 日 | 证监许可〔2010〕1318 号 |
| 1253 | 关于核准曹玉江保荐代表人资格的批复 | 2010 年 9 月 20 日 | 证监许可〔2010〕1319 号 |
| 1254 | 关于核准丁正学保荐代表人资格的批复 | 2010 年 9 月 20 日 | 证监许可〔2010〕1320 号 |
| 1255 | 关于核准刘欣保荐代表人资格的批复 | 2010 年 9 月 20 日 | 证监许可〔2010〕1321 号 |
| 1256 | 关于核准颜利燕保荐代表人资格的批复 | 2010 年 9 月 20 日 | 证监许可〔2010〕1322 号 |
| 1257 | 关于核准广东省宜华木业股份有限公司非公开发行股票的批复 | 2010 年 9 月 20 日 | 证监许可〔2010〕1323 号 |
| 1258 | 关于核准京东方科技集团股份有限公司非公开发行股票的批复 | 2010 年 9 月 20 日 | 证监许可〔2010〕1324 号 |
| 1259 | 关于核准马鞍山方圆回转支承股份有限公司非公开发行股票的批复 | 2010 年 9 月 20 日 | 证监许可〔2010〕1325 号 |
| 1260 | 关于核准广东鸿图科技股份有限公司非公开发行股票的批复 | 2010 年 9 月 20 日 | 证监许可〔2010〕1326 号 |
| 1261 | 关于核准安徽恒源煤电股份有限公司非公开发行股票的批复 | 2010 年 9 月 20 日 | 证监许可〔2010〕1327 号 |
| 1262 | 关于核准江都长电科技股份有限公司配股的批复 | 2010 年 9 月 20 日 | 证监许可〔2010〕1328 号 |

续表

| 序号 | 名称 | 发文日期 | 文号 |
|---|---|---|---|
| 1263 | 关于核准招商证券股份有限公司设立招商证券海外集合资产管理计划的批复 | 2010年9月20日 | 证监许可〔2010〕1329号 |
| 1264 | 关于核准湖南华菱钢铁股份有限公司非公开发行股票的批复 | 2010年9月21日 | 证监许可〔2010〕1330号 |
| 1265 | 关于核准福建青松股份有限公司首次公开发行股票并在创业板上市的批复 | 2010年9月21日 | 证监许可〔2010〕1331号 |
| 1266 | 关于核准浙江华策影视股份有限公司首次公开发行股票并在创业板上市的批复 | 2010年9月21日 | 证监许可〔2010〕1332号 |
| 1267 | 关于核准深圳市大富科技股份有限公司首次公开发行股票并在创业板上市的批复 | 2010年9月21日 | 证监许可〔2010〕1333号 |
| 1268 | 关于核准江苏宝利沥青股份有限公司首次公开发行股票并在创业板上市的批复 | 2010年9月21日 | 证监许可〔2010〕1334号 |
| 1269 | 关于核准国开证券有限责任公司变更公司章程重要条款的批复 | 2010年9月25日 | 证监许可〔2010〕1335号 |
| 1270 | 关于核准金鹰基金管理有限公司郭容辰基金行业高级管理人员任职资格的批复 | 2010年9月25日 | 证监许可〔2010〕1336号 |
| 1271 | 关于核准豁免湖南华菱钢铁集团有限责任公司要约收购湖南华菱钢铁股份有限公司义务的批复 | 2010年9月21日 | 证监许可〔2010〕1337号 |
| 1272 | 关于核准豁免ArcelorMittal(安赛乐—米塔尔)要约收购湖南华菱钢铁股份有限公司股份义务的批复 | 2010年9月21日 | 证监许可〔2010〕1338号 |
| 1273 | 关于核准江西省省属国有企业资产经营(控股)有限公司公告江西昌九生物化工股份有限公司收购报告书并豁免其要约收购义务的批复 | 2010年9月26日 | 证监许可〔2010〕1339号 |
| 1274 | 关于核准豁免中兵导航控制科技集团有限公司要约收购中兵光电科技股份有限公司股份义务的批复 | 2010年9月29日 | 证监许可〔2010〕1340号 |
| 1275 | 关于核准蔡嘉阳担任统一证券(香港)有限公司上海代表处首席代表的批复 | 2010年9月29日 | 证监许可〔2010〕1341号 |
| 1276 | 关于核准东莞证券有限责任公司变更注册资本的批复 | 2010年9月29日 | 证监许可〔2010〕1342号 |
| 1277 | 关于核准国电南端科技股份有限公司非公开发行股票的批复 | 2010年9月30日 | 证监许可〔2010〕1343号 |
| 1278 | 关于核准北京燕京啤酒股份有限公司公开发行可转换公司债券的批复 | 2010年9月30日 | 证监许可〔2010〕1344号 |
| 1279 | 关于核准浙江康恩贝制药股份有限公司非公开发行股票的批复 | 2010年9月30日 | 证监许可〔2010〕1345号 |
| 1280 | 关于核准浙江民泰商业银行股份有限公司证券投资基金销售义务资格的批复 | 2010年10月8日 | 证监许可〔2010〕1366号 |

续表

| 序号 | 名称 | 发文日期 | 文号 |
| --- | --- | --- | --- |
| 1281 | 关于核准国都期货有限公司变更注册资本的批复 | 2010年10月12日 | 证监许可〔2010〕1371号 |
| 1282 | 关于核准象屿期货有限责任公司变更股权的批复 | 2010年10月12日 | 证监许可〔2010〕1373号 |
| 1283 | 关于核准神华期货经纪有限公司金融期货经纪业务资格的批复 | 2010年10月12日 | 证监许可〔2010〕1375号 |
| 1284 | 关于核准东兴期货有限责任公司金融期货经纪业务资格的批复 | 2010年10月12日 | 证监许可〔2010〕1376号 |
| 1285 | 关于核准鹏华丰润债券型证券投资基金募集的批复 | 2010年11月12日 | 证监许可〔2010〕1378号 |
| 1286 | 关于核准上证综指交易型开放式指数证券投资基金及其联接基金募集的批复 | 2010年11月30日 | 证监许可〔2010〕1379号 |
| 1287 | 关于核准天琪期货有限公司变更注册资本和股权的批复 | 2010年10月12日 | 证监许可〔2010〕1389号 |
| 1288 | 关于核准山西证券股份有限公司在山西设立2家证券营业部的批复 | 2010年10月12日 | 证监许可〔2010〕1391号 |
| 1289 | 关于核准西藏同信证券有限责任公司在浙江等地设立5家证券营业部的批复 | 2010年10月12日 | 证监许可〔2010〕1392号 |
| 1290 | 关于核准华商策略精选灵活配置混合型证券投资基金募集的批复 | 2010年10月12日 | 证监许可〔2010〕1393号 |
| 1291 | 关于核准上证大宗商品股票交易型开放式指数证券投资基金及联接基金募集的批复 | 2010年10月12日 | 证监许可〔2010〕1394号 |
| 1292 | 关于核准江苏辉丰农化股份有限公司首次公开发行股票的批复 | 2010年10月12日 | 证监许可〔2010〕1395号 |
| 1293 | 关于核准四川雅化实业集团股份有限公司首次公开发行股票的批复 | 2010年10月12日 | 证监许可〔2010〕1396号 |
| 1294 | 关于核准吉林利源铝业股份有限公司首次公开发行股票的批复 | 2010年10月12日 | 证监许可〔2010〕1397号 |
| 1295 | 关于核准青岛汉缆股份有限公司首次公开发行股票的批复 | 2010年10月12日 | 证监许可〔2010〕1398号 |
| 1296 | 关于核准科林环保装备股份有限公司首次公开发行股票的批复 | 2010年10月12日 | 证监许可〔2010〕1399号 |
| 1297 | 关于核准广东骅威玩具工艺股份有限公司首次公开发行股票的批复 | 2010年10月12日 | 证监许可〔2010〕1400号 |
| 1298 | 关于核准新华中小市值优选股票型证券投资基金募集的批复 | 2010年10月12日 | 证监许可〔2010〕1403号 |
| 1299 | 关于核准博时转债增强债券型证券投资基金募集的批复 | 2010年10月13日 | 证监许可〔2010〕1406号 |
| 1300 | 关于核准渤海证券股份有限公司设立滨海1号民生价值集合资产管理计划的批复 | 2010年10月13日 | 证监许可〔2010〕1407号 |

续表

| 序号 | 名称 | 发文日期 | 文号 |
|---|---|---|---|
| 1301 | 关于核准上海久恒期货经纪有限公司变更注册资本和股权的批复 | 2010年10月15日 | 证监许可〔2010〕1408号 |
| 1302 | 关于核准华泰联合证券有限责任公司变更公司章程重要条款的批复 | 2010年10月14日 | 证监许可〔2010〕1409号 |
| 1303 | 关于核准攀钢集团有限公司公告攀钢集团钢铁钒钛股份有限公司收购报告书并豁免其要约收购义务的批复 | 2010年10月14日 | 证监许可〔2010〕1410号 |
| 1304 | 关于核准晨光生物科技集团股份有限公司首次公开发行股票并在创业板上市的批复 | 2010年10月13日 | 证监许可〔2010〕1411号 |
| 1305 | 关于核准芜湖港储运股份有限公司向淮南矿业(集团)有限责任公司发行股份购买资产的批复 | 2010年10月14日 | 证监许可〔2010〕1412号 |
| 1306 | 关于核准淮南矿业(集团)有限责任公司公告芜湖港储运股份有限公司收购报告书并豁免其要约收购义务的批复 | 2010年10月14日 | 证监许可〔2010〕1413号 |
| 1307 | 关于核准湖北三环股份有限公司重大资产重组及向湖北省人民政府国有资产监督管理委员会、中国长江电力股份有限公司、中国国电集团公司发行股份购买资产的批复 | 2010年10月15日 | 证监许可〔2010〕1414号 |
| 1308 | 关于核准湖北省人民政府国有资产监督管理委员会公告湖北三环股份有限公司收购报告书并豁免其要约收购义务的批复 | 2010年10月15日 | 证监许可〔2010〕1415号 |
| 1309 | 关于核准姚琳保荐代表人资格的批复 | 2010年10月18日 | 证监许可〔2010〕1417号 |
| 1310 | 关于核准裘晗保荐代表人资格的批复 | 2010年10月18日 | 证监许可〔2010〕1418号 |
| 1311 | 关于核准王力斌保荐代表人资格的批复 | 2010年10月18日 | 证监许可〔2010〕1419号 |
| 1312 | 关于核准周梁辉保荐代表人资格的批复 | 2010年10月18日 | 证监许可〔2010〕1420号 |
| 1313 | 关于核准王昭保荐代表人资格的批复 | 2010年10月18日 | 证监许可〔2010〕1421号 |
| 1314 | 关于核准赵亮保荐代表人资格的批复 | 2010年10月18日 | 证监许可〔2010〕1422号 |
| 1315 | 关于核准周宇保荐代表人资格的批复 | 2010年10月18日 | 证监许可〔2010〕1423号 |
| 1316 | 关于核准啜玉林保荐代表人资格的批复 | 2010年10月18日 | 证监许可〔2010〕1424号 |
| 1317 | 关于核准张海安保荐代表人资格的批复 | 2010年10月18日 | 证监许可〔2010〕1425号 |
| 1318 | 关于核准李兴刚保荐代表人资格的批复 | 2010年10月18日 | 证监许可〔2010〕1426号 |
| 1319 | 关于核准夏如保荐代表人资格的批复 | 2010年10月18日 | 证监许可〔2010〕1427号 |
| 1320 | 关于核准王道达保荐代表人资格的批复 | 2010年10月18日 | 证监许可〔2010〕1428号 |
| 1321 | 关于核准林联儡保荐代表人资格的批复 | 2010年10月18日 | 证监许可〔2010〕1429号 |
| 1322 | 关于核准周磊保荐代表人资格的批复 | 2010年10月18日 | 证监许可〔2010〕1430号 |
| 1323 | 关于核准魏德俊、陈海峰保荐代表人资格的批复 | 2010年10月18日 | 证监许可〔2010〕1431号 |

续表

| 序号 | 名称 | 发文日期 | 文号 |
|---|---|---|---|
| 1324 | 关于核准武胜保荐代表人资格的批复 | 2010年10月18日 | 证监许可〔2010〕1432号 |
| 1325 | 关于核准朱同和保荐代表人资格的批复 | 2010年10月18日 | 证监许可〔2010〕1433号 |
| 1326 | 关于核准东海证券有限责任公司设立东海证券稳健增值集合资产管理计划的批复 | 2010年10月19日 | 证监许可〔2010〕1434号 |
| 1327 | 关于核准山西股份有限公司首次公开发行股票的批复 | 2010年10月19日 | 证监许可〔2010〕1435号 |
| 1328 | 关于核准东莞市搜于特服装股份有限公司首次公开发行股票的批复 | 2010年10月19日 | 证监许可〔2010〕1436号 |
| 1329 | 关于核准北京福星晓程电子科技股份有限公司首次公开发行股票并在创业板上市的批复 | 2010年10月21日 | 证监许可〔2010〕1437号 |
| 1330 | 关于核准西安启源机电装备股份有限公司首次公开发行股票并在创业板上市的批复 | 2010年10月21日 | 证监许可〔2010〕1438号 |
| 1331 | 关于核准苏州工业园区和顺电气股份有限公司首次公开发行股票并在创业板上市的批复 | 2010年10月21日 | 证监许可〔2010〕1439号 |
| 1332 | 关于核准云南沃森生物科技股份有限公司首次公开发行股票并在创业板上市的批复 | 2010年10月21日 | 证监许可〔2010〕1440号 |
| 1333 | 关于核准上海东方证券资产管理有限公司设立东方红—先锋4号集合资产管理计划的批复 | 2010年10月21日 | 证监许可〔2010〕1441号 |
| 1334 | 关于核准信诚基金管理有限公司黄小坚基金行业高级管理人员任职资格的批复 | 2010年10月22日 | 证监许可〔2010〕1442号 |
| 1335 | 关于核准长信基金管理有限责任公司付勇、覃波基金行业高级管理人员任职资格的批复 | 2010年10月22日 | 证监许可〔2010〕1443号 |
| 1336 | 关于核准陈凤华保荐代表人资格的批复 | 2010年10月22日 | 证监许可〔2010〕1444号 |
| 1337 | 关于核准邱平保荐代表人资格的批复 | 2010年10月22日 | 证监许可〔2010〕1445号 |
| 1338 | 关于核准刘铁强保荐代表人资格的批复 | 2010年10月22日 | 证监许可〔2010〕1446号 |
| 1339 | 关于核准董加武保荐代表人资格的批复 | 2010年10月22日 | 证监许可〔2010〕1447号 |
| 1340 | 关于核准王志辉保荐代表人资格的批复 | 2010年10月22日 | 证监许可〔2010〕1448号 |
| 1341 | 关于核准史哲元保荐代表人资格的批复 | 2010年10月22日 | 证监许可〔2010〕1449号 |
| 1342 | 关于核准金涛保荐代表人资格的批复 | 2010年10月22日 | 证监许可〔2010〕1450号 |
| 1343 | 关于核准哈尔滨银行股份有限公司证券投资基金销售业务资格的批复 | 2010年10月22日 | 证监许可〔2010〕1451号 |
| 1344 | 关于核准富国可转换债券证券投资基金募集的批复 | 2010年10月22日 | 证监许可〔2010〕1452号 |
| 1345 | 关于核准上海东方证券资产管理有限公司设立东方红6号集合资产管理计划的批复 | 2010年10月22日 | 证监许可〔2010〕1453号 |
| 1346 | 关于核准中国国际航空股份有限公司增发境外上市外资股的批复 | 2010年10月22日 | 证监许可〔2010〕1454号 |

续表

| 序号 | 名称 | 发文日期 | 文号 |
|---|---|---|---|
| 1347 | 关于核准光大证券股份有限公司在香港特别行政区设立光大证券金融控股有限公司的批复 | 2010年10月22日 | 证监许可〔2010〕1455号 |
| 1348 | 关于核准中国建银投资证券有限责任公司在香港特别行政区设立中投证券(香港)金融控股有限公司的批复 | 2010年10月22日 | 证监许可〔2010〕1456号 |
| 1349 | 关于核准彩虹集团电子股份有限公司增发境外上市外资股的批复 | 2010年10月22日 | 证监许可〔2010〕1457号 |
| 1350 | 关于核准豁免长城科技股份有限公司及一致行动人要约收购中国长城计算机深圳股份有限公司股份义务的批复 | 2010年10月22日 | 证监许可〔2010〕1459号 |
| 1351 | 关于核准美克国际家具股份有限公司非公开发行股票的批复 | 2010年10月22日 | 证监许可〔2010〕1460号 |
| 1352 | 关于核准豁免美克投资集团有限公司要约收购美克国际家具股份有限公司股份义务的批复 | 2010年10月22日 | 证监许可〔2010〕1461号 |
| 1353 | 关于核准毛娜担任景顺投资管理有限公司北京代表处首席代表的批复 | 2010年10月22日 | 证监许可〔2010〕1462号 |
| 1354 | 关于核准长江证券股份有限公司设立长江证券超越理财宝2号集合资产管理计划的批复 | 2010年10月22日 | 证监许可〔2010〕1463号 |
| 1355 | 关于核准中信证券股份有限公司设立中信证券贵宾2号主题精选集合资产管理计划的批复 | 2010年10月25日 | 证监许可〔2010〕1464号 |
| 1356 | 关于核准浙商证券有限责任公司设立浙商金惠2号集合资产管理计划的批复 | 2010年10月25日 | 证监许可〔2010〕1465号 |
| 1357 | 关于核准渤海证券股份有限公司变更公司章程重要条款的批复 | 2010年10月25日 | 证监许可〔2010〕1466号 |
| 1358 | 关于核准张彧灏保荐代表人资格的批复 | 2010年10月26日 | 证监许可〔2010〕1467号 |
| 1359 | 关于核准刘文天保荐代表人资格的批复 | 2010年10月26日 | 证监许可〔2010〕1468号 |
| 1360 | 关于核准卢少平保荐代表人资格的批复 | 2010年10月26日 | 证监许可〔2010〕1469号 |
| 1361 | 关于核准梁石保荐代表人资格的批复 | 2010年10月26日 | 证监许可〔2010〕1470号 |
| 1362 | 关于核准郭纪林保荐代表人资格的批复 | 2010年10月26日 | 证监许可〔2010〕1471号 |
| 1363 | 关于核准王宏岩、金蕾保荐代表人资格的批复 | 2010年10月26日 | 证监许可〔2010〕1472号 |
| 1364 | 关于核准任长雨、冀东晓保荐代表人资格的批复 | 2010年10月26日 | 证监许可〔2010〕1473号 |
| 1365 | 关于核准长江证券股份有限公司在香港特别行政区设立长江证券控股(香港)有限公司的批复 | 2010年10月26日 | 证监许可〔2010〕1475号 |
| 1366 | 关于核准太原煤气股份有限公司公开发行公司债券的批复 | 2010年10月27日 | 证监许可〔2010〕1476号 |
| 1367 | 关于核准交银施罗德趋势优先股票证券投资基金募集的批复 | 2010年10月27日 | 证监许可〔2010〕1477号 |

续表

| 序号 | 名称 | 发文日期 | 文号 |
| --- | --- | --- | --- |
| 1368 | 关于核准深证成长40交易型开放式指数证券投资基金及其联接基金募集的批复 | 2010年10月27日 | 证监许可〔2010〕1478号 |
| 1369 | 关于核准浦银安盛货币市场证券投资基金募集的批复 | 2010年10月27日 | 证监许可〔2010〕1479号 |
| 1370 | 关于核准金鹰主题优势股票型证券投资基金募集的批复 | 2010年10月27日 | 证监许可〔2010〕1480号 |
| 1371 | 关于不予核准中矿资源勘探股份有限公司首次公开发行股票并在创业板上市申请的决定 | 2010年10月27日 | 证监许可〔2010〕1481号 |
| 1372 | 关于不予核准上海网讯新材料科技股份有限公司首次公开发行股票申请的决定 | 2010年10月27日 | 证监许可〔2010〕1482号 |
| 1373 | 关于核准中国建设银行股份有限公司境外上市外资股的批复 | 2010年10月27日 | 证监许可〔2010〕1483号 |
| 1374 | 关于核准中国银行股份有限公司境外上市外资股的批复 | 2010年10月27日 | 证监许可〔2010〕1484号 |
| 1375 | 关于不予核准吉林电力股份有限公司非公开发行股票申请的决定 | 2010年10月27日 | 证监许可〔2010〕1485号 |
| 1376 | 关于核准江苏东光微电子股份有限公司首次公开发行股票的批复 | 2010年10月27日 | 证监许可〔2010〕1486号 |
| 1377 | 关于核准湖南大康牧业股份有限公司首次公开发行股票的批复 | 2010年10月27日 | 证监许可〔2010〕1487号 |
| 1378 | 关于核准上海超日太阳能科技股份有限公司首次公开发行股票的批复 | 2010年10月27日 | 证监许可〔2010〕1488号 |
| 1379 | 关于核准南京银行股份有限公司配股的批复 | 2010年10月27日 | 证监许可〔2010〕1489号 |
| 1380 | 关于核准中国银行股份有限公司配股的批复 | 2010年10月27日 | 证监许可〔2010〕1491号 |
| 1381 | 关于核准江苏宏达新材料股份有限公司非公开发行股票的批复 | 2010年10月27日 | 证监许可〔2010〕1491号 |
| 1382 | 关于核准鲁西化工集团股份有限公司非公开发行股票的批复 | 2010年10月27日 | 证监许可〔2010〕1493号 |
| 1383 | 关于核准珠海中富实业股份有限公司非公开发行股票的批复 | 2010年10月27日 | 证监许可〔2010〕1494号 |
| 1384 | 关于核准中国国际航空股份有限公司非公开发行股票的批复 | 2010年10月27日 | 证监许可〔2010〕1495号 |
| 1385 | 关于核准香港金融管理局合格境外机构投资者资格的批复 | 2010年10月27日 | 证监许可〔2010〕1496号 |
| 1386 | 关于核准中国国际金融有限公司在广东等地设立4家证券营业部的批复 | 2010年10月27日 | 证监许可〔2010〕1497号 |

续表

| 序号 | 名称 | 发文日期 | 文号 |
|---|---|---|---|
| 1387 | 关于核准方正证券有限公司在北京等地设立4家证券营业部的批复 | 2010年10月27日 | 证监许可〔2010〕1498号 |
| 1388 | 关于核准中银国际证券有限责任公司在安徽等地设立5家证券营业部的批复 | 2010年10月27日 | 证监许可〔2010〕1499号 |
| 1389 | 关于核准国联基金管理有限公司变更住所的批复 | 2010年10月28日 | 证监许可〔2010〕1500号 |
| 1390 | 关于核准国都证券有限责任公司在北京设立2家证券营业部的批复 | 2010年10月28日 | 证监许可〔2010〕1501号 |
| 1391 | 关于核准中原证券股份有限公司在河南设立2家证券营业部的批复 | 2010年10月27日 | 证监许可〔2010〕1502号 |
| 1392 | 关于核准利安全球投资者股份有限公司设立上海代表处的批复 | 2010年10月28日 | 证监许可〔2010〕1503号 |
| 1393 | 关于核准新疆国际实业股份有限公司重大资产重组方案的批复 | 2010年10月29日 | 证监许可〔2010〕1504号 |
| 1394 | 关于核准东北证券股份有限公司变更公司章程重要条款的批复 | 2010年10月29日 | 证监许可〔2010〕1505号 |
| 1395 | 关于核准法国巴黎投资管理亚洲有限公司变更上海代表处名称的批复 | 2010年10月29日 | 证监许可〔2010〕1506号 |
| 1396 | 关于核准富邦证券投资信托股份有限公司合格境外机构投资者资格的批复 | 2010年10月29日 | 证监许可〔2010〕1507号 |
| 1397 | 关于核准群益证券投资信托股份有限公司合格境外机构投资者资格的批复 | 2010年10月29日 | 证监许可〔2010〕1508号 |
| 1398 | 关于核准宝盈基金管理有限公司汪钦、孙胜华基金行业高级管理人员任职资格的批复 | 2010年11月1日 | 证监许可〔2010〕1509号 |
| 1399 | 关于核准中国工商银行股份有限公司晏秋生基金行业高级管理人员任职资格的批复 | 2010年11月1日 | 证监许可〔2010〕1510号 |
| 1400 | 关于核准重庆市涪陵榨菜集团股份有限公司首次公开发行股票的批复 | 2010年11月1日 | 证监许可〔2010〕1511号 |
| 1401 | 关于核准杭州老板电器股份有限公司首次公开发行股票的批复 | 2010年11月1日 | 证监许可〔2010〕1512号 |
| 1402 | 关于核准福建天广消防科技股份有限公司首次公开发行股票的批复 | 2010年11月1日 | 证监许可〔2010〕1513号 |
| 1403 | 关于核准天弘添利分级债券型证券投资基金募集的批复 | 2010年11月2日 | 证监许可〔2010〕1514号 |
| 1404 | 关于核准中海增强收益债券型证券投资基金募集的批复 | 2010年11月2日 | 证监许可〔2010〕1515号 |
| 1405 | 关于核准中邮证券有限责任公司证券投资基金销售业务资格的批复 | 2010年11月2日 | 证监许可〔2010〕1516号 |

续表

| 序号 | 名称 | 发文日期 | 文号 |
| --- | --- | --- | --- |
| 1406 | 关于核准方正证券股份有限公司设立方正金泉友2号集合资产管理计划的批复 | 2010年11月2日 | 证监许可〔2010〕1517号 |
| 1407 | 关于核准宏源证券股份有限公司设立宏源3号红利成长集合资产管理计划的批复 | 2010年11月2日 | 证监许可〔2010〕1518号 |
| 1408 | 关于核准湘财证券有限责任公司在北京等地设立2家分公司的批复 | 2010年11月2日 | 证监许可〔2010〕1519号 |
| 1409 | 关于核准华融证券股份有限公司变更注册资本的批复 | 2010年11月2日 | 证监许可〔2010〕1520号 |
| 1410 | 关于核准平安证券有限责任公司设立平安证券稳健增值一期集合资产管理计划的批复 | 2010年11月2日 | 证监许可〔2010〕1521号 |
| 1411 | 关于核准万久清保荐代表人资格的批复 | 2010年11月2日 | 证监许可〔2010〕1522号 |
| 1412 | 关于核准陈海军保荐代表人资格的批复 | 2010年11月2日 | 证监许可〔2010〕1523号 |
| 1413 | 关于核准李鹏保荐代表人资格的批复 | 2010年11月2日 | 证监许可〔2010〕1524号 |
| 1414 | 关于核准胡洪波保荐代表人资格的批复 | 2010年11月2日 | 证监许可〔2010〕1525号 |
| 1415 | 关于核准苏锡宝保荐代表人资格的批复 | 2010年11月2日 | 证监许可〔2010〕1526号 |
| 1416 | 关于核准刘少国保荐代表人资格的批复 | 2010年11月2日 | 证监许可〔2010〕1527号 |
| 1417 | 关于核准冯海保荐代表人资格的批复 | 2010年11月2日 | 证监许可〔2010〕1528号 |
| 1418 | 关于核准陈贤德保荐代表人资格的批复 | 2010年11月2日 | 证监许可〔2010〕1529号 |
| 1419 | 关于核准张国峰保荐代表人资格的批复 | 2010年11月2日 | 证监许可〔2010〕1530号 |
| 1420 | 关于核准李喜、陈勇保荐代表人资格的批复 | 2010年11月2日 | 证监许可〔2010〕1531号 |
| 1421 | 关于核准乔飞、尤墩周保荐代表人资格的批复 | 2010年11月2日 | 证监许可〔2010〕1532号 |
| 1422 | 关于核准中国银河证券股份有限公司在香港特别行政区设立中国银河国际金融控股有限公司的批复 | 2010年11月2日 | 证监许可〔2010〕1533号 |
| 1423 | 关于核准西藏同信证券有限责任公司证券投资咨询业务资格的批复 | 2010年11月2日 | 证监许可〔2010〕1534号 |
| 1424 | 关于核准上证中小盘交易型开放式指数证券投资基金及其联接基金募集的批复 | 2010年11月3日 | 证监许可〔2010〕1535号 |
| 1425 | 关于核准天津汽车模具股份有限公司首次公开发行股票的批复 | 2010年11月4日 | 证监许可〔2010〕1536号 |
| 1426 | 关于核准力帆实业（集团）股份有限公司首次公开发行股票的批复 | 2010年11月4日 | 证监许可〔2010〕1537号 |
| 1427 | 关于核准中山达华智能科技股份有限公司首次公开发行股票的批复 | 2010年11月4日 | 证监许可〔2010〕1538号 |
| 1428 | 关于核准中顺洁柔纸业股份有限公司首次公开发行股票的批复 | 2010年11月4日 | 证监许可〔2010〕1539号 |

续表

| 序号 | 名称 | 发文日期 | 文号 |
| --- | --- | --- | --- |
| 1429 | 关于核准大连港股份有限公司首次公开发行股票的批复 | 2010年11月4日 | 证监许可〔2010〕1540号 |
| 1430 | 关于不予核准苏州苏大维格光电科技股份有限公司首次公开发行股票并在创业板上市申请的决定 | 2010年11月4日 | 证监许可〔2010〕1541号 |
| 1431 | 关于不予核准渤海轮渡股份有限公司首次公开发行股票申请的决定 | 2010年11月4日 | 证监许可〔2010〕1542号 |
| 1432 | 关于核准国泰君安证券股份有限公司在浙江等地设立5家证券营业部的批复 | 2010年11月4日 | 证监许可〔2010〕1543号 |
| 1433 | 关于核准国元证券有限公司在安徽等地设立4家证券营业部的批复 | 2010年11月4日 | 证监许可〔2010〕1544号 |
| 1434 | 关于核准苏锦华保荐代表人资格的批复 | 2010年11月4日 | 证监许可〔2010〕1545号 |
| 1435 | 关于核准王锋保荐代表人资格的批复 | 2010年11月4日 | 证监许可〔2010〕1546号 |
| 1436 | 关于核准于凌雁保荐代表人资格的批复 | 2010年11月4日 | 证监许可〔2010〕1547号 |
| 1437 | 关于核准梁立群、徐扬保荐代表人资格的批复 | 2010年11月4日 | 证监许可〔2010〕1548号 |
| 1438 | 关于核准王一鸣保荐代表人资格的批复 | 2010年11月4日 | 证监许可〔2010〕1549号 |
| 1439 | 关于核准左宏凯保荐代表人资格的批复 | 2010年11月4日 | 证监许可〔2010〕1550号 |
| 1440 | 关于核准李守法保荐代表人资格的批复 | 2010年11月4日 | 证监许可〔2010〕1551号 |
| 1441 | 关于核准吴中华保荐代表人资格的批复 | 2010年11月4日 | 证监许可〔2010〕1552号 |
| 1442 | 关于核准吴书振保荐代表人资格的批复 | 2010年11月4日 | 证监许可〔2010〕1553号 |
| 1443 | 关于核准华商基金管理有限公司变更住所的批复 | 2010年11月5日 | 证监许可〔2010〕1554号 |
| 1444 | 关于核准上海浦东发展银行股份有限公司合格境外机构投资者资格的批复 | 2010年11月3日 | 证监许可〔2010〕1555号 |
| 1445 | 关于核准梁栋铨担任宝来证券股份有限公司设立北京代表处首席代表的批复 | 2010年11月5日 | 证监许可〔2010〕1556号 |
| 1446 | 关于核准大成基金管理有限公司杨春明、肖冰基金行业高级管理人员任职资格的批复 | 2010年11月5日 | 证监许可〔2010〕1557号 |
| 1447 | 关于核准华能新能源股份有限公司发行境外上市外资格的批复 | 2010年11月8日 | 证监许可〔2010〕1558号 |
| 1448 | 关于核准中国大唐集团新能源股份有限公司发行境外上市外资格的批复 | 2010年11月8日 | 证监许可〔2010〕1559号 |
| 1449 | 关于核准中工国际工程股份有限公司向中国机械工业集团有限公司发行股份购买资产的批复 | 2010年11月8日 | 证监许可〔2010〕1560号 |
| 1450 | 关于核准豁免中国机械工业集团有限公司要约收购中工国际工程股份有限公司股份义务的批复 | 2010年11月8日 | 证监许可〔2010〕1561号 |
| 1451 | 关于核准国元证券股份有限公司变更公司章程重要条款的批复 | 2010年11月8日 | 证监许可〔2010〕1562号 |

续表

| 序号 | 名称 | 发文日期 | 文号 |
|---|---|---|---|
| 1452 | 关于核准齐鲁证券有限公司变更公司章程重要条款的批复 | 2010年11月8日 | 证监许可〔2010〕1563号 |
| 1453 | 关于核准设立华英证券有限责任公司的批复 | 2010年11月8日 | 证监许可〔2010〕1564号 |
| 1454 | 关于核准文光侠保荐代表人资格的批复 | 2010年11月9日 | 证监许可〔2010〕1566号 |
| 1455 | 关于核准杨树梁保荐代表人资格的批复 | 2010年11月9日 | 证监许可〔2010〕1567号 |
| 1456 | 关于核准王进安保荐代表人资格的批复 | 2010年11月9日 | 证监许可〔2010〕1568号 |
| 1457 | 关于核准武远定保荐代表人资格的批复 | 2010年11月9日 | 证监许可〔2010〕1569号 |
| 1458 | 关于核准赵旭保荐代表人资格的批复 | 2010年11月9日 | 证监许可〔2010〕1570号 |
| 1459 | 关于核准李志文保荐代表人资格的批复 | 2010年11月9日 | 证监许可〔2010〕1571号 |
| 1460 | 关于核准吕晓曙保荐代表人资格的批复 | 2010年11月9日 | 证监许可〔2010〕1572号 |
| 1461 | 关于核准王蕾、赵铁保荐代表人资格的批复 | 2010年11月9日 | 证监许可〔2010〕1573号 |
| 1462 | 关于核准彭博保荐代表人资格的批复 | 2010年11月9日 | 证监许可〔2010〕1574号 |
| 1463 | 关于核准郭斌保荐代表人资格的批复 | 2010年11月9日 | 证监许可〔2010〕1575号 |
| 1464 | 关于核准无锡小天鹅股份有限公司重大资产重组及向广东美的电器股份有限公司发行股份购买资产的批复 | 2010年11月9日 | 证监许可〔2010〕1577号 |
| 1465 | 关于核准广东美的电器股份有限公司公告无锡小天鹅股份有限公司收购报告书并豁免其要约收购义务的批复 | 2010年11月9日 | 证监许可〔2010〕1578号 |
| 1466 | 关于核准中国工商银行股份有限公司配股的批复 | 2010年11月9日 | 证监许可〔2010〕1579号 |
| 1467 | 关于核准江苏蓝丰生物化工股份有限公司首次公开发行股票的批复 | 2010年11月9日 | 证监许可〔2010〕1580号 |
| 1468 | 关于核准苏州宝馨科技实业股份有限公司首次公开发行股票的批复 | 2010年11月9日 | 证监许可〔2010〕1581号 |
| 1469 | 关于核准中国工商银行股份有限公司境外上市外资股配股的批复 | 2010年11月9日 | 证监许可〔2010〕1583号 |
| 1470 | 关于核准金鹰基金管理有限公司变更股权及修改章程的批复 | 2010年11月9日 | 证监许可〔2010〕1584号 |
| 1471 | 关于核准华富量子生命力股票型证券投资基金募集的批复 | 2010年11月9日 | 证监许可〔2010〕1585号 |
| 1472 | 关于核准长信美国标准普尔100等权重指数增强型证券投资基金募集的批复 | 2010年11月9日 | 证监许可〔2010〕1586号 |
| 1473 | 关于核准国联安货币市场证券投资基金募集的批复 | 2010年11月9日 | 证监许可〔2010〕1587号 |
| 1474 | 关于核准中信建投证券有限责任公司变更持有5%以上股权的股东的批复 | 2010年11月9日 | 证监许可〔2010〕1588号 |

续表

| 序号 | 名称 | 发文日期 | 文号 |
| --- | --- | --- | --- |
| 1475 | 关于核准海通证券股份有限公司设立海通海蓝内需价值优选集合资产管理计划的批复 | 2010年11月9日 | 证监许可〔2010〕1589号 |
| 1476 | 关于核准南通富士通微电子股份有限公司增发股票的批复 | 2010年11月9日 | 证监许可〔2010〕1590号 |
| 1477 | 关于核准北京歌华有线电视网络股份有限公司公开发行可转换公司债券的批复 | 2010年11月9日 | 证监许可〔2010〕1591号 |
| 1478 | 关于核准华西证券有限责任公司设立华西证券融诚2号集合管理计划的批复 | 2010年11月9日 | 证监许可〔2010〕1592号 |
| 1479 | 关于核准天津天联公用事业股份有限公司转到香港交易所主板上市的批复 | 2010年11月12日 | 证监许可〔2010〕1593号 |
| 1480 | 关于核准烟台北方安德利果汁股份有限公司转到香港交易所主板上市的批复 | 2010年11月10日 | 证监许可〔2010〕1594号 |
| 1481 | 关于核准吴志斌担任新鸿基投资服务有限公司(证券业务)南京代表处首席代表的批复 | 2010年11月11日 | 证监许可〔2010〕1595号 |
| 1482 | 关于核准浙商证券有限责任公司设立浙商金惠3号集合资产管理计划的批复 | 2010年11月11日 | 证监许可〔2010〕1598号 |
| 1483 | 关于核准江海证券有限公司在黑龙江设立2家证券营业部的批复 | 2010年11月11日 | 证监许可〔2010〕1599号 |
| 1484 | 关于核准上投摩根基金管理有限公司在香港设立上投摩根资产管理(香港)有限公司的批复 | 2010年11月12日 | 证监许可〔2010〕1602号 |
| 1485 | 关于不予核准浙江康乐药业股份有限公司首次公开发行股票申请的决定 | 2010年11月12日 | 证监许可〔2010〕1603号 |
| 1486 | 关于不予核准深圳美凯电子股份有限公司首次公开发行股票申请的决定 | 2010年11月12日 | 证监许可〔2010〕1604号 |
| 1487 | 关于核准安徽金种子酒业股份有限公司非公开发行股票的批复 | 2010年11月12日 | 证监许可〔2010〕1605号 |
| 1488 | 关于核准甘肃省敦煌种业股份有限公司非公开发行股票的批复 | 2010年11月12日 | 证监许可〔2010〕1606号 |
| 1489 | 关于核准福建中福实业股份有限公司非公开发行股票的批复 | 2010年11月12日 | 证监许可〔2010〕1607号 |
| 1490 | 关于核准豁免江西铜业集团公司要约收购江西铜业股份有限公司股份义务的批复 | 2010年11月12日 | 证监许可〔2010〕1608号 |
| 1491 | 关于核准周宇担任摩根士丹利亚洲有限公司上海代表处首席代表的批复 | 2010年11月12日 | 证监许可〔2010〕1609号 |
| 1492 | 关于核准方正证券股份有限公司变更公司章程重要条款的批复 | 2010年11月12日 | 证监许可〔2010〕1610号 |

续表

| 序号 | 名称 | 发文日期 | 文号 |
| --- | --- | --- | --- |
| 1493 | 关于核准香财证券有限责任公司为期货公司提供中间介绍业务资格的批复 | 2010 年 11 月 16 日 | 证监许可〔2010〕1611 号 |
| 1494 | 关于核准国元证券股份有限公司为期货公司提供中间介绍业务资格的批复 | 2010 年 11 月 16 日 | 证监许可〔2010〕1612 号 |
| 1495 | 关于核准江苏旷达汽车织物集团股份有限公司首次公开发行股票的批复 | 2010 年 11 月 12 日 | 证监许可〔2010〕1613 号 |
| 1496 | 关于核准泰亚鞋业股份有限公司首次公开发行股票的批复 | 2010 年 11 月 12 日 | 证监许可〔2010〕1614 号 |
| 1497 | 关于核准深圳科士达科技股份有限公司首次公开发行股票的批复 | 2010 年 11 月 12 日 | 证监许可〔2010〕1615 号 |
| 1498 | 关于核准浙江日发数码精密机械股份有限公司首次公开发行股票的批复 | 2010 年 11 月 12 日 | 证监许可〔2010〕1616 号 |
| 1499 | 关于核准江苏银河电子股份有限公司首次公开发行股票的批复 | 2010 年 11 月 12 日 | 证监许可〔2010〕1617 号 |
| 1500 | 关于核准吉林金昌期货有限公司变更股权的批复 | 2010 年 11 月 16 日 | 证监许可〔2010〕1619 号 |
| 1501 | 关于核准中核苏阀科技实业股份有限公司非公开发行股票的批复 | 2010 年 11 月 12 日 | 证监许可〔2010〕1620 号 |
| 1502 | 关于核准凌云工业股份有限公司非公开发行股票的批复 | 2010 年 11 月 12 日 | 证监许可〔2010〕1621 号 |
| 1503 | 关于核准华孚色纺股份有限公司非公开发行股票的批复 | 2010 年 11 月 12 日 | 证监许可〔2010〕1622 号 |
| 1504 | 关于核准辽宁曙光汽车集团股份有限公司配股的批复 | 2010 年 11 月 12 日 | 证监许可〔2010〕1623 号 |
| 1505 | 关于核准上海东亚期货经纪有限公司变更注册资本和股权的批复 | 2010 年 11 月 16 日 | 证监许可〔2010〕1624 号 |
| 1506 | 关于核准华元期货有限责任公司金融期货经纪业务资格的批复 | 2010 年 11 月 16 日 | 证监许可〔2010〕1625 号 |
| 1507 | 关于核准杨林担任法国巴黎资产管理有限公司北京代表处首席代表的批复 | 2010 年 11 月 16 日 | 证监许可〔2010〕1626 号 |
| 1508 | 关于核准豁免西子联合控股有限公司要约收购百大集团股份有限公司股份义务的批复 | 2010 年 11 月 16 日 | 证监许可〔2010〕1627 号 |
| 1509 | 关于核准信达澳银基金管理有限公司修改章程的批复 | 2010 年 11 月 16 日 | 证监许可〔2010〕1628 号 |
| 1510 | 关于核准中生北控生物科技股份有限公司增发境外上市外资股的批复 | 2010 年 11 月 15 日 | 证监许可〔2010〕1630 号 |
| 1511 | 关于核准重庆农村商业银行股份有限公司发行境外上市外资股的批复 | 2010 年 11 月 16 日 | 证监许可〔2010〕1634 号 |

续表

| 序号 | 名称 | 发文日期 | 文号 |
|---|---|---|---|
| 1512 | 关于核准银河创新成长股票型证券投资基金募集的批复 | 2010 年 11 月 16 日 | 证监许可〔2010〕1635 号 |
| 1513 | 关于核准重庆银行股份有限公司证券投资基金销售业务资格的批复 | 2010 年 11 月 16 日 | 证监许可〔2010〕1636 号 |
| 1514 | 关于核准冬梅保荐代表人资格的批复 | 2010 年 11 月 16 日 | 证监许可〔2010〕1637 号 |
| 1515 | 关于核准乐永宏保荐代表人资格的批复 | 2010 年 11 月 16 日 | 证监许可〔2010〕1638 号 |
| 1516 | 关于核准郭立宏保荐代表人资格的批复 | 2010 年 11 月 16 日 | 证监许可〔2010〕1639 号 |
| 1517 | 关于核准石培爱保荐代表人资格的批复 | 2010 年 11 月 16 日 | 证监许可〔2010〕1640 号 |
| 1518 | 关于核准豁免沈阳中兴商业集团有限公司要约收购中兴—沈阳商业大厦(集团)股份有限公司股份义务的批复 | 2010 年 11 月 16 日 | 证监许可〔2010〕1641 号 |
| 1519 | 关于核准安徽海螺集团有限责任公司公告芜湖海螺型材科技股份有限公司收购报告书并豁免其要约收购义务的批复 | 2010 年 11 月 16 日 | 证监许可〔2010〕1642 号 |
| 1520 | 关于核准兴业证券股份有限公司变更公司章程重要条款的批复 | 2010 年 11 月 17 日 | 证监许可〔2010〕1643 号 |
| 1521 | 关于核准招商证券股份有限公司设立招商智远稳健 4 号集合资产管理计划的批复 | 2010 年 11 月 17 日 | 证监许可〔2010〕1644 号 |
| 1522 | 关于核准纽银策略优选股票型证券投资基金募集的批复 | 2010 年 11 月 17 日 | 证监许可〔2010〕1645 号 |
| 1523 | 关于核准中欧新动力股票型证券投资基金(LOF)募集的批复 | 2010 年 11 月 17 日 | 证监许可〔2010〕1646 号 |
| 1524 | 关于核准德邦证券有限责任公司证券资产管理业务资格的批复 | 2010 年 11 月 17 日 | 证监许可〔2010〕1647 号 |
| 1525 | 关于核准南京证券有限责任公司设立南京证券神州 3 号灵活配置集合资产管理计划的批复 | 2010 年 11 月 17 日 | 证监许可〔2010〕1648 号 |
| 1526 | 关于核准国信证券股份有限公司设立国信“金理财”内需升级集合资产管理计划的批复 | 2010 年 11 月 17 日 | 证监许可〔2010〕1649 号 |
| 1527 | 关于核准长江证券股份有限公司设立长江证券超越理财可转债集合资产管理计划的批复 | 2010 年 11 月 17 日 | 证监许可〔2010〕1650 号 |
| 1528 | 关于核准国金证券股份有限公司在上海设立 2 家分公司的批复 | 2010 年 11 月 17 日 | 证监许可〔2010〕1651 号 |
| 1529 | 关于核准豁免广东省广晟资产经营有限公司要约收购深圳市中金岭南有色金属股份有限公司股份义务的批复 | 2010 年 11 月 18 日 | 证监许可〔2010〕1652 号 |
| 1530 | 关于核准第一创业证券有限责任公司设立金益求金集合资产管理计划的批复 | 2010 年 11 月 18 日 | 证监许可〔2010〕1653 号 |

续表

| 序号 | 名称 | 发文日期 | 文号 |
|---|---|---|---|
| 1531 | 关于核准长沙中联重工科技发展股份有限公司发行境外上市外资股的批复 | 2010 年 11 月 18 日 | 证监许可〔2010〕1654 号 |
| 1532 | 关于核准和兴证券经纪有限责任公司变更持有 5% 以上股权的股东的批复 | 2010 年 11 月 18 日 | 证监许可〔2010〕1655 号 |
| 1533 | 关于核准中航证券有限公司设立中航金航 2 号集合资产管理计划的批复 | 2010 年 11 月 18 日 | 证监许可〔2010〕1656 号 |
| 1534 | 关于核准第一创业证券有限责任公司设立创金避险增值集合资产管理计划的批复 | 2010 年 11 月 18 日 | 证监许可〔2010〕1657 号 |
| 1535 | 关于核准中信建投证券有限责任公司变更持有 5% 以上股权的股东的批复 | 2010 年 11 月 18 日 | 证监许可〔2010〕1659 号 |
| 1536 | 关于核准中银国际证券有限责任公司变更持有 5% 以上股权的股东的批复 | 2010 年 11 月 19 日 | 证监许可〔2010〕1660 号 |
| 1537 | 关于核准豁免青岛啤酒集团有限公司要约收购青岛啤酒股份有限公司股份义务的批复 | 2010 年 11 月 22 日 | 证监许可〔2010〕1661 号 |
| 1538 | 关于核准华林证券有限责任公司变更公司章程重要条款的批复 | 2010 年 11 月 22 日 | 证监许可〔2010〕1662 号 |
| 1539 | 关于核准山东齐峰特种纸业股份有限公司首次公开发行股票的批复 | 2010 年 11 月 22 日 | 证监许可〔2010〕1663 号 |
| 1540 | 关于核准浙江众成包装材料股份有限公司首次公开发行股票的批复 | 2010 年 11 月 22 日 | 证监许可〔2010〕1664 号 |
| 1541 | 关于核准株洲天桥起重机股份有限公司首次公开发行股票的批复 | 2010 年 11 月 22 日 | 证监许可〔2010〕1665 号 |
| 1542 | 关于核准光正钢结构股份有限公司首次公开发行股票的批复 | 2010 年 11 月 22 日 | 证监许可〔2010〕1666 号 |
| 1543 | 关于核准永辉超市股份有限公司首次公开发行股票的批复 | 2010 年 11 月 22 日 | 证监许可〔2010〕1668 号 |
| 1544 | 关于核准东海证券有限责任公司在江苏设立 2 家证券营业部的批复 | 2010 年 11 月 22 日 | 证监许可〔2010〕1669 号 |
| 1545 | 关于核准国信股份有限公司在北京等地设立 5 家证券营业部的批复 | 2010 年 11 月 22 日 | 证监许可〔2010〕1670 号 |
| 1546 | 关于核准联讯证券有限责任公司在广东设立 2 家证券营业部的批复 | 2010 年 11 月 22 日 | 证监许可〔2010〕1671 号 |
| 1547 | 关于核准大宇证券股份有限公司设立上海代表处的批复 | 2010 年 11 月 23 日 | 证监许可〔2010〕1672 号 |
| 1548 | 关于核准渤海证券股份有限公司变更持有 5% 以上股权的股东的批复 | 2010 年 11 月 23 日 | 证监许可〔2010〕1673 号 |

续表

| 序号 | 名称 | 发文日期 | 文号 |
| --- | --- | --- | --- |
| 1549 | 关于核准鹏华消费优选股票型证券投资基金募集的批复 | 2010 年 11 月 23 日 | 证监许可〔2010〕1674 号 |
| 1550 | 关于核准长江证券股份有限公司融资融券业务资格的批复 | 2010 年 11 月 23 日 | 证监许可〔2010〕1675 号 |
| 1551 | 关于核准安信证券股份有限公司融资融券业务资格的批复 | 2010 年 11 月 23 日 | 证监许可〔2010〕1676 号 |
| 1552 | 关于核准平安证券股份有限公司融资融券业务资格的批复 | 2010 年 11 月 23 日 | 证监许可〔2010〕1677 号 |
| 1553 | 关于核准国都证券股份有限公司融资融券业务资格的批复 | 2010 年 11 月 23 日 | 证监许可〔2010〕1678 号 |
| 1554 | 关于核准国元证券股份有限公司融资融券业务资格的批复 | 2010 年 11 月 23 日 | 证监许可〔2010〕1679 号 |
| 1555 | 关于核准中信建投证券股份有限公司融资融券业务资格的批复 | 2010 年 11 月 23 日 | 证监许可〔2010〕1680 号 |
| 1556 | 关于核准中国建银投资证券股份有限公司融资融券业务资格的批复 | 2010 年 11 月 23 日 | 证监许可〔2010〕1681 号 |
| 1557 | 关于核准兴业证券股份有限公司融资融券业务资格的批复 | 2010 年 11 月 23 日 | 证监许可〔2010〕1682 号 |
| 1558 | 关于核准方正证券股份有限公司融资融券业务资格的批复 | 2010 年 11 月 23 日 | 证监许可〔2010〕1683 号 |
| 1559 | 关于核准长城证券股份有限公司融资融券业务资格的批复 | 2010 年 11 月 23 日 | 证监许可〔2010〕1684 号 |
| 1560 | 关于核准宏源证券股份有限公司融资融券业务资格的批复 | 2010 年 11 月 23 日 | 证监许可〔2010〕1685 号 |
| 1561 | 关于核准齐鲁证券股份有限公司融资融券业务资格的批复 | 2010 年 11 月 23 日 | 证监许可〔2010〕1686 号 |
| 1562 | 关于核准西南证券股份有限公司融资融券业务资格的批复 | 2010 年 11 月 23 日 | 证监许可〔2010〕1687 号 |
| 1563 | 关于核准中国国际金融有限公司融资融券业务资格的批复 | 2010 年 11 月 23 日 | 证监许可〔2010〕1688 号 |
| 1564 | 关于核准首都信息发展股份有限公司转到香港交易所主板上市的批复 | 2010 年 11 月 23 日 | 证监许可〔2010〕1690 号 |
| 1565 | 关于核准泰达宏利领先中小盘股票型证券投资基金募集的批复 | 2010 年 11 月 23 日 | 证监许可〔2010〕1691 号 |
| 1566 | 关于核准浙江稠州商业银行股份有限公司证券投资基金销售业务资格的批复 | 2010 年 11 月 23 日 | 证监许可〔2010〕1692 号 |
| 1567 | 关于核准中信建投证券有限责任公司变更持有 5%以上股权的股东的批复 | 2010 年 11 月 23 日 | 证监许可〔2010〕1693 号 |

续表

| 序号 | 名称 | 发文日期 | 文号 |
| --- | --- | --- | --- |
| 1568 | 关于核准华宝兴业成熟市场动量优选证券投资基金募集的批复 | 2010年11月24日 | 证监许可〔2010〕1694号 |
| 1569 | 关于核准湖南金果实业股份有限公司重大资产重组及向湖南发展投资集团有限公司发行股份购买资产的批复 | 2010年11月25日 | 证监许可〔2010〕1698号 |
| 1570 | 关于核准湖南发展投资集团有限公司公告湖南金果实业股份有限公司收购报告书并豁免其要约收购义务的批复 | 2010年11月25日 | 证监许可〔2010〕1699号 |
| 1571 | 关于核准华能国际电力股份有限公司增发境外上市外资股的批复 | 2010年11月25日 | 证监许可〔2010〕1700号 |
| 1572 | 关于核准华能国际电力股份有限公司非公开发行股票的批复 | 2010年11月25日 | 证监许可〔2010〕1701号 |
| 1573 | 关于核准中材科技有限公司非公开发行股票的批复 | 2010年11月25日 | 证监许可〔2010〕1702号 |
| 1574 | 关于核准深圳市飞亚达（集团）股份有限公司非公开发行股票的批复 | 2010年11月25日 | 证监许可〔2010〕1703号 |
| 1575 | 关于核准合肥丰乐种业股份有限公司非公开发行股票的批复 | 2010年11月25日 | 证监许可〔2010〕1704号 |
| 1576 | 关于核准国电南京自动化股份有限公司非公开发行股票的批复 | 2010年11月25日 | 证监许可〔2010〕1705号 |
| 1577 | 关于核准浙江三花股份有限公司非公开发行股票的批复 | 2010年11月25日 | 证监许可〔2010〕1706号 |
| 1578 | 关于不予核准安徽富煌钢结构股份有限公司首次公开发行股票申请的决定 | 2010年11月25日 | 证监许可〔2010〕1707号 |
| 1579 | 关于核准西藏同信证券有限责任公司变更持有5%以上股权的股东的批复 | 2010年11月25日 | 证监许可〔2010〕1708号 |
| 1580 | 关于核准大通证券股份有限公司在大连设立2家证券营业部的批复 | 2010年11月25日 | 证监许可〔2010〕1709号 |
| 1581 | 关于核准创元科技股份有限公司非公开发行股票的批复 | 2010年11月26日 | 证监许可〔2010〕1710号 |
| 1582 | 关于核准江中药业股份有限公司非公开发行股票的批复 | 2010年11月26日 | 证监许可〔2010〕1711号 |
| 1583 | 关于核准诺安全球黄金证券投资基金募集的批复 | 2010年11月26日 | 证监许可〔2010〕1712号 |
| 1584 | 关于核准中国国际金融有限公司变更持有5%以上股权的股东的批复 | 2010年11月26日 | 证监许可〔2010〕1713号 |
| 1585 | 关于核准天津天士力制药股份有限公司非公开发行股票的批复 | 2010年11月26日 | 证监许可〔2010〕1714号 |

续表

| 序号 | 名称 | 发文日期 | 文号 |
|---|---|---|---|
| 1586 | 关于核准合肥美菱股份有限公司非公开发行股票的批复 | 2010年11月26日 | 证监许可〔2010〕1715号 |
| 1587 | 关于核准山东华鲁恒升化工股份有限公司非公开发行股票的批复 | 2010年11月26日 | 证监许可〔2010〕1716号 |
| 1588 | 关于核准上海汽车集团股份有限公司非公开发行股票的批复 | 2010年11月26日 | 证监许可〔2010〕1717号 |
| 1589 | 关于核准国电电力发展股份有限公司增发股票的批复 | 2010年11月26日 | 证监许可〔2010〕1718号 |
| 1590 | 关于核准湖南胜景山河生物科技股份有限公司首次公开发行股票的批复 | 2010年11月26日 | 证监许可〔2010〕1719号 |
| 1591 | 关于核准山东矿机集团股份有限公司首次公开发行股票的批复 | 2010年11月26日 | 证监许可〔2010〕1720号 |
| 1592 | 关于核准长城中小盘成长股票型证券投资基金募集的批复 | 2010年11月29日 | 证监许可〔2010〕1721号 |
| 1593 | 关于核准新时代证券有限责任公司在上海设立1家分公司的批复 | 2010年11月29日 | 证监许可〔2010〕1722号 |
| 1594 | 关于核准上海新时达电气股份有限公司首次公开发行股票的批复 | 2010年11月29日 | 证监许可〔2010〕1723号 |
| 1595 | 关于核准何涛、邱勇保荐代表人资格的批复 | 2010年11月29日 | 证监许可〔2010〕1727号 |
| 1596 | 关于核准吴长衍保荐代表人资格的批复 | 2010年11月29日 | 证监许可〔2010〕1728号 |
| 1597 | 关于核准郑勇保荐代表人资格的批复 | 2010年11月29日 | 证监许可〔2010〕1729号 |
| 1598 | 关于核准吴同欣保荐代表人资格的批复 | 2010年11月29日 | 证监许可〔2010〕1730号 |
| 1599 | 关于核准吴成强保荐代表人资格的批复 | 2010年11月29日 | 证监许可〔2010〕1731号 |
| 1600 | 关于核准李超、曹再华保荐代表人资格的批复 | 2010年11月29日 | 证监许可〔2010〕1732号 |
| 1601 | 关于核准高俊保荐代表人资格的批复 | 2010年11月29日 | 证监许可〔2010〕1733号 |
| 1602 | 关于核准闫强保荐代表人资格的批复 | 2010年11月29日 | 证监许可〔2010〕1734号 |
| 1603 | 关于核准廖清富保荐代表人资格的批复 | 2010年11月29日 | 证监许可〔2010〕1735号 |
| 1604 | 关于核准张严冰保荐代表人资格的批复 | 2010年11月29日 | 证监许可〔2010〕1736号 |
| 1605 | 关于核准张宇保荐代表人资格的批复 | 2010年11月29日 | 证监许可〔2010〕1737号 |
| 1606 | 关于核准张虞、缪佳易保荐代表人资格的批复 | 2010年11月29日 | 证监许可〔2010〕1738号 |
| 1607 | 关于核准江西省煤炭集团公司公告安源实业股份有限公司收购报告书并豁免其要约收购义务的批复 | 2010年11月30日 | 证监许可〔2010〕1740号 |
| 1608 | 关于核准中建材玻璃公司公告洛阳玻璃股份有限公司收购报告书并豁免其要约收购义务的批复 | 2010年12月1日 | 证监许可〔2010〕1742号 |
| 1609 | 关于核准长江证券股份有限公司在湖北设立4家证券营业部的批复 | 2010年12月1日 | 证监许可〔2010〕1743号 |

续表

| 序号 | 名称 | 发文日期 | 文号 |
|---|---|---|---|
| 1610 | 关于核准申银万国证券股份有限公司设立申银万国宝鼎二期限额特定集合资产管理计划的批复 | 2010 年 12 月 2 日 | 证监许可〔2010〕1744 号 |
| 1611 | 关于核准申银万国证券股份有限公司在广东等地设立 5 家证券营业部的批复 | 2010 年 12 月 2 日 | 证监许可〔2010〕1745 号 |
| 1612 | 关于核准财通证券有限责任公司在江苏等地设立 4 家证券营业部的批复 | 2010 年 12 月 2 日 | 证监许可〔2010〕1746 号 |
| 1613 | 关于核准刘敏浩担任野村证券株式会社北京代表处首席代表的批复 | 2010 年 12 月 3 日 | 证监许可〔2010〕1747 号 |
| 1614 | 关于核准浙商证券有限责任公司设立浙商金惠引航集合资产管理计划的批复 | 2010 年 12 月 3 日 | 证监许可〔2010〕1748 号 |
| 1615 | 关于核准工银瑞信基金管理有限公司李晓鹏基金行业高级管理人员任职资格的批复 | 2010 年 12 月 3 日 | 证监许可〔2010〕1749 号 |
| 1616 | 关于核准华安证券有限责任公司在安徽设立 2 家证券营业部的批复 | 2010 年 12 月 3 日 | 证监许可〔2010〕1750 号 |
| 1617 | 关于核准国海证券有限责任公司在广西设立 2 家证券营业部的批复 | 2010 年 12 月 3 日 | 证监许可〔2010〕1751 号 |
| 1618 | 关于核准南京欣网视讯科技股份有限公司重大资产出售及向义马煤业集团股份有限公司发行股份购买资产的批复 | 2010 年 12 月 6 日 | 证监许可〔2010〕1752 号 |
| 1619 | 关于核准义马煤业集团股份有限公司公告南京欣网视讯科技股份有限公司收购报告书并豁免其要约收购义务的批复 | 2010 年 12 月 6 日 | 证监许可〔2010〕1753 号 |
| 1620 | 关于核准南方优选成长混合型证券投资基金募集的批复 | 2010 年 12 月 6 日 | 证监许可〔2010〕1754 号 |
| 1621 | 关于核准易方达医疗保健行业股票型证券投资基金募集的批复 | 2010 年 12 月 6 日 | 证监许可〔2010〕1755 号 |
| 1622 | 关于核准深圳英飞拓科技股份有限公司首次公开发行股票的批复 | 2010 年 12 月 6 日 | 证监许可〔2010〕1756 号 |
| 1623 | 关于核准江苏丰东热技术股份有限公司首次公开发行股票的批复 | 2010 年 12 月 6 日 | 证监许可〔2010〕1757 号 |
| 1624 | 关于核准江苏亚星锚链股份有限公司首次公开发行股票的批复 | 2010 年 12 月 6 日 | 证监许可〔2010〕1758 号 |
| 1625 | 关于核准福建海源自动化机械股份有限公司首次公开发行股票的批复 | 2010 年 12 月 6 日 | 证监许可〔2010〕1759 号 |
| 1626 | 关于核准海富通大中华精选股票型证券投资基金募集的批复 | 2010 年 12 月 6 日 | 证监许可〔2010〕1760 号 |

续表

| 序号 | 名称 | 发文日期 | 文号 |
| --- | --- | --- | --- |
| 1627 | 关于核准龙源电力集团股份有限公司公开发行公司债券的批复 | 2010 年 12 月 6 日 | 证监许可〔2010〕1761 号 |
| 1628 | 关于核准华宝证券有限责任公司变更注册资本的批复 | 2010 年 12 月 6 日 | 证监许可〔2010〕1762 号 |
| 1629 | 关于不予核准福建腾新食品股份有限公司首次公开发行股票申请的决定 | 2010 年 12 月 6 日 | 证监许可〔2010〕1766 号 |
| 1630 | 关于核准豁免中国中材股份有限公司要约收购中材科技股份有限公司义务的批复 | 2010 年 12 月 6 日 | 证监许可〔2010〕1767 号 |
| 1631 | 关于核准湘财证券有限责任公司变更持有 5% 以上股权的股东的批复 | 2010 年 12 月 6 日 | 证监许可〔2010〕1768 号 |
| 1632 | 关于核准联讯证券有限责任公司变更持有 5% 以上股权的股东的批复 | 2010 年 12 月 7 日 | 证监许可〔2010〕1769 号 |
| 1633 | 关于核准太原重工股份有限公司非公开发行股票的批复 | 2010 年 12 月 7 日 | 证监许可〔2010〕1770 号 |
| 1634 | 关于核准深圳市惠程电气股份有限公司非公开发行股票的批复 | 2010 年 12 月 7 日 | 证监许可〔2010〕1771 号 |
| 1635 | 关于核准北京华联商厦股份有限公司非公开发行股票的批复 | 2010 年 12 月 7 日 | 证监许可〔2010〕1772 号 |
| 1636 | 关于核准新疆国统管道股份有限公司非公开发行股票的批复 | 2010 年 12 月 7 日 | 证监许可〔2010〕1773 号 |
| 1637 | 关于核准神州学人集团股份有限公司非公开发行股票的批复 | 2010 年 12 月 7 日 | 证监许可〔2010〕1774 号 |
| 1638 | 关于核准马苏芹担任苏皇融资亚洲有限公司北京代表处首席代表的批复 | 2010 年 12 月 7 日 | 证监许可〔2010〕1775 号 |
| 1639 | 关于核准汇丰晋信基金管理有限公司古韵基金行业高级管理人员任职资格的批复 | 2010 年 12 月 7 日 | 证监许可〔2010〕1776 号 |
| 1640 | 关于核准郑容锡担任韩华证券股份有限公司上海代表处首次代表的批复 | 2010 年 12 月 8 日 | 证监许可〔2010〕1777 号 |
| 1641 | 关于核准天治基金管理有限公司赵玉彪基金行业高级管理人员任职资格的批复 | 2010 年 12 月 8 日 | 证监许可〔2010〕1778 号 |
| 1642 | 关于核准梁宗保保荐代表人资格的批复 | 2010 年 12 月 8 日 | 证监许可〔2010〕1779 号 |
| 1643 | 关于核准兰时嘉保荐代表人资格的批复 | 2010 年 12 月 8 日 | 证监许可〔2010〕1780 号 |
| 1644 | 关于核准王翔保荐代表人资格的批复 | 2010 年 12 月 8 日 | 证监许可〔2010〕1781 号 |
| 1645 | 关于核准肖玮川保荐代表人资格的批复 | 2010 年 12 月 8 日 | 证监许可〔2010〕1782 号 |
| 1646 | 关于核准张新强、易莹保荐代表人资格的批复 | 2010 年 12 月 8 日 | 证监许可〔2010〕1783 号 |
| 1647 | 关于核准刘向涛保荐代表人资格的批复 | 2010 年 12 月 8 日 | 证监许可〔2010〕1784 号 |

续表

| 序号 | 名称 | 发文日期 | 文号 |
|---|---|---|---|
| 1648 | 关于核准杭州锅炉集团股份有限公司首次公开发行股票的批复 | 2010年12月8日 | 证监许可〔2010〕1787号 |
| 1649 | 关于核准林州重机集团股份有限公司首次公开发行股票的批复 | 2010年12月8日 | 证监许可〔2010〕1788号 |
| 1650 | 关于核准天顺风能(苏州)股份有限公司首次公开发行股票的批复 | 2010年12月8日 | 证监许可〔2010〕1789号 |
| 1651 | 关于核准浙江新界泵业股份有限公司首次公开发行股票的批复 | 2010年12月8日 | 证监许可〔2010〕1790号 |
| 1652 | 关于核准华西证券有限责任公司变更公司章程重要条款的批复 | 2010年12月8日 | 证监许可〔2010〕1791号 |
| 1653 | 关于核准东吴中证新兴产业指数证券投资基金募集的批复 | 2010年12月9日 | 证监许可〔2010〕1792号 |
| 1654 | 关于核准招商安瑞进取债券型证券投资基金募集的批复 | 2010年12月9日 | 证监许可〔2010〕1793号 |
| 1655 | 关于核准民生加银内需增长股票型证券投资基金募集的批复 | 2010年12月9日 | 证监许可〔2010〕1794号 |
| 1656 | 关于核准申万巴黎稳益宝债券型证券投资基金募集的批复 | 2010年12月9日 | 证监许可〔2010〕1795号 |
| 1657 | 关于核准中国电子信息产业集团有限公司公告中国振华(集团)科技股份有限公司收购报告书并豁免其要约收购义务的批复 | 2010年12月10日 | 证监许可〔2010〕1799号 |
| 1658 | 关于核准李克保荐代表人资格的批复 | 2010年12月10日 | 证监许可〔2010〕1800号 |
| 1659 | 关于核准侯卫保荐代表人资格的批复 | 2010年12月10日 | 证监许可〔2010〕1801号 |
| 1660 | 关于核准苏朝晖担任蒙特利尔银行利时证券公司北京代表处首席代表的批复 | 2010年12月10日 | 证监许可〔2010〕1802号 |
| 1661 | 关于核准金杯电工股份有限公司首次公开发行股票的批复 | 2010年12月13日 | 证监许可〔2010〕1803号 |
| 1662 | 关于核准华泰证券股份有限公司在安徽等地设立2家证券营业部的批复 | 2010年12月13日 | 证监许可〔2010〕1805号 |
| 1663 | 关于核准光大证券股份有限公司在北京等地设立5家证券营业部的批复 | 2010年12月13日 | 证监许可〔2010〕1806号 |
| 1664 | 关于核准日信证券股份有限责任公司在内蒙古等地设立2家证券营业部的批复 | 2010年12月13日 | 证监许可〔2010〕1807号 |
| 1665 | 关于核准建信保本混合型证券投资基金募集的批复 | 2010年12月24日 | 证监许可〔2010〕1808号 |
| 1666 | 关于核准浙江东晶电子股份有限公司非公开发行股票的批复 | 2010年12月14日 | 证监许可〔2010〕1809号 |
| 1667 | 关于核准泰达宏利全球格局证券投资基金募集的批复 | 2010年12月14日 | 证监许可〔2010〕1810号 |

续表

| 序号 | 名称 | 发文日期 | 文号 |
| --- | --- | --- | --- |
| 1668 | 关于核准江苏澳洋科技股份有限公司非公开发行股票的批复 | 2010 年 12 月 14 日 | 证监许可〔2010〕1812 号 |
| 1669 | 关于核准贵州黔源电力股份有限公司非公开发行股票的批复 | 2010 年 12 月 14 日 | 证监许可〔2010〕1813 号 |
| 1670 | 关于核准北京京能热电股份有限公司非公开发行股票的批复 | 2010 年 12 月 14 日 | 证监许可〔2010〕1814 号 |
| 1671 | 关于核准吉林紫鑫药业股份有限公司非公开发行股票的批复 | 2010 年 12 月 14 日 | 证监许可〔2010〕1815 号 |
| 1672 | 关于核准北京东方雨虹防水技术股份有限公司非公开发行股票的批复 | 2010 年 12 月 14 日 | 证监许可〔2010〕1816 号 |
| 1673 | 关于核准河南银鸽实业投资股份有限公司公开发行公司债券的批复 | 2010 年 12 月 14 日 | 证监许可〔2010〕1817 号 |
| 1674 | 关于核准宁波海运股份有限公司公开发行可转换公司债券的批复 | 2010 年 12 月 14 日 | 证监许可〔2010〕1818 号 |
| 1675 | 关于核准重庆长安汽车股份有限公司增发股票的批复 | 2010 年 12 月 14 日 | 证监许可〔2010〕1819 号 |
| 1676 | 关于核准招商证券股份有限公司设立招商证券智远避险集合资产管理计划的批复 | 2010 年 12 月 14 日 | 证监许可〔2010〕1820 号 |
| 1677 | 关于核准光大证券股份有限公司设立光大阳光新兴产业集合资产管理计划的批复 | 2010 年 12 月 14 日 | 证监许可〔2010〕1821 号 |
| 1678 | 关于核准万和证券经纪有限公司证券自营和证券投资咨询业务资格的批复 | 2010 年 12 月 14 日 | 证监许可〔2010〕1822 号 |
| 1679 | 关于核准中原证券股份有限公司设立中原证券炎黄一号精选基金集合资产管理计划的批复 | 2010 年 12 月 14 日 | 证监许可〔2010〕1823 号 |
| 1680 | 关于核准武汉力诺太阳能集团股份有限公司重大资产重组方案的批复 | 2010 年 12 月 5 日 | 证监许可〔2010〕1824 号 |
| 1681 | 关于核准北京四方继保自动化股份有限公司首次公开发行股票的批复 | 2010 年 12 月 15 日 | 证监许可〔2010〕1825 号 |
| 1682 | 关于核准海南天然橡胶产业集团股份有限公司首次公开发行股票的批复 | 2010 年 12 月 15 日 | 证监许可〔2010〕1826 号 |
| 1683 | 关于核准东富龙科技股份有限公司首次公开发行股票并在创业板上市的批复 | 2010 年 12 月 15 日 | 证监许可〔2010〕1837 号 |
| 1684 | 关于核准河南省西峡汽车水泵股份有限公司首次公开发行股票的批复 | 2010 年 12 月 15 日 | 证监许可〔2010〕1838 号 |
| 1685 | 关于核准安徽省司尔特肥业股份有限公司首次公开发行股票的批复 | 2010 年 12 月 15 日 | 证监许可〔2010〕1839 号 |
| 1686 | 关于核准成都市新都化工股份有限公司首次公开发行股票的批复 | 2010 年 12 月 15 日 | 证监许可〔2010〕1840 号 |

续表

| 序号 | 名称 | 发文日期 | 文号 |
| --- | --- | --- | --- |
| 1687 | 关于核准青岛海立美达股份有限公司首次公开发行股票的批复 | 2010 年 12 月 15 日 | 证监许可〔2010〕1841 号 |
| 1688 | 关于核准大唐国际发电股份有限公司非公开发行股票的批复 | 2010 年 12 月 16 日 | 证监许可〔2010〕1842 号 |
| 1689 | 关于核准广发华福证券有限责任公司在福建设立 2 家证券营业部的批复 | 2010 年 12 月 14 日 | 证监许可〔2010〕1843 号 |
| 1690 | 关于核准中远航运股份有限公司配股的批复 | 2010 年 12 月 16 日 | 证监许可〔2010〕1844 号 |
| 1691 | 关于核准日照港股份有限公司非公开发行股票的批复 | 2010 年 12 月 16 日 | 证监许可〔2010〕1845 号 |
| 1692 | 关于核准国脉科技股份有限公司非公开发行股票的批复 | 2010 年 12 月 16 日 | 证监许可〔2010〕1846 号 |
| 1693 | 关于核准江西黑猫炭黑股份有限公司非公开发行股票的批复 | 2010 年 12 月 16 日 | 证监许可〔2010〕1847 号 |
| 1694 | 关于核准西部矿业股份有限公司公开发行公司债券的批复 | 2010 年 12 月 16 日 | 证监许可〔2010〕1848 号 |
| 1695 | 关于核准国投瑞银基金管理有限公司在香港设立国投瑞银资产管理（香港）有限公司的批复 | 2010 年 12 月 16 日 | 证监许可〔2010〕1849 号 |
| 1696 | 关于核准广东冠豪高新技术股份有限公司重大资产重组方案的批复 | 2010 年 12 月 17 日 | 证监许可〔2010〕1851 号 |
| 1697 | 关于核准上海东方证券资产管理有限公司设立东方红—先锋 5 号集合资产管理计划的批复 | 2010 年 12 月 17 日 | 证监许可〔2010〕1852 号 |
| 1698 | 关于核准山西证券有限公司变更公司章程重要条款的批复 | 2010 年 12 月 17 日 | 证监许可〔2010〕1853 号 |
| 1699 | 关于核准华安证券有限责任公司保荐机构资格的批复 | 2010 年 12 月 17 日 | 证监许可〔2010〕1854 号 |
| 1700 | 关于核准徐慧芬保荐代表人资格的批复 | 2010 年 12 月 20 日 | 证监许可〔2010〕1855 号 |
| 1701 | 关于核准翟程保荐代表人资格的批复 | 2010 年 12 月 20 日 | 证监许可〔2010〕1856 号 |
| 1702 | 关于核准刘云霄保荐代表人资格的批复 | 2010 年 12 月 20 日 | 证监许可〔2010〕1857 号 |
| 1703 | 关于核准阮金阳保荐代表人资格的批复 | 2010 年 12 月 20 日 | 证监许可〔2010〕1858 号 |
| 1704 | 关于核准任文冠保荐代表人资格的批复 | 2010 年 12 月 20 日 | 证监许可〔2010〕1859 号 |
| 1705 | 关于核准青海盐湖钾肥股份有限公司吸收合并青海盐湖工业集团股份有限公司的批复 | 2010 年 12 月 20 日 | 证监许可〔2010〕1860 号 |
| 1706 | 关于核准青海省国有资产投资管理有限公司公告青海盐湖钾肥股份有限公司收购报告书并豁免其要约收购义务的批复 | 2010 年 12 月 20 日 | 证监许可〔2010〕1861 号 |
| 1707 | 关于核准康美药业股份有限公司配股的批复 | 2010 年 12 月 20 日 | 证监许可〔2010〕1862 号 |
| 1708 | 关于核准贵州轮胎股份有限公司配股的批复 | 2010 年 12 月 20 日 | 证监许可〔2010〕1864 号 |

续表

| 序号 | 名称 | 发文日期 | 文号 |
|---|---|---|---|
| 1709 | 关于核准山西证券股份有限公司在山西设立2家证券营业部的批复 | 2010年12月20日 | 证监许可〔2010〕1865号 |
| 1710 | 关于核准国泰君安证券股份有限公司发行债券的批复 | 2010年12月20日 | 证监许可〔2010〕1866号 |
| 1711 | 关于核准厦门雄震矿业集团股份有限公司非公开发行股票的批复 | 2010年12月20日 | 证监许可〔2010〕1867号 |
| 1712 | 关于核准江西洪城水业股份有限公司非公开发行股票的批复 | 2010年12月20日 | 证监许可〔2010〕1868号 |
| 1713 | 关于核准四川升达林业产业股份有限公司非公开发行股票的批复 | 2010年12月20日 | 证监许可〔2010〕1869号 |
| 1714 | 关于核准华仪电气股份有限公司非公开发行股票的批复 | 2010年12月20日 | 证监许可〔2010〕1870号 |
| 1715 | 关于核准河南中孚实业股份有限公司配股的批复 | 2010年12月20日 | 证监许可〔2010〕1871号 |
| 1716 | 关于核准汇添富保本混合型证券投资基金募集的批复 | 2010年12月20日 | 证监许可〔2010〕1875号 |
| 1717 | 关于核准大成标普500等权重指数证券投资基金募集的批复 | 2010年12月20日 | 证监许可〔2010〕1876号 |
| 1718 | 关于核准信诚中证500指数分级证券投资基金募集的批复 | 2010年12月20日 | 证监许可〔2010〕1877号 |
| 1719 | 关于核准五矿证券有限公司变更持有5%以上股权的股东的批复 | 2010年12月21日 | 证监许可〔2010〕1878号 |
| 1720 | 关于核准重庆百货大楼股份有限公司向重庆商社(集团)有限公司、新天域湖景投资有限公司发行股份购买资产的批复 | 2010年12月21日 | 证监许可〔2010〕1879号 |
| 1721 | 关于核准豁免重庆商社(集团)有限公司要约收购重庆百货大楼股份有限公司股份义务的批复 | 2010年12月21日 | 证监许可〔2010〕1880号 |
| 1722 | 关于核准兴业证券股份有限公司设立兴业证券玉麒麟1号集合资产管理计划的批复 | 2010年12月21日 | 证监许可〔2010〕1881号 |
| 1723 | 关于核准湖南金德发展股份有限公司重大资产重组及向西王集团有限公司发行股份购买资产的批复 | 2010年12月21日 | 证监许可〔2010〕1882号 |
| 1724 | 关于核准西王集团有限公司公告湖南金德发展股份有限公司收购报告书并豁免其要约收购义务的批复 | 2010年12月21日 | 证监许可〔2010〕1883号 |
| 1725 | 关于核准华富基金管理有限公司姚怀然、满志弘基金高级管理人员任职资格的批复 | 2010年12月21日 | 证监许可〔2010〕1884号 |
| 1726 | 关于核准浦银安盛基金管理有限公司钱华基金行业高级管理人员任职资格的批复 | 2010年12月21日 | 证监许可〔2010〕1885号 |

续表

| 序号 | 名称 | 发文日期 | 文号 |
|---|---|---|---|
| 1727 | 关于核准信达澳银产业升级股票型证券投资基金募集的批复 | 2010年12月23日 | 证监许可〔2010〕1886号 |
| 1728 | 关于核准汇添富社会责任股票型证券投资基金募集的批复 | 2010年12月23日 | 证监许可〔2010〕1887号 |
| 1729 | 关于核准五洲明珠股份有限公司重大资产出售及以新增股份吸收合并梅花生物科技集团股份有限公司的批复 | 2010年12月22日 | 证监许可〔2010〕1888号 |
| 1730 | 关于核准孟庆山及一致行动人公告五洲明珠股份有限公司收购报告书并豁免其要约收购义务的批复 | 2010年12月22日 | 证监许可〔2010〕1889号 |
| 1731 | 关于核准银泰证券有限责任公司证券投资咨询和与证券交易、证券投资活动有关的财务顾问业务资格的批复 | 2010年12月22日 | 证监许可〔2010〕1890号 |
| 1732 | 关于核准郭婧保荐代表人资格的批复 | 2010年12月22日 | 证监许可〔2010〕1891号 |
| 1733 | 关于核准陈忠华保荐代表人资格的批复 | 2010年12月22日 | 证监许可〔2010〕1892号 |
| 1734 | 关于核准金巍锋、吕瑜刚保荐代表人资格的批复 | 2010年12月22日 | 证监许可〔2010〕1893号 |
| 1735 | 关于核准铁维铭保荐代表人资格的批复 | 2010年12月22日 | 证监许可〔2010〕1894号 |
| 1736 | 关于核准和兴证券经纪有限责任公司变更公司章程重要条款的批复 | 2010年12月23日 | 证监许可〔2010〕1895号 |
| 1737 | 关于核准华锐风电科技（集团）股份有限公司首次公开发行股票的批复 | 2010年12月23日 | 证监许可〔2010〕1896号 |
| 1738 | 关于核准常熟风范电力设备股份有限公司首次公开发行股票的批复 | 2010年12月23日 | 证监许可〔2010〕1897号 |
| 1739 | 关于核准江苏亚太轻合金科技股份有限公司首次公开发行股票的批复 | 2010年12月23日 | 证监许可〔2010〕1898号 |
| 1740 | 关于核准安徽鸿路钢结构（集团）股份有限公司首次公开发行股票的批复 | 2010年12月23日 | 证监许可〔2010〕1899号 |
| 1741 | 关于核准上海大智慧股份有限公司首次公开发行股票的批复 | 2010年12月23日 | 证监许可〔2010〕1900号 |
| 1742 | 关于核准广发华福证券有限责任公司变更持有5%以上股权的股东的批复 | 2010年12月24日 | 证监许可〔2010〕1907号 |
| 1743 | 关于核准中海基金管理有限公司宋宇、朱冰峰基金行业高级管理人员任职资格的批复 | 2010年12月24日 | 证监许可〔2010〕1908号 |
| 1744 | 关于核准高新张铜股份有限公司重大资产重组及向江苏沙钢集团有限公司发行股份购买资产的批复 | 2010年12月24日 | 证监许可〔2010〕1909号 |
| 1745 | 关于核准江苏沙钢集团有限公司公告高新张铜股份有限公司收购报告书并豁免其要约收购义务的批复 | 2010年12月24日 | 证监许可〔2010〕1910号 |

续表

| 序号 | 名称 | 发文日期 | 文号 |
| --- | --- | --- | --- |
| 1746 | 关于核准河北威远生物化工股份有限公司向新奥控股投资有限公司发行股份购买资产的批复 | 2010 年 12 月 27 日 | 证监许可〔2010〕1911 号 |
| 1747 | 关于核准豁免王玉锁要约收购河北威远生物化工股份有限公司股份义务的批复 | 2010 年 12 月 27 日 | 证监许可〔2010〕1912 号 |
| 1748 | 关于核准中国民生银行股份有限公司合格境外机构投资者托管资格的批复 | 2010 年 12 月 22 日 | 证监许可〔2010〕1913 号 |
| 1749 | 关于核准光大保德信基金管理有限公司修改章程的批复 | 2010 年 12 月 28 日 | 证监许可〔2010〕1914 号 |
| 1750 | 关于核准海富通基金管理有限公司修改章程的批复 | 2010 年 12 月 28 日 | 证监许可〔2010〕1915 号 |
| 1751 | 关于核准利尔化学股份有限公司重大资产购买方案的批复 | 2010 年 12 月 28 日 | 证监许可〔2010〕1916 号 |
| 1752 | 关于核准设立平安大华基金管理有限公司的批复 | 2010 年 12 月 28 日 | 证监许可〔2010〕1917 号 |
| 1753 | 关于核准科提比资产运用株式会社合格境外机构投资者资格的批复 | 2010 年 12 月 28 日 | 证监许可〔2010〕1918 号 |
| 1754 | 关于不予核准江苏新中环保股份有限公司首次公开发行股票申请的决定 | 2010 年 12 月 28 日 | 证监许可〔2010〕1919 号 |
| 1755 | 关于核准中粮期货经纪有限公司变更注册资本和股权的批复 | 2010 年 12 月 29 日 | 证监许可〔2010〕1921 号 |
| 1756 | 关于核准鑫鼎盛期货有限公司金融期货经纪业务资格的批复 | 2010 年 12 月 29 日 | 证监许可〔2010〕1922 号 |
| 1757 | 关于核准烟台中州期货经纪有限公司金融期货经纪业务资格的批复 | 2010 年 12 月 29 日 | 证监许可〔2010〕1923 号 |
| 1758 | 关于核准格林期货有限公司变更注册资本和股权的批复 | 2010 年 12 月 29 日 | 证监许可〔2010〕1924 号 |
| 1759 | 关于核准江苏亨通光电股份有限公司发行股份购买资产的批复 | 2010 年 12 月 29 日 | 证监许可〔2010〕1925 号 |
| 1760 | 关于核准豁免亨通集团有限公司要约收购江苏亨通光电股份有限公司股份义务的批复 | 2010 年 12 月 29 日 | 证监许可〔2010〕1926 号 |
| 1761 | 关于核准浙商期货有限公司变更注册资本的批复 | 2010 年 12 月 29 日 | 证监许可〔2010〕1927 号 |
| 1762 | 关于核准国海证券有限责任公司为期货公司提供中间介绍业务资格的批复 | 2010 年 12 月 29 日 | 证监许可〔2010〕1928 号 |
| 1763 | 关于核准重庆三五九期货经纪有限公司变更注册资本和股权的批复 | 2010 年 12 月 29 日 | 证监许可〔2010〕1930 号 |
| 1764 | 关于核准英大证券有限责任公司为期货公司提供中间介绍业务资格的批复 | 2010 年 12 月 29 日 | 证监许可〔2010〕1931 号 |
| 1765 | 关于核准鑫鼎盛期货有限公司变更注册资本的批复 | 2010 年 12 月 30 日 | 证监许可〔2010〕1934 号 |

续表

| 序号 | 名称 | 发文日期 | 文号 |
|---|---|---|---|
| 1766 | 关于核准上海中财期货有限公司变更注册资本和股权的批复 | 2010年12月30日 | 证监许可〔2010〕1935号 |
| 1767 | 关于核准贾玉祥期货公司首席风险官任职资格的批复 | 2010年12月29日 | 证监许可〔2010〕1936号 |
| 1768 | 关于核准中国建筑工程总公司公告西部建设股份有限公司收购报告书并豁免其要约收购义务的批复 | 2010年12月30日 | 证监许可〔2010〕1941号 |
| 1769 | 关于核准贺耀辉、谢晶晶保荐代表人资格的批复 | 2010年12月30日 | 证监许可〔2010〕1942号 |
| 1770 | 关于核准深圳市怡亚通供应链股份有限公司重大资产重组方案的批复 | 2010年12月31日 | 证监许可〔2010〕1943号 |
| 1771 | 关于核准青海贤成矿业股份有限公司向西宁市国新投资控股有限公司、张邻发行股份购买资产的批复 | 2010年12月31日 | 证监许可〔2010〕1944号 |
| 1772 | 关于核准西宁市国新投资控股有限公司公告青海贤成矿业股份有限公司收购报告书并豁免其要约收购义务的批复 | 2010年12月31日 | 证监许可〔2010〕1945号 |
| 1773 | 关于核准唐山陶瓷股份有限公司重大资产重组方案的批复 | 2010年12月31日 | 证监许可〔2010〕1946号 |

# 二、信息公开

## (一)2010年监管信息公开工作综述

2010年,中国证监会按照《政府信息公开条例》、《中国证券监督管理委员会证券期货监督管理信息公开办法(试行)》(以下简称《办法》)等要求,坚持规范、透明的工作原则,依法有序推进监管信息公开工作。全年主动公开监管信息9304条,其中会机关公开3738条,派出机构公开5566条;会机关受理监管信息公开申请5件,回复5件。同时,重点做好以下工作:

### 一、清理主动公开信息情况

为做好监管信息主动公开工作,严格依法行政,增加工作透明度,证监会各部门对2010年主动公开监管信息情况进行了清理,对应公开而未公开或者迟延公开的情况逐项统计,并指定专人负责督促催办,在解决问题的基础上,进一步强化信息公开的及时性和主动性,推动信息公开工作长效机制建立。

### 二、评估信息公开工作总体情况

为进一步推进监管信息公开工作,证监会对《政府信息公开条例》和《办法》实施以来监管信息公开工作的总体情况进行了梳理和评估。评估结果表明,证监会监管信息公开的制度规则已基本健全,主动公开信息的范围比较全面,依申请公开信息较为及时。同时,根据《国务院办公厅关于做好政府信息依申请公开工作的意见》(国办发〔2010〕5号)有关要求,证监会对监管信息依申请公开工作有关规定进行了修改,进一步规范了监管信息依申请公开工作,完善了监管信息公开工作。

**三、编写并公布2010年监管信息公开年度报告**

按照《政府信息公开条例》和《办法》有关要求,证监会根据2010年监管信息公开工作情况编写了《中国证监会2010年监管信息公开年度报告》,内容包括信息公开制度建设情况、主动公开监管信息情况、依申请公开监管信息情况、信息公开收费情况、因信息公开引起的行政复议和诉讼情况等,并于2011年3月31日前对外公布。

## (二)中国证监会2010年监管信息公开年度报告

2010年,中国证监会按照《政府信息公开条例》(以下简称《条例》)和国务院有关要求,积极推进监管信息公开工作,进一步完善信息公开规章制度,及时全面公开监管信息,同时对信息公开工作进行了评估。根据《条例》第三十一条、第三十二条和《中国证券监督管理委员会证券期货监督管理信息公开办法(试行)》(以下简称《办法》)第十七条的有关规定,现将中国证监会2010年度监管信息公开有关情况公布如下。

**一、监管信息公开基本制度建设情况**

(一)进一步加强对监管信息公开工作的领导。2010年,证监会对政务公开领导小组成员进行了调整,组成了以证监会副主席桂敏杰为组长,纪委书记李小雪、副主席刘新华为副组长,各相关部门主要负责人为成员的领导小组。领导小组多次就监管信息公开问题进行研究并做出批示,要求加强对监管信息公开工作的指导,特别是对派出机构的指导和监督,促进会内各部门严格执行监管信息公开相关法规和规定,鼓励各部门创新信息公开方式,扩大公开范围。要求对证监会信息公开工作从总体上进行评估和研判,确定下一步工作的总体思路和整体规划,梳理工作中存在的问题和不足,制定切实可行的改进方案。

(二)对证监会监管信息公开总体工作进行评估。2010年,证监会对2008年以来监管信息公开总体情况进行了自查和评估。评估显示证监会已逐步形成了以《办法》为核心,《中国证监会监管信息依申请公开工作指引》、《中国证监会监管信息公开保密审查工作指引》等文件为指导的制度体系;从评估情况看,证监会主动公开监管信息较为全面,依申请公开监管信息较为及时;同时,也存在制度建设有待进一步完善等问题,需要在今后的工作中不断改进和加强。

(三)对《中国证监会监管信息依申请公开工作指引》进行修改。为进一步做好依申请公开工作,按照《国务院办公厅关于做好政府信息依申请公开工作的意见》(国办发〔2010〕5号)的要求,证监会对《中国证监会监管信息依申请公开工作指引》进行了修改,增加了应公开监管信息的界定条款,对科研类用途的信息公开申请进行了规范,明确了"一事一申请"的工作原则,对不属于政府信息公开范围的申请的答复方式进行了调整,修改完善了依申请公开的回复程序,增加了主动公开相关信息的内容。

(四)公开部分行政许可事项的办理过程信息。为进一步促进提高依法行政水平及政务公开透明程度,2010年,证监会试点即时公开证券机构行政许可项目、证券投资基金募集申请、期货机构行政许可项目等部分行政许可事项的办理过程信息,按照审核过程中材料接收、补正、受理、反馈、核准等不同阶段,公开审核的具体进程和时间,严格按照申请项目规定的时间及申报的顺序进行审核。申请人可以在证监会外网随时查看所申报项目的具体审核状态和每一阶段的办结时间。

（五）进一步完善监管信息的查询功能。证监会主动公开监管信息的主要渠道为互联网，在互联网站专门开辟了信息公开栏目，栏目的主要内容包括监管信息公开目录、申请公开监管信息的流程注意事项、监管信息公开指南、信息公开年度报告等。为进一步方便使用人查询监管信息，在修改监管信息目录体系的基础上，2010 年证监会进一步完善了信息查询，增加了高级检索功能，使用人可以按照监管信息的名称、正文、发文时间、文号、主题词、主题分类、发文单位等不同关键字进行组合查询，也可以按照主题、体裁文种、服务对象、派出机构等不同的方式进行查询。多种查询方式的不同组合可以保证使用人迅速、准确地定位所查询的监管信息。

## 二、监管信息主动公开情况

（一）主动公开的主要内容及数量。证监会主动公开的监管信息范围包括中国证监会及其派出机构的机构设置和工作职责、证券期货规章和规范性文件、证券期货市场发展规划和发展报告、纳入国家统计指标体系的证券期货市场统计信息、行政许可事项核准结果、交易所上市品种的批准结果、监管对象名录、市场禁入和行政处罚决定及其他监管信息等九大类。从 2010 年 1 月 1 日到 2010 年 12 月 31 日，证监会互联网站共主动公开监管信息 8007 条，其中会机关公开 3174 条，派出机构公开 4833 条。具体情况见下表：

**表 1：2010 年会机关监管信息公开情况表**

| 监管信息类别 | 公开数量（件） |
| --- | --- |
| 综合政务类信息 | 316 |
| 发行监管类信息 | 1272 |
| 创业板发行监管类信息 | 547 |
| 证券交易监管类信息 | 320 |
| 上市公司监管类信息 | 261 |
| 基金监管类信息 | 308 |
| 行政执法类信息 | 87 |
| 国际合作类信息 | 63 |
| 总计 | 3174 |

**表 2：2010 年派出机构监管信息公开情况表**

| 监管信息类别 | 公开数量（件） |
| --- | --- |
| 综合类信息 | 250 |
| 证券机构监管类信息 | 2711 |
| 上市公司监管类信息 | 171 |
| 基金监管类信息 | 47 |
| 期货监管类信息 | 1500 |
| 境外机构监管类信息 | 23 |
| 其他类信息 | 131 |
| 总计 | 4833 |

（二）新闻发布情况。证监会按照政务公开和市场透明度建设的要求，2008 年以来坚持每周一次例行新闻通气会制度。颁布重要证券期货改革监管政策之前通过官方网站向社会公开征求意见，并通过召开新闻通气会等形式对外公开发布。由证监会新闻发言人和政策发布部门有关负责人向媒体现场发布有关政策，就有关政策背景信息回答记者提问、进行互动交流，主动做好宣传引导和解疑释惑，对市场关注的热点话题以及虚假不实信息予以快速回应和澄清。2010 年证监会共组织新闻通气会、媒体座谈会 51 次，接待记者 2000 余人次。

（三）《证监会公告》发布情况。证监会按照依法行政、阳光行政的要求，按月将我会出台的规范性文件、行政许可批复、官方网站新闻稿以及证券期货市场统计报表等公开信息汇编成册。2010 年证监会共发布《证监会公告》12 期。

（四）政策法规主动征求公众意见情况。2010 年证监会出台部门规章 3 件，分别为《中国证券监督管理委员会行政复议办法》、《证券期货业反洗钱工作实施办法》、《关于修改〈证券发行与承销管理办法〉的决定》。在规章制定过程中均通过证监会互联网站征求社会公众意见，并根据反馈意见对规章进行了修改。同时，意见的采纳情况也及时向媒体进行了披露。

## 三、依申请公开监管信息情况

2010 年，证监会共受理监管信息公开申请 18 件，全部予以回复。其中，按照申请人要求公开监管信息的 15 件，不属于证监会监管职责

范围的1件,申请的监管信息与申请人无关而未公开的1件,申请的信息不属证监会应公开监管信息范围的1件。具体情况见下表:

**表3:2010年依申请公开监管信息情况表**

| 依申请公开回复情况 | 数量(件) |
|---|---|
| 全部公开 | 15 |
| 不属于我会监管职责范围 | 1 |
| 与申请人无关 | 1 |
| 不属监管信息 | 1 |
| 总计 | 18 |

**四、依申请公开收费情况**

证监会按照《条例》的有关规定,目前暂未对信息公开申请人进行收费,待相关部门出台依申请公开收费标准后,再研究制定相关收费项目及金额。

**五、申请行政复议、提起行政诉讼情况**

2010年证监会未收到因申请监管信息公开提起的行政复议或行政诉讼。

**六、下一步工作思路**

(一)进一步研究主动公开监管信息方式

目前证监会已按照《条例》和《办法》的要求公开了机构设置、工作职能等九大类监管信息。为进一步适应市场参与主体对监管信息的需求,2010年,证监会已就扩大信息公开范围做了一些探索和尝试,公开了部分行政许可项目办理过程信息,提高了行政审批的透明度,公开接受社会监督,取得了很好的效果,今后证监会将进一步研究完善信息公开的方式。

(二)进一步完善相关规章制度

《条例》和《办法》实施已近三年,证监会信息公开规章制度已初步建立,下一步我会将按照国务院有关文件的精神及信息公开工作的实际情况,及时修订《办法》及有关工作指引,细化相关工作流程,完善相关工作制度。

(三)加大主动新闻发布力度

当前,证监会在新闻宣传方面已经初步建立了一套机制。下一步,证监会将修订《中国证监会新闻发布暂行办法》,进一步提高新闻开放度和透明度。继续巩固新闻通气会的做法,逐步实现新闻通气会向新闻发布会的转变。加大重要改革政策发布前后与媒体的沟通交流,深化与报刊、电视、广播、网络等新闻媒体的合作,强化深度报道、案件执法报道和专题策划报道,进一步提高新闻宣传效果。

# 三、打击非法证券活动工作

## (一)2010年打击非法证券活动工作综述

2010年,中国证监会切实贯彻中央领导指示精神,全面执行监管工作会议及协调小组相关工作部署,在近年来全国非法证券活动的发生蔓延趋势得到有效控制的基础上,继续保持对非法发行股票和非法经营为上市公司股票等违法活动的高压态势,着力推进打击非法证券活动工作进一步深入开展,为维护资本市场健康发展及社会稳定、保障国家重要活动的顺利举办做出了重要贡献。

第一,继续加大打非工作力度,保持高压态势,对新发案件予以严厉打击。

2010年,证监会在全国范围内继续保持对非法发行股票和非法经营未上市公司股票违法犯罪活动的高压态势,坚持"打早打小,露头就打"的原则,推进各地对新发案件快速立案,快速查处,在全国范围内防止非法证券活动死灰复燃。

据初步统计，截至2010年底，证监系统共收到涉及非法发行股票和非法经营未上市公司股票的信访投诉185件，比2009年同期（331件）下降了近45%，仅相当于2008年同期（945件）的20%，非法证券活动在全国的发生和蔓延得到有效遏制，近年来打非工作取得的丰硕成果得以显现。各地证监局在调查基础上，已将其中28件投诉作为犯罪线索移送公安机关侦查。

其中，对新发案件的打击是去年打非工作的重中之重。一方面，证监会对深圳宝矿科技案、辽宁JOSS STAR控股案、吉林加拿大爱德华国际企业案等一批案件出具了性质认定，为公安机关侦办案件提供了大力支持；另一方面，对于深圳宝矿科技案、天津天鑫矿业案、福建恒润雄方案等涉案资金大、涉及人员多的重点案件，证监会还专门派出督导组，赴当地了解案件情况，指导案件查处，推动案件办理进度，力争协调相关地区、部门将此类新发案件办快、办好，对敢于顶风作案的违法犯罪分子予以迎头痛击。

第二，落实属地原则，依靠地方政府，对各地打非协调工作机制运行情况进行检查和推动。

近年来，在证监会不断协调推动下，中央和地方两个层面打非组织架构和监管网络逐步成熟，其不仅是打击非法发行股票类违法犯罪活动的重要平台，而且也成为证监系统与相关行政执法和司法机关共同查处证券类违法犯罪活动的工作平台，协调小组各成员单位之间、中央机关与地方政府之间反应快速、密切配合、应对有力的工作机制已基本形成。

为有效落实属地原则，充分依靠地方政府，保证打非协调工作机制的畅通有效，依照监管工作会议的安排及协调小组工作部署，证监会2010年打非工作的重点定位于对各省市打非协调工作机制运行情况的检查与推动，由部门领导牵头，抽调人员组成工作小组分别赴黑龙江、天津、上海、深圳、宁夏、福建、河北、贵州、海南等省市，与当地证监局及其他相关部门负责同志进行座谈，深入了解辖区打非协调工作机制和联合执法机制的运行情况，并针对其中存在的问题提出解决建议，确保协调工作机制和联合执法机制充分发挥作用，同时还现场协调解决部分重大案件办理过程中存在的问题和困难。

第三，积极配合中央联席会议办公室，协调推动陕沪两地妥善解决陕西非上市股份公司投资者纠纷。

证监会联合公安部证券犯罪侦查局成立专项工作组，针对落实过程中存在的问题，推动两地相关部门妥善解决投资者聚众上访问题，并以协调小组工作简报的形式将督办会议内容印发相关单位，指导推动其积极开展维稳工作。

第四，推动部分重点地区建立监测预警机制和快速反应机制，组织开展打非专项行动。

为推动部分重点地区对非法证券活动早发现、早应对、早打击，避免发生规模大、影响恶劣的案件，努力减少投资者损失，证监会多次进行协调，推动部分打非重点地区建立监测预警机制和快速反应机制，加强风险排查，在发挥信访举报主渠道作用的同时，建立全方位、多角度的信息监测系统，特别是加强对网上信息的排查，做到及时掌握情况，快速反应，主动出击。其中，天津证监局、湖南证监局在网上排查中发现了两起涉嫌非法发行股票的重大案件，目前均已移送公安机关进行查处。

在此基础上，证监会还协调陕西、广东、天津、深圳、青岛等地区开展打非专项行动，针对监控排查中发现的案件线索及维稳隐患，及时处置，对症下药，推动一批久拖不决的重点案件加快办理进度，及时控制新发案件的蔓延范围，取得了积极的效果。

第五，编写并印发《打击非法证券活动案例汇编》，提高公、检、法、证监系统一线办案人员打非执法水平。

2009年下半年至2010年一季度，为总结交流近年来打非工作先进经验，解决一线执法、司法过程中存在的问题和困难，证监会搜集了全国2006年至2009年判决的71起非法证券类案件，通过汇总、整理，辅助以相关理论分析和专业介绍，编写成《打击非法证券活动案例汇编》，并印发全国公、检、法、证监系统打非一线办案人员。截至目前，共计发放《案例汇编》近20000册。经了解，一线办案同志们对《案例汇编》给予很高评价，普遍认为该书具有很强的针对性和可读性,理论与实践结合紧密,解决了很多打非办案过程中遇到的难题,为案件查办提供了很多有益的思路,对指导一线办案人员开展工作大有帮助。

(证监会非上市公众公司部供稿)

## (二)2010年整治非法证券投资咨询和非法证券委托理财活动工作综述

2010年,在中国证监会党委的正确领导下,机构部积极组织协调相关部门,继续围绕前端监控、媒体净化、案件查处、宣传教育、拓展正道、维护稳定六个环节,健全完善整非工作机制,积极落实各项整非措施,取得明显成效。

### 一、创新工作方法和措施,深入推进工作开展

一是以制定工作要点和派出机构评价为抓手,将整非工作纳入派出机构工作评价体系,健全派出机构整非工作评价机制。二是汇编《整治非法证券活动政策与实践》(上、下册),系统介绍整非工作安排、职责分工、协作机制建立、工作动态、经验交流、典型案例、投资者教育和法律法规,以此推动全系统深入开展整非工作,推动派出机构与地方政府完善协作机制。三是与工信部研究清理互联网非法证券投资咨询活动信息相关措施,与沪深交易所研究从信息源头规范"荐股软件",与稽查局、交易所研究建立联手打击利用投资咨询操纵证券市场和"抢帽子交易"机制。

### 二、强化广播电视证券节目监管协作

推动国家广电总局出台《关于切实加强广播电视证券节目管理的通知》,解决证券节目协作监管难题。我会配合下发《关于协同做好广播电视证券节目规范工作的通知》和《关于进一步落实协同规范广播电视证券节目有关工作的函》,明确协同规范要求。指导证监局做好摸底排查、建立台账、协调清理规范等工作,及时跟踪督导清理进度。今年停播不规范广播电视证券节目或广告108个,清理参与广播电视证券节目的无资格机构62家,清理无资格人员90人,广播电视媒体净化取得明显效果。

### 三、完善前端监控机制,净化媒体效果显现

在业已存在的证监局、证券公司、证券业协会媒体监控体系基础上,今年强化了网控办、保护基金公司对媒体的监控作用。目前已经形成由会内相关部门、保护基金公司、证券业协会、证监局、证券公司组成的多层次、立体化媒体证券信息监控体系和媒体净化机制。截至12月底,系统各单位协调宣传、公安、广电、网监、通信管理等部门,关闭非法网站498个,清理网络非法证券活动信息4052条,叫停报刊违规证券广告12个。

### 四、加大案件查处力度,破获一批典型案件

重视媒体监控和投资者举报线索,积极协调配合公安机关采取联合打击行动,将案件查处作为整非工作重点。截至12月底,向公安机关移送涉非线索572件,向公安机关移送涉非案件70宗,推动配合公安机关破获涉非案件69起,抓捕犯罪嫌疑人780人。今年侦破的一批典型案件,极大打击和震慑了不法分子。如配合公安部侦破"重庆新盈鸿"案,抓捕主要犯罪嫌疑人8名,涉案金额近6500万元。配合广东公安侦破"股鼎财经"案,抓捕犯罪嫌疑人31名,涉案金额近3000万元。配合深圳公安侦破"三宝投资"和"盈通天下"案,抓捕犯罪嫌疑人28名,涉案金额近2000万元。配合陕西公安侦破"西北财经"案,抓捕犯罪嫌疑人62名,涉案金额近300万元。推动河南地方法院对"云中鹤"博客非法证券投资咨询案进行公开审理和宣判。

### 五、加强投资者宣传教育工作力度

协调公安部门通过广播电台播出公益广告和通过公安部网站发布“警惕网络非法证券投资咨询活动”预警信息。协调中央电视台经济半小时、中国证券报等新闻媒体专题报道“重庆新盈鸿”、广东“股鼎财经”等典型案例。通过证监会官方网站、证券业协会网站和投资者保护基金网站持续公示合法证券公司、证券投资咨询机构名称、地址、网址及业务范围等基本信息。指导各地证监局通过开辟网站专栏、曝光典型案件和非法网站、专题培训、“打非宣传周”等多种形式，持续开展正面宣传。组织动员证券公司采取张贴风险提示布告、接受媒体采访、编印宣传手册等形式开展投资者教育活动。截至12月底，各证监局组织整非投资者教育专项活动89场，组织媒体宣传报道790篇，通过媒体公示非法网站和非法机构“黑名单”572个。

### 六、完善证券投资咨询基础制度，大力提升正道服务水平

2010年10月20日出台《证券投资顾问业务暂行规定》和《发布证券研究报告暂行规定》，明确证券投资咨询业务形式，引导证券公司加强研究和服务投入，培育专业团队，深化证券投资顾问服务。引导证券投资咨询机构提升证券投资顾问服务水平。提高证券投资咨询服务覆盖率和适当性，满足投资者需求。

### 七、完善涉非信访工作机制，维护社会稳定

下发《关于进一步加强涉及非法证券投资咨询和非法证券委托理财活动信访投诉处理工作的通知》，完善涉非信访工作机制。截至12月底，全系统累计收到并妥善处理非法证券投资咨询和非法证券委托理财活动投诉927件。整非工作以来，没有出现影响社会稳定的群体事件。

目前，整非工作已经形成媒体网络监控清理机制、涉非信访投诉处理机制、案件移送查处机制、投资者宣传教育机制、整非信息报送分析机制、系统外部整非协作机制、系统内部整非工作机制、派出机构整非工作评价机制，为整非专项行动转入常规工作打下了基础。

（证监会机构部供稿）

# 四、案 件 稽 查

## （一）2010年证监会稽查局工作综述

2010年是证券期货市场稽查执法任务十分繁重的一年。中国证监会稽查局（以下简称稽查局）紧紧围绕证监会党委中心工作，团结一致，勤奋工作，切实履行职责，圆满完成了各项工作任务，取得了较好的工作成绩。

### 一、稽查执法工作情况及成果

在证监会全系统稽查干部的共同努力下，2010年，共受理案件线索229件，启动各类案件调查224起。派出机构完成非正式调查135起，其中47起转为正式立案调查，转立案率为35％。完成立案案件调查130起，移交行政处罚委110起，移送公安机关28起；完成跨境执法案件80起；收缴罚没款5668万元。2010年的工作总体上从四个层面开展：一是集中力量开展打击内幕交易专项工作，打防并举，形成了声势，取得了实效。二是加强系统执法力量整合和外部执法协作，构建综合执法体系，及时有效地查办各类违法违规案件，保持了市场正常秩序，维护了市场稳定。三是注重执法宣传，充分发挥舆论导向和宣传教育作用，营造了良好的执法工作氛围。四是扎实做好基础性工作，

努力提高执法能力和执法水平。具体工作情况如下:

(一)全力开展打击内幕交易专项行动,声势大、效果明显

2010 年以来,内幕交易呈多发态势,成为市场监管的主要矛盾,社会舆论高度关注。对此,会党委果断决策、统一部署,稽查局迅速行动,组织全系统稽查执法力量开展打击内幕交易专项工作,取得明显成效。

1. 快速行动,组织动员全系统力量投入到打击内幕交易专项工作之中。一是集中部署,统一行动。在会党委作出部署后,稽查局在第一时间下发通知,要求交易所、证监局及时发现和报告内幕交易线索,配备充足调查力量加快案件调查进度,全力开展内幕交易案件查处工作,实现了系统稽查执法力量"全军总动员"。二是合理分配案件任务,统一协调稽查力量。在对派出机构内幕交易案件进行全面梳理的基础上,灵活安排组织方式,打破地域界限,合理调配稽查资源,抽调精兵强将,对重点内幕案件加大查处力度。三是加强督促检查。2010 年 7 月份以来,稽查局 4 名局领导亲自带队走访了上海、深圳、广州等 10 余家派出机构,协调解决各种困难和问题,推动内幕交易案件查处工作。四是编发《打击内幕交易专项工作简报》,及时传达会领导重要指示精神,通报工作信息,交流工作经验,形成氛围和声势。

2. 全力做好内幕交易案件的立案、督导、复核工作。一是密切与交易所的协作,加强涉嫌内幕交易线索的收集与分析,实行案件线索分类管理,对违法违规事实比较清楚的线索,直接启动立案调查程序。二是加强对内幕交易案件的分类督办指导,对重点案件,指派专人跟进督办;对疑难案件,组织稽查业务骨干集中攻关。三是加快复核进度,做到当天调案卷,一周出意见;对已通过复核会尚需修改报告或补充调查的案件,实行一周一督办,有效缩短复核周期。四是加强立案、督查、复核各环节之间的协调沟通,每周召开内幕交易案件协调会,通报工作情况,推动工作进展。

3. 加大宣传力度,形成打击声势。一是配合办公厅召开 9 次新闻发布会,集中披露 12 起内幕交易案件的查处结果,及时传递证监会打击内幕交易的力度和态度。二是推动通过内部信息渠道,向领导部门报告证监会打击内幕交易专项工作情况。三是指导并配合派出机构广泛开展警示教育,以案说法,教育市场主体和有关党政干部远离内幕交易。四是向新华社、《人民日报》等主流媒体提供稿件,有针对性地介绍了证监会近年来内幕交易案件查处情况以及相关制度、机制安排,及时回应新闻热点,形成正面的舆论导向。

4. 加强与公安机关合作,加大刑事追责力度。一是加强沟通协调。经过充分沟通,公安部证券犯罪侦查局将打击内幕交易犯罪作为 2010 年下半年的工作重点。7 月 20 日,两部门在重庆共同召开证券犯罪案件侦办工作会议,向地方公安机关集中部署了证监会移送的 9 起重点案件的侦办工作(其中 7 起为内幕交易案件)。二是加快案件移送。2010 年以来,证监会移送公安机关内幕交易案件(线索)15 起,与 2008 年移送 4 起、2009 年移送 8 起相比,移送数量大幅度增加。三是加大督促力度。2010 年证监会移送公安部的涉嫌内幕交易案件,公安机关已全部立案侦查。

总体来看,打击内幕交易专项工作行动迅速,成效显著。截至 12 月底,稽查局启动非正式调查 87 起,启动立案调查 52 起,移送公安机关 15 起,办结了天山纺织、赛迪传媒等有影响的典型案件,社会效果良好。

(二)加强组织协调,增强系统执法合力

1. 统一指挥,组织查办一批典型案件。在集中力量打击内幕交易的同时,稽查局针对各类违规行为的新变化及典型案件,组织系统进行重点打击。一是及时打击多点布局、合谋操纵行为,2010 年稽查局受理此类案件线索 18 件,启动调查 14 起,形成有效打击此类违法行为的态势。二是严打基金经理"老鼠仓"行为。稽查局组织派出机构迅速查处了 3 起基金经理"老鼠仓"案件,其中 1 起移送公安机关,有力地维护了行业的信心基础。

2. 清理积案,增强稽查执法的主动性。截至目前,派出机构 2008 年以前启动的非正式调查和立案案件,全部办结;2009 年启动的 85 起立案案件,已办结 83 起。通过对历史积案的清理,摆脱了过去执法滞后的困境,增强了应对市场热点问题的快速反应能力。

3. 加强沟通调研,做好行政处罚试点配套

工作。积极与处罚委沟通协调、研究可能出现的相关问题，并多次与试点单位座谈，听取意见，在此基础上，制定《派出机构行政处罚试点单位案件调查工作的指导意见》，对试点单位自办案件的工作职责、与现行执法程序的衔接等作出明确规定。稽查局年内将派出工作小组，对试点单位自办案件进行指导，确保试点工作顺利开展。

4. 完善激励机制，调动办案积极性。一是隆重召开了稽查办案立功颁奖典礼，对32个立功集体和29名立功个人进行表彰，全体会领导出席并为获奖代表颁奖，极大地振奋和鼓舞了稽查干部队伍的士气。二是形成并上报了《稽查评奖工作总结评估报告》，进一步完善稽查评奖工作办法。通过完善激励机制，派出机构办案积极性进一步提高。

5. 创新办案组织方式，合理调配稽查资源。稽查局根据案件特点，结合派出机构承担任务和调查能力等实际情况，采取事项交办、整案交办、联合办案、交叉办案等多种组织方式开展案件调查，不仅缩短了办案周期，缓解了忙闲不均的问题，同时也培养锻炼了队伍，促进了各派出机构之间的工作交流。

（三）加强执法协作，增强执法合力

1. 加强与会内相关监管部门的协作。一是配合上市部，从稽查执法的角度提出防控内幕交易的建议，推动《关于依法打击和防控资本市场内幕交易的意见》出台。二是配合办公厅完成《关于进一步加强行政许可审查部门与稽查处罚部门工作衔接的指导意见》。三是配合法律部，共同推动最高法、最高检出台司法解释。四是配合国际部，完成金融部门评估规划（FSAP）及国际证监会组织（IOSCO）原则评估，评估工作质量得到了组织者和评估专家的一致肯定。

2. 加强与公安机关的沟通与合作。一是充分发挥公安机关的威慑力，加大对违法违规行为的刑事追责力度。2010年以来，共向公安机关移送涉嫌证券犯罪案件28起。二是加大移送案件跟踪协调力度，协助解决相关问题，推动案件的查处。证监会2008年、2009年移送的40起案件（线索），公安机关已侦查终结并移送检察机关审查起诉23起。黄光裕案、上海祖龙案、汪建中案等一批案件，法院已陆续开庭审理或定罪宣判，其他案件正在加紧办理之中。三是与稽查总队、公安部证券犯罪侦查局建立三方联席会议，日常协调配合更为顺畅密切。

3. 加强与纪检监察机关的合作。积极探索与纪检部门联合办案模式，在纪检监察机关的支持下，一些重大案件取得了突破，打击震慑效果明显。

（四）加大执法宣传，充分发挥舆论导向作用和教育预防功能

1. 继续加大案情发布力度。2010年以来，配合办公厅召开了9次案情发布会，向媒体及时通报了33起案件的查处结果；通过向新华社、《人民日报》等权威媒体提供稿件，有针对性地介绍证监会近年来案件查处情况及相关制度、机制安排，向市场表明证监会严厉打击违法违规行为的坚决态度。根据稽查局执法舆情监测，对上述案情发布，媒体的相关报道呈现出集中度高、持续性强、覆盖面广的特征，市场各方反应良好，大大提高了证监会的执法威信。

2. 编辑《证券期货市场违法案例报道选编》。稽查局与办公厅、投资者保护基金合作，编辑收录了主要媒体对证监会近年来查处的8类33起典型案件的深度报道，加注案例导读，宣传证券法律法规，教育、警示从业人员和投资者，震慑市场潜在违规者。该《选编》已派发到所有证券期货营业场所。

3. 系统编写年度典型案例。在总结历年典型案例编写经验基础上，继续组织编写2005年、2006年典型案例。实践证明，案例编写不仅有利于探索稽查办案规律，改进监管工作，也有利于市场教育，稽查局将把典型案例编写工作常态化，作为一项基本工作长期坚持下去。

4. 广泛开展案例宣传教育活动。一是派员参加了3期证券业协会组织的基金从业人员培训授课，介绍相关违法违规案件情况，进行警示宣传教育；二是派员赴20余家派出机构，对约1000多家上市或拟上市公司、控股股东及有关地方党政机关领导干部进行内幕交易专题讲座，通过以案说法，强化了市场参与各方的守法意识。

（五）加强基础性工作，规则制度更加完善

1. 修订《中国证监会冻结、查封实施办法》。结合执法实践，对证监会冻结的依据、一般标准、审核程序进行梳理，对冻结工作中存在

的问题及改进作了进一步研究。

2. 颁布《证券期货业反洗钱工作实施办法》。这是我国证券期货行业首部反洗钱部门规章,对指导行业开展反洗钱工作具有重要意义。

3. 制定《中国证监会派出机构稽查工作评价实施细则》(试行),为科学、客观评价派出机构稽查工作提供制度保证。

4. 加强诚信档案基础建设工作。截至目前,稽查局共录入立案、涉嫌犯罪移送、限制出境、查封冻结、执行等诚信档案信息 1555 条,占会内部门录入信息总量的 67%,是录入信息最多的部门。

(六)加强调研与培训,不断提升执法能力

1. 积极开展专题调研。稽查局通过组织召开派出机构稽查工作座谈会、联合人教部开展派出机构稽查工作专题调研等方式,充分听取派出机构的工作情况和工作建议,全面了解掌握实际状况,为工作安排和领导决策提供参考。

2. 积极开展课题研究。结合执法实践中的热点、重点及难点,开展了《稽查执法"十二五"规划提纲》、《非正式调查效率问题研究》、《证券期货业洗钱风险及监管制度有关问题研究》等课题研究。同时,还对融资融券、股指期货和国际板开展执法预研预判,为应对潜在风险做好准备。

3. 完善《稽查工作动态》。共编发《动态》9 期,其影响力不断扩大,已经成为稽查局指导稽查工作、加强经验交流、提高研究能力的一个重要平台。

4. 加强稽查干部培训。一是组织了初任稽查干部培训、融资融券、股指期货专题培训等 7 期培训,参训人员达到 1100 余人次,针对性强,效果良好。二是和人教部共同组织选派 12 名稽查干部赴 SFC 实习培训,进一步增强与香港证监会的执法协作。

(七)加强执行、反洗钱和涉外调查工作

在执行方面,截至 12 月 31 日,2010 年共收缴到账 5668 万元。新增罚没款执行率达到 87%。加强与法院沟通,向法院申请强制执行更加规范。在反洗钱方面,与人民银行反洗钱局建立了反洗钱重大信息通报和行业机构处罚信息提前通报机制,妥善解决了行业机构的实际困难。在跨境执法方面,稽查局在双边监管备忘录和 IOSCO 多边备忘录的框架下,积极依法履行职责,提高了我国资本市场的国际地位和影响力。

(八)加强机关队伍建设,扎实开展创先争优和党风廉政教育活动

稽查局严格按照机关党委、会纪委的各项要求,扎实开展创先争优活动和党风廉政教育活动,把各项党建活动与稽查工作实际紧密结合起来,着力于提高队伍的进取精神、廉政意识、保密意识和工作荣誉感。通过以老带新、专题讲座、案例剖析、制度建设,使稽查局的内部建设得到了明显提高,工作人员的业务能力和工作水平有了进一步提高,一批业务骨干逐步成长起来。稽查局的党建廉政工作取得了较好的成效,得到了有关部门肯定,在会党风廉政教育活动总结大会上,稽查局作为会机关唯一代表部门上台发言,交流经验。

## 二、稽查执法中的经验和体会

回顾 2010 年的工作,有以下突出特点和体会:

(一)突出执法重点,加强执法的针对性

2010 年以来,内幕交易呈多发态势,成为市场关注的焦点;同时多点布局、合谋或联手操纵成为操纵股价的主要手段;基金经理"老鼠仓"行为,严重破坏行业发展的信任基础,危害极大。我们注意把握工作节奏,突出执法重点,在短时间内组织全系统稽查力量,对内幕交易、新型操纵及"老鼠仓"予以坚决打击,并将重点打击和教育预防相结合,执法的针对性更强,得到了市场和社会舆论的肯定。

(二)狠抓办案效率,提高执法的及时性

2010 年以来,稽查局在坚持"铁案"原则的基础上,始终把提高办案效率作为一项重要任务来抓,不仅全部办结历史积案,还进一步围绕压缩办案周期、提高办案效率采取了多种措施。经过不懈努力,2010 年办结案件平均周期压缩到 79 个工作日,比 2009 年的平均周期 131 个工作日,缩短了 52 个工作日,一些重点、敏感案件均在较短时间内完成。办案效率的提升,不仅使稽查局有精力快速处理当前案件,也为证监会及时公布案情,引导社会舆论,树立良好监管形象提供了保障。

(三)加强预研预判,增强执法的前瞻性

2010年,稽查局进一步完善预研预判体系,通过以下三方面进行分析预测。一是与派出机构一起,抓好辖区执法形势的预研预判,为打击防范日常监管主体违法违规做好准备。二是与交易所一起,利用“异常交易三方联席会”等方式,做好二级市场违法违规趋势、特点分析,为实施准确打击提供依据。三是做好执法舆情分析,每日进行舆情监测,收集分析报刊和网络媒体中与稽查执法相关的热点问题,为选准证监会执法宣传重点提供了重要参考。通过预研预判,牢牢把握住了工作方向,执法重点和专项工作更加准确有效。

(四)加强组织协调,增强执法的整体性

为充分发挥稽查体制的优势,稽查局在深入派出机构开展调查研究的基础上,坚持统一指挥、分类办理的原则,通过理顺各方关系、合理分配案件任务、改进调查组织模式、完善激励约束机制等办法,使稽查局与派出机构之间、稽查总队与派出机构之间、派出机构与派出机构之间的衔接更为有效,执法合力得到明显提高。同时,证监会与公安司法、纪检监察机关的合作也更为密切。

(证监会稽查局供稿)

## (二)2010年证监会稽查总队工作综述

2010年,中国证监会稽查总队(以下简称稽查总队)以“大监管、大执法”理念为指导,外部凝聚合力,内部挖掘潜力,案件调查、内审的效率和质量稳步提升,队伍建设及各项工作取得了新的进展。全年共查办案件93件,其中承办上年结转旧案44件、接办新案49件,办结64件,其中移交处罚委41件,移送公安机关10件,同时移处罚委和公安机关8件。2010年的工作主要有以下五个特点:

第一,更加注重对内幕交易等热点违法行为的打击,查处大案要案成果显著。一是集中力量抓好内幕交易案件查办。会党委作出防范、打击内幕交易行为的重点工作部署后,稽查总队及时调整案件进度和人力部署,优先承办内幕交易案件。稽查总队2010年查办的93件案件中,内幕交易案件52件,占比56%。重点查处了“中山公用”案、“天山纺织”案等一批内幕交易案件。经过努力,内幕交易案件办理进度明显加快,查实率显著提升,已办结内幕交易案30件,其中21件完全查实分别移送行政处罚或刑事打击。二是扎实做好大案、要案的筛查、报告、查办。研究起草了案件筛查和分类办理工作规范,并从案件分析筛选、分办以及取证进展等方面抓好协调督办。该机制的运行,确保了对大要案及时反应、快速查结。三是对可能形成趋势的违法违规新手段,有针对性地加大打击力度。2010年稽查总队共承办虚假申报操纵、抢帽子交易、多点布局合谋操纵等三类操纵案件33件,办结26件,均得以查实移交处罚委或公安。四是积极配合有关部门对“天山纺织”案、“中山公用”案、“李跃、柳凤莲”案、“ST光明”案等典型案件开展重点宣传披露,彰显证监会依法坚决打击市场违法违规行为的决心和能力。

第二,更加注重效率和公正原则,调查周期压缩,办案质量提升。一是探索试行案件调查“百日查结”和内审“30日审结”制度,有效压缩办案周期。从整体上看,经过稽查总队同志们的共同努力,落实“效率优先”原则已经取得了明显的成效,案件调查“百日查结”和内审“30日审结”基本能够实现,月均办结案件5.5起,较上年4起提升25%以上。与此同时,各类办案运转机制的运行,保障了案件办理周期趋于固定和常态化,为稽查总队更加科学调配资源、统筹安排各项工作、提升办案效率提供了有效支撑。二是更加重视内审制度建设与力量配备,强化案件质量把关。进一步强化内审会议的委员合议、集体决策,坚持案件一律交下游环节处理的原则,自觉做到案件无截留、积压、自结,更好地保证公正执法、廉洁执法。2010年稽查总队先后组织内审、调查人员召开内审意见沟通会上百次,召开内审会29次,对66件案件进行了内审合议。

第三,更加注重法制建设和环境优化,最大限度地凝聚和借助各方的执法合力。一方面,积极参与证监会推动相关方面的立法建设。按照加大证券违法刑事打击四个专题工作组分工,与最高检、最高法共同推动制定证券行政执法证据规则,并就司法解释、案件管辖、证据转换、执法协作等参与协调论证。另一方面,根据具体办案需要,进一步加大与纪检监察、公安、司法机关及相关部门的协作配合。充分运用涉刑案件会商、报告等机制,进一步强化与公安部证券犯罪侦查局等方面的定期会商、个案沟通和后续配合工作,促进公安等部门加大查处打击力度。在有关各方共同努力下,行政与刑事执法的协作配合更加密切,涉嫌犯罪案件移送力度进一步加大,移送更为顺畅及时。2010年稽查总队共向公安部移送涉嫌犯罪案件18件,较2008年移送6起、2009年移送10起明显增多,公安部门的立案查处数量也明显增加。

第四,更加注重系统内部的协调,提升办案的整体效率。一是充分借助异常交易监管三方联席会议平台,与交易所、稽查局之间就多点布局、联合操纵等异常交易监管进行联席会商,加强了与办案上游和源头的沟通和联动。二是主动加强与处罚委等相关部门的沟通协调,促进调查与审理处罚前后环节的紧密衔接,使大案要案的查办审理进程更加顺畅。尤其注意收集研究稽查总队移交处罚委的案件审理意见和最终定性处罚情况,有针对性地改进稽查总队调查和内审工作,完善调查取证和内审认定标准。三是在诸多案件的办理过程中,与相关派出机构开展了卓有成效的联合调查。从办案大局出发,克服人员短缺、办案任务重等困难,充分发挥技术优势,努力做好对派出机构的信息协查和有关电子取证疑难解答。四是高度重视加强稽查执法与日常监管的互动反馈。根据办案需要,就多个案件的案件定性、疑难问题论证、处罚建议等,联合会内专业部门专题会商,使具体个案的认定更为准确、查处更为顺畅。牵头研究制定证监会行政处罚案件违法所得认定指引,进一步规范行政处罚案件违法所得计算方法和认定标准。针对投资咨询机构"抢帽子"交易问题,系统梳理稽查总队查办案件情况,专题通报有关部门。

第五,更加注重制度完善、组织建设和作风养成等基础工作,进一步加强了队伍和机关建设。围绕稽查办案重点环节,修订完善了办案制度规范。案件稽查支持系统一期开发完成并投入试用,进一步整合了稽查总队办案技术支持手段,初步显现出提升效率的良好效果。组织与队伍建设成绩斐然,一批年轻骨干在案件调查实践中磨砺成长,通过"双推双考",首次以竞争上岗方式选拔产生调查、审理一线领导力量,充实了案件调查审理骨干。立足服务稽查办案中心工作,因地制宜地开展创先争优、创建学习型党组织、党风廉政建设等工作,持续不懈地锤炼作风,巩固弘扬"团结、公正、勤廉、高效"队风。

(证监会稽查总队供稿)

# 五、证监会各业务部门监管工作

## 发行监管部2010年监管工作综述

2010年中国证监会发行监管部(以下简称发行部)在会党委的领导下,全面落实科学发展观,认真贯彻党的十七大和十七届三中、四中、五中全会精神,根据中央经济工作会议精神，围绕全国证券期货监管工作会议制定的指导思想和主要目标，按照年初制定的工作重点，扎实工作，攻难克坚，开拓创新，坚持市场化导向，继续深化改革和完善机制，积极推进发行监管各项工作，取得了显著的成绩。

**一、认真做好发行审核工作，积极扩大直接融资比重**

2010年我国成功应对国际金融危机冲击，资本市场在世界主要市场中率先实现企稳回升，中央作出加快经济发展方式转变的战略部署，资本市场呈现投融资需求明显高涨的态势。2010年以来，发行监管部共受理企业融资申请460家（首发251家，再融资209家），较往年有明显的增长。面对如此大量的融资申请，发行监管部认真落实中央经济工作的总体要求和会党委的整体部署，紧紧围绕以全面提升资本市场服务经济发展方式转变的能力为主线，在没有增加人员、发审委换届、工作量增大的情况下，努力克服各种困难，继续扎实做好企业发行审核工作，扩大直接融资比重，积极推动资本市场与实体经济协调发展。

在今年发行筹资的企业中，既有农业银行、光大银行、大连港、宁波港、华泰证券、一重机械、中南传媒，这些大型企业都是首次登陆境内资本市场，也有工商银行、建设银行、中国银行、交通银行、招商银行等大型银行的再融资项目，还有汉王科技、263网络、九安医疗、贵州百灵、康力电梯等一大批中小企业。其中，农业银行首发融资685亿元，是A股最大的IPO，再加上H股融资的935亿港元，农业银行也是当时全球最大的IPO。2010年主板和中小板共有399家企业发行融资（首发230家，再融资169家），筹资额9,120.98亿元，融资总额和家数均创历史新高。

**二、认真落实国务院部署，积极稳妥地安排商业银行再融资**

2009年以来，随着国民经济高速增长以及央行实施适度宽松的货币政策，银行信贷快速增长，为应对银行系统潜在风险，监管部门降低了银行信用的杠杆率，提高了商业银行资本充足率的底限要求，附属资本的空间随之缩小，由此形成上市银行大额的核心资本需求。由于市场各方对上市银行巨额再融资予以了高度关注，二级市场也因相关传闻出现过大幅波动。

为稳定市场运行，发行监管部年初对商业银行2010年A股融资需求情况进行了统计，并结合我国证券市场融资承受能力，按照“强调上市银行的内部积累能力和股东的持续注资责任、尽可能实现再融资方式的多元化、充分利用境内外两个市场、尽可能向控股股东或战略投资者等特定对象发行，以减少二级市场筹资额，缓解集中大额融资对A股市场的冲击”的原则，向国务院提出了关于商业银行2010年A股市场融资安排的建议。

在上市银行再融资审核中，发行监管部认真落实国务院的统一部署，对上市银行再融资审核工作进行了妥善安排，稳妥完成了工商银行、建设银行、中国银行、交通银行、招商银行、浦发银行、兴业银行、宁波银行、南京银行等银行再融资申请的审核，既避免了商业银行集中大额融资对A股市场的冲击，又通过资本市场增强了银行资本充足率和抗风险能力，这些上市银行今年累计再融资2,500多亿元。在今年有序安排上市银行集中再融资后，短期内融资压力将大大缓解。

**三、积极推进债券发行监管改革，提高债券融资效率**

债券市场是多层次资本市场体系的重要环节，也是发展直接融资比较突出的短板。按照我会提出的大力发展公司债券、充分发挥公司债券在扩大直接融资中的作用、积极扩大债券融资规模的要求，发行监管部从去年底开始对公司债券发行监管试点工作进行调研。在全面总结三年多来试点工作经验的基础上，进一步统一债券监管理念，深入剖析问题，从监管体制改革的原则到内部制度建设及外部环境改善等方面做了大量工作：

一是确立分类监管的制度体系和认识理念。2009年10月，证监会积极推动沪深交易所分别发布新的《公司债券上市规则》，明确不同资信等级的债券在不同的交易平台上市交易。至此，正式实施了公司债券的分类监管，使得债券资信评级与投资者的风险承受和辨别能力相适应。

二是全面总结公司债券试点期工作,明确公司债券发行监管体制改革的方向。2010年4月份以来,经过深入调研分析,发行监管部全面总结公司债券试点工作并形成评估报告。充分肯定证监会在公司债券制度体系建设、风险控制与投资者权益保护方面所做工作,深刻剖析了证监会公司债券存在的一些问题及其形成原因,明确了我部公司债券发行监管体制改革的方向:坚持市场化导向,转变债券融资监管股权化的思维,按照债券市场固有属性和发展规律,目标明确、积极稳妥、分步实施,推进债券发行体制改革。

三是优化公司债券审核程序,提高审核效率。在梳理公司债券审核要点及现有审核流程的基础上,抓住关键环节,制定了简化公司债券审核程序的方案。债券融资程序完全独立与股权融资、指定专门一组发审委员审核公司债券、简化债券外部征询程序等。相信新的债券审核程序的实施必将提高我会公司债券的审核效率,为证监会下一步债券体制改革奠定基础,同时在债券供给上支持上市商业银行重回交易所市场。

四是积极协助市场部进行"加快债券市场改革发展专题研究",积极探索建立集中监管、互联互通的债券市场,推动形成企业多渠道筹集资金的市场基础,进一步改善公司债券外部环境。

## 四、进一步落实保荐责任,强化保荐业务监管

一是改变单纯以处罚处分为强化保荐责任唯一手段的做法,注重在审核过程中强化保荐责任。实施保荐代表人的问核制,即收到融资申请文件后由审核人员约见保荐代表人,对其是否履行了尽职调查义务进行询问和提醒,并要求保荐代表人出具承诺。对存在疑问的发行申请,在初审会时约见保荐代表人提问,促使保荐代表人深入项目、了解项目并关注项目存在的问题和风险。在发审会时委员主要针对保荐代表人进行提问,强化对保荐代表人的执业约束。约见未通过发审会审核的项目保荐代表人,了解其是否勤勉尽责。根据我会诚信系统建设使用的有关制度安排,积极研究对存在不良记录的保荐机构和保荐代表人推荐的项目审核时区别对待的相关制度。

二是针对保荐代表人未能勤勉尽职等突出问题,加大处罚和处分力度。近年来,社会舆论对于保荐代表人"只拿钱不干活"反映很大。2010年,我们对未到现场进行尽职调查的招商证券桂林三金项目保荐代表人采取了十二个月不受理推荐申请的监管措施;对尽职调查不充分的广发证券星网瑞捷项目保荐代表人采取了谈话提醒的监管措施;对擅自修改招股说明书的联合证券高德红外项目保荐代表人采取了出具警示函的监管措施。此外,我们还对部分证券公司的保荐代表人采取了口头批评提醒的处分。

三是进行现场检查,督促保荐机构和保荐代表人履行职责。2010年我们会同创业板部对15家保荐机构的内控制度和部分项目工作底稿进行了现场检查,并发出书面反馈意见,指出其保荐工作中存在的主要问题,督促保荐机构和保荐代表人履行职责。

四是做好审核政策的传导、交流工作。2010年开展了六期保荐业务培训,对2,800名保荐代表人、准保荐代表人等保荐业务骨干进行了培训,及时传递我会审核政策和审核理念。编辑《保荐业务通讯》,做好相关政策、信息和经验的交流。参加证券业协会投行委员会专题会议,和主要保荐机构的负责人进行交流。

五是进一步简化和规范注册程序。2010年年初,我们制订和公布了保荐代表人注册和变更执业机构申请文件的格式文本,便利相关申请人申请行政许可;实施保荐代表人注册公示制度,即将申请注册保荐代表人的有关信息上网公示,接受社会公众的监督和举报。2010年我们共办理保荐代表人注册291人,新注册保荐机构1家。

## 五、认真做好发审委工作

2010年发审委审核工作的特点是申报企业多,审核节奏快。经过精心组织、周密安排,确保发审会高效、有序进行,基本做到了拟上发审会的企业能够及时安排上会,没有积压和排队现象。2010年共组织召开269次发审委会议,审核企业430家(审核通过企业387家,通过率为90%;否决企业39家,否决率为9.06%,暂缓表决4家)。

此外,我们还完成新一届发审委换届及新委员培训工作,通过组织与委员交流、培训以及委员和审核处室的沟通,使委员熟悉和掌握我会的有关政策方针、审核标准和理念,使发审委审核与审核处的审核较好地保持了审核理念的一致性。增加了保荐代表人须在发审会上回答问题的要求,进一步完善了不予核准文的格式,将发审委否决意见直接写入不予核准决定中。

**六、融资数据汇总**

2010 年全年共有 531 家公司在 A 股市场融资 10,275.2 亿元,其中首发 347 家,融资 4,883亿元,融资总额和家数均创历史新高,IPO 融资已连续两年高居全球榜首。其中,2010 年主板和中小板共有 399 家企业发行融资,筹资额 9,120.98 亿元。其中,首发 230 家,融资 3,919.24亿元,增发 10 家,融资 377.14 亿元,配股 18 家,融资 1,438.22 亿元,可转债 8 家,融资 717.30 亿元,非公开发行 108 家,融资 2,066.08亿元,公司债 25 家,融资 603 亿元。

(证监会发行部供稿)

# 创业板发行监管部 2010 年监管工作综述

2010 年是创业板建设的关键之年,为积极贯彻落实国务院关于加快发展创业板市场的指示精神,适应我国经济结构转型对资本市场发展的迫切要求,进一步增强资本市场服务国民经济的能力,今年以来,在中国证监会党委的正确领导和相关部门的大力支持下,创业板发行监管部(以下简称企业板部)认真履行职责,主要做好以下七个方面的工作:

**一、依法审核,有序推进创业板发行监管工作**

严格依照《证券法》、《公司法》、《首次公开发行股票并在创业板上市管理暂行办法》等法律、法规、规范性文件规定的条件和程序,坚持"公开、公平、公正"的原则,有序推进审核工作,稳步扩大市场规模。2010 年证监会共受理创业板首发申报企业 173 家,召开发审委会议 95 次,审核企业 168 家,通过 143 家(通过率 85.12%)。今年新增创业板上市公司 117 家,筹资 963.41 亿元。创业板推出以来共受理创业板首发申报企业 396 家,共召开发审委会议 135 次,审核企业 242 家,通过 202 家(通过率 83.47%),被否决 40 家,共上市 153 家企业,筹资 1,167.50 亿元。

创业板已上市公司分布在 25 个省(自治区、直辖市),促进了区域经济和资本市场良性互动。在 153 家上市公司中,非国有控股企业 145 家,占比 94.77%,有创业投资参与的企业 100 家,占比 65.36%,创业板市场推动了民营经济的发展,带动了创业投资和其他民间投资的兴起。

**二、积极落实创业板市场定位**

作为多层次资本市场的重要组成部分,创业板市场定位于支持创新型企业和其他成长性企业的发展。为落实创业板定位,顺应国家转变经济发展方式,发展战略性新兴产业的要求,2010 年 3 月,证监会在充分听取市场和相关方面意见的基础上,根据创业板市场现阶段的发展情况,发布了《关于进一步做好创业板推荐工作的指引》,指导保荐机构现阶段重点推荐新能源、新材料、信息、生物与新医药、节能环保、航空航天、海洋、先进制造、高技术服务等符合国家战略性新兴产业导向领域的企业,及其他领域中具有自主创新能力、成长性强的企业。

《指引》的发布,进一步明确了创业板市场的功能定位和主要着力方向,引导市场各方正确认识和理解创业板,取得了积极效果。从创业板已挂牌企业的行业分布情况看,截至 2010 年 12 月 31 日,电子信息类企业占比 30.07%、先进制造业企业占比 32.03%、生物医药类企业占比9.80%、现代农业企业占比1.96%、新材料类企业占比5.88%、环保节能类企业占比4.58%、新能源类企业占比2.61%、现代服务业企业占比3.92%、文化教育传媒企业占比2.61%、其他企业(化工、服装、水产等)占比6.54%,高新技术企业139家,占比90.85%。创业板初步形成了创新成长型企业的聚集和示范效应,为资本市场推动战略性新兴产业发展开辟了新途径。

## 三、不断加大风险提示力度

一般而言,创业板公司具有创新能力较强、业务模式较新的优势,但同时又存在规模较小、抗风险能力较弱、业绩不稳定、经营风险高等特点。一方面,公司具有发展前景;另一方面,其前景能否实现还存在较大不确定性。这就决定了创业板市场投资风险高于主板。因此,在创业板筹备期间和创业板推出后,证监会不断加大创业板的风险提示力度,保护投资者的合法权益。

一是在制度设计上建立了合格投资者制度。要求从事创业板交易的投资者需要具备境内A股市场两年投资经验,对暂时达不到两年交易经验要求的自然人投资者,如果经慎重考虑仍坚持直接参与创业板市场,需要充分认识市场风险。二是在信息披露上采取多种措施强化风险提示。要求发行人在招股说明书显要位置采用统一文字格式提示创业板特有的市场风险;在招股说明书"重大事项提示"等部分针对公司的行业特点和特有的经营风险作充分披露;在刊登《发行公告》的同时刊登《投资风险特别公告》,逐条揭示投资风险,提示投资者审慎作出投资决策。三是通过媒体加大对投资者的宣传力度。通过多种形式对创业板市场风险进行深度解析,引导投资者理性认识创业板市场,切实提高风险意识。

## 四、坚持市场化定价的改革方向

市场化的定价机制是资本市场资源配置功能有效发挥的基础。2009年6月,证监会发布了《关于进一步改革和完善新股发行体制的指导意见》。创业板推出后,我们按照《指导意见》的要求,坚持发挥市场约束机制的作用,不进行"窗口指导",在机构投资者的报价基础上,由发行人和保荐机构协商确定发行价格。从实际情况看,随着创业板市场的稳步发展,市场规律和内在约束机制开始逐渐发挥作用。截至2010年10月22日,创业板共有28批企业发行定价,当二级市场向好时,发行价格通常较高,当二级市场调整时,发行价格也会随之回落;同一批发行的企业,发行价格也会因企业所处行业、经营状况和投资者预期的不同而产生较大差异;从二级市场情况看,创业板上市公司首日涨幅相对大幅下降,一二级市场价差逐渐缩小。130家公司首日平均涨幅为53.55%,不及"窗口指导"期的1/3,有5家公司甚至在上市首日跌破发行价。这些现象表明,新股发行体制第一阶段改革的效果在创业板市场已初步显现。

## 五、加强对募集资金的监管

证监会在发行监管及持续监管制度设计时,对创业板公司募集资金作出重点监管安排,建立了证监会、证监局和交易所相互配合的全方位监管体系;要求上市公司将募集资金专户存储,围绕主营业务进行投资安排;督促上市公司健全募集资金管理、使用制度,完善相关信息披露;要求保荐机构持续关注募集资金使用情况,对涉及募集资金的事项发表独立意见。

从募集资金使用情况看,上市公司募集资金存管安全合规,并按招股说明书披露的项目进行投资,未发现变更募集资金投向的情形。

## 六、借助多方力量,共同做好监管工作

一是严格预披露制度。严格依照相关规定完成招股说明书(申报稿)的预披露工作,接受社会监督并收到了良好的社会效果。二是严格信访(含媒体质疑等)核查制度。严格依照《国务院信访工作条例》、《中国证券监督管理委员会信访工作规则(试行)》处理举报信。举报信核查结果需中介机构出具专项核查意见并在招股说明书中予以适当披露。三是坚持有质疑必有回应的原则。在审核过程中高度重视举报信、媒体报道及质疑文章,及时关注并予以处理。四是在审核过程中与相关部门积极合作。就涉及发行审核的相关问题及时与发行部沟通,确保发行审核标准的统一,防止监管套利;就涉及申报企业的具体问题及时请当地证监局

核查；就过会企业的情况与上市部、交易所保持密切沟通，构建立体监管体系。五是充分发挥市场的自律作用。配合发行部加强对保荐机构的培训，督促保荐机构提高工作质量，使发行审核的关口前移。组织召开创业板发行监管业务情况沟通会，总结前一阶段创业板发行监管工作，通报保荐机构在前期创业板保荐业务工作中存在的主要问题。

**七、依法及时处置重大事件，维护市场稳定**

（一）苏州恒久专利失效事件的处理

苏州恒久在发行之后上市前夕，媒体曝光其专利信息披露失实。创业板部根据会领导统一部署，会同相关部门立即展开调查，并对苏州恒久募集资金账户实施了冻结措施。调查发现，苏州恒久披露的部分专利信息与事实不符。创业板部将苏州恒久期后事项提请发审委再次审核，审核结果为未通过。苏州恒久将募集资金及其同期银行存款利息退还投资者。证监会对相关中介机构及其责任人采取了监管措施，就维稳事项与相关地方政府进行了协调，并将事件处理情况及时向媒体通报。整个事件的处理过程有序、有据，未引发市场不稳定因素。

（二）新大新材重大诉讼事项处理

在新大新材上市前，创业板部收到河南醒狮公司对新大新材提起专利侵权诉讼的函。由于诉讼事项涉及新大新材的持续经营能力，为消除风险隐患，经慎重研究，暂缓了新大新材的上市进程，并要求相关机构对河南醒狮公司举报信所反映问题作进一步核查。核查表明，举报信涉及事项不属实。其后，河南醒狮公司提起的专利侵权诉讼依法撤诉。新大新材重新向深圳证券交易所提出上市申请，重新刊登上市公告书，补充披露了暂缓上市的原因及处理情况，并于6月25日挂牌上市。新大新材事件的处理，体现了证监会保护投资者权益、维护市场稳定的监管原则，市场反应积极平稳。

（证监会创业板部供稿）

# 市场监管部2010年监管工作综述

2010年，中国证监会在继续巩固和壮大主板市场的同时，持续发展中小企业板市场，稳妥推进创业板市场，扎实有序地推进场外市场建设和国际板建设，债券市场建设取得历史性进展，多层次资本市场体系建设取得积极成效。

**一、交易所股票市场层次结构逐步完善**

随着中小板和创业板的相继推出，我国资本市场基本形成了多层次市场体系框架。截至2010年12月底，沪深两市共有上市公司2,063家，总市值26.54万亿；其中，创业板上市公司153家，市值0.74万亿元。全年共有531家企业在A股市场发行融资，筹资额为10,275.21亿元，其中，创业板117家，筹资额为963.34亿元。为大中型骨干企业、中小型企业以及中小高新技术企业利用资本市场创造了条件，在推动企业自主创新、扩大就业、带动区域经济发展等方面发挥了积极作用。

**二、全国性场外交易市场建设加快步伐**

中关村试点自2006年启动以来，至今先后有74家公司挂牌，14家公司进行了15次定向增资。2010年，共有15家公司挂牌，6家公司进行了6次增资，增发股份5,416.75万股，募集资金2.92亿元人民币，为达不到上市条件的创新型高科技企业提供股权转让和融资渠道。2010年3月，证监会成立了国家高新技术产业开发区非上市公司股份转让试点暨场外市场建设筹备工作领导小组。在领导小组的统一领导下，对中关村试点进行了全面总结分析，在此基础上对非上市公司股份公开转让制度进行了改革和完善，制定了推进非上市公司股份公开转让工作的方案。

**三、国际板建设相关准备工作稳步推进**

2010 年以来,证监会就国际板的法律适用、市场定位、投资者保护、财务会计等问题进行了认真梳理和研究,同时与有关部委积极进行沟通协调,国际板制度设计和相关配套规则制定正在有条不紊地推进。

**四、债券市场建设取得重要进展**

经过与人民银行、银监会等相关部门的共同推动,上市商业银行参与交易所债券市场试点工作已经进入了实质性操作阶段,交易所债券市场与银行间债券市场的互通互联迈出了关键一步。

在推进多层次市场体系建设中,证监会将积极研究相关制度安排,稳步推进主板、中小板退市制度改革,探索建立创业板上市公司退市制度,进一步提高上市公司质量和市场效率,优化市场资源配置功能。

(证监会市场部供稿)

# 机构监管部 2010 年监管工作综述

2010 年,中国证监会机构监管部(以下简称机构部)按照 2008 年 10 月召开的证券公司规范发展座谈会和 2010 年全国证券期货监管工作会议的总体要求和部署,紧抓 2010 年证券机构监管工作要点的落实,持续改进和加强日常监管,各项工作稳步推进,取得了明显成效。证券公司合规审慎经营意识进一步增强,经营管理行为日益规范,风险管理能力明显提高;业务创新活动稳步推进,服务能力和专业水平有所提高;对外开放稳妥有序推进,跨境并购和境内市场化整合开始显现;财务状况更趋健康,抗风险能力显著增强。截至 2010 年 12 月底,全国 106 家证券公司总资产 19,665 亿元、净资产 5,664亿元、净资本 4,319 亿元,同比分别增长 -3%、17%、13%;全行业累计实现营业收入 1,911 亿元、净利润 776 亿元,同比分别减少 7%、17%。

一是顺利推出证券公司融资融券业务试点,有序引导证券公司参与股指期货交易,证券公司创新业务平稳有序开展。首批 6 家和第二批 5 家试点证券公司业务开展正常,融资融券交易量稳步增长,交易结算系统运行顺畅,市场反响良好,第三批 14 家证券公司已提交开展试点的申请。成立证券金融公司筹备组,开发和测试相关技术系统,做好设立证券金融公司及推出转融通业务的各项准备工作。引导证券公司按照证券公司参与股指期货交易规定,结合自身风险管理能力,稳妥有序开展自营业务、资产管理业务参与股指期货交易。

二是完善以净资本为核心的证券公司风险监管制度,将证券公司参与各类新业务的情况纳入风险控制指标体系,建立机制、动态调整对相关业务或产品的风险控制指标计算标准和监管要求,推动全行业进一步完善压力测试工作。

三是深化证券公司合规管理,将合规管理作为证券公司日常检查等监管工作的重要内容,督促证券公司强化重点领域和关键环节的合规管理,经营多种业务的证券公司初步建立信息隔离墙制度。

四是完善区别对待、扶优限劣的分类监管制度,支持符合条件的证券公司上市、扩大业务范围、增加营业网点、发行新产品,扩大证券公司直接投资业务试点,鼓励证券公司建立集团化和专业化经营模式。

五是基本完成《客户交易结算资金管理办法》修订草案和配套文件的拟定工作。施行《关于加强证券经纪业务管理的规定》(证监会公告〔2010〕11 号),全面规范证券经纪业务。规范证券营业网点和证券经纪业务营销行为,全行业证券服务部、违规营业网点全部清理规范完毕,不合格营销人员基本清理完成,证券经纪业务规范程度显著提高。

六是做好"交易运行安全事故评估分析系

统”和“机构监管信访处理监测分析系统”两个平台建设，妥善处理信息安全和信访事项，加强系统监测分析，确保证券公司安全稳定运营。

七是全面公开审核进程，对外公示、按周更新证券机构行政许可申请、受理及审核情况，实现了证券机构行政许可审核标准、程序公开，过程透明。

八是加强证券投资咨询基础制度建设，为证券经营机构从事证券投资顾问和发布证券研究报告业务提供制度规范，促进证券公司服务深化和证券投资咨询机构业务转型。指导证券业协会成立证券评级专业委员会，推动制定信用评级执业准则和标准。

九是完善与国家广电总局建立的整非协作机制，建立多层次、立体化涉非媒体证券信息监管体系，下大力量打击涉非不法分子，非法证券咨询活动得到有效遏止。

十是落实证券业对外开放相关政策，研究支持证券公司及其境外子公司开展跨境业务的政策和配套措施，证券公司对外开放和跨境业务稳步推进。

十一是全面完成涉及行政清理的个人债权及客户交易结算资金收购等主要工作，实现行政清理与司法破产的有序衔接，配合法院做好破产案件审理和责任追究工作，全力维护稳定和巩固风险处置成果，风险处置收尾工作全面完成，向国务院专报收购政策执行情况及风险处置后续工作安排，成功召开风险处置总结会，确保风险处置后续遗留工作有机纳入日常监管。

（证监会机构部供稿）

# 上市公司监管部2010年监管工作综述

2010年，在中国证监会党委和主管领导的直接指导下，上市公司监管部（以下简称上市部）全体人员围绕监管重点工作和部署，以提高上市公司质量为核心，着力抓好“五个加强”，取得明显成效。

1. 加强上市公司监管基础性建设，落实监管职责，提高监管效能。不断完善辖区监管责任制，以修订《派出机构上市公司监管工作评价办法实施细则》为抓手，进一步调动监管干部的积极性和创造性。建立信息披露与股价异动监管联动机制、媒体质疑快速反应机制、风险导向性的年报现场检查机制，不断增强监管工作及时性、针对性和有效性。发布实施了《上市公司现场检查办法》及配套检查规程、创业板上市公司定期报告的内容与格式准则及编报规则、《关于填报〈上市公司并购重组专业意见附表〉的规定》等监管规则，并对原有法规进行了进一步补充、修订及完善。

2. 加强公司治理，解决同业竞争、减少关联交易，推动部分改制公司整体上市。通过三年的上市公司治理专项活动，已推动上市公司完成整改8,395个治理问题，整改率达到98%以上，上市公司规范运作水平显著增强。2010年根据重点工作安排，全面排查同业竞争情况，确定136家重点解决问题公司，按照一司一策原则逐家推动，目前有106家公司已经基本完成或者正在实施方案，整改完成率达到78%，上市公司独立性进一步提高。

3. 加强并购重组审核工作，进一步提高市场化和专业化程度。贯彻落实《国务院关于促进企业兼并重组的意见》，以会党委“推进完善资本市场并购重组十项工作安排”为主线，减少环节，提高效率，增强透明度，整理公开了审核中的共性问题15个关注要点和29个问题解答。进一步完善并购重组委工作，顺利完成新一届委员换届，充分发挥专家委员的专业审核和咨询作用。实现并购重组审核与日常监管的联动，及时有效地处理了上海医药整体上市、三一重工红筹架构等多家重大并购重组事项。2009年核准、2010年实施的并购重组13项，交易金额411亿元；2010年核准并在当年实施完毕的重大资产重组申请34项，交易金额927

亿元。两者合计 1,338 亿元。

4. 加强股价异动监管,严厉打击内幕交易。推动国务院办公厅转发《证监会、公安部、监察部、国资委、预防腐败局关于防控和打击资本市场内幕交易的意见》,进一步完善对内幕交易齐抓共管的监管机制。推行内幕信息知情人登记制度,加大二级市场股票买卖行为核查,查处 38 名在敏感期存在股票买卖的内幕知情人,有力地打击了内幕交易行为,大大增强了我会内幕交易监管的震慑力。

5. 加强综合监管体系建设,为上市公司监管营造良好环境。完善监管协作的长效机制,充分发挥综合监管体系的机制优势,合力解决上市公司监管面临的重点、难点问题。会同国资委等部门举办 5 期联合培训,共对 11 家央企集团及其下属 73 家上市公司的近 400 人进行培训,完成调研央企集团 46 家,涉及上市公司 200 家,在规范内幕信息管理、打击内幕交易和推动央企上市公司解决同业竞争、减少关联交易等多个问题上成效显著。

2011 年,上市部将紧紧围绕加快转变经济发展方式和经济结构调整,坚定不移地推动市场化改革,加强基础性制度建设,完善市场体制机制;加强上市公司监管,维护市场"三公"原则,保护广大中小投资者的合法权益,更好地服务经济社会发展全局。

(证监会上市部供稿)

# 基金监管部 2010 年监管工作综述

2010 年,在中国证监会党委的正确领导下,基金监管部(以下简称基金部)按照总的思路,强化基础建设,力求制度突破,不断加强监管,积极推动创新,维护了基金业平稳健康发展的良好局面。截至 2010 年 12 月底,共有基金管理公司 63 家,管理资产 30,559 亿元,管理基金 704 只,总规模为 24,228 亿份,基金资产净值为25,201亿元。基金持股市值 17,925 亿元,占沪深股市流通市值的 9.28%,占总市值的 6.75%。2010 年完成募集的境内基金共 147 只,募集规模 3,115.59 亿元。共批准 QFII 106 家,QFII 获批外汇额度 197.2 亿美元。

## 一、坚持市场化改革方向,理顺机制,力求制度突破

实行市场化改革,充分发挥市场机制的约束作用,是资本市场发展的内在要求,也是我们长期坚持的一项基本原则。2010 年,基金部坚持市场化的改革方向,适应基金市场发展的内在要求,提高审核效率,力求制度突破,为基金业创新发展提供源源不竭的动力和活力。

1. 积极推动《基金法》的修改,为基金业的进一步发展提供法律制度保障。2004 年实施的《基金法》为基金业规范发展奠定了坚实基础,但是随着资本市场和基金业快速发展,已经不能完全适应当前基金业发展和市场监管的需要。为此,基金部配合法律部积极推动《基金法》的修改工作,对重大基金法律问题进行了研究,并向全国人大财经委上报了修改建议稿,力求在以下方面有所突破:进一步严格行为准则,加强行为监管,放松业务管制,促进组织形式和业务创新,更好地保障和推动基金业持续健康发展;进一步强化市场内在约束机制,切实保护基金持有人的合法权益;统一理财产品监管标准,适当扩大监管范围,坚持集中统一监管,防范和减少监管套利行为。

2. 坚持市场化改革方向,提高审核效率,进一步加大政务公开力度。一是按市场化原则贯彻落实并不断完善基金产品分类审核制度,基金管理公司结合市场情况和自身能力同时申报多类产品和多只基金,较好地发挥了市场配置资源的基础性作用。截至 12 月底,2010 年完成募集的基金共 147 只,比 2009 年同期的 118 只增加 25%,募集规模达到 3,116 亿元;共有 412 份"一对一"专户合同完成备案登记,规模约为 657 亿元;共有 340 份"一对多"专户合

同完成A表备案登记,共有303份合同完成募集,规模约为451亿元。基金业产品结构也得到了初步改善,固定收益类产品得到了较快发展,专户产品资产规模稳步增加。二是进一步加大政务公开力度,通过对基金募集申请审核情况实行公示制度,提高了基金产品审核工作透明度,有利于业界及时了解审核进度,对审核工作进行监督。三是适应市场情况变化,启动新基金管理公司审批,完善了公司设立专家评议会制度,核准设立了纽银梅隆西部基金管理公司和浙商基金管理公司。

3. 参与基金网上销售结算业务的第三方支付机构试点工作取得了突破性的进展,为全行业逐步建立基金投资顾问模式留出盈利空间。汇付数据和民生银行、华夏基金的合作率先在5月从试运行转为正式对外运营,并在平稳运行5个月后再次增加10家基金管理公司作为其合作对象;通联支付已在上海浦发银行的监督下与上投摩根基金展开了此项业务对外的正式运营;上海银联电子支付也在积极准备申请开展此项业务。期间基金部加强了与央行的沟通,获得了央行对非金融机构在2号令颁布后的过渡期参与基金结算业务的支持。第三方支付机构逐步介入基金管理公司的网上直销业务,短期内将降低系统的接口成本、提高跨行结算效率;从长远看,将全面降低网上直销业务的支付结算成本,为全行业逐步建立基金投资顾问模式留出盈利空间。

4. 修订《基金管理公司特定客户资产管理业务试点办法》,为公司的差异化发展创造条件。2010年在调研、总结此项业务试点情况的基础上,基金部抓紧修订了相关办法,拟降低专户理财的门槛标准,以打造公平竞争环境,为公司的差异化发展创造条件。目前,《基金管理公司特定客户资产管理业务试点办法》及配套规则,已经完成公开征求意见。

5. 修订《证券投资基金销售管理办法》(以下简称《销售管理办法》),促进销售机构专业化发展。修订《销售管理办法》已取得实质性进展,已完成对外公开征求意见,待完成后发布。此次修改将进一步降低独立基金销售机构的"非专业"准入门槛,提高"专业能力"准入要求,为打造一支长期稳定的基金投资顾问队伍提供政策支持。

6. 发布《关于保本基金的指导意见》,为公司发展保本基金业务创造有利条件。为推动保本基金的平稳健康发展,保护基金份额持有人合法权益,发布了《关于保本基金的指导意见》,明确了保本基金的具体要求,规定了担保机构担保的条件,规范了担保流程,为保本基金的规范发展打下了坚实的基础。

7. 加大对创新的支持力度,不断推动产品创新和业务创新。一是贯彻落实创新基金的绿色通道审核制度,完善了支持产品创新的具体措施。部分创新产品在募集过程中由于认购踊跃,实行了比例配售,有效满足了投资者的理财需求。二是出台了《证券投资基金参与股指期货交易指引》,起草了《证券投资基金参与股指期货投资会计核算细则》,明确了基金参与股指期货的主要投资、风控政策和核算办法,为基金在严格防范风险的基础上有序参与股指期货提供了依据和指导;允许专户参与股指期货。三是积极研究基金参与融资融券业务规则,为产品创新创造了条件。四是深入论证跨市场和跨境ETF的操作方案,业务规则正在加紧修改完善过程中。五是稳步推进房地产投资基金(REITs)研究工作,提出了发展保障性住房REITs产品、推动商业REITs试点工作的建议。

## 二、依法强化监管,净化市场环境,维护良好的市场秩序

基金部在坚持市场化改革的同时,强化对市场参与主体行为的监管,加大对违法违规行为的查处力度,防范化解系统性风险,努力创造一个公平有序的市场环境。

1. 加大对基金管理公司"老鼠仓"、非公平交易和各种形式的利益输送行为的打击力度。2010年,基金部与相关派出机构密切配合,对触范"三条底线"的行为采取了高压打击态势。组织基金管理公司开展坚守"三条底线"自查活动,在自查的基础上,相关派出机构对10家公司落实"三条底线"情况进行了抽查,对少数自查不认真、自纠不彻底的公司高管人员进行监管谈话。同时,处置了多起涉嫌异常交易行为,查处了2家公司3名基金经理的"老鼠仓"行为。其中,1名基金经理已被依法移送司法机关追究刑事责任,另2名基金经理被取消基金从业资格、没收违法所得、处以罚款,并分

别被罚终身禁入市场和3年禁入市场。通过强化责任追究,严肃了市场法纪,维护了市场秩序,起到了很好的震慑作用,也有效教育了行业。

2. 继续组织和督促派出机构与协会做好现场检查工作。一是完成对11家基金公司的全面现场检查和4家基金公司的专项检查。二是完成对2009年基金销售现场检查的全面总结工作。对2009年接受检查的53家证券公司、1家证券投资咨询公司和28家商业银行出具了现场检查反馈意见,并组织了第3次派出机构基金销售现场检查培训会,提高了监管人员的业务素质。三是落实基金销售费用管理规定,规范销售费率及销售行为,遏制商业贿赂。

3. 继续强化非现场检查工作。一是依托于FIRST系统的监管任务处理模块,完善基金部非现场监管与派出机构现场检查的联动机制,着力提升监管效率;建立违规失信及操作失误事件的定期通报机制,逐步统一监管标准,提升行业整体合规水平。二是继续加强遵规守信监管,提升违规处罚力度,建立投资监测预警系统,积极防范系统性风险。2010年,基金部发现并处理了13家基金公司的15起投资违规失信事件,组织核查了3起股票交易异常事项,处理9家公司的操作失误事件。

2010年,基金部及相关派出机构共对8家公司采取了责令整改的行政监管措施,对39名高管人员采取相应行政监管措施,督促相关公司用风险准备金弥补基金财产损失合计约2,246万元,退还管理费约25万元,退还托管费约7万元。2010年的执法力度非常大,行政监管措施数量已超过过去十年的总和。通过监管、处罚和教育,基金管理公司和从业人员不断强化内部控制,提高了合规和守法意识,"老鼠仓"行为得到遏制。

## 三、加强基础建设,做好专项工作,为行业健康发展创造条件

基金部在坚持市场化改革、依法强化监管的同时,注重抓好基础建设和专项工作,为行业健康发展创造条件。

1. "基金综合监管系统"已于十月正式上线并投入试运行。该系统涵盖了全行业62家基金公司、18家托管银行、131家代销机构的日常报送数据,中国证券登记结算公司、沪深交易所、中央债券登记公司、中证指数公司等机构协助提供的各类监管数据,以及基金XBRL标准化信息披露数据与各类市场公开数据,形成了囊括以证券投资基金为核心的包含基本信息、投资交易、申购赎回、估值清算、动态持仓、信息披露、持续销售等数据信息的较为全面的基金行业监管数据库,具有数据收集整合和统计分析、基金运作分类监控和预警、信息披露监管、公平交易行为监控、机构投资者行为分析、基金产品诚信监控、基金公司合规性评价、基金销售现场检查模块等功能,实现了基金非现场监管体系与手段全面更新升级,标志着基金监管工作又上了一个新的台阶。目前,正着手实施系统二期开发建设的立项工作。

2. 完善基金信息披露XBRL法规体系,全面实现定期报告的XBRL报送与展示。一是发布实施《基金信息披露XBRL模板第3号——年度报告和半年度报告》,完成《基金信息披露XBRL模板第4号——基金合同生效公告及十一类临时公告》的起草及测试工作。按计划完成基金年报、半年报的XBRL报送展示工作以及临时公告的XBRL测试报送工作。至此全部完成基金定期报告信息披露XBRL工作,促进全行业信息披露流程的电子化,进一步提升基金披露信息质量。二是顺利完成基金XBRL系统由上交所迁移至投资者保护基金公司的工作,理顺了基金XBRL项目投入与后期应用机制。

3. 积极推进基金行业注册登记(TA)数据集中工作。近年来,基金部与中登公司合作课题《开放式基金集中登记结算业务模式研究》,2010年取得较大进展,确定了先进行TA数据集中备份,再发展TA中央平台的实施方案。在9月底前顺利完成了8家试点公司的报送,11月中下旬开始实现了全行业TA增量数据的集中报送,率先完成基金TA数据在证监会行业数据中心的备份工作,初步控制行业在TA方面的信息安全隐患;同时,组织修订了《基金参与方编码标准》和《开放式基金业务数据交换协议》,为进一步加强销售监管、推进第三方销售打下基础。

4. 认真落实《基金评价业务管理暂行办

法》。规范基金评价机构的评价方法、信息采集、发布方式及行为，鼓励多元基金评价制度，引导公众关注机构投资者价值投资行为。根据《暂行办法》，批设了七家评价机构、三家评奖机构。为推动评价成果的应用，专门举办了销售机构业务人员高级研讨班，同时推动证券业协会实现评价方法及成果的网上展示，并实现了对非法评价的清理打击。目前，《暂行办法》正在逐渐发挥其应有效用。

5. 出台《基金监督管理措施例举对照表》，统一监管标准。基金部对现行相关法规进行了梳理，结合日常监管实践，制定了《对照表》，包括公司治理、基金投资运作、人员管理、基金销售、托管银行、信息披露等十大类别，列举了79种监管实践中经常遇到或者发生可能性较大的行为，有利于进一步规范基金监督管理措施的实施，统一监管标准，提高监管效率和监管透明度，为行业自律、统一处罚提供了明确依据。同时也可以使基金管理公司明确违规行为及相应处罚标准，规范自身经营行为。

6. 进一步加强基金公司内控监管和从业人员管理。制定《基金管理公司内控评价报告指引（试行）》并开始试行，规范会计师事务所出具内控评价报告，有利于提高内控评价报告质量，增强对基金管理公司的约束力。制定《基金行业人员离任审计及审查报告内容指引》和《基金管理公司员工亲属股票投资报备管理指导意见》，规范从业人员的离任审计和离任审查，督促公司加强对员工亲属股票投资的报备管理，促进行业加强诚信管理。

7. 做好相关专项工作。一是积极推动基金业协会开展筹备准备工作，充分听取业界意见，与民政部进行沟通，寻找办公场所，并草拟相关筹备申请文件。二是配合FSAP评估团进行基金业法律法规的评估，对基金业法律法规进行了全面梳理，帮助评估团对我国基金业的发展作了全面了解和客观评价，有助于我们进一步改革和完善监管，有关的原则除一条被评估为大致实施外，其余为完全实施。三是积极研究私募基金监管有关问题。四是配合有关部门完成多个课题报告，主要包括机构投资者发展研究报告、私募基金监管研究报告、加强金融机构公司治理研究课题子报告、理财产品市场发展状况、监管竞争和潜在风险的报告、关于我国固定收益基金产品发展有关问题的报告、确立系统性金融风险防范制度子报告等。五是起草了《基金行业突发性事件应急预案》，建立基金行业快速反应和应急处置机制，准备近期发布。

**四、稳步扩大对外开放，关注国际金融形势，不断提升基金行业国际竞争力**

1. 积极推进境外募集业务。会同人民银行、外汇局对基金管理公司、证券公司的香港子公司在港募集人民币资金进行境内证券投资的可行性进行了认真研究。

2. 稳步推进QFII资格审批，加大对长期资金的吸引力度，加强对QFII投资运作的持续监管。2010年对23家境外机构的QFII资格申请进行了审核，批准的10家QFII中9家为资产管理机构，1家为政府投资机构，长期资金管理机构在全部QFII中所占比例已达到69%。对外汇局来函征求25家QFII增加额度事项提供了意见。起草了《合格境外机构投资者参与股指期货交易指引》。加强对QFII投资运作的持续监管，逐步解决QFII额度申请人与使用人不一致的问题，检查QFII执行投资计划情况并进行窗口指导。定期对QFII运作情况进行分析，撰写了QFII运作季度报告。密切关注国际金融形势，及时处理高盛集团被SEC提前诉讼等QFII个案。

3. 支持境内基金管理公司在香港发展业务。稳妥推进基金管理公司在香港设立子公司及向子公司增资事项，2010年已批准6家公司设立香港子公司，批准2家公司向香港子公司增资。截至12月底，证监会共批准12家基金管理公司在香港设立子公司。

4. 稳步推进QDII业务。修订《合格境内机构投资者境外证券投资管理试行办法》（QDII办法）及配套规则，降低门槛，鼓励基金管理公司按照市场化原则差异化发展，给各类公司提供公平竞争的环境。2010年完成审核的QDII基金有16只，其中14只完成募集，募集规模达到86亿元。基金公司创新踊跃，申报了诺安全球黄金基金、易方达黄金主题基金等创新QDII产品。

5. 有序推动两岸证券期货业经营机构和资金的相互准入。按照相关法规及《海峡两岸经济合作框架协议》（ECFA）的有关承诺，首次批准了2家台湾地区金融机构——富邦证券投资信托股份有限公司、群益证券投资信托股份有限公司的合格境外机构投资者(QFII)资格，其他台湾地区金融机构的QFII资格申请也在按相关程序进行审核。

(证监会基金部供稿)

# 期货监管一部2010年监管工作综述

## 一、主要数据

2010年，我国期货市场继续保持稳步增长势头，全年成交31.3亿手，成交金额309.1万亿元，同比分别增长45.25%和136.85%。其中，商品期货成交30.4亿手，成交金额226.99万亿元，同比分别增长40.99%和73.91%，股指期货成交0.92亿手，成交金额82.1万亿元。我国作为全球第一大商品期货市场的地位不断巩固，期货市场总体运行平稳，与现货市场和国际市场联动性较好。

## 二、2010年主要监管工作

(一)平稳推出股指期货，完善资本市场运行机制

推出股指期货是深化资本市场基础性制度建设的重大战略举措，从2001年开展股指期货交易研究开始，股指期货的酝酿、研发、筹备直至正式上市交易，共经历九年多时间。2010年1月8日，国务院原则同意推出股指期货交易后，会党委确定了“平稳推出和安全运行为首要目标，严格控制风险，引导投资者有序参与，不追求交易量和活跃程度，逐步发挥市场功能”的股指期货上市工作指导思想，成立上市工作领导小组及其办公室，组织开展了各项上市准备工作。一是批复发布了股指期货合约、各项规则和投资者适当性制度；二是建立和落实了期现货跨市场监管协调机制，防范跨市场风险；三是发布证券公司和基金公司参与股指期货的指引；四是精心组织了开户工作，做好现场督导，严格落实投资者适当性制度；五是深入开展投资者教育和舆论引导工作，为股指期货上市创造良好的氛围。2010年4月8日，股指期货顺利启动；2010年4月16日，股指期货合约在中金所正式挂盘交易。

股指期货上市8个多月以来，总体运行平稳，初步实现了平稳上市和安全运行的预期目标。一是客户开户工作平稳有序，投资者理性参与交易。二是价格运行理性，期现货价格相关性良好，主力合约总体上保持正向基差，随着交割日临近，基差逐渐缩小，与海外成熟市场情况接近。三是合约交割平稳、顺利，交割量较小，没有出现“到期日效应”。四是股指期货市场服务股票市场的功能逐渐显现，证券公司、基金专户等特殊机构投资者、一般法人客户以及自然人客户开始利用股指期货市场进行套期保值交易和风险管理，在近期的市场波动中，股指期货发现价格的功能得到体现。

(二)加强市场监管，促进期货市场功能发挥

一是推进市场监管的程序化和制度化，陆续出台涉及期货交易、交割、监查、规则修改、品种创新、市场异常交易行为和波动等方面的10个规范交易所自律监管的工作指引，建立流程化的监管制度和工作要求。二是强化市场监测监控，完善风险防范工作机制。实行逐日盯盘制度、每日媒体信息搜集制度、每周市场运行分析例会制度、月度监查例会和业务监管座谈会制度等风险防范制度，启动期货市场运行监测监控系统的建设，针对国庆节后期货价格波动剧烈的情况，指导和督促各交易所完善风险处置预案，切实维护市场稳定运行。三是加强对期货交易所的指导和评价，完成期货交易所绩效评价方案。四是建立了期货品种运行评估体系，组织交易所对上市品种开展功能发挥情况评估，指导交易所从有利于功能发挥的角度对

交易规则和合约进行修改完善。五是加强法规制度建设，积极推动《期货交易管理条例》和期货司法解释的修订工作，进一步落实开户实名制，启动账户清理工作。六是推动期货行业信息安全保障工作，组织对全国期货公司落实《期货公司信息技术管理指引》情况进行全面现场检查。

（证监会期货一部供稿）

# 期货监管二部2010年监管工作综述

2010年，在中国证监会党委正确领导下，按照2010年初证券期货监管工作会议部署，期货监管二部（以下简称期货二部）在进一步明确当前我国期货市场发展所处的历史阶段和期货公司职能定位的基础上，继续深化基础制度建设，加强合规监管，切实防范风险，期货公司整体实力和行业规范发展水平得到进一步提高。

## 一、配合做好股指期货上市准备工作，重点落实证券公司中间介绍业务制度和投资者适当性制度等

按照证监会党委的部署和股指期货领导小组的具体安排，期货二部集全部之力全力配合做好股指期货上市及推出后的各项工作，在落实股指期货投资者适当性制度、加强证券公司中间介绍业务（IB）监管以及加强市场投资者教育等方面做了大量工作。

## 二、紧密结合市场形势变化和监管工作重点，继续抓好基础制度建设

1. 根据新的市场新形势适时调整和修正了分类评价指标，逐步完善分类评价工作机制；2. 结合期货市场和行业发展变化情况，加强净资本监管制度适当性评估，正在研究对有关制度进行修订；3. 制定完成保障基金具体实施办法，为实现保护投资者合法权益的监管目标提供了有力保障。

## 三、依法加强监管，不断提升期货公司合规运作水平

1. 日常监管工作。包括通过非现场监管强化净资本监控，组织期货公司营业部现场检查，增强了期货营业部规范运作、防控风险意识；通过加强期货公司自有资金监管，鼓励期货公司将自有资金纳入监控中心监控，保障资金安全；通过规范营业部设立审批工作，促进行业协调发展；通过加强IB业务监管，引导IB端平稳参与股指期货市场。2. 加强期货公司信息技术建设。督促期货公司加强信息技术基础建设，提高信息技术整体实力，进一步强化期货公司信息技术检查评级达标的作用。同时，正在研究将期货公司信息技术纳入日常监管。3. 2010年期货公司分类评价工作。组织实施了对全国164家期货公司的第二次分类评价工作，并向派出机构通报了各辖区公司的分类结果。4. 行政许可工作。累计接收各类行政许可事项123件，作出行政许可决定105件，同时落实“一参一控”政策要求，督促不符合规定的期货公司及相关投资主体完成整改工作。5. 加强风险防范工作。包括：加强投资者教育工作，推进投资者教育相关制度建设；积极配合法律部，出庭应诉原江苏期望期货公司及原青岛弘信期货公司对证监会提起的第一例、第二例期货行政诉讼案，取得有关案例的全面胜诉；研究推进四川嘉陵和北亚期货的风险处置工作。

## 四、积极提升期货公司中介服务能力，稳步推动行业创新发展和对外开放

1. 加快推进期货公司投资咨询业务试点工作；2. 稳步推动期货公司客户资产管理业务试点工作；3. 稳步推进期货行业对外开放，将以期货公司境外代理试点作为研究推进对外开

放的重点,同时配合以合资期货公司、香港子公司等相关政策协同。同时,进一步梳理境外期货持证企业监管情况,确定政策过渡期间日常监管及监管机制调整重点。

(证监会期货二部供稿)

# 会计部2010年监管工作综述

2010年,中国证监会对会计师事务所监管工作主要体现在:

一是继续落实会计师事务所与资产评估机构监管责任制,强化了会计日常监管工作。一方面通过派出机构在事前、事中、事后强化对会计师事务所年报审计业务的沟通、跟踪、检查,推动注册会计师规范执业行为;另一方面对会计师事务所内部治理和质量控制体系及其执行有效性开展现场检查,促进其优化内部治理。2010年对16家会计师事务所进行了现场检查。

二是为防范注册会计师发生内幕交易行为,我部及时下发《关于防范注册会计师违法违规买卖客户股票行为的通知》,要求会计师事务所对所有在职员工及其直系亲属买卖股票情况进行自查,重点关注是否存在违法违规买卖客户股票的情况,并及时上报和整改。

三是加大了对违法违规行为的处罚力度,净化了市场环境。2010年对2家会计师事务所和6名注册会计师进行了行政处罚,对11家会计师事务所和9名注册会计师采取了行政监管措施。

四是建立并完善了机构与个人诚信系统。在加强会计监管工作的同时,提出了为事务所"撑腰、引路"的工作方针。一是加大了政策扶持力度,研究落实了内地事务所从事H股公司审计的试点方案;二是加强了与相关部门的沟通协调;三是进一步完善与外国监管机构的监管合作,力争为国内事务所走向国际创造较好的监管环境。

(证监会会计部供稿)

# 国际合作部2010年监管工作综述

**一、2010年度境外发行上市审核工作综述以及相关统计数据**

2010年,全球经济不稳定不确定因素较多,金融市场和其他资产市场继续波动。根据新形势新情况,落实国务院《关于进一步做好利用外资工作的若干意见》(国发〔2010〕9号),支持境内企业按照"筹外汇、用外汇"的原则,利用好国际资本市场。重点支持商业银行通过境外融资及再融资补充资本金,提高抵御风险的能力。截至2010年年底,共有166家境内股份有限公司到境外上市,筹资总额1,631.6亿美元。2010年,境内股份有限公司境外共筹资353.8亿美元,达到历史第二高的水平(仅次于2006年)。其中,农业银行、金风科技、新天能源、重庆农商行、大唐新能源、中联重科6家公司首发上市,共筹资177.5亿美元、广州汽车介绍上市,15家公司完成增发(包括配股),共筹资176.3亿美元,是2009年(3家首发、5家增发,共筹资156.36亿美元)筹资额的2.26倍;其中,商业银行合计筹资297.16亿美元,占总筹资额85%。2010年,证监会共批准8家公司首发及上市,16家公司增发(配股),9家公司创业板转主板,1家公司红筹首发,共计34

件境外上市相关的行政许可，比2009年（15件）增加19件。

**二、国际合作相关工作情况**

（一）2010年证监会参加国际证监会组织相关工作

经国务院批准，证监会于1995年7月加入国际证监会组织（IOSCO）。1998年以来，证监会连续7届当选为IOSCO的实际决策核心——执委会的成员；2009年2月，证监会正式受邀加入IOSCO的实际标准制定机构——技术委员会。至此，证监会成为IOSCO所有重要委员会的成员，在IOSCO重大方针政策的制定及执行中发挥越来越积极的作用。

证监会对IOSCO的参与工作获得了各IOSCO成员的一致认同。在2010年6月召开的蒙特利尔年会上，证监会再度由100多名IOSCO正式成员投票当选为执委会成员，尚福林主席连任执委会唯一副主席。

（二）国际顾问委员会会议相关情况

2004年6月，经国务院批准，证监会国际顾问委员会正式成立。国际顾问委员会根据中国经济、社会发展的现状，结合中国证券市场发展的实际，向证监会介绍国际证券市场的发展现状、趋势等有关信息和经验，提供咨询意见和建议，以促进中国证券市场的对外开放和推动中国证券市场的健康发展。该委员会属非常设专家咨询机构，证监会主席担任委员会主席，另设副主席1人。境外委员由国际主要市场的前监管人员、国际金融机构的知名人士及学术界专家教授等组成。截至2010年年底，国际顾问委员会委员共13人，其中境外委员12人。国际顾问委员会每年召开一次会议。

**三、FSAP评估相关情况**

金融部门评估规划（FSAP）是由国际货币基金组织（IMF）和世界银行于1999年联合推出的评估框架，旨在加强对成员国和地区金融脆弱性的评估与检测，减少金融危机发生的可能性，同时推动各国金融改革和发展。目前FSAP已经成为国际社会广泛接受的金融稳定评估框架。我国领导人先后两次在二十国（G20）峰会上承诺在中国开展FSAP。

我国于2009年8月正式启动中国首次FSAP，由人民银行牵头协调落实，证监会积极配合，认真开展了各项相关工作，主要包括：牵头对照《IOSCO证券监管目标和原则》开展自评估、参与对照国际清算银行支付清算系统委员会（CPSS）和IOSCO联合提出的《关于证券结算系统的建议（RSSS）》对我国证券结算系统开展自评估等。此外，还参与了评估团于2010年期间举行的对华FSAP现场评估。从初步评估结果看，我国资本市场基本达到国际证监会组织的监管标准，评估团对我国资本市场监管有效性给予了充分肯定。

目前，证监会正在在牵头单位人民银行的统一组织下继续完成FSAP的后续工作。

（证监会国际部供稿）

# 六、行 政 处 罚

## （一）2010年行政处罚工作综述

2010年，中国证监会行政处罚委员会（以下简称处罚委）深化行政处罚体制机制改革创新，以基础性制度建设为突破口，着力解决影响办案效率和质量的瓶颈问题，高质、高效地处理了一批违法违规案件，执法效果显著提升，为资本市场稳定健康发展提供了强有力的保障。

**一、围绕证监会中心工作,扎实做好案件审理工作**

一是积极应对案件量大幅度增多的新情况,案件审理工作保持总体平稳。截至2010年12月31日,行政处罚委员会共收案107件,比上年同期增长了25.2%;处罚委已经审结案件67件(其中新体制案结案64件,旧体制案3件)。

二是积极贯彻证监会严厉打击内幕交易的总体部署,准确、高效地审理了一批有较大影响的内幕交易案。处罚委积极配合证监会"各部门齐抓共管、形成合力"的工作要求,集中有限审理力量,在短时间内集中审理了一批社会影响较大的内幕交易大要案。截至2010年12月底,处罚委共审结内幕交易案件17件,超过了处罚委成立以来审结内幕交易案件数的总和。

三是首次司法移送社会影响恶劣的"老鼠仓"案件,取得良好社会效果。2010年,处罚委快速处理了一批社会影响恶劣的"老鼠仓"案件。其中,首次适用《刑法修正案(七)》的规定将韩刚移送公安机关追究刑事责任。

四是坚持案件质量和效率并重,保持较高复议维持率。2010年行政处罚案件复议人数23人,涉及11个行政处罚案件,29起复议案件中有28起得到维持,仅有1起案件因政策原因考虑变更处理,案件复议维持率高达97%,案件复议维持率持续提高。

**二、加大案件宣传的深度和广度,实现案件审理法律效果与社会效果的统一**

在韩刚等基金经理"老鼠仓"系列案中,处罚委在办公厅的组织下,邀请新华网、《解放日报》、《中国证券报》、《财经》、《第一财经报道》、《北京青年报》等多家一线主流平面媒体及网络媒体对此案作出深刻报道。充分教育了基金从业人员,引导了证券市场诚信从业的风气。

"南京中北"信息披露违法案涉及国有控股上市公司的公司治理失败问题,具有很强的典型性。《上海证券报》、《中国证券报》、《证券时报》、《证券日报》、《21世纪经济报》、《北京青年报》等多家主流媒体争相用大版面对案件做了深度报道,产生了广泛的社会影响。

**三、重视理论研究,创建学习型组织,提升执法能力**

其一,深入研究行政执法体制,为推进行政处罚体制创新提供理论基础。2010年,处罚委完成了与国家行政学院共同承办的《行政管理体制改革视野下的金融执法(处罚)体制创新》重大课题研究工作。课题组提出了完善行政执法体制的具体方案。课题成果得到了全国人大、最高人民法院、国务院法制办的领导和权威专家的高度肯定。

其二,组织对案件审理中疑难问题的攻关和研究,为案件的调查和审理提供指导。处罚委组织专门力量,对内幕交易行为、"老鼠仓"行为、大宗交易信息披露违法行为认定难点问题进行研究。研究工作对提高案件调查和认定水平起到推动作用。

其三,加强行政处罚案件统计分析工作,建立行政处罚工作绩效的评价体系。处罚委会同深交所首次编写了《行政处罚分析报告(2007-2009)》,全面、客观地了解了我国证券行政处罚工作绩效以及所处的国际地位,首次得出我国目前证券行政执法的水平与我国资本市场在国际上的地位基本相符的结论。

**四、行政处罚体制机制改革创新取得重大成果**

一是积极稳妥细致做好准备工作,派出机构行使行政处罚权试点正式启动。为做好行政处罚权试点准备工作,处罚委对相关具体制度进行充分研究论证,与派出机构多次研讨并到试点实地考察指导。国务院于10月26日批准行政处罚试点正式启动。

二是引入法官担任委员,创新行政处罚工作机制。处罚委积极与最高人民法院、北京市一中院沟通,研究建立专业干部交流机制,并商请法院业务骨干到处罚委挂职担任专家委员,参与行政处罚案件的审理工作。法院遴选的专家委员于2010年底正式到位。

**五、基础性制度建设实现突破性进展,长期制约我会执法工作的瓶颈性问题正在得到解决**

第一,推动最高人民法院出台《关于审理证券行政处罚案件若干证据问题的意见》。为突破证券执法的“瓶颈”，明确证明标准和举证责任问题，处罚委积极与最高人民法院行政庭沟通，共同开展调研，推动司法政策文件的出台。2010年年底，该文件已经征求了立法部门意见，进入报批程序。

第二，信息披露违法行为、市场操纵行为等认定规则的制定和修订工作取得阶段性进展。处罚委广泛征求系统相关单位意见，多次组织召开研讨会，邀请数十位法官参加论证，并不断加以修改完善。2010年年底，信息披露违法行为认定规则已经主席办公会讨论原则通过，并向社会公开征求意见。处罚委已启动《证券市场操纵行为认定指引》的修订工作，并取得阶段性进展。

此外，处罚委还积极配合法律部、最高人民法院推进证券期货犯罪司法解释的起草工作，发挥了重要作用，取得了阶段性成果。

（证监会处罚委供稿）

## （二）2010年作出的行政处罚决定书

### 关于丹东化学纤维股份有限公司及有关个人违反证券法规的行政处罚决定书

（〔2010〕1号）

当事人：丹东化学纤维股份有限公司（以下简称丹化股份），住所：辽宁省丹东市振兴区纤维街58号，法定代表人王振山。

梁健，男，2003年6月20日至2006年10月23日任丹化股份董事长、董事。

林熹，男，2003年7月26日至2005年11月16日任丹化股份副董事长、董事。

姚琳，男，2003年6月20至2005年11月16日任丹化股份董事。

王卫岗，男，2003年6月20日至2005年5月23日任丹化股份监事会主席，2005年5月23日至2006年9月13日任丹化股份董事。

官强，男，2003年6月20日至2006年9月13日任丹化股份董事。

高宏，男，2003年6月20日至2005年4月18日任丹化股份副董事长、董事。

赵向东，男，2003年6月20日至2006年6月16日任丹化股份副董事长、董事，2003年6月20日至2005年9月22日任丹化股份总经理，2006年6月16日至2007年7月10日任丹化股份监事。

孙凯捷，女，2004年3月14日至2005年9月22日，任丹化股份财务总监，2005年9月22日至2005年11月16日，任丹化股份副总经理。

王福成，男，2003年6月20日至2005年9月22日任丹化股份副总经理，2005年9月22日至2006年6月16日任丹化股份总经理，2006年6月16日至今任丹化股份副总经理。

郑挺，男，2003年6月19日至2006年9月13日任丹化股份独立董事。

邱在贵，男，2003年6月19日至2006年10月23日任丹化股份独立董事。

于敏，女，2002年5月30日至今任丹化股份独立董事。

依据2006年1月1日起实施的《中华人民共和国证券法》（以下简称《证券法》）的有关规定，我会对丹化股份涉嫌信息披露违法违规案进行了立案调查、审理，并依法向当事人告知了作出行政处罚的事实、理由、依据及当事人依法享有的权利。当事人赵向东、王福成、孙凯捷、于敏提出了陈述、申辩意见。应当事人赵向东的要求,我会举行了听证会,听取了当事人赵向东的陈述和申辩。本案现已调查、审理终结。

经查明,丹化股份存在以下违法违规行为:

**一、未及时披露关联交易**

2003 年至 2006 年期间,丹化股份向其关联方丹东化学纤维(集团)有限责任公司和厦门华纶纺织贸易有限公司支付大笔资金,共涉及金额 150,954.33 万元。上述资金划转均没有召开董事会和股东大会,也未及时披露。

**二、年报存在虚假记载**

(一)2003 年公司年报中披露银行存款余额为 364,676,159.87 元,其他货币资金为 193,151,344.09元,经调查核实,其中虚假的银行存款金额为 205,142,707.78 元,虚假的其他货币资金 100,000,002.40 元。

(二)2004 年公司年报中披露银行存款余额为 489,614,563.99 元,经调查核实,其中虚假的银行存款金额为 479,261,514.52 元。

上述事实,有相关的资金调拨单等企业财务凭证、财务账簿,银行转账和票据凭证、对账单等证据证明。

丹化股份未及时披露关联交易的行为违反了 1999 年 7 月 1 日起施行的《中华人民共和国证券法》(以下简称原《证券法》)第六十二条、《证券法》第六十七条的规定,构成了原《证券法》第一百七十七条、《证券法》第一百九十三条规定的行为;丹化股份年报中存在虚假记载的行为,违反了原《证券法》第五十九条、第六十一条的规定,构成了原《证券法》第一百七十七条规定的行为。

对于丹化股份未及时披露关联交易及年报存在虚假记载违法行为,梁健为直接负责的主管人员,林熹、姚琳、官强、高宏、王卫岗、赵向东、王福成、孙凯捷、郑挺、邱在贵、于敏为其他直接责任人员。

在陈述申辩和听证程序中,时任丹化股份副董事长、总经理赵向东提出其本人于 2003 年 9 月至 2006 年 6 月调任福建升汇纺织投资集团投资总裁,只是丹化股份名义上的总经理,未能实际履行丹化股份总经理职责,不再负责丹化股份的经营管理和财务管理工作;时任财务负责人孙凯捷提出按福建升汇纺织投资集团内部管理体制,其本人未能实质履行丹化股份财务负责人的职责;时任总经理王福成提出其本人不分管公司财务和证券工作,对关联交易、资金划转等事项不知情;时任独立董事于敏提出丹化股份未就关联交易事项召开董事会和股东大会,因此对相关事项无从得知,并在担任独立董事期间出席全部董事会和股东大会,履行了勤勉义务。结合本案相关事实和证据,我会对赵向东、王福成、于敏的申辩意见予以部分采纳,对孙凯捷的申辩意见不予采纳。

根据当事人违法行为的事实、性质、情节与社会危害程度,根据原《证券法》第一百七十七条、《证券法》第一百九十三条的规定,我会决定:

一、对丹化股份给予警告,并处以 30 万元罚款;

二、对梁健给予警告,并处以 30 万元罚款;

三、对林熹给予警告,并处以 10 万元罚款;

四、对姚琳、王卫岗、官强、高宏分别给予警告,并处以 5 万元罚款;

五、对赵向东、孙凯捷、王福成、郑挺、邱在贵分别给予警告,并处以 3 万元罚款;

六、对于敏给予警告。

上述当事人应自收到本处罚决定书之日起 15 日内,将罚款汇交中国证券监督管理委员会(开户银行:中信银行总行营业部,账号:7111010189800000162,由该行直接上缴国库),并将注有当事人名称的付款凭证复印件送中国证券监督管理委员会稽查局备案。当事人如果对本处罚决定不服,可在收到本处罚决定书之日起 60 日内向中国证券监督管理委员会申请行政复议,也可在收到本处罚决定书之日起 3 个月内直接向有管辖权的人民法院提起行政诉讼。复议和诉讼期间,上述决定不停止执行。

# 关于佘鑫麒违反证券法规的行政处罚决定书

（〔2010〕2号）

当事人：佘鑫麒，男，1970年10月出生，时任四川圣达实业股份有限公司（以下简称四川圣达，股票代码000835）董事、总经理。

依据《中华人民共和国证券法》（以下简称《证券法》）的有关规定，我会对佘鑫麒涉嫌内幕交易与短线交易行为进行了立案调查、审理，并依法向当事人告知了作出行政处罚的事实、理由、依据及当事人依法享有的权利。当事人未提出陈述、申辩理由，也未申请听证。本案现已调查、审理终结。

经查明，佘鑫麒内幕交易与短线交易违法行为的事实如下：

**一、内幕信息的形成、传递与公开过程**

（一）内幕信息一（四川圣达2006年年报信息）

根据有关涉案人员的询问笔录和书面说明，2007年1月8日至1月24日，审计机构对四川圣达2006年度财务报表进行现场审计，2月3日财务数据基本确定，随后汇总了报表项目数据，编制了审计报告初稿。2月8日左右，审计人员与四川圣达董事长、财务总监就工作进展进行了沟通，并随后将审计报告初稿通过电子邮件方式发给四川圣达财务总监。鉴于与深圳证券交易所预约公告时间是2月16日，董事会必须在2月15日前审议年报。2月9日，四川圣达证券事务代表事先将召开董事会审议年报的事项，以电子邮件或者电话的方式通知了不在公司上班的董事，邮件内容包括2006年年度报告的初稿，并于当日以口头方式通知了佘鑫麒等在公司工作的董事，但没有直接向他们报送2006年年度报告的初稿。根据《四川圣达实业股份有限公司关于召开第五届董事会第八次会议的通知》，该次会议定于2007年2月15日召开，会议议题包括审议《2006年度董事会工作报告》、审议《2006年年度报告》正文及摘要、审议《2006年度利润分配预案》等，通知落款日期为2007年2月12日。

2007年2月15日，四川圣达董事会审议通过了2006年年度报告及利润分配预案，佘鑫麒与其他董事一起参加了会议。2007年2月16日，四川圣达公布《四川圣达实业股份有限公司第五届董事会第八次会议决议》称，公司于2007年2月15日召开董事会，审议通过《2006年年度报告》。《2006年年度报告》显示：公司主营业务收入344，637，372.79元，同比增长21.23%，净利润23，073，045.91元，同比增长32.62%。2月16日公告当日，“四川圣达”以10.88元开盘，盘中最高涨幅为10%；以10.89元收盘，涨幅为7.82%。四川圣达2006年年报公告内容与审计报告初稿在财务数据及其他方面没有大的差异。

（二）内幕信息二（四川圣达2007年中期业绩快报信息）

根据四川圣达《关于公司2007年中期业绩快报形成过程及有关情况的补充说明》，公司财务总监于2007年7月7日收集齐子公司相关报表，7月8日合并计算完相关指标后，发现中期指标较2007年一季度所作的中期预报会有较大差异，预期会出现较大增长，遂立即向董事长进行了汇报。经与深圳证券交易所及四川证监局沟通，四川圣达决定发布中期业绩快报公告。7月9日，四川圣达财务总监根据已收集的报表数据及相关指标计算结果对业绩快报进行编写，当日初稿完成后发给公司证券事务代表交董事长审阅。董事长审阅后，就业绩快报部分内容的表述方式进行了修改、调整，最终定稿。7月9日下午，四川圣达证券事务代表将最后一稿文件通过网络平台发往深圳证券交易所审核。

2007 年 7 月 10 日,四川圣达公布 2007 年度中期业绩快报称,2007 年上半年公司净利润 41,471,900 元,较去年同期增长 1,682.28%。每股收益 0.256 元,较去年同期增长 1,088.19%。公告当日,“四川圣达”以 14.00 元开盘,盘中最高涨幅为 9.8%;以 13.59 元收盘,涨幅为 2.95%。

**二、佘鑫麒的任职、履职与知悉内幕信息的情况**

四川圣达有关股东大会决议与董事会决议显示,佘鑫麒于 2006 年 9 月 5 日至 2007 年 8 月 20 日担任四川圣达总经理,2006 年 9 月 22 日至 2007 年 8 月 20 日担任四川圣达董事。根据四川圣达《关于公司 2007 年中期业绩快报形成过程及有关情况的补充说明》,佘鑫麒在四川圣达任总经理期间均正常上班,未出现不在岗的情况。

根据《四川圣达实业股份有限公司章程》第一百三十六条规定,经理对董事会负责,主持公司的生产经营管理工作,并向董事会报告工作;第一百四十条规定,经理应制订经理工作细则,报董事会批准后实施。该章程于 2006 年 12 月实施。根据《四川圣达实业股份有限公司总经理工作细则》,总经理职权包括主持公司的生产经营管理工作,并向董事会报告工作;组织实施董事会决议,公司年度计划和投资方案;定期以书面形式向董事会和监事会报告工作;在董事会和监事会闭会期间,就公司生产经营和资金运作日常工作向董事长报告工作。该工作细则于 2007 年 7 月 5 日实施。根据四川圣达《公司内部财务管理制度》第 4.5 条的规定,财务总监在总经理的领导下具体组织公司经济核算和财务工作,直接对总经理负责。该《公司内部财务管理制度》于 2006 年 12 月 10 日实施。根据《四川圣达实业股份有限公司信息披露管理制度》的规定,经理班子应当及时以书面形式定期或不定期向董事会报告公司经营、对外投资、重大合同的签订、执行情况、资金运用情况和盈亏情况,总经理或指定负责的副总经理必须保证这些报告的真实、及时和完整;子公司总经理应当以书面形式定期或不定期向公司总经理报告子公司经营、管理、对外投资、重大合同的签订、执行情况、资金运用情况和盈亏情况,子公司总经理必须保证该报告的真实、及时和完整。该《信息披露管理制度》于 2007 年 6 月 18 日实施。

四川圣达的一名董事称,佘鑫麒是四川圣达公司总经理,对公司大致的经营情况和财务状况应该知道。四川圣达的一名高级管理人员称,佘鑫麒负责公司的销售、融资和结算工作,了解当时公司经营情况及行业的发展趋势。四川圣达的一名工作人员称,虽然没有直接向佘鑫麒报送 2006 年年度报告的初稿,但他作为公司总经理,来四川圣达之前又是四川圣达集团有限公司(四川圣达的控股股东)的财务总监,了解下面公司的经营情况和财务状况,因此不可能不知道四川圣达 2006 年经营状况;另外,在公司上班的董事想看什么资料都是可以看到的;一般在开董事会前,几个高管也会磋商一下。

四川圣达的一名独立董事称,四川圣达董事会每次开会的会议材料都会提前通过电子邮件送到其手中;关于召开 2007 年 2 月 15 日的董事会会议通知,肯定包含了 2006 年的年度报告和会议的各种议题。四川圣达的另一名独立董事称,召开董事会一般是由公司证券事务代表提前 3 到 5 天通过电子邮件将会议材料发到其邮箱,然后通过打电话和短信的方式提醒他查收,会议材料包括会议通知、会议议题内容,如果涉及审议年度报告,还会把年度报告发过来;2 月 15 日董事会的会议通知包含了年报的审计初稿和其他的具体会议材料,不会出现董事提前收到的会议材料不一样的情况;2006 年年度报告的审计初稿在资产负债表等重要项目上基本定格了,只是在具体的利润调整和具体利润分配上经过了董事们的讨论,在 2 月 15 日的董事会上对 2006 年年度报告未作修改。关于何时收到 2007 年 2 月 15 日董事会会议通知,该独立董事说已记不清楚,不过这种会议至少应该提前五天以上,否则董事们在时间和行程上不好安排;召开董事会一般是由公司证券事务代表以电子邮件的形式发会议通知,邮件中有时会包含会议议题及会议所需的材料。

根据佘鑫麒询问笔录,关于召开 2007 年 2 月 15 日董事会,佘鑫麒承认收到了通知,只是不确定收到通知的方式和是否收到了会议材料,但他知道此次会议主要讨论 2006 年年度报告和公司下一年发展战略的事情。关于四川圣达2006年的经营情况,佘鑫麒说从他管理负责的这部分来说,融资和结算运转都很好。

关于2007年中期业绩快报,四川圣达董事长称,2007年中期业绩快报没有通过董事们表决。四川圣达的一名高级管理人员称,佘鑫麒可能会了解公司财务部门正在准备2007年中期业绩快报的事情。四川圣达的一名工作人员称,佘鑫麒在四川圣达2007年中期业绩快报公告前应该知道公司2007年上半年业绩比一季度季报的预告要好很多。四川圣达的一名独立董事称,平时公司的经营层会在已有数据的基础上就公司经营情况进行交流,因此对公司2007年上半年的经营状况有所了解;在2007年2月15日董事会上,董事们对四川圣达2007年的经营状况都表示乐观。四川圣达的另一名独立董事称,2007年上半年公司的业绩非常好,钢材价格一直上涨,焦炭价格也上涨,当时其他董事对公司的业绩看法和他一致,对公司业绩大幅上涨并没有感到意外。四川圣达的一名董事称,公司董事会召开会议过程中,各董事对公司经营情况都有交流,能通过董事会详细了解公司经营情况。

根据佘鑫麒询问笔录,关于2007年上半年四川圣达的经营情况,佘鑫麒说当时煤炭价格和焦炭价格都在涨,钢材的价格也一直在涨,当时他觉得2007年下半年钢材价格可能会下调。他对四川圣达发布2007年中期业绩快报表示不知情。

**三、涉案账户的开户、交易与资金存取情况**

(一)账户开立与设置变更情况

开立在国泰君安证券成都北一环路营业部的资金账户20004348,户名为佘某,开立于2003年3月15日;下挂一个上海股东账户(账号为A140409782)和一个深圳股东账户(账号为73068869)。该账户开户手续由佘鑫麒办理,账户代理人为佘鑫麒,代理权限是买卖证券、现金存取等业务,无股票转托管情况。主要交易方式是网上交易,账户无销户情况,无融资、三方监管和委托理财等业务发生。经调查人员向佘某户籍所在地四川省彭山县江口派出所查询,佘某已于2000年左右去世。

根据证券营业部出具的《关于20004348佘某账户的补充说明》,佘鑫麒开立佘某账户时自己设定了账户密码。根据证券营业部出具的《客户业务申请表》,2007年7月19日,佘鑫麒取消了佘某证券账户的代理人身份并重置了交易密码。佘鑫麒称其只知道佘某证券账户初始密码,办理完开立手续后将初始密码告诉给了佘某的女婿。调查人员指出,重置交易密码需要知道原来的交易密码,佘鑫麒表示他对此无法作出解释。

证券营业部出具的书面证明确认,涉案证券账户实际属于代理人也即佘鑫麒所有,其依据是:代理人有本人和佘某的身份证;有开户时的代理委托关系书;佘鑫麒能提供佘某账户的股东账户卡;佘鑫麒熟知账户的资金和交易密码(开户时客户自己设定密码);根据历史资金存入单,有代理人佘鑫麒签名及留存身份证号(佘鑫麒存入资金);有正常银证转账关系,可以正常转账入佘某银行账户。

关于佘某账户的开户与实际所有人情况,佘鑫麒先是说本人办理了佘某账户的开户手续,当时是佘某的女婿委托他开的户。调查人员根据佘鑫麒提供的手机号码多次联系佘某的女婿,均被告知该号码已停机。其后,佘鑫麒又改口说,佘某账户是赵某的,当时赵某给他提供了佘某的身份证让他帮着开户。但是,赵某拒绝接受调查人员询问。调查人员要求佘鑫麒与赵某联系请其配合调查,遭佘鑫麒拒绝。

(二)交易情况

前述账户于2007年2月14日买入“四川圣达”67,800股,买入金额618,406.66元;2月16日全部卖出,卖出金额740,351.33元,实际获利121,944.67元。2007年7月9日买入“四川圣达”57,340股,买入金额741,225.41元;7月11日全部卖出,卖出金额761,236.54元,实际获利20,011.13元。

(三)资金存取情况

根据证券营业部提供的保证金存入单和佘鑫麒的询问笔录,佘鑫麒曾于2004年3月15日、2004年5月14日、2004年6月23日和2005年10月25日,以现金形式分别向佘某证券账户存入保证金115,000元、100,000元、170,000元和150,000元。根据证券营业部出具的《银证转账协议》,佘某账户于2006年6月

20日开立了银证转账业务，相应建设银行账户账号为6227003813860001193，《银证转账协议》所附材料为佘鑫麒身份证复印件、佘某身份证复印件、建行账号卡复印件。佘鑫麒承认其本人于2006年6月20日到证券营业部办理了佘某账户的银证转账业务，并且知道佘某账户银证转账相应银行账户的密码。

根据上述事实与证据，经审理，作出以下认定：

## 一、关于内幕信息的认定

本案中涉及两项信息：一个是四川圣达2006年年报信息；另一个是四川圣达2007年中期业绩快报信息。审理认为，年报、半年报、季报等定期报告信息，以及这些定期报告正式发布前的业绩预告、业绩快报、业绩预告修正等反映上市公司阶段性经营成果的信息，是对上市公司某一期间内经营成果的汇总、确认、分析与说明，是上市公司信息披露体系中的核心内容，对有关证券的市场价格有重大影响，无疑具备内幕信息的"重要性"要素。这些信息在公开前，构成内幕信息。根据《证券法》第七十五条的规定，认定本案涉及的两项信息属于内幕信息。

## 二、关于佘鑫麒知悉内幕信息的认定

本案中，佘鑫麒不承认其知悉上述内幕信息。审理认为，综合分析、衡量以下事实与证据，根据《证券法》第七十四条之规定，认定佘鑫麒属于《证券法》第二百零二条规定的"证券交易内幕信息的知情人"：(1)案发时，佘鑫麒任四川圣达的董事、总经理。(2)根据四川圣达的公司章程与内部管理规则，佘鑫麒对董事会负责，主持公司的生产经营管理工作，并向董事会报告工作；组织实施董事会决议，公司年度计划和投资方案；定期以书面形式向董事会和监事会报告工作；在董事会和监事会闭会期间，就公司生产经营和资金运作日常工作向董事长报告工作；财务总监在总经理的领导下具体组织公司经济核算和财务工作，直接对总经理负责；经理班子应当及时以书面形式定期或不定期向董事会报告公司经营、对外投资、重大合同的签订、执行情况、资金运用情况和盈亏情况，总经理或指定负责的副总经理必须保证这些报告的真实、及时和完整；子公司总经理应当以书面形式定期或不定期向公司总经理报告子公司经营、管理、对外投资、重大合同的签订、执行情况、资金运用情况和盈亏情况。(3)佘鑫麒在四川圣达任总经理期间均正常上班，未出现不在岗的情况。(4)相关证人的询问笔录表明，佘鑫麒作为公司总经理，来四川圣达之前又是四川圣达集团有限公司的财务总监，结合佘鑫麒履职与参与公司日常事务的情况，他应当了解并掌握公司主要的经营情况与财务状况。(5)佘鑫麒在内幕信息敏感期买卖四川圣达股票的时点与相关内幕信息生成、传递与公开的时点高度吻合，买入与卖出的时机与股价走势高度一致。(6)调查人员未发现、佘鑫麒本人也未提出其不知悉内幕信息的可靠证据。

## 三、关于佘鑫麒实施涉案交易行为的认定

本案中，佘鑫麒未承认涉案账户的买卖行为由其本人实施。审理认为，综合考虑、衡量以下事实与证据，认定佘鑫麒实施了涉案交易的"买卖"行为：(1)涉案账户为佘鑫麒开立并实际控制；(2)涉案交易的资金由佘鑫麒存入；(3)涉案交易的时点与佘鑫麒知悉内幕信息的时点高度吻合；(4)调查人员未发现、佘鑫麒本人也拒绝提供涉案交易非其本人"买卖"行为的证据，而且佘鑫麒关于账户开立的解释前后不一，并拒绝协助调查部门搜集能够支持其解释的证据。

## 四、关于佘鑫麒内幕交易行为的认定

综合上述认定意见，审理认为，佘鑫麒的行为，构成了《证券法》第二百零二条规定的"证券交易内幕信息的知情人或者非法获取内幕信息的人，在涉及证券的发行、交易或者其他对证券的价格有重大影响的信息公开前，买卖该证券"的行为，因此，认定其内幕交易行为成立，应当"没收违法所得，并处以违法所得一倍以上五倍以下的罚款"。

## 五、关于佘鑫麒短线交易行为的认定

本案中，佘鑫麒于2007年2月14日买入"四川圣达"67,800股，2月16日全部卖出，卖出金额740,351.33元；2007年7月9日买入"四川圣达"57,340股，7月11日全部卖出，卖

出金额761,236.54元。审理认为,除上述内幕交易行为外,佘鑫麒短线买卖四川圣达股票,同时还构成了《证券法》第四十七条规定的上市公司董事、高级管理人员"将其持有的该公司股票在买入后六个月内卖出"的行为,应当依照《证券法》第一百九十五条的规定"给予警告,可以并处三万元以上十万元以下的罚款。"

综合上述情况,审理认为,佘鑫麒身为上市公司董事、总经理,无视法律的多项禁止性规定,以隐蔽手段开立账户,在四川圣达披露2006年年报、2007年中期业绩快报的股价敏感时段内,两次从事内幕交易与短线交易,违法所得金额较大,且拒不配合我会的调查工作。根据当事人违法行为的事实、性质、情节与社会危害程度,依据《证券法》第二百零二条与第一百九十五条的规定,我会决定:

对佘鑫麒给予警告,没收违法所得141,955.80元,并处以罚款170,346.96元。

上述当事人应自收到本处罚决定书之日起15日内,将罚没款汇交中国证券监督管理委员会(开户银行:中信银行总行营业部、账号7111010189800000162,由该行直接上缴国库),并将注有当事人名称的付款凭证复印件送中国证券监督管理委员会稽查局备案。当事人如果对本处罚决定不服,可在收到本处罚决定书之日起60日内向中国证券监督管理委员会申请行政复议,也可在收到本处罚决定书之日起3个月内直接向有管辖权的人民法院提起行政诉讼。复议和诉讼期间,上述决定不停止执行。

## 关于湖南泰阳期货经纪有限公司及有关个人违反证券法规的行政处罚决定书

(〔2010〕3号)

当事人:湖南泰阳期货经纪有限公司(现更名为方正期货有限公司,以下简称泰阳期货或方正期货),住所:湖南省长沙市芙蓉北路538号,法定代表人严若中。

刘丹岳,男,1963年3月出生,时任泰阳期货总经理。

王强,男,1974年6月出生,时任泰阳期货深圳营业部负责人。

陈森,男,1974年1月出生,时任泰阳期货深圳营业部负责人。

日前,泰阳期货任用不具备资格的从业人员一案已由我会调查、审理完毕。我会依法向当事人告知了作出行政处罚的事实、理由、依据及当事人依法享有的权利,方正期货、刘丹岳、王强进行了申辩,当事人陈森放弃陈述和申辩的权利。

经查明,泰阳期货存在以下违法事实:

2005年6月至2008年8月,泰阳期货深圳营业部先后聘任叶刚、刘忠亚、芮清峰、潘冬明等4人作为市场部客户经理,从事客户开发业务。经向中国期货业协会查询,叶刚等4人在其上述任职期间均不具有期货从业资格,具体情况为:叶刚于2005年6月至今在泰阳期货深圳营业部任职,其虽于2004年通过期货从业人员资格考试,但在2008年10月30日之前并未取得期货从业资格;刘忠亚于2005年7月至2008年6月在泰阳期货深圳营业部任职,但其直至2008年方通过期货从业人员资格考试并于2009年5月27日取得期货从业资格;芮清峰于2006年3月至2007年2月在泰阳期货深圳营业部任职,在此期间,芮清峰未通过期货从业人员资格考试,不具有期货从业资格;潘东明于2006年3月至2006年9月在泰阳期货深圳营业部任职,在此期间,潘东明未通过期货从业人员资格考试,不具有期货从业资格。

在上述泰阳期货任用不具备期货从业资格的叶刚等人从事客户开发业务期间,刘丹岳担任泰阳期货总经理,王强、陈森先后担任泰阳期货深圳营业部负责人。

上述事实,有相关营业部情况说明、管理制度、员工登记资料、劳动合同、工资统计表、客户经理提成表、业务报表、社保记录、中国期货业协会复函、工商登记资料及当事人询问笔录等证据证明,足以认定。

泰阳期货任用不具备期货从业资格的叶刚等4人从事客户开发业务的行为,违反了《期货交易管理暂行条例》(国务院令第267号)第五十四条和《期货交易管理条例》(国务院令第489号)第五十七条的规定,构成了《期货交易管理暂行条例》第五十九条和《期货交易管理条例》第七十条所述期货公司“任用不具备资格的期货从业人员”的行为。对泰阳期货的上述行为,时任泰阳期货总经理刘丹岳和深圳营业部负责人王强、陈森是直接负责的主管人员。

方正期货提出以下申辩理由,请求我会对其免予处罚:其一,叶刚应聘时提供了期货从业考试合格证明,故不宜认定叶刚不具备从业资格;其二,刘忠亚、芮清峰、潘冬明等3人虽不具有从业资格,但公司仅把3人作为后备辅助人员管理和使用,是在具有从业资格人员的指导下辅助开发客户,期间没有发生违规行为,也没有造成不良后果;其三,在被我会调查前,公司已将未在规定时间内取得从业资格的刘忠亚、芮清峰、潘冬明等3位后备辅助人员分别予以辞退,有主动纠正的情节;其四,违规行为发生在泰阳期货存续期间,如因该历史遗留问题而对实际控制人和经营层均已实质变更的方正期货进行处罚,有失公平。

刘丹岳提出以下申辩理由,请求我会对其免予处罚:其一,在当时特定的历史条件下,公司招聘不具备从业资格的人员主要是为了培育后备人员,其工作内容是在具备从业资格人员的指导下进行客户开发辅助工作,此类人员的业务量少,没有对公司业务形成影响力;其二,违规行为发生后,公司进行了及时整改,对未在规定时间内考取从业资格的芮清峰、潘冬明予以了清退;其三,本人对违规行为的认识态度好,能够积极配合调查,及时、主动纠正错误,且该违法行为没有造成任何危害后果。

王强提出以下申辩理由,请求我会酌情对其减轻或免予处罚:其一,违法行为发生在泰阳期货深圳营业部两任总经理交接的特殊时期,在公司总部和新任营业部总经理的插手和干预下,其作为前任营业部总经理在人员任用及核查上已经无法正常履行职务;其二,涉案业务在运行过程中没有给公司带来经济损失,本人的违规行为也没有造成危害性后果。

我会认为,当事人的申辩理由不能成立:其一,叶刚等4人不具有期货从业资格的事实清楚。虽然叶刚确已通过期货从业人员资格考试,但其并未按规定申请取得从业资格,因此叶刚仍属于不得从事期货业务的人员。其二,虽然期货公司可以聘用无从业资格的人员作为期货业务辅助人员,但《期货交易管理暂行条例》和《期货交易管理条例》均禁止未取得从业资格的人员对外开展期货业务。本案中叶刚等4人作为客户经理,都实际从事了客户开发工作,并不属于当事人所谓的“客户开发辅助工作”。其三,潘东明在开展业务过程中违规操作,造成了不良影响。其四,公司法人名称、股东和经营层等的变更,不能否定其应当承担的法律责任。其五,王强作为深圳营业部总经理,其任内已有不具备从业资格的叶刚、刘忠亚在营业部工作。在两任营业部总经理任职过渡期间,王强作为仍在职的总经理,实际履行了包括风险控制、财务等在内的部分职权,并审批了潘东明、芮清峰的报到单。其六,对当事人提出的主动整改、积极配合调查等情节,我会在审理时已依据《中华人民共和国行政处罚法》第二十七条的规定予以充分考虑。

根据当事人违法行为的事实、性质、情节与社会危害程度,依据《期货交易管理暂行条例》第五十九条、《期货交易管理条例》第七十条和《中华人民共和国行政处罚法》第二十七条的规定,我会决定:

一、对泰阳期货给予警告,并处以10万元罚款;

二、对刘丹岳给予警告,并处以3万元罚款;

三、对王强、陈森给予警告,并分别处以2万元罚款。

上述当事人应自收到本处罚决定书之日起15日内,将罚款汇交中国证券监督管理委员会(开户银行:中信银行总行营业部、账号7111010189800000162,由该行直接上缴国库),并将注有当事人名称的付款凭证复印件送中国证券监督管理委员会稽查局备案。当事人如果对本处罚决定不服,可在收到本处罚决定书之日起60日内向中国证券监督管理委员会申请行政复议,也可在收到本处罚决定书之日起3个月内直接向有管辖权的人民法院提起行政诉讼。复议和诉讼期间,上述决定不停止执行。

# 关于湖南天一科技股份有限公司及有关个人违反证券法规的行政处罚决定书

(〔2010〕4号)

当事人:湖南天一科技股份有限公司(以下简称天一科技),住所:湖南省岳阳市平江县城关镇南街339号,法定代表人荣十庆。

周达苏,男,1955年12月出生,时任天一科技董事长、法定代表人。

朱错良,男,1958年1月出生,时任天一科技董事。

吴加政,男,1963年8月出生,时任天一科技董事。

邓植林,男,1956年4月出生,时任天一科技董事。

欧阳纯宝,男,1966年9月出生,时任天一科技董事。

李鹏,男,1961年6月出生,时任天一科技董事。

周益群,男,1964年9月出生,时任天一科技独立董事。

李有智,男,1950年12月出生,时任天一科技独立董事。

依据《中华人民共和国证券法》(以下简称《证券法》)的有关规定,我会对天一科技信息披露违法行为进行了立案调查、审理,并依法向当事人告知了作出行政处罚的事实、理由、依据及当事人依法享有的权利(其中,当事人邓植林拒绝领取《行政处罚事先告知书》、欧阳纯宝无法联系,我会依法向该二人公告送达了《行政处罚事先告知书》)。当事人天一科技、周达苏、朱错良、吴加政、李鹏、周益群、李有智进行了陈述和申辩。本案现已调查、审理终结。

经查明,天一科技存在以下违法事实:

2007年1月23日,天一科技发布《湖南天一科技股份有限公司对外投资公告》。公告第二项内容“关于合作开发贵州省独山县水岩乡维寨锑矿的对外投资项目”中有如下记载:“上海祥达实业发展有限公司、上海恒邦投资有限公司、庄志研、贵州润丰矿产能源有限责任公司、谢辉、张嘉明均为贵州省独山县孟孔冶炼有限责任公司的股东,合计持有贵州省独山县孟孔冶炼有限责任公司100%的股权。”此外,该公告的备查文件《关于合作开发贵州省独山县水岩乡维寨锑矿之协议》第二条第2.2款第4项记载:“辛方(注:指贵州省独山县孟孔冶炼有限责任公司)是维寨锑矿(注:指贵州省独山县水岩乡维寨锑矿)采矿权、探矿权的唯一合法拥有者,辛方为获得维寨锑矿采矿权、探矿权已缴纳了足额的款项(或已投入了足额的资产),拥有维寨锑矿合法、有效的处置权。”

经查,天一科技披露的上述两项信息与事实不符。实际情况为:截至2007年1月23日,贵州省独山县孟孔冶炼有限责任公司的股东为贵州润丰矿产能源有限责任公司(持股比例70%)和贵州省独山县孟孔冶炼厂(持股比例30%),并非公告中记载的上海祥达实业发展有限公司等主体(2008年1月8日,独山县孟孔冶炼厂将其持有贵州省独山县孟孔冶炼有限责任公司的股权全部转让给贵州润丰矿产能源有限责任公司,后者成为独山县孟孔冶炼有限责任公司的唯一股东,该股权转让已于2008年3月17日完成工商变更登记)。此外,根据贵州省国土资源厅颁发的《探矿权证》和《采矿许可证》,维寨锑矿的探矿权、采矿权均属于贵州省独山县孟孔冶炼厂,而非公告中记载的贵州省独山县孟孔冶炼有限责任公司,而且维寨锑矿的《采矿许可证》直到 2007 年 5 月 11 日,方由贵州省国土资源厅颁发给贵州省独山县孟孔冶炼厂。

以上事实,有相关对外投资公告、董事会决议、工商登记资料、合作协议、探矿权证、采矿许可证及当事人询问笔录等证据证明,足以认定。

天一科技虚假披露贵州省独山县孟孔冶炼有限责任公司股东构成情况和维寨锑矿采矿权、探矿权所有权人的行为,违反了《证券法》第六十三条有关"发行人、上市公司依法披露的信息,必须真实、准确、完整,不得有虚假记载、误导性陈述或者重大遗漏"的规定,构成了《证券法》第一百九十三条所述"发行人、上市公司或者其他信息披露义务人未按照规定披露信息,或者所披露的信息有虚假记载、误导性陈述或者重大遗漏"的行为。

对于天一科技的上述违法行为,天一科技时任董事长周达苏是直接负责的主管人员,时任董事朱错良、吴加政、邓植林、欧阳纯宝、李鹏、周益群、李有智是其他直接责任人员。

当事人天一科技申辩称,我会认定的情况属实,但基于以下理由,请求我会对公司免于处罚:其一,天一科技信息披露与事实不符非原董事故意所为,原董事均是在不知情且未认真核对合作项目有关事项的情况下采信了合作方提供的相关材料,审议通过了相关议案,且事后采取了补救措施;其二,天一科技目前正着力改善公司经营状况,行政处罚将会对公司发展带来负面影响;其三,天一科技地处平江县,公司对当地经济具有举足轻重的作用,行政处罚将会给当地的经济发展带来不利影响。

天一科技相关董事除了提出与公司第一点类似的申辩理由外,还提出:其一,在董事会召开前,天一科技董事会、经理层主要成员已对合作项目进行实地考察,并已向合作方实际支付项目投资款3,000万元,此次董事会仅为走形式,投票赞成主要是看到合作既成事实,是出于维护大局、维护公司利益考虑;其二,部分董事提出,其对于前述董事会审议事项曾表明异议或提出建议,已依法履行职责,应当免除责任。

我会认为,天一科技的违法行为事实清楚,证据充分,当事人提出的免于行政处罚的申辩理由不能成立:其一,根据已查明的事实,在 2007 年 1 月 19 日的董事会上已明确提到锑矿没有采矿权证的问题,相关当事人对此宣称不知情的申辩理由不能成立。早在 2006 年 10 月周达苏、朱错良等人前往贵州考察合作项目时,就已经知道锑矿没有采矿权证的事实。其二,天一科技部分董事提出其在董事会审议时曾表明异议,我会认为,部分董事虽然对相关议案表明了异议,但其提出的异议、意见和建议涉及的只是如何防范公司在合作开发矿产项目中的操作风险、管理风险以及进一步明确责、权、利等方面的事宜,而对于协议中存在的与事实不符的信息并未提出反对意见,以致董事会披露的信息含有虚假记载,违反了《证券法》有关信息披露的规定。其三,根据《中华人民共和国公司法》第一百四十八条和《证券法》第六十八条的规定,公司董事对公司负有忠实义务和勤勉义务,负有保证上市公司所披露信息真实、准确、完整的责任。本案中,天一科技董事会作为公司的决策机关,理应在遵循法律和公司章程的前提下,为公司和全体股东的利益服务,谨慎勤勉地履行职责,但实际情况是,天一科技董事对于公司重大投资行为涉及的诸如合作方情况、探矿权和采矿权状况等重要事项均未能进行适当的了解和核查,未能尽到合理的注意义务。天一科技董事怠于行使职权和履行职责的行为,导致了公司向社会公众披露的信息存在虚假,理应承担相应的法律责任。

根据当事人的违法事实、性质、情节与社会危害程度,依据《证券法》第一百九十三条的规定,我会决定:

一、责令天一科技改正违法行为,给予警告,并处以 30 万元罚款;

二、对周达苏给予警告,并处以 3 万元罚款;

三、对朱错良、吴加政、邓植林、欧阳纯宝、李鹏、周益群、李有智给予警告。

当事人应自收到本处罚决定书之日起 15 日内,将罚款汇交中国证券监督管理委员会(开户银行:中信银行总行营业部、账号 7111010189800000162,由该行直接上缴国库),并将注有当事人名称的付款凭证复印件送中国证券监督管理委员会稽查局备案。当事人如果对本处罚决定不服，可在收到本处罚决定书之日起60日内向中国证券监督管理委员会申请行政复议，也可在收到本处罚决定书之日起3个月内直接向有管辖权的人民法院提起行政诉讼。复议和诉讼期间，上述决定不停止执行。

# 关于上海东鼎投资集团有限公司及有关个人违反证券法规的行政处罚决定书

（〔2010〕5号）

当事人：上海东鼎投资集团有限公司（以下简称东鼎投资），法定代表人邵东明。

邵东明，男，1959年11月出生，时任东鼎投资董事长、总经理及法定代表人。

毛建平，男，1961年2月出生，时任东鼎投资财务经理。

依据《中华人民共和国证券法》（以下简称《证券法》）的有关规定，我会对东鼎投资利用他人账户交易"S天一科"股票行为进行了立案调查、审理，并依法向当事人告知了作出行政处罚的事实、理由、依据及当事人依法享有的权利。当事人邵东明、毛建平进行了陈述和申辩。应当事人东鼎投资的要求，我会于2009年11月26日举行听证会，听取了东鼎投资的申辩意见。本案现已调查、审理终结。

经查明，东鼎投资存在以下违法事实：

2006年11月17日，东鼎投资在齐鲁证券上海沈家弄路证券营业部开立资金账户5206188（账户名称：东鼎投资），账户代理人为公司财务经理毛建平，代理权限为全权代理。东鼎投资法定代表人邵东明代表公司在向毛建平授权的《法定授权委托书》上签字。资金账户5206188除下挂有东鼎投资自有机构账户外，还下挂了5个上海个人股东账户、10个深圳个人股东账户。东鼎投资在向证券营业部申请下挂前述个人股东账户的《声明》中承诺："我单位承诺承担该资金账户及其下挂所有股票账户的一切责任，如产生任何经济法律纠纷均由我单位承担，与贵部无任何关系。"代理人毛建平在声明上签字。

2006年11月24日至2006年12月22日，东鼎投资利用资金账户5206188下挂的个人股东账户交易"S天一科"股票，实现盈利5,591,545.41元。2007年1月15日，东鼎投资将资金账户5206188销户。

以上事实，有相关账户开户资料、资金往来凭证、银行单据、交易数据、东鼎投资向证券营业部出具的声明以及当事人询问笔录等证据证明，足以认定。

东鼎投资利用他人股东账户交易"S天一科"股票的行为，违反了《证券法》第八十条关于"禁止法人非法利用他人账户从事证券交易"的规定，构成了《证券法》第二百零八条所述"法人以他人名义设立账户或者利用他人账户买卖证券"的行为。对于东鼎投资的上述违法行为，东鼎投资董事长兼总经理邵东明是直接负责的主管人员，东鼎投资财务经理、账户代理人毛建平是其他直接责任人员。

当事人东鼎投资申辩称，我会认定其利用他人账户从事证券交易的情况基本属实，但基于以下主要理由，请求我会对其减轻或免除处罚：其一，公司是初次涉足证券市场，虽然行为违反了相关规定，但违规行为的发生系法律意识淡薄造成的，公司并无破坏证券市场的故意或恶意，也未给市场造成损害。此等现象在当时的证券市场上较为普遍，如果放在今天的环境下，公司不会犯下这样的错误。其二，公司利用他人账户进行证券交易的时间较短，且在了解到行为的违法性后予以了及时纠正，有主动纠错的情节，并且在案件调查过程中，积极协助配合稽查人员查明相关事实，有主动配合调查的情节。其三，违法所得认定与事实不符，对利用他人账户交易取得的5,591,545.41元投资收益,公司已按33%的税率缴纳企业所得税1,845,209.99元,实际违法所得应为3,746,335.42元。

东鼎投资违法行为责任人邵东明、毛建平在书面申辩材料中提出了与东鼎投资基本相同的申辩意见。此外,邵东明还提出,开立资金账户、下挂股东账户、交易股票等行为均由公司财务部和毛建平负责,其从未参与也不知情,因此不是直接负责的主管人员。邵东明、毛建平二人均请求中国证监会对其免除处罚。

我会认为,东鼎投资的违法行为事实清楚,证据充分,当事人提出的减轻及免除处罚的申辩理由不能成立:其一,《证券法》第八十条明确规定,"禁止法人非法利用他人账户从事证券交易",投资者必须以本人的名义开立证券账户进行交易,但是在实践中,一些法人企业以他人名义设立账户或者利用他人账户买卖证券,这种行为不仅干扰了正常的证券交易,而且为挪用公款、侵占法人财产、通过证券市场进行其他非法活动等提供了可乘之机,因此,必须坚决予以制止。本案中,东鼎投资完全可以使用本公司的证券账户进行股票交易以满足其投资证券市场的需求,但其并没有这样做,而是花钱从其他人处购入个人股东账户下挂在公司资金账户下进行证券交易,具有明显的逃避监管的故意,公司所称的"法律意识淡薄"、没有主观的"故意或恶意"不成立。其二,经复核,公司在调查过程中仅是能够接受调查,并无其所谓的积极协助、配合稽查人员查明相关事实的情节及其他立功表现。其三,关于违法所得数额的认定,东鼎投资利用资金账户5206188下挂的个人股东账户交易"S天一科"股票,扣除已缴纳的印花税、佣金等直接税费后,共实现盈利5,591,545.41元,我会将其认定为违法所得并无不当。当事人提出,投资所得已按税法的规定缴纳所得税,该部分应当从认定的所得额中予以扣减,我会认为,当事人要求中国证监会在认定违法所得时将所得税予以扣除没有法律依据。考虑到当事人已实际缴纳所得税1,845,209.99元,我会在执行没收时该部分可以予以扣除。其四,邵东明作为东鼎投资的董事长、总经理及法定代表人,负有全面管理公司事务的职责,对于公司利用他人账户交易股票的违法行为,理应承担相应的法律责任。此外,邵东明对于东鼎投资的此次重大投资行为,授权毛建平开立账户,并签署了授予毛建平代理权的《法人授权委托书》。在投资操作过程中,毛建平向邵东明汇报交易情况,提出投资建议,投资决策最终由邵东明决定;毛建平作为东鼎投资的财务经理、涉案账户的代理人,直接代理实施了资金账户开立、证券账户下挂、资金存取、撤销指定交易等行为,是东鼎投资违法行为的直接参与者,应当承担相应的法律责任。因此,在没有法定的免予处罚情节的情况下,不能免除对邵东明、毛建平二人的行政处罚。

根据当事人的违法事实、性质、情节与社会危害程度,依据《证券法》第二百零八条的规定,我会决定:

一、责令东鼎投资改正违法行为,没收违法所得并处罚款,共计9,337,880.83元;

二、对邵东明给予警告,并处以3万元罚款;

三、对毛建平给予警告。

上述当事人应自收到本处罚决定书之日起15日内,将罚款汇交中国证券监督管理委员会(开户银行:中信银行总行营业部、账号7111010189800000162,由该行直接上缴国库),并将注有当事人名称的付款凭证复印件送中国证券监督管理委员会稽查局备案。当事人如果对本处罚决定不服,可在收到本处罚决定书之日起60日内向中国证券监督管理委员会申请行政复议,也可在收到本处罚决定书之日起3个月内直接向有管辖权的人民法院提起行政诉讼。复议和诉讼期间,上述决定不停止执行。

# 关于威达医用科技股份有限公司及有关个人违反证券法规的行政处罚决定书

（〔2010〕6 号）

当事人：威达医用科技股份有限公司（以下简称威达股份），法定代表人朱胜利。

吕建中，男，1954 年 10 月出生，时任威达股份董事长。

张世田，男，1969 年 9 月出生，时任威达股份董事、董事会秘书。

吴雄军，男，1964 年 6 月出生，时任威达股份董事。

王炳燃，男，1968 年 2 月出生，时任威达股份董事。

陈洪东，男，1972 年 2 月出生，时任威达股份董事。

刘通，男，1975 年 12 月出生，时任威达股份独立董事。

常青，男，1969 年 1 月出生，时任威达股份独立董事。

乔贵生，男，1961 年 9 月出生，时任威达股份副总经理、总经理。

魏万栋，男，1972 年 8 月出生，时任威达股份财务经理和证券事务代表。

文民生，男，1950 年 12 月出生，时任威达股份总经理。

刘学仪，男，1965 年 2 月出生，时任威达股份财务总监。

根据《中华人民共和国证券法》（以下简称《证券法》）有关规定，我会依法对威达股份信息披露违法案进行了立案调查、审理，并向当事人告知了作出行政处罚决定的事实、理由、依据及当事人依法享有的权利。本案现已调查、审理终结。

经查明，当事人存在如下违法行为：

**一、2005 年和 2006 年年报存在虚假记载和重大遗漏**

（一）威达股份长期股权投资未计提减值准备

1. 根据 2005 年 12 月 31 日深圳市广渊实业发展有限公司（以下简称深圳广渊）账面净资产等事项，威达股份对深圳广渊的长期股权投资出现减值，威达股份应按 18.18% 的持股比例计提减值准备，但威达股份未计提该项减值准备。

2. 根据 2005 年 12 月 31 日甘肃金土地农业开发有限公司（以下简称金土地）账面净资产等事项，威达股份对金土地的长期股权投资出现减值，威达股份应按 18.8% 的持股比例计提减值准备，但威达股份未计提该项减值准备。

（二）威达股份大北山林地租赁价格不公允

2004 年 6 月 14 日，威达股份与金土地签订了《大北山林地租赁协议书》。协议中双方协商决定，威达股份将其所有的 3.11 万亩大北山森林公园林地以每亩每年 225 元的价格租赁给金土地开发使用。金土地租赁威达股份大北山林地是关联交易，2005 年支付了租金合计 6,999,750元。威达股份只提供了 1 份当地每年租赁价格 200 元/亩的证据，证明大北山林地租赁价格公允的证据不充分。

（三）威达股份少计费用

根据 2004 年 6 月 30 日深圳仲裁委员会作出的〔2004〕深仲裁字第 613 号《裁决书》和 2004 年 8 月 23 日深圳市福田区人民法院向威达股份发出的（2004）深福法执字第 3307 号《执行通知书》，威达股份应计提应付深圳市明志迪交通设施有限公司（以下简称明志迪公司）借款利息，但威达股份没有计提。威达股份 2005 年应计利息 345,960 元，虚增利润 345,960元，少计应付账款 1,038,951.11 元；2006 年应计利息 363,525.53 元，虚增利润

363,525.53元,少计应付账款1,402,476.65元。

(四)威达股份对部分销售收入和成本会计核算不正确

1. 因威达股份2003-2005年期间对莱芜医院销售业务的收入和成本的会计核算不正确,威达股份2005年年报账面虚增“其他应收款——莱芜医院”720,000元,虚增利润891,993.75元;威达股份2006年年报虚增其他应收款720,000元,虚增年初未分配利润817,900元。

2. 因威达股份2003-2005年期间对安徽武警医院销售业务的收入和成本的会计核算不正确,威达股份2005年年报账面虚增“其他应收款——安徽武警医院”900,000元,同时虚减利润348,882.14元;威达股份2006年年报账面虚增“其他应收款——安徽武警医院”900,000元,同时虚减净利润252,864.47元,虚减年初未分配利润701,016.05元。

(五)威达股份对参股子公司股权转让事项信息披露虚假记载和重大遗漏

2006年9月6日,威达股份与中山千江科技有限公司(以下简称中山千江)签订《股权转让协议》,约定威达股份将其持有的金鹿草产业有限责任公司(以下简称金鹿草)19.85%的股权全部转让给中山千江,转让价格为2,142万元。2006年9月11日,威达股份召开了五届九次董事会,会议同意将持有的金鹿草19.85%股权一次性转让给中山千江,并发布《关于出售参股子公司股权的公告》。该公告中对中山千江的财务状况,包括总资产、净资产和净利润等披露不实,并且在2006年年报中未将此项交易作为关联交易进行披露,存在虚假记载和重大遗漏。

**二、威达股份未按规定及时披露2007年年度报告**

威达股份至2008年8月29日才公布了2007年年度报告,未能按期在2008年4月30日前披露年度报告。

上述事实,有威达股份相关定期报告、相关审计报告、相关协议、相关董事会决议、相关工商登记资料、相关人员谈话笔录等证据在案证实,证据确实、充分,足以认定。

我会认定,威达股份上述行为违反了《证券法》第六十三条“发行人、上市公司依法披露的信息,必须真实、准确、完整,不得有虚假记载、误导性陈述或者重大遗漏”和第六十六条“上市公司和公司债券上市交易的公司,应当在每一会计年度结束之日起四个月内,向国务院证券监督管理机构和证券交易所报送记载以下内容的年度报告,并予公告”的规定,构成了《证券法》第一百九十三条规定的“披露的信息有虚假记载、误导性陈述或重大遗漏”和“未按规定披露信息”的行为。

根据通过威达股份2005年、2006年年度报告董事会决议的签字情况,以及当事人的职务、履行董事职责等情况,我会认定,吕建中为威达股份2005年、2006年年度报告披露虚假信息及未按规定披露2007年年度报告直接负责的主管人员;文民生为威达股份2005年年度报告披露虚假信息直接负责的主管人员;魏万栋为威达股份2005年、2006年年度报告披露虚假信息直接负责的主管人员;乔贵生为威达股份2006年年度报告披露虚假信息及未按规定披露2007年年度报告直接负责的主管人员;刘学仪为威达股份未按规定披露2007年年度报告直接负责的主管人员;张世田、吴雄军为威达股份2005年、2006年年度报告披露虚假信息及未按规定披露2007年年度报告的其他直接责任人员;王炳燃、陈洪东、刘通和常青为威达股份2005年年度报告披露虚假信息的其他直接责任人员。

根据当事人违法行为的事实、性质、情节与社会危害程度,按照《证券法》第一百九十三条的规定,我会决定:

一、对威达股份给予警告,并处以40万元罚款;

二、对吕建中给予警告,并处以10万元罚款;

三、对文民生、乔贵生和魏万栋给予警告,并分别处以5万元罚款;

四、对刘学仪、张世田、吴雄军、王炳燃、陈洪东、刘通和常青给予警告,并分别处以3万元罚款。

上述当事人应自收到本处罚决定书之日起15日内,将罚款汇交中国证券监督管理委员会(开户银行:中信银行总行营业部,账号7111010189800000162,由该行直接上缴国库),

并将注有当事人名称的付款凭证复印件送中国证券监督管理委员会稽查局备案。当事人如果对本处罚决定不服，可在收到本处罚决定书之日起60日内向中国证券监督管理委员会申请行政复议，也可以在收到本处罚决定书之日起3个月内直接向有管辖权的人民法院提起行政诉讼。复议和诉讼期间，上述决定不停止执行。

# 关于湖北迈亚股份有限公司叶金堂等14名责任人员违反证券法规的行政处罚决定书

（〔2010〕7号）

当事人：叶金堂，男，1948年5月出生，时任湖北迈亚股份有限公司（以下简称湖北迈亚）董事长。

张汉涛，男，1947年5月出生，时任湖北迈亚副董事长。

肖新祥，男，1962年2月出生，时任湖北迈亚董事。

彭彦林，男，1967年1月出生，时任湖北迈亚董事。

欧阳光华，男，1967年6月出生，时任湖北迈亚董事。

程远标，男，1968年11月出生，时任湖北迈亚董事。

杨建国，男，1955年10月出生，时任湖北迈亚董事。

肖作鑫，男，1943年1月出生，时任湖北迈亚董事。

彭新波，男，1977年7月出生，时任湖北迈亚董事会秘书。

伍新木，男，1944年4月出生，时任湖北迈亚独立董事。

黄晓清，男，1940年1月出生，时任湖北迈亚独立董事。

熊亚平，男，1955年4月出生，时任湖北迈亚独立董事。

李国强，男，1964年7月出生，时任湖北迈亚董事。

杜家林，男，1950年9月出生，时任湖北迈亚董事兼财务总监。

依据2006年1月起施行的《中华人民共和国证券法》（以下简称《证券法》）的有关规定，我会对湖北迈亚有关当事人违反证券法律法规行为进行了立案调查、审理，并依法向当事人告知了作出行政处罚的事实、理由、依据及当事人依法享有的权利。当事人未提出陈述、申辩意见，也未要求听证。本案现已调查、审理终结。

经查明，湖北迈亚存在如下违法行为：

一、2000年年报中少披露贷款余额300万元。

二、2001年年报中少披露贷款余额10,100万元，未按规定披露湖北毛纺集团有限公司（以下简称毛纺集团）关联占用湖北迈亚10,100万元的情况。

三、2002年年报中少披露贷款余额14,100万元，未按规定披露毛纺集团关联占用湖北迈亚14,100万元的情况。

四、2003年年报中少披露贷款余额14,100万元，未按规定披露毛纺集团关联占用湖北迈亚14,100万元的情况。

五、2004年年报中少披露贷款余额11,860万元，未披露开立5,600万元银行承兑汇票的相关情况，隐瞒与仙桃锦华纺织有限公司（以下简称锦华公司）的关联关系情况，未按规定披露毛纺集团关联占用湖北迈亚17,460万元的情况。

六、2005年年报中少披露贷款余额11,860万元，未披露开立5,600万元银行承兑汇票的相关情况，未披露湖北迈亚与锦华公司之间的关联关系和关联交易情况，未按规定披露毛纺集团关联占用湖北迈亚18,933.83万元的情况。

时任湖北迈亚董事长叶金堂、时任副董事长张汉涛、时任董事兼财务总监杜家林是上述行为直接负责的主管人员;时任董事肖新祥、彭彦林、欧阳光华、程远标、李国强、杨建国、肖作鑫、时任董事会秘书彭新波、时任独立董事伍新木、黄晓清、熊亚平是上述行为其他直接责任人员。

上述事实有董事会决议、谈话笔录、年度报告、记账凭证等证据在案证明,足以认定。

湖北迈亚的上述行为违反了1999年7月1日起施行的《中华人民共和国证券法》(以下简称原《证券法》)第五十九条"公司公告的股票或者公司债券的发行和上市文件,必须真实、准确、完整,不得有虚假记载、误导性陈述或者重大遗漏"、第六十一条"股票或者公司债券上市的公司,应当在每一会计年度结束之日起四个月内,向国务院证券监督管理机构和证券交易所提交记载以下内容的年度报告,并予公告:……(二)公司财务会计报告和经营情况……(五)国务院证券监督管理机构规定的其他事项"和《证券法》第六十三条"发行人、上市公司依法披露的信息,必须真实、准确、完整,不得有虚假记载、误导性陈述或者重大遗漏"、第六十六条"上市公司和公司债券上市交易的公司,应当在每一会计年度结束之日起四个月内,向国务院证券监督管理机构和证券交易所报送记载以下内容的年度报告,并予公告:……(二)公司财务会计报告和经营情况……(六)国务院证券监督管理机构规定的其他事项"的规定,构成了原《证券法》第一百七十七条所述的"未按照有关规定披露信息或者所披露的信息有虚假记载的"和《证券法》第一百九十三条所述的"上市公司未按照规定披露信息或者所披露的信息有虚假记载的"行为。

根据当事人违法行为的事实、性质、情节与社会危害程度,依据原《证券法》第一百七十七条和《证券法》一百九十三条,我会决定:

一、对叶金堂给予警告,并处以10万元罚款。

二、对张汉涛、杜家林给予警告,并分别处以5万元罚款。

三、对肖新祥、彭彦林、欧阳光华、程远标、李国强、杨建国、肖作鑫、彭新波、伍新木、黄晓清、熊亚平给予警告。

上述当事人应自收到本处罚决定书之日起15日内,将罚款汇交中国证券监督管理委员会(开户银行:中信银行总行营业部,账号7111010189800000162,由该行直接上缴国库),并将注有当事人名称的付款凭证复印件送中国证券监督管理委员会稽查局备案。当事人如果对本处罚决定不服,可在收到本处罚决定书之日起60日内向中国证券监督管理委员会申请行政复议,也可以在收到本处罚决定书之日起3个月内直接向有管辖权的人民法院提起行政诉讼。复议和诉讼期间,上述决定不停止执行。

# 关于成都聚友网络股份有限公司及有关个人违反证券法规的行政处罚决定书

(〔2010〕8号)

当事人:成都聚友网络股份有限公司(以下简称聚友网络),住所:四川省成都市上升街72号,法定代表人陈健。

陈健,男,1962年11月出生,时任聚友网络董事长。

程竹,男,1970年8月出生,时任聚友网络董事、总经理。

赵贵平,男,1957年3月出生,时任聚友网络董事、财务总监。

钟健,男,1964年8月出生,时任聚友网络董事。

张聪,男,1963年4月出生,时任聚友网络董事。

邢晓峰,男,1961年8月出生,时任聚友网络董事。

钟康成,男,1937年12月出生,时任聚友网络独立董事。

麦建光,男,1961年7月出生,时任聚友网络独立董事。

朱永明,男,1939年7月出生,时任聚友网络独立董事。

朱华慈,男,1967年7月出生,时任聚友网络董事、总经理。

依据1999年7月1日起施行的《中华人民共和国证券法》(以下简称原《证券法》)的有关规定,我会对聚友网络违反证券法律法规行为进行了立案调查、审理,依法向当事人告知了作出行政处罚的事实、理由、依据及当事人依法享有的权利,并应当事人聚友网络、陈健的要求举行了听证会,听取了当事人的陈述和申辩意见。当事人邢晓峰、钟康成、麦建光、朱永明、朱华慈提交了陈述、申辩材料。本案现已调查、审理终结。

经查,聚友网络存在如下违法行为:

**一、虚假披露视讯业务收入**

聚友网络2001年至2004年虚构酒店视讯业务现金收入共计62,675,010.41元,2004年以虚挂应收账款的方式虚构视讯业务收入15,645,924.55元,即2001年至2004年聚友网络虚构酒店视讯业务收入共计78,320,934.96元,其中2001年6,148,677.34元,2002年23,853,569.73元,2003年21,483,987.27元,2004年26,834,700.62元。虚构酒店视讯业务现金收入具体情况如下:

1. 海南金海岸罗顿大酒店。聚友网络2001年以现金方式收款68,400.00元;2002年以现金方式收款271,350.00元;2003年以现金方式收款243,000.00元;2004年以现金方式收款147,000.00元。

2. 海南金银岛大酒店。聚友网络2003年以现金方式收款182,862.90元;2004年以现金方式收款129,000.00元。

3. 海口宝华海景大酒店。聚友网络2001年以现金方式收款61,200.00元;2002年以现金方式收款247,500.00元;2003年以现金方式收款225,000.00元;2004年以现金方式收款129,000.00元。

4. 海口泰华酒店。聚友网络2001年以现金方式收款57,357.00元;2002年以现金方式收款237,600.00元;2003年以现金方式收款81,459.00元;2004年以现金方式收款129,000.00元。

5. 黄金海景大酒店。聚友网络2004年以现金方式收款46,000.00元。

6. 深圳凯利宾馆。聚友网络2001年以现金方式收款76,450.00元;2002年以现金方式收款287,100.00元;2003年以现金方式收款288,000.00元;2004年以现金方式收款129,000.00元。

7. 深圳金碧酒店。聚友网络2001年以现金方式收款68,400.00元;2002年以现金方式收款277,200.00元;2003年以现金方式收款315,000.00元;2004年以现金方式收款137,000.00元。

8. 深圳新都酒店。聚友网络2001年以现金方式收款74,340.00元;2002年以现金方式收款277,200.00元;2003年以现金方式收款288,000.00元;2004年以现金方式收款128,000.00元。

9. 深圳格兰云天大酒店。聚友网络2001年以现金方式收款66,010.00元;2002年以现金方式收款306,900.00元;2003年以现金方式收款261,000.00元;2004年以现金方式收款129,000.00元。

10. 深圳南方联合大酒店。聚友网络2004年以现金方式收款129,000.00元。

11. 深圳京鹏宾馆。聚友网络2001年以现金方式收款53,100.00元;2002年以现金方式收款287,100.00元;2003年以现金方式收款261,000.00元;2004年以现金方式收款137,000.00元。

12. 深圳凯利莱酒店。聚友网络2001年以现金方式收款61,200.00元;2002年以现金方式收款277,200.00元;2003年以现金方式收款288,000.00元;2004年以现金方式收款137,000.00元。

13. 深圳三九旅游酒店。聚友网络2001年以现金方式收款65,100.00元;2002年以现金方式收款274,128.00元;2003年以现金方式收款229,500.00元;2004年以现金方式收款117,000.00元。

14. 深圳东湖宾馆。聚友网络2001年以现金方式收款41,400.00元;2002年以现金方式收款287,010.00元;2003年以现金方式收款261,000.00元;2004年以现金方式收款128,000.00元。

15. 深圳兴华宾馆。聚友网络2001年以现金方式收款60,300.00元;2002年以现金方式收款287,100.00元;2003年以现金方式收款306,000.00元;2004年以现金方式收款129,000.00元。

16. 深圳粤海酒店。聚友网络2001年以现金方式收款71,600.00元;2002年以现金方式收款277,350.00元;2003年以现金方式收款229,500.00元;2004年以现金方式收款116,000.00元。

17. 深圳迪富宾馆。聚友网络2001年以现金方式收款61,380.00元;2002年以现金方式收款316,800.00元;2003年以现金方式收款279,000.00元;2004年以现金方式收款137,000.00元。

18. 珠海国际会议中心大酒店。聚友网络2004年以现金方式收款111,000.00元。

19. 东莞银城酒店。聚友网络2003年以现金方式收款189,000.00元。

20. 广信江湾新城大酒店。聚友网络2001年以现金方式收款54,000.00元;2002年以现金方式收款229,700.00元;2003年以现金方式收款189,000.00元。

21. 广州景星酒店。聚友网络2001年以现金方式收款51,300.00元;2002年以现金方式收款217,800.00元;2003年以现金方式收款108,000.00元。

22. 广州市广州宾馆。聚友网络2001年以现金方式收款53,100.00元;2002年以现金方式收款39,600.00元。

23. 珠海粤海酒店。聚友网络2001年以现金方式收款49,710.00元;2002年以现金方式收款257,400.00元;2003年以现金方式收款261,000.00元;2004年以现金方式收款109,000.00元。

24. 江门银晶酒店。聚友网络2001年以现金方式收款63,000.00元;2002年以现金方式收款257,400.00元;2003年以现金方式收款210,587.00元;2004年以现金方式收款98,964.00元。

25. 广州市番禺中国旅行社。聚友网络2001年以现金方式收款29,700.00元;2002年以现金方式收款217,800.00元;2003年以现金方式收款216,000.00元。

26. 广州华夏大酒店。聚友网络2001年以现金方式收款51,750.00元;2002年以现金方式收款19,800.00元。

27. 广州大厦。聚友网络2001年以现金方式收款58,500.00元;2002年以现金方式收款247,500.00元;2003年以现金方式收款216,000.00元。

28. 广州远洋宾馆。聚友网络2001年以现金方式收款51,300.00元;2002年以现金方式收款237,600.00元;2003年以现金方式收款189,000.00元。

29. 广州湖天宾馆。聚友网络2001年以现金方式收款56,700.00元;2002年以现金方式收款24,032.00元。

30. 东莞新都会酒店。聚友网络2001年以现金方式收款61,200.00元;2002年以现金方式收款237,600.00元;2003年以现金方式收款216,000.00元。

31. 成都京川宾馆。聚友网络2003年以现金方式收款88,013.30元;2004年以现金方式收款285,760.50元。

32. 四川省蜀运实业投资有限公司。聚友网络2001年以现金方式收款31,783.99元;2002年以现金方式收款284,885.60元;2003年以现金方式收款109,989.70元。

33. 都江堰灵岩山庄。聚友网络2001年以现金方式收款25,555.70元;2002年以现金方式收款295,437.35元;2003年以现金方式收款44,480.40元。

34. 绿洲大酒店。聚友网络2004年以现金方式收款245,134.00元。

35. 成都市罗曼大酒店。聚友网络2004年以现金方式收款50,488.00元。

36. 四川蜀都大厦有限责任公司。聚友网络2001年以现金方式收款52,141.95元;2002年以现金方式收款264,121.80元;2003年以现金方式收款234,361.70元;2004年以现金方式收款274,237.80元。

37. 成都天友国际酒店。聚友网络2001年以现金方式收款20,364.99元;2002年以现金方式收款240,753.90元;2003年以现金方式收款232,593.70元;2004年以现金方式收款244,300.00元。

38. 绵阳绵州酒店。聚友网络2001年以现金方式收款46,710.21元。

39. 绵阳王子大酒店。聚友网络2001年以现金方式收款43,781.56元。

40. 成都西藏饭店。聚友网络2001年以现金方式收款85,900.76元;2002年以现金方式收款197,130.00元;2003年以现金方式收款241,982.90元;2004年以现金方式收款265,262.00元。

41. 都江堰金叶宾馆。聚友网络2001年以现金方式收款48,098.98元;2002年以现金方式收款282,188.65元;2003年以现金方式收款259,367.50元;2004年以现金方式收款288,822.00元。

42. 成都九龙宾馆。聚友网络2001年以现金方式收款51,269.28元;2002年以现金方式收款273,654.00元;2003年以现金方式收款195,504.20元;2004年以现金方式收款274,502.30元。

43. 成都加州花园酒店。聚友网络2001年以现金方式收款57,664.77元;2002年以现金方式收款248,608.00元;2003年以现金方式收款234,321.80元;2004年以现金方式收款265,754.50元。

44. 新疆科信有限责任公司。聚友网络2002年以现金方式收款143,720.90元;2003年以现金方式收款86,164.90元。

45. 乌鲁木齐大陆桥酒店。聚友网络2003年以现金方式收款95,101.20元。

46. 乌鲁木齐独山子大酒店。聚友网络2001年以现金方式收款25,581.62元;2002年以现金方式收款288,659.50元;2003年以现金方式收款92,212.90元。

47. 新疆翼龙大酒店。聚友网络2001年以现金方式收款67,222.38元;2002年以现金方式收款263,678.40元;2003年以现金方式收款85,921.30元。

48. 重庆和平大酒店有限公司。聚友网络2001年以现金方式收款20,281.12元。

49. 重庆重百大酒店。聚友网络2001年以现金方式收款25,822.54元;2002年以现金方式收款265,504.80元;2003年以现金方式收款261,136.60元;2004年以现金方式收款306,769.00元。

50. 重庆雾都宾馆。聚友网络2001年以现金方式收款88,562.65元;2002年以现金方式收款266,814.20元;2003年以现金方式收款107,627.70元。

51. 重庆饭店。聚友网络2001年以现金方式收款70,695.18元;2002年以现金方式收款291,079.50元;2003年以现金方式收款287,073.20元;2004年以现金方式收款312,396.00元。

52. 昆明佳华广场酒店。聚友网络2001年以现金方式收款24,558.90元。

53. 云南国际商务酒店。聚友网络2001年以现金方式收款24,073.50元;2002年以现金方式收款301,722.60元;2003年以现金方式收款253,322.10元;2004年以现金方式收款314,511.00元。

54. 昆明金龙饭店。聚友网络2001年以现金方式收款21,545.31元。

55. 云南红河宾馆。聚友网络2001年以现金方式收款17,414.22元。

56. 昆明翠湖宾馆。聚友网络2001年以现金方式收款47,656.54元;2002年以现金方式收款280,490.60元;2003年以现金方式收款293,980.00元;2004年以现金方式收款278,820.00元。

57. 福建晋江南苑酒店。聚友网络2001年以现金方式收款25,388.04元;2002年以现金方式收款121,049.23元;2003年以现金方式收款117,028.83元;2004年以现金方式收款65,677.29元。

58. 厦门闽南大酒店。聚友网络2001年以现金方式收款35,531.51元;2002年以现金方式收款159,989.02元;2003年以现金方式收款154,674.21元;2004年以现金方式收款86,804.24元。

59. 厦门航空金雁酒店。聚友网络2004年以现金方式收款30,744.68元。

60. 广西南宁邕江宾馆。聚友网络2001

年以现金方式收款 78,965.50 元;2002 年以现金方式收款 257,568.00 元;2003 年以现金方式收款 232,646.00 元;2004 年以现金方式收款 100,764.00 元。

61. 南宁明园饭店。聚友网络 2001 年以现金方式收款 20,526.00 元;2002 年以现金方式收款 168,166.00 元;2003 年以现金方式收款 198,142.00 元;2004 年以现金方式收款 107,762.00元。

62. 南宁明园新都酒店。聚友网络 2001 年以现金方式收款 7,667.00 元;2002 年以现金方式收款 182,527.00 元;2003 年以现金方式收款 206,470.00 元;2004 年以现金方式收款 95,777.00元。

63. 南宁银河大酒店。聚友网络 2001 年以现金方式收款 66,943.20 元;2002 年以现金方式收款 209,287.00 元;2003 年以现金方式收款 212,142.00 元;2004 年以现金方式收款 99,348.00元。

64. 桂林伏波山大酒店。聚友网络 2001 年以现金方式收款 78,433.60 元;2002 年以现金方式收款 179,957.00 元;2003 年以现金方式收款 216,745.00 元;2004 年以现金方式收款 71,675.00 元。

65. 柳州天龙大酒店。聚友网络 2001 年以现金方式收款 71,381.00 元;2002 年以现金方式收款 169,166.00 元;2003 年以现金方式收款 214,198.00 元;2004 年以现金方式收款 103,883.00 元。

66. 柳州泽丰大酒店。聚友网络 2001 年以现金方式收款 63,577.30 元;2002 年以现金方式收款 172,012.00 元;2003 年以现金方式收款 208,027.00 元;2004 年以现金方式收款 106,412.00 元。

67. 柳州华锡大厦物业管理公司。聚友网络 2004 年以现金方式收款 20,324.00 元。

68. 玉林国脉宾馆。聚友网络 2003 年以现金方式收款 84,983.00 元;2004 年以现金方式收款 104,024.00 元。

69. 广西玉林振林宾馆。聚友网络 2003 年以现金方式收款 33,618.00 元;2004 年以现金方式收款 103,975.00 元。

70. 广西南宁翔云大酒店。聚友网络 2002 年以现金方式收款 161,005.00 元;2003 年以现金方式收款 205,651.00 元;2004 年以现金方式收款 103,180.00 元。

71. 广西南宁饭店。聚友网络 2002 年以现金方式收款 50,875.00 元;2003 年以现金方式收款 219,204.00 元;2004 年以现金方式收款 95,814.00 元。

72. 广西沃顿国际大酒店。聚友网络 2001 年以现金方式收款 79,397.07 元;2002 年以现金方式收款 220,961.00 元;2003 年以现金方式收款 210,948.00 元;2004 年以现金方式收款 91,860.00 元。

73. 大连国际博览中心。聚友网络 2001 年以现金方式收款 33,595.89 元;2002 年以现金方式收款 146,502.00 元;2003 年以现金方式收款 162,135.00 元;2004 年以现金方式收款 47,956.50 元。

74. 大连渤海明珠酒店。聚友网络 2001 年以现金方式收款 48,534.40 元;2002 年以现金方式收款 178,595.46 元;2003 年以现金方式收款 161,058.00 元;2004 年以现金方式收款 46,712.60 元。

75. 大连日月潭大酒店。聚友网络 2001 年以现金方式收款 64,857.36 元;2002 年以现金方式收款 195,731.58 元;2003 年以现金方式收款 172,007.10 元;2004 年以现金方式收款 44,944.20 元。

76. 东方大厦有限公司。聚友网络 2001 年以现金方式收款 30,839.52 元;2002 年以现金方式收款 147,512.81 元;2003 年以现金方式收款 161,181.00 元;2004 年以现金方式收款 49,510.80 元。

77. 大连丰源酒店。聚友网络 2001 年以现金方式收款 21,821.82 元;2002 年以现金方式收款 106,144.74 元;2003 年以现金方式收款 144,713.70 元;2004 年以现金方式收款 54,977.40元。

78. 大连香洲大饭店。聚友网络 2002 年以现金方式收款 37,013.40 元;2003 年以现金方式收款 179,666.10 元;2004 年以现金方式收款 56,607.30 元。

79. 大连银帆宾馆。聚友网络 2001 年以现金方式收款 85,582.38 元;2002 年以现金方式收款 165,037.75 元;2003 年以现金方式收款 164,934.90 元;2004 年以现金方式收款

49,024.80元。

80. 长春华侨饭店。聚友网络2001年以现金方式收款48,914.21元;2002年以现金方式收款172,407.90元;2003年以现金方式收款160,362.90元;2004年以现金方式收款51,939.00元。

81. 延边白山大厦实业有限公司。聚友网络2001年以现金方式收款107,331.86元;2002年以现金方式收款238,682.97元;2003年以现金方式收款186,517.20元;2004年以现金方式收款48,151.80元。

82. 延边民航翔宇大酒店。聚友网络2003年以现金方式收款51,857.10元;2004年以现金方式收款37,253.70元。

83. 延边大宇饭店。聚友网络2002年以现金方式收款183,958.28元。

84. 吉林夏威夷大酒店。聚友网络2001年以现金方式收款10,219.09元。

85. 河北国际大厦酒店。聚友网络2001年以现金方式收款27,580.00元;2002年以现金方式收款157,270.70元;2003年以现金方式收款173,328.20元;2004年以现金方式收款54,856.80元。

86. 河北宾馆。聚友网络2001年以现金方式收款27,200.00元;2002年以现金方式收款163,874.33元;2003年以现金方式收款176,581.20元;2004年以现金方式收款57,803.60元。

87. 衡水阳光大酒店。聚友网络2003年以现金方式收款46,470.60元。

88. 河北中京集团股份有限公司。聚友网络2001年以现金方式收款17,600.00元;2002年以现金方式收款170,816.20元;2003年以现金方式收款156,414.60元。

89. 石家庄国宾大酒店。聚友网络2001年以现金方式收款47,560.00元;2002年以现金方式收款159,049.52元;2003年以现金方式收款171,432.30元;2004年以现金方式收款56,615.40元。

90. 河北白楼宾馆。聚友网络2001年以现金方式收款28,860.00元;2002年以现金方式收款195,173.36元;2003年以现金方式收款170,773.20元;2004年以现金方式收款44,717.40元。

91. 山西大酒店。2002年以现金方式收款187,908.29元;2003年以现金方式收款185,978.10元;2004年以现金方式收款37,238.40元。

92. 太原三晋国际饭店。聚友网络2002年以现金方式收款183,319.17元;2003年以现金方式收款183,859.00元;2004年以现金方式收款37,343.76元。

93. 北京新世纪饭店。聚友网络2001年以现金方式收款123,109.10元;2002年以现金方式收款373,334.44元;2003年以现金方式收款210,357.56元;2004年以现金方式收款45,384.30元。

94. 北京台湾饭店。聚友网络2001年以现金方式收款177,134.99元;2002年以现金方式收款20,352.00元;2003年以现金方式收款109,483.20元;2004年以现金方式收款69,215.40元。

95. 北京世纪金源大饭店。聚友网络2003年以现金方式收款244,629.50元;2004年以现金方式收款106,286.40元。

96. 北京越秀大饭店。聚友网络2001年以现金方式收款122,369.68元;2002年以现金方式收款419,781.66元;2003年以现金方式收款219,084.30元;2004年以现金方式收款68,122.80元。

97. 赛特饭店。聚友网络2001年以现金方式收款249,113.99元;2002年以现金方式收款539,210.03元;2003年以现金方式收款225,246.60元;2004年以现金方式收款84,160.80元。

98. 北京德宝饭店。聚友网络2002年以现金方式收款27,792.00元;2003年以现金方式收款227,345.40元;2004年以现金方式收款69,953.40元。

99. 江西饭店。聚友网络2001年以现金方式收款63,373.94元;2002年以现金方式收款208,539.30元;2003以现金方式收款173,589.30元。

100. 湖北安华大厦有限公司。聚友网络2003年以现金方式收款59,356.80元;2004年以现金方式收款97,584.80元。

101. 武汉国际会议中心有限公司。聚友网络2001年以现金方式收款77,105.76元;

2002年以现金方式收款224,091.80元;2003年以现金方式收款229,187.36元;2004年以现金方式收款87,329.00元。

102. 襄樊铁路大酒店。聚友网络2001年以现金方式收款80,823.35元;2002年以现金方式收款206,588.10元;2003年以现金方式收款179,906.40元;2004年以现金方式收款99,414.40元。

103. 宜昌桃花岭饭店。聚友网络2004年以现金方式收款91,066.00元。

104. 黄石金花酒店。聚友网络2001年以现金方式收款59,006.55元;2002年以现金方式收款260,340.02元;2003年以现金方式收款232,262.24元;2004年以现金方式收款79,358.24元。

105. 武汉帅府饭店。聚友网络2001年以现金方式收款67,026.76元;2002年以现金方式收款249,547.60元;2003年以现金方式收款182,827.62元;2004年以现金方式收款88,789.00元。

106. 湖北泰华大厦宾馆。聚友网络2001年以现金方式收款63,870.00元;2002年以现金方式收款189,538.20元;2003年以现金方式收款94,824.40元;2004年以现金方式收款90,157.00元。

107. 湖北饭店。聚友网络2001年以现金方式收款27,370.20元;2002年以现金方式收款197,885.10元。

108. 广州军区中南花园招待所。聚友网络2001年以现金方式收款50,536.20元;2002年以现金方式收款180,577.70元。

109. 湖南金德酒店。聚友网络2001年以现金方式收款24,017.00元;2002年以现金方式收款167,948.10元;2003年以现金方式收款227,126.70元;2004年以现金方式收款94,228.80元。

110. 株洲金龙大酒店。聚友网络2001年以现金方式收款36,318.00元;2002年以现金方式收款154,589.74元;2003年以现金方式收款100,435.50元;2004年以现金方式收款96,218.00元。

111. 通程国际大酒店。聚友网络2002年以现金方式收款36,248.00元。

112. 湖南芙蓉华天大酒店。聚友网络2001年以现金方式收款21,020.80元;2002年以现金方式收款175,503.10元;2003年以现金方式收款40,404.60元。

113. 河南长城饭店。聚友网络2001年以现金方式收款54,806.46元;2002年以现金方式收款244,028.50元;2003年以现金方式收款222,397.65元;2004年以现金方式收款105,652.20元。

114. 河南豫财宾馆。聚友网络2001年以现金方式收款79,727.05元;2002年以现金方式收款233,455.40元;2003年以现金方式收款219,830.75元;2004年以现金方式收款94,218.60元。

115. 河南龙源大酒店。聚友网络2001年以现金方式收款61,934.00元;2002年以现金方式收款227,930.70元;2003年以现金方式收款203,180.19元;2004年以现金方式收款101,186.00元。

116. 郑州铁路金阳光大酒店。聚友网络2001年以现金方式收款55,333.59元;2002年以现金方式收款253,353.20元;2003年以现金方式收款241,680.60元;2004年以现金方式收款21,119.40元。

117. 常州和平假日大饭店。聚友网络2004年以现金方式收款9,375.40元。

118. 吴江宾馆。聚友网络2001年以现金方式收款45,449.10元;2002年以现金方式收款147,839.80元;2003年以现金方式收款119,818.70元;2004年以现金方式收款56,007.10元。

119. 江苏省会议中心。聚友网络2001年以现金方式收款86,804.20元;2002年以现金方式收款325,491.60元;2003年以现金方式收款266,777.30元;2004年以现金方式收款42,324.20元。

120. 苏州苏苑酒店。聚友网络2001年以现金方式收款46,215.20元;2002年以现金方式收款154,872.00元;2003年以现金方式收款106,919.00元;2004年以现金方式收款51,299.20元。

121. 无锡黄金海岸大酒店。聚友网络2001年以现金方式收款47,145.00元;2002年以现金方式收款154,208.40元;2003年以现金方式收款111,357.96元;2004年以现金方式收款52,286.40元。

122. 无锡物产大酒店。聚友网络2001年以现金方式收款51,310.70元;2002年以现金方式收款175,321.20元;2003年以现金方式收款157,895.30元;2004年以现金方式收款70,777.10元。

123. 无锡锦江大酒店。聚友网络2001年以现金方式收款70,414.90元;2002年以现金方式收款231,413.40元;2003年以现金方式收款163,181.20元;2004年以现金方式收款80,508.80元。

124. 宜兴大酒店。聚友网络2001年以现金方式收款10,917.90元;2002年以现金方式收款135,871.20元;2003年以现金方式收款137,506.10元;2004年以现金方式收款52,438.40元。

125. 宜兴市华亭国际酒店。聚友网络2003年以现金方式收款12,358.70元;2004年以现金方式收款30,710.30元。

126. 苏州南林饭店。聚友网络2001年以现金方式收款53,925.10元;2002年以现金方式收款198,152.40元;2003年以现金方式收款186,946.70元;2004年以现金方式收款77,136.24元。

127. 苏州新城花园酒店。聚友网络2001年以现金方式收款38,090.60元;2002年以现金方式收款157,572.20元;2003年以现金方式收款130,466.80元;2004年以现金方式收款58,730.80元。

128. 苏州胥城大厦。聚友网络2001年以现金方式收款52,481.60元;2002年以现金方式收款214,598.10元;2003年以现金方式收款170,727.80元;2004年以现金方式收款83,143.40元。

129. 苏州饭店。聚友网络2001年以现金方式收款70,203.50元;2002年以现金方式收款235,638.90元;2003年以现金方式收款198,391.70元;2004年以现金方式收款51,623.00元。

130. 南京白鹭宾馆。聚友网络2001年以现金方式收款59,055.00元;2002年以现金方式收款202,749.30元;2003年以现金方式收款136,518.80元;2004年以现金方式收款70,830.20元。

131. 南京新纪元大酒店。聚友网络2001年以现金方式收款40,830.40元;2002年以现金方式收款134,118.80元;2003年以现金方式收款112,878.00元;2004年以现金方式收款52,355.30元。

132. 江苏万源酒店。聚友网络2003年以现金方式收款14,350.20元;2004年以现金方式收款42,035.30元。

133. 镇江大酒店。聚友网络2002年以现金方式收款69,170.40元;2003年以现金方式收款98,510.70元;2004年以现金方式收款33,420.60元。

134. 江苏山水大酒店。聚友网络2001年以现金方式收款66,066.40元;2002年以现金方式收款202,288.50元;2003年以现金方式收款166,775.40元;2004年以现金方式收款65,607.60元。

135. 江苏天京大酒店。聚友网络2001年以现金方式收款38,472.65元;2002年以现金方式收款115,792.90元;2003年以现金方式收款96,230.50元;2004年以现金方式收款43,883.00元。

136. 溧阳天目湖华天度假村。聚友网络2001年以现金方式收款36,268.20元;2002年以现金方式收款107,094.40元;2003年以现金方式收款104,279.50元;2004年以现金方式收款43,776.80元。

137. 无锡湖滨饭店。聚友网络2001年以现金方式收款69,434.50元;2002年以现金方式收款129,422.70元;2003年以现金方式收款174,098.40元;2004年以现金方式收款67,522.00元。

138. 济南玉泉森信大酒店。聚友网络2001年以现金方式收款64,228.26元;2002年以现金方式收款232,714.80元;2003年以现金方式收款238,925.88元;2004年以现金方式收款112,905.00元。

139. 山东贵友大酒店。聚友网络2003年以现金方式收款33,253.74元;2004年以现金方式收款33,813.00元。

140. 青岛黄海饭店。聚友网络2001年以现金方式收款34,772.60元;2002年以现金方式收款107,614.20元;2004年以现金方式收款82,467.00元。

141. 青岛海天大酒店。聚友网络 2001 年以现金方式收款 33,041.88 元;2002 年以现金方式收款 174,297.03 元;2003 年以现金方式收款 209,838.80 元;2004 年以现金方式收款 40,217.40元。

142. 青岛海情大酒店。聚友网络 2001 年以现金方式收款 39,127.07 元;2002 年以现金方式收款 177,838.55 元;2003 年以现金方式收款 205,093.26 元;2004 年以现金方式收款 105,577.20 元。

143. 青岛快通大酒店。聚友网络 2004 年以现金方式收款 60,240.60 元。

144. 山东丽天大酒店。聚友网络 2004 年以现金方式收款 97,822.80 元。

145. 山东润华世纪酒店。聚友网络 2001 年以现金方式收款 73,725.43 元;2002 年以现金方式收款 225,790.50 元;2003 年以现金方式收款 158,097.60 元;2004 年以现金方式收款 55,508.40 元。

146. 青岛东晖育乐有限公司。聚友网络 2001 年以现金方式收款 40,093.12 元;2002 年以现金方式收款 184,348.44 元;2003 年以现金方式收款 208,083.42 元;2004 年以现金方式收款 63,883.80 元。

147. 青岛麒麟皇冠大酒店。聚友网络 2001 年以现金方式收款 7,986.00 元;2002 年以现金方式收款 182,420.30 元;2003 年以现金方式收款 186,839.10 元;2004 年以现金方式收款 87,701.12 元。

148. 山东银座泉城大酒店。聚友网络 2001 年以现金方式收款 63,464.47 元;2002 年以现金方式收款 226,401.40 元;2003 年以现金方式收款 171,683.10 元;2004 年以现金方式收款 66,704.58 元。

149. 济南天龙大酒店。聚友网络 2001 年以现金方式收款 79,026.70 元;2002 年以现金方式收款 209,110.70 元;2003 年以现金方式收款 149,478.30 元;2004 年以现金方式收款 3,211.74元。

150. 济南舜耕山庄。聚友网络 2001 年以现金方式收款 51,479.39 元;2002 年以现金方式收款 2,943.00 元。

151. 青岛汇泉王朝大饭店。聚友网络 2001 年以现金方式收款 33,238.81 元;2002 年以现金方式收款 148,419.87 元;2004 年以现金方式收款 104,140.80 元。

对上述行为,陈健是直接负责的主管人员,在审议 2001 - 2004 年年度报告的董事会决议上签字的董事程竹、赵贵平、钟健、邢晓峰、张聪和在 2002 - 2004 年年度报告的董事会决议上签字的董事钟康成、麦建光及在 2003 - 2004 年年度报告的董事会决议上签字的董事朱永明等人未能勤勉尽职,是其他直接责任人员。

## 二、未按规定披露关联方债权债务往来

2002 年 6 月至 2004 年 6 月期间,聚友网络控股子公司上海聚友宽频网络投资有限公司(以下简称上海宽频)向银行借款 12 笔共计 24,000 万元,期间陆续归还借款 9,700 万元。具体如下:

上海宽频 2002 年 9 月 29 日向交通银行上海长宁支行借款 2,500 万;2002 年 12 月 27 日向交通银行上海长宁支行借款2,500万。

上海宽频 2002 年 6 月 10 日向工商银行上海闸北支行借款 2 笔,金额均为1,500万元;2003 年 1 月 21 日向工商银行上海闸北支行借款 2 笔,金额均为 1,000 万元。

上海宽频 2003 年 1 月 20 日向农业银行上海浦东分行借款 2,000 万元;2004 年 3 月 29 日向农业银行上海浦东分行借款 2,000 万元。

上海宽频 2003 年 8 月 28 日向广东发展银行上海分行借款 3,000 万元;2004 年 8 月 27 日,上海宽频向广东发展银行上海分行对上述 3,000 万元贷款进行展期。

上海宽频 2002 年 5 月 31 日向招商银行上海分行中山支行借款 3,000 万元;上海宽频 2002 年 12 月 31 日向民生银行上海分行五角场支行借款 2,000 万元;上海宽频 2003 年 5 月 30 日向深圳发展银行上海分行闵行支行借款 2,000万元。

上海宽频对上述银行借款的取得及资金使用情况未纳入正常账务核算,而是设置了账套名为"银行"的账外账对其进行记录。

上海宽频"银行"账套中的"其他应收款"明细账证实,2002 年 1 月 1 日至 2003 年 12 月 31 日,上海宽频付给聚友网络控股股东聚友集团有限公司(以下简称聚友集团)60 笔款项共计 37,932.24 万元,收到聚友集团 21 笔款项共

计23,440.22万元,截至2003年12月31日,对聚友集团的其他应收款余额为15,579.74万元。2004年1月1日至2004年6月30日,上海宽频付给聚友集团12笔款项共计4,224.19万元,收到聚友集团划来款项10笔共计6,796.20万元,截至2004年6月30日,对聚友集团的其他应收款余额为13,007.72万元。

上海宽频账外贷款及对聚友集团债权情况,聚友网络未按规定及时予以披露。

对上述行为,陈健是直接负责的主管人员,程竹、赵贵平、钟健、张聪既在账外贷款的董事会决议上签字,又在审议2004年中期报告的董事会决议上签字,是其他直接责任人员。

**三、未按规定披露对外担保**

2004年1月,聚友网络为上海宽频提供贷款担保1笔,金额为2,500万元,陈健在担保合同上签字。该笔贷款到期后展期至2005年1月10日。聚友网络未及时披露该担保。在董事会决议上签字的董事有:陈健、程竹、赵贵平、张聪、钟健。

2004年4月,聚友网络为聚友传媒投资有限责任公司提供贷款担保1笔,金额5,000万元,程竹在担保合同上签字。聚友网络未在相关定期报告中披露该担保。在董事会决议上签字的董事有:程竹、赵贵平、钟健、张聪。

2004年4月,聚友网络为成都倍特发展集团股份有限公司提供贷款最高额担保1笔,金额为2,000万元,程竹在担保合同上签字。聚友网络未及时披露该担保。在董事会决议上签字的董事有:程竹、赵贵平、钟健、张聪。

2004年5月,聚友网络为成都倍特发展集团股份有限公司提供贷款担保1笔,金额为1,000万元,陈健在担保合同上签字。2005年5月,该笔担保展期至2006年3月。聚友网络未及时披露该担保。在董事会决议上签字的董事有:陈健、程竹、赵贵平、钟健、张聪。

2004年7月,聚友网络为深圳聚友制罐有限公司提供最高额担保1笔,金额为6,000万元,陈健在担保合同上签字。该笔担保合同项下实际发生贷款5,000万元。在董事会决议上签字的董事有:陈健、程竹、赵贵平、钟健、张聪。

2004年8月,聚友网络为上海宽频贷款展期提供担保1笔,金额为3,000万元。聚友网络未及时披露该担保。在董事会决议上签字的董事有:陈健、程竹、赵贵平、钟健、张聪。

2004年9月,聚友网络为深圳聚友制罐有限公司提供贷款担保1笔,金额为3,000万元,陈健在保证合同上签字。聚友网络未及时披露该担保。在董事会决议上签字的董事有:陈健、程竹、赵贵平、钟健、张聪。

2004年8月,聚友网络为上海宽频贷款展期提供担保1笔,金额为1,000万元,2004年10月聚友网络为该笔贷款再次展期继续提供担保,担保金额为940万元,陈健在保证合同上签字。聚友网络未及时披露该担保。在董事会决议上签字的董事有:陈健、程竹、赵贵平、钟健、张聪。

2004年12月,聚友网络为深圳市东煜鞋业有限公司提供贷款担保1笔,金额为4,000万元,陈健在保证合同上签字。聚友网络未及时披露该担保。

2004年12月,聚友网络为深圳市聚友视讯网络有限公司提供贷款担保1笔,金额为6,200万元,陈健在保证合同上签字。聚友网络未及时披露该担保。在董事会决议上签字的董事有:陈健、程竹、赵贵平、钟健、张聪。

2005年3月,聚友网络为深圳市聚友网络投资有限公司提供贷款担保1笔,金额为15,000万元,陈健在保证合同上签字。聚友网络未及时披露该担保。在董事会决议上签字的董事有:陈健、程竹、赵贵平、钟健、张聪。

2005年5月,聚友网络为成都聚友网络发展有限公司提供贷款担保1笔,金额为3,800万元,陈健在保证合同上签字。聚友网络未及时披露该担保。在董事会决议上签字的董事有:陈健、程竹、赵贵平、钟健、张聪。

2005年6月,聚友网络为聚友传媒投资有限责任公司提供贷款担保1笔,金额4,976万元。聚友网络未及时披露该担保。在董事会决议上签字的董事有:陈健、赵贵平、钟健、朱华慈。

2004年9月20日,聚友网络控股子公司上海宽频为上海铁通电信有限公司借款展期提供担保1笔,金额7,000万元,程竹在保证合同上签字。聚友网络未及时披露该担保。

对上述未按规定披露对外担保的行为,陈健、程竹、赵贵平、钟健、张聪、朱华慈是直接负责的责任人员。

上述事实,有聚友网络相关报告及说明、相关酒店说明、相关财务凭证、担保贷款合同及董事会决议、相关人员询问笔录等证据证明。

当事人聚友网络申辩称,公司在违规行为发生后,立即采取了积极的补救措施,未给公司股东造成利益损害,同时请求考虑公司的重组及职工安置等实际情况,希望从轻或减轻处罚。我会认为,聚友网络违法违规行为持续时间较长,数额巨大,情节比较严重,未给股东造成利益损害的辩解与实际不符,同时公司提出的重组和员工安置等问题不能作为从轻、减轻或免责的理由,不予采纳。

当事人陈健申辩称,违法违规行为主要是由当时的宏观环境、行业的不成熟、公司内部管理不善等原因造成的,尚未达到给证券市场产生严重破坏的程度,希望从轻或减轻处罚。我会对陈健的部分意见予以采纳。

当事人邢晓峰、钟康成、麦建光、朱永明申辩称,对违法违规行为不知情,相关年报会计师事务所均出具了标准无保留意见,对公司的重大事项,都充分发表了意见,履行了勤勉尽责的义务,不应承担责任。我会认为,按照《中华人民共和国公司法》、《上市公司治理准则》等相关规定,上市公司的董事应当根据公司和全体股东的最大利益,忠实、勤勉地履行职责,应当遵守有关法律、法规、中国证监会规定及公司章程的规定,应当保证公开披露的文件内容没有虚假、误导性陈述或重大遗漏。上市公司董事应对上市公司定期报告的真实、完整负有责任。上述辩解不予采纳。

当事人朱华慈申辩称,其严格履行了勤勉尽责的义务,不应承担责任。我会认为,在通过担保的董事会决议上签字的董事对担保的及时披露具有责任,辩解不予采纳。

聚友网络虚构视讯业务收入、未按规定披露关联方债权债务往来和对外担保事项违反了原《证券法》第五十九条、六十条、六十一条、六十二条的规定,构成了原《证券法》第一百七十七条所述“未按照有关规定披露信息,或者所披露的信息有虚假记载、误导性陈述或者有重大遗漏”的行为。

根据当事人的违法事实、性质、情节与社会危害程度,依据原《证券法》第一百七十七条的规定,我会决定:

一、对聚友网络处以50万元罚款;

二、对陈健给予警告,并处20万元罚款;

三、对程竹、赵贵平、钟健、张聪分别给予警告,并处5万元罚款;

四、对邢晓峰、钟康成、麦建光、朱永明、朱华慈分别给予警告,并处3万元罚款。

当事人应自收到本处罚决定书之日起15日内,将罚款汇交中国证券监督管理委员会(开户银行:中信银行总行营业部、账号7111010189800000162,由该行直接上缴国库),并将付款凭证的复印件送中国证券监督管理委员会稽查局备案。当事人如果对本处罚决定不服,可在收到本处罚决定书之日起60日内向中国证券监督管理委员会申请行政复议;也可以在收到本处罚决定书之日起3个月内直接向有管辖权的人民法院提起诉讼。复议和诉讼期间,上述决定不停止执行。

# 关于深圳市鹏城会计师事务所有限公司及有关个人违反证券法规的行政处罚决定书

([2010]9号)

当事人:深圳市鹏城会计师事务所有限公司(以下简称鹏城所),住所:广东省深圳市福田区联合广场A栋,法定代表人饶永。

张克理,女,1951年10月出生,鹏城所会计师。

姚国勇,男,1966年10月出生,鹏城所会计师。

依据1999年7月1日施行的《中华人民共和国证券法》(以下简称原《证券法》)的有关规定,我会对成都聚友网络股份有限公司(以下简称聚友网络)违反证券法律法规案涉及的年报审计事务所和签字会计师的违法行为进行了立案调查、审理,依法向当事人告知了作出行政处罚的事实、理由、依据及当事人依法享有的权利。当事人姚国勇提出了陈述和申辩意见。本案现已调查、审理终结。

经查明,鹏城所在对聚友网络2001年至2003年年度报告有关应收账款和视讯业务收入审计时存在以下违法行为:

一、2001年和2002年,会计师在实施应收账款和收入的函证程序时,虽然执行了函证程序,但是无论回函结果如何,均未对未回函酒店实施其他有效替代性审计程序。其行为不符合《独立审计具体准则第27号——函证》第二十条"注册会计师未能收到回函时,应当考虑对重要的账户余额或其他信息再次函证,或实施替代审计程序获取充分、适当的审计证据"的规定。

二、作为收入确认重要证据之一的酒店每月和聚友网络视讯收入的核账单上,都注明了酒店与聚友网络的结算方式是酒店"将以上款项通过银行汇入贵方指定账户"。聚友网络收取视讯业务收入款的方式与双方约定的款项支付方式不一致。2001年至2003年,注册会计师对于收入确认过程中可能出现的重大差异和可能出现的舞弊行为没有进行关注,没有追加任何审计程序。其行为不符合《独立审计具体准则第5号——审计证据》第十五条"注册会计师对审计过程中发现的、尚有疑虑的重要事项,应进一步获取审计证据,以证实或消除疑虑"的规定。

三、2001年至2003年,会计师的审计工作底稿中没有对发函情况的记载和回函情况的汇总统计,会计师没有对函证过程进行谨慎全面的控制,违反审计操作程序,导致未发现回函印章与真实印章不一致等情况。其行为不符合《独立审计具体准则第27号——函证》第十七条"在实施函证时,注册会计师应当对被询证者的选择、询证函的设计、发出以及收回保持控制"和第十八条"注册会计师应当采取以下措施对函证实施过程进行控制:……(三)询证函经被审计单位盖章后,由注册会计师直接发出;……(五)将发出询证函的情况记录于工作底稿;(六)将收到的回函形成工作底稿,并汇总统计函证结果"的规定。

以上事实,有聚友网络情况说明、相关审计报告、当事人询问笔录等证据在案证明。

当事人姚国勇申辩称,在实施应收账款和收入函证程序中,不但执行了函证程序,也对部分回函或未回函的客户进行了替代性测试的审计程序,对可能出现的重大差异和舞弊行为进行了关注,对整个函证程序是控制的。我会认为,会计师对应收账款、收入的函证和函证控制程序的辩解与实际不符,审理不予采纳。

鹏城所及其会计师张克理、姚国勇的行为,违反了《股票发行与交易管理暂行条例》(以下简称《股票条例》)第三十五条"为上市公司出具文件的注册会计师及其所在事务所、专业评估人员及其所在机构、律师及其所在事务所,在履行职责时,应当按照本行业公认的业务标准和道德规范,对其出具文件内容的真实性、准确性、完整性进行核查和验证"的规定,构成了《股票条例》第七十三条所述"会计师事务所、资产评估机构和律师事务所违反本条例规定,出具的文件有虚假、严重误导性内容或者有重大遗漏"的行为。

根据当事人的违法事实、性质、情节与社会危害程度,依据《股票条例》第七十三条的规定,我会决定:

一、对鹏城所给予警告,并处以20万元罚款;

二、对张克理、姚国勇分别处以5万元罚款。

上述当事人应自收到本处罚决定书之日起15日内,将罚款汇交中国证券监督管理委员会(开户银行:中信银行总行营业部,账号7111010189800000162,由该行直接上缴国库),并将注有当事人名称的付款凭证复印件送中国证券监督管理委员会稽查局备案。当事人如果对本处罚决定不服,可在收到本处罚决定书之日起60日内向中国证券监督管理委员会申请行政复议,也可以在收到本处罚决定书之日起3个月内直接向有管辖权的人民法院提起行政诉讼。复议和诉讼期间,上述决定不停止执行。

# 关于南京中北及有关个人违反证券法规的行政处罚决定

(〔2010〕10号)

当事人:南京中北(集团)股份有限公司(以下简称南京中北,股票代码000421),住所:江苏省南京市建邺区通江路16号,法定代表人:朱明。

郭试平,男,1953年11月出生,时任南京中北副董事长、总经理。

许正苟,男,1944年10月出生,时任南京中北董事。

斯庆,男,1968年10月出生,时任南京中北副总经理兼任总会计师、财务部部长。

薛乐群,男,1956年10月出生,时任南京中北董事长。

李华飞,男,1963年11月出生,时任南京中北董事。

徐益民,男,1954年8月出生,时任南京中北董事。

周学信,男,1954年8月出生,时任南京中北董事。

依据1999年7月1日起施行的《中华人民共和国证券法》(以下简称原《证券法》)的有关规定,我会对南京中北信息披露违法行为进行了立案调查、审理。我会依法向当事人告知了作出行政处罚的事实、理由、依据及当事人依法享有的权利,并应当事人的要求举行了听证会。本案现已调查、审理终结。

经查明,南京中北于1992年成立,1996年在深交所上市。案发时,公司前五名股东为南京市国有资产经营公司、南京公用控股(集团)有限公司、南京万众企业管理有限公司(以下简称南京万众)、南京万众投资管理咨询有限公司(以下简称万众投资)、中信汽车公司。

南京万众由南京万众职工持股会绝对控股,南京万众职工持股会的会员主要是南京中北与南京万众的职工。万众投资由南京万众绝对控股。南京万众持有南京中北4.77%的股份,为公司第三大股东,万众投资持有南京中北3.43%股份,为公司第四大股东,南京万众与万众投资属一致行动人,为南京中北实际上的第二大股东。南京中北持有南京苏桑汽车配件有限公司(以下简称苏桑汽配)50%的股权,在苏桑汽配董事会中董事人数超过半数,且苏桑汽配的经理、财务部人员由南京中北派出,南京中北对苏桑汽配具有控制权。

南京中北2003年年报信息披露违法行为如下:

一、银行借款披露虚假。南京中北2003年年报披露的银行借款金额是2.66亿元(母公司)。但是,2003年,南京中北还分5次向多家银行机构借款,合计金额2.1亿元(母公司),南京中北2003年年报未披露这些银行借款事项。

二、应付票据披露虚假。南京中北2003年年报披露的应付票据金额为0元(母公司)。但是,2003年,南京中北曾经分11次在多家银行机构开具41份银行承兑汇票,票面金额合计306,952,000.00元(母公司),南京中北未将这些事项在2003年年报中披露。

三、关联方占用披露虚假。南京中北2003年年报已披露与南京万众的关联交易金额164,031,360.00元(借方),对应企业"其他应收款"科目借方发生额164,031,360.00元;已披露与万众投资的关联交易金额0元(借方)。但是,南京中北2003年年报未披露向关联方南京万众和万众投资提供资金的以下事实:南京中北多次直接向南京万众开具本票或者银行转账支票,向南京万众提供资金;南京中北多次向南京中北汽车销售分公司开具本票,并由南京中北汽车销售分公司于同日向南京万众开具等额本票或者转账支票，向南京万众提供资金；南京中北多次向苏桑汽配开具银行承兑汇票或者商业承兑汇票，由苏桑汽配将票据贴现并于当日向南京万众开具本票或者银行转账支票，向南京万众提供资金；南京中北向南大科技园股份有限公司开具银行承兑汇票，由南大科技园股份有限公司将上述票据贴现后打入苏桑汽配银行账户，再由苏桑汽配向南京万众开具银行转账支票，向南京万众提供资金；苏桑汽配多次在银行机构贷款后，于同日向南京万众开具与贷款等额的本票或者银行转账支票，向南京万众提供资金。上述南京中北未披露的与南京万众的关联交易共有53笔，合计关联交易金额为1,063,053,972.87元（借方）。此外，南京中北未披露分2次直接向万众投资开具本票，向万众投资提供资金11,000,000元情况。

四、对关联方担保披露虚假。南京中北2003年年报已披露对外担保金额11,650万元，但是，未披露年内发生的为关联方南京万众开具的三份银行承兑汇票提供担保、担保余额合计为6,483,440.00元事项。

2004年3月16日，南京中北第五届董事会第七次会议通过了2003年年度报告，签字董事为薛乐群、李华飞、许正荀、徐益民、郭试平、周学信、陈惠怡、胡争鸣，杨荣华委托胡争鸣出席并代为行使表决权。公司总会计师斯庆在财务会计报表上签字。

南京中北2004年年报信息披露违法行为如下：

一、银行借款披露虚假。南京中北2004年年报披露的银行借款金额是4.3亿元（母公司）。但是，2004年，南京中北还分14次向多家银行机构借款，合计金额4.45亿元（母公司），南京中北2004年年报未披露这些银行借款事项。

二、应付票据披露虚假。南京中北2004年年报披露的应付票据金额为0元（母公司）。但是，2004年，南京中北曾经分13次在多家银行机构开具42份银行承兑汇票，票面金额合计333,900,000.00元（母公司），南京中北未将这些事项在2004年年报中披露。

三、关联方占用披露虚假。南京中北2004年年报已披露与南京万众的关联交易借方/贷方/余额的金额均为0元。但是，实际情况是，南京中北2004年通过104笔关联交易，向南京万众提供资金1,234,195,469.14元，南京中北2004年年报未披露这些事项，具体为：南京中北多次直接向南京万众开具本票或者银行转账支票，向南京万众提供资金；南京中北多次向南京中北汽车销售分公司开具本票，并由南京中北汽车销售分公司于同日向南京万众开具等额本票或者转账支票，向南京万众提供资金；南京中北多次向苏桑汽配开具银行承兑汇票或者商业承兑汇票，由苏桑汽配将票据贴现并随即向南京万众开具本票或者银行转账支票、或者先向自身开具本票再背书给南京万众，向南京万众提供资金。在上述关联交易中，有多笔是南京中北在银行机构获得贷款后，随即将贷款获得的资金提供给南京万众。

四、对关联方担保披露虚假。南京中北2004年年报已披露对外担保金额4,300万元，但是，未披露年内发生的为关联方南京万众开具的五份银行承兑汇票提供担保、担保余额合计为4,000万元事项。

2005年3月10日，南京第五届董事会第十七次会议通过2004年年度报告，签字董事为薛乐群、李华飞、许正荀、徐益民、郭试平、周学信、陈惠怡、胡争鸣、杨荣华。

南京中北2003年、2004年被南京万众占用的巨额资金，除一部分用于还贷及支付到期票据，汇回南京中北、苏桑汽配，汇入南京万众持股会外，主要是用于对外投资与资金拆借。南京中北聘请的上海上会会计师事务所2005年专项审计情况表明，南京中北被南京万众占用的绝大部分资金在期末以对外拆借或者委托理财形式沉淀于“其他应收款”科目。截至2005年年底，南京万众占用南京中北资金余额为69,566.10万元；至2006年12月30日，南京中北已收回南京万众的全部欠款，其中以货币资金还款33,577.87万元；依据“抵债协议”，用南京城建集团债权抵冲欠款11,717.84万元；依据“红利抵债协议”，用应付南京万众的股利冲抵欠款91.69万元；依据法院民事裁定书，用债权冲抵欠款9,419.95万元，用股权冲抵欠款14,758.75万元。

我会认为，南京中北2003年、2004年的年报披露行为，违反了原《证券法》第六十一条的规定，构成了原《证券法》第一百七十七条第一款所述的违法行为。两年累计,南京中北未披露的银行借款金额达6.55亿元,未披露的应付票据金额超过6.5亿元,未披露的对关联方担保金额超过4,648万元。最为严重的是,本案中累计157笔、累计发生金额超过22亿元的违规资金占用,绝大多数发生在2003年8月28日我会与国务院国资委联合发布《关于规范上市公司与关联方资金往来及上市公司对外担保若干问题的通知》(证监发〔2003〕56号)不久,南京中北不仅不按通知要求予以清理、整改、披露,反而蓄意隐瞒,我行我素,变本加厉,顶风作案,情节严重,性质恶劣。

时任南京中北副董事长、总经理、董事会审计委员会委员郭试平,负责南京中北的全面经营管理,分管人力资源、财务部等部门,同期在南京万众兼任董事、董事长(2000年8月至2003年7月任南京万众董事长兼法定代表人,2003年至2006年任南京万众董事),在南京中北向银行申请贷款的多份董事会决议及授权书上签字,南京中北的巨额资金又直接或间接流向南京万众,并未如实披露,且其本人在通过南京中北2003年年报和2004年年报的董事会决议上签字。因此,认定郭试平是南京中北巨额资金被关联方占用、信息披露严重违法的最主要的直接负责的主管人员。

时任南京中北副总经理、总会计师兼财务部经理斯庆,同期兼任南京万众董事(1999年9月至2003年7月),知悉本案信息披露违法涉及的有关事项,且其本人在南京中北2003年度和2004年度会计报表上签字。因此,认定斯庆是南京中北巨额资金被关联方占用、信息披露严重违法的直接负责的主管人员。

时任南京中北董事许正苟,同期兼任南京万众副董事长、总经理(1999年9月至2003年7月任南京万众董事兼总经理;2003年7月至2006年4月任南京万众副董事长兼总经理),在南京中北向银行申请贷款的多份董事会决议上签字,南京中北的巨额资金又直接或间接流向南京万众,并未如实披露,且其本人在通过南京中北2003年年报和2004年年报的董事会决议上签字。因此,认定许正苟是南京中北巨额资金被关联方占用、信息披露严重违法的直接负责的主管人员。

时任南京中北董事长薛乐群,身为南京中北公司治理层的核心,未对公司重大事务实施必要的、有效的监督,且其本人在通过南京中北2003年年报和2004年年报的董事会决议上签字,对南京中北公司治理上的严重问题和信息披露上的严重违法负有较大责任。因此,认定薛乐群是南京中北巨额资金被关联方占用、信息披露严重违法的直接负责的主管人员。

时任南京中北董事李华飞、徐益民、周学信,缺乏作为上市公司董事的勤勉尽责意识,未对公司重大事务实施必要的、有效的监督,且其本人在通过南京中北2003年年报和2004年年报的董事会决议上签字,对南京中北公司治理上的严重问题和信息披露上的严重违法负有一定责任。因此,认定该三人是南京中北巨额资金被关联方占用、信息披露严重违法的其他直接责任人员。

南京中北在听证与书面申辩中提出以下理由请求免责:其一,公司的行为实际是由相关负责的自然人来具体实施的,相关责任人实施行为时未向董事会报告,更未得到董事会的授权,因此,公司本身就是受害者。其二,公司在出现关联方违规占用资金及信息披露问题后,进行了自查自纠,向相关政府部门报告,按上市公司信息披露要求进行了补充披露,并配合调查,采取了内部整改、向公安机关报案、保全相关资产以及追索占用资金等措施,此后公司未再发生违规资金占用。其三,公司一方面于2006年5月全部更换了公司董事会成员及经营层的主要负责人;另一方面制定和完善了公司治理方面的规范性文件,进一步规范了信息披露行为。

我会认为,第一,证券监管部门在上市公司信息披露出现违法情形后追究公司的行政法律责任,是基于证券法的强制性规定。虽然行政处罚措施会对公司发展和股东利益产生一定影响,但是,如果公司信息披露违规的根源在于股东疏于对公司行为实施足够的、有效的监督,导致公司事务被少数内部人控制,则行政处罚措施不仅是正当的,而且是必要的。本案中,即使南京中北的违规占用、违规担保行为源于公司治理失败下少数人所作所为,也不能因此免除公司在信息披露违法上的责任。第二,在隐瞒违规占用、违规担保等侵害上市公司利益的信息披露违法案件中,公司及有关责任人员在追讨占用资金、解除违规担保上的主观努力与真实效果,固然是衡量责任时的考虑因素,同时,量罚上还要考虑违法行为本身的严重程度、信息披露虚假对证券市场广大投资者合法利益的侵害程度,以及案发后对证券市场秩序、投资者信心的负面影响程度等因素。第三,审理上已经考虑了公司案发后采取纠正、补救与整改措施等情节。

时任南京中北董事长薛乐群提出,自己虽然任职南京中北董事长,但并不在公司上班,不参与公司日常经营,对公司日常事务也较少过问。时任外部董事李华飞、徐益民,职工董事周学信也表示,自己并不参与公司日常经营。这些当事人均认为,公司信息披露违法所涉及的事项,纯系少数内部人"瞒天过海"所为,自己对涉案事项既未参与、也不知悉,因此不应当承担责任。

我会认为,上市公司信息披露的真实、准确、完整、及时、有效,有赖于全体董事实施必要的、有效的监督。这种监督义务,既包括督促上市公司依照法律、法规规定和监管部门要求建立并完善信息披露制度,也包括通过日常履职和检查督促公司切实执行有关规则,还包括能够及时发现公司在信息披露上存在的问题、及时督促公司改正,对拒不改正的要及时向监管部门举报。综合审查本案违法行为涉及的具体情况和上述当事人补充提交的申辩材料,现有证据不足以证明这些当事人曾经对南京中北涉案信息披露事项实施了必要的、有效的监督。本案中,薛乐群作为上市公司董事长,是南京中北信息披露事务的主要责任人之一,应当对因董事会严重失察导致的公司信息披露重大违法承担主要责任。同时,审理上已经考虑了无证据证明薛乐群参与或者知悉涉案违规事项、案发后能够组织公司整改等情节以及李华飞、徐益民作为外部董事、周学信作为职工董事的客观情况。

上述当事人还提出,公司内部人采取欺上瞒下的手法,年报审计机构也未发现其违法行为,董事在通过年报的董事会决议上签字,正是基于审计机构出具的标准无保留意见,因此不应当承担责任。

我会认为,上市公司董事会对公司事务的内部控制、内部审计监督,与外部监督、外部审计一样,均是上市公司合法运作、公开透明的基本保障,二者相辅相成、互相促进,但是不能相互取代。由于上市公司的会计责任与外部审计机构的审计责任是两种不同的责任,在信息披露违法情形发生时,不能以审计机构未发现、未指出为由,当然免除上市公司董事的责任。况且,我会已同时认定涉及本案的审计机构南京永华会计师事务所及其会计师未能谨慎执业、勤勉尽责,依法对其予以行政处罚。

时任职工董事周学信还提出,职工董事的履职行为是全体职工的群体行为;与对股东负责相比,职工董事更侧重于向职工代表大会负责;职工董事参与公司重大经营决策存在局限。周学信据此请求免责。

我会认为,虽然职工董事的产生方式与其他董事有区别、职工董事制度是上市公司职工参与企业民主管理的重要渠道,但是,职工董事在证券法上应当承担的义务与责任,与其他董事是同样的,在上市公司信息披露违法情形出现时,职工董事的责任并不因其产生方式的不同而当然得到豁免。

时任南京中北董事许正苟在听证与书面申辩意见中提出,他的履职行为系根据组织安排、受领导指派,是南京中北、万众公司的企业行为,不是个人行为,请求减免处罚。

我会认为,根据我国有关法律规定,上市公司董事在履职过程中,应当基于本人的学识、能力,以忠实勤勉的态度,依照法律、法规和监管规则的要求,排除来自控股股东、实际控制人、公司内部人以及其他方面的不当影响与干扰,对有关事项作出负责任的独立判断,并清楚自己行为可能产生的法律后果。因此,许正苟的减免理由于法无据。同时,审理上已经考虑了许正苟在违法情节等方面有别于本案其他主要责任人的情况。

时任副总经理、总会计师兼财务部经理斯庆在听证和书面申辩意见中提出,根据其补充提供的相关证据,他没有参与或者经手未披露的涉案事项;并认为自己在整个过程中,作为集体的一员受到"个人服从组织、下级服从上级"的组织原则约束,因此,不应当被认定为直接负责的主管人员,应当从轻处罚。

我会认为,上市公司财务信息是证券市场信息披露体系中的核心内容,斯庆身为南京中北财务负责人,对南京中北财务信息的真实、准确、完整负主要责任，其知悉有关南京中北资金的外流情况、知悉南京中北披露给投资者的财务信息存在虚假与重大遗漏却参与蓄意隐瞒，既违反了作为一个财务人员的职业操守，又造成了上市公司财务信息的严重失真，因此，我会认定其为本案直接负责的主管人员，并无不当。同时，审理上已经考虑了与本案最主要责任人相比，其违法情节相对较轻，有认错与悔改表现等情况。

本案另有三位时任独立董事，在通过南京中北2003年年报和2004年年报的董事会决议上签字。经审查有关证据材料，并综合考虑以下情节，我会决定对其免予处罚：第一，从这三位独立董事多年的履职记录看，能够较好地参加董事会、审查议案材料、审慎发表意见、进行独立判断，曾经否决了经营层提出的不成熟的投资决策，并对南京中北的公司治理和内控做了一些督促工作。第二，发现南京中北存在巨额资金外流并损失的情况后，立即责成董事会质询管理层人员，督促董事会聘请江苏省外的会计师事务所对南京中北的贷款资金流向进行专项审计、就南京中北自查发现的问题立即向全体股东公开通告，同时及时向监管部门举报。第三，积极主动地督促公司追讨外流资金并进行内部整改。

根据当事人违法行为的事实、性质、情节与社会危害程度，依据原《证券法》第一百七十七条之规定，我会决定：

一、对南京中北处以30万元的罚款；

二、对郭试平、斯庆给予警告，并分别处以30万元的罚款；

三、对许正荀、薛乐群给予警告，并分别处以20万元的罚款；

四、对李华飞、徐益民给予警告，并分别处以3万元的罚款；

五、对周学信给予警告。

上述当事人应自收到本处罚决定书之日起15日内，将罚没款汇交中国证券监督管理委员会(开户银行：中信银行总行营业部、账号7111010189800000162，由该行直接上缴国库)，并将注有当事人名称的付款凭证复印件送中国证券监督管理委员会稽查局备案。当事人如果对本处罚决定不服，可在收到本处罚决定书之日起60日内向中国证券监督管理委员会申请行政复议，也可在收到本处罚决定书之日起3个月内直接向有管辖权的人民法院提起行政诉讼。复议和诉讼期间，上述决定不停止执行。

# 关于南京立信永华会计师事务所有限公司及有关个人违反证券法规的行政处罚决定书

(〔2010〕11号)

当事人：南京立信永华会计师事务所有限公司(原南京永华会计师事务所，以下简称永华所)，住所：江苏省南京市鼓楼区中山北路26号8－10层，法定代表人：伍敏。

诸旭敏，男，1963年4月出生，时任南京永华所注册会计师。

孙晓爽，女，1963年5月出生，时任南京永华所注册会计师。

张爱国，男，1966年12月出生，时任南京永华所注册会计师。

依据1999年7月1日起施行的《中华人民共和国证券法》(以下简称原《证券法》)的有关规定，我会对永华所及其执业人员未按规定审计南京中北(集团)股份有限公司(以下简称南京中北)会计报表一案进行了立案调查、审理。我会依法向当事人告知了作出行政处罚的事实、理由、依据及当事人依法享有的权利，并应当事人的要求举行了听证会。本案现已调查、审理终结。

经查明，永华所对南京中北2003年、2004

年年报均出具了无保留意见的审计报告，南京中北已经向永华所支付了17.50万元2003年年报审计费，尚未向永华所支付约定的20万元2004年年报审计费。

永华所及其执业人员在南京中北2003年、2004年年报审计中，未按规定审计南京中北的会计报表，具体为：

一、未按规定执行函证控制程序。在执行银行函证程序时，由南京中北财务人员代为填写询证函的内容，由南京中北财务人员代替会计师向银行进行确认。审计底稿显示，一些银行的贷款是被分拆成单笔进行填列、函证的，同一银行的贷款不在同一张函证体现。

二、未按规定审计短期借款科目。在实施2003年、2004年短期借款利息测试的审计程序时，对部分利息测试差异明显异常的结果未予以充分关注，没有追加适当的审计程序，导致未发现南京中北部分短期借款未入账的情况。

三、未按规定审计货币资金科目。在南京中北2003年、2004年年报审计中，南京中北的银行存款未分银行账户记账，审计人员对这种明显违反《企业会计制度》的情况未能合理评估审计风险。审计人员未根据审计程序表中“抽查对账单，将其与银行日记账核对，确定是否存在未入账情况”执行审计程序，未发现南京中北与南京万众之间大量与生产经营无关的往来和大额资金发生额未入账的情况。

四、未按规定审计内部往来科目。2003年报审计底稿中，南京中北提供的内部往来明细表显示，2003年南京中北与“贸易公司”之间内部往来借贷方发生额均为37,230,500.00元，但南京中北的内部往来明细账显示，两者之间的发生额为948,248,383.10元。永华所对上述差异未充分关注并扩大审计范围，未实施内部往来发生额检查、测试程序，导致其未能发现南京中北内部往来发生额的异常情况，未发现南京中北与“贸易公司”往来的实质为与万众企业的往来。

我会认为，永华所及其执业人员，未能勤勉尽责，导致出具的南京中北2003年、2004年审计报告有虚假内容，构成了《股票发行与交易管理暂行条例》第七十三条规定的违法行为，应当给予相应处罚。

时任永华所法定代表人、注册会计师诸旭敏签署了南京中北2003年审计报告，注册会计师张爱国签署了南京中北2003年、2004年审计报告，注册会计师孙晓爽签署了南京中北2004年审计报告。因此，认定这三人是永华所违法行为直接负责的主管人员，依法予以相应处罚。同时，鉴于诸旭敏是原南京永华会计师事务所法定代表人，张爱国连续两年签署了南京中北审计报告，此二人应当承担比其他签字会计师更重的责任。

根据当事人违法行为的事实、性质、情节与社会危害程度，依据《股票发行与交易管理暂行条例》第七十三条之规定，我会决定：

一、对永华所给予警告、没收违法所得17.50万元，并处以20万元的罚款；

二、对诸旭敏、张爱国分别处以8万元的罚款；

三、对孙晓爽处以4万元的罚款。

上述当事人应自收到本处罚决定书之日起15日内，将罚没款汇交中国证券监督管理委员会（开户银行：中信银行总行营业部、账号7111010189800000162，由该行直接上缴国库），并将注有当事人名称的付款凭证复印件送中国证券监督管理委员会稽查局备案。当事人如果对本处罚决定不服，可在收到本处罚决定书之日起60日内向中国证券监督管理委员会申请行政复议，也可在收到本处罚决定书之日起3个月内直接向有管辖权的人民法院提起行政诉讼。复议和诉讼期间，上述决定不停止执行。

# 关于深圳市物业发展(集团)股份有限公司违反证券法规的行政处罚决定书

([2010]12 号)

当事人:深圳市物业发展(集团)股份有限公司(以下简称深物业),住所:广东省深圳市人民南路国贸大厦 39 层、42 层。法定代表人:陈玉刚。

依据 2006 年 1 月 1 日起施行的《中华人民共和国证券法》(以下简称《证券法》)有关规定,我会依法对深物业违反证券法律法规案进行了立案调查、审理,并向当事人告知了作出行政处罚决定的事实、理由、依据及当事人依法享有的权利。当事人提出了陈述、申辩意见。本案现已调查、审理终结。

经查明,深物业存在以下违法事实:

**一、实施利用个人账户申购新股并卖出获利的违法行为,共获利人民币 250,849.80 元**

(一)长江证券深圳后海海岸城证券营业部 48002199 账户开立于 1998 年 9 月 2 日,在 1999 年 9 月至 2007 年 11 月期间下挂个人股东账户 25 个(深圳股东账户 10 个,上海股东账户 15 个)。该账户自开户以来至调查日的主要交易事项为申购新股并卖出获利,共买卖股票 84 只,买入行为绝大部分发生在 2005 年以前,2005 年 3 月 16 日申购买入股票南京港 1,000 股后,没有其他买入股票的记录。该账户通过下挂个人股东账户从事股票买卖活动共获利 4,377.49 元,账户资金来源是由深物业在平安证券的资金账户转入,资金去向是转出至深物业在同一营业部的另一资金账户(账号 48002650)。在 2007 年 11 月的账户清理过程中,相关非实名制证券账户在卖出证券后被撤销指定,并解除了与该资金账户的关联关系。

(二)长江证券深圳后海海岸城证券营业部 48002650 账户开立于 2000 年 4 月 28 日,于 2000 年 4 月至 2007 年 8 月期间下挂个人股东账户 24 个(深圳股东账户 14 个、上海股东账户 10 个)。该账户自开户以来至调查日的主要交易事项为申购新股并卖出获利,共买卖股票 49 只,买入行为全部发生在 2005 年以前。该账户通过下挂个人股东账户从事股票买卖活动共获利 246,472.31 元,其资金主要是通过深物业银行账户转存入账,资金去向主要是通过银行转取入深物业银行账户。在 2007 年 4 月至 8 月的账户清理过程中,相关非实名制证券账户在卖出证券后被撤销指定,并解除了与该资金账户的关联关系。

**二、违规借用其他法人账户买入 B 股股票,其间共获利港币 8,544,744.97 元**

平安证券深圳八卦三路证券营业部 FT00038024 账户开立于 1993 年 12 月 17 日,账户资金来源及去向均为深物业自有账户,主要交易情况是利用营业部提供的中国平安保险(香港)公司的 B 股证券账户 2000203574 于 1994 年 1 月买入深万科 B、深金田 B、深深宝 B、深赤湾 B、深招港 B、莱英达 B、闽灿坤 B、深深房 B 等 8 只股票,此后该账户没有股票买入记录(仅有红股转入记录)。2007 年 3 月至 9 月,深物业陆续卖出上述全部股票(含红股),上述交易均由证券营业部按深物业相关指令进行柜台委托。该账户已于 2007 年 9 月 6 日销户,其间共获利港币 8,544,744.97 元。根据中国证券登记结算公司上海分公司及深圳分公司的查询记录,深物业不具有开立 B 股股东账户的资格,也未开立过 B 股股东账户。

上述事实有财务账册、交易明细记录、公司内部管理文件、当事人询问笔录等证据证明。

深物业利用个人账户从事证券交易违反了 1999 年 7 月 1 日起施行的《证券法》(以下简称

原《证券法》)第七十四条和《证券法》第八十条的规定。深物业利用其他法人账户从事B股交易的行为违反了《国务院关于股份有限公司境内上市外资股的规定》(国务院令第189号)第四条、《深圳市人民币特种股票管理暂行办法》(中国人民银行、深圳市人民政府1991年12月5日颁布)第二条以及《证券法》第八十条的规定。

当事人在其陈述、申辩材料中提出,借用其他法人账户和使用个人账户买卖股票确实违法,但并非恶意所为,影响轻微;违法买入B股发生在《证券法》实施之前,而且深圳外管局已经罚款20万元;公司发现违规之后积极配合调查并主动纠错;系公司历史上治理不严所致,对现在的投资者不公平。恳请给予减轻、免除处罚。

经我会复核,关于当事人所述违法行为并非恶意、主动纠错、配合调查等申辩理由,我会已经将其作为认定、量罚的事实、情节予以考虑。关于国家外汇管理局深圳分局已经对其违规买卖B股中外汇使用违法事项罚款20万元,经我会复核,2007年7月6日,国家外汇管理局深圳分局认定其行为构成“非法使用外汇”的违法行为,据此给予处罚。考虑到这一情况,对本案中当事人违规买卖股票行为不再处以罚款。

根据当事人违法行为的事实、性质、情节与社会危害程度,依据原《证券法》第一百九十条、《证券法》第二百零八条和《股票发行与交易管理暂行条例》(国务院令第112号)第七十四条的规定,我会决定:

没收深物业利用个人账户买卖证券的违法所得人民币250,849.80元,利用其他法人账户违规买卖B股的违法所得港币8,544,744.97元。

当事人应自收到本处罚决定书之日起15日内,将违法所得汇交中国证券监督管理委员会(开户银行:中信银行总行营业部,账号7111010189800000162,由该行直接上缴国库),并将注有当事人名称的付款凭证复印件送中国证券监督管理委员会稽查局备案。当事人如果对本处罚决定不服,可在收到本处罚决定书之日起60日内向中国证券监督管理委员会申请行政复议,也可以在收到本处罚决定书之日起3个月内直接向有管辖权的人民法院提起行政诉讼。复议和诉讼期间,上述决定不停止执行。

## 关于上海宽频科技股份有限公司及有关个人违反证券法规的行政处罚决定书

(〔2010〕13号)

当事人:上海宽频科技股份有限公司(以下简称上海科技),住所:上海市浦东新区银城东路139号4楼,法定代表人李保卫。

张杰,男,1968年8月出生,时任上海科技董事长。

任建宏,男,1968年11月出生,时任上海科技董事、总经理。

胡良,男,1954年9月出生,时任上海科技财务部长。

叶麒敏,男,1950年7月出生,时任上海科技董事、副董事长。

郑茳,男,1966年4月出生,时任上海科技董事、副总经理。

曹水和,男,1965年3月出生,时任上海科技董事、董事长。

蔡宪成,男,1942年10月出生,时任上海科技独立董事。

王守觉,男,1926年6月出生,时任上海科技独立董事。

倪敬东,男,1941年2月出生,时任上海科技独立董事。

依据1999年7月1日起施行的《中华人民共和国证券法》(以下简称原《证券法》)和2006年1月1日起施行的《中华人民共和国证券法》(以下简称《证券法》)的有关规定,我会对上海科技信息披露违法行为进行了立案调查、审理,依法向当事人告知了作出行政处罚依据的事实、理由及当事人依法享有的权利。应当事人张杰、任建宏的要求举行了听证会,听取了当事人提出的申辩意见;当事人胡良、叶麒敏、郑茳提出了书面申辩意见。本案现已调查、审理终结。

经查明,上海科技信息披露违法案的主要事实如下:

上海科技于1992年3月在上海证券交易所上市,原为国有控股上市公司,2000年8月南京斯威特集团有限公司(以下简称斯威特集团)通过受让国有股成为公司控股股东。斯威特集团于2000年1月成立,由西安通邮科技投资有限公司绝对控股,严晓群是实际控制人。西安通邮科技投资有限公司于1995年5月成立,严晓群是绝对控股股东。南京宽频科技有限公司(以下简称南京宽频)为上海科技的控股子公司,其实际运作直接受张杰控制。南京口岸进出口有限公司(以下简称南京口岸)于1998年3月成立,与上海科技系同受严晓群控制的关联公司。

**一、上海科技2004年年报未披露重大银行借款与应付票据事项**

2004年年内,上海科技及其控股子公司南京宽频曾经分次与多家商业银行的分支机构签订借款合同,取得195,000,000元银行借款(期末数)。上海科技未将这些借款入账,也未在2004年年报中予以披露。

2004年年内,上海科技及其控股子公司南京宽频曾经分次在多家商业银行的分支机构开具银行承兑汇票,应付票据期末数达250,000,000元。上海科技未将这些应付票据入账,也未在2004年年报中披露。

张杰、任建宏、胡良在上海科技2004年年报上声明保证财务报告的真实、完整。上海科技时任董事张杰、任建宏、叶麒敏、郑茳、王守觉和蔡宪成在审议2004年年报的董事会决议上签字表示同意。未入账凭证中的资金审批单上有张杰、任建宏和胡良的签字。上海科技本部与南京宽频相关财务人员称未入账的银行贷款、票据业务是张杰指令他们经办的,张杰承认自己曾指令胡良经办过相关账外账事项。

**二、上海科技2005年年报未披露重大银行借款与应付票据事项**

2006年4月25日,上海科技在其公开披露的2005年年报中,针对上述2004年年报中的重大遗漏,补充披露"2004年底少计银行短期借款170,000,000元,同时少计应收关联方南京口岸进出口有限公司债权170,000,000元"(实际为150,000,000元银行借款、20,000,000元应付票据)。但是,尚有45,000,000元银行借款、230,000,000元应付票据未在2005年年报中作为期初数予以披露。2006年7月4日,上海科技发布临时公告,披露南京宽频2004年底有45,000,000元银行借款和230,000,000元银行承兑汇票未入账,除50,000,000元票据保证金外其余均被关联方占用,并据此调整了2005年年报的期初数。

在2005年年报上签字的董事为曹水和、任建宏、叶麒敏、郑茳(书面授权曹水和表决同意)、蔡宪成和倪敬东。

**三、上海科技未按规定披露为控股股东关联方提供担保、公司银行存款被银行划扣、公司资金被控股股东关联方占用事项**

2004年3月2日,南京苏厦科技有限公司(斯威特集团关联公司)开具金额为154,420,000元的银行承兑汇票给南京口岸,上海科技以存放在银行的154,420,000元自有资金开具定期存单,为该汇票提供6个月的质押担保。此担保事项由张杰安排办理,未经董事会开会讨论。2004年9月2日,上述银行承兑汇票到期,上海科技的154,420,000元资金被银行扣划以兑付票据,上海科技未入账。

2004年11月24日,南京双有电器有限公司(斯威特集团关联公司)开具金额为175,000,000元(承兑合同共为2份,金额分别为150,000,000元和25,000,000元)的银行承兑汇票给南京索瑞软件工程有限公司(斯威特集团关联公司)。同日,南京索瑞软件工程有限公司将该175,000,000元银行承兑汇票贴现后将所得款173,227,000元中的150,000,000元划至上海科技银行账户，上海科技开具150,000,000元定期存单，为该150,000,000元银行承兑汇票提供3个月的质押担保。张杰、任建宏、叶麒敏和郑茳在通过此项担保事项的董事会决议上签字，郑茳的签字系张杰依据其2003年9月30日授权委托书代签。2005年2月24日，上述银行承兑汇票到期，上海科技的150,000,000元资金被银行扣划以兑付票据。

对上述两项为控股股东关联方提供担保，及因该担保导致公司银行存款被扣划的重大事项，上海科技未履行临时报告与披露义务，也未在2004年报中披露。经张杰安排，上海科技2005年半年度报告将上述150,000,000元被划扣款虚构为代理采购电子产品款予以披露。任建宏知悉代理采购协议提交董事会审批前资金已经流出公司。张杰、任建宏、胡良在2005年半年度报告上声明保证财务报告的真实、完整。在2005年半年度报告上签字的董事为曹水和、任建宏、叶麒敏、郑茳和蔡宪成。其后于2005年10月24日、10月28日和11月23日，上海科技公告该项目已取消而款项未及时收回并致歉。上海科技在2005年年报和2006年7月4日补充公告中，披露了上述154,420,000元资金被控股股东关联方占用。

2004年12月23日，江苏金捷国际货物运输代理有限公司（系斯威特集团下属的控股子公司）开具56,000,000元银行承兑汇票给南京斯威特索维软件有限公司。同日，斯威特集团以支付上海易美通信有限公司债权转让款的名义，划入上海科技银行账户56,000,000元，上海科技以这笔资金开具定期存单，为上述江苏金捷国际货物运输代理有限公司开具的银行承兑汇票提供3个月的质押担保。张杰、叶麒敏和郑茳在有关该担保事项的董事会决议上签字，郑茳的签字系张杰依据其2003年9月30日授权委托书代签。

2005年3月23日，江苏金捷国际货物运输代理有限公司开具的银行承兑汇票到期，上海科技的56,000,000元资金被银行扣划以兑付票据。为掩盖此事项，2005年3月，张杰代表上海科技与江苏金捷国际货物运输代理有限公司签订虚拟的借款协议，由后者向上海科技借款56,000,000元，上海科技依据该借款协议以及56,000,000元担保款被扣划的凭证传真件进行入账。该协议未经上海科技董事会讨论，由张杰、任建宏操作完成。

就上述56,000,000元资金涉及的为控股股东关联方提供担保、公司存款被银行划扣和借款事项，上海科技未进行临时公告，亦未在2004年年报中披露，2005年半年报未按关联方占用披露。2005年年报中披露了上述资金被关联方占用。

上述事实，有上海科技相关报告及说明、相关财务凭证、担保贷款合同及董事会决议、相关人员询问笔录等证据证明。

我会在调查过程中，发现有关人员挪用上海科技巨额资金的行为涉嫌触犯《中华人民共和国刑法》有关规定，于2006年7月将其移送公安机关处理。2008年1月，上海市浦东新区人民法院以《刑法修正案（六）》规定的背信损害上市公司利益罪判处张杰有期徒刑2年，并处罚金人民币2,000元。

我会认为，上海科技在2004年年报中未披露重大银行借款与应付票据事项，构成信息披露重大遗漏；在2005年年报中未披露重大银行借款与应付票据事项，构成信息披露重大遗漏。同时，上海科技未按照有关临时报告、定期报告规定披露为控股股东关联方提供担保、公司银行存款被银行划扣、公司资金被控股股东关联方占用等重大事项。上海科技的行为，先后违反了原《证券法》第五十九条、《证券法》第六十三条的规定，而且信息披露违法行为发生次数多，持续时间长，涉及金额巨大，并导致公司巨额资金被控股股东关联方占用的严重后果，影响恶劣，情节严重，应当依法给予从重处罚。

时任上海科技董事长张杰，完全听命于上海科技实际控制人，丧失了最基本的守法观念与诚信尽责意识，缺乏最起码的职业道德与职业操守，直接策划、指挥、组织、经办了大量的上海科技账外资金运作和对控股股东关联方担保事项，导致上市公司巨额资金被控股股东关联方占用，是上海科技一系列信息披露违法行为的主谋、主使和直接负责的主管人员。其行为严重侵害了上市公司和投资者利益，严重扰乱了证券市场秩序，性质恶劣，依法应当给予严惩。

时任上海科技董事、总经理任建宏,在审议上海科技2004年年报、2005年半年报、2005年年报的董事会决议上签字表示同意,并且知道上海科技有关未披露的账外资金运作事项,经手了上海科技有关未披露的对外担保事项,是上海科技信息披露违法行为直接负责的主管人员,依法应当给予从重处罚。

时任上海科技财务部部长胡良,在上海科技有关定期报告上声明保证财务数据的真实、完整,并经办了上海科技有关未披露的账外资金运作事项,是上海科技信息披露违法行为直接负责的主管人员,依法应当给予从重处罚。

时任上海科技副董事长叶麒敏,在审议上海科技2004年年报、2005年半年报、2005年年报的董事会决议上签字表示同意,并且经手了上海科技有关未披露担保事项,是上海科技信息披露违法行为的其他直接责任人员,依法应当给予相应处罚。

时任上海科技董事、副总经理郑茳,在审议上海科技2004年年报、2005年半年报、2005年年报的董事会决议上签字表示同意,并且概括性地"授权委托张杰签署涉及有关银行贷款、授信及对外担保的有关上海宽频科技股份有限公司相应的董事会决议文件",应对委托张杰签字事项产生的法律后果负责,是上海科技信息披露违法行为的其他直接责任人员,依法应当给予相应处罚。

时任上海科技董事长曹水和,在审议上海科技2005年半年报、2005年年报的董事会决议上签字表示同意,是上海科技信息披露违法行为的其他直接责任人员。鉴于账外资金运作及对外担保问题发生在其到任之前,未有证据表明其参与或者知晓有关未披露事项,依法对其予以从轻处罚。

时任上海科技独立董事王守觉在审议上海科技2004年年报的董事会决议上签字表示同意,时任上海科技独立董事蔡宪成在审议上海科技2004年年报、2005年半年报、2005年年报的董事会决议上签字表示同意,时任上海科技独立董事倪敬东在审议上海科技2005年年报的董事会决议上签字表示同意,此三人是上海科技信息披露违法行为的其他直接责任人员。鉴于其外部独立董事身份以及未有证据表明其参与或者知晓有关未披露事项,依法对其予以从轻处罚。

张杰在听证和书面申辩中提出:其一,上海科技是由严晓群实际控制的民营控股上市公司,自己虽然名为董事长,事实上完全按实际控制人的意见行事,因此不是上海科技信息披露违法的主谋、主使;其二,自己已经因挪用上市公司资金行为被法院以背信损害上市公司利益罪判处有期徒刑和罚金,不应因同一事实与案由受到两次处罚。我会认为,其一,张杰身为上市公司董事长,对上海科技信息披露事务负有最主要责任,从其任职之日起,就应当清楚作为一个上市公司董事长所应承担的义务、责任以及不依法履行义务与责任的法律后果,他在本案中的所作所为,足以支持我会对其责任的定性;其二,因背信损害上市公司利益受到刑事处罚,与因违反证券信息披露法规受到行政追究,系基于不同的事实,属于不同的案由,不构成所谓的"一事两罚"。

任建宏在听证与书面申辩中提出,他对上海科技存在账外账的事情不知情,并对自己在2004年11月24日上海科技1.5亿元对外担保董事会决议上签名的真实性提出疑问。我会认为,任建宏作为上市公司董事、总经理,负责上海科技的日常经营,上海科技本部未入账凭证中有关账外资金划转、账外贷款利息支付、账外票据贴息支付等资金审批单上均有其签字,另有其他涉案当事人指认其知道上海科技存在账外账的情况。这些证据,足以支持我会的有关认定。听证会就上述事项安排任建宏查看、核对了有关当事人询问笔录、书面说明和未披露的董事会决议原件,其未再提出异议。

胡良对本案所列事实无异议,但请求从轻处罚。我会认为,上市公司财务信息是证券市场信息披露体系中的核心内容,胡良身为上海科技财务负责人,对上海科技财务信息的真实、准确、完整负主要责任,其经办有关上海科技未披露账外资金运作事项的行为,既违反了作为一个财务人员的职业操守,又造成了上市公司财务信息的严重失真,因此,我会认定其为本案直接负责的主管人员,并无不当。同时,审理时已经考虑其积极配合调查、认错与悔改态度诚恳等情况。

叶麒敏对本案事实无异议,但请求减轻处罚。我会认为,叶麒敏身为上市公司副董事长,有责任采取必要的、有效的监督措施与督促行动，使上海科技信息披露依法合规，但是，他在违规担保的董事会决议上签字后不管不问，且未有证据显示他在审议上海科技 2004 年、2005 年年报过程中对涉案问题进行了足够的关注和适当的核查，因此，应当承担相应的责任。

郑茳承认自己概括委托张杰代为签署有关董事会决议，但表示对有关事项不知情，请求减轻处罚。我会认为，上市公司董事把自己作为董事权利"全权委托"、"概括委托"出去的做法，不符合法律关于董事义务与责任的要求。众所周知，股东选任董事，是基于对该董事个人品行与能力的信任，因此，对董事职责范围内的公司事务亲历亲为，是忠实勤勉义务对一名上市公司董事的最起码、最基本要求。虽然现行规则在某些特殊情况下，允许确有正当理由致使本人不能亲自出席董事会的董事委托其他董事代为行使表决权，但是现行规则并未允许把董事权利"兜揽"出去。一名董事将董事权利"全权委托"、"概括委托"给他人，在很大程度上表明他不能胜任董事职位，或者不愿承担董事义务与责任，结果往往给公司内部人或者实际控制人侵害上市公司利益的行为提供了便利，是对上市公司前途不负责的表现。根据有关法律、法规与规则，董事委托其他董事行使的，是在董事会会议上的表决权；委托董事必须事先审议其提交讨论表决的议案，对所委托事项作出独立判断，并对每个议案明确表示同意还是反对。委托董事必须对受托董事行为与所委托事项实施必要的约束与监督；董事因个人身体原因等特殊情况不能审议并判断有关事项的，视为无法履职，不能委托其他董事代为审议与判断，由此导致董事会会议无法达到法定人数的，上市公司应通过及时更换董事等渠道解决；董事委托其他董事代为表决，必须一事一委托，禁止"全权委托"或者"概括委托"，有多个委托事项时应分别列明；委托其他董事代为表决的，其法律后果，包括发生违法行为时的法律责任，由委托董事承担。

根据当事人的违法行为事实、性质、情节和社会危害程度，依据原《证券法》第一百七十七条、《证券法》第一百九十三条规定，我会决定：

一、对上海科技给予警告，并处以 40 万元罚款；

二、对张杰、任建宏给予警告，并分别处以 30 万元罚款；

三、对胡良给予警告，并处以 20 万元罚款；

四、对叶麒敏、郑茳给予警告，并分别处以 10 万元罚款；

五、对曹水和、蔡宪成、王守觉、倪敬东分别给予警告。

当事人应自收到本处罚决定书之日起 15 日内，将罚款汇交中国证券监督管理委员会（开户银行：中信银行总行营业部、账号 7111010189800000162，由该行直接上缴国库），并将付款凭证的复印件送中国证券监督管理委员会稽查局备案。当事人如果对本处罚决定不服，可在收到本处罚决定书之日起 60 日内向中国证券监督管理委员会申请行政复议；也可以在收到本处罚决定书之日起 3 个月内直接向有管辖权的人民法院提起诉讼。复议和诉讼期间，上述决定不停止执行。

## 关于重庆四维控股（集团）股份有限公司及有关个人违反证券法规的行政处罚决定书

（〔2010〕14 号）

当事人：重庆四维控股（集团）股份有限公司（以下简称四维控股），住所：重庆市江津区德感工业园区，法定代表人雷刚。

雷刚，男，1964 年 12 月出生，时任四维控股董事长。

朱要文，男，1964 年 10 月出生，时任四维控股总经理、董事。

万强,男,1968 年 7 月出生,时任四维控股董事会秘书。

方利雄,男,1965 年 11 月出生,时任四维控股董事。

王进,男,1959 年 10 月出生,时任四维控股董事、副总经理。

吴珉,男,1959 年 8 月出生,时任四维控股独立董事。

朱凯,男,1976 年 1 月出生,时任四维控股独立董事。

陈锡贵,男,1952 年 2 月出生,时任四维控股副总经理。

周林,男,1963 年 11 月出生,时任四维控股副总经理。

谭绍容,女,1956 年 12 月出生,时任四维控股副总经理。

许静,女,1963 年 11 月出生,时任四维控股财务总监。

依据《中华人民共和国证券法》(以下简称《证券法》)的有关规定,我会对四维控股信息披露违法行为进行了立案调查、审理,并依法向当事人告知了作出行政处罚的事实、理由、依据及当事人依法享有的权利。12 名涉案当事人均提出了陈述和申辩意见,但未要求听证。本案现已调查、审理终结。

经查明,四维控股存在以下违法事实:

**一、未按规定披露与大股东青海中金创业投资有限公司(以下简称青海中金)签订《股权转让有关事宜协议书》并付款的重大事项**

2007 年 4 月 23 日,四维控股总裁办公会形成决议,拟通过青海中金受让青岛海协信托投资有限公司的部分股权(包括山东海川集团控股有限公司持有的52,447,500股和中铁十八局集团有限公司持有的 67,567,500 股),受让价格不高于 1.6 元/股,具体支付方式为四维控股将股权转让款付给青海中金,由青海中金负责股权过户。此次总裁办公会由总经理朱要文(兼董事)主持,董事长雷刚、副总经理谭绍容、副总经理王进(兼董事)、董事会秘书万强等人参加。

2007 年 5 月 10 日,董事长雷刚代表四维控股与青海中金签订《股权转让有关事宜协议书》,约定青海中金将本应由其受让的青岛海协信托投资有限公司的股权,转由四维控股受让,受让价格不高于 1.6 元/股。股权转让款由四维控股先行支付给青海中金或青海中金指定的公司,再由青海中金支付给股权出让方山东海川集团控股有限公司和中铁十八局集团有限公司。同时,四维控股与青海中金在该《股权转让有关事宜协议书》所附的《收购青岛海协信托股权资金支付时间表》中约定,四维控股在 2007 年 6 月底以前向青海中金支付 6,000 万元,在 2007 年 12 月底以前向青海中金支付 9,000 万元,在股权完成过户时结清余款。

根据上述协议,2007 年 5 月 18 日至 12 月 28 日,四维控股自行或委托子公司湖南四维洁具股份有限公司向青海中金及其指定的公司累计付款 14,914.3 万元,其中 2007 年 5 月 18 日至 6 月 30 日付款5,700万元。四维控股董事长雷刚、总经理朱要文(兼董事)、财务总监许静等人在划款的《货款支付申请单》上签字。

对于上述与大股东青海中金签订《股权转让有关事宜协议书》并付款的事实,四维控股既未按规定予以及时披露,也未在 2007 年中期报告中披露。直至 2008 年 4 月 30 日,四维控股方在其 2007 年年度报告中披露了上述事项。

**二、未按规定披露与深圳市旭莱科技开发有限公司(以下简称深圳旭莱)签订《土地使用权转让协议》并付款的重大事项**

2007 年 11 月 26 日,董事长雷刚代表四维控股与深圳旭莱签订《土地使用权转让协议》,约定深圳旭莱将其拥有的广东省增城市石滩镇沙庄街下围村白茫的25,510平方米的土地使用权转让给四维控股,转让价格初定为 6,000 万元,最终转让价格以协议签订后中介机构的评估价格为依据,但不高于 6,000 万元。当日,四维控股董事长雷刚、副总经理陈锡贵在同意签署上述转让协议的《重庆四维控股(集团)股份有限公司合同签批程序单》上签字。

根据上述协议,2007 年 11 月 30 日至 2007 年 12 月 18 日,四维控股向深圳旭莱指定的公司累计付款 2,085 万元,四维控股董事长雷刚、财务总监许静在划款的《货款支付申请单》上签字。在此期间,四维控股于 2007 年 12 月 4 日召开办公会,形成了拟以不高于 6,000 万元的价格购买深圳旭莱25,510平方米土地使用权的决议,此次办公会由董事长雷刚主持,副总经理陈锡贵、副总经理周林、副总经理谭绍容、副总经理王进(兼董事)、董事会秘书万强、财务总监许静等人参加。

对于上述与深圳旭莱签订《土地使用权转让协议》并付款的事实,四维控股没有按照规定予以及时披露。直至2008年4月30日,四维控股方披露了上述事项。

以上事实,有相关协议书、委托付款通知、货款支付申请单、银行票据、办公会决议、董事会决议、股东大会决议、公告及当事人询问笔录等证据证明,足以认定。

四维控股未及时披露与大股东青海中金签订《股权转让有关事宜协议书》并付款的行为,违反了《证券法》第六十七条有关临时报告的规定,构成了《证券法》第一百九十三条所述"未按照规定披露信息,或者所披露的信息有虚假记载、误导性陈述或者重大遗漏"的行为。对此直接负责的主管人员为董事长雷刚、总经理朱要文(兼董事)、董事会秘书万强。

四维控股在2007年中期报告中未披露与大股东青海中金签订《股权转让有关事宜协议书》并付款的行为,违反了《证券法》第六十三条有关上市公司信息披露的规定,构成了《证券法》第一百九十三条所述"未按照规定披露信息,或者所披露的信息有虚假记载、误导性陈述或者重大遗漏"的行为。对此直接负责的主管人员为董事长雷刚,其他直接责任人员为总经理朱要文(兼董事)、董事会秘书万强、董事方利雄、副总经理王进(兼董事)、独立董事吴珉、独立董事朱凯、副总经理陈锡贵、副总经理周林、副总经理谭绍容、财务总监许静。

四维控股未及时披露与深圳旭莱签订《土地使用权转让协议》并付款的行为,违反了《证券法》第六十七条有关临时报告的规定,构成了《证券法》第一百九十三条所述"未按照规定披露信息,或者所披露的信息有虚假记载、误导性陈述或者重大遗漏"的行为。对此直接负责的主管人员为董事长雷刚、董事会秘书万强。

四维控股和雷刚在申辩材料中提出,我会认定公司信息披露不及时的事实存在,但信息披露不及时是在公司解决历史遗留问题过程中形成的,是善意的举措,目前这些历史遗留问题已经得到妥善解决,因此请求我会对其免予处罚。

朱要文在申辩材料中提出,其作为四维控股的总经理,并不直接负责公司的信息披露工作,对于公司与青海中金签订协议并付款一事,有董事长雷刚的《证明》说明其在当时已及时提示董事长进行信息披露,已做到勤勉尽责,因此请求我会对其免予处罚。

万强在申辩材料中提出:其一,2007年4月23日和2007年12月4日办公会的决议文件均为公司内部单方面文件,在其本人未签字的情况下,不能作为证据采信;其二,即便当时开会讨论了相关事宜,也只是公司的内部论证、提议,具有重大不确定性,只要该重大事项未出现难以保密、泄露或者市场传闻、股票及其衍生品种的交易未发生异常波动,就可以不披露;其三,其作为分管公司法务和信息披露事务的管理人员,在其履职过程中从未知晓涉案事项,也无相关信息披露义务人向其通报,其在勤勉尽责履行董事会秘书职责的情况下,仍无法获知相关涉案信息。万强还提供了雷刚的《证明》,证明其未参与协议签订及相关付款事宜,董事长因工作繁忙事后亦未告知相关事项。据此,万强请求我会对其免予处罚。

方利雄、王进、吴珉、朱凯四人在申辩材料中提出,其作为四维控股的董事,没有参加过公司办公会。公司没有及时将涉案事项提交董事会讨论,有关人员也未曾告知相关事项,四人在公司公告前并不知晓相关事实,因此请求我会对其免予处罚。

陈锡贵、周林、许静三人在申辩材料中提出,公司的信息披露有专门的部门和人员负责,其作为四维控股的高级管理人员,并没有直接负责或参与相关信息披露工作,对公司信息披露不及时的情况不知情,因此请求我会对其免予处罚。

谭绍容在申辩材料中提出,其作为公司的副总经理,事实上并未参与涉案事项的讨论,对相关事项不知情。谭绍容提供了四维控股和雷刚出具的《证明》,称其在参加2007年4月23日和2007年12月4日的办公会时,都因中途处理公司事务而未参与讨论涉案事项,因此请求我会对其免予处罚。

我会认为,四维控股的信息披露违法行为

事实清楚,证据充分。当事人提出的免予行政处罚的申辩理由不能成立,理由如下:

其一,根据《证券法》的规定,在发生可能对上市公司股票交易价格产生较大影响的重大事件而投资者尚未得知时,上市公司应当立即予以披露。上市公司披露的信息必须真实、准确、完整,不得有虚假记载、误导性陈述或者重大遗漏。本案中四维控股与青海中金、深圳旭莱签订协议并根据协议付款的事实属于应当予以及时披露的重大事项,应当予以及时披露。四维控股和相关责任人员对没有履行相应信息披露义务的行为应当承担责任。

其二,根据《上市公司信息披露管理办法》的有关规定,上市公司董事、监事、高级管理人员应当忠实、勤勉地履行职责,保证披露信息的真实、准确、完整、及时、公平,应当对公司信息披露的真实性、准确性、完整性、及时性、公平性负责。上市公司董事、监事、高级管理人员应当勤勉尽责,关注信息披露文件的编制情况,保证临时报告在规定期限内披露。上市公司董事长、经理、董事会秘书应当对公司临时报告信息披露的真实性、准确性、完整性、及时性、公平性承担主要责任。本案中,四维控股董事长雷刚、总经理朱要文(兼董事)和董事会秘书万强未能忠实、勤勉地履行职责,使公司未能在规定期限内披露与青海中金签订协议并付款的重大事项,因此应当承担相应的法律责任。同样,对于公司未及时披露与深圳旭莱签订协议并付款的行为,董事长雷刚、董事会秘书万强也应当承担相应的法律责任。当事人朱要文和万强提供了董事长雷刚的《证明》,说明二人或者已提示董事长进行信息披露,或者因未参与合同签订而不知情。但我会认为,根据《上市公司信息披露管理办法》的有关规定,作为上市公司的总经理、董事会秘书,其与公司董事长一样负有保证临时报告及时披露的责任,需要对公司临时报告信息披露的真实性、准确性、完整性、及时性、公平性承担主要责任。二人提供的证明材料不足以说明其二人已适当关注了公司信息披露情况,履行了作为上市公司总经理和董事会秘书所应承担的勤勉尽责义务。

其三,根据《证券法》的规定,上市公司董事、高级管理人员应当对公司定期报告签署书面确认意见,应当保证上市公司所披露的信息真实、准确、完整。根据《上市公司信息披露管理办法》的规定,上市公司董事、监事、高级管理人员应当勤勉尽责,关注信息披露文件的编制情况,保证定期报告在规定期限内披露。董事应当了解并持续关注公司生产经营情况、财务状况和公司已经发生的或者可能发生的重大事件及其影响,主动调查、获取决策所需要的资料。本案中,在审议通过2007年中期报告过程中,相关人员均为四维控股的董事或高级管理人员,本应持续关注公司的有关状况,保证上市公司所披露的信息真实、准确、完整,但上述人员并没有忠实、勤勉地履行职责,其怠于行使职权和履行职责的行为,导致了公司向社会公众披露的信息存在重大遗漏,当事人所谓未参与、不知情的申辩不足以说明其已适当关注了公司信息披露情况,履行了其所应承担的勤勉尽责义务。

根据当事人违法行为的事实、性质、情节与社会危害程度,依据《证券法》第一百九十三条的规定,我会决定:

一、对四维控股给予警告,并处以30万元罚款;

二、对雷刚给予警告,并处以5万元罚款;

三、对朱要文、万强给予警告,并分别处以3万元罚款;

四、对方利雄、王进、吴珉、朱凯、陈锡贵、周林、谭绍容、许静给予警告。

上述当事人应自收到本处罚决定书之日起15日内,将罚款汇交中国证券监督管理委员会(开户银行:中信银行总行营业部,账号7111010189800000162,由该行直接上缴国库),并将注有当事人名称的付款凭证复印件送中国证券监督管理委员会稽查局备案。当事人如果对本处罚决定不服,可在收到本处罚决定书之日起60日内向中国证券监督管理委员会申请行政复议,也可在收到本处罚决定书之日起3个月内直接向有管辖权的人民法院提起行政诉讼。复议和诉讼期间,上述决定不停止执行。

# 关于安徽省科苑集团股份有限公司及有关个人违反证券法规的行政处罚决定书

（〔2010〕15 号）

当事人：安徽省科苑集团股份有限公司（以下简称科苑集团），住所：安徽省宿州市浍水西路 271 号，法定代表人王永红。

吴立平，男，1966 年 1 月出生，时任科苑集团董事长。

周润南，男，1957 年 8 月出生，时任科苑集团董事长、副董事长、总经理。

依据 1999 年 7 月 1 日起施行的《中华人民共和国证券法》（以下简称原《证券法》）的有关规定，我会对科苑集团违反证券法律法规行为进行了立案调查、审理，依法向当事人告知了作出行政处罚的事实、理由、依据及当事人依法享有的权利，并应当事人周润南的要求举行了听证会，听取了当事人的陈述和申辩意见，当事人科苑集团提交了陈述申辩材料。本案现已调查、审理终结。

经查，科苑集团存在如下违法行为：

**一、未按规定披露证券投资**

自 2000 年 5 月发行上市开始，科苑集团以自己及安徽应用技术研究所、宿州技术和多个个人名义，采用自营以及委托闽发证券、金新信托、中安投资、恒盛投资理财的方式，分别在国元证券宿州证券部、国元证券中山北路营业部、长江证券天钥桥营业部、银河证券江苏路营业部、南洋期货公司等 18 家机构从事证券或者期货投资，并采用账外运作的方式，将资金划转到证券营业部。2000 年度，科苑集团投入资金 37,005 万元，回收资金 30,039.92 万元，当年投资余额为 6,965.08 万元；2001 年度，投入资金 28,300 万元，回收资金16,800万元，当年投资余额为 11,500 万元，累计投资余额为 18,465.08万元；2002 年度，投入资金 700 万元，回收资金 900 万元，累计投资余额为 18,265.08 万元。在投入的上述资金中，有 29,805 万元为募集资金。对于上述证券和期货投资行为，科苑集团一直未按规定及时予以披露，也未在 2000 年、2001 年、2002 年的年度报告中予以披露。

**二、将未回收的证券投资资金虚构为在建工程和固定资产**

2000 年至 2003 年，科苑集团存在将未回收的证券投资资金虚构为在建工程的行为，其相应年度报告均存在虚假记载。其中，2000 年度，虚增在建工程 5,580 万元；2001 年度，虚增在建工程 3,560 万元，虚增其他应收款 2,020 万元；2002 年度，虚增固定资产 3,560 万元，多计管理费用 833,750 元；2003 年度，多计管理费用1,617,475元。

**三、未按规定披露银行借款**

2000 年度，科苑集团在农业银行宿州淮海路支行的借款余额 2,300 万元没有入账。

2001 年度，科苑集团向农业银行宿州淮海路支行借款 2,300 万元，还款 2,300 万元，结转 2000 年度借款余额 2,300 万元，年末借款余额为 2,300 万元。前述借款事项均未入账。

2001 年度，科苑集团向建设银行宿州分行借款 9,000 万元，还款 3,000 万元，年末借款余额为 6,000 万元。前述借款事项均未入账。

2001 年度，科苑集团向光大银行合肥长江西路支行借款 5,000 万元，还款5,000万元。前述借款事项均未入账。

2002 年度，科苑集团向农业银行宿州淮海路支行借款 5,400 万元，还款 4,600 万元，结转 2001 年度借款余额 2,300 万元，年末借款余额为 3,100 万元。前述借款事项均未入账。

2002 年度,科苑集团向建设银行宿州分行借款 17,750 万元,还款 11,300 万元,结转 2001 年度借款余额 6,000 万元,年末借款余额 11,750万元。前述借款事项均未入账。

2002 年度,科苑集团向光大银行合肥长江西路支行借款 4,000 万元,还款2,000万元,年末借款余额为 2,000 万元。前述借款事项均未入账。

2003 年度,科苑集团向农业银行宿州淮海路支行借款 6,600 万元,还款 5,400 万元,结转 2002 年度借款余额 3,100 万元,年末借款余额为 4,300 万元。前述借款事项均未入账。

2003 年度,科苑集团向建设银行宿州分行借款 14,600 万元,还款 19,050 万元,结转 2002 年度借款余额 11,750 万元,年末借款余额为 7,300 万元。前述借款事项均未入账。

2003 年度,科苑集团向光大银行合肥长江西路支行借款 9,000 万元,还款 9,000万元,结转 2002 年度借款余额 2,000 万元,年末余额为 2,000 万元。前述借款事项均未入账。

2003 年度,科苑集团向合肥商业银行三孝口支行借款 1,000 万元,年末借款余额为 1,000 万元。该借款事项未入账。

2000 年至 2003 年度,科苑集团均存在银行借款未入账的行为,其相关年度报告相应内容均有虚假记载。其中,2000 年度,少计短期借款 2,300 万元;2001 年度,少计短期借款 8,300万元;2002 年度,少计短期借款 16,850 万元;2003 年度,少计短期借款 9,300 万元,少计长期借款5,300万元。

2002 年 8 月至 2003 年 5 月,借款未入账事项由科苑集团周润南决策,周润南在相应借款合同上签字或者签章,周润南应对此承担主要责任;2003 年 5 月至 2003 年底,借款未入账事项由董事长吴立平决策,吴立平在相应借款合同上签字,吴立平应对此承担主要责任。

### 四、将未入账借款利息虚构为在建工程

2001 年至 2003 年度,科苑集团均存在将未入账借款利息虚构为在建工程的行为,其相关年度报告相应内容均有虚假记载。其中,2001 年度,虚增在建工程2,511,510.22元,少计“财务费用——利息支出”2,511,510.22 元;2002 年度,虚增在建工程 6,099,115.71 元,少计“财务费用——利息支出”6,099,115.71 元;2003 年度,虚增在建工程 5,827,580.01 元,少计“财务费用——利息支出”5,827,580.01元。

2002 年 8 月至 2003 年 5 月,将未入账借款的利息虚构为在建工程事项由周润南决策,周润南对此承担主要责任。2003 年 5 月至 2003 年年底,将未入账借款的利息虚构为在建工程事项由吴立平决策,吴立平对此承担主要责任。

### 五、未按照规定披露有关重大担保

2004 年 4 月 21 日,科苑集团为其实际控制人上海庆安科技发展有限公司(以下简称上海庆安)向交通银行浦东分行借款提供 1,000 万元连带责任保证;2004 年 8 月 28 日,为上海庆安向浦东发展银行静安支行借款提供 2,500 万元连带责任保证;2004 年 11 月 11 至 13 日,为其控股股东安徽应用技术研究所向农业银行宿州淮海路支行借款分别提供 800 万元、800 万元、600 万元质押担保,总计提供质押担保 2,200万元。科苑集团均未按照规定及时披露以上重大担保信息。

吴立平负责重大担保事项的决策,并在相应董事会决议及担保合同、权利质押合同上签字,对未按照规定及时披露重大担保行为应承担主要责任。

上述事实,有科苑集团年度报告及董事会决议、账户开户资料、交易资料、会计凭证、贷款担保合同、相关人员询问笔录等证据证明,足以认定。

在陈述申辩中,科苑集团提出的经营困难和员工安置等问题,我会认为不能作为从轻、减轻或免责的理由,不予采纳。对周润南辩称未参与股权转让等情况,我会予以采纳,但其辩称对违法事项不知情、不分管等情况与事实不符,不予采纳。

科苑集团的行为违反了原《证券法》第五十九条、第六十条、第六十一条、第六十二条的规定,构成了原《证券法》第一百七十七条所述“未按照有关规定披露信息,或者所披露的信息有虚假记载、误导性陈述或者有重大遗漏”的行为。

根据当事人违法行为的事实、性质、情节与社会危害程度,依据原《证券法》第一百七十七

条的规定，我会决定：

一、对科苑集团处以50万元罚款；

二、对吴立平给予警告，并处以5万元罚款；

三、对周润南给予警告，并处以3万元罚款。

当事人应自收到本处罚决定书之日起15日内，将罚款汇交中国证券监督管理委员会（开户银行：中信银行总行营业部、账号7111010189800000162，由该行直接上缴国库），并将付款凭证的复印件送中国证券监督管理委员会稽查局备案。当事人如果对本处罚决定不服，可在收到本处罚决定书之日起60日内向中国证券监督管理委员会申请行政复议；也可以在收到本处罚决定书之日起3个月内直接向有管辖权的人民法院提起诉讼。复议和诉讼期间，上述决定不停止执行。

# 关于耿佃杰违反证券法规的行政处罚决定书

（〔2010〕16号）

当事人：耿佃杰，男，1953年9月出生，时任山东大成农药股份有限公司（以下简称大成股份）董事长。

依据《中华人民共和国证券法》（以下简称《证券法》）的有关规定，我会对耿佃杰涉嫌内幕交易行为进行了立案调查、审理，并依法向当事人告知了作出行政处罚的事实、理由、依据及当事人依法享有的权利。当事人未提出陈述、申辩理由，也未申请听证。本案现已调查、审理终结。

经查明，耿佃杰内幕交易违法行为的事实如下：

2006年年初，为给大成股份寻找合作伙伴，大成股份董事长耿佃杰在淄博市领导安排下与中国化工集团（以下简称中化集团）取得了联系。2006年3月，中化集团将大成股份合作的事宜交给其全资子公司中国化工农化总公司（以下简称中农化）办理，耿佃杰向中农化表达了淄博市政府和企业寻求合作的要求，进行沟通协商。2006年4月，中农化派员实地察看了大成股份的生产经营情况，并于4月下旬对大成股份进行了审计评估。2006年5月30日，中农化总经理带队到淄博与淄博市财政局（当时大成股份的控股股东）进行企业重组的商谈，双方从各大方面都达成了一致意见。5月31日，谈判双方签订资产重组的框架协议，约定淄博市财政局将其持有的大成股份全部国家股以国有资产无偿划转的方式转让给中农化，中农化保证在“十一五”期间对大成股份总投人不少于10亿元。大成股份董事长耿佃杰参加了此次会谈。8月17日，淄博市财政局通知大成股份签署资产重组协议事项，大成股份随即发布公告，披露了淄博市财政局与中农化签订资产重组协议的情况。后来，在协议的实际执行过程中，由于种种原因，双方执行协议不到位。

2007年，耿佃杰经人介绍，了解到中国农业生产资料集团公司（以下简称中农资）意欲在国内收购生产企业的情况。2007年7月18日，耿佃杰到北京与中农资有关人员初步沟通，了解中农资基本情况及中农资重组大成股份意向的基本想法。7月24日，双方签订保密协议，中农资派出多名审计、评估人员到大成股份调查了解情况，持续时间近一个月。8月23日，中农资派人与淄博市财政局（当时大成股份的控股股东）商谈，初步达成了中农资出资购买大成股份国有股的原则。耿佃杰参加了这次会议。8月24日，“大成股份”股价涨停，大成股份向上海证券交易所报告了淄博市政府的重组意图。8月27日，“大成股份”股价继续涨停，8月28日，“大成股份”停牌。8月29日，大成股份发布公告，称近日接到控股股东淄博市财政局通知,拟终止与中农化签订的《山东大成农药股份有限公司资产重组协议书》,初步决定与中农资实施资产重组。9 月 17 日,大成股份发布公告,称公司控股股东与中农资在重大问题上存在分歧不再商谈重组事宜,原先与中农化签订的《山东大成农药股份有限公司资产重组协议书》尚未解除,双方将进一步商议促进原协议继续执行的方案。当日,“大成股份”复盘。

2006 年 7 月 19 日,耿佃杰使用自己控制的“王某某”账户,以 2.94 元买入“大成股份”20,000股,7 月 25 日以 3.01 元全部卖出;8 月 3 日至 8 月 9 日,共买入“大成股份”92,279 股,买入均价约为 2.91 元,8 月 10 日以 2.93 元卖出 40,000 股;8 月 14 日共买入“大成股份”100,000股,买入均价为 2.83 元,8 月 16 日至 8 月 23 日将所持的 152,279 股“大成股份”全部卖出。

2007 年 8 月 27 日,耿佃杰使用自己控制的“王某某”账户,以 8.04 元买入“大成股份”7,900股,并于 10 月 15 日以 9.25 元全部卖出。

耿佃杰使用自己控制的“李某”账户,从 2007 年 3 月 1 日开始交易“大成股份”股票。2007 年 7 月 31 日至 8 月 22 日累计买入“大成股份”207,600 股,买入均价约为 7.45 元,并于 10 月 15 日全部卖出账户所持有的 360,000 股“大成股份”,卖出均价为 9.51 元。

耿佃杰使用“王某某”、“李某”账户交易“大成股份”股票的地点和方式主要是在办公室内进行网上委托。

案发后,耿佃杰向有关部门主动报告了上述行为,并主动上交了违法所得。在我会正式调查阶段,耿佃杰能够认识错误、主动坦白交代与配合调查,已经主动辞去了所任董事长职务。

我会认为,“中农化重组大成股份”、“中农资重组大成股份”这两个事项所涉及的情况,属于《证券法》第七十五条规定的内幕信息;耿佃杰作为公司董事长,全程参与了大成股份两次重大重组活动的联络、沟通、协商、决策等工作,知悉重组事项的进展情况,属于《证券法》第七十四条规定的证券交易内幕信息的知情人;耿佃杰在知悉内幕信息后,内幕信息公开前,通过由其实际控制和使用的他人账户,分次买入“大成股份”股票,构成了《证券法》第二百零二条所述“证券交易内幕信息的知情人或者非法获取内幕信息的人,在涉及证券的发行、交易或者其他对证券的价格有重大影响的信息公开前,买卖该证券”的行为,因此,认定其内幕交易行为成立。

我会认为,规范有序的上市公司并购重组活动,有利于充分发挥资本市场功能,优化资源配置,促进产业结构调整,有利于上市公司做优做强,提高上市公司质量。因此,我会对上市公司并购重组一直持支持、鼓励的态度。同时,并购重组活动往往导致上市公司的股份数量与股东构成、资产规模与资产结构、营业收入与经营损益发生重大变化,对上市公司股票交易价格有着直接、快速、显著的影响。从国际上看,无论在成熟证券市场还是新兴市场,并购重组活动都是内幕交易行为的易发区、高发区,因此,各国证券监管机构皆对并购重组活动中的内幕交易行为施以严密监控,予以严厉打击。我会依据《证券法》发布了《上市公司收购管理办法》、《上市公司重大资产重组管理办法》、《上市公司信息披露管理办法》等规章与规范性文件,一再强调、告诫上市公司和其他参与主体必须严格遵守有关规定,做好并购重组活动的信息披露和信息管理;同时,通过精简审核流程、加强日常监管等方式,严防并购重组过程中的内幕交易。但是,实践中,仍有一些人,对法律的禁止性规定熟视无睹,对监管部门的三令五申置若罔闻,不惜以身试法。这些内幕交易行为,不仅违反了证券市场的公平原则,使证券交易价格的形成过程失去了时效性与客观性,严重影响了证券市场的价格发现功能;而且许多已经发生的事例表明,内幕交易行为导致证券交易价格异常波动,加大了并购重组的不必要成本,增强了并购重组难度,延滞了并购重组进程,有些甚至直接导致并购重组项目的流产,严重阻碍了证券市场资源配置功能的发挥。

本案中,耿佃杰身为大成股份董事长,全程参与了大成股份两次重大重组活动的联络、沟通、协商、决策,对重组事项的进展、前景与细节有着全面、准确的了解,本应以公司重组大局为重,恪守对公司和股东的信义义务,遵守证券法规,主动戒绝本公司股票的交易,却在知悉公司重组的内幕信息以后,内幕信息公开以前,明知违法而心存侥幸,多次利用自己控制并实际使用的他人账户，主要通过在办公室网上委托方式，较大数量地买入本公司股票，应当予以处罚。同时，我会业已考虑耿佃杰已经向有关部门主动上交了违法所得；在我会正式调查阶段，耿佃杰也能够认识错误、主动坦白交代与配合调查，并已经主动辞去了所任董事长职务等情况。

根据当事人违法行为的事实、性质、情节与社会危害程度，依据《证券法》第二百零二条、《中华人民共和国行政处罚法》第二十七条的规定，我会决定：对耿佃杰处以5万元罚款。

上述当事人应自收到本处罚决定书之日起15日内，将罚没款汇交中国证券监督管理委员会（开户银行：中信银行总行营业部、账号7111010189800000162，由该行直接上缴国库），并将注有当事人名称的付款凭证复印件送中国证券监督管理委员会稽查局备案。当事人如果对本处罚决定不服，可在收到本处罚决定书之日起60日内向中国证券监督管理委员会申请行政复议，也可在收到本处罚决定书之日起3个月内直接向有管辖权的人民法院提起行政诉讼。复议和诉讼期间，上述决定不停止执行。

# 关于东盛科技股份有限公司及有关个人违反证券法规的行政处罚决定书

（〔2010〕17号）

当事人：东盛科技股份有限公司（以下简称东盛科技，股票代码600771），注册地址：青海省西宁市经济技术开发区金桥路38号，办公地址：陕西省西安市高新区唐延路23号东盛大厦。法定代表人：张斌。

郭家学，男，1966年9月29日出生，时任东盛科技董事长。

张斌，男，1973年1月26日出生，时任东盛科技董事并先后担任东盛科技副总裁、总裁。

杨红飞，男，1968年9月30日出生，时任东盛科技财务总监、副总裁。

田红，女，1968年2月6日出生，时任东盛科技董事并先后担任董事会秘书、东盛科技副总裁。

关平，男，1961年10月19日出生，时任东盛科技董事、副总裁。

戴登元，男，1947年5月7日出生，时任东盛科技董事。

都兴开，男，1967年6月8日出生，时任东盛科技董事。

王建侠，男，1963年9月20日出生，时任东盛科技董事。

邹东涛，男，1949年11月10日出生，时任东盛科技独立董事。

李成，男，1956年8月8日出生，时任东盛科技独立董事。

王凤洲，男，1960年10月12日出生，时任东盛科技独立董事。

张洪魁，男，1933年12月10日出生，时任东盛科技独立董事。

姚达慕，男，1930年10月23日出生，时任东盛科技独立董事。

李生，男，1964年12月25日出生，时任东盛科技董事。

李相贤，男，1945年7月2日出生，时任东盛科技董事。

依据1999年7月1日起施行的《中华人民共和国证券法》（以下简称原《证券法》）和2006年1月1日起施行的《中华人民共和国证券法》（以下简称《证券法》）的有关规定，我会对东盛科技虚假陈述行为进行了立案调查、审理，并依法向当事人告知了作出行政处罚的事实、理由、依据及当事人依法享有的权利，当事人邹东涛、张洪魁、姚达慕、王凤洲、李成提出陈述、申辩意见。本案现已调查、审理终结。

经查明，东盛科技存在以下违法事实：

一、东盛科技 2003 年至 2008 年 4 月没有对东盛科技向西安东盛集团有限公司(以下简称东盛集团)及陕西东盛药业股份有限公司(以下简称东盛药业)提供资金及时履行临时信息披露义务,其中截至 2006 年 9 月 30 日,提供资金余额158,858.31万元,2006 年 10 月至 12 月提供资金发生额 1,233.66 万元,2007 年 1 月至 12 月提供资金发生额 5,001.54 万元,2008 年 1 月至 4 月提供资金发生额 690.64 万元。

二、东盛科技 2002 年至 2006 年没有对相关对外担保事项及时履行临时信息披露义务。截至 2006 年 9 月 30 日,东盛科技对外担保事项余额共计 111,234.83 万元,其中为河北宝硕股份有限公司银行借款担保 36,248.83 万元,为沧州化学工业股份有限公司担保 43,986 万元,为宁夏美利纸业股份有限公司担保 22,100 万元,为兰宝科技信息股份有限公司担保8,900 万元。

三、东盛科技 2002 年年度报告没有披露 1 项 12,100 万元对外担保事项。

四、东盛科技 2003 年中期报告没有披露 5 项 15,900 万元对外担保事项,没有披露 5 项 26,000 万元银行借款事项。

五、东盛科技 2003 年年度报告没有披露东盛科技向东盛集团及东盛药业提供资金,2003 年提供资金发生额 73,100 万元,期末余额 73,100万元;东盛科技 2003 年年度报告没有披露 6 项 18,400 万元对外担保事项;没有披露 15 项 70,600 万元银行借款、银行承兑汇票、商业承兑汇票贴现事项。

六、东盛科技 2004 年中期报告没有披露 1 项 3,000 万元对外担保事项,没有披露 14 项 73,700 万元银行借款、银行承兑汇票事项。

七、东盛科技 2004 年年度报告没有披露东盛科技向东盛集团及东盛药业提供资金,2004 年提供资金发生额 -1,562.70 万元,期末余额 71,537.30 万元;没有披露 1 项 3,000 万元对外担保事项;没有披露 18 项 76,380 万元银行借款、银行承兑汇票、商业承兑汇票贴现事项。

八、东盛科技 2005 年中期报告没有披露 8 项 25,600 万元对外担保事项,没有披露 15 项 73,180 万元银行借款、银行承兑汇票事项。

九、东盛科技 2005 年年度报告没有披露东盛科技向东盛集团及东盛药业提供资金,2005 年提供资金发生额 56,933.24 万元,期末余额 128,470.54 万元;没有披露 12 项 51,700 万元对外担保事项;没有披露 9 项 45,150 万元银行借款、银行承兑汇票事项。

十、东盛科技 2006 年中期报告没有披露 11 项 22,186 万元对外担保事项,没有披露 8 项 43,100 万元银行借款、银行承兑汇票事项。

东盛科技 2002 年至 2008 年期间,未按规定披露将资金提供给控股股东及其他关联方使用,未按规定披露对外担保事项,未按规定披露银行借款事项,其行为在 2002 年至 2005 年期间违反了原《证券法》第六十条、第六十一条、第六十二条的规定,在 2006 年至 2008 年期间违反了《证券法》第六十三条的规定。

对东盛科技没有及时履行临时信息披露义务的直接负责的主管人员为东盛科技时任董事长郭家学。对东盛科技相关定期报告虚假陈述行为直接负责的主管人员为参加审议东盛科技相关定期报告董事会并同意相关定期报告的东盛科技时任董事长郭家学。其他直接责任人员为参加审议东盛科技相关定期报告董事会并同意相关定期报告的东盛科技董事张斌、杨红飞、田红、关平、李生、李相贤、王建侠、都兴开、戴登元、邹东涛、李成、姚达慕、张洪魁、王凤洲。

以上违法事实有 2002 年年度报告、2003 年中期报告、2003 年年度报告、2004 年中期报告、2004 年年度报告、2005 年中期报告、2005 年年度报告、2006 年中期报告,相关临时公告,相关会计记录,相关合同,相关协议,相关董事会决议,相关人员谈话笔录等证据证明,足以认定。

东盛科技时任独立董事邹东涛、张洪魁、姚达慕、王凤洲、李成在陈述、申辩意见中提出,由于东盛科技向他们隐瞒违法行为,他们事先难以发现东盛科技的违法行为,更不可能事先履行职责制止东盛科技的违法行为。他们在知道东盛科技的违法行为后做了力所能及的工作。经查,现有证据没有证明相关责任人忠实、勤勉地履行了职责,相关责任人在陈述、申辩中提出的证据不能证明其忠实、勤勉地履行了职责。按照《中华人民共和国公司法》及我会的相关规定,上市公司董事应当根据公司和全体股东的最大利益,忠实、勤勉地履行职责,应当遵守有关法律、法规、中国证监会规定及公司章程的规定，应当保证公开披露的文件内容没有虚假记载、误导性陈述或重大遗漏。上市公司董事应当对董事会的决议承担责任，上市公司董事应当对上市公司定期报告的真实、准确、完整负有责任。关于相关责任人提出的在知道东盛科技的违法行为后做了力所能及的工作，对此，我会已充分关注，依照《中华人民共和国行政处罚法》的相关规定对相关责任人从轻处罚。

根据当事人违法行为的事实、性质、情节与社会危害程度，依据原《证券法》第一百七十七条和《证券法》第一百九十三条，我会决定：

一、对东盛科技给予警告，并处以60万元罚款；

二、对郭家学给予警告，并处以30万元罚款；

三、对张斌给予警告，并处以20万元罚款；

四、对杨红飞、田红、关平、李生、李相贤、王建侠、都兴开、戴登元、邹东涛、李成、姚达慕、张洪魁、王凤洲给予警告，并分别处以3万元罚款。

上述当事人应自收到本处罚决定书之日起15日内，将罚款汇交中国证券监督管理委员会（开户银行：中信银行总行营业部，账号：7111010189800000162，由该行直接上缴国库），并将注有当事人名称的付款凭证复印件送中国证券监督管理委员会稽查局备案。当事人如果对本处罚决定不服，可在收到本处罚决定书之日起60日内向中国证券监督管理委员会申请行政复议，也可在收到本处罚决定书之日起3个月内直接向有管辖权的人民法院提起行政诉讼。复议和诉讼期间，上述决定不停止执行。

## 关于党建军、马中文等4名责任人员违反证券法规的行政处罚决定书

（〔2010〕18号）

当事人：马中文，男，2003年5月25日至调查时任光明集团家具股份有限公司（以下简称光明家具）董事长。

赵金香，女，与马中文系夫妻关系。

马忠琴，女，与马中文系姐弟关系。

党建军，男，2007年4月26日至2009年6月3日任光明家具副总经理。

依据《中华人民共和国证券法》（以下简称《证券法》）有关规定，我会依法对党建军等人内幕交易案进行了立案调查、审理，并向当事人告知了作出行政处罚决定的事实、理由、依据及当事人依法享有的权利。当事人未提出陈述、申辩意见，也未要求听证。本案现已调查、审理终结。

经查明，党建军等人存在以下违法事实：

**一、内幕信息的形成**

经查，光明家具2005、2006年连续两年亏损，2007年4月公司股票被实行退市风险警示，若2007年继续亏损，公司股票将被暂停上市。长城资产管理公司（以下简称长城）持有光明家具债权20,652.32万元，光明家具为实现扭亏、避免退市，自2006年开始，积极与长城哈尔滨办事处（以下简称长城哈办）进行债务和解的协商谈判。

2007年11月21日，光明家具向长城哈办发出《关于债务和解的方案》（光集家股字〔2007〕8号），双方就以股抵债的债务重组主要形式达成一致，但具体数额还在磋商。2007年12月20日，双方确定债务重组初步方案并制作相关文件；2007年12月23日，长城哈办向总公司报送了《关于对光明集团家具股份有限公司债务重组项目方案的请示》（中长资哈发〔2007〕203号），长城总公司于2007年12月24日以中长资复〔2007〕637号下达批复，同意项目方案；2007年12月25日，光明家具与长城哈

办签订了《债务和解协议》。

2007年12月25日,光明家具发布2007-090号临时公告,称公司及控股股东将与有关方面商讨对本公司有重大影响的事项,为了避免公司股票价格异常波动,公司股票将于2007年12月25日起停牌,待有关事项有明确结果后,按深圳证券交易所有关规定披露相关信息并复牌。

2008年1月2日,光明家具发布了《光明集团家具股份有限公司债务重组公告》(2007-091号临时公告),宣布本公司及青峰农场、光明集团与长城哈办四方共同签署债务和解协议,主要内容为:光明家具向长城哈办支付人民币1,500万元,以评估价值10,777.92万元的资产,抵偿所欠长城哈办10,452.32万元的债务,而长城哈办则放弃对本公司剩余债权人民币8,700万元的追偿,长城哈办以此10,452.32万元资产,置换青峰农场所持有的,仍然在光明集团名下的本公司发起人法人股7,611.82万股中的1,650万股(占本公司股本总额的8.88%)股份。

综上,光明家具与长城哈办进行债务和解是属于《证券法》第七十五条第一款规定的涉及公司经营、财务或者对该公司证券的市场价格有重大影响的尚未公开的内幕信息。自光明家具2007年11月21日提出债务和解方案,同意长城哈办以股抵债要求,就债务重组主要形式达成一致为内幕信息形成日,该时点至2008年1月2日光明家具公告披露债务和解协议前,属于内幕信息敏感期。

## 二、马中文、赵金香、马忠琴内幕交易的主要事实

2007年12月21日,马忠琴的账户买入"S*ST光明"67,600股,成交均价7.55元;2008年2月5日卖出"S*ST光明"67,600股,成交均价9.11元,实现盈利98,632.34元。上述交易为内幕交易,理由如下:

(一)买卖"S*ST光明"的交易指令均是从马中文家中电脑发出,由马中文之妻赵金香进行操作。

(二)马中文系光明家具董事长,自始至终主导并参与了光明家具与长城哈办的债务和解谈判全过程,是内幕信息知情人。在前述内幕信息敏感期内,赵金香作为马中文的妻子与其共同生活,具有获取光明家具债务重组内幕信息的基础和条件。虽然马中文在2007年12月20日晚与长城哈办在哈尔滨达成重组协议后并未回到伊春,而是直接前往北京等待审批结果及签署协议。但是,这仅仅是前述内幕信息敏感期中的一部分时间,不是全部。这不能排除赵金香对内幕信息知情。现代信息传递方式多种多样,马中文、赵金香很方便进行联系。况且赵金香作为妻子可以通过马中文谈判后不回来,直接到北京就推知谈判结果。

(三)赵金香买入"S*ST光明"股票时间与"S*ST光明"内幕信息的形成、发展过程在时间上高度吻合。光明家具内幕信息的形成时间以及账户交易时间显示,2007年11月21日光明家具与长城哈办就债务重组主要形式达成一致,直至12月20日晚上十点钟左右双方才确定债务重组初步方案。赵金香在12月21日,清仓卖掉所有其他股票,将所有账户资金集中买入"S*ST光明"67,600股。这表明赵金香及时知道了债务重组谈判结果。

(四)赵金香积极追求获取最大利益的行为表明她对内幕信息的高度确信。截至2007年9月17日,马忠琴账户重仓持有"ST银广夏"、"亚盛集团"等股票,账户余额为0.37元,自2007年9月17日至2007年12月20日之间该账户未发生过任何股票买卖交易。2007年12月21日,马忠琴账户卖出以上账户股票,取得资金512,959.6元后重仓买入唯一一只股票"S*ST光明"67,600股,买入股票后账户余额仅107.89元。赵金香卖出其他股票,将所得资金几乎全部买入光明家具股票的交易行为,反映出她对光明家具债务重组内幕信息的高度认知和确信。

以上事实,足以认定赵金香管理马忠琴账户买卖光明家具股票行为构成内幕交易。从赵金香买卖光明家具股票行为与光明家具债务重组内幕信息在时间上多次高度吻合,以及赵金香对光明家具债务重组内幕信息的高度认知和确信看,没有内幕信息知情人的配合、支持,如泄露内幕信息,赵金香买卖股票的行为是不可能的。在光明家具债务重组内幕信息知情人中,身为光明家具董事长的马中文与赵金香是夫妻,关系最近,而且马中文与内幕交易账户的

所有者马忠琴是姐弟关系,交易指令也是从马中文家中发出。根据这些事实,足以推定马中文配合和支持该内幕交易,是该内幕交易的责任人员。该内幕交易账户的所有者马忠琴是时任光明家具董事长马中文的姐姐,应该知道马中文身为光明家具董事长,可能掌握内幕信息,而把账户交其妻赵金香管理,存在进行内幕交易的主观故意,而且马忠琴在谈话笔录中承认,"2006年之后把账户交给赵金香帮我操作,通常情况下是我通知她买卖哪支股票,也有她看好哪支股票然后与我商量是否买卖的情况"。据此可以认定马忠琴参与了该内幕交易,是该内幕交易的责任人员。

我会调查时当事人的谈话矛盾或者前后不一致,表明当事人存在掩饰内幕交易的主观状态。

根据当事人谈话笔录及《情况说明》,赵金香称与马忠琴关系一般,只是正常亲属关系;马忠琴称她与马中文平时不联系,和他爱人赵金香的关系不太好。但通过马忠琴账户发出交易指令等证据表明,马忠琴的账户交易均由赵金香实际进行操作。马忠琴账户的资金归属,当事人均承认为马忠琴本人所有,但将账户中几十万元的资金交由相处关系不太好的人打理不符合情理,且赵金香能够从马忠琴银行账户中直接取钱、在马忠琴《客户交易结算资金银行存管协议书签署页》(2009年)上填写的联系电话为138××××726(即赵金香的电话),马忠琴在谈话笔录中称"2006年之后把账户交给赵金香帮我操作,通常情况下是我通知她买卖哪支股票,也有她看好哪支股票然后与我商量是否买卖的情况"等,表明当事人关系并非其二人所述一般。

我会调查组分别于2009年5月16日、5月18日、6月1日、8月27日4次与马忠琴进行谈话并制作了《谈话笔录》,4次谈话中就关键问题当事人回答前后不一致。首先是关于账户的操作问题。在5月16日谈话中马忠琴称,自开户一直到现在都是自己操作,有时在营业部大厅、有时借用大户室现场操作。账户、密码就其一个人知道,没让别人代替交易过;在5月18日的谈话中称,最近几年有请过别人帮忙操作,有一个是营业厅的姓赵的朋友,曾经将其账户、密码告诉过这个朋友及她的亲戚;在6月1日的谈话中称,2006年以后就把账户交给赵金香帮忙操作。

其次是关于2007年12月21日交易"S＊ST光明"的情况。在5月16日马忠琴的谈话中称,买进股票是在江海证券营业厅大厅或是大户室,卖出也是在江海证券营业厅卖的,百分之八十是在大厅操作的;在5月18日的谈话中称:"谁帮我买卖的'S＊ST光明'股票,我记不清了。"在6月1日的谈话中称:"我只是委托赵金香帮我买卖,与她没有金钱关系的往来。"调查人员对其前后回答不一致进行询问时,马忠琴称是因为不知道谈话目的,不想牵连其他太多人,怕给他们带来麻烦。可见马忠琴对此存在隐瞒和掩饰。

**三、党建军内幕交易行为相关事实**

2007年12月12日,光明家具召开第五届第二十七次董事会,会上通报了光明家具与长城哈办的债务重组谈判情况,党建军出席了该次董事会,是内幕信息知情人。2007年12月21日和2008年1月7日,党建军通过其本人账户用其家中的台式电脑网上下单委托买卖"S＊ST光明"。2007年12月21日,买入"S＊ST光明"22,800股,成交均价7.50元,同日被交易所锁定17,100股;2008年1月7日卖出5,700股,成交均价9.35元,实现盈利9,968.74元。2009年1月5日,交易所解除冻结股份4,275股,目前此账户仍持有"S＊ST光明"股票17,100股,其中可交易4,275股。

2009年1月9日,光明家具对党建军买卖本公司股票的行为予以通报批评,并将党建军买卖本公司股票所获收益收归公司所有。

上述事实有相关人员谈话笔录、公司出具的说明、有关会议纪要、相关账户交易记录和统计数据等证据在案证实,证据确实、充分,足以认定。

当事人马中文、赵金香、马忠琴及党建军的上述行为,违反了《证券法》第七十三条"禁止证券交易内幕信息的知情人和非法获取内幕信息的人利用内幕信息从事证券交易活动"以及第七十六条"证券交易内幕信息的知情人和非法获取内幕信息的人,在内幕信息公开前,不得买卖该公司的证券,或者泄漏该信息,或者建议他人买卖该证券"的规定,构成《证券法》第二百零二条所述“证券交易内幕信息的知情人或者非法获取内幕信息的人,在涉及证券发行、交易或者其他对证券的价格有重大影响的信息公开前,买卖该证券”的违法行为。

根据当事人违法行为的事实、性质、情节与社会危害程度,根据《证券法》第二百零二条的规定,我会决定:

一、没收马忠琴账户违法所得98,632.34元,并对马中文、赵金香、马忠琴处以罚款98,632.34元;

二、对党建军处以50,000元罚款;责令其处理账户中剩余的“S＊ST光明”股票,如有违法所得,予以没收。

当事人应自收到本处罚决定书之日起15日内,将罚款汇交中国证券监督管理委员会(开户银行:中信银行总行营业部,账号7111010189800000162,由该行直接上缴国库),并将注有当事人名称的付款凭证复印件送中国证券监督管理委员会稽查局备案。当事人如果对本处罚决定不服,可在收到本处罚决定之日起60日内向中国证券监督管理委员会申请行政复议,也可以在收到本处罚决定书之日起3个月内直接向有管辖权的人民法院提起行政诉讼。复议和诉讼期间,上述决定不停止执行。

# 关于湖南洞庭水殖股份有限公司及有关个人违反证券法规的行政处罚决定书

(〔2010〕19号)

当事人:湖南洞庭水殖股份有限公司(现已更名大湖水殖股份有限公司,以下简称洞庭水殖),法定代表人为罗祖亮。

罗祖亮,男,1957年10月出生,时任洞庭水殖董事长。

曾卫国,男,1951年8月出生,时任洞庭水殖董事、副总经理。

彭荣钦,男,1957年8月出生,时任洞庭水殖监事、董事、副总经理。

李祖军,男,1967年8月出生,时任洞庭水殖董事、副总经理、副董事长。

黄新元,男,1954年8月出生,时任洞庭水殖副总经理、董事会秘书、副董事长。

梁淑敏,女,1953年3月出生,时任洞庭水殖董事。

曹向钧,女,1953年12月出生,时任洞庭水殖董事、副总经理。

赵涌涛,男,1951年2月出生,时任洞庭水殖独立董事。

依据2006年1月1日起施行的《中华人民共和国证券法》(以下简称《证券法》)有关规定,我会依法对洞庭水殖违反证券法律法规行为进行了立案调查、审理,并依法向当事人告知了作出行政处罚的事实、理由、依据及当事人依法享有的权利。应当事人的要求,我会依法举行了听证会,听取了当事人及其代理人的陈述和申辩。本案现已调查、审理终结。

经查明,洞庭水殖存在以下违法事实:

2001年4月至2008年12月,安乡水产养殖有限公司(以下简称安乡水产,洞庭水殖第二或第三大股东)一直被湖南泓鑫控股有限公司(以下简称泓鑫控股,洞庭水殖第一大股东)通过直接控股或通过控股子公司间接控股等方式控制,双方构成关联关系。洞庭水殖在2001年至2007年年度报告中未如实披露安乡水产与泓鑫控股之间的关联关系。具体情况如下:

2001年3月13日,常德市体改委批复同意泓鑫控股兼并安乡县水产养殖总场(以下简称安乡总场,洞庭水殖上市时为第二大股东),安乡总场法人资格依法注销;同日,安乡县人民政府批复,同意泓鑫控股以承担债务形式兼并安乡总场,泓鑫控股兼并安乡总场后向安乡县人民政府补偿1,100万元,泓鑫控股法定代表人曾卫国在兼并协议上签字。3月15日,泓鑫控股召开董事会,同意出资495万元成立安乡水产。4月25日,安乡水产成立,公司股东为泓鑫控股(持股比例99%)和湖南常德隆洋渔业机械有限公司(持股比例1%)。2002年12月16日,安乡水产股东由泓鑫控股、湖南常德隆洋渔业机械有限公司变更为安乡洞庭白杨营林有限公司(以下简称安乡白杨,持股比例49%)、临澧县洞庭白杨营林有限公司(以下简称临澧白杨,持股比例46%)、常德德海药材开发有限公司(以下简称德海药材,持股比例5%)。2004年11月,安乡水产股东由安乡白杨、临澧白杨、德海药材变更为湖南洞庭水殖置业有限公司(以下简称洞庭置业,持股比例95%)、德海药材(持股比例5%)。安乡白杨和临澧白杨为湖南洞庭白杨林纸有限公司(以下简称洞庭白杨)控股子公司,而洞庭白杨为泓鑫控股的子公司。2005年12月5日,安乡水产股东洞庭置业将所持安乡水产95%股份再次转让给泓鑫控股。2006年2月,安乡水产股东泓鑫控股变更为新合作为有限责任公司(以下简称新合作,持股比例95%)。2008年8月,安乡水产股东新合作再次变更为泓鑫控股(持股比例95%)。泓鑫控股与新合作之间转让安乡水产股权均未支付股权转让款475万元。洞庭水殖年报显示,安乡水产2001年为第三大股东,2002年到2006年为第二大股东,2007年为第三大股东。安乡水产2007年4月至2008年11月将所持有洞庭水殖股权通过二级市场全部减持,所得资金180,027,540.63元,主要流向为泓鑫控股6,446万元、北京天惠参业股份有限公司3,889.61万元、上海泓沅实业有限公司3,690万元、洞庭水殖2,541.12万元。

对洞庭水殖上述行为,直接负责的主管人员为时任董事长罗祖亮,其他直接责任人员为时任董事、副总经理曾卫国、彭荣钦,时任董事李祖军,时任副董事长兼董事会秘书黄新元,时任董事、监事会召集人梁淑敏,时任董事、副总经理曹向钧,时任独立董事赵涌涛。

上述事实,有相关情况说明、董事会决议、2001年至2007年年度报告等证据证明,足以认定。

洞庭水殖申辩称,安乡水产被泓鑫控股兼并后,泓鑫控股、安乡水产均未向公司及公司董事、高级管理人员披露二者存在的关联关系,公司不知悉二者存在关联关系。我会认为,洞庭水殖对二者关联关系是知悉的,在2001年至2007年年度报告中未披露泓鑫控股与安乡水产的关联关系,事实清楚,证据充分。罗祖亮、彭荣钦、李祖军、梁淑敏、黄新元、曹向钧申辩称,本人没有参与泓鑫控股兼并安乡水产事宜,对泓鑫控股和安乡水产关联关系不知情;赵涌涛申辩称,违法事实发生在2001年至2007年,本人是2008年2月担任公司独立董事,对公司在上述期间违法行为没有直接责任。我会认为,有充分证据证明曾卫国、彭荣钦、李祖军、梁淑敏、黄新元、曹向钧、赵涌涛对泓鑫控股和安乡水产关联关系是知悉的,他们作为上市公司董事未能履行勤勉尽责义务,对上市公司未按规定披露信息负有责任,应给予处罚。

我会认定,洞庭水殖的上述行为违反了1999年7月1日起施行的《中华人民共和国证券法》(以下简称原《证券法》)第五十九条"公司公告的股票或者公司债券的发行和上市文件,必须真实、准确、完整,不得有虚假记载、误导性陈述或者重大遗漏"和《证券法》第六十三条"发行人、上市公司依法披露的信息,必须真实、准确、完整,不得有虚假记载、误导性陈述或者重大遗漏"的规定,构成了原《证券法》第一百七十七条所述"未按照有关规定披露信息,或者所披露的信息有虚假记载、误导性陈述或者有重大遗漏的"和《证券法》第一百九十三条"未按照规定披露信息,或者所披露的信息有虚假记载、误导性陈述或者重大遗漏的"行为。时任董事长罗祖亮是直接负责的主管人员;时任董事、总经理曾卫国、时任董事、副总经理彭荣钦、时任董事、副总经理李祖军、时任副董事长、董事会秘书黄新元、时任董事梁淑敏、曹向均、时任独立董事赵涌涛是其他直接责任人员。

根据当事人违法行为的事实、性质、情节与社会危害程度,依据原《证券法》第一百七十七条和《证券法》一百九十三条的规定,我会决定:

一、洞庭水殖给予警告;

二、对罗祖亮给予警告,并处以10万元罚款;

三、对曾卫国、彭荣钦给予警告,并分别处以5万元罚款;

四、对李祖军、黄新元、梁淑敏、曹向钧给予

警告,并分别处以3万元罚款;

五、对赵涌涛给予警告。

上述当事人应自收到本处罚决定书之日起15日内,将罚款汇交中国证券监督管理委员会(开户银行:中信银行总行营业部,账号7111010189800000162,由该行直接上缴国库),并将注有当事人名称的付款凭证复印件送中国证券监督管理委员会稽查局备案。当事人如果对本处罚决定不服,可在收到本处罚决定之日起60日内向中国证券监督管理委员会申请行政复议,也可以在收到本处罚决定之日起3个月内直接向有管辖权的人民法院提起行政诉讼。复议和诉讼期间,上述决定不停止执行。

# 关于健桥证券股份有限公司有关责任人员李良清、李先路违反证券法规的行政处罚决定书

([2010]20号)

当事人:李良清,男,1963年4月出生,2002年7月至2004年3月任健桥证券股份有限公司(以下简称健桥证券)资产管理部总经理,2003年3月至2004年8月任总裁助理。

李先路,男,1964年8月出生,2002年7月至2004年9月任健桥证券副总裁。

依据1999年7月1日施行的《中华人民共和国证券法》(以下简称原《证券法》)有关规定,我会依法对健桥证券违反证券法律法规案进行了立案调查、审理,并向当事人告知了作出行政处罚决定的事实、理由、依据及当事人依法享有的权利。当事人李先路提出了陈述、申辩意见,我会应当事人李良清的要求举行了听证会。本案现已调查、审理终结。

经查明,健桥证券存在以下违法事实:

一、2002年7月至2004年10月开展违规委托理财业务,通过向客户承诺3%至9.5%之间收益率的方式,累计签订合同71笔,涉及金额210,158.27万元。

二、通过所控制的自营账户和资产管理账户挪用经纪客户的国债,进行国债回购,并将大部分回购资金划到青海光彩农业产业控股有限公司和上海华冠投资有限公司。截至2004年5月31日,挪用的标准券金额为112,013,440元;截至2004年9月30日,挪用的标准券金额为125,823,730元;截至2005年12月31日,挪用的标准券金额为70,229,030元。

三、2002年至2003年期间通过直接或委托等方式违法违规对外投资27,900万元,超出核定的业务范围经营。

上述事实,有相关账户开户资料、资金凭证、理财合同、委托投资合同、证券公司情况说明、交易所数据、当事人询问笔录等证据证明,足以认定。

健桥证券开展违规委托理财业务的行为违反了《关于规范证券公司受托投资管理业务的通知》(证监机构字〔2001〕265号)第四条关于"受托投资管理合同中应列明具体的委托事项,受托人应根据在与委托人签订的受托投资管理合同中约定的方式为委托人管理受托投资,但不得向委托人承诺收益或者分担损失"的规定,以及《证券公司客户资产管理业务试行办法》(证监会令第17号)第四十一条关于"证券公司从事客户资产管理业务,不得有下列行为:(二)向客户作出保证其资产本金不受损失或者取得最低收益的承诺"的规定;健桥证券挪用经纪客户国债的行为违反了原《证券法》第七十三条关于"在证券交易中,禁止证券公司及其从业人员从事下列损害客户利益的欺诈行为:(三)挪用客户所委托买卖的证券或者客户账户上的资金"的规定,构成了原《证券法》第一百九十三条规定的"证券公司、证券登记结算机构及其从业人员,未经客户的委托,买卖、挪用、出借客户账户上的证券或者将客户的

证券用于质押的”情形;健桥证券超范围经营的行为违反了原《证券法》第一百三十一条关于“证券公司不得超出核定的业务范围经营证券业务和其他业务”的规定,以及《证券公司管理办法》(证监会令第5号)第三十二条关于“证券公司不得兴办实业,不得购置非自用不动产”的规定。

对健桥证券违规委托理财的行为,时任总裁助理和资产管理部总经理李良清是直接负责的主管人员之一;对健桥证券挪用经纪客户国债的行为,时任副总裁李先路、副总裁李良清是直接负责的主管人员;对健桥证券超范围经营的行为,李先路是直接负责的主管人员之一。

根据当事人违法行为的事实、性质、情节和社会危害程度,依据原《证券法》第一百九十三条的规定,我会决定:吊销李良清、李先路的从业资格证书。

当事人如果对本决定不服,可在收到本决定书之日起60日内向中国证券监督管理委员会申请行政复议,也可在收到本决定书之日起3个月内直接向有管辖权的人民法院提起行政诉讼。复议和诉讼期间,上述决定不停止执行。

# 关于柳州两面针股份有限公司及有关个人违反证券法规的行政处罚决定书

(〔2010〕21号)

当事人:柳州两面针股份有限公司(以下简称两面针),注册地址:广西柳州市北区长风路2号,法定代表人为马朝梅。

梁英奇,男,1950年9月18日出生,时任两面针董事长,2004年7月1日至2005年5月1日兼任两面针总裁。

陈丽霞,女,1962年11月8日出生,时任两面针董事、财务负责人。

袁东升,男,1967年12月29日出生,时任两面针董事。

王为民,男,1966年6月27日出生,时任两面针董事、董事会秘书。

黄忠耀,男,1951年9月16日出生,时任两面针董事。

岳江,男,1957年1月出生,美国籍,时任两面针董事。

林钻煌,男,1965年10月3日出生,时任两面针董事。

胡德超,男,1969年9月12日出生,时任两面针董事。

方振淳,男,1963年7月15日出生,时任两面针董事。

根据2005年10月27日修订、2006年1月1日起施行的《中华人民共和国证券法》(以下简称《证券法》)有关规定,我会依法对两面针信息披露违法案进行了立案调查、审理,并向当事人告知了作出行政处罚决定的事实、理由、依据及当事人依法享有的权利。本案现已调查、审理终结。

经查明,当事人存在如下违法行为:

一、两面针2003年年度报告虚增收入和利润

两面针2003年年度报告披露的主营业务收入为585,906,094.10元,主营业务成本为419,486,373.17元,利润总额为67,968,862.76元,净利润为40,967,862.76元。2003年两面针通过虚假销售和少计广告费的方式虚增利润合计88,516,088.00元,两面针当年实际亏损。

(一)虚构销售

2003年11月至12月两面针通过虚构与上海三樱包装材料有限公司、上海诗玛尔家居用品有限公司、广东梓星工贸有限公司、汕头方大应用包装科技有限公司、广东财丰发展有限公司等五家企业发生的牙膏牙刷销售业务,虚增当年销售收入和利润。2003年共计虚构的销售收入106,977,969.23元,占当年销

售收入的18.25%,相应虚构合并销售成本为52,331,048.23元。

(二)少计广告费

两面针2003年年度报告披露的营业费用:合并数为70,653,050.23元,母公司数为49,867,757.94元。其中营业费用——广告费:合并数为20,870,040.71元,母公司数为9,034,510.71元。2003年度两面针与29家广告单位签订97份广告合同,金额总计为54,739,207.71元,根据其广告合同实际播放期间应计入2003年度营业费用的广告费为54,739,207.71元。上述关联公司代付广告费均在两面针公司与关联公司往来的预付账款、应付账款中挂账反映,两面针少计2003年度营业费用——广告费33,869,167.00元。

二、两面针2004年年度报告披露的主营业务收入为568,924,724.55元,利润总额为51,721,851.11元,净利润为40,594,665.64元。2004年两面针通过提前确认股权转让收益和少计广告费的方式虚增利润93,713,487.10元。

(一)两面针转让4000万股中信证券股权不当确认收入

为增加当年利润,两面针于2004年11月将其持有的中信证券股权4000万股以每股2.20元的价格出售给上海诗玛尔实业发展有限公司(以下简称上海诗玛尔)。上海诗玛尔于当年支付中信证券股权转让款中的4440万元,两面针由此确认当年度投资收益2400万元。

实际上,2004年上海诗玛尔向两面针支付中信证券股权转让款4440万元系由两面针垫付。两面针通过汕头市方大印刷有限公司(以下简称汕头市方大印刷)、柳州市联阳彩印包装厂将2640万元,两面针子公司柳州达美实业有限公司将1800万元汇给上海诗玛尔,上海诗玛尔再将上述4440万元作为中信证券股权转让款汇入两面针账户。因此,上述股权转让款支付不真实,两面针在2004年年度报告中虚增当期利润2400万元。

(二)2004年两面针通过相关公司挂账少计广告费

两面针2004年年度报告中披露的营业费用:合并数为73,245,573.83元,母公司数为45,202,844.39元。其中营业费用——广告费:合并数14,174,065.57元,母公司为4,776,085.57元。

经查,两面针2004年度公司与24家广告单位签订134份广告合同,金额总计为86,179,736.00元,按其广告合同实际播放期间应计入2004年度营业费用的广告费为83,887,552.67元。

两面针2004年广告合同均已执行,其广告费由两面针及其关联公司支付,累计支付金额82,786,213.57元。上述关联公司代付广告费均在两面针与关联公司往来的预付账款、应付账款中挂账反映,两面针少计2004年度营业费用——广告费69,713,487.10元。

三、2005年两面针通过少计广告费用的方式虚增利润58,326,200.70元

两面针2005年年度报告披露的营业费用为:合并数为58,159,446.76元,母公司数为34,794,826.67元,公司进一步提供的财务资料显示,其中营业费用——广告费:合并数为2,027,505.89元,母公司数为2,027,505.89元。

经查,2005年度两面针与32家广告单位签订88份广告合同,金额总计为60,631,649.93元,按其广告合同实际播放期间应计入2005年度营业费用的广告费为59,158,573.26元,应计入2006年及以后营业费用的广告费为1,473,076.67元。两面针2005年广告合同均已执行,其广告费由两面针及其关联公司支付,累计支付金额48,635,467.43元。上述关联公司代付广告费均在两面针公司与关联公司往来的预付账款、应付账款中挂账反映,两面针少计2005年度营业费用——广告费并虚增利润58,326,200.70元。

上述事实,有相关定期报告、有关公告、相关银行单据和凭证、相关协议、相关董事会决议、相关工商登记资料、相关人员谈话笔录等证据在案证实,证据确实、充分,足以认定。

我会认定,两面针上述行为违反了1999年7月1日起施行的《中华人民共和国证券法》(以下简称原《证券法》)第五十九条“公司公告的股票或者公司债券的发行和上市文件,必须真实、准确、完整,不得有虚假记载、误导性陈述

或者重大遗漏”和《证券法》第六十三条“发行人、上市公司依法披露的信息,必须真实、准确、完整,不得有虚假记载、误导性陈述或者重大遗漏”的规定,构成了原《证券法》第一百七十七条所述的“未按照有关规定披露信息,或者所披露的信息有虚假记载、误导性陈述或者有重大遗漏的”行为和《证券法》第一百九十三条所述的“未按照规定披露信息,或者所披露的信息有虚假记载、误导性陈述或者重大遗漏的”行为。

我会认定,时任董事长梁英奇、时任董事和财务负责人陈丽霞是两面针2003年至2005年年度报告虚假记载直接负责的主管人员。董事、总裁袁东升参加了公司管理层关于广告费挂账处理的有关会议以及通过虚构业务活动虚增收入的会议,属于知情者,是两面针在2003年至2004年年度报告虚假记载的其他直接责任人员。董事兼董事会秘书王为民是两面针2004年至2005年年度报告虚假记载的其他直接责任人员。董事黄忠耀承认知情,是2003年至2004年年度报告虚假记载的其他直接责任人员。董事岳江、林钻煌承认知情,是2005年年度报告虚假记载的其他直接责任人员。董事胡德超是2004年、2005年年度报告信息披露违法行为其他直接负责人员。

调查发现,在2004年两面针向上海诗玛尔转让中信证券股权垫付资金过程中,汕头市方大印刷担当了资金中转方的角色,作为该公司的法定代表人和大股东,外部董事方振淳辩称其对上海诗玛尔支付两面针资金的来源实际并不知情。方振淳2004年6月成为两面针董事后,其实际控制或担任董事、法定代表人的公司与两面针之间的交易,如果符合相关规定,可能成为需要披露的关联交易。方振淳作为对上市公司负有信息披露义务的法定责任人员,应对汕头市方大印刷与两面针之间的交易是否属于需要信息披露的范围予以足够关注,对两面针向其汇入1640万元后要求其向上海诗玛尔进行划款的真实目的和后续影响应当抱有审慎怀疑的态度。同时,在2003年期间,方振淳任法定代表人的另一家企业汕头方大应用包装科技有限公司就曾参与两面针虚构当年销售收入的行为。因此,作为法定代表人的方振淳应当对此划款事项更加谨慎,以避免任何有损于两面针股东权益的事项发生。但是,方振淳没有勤勉履行董事的职责,汕头市方大印刷直接根据两面针的要求将1640万元转给了上海诗玛尔,客观上协助了两面针不当确认转让中信证券股权收益。因此,我会认定方振淳是两面针2004年年度报告信息披露违法行为的其他直接责任人员。

根据当事人违法行为的事实、性质、情节与社会危害程度,按照原《证券法》第一百七十七条和《证券法》第一百九十三条的规定,我会决定:

一、对两面针给予警告,并处以60万元罚款;

二、对梁英奇给予警告,并处以30万元罚款;

三、对陈丽霞给予警告,并处以10万元罚款;

四、对袁东升给予警告,并处以5万元罚款;

五、对王为民、胡德超、方振淳、黄忠耀、岳江和林钻煌分别给予警告,并各处以3万元罚款。

上述当事人应自收到本处罚决定书之日起15日内,将罚款汇交中国证券监督管理委员会(开户银行:中信银行总行营业部,账号7111010189800000162,由该行直接上缴国库),并将注有当事人名称的付款凭证复印件送中国证券监督管理委员会稽查局备案。当事人如果对本处罚决定不服,可在收到本处罚决定书之日起60日内向中国证券监督管理委员会申请行政复议,也可以在收到本处罚决定书之日起3个月内直接向有管辖权的人民法院提起行政诉讼。复议和诉讼期间,上述决定不停止执行。

# 关于辽源得亨股份有限公司及有关个人违反证券法规的行政处罚决定书

([2010]22号)

当事人:辽源得亨股份有限公司(以下简称辽源得亨),法定代表人赵利。

辽源辽河纺织有限责任公司(以下简称辽河纺织),法定代表人赵利。

由春玲,女,1995年至今任辽源得亨董事会秘书,兼任辽河纺织公司秘书。

赵利,男,2005年至今任辽源得亨董事长兼总经理,2006年至今任辽河纺织董事长;同时是辽源得亨和辽河纺织的法定代表人。

依据《中华人民共和国证券法》(以下简称《证券法》)的有关规定,我会依法对"李跃"、"柳凤莲"账户涉嫌内幕交易及违反证券法律法规案进行了立案调查、审理,并向当事人告知了作出行政处罚决定的事实、理由、依据及当事人依法享有的权利。当事人未提出听证要求。本案现已调查、审理终结。

经查明,辽源得亨、由春玲等人存在以下违法事实:

## 一、辽河纺织、由春玲内幕交易主要事实

(一)内幕信息的形成过程

2008年2月,百瑞信托有限责任公司(以下简称百瑞信托)重组辽源得亨的过程,将使辽源得亨股权结构发生重大变化,是属于涉及公司经营、财务或者对公司证券市场价格有重大影响的尚未公开的敏感信息。自2008年2月14日辽源得亨与百瑞信托重组的实际运作方沿海国际控股有限公司管理层进行商谈,确定重组合作意向,双方核心重组条件达成一致为内幕信息形成日,至2008年4月28日公司第一次发布重大资产重组事宜,股票继续停牌公告前,为内幕信息敏感期。

(二)内幕交易账户的交易、资金存取情况

1."李跃"账户交易情况

资金账户2216008577户名为李跃,下挂A542167194(沪)和0110951284(深)两个股东账户。根据调取的IP地址以及询问笔录显示,该账户实际控制人为由春玲。

2008年3月27日至4月9日,"李跃"账户买入"＊ST得亨"394,800股,成交金额242.74万元;2008年4月11日卖出"＊ST得亨"394,800股,成交金额290.15万元。2008年4月15日至18日,"李跃"账户买入"＊ST得亨"907,006股,成交金额682.38万元,期间未买卖其他证券。2008年7月10日至10月31日,"李跃"账户买入"＊ST得亨"281,600股,成交金额112.26万元,卖出"＊ST得亨"1,188,606股,成交金额383.17万元,期间未买卖其他证券;截至10月31日,"李跃"账户资金余额229.04万元,未持有任何证券。

根据上海证券交易所市场监察部统计数据,"李跃"A542167194账户自2008年2月14日至4月18日期间,买入"＊ST得亨"1,301,806股,买入总金额9,251,153.23元,卖出394,800股,卖出总金额2,901,450元。截至2008年4月18日收盘时,该账户持有"＊ST得亨"907,006股。截至2008年10月29日,该账户将4月18日持有的907,006股"＊ST得亨"全部卖出,卖出总金额为3,107,495.81元。该账户扣除税费后实际盈亏为-3,333,346.95元。

2."柳凤莲"账户交易情况

资金账户2216008566户名为柳凤莲,下挂A542158852(沪)和0110950389(深)两个股东账户。根据调取的IP地址以及询问笔录显示,该账户实际控制人为由春玲。

2008年4月1日、2日,"柳凤莲"账户买入"＊ST得亨"82,900股,成交金额51.71万元;4

月9日、11日，卖出“＊ST得亨”82，900股，成交金额60.16万元。2008年4月14日至17日，“柳凤莲”账户买入“＊ST得亨”796，911股，成交金额591.22万元，期间未买卖其他证券；2008年7月10日至12月15日，“柳凤莲”账户买入“＊ST得亨”451，600股，成交金额187.05万元，卖出“＊ST得亨”1，248，511股，成交金额421.35万元；截至12月15日，“柳凤莲”账户资金余额35.73万元，未持有任何证券。

根据上海证券交易所市场监察部统计数据显示，柳凤莲A542158852账户自2008年2月14日至4月18日期间，买入“＊ST得亨”879，811股，买入总金额6，429，267.51元，卖出82，900股，卖出总金额601，570元。截至2008年4月18日收盘时，该账户持有“＊ST得亨”796，911股。截至2008年11月3日，该账户将4月18日持有的796，911股“＊ST得亨”全部卖出，卖出总金额为2，940，332.17元。该账户扣除税费后实际盈亏为－2，948，983.96元。

“李跃”、“柳凤莲”账户由辽河纺织、由春玲、李跃、柳凤莲、姚秀双共同使用，由春玲全权负责证券交易；上述两账户资金来源为：辽河纺织800万元、姚秀双415万元、李跃10万元，柳凤莲30万元，由春玲15.14万元，并按照出资比例结算盈亏。其中，辽河纺织投入的800万元资金，利用内幕信息在价格敏感期内交易“＊ST得亨”，根据出资比例对账户盈亏进行计算，辽河纺织的亏损额为395.69万元；包括由春玲个人及其他自然人资金在内的其他资金470.14万元，由春玲利用内幕信息在价格敏感期内交易“＊ST得亨”，根据出资比例对账户盈亏进行计算，亏损额为232.54万元。

辽源得亨董事会秘书兼辽河纺织公司秘书由春玲，自始至终参与了百瑞信托重组辽源得亨的全过程，是内幕信息知情人。根据调取的网络IP地址以及询问笔录等证据资料显示，以上两账户的全部交易行为均为由春玲操作完成，由春玲在内幕信息敏感期内，利用其管理的“李跃”、“柳凤莲”账户交易“＊ST得亨”股票，构成内幕交易。

**二、辽源得亨2008年中期报告未按照规定披露信息的主要事实**

辽源得亨2008年中期报告显示，前十名股东中第十名股东持股数为759，600股，前十名无限售条件股东第十名股东持股数为724，300股，该两类前十名股东名单中均没有李跃、柳凤莲。

根据中国证券登记结算公司提供的数据显示，截至2008年6月30日，“李跃”账户持有“＊ST得亨”907，006股，为“ST得亨”第七名股东和第五名无限售条件股东；“柳凤莲“账户持有“＊ST得亨”796，911股，为“＊ST得亨”第九名无限售条件股东。

辽源得亨2008年中期报告为由春玲编写并提交董事会，由春玲把李跃、柳凤莲两人的名字从前十名股东中拿出去，再把后面的人补上。董事长及其他董事会成员对该中期报告中的股东差异情况不知情。

辽源得亨2008年中期报告未准确披露前十名股东，构成未按照规定披露信息的行为。

上述违法事实有相关人员询问笔录、相关账户交易记录和统计数据等证据证明，足以认定。

辽河纺织利用内幕信息交易“＊ST得亨”股票的行为违反了《证券法》第七十三条“禁止证券交易内幕信息的知情人和非法获取内幕信息的人利用内幕信息从事证券交易活动”以及第七十六条“证券交易内幕信息知情人和非法获取内幕信息的人，在内幕信息公开前，不得买卖该公司证券”的规定，构成了《证券法》第二百零二条所述“证券交易内幕信息的知情人或者非法获取内幕信息的人，在涉及证券发行、交易或者其他对证券的价格有重大影响的信息公开前，买卖该证券”的行为，由春玲是辽河纺织内幕交易直接负责的主管人员。同时，由春玲个人利用内幕信息为自己及其他自然人交易内幕信息相关的股票，违反了《证券法》第七十三条、第七十六条的规定，构成《证券法》第二百零二条所述情形，应承担相应责任。

辽源得亨2008年中期报告未按照规定准确披露前十名股东的行为，违反了《证券法》第六十三条关于“发行人、上市公司依法披露的信息，必须真实、准确、完整”的规定，构成《证券法》第一百九十三条规定的“未按照规定披露信息”的违法行为。赵利、由春玲是该违法行为直接负责的主管人员。

根据当事人违法行为的事实、性质、情节与社会危害程度,按照《证券法》第一百九十三条、第二百零二条的规定,我会决定:

一、对辽源得亨给予警告,并处以30万元罚款;

二、对辽河纺织处以30万元罚款;

三、对由春玲给予警告,并处以60万元罚款;

四、对赵利给予警告,并处以3万元罚款。

当事人应自收到本处罚决定书之日起15日内,将罚款汇交中国证券监督管理委员会(开户银行:中信银行总行营业部,账号7111010189800000162,由该行直接上缴国库),并将注有当事人名称的付款凭证复印件送中国证券监督管理委员会稽查局备案。当事人如果对本处罚决定不服,可在收到本处罚决定书之日起60日内向中国证券监督管理委员会申请行政复议,也可以在收到本处罚决定书之日起3个月内直接向有管辖权的人民法院提起行政诉讼。复议和诉讼期间,上述决定不停止执行。

## 关于姜永贵违反证券法规的行政处罚决定书

(〔2010〕23号)

当事人:姜永贵,男,1957年8月出生,时任深圳市天健(集团)股份有限公司(以下简称深天健或者公司)董事、总经理。

依据《中华人民共和国证券法》(以下简称《证券法》)的有关规定,我会对姜永贵内幕交易行为进行了立案调查、审理。我会依法向当事人告知了作出行政处罚的事实、理由、依据及当事人依法享有的权利,当事人不要求陈述、申辩和听证。本案现已调查、审理终结。

经查明,姜永贵存在如下违法行为:

**一、内幕信息的形成、传递、公开过程与姜永贵知悉内幕信息的情况**

深天健是一家主营房地产开发与经营、市政工程建设和管理的公司。2007年10月24日,深天健披露2007年年度业绩预增公告,预告2007年度净利润比上年同期增长50% - 100%。

2008年1月5日,深天健财务部编制了《2007年所属各企业收入、利润完成情况表》(以下简称表一,其中天健现代城项目按已收商品房销售款测算),该表显示深天健2007年度净利润19,931.01万元。

1月7日上午,深天健财务部对表一进行修正,将天健现代城项目按2007年达到收入确认条件部分测算,编制了《2007年所属各企业收入、利润完成情况表》(以下简称表二)和《2007年全年上报数表》(以下简称表三)。表二和表三显示深天健2007年度净利润17,301.77万元,比上年增长54.61%,每股收益0.57元。

1月7日下午,时任深天健董事、总经理姜永贵与公司董事长、财务总监、财务经理等召开碰头会,讨论上报大股东深圳市国资委2007年度业绩快报数据。财务经理在会上发给每人表一、表二和表三,通报了主要的财务数据和指标,并强调有些数据可能会稍作调整,但最终上报数据与本次碰头会数据应该差异不大,其余参会人员对汇报的数据没有提出异议。

1月11日,深天健财务部编制了2007年度利润表,净利润、每股收益数据与表二相同,其余数据与表二略有差异,主要是利润总额比表二增加了4.06万元。

1月13日,深天健财务部编制了2007年12月31日的资产负债表,将该表和1月11日编制的2007年度利润表及其他附表通过网络上报给深圳市国资委。

1月14日上午,深天健财务总监向董事长汇报深天健已向深圳市国资委上报2007年度业绩快报,并建议深天健及时披露。当天下午,深天健财务部草拟了2007年度业绩快报公告文稿。

1月15日,深天健2007年度业绩快报公告文稿经部分董事会签后,报送给深圳证券交易所。

1月16日,深天健披露2007年度业绩快报,所披露的数据与深天健上报深圳市国资委的数据一致。

4月22日,深天健披露2007年年度报告,显示净利润17,329.31万元,比上年增长42.11%,增幅低于业绩快报数,每股收益0.5692元,与业绩快报数接近。公司在年度报告中解释主要原因是:"比较基数一直采用原审定的2006年净利润,未考虑所属亏损法人企业按新准则追溯调整对净利润的影响,由于所得税费用的追溯调整,使调整后的2006年净利润比原审定数增长幅度很大,从而降低了2007年度净利润的增幅。"

## 二、相关信息对公司股价的影响

2008年1月16日深天健披露2007年度业绩快报当日,公司股票开盘价、最高价、最低价、收盘价和均价分别为25.20元、25.30元、24.10元、24.18元和24.79元,收盘跌幅达6.10%、与深证成份股指数偏离值为-2.52%。当日卖出"深天健"数量列前二十名者除国泰君安证券股份有限公司外都是个人投资者,买入"深天健"数量列前二十名者全部是个人投资者。

当日,国泰君安证券股份有限公司卖出"深天健"119,900股,其说明卖出"深天健"的主要原因是:"公司的业绩增长仅仅是略高于其之前在2007年10月24日预告的业绩大幅增长50%-100%下限。而且大大低于了之前市场和我们对其0.75元左右的业绩预期。而此次施工业务的亏损加大,也引起我们的严重关注,动摇了我们原先对于公司的判断。"

自2007年10月24日至2008年1月16日,即深天健披露2007年度业绩预增公告至披露2007年度业绩快报期间,国金证券股份有限公司、联合证券有限责任公司、天相投资顾问有限公司各发表了一篇关于"深天健"的研究报告,三家机构预测深天健2007年度净利润增长率分别为91.63%、99%和110.30%。

2008年7月31日,深天健向我会调查部门提交的书面说明,分析了2007年度业绩快报中的净利润增幅54.61%落在业绩预增公告的50%-100%区间下限的原因,主要是披露业绩预增公告时未能预计天健现代城项目入伙延期导致收入减少、未考虑某项目的减值损失和未预计到某案败诉导致损失。

## 三、姜永贵卖出"深天健"股票的情况

2006年4月4日,姜永贵深圳股东账户委托证券营业部买入41,800股"深天健",这些股票当日即被中国证券登记结算公司锁定;2007年5月18日,中国证券登记结算公司解锁10,450股;截至2008年1月11日,姜永贵持有10,450股"深天健"无限售条件流通股。

2008年1月14日9时38分,姜永贵用其办公室电脑(IP地址121.15.136.177)上网委托证券营业部卖出5,450股"深天健",委托价格26元;当日9时44分55秒,该笔委托成交,成交金额141,700元、交易费用850.20元。当日9时50分,姜永贵以26.17元的价格委托卖出2,000股"深天健",9时51分撤回该笔委托。卖出"深天健"所得资金用于申购新股和交易其他股票,未取出现金。

经深圳证券交易所计算,以内幕信息公开日2008年1月16日为基准日,姜永贵内幕交易违法所得(规避的损失)为2,964.80元。

上述事实,有账户交易记录、公司公告、会议记录及说明、询问笔录等证据证明,足以认定。

我会认为,姜永贵知悉深天健2007年度业绩快报信息后,卖出其本人持有的公司股票,违反了《证券法》第七十三条、第七十六条的规定,构成了《证券法》第二百零二条规定的"证券交易内幕信息的知情人或者非法获取内幕信息的人,在涉及证券的发行、交易或者其他对证券的价格有重大影响的信息公开前,买卖该证券"的行为,应当依照《证券法》第二百零二条的规定予以处罚。

根据当事人违法行为的事实、性质、情节与

社会危害程度,依据《证券法》第二百零二条规定,我会决定:对姜永贵处以8万元罚款。

上述当事人应自收到本处罚决定书之日起15日内,将罚款汇交中国证券监督管理委员会(开户银行:中信银行总行营业部,账号7111010189800000162,由该行直接上缴国库),并将注有当事人名称的付款凭证复印件送中国证券监督管理委员会稽查局备案。当事人如果对本处罚决定不服,可在收到本处罚决定书之日起60日内向中国证券监督管理委员会申请行政复议,也可在收到本处罚决定书之日起3个月内直接向有管辖权的人民法院提起行政诉讼。复议和诉讼期间,上述决定不停止执行。

# 关于上海中润实业发展有限公司及有关个人违反证券法规的行政处罚决定书

([2010]24号)

当事人:上海中润实业发展有限公司(以下简称上海中润),法定代表人汤雪军。

汤雪军,男,1969年2月出生,时任上海中润董事长及法定代表人。

戴纪明,男,1960年11月出生。

李洪卫,男,1963年11月出生。

李青,男,1965年10月出生。

傅敏芬,女,1976年9月出生。

依据《中华人民共和国证券法》(以下简称《证券法》)的有关规定,我会依法对戴纪明等人涉嫌违反证券法律法规行为进行了立案调查、审理,并依法向当事人告知了作出行政处罚的事实、理由、依据及当事人依法享有的权利。应当事人的要求,我会依法举行了听证会,听取了当事人及其代理人的陈述和申辩。本案现已调查、审理终结。

经查明,上海中润,汤雪军、戴纪明等存在以下违法事实:

**一、上海中润通过大宗交易系统减持松辽汽车股份有限公司(以下简称ST松辽)股份达5%时,未履行信息披露义务**

2008年11月17日,上海中润委托光大证券沈阳和平北大街证券营业部,通过大宗交易系统卖出"ST松辽"股票22,425,600股,减持股份占ST松辽总股本10%,成交价格为1.86元/股,共获得股权转让款41,605,767.16元。11月19日,上海中润向ST松辽送达了《关于通过上海证券交易所大宗交易系统出售无限售条件流通股股份的通知》,通知其于2008年11月17日通过大宗交易系统向5名自然人出售占总股本10%的"ST松辽"股票。11月20日,ST松辽根据上海中润的通知,发布了《松辽汽车股份有限公司关于上海中润实业发展有限公司大宗交易出售公司股份公告》以及《松辽汽车股份有限公司简式权益变动报告书》,披露上海中润于2008年11月17日出售22,425,600股"ST松辽"股票。上海中润减持"ST松辽"股票达上市公司已发行股份5%时,未向中国证券监督管理委员会或其派出机构、上海证券交易所作出书面报告,也未通知ST松辽并予以公告。汤雪军是上述未按规定报告、披露信息的直接负责主管人员。

**二、戴纪明、李洪卫、李青和傅敏芬作为一致行动人,在共同持有ST松辽股份达5%时,未履行信息披露义务**

2008年11月17日,戴纪明、傅敏芬和李青3人与上海中润签订了通过大宗交易买卖"ST松辽"股票的转让协议,使用"戴纪明"、"张萍"、"李娜"、"傅敏芬"、"李祎丁"等5个账户通过大宗交易系统分别购得"ST松辽"股票9,530,000股、5,180,000股、2,370,000股、2,920,000股、2,425,600股,分别占ST松辽已发行股份的4.25%、2.31%、1.06%、1.3%和1.08%，上述合计持有22,425,600股，占ST松辽已发行股份10%。上海中润系李青介绍给戴纪明，戴纪明在与上海中润陈军商定通过大宗交易买卖“ST松辽”股票的价格和数量等事项之后向李洪卫、傅敏芬介绍此项目，并共同议定各自受让的股份数量，购买“ST松辽”股票的资金主要由李洪卫提供。戴纪明、李洪卫、李青、傅敏芬利用上述5个账户买入“ST松辽”股票的行为符合《上市公司收购管理办法》第八十三条关于一致行动人的规定。

戴纪明、李洪卫、李青和傅敏芬作为一致行动人，在共同持有“ST松辽”股票达上市公司已发行股份5%时，未向中国证券监督管理委员会或其派出机构、上海证券交易所作出书面报告，也未通知ST松辽并予以公告。戴纪明、李洪卫、李青和傅敏芬是上述未按规定报告、披露信息的责任人。

上述违法事实有证券营业部交易流水、开户资料、资金流水等证据证明，足以认定。

上海中润、汤雪军申辩称，公司通过大宗交易系统减持是一种协议交易模式，不适用《证券法》第八十六条的规定，《证券法》及《上市公司收购管理办法》中对5%披露要求是针对集中竞价交易模式即通过证券交易所的证券交易，且公司在大宗交易完成后的规定时间内及时公告了减持的信息。我会认为，投资者及其一致行动人通过大宗交易系统交易上市公司股份，属于《证券法》第八十六条和《上市公司收购管理办法》第十三条所述的“通过证券交易所的证券交易”，适用《证券法》第八十六条关于信息披露的规定，即“通过证券交易所的证券交易，投资者持有或通过协议、其他安排与他人共同持有一个上市公司已发行的股份达到百分之五时，应当在该事实发生之日起三日内，向国务院证券监督管理机构、证券交易所作出书面报告，通知该上市公司，并予公告”和“投资者持有或者通过协议、其他安排与他人共同持有一个上市公司已发行的股份达到百分之五后，其所持该上市公司已发行的股份比例每增加或者减少百分之五，应当依照前款规定进行报告和公告”，上海中润应严格遵守上述规定履行信息披露义务。其减持股份达5%未披露已构成违规，应给予处罚，但鉴于上海中润违法行为后果轻微，可以减轻处罚。

我会认定，上海中润、戴纪明等未按规定报告、披露信息的行为，违反了《证券法》第八十六条“通过证券交易所的证券交易，投资者持有或者通过协议、其他安排与他人共同持有一个上市公司已发行的股份达到百分之五时，应当在该事实发生之日起三日内，向国务院证券监督管理机构、证券交易所作出书面报告，通知该上市公司，并予公告”的规定，构成了《证券法》第一百九十三条所述“发行人、上市公司或者其他信息披露义务人未按照规定披露信息”的行为。

根据当事人违法行为的事实、性质、情节、社会危害程度，依据《证券法》第一百九十三条、《中华人民共和国行政处罚法》第二十七条的规定，我会决定：

一、对上海中润给予警告；

二、对汤雪军给予警告；

三、对戴纪明、李洪卫、李青给予警告，并分别处以40万元的罚款；

四、对傅敏芬给予警告，并处以30万元罚款。

上述当事人应自收到本处罚决定书之日起15日内，将罚款汇交中国证券监督管理委员会（开户银行：中信银行总行营业部，账号7111010189800000162，由该行直接上缴国库），并将注有当事人名称的付款凭证复印件送中国证券监督管理委员会稽查局备案。当事人如果对本处罚决定不服，可在收到本处罚决定书之日起60日内向中国证券监督管理委员会申请行政复议，也可在收到本处罚决定书之日起3个月内向有管辖权的人民法院提起行政诉讼。复议和诉讼期间，上述决定不停止执行。

# 关于上海天力投资顾问公司等3公司及有关个人违反证券法规的行政处罚决定书

(〔2010〕25号)

当事人:上海天力投资顾问公司,法定代表人陈厚忠。

深圳前沿投资顾问有限公司,现更名为福州前沿投资顾问有限公司,法定代表人林钦。

上海主升浪文化传播有限公司,法定代表人符应鹏。2007年6月14日注销。

熊碧波,男,1968年1月出生。

林礼明,男,1962年8月出生。

王圣雄,男,1976年4月出生。

汪勇军,男,1968年10月出生。

汪梦飞,男,1973年2月出生。

江伟,男,1971年12月出生。

徐晖,男,1974年2月出生。

梁祖芝,女,1974年10月出生。

熊旭春,男,1970年8月出生。

陈建平,男,1968年12月出生。

罗嗣红,男,1965年11月出生。

石践宇,男,1965年10月出生。

严为民,男,1971年2月出生。

依据《中华人民共和国证券法》(以下简称《证券法》)的有关规定,我会对上海天力投资顾问公司(以下简称上海天力)及其关联公司及相关人员违反证券法律法规一案进行了立案调查、审理,并依法向当事人告知了作出行政处罚的事实、理由、依据及当事人依法享有的权利。应当事人上海天力、熊碧波、林礼明、汪勇军、王圣雄、徐晖、梁祖芝、熊旭春、罗嗣红、石践宇的要求,我会举行了听证会,听取了当事人及其代理人的陈述和申辩;当事人汪梦飞、陈建平、江伟、严为民未提出陈述、申辩意见,也未要求举行听证会。本案现已调查、审理终结。

经查明,上海天力等当事人存在如下违法违规行为:

一、2005年12月1日至12月31日,证券投资咨询人员汪梦飞、梁祖芝、陈建平、石践宇、罗嗣红、熊旭春等在上海天力制作的电视媒体股评节目中发表了如"想涨就涨"、"大盘完全在我的把握中"、"风险少赚钱快"、"买在最低点,卖在最高点"、"包揽市场所有涨停"、"随便买,随便赚"等虚假、夸大、误导性的言论;2006年1-3月,证券投资咨询人员徐晖、梁祖芝在上海天力制作的电视媒体股评节目中发表了上述这类虚假、夸大、误导性的言论。上述节目在四川卫视、山东卫视、东南卫视、广东卫视播出。同时,上海天力在开展证券投资咨询业务中还存在向投资者承诺收益的行为。

二、深圳前沿投资顾问有限公司(以下简称深圳前沿)2005年8月至11月雇用江伟、熊旭春、梁祖芝、陈建平、罗嗣红等5名证券投资咨询人员制作股评节目,并在四川卫视、广西卫视、山东卫视和辽宁卫视中播出。该5人在上述深圳前沿的股评节目中发表了上述这类虚假、夸大、误导性的言论。同时,深圳前沿在开展证券投资咨询业务中还存在向投资者承诺收益的行为。

三、2006年1月1日后,上海主升浪文化传播有限公司(以下简称上海主升浪)制作了媒体股评节目,在四川卫视、山东卫视、宁夏卫视播放,实际经营并销售含有证券投资分析、预测和建议的《点金周刊》和"声讯卡",并获得相关销售收入,在不具备证券投资咨询业务资格的情况下从事了证券投资咨询业务。

以上事实,有上海天力提供的情况说明、电视股评节目录像、协议书、劳动合同、当事人询问笔录等证据在案证明,足以认定。

上海天力及其证券投资咨询人员汪梦飞、梁祖芝、陈建平、石践宇、罗嗣红、熊旭春、徐晖的上述行为违反了《证券、期货投资咨询管理暂行办法》(以下简称《暂行办法》)第十九条、第二十条、第二十四条第(二)项的规定。上海天力及其证券投资咨询人员徐晖、梁祖芝的上述行为还违反了《证券法》第一百七十一条第(四)项、第(五)项的规定。上述当事人的行为构成了《证券法》第二百二十六条第三款以及《暂行办法》第三十四条、第三十六条所述违法行为。熊碧波、林礼明为主要责任人员,汪勇军为责任人员。

深圳前沿及其证券投资咨询人员江伟、熊旭春、梁祖芝、陈建平、罗嗣红的上述行为违反了《暂行办法》第十九条、第二十条、第二十四条第(二)项的规定,构成了《暂行办法》第三十四条、第三十六条所述违法行为。熊碧波、林礼明为主要责任人员,王圣雄为责任人员。

上海主升浪的上述行为违反了《证券法》第一百二十二条的规定,构成了《证券法》第一百九十七条所述违法行为。熊碧波、林礼明、汪勇军、王圣雄为直接负责的主管人员,汪梦飞、陈建平、严为民为其他直接责任人员。

当事人上海天力、深圳前沿、熊碧波(上海天力、深圳前沿的实际控制人,时任上海天力总经理)、林礼明(上海天力、深圳前沿的实际控制人,时任深圳前沿总经理)、汪勇军(时任上海天力副总经理,为主要管理人员)、王圣雄(时任深圳前沿总裁运营助理,为主要管理人员)在陈述申辩中并未否认相关事实,但认为这是会员制业务发展初期行业普遍存在的现象,他们主观上也没有想脱逃监管。作为实际控制人和主要管理人员,他们自认在业务经营管理中存在经验不足、管理不到位的问题,对上海天力、深圳前沿出现的问题负有不可推卸的责任,但积极配合有关证监局进行了业务自查与整改。经复核,本案所列相关事实的违法性质清楚,与是否具有普遍性无关。上海天力被暂停通过年检后,熊碧波等人便利用上海主升浪经营销售《点金周刊》和"声讯卡",回避监管部门对上海天力的关注,继续从事证券投资咨询业务,具有明显的脱逃监管的主观故意。复核同时注意到,当事人对于自身的责任有一定程度的认识,其后按照监管要求清理完毕所有客户。

上述当事人在陈述申辩中还提出,上海天力在暂缓年检通过期间开展的《点金周刊》业务经营是合法的,业务开展符合国家法律法规,无超范围经营。经复核,本案认定非法从事证券投资咨询业务的主体是上海主升浪,而非上海天力。鉴于当事人没有提出针对性的意见,其申辩意见不予采纳。

当事人徐晖、梁祖芝、熊旭春、罗嗣红等辩称自己没有说过上述夸大、误导性言论,承诺收益是业务人员说的,其本人没有说过。经复核,当事人在多个电视台或卫星电视台的股评节目中均有大量夸大、误导性及承诺收益的言论,其中有代表性的内容如下:如徐晖 2006 年 1 月 6 日在东南卫视的股评节目中称"提前市场一周布局,买得到、赚得到", 2006 年 2 月 22 日在东南卫视的股评节目中称"(点金周刊)说到哪儿,市场就打到哪儿;牛股都是由这里跑出来的";如梁祖芝 2005 年 12 月 19 日在广东卫视的股评节目中称"今天你点金就相当于今天你点钱",2006 年 1 月 8 日在广东卫视的股评节目中称"拿出慢慢看,涨幅在两三成以上的股票多了去了,随便买,随便赚",2006 年 3 月 9 日在广东卫视的股评节目中称"玩大涨,玩大跌,都是你赚";如熊旭春 2005 年 10 月 25 日在山东卫视的股评节目中称"每天只要你想要短线飙股,我就能送给你。你打电话得到的股票,应该都是赚得到的",2005 年 12 月 1 日在山东卫视的股评节目中称"隆重发布领涨无忧。只只成功,100% 成功率",2006 年 1 月 4 日在山东卫视的股评节目中称"想涨就涨,封面题材我做主";如罗嗣红 2005 年 9 月 14 日在四川卫视的股评节目中称"飙股层出不穷,涨停从未停止,没有犹豫,飙升更坚决",2006 年 2 月 16 日在山东卫视的股评节目中称"垄断矿产资源 + 产品持续涨价 = 来年翻番牛股",等等。上述言论具有明显的夸大、误导性,且明示或暗示保证投资收益。该申辩意见不予采纳。

当事人石践宇认为其个人只在影响力很小的电视台做过节目,次数也很少,请求减轻处罚。经复核,石践宇在宁夏卫视作过股评节目,由于卫星电视信号覆盖全国,节目内容的接收者并不局限于某一区域,因此会产生一定的影响力。但与其他当事人比较而言,石践宇节目次数较少,其申辩意见部分予以采纳。

经复核,上海天力、深圳前沿及其证券投资咨询人员,违背《证券法》、《暂行办法》有关提供证券投资咨询分析、预测或建议应遵循客观、谨慎、准确、完整的规定,在电视股评节目中对相关个股情况进行评价、预测、推荐时,大量使用含有夸大性字眼的表述,如“想涨就涨”、“买得到、赚得到”、“随便买,随便赚”,影响了普通的公众投资者对证券投资风险的正常判断,误导普通的公众投资者相信,只要听信他们的意见,购买其所推荐的投资理财杂志或服务就能够获得丰厚收益。上海天力、深圳前沿及其证券投资咨询人员的上述行为违反了《暂行办法》有关证券投资咨询人员应当以诚实守信和勤勉尽责的态度提供证券投资咨询服务,证券投资咨询机构及其从业人员不得向投资人承诺收益以及《证券法》有关证券投资咨询机构及其从业人员不得利用传播媒介提供、传播误导投资者的信息的规定,违法事实清楚,证据确实、充分。

我会认为,证券投资咨询机构从事证券投资咨询服务,依法必须首先取得我会的行政许可。取得这样的行政许可,不仅意味着该等机构及其从业人员具备一定资质,能够为投资者提供相关业务,更意味着该等机构及其从业人员必须自觉遵守法律规定,尽心为投资者提供服务,维护自身及本行业的声誉。同时,在证券投资咨询业务的法律关系之中,证券投资咨询机构及其从业人员由于有能力掌握更多的资讯、具有一定的专业知识和技能,因而处于优势地位,而投资者则处于弱势地位。基于此,证券投资咨询机构及其从业人员应当恪守独立诚信、谨慎客观、勤勉尽责、公正公平的原则,在从事证券投资咨询的分析、预测或建议时要有充分的理由和依据,并可依据投资者的财务状况、投资经验和投资目的等提出适合不同客户需要的特定建议。我会同时认为,从《暂行办法》第十九条、第二十条的规定看,客观、谨慎、诚实和勤勉尽责是证券投资咨询人员必须遵守的执业准则。这个执业准则应当贯穿于其执业的全过程,覆盖其执业的全部内容。由于证券投资咨询人员是以其执业身份在公众媒体进行营销,其营销行为已构成了其执业内容的一部分,因此,也必须符合应有的执业准则。综上,作为经批准从事证券投资咨询业务的投资咨询机构及其从业人员,务必谨守执业准则和规定,谨慎、勤勉、客观、公平地为投资者提供咨询服务,共同维护市场秩序和行业声誉。

根据当事人的违法事实、性质、情节与社会危害程度,依据《证券法》第一百九十七条、第二百二十六条和《暂行办法》第三十四条、第三十六条的规定,我会决定:

一、撤销上海天力的证券投资咨询业务许可,并处以30万元罚款;

二、撤销深圳前沿的证券投资咨询业务许可,并处以10万元罚款;

三、给予熊碧波警告,并处以30万元的罚款;

四、给予林礼明警告,并处以30万元罚款;

五、给予汪勇军、王圣雄警告,并分别处以10万元罚款;

六、给予严为民警告,并处以5万元罚款;

七、给予江伟、石践宇警告,并分别处以3万元罚款;

八、撤销汪梦飞、陈建平的证券投资咨询业务资格,并分别处以8万元罚款;

九、撤销徐晖、梁祖芝、熊旭春、罗嗣红的证券投资咨询业务资格,并分别处以3万元罚款。

当事人应自收到本处罚决定书之日起15日内,将罚款汇交中国证券监督管理委员会(开户银行:中信银行总行营业部、账号7111010189800000162,由该行直接上缴国库),并将注有当事人名称的付款凭证复印件送中国证券监督管理委员会稽查局备案。如对本处罚决定不服,可在收到本处罚决定书之日起60日内向中国证券监督管理委员会申请行政复议;也可以在收到本处罚决定书之日起3个月内直接向有管辖权的人民法院提起诉讼。复议和诉讼期间,上述决定不停止执行。

# 关于林忠违反证券法规的行政处罚决定书

（〔2010〕26 号）

当事人：林忠，男，1968 年 6 月出生。

依据 2006 年 1 月 1 日起施行的《中华人民共和国证券法》（以下简称《证券法》）的有关规定，我会依法对林忠违反证券法律法规行为进行了立案调查、审理，并依法向当事人告知了作出行政处罚的事实、理由、依据及当事人依法享有的权利。当事人提交了书面的陈述、申辩材料，没有申请听证。本案现已调查、审理终结。

经查明，林忠存在以下违法事实：

2010 年 3 月 9 日至 5 月 31 日，“林某某”（系林忠亲属）账户买入“山煤国际”股票 2,297,249股，卖出 858,649 股，余股1,438,600 股。6 月 1 日 14 时 58 分至收盘，为减少亏损，林忠利用其资金优势，通过所控制的亲属账户“林某某”和“杜某某”账户，采用对倒方式以涨停价大量申报交易“山煤国际”股票，操纵了“山煤国际”股票尾盘交易价格。具体情况如下：

一、2010 年 6 月 1 日 14 时 58 分 39 秒，“山煤国际”股票市场成交价为 21 元。14 时 58 分 40 秒，林忠使用“林某某”账户以涨停价 23.89 元申报卖出“山煤国际”股票 1,438,600 股。14 时 58 分 57 秒，林忠使用“杜某某”账户以涨停价 23.89 元申报买入“山煤国际”股票 300,000 股，成交 300,000 股，成交瞬间“山煤国际”股价从 21.01 元升至 23.89 元，涨幅 13.7%。14 时 59 分 5 秒，林忠再次使用“杜某某”账户以涨停价 23.89 元委托买入“山煤国际”股票 988,700 股，全部以涨停价成交。截至收盘，“林某某”账户卖出成交 1,025,581 股，“杜某某”账户买入成交 1,288,700 股，两账户实际对倒量为 1,025,581 股。两账户对倒量合计占当日市场成交量的 32.46%、占尾盘 15 分钟（14 时 45 分至 15 时）市场成交量的 69.49%、占尾盘 2 分钟（14 时 58 分至 15 时）市场成交量的 78.13%，将“山煤国际”股价锁定在涨停价 23.89 元。

二、2010 年 6 月 2 日 9 时 24 分 46 秒至 9 时 30 分 45 秒，“林某某”账户分 5 笔委托卖出“山煤国际”股票 413,019 股，成交价格在 21.7 元至 22 元。9 时 27 分 31 秒至 9 时 49 分 14 秒，“杜某某”账户分 60 笔委托卖出“山煤国际”股票 1,288,700 股，成交价格在 22 元至 22.49 元。两账户合计亏损为 3,141,730.48 元。

上述事实有开户资料、交易流水、资金流水、谈话笔录等证据证明，足以认定。

林忠申辩称，没有坐庄拉抬股价的主观故意，作为中长线投资者，以往没有违规情况，整体账户实际亏损。我会认为，投资者从事证券交易，应当认真学习并严格遵守《证券法》的有关规定。操纵证券市场的行为，是严重侵害广大投资者权益的欺诈行为，是《证券法》明令禁止的行为。为了保护广大投资者的利益，维护证券交易秩序，必须对任何形式操纵证券交易价格的行为予以制裁。

我会认定，林忠的上述行为违反了《证券法》第七十七条第一款第（三）项“在自己实际控制的账户之间进行证券交易，影响证券交易价格或者证券交易量”的规定，构成《证券法》第二百零三条所述“操纵证券市场”情形。

根据当事人违法行为的事实、性质、情节与社会危害程度，依据《证券法》第二百零三条“违反本法规定，操纵证券市场的，责令依法处理非法持有的证券，没收违法所得，并处以违法所得一倍以上五倍以下的罚款，没有违法所得或者违法所得不足三十万元的，处以三十万元以上三百万元以下罚款”的规定，我会决定：对林忠处以 60 万元罚款。

上述当事人应自收到本处罚决定书之日起

15日内,将罚款汇交中国证券监督管理委员会(开户银行:中信银行总行营业部,账号7111010189800000162,由该行直接上缴国库),并将注有当事人名称的付款凭证复印件送中国证券监督管理委员会稽查局备案。当事人如果对本处罚决定不服,可在收到本处罚决定书之日起60日内向中国证券监督管理委员会申请行政复议,也可在收到本处罚决定书之日起3个月内向有管辖权的人民法院提起行政诉讼。复议和诉讼期间,上述决定不停止执行。

# 关于涂强违反证券法规的行政处罚决定书

(〔2010〕27号)

当事人:涂强,男,1969年12月出生,时任景顺长城基金管理有限公司(以下简称景顺长城)景系列开放式证券投资基金(包含优选股票基金、动力平衡基金、货币市场基金)、景顺长城鼎益股票型证券投资基金(以下简称鼎益基金)基金经理。

依据《中华人民共和国证券投资基金法》(以下简称《证券投资基金法》)、《中华人民共和国证券法》(以下简称《证券法》)的有关规定,我会对涂强违法违规一案进行了立案调查、审理,并依法向当事人告知了作出行政处罚的事实、理由、依据及当事人依法享有的权利。当事人提出了陈述、申辩意见,但不要求举行听证会。本案现已调查、审理终结。

经查明,涂强存在以下违法违规行为:

2006年9月18日涂强担任景顺长城景系列开放式基金的基金经理(2009年3月11日任景顺长城鼎益股票型证券投资基金的基金经理)起至涂强违法行为的发现时间2009年8月20日,涂强等人通过网络下单的方式,共同操作涂强亲属赵某、王某开立的两个同名证券账户从事股票交易,先于或与涂强管理的动力平衡基金等基金同步买入相关个股,先于或与动力平衡基金等基金同步卖出相关个股,涉及浦发银行等23支股票,为赵某、王某账户非法获利379,464.40元。其中:

**一、赵某账户**

(一)赣粤高速

2006年11月16日,赵某账户卖出4,280股。11月7日、17日,动力平衡基金共卖出2,000,000股。

(二)泰豪科技

2006年12月1日,赵某账户买入3,300股;同日,动力平衡基金买入692,200股。

(三)济南钢铁

2007年2月2日,赵某账户卖出30,000股。1月29日、2月2日景顺长城投资部晨会纪要显示,动力平衡基金计划卖出该股。1月29日,动力平衡基金卖出264,068股。

(四)广州友谊

2007年1月17日,赵某账户买入10,000股。1月19日,动力平衡基金买入97,730股。

2007年1月23日,赵某账户卖出10,000股。1月24日,动力平衡基金卖出97,730股。

(五)浦发银行

2007年2月2日,赵某账户卖出8,800股;同日,动力平衡基金卖出300,000股。

2007年10月19日,赵某账户买入10,000股。10月23日,动力平衡基金买入877,022股。

2008年1月15日,赵某账户卖出5,000股;同日,动力平衡基金卖出365,974股。

2008年2月5日,赵某账户卖出10,000股。2月4日景顺长城投资部晨会纪要显示,动力平衡基金计划卖出该股。2月4日,动力平衡基金卖出246,130股。

2008年3月13日,赵某账户卖出10,000股;同日,动力平衡基金卖出2,110,000股。

2008年12月3日,赵某账户买入10,000

股。11月25日,12月9日、11日,动力平衡基金共买入4,000,000股。

2009年2月26日,赵某账户卖出5,000股。2月25日、26日,动力平衡基金共卖出2,500,000股。

(六)海油工程

2007年2月15日,赵某账户买入10,000股。2月14日景顺长城投资部晨会纪要显示,动力平衡基金计划买入该股。2月14日,动力平衡基金买入400,000股。

2007年5月11日,赵某账户卖出10,000股。5月9日景顺长城投资部晨会纪要显示,动力平衡基金计划卖出该股。5月8日、9日,动力平衡基金共卖出150,000股。

(七)兴业银行

2008年1月17日,赵某账户买入10,000股。1月16日、17日,动力平衡基金共买入500,000股。

2008年3月13日,赵某账户卖出5,000股。3月13日、14日,动力平衡基金共卖出1,158,000股。

2008年4月2日,赵某账户卖出5,000股。4月7日,动力平衡基金卖出201,400股。

(八)武钢股份

2007年7月25日,赵某账户买入50,000股。7月26日,动力平衡基金买入500,000股。

2007年12月26日,赵某账户卖出25,000股。12月24日、25日,动力平衡基金共卖出2,930,100股。

(九)中联重科

2007年9月28日,赵某账户买入4,000股。9月14日至27日,动力平衡基金共买入2,111,659股。

2008年1月15日,赵某账户卖出4,000股。1月16日,动力平衡基金卖出210,765股。

(十)金地集团

2008年1月17日,赵某账户买入10,000股;同日,动力平衡基金买入199,992股。

2008年3月13日,赵某账户卖出5,000股。3月13日至17日,动力平衡基金共卖出1,077,924股。

(十一)神火股份

2008年7月8日,赵某账户买入10,000股;同日,动力平衡基金买入1,292,300股。

2008年10月24日,赵某账户卖出5,000股;同日,动力平衡基金卖出230,764股。

2008年11月26日,赵某账户买入15,000股。11月27日,动力平衡基金买入1,100,000股。

2009年5月7日,赵某账户卖出1,000股。4月22日、23日,5月13日涂强提交的操作计划显示,动力平衡基金计划卖出该股。4月22日、23日,5月13日,动力平衡基金共卖出4,500,000股。

(十二)贵州茅台

2008年8月13日,赵某账户买入2,500股。8月14日,涂强为精选蓝筹基金下单买入299,959股。

2009年7月21日,赵某账户卖出3,000股。7月6日至23日,动力平衡基金、鼎益基金累计卖出1,989,861股。

(十三)置信电气

2009年3月27日,赵某账户买入10,000股。3月11日至31日,动力平衡基金、鼎益基金累计买入6,388,942股。

(十四)华发股份

2009年7月21日,赵某账户买入20,000股。7月16日、23日,鼎益基金共买入1,824,296股。

## 二、王某账户

(一)神火股份

2007年6月20日,王某账户买入20,000股。6月12日、13日景顺长城投资部晨会纪要显示,动力平衡基金计划买入该股。6月13日,动力平衡基金买入100,000股。

2007年8月27日,王某账户卖出1,500股。8月17日景顺长城投资部晨会纪要显示,动力平衡基金计划卖出该股。8月14日至30日,动力平衡基金共卖出1,074,400股。

2008年3月13日,王某账户卖出5,000股。3月14日,动力平衡基金卖出110,000股。

(二)天音控股

2008年4月24日,王某账户卖出18,000股。4月22日至24日,动力平衡基金共卖出2,244,457股。

(三)中兴通讯

2007年6月20日,王某账户买入10,000

股。6月18日景顺长城投资部晨会纪要显示,动力平衡基金计划买入该股。6月18日,动力平衡基金买入250,000股。6月20日景顺长城投资部晨会纪要显示,资源垄断基金计划买入该股,涂强出席了该晨会。

(四)中信证券

2007年8月21日,王某账户买入7,000股。8月21日、22日,动力平衡基金共买入1,349,916股。

2007年12月26日,王某账户卖出2,777股。12月25日景顺长城投资部晨会纪要显示,动力平衡基金计划卖出该股。12月24日,动力平衡基金卖出250,000股。

2008年2月5日,王某账户卖出3,000股,同日,动力平衡基金卖出265,000股。

2008年2月15日,王某账户买入3,500股。2月20日、21日,动力平衡基金共买入400,000股。

2008年3月13日,王某账户卖出6,000股。3月12日景顺长城投资部晨会纪要显示,新兴成长基金计划卖出该股,涂强出席了该晨会。

(五)宝钢股份

2007年10月19日,王某账户买入14,000股。8月31日至10月23日,动力平衡基金共买入18,940,527股。

2007年12月26日,王某账户卖出4,000股。12月3日至25日,动力平衡基金共卖出6,000,000股。

2008年1月15日,王某账户卖出10,000股。1月15日景顺长城投资部晨会纪要显示,资源垄断基金计划卖出该股,涂强出席了该晨会。

(六)国药股份

2007年10月29日,王某账户买入14,000股。9月20日至11月8日,动力平衡基金共买入2,690,944股。

2007年11月21日,王某账户卖出14,000股。11月22日至28日,动力平衡基金共卖出957,696股。

(七)云南铜业

2007年12月5日,王某账户买入10,000股。2007年9月6日至2008年2月21日,动力平衡基金共买入4,229,801股。

2008年3月13日,王某账户卖出5,000股。3月13日、14日,动力平衡基金共卖出909,801股。

(八)金地集团

2007年12月19日,王某账户买入10,000股。12月12日景顺长城投资部晨会纪要显示,动力平衡基金计划买入该股。12月17日,动力平衡基金买入356,700股。

2008年1月15日,王某账户卖出5,000股。1月15日景顺长城投资部晨会纪要显示,资源垄断基金计划卖出该股,涂强出席了该晨会。

2008年2月5日,王某账户卖出5,000股。2月4日景顺长城投资部晨会纪要显示,资源垄断基金计划卖出该股,涂强出席了该晨会。

2008年6月6日,王某账户买入10,000股。6月6日景顺长城投资部晨会纪要显示,优选股票基金、动力平衡基金、鼎益基金计划买入该股,涂强出席了该晨会。

2008年6月13日,王某账户买入10,000股。6月12日景顺长城投资部晨会纪要显示,动力平衡基金、鼎益基金计划买入该股,涂强出席了该晨会。

2009年7月21日,王某账户买入7,500股。7月20日、21日、23日,鼎益基金共买入3,999,906股。

(九)哈空调

2008年2月15日,王某账户买入12,900股;同日,动力平衡基金买入1,235,950股。

2008年6月26日,王某账户买入8,500股。6月25日景顺长城投资部晨会纪要显示,动力平衡基金计划买入该股。

2008年11月18日,王某账户卖出15,000股,同日,动力平衡基金卖出1,000,000股。

2008年12月15日,王某账户卖出20,000股。12月15日、16日,动力平衡基金共卖出2,052,042股。

(十)广州友谊

2009年8月18日,王某账户买入20,000股。8月17日,鼎益基金买入500,000股。

(十一)合肥百货

2009年7月21日,王某账户卖出13,000股。7月24日,动力平衡基金卖出2,778,703股。

(十二)泸州老窖

2008年12月17日,王某账户买入15,000

股。11月14日至12月29日，动力平衡基金共买入5,154,718股。

（十三）置信电气

2009年2月6日，王某账户买入10,000股。3月27日，王某账户再次买入10,000股。2009年1月12日至5月13日，动力平衡基金、鼎益基金累计买入13,846,661股。

（十四）海油工程

2009年4月2日，王某账户买入30,000股。4月1日、2日，动力平衡基金共买入1,999,932股。

调查发现，涂强提供了赵某、王某账户的部分交易资金，且是该两个账户股票交易获利的受益人。涂强利用任职优势获取了景顺长城旗下多支基金投资股票的未公开信息，操控赵某、王某账户，先于或与涂强管理的基金及其他有关基金同步买卖相同股票。

以上事实，有景顺长城提供的相关情况说明，景顺长城会议记录，当事人询问笔录，相关基金和赵某、王某账户股票交易记录，赵某、王某账户股票交易下单电脑MAC记录以及下单交易IP地址等证据在案证明，足以认定。

上述行为，违反了《证券投资基金法》第十八条有关基金从业人员不得从事损害基金财产和基金份额持有人利益的证券交易的规定，构成了《证券投资基金法》第九十七条所述违法行为。同时，还违反了《证券法》第四十三条有关禁止特定人员直接或者借他人名义持有、买卖股票的规定，构成了《证券法》第一百九十九条所述违法行为。

当事人涂强在陈述、申辩材料中对因个人的行为给所在公司及行业造成的负面影响表示悔过，愿意接受处罚，但提出自己并没有主观故意去侵害基金持有人的利益，事先告知书列举的部分交易在交易股票类型和时间上不符合“老鼠仓”行为特征。例如，涉案个人账户对大多数股票的首次买入时间大大晚于当事人管理的基金对相同个股的首次买入时间；基金先于涉案个人账户买入或卖出个股的情况较多；基金对大多数个股的交易量未超过该股票当日总成交量的10%，影响不了该个股的价格走势；涉案个人账户在同时期内交易的股票支数较多，市值通常较大，但整体收益不高，与“老鼠仓”一般选择单支、小市值股票以获取超额收益的做法不符。此外，当事人还提出，其无法获取景顺长城旗下其他基金的投资信息；受精选蓝筹基金的基金经理电话委托，为该基金买入“贵州茅台”股票，受托买入时间晚于涉案赵某账户买入该股票的时间。请求对其减轻处理。

经复核，在涂强任基金经理的近3年时间里，其所控制的赵某、王某账户持续不断地出现与基金投资高度关联的交易行为，表现为提前或同步买或卖相同股票。这一长期连续发生的客观事实表明，涉案个人账户的抢先交易行为不是偶发的、巧合的，而是有意识的、习惯性的。涂强任基金经理，上述抢先交易行为均与其任职有关，其利用未公开的基金投资信息为涉案个人账户谋利的情形明显。综上，涂强有关没有违法主观故意的申辩意见没有法律依据与证据支持，不予采纳。

经复核，根据景顺长城提供的情况说明，该公司2008年7月之前实行基金经理在晨会上报告当日操作建议的日例会制度，并留有晨会纪要，后改为基金经理通过投研系统提交操作计划，2009年5月后改为由基金经理经审批后直接下单。晨会纪要、投研系统投资操作计划向基金经理开放查询。以上情况说明，当事人通过参加晨会或登录投研系统，可以知悉景顺长城旗下有关基金投资建议，其有关无法获取其他基金投资信息的说法与事实不符，没有证据支持，不予采纳。

经复核，根据景顺长城晨会纪要与投资记录，涂强参加了2008年8月12日的晨会。在该次晨会上，资源垄断基金的基金经理将“贵州茅台”股票作为首选股进行推荐。8月13日，涉案赵某账户买入该股票。8月14日，涂强代精选蓝筹基金下单买入该股，并在精选蓝筹基金交易所报表单上签字。另通过电话录音查询，未发现涂强是在8月14日当日才接受精选蓝筹基金的基金经理委托下单买入“贵州茅台”股票的指令。综上，其有关陈述、申辩理由与事实不符，没有证据支持，不予采纳。

我会认为，涂强担任基金经理职务近3年，本应坚守法律底线和职业操守，尽心管理基金财产，为基金份额持有人服务。但是，涂强却违背了忠实和诚信义务，利用担任景顺长城旗下基金的基金经理的职务便利以及所获取的相关基金投资股票的未公开信息,操控涉案个人账户先于或与有关基金同步买卖与基金相同股票牟利,从事利益冲突行为,且持续时间较长。在我会对多起基金从业人员从事利益冲突行为给予严厉处罚、处理,在多次重申执业纪律,强调基金投资管理人员执业行为规范之后,涂强仍不思悔改,继续从事违法行为,具有较大主观恶性,依法应予处罚。

我会认为,基金公司与基金份额持有人之间是信托法律关系,基金公司对基金财产和基金份额持有人负有诚信义务。基金经理受聘代表基金公司管理基金财产,对基金财产和基金份额持有人负有忠实、勤勉义务,须恪守职业道德与行为规范,尽责管理基金财产,维护基金份额持有人的利益,不得从事任何损害基金财产和基金份额持有人利益的证券交易及其他活动,特别是与其履行基金经理职责有利益冲突,与其担任基金经理职务随附的诚信义务相悖的活动。利用职务便利抢先交易,使涉案个人账户同有关基金相比在交易价格、交易时机上占优,并意图利用基金的投资行为替涉案个人账户谋取利益,是一种典型的利益冲突行为。这种行为不仅客观上会对相关股票的市场价格产生不利于有关基金的影响,损害基金财产及基金份额持有人的利益,而且妨碍了正常的交易秩序,破坏了公平、公正的市场交易环境。因此,无论抢先交易是否会对相关股票价格最终产生影响,无论产生的影响大小,也无论当事人是否最终获利,这种行为本身都违背了基金经理的诚信义务,具有违法性,且性质恶劣。

我会认为,基金经理管理着资金规模巨大的信托财产,其所作所为不仅关系到所在基金公司的声誉,而且将影响广大投资者对基金行业乃至证券市场的信赖基础。因此,基金经理应珍视职业发展的良好机遇,谨记自身对于基金财产和基金份额持有人的诚信义务,忠实、勤勉地工作,切不可存有侥幸心理,从事任何形式的背信违法行为。否则一旦被发现,当事人将遭受严厉的惩罚。

根据当事人违法行为的事实、性质、情节与社会危害程度,依据《证券投资基金法》第九十七条及《证券法》第一百九十九条规定,我会决定:

一、取消涂强的基金从业资格;

二、没收涂强违法所得379,464.40元,并处以200万元罚款。

当事人应自收到本处罚决定书之日起15日内,将罚没款汇交中国证券监督管理委员会(开户银行:中信银行总行营业部、账号7111010189800000162,由该行直接上缴国库),并将注有当事人名称的付款凭证复印件送中国证券监督管理委员会稽查局备案。如对本处罚决定不服,可在收到本处罚决定书之日起60日内向中国证券监督管理委员会申请行政复议;也可以在收到本处罚决定书之日起3个月内直接向有管辖权的人民法院提起诉讼。复议和诉讼期间,上述决定不停止执行。

# 关于刘海违反证券法规的行政处罚决定书

(〔2010〕28号)

当事人:刘海,男,1978年7月出生,时任长城基金管理有限公司(以下简称长城基金)长城稳健增利债券型证券投资基金基金经理。

依据《中华人民共和国证券投资基金法》(以下简称《证券投资基金法》)、《中华人民共和国证券法》(以下简称《证券法》)的有关规定,我会对刘海违法违规一案进行了立案调查、审理,并依法向当事人告知了作出行政处罚的事实、理由、依据及当事人依法享有的权利。当事人未提出陈述、申辩,也不要求举行听证会。本案现已调查、审理终结。

经查明,刘海存在以下违法违规行为:

2008年8月27日刘海担任长城稳健增利债券型证券投资基金(以下简称债券基金)的基金经理起至刘海违法行为的发现时间2009年8月21日,刘海通过电话下单等方式,操作妻子黄某于国泰君安证券深圳蔡屋围金华街营业部开立的同名证券账户从事股票交易,先于刘海管理的债券基金买入并卖出相关个股,涉及鞍钢股份等3只股票,为黄某账户非法获利134,683.57元。其中:

**一、鞍钢股份**

2009年1月15日,黄某账户买入40,000股。1月22日,债券基金买入该股,至2月5日共买入140,000股。

**二、海通证券**

2009年1月15日,黄某账户买入85,500股,同日,债券基金买入40,000股。

**三、东百集团**

2009年1月20日,黄某账户买入97,700股。1月19日,债券基金买入该股,至2月18日共买入603,400股。

调查发现,刘海、黄某夫妇提供了黄某账户的交易资金,是该账户交易股票获利的直接受益人。刘海利用任职优势先于其管理的债券基金,直接为黄某账户买卖相同股票。案发后,刘海配合了我会调查工作。

以上事实,有长城基金提供的相关情况说明,当事人询问笔录,债券基金和黄某账户股票交易记录等证据在案证明,足以认定。

上述行为,违反了《证券投资基金法》第十八条有关基金从业人员不得从事损害基金财产和基金份额持有人利益的证券交易的规定,构成了《证券投资基金法》第九十七条所述违法行为。同时,还违反了《证券法》第四十三条有关禁止特定人员直接或者借他人名义持有、买卖股票的规定,构成了《证券法》第一百九十九条所述违法行为。

根据当事人违法行为的事实、性质、情节与社会危害程度,依据《证券投资基金法》第九十七条及《证券法》第一百九十九条规定,我会决定:

一、取消刘海的基金从业资格;

二、没收刘海违法所得134,683.57元,并处以50万元罚款。

当事人应自收到本处罚决定书之日起15日内,将罚没款汇交中国证券监督管理委员会(开户银行:中信银行总行营业部、账号7111010189800000162,由该行直接上缴国库),并将注有当事人名称的付款凭证复印件送中国证券监督管理委员会稽查局备案。如对本处罚决定不服,可在收到本处罚决定书之日起60日内向中国证券监督管理委员会申请行政复议;也可以在收到本处罚决定书之日起3个月内直接向有管辖权的人民法院提起诉讼。复议和诉讼期间,上述决定不停止执行。

## 关于李际滨、黄文峰违反证券法规的行政处罚决定

(〔2010〕29号)

当事人:李际滨,男,1969年11月出生,时任珠海经济特区富华集团股份有限公司(以下简称粤富华或者公司)副总经理。

黄文峰,男,1967年2月出生,时任粤富华资金部部长。

依据《中华人民共和国证券法》(以下简称《证券法》)的有关规定,我会对李际滨、黄文峰内幕交易行为进行了立案调查、审理。我会依法向当事人告知了作出行政处罚的事实、理由、依据及当事人依法享有的权利,当事人不要求陈述、申辩和听证。本案现已调查、审理终结。

经查明,李际滨、黄文峰存在如下违法行为:

**一、内幕信息的形成、传递与公开过程**

粤富华是一家1993年在深圳证券交易所上市的公司,注册地在广东省珠海市,实际控制人是珠海市国资委。珠海功控集团有限公司(以下简称功控集团)是粤富华的全资子公司,珠海经济特区珠海电力集团有限公司(以下简称珠海电力集团)是功控集团的全资子公司。1994年,珠海电力集团与广东省粤电集团有限公司(以下简称粤电集团)共同组建了珠海经济特区广珠发电有限责任公司(以下简称广珠公司),其中珠海电力集团持有18.18%的股权,粤电集团持有81.82%的股权。1996年,广珠公司和外方企业香港珠海发电厂投资有限公司共同组建中外合作经营企业广东珠海发电厂有限公司(以下简称珠海发电厂),其中广珠公司持有54.98%股权,香港珠海发电厂投资有限公司持有45.02%股权。因此,粤富华通过全资企业功控集团、广珠公司间接持有珠海发电厂约10%的股权。

2006年10月,广珠公司修改合营合同及章程关于利润分配的相关条款,修改后的内容为:在广珠公司有年度可供股东分配的利润及足够的现金支持下,同意每个会计年度将上述资金按股东出资比例全额用于偿还股东借款和分配利润,其中用于分配利润的资金不低于上述资金的50%,同意在每个会计年度的次年三月份之前作出每个会计年度的利润分配决议。若由于合营公司投资珠海发电厂二期5、6号机组的需要或现金流量情况而无法全额分配可供股东分配的利润时,届时由股东双方协商,根据当年资金使用需求及股东双方的利益,由董事会决议具体制定当年度利润分配方案。

2006年11月8日,粤富华发布《重大资产置换暨关联交易报告书》公告称,广珠公司已委托广东省电力设计院进行5、6号机组的可行性研究,目前《可行性研究报告》正在编制过程中,尚未提交给委托方审阅,因此公司现在还无法提供较为准确的数据。5、6号机组计划于“十一五”(2006年至2010年)末投建,“十二五”期间投产,但根据目前电力项目投资的核准程序,该项目必须经国家发改委核准,因此项目确切投建时间目前还无法确定。如投资,估计总额在55亿-60亿元人民币之间,广珠公司需投入注册资本金约8亿元人民币,按电力集团的持股比例18.18%计算,需投入约1.5亿元,可分两至三年投入。因此,在5、6号机组投资的2-3年期间,每年将减少广珠公司可分配利润5000万-7500万元。

2006年12月15日,广珠公司董事会决议分配2005年度利润5亿元。

2006年12月22日,粤富华发布公司股权分置改革实施公告称,珠海市国资委对置入上市公司的功控集团未来三年经营业绩做出承诺,如果功控集团的净利润在2006年至2008年中的任何一年少于7,500万元时,珠海市国资委将对粤富华流通股股东按照差额比例追送股份。

2007年3月,珠海发电厂审计报告出来后,珠海发电厂股东双方很快达成了珠海发电厂分配2006年度利润的意向,但没有具体的分配方案。

自2007年3月12日至4月16日,粤富华副总经理梁某(兼任珠海电力集团董事长、广珠公司和珠海发电厂董事)在粤富华总裁办公会议上多次说明,对于珠海发电厂2006年度的分红的问题,他一直在跟踪协调股东双方的意见。粤富华总经理欧某在4月2日的总裁办公会议上指出,考虑到集团账面利润长期体现,分红事宜应加快协调解决。4月18日,珠海发电厂领导层就2006年度利润分配6.7亿元事宜进行了协商。

4月23日,梁某在粤富华总裁办公会议中称,2006年度珠海发电厂分红已与港方谈妥,本周争取签署协议,并接触广珠公司谈分红。4月29日,珠海发电厂同意将协商达成的分配方案请示董事会批准。5月8日,梁某在粤富华总裁办公会议中称珠海发电厂2006年度分红工作正在处理当中,继续跟进。5月上旬,粤电集团和珠海电力集团基本达成了广珠公司分红的意向,未就分红的具体数额作出约定,但如果分红倾向于全分。5月中旬,梁某与粤电集团副总经理兼广珠公司董事长李某进行沟通,要求李某说服珠海发电厂尽早分红。5月14日,梁某在总裁办公会议中称,已与粤电集团充分沟通有关珠海发电厂分红事宜,粤电集团将尽量满足珠海电力集团的要求。5 月中下旬，梁某与李某达成一致意向：一旦珠海发电厂分红，广珠公司将立即分红。

5 月 28 日，李某给广珠公司董事、总经理王某打电话，称珠海发电厂分红的事已经敲定，并指示王某“广珠公司分红的事可以启动了”。当天，王某要求广珠公司财务部经理草拟广珠公司2006 年度分红议案。5 月 29 日，梁某获悉王某将要出国考察 20 余日，为争取在 2007 年上半年落实广珠公司分红的事，要求王某在出国前先在广珠公司分红决议上预签。当天，广珠公司财务部经理按照王某的安排，根据珠海发电厂的分红草案草拟了广珠公司分配 6.8 亿元红利的董事会决议，王某提前在广珠公司分红决议上预签，随后立即将该决议交给广珠公司董事会秘书赵某，要求她在未收到珠海发电厂正式分红决议之前，不得将广珠公司分红决议交付其他董事传签。

6 月 4 日，梁某在粤富华总裁办公会议中称，珠海发电厂 2006 年度分红决议待港方签字。6 月 7 日，珠海发电厂董事会全体成员正式签署完毕 2006 年度利润分配董事会决议。当天，赵某收到珠海发电厂正式分红决议，立即通过电话向出国考察的王某汇报情况，王某指示赵某可以将广珠公司分红决议交付其他董事传签；赵某安排广珠公司综合部秘书黄某负责向其他董事传送广珠公司分红决议，董事杨某和方某收到分红决议后均于 6 月 8 日在决议上签名，董事长李某收到分红决议后于 6 月 13 日上午在决议上签名。广珠公司于 6 月 13 日董事会决议分配 2006 年度利润 6.8 亿元。

6 月 13 日下午 2 点半，黄某将广珠公司分红决议交给珠海电力集团管理发展部经理姚某；当天下午 3 点左右，梁某在分红决议上签名后，吩咐姚某将已生效的广珠公司分红决议传真给粤富华董事会秘书薛某。6 月 14 日，粤富华发布重大事项公告称，公司全资企业珠海电力集团于 6 月 13 日收到参股 18.18% 的广珠公司董事会决议。决议对广珠公司 2006 年度利润进行分配，珠海电力集团按持股比例可获分配股东利润人民币 12,362.4 万元，粤富华据此确认相关投资收益。同日，粤富华发布 2007 年上半年业绩预增 650% –700% 公告。

## 二、李际滨、黄文峰知悉内幕信息的情况

根据粤富华总裁办公会议记录的情况，粤富华总裁办公会议属于例会形式，一般在每周一或周二召开，与会人员包括公司总经理、副总经理、各部负责人、董事会秘书和财务总监；总裁办公会议记录根据各部在开会前预先提交的《下周工作进度安排表》汇总，会议记录形成后，记录员将根据会议内容制作的《每周工作安排》以表格的方式分发给全体参会人员，对未参会人员，会通过发送电子邮件或留置复印件将总裁办公会议记录送给他们；记录员主要通过托人捎带和直接交付的方式将经过会议讨论的公司《每周工作安排》表交给李际滨，没有通过电子邮件的方式发送。

梁某称，2007 年 6 月 4 日他在总裁办公会议提到珠海发电厂分红决议正在传签之中，等待港方签字，后因总经理欧某告诫他不要在此后的总裁办公会议上提及这一敏感议题，因此他未在 6 月 11 日的总裁办公会议上提及珠海发电厂分红进度；粤富华所有副总经理及财务总监在 2007 年 5 月中下旬前后都曾打听过广珠公司分红一事的进展，资金部部长黄文峰在 2007 年 5 月下旬也曾专门打电话向他询问广珠公司分红进展一事，但他均没有表态；副总经理李际滨主管粤富华在贵阳当地的房地产和制药业务，很少参加总裁办公会议，但能通过公司秘书了解每周办公会议的具体内容。

粤富华董事会秘书称，她最早在 2007 年 4 月的总裁办公会议上听到广珠公司拟进行分红这一议题，梁某几乎在其后每次办公会议上都会提到广珠公司分红工作的进展；6 月 8 日，梁某告诉她，珠海发电厂分红决议签署工作已近尾声，广珠公司分红进入实质推动阶段。

李际滨自 2004 年下半年起任粤富华副总经理，向总经理欧某汇报工作，主要负责粤富华在贵州的业务，经常往返珠海和贵阳两地。根据粤富华总裁办公会议记录，李际滨在 2007 年 3 月 12 日、4 月 9 日和 5 月 8 日出席了总裁办公会议。李际滨称，其从粤富华 2007 年 3 月份的总裁办公会上开始知道电厂分红这件事，知道公司一直在跟进、总经理也要求加快落实，但他对分红的具体时间和数额等细节不清楚。李际滨还称，他对粤富华几块业务的构成和效益

情况有大致了解,也知道电力的分红在粤富华的年度业绩构成中占有相当的比重;此外,粤富华在股改时的承诺和网上券商的分析报告也对公司股票的价值分析得非常详细;因此,本人对粤富华股票的价格有一个基本的判断,电力分红作为业绩的一个重要保证也是包含在里面的因素,但不受何时分红的影响。

黄文峰自2001年至2007年3月任粤富华董事,2007年1月担任粤富华资金部部长,主要负责粤富华整个集团的资金结算和银行融资。根据粤富华总裁办公会议记录,黄文峰自2007年3月12日到2007年6月4日均出席了总裁办公会议。根据黄文峰的询问笔录与书面说明,其最早于2007年3、4月份的总裁办公会议上知道广珠公司分红这个事,知道分红对粤富华业绩影响非常大,并问过梁某分红的具体时间,此后于4月23日、5月14日、6月4日的总裁办公会议上逐步知悉了分红事项的进展情况。

## 三、李际滨知悉内幕信息后买卖粤富华股票的情况

2005年9月16日,李际滨陪同其父在银河证券珠海柠溪路营业部开立证券账户,户名"李庆泰",资金账号332×××000446,下挂深圳股东账户010×××3620。2005年9月19日,李庆泰通过其本人银行账户转账的方式存入47,999元到其保证金账户,2007年4月30日以同样方式再次存入73,331元,至调查时该账户没有发生资金流出。李庆泰表示,上述资金属其本人所有。在调查中未发现该李庆泰的账户资金与李际滨之间有资金往来。自2005年9月开户至2007年8月调查人员调取资料之日,"李庆泰"账户一直有股票、基金交易,交易股票种类较多,且以短线交易为主。

2007年6月12日,"李庆泰"账户买入粤富华股票30,014股,买入成本(含税费)402,435.16元,2007年6月14日全部卖出,所得资金(已扣税费)471,820.42元,获利69,385.26元。

根据李际滨与李庆泰的询问笔录、书面说明以及交易IP地址,"李庆泰"账户在2007年6月12日的买入和6月14日的卖出指令均是由李际滨在贵阳通过网上交易委托下达的。

李际滨否认自己利用公司内幕信息进行上述买卖,认为系出于对高管直系亲属买卖本公司股票的相关规定不够了解。李际滨称,买入粤富华股票是对公司全年业绩的判断,而不是受电力分红的影响;卖出股票是因为公司公布了中期业绩预增的消息,在大势不稳和前期股票涨幅已大的情况下,股价会"见光死"。

## 四、黄文峰知悉内幕信息后买卖粤富华股票的情况

2006年3月14日,黄文峰陪同其妹黄美娥在招商证券珠海人民东路营业部开立证券账户,户名为"黄美娥",资金账号为290×××86,深圳股东账号为010×××1816。黄美娥授权黄文峰全权代理该账户包括资金存取、交易等所有事宜。黄美娥称,她不懂股票,因此她全权委托黄文峰代理。

2006年3月24日,黄美娥以现金方式存入100,000元到她的银行账户,然后黄美娥授权黄文峰从她银行账户转入115,000元到她的保证金账户;2006年12月27日黄文峰从"黄美娥"证券账户转90,000元到她的银行账户,黄文峰陪同黄美娥前往银行取出90,000元;2007年1月31日黄文峰又从"黄美娥"证券账户转出57,000元到建行珠海前山支行的银行账户,黄美娥独自前往银行取出57,000元。调查中,黄文峰和黄美娥都表示黄美娥银行账户中的100,000元来自于黄文峰,且该款项为黄文峰还黄美娥的借款。

自2006年3月该账户开立后,"黄美娥"账户一直在从事股票交易,交易股票种类较多,且以短线交易为主,其间频繁买卖粤富华。2007年6月1日至6月4日,"黄美娥"账户买入粤富华共16,300股,平均每股成本为10.326元,2007年6月6日至6月7日以11.346元的均价全部卖出,扣除交易费用1,801.58元,获利14,826.42元。2007年6月12日至6月13日,"黄美娥"账户买入粤富华共14,600股,平均每股成本为13.75元,2007年6月14日以16.23元的均价全部卖出,扣除交易费用2,232.4元,获利33,992.6元。

"黄美娥"账户在2007年6月所有交易粤富华的指令均是由黄文峰通过网络进行委托交易的;黄文峰称其股票交易行为完全依据对公

开信息的分析和对个股技术走势的判断作出。

上述事实，有账户开户资料、交易记录、公司公告、会议记录及说明、询问笔录等证据证明，足以认定。

我会认为，本案中涉及的信息是上市公司对外股权投资的分红方案，根据内幕信息的"重要性"原则，上市公司未公开的对外股权投资分红方案是否属于内幕信息，应根据该项股权投资在上市公司整体资产、营业收入、利润构成中所占的比重、投资者对该分红方案的预期以及该分红方案与上市公司股票价格变动的相关程度等因素综合判断。本案中，无论从以往年度客观记录看，还是从包括李际滨、黄文峰在内的粤富华高中级管理层、外界投资者主观认知上看，电厂分红在粤富华业绩构成中均占有相当大的比重。而且，由于粤富华2006年11月8日发布的关于投资珠海发电厂5、6号机组的公告，给市场投资者以粤富华在未来年度从发电厂获得的分红收益将有较大比例减少的预期，此后协商、达成的2006年度全额分红的方案，对投资者判断的影响就更为重大。从2007年6月14日粤富华发布公告的内容看，广珠公司2006年度利润分配是粤富华上半年业绩预增650%－700%的直接原因。因此，本案中粤富华对珠海发电厂股权投资的分红方案，符合内幕信息的"重要性"标准。尽管根据粤富华2006年12月22日发布的公司股权分置改革实施公告，珠海市国资委对包括珠海发电厂资产在内的功控集团的盈利能力做出了业绩补偿承诺，但由于承诺内容并未指明珠海发电厂的分红事项以及承诺针对的是全年业绩，因此，此公告不能消除珠海发电厂分红方案对粤富华半年度业绩和短期股价表现的"重要性"程度。基于上述理由，依据《证券法》第七十五条第二款第八项的规定，认定该信息属于内幕信息。

本案中，李际滨作为粤富华时任副总经理、黄文峰作为粤富华离任不久的董事、时任资金部部长，虽非涉案分红方案的决策人员或者具体负责人员，但是，二人主要通过参加粤富华总裁办公会议的机会，知悉了分红方案的动议、磋商与进展的基本过程与总体情况，并且明确了解分红事项对公司业绩具有举足轻重的影响，因此，认定二人是涉案内幕信息的知情人。

李际滨提出自己的交易行为没有利用内幕信息，买入粤富华股票是出于对公司全年业绩的判断，而不是受电力分红的影响；黄文峰也称其股票交易行为完全依据对公开信息的分析和对个股技术走势的判断作出。我会认为，根据《证券法》的规定，内幕信息知情人"知悉"内幕信息后从事了相关证券的买入或者卖出，就可以推断其买卖行为系"利用"了内幕信息，除非有充分的理由与证据排除这种推断。本案中，虽然不排除二位当事人独立的"分析判断"可能会对其交易行为有一定的影响，但由于其交易行为本身已经符合《证券法》第二百零二条内幕交易违法行为的构成要件，且证明其利用内幕信息从事内幕交易的相关证据清楚而有说服力，当事人的辩解不足以推翻对其内幕交易行为的认定。

根据当事人违法行为的事实、性质、情节与社会危害程度，依据《证券法》第二百零二条规定，我会决定：

一、没收李际滨因内幕交易产生的违法所得69,385.26元，并处以69,385.26元的罚款；

二、没收黄文峰因内幕交易产生的违法所得48,819.02元，并处以48,819.02元的罚款。

上述当事人应自收到本处罚决定书之日起15日内，将罚没款汇交中国证券监督管理委员会（开户银行：中信银行总行营业部、账号7111010189800000162，由该行直接上缴国库），并将注有当事人名称的付款凭证复印件送中国证券监督管理委员会稽查局备案。当事人如果对本处罚决定不服，可在收到本处罚决定书之日起60日内向中国证券监督管理委员会申请行政复议，也可在收到本处罚决定书之日起3个月内直接向有管辖权的人民法院提起行政诉讼。复议和诉讼期间，上述决定不停止执行。

# 关于殷秋红违反证券法规的行政处罚决定书

(〔2010〕30号)

当事人:殷秋红,女,1969年11月出生,时任三力期货经纪有限责任公司(以下简称三力期货)风险总监。

依据《期货交易管理条例》的有关规定,我会对殷秋红利用虚假学历证明取得期货公司首席风险官任职资格的行为进行了立案调查、审理。我会依法向当事人告知了作出行政处罚的事实、理由、依据及当事人依法享有的权利,当事人提出了陈述、申辩意见,未要求召开听证会。本案现已调查、审理终结。

经查明,殷秋红存在如下违法行为:

2008年6月2日,三力期货召开总经理办公会,商议公司首席风险官人选问题。经对照《期货公司首席风险官管理规定》中相关条款的要求和对候选人员能力、业绩情况的评估,议定殷秋红是公司唯一符合任职资格的人选,并形成会议纪要"拟推荐殷秋红为公司首席风险官,报董事会批准"。2008年7月,殷秋红参加并通过中国期货业协会首席风险官资质测试。2009年3月6日,三力期货召开总经理办公会,同意上报殷秋红首席风险官任职资格,并报请董事会批准。2009年3月20日,三力期货向中国证监会上报殷秋红《黑龙江三力期货经纪有限责任公司首席风险官任职资格申请书》,在申请任职资格材料中按照要求提供了殷秋红的本科学历证明。2009年5月15日,三力期货收到中国证监会下发的《关于核准殷秋红期货公司首席风险官任职资格的批复》(证监许可〔2009〕390号)。

殷秋红自述,她没有去过学校,不知道上课地点,从没有上过课,学习课程是在拿到学籍资料时才知道的。2006年初,殷秋红向总经理汇报已经本科毕业,取得《毕业证书》。总经理按照公司程序同意其将《毕业证书》、学籍资料交给公司综合部,存入殷秋红人事档案。

2009年9月18日,黑龙江省高等教育自学考试委员会出具证明,证实殷秋红持有的黑龙江省高等教育自学考试经济管理专业(本科)毕业证书及《黑龙江省高等教育自学考试毕业生登记表》均系伪造。

三力期货在接到要求对殷秋红学历涉嫌虚假情况进行自查的通知后进行了自查。依据自查情况作出判断,认定殷秋红本科学历为虚假学历,并作出内部处理。

在调查期间,殷秋红态度积极,能够主动配合调查工作。

殷秋红利用虚假学历证明取得期货公司首席风险官任职资格的行为,有黑龙江省高等教育自学考试委员会出具的证明、三力期货出具的说明、殷秋红本人的陈述等证据证明,事实清楚,证据充分,足以认定。

我会认为,殷秋红的行为违反了《期货交易管理条例》第七十条第一款第(八)项"不按照规定向国务院期货监督管理机构履行报告义务或者报送有关文件、资料"和《期货公司董事、监事和高级管理人员任职资格管理办法》第六十条"申请人或者拟任人以欺骗、贿赂等不正当手段取得任职资格"的规定,根据当事人违法行为的事实、性质、情节与社会危害程度,依据《期货交易管理条例》第七十条和《期货公司董事、监事和高级管理人员任职资格管理办法》第六十条的规定,我会决定:对殷秋红撤销首席风险官任职资格,给予警告,并处以3万元罚款。

上述当事人应自收到本处罚决定书之日起15日内,将罚款汇交中国证券监督管理委员会(开户银行:中信银行总行营业部、账号7111010189800000162,由该行直接上缴国库),并将注有当事人名称的付款凭证复印件送中国证券监督管理委员会稽查局备案。当事人如果对本处罚决定不服,可在收到本处罚决定书之日起60日内向中国证券监督管理委员会申请行政复议,也可在收到本处罚决定书之日起3个月内直接向有管辖权的人民法院提起行政诉讼。复议和诉讼期间,上述决定不停止执行。

# 关于沈昌宇违反证券法规的行政处罚决定书

([2010]31号)

当事人:沈昌宇,男,1972年3月17日生。

依据《中华人民共和国证券法》(以下简称《证券法》)有关规定,我会依法对沈昌宇利用其控制的"金小红"、"沈浩平"、"徐菊仙"、"金顺法"等账户操纵证券市场的行为进行了立案调查、审理,并依法向当事人告知了作出行政处罚的事实、理由、依据及当事人依法享有的权利。当事人未提出陈述、申辩意见,也未要求听证。本案现已调查、审理终结。

经查明,沈昌宇存在以下违法违规行为:

**一、操纵"深深房A"股票价格**

2007年8月31日至2007年9月4日期间,沈昌宇利用其控制的"金小红"、"沈浩平"、"徐菊仙"3个证券账户(以下简称沈昌宇账户组),在交易"深深房A"股票的过程中,操纵"深深房A"(代码000029)股价,获利402,657元。

2007年8月31日至9月3日,沈昌宇账户组以涨停价大量申报买入"深深房A"股票,在该股处于涨停、市场及其账户组本身已有大量未成交买单、买入申报明显无法成交的情况下,仍以涨停价大量申报买入堆单,涨停价位买委托量急剧放量,将该股股价锁定在涨停价位意图明显,使该股始终维持涨停价位至当日收盘,为其下一交易日出货牟利创造条件。9月4日,沈昌宇通过集合竞价虚假申报手段,以涨停价大量频繁申报买入该股,造成买盘众多的假象,意图影响其他投资者对该股票供求和价格走势的判断,诱导其他投资者跟风买入,然后以低于申买价的价格将所持有的"深深房A"股票全部卖出获利。具体情况如下:

(一)2007年8月31日,沈昌宇账户组以涨停价9.95元连续29笔申报买入"深深房A"股票共26,509,300股,成交4,803,481股,成交金额47,314,287.85元,当日该股涨幅10.06%。

9时28分28秒至31秒,"徐菊仙"证券账户以涨停价9.85元,连续8笔申报买入"深深房A"7,996,000股,开盘后成交4,803,481股,在最后一笔买委托申报前一秒钟(即9时28分30秒),市场成交价为9.69元。其余未成交买单在9时31分至37分之间撤单。当日"深深房A"股票开盘价9.69元,9时28分35秒,市场成交价为9.69元,沈昌宇账户组涨停价位买委托申报7,996,000股,市场涨停价位买委托申报10,996,200股;沈昌宇账户组委托占比73%,其他投资者委托占比27%;9时30分45秒,沈昌宇账户组涨停价位买委托申报9,995,800股,市场涨停价位买委托申报21,846,200股;沈昌宇账户组委托占比45%,其他投资者委托占比上升至55%。

9时30分40秒至13时00分11秒,沈昌宇账户组继续以涨停价9.85元连续申报买入21笔"深深房A"股票,累计14,513,700股,9笔撤单,全部未成交。11时24分30秒,沈昌宇账户组涨停价位买委托申报22,509,700股,市场涨停价位买委托申报45,518,500股;沈昌宇账户组委托占比达49%;13时00分05秒,沈昌宇账户组涨停价位买委托申报25,509,400股,市场涨停价位买委托申报48,671,500股;沈昌宇账户组委托占比达52%。

(二)2007年9月3日,沈昌宇账户组连续申报买入"深深房A"股票18笔,累计

15,186,600股,撤单4,332,000股,均未成交。其中,9月3日尾市阶段(14:45:00－15:00:00,下同),沈昌宇账户组以涨停价10.84元连续申报买入4笔,累计3,898,600股,此阶段“深深房A”股票处于涨停状态,市场及其本身在该价位仍有大量买入申报未成交;市场申报买入总量为4,731,900股,沈昌宇账户组占82.39%,占同期市场涨停价位申报买入总量的84.33%。而当日“深深房A”股票全天涨停,当日市场总成交量仅为3,544,122股,当日该股股价涨幅10.05%。

9时15分12秒至14时19分22秒,“徐菊仙”、“金小红”账户14笔申报买入,累计11,288,000股,其中6笔撤单,全部未成交,最后一笔委托申报前,市场上该价位未成交买单为11,413,400股,其中沈昌宇账户组在该价位有未成交买单6,057,100股,占53.07%。

14时52分33秒至14时59分53秒,沈昌宇账户组以涨停价10.84元再次连续申报买入4笔“深深房A”股票,累计3,898,600股,占尾市阶段市场申报买入总量组82.39%,占同期市场涨停价位申报买入总量的84.33%。

(三)2007年9月4日,沈昌宇在集合竞价阶段以涨停价连续大量申报买入“深深房A”股票7笔,集合竞价可撤单阶段全部撤单,随即挂出大量卖单,导致该股股价开盘后开始下跌,之后连续申报卖出103笔,将其持有的“深深房A”股票全部卖出。当日“深深房A”股票开盘价10.90元,收盘价9.97元,市场成交量54,061,009股,比前一交易日3,544,122股增长1,425.37%。

9时15分01秒至9时19分50秒(集合竞价可撤单阶段),沈昌宇利用账户组以涨停价11.92元7笔申报买入6,999,300股,市场以涨停价申报买入的总量为9,323,500股,沈昌宇账户组占75%,在该时段申买量排名第一。此期间,沈昌宇账户组申买委托占比从94.10%下降至61.37%,而其他投资者申买委托占比从5.90%上升至38.63%。

9时19分48秒至50秒,即集合竞价阶段可撤单的最后时刻,沈昌宇账户组将之前的买入申报全部撤单,撤单率100%。9时24分52秒至53秒,沈昌宇账户组开始以低于申买价97个价位(即10.95元)申报卖出,于9时30分02秒、9时30分00秒全部撤销。

13时00分11秒至14时48分20秒,沈昌宇账户组连续申报卖出103笔4,803,481股,将其持有的“深深房A”股票全部卖出。

## 二、操纵“ST秦岭”股票价格

2008年5月14日至2008年5月20日期间,沈昌宇利用其控制的“金顺法”、“徐菊仙”、“沈浩平”3个证券账户(以下简称沈昌宇账户组),在交易“ST秦岭”股票(代码600217)的过程中,操纵“ST秦岭”股价,获利1,447,643.68元。

2008年5月14日至5月19日,沈昌宇账户组在申买“ST秦岭”股票建仓过程中,或通过短时间内大量申报买入误导其他投资者对股票走势的判断,影响股票交易价格和交易量,维持、拉抬股价;或在该股处于涨停、市场及账户组本身已有大量未成交买单、买入申报明显无法成交的情况下,仍以涨停价大量申报买入,将该股锁定在涨停价位,使该股涨停至当日收盘,误导其他投资者对股票走势判断,为其日后出货牟利创造条件。5月20日,沈昌宇账户组在集合竞价期间通过不以真实成交为目的的涨停价大量虚假申报买入,误导其他投资者跟风买进,影响交易量和开盘价;“ST秦岭”股票开盘涨停后,沈昌宇账户组持续以涨停价频繁大量的虚假申买(其未成交买单占比一度高达43.23%),造成该股买盘众多的假象,误导其他投资者;出货之前,撤销全部买单申报,以低于涨停价1个价位的价格申报卖出所持的“ST秦岭”股票,并以涨停价全部成交。具体情况如下:

(一)2008年5月14日,沈昌宇账户组以涨停价4.40元申报买入“ST秦岭”股票1,545,804股,成交金额6,801,538元。在当日尾市阶段,沈昌宇账户组以涨停价4.40元申报买入“ST秦岭”股票共999,900股,占同期市场申报买入总量的75.33%,占同期市场涨停价位申报买入总量的75.57%;当日“ST秦岭”股票全天涨停,成交量仅为1,708,204股,涨幅5.01%。

9时15分00秒,“徐菊仙”证券账户以涨停价4.40元申报买入“ST秦岭”股票736,800股,未成交、未撤单;9时15分00秒,“沈浩平”

证券账户以涨停价4.40元连续3笔委托申报买入“ST秦岭”股票共2,999,100股(9时40分31秒至53秒全部撤单);9时15分00秒“金顺法”证券账户以涨停价4.40元连续4笔委托申报买入“ST秦岭”股票共3,878,000股,其中,成交1,545,804股,成交价格4.40元,成交金额6,801,538元,其余撤单。

14时44分26秒,“金顺法”证券账户以涨停价4.40元申报买入“ST秦岭”股票470,000股,该笔委托申报前,市场上该价位未成交买单为5,668,696股,其中沈昌宇账户组在该价位有未成交买单1,197,796股,占21.13%。

14时56分32秒,“金顺法”证券账户以涨停价4.40元申报买入“ST秦岭”股票999,900元,该笔委托申报前,市场上该价位未成交买单为6,077,496股,当日尾市阶段市场申报买入总量为1,327,300股,沈昌宇账户组占75.33%,占同期市场涨停价位申报买入总量的75.57%。

(二)2008年5月15日,沈昌宇账户组买入“ST秦岭”股票2,906,300股,成交金额13,427,106元。当日尾市阶段,“ST秦岭”股票处于涨停,此时市场上及沈昌宇账户组本身在该价位仍有大量未成交买入申报,该账户组仍以涨停价连续10笔委托申报买入“ST秦岭”股票共7,959,300股,同期市场申报买入总量为8,253,000股,沈昌宇账户组占96.44%,占同期市场涨停价位申报买入总量的96.90%;当日“ST秦岭”股票全天涨停,成交量为6,638,473股,涨幅5.00%。

9时15分00秒,“沈浩平”证券账户以涨停价4.62元连续2笔委托申报买入“ST秦岭”股票1,074,100股,全部成交,成交价格4.62元;9时15分00秒“金顺法”证券账户以涨停价4.62元连续2笔委托申报买入“ST秦岭”股票1,832,200股,全部成交,成交价格4.62元。

9时30分50秒,“金顺法”证券账户以涨停价4.62元申报买入“ST秦岭”股票798,000股,10时25分11秒全部撤单;14时37分43秒,“金顺法”证券账户以涨停价4.62元申报买入“ST秦岭”股票845,000股,该笔委托申报前,市场上该价位未成交买单为7,693,889股,其中沈昌宇账户组在该价位有未成交买单1,489,889股,占19.36%;14时42分18秒,“金顺法”证券账户以涨停价4.62元申报买入“ST秦岭”股票589,800股,该笔委托申报前,市场上该价位未成交买单为8,424,189股,其中沈昌宇账户组在该价位有未成交买单2,224,989股,占26.41%。

14时45分19秒至14时59分59秒,“ST秦岭”处于涨停,“金顺法”证券账户仍以涨停价4.62元连续10笔申报买入“ST秦岭”股票共7,959,300股,此期间市场及沈昌宇账户组本身在该价位仍有大量未成交买入申报;市场申报买入总量为8,253,000股,沈昌宇账户组占96.44%,占同期市场涨停价位申报买入总量的96.90%。

(三)2008年5月16日,沈昌宇账户组连续21笔委托申报买入“ST秦岭”股票共1,956,000股,成交396,964股,平均成交价格4.52元,成交金额1,793,819.21元。沈昌宇账户组21笔申报买入中有11笔以高于或等于即时市场价格的申报买入,维持或拉抬股价,影响股票交易价格和交易量。

10时31分13秒至10时31分22秒,连续以低于即时市场价格5笔委托申报在第4档或第5档,且每笔申报量均在10万股以上,并在档位有所靠前时全部撤销。

10时39分21秒至10时43分29秒,以高于或等于即时市场价格的连续10笔申报买入,买入申报时所在档位均为1档,且4笔买入申报撤单时所在档位为第1档,该时段内共申报买入554,000股,占市场同期申报买入量34.02%,成交量占市场同期成交量27.24%。

13时06分53秒至13时07分58秒,连续3笔买入申报时所在档位为第1档,随后撤单时所在档位也为第1档。从全天来看,沈昌宇账户组以等于或高于即时市场价申报买入的情况占当天其买入申报委托的2/3。

(四)2008年5月19日,沈昌宇账户组连续19笔申报买入“ST秦岭”股票2,245,600股,成交46,036股,平均成交价格4.49元,成交金额206,789.20元。当日“ST秦岭”股票开盘价4.45元,收盘价4.62元,最高价4.62元,最低价4.45元,涨幅5.00%。

9时30分44秒至9时33分28秒,10笔申报买入456,900股,申报价格从4.49元逐步提高至4.56元,申报档位均在前4档,除46,036

股成交外,其余均在4分钟内撤单。

9时34分14秒,"ST秦岭"股票涨停,直至当日收盘。

9时37分33秒至11时08分18秒,该账户组仍以涨停价4.62元申报买入"ST秦岭"股票3笔共计1,537,700股,此期间市场上及沈昌宇账户组本身在该价位仍有大量买入申报未成交,沈昌宇账户组未成交买单量占市场同期该价位未成交买单量的比例由3%上升到9.78%,该股自涨停至收盘时市场总成交量为3,060,822股。

(五)2008年5月20日"ST秦岭"股票于9时30分00秒至14时52分12秒期间涨停,当天开盘价4.85元,收盘价4.72元,涨幅2.16%。集合竞价初始阶段,沈昌宇账户组以涨停价大量申报买入"ST秦岭"股票,在集合竞价开始至沈昌宇账户组买入申报期间,其申报买入量占市场同期申报买入总量的21.62%,诱导其他投资者跟风买入,使市场存在大量以涨停价买入的申报委托;集合竞价阶段可撤单的最后时刻,沈昌宇账户组将之前的买入申报全部撤单。在连续竞价开始后,沈昌宇账户组以涨停价连续大笔申报买入,其涨停价位未成交买单占市场同价位未成交买单比例逐步上升,高达43.23%;14时51分39秒至43秒的4秒钟内,该账户组将其之前所有未成交买单全部撤销,并以低于涨停价一个价位的价格申报卖出,最终涨停价成交。

9时15分00秒,沈昌宇账户组以涨停价共申报买入"ST秦岭"股票4笔共计3,999,500股,上述时刻,市场申报买入总量为18,501,300股,沈昌宇账户组占21.62%。当日集合竞价可撤单阶段市场以涨停价申报买入的总量为21,088,800股,沈昌宇账户组占18.97%,在该时段申买量排名第二。当日集合竞价可撤单阶段的最后时刻9时19分52秒至9时19分55秒,沈昌宇账户组将3,999,500股买入申报全部撤单,撤单率100%。

9时30分00秒至14时52分12秒期间,"ST秦岭"涨停。

9时49分03秒至14时46分49秒,沈昌宇账户组以涨停价4.85元连续11笔申报买入"ST秦岭"股票共8,036,700股,占同期市场申报买入量的67.34%,每笔买入申报前该账户组占市场同价位未成交买单的比例逐笔增长到43.23%。14时51分39秒至14时51分40秒,该账户组将8,036,700股买入申报全部撤单。

14时51分43秒,沈昌宇账户组以低于涨停价1个价位的价格申报卖出"ST秦岭"股票共4,895,104股,并以涨停价4.85元全部成交,获利1,447,643.68元。

上述违法事实有证券营业部交易流水、开户资料、资金流水等证据证明,足以认定。

我会认定,沈昌宇上述行为违反了《证券法》第七十七条第一款第四项规定,构成《证券法》第二百零三条所述操纵证券市场的行为。

根据当事人违法行为的事实、性质、情节及社会危害程度,依据《证券法》第二百零三条规定,我会决定:没收沈昌宇违法所得1,850,301元,并处以5,550,903元罚款。

当事人应自收到本处罚决定书之日起15日内,将罚没款汇交中国证券监督管理委员会(开户银行:中信银行总行营业部,账号7111010189800000162,由该行直接上缴国库),并将注有当事人名称的付款凭证复印件送中国证券监督管理委员会稽查局备案。当事人如果对本处罚决定不服,可在收到本处罚决定书之日起60日内向中国证券监督管理委员会申请行政复议,也可以在收到本处罚决定书之日起3个月内直接向有管辖权的人民法院提起行政诉讼。复议和诉讼期间,上述决定不停止执行。

# 关于况勇、张蜀渝、徐琴违反证券法规的行政处罚决定书

(〔2010〕32 号)

当事人:况勇,男,1963 年 10 月出生。

张蜀渝,女,1962 年 8 月出生。

徐琴,女,1974 年 3 月出生。

依据《中华人民共和国证券法》(以下简称《证券法》)的有关规定,我会对况勇、张蜀渝、徐琴泄露内幕信息、内幕交易行为进行了立案调查、审理。我会依法向当事人告知了作出行政处罚的事实、理由、依据及当事人依法享有的权利,当事人不要求陈述、申辩和听证。本案现已调查、审理终结。

经查明,况勇、张蜀渝、徐琴存在以下违法行为:

**一、内幕信息的形成与公开过程**

2007 年 10 月初,珠海格力集团有限公司(以下简称格力集团)作出了同意房地产业务借壳上市的决定,开始与多家公司接触。格力集团副总裁、珠海格力房产有限公司(以下简称格力房产)董事长鲁某委托况勇联系寻找壳资源。况勇曾任格力集团财务部副部长、格力电器董事会秘书、格力集团投资部部长等职,2005 年从格力集团辞职。况勇通过其同学、在深圳投资公司工作的黄某找到了西安海星现代科技股份有限公司(以下简称海星科技)总经理韩某,商谈海星科技卖壳事宜。

2007 年10 月18 日,黄某、况勇到西安与韩某见面,就格力地产有意借壳海星科技上市大致的想法进行了沟通,随后韩某向海星科技控股股东海星集团董事局主席荣某,况勇向鲁某汇报了情况,双方均决定继续跟进、进一步磋商。

2007 年 10 月 22 日,荣某、韩某等人与鲁某、况勇在珠海就海星科技资产全部置出、格力集团为海星集团提供 2 亿元的委托贷款以解决海星集团持有“海星科技”股票的股权质押问题形成共识,但未确定“海星科技”股票的协议转让价格。

2007 年 10 月 24 日,韩某致电况勇约鲁某到西安会谈,鲁某于当晚在况勇等人陪同下来到西安。25 日,鲁某、况勇与荣某、韩某等开始谈判。双方就海星科技资产全部置出、以每股 8.9 元的价格转让6,000万股海星科技股份以及格力集团向海星集团提供委托贷款 3 亿元等事项口头上达成一致。同日晚间,鲁某、况勇飞回珠海。

2007 年 10 月 28 日,鲁某、况勇等人抵达西安,晚上与荣某、韩某等人就细节问题进行商谈。29 日凌晨,双方达成一致意见。

2007 年 10 月 29 日,格力集团召开董事会,表决通过与海星集团的股权收购协议,主要内容为:格力集团以 8.9 元/股的价格收购海星集团 6,000 万股;格力集团以委托贷款形式向海星集团贷款人民币 3 亿元,用于清理海星科技对外债务;格力集团认购海星科技向格力集团定向增发 2.4 亿股股票,实现格力集团控股海星科技 51.99%。

2007 年 10 月 29 日下午“海星科技”临时停牌。2007 年 10 月 30 日,海星科技发布公告称其控股股东海星集团已与一家公司签订《股份购买意向书》,转让其持有的海星科技部分股权,同时涉及重大资产出售、主营业务变更以及定向增发等事宜。因谈判尚存在重大不确定性,从公告之日起停牌。

2007 年 12 月 13 日,海星科技发布董事会决议公告称,公司与格力集团签署《股份收购协议》。当日,“海星科技”复牌后涨停。

**二、内幕信息在况勇、张蜀渝、徐琴之间传递的过程**

况勇称,2007 年 10 月,他经常会在家中与人电话沟通海星科技卖壳、格力地产买壳等事宜,其妻张蜀渝应该听到了电话内容,她也知道况勇去西安出差,但是况勇没有亲自向张蜀渝说过海星科技卖壳进展等细节。

张蜀渝称,2007 年 10 月左右,她在家中时常听到况勇在电话里跟人谈及海星科技卖壳的事情,大致知道格力房产想借壳海星科技,也知道在此期间况勇去过西安,但况勇并未告诉她海星科技重组之事。2007 年 10 月 25 日上午,况勇的外甥女徐琴让她推荐股票,她推荐了包括“海星科技”在内的几支股票,并告诉徐琴,海星科技打算将壳卖给格力房产,具有重组的可能。

徐琴称,2007 年 10 月 24 日,她让张蜀渝推荐一些股票,张蜀渝推荐了“海星科技”,并告诉她曾听到况勇在电话里提及格力房产借壳海星科技的事宜。

**三、徐琴知悉内幕信息后买卖股票的情况**

2001 年 7 月 19 日,徐琴在招商证券珠海人民东路营业部开立资金账户 29 × × ×909,下挂上海股东账户 A21 × × ×7445 和深圳股东账户 97 × × ×259,账户代理人为张蜀渝,代理权限为全权代理,该账户已办理银证转账。2007 年 10 月 25 日,股东账户 A21 × × ×7445 买入“海星科技”55,000 股,成交金额为 350,350元,实际买入成本为 352,191.8 元;10 月 26 日,该账户买入“海星科技”5,000 股,成交金额为 31,500 元,实际买入成本为 31,665.65元。2008 年 6 月 19 日,该账户将 2007 年 10 月 25 日、26 日买入的60,000股“海星科技”全部卖出,成交金额为404,942.82元,实际卖出收入为403,627.5元。扣除手续费、印花税等,实际获利19,770.05元。

2006 年 4 月 20 日,徐琴的丈夫李某在招商证券珠海市人民东路营业部开立资金账户 29 × × ×024,下挂上海股东账户 A35 × × ×3764 和深圳股东账户 009 × × ×9977,该账户已办理银证转账。2007 年 10 月 25 日,股东账户 A35 × × ×3764 共计买入“海星科技”39,600 股,成交金额为 256,816 元,实际买入成本为 258,057.51 元。2008 年 3 月 18 日、3 月 27 日、6 月 19 日,该账户陆续将 2007 年 10 月 25 日买入的 39,600 股“海星科技”卖出,扣除手续费、印花税等,实际获利 92,576 元。

徐琴承认,她证券账户的开户手续是由张蜀渝办理的,张蜀渝是她证券账户的代理人,她的证券账户由她与张蜀渝操作,徐琴通常根据张蜀渝的建议买卖股票,交易的地点有时在徐琴自己家中,有时在张蜀渝家进行网上委托交易,2007 年 10 月 25 日至 26 日上午,徐琴在张蜀渝家中用其电脑下单购买了“海星科技”股票;李某的证券账户一直由徐琴来操作使用,其账户内的资金都来源于李某,2007 年 10 月 25 日,在张蜀渝家中,徐琴用李某的账户购买了“海星科技”股票。

关于徐琴证券账户购买“海星科技”的资金情况,银行记录显示,2007 年 10 月 25 日,徐琴从况勇在工商银行珠海市分行的账户转出 500,000 元至徐琴在工商银行珠海市景山支行的账户。2007 年 10 月 29 日,张蜀渝从徐琴在工商银行珠海市景山支行的账户分别转出 90,000元、10,000 元至况勇在工商银行珠海市分行的账户,并从徐琴上述账户取出 16,000 元。徐琴称,由于其账户内资金不足,向张蜀渝借了 50 万元。2007 年 10 月 25 日上午,张蜀渝将况勇的存折和身份证给徐琴后,徐琴到工商银行珠海市景山支行取款后,直接将 50 万元存入自己的银行账户。徐琴回到张蜀渝家中后,用张蜀渝家里的电脑将存入的 50 万元分 20 万元、20 万元、10 万元三笔转入徐琴证券账户。2007 年 10 月 29 日,因张蜀渝要用钱,徐琴把自己的身份证和存折交给张蜀渝,让其从自己账户取出 10 万元。况勇称他后来才得知张蜀渝借钱给徐琴。

上述事实,有账户开户资料、交易记录、资金流水、公司公告、相关人员询问笔录等证据证明,足以认定。

我会认为,格力集团房地产业务借壳海星科技,即海星集团将其持有的海星科技 6000 万股(占公司总股本的 17.77%)转让给格力集团,海星科技资产全部置出后,格力集团将其全资拥有的两家房地产业务子公司 100% 股权置入海星科技等事项,在公开披露前属于《证券法》第七十五条第二款第（七）项规定的内幕信息；况勇曾任格力集团财务部副部长、格力电器董事会秘书、格力集团投资部部长等职，离职后受格力集团方面委托，全程参与了格力集团房地产业务借壳海星科技事项的沟通、联络、谈判、协议达成，对相关并购重组事项的进展、前景与细节有着全面、准确的了解，本应保持高度的注意与谨慎，认真做好相关信息的保密与管理，但却未采取必要的保密措施，将有关内幕信息泄露给其配偶张蜀渝，因此，认定况勇的行为构成《证券法》第二百零二条规定的知悉内幕信息者在信息公开前"泄露该信息"的行为；张蜀渝作为况勇的配偶，在家中听到况勇电话中与人谈论的内幕信息后，将有关信息告诉了徐琴，并建议徐琴买入海星科技股票，其行为构成了《证券法》第二百零二条规定的知悉内幕信息者在信息公开前"泄露该信息"并"建议他人买卖该证券"的行为；徐琴从张蜀渝处获悉内幕信息后，接受了张蜀渝的建议，多次买入海星科技股票，其行为构成了《证券法》第二百零二条规定的知悉内幕信息者在信息公开前"买卖该证券"的行为。

根据当事人违法行为的事实、性质、情节与社会危害程度，依据《证券法》第二百零二条的规定，我会决定：

一、对况勇、张蜀渝分别处以3万元罚款；

二、没收徐琴违法所得112,346.05元，并处以112,346.05元罚款。

上述当事人应自收到本处罚决定书之日起15日内，将罚没款汇交中国证券监督管理委员会（开户银行：中信银行总行营业部、账号7111010189800000162，由该行直接上缴国库），并将注有当事人名称的付款凭证复印件送中国证券监督管理委员会稽查局备案。当事人如果对本处罚决定不服，可在收到本处罚决定书之日起60日内向中国证券监督管理委员会申请行政复议，也可在收到本处罚决定书之日起3个月内直接向有管辖权的人民法院提起行政诉讼。复议和诉讼期间，上述决定不停止执行。

# 关于远东实业股份有限公司及有关个人违反证券法规的行政处罚决定书

（〔2010〕33号）

当事人：远东实业股份有限公司（以下简称远东股份），法定代表人姜放。

李晓卫，男，1958年8月出生，时任远东股份董事长。

林旭辉，男，时任远东股份总裁、董事。

王学保，男，1936年12月出生，时任远东股份董事。

缪柏纯，男，1947年9月出生，时任远东股份副董事长、总裁、董事。

林晓滨，男，时任远东股份总裁、董事。

朱祥英，女，1951年12月出生，时任远东股份监事、监事长。

邵俊，男，1970年4月出生，时任远东股份副总会计师。

解正安，男，1969年10月出生，时任远东股份副总会计师。

叶德华，男，1949年11月出生，时任远东股份独立董事。

方峰，男，1963年2月出生，时任远东股份独立董事。

王和伦，男，1966年10月出生，时任远东股份独立董事。

依据2006年1月1日施行的《中华人民共和国证券法》（以下简称《证券法》）有关规定，我会依法对远东股份违反证券法律法规行为进行了立案调查、审理，并依法向当事人告知了作出行政处罚的事实、理由、依据及当事人依法享有的权利。应当事人远东股份的要求，我会依法举行了听证会,听取了当事人及其代理人的陈述和申辩。本案现已调查、审理终结。

经查明,远东股份存在以下违法事实:

**一、未如实披露关联方关系**

2004 年 11 月,远东股份子公司北京远东网络安全研究院(以下简称北京研究院,远东股份持股 87.5%)出资 15 万元设立了北京锦华瑞欣科技发展有限公司(以下简称北京锦华瑞欣),但远东股份未在 2004 年至 2006 年年报中如实披露与北京锦华瑞欣之间存在关联方关系。

**二、未如实披露短期投资**

1999 年至 2005 年,远东股份及其子公司常州远东科技有限公司(以下简称远东科技)、北京研究院和北京远东网安信息技术有限公司(以下简称北京网安)先后在常州、合肥、南京、北京等地 5 家证券营业部开设 10 个资金账户进行短期投资,除北京网安(账户 18×××18)外,其他投资均未在年报中如实披露。

远东股份 1999 年年报披露短期投资 0 元,2000 年年报披露短期投资 0 元,2001 年年报披露短期投资 0 元,2002 年年报披露短期投资 0 元,2003 年年报披露短期投资 0 元,2004 年年报披露短期投资 0 元,2005 年年报披露短期投资 1042.23 万元。远东股份(包括子公司远东科技、北京研究院和北京网安)应披露的短期投资分别为:截至 1999 年 12 月 31 日,短期投资应为 197.04 万元;截至 2000 年 12 月 31 日,短期投资应为 382.99 万元;截至 2001 年 12 月 31 日,短期投资应为 1759.52 万元;截至 2002 年 12 月 31 日,短期投资应为 160.78 万元;截至 2003 年 12 月 31 日,短期投资应为 149.79 万元;截至 2004 年 12 月 31 日,短期投资应为 124.03 万元;截至 2005 年 12 月 31 日,短期投资应为 1123.00 万元(以上数据均未考虑短期投资跌价准备)。

**三、虚构销售业务**

2005 年,远东股份通过北京研究院、北京网安、远东科技虚构与北京往来文化传播有限公司(由北京研究院和北京网安实际控制,以下简称北京往来文化)的技术开发合同和产品销售合同共计 7 份,虚增上述 3 家子公司主营业务收入分别为 249 万元、406.31 万元、310 万元,共计 965.31 万元,导致远东股份 2005 年年报虚增利润 945.08 万元。

对上述行为直接负责的主管人员为李晓卫,其他直接责任人员为林旭辉、王学保、缪柏纯、林晓滨、朱祥英、邵俊、解正安、方峰、叶德华、王和伦。

上述事实,有相关情况说明、董事会决议、1999 年至 2005 年年报等证据证明,足以认定。

远东股份申辩称,公司实际控制人已更换且已整改,请求免予处罚。我会认为,上市公司应严格遵守《证券法》有关信息披露的规定,公司实际控制人更换等情况,我会在量罚时已予以考虑。

时任副总会计师邵俊申辩称,对第一、二项违法事实不知情,因不同意出具 2005 年公司的财务报告,向董事会递交辞职报告。我会认为,邵俊 2000 年 11 月至 2005 年 9 月任远东股份副总会计师,2005 年 9 月至 2006 年 4 月任总会计师,2006 年 4 月辞职,参与过短期投资的开户手续、股票交易和资金存取,在 2001 年至 2004 年财务报表上签过字,应承担相应的法律责任。

时任独立董事方峰、叶德华和王合伦申辩称,对远东股份违法违规事实完全不知情,曾向监管部门反映过相关问题,已勤勉尽责。经核实,3 位独立董事均未提供相关材料证明其已向监管部门反映公司违规问题,没有证据表明其已勤勉尽责,应承担相应的法律责任。

我会认定,远东股份的上述行为违反了 1999 年 7 月 1 日施行的《中华人民共和国证券法》(以下简称原《证券法》)第五十九条、第六十一条和《证券法》第六十三条、第六十六条的有关规定,构成了原《证券法》第一百七十七条所述“所披露的信息有虚假记载、误导性陈述或者有重大遗漏”和《证券法》第一百九十三条所述“发行人、上市公司或者其他信息披露义务人未按照规定披露信息,或者所披露的信息有虚假记载、误导性陈述或者重大遗漏”的行为。

根据当事人违法行为的事实、性质、情节与社会危害程度,依据原《证券法》第一百七十七条和《证券法》第一百九十三条的规定,我会决定：

一、给予远东股份警告，并处以40万元罚款；

二、给予李晓卫警告，并处以30万元罚款；

三、给予林旭辉、王学保警告，并分别处以10万元罚款；

四、给予缪柏纯警告，并处以5万元罚款；

五、给予林晓滨、朱祥英、邵俊、解正安警告，并分别处以3万元罚款；

六、给予叶德华、方峰、王和伦警告。

上述当事人应自收到本处罚决定书之日起15日内，将罚款汇交中国证券监督管理委员会（开户银行：中信银行总行营业部，账号7111010189800000162，由该行直接上缴国库），并将注有当事人名称的付款凭证复印件送中国证券监督管理委员会稽查局备案。当事人如果对本处罚决定不服，可在收到本处罚决定书之日起60日内向中国证券监督管理委员会申请行政复议，也可以在收到本处罚决定书之日起3个月内直接向有管辖权的人民法院提起行政诉讼。复议和诉讼期间，上述决定不停止执行。

# 关于刘昆违反证券法规的行政处罚决定书

（〔2010〕34号）

当事人：刘昆，男，1972年6月出生。

依据《中华人民共和国证券法》（以下简称《证券法》）有关规定，我会对刘昆违反证券法律法规行为进行了立案调查、审理，并依法向当事人告知了作出行政处罚的事实、理由、依据及当事人依法享有的权利。当事人未提出陈述、申辩意见，也未要求听证。本案现已调查、审理终结。

经查明，刘昆存在以下违法事实：

中准会计师事务所是吉林制药股份有限公司（以下简称吉林制药）2006年年度报告审计单位，刘昆是2006年吉林制药年报审计工作的项目负责人和签字会计师。自中准会计师事务所接受吉林制药委托之日起，至吉林制药公告后5日（2007年4月18日），刘昆共计买入“＊ST吉药”股票18,700股，其中3月23日以每股5.93元的价格买入“＊ST吉药”股票10,000股，以每股5.60元的价格买入“＊ST吉药”股票8,000股；4月16日以每股7.10元的价格买入“＊ST吉药”股票700股。另4月19日刘昆以每股7.70元的价格买入“＊ST吉药”股票3,500股。4月30日刘昆以每股7.81元的价格，卖出“＊ST吉药”股票22,200股，获利37,362元。鉴于4月19日为非限制买卖期，扣除4月19日买入的3,500股，刘昆在限制买卖期内非法获利为35,995.96元。

上述违法事实有刘昆开户资料、交易流水、中准会计师事务所审计工作底稿等证据证明，足以认定。

刘昆在限制买卖期内交易“＊ST吉药”股票的行为违反了《证券法》第四十五条第二款“为上市公司出具审计报告、资产评估报告或者法律意见书等文件的证券服务机构和人员，自接受委托之日起至上述文件公开后五日内，不得买卖该种股票”的规定，构成了《证券法》第二百零一条所述“为股票的发行、上市、交易出具审计报告、资产评估报告或者法律意见书等文件的证券服务机构和人员，违反本法第四十五条规定买卖股票”行为。

根据当事人违法行为的事实、性质、情节与社会危害程度，依据《证券法》第二百零一条的规定，我会决定：没收刘昆违法所得35,995.96元，并处以10,000元罚款。

当事人应自收到本处罚决定书之日起15日内，将罚没款汇交中国证券监督管理委员会（开户银行：中信银行总行营业部，账号7111010189800000162，由该行直接上缴国库），并将注有当事人名称的付款凭证复印件送中国证券监督管理委员会稽查局备案。当事人如果对本处罚决定不服,可在收到本处罚决定书之日起60日内向中国证券监督管理委员会申请行政复议,也可以在收到本处罚决定书之日起3个月内直接向有管辖权的人民法院提起行政诉讼。复议和诉讼期间,上述决定不停止执行。

# 关于汪丹辉、张勇乾违反证券法规的行政处罚决定

(〔2010〕35号)

当事人:汪丹辉,男,1969年11月出生。

张勇乾,男,1962年8月出生。

依据《中华人民共和国证券法》(以下简称《证券法》)有关规定,我会依法对汪丹辉、张勇乾涉嫌违反证券法律法规行为进行了立案调查、审理,并向当事人告知了作出行政处罚的事实、理由、依据及当事人依法享有的权利。当事人未提出陈述、申辩意见,也未要求听证。本案现已调查、审理终结。

经查明,汪丹辉、张勇乾存在以下违法事实:

**一、2007年5月至2008年3月,汪丹辉、张勇乾利用"李明彬"等34个证券账户交易湖南新五丰股份有限公司(以下简称新五丰)股票,汪丹辉、张勇乾为一致行动人**

中银国际证券深圳彩田路证券营业部"李明彬"、"张薇"、"何春"、"罗艳"、"吴桂钦"、"宋世华"、"汪津"、"李莉莎"、"韩伟"、"汤茂连"、"齐伟"、"牟刚"、"张清"、"黄荣南"14个账户,联合证券深圳爱国路证券营业部"高秀卿"、"林楚彬"、"陈文玉"、"陈林双"、"何开平"、"范桃艳"、"但昭义"、"岳保胜"8个账户,国信证券深圳泰然九路证券营业部"林瑞华"、"张勇"、"林瑞妹"、"钟野"4个账户和华创证券深圳深南大道证券营业部"张勇乾"、"李开英"2个账户,上述28个账户中,"李明彬"等22个账户的开户联系电话一致,其中15个账户代理人为张勇乾,其余账户无代理人;上述28个账户的资金来源均为张勇乾的个人银行账户,其中23个账户资金流向为张勇乾的个人银行账户,5个账户资金流向为汪丹辉的个人银行账户;17个账户交易IP地址存在重合;上述28个账户的所有人与张勇乾存在亲属或朋友关系,张勇乾承认2007年5月至2008年3月利用上述账户交易新五丰股票为其操作。

中银国际证券深圳彩田路证券营业部"李静怡"、"李继鹤"、"李冬"3个账户,国信证券深圳泰然九路证券营业部"邱玥"账户和华创证券深圳深南大道证券营业部"汪丹辉"、"汪丹妮"2个账户,上述6个账户联系电话相同,交易IP地址重合,6个账户的资金来源均为张勇乾的个人银行账户,账户的资金流向均为汪丹辉个人银行账户;上述6个账户的所有人与汪丹辉存在亲属或朋友关系,汪丹辉承认2007年5月至2008年3月利用上述账户交易新五丰股票为其操作。

2007年5月张勇乾、汪丹辉共同赴长沙新五丰调研。两人操作交易新五丰股票所利用的"李明彬"等34个账户之间存在交易IP地址重合、资金往来对象相同的情况,且这些账户交易新五丰股票的时段一致。汪丹辉、张勇乾所利用上述账户在开户资料、资金往来、交易特征上存在关联关系,符合《上市公司收购管理办法》第八十三条第二款第(十二)项"投资者之间具有其他关联关系"为一致行动人的规定。

**二、汪丹辉、张勇乾作为一致行动人未按规定履行报告、公告义务**

2007年5月28日,汪丹辉、张勇乾利用上述账户开始交易新五丰股票,在2007年6月22日34个账户合计持有新五丰5,992,498股,占新五丰已发行股份的5.98%;后汪丹辉、张勇乾不断增持新五丰,2007年7月6日34个账户

合计持有新五丰股票达10.24%;8月14日合计持有新五丰股票达15.03%;34个账户合计持有新五丰股票比例最高值达15.55%。在2007年5月28日至2008年3月13日期间34个账户合计持有新五丰股票占该公司已发行股份5%以上的天数达到144天,在此期间汪丹辉、张勇乾未披露持有新五丰股份股权变动情况。

汪丹辉、张勇乾利用“李明彬”等34个账户合计持有新五丰已发行股份超过5%时,未向中国证券监督管理委员会或派出机构、上海证券交易所作出书面报告,未通知湖南新五丰股份有限公司,并未予以公告;同时,汪丹辉、张勇乾共同持有新五丰公司已发行股份达到5%后,其所持股份比例每增加或者减少5%时,也未依照规定进行报告和公告。汪丹辉、张勇乾应对上述未按规定报告、披露信息承担责任,是上述违法行为责任人。

上述违法事实有开户资料、交易流水、资金流水、询问笔录等证据证明,足以认定。

汪丹辉、张勇乾的上述行为违反了《证券法》第八十六条关于“通过证券交易所的证券交易,投资者持有或通过协议、其他安排与他人共同持有一个上市公司已发行的股份达到百分之五时,应当在该事实发生之日起三日内,向国务院证券监督管理机构、证券交易所作出书面报告,通知该上市公司,并予公告”的规定以及“共同持有一个上市公司已发行的股份达到百分之五后,其所持该上市公司已发行的股份比例每增加或者减少百分之五,应当依照前款规定进行报告和公告”的规定,构成了《证券法》第一百九十三条所述“其他信息披露义务人未按照规定披露信息”行为。

根据当事人违法行为的事实、性质、情节与社会危害程度,依据《证券法》第一百九十三条的规定,我会决定:对汪丹辉、张勇乾给予警告,并分别处以50万元罚款。

上述当事人应自收到本处罚决定书之日起15日内,将罚款汇交中国证券监督管理委员会(开户银行:中信银行总行营业部,账号7111010189800000162,由该行直接上缴国库),并将注有当事人名称的付款凭证复印件送中国证券监督管理委员会稽查局备案。当事人如果对本处罚决定不服,可在收到本处罚决定书之日起60日内向中国证券监督管理委员会申请行政复议,也可以在收到本处罚决定书之日起3个月内直接向有管辖权的人民法院提起行政诉讼。复议和诉讼期间,上述决定不停止执行。

# 关于广西银河集团有限公司等3公司及有关个人违反证券法规的行政处罚决定书

(〔2010〕36号)

当事人:广西银河集团有限公司(以下简称银河集团),法定代表人潘琦。

苏州银河经济发展有限公司(以下简称苏州银河,现已更名为江苏国安天业科技有限公司),法定代表人潘勇。

苏州工业园区盛银投资有限公司(以下简称盛银投资),法定代表人蔡惠。

潘琦,男,1963年4月出生,时任银河集团董事长、法定代表人。

潘勇,男,1966年4月出生,时任苏州银河董事长、法定代表人。

蔡惠,女,1942年3月出生,时任盛银投资董事长、法定代表人。

高超,男,1973年5月出生,时任银河集团投资管理部副经理。

孙南锦,男,1969年9月出生,时任苏州银河董事、盛银投资副总经理。

依据2006年1月1日起施行的《中华人民共和国证券法》(以下简称《证券法》)有关规定,我会对银河集团等3公司违反证券法律法规一案进行了立案调查、审理,并依法向当事人告知了作出行政处罚的事实、理由、依据及当事人依法享有的权利,当事人孙南锦提出了陈述和申辩意见,其他当事人未提出陈述、申辩意见,也未要求听证。本案现已调查、审理终结。

经查明,银河集团等3公司存在以下违法事实:

**一、非法利用他人账户交易"长征电器"股票**

(一)银河集团利用他人账户交易"长征电器"股票的情况

2003年2月至2006年4月期间,银河集团利用在国泰君安证券南宁汇春路营业部和广发证券南宁星湖路营业部开立的4个资金账户下挂的14个自然人证券账户交易"长征电器"股票,最终获利305,313.78元。

(二)苏州银河利用他人账户交易"长征电器"股票的情况

2003年2月至2007年4月期间,苏州银河利用在东吴证券苏州胥江路营业部、信泰证券苏州干将西路营业部、中信证券如皋环城南路营业部、中信证券苏州中新路营业部、东海证券深圳香梅路营业部等5个证券营业部开立的5个资金账户下挂的26个自然人证券账户交易"长征电器"股票,最终获利1,028,332.99元。

(三)盛银投资利用他人账户交易"长征电器"股票的情况

2003年2月至2007年6月期间,盛银投资利用在东吴证券苏州石路营业部、东吴证券苏州竹辉路营业部、金元证券苏州养育巷营业部、新时代证券苏州营业部、银泰证券苏州葑门西街营业部、招商证券苏州干将西路营业部、中信证券苏州中新路营业部、信泰证券苏州干将西路营业部、海通证券重庆中山三路营业部、广发证券杭州天目山路营业部、光大证券南京中山路营业部、东海证券深圳香梅路营业部等12个证券营业部开立的16个资金账户下挂的221个自然人证券账户交易"长征电器"股票,最终亏损9,470,781.21元。

**二、未依法履行上市公司要约收购相关义务**

银河集团系上市公司贵州长征电器股份有限公司(现已更名为贵州长征电气股份有限公司,以下简称长征电器)的控股股东,在2006年2月长征电器股权分置改革前,银河集团直接持有长征电器非流通股4,644万股,占已发行股份的27%,通过其关联方北海银河科技电气有限责任公司间接持有长征电器非流通股3,816.296万股,占已发行股份的22.19%,银河集团及其关联方共同持有长征电器已发行股份的49.19%,股权分置改革后,银河集团及其关联方共同持有长征电器已发行股份的42.58%。

在银河集团及其关联方共同持有长征电器股份已超过30%的情况下,银河集团、苏州银河、盛银投资作为一致行动人,仍擅自利用各自控制的机构证券账户和前文所述的自然人证券账户购买"长征电器"股票,没有按照法律的规定向长征电器的所有股东发出收购要约并履行相关的报告、公告义务。

以上事实,有相关工商登记资料、账户开户资料、交易流水、资金往来凭证、授权委托书、证券营业部情况说明、交易所数据、登记公司数据及当事人询问笔录等证据证明,足以认定。

银河集团、苏州银河和盛银投资利用他人账户交易"长征电器"股票的行为,违反了1999年7月1日起施行的《中华人民共和国证券法》(以下简称原《证券法》)第七十四条和《证券法》第八十条的规定,构成了原《证券法》第一百九十条所述"法人以个人名义设立账户买卖证券"和《证券法》第二百零八条所述"法人以他人名义设立账户或者利用他人账户买卖证券"的行为。对于银河集团、苏州银河和盛银投资的上述违法行为,时任3家公司董事长、法定代表人的潘琦、潘勇、蔡惠是直接负责的主管人员,涉案账户代理人高超、孙南锦是其他直接责任人员。

银河集团、苏州银河和盛银投资未依法履行上市公司要约收购相关义务的行为,违反了《证券法》第八十八条的规定,构成了《证券法》第二百一十三条所述"收购人未按照本法规定履行上市公司收购的公告、发出收购要约、报送上市公司收购报告书等义务"的行为。对于银河集团、苏州银河和盛银投资的上述违法行为,时任3家公司董事长、法定代表人的潘琦、潘勇、蔡惠是直接负责的主管人员。

当事人孙南锦在申辩材料中提出,我会认定的事实清楚,证据确凿、充分,但基于以下理由,请求我会对其减轻或免予处罚:其一,其本人作为违规账户代理人,只是依据公司领导的意见开立和撤销账户,不具有决定权;其二,其本人曾建议公司实际控制人清理违规账户,并在获得批准后清理了部分违规账户;其三,其本人对违规行为的认识态度好,能够积极配合我会的调查工作。

我会认为,当事人孙南锦的申辩理由不能成立:其一,孙南锦作为违规账户代理人直接参与本案违法行为的事实清楚,证据确凿;其二,孙南锦代为开立违规账户并履行相关手续等行为,是涉案违法行为发生的必要环节之一,故其应当承担相应的法律责任;其三,对于孙南锦提出的积极配合调查、认错态度良好等情节,我会在审理时已依据《中华人民共和国行政处罚法》第二十七条的规定予以考虑。

根据当事人违法行为的事实、性质、情节与社会危害程度,依据原《证券法》第一百九十条和《证券法》第二百零八条、第二百一十三条的规定,我会决定:

一、责令银河集团改正违法行为,给予警告,没收违法所得305,313.78元,并处以505,313.78元罚款;

二、责令苏州银河改正违法行为,给予警告,没收违法所得1,028,332.99元,并处以1,228,332.99元罚款;

三、责令盛银投资改正违法行为,给予警告,并处以40万元罚款;

四、对潘琦、潘勇、蔡惠给予警告,并分别处以20万元罚款;

五、对高超、孙南锦给予警告,并分别处以3万元罚款。

上述当事人应自收到本处罚决定书之日起15日内,将罚没款汇交中国证券监督管理委员会(开户银行:中信银行总行营业部、账号7111010189800000162,由该行直接上缴国库),并将注有当事人名称的付款凭证复印件送中国证券监督管理委员会稽查局备案。当事人如果对本处罚决定不服,可在收到本处罚决定书之日起60日内向中国证券监督管理委员会申请行政复议,也可在收到本处罚决定书之日起3个月内直接向有管辖权的人民法院提起行政诉讼。复议和诉讼期间,上述决定不停止执行。

## 关于兴安证券有限责任公司贺朝贤等6名责任人员违反证券法规的行政处罚决定书

(〔2010〕37号)

当事人:贺朝贤,男,1944年12月16日出生,时任兴安证券有限责任公司(以下简称兴安证券)董事长、法定代表人。

吴亦力,男,时任兴安证券总裁。

曹鸿伟,男,1969年5月24日出生,时任兴安证券副总裁。

冯斌,男,1967年5月29日出生,时任兴安证券上海枣阳路营业部总经理。

杨晓宏,男,原兴安证券哈尔滨奋斗路营业部之前身恒升证券实际控制人。

刘建德,男,原兴安证券哈尔滨奋斗路营业部实际管理人员。

依据1999年7月1日起施行的《中华人民共和国证券法》(以下简称原《证券法》)有关规定,我会依法对兴安证券违法行为案进行了立案调查、审理,并向当事人告知了作出行政处罚决定的事实、理由、依据及当事人依法享有的权利。应当事人冯斌的申请,我会举行了听证会,听取了冯斌的陈述和申辩。本案现已调查、审理终结。

经查明,兴安证券存在如下违法行为:

## 一、挪用客户交易结算资金

(一)兴安证券总部挪用客户交易结算资金

2002年4月30日,兴安证券总部建账时,接收黑龙江省证券有限公司资产时带入保证金缺口219,129,249.64元。2002年5-12月,兴安证券累计发生挪用额140,179,107.98元,2002年末挪用客户交易结算资金余额84,521,812.42元;2003年,累计发生挪用额70,858,428.20元,2003年末体现为不挪用客户交易结算资金,客户交易结算资金余额为12,423,210.90元;2004年,累计发生挪用额140,416,002.30元,2004年末挪用客户交易结算资金余额为93,717,807.18元;2005年1-9月,累计发生挪用额15,508,772.31元,截至2005年9月30日,挪用客户交易结算资金余额78,007,133.40元。

(二)兴安证券哈尔滨奋斗路营业部挪用客户交易结算资金

2002年4月至2005年9月,该营业部累计发生挪用客户交易结算资金33,477,419.26元。截至2005年9月30日,挪用客户交易结算资金余额44,137,689.57元。其中,历史形成的挪用客户交易结算资金12,921,979.10元;2002年4月1日兴安证券设立后,发生的挪用客户交易结算资金余额31,215,710.47元。

(三)兴安证券上海枣阳路营业部挪用客户交易结算资金

2003年10月至2005年9月,兴安证券上海枣阳路营业部为客户昌瑞发展公司进行213国债回购滚动放大交易业务。2004年4月26日、27日,国债标准券折算率两次下调,“昌瑞发展”账户(资金账号:28××6026)在中国证券登记结算公司抵押的现券出现不足,形成标准券欠库685,877张,价值68,587,700.00元。截至2005年9月30日,213国债回购标准券欠库形成透支368,672,706.94元。后经兴安证券卖出213国债收回资金271,531,620.11元,挪用客户交易结算资金余额97,141,086.83元。

## 二、违规委托理财

2002年4月至2005年9月,兴安证券在其签订的85份委托理财业务合同中,有82份合同签订了保本保底补充协议直接向客户承诺收益,或者以其他方式向客户变相承诺收益。

上述事实,相关委托理财合同、有关交易记录、相关账户开户资料、相关公司文件、相关董事会决议、相关工商登记资料、相关人员谈话笔录等证据证明,足以认定。

我会认定,兴安证券挪用客户交易结算资金的行为违反了原《证券法》第七十三条的规定,构成原《证券法》第一百九十三条所述“挪用客户账户上的资金”的行为。兴安证券违规委托理财行为构成《关于规范证券公司受托投资管理业务的通知》(证监机构字〔2001〕265号)第四条第(十一)项所述“向委托人承诺收益”的行为和《证券公司客户资产管理业务试行办法》(证监会令第17号)第四十一条所述“向客户作出保证其资产本金不受损失或者取得最低收益的承诺”的行为。

我会认定,贺朝贤、吴亦力、曹鸿伟是上述违法行为直接负责的主管人员,冯斌是兴安证券上海枣阳路营业部挪用客户交易结算资金的直接负责主管人员,杨晓宏和刘建德是兴安证券哈尔滨奋斗路营业部挪用客户交易结算资金直接负责的主管人员。当事人冯斌在听证会上提出的陈述申辩意见,经过复查核实不能成立,依法不予采纳。鉴于兴安证券已经关闭,本案不再作出处罚。我会在作出本处罚决定同时对冯斌、杨晓宏和刘建德分别采取相应的市场禁入措施。

根据当事人违法行为的事实、性质、情节与社会危害程度,依据原《证券法》第一百九十三条的规定,我会决定:吊销贺朝贤、吴亦力、曹鸿伟和冯斌的证券从业资格证书。

当事人如果对本处罚决定不服,可在收到本处罚决定书之日起60日内向中国证券监督管理委员会申请行政复议,也可以在收到本处罚决定书之日起3个月内直接向有管辖权的人民法院提起行政诉讼。复议和诉讼期间,上述决定不停止执行。

# 关于广州攀达国际投资有限公司及有关个人违反证券法规的行政处罚决定书

（〔2010〕38号）

当事人：广州攀达国际投资有限公司（以下简称广州攀达，现名广州市银河国际投资有限公司），法定代表人赵伟平。

赵伟平，男，1961年5月24日出生，时任广州攀达法定代表人，时任湖南熊猫烟花股份有限公司（原湖南浏阳花炮股份有限公司，以下简称浏阳花炮，股票代码600599）董事。

依据《中华人民共和国证券法》（以下简称《证券法》）的有关规定，我会对广州攀达和赵伟平违反证券法律法规行为进行了立案调查、审理，并依法向当事人告知了作出行政处罚的事实、理由、依据及当事人依法享有的权利。我会应赵伟平的要求举行了听证会，听取了赵伟平的陈述和申辩。广州攀达放弃听证。本案现已调查、审理终结。

经查明，广州攀达和赵伟平存在以下违法事实：

## 一、广州攀达未披露一致行动关系

2005年12月1日至2006年1月13日期间，赵伟平利用巫雪莲等个人证券账户，在广发证券广州农林下路营业部开户时办理指定交易转入浏阳花炮股票4,585,561股。2005年12月5日至2006年4月5日期间，将上述股票陆续卖出。

2005年12月27日至2006年9月19日期间，赵伟平在广发证券广州农林下路营业部开立翟进强等个人证券账户，买入浏阳花炮股票3,790,366股。2006年9月13日至2007年3月26日期间，将上述股票陆续卖出。

2006年1月20日，江西省万载县人民法院对浏阳市财政局持有的浏阳花炮的20,000,000股国家股进行拍卖，广州攀达竞拍成功10,000,000股，金狄竞拍成功5,000,000股，吴新华竞拍成功5,000,000股。经查，上述金狄、吴新华持有的浏阳花炮股票10,000,000股由广州攀达控制，广州攀达在《湖南浏阳花炮股份有限公司股东持股变动报告书》中未披露广州攀达和赵伟平、金狄、吴新华之间的一致行动关系。

2006年5月11日，浏阳市财政局与广州攀达签订了《股份转让协议》，浏阳市财政局向广州攀达转让浏阳花炮28.32%的股权，共计35,678,320股。广州攀达在《湖南浏阳花炮股份有限公司股东持股变动报告书》中未披露广州攀达和赵伟平、金狄、吴新华之间的一致行动关系。

广州攀达的上述行为构成了《证券法》第一百九十三条所述的行为。

对上述行为直接负责的主管人员为广州攀达时任法定代表人赵伟平。

## 二、赵伟平当选浏阳花炮董事后将其持有的浏阳花炮股票在买入后6个月内卖出

2006年7月1日，赵伟平当选浏阳花炮董事。赵伟平当选浏阳花炮董事后买入浏阳花炮股票，并在6个月内又卖出872,503股。

赵伟平的上述行为违反了《证券法》第四十七条的规定。

以上违法事实有相关临时公告、董事会决议、交易记录、合同、协议，相关人员谈话笔录等证据证明，足以认定。

根据当事人违法行为的事实、性质、情节与社会危害程度，依据《证券法》第一百九十三条和第一百九十五条，我会决定：

一、对广州攀达未披露一致行动关系的问题，责令广州攀达改正，对广州攀达给予警告，并处以30万元罚款。对直接负责的主管人员

广州攀达时任法定代表人赵伟平给予警告,并处以10万元罚款。

二、对赵伟平当选浏阳花炮董事后将其持有的浏阳花炮股票在买入后6个月内卖出的问题,对赵伟平给予警告,并处以5万元罚款。

综合上述两项对赵伟平的处罚,对赵伟平给予警告,并处以15万元罚款。

另外,依据《证券法》第四十七条,赵伟平当选浏阳花炮董事后买入的浏阳花炮股票在6个月内卖出所得收益归浏阳花炮所有。

上述当事人应自收到本处罚决定书之日起15日内,将罚款汇交中国证券监督管理委员会(开户银行:中信银行总行营业部,账号:7111010189800000162,由该行直接上缴国库),并将注有当事人名称的付款凭证复印件送中国证券监督管理委员会稽查局备案。当事人如果对本处罚决定不服,可在收到本处罚决定书之日起60日内向中国证券监督管理委员会申请行政复议,也可在收到本处罚决定书之日起3个月内直接向有管辖权的人民法院提起行政诉讼。复议和诉讼期间,上述决定不停止执行。

# 关于黑龙江北亚期货经纪有限公司违反证券法规的行政处罚决定书

(〔2010〕39号)

当事人:黑龙江北亚期货经纪有限公司(以下简称北亚期货),法定代表人陈东。

依据《期货交易管理暂行条例》(以下简称《期货暂行条例》)的有关规定,我会对北亚期货违反期货法律法规的行为进行了立案调查、审理,并依法向当事人告知了作出行政处罚的事实、理由、依据及当事人依法享有的权利。当事人未提出陈述、申辩意见,也未要求听证。本案现已调查、审理终结。

经查明,北亚期货存在以下违法事实:

**一、挪用客户保证金**

2004年1月至2005年1月,北亚期货上海营业部副经理程春辉私自在客户账户上进行期货交易,截至2005年1月17日造成交易损失2100余万元,是导致公司保证金封闭圈出现资金缺口2500余万元(含当日穿仓客户占用保证金约590万元)的主要原因。而此时北亚期货自有资金仅2,025,100元,此前北亚期货自有资金用于对外长期投资为10,463,700元,用于对外借款为16,584,900元。在事发后直至调查结束日2005年9月30日,北亚期货仍未能将上述款项收回用于弥补保证金的缺口,构成挪用客户保证金的行为。从抽查看,最高挪用日为2005年1月31日,挪用客户保证金达27,740,800元,最低挪用日为2005年4月30日,挪用客户保证金为19,504,900元。

**二、允许客户在保证金不足的情况下进行期货交易**

2004年1月13日至2005年2月2日,北亚期货上海营业部在客户付亮、王洁保证金不足的情况下,允许其继续进行期货交易,透支交易额分别合计为2,416,700元、5,314,300元。北亚期货从上述交易中分别非法获取手续费收入2,876.12元、7,761.13元。

以上事实,有相应交易日北亚期货客户保证金封闭管理试算平衡表、银行存款日记账、货币资金日报表、银行对账单、现金日记账、长期投资明细账、其他应收款明细账、各交易所资金结算单、客户资金对账单、交易结算单、透支交易情况表以及相关人员的谈话笔录等证据证明,足以认定。

北亚期货上述行为违反了《期货暂行条例》第三十六条、第四十一条等有关规定,构成了《期货暂行条例》第五十九条第(四)项"允许客户在保证金不足的情况下进行期货交易的”、第六十条第(六)项“挪用客户保证金的”行为。

根据当事人违法行为的事实、性质、情节与社会危害程度,依据《期货暂行条例》第五十九条、第六十条的有关规定,我会决定:吊销北亚期货的期货经纪业务许可证。

当事人如果对本处罚决定不服,可在收到本处罚决定书之日起60日内向中国证券监督管理委员会申请行政复议,也可在收到本处罚决定书之日起3个月内直接向有管辖权的人民法院提起行政诉讼。复议和诉讼期间,上述决定不停止执行。

# 关于上海北孚(集团)有限公司及有关个人违反证券法规的行政处罚决定书

(〔2010〕40号)

当事人:上海北孚(集团)有限公司(以下简称北孚集团),法定代表人秦少秋。

秦少秋,男,1971年8月出生,系北孚集团董事长、总裁,时任上市公司上海兴业房产股份有限公司(以下简称ST兴业)董事长。

倪锋,男,1977年12月出生。

柳驰威,男,1983年1月出生。

依据《中华人民共和国证券法》(以下简称《证券法》)有关规定,我会对北孚集团、倪锋和柳驰威涉嫌内幕交易行为进行了立案调查、审理,并依法向当事人告知了作出行政处罚的事实、理由、依据及当事人依法享有的权利,当事人柳驰威提出了陈述、申辩意见,其他当事人未提出陈述、申辩意见,也未要求听证。本案现已调查、审理终结。

经查明,北孚集团、倪锋和柳驰威存在以下内幕交易事实:

## 一、内幕信息的形成、传递和公开过程

江苏银洲置业集团(以下简称银洲集团)是江苏省一家主营房地产业务的企业集团,一直在寻求借壳上市的机会。2008年年初,通过当事人倪锋介绍,南京证券邱某和上海沪红马投资管理有限公司薛某向银洲集团推荐了ST兴业作为重组的壳资源,银洲集团董事长沈某认为ST兴业比较符合要求。2月初,薛某将银洲集团拟重组ST兴业的事项告知了ST兴业时任董事长秦少秋,3月10日左右,邱某和薛某从上海前往江苏省启东市,同沈某、倪锋等人见面,讨论了银洲集团重组ST兴业的想法。之后,倪锋、薛某和秦少秋在上海见面,提出双方应积极推动银洲集团重组ST兴业。秦少秋表示其是代表北孚集团来谈的,要求银洲集团保证在重组后由其本人继续担任ST兴业的董事长,北孚集团的资产也要参与重组。

2008年3月14日,银洲集团副总经理茅某将银洲集团介绍资料通过电子邮件发到邱某的邮箱,3月22日至5月31日,邱某将其起草的重组方案、建议等资料通过电子邮件发送给茅某、倪锋和薛某。2008年3月30日上午,秦少秋在江苏省启东市与沈某、倪锋、邱某、薛某等人见面,洽谈重组事宜。秦少秋表达了愿意与银洲集团合作的意向,提出要将北孚集团的资产一并装入ST兴业,其本人还要再当一届董事长,ST兴业的债务问题由其解决。沈某向秦少秋介绍了银洲集团的情况,表示双方可以就重组进行合作。

由于沈某不同意秦少秋在重组后继续担任ST兴业的董事长,2008年4月,薛某、茅某二人开始与ST兴业总经理联系做ST兴业董事的工作,请他们配合使银洲集团提交的重组方案顺利通过董事会审议,并将部分董事席位让给银洲集团。至2008年4月底,ST兴业大部分董事表示支持重组,几个董事并表示愿意放弃董

事席位给银洲集团。至此,银洲集团重组ST兴业的事情已较为明确,内幕信息已经形成。

2008年6月1日,沈某和秦少秋就重组事宜进行了面谈,包括银洲集团向秦少秋支付对价、次日银洲集团向ST兴业提交重组建议书等事宜。

2008年6月2日下午,银洲集团向ST兴业提交了《上海兴业房产股份有限公司2008年非公开发行股票的建议书》(以下简称《建议书》)。6月3日,ST兴业宣布临时停牌。6月4日,ST兴业发布公告称因涉及重大事项,公司股票自当日起停牌。此后,"ST兴业"股票连续停牌。6月25日,银洲集团向ST兴业递交暂时收回《建议书》的函,称"鉴于最近总体经济环境和证券市场的一些变化,以及我集团对贵公司债务及历史遗留问题处置需要一定时间才能理清并提出确实的方案,所以我集团决定暂时收回向贵公司董事会提交的建议书,待条件更趋成熟时,再次向贵公司董事会提出"。同日,ST兴业董事会决议取消本次重大事项。6月26日,ST兴业公告此次重大事项取消,股票自6月27日起复牌。"ST兴业"股票复牌后连续跌停。

**二、涉案当事人知悉内幕信息的情况**

根据上述内幕信息的形成过程,秦少秋作为ST兴业董事长、法定代表人,代表ST兴业参与了公司的重组过程。同时,秦少秋作为北孚集团董事长、总裁及实际控制人,代表北孚集团参与了重组过程。因此,秦少秋和北孚集团知悉重组信息,是内幕信息知情人。

倪锋是银洲集团重组ST兴业的直接参与者,重组双方的联络人,邱某、薛某和茅某均及时将重组信息和意见告知倪锋。倪锋知悉相关重组信息,是内幕信息知情人。

柳驰威系倪锋的朋友。2008年5月,倪锋将银洲集团正在重组ST兴业的事情告知了柳驰威,并推荐其买入"ST兴业"股票。柳驰威通过倪锋获知银洲集团正拟重组ST兴业,是知悉内幕信息的人员。

**三、涉案当事人内幕交易情况**

2008年6月2日13时17分至14时59分,北孚集团利用其实际控制的上海福辽投资管理有限公司的证券账户买入"ST兴业"1,092,250股。截至2008年7月7日,该证券账户亏损2,086,747.96元。

2008年5月15日至27日,倪锋利用其控制的高波证券账户、卞云美证券账户买入"ST兴业"1,933,099股。截至2008年7月7日,该2个证券账户亏损1,450,323.93元。

2008年5月15日至26日,柳驰威利用其个人证券账户买入"ST兴业"112,532股。截至2008年7月7日,该证券账户亏损84,789.44元。

以上事实,有相关重组方案、会议记录、公告、账户开户资料、交易流水、资金凭证、工商登记资料、电子邮件、情况说明以及当事人询问笔录等证据证明,足以认定。

上述银洲集团拟重组ST兴业的事项,属于《证券法》第七十五条规定的内幕信息。北孚集团、倪锋和柳驰威作为知悉该内幕信息的人员,在内幕信息公开前买卖"ST兴业"股票的行为,违反了《证券法》第七十六条的规定,构成了《证券法》第二百零二条所述的内幕交易行为。对于北孚集团的内幕交易行为,秦少秋是直接负责的主管人员。

在我会调查过程中,当事人倪锋能够积极配合,态度良好。

当事人柳驰威在申辩材料中提出:其一,他本人不具有特定主体身份,不属于《证券法》第七十四条规定的"内幕信息知情人";其二,他只是无意中听说买"ST兴业"股票能赚钱,并未从倪锋处获知银洲集团拟重组ST兴业的内幕信息,因此他不属于《证券法》规定的"非法获取内幕信息的人"。据此,柳驰威请求我会对其免予行政处罚。

我会认为,柳驰威的申辩理由不能成立,现有证据证明柳驰威曾向倪锋打探是否有银洲集团重组ST兴业一事,倪锋对此予以确认并推荐了"ST兴业"股票。同时,柳驰威在调查中也承认从倪锋处获知了银洲集团正在重组ST兴业。有证据表明,柳驰威在知悉该信息后利用其个人证券账户买入"ST兴业"股票。在上述过程中,柳驰威系非法获取内幕信息的人员,其利用该内幕信息买卖"ST兴业"股票的行为,已构成内幕交易。

根据当事人违法行为的事实、性质、情节与

社会危害程度,依据《证券法》第二百零二条的规定,我会决定:

一、对北孚集团处以50万元罚款;

二、对秦少秋给予警告,并处以20万元罚款;

三、对倪锋处以15万元罚款;

四、对柳驰威处以3万元罚款。

上述当事人应自收到本处罚决定书之日起15日内,将罚款汇交中国证券监督管理委员会(开户银行:中信银行总行营业部、账号7111010189800000162,由该行直接上缴国库),并将注有当事人名称的付款凭证复印件送中国证券监督管理委员会稽查局备案。当事人如果对本处罚决定不服,可在收到本处罚决定书之日起60日内向中国证券监督管理委员会申请行政复议,也可在收到本处罚决定书之日起3个月内直接向有管辖权的人民法院提起行政诉讼。复议和诉讼期间,上述决定不停止执行。

## 关于北京北方银通房地产开发有限公司及有关个人违反证券法规的行政处罚决定书

(〔2010〕41号)

当事人:北京北方银通房地产开发有限公司(以下简称银通房产),法定代表人石亚君。

石亚君,男,1962年5月出生,时任银通房产董事长、法定代表人。

依据2006年1月1日起施行的《中华人民共和国证券法》(以下简称《证券法》)的有关规定,我会对银通房产利用他人账户从事证券交易行为进行了立案调查、审理。因无法向当事人直接送达《行政处罚事先告知书》,我会依法向当事人公告送达了《行政处罚事先告知书》。公告送达后,当事人未提出陈述、申辩意见,也未要求听证。本案现已调查、审理终结。

经查明,银通房产存在以下违法事实:

2003年9月17日至2009年3月4日期间,银通房产利用在联讯证券北京外馆东街证券营业部开立的0400××××6777(账户名称:丁雪明)、0400××××3561(账户名称:路志齐)、0400××××3668(账户名称:李国祥)3个资金账户下挂的证券账户从事证券交易,获利18,913,869.22元。

以上事实,有相关工商登记资料、账户资料、授权委托书、资金往来凭证、交易所数据、银通房产说明及当事人询问笔录等证据证明,足以认定。

银通房产利用他人账户从事证券交易的行为,违反了1999年7月1日起施行的《中华人民共和国证券法》(以下简称原《证券法》)第七十四条和《证券法》第八十条的规定,构成了原《证券法》第一百九十条所述"法人以个人名义设立账户买卖证券"和《证券法》第二百零八条所述"法人以他人名义设立账户或者利用他人账户买卖证券"的行为。对于银通房产的违法行为,银通房产董事长、法定代表人石亚君是直接负责的主管人员。

根据当事人违法行为的事实、性质、情节与社会危害程度,依据原《证券法》第一百九十条和《证券法》第二百零八条的规定,我会决定:

一、责令银通房产改正违法行为,没收其违法所得18,913,869.22元,并处以18,913,869.22元罚款;

二、对石亚君给予警告,并处以3万元罚款。

上述当事人应自收到本处罚决定书之日起15日内,将罚款汇交中国证券监督管理委员会(开户银行:中信银行总行营业部,账号:7111010189800000162,由该行直接上缴国库),并将注有当事人名称的付款凭证复印件送中国证券监督管理委员会稽查局备案。当事人如果对本处罚决定不服,可在收到本处罚决定书之日起60日内向中国证券监督管理委员会申请行政复议,也可在收到本处罚决定书之日起3个月内直接向有管辖权的人民法院提起行政诉讼。复议和诉讼期间,上述决定不停止执行。

# 关于四川金顶(集团)股份有限公司及有关个人违反证券法规的行政处罚决定书

([2010]42号)

当事人:四川金顶(集团)股份有限公司(以下简称四川金顶),法定代表人杨佰祥。

陈建龙,男,1963年9月23日出生,时任四川金顶董事长。

成志红,男,1966年7月15日出生,时任四川金顶执行总经理。

袁平,男,1961年12月21日出生,时任四川金顶副总经理。

杜受华,男,1965年1月12日出生,时任四川金顶财务总监。

依据《中华人民共和国证券法》(以下简称《证券法》)的有关规定,我会对四川金顶违反证券法律法规行为进行了立案调查、审理,并依法向当事人告知了作出行政处罚的事实、理由、依据及当事人依法享有的权利。四川金顶和陈建龙提出了陈述和申辩意见,未要求听证;成志红、袁平、杜受华未提出陈述和申辩意见。本案现已调查、审理终结。

经查明,四川金顶存在以下违法事实:

**一、四川金顶相关对外担保未按规定及时进行信息披露**

2009年1月7日,四川金顶为富阳市鹳山电缆电线有限公司向浙江元泰典当有限责任公司借款2,000万元、为浙江大地纸业集团有限公司向浙江香溢德旗典当有限责任公司(以下简称德旗典当)借款1,000万元、为大股东华伦集团向德旗典当借款1,000万元提供担保。

四川金顶没有按照《上海证券交易所股票上市规则(2008年修订)》第九章第9.1款和9.2款的规定对上述信息及时进行披露,违反了《证券法》第六十七条的规定。

对上述行为直接负责的主管人员为四川金顶时任董事长陈建龙。

2009年4月30日后,四川金顶分多次对上述担保情况进行了披露。

**二、四川金顶2008年年度报告未按照规定披露信息**

(一)四川金顶在2008年年度报告中没有披露其合并会计报表的全资子公司仁寿水泥2008年向非金融机构和自然人借款4,919万元的情况。

对上述行为直接负责的主管人员为四川金顶时任董事长陈建龙。

(二)四川金顶在2008年年度报告中没有披露其2008年向非金融机构和自然人借款1,300万元的情况。

对上述行为直接负责的主管人员为在通过2008年年度报告的董事会决议上签字同意的四川金顶时任董事长陈建龙,其他直接责任人员为四川金顶时任执行总经理成志红、副总经理袁平、财务总监杜受华。

四川金顶2008年年度报告没有按照《公开发行证券的公司信息披露内容与格式规则第2号——年度报告的内容与格式(2007年修订)》第五十四条、《公开发行证券的公司信息披露编报规则第15号——财务报告的一般规定(2007年修订)》第三十二条的规定对上述信息进行披露,违反了《证券法》第六十三条和第六十六条的规定。

四川金顶已对上述情况进行了补充披露。

以上违法事实有2008年年度报告,相关临时公告、会计记录、合同、协议,相关董事会决议，相关人员谈话笔录等证据证明，足以认定。

根据当事人违法行为的事实、性质、情节与社会危害程度，依据《证券法》第一百九十三条，我会决定：

一、对四川金顶给予警告，并处以30万元罚款；

二、对陈建龙给予警告，并处以15万元罚款；

三、对成志红、袁平、杜受华给予警告，并分别处以3万元罚款。

上述当事人应自收到本处罚决定书之日起15日内，将罚款汇交中国证券监督管理委员会（开户银行：中信银行总行营业部，账号：7111010189800000162，由该行直接上缴国库），并将注有当事人名称的付款凭证复印件送中国证券监督管理委员会稽查局备案。当事人如果对本处罚决定不服，可在收到本处罚决定书之日起60日内向中国证券监督管理委员会申请行政复议，也可在收到本处罚决定书之日起3个月内直接向有管辖权的人民法院提起行政诉讼。复议和诉讼期间，上述决定不停止执行。

# 关于华伦集团有限公司及有关个人违反证券法规的行政处罚决定书

（〔2010〕43号）

当事人：华伦集团有限公司（以下简称华伦集团），法定代表人陈建龙。

陈建龙，男，1963年9月23日出生，时任华伦集团董事长。

依据《中华人民共和国证券法》（以下简称《证券法》）的有关规定，我会对华伦集团违反证券法律法规行为进行了立案调查、审理，并依法向当事人告知了作出行政处罚的事实、理由、依据及当事人依法享有的权利。华伦集团、陈建龙提出陈述和申辩意见，未要求听证。本案现已调查、审理终结。

经查明，华伦集团存在以下违法事实：

2008年8月29日，华伦集团累计卖出四川金顶（集团）股份有限公司（以下简称四川金顶）股份18,273,284股，占四川金顶股份总额的5.2360%，减持超过5%。华伦集团未按规定及时进行披露，违反了《证券法》第八十六条“投资者持有或者通过协议、其他安排与他人共同持有一个上市公司已发行的股份达到百分之五后，其所持该上市公司已发行的股份比例每增加或者减少百分之五，应当依照前款规定进行报告和公告。在报告期限内和作出报告、公告后二日内，不得再行买卖该上市公司的股票”的规定。

对上述行为直接负责的主管人员为华伦集团时任董事长陈建龙。

以上违法事实有证券账户的开立资料，证券交易的授权委托书，证券交易记录，相关人员谈话笔录等证据证明，足以认定。

我会拟对华伦集团给予警告并处以罚款，但在事先告知时知悉，华伦集团因资不抵债，被债权人申请并经相关人民法院裁定破产重整。因此，不再对华伦集团实施行政处罚。

根据当事人违法行为的事实、性质、情节与社会危害程度，依据《证券法》第一百九十三条，我会决定：对陈建龙给予警告，并处以5万元罚款。

上述当事人应自收到本处罚决定书之日起15日内，将罚款汇交中国证券监督管理委员会（开户银行：中信银行总行营业部，账号：7111010189800000162，由该行直接上缴国库），并将注有当事人名称的付款凭证复印件送中国证券监督管理委员会稽查局备案。当事人如果对本处罚决定不服，可在收到本处罚决定书之日起60日内向中国证券监督管理委员会申请行政复议，也可在收到本处罚决定书之日起3个月内直接向有管辖权的人民法院提起行政诉讼。复议和诉讼期间,上述决定不停止执行。

# 关于张小坚违反证券法规的行政处罚决定书

([2010]44号)

当事人:张小坚,男,2006年2月18日至2009年3月18日任国海证券有限责任公司(以下简称国海证券)副总裁。

依据《中华人民共和国证券法》(以下简称《证券法》)的有关规定,我会对张小坚内幕交易行为进行了立案调查、审理,并依法向当事人告知了作出行政处罚的事实、理由、依据及当事人依法享有的权利。当事人未提出陈述、申辩意见,也未要求听证。本案现已调查、审理终结。

经查明,张小坚存在以下违法事实:

**一、内幕信息的形成过程**

2006年11月,国海证券在借壳桂林集琦药业股份有限公司(以下简称桂林集琦)过程中,使该公司股权结构发生重大变化,是属于涉及公司经营、财务或者对公司证券的市场价格有重大影响的尚未公开的敏感信息。自2006年11月7日－14日国海证券董事长在北京出差期间形成借壳桂林集琦想法为内幕信息形成起点,至2006年12月13日桂林集琦第一次发布国海证券借壳事宜、股票继续停牌公告前,为内幕信息敏感期。

**二、张小坚内幕交易行为的事实及认定**

国海证券北京和平街营业部资金账户110×××68户名及控制人为张强,系张小坚之弟。从2006年5月到2006年12月期间,张强将账户交由张小坚管理。2006年11月14日,张小坚在其办公室为其管理的张强账户下单买入“S＊ST集琦”493,600股;2006年11月22日,张小坚再次在其办公室为其管理的张强账户下单买入“S＊ST集琦”32,500股。

时任国海证券副总裁张小坚,2006年11月13日与国海证券董事长在北京见面并研究工作,张小坚知悉国海证券董事长打算借壳桂林集琦的想法,并且自始至终参与了国海证券借壳桂林集琦的相关事宜,是内幕信息知情人。张小坚在内幕信息敏感期内,用其管理的张强账户,买入“S＊ST集琦”共计526,100股,构成内幕交易。

上述违法事实,有相关人员询问笔录、有关会议纪要、相关账户交易记录和统计数据等证据证明,足以认定。

张小坚的上述行为,违反了《证券法》第七十三条“禁止证券交易内幕信息的知情人和非法获取内幕信息的人利用内幕信息从事证券交易活动”以及第七十六条“证券交易内幕信息的知情人和非法获取内幕信息的人,在内幕信息公开前,不得买卖该公司的证券或者泄露该信息,或者建议他人买卖该证券”的规定,构成《证券法》第二百零二条所述“证券交易内幕信息的知情人或者非法获取内幕信息的人,在涉及证券发行、交易或者其他对证券的价格有重大影响的信息公开前,买卖该证券”的行为。

根据当事人违法行为的事实、性质、情节与社会危害程度,依据《证券法》第二百零二条的规定,我会决定:

一、对张小坚处以60万元罚款;

二、责令张小坚依法处理其为张强账户买入的526,100股“S＊ST集琦”股票,如有违法所得,予以没收。

当事人应自收到本处罚决定书之日起15日内,将罚没款汇交中国证券监督管理委员会(开户银行:中信银行总行营业部,账号:7111010189800000162,由该行直接上缴国库),

并将注有当事人名称的付款凭证复印件送中国证券监督管理委员会稽查局备案。当事人如果对本处罚决定不服,可在收到本处罚决定书之日起60日内向中国证券监督管理委员会申请行政复议,也可在收到本处罚决定书之日起3个月内向有管辖权的人民法院提起行政诉讼。复议和诉讼期间,上述决定不停止执行。

# 关于桂林科翰投资有限公司及有关个人违反证券法规的行政处罚决定书

(〔2010〕45号)

当事人:桂林科翰投资有限公司(以下简称科翰投资),法定代表人郑斌。

郑斌,男,科翰投资法定代表人。

依据《中华人民共和国证券法》(以下简称《证券法》)的有关规定,我会对科翰投资利用他人账户买卖证券行为进行了立案调查、审理,并依法向当事人告知了作出行政处罚决定的事实、理由、依据及当事人依法享有的权利。当事人未提出陈述、申辩意见,也未要求听证。本案现已调查、审理终结。

经查明,科翰投资存在以下违法事实:

2006年6月30日,科翰投资委托夏婷在宏源证券桂林营业部开立了账户名称为“夏婷”的资金账户80120×××5586(以下简称5586账户),并全权委托夏婷办理该账户的一切相关业务,该账户的资金来源、实际控制人为科翰投资。

2006年6月30日至2006年11月22日期间,5586账户买入“S＊ST集琦”共计1,286,793股;2006年7月11日至2006年11月3日,卖出“S＊ST集琦”共计861,120股,实现盈利113,538.45元。该账户至今仍持有“S＊ST集琦”425,673股。

2006年6月30日至2006年11月23日,5586账户买入“湖南投资”共计1,616,803股,2006年8月17日,收到红股111,170股;2006年7月19日至2006年12月4日,卖出“湖南投资”共计1,727,973股,实现盈利557,131.45元。

上述违法事实,有相关人员询问笔录、有关会议纪要、相关账户交易记录和统计数据等证据证明,足以认定。

科翰投资上述行为违反了《证券法》第八十条“禁止法人非法利用他人账户从事证券交易”的规定,构成了《证券法》第二百零八条所述“法人利用他人账户买卖证券”的行为。科翰投资法定代表人郑斌是该违法行为直接负责的主管人员。

根据当事人违法行为的事实、性质、情节与社会危害程度,依据《证券法》第二百零八条的规定,我会决定:

一、没收科翰投资违法所得670,669.90元,并处以罚款670,669.90元;责令科翰投资依法处理5586账户内“S＊ST集琦”剩余股票,如有违法所得,予以没收;

二、对郑斌给予警告,并处以10万元罚款。

上述当事人应自收到本处罚决定书之日起15日内,将罚没款汇交中国证券监督管理委员会(开户银行:中信银行总行营业部,账号:7111010189800000162,由该行直接上缴国库),并将注有当事人名称的付款凭证复印件送中国证券监督管理委员会稽查局备案。当事人如果对本处罚决定不服,可在收到本处罚决定书之日起60日内向中国证券监督管理委员会申请行政复议,也可以在收到本处罚决定书之日起3个月内向有管辖权的人民法院提起行政诉讼。复议和诉讼期间,上述决定不停止执行。

# 关于华夏建通科技开发股份有限公司及有关个人违反证券法规的行政处罚决定书

(〔2010〕46号)

当事人:华夏建通科技开发股份有限公司(以下简称华夏建通),法定代表人杨文军。

方林,1961年4月出生,2007年4月至调查日担任华夏建通副董事长、总经理。

尚智勇,1962年6月出生,2003年3月至2005年10月担任华夏建通董事、总经理。

周喜旺,1964年5月出生,2003年12月至2006年1月担任华夏建通财务总监、副总经理。

薛灵虎,1962年10月出生,2000年12月至2007年4月担任华夏建通董事。

张志坚,1967年8月出生,2007年4月至调查日担任华夏建通财务总监,2007年4月至2008年3月担任华夏建通董事。

赵建鹏,1959年4月出生,2000年12月至2006年8月担任华夏建通副董事长。

郑秋涛,1963年10月出生,2005年4月至2008年3月担任华夏建通董事,世信科技发展有限公司(以下简称世信科技)董事长。

靳电入,1971年2月出生,2003年6月至2006年8月担任华夏建通董事会秘书,2006年8月至2007年4月担任华夏建通董事、副总经理。

孙利明,1962年2月出生,2007年4月至调查日担任华夏建通监事长,2008年4月至调查日担任华夏建通科技开发集团有限责任公司(以下简称建通集团)财务总监。

张浩,1944年5月出生,2003年12月至调查日担任华夏建通独立董事。

吕国英,2005年4月至调查日担任华夏建通独立董事。

依据《中华人民共和国证券法》(以下简称《证券法》)的有关规定,我会对华夏建通违反证券法律法规案进行了立案调查、审理,并依法向当事人告知了作出行政处罚的事实、理由、依据及当事人依法享有的权利。当事人华夏建通、周喜旺、张志坚、赵建鹏、靳电入、孙利明和吕国英等提出了陈述、申辩意见。应当事人华夏建通的要求,我会举行了听证会,听取了华夏建通的陈述、申辩。本案现已调查、审理终结。

经查明,华夏建通存在以下违法事实:

**一、2003年2月,建通集团置换进入华夏建通的资产存在重大不实,致使华夏建通2003年至2007年年度报告资产状况的披露存在重大虚假记载**

2002年8月22日,建通集团以39,198.12万元实物资产对铁通华夏电信有限责任公司(以下简称铁通华夏)增资。2002年12月,建通集团又将上述用于铁通华夏增资资产投入上海铁通电信有限公司(以下简称上海铁通)。2003年1月10日,华夏建通与建通集团约定双方进行资产置换,置入华夏建通的资产为建通集团合法持有的铁通华夏权益性资产。在2003年2月18日的临时公告以及2003年至2007年的年度报告中,华夏建通未如实披露建通集团将铁通华夏资产投入上海铁通的情况。

**二、在2003年至2005年年度报告中,虚假记载建通集团的控股股东及实际控制人情况**

2003年3月至2007年5月期间,华夏建通第一大股东为建通集团,泛华工程有限公司(以下简称泛华工程)持有建通集团60%股权。2003年10月,泛华工程将其持有的建通集团60%的股权转让给北京泛华投资管理有限公司(以下简称泛华投资),建通集团股权结构变更为泛华投资持股75%、北京同方投资管理有限公司持股25%,华夏建通董事长何强、何强配偶及其配偶的哥哥持有该两公司的全部股份。2004年11月,何强将其持有泛华投资59%的股权转让给中国华阳技术贸易朗利公司,根据中国华阳技术贸易朗利公司的说明,该股权转让行为并未真实实施,只是进行了工商变更登记。综上并经测算,何强间接持有华夏建通29%的股权,是华夏建通的实际控制人。在2003年至2005年年度报告中,华夏建通公告的实际控制人为泛华工程,未披露上述泛华投资或何强的控股情况。

**三、2003年12月临时信息披露、2003年年度报告未按规定披露与西安通信产业基地有限公司(以下简称西安通信)的关联关系和关联交易**

2003年3月至2007年8月期间,华夏建通董事长何强同时担任西安通信董事长。2003年12月15日,华夏建通控股子公司世信科技与西安通信签订《西安通信产业基地信息工程投标保证资金协议书》,世信科技分别于2003年12月23日、24日向西安通信共电汇资金6,000万元。华夏建通2003年12月未及时披露、2003年年度报告未披露上述其与西安通信的关联关系及关联交易。

**四、2003年至2005年,未真实及时披露建通集团、西安通信等关联企业占用资金的情况**

(一)2003年年度报告未真实及时披露占用资金情况

2003年7月28日至12月29日期间,华夏建通先后通过世信科技、北京泰亚东方通信设备有限公司、深圳市财汇投资发展有限公司等多家公司汇出资金1亿元,其中建通集团占用9,000万元、西安通信占用1,000万元,华夏建通2003年年度报告所披露的"关联方应收应付款项余额"为76,640,643.15元,未包含上述占用资金事项。

(二)2004年年度报告未真实及时披露占用资金情况

截至2004年12月2日,华夏建通北京分公司当年共向铁通华夏划转资金3,164.5万元,其中2,900万元经铁通华夏又转至建通集团。

2004年10月19日至12月31日期间,世信科技共收到西安通信汇来资金1,648.5万元,华夏建通说明,该笔款项是用于偿还2003年建通集团占用的部分资金以及西安通信全部占用资金的。华夏建通2004年年度报告"关联方应收应付款项余额"为99,041,441.24元,未包含建通集团2003年占用资金9,000万元及其2004年占用资金2,900万元,扣除上述已归还的款项,华夏建通2004年年度报告中未披露的建通集团占用资金为11,251.5万元。

(三)2005年年度报告未真实及时披露占用资金情况

2005年5月19日至11月7日期间,建通集团通过西安通信账户归还其所占用资金1,056.1万元,华夏建通2005年年度报告"关联方应收应付款项余额"为1,234,734.82元,扣除上述已归还款项后,未披露建通集团占用资金10,195.4万元的情况。

**五、2007年中期报告提前确认主营业务收入1,225万元**

2007年6月28日,世信科技与北京越洋互动文化传播有限公司签订《社区大屏幕销售合同》;2007年6月29日,世信科技就上述合同中的软件单独确认了1,225万元主营业务收入,并在2007年度中期报告中予以了披露。但相关项目直到2007年9月21日才交付验收。2007年11月24日,华夏建通发布更正公告,对2007年中期报告及2007年第三季度报告作了调整。

**六、北京华夏通网络技术服务有限公司(以下简称华夏通)虚增营业收入44,735,920.00元,虚增利润35,746,054.00元,导致华夏建通2007年年度报告虚假记载利润17,158,106.11元**

华夏通成立于2005年1月14日,注册资金6,000万元,其中华夏建通出资2,880万元,持股比例为48%。2007年,华夏通分别与长春华谊国际教育文化交流有限公司等7家公司签订了10个项目的《技术开发合同》,开发经费和报酬总计4,900万元。华夏建通总经理李冬、技术主管刘德明、职员陈风、韩琳等人的询问笔录证实:截至2007年12月31日,华夏通为上述7家公司所开发的系统尚未完成,相关《项目验收报告》是根据公司会计部门做账之需要,请委托方帮忙签署的,实际上并未按规范程序进行。截至2008年12月,上述10个项目中有2个项目已终止开发,5个项目尚在开发中,3个项目尚处于试运营状态。2007年华夏通确认上述技术开发项目当年实现营业收入共计44,735,920.00元,华夏建通2007年年度报告披露当年实现净利润7,277,955.92元,其中投资华夏通收益12,632,771.34元。

上述事实分别有相关合同、财务账册、原始凭证、当事人询问笔录及相关年度报告等证据证明,足以认定。

华夏建通虚假记载、重大遗漏、未及时披露信息等违反证券法律法规的行为,违反了1999年7月1日起施行的《中华人民共和国证券法》(以下简称原《证券法》)第六十一条、第六十二条和《证券法》第六十五条、第六十六条的规定,构成了原《证券法》第一百七十七条、《证券法》第一百九十三条规定的行为。

对于华夏建通未按规定披露信息行为,何强、方林、尚智勇、张志坚是相关违法行为的直接负责的主管人员(何强因涉嫌犯罪被我会移送公安机关,另行处理),周喜旺、薛灵虎、赵建鹏、郑秋涛、靳电入、孙利明、张浩、吕国英是相关违法行为的其他直接责任人员。

在申辩、陈述和听证中,华夏建通申辩称,公司的违法违规行为都是原大股东及个别人员造成的,与现在的大股东无关。公司已有深刻认识,将认真整改等,恳请我会对其减轻、免除处罚。

我会认为,华夏建通未按规定披露信息行为的事实确实、准确、充分,其没有提出实质性的理由和事实,对其提出的申辩意见不予采纳。

张志坚、周喜旺等人在陈述、申辩书中提出的事实和理由没有实质性意见,对其提出的申辩意见,我会不予采纳。

根据当事人违法行为的事实、性质、情节与社会危害程度,依据原《证券法》第一百七十七条、《证券法》第一百九十三条的规定,我会决定:

一、责令华夏建通改正违法行为,给予警告,并处以30万元罚款;

二、对方林、尚智勇、周喜旺、薛灵虎、张志坚、赵建鹏、郑秋涛、靳电入、孙利明、张浩、吕国英给予警告。

当事人华夏建通应自收到本处罚决定书之日起15日内,将罚款汇交中国证券监督管理委员会(开户银行:中信银行总行营业部,账号:7111010189800000162,由该行直接上缴国库),并将注有当事人名称的付款凭证复印件送中国证券监督管理委员会稽查局备案。当事人如果对本处罚决定不服,可在收到本处罚决定书之日起60日内向中国证券监督管理委员会申请行政复议,也可在收到本处罚决定书之日起3个月内直接向有管辖权的人民法院提起行政诉讼。复议和诉讼期间,上述决定不停止执行。

## 关于中兴财光华会计师事务所有限责任公司违反证券法规的行政处罚决定书

([2010]47号)

当事人:中兴财光华会计师事务所有限责任公司(以下简称光华所),该所于2008年12月由河北光华会计师事务所、中兴财会计师事务所、天津中兴财会计师事务所和北京恒介会计师事务所合并成立。

依据《中华人民共和国证券法》(以下简称《证券法》)的有关规定,我会对光华所在华夏建通科技开发股份有限公司(以下简称华夏建通)2004、2005年度财务报表等资料保存中未勤勉尽责的行为进行了立案调查、审理,并依法向当事人告知了作出行政处罚的事实、理由、依据及当事人依法享有的权利。当事人光华所提出了陈述、申辩意见。本案现已调查、审理终结。

经查明,华夏建通在2003年至2005年年度报告中,实施了存在虚假记载、重大遗漏等违反证券法律法规的行为,河北省华安会计师事务所(以下简称华安所)负责华夏建通2003年至2006年年度报告的审计工作,均出具了无保留意见的审计报告。

2007年11月,由华安所吸收合并河北光大、河北永正得会计师事务所成立河北光华会计师事务所。重组完成后,华安所相关审计工作底稿由河北光华会计师事务所负责保管。因光华所无法查找并提供华安所对华夏建通北京分公司2004年度、2005年度短期投资科目及预付账款科目的审计底稿、对世信科技发展有限公司2005年度其他应收款科目及预付账款科目的审计底稿,导致我会调查人员无法了解会计师相关年度相关科目的审计工作过程,也无法判断审计尽职情况。因此,光华所对华安所审计华夏建通2004年年度报告和2005年年度报告的业务工作底稿的保存和借阅管理工作存在疏漏。

以上违法事实有公司说明,相关人员谈话笔录等证据在案证实,证据确实、充分,足以认定。

光华所的上述行为违反了《证券法》第二百二十五条的规定。

根据当事人违法行为的事实、性质、情节与社会危害程度,依据《证券法》第二百二十五条的规定,我会决定:对光华所给予警告,并处以10万元罚款。

当事人应自收到本处罚决定书之日起15日内,将罚款汇交中国证券监督管理委员会(开户银行:中信银行总行营业部,账号:7111010189800000162,由该行直接上缴国库),并将注有当事人名称的付款凭证复印件送中国证券监督管理委员会稽查局备案。当事人如果对本处罚决定不服,可在收到本处罚决定书之日起60日内向中国证券监督管理委员会申请行政复议,也可在收到本处罚决定书之日起3个月内直接向有管辖权的人民法院提起行政诉讼。复议和诉讼期间,上述决定不停止执行。

## 关于杭州金伟实业有限公司及有关个人违反证券法规的行政处罚决定书

(〔2010〕48号)

当事人:杭州金伟实业有限公司(以下简称杭州金伟),法定代表人金国强。

金国强,男,1960年10月出生,时任杭州金伟执行董事、总经理。

依据2006年1月1日起施行的《中华人民共和国证券法》(以下简称《证券法》)有关规定,我会对杭州金伟利用他人账户从事证券交易行为进行了立案调查、审理,并依法向当事人告知了作出行政处罚的事实、理由、依据及当事人依法享有的权利。当事人杭州金伟、金国强要求陈述和申辩。应当事人杭州金伟的要求,我会举行了听证会,听取了杭州金伟和金国强的陈述、申辩。本案现已调查、审理终结。

经查明,杭州金伟存在以下违法事实:

2002年4月19日至2007年4月23日期间,杭州金伟利用其在长江证券杭州市建国中路营业部(原大鹏证券杭州建国中路营业部)开立的资金账户630×××72(账户名称:杭州金伟)下挂的18个自然人证券账户进行证券交易,最终获利4,735,916.79元。

以上事实,有相关账户开户销户资料、股票交易资料、法人授权委托证明书、资金存取凭证以及当事人询问笔录等证据证明,足以认定。

杭州金伟利用他人账户进行证券交易的行为,违反了1999年7月1日起施行的《中华人民共和国证券法》(以下简称原《证券法》)第七十四条和《证券法》第八十条的规定,构成了原《证券法》第一百九十条所述“法人以个人名义设立账户买卖证券”和《证券法》第二百零八条所述“法人以他人名义设立账户或者利用他人账户买卖证券”的行为。对于杭州金伟的违法行为,时任公司执行董事兼总经理、法定代表人的金国强是直接负责的主管人员。

当事人杭州金伟在申辩中提出:其一,公司开立自然人证券账户系按照证券公司要求所为,目的在于提高申购新股中签率,公司从未进行过内幕交易、操纵市场等违法行为;其二,公司已在2007年按照相关文件要求对下挂自然人证券账户进行了清理,没有造成社会危害,对其处罚有失公平。在听证过程中,杭州金伟提出了“下挂自然人证券账户系证券公司所为,公司及公司相关人员不知情”的申辩意见。据此,杭州金伟请求我会对其免予处罚。

我会认为,杭州金伟的申辩理由不能成立:其一,杭州金伟资金账户下挂的自然人证券账户部分来源于金国强妻子的资金账户,且下挂自然人证券账户中有金国强母亲的证券账户。因此当事人所谓“不知情”的申辩理由不能成立;其二,对于当事人提出的主动销户以及其他情节,我会已依据《中华人民共和国行政处罚法》(以下简称《行政处罚法》)第二十七条的规定对杭州金伟予以减轻处罚,当事人提出免予处罚的请求没有法律依据。

根据当事人违法行为的事实、性质、情节与社会危害程度,依据原《证券法》第一百九十条、《证券法》第二百零八条以及《行政处罚法》第二十七条的规定,我会决定:

一、没收杭州金伟违法所得4,735,916.79元;

二、对金国强给予警告,并处以3万元罚款。

上述当事人应自收到本处罚决定书之日起15日内,将罚没款汇交中国证券监督管理委员会(开户银行:中信银行总行营业部、账号:7111010189800000162,由该行直接上缴国库),并将注有当事人名称的付款凭证复印件送中国证券监督管理委员会稽查局备案。当事人如果对本处罚决定不服,可在收到本处罚决定书之日起60日内向中国证券监督管理委员会申请行政复议,也可在收到本处罚决定书之日起3个月内直接向有管辖权的人民法院提起行政诉讼。复议和诉讼期间,上述决定不停止执行。

# 关于杭州昌瑞贸易有限公司及有关个人违反证券法规的行政处罚决定书

([2010]49号)

当事人:杭州昌瑞贸易有限公司(以下简称杭州昌瑞),法定代表人董勤。

董勤,男,1961年6月出生,时任杭州昌瑞董事长、总经理。

依据2006年1月1日起施行的《中华人民共和国证券法》(以下简称《证券法》)有关规定,我会对杭州昌瑞利用他人账户从事证券交易行为进行了立案调查、审理,并依法向当事人告知了作出行政处罚的事实、理由、依据及当事人依法享有的权利。当事人均未提出陈述、申辩意见。本案现已调查、审理终结。

经查明,杭州昌瑞存在以下违法事实:

2002年7月5日至2007年9月3日期间,杭州昌瑞利用其在宏源证券杭州体育场路营业部开立的资金账户100×××18(账户名称:杭州昌瑞)下挂的201个他人证券账户进行证券交易,最终亏损11,614,817.64元。

以上事实,有相关账户开户销户资料、股票交易资料、授权委托书、资金存取凭证以及当事人询问笔录等证据证明,足以认定。

杭州昌瑞利用他人账户进行证券交易的行为,违反了1999年7月1日起施行的《中华人民共和国证券法》(以下简称原《证券法》)第七十四条和《证券法》第八十条的规定,构成了原《证券法》第一百九十条所述“法人以个人名义设立账户买卖证券”和《证券法》第二百零八条所述“法人以他人名义设立账户或者利用他人账户买卖证券”的行为。对于杭州昌瑞的违法行为,时任公司董事长兼总经理、法定代表人的董勤是直接负责的主管人员。

根据当事人违法行为的事实、性质、情节与社会危害程度,依据原《证券法》第一百九十条、《证券法》第二百零八条的规定,我会决定:

一、责令杭州昌瑞改正违法行为,并处以20万元罚款;

二、对董勤给予警告,并处以3万元罚款。

上述当事人应自收到本处罚决定书之日起15日内,将罚款汇交中国证券监督管理委员会(开户银行:中信银行总行营业部、账号:7111010189800000162,由该行直接上缴国库),并将注有当事人名称的付款凭证复印件送中国证券监督管理委员会稽查局备案。当事人如果对本处罚决定不服,可在收到本处罚决定书之日起60日内向中国证券监督管理委员会申请行政复议,也可在收到本处罚决定书之日起3个月内直接向有管辖权的人民法院提起行政诉讼。复议和诉讼期间,上述决定不停止执行。

# 关于佛山市东晖发展有限公司违反证券法规的行政处罚决定书

(〔2010〕50号)

当事人:佛山市东晖发展有限公司(以下简称东晖公司),法定代表人陈健良。

依据《中华人民共和国证券法》(以下简称《证券法》)的有关规定,我会对东晖公司违法违规一案进行了立案调查、审理,并依法向当事人告知了作出行政处罚的事实、理由、依据及当事人依法享有的权利。应当事人的要求,我会依法举行了听证会,听取了当事人及其代理人的陈述、申辩意见。本案现已调查、审理终结。

经查明,东晖公司存在以下违法违规行为:

2004年3月4日,东晖公司在招商证券佛山季华路营业部开立“东晖公司”账户(资金账号360×××93,上海股东账户B880×××747、深圳股东账户0085×××304),下挂陈某驹、廖某枝、曾某巨以及陈某彬等4个自然人的证券账户。2004年3月4日至2007年9月17日(以下简称违法行为期间),东晖公司使用前述4个自然人证券账户交易天伦置业等股票52只,获利21,465,234.79元。

以上事实,有涉案人员的询问笔录、相关证券账户的股票交易与资金流水记录、营业部的情况说明等证据在案证明,足以认定。

上述行为,违反了《证券法》第八十条禁止法人非法利用他人账户从事证券交易的规定,构成了《证券法》第二百零八条所述违法行为。

当事人在听证会上对事先告知有关其违法行为的事实认定与法律适用表示异议,并提交了有关人员的谈话笔录与资金划转凭证,证明本案系由陈健津以其个人资金,通过使用东晖公司及陈某驹等4个自然人的证券账户从事股票交易,与东晖公司无关;东晖公司与陈健津在个人投资股票收益方面没有约定分成,东晖公司没有违法所得;陈健津使用东晖公司及陈某驹等4个自然人的证券账户第一次买卖股票与此后的行为无连续或继续状态,依法不应再被追究法律责任;当事人没有逃避监管的主观故意,按照营业部流程指引办理业务(下挂自然人证券账户)不应被视为违法;当事人的行为未造成社会危害后果。请求对其免予处罚。

经复核,根据营业部出具的情况说明及东晖公司买卖股票资金划转凭证及附件,违法行为期间,陈某驹等4个自然人的证券账户一直下挂在东晖公司的资金账户,其交易股票的资金都是从东晖公司的账户划入、划出的。当事人向听证会提交的东晖公司与其他单位资金往来的凭证未能证明东晖公司下挂自然人证券账户交易股票的资金来源于陈健津个人。陈健津在接受调查询问时曾承认,他操作东晖公司等账户买卖股票的资金来源既有个人的,也有来自东晖公司的。此外,东晖公司法定代表人、股东陈健良,东晖公司销售经理、股东曾某巨在接受调查询问时也表示,下挂在东晖公司名下的自然人证券账户交易股票资金的来源是东晖公司。经复核,东晖公司下挂自然人证券账户并进行股票交易的行为虽然主要是由陈健津决策的,但办理东晖公司及自然人证券账户下挂、资金划转及部分交易下单的人员均为该公司员工。以上情形构成了东晖公司利用陈某驹等4个自然人证券账户从事股票交易的行为。

经复核,违法行为期间,陈某驹等4个自然人证券账户一直下挂在东晖公司的资金账户,没有撤销下挂或交易授权被收回的情况,因此,东晖公司利用下挂自然人证券账户交易股票的违法行为并未终止,而东晖公司也未作出纠正,虽有交易中断的情形,但中断时间未超过两年,因此,东晖公司的违法行为仍然处在持续状态之中。

经复核,当事人向听证会提交的有关人员的谈话笔录与其接受调查询问及向招商证券营业部出具的情况说明中的表述不一致,无法证实其真实性。本案当事人委托律师收集的该等材料在证明力上不足以对抗调查部门依法、依职权作出的违法事实认定及其收集的证据。

综上,当事人有关陈述、申辩与事实不符,于法无据,但考虑到当事人违法行为的发生时间较早,未造成严重的社会危害后果,且当事人对调查的配合情况较好,对其陈述、申辩意见部分予以采纳,酌情减轻对其的处罚。

根据当事人违法行为的事实、性质、情节与社会危害程度,依据《证券法》第二百零八条规定,我会决定:没收东晖公司违法所得21,465,234.79元。

当事人应自收到本处罚决定书之日起15日内,将没收违法所得汇交中国证券监督管理委员会(开户银行:中信银行总行营业部,账号:7111010189800000162,由该行直接上缴国库),并将注有当事人名称的付款凭证复印件送中国证券监督管理委员会稽查局备案。如对本处罚决定不服,可在收到本处罚决定书之日起60日内向中国证券监督管理委员会申请行政复议,也可以在收到本处罚决定书之日起3个月内直接向有管辖权的人民法院提起诉讼。复议和诉讼期间,上述决定不停止执行。

# 关于钟伟华、符列娜、叶育鹏违反证券法规的行政处罚决定书

([2010]51号)

当事人:钟伟华,男,1957年8月出生,时任广东证券股份有限公司(以下简称广东证券)董事长、总裁。

符列娜,女,1958年4月出生,时任广东证券财务总监。

叶育鹏,男,1962年10月出生,时任广东证券河源营业部总经理。

依据1999年7月1日起施行的《中华人民共和国证券法》(以下简称原《证券法》)的有关规定,我会对广东证券违反证券法律法规的行为进行了立案调查、审理,并依法向当事人告知了作出行政处罚的事实、理由、依据及当事人依法享有的权利。当事人钟伟华、符列娜提出了陈述、申辩意见,所有当事人未要求听证。本案现已调查、审理终结。

经查明,广东证券存在如下违法事实:

一、自2003年10月24日至2005年11月4日，广东证券累计挪用客户保证金647,934.94万元。其中：(1)通过从客户资金银行存款账户直接划款到广东证券自有资金银行存款账户的方式挪用客户保证金，累计发生5笔，共计金额135,000万元；(2)通过将在中国证券登记结算公司的客户保证金以自有资金名义划款到广东证券自有资金银行存款账户的方式挪用客户保证金，累计发生72笔，共计金额431,289.18万元；(3)直接将资金从广东证券的保证金专户中转账到云南冶金集团，用于支付非客户交易事项，造成挪用客户保证金，累计金额20,000万元；(4)因经济纠纷被光大银行从广东证券的保证金专户划出资金，累计金额17,624万元；(5)西华路营业部、长春桥营业部、江宁路营业部与福华一路营业部，通过柜台交易系统在"泰怡轩15254"、"宁禄投资14943"、"泰诚咨询800138"、"德源投资17694"与"广东兆源24423"五个账户，虚加标准券套取资金造成挪用客户保证金，累计金额40,578.76万元；(6)河源营业部及叶育鹏直接从客户保证金银行账户提取资金用于对外借贷或者支付非客户交易事项，造成挪用客户保证金，累计金额3,443万元。

截至2005年11月4日，广东证券客户保证金缺口为193,968.5万元。

二、自2003年10月24日至2005年11月4日，广东证券违规开展委托理财438笔、受托资产金额累计236,859.98万元，累计支付所承诺的理财收益15,513.9万元。其中：(1)顺德管理总部违规开展委托理财330笔，涉及委托理财本金88,989.5万元，共计支付承诺的保底收益4,008.89万元；(2)资产管理部违规开展委托理财45笔，涉及委托理财本金60,821.97万元，共计支付承诺的保底收益5,645.47万元；(3)投资部违规开展委托理财51笔，涉及委托理财本金78,874.3万元，共计支付承诺的保底收益5,606.83万元；(4)昆明、茂名与三水等地营业部违规开展委托理财12笔，涉及委托理财本金8,174.22万元，共计支付承诺的保底收益252.72万元。

三、在2003年10月24日、2004年9月30日、2005年10月24日和2005年11月4日四个时点分别挪用客户国债66,031.043万元、89,055.364万元、68,182.896万元和68,477.25万元。

广东证券挪用客户保证金、客户国债行为，违反了原《证券法》第七十三条关于"在证券交易中，禁止证券公司及其从业人员从事下列损害客户利益的欺诈行为：(三)挪用客户所委托买卖的证券或者客户账户上的资金"和第一百三十二条关于"严禁挪用客户交易结算资金"的规定，构成了原《证券法》第一百九十三条规定的行为。广东证券承诺保底收益的资产管理业务行为，违反了《证券公司客户资产管理业务试行办法》(证监会令第17号，以下简称《试行办法》)第四十一条："证券公司从事客户资产管理业务，不得有下列行为：(二)向客户作出保证其资产本金不受损失或者取得最低收益的承诺"的规定，构成了《试行办法》第六十五条规定的行为。

钟伟华作为广东证券挪用客户保证金行为的决策人及组织者，并在部分涉及挪用客户保证金的资金划拨单和内部签报上签字，是对广东证券挪用客户保证金行为直接负责的主管人员。他作为公司资产管理业务的领导者和管理者，批准、授权下属部门和员工以承诺保底和约定收益率的方式开展资产管理业务，是对广东证券开展有保底承诺资产管理业务直接负责的主管人员。钟伟华还招揽国洪起到广东证券进行国债回购，没有对国洪起控制账户的国债回购规模和回购资金的使用情况进行有效监督和控制，放任国洪起控制账户挪用客户国债，是国洪起控制账户挪用客户国债的其他直接责任人员。

符列娜作为公司财务总监，主管和协调计划财务部和清算中心业务，负责挪用客户保证金的使用调配和拆借资金掩盖客户保证金缺口的安排，在大量挪用客户保证金的内部资金划拨单和部分内部签报上签字，是广东证券挪用客户保证金行为的主要执行者和直接负责的主管人员。

叶育鹏作为广东证券河源营业部总经理，擅自挪用河源营业部的客户保证金，累计挪用金额为3,443万元，是对该营业部挪用客户保证金行为直接负责的主管人员。

上述事实，有账户开户资料、交易记录、相关合同、询问笔录等证据证明，足以认定。

钟伟华在申辩材料中提出,他未主动招揽国洪起到公司做国债回购业务,没有管理各营业部的具体工作和各项业务,曾经主动化解公司危机、减少损失、如实向有关部门报案,请求减轻处罚。

我会查明,国洪起在询问笔录中称,他于1997年年底到海南开会认识了钟伟华,之后钟伟华邀请他去广东证券"做国债",条件是手续费按0.1%计算,广东证券席位上标准券借给他用;钟伟华在调查中也承认,国洪起曾和广东证券高层谈过开展国债业务的优惠条件的事情,他本人表示只要国洪起业务量达到一定规模,就给予低佣金的优惠。因此,钟伟华未主动招揽国洪起到广东证券做国债回购业务的申辩理由不能成立。我会认为,钟伟华担任广东证券董事长兼总裁期间,是挪用客户保证金行为的决策人及组织者,是公司资产管理业务的领导者和管理者,钟伟华没有管理各营业部的具体工作和各项业务的申辩理由不影响对其责任的认定;广东证券的违法违规行为涉案金额巨大,情节特别严重,我会已于2005年11月4日对广东证券作出了关闭的行政处罚,钟伟华作为最主要的责任人,其主动化解公司危机等理由不足以减轻其应当承担的责任。

符列娜在申辩材料中提出,公司的资金往来划拨调配,是按公司规定的操作程序,由公司各相关业务职能部门及各人员办理相关手续,其本人不是公司挪用客户保证金行为的主要执行人员。

我会认为,符列娜在担任广东证券财务总监期间,主管和协调计划财务部和清算中心业务,负责挪用客户保证金的使用调配和拆借资金掩盖客户保证金缺口的安排,在大量挪用客户保证金的内部资金划拨单和部分内部签报上签字。符列娜关于其本人不是公司挪用客户保证金行为主要执行人员的辩解与事实不符,其应对广东证券相关违法行为承担相应的责任。

根据当事人违法行为的事实、性质、情节与社会危害程度,依据原《证券法》第一百九十三条和《试行办法》第六十五条的规定,我会决定:吊销钟伟华、符列娜、叶育鹏从业资格证书。

当事人如果对本处罚决定不服,可在收到本处罚决定书之日起60日内向中国证券监督管理委员会申请行政复议,也可在收到本处罚决定书之日起3个月内直接向有管辖权的人民法院提起行政诉讼。复议和诉讼期间,上述决定不停止执行。

# 关于徐新喜违反证券法规的行政处罚决定书

(〔2010〕52号)

当事人:徐新喜,曾用名徐鑫喜,男,1968年1月14日出生,兆山新星集团有限公司(以下简称兆山新星)法定代表人、董事长、总经理。

依据《中华人民共和国证券法》(以下简称《证券法》)的有关规定,我会对徐新喜违反证券法律法规行为进行了立案调查、审理,并依法向当事人告知了作出行政处罚的事实、理由、依据及当事人依法享有的权利。当事人未提出陈述、申辩意见,也未要求听证。本案现已调查、审理终结。

经查明,徐新喜存在以下违法事实:

徐新喜持有湖南天润化工发展股份有限公司(以下简称天润发展,股票代码002113)股票超过5%时未按规定及时报告和公告。具体情况如下:

徐新喜自2009年10月26日至2010年1月29日利用兆山新星证券账户,自2009年7月9日至2010年1月29日利用俞林林证券账户,自2009年11月18日至2010年1月29日利用李定忠证券账户,自2009年11月3日至2010年1月29日利用金德林证券账户进行证券投资。

2009年11月3日，徐新喜通过兆山新星、俞林林、金德林3个证券账户持有天润发展股票6,008,700股，占天润发展已发行股份的5.07%，徐新喜对此未按规定及时报告和公告。2009年12月30日，徐新喜通过兆山新星、俞林林、李定忠、金德林4个证券账户持有天润发展股票8,932,730股，占天润发展已发行股份的7.54%。

上述违法事实，有证券账户的开立资料，证券交易的授权委托书，证券交易记录，相关人员谈话笔录等证据证明，足以认定。

徐新喜的上述行为违反了《证券法》第八十六条"通过证券交易所的证券交易，投资者持有或通过协议、其他安排与他人共同持有一个上市公司已发行的股份达到百分之五时，应当在该事实发生之日起三日内，向国务院证券监督管理机构、证券交易所作出书面报告，通知该上市公司，并予公告；在上述期限内，不得再行买卖该上市公司的股票"的规定，构成了《证券法》第一百九十三条所述"其他信息披露义务人未按照规定披露信息"的行为。

2010年1月11日，徐新喜对此进行了补充披露。徐新喜在我会调查过程中能主动配合调查。

根据当事人违法行为的事实、性质、情节与社会危害程度，依据《证券法》第一百九十三条的规定，我会决定：对徐新喜给予警告，并处以30万元的罚款。

上述当事人应自收到本处罚决定书之日起15日内，将罚款汇交中国证券监督管理委员会（开户银行：中信银行总行营业部，账号：7111010189800000162，由该行直接上缴国库），并将注有当事人名称的付款凭证复印件送中国证券监督管理委员会稽查局备案。当事人如果对本处罚决定不服，可在收到本处罚决定书之日起60日内向中国证券监督管理委员会申请行政复议，也可在收到本处罚决定书之日起3个月内直接向有管辖权的人民法院提起行政诉讼。复议和诉讼期间，上述决定不停止执行。

# 关于贾华章、刘荣违反证券法规的行政处罚决定书

（〔2010〕53号）

当事人：贾华章，男，1963年2月15日出生，2002年5月至2008年2月任新太科技股份有限公司（以下简称新太科技）独立董事。

刘荣，女，1962年12月18日出生，贾华章的妻子。

依据《中华人民共和国证券法》（以下简称《证券法》）的有关规定，我会对贾华章、刘荣内幕交易新太科技股票（股票代码600728）行为进行了立案调查、审理，并依法向当事人告知了作出行政处罚的事实、理由、依据及当事人依法享有的权利。当事人未提出陈述、申辩意见。本案现已调查、审理终结。

经查明，贾华章、刘荣存在以下内幕交易新太科技股票的违法事实：

2006年4月26日，新太科技第二大股东辽宁省大连海洋渔业集团公司（以下简称辽渔集团）和泽明有限公司（以下简称泽明公司）签订协议，辽渔集团向泽明公司转让新太科技股份55,814,306股，转让股份占新太科技已发行股份的26.81%。

2006年4月29日，新太科技发布《董事会关于股权转让的提示性公告》，披露辽渔集团与泽明公司签订股份转让协议。

新太科技股权结构的重大变化属于《证券法》第七十五条规定的内幕信息，内幕信息价格敏感期为2006年4月26日至28日。

刘荣于2001年5月10日在长城证券深圳振华路第二营业部开立0600××××8269资金账户，下挂上海证券账户A267×××859和深圳证券账户0002×××661。

2006年4月26日,刘荣买入新太科技股票2,300股,成本6,900元(不含交易税费及佣金);2006年4月27日,买入新太科技股票5,000股,成本16,750元(不含交易税费及佣金);2006年5月24日,卖出7,300股新太科技股票,收入28,689元(不含交易税费及佣金)。在未计算交易税费及佣金的情况下,盈利5,039元。

贾华章2006年4月26日知悉新太科技股权结构重大变化的信息,为内幕信息知情人;贾华章与刘荣为夫妻,有共同利益;刘荣能够从贾华章处获悉新太科技股权结构重大变化的内幕信息。

以上违法事实,有相关协议、临时公告,交易记录,相关人员谈话笔录等证据证明,足以认定。

贾华章、刘荣的上述行为违反了《证券法》第七十六条"证券内幕信息的知情人和非法获取内幕信息的人,在内幕信息公开前,不得买卖该公司的证券"的规定,构成了《证券法》第二百零二条"证券交易内幕信息的知情人或者非法获取内幕信息的人,在涉及证券的发行、交易或者其他对证券的价格有重大影响的信息公开前,买卖该证券"的行为。

根据当事人违法行为的事实、性质、情节与社会危害程度,依据《证券法》第二百零二条的规定,我会决定:对贾华章和刘荣处以35,000元罚款。

上述当事人应自收到本处罚决定书之日起15日内,将罚款汇交中国证券监督管理委员会(开户银行:中信银行总行营业部,账号:7111010189800000162,由该行直接上缴国库),并将注有当事人名称的付款凭证复印件送中国证券监督管理委员会稽查局备案。当事人如果对本处罚决定不服,可在收到本处罚决定书之日起60日内向中国证券监督管理委员会申请行政复议,也可在收到本处罚决定书之日起3个月内直接向有管辖权的人民法院提起行政诉讼。复议和诉讼期间,上述决定不停止执行。

## (三)2010年采取的市场禁入措施

## 关于对梁健、林熹、姚琳实施市场禁入的决定

([2010]1号)

当事人:梁健,男,2003年6月20日至2006年10月23日任丹东化学纤维股份有限公司(以下简称丹化股份)董事长、董事。

林熹,男,2003年7月26日至2005年11月16日任丹化股份副董事长、董事。

姚琳,男,2003年6月20至2005年11月16日任丹化股份董事。

依据2006年1月1日起实施的《中华人民共和国证券法》(以下简称《证券法》)的有关规定,我会对丹化股份涉嫌信息披露违法案进行了立案调查、审理,并依法向当事人告知了作出市场禁入决定的事实、理由、依据及当事人依法享有的权利。当事人未提出陈述、申辩意见,也未要求听证。本案现已调查、审理终结。

经查,丹化股份存在以下违法行为:

**一、未及时披露关联交易**

2003年至2006年期间,丹化股份向其关联方丹东化学纤维(集团)有限责任公司和厦门华纶纺织贸易有限公司支付大笔资金,共涉及金额150,954.33万元。上述资金划转均没有召开董事会和股东大会,也未及时披露。

二、年报存在虚假记载

（一）2003 年公司年报中披露银行存款余额为 364,676,159.87 元，其他货币资金为 193,151,344.09元，经调查核实，其中虚假的银行存款金额为 205,142,707.78 元，虚假的其他货币资金 100,000,002.40 元。

（二）2004 年公司年报中披露银行存款余额为 489,614,563.99 元，经调查核实，其中虚假的银行存款金额为479,261,514.52元。

上述事实，有相关的资金调拨单等企业财务凭证、财务账簿，银行转账和票据凭证、对账单等证据证明。

丹化股份未及时披露关联交易的行为违反了 1999 年 7 月 1 日起施行的《中华人民共和国证券法》（以下简称原《证券法》）第六十二条、《证券法》第六十七条的规定，构成了原《证券法》第一百七十七条、《证券法》第一百九十三条规定的行为；丹化股份年报中存在虚假记载的行为，违反了原《证券法》第五十九条、第六十一条的规定，构成了原《证券法》第一百七十七条规定的行为。

对于丹化股份未及时披露关联交易及年报存在虚假披露违法行为，梁健为直接负责的主管人员，林熹和姚琳是其他直接责任人员。

根据当事人违法行为的事实、性质、情节与社会危害程度，依据《证券市场禁入暂行规定》第四条、第五条的规定，我会决定：

一、认定梁健为市场禁入者，自我会宣布决定之日起，终身不得从事证券业务或不得担任上市公司董事、监事、高级管理人员；

二、认定林熹为市场禁入者，自我会宣布决定之日起，10 内年不得从事证券业务或不得担任上市公司董事、监事、高级管理人员；

三、认定姚琳为市场禁入者，自我会宣布决定之日起，5 年内不得从事证券业务或不得担任上市公司董事、监事、高级管理人员。

当事人如果对本决定不服，可在收到本决定书之日起60 日内向中国证券监督管理委员会申请行政复议，也可在收到本决定书之日起 3 个月内向有管辖权的人民法院提起行政诉讼。复议和诉讼期间，上述决定不停止执行。

# 关于对佘鑫麒实施市场禁入的决定

（〔2010〕2 号）

当事人：佘鑫麒，男，1970 年 10 月出生，时任四川圣达实业股份有限公司（以下简称四川圣达，股票代码 000835）董事、总经理。

依据《中华人民共和国证券法》（以下简称《证券法》）的有关规定，我会对佘鑫麒涉嫌内幕交易与短线交易行为进行了立案调查、审理，并依法向当事人告知了作出市场禁入的事实、理由、依据及当事人依法享有的权利。当事人未提出陈述、申辩理由，也未申请听证。本案现已调查、审理终结。

经查明，佘鑫麒内幕交易与短线交易违法行为的事实如下：

一、内幕信息的形成、传递与公开过程

（一）内幕信息一（四川圣达 2006 年年报信息）

根据有关涉案人员的询问笔录和书面说明，2007 年 1 月 8 日至 1 月 24 日，审计机构对四川圣达 2006 年度财务报表进行现场审计，2 月 3 日财务数据基本确定，随后汇总了报表项目数据，编制了审计报告初稿。2 月 8 日左右，审计人员与四川圣达董事长、财务总监就工作进展进行了沟通，并随后将审计报告初稿通过电子邮件方式发给四川圣达财务总监。鉴于与深圳证券交易所预约公告时间是 2 月 16 日，董事会必须在2月15日前审议年报。2月9日，四川圣达证券事务代表事先将召开董事会审议年报的事项,以电子邮件或者电话的方式通知了不在公司上班的董事,邮件内容包括2006年年度报告的初稿,并于当日以口头方式通知了佘鑫麒等在公司工作的董事,但没有直接向他们报送2006年年度报告的初稿。根据《四川圣达实业股份有限公司关于召开第五届董事会第八次会议的通知》,该次会议定于2007年2月15日召开,会议议题包括审议《2006年度董事会工作报告》、审议《2006年年度报告》正文及摘要、审议《2006年度利润分配预案》等,通知落款日期为2007年2月12日。

2007年2月15日,四川圣达董事会审议通过了2006年年度报告及利润分配预案,佘鑫麒与其他董事一起参加了会议。2007年2月16日,四川圣达公布《四川圣达实业股份有限公司第五届董事会第八次会议决议》称,公司于2007年2月15日召开董事会,审议通过《2006年年度报告》。《2006年年度报告》显示:公司主营业务收入344,637,372.79元,同比增长21.23%,净利润23,073,045.91元,同比增长32.62%。2月16日公告当日,"四川圣达"以10.88元开盘,盘中最高涨幅为10%;以10.89元收盘,涨幅为7.82%。四川圣达2006年年报公告内容与审计报告初稿在财务数据及其他方面没有大的差异。

(二)内幕信息二(四川圣达2007年中期业绩快报信息)

根据四川圣达《关于公司2007年中期业绩快报形成过程及有关情况的补充说明》,公司财务总监于2007年7月7日收集齐子公司相关报表,7月8日合并计算完相关指标后,发现中期指标较2007年一季度所作的中期预报会有较大差异,预期会出现较大增长,遂立即向董事长进行了汇报。经与深圳证券交易所及四川证监局沟通,四川圣达决定发布中期业绩快报公告。7月9日,四川圣达财务总监根据已收集的报表数据及相关指标计算结果对业绩快报进行编写,当日初稿完成后发给公司证券事务代表交董事长审阅。董事长审阅后,就业绩快报部分内容的表述方式进行了修改、调整,最终定稿。7月9日下午,四川圣达证券事务代表将最后一稿文件通过网络平台发往深圳证券交易所审核。

2007年7月10日,四川圣达公布2007年度中期业绩快报称,2007年上半年公司净利润41,471,900元,较去年同期增长1,682.28%。每股收益0.256元,较去年同期增长1,088.19%。公告当日,"四川圣达"以14.00元开盘,盘中最高涨幅为9.8%;以13.59元收盘,涨幅为2.95%。

**二、佘鑫麒的任职、履职与知悉内幕信息的情况**

四川圣达有关股东大会决议与董事会决议显示,佘鑫麒于2006年9月5日至2007年8月20日担任四川圣达总经理,2006年9月22日至2007年8月20日担任四川圣达董事。根据四川圣达《关于公司2007年中期业绩快报形成过程及有关情况的补充说明》,佘鑫麒在四川圣达任总经理期间均正常上班,未出现不在岗的情况。

根据《四川圣达实业股份有限公司章程》第一百三十六条规定,经理对董事会负责,主持公司的生产经营管理工作,并向董事会报告工作;第一百四十条规定,经理应制订经理工作细则,报董事会批准后实施。该章程于2006年12月实施。根据《四川圣达实业股份有限公司总经理工作细则》,总经理职权包括主持公司的生产经营管理工作,并向董事会报告工作;组织实施董事会决议,公司年度计划和投资方案;定期以书面形式向董事会和监事会报告工作;在董事会和监事会闭会期间,就公司生产经营和资金运作日常工作向董事长报告工作。该工作细则于2007年7月5日实施。根据四川圣达《公司内部财务管理制度》第4.5条的规定,财务总监在总经理的领导下具体组织公司经济核算和财务工作,直接对总经理负责。该《公司内部财务管理制度》于2006年12月10日实施。根据《四川圣达实业股份有限公司信息披露管理制度》的规定,经理班子应当及时以书面形式定期或不定期向董事会报告公司经营、对外投资、重大合同的签订、执行情况、资金运用情况和盈亏情况,总经理或指定负责的副总经理必须保证这些报告的真实、及时和完整;子公司总经理应当以书面形式定期或不定期向公司总经理报告子公司经营、管理、对外投资、重大合同的签订、执行情况、资金运用情况和盈亏情况，子公司总经理必须保证该报告的真实、及时和完整。该《信息披露管理制度》于2007年6月18日实施。

四川圣达的一名董事称，佘鑫麒是四川圣达公司总经理，对公司大致的经营情况和财务状况应该知道。四川圣达的一名高级管理人员称，佘鑫麒负责公司的销售、融资和结算工作，了解当时公司经营情况及行业的发展趋势。四川圣达的一名工作人员称，虽然没有直接向佘鑫麒报送2006年年度报告的初稿，但他作为公司总经理，来四川圣达之前又是四川圣达集团有限公司（四川圣达的控股股东）的财务总监，了解下面公司的经营情况和财务状况，因此不可能不知道四川圣达2006年经营状况；另外，在公司上班的董事想看什么资料都是可以看到的；一般在开董事会前，几个高管也会磋商一下。

四川圣达的一名独立董事称，四川圣达董事会每次开会的会议材料都会提前通过电子邮件送到其手中；关于召开2007年2月15日的董事会会议通知，肯定包含了2006年的年度报告和会议的各种议题。四川圣达的另一名独立董事称，召开董事会一般是由公司证券事务代表提前3到5天通过电子邮件将会议材料发到其邮箱，然后通过打电话和短信的方式提醒他查收，会议材料包括会议通知、会议议题内容，如果涉及审议年度报告，还会把年度报告发过来；2月15日董事会的会议通知包含了年报的审计初稿和其他的具体会议材料，不会出现董事提前收到的会议材料不一样的情况；2006年年度报告的审计初稿在资产负债表等重要项目上基本定格了，只是在具体的利润调整和具体利润分配上经过了董事们的讨论，在2月15日的董事会上对2006年年度报告未作修改。关于何时收到2007年2月15日董事会会议通知，该独立董事说已记不清楚，不过这种会议至少应该提前五天以上，否则董事们在时间和行程上不好安排；召开董事会一般是由公司证券事务代表以电子邮件的形式发会议通知，邮件中有时会包含会议议题及会议所需的材料。

根据佘鑫麒询问笔录，关于召开2007年2月15日董事会，佘鑫麒承认收到了通知，只是不确定收到通知的方式和是否收到了会议材料，但他知道此次会议主要讨论2006年年度报告和公司下一年发展战略的事情。关于四川圣达2006年的经营情况，佘鑫麒说从他管理负责的这部分来说，融资和结算运转都很好。

关于2007年中期业绩快报，四川圣达董事长称，2007年中期业绩快报没有通过董事们表决。四川圣达的一名高级管理人员称，佘鑫麒可能会了解公司财务部门正在准备2007年中期业绩快报的事情。四川圣达的一名工作人员称，佘鑫麒在四川圣达2007年中期业绩快报公告前应该知道公司2007年上半年业绩比一季度季报的预告要好很多。四川圣达的一名独立董事称，平时公司的经营层会在已有数据的基础上就公司经营情况进行交流，因此对公司2007年上半年的经营状况有所了解；在2007年2月15日董事会上，董事们对四川圣达2007年的经营状况都表示乐观。四川圣达的另一名独立董事称，2007年上半年公司的业绩非常好，钢材价格一直上涨，焦炭价格也上涨，当时其他董事对公司的业绩看法和他一致，对公司业绩大幅上涨并没有感到意外。四川圣达的一名董事称，公司董事会召开会议过程中，各董事对公司经营情况都有交流，能通过董事会详细了解公司经营情况。

根据佘鑫麒询问笔录，关于2007年上半年四川圣达的经营情况，佘鑫麒说当时煤炭价格和焦炭价格都在涨，钢材的价格也一直在涨，当时他觉得2007年下半年钢材价格可能会下调。他对四川圣达发布2007年中期业绩快报表示不知情。

### 三、涉案账户的开户、交易与资金存取情况

#### （一）账户开立与设置变更情况

开立在国泰君安证券成都北一环路营业部的资金账户20004348，户名为佘某，开立于2003年3月15日；下挂一个上海股东账户（账号为A140409782）和一个深圳股东账户（账号为73068869）。该账户开户手续由佘鑫麒办理，账户代理人为佘鑫麒，代理权限是买卖证券、现金存取等业务，无股票转托管情况。主要交易方式是网上交易，账户无销户情况，无融资、三方监管和委托理财等业务发生。经调查人员向佘某户籍所在地四川省彭山县江口派出所查询，佘某已于2000年左右去世。

根据证券营业部出具的《关于20004348余某账户的补充说明》,余鑫麒开立余某账户时自己设定了账户密码。根据证券营业部出具的《客户业务申请表》,2007年7月19日,余鑫麒取消了余某证券账户的代理人身份并重置了交易密码。余鑫麒称其只知道余某证券账户初始密码,办理完开立手续后将初始密码告诉给了余某的女婿。调查人员指出,重置交易密码需要知道原来的交易密码,余鑫麒表示他对此无法作出解释。

证券营业部出具的书面证明确认,涉案证券账户实际属于代理人也即余鑫麒所有,其依据是:代理人有本人和余某的身份证;有开户时的代理委托关系书;余鑫麒能提供余某账户的股东账户卡;余鑫麒熟知账户的资金和交易密码(开户时客户自己设定密码);根据历史资金存入单,有代理人余鑫麒签名及留存身份证号(余鑫麒存入资金);有正常银证转账关系,可以正常转账入余某银行账户。

关于余某账户的开户与实际所有人情况,余鑫麒先是说本人办理了余某账户的开户手续,当时是余某的女婿委托他开的户。调查人员根据余鑫麒提供的手机号码多次联系余某的女婿,均被告知该号码已停机。其后,余鑫麒又改口说,余某账户是赵某的,当时赵某给他提供了余某的身份证让他帮着开户。但是,赵某拒绝接受调查人员询问。调查人员要求余鑫麒与赵某联系请其配合调查,遭余鑫麒拒绝。

(二)交易情况

前述账户于2007年2月14日买入"四川圣达"67,800股,买入金额618,406.66元;2月16日全部卖出,卖出金额740,351.33元,实际获利121,944.67元。2007年7月9日买入"四川圣达"57,340股,买入金额741,225.41元;7月11日全部卖出,卖出金额761,236.54元,实际获利20,011.13元。

(三)资金存取情况

根据证券营业部提供的保证金存入单和余鑫麒的询问笔录,余鑫麒曾于2004年3月15日、2004年5月14日、2004年6月23日和2005年10月25日,以现金形式分别向余某证券账户存入保证金115,000元、100,000元、170,000元和150,000元。根据证券营业部出具的《银证转账协议》,余某账户于2006年6月20日开立了银证转账业务,相应建设银行账户账号为6227003813860001193,《银证转账协议》所附材料为余鑫麒身份证复印件、余某身份证复印件、建行账号卡复印件。余鑫麒承认其本人于2006年6月20日到证券营业部办理了余某账户的银证转账业务,并且知道余某账户银证转账相应银行账户的密码。

根据上述事实与证据,经审理,作出以下认定:

## 一、关于内幕信息的认定

本案中涉及两项信息:一个是四川圣达2006年年报信息;另一个是四川圣达2007年中期业绩快报信息。审理认为,年报、半年报、季报等定期报告信息以及这些定期报告正式发布前的业绩预告、业绩快报、业绩预告修正等反映上市公司阶段性经营成果的信息,是对上市公司某一期间内经营成果的汇总、确认、分析与说明,是上市公司信息披露体系中的核心内容,对有关证券的市场价格有重大影响,无疑具备内幕信息的"重要性"要素。这些信息在公开前,构成内幕信息。根据《证券法》第七十五条之规定,认定本案涉及的两项信息属于内幕信息。

## 二、关于余鑫麒知悉内幕信息的认定

本案中,余鑫麒不承认其知悉上述内幕信息。审理认为,综合分析、衡量以下事实与证据,根据《证券法》第七十四条之规定,认定余鑫麒属于《证券法》第二百零二条规定的"证券交易内幕信息的知情人":(1)案发时,余鑫麒任四川圣达的董事、总经理。(2)根据四川圣达的公司章程与内部管理规则,余鑫麒对董事会负责,主持公司的生产经营管理工作,并向董事会报告工作;组织实施董事会决议,公司年度计划和投资方案;定期以书面形式向董事会和监事会报告工作;在董事会和监事会闭会期间,就公司生产经营和资金运作日常工作向董事长报告工作;财务总监在总经理的领导下具体组织公司经济核算和财务工作,直接对总经理负责;经理班子应当及时以书面形式定期或不定期向董事会报告公司经营、对外投资、重大合同的签订、执行情况、资金运用情况和盈亏情况,总经理或指定负责的副总经理必须保证这些报告的真实、及时和完整;子公司总经理应当以书面形式定期或不定期向公司总经理报告子公司经营、管理、对外投资、重大合同的签订、执行情况、资金运用情况和盈亏情况。(3)佘鑫麒在四川圣达任总经理期间均正常上班,未出现不在岗的情况。(4)相关证人的询问笔录表明,佘鑫麒作为公司总经理,来四川圣达之前又是四川圣达集团有限公司的财务总监,结合佘鑫麒履职与参与公司日常事务的情况,他应当了解并掌握公司主要的经营情况与财务状况。(5)佘鑫麒在内幕信息敏感期买卖四川圣达股票的时点与相关内幕信息生成、传递与公开的时点高度吻合,买入与卖出的时机与股价走势高度一致。(6)调查人员未发现、佘鑫麒本人也未提出其不知悉内幕信息的可靠证据。

**三、关于佘鑫麒实施涉案交易行为的认定**

本案中,佘鑫麒未承认涉案账户的买卖行为由其本人实施。审理认为,综合考虑、衡量以下事实与证据,认定佘鑫麒实施了涉案交易的"买卖"行为:(1)涉案账户为佘鑫麒开立并实际控制;(2)涉案交易的资金由佘鑫麒存入;(3)涉案交易的时点与佘鑫麒知悉内幕信息的时点高度吻合;(4)调查人员未发现、佘鑫麒本人也拒绝提供涉案交易非其本人"买卖"行为的证据,而且佘鑫麒关于账户开立的解释前后不一,并拒绝协助调查部门搜集能够支持其解释的证据。

**四、关于佘鑫麒内幕交易行为的认定**

综合上述认定意见,审理认为,佘鑫麒的行为,构成了《证券法》第二百零二条规定的"证券交易内幕信息的知情人或者非法获取内幕信息的人,在涉及证券的发行、交易或者其他对证券的价格有重大影响的信息公开前,买卖该证券"的行为,因此,认定其内幕交易行为成立。

**五、关于佘鑫麒短线交易行为的认定**

本案中,佘鑫麒于2007年2月14日买入"四川圣达"67,800股,2月16日全部卖出,卖出金额740,351.33元;2007年7月9日买入"四川圣达"57,340股,7月11日全部卖出,卖出金额761,236.54元。审理认为,除上述内幕交易行为外,佘鑫麒短线买卖四川圣达股票,同时还构成了《证券法》第四十七条规定的上市公司董事、高级管理人员"将其持有的该公司股票在买入后六个月内卖出"的行为。

综合上述情况,审理认为,佘鑫麒身为上市公司董事、总经理,无视法律的多项禁止性规定,以隐蔽手段开立账户,在四川圣达披露2006年年报、2007年中期业绩快报的股价敏感时段内,两次从事内幕交易与短线交易,违法所得金额较大,且拒不配合我会的调查工作。依据《证券法》和《证券市场禁入规定》第三条、第五条的规定,我会决定:

认定佘鑫麒为市场禁入者,自我会宣布决定之日起,3年内不得从事任何证券业务或担任上市公司董事、监事、高级管理人员职务。

当事人如果对本决定不服,可在收到本决定书之日起60日内向中国证券监督管理委员会申请行政复议,也可在收到本决定书之日起3个月内直接向有管辖权的人民法院提起行政诉讼。复议和诉讼期间,上述决定不停止执行。

# 关于对陈健实施市场禁入的决定

(〔2010〕3号)

当事人:陈健,男,1962年11月出生,时任成都聚友网络股份有限公司(以下简称聚友网络)董事长。

依据1999年7月1日施行的《中华人民共

和国证券法》(以下简称原《证券法》)的有关规定,我会对聚友网络违反证券法律法规行为进行了立案调查、审理,依法向当事人告知了作出市场禁入的事实、理由、依据及当事人依法享有的权利,并应当事人的要求举行了听证会,听取了当事人的陈述和申辩意见。本案现已调查、审理终结。

经查,聚友网络存在如下违法行为:

**一、虚假披露视讯业务收入**

聚友网络2001年至2004年虚构酒店视讯业务现金收入共计62,675,010.41元,2004年以虚挂应收账款的方式虚构视讯业务收入15,645,924.55元,即2001年至2004年聚友网络虚构酒店视讯业务收入共计78,320,934.96元,其中2001年6,148,677.34元,2002年23,853,569.73元,2003年21,483,987.27元,2004年26,834,700.62元。虚构酒店视讯业务现金收入具体情况如下:

1. 海南金海岸罗顿大酒店。聚友网络2001年以现金方式收款68,400.00元;2002年以现金方式收款271,350.00元;2003年以现金方式收款243,000.00元;2004年以现金方式收款147,000.00元。

2. 海南金银岛大酒店。聚友网络2003年以现金方式收款182,862.90元;2004年以现金方式收款129,000.00元。

3. 海口宝华海景大酒店。聚友网络2001年以现金方式收款61,200.00元;2002年以现金方式收款247,500.00元;2003年以现金方式收款225,000.00元;2004年以现金方式收款129,000.00元。

4. 海口泰华酒店。聚友网络2001年以现金方式收款57,357.00元;2002年以现金方式收款237,600.00元;2003年以现金方式收款81,459.00元;2004年以现金方式收款129,000.00元。

5. 黄金海景大酒店。聚友网络2004年以现金方式收款46,000.00元。

6. 深圳凯利宾馆。聚友网络2001年以现金方式收款76,450.00元;2002年以现金方式收款287,100.00元;2003年以现金方式收款288,000.00元;2004年以现金方式收款129,000.00元。

7. 深圳金碧酒店。聚友网络2001年以现金方式收款68,400.00元;2002年以现金方式收款277,200.00元;2003年以现金方式收款315,000.00元;2004年以现金方式收款137,000.00元。

8. 深圳新都酒店。聚友网络2001年以现金方式收款74,340.00元;2002年以现金方式收款277,200.00元;2003年以现金方式收款288,000.00元;2004年以现金方式收款128,000.00元。

9. 深圳格兰云天大酒店。聚友网络2001年以现金方式收款66,010.00元;2002年以现金方式收款306,900.00元;2003年以现金方式收款261,000.00元;2004年以现金方式收款129,000.00元。

10. 深圳南方联合大酒店。聚友网络2004年以现金方式收款129,000.00元。

11. 深圳京鹏宾馆。聚友网络2001年以现金方式收款53,100.00元;2002年以现金方式收款287,100.00元;2003年以现金方式收款261,000.00元;2004年以现金方式收款137,000.00元。

12. 深圳凯利莱酒店。聚友网络2001年以现金方式收款61,200.00元;2002年以现金方式收款277,200.00元;2003年以现金方式收款288,000.00元;2004年以现金方式收款137,000.00元。

13. 深圳三九旅游酒店。聚友网络2001年以现金方式收款65,100.00元;2002年以现金方式收款274,128.00元;2003年以现金方式收款229,500.00元;2004年以现金方式收款117,000.00元。

14. 深圳东湖宾馆。聚友网络2001年以现金方式收款41,400.00元;2002年以现金方式收款287,010.00元;2003年以现金方式收款261,000.00元;2004年以现金方式收款128,000.00元。

15. 深圳兴华宾馆。聚友网络2001年以现金方式收款60,300.00元;2002年以现金方式收款287,100.00元;2003年以现金方式收款306,000.00元;2004年以现金方式收款129,000.00元。

16. 深圳粤海酒店。聚友网络2001年以现金方式收款71,600.00元;2002年以现金方式收款277,350.00元;2003年以现金方式收款229,500.00元;2004年以现金方式收款116,000.00元。

17. 深圳迪富宾馆。聚友网络2001年以现金方式收款61,380.00元;2002年以现金方式收款316,800.00元;2003年以现金方式收款279,000.00元;2004年以现金方式收款137,000.00元。

18. 珠海国际会议中心大酒店。聚友网络2004年以现金方式收款111,000.00元。

19. 东莞银城酒店。聚友网络2003年以现金方式收款189,000.00元。

20. 广信江湾新城大酒店。聚友网络2001年以现金方式收款54,000.00元;2002年以现金方式收款229,700.00元;2003年以现金方式收款189,000.00元。

21. 广州景星酒店。聚友网络2001年以现金方式收款51,300.00元;2002年以现金方式收款217,800.00元;2003年以现金方式收款108,000.00元。

22. 广州市广州宾馆。聚友网络2001年以现金方式收款53,100.00元;2002年以现金方式收款39,600.00元。

23. 珠海粤海酒店。聚友网络2001年以现金方式收款49,710.00元;2002年以现金方式收款257,400.00元;2003年以现金方式收款261,000.00元;2004年以现金方式收款109,000.00元。

24. 江门银晶酒店。聚友网络2001年以现金方式收款63,000.00元;2002年以现金方式收款257,400.00元;2003年以现金方式收款210,587.00元;2004年以现金方式收款98,964.00元。

25. 广州市番禺中国旅行社。聚友网络2001年以现金方式收款29,700.00元;2002年以现金方式收款217,800.00元;2003年以现金方式收款216,000.00元。

26. 广州华夏大酒店。聚友网络2001年以现金方式收款51,750.00元;2002年以现金方式收款19,800.00元。

27. 广州大厦。聚友网络2001年以现金方式收款58,500.00元;2002年以现金方式收款247,500.00元;2003年以现金方式收款216,000.00元。

28. 广州远洋宾馆。聚友网络2001年以现金方式收款51,300.00元;2002年以现金方式收款237,600.00元;2003年以现金方式收款189,000.00元。

29. 广州湖天宾馆。聚友网络2001年以现金方式收款56,700.00元;2002年以现金方式收款24,032.00元。

30. 东莞新都会酒店。聚友网络2001年以现金方式收款61,200.00元;2002年以现金方式收款237,600.00元;2003年以现金方式收款216,000.00元。

31. 成都京川宾馆。聚友网络2003年以现金方式收款88,013.30元;2004年以现金方式收款285,760.50元。

32. 四川省蜀运实业投资有限公司。聚友网络2001年以现金方式收款31,783.99元;2002年以现金方式收款284,885.60元;2003年以现金方式收款109,989.70元。

33. 都江堰灵岩山庄。聚友网络2001年以现金方式收款25,555.70元;2002年以现金方式收款295,437.35元;2003年以现金方式收款44,480.40元。

34. 绿洲大酒店。聚友网络2004年以现金方式收款245,134.00元。

35. 成都市罗曼大酒店。聚友网络2004年以现金方式收款50,488.00元。

36. 四川蜀都大厦有限责任公司。聚友网络2001年以现金方式收款52,141.95元;2002年以现金方式收款264,121.80元;2003年以现金方式收款234,361.70元;2004年以现金方式收款274,237.80元。

37. 成都天友国际酒店。聚友网络2001年以现金方式收款20,364.99元;2002年以现金方式收款240,753.90元;2003年以现金方式收款232,593.70元;2004年以现金方式收款244,300.00元。

38. 绵阳绵州酒店。聚友网络2001年以现金方式收款46,710.21元。

39. 绵阳王子大酒店。聚友网络2001年以现金方式收款43,781.56元。

40. 成都西藏饭店。聚友网络2001年以现金方式收款85,900.76元;2002年以现金方式收款197,130.00元;2003年以现金方式收款241,982.90元;2004年以现金方式收款

265,262.00元。

41. 都江堰金叶宾馆。聚友网络2001年以现金方式收款48,098.98元;2002年以现金方式收款282,188.65元;2003年以现金方式收款259,367.50元;2004年以现金方式收款288,822.00元。

42. 成都九龙宾馆。聚友网络2001年以现金方式收款51,269.28元;2002年以现金方式收款273,654.00元;2003年以现金方式收款195,504.20元;2004年以现金方式收款274,502.30元。

43. 成都加州花园酒店。聚友网络2001年以现金方式收款57,664.77元;2002年以现金方式收款248,608.00元;2003年以现金方式收款234,321.80元;2004年以现金方式收款265,754.50元。

44. 新疆科信有限责任公司。聚友网络2002年以现金方式收款143,720.90元;2003年以现金方式收款86,164.90元。

45. 乌鲁木齐大陆桥酒店。聚友网络2003年以现金方式收款95,101.20元。

46. 乌鲁木齐独山子大酒店。聚友网络2001年以现金方式收款25,581.62元;2002年以现金方式收款288,659.50元;2003年以现金方式收款92,212.90元。

47. 新疆翼龙大酒店。聚友网络2001年以现金方式收款67,222.38元;2002年以现金方式收款263,678.40元;2003年以现金方式收款85,921.30元。

48. 重庆和平大酒店有限公司。聚友网络2001年以现金方式收款20,281.12元。

49. 重庆重百大酒店。聚友网络2001年以现金方式收款25,822.54元;2002年以现金方式收款265,504.80元;2003年以现金方式收款261,136.60元;2004年以现金方式收款306,769.00元。

50. 重庆雾都宾馆。聚友网络2001年以现金方式收款88,562.65元;2002年以现金方式收款266,814.20元;2003年以现金方式收款107,627.70元。

51. 重庆饭店。聚友网络2001年以现金方式收款70,695.18元;2002年以现金方式收款291,079.50元;2003年以现金方式收款287,073.20元;2004年以现金方式收款312,396.00元。

52. 昆明佳华广场酒店。聚友网络2001年以现金方式收款24,558.90元。

53. 云南国际商务酒店。聚友网络2001年以现金方式收款24,073.50元;2002年以现金方式收款301,722.60元;2003年以现金方式收款253,322.10元;2004年以现金方式收款314,511.00元。

54. 昆明金龙饭店。聚友网络2001年以现金方式收款21,545.31元。

55. 云南红河宾馆。聚友网络2001年以现金方式收款17,414.22元。

56. 昆明翠湖宾馆。聚友网络2001年以现金方式收款47,656.54元;2002年以现金方式收款280,490.60元;2003年以现金方式收款293,980.00元;2004年以现金方式收款278,820.00元。

57. 福建晋江南苑酒店。聚友网络2001年以现金方式收款25,388.04元;2002年以现金方式收款121,049.23元;2003年以现金方式收款117,028.83元;2004年以现金方式收款65,677.29元。

58. 厦门闽南大酒店。聚友网络2001年以现金方式收款35,531.51元;2002年以现金方式收款159,989.02元;2003年以现金方式收款154,674.21元;2004年以现金方式收款86,804.24元。

59. 厦门航空金雁酒店。聚友网络2004年以现金方式收款30,744.68元。

60. 广西南宁邕江宾馆。聚友网络2001年以现金方式收款78,965.50元;2002年以现金方式收款257,568.00元;2003年以现金方式收款232,646.00元;2004年以现金方式收款100,764.00元。

61. 南宁明园饭店。聚友网络2001年以现金方式收款20,526.00元;2002年以现金方式收款168,166.00元;2003年以现金方式收款198,142.00元;2004年以现金方式收款107,762.00元。

62. 南宁明园新都酒店。聚友网络2001年以现金方式收款7,667.00元;2002年以现金方式收款182,527.00元;2003年以现金方式收款206,470.00元;2004年以现金方式收款95,777.00元。

63. 南宁银河大酒店。聚友网络 2001 年以现金方式收款 66,943.20 元；2002 年以现金方式收款 209,287.00 元；2003 年以现金方式收款 212,142.00 元；2004 年以现金方式收款 99,348.00元。

64. 桂林伏波山大酒店。聚友网络 2001 年以现金方式收款 78,433.60 元；2002 年以现金方式收款 179,957.00 元；2003 年以现金方式收款 216,745.00 元；2004 年以现金方式收款 71,675.00 元。

65. 柳州天龙大酒店。聚友网络 2001 年以现金方式收款 71,381.00 元；2002 年以现金方式收款 169,166.00 元；2003 年以现金方式收款 214,198.00 元；2004 年以现金方式收款 103,883.00 元。

66. 柳州泽丰大酒店。聚友网络 2001 年以现金方式收款 63,577.30 元；2002 年以现金方式收款 172,012.00 元；2003 年以现金方式收款 208,027.00 元；2004 年以现金方式收款 106,412.00 元。

67. 柳州华锡大厦物业管理公司。聚友网络 2004 年以现金方式收款 20,324.00 元。

68. 玉林国脉宾馆。聚友网络 2003 年以现金方式收款 84,983.00 元；2004 年以现金方式收款 104,024.00 元。

69. 广西玉林振林宾馆。聚友网络 2003 年以现金方式收款 33,618.00 元；2004 年以现金方式收款 103,975.00 元。

70. 广西南宁翔云大酒店。聚友网络 2002 年以现金方式收款 161,005.00 元；2003 年以现金方式收款 205,651.00 元；2004 年以现金方式收款 103,180.00 元。

71. 广西南宁饭店。聚友网络 2002 年以现金方式收款 50,875.00 元；2003 年以现金方式收款 219,204.00 元；2004 年以现金方式收款 95,814.00 元。

72. 广西沃顿国际大酒店。聚友网络 2001 年以现金方式收款 79,397.07 元；2002 年以现金方式收款 220,961.00 元；2003 年以现金方式收款 210,948.00 元；2004 年以现金方式收款 91,860.00 元。

73. 大连国际博览中心。聚友网络 2001 年以现金方式收款 33,595.89 元；2002 年以现金方式收款 146,502.00 元；2003 年以现金方式收款 162,135.00 元；2004 年以现金方式收款 47,956.50 元。

74. 大连渤海明珠酒店。聚友网络 2001 年以现金方式收款 48,534.40 元；2002 年以现金方式收款 178,595.46 元；2003 年以现金方式收款 161,058.00 元；2004 年以现金方式收款 46,712.60 元。

75. 大连日月潭大酒店。聚友网络 2001 年以现金方式收款 64,857.36 元；2002 年以现金方式收款 195,731.58 元；2003 年以现金方式收款 172,007.10 元；2004 年以现金方式收款 44,944.20 元。

76. 东方大厦有限公司。聚友网络 2001 年以现金方式收款 30,839.52 元；2002 年以现金方式收款 147,512.81 元；2003 年以现金方式收款 161,181.00 元；2004 年以现金方式收款 49,510.80 元。

77. 大连丰源酒店。聚友网络 2001 年以现金方式收款 21,821.82 元；2002 年以现金方式收款 106,144.74 元；2003 年以现金方式收款 144,713.70 元；2004 年以现金方式收款 54,977.40元。

78. 大连香洲大饭店。聚友网络 2002 年以现金方式收款 37,013.40 元；2003 年以现金方式收款 179,666.10 元；2004 年以现金方式收款 56,607.30 元。

79. 大连银帆宾馆。聚友网络 2001 年以现金方式收款 85,582.38 元；2002 年以现金方式收款 165,037.75 元；2003 年以现金方式收款 164,934.90 元；2004 年以现金方式收款 49,024.80元。

80. 长春华侨饭店。聚友网络 2001 年以现金方式收款 48,914.21 元；2002 年以现金方式收款 172,407.90 元；2003 年以现金方式收款 160,362.90 元；2004 年以现金方式收款 51,939.00元。

81. 延边白山大厦实业有限公司。聚友网络 2001 年以现金方式收款107,331.86元；2002 年以现金方式收款 238,682.97 元；2003 年以现金方式收款 186,517.20 元；2004 年以现金方式收款 48,151.80 元。

82. 延边民航翔宇大酒店。聚友网络 2003 年以现金方式收款 51,857.10 元；2004 年以现金方式收款 37,253.70 元。

83. 延边大宇饭店。聚友网络2002年以现金方式收款183,958.28元。

84. 吉林夏威夷大酒店。聚友网络2001年以现金方式收款10,219.09元。

85. 河北国际大厦酒店。聚友网络2001年以现金方式收款27,580.00元;2002年以现金方式收款157,270.70元;2003年以现金方式收款173,328.20元;2004年以现金方式收款54,856.80元。

86. 河北宾馆。聚友网络2001年以现金方式收款27,200.00元;2002年以现金方式收款163,874.33元;2003年以现金方式收款176,581.20元;2004年以现金方式收款57,803.60元。

87. 衡水阳光大酒店。聚友网络2003年以现金方式收款46,470.60元。

88. 河北中京集团股份有限公司。聚友网络2001年以现金方式收款17,600.00元;2002年以现金方式收款170,816.20元;2003年以现金方式收款156,414.60元。

89. 石家庄国宾大酒店。聚友网络2001年以现金方式收款47,560.00元;2002年以现金方式收款159,049.52元;2003年以现金方式收款171,432.30元;2004年以现金方式收款56,615.40元。

90. 河北白楼宾馆。聚友网络2001年以现金方式收款28,860.00元;2002年以现金方式收款195,173.36元;2003年以现金方式收款170,773.20元;2004年以现金方式收款44,717.40元。

91. 山西大酒店。2002年以现金方式收款187,908.29元;2003年以现金方式收款185,978.10元;2004年以现金方式收款37,238.40元。

92. 太原三晋国际饭店。聚友网络2002年以现金方式收款183,319.17元;2003年以现金方式收款183,859.00元;2004年以现金方式收款37,343.76元。

93. 北京新世纪饭店。聚友网络2001年以现金方式收款123,109.10元;2002年以现金方式收款373,334.44元;2003年以现金方式收款210,357.56元;2004年以现金方式收款45,384.30元。

94. 北京台湾饭店。聚友网络2001年以现金方式收款177,134.99元;2002年以现金方式收款20,352.00元;2003年以现金方式收款109,483.20元;2004年以现金方式收款69,215.40元。

95. 北京世纪金源大饭店。聚友网络2003年以现金方式收款244,629.50元;2004年以现金方式收款106,286.40元。

96. 北京越秀大饭店。聚友网络2001年以现金方式收款122,369.68元;2002年以现金方式收款419,781.66元;2003年以现金方式收款219,084.30元;2004年以现金方式收款68,122.80元。

97. 赛特饭店。聚友网络2001年以现金方式收款249,113.99元;2002年以现金方式收款539,210.03元;2003年以现金方式收款225,246.60元;2004年以现金方式收款84,160.80元。

98. 北京德宝饭店。聚友网络2002年以现金方式收款27,792.00元;2003年以现金方式收款227,345.40元;2004年以现金方式收款69,953.40元。

99. 江西饭店。聚友网络2001年以现金方式收款63,373.94元;2002年以现金方式收款208,539.30元;2003以现金方式收款173,589.30元。

100. 湖北安华大厦有限公司。聚友网络2003年以现金方式收款59,356.80元;2004年以现金方式收款97,584.80元。

101. 武汉国际会议中心有限公司。聚友网络2001年以现金方式收款77,105.76元;2002年以现金方式收款224,091.80元;2003年以现金方式收款229,187.36元;2004年以现金方式收款87,329.00元。

102. 襄樊铁路大酒店。聚友网络2001年以现金方式收款80,823.35元;2002年以现金方式收款206,588.10元;2003年以现金方式收款179,906.40元;2004年以现金方式收款99,414.40元。

103. 宜昌桃花岭饭店。聚友网络2004年以现金方式收款91,066.00元。

104. 黄石金花酒店。聚友网络2001年以现金方式收款59,006.55元;2002年以现金方式收款260,340.02元;2003年以现金方式收款232,262.24元;2004年以现金方式收款

79,358.24元。

105. 武汉帅府饭店。聚友网络2001年以现金方式收款67,026.76元;2002年以现金方式收款249,547.60元;2003年以现金方式收款182,827.62元;2004年以现金方式收款88,789.00元。

106. 湖北泰华大厦宾馆。聚友网络2001年以现金方式收款63,870.00元;2002年以现金方式收款189,538.20元;2003年以现金方式收款94,824.40元;2004年以现金方式收款90,157.00元。

107. 湖北饭店。聚友网络2001年以现金方式收款27,370.20元;2002年以现金方式收款197,885.10元。

108. 广州军区中南花园招待所。聚友网络2001年以现金方式收款50,536.20元;2002年以现金方式收款180,577.70元。

109. 湖南金德酒店。聚友网络2001年以现金方式收款24,017.00元;2002年以现金方式收款167,948.10元;2003年以现金方式收款227,126.70元;2004年以现金方式收款94,228.80元。

110. 株洲金龙大酒店。聚友网络2001年以现金方式收款36,318.00元;2002年以现金方式收款154,589.74元;2003年以现金方式收款100,435.50元;2004年以现金方式收款96,218.00元。

111. 通程国际大酒店。聚友网络2002年以现金方式收款36,248.00元。

112. 湖南芙蓉华天大酒店。聚友网络2001年以现金方式收款21,020.80元;2002年以现金方式收款175,503.10元;2003年以现金方式收款40,404.60元。

113. 河南长城饭店。聚友网络2001年以现金方式收款54,806.46元;2002年以现金方式收款244,028.50元;2003年以现金方式收款222,397.65元;2004年以现金方式收款105,652.20元。

114. 河南豫财宾馆。聚友网络2001年以现金方式收款79,727.05元;2002年以现金方式收款233,455.40元;2003年以现金方式收款219,830.75元;2004年以现金方式收款94,218.60元。

115. 河南龙源大酒店。聚友网络2001年以现金方式收款61,934.00元;2002年以现金方式收款227,930.70元;2003年以现金方式收款203,180.19元;2004年以现金方式收款101,186.00元。

116. 郑州铁路金阳光大酒店。聚友网络2001年以现金方式收款55,333.59元;2002年以现金方式收款253,353.20元;2003年以现金方式收款241,680.60元;2004年以现金方式收款21,119.40元。

117. 常州和平假日大饭店。聚友网络2004年以现金方式收款9,375.40元。

118. 吴江宾馆。聚友网络2001年以现金方式收款45,449.10元;2002年以现金方式收款147,839.80元;2003年以现金方式收款119,818.70元;2004年以现金方式收款56,007.10元。

119. 江苏省会议中心。聚友网络2001年以现金方式收款86,804.20元;2002年以现金方式收款325,491.60元;2003年以现金方式收款266,777.30元;2004年以现金方式收款42,324.20元。

120. 苏州苏苑酒店。聚友网络2001年以现金方式收款46,215.20元;2002年以现金方式收款154,872.00元;2003年以现金方式收款106,919.00元;2004年以现金方式收款51,299.20元。

121. 无锡黄金海岸大酒店。聚友网络2001年以现金方式收款47,145.00元;2002年以现金方式收款154,208.40元;2003年以现金方式收款111,357.96元;2004年以现金方式收款52,286.40元。

122. 无锡物产大酒店。聚友网络2001年以现金方式收款51,310.70元;2002年以现金方式收款175,321.20元;2003年以现金方式收款157,895.30元;2004年以现金方式收款70,777.10元。

123. 无锡锦江大酒店。聚友网络2001年以现金方式收款70,414.90元;2002年以现金方式收款231,413.40元;2003年以现金方式收款163,181.20元;2004年以现金方式收款80,508.80元。

124. 宜兴大酒店。聚友网络2001年以现金方式收款10,917.90元;2002年以现金方式收款135,871.20元;2003年以现金方式收款

137,506.10 元;2004 年以现金方式收款 52,438.40元。

125. 宜兴市华亭国际酒店。聚友网络 2003 年以现金方式收款 12,358.70 元;2004 年以现金方式收款 30,710.30 元。

126. 苏州南林饭店。聚友网络 2001 年以现金方式收款 53,925.10 元;2002 年以现金方式收款 198,152.40 元;2003 年以现金方式收款 186,946.70 元;2004 年以现金方式收款 77,136.24元。

127. 苏州新城花园酒店。聚友网络 2001 年以现金方式收款 38,090.60 元;2002 年以现金方式收款 157,572.20 元;2003 年以现金方式收款 130,466.80 元;2004 年以现金方式收款 58,730.80元。

128. 苏州胥城大厦。聚友网络 2001 年以现金方式收款 52,481.60 元;2002 年以现金方式收款 214,598.10 元;2003 年以现金方式收款 170,727.80 元;2004 年以现金方式收款 83,143.40元。

129. 苏州饭店。聚友网络 2001 年以现金方式收款 70,203.50 元;2002 年以现金方式收款 235,638.90 元;2003 年以现金方式收款 198,391.70 元;2004 年以现金方式收款 51,623.00元。

130. 南京白鹭宾馆。聚友网络 2001 年以现金方式收款 59,055.00 元;2002 年以现金方式收款 202,749.30 元;2003 年以现金方式收款 136,518.80 元;2004 年以现金方式收款 70,830.20元。

131. 南京新纪元大酒店。聚友网络 2001 年以现金方式收款 40,830.40 元;2002 年以现金方式收款 134,118.80 元;2003 年以现金方式收款 112,878.00 元;2004 年以现金方式收款 52,355.30 元。

132. 江苏万源酒店。聚友网络 2003 年以现金方式收款 14,350.20 元;2004 年以现金方式收款 42,035.30 元。

133. 镇江大酒店。聚友网络 2002 年以现金方式收款 69,170.40 元;2003 年以现金方式收款 98,510.70 元;2004 年以现金方式收款 33,420.60 元。

134. 江苏山水大酒店。聚友网络 2001 年以现金方式收款 66,066.40 元;2002 年以现金方式收款 202,288.50 元;2003 年以现金方式收款 166,775.40 元;2004 年以现金方式收款 65,607.60元。

135. 江苏天京大酒店。聚友网络 2001 年以现金方式收款 38,472.65 元;2002 年以现金方式收款 115,792.90 元;2003 年以现金方式收款 96,230.50 元;2004 年以现金方式收款 43,883.00元。

136. 溧阳天目湖华天度假村。聚友网络 2001 年以现金方式收款 36,268.20 元;2002 年以现金方式收款 107,094.40 元;2003 年以现金方式收款 104,279.50 元;2004 年以现金方式收款 43,776.80 元。

137. 无锡湖滨饭店。聚友网络 2001 年以现金方式收款 69,434.50 元;2002 年以现金方式收款 129,422.70 元;2003 年以现金方式收款 174,098.40 元;2004 年以现金方式收款 67,522.00元。

138. 济南玉泉森信大酒店。聚友网络 2001 年以现金方式收款 64,228.26 元;2002 年以现金方式收款 232,714.80 元;2003 年以现金方式收款 238,925.88 元;2004 年以现金方式收款 112,905.00 元。

139. 山东贵友大酒店。聚友网络 2003 年以现金方式收款 33,253.74 元;2004 年以现金方式收款 33,813.00 元。

140. 青岛黄海饭店。聚友网络 2001 年以现金方式收款 34,772.60 元;2002 年以现金方式收款 107,614.20 元;2004 年以现金方式收款 82,467.00 元。

141. 青岛海天大酒店。聚友网络 2001 年以现金方式收款 33,041.88 元;2002 年以现金方式收款 174,297.03 元;2003 年以现金方式收款 209,838.80 元;2004 年以现金方式收款 40,217.40元。

142. 青岛海情大酒店。聚友网络 2001 年以现金方式收款 39,127.07 元;2002 年以现金方式收款 177,838.55 元;2003 年以现金方式收款 205,093.26 元;2004 年以现金方式收款 105,577.20 元。

143. 青岛快通大酒店。聚友网络 2004 年以现金方式收款 60,240.60 元。

144. 山东丽天大酒店。聚友网络 2004 年以现金方式收款 97,822.80 元。

145. 山东润华世纪酒店。聚友网络 2001 年以现金方式收款 73,725.43 元;2002 年以现金方式收款 225,790.50 元;2003 年以现金方式收款 158,097.60 元;2004 年以现金方式收款 55,508.40 元。

146. 青岛东晖育乐有限公司。聚友网络 2001 年以现金方式收款 40,093.12 元;2002 年以现金方式收款 184,348.44 元;2003 年以现金方式收款 208,083.42 元;2004 年以现金方式收款 63,883.80 元。

147. 青岛麒麟皇冠大酒店。聚友网络 2001 年以现金方式收款 7,986.00 元;2002 年以现金方式收款 182,420.30 元;2003 年以现金方式收款 186,839.10 元;2004 年以现金方式收款 87,701.12 元。

148. 山东银座泉城大酒店。聚友网络 2001 年以现金方式收款 63,464.47 元;2002 年以现金方式收款 226,401.40 元;2003 年以现金方式收款 171,683.10 元;2004 年以现金方式收款 66,704.58 元。

149. 济南天龙大酒店。聚友网络 2001 年以现金方式收款 79,026.70 元;2002 年以现金方式收款 209,110.70 元;2003 年以现金方式收款 149,478.30 元;2004 年以现金方式收款 3,211.74元。

150. 济南舜耕山庄。聚友网络 2001 年以现金方式收款 51,479.39 元;2002 年以现金方式收款 2,943.00 元。

151. 青岛汇泉王朝大饭店。聚友网络 2001 年以现金方式收款 33,238.81 元;2002 年以现金方式收款 148,419.87 元;2004 年以现金方式收款 104,140.80 元。

对上述行为,陈健是直接负责的主管人员。

## 二、未按规定披露关联方债权债务往来

2002 年 6 月至 2004 年 6 月期间,聚友网络控股子公司上海聚友宽频网络投资有限公司(以下简称上海宽频)向银行借款 12 笔共计 24,000 万元,期间陆续归还借款 9,700 万元。具体如下:

上海宽频 2002 年 9 月 29 日向交通银行上海长宁支行借款 2,500 万;2002 年 12 月 27 日向交通银行上海长宁支行借款2,500万。

上海宽频 2002 年 6 月 10 日向工商银行上海闸北支行借款 2 笔,金额均为1,500 万元;2003 年 1 月 21 日向工商银行上海闸北支行借款 2 笔,金额均为 1,000 万元。

上海宽频 2003 年 1 月 20 日向农业银行上海浦东分行借款 2,000 万元;2004 年 3 月 29 日向农业银行上海浦东分行借款 2,000 万元。

上海宽频 2003 年 8 月 28 日向广东发展银行上海分行借款 3,000 万元;2004 年 8 月 27 日,上海宽频向广东发展银行上海分行对上述 3,000 万元贷款进行展期。

上海宽频 2002 年 5 月 31 日向招商银行上海分行中山支行借款 3,000 万元;上海宽频 2002 年 12 月 31 日向民生银行上海分行五角场支行借款 2,000 万元;上海宽频 2003 年 5 月 30 日向深圳发展银行上海分行闵行支行借款 2,000万元。

上海宽频对上述银行借款的取得及资金使用情况未纳入正常账务核算,而是设置了账套名为“银行”的账外账对其进行记录。

上海宽频“银行”账套中的“其他应收款”明细账证实,2002 年 1 月 1 日至 2003 年 12 月 31 日,上海宽频付给上海宽频付给聚友网络控股股东聚友集团有限公司(以下简称聚友集团)60 笔款项共计37,932.24万元,收到聚友集团 21 笔款项共计 23,440.22 万元,截至 2003 年 12 月 31 日,对聚友集团的其他应收款余额为 15,579.74 万元。2004 年 1 月 1 日至 2004 年 6 月 30 日,上海宽频付给聚友集团 12 笔款项共计 4,224.19 万元,收到聚友集团划来款项 10 笔共计 6,796.20 万元,截至 2004 年 6 月 30 日,对聚友集团的其他应收款余额为13,007.72 万元。

上海宽频账外贷款及对聚友集团债权情况,聚友网络未按规定及时予以披露。

对上述行为,陈健是直接负责的主管人员。

## 三、未按规定披露对外担保

2004 年 1 月,聚友网络为上海宽频提供贷款担保 1 笔,金额为 2,500 万元,陈健在担保合同上签字。该笔贷款到期后展期至 2005 年 1 月 10 日。聚友网络未及时披露该担保。

2004 年 4 月,聚友网络为聚友传媒投资有限责任公司提供贷款担保 1 笔,金额 5,000 万元。聚友网络未在相关定期报告中披露该担

保。

2004年4月,聚友网络为成都倍特发展集团股份有限公司提供贷款最高额担保1笔,金额为2,000万元。聚友网络未及时披露该担保。

2004年5月,聚友网络为成都倍特发展集团股份有限公司提供贷款担保1笔,金额为1,000万元,陈健在担保合同上签字。2005年5月,该笔担保展期至2006年3月。聚友网络未及时披露该担保。

2004年7月,聚友网络为深圳聚友制罐有限公司提供最高额担保1笔,金额为6,000万元,陈健在担保合同上签字。该笔担保合同项下实际发生贷款5,000万元。

2004年8月,聚友网络为上海宽频贷款展期提供担保1笔,金额为3,000万元。聚友网络未及时披露该担保。

2004年9月,聚友网络为深圳聚友制罐有限公司提供贷款担保1笔,金额为3,000万元,陈健在保证合同上签字。聚友网络未及时披露该担保。

2004年8月,聚友网络为上海宽频贷款展期提供担保1笔,金额为1,000万元;2004年10月,聚友网络为该笔贷款再次展期继续提供担保,担保金额为940万元,陈健在保证合同上签字。聚友网络未及时披露该担保。

2004年12月,聚友网络为深圳市东煜鞋业有限公司提供贷款担保1笔,金额为4,000万元,陈健在保证合同上签字。聚友网络未及时披露该担保。

2004年12月,聚友网络为深圳市聚友视讯网络有限公司提供贷款担保1笔,金额为6,200万元,陈健在保证合同上签字。聚友网络未及时披露该担保。

2005年3月,聚友网络为深圳市聚友网络投资有限公司提供贷款担保1笔,金额为15,000万元,陈健在保证合同上签字。聚友网络未及时披露该担保。

2005年5月,聚友网络为成都聚友网络发展有限公司提供贷款担保1笔,金额为3,800万元,陈健在保证合同上签字。聚友网络未及时披露该担保。

2005年6月,聚友网络为聚友传媒投资有限责任公司提供贷款担保1笔,金额4,976万元。聚友网络未及时披露该担保。

2004年9月20日,聚友网络控股子公司上海宽频为上海铁通电信有限公司借款展期提供担保1笔,金额7,000万元。聚友网络未及时披露该担保。

对上述未按规定披露对外担保的行为,陈健是直接负责的责任人员。

上述事实,有聚友网络相关报告及说明、相关酒店说明、相关财务凭证、担保贷款合同及董事会决议、相关人员询问笔录等证据证明。

我会认为,聚友网络违法违规行为持续时间较长,数额巨大,情节比较严重,当事人应承担主要责任。当事人辩称,违法违规行为主要是由当时的宏观环境、行业的不成熟、公司内部管理不善等原因造成的,尚未达到给证券市场产生严重破坏的程度,希望从轻或减轻处罚。我会对部分意见予以采纳。

根据当事人的违法事实、性质、情节与社会危害程度,依据原《证券法》第一百七十七条和《证券市场禁入暂行规定》第四条和第五条的规定,我会决定:认定陈健为市场禁入者,自我会宣布决定之日起,5年内不得担任任何上市公司和从事证券业务机构的高级管理人员职务。

当事人如果对本决定不服,可在收到本决定书之日起60日内向中国证券监督管理委员会申请行政复议,也可在收到本决定书之日起3个月内直接向有管辖权的人民法院提起行政诉讼。复议和诉讼期间,上述决定不停止执行。

# 关于对郭试平、斯庆、许正苟、薛乐群实施市场禁入的决定

（〔2010〕4号）

当事人：郭试平，男，1953年11月出生，时任南京中北副董事长、总经理。

斯庆，男，1968年10月出生，时任南京中北副总经理兼任总会计师、财务部部长。

许正苟，男，1944年10月出生，时任南京中北董事。

薛乐群，男，1956年10月出生，时任南京中北董事长。

依据1999年7月1日起施行的《中华人民共和国证券法》（以下简称原《证券法》）的有关规定，我会对南京中北信息披露违法行为进行了立案调查、审理。我会依法向当事人告知了作出市场禁入的事实、理由、依据及当事人依法享有的权利，并应当事人要求举行了听证会。本案现已调查、审理终结。

经查明，南京中北于1992年成立，1996年在深交所上市。案发时，公司前五名股东为南京市国有资产经营公司、南京公用控股（集团）有限公司、南京万众企业管理有限公司（以下简称南京万众）、南京万众投资管理咨询有限公司（以下简称万众投资）、中信汽车公司。

南京万众由南京万众职工持股会绝对控股，南京万众职工持股会的会员主要是南京中北与南京万众的职工。万众投资由南京万众绝对控股。南京万众持有南京中北4.77%的股份，为公司第三大股东，万众投资持有南京中北3.43%股份，为公司第四大股东，南京万众与万众投资属一致行动人，为南京中北实际上的第二大股东。南京中北持有南京苏桑汽车配件有限公司（以下简称苏桑汽配）50%的股权，在苏桑汽配董事会中董事人数超过半数，且苏桑汽配的经理、财务部人员由南京中北派出，南京中北对苏桑汽配具有控制权。

南京中北2003年年报信息披露违法行为如下：

一、银行借款披露虚假。南京中北2003年年报披露的银行借款金额是2.66亿元（母公司）。但是，2003年，南京中北还分5次向多家银行机构借款，合计金额2.1亿元（母公司），南京中北2003年年报未披露这些银行借款事项。

二、应付票据披露虚假。南京中北2003年年报披露的应付票据金额为0元（母公司）。但是，2003年，南京中北曾经分11次在多家银行机构开具41份银行承兑汇票，票面金额合计306,952,000.00元（母公司），南京中北未将这些事项在2003年年报中披露。

三、关联方占用披露虚假。南京中北2003年年报已披露与南京万众的关联交易金额164,031,360.00元（借方），对应企业“其他应收款”科目借方发生额164,031,360.00元；已披露与万众投资的关联交易金额0元（借方）。但是，南京中北2003年年报未披露向关联方南京万众和万众投资提供资金的以下事实：南京中北多次直接向南京万众开具本票或者银行转账支票，向南京万众提供资金；南京中北多次向南京中北汽车销售分公司开具本票，并由南京中北汽车销售分公司于同日向南京万众开具等额本票或者转账支票，向南京万众提供资金；南京中北多次向苏桑汽配开具银行承兑汇票或者商业承兑汇票，由苏桑汽配将票据贴现并于当日向南京万众开具本票或者银行转账支票，向南京万众提供资金；南京中北向南大科技园股份有限公司开具银行承兑汇票，由南大科技园股份有限公司将上述票据贴现后打入苏桑汽配银行账户，再由苏桑汽配向南京万众开具银行转账支票，向南京万众提供资金；苏桑汽配多次在银行机构贷款后，于同日向南京万众开具与

贷款等额的本票或者银行转账支票,向南京万众提供资金。上述南京中北未披露的与南京万众的关联交易共有53笔,合计关联交易金额为1,063,053,972.87元(借方)。此外,南京中北未披露分2次直接向万众投资开具本票,向万众投资提供资金11,000,000元情况。

四、对关联方担保披露虚假。南京中北2003年年报已披露对外担保金额11,650万元,但是,未披露年内发生的为关联方南京万众开具的三份银行承兑汇票提供担保、担保余额合计为6,483,440.00元事项。

2004年3月16日,南京中北第五届董事会第七次会议通过了2003年年度报告,签字董事为薛乐群、李华飞、许正苟、徐益民、郭试平、周学信、陈惠怡、胡争鸣,杨荣华委托胡争鸣出席并代为行使表决权。公司总会计师斯庆在财务会计报表上签字。

南京中北2004年年报信息披露违法行为如下:

一、银行借款披露虚假。南京中北2004年年报披露的银行借款金额是4.3亿元(母公司)。但是,2004年,南京中北还分14次向多家银行机构借款,合计金额4.45亿元(母公司),南京中北2004年年报未披露这些银行借款事项。

二、应付票据披露虚假。南京中北2004年年报披露的应付票据金额为0元(母公司)。但是,2004年,南京中北曾经分13次在多家银行机构开具42份银行承兑汇票,票面金额合计333,900,000.00元(母公司),南京中北未将这些事项在2004年年报中披露。

三、关联方占用披露虚假。南京中北2004年年报已披露与南京万众的关联交易借方/贷方/余额的金额均为0元。但是,实际情况是,南京中北2004年通过104笔关联交易,向南京万众提供资金1,234,195,469.14元,南京中北2004年年报未披露这些事项,具体为:南京中北多次直接向南京万众开具本票或者银行转账支票,向南京万众提供资金;南京中北多次向南京中北汽车销售分公司开具本票,并由南京中北汽车销售分公司于同日向南京万众开具等额本票或者转账支票,向南京万众提供资金;南京中北多次向苏桑汽配开具银行承兑汇票或者商业承兑汇票,由苏桑汽配将票据贴现并随即向南京万众开具本票或者银行转账支票、或者先向自身开具本票再背书给南京万众,向南京万众提供资金。在上述关联交易中,有多笔是南京中北在银行机构获得贷款后,随即将贷款获得的资金提供给南京万众。

四、对关联方担保披露虚假。南京中北2004年年报已披露对外担保金额4,300万元,但是,未披露年内发生的为关联方南京万众开具的五份银行承兑汇票提供担保、担保余额合计为4,000万元事项。

2005年3月10日,南京第五届董事会第十七次会议通过了2004年年度报告,签字董事为薛乐群、李华飞、许正苟、徐益民、郭试平、周学信、陈惠怡、胡争鸣、杨荣华。

南京中北2003年、2004年被南京万众占用的巨额资金,除一部分用于还贷及支付到期票据,汇回南京中北、苏桑汽配,汇入南京万众持股会外,主要是用于对外投资与资金拆借。南京中北聘请的上海上会会计师事务所2005年专项审计情况表明,南京中北被南京万众占用的绝大部分资金在期末以对外拆借或者委托理财形式沉淀于“其他应收款”科目。截至2005年末,南京万众占用南京中北资金余额为69,566.10万元;至2006年12月30日,南京中北已收回南京万众的全部欠款,其中以货币资金还款33,577.87万元;依据“抵债协议”,用南京城建集团债权抵冲欠款11,717.84万元;依据“红利抵债协议”,用应付南京万众的股利冲抵欠款91.69万元;依据法院民事裁定书,用债权冲抵欠款9,419.95万元,用股权冲抵欠款14,758.75万元。

我会认为,南京中北2003年、2004年的年报披露行为,违反了原《证券法》第六十一条的规定,构成了原《证券法》第一百七十七条第一款所述的违法行为。两年累计,南京中北未披露的银行借款金额达6.55亿元,未披露的应付票据金额超过6.5亿元,未披露的对关联方担保金额超过4,648万元。最为严重的是,本案中累计157笔、累计发生金额超过22亿元的违规资金占用,绝大多数发生在2003年8月28日我会与国务院国资委联合发布《关于规范上市公司与关联方资金往来及上市公司对外担保若干问题的通知》(证监发〔2003〕56号)不久,南京中北不仅不按通知要求予以清理、整改、披露,反而蓄意隐瞒,我行我素,变本加厉,顶风作案,赤裸裸地向南京万众提供资金,情节严重,性质恶劣。

时任南京中北副董事长、总经理、董事会审计委员会委员郭试平,负责南京中北的全面经营管理,分管人力资源、财务部等部门,同期在南京万众兼任董事、董事长(2000 年 8 月至 2003 年 7 月任南京万众董事长兼法定代表人,2003 年至 2006 年任南京万众董事),在南京中北向银行申请贷款的多份董事会决议及授权书上签字,南京中北的巨额资金又直接或间接流向南京万众,并未如实披露,且其本人在通过南京中北 2003 年年报和 2004 年年报的董事会决议上签字。因此,认定郭试平是南京中北巨额资金被关联方占用、信息披露严重违法的最主要的直接负责的主管人员。

时任南京中北副总经理、总会计师兼财务部经理斯庆,同期兼任南京万众董事(1999 年 9 月至 2003 年 7 月),知悉本案信息披露违法涉及的有关事项,且其本人在南京中北 2003 年度和 2004 年度会计报表上签字。因此,认定斯庆是南京中北巨额资金被关联方占用、信息披露严重违法的直接负责的主管人员。

时任南京中北董事许正荀,同期兼任南京万众副董事长、总经理(1999 年 9 月至 2003 年 7 月任南京万众董事兼总经理;2003 年 7 月至 2006 年 4 月任南京万众副董事长兼总经理),在南京中北向银行申请贷款的多份董事会决议上签字,南京中北的巨额资金又直接或间接流向南京万众,并未如实披露,且其本人在通过南京中北 2003 年年报和 2004 年年报的董事会决议上签字。因此,认定许正荀是南京中北巨额资金被关联方占用、信息披露严重违法的直接负责的主管人员。

时任南京中北董事长薛乐群,身为南京中北公司治理层的核心,未对公司重大事务实施必要的、有效的监督,且其本人在通过南京中北 2003 年年报和 2004 年年报的董事会决议上签字,对南京中北公司治理上的严重问题和信息披露上的严重违法负有较大责任。因此,认定薛乐群是南京中北巨额资金被关联方占用、信息披露严重违法的直接负责的主管人员。

根据当事人违法行为的事实、性质、情节与社会危害程度,依据原《证券法》和《证券市场禁入暂行规定》第四条的规定,我会决定:

一、认定郭试平为市场禁入者,自我会宣布决定之日起,10 年内不得从事任何证券业务或担任上市公司董事、监事、高级管理人员职务;

二、认定斯庆、许正荀为市场禁入者,自我会宣布决定之日起,5 年内不得从事任何证券业务或担任上市公司董事、监事、高级管理人员职务;

三、认定薛乐群为市场禁入者,自我会宣布决定之日起,3 年内不得从事任何证券业务或担任上市公司董事、监事、高级管理人员职务。

当事人如果对本决定不服,可在收到本决定书之日起 60 日内向中国证券监督管理委员会申请行政复议,也可在收到本决定书之日起 3 个月内直接向有管辖权的人民法院提起行政诉讼。复议和诉讼期间,上述决定不停止执行。

## 关于对张杰、任建宏、胡良实施市场禁入的决定

(〔2010〕5 号)

当事人:张杰,男,1968 年 8 月出生,时任上海宽频科技股份有限公司(以下简称上海科技)董事长。

任建宏,男,1968 年 11 月出生,时任上海科技董事、总经理。

胡良,男,1954 年 9 月出生,时任上海科技财务部长。

依据 1999 年 7 月 1 日起施行的《中华人民共和国证券法》(以下简称原《证券法》)和 2006 年 1 月 1 日起施行的《中华人民共和国证

券法》(以下简称《证券法》)的有关规定,我会对上海科技信息披露违法行为进行了立案调查、审理,依法向当事人告知了作出市场禁入依据的事实、理由及当事人依法享有的权利。应当事人张杰、任建宏的要求举行了听证会,听取了当事人提出的申辩意见;当事人胡良提出了书面申辩意见。本案现已调查、审理终结。

经查明,上海科技信息披露违法案的主要事实如下:

上海科技1992年3月在上海证券交易所上市,原为国有控股上市公司,2000年8月南京斯威特集团有限公司(以下简称斯威特集团)通过受让国有股成为公司控股股东。斯威特集团于2000年1月成立,由西安通邮科技投资有限公司绝对控股,严晓群是实际控制人。西安通邮科技投资有限公司于1995年5月成立,严晓群是绝对控股股东。南京宽频科技有限公司(以下简称南京宽频)为上海科技的控股子公司,其实际运作直接受张杰控制。南京口岸进出口有限公司(以下简称南京口岸)于1998年3月成立,与上海科技系同受严晓群控制的关联公司。

**一、上海科技2004年年报未披露重大银行借款与应付票据事项**

2004年年内,上海科技及其控股子公司南京宽频曾经分次与多家商业银行的分支机构签订借款合同,取得195,000,000元银行借款(期末数)。上海科技未将这些借款入账,也未在2004年年报中予以披露。

2004年年内,上海科技及其控股子公司南京宽频曾经分次在多家商业银行的分支机构开具银行承兑汇票,应付票据期末数达250,000,000元。上海科技未将这些应付票据入账,也未在2004年年报中披露。

张杰、任建宏、胡良在上海科技2004年年报上声明保证财务报告的真实、完整。张杰、任建宏在审议2004年年报的董事会决议上签字表示同意。未入账凭证中的资金审批单上有张杰、任建宏和胡良的签字。上海科技本部与南京宽频相关财务人员称未入账的银行贷款、票据业务是张杰指令他们经办的,张杰承认自己曾指令胡良经办过相关账外账事项。

**二、上海科技2005年年报未披露重大银行借款与应付票据事项**

2006年4月25日,上海科技在其公开披露的2005年年报中,针对上述2004年年报中的重大遗漏,补充披露"2004年底少计银行短期借款170,000,000元,同时少计应收关联方南京口岸进出口有限公司债权170,000,000元"(实际为150,000,000元银行借款、20,000,000元应付票据)。但是,尚有45,000,000元银行借款、230,000,000元应付票据未在2005年年报中作为期初数予以披露。2006年7月4日,上海科技发布临时公告,披露南京宽频2004年底有45,000,000元银行借款和230,000,000元银行承兑汇票未入账,除50,000,000元票据保证金外其余均被关联方占用,并据此调整了2005年年报的期初数。

任建宏在2005年年报上签字。

**三、上海科技未按规定披露为控股股东关联方提供担保、公司银行存款被银行划扣、公司资金被控股股东关联方占用事项**

2004年3月2日,南京苏厦科技有限公司(斯威特集团关联公司)开具金额为154,420,000元的银行承兑汇票给南京口岸,上海科技以存放在银行的154,420,000元自有资金开具定期存单,为该汇票提供6个月的质押担保。此担保事项由张杰安排办理,未经董事会开会讨论。2004年9月2日,上述银行承兑汇票到期,上海科技的154,420,000元资金被银行扣划以兑付票据,上海科技未入账。

2004年11月24日,南京双有电器有限公司(斯威特集团关联公司)开具金额为175,000,000元(承兑合同共为2份,金额分别为150,000,000元和25,000,000元)的银行承兑汇票给南京索瑞软件工程有限公司(斯威特集团关联公司)。同日,南京索瑞软件工程有限公司将该175,000,000元银行承兑汇票贴现后将所得款173,227,000元中的150,000,000元划至上海科技银行账户,上海科技开具150,000,000元定期存单,为该150,000,000元银行承兑汇票提供3个月的质押担保。张杰、任建宏在通过此项担保事项的董事会决议上签字。2005年2月24日,上述银行承兑汇票到期，上海科技的150,000,000元资金被银行扣划以兑付票据。

对上述两项为控股股东关联方提供担保，以及因该担保导致公司银行存款被扣划的重大事项，上海科技未履行临时报告与披露义务，也未在2004年报中披露。经张杰安排，上海科技2005年半年度报告将上述150,000,000元被划扣款虚构为代理采购电子产品款予以披露。任建宏知悉代理采购协议提交董事会审批前资金已经流出公司。张杰、任建宏、胡良在2005年半年度报告上声明保证财务报告的真实、完整。任建宏在2005年半年度报上签字。其后于2005年10月24日、10月28日和11月23日，上海科技公告该项目已取消而款项未及时收回并致歉。上海科技在2005年年报和2006年7月4日补充公告中，披露了上述154,420,000元资金被控股股东关联方占用。

2004年12月23日，江苏金捷国际货物运输代理有限公司（系斯威特集团下属的控股子公司）开具56,000,000元银行承兑汇票给南京斯威特索维软件有限公司。同日，斯威特集团以支付上海易美通信有限公司债权转让款的名义，划入上海科技银行账户56,000,000元，上海科技以这笔资金开具定期存单，为上述江苏金捷国际货物运输代理有限公司开具的银行承兑汇票提供3个月的质押担保。张杰在有关该担保事项的董事会决议上签字。

2005年3月23日，江苏金捷国际货物运输代理有限公司开具的银行承兑汇票到期，上海科技的56,000,000元资金被银行扣划以兑付票据。为掩盖此事项，2005年3月，张杰代表上海科技与江苏金捷国际货物运输代理有限公司签订虚拟的借款协议，由后者向上海科技借款56,000,000元，上海科技依据该借款协议以及56,000,000元担保款被扣划的凭证传真件进行入账。该协议未经上海科技董事会讨论，由张杰、任建宏操作完成。

就上述56,000,000元资金涉及的为控股股东关联方提供担保、公司存款被银行划扣和借款事项，上海科技未进行临时公告，亦未在2004年年报中披露，2005年半年报未按关联方占用披露。2005年年报中披露了上述资金被关联方占用。

我会在调查过程中，发现有关人员挪用上海科技巨额资金的行为涉嫌触犯《中华人民共和国刑法》有关规定，于2006年7月将其移送公安机关处理。2008年1月，上海市浦东新区人民法院以《刑法修正案（六）》中的背信损害上市公司利益罪判处张杰有期徒刑2年，并处罚金人民币2000元。

我会认为，上海科技在2004年年报中未披露重大银行借款与应付票据事项，构成信息披露重大遗漏；在2005年年报中未披露重大银行借款与应付票据事项，构成信息披露重大遗漏。同时，上海科技未按照有关临时报告、定期报告规定披露为控股股东关联方提供担保、公司银行存款被银行划扣、公司资金被控股股东关联方占用等重大事项。上海科技的行为，先后违反了原《证券法》第五十九条、《证券法》第六十三条的规定，而且信息披露违法行为发生次数多，持续时间长，涉及金额巨大，并导致公司巨额资金被控股股东关联方占用的严重后果，影响恶劣，情节严重，应当依法给予从重处罚。

时任上海科技董事长张杰，完全听命于上海科技实际控制人，丧失了最基本的守法观念与诚信尽责意识，缺乏最起码的职业道德与职业操守，直接策划、指挥、组织、经办了大量的上海科技账外资金运作和对控股股东关联方担保事项，导致上市公司巨额资金被控股股东关联方占用，是上海科技一系列信息披露违法行为的主谋、主使和直接负责的主管人员。其行为严重侵害了上市公司和投资者利益，严重扰乱了证券市场秩序，情节严重，性质恶劣，依法应当给予严惩。

时任上海科技董事、总经理任建宏，在审议上海科技2004年年报、2005年半年报、2005年年报的董事会决议上签字表示同意，并且知道上海科技有关未披露的账外资金运作事项，经手了上海科技有关未披露的对外担保事项，是上海科技信息披露违法行为直接负责的主管人员，依法应当给予从重处罚。

时任上海科技财务部部长胡良，在上海科技有关定期报告上声明保证财务数据的真实、完整，并经办了上海科技有关未披露的账外资金运作事项，是上海科技信息披露违法行为直接负责的主管人员，依法应当给予从重处罚。

根据当事人的违法行为事实、性质、情节和社会危害程度，依据《证券市场禁入暂行规定》

第二条、第四条、第五条、第十六条的规定,我会决定:

一、认定张杰为市场禁入者,自我会宣布决定之日起,永久性不得担任任何上市公司和从事证券业务机构的高级管理人员职务,也不得在其他任何从事证券业务的机构中任职。

二、认定任建宏、胡良为市场禁入者,自我会宣布决定之日起,3年内不得担任任何上市公司和从事证券业务机构的高级管理人员职务,也不得在其他任何从事证券业务的机构中任职。

当事人如果对本决定不服,可在收到本决定书之日起60日内向中国证券监督管理委员会申请行政复议,也可在收到本决定书之日起3个月内直接向有管辖权的人民法院提起行政诉讼。复议和诉讼期间,上述决定不停止执行。

# 关于对汪德荣、孙连峰、周润南实施市场禁入的决定

([2010]6号)

当事人:汪德荣,男,1937年3月出生,时任安徽省科苑集团股份有限公司(以下简称科苑集团)董事长。

孙连峰,男,1970年3月出生,时任科苑集团董事、财务总监。

周润南,男,1957年8月出生,时任科苑集团董事长、副董事长、总经理。

依据1999年7月1日起施行的《中华人民共和国证券法》(以下简称原《证券法》)的有关规定,我会对科苑集团违反证券法律法规行为进行了立案调查、审理,依法向当事人告知了作出市场禁入的事实、理由、依据及当事人依法享有的权利,并应当事人孙连峰、周润南的要求举行了听证会,听取了当事人的陈述和申辩意见。本案现已调查、审理终结。

经查,科苑集团存在如下违法行为:

**一、未按规定披露证券投资**

自2000年5月发行上市开始,科苑集团以自己及安徽应用技术研究所、宿州技术和多个个人名义,采用自营以及委托闽发证券、金新信托、中安投资、恒盛投资理财的方式,分别在国元证券宿州证券部、国元证券中山北路营业部、长江证券天钥桥营业部、银河证券江苏路营业部、南洋期货公司等18家机构从事证券或者期货投资,并采用账外运作的方式,将资金划转到证券营业部。2000年度,科苑集团投入资金37,005万元,回收资金30,039.92万元,当年投资余额为6,965.08万元;2001年度,投入资金28,300万元,回收资金16,800万元,当年投资余额为11,500万元,累计投资余额为18,465.08万元;2002年度,投入资金700万元,回收资金900万元,累计投资余额为18,265.08万元。在投入的上述资金中,有29,805万元为募集资金。对于上述证券和期货投资行为,科苑集团一直未按规定及时予以披露,也未在2000年、2001年、2002年的年度报告中予以披露。

科苑集团证券投资行为由汪德荣负责决策,具体的资金划转以及投资开户、交易等事宜由孙连峰负责组织并指挥有关人员办理,汪德荣、孙连峰应对此承担主要责任;在通过2002年年度报告的董事会决议上签字的董事周润南未能勤勉尽职,应对2002年年度报告未予披露该事项的行为承担责任。

**二、将未回收的证券投资资金虚构为在建工程和固定资产**

2000年至2003年,科苑集团存在将未回收的证券投资资金虚构为在建工程的行为,其相应年度报告均存在虚假记载。其中,2000年度,虚增在建工程5,580万元;2001年度,虚增在建工程3,560万元,虚增其他应收款2,020万元;2002年度,虚增固定资产3,560万元,多

计管理费用833,750元;2003年度,多计管理费用1,617,475元。

2000年度、2001年度,将未收回的证券投资资金虚构为在建工程事项由汪德荣决策,孙连峰安排财务部人员办理,汪德荣、孙连峰应对此承担主要责任。2002年度,将虚构在建工程结转为固定资产事项由周润南决策,周润南应对此承担主要责任。

### 三、未按规定披露银行借款行为

2000年度,科苑集团在农业银行宿州淮海路支行的借款余额2,300万元没有入账。

2001年度,科苑集团向农业银行宿州淮海路支行借款2,300万元,还款2,300万元,结转2000年度借款余额2,300万元,年末借款余额为2,300万元。前述借款事项均未入账。

2001年度,科苑集团向建设银行宿州分行借款9,000万元,还款3,000万元,年末借款余额为6,000万元。前述借款事项均未入账。

2001年度,科苑集团向光大银行合肥长江西路支行借款5,000万元,还款5,000万元。前述借款事项均未入账。

2002年度,科苑集团向农业银行宿州淮海路支行借款5,400万元,还款4,600万元,结转2001年度借款余额2,300万元,年末借款余额为3,100万元。前述借款事项均未入账。

2002年度,科苑集团向建设银行宿州分行借款17,750万元,还款11,300万元,结转2001年度借款余额6,000万元,年末借款余额11,750万元。前述借款事项均未入账。

2002年度,科苑集团向光大银行合肥长江西路支行借款4,000万元,还款2,000万元,年末借款余额为2,000万元。前述借款事项均未入账。

2003年度,科苑集团向农业银行宿州淮海路支行借款6,600万元,还款5,400万元,结转2002年度借款余额3,100万元,年末借款余额为4,300万元。前述借款事项均未入账。

2003年度,科苑集团向建设银行宿州分行借款14,600万元,还款19,050万元,结转2002年度借款余额11,750万元,年末借款余额为7,300万元。前述借款事项均未入账。

2003年度,科苑集团向光大银行合肥长江西路支行借款9,000万元,还款9,000万元,结转2002年度借款余额2,000万元,年末余额为2,000万元。前述借款事项均未入账。

2003年度,科苑集团向合肥商业银行三孝口支行借款1,000万元,年末借款余额为1,000万元。该借款事项未入账。

2000年至2003年度,科苑集团均存在银行借款未入账的行为,其相关年度报告相应内容均有虚假记载。其中,2000年度,少计短期借款2,300万元;2001年度,少计短期借款8,300万元;2002年度,少计短期借款16,850万元;2003年度,少计短期借款9,300万元,少计长期借款5,300万元。

2000年5月至2002年8月,科苑集团借款未入账事项由汪德荣决策,由孙连峰具体安排财务部人员办理。相关的借款合同由汪德荣签章,汪德荣、孙连峰应对此承担主要责任;2002年8月至2003年5月,借款未入账事项由科苑集团周润南决策,周润南在相应借款合同上签字或者签章,周润南应对此承担主要责任。

### 四、将未入账借款利息虚构为在建工程

2001年至2003年度,科苑集团均存在将未入账借款利息虚构为在建工程的行为,其相关年度报告相应内容均有虚假记载。其中,2001年度,虚增在建工程2,511,510.22元,少计"财务费用——利息支出"2,511,510.22元;2002年度,虚增在建工程6,099,115.71元,少计"财务费用——利息支出"6,099,115.71元;2003年度,虚增在建工程5,827,580.01元,少计"财务费用——利息支出"5,827,580.01元。

2001年至2002年8月,科苑集团将未入账借款的利息虚构为在建工程事项由汪德荣决策,由孙连峰具体安排财务部人员办理,汪德荣、孙连峰对此承担主要责任。2002年8月至2003年5月,将未入账借款的利息虚构为在建工程事项由周润南决策,周润南对此承担主要责任。

上述事实,有科苑集团年度报告及董事会决议、账户开户资料、交易资料、会计凭证、贷款担保合同、相关人员询问笔录等证据证明,足以认定。

在陈述申辩意见中,孙连峰辩称不是信息披露的主要责任人、生病住院未参与财务做假、在该案违法行为中的地位、违法尚未达到严重损害投资者利益等情况,对此我会予以部分采

纳。对周润南辩称未参与股权转让等情况,我会予以采纳。

根据当事人违法行为的事实、性质、情节与社会危害程度,依据原《证券法》第一百七十七条和《证券市场禁入暂行规定》第四条和第五条的规定,我会决定:

一、认定汪德荣为市场禁入者,自我会宣布决定之日起,永久性不得担任任何上市公司和从事证券业务机构的高级管理人员职务;

二、认定孙连峰为市场禁入者,自我会宣布决定之日起,5 年内不得担任任何上市公司和从事证券业务机构的高级管理人员职务;

三、认定周润南为市场禁入者,自我会宣布决定之日起,3 年内不得担任任何上市公司和从事证券业务机构的高级管理人员职务。

当事人如果对本决定不服,可在收到本决定书之日起 60 日内向中国证券监督管理委员会申请行政复议,也可在收到本决定书之日起 3 个月内直接向有管辖权的人民法院提起行政诉讼。复议和诉讼期间,上述决定不停止执行。

# 关于对郭家学实施市场禁入的决定

([2010]7 号)

当事人:郭家学,男,1966 年 9 月 29 日出生,时任东盛科技股份有限公司(以下简称东盛科技,股票代码 600771)董事长。

依据 1999 年 7 月 1 日起施行的《中华人民共和国证券法》(以下简称原《证券法》)和 2006 年 1 月 1 日起施行的《中华人民共和国证券法》(以下简称《证券法》)的有关规定,我会对东盛科技虚假陈述行为进行了立案调查、审理,并依法向当事人告知了作出市场禁入的事实、理由、依据及当事人依法享有的权利,当事人没有提出陈述、申辩意见,也未要求听证。本案现已调查、审理终结。

经查明,东盛科技存在以下违法事实:

一、东盛科技 2003 年至 2008 年 4 月没有对东盛科技向西安东盛集团有限公司(以下简称东盛集团)及陕西东盛药业股份有限公司(以下简称东盛药业)提供资金及时履行临时信息披露义务,其中截至 2006 年 9 月 30 日,提供资金余额 158,858.31万元,2006 年 10 月至 12 月提供资金发生额 1,233.66 万元,2007 年 1 月至 12 月提供资金发生额 5,001.54 万元,2008 年 1 月至 4 月提供资金发生额 690.64 万元。

二、东盛科技 2002 年至 2006 年没有对相关对外担保事项及时履行临时信息披露义务。截至 2006 年 9 月 30 日,东盛科技对外担保事项余额共计 111,234.83 万元,其中为河北宝硕股份有限公司银行借款担保 36,248.83 万元,为沧州化学工业股份有限公司担保 43,986 万元,为宁夏美利纸业股份有限公司担保 22,100 万元,为兰宝科技信息股份有限公司担保8,900 万元。

三、东盛科技 2002 年年度报告没有披露 1 项 12,100 万元对外担保事项。

四、东盛科技 2003 年中期报告没有披露 5 项 15,900 万元对外担保事项,没有披露五项 26,000 万元银行借款事项。

五、东盛科技 2003 年年度报告没有披露东盛科技向东盛集团及东盛药业提供资金,2003 年提供资金发生额 73,100 万元,期末余额 73,100万元;东盛科技 2003 年年度报告没有披露 6 项 18,400 万元对外担保事项;没有披露 15 项 70,600 万元银行借款、银行承兑汇票、商业承兑汇票贴现事项。

六、东盛科技 2004 年中期报告没有披露 1 项 3,000 万元对外担保事项,没有披露 14 项 73,700 万元银行借款、银行承兑汇票事项。

七、东盛科技 2004 年年度报告没有披露东盛科技向东盛集团及东盛药业提供资金,2004 年提供资金发生额 -1,562.70 万元,期末余额 71,537.30 万元;没有披露一项 3,000 万元对外担保事项；没有披露18项76,380万元银行借款、银行承兑汇票、商业承兑汇票贴现事项。

八、东盛科技2005年中期报告没有披露8项25,600万元对外担保事项，没有披露15项73,180万元银行借款、银行承兑汇票事项。

九、东盛科技2005年年度报告没有披露东盛科技向东盛集团及东盛药业提供资金，2005年提供资金发生额56,933.24万元，期末余额128,470.54万元；没有披露12项51,700万元对外担保事项；没有披露9项45,150万元银行借款、银行承兑汇票事项。

十、东盛科技2006年中期报告没有披露11项22,186万元对外担保事项，没有披露8项43,100万元银行借款、银行承兑汇票事项。

东盛科技2002年至2008年期间，未按规定披露将资金提供给控股股东及其他关联方使用，未按规定披露对外担保事项，未按规定披露银行借款事项，其行为在2002年至2005年期间违反了原《证券法》第六十条、第六十一条、第六十二条的规定，在2006年至2008年期间违反了《证券法》第六十三条的规定。

对东盛科技没有及时履行临时信息披露义务的直接负责的主管人员为东盛科技时任董事长郭家学。对东盛科技相关定期报告虚假陈述行为直接负责的主管人员为参加审议东盛科技相关定期报告董事会并同意相关定期报告的东盛科技时任董事长郭家学。

以上违法事实有2002年年度报告、2003年中期报告、2003年年度报告、2004年中期报告、2004年年度报告、2005年中期报告、2005年年度报告、2006年中期报告，相关临时公告，相关会计记录，相关合同，相关协议，相关董事会决议，相关人员谈话笔录等证据证明，足以认定。

根据中国证监会1997年3月3日发布的《证券市场禁入暂行规定》第四条、第五条的规定，中国证监会2006年6月7日发布的《证券市场禁入规定》第三条、第五条的规定，我会决定：认定郭家学为市场禁入者，自我会宣布决定之日起，10年内不得担任任何上市公司和从事证券业务机构的高级管理人员职务。

当事人如果对本决定不服，可在收到本决定书之日起60日内向中国证券监督管理委员会申请行政复议，也可在收到本决定书之日起3个月内向有管辖权的人民法院提起行政诉讼。复议和诉讼期间，上述决定不停止执行。

## 关于对李晓援等9人实施市场禁入的决定

（〔2010〕8号）

当事人：李晓援，男，1951年6月出生，2002年7月至调查日任健桥证券股份有限公司（以下简称健桥证券）董事长。

沈国兴，男，1964年8月出生，2002年7月至2004年6月任健桥证券总裁。

尚同利，男，1964年2月出生，2002年7月至调查日任健桥证券副总裁。

李先路，男，1964年8月出生，2002年7月至2004年9月任健桥证券副总裁。

郭良勤，男，1966年11月出生，2003年5月至2004年9月任健桥证券副总裁。

李良清，男，1963年4月出生，2002年7月至2004年3月任资产管理部总经理，2003年3月至2004年8月任总裁助理。

刘峰，男，1962年10月出生，2003年11月至今任健桥证券资产管理部副总经理。

唐向前，男，1969年4月出生，2002年7月至2004年6月任健桥证券上海营业部总经理。

郭向阳，男，1966年4月出生，2002年7月至2004年7月任健桥证券高新营业部经理。

依据1999年7月1日施行的《中华人民共和国证券法》（以下简称原《证券法》）有关规定，我会依法对健桥证券违反证券法律法规案进行了立案调查、审理，并向当事人告知了作出市场禁入的事实、理由、依据及当事人依法享有的权利。当事人李先路提出了陈述、申辩意见,我会应当事人沈国兴、尚同利、李良清的要求举行了听证会。本案现已调查、审理终结。

经查明,健桥证券存在以下违法事实:

一、2002年7月至2004年10月开展违规委托理财业务,通过向客户承诺3%至9.5%之间收益率的方式,累计签订合同71笔,涉及金额210,158.27万元。

二、通过所控制的自营账户和资产管理账户挪用经纪客户的国债,进行国债回购,并将大部分回购资金划到青海光彩农业产业控股有限公司和上海华冠投资有限公司。截至2004年5月31日,挪用的标准券金额为112,013,440元;截至2004年9月30日,挪用的标准券金额为125,823,730元;截至2005年12月31日,挪用的标准券金额为70,229,030元。

三、2002年至2003年期间通过直接或委托等方式违法违规对外投资27,900万元,超出核定的业务范围经营。

四、健桥证券西安高新开发区证券营业部2002年7月至2004年5月开展违规委托理财业务,累计发生业务8项,融入资金5,441.23万元。

五、健桥证券上海漕东支路证券营业部2003年12月至2004年2月开展违规委托理财业务,实际累计发生业务2项,融入资金2,170万元。

上述事实,有相关账户开户资料、资金凭证、理财合同、委托投资合同、证券公司情况说明、交易所数据、当事人询问笔录等证据证明,足以认定。

健桥证券开展违规委托理财的行为违反了《关于规范证券公司受托投资管理业务的通知》(证监机构字〔2001〕265号)第四条关于“受托投资管理合同中应列明具体的委托事项,受托人应根据在与委托人签订的受托投资管理合同中约定的方式为委托人管理受托投资,但不得向委托人承诺收益或者分担损失”的规定,《证券公司客户资产管理业务试行办法》(证监会令第17号)第四十一条关于“证券公司从事客户资产管理业务,不得向客户作出保证其资产本金不受损失或者取得最低收益的承诺”的规定;健桥证券挪用经纪客户国债行为违反了原《证券法》第七十三条“在证券交易中,禁止证券公司及其从业人员从事下列损害客户利益的欺诈行为:(三)挪用客户所委托买卖的证券或者客户账户上的资金”的规定,构成了原《证券法》第一百九十三条规定的“证券公司、证券登记结算机构及其从业人员,未经客户的委托,买卖、挪用、出借客户账户上的证券或者将客户的证券用于质押的”情形;健桥证券超范围经营的行为违反了原《证券法》第一百三十一条关于“证券公司不得超出核定的业务范围经营证券业务和其他业务”的规定,以及《证券公司管理办法》(证监会令第5号)第三十二条关于“证券公司不得兴办实业,不得购置非自用不动产”的规定。

对健桥证券违规委托理财的行为,时任董事长李晓援、总裁沈国兴、副总裁郭良勤、资产管理部总经理李良清是直接负责的主管人员,时任资产管理部副总经理刘峰、上海漕东支路证券营业部经理唐向前是其他直接责任人员;对健桥证券挪用经纪客户国债的行为,沈国兴、时任副总裁李先路、副总裁尚同利、李良清是直接负责的主管人员;对健桥证券超范围经营的行为,沈国兴、李先路、尚同利是直接负责的主管人员;对上海漕东支路证券营业部违规委托理财的行为,唐向前是直接负责的主管人员;对西安高新开发区证券营业部开展违规委托理财的行为,时任营业部经理郭向阳是直接负责的主管人员。

当事人沈国兴及其律师提出,其在任健桥证券总裁期间,开展委托理财、国债回购、对外投资等违法违规事项是根据董事会授权,并经总裁办公会集体讨论决定;综合考虑公司开展上述违法违规业务当时的外部市场环境因素和同业状况,公司违法违规事实的性质、情节和实际造成的直接经济损失,当事人认为其行为虽然应予以警诫和处罚,但尚未达到情节特别严重,应当被实施永久性市场禁入的程度,请求我会对其处罚幅度予以调整。

我会复核认为,健桥证券大量开展委托理财、国债回购以及超核定业务经营等违法违规业务的行为,沈国兴作为健桥证券总裁,是以上违法违规事项直接负责的主管人员,认定其为市场禁入者是适当的,但考虑到公司没有挪用客户保证金,委托理财违规规模较小等违法事实、性质、后果和影响，以及沈国兴被刑事制裁的认定情节只是于2003年11月28日指使下属将从北京鑫陀轮商贸有限公司所开的45,500元的购物发票在公司报销后侵吞，2006年12月21日沈国兴被陕西省西安市中级人民法院以职务侵占罪判处有期徒刑一年，宣告缓刑二年，综合本案其他情节，对其提出的申辩意见部分予以采纳。

当事人李良清在听证会上申辩称，其本人只是健桥证券资产管理部总经理，没有决策权，只是执行公司领导的指示，实际上也都是大股东在具体运作。鉴于其只是公司的中层领导，恳请我会予以从轻处理。

我会复核认为，李良清2002年7月至2004年3月任健桥证券资产管理部总经理，2003年3月至2004年8月任公司总裁助理，参与实施了违规委托理财和挪用经纪客户国债回购等事项，且参与程度较深；在公司风险爆发后不配合风险处置以及我会调查；并且还利用分管业务职权挪用公司资金1,500万元用于个人证券、期货投资，被法院认定犯挪用资金罪判处有期徒刑三年，情节严重。但是考虑到其不是公司总裁、也不是总裁委成员，层级较其他副总裁略低，给予其永久市场禁入有些偏重，对其提出的申辩意见部分予以采纳。

当事人尚同利在听证会上申辩称，其作为公司副总裁主要是分管行政管理部门，对公司挪用经纪客户国债等业务的开展和运作过程不知情；证券公司出现问题后仍然坚守岗位，积极配合清算组以及证监会的工作，并提交了配合调查工作的书面鉴定。恳请我会予以减轻处罚。

我会复核认为，尚同利作为公司总裁委员会3名成员之一，参与了公司违规挪用经纪客户国债以及公司超范围经营等事项，事实准确。但是，在公司风险爆发之后，能够积极协助清理工作组，配合我会风险处置以及我会调查人员工作，表现较好，应予以从轻处罚。鉴此，对尚同利的申辩意见部分予以采纳。

当事人李先路在陈述申辩称，其本人在健桥证券为排名第三的副总裁，公司的违法违规行为并非其主导、批准以及执行；在国债回购等相关文件上的签字均是补签的；健桥证券没有挪用客户保证金，没有造成损失及影响。恳请我会给予从轻处罚。

我会复核认为，李先路作为健桥证券决策机构总裁委员会3名成员之一，参与挪用经纪客户国债、超范围经营的违法事项确实，其未能提出新的、能够证明其减免责任的证据，对其申辩意见不予采纳。

根据当事人违法行为的事实、性质、情节与社会危害程度，依据《证券市场禁入暂行规定》第六条、第七条的规定，我会决定：

一、认定郭良勤为市场禁入者，永久性不得从事任何证券业务或担任上市公司高级管理人员职务；

二、认定沈国兴、李良清、李先路为市场禁入者，10年内不得从事任何证券业务或担任上市公司高级管理人员职务；

三、认定尚同利、唐向前、郭向阳、刘峰为市场禁入者，5年内不得从事任何证券业务或担任上市公司高级管理人员职务；

四、认定李晓援为市场禁入者，3年内不得从事任何证券业务或担任上市公司高级管理人员职务。

# 关于对熊碧波、林礼明、王圣雄、汪勇军实施市场禁入的决定

（〔2010〕9号）

当事人：熊碧波，男，1968年1月出生。

林礼明，男，1962年8月出生。

王圣雄，男，1976年4月出生。

汪勇军，男，1968年10月出生。

依据《中华人民共和国证券法》(以下简称《证券法》)的有关规定,我会对上海天力投资顾问公司(以下简称上海天力)及其关联公司及相关人员违反证券法律法规一案进行了立案调查、审理,并依法向当事人告知了作出市场禁入的事实、理由、依据及享有的权利。应当事人熊碧波、林礼明、汪勇军、王圣雄的要求,我会举行了听证会,听取了当事人及其代理人的陈述和申辩。本案现已调查、审理终结。

经查明,上海天力等当事人存在如下违法违规行为:

一、2005 年 12 月 1 日至 12 月 31 日,证券投资咨询人员汪梦飞、梁祖芝、陈建平、石践宇、罗嗣红、熊旭春等在上海天力制作的电视媒体股评节目中发表了如“想涨就涨”、“大盘完全在我的把握中”、“风险少赚钱快”、“买在最低点,卖在最高点”、“包揽市场所有涨停”、“随便买,随便赚”等虚假、夸大、误导性的言论;2006 年 1 月至 3 月,证券投资咨询人员徐晖、梁祖芝在上海天力制作的电视媒体股评节目中发表了上述这类虚假、夸大、误导性的言论。上述节目在四川卫视、山东卫视、东南卫视、广东卫视播出。同时,上海天力在开展证券投资咨询业务中还存在向投资者承诺收益的行为。

二、深圳前沿投资顾问有限公司(以下简称深圳前沿)2005 年 8 月至 11 月雇用江伟、熊旭春、梁祖芝、陈建平、罗嗣红等 5 名证券投资咨询人员制作股评节目,并在四川卫视、广西卫视、山东卫视和辽宁卫视中播出。该 5 人在上述深圳前沿的股评节目中发表了上述这类虚假、夸大、误导性的言论。同时深圳前沿在开展证券投资咨询业务中还存在向投资者承诺收益的行为。

三、2006 年 1 月 1 日后,上海主升浪文化传播有限公司(以下简称上海主升浪)制作了媒体股评节目,在四川卫视、山东卫视、宁夏卫视播放,实际经营并销售含有证券投资分析、预测和建议的《点金周刊》和“声讯卡”,并获得相关销售收入,在不具备证券投资咨询业务资格的情况下从事了证券投资咨询业务。

以上事实,有电视股评节目录像、协议书、劳动合同、当事人询问笔录等证据在案证明,足以认定。

上海天力及其证券投资咨询人员汪梦飞、梁祖芝、陈建平、石践宇、罗嗣红、熊旭春、徐晖的行为违反了《证券、期货投资咨询管理暂行办法》(以下简称《暂行办法》)第十九条、第二十条、第二十四条第(二)项的规定。上海天力及其证券投资咨询人员徐晖、梁祖芝的上述行为还违反了《证券法》第一百七十一条第(四)项、第(五)项的规定。上述当事人的行为构成了《暂行办法》第三十四条、第三十六条以及《证券法》第二百二十六条第三款所述违法行为。熊碧波、林礼明为直接负责的主管人员,汪勇军为其他直接责任人。

深圳前沿及其证券投资咨询人员江伟、熊旭春、梁祖芝、陈建平、罗嗣红的上述行为违反了《暂行办法》第十九条、第二十条、第二十四条第(二)项的规定,构成了《暂行办法》第三十四条、第三十六条所述违法行为。熊碧波、林礼明为直接负责的主管人员,王圣雄为其他责任人。

上海主升浪的上述行为违反了《证券法》第一百二十二条的规定,构成了《证券法》第一百九十七条所述违法行为。熊碧波、林礼明、汪勇军、王圣雄为直接负责的主管人员,汪梦飞、陈建平、严为民为其他直接责任人。

当事人熊碧波(上海天力、深圳前沿的实际控制人,时任上海天力总经理)、林礼明(上海天力、深圳前沿的实际控制人,时任深圳前沿总经理)、汪勇军(时任上海天力副总经理,为主要管理人员)、王圣雄(时任深圳前沿总裁运营助理,为主要管理人员)在陈述、申辩中并未否认相关事实,但认为这是会员制业务发展初期行业普遍存在的现象,他们主观上也没有想脱逃监管。作为股东和主要管理人员,他们自认在业务经营管理中存在经验不足、管理不到位的问题,对上海天力和深圳前沿出现的问题负有不可推卸的责任,但积极配合有关证监局进行了业务自查与整改。

经复核,本案所列相关事实的违法性质清楚,与是否具有普遍性无关。上海天力被暂缓通过年检后,熊碧波等人便利用上海主升浪经营销售《点金周刊》和“声讯卡”,回避监管部门对上海天力的关注,继续从事证券投资咨询业务,具有明显的脱逃监管的主观故意。复核同时注意到,当事人对于自身的责任有一定程度的认识,其后按照监管要求清理完毕所有客户。

上述当事人申辩称,上海天力在暂缓年检通过期间开展的《点金周刊》业务经营是合法的,业务开展符合国家法律法规,无超范围经营。经复核,本案认定非法从事证券投资咨询业务的主体是上海主升浪,而非上海天力。鉴于当事人没有提出针对性的意见,其申辩意见不予采纳。

我会认为,证券投资咨询机构从事证券投资咨询服务,依法必须首先取得我会的行政许可。取得行政许可,不仅意味着该等机构及其从业人员具备一定资质,能够为投资者提供相关业务,更意味着该等机构及其从业人员必须自觉遵守法律规定,尽心为投资者提供服务,维护自身及本行业的声誉。同时,在证券投资咨询业务的法律关系之中,证券投资咨询机构及其从业人员由于有能力掌握更多的资讯、具有一定的专业知识和技能,因而处于优势地位,而投资者则处于弱势地位。基于此,证券投资咨询机构及其从业人员应当恪守独立诚信、谨慎客观、勤勉尽责、公正公平的原则,在从事证券投资咨询的分析、预测或建议时要有充分的理由和依据,并可依据投资者的财务状况、投资经验和投资目的等提出适合不同客户需要的特定建议。我会同时认为,从《暂行办法》第十九条、第二十条的规定看,客观、谨慎、诚实和勤勉尽责是证券投资咨询人员必须遵守的执业准则。这个执业准则应当贯穿于其执业的全过程,覆盖其执业的全部内容。由于证券投资咨询人员是以其执业身份在公众媒体做营销,其营销行为已构成了其执业内容的一部分,因此,也必须符合应有的执业准则。综上,作为经批准从事证券投资咨询业务的投资咨询机构及其从业人员,务必谨守执业准则和规定,谨慎、勤勉、客观、公平地为投资者提供咨询服务,共同维护市场秩序和行业声誉。

根据当事人的违法事实、性质、情节与社会危害程度,依据《证券法》第一百九十七条、第二百二十六条和《暂行办法》第三十四条、第三十六条,我会已对上海天力等当事人作出了行政处罚。同时,鉴于上海天力、深圳前沿及上海主升浪的违法行为产生严重危害后果,熊碧波、林礼明对此负有主要责任,汪勇军、王圣雄分别负责上述违法活动的组织和实施,情形恶劣,依据《证券法》第二百三十三条,《证券市场禁入规定》第三条、第五条的规定,我会决定:

一、认定熊碧波、林礼明为市场禁入者,自我会宣布决定之日起,7 年内不得从事证券业务或担任上市公司董事、监事、高级管理人员职务;

二、认定汪勇军、王圣雄为市场禁入者,自我会宣布决定之日起,3 年内不得从事证券业务或担任上市公司董事、监事、高级管理人员职务。

如对本决定不服,可在收到本决定书之日起 60 日内向中国证券监督管理委员会申请行政复议;也可以在收到本决定书之日起 3 个月内直接向有管辖权的人民法院提起诉讼。复议和诉讼期间,上述决定不停止执行。

# 关于对涂强实施市场禁入的决定

(〔2010〕10 号)

当事人:涂强,男,1969 年 12 月出生,时任景顺长城基金管理有限公司(以下简称景顺长城)景系列开放式证券投资基金(包含优选股票基金、动力平衡基金、货币市场基金)、景顺长城鼎益股票型证券投资基金(以下简称鼎益基金)基金经理。

依据《中华人民共和国证券投资基金法》(以下简称《证券投资基金法》)、《中华人民共和国证券法》(以下简称《证券法》)的有关规定,我会对涂强违法违规一案进行了立案调查、审理,并依法向当事人告知了作出市场禁入的事实、理由、依据及当事人依法享有的权利。当事人提出了陈述、申辩意见,但不要求举行听证会。本案现已调查、审理终结。

经查明,涂强存在以下违法违规行为:

2006 年 9 月 18 日涂强担任景顺长城景系列开放式基金的基金经理(2009 年 3 月 11 日任景顺长城鼎益股票型证券投资基金的基金经理)起至涂强违法行为的发现时间 2009 年 8 月 20 日,涂强等人通过网络下单的方式,共同操作涂强亲属赵某、王某开立的两个同名证券账户从事股票交易,先于或与涂强管理的动力平衡基金等基金同步买入相关个股,先于或与动力平衡基金等基金同步卖出相关个股,涉及浦发银行等 23 支股票,为赵某、王某账户非法获利 379,464.40 元。其中:

**一、赵某账户**

(一)赣粤高速

2006 年 11 月 16 日,赵某账户卖出4,280股。11 月 7 日、17 日,动力平衡基金共卖出2,000,000股。

(二)泰豪科技

2006 年 12 月 1 日,赵某账户买入3,300股;同日,动力平衡基金买入692,200股。

(三)济南钢铁

2007 年 2 月 2 日,赵某账户卖出30,000股。1 月 29 日、2 月 2 日景顺长城投资部晨会纪要显示,动力平衡基金计划卖出该股。1 月 29 日,动力平衡基金卖出 264,068 股。

(四)广州友谊

2007 年 1 月 17 日,赵某账户买入10,000股。1 月 19 日,动力平衡基金买入 97,730 股。

2007 年 1 月 23 日,赵某账户卖出10,000股。1 月 24 日,动力平衡基金卖出 97,730 股。

(五)浦发银行

2007 年 2 月 2 日,赵某账户卖出8,800股;同日,动力平衡基金卖出 300,000 股。

2007 年 10 月 19 日,赵某账户买入10,000股。10 月 23 日,动力平衡基金买入 877,022 股。

2008 年 1 月 15 日,赵某账户卖出5,000股,同日,动力平衡基金卖出 365,974 股。

2008 年 2 月 5 日,赵某账户卖出10,000股。2 月 4 日景顺长城投资部晨会纪要显示,动力平衡基金计划卖出该股。2 月 4 日,动力平衡基金卖出 246,130 股。

2008 年 3 月 13 日,赵某账户卖出10,000股;同日,动力平衡基金卖出2,110,000股。

2008 年 12 月 3 日,赵某账户买入10,000股。11 月 25 日,12 月 9 日、11 日,动力平衡基金共买入 4,000,000 股。

2009 年 2 月 26 日,赵某账户卖出5,000股。2 月 25 日、26 日,动力平衡基金共卖出2,500,000股。

(六)海油工程

2007 年 2 月 15 日,赵某账户买入10,000股。2 月 14 日景顺长城投资部晨会纪要显示,动力平衡基金计划买入该股。2 月 14 日,动力平衡基金买入 400,000 股。

2007 年 5 月 11 日,赵某账户卖出10,000股。5 月 9 日景顺长城投资部晨会纪要显示,动力平衡基金计划卖出该股。5 月 8 日、9 日,动力平衡基金共卖出 150,000 股。

(七)兴业银行

2008 年 1 月 17 日,赵某账户买入10,000股。1 月 16 日、17 日,动力平衡基金共买入500,000 股。

2008 年 3 月 13 日,赵某账户卖出5,000股。3 月 13 日、14 日,动力平衡基金共卖出1,158,000股。

2008 年 4 月 2 日,赵某账户卖出5,000股。4 月 7 日,动力平衡基金卖出 201,400 股。

(八)武钢股份

2007 年 7 月 25 日,赵某账户买入50,000股。7 月 26 日,动力平衡基金买入 500,000 股。

2007 年 12 月 26 日,赵某账户卖出 25,000股。12 月 24 日、25 日,动力平衡基金共卖出2,930,100股。

(九)中联重科

2007 年 9 月 28 日,赵某账户买入4,000股。9 月 14 日至 27 日,动力平衡基金共买入2,111,659股。

2008 年 1 月 15 日,赵某账户卖出4,000股。1 月 16 日,动力平衡基金卖出 210,765 股。

(十)金地集团

2008 年 1 月 17 日,赵某账户买入10,000股;同日,动力平衡基金买入199,992股。

2008 年 3 月 13 日,赵某账户卖出5,000股。3 月 13 日至 17 日,动力平衡基金共卖出

1,077,924股。

(十一)神火股份

2008年7月8日,赵某账户买入10,000股;同日,动力平衡基金买入1,292,300股。

2008年10月24日,赵某账户卖出5,000股;同日,动力平衡基金卖出230,764股。

2008年11月26日,赵某账户买入15,000股。11月27日,动力平衡基金买入1,100,000股。

2009年5月7日,赵某账户卖出1,000股。4月22日、23日,5月13日涂强提交的操作计划显示,动力平衡基金计划卖出该股。4月22日、23日,5月13日,动力平衡基金共卖出4,500,000股。

(十二)贵州茅台

2008年8月13日,赵某账户买入2,500股。8月14日,涂强为精选蓝筹基金下单买入299,959股。

2009年7月21日,赵某账户卖出3,000股。7月6日至23日,动力平衡基金、鼎益基金累计卖出1,989,861股。

(十三)置信电气

2009年3月27日,赵某账户买入10,000股。3月11日至31日,动力平衡基金、鼎益基金累计买入6,388,942股。

(十四)华发股份

2009年7月21日,赵某账户买入20,000股。7月16日、23日,鼎益基金共买入1,824,296股。

二、王某账户

(一)神火股份

2007年6月20日,王某账户买入20,000股。6月12日、13日景顺长城投资部晨会纪要显示,动力平衡基金计划买入该股。6月13日,动力平衡基金买入100,000股。

2007年8月27日,王某账户卖出1,500股。8月17日景顺长城投资部晨会纪要显示,动力平衡基金计划卖出该股。8月14日至30日,动力平衡基金共卖出1,074,400股。

2008年3月13日,王某账户卖出5,000股。3月14日,动力平衡基金卖出110,000股。

(二)天音控股

2008年4月24日,王某账户卖出18,000股。4月22日至24日,动力平衡基金共卖出2,244,457股。

(三)中兴通讯

2007年6月20日,王某账户买入10,000股。6月18日景顺长城投资部晨会纪要显示,动力平衡基金计划买入该股。6月18日,动力平衡基金买入250,000股。6月20日景顺长城投资部晨会纪要显示,资源垄断基金计划买入该股,涂强出席了该晨会。

(四)中信证券

2007年8月21日,王某账户买入7,000股。8月21日、22日,动力平衡基金共买入1,349,916股。

2007年12月26日,王某账户卖出2,777股。12月25日景顺长城投资部晨会纪要显示,动力平衡基金计划卖出该股。12月24日,动力平衡基金卖出250,000股。

2008年2月5日,王某账户卖出3,000股;同日,动力平衡基金卖出265,000股。

2008年2月15日,王某账户买入3,500股。2月20日、21日,动力平衡基金共买入400,000股。

2008年3月13日,王某账户卖出6,000股。3月12日景顺长城投资部晨会纪要显示,新兴成长基金计划卖出该股,涂强出席了该晨会。

(五)宝钢股份

2007年10月19日,王某账户买入14,000股。8月31日至10月23日,动力平衡基金共买入18,940,527股。

2007年12月26日,王某账户卖出4,000股。12月3日至25日,动力平衡基金共卖出6,000,000股。

2008年1月15日,王某账户卖出10,000股。1月15日景顺长城投资部晨会纪要显示,资源垄断基金计划卖出该股,涂强出席了该晨会。

(六)国药股份

2007年10月29日,王某账户买入14,000股。9月20日至11月8日,动力平衡基金共买入2,690,944股。

2007年11月21日,王某账户卖出14,000股。11月22日至28日,动力平衡基金共卖出957,696股。

(七)云南铜业

2007 年 12 月 5 日,王某账户买入10,000股。2007 年 9 月 6 日至 2008 年 2 月 21 日,动力平衡基金共买入 4,229,801 股。

2008 年 3 月 13 日,王某账户卖出5,000股。3 月 13 日、14 日,动力平衡基金共卖出 909,801股。

(八)金地集团

2007 年 12 月 19 日,王某账户买入 10,000股。12 月 12 日景顺长城投资部晨会纪要显示,动力平衡基金计划买入该股。12 月 17 日,动力平衡基金买入 356,700 股。

2008 年 1 月 15 日,王某账户卖出5,000股。1 月 15 日景顺长城投资部晨会纪要显示,资源垄断基金计划卖出该股,涂强出席了该晨会。

2008 年 2 月 5 日,王某账户卖出5,000股。2 月 4 日景顺长城投资部晨会纪要显示,资源垄断基金计划卖出该股,涂强出席了该晨会。

2008 年 6 月 6 日,王某账户买入10,000股。6 月 6 日景顺长城投资部晨会纪要显示,优选股票基金、动力平衡基金、鼎益基金计划买入该股,涂强出席了该晨会。

2008 年 6 月 13 日,王某账户买入10,000股。6 月 12 日景顺长城投资部晨会纪要显示,动力平衡基金、鼎益基金计划买入该股,涂强出席了该晨会。

2009 年 7 月 21 日,王某账户买入7,500股。7 月 20 日、21 日、23 日,鼎益基金共买入3,999,906股。

(九)哈空调

2008 年 2 月 15 日,王某账户买入12,900股;同日,动力平衡基金买入1,235,950股。

2008 年 6 月 26 日,王某账户买入8,500股。6 月 25 日景顺长城投资部晨会纪要显示,动力平衡基金计划买入该股。

2008 年 11 月 18 日,王某账户卖出15,000股;同日,动力平衡基金卖出1,000,000股。

2008 年 12 月 15 日,王某账户卖出20,000股。12 月 15 日、16 日,动力平衡基金共卖出2,052,042股。

(十)广州友谊

2009 年 8 月 18 日,王某账户买入20,000股。8 月 17 日,鼎益基金买入500,000股。

(十一)合肥百货

2009 年 7 月 21 日,王某账户卖出13,000股。7 月 24 日,动力平衡基金卖出 2,778,703股。

(十二)泸州老窖

2008 年 12 月 17 日,王某账户买入15,000股。11 月 14 日至12 月 29 日,动力平衡基金共买入 5,154,718 股。

(十三)置信电气

2009 年 2 月 6 日,王某账户买入10,000股。3 月 27 日,王某账户再次买入 10,000 股。2009年 1 月 12 日至 5 月 13 日,动力平衡基金、鼎益基金累计买入13,846,661股。

(十四)海油工程

2009 年 4 月 2 日,王某账户买入30,000股。4 月 1 日、2 日,动力平衡基金共买入 1,999,932 股。

调查发现,涂强提供了赵某、王某账户的部分交易资金,是该两个账户股票交易获利的受益人。涂强利用任职优势获取了景顺长城旗下多支基金投资股票的未公开信息,操控赵某、王某账户,先于或与涂强管理的基金及其他有关基金同步买卖相同股票。

以上事实,有景顺长城提供的相关情况说明,景顺长城会议记录,当事人询问笔录,相关基金和赵某、王某账户股票交易记录,赵某、王某账户股票交易下单电脑 MAC 记录以及下单交易 IP 地址等证据在案证明,足以认定。

上述行为,违反了《证券投资基金法》第十八条有关基金从业人员不得从事损害基金财产和基金份额持有人利益的证券交易的规定,构成了《证券投资基金法》第九十七条所述违法行为。同时,还违反了《证券法》第四十三条有关禁止特定人员直接或者借他人名义持有、买卖股票的规定,构成了《证券法》第一百九十九条所述违法行为。

根据上述违法违规行为及当事人违法行为的事实、性质、情节与社会危害程度,依据《证券投资基金法》第九十七条及《证券法》第一百九十九条规定,我会已对涂强作出了行政处罚决定。同时,鉴于其违法违规行为性质恶劣,情节严重,依据《证券法》第二百三十三条及《证券市场禁入规定》第三条、第四条、第五条的规定,我会决定:认定涂强为市场禁入者,自我会宣布决定之日起,终身不得从事证券业务或担任上市公司董事、监事、高级管理人员职务。

当事人如对本决定不服,可在收到本决定

书之日起60日内向中国证券监督管理委员会申请行政复议；也可以在收到本决定书之日起3个月内向有管辖权的人民法院提起诉讼。复议和诉讼期间，上述决定不停止执行。

# 关于对刘海实施市场禁入的决定

（〔2010〕11号）

当事人：刘海，男，1978年7月出生，时任长城基金管理有限公司（以下简称长城基金）长城稳健增利债券型证券投资基金基金经理。

依据《中华人民共和国证券投资基金法》（以下简称《证券投资基金法》）、《中华人民共和国证券法》（以下简称《证券法》）的有关规定，我会对刘海违法违规一案进行了立案调查、审理，并依法向当事人告知了作出市场禁入的事实、理由、依据及当事人依法享有的权利。当事人未提出陈述、申辩，也不要求举行听证会。本案现已调查、审理终结。

经查明，刘海存在以下违法违规行为：

2008年8月27日刘海担任长城稳健增利债券型证券投资基金（以下简称债券基金）的基金经理起至刘海违法行为的发现时间2009年8月21日，刘海通过电话下单等方式，操作妻子黄某于国泰君安证券深圳蔡屋围金华街营业部开立的同名证券账户从事股票交易，先于刘海管理的债券基金买入并卖出相关个股，涉及鞍钢股份等3支股票，为黄某账户非法获利134,683.57元。其中：

**一、鞍钢股份**

2009年1月15日，黄某账户买入40,000股。1月22日，债券基金买入该股，至2月5日共买入140,000股。

**二、海通证券**

2009年1月15日，黄某账户买入85,500股；同日，债券基金买入40,000股。

**三、东百集团**

2009年1月20日，黄某账户买入97,700股。1月19日，债券基金买入该股，至2月18日共买入603,400股。

调查发现，刘海、黄某夫妇提供了黄某账户的交易资金，是该账户交易股票获利的直接受益人。刘海利用任职优势先于其管理的债券基金，直接为黄某账户买卖相同股票。案发后，刘海配合了我会调查工作。

以上事实，有长城基金提供的相关情况说明，当事人询问笔录，债券基金和黄某账户股票交易记录等证据在案证明，足以认定。

上述行为，违反了《证券投资基金法》第十八条有关基金从业人员不得从事损害基金财产和基金份额持有人利益的证券交易的规定，构成了《证券投资基金法》第九十七条所述违法行为。同时，还违反了《证券法》第四十三条有关禁止特定人员直接或者借他人名义持有、买卖股票的规定，构成了《证券法》第一百九十九条所述违法行为。

根据上述违法违规行为及当事人违法行为的事实、性质、情节与社会危害程度，依据《证券投资基金法》第九十七条及《证券法》第一百九十九条，我会已对刘海作出了行政处罚决定。同时，鉴于其违法违规行为性质恶劣，情节严重，依据《证券法》第二百三十三条，《证券市场禁入规定》第三条、第四条、第五条的规定，我会决定：认定刘海为市场禁入者，自我会宣布决定之日起，3年内不得从事证券业务或担任上市公司董事、监事、高级管理人员职务。

当事人如对本决定不服，可在收到本决定书之日起60日内向中国证券监督管理委员会申请行政复议；也可以在收到本决定书之日起3个月内向有管辖权的人民法院提起诉讼。复议和诉讼期间，上述决定不停止执行。

# 关于对贺朝贤等6人实施市场禁入的决定

(〔2010〕12 号)

当事人:贺朝贤,男,1944 年 12 月 16 日出生,时任兴安证券有限责任公司(以下简称兴安证券)董事长、法定代表人。

吴亦力,男,时任兴安证券总裁。

曹鸿伟,男,1969 年 5 月 24 日出生,时任公司副总裁。

冯斌,男,1967 年 5 月 29 日出生,时任兴安证券上海枣阳路营业部总经理。

杨晓宏,男,原兴安证券哈尔滨奋斗路营业部之前身恒升证券实际控制人。

刘建德,男,原兴安证券哈尔滨奋斗路营业部实际管理人员。

依据 1999 年 7 月 1 日起施行的《中华人民共和国证券法》(以下简称原《证券法》)有关规定,我会依法对兴安证券违法行为案进行了立案调查、审理,并向当事人告知了作出市场禁入决定的事实、理由、依据及当事人依法享有的权利。应当事人冯斌的申请,我会举行了听证会,听取了冯斌的陈述和申辩。本案现已调查、审理终结。

经查明,兴安证券存在如下违法行为:

**一、挪用客户交易结算资金**

(一)兴安证券总部挪用客户交易结算资金

2002 年 4 月 30 日,兴安证券总部建账时,接收黑龙江省证券有限公司资产时带入保证金缺口 219,129,249.64 元。2002 年5 - 12 月,兴安证券累计发生挪用额 140,179,107.98 元,2002 年末挪用客户交易结算资金余额 84,521,812.42元;2003 年,累计发生挪用额 70,858,428.20 元,2003 年末体现为不挪用客户交易结算资金,客户交易结算资金余额为 12,423,210.90元;2004 年,累计发生挪用额 140,416,002.30 元,2004 年末挪用客户交易结算资金余额为 93,717,807.18 元;2005 年 1 - 9 月,累计发生挪用额15,508,772.31元,截至 2005 年9 月30 日,挪用客户交易结算资金余额 78,007,133.40元。

(二)兴安证券哈尔滨奋斗路营业部挪用客户交易结算资金

2002 年4 月至2005 年9 月,该营业部累计发生挪用客户交易结算资金33,477,419.26元。截至 2005 年 9 月 30 日,挪用客户交易结算资金余额 44,137,689.57 元。其中,历史形成的挪用客户交易结算资金 12,921,979.10 元;2002 年 4 月 1 日兴安证券设立后,发生的挪用客户交易结算资金余额 31,215,710.47 元。

(三)兴安证券上海枣阳路营业部挪用客户交易结算资金

2003 年 10 月至 2005 年 9 月,兴安证券上海枣阳路营业部为客户昌瑞发展公司进行 213 国债回购滚动放大交易业务。2004 年 4 月 26 日、27 日,国债标准券折算率两次下调,“昌瑞发展”账户(资金账号:28 × ×6026)在中国证券登记结算公司抵押的现券出现不足,形成标准券欠库 685,877 张,价值 68,587,700.00 元。截至 2005 年 9 月 30 日,213 国债回购标准券欠库形成透支 368,672,706.94 元。后经兴安证券卖出 213 国债收回资金 271,531,620.11 元,挪用客户交易结算资金余额 97,141,086.83 元。

**二、违规委托理财**

2002 年 4 月至 2005 年 9 月,兴安证券在其签订的 85 份委托理财业务合同中,有 82 份合同签订了保本保底补充协议直接向客户承诺收益,或者以其他方式向客户变相承诺收益。

上述事实,相关委托理财合同、有关交易记

录、相关账户开户资料、相关公司文件、相关董事会决议、相关工商登记资料、相关人员谈话笔录等证据证明,足以认定。

我会认定,兴安证券挪用客户交易结算资金行为违反了原《证券法》第七十三条,构成原《证券法》第一百九十三条所述“挪用客户账户上的资金”的行为。兴安证券违规委托理财行为构成《关于规范证券公司受托投资管理业务的通知》(证监机构字〔2001〕265号)第四条第(十一)项所述“向委托人承诺收益”的行为和《证券公司客户资产管理业务试行办法》(证监会令第17号)第四十一条“向客户作出保证其资产本金不受损失和取得最低收益的承诺”的行为。

我会认定,贺朝贤、吴亦力、曹鸿伟是上述违法行为的直接负责的主管人员,冯斌是兴安证券上海枣阳路营业部挪用客户交易结算资金的直接负责主管人员,杨晓宏和刘建德是兴安证券哈尔滨奋斗路营业部挪用客户交易结算资金直接负责的主管人员。当事人冯斌在听证会上提出的陈述申辩意见,经过复查核实不能成立,依法不予采纳。鉴于贺朝贤、吴亦力、曹鸿伟已经被我会〔2007〕11号实施市场禁入,我会不再对其采取市场禁入措施。

根据当事人违法行为的事实、性质、情节与社会危害程度,依据原《证券法》第一百九十三条和《证券市场禁入暂行规定》第六条、第七条的规定,我会决定:认定冯斌、杨晓宏和刘建德为市场禁入者,自我会宣布决定之日起,5年内不得从事证券业务或者担任上市公司高级管理人员。

当事人如果对本决定不服,可在收到本决定书之日起60日内向中国证券监督管理委员会申请行政复议,也可以在收到本处罚决定书之日起3个月内直接向有管辖权的人民法院提起行政诉讼。复议和诉讼期间,上述决定不停止执行。

# 关于对秦少秋实施市场禁入的决定

(〔2010〕13号)

当事人:秦少秋,男,1971年8月出生,上海北孚(集团)有限公司(以下简称北孚集团)董事长、总裁,时任上市公司上海兴业房产股份有限公司(以下简称ST兴业)董事长。

依据《中华人民共和国证券法》(以下简称《证券法》)的有关规定,我会对北孚集团涉嫌内幕交易行为进行了立案调查、审理,并依法向当事人秦少秋告知了作出市场禁入的事实、理由、依据及当事人依法享有的权利。当事人秦少秋未提出陈述、申辩意见,也未要求听证。本案现已调查、审理终结。

经查明,北孚集团存在以下内幕交易事实:

**一、内幕信息的形成、传递和公开过程**

江苏银洲置业集团(以下简称银洲集团)是江苏省一家主营房地产业务的企业集团,一直在寻求借壳上市的机会。2008年年初,通过倪锋介绍,南京证券邱某和上海沪红马投资管理有限公司薛某向银洲集团推荐了ST兴业作为重组的壳资源,银洲集团董事长沈某认为ST兴业比较符合要求。2月初,薛某将银洲集团拟重组ST兴业的事项告知了ST兴业时任董事长秦少秋,3月10日左右,邱某和薛某从上海前往江苏省启东市,同沈某、倪锋等人见面,讨论了银洲集团重组ST兴业的想法。之后,倪锋、薛某和秦少秋在上海见面,提出双方应积极推动银洲集团重组ST兴业。秦少秋表示其是代表北孚集团来谈的,要求银洲集团保证在重组后由其本人继续担任ST兴业的董事长,北孚集团的资产也要参与重组。

2008年3月14日,银洲集团副总经理茅某将银洲集团介绍资料通过电子邮件发到邱某的邮箱,3月22日至5月31日,邱某将其起草的重组方案、建议等资料通过电子邮件发送给茅某、倪锋和薛某。2008年3月30日上午,秦少秋在江苏省启东市与沈某、倪锋、邱某、薛某等人见面,洽谈重组事宜。秦少秋表达了愿意与银洲集团合作的意向,提出要将北孚集团的资产一并装入ST兴业,其本人还要再当一届董事长,ST兴业的债务问题由其解决。沈某向秦少秋介绍了银洲集团的情况,表示双方可以就重组进行合作。

由于沈某不同意秦少秋在重组后继续担任ST兴业的董事长,2008年4月,薛某、茅某二人开始与ST兴业总经理联系做ST兴业董事的工作,请他们配合使银洲集团提交的重组方案顺利通过董事会审议,并将部分董事席位让给银洲集团。至2008年4月底,ST兴业大部分董事表示支持重组,几个董事并表示愿意放弃董事席位给银洲集团。至此,银洲集团重组ST兴业的事情已较为明确,内幕信息已经形成。

2008年6月1日,沈某和秦少秋就重组事宜进行了面谈,包括银洲集团向秦少秋支付对价、次日银洲集团向ST兴业提交重组建议书等事宜。

2008年6月2日下午,银洲集团向ST兴业提交了《上海兴业房产股份有限公司2008年非公开发行股票的建议书》(以下简称《建议书》)。6月3日,ST兴业宣布临时停牌。6月4日,ST兴业发布公告称因涉及重大事项,公司股票自当日起停牌。此后,"ST兴业"股票连续停牌。6月25日,银洲集团向ST兴业递交暂时收回《建议书》的函,称"鉴于最近总体经济环境和证券市场的一些变化,以及我集团对贵公司债务及历史遗留问题处置需要一定时间才能理清并提出确实的方案,所以我集团决定暂时收回向贵公司董事会提交的建议书,待条件更趋成熟时,再次向贵公司董事会提出"。同日,ST兴业董事会决议取消本次重大事项。6月26日,ST兴业公告此次重大事项取消,股票自6月27日起复牌。"ST兴业"股票复牌后连续跌停。

## 二、当事人知悉内幕信息的情况

根据上述内幕信息的形成过程,秦少秋作为ST兴业董事长、法定代表人,代表ST兴业参与了公司的重组过程。同时,秦少秋作为北孚集团董事长、总裁及实际控制人,代表北孚集团参与了重组过程。因此,秦少秋和北孚集团知悉重组信息,是内幕信息知情人。

## 三、当事人内幕交易情况

2008年6月2日13时17分至14时59分,北孚集团利用其实际控制的上海福辽投资管理有限公司的证券账户买入"ST兴业"1,092,250股。截至2008年7月7日,该证券账户亏损2,086,747.96元。

以上事实,有相关重组方案、会议记录、公告、账户开户资料、交易流水、资金凭证、工商登记资料、电子邮件、情况说明以及当事人询问笔录等证据证明,足以认定。

上述银洲集团拟重组ST兴业的事项,属于《证券法》第七十五条规定的内幕信息。北孚集团在该内幕信息公开前买卖"ST兴业"股票的行为,违反了《证券法》第七十六条的规定,构成了《证券法》第二百零二条所述的内幕交易行为。对于北孚集团的内幕交易行为,秦少秋是直接负责的主管人员。北孚集团的内幕交易行为,我会已另案处理。

根据当事人违法行为的事实、性质、情节与社会危害程度,依据《证券法》第二百三十三条和《证券市场禁入规定》第三条、第五条的规定,我会决定:认定秦少秋为证券市场禁入者,自我会宣布决定之日起,5年内不得从事证券业务或者担任上市公司董事、监事、高级管理人员职务。

当事人如果对本决定不服,可在收到本决定书之日起60日内向中国证券监督管理委员会申请行政复议,也可在收到本决定书之日起3个月内直接向有管辖权的人民法院提起行政诉讼。复议和诉讼期间,上述决定不停止执行。

# 关于对张小坚实施市场禁入的决定

（〔2010〕14号）

当事人：张小坚，男，2006年2月18日至2009年3月18日任国海证券有限责任公司（以下简称国海证券）副总裁。

依据《中华人民共和国证券法》（以下简称《证券法》）的有关规定，我会对张小坚内幕交易行为进行了立案调查、审理，并依法向当事人告知了作出市场禁入的事实、理由、依据及当事人依法享有的权利。当事人未提出陈述、申辩意见，也未要求听证。本案现已调查、审理终结。

经查明，张小坚存在以下违法事实：

## 一、内幕信息的形成过程

2006年11月，国海证券在借壳桂林集琦药业股份有限公司（以下简称桂林集琦）过程中，使该公司股权结构发生重大变化，是属于涉及公司经营、财务或者对公司证券市场价格有重大影响的尚未公开的敏感信息。自2006年11月7日－14日国海证券董事长在北京出差期间形成借壳桂林集琦想法为内幕交易起点，至2006年12月13日桂林集琦第一次发布国海证券借壳事宜、股票继续停牌公告前，为内幕信息敏感期。

## 二、张小坚内幕交易行为的事实及认定

国海证券北京和平街营业部资金账户110×××68户名及控制人为张强，系张小坚之弟。从2006年5月到2006年12月期间，张强将账户交由张小坚管理。2006年11月14日，张小坚在其办公室为其管理的张强账户下单买入“S＊ST集琦”493,600股；2006年11月22日，张小坚再次在其办公室为其管理的张强账户下单买入“S＊ST集琦”32,500股。

时任国海证券副总裁张小坚，2006年11月13日与国海证券董事长在北京见面并研究工作，张小坚知悉国海证券董事长打算借壳桂林集琦的想法，并且自始至终参与了国海证券借壳桂林集琦的相关事宜，是内幕信息知情人。张小坚在内幕信息敏感期内，用其管理的张强账户，买入“S＊ST集琦”共计526,100股，构成内幕交易。

上述违法事实，有相关人员询问笔录、有关会议纪要、相关账户交易记录和统计数据等证据证明，足以认定。

张小坚的上述行为，违反了《证券法》第七十三条、第七十六条的规定，构成《证券法》第二百零二条所述的情形。

张小坚作为证券公司高管人员，无视证券法律法规，在明知自己是内幕信息知情人的情况下，用其管理的其弟弟张强的账户，在敏感期内买入涉及内幕信息的股票。其行为严重侵害了上市公司和投资者合法权益，严重扰乱了证券市场秩序，情节严重，性质恶劣。

根据当事人违法行为的事实、性质、情节与社会危害程度，依据《证券法》第二百零二条，《证券市场禁入规定》第三条、第五条的规定，我会决定：认定张小坚为市场禁入者，自我会宣布决定之日起，5年内不得从事证券业务或担任上市公司董事、监事、高级管理人员职务。

当事人如果对本决定不服，可在收到本决定书之日起60日内向中国证券监督管理委员会申请行政复议，也可在收到本决定书之日起3个月内向有管辖权的人民法院提起行政诉讼。复议和诉讼期间，上述决定不停止执行。

# 关于对何强、李冬、洪波实施市场禁入的决定

([2010]15号)

当事人:何强,1962年7月出生,2003年3月至2008年11月担任华夏建通科技开发股份有限公司(以下简称华夏建通)董事长,同时担任华夏建通科技开发集团有限责任公司(以下简称建通集团)董事长。

李冬,1968年12月出生,2007年4月至调查日担任华夏建通董事、副总经理、北京华夏通网络技术服务有限公司(以下简称华夏通)总经理。

洪波,1972年2月出生,2005年10月至2006年12月担任华夏建通董事、总经理。

依据《中华人民共和国证券法》(以下简称《证券法》)的有关规定,我会对华夏建通违反证券法律法规案进行了立案调查、审理,并依法向当事人告知了作出市场禁入的事实、理由、依据及当事人依法享有的权利。应当事人何强的要求,我会举行了听证会,听取了何强代理人的陈述和申辩。本案现已调查、审理终结。

经查明,华夏建通存在以下违法事实:

**一、2003年2月,建通集团置换进入华夏建通的资产存在重大不实,致使华夏建通2003年至2007年年度报告资产状况的披露存在重大虚假记载**

2002年8月22日,建通集团以39,198.12万元实物资产对铁通华夏电信有限责任公司(以下简称铁通华夏)增资。2002年12月,建通集团又将上述用于铁通华夏增资资产投入上海铁通电信有限公司(以下简称上海铁通)。2003年1月10日,华夏建通与建通集团约定双方进行资产置换,置入华夏建通的资产为建通集团合法持有的铁通华夏权益性资产。在2003年2月18日的临时公告以及2003年至2007年的年度报告中,华夏建通未如实披露建通集团将铁通华夏资产投入上海铁通的情况。

**二、在2003年至2005年年度报告中,虚假记载建通集团的控股股东及实际控制人情况**

2003年3月至2007年5月期间,华夏建通第一大股东为建通集团,泛华工程有限公司(以下简称泛华工程)持有建通集团60%股权。2003年10月,泛华工程将其持有的建通集团60%的股权转让给北京泛华投资管理有限公司(以下简称泛华投资),建通集团股权结构变更为泛华投资持股75%、北京同方投资管理有限公司持股25%,何强本人、配偶及其配偶的哥哥持有该两公司的全部股份。2004年11月,何强将其持有泛华投资59%的股权转让给中国华阳技术贸易朗利公司,根据中国华阳技术贸易朗利公司的说明,该股权转让行为并未真实实施,只是进行了工商变更登记。综上并经测算,何强间接持有华夏建通29%的股权,是华夏建通的实际控制人。在2003年至2005年年度报告中,华夏建通公告的实际控制人为泛华工程,未披露上述泛华投资或何强的控股情况。

**三、2003年12月临时信息披露、2003年年度报告未按规定披露与西安通信的关联关系和关联交易**

2003年3月至2007年8月期间,华夏建通董事长何强同时担任西安通信产业基地有限公司(以下简称西安通信)董事长。2003年12月15日,华夏建通控股子公司世信科技发展有限公司(以下简称世信科技)与西安通信签订《西安通信产业基地信息工程投标保证资金协议书》,世信科技分别于2003年12月23日、24日向西安通信共电汇资金6,000万元。华夏建通2003年12月未及时披露、2003年年度报告未披露上述其与西安通信的关联关系及

关联交易。

**四、2003年至2005年，华夏建通未真实及时披露建通集团、西安通信等关联企业占用资金的情况**

（一）2003年年度报告未真实及时披露占用资金情况

2003年7月28日至12月29日期间，华夏建通先后通过世信科技、北京泰亚东方通信设备有限公司、深圳市财汇投资发展有限公司等多家公司汇出资金1亿元，其中建通集团占用9,000万元、西安通信占用1,000万元，华夏建通2003年年度报告所披露的“关联方应收应付款项余额”为76,640,643.15元，未包含上述占用资金事项。

（二）2004年年度报告未真实及时披露占用资金情况

截至2004年12月2日，华夏建通北京分公司当年共向铁通华夏划转资金3,164.5万元，其中2,900万元经铁通华夏又转至建通集团。

2004年10月19日至12月31日期间，世信科技共收到西安通信汇来资金1,648.5万元，华夏建通说明，该笔款项是用于偿还2003年建通集团占用的部分资金以及西安通信全部占用资金的。华夏建通2004年年度报告“关联方应收应付款项余额”为99,041,441.24元，未包含建通集团2003年占用资金9,000万元及其2004年占用资金2,900万元，扣除上述已归还的款项，华夏建通2004年年度报告中未披露的建通集团占用资金为11,251.5万元。

（三）2005年年度报告未真实及时披露占用资金情况

2005年5月19日至11月7日期间，建通集团通过西安通信账户归还其所占用资金1,056.1万元，华夏建通2005年年度报告“关联方应收应付款项余额”为1,234,734.82元，扣除上述已归还款项后，未披露建通集团占用资金10,195.4万元的情况。

**五、2007年中期报告中提前确认主营业务收入1,225万元**

2007年6月28日，世信科技与北京越洋互动文化传播有限公司签订《社区大屏幕销售合同》，2007年6月29日，世信科技就上述合同中的软件单独确认了1,225万元主营业务收入，并在2007年度中期报告中予以了披露。但相关项目直到2007年9月21日才交付验收。2007年11月24日，华夏建通发布更正公告，对2007年中期报告及2007年第三季度报告作了调整。

**六、华夏通虚增营业收入44,735,920.00元，虚增利润35,746,054.00元，导致华夏建通2007年年度报告虚假记载利润17,158,106.11元**

华夏通成立于2005年1月14日，注册资金6,000万元，其中华夏建通出资2,880万元，持股比例为48%。2007年，华夏通分别与长春华谊国际教育文化交流有限公司等7家公司签订了10个项目的《技术开发合同》，开发经费和报酬总计4,900万元。华夏通总经理李冬、技术主管刘德明、职员陈风、韩琳等人的询问笔录证实：截至2007年12月31日，华夏通为上述7家公司所开发的系统尚未完成，相关《项目验收报告》是根据公司会计部门做账之需要，请委托方帮忙签署的，实际上并未按规范程序进行。截至2008年12月调查之时，上述10个项目中有2个项目已终止开发，5个项目尚在开发中，3个项目尚处于试运营状态。2007年华夏通确认上述技术开发项目当年实现营业收入共计收入44,735,920.00元，华夏建通2007年年度报告披露当年实现净利润7,277,955.92元，其中投资华夏通收益为12,632,771.34元。

上述事实分别有相关合同、财务账册、原始凭证、当事人询问笔录及相关年度报告等证据证明，证据确实、充分，足以认定。

华夏建通虚假记载和重大遗漏、未及时披露信息等违反证券法律法规行为，违反了1999年7月1日起施行的《中华人民共和国证券法》（以下简称原《证券法》）第六十一条、第六十二条和《证券法》第六十五条、第六十六条的规定，构成了原《证券法》第一百七十七条、《证券法》第一百九十三条规定的行为。

对于华夏建通上述信息披露违法行为，何强、李冬是相关违法行为的直接负责的主管人员；洪波是相关违法行为的其他直接责任人员。何强因涉嫌犯罪被我会移送公安机关。2010年7月2日，上海市卢湾区人民法院作出刑事判决,何强犯背信损害上市公司利益罪判处有期徒刑三年、宣告缓刑五年。之后,何强向我会提出听证要求。

在申辩、陈述和听证中,何强代理律师提出如下申辩意见:案件在事实方面存在不符;我会在本案中的法律适用及时效问题存在瑕疵;何强的违法行为是基于其本人对《证券法》等法律学习及认识不够,违法行为是过失所致,而非主观故意;何强因背信损害上市公司利益罪等被刑事判决事实与本案的市场禁入事实无直接关系,不应根据刑事判决进行行政处罚等辩解,恳请我会对何强减轻处罚。

我会认为,何强代理律师提出的案件事实方面存在不符的辩解,没有相关证据予以证明,也未对调查人员出具的证据材料进行反驳,案件事实清楚,证据确凿,其申辩不予采纳;关于案件中法律适用及时效等存在瑕疵等问题,我会调查部门及审理人员均严格按照《证券法》、《行政处罚法》的相关规定进行稽查、审核以及审理,不存在代理律师所述的适用法律错误及瑕疵,我会对其予以禁入是有法律依据的、适当的;关于何强的违法行为是基于其本人对《证券法》等法律学习及认识不够,违法行为是过失所致,而非主观故意的辩解,没有事实证据支持,不予采纳;何强因背信损害上市公司利益罪等被刑事判决事实与本案的行政处罚事实无直接关系,不应根据刑事判决进行市场禁入的辩解。何强作为华夏建通董事长,利用职务便利,违背忠实义务,挪用华夏建通资金收购本公司股权等构成背信罪,虽然与本案没有直接关系,但这说明何强作为上市公司的董事长不仅未尽到勤勉义务,存在大量信息披露违法,而且说明其未尽忠实义务,构成犯罪,违法情节特别严重,认定其为市场禁入者是适当的,其申辩不予采纳。

根据当事人违法行为的事实、性质、情节与社会危害程度,依据《证券市场禁入暂行规定》第四条、《证券市场禁入规定》第三条、第五条的规定,我会决定:

一、认定何强为市场禁入者,自我会宣布决定之日起,终身不得从事证券业务或担任上市公司董事、监事、高级管理人员职务;

二、认定李冬、洪波为市场禁入者,自我会宣布决定之日起,3 年内不得从事证券业务或担任上市公司董事、监事、高级管理人员职务。

当事人如果对本决定不服,可在收到本决定书之日起60 日内向中国证券监督管理委员会申请行政复议,也可在收到本决定书之日起3 个月内直接向有管辖权的人民法院提起行政诉讼。复议和诉讼期间,上述决定不停止执行。

# 关于对钟伟华等 10 人实施市场禁入的决定

([2010]16 号)

当事人:钟伟华,男,1957 年 8 月出生,时任广东证券股份有限公司(以下简称广东证券)董事长和总裁。

符列娜,女,1958 年 4 月出生,时任广东证券财务总监。

吴克夫,男,1955 年 11 月出生,时任广东证券广州西华路营业部总经理。

饶金良,男,1963 年 4 月出生,时任广东证券北京长春桥营业部总经理。

朱捷,女,1976 年 5 月出生,时任广东证券北京长春桥营业部副总经理。

叶育鹏,男,1962 年 10 月出生,时任广东证券河源营业部总经理。

罗立新,男,1968 年 1 月出生,时任广东证券顺德管理总部总经理和广东证券总裁助理、副总裁。

黄方杰,男,1950 年 5 月出生,时任广东证券副总裁。

刘小勇,男,1968年11月出生,时任广东证券资产管理部总经理。

赵又村,男,1964年5月出生,时任广东证券深圳管理总部总经理和广东证券总裁助理、投资总监。

依据1999年7月1日起施行的《中华人民共和国证券法》(以下简称原《证券法》)的有关规定,我会对广东证券违反证券法律法规的行为进行了立案调查、审理,并依法向当事人告知了作出市场禁入的事实、理由、依据及当事人依法享有的权利,当事人钟伟华、符列娜、黄方杰、赵又村提出了陈述、申辩意见,所有当事人未要求听证。本案现已调查、审理终结。

经查明,广东证券存在如下违法事实:

一、自2003年10月24日至2005年11月4日,广东证券累计挪用客户保证金647,934.94万元。其中:(1)通过从客户资金银行存款账户直接划款到广东证券自有资金银行存款账户的方式挪用客户保证金,累计发生5笔,共计金额135,000万元;(2)通过将在中国证券登记结算公司的客户保证金以自有资金名义划款到广东证券自有资金银行存款账户的方式挪用客户保证金,累计发生72笔,共计金额431,289.18万元;(3)直接将资金从广东证券的保证金专户中转账到云南冶金集团,用于支付非客户交易事项,造成挪用客户保证金,累计金额20,000万元;(4)因经济纠纷被光大银行从广东证券的保证金专户划出资金,累计金额17,624万元;(5)西华路营业部、长春桥营业部、江宁路营业部与福华一路营业部,通过柜台交易系统在"泰怡轩15254"、"宁禄投资14943"、"泰诚咨询800138"、"德源投资17694"与"广东兆源24423"五个账户,虚加标准券套取资金造成挪用客户保证金,累计金额40,578.76万元;(6)河源营业部及叶育鹏直接从客户保证金银行账户提取资金用于对外借贷或者支付非客户交易事项,造成挪用客户保证金,累计金额3,443万元。

截至2005年11月4日,广东证券客户保证金缺口为193,968.5万元。

二、自2003年10月24日至2005年11月4日,广东证券违规开展委托理财438笔、受托资产金额累计236,859.98万元,累计支付所承诺的理财收益15,513.9万元。其中:(1)顺德管理总部违规开展委托理财330笔,涉及委托理财本金88,989.5万元,共计支付承诺的保底收益4,008.89万元;(2)资产管理部违规开展委托理财45笔,涉及委托理财本金60,821.97万元,共计支付承诺的保底收益5,645.47万元;(3)投资部违规开展委托理财51笔,涉及委托理财本金78,874.3万元,共计支付承诺的保底收益5,606.83万元;(4)昆明、茂名与三水等地营业部违规开展委托理财12笔,涉及委托理财本金8,174.22万元,共计支付承诺的保底收益252.72万元。

三、在2003年10月24日、2004年9月30日、2005年10月24日和2005年11月4日四个时点分别挪用客户国债66,031.043万元、89,055.364万元、68,182.896万元和68,477.25万元。

广东证券挪用客户保证金、客户国债行为,违反了原《证券法》第七十三条关于"在证券交易中,禁止证券公司及其从业人员从事下列损害客户利益的欺诈行为:(三)挪用客户所委托买卖的证券或者客户账户上的资金"和第一百三十二条关于"严禁挪用客户交易结算资金"的规定,构成了原《证券法》第一百九十三条规定的行为。广东证券承诺保底收益的资产管理业务行为,违反了《证券公司客户资产管理业务试行办法》(证监会令第17号,以下简称《试行办法》)第四十一条:"证券公司从事客户资产管理业务,不得有下列行为:(二)向客户作出保证其资产本金不受损失或者取得最低收益的承诺"的规定,构成了《试行办法》第六十五条规定的行为。

钟伟华作为广东证券挪用客户保证金行为的决策人及组织者,并在部分涉及挪用客户保证金的资金划拨单和内部签报上签字,是对广东证券挪用客户保证金行为直接负责的主管人员。他作为公司资产管理业务的领导者和管理者,批准、授权下属部门和员工以承诺保底和约定收益率的方式开展资产管理业务,是对广东证券开展有保底承诺资产管理业务直接负责的主管人员。钟伟华还招揽国洪起到广东证券进行国债回购,没有对国洪起控制账户的国债回购规模和回购资金的使用情况进行有效监督和控制,放任国洪起控制账户挪用客户国债,是国洪起控制账户挪用客户国债的其他直接责任人员。

符列娜作为公司财务总监,主管和协调计划财务部和清算中心业务,负责挪用客户保证金的使用调配和拆借资金掩盖客户保证金缺口的安排,在大量挪用客户保证金的内部资金划拨单和部分内部签报上签字,是广东证券挪用客户保证金行为的主要执行者和直接负责的主管人员。

吴克夫作为广东证券西华路营业部总经理,直接给员工下指令在"泰怡轩 15254"账户进行虚存标准券和买入融资操作,并在挪用客户国债融资所形成资金的划款通知书等凭证上签字,是国洪起控制账户挪用客户国债的其他直接责任人员。

饶金良作为广东证券长春桥营业部总经理,直接给员工下指令在"泰诚咨询 800183"账户进行虚存标准券和买入融资操作,并在挪用客户国债融资所形成资金的划款通知书等凭证上签字,是国洪起控制账户挪用客户国债的其他直接责任人员。

朱捷作为广东证券长春桥营业部副总经理,直接给员工下指令或亲自在"泰诚咨询 800183"账户进行虚存标准券和买入融资的操作,并在挪用客户国债融资所形成资金的划款通知书等凭证上签字,是国洪起控制账户挪用客户国债的其他直接责任人员。

叶育鹏作为广东证券河源营业部总经理,擅自挪用河源营业部的客户保证金,累计挪用金额为 3,443 万元,是对该营业部挪用客户保证金行为直接负责的主管人员。

罗立新在任广东证券副总裁期间,负责顺德管理总部、资产管理部以及公司其他营业部违规开展资产管理业务,并签署资产管理合同 361 笔,合同金额达103,921.72万元,是对广东证券开展有保底承诺资产管理业务直接负责的主管人员。

黄方杰在任广东证券副总裁期间,曾主管国债部、投资部,对投资部开展资产管理业务进行审批,是对广东证券开展有保底承诺资产管理业务直接负责的主管人员。

赵又村在任广东证券总裁助理和投资总监期间,协助黄方杰分管投资部工作,签署资产管理合同 7 笔,合同金额达13,409.59万元,是广东证券开展有保底承诺资产管理业务的其他直接责任人员。

刘小勇在任广东证券资产管理部副总经理、总经理期间,签署资产管理合同 26 笔,合同金额达 32,569.80 万元,是广东证券开展有保底承诺资产管理业务的其他直接责任人员。

上述事实,有账户开户资料、交易记录、相关合同、询问笔录等证据证明,足以认定。

钟伟华在申辩材料中提出,他未主动招揽国洪起到公司做国债回购业务,没有管理各营业部的具体工作和各项业务,曾经主动化解公司危机、减少损失、如实向有关部门报案,请求减轻处罚。

我会查明,国洪起在询问笔录中称,他于 1997 年年底到海南开会认识了钟伟华,之后钟伟华邀请他去广东证券"做国债",条件是手续费按 0.1% 计算,广东证券席位上标准券借给他用;钟伟华在调查中也承认,国洪起曾和广东证券高层谈过开展国债业务的优惠条件的事情,他本人表示只要国洪起业务量达到一定规模,就给予低佣金的优惠。因此,钟伟华未主动招揽国洪起到广东证券做国债回购业务的申辩理由不能成立。我会认为,钟伟华担任广东证券董事长兼总裁期间,是挪用客户保证金行为的决策人及组织者,是公司资产管理业务的领导者和管理者,钟伟华没有管理各营业部的具体工作和各项业务的申辩理由不影响对其责任的认定;广东证券的违法违规行为涉案金额巨大,情节特别严重,我会已于 2005 年 11 月 4 日对广东证券作出了关闭的行政处罚,钟伟华作为最主要的责任人,其主动化解公司危机等理由不足以减轻其应当承担的责任。

符列娜在申辩材料中提出,公司的资金往来划拨调配,是按公司规定的操作程序,由公司各相关业务职能部门及各人员办理相关手续,其本人不是公司挪用客户保证金行为的主要执行人员,请求减轻处罚。

我会认为,符列娜在担任广东证券财务总监期间,主管和协调计划财务部和清算中心业务,负责挪用客户保证金的使用调配和拆借资金掩盖客户保证金缺口的安排,在大量挪用客户保证金的内部资金划拨单和部分内部签报上签字。符列娜关于其本人不是公司挪用客户保证金行为主要执行人员的辩解与事实不符,其应对广东证券相关违法行为承担相应的责任。

黄方杰在申辩材料中提出，广东证券的内部管理机制并不正常，其任职期间虽分管国债部与投资部，但这两个部门的业务活动，并非全部向其请示与审批，他没有审批过有保底承诺资产管理业务，并曾对国债回购和资产管理业务明确表示过反对意见、并进行抵制。

我会查明，黄方杰在任广东证券副总裁期间，曾分管投资部，在涉案业务文件上签署“我已知”，因此，其没有审批过有保底承诺资产管理业务的辩解不能成立；黄方杰作为分管国债部与投资部的公司副总裁，明知公司国债回购和资产管理业务明显违规，仅仅在内部进行所谓的“反对”、“抵制”，该情节不影响对其责任的认定。

赵又村在申辩材料中提出，他参与审批的违规行为，是在部分违规资产管理业务到期情况下，为避免公司的更大损失，迫不得已采取的“借新还旧”措施，而且签署的违规资产管理合同经过了公司授权。

我会认为，赵又村审批违规资产管理业务的事实清楚，证据确凿，其辩解理由不影响对其应当承担责任的认定。

根据当事人违法行为的事实、性质、情节与社会危害程度，依据原《证券法》第一百九十三条和《试行办法》第六十五条及《证券市场禁入暂行规定》第六条、第七条的规定，我会决定：

一、认定钟伟华、符列娜为市场禁入者，自我会宣布决定之日起，永久性不得从事任何证券业务；

二、认定吴克夫、饶金良、朱捷为市场禁入者，自我会宣布决定之日起，10 年内不得从事任何证券业务和担任上市公司高级管理人员；

三、认定叶育鹏、罗立新、黄方杰为市场禁入者，自我会宣布决定之日起，5 年内不得从事任何证券业务和担任上市公司高级管理人员；

四、认定赵又村、刘小勇为市场禁入者，自我会宣布决定之日起，3 年内不得从事任何证券业务和担任上市公司高级管理人员。

当事人如果对本决定不服，可在收到本决定书之日起 60 日内向中国证券监督管理委员会申请行政复议，也可在收到本决定书之日起 3 个月内直接向有管辖权的人民法院提起行政诉讼。复议和诉讼期间，上述决定不停止执行。

# 七、行政复议与行政诉讼

## (一)2010 年行政复议与行政诉讼工作综述

### 一、行政复议、行政诉讼案件情况

(一)行政复议案件情况

1. 基本情况

(1)当年办结率 100%

2010 年度，中国证监会新收行政复议申请 55 件，办结 55 件，办结率 100%。

(2)受理率 65.4%

新收的 55 件行政复议申请中，共受理 36 件，受理率为 65.4%。决定不予受理的 13 件，占行政复议申请总数的 23.6%。无正当理由未补正材料而视为放弃行政复议申请的 3 件。转信访部门处理的 3 件。

(3)维持率 86.1%，变更撤销率 5.6%

受理的 36 件案件中，决定维持原具体行政行为的 31 件，维持率 86.1%；撤销或变更原具体行政行为的 2 件，撤销变更率 5.6%；因当事人撤回申请而终止审理的 3 件，占 8.3%。

2. 行政复议申请人、被申请人及申请事项情况

根据申请人及申请事项的不同，2010 年新收行政复议案件总体上可分为以下四类：(1)上市公司信息披露违法责任主体不服行政处罚、市场禁入的复议；(2)信访人不服我会或

派出机构信访处理意见申请的复议;(3)被冻结财产的利害关系人不服冻结措施申请的复议;(4)证券公司、基金公司高管不服我会给予警示函、记入诚信档案等监管措施申请的复议。

其中,申请人为公民的46件,占年度案件总数的83.6%;申请人为法人的9件,占年度案件总数的16.4%;被申请人为中国证监会的42件,占年度案件总数的76.3%;被申请人为中国证监会派出机构的13件,占年度案件总数的23.7%。

从申请事项看,因不服行政处罚、市场禁入提起的复议申请33件,占年度申请总数的60%;因不服证监会及派出机构信访处理意见,要求履行职责的复议申请14件,占年度申请总数的25.4%;因不服证监会及派出机构行政监管措施的复议申请3件,占年度申请总数的5.4%;因不服证监会冻结措施的复议申请3件,占年度申请总数的5.4%;其他因不服行政许可、认定意见等事项的复议申请各1件。

(二)国务院裁决案件情况

2010年度,共办理国务院裁决案件3件,其中年度新发生1件,以往年度结转2件。其中,办结2件,正在办理1件。办结案件中,1件由国务院法制办裁决维持,1件决定不再继续审理。

(三)行政应诉案件情况

2010年度,中国证监会机关共办理行政应诉案件8件,其中新发生行政诉讼案4件。共办结6件,其中4件取得胜诉,2件由人民法院裁定不予受理。

2010年度,中国证监会派出机构共办理行政诉讼案7件,其中,有5件判决派出机构胜诉,2件正在审理。

## 二、行政复议与行政诉讼工作情况

2010年度,中国证监会立足依法行政基本要求,将行政复议、行政诉讼作为资本市场法制建设的重要内容,努力发挥行政复议、行政应诉工作在推进依法行政、维护市场和谐秩序方面的制度功能,工作质量和效果进一步提升。

一是通过及时高效解决行政争议,促进了资本市场和谐发展。在全年案件量较往年明显增多的情况下,全年行政复议案办结率达到100%,8件行政诉讼案已结案7件。办结的55件行政复议案中仅有1件争议进入国务院裁决程序。行政应诉实现全面胜诉。国务院法制办在2010年全国行政复议年度工作会议上对我会复议工作中的案后释明等做法给予了表扬。这些工作尽早化解了行政争议,节约了行政成本,反映了市场参与主体的利益诉求和市场监管主体的政策理念,有利于妥善公平处理各方利益关系,营造资本市场和谐发展局面。

二是作为复议机构和应诉部门,保障了证监会监管执法权威。复议、应诉是推进依法行政的一项基础性、保障性工作,其工作目标之一是确保监管工作经得起审查和质疑,保障监管执法权威,探索工作规律。复议工作中,对于证监会依法作出的监管行为,只要经过复议审查,认为依据充分、事实清楚和程序合法,就坚决予以维护和支持。应诉过程中,通过应诉答辩、协调沟通、新闻宣传等各种方式,证监会的监管政策、背景和立场得到了国务院和人民法院的认同和支持。一些好的监管经验和执法创新通过复议、应诉工作得到了及时支持与反映。

三是立足发挥执法监督指导功能,提高了证监会依法行政水平。行政复议、行政诉讼的基本制度功能是监督指导行政行为,防止和纠正行政违法。办案中,中国证监会坚持通过复议、诉讼将资本市场的矛盾热点和监管执法中的普遍问题揭示出来,形成改进工作建议。年初,通过全面总结了我会成立以来的复议和诉讼案件情况,在全系统印发了《复议、诉讼案件总体情况报告》。年末,首次全面统计了派出机构行政应诉情况,派出机构总结排查了2010年办理行政应诉案件和防范法律风险的经验做法。这些举措将有力促进系统单位健全执法制度、改进执法手段、规范执法行为。

## 三、行政复议、行政应诉工作经验总结

总结2010年工作,中国证监会行政复议、行政应诉在提升办案效率、保证工作效果方面积累了更多经验,有了一些新的做法。

一是立足案件规律和特点,明确工作思路。行政复议、行政应诉工作具有其自身特点和规律:一是审查对象都是已作出的具体行政行为,以解决行政争议为目的,以违法责任认定为重点,工作的对象、目标与重点都比较容易把握;二是行政执法一般遵从明显优势证据原则,自

由裁量空间相对较大；三是就证券期货监管而言，案件类型化的特点比较突出。针对这些特点，中国证监会形成了“类型化处理”、“抓核心问题”等工作思路，对于同类案件和同类问题，按照统一明确的原则处理，同时重点围绕争议问题进行审查，只要主要事实清楚、主要证据确凿、法定程序完备，即可作出审查结论，明显提高了办案工作质量和效率。

二是立足办案程序和要求，加强案件管理。复议、应诉工作具有明确而严格的时限和程序要求。2010 年案量大幅增加的情况下，中国证监会新修订了《中国证监会行政复议办法》，案件管理机制进一步健全，相关工作要求进一步明确。一是严格按照规定实行二人办案。二是提前做好计划安排，跟踪检查掌握审理进度，及时应对疑难复杂问题。三是主动掌握案件情况，在审查过程中发现的疑难问题及时沟通，必要时提请召开行政复议委员会讨论。四是做好案卷归档，积累案例素材，对于日常工作中发现的争议热点动向，提前做好研究。这些举措为进一步提高办案效率效果提高了工作保障。

三是立足司法、执法理念差异，主动沟通协调。对于办案中遇到的重大、疑难和复杂问题，中国证监会一般都及时听取国务院法制办和人民法院的意见建议，既讲求个案处理效果，又注意不同机关达成共识，在案件处理中提前防范法律风险，拓展工作空间，为后续工作奠定有利基础。一些工作中还形成了具有代表性的政策制度建议。

2010 年中国证监会复议、应诉工作效率和质量有了很大提高，复议诉讼的监督指导职能发挥明显，在工作机制、办案效果等方面有较大的提升空间。下一步，中国证监会将等围绕提高工作效率、保证工作效果、完善工作机制等若干方面，努力发挥和挖掘行政复议、行政诉讼案件反映监管执法深层次问题、促进完善体制机制和推动法律发展的功能，进一步提升中国证监会的行政复议与行政诉讼工作水平。

## （二）2010 年行政复议决定书目录

### 关于邓颖俊不服行政处罚的行政复议决定书

（〔2010〕1 号）

申请人：邓颖俊，男，1972 年 5 月出生，时任创智信息科技股份有限公司（以下简称创智科技）独立董事

委托代理人：冯培、李波，北京市天驰律师事务所律师

被申请人：中国证券监督管理委员会

申请人不服《中国证券监督管理委员会行政处罚决定书》〔2009〕42 号对其作出的行政处罚决定，向本会提出了行政复议申请。本会受理后，依法对本案进行了审查，现已审查终结。

本会《行政处罚决定书》〔2009〕42 号认定：2002 年 5 月至 2006 年 12 月，创智科技大股东湖南创智集团有限公司（以下简称创智集团）及其关联方占用上市公司资金。2006 年度，创智集团及其关联方占用上市公司及偿还的资金累计发生 22 笔，金额合计 492,857,604.07 元。截至 2006 年 12 月 31 日，创智集团及其关联方占用上市公司资金的余额为 11,735,682.76 元。但创智科技 2006 年年报披露，该公司已解决大股东占用上市公司资金的问题。与实际占用资金的情况相比，创智科技 2006 年年报披露的事项与事实不符，存在虚假陈述。对创智科技 2006 年年报虚假披露创智集团及其关联方占用上市公司资金事项负责的是在通过 2006 年年报董事会决议上签字同意的时任董事唐南军、柳林，时任独立董事邓颖俊、汤秀庭以及在

2006年年报书面确认文件上签字的时任总经理丁亮。其中,丁亮是直接负责的主管人员。以上违法事实,有创智科技2006年年报,创智科技及其子公司创智软件园有限公司(以下简称创智软件园)与创智集团及其关联方的往来记账凭证与附件,创智科技与创智软件园对外担保合同以及相关当事人的询问笔录在案证明,足以认定。上述行为违反了2006年1月1日起施行的《中华人民共和国证券法》(以下简称《证券法》)第六十三条、第六十六条的规定,构成了《证券法》第一百九十三条所述违法行为。根据当事人违法行为的事实、性质、情节与社会危害程度,依据《证券法》第一百九十三条规定,本会依法作出行政处罚。

申请人请求撤销本会《行政处罚决定书》〔2009〕42号对其的行政处罚,主要理由如下:第一,申请人已履行董事勤勉义务且系在湖南证监局知情并同意的前提下同意通过2006年年度报告并书面确认该报告,被申请人的处罚行为明显不当;第二,被申请人仅处罚申请人等部分责任人而未处罚其他责任人,该处罚行为显失公正,属明显不当。

经审查查明:2002年5月至2006年12月,创智科技大股东创智集团及其关联方占用上市公司资金,主要形式包括:由创智科技及其子公司创智软件园、深圳市创智信息系统有限公司(后更名为深圳市慧瑞信息系统有限公司)等通过转账支票向第三方付款,第三方再向创智集团及其关联方湖南华创实业有限公司、深圳市诚茂实业有限公司(以下简称深圳诚茂)、深圳市智信投资有限公司(以下简称深圳智信)、长沙北斗星商厦有限公司等付款;由创智科技开立银行汇票、转账支票并背书以及开出银行承兑汇票贴现给创智集团及其关联方深圳诚茂等公司;创智科技及其子公司创智软件园为创智集团及其关联方深圳智信或其指定的第三方的银行借款提供担保。据统计,2006年度,创智集团及其关联方占用上市公司及偿还的资金累计发生22笔,金额合计492,857,604.07元。截至2006年12月31日,创智集团及其关联方占用上市公司资金的余额为11,735,682.76元。但创智科技2006年年报披露,该公司已解决大股东占用上市公司资金的问题。与实际占用资金的情况相比,创智科技2006年年报披露的事项与事实不符,存在虚假陈述。上述违法事实,有创智科技2006年年报,创智科技及其子公司创智软件园与创智集团及其关联方的往来记账凭证与附件,创智科技与创智软件园对外担保合同以及相关当事人的询问笔录在案证明,足以认定。

本会认为:根据《证券法》、《中华人民共和国公司法》等法律规定,上市公司董事应当遵守有关法律、法规、中国证监会规定及公司章程的规定,依法披露的信息必须真实、准确、完整,不得有虚假记载、误导性陈述或重大遗漏,董事应当对董事会的决议承担责任。申请人时任创智科技独立董事,在审议通过2006年年度报告的董事会决议上签字同意,应当对2006年年度报告虚假陈述承担相应责任。

本会根据当事人违法行为的事实、性质、情节与社会危害程度,综合考虑当事人对2006年年度报告的表决意见情况及是否勤勉尽责等因素,依据《证券法》第一百九十三条规定,对负有责任的当事人依法予以行政处罚。

在作出行政处罚决定之前,本会依法向当事人告知了作出行政处罚的事实、理由、依据及当事人依法享有的权利,并应有听证权利的当事人的要求举行了听证会,听取了包括申请人在内的相关当事人的陈述、申辩意见;在作出行政处罚决定之后,依法履行了送达程序,程序合法。

本会对申请人作出的行政处罚决定,事实清楚,证据确凿,适用依据正确,程序合法,处罚适当。申请人提出的复议请求和理由缺乏事实依据与法律依据,本会不予支持。

根据《中华人民共和国行政复议法》第二十八条第一款第一项之规定,本会决定:维持本会《行政处罚决定书》〔2009〕42号对申请人作出的行政处罚决定。

申请人如不服本复议决定,可在收到本复议决定书之日起15日内向有管辖权的人民法院提起诉讼或向国务院申请裁决。

# 关于夏新电子股份有限公司不服行政处罚的行政复议决定书

（〔2010〕2号）

申请人：夏新电子股份有限公司（以下简称夏新电子）

委托代理人：刘凌云，北京市金杜律师事务所律师；吴颖，北京市金杜律师事务所实习律师

被申请人：中国证券监督管理委员会

申请人不服《中国证券监督管理委员会行政处罚决定书》〔2009〕40号对其作出的行政处罚决定，向本会提出了行政复议申请。本会受理后，依法对本案进行了审查，现已审查终结。

本会《行政处罚决定书》〔2009〕40号认定：夏新电子存在商业承兑汇票披露误导性陈述、未如实披露销售退回、未足额计提返利价保行为。上述事实，有相关情况说明、董事会决议、2006年年报等证据证明。上述行为违反了《中华人民共和国证券法》（以下简称《证券法》）第六十三条规定，构成了《证券法》第一百九十三条所述违法行为。根据当事人违法行为的事实、性质、情节与社会危害程度，依据《证券法》第一百九十三条规定，本会依法对申请人给予警告，并处以60万元罚款。

申请人请求撤销本会《行政处罚决定书》〔2009〕40号对其的行政处罚，主要理由如下：第一，被申请人在处理时未能充分考虑申请人提出的抗辩及有关事实情况，对申请人行为构成虚假陈述的认定不当、处罚过重。第二，有关违法行为实际上是申请人相关管理人员的个人行为，与申请人无关，应由相关管理人员承担责任，被申请人对申请人进行处罚属于处理不当。第三，被申请人的不当处罚可能引发投资者提起虚假陈述证券民事赔偿诉讼，影响申请人的重整进程。

经审查查明，夏新电子存在以下违法事实：

（一）商业承兑汇票披露存在误导性陈述

夏新电子在2006年年度会计报表附注中披露，2006年12月31日应收票据明细项目中：银行承兑汇票699,833,498.04元、商业承兑汇票10,682,440.00元，合计710,515,938.04元。除上述已披露的商业承兑汇票外，夏新电子2006年12月31日的银行承兑汇票中实际上有280,878,100元为商业承兑汇票。

（二）未如实披露销售退回

夏新电子未根据资产负债表日后调整事项的要求，将2006年度销售，2007年1－3月份退回的产品，冲减2006年度的主营业务收入31,424,138.89元和主营业务成本18,212,444.77元，导致虚增利润13,211,694.12元。

（三）未足额计提返利价保

夏新电子除2006年年报已预提的返利价保金额外，还存在已与客户确认、应归属于2006年度的部分返利价保27,561,924.77元，未予以计提，导致虚增利润27,561,924.77元。

上述事实，有相关情况说明、董事会决议、2006年年报等证据证明，足以认定。

本会认为：根据《证券法》规定，上市公司依法披露的信息，必须真实、准确、完整，不得有虚假记载、误导性陈述或者重大遗漏，违反相关规定的，对上市公司以及直接负责的主管人员和其他直接责任人员给予行政处罚。申请人商业承兑汇票披露存在误导性陈述、未如实披露销售退回、未足额计提返利价保，构成虚假陈述，应依法承担责任，可能引发的虚假陈述民事赔偿诉讼及影响破产重整等理由，不是法定免责事由。

本会根据申请人违法行为的事实、性质、情节与社会危害程度，综合考虑有关具体情况，依据《证券法》第一百九十三条的规定，依法给予申请人行政处罚。在作出行政处罚决定之前，

本会依法向当事人告知了作出行政处罚的事实、理由、依据及当事人依法享有的权利,当事人未申请听证。本会充分听取了包括申请人在内的相关当事人的陈述、申辩意见。在作出行政处罚决定之后,依法履行了送达程序,程序合法。

本会对申请人作出的行政处罚决定,事实清楚,证据确凿,适用依据正确,程序合法,处罚适当。申请人提出的复议请求和理由缺乏事实依据与法律依据,本会不予支持。

根据《中华人民共和国行政复议法》第二十八条第一款第一项之规定,本会决定:维持本会《行政处罚决定书》〔2009〕40 号对申请人作出的行政处罚决定。

申请人如不服本复议决定,可在收到本复议决定书之日起 15 日内向有管辖权的人民法院提起诉讼或向国务院申请裁决。

# 关于福建立信闽都会计师事务所有限公司不服行政处罚的行政复议决定书

(〔2010〕3 号)

申请人:福建立信闽都会计师事务所有限公司(以下简称闽都所),时任法定代表人邱秋星

被申请人:中国证券监督管理委员会

申请人不服中国证券监督管理委员会《行政处罚决定书》〔2010〕54 号对其作出的行政处罚决定,向本会提出行政复议申请。本会受理后,依法对本案进行了审查,现已审查终结。

本会《行政处罚决定书》〔2010〕54 号认定,申请人闽都所存在以下违法违规行为:

一、在对天香集团控股子公司深圳市华天投资发展有限公司 2004 年转让中关村证券股份有限公司(以下简称中关村证券公司)股权所获投资收益 3,512.50 万元事项进行审计时,在上述股权转让未经我会批准,有关确认投资收益的条件不完全具备的情况下,违反独立审计准则相关规定,未对该事项的会计处理进行调整。

二、在对天香集团 2004 年转让北京金伟凯医学生物技术有限公司(以下简称金伟凯公司)股权所获投资收益16,761,202.77元事项进行审计时,在上述股权转让未经天香集团 2004 年度股东大会审议通过的情况下,违反独立审计准则相关规定,未对该事项的会计处理进行调整。

三、在对天香集团 2004 年转让福建建瓯天香绿色食品工程有限公司(以下简称建瓯天香公司)股权所获投资收益3,475,409.38元事项进行审计时,在上述股权转让未经天香集团 2004 年度董事会审议通过的情况下,违反独立审计准则相关规定,未对该事项的会计处理进行调整。

在天香集团 2004 年度财务审计报告上签字的注册会计师为邱秋星、谢炜春。闽都所在审计天香集团 2004 年度财务报告的工作中,未勤勉尽责,不符合《独立审计具体准则第 8 号——错误与舞弊》第九条和《独立审计具体准则第 5 号——审计证据》第五条、第七条等规定,违反了《股票发行与交易管理暂行条例》(以下简称《股票条例》)第三十五条规定,构成了《股票条例》第七十三条所述违法行为。根据当事人的违法事实、性质、情节与社会危害程度,依据《股票条例》第七十三条的规定,本会依法作出行政处罚。

申请人请求撤销本会《行政处罚决定书》〔2009〕54 号对其作出的行政处罚,主要理由是:第一,申请人对股权转让收益确认条件的理解有偏差,发现问题后按照相关规定督促天香集团进行更正,并重新出具了更正后的审计报告;第二,申请人为天香集团重组成功做了大量工作,其行为未对证券市场、股民利益造成不利影响。

经审查查明:2005 年初,申请人接受天香

集团委托，对天香集团2004年度会计报表进行审计。2005年4月18日，申请人出具了闽都所（2005）审一字第052号审计报告，对天香集团2004年度会计报表发表了标准无保留意见，签字注册会计师为邱秋星、谢炜春。在审计报告中，闽都所未对天香集团有关提前确认股权转让投资收益的会计处理进行调整，具体情况是：（一）天香集团控股子公司深圳市华天投资发展有限公司2004年转让中关村证券公司股权获得投资收益3,512.50万元，该股权转让事项未经中国证监会批准；（二）天香集团转让金伟凯公司股权获得投资收益16,761,202.77元，该股权转让事项未经天香集团2004年度股东大会审议通过；（三）天香集团转让建瓯天香公司股权获得投资收益3,475,409.38元，该股权转让事项未经天香集团2004年度董事会审议通过。根据2002年财政部颁布的《关于执行〈企业会计制度〉和相关会计准则有关问题解答的通知》（财会〔2002〕18号）的有关规定，确认以上投资收益的条件不完全满足。申请人签字注册会计师邱秋星、谢炜春在知悉中关村证券公司股权转让事项未经中国证监会批准、金伟凯公司股权转让未经股东大会审议、建瓯天香公司股权转让事项未经董事会审议的情况下，未对上述事项所获收益的会计处理进行调整。以上事实，有天香集团情况说明、天香集团2004年度审计报告、当事人询问笔录等证据证明，足以认定。

本会认为，申请人作为对上市公司年报出具审计报告的会计师事务所，应当按照本行业公认的业务标准和道德规范履行职责，对其出具文件的真实性、准确性、完整性进行核查和验证。申请人在知悉股权转让投资收益确认条件不完全满足的情况下，未就天香集团2004年度财务报告有关收益确认的会计处理发表合理意见，违反了《股票条例》第三十五条规定，构成了《股票条例》第七十三条所述的违法行为。

作出行政处罚决定前，本会向申请人事先告知了拟对其作出的行政处罚，所依据的违法事实、理由、依据以及当事人所享有的陈述、申辩权利，听取了当事人的书面申辩意见并进行了复核。作出行政处罚决定后，依法向申请人履行送达程序。行政处罚程序合法。

财政部《关于执行〈企业会计制度〉和相关会计准则有关问题解答的通知》（财会〔2002〕18号）对有关股权转让投资收益的确认条件作出了明确规定，申请人作为执行证券、期货业务多年的专业审计机构，对此不应存在理解偏差。2005年6月，我会会计部就股权转让收益确认的事项约谈申请人后，申请人对天香集团2004年年报审计报告进行了更正。

综上，本会对申请人作出的行政处罚决定，事实清楚，证据确凿，适用依据正确，程序合法，处罚适当。申请人提出的复议理由缺乏事实证据与法律依据，本会不予支持。

根据《中华人民共和国行政复议法》第二十八条第一款第一项之规定，本会决定：维持本会《行政处罚决定书》〔2009〕54号对申请人作出的行政处罚决定。

申请人如不服本复议决定，可在收到本复议决定书之日起15日内向有管辖权的人民法院提起诉讼或向国务院申请裁决。

# 关于邱秋星不服行政处罚的行政复议决定书

（〔2010〕4号）

申请人：邱秋星，女，1963年8月出生，福建立信闽都会计师事务所有限公司（以下简称闽都所）注册会计师，华通天香集团股份有限公司（以下简称天香集团）2004年年报审计报告签字会计师

被申请人：中国证券监督管理委员会

申请人不服中国证券监督管理委员会《行政处罚决定书》〔2010〕54号对其作出的行政处

罚决定,向本会提出行政复议申请。本会受理后,依法对本案进行了审查,现已审查终结。

本会《行政处罚决定书》〔2010〕54 号认定,闽都所存在以下违法违规行为:

一、在对天香集团控股子公司深圳市华天投资发展有限公司 2004 年转让中关村证券股份有限公司(以下简称中关村证券公司)股权所获投资收益 3,512.50 万元事项进行审计时,在上述股权转让未经我会批准,有关确认投资收益的条件不完全具备的情况下,违反独立审计准则相关规定,未对该事项的会计处理进行调整。

二、在对天香集团 2004 年转让北京金伟凯医学生物技术有限公司(以下简称金伟凯公司)股权所获投资收益16,761,202.77元事项进行审计时,在上述股权转让未经天香集团 2004 年度股东大会审议通过的情况下,违反独立审计准则相关规定,未对该事项的会计处理进行调整。

三、在对天香集团 2004 年转让福建建瓯天香绿色食品工程有限公司(以下简称建瓯天香公司)股权所获投资收益3,475,409.38元事项进行审计时,在上述股权转让未经天香集团 2004 年度董事会审议通过的情况下,违反独立审计准则相关规定,未对该事项的会计处理进行调整。

在天香集团 2004 年度财务审计报告上签字的注册会计师为邱秋星、谢炜春。闽都所在审计天香集团 2004 年度财务报告的工作中,未勤勉尽责,不符合《独立审计具体准则第 8 号——错误与舞弊》第九条和《独立审计具体准则第 5 号——审计证据》第五条、第七条等规定,违反了《股票发行与交易管理暂行条例》(以下简称《股票条例》)第三十五条规定,构成了《股票条例》第七十三条所述违法行为。根据当事人的违法事实、性质、情节与社会危害程度,依据《股票条例》第七十三条的规定,本会依法对申请人作出行政处罚。

申请人邱秋星请求撤销本会《行政处罚决定书》〔2009〕54 号对其作出的行政处罚,主要理由是:第一,申请人对股权转让收益确认条件的理解有偏差,发现问题后按照相关规定督促天香集团进行更正,并重新出具了更正后的审计报告;第二,申请人为天香集团重组成功做了大量工作,其行为未对证券市场、股民利益造成不利影响。

经审查查明:2005 年初,闽都所接受天香集团委托,对天香集团 2004 年度会计报表进行审计,并于 2005 年 4 月 18 日出具了闽都所(2005)审一字第 052 号审计报告,对天香集团 2004 年度会计报表发表了标准无保留意见,申请人为签字注册会计师之一。在审计报告中,闽都所未对天香集团有关提前确认股权转让投资收益的会计处理进行调整,具体情况是:(一)天香集团控股子公司深圳市华天投资发展有限公司 2004 年转让中关村证券公司股权获得投资收益 3,512.50 万元,该股权转让事项未经中国证监会批准;(二)天香集团转让金伟凯公司股权获得投资收益16,761,202.77元,该股权转让事项未经天香集团 2004 年度股东大会审议通过;(三)天香集团转让建瓯天香公司股权获得投资收益 3,475,409.38 元,该股权转让事项未经天香集团 2004 年度董事会审议通过。根据 2002 年财政部颁布的《关于执行〈企业会计制度〉和相关会计准则有关问题解答的通知》(财会〔2002〕18 号)的有关规定,确认以上投资收益的条件不完全满足。申请人在知悉中关村证券公司股权转让事项未经中国证监会批准、金伟凯公司股权转让未经股东大会审议、建瓯天香公司股权转让事项未经董事会审议的情况下,未对上述事项所获收益的会计处理进行调整。以上事实,有天香集团情况说明、天香集团 2004 年度审计报告、当事人询问笔录等证据证明,足以认定。

本会认为,申请人作为对上市公司年报出具审计报告的注册会计师,应当按照本行业公认的业务标准和道德规范履行职责,对其出具文件的真实性、准确性、完整性进行核查和验证。申请人在知悉股权转让投资收益确认条件不完全满足的情况下,未就天香集团 2004 年度财务报告有关收益确认的会计处理发表合理意见,违反了《股票条例》第三十五条规定,构成了《股票条例》第七十三条所述的违法行为。

作出行政处罚决定前,本会向申请人事先告知了拟对其作出的行政处罚,所依据的违法事实、理由、依据以及当事人所享有的陈述、申辩权利,听取了当事人的书面申辩意见并进行了复核。作出行政处罚决定后,依法向申请人履行送达程序。行政处罚程序合法。

财政部《关于执行〈企业会计制度〉和相关会计准则有关问题解答的通知》(财会〔2002〕18号)对有关股权转让投资收益的确认条件作出了明确规定,申请人作为执行证券、期货业务多年的专业会计师,对此不应存在理解偏差。2005年6月,我会会计部就股权转让收益确认的事项约谈闽都所及申请人后,闽都所对天香集团2004年年报审计报告进行了更正。

综上,本会对申请人作出的行政处罚决定,事实清楚,证据确凿,适用依据正确,程序合法,处罚适当。申请人提出的复议理由缺乏事实证据与法律依据,本会不予支持。

根据《中华人民共和国行政复议法》第二十八条第一款第一项之规定,本会决定:维持本会《行政处罚决定书》〔2009〕54号对申请人作出的行政处罚决定。

申请人如不服本复议决定,可在收到本复议决定书之日起15日内向有管辖权的人民法院提起诉讼或向国务院申请裁决。

## 关于谢炜春不服行政处罚的行政复议决定书

(〔2010〕5号)

申请人:谢炜春,男,1962年8月出生,福建立信闽都会计师事务所有限公司(以下简称闽都所)注册会计师,华通天香集团股份有限公司(以下简称天香集团)2004年年报审计报告签字会计师

被申请人:中国证券监督管理委员会

申请人不服中国证券监督管理委员会《行政处罚决定书》〔2010〕54号对其作出的行政处罚决定,向本会提出行政复议申请。本会受理后,依法对本案进行了审查,现已审查终结。

本会《行政处罚决定书》〔2010〕54号认定,闽都所存在以下违法违规行为:

一、在对天香集团控股子公司深圳市华天投资发展有限公司2004年转让中关村证券股份有限公司(以下简称中关村证券公司)股权所获投资收益3,512.50万元事项进行审计时,在上述股权转让未经我会批准,有关确认投资收益的条件不完全具备的情况下,违反独立审计准则相关规定,未对该事项的会计处理进行调整。

二、在对天香集团2004年转让北京金伟凯医学生物技术有限公司(以下简称金伟凯公司)股权所获投资收益16,761,202.77元事项进行审计时,在上述股权转让未经天香集团2004年度股东大会审议通过的情况下,违反独立审计准则相关规定,未对该事项的会计处理进行调整。

三、在对天香集团2004年转让福建建瓯天香绿色食品工程有限公司(以下简称建瓯天香公司)股权所获投资收益3,475,409.38元事项进行审计时,在上述股权转让未经天香集团2004年度董事会审议通过的情况下,违反独立审计准则相关规定,未对该事项的会计处理进行调整。

在天香集团2004年度财务审计报告上签字的注册会计师为邱秋星、谢炜春。闽都所在审计天香集团2004年度财务报告的工作中,未勤勉尽责,不符合《独立审计具体准则第8号——错误与舞弊》第九条和《独立审计具体准则第5号——审计证据》第五条、第七条等规定,违反了《股票发行与交易管理暂行条例》(以下简称《股票条例》)第三十五条规定,构成了《股票条例》第七十三条所述违法行为。根据当事人的违法事实、性质、情节与社会危害程度,依据《股票条例》第七十三条的规定,本会依法对申请人作出行政处罚。

申请人谢炜春请求撤销本会《行政处罚决定书》〔2009〕54号对其作出的行政处罚,主要理由是:第一,申请人对股权转让收益确认条件的理解有偏差,发现问题后按照相关规定督促

天香集团进行更正,并重新出具了更正后的审计报告;第二,申请人为天香集团重组成功做了大量工作,其行为未对证券市场、股民利益造成不利影响。

经审查查明:2005 年初,闽都所接受天香集团委托,对天香集团 2004 年度会计报表进行审计,并于 2005 年 4 月 18 日出具了闽都所(2005)审一字第 052 号审计报告,对天香集团 2004 年度会计报表发表了标准无保留意见,申请人为签字注册会计师之一。在审计报告中,闽都所未对天香集团有关提前确认股权转让投资收益的会计处理进行调整,具体情况是:(一)天香集团控股子公司深圳市华天投资发展有限公司 2004 年转让中关村证券公司股权获得投资收益 3,512.50 万元,该股权转让事项未经中国证监会批准;(二)天香集团转让金伟凯公司股权获得投资收益16,761,202.77元,该股权转让事项未经天香集团 2004 年度股东大会审议通过;(三)天香集团转让建瓯天香公司股权获得投资收益 3,475,409.38 元,该股权转让事项未经天香集团 2004 年度董事会审议通过。根据 2002 年财政部颁布的《关于执行〈企业会计制度〉和相关会计准则有关问题解答的通知》(财会〔2002〕18 号)的有关规定,确认以上投资收益的条件不完全满足。申请人在知悉中关村证券公司股权转让事项未经中国证监会批准、金伟凯公司股权转让未经股东大会审议、建瓯天香公司股权转让事项未经董事会审议的情况下,未对上述事项所获收益的会计处理进行调整。以上事实,有天香集团情况说明、天香集团 2004 年度审计报告、当事人询问笔录等证据证明,足以认定。

本会认为,申请人作为对上市公司年报出具审计报告的注册会计师,应当按照本行业公认的业务标准和道德规范履行职责,对其出具文件的真实性、准确性、完整性进行核查和验证。申请人在知悉股权转让投资收益确认条件不完全满足的情况下,未就天香集团 2004 年度财务报告有关收益确认的会计处理发表合理意见,违反了《股票条例》第三十五条规定,构成了《股票条例》第七十三条所述的违法行为。

作出行政处罚决定前,本会向申请人事先告知了拟对其作出的行政处罚,所依据的违法事实、理由、依据以及当事人所享有的陈述、申辩权利,听取了当事人的书面申辩意见并进行了复核。作出行政处罚决定后,依法向申请人履行送达程序。行政处罚程序合法。

财政部《关于执行〈企业会计制度〉和相关会计准则有关问题解答的通知》(财会〔2002〕18 号)对有关股权转让投资收益的确认条件作出了明确规定,申请人作为执行证券、期货业务多年的专业会计师,对此不应存在理解偏差。2005 年 6 月,我会会计部就股权转让收益确认的事项约谈闽都所及申请人后,闽都所对天香集团 2004 年年报审计报告进行了更正。

综上,本会对申请人作出的行政处罚决定,事实清楚,证据确凿,适用依据正确,程序合法,处罚适当。申请人提出的复议理由缺乏事实证据与法律依据,本会不予支持。

根据《中华人民共和国行政复议法》第二十八条第一款第一项之规定,本会决定:维持本会《行政处罚决定书》〔2009〕54 号对申请人作出的行政处罚决定。

申请人如不服本复议决定,可在收到本复议决定书之日起 15 日内向有管辖权的人民法院提起诉讼或向国务院申请裁决。

# 关于沈昌宇不服行政处罚的行政复议决定书

(〔2010〕6 号)

申请人:沈昌宇,男,1972 年 3 月出生

委托代理人:郭彦,北京市长安律师事务所律师

被申请人:中国证券监督管理委员会

申请人不服中国证券监督管理委员会《冻结查封决定书》〔2010〕3号作出的冻结决定,向本会提出行政复议申请。本会受理后,依法对本案进行了审查,现已审查终结。

2010年1月18日,本会作出《冻结查封决定书》〔2010〕3号。因沈昌宇涉嫌违法,被本会立案调查,本会根据《中华人民共和国证券法》(以下简称《证券法》)第一百八十条和《中国证券监督管理委员会冻结、查封实施办法》(证监会令第28号,以下简称《冻结、查封实施办法》)的有关规定,经本会主要负责人批准,决定冻结沈昌宇及其控制的银行账户内的资金及其孳息,冻结金额不超过3,100万元,冻结期限为6个月。

申请人沈昌宇请求撤销《冻结查封决定书》〔2010〕3号,主要理由是:(一)被申请人对申请人立案调查并作出冻结决定这一"限制或剥夺申请人重大财产权利的行政处罚"前,未依据《行政处罚法》的规定事先告知;(二)被申请人《冻结查封决定书》缺乏事实依据,申请人没有转移隐匿资金的企图与行为,其账户里的资金为合法资金;(三)被申请人的冻结决定给申请人造成了巨大经济损失。

申请人提供了《山西安泰集团股份有限公司与金小红之股份认购合同》(复印件)、《深圳市同洲电子股份有限公司非公开发行股票之认购合同》(复印件)、东方证券股份有限公司杭州龙井路证券营业部出具的转出资产证明、中山证券有限责任公司杭州凤起路证券营业部出具的转入资产证明、股票明细对账单等证据证明上述理由。

经审查查明:2009年4月29日,本会对沈昌宇等涉嫌操纵股票价格的行为立案稽查。经调查发现,沈昌宇涉嫌利用其本人、徐菊仙、金小红、金顺法、沈浩平、沈金明6人的证券账户操纵股票价格,预计违法所得15,352,188.8元。金小红与沈昌宇系夫妻关系,金小红的证券账户、资金账户及银行账户由沈昌宇控制和操作,其资金为家庭共有财产。

2009年6月2日,沈昌宇的交通银行某账户资金余额为8,106,344.44元,2009年12月29日资金余额为257,574.61元,减少资金约780万元;金小红的交通银行某账户在2009年6月2日资金余额为258,010,759.56元,2009年12月29日资金余额为7,515.15元,减少资金约2.5亿元。

2010年1月26日,本会通知相关协助执行部门冻结沈昌宇在中国民生银行杭州天目山支行的某账户内的资金20,839,381元、冻结金小红在中国民生银行杭州分行的某账户内的资金10,000,000元,以上冻结资金共计人民币30,839,381元,冻结期限为2010年1月26日至2010年7月26日。

以上事实,有相关立案报告、当事人情况说明、询问笔录、有关银行账户对账单、证券交易所报告、有关冻结通知书及现场记录等证据证明。

本会认为,因沈昌宇涉嫌违法已被立案调查,涉案当事人本人开立的银行账户以及由其实际控制的银行账户中存放的资金已经被部分转移,根据《冻结、查封实施办法》第五条第一项规定,上述情况可以视为可能转移或者隐匿违法资金、证券等涉案财产。申请人提出的"冻结决定缺乏事实依据,申请人没有转移隐匿资金的企图与行为,其账户里的资金为合法资金"的复议理由,本会不予支持。

本会实施相关冻结措施时,向协助执行部门发出《冻结通知书》,对涉案资金实施了冻结,向当事人宣读并送达了《冻结查封决定书》,向其告知了冻结的理由、依据及其享有的权利,实施程序符合《冻结、查封实施办法》的规定。本会冻结措施是根据《证券法》第一百八十条第六项的授权实施的行政强制措施,不属于《行政处罚法》规定的处罚种类,不必履行事先告知程序。申请人关于本案冻结决定应根据《行政处罚法》的规定事先告知当事人的理由不能成立。

综上,本会《冻结查封决定书》〔2010〕3号符合《证券法》及《冻结、查封实施办法》的规定,事实依据充分,冻结金额适当,实施程序合法。

根据《中华人民共和国行政复议法》第二十八条第一款第一项的规定,本会决定:维持本会《冻结查封决定书》〔2010〕3号对申请人作出的冻结决定。

申请人如不服本复议决定,可在收到本复议决定书之日起15日内向有管辖权的人民法院提起诉讼或向国务院申请裁决。

# 关于唐南军不服行政处罚的行政复议决定书

(〔2010〕7 号)

申请人:唐南军,男,1965 年 7 月出生,时任创智信息科技股份有限公司(以下简称创智科技)董事长

委托代理人:冯培、李波,北京市天驰律师事务所律师

被申请人:中国证券监督管理委员会

申请人不服中国证券监督管理委员会《行政处罚决定书》〔2009〕42 号对其作出的行政处罚决定,向本会提出了行政复议申请。本会受理后,依法对本案进行了审查,现已审查终结。

本会《行政处罚决定书》〔2009〕42 号认定:2002 年 5 月至 2006 年 12 月,创智科技大股东湖南创智集团有限公司(以下简称创智集团)及其关联方占用上市公司资金。截至 2005 年 12 月 31 日、2006 年 12 月 31 日,创智集团及其关联方占用上市公司资金的余额分别为 467,713,286.83元、11,735,682.76 元。在创智集团及其关联方占用上市公司资金的过程中,创智科技进行账务处理,将占用资金列为资产 192,441,573.40元,列为主营业务收入1,461万元。其中,2002 年度列为资产59,607,873.40元,包括列为存货 426 万元,固定资产 51,847,873.40元,在建工程 350 万元,列为主营业务收入 1,461 万元;2003 年度,列为资产 88,503,700.00 元,包括列为存货 1,968 万元,固定资产49,123,003.00元,在建工程 1,650 万元,长期待摊费用 3,200,697.00 元;2004 年度,列为在建工程 3,623 万元;2005 年度,列为在建工程 810 万元。对创智科技 2005 年年报披露创智集团及其关联方占用上市公司资金事项存在重大遗漏、虚假披露公司资产与主营业务收入等事项负责的是在通过 2005 年年报董事会决议上签字同意的时任董事唐南军、柳林,时任独立董事汤秀庭以及在 2005 年年报书面确认文件上签字同意的时任总经理丁亮。其中,丁亮是直接负责的主管人员。对创智科技 2006 年年报虚假披露创智集团及其关联方占用上市公司资金事项负责的是在通过 2006 年年报董事会决议上签字同意的时任董事唐南军、柳林,时任独立董事邓颖俊、汤秀庭以及在 2006 年年报书面确认文件上签字的时任总经理丁亮。其中,丁亮是直接负责的主管人员。上述违法事实,有创智科技 2005 年、2006 年年报,有创智科技的资产负债表及利润表,创智科技及其子公司创智软件园有限公司(以下简称创智软件园)与创智集团及其关联方的往来记账凭证与附件,创智科技与创智软件园对外担保合同以及相关当事人的询问笔录在案证明,足以认定。上述行为违反了 2006 年 1 月 1 日起施行的《中华人民共和国证券法》(以下简称《证券法》)第六十三条、第六十六条的规定,构成了《证券法》第一百九十三条所述违法行为。根据当事人违法行为的事实、性质、情节与社会危害程度,依据《证券法》第一百九十三条规定,本会依法作出行政处罚,其中,对申请人给予警告,并处以 3 万元罚款。

申请人请求撤销本会《行政处罚决定书》〔2009〕42 号对其的行政处罚,主要理由如下:第一,申请人已履行董事勤勉义务且系在湖南证监局知情并同意的前提下同意通过 2005 年、2006 年年度报告并书面确认该报告,被申请人的处罚行为明显不当。第二,被申请人仅处罚申请人等部分责任人而未处罚其他责任人,该处罚行为显失公正,属明显不当。

经审查查明,创智科技存在以下违法行为:

**一、未按规定披露大股东及其关联方占用上市公司资金**

2002 年 5 月至 2006 年 12 月,创智集团及其关联方占用创智科技资金,主要形式包括:由

创智科技及其子公司创智软件园、深圳市创智信息系统有限公司(后更名为深圳市慧瑞信息系统有限公司)等通过转账支票向第三方付款,第三方再向创智集团及其关联方华创实业、深圳市诚茂实业有限公司(以下简称深圳诚茂)、深圳市智信投资有限公司(以下简称深圳智信)、长沙北斗星商厦有限公司等付款;由创智科技开立银行汇票、转账支票并背书以及开出银行承兑汇票贴现给创智集团及其关联方深圳诚茂等公司;创智科技及其子公司创智软件园为创智集团及其关联方深圳智信或其指定的第三方的银行借款提供担保。

据统计,2005 年度,创智集团及其关联方占用上市公司及偿还的资金累计发生 72 笔,金额合计 499,371,864. 81 元。截至 2005 年 12 月 31 日,创智集团及其关联方占用上市公司资金的余额为 467,713,286. 83 元。创智科技 2005 年年报披露,截至 2005 年 12 月 31 日,创智集团及其关联方占用上市公司资金余额为 3. 48 亿元(包括为创智集团及其他关联方担保、被划走的资金 2. 2 亿元)。与实际占用资金的情况相比,创智科技 2005 年年报披露的事项存在重大遗漏。

2006 年度,创智集团及其关联方占用上市公司及偿还的资金累计发生 22 笔,金额合计 492,857,604. 07 元。截至 2006 年 12 月 31 日,创智集团及其关联方占用上市公司资金的余额为 11,735,682. 76 元。但创智科技 2006 年年报披露,该公司已解决大股东占用上市公司资金的问题。与实际占用资金的情况相比,创智科技 2006 年年报披露的事项与事实不符,存在虚假陈述。

对创智科技 2005 年年报披露创智集团及其关联方占用上市公司资金事项存在重大遗漏负责的是在通过 2005 年年报董事会决议上签字同意的时任董事唐南军、柳林,时任独立董事汤秀庭以及在 2005 年年报书面确认文件上签字同意的时任总经理丁亮。其中,丁亮是直接负责的主管人员。

对创智科技 2006 年年报虚假披露创智集团及其关联方占用上市公司资金事项负责的是在通过 2006 年年报董事会决议上签字同意的时任董事唐南军、柳林,时任独立董事邓颖俊、汤秀庭以及在 2006 年年报书面确认文件上签字的时任总经理丁亮。其中,丁亮是直接负责的主管人员。

上述违法事实,有创智科技 2005 年、2006 年年报,创智科技及其子公司创智软件园与创智集团及其关联方的往来记账凭证与附件,创智科技与创智软件园对外担保合同以及相关当事人的询问笔录在案证明,足以认定。上述行为违反了《证券法》第六十三条、第六十六条的规定,构成了《证券法》第一百九十三条所述违法行为。

**二、虚假披露公司资产与主营业务收入等**

在创智集团及其关联方占用上市公司资金的过程中,创智科技进行账务处理,将占用资金列为资产 192,441,573. 40 元,列为主营业务收入 1,461 万元。其中,2002 年度列为资产 59,607,873. 40元,包括列为存货 426 万元,固定资产 51,847,873. 40 元,在建工程 350 万元,列为主营业务收入1,461万元;2003 年度,列为资产88,503,700. 00元,包括列为存货 1,968 万元,固定资产 49,123,003. 00 元,在建工程 1,650万元,长期待摊费用 3,200,697. 00 元;2004 年度,列为在建工程 3,623 万元;2005 年度,列为在建工程 810 万元。

对创智科技 2005 年年报虚假披露公司资产与主营业务收入等事项负责的是在通过 2005 年年报董事会决议上签字同意的时任董事唐南军、柳林,时任独立董事汤秀庭以及在 2005 年年报书面确认文件上签字同意的时任总经理丁亮。其中,丁亮是直接负责的主管人员。

上述违法事实,有创智科技的资产负债表及利润表、创智科技及其子公司创智软件园与关联方的往来账页与附件、当事人的询问笔录在案证明,足以认定。上述行为,违反了《证券法》第六十三条、第六十六条的规定,构成了《证券法》第一百九十三条所述违法行为。

本会认为:根据《证券法》、《中华人民共和国公司法》等法律规定,上市公司董事应当遵守有关法律、法规、中国证监会规定及公司章程的规定,依法披露的信息必须真实、准确、完整,不得有虚假记载、误导性陈述或重大遗漏,董事应当对董事会的决议承担责任。申请人时任创智科技董事,在审议通过 2005 年年报、2006 年年报的董事会决议上签字同意,应当对2005年年报、2006年年报虚假陈述承担相应责任。

本会根据当事人违法行为的事实、性质、情节与社会危害程度,综合考虑当事人对2005年年报、2006年年报的表决意见情况及是否勤勉尽责等因素,依据《证券法》第一百九十三条规定,对负有责任的当事人依法予以行政处罚。

在作出行政处罚决定之前,本会依法向当事人告知了作出行政处罚的事实、理由、依据及当事人依法享有的权利,并应有听证权利的当事人的要求举行了听证会,听取了包括申请人在内的相关当事人的陈述、申辩意见;在作出行政处罚决定之后,依法履行了送达程序,程序合法。

本会对申请人作出的行政处罚决定,事实清楚,证据确凿,适用依据正确,程序合法,处罚适当。申请人提出的复议请求和理由缺乏事实依据与法律依据,本会不予支持。

根据《中华人民共和国行政复议法》第二十八条第一款第一项的规定,本会决定:维持本会《行政处罚决定书》〔2009〕42号对申请人作出的行政处罚决定。

申请人如不服本复议决定,可在收到本复议决定书之日起15日内向有管辖权的人民法院提起诉讼或向国务院申请裁决。

## 关于柳林不服行政处罚的行政复议决定书

(〔2010〕8号)

申请人:柳林,男,1970年5月出生,时任创智信息科技股份有限公司(以下简称创智科技)董事

委托代理人:冯培、李波,北京市天驰律师事务所律师

被申请人:中国证券监督管理委员会

申请人不服中国证券监督管理委员会《行政处罚决定书》〔2009〕42号对其作出的行政处罚决定,向本会提出了行政复议申请。本会受理后,依法对本案进行了审查,现已审查终结。

本会《行政处罚决定书》〔2009〕42号认定:2002年5月至2006年12月,创智科技大股东湖南创智集团有限公司(以下简称创智集团)及其关联方占用上市公司资金。截至2005年12月31日、2006年12月31日,创智集团及其关联方占用上市公司资金的余额分别为467,713,286.83元、11,735,682.76元。在创智集团及其关联方占用上市公司资金的过程中,创智科技进行账务处理,将占用资金列为资产192,441,573.40元,列为主营业务收入1,461万元。其中,2002年度列为资产59,607,873.40元,包括列为存货426万元,固定资产51,847,873.40元,在建工程350万元,列为主营业务收入1,461万元;2003年度,列为资产88,503,700.00元,包括列为存货1,968万元,固定资产49,123,003.00元,在建工程1,650万元,长期待摊费用3,200,697.00元;2004年度,列为在建工程3,623万元;2005年度,列为在建工程810万元。对创智科技2005年年报披露创智集团及其关联方占用上市公司资金事项存在重大遗漏、虚假披露公司资产与主营业务收入等事项负责的是在通过2005年年报董事会决议上签字同意的时任董事唐南军、柳林,时任独立董事汤秀庭以及在2005年年报书面确认文件上签字同意的时任总经理丁亮。其中,丁亮是直接负责的主管人员。对创智科技2006年年报虚假披露创智集团及其关联方占用上市公司资金事项负责的是在通过2006年年报董事会决议上签字同意的时任董事唐南军、柳林,时任独立董事邓颖俊、汤秀庭以及在2006年年报书面确认文件上签字的时任总经理丁亮。其中,丁亮是直接负责的主管人员。上述违法事实,有创智科技2005年、2006年年报,有创智科技的资产负债表及利润表,创智科

技及其子公司创智软件园有限公司(以下简称创智软件园)与创智集团及其关联方的往来记账凭证与附件,创智科技与创智软件园对外担保合同以及相关当事人的询问笔录在案证明,足以认定。上述行为违反了2006年1月1日起施行的《中华人民共和国证券法》(以下简称《证券法》)第六十三条、第六十六条的规定,构成了《证券法》第一百九十三条所述违法行为。根据当事人违法行为的事实、性质、情节与社会危害程度,依据《证券法》第一百九十三条规定,本会依法作出行政处罚,其中,对申请人给予警告,并处以3万元罚款。

申请人请求撤销本会《行政处罚决定书》〔2009〕42号对其的行政处罚,主要理由如下:第一,申请人已履行董事勤勉义务且系在湖南证监局知情并同意的前提下同意通过2005年、2006年年度报告并书面确认该报告,被申请人的处罚行为明显不当。第二,被申请人仅处罚申请人等部分责任人而未处罚其他责任人,该处罚行为显失公正,属明显不当。

经审查查明,创智科技存在以下违法行为:

**一、未按规定披露大股东及其关联方占用上市公司资金**

2002年5月至2006年12月,创智集团及其关联方占用创智科技资金,主要形式包括:由创智科技及其子公司创智软件园、深圳市创智信息系统有限公司(后更名为深圳市慧瑞信息系统有限公司)等通过转账支票向第三方付款,第三方再向创智集团及其关联方华创实业、深圳市诚茂实业有限公司(以下简称深圳诚茂)、深圳市智信投资有限公司(以下简称深圳智信)、长沙北斗星商厦有限公司等付款;由创智科技开立银行汇票、转账支票并背书以及开出银行承兑汇票贴现给创智集团及其关联方深圳诚茂等公司;创智科技及其子公司创智软件园为创智集团及其关联方深圳智信或其指定的第三方的银行借款提供担保。

据统计,2005年度,创智集团及其关联方占用上市公司及偿还的资金累计发生72笔,金额合计499,371,864.81元。截至2005年12月31日,创智集团及其关联方占用上市公司资金的余额为467,713,286.83元。创智科技2005年年报披露,截至2005年12月31日,创智集团及其关联方占用上市公司资金余额为3.48亿元(包括为创智集团及其他关联方担保、被划走的资金2.2亿元)。与实际占用资金的情况相比,创智科技2005年年报披露的事项存在重大遗漏。

2006年度,创智集团及其关联方占用上市公司及偿还的资金累计发生22笔,金额合计492,857,604.07元。截至2006年12月31日,创智集团及其关联方占用上市公司资金的余额为11,735,682.76元。但创智科技2006年年报披露,该公司已解决大股东占用上市公司资金的问题。与实际占用资金的情况相比,创智科技2006年年报披露的事项与事实不符,存在虚假陈述。

对创智科技2005年年报披露创智集团及其关联方占用上市公司资金事项存在重大遗漏负责的是在通过2005年年报董事会决议上签字同意的时任董事唐南军、柳林,时任独立董事汤秀庭以及在2005年年报书面确认文件上签字同意的时任总经理丁亮。其中,丁亮是直接负责的主管人员。

对创智科技2006年年报虚假披露创智集团及其关联方占用上市公司资金事项负责的是在通过2006年年报董事会决议上签字同意的时任董事唐南军、柳林,时任独立董事邓颖俊、汤秀庭以及在2006年年报书面确认文件上签字的时任总经理丁亮。其中,丁亮是直接负责的主管人员。

上述违法事实,有创智科技2005年、2006年年报,创智科技及其子公司创智软件园与创智集团及其关联方的往来记账凭证与附件,创智科技与创智软件园对外担保合同以及相关当事人的询问笔录在案证明,足以认定。上述行为违反了《证券法》第六十三条、第六十六条的规定,构成了《证券法》第一百九十三条所述违法行为。

**二、虚假披露公司资产与主营业务收入等**

在创智集团及其关联方占用上市公司资金的过程中,创智科技进行账务处理,将占用资金列为资产192,441,573.40元,列为主营业务收入1,461万元。其中,2002年度列为资产59,607,873.40元,包括列为存货426万元,固定资产51,847,873.40元,在建工程350万元,列为主营业务收入1,461万元;2003年度,列为资产88,503,700.00元,包括列为存货1,968万元,固定资产49,123,003.00元,在建工程1,650万元,长期待摊费用3,200,697.00元;2004年度,列为在建工程3,623万元;2005年度,列为在建工程810万元。

对创智科技2005年年报虚假披露公司资产与主营业务收入等事项负责的是在通过2005年年报董事会决议上签字同意的时任董事唐南军、柳林,时任独立董事汤秀庭以及在2005年年报书面确认文件上签字同意的时任总经理丁亮。其中,丁亮是直接负责的主管人员。

上述违法事实,有创智科技的资产负债表及利润表、创智科技及其子公司创智软件园与关联方的往来账页与附件、当事人的询问笔录在案证明,足以认定。上述行为,违反了《证券法》第六十三条、第六十六条的规定,构成了《证券法》第一百九十三条所述违法行为。

本会认为:根据《证券法》、《中华人民共和国公司法》等法律规定,上市公司董事应当遵守有关法律、法规、中国证监会规定及公司章程的规定,依法披露的信息必须真实、准确、完整,不得有虚假记载、误导性陈述或重大遗漏,董事应当对董事会的决议承担责任。申请人时任创智科技董事,在审议通过2005年年报、2006年年报的董事会决议上签字同意,应当对2005年年报、2006年年报虚假陈述承担相应责任。

本会根据当事人违法行为的事实、性质、情节与社会危害程度,综合考虑当事人对2005年年报、2006年年报的表决意见情况及是否勤勉尽责等因素,依据《证券法》第一百九十三条规定,对负有责任的当事人依法予以行政处罚。

在作出行政处罚决定之前,本会依法向当事人告知了作出行政处罚的事实、理由、依据及当事人依法享有的权利,并应有听证权利的当事人的要求举行了听证会,听取了包括申请人在内的相关当事人的陈述、申辩意见;在作出行政处罚决定之后,依法履行了送达程序,程序合法。

本会对申请人作出的行政处罚决定,事实清楚,证据确凿,适用依据正确,程序合法,处罚适当。申请人提出的复议请求和理由缺乏事实依据与法律依据,本会不予支持。

根据《中华人民共和国行政复议法》第二十八条第一款第一项的规定,本会决定:维持本会《行政处罚决定书》〔2009〕42号对申请人作出的行政处罚决定。

申请人如不服本复议决定,可在收到本复议决定书之日起15日内向有管辖权的人民法院提起诉讼或向国务院申请裁决。

# 关于汤秀庭不服行政处罚的行政复议决定书

(〔2010〕9号)

申请人:汤秀庭,男,1943年5月出生,时任创智信息科技股份有限公司(以下简称创智科技)独立董事

委托代理人:冯培、李波,北京市天驰律师事务所律师

被申请人:中国证券监督管理委员会

申请人不服中国证券监督管理委员会《行政处罚决定书》〔2009〕42号对其作出的行政处罚决定,向本会提出了行政复议申请。本会受理后,依法对本案进行了审查,现已审查终结。

本会《行政处罚决定书》〔2009〕42号认定:2002年5月至2006年12月,创智科技大股东湖南创智集团有限公司(以下简称创智集团)及其关联方占用上市公司资金。截至2005年12月31日、2006年12月31日,创智集团及其关联方占用上市公司资金的余额分别为467,713,286.83元、11,735,682.76元。在创智集团及其关联方占用上市公司资金的过程中,

创智科技进行账务处理,将占用资金列为资产192,441,573.40元,列为主营业务收入1,461万元。其中,2002年度列为资产59,607,873.40元,包括列为存货426万元,固定资产51,847,873.40元,在建工程350万元,列为主营业务收入1,461万元;2003年度,列为资产88,503,700.00元,包括列为存货1,968万元,固定资产49,123,003.00元,在建工程1,650万元,长期待摊费用3,200,697.00元;2004年度,列为在建工程3,623万元;2005年度,列为在建工程810万元。对创智科技2005年年报披露创智集团及其关联方占用上市公司资金事项存在重大遗漏、虚假披露公司资产与主营业务收入等事项负责的是在通过2005年年报董事会决议上签字同意的时任董事唐南军、柳林,时任独立董事汤秀庭以及在2005年年报书面确认文件上签字同意的时任总经理丁亮。其中,丁亮是直接负责的主管人员。对创智科技2006年年报虚假披露创智集团及其关联方占用上市公司资金事项负责的是在通过2006年年报董事会决议上签字同意的时任董事唐南军、柳林,时任独立董事邓颖俊、汤秀庭以及在2006年年报书面确认文件上签字的时任总经理丁亮。其中,丁亮是直接负责的主管人员。上述违法事实,有创智科技2005年、2006年年报,有创智科技的资产负债表及利润表,创智科技及其子公司创智软件园有限公司(以下简称创智软件园)与创智集团及其关联方的往来记账凭证与附件,创智科技与创智软件园对外担保合同以及相关当事人的询问笔录在案证明,足以认定。上述行为违反了2006年1月1日起施行的《中华人民共和国证券法》(以下简称《证券法》)第六十三条、第六十六条的规定,构成了《证券法》第一百九十三条所述违法行为。根据当事人违法行为的事实、性质、情节与社会危害程度,依据《证券法》第一百九十三条规定,本会依法作出行政处罚,其中,对申请人给予警告,并处以3万元罚款。

申请人请求撤销本会《行政处罚决定书》〔2009〕42号对其的行政处罚,主要理由如下:第一,申请人已履行董事勤勉义务且系在湖南证监局知情并同意的前提下同意通过2005年、2006年年度报告并书面确认该报告,被申请人的处罚行为明显不当。第二,被申请人仅处罚申请人等部分责任人而未处罚其他责任人,该处罚行为显失公正,属明显不当。

经审查查明,创智科技存在以下违法行为:

**一、未按规定披露大股东及其关联方占用上市公司资金**

2002年5月至2006年12月,创智集团及其关联方占用创智科技资金,主要形式包括:由创智科技及其子公司创智软件园、深圳市创智信息系统有限公司(后更名为深圳市慧瑞信息系统有限公司)等通过转账支票向第三方付款,第三方再向创智集团及其关联方华创实业、深圳市诚茂实业有限公司(以下简称深圳诚茂)、深圳市智信投资有限公司(以下简称深圳智信)、长沙北斗星商厦有限公司等付款;由创智科技开立银行汇票、转账支票并背书以及开出银行承兑汇票贴现给创智集团及其关联方深圳诚茂等公司;创智科技及其子公司创智软件园为创智集团及其关联方深圳智信或其指定的第三方的银行借款提供担保。

据统计,2005年度,创智集团及其关联方占用上市公司及偿还的资金累计发生72笔,金额合计499,371,864.81元。截至2005年12月31日,创智集团及其关联方占用上市公司资金的余额为467,713,286.83元。创智科技2005年年报披露,截至2005年12月31日,创智集团及其关联方占用上市公司资金余额为3.48亿元(包括为创智集团及其他关联方担保、被划走的资金2.2亿元)。与实际占用资金的情况相比,创智科技2005年年报披露的事项存在重大遗漏。

2006年度,创智集团及其关联方占用上市公司及偿还的资金累计发生22笔,金额合计492,857,604.07元。截至2006年12月31日,创智集团及其关联方占用上市公司资金的余额为11,735,682.76元。但创智科技2006年年报披露,该公司已解决大股东占用上市公司资金的问题。与实际占用资金的情况相比,创智科技2006年年报披露的事项与事实不符,存在虚假陈述。

对创智科技2005年年报披露创智集团及其关联方占用上市公司资金事项存在重大遗漏负责的是在通过2005年年报董事会决议上签字同意的时任董事唐南军、柳林,时任独立董事汤秀庭以及在2005年年报书面确认文件上签字同意的时任总经理丁亮。其中,丁亮是直接负责的主管人员。

对创智科技2006年年报虚假披露创智集团及其关联方占用上市公司资金事项负责的是在通过2006年年报董事会决议上签字同意的时任董事唐南军、柳林,时任独立董事邓颖俊、汤秀庭以及在2006年年报书面确认文件上签字的时任总经理丁亮。其中,丁亮是直接负责的主管人员。

上述违法事实,有创智科技2005年、2006年年报,创智科技及其子公司创智软件园与创智集团及其关联方的往来记账凭证与附件,创智科技与创智软件园对外担保合同以及相关当事人的询问笔录在案证明,足以认定。上述行为违反了《证券法》第六十三条、第六十六条的规定,构成了《证券法》第一百九十三条所述违法行为。

**二、虚假披露公司资产与主营业务收入等**

在创智集团及其关联方占用上市公司资金的过程中,创智科技进行账务处理,将占用资金列为资产192,441,573.40元,列为主营业务收入1,461万元。其中,2002年度列为资产59,607,873.40元,包括列为存货426万元,固定资产51,847,873.40元,在建工程350万元,列为主营业务收入1,461万元;2003年度,列为资产88,503,700.00元,包括列为存货1,968万元,固定资产49,123,003.00元,在建工程1,650万元,长期待摊费用3,200,697.00元;2004年度,列为在建工程3,623万元;2005年度,列为在建工程810万元。

对创智科技2005年年报虚假披露公司资产与主营业务收入等事项负责的是在通过2005年年报董事会决议上签字同意的时任董事唐南军、柳林,时任独立董事汤秀庭以及在2005年年报书面确认文件上签字同意的时任总经理丁亮。其中,丁亮是直接负责的主管人员。

上述违法事实,有创智科技的资产负债表及利润表、创智科技及其子公司创智软件园与关联方的往来账页与附件、当事人的询问笔录在案证明,足以认定。上述行为,违反了《证券法》第六十三条、第六十六条的规定,构成了《证券法》第一百九十三条所述违法行为。

本会认为:根据《证券法》、《中华人民共和国公司法》等法律规定,上市公司董事应当遵守有关法律、法规、中国证监会规定及公司章程的规定,依法披露的信息必须真实、准确、完整,不得有虚假记载、误导性陈述或重大遗漏,董事应当对董事会的决议承担责任。申请人时任创智科技独立董事,在审议通过2005年年报、2006年年报的董事会决议上签字同意,应当对2005年年报、2006年年报虚假陈述承担相应责任。

本会根据当事人违法行为的事实、性质、情节与社会危害程度,综合考虑当事人对2005年年报、2006年年报的表决意见情况及是否勤勉尽责等因素,依据《证券法》第一百九十三条规定,对负有责任的当事人依法予以行政处罚。

在作出行政处罚决定之前,本会依法向当事人告知了作出行政处罚的事实、理由、依据及当事人依法享有的权利,并应有听证权利的当事人的要求举行了听证会,听取了包括申请人在内的相关当事人的陈述、申辩意见;在作出行政处罚决定之后,依法履行了送达程序,程序合法。

本会对申请人作出的行政处罚决定,事实清楚,证据确凿,适用依据正确,程序合法,处罚适当。申请人提出的复议请求和理由缺乏事实依据与法律依据,本会不予支持。

根据《中华人民共和国行政复议法》第二十八条第一款第一项的规定,本会决定:维持本会《行政处罚决定书》〔2009〕42号对申请人作出的行政处罚决定。

申请人如不服本复议决定,可在收到本复议决定书之日起15日内向有管辖权的人民法院提起诉讼或向国务院申请裁决。

# 关于朱以明、苏端不服行政处罚的行政复议决定书

(〔2010〕10号)

申请人:朱以明,男,1962年4月出生,时任夏新电子股份有限公司(以下简称夏新电子)董事

申请人:苏端,男,1952年5月出生,时任夏新电子董事

委托代理人:宋焕政、李汉成,北京市尚公律师事务所律师

被申请人:中国证券监督管理委员会

申请人不服中国证券监督管理委员会《行政处罚决定书》〔2009〕40号对其作出的行政处罚决定,向本会提出了行政复议申请。本会受理后,依法对本案进行了审查,现已审查终结。

本会《行政处罚决定书》〔2009〕40号认定:夏新电子存在商业承兑汇票披露误导性陈述、未如实披露销售退回、未足额计提返利价保行为。上述事实,有相关情况说明、董事会决议、2006年年报等证据证明。上述行为违反了《中华人民共和国证券法》(以下简称《证券法》)第六十三条规定,构成了《证券法》第一百九十三条所述违法行为。根据当事人违法行为的事实、性质、情节与社会危害程度,依据《证券法》第一百九十三条规定,本会依法对申请人给予警告,并分别处以3万元罚款。

申请人请求减免本会《行政处罚决定书》〔2009〕40号对其的行政处罚,主要理由如下:第一,申请人均为夏新电子外部董事,已履行董事责任和义务,对公司违法行为确实不知情、无法知情。第二,被申请人未给予独立董事及部分外部董事处罚,但却给予申请人处罚,且对申请人的处罚比其他非独立董事更重,不公平。第三,会计师事务所作为专业审查机构未承担任何责任,申请人依据会计师事务所出具的无保留意见的审计报告发表意见,不应承担责任。第四,被申请人在行政处罚阶段未依法告知当事人享有的听证权利,不符合行政处罚程序。第五,申请人在夏新电子破产重整工作中发挥了重要作用。

经审查查明,夏新电子存在以下违法事实:

**一、商业承兑汇票披露存在误导性陈述**

夏新电子在2006年年度会计报表附注中披露,2006年12月31日应收票据明细项目中:银行承兑汇票699,833,498.04元、商业承兑汇票10,682,440.00元,合计710,515,938.04元。除上述已披露的商业承兑汇票外,夏新电子2006年12月31日的银行承兑汇票中实际上有280,878,100元为商业承兑汇票。

**二、未如实披露销售退回**

夏新电子未根据资产负债表日后调整事项的要求,将2006年度销售,2007年1-3月份退回的产品,冲减2006年度的主营业务收入31,424,138.89元和主营业务成本18,212,444.77元,导致虚增利润13,211,694.12元。

**三、未足额计提返利价保**

夏新电子除2006年年报已预提的返利价保金额外,还存在已与客户确认、应归属于2006年度的部分返利价保27,561,924.77元,未予以计提,导致虚增利润27,561,924.77元。

申请人为夏新电子上述行为的其他直接责任人员。

依据《中国证券监督管理委员会行政处罚听证规则》第二条"对个人处以罚款或者没收违法所得人民币5万元以上"可以申请听证的规定,申请人不符合听证条件。根据《中华人民共和国行政处罚法》第三十二条关于当事人有权进行陈述和申辩的规定,本会在作出行政处罚决定之前,依法向申请人告知了作出行政处罚的事实、理由、依据及其依法享有的权利,

听取了包括申请人在内的相关当事人的陈述、申辩意见。在作出行政处罚决定之后,依法履行了送达程序。

上述事实,有相关情况说明、董事会决议、2006 年年报、行政处罚事先告知书、送达回证等证据证明,足以认定。

本会认为:根据《证券法》规定,上市公司依法披露的信息,必须真实、准确、完整,不得有虚假记载、误导性陈述或者重大遗漏,违反相关规定的,对上市公司以及直接负责的主管人员和其他直接责任人员应当给予行政处罚。夏新电子商业承兑汇票披露存在误导性陈述、未如实披露销售退回、未足额计提返利价保,构成虚假陈述,事实清楚,证据确凿。

申请人时任夏新电子董事,为夏新电子上述违法行为的其他直接责任人员,应依法承担责任。关于申请人在行政复议阶段提出的其在夏新电子破产重整工作中发挥了重要作用的申辩意见及补充提供的相应材料,本会予以采信,可以对其依法减轻处罚。

根据《中华人民共和国行政复议法》第二十八条第一款第三项、《中华人民共和国行政处罚法》第二十七条第一款的规定,本会决定:变更本会《行政处罚决定书》〔2009〕40 号对申请人给予警告并分别处以 3 万元罚款的处罚为警告处罚。

申请人如不服本复议决定,可在收到本复议决定书之日起 15 日内向有管辖权的人民法院提起诉讼或向国务院申请裁决。

# 关于姚欣伟不服行政处罚的行政复议决定书

(〔2010〕11 号)

申请人:姚欣伟,男,1962 年 3 月出生

委托代理人:邱志强,广东潮之荣律师事务所律师

被申请人:中国证券监督管理委员会

申请人不服本会依据中国证券监督管理委员会《冻结查封决定书》〔2010〕4 号对其银行账户和证券账户内的资金、证券采取的冻结措施,向本会提出行政复议申请。本会受理后,依法对本案进行了审查,现已审查终结。

2010 年 1 月 29 日,本会作出《冻结查封决定书》〔2010〕4 号。广东中恒信传媒投资有限公司等当事人因涉嫌违法,被本会立案调查,本会根据《中华人民共和国证券法》(以下简称《证券法》)第一百八十条和《中国证券监督管理委员会冻结、查封实施办法》(证监会令第 28 号,以下简称《冻结、查封实施办法》)的有关规定,经本会主要负责人批准,决定冻结当事人的银行账户以及当事人控制的银行账户内的资金及其孳息,冻结当事人的证券账户以及当事人控制的证券账户内的证券,冻结金额(证券以冻结实施日前一交易日收市后市值计算)总共不超过 15 亿元,冻结期限为 6 个月。2010 年 2 月 4 日,本会对中信证券股份有限公司天河北路证券营业部(以下简称中信证券天河北路证券营业部)姚欣伟的相关资金账户与证券账户内的资金、证券实施冻结。

申请人请求撤销冻结其银行账户和证券账户的决定,解除对其银行账户和证券账户的冻结,其复议理由是:(一)申请人不是《冻结查封决定书》〔2010〕4 号所列的冻结措施当事人;(二)申请人的银行账户和股票账户不是《冻结查封决定书》〔2010〕4 号中所列当事人控制的账户;(三)申请人与《查封冻结决定书》〔2010〕4 号中所列当事人是朋友关系,有时接受其建议进行股票理财,股票账户有亏有赢,属于正常的股票买卖行为;(四)申请人的资金量很小,不能影响或操纵股票交易价格,账户资金没有转移,不存在违法行为。

申请人提供了有关账户开户卡、资金对账单、客户交易结算资金银行存管协议书等证据

证明上述理由。

经审查查明：本会《冻结查封决定书》〔2010〕4号所列的当事人广东中恒信传媒投资有限公司、薛书荣、郑宏中、杨晓鸿等因涉嫌违法，被本会立案调查。本会调查时发现，涉案当事人已经并可能继续转移、隐匿资金、证券等涉案财产。2010年1月29日，本会作出《冻结查封决定书》〔2010〕4号，决定冻结上述当事人的银行账户以及上述当事人控制的银行账户内的资金及孳息，冻结上述当事人的证券账户以及上述当事人控制的证券账户内的证券。申请人姚欣伟不是《冻结查封决定书》〔2010〕4号所列的当事人。

2007年10月12日至2008年6月26日期间，姚欣伟账户委托下单的网卡物理地址（以下简称MAC地址）与涉案当事人郑宏中证券账户的交易下单MAC地址一致。该MAC地址对应的电脑系涉案当事人薛书荣办公专用电脑，当时位于中信证券天河北路证券营业部1388房间，该1388房间为涉案当事人薛书荣的专用办公室。2008年7月7日至2008年12月22日期间，姚欣伟账户委托下单的MAC地址与涉案当事人郑宏中的证券账户交易下单MAC地址一致。该MAC地址对应的电脑位于中信证券天河北路证券营业部14楼14A房，该房间为涉案当事人薛书荣控制管理的专用大户室。

以上事实，有中信证券天河北路证券营业部提供的涉案地点电脑设备清单及在该设备交易的账户清单、资产清单、有关情况说明、有关银行账户对账单、存取款凭证等证据证明。

本会认为，广东中恒信传媒投资有限公司等因涉嫌违法已被本会立案调查，且有证据证明涉案财产已经或者可能被转移、隐匿，本会作出的冻结决定符合《证券法》第一百八十条及《冻结、查封实施办法》的相关规定。有关事实及证据表明，姚欣伟账户系涉案当事人控制的账户之一，本会对申请人资金账户、证券账户内的资金、证券采取的冻结措施实施正确。申请人提出其账户并非涉案当事人控制账户的理由不能成立。申请人提出的其本人不是《冻结查封决定书》所列当事人、在股票交易中不存在违法行为等理由不足以支持其复议请求。

综上所述，本会《冻结查封决定书》〔2010〕4号符合《证券法》及《冻结、查封实施办法》的规定，事实清楚，证据充分。本会依据《冻结查封决定书》〔2010〕4号对申请人资金账户和证券账户内的资金、证券采取的冻结措施，实施正确。

根据《中华人民共和国行政复议法》第二十八条第一款第一项的规定，本会决定：维持本会依据《冻结查封决定书》〔2010〕4号对申请人资金账户与证券账户内的资金、证券采取的冻结措施。

申请人如不服本复议决定，可在收到本复议决定书之日起15日内向有管辖权的人民法院提起诉讼或向国务院申请裁决。

## 关于卫宗泙不服行政处罚的行政复议决定书

（〔2010〕12号）

申请人：卫宗泙，男，1956年生

被申请人：中国证券监督管理委员会

申请人不服中国证券监督管理委员会《行政处罚决定书》〔2009〕52号对其作出的行政处罚决定，向本会提出了行政复议申请。本会受理后，依法对本案进行了审查，现已审查终结。

本会《行政处罚决定书》〔2009〕52号认定：万隆会计师事务所有限公司（现更名万隆亚洲事务所有限公司，以下简称万隆所）在对金荔科技农业股份有限公司（以下简称金荔科技）2006年年度报告审计过程中未勤勉尽责，未按照中国注册会计师执业准则规定的程序审计，未对所依据文件资料内容的真实性、准确性、完整性进行核查和验证,出具了含有虚假内容的审计报告。相关行为违反了《中华人民共和国证券法》(以下简称《证券法》)第一百七十三条关于会计师事务所出具审计报告"应当勤勉尽责,对所依据的文件资料内容的真实性、准确性、完整性进行核查和验证"的规定,构成了《证券法》第二百二十三条所述"证券服务机构未勤勉尽责,所制作、出具的文件有虚假记载、误导性陈述或者重大遗漏"的行为。卫宗泙是万隆所副主任会计师兼质量控制委员会主任、金荔科技三级复核,在《重大事项逐级请示报告表》和《质量控制会议决议》上签字,是万隆所相关违法违规行为直接负责的主管人员之一。根据当事人违法行为的事实、性质、情节与社会危害程度,依据《证券法》第二百二十三条的规定,本会决定对卫宗泙给予警告,并处以10万元罚款。

申请人请求撤销本会《行政处罚决定书》〔2009〕52号对其作出的处罚决定,主要理由是:(一)《行政处罚决定书》所列示的万隆所"一至十一项"具体行为与实际事实不符,特别是忽略了万隆所事后早已撤销了原审计报告并重新出具了否定意见的审计报告这一主动纠正的事实。(二)《行政处罚决定书》"当事人辩称"部分,引用错误。(三)《行政处罚决定书》认定申请人为"违法违规行为直接负责的主管人员",其认定理由不能成立。(四)《行政处罚决定书》对申请人的处罚显失公正。

经审查查明,万隆所在对金荔科技2006年年度报告审计过程中未勤勉尽责,未按照中国注册会计师执业准则规定的程序审计,未对所依据文件资料内容的真实性、准确性、完整性进行核查和验证,出具了含有虚假内容的审计报告。具体行为如下:

一、万隆所对金荔科技2006年度会计报表审计建立在金荔科技完成资产置换、实现重组的基础上。在审计报告日前金荔科技没有完成资产置换,业务环境已发生变化的情况下,万隆所没有修改其审计策略,在审计过程中忽略了对风险的再评估。其行为不符合《中国注册会计师鉴证业务基本准则》第十三条和第五十六条的规定。

二、万隆所在明知金荔科技应提未提资产减值准备和折旧摊销的情况下,为防止公司退市,出具了无保留意见的审计报告。其行为不符合《中国注册会计师审计准则第1101号——财务报表审计的目标和一般原则》第六条和《会计师事务所质量控制准则第5101号——业务质量控制》第十四条的规定,违背了独立、客观、公正的原则。

三、万隆所在对金荔科技进行2006年年度报告审计时,没有制定具体审计计划,没有安排项目组讨论,存在审计内部控制上的重大遗漏。其行为不符合《中国注册会计师审计准则第1201号——计划审计工作》第十三条的规定。

四、万隆所以"避免公司退市"作为审计目的,偏离了财务报表审计目标,不符合《中国注册会计师审计准则第1101号——财务报表审计的目标和一般原则》第四条和第六条的规定。

五、万隆所在认定其他应收款和坏账准备期初数时,没有对去向待查的应收款项及兴业银行保证金进行函证,也未执行替代程序,未对期初数取得充分、适当的审计证据,在此情况下,万隆所确认其他应收款全额计提坏账准备105,530,604.82元。其行为不符合《中国注册会计师审计准则第1331号——首次接受委托时对期初余额的审计》第十二条的规定。

六、万隆所知悉金荔科技管理层存在改善财务业绩、歪曲财务报表的压力,将审计风险评估为高水平,确认接近资产负债表日所取得的3,500万元佣金收入为主要的审计风险,将公司管理层诚信和管理能力评估为低水平,在3,500万元佣金收入所涉及的账务处理极其复杂的情况下,未按照《中国注册会计师审计准则第1211号——了解被审计单位及其环境并评估重大错报风险》第四十条和《中国注册会计师审计准则第1312号——函证》第五条、第七条、第九条的要求,针对金荔科技与秦皇岛路建工程机械有限公司、上海天地源企业有限公司、上海奉志实业有限公司的资金往来关系真实性向这3家公司进行函证,未就上海天地源企业有限公司开立的本票真实性函证出票行为,也未对金科德盛新技术有限公司和张家界金荔科技杜仲业发展有限公司注册资金来源实施审计。万隆所在未获得充分、适当的审计证据的情况下审计确认该笔重大收入。

七、万隆所对关联方审计程序严重缺失，未进行函证，没有就资金占用金额与大股东进行核对，没有取得该项债务重组协议，并在未能确认关联方欠款是否真实的情况下，对2006年12月金荔科技调增资产冲抵大股东欠款的事项进行了确认。其行为不符合《中国注册会计师审计准则第1323号——关联方》第十三条的规定。

八、万隆所在知悉2006年追回的资产已被冻结、存在权属不清的情况下，未按照《中国注册会计师审计准则第1301号——审计证据》第六条、第七条和《中国注册会计师审计准则第1221号——重要性》第十五条、第十六条的要求，采取相应的审计措施，对上述资产实施进一步审计程序；在注册会计师认为上述资产不具备确认为资产条件、以资抵债属于虚假清欠的情况下，确认为资产，致使对固定资产和无形资产虚增79,059,574.12元发表了不正确的审计意见。

九、万隆所在金荔科技董事长刘作超介绍2006年度收入状况与居间合同业务取得的收入存在重大差异的情况下，未按照《中国注册会计师审计准则第1141号——财务报表审计中对舞弊的考虑》第六十四条的要求，实施相应的审计程序，致使未能发现虚假佣金收入业务。

十、万隆所未按照《中国注册会计师审计准则第1221号——重要性》第十五条和第十六条的要求，采取相应的审计措施，在计算出固定资产折旧和无形资产摊销后，仍未在其出具的审计差异汇总表及财务报告中予以调整，致使审计确认少计固定资产折旧和无形资产摊销22,274,855.74元。

十一、万隆所未按照《中国注册会计师审计准则第1502号——非标准审计报告》第十一条、第十二条、第十三条的要求，发表了不恰当的审计意见，出具了含有虚假内容的审计报告。

另查明，万隆所在对金荔科技2006年年报审计时，副主任会计师兼质量控制委员会主任卫宗泙亲自担任金荔科技2006年年报的三级复核，并在《重大事项逐级请示报告表》和《质量控制会议决议》上签字，是万隆所上述违法违规行为直接负责的主管人员之一。

在听证过程中，万隆所及当事人卫宗泙等提交了重大事项逐级请示报告表及质量控制会议记录等证据，并提出以下申辩意见：

万隆所等当事人申辩称，认定会计师事务所没有修改审计策略及忽略对风险的再评估与事实不符，适用的审计准则错误。本会认为，万隆所在金荔科技仅取得地方政府批文，能否重组成功还存在重大不确定性的情况下，没有对尚未完成重组和资产置换对审计结果的影响及所存在的风险进行再评估，出具了无保留意见审计报告。出具审计报告前提是公司完成重组，而在出具报告日该重大事项并未完成，注册会计师应对业务进行变更或出具其他类型的审计报告，其行为不符合《中国注册会计师鉴证业务基本准则》第十三条和第五十六条的规定。

万隆所等当事人申辩称，对虚假资产不计提折旧和摊销是合理的。金荔科技已与重组方签订资产置换协议，拟置入的国有资产已进行审计和评估，并通过董事会审议，该资产属于持有待售的固定资产，因此对该资产不提折旧和摊销符合《企业会计准则——固定资产》第二十二条的规定。本会认为，金荔科技实质性重组存在很大不确定性，该资产在审计报告日并不符合可以直接出售且极可能出售的固定资产，不符合持有待售资产的定义。此外，该资产既然已被确定为虚假资产，不符合资产定义，根据《企业会计准则》规定不应在会计报表中列报。

万隆所等当事人申辩称，认定会计师事务所没有制定具体审计计划，没有安排项目组讨论，其编制的《金荔科技前期调查报告及其风险初步评估报告》已包括了具体审计计划。本会认为，根据《中国注册会计师审计准则第1201号——计划审计工作》，具体审计计划应包括计划实施的风险评估程序的性质、时间和范围，针对认定层次的重大错报风险计划实施的进一步审计程序的性质、时间和范围，针对审计业务需要实施的其他审计程序等，万隆所风险初步评估报告未包括以上内容。

万隆所等当事人申辩称，审计确认3500万元佣金收入已追加了向衡阳市政府金融办和公安局了解金荔科技资金情况的程序，是否向相关公司发询证函属于注册会计师职业判断行为，鉴于有关部门已出具证明材料，万隆所没有必要再实施进一步审计程序。本会认为,根据《中国注册会计师审计准则第1211号——了解被审计单位及其环境并评估重大错报风险》和《中国注册会计师审计准则第1312号——函证》的要求,万隆所在已将审计风险评估为高水平,将公司管理层诚信和管理能力评估为低水平,3500元万佣金收入涉及的账务处理极其复杂的情况下,除了检查有关原始凭证,取得政府部门证明外,还应向有关部门发函,应当以职业怀疑态度计划和执行审计业务,获取金荔科技不存在重大错报的充分、适当的审计证据。

万隆所等当事人还申辩称,在审计过程中已将相关问题向湖南省衡阳市政府和湖南证监局汇报。本会认为,按照审计准则的要求,注册会计师应当恪守独立、客观、公正的原则,执行审计或其他鉴证业务,应当始终保持形式和实质上的独立。金荔科技前任注册会计师已出具无法表示意见报告,且万隆所已认定该公司管理诚信和管理能力低水平,并将审计风险评估为高水平,万隆所等当事人应根据《中国注册会计师审计准则第1141号——财务报表审计中对舞弊的考虑》,采取更为审慎和职业怀疑态度对待各项重要事项。

在作出行政处罚决定之前,本会依法履行了告知义务,并应申请人的要求举行了听证会,认真听取了申请人的陈述和申辩意见。在作出行政处罚决定之后,依法履行了送达程序,程序合法。

上述事实有万隆所审计报告、审计工作底稿、金荔科技账表、相关当事人谈话笔录、行政处罚及市场禁入事先告知书、听证会通知书、听证会笔录、行政处罚决定书以及送达回证及回执等证据证明。

本会认为,万隆所上述未勤勉尽责、出具含有虚假内容审计报告等行为违反了《证券法》第一百七十三条关于会计师事务所出具审计报告"应当勤勉尽责,对所依据的文件资料内容的真实性、准确性、完整性进行核查和验证"的规定,构成了《证券法》第二百二十三条所述"证券服务机构未勤勉尽责,所制作、出具的文件有虚假记载、误导性陈述或者重大遗漏"的行为。

对于申请人所提出金荔科技2006年度审计报告(万会业字〔2007〕第856号)中的报告意见为带强调事项段的无保留意见等理由,并没有改变其无保留意见的本质,理由不能成立。对于申请人所称万隆所在时隔近七个月后重新出具了否定意见的审计报告,本会认为相关事实和理由不能成立,本会不予支持。对于申请人所提出按照本会《关于进一步规范会计师事务所执行上市公司年报审计行为、提高执业质量的通知》(证监会计字〔2006〕4号)的要求做到向湖南证监局报送计划审阅等理由,本会认为,上述文件明确要求各会计师事务所应加强质量控制和内部管理,严格按照中国证监会、财政部有关规定和中国注册会计师独立审计准则的相关要求,获取充分适当的审计证据,履行必要的审计程序,在此基础上发表合理的审计意见。按照审计准则的要求,注册会计师应当恪守独立、客观、公正的原则,执行审计或其他鉴证业务,应当始终保持形式和实质上的独立,因此对于申请人所提理由,本会不予支持。对于申请人提出认定其为"违法违规行为直接负责的主管人员"理由不能成立,本会认为在对金荔科技2006年年度报告审计时,申请人从承接业务开始,到重大问题的判断和处理以及与有关部门的沟通全程参与并决策,亲自担任金荔科技2006年年度报告的三级复核,并在《重大事项逐级请示报告表》和《质量控制会议决议》上签字,是万隆所上述违法违规行为直接负责的主管人员之一。万隆所以"避免公司退市"作为审计目的,偏离了财务报表审计目标,申请人负有不可推卸的责任。

综上,本会对申请人卫宗泙作出的行政处罚决定,认定事实清楚,证据确凿,适用依据正确,程序合法,处罚适当。

根据《中华人民共和国行政复议法》第二十八条第一款第一项的规定,本会决定:维持本会《行政处罚决定书》〔2009〕52号对申请人作出的行政处罚决定。

申请人如不服本复议决定,可在收到本复议决定书之日起15日内向有管辖权的人民法院提起诉讼或向国务院申请裁决。

# 关于卫宗泙不服行政处罚的行政复议决定书

（〔2010〕13号）

申请人：卫宗泙，男，1956年生

被申请人：中国证券监督管理委员会

申请人不服中国证券监督管理委员会《市场禁入决定书》〔2009〕15号对其作出的市场禁入决定，向本会提出了行政复议申请。本会受理后，依法对本案进行了审查，现已审查终结。

本会《市场禁入决定书》〔2009〕15号认定：万隆会计师事务所有限公司（现更名万隆亚洲事务所有限公司，以下简称万隆所）在对金荔科技农业股份有限公司（以下简称金荔科技）2006年年度报告审计过程中未勤勉尽责，未按照中国注册会计师执业准则规定的程序审计，未对所依据文件资料内容的真实性、准确性、完整性进行核查和验证，出具了含有虚假内容的审计报告。相关行为违反了《中华人民共和国证券法》（以下简称《证券法》）第一百七十三条关于会计师事务所出具审计报告“应当勤勉尽责，对所依据的文件资料内容的真实性、准确性、完整性进行核查和验证”的规定，构成了《证券法》第二百二十三条所述“证券服务机构未勤勉尽责，所制作、出具的文件有虚假记载、误导性陈述或者重大遗漏”的行为。副主任会计师兼质量控制委员会主任卫宗泙作为金荔科技2006年年报的三级复核全程参与并决策，在《重大事项逐级请示报告表》和《质量控制会议决议》上签字，是万隆所上述违法违规行为直接负责的主管人员之一。根据当事人卫宗泙违法行为的事实、性质、情节与社会危害程度，依据《证券法》第二百二十三条和第二百三十三条，《证券市场禁入规定》第三条和第五条的规定，本会决定认定卫宗泙为市场禁入者，3年内不得从事任何证券业务。

申请人请求撤销本会《市场禁入决定书》〔2009〕15号对其作出的市场禁入决定，主要理由是：（一）《市场禁入决定书》所列示的万隆所“一至十一项”具体行为与实际事实不符，特别是忽略了万隆所事后早已撤销了原审计报告并重新出具了否定意见的审计报告这一主动纠正的事实。（二）《市场禁入决定书》认定申请人为“违法违规行为直接负责的主管人员”，其认定理由不能成立。（三）《市场禁入决定书》对申请人的处罚显失公正。

经审查查明，万隆所在对金荔科技2006年年度报告审计过程中未勤勉尽责，未按照中国注册会计师执业准则规定的程序审计，未对所依据文件资料内容的真实性、准确性、完整性进行核查和验证，出具了含有虚假内容的审计报告。具体行为如下：

一、万隆所对金荔科技2006年度会计报表审计建立在金荔科技完成资产置换、实现重组的基础上。在审计报告日前金荔科技没有完成资产置换，业务环境已发生变化的情况下，万隆所没有修改其审计策略，在审计过程中忽略了对风险的再评估。其行为不符合《中国注册会计师鉴证业务基本准则》第十三条和第五十六条的规定。

二、万隆所在明知金荔科技应提未提资产减值准备和折旧摊销的情况下，为防止公司退市，出具了无保留意见的审计报告。其行为不符合《中国注册会计师审计准则第1101号——财务报表审计的目标和一般原则》第六条和《会计师事务所质量控制准则第5101号——业务质量控制》第十四条的规定，违背了独立、客观、公正的原则。

三、万隆所在对金荔科技进行2006年年度报告审计时，没有制定具体审计计划，没有安排项目组讨论，存在审计内部控制上的重大遗漏。其行为不符合《中国注册会计师审计准则第1201号——计划审计工作》第十三条的规定。

四、万隆所以“避免公司退市”作为审计目

的,偏离了财务报表审计目标,不符合《中国注册会计师审计准则第1101号——财务报表审计的目标和一般原则》第四条和第六条的规定。

五、万隆所在认定其他应收款和坏账准备期初数时,没有对去向待查的应收款项及兴业银行保证金进行函证,也未执行替代程序,未对期初数取得充分、适当的审计证据,在此情况下,万隆所确认其他应收款全额计提坏账准备105,530,604.82元。其行为不符合《中国注册会计师审计准则第1331号——首次接受委托时对期初余额的审计》第十二条的规定。

六、万隆所知悉金荔科技管理层存在改善财务业绩、歪曲财务报表的压力,将审计风险评估为高水平,确认接近资产负债表日所取得的3,500万元佣金收入为主要的审计风险,将公司管理层诚信和管理能力评估为低水平,在3,500万元佣金收入所涉及的账务处理极其复杂的情况下,未按照《中国注册会计师审计准则第1211号——了解被审计单位及其环境并评估重大错报风险》第四十条和《中国注册会计师审计准则第1312号——函证》第五条、第七条、第九条的要求,针对金荔科技与秦皇岛路建工程机械有限公司、上海天地源企业有限公司、上海奉志实业有限公司的资金往来关系真实性向这3家公司进行函证,未就上海天地源企业有限公司开立的本票真实性函证出票行为,也未对金科德盛新技术有限公司和张家界金荔科技杜仲业发展有限公司注册资金来源实施审计。万隆所在未获得充分、适当的审计证据的情况下审计确认该笔重大收入。

七、万隆所对关联方审计程序严重缺失,未进行函证,没有就资金占用金额与大股东进行核对,没有取得该项债务重组协议,并在未能确认关联方欠款是否真实的情况下,对2006年12月金荔科技调增资产冲抵大股东欠款的事项进行了确认。其行为不符合《中国注册会计师审计准则第1323号——关联方》第十三条的规定。

八、万隆所在知悉2006年追回的资产已被冻结、存在权属不清的情况下,未按照《中国注册会计师审计准则第1301号——审计证据》第六条、第七条和《中国注册会计师审计准则第1221号——重要性》第十五条、第十六条的要求,采取相应的审计措施,对上述资产实施进一步审计程序;在注册会计师认为上述资产不具备确认为资产条件、以资抵债属于虚假清欠的情况下,确认为资产,致使对固定资产和无形资产虚增79,059,574.12元发表了不正确的审计意见。

九、万隆所在金荔科技董事长刘作超介绍2006年度收入状况与居间合同业务取得的收入存在重大差异的情况下,未按照《中国注册会计师审计准则第1141号——财务报表审计中对舞弊的考虑》第六十四条的要求,实施相应的审计程序,致使未能发现虚假佣金收入业务。

十、万隆所未按照《中国注册会计师审计准则第1221号——重要性》第十五条和第十六条的要求,采取相应的审计措施,在计算出固定资产折旧和无形资产摊销后,仍未在其出具的审计差异汇总表及财务报告中予以调整,致使审计确认少计固定资产折旧和无形资产摊销22,274,855.74元。

十一、万隆所未按照《中国注册会计师审计准则第1502号——非标准审计报告》第十一条、第十二条、第十三条的要求,发表了不恰当的审计意见,出具了含有虚假内容的审计报告。

另查明,万隆所在对金荔科技2006年年报审计时,副主任会计师兼质量控制委员会主任卫宗泙亲自担任金荔科技2006年年报的三级复核,并在《重大事项逐级请示报告表》和《质量控制会议决议》上签字,是万隆所上述违法违规行为直接负责的主管人员之一。

在听证过程中,万隆所及申请人卫宗泙等提交了重大事项逐级请示报告表及质量控制会议记录等证据,并提出以下申辩意见:

申请人卫宗泙申辩称,修改审计策略及没有忽略对风险的再评估,适用的审计准则错误。本会认为,审计报告日,万隆所在金荔科技仅取得地方政府批文,实质性重组还存在不确定性情况下,没有对尚未完成重组和资产置换对审计结果的影响及所存在的风险进行再评估,出具了无保留意见审计报告。其行为不符合《中国注册会计师鉴证业务基本准则》第十三条和第五十六条的规定。

申请人卫宗泙申辩称,对虚假资产不计提折旧和摊销是合理的;金荔科技已与重组方签订资产置换协议，拟置入的国有资产已进行审计和评估，并通过董事会审议，该资产属于持有待售的固定资产，因此对该资产不提折旧和摊销符合《企业会计准则——固定资产》第二十二条的规定。本会认为，金荔科技实质性重组还存在很大不确定性，该资产在审计报告日并不符合可以直接出售且极可能出售的固定资产，不符合持有待售资产的定义；此外，该资产既然已被确定为虚假资产，不符合资产定义，根据《企业会计准则》规定不应在会计报表中列报。

申请人卫宗泙申辩称，其编制的《金荔科技前期调查报告及其风险初步评估报告》已包括了具体审计计划。本会认为，根据《中国注册会计师审计准则第1201号——计划审计工作》，具体审计计划应包括计划实施的风险评估程序的性质、时间和范围，针对认定层次的重大错报风险计划实施的进一步审计程序的性质、时间和范围，针对审计业务需要实施的其他审计程序等，万隆所风险初步评估报告未包括以上内容。

申请人卫宗泙申辩称，审计确认3500万元佣金收入已追加了向市政府金融办和公安局了解金荔科技资金情况的程序，是否向相关公司发询证函属于注册会计师职业判断的行为，鉴于有关部门已出具证明材料，万隆所没有必要再实施进一步审计程序。本会认为，根据《中国注册会计师审计准则第1211号——了解被审计单位及其环境并评估重大错报风险》和《中国注册会计师审计准则第1312号——函证》的要求，万隆所在已将审计风险评估为高水平，将公司管理层诚信和管理能力评估为低水平，3500万元佣金收入涉及的账务处理极其复杂的情况下，除了检查有关原始凭证，取得政府部门证明外，还应向有关部门发函，应当以职业怀疑态度计划和执行审计业务，获取金荔科技不存在重大错报充分、适当的审计证据。

此外，申请人卫宗泙还申辩称，在审计过程中已将相关问题向湖南省衡阳市政府和湖南证监局汇报。本会认为，按照审计准则的要求，注册会计师应当恪守独立、客观、公正的原则，执行审计或其他鉴证业务，始终应当保持形式和实质上的独立。

在作出市场禁入决定之前，本会依法履行了告知义务，并应申请人的要求举行了听证会，认真听取了申请人的陈述和申辩意见。在作出市场禁入决定之后，依法履行了送达程序，程序合法。

上述事实有万隆所审计报告、审计工作底稿、金荔科技账表、相关当事人谈话笔录、行政处罚及市场禁入事先告知书、听证会通知书、听证会笔录、市场禁入决定书以及送达回证及回执等证据证明。

本会认为，万隆所上述未勤勉尽责、出具含有虚假内容审计报告等行为违反了《证券法》第一百七十三条关于会计师事务所出具审计报告"应当勤勉尽责，对所依据的文件资料内容的真实性、准确性、完整性进行核查和验证"的规定，构成了《证券法》第二百二十三条所述"证券服务机构未勤勉尽责，所制作、出具的文件有虚假记载、误导性陈述或者重大遗漏"的行为。

对于申请人所提出金荔科技2006年度审计报告（万会业字〔2007〕第856号）中的报告意见为带强调事项段的无保留意见等理由，并没有改变其无保留意见的本质，理由不能成立。对于申请人所称万隆所在时隔近七个月后重新出具了否定意见的审计报告，本会认为相关事实和理由不能成立，本会不予支持。对于申请人所提出按照本会《关于进一步规范会计师事务所执行上市公司年报审计行为、提高执业质量的通知》（证监会计字〔2006〕4号）的要求做到向湖南证监局报送计划审阅等理由，本会认为，上述文件明确要求各会计师事务所应加强质量控制和内部管理，严格按照中国证监会、财政部有关规定和中国注册会计师独立审计准则的相关要求，获取充分适当的审计证据，履行必要的审计程序，在此基础上发表合理的审计意见。按照审计准则的要求，注册会计师应当恪守独立、客观、公正的原则，执行审计或其他鉴证业务，应当始终保持形式和实质上的独立，因此对于申请人所提理由，本会不予支持。对于申请人提出认定其为"违法违规行为直接负责的主管人员"理由不能成立，本会认为在对金荔科技2006年年度报告审计时，申请人从承接业务开始，到重大问题的判断和处理以及与有关部门的沟通全程参与并决策，亲自担任金荔科技2006年年度报告的三级复核，并在《重大事项逐级请示报告表》和《质量控制会议决议》上签字,是万隆所上述违法违规行为直接负责的主管人员之一。万隆所以"避免公司退市"作为审计目的,偏离了财务报表审计目标,申请人负有不可推卸的责任。

综上,本会对申请人卫宗泙作出的市场禁入决定,认定事实清楚,证据确凿,适用依据正确,程序合法,措施适当。

根据《中华人民共和国行政复议法》第二十八条第一款第一项的规定,本会决定:维持本会《市场禁入决定书》〔2009〕15 号对申请人作出的市场禁入决定。

申请人如不服本复议决定,可在收到本复议决定书之日起 15 日内向有管辖权的人民法院提起诉讼或向国务院申请裁决。

# 关于胡宏不服行政处罚的行政复议决定书

(〔2010〕14 号)

申请人:胡宏,女,1971 年生

被申请人:中国证券监督管理委员会

申请人不服中国证券监督管理委员会《行政处罚决定书》〔2009〕52 号对其作出的行政处罚决定,向本会提出了行政复议申请。本会受理后,依法对本案进行了审查,现已审查终结。

本会《行政处罚决定书》〔2009〕52 号认定:万隆会计师事务所有限公司(现更名万隆亚洲事务所有限公司,以下简称万隆所)在对金荔科技农业股份有限公司(以下简称金荔科技)2006 年年度报告审计过程中未勤勉尽责,未按照中国注册会计师执业准则规定的程序审计,未对所依据文件资料内容的真实性、准确性、完整性进行核查和验证,出具了含有虚假内容的审计报告。相关行为违反了《中华人民共和国证券法》(以下简称《证券法》)第一百七十三条关于会计师事务所出具审计报告"应当勤勉尽责,对所依据的文件资料内容的真实性、准确性、完整性进行核查和验证"的规定,构成了《证券法》第二百二十三条所述"证券服务机构未勤勉尽责,所制作、出具的文件有虚假记载、误导性陈述或者重大遗漏"的行为。胡宏是万隆所上海分所副所长、金荔科技二级复核,在《重大事项逐级请示报告表》和《质量控制会议决议》上签字,是万隆所相关违法违规行为直接负责的主管人员之一。根据当事人违法行为的事实、性质、情节与社会危害程度,依据《证券法》第二百二十三条的规定,本会决定对胡宏给予警告,并处以 3 万元罚款。

申请人请求撤销本会《行政处罚决定》〔2009〕52 号对其作出的处罚决定,主要理由是:(一)申请人不属于万隆所对业务质量直接负责的主管人员。(二)申请人作为金荔科技的二级复核人,已尽职尽责地履行了复核工作。(三)申请人在《质量控制会议决议》上签字,是作为二级复核人列席会议的。(四)在金荔科技重组工作发生重大变化时,万隆所按照有关规定撤销了原审计报告,重新出具了否定意见的审计报告,未对投资者造成任何不良影响和对社会造成任何危害后果。

经审查查明,万隆所在对金荔科技 2006 年年度报告审计过程中未勤勉尽责,未按照中国注册会计师执业准则规定的程序审计,未对所依据文件资料内容的真实性、准确性、完整性进行核查和验证,出具了含有虚假内容的审计报告。具体行为如下:

一、万隆所对金荔科技 2006 年度会计报表审计建立在金荔科技完成资产置换、实现重组的基础上。在审计报告日前金荔科技没有完成资产置换,业务环境已发生变化的情况下,万隆所没有修改其审计策略,在审计过程中忽略了对风险的再评估。其行为不符合《中国注册会计师鉴证业务基本准则》第十三条和第五十六条的规定。

二、万隆所在明知金荔科技应提未提资产减值准备和折旧摊销的情况下，为防止公司退市，出具了无保留意见的审计报告。其行为不符合《中国注册会计师审计准则第1101号——财务报表审计的目标和一般原则》第六条和《会计师事务所质量控制准则第5101号——业务质量控制》第十四条的规定，违背了独立、客观、公正的原则。

三、万隆所在对金荔科技进行2006年年度报告审计时，没有制定具体审计计划，没有安排项目组讨论，存在审计内部控制上的重大遗漏。其行为不符合《中国注册会计师审计准则第1201号——计划审计工作》第十三条的规定。

四、万隆所以"避免公司退市"作为审计目的，偏离了财务报表审计目标，不符合《中国注册会计师审计准则第1101号——财务报表审计的目标和一般原则》第四条和第六条的规定。

五、万隆所在认定其他应收款和坏账准备期初数时，没有对去向待查的应收款项及兴业银行保证金进行函证，也未执行替代程序，未对期初数取得充分、适当的审计证据，在此情况下，万隆所确认其他应收款全额计提坏账准备105,530,604.82元。其行为不符合《中国注册会计师审计准则第1331号——首次接受委托时对期初余额的审计》第十二条的规定。

六、万隆所知悉金荔科技管理层存在改善财务业绩、歪曲财务报表的压力，将审计风险评估为高水平，确认接近资产负债表日所取得的3,500万元佣金收入为主要的审计风险，将公司管理层诚信和管理能力评估为低水平，在3,500万元佣金收入所涉及的账务处理极其复杂的情况下，未按照《中国注册会计师审计准则第1211号——了解被审计单位及其环境并评估重大错报风险》第四十条和《中国注册会计师审计准则第1312号——函证》第五条、第七条、第九条的要求，针对金荔科技与秦皇岛路建工程机械有限公司、上海天地源企业有限公司、上海奉志实业有限公司的资金往来关系真实性向这3家公司进行函证，未就上海天地源企业有限公司开立的本票真实性函证出票行为，也未对金科德盛新技术有限公司和张家界金荔科技杜仲业发展有限公司注册资金来源实施审计。万隆所在未获得充分、适当的审计证据的情况下审计确认该笔重大收入。

七、万隆所对关联方审计程序严重缺失，未进行函证，没有就资金占用金额与大股东进行核对，没有取得该项债务重组协议，并在未能确认关联方欠款是否真实的情况下，对2006年12月金荔科技调增资产冲抵大股东欠款的事项进行了确认。其行为不符合《中国注册会计师审计准则第1323号——关联方》第十三条的规定。

八、万隆所在知悉2006年追回的资产已被冻结、存在权属不清的情况下，未按照《中国注册会计师审计准则第1301号——审计证据》第六条、第七条和《中国注册会计师审计准则第1221号——重要性》第十五条、第十六条的要求，采取相应的审计措施，对上述资产实施进一步审计程序；在注册会计师认为上述资产不具备确认为资产条件、以资抵债属于虚假清欠的情况下，确认为资产，致使对固定资产和无形资产虚增79,059,574.12元发表了不正确的审计意见。

九、万隆所在金荔科技董事长刘作超介绍2006年度收入状况与居间合同业务取得的收入存在重大差异的情况下，未按照《中国注册会计师审计准则第1141号——财务报表审计中对舞弊的考虑》第六十四条的要求，实施相应的审计程序，致使未能发现虚假佣金收入业务。

十、万隆所未按照《中国注册会计师审计准则第1221号——重要性》第十五条和第十六条的要求，采取相应的审计措施，在计算出固定资产折旧和无形资产摊销后，仍未在其出具的审计差异汇总表及财务报告中予以调整，致使审计确认少计固定资产折旧和无形资产摊销22,274,855.74元。

十一、万隆所未按照《中国注册会计师审计准则第1502号——非标准审计报告》第十一条、第十二条、第十三条的要求，发表了不恰当的审计意见，出具了含有虚假内容的审计报告。

另查明，万隆所在对金荔科技2006年年报审计时，胡宏是万隆所上海分所副所长、金荔科技二级复核，且在《重大事项逐级请示报告表》和《质量控制会议决议》上签字，是万隆所上述违法违规行为直接负责的主管人员之一。

在听证过程中，万隆所及当事人胡宏等提

交了重大事项逐级请示报告表及质量控制会议记录等证据,并提出以下申辩意见:

万隆所等当事人申辩称,认定会计师事务所没有修改审计策略及忽略对风险的再评估与事实不符,适用的审计准则错误。本会认为,万隆所在金荔科技仅取得地方政府批文,能否重组成功还存在重大不确定性的情况下,没有对尚未完成重组和资产置换对审计结果的影响及所存在的风险进行再评估,出具了无保留意见审计报告。出具审计报告前提是公司完成重组,而在出具报告日该重大事项并未完成,注册会计师应对业务进行变更或出具其他类型的审计报告,其行为不符合《中国注册会计师鉴证业务基本准则》第十三条和第五十六条的规定。

万隆所等当事人申辩称,对虚假资产不计提折旧和摊销是合理的。金荔科技已与重组方签订资产置换协议,拟置入的国有资产已进行审计和评估,并通过董事会审议,该资产属于持有待售的固定资产,因此对该资产不提折旧和摊销符合《企业会计准则——固定资产》第二十二条的规定。本会认为,金荔科技实质性重组存在很大不确定性,该资产在审计报告日并不符合可以直接出售且极可能出售的固定资产,不符合持有待售资产的定义。此外,该资产既然已被确定为虚假资产,不符合资产定义,根据《企业会计准则》规定不应在会计报表中列报。

万隆所等当事人申辩称,认定会计师事务所没有制定具体审计计划,没有安排项目组讨论,其编制的《金荔科技前期调查报告及其风险初步评估报告》已包括了具体审计计划。本会认为,根据《中国注册会计师审计准则第1201号——计划审计工作》,具体审计计划应包括计划实施的风险评估程序的性质、时间和范围,针对认定层次的重大错报风险计划实施的进一步审计程序的性质、时间和范围,针对审计业务需要实施的其他审计程序等,万隆所风险初步评估报告未包括以上内容。

万隆所等当事人申辩称,审计确认3500万元佣金收入已追加了向衡阳市政府金融办和公安局了解金荔科技资金情况的程序,是否向相关公司发询证函属于注册会计师职业判断行为,鉴于有关部门已出具证明材料,万隆所没有必要再实施进一步审计程序。本会认为,根据《中国注册会计师审计准则第1211号——了解被审计单位及其环境并评估重大错报风险》和《中国注册会计师审计准则第1312号——函证》的要求,万隆所在已将审计风险评估为高水平,将公司管理层诚信和管理能力评估为低水平,3500万元佣金收入涉及的账务处理极其复杂的情况下,除了检查有关原始凭证,取得政府部门证明外,还应向有关部门发函,应当以职业怀疑态度计划和执行审计业务,获取金荔科技不存在重大错报的充分、适当的审计证据。

万隆所等当事人还申辩称,在审计过程中已将相关问题向湖南省衡阳市政府和湖南证监局汇报。本会认为,按照审计准则的要求,注册会计师应当恪守独立、客观、公正的原则,执行审计或其他鉴证业务,应当始终保持形式和实质上的独立。金荔科技前任注册会计师已出具无法表示意见报告,且万隆所已认定该公司管理诚信和管理能力低水平,并将审计风险评估为高水平,万隆所等当事人应根据《中国注册会计师审计准则第1141号——财务报表审计中对舞弊的考虑》,采取更为审慎和职业怀疑态度对待各项重要事项。

当事人胡宏申辩称,其受万隆所上海分所委派担任金荔科技二级复核,不属于直接负责的主管人员。本会认为,根据《中国注册会计师审计准则第1121号——历史财务信息审计的质量控制》和《会计师事务所质量控制准则第5101号——业务质量控制》及万隆所质量控制制度,胡宏是万隆所上海分所副所长、金荔科技二级复核,且在《重大事项逐级请示报告表》和《质量控制会议决议》上签字,属于直接负责的主管人员之一,但鉴于其曾向项目负责人提出需进一步追加审计程序的复核意见并向三级复核进行了汇报,有减轻情节,量罚已酌情考虑。

在作出行政处罚决定之前,本会依法履行了告知义务,并应申请人的要求举行了听证会,认真听取了申请人的陈述和申辩意见。在作出行政处罚决定之后,依法履行了送达程序,程序合法。

上述事实有万隆所审计报告、审计工作底稿、金荔科技账表、相关当事人谈话笔录、行政处罚及市场禁入事先告知书、听证会通知书、听证会笔录、行政处罚决定书以及送达回证及回执等证据证明。

本会认为，万隆所上述未勤勉尽责、出具含有虚假内容审计报告等行为违反了《证券法》第一百七十三条关于会计师事务所出具审计报告“应当勤勉尽责，对所依据的文件资料内容的真实性、准确性、完整性进行核查和验证”的规定，构成了《证券法》第二百二十三条所述“证券服务机构未勤勉尽责，所制作、出具的文件有虚假记载、误导性陈述或者重大遗漏”的行为。

对于申请人所提出不属于万隆所对业务质量直接负责的主管人员，在本会行政处罚听证过程中已经予以答复，本会认为申请人理由不能成立。对于申请人所提作为二级复核人已尽职尽责的理由，本会认为申请人最终未能坚持实质上的独立，没有遵守注册会计师独立、客观、公正的执业原则，应对万隆所违法违规行为承担相应责任，对其相关减轻情节，本会已经予以酌情考虑。对于申请人所称万隆所在时隔近七个月后重新出具了否定意见的审计报告，本会认为相关事实和理由不能成立，本会不予支持。

综上，本会上述对申请人胡宏作出的行政处罚决定，认定事实清楚，证据确凿，适用依据正确，程序合法，处罚适当。

根据《中华人民共和国行政复议法》第二十八条第一款第一项的规定，本会决定：维持本会《行政处罚决定书》〔2009〕52 号对申请人作出的行政处罚决定。

申请人如不服本复议决定，可在收到本复议决定书之日起 15 日内向有管辖权的人民法院提起诉讼或向国务院申请裁决。

# 关于薛仕成不服行政处罚的行政复议决定书

（〔2010〕15 号）

申请人：薛仕成，男，1964 年 4 月出生，时任华通天香集团股份有限公司（以下简称天香集团）董事长

被申请人：中国证券监督管理委员会

申请人不服中国证券监督管理委员会《行政处罚决定书》〔2009〕53 号对其作出的行政处罚决定，向本会提出行政复议申请。本会受理后，依法对本案进行了审查，现已审查终结。

本会《行政处罚决定书》〔2009〕53 号认定，天香集团存在以下违法违规行为：

## 一、天香集团 2004 年年报虚增利润

（一）2004 年 12 月，天香集团将其所持有的北京金伟凯医学生物技术有限公司（以下简称金伟凯）60% 的股权转让给福州开发区鸿宇实业有限公司（以下简称福州鸿宇）。在风险尚未转移，收益确认条件不完全具备的情况下，天香集团提前将上述股权转让投资收益进行确认，虚增 2004 年度利润 16,761,202.77 元。

（二）2004 年 12 月，天香集团子公司深圳市华天投资发展有限公司（以下简称华天投资）将其所持有的 1.5 亿股中关村证券股份有限公司（以下简称中关村证券）股权转让给北京宁馨儿经贸有限公司（以下简称北京宁馨儿）。在未将中关村证券股权上的主要风险转移给受让方，确认收益条件尚不完全具备的情况下，华天投资提前将上述股权转让投资收益进行确认。天香集团在合并报表后，虚增 2004 年度净利润 23,705,820.73 元。

（三）2004 年 11 月，天香集团将其所持有的福建建瓯天香绿色食品工程有限公司（以下简称建瓯天香）90% 的股权转让给福州鸿宇。在风险尚未转移，收益确认条件不完全具备的情况下，天香集团提前将上述股权转让投资收益进行确认，虚增 2004 年度利润 3,475,409.38 元。

时任天香集团董事长薛仕成是对以上信息披露违规直接负责的主管人员之一。天香集团

提前确认股权转让投资收益并虚增2004年年报利润的行为违反了《关于执行〈企业会计制度〉和相关会计准则有关问题解答》(财会〔2002〕18号)和1999年7月1日起施行的《证券法》(以下简称原《证券法》)第五十九条、第六十一条规定,构成了原《证券法》第一百七十七条所述违法行为。

二、未按规定披露对外担保事项

(一)2004年8月,天香集团与兴业银行福建三明分行签订最高额保证合同,约定天香集团自愿为福建三农集团股份有限公司(以下简称福建三农)的授信额度向兴业银行提供担保。2005年1月26日、2005年2月5日,福建三农分别向兴业银行借款人民币550万元、600万元。根据前述的最高额保证合同,天香集团为福建三农的这两笔贷款提供担保。

(二)2005年3月,天香集团与上海工业投资(集团)有限公司(以下简称工业投资)签订反担保保证合同,约定为工业投资向兴业银行提供的华通国际招商集团股份有限公司3,500万元借款担保提供反担保保证。

天香集团未及时披露以上对外担保事项,违反了原《证券法》第六十二条规定,构成了原《证券法》第一百七十七条所述违法行为。时任天香集团董事长薛仕成是对信息披露违规行为直接负责的主管人员。

根据当事人的违法事实、性质、情节与社会危害程度,依据原《证券法》第一百七十七条的规定,本会决定,对薛仕成给予警告,并处以10万元罚款。

申请人薛仕成请求撤销《行政处罚决定书》〔2009〕53号对其作出的行政处罚,主要理由如下:(一)天香集团有关股权转让事项的会计处理已基本符合《企业会计制度》规定的条件,确有相关事项发生,天香集团主观上未有虚增利润的目的;(二)在有证据表明交易不能最终完成时天香集团及时进行了更正并进行了充分披露,避免了对投资人判断可能产生的影响;(三)关于担保事项的信息披露事项,上海证券交易所已在2006年给予天香集团公开谴责和通报批评的处罚,之后天香集团迅速进行了补充及后续进展公告;(四)行政处罚将对申请人造成严重不利后果。

经审查查明,天香集团存在以下违法违规事实:

**一、2004年年度报告虚增利润**

2004年12月29日,天香集团与福州鸿宇签订协议,约定天香集团将其所持有的金伟凯股权转让给福州鸿宇,转让总价款3,800万元。2004年12月末,天香集团第五届董事会第十七次会议对该项股权转让事项进行了审议,时任董事薛仕成、姜东溟、卢少辉、李泉、林彬、郑庆昌、胡建绩和尤家荣在董事会决议上签字同意。根据上海证券交易所《股票上市规则》(2004年修订)第9.3(三)项规定,此项议案需提交股东大会审议通过。但截至2004年12月31日,天香集团未召开股东大会对上述事项进行审议,金伟凯尚未进行相应的工商登记变更。在风险尚未转移,收益确认条件不完全具备的情况下,天香集团提前将上述股权转让投资收益进行确认,虚增2004年度利润16,761,202.77元。

2004年12月8日,天香集团控股的子公司华天投资、北京天香园生物科技投资有限公司、北京宁馨儿3家公司签订股权转让协议。根据协议,华天投资将所持有1.5亿股中关村证券股权转让给北京宁馨儿,转让总价款1.905亿元。2004年12月31日,华天投资在本会未批准同意北京宁馨儿受让中关村证券股权,确认收益的条件尚未完全具备的情况下,确认中关村证券股权转让投资收益3,512.50万元。天香集团在合并报表后,虚增2004年度净利润23,705,820.73元。

2004年11月30日,天香集团和福州鸿宇签订股权转让合同,约定天香集团将其持有的建瓯天香90%的股权转让给福州鸿宇,股权转让总价18,220,174.19元。根据天香集团2004年公司章程,这一事项应当由公司董事会批准,但截至2004年12月31日,天香集团董事会未就上述股权转让事项进行审议,建瓯天香的工商登记资料也未作相应变更。在风险尚未转移,收益确认条件不完全具备的情况下,天香集团提前将上述股权转让投资收益进行确认,虚增2004年度利润3,475,409.38元。

以上事实,有天香集团情况说明、天香集团2004年度审计报告、当事人询问笔录等证据证明,足以认定。

二、未按规定披露对外担保事项

2004 年 8 月 16 日,天香集团与兴业银行福建三明分行签订最高额保证合同,约定天香集团自愿为福建三农的授信额度向兴业银行提供担保。2005 年 1 月 26 日、2005 年 2 月 5 日,福建三农分别向兴业银行借款人民币 550 万元、600 万元。根据前述的最高额保证合同,天香集团为福建三农的这两笔贷款提供担保。

2005 年 3 月 18 日,华通国际招商集团股份有限公司向兴业银行上海黄浦支行贷款 3,500 万元。该笔贷款由上海工业投资(集团)有限公司(以下简称工业投资)提供连带担保。天香集团为工业投资承担的上述担保提供反担保保证。

以上对外担保事项,天香集团未及时予以披露。相关事实,有天香集团情况说明和相关合同在案证明,足以认定。

本会认为,根据《关于执行〈企业会计制度〉和相关会计准则有关问题解答的通知》(财会〔2004〕18 号)关于股权转让投资收益确认条件的规定,股权转让事项的风险尚未转移,确认收益的条件尚不完全具备。天香集团提前确认上述股权转让事项的收益并在 2004 年度报告中予以披露,违反了原《证券法》第五十九条、第六十一条规定,构成了原《证券法》第一百七十七条规定的“未按照有关规定披露信息,或者所披露的信息有虚假记载、误导性陈述或者有重大遗漏的”违法行为。申请人时任天香集团董事长,是对天香集团年报信息披露违规行为直接负责的主管人员。

天香集团未按规定披露对外担保事项的行为违反了原《证券法》第六十二条规定,构成了原《证券法》第一百七十七条所述违法行为。申请人在上述最高额保证合同和反担保保证合同上签字并盖章,是对未按规定披露担保事项违规行为的直接负责的主管人员。

2005 年 6 月,本会就涉案事项约谈了负责天香集团 2004 年年报审计的福建立信闽都会计师事务所及其签字会计师后,天香集团更正了 2004 年年度报告。申请人有关主动更正 2004 年年报的说法与事实不符。天香集团的信息披露违规行为给投资者了解掌握上市公司的经营财务状况造成了妨碍,对证券市场产生了不利影响。申请人提出的其他事实和理由不足以构成撤销对其处罚的理由,本会不予支持。

作出行政处罚决定前,本会向申请人事先告知了拟对其作出的行政处罚,所依据的违法事实、理由、依据以及当事人依法享有的权利,听取了当事人的书面申辩意见,并应当事人申请举行了听证会,听取了申请人等相关当事人的陈述、申辩意见。作出行政处罚决定后,依法向申请人履行了送达程序。行政处罚程序合法。

综上,本会对申请人作出的行政处罚决定,事实清楚,证据确凿,适用依据正确,程序合法,处罚适当。申请人提出的复议理由缺乏事实证据与法律依据,本会不予支持。

根据《中华人民共和国行政复议法》第二十八条第一款第一项的规定,本会决定:维持本会《行政处罚决定书》〔2009〕53 号对申请人作出的行政处罚决定。

申请人如不服本复议决定,可在收到本复议决定书之日起 15 日内向有管辖权的人民法院提起诉讼或向国务院申请裁决。

## 关于卢少辉不服行政处罚的行政复议决定书

(〔2010〕16 号)

申请人:卢少辉,男,1961 年 9 月出生,时任华通天香集团股份有限公司(以下简称天香集团)董事、总经理

被申请人:中国证券监督管理委员会

申请人不服中国证券监督管理委员会《行政处罚决定书》〔2009〕53 号对其作出的行政处罚决定,向本会提出行政复议申请。本会受理后,依法对本案进行了审查,现已审查终结。

本会《行政处罚决定书》〔2009〕53 号认定:(一)2004 年 12 月,天香集团将其所持有的北京金伟凯医学生物技术有限公司(以下简称金伟凯)60% 的股权转让给福州开发区鸿宇实业有限公司(以下简称福州鸿宇)。在风险尚未转移、收益确认条件不完全具备的情况下,天香集团提前将上述股权转让投资收益进行确认,虚增 2004 年度利润 16,761,202.77 元。(二)2004年 12 月,天香集团子公司深圳市华天投资发展有限公司(以下简称华天投资)将其所持有的 1.5 亿股中关村证券股份有限公司(以下简称中关村证券)股权转让给北京宁馨儿经贸有限公司(以下简称北京宁馨儿)。在未将中关村证券股权上的主要风险转移给受让方,确认收益条件尚不完全具备的情况下,华天投资提前将上述股权转让投资收益进行确认。天香集团在合并报表后,虚增 2004 年度净利润 23,705,820.73 元。(三)2004 年 11 月,天香集团将其所持有的福建建瓯天香绿色食品工程有限公司(以下简称建瓯天香)90% 的股权转让给福州鸿宇。在风险尚未转移、收益确认条件不完全具备的情况下,天香集团提前将上述股权转让投资收益进行确认,虚增 2004 年度利润 3,475,409.38 元。时任天香集团董事、总经理卢少辉是对以上信息披露违规直接负责的主管人员之一。天香集团提前确认股权转让投资收益并虚增 2004 年年报利润的行为违反了《关于执行〈企业会计制度〉和相关会计准则有关问题解答》(财会〔2002〕18 号)和 1999 年 7 月 1 日起施行的《证券法》(以下简称原《证券法》)第五十九条、第六十一条规定,构成了原《证券法》第一百七十七条所述违法行为。根据当事人的违法事实、性质、情节与社会危害程度,依据原《证券法》第一百七十七条的规定,本会决定对卢少辉给予警告,并处以 5 万元罚款。

申请人卢少辉请求撤销《行政处罚决定书》〔2009〕53 号对其作出的行政处罚,主要理由如下:(一)天香集团有关股权转让事项确有相关事项发生,天香集团主观上未有虚增利润的目的;(二)在有证据表明交易不能最终完成时天香集团及时进行了更正并进行了充分披露,避免了对投资人判断可能产生的影响;(三)关于担保事项的信息披露事项,上海证券交易所已在 2006 年给予天香集团公开谴责和通报批评的处罚,之后天香集团迅速进行了补充及后续进展公告;(四)申请人对通过年报的董事会决议上签字是维护公司大局、争取时间拯救公司的需要,有利于广大中小股民利益,且申请人对公司重组成功作出了贡献,行政处罚不利于申请人今后履行职责和重新择业。

经审查查明,天香集团存在以下违法违规事实:

2004 年 12 月 29 日,天香集团与福州鸿宇签订协议,约定天香集团将其所持有的金伟凯股权转让给福州鸿宇,转让总价款 3,800 万元。2004 年 12 月末,天香集团第五届董事会第十七次会议对该项股权转让事项进行了审议,时任董事薛仕成、姜东溟、卢少辉、李泉、林彬、郑庆昌、胡建绩和尤家荣在董事会决议上签字同意。根据上海证券交易所《股票上市规则》(2004 年修订)第 9.3(三)项规定,此项议案需提交股东大会审议通过。但截至 2004 年 12 月 31 日,天香集团未召开股东大会对上述事项进行审议,金伟凯尚未进行相应的工商登记变更。在风险尚未转移,收益确认条件不完全具备的情况下,天香集团提前将上述股权转让投资收益进行确认,虚增 2004 年度利润 16,761,202.77元。

2004 年 12 月 8 日,天香集团控股的子公司华天投资、北京天香园生物科技投资有限公司、北京宁馨儿 3 家公司签订股权转让协议。根据协议,华天投资将所持有 1.5 亿股中关村证券股权转让给北京宁馨儿,转让总价款 1.905 亿元。2004 年 12 月 31 日,华天投资在本会未批准同意北京宁馨儿受让中关村证券股权,确认收益的条件尚未完全具备的情况下,确认中关村证券股权转让投资收益 3,512.50 万元。天香集团在合并报表后,虚增 2004 年度净利润 23,705,820.73 元。

2004 年 11 月 30 日,天香集团和福州鸿宇签订股权转让合同,约定天香集团将其持有的建瓯天香 90% 的股权转让给福州鸿宇,股权转让总价 18,220,174.19 元。根据天香集团 2004 年公司章程,这一事项应当由公司董事会批准,但截至2004年12月31日,天香集团董事会未就上述股权转让事项进行审议,建瓯天香的工商登记资料也未作相应变更。在风险尚未转移,收益确认条件不完全具备的情况下,天香集团提前将上述股权转让投资收益进行确认,虚增2004年度利润3,475,409.38元。

以上事实,有天香集团情况说明、天香集团2004年度审计报告、当事人询问笔录等证据证明,足以认定。

本会认为,根据《关于执行〈企业会计制度〉和相关会计准则有关问题解答的通知》(财会〔2002〕18号)关于股权转让投资收益确认条件的规定,股权转让事项的风险尚未转移,确认收益的条件尚不完全具备。天香集团提前确认上述股权转让事项的收益并在2004年度报告中予以披露,违反了原《证券法》第五十九条、第六十一条规定,构成了原《证券法》第一百七十七条规定的"未按照有关规定披露信息,或者所披露的信息有虚假记载、误导性陈述或者有重大遗漏的"违法行为。申请人时任天香集团董事、总经理,是对天香集团信息披露违规行为直接负责的主管人员。

2005年6月,本会就涉案事项约谈了负责天香集团2004年年报审计的福建立信闽都会计师事务所及其签字会计师后,天香集团更正了2004年年度报告。申请人有关主动更正2004年年报的说法与事实不符。天香集团的信息披露违规行为给投资者了解掌握上市公司的经营财务状况造成了妨碍,对证券市场产生了不利影响。申请人提出的其他事实和理由不足以构成撤销对其处罚的理由,本会不予支持。

作出行政处罚决定前,本会向申请人事先告知了拟对其作出的行政处罚,所依据的违法事实、理由、依据以及当事人依法享有的权利,听取了当事人的书面申辩意见,并应当事人申请举行了听证会,听取了申请人等相关当事人的陈述、申辩意见。作出行政处罚决定后,依法向申请人履行了送达程序。行政处罚程序合法。

综上,本会对申请人作出的行政处罚决定,事实清楚,证据确凿,适用依据正确,程序合法,处罚适当。申请人提出的复议理由缺乏事实证据与法律依据,本会不予支持。

根据《中华人民共和国行政复议法》第二十八条第一款第一项的规定,本会决定:维持本会《行政处罚决定书》〔2009〕53号对申请人作出的行政处罚决定。

申请人如不服本复议决定,可在收到本复议决定书之日起15日内向有管辖权的人民法院提起诉讼或向国务院申请裁决。

## 关于林彬不服行政处罚的行政复议决定书

(〔2010〕17号)

申请人:林彬,男,1958年8月出生,时任华通天香集团股份有限公司(以下简称天香集团)董事、副董事长

被申请人:中国证券监督管理委员会

申请人不服中国证券监督管理委员会《行政处罚决定书》〔2009〕53号对其作出的行政处罚决定,向本会提出行政复议申请。本会受理后,依法对本案进行了审查,现已审查终结。

本会《行政处罚决定书》〔2009〕53号认定:(一)2004年12月,天香集团将其所持有的北京金伟凯医学生物技术有限公司(以下简称金伟凯)60%的股权转让给福州开发区鸿宇实业有限公司(以下简称福州鸿宇)。在风险尚未转移、收益确认条件不完全具备的情况下,天香集团提前将上述股权转让投资收益进行确认,虚增2004年度利润16,761,202.77元。(二)2004年12月,天香集团子公司深圳市华天投资发展有限公司(以下简称华天投资)将其所持有的1.5亿股中关村证券股份有限公司(以下简称中关村证券)股权转让给北京宁馨

儿经贸有限公司(以下简称北京宁馨儿)。在未将中关村证券股权上的主要风险转移给受让方、确认收益条件尚不完全具备的情况下,华天投资提前将上述股权转让投资收益进行确认。天香集团在合并报表后,虚增2004年度净利润23,705,820.73元。(三)2004年11月,天香集团将其所持有的福建建瓯天香绿色食品工程有限公司(以下简称建瓯天香)90%的股权转让给福州鸿宇。在风险尚未转移、收益确认条件不完全具备的情况下,天香集团提前将上述股权转让投资收益进行确认,虚增2004年度利润3,475,409.38元。时任天香集团董事、副董事长林彬是对以上信息披露违规的其他责任人。天香集团提前确认股权转让投资收益并虚增2004年年报利润的行为违反了《关于执行〈企业会计制度〉和相关会计准则有关问题解答》(财会〔2002〕18号)和1999年7月1日起施行的《证券法》(以下简称原《证券法》)第五十九条、第六十一条规定,构成了原《证券法》第一百七十七条所述违法行为。根据当事人的违法事实、性质、情节与社会危害程度,依据原《证券法》第一百七十七条的规定,本会决定对林彬给予警告,并处以3万元罚款。

申请人林彬请求撤销《行政处罚决定书》〔2009〕53号对其作出的行政处罚,主要理由如下:(一)天香集团有关股权转让事项的会计处理已基本符合《企业会计制度》规定的条件,确有相关事项发生,天香集团主观上未有虚增利润的目的;(二)在有证据表明交易不能最终完成时天香集团及时进行了更正并进行了充分披露,避免了对投资人判断可能产生的影响;(三)关于担保事项的信息披露事项,上海证券交易所已在2006年给予天香集团公开谴责和通报批评的处罚,之后天香集团迅速进行了补充及后续进展公告;(四)行政处罚将对申请人造成严重不利后果。

经审查查明,天香集团存在以下违法违规事实:

2004年12月29日,天香集团与福州鸿宇签订协议,约定天香集团将其所持有的金伟凯股权转让给福州鸿宇,转让总价款3,800万元。2004年12月末,天香集团第五届董事会第十七次会议对该项股权转让事项进行了审议,时任董事薛仕成、姜东溟、卢少辉、李泉、林彬、郑庆昌、胡建绩和尤家荣在董事会决议上签字同意。根据上海证券交易所《股票上市规则》(2004年修订)第9.3(三)项规定,此项议案需提交股东大会审议通过。但截至2004年12月31日,天香集团未召开股东大会对上述事项进行审议,金伟凯尚未进行相应的工商登记变更。在风险尚未转移、收益确认条件不完全具备的情况下,天香集团提前将上述股权转让投资收益进行确认,虚增2004年度利润16,761,202.77元。

2004年12月8日,天香集团控股的子公司华天投资、北京天香园生物科技投资有限公司、北京宁馨儿3家公司签订股权转让协议。根据协议,华天投资将所持有1.5亿股中关村证券股权转让给北京宁馨儿,转让总价款1.905亿元。2004年12月31日,华天投资在本会未批准同意北京宁馨儿受让中关村证券股权,确认收益的条件尚未完全具备的情况下,确认中关村证券股权转让投资收益3,512.50万元。天香集团在合并报表后,虚增2004年度净利润23,705,820.73元。

2004年11月30日,天香集团和福州鸿宇签订股权转让合同,约定天香集团将其持有的建瓯天香90%的股权转让给福州鸿宇,股权转让总价18,220,174.19元。根据天香集团2004年公司章程,这一事项应当由公司董事会批准,但截至2004年12月31日,天香集团董事会未就上述股权转让事项进行审议,建瓯天香的工商登记资料也未作相应变更。在风险尚未转移,收益确认条件不完全具备的情况下,天香集团提前将上述股权转让投资收益进行确认,虚增2004年度利润3,475,409.38元。

以上事实,有天香集团情况说明、天香集团2004年度审计报告、当事人询问笔录等证据证明,足以认定。

本会认为,根据《关于执行〈企业会计制度〉和相关会计准则有关问题解答的通知》(财会〔2002〕18号)关于股权转让投资收益确认条件的规定,股权转让事项的风险尚未转移,确认收益的条件尚不完全具备。天香集团提前确认上述股权转让事项的收益并在2004年度报告中予以披露,违反了原《证券法》第五十九条、第六十一条规定,构成了原《证券法》第一百七十七条规定的"未按照有关规定披露信息,或者所披露的信息有虚假记载、误导性陈述或者有重大遗漏的"违法行为。申请人时任天香集团董事、副董事长,是上述信息披露违规行为的其他责任人员。

2005 年 6 月,本会就涉案事项约谈了负责天香集团 2004 年年报审计的福建立信闽都会计师事务所及其签字会计师后,天香集团更正了 2004 年年度报告。申请人有关主动更正 2004 年年报的说法与事实不符。天香集团的信息披露违规行为给投资者了解掌握上市公司的经营财务状况造成了妨碍,对证券市场产生了不利影响。申请人提出的其他事实和理由不足以构成撤销对其处罚的理由,本会不予支持。

作出行政处罚决定前,本会向申请人事先告知了拟对其作出的行政处罚,所依据的违法事实、理由、依据以及当事人依法享有的权利,听取了当事人的书面申辩意见。作出行政处罚决定后,依法向申请人履行了送达程序。行政处罚程序合法。

综上,本会对申请人作出的行政处罚决定,事实清楚,证据确凿,适用依据正确,程序合法,处罚适当。申请人提出的复议理由缺乏事实证据与法律依据,本会不予支持。

根据《中华人民共和国行政复议法》第二十八条第一款第一项的规定,本会决定:维持本会《行政处罚决定书》〔2009〕53 号对申请人作出的行政处罚决定。

申请人如不服本复议决定,可在收到本复议决定书之日起 15 日内向有管辖权的人民法院提起诉讼或向国务院申请裁决。

## 关于姜东溟不服行政处罚的行政复议决定书

(〔2010〕18 号)

申请人:姜东溟,男,1955 年 1 月出生,时任华通天香集团股份有限公司(以下简称天香集团)董事

被申请人:中国证券监督管理委员会

申请人不服中国证券监督管理委员会《行政处罚决定书》〔2009〕53 号对其作出的行政处罚决定,向本会提出行政复议申请。本会受理后,依法对本案进行了审查,现已审查终结。

本会《行政处罚决定书》〔2009〕53 号认定:(一)2004 年 12 月,天香集团将其所持有的北京金伟凯医学生物技术有限公司(以下简称金伟凯)60% 的股权转让给福州开发区鸿宇实业有限公司(以下简称福州鸿宇)。在风险尚未转移、收益确认条件不完全具备的情况下,天香集团提前将上述股权转让投资收益进行确认,虚增 2004 年度利润 16,761,202.77 元。(二)2004年 12 月,天香集团子公司深圳市华天投资发展有限公司(以下简称华天投资)将其所持有的 1.5 亿股中关村证券股份有限公司(以下简称中关村证券)股权转让给北京宁馨儿经贸有限公司(以下简称北京宁馨儿)。在未将中关村证券股权上的主要风险转移给受让方,确认收益条件尚不完全具备的情况下,华天投资提前将上述股权转让投资收益进行确认。天香集团在合并报表后,虚增 2004 年度净利润 23,705,820.73元。(三)2004 年 11 月,天香集团将其所持有的福建建瓯天香绿色食品工程有限公司(以下简称建瓯天香)90% 的股权转让给福州鸿宇。在风险尚未转移、收益确认条件不完全具备的情况下,天香集团提前将上述股权转让投资收益进行确认,虚增 2004 年度利润 3,475,409.38 元。时任天香集团董事姜东溟是对以上信息披露违规的其他责任人员之一。天香集团提前确认股权转让投资收益并虚增 2004 年年报利润的行为违反了《关于执行〈企业会计制度〉和相关会计准则有关问题解答》(财会〔2002〕18 号)和 1999 年 7 月 1 日起施行的《证券法》(以下简称原《证券法》)第五十九条、第六十一条规定,构成了原《证券法》第一百七十七条所述违法行为。根据当事人的违法

事实、性质、情节与社会危害程度,依据原《证券法》第一百七十七条的规定,本会决定对姜东溟给予警告,并处以3万元罚款。

申请人姜东溟请求撤销《行政处罚决定书》〔2009〕53号对其作出的行政处罚,主要理由如下:(一)天香集团有关股权转让事项的会计处理已基本符合《企业会计制度》规定的条件,确有相关事项发生,天香集团主观上未有虚增利润的目的;(二)在有证据表明交易不能最终完成时天香集团及时进行了更正并进行了充分披露,避免了对投资人判断可能产生的影响;(三)关于担保事项的信息披露事项,上海证券交易所已在2006年给予天香集团公开谴责和通报批评的处罚,之后天香集团迅速进行了补充及后续进展公告;(四)行政处罚将对申请人造成严重不利后果。

经审查查明,天香集团存在以下违法违规事实:

2004年12月29日,天香集团与福州鸿宇签订协议,约定天香集团将其所持有的金伟凯股权转让给福州鸿宇,转让总价款3,800万元。2004年12月末,天香集团第五届董事会第十七次会议对该项股权转让事项进行了审议,时任董事薛仕成、姜东溟、卢少辉、李泉、林彬、郑庆昌、胡建绩和尤家荣在董事会决议上签字同意。根据上海证券交易所《股票上市规则》(2004年修订)第9.3(三)项规定,此项议案需提交股东大会审议通过。但截至2004年12月31日,天香集团未召开股东大会对上述事项进行审议,金伟凯尚未进行相应的工商登记变更。在风险尚未转移,收益确认条件不完全具备的情况下,天香集团提前将上述股权转让投资收益进行确认,虚增2004年度利润16,761,202.77元。

2004年12月8日,天香集团控股的子公司华天投资、北京天香园生物科技投资有限公司、北京宁馨儿3家公司签订股权转让协议。根据协议,华天投资将所持有1.5亿股中关村证券股权转让给北京宁馨儿,转让总价款1.905亿元。2004年12月31日,华天投资在本会未批准同意北京宁馨儿受让中关村证券股权、确认收益的条件尚未完全具备的情况下,确认中关村证券股权转让投资收益3,512.50万元。天香集团在合并报表后,虚增2004年度净利润23,705,820.73元。

2004年11月30日,天香集团和福州鸿宇签订股权转让合同,约定天香集团将其持有的建瓯天香90%的股权转让给福州鸿宇,股权转让总价18,220,174.19元。根据天香集团2004年公司章程,这一事项应当由公司董事会批准,但截至2004年12月31日,天香集团董事会未就上述股权转让事项进行审议,建瓯天香的工商登记资料也未作相应变更。在风险尚未转移、收益确认条件不完全具备的情况下,天香集团提前将上述股权转让投资收益进行确认,虚增2004年度利润3,475,409.38元。

以上事实,有天香集团情况说明、天香集团2004年度审计报告、当事人询问笔录等证据证明,足以认定。

本会认为,根据《关于执行〈企业会计制度〉和相关会计准则有关问题解答的通知》(财会〔2002〕18号)关于股权转让投资收益确认条件的规定,股权转让事项的风险尚未转移,确认收益的条件尚不完全具备。天香集团提前确认上述股权转让事项的收益并在2004年度报告中予以披露,违反了原《证券法》第五十九条、第六十一条规定,构成了原《证券法》第一百七十七条规定的"未按照有关规定披露信息,或者所披露的信息有虚假记载、误导性陈述或者有重大遗漏的"违法行为。申请人时任天香集团董事,是上述信息披露违规行为的其他责任人员。

2005年6月,本会就涉案事项约谈了负责天香集团2004年年报审计的福建立信闽都会计师事务所及其签字会计师后,天香集团更正了2004年年度报告。申请人有关主动更正2004年年报的说法与事实不符。天香集团的信息披露违规行为给投资者了解掌握上市公司的经营财务状况造成了妨碍,对证券市场产生了不利影响。申请人提出的其他事实和理由不足以构成撤销对其处罚的理由,本会不予支持。

作出行政处罚决定前,本会向申请人事先告知了拟对其作出的行政处罚,所依据的违法事实、理由、依据以及当事人依法享有的权利,听取了当事人的书面申辩意见。作出行政处罚决定后,依法向申请人履行了送达程序。行政处罚程序合法。

综上,本会对申请人作出的行政处罚决定,

事实清楚,证据确凿,适用依据正确,程序合法,处罚适当。申请人提出的复议理由缺乏事实证据与法律依据,本会不予支持。

根据《中华人民共和国行政复议法》第二十八条第一款第一项的规定,本会决定:维持本会《行政处罚决定书》〔2009〕53 号对申请人作出的行政处罚决定。

申请人如不服本复议决定,可在收到本复议决定书之日起 15 日内向有管辖权的人民法院提起诉讼或向国务院申请裁决。

# 关于李泉不服行政处罚的行政复议决定书

(〔2010〕19 号)

申请人:李泉,男,1958 年 7 月出生,时任华通天香集团股份有限公司(以下简称天香集团)董事

被申请人:中国证券监督管理委员会

申请人不服中国证券监督管理委员会《行政处罚决定书》〔2009〕53 号对其作出的行政处罚决定,向本会提出行政复议申请。本会受理后,依法对本案进行了审查,现已审查终结。

本会《行政处罚决定书》〔2009〕53 号认定:(一)2004 年 12 月,天香集团将其所持有的北京金伟凯医学生物技术有限公司(以下简称金伟凯)60% 的股权转让给福州开发区鸿宇实业有限公司(以下简称福州鸿宇)。在风险尚未转移、收益确认条件不完全具备的情况下,天香集团提前将上述股权转让投资收益进行确认,虚增 2004 年度利润 16,761,202.77 元。(二)2004年 12 月,天香集团子公司深圳市华天投资发展有限公司(以下简称华天投资)将其所持有的 1.5 亿股中关村证券股份有限公司(以下简称中关村证券)股权转让给北京宁馨儿经贸有限公司(以下简称北京宁馨儿)。在未将中关村证券股权上的主要风险转移给受让方、确认收益条件尚不完全具备的情况下,华天投资提前将上述股权转让投资收益进行确认。天香集团在合并报表后,虚增 2004 年度净利润 23,705,820.73元。(三)2004 年 11 月,天香集团将其所持有的福建建瓯天香绿色食品工程有限公司(以下简称建瓯天香)90% 的股权转让给福州鸿宇。在风险尚未转移,收益确认条件不完全具备的情况下,天香集团提前将上述股权转让投资收益进行确认,虚增 2004 年度利润 3,475,409.38 元。时任天香集团董事李泉是对以上信息披露违规的其他责任人员之一。天香集团提前确认股权转让投资收益并虚增 2004 年年报利润的行为违反了《关于执行〈企业会计制度〉和相关会计准则有关问题解答》(财会〔2002〕18 号)和 1999 年 7 月 1 日起施行的《证券法》(以下简称原《证券法》)第五十九条、第六十一条规定,构成了原《证券法》第一百七十七条所述违法行为。根据当事人的违法事实、性质、情节与社会危害程度,依据原《证券法》第一百七十七条的规定,本会决定对李泉给予警告,并处以 3 万元罚款。

申请人李泉请求撤销《行政处罚决定书》〔2009〕53 号对其作出的行政处罚,主要理由如下:(一)天香集团有关股权转让事项的会计处理已基本符合《企业会计制度》规定的条件,确有相关事项发生,天香集团主观上未有虚增利润的目的;(二)在有证据表明交易不能最终完成时天香集团及时进行了更正并进行了充分披露,避免了对投资人判断可能产生的影响;(三)关于担保事项的信息披露事项,上海证券交易所已在 2006 年给予天香集团公开谴责和通报批评的处罚,之后天香集团迅速进行了补充及后续进展公告;(四)行政处罚将对申请人造成严重不利后果。

经审查查明,天香集团存在以下违法违规事实:

2004 年 12 月 29 日,天香集团与福州鸿宇签订协议,约定天香集团将其所持有的金伟凯

股权转让给福州鸿宇,转让总价款 3,800 万元。2004 年 12 月末,天香集团第五届董事会第十七次会议对该项股权转让事项进行了审议,时任董事薛仕成、姜东溟、卢少辉、李泉、林彬、郑庆昌、胡建绩和尤家荣在董事会决议上签字同意。根据上海证券交易所《股票上市规则》(2004 年修订)第 9.3(三)项规定,此项议案需提交股东大会审议通过。但截至 2004 年 12 月 31 日,天香集团未召开股东大会对上述事项进行审议,金伟凯尚未进行相应的工商登记变更。在风险尚未转移、收益确认条件不完全具备的情况下,天香集团提前将上述股权转让投资收益进行确认,虚增 2004 年度利润 16,761,202.77元。

2004 年 12 月 8 日,天香集团控股的子公司华天投资、北京天香园生物科技投资有限公司、北京宁馨儿 3 家公司签订股权转让协议。根据协议,华天投资将所持有 1.5 亿股中关村证券股权转让给北京宁馨儿,转让总价款 1.905 亿元。2004 年 12 月 31 日,华天投资在本会未批准同意北京宁馨儿受让中关村证券股权,确认收益的条件尚未完全具备的情况下,确认中关村证券股权转让投资收益 3,512.50 万元。天香集团在合并报表后,虚增 2004 年度净利润 23,705,820.73 元。

2004 年 11 月 30 日,天香集团和福州鸿宇签订股权转让合同,约定天香集团将其持有的建瓯天香 90% 的股权转让给福州鸿宇,股权转让总价 18,220,174.19 元。根据天香集团 2004 年公司章程,这一事项应当由公司董事会批准,但截至 2004 年 12 月 31 日,天香集团董事会未就上述股权转让事项进行审议,建瓯天香的工商登记资料也未作相应变更。在风险尚未转移、收益确认条件不完全具备的情况下,天香集团提前将上述股权转让投资收益进行确认,虚增 2004 年度利润 3,475,409.38 元。

以上事实,有天香集团情况说明、天香集团 2004 年度审计报告、当事人询问笔录等证据证明,足以认定。

本会认为,根据《关于执行〈企业会计制度〉和相关会计准则有关问题解答的通知》(财会〔2002〕18 号)关于股权转让投资收益确认条件的规定,股权转让事项的风险尚未转移,确认收益的条件尚不完全具备。天香集团提前确认上述股权转让事项的收益并在 2004 年度报告中予以披露,违反了原《证券法》第五十九条、第六十一条规定,构成了原《证券法》第一百七十七条规定的"未按照有关规定披露信息,或者所披露的信息有虚假记载、误导性陈述或者有重大遗漏的"违法行为。申请人时任天香集团董事,是上述信息披露违规行为的其他责任人员。

2005 年 6 月,本会就涉案事项约谈了负责天香集团 2004 年年报审计的福建立信闽都会计师事务所及其签字会计师后,天香集团更正了 2004 年年度报告。申请人有关主动更正 2004 年年报的说法与事实不符。天香集团的信息披露违规行为给投资者了解掌握上市公司的经营财务状况造成了妨碍,对证券市场产生了不利影响。申请人提出的其他事实和理由不足以构成撤销对其处罚的理由,本会不予支持。

作出行政处罚决定前,本会向申请人事先告知了拟对其作出的行政处罚,所依据的违法事实、理由、依据以及当事人依法享有的权利,听取了当事人的书面申辩意见。作出行政处罚决定后,依法向申请人履行了送达程序。行政处罚程序合法。

综上,本会对申请人作出的行政处罚决定,事实清楚,证据确凿,适用依据正确,程序合法,处罚适当。申请人提出的复议理由缺乏事实证据与法律依据,本会不予支持。

根据《中华人民共和国行政复议法》第二十八条第一款第一项的规定,本会决定:维持本会《行政处罚决定书》〔2009〕53 号对申请人作出的行政处罚决定。

申请人如不服本复议决定,可在收到本复议决定书之日起 15 日内向有管辖权的人民法院提起诉讼或向国务院申请裁决。

# 关于尤家荣不服行政处罚的行政复议决定书

(〔2010〕20号)

申请人:尤家荣,男,1954年3月出生,时任华通天香集团股份有限公司(以下简称天香集团)独立董事

被申请人:中国证券监督管理委员会

申请人不服中国证券监督管理委员会《行政处罚决定书》〔2009〕53号对其作出的行政处罚决定,向本会提出行政复议申请。本会受理后,依法对本案进行了审查,现已审查终结。

本会《行政处罚决定书》〔2009〕53号认定:(一)2004年12月,天香集团将其所持有的北京金伟凯医学生物技术有限公司(以下简称金伟凯)60%的股权转让给福州开发区鸿宇实业有限公司(以下简称福州鸿宇)。在风险尚未转移、收益确认条件不完全具备的情况下,天香集团提前将上述股权转让投资收益进行确认,虚增2004年度利润16,761,202.77元。(二)2004年12月,天香集团子公司深圳市华天投资发展有限公司(以下简称华天投资)将其所持有的1.5亿股中关村证券股份有限公司(以下简称中关村证券)股权转让给北京宁馨儿经贸有限公司(以下简称北京宁馨儿)。在未将中关村证券股权上的主要风险转移给受让方,确认收益条件尚不完全具备的情况下,华天投资提前将上述股权转让投资收益进行确认。天香集团在合并报表后,虚增2004年度净利润23,705,820.73元。(三)2004年11月,天香集团将其所持有的福建建瓯天香绿色食品工程有限公司(以下简称建瓯天香)90%的股权转让给福州鸿宇。在风险尚未转移、收益确认条件不完全具备的情况下,天香集团提前将上述股权转让投资收益进行确认,虚增2004年度利润3,475,409.38元。时任天香集团独立董事尤家荣是对以上信息披露违规的其他责任人员之一。天香集团提前确认股权转让投资收益并虚增2004年年报利润的行为违反了《关于执行〈企业会计制度〉和相关会计准则有关问题解答》(财会〔2002〕18号)和1999年7月1日起施行的《证券法》(以下简称原《证券法》)第五十九条、第六十一条规定,构成了原《证券法》第一百七十七条所述违法行为。根据当事人的违法事实、性质、情节与社会危害程度,依据原《证券法》第一百七十七条的规定,本会决定对尤家荣给予警告,并处以3万元罚款。

申请人尤家荣请求撤销《行政处罚决定书》〔2009〕53号对其作出的行政处罚,主要理由如下:(一)申请人对公司股权转让收益的处理不知情,无帮助公司虚增利润的主观意图;(二)天香集团主动进行了更正和披露,最大限度避免了财务报告对投资人判断可能产生的影响;(三)公司董事会没有审议应按规定披露的两项对外担保事项,公司未事先告知,申请人并不知情;(四)申请人事后及时努力改正,减少违法行为的实际影响。

经审查查明,天香集团存在以下违法违规事实:

2004年12月29日,天香集团与福州鸿宇签订协议,约定天香集团将其所持有的金伟凯股权转让给福州鸿宇,转让总价款3,800万元。2004年12月末,天香集团第五届董事会第十七次会议对该项股权转让事项进行了审议,时任董事薛仕成、姜东溟、卢少辉、李泉、林彬、郑庆昌、胡建绩和尤家荣在董事会决议上签字同意。根据上海证券交易所《股票上市规则》(2004年修订)第9.3(三)项规定,此项议案需提交股东大会审议通过。但截至2004年12月31日,天香集团未召开股东大会对上述事项进行审议,金伟凯尚未进行相应的工商登记变更。在风险尚未转移、收益确认条件不完全具备的情况下,天香集团提前将上述股权转让投资收益进行确认,虚增2004年度利润

16,761,202.77元。

2004年12月8日,天香集团控股的子公司华天投资、北京天香园生物科技投资有限公司、北京宁馨儿3家公司签订股权转让协议。根据协议,华天投资将所持有1.5亿股中关村证券股权转让给北京宁馨儿,转让总价款1.905亿元。2004年12月31日,华天投资在本会未批准同意北京宁馨儿受让中关村证券股权,确认收益的条件尚未完全具备的情况下,确认中关村证券股权转让投资收益3,512.50万元。天香集团在合并报表后,虚增2004年度净利润23,705,820.73元。

2004年11月30日,天香集团和福州鸿宇签订股权转让合同,约定天香集团将其持有的建瓯天香90%的股权转让给福州鸿宇,股权转让总价18,220,174.19元。根据天香集团2004年公司章程,这一事项应当由公司董事会批准,但截至2004年12月31日,天香集团董事会未就上述股权转让事项进行审议,建瓯天香的工商登记资料也未作相应变更。在风险尚未转移、收益确认条件不完全具备的情况下,天香集团提前将上述股权转让投资收益进行确认,虚增2004年度利润3,475,409.38元。

以上事实,有天香集团情况说明、天香集团2004年度审计报告、当事人询问笔录等证据证明,足以认定。

本会认为,根据《关于执行〈企业会计制度〉和相关会计准则有关问题解答的通知》(财会〔2002〕18号)关于股权转让投资收益确认条件的规定,股权转让事项的风险尚未转移,确认收益的条件尚不完全具备。天香集团提前确认上述股权转让事项的收益并在2004年度报告中予以披露,违反了原《证券法》第五十九条、第六十一条规定,构成了原《证券法》第一百七十七条规定的"未按照有关规定披露信息,或者所披露的信息有虚假记载、误导性陈述或者有重大遗漏的"违法行为。申请人时任天香集团独立董事,是上述信息披露违规行为的其他责任人员。

2005年6月,本会就涉案事项约谈了负责天香集团2004年年报审计的福建立信闽都会计师事务所及其签字会计师后,天香集团更正了2004年年度报告。申请人有关天香集团主动更正2004年年报的说法与事实不符。天香集团的信息披露违规行为给投资者了解掌握上市公司的经营财务状况造成了妨碍,对证券市场产生了不利影响。申请人提出的其他事实和理由不足以构成撤销对其处罚的理由,本会不予支持。

作出行政处罚决定前,本会向申请人事先告知了拟对其作出的行政处罚,所依据的违法事实、理由、依据以及当事人依法享有的权利,听取了当事人的书面申辩意见。作出行政处罚决定后,依法向申请人履行了送达程序。行政处罚程序合法。

综上,本会对申请人作出的行政处罚决定,事实清楚,证据确凿,适用依据正确,程序合法,处罚适当。申请人提出的复议理由缺乏事实证据与法律依据,本会不予支持。

根据《中华人民共和国行政复议法》第二十八条第一款第一项的规定,本会决定:维持本会《行政处罚决定书》〔2009〕53号对申请人作出的行政处罚决定。

申请人如不服本复议决定,可在收到本复议决定书之日起15日内向有管辖权的人民法院提起诉讼或向国务院申请裁决。

## 关于胡建绩不服行政处罚的行政复议决定书

(〔2010〕21号)

申请人:胡建绩,男,1947年8月出生,时任华通天香集团股份有限公司(以下简称天香集团)独立董事

被申请人:中国证券监督管理委员会

申请人不服中国证券监督管理委员会《行政处罚决定书》〔2009〕53号对其作出的行政处罚决定，向本会提出行政复议申请。本会受理后，依法对本案进行了审查，现已审查终结。

本会《行政处罚决定书》〔2009〕53号认定：(一)2004年12月，天香集团将其所持有的北京金伟凯医学生物技术有限公司（以下简称金伟凯）60%的股权转让给福州开发区鸿宇实业有限公司（以下简称福州鸿宇）。在风险尚未转移、收益确认条件不完全具备的情况下，天香集团提前将上述股权转让投资收益进行确认，虚增2004年度利润16,761,202.77元。(二)2004年12月，天香集团子公司深圳市华天投资发展有限公司（以下简称华天投资）将其所持有的1.5亿股中关村证券股份有限公司（以下简称中关村证券）股权转让给北京宁馨儿经贸有限公司（以下简称北京宁馨儿）。在未将中关村证券股权上的主要风险转移给受让方、确认收益条件尚不完全具备的情况下，华天投资提前将上述股权转让投资收益进行确认。天香集团在合并报表后，虚增2004年度净利润23,705,820.73元。(三)2004年11月，天香集团将其所持有的福建建瓯天香绿色食品工程有限公司（以下简称建瓯天香）90%的股权转让给福州鸿宇。在风险尚未转移、收益确认条件不完全具备的情况下，天香集团提前将上述股权转让投资收益进行确认，虚增2004年度利润3,475,409.38元。时任天香集团独立董事胡建绩是对以上信息披露违规的其他责任人员之一。天香集团提前确认股权转让投资收益并虚增2004年年报利润的行为违反了《关于执行〈企业会计制度〉和相关会计准则有关问题解答》（财会〔2002〕18号）和1999年7月1日起施行的《证券法》（以下简称原《证券法》）第五十九条、第六十一条规定，构成了原《证券法》第一百七十七条所述违法行为。根据当事人的违法事实、性质、情节与社会危害程度，依据原《证券法》第一百七十七条的规定，本会决定对胡建绩给予警告，并处以3万元罚款。

申请人胡建绩请求撤销《行政处罚决定书》〔2009〕53号对其作出的行政处罚，主要理由如下：(一)申请人对公司股权转让收益的处理不知情，无帮助公司虚增利润的主观意图；(二)天香集团主动进行了更正和披露，最大限度避免了财务报告对投资人判断可能产生的影响；(三)公司董事会没有审议应按规定披露的两项对外担保事项，公司未事先告知，申请人并不知情；(四)申请人事后及时努力改正，减少违法行为的实际影响。

经审查查明，天香集团存在以下违法违规事实：

2004年12月29日，天香集团与福州鸿宇签订协议，约定天香集团将其所持有的金伟凯股权转让给福州鸿宇，转让总价款3,800万元。2004年12月末，天香集团第五届董事会第十七次会议对该项股权转让事项进行了审议，时任董事薛仕成、姜东溟、卢少辉、李泉、林彬、郑庆昌、胡建绩和尤家荣在董事会决议上签字同意。根据上海证券交易所《股票上市规则》(2004年修订)第9.3(三)项规定，此项议案需提交股东大会审议通过。但截至2004年12月31日，天香集团未召开股东大会对上述事项进行审议，金伟凯尚未进行相应的工商登记变更。在风险尚未转移，收益确认条件不完全具备的情况下，天香集团提前将上述股权转让投资收益进行确认，虚增2004年度利润16,761,202.77元。

2004年12月8日，天香集团控股的子公司华天投资、北京天香园生物科技投资有限公司、北京宁馨儿3家公司签订股权转让协议。根据协议，华天投资将所持有1.5亿股中关村证券股权转让给北京宁馨儿，转让总价款1.905亿元。2004年12月31日，华天投资在本会未批准同意北京宁馨儿受让中关村证券股权、确认收益的条件尚未完全具备的情况下，确认中关村证券股权转让投资收益3,512.50万元。天香集团在合并报表后，虚增2004年度净利润23,705,820.73元。

2004年11月30日，天香集团和福州鸿宇签订股权转让合同，约定天香集团将其持有的建瓯天香90%的股权转让给福州鸿宇，股权转让总价18,220,174.19元。根据天香集团2004年公司章程，这一事项应当由公司董事会批准，但截至2004年12月31日，天香集团董事会未就上述股权转让事项进行审议，建瓯天香的工商登记资料也未作相应变更。在风险尚未转移、收益确认条件不完全具备的情况下，天香集团提前将上述股权转让投资收益进行确认，虚增2004年度利润3,475,409.38元。

以上事实,有天香集团情况说明、天香集团2004年度审计报告、当事人询问笔录等证据证明,足以认定。

本会认为,根据《关于执行〈企业会计制度〉和相关会计准则有关问题解答的通知》(财会〔2002〕18号)关于股权转让投资收益确认条件的规定,股权转让事项的风险尚未转移,确认收益的条件尚不完全具备。天香集团提前确认上述股权转让事项的收益并在2004年度报告中予以披露,违反了原《证券法》第五十九条、第六十一条规定,构成了原《证券法》第一百七十七条规定的"未按照有关规定披露信息,或者所披露的信息有虚假记载、误导性陈述或者有重大遗漏的"违法行为。申请人时任天香集团独立董事,是上述信息披露违规行为的其他责任人员。

2005年6月,本会就涉案事项约谈了负责天香集团2004年年报审计的福建立信闽都会计师事务所及其签字会计师后,天香集团更正了2004年年度报告。申请人有关天香集团主动更正2004年年报的说法与事实不符。天香集团的信息披露违规行为给投资者了解掌握上市公司的经营财务状况造成了妨碍,对证券市场产生了不利影响。申请人提出的其他事实和理由不足以构成撤销对其处罚的理由,本会不予支持。

作出行政处罚决定前,本会向申请人事先告知了拟对其作出的行政处罚,所依据的违法事实、理由、依据以及当事人依法享有的权利,听取了当事人的书面申辩意见。作出行政处罚决定后,依法向申请人履行了送达程序。行政处罚程序合法。

综上,本会对申请人作出的行政处罚决定,事实清楚,证据确凿,适用依据正确,程序合法,处罚适当。申请人提出的复议理由缺乏事实证据与法律依据,本会不予支持。

根据《中华人民共和国行政复议法》第二十八条第一款第一项的规定,本会决定:维持本会《行政处罚决定书》〔2009〕53号对申请人作出的行政处罚决定。

申请人如不服本复议决定,可在收到本复议决定书之日起15日内向有管辖权的人民法院提起诉讼或向国务院申请裁决。

# 关于郑庆昌不服行政处罚的行政复议决定书

(〔2010〕22号)

申请人:郑庆昌,男,1952年5月出生,时任华通天香集团股份有限公司(以下简称天香集团)独立董事

被申请人:中国证券监督管理委员会

申请人不服中国证券监督管理委员会《行政处罚决定书》〔2009〕53号对其作出的行政处罚决定,向本会提出行政复议申请。本会受理后,依法对本案进行了审查,现已审查终结。

本会《行政处罚决定书》〔2009〕53号认定:(一)2004年12月,天香集团将其所持有的北京金伟凯医学生物技术有限公司(以下简称金伟凯)60%的股权转让给福州开发区鸿宇实业有限公司(以下简称福州鸿宇)。在风险尚未转移、收益确认条件不完全具备的情况下,天香集团提前将上述股权转让投资收益进行确认,虚增2004年度利润16,761,202.77元。(二)2004年12月,天香集团子公司深圳市华天投资发展有限公司(以下简称华天投资)将其所持有的1.5亿股中关村证券股份有限公司(以下简称中关村证券)股权转让给北京宁馨儿经贸有限公司(以下简称北京宁馨儿)。在未将中关村证券股权上的主要风险转移给受让方、确认收益条件尚不完全具备的情况下,华天投资提前将上述股权转让投资收益进行确认。天香集团在合并报表后,虚增2004年度净利润23,705,820.73元。(三)2004年11

月，天香集团将其所持有的福建建瓯天香绿色食品工程有限公司（以下简称建瓯天香）90%的股权转让给福州鸿宇。在风险尚未转移，收益确认条件不完全具备的情况下，天香集团提前将上述股权转让投资收益进行确认，虚增2004年度利润3,475,409.38元。时任天香集团独立董事郑庆昌是对以上信息披露违规的其他责任人员之一。天香集团提前确认股权转让投资收益并虚增2004年年报利润的行为违反了《关于执行〈企业会计制度〉和相关会计准则有关问题解答》（财会〔2002〕18号）和1999年7月1日起施行的《证券法》（以下简称原《证券法》）第五十九条、第六十一条规定，构成了原《证券法》第一百七十七条所述违法行为。根据当事人的违法事实、性质、情节与社会危害程度，依据原《证券法》第一百七十七条的规定，本会决定对郑庆昌给予警告，并处以3万元罚款。

申请人郑庆昌请求撤销《行政处罚决定书》〔2009〕53号对其作出的行政处罚，主要理由如下：（一）申请人对公司股权转让收益的处理不知情，无帮助公司虚增利润的主观意图；（二）天香集团主动进行了更正和披露，最大限度避免了财务报告对投资人判断可能产生的影响；（三）公司董事会没有审议应按规定披露的两项对外担保事项，公司未事先告知，申请人并不知情；（四）申请人事后及时努力改正，减少违法行为的实际影响。

经审查查明，天香集团存在以下违法违规事实：

2004年12月29日，天香集团与福州鸿宇签订协议，约定天香集团将其所持有的金伟凯股权转让给福州鸿宇，转让总价款3,800万元。2004年12月末，天香集团第五届董事会第十七次会议对该项股权转让事项进行了审议，时任董事薛仕成、姜东溟、卢少辉、李泉、林彬、郑庆昌、胡建绩和尤家荣在董事会决议上签字同意。根据上海证券交易所《股票上市规则》（2004年修订）第9.3（三）项规定，此项议案需提交股东大会审议通过。但截至2004年12月31日，天香集团未召开股东大会对上述事项进行审议，金伟凯尚未进行相应的工商登记变更。在风险尚未转移、收益确认条件不完全具备的情况下，天香集团提前将上述股权转让投资收益进行确认，虚增2004年度利润16,761,202.77元。

2004年12月8日，天香集团控股的子公司华天投资、北京天香园生物科技投资有限公司、北京宁馨儿3家公司签订股权转让协议。根据协议，华天投资将所持有1.5亿股中关村证券股权转让给北京宁馨儿，转让总价款1.905亿元。2004年12月31日，华天投资在本会未批准同意北京宁馨儿受让中关村证券股权，确认收益的条件尚未完全具备的情况下，确认中关村证券股权转让投资收益3,512.50万元。天香集团在合并报表后，虚增2004年度净利润23,705,820.73元。

2004年11月30日，天香集团和福州鸿宇签订股权转让合同，约定天香集团将其持有的建瓯天香90%的股权转让给福州鸿宇，股权转让总价18,220,174.19元。根据天香集团2004年公司章程，这一事项应当由公司董事会批准，但截至2004年12月31日，天香集团董事会未就上述股权转让事项进行审议，建瓯天香的工商登记资料也未作相应变更。在风险尚未转移、收益确认条件不完全具备的情况下，天香集团提前将上述股权转让投资收益进行确认，虚增2004年度利润3,475,409.38元。

以上事实，有天香集团情况说明、天香集团2004年度审计报告、当事人询问笔录等证据证明，足以认定。

本会认为，根据《关于执行〈企业会计制度〉和相关会计准则有关问题解答的通知》（财会〔2002〕18号）关于股权转让投资收益确认条件的规定，股权转让事项的风险尚未转移，确认收益的条件尚不完全具备。天香集团提前确认上述股权转让事项的收益并在2004年度报告中予以披露，违反了原《证券法》第五十九条、第六十一条规定，构成了原《证券法》第一百七十七条规定的“未按照有关规定披露信息，或者所披露的信息有虚假记载、误导性陈述或者有重大遗漏的”违法行为。申请人时任天香集团独立董事，是上述信息披露违规行为的其他责任人员。

2005年6月，本会就涉案事项约谈了负责天香集团2004年年报审计的福建立信闽都会计师事务所及其签字会计师后，天香集团更正了2004年年度报告。申请人有关天香集团主动更正2004年年报的说法与事实不符。天香集团的信息披露违规行为给投资者了解掌握上市公司的经营财务状况造成了妨碍,对证券市场产生了不利影响。申请人提出的其他事实和理由不足以构成撤销对其处罚的理由,本会不予支持。

作出行政处罚决定前,本会向申请人事先告知了拟对其作出的行政处罚,所依据的违法事实、理由、依据以及当事人依法享有的权利,听取了当事人的书面申辩意见。作出行政处罚决定后,依法向申请人履行了送达程序。行政处罚程序合法。

综上,本会对申请人作出的行政处罚决定,事实清楚,证据确凿,适用依据正确,程序合法,处罚适当。申请人提出的复议理由缺乏事实证据与法律依据,本会不予支持。

根据《中华人民共和国行政复议法》第二十八条第一款第一项的规定,本会决定:维持本会《行政处罚决定书》〔2009〕53 号对申请人作出的行政处罚决定。

申请人如不服本复议决定,可在收到本复议决定书之日起 15 日内向有管辖权的人民法院提起诉讼或向国务院申请裁决。

# 关于陈凤鸣不服行政处罚的行政复议决定书

(〔2010〕23 号)

申请人:陈凤鸣,男,1939 年 8 月出生

委托代理人:陈锦粮,女,1966 年 1 月出生

被申请人:中国证券监督管理委员会

申请人不服本会依据中国证券监督管理委员会《冻结查封决定书》〔2010〕4 号对其银行账户和证券账户内的资金、证券采取的冻结措施,向本会申请行政复议。本会受理后,依法对本案进行了审查,现已审查终结。

2010 年 1 月 29 日,本会作出《冻结查封决定书》〔2010〕4 号。广东中恒信传媒投资有限公司等当事人因涉嫌违法,被本会立案调查,本会根据《中华人民共和国证券法》(以下简称《证券法》)第一百八十条和《中国证券监督管理委员会冻结、查封实施办法》(证监会令第 28 号,以下简称《冻结、查封实施办法》)的有关规定,经本会主要负责人批准,决定冻结当事人的银行账户以及当事人控制的银行账户内的资金及其孳息,冻结当事人的证券账户以及当事人控制的证券账户内的证券,冻结金额(证券以冻结实施日前一交易日收市后市值计算)总共不超过 15 亿元,冻结期限为 6 个月。2010 年 2 月 4 日,本会对中信证券股份有限公司天河北路证券营业部(以下简称中信证券天河北路证券营业部)陈凤鸣的相关资金账户与证券账户内的资金、证券实施冻结。

申请人对本会采取的冻结措施不服,请求解除对其银行账户及其资金的冻结,其复议理由主要是:(一)申请人曾将账户及资金借给薛晓鹏代为证券投资,系合法民事行为,当时无法预知其从事违法行为;(二)冻结措施的对象应是涉嫌违法的当事人被立案调查时控制的账户,而非曾经控制过的账户,被冻结账户自 2008 年 7 月起一直由申请人本人控制;(三)即使冻结理由成立,也只应冻结控制当时的资金数额 70 万元,申请人本人控制账户期间汇入的资金不应被冻结。申请人提供了陈凤鸣与薛晓鹏的借款协议(复印件)、中国银行天河芳草园支行陈凤鸣账户存折(复印件)证明以上事实和理由。

经审查查明:本会《冻结查封决定书》〔2010〕4 号所列的当事人广东中恒信传媒投资有限公司、薛书荣、郑宏中、薛芝鹏等因涉嫌违法,被本会立案调查。本会调查时发现,有关涉嫌违法的当事人已经并可能继续转移、隐匿资金、证券等涉案财产。2010 年 1 月 29 日,本会作出《冻结查封决定书》〔2010〕4 号,决定冻结上述当事人的银行账户以及上述当事人控制的银行账户内的资金及孳息,冻结上述当事人的

证券账户以及上述当事人控制的证券账户内的证券。

2007 年 9 月 12 日至 2008 年 7 月 7 日期间，陈凤鸣账户委托交易的网卡物理地址（以下简称 MAC 地址）与郑宏中等涉嫌违法当事人的主要涉案账户委托交易的 MAC 地址一致，其对应电脑位于中信证券天河北路证券营业部薛书荣本人专用办公室等地点，以上地点为有关当事人从事涉嫌违法行为的专用场所。

以上事实，有中信证券天河北路证券营业部提供的涉案地点电脑设备信息及在该设备交易的账户清单、资产清单、有关情况说明、有关银行账户对账单、存取款凭证等证据证明。

本会认为，为及时、有效查处证券违法活动，维护市场秩序，中国证监会有权对有关涉案财产、重要证据实施冻结查封措施。根据《冻结、查封实施办法》第五条规定，涉案当事人本人开立的资金账户、证券账户和银行账户或由其实际控制的资金账户、证券账户和银行账户，以及与其有关联的资金账户、证券账户和银行账户中存放的违法资金、证券，部分已被转移或者隐匿的，均可视为可能转移或者隐匿违法资金、证券等涉案财产。广东中恒信传媒投资有限公司等当事人因涉嫌违法已被本会立案调查，且有证据证明涉案财产已经或者可能被转移、隐匿。上述当事人涉嫌利用陈凤鸣账户实施违法行为，账户内的资金、证券属于可能被转移、隐匿的违法资金、证券等涉案财产。申请人与涉嫌违法嫌疑人之间的借款行为不影响对涉案账户内资金、证券的涉案财产性质的认定。本会调查取得的证据及申请人提供的证据，不足以证明 2008 年 7 月以后汇入申请人账户的资金确实与案件无关，以上资金仍属于可能被转移或者隐匿的涉案财产。本会对申请人的复议理由不予支持。

综上所述，本会《冻结查封决定书》〔2010〕4 号符合《证券法》第一百八十条及《冻结、查封实施办法》的规定，事实清楚，证据充分。本会依据《冻结查封决定书》〔2010〕4 号对申请人资金账户和证券账户内的资金、证券采取的冻结措施，实施正确。

根据《中华人民共和国行政复议法》第二十八条第一款第一项的规定，本会决定：维持本会依据《冻结查封决定书》〔2010〕4 号对申请人资金账户与证券账户内的资金、证券采取的冻结措施。

申请人如不服本复议决定，可在收到本复议决定书之日起 15 日内向有管辖权的人民法院提起诉讼或向国务院申请裁决。

# 关于南京中北（集团）股份有限公司不服行政处罚的行政复议决定书

（〔2010〕24 号）

申请人：南京中北（集团）股份有限公司（以下简称南京中北），法定代表人：朱明

被申请人：中国证券监督管理委员会

申请人不服《中国证券监督管理委员会行政处罚决定书》〔2010〕10 号对其作出的行政处罚决定，向本会提出了行政复议申请。本会受理后，依法对本案进行了审查，现已审查终结。

本会《行政处罚决定书》〔2010〕10 号认定：南京中北 2003 年、2004 年年报虚假披露银行借款、应付票据、关联方占用、关联方担保信息。上述行为违反了 1999 年 7 月 1 日起施行的《中华人民共和国证券法》（以下简称原《证券法》）第六十一条的规定，构成了原《证券法》第一百七十七条第一款所述的违法行为。根据当事人违法行为的事实、性质、情节与社会危害程度，依据原《证券法》第一百七十七条之规定，本会依法作出行政处罚。其中，对申请人处以 30 万元的罚款。

申请人请求免除本会《行政处罚决定书》〔2010〕10号对其的行政处罚,主要理由如下:第一,申请人具有纠正错误和认真整改、妥善清欠被占资金、积极配合调查等情节,已步入正常发展轨道,对申请人处罚可能引发投资者诉讼,影响其健康发展;免除对申请人的处罚,有利于减小对现有投资者的损害,有利于鼓励申请人改正错误、规范运行,不影响证券监管机构对上市公司监管。第二,《行政处罚决定书》〔2010〕10号查明的事实部分中部分数据与申请人聘请的上海上会会计师事务所(以下简称上会所)出具的专项调查报告的相关数据存在差异。

经审查查明:

南京中北于1992年成立,1996年在深交所上市。案发时,公司前五名股东为南京市国有资产经营公司、南京公用控股(集团)有限公司、南京万众企业管理有限公司(以下简称南京万众)、南京万众投资管理咨询有限公司(以下简称万众投资)、中信汽车公司。

南京万众由南京万众职工持股会绝对控股,南京万众职工持股会的会员主要是南京中北与南京万众的职工。万众投资由南京万众绝对控股。南京万众持有南京中北4.77%的股份,为公司第三大股东,万众投资持有南京中北3.43%的股份,为公司第四大股东,南京万众与万众投资属一致行动人,为南京中北实际上的第二大股东。南京中北持有南京苏桑汽车配件有限公司(以下简称苏桑汽配)50%的股权,在苏桑汽配董事会中董事人数超过半数,且苏桑汽配的经理、财务部人员由南京中北派出,南京中北对苏桑汽配具有控制权。

南京中北2003年年报信息披露违法行为如下:

一、银行借款披露虚假。南京中北2003年年报披露的银行借款金额是2.66亿元(母公司)。但是,2003年,南京中北还分5次向多家银行机构借款,合计金额2.1亿元(母公司),南京中北2003年年报未披露这些银行借款事项。

二、应付票据披露虚假。南京中北2003年年报披露的应付票据金额为0元(母公司)。但是,2003年,南京中北曾经分11次在多家银行机构开具41份银行承兑汇票,票面金额合计306,952,000.00元(母公司),南京中北未将这些事项在2003年年报中披露。

三、关联方占用披露虚假。南京中北2003年年报已披露与南京万众的关联交易金额164,031,360.00元(借方),对应企业“其他应收款”科目借方发生额164,031,360.00元;已披露与万众投资的关联交易金额0元(借方)。但是,南京中北2003年年报未披露向关联方南京万众和万众投资提供资金的以下事实:南京中北多次直接向南京万众开具本票或者银行转账支票,向南京万众提供资金;南京中北多次向南京中北汽车销售分公司开具本票,并由南京中北汽车销售分公司于同日向南京万众开具等额本票或者转账支票,向南京万众提供资金;南京中北多次向苏桑汽配开具银行承兑汇票或者商业承兑汇票,由苏桑汽配将票据贴现并于当日向南京万众开具本票或者银行转账支票,向南京万众提供资金;南京中北向南大科技园股份有限公司开具银行承兑汇票,由南大科技园股份有限公司将上述票据贴现后打入苏桑汽配银行账户,再由苏桑汽配向南京万众开具银行转账支票,向南京万众提供资金;苏桑汽配多次在银行机构贷款后,于同日向南京万众开具与贷款等额的本票或者银行转账支票,向南京万众提供资金。上述南京中北未披露的与南京万众的关联交易共有53笔,合计关联交易金额为1,063,053,972.87元(借方)。此外,南京中北未披露分2次直接向万众投资开具本票,向万众投资提供资金11,000,000元情况。

四、对关联方担保披露虚假。南京中北2003年年报已披露对外担保金额11,650万元,但是,未披露年内发生的为关联方南京万众开具的三份银行承兑汇票提供担保、担保余额合计为6,483,440.00元事项。

2004年3月16日,南京中北第五届董事会第七次会议通过了2003年年度报告,签字董事为薛乐群、李华飞、许正荀、徐益民、郭试平、周学信、陈惠怡、胡争鸣,杨荣华委托胡争鸣出席并代为行使表决权。公司总会计师斯庆在财务会计报表上签字。

南京中北2004年年报信息披露违法行为如下:

一、银行借款披露虚假。南京中北2004年年报披露的银行借款金额是4.3亿元(母公司)。但是,2004 年,南京中北还分 14 次向多家银行机构借款,合计金额 4.45 亿元(母公司),南京中北 2004 年年报未披露这些银行借款事项。

二、应付票据披露虚假。南京中北 2004 年年报披露的应付票据金额为 0 元(母公司)。但是,2004 年,南京中北曾经分 13 次在多家银行机构开具 42 份银行承兑汇票,票面金额合计 333,900,000.00 元(母公司),南京中北未将这些事项在 2004 年年报中披露。

三、关联方占用披露虚假。南京中北 2004 年年报已披露与南京万众的关联交易借方/贷方/余额的金额均为 0 元。但是,实际情况是,南京中北 2004 年通过 104 笔关联交易,向南京万众提供资金1,234,195,469.14元,南京中北 2004 年年报未披露这些事项,具体为:南京中北多次直接向南京万众开具本票或者银行转账支票,向南京万众提供资金;南京中北多次向南京中北汽车销售分公司开具本票,并由南京中北汽车销售分公司于同日向南京万众开具等额本票或者转账支票,向南京万众提供资金;南京中北多次向苏桑汽配开具银行承兑汇票或者商业承兑汇票,由苏桑汽配将票据贴现并随即向南京万众开具本票或者银行转账支票、或者先向自身开具本票再背书给南京万众,向南京万众提供资金。在上述关联交易中,有多笔是南京中北在银行机构获得贷款后,随即将贷款获得的资金提供给南京万众。

四、对关联方担保披露虚假。南京中北 2004 年年报已披露对外担保金额4,300万元,但是,未披露年内发生的为关联方南京万众开具的五份银行承兑汇票提供担保、担保余额合计为 4,000 万元事项。

2005 年 3 月 10 日,南京中北第五届董事会第十七次会议通过 2004 年年度报告,签字董事为薛乐群、李华飞、许正苟、徐益民、郭试平、周学信、陈惠怡、胡争鸣、杨荣华。

南京中北 2003 年、2004 年被南京万众占用的巨额资金,除一部分用于还贷及支付到期票据,汇回南京中北、苏桑汽配,汇入南京万众持股会外,主要是用于对外投资与资金拆借。南京中北聘请的上会所 2005 年专项审计情况表明,南京中北被南京万众占用的绝大部分资金在期末以对外拆借或者委托理财形式沉淀于"其他应收款"科目。截至 2005 年底,南京万众占用南京中北资金余额为 69,566.10 万元;至 2006 年 12 月 30 日,南京中北已收回南京万众的全部欠款,其中以货币资金还款33,577.87万元;依据"抵债协议",用南京城建集团债权抵冲欠款 11,717.84 万元;依据"红利抵债协议",用应付南京万众的股利冲抵欠款 91.69 万元;依据法院民事裁定书,用债权冲抵欠款 9,419.95万元,用股权冲抵欠款 14,758.75 万元。

本会认为:上市公司应当遵守原《证券法》等有关法律、法规、中国证券监督管理委员会规定及公司章程的规定,依法披露的信息必须真实、准确、完整,不得有虚假记载、误导性陈述或重大遗漏,否则应依法承担责任。两年累计,申请人未披露的银行借款金额达 6.55 亿元,未披露的应付票据金额超过 6.5 亿元,未披露的对关联方担保金额超过 4,648 万元。最为严重的是,本案中累计 157 笔、累计发生金额超过 22 亿元的违规资金占用,绝大多数发生在 2003 年 8 月 28 日我会与国务院国资委联合发布《关于规范上市公司与关联方资金往来及上市公司对外担保若干问题的通知》(证监发〔2003〕56 号)不久,申请人不仅不按通知要求予以清理、整改、披露,反而蓄意隐瞒,我行我素,变本加厉,顶风作案,情节严重,性质恶劣。关于申请人所称本会认定的未披露的应付票据金额与上会所专项调查报告的金额存在差异的问题,是由于双方统计口径不同所致,本会认定的应付票据金额是以累计发生数额计算的,上会所是以期末数额计算的,二者不存在矛盾;截至 2004 年 12 月 31 日,南京中北房地产开发有限公司为南京万众开具的 5 份银行承兑汇票提供担保,担保余额合计 4,000 万元,本会认定未披露的为关联方担保金额并无不当。申请人 2003 年、2004 年的年报披露行为,违反了原《证券法》第六十一条的规定,构成了原《证券法》第一百七十七条第一款所述的违法行为。本会根据申请人违法行为的事实、性质、情节与社会危害程度,综合考虑其案发后的纠正、补救与整改措施等情况,依据原《证券法》第一百七十七条规定,对其处以 30 万元的罚款。

在作出行政处罚决定之前,本会依法向当事人告知了作出行政处罚的事实、理由、依据及当事人依法享有的权利,并应当事人的要求举行了听证会,听取了包括申请人在内的相关当事人的陈述、申辩意见;在作出行政处罚决定之后,依法履行了送达程序。行政处罚程序合法。

本会对申请人作出的行政处罚决定,事实清楚,证据确凿,适用依据正确,程序合法,处罚适当。申请人提出的复议请求和理由缺乏事实依据与法律依据,本会不予支持。

根据《中华人民共和国行政复议法》第二十八条第一款第一项的规定,本会决定:维持本会《行政处罚决定书》〔2010〕10 号对申请人作出的行政处罚决定。

申请人如不服本复议决定,可在收到本复议决定书之日起 15 日内向有管辖权的人民法院提起诉讼或向国务院申请裁决。

# 关于天津松江股份有限公司不服行政处罚的行政复议决定书

(〔2010〕25 号)

申请人:天津松江股份有限公司(以下简称松江股份),原华通天香集团股份有限公司(以下简称天香集团),法定代表人:张锦珠

委托代理人:唐金龙,北京市中银律师事务所律师;黄玲,北京市中银律师事务所律师

被申请人:中国证券监督管理委员会

申请人不服中国证券监督管理委员会《行政处罚决定书》〔2009〕53 号对天香集团作出的行政处罚决定,向本会提出行政复议申请。本会受理后,依法对本案进行了审查,现已审查终结。

本会《行政处罚决定书》〔2009〕53 号认定,天香集团存在以下违法违规行为:

**一、天香集团 2004 年年报虚增利润**

(一)2004 年 12 月,天香集团将其所持有的北京金伟凯医学生物技术有限公司(以下简称金伟凯)60% 的股权转让给福州开发区鸿宇实业有限公司(以下简称福州鸿宇)。在风险尚未转移、收益确认条件不完全具备的情况下,天香集团提前将上述股权转让投资收益进行确认,虚增 2004 年度利润 16,761,202.77 元。

(二)2004 年 12 月,天香集团子公司深圳市华天投资发展有限公司(以下简称华天投资)将其所持有的 1.5 亿股中关村证券股份有限公司(以下简称中关村证券)股权转让给北京宁馨儿经贸有限公司(以下简称北京宁馨儿)。在未将中关村证券股权上的主要风险转移给受让方、确认收益条件尚不完全具备的情况下,华天投资提前将上述股权转让投资收益进行确认。天香集团在合并报表后,虚增 2004 年度净利润 23,705,820.73 元。

(三)2004 年 11 月,天香集团将其所持有的福建建瓯天香绿色食品工程有限公司(以下简称建瓯天香)90% 的股权转让给福州鸿宇。在风险尚未转移、收益确认条件不完全具备的情况下,天香集团提前将上述股权转让投资收益进行确认,虚增 2004 年度利润 3,475,409.38 元。

天香集团提前确认股权转让投资收益并虚增 2004 年年报利润的行为违反了《关于执行〈企业会计制度〉和相关会计准则有关问题解答》(财会〔2002〕18 号)和 1999 年 7 月 1 日起施行的《证券法》(以下简称原《证券法》)第五十九条、第六十一条规定,构成了原《证券法》第一百七十七条所述违法行为。

**二、未按规定披露对外担保事项**

(一)2004 年 8 月,天香集团与兴业银行福建三明分行签订最高额保证合同,约定天香集团自愿为福建三农集团股份有限公司(以下简称福建三农)的授信额度向兴业银行提供担

保。2005 年 1 月 26 日、2005 年 2 月 5 日，福建三农分别向兴业银行借款人民币 550 万元、600 万元。根据前述的最高额保证合同，天香集团为福建三农的这两笔贷款提供担保。

（二）2005 年 3 月，天香集团与上海工业投资（集团）有限公司（以下简称工业投资）签订反担保保证合同，约定为工业投资向兴业银行提供的华通国际招商集团股份有限公司 3,500 万元借款担保提供反担保保证。天香集团未及时予以披露以上对外担保事项，违反了原《证券法》第六十二条规定，构成了原《证券法》第一百七十七条所述违法行为。

根据当事人的违法事实、性质、情节与社会危害程度，依据原《证券法》第一百七十七条的规定，本会决定：对天香集团处以 30 万元罚款。

申请人请求撤销《行政处罚决定书》〔2009〕53 号对其作出的行政处罚，主要理由如下：（一）天香集团已于 2005 年 6 月纠正了提前确认三笔股权转让投资收益事项，并进行了公告；（二）上海证券交易所已经于 2006 年 1 月 25 日就同一违法行为对天香集团作出公开谴责；（三）上海证券交易所的公开谴责和被申请人的立案调查过程已经实现限制申请人在三年内不得公开发行证券的行政处罚作用；（四）松江股份与重组前的天香集团在本质上已经不是同一法律主体，松江股份已经丧失因《行政处罚决定书》所指违规行为而受到行政处罚的主体资格；（五）对申请人予以行政处罚将不利于公司再融资和保护中小股东权利，也不利于国有资产的保值增值；（六）申请人已经在制度上严格规范公司治理，将杜绝类似情况再次发生。

经审查查明，天香集团存在以下违法违规事实：

**一、2004 年年度报告虚增利润**

2004 年 12 月 29 日，天香集团与福州鸿宇签订协议，约定天香集团将其所持有的金伟凯股权转让给福州鸿宇。在风险尚未转移，收益确认条件不完全具备的情况下，天香集团提前将上述股权转让投资收益进行确认，虚增 2004 年度利润16,761,202.77元。

2004 年 12 月 8 日，天香集团控股的子公司华天投资将所持有 1.5 亿股中关村证券股权协议转让给北京宁馨儿。华天投资在本会未批准同意北京宁馨儿受让中关村证券股权，确认收益的条件尚未完全具备的情况下，确认了中关村证券股权转让投资收益。天香集团在合并报表后，虚增 2004 年度净利润 23,705,820.73 元。

2004 年 11 月 30 日，天香集团和福州鸿宇签订股权转让合同，约定天香集团将其持有的建瓯天香 90% 的股权转让给福州鸿宇。在风险尚未转移、收益确认条件不完全具备的情况下，天香集团提前将上述股权转让投资收益进行确认，虚增 2004 年度利润 3,475,409.38 元。

以上事实，有天香集团情况说明、天香集团 2004 年度审计报告、当事人询问笔录等证据证明。

**二、未按规定披露对外担保事项**

2004 年 8 月，天香集团与兴业银行福建三明分行签订最高额保证合同，约定天香集团自愿为福建三农的授信额度向兴业银行提供担保。2005 年 1 月 26 日、2005 年 2 月 5 日，福建三农分别向兴业银行借款人民币 550 万元、600 万元。根据前述的最高额保证合同，天香集团为福建三农的这两笔贷款提供担保。

2005 年 3 月 18 日，华通国际招商集团股份有限公司向兴业银行上海黄浦支行贷款 3,500 万元。该笔贷款由上海工业投资（集团）有限公司（以下简称工业投资）提供连带担保。天香集团为工业投资承担的上述担保提供反担保保证。

以上对外担保事项，天香集团未及时予以披露。相关事实，有天香集团情况说明和相关合同证明。

经审查，2009 年 5 月 26 日，本会作出《关于核准华通天香集团股份有限公司重大资产重组及向天津滨海发展投资控股有限公司发行股份购买资产的批复》（证监许可〔2009〕429 号），核准天香集团严格按照报送的方案及有关申请文件进行重大资产重组及向天津滨海发展投资控股有限公司发行股份购买相关资产。2009 年 10 月 28 日，天香集团恢复上市交易。2009 年 11 月 28 日，天香集团的工商注册登记名称变更为松江股份。

本会认为，天香集团通过重大资产重组置换了主要资产与负债，更换了控股股东、实际控制人、法定代表人、董事会和监事会，重新聘请了管理层,工商登记名称变更为松江股份,天香集团完成重大资产重组后,作为形成公司法人意志基础的控股股东、董事会,高级管理人员等均已发生变化。同时,本会对于天香集团违法违规行为相关责任人员已作出行政处罚,天香集团也按照行政处罚以及重大资产重组政策要求对相关责任人员作出了严肃处理。天香集团重大资产重组的过程本身具有减轻、消除违法行为危害后果的积极意义。基于上述情况,对上市公司进行行政处罚的法律效果已经实现。从行政处罚惩处违法违规行为、维护公共利益和社会秩序的目的宗旨出发,考虑到本会行政处罚以及日常监管执法原则的一致性,根据《行政处罚法》"处罚与教育相结合"的原则,同时也为支持上市公司规范健康发展,最大限度地保护投资者的合法权益,本会认为,可以对天香集团免予行政处罚。

本会决定:撤销本会《行政处罚决定书》〔2009〕53 号对天香集团作出的行政处罚决定。

申请人如不服本复议决定,可在收到本复议决定书之日起 15 日内向有管辖权的人民法院提起诉讼或向国务院申请裁决。

# 关于孙连峰不服行政处罚的行政复议决定书

(〔2010〕26 号)

申请人:孙连峰,男,1970 年 3 月出生,时任安徽省科苑集团股份有限公司(以下简称科苑集团)董事、财务总监

被申请人:中国证券监督管理委员会

申请人不服《中国证券监督管理委员会市场禁入决定书》〔2010〕6 号对其作出的市场禁入决定,向本会提出行政复议申请。本会受理后,依法对本案进行了审查,现已审查终结。

本会《市场禁入决定书》〔2010〕6 号认定:科苑集团存在未按规定披露证券投资、将未回收的证券投资资金虚构为在建工程和固定资产、未按规定披露银行借款行为、将未入账借款利息虚构为在建工程的违法行为。其中,科苑集团证券投资行为由汪德荣负责决策,具体的资金划转以及投资开户、交易等事宜由孙连峰负责组织并指挥有关人员办理,汪德荣、孙连峰应对此承担主要责任。2000 年度、2001 年度,科苑集团将未收回的证券投资资金虚构为在建工程事项由汪德荣决策,孙连峰安排财务部人员办理,汪德荣、孙连峰应对此承担主要责任。2000 年 5 月至 2002 年 8 月,科苑集团借款未入账事项由汪德荣决策,由孙连峰具体安排财务部人员办理。相关的借款合同由汪德荣签章,汪德荣、孙连峰应对此承担主要责任。2001 年至 2002 年 8 月,科苑集团将未入账借款的利息虚构为在建工程事项由汪德荣决策,由孙连峰具体安排财务部人员办理,汪德荣、孙连峰对此承担主要责任。根据当事人违法行为的事实、性质、情节与社会危害程度,依据 1999 年 7 月 1 日起施行的《中华人民共和国证券法》(以下简称原《证券法》)第一百七十七条和《证券市场禁入暂行规定》第四条和第五条的规定,我会决定:认定孙连峰为市场禁入者,自我会宣布决定之日起,5 年内不得担任任何上市公司和从事证券业务机构的高级管理人员职务。

申请人请求撤销本会《市场禁入决定书》〔2010〕6 号对其作出的市场禁入决定,主要理由如下:(一)《市场禁入决定书》所依据的事实不足。第一,信息披露是上市公司董事会的职责,申请人仅是执行公司决策,不应对公司的未披露信息行为承担责任。第二,2000 年 1 月至 2002 年 8 月期间,申请人因身体状况原因,不具体负责、后期基本不再参与科苑集团的财务管理工作,认定其承担信息披露违法行为责任的事实依据不足。第三,相关证人的证词不足采信,证据效力存在瑕疵。(二)对《市场禁入决定书》部分采纳申请人的陈述申辩意见的决定和有关表述表示质疑。

经审查,科苑集团存在以下违法行为:

**一、未按规定披露证券投资**

自2000年5月开始,科苑集团以自己、其他单位和个人名义,采用自营以及委托理财的方式,从事证券或者期货投资,并采用账外运作的方式,将资金划转到相关证券营业部。科苑集团2000年度、2001年度和2002年度用于证券投资的资金中,有29,805万元为募集资金。对于上述证券和期货投资行为,科苑集团一直未按规定及时予以披露,也未在2000年、2001年、2002年的年度报告中予以披露。科苑集团证券投资行为由汪德荣负责决策,具体的资金划转以及投资开户、交易等事宜由孙连峰负责组织并指挥有关人员办理。

**二、将未回收的证券投资资金虚构为在建工程和固定资产**

2000年至2003年,科苑集团存在将未回收的证券投资资金虚构为在建工程的行为,其相应年度报告均存在虚假记载。其中,2000年度,虚增在建工程5,580万元;2001年度,虚增在建工程3,560万元,虚增其他应收款2,020万元;2002年度,虚增固定资产3,560万元,多计管理费用833,750元;2003年度,多计管理费用1,617,475元。其中2000年度、2001年度,科苑集团将未收回的证券投资资金虚构为在建工程事项由汪德荣决策,孙连峰安排财务部人员办理。

**三、未按规定披露银行借款行为**

2000年至2003年度,科苑集团存在银行借款未入账的行为,其相关年度报告相应内容均有虚假记载。其中,2000年度,少计短期借款2,300万元;2001年度,少计短期借款8,300万元;2002年度,少计短期借款16,850万元;2003年度,少计短期借款9,300万元,少计长期借款5,300万元。2000年5月至2002年8月,科苑集团借款未入账事项由汪德荣决策,由孙连峰具体安排财务部人员办理。

**四、将未入账借款利息虚构为在建工程**

2001年至2003年度,科苑集团存在将未入账借款利息虚构为在建工程的行为,其相关年度报告相应内容均有虚假记载。其中,2001年度,虚增在建工程2,511,510.22元,少计“财务费用——利息支出”2,511,510.22元;2002年度,虚增在建工程6,099,115.71元,少计“财务费用——利息支出”6,099,115.71元;2003年度,虚增在建工程5,827,580.01元,少计“财务费用——利息支出”5,827,580.01元。2001年至2002年8月,科苑集团将未入账借款的利息虚构为在建工程事项由汪德荣决策,由孙连峰具体安排财务部人员办理。

经审查,1997年8月至2002年8月,孙连峰担任科苑集团董事,1997年8月至2002年6月兼任公司财务总监。孙连峰作为科苑集团时任董事,在审议通过科苑集团2000年度、2001年度报告的董事会决议上签字同意。

上述事实,有科苑集团年度报告及董事会决议、账户开户资料、交易资料、会计凭证、贷款担保合同、相关人员询问笔录等证据证明,足以认定。

本会认为,科苑集团的上述行为构成了原《证券法》第一百七十七条规定的“未按照有关规定披露信息,或者披露的信息有虚假记载、误导性陈述和重大遗漏”的违法行为。申请人作为科苑集团时任董事、财务总监,应当保证上市公司所披露的信息真实、准确、完整。在科苑集团的违法行为中,申请人负责具体组织证券投资行为,安排人员办理有关会计事项,并签字同意通过存在虚假记载的公司年度报告,应当承担相应的法律责任。申请人关于其本人不是信息披露责任人员的理由不能成立。申请人的违法事实有相关在案证据互相印证证明,申请人认为相关证据证明力不足的理由不足以支持其复议请求。

经审查,申请人在申辩意见中提出,其不是信息披露的主要责任人、生病住院未参与财务作假、在该案违法行为中的地位、违法行为尚未达到严重损害投资者利益等具体理由。本会在听证复核后认为,申请人所辩称的不是信息披露主要责任人等情况与事实不符,不予采纳,但考虑到其在违法行为中具体执行者的地位等因素,与董事长汪德荣应有所区分,对其部分申辩理由予以采纳,相关表述恰当。

作出市场禁入决定前,本会向申请人事先告知了拟对其作出的市场禁入决定,所依据的违法事实、理由、依据以及当事人依法享有的权利,并应当事人申请举行了听证会,听取了申请人等相关当事人的陈述、申辩意见。作出市场禁入决定后,依法向申请人履行了送达程序。市场禁入程序合法。

综上,本会对申请人作出的市场禁入决定,事实清楚,证据确凿,适用依据正确,程序合法。申请人提出的复议理由缺乏事实证据与法律依据,本会不予支持。

根据《中华人民共和国行政复议法》第二十八条第一款第一项的规定,本会决定:维持本会《市场禁入决定书》〔2010〕6号对申请人作出的市场禁入决定。

申请人如不服本复议决定,可在收到本复议决定书之日起15日内向有管辖权的人民法院提起诉讼或向国务院申请裁决。

# 关于徐益民不服行政处罚的行政复议决定书

(〔2010〕27号)

申请人:徐益民,男,1955年4月出生,时任南京中北(集团)股份有限公司(以下简称南京中北)董事

被申请人:中国证券监督管理委员会

申请人不服《中国证券监督管理委员会行政处罚决定书》〔2010〕10号对其作出的行政处罚决定,向本会申请行政复议。本会受理后,依法对本案进行了审查,现已审查终结。

本会《行政处罚决定书》〔2010〕10号认定:南京中北2003年年报、2004年年报虚假披露银行借款、应付票据、关联方占用、关联方担保信息,违反了1999年7月1日起施行的《中华人民共和国证券法》(以下简称原《证券法》)第六十一条的规定,构成了原《证券法》第一百七十七条第一款所述的违法行为。申请人徐益民时任南京中北董事,缺乏作为上市公司董事的勤勉尽责意识,未对公司重大事务实施必要的、有效的监督,且其本人在通过南京中北2003年年报和2004年年报的董事会决议上签字,对南京中北公司治理上的严重问题和信息披露上的严重违法负有一定责任,是南京中北巨额资金被关联方占用、信息披露严重违法的其他直接责任人员。根据当事人违法行为的事实、性质、情节与社会危害程度,依据原《证券法》第一百七十七条之规定,本会决定:对徐益民给予警告,并处以3万元的罚款。

申请人请求免除本会《行政处罚决定书》〔2010〕10号对其作出的行政处罚,主要理由如下:第一,《行政处罚决定书》〔2010〕10号中申请人的出生年月信息有误,应当予以更正;第二,申请人作为外部董事,积极参与公司制度建设,建议独立董事对有关投资项目提出异议,对公司重大事务作了必要的监督;第三,被申请人未充分听取申请人的听证意见,没有认定申请人可减免处罚的事实,有失公平。

经审查查明:

南京万众企业管理有限公司(以下简称南京万众)持有南京中北4.77%的股份,南京万众投资管理咨询有限公司(以下简称万众投资)持有南京中北3.43%的股份,南京万众与万众投资属一致行动人。南京中北持有南京苏桑汽车配件有限公司(以下简称苏桑汽配)50%的股权,对苏桑汽配具有控制权。

南京中北2003年年报信息披露违法行为如下:

一、银行借款披露虚假。南京中北2003年年报披露的银行借款金额是2.66亿元(母公司)。但是,2003年,南京中北还分5次向多家银行机构借款,合计金额2.1亿元(母公司),南京中北2003年年报未披露这些银行借款事项。

二、应付票据披露虚假。南京中北2003年年报披露的应付票据金额为0元(母公司)。但是,2003年,南京中北曾经分11次在多家银行机构开具41份银行承兑汇票,票面金额合计

306,952,000.00元(母公司),南京中北未将这些事项在2003年年报中披露。

三、关联方占用披露虚假。南京中北2003年年报已披露与南京万众的关联交易金额164,031,360.00元(借方),对应企业“其他应收款”科目借方发生额164,031,360.00元;已披露与万众投资的关联交易金额0元(借方)。但是,南京中北2003年年报未披露向关联方南京万众和万众投资提供资金的事实,其中未披露的与南京万众的关联交易共有53笔,合计关联交易金额为1,063,053,972.87元(借方);未披露分2次直接向万众投资开具本票,向万众投资提供资金11,000,000元情况。

四、对关联方担保披露虚假。南京中北2003年年报已披露对外担保金额11,650万元,但是,未披露年内发生的为关联方南京万众开具的三份银行承兑汇票提供担保、担保余额合计为6,483,440.00元事项。

南京中北2004年年报信息披露违法行为如下:

一、银行借款披露虚假。南京中北2004年年报披露的银行借款金额是4.3亿元(母公司)。但是,2004年,南京中北还分14次向多家银行机构借款,合计金额4.45亿元(母公司),南京中北2004年年报未披露这些银行借款事项。

二、应付票据披露虚假。南京中北2004年年报披露的应付票据金额为0元(母公司)。但是,2004年,南京中北曾经分13次在多家银行机构开具42份银行承兑汇票,票面金额合计333,900,000.00元(母公司),南京中北未将这些事项在2004年年报中披露。

三、关联方占用披露虚假。南京中北2004年年报已披露与南京万众的关联交易借方/贷方/余额的金额均为0元。但是,实际情况是,南京中北2004年通过104笔关联交易,向南京万众提供资金1,234,195,469.14元,南京中北2004年年报未披露这些事项。

四、对关联方担保披露虚假。南京中北2004年年报已披露对外担保金额4,300万元,但是,未披露年内发生的为关联方南京万众开具的五份银行承兑汇票提供担保、担保余额合计为4,000万元事项。

经审查,根据申请人提供的本人身份证复印件,申请人即《行政处罚决定书》〔2010〕10号的当事人徐益民出生于1955年4月。2000年至2006年5月,申请人任南京中北第四、五届董事。2004年3月16日,南京中北第五届董事会第七次会议通过了2003年年度报告,申请人在董事会决议上签字同意。2005年3月10日,南京中北第五届董事会第十七次会议通过2004年年度报告,申请人在董事会决议上签字同意。

本会认为:上市公司依法披露的信息,必须真实、准确、完整,不得有虚假记载、误导性陈述或重大遗漏。上市公司董事、监事和高级管理人员应当保证上市公司所披露的信息真实、准确、完整。南京中北2003年、2004年年报虚假披露信息的行为,违反了原《证券法》第六十一条的规定,构成了原《证券法》第一百七十七条第一款所述的违法行为,情节严重,性质恶劣。申请人时任南京中北董事,未对公司重大事务实施必要的、有效的监督,并在通过南京中北2003年年报和2004年年报的董事会决议上签字同意,是南京中北巨额资金被关联方占用、信息披露严重违法的其他直接责任人员之一。

在行政处罚程序中,申请人提出相关会计事务所的无保留意见审计报告、监事会报告以及公司自查报告证明未有违法行为,申请人已经对公司勤勉尽责等申辩理由。本会经复核认为,上市公司董事的信息披露责任与外部审计机构的责任不同,不能以审计机构未发现违法情形为由,当然免除董事的责任,但考虑到当时作为外部董事在违法行为中的地位、案发后督促公司采取纠正、补救与整改措施,在公司经营方面履职尽责等情节,对事先告知的处罚幅度进行了调减,给予其警告,并处以3万元罚款,已属于较轻的处罚。申请人提出的有关情节在行政处罚程序中已经考虑,本会对其复议请求不予支持。

在作出行政处罚决定之前,本会依法向当事人告知了作出行政处罚的事实、理由、依据及当事人依法享有的权利,应当事人的要求举行了听证会,听取了包括申请人在内的相关当事人的陈述、申辩意见。申请人提出,由于时间较短、申请人缺乏经验等原因未能在听证会上充分表达意见。经审查听证笔录,申请人在听证会上陈述了申辩意见,内容与其提交的书面意见一致。申请人在最后陈述中虽未明确提出减免处罚的请求,但其要求减免处罚的请求已在书面申辩意见中明确表达,我会在量罚上已加以考虑,听证程序正当。在作出行政处罚决定之后,依法履行了送达程序。行政处罚程序合法。

本会对申请人作出的行政处罚决定,事实清楚,证据确凿,适用依据正确,程序合法,处罚适当。申请人提出的复议请求和理由缺乏事实依据与法律依据,本会不予支持。

根据《中华人民共和国行政复议法》第二十八条第一款第一项的规定,本会决定:维持本会《行政处罚决定书》〔2010〕10 号对申请人作出的行政处罚决定。

申请人如不服本复议决定,可在收到本复议决定书之日起 15 日内向有管辖权的人民法院提起诉讼或向国务院申请裁决。

## 关于斯庆不服行政处罚的行政复议决定书

(〔2010〕28 号)

申请人:斯庆,男,1968 年 10 月出生,时任南京中北(集团)股份有限公司(以下简称南京中北)副总经理兼任总会计师、财务部部长

被申请人:中国证券监督管理委员会

申请人不服《中国证券监督管理委员会行政处罚决定书》〔2010〕10 号对其作出的行政处罚决定,向本会申请行政复议。本会受理后,依法对本案进行了审查,现已审查终结。

本会《行政处罚决定书》〔2010〕10 号认定:南京中北 2003 年年报、2004 年年报虚假披露银行借款、应付票据、关联方占用、关联方担保信息,违反了 1999 年 7 月 1 日起施行的《中华人民共和国证券法》(以下简称原《证券法》)第六十一条的规定,构成了原《证券法》第一百七十七条第一款所述的违法行为。时任南京中北副总经理、总会计师兼财务部部长斯庆,同期兼任南京万众企业管理有限公司(以下简称南京万众)董事(1999 年 9 月至 2003 年 7 月),知悉本案信息披露违法涉及的有关事项,且其本人在南京中北 2003 年度和 2004 年度会计报表上签字,是南京中北巨额资金被关联方占用、信息披露严重违法的直接负责的主管人员。根据当事人违法行为的事实、性质、情节与社会危害程度,依据原《证券法》第一百七十七条的规定,本会决定:对斯庆给予警告,并处以 30 万元的罚款。

申请人请求免除本会《行政处罚决定书》〔2010〕10 号对其作出的行政处罚,主要理由如下:第一,行政处罚依据事实并未查清,依据推断的“虚假披露”数据认定的事实夸大了案情,所认定的“蓄意隐瞒,我行我素,变本加厉,顶风作案,情节严重,性质恶劣”与事实相悖。第二,认定申请人“参与蓄意隐瞒”缺乏事实依据,申请人不是南京中北会计信息质量的第一责任人,也不是资金管理的直接责任人,更不是信息披露的直接责任人,对其作出处理不符合《行政处罚法》的规定。第三,申请人在南京中北信息披露违法案中没有严重损害投资者利益的主观动机和客观事实,没有造成实质性的损害后果,其行为是在“个人服从组织、下级服从上级”组织原则约束下的履职行为,符合减轻以至免予处罚的条件。

经审查查明:

南京中北 2003 年年报信息披露违法行为如下:

一、银行借款披露虚假。南京中北 2003 年年报披露的银行借款金额是 2.66 亿元(母公司)。但是,2003 年,南京中北还分 5 次向多家银行机构借款,合计金额 2.1 亿元(母公司),南京中北 2003 年年报未披露这些银行借款事项。

二、应付票据披露虚假。南京中北 2003 年年报披露的应付票据金额为 0 元(母公司)。但是,2003 年,南京中北曾经分 11 次在多家银行机构开具 41 份银行承兑汇票,票面金额合计

306,952,000.00元(母公司),南京中北未将这些事项在2003年年报中披露。

三、关联方占用披露虚假。南京中北2003年年报已披露与南京万众的关联交易金额164,031,360.00元(借方),对应企业"其他应收款"科目借方发生额164,031,360.00元;已披露与万众投资的关联交易金额0元(借方)。但是,南京中北2003年年报未披露向关联方南京万众和南京万众投资管理咨询有限公司(以下简称万众投资)提供资金的事实,其中未披露的与南京万众的关联交易共有53笔,合计关联交易金额为1,063,053,972.87元(借方);未披露分2次直接向万众投资开具本票,向万众投资提供资金11,000,000元情况。

四、对关联方担保披露虚假。南京中北2003年年报已披露对外担保金额11,650万元,但是,未披露年内发生的为关联方南京万众开具的三份银行承兑汇票提供担保、担保余额合计为6,483,440.00元事项。

南京中北2004年年报信息披露违法行为如下:

一、银行借款披露虚假。南京中北2004年年报披露的银行借款金额是4.3亿元(母公司)。但是,2004年,南京中北还分14次向多家银行机构借款,合计金额4.45亿元(母公司),南京中北2004年年报未披露这些银行借款事项。

二、应付票据披露虚假。南京中北2004年年报披露的应付票据金额为0元(母公司)。但是,2004年,南京中北曾经分13次在多家银行机构开具42份银行承兑汇票,票面金额合计333,900,000.00元(母公司),南京中北未将这些事项在2004年年报中披露。

三、关联方占用披露虚假。南京中北2004年年报已披露与南京万众的关联交易借方/贷方/余额的金额均为0元。但是,实际情况是,南京中北2004年通过104笔关联交易,向南京万众提供资金1,234,195,469.14元,南京中北2004年年报未披露这些事项。

四、对关联方担保披露虚假。南京中北2004年年报已披露对外担保金额4,300万元,但是,未披露年内发生的为关联方南京万众开具的五份银行承兑汇票提供担保、担保余额合计为4,000万元事项。

经审查,申请人斯庆自2001年6月至2003年5月任南京中北总会计师,2003年5月至2005年8月任副总经理、总会计师兼财务部部长。1999年9月至2003年7月,申请人同时担任南京万众董事。申请人作为南京中北总会计师,知悉南京中北信息披露违法涉及的有关事项,并分别在2003年、2004年年度报告的财务会计报表上签字,声明保证年度报告中财务报告的真实、完整。

本会认为:上市公司依法披露的信息,必须真实、准确、完整,不得有虚假记载、误导性陈述或重大遗漏。上市公司董事、监事和高级管理人员应当保证上市公司所披露的信息真实、准确、完整。南京中北2003年、2004年年报虚假披露信息的行为,违反了原《证券法》第六十一条的规定,构成了原《证券法》第一百七十七条第一款所述的违法行为,情节严重,性质恶劣。上市公司财务信息是证券市场信息披露体系中的核心内容,申请人作为南京中北财务负责人,对南京中北财务信息的真实、准确、完整负主要责任,其知悉有关南京中北资金的外流情况、知悉南京中北披露给投资者的财务信息存在虚假与重大遗漏,仍在财务报告上签字并声明保证年度报告中财务报告的真实、完整,违反了作为一个财务人员的职业操守,造成了上市公司财务信息的严重失真,是直接负责的主管人员。南京中北2003年、2004年年报信息披露中的违法行为,以及申请人在这些违法行为中的作用与地位,事实清楚,证据确凿,足以认定。

上市公司信息披露违法行为的定性与量罚,既应考虑涉案事项的余额,也应考虑实际的发生额。申请人引用的《公开发行证券的公司信息披露编报规则第15号——财务报告的一般规定(2001版)》,其第四条明确指出:"本规定是对财务报告披露的最低要求,不论本规定是否有明确规定,凡对使用者做出决策有重大影响的财务信息,公司均应予以充分披露。"南京中北蓄意隐瞒的银行借款、应付票据、关联方资金占用事项金额巨大,其往来事项构成对投资者做出决策有重大影响的财务信息,应当在年度报告中予以充分披露。关联方资金占用的披露要求有别于一般的关联交易,2003年8月28日我会与国务院国资委联合发布的《关于规范上市公司与关联方资金往来及上市公司对外担保若干问题的通知》(证监发〔2003〕56 号)明确要求,上市公司应对其与控股股东及其他关联方已经发生的资金往来、资金占用情况进行自查,并在最近一期年度报告中作为重大事项予以披露。本会《行政处罚决定书》列举了南京中北信息披露违法涉及的相关事实与数据,符合证监会关于财务报告信息披露规定的有关要求。

根据上市公司信息披露的有关规定,依据申请人在南京中北的职务、职责,认定申请人“对南京中北财务信息的真实、准确、完整负主要责任”正确,申请人关于其“不是南京中北会计信息质量的第一责任人,也不是资金管理的直接责任人,更不是信息披露的直接责任人”的辩称不能成立。

申请人在其行政复议申请中提出了“客观上没有严重损害股东利益,危害后果极轻”、“其本人是在‘个人服从组织、下级服从上级’的组织原则下从事的有关行为”、“在处罚幅度上未将其与最主要责任人有所区分”等事由。本会认为,《行政处罚决定书》〔2010〕10 号将本案定性为“情节严重、性质恶劣”,是依据事实与法律做出的结论,申请人的说法缺乏客观依据。本案在审理中,已经考虑了公司案发后采取纠正、补救与整改措施等情节,对公司和有关责任人做了相应的减免处罚。申请人作为上市公司高级管理人员,应当独立履职并承担责任,其所谓服从组织和上级决定从事有关行为的理由不能成立。审理过程中,我会认真听取并审查了申请人的申辩意见,将认定申请人为市场禁入者的期限由事先告知的 10 年缩减为 5 年,与南京中北时任副董事长、总经理郭试平已有所区别。

申请人在其行政复议申请中提出的“本会对其行政处罚已超出行政处罚时效期间”、“其本人已经因南京中北资金外流问题,受到过公安机关调查并被监视居住,应当根据《行政处罚法》第二十九条的规定不再处罚”的理由不符合相关法律规定,不能成立。申请人提出的“南京中北资金占用系由历史形成”、“南京中北董事会虚构交易、调节利润是导致资金占用的根源”、“关联方占用资金是管理层决策的转贷款行为,申请人没有参与蓄意隐瞒”等事由不影响南京中北信息披露违法行为的成立,也不影响对申请人在知悉南京中北信息披露存在虚假记载和重大遗漏的情况下仍在年报的财务报表上签字的违法事实的认定,不能免除申请人作为上市公司总会计师应当承担的信息披露责任。

在作出行政处罚决定之前,本会依法向当事人告知了作出行政处罚的事实、理由、依据及当事人依法享有的权利,应当事人的要求举行了听证会,听取了包括申请人在内的相关当事人的陈述、申辩意见。在作出行政处罚决定之后,依法履行了送达程序。行政处罚程序合法。

本会对申请人作出的行政处罚决定,事实清楚,证据确凿,适用依据正确,程序合法,处罚适当。申请人提出的复议请求和理由缺乏事实依据与法律依据,本会不予支持。

根据《中华人民共和国行政复议法》第二十八条第一款第一项的规定,本会决定:维持本会《行政处罚决定书》〔2010〕10 号对申请人作出的行政处罚决定。

申请人如不服本复议决定,可在收到本复议决定书之日起 15 日内向有管辖权的人民法院提起诉讼或向国务院申请裁决。

## 关于斯庆不服行政处罚的行政复议决定书

(〔2010〕29 号)

申请人:斯庆,男,1968 年 10 月出生,时任南京中北(集团)股份有限公司(以下简称南京中北)副总经理兼任总会计师、财务部部长

被申请人:中国证券监督管理委员会

申请人不服《中国证券监督管理委员会市场禁入决定书》〔2010〕4号对其作出的市场禁入决定，向本会申请行政复议。本会受理后，依法对本案进行了审查，现已审查终结。

本会《市场禁入决定书》〔2010〕4号认定：南京中北2003年年报、2004年年报虚假披露银行借款、应付票据、关联方占用、关联方担保信息，违反了1999年7月1日起施行的《中华人民共和国证券法》（以下简称原《证券法》）第六十一条的规定，构成了原《证券法》第一百七十七条第一款所述的违法行为。时任南京中北副总经理、总会计师兼财务部部长斯庆，同期兼任南京万众企业管理有限公司（以下简称南京万众）董事（1999年9月至2003年7月），知悉本案信息披露违法涉及的有关事项，且其本人在南京中北2003年度和2004年度会计报表上签字，是南京中北巨额资金被关联方占用、信息披露严重违法的直接负责的主管人员。根据当事人违法行为的事实、性质、情节与社会危害程度，依据原《证券法》和《证券市场禁入暂行规定》第四条的规定，本会决定：认定斯庆为市场禁入者，自我会宣布决定之日起，5年内不得从事任何证券业务或担任上市公司董事、监事、高级管理人员职务。

申请人请求免除本会《市场禁入决定书》〔2010〕4号对其作出的市场禁入决定，主要理由如下：第一，市场禁入决定的依据事实并未查清，依据推断的"虚假披露"数据认定的事实夸大了案情，所认定的"蓄意隐瞒，我行我素，变本加厉，顶风作案，情节严重，性质恶劣"与事实相悖。第二，认定申请人"参与蓄意隐瞒"缺乏事实依据，申请人不是南京中北会计信息质量的第一责任人，也不是资金管理的直接责任人，更不是信息披露的直接责任人，对其作出处理不符合《证券市场禁入暂行规定》的规定。第三，申请人在南京中北信息披露违法案中没有严重损害投资者利益的主观动机和客观事实，没有造成实质性的损害后果，其行为是在"个人服从组织、下级服从上级"组织原则约束下的履职行为，符合减轻以至免予处罚的条件。

经审查查明：

南京中北2003年年报信息披露违法行为如下：

一、银行借款披露虚假。南京中北2003年年报披露的银行借款金额是2.66亿元（母公司）。但是，2003年，南京中北还分5次向多家银行机构借款，合计金额2.1亿元（母公司），南京中北2003年年报未披露这些银行借款事项。

二、应付票据披露虚假。南京中北2003年年报披露的应付票据金额为0元（母公司）。但是，2003年，南京中北曾经分11次在多家银行机构开具41份银行承兑汇票，票面金额合计306,952,000.00元（母公司），南京中北未将这些事项在2003年年报中披露。

三、关联方占用披露虚假。南京中北2003年年报已披露与南京万众的关联交易金额164,031,360.00元（借方），对应企业"其他应收款"科目借方发生额164,031,360.00元；已披露与万众投资的关联交易金额0元（借方）。但是，南京中北2003年年报未披露向关联方南京万众和南京万众投资管理咨询有限公司（以下简称万众投资）提供资金的事实，其中未披露的与南京万众的关联交易共有53笔，合计关联交易金额为1,063,053,972.87元（借方）；未披露分2次直接向万众投资开具本票，向万众投资提供资金11,000,000元情况。

四、对关联方担保披露虚假。南京中北2003年年报已披露对外担保金额11,650万元，但是，未披露年内发生的为关联方南京万众开具的三份银行承兑汇票提供担保、担保余额合计为6,483,440.00元事项。

南京中北2004年年报信息披露违法行为如下：

一、银行借款披露虚假。南京中北2004年年报披露的银行借款金额是4.3亿元（母公司）。但是，2004年，南京中北还分14次向多家银行机构借款，合计金额4.45亿元（母公司），南京中北2004年年报未披露这些银行借款事项。

二、应付票据披露虚假。南京中北2004年年报披露的应付票据金额为0元（母公司）。但是，2004年，南京中北曾经分13次在多家银行机构开具42份银行承兑汇票，票面金额合计333,900,000.00元（母公司），南京中北未将这些事项在2004年年报中披露。

三、关联方占用披露虚假。南京中北2004年年报已披露与南京万众的关联交易借方/贷方/余额的金额均为0元。但是,实际情况是,南京中北2004年通过104笔关联交易,向南京万众提供资金1,234,195,469.14元,南京中北2004年年报未披露这些事项。

四、对关联方担保披露虚假。南京中北2004年年报已披露对外担保金额4,300万元,但是,未披露年内发生的为关联方南京万众开具的五份银行承兑汇票提供担保、担保余额合计为4,000万元事项。

经审查,申请人斯庆自2001年6月至2003年5月任南京中北总会计师,2003年5月至2005年8月任副总经理、总会计师兼财务部部长。1999年9月至2003年7月,申请人同时担任南京万众董事。申请人作为南京中北总会计师,知悉南京中北信息披露违法涉及的有关事项,并分别在2003年、2004年年度报告的财务会计报表上签字,声明保证年度报告中财务报告的真实、完整。

本会认为:上市公司依法披露的信息,必须真实、准确、完整,不得有虚假记载、误导性陈述或重大遗漏。上市公司董事、监事和高级管理人员应当保证上市公司所披露的信息真实、准确、完整。南京中北2003年、2004年年报虚假披露信息的行为,违反了原《证券法》第六十一条的规定,构成了原《证券法》第一百七十七条第一款所述的违法行为,情节严重,性质恶劣。上市公司财务信息是证券市场信息披露体系中的核心内容,申请人作为南京中北财务负责人,对南京中北财务信息的真实、准确、完整负主要责任,其知悉有关南京中北资金的外流情况、知悉南京中北披露给投资者的财务信息存在虚假与重大遗漏,仍在财务报告上签字并声明保证年度报告中财务报告的真实、完整,违反了作为一个财务人员的职业操守,造成了上市公司财务信息的严重失真,是直接负责的主管人员。南京中北2003年、2004年年报信息披露中的违法行为,以及申请人在这些违法行为中的作用与地位,事实清楚,证据确凿,足以认定。

上市公司信息披露违法行为的定性与量罚,既应考虑涉案事项的余额,也应考虑实际的发生额。申请人引用的《公开发行证券的公司信息披露编报规则第15号——财务报告的一般规定(2001版)》,其第四条明确指出:"本规定是对财务报告披露的最低要求,不论本规定是否有明确规定,凡对使用者做出决策有重大影响的财务信息,公司均应予以充分披露。"南京中北蓄意隐瞒的银行借款、应付票据、关联方资金占用事项金额巨大,其往来事项应当构成对投资者做出决策有重大影响的财务信息,并在年度报告中予以充分披露。关联方资金占用的披露要求有别于一般的关联交易,2003年8月28日我会与国务院国资委联合发布的《关于规范上市公司与关联方资金往来及上市公司对外担保若干问题的通知》(证监发〔2003〕56号)明确要求,上市公司应对其与控股股东及其他关联方已经发生的资金往来、资金占用情况进行自查,并在最近一期年度报告中作为重大事项予以披露。本会《市场禁入决定书》〔2010〕4号列举了南京中北信息披露违法涉及的相关事实与数据,符合证监会关于财务报告信息披露规定的有关要求。

根据上市公司信息披露的有关规定,依据申请人在南京中北的职务、职责,认定申请人"对南京中北财务信息的真实、准确、完整负主要责任"正确,申请人关于其"不是南京中北会计信息质量的第一责任人,也不是资金管理的直接责任人,更不是信息披露的直接责任人"的辩称不能成立。

申请人在其行政复议申请中提出了"客观上没有严重损害股东利益,危害后果极轻"、"其本人是在'个人服从组织、下级服从上级'的组织原则下从事的有关行为"、"在处罚幅度上未将其与最主要责任人有所区分"等事由。本会认为,《市场禁入决定书》〔2010〕4号将本案定性为"情节严重、性质恶劣",是依据事实与法律做出的结论,申请人的说法缺乏客观依据。本案在审理中,已经考虑了公司案发后采取纠正、补救与整改措施等情节,对公司和有关责任人做了相应的减免处罚。申请人作为上市公司高级管理人员,应当独立履职并承担责任,其所谓服从组织和上级决定从事有关行为的理由不能成立。审理过程中,我会认真听取并审查了申请人的申辩意见,将认定申请人为市场禁入者的期限由事先告知的10年缩减为5年,与南京中北时任副董事长、总经理郭试平已有所区别。

申请人在其行政复议申请中提出的"本会对其行政处罚已超出行政处罚时效期间"、"其本人已经因南京中北资金外流问题，受到过公安机关调查并被监视居住，应当根据《行政处罚法》第二十九条的规定不再处罚”的理由不符合相关法律规定，不能成立。申请人提出的“南京中北资金占用系由历史形成”、“南京中北董事会虚构交易、调节利润是导致资金占用的根源”、“关联方占用资金是管理层决策的转贷款行为，申请人没有参与蓄意隐瞒”等事由不影响南京中北信息披露违法行为的成立，也不影响对申请人在知悉南京中北信息披露存在虚假记载和重大遗漏的情况下仍在年报的财务报表上签字的违法事实的认定，不能免除申请人作为上市公司总会计师应当承担的信息披露责任。

申请人在其行政复议申请中提出，本会《市场禁入决定书》〔2010〕4 号将对申请人实施市场禁入范围的表述为“不得从事任何证券业务或担任上市公司董事、监事、高级管理人员职务”，与《证券市场禁入暂行规定》第五条的规定相比扩大了禁入范围。本会认为，本会依据《证券市场禁入暂行规定》认定申请人为市场禁入者，其中，《证券市场禁入暂行规定》第二条规定，本规定所称市场禁入是指“被中国证监会认定为市场禁入者，在一定时期内或者永久性不得担任上市公司高级管理人员或者不得从事证券业务的制度”。本会《市场禁入决定书》〔2010〕4 号的表述符合相关规定，并无不当。

在作出市场禁入决定之前，本会依法向当事人告知了作出市场禁入的事实、理由、依据及当事人依法享有的权利，应当事人的要求举行了听证会，听取了包括申请人在内的相关当事人的陈述、申辩意见。在作出市场禁入决定之后，依法履行了送达程序。市场禁入措施程序合法。

本会对申请人作出的市场禁入决定，事实清楚，证据确凿，适用依据正确，程序合法，处罚适当。申请人提出的复议请求和理由缺乏事实依据与法律依据，本会不予支持。

根据《中华人民共和国行政复议法》第二十八条第一款第一项的规定，本会决定：维持本会《市场禁入决定书》〔2010〕4 号对申请人作出的市场禁入决定。

申请人如不服本复议决定，可在收到本复议决定书之日起 15 日内向有管辖权的人民法院提起诉讼或向国务院申请裁决。

## 关于梁华栋不服行政处罚的行政复议决定书

（〔2010〕30 号）

申请人：梁华栋，男，1948 年 11 月出生，时任景顺长城基金管理有限公司（以下简称景顺长城）总经理

被申请人：中国证券监督管理委员会深圳监管局

申请人不服《中国证券监督管理委员会深圳监管局行政监管措施决定书》〔2010〕14 号，即《关于对梁华栋采取出具警示函措施的决定》对其作出的行政监管措施决定，向本会申请行政复议。本会受理后，依法进行了审查，现已审查终结。

深圳证监局《行政监管措施决定书》〔2010〕14 号认定：2009 年 8 月和 2010 年 1 月，深圳证监局通过对景顺长城现场检查，发现公司在内部控制方面存在以下问题：投资管理人员管理存在漏洞，出现基金经理违法违规买卖证券行为；督察长不分管监察稽核部，无法有效履行督察长职责；部分债券投资内控制度尚未建立；未按公司制度规定进行股票出入库管理，对重点持仓股票未及时进行维护和跟踪；投资交易系统设置不完善。上述问题不符合《证券投资基金管理公司内部控制指导意见》和《基金管理公司投资管理人员管理指导意见》等有关规定的要求。作为公司时任总经理，申请人

对此负有领导责任。按照《证券投资基金行业高级管理人员任职管理办法》第三十五条的规定,对申请人出具警示函。

申请人请求撤销被申请人对其作出的行政监管措施,主要理由是:第一,申请人在被申请人现场检查发现违规事实时已离任,由其承担所有责任而继任总经理免责,执法不公。第二,申请人担任景顺长城总经理期间致力于加强公司内部管理,已尽到善良管理人责任。督察长的任命与工作内容不属于总经理决定范围。第三,被申请人作出决定前未告知申请人事实、理由和依据,未充分听取申请人意见。

经审查查明:

申请人自2003年6月13日起担任景顺长城总经理。2009年3月2日,景顺长城董事会同意申请人辞去总经理职务,并决定由吴建军代为履行总经理职务。2009年7月28日,本会《关于核准景顺长城基金管理有限公司许义明基金行业高级管理人员任职资格的批复》(证监许可〔2009〕694号)核准景顺长城公司许义明的基金行业高管人员任职资格,对许义明担任公司总经理无异议。

《中国证券监督管理委员会行政处罚决定书》〔2010〕27号认定,景顺长城的基金经理涂强等人,自2006年9月18日(涂强担任基金经理之日)起至2009年8月20日(违法行为发现之日),共同操作涂强亲属的账户从事证券交易,先于或与涂强管理的基金同步买卖相关个股。本会已依据《证券投资基金法》第九十七条及《证券法》第一百九十条规定,决定对涂强作出行政处罚。

被申请人提交的相关检查证据证明,深圳证监局《行政监管措施决定书》〔2010〕14号所认定的景顺长城存在的投资管理人员管理存在漏洞、督察长未能有效履行职责、部分债券内控制度尚未建立、未按公司规定进行股票出入库管理及投资交易系统设置不完善等内部控制问题属实。这些问题主要发生或存在于申请人担任公司总经理期间。2010年6月2日,景顺长城向被申请人提交了《关于落实贵局现场检查反馈意见的整改报告》,就检查中所发现内控问题的自查整改情况向深圳证监局做了报告。

景顺长城2005年第一次董事会议决议,由副总经理初伟斌分管法律监察稽核部,督察长刘焕喜主要负责董事会办公室的工作,兼任董事会秘书。《证券投资基金管理公司督察长管理规定》(证监基金字〔2006〕85号)规定,督察长应负责组织指导公司的监察稽核工作,公司总经理应当支持和配合督察长工作。2008年6月16日公司总经理办公会议决定由督察长刘焕喜暂时负责法律稽核工作,但其后的实际运作中,仍存在申请人直接负责监察稽核工作的情形。

本会认为,根据《证券投资基金管理公司内部控制指导意见》的规定,公司经营层应对内部控制制度的有效执行承担责任。申请人作为公司总经理,对其任期内公司出现基金经理利用非公开信息违规买卖证券事件、督察长未能有效履行职责、内控制度不健全和执行不力等问题应承担相应的领导责任。《证券投资基金行业高级管理人员任职管理办法》第三十五条规定,基金管理公司的内部控制制度不健全、执行不力,导致出现或者可能出现重大隐患,可能影响其正常履行基金管理人、基金托管人职责的,中国证监会可依法对相关高级管理人员出具警示函、进行监管谈话。被申请人对申请人采取出具警示函的行政监管措施适用依据正确。被申请人以同一事由同时对景顺长城公司时任董事长采取了监管谈话的行政监管措施,对时任督察长采取了出具警示函的行政监管措施,鉴于现场检查时的总经理许义明履职时间较短,被申请人未予采取监管措施。申请人所述有关执法不公的理由不能成立。

《证券期货市场监督管理措施实施办法(试行)》第十一条规定,出具警示函,是指实施机构将有关风险状况或者违法违规事实书面告知当事人,警示其关注经营风险,要求其及时补救的监督管理措施。根据该办法第二十九条规定的实施程序,实施机构出具警示函,应当在警示函中指明当事人存在的风险状况或者违法违规事实,不需要履行事先告知的程序。被申请人决定对申请人采取出具警示函的监管措施,依法制作了书面决定并送达申请人。监管措施实施程序合法。

被申请人对申请人作出的行政监管措施,事实清楚,适用依据正确,程序合法。申请人提出的复议请求和理由缺乏事实依据与法律依据,本会不予支持。

根据《中华人民共和国行政复议法》第二十八条第一款第一项的规定,本会决定:维持深圳证监局《行政监管措施决定书》〔2010〕14号对申请人作出的行政监管措施决定。

申请人如不服本复议决定,可在收到本复议决定书之日起15日内向有管辖权的人民法院提起诉讼或向国务院申请裁决。

# 关于方振淳不服行政处罚的行政复议决定书

(〔2010〕31号)

申请人:方振淳,男,1963年7月15日出生,时任柳州两面针股份有限公司(以下简称两面针)董事

被申请人:中国证券监督管理委员会

申请人不服《中国证券监督管理委员会行政处罚决定书》〔2010〕21号对其作出的行政处罚决定,向本会提出了行政复议申请。本会受理后,依法对本案进行了审查,现已审查终结。

本会《行政处罚决定书》〔2010〕21号认定:两面针2003年年度报告虚增收入和利润;2004年两面针通过提前确认股权转让收益和少计广告费的方式虚增利润;2005年两面针通过少计广告费用的方式虚增利润。相关行为违反了1999年7月1日起施行的《中华人民共和国证券法》(以下简称原《证券法》)第五十九条"公司公告的股票或者公司债券的发行和上市文件,必须真实、准确、完整,不得有虚假记载、误导性陈述或者重大遗漏"和2006年1月1日起施行的《中华人民共和国证券法》(以下简称《证券法》)第六十三条"发行人、上市公司依法披露的信息,必须真实、准确、完整,不得有虚假记载、误导性陈述或者重大遗漏"的规定,构成了原《证券法》第一百七十七条所述的"未按照有关规定披露信息,或者所披露的信息有虚假记载、误导性陈述或者有重大遗漏的"行为和《证券法》第一百九十三条所述的"未按照规定披露信息,或者所披露的信息有虚假记载、误导性陈述或者重大遗漏的"行为。方振淳是两面针2004年年度报告信息披露违法行为的其他直接责任人员。根据当事人违法行为的事实、性质、情节与社会危害程度,依据原《证券法》第一百七十七条的规定,本会决定对方振淳给予警告,并处以3万元罚款。

申请人请求撤销本会《行政处罚决定书》〔2010〕21号对其作出的处罚决定,主要理由如下:(一)《行政处罚决定书》认定其应对信息披露范围予以足够关注,对两面针向汕头方大印刷有限公司(以下简称汕头市方大印刷)汇入1,640万元后要求向上海诗玛尔实业发展有限公司(以下简称上海诗玛尔)进行划款的真实目的和后续影响应当抱有审慎怀疑的态度。申请人认为,上述认定事实与客观事实不符,其要求也是企业所无法实现的。(二)对《行政处罚决定书》认为"在2003年期间,方振淳任法定代表人的另一家企业汕头方大应用包装科技有限公司就曾参与两面针虚构当年销售收入的行为",申请人认为没有事实依据。(三)对《行政处罚决定书》认为"方振淳没有勤勉履行董事的职责,汕头市方大印刷直接根据两面针的要求将1,640万元转给了上海诗玛尔,客观上协助了两面针不当确认转让中信证券股权收益",申请人认为是客观归罪,违反法律规定。

经审查查明,两面针2003年、2004年、2005年年度报告存在虚增收入和利润等信息披露违法行为,其中与本案申请人相关联的主要有以下具体行为:

(一)两面针2003年年度报告虚增收入和利润中的虚构销售。2003年11月至12月两面针通过虚构与上海三樱包装材料有限公司、上海诗玛尔家居用品有限公司、广东梓星工贸有限公司、汕头方大应用包装科技有限公司、广东财丰发展有限公司五家企业发生的牙膏牙刷销

售业务,虚增当年销售收入和利润。2003 年共计虚构的销售收入 106,977,969.23 元,占当年销售收入的 18.25%,相应虚构合并销售成本为 52,331,048.23 元。

(二)2004 年两面针转让 4,000 万股中信证券股权不当确认收入虚增利润。为增加当年利润,两面针于 2004 年 11 月将其持有的中信证券股权 4,000 万股以每股 2.20 元的价格出售给上海诗玛尔。上海诗玛尔于当年支付中信证券股权转让款中的 4,440 万元,两面针由此确认当年度投资收益 2,400 万元。实际上,2004 年上海诗玛尔向两面针支付中信证券股权转让款 4,440 万元系由两面针垫付。两面针通过汕头市方大印刷、柳州市联阳彩印包装厂将 2,640 万元,两面针子公司柳州达美实业有限公司将 1,800 万元汇给上海诗玛尔,上海诗玛尔再将上述 4,440 万元作为中信证券股权转让款汇入两面针账户。因此,上述股权转让款支付不真实,两面针在 2004 年年度报告中虚增当期利润 2,400 万元。

另查明,申请人 2004 年 6 月成为两面针董事,其担任法定代表人和大股东的汕头市方大印刷与两面针存在交易并客观协助两面针不当确认转让中信证券股权收益,未对相关违法事项给予足够关注,未尽董事勤勉尽责义务,是两面针 2004 年年度报告信息披露违法行为的其他直接责任人员之一。

在作出行政处罚决定之前,本会依法向当事人告知了作出行政处罚的事实、理由、依据及当事人依法享有的权利,对申请人的陈述和申辩意见予以认真审查和考虑。在作出行政处罚决定之后,依法履行了送达程序。行政处罚程序合法。

上述事实有有相关定期报告、有关公告、相关银行单据和凭证、相关协议、相关董事会决议、相关工商登记资料、相关人员谈话笔录、行政处罚事先告知书、行政处罚决定书以及送达回证及回执等证据证明。

本会认为,两面针上述出具含有虚假内容的年度报告等行为违反了原《证券法》第五十九条、《证券法》第六十三条关于公司公告文件或者依法披露的信息必须真实、准确、完整的规定,构成了原《证券法》第一百七十七条、《证券法》第一百九十三条所述披露的信息“有虚假记载、误导性陈述或者重大遗漏”的行为。

对于申请人所提出对两面针向其汇款后要求其向上海诗玛尔划款的真实目的和后续影响无法抱有审慎怀疑的态度,本会认为,基于申请人作为两面针董事以及同时作为两面针关联公司法定代表人和大股东的身份等情况,其理由不能成立。对于申请人认为 2003 年期间其任法定代表人的另一家企业曾参与两面针虚构当年销售收入的行为没有事实依据,本会认为其事实和理由不能成立,且该项事实仅作为其应尽董事勤勉尽责义务的佐证,并不是对其行政处罚所依据的事实,本会对申请人主张不予支持。对于申请人认为本会《行政处罚决定书》〔2010〕21 号认定“汕头市方大印刷直接根据两面针的要求将 1,640 万元转给了上海诗玛尔,客观上协助了两面针不当确认转让中信证券股权收益”是客观归罪,本会认为,申请人作为汕头市方大印刷的大股东和董事长,在 2004 年 6 月担任两面针董事之后,应当对其控制公司与两面针之间的资金往来更加敏感、审慎,但其对本案所涉 1,640 万元资金划拨事项未给予合理必要的关注,没有提出质疑,也没有提出已尽忠实、勤勉义务的证据,其理由不能成立,应当依法对 2004 年两面针年报虚假记载承担责任。

综上,本会对申请人方振淳作出的行政处罚决定,认定事实清楚,证据确凿,适用依据正确,程序合法,处罚适当。申请人提出的复议请求和理由缺乏事实依据与法律依据,本会不予支持。

根据《中华人民共和国行政复议法》第二十八条第一款第一项的规定,本会决定:维持本会《行政处罚决定书》〔2010〕21 号对申请人作出的行政处罚决定。

申请人如不服本复议决定,可在收到本复议决定书之日起 15 日内向有管辖权的人民法院提起诉讼或向国务院申请裁决。

# 关于深圳华鼎财经资讯股份有限公司不服行政处罚的行政复议决定书

（〔2010〕32号）

申请人:深圳华鼎财经资讯股份有限公司(以下简称华鼎财经),法定代表人:李树忠

被申请人:中国证券监督管理委员会

申请人不服《中国证券监督管理委员会行政处罚决定书》〔2009〕58号对其作出的行政处罚决定,向本会申请行政复议。本会受理后,依法对本案进行了审查,现已审查终结。

本会《行政处罚决定书》〔2009〕58号认定:2004年6月至2006年1月,华鼎财经与山西电视台、广东电视台、广西电视台等媒体签订合作协议,由电视台安排时段播出华鼎财经的《华鼎胜典》、《股市赢家》等股评栏目。2005年9月至2006年3月,曹军等10名华鼎财经聘用的证券投资咨询人员在股评栏目中向公众提供证券投资分析、预测或建议,大量使用含有夸大性字眼的表述,例如"狂飙"、"井喷黑马"等,以及使用含有误导性的言论,例如"让外资为我们站岗,让基金为我们抬轿"、"暴涨机会即将开始,拨打电话获得机会"等,并且还使用了明示或暗示保证收益的言论,例如"跟随实力机构,赚取超额利润"、"牵手华鼎,稳操胜券"等,影响了普通的公众投资者对证券投资风险的正常判断,误导普通的公众投资者相信,只要听信他们的意见,购买其所推荐的投资理财产品或服务就能够获得丰厚收益。华鼎财经、曹军等人的上述行为违反了《证券、期货投资咨询管理暂行办法》(以下简称《暂行办法》)第十九条、第二十条、第二十四条第(二)项以及《中华人民共和国证券法》(以下简称《证券法》)第一百七十一条第一款第(四)项、第(五)项的规定,构成了《暂行办法》第三十四条、第三十六条以及《证券法》第二百二十六条第三款所述违法行为。根据当事人的违法事实、性质、情节与社会危害程度,依据《暂行办法》第三十四条、第三十六条和《证券法》第二百二十六条第三款的规定,我会决定:撤销华鼎财经的证券投资咨询业务许可,并处以30万元罚款。

申请人请求撤销《行政处罚决定书》〔2009〕58号,提出复议理由如下:(一)申请人的分析师在被申请人列举的执业过程中,不存在夸大、误导以及明示或暗示保证投资收益的行为。被申请人没有对申请人提交的证据进行质证,没有提供有关社会危害后果严重的证据。(二)即使有关分析师在股评节目中的做法不当,也不足以导致申请人被撤销业务许可和罚款。结合当时的市场背景、执业和监管环境,行政处罚过重。(三)以存在"夸大性表述"、"明示或暗示保证投资者能够获得投资收益"等为由作出行政处罚没有法律依据。

经审查,华鼎财经存在以下违法违规行为:2004年6月至2006年1月,华鼎财经与山西电视台、广东电视台、广西电视台等媒体签订合作协议,由电视台安排时段播出华鼎财经的《华鼎胜典》、《股市赢家》等股评栏目。2005年9月至2006年3月,曹军等10名华鼎财经聘用的证券投资咨询人员在股评栏目中向公众提供证券投资分析、预测或建议,使用了大量的夸大性和误导性的表述,其中有大量明示或暗示保证收益的言论。在此期间,存在大量投资者向监管机构投诉华鼎财经存在误导投资者、承诺收益等违规行为。以上事实,有华鼎财经提供的情况说明、电视股评节目录像、相关协议书、劳动合同、当事人询问笔录等证据在案证明,足以认定。

本会认为:证券投资咨询机构及其从业人员从事证券投资咨询服务,必须自觉遵守法律法规,以行业公认的谨慎、诚实和勤勉尽责的态度为投资者或客户提供服务,应当完整、客观、

准确地运用有关信息、资料向投资者或客户提供投资分析、预测和建议,不得利用传播媒介或者其他方式提供、传播误导投资者的信息。华鼎财经聘用的证券投资咨询人员,违反《证券法》、《暂行办法》有关规定,在电视股评节目中大量使用夸大性、误导性的表述,并且存在明示或暗示保证收益的言论,影响了普通的公众投资者对证券投资风险的正常判断,引发大量投资者信访投诉。华鼎财经及其聘用的证券投资咨询人员的上述行为违反了《暂行办法》有关证券投资咨询人员应当以诚实守信和勤勉尽责的态度提供证券投资咨询服务,证券投资咨询机构及其从业人员不得向投资人承诺收益,以及《证券法》有关证券投资咨询机构及其从业人员不得利用传播媒介提供、传播误导投资者的信息的规定,违法事实清楚,证据确凿充分。申请人华鼎财经提出的其分析师执业过程中不存在夸大、误导以及保证投资收益行为的理由与事实不符。申请人认为以“夸大性表述”、“明示或暗示保证投资者能够获得投资收益”等为由作出行政处罚没有法律依据的观点不能成立。华鼎财经违法行为情节与社会危害后果严重,证据确凿充分,对申请人作出撤销证券投资咨询业务许可,并处以30万元罚款的行政处罚,符合《暂行办法》第三十四条、第三十六条和《证券法》第二百二十六条第三款的规定,申请人关于处罚过重的理由不能成立。

作出行政处罚决定前,本会向申请人事先告知了拟对其作出的行政处罚决定,所依据的违法事实、理由、依据以及申请人依法享有的权利,应申请人的申请举行了听证会,进行质证并听取了申请人的陈述、申辩意见。作出行政处罚决定后,依法履行了送达程序。行政处罚程序合法。

综上,本会对申请人作出的行政处罚决定,事实清楚,证据确凿,适用依据正确,程序合法。申请人提出的复议理由缺乏事实证据与法律依据,本会不予支持。

根据《中华人民共和国行政复议法》第二十八条第一款第一项的规定,本会决定:维持本会《行政处罚决定书》〔2009〕58号对申请人作出的行政处罚决定。

申请人如不服本复议决定,可在收到本复议决定书之日起15日内向有管辖权的人民法院提起诉讼或向国务院申请裁决。

# 关于李树忠不服行政处罚的行政复议决定书

(〔2010〕33号)

申请人:李树忠,男,1962年5月出生,时任深圳华鼎财经资讯股份有限公司(以下简称华鼎财经)法定代表人、总经理

被申请人:中国证券监督管理委员会

申请人不服《中国证券监督管理委员会市场禁入决定书》〔2009〕16号对其作出的市场禁入决定,向本会申请行政复议。本会受理后,依法对本案进行了审查,现已审查终结。

本会《市场禁入决定书》〔2009〕16号认定:2004年6月至2006年1月,华鼎财经与山西电视台、广东电视台、广西电视台等媒体签订合作协议,由电视台安排时段播出华鼎财经的《华鼎胜典》、《股市赢家》等股评栏目。2005年9月至2006年3月,曹军等10名华鼎财经聘用的证券投资咨询人员在股评栏目中向公众提供证券投资分析、预测或建议,大量使用含有夸大性字眼的表述,例如“狂飙”、“井喷黑马”等,以及使用含有误导性的言论,例如“让外资为我们站岗,让基金为我们抬轿”、“暴涨机会即将开始,拨打电话获得机会”等,并且还使用了明示或暗示保证收益的言论,例如“跟随实力机构,赚取超额利润”、“牵手华鼎,稳操胜券”等,影响了普通的公众投资者对证券投资风险的正常判断,误导普通的公众投资者相信,只要听信

他们的意见，购买其所推荐的投资理财产品或服务就能够获得丰厚收益。华鼎财经、曹军等人的上述行为违反了《证券、期货投资咨询管理暂行办法》（以下简称《暂行办法》）第十九条、第二十条、第二十四条第（二）项以及《中华人民共和国证券法》（以下简称《证券法》）第一百七十一条第一款第（四）项、第（五）项的规定，构成了《暂行办法》第三十四条、第三十六条以及《证券法》第二百二十六条第三款所述违法行为。华鼎财经法定代表人、总经理李树忠是对华鼎财经及其证券投资咨询人员相关行为直接负责的责任人。根据当事人的违法事实、性质、情节与社会危害程度，依据《暂行办法》第三十四条、第三十六条及《证券法》第二百二十六条第三款，我会已对华鼎财经及曹军等有关当事人作出了行政处罚。同时，鉴于华鼎财经的违法行为情节与社会危害后果严重，影响十分恶劣，依据《证券法》第二百三十三条以及《证券市场禁入规定》第三条、第五条的规定，我会决定：认定李树忠为市场禁入者，自我会宣布决定之日起，3年内不得从事证券业务或担任上市公司董事、监事、高级管理人员职务。

申请人请求撤销《市场禁入决定书》〔2009〕16号，提出复议理由如下：（一）申请人在华鼎财经涉案期间因病未实际履行董事长、总经理职责，不是公司的实际负责人。（二）《市场禁入决定书》适用法律错误，不应适用《证券市场禁入规定》第三条、第五条规定对申请人采取市场禁入措施。（三）被申请人对同样被立案稽查的其他公司法定代表人免予处罚，对申请人采取市场禁入措施显失公平。（四）《市场禁入决定书》认定的事实自相矛盾。

经审查，华鼎财经存在以下违法违规行为：2004年6月至2006年1月，华鼎财经与山西电视台、广东电视台、广西电视台等媒体签订合作协议，由电视台安排时段播出华鼎财经的《华鼎胜典》、《股市赢家》等股评栏目。2005年9月至2006年3月，曹军等10名华鼎财经聘用的证券投资咨询人员在股评栏目中向公众提供证券投资分析、预测或建议，使用了大量的夸大性和误导性的表述，其中有大量明示或暗示保证收益的言论。在此期间，存在大量投资者向监管机构投诉华鼎财经存在误导投资者、承诺收益等违规行为。以上事实，有华鼎财经提供的情况说明、电视股评节目录像、相关协议书、劳动合同、当事人询问笔录等证据在案证明，足以认定。

申请人提出，申请人因病未实际履行公司董事长、总经理职责，并提交了住院病历及证明（复印件）、华鼎财经董事会同意李树忠休假的决议（复印件）、相关证人证言等证据证明。经审查，华鼎财经的违法行为期间，李树忠担任法定代表人和总经理职务，华鼎财经董事会在2004年11月决议同意李树忠长期休假，并授权其他人员主持公司日常工作。申请人在行政处罚程序中已向本会提出上述申辩理由，本会经过听证复核，对李树忠因病未主动参与监督管理的事实予以认可，对其陈述申辩意见部分予以采纳，将事先告知的5年市场禁入调减为3年。

本会认为，证券投资咨询机构及其从业人员从事证券投资咨询服务，必须自觉遵守法律法规，以行业公认的谨慎、诚实和勤勉尽责的态度为投资者或客户提供服务，应当完整、客观、准确地运用有关信息、资料向投资者或客户提供投资分析、预测和建议，不得利用传播媒介或者其他方式提供、传播误导投资者的信息。华鼎财经聘用的证券投资咨询人员，违反《证券法》、《暂行办法》有关规定，在电视股评节目中大量使用夸大性、误导性的表述，并且存在明示或暗示保证收益的言论，影响了普通的公众投资者对证券投资风险的正常判断，引发大量投资者信访投诉，违法行为情节与社会危害后果严重，影响十分恶劣。作为证券投资咨询机构的法定代表人、总经理，申请人未尽到其应尽的监督管理职责，以致出现重大违法，应当承担相应的法律责任。鉴于行政处罚中已对其陈述申辩意见予以采纳，本会对其因病未能实际履行职责的复议理由不予支持。依据《证券法》第二百三十三条以及《证券市场禁入规定》第三条、第五条规定对申请人采取市场禁入措施，适用法律正确。本会对同期查处的其他证券投资咨询机构和责任人员，都相应进行了行政处罚和市场禁入，申请人有关复议理由不能成立。

作出市场禁入决定前，本会向申请人事先告知了拟对其作出的市场禁入决定，所依据的违法事实、理由、依据以及申请人依法享有的权利,应申请人的申请举行了听证会,进行质证并听取了申请人的陈述、申辩意见。作出市场禁入决定后,依法向当事人履行了送达程序。市场禁入程序合法。

综上,本会对申请人作出的市场禁入决定,事实清楚,证据确凿,适用依据正确,程序合法。申请人提出的复议理由缺乏事实证据与法律依据,本会不予支持。

根据《中华人民共和国行政复议法》第二十八条第一款第一项的规定,本会决定:维持本会《市场禁入决定书》〔2009〕16 号对申请人作出的市场禁入决定。

申请人如不服本复议决定,可在收到本复议决定书之日起 15 日内向有管辖权的人民法院提起诉讼或向国务院申请裁决。

# 八、法律问题评析

资本市场的法制建设,不仅需要加强完善立法,还需要准确地理解和适用法律。尤其是对于疑难复杂的法律问题,更加需要分析和探讨法律的适用。

本报告收集、整理、选编了 2010 年资本市场改革发展和监管实践中遇到的若干有代表性的法律问题及专业人士的评析意见。需要说明的是,有关评析意见只是专业角度的分析意见,不具有普遍适用的规范效力,仅供参考和探讨。

## (一)关于吸收合并过程中的股权转移是否构成《公司法》第七十二条规定的“股权转让”

1. 法律问题

A 公司持有 B 公司(有限责任公司)60% 的股权,C 公司持有 B 公司 30% 的股权,因 A 公司被 D 公司(上市公司)吸收合并,A 公司的全部资产(包括所持有 B 公司 60% 的股权)、负债、业务、人员等全部并入 D 公司,那么 A 公司将其所持有的 B 公司 60% 股权转移给 D 公司是否构成《公司法》第 72 条规定的“股权转让”? C 公司是否享有优先购买权?

2. 法律解析

《公司法》安排了 4 个条款原则规定公司合并:一是设定吸收合并、新设合并两类型;二是明确签订合并合同、编制资产负债表和财产清单、通知和公告债权人等程序;三是规定合并各方的债权、债务由合并后存续的公司或者新设的公司承继;四是规定异议股东的回购请求权。

在吸收合并过程中,存续公司接受被合并公司的资产(包括其持有的其他企业的股权),向被合并公司的股东支付现金或股权。在合并完成后,被合并公司的法人资格消亡,其财产和债权、债务等权利义务概括地转移给存续的公司。

因此,A 公司(被合并公司)所持有的 B 公司股权,基于吸收合并而转移给 D 公司(存续公司),是基于法定事由的转移,并不构成《公司法》第 72 条规定的“股权转让”,C 公司不享有优先购买权。

## （二）上市公司收购一年锁定期的问题

1. 法律问题

投资者收购上市公司成为第一大股东但持股比例低于30%，是否适用《证券法》第九十八条“在上市公司收购中，收购人持有的被收购上市公司的股票，在收购行为完成后的十二个月内不得转让”的规定？

2. 法律解析

《证券法》第九十八条规定旨在保证公司控制权变化后要保持相对稳定，避免公司控制权的频繁变化，导致公司管理层不断变动，公司经营陷入混乱，特别是防范收购人利用上市公司收购谋取不当利益后金蝉脱壳；从收购人的角度看，由于不能立即退出，会引导收购人决策前，必须对上市公司进行充分审慎的调查，避免投资决策失误。该条有关股份锁定期的安排，是以上市公司控制权是否变化为标准的。对于投资者持股比例低于30%，但成为上市公司第一大股东的情形，由于该投资者可能已经能够对上市公司经营决策施加重大影响，甚至已经取得公司的实际控制权，为了实现上述立法本意，更好地保护中小投资者，应当适用《证券法》第九十八条有关股份锁定的规定。

## （三）上市公司收购锁定期内收购人实际控制人的变更问题

1. 法律问题

收购人持有的被收购的上市公司的股票，在收购行为完成后的12个月内不得转让。在上述期间内，收购人的实际控制人能不能发生变更？

2. 法律解析

《证券法》第九十八条规定：“在上市公司收购中，收购人持有的被收购的上市公司的股票，在收购行为完成后的十二个月内不得转让。”该条规定由原《证券法》第九十一条修改而来。较之修改前的规定，现行规定将收购人所持股票的锁定期由6个月延长至12个月。之所以作此修改，其目的在于进一步维持上市公司控制权的稳定，避免有些人利用收购行为掩盖其操纵市场等不法行为，更好地保护中小投资者的合法权益。“两法”修订后制定的《上市公司收购管理办法》第七十四条进一步重申了有关收购人股份锁定期的要求，并作出了更加务实、灵活的规定，即允许“收购人在被收购公司中拥有权益的股份在同一实际控制人控制的不同主体之间进行转让不受前述12个月的限制”。通过规则的细化不难看出，在理解与适用《证券法》的上述规定时，把对公司控制权稳定性的关注更多地集中在拥有权益的最终实体层面，而非仅仅是在公司股东层面。

如果允许收购人的实际控制人在收购锁定期内发生变更，即把《证券法》第九十八条的适用对象狭义地理解为“名义”收购人（即收购报告所示的收购人），这不但与现行的政策规定不相一致，而且意味着投资人可以通过出让“名义”收购人控制权，变相转让上市公司的控制权，从而导致上述立法意图难以实现。类似的做法还可能影响法律、行政法规及规章有关锁定期的其他规定的施行效果。

## (四)上市公司破产重整过程中债权的强制豁免问题

1. 法律问题

A公司被债权人申请破产重整,普通债权组(主要为债权银行)和优先债权组表决未通过《重整计划草案》,但法院仍然裁定批准A公司的《重整计划草案》。在债权银行明确表示反对《重整计划草案》,即A公司只须偿还债权银行原债权金额的2%的情况下,债权银行对A公司的其余98%债权被法院强制豁免是否合法有效?

2. 法律解析

我国《企业破产法》第八十七条规定,重整计划草案未获部分表决组通过,且该表决组拒绝再次表决或者再次表决仍未通过重整计划草案的,经债务人或者管理人申请,人民法院审查认为符合破产法规定条件的,应当裁定批准重整计划。其中,这些条件包括普通债权所获得的清偿比例,不低于其在重整计划草案被提请批准时依照破产清算程序所能获得的清偿比例;对债务人的特定财产享有担保权的债权将获得全额清偿,其因延期清偿所受的损失将获得公平补偿,并且其担保权未受到实质性损害;职工债权组、税款债权组表决通过重整计划草案等。

根据《企业破产法》第九十二条的规定,经人民法院裁定批准的重整计划,对债务人和全体债权人均有约束力。至于债权人不服法院强制削减债权裁定时是否享有救济权利,《企业破产法》及相关司法解释尚无明确规定。

## (五)指数基金如何豁免执行投资组合法定比例限制的问题

1. 法律问题

A基金管理公司管理的全部基金持有B公司发行的证券,超过了该证券的10%,违反了《证券投资基金运作管理办法》第三十一条第一款第(二)项规定。A基金管理公司认为,该公司管理的两个指数增强型基金持有B公司发行的证券达8.3%,其他基金持有B公司发行的证券9.8%,其中指数型基金持有的B公司证券根据《证券投资基金运作管理办法》第三十一条第二款的规定,可以豁免比例限制。

2. 法律解析

《证券投资基金运作管理办法》第三十一条第一款第(一)项规定,一只基金持有一家上市公司股票,其市值不得超过基金净值的百分之十;该款第(二)项规定,同一基金管理人管理的全部基金持有一家公司发行的证券,不得超过该证券的百分之十。该条第二款规定:“完全按照有关指数的构成比例进行证券投资的基金品种可以不受前款第(一)项、第(二)项规定的比例限制”。豁免《证券投资基金运作管理办法》第三十一条第一款第(一)项、第(二)项规定的前提条件是同时满足以下两个方面要素:一是指数基金投资于指数成分股及备选成分股;二是指数基金投资指数成分股及备选成分股的个股投资比例完全符合该指数成分股或备选成分股在指数基金跟踪的相关指数的构成比例。因此,指数基金投资于指数成分股及备选成分股以外其他证券不应豁免,指数基金投资于指数成分股及备选成分股的个股投资比例超过该指数成分股或备选成分股在相关指数中构成比例的增强部分也不应豁免。

## （六）关于保本基金中的担保方式

1. 法律问题

在保本基金的内部安排上，根据担保机构承担的担保责任不同，存在不同的担保方式，如连带责任型、风险买断型等，那么上述担保方式有何异同？

2. 法律解析

保本基金是指通过一定的投资组合方法来实现投资收益，同时引入担保机制，以保证基金份额持有人在保本周期到期时，可以获得投资本金保证的基金。因此，保本基金是证券投资基金的一种特殊形式，其区别于一般证券投资基金的主要特征是引入基金管理人之外的担保机构作为担保人，担保人承担保证保本基金份额持有人本金免遭损失的责任。

实践中，保本基金的担保方式通常分为连带责任担保和风险买断担保两类。连带责任担保是指基金管理人和担保人签订连带责任保证合同，由基金管理人与担保人承担连带保证责任，保证基金份额持有人的本金免遭损失，担保人在向基金份额持有人赔偿损失后，可以向基金管理人追偿；在这种担保方式下，基金管理人可以与担保人签订反担保协议，双方之间的担保关系适用《担保法》的有关规定。风险买断担保是指基金管理人和担保人签订担保合同，约定由基金管理人向担保人支付担保费用，担保人在保本基金出现亏损时，负责向基金份额持有人赔偿相应损失，担保人在向基金份额持有人赔偿损失后，不得向基金管理人追偿；在这种担保方式下，基金管理人不得与担保人签订反担保协议，双方之间的担保关系不适用《担保法》的有关规定，而是由《合同法》进行调整。

## （七）基金投资能否豁免短线交易限制问题

1. 法律问题

A 基金于 2007 年 1 月 31 日开始买入 B 公司股票，截至 2007 年 3 月 1 日共持有 800 余万股 B 公司股票，占其总股份的 5.56%。2007 年 3 月 2 日，A 基金根据《证券法》规定予以公告，并拟长期持有该股票。此后 B 公司股价大幅上涨导致 A 基金持有该股超过了基金净资产的 10%，为了不违反《证券投资基金运作管理办法》规定，A 基金于 2007 年 4 月 19 日、20 日卖出 B 公司股票 100 万股。对上述行为，A 基金是否可以豁免《证券法》关于短线交易的规定？

2. 法律解析

《证券法》第四十七条规定，持有上市公司股份百分之五以上的股东，将其持有的该公司的股票在买入后六个月内卖出，由此所得收益归该公司所有。但是，证券公司因包销购入售后剩余股票而持有百分之五以上股份的，卖出该股票不受六个月时间限制。可见，证券公司因包销购入售后剩余股票导致持有百分之五以上股份是豁免适用短线交易规定的唯一情形，A 基金的情形不属于豁免范围。《证券投资基金运作管理办法》关于强制分散投资的规定和《证券法》关于短线交易的归入权制度，是基于不同监管目标而确立的制度。基金管理公司及基金托管人在基金投资运作过程中应当谨慎遵守所涉的监管规定，不能因为在特殊情况下相关监管规定在使用上发生冲突而主张豁免。

## (八)受同一主体控制的QFII持股比例是否合并计算问题

1. 法律问题

A公司经批准获得QFII资格,该公司股东为B公司(持股50%)和C公司(持股50%),其中,C公司已于2005年12月经批准获得QFII资格。根据《上市公司收购管理办法》规定,境外投资者履行信息披露义务时,应当合并计算持股比例,投资者及其一致行动人拥有权益达到规定比例时,应当编制权益变动报告书。A公司表示,该公司的营运和投资过程完全独立于C公司,是否在中国证券市场的投资可以不与C公司所持证券合并计算?

2. 法律解析

《上市公司收购管理办法》(以下简称《收购办法》)第八十三条规定,"本办法所称一致行动,是指投资者通过协议、其他安排,与其他投资者共同扩大其所能够支配的一个上市公司股份表决权数量的行为或者事实。在上市公司的收购及相关股份权益变动活动中有一致行动情形的投资者,互为一致行动人。"在"一致行动人"认定上,《收购办法》采取了推定方式,即投资者符合第八十三条所列举的十二种情形之一的,监管部门推定其为一致行动人,投资者否定相关认定,需要自己提供相反证据并获得监管部门的认可。

在QFII监管工作中,受同一主体控制的QFII是否需要合并计算其持股比例,关键在于QFII提供的相反证据能否获得监管部门认可,或者说QFII是否可以获得一致行动人认定上的豁免。

关于相反证据的认定,在目前相关法规和监管制度没有明文规定的情况下,监管部门根据《证券法》和《收购办法》的授权,可以根据相关立法目的和精神结合实际情况进行个案认定。依据《收购办法》第八十三条规定,一致行动的实质要件包括:(1)行为的目的是为了扩大其所能够支配的一个上市公司股份表决权数量;(2)行为人之间存在协议或者其他安排(多为关联关系);(3)行为人之间存在实现相关目的的合意。其中,是否有共同行为的合意是进行个案认定的关键。行为人没有行为合意属于消极事实,只能间接证明。因此,在个案认定情况下,需要综合考虑人员、资产、财务、机构设置、经营决策等方面的独立性,彼此有无竞争关系,或者历史渊源、经营理念、企业形象方面有无重大差异等多种因素,并有明确的证据依据。

## (九)指数型集合资产管理计划投资ETF如何遵循投资比例限制问题

1. 法律问题

证券公司设立指数型集合资产管理计划,以跟踪ETF为主要目标,是否必须符合关于"证券公司将其管理的客户资产投资于一家公司发行的证券,按证券面值计算,不得超过该证券发行总量的百分之十。一个集合资产管理计划投资于一家公司发行的证券不得超过该计划资产净值的百分之十"的规定?

2. 法律解析

《证券公司客户资产管理业务试行办法》

(以下简称《办法》)第三十七条规定,“证券公司将其所管理的客户资产投资于一家公司发行的证券,按证券面值计算,不得超过该证券发行总量的百分之十。一个集合资产管理计划投资于一家公司发行的证券不得超过该计划资产净值的百分之十。”

根据ETF的运作流程和特点,该计划可能在两个环节涉及投资比例限制的问题:

(1)买入或申购的ETF基金份额超过比例。ETF基金份额的取得,既可以通过组合证券申购,也可以通过在二级市场买入。这种情形是否受上述规则的规制,关键在于ETF基金份额是否属于《办法》)第三十七条所称“证券”。根据《证券法》第二条规定,通常理解,ETF基金份额可视为“证券”。但是,ETF基金份额与一般的股票、公司债券和封闭式基金不同,其既在二级市场交易又在一级市场申购、赎回,在一、二级市场之间存在因套利产生的价格平衡机制,能有效防止因ETF供求对二级市场交易价格的影响,单个投资者难以利用持有大量ETF操纵ETF交易价格。从《办法》关于投资比例限制的立法本意看,主要是避免投资集中于单一证券,分散投资风险,防止单一证券的二级市场交易价格因集中持有优势受到不当影响。因此,从这个角度看,ETF基金份额不属于《办法》第三十七条所称“证券”,集合资产管理计划投资ETF基金份额,可不适用《办法》第三十七条第二款的规定。

(2)买入或赎回的成份股(组合证券)超过比例。在买入成份股或以ETF基金份额赎回方式取得成份股的情形下,特别是当证券公司控制或管理多笔证券资产时,极有可能触发《办法》第三十七条第一款的限制。在这种情形下,可能导致单一股票持仓比例过大,风险过于集中,计划流动性不足,甚至操纵股价。鉴于ETF的成份股发行规模较大,流通市值较高,这已经为集合资产管理计划的投资运作提供了足够的空间,集合资产管理计划应当设置合理有效的风险控制措施,避免在此场合违反《办法》第三十七条第一款的规定。

## (十)以各种名义非法开设“投资咨询俱乐部”行为性质的认定问题

1. 法律问题

王某某在其博客中开设“投资俱乐部”,证券投资者通过向其指定账户缴纳费用的方式成为俱乐部会员,由王某某提供操盘软件和操盘技巧。同时,王某某还通过手机短信、电子邮件、QQ交流等方式,不定期向俱乐部会员提供大盘操作提示、个股追踪等“内部学员通讯”。从成立至今,该俱乐部共吸纳会员100余名,收取费用100多万元。王某某的行为性质应当如何认定?

2. 法律解析

《证券、期货投资咨询管理暂行办法》(证委发〔1997〕96号)第三条第一款规定,“从事证券、期货投资咨询业务,必须依照本办法的规定,取得中国证监会的业务许可。未经中国证监会许可,任何机构和个人均不得从事本办法第二条所列各种形式证券、期货投资咨询业务。”《会员制证券投资咨询业务管理暂行规定》(证监机构字〔2005〕143号)第二条规定“开展会员制业务的机构,必须具备证券投资咨询业务资格”,第二十一条规定“未取得证券投资咨询相关资格的机构和人员,非法从事会员制业务及其他证券投资咨询业务的,将会同工商、公安等部门予以严肃查处”。另外,《关于整治非法证券活动有关问题的通知》(最高人民法院、最高人民检察院、公安部、证监会证监发〔2008〕1号)规定,“任何单位和个人经营证券业务,必须经证监会批准。未经批准的,属于非法经营证券业务,应予以取缔;涉嫌犯罪的,依照《刑法》第二百二十五条之规定,以非法经营罪追究刑事责任。”

王某某没有取得证券投资咨询业务资格,

擅自开设投资俱乐部发展会员,以会员制形式非法从事证券投资咨询业务,谋取不法利益,其行为违反了上述规定,可认定为非法从事证券业务,应当予以查处和取缔。同时,王某某非法获利达100多万元,其行为已涉嫌犯罪,有关部门应当立案侦查。

# 九、律 师 监 管

## 2010 年度证券法律服务业发展报告

2010 年,伴随着资本市场健康稳定发展,证券法律服务行业保持了全面持续发展的良好态势。资本市场稳步推进改革创新,市场融资效率显著提升,再融资、并购重组和境外发行等各类许可申报积极活跃,首次公开发行申报十分踊跃,为证券法律服务行业提供了市场机遇。证券法律服务行业各项业务全面发展,并在首发业务中实现了快速增长,行业发展集中度进一步提高、专业化特征进一步显现。特别是,证券法律业务规则制度框架体系初步确立,为证券法律服务行业进一步规范发展夯实了制度基础。广大从业律师事务所及律师,严格遵守《律师事务所从事证券法律业务管理办法》和相关制度规范,抓住市场发展机遇,积极履行“看门人”和“设计师”的职责,为促进市场改革创新和维护广大投资者合法权益发挥了积极作用。2010 年证券法律服务业务主要呈现以下特点:

**一、市场选择机制作用充分发挥,集中度、专业化特征进一步显现**

据统计,2010 年中国证监会共收到 233 家律师事务所为 1111 项行政许可申请出具的正式法律意见书,从事证券法律业务的律师事务所数量较 2009 年的 198 家增长 18%,为 388 项首次公开发行申请出具了法律意见书,比 2009 年的 308 项申请增长 26%,为 42 项境外发行上市申请出具法律意见书,较 2009 年的 24 项申请增长了 75%。随着市场机制作用的进一步发挥,证券市场发达地区为证券法律服务行业的发展提供了较大的空间,吸引和培育了一批主要律师事务所。这些律师事务所在市场法律服务竞争中,积累了丰富的实践经验,凭借优质、专业化的法律服务,得到了市场主体的信赖,证券法律服务行业集中度、专业化的发展趋势进一步显现。

一是证券法律业务向证券市场较发达地区的律师事务所进一步集中。2010 年,首次公开发行业务量显著增加,从业律师事务所数量明显增多,共有 28 个省、直辖市的律师事务所向中国证监会报送了法律意见书,较 2009 年的 22 个省、直辖市的分布范围更广。然而,证券法律业务集中趋势仍然明显,北京、上海、广东(含深圳)三个地区的律师事务所的业务量和所占比重进一步上升。上述三地区的律师事务所共为 933 项申请出具了法律意见书,占所有业务总量的 84%,较 2009 年的 877 项和 82% 的比例有所提高。首次公开发行(包括主板、创业板)、上市公司再融资、境外发行上市三类业务量排名前 10 位的律师事务所,全部来自北京和上海地区。其中,国浩(上海)、北京金杜、北京中伦、北京康达等律师事务所,在上述三类证券法律业务中均名列前 10 位。

二是证券法律业务专业分工特征进一步显现。适应市场发展对专业服务的更高要求,为了突出自身市场竞争优势,不少律师事务所在提供全面法律服务的同时,积极探索专业细分的发展道路,形成了自己的服务特色。比如,上海通力律师事务所 2009 年、2010 年连续两年基金类法律意见书排名位列第一;其中,2010 年共为 96 项基金类许可申请出具法律意见书,占全部此类业务量的 39%。

## 二、证券法律业务规则框架体系初步形成，行业发展制度基础进一步夯实

适应市场改革发展新的形势要求，有针对性地解决现实问题，进一步促进发挥证券法律业务的功能和作用，必须进一步发挥制度规则的保障和引导作用。中国证监会和司法部形成了证券法律业务执业规则体系建设的总体思路，以《管理办法》为依据，以一个基本准则为统领，以各法律业务执业细则和法律意见书内容与格式准则为两翼，构建完整的制度规则体系。按照这一思路，经过反复征求建议和不断完善，2010年两部门联合发布了《律师事务所证券法律业务执业规则》（以下简称《执业规则》）和《律师事务所证券投资基金法律业务执业细则》（以下简称《基金细则》）。《执业规则》细化落实了勤勉尽责的标准，进一步明确了律师执业基本制度，侧重规范执业程序，明确了律师执业“怎么做”；《基金细则》规定了基金业务的查验内容，明确了律师从事基金业务“做什么”。这两个规则文件在为从业律师执业提供规则指引的同时，也明确了监管机关的监管标准，提供了执法依据，标志着律师证券法律业务执业规则体系的框架初步形成。

一是进一步明确了独立查验的责任要求。《执业规则》要求律师执业应当运用自己的专业知识和能力，依据自己的查验行为，独立作出查验结论，出具法律意见。对于需要切实履行法律专业人士特别注意义务的，应当拟订履行特别注意义务的具体方式、手段、措施，并予以落实。

二是进一步明确了合理、充分履责要求。《执业规则》强化了审查原件、书面留痕、存疑追加查证程序等一整套查验规则，明确了律师应当合理充分地运用查验方法，具体规定了律师执业要采用查证、面谈、书面审查、实地调查等各种方式进行核查验证的工作步骤、操作程序、关注要点。

三是进一步明确了律师履责的职责边界。《执业规则》完善了律师向有关国家机关、具有管理公共事务职能的组织，以及其他市场中介组织等查证、确认有关事实的程序，要求律师应当将查证、确认工作情况做成书面记录，并由经办律师签名。这落实了《管理办法》有关律师可以把从上述公共机构取得的文书，“作为出具法律意见的依据”并做出说明的要求，有利于明确律师事务所与其他公共机构的职责边界。

四是进一步完善了质量控制制度。《执业规则》围绕律师事务所和律师制定查验计划、进行核查验证、出具法律意见书和制作工作底稿等各个重要执业环节进行了规范，要求律师事务所建立、健全内部业务质量和执业风险控制机制，要求律师执业事先制定查验计划，明确查验的具体事项、工作程序、方法，并全面、完整、真实地记录工作过程，妥善保管工作底稿。

《基金细则》按照《管理办法》和《执业规则》中确立的普遍遵循的证券法律业务执业规范，对照《证券投资基金法》、《证券投资基金管理公司管理办法》等基金相关法律、规章关于行政许可条件和申报材料的规定，对基金公司的设立和变更、高级管理人员的任职资格、业务资格等投资基金主要法律业务的查验事项和内容等做出了明确规定。

《执业规则》和《基金细则》颁布后，受到了市场和证券法律服务行业的广泛关注，广大从业律师事务所纷纷自觉组织学习、贯彻，并给予了积极评价。2010年12月底，《法制日报》等中央媒体单位和《中国证券报》、《上海证券报》等10多家新闻媒体对此做了专门宣传报道。有资深证券从业律师接受媒体采访时指出，“两项规则的实施，为律师从事证券法律业务活动提供了更为明确的业务规范和指导，无疑将促进证券法律业务整体质量的进一步提高，促进证券法律服务行业的公平竞争与健康发展”。

## 三、服务资本市场改革创新，证券法律服务行业“看门人”和“设计师”功能进一步发挥

（一）全面服务市场发行融资，证券律师“看门人”规范、把关作用日益凸显

2010年，资本市场服务于转变经济发展方式，多渠道提高直接融资比例，深化新股发行体制改革，支持战略性新兴产业发展，鼓励创新企业上市，支持中国农业银行等大型企业发行上市，市场融资效率显著提高，市场功能作用进一步发挥。全年共有531家公司在A股市场融资10,275.2亿元，其中首发347家融资4,883亿

元,均创历史新高。

在这些申请委托人中,既有中国农业银行等大型企业,也有众多创新型中小企业,主体情况差异明显,发行审核关注要点有所侧重。广大从业律师事务所及其律师认真履行“看门人”职责,准确把握执业要求,不断提高证券法律服务的针对性和有效性。一方面,中国农业银行等大型企业发行融资额巨大,而且往往企业经营范围广、历史沿革久、财产权认证复杂、内外部批准手续多、市场关注度高,发行上市合法性判断工作量大、任务重、涉及面广。接受委托的律师事务所突出核查重点,综合采取函证、实地查验、委托境外律师合作有效核验方式,认真做好合法性把关,所出具的专业意见为委托人顺利实现发行上市提供了有力支持。另一方面,创新型中小企业科技高、活力足、发展快,但由于规模小、资产少、民营企业多,投资风险也相对较大,合法性判断必须更加有针对性,更加深入和细致。接受委托的律师事务所按照信息披露相关要求,深入核查企业控股股东、实际控制人的情况,生产经营活动是否符合国家产业政策的情况,创新技术知识产权的权属状况,民事纠纷的处理情况等重要方面,着力保障相关信息披露真实、准确、完整,为监管机关审核判断和投资者的投资决策提供了合法性基础。

(二)深度服务市场并购重组,证券律师“设计师”的引领和推动作用积极发挥

2010年,资本市场积极推动并购重组,优先支持符合产业政策、有利于行业整合与结构优化的并购重组,有力推进企业整体上市,全年实施重大资产重组47项,交易金额达1,338亿元。目前,并购重组形式已经从较为单一的收购或者重组,发展成为发行股份购买资产、分立、吸收合并、回购等多样化形式,支付手段已经从单一的现金发展成为现金、股权或者其他资产等多元化运用,交易范围也已经从同一交易所上市公司之间的并购重组发展成为跨交易所、跨市场的并购重组,并受市场高度关注。相关交易方式、手段、方案、实施的合法性问题已经成为监管审核的关注重点,这对证券法律服务的合法性把关水平,尤其是创新能力提出了新的考验。

面对市场创新日益活跃、重大无先例的案例不断增加的实际情况,广大从业律师事务所及其律师发挥专业特长,依法创新、勇于探索,深入到交易方案设计、内部审核、具体实施等各个环节和方面,进一步发挥了“设计师”的重要功能,共有32家律师事务所为48项并购重组项目申请出具了法律意见书,有力支持了相关交易安排的顺利实现。其中,上海市医药股份有限公司重大资产重组涉及吸收合并、重大重组、股份发行、信息披露等重大复杂特殊的法律关系,还涉及国资管理、反垄断审查等涉及其他主管部门的法律专业问题,交易安排十分复杂。国浩律师集团(上海)事务所作为其法律服务机构,立足于为上市公司及其全体股东谋全局、促发展,担当起交易创新“设计师”的角色任务,深度参与交易方案设计、内部审议、外部行政审批和交易计划实施等全部环节,充分发挥法律专业能力,正确理解相关法律对于关联交易、同业竞争的立法精神,深入论证、有效解决相关法律问题,保障了市场交易的顺利实现。

从这一年的总体情况来看,证券法律服务行业不断提高法律专业服务供给能力和水平,为资本市场的改革发展作出了应有贡献。但是,在实践中,也有一些从业律师事务所和律师未能切实履行勤勉尽责的法律义务,影响到全行业独立、专业的市场形象。一是核查验证不够全面、不够充分。有的律师第一手证据资料较少,仅凭委托人出具的说明或者提供证明、证书就出具核查意见,导致对委托人专利权属状态、诉讼未决事项等出具了不符合事实的法律意见。二是法律分析不够严谨、不够透彻。有的律师事务所对有关事项仅进行事实描述,而不出具结论性意见,不能提供合法性判断依据,有的论证分析不够严谨,有的论证分析甚至存在明显错误。三是法律意见书用语不符合法律文件的规范要求,还出现了语句不通、语病频现等低级错误。四是质量控制制度不够全面、不够严格。有的从业律师事务所没有制定专门的证券业务工作指引、规程,或者相关规定流于形式,未能得到有效执行。

随着我国资本市场改革发展的进一步深化,“十二五”时期,中国资本市场必将进入一个新的历史阶段,市场化、信息化、国际化、法治化程度将显著提高,市场创新将日益活跃,系统性金融风险防范的任务也更加繁重,所涉及的法律问题日趋复杂,既为证券法律行业提供了

广阔的舞台，也对证券法律服务业务竞争市场化、职责明晰化、执业规范化、功能专业化、服务国际化都提出了更高要求。广大从事证券法律业务的律师事务所和律师要严格按照《管理办法》和《执业规则》等规则的规定，切实履行勤勉尽责的义务，建立健全质量控制制度，提高独立执业、诚信执业、规范执业的意识和能力，维护当事人利益、维护法律的正确适用、维护市场秩序和公共利益。

**附件：**

# 2010年律师事务所从事证券法律业务量排名表

**表一：2010年度律师事务所从事主板首次公开发行股票法律业务排名**

| 序号 | 律师事务所名称 | 法律意见书数量 | 排名 | 序号 | 律师事务所名称 | 法律意见书数量 | 排名 |
|---|---|---|---|---|---|---|---|
| 1 | 上海锦天城律师事务所 | 17 | 1 | 2 | 北京中伦律师事务所 | 15 | 2 |
| 3 | 北京国枫律师事务所 | 14 | 3 | 4 | 北京天银律师事务所 | 11 | 4 |
| 5 | 北京金杜律师事务所 | 10 | 5 | 6 | 北京竞天公诚律师事务所 | 9 | 6 |
| 7 | 国浩律师集团（深圳）事务所 | 8 | 7 | 8 | 国浩律师集团（杭州）事务所 | 7 | 8 |
| 9 | 北京康达律师事务所 | 6 | 9 | 10 | 国浩律师集团（上海）事务所 | 6 | 9 |
| 11 | 安徽承义律师事务所 | 6 | 9 | 12 | 北京君泽君律师事务所 | 5 | 12 |
| 13 | 北京天元律师事务所 | 5 | 12 | 14 | 湖南启元律师事务所 | 5 | 12 |
| 15 | 上海瑛明律师事务所 | 5 | 12 | 16 | 北京大成律师事务所 | 4 | 16 |
| 17 | 北京君合律师事务所 | 4 | 16 | 18 | 北京君致律师事务所 | 4 | 16 |
| 19 | 广东信达律师事务所 | 4 | 16 | 20 | 浙江天册律师事务所 | 4 | 16 |
| 21 | 上海通力律师事务所 | 4 | 16 | 22 | 北京德恒律师事务所 | 3 | 22 |
| 23 | 北京金诚同达律师事务所 | 3 | 22 | 24 | 北京万商天勤律师事务所 | 3 | 22 |
| 25 | 北京中银律师事务所 | 3 | 22 | 26 | 福建至理律师事务所 | 3 | 22 |
| 27 | 江苏泰和律师事务所 | 3 | 22 | 28 | 北京鼎石律师事务所 | 2 | 28 |
| 29 | 北京海问律师事务所 | 2 | 28 | 30 | 北京嘉源律师事务所 | 2 | 28 |
| 31 | 江苏世纪同仁律师事务所 | 2 | 28 | 32 | 山东琴岛律师事务所 | 2 | 28 |
| 33 | 山东德衡律师事务所 | 2 | 28 | 34 | 上海广发律师事务所 | 2 | 28 |
| 35 | 安徽天禾律师事务所 | 2 | 28 | 36 | 北京邦盛律师事务所 | 1 | 36 |
| 37 | 北京博金律师事务所 | 1 | 36 | 38 | 北京德润律师事务所 | 1 | 36 |
| 39 | 北京高朋律师事务所 | 1 | 36 | 40 | 北京共和律师事务所 | 1 | 36 |
| 41 | 北京观韬律师事务所 | 1 | 36 | 42 | 北京浩天信和律师事务所 | 1 | 36 |
| 43 | 北京华联律师事务所 | 1 | 36 | 44 | 北京华堂律师事务所 | 1 | 36 |
| 45 | 北京环球律师事务所 | 1 | 36 | 46 | 北京凯文律师事务所 | 1 | 36 |

续表

| 序号 | 律师事务所名称 | 法律意见书数量 | 排名 | 序号 | 律师事务所名称 | 法律意见书数量 | 排名 |
|---|---|---|---|---|---|---|---|
| 47 | 北京普华律师事务所 | 1 | 36 | 48 | 北京中伦文德律师事务所 | 1 | 36 |
| 49 | 北京中瑞律师事务所 | 1 | 36 | 50 | 天津嘉德恒时律师事务所 | 1 | 36 |
| 51 | 广东成典律师事务所 | 1 | 36 | 52 | 广东广信律师事务所 | 1 | 36 |
| 53 | 广东华商律师事务所 | 1 | 36 | 54 | 广东经天律师事务所 | 1 | 36 |
| 55 | 广东任高扬律师事务所 | 1 | 36 | 56 | 广东晟典律师事务所 | 1 | 36 |
| 57 | 广东信扬律师事务所 | 1 | 36 | 58 | 广东正中珠江律师事务所 | 1 | 36 |
| 59 | 国浩律师集团(广州)事务所 | 1 | 36 | 60 | 广东金鹏律师事务所 | 1 | 36 |
| 61 | 深圳鹏城律师事务所 | 1 | 36 | 62 | 山东文康律师事务所 | 1 | 36 |
| 63 | 上海柏年律师事务所 | 1 | 36 | 64 | 上海邦信阳律师事务所 | 1 | 36 |
| 65 | 上海方达律师事务所 | 1 | 36 | 66 | 上海恒泰律师事务所 | 1 | 36 |
| 67 | 上海剑远律师事务所 | 1 | 36 | 68 | 上海精诚申衡律师事务所 | 1 | 36 |
| 69 | 上海联合律师事务所 | 1 | 36 | 70 | 上海融孚律师事务所 | 1 | 36 |
| 71 | 浙江浙经律师事务所 | 1 | 36 | | | | |

注:1. 本项目排名所依据的业务量是根据证监会 2010 年度收到的相关法律意见书的数量进行统计;2. 股票首次公开发行法律业务排名,是指对境内股票主板首次公开发行法律业务量的统计排名。

**表二:2010 年度律师事务所从事创业板首次公开发行股票法律业务排名**

| 序号 | 律师事务所名称 | 法律意见书数量 | 排名 | 序号 | 律师事务所名称 | 法律意见书数量 | 排名 |
|---|---|---|---|---|---|---|---|
| 1 | 北京天银律师事务所 | 14 | 1 | 2 | 北京中伦律师事务所 | 9 | 2 |
| 3 | 国浩律师集团(上海)事务所 | 8 | 3 | 4 | 北京君合律师事务所 | 7 | 4 |
| 5 | 北京康达律师事务所 | 7 | 4 | 6 | 上海锦天城律师事务所 | 7 | 4 |
| 7 | 北京大成律师事务所 | 6 | 7 | 8 | 北京金杜律师事务所 | 6 | 7 |
| 9 | 上海通力律师事务所 | 6 | 7 | 10 | 广东信达律师事务所 | 6 | 7 |
| 11 | 北京国枫律师事务所 | 5 | 11 | 12 | 北京竞天公诚律师事务所 | 5 | 11 |
| 13 | 国浩律师集团(深圳)事务所 | 5 | 11 | 14 | 北京德恒律师事务所 | 4 | 14 |
| 15 | 北京观韬律师事务所 | 4 | 14 | 16 | 国浩律师集团(北京)事务所 | 4 | 14 |
| 17 | 湖南启元律师事务所 | 4 | 14 | 18 | 北京浩天信和律师事务所 | 3 | 18 |
| 19 | 北京万商天勤律师事务所 | 3 | 18 | 20 | 上海东方华银律师事务所 | 3 | 18 |
| 21 | 浙江天册律师事务所 | 3 | 18 | 22 | 北京嘉源律师事务所 | 2 | 22 |
| 23 | 北京君泽君律师事务所 | 2 | 22 | 24 | 北京君致律师事务所 | 2 | 22 |
| 25 | 北京天元律师事务所 | 2 | 22 | 26 | 上海瑛明律师事务所 | 2 | 22 |
| 27 | 江苏苏源律师事务所 | 2 | 22 | 28 | 国浩律师集团(杭州)事务所 | 2 | 22 |

续表

| 序号 | 律师事务所名称 | 法律意见书数量 | 排名 | 序号 | 律师事务所名称 | 法律意见书数量 | 排名 |
|---|---|---|---|---|---|---|---|
| 29 | 国浩律师集团(广州)事务所 | 2 | 22 | 30 | 广东国信联合律师事务所 | 2 | 22 |
| 31 | 广东华商律师事务所 | 2 | 22 | 32 | 广东深天成律师事务所 | 2 | 22 |
| 33 | 北京邦盛律师事务所 | 1 | 33 | 34 | 北京国宏律师事务所 | 1 | 33 |
| 35 | 北京海问律师事务所 | 1 | 33 | 36 | 北京华联律师事务所 | 1 | 33 |
| 37 | 北京京都律师事务所 | 1 | 33 | 38 | 北京凯文律师事务所 | 1 | 33 |
| 39 | 北京科华律师事务所 | 1 | 33 | 40 | 北京尚公律师事务所 | 1 | 33 |
| 41 | 北京天兆雨田律师事务所 | 1 | 33 | 42 | 北京星河律师事务所 | 1 | 33 |
| 43 | 北京中瑞律师事务所 | 1 | 33 | 44 | 内蒙古经世律师事务所 | 1 | 33 |
| 45 | 上海广发律师事务所 | 1 | 33 | 46 | 江苏金禾律师事务所 | 1 | 33 |
| 47 | 江苏世纪同仁律师事务所 | 1 | 33 | 48 | 江苏泰和律师事务所 | 1 | 33 |
| 49 | 浙江京衡律师集团事务所 | 1 | 33 | 50 | 浙江六和律师事务所 | 1 | 33 |
| 51 | 安徽天禾律师事务所 | 1 | 33 | 52 | 福建君立律师事务所 | 1 | 33 |
| 53 | 广东东方昆仑律师事务所 | 1 | 33 | 54 | 广东正平天成律师事务所 | 1 | 33 |
| 55 | 四川泰和泰律师事务所 | 1 | 33 | 56 | 广东晟典律师事务所 | 1 | 33 |

注:1. 本项目排名所依据的业务量是根据证监会2010年度收到的相关法律意见书的数量进行统计;2. 股票首次公开发行法律业务排名,是指对境内股票创业板首次公开发行法律业务量的统计排名。

**表三:2010年度律师事务所从事上市公司再融资法律业务排名**

| 序号 | 律师事务所名称 | 法律意见书数量 | 排名 | 序号 | 律师事务所名称 | 法律意见书数量 | 排名 |
|---|---|---|---|---|---|---|---|
| 1 | 北京金杜律师事务所 | 10 | 1 | 2 | 北京嘉源律师事务所 | 7 | 2 |
| 3 | 国浩律师集团(上海)事务所 | 7 | 2 | 4 | 上海锦天城律师事务所 | 7 | 2 |
| 5 | 北京德恒律师事务所 | 6 | 5 | 6 | 北京国枫律师事务所 | 6 | 5 |
| 7 | 北京海问律师事务所 | 6 | 5 | 8 | 北京天银律师事务所 | 6 | 5 |
| 9 | 北京康达律师事务所 | 5 | 5 | 10 | 北京中伦律师事务所 | 5 | 5 |
| 11 | 江苏世纪同仁律师事务所 | 5 | 5 | 12 | 北京大成律师事务所 | 4 | 12 |
| 13 | 北京君合律师事务所 | 4 | 12 | 14 | 国浩律师集团(广州)事务所 | 4 | 12 |
| 15 | 浙江天册律师事务所 | 4 | 12 | 16 | 北京浩天信和律师事务所 | 3 | 16 |
| 17 | 北京通商律师事务所 | 3 | 16 | 18 | 安徽天禾律师事务所 | 3 | 16 |
| 19 | 广东中信协诚律师事务所 | 3 | 16 | 20 | 国浩律师集团(深圳)事务所 | 3 | 16 |
| 21 | 国浩律师集团(杭州)事务所 | 3 | 16 | 22 | 北京华堂律师事务所 | 2 | 22 |
| 23 | 北京金诚同达律师事务所 | 2 | 22 | 24 | 北京君致律师事务所 | 2 | 22 |
| 25 | 北京星河律师事务所 | 2 | 22 | 26 | 北京天元律师事务所 | 2 | 22 |

续表

| 序号 | 律师事务所名称 | 法律意见书数量 | 排名 | 序号 | 律师事务所名称 | 法律意见书数量 | 排名 |
|---|---|---|---|---|---|---|---|
| 27 | 安徽承义律师事务所 | 2 | 22 | 28 | 广东广和律师事务所 | 2 | 22 |
| 29 | 江苏泰和律师事务所 | 2 | 22 | 30 | 北京昌久律师事务所 | 1 | 30 |
| 31 | 北京隆安律师事务所 | 1 | 30 | 32 | 北京长安律师事务所 | 1 | 30 |
| 33 | 北京共和律师事务所 | 1 | 30 | 34 | 北京洪范广住律师事务所 | 1 | 30 |
| 35 | 北京金开律师事务所 | 1 | 30 | 36 | 北京京都律师事务所 | 1 | 30 |
| 37 | 北京竞天公诚律师事务所 | 1 | 30 | 38 | 北京君泽君律师事务所 | 1 | 30 |
| 39 | 北京万思恒律师事务所 | 1 | 30 | 40 | 北京嘉润道和律师事务所 | 1 | 30 |
| 41 | 北京万商天勤律师事务所 | 1 | 30 | 42 | 北京信格律师事务所 | 1 | 30 |
| 43 | 北京信利律师事务所 | 1 | 30 | 44 | 北京颐合律师事务所 | 1 | 30 |
| 45 | 北京中凯律师事务所 | 1 | 30 | 46 | 北京博金律师事务所 | 1 | 30 |
| 47 | 北京纵横律师事务所 | 1 | 30 | 48 | 甘肃经天地律师事务所 | 1 | 30 |
| 49 | 广东德赛律师事务所 | 1 | 30 | 50 | 广东恒益律师事务所 | 1 | 30 |
| 51 | 广东经天律师事务所 | 1 | 30 | 52 | 广东君信律师事务所 | 1 | 30 |
| 53 | 广东南国德赛律师事务所 | 1 | 30 | 54 | 广东深天成律师事务所 | 1 | 30 |
| 55 | 广东精诚粤衡律师事务所 | 1 | 30 | 56 | 广东信扬律师事务所 | 1 | 30 |
| 57 | 广州国信联合事务所 | 1 | 30 | 58 | 广州正平天成事务所 | 1 | 30 |
| 59 | 广西桂云天律师事务所 | 1 | 30 | 60 | 贵州北斗星律师事务所 | 1 | 30 |
| 61 | 海南圣合律师事务所 | 1 | 30 | 62 | 湖北松之盛律师事务所 | 1 | 30 |
| 63 | 湖北正信律师事务所 | 1 | 30 | 64 | 湖北首义律师事务所 | 1 | 30 |
| 65 | 湖南启元律师事务所 | 1 | 30 | 66 | 江苏联盛律师事务所 | 1 | 30 |
| 67 | 江苏竹辉律师事务所 | 1 | 30 | 68 | 江西华邦律师事务所 | 1 | 30 |
| 69 | 内蒙古建中律师事务所 | 1 | 30 | 70 | 山东德义君达律师事务所 | 1 | 30 |
| 71 | 山东舜翔律师事务所 | 1 | 30 | 72 | 山西德为律师事务所 | 1 | 30 |
| 73 | 上海邦信阳律师事务所 | 1 | 30 | 74 | 上海创远律师事务所 | 1 | 30 |
| 75 | 上海东方华银律师事务所 | 1 | 30 | 76 | 上海光明律师事务所 | 1 | 30 |
| 77 | 上海虹桥正翰律师事务所 | 1 | 30 | 78 | 上海联合律师事务所 | 1 | 30 |
| 79 | 上海金茂律师事务所 | 1 | 30 | 80 | 上海通力律师事务所 | 1 | 30 |
| 81 | 上海小耘律师事务所 | 1 | 30 | 82 | 新疆天阳律师事务所 | 1 | 30 |
| 83 | 云南千和律师事务所 | 1 | 30 | 84 | 浙江和义律师事务所 | 1 | 30 |
| 85 | 河南陆达律师事务所 | 1 | 30 | 86 | 天津嘉德恒时律师事务所 | 1 | 30 |
| 87 | 四川泰和泰律师事务所 | 1 | 30 | | | | |

注:1. 本项目排名所依据的业务量是根据证监会 2010 年收到的相关项目法律意见书数量进行统计;2. 再融资法律业务排名,仅指境内以再融资为目的的证券发行法律业务量的统计排名,不包括资产重组和股份回购。

**表四:2010 年度律师事务所从事上市公司并购重组法律业务排名**

| 序号 | 律师事务所名称 | 法律意见书数量 | 排名 | 序号 | 律师事务所名称 | 法律意见书数量 | 排名 |
|---|---|---|---|---|---|---|---|
| 1 | 北京嘉源律师事务所 | 6 | 1 | 2 | 国浩律师集团(上海)事务所 | 5 | 2 |
| 3 | 北京竞天公诚律师事务所 | 3 | 3 | 4 | 湖南启元律师事务所 | 3 | 3 |
| 5 | 北京康达律师事务所 | 2 | 5 | 6 | 北京中伦律师事务所 | 2 | 5 |
| 7 | 上海通力律师事务所 | 2 | 5 | 8 | 北京国枫律师事务所 | 1 | 8 |
| 9 | 北京嘉润道和律师事务所 | 1 | 8 | 10 | 北京奋迅律师事务所 | 1 | 8 |
| 11 | 北京共和律师事务所 | 1 | 8 | 12 | 北京大成律师事务所 | 1 | 8 |
| 13 | 北京中咨律师事务所 | 1 | 8 | 14 | 北京天元律师事务所 | 1 | 8 |
| 15 | 北京金诚同达律师事务所 | 1 | 8 | 16 | 北京君合律师事务所 | 1 | 8 |
| 17 | 北京天银律师事务所 | 1 | 8 | 18 | 北京颐合律师事务所 | 1 | 8 |
| 19 | 北京君泽君律师事务所 | 1 | 8 | 20 | 北京凯文律师事务所 | 1 | 8 |
| 21 | 北京金诚同达律师事务所 | 1 | 8 | 22 | 上海瑛明律师事务所 | 1 | 8 |
| 23 | 上海广发律师事务所 | 1 | 8 | 24 | 上海金茂凯德律师事务所 | 1 | 8 |
| 25 | 上海金茂律师事务所 | 1 | 8 | 26 | 江苏世纪同仁律师事务所 | 1 | 8 |
| 27 | 青海树人律师事务所 | 1 | 8 | 28 | 青海佳一律师事务所 | 1 | 8 |
| 29 | 广东国信联合律师事务所 | 1 | 8 | 30 | 国浩律师集团(广州)事务所 | 1 | 8 |
| 31 | 广东盛典律师事务所 | 1 | 8 | 32 | 浙江天册律师事务所 | 1 | 8 |

注:1. 本项目排名所依据的业务量是根据证监会 2010 年度收到的相关项目法律意见书的数量进行统计;2. 上市公司并购重组法律业务排名,是指对境内上市公司发行股份购买资产、股份回购、重大重组等法律业务量的统计排名。

**表五:2010 年度律师事务所从事境外发行证券法律业务排名**

| 序号 | 律师事务所名称 | 法律意见书数量 | 排名 | 序号 | 律师事务所名称 | 法律意见书数量 | 排名 |
|---|---|---|---|---|---|---|---|
| 1 | 北京金杜律师事务所 | 5 | 1 | 2 | 北京通商律师事务所 | 4 | 2 |
| 3 | 北京嘉源律师事务所 | 4 | 2 | 4 | 北京德恒律师事务所 | 4 | 2 |
| 5 | 北京中伦律师事务所 | 3 | 5 | 6 | 北京君合律师事务所 | 3 | 5 |
| 7 | 北京海问律师事务所 | 3 | 5 | 8 | 国浩律师集团(上海)事务所 | 2 | 8 |
| 9 | 北京天元律师事务所 | 2 | 8 | 10 | 北京康达律师事务所 | 2 | 8 |
| 11 | 北京竞天公诚律师事务所 | 2 | 8 | 12 | 新疆天阳律师事务所 | 1 | 12 |
| 13 | 天津嘉德恒时律师事务所 | 1 | 12 | 14 | 上海方达律师事务所 | 1 | 12 |
| 15 | 国浩律师集团(杭州)事务所 | 1 | 12 | 16 | 广东正平天成律师事务所 | 1 | 12 |
| 17 | 北京天银律师事务所 | 1 | 12 | 18 | 北京观韬律师事务所 | 1 | 12 |
| 19 | 北京大成律师事务所 | 1 | 12 | | | | |

注:1. 本项目排名所依据的业务量是根据证监会 2010 年度收到的相关项目法律意见书的数量进行统计;2. 境外发行业务排名,是指境外首次公开发行和再融资发行业务量的统计排名。

# 十、普 法 工 作

## 2010年普法工作综述

2010年是实施证券期货监管系统“五五”普法规划的最后一年,是“12·4”全国法制宣传日十周年,也是我国资本市场恢复和发展二十周年。经过几年的不懈努力,中国证监会在普法依法治理工作中取得了显著成效,得到了国务院的充分肯定,在全国依法行政工作会议上做了典型经验交流。中宣部、国务院法制办专门组织中央新闻媒体对证监会依法行政工作成效和经验进行了集中宣传报道。尚福林主席在接受中央媒体依法行政采访团采访、出席纪念资本市场建立二十周年座谈会等活动中,通过多种方式,利用各种场合,面向全社会、面向全市场进行法制宣传。此外,证监会还重点围绕打击内幕交易、非法证券活动,发行制度改革等全会中心工作,在全会系统和全市场中组织开展了形式多样的宣传教育活动,收到了良好效果。资本市场是法治市场的理念在市场各类主体中深深扎根,证券期货监管系统“五五”普法规划设定的目标和任务圆满完成。

**一、证监会主要负责人面向全社会、面向全市场、面向全系统宣传普法依法治理工作的成果和做法**

证监会党委高度重视普法依法治理工作,尚福林主席在接受中央新闻媒体对证监会依法行政工作采访、纪念资本市场建立20周年座谈会、中共中央党校授课、党委中心组法制学习等活动的讲话中多次对资本市场法律制度进行宣讲,强调普法工作的重要意义。

(一)接受中央新闻媒体集中采访,全面介绍普法依法治理工作成果和做法

在9月召开的全国依法行政工作会议上,证监会的依法行政工作经验作了书面交流,中宣部、国务院法制办组织的《人民日报》、新华社、中央电视台、《中国青年报》、《法制日报》等中央新闻单位采访团,对证监会推进依法行政工作进行了采访和集中宣传报道。尚福林主席亲自接见了记者,做了“依法行政是树立资本市场监管公信的根本保障”的主题介绍,从夯实资本市场制度基础、转变监管职能和方式、提升监管机构公信力、增强执法有效性和提高监管透明度等方面对证监会依法治理工作取得的成效和做法做了系统阐述。在讲话中,尚主席特别强调了普法工作,专门介绍了将普法贯穿于监管工作的各个环节的工作思路和做法。强调保护投资者合法权益是监管工作的重中之重;强调在行政处罚决定中进行“说理”,提高市场主体的法治意识。尤其是强调了在立法过程中的公开征求意见,在公布草案的同时,通过新闻稿进行解释说明,促进社会对资本市场改革措施和相关制度的理解。各主流媒体紧密围绕证监会依法行政工作中的创新亮点,对依法监管工作的全面成绩和典型经验进行了大力宣传,对我会依法行政工作给予了高度评价。媒体报道引起了市场各方主体的高度关注,取得了明显的积极效果,使得广大人民群众和市场主体能够更加全面、深刻地了解证监会依法行政工作,更加理解和认同依法监管各项举措对于促进市场发展的重要作用,有效提升了监管公信力。

(二)举办二十周年纪念活动,全面介绍资本市场法制建设取得的成就

2010年是我国资本市场恢复、发展20周年。为了充分反映和广泛宣传20年来资本市场改革发展所取得的伟大成就,证监会党委专门成立了纪念活动领导小组和办公室,成功举办了资本市场20周年成就展等一系列的宣传纪念活动。展出了建立完善证券期货法制体

系、取消部分行政审批、创立“查审分离”行政处罚执法制度等资本市场法制建设取得的成果。尚主席在纪念资本市场建立20周年座谈会上，开篇用五个“坚持”概括总结了20年来资本市场监管中心工作，将法制建设作为其中一个“坚持”的重要内容作了阐述。在12月4日上海证券交易所联合全国知名法学学府举办的第一届“上证法治论坛”上，尚主席向法学理论界和实务部门宣讲资本市场法制建设的成果和重要意义。回顾中国资本市场法治建设20年来所走的路程，就是以加强市场基础建设为重心，不断健全公司治理、发行融资、并购重组、监管执法机制，不断完善发行、定价、交易、结算制度，使得我国资本市场成长为一个在法律制度、交易规则、监管体系等方面与国际公认规则基本一致的市场。通过举办资本市场20周年成就展，开办“上证法治论坛”，召开纪念座谈会，开展网上有奖知识竞赛，发行纪念币和邮册，完成资本市场20周年专题片、专题书籍、大事记的制作和编写等一系列的纪念活动，充分展示了资本市场二十年法制建设的发展历程；系统总结了二十年来法制建设的成功经验；宣传贯彻了依法监管、依法治市的监管理念，进一步坚定了资本市场走法治发展道路的信念和决心。

（三）面向党政机关高级领导干部，宣讲资本市场法制建设的意义和特点

尚主席在12月29日向中央党校的党政机关高级领导干部授课中，着重阐述了证券期货监管系统推进依法行政工作、加强资本市场法制建设的重要意义和特点。尚主席指出，资本市场是法治市场，我国资本市场处在“新兴加转轨”阶段，与成熟资本市场甚至其他新兴市场相比，法制不足是我们面临的重要问题之一。完善资本市场法制建设、着力改进市场监管是近年来我国资本市场改革发展的重点工作。虽然我们在完善市场法律制度体系方面已经下了很大功夫，市场法律法规体系建设取得了重大进展，但是，由于市场发展变化快，市场发展的配套法律环境还需要不断完善，一部分市场主体法治观念淡薄的情况还存在，执法的协同性、有效性还需加强。通过授课，有利于增强党政机关高级领导干部对我国资本市场法制建设重要意义的认识，有助于其理解资本市场是法治市场的重要内涵，有利于各级政府及部门更好地发挥各方合力，促进资本市场的健康稳定发展。

（四）主持党委中心组学习，面向全系统监管干部开展程序法制宣传教育

为了落实6月23日温总理在国务院常务会议上，对进一步推动依法行政工作做出的部署，使广大干部进一步认识法治政府建设对程序法治的内在需求，证监会党委于6月29日召开党委中心组（扩大）学习视频报告会，邀请中国政法大学法学院院长、教授、博士研究生导师薛刚凌同志为中国证监会系统全体干部作了题为“行政程序制度与依法行政”的专题报告会。尚福林主席在报告会上作了重要讲话，尚主席指出资本市场是一个资金流动迅速、信息高度透明、舆论高度关注的市场，凡事都要立规矩、有尺度，监管执法必须公开透明、公正合理。只有严格按照程序办事，确保作出的每一项监管决定，实施的每一项监管行为，采取的每一项监管措施，不仅在实体上符合法律规定，而且在程序上也都能经受住考验，监管执法工作才能顺利有效地进行，处理结果才能得到理解和支持。尚主席要求证监会全体干部要认真落实温家宝总理提出的“各级政府及工作人员特别是领导干部，必须树立程序意识，严格按程序办事”的工作要求，切实加强程序法制建设，努力把资本市场的依法行政工作提高到新的水平。会机关和系统在京单位在主会场现场听取了报告，各地证监局和会管单位在各地分会场通过视频听取了报告。

## 二、在全社会广泛开展打击、防控内幕交易宣传教育，警示市场违法违规行为

内幕交易是各国市场监管中面临的共性难题。近年来，我国资本市场基础性制度发生了重大变化，市场功能进一步发挥，市场机制不断完善，去年证监会将国有企业整体上市作为重点工作大力推进，国有上市公司的并购重组审批链条长，市场内幕交易案件集中爆发，有的党政领导干部特别是个别高级领导干部参与其中，使内幕交易成为官员腐败案件的一种新的形式，引起了党和国家的高度关注。为此，国务院办公厅下发了《国务院办公厅转发证监会等部门关于依法打击和放控内幕交易意见的通

知》(以下简称《通知》),对依法打击和防控内幕交易工作做出了统筹部署和安排,形成了综合防控和打击内幕交易的制度体系和监督机制。围绕内幕交易打击防控工作,证监会全系统联合相关部委,组织开展了声势浩大的打击内幕交易违法违规行为宣传教育活动。

(一)贯彻落实国务院文件精神,建立内幕交易防控打击机制

为贯彻落实并宣传《通知》,证监会下发了《关于贯彻落实〈国务院办公厅转发证监会等部门关于依法打击和防控资本市场内幕交易意见的通知〉的通知》(证监发〔2010〕104号),要求各证监局和交易所加强集中宣传,抓紧制定配套措施、落实相关部署。各地证监局积极联合地方政府及当地纪委、公安局、监察局、国资委、预防腐败局、发改委等相关部门,推动建立以联席会议、领导小组等形式构建辖区内幕信息综合防控体系机制,明确各部门职责和义务,共同开展防控内幕交易相关工作。通过签订监管协作备忘录、共同拟定并下发防控内幕交易工作机制文件等方式明确政府和相关部门的职责,建立有效监管协作机制,完善内幕交易监管链条。如广东局与广东省纪委建立反腐倡廉联席会议制度,构建横向沟通渠道和协调合作平台。上海局联合上海市国资委召开辖区国资控股上市公司专题工作会,就内幕信息管理工作专门部署。深圳局主动加强与深圳市政府及相关部门的沟通,主动走访纪委、国资管理部门,将综合防控工作纳入日常监管协作机制。江苏局主动向省政府汇报,并推动召开首次省级防控内幕交易联席会议,初步建立了辖区监管协作机制。证监会各派出机构还结合实际工作情况和辖区市场情况,加紧制定了各具特色的打击和防控内幕交易相关制度。一是制定了打击和防控内幕交易配套制度;二是要求上市公司加强内幕信息管理和内部相关制度的建设;三是缩短决策链条,探索行业监督和行业监察互动机制,建立和完善执法协作机制;四是督导公司进行信息隔离墙建设。

(二)加强内幕交易防控的宣传教育,形成打击和防控资本市场内幕交易的社会氛围

证监会通过下发通知、召开专题研讨会、举办培训班等多种形式,营造依法打击和防控资本市场内幕交易的社会氛围。一是召开专题会议、下发通知,要求上市公司及有关单位认真学习、切实贯彻落实《通知》精神。如江西局、黑龙江局、青海局、内蒙古局、甘肃局、湖北局、新疆局、四川局、西藏局组织局内干部学习文件精神;山东局采用《上市公司监管信息快递》形式,将通知和相关案例发至辖区各上市公司和控股股东;福建局编发四期《案例评述》下发至各上市公司。二是广泛宣讲内幕信息管理的相关法律法规,增强遵纪守法意识。如厦门局以"12·4"法制宣传为契机,专门制定《厦门辖区打击和防控内幕交易专题宣传活动方案》,部署开展了一系列打击防控内幕交易专题宣传活动。宁夏局要求公司高管人员加强对直系亲属的宣传教育。三是加强对上市公司和实际控制人的宣传培训,积极推动相关部门开展培训教育活动。如北京局利用召开监管对象动员大会、局网站和北京上市公司协会、北京证券业协会、北京期货商会的网站、会刊等形式开展宣传教育工作;湖北局及时举办针对内幕交易监管专题培训班,并联合地方纪检监察部门等开展专题培训;青海局会同省金融办举办"上市公司高管培训暨打击防控内幕交易专题培训班"。上交所向会员单位介绍内幕交易相关法律法规及法律责任,剖析内幕交易典型案例,细化说明内幕信息管理要求等从源头上防范和减少内幕交易活动,并利用新闻媒体和会员渠道,大力开展内幕交易防控的宣传。深交所以"法规解读、案例解剖、风险揭示、政策宣讲"为重点,以"上市公司控股股东、实际控制人、地方国资委和金融办负责人"为主要对象,以"专题培训、专刊专栏、制作提供宣传材料"为载体,构建"报刊—网络—电台—电视"立体宣教新格局。四是深入剖析近年证券市场内幕交易的典型案例,帮助相关市场主体认清内幕交易的危害性。如安徽局定期收集整理典型的资本市场内幕交易处罚案例,利用监管协作机制,通报各地市政府和相关部门。五是积极借助新闻媒体和网络的力量,刊发宣传文章,发挥正确的舆论导向作用。如广东局在《南方日报》、《羊城晚报》、广东电视台等地区主流媒体上构筑宣传阵地,加大依法打击和防控内幕交易的宣传力度,在广东资本市场网上增设"打击和防控资本市场内幕交易"专栏,宣传内幕交易法律法规、典型内幕交易案例和相关新闻、评论内容。

（三）及时通报案件查处情况，警示市场违法违规行为

证监会先后召开新闻发布会9次，集中披露12起内幕交易案件的查处结果，对于涉案人员中牵涉党政高级领导干部的“中山公用”、“高淳陶瓷”等目前最高级别领导干部参与的典型案件进行了曝光，中山市市长李启红、南京市国资委主任刘宝春被依法追究刑事责任。李启红痛悔地表示，由于对内幕交易的违法犯罪性质不了解，不懂证券法才犯下了这么大的错误。因此，为了及时传递证监会打击内幕交易的力度和态度，教育市场参与主体特别是党政机关干部了解内幕交易行为的违法犯罪性质，增强法治意识，监察部、公安部、法制办、国资委、证监会共同牵头，会同中宣部在行业内报刊和相关主流媒体上开设内幕交易防控专栏，进一步强化内幕交易防控的舆论宣传教育力度，形成防控内幕交易宣讲的舆论优势。证监会还通过向新华社、《人民日报》等权威媒体提供稿件，有针对性地介绍近年来案件查处情况及相关制度、机制安排。根据执法舆情监测，对上述案情发布，媒体的相关报道呈现出集中度高、持续性强、覆盖面广的特征，市场各方反应良好，大大提高了证监会的执法威信。12月4日，证监会稽查局、处罚委、稽查总队、法律部和上市部五个部门的负责同志就加强对内幕交易违法违规行为的查处力度问题接受了中央新闻单位采访，通报了今年打击内幕交易取得的成果，表明了打击内幕交易违法违规行为的决心。

## 三、宣传发行并购制度改革成果，引导市场主体归位尽责，为提高资源配置效率创造良好法制环境

2010年我国成功应对国际金融危机冲击，资本市场在世界主要市场中率先实现企稳回升，中央做出加快经济发展方式转变的战略部署，资本市场呈现投融资需求明显高涨的态势。为了优化资本市场价格发现功能，提高市场资源配置效率，证监会在深化发行制度改革，贯彻落实《国务院关于促进企业兼并重组的意见》、推进上市公司并购重组的规范发展等中心工作中，针对发行人、投资人、承销商等市场主体在市场中的不同定位，深入开展发行制度、并购重组制度等资本市场法制的宣传教育，引导市场各类主体归位尽责。

（一）开展发行制度改革的宣传教育，引导发行参与主体归位尽责

针对当先发行市场定价过高、偏离上市公司价值的现象，为了能够促进市场各主体在股票发行活动中归位尽责，进一步优化资本市场定价功能，夯实资本市场的发展基础，证监会按照“分步实施、逐步完善”的思路，推出了第二阶段的发行制度改革，提高单个机构的认购份额，适当扩大参与询价的机构范围，增强定价信息透明度，完善回拨机制和中止发行机制，面向市场各类主体深入开展发行制度改革的宣传教育。一是通过对发行人的辅导和宣传教育，引导发行人树立发行上市的正确理念，着眼长远的投资者关系维护。二是通过开展保荐人培训、实行保荐代表人问核制，引导保荐机构勤勉尽责，诚实守信，兼顾发行投资双方的长期利益和根本利益。三是完善询价过程中的报价和配售约束机制，增强定价信息透明度，引导询价对象认真、审慎、专业地分析研判、理性报价。四是针对市场反映的“高发行价、高市盈率、高额募集资金”现象，通过召开媒体通气会、在主要证券类报刊开辟改革宣传专栏、组织市场机构专业人士刊发系列文章等方式，向投资者和市场经营主体宣讲改革措施的内涵和重要意义，使其了解资本市场尤其是一级市场的运作原理和内在机制，澄清疑惑，坚持市场化定价，揭示破发风险，引导中小投资人强化投资风险意识和价值投资理念，对于看不懂、听不明的坚决不参与。五是针对创业板推出以来，市场上存在的一些误解以及部分保荐机构推荐从事传统业务、创新能力不够突出的企业等问题，加强对创业板制度和定位的宣传教育，向保荐机构明确应重点推荐和应审慎推荐的产业及领域，敦促保荐人指导发行人选择适当的上市板块，强调推荐企业的创新能力和成长性，引导市场各方正确认识和理解创业板的带动社会创新创业的功能和作用，引导创业板保荐人对拟上市公司的行业进行选择推荐。

（二）开展上市公司并购重组制度的宣传教育，引导市场并购重组参与主体归位尽责

为贯彻落实《国务院关于促进企业兼并重组的意见》，大力推进资本市场并购重组规范发展，证监会形成了规范推进资本市场并购重

组的十项工作安排,围绕十项工作的落实,证监会面向并购重组各方参与主体,深入开展了并购重组制度的宣传教育。一是针对市场中介机构在并购重组申报工作中存在的尽职调查不尽职,制作申报文件中的错漏,甚至明知违规还心存侥幸、企图蒙混过关等问题,证监会加大了对财务顾问、会计师、资产评估机构等中介机构的监督管理和法制宣传教育。通过政府官方网站向社会公布了并购重组的具体审核标准,通过新闻通气会等形式宣传《关于填报〈上市公司并购重组专业意见附表〉的规定》,以及《上市公司重大资产重组管理办法》和《上市公司收购管理办法》相关条款的适用意见等相关规定,明确中介机构在上市公司并购重组中的作用和责任,加强监管问责措施。与此同时,进一步提高并购重组的审核效率、透明度和规范度,推行并购重组审核工作标准化、流程化、公开化,引导资产评估、独立审计、财务顾问等中介机构提升专业服务能力。二是针对上市公司董事、监事、高管人员开展资本市场法制宣传教育,促进他们了解、掌握资本市场法律法规,明确责任和义务,在并购重组过程中做到勤勉尽责,树立内幕交易防控意识。三是针对并购重组方开展并购重组制度的宣传教育,引导并购方审慎调查、合理出价,兼顾中小股东利益,公平交易。

## 四、注重行政许可中的“说理”,做好法理释明;公开行政许可的全进程,树立监管公信力

针对行政许可申请的大量增加,证监会在审核中认真做好审核政策的传导、解释工作,引导申请人依法申请。与此同时,强化公开透明要求,全面推进政务公开,开展行政许可进程公开试点,从申请受理到做出行政决定的审核流程,全部在网上公开,并明确时限要求,并有效保证了对行政许可的实时监督,树立起监管工作的公信力。

(一)在发行审核中“说理”,引导申请人依法申请

2010年,证监会共受理企业融资申请460家(首发251家,再融资209家),较往年有明显的增长。全年共有531家公司在A股市场融资10,275.2亿元,其中首发347家,融资4,883亿元,融资总额和家数均创历史新高,IPO融资已连续两年高居全球榜首。面对如此大量的融资申请,我们认真落实中央经济工作的总体要求和会党委的整体部署,紧紧围绕以全面提升资本市场服务经济发展方式转变的能力为主线,对行政相对人的开展发行制度法制宣传教育,做好审核政策的传导、解释工作。

一是制定了严谨有序的发行审核规程,设置了见面沟通会等与申请人的沟通环节,向发行人保荐机构讲解上市程序、审核规则和纪律要求,避免发行人对反馈意见的真实意图不了解、私下打听,消除了市场上将发审工作神秘化的议论。在发行审核静默期(申报文件受理后至反馈意见发出前以及初审会后至发审会召开前)后,除见面沟通会外,保荐机构、发行人还可与审核员、审核处负责人或部门领导预约,在工作时间至办公场所进行面对面沟通。二是对于申请人来访的事项,建立了来访登记制度,审核人员针对申请人的问题,向申请人讲清政策道理,释解法律法规。三是组织开展了六期保荐业务培训,对2,800名保荐代表人、准保荐代表人等保荐业务骨干进行了培训。通过上述法制普及教育,加深了申请人和保荐机构对发行审核政策和审核理念的理解,进一步提高了申请人和保荐机构的依法合规经营意识。证监会全年共接收各类行政许可申请2,308件,其中,做出不予受理决定的仅25件,约240件不符合许可条件的申请,通过审核人员耐心解释教育而主动撤回。

(二)公开行政许可审核依据和进程,树立监管公信力

证监会积极推进行政许可进程公开试点,对证券公司和基金公司相关行政许可的申请,从材料接收、受理申请、反馈意见到审核决定等关键环节和进展情况,实行许可审核进程全公开,在会外网公开披露,每周更新,使得申请人能够及时掌握审核进度,减少对审核事项的不确定性预期,有效保证了对行政许可的实时监督,获得市场广泛好评。此外,证监会在并购重组行政许可工作中,推行标准化、流程化、公开化作业,向社会公开了审查条件,定期向社会公示审核关注意见,适时向社会公开审核运转情况,保证了审核的公开和公平,树立了监管公信力。在采访中,一位证券公司董事长(原某副省长)就由衷地表示:证监会行政许可审核没

有“潜规则”。

## 五、加强打击非法证券活动法制宣传教育，切实保护投资者合法权益

针对近年来蔓延全国主要区域的非法证券活动，证监会将整治舆情和非法证券投资咨询活动作为投资者教育工作重点，多渠道、多形式持续开展防范非法证券活动的宣传工作。

（一）加强与媒体监管部门协作，规范信息传播管理

证监会与新闻出版总署联合出台《关于加强报刊传播证券期货信息管理工作的若干规定》，加强了证券期货有关信息的采编管理，要求对信息来源的可靠性、信息的真实性、信息制造者的相关资质等进行核实，严禁编造、传播不实证券期货信息，明确传播证券期货虚假信息的法律责任；推动国家广电总局出台《关于切实加强广播电视证券节目管理的通知》，解决证券节目协作监管难题。随后，证监会配合下发了《关于协同做好广播电视证券节目规范工作的通知》和《关于进一步落实协同规范广播电视证券节目有关工作的函》，明确协同规范要求。指导系统各单位做好摸底排查、建立台账、协调清理规范等工作，及时跟踪督导清理进度。今年停播不规范广播电视证券节目或广告108个，清理参与广播电视证券节目的无资格机构62家，清理无资格人员90人，广播电视媒体净化取得明显效果。

（二）整治舆情，净化网络媒体

在业已存在的证监局、证券公司、证券业协会媒体监控体系基础上，进一步强化了证监会网控办、保护基金公司对媒体的监控作用。目前已经形成由证监会内相关部门、保护基金公司、证券业协会、各地证监局、证券公司组成的多层次、立体化媒体证券信息监控体系和媒体净化机制。截至12月底，全系统协调宣传、公安、广电、网监、通信管理等部门，关闭非法网站498个，清理网络非法证券活动信息4,052条，叫停报刊违规证券广告12个。

（三）通过多种途径，加强打击宣传力度

重视媒体监控和投资者举报线索，积极协调配合公安机关采取联合打击行动，截至12月底，向公安机关移送涉非线索572件，向公安机关移送涉非案件70宗，推动配合公安机关破获涉非案件69起，抓捕犯罪嫌疑人780人。在加大案件查处力度的同时，证监会也加强了对案件的宣传曝光。先后协调公安部门通过广播电台播出公益广告和通过公安部网站发布“警惕网络非法证券投资咨询活动”预警信息；协调中央电视台《经济半小时》、《中国证券报》等新闻媒体专题报道“重庆新盈鸿”、广东“股鼎财经”等典型案例；通过证监会官方网站、证券业协会网站和投资者保护基金网站持续公示合法证券公司、证券投资咨询机构名称、地址、网址及业务范围等基本信息。指导各地证监局通过开辟网站专栏、曝光典型案件和非法网站、专题培训、“打非宣传周”等多种形式，持续开展正面宣传。组织动员证券公司采取张贴风险提示布告、接受媒体采访、编印宣传手册等形式开展投资者教育活动。截至12月底，各证监局组织整非投资者教育专项活动89场，组织媒体宣传报道790篇，通过媒体公示非法网站和非法机构“黑名单”572个，起到了良好的宣传警示效果。

## 六、坚持开门立法，增强公众参与程度，引导市场主体知法、守法

证监会通过在立法过程中强调公众参与，在公布规章草案和案件处理结果时强调通过新闻稿等方式进行解释说明，增强市场各类主体对资本市场的运作原理和内在机制的理解和认识，为资本市场的改革发展营造良好的法制环境。同时，通过规章清理工作增强监管干部对资本市场法制体系的理解和认识，夯实依法行政基础。

（一）在规章制定过程中公开征求意见

2010年，证监会在总结前期发行体制改革经验的基础上，深化发行制度改革，出台了《关于深化新股发行体制改革的指导意见》，修订了《证券发行与承销管理办法》；进一步细化明确了《证券法》确立的勤勉尽责执业标准，与司法部联合发布了《律师事务所证券法律业务执业规则》和《律师事务所证券投资基金法律业务执业细则》；制定了《证券期货行业反洗钱工作实施办法》，明确监管机构及行业协会的职责和反洗钱义务，维护证券期货市场经营秩序；制定了《证券投资顾问业务规则》和《发布研究报告业务规则》，引导证券投资咨询机构提升

证券投资顾问服务水平,提高证券投资咨询服务覆盖率和适当性,满足投资者需求。上述规章在制定过程中全部向社会公开征求了意见,我们对征求来的意见进行了认真研究,对于合理可行的予以吸收,未予吸收的,均公开做出说明。通过公开征求意见,为广大市场主体关注并了解资本市场法律制度的建设情况提供了一个窗口,在增强立法工作透明度、增强民众参与度的同时,实现了大范围的宣传及讨论,起到了良好的法制宣传教育的效果。

(二)通过新闻通气会等形式加强立法宣传

规章出台后证监会通过召开媒体通气会、在主要证券类报刊开辟改革宣传专栏、组织市场机构专业人士刊发系列文章、组织召开贯彻实施座谈会等方式,向投资者和市场经营主体宣讲改革措施的内涵和重要意义,澄清了部分投资者的疑惑,引导市场主体从专业角度重新审视市场上长期存在的各种观点,深刻了解资本市场的运作原理和内在机制。使得市场各类主体逐步形成对证券市场的共识,从而为资本市场改革发展营造良好的舆论氛围和法制环境。

(三)以开展规章清理为契机,增强监管干部对证券期货法律法规体系的理解和认识

2010年形成中国特色社会主义法律体系是党的十五大提出的新时期立法工作总目标。为了实现此目标,国务院办公厅下发了《关于做好规章清理工作有关问题的通知》,启动了全国性规章清理工作。证监会高度重视本次清理工作,细化清理标准,将国务院的要求进一步细化为废止与上位法相抵触、与同位法不一致、规范事项已经执行完毕或者由新制定的文件予以规范、明显不适应市场发展和投资者保护、修改规章的规范性文件条款、试行期超过5年的规章和规范性文件等七项具体标准;通过广泛征求意见,法制部门会签审查、督促协调等一系列程序,分两批废止了规章、规范性文件共36件,修改29件,保留442件,其中,废止文件占清理前文件的7%。本次规章清理工作,是继2006年证券法、公司法修订后规章清理工作之后,最为全面、深入的一次清理工作,证监会不仅对证券期货规章、规范性文件以及各证券、期货交易所的自律规则进行了清理,还对规范监管决策、信息公开、行政许可、日常监管、案件调查、强制措施、案件审理、处罚听证、市场禁入、复议诉讼、信访处理等监管执法行为程序的160件内部规范文件进行了全面梳理。通过全面、及时、有效的规章清理,进一步增强了证券期货监管系统对立法工作重要性的认识,为不断提高证券期货立法工作质量、效率和水平,促进监管工作的阳光化、透明化提供了制度保证。

此外,围绕提升监管干部依法行政能力、市场主体依法诚信经营理念和投资者依法维权意识,中国证监会及全系统各单位,通过组织开展集中培训、完善普法载体建设、组织国际法制交流、开发普法新产品等方式,组织开展了内容丰富、形式多样的法制宣传教育活动,取得了良好成效。北京证监局、山西证监局、上海证监局、江苏证监局、广东证监局、厦门证监局、江西证监局、四川证监局、重庆证监局、福建证监局积极参与全国普法办组织开展的第八届法制动漫作品征集活动,制作提交了20件动漫作品;深圳证券交易所在《证券时报》刊登"深交所投资者服务热线专栏"39期,播出投资者教育系列电视节目248期、广播节目660期,发表投资者风险教育文章28篇,出版了第一批《深交所证券教室系列丛书》,包括《创业板投资28讲》、《基金投资20讲》、《投资者维权21讲》等。中国金融期货交易所制作了丰富的投资者教育产品,包括12本知识手册、1本期货辞典、12张光盘、19张插页和6张宣传挂图,累计发放各类投资者教育产品约100万份,全新编写的6本股指期货知识系列丛书首批销量就上万册,受到了市场的热烈欢迎。青岛证监局组织开展了"证券投资促进月"和"证券投资百日讲坛"活动,在三个月的时间里,共举办证券投资报告会合高端论坛35场,参与人数达到14,000人次,在市场中引起了极大反响。

# 证券期货监管系统“五五”普法工作总结

自2006年中共中央、国务院转发《中央宣传部、司法部关于在公民中开展法制宣传教育的第五个五年规划》以来，中国证监会以邓小平理论和“三个代表”重要思想为指导，深入贯彻党的十六大、十七大会议精神，全面落实科学发展观，按照依法治国基本方略的要求和证券期货市场依法监管、依法治市的总体要求，遵照“法制、监管、自律、规范”八字方针，紧紧围绕监管中心工作，立足于提升监管干部依法行政能力、提升广大投资者依法维权意识和市场主体依法经营理念，统筹安排，全面部署，广泛深入地开展证券期货法制宣传教育工作。五年来，证券期货监管系统共召开党委中心组法制学习报告会1,000余次，组织集中法制培训490余次，监管干部参加学法集中培训约4万人次，培训率达到100%；开展上市公司高管培训400余次，培训上市公司高管人员5万余人次，开展证券公司从业人员培训250余次，培训证券公司、分支机构高管人员1万余人次，培训证券从业人员4万余人次，培训基金公司高管人员3千余人次，培训期货营业部负责人1万余人次，从业人员1万余人次。针对市场投资者，在全国35个城市举办了37场“股指期货全国巡回报告会”，印发各类宣传教育资料530余万册，制作打击非法证券活动的宣传报道近10万字，开设法制宣传栏9,500余个，接待现场咨询12余万人次。此外，证监会积极参加宣传部、司法部及国办组织的各项法制宣传教育活动，在全国法制动漫作品征集、公务员学法用法征文、法制宣传书画征集、法制好新闻作品征集等活动中获得奖项，并被宣传部、司法部和国务院法制办评为“五五”普法中期先进集体。

## 一、证券期货监管系统“五五”普法工作的主要做法和取得的成绩

开展法制宣传教育工作，是依法行政、加强资本市场法制建设的必然要求。因此，证监会结合证券期货监管工作实际，根据中共中央、国务院转发的《中央宣传部关于在公民中开展法制宣传教育的第五个五年规划》(中发〔2006〕7号)和《全国人民代表大会常务委员会关于加强法制宣传教育的决议》精神，制定了《全国证券期货监管系统“五五”普法工作规划》(证监党委发〔2006〕29号)，将证券期货法制宣传教育的对象定为证券期货监管系统的全体工作人员及证券期货市场各类参与主体，并将证券期货监管系统领导干部和监管工作人员定位为重点普法对象。通过五年来的不懈努力，证监会在监管干部学法用法、投资者法制宣传教育以及促进市场主体合法经营等方面都取得了显著成效，为维护资本市场的健康稳定运行提供了有力保障。

(一)切实开展监管干部学法用法工作，不断提升依法行政水平

一是始终以领导干部学法用法工作为核心和重点。通过会机关党委中心组学习报告会(扩大)，带动系统各单位党委中心组通过积极开展报告会、专题讲座、小组研讨会等多种形式及时深入学习、领会相关新颁布法律，掀起全系统监管干部学法、讲法的高潮。几年来证监会组织开展了物权法、转型社会的政府职能与依法行政、行政程序法律制度等党委中心组法制学习报告会，尚福林主席在每一次报告会上都针对法制工作做了重要讲话，为正确对待和处理现阶段依法行政工作中面临的各种矛盾和困难提供了解决思路和方向，使得资本市场必须依法监管的观念深入人心。据统计，证监会及派出机构五年来共召开党委中心组法制学习报告会1,000余次，领导干部参加法制学习的比例近乎100%。福建证监局还在全局范围内开展《公司法》、《证券法》背诵考核活动，学法氛围空前浓厚，有效增强了监管干部的工作自信心和行政执法水平，并起到了良好的示范带头作用，效果明显。

二是将法制培训纳入干部培训的必修课程。依托证监会相对成熟完善的干部人事教育培训机制,围绕常用证券期货基本法律、法规和新近颁布的法规,结合不同监管岗位,开展各类规模的监管培训,将法制纳入干部培训的必修课程,切实提升监管人员的执法能力和水平,针对领导干部、监管骨干人员、新任职干部开展各类岗位培训班、党校培训班等近 40 次;《公司法》、《证券法》、《期货交易管理条例》、《证券公司监督管理条例》、《证券公司风险处置条例》等对资本市场影响重大的法律法规颁布后,及时开展全系统大规模的专项培训;每年至少开展两次全系统相关人员参加的关于新会计、审计准则的专项培训;专门对稽查人员围绕《证券法》、《反洗钱法》等法律法规及重大证券期货违法违规案件查处开展稽查执法培训 20 余次,共计培训稽查干部约 5,000 人次;从近年开始专门组织证监会公职律师开展法律培训。据统计,“五五”普法以来,全会系统约有 38,000余人次参加会机关组织的各类监管、法律培训,人均每年参加法制集中培训 12 次。

三是建立健全法制研究和交流平台。结合监管工作实际,不断拓展普法空间,建立健全法制研究平台,通过实务研究,使广大监管干部主动学法用法,加大普法深度,切实使法制精髓和理念深入人心。证监会通过编辑《证券法制通讯》和《证券法制参考》,建立健全法制研究平台,宣传法制、传递信息、交流经验、研究问题。自“五五”普法以来,《证券法制通讯》共编辑印发 90 余期,《证券法制参考》共刊出 200 余期,为市场改革发展、完善监管执法提出了许多有价值的法律与政策建议。同时,证监会还编辑出版了 2006 年至 2009 年资本市场法制发展年鉴——《中国资本市场法制发展报告》。比较系统、全面地收集、记录了“五五”普法以来我国资本市场法制建设的重要成果,既是对资本市场法制建设工作的梳理与归纳,也是对资本市场法制建设成就的总结和宣传。证监会还定期编辑出版《证券期货法规汇编》(每半年一期)、《现行证券期货规章汇编》等普法用书。此外,证监会精选了境外资本市场的法律法规、司法判例、立法报告、学术文章等重要法律文献,组织在国际金融、法律方面颇有素养的专家、学者进行翻译、审校,着力打造国人了解国际资本市场法律制度的权威平台,目前,《境外资本市场重要法律文献译丛》第一册——《欧盟金融工具市场指令》已正式出版。

四是发挥行政复议、行政诉讼的前端指导作用。注意通过行政复议案件所反映出的普遍性问题以及行政执法工作中的薄弱环节,有针对性地提出弥补缺陷和不足、提高行政执法水平的对策和建议,并就行政执法中好的做法和经验进行推广,促进执法工作水平的提高。一方面,加强了执法行为的释法说理工作,加强执法过程的公开透明。另一方面,促进了执法标准的细化,监管执法行为在做到合法的基础上,尽量地做到了合理、适当。从近几年的行政复议、诉讼工作情况看,行政复议、诉讼数量总体平稳,而且与具体行政行为数量占比逐年下降,执法质量明显提高,执法水平有效提升。

(二)扎实推进投资者法制宣传教育工作,全面提升依法维权意识和权利保护能力

一是加强组织领导,建立健全了投资者教育工作机构和工作制度。证监会机关及各派出机构成立了“投资者教育领导小组”,行业协会、交易所等自律性组织、保护基金以及证券期货基金经营机构等中介机构和基金代销机构,认真落实证监会的部署,也先后组建了有关领导机构和工作机构。近年来,中国证券投资者保护基金公司设立了中国证券投资者调查中心、投资者呼叫中心和投资者教育中心。三个中心业务互补,形成环环相扣的投资者服务链条。至 2009 年底,呼叫中心共收到投资者留言 12,896 条。其中,业务政策咨询类2,801条,占比 21.72%;建议类 3,210 条,占比 24.89%;批评、投诉、举报类 6,855 条,占比 53.16%;其他类 30 条,占比 0.23%,各类留言回复率为 99.61%。通过呼叫响应,使得各种损害投资者合法权益的行为问题,能够得到及时、妥善的解决,有效维护投资者的合法权益。

二是用正确的舆论引导人,通过行政许可、信访接待和信息公开等窗口做好证券期货法制宣传和政策的解疑释惑,帮助投资者获得准确的信息,树立理性投资理念。证监会主动回应市场热点,对于虚假、误导性言论,在第一时间予以澄清,通过行政许可、信访接待、信息公开等窗口,切实做好证券期货法制宣传和政策的解疑释惑,进一步提升了监管信息的开放度和

透明度。据统计,“五五”普法以来,证监会信访办接待投资者来访、来电、来信15万余件。妥善处理投资者正当合理信访诉求的过程,也是向投资者普及证券期货法律知识的过程。证监会通过参与制定信访规则、指派业务骨干参与下访等途径,积极推动信访部门及相关部门,将法制宣传教育特有的以理说服等优势融入个案的信访受理接待中,在宣传相关法律知识,培养理性投资意识,引导投资者走理性维权之路的同时,缓解了争议双方的对立冲突,解决了投资者的诉求。

三是增强立法工作的透明度和参与性,在立法工作中开展资本市场法制宣传。《证券期货规章制定程序规定》和《证券期货规章草案公开征求意见试行规则》对于直接涉及公民、法人和其他组织切身利益或者涉及向社会提供公共服务、直接关系到社会公共利益的规章草案,规定可以向社会公开征求意见,并对公开征求意见的程序作出了具体要求。近年来,我会制定的规章全部向社会公开征求了意见,部分与市场主体关系密切的规范性文件也公开征求了意见。证监会对征求来的意见进行了认真研究,对于合理可行的予以吸收,未予吸收的,均公开做出说明。通过公开征求意见,为广大市场主体关注并了解资本市场法律制度的建设情况提供了一个窗口,在增强立法工作透明度、增强民众参与度的同时,实现了大范围的宣传及讨论,起到了良好的法制宣传教育的效果。

四是提高打击非法证券活动的宣传力度,提高投资者对非法证券活动的辨别能力和防范能力。针对近年来蔓延全国主要区域的非法证券活动使广大不明真相的中小投资者遭受重大损失的严峻形势,系统部分证监局,根据年度普法计划的总体要求,结合非法证券活动的特点,将以“堵”为主的打击活动与以“疏”为主的普法宣传活动有效结合,通过在不同媒体曝光非法证券活动、在群众密集区域设立宣传栏、在辖区范围内的中心城市开设10余个中心会场与投资者面对面交流、编写10余万份教育手册等在全社会形成合围声势,提高了投资者对非法证券活动的防范能力,有效遏制了非法证券活动的发展势头,取得了较好效果。

五是丰富教育活动的形式,加大媒体宣传力度,着力提高投资者法制宣传教育工作的效果。通过联合报纸、电视、网络等媒体,撰写教育文章,设立教育专栏,制作专题节目,开展知识竞赛,举办大型现场咨询活动,印制典型案例教材,开发研制寓教于乐的投资者教育软件,拍摄投资者教育系列片等方式,多角度、全方位地向投资者开展资本市场法制宣传教育。9月30日,中宣部会同国务院法制办组织《人民日报》、新华社、中央电视台、《中国青年报》、《法制日报》等5家中央新闻单位组成的依法行政采访团,就证监会全面推进依法行政工作的典型经验进行集中采访。10月8日、9日,《人民日报》等新闻媒体对证监会依法行政工作进行了集中宣传报道,并在新华网、新浪网、搜狐网、网易网、和讯网、腾讯网、凤凰网等主流网络媒体转载。相关报道紧密围绕我会依法行政工作中的创新亮点,对证监会依法监管工作的全面成绩和典型经验进行了大力宣传,对证监会依法行政工作给予了高度评价。媒体报道引起了市场各方主体的高度关注,取得了明显的积极效果,使得广大人民群众和市场主体能够更加全面、深刻地了解证监会依法行政工作,更加理解和认同依法监管各项举措对于促进市场发展的重要作用,对于树立监管公信力有明显地积极、正面作用。

六是以“12·4”法制宣传日为契机,集中力量,积极开展形式多样的法制宣传活动。证监会系统非常重视“12·4”全国法制宣传日活动,每年均事先在系统内做出部署安排,精心选择普法主题,紧贴市场发展特点,突出市场发展需要,针对不同主题,适时、形式多样地开展普法活动,取得了良好的社会效果。2006年底主要围绕宣传“两法”实施一周年主题,召开了贯彻落实《公司法》、《证券法》(修订)情况专题座谈会;2007年底以“依法保护投资者合法权益”为主题,委托中国金融出版社制作了题为“法制是投资者的保护神”的主题宣传挂图,向投资者介绍、宣传有关与投资者权益密切相关及追究证券、期货违法责任的法律制度。2010年12月4日上海证券交易所联合北京大学法学院、人民大学法学院、华东政法大学经济法律研究院,在北京大学举办了以“与法治同行——中国资本市场20周年法治建设回顾与展望”为主题的第一届“上证法治论坛”。全国人大法工委、最高人民法院、国务院法制办以及证监会的有关领导出席并讲话。地方派出机构还深入市场,组织开展了形式多样的宣传教育活动。上海证监局组织辖区 30 家基金公司连续三年共同举办了上海基金业投资者教育活动。厦门证监局在厦门电视台的《金融聚焦》栏目中播出投资者教育节目,利用公交车载终端系统,连续 3 周每天滚动播放投资者法制教育动漫宣传片。天津证监局在电台、电视台播放专题宣传片 60 余次,举办证券期货知识普及讲座等活动近 10 次,中国金融期货交易所组建了 40 余人的"文联"团队,在各大主流媒体和网站组织投放了1,240余篇投资者教育文章,累计达 230 万字。

(三)加强事前培训和事中、事后监管,全面提升市场经营主体法制意识和诚信经营理念

一是严把市场门槛进入关口,通过考试强化法制学习效果。以证券期货市场相关从业资格、资质考试为抓手,加强对证券期货从业人员和证券公司、基金公司、期货公司高层管理人员关于创新制度、规则的教育和培训工作,并通过考试的形式强化培训效果,严把市场门槛进入关口,使进入市场的从业人员"适格"上岗。

二是强化上市公司高管培训,促进上市公司合法经营。上市公司是资本市场的基石,上市公司高管的合规经营理念和法律意识将直接影响到对上市公司经营的决策,进而影响到整个资本市场的持续健康发展。证监会围绕"加强企业法制宣传教育,积极应对国际金融危机"主题,大力宣传风险防范、投资运作、并购重组、信息披露以及董事、监事、高级管理人员的权利、义务、责任等资本市场法律制度,积极组织开展上市公司高管人员培训,并将上市公司高管培训作为一项制度固定下来。五年来各辖区累计举办培训班 400 余次,培训上市公司董事、监事、高级管理人员共计 5 万余人。山东证监局举办了三期董、监事培训和一期补课补考,培训考试纪律严明,对于个别在培训考试中冒名顶替的行为,对相关公司和高管人员进行了内部批评,并将处理措施在辖区进行通报。湖南证监局还对部分上市公司进行现场培训。

三是开展证券期货经营机构高管培训,落实合规监管制度。为了加大证券公司、基金公司以及期货公司的合规监管,引导各类机构依法经营,诚信运作,证监会及各派出机构举办了多期证券公司经纪业务合规培训班和基金销售业务合规培训班。五年来,证券期货系统共培训证券公司、分支机构高管人员 1 万余人次,培训证券公司从业人员 4 万余人次,培训基金公司高管人员 3 千余人次,培训期货营业部负责人 1 万余人次,培训期货从业人员 1 万余人次。

四是寓普法宣传于日常监管工作之中,不断拓展普法工作的广度和深度。在进行现场检查或专项检查的同时,对所涉人员进行了恪守职业道德和执业纪律、勤勉尽责、严格履行法定职责的教育,要求其按照有关规定完善相关业务制度,明确权利义务和责任,改正违法违规行为,开展相关法律规则的学习和培训活动,树立勤勉尽责意识,依法为资本市场提供高质量专业服务。

五是增加监管执法透明度,树立执法权威,增强警示效果。自"五五"普法以来,随着证监会对行政执法体制的大胆改革,成立稽查总队和专门的行政处罚委员会,案件查处效力大大提高,对严重危害资本市场发展秩序、损害投资者利益的重大证券期货违法违规行为的打击力度大大增强。其间查处的对社会影响较大的案件包括"杭萧钢构"证券违法案、"带头大哥777"非法从事证券投资咨询业务案等。2009年证监会进一步加强执法信息披露,先后召开了 5 次案情发布会,及时通报了张野涉嫌违反证券法律案、五粮液涉嫌违法案等 23 起案件的查处结果或阶段性调查成果;对重点案件进行了深度报道,配合相关媒体就"杭萧钢构内幕交易案"等已获司法判决的重大案件进行系统宣传。通过建立案件及时发布制度,向社会公布对相关证券期货违法违规案件的调查情况和查处结果,在震慑违法违规行为的同时,有效地教育、警示了市场参与者。

## 二、证券期货监管系统"五五"普法工作的经验

证券期货监管系统"五五"普法工作在取得显著成绩的同时,也在工作实践中积累了一些经验。这些经验对我们开展好以后的工作提供了基础,具有较高的指导价值。概括起来,主要包括以下四点:

(一)切实加强组织领导是基本保障

证券期货监管系统"五五"普法工作是资

本市场法制建设的基础性、全局性工作，只有切实加强组织领导，才能确保其充分发挥积极作用。一是领导高度重视。这些年来，证监会党委每年都会以党委中心组（扩大）学习的方式面向监管干部开展法制宣传教育，每次党委中心组法制学习，尚福林主席都会作重要讲话，提出贯彻落实意见。二是强化组织保障。证监会和系统各单位都专门成立了“五五”普法工作领导小组，桂敏杰副主席担任会领导小组组长，系统各单位主要领导任系统单位领导小组组长。证监会机关各业务部门、各证券期货交易所、登记结算公司以及超过10家派出机构专门设立法制处（部门），其他派出机构也都明确专门的机构负责依法行政工作。有的单位还专门建立跨处室（部门）的法律小组协调解决依法行政工作重大问题。三是充实干部队伍。一方面按照干部队伍结构调整的要求，在新招录工作人员时明确法律专业干部比例，通过努力，资本市场监管干部队伍法律专业人员比例已从最初的不足5%扩大到目前的30%，增加了5倍；另一方面在中央国家机关中率先试行公职律师制度，还结合证券期货监管工作实际需要，建立起发挥公职律师队伍作用的有效机制。

（二）服务于证券期货监管工作大局是基本出发点

证监会在证券期货监管系统“五五”普法规划中明确了普法工作服务于资本市场监管工作大局的原则，将普法与日常监管执法有效结合，全会呈现普法服务监管、监管处处普法的局面。一是坚持为资本市场基础性建设服务。“五五”普法规划实施的五年，也是证监会大力推进股权分置改革、提高上市公司质量、证券公司综合治理、大力发展机构投资者等重大专项工作的五年。证监会充分发挥法制宣传教育的功能和作用，有效提高了上市公司高管、证券公司高管及从业人员的法治观念，引导各类市场经营主体建立起依法经营、诚信运作的理念，有效促进了重大基础性建设目标的实现。二是坚持为资本市场的改革发展服务。为了创业板、股指期货产品、融资融券业务等的稳步推出，证监会按照“把规则讲透，把风险讲够”的原则，将普及金融期货法规知识融入日常的舆论宣传和投资者教育工作之中，将“有足够知识准备的投资者才是真正受保护的投资者”、“把适当的产品提供给市场的投资者”等理念不断深入人心，广大投资者逐渐培养起自我学习、自我保护的意识和能力。三是坚持为保护投资者合法权益服务。“保护投资者合法权益是我们工作的重中之重”，是法制宣传教育的出发点和落脚点。一方面，在监管工作中，充分发挥普法的辐射范围广、渗透力强的优势，将普法实效直接落实到监管实践中，进一步增强执法效能。另一方面，以点带面，适应不同时期、不同阶段证券市场违法违规行为的新情况、新特点，切实加大案件查处力度，严厉打击严重侵害投资者合法权益的行为，同时通过及时向市场通报大案、要案查处和典型案例等方式，以案释法，向市场宣讲法律法规，强化普法效果，促进监管目标的实现。

（三）充分发动和依靠市场主体力量是有效途径

截至目前，我国沪深两市证券开户数已超过一亿，上市公司总数达到了1,997家，证券公司106家，证券公司营业部4,581家，基金管理公司62家，期货公司营业部988家，证券期货普法工作涉及范围广、要求高，仅凭监管机构单方面的力量是难以获得良好成效。因此，要充分发动和依靠一线监管和市场主体的力量。一是充分发挥辖区证券期货经营机构等市场主体的“主力军”作用，调动其积极性，促使有关机构将普法工作融入到日常经营活动中，经常性开展面向投资者、面向社会公众的法制宣传活动。二是充分发挥辖区行业自律组织的“监督员”作用，通过行业自律组织协调、组织辖区市场参与主体的普法工作，监督、检查普法情况，确保普法工作各项部署落实到位。

（四）顺应时代需求、坚持改革创新是永葆生命力的关键

当今社会是一个信息社会。由报纸、广播、电视、网络和手机短信组成的信息网络在很大程度上影响乃至形成了人们对社会问题的看法和思维方式。尤其是网络舆论影响的日趋增强，直接否定了灌输式宣传的作用，因此，只有转变宣传教育的思路和方式，增强被宣传主体的参与性，赋予被宣传主体话语权，创新法制宣传形式，才能使得法制宣传教育工作更具实效性。一是转变教育思路，树立服务意识。我会将法制宣传与解决现实生活中的法律问题有机

结合起来,通过信访窗口、许可窗口、投资者调查中心、呼叫中心、教育中心等渠道了解市场参与者的状况、想法和需求,解决他们在实际中遇到的问题,建立起环环相扣的市场参与者服务链条,取得了良好的社会效果。二是增强立法参与度,赋予市场主体话语权。证监会在增强立法透明度和社会参与度上,迈出了坚实的一步,制定的规章全部向社会公开征求了意见,部分与市场主体关系密切的规范性文件也公开征求了意见,并对征求来的意见进行了认真研究,合理可行的予以吸收,未予吸收的,均公开做出说明。三是创新普法形式,扩大普法的覆盖面,增强普法的影响力。我会系统各单位充分利用网络、电视等受众广泛、趣味性强等特点的媒体,先后组织制作了《牛大爷炒股记》、《基股三人行》、《客户经理切勿代客理财》、《打非歪传》、《投资须谨慎》、《硕鼠的结局》、《“原始股”真害人》等动漫作品,组织拍摄了教育电视系列片《股市故事》(四十集),通过人民群众喜闻乐见的形式,开展证券期货法制宣传,收到了良好的效果。

## 三、下一步工作思路

2010年是“五五”全国普法教育的最后一年,也是普法工作承上启下的关键一年。在过去的五年里,证监会结合监管工作重点,认真贯彻落实全国“五五”普法规划,取得了显著成效,在维护我国资本市场稳定,推动资本市场发展,提高依法行政、依法监管水平,保护投资者合法权益等方面发挥了重要作用。但是,我们也应清醒地认识到,普法教育是一项长期工作,普法教育与我国快速发展的经济、与人民群众对法治的期盼还有很大差距,普法工作还有许多可以改进和加强的空间。对此,结合证券期货监管工作实际,提出普法工作的下一步工作设想。

(一)与行政执法新理念、新趋势的推进相结合,进一步调整对监管人员的普法思路和重点

近期,国务院专门召开全国依法行政工作会议,温家宝总理在会上作了重要讲话。会议在认真总结《全面推进依法行政实施纲要》发布以来实践经验的基础上,针对我国经济社会发展面临的新矛盾和问题,就全面推进依法行政、加快建设法治政府作出了全面部署。今后,证券监管的依法行政工作应努力推进制度创新、制度实施机制创新和观念创新,包括发展完善柔性执法机制、如何协调把握行政执法的合法性和最佳性、如何进一步扩大相对人对执法工作的参与度等。这些理念和趋势一定程度上对证券监管干部的执法工作提出了新的挑战,相应地,也对普法工作提出了新的任务。证监会拟在今后的普法工作中,重点加强对监管干部进行行政法相关领域的普法工作,并与行政法理论前沿研究工作有效结合,使依法行政主旨和理论精髓逐步渗透到监管干部的日常工作思维中。

(二)通过学法用法使监管人员牢固树立“尊重法律”的执法理念

随着证券监管工作全面进入常规监管阶段,证券期货基础性法律制度进一步健全完善,但法律规定的有效性需要通过执法实践充分发挥,其立法的科学性、合理性也需要通过执法活动进行检验、评估。因此,应进一步落实各级领导干部学法制度,证监会党委中心组将带头继续坚持依法行政学习制度,保障每年一至两次集中学法。各级党校、行政学院学习培训项目,都要进一步增加依法行政和法律知识内容的比重。要大力强化对监管工作人员法律知识和依法行政能力培训。进一步通过普法工作强化证监会系统在监管工作中“尊重法律”的理念,在监管执法工作中注意充分挖掘、利用现有法律规定和法律资源,提高运用法律解决问题、依法做好监管工作的能力和水平。

(三)进一步深化对资本市场经营主体的普法工作,大力推进法制进市场,将普法工作深入到市场主体内部

常规的法律培训等形式往往只是普及到市场经营主体的管理层甚至仅延及到高管。实践中,公司中从事日常事务工作的普通员工,其法律意识的强弱和对相关法律制度的遵循程度,也是决定经营主体是否规范经营的因素之一。因此,应进一步创新对这类主体的普法形式,尽量消除普法盲区,采取法制进市场,深入公司、企业,采取以案说法等通俗易懂的形式,现场普法。

(四)配合资本市场经营主体合规制度的推广试行,把对市场经营主体的普法工作与

"合规文化"教育和"诚信文化"教育有机结合

随着近期证券公司合规管理规定的试行和基金管理公司督察长制度的出台,证券市场的合规制度逐步推广实施,针对市场中个别机构对合规制度心存戒备、顾虑的现象,有必要对市场经营主体加强"合规文化"和"诚信文化"教育,使其在经营理念中逐步认同合规制度,促进合规制度的贯彻落实。

(五)在普法工作中,逐步建立健全投资者教育相关制度,增强投资者教育的实效性

目前,投资者教育仍以突击性教育为主,常规化、经常性的持续教育不足,在一定程度上还存在实际效果不够明显、针对性不强、个别市场主体对投资者教育工作缺乏自觉性和主动性等问题。因此,在今后的普法工作中,要从投资者教育工作的特点出发,结合上述问题有针对性地做好普法宣传教育工作的常规化和制度化建设。

(六)进一步拓宽普法的工作思路,在普法的深度和广度上下工夫

今后,要进一步丰富普法内容,扩大普法对象,改善普法方式,提高普法效果。不仅要普及宣传证券法、公司法等与证券期货联系比较紧密的法律制度,还要普及与市场经济紧密相关的基础性法律制度;既要抓住重点,做好对监管机构和市场机构领导的普法工作,也要做好对监管机构和市场机构普通员工的普法工作;不仅要让他们知道基本的法律常识,对那些与他们的工作、生活联系紧密的法律制度,还要通过普法使他们能够在懂法的基础上学会用法,能够运用法律手段表达自己的意志、维护自己的权益、依法做好各项工作,形成学法、懂法、守法、崇法、用法的法治文化环境。

# 十一、诚信建设

## 2010年证券期货市场诚信建设工作综述

中国证监会始终重视加强市场诚信建设,将其作为推动市场改革发展、优化市场监管方式的一项基础性工作。2010年,证监会以健全诚信法律规范体系为根本,以完善诚信信息平台为基础,以强化违法失信惩戒约束为抓手,以加强诚信宣传教育为补充,切实推进市场诚信建设,取得一定成效。社会信用体系建设部际联席会议《工作简报》和《中国青年报》等报刊媒体通报或报道了证监会建立诚信档案、创新诚信监管的特色做法。

(一)以打击防控内幕交易和强化中介机构约束为重点,进一步健全诚信法律规范体系。国务院办公厅印发了《国务院办公厅转发证监会等部门关于依法打击和防控资本市场内幕交易意见的通知》,就依法打击和防控内幕交易工作进行了统筹安排和全面部署,要求构建对内幕交易"齐抓共管、打防结合、综合防治"的长效机制。同时,证监会在证券期货规章、规范性文件修改制定工作中,注意加强中介机构的诚信约束。2010年,相继制定出台了《关于深化新股发行体制改革的指导意见》、《证券投资顾问业务暂行规定》、《发布证券研究报告暂行规定》、《律师事务所证券法律业务执业规则(试行)》、《律师事务所证券投资基金业务执业细则(试行)》等一系列制度文件,进一步明确了相关中介机构在证券发行询价、证券投资咨询、研究报告发布、证券法律服务中的业务规范和诚信要求。

(二)以完善诚信档案和推动信息共享为重点,进一步加强诚信信息平台建设。2010年,证监会继续完善全国统一的证券期货市场诚信档案,截至年底,诚信档案共记录违法失信行为信息8,600余条,全年新增违法失信行为信息约700条,切实起到了记录违法失信、反映

执法成果的作用。同时,证券期货监管工作中更加注重查询使用诚信档案,特别是在行政许可审查工作中,一律做到查询诚信档案、考察诚信状况,将市场主体切实感受到违法失信行为的不利后果。与此同时,证监会还大力根据证券期货监管工作的实际需要,大力推进与国务院有关部门的部际信用信息共享工作。2010年,证监会与中国人民银行联合发布通知,就信用信息共享做出制度安排,促进证券期货监管工作中依法使用、考察信用报告,初步实现两部门间的信用监管合作。

(三)依托诚信档案,进一步探索实施诚信监管约束。证监会在证券期货监管工作中,依托诚信档案,初步探索出了一套失信惩戒机制:一是切实把诚信状况与行政许可和市场准入紧密挂钩,使违法失信的机构和人员在进入市场、拓展业务、获取资格方面受到限制,甚至失去机会。特别是有了全国、全市场统一的诚信档案以后,违法失信的机构跨地区、跨市场经营,人员跨行业、跨领域从业,都会依法受到相应的约束。二是切实把诚信状况与日常监管执法结合起来,根据市场主体的信用状况,实施差别化、类别化的监管与检查安排,对违法失信的主体加大监管关注力度,对于情节严重、屡次违法的,坚决依法从重、从严处罚处理。三是切实把诚信守信作为专家选任的硬性条件,遴选发审委、并购重组委委员,存在违法失信行为记录的,一律"一票否决"。2010年,在主板发审委、并购重组委的推荐人选资格审核过程中,对于存在一些违法失信记录的个别推荐人选,尽管违法失信行为情节轻微,尽管其从业经验比较丰富,专业能力比较强,证监会还是从维护公信出发,坚决不予聘任。此外,证监会还通过建立完善中介机构内部诚信约束机制、分类监管制度、创新试点安排,积极引导行业机构和从业人员遵规守法、诚实守信。

(四)创新形式,深入开展诚信宣传教育工作。2010年,证监会系统组织开展形式多样的行业诚信宣传、教育活动,营造诚信氛围,培育诚信文化。一是坚持"寓教育于监管",在行政处罚中注重阐释法理、倡导诚信,在监管检查中注重培育遵规守法意识,强调及时预防、矫正,在信访投诉处理和矛盾纠纷化解工作中,增强投资者的自我保护意识、能力。二是将诚信宣传教育与法制宣传教育、投资者教育、廉政教育、文化建设等相结合,在法制宣传周、投资者宣传月、反腐倡廉展览以及各种金融文化建设活动中,增加诚信宣传的内容,增强诚信宣传的实效。三是重视"以案说法",选取严重违法失信的典型案例,通过在行业或辖区范围内通报,在证监会网站公开曝光,制作电视纪录片等方式,加以宣传通报,发挥警示教育作用。四是"寓教育于培训"、"寓教育于考试",在证券期货行业培训、资格考试中,特别是上市公司、证券期货经营机构的董事、监事和高级管理人员的资格考试、任职培训中,加大法律法规和诚实守信要求的比例。

# 第五部分　派出机构依法行政工作

## 北京证监局2010年依法行政工作报告

2010年是“十一五”规划的最后一年，也是资本市场朝着纵深方向发展的一年。这一年市场产品更加多元化，投资者参与度更高，市场发展对规则制度的内在需求也更加突出。为了顺应市场发展需求，北京证监局（以下简称北京局）立足维护辖区证券市场繁荣稳定，秉承“求真务实、依法监管”的理念，积极稳妥地落实证监会各项规章制度要求，着力构建高效廉明的监管体系，努力提高监管队伍业务水准，将北京辖区依法监管推向深入。2010年以来，北京局在局党委的领导下，逐步完善股指期货、融资融券等创新业务的监管模式，把握市场有利时机，支持辖区公司做优做强；持续加强基金公司合规监管，保证严守“老鼠仓”、非公平交易和各种形式的利益输送三条底线；联合北京市相关部门，积极交流创业板、中小板和主板上市公司监管思路，努力实践寓监管于服务的理念，为培育上市资源繁荣北京板块作出了有益探索，为首都金融市场的稳定发展提供了保障。

### 一、注重法律理论学习，有针对性地开展课题调研

北京局一贯重视法律专业理论学习。上半年北京局成立调研小组，承接了证监会法律部拟定的对国有控股上市公司监管特殊性问题的调研，并最终形成了36,000多字的研究报告《国有控股上市公司监管法律问题研究》上报证监会法律部，得到会法律部认可。以《基金法》修改为契机，北京局对私募基金管理情况进行摸底调查，实地走访北京地区阳光私募证券投资基金和私募股权投资基金，对私募基金的现状、业务模式、组织模式、从业人员情况、自律组织情况等问题进行了深入调研，对存在的问题隐患，诸如非法集资、非法发行、合同欺诈等违法行为全面掌握重点研究，以便在以后的工作中重点布防。

同时，北京局积极参加系统内部举办的研讨会，关注监管前沿问题，提升监管的前瞻性和预见性。比如，国外场外市场发展研讨会、证券期货市场投资者权益保护研讨会、证券市场研究工作联席会议等，对上述会议涉及的议题进行了专门学习和讨论，开阔了眼界，丰富了监管理论。

### 二、积极参加立法改法，为立法工作献言献策

作为行政执法部门，参加立法活动了解立法背景，有助于加深对法律的理解，有助于在实践中准确适用法律。北京局注重通过多种途径参加立法改法活动。2010年，北京局先后对近二十件法律法规、规范性文件草案提出修改建议，包括《中华人民共和国基金法》、《最高人民法院、最高人民检察院关于办理内幕交易等刑事案件具体应用法律若干问题的解释（征求意见稿）》、《中华人民共和国出入境管理法》、《关于深入贯彻落实全面推进依法行政实施纲要的意见》、《关于加强和改进行政执法和刑事司法衔接工作的指导意见》、证监会的《关于规范我会出具性质认定意见有关工作的通知》、《中国证监会监管谈话操作规程》、《中国证监会诚信监督管理办法（试行）》等。通过对上述征求意见稿、草案的分析研究，提升了北京局监管人员的法律理论水平，深化了北京局的监管思路和执法理念。

## 三、扎实推进监管执法工作

(一)行政许可工作

2010 年 2 月,《中国证券监督管理委员会行政许可实施程序规定》正式施行。按证监会统一要求,北京局办公室牵头各业务处室对北京局的《行政许可实施程序规定(试行)》、《行政许可工作规程(试行)》进行修订。为保证行政许可审核的公平和公正,北京局依据《北京证监局证券机构行政许可项目审核进程公示办法》和《北京证监局期货行政许可信息公示办法》,通过外网对相关审核进程进行公示,增加了行政许可审核的透明度,提升了行政许可工作的规范化水平。截至 2010 年 11 月底,北京局共接收行政许可申请材料 286 件,补正 33 件,反馈意见 65 件,全年办结 2009 年未结和 2010 年接收的行政许可 275 件。

(二)日常监管工作

北京辖区在全国范围内是机构和投资者相对集中的地区,截至 2010 年 11 月底,北京局下辖上市公司 162 家,期货公司 19 家,基金公司 11 家,证券公司 17 家,以及 223 家证券公司营业部,64 家期货营业部,54 家基金公司分支机构。北京局继续贯彻落实辖区监管责任制,在监管人员严重不足的情况下,保质保量完成了对辖区证券期货经营机构和上市公司的现场检查和专项检查任务。

北京局注重日常监管工作的规范化和标准化,结合上级业务部门的监管要求,制定了明确的工作规程和指导意见,确保监管工作程序完备、检查全面、重点突出。在上市公司监管中,针对创业板公司治理特点,北京局制定了《创业板公司专项检查要点》,突出了对创业板公司募集资金管理、信息披露等关键问题的检查督导。内幕信息监管是本年度上市公司重点监管事项,北京局从制度建设与执行入手,在年初即下发通知要求辖区公司建立内幕信息知情人登记制度并组织了专项检查,现场核查辖区公司对该项制度的建立情况。在基金业务监管中,根据行业发展和监管职能分工的调整,不断对相关工作规程进行修订,目前已完成了对工作规程的三轮修订,大大增强了各项工作的条理性和可操作性,规范了监管工作的程序和方法。融资融券业务和 IB 业务作为 2010 年证券经营机构的创新业务,同样成为监管工作的重点。北京局先后制定了《北京辖区证券经营机构 IB 业务开业验收工作规程》、《融资融券试点联合现场检查工作方案》,并起草下发《关于加强辖区证券公司及证券营业部融资融券业务试点工作的通知》等配套操作性文件,构建了全面完善的监管要求框架,使监管视线能够延伸至创新业务的各个环节,保证业务顺利开展。

(三)监管对象培训

在做好日常监管工作的同时,北京局以服务监管并重为原则,针对行业发展阶段性特点和证券期货经营机构需求,适时开展各种类型的业务培训,传达监管要求,为辖区经营机构和上市公司答疑解惑,对经营管理中易发生的问题提前敲响警钟。2010 年,结合年度监管工作重点,确立了培训的重点内容,全年共举办五期董事监事培训班,辖区内 161 家上市公司的近 2,000 名董、监事参加了培训。分管局领导在培训中亲自授课,在受训人员中引起深刻反响。2010 年 10 月,召开辖区创业板上市公司监管工作会议,辖区 22 家创业板上市公司董事长或总经理、财务总监、董事会秘书以及公司保荐代表人,近百人参加会议。组织了融资融券、合规管理等多项专题培训,特别是在《证券经纪业务管理规定》颁布实施后,及时组织了相关培训,并将近期辖区重点多发的投诉事件编写成案例向与会者宣讲,受到机构的广泛欢迎。

(四)稽查执法工作

稽查执法工作是落实监管要求、维护市场秩序、体现监管权威的最终保障。2010 年,北京局办理正式立案调查案件 9 起,非正式调查案件 27 起,提前介入调查 2 起,协查案件 21 起,有力打击了市场中的违法违规行为。同时,北京局抽调专门人员配合稽查局进行案例分析和汇总,在对现有案件总结梳理的基础上,归纳出内幕交易、信息披露等类型化案件的调查取证、法律适用的重点难点,对今后的案件调查工作有重要指导意义。

## 四、切实做好诚信监督管理工作

诚信监督管理工作是一项全局性、系统性工作。为完善北京局诚信监督管理,实现诚信监管的"硬约束"要求,结合监管实际对《中国证监会北京监管局证券期货市场诚信档案工作管理办法》进行了修订。新修订的《中国证监会北京监管局证券期货市场诚信档案工作管理办法(2010)》对诚信信息的录入、查询、使用作了详细规定。截至2010年12月中旬,北京局共录入诚信信息248条,其中2010年新增录入信息17条,新增查询申请33条。11月,北京局对《中国证券监管管理委员会诚信监管管理办法(试行)》提出修改建议,同时学习了上级机关对诚信监管的新定位新要求,对实现诚信监管"硬约束"的监管理念有了进一步认识,为下一步诚信监管管理工作的开展奠定了基础。

**五、信访投诉和普法宣传教育**

北京局地处首都,对维护首都和谐稳定负有重要责任。北京局以维护投资者切身利益为基础,妥善处理各类信访投诉案件。2010年北京局共受理各类投诉举报269件,已办结回复235件,转为稽查立案1件。为督促辖区机构规范经营,从源头上降低信访投诉发生率,北京局对辖区证券机构信访投诉进行了量化管理,每月在北京证券业协会内网公示投诉处理情况,指导辖区证券机构完善客户投诉和纠纷处理机制,从而有效减轻信访及维稳压力。对涉及基金投资者的信访投诉,通过核查公司,积极协调处理。针对掌握的信访投诉线索,在日常监管中重点跟踪,作为现场检查特别关注的事项处理。

《北京证监局法制工作通讯》作为局内法制资讯和普法教育平台,已编发至第二十五期。其中收录了2010年证监会系统及司法机关、相关部委发布的司法解释、规章和规范性文件、自律性文件32件,对内幕交易、一致行动人认定等法律适用问题进行了专门探讨。在"12·4"普法宣传活动中,北京局编制了《证券投资风险先知》投资者交易宣传手册,集中讲解各类证券期货产品的投资风险,提示投资者学习交易规则的重要性,倡导理性投资。

(北京证监局供稿)

# 天津证监局2010年依法行政工作报告

2010年,在中国证监会党委的正确领导下,在会机关有关部门的精心指导和系统内有关单位的支持配合下,天津证监局(以下简称天津局)紧紧围绕证券期货监管的中心工作,以规范促监管,不断提高依法行政能力和水平,依法行政工作上了一个新台阶。

**一、加强基础性制度建设,提升全局监管工作法制化水平**

天津局党委历年来高度重视辖区基础性制度建设,始终将推进局内监管制度和管理制度建设,完善运行机制,规范行政行为作为监管工作的重要抓手。按照领导批示要求,对《天津证监局局长办公会议制度》等22项局内工作制度、天津局行政许可程序规定、天津局监管信息依申请公开工作指引、天津辖区上市公司内幕知情人登记备案制度管理办法、天津期货业协会章程等各处室草拟的程序、规定进行审核把关。上述基础性制度的制定和实施,有力地推动了监管工作的规范化和法制化。

**二、全力做好重大、敏感监管事项的法律内核工作,防范、化解行政复议和诉讼风险**

认真贯彻落实《天津证监局法律内核小组工作暂行规则》,依据局领导的批示,对有关事项进行法律内核,审核会签文件21份,内容涵盖行政许可、诚信建设、日常监管、风险处置、信访答复、案件调查终结报告审核、证券期货业协会章程修订、重大合同签署等诸方面,为局领导和各处室的决策提供参考意见。一是有关行政许可、实施监管措施、重大问题的定性与处理。二是案件调查报告形成阶段介入法律审核,提出法律意见。三是重大、敏感信访事项介入审核,提供咨询意见。法律内核和会签的工作机制,较好地促进了依法行政,最大限度防范了行政诉讼风险。2010年度,未发生针对天津局的行政复议和行政诉讼案件。

## 三、开展普法活动,多渠道增强监管干部和市场主体法律意识

(一)提高监管者的依法行政能力

为提高天津局监管干部依法行政意识,通过举办专题培训、座谈会等多种形式,提高依法行政、依法监管的能力和水平,有效防范行政诉讼风险。

一是就天津局行政执法中存在的问题,组织召开局内"改进和规范行政执法工作"学习座谈会,围绕完善规章制度、严格执法程序、加强监督制衡和强化问责机制四个方面,听取各处室的意见和建议,并形成专门的报告报局领导。

二是积极开展专题培训活动,从年初持续开展了办公行政、法律、会计、保密等专业培训近10次,努力提升监管干部的综合行政能力。

(二)积极开展对市场主体的普法宣传教育

为强化市场主体的法律意识,引导市场主体守法诚信、合法经营,营造良好的市场环境,促进证券期货市场的稳定发展,多渠道开展对市场主体的普法宣传教育工作。

一是持续加强合规管理要求,推动证券机构提高合规管理水平。两次召开了证券营业部合规专员座谈会,辖区94家证券营业部的合规专员参加了会议,面对面听取情况汇报、意见和建议,交流好的做法、经验,进一步提升营业部合规管理水平。同时,编制《天津辖区证券营业部合规管理工作手册》,指导证券营业部合法合规经营。《手册》收录了关于证券营业部合规管理的法律法规、通知、通报等60个文件,合计20万字,印制1,200册,发放1,080余册。

二是持续保持高压态势,巩固整非成效,防止非法证券咨询和非法证券委托理财活动扩散蔓延和出现反复。督促证券营业部做好整非宣传和预防工作,做到"守土有责":所有证券营业部在投资者园地公示了合法证券公司和合法证券投资咨询机构的名录,开展整非宣传活动600余次,发送整非宣传短信4万余条。同时,提请新闻媒体强化对广告节目的审查程序,杜绝无证券投资咨询业务资格的机构及个人利用媒体传播虚假或者误导投资者的信息。对证券投资咨询人员参与投资报告会、广播电视节目提出要求,明确公司内部审批责任以及向监管部门事先报备程序。同时,与市委宣传部、市网控办、市通信管理局合作,掌握了辖区广播、电视证券节目播出时间、频道、栏目及主要内容,建立了辖区门户网站的监控信息档案。安排专人对辖区广播、电视、报刊、网络等主要新闻媒体进行跟踪监控,收集整理非法证券活动信息。

## 四、建立长效机制,全方位、多角度推动辖区投资者教育活动

一是通过电台、报刊等媒体,开展形式多样的防范非法证券活动宣传工作。共组织刊发打击非法网络咨询、提示境外投资风险等方面的文章8篇。其中,多篇文章经人民网、央视网等多家主流网站转载。结合打击非法证券活动案例,在《上海证券报》等报刊发表宣传文章2篇,以"证券理财如何防范非法证券活动的投资陷阱"为主题,在天津人民广播电台《理财百事通》节目举办了宣传节目2期。开展预防和打击非法证券活动宣传周活动,在天津金街现场宣传,解答投资者咨询,向1,000余名投资者发放防范非法证券活动宣传材料。通过证券期货营业网点向投资者累计发放各类宣传材料3万余份。通过宣传教育工作,进一步增强投资者对非法证券活动的辨别能力和防范能力,营造打击非法证券活动的舆论氛围。

二是指导督促证券业协会和各证券机构开展了丰富多彩的投资者教育活动。天津市证券业协会秉承"授人以鱼不如授人以渔"的理念,打破股评、荐股的陈旧思维,着力帮助投资者树立正确的投资理念。2010年,协会选拔出15名优秀投资者教育专员组建了天津市投资者教育巡讲团,在全辖区营业网点定期进行投资者教育巡回报告,传授投资方法,宣讲防范非法证券活动知识,受到了投资者的广泛好评。

## 五、认真做好行政许可工作,确保许可事项的办理效率和质量

2010年度,天津局共接收行政许可申请材

料56项，不予受理1件，发出补正通知9份，发出行政许可公文49件。按照中国证监会的授权，认真做好行政许可项目办理工作。对于初审事项，认真进行审核并及时上报初审意见。通过规范受理和办理程序，严格办理时限，确保了行政许可事项的办理效率和质量。

**六、做好案件调查工作，严厉打击内幕交易等违法违规行为**

2010年，依法对辖区两家上市公司信息披露违法违规行为进行调查。承办了会稽查局交办的股价异动非正式调查案件5件，及时向会稽查局提交了调查报告，对查实的相关涉案主体的违法违规行为，依法提出了立案调查处理的建议。支持会稽查局联合办案的新探索，参加吉林局、河南局牵头的两起股价异动非正式调查的联合办案工作。此外，协助广东局完成"格林柯尔案"的协查，完成对"海南寰岛实业有限公司违反证券法律法规案"天津地区涉案当事人行政处罚决定的送达、"华通天香集团股份有限公司"法律文书的送达等工作。

**七、主动出击，协调配合，依法查处非法证券活动**

坚持依法查处和加强防范相结合，加强对非法发行股票等非法证券活动的排查，坚决打击非法证券活动，维护辖区证券市场秩序。

一是主动出击，积极开展非法证券活动的排查工作。2010年，组织力量将辖区2009年以来新注册的172家股份公司和外地股份公司在津分支机构作为重点排查对象，落实到人，通过网络搜寻、电话查访等形式排查。落实专人关注辖区相关网站、媒体上的非法证券活动信息，在互联网搜索引擎搜索"原始股"、"股票发行"、"代理买卖股票"等关键字，排查非法发行股票等涉非活动。在网络排查中，发现经营活动主要在外地的宝矿科技等13家涉嫌非法发行股票和非法经营证券业务的公司，及时向证监会报告或向有关证监局通报。应邀派员参加了会非公部召集的宝矿科技涉嫌非法发行股票案协调会，相关工作受到肯定。

二是进一步完善防范和打击非法证券活动的工作机制。将证券期货营业部纳入防范非法证券活动工作体系。落实局领导的工作要求，发挥辖区证券期货营业网点分布广、从业人员多、贴近市场、贴近投资者的优势，2010年上半年，分四次组织召开了102家证券期货营业部网点负责人会议，要求证券期货营业部严密关注周边情况，并在客户开发和客户服务过程中，收集非法证券活动线索，及时报告，同时引导投资者通过合法途径进行证券投资。2次参加辖区证券营业部合规专员座谈会，对证券营业部参与防范和打击非法证券活动工作体系进行再次发动，提出工作要求，构建防范非法证券活动情报网。

**八、苦练内功，积极参与资本市场立法和调研活动**

积极参与资本市场及相关领域的立法工作。发挥贴近市场、贴近投资者和法律专业优势，对会法律部转发的国务院关于全面推进依法行政实施纲要提出书面修改建议。就稽查局下发的《稽查工作评价办法》进行研究，结合辖区实际提出完善建议。落实市长批示，就优化天津市金融创新发展环境提出书面工作建议。就会法律部"关于完善证券侵权民事法律责任制度征求意见函"、关于证券期货法制统计工作征求意见函、内幕交易刑事案件适用法律有关司法解释（征求意见稿）、《中国证监会诚信监督管理办法》（征求意见稿）、《中华人民共和国考试法》（征求意见稿）认真进行研究，书面回复会法律部和有关部门。

**九、创新工作思路，推进辖区综合监管体系建设，完善证券监管司法保障环境**

精心组织筹备天津局与天津二中院共同召开的"司法支持证券期货监管工作座谈会"，二中院主管院长和天津局领导出席会议。会后撰写简报《天津二中院成立金融审判合议庭，有效提升辖区资本市场法治环境》，报会法律部、协调部。为了固化会议成果，撰写与天津二中院"司法支持证券期货监管工作座谈会"会议纪要并正式印发，要求各处室在监管工作中加以运用。为强化对辖区上市公司信息披露的监管，与天津高院商定了上市公司涉诉信息沟通机制，为建立辖区综合监管体系进行有益的探索。应邀参加了天津市第二中级人民法院有关金融创新与商事审判的专题调研活动,撰写了《关于在天津滨海新区尝试设立金融法庭的建议》,得到法院领导的高度重视,目前法院已正式成立了专门的金融案件审判组织。

(天津证监局供稿)

# 黑龙江证监局2010年依法行政工作报告

## 一、突出干部学法,抓好抓实监管人员用法,强力推进依法行政的能力建设

一是加强培训,注重自学。为了督促和引导干部职工加强对现代资本市场发展和监管规律的思考和研究,不断提高专业水平和驾驭市场能力,增强对监管工作的预见性、前瞻性、主动性和科学性。在学习理念上,提出了"学习工作化"和"工作学习化"的新理念;在学习方法上,打破了以往就学习而学习的单一模式,更加注重实践,注重调研,注重实效,注重思考总结、经验传授;在学习形式上,坚持每周法律知识学习制度及"每月一课"制度,坚持由参加培训和交流的同志为大家分享工作中获取的宝贵经验,介绍新的法律法规知识和监管经验。以此带动监管人员自觉学法,使学法成为黑龙江证监局(以下简称黑龙江局)监管人员的一项基本任务。二是定期召开法制文字小组会议。法制文字小组成立以来,坚持每双月15日召开一次业务情况汇总及法制工作探讨会议,组织各小组成员介绍监管政策等情况,同时对涉及的相关法律问题进行集中讨论,并及时汇总,形成小组会议记录,及时上报局领导。截至12月底,组织召开了5次小组定期会议,形成了5期会议专报报送局领导、各位处长和小组成员。

## 二、突出制度建设,抓好抓实行政法律法规运行,大力推进依法行政的制度保障

建立健全工作制度是全面推行依法行政的重要内容和重要保障,也是资本市场改革发展的内在要求。黑龙江局坚持以制度建设促科学监管,切实加强程序法治建设,严格规范执法行为,认真履行法定职责,努力把依法行政工作提高到新的水平。2010年,黑龙江局根据监管法规和市场发展变化,制定了《黑龙江证监局监管措施实施工作规程》、《黑龙江辖区期货业务现场检查办法》、《期货公司公司治理现场检查工作规程》、《期货公司保证金管理现场检查工作规程》、《期货公司净资本管理现场检查工作规程》、《期货公司客户管理与服务现场检查工作规程》、《期货营业部现场检查工作规程》、《证券经营机构中间介绍业务现场检查工作规程》、《机构监管维稳应急制度》、《信访投诉制度》、《黑龙江证监局上市公司年报监管工作规程》、《黑龙江证监局上市公司年报审核工作规程》、《黑龙江证监局上市公司回访检查工作规程(试行)》、《黑龙江证监局约见上市公司高管集体谈话工作制度》、《黑龙江证监局上市公司巡回检查工作规程》等工作制度,努力实现全局监管程序化、规范化、科学化。黑龙江局2010年共受理并办结66项行政许可,下达了13项监管措施。

## 三、突出示范带动作用,抓好抓实依法监管工作,大力推进依法行政的整体效应

(一)加强上市公司监管,全面提升上市公司质量

一是强化现场监管,重视上市公司现场检查和专项核查。认真贯彻落实《上市公司现场检查办法》,按照"检查准备充分、检查力量配强、检查深度到位、检查质量过硬"的原则,切实提高现场检查工作的规范性和有效性。全年共对上市公司现场检查12家次,下发整改通知及监管意见函40余份。通过加强现场检查,督促上市公司整改问题、化解风险。

二是推动上市公司完善治理结构,提高规范运作水平。按照证监会的要求,继续深入开展上市公司治理专项活动。在辖区上市公司治

理问题基本整改完毕的基础上，对公司治理重点关注的领域进行了回访检查，巩固了治理效果。对2010年新上市的4家公司开展了治理专项检查，并下发整改通知，治理活动成效明显。加强对上市公司董、监事的培训，每季召开董秘例会学习。2010年，与上市公司协会针对上市公司并购重组、关联交易等专题联合举办了两期培训班及四期董秘例会交流学习，有效增强了上市公司管理层完善公司治理及规范运作的意识和能力。

三是抓好上市公司年报披露监管，提高信息披露质量。组织做好上市公司年报事前、事中、事后各项审核监督工作，通过召开会议部署，约见公司财务负责人及主审会计师座谈，督促审计机构及时报送各审计环节审计情况等措施，提高上市公司年报信息披露质量。根据年报分析及日常监管情况，对辖区8家上市公司实施了年报现场检查工作。针对上市公司股价异动、媒体报道等事件及时反应和处置，对违法违规行为及时查处，督促上市公司提高日常信息披露质量。

四是扎实推进消除同业竞争和减少关联交易专项活动。按照上市部要求，认真推进辖区上市公司解决同业竞争和关联交易。通过公司自查、日常监管、深入走访等摸底调查，在充分掌握情况的基础上，按照“一司一策、联合推进、重点突破”的工作方针，督促公司逐步解决同业竞争，完善内部控制，建立有效的关联交易管理制度。加强培训，增强独立董事、监事的合规意识和法律意识，提高其识别非公允关联交易的专业能力，充分发挥公司内部监督制衡机制作用，确保关联交易不侵害公司和股东利益。

五是鼓励上市公司并购重组。对实施重大资产重组的公司及时开展实地核查，加大审核工作力度。推动重点产业、重点领域内的上市公司实施并购重组，充分利用资本市场平台，以并购促进跨越式发展，优化资源配置，实现产业重组、布局调整、淘汰落后、提高效率的工作目标，推动辖区上市公司做大做强。目前，航天科技、国中水务重大资产重组方案已经实施完毕；圣方科技的并购重组工作已经获得证监会有条件通过；4家公司的重组工作正在进行中。

六是防范化解上市公司风险。联合省国资委、银监局、人民银行哈尔滨支行、省金融办四个职能部门制定针对上市公司的全方位综合行政监管方案，明确上市公司风险分类标准及责任分解、风险防范综合监管体系和重大突发事件预警应急预案内容，以及各相关部门的组织保障和工作原则。积极推动地方政府成立上市公司风险防范综合监管协调小组，建立一个各司其职、各负其责、相互配合、资源共享的监管平台，使各部门形成监管合力，有效防范和化解上市公司风险。加强与地方政府有关部门的沟通协调，推动高风险公司化解风险，共同推动北亚集团、圣方科技、光明家具重组工作。加强与交易所、上市部的密切协作，督促公司及时向投资者揭示风险，必要时强制公司进行信息披露。

（二）加强机构监管，提高证券经营机构规范发展水平

一是积极推进证券营业部客户服务检查与评价。严格落实《黑龙江辖区证券营业部客户服务监管指引》，在现场检查工作中全面引入客户服务的相关要求，在原有合规性要求的基础上引入客户服务质量要求，全面完善了现有检查底稿和相关工作制度。与省证券业协会配合对辖区近20家营业部进行了评价，拟将评出的优秀营业部和不及格营业部在辖区范围内公布，结合奖惩措施扩大评价效果。通过对客户服务检查与评价工作，黑龙江局对辖区证券营业部的风险特性和其客户服务的内涵更为熟悉和了解，对辖区证券营业部客户服务工作的指示性更为明确，对辖区投资者合法权益的保护将有大跨步式的前进。

二是优化营业网点布局，促进行业有序竞争与发展。通过深入调查研究，本着有利于行业竞争、有利于保护投资者权益、有利于公司健康发展的规划思路，合理审批营业网点迁址与新设。截至11月下旬，辖区共新设证券营业部10家、迁出证券营业部16家、辖区内迁址证券营业部7家、迁入证券营业部1家，辖区证券营业部总数112家。通过网点规范，辖区证券市场呈现了良好发展态势，打破了区域垄断经营，促进行业提升了服务质量；佣金水平下降的同时服务质量不断上升，客户权益得到实质性保护；证券营业部合规展业、有序竞争，金融生态持续改善。

三是持续规范经纪业务营销工作，严厉打击各类违规行为。稳步推进辖区经纪人制度备

案,坚持高标准、严要求,审慎把关。2010年,共接受30家证券营业部实施证券经纪人制度的备案申请。积极主动规范券商营销行为,扎实深入开展专项检查。针对辖区经纪人、渠道营销普遍存在的问题,采取奖惩并举措施予以规范。查处了2家证券营业部不当营销等行为,在辖区行业内起到了警示作用。

四是规范投资咨询机构行为,推动业务转型。借鉴证券公司实施合规管理制度的成功做法,推动容维公司设立了合规管理部门,强化内部管理。通过对容维公司现场检查及处理投诉举报工作,及时督促公司就存在问题及时整改。启用横向监管平台,与省广播电视局等部门协作配合,共同规范辖区广播电视及投资咨询机构举办媒体类节目。容维公司已于8月底停播了全部媒体类证券节目。审慎做好辖区2家涉案证券投资咨询机构监管。

(三)加强期货监管,推动期货经营机构提升竞争力

一是加强期货经营机构日常监管。充分利用非现场监管与现场检查互补优势,强化期货经营机构常规监管。利用非现场监管,对期货公司年报进行审核分析,发现风险隐患,采取有针对性的监管措施;将期货公司财务报表和风险监管报表与监控中心数据核对,及时发现监管指标异常变动情况,截至目前,各公司风险监管指标均未出现过预警;通过分析营业部月度报表及季度市场运行情况,对市场开发、交易规模、风险控制和投资者教育等运行情况进行全面掌握。利用现场检查,加强对期货公司净资本核实,确保公司净资本与保证金安全,推动期货公司建立了财务部门与结算部门定期沟通机制。为配合股指期货的顺利推出,规范辖区股指期货开户业务,监督辖区机构有效落实投资者适当性制度,确保让真正适当的投资者参与股指期货,对7家具备金融期货业务资格的营业部股指期货客户开户合规情况进行了2次专项现场检查,确保了辖区股指期货机构开户平稳有序。随着辖区期货营业部数量的增多,为进一步强化对营业部的监管,有效控制与防范风险,加强期货营业部规范运作,对辖区13家正常经营的期货营业部进行了全面检查,辖区各营业部在稳健运行和合规管理方面逐步规范。

二是深入开展期货公司分类评价。按照证监会的要求,认真组织辖区期货公司开展2010年分类评价工作,坚持依法、公平、公正的原则,充分考虑评价期内日常监管发现的问题及采取的监管措施,逐项审核公司上报的自评结果,对自评中扣分项目不准确的情况进行调整,认真填写期货公司分类评价初审工作底稿,对全部扣分及调整项目进行备注说明,坚决做到有理有据。

三是扎实推进IB业务检查。积极组织辖区证券营业部负责人和IB业务人员参加业务培训,并将关于证券公司从事IB业务的相关规定和文件下发各营业部,强调开业准备各项工作重点,督促营业部按要求进行自查。黑龙江局本着“成熟一家、验收一家、开业一家”的原则,严把准入关口,按期完成两批21家证券营业部从事IB业务开业申请材料的要件审核,出具无异议函。为有效配合开业验收环节的要件审核工作,确保证券营业部在人员、场地、设施等方面全面符合开业条件,黑龙江局统筹安排,及时跟进,成立专门检查小组对通过要件审核的证券营业部进行了现场检查。针对发现的问题,及时督促营业部进行整改,并对整改结果进行复查,确保检查工作质量。

四是做好期货公司风险防范和处置工作。为督促个别期货公司加快解决法人治理结构不完善、不健全等问题,黑龙江局通过定期报告、现场检查、高管谈话等方式加强对相关期货公司的日常监管;同时加强与证监会的沟通请示,在证监会的指导下,对相关期货公司采取有力监管措施,化解公司风险,切实维护投资者权益。为确保对已停业期货公司风险处置的顺利进行,黑龙江局继续做好客户安抚工作,力保客户情绪稳定;同时多次向证监会相关部门及监控中心汇报沟通,修订并完善了风险处置工作方案。

## 四、突出舆论引导工作,抓好抓实行政维稳,大力推进依法行政的制约保障

(一)加强媒体监测,做好舆论引导

黑龙江局建立了媒体监测制度,成立了媒体监测小组。多年来,黑龙江局媒体监测小组一直坚持每天第一时间关注当天的各大报纸、网站,对有关辖区市场的相关新闻报道及时形

成监测记录，按周汇总整理，报送局领导及相关处室负责人，以便及时了解掌握辖区市场动态，使各项监管工作更有针对性。经过两年多的实践，本着力求简洁、全面、准确、及时的原则，2010年黑龙江局对媒体监测周报在内容和形式上进行了改版升级，增加了特别提示、会里动态等专栏，使媒体监测周报更加全面翔实。

同时，黑龙江局积极与省委宣传部、网宣办、公安厅、省通信管理局、省广电局等相关部门沟通协调，加强引导和规范证券期货市场舆论和信息传播，督促辖区各相关媒体，坚持正确舆论导向，对资本市场热点难点问题进行正确宣传引导，营造良好的舆论氛围。

（二）加大信息技术安全监管力度，防范风险隐患

督促证券期货经营机构完善信息安全制度建设，要求各机构高度重视信息系统安全保障工作，定期排查系统风险，及时发现问题，采取有效应对措施，增强紧急突发事件的处理能力，保障交易系统安全运行。成立信息技术安全检查组，对辖区部分证券期货经营机构信息技术安全进行抽查，查找各机构在信息系统建设和管理方面存在的问题，督促整改落实，消除风险隐患。

（三）严厉打击违法违规行为，创造良好金融环境

一是严厉查处内幕交易，稽查办案效率和质量不断提高。2010年，黑龙江局共完成稽查局交办的非正式调查案件2件，协查案件5件。由于主办的2件案件均涉嫌内幕交易且同时进行调查，面临着办案时限要求紧、涉及地域广、调查账户多、办案人员不足的现状。黑龙江局党委通过认真组织分析案情、统筹安排、合理调配稽查办案人员，在规定时间内出色完成了案件调查工作，得到了会稽查局的表扬。通过近年来的稽查执法工作，黑龙江局稽查干部的执法能力和水平得到了锻炼和提高，办案周期明显缩短，逐步建立起行之有效的稽查办案工作流程，实现了组织调查模块化、证据调取模块化、证据整理链条化，有效提高了稽查办案的工作效率。同时也积累了丰富的执法经验，一些好的经验做法还作为典型在系统内予以交流推广。

二是全力打击非法证券活动，巩固工作成果。进一步加强与公安、工商等部门的协作配合，加大对非法证券活动打击力度，坚持“到位不越位、打早打小、露头就打”的原则，从源头上控制非法证券活动的蔓延。全年妥善处理11起举报投诉，办结9起案件，移送3起案件线索，通报案件线索2起，新发案件继续下降，取得了实实在在的成效。

三是全面推进反洗钱工作，维护辖区金融秩序。要求各证券期货经营机构完善内控机制建设，做好客户身份识别、客户身份资料补登、大额和可疑交易报告工作，加强实时监测和监控工作。加强与中国人民银行哈尔滨中心支行建立反洗钱工作信息共享，从根本上堵塞漏洞，打击洗钱犯罪，不给犯罪分子以可乘之机。

## 五、存在的问题及下一步工作打算

2010年，在推进依法行政方面，尽管黑龙江局做了一些工作，取得了一些成绩，但是，距离依法行政的目标还存在一些差距，回过头来深刻反省，主要表现在：依法行政意识和能力的培养方面需要进一步加强；依法行政监管机制需要进一步完善；对社会宣传法律法规的力度不够；等等。

根据上述问题以及工作实际，下一年度黑龙江局依法行政主要做好以下四个方面工作：

一是继续抓好《全面推进依法行政实施纲要》和法律、法规、规章的学习。提高全局人员特别是领导干部、执法人员对落实《纲要》重要性的认识，建立健全配套工作制度、程序和机制，切实增强黑龙江局依法行政的责任感、紧迫感和自觉性。

二是提升法治意识，强化推进依法行政的能力保障。继续加大对监管干部的法制培训力度，提高其法律水平和业务能力，尤其注重培养中层干部的综合业务素质、领导能力和管理水平。有计划、有步骤地组织干部岗位交流，有效激发工作活力，提高工作积极性和主动性。完善干部选拔任用制度，优化干部队伍结构。加强党风廉政建设，切实增强党员干部廉洁自律意识，转变工作作风，提高监管效能，树立良好的监管形象。

三是提高监管有效性，强化推进依法行政的行为保障。有效落实会党委2011年各项监管工作部署，完善监管手段和监管方式。督促

上市公司完善治理结构,推动上市公司并购重组、再融资。督促江海证券夯实内部管理基础,不断提升市场竞争力。引导证券营业部积极创新客户服务模式与内容。加强证券投资咨询机构日常监管,促其规范、平稳转型。深化期货公司分类监管,引导期货经营机构合规经营,强化期货市场在服务地方经济发展,特别是对服务"三农"的积极作用。

四是完善打击违法违规行为,强化推进依法行政的制约保障。加强对新形势下违法违规问题的研究,大胆探索对新的违法违规的打击手段,提高打击力度和打击效率。继续加强案例的分析总结,将日常监管案例和稽查案例有机地结合起来。加强舆论引导和投资者教育工作,营造良好的市场环境。

(黑龙江证监局供稿)

# 上海证监局2010年依法行政工作报告

2010年,上海证监局(以下简称上海局)在中国证监会党委的正确领导下,在会机关各部门的悉心指导下,在各兄弟单位的大力支持下,以科学发展观为指导,认真贯彻落实全国证券期货监管工作会议精神与证监会党委各项工作部署,以"保稳定、抓规范、促发展"为主线,坚持依法行政,不断完善执法机制,严格执法程序,规范执法行为,提高执法效率,强化执法监督,提升执法水平,依法行政工作取得了显著成效,为辖区资本市场的持续健康发展创造了良好条件。

## 一、建章立制,夯实监管工作基础

(一)积极参与国家和地方立法工作

2010年,各立法机关的法律法规征求意见涉及范围广泛,领域众多,为进一步提高立法意见工作质量,上海局进一步完善了法制处牵头负责、各处室积极参与、局领导审核把关的立法建议形成机制,通过该机制,有效地促进了立法与一线监管实践的结合,从而提出既符合业务实际、便于操作,又符合法律要求的立法建议。相关立法建议得到了各立法机关的认可,其中部分建议被立法机关吸收采纳。全年共研究处理了45项法律、法规及规章草案的征求意见稿,共提出修改建议100多条。

(二)制定完善局内工作制度和规程

上海局一贯坚持以制度规范执法行为,对每项监管工作都制定有详细的规定,明确监管的依据、工作流程和岗位职责等,做到执法有据、程序公正、要求具体、期限明确,有效保障了各项监管工作依法开展。2010年,上海局根据相关法律、法规、规章及证监会规范性文件,进一步细化、梳理、补充和完善全局工作制度和规程,新制定制度15项,修订制度2项。例如,为做好行政处罚工作,制定了《上海证监局行政处罚案件审理工作规则》等7项行政处罚相关规则;根据证监会新的行政许可工作规定,制定了《行政许可实施程序规定》和《行政许可操作规程》。同时,将涉及内部管理、业务操作等方面120余项制度进行汇编,为提高监管工作和内部运作规范程度奠定了坚实基础。

## 二、精心筹备,扎实做好行政处罚试点工作

2010年11月1日证监会正式宣布下放行政处罚权,按照证监会统一部署和安排,上海局成为证监会首批下放行政处罚权的三家试点派出机构之一。行政处罚权下放试点工作是证监会行政执法体制改革的重要举措,具有重大意义,有利于缩短立案审理周期,提高处罚的执行率,增强监管权威。为做好处罚权下放的试点工作,上海局在证监会的指导下,在人员配置、组织架构、制度建设、硬件设施、实战练兵等方面做了充分的准备工作。

(一)健全组织架构,加强人员和物质保障

上海局明确由法制工作处具体负责案件审

理工作、稽查处负责案件调查工作，确定由2名局领导分别担任法制工作处和稽查处分管局领导，严格做到了“查审分离”。同时，进一步充实审理人员队伍（目前法制工作处共有7名专业过硬、经验丰富的同志，85%以上具有法学硕士以上学历）。此外，上海局专门设立了听证室，配备了先进的录音、录像、电脑等设备。

（二）制度先行，建立完善工作规则

根据证监会行政处罚工作规定，结合辖区工作实际，上海局制定了《行政处罚案件审理工作规则》、《行政处罚听证规则》、《行政处罚工作人员廉洁自律基本准则》、《听证笔录》、《听证会工作程序指引》、《法律文书送达工作规则》和《行政处罚案件档案管理暂行办法》7项行政处罚相关规则，为行政处罚工作提供了坚实的制度保障。同时，按照证监会的要求，向社会公布了《行政处罚听证规则》和《行政处罚工作人员廉洁自律基本准则》。

（三）理论结合实践，提高实战能力

为做好行政处罚工作，上海局案件审理人员“苦练内功”。一是认真参加证监会组织的行政处罚工作培训、以岗代训，参与、协助会处罚委的案件审理工作、旁听行政处罚听证会；二是通过规则解读、专题研讨等方式，深入学习工作规则和证监会以往处罚案例；三是了解和参与监管工作，熟悉案件审理的前后道相关工作；四是精心组织模拟听证会，检验和锻炼实战能力。

## 三、加强监督，开展行政执法检查

对行政执法行为进行检查和监督，是贯彻国务院《全面推进依法行政实施纲要》、推动落实行政执法责任制的具体举措，有利于查找行政执法工作中可能出现的疏漏，进一步规范、改进行政执法行为，促进依法行政意识的增强和依法行政水平的提高。上海局一贯重视行政执法工作检查和监督，专门成立了局依法行政领导小组，并开展过多次执法大检查。2010年，上海局开展了以行政许可检查为重点的执法检查工作。

2010年，为深入贯彻《行政许可法》和证监会《行政许可执法监督暂行规定》，强化对实施行政许可行为的监督，进一步规范行政许可行为，防范和化解行政执法工作中的诉讼风险，上海局开展了全局范围的行政许可专项检查工作，对2010年行政许可工作情况进行了全覆盖的执法检查。检查对象包括办公室、机构一处、机构二处、基金处和期货处等行政许可职能处室。检查内容涵盖各行政许可职能处室2010年实施行政许可的情况，主要包括：是否依法实施行政许可；行政许可制度建设情况；行政许可工作流程、档案管理等情况。在局依法行政领导小组的领导下，检查由法制工作处具体组织落实，法制工作处制定了检查工作方案，并在全面梳理《行政许可法》、证监会各项行政许可规定的基础上，制作了内容全面、便于操作的检查工作底稿和各处室行政许可自查表，列明具体检查内容及相应的法律依据。检查采取自查和检查相结合的方式：首先，各行政许可职能处室对本处室行政许可工作情况进行自查，填写自查表，提交自查报告；其次，法制处通过查阅工作底稿及档案材料、查看OA流程等方式，抽查了部分行政许可项目。

通过检查，上海局全面梳理了行政许可各项工作规定和工作流程，强化了相关处室依法行政的理念，发现了工作中的不足，提出了改进建议，进一步提高了依法行政水平。2010年，上海局共接收行政许可申请420件，受理行政许可402件，准予许可404件，发送行政许可补正、受理、反馈等通知343件。所有行政许可事项均属于法律法规设定、国务院公布保留或者证监会依法设定的其他行政许可项目，所有行政许可项目均依法公示，在证监会系统内率先实现了证券机构行政许可申请受理及审核情况T+1全过程公示。全局各行政许可职能处室基本做到了依法受理、依法审查，按期许可。到目前为止，没有收到有关行政许可方面的投诉，也没有相关行政复议和诉讼。

## 四、依法监管，切实履行辖区监管职责

（一）狠抓日常监管，促进辖区市场规范运行

一是突出监管工作重点。稳妥推进融资融券业务试点工作和股指期货业务，指导证券公司和期货公司加强投资者适当性制度实施和投资者诚信状况评估，督促公司抓好客户培育和风险管理工作。积极推动部分改制上市公司整体上市，加强与各方面的沟通，明确监管要求，

一司一策推动解决,工作取得明显成效。二是扎实推进常规监管。推动上市公司加强内幕信息管理,做好信息披露和媒体沟通工作,强化公司治理与规范运作要求;推动证券公司合规管理制度和风控机制建设,建立经纪业务管理长效机制;围绕"三条底线"和合规管理,有效开展基金公司监管;以促规范、防风险为重点,有效开展期货经营机构监管;加强对会计和评估机构、律师事务所等中介机构的监管。对监管对象采取监管谈话、警示函、责令改正等监管措施30次,并记入诚信档案,督促监管对象规范运作。

(二)注重法律会签工作,发挥法律在监管中的作用

上海局重视发挥法律在监管工作中的作用,将法律工作与日常监管相互结合,及时研究资本市场热点、难点问题和日常监管中出现的重大疑难法律问题,提出相关政策建议。同时,对于疑难信访答复、行政监管措施决定、行政许可等行为,都经由法制工作处会签审查。法制工作处从促进资本市场发展,保护投资者利益的全局出发,综合考虑法律效果和社会效果,以合法性、规范性为着力点,将法律专业意见与监管实际相结合,将审查工作细化到法律依据、行文格式、用语措辞、适用性等方面,提出合法、规范、切实可行的处理意见,有力保证了各项监管工作的质量,提高了监管工作的有效性和合法性。2010年法律部门共会签各类监管文件78份(其中信访会签28件,行政监管措施会签31件,行政许可会签16件,其他法律文件会签3件)。截至2010年底,上海局尚未出现一例行政诉讼或行政复议案件。

(三)妥善做好信访工作,维护辖区市场稳定

一是优化信访工作机制。完善干部接访等制度,强化跨处室信访处置协作,有效处置突出信访问题和极端事件。根据信访中反映的问题,及时跟踪相关线索,查处违法违规,及时优化和完善各监管环节的工作流程,确保每一个环节都能依法行政,从源头上防范了诉讼风险。2010年,共受理来信613件、来电3,804个、来访202批次共382人。二是全面排查辖区信访矛盾,制订应对处置预案。定期开展突出信访矛盾排查工作,在排查的基础上针对每一个事由制订相应的应对、处置预案。三是建立领导干部分层次接访体系。根据接待效果和疑难程度,由负责信访工作的处级干部、业务处室处级干部、分管局领导、局长逐级负责接待,提高接访的针对性和实效性。四是优化维稳督导机制。加强对经营机构客户投诉处置工作的指导,如要求建立信访台账、加强信访处置汇总分析等,建立辖区证券公司及分支机构信访工作联系会议制度和投诉处理质量评估机制。

## 五、净化市场,坚决打击违法违规行为

上海局树立"维护正义、主动办案、坚守原则"的稽查理念,通过完善案件线索发现处理机制、创新办案方式方法、完善案件调查管理机制、开展有针对性的业务培训、探索跨境执法协作等方式,做好案件调查工作,及时查办违法违规行为,净化辖区资本市场环境。2010年,上海局累计办理稽查案件30件,协查案件28件,非立案稽查共385件,法律文书送达55件。

(一)严厉打击证券期货违法违规

一是落实打击内幕交易专项行动部署。全年办理涉嫌内幕交易立案案件和非正式调查案件20件,其中正式立案案件3件。办理基金"老鼠仓"案件4件。对涉嫌犯罪和行政违法的建议移送追究刑事责任或行政处罚。打击内幕交易和基金"老鼠仓"行动在辖区和市场形成威慑,取得明显成效。二是继续打击背信损害上市公司行为。深入调查上海科技原大股东损害上市公司行为并建议移送追究相应责任。配合司法机关的执法,华夏建通案成为全国首例以背信损害上市公司利益罪罪名移送和判决的案件,被告人当庭认罪。三是加强典型案例教育宣传。如对某上市公司国有控股股东在任负责人开展调查并移送处罚,在辖区国资系统产生极大震动,有效发挥了威慑和宣传教育作用。

(二)持续做好打非和反洗钱工作

一是完善打非工作思路。确立"抓重点、促创新、保质量、提效率"的思路,以"铭钿投资"等重点案件带动普通案件调查工作,保持打击非法证券活动的高压态势。2010年以来,共查办打非案件331起,向公安机关移送和通报线索152件,向工商部门通报线索6件,向异地派出机构通报线索54件,通过媒体曝光非法

网站241家。二是做好证券期货领域反洗钱相关工作。积极参与证监会反洗钱研究相关工作；通过独立或与人行联合方式对辖区机构开展反洗钱检查；采取多种方式加大辖区反洗钱活动的宣传。

## 六、维护权益，加强法制宣传教育

2010年是实施“五五”普法规划的最后一年，上海局领导高度重视，根据证监会法制宣传要求，统一部署，紧紧围绕监管工作重点，在认真总结以往法宣工作经验的基础上，以投资者教育为法制宣传教育工作的重点内容，强化监管干部和证券期货从业人员的法制培训工作，采取各种有效措施，加强组织领导，着力构建法宣工作的长效机制，努力推进法制宣传教育工作向纵深发展，取得了积极的成效。

（一）健全机制，强化对监管干部和从业人员法制宣传和教育

上海局按照“育人先育己”的原则，结合2010年监管工作实际和辖区资本市场发展情况，根据“五五”普法规划要求，组织做好监管干部和从业人员的法制培训工作，形成了法制宣传与教育的长效工作机制。一是在全局干部职工中开展法制宣传和教育活动。上海局以行政处罚权试点工作为契机，在全局干部职工中开展广泛、深刻的法制宣传和教育活动，强化全体监管人员的制度意识、程序意识，进一步提高监管干部的依法行政能力。同时，上海局还以行政许可执法检查为抓手，将法制宣传与依法行政有效结合，专门组成行政执法监督检查小组，对局内行政许可职能处室行政许可工作进行了专项检查，促进了各相关业务处室行政许可工作的规范运作。二是组织面向市场主体的法制培训。组织开展上市公司董监高培训，全年累计培训800余人次。特别是针对2010年打击和防控资本市场内幕交易的要求，于5月份联合市国资委共同开展地方国资上市公司防控内幕交易专项培训活动，培训人数达300人次，对象涉及上市公司董监高，还包括国资控股股东高管人员；组织基金公司投研人员300余人次进行以“珍惜职业机会、遵守法规道德”为主题的合规培训；对辖区证券期货经营机构高管人员和有关从业人员进行专项法律培训活动。

（二）突出重点，开展投资者教育专项检查和调研

为进一步深入开展以投资教育为重点的法制宣传工作，加强督促辖区证券期货经营机构落实投资者教育和法制宣传工作，上海局积极探索建立法制宣传、投资者教育检查机制，开展辖区投资者教育检查和调研工作，对辖区部分上市公司、基金公司、证券公司、期货公司及营业部的法制宣传、投资者教育工作整体情况进行专项检查和调研。检查分自查和现场检查两个阶段。上海局在梳理证监会有关法制宣传、投资者教育工作的各项要求的基础上，制作并下发了法制宣传、投资者教育工作情况《自查表》，要求监管对象全面自查。上海局结合各检查对象的自查情况，实地走访、现场检查和座谈调研，进一步深入了解法制宣传、投资者教育工作现状、存在的难点、问题及意见建议，督促各类机构完善工作环节，将法制宣传、投资者教育工作融入各项业务流程。

（三）系统规划，推动法宣和投教重点工作

制定年度法宣工作和投资者教育规划，结合监管工作重点积极推动落实。开展“走进期货——2010上海期货业投资者教育系列活动”，以股指期货的功能宣传和风险教育为重点，通过调查问卷、仿真交易等形式，力求全面性和针对性、专业性与趣味性的有机结合；在主流媒体上以连载方式发布融资融券投资者教育文章，辅以关键知识问题解答，取得了热烈反响；连续四年将辖区所有基金公司作为一个整体开展基金业投资者教育活动，传播理性投资理念、普及基金投资知识；通报非法证券活动的类型、特点和危害，先后分三批公开曝光了241家非法从事证券业务的机构和网站，并结合典型案例以案说法，提醒投资者加强防范，增强自我保护意识；开展“12·4”法宣活动，督促辖区市场主体采取丰富多样的形式，组织开展法制宣传教育活动，推动形成全年法宣工作高潮。

（四）创新发展，积极探索投资者教育和法宣的新载体与新形式

上海局注重把握继承与创新、形式与效果的关系，不断改进和丰富投资者教育形式，拓宽投资者教育渠道，提高投资者教育工作的实效性。如，为深入推进期货投资者教育活动，上海

局指导上海期货同业公会联手上海文广旗下IPTV(即交互式网络电视)理财频道,打造国内第一档《走进期货》专题节目,内容分成中国期货发展史、股指期货、期市盲点、国企套保战略等十档节目。节目充分发挥IPTV优势,通过节目点播、回放等强大功能,让投资者能够随时浏览视频,让更多的投资者认识期货、了解期货,树立起正确的期货投资观念。

## 七、优化环境,强化证券期货市场诚信建设

一是加强诚信体系平台建设,强化信用信息记录。一方面,持续做好现有诚信信息平台——证监会证券期货市场诚信档案的建设,及时记录辖区证券期货市场各类主体及从业人员的信用信息(2010年共录入诚信信息221条)。另一方面,开发推出新的诚信信息平台,指导上海证券同业公会率先在全国建立"上海地区证券营销人员(证券经纪人)信息平台",公示营销人员基本信息和诚信信息,实现"先公示后展业",推动"一处失信、处处受制"的诚信文化建设,平台已累计录入1.1万名营销人员基本信息及诚信信息,社会公众登录3,000余次。

二是在日常监管中主动查询和使用诚信档案,发挥诚信档案服务监管工作的作用,促进辖区市场主体规范运作。如,建立上市公司诚信档案库和监管评价信息库,综合运用奖优罚劣的监管手段,即对被采取监管措施的,视情节轻重分别以黄牌、红牌标准,加大监管力度,对推动市场创新、勤勉尽责的,以绿牌鼓励,在法规许可范围内予以政策倾斜;在行政许可工作中,通过查询申请人的诚信档案,为做出行政许可决定提供参考;在上市公司再融资及并购重组时,查询、引用诚信档案信息,作为上海局出具初步意见的一部分,从而使得相关意见更加全面。

三是将征信要求融入证券期货业务中,并予以制度化。2010年新推出的融资融券和股指期货业务,具有专业性强、高风险、高收益等特点,为控制风险,平稳推进新业务,上海局督促辖区证券期货经营机构,严格贯彻法律法规和证监会相关要求,将投资者诚信状况评估作为落实投资者适当性制度、把好市场准入关的关键环节,采取有效措施持续推进。通过将征信要求融入证券期货业务,有效落实了投资者适当性管理制度,极大地促进了信用风险的防范和新业务的平稳推进。

## 八、加强协作,构筑综合监管网络

2010年,上海局继续深化完善了监管协作机制,对有效完成各项监管工作任务发挥了有力的支持作用。

一是加强内部协作。在系统内,主动接受会机关相关部门的业务指导,加强与兄弟派出机构的交流和跨区域协作监管,建立与交易所的联动监管和沟通直通车机制。在局内,积极探索跨处室横向、纵向联动,如在上市证券公司监管中,机构和上市公司监管处室加强沟通、联合实施监管;在股指期货推出前,期货和机构监管处室联合开展大量证券公司IB业务检查;在一些重大案件中,业务处室发现线索后,稽查处室提前介入、快速反应;此外还深入发挥法律小组、会计小组和信息技术小组等专业小组作用。

二是强化外部协作。在以往建立的与有关各方建立的协作监管网络基础上,2010年又针对重点工作进一步强化和丰富了协作形式和内容。比如,在规范国有上市公司工作中,建立了局领导与国资委主任热线电话机制,公司监管处室与国资委产权处、区县国资委建立了定期会晤等固定沟通渠道,并对国资控股上市公司进行联合现场检查,对避免同业竞争、增强独立性、完善内幕交易防控等展开调研和培训;在服务市场发展中,推动建立了由分管副市长挂帅的推进中小企业上市工作联席会议机制,联合市政府有关部门和区县举办改制上市培训班;在打击违法违规工作中,加强与公安机关、司法部门协作,就证据标准、调查方法展开探讨,取得支持。

(上海证监局供稿)

# 江苏证监局2010年依法行政工作报告

2010年,江苏证监局(以下简称江苏局)在中国证监会的正确领导下,牢固树立和深入贯彻落实科学发展观,按照年初全国证券期货监管工作会议的总体部署,以"四个先导"为工作方针,即推动上市公司成为促进发展方式转变的先导,推动江苏证券期货业成为全行业规范发展的先导,推动江苏市场成为全国资本市场科学发展的先导,推动江苏局成为依法行政的先导,紧紧围绕监管中心工作,积极规范执法行为,强化落实执法责任,大力维护市场秩序,不断提高依法行政水平,为辖区资本市场稳定健康发展创造了良好的法制环境。

## 一、积极参与法制建设,深入开展法制调研

(一)积极参与资本市场法律法规制定工作

江苏局充分发挥一线监管的信息和经验优势,积极参与证监会和地方政府的各项立法工作,为资本市场的法制建设建言献策。全年,江苏局共参与各项法律、法规、规章、规范性文件等立法项目26项,内容涉及行政、民事、商事、刑事等多个领域,提出立法意见和建议百余条,部分意见和建议被立法部门采纳,有力地支持了资本市场和相关领域的立法工作。

(二)主动开展日常监管法制调研

江苏局立足实践,积极主动开展法制调研,调查研究日常监管的法律适用难题,总结提炼具有普遍意义的法律适用先进经验成果,研究解决监管实践中的理论和实践难题,组织开展重大法律问题的前瞻性研究,将法制调研与监管实际紧密结合,为资本市场的法制完善提出切实可行的意见和建议。2010年,江苏局各处先后完成了《上市公司合规管理制度研究》、《证券投资咨询法律制度的完善》、《完善资本市场民事赔偿制度》、《完善证券领域行政执法与刑事执法协作机制》等近10篇调研报告,积极支持和促进监管工作。

## 二、夯实监管工作基础,提高依法行政水平

(一)强化制度建设,规范执法程序

根据相关法律、法规、规章及证监会规范性文件的更新变化,江苏局继续制定和不断完善各项监管工作制度,从实体和程序上保证监管工作的规范性。2010年,江苏局制定了《江苏证监局上市证券公司监管工作规程》等多项工作规程;修订完善了《江苏证监局行政许可实施程序规定》等。通过持续化的制度建设,不但确保监管工作的合法合规,同时也大大提高了监管工作的质量和效率,实现证券期货监管工作规范、有序、高效。

(二)把好准入关,依法高效履行行政许可职责

2010年,江苏局不断梳理完善行政许可的工作制度,修订了《江苏证监局行政许可实施程序规定》,进一步明确行政许可整个工作流程中各处室的要求和责任,确保行政许可事项的规范化和透明化。在程序上,施行行政许可审批业务三审制度,任何行政许可都必须经过监管责任人A角、B角和处室负责人的连续三审;在标准上,严格按照行政许可相关法律法规的规定执行。2010年,江苏局共接收行政许可申请材料260件,受理245件,办结并批复送达236件,共制作、送达行政许可申请材料接收凭证、补正通知书、受理通知书、反馈意见通知书、延长审查期限通知书和行政许可决定书等各类工作文书近千件。

(三)强化依法监管,促进辖区市场规范发展

江苏局以促进辖区证券期货市场规范发展为出发点,严格落实辖区监管责任制,进一步明确和细化了监管任务和责任,强化综合监管体系建设,形成了上下联动、左右互动的工作格局,强化监管合力,注重提升监管效能。一是稳

步提高上市公司质量。江苏局2010年重点开展了公司治理“攻坚年”活动,进一步深化公司治理成效。坚持关口前移,强化对新公司的初始监管;坚持“一司一策”,积极推进解决同业竞争,减少关联交易;坚持加强并购重组监管,严格防范内幕交易。二是确保创新业务运行平稳。对于股指期货、融资融券这两项创新业务,江苏局坚持把风险防范放在首位,始终注重排查市场风险隐患,严格落实“稳起步”的工作要求。三是夯实证券期货业规范运作基础。以现场检查为手段,确定了“两查找、两促进”的目标,查找证券期货营业部的不规范之处和风险隐患,促进证券期货营业部提高规范运作水平和风险控制水平;以基础性制度建设为抓手,督促辖区证券期货公司建立合规管理长效机制,全面加强辖区证券期货公司重点环节合规监管,强化了经纪业务、资产管理业务、投行业务、信息隔离墙建设、防范内幕交易等重点领域和关键环节的合规管理;以行政许可为导向,把行政许可作为引导证券期货经营机构及其高管合规意识的手段,通过加强合规教育和法规测试,严把从业人员入口关。

(四)加大信访工作力度,维护良好市场秩序

江苏局按照主动防范、有效处置,源头治理、完善制度,多方协调、加强合作的原则,全力以赴做好辖区资本市场信访工作,努力营造良好的资本市场运行环境,维护辖区资本市场正常运行秩序。江苏局坚持从市场基础性建设入手,不断强化市场主体合规经营意识,严厉打击各类违法违规行为,信访形势较以往有明显好转。2010年,共受理信访投诉171件,信访投诉量与2009年相比下降了26%,办结147件,办结率超过86%,所有案件均按期办结和依法答复,极大地保护了投资者的利益,维护了辖区资本市场的稳定。

## 三、加强证券期货执法,严厉打击违法行为

(一)以查办内幕交易案件为重点,不断提升稽查执法实效

近年来,市场并购重组风起云涌,部分市场主体受利益驱动,内幕交易等市场违法违规行为时有发生,辖区稽查执法形势十分严峻。江苏局发扬“特别能吃苦、特别能战斗、特别能奉献”的光荣传统,以重点案件为突破口,坚决打击各类违法违规行为,全年共办理各类案件39件,办结37件。针对目前内幕交易案件成为证券监管主要矛盾这一新形势,江苏局对内幕交易加大了稽查力度。2010年,集中力量查办了涉嫌内幕交易的案件,依法冻结了市值近千万元的涉案账户,对涉案人员及时采取限制出境等有力措施,对涉嫌犯罪的行为坚决移送公安机关追究刑事责任,有效遏制和化解了市场风险,整顿了市场秩序,进一步树立了监管权威。

(二)疏堵结合,严厉打击非法证券活动

一是重视举报线索,加快案件查处速度。江苏局本着谨慎认真、细致深入的原则,认真对待每一起信访人举报的非法证券活动线索,对涉非案件积极展开查办工作。2010年,共受理非法证券活动的信访投诉18件,办结15件,为投资者追回受骗款项百余万元。在办理打非信访案件过程中,对于部分取证难、定性难的案件采取了以调解为主的处理方式,最大限度维护了投资者权益,取得了良好的社会效果。二是强化前端控制,对非法证券活动进行“标本兼治”。持续开展网络监控,指派专人定期清查辖区主要网络媒体信息,及时关闭非法网站,及时清理媒体发布的非法证券活动信息,取得显著成效。强化证券投资咨询业务监管,引导辖区证券经营机构规范发展证券投资咨询业务,对前期违规严重的咨询公司,加强回访和现场检查,避免违规业务反弹。

(三)努力做好法律文书送达及执行工作

随着查处的违规案件数量的增多,江苏局受委托送达各类法律文书及罚没款催缴的工作任务也日益繁重。2010年,受证监会处罚委及法律部的委托,江苏局向有关案件当事人送达《行政处罚事先告知书》、《行政处罚决定书》、《行政复议决定书》等各项法律文书72份,涉及机构13家次,人员59人次。按照证监会稽查局的部署,江苏局对南京中北案和上海科技案的5名违法责任人进行罚没款催缴,依法向他们送达《行政处罚罚没款催缴通知书》,通过摆事实、讲道理,多次敦促,使其缴纳了行政处罚款。

## 四、严把风险防范关，发挥法制保障作用

（一）积极提供法律专业咨询、复核意见

一是加强对全局的监管制度、行政监管措施、信访受理、信访答复、依申请信息公开等事项的法律审核。对重大监管工作事项进行合法性审查会签，有效发挥了法制工作服务、支持、保障监管工作的作用。二是加强对监管工作中的法律疑难问题集体会商，分析研究一线监管中的疑难问题，从问题定性、法律适用及法定程序等各个方面进行深入研究，举一反三，由此及彼，分析提炼监管工作中具有共性的法律适用经验，从而提高全局监管工作的整体水平。三是加强对拟记入诚信档案的信息进行审核，严格遵照《证券期货市场诚信档案管理办法（试行）》和《江苏证监局诚信档案管理工作规程》的内容要求，有效保证了诚信档案信息的真实性、准确性、完整性及录入的合规性。

（二）认真履行重大案件报告职责

一是针对上海李国机律师事务所的律师屡次向多个证监局恶意诉讼的情况，江苏局及时将该案件的主要经过、涉及的法律问题、应对措施及相关建议向证监会法律部汇报，将成功经验与各证监局共享。二是就 2010 年三起行政诉讼案件的相关情况向法律部进行报告，使证监会法律部能够及时了解案情和庭审情况，也为各证监局处理类似行政诉讼案件提供了成功经验。三是由于高淳陶瓷内幕交易刑事诉讼案件引起了社会的广泛关注，江苏局密切关注该案司法审判进展情况，并将案件的审判情况、争议焦点及相关法律问题及时报告证监会法律部。

（三）积极组织行政诉讼应诉工作

2010 年，江苏局完成了对张桂菊诉本局不履行证券监管法定职责、朱平诉本局不履行证券监管法定职责、朱巧玲诉本局不履行证券监管法定职责三起行政诉讼案件的应诉工作。收到相关诉讼材料之后，江苏局积极开展应诉准备工作，分管局领导、相关业务处室及法制工作处进行多次的讨论研究，深入细致地分析案情，商讨应诉方案，充分准备证据材料和法律依据，精心撰写答辩意见，做好应诉准备工作。目前，该 3 起案件一、二审全部获得胜诉，实现了江苏局行政诉讼案件“零败诉”。

## 五、大力开展法制宣传，提高市场法治化程度

（一）狠抓监管对象普法，提高依法合规经营水平

2010 年，江苏局共举办了 6 期证券期货从业人员培训班，完成对辖区证券、期货经营机构 1,500 多名从业人员的法制培训。同时加强了对上市公司、证券期货公司高级管理人员的法制培训，逐步完善了高管人员资格审查法律考试制度，以考试的方式来提高其学法、懂法、用法的积极性。2010 年，江苏辖区所有上市公司、证券期货公司高级管理人员均通过了高管人员资格审查法律考试。

（二）狠抓投资者普法，提高风险防范意识

2010 年，针对非法证券投资咨询和非法证券委托理财活动猖獗的现状，江苏局充分利用辖区证券、期货公司及营业部的平台优势，通过短信提醒、警示海报等形式对投资者进行深入的宣传教育。同时加强与媒体协作，充分利用广播、电视、网络等媒体，开辟专题节目和专栏，撰写证券期货法律法规内容，分析和报道典型案例，增强宣传教育的覆盖面和影响力，进一步提升辖区投资者和潜在投资者的法律意识和风险防范意识，取得了良好的效果。

（三）狠抓监管干部普法，提高依法行政能力

江苏局进一步健全局党委中心组学法制度、全局干部法制讲座制度、监管干部任前法律知识培训及考试等干部学法制度，2010 年，共组织全局性普法培训 10 余次，通过举办综合法律知识、专业法律知识、行政执法技能等培训教育活动，干部的法律素质得到进一步提高。除了传统的讲座培训、集中学习等方式以外，江苏局积极构建新的法制宣传平台，定期编发《法制讯息》，全年共发布 10 期。《法制讯息》紧扣证券期货监管的中心工作，及时宣传资本市场重大政策、决策，解读证券期货法律、法规，分析监管实务当中的典型案例，普及基础法律知识，交流疑难法律问题等，已成为全局干部学习法律法规、提高法律素养的重要平台。

(四)狠抓专项普法活动,增强法制教育的实效性

1. 做好创新业务的普法宣传活动。江苏局采取多种措施做好融资融券、股指期货业务两项新业务的普法宣传工作。一是重点抓好关键岗位监管干部的学习。通过自学、集中讨论和邀请市场人士讲解等形式,使监管干部能够及时掌握新业务、新知识。二是通过督导会、首席风险官座谈会等形式,要求高管提高风险意识,珍惜机遇、依法经营、稳步发展。三是组织辖区证券经营机构近千名IB业务从业人员,先后四批参加中证协举办的IB业务专项培训。四是加强对投资者参与新业务的宣传教育工作。强化媒体舆论宣传,引导投资者有序参与、理性投资,防止试点机构以拥有该业务资格诱导客户转户。指导期货业协会在地方报纸开设了"股指期货知识问答"专栏。同时,还编印了2万本《江苏省期货投资者手册——股指期货专刊》下发辖区期货经营机构,统一指导各机构的投资者教育工作。

2. 大力开展"12·4"普法宣传活动。根据证监会的统一部署,江苏局积极谋划,及时制订了《关于开展2010年"12·4"法制宣传日系列活动的实施方案》,组织辖区各证券、期货经营机构、投资咨询机构以"弘扬法治精神,促进社会和谐"为主题,面向投资者开展形式多样的宣传活动,并在活动期间联合证券业协会、期货业协会对7家证券、期货营业部普法宣传活动的落实情况进行了现场检查指导。邀请新闻媒体召开新闻通气会,在《中国证券报》等各主要媒体刊登法制宣传教育新闻稿件10余篇,有效地提高了投资者的风险识别能力。

**六、强化执法监督检查,落实行政执法责任**

不断强化全局监管干部依法行政意识,提高依法监管水平,促进勤政廉政,江苏局坚持开展每年一次的行政执法监察活动。从监管实际出发,以提高监管工作水平为目标,通过处室自查、听取专题汇报、查阅档案日志、开展问卷测试等形式,全面考察了各处室依法行政情况,通过检查发现,全局干部普遍具有较强的依法行政意识,对相关法律法规和政策文件的掌握较为透彻全面,相应业务规程完善,监管工作有章可循,工作档案管理到位,监管工作处处留痕,总体具备较高的依法行政水平。

**七、健全执法协作机制,构建全方位综合监管体系**

江苏局与辖区省、市、县(区)三级公安经侦部门建立起快速协作机制和情况通报制度,积极配合公安机关对证券期货犯罪案件展开刑事侦查工作,保持畅通的案件移交渠道,为各地市公安机关的办案工作提供专业技术支持。年内配合公安部门开展现场执法和摸查10余次,召开专项案件分析会3次,向公安机关移交犯罪案件及线索3件,出具非法证券活动性质认定意见函3份。同时,与司法部门、通信管理局、广电局等相关单位,加强沟通交流,定期开展培训,不定期召开专项案件分析讨论会,联动频率不断提高、联动范围不断扩大、联动效果不断增强。

(江苏证监局供稿)

# 浙江证监局2010年依法行政工作报告

2010年,浙江证监局(以下简称浙江局)按照中国证监会的统一部署,以依法行政工作为主线,提高认识,转变观念,结合辖区资本市场实际,积极探索和实践,切实履行监管职责,建立健全了内部运作规范、权责分明,外部监督有力、措施到位的行政执法体系,有效防范和化解了辖区资本市场的风险。

**一、建章立制,完善执法工作环节**

一是健全以科学民主决策为核心的内部管

理制度。2010 年,结合巡视工作,浙江局进一步完善了会议制度、岗位职责、公务运转、人事管理、财务管理、党务纪检 6 大类、40 余项重要规章制度,确保机关内部规范运作,加强对关键岗位、关键人员的监管,促进科学、民主决策。

二是规范监管工作规程,提升监管程序的规范性。为了夯实依法行政的基础,浙江局完善了《浙江证监局行政许可工作规程》、《稽查工作流程》等 20 余项重要的监管工作规程,明确了监管工作的要求、程序和责任,形成了较为完整的监管规程体系,保证了行政监管的合法合规。

三是根据监管工作中的难点、热点问题,及时出台规范性文件,指导和解决实际问题。例如,为打击内幕交易行为,浙江局推动辖区上市公司建立内幕信息知情人登记管理专项制度;为强化诚信约束,浙江局制订和实施了《辖区证券公司分支机构负责人营销管理诚信考核办法》等文件。

## 二、健全机构,完善依法行政的组织保障

一是建设一支高素质的法律人才队伍。为保证把各项工作纳入法治化的轨道,浙江局探索通过多种方式加强法律人才队伍建设。充分发挥首席律师和法律事务办公室的作用,组织、指导和协调全局的依法行政工作,监督各项日常监管工作,对监管工作中遇到的难点问题进行法律风险评估和处置;采取多种措施,培养、引进和使用法律人才,提升监管干部依法行政的能力。浙江局 89 名在编人员中,共有法律专业的干部 24 人,其中已经通过司法考试的有 21 人。

二是充分发挥会计和稽查专才的作用,促进监管工作的规范性。设立会计工作小组,聘请了首席会计师,牵头负责局重大会计事务工作;设立首席稽查,提升案件办理的规范性,负责重大稽查案件的督办。

## 三、强化约束,积极推行行政执法责任制

按照国务院和证监会的要求,浙江局积极贯彻《关于全面推行行政执法责任制的实施意见》,就落实行政执法责任制,提出了"五个有"的具体要求,即"行政执法有依据、行政程序有规范、行政权力有制约、行政过程有监控、行政过错有追究"。认真分析和总结行政执法工作,增强依法行政责任意识,提高职业素养,建立落实责任追究的管理机制。对于行政执法责任,落实到岗,落实到具体的监管责任人。

## 四、清理整顿,规范行政许可工作规程

按照《行政许可法》和证监会的要求,浙江局及时清理了原有行政许可规章制度,确保不再受理已取消的行政许可项目,杜绝各种变相审批情况,严格按规定做好取消项目的后续监管。浙江局制定并实施了《行政许可申请事项办理程序暂行规定》、《行政许可事项审核工作指引》,将行政许可依据、条件、程序、时限及审核结果等及时告知监管对象,并严格按照要求执行。2010 年,浙江局共接收行政许可申请 324 件,其中期货类 97 项,机构类 224 项,基金类 3 项,浙江局严格按照行政许可法律法规办理,没有出现 1 件逾期办理情况。

## 五、严格执法,快速高效完成案件的稽查工作

浙江局以探索建立提前介入机制为切入点,创新稽查辅助日常监管的新手段;以"把握全局、重点突破"为工作策略,着力拓展案件稽查的深度和广度。一是坚定不移,克服困难,高效、高质量完成案件调查任务。2010 年共完成主办立案案件 5 起、非正式调查 2 起。二是协调配合、通力合作,不折不扣开展协查案件工作,已保质保量完成 16 起协查案件调查工作。三是积极配合会法律部和行政处罚委,认真做好案件执行工作,完成行政处罚送达工作 4 起,催缴罚没款 740 余万元。

## 六、通力合作,构建联合执法机制

为加大执法力度,提高执法效率,改善执法环境,浙江局加强了与地方政府的沟通协调,积极推动建立合作监管机制。通过签署合作监管备忘录,召开合作监管联席会议,编发《合作监管通讯》、《上市辅导工作简报》,加强与地方政府的沟通协作,共同发掘和培育上市后备资源,共同防范和处置资本市场风险,促进浙江资本市场稳定健康发展。为深化上市公司合作监管体系,浙江局与杭州市共同制定《杭州上市公司监管合作试行办法》,将上市公司合作监管

内容拓展到日常监管、质量提升以及风险处置,进一步明确双方的权责,并拟将合作监管进一步扩展到其他地市与部分经济强县。

## 七、开拓创新,凸显依法行政对监管工作的促进作用

浙江局将依法行政工作与日常监管工作相结合,不断拓展依法行政的外延,创新监管方式,促进各项重点监管工作的有序推进,把依法行政工作落到实处。

(一)规范上市公司运作,着力提高上市公司质量。一是深化完善上市公司自我规范的内生机制,开展上市公司关联交易摸底调查和独立性整治活动,根据"一司一策"的原则逐家推动,整治活动初显成效。二是对大股东资金占用问题严防死守。浙江局下发了《关于做好防范大股东资金占用问题的通知》,建立长效机制,督促公司健全资金流出的内部流程和决策机制。三是抓好新上市公司"第一课"工作,集中召集辖区2010年新上市的22家公司的董事长、总经理、董事会秘书、财务总监及保荐代表人开展上市公司见面会活动,开展警示教育,提高上市公司董监高等关键岗位人员的规范运作意识。

(二)强化证券经营机构监管,维护市场公平竞争秩序。浙江局积极落实依法行政的有关要求,扎实推进证券经营机构的合规建设。一是完善考核制度,促进机构规范发展。浙江局修订了《分支机构负责人营销管理诚信考核办法》,对考核违规行为进行量化记分,实行累计积分制度。二是实行集体谈话制度,解决转销户信访难题。每个月对转销户信访投诉数量最多的前5家营业部投诉事项进行跟踪分析,对其负责人进行集体诫勉谈话。

(三)夯实期货市场基础,维护股指期货平稳上市。一是完成期货电子账单自动登录系统试点工作,扎实推进期货电子账单自动登录系统首批推广工作;二是按质按量完成期货经营机构开户工作现场督导和全面检查,并率先在辖区各期货经营机构推行开户全程录像制度,完成证券经营机构中间介绍业务开业验收检查。

(四)加强对会计、评估机构等中介机构的监管。一是注重提升会计、评估机构等中介机构执业质量,制订《关于进一步加强上市公司审计工作的若干指导意见》;二是积极探索监管部门、会计师事务所、独立董事及上市公司财务总监之间的"四方"沟通机制。

## 八、政务公开,自觉接受社会监督

一是继续聘请新闻媒体作为依法行政工作的监督员。为践行依法行政的理念,自觉接受社会和新闻媒体监督,浙江局聘任了《中国证券报》、《上海证券报》、《浙江日报》等新闻媒体的九名记者担任特约监督员,并向他们颁发了聘书。

二是及时披露各项监管工作。浙江局积极贯彻落实证监会《证券期货监督管理信息公开办法(试行)》等规定,通过网站将各项允许公开的监管工作及时充分披露,对证券机构行政许可申请受理及审核情况等进行过程公示,每周更新,方便申请人查询和市场监督。

## 九、依托媒体,构建依法监管的宣传平台

在监管实践中,浙江局高度重视与媒体的合作,积极推进依法行政工作。一是深化合作机制。2010年,浙江局与省广电局共同签署《加强广播电视证券节目监管协作备忘录》,明确提出共建五项机制,推动其下发《关于规范广播电视证券期货节目及广告的通知》,进一步加大监管协作力度,共同营造促进资本市场健康稳定发展的良好舆论环境。二是加强舆论引导工作,在电视台、广播电台、网络、平面媒体上坚持正面宣传,加强舆论的正面导向,营造依法行政、依法监管的舆论氛围。三是及时对不规范证券类节目清理和整顿。2010年,浙江局协同省广电局对辖区内广播电视媒体中的24个证券栏目进行了清理,对20家不规范广播电视台证券节目或广告进行集中整顿,停播5档不规范广播电视证券节目及广告,协调通信管理部门关闭涉嫌非法证券活动网站44家。

## 十、加强学习,营造浓厚法律氛围

(一)加强法制学习阵地建设,努力拓宽普法领域。"万松书院读书会"是浙江局开展学习活动的重要平台。近年来,浙江局努力拓宽普法领域,着力把"万松书院读书会"打造成普

法宣传教育的品牌阵地。2010年"12·4"普法期间,浙江局针对性地举行了2010年第四期"万松书院读书会",邀请了证监会法律部胡宝海主任做了题为《中国资本市场二十年法治建设的成就与展望》的法制专题报告,全局干部、各协会、辖区各证券期货公司、在杭上市公司高管等约300人参加了报告会。

(二)建立领导干部理论学习中心组学法制度。浙江局党委中心组在日常理论学习中,专门安排了学法专题,围绕资本市场改革与发展的重大问题,学习与新形势、新任务相适应以及与履行职务相关的法律知识。

### 十一、加大宣传,优化依法行政的市场环境

针对浙江资本市场发展较快,辖区证券期货投资者数量迅速扩容的现状,浙江局将依法行政工作与投资者教育相结合,提升投资者的风险意识和自我保护能力。

浙江局成立了投资者教育领导小组,整合各方资源,统筹规划,制定实施方案,使全局的投资者教育工作形成合力。一是在实施中突出重点,开展了创业板投资者教育、股指期货投资者教育、融资融券投资者教育等专题教育活动;二是强调差异化教育,分别面向新开户投资者、上市公司高管、大额资金投资者、高校学生等不同类型的投资者,开展特色教育活动;三是注重借助政府相关部门、媒体、协会、证券经营机构等各方力量,扩大教育工作的受众面及影响力。2010年,浙江辖区共投放投资者教育系列海报3,000份、展示架2,000个、宣传页22,000余张,刊登专题文章19篇,录制《证券会客厅》16期。

在今后的工作中,浙江局将继续把依法行政贯穿于一线监管工作的始终,规范各类行政行为,创新监管方式,完善监管工作流程、细化监管工作措施,保障投资者的合法权益,推动辖区市场持续健康发展。

(浙江证监局供稿)

## 山东证监局2010年依法行政工作报告

2010年,山东证监局(以下简称山东局)在中国证监会的正确领导和会机关各部门的大力支持下,认真贯彻落实全国证券期货监管工作会议精神,紧密围绕证券期货监管中心工作,不断夯实局内法律制度基础,扎实推进依法行政能力建设,积极发挥法制工作对一线监管的服务和保障作用,推动全局依法行政工作上了一个新台阶。

### 一、加强制度建设,为依法行政提供制度保障

(一)建立健全工作制度,依法规范监管行为

山东局结合新颁布的法律法规和监管工作实际,进一步制定、修订工作制度12件,基本实现了各项工作都有章可依。新制定的《上市公司持续监管实施办法(试行)》,明确了上市公司监管目标和原则,对上市公司在独立性、"三会"运作、内部控制、信息披露、募集资金使用管理、投资者关系管理、配合监管等方面提出了明确要求,以违规扣分制度为主其他措施为辅,保证监管效果,为建立上市公司持续监管的长效机制奠定了制度基础。修订的《山东证监局企业上市辅导监管工作指引》,通过制定辅导监管、现场检查和辅导验收工作底稿,进一步规范了对山东辖区拟上市公司辅导验收工作。此外《山东证监局合同管理办法》、《劳务派遣文秘人员管理暂行规定》等内部管理制度,不但有效规范了内部行政事务,而且降低了山东局作为一般民事主体的法律风险。

(二)完成工作制度汇编,为监管执法创造便利条件

2010年,山东局对2003年以来的近百项工作制度进行了集中清理,并汇编成册,形成

《山东证监局工作制度汇编》。75 项工作制度按照内容分为 13 大类,包括党务纪检、人事管理、会议公文、信息管理、财务后勤、法制工作、拟上市公司监管、上市公司监管、机构监管、期货监管、中介机构监管、稽查工作和协会工作。工作制度汇编工作的完成,不仅提高了局内工作制度的规范性、统一性,也方便了工作人员查阅,提高了工作制度的实用性。

山东局还联合山东上市公司协会,系统梳理了 2008 年以来涉及上市公司监管的法律、行政法规,汇编完成《上市公司法规汇编(2008 – 2010)》。汇编收录了自 2008 年 1 月起颁布实施的上市公司监管常用证监会规章 5 件、证监会规范性文件 16 件,上市公司相关司法解释 3 件以及证券交易所自律规则 20 件。汇编分发到辖区各上市公司,在各类培训学习中使用,有利于辖区上市公司及相关人员学法知法、懂法守法。

工作制度和法规文件的收集是一项长期性、经常性、系统性的工作。山东局将根据辖区资本市场的发展和监管工作要求,对已有汇编及时进行补充和修订,以更好地满足依法监管和合规发展需要。

## 二、紧扣日常监管,为依法行政提供法律支持

(一)做好审查会签,防范监管法律风险

2010 年,山东局进一步加强法制处室审查会签的规范程度,在明确各处室文件由审查人员对口审查的基础上,更加强调重要、疑难问题实行审查人员、处长和局法律专业小组三层把关机制。在保证信访回复以事实为依据的基础上,更加强调回复意见必须"把得准、立得住",对于信访事项涉及的主要法律问题要认真辨析,语言表述要严谨准确。在统一全局监管措施种类和格式文书的基础上,更加强调行政监管措施的事实、法律依据以及实施程序,以降低行政复议和行政诉讼风险。全年共审查会签各类文件 100 余件,稳妥解决了监管实践中的法律问题,给相关处室提供了有力的法律支持。

(二)做好法律咨询,发挥参谋助手作用

山东局法律专业小组发挥集体智慧,不断完善审议程序,坚持遵循合法、谨慎、负责以及民主集中原则,切实保障法律专业小组针对重大疑难法律问题提出的法律意见清楚、准确、贴合实际。2010 年,法律专业小组共召开会议 9 次,讨论事项涉及辖区某上市公司票据纠纷、各类信访回复以及依法行政内部监督等各类法律问题,为业务处室解决疑难问题提供了有效参考,降低了监管法律风险,促进了全局监管工作专业化水平的提高。

(三)做好法制调研,服务监管实践

山东局高度重视法制调研工作,在监管需要的基础上结合监管实践和法学理论,撰写《山东证监局监管措施调查分析》等法制调研报告 5 篇,编写《关于黄光裕事件的法律思考》等监管案例分析 15 篇,由此反思问题、总结经验、改进工作,建立了局内学法用法的良好氛围,发挥了法制调研服务监管的作用。

2010 年山东局还创办了内部刊物《法制信息》,建立了法制信息宣传的专业平台。《法制信息》共计编发 13 期,刊物贴近监管实际,以解读法规、交流经验为主要内容,以法制宣传为基础视角,以证券监管系统法制资源为素材来源,以引导山东局干部把握监管法规和提高依法监管水平为目标,精心准备,精心采编,获得了全局同志的积极评价。

(四)做好法律监督,提高依法行政水平

在日常法律审查的基础上,山东局通过法律专业小组和案件复核委员会等专业机构做好法律监督工作。法律小组不仅提供法律咨询,还按照依法行政的精神和具体要求,探讨建立《山东证监局监管执法监督办法》,对监管执法行为进行内部监督,增强内部制约,全程全面规范监管执法行为。山东局设立案件复核委员会,组织复核小组对案件调查终结报告进行充分讨论,并及时撰写复核报告,力促案件调查质量的提高。

(五)做好法律培训,提高依法行政意识

山东局按照学习型机关建设的要求,科学制定了系统培训计划,培训内容既围绕监管实际,又体现证券监管的理论知识。一年来,积极联系著名法学专家和专业人员,成功组织了《中国证券法律体系》、《中国公司法律制度的发展》、《中国证监会行政复议与行政诉讼情况以及行政监管措施若干案例点评》、《转轨时期

中国证券市场监管理念的演变》以及本局监管工作制度汇编等内容的9期讲座，努力营造学法用法氛围，有效提高了监管人员的法律意识和水平。

## 三、规范监管执法，提高依法行政水平

2010年，山东局认真总结过去五年依法行政工作经验，贯彻落实国务院《全面推进依法行政实施纲要》的要求，在规范监管执法基础上，积极探索，积极创新，进一步提高了依法监管水平。

（一）全面推行监管岗位责任制，强化内部监督制衡

2010年，山东局总结机构、期货监管岗位责任制经验，进一步推行上市公司监管、拟上市公司监管岗位责任制，由以往一人监管多家公司、证券期货经营机构的全部事项，转变为多人监管一家公司的不同事项。岗位责任制有助于监管人员深入学习本岗位的知识和技能，成为某类监管业务专家，促进了监管专业化水平的提高。岗位责任制还有利于监管标准和口径的统一，同类问题或事项，由同一责任人处理，有效避免了差异化和选择性执法。岗位责任制流水型工作程序不仅集中不同岗位监管人员的智慧，也使得不同岗位之间相互监督和制约，提高了监管规范化水平。

（二）全面加强合规监管，提高监管对象规范运作水平

一是重点强调上市公司公司治理监管。2010年，山东局强化公司治理监管，通过"上市公司监管百日行动"专项活动，加大现场检查力度和问责惩处力度，改变了将上市公司治理视为"软指标"的观念，辖区上市公司对公司治理重要性的认识进一步提高，逐步实现了由被动完成监管部门要求到主动改善和提升公司治理水平的转变。

二是进一步规范证券期货经营机构合规经营。一方面，加强对证券期货经营机构的外部监管。山东局严格落实分类监管，加大现场检查和打非力度，组织辖区证券期货经营机构合规培训和座谈会，不定期召开监管例会，始终保持监管的高压态势。另一方面，积极指导证券期货经营机构规范自身建设。山东局督促辖区法人机构强化重点领域和关键环节的合规管理，建立问责制度和合规警示教育机制。积极推行全面法人监管，向外地公司通报其在辖区营业部合规运作，从公司层面督促整改，提高整改效果。建立辖区证券经营机构自查自纠机制，要求证券公司先对证券营业部进行合规检查，对自查中发现的问题进行自纠，根据自纠情况可以予以相应的责任减免，从而初步建立起证券经营机构自我矫正机制，达到了事半功倍的效果。

（三）依法做好行政许可工作，严把市场准入关

山东局根据《中国证券监督管理委员会行政许可实施程序规定》，修订完善了局内行政许可程序，建立起证券公司类行政许可进展情况公开制度，提高行政许可工作透明度，依法合规做好行政许可工作。2010年全局共收到行政许可事项申请110项、开业或关闭验收材料59件，其中受理98件，作出行政许可决定90件，开业或关闭验收合格通知书或报告37件。

（四）依法做好稽查打非工作，维护辖区市场秩序

2010年，山东局不断提高案件调查效率和质量，与地方相关职能部门密切配合，进一步完善综合监管体制，坚持稽查与日常监管相结合，严厉打击辖区违法违规行为。全局正式立案调查案件7起，非正式调查案件8起，打击非法证券案件7起，稽查提前介入案件1起，并积极配合有关部门开展所移交查处的4起案件的后续调查工作。

## 四、积极应对行政诉讼，进一步提高依法监管意识

针对辖区第一起正式立案的行政诉讼案件，山东局积极应对，在会法律部的指导下，及时调取、查阅与案件有关的事实证据资料，认真研读和分类整理后，全面分析与研究案件相关的法律问题，总结案件焦点，准备应对措施。目前山东局一审已胜诉，正在积极认真准备二审相关事宜。本案是依法行政的生动教育案例，不仅使山东局行政诉讼办案经验开始积累，也使得全局工作人员进一步意识到依法监管的重要性。

**五、重视普法宣传,加强投资者教育**

一是建立法制信息宣传平台。山东局创办《上市公司监管信息快递》,及时向上市公司所有董事、监事、高管人员通报监管要求,解读政策法规。以《上市资源培育工作简报》和《上市推进工作简报》为载体,不定期向各地市金融办、拟上市企业介绍有关上市政策、证监会审核重点及典型案例。以《山东资本市场》和《工作研究》为平台,深度反映剖析监管重点前沿问题,提高市场主体法制意识。

二是积极开展多种形式法律培训。山东局进一步加强教育培训工作力度,通过多种途径提高培训质量,提高董事、监事、高级管理人员守法合规意识和履职能力。针对辖区新上市公司较多的实际情况,举办新上市公司“第一课”培训,认真做好本年度董事、监事培训,对部分不按规定参加培训、考试的人员在辖区通报批评,并记入诚信档案。

三是组织辖区市场主体开展学法用法征文活动。征文活动共收到参赛文章167篇。经过认真评选,对获奖单位或个人进行表彰,并选取了3篇获奖文章,在《山东资本市场》发表。

四是加强证券经营机构投资者教育工作。山东局以证券经营机构作为重要抓手,提高投资者教育的广度和深度。在对证券营业部新设现场核查、迁址开业验收、专项检查、信访调查、证券经纪人制度实施核查过程中,要求营业部做好投资者教育工作,并将营业部投资者教育工作纳入现场检查;在证券经营机构与媒体合作、举办投资者报告会的备案过程中,要求各证券经营机构在活动中加入投资者教育宣传内容;推动、指导山东省证券业协会开展辖区投资者教育竞赛活动,对优秀投资者教育方案进行表彰并推广实施。

**六、扎实做好诚信档案管理,营造市场诚信环境**

(一)建立诚信档案台账管理制度,提高信息使用效率

山东局在及时规范记入新信息的基础上,整理了自1999年以来的诚信档案信息,建立了诚信信息台账管理制度,将诚信档案分为上市公司、拟上市公司、证券经营机构、期货经营机构、中介机构五大类,再以监管对象为基本单元,详细列明其失信情况。同时,借助OA办公系统平台,及时更新诚信档案,供全局干部共享共用。

(二)与协会建立诚信信息交流机制,加强诚信宣传

山东局将诚信建设与自律建设有机结合,充分发挥诚信档案的警示作用。一是与协会建立信息交流机制。山东局定期向协会提供诚信档案信息,协会将会员单位在培训等自律建设工作中发生的失信行为定期向山东局提供,并可以按照相关规定查询证监会系统诚信档案信息,实现信息互通。二是加强诚信宣传,增强市场认同。山东局积极利用系统网络资源拓宽宣传渠道,在局互联网站开辟了诚信建设专栏。同时,为促进诚信建设与行业自律的有效结合,积极协调山东上市公司协会和山东省证券业协会在协会网站上开辟诚信建设专栏,并及时向专栏提供诚信动态信息。

(山东证监局供稿)

# 湖南证监局2010年依法行政工作报告

2010年,湖南证监局(以下简称湖南局)在中国证监会的正确领导下,在会机关各部门的大力支持下,坚持以科学发展观为指导,认真贯彻落实全国证券期货监管工作会议精神,以发展壮大湖南资本市场为目标,以深化全局人员的法治意识为基础,紧密围绕监管中心工作开展法律服务和法制调研,推动辖区法制建设再上新台阶。

## 一、积极参与立法工作，深入开展法制调研

### （一）认真协助相关部门做好立法调研工作

2010年，湖南局努力协助证监会和地方政府开展立法调研工作，参与会法律部中国资本市场20周年大事记的研编工作，多次参加省人大、省政协、省发改委、省两型办等部门的各类法制工作会议。全年处理证监会下发或转发的各类法规文件征求意见稿15份，提出修改意见80余条；处理省法制办、省发改委等相关部门制定的各类地方性法规文件征求意见稿10份，提出修改意见40余条。

### （二）开展法制专题和市场热点的研讨

湖南局以法律小组工作会议为平台，组织相关法律专家就监管对象、股民关心和咨询的资本市场热点、难点问题进行研究讨论。全年共召开法律小组工作会议10次，就《刑法修正案六》、《刑法修正案七》中的“未公开信息交易罪”（“老鼠仓”）、涉及证券公司的“背信运用受托财产罪”、涉及上市公司的“背信损害上市公司利益罪”等法律条例的构成要件、法律适用问题进行了深入研讨。湖南局还受省发改委委托，承担了湖南省证券业“十二五”规划的编写工作，历时三个多月，历经组织安排、调查研究、数据统计、规划起草和征求意见五个阶段，圆满完成《湖南省“十二五”证券业发展规划》的编写工作。

## 二、切实推进依法行政，严格规范执法程序

### （一）建立健全规章制度，确保监管有法可依

湖南局一直高度重视内部制度建设，不断建立和完善各项规章制度，积极推进依法行政。2010年，湖南局制定了制定和修订了《证券经营机构现场检查工作规程》、《期货经营机构行政许可信息公示制度》、《内幕知情人报备制度》、《外部信息使用人管理制度》、《上市公司财务总监评价办法》等业务工作制度21项。各项规章制度的梳理和完善，使监管工作进一步制度化、流程化、科学化，对提升监管工作效能、增强监管凝聚力，都起到了积极的作用。

### （二）严把市场准入关，实现行政许可透明化

为提升行政许可审核水平，减少行政诉讼风险，湖南局积极推行行政审批全面公示，实现行政审批公开透明。机构处和期货处认真细化各项许可事项的审批工作标准，严格规范了各项相关制度，在办公室的统一协调下搭建了行政审批流转信息平台，上网公示各项行政审批流转信息，为实现证券期货监管的行政审批全程电子化、阳光化做好了准备，达到了提高行政许可审核透明度和促进审核质量提高的积极效果。2010年，湖南局共受理行政许可139项，已办结130项，中止审核4项，正在审核中5项，无超期和违规事项。

### （三）扎实做好信访工作，维护辖区资本市场稳定

湖南局高度重视信访工作，把依法办理信访案件看成是保护投资者利益的重要手段、规范行政执法行为的重要抓手、发现市场隐患的重要窗口。全年处理信访事项980件，其中来信（含邮件、传真）70件、来访90批次、电话840个、复函14次、移交公安机关10起、自主立案2起，绝大多数信访事项得到妥善解决。湖南局积极完善信访工作制度，创新工作方法，在机构处试点推行信访投诉处理管理系统。通过信息化手段对信访处理流程进行规范化、精细化管理，并配备AB角进行日常管理和跟踪监督，实现处理全过程留痕，明确责任，使信访工作的质量和规范程度不断提高。

### （四）加强诚信建设工作，营造辖区诚信氛围

加强诚信建设，是推动资本市场改革发展的重要基础工作。湖南局高度重视诚信系统建设，安排专门力量开展诚信系统建设工作，积极参与湖南省社会信用体系建设。全年向证监会诚信档案系统上报各类诚信信息9条，向湖南省社会信用信息系统报送企业处罚信息及证券期货高管资质信息462条，提高了证券失信信息的应用范围和失信惩戒力度。为了规范证券信用信息报送程序、提高报送效率，湖南局与湖南省社会信用体系建设相关单位进行了多次座谈和调研，就证券信用信息的统计口径、报送程序、披露方法等内容进行了深入讨论，出台并实施了《湖南证监局信用信息归集报送工作制

度》,明确了各业务处室所涉信息的归集范围、信用信息的局内审核及报送程序,落实了相关工作责任,为提高信用信息归集报送效率提供了制度保证。

## 三、稳步推进法制宣传,持续深入做好证券普法教育

(一)加强对上市公司的法制培训,提高规范运作意识

湖南局把上市公司法制培训工作作为日常监管的手段,突出监管重点,创新培训方式,在扩大培训覆盖面、提高针对性、培训效率和效果方面下工夫,基本形成"五个拓宽"的持续改进型培训机制。并将培训全过程纳入监管范围,逐步建立和完善培训档案,将上市公司高管培训情况与高管诚信档案对接,形成高管培训的长效机制。

(二)立足本土有的放矢,深入做好辖区投资者教育工作

湖南局紧贴市场,从夯实辖区证券市场长期健康稳定基础着眼,以股指期货、融资融券和IB业务推出为契机,务实做好投资者教育工作。一是大力深化、延伸"防范非法证券活动风险投资者宣传教育月"活动。组织辖区证券经营机构向投资者发送防范非法证券活动短信2,320,466条,发放防范非法证券活动宣传资料280,000份,举办与整非相关的投资者教育专场活动共计284场,并现场督促、检查证券经营机构6家。二是举办证券期货知识培训班30多场次,培训3,000多人次,积极宣传证券期货知识,提高投资者的风险意识;还联合省政府、郑商所、大商所等举办了大型的期货宣传活动,使一批企业和投资者逐步掌握运用期货市场进行套期保值。湖南局作为全国12家期货投资者教育典型单位之一,得到了证监会的认可。

(三)组织开展资本市场普法宣传活动

2010年是资本市场诞辰20周年和第10个"12·4"国家法制宣传日,湖南局以此为契机,联合证券业、期货业、上市公司董秘协会以"公司董事、监事、高管法律责任"为主题开展形式多样的普法宣传活动,以提高资本市场参与主体的法律责任意识和维权意识。同时,湖南局相关处室还为监管对象和股民提供免费法律咨询服务和法律援助,提升湖南局法律服务窗口形象。

## 四、加大执法力度,严厉打击证券违法违规

(一)高度重视调研与制度建设,保持严厉打击内幕交易的高压态势

湖南局着力强化防范与打击上市公司内幕交易的监管,集中力量完成了《全流通环境下我国证券市场内幕交易监管的现状和对策》的调研报告,对全流通环境下内幕交易的新趋势和新特点进行了分析,并根据当前内幕交易监管存在的突出问题,提出了打击内幕交易的监管建议。督促辖区公司建立和完善《内幕知情人报备制度》与《外部信息使用人管理制度》,把内幕信息形成、流转各环节和知情人登记情况作为检查重点,为内幕交易监管工作奠定了良好的基础。与此同时,湖南局精心组织力量,加大对内幕交易的查处力度,保持防范和打击内幕交易行为的高压态势。2010年,湖南辖区共主办案件6起,其中内幕交易案3起,占案件总数的50%,另外还有2家公司因涉嫌内幕交易被稽查总队和兄弟派出机构调查。

(二)密切配合相关单位,贯彻全国稽查工作一盘棋的指导思想

2010年,湖南局完成稽查局、稽查总队、兄弟派出机构以及公安部门协查案件12起,主要有:一是协助调查股票价格异动案3起,包括ST中钨案、阿继股份案、ST黄海案;二是协查相关案件7起,包括协助总队调查金证咨询案、协助广东局关停相关非法网站、调取中油金鸿天然气输送有限公司资料、协助稽查局调查李艳华账户资料等;三是协助香港证监会调查案件1起;四是协助公安部门调取犯罪嫌疑人证券交易和银行资金往来资料1起。上述协查案件涉及营业部20余家次,银行账户40余家次,累计调取证据2,000余页。

(三)克服困难穷追不舍,行政处罚执行工作取得新进展

为破解行政处罚执行难问题,湖南局切实加大执行力度,在落实处罚中震慑违法行为。一是严格执行行政处罚程序。2010年送达行政处罚预先告知书和处罚通知书31家次,力争每一份通知都及时送达公司和个人。二是重点攻破欠款"老大难"。原泰阳证券现已重组更

名为方正证券，其行政处罚已拖欠多年，属历史遗留问题。2010年，湖南局抓住时机，多措并举，终于促成该公司一次性缴纳罚款476万元。三是加强对行政处罚执行工作的研究，组织撰写的《八大举措化解行政处罚“执行难”坚冰》一文获得桂敏杰副主席的批示，得到稽查局领导的高度赞扬，稽查局指定湖南局负责草拟全国行政处罚执行工作指引。

（湖南证监局供稿）

# 广东证监局2010年依法行政工作报告

2010年，广东证监局（以下简称广东局）在中国证监会党委的正确领导和证监会各部门的大力支持下，以科学发展观为指导，认真贯彻落实国务院《全面推进依法行政实施纲要》、《关于加强法治政府建设的意见》和证监会《关于贯彻落实〈全面推进依法行政实施纲要〉的实施意见》的要求，牢固树立依法行政意识，积极参与证券期货市场法制建设，完善各项制度，依法规范行政权力运行，务实创新推进证券期货市场监管，严厉打击证券违法违规行为，加大政务公开力度，不断提高广东局依法行政工作水平，努力在辖区营造和谐健康的资本市场环境。

## 一、积极参与证券期货市场法制建设

（一）认真参与证券期货市场立法修法工作。2010年，广东局积极主动参与资本市场基础性制度建设，全年共对《证券投资基金法》、《关于办理内幕交易等刑事案件具体应用法律若干问题的解释》、《中国证监会诚信监督管理办法》、《期货公司分类监管规定》等39项法律法规和规范性文件征求意见稿件提出了有针对性和可操作性的修改意见、建议，其中相当一部分意见得到证监会法律部等部门的采纳。

（二）加强证券期货法制调研。广东局积极推进“学习型组织、专家型机构”建设，局领导带头，监管人员积极响应，持续深入开展法制调研活动，为改进和加强证券期货监管工作、推进资本市场改革发展献计献策。广东局监管人员结合一线监管实际，对内幕交易和“老鼠仓”交易的防控和打击、短线交易行为监管、完善证券投资咨询法规制度等市场热点问题进行认真研究，撰写了20余篇高质量的调研文章，其中7篇在《证券法制通讯》、《稽查工作动态》等证监会内刊上发表，2篇在《南方金融》杂志上发表。广东局还积极参与证监会法律部和广东省金融学会组织的调研活动，就完善证券侵权民事法律责任、内幕交易刑事案件审理规则、金融消费者权益保护等课题提出了具体的对策建议。

## 二、扎实推进依法行政，加强和改进证券期货监管工作

（一）加强制度建设，依法规范监管行为和市场参与主体运作行为。近年来，广东局一直高度重视制度建设，通过不断完善各项规章制度，为规范证券期货监管执法工作、推进依法行政提供有效的制度保障。2010年，广东局共制定或修订《上市公司现场检查工作规程》、《上市公司现场检查工作指引》、《保荐机构辅导监管工作规程》、《网上信息发布工作规程》、《中间介绍业务监管工作规程》、《期货公司分级结算业务监管工作规程》、《证券信息服务网站相关材料审阅和后续监管工作规程》等业务工作制度19项。同时，为规范市场参与主体运作行为，广东局在向辖区监管对象广泛征求意见的基础上制定发布了《证券营销人员执业行为规范指引》、《证券经营机构营销人员管理指引》、《关于规范辖区证券经营机构接收学生实习和毕业生见习有关事宜的通知》、《关于规范辖区证券经营机构市场竞争行为有关事项的通知》等26件规范性文件。

（二）充分发挥法制机构职能，强化对监管执法工作的专业支持。广东局高度重视法制机

构建设,注重发挥法制机构在证券期货监管工作中的法律把关作用。广东局法制工作处现有8位工作人员,其中4人为公职律师或具有法律职业资格的专业人员。2010年,法制工作处对广东局制定监管制度、重要合同、实施行政监管措施、信访复函等事项进行审核把关37次,对ST方源控制权争议、江南期货股东代持股问题处理、华南期货风险处置等疑难复杂问题提出了专业审查意见,并对91项行政许可申请事项出具了审核意见,相关意见均得到局领导和有关处室的认可。这些做法,有力推动了广东局依法行政工作,有效防范了行政诉讼和行政复议风险。

(三)完善审核机制,依法实施行政许可。2010年,广东局不断完善行政许可审核工作机制,严格规范行政许可行为。一是完善"管审分离"制度以及重大审核事项"双岗复核"制度,进一步加强对行政许可权的监督、制约。二是按照依法审核、标准统一的原则,及时修订辖区4类22项行政许可审核事项相关工作底稿及出文模板,并更新局OA系统"行政许可审核事项参考资料"栏目内容,为行政许可工作人员和审核委员做好行政许可审核工作提供指引。据统计,全年广东局共接受行政许可申请279件,发出补正申请112件,出具行政许可批复226件,行政许可当事人自行撤回许可申请30件。广东局未发生一起因行政许可不当被提起行政诉讼或行政复议的情况。

(四)深入落实辖区监管责任制,务实创新推进证券期货监管工作。2010年,广东局认真落实辖区监管责任制的要求,综合运用现场监管、分类监管、中介监管、问责监管等手段,切实加强对辖区上市公司、证券基金期货机构和审计评估机构的日常监管。一是加强对辖区监管对象的现场检查。组织开展上市公司信息披露检查、年报审计现场监管、公司治理检查、证券经营机构和基金公司合规检查、股指期货开户检查、期货营业部全面检查、会计师事务所执业检查等专项检查活动,年内分别完成对辖区上市公司、证券经营机构、证券投资咨询机构、期货经营机构、基金公司和会计师事务所的各类现场检查141家次、213家次、19家次、167家次、20家次和3家次,对检查中发现的有关问题,及时采取约见谈话、下发监管意见函或关注函、现场检查结果告知书等措施,督促相关监管对象及时整改。二是依法实施行政监管措施,强化监管问责。针对辖区上市公司和证券期货机构在治理运作和信息披露等方面出现的违规问题,广东局依法作出行政监管措施决定27项,其中责令改正7项,监管谈话3项,出具警示函11项,责令公开说明5项,责令参加培训1项。广东局通过对万家乐、佛山照明、ST梅雁、ST方源等多家上市公司及高管人员的违规行为采取责令公开说明等行政监管措施,督促公司及相关高管人员就其违规事项涉及的相关情况在媒体上作出专项说明或公开道歉,接受社会监督,起到较好的警示和教育作用,监管效果明显。三是积极推进内幕交易综合防控体系建设。与广东省国资委、监察厅等部门联合下发《关于建立上市公司控股股东内幕信息管理制度的通知》,将内幕信息管控主体从上市公司内部延伸到控股股东。加强对上市公司并购重组股价异动的监管,把股价异动和内幕交易作为出具并购重组监管意见的重点关注事项,严肃查处并购重组内幕交易行为。严格落实内幕信息知情人登记制度,要求辖区上市公司对2008年至2009年期间内幕信息知情人登记和报备工作进行全面梳理和补报,对34家发生过重大事项的上市公司600多名内幕信息知情人的股票交易行为进行查询和后续核查。四是坚持教育、预防与监管相结合,实行面对面的监管,加强对上市公司高管人员和证券期货从业人员的教育、引导。落实新上市公司高管人员例行谈话提醒、证券经营机构和基金公司合规情况通报等制度,约见上市公司高管人员、审计机构及保荐机构业务负责人谈话1,200余人次,定期召开辖区证券经营机构和基金公司合规业务负责人座谈会,通报有关机构合规情况。定期不定期编发《证券期货法制工作通讯》、《上市公司监管动态》、《机构监管动态》、《基金业动态》、《会计监管动态》等内刊,及时向辖区上市公司、证券期货机构、审计评估机构介绍和解读最新的证券期货法律法规,通报监管形势、违规问题和典型案例,提出明确的监管要求,引导各监管对象加强规范运作。编发上市公司高管人员买卖公司股票行为规范手册,发放给辖区上市公司及其股东8,000余册,帮助上市公司高管人员学习掌握买卖公司股票和防控内幕交易等知识，防范“无知违规”。做好上市公司高管人员和证券期货从业人员培训工作，培训辖区上市公司高管人员800余人次，培训证券营销人员、IB业务人员、证券投研管理人员等证券期货从业人员1.3万余人次。五是推动辖区监管对象建立健全内部问责机制，强化公司治理的硬约束。在加强外部问责监管的同时，广东局力推辖区上市公司建立并严格落实治理运作违规责任追究机制，通过下发通知、签署责任状等形式推动、指导辖区证券期货机构和基金公司建立健全合规问责机制，明确内部问责程序及标准，对违规问题责任人加强内部问责。在广东局的推动下，佛山照明、万家乐、七喜控股等上市公司分别采取内部批评、公开致歉、警告、罚款、撤销任职等方式对违规人员进行了问责，路翔股份对发起人股东窗口期违规减持股份处以110万元的内部罚款。辖区发生信息安全责任事故的有关证券经营机构也对相关责任人采取了罚款、免职等问责措施。

（五）管好、用好诚信档案，切实加强诚信监管。2010年，广东局各处室严格按照《证券期货市场诚信档案管理办法（试行）》和本局相关制度的规定，及时在证券期货市场诚信档案系统中记入、更新辖区各类市场主体诚信信息。广东局法制工作处作为诚信建设归口管理处室，每月定期对各处室诚信信息记入、更新工作进行统计督办。全年广东局共录入诚信信息25条、更新诚信信息1条。截至2010年末，广东局累计录入诚信信息324条，在派出机构中保持第一位。与此同时，广东局充分利用诚信档案加强诚信监管，明确要求实施行政许可必查证券期货市场诚信档案和广东局信访业务档案，初步建立了实施行政许可、市场准入、分类监管、稽查办案与相关市场主体诚信水平、失信情况有效挂钩的机制。据统计，2010年，广东局在监管执法工作中累计自行查询诚信档案244次，并通过证监会查询诚信档案22次。在行政许可工作中，广东局通过查询诚信档案，发现1起许可相对人存在负面记录的情况，对此进行了严格审查处理，有关证券经营机构最终撤回了许可相对人分支机构负责人任职资格的申请。

（六）切实加大信访工作力度，努力维护亚运期间资本市场稳定。2010年第十六届亚运会和第一届亚残运会在广州召开。广东局根据证监会的部署，立足亚运维稳，不断完善信访工作机制，落实责任，积极做好证券期货信访工作，为维护亚运期间辖区资本市场稳定、实现“平安亚运”目标做出了积极贡献。一是持续开展了处级以上领导干部接访活动，全年广东局处级以上领导干部参加值班接访134人次。二是加大资本市场矛盾纠纷排查和化解力度，每月定期及在广州亚运会期间每日滚动式排查信访风险，对重大信访事件实行局领导包案制，切实把矛盾解决在当地、化解在基层。三是印发《证券经营机构客户投诉处理指引》，定期召开信访投诉分析会，督促辖区各证券期货经营机构完善客户投诉处理机制，推动信访维稳工作重心下移。四是强化信访与监管联动机制。及时对信访投诉热点问题进行调研分析，准确研判，有针对性地采取监管措施，防范化解上市公司风险。督导辖区证券期货机构和基金公司强化合规管理，坚决纠正违规经营和不正当竞争行为，从源头上减少证券期货矛盾纠纷发生。五是积极协调有关部门依法妥善处理少数上访专业户重复信访和个别投资者缠访闹访问题。六是严格落实亚运期间领导带班和应急值守制度，在亚运期间加强值班和应急值守，每日编报亚运维稳日报，与证监会和地方政府有关部门加强信访维稳等信息沟通交流。全年广东局共处理信访投诉和咨询事项1,815件次，同比降幅超过32%，其中，接听投资者来电1,625件次，接待投资者来访63批、97人次，受理书面信访件（含电邮）127件。广东局信访投诉及时办结率达100%，年内未发生一起影响稳定的重大信访事件，也未发生因信访处理不当引发涉及广东局的行政诉讼和行政复议事件。

（七）实施“阳光工程”，大力推进政务公开。广东局严格按照《政府信息公开条例》的要求，认真做好监管信息主动公开和依申请公开工作，不断增强监管工作透明度。2010年全年广东局利用局互联网向社会主动公开监管信息289件，依申请公开监管信息1件，依法根据当事人的申请，安排当事人查询了有关监管资料。在监管工作中，广东局注重适时、适度、主动公开所采取的监管措施。如针对一些高风险或存在不规范问题的上市公司，广东局通过上市公司披露信息及责令公开说明等方式，公开监管部门对其采取的措施，争取市场各方对监管部门的了解、理解和支持。在ST方源风险处置中，广东局先后5次要求该公司将对其采取的监管措施予以公开披露，媒体对此作了大量报道，对广东局采取的措施表示赞同和肯定，形成了对有关股东和责任人的强大压力，对督促公司做好整改工作发挥了积极作用。此外，为增强行政许可工作的透明度，广东局制定了《辖区证券期货经营机构行政许可信息公示办法(试行)》，及时更新了局互联网站“办事指南”栏目行政许可申请相关内容，自2010年6月起每半月在广东局互联网站公示辖区证券期货经营机构行政许可的申请材料接收、受理申请、反馈意见等关键环节的进展情况和审核决定，申请人和社会公众可以在网上查询，从而有效保证了对行政许可的实时监督，实现了行政许可审核进程的全公开。

**三、完善证券期货执法机制，加大对证券期货违法违规行为的打击力度**

(一)进一步健全稽查办案机制，集中力量查办内幕交易等证券违法违规案件。2010年，广东局共办理主办案件22件，其中正式立案5件，非正式调查12件，稽查提前介入5件；办理协查案件26件，派员参加证监会专案调查组6人次，送达法律文书21份。在稽查工作中，广东局突出重点，积极创新稽查办案机制，不断提高办案效率和质量，切实增强稽查执法威慑力。一是深入开展打击内幕交易专项工作。根据证监会党委有关打击内幕交易工作部署，广东局按照“监管资源向稽查工作倾斜，稽查力量向内幕交易案件倾斜，整体办案工作向重点案件倾斜”的思路，进一步充实稽查力量，集中监管资源，快速查办了一批内幕交易案件。广东局主办案件中，内幕交易案件19件，占全部案件的86.36%。二是建立日常监管与稽查“平战结合”工作机制。为合理调配监管资源，及时满足稽查工作的阶段性需要，广东局专门制定了《推行“平战结合”工作机制暂行办法》，根据日常监管和稽查工作“紧”、“松”情况，灵活配置监管资源，确保稽查工作任务重的时候能及时、足额地抽调其他人员予以协助，切实推动稽查重点工作的开展。三是建立层层递进监管工作机制。为健全稽查快速反应机制，及时发现、及时制止、及时查处并坚决打击辖区证券期货违法违规行为，广东局制定了《关于建立层层递进监管工作机制的意见》，建立了由“日常检查、稽查提前介入、非正式调查、立案调查”等监管措施组成的步步升级、层层递进的监管工作机制，进一步明确了日常监管处室和稽查处室的分工，强化了处室间的协调配合。

(二)完善“打非”执法协作机制，持续重拳整治非法证券活动。一是会同广东省金融办牵头召开有广东省公检法机关、广电和网络媒体监管部门等11家成员单位参加的广东省打击非法证券活动联席会议，统筹协调推进2010年“打非”工作。二是推动并会同广东省公安厅、工商局以及广州市政府在全省范围内组织开展“打非”专项行动，与广东省公安厅联合组成全国第一支“打非”专业队，承办广州地区一批非法证券重点案件的侦办工作。全年广东局共现场摸查“涉非”机构120家次，协调关闭“涉非”网站17家，协同广电管理部门对辖区广播电视证券节目进行了全面调查和清理，移送公安、工商部门和地方政府“涉非”线索227宗。各地公安部门共侦破“涉非”案件14宗，抓捕犯罪嫌疑人近170人，涉案金额近9,000万元，起到较好的震慑作用。三是联合广东省公安厅建立非法证券从业人员黑名单制度及相应的数据库系统，收录了201位非法证券从业人员的相关信息。四是推动广州等重点地区加强非法证券活动综合整治机制建设，进一步明确宣传、广电管理、电信、出租屋管理等部门参与整治非法证券活动的工作职责。在持续高压严打之下，辖区非法证券活动多发势头得到有效遏制，2010年辖区“涉非”信访投诉总量同比下降近73%。

(三)严格落实查审分离，扎实做好行政处罚试点准备工作。2010年，广东局在证监会处罚委的指导下，按照“查审分离”的原则，制定印发了《行政处罚案件审理工作规则》、《行政处罚听证工作规则》、《行政处罚工作人员廉洁自律规定》等制度，调整充实了行政处罚工作人员，强化相关人员专业培训，加强听证室硬件设施建设，从制度、人才和硬件三个方面做好行政处罚试点的各项准备工作。同时，为适应行政处罚试点启动后对稽查案件复核工作的要求，广东局在证监会稽查局的指导下，及时制定了《案件复核工作暂行规定》配套制度，建立了

“交叉复核，集体合议”的案件复核工作机制，明确了自办案件的复核内容、复核项目和具体复核要求。2010年11月，证监会正式授权广东局启动行政处罚试点工作。

（四）积极主动协调指导，认真做好证券期货业反洗钱工作。一是加强与广东省有关金融监管机构反洗钱监管协作。多次参加广东省金融业反洗钱监管协调会议，与人民银行广州分行、广东银监局、广东保监局就进一步加强金融业反洗钱工作的监管协调、协作等进行持续沟通交流，建立了良好的沟通渠道。二是积极指导辖区证券期货经营机构做好反洗钱工作。2010年，广东局先后向辖区证券期货经营机构下发了《关于进一步做好反洗钱工作的通知》、《关于转发中国证监会〈证券期货业反洗钱工作实施办法〉的通知》等文件，对各单位反洗钱工作的工作要点、整改配合义务、报备要求等提出了明确要求。在广东局督导下，辖区证券期货机构已按要求报备了有关反洗钱信息和内部工作制度。三是积极参与证监会稽查局证券期货业反洗钱课题调研工作，召集辖区部分证券期货机构参加了反洗钱课题调研会，承担了有关课题调研统稿工作。

（五）加强司法协调，营造良好的资本市场执法环境。广东局认真做好司法机关来访来函接待和处理工作，积极为司法机关办理证券期货刑事案件和民事案件提供专业支持。全年共接待司法机关来访18批、46人次，应司法机关请求及时出具有关函件30份，其中证券期货业务资质和行为性质认定函22份。与广东省公、检、法机关加强沟通交流，及时编发《广东证券市场信息》、《广东省打击非法证券活动工作简报》等刊物，介绍最新的证券期货法律法规，通报证券期货违法违规动向和典型案例，与司法机关共同研究解决资本市场出现的新情况、新问题。为明确司法机关查办非法证券案件的法律适用标准，切实解决非法证券活动取证难、认定难的问题，广东局推动和支持广东省公安厅起草有关办理非法证券刑事案件法律适用问题的指导文件，并积极争取广东省检察院和省法院的支持。与广东省检察院加强沟通协调，推动该院从支持打击非法证券活动的角度出发，矫正基层检察机关对一起非法经营证券业务案件作出的涉案人员不构成犯罪的司法认定意见。与广州市有关法院行政审判机构建立工作联系，积极争取业务指导和支持，及早防范行政处罚试点工作可能引发的行政诉讼风险。

## 四、强化行政效能监察，全面落实行政执法责任制度

2010年，广东局切实贯彻落实证监会《关于推行行政执法责任制的实施意见》，以规范和监督行政执法活动、进一步提高行政执法质量和水平为目标，不断完善行政监督机制，强化行政效能监察，全面落实行政执法责任制度。

（一）明确职责，细化责任。广东局紧紧围绕以依据定职责、以职责定标准、以标准定流程、以岗位定素质这一主线，将清理执法依据、明确执法主体、分解执法责任作为全面推进依法行政的中心工作来抓。通过推行岗位责任公示制度，实行A、B角制度，进一步明确每一位工作人员的岗位职责，并将所有工作人员的职责分工在局OA系统进行公示，形成“人尽其责、职尽其效、管理规范、工作有序”的良好局面。在各处室建立“监管业务知识库”，系统梳理和汇总涉及证券期货监管业务的政策法规、工作文件，明确各处室监管执法的依据。

（二）完善干部考核机制。广东局把落实行政执法责任制工作的情况作为考核处室工作，考核各处处长、副处长及一般工作人员的一项重要指标列入年度考核。2010年，广东局进一步完善干部考核制度，制定了《日常绩效考核评估暂行办法》，在广东局首次实施日常绩效量化考核，完善了奖勤罚懒、奖优罚劣、奖罚分明的激励机制；修订了《干部年度考核暂行规定》，在一般干部和处级干部两个层次探索建立了末位淘汰制度。

（三）扎实开展廉政教育活动。按照证监会党委的总体要求和统一部署，广东局以“加强制度教育，构筑拒腐防线”为主题，深入组织开展了《中国证监会工作人员行为准则》执行情况检查活动和党风廉政教育活动，组织全体干部职工集中学习《中国共产党党员领导干部廉洁从政若干准则》、《中国证监会工作人员行为准则》和《中国证券期货监管系统工作人员党风廉政建设学习手册》，并通过开展自查自纠、群众评议、半年一评、现场检查廉政监督和回访、党风廉政教育回头看等活动，对干部职工

落实不准买卖股票规定、内幕信息管理规定、行政许可、任职回避和公务回避规定,在履行监管职责过程中能否做到勤政廉政,源头防腐制度机制是否健全等方面进行重点检查,建立健全内幕信息管理等有关制度,取得了良好成效。

### 五、深入开展证券期货普法宣传活动,着力弘扬法治精神

2010 年,广东局以"五五"普法检查验收和"12 · 4"普法宣传活动为重点,紧密结合整治非法证券活动、投资者教育等工作,持续深入地开展证券期货法制宣传教育,取得了积极的成效。

(一)扎实开展辖区"五五"普法总结验收活动。2010 年是"五五"普法总结验收年。广东局及时拟定了"五五"普法检查验收工作方案,向辖区监管对象下发通知,对辖区"五五"普法检查验收工作作出周密部署,督促各单位对"五五"普法工作落实情况进行全面自查和总结。广东局还拟定了"五五"普法检查验收工作底稿,会同广东证券期货业协会对辖区各上市公司、证券基金期货机构"五五"普法工作进行了检查验收,对其中 50 家证券期货营业部作了重点检查。通过检查验收,督导辖区各监管对象务实创新开展形式多样、内容丰富的普法宣传教育活动,全面完成"五五"普法任务。在此基础上,广东局及时拟定"五五"普法工作总结报告报证监会普法办和广东省普法办。

(二)精心组织辖区"12 · 4"证券期货普法宣传活动。广东局及时制订"12 · 4"普法活动方案,并向辖区监管对象下发通知,对 2010 年辖区"12 · 4"证券期货普法宣传活动作了具体部署。"12 · 4"普法活动期间,为切实推动全局工作人员学法、懂法、用法,提高法治意识和依法行政水平,广东局专门邀请中山大学行政法学教授做了题为"法治政府与依法行政"的讲座,向局领导干部和工作人员讲授依法行政的原理和基本内容,以及依法行政在立法、执法和司法环节的具体适用等问题。广东局还制订了 2010 年度工作人员学法考试方案,建立了学法考试试题库,组织全局干部职工集中学习 18 件证券期货专业和依法行政方面常用的法律法规和规范性文件,并开展学法闭卷考试,广东局领导和全体工作人员参加考试,成绩全部优良。此外,广东局还会同广东证券期货业协会和广东上市公司协会成立了 4 个督导检查组,对韶关、肇庆、清远、惠州等地上市公司、证券期货经营机构开展的"12 · 4"普法宣传活动进行了现场检查和指导。

(三)扎实开展股指期货和融资融券投资者宣传教育活动。2010 年,广东局将股指投资者教育作为股指期货上市准备工作的重中之重,组织辖区证券期货经营机构举办了 5 场股指期货投资者专题报告会,参加者近千人。联合广东证券期货业协会开展了"股指期货知识竞赛"活动,辖区 349 家证券期货营业部、47,208 名投资者参加。联合广东证券期货业协会在广东资本市场网开设股指期货投资者教育专栏,详细介绍股指期货的推出背景、法律条规、合约设计和交易规则。开展了"股指期货与投资者"主题宣传活动,在辖区三大主流平面媒体上连续刊发专题报道 11 篇、案例点评 5 篇,帮助投资者增强风险意识,受到投资者的广泛好评。广东局还通过召开会议、现场调研、专人跟踪等方式,积极推动和督导辖区具有业务试点资格的广发证券通过在公司股民学校开设讲座、在三大证券报开辟专栏、制作主题动画短片、召开专题巡讲和高端客户交流会等形式扎实开展融资融券业务投资者教育活动。

(四)持续深入开展防范非法证券活动投资者教育活动。一是通过《证券时报》、《广州日报》等媒体,曝光了辖区 2009 年以来公安机关查处的 27 家非法证券经营机构黑名单和辖区第八批 38 家不具有合法证券经营业务资质的机构黑名单,并配合广东电视台对此作了采访报道。二是推动广东省公安厅制播了"股市黑嘴行骗大曝光"专题节目,对公安机关 2010 年破获的股鼎公司特大非法证券诈骗案作了详细报道。三是配合广东省公安厅和天河区公安局经侦大队开展防范经济犯罪宣传日活动,派出工作人员在活动现场向社会公众宣传防范非法证券活动有关知识,解答群众提出的涉及非法证券咨询活动问题,并派发了防范非法证券活动投资者教育手册。四是在局互联网站打击非法证券活动专栏共发布"打非"信息 6 篇和警示教育案例 16 篇,发挥局互联网打非宣传阵地作用。五是督导证券经营机构加强投资者风险教育。据统计,全年辖区各证券经营服务机

构在广东局督促下,共举办以加强非法证券活动风险提示为主题的投资者专题讲座6,256次,参加的投资者29.88万余人次,刊发投资者教育园地专栏文章14,032篇,向投资者派发宣传教育手册71.64万册,发送手机短信6,332万多条,投放公益广告278次,以客户电话回访、社区宣传等其他方式进行宣传教育22.4万余次。

(五)积极组织开展法制动漫作品征集等专项普法活动。广东局积极组织辖区监管对象参加全国普法办举办第八届全国法制动漫作品征集活动、"六五"普法规划理论与实践研究征文活动,以及广东省普法办举办的第四届全省法制动漫作品征集活动。经广东局推荐,广发证券制作的《普法三国》和易方达基金制作的《追涨杀跌》等作品分别获得广东省普法办组织的第四届全省法制动漫作品征集活动一等奖和三等奖,广州证券报送的《化解社会矛盾——浅析新的历史时期法制宣传教育面临的形势与任务》等两篇征文稿在证监会法律部《证券法制通讯》中发表。

(广东证监局供稿)

# 四川证监局2010年依法行政工作报告

2010年,在中国证监会党委的正确领导下,四川证监局(以下简称四川局)深入学习实践科学发展观,坚决贯彻落实国务院《全面推进依法行政实施纲要》和证监会有关依法行政工作的各项要求,以促进一线监管、优化法制工作环境、强化法治机关建设为重点,不断提升依法行政工作水平,为维护辖区资本市场的平稳运行,推动资本市场在更高层次服务地方经济提供了坚实的法制保障。

全年共开展现场检查101次、专项核查72次;实施引导性措施36项、做出监督管理措施决定2项;受理书面信访68起、办结61起,处理电话投诉61件;办结行政许可事项131项;办理证券违法违规案件28件,其中自立案件1件、协查案件15件、联合办案12件;完成送达执行5件;为司法机关出具非法证券咨询机构资质认定意见4件,与省、市公安机关联合现场调查4起。

## 一、促监管,执法水平进一步提高

围绕监管中心工作,把依法行政的各项要求融入一线监管工作的方方面面,着力增强监管执法行为的规范化水平,促进上市公司、证券期货经营机构等市场主体规范运作,严厉打击市场违法违规行为,不断深化资本市场服务实体经济的能力。

(一)推动上市公司规范运作

深入推进上市公司专项治理,摸清底数,找准问题,协调地方政府、行业主管部门等有关各方协力推进解决上市公司同业竞争和关联交易问题;强化对上市公司高管、控股股东及实际控制人的培训,对攀钢钢钒、东方电气等12家公司及控股股东开展证券法律法规知识培训,推动有关人员树立规范意识,帮助企业提高规范化运作水平;强化募集资金监管,约见11家新上市公司高管谈话,督促保荐机构认真把好资金使用关;抓好信息披露监管,督促上市公司健全信息披露内控制度,规范信息传递及披露程序,明确责任追究机制;加强现场监管,特别是抓好五粮液、泸州老窖、ST金顶等重点公司监管工作。通过推动上市公司规范运作,提升上市公司质量,增强资本市场服务地方经济发展的能力。

(二)加强证券期货经营机构合规监管

完善以净资本为核心的证券、期货公司常态监管机制,保持对辖区各法人证券期货公司净资本的持续、动态监控,推动公司优化风险监控系统,加强财务和资金状况的敏感性分析和压力测试;督促公司进一步完善以"信息化、流程化、留痕化、不可逆化"为标志的合规管理信息系统,充分发挥合规负责人、首席风险官的作用,夯实合规管理的组织和技术保障;以分类评价工作为契机,深入分析辖区证券、期货公司分类监管反映出的问题,督促公司加强对分类评价涉及事项的整改和跟进;以防范证券营销风险为抓手,突出对欺诈性营销和代客操作等违规行为的风险防控,维护辖区市场的良好秩序。

(三)加大打击内幕交易工作力度

打击内幕交易是2010年我会确立的一项重要工作。四川局在此项工作中加强日常监管处室与稽查处室的联动,确立了上市公司内幕信息登记共享、股价异动后公司自查报告互享、现场检查和警示谈话监管资源共享的"三共享"机制,在现场检查和股价异动专项核查中,重点检查公司内幕信息管理和制度落实情况;加强情报信息收集工作,及时发现违法违规线索,结合具体案例,对新的违法违规动机和手段进行前瞻性的趋势预测和分析;在综合监管体系基础上,加强与四川省纪委、国资委、公安厅等部门的沟通工作,构建全方位、多层次、立体化的防控体系。

(四)创新"打非"宣教工作方式

四川局高度重视打击非法证券活动的宣教和警示工作。通过辖区证券经营机构手机短信平台和四川省网络文化和管理办公室开办的"公共信息发布平台",不断扩大"打非"宣教工作范围;加强和新闻媒体的合作,在有关媒体累计发布辖区不具备证券投资咨询资格机构名单五批次,涉及机构153家;指导地方协会赴辖区部分证券营业部,通过座谈、案例和法律法规讲解等方式开展现场宣教和风险警示;发挥跨部门协作机制优势,举办打击非法证券活动案例分析与经验交流座谈会,推动了"打非"协调机制有效运作。

(五)健全信访风险综合化解机制

强化重大信访协作应对机制,加强信访牵头处室和业务处室的沟通协调,如四川长虹涉嫌财务造假信访事件受到各方关注,四川局严格信访办理程序,密切跟进,有效沟通,并及时向会机关、省政府汇报工作进展,认真做好信访调查与回复工作,及时化解了重大信访风险隐患;建立信访分析工作机制,定期对信访来函进行分析,把握信访工作呈现出的整体趋势和阶段性特点,提出针对性处置建议以及促进日常监管的工作思路,切实发挥信访工作对监管工作的指导促进作用;督促市场主体建立内部息诉机制。通过量化考核扣分、网络公示、通报批评等引导性措施,推动证券期货经营机构建立主动化解信访矛盾的内部工作机制。

## 二、抓基础,依法行政环境不断优化

法制工作是一项基础性工作,单靠证券监管部门的力量,难以形成合力。四川局着眼于执法环境建设,不断整合监管资源,延伸监管手段,形成推动市场主体规范发展的自我约束、行业自律和社会监督等多层次监管体系。

(一)强化市场诚信体系建设

在行政许可、信访等重点工作中,强化流程保障,严格遵守时限要求,不占用行政相对人时间资源,并将这些经验固化为行之有效的工作规程,以规范化的程序要求促进诚信体系建设;深入推进辖区证券期货市场诚信档案建设和四川省企业征信系统工作,要求有关业务处室在行政许可和日常监管工作中积极查询使用信用信息,切实发挥诚信档案的功能;将诚信状况作为证券期货经营机构合规管理、分类监管的重要考核指标,促使监管对象牢固树立诚信意识,依法合规经营。

(二)创新思路开展普法活动

创新普法宣传方式,按照"12·4"全国普法宣传日的统一部署,组织动员辖区证券期货经营机构积极参加"百家网站法制知识竞赛活动"和法制动漫作品征集活动,结合我会新出台的有关规章制度,采取培训、讲座、知识竞赛、媒体报道等方式加强宣传学习,在上市公司、证券期货经营机构、投资咨询机构等市场主体中通过多种方式深入宣传依法合规的发展理念,向广大投资者宣传普及有关知识,提高普法活动的针对性和实效性。

(三)大力开展行业文化建设

贯彻"行政监管、行业自律和公司自我管控相结合"的监管思路,充分发挥地方协会功能,推动市场资深人士担任地方协会负责人,在改善行业服务的同时,延伸监管手段。以规范辖区证券经纪业务营销人员管理,引导竞争方式转型为切入点,积极指导地方协会开展佣金自律工作,对行业佣金自律经验及有效做法进行总结提炼后上报会机关并得到肯定。

以纪念资本市场建立20周年为契机，坚持"咱们的市场咱们爱，咱们的市场咱们建"的原则，围绕"规范、透明、创新、责任"的行业文化旋律，以"敬重历史，珍惜现在，展望未来，再创辉煌"为主题，调动辖区全体证券从业人员，按照"源自基层、发自内心"的要求，开展了征文、摄影比赛、从业人员座谈会以及大型文艺会演等系列活动，激发了从业人员对行业的热情，达成了行业要自律、自爱、自强的共识，内提素质，外树形象，为维护辖区市场秩序，促进行业可持续发展奠定了坚实基础。

（四）加大中介机构监管力度

充分发挥中介机构的作用，督促中介机构履职尽责，提升市场规范化水平。召开保荐机构监管工作会议，督促保荐机构提高尽职调查及保荐水平，加强对保荐代表人的内部管理，加大对企业上市后的持续督导力度；开展辖区证券法律执业情况调查，及时掌握行业发展变化情况；召开辖区年报监管工作会议，组织辖区会计师事务所学习有关文件；结合年报披露、IPO辅导监管、现场检查和并购重组等事项约见保荐人、财务顾问、会计师、律师等中介机构谈话，开展专项检查和延伸现场检查，不断强化中介机构勤勉尽责的意识。

（五）强化舆论监督

完善宣传工作内部管理制度，制定《舆论引导与媒体信息监管工作意见》等工作规程，建立起保障舆论引导的长效工作机制；与四川省委宣传部联合发文《关于加强和改进全省资本市场新闻宣传和舆论引导工作的通知》，形成舆论监管合力；以"5·12"大地震两周年和"资本市场要在更高层次服务于地方经济"为主题，通过新闻媒体介绍四川资本市场灾后重建取得的成就，展望未来发展前景，营造辖区资本市场发展的良好氛围；指导地方协会与新浪四川网开展合作，推出股指期货投资者教育网页专版，扩大投资者教育覆盖面。

**三、练内功，切实建设法治机关**

依法行政不仅是证券监管部门作为行政执法主体的职责所系、使命所在，而且会对市场主体产生示范效应，形成良性互动。近年来，四川局坚持不懈抓机关文化建设，从制度、流程、技术手段等各个方面形成依法行政的长效机制，切实建设法治机关，受到监管对象和投资者的广泛认可。

（一）坚持科学民主决策

四川局党委高度重视依法行政工作，以高度的使命感和责任感，不断提高全局干部的思想境界和道德觉悟，强化廉洁从政意识，从上到下形成了依法行政、权力公开运行的意识。在此基础上，对内构建制度先行、流程细化、节点留痕、通道不可逆、IT手段固化"五位一体"的工作机制，确保依法行政执行有力，落实到位。对外探索构建新型的监管关系，形成"大家的市场大家建"的共识，继续深化市场决策机制、通过各种定期或不定期的联席会议，搭建与市场主体的交流平台，在进行重大决策的过程中，充分听市场意见，形成市场主体和监管部门有效沟通和市场主体自律的工作机制。

（二）强化依法行政组织保障

四川局党委高度重视法制队伍建设，从各业务处室抽调法律专业人士，充实法制工作处力量，为做好依法行政工作提供人才支撑。确立了以防范行政执法风险为目标、以提供法律服务和搞好综合信息调研为重点的法制工作思路，围绕"完善制度、提供服务、防范风险、搞好调研"开展工作，着力强化法律内核、支持与服务工作，为依法行政工作提供了有力支撑。

（三）加强内部制度建设

全面梳理完善内部工作制度，修订完善《四川证监局机关考核管理办法》、《新录用工作人员培训制度》、《四川证监局请休假管理制度》等百余项规章制度，从工作规则、管理办法、业务规范、工作指引四个层面完善了局机关工作制度体系。

以会机关修订完善行政许可实施程序和操作规程为契机，按照"统一标准、流程管理、分工协作、相互制衡"的原则，将原有的业务处室行政许可工作规程修订整合为《四川证监局行政许可实施程序》和《四川证监局行政许可操作规程》，进一步夯实了行政许可工作的制度基础。在实施过程中，强调办公室作为牵头处室，严格工作程序，加强督办力度，确保内部审核各环节工作程序执行到位。

（四）搭建信息公开体系

制订《证券期货监督管理信息公开办法（试行）》、《监管信息主动公开流程（试行）》、《监管信息依申请公开流程（试行）》等工作规程，明确职责分工，细化工作流程，形成了涵盖“两类五项三平台”的信息公开体系。“两类”即为主动公开事项和依申请公开事项；“五项”为工作动态、通知公告、行政许可、联系渠道以及公民申请公开信息；“三平台”即为互联网站（电子邮箱）、投诉举报电话、广播报纸等新闻媒体，切实保障政务公开，依法维护公民、法人等的知情权、参与权和监督权。

（五）强化行政执法责任制建设

坚持执行年度工作目标“红皮书”制度，层层分解执法责任和工作目标，确保全局每个处室、每位干部的工作职责、任务和进度安排公开透明，形成有效的内部监督机制；修订《四川证监局效能监察工作办法（试行）》，将日常考核和年度考核相结合，强化效能监察实效；实施行政许可督办机制，在公文流转信息平台中设计督办功能，从技术手段上防范行政许可超期风险，实施重大行政许可事项集体研究制度，对重要行政许可都要通过局长办公会研究讨论，对不予受理、终止审查及不予许可决定，要求法制工作部门会签，防范行政许可风险。

加大外部监督力度，加强网站建设，公告投诉举报电话、电子邮箱，主动接受群众对行政执法行为的监督；主动参加地方阳光政务建设，局领导多次带队参加电台直播，值守热线，回答听众关心的问题，听取意见建议；结合行政效能监察工作，每半年组织一次面向监管对象的外部评议，对评议结果进行认真分析，查找行政执法中的问题和不足，及时改进。

2011年是“十二五”开局之年，四川局将按照会党委要求，不断深化对资本市场在经济发展方式转变和结构调整中重要作用的认识，结合一线监管实际，继续深化依法行政工作的职能定位，明确工作重点，不断增强依法行政工作服务市场改革发展大局的能力，为推动辖区资本市场平稳健康发展，推动资本市场在更高层次服务地方经济做出更大贡献！

（四川证监局供稿）

# 陕西证监局2010年依法行政工作报告

当前，资本市场法制建设面临从以制度建构为重点转向以法律实施为重点的转变。如何适应这种变化，进一步提高辖区资本市场依法监管工作的水平，增强工作的有效性和主动性，陕西证监局（以下简称陕西局）在依法行政、规范监管和防范监管法律风险等基础性工作方面做了大量细致的工作，基本形成了以法制工作处为平台，业务监管、稽查、“打非”和法制规范保障交叉互动、点面结合的依法监管工作格局。2010年，在中国证监会相关部门的指导和支持下，陕西局紧密围绕辖区证券期货监管中心任务，突出重点、拓展思路、创新手段，不断加强局内规则、制度的建设和完善，规范监管执法行为，严厉打击各类证券期货违法违规行为，为辖区证券期货市场持续健康发展提供了良好的法制环境和保障，依法行政工作水平显著提高。现将有关情况报告如下：

## 一、围绕监管中心工作任务，构建“全景式”依法行政工作格局

（一）以信息披露监管为抓手，着力促推上市公司规范化建设，提高规范运作水平

信息披露监管一直是上市公司监管重中之重。2010年，陕西局突出四个方面，加强信息披露监管工作，提高上市公司透明度。一是突出年报依法编制、审计和披露的组织工作，充分发挥上市公司审计委员会、独立董事和监事会的自律自纠作用，年报质量和审计质量均较往年有较大提高。二是突出规范高效的现场监管。特别是对高风险类、重组类和股价异动类

公司的现场检查和跟踪监管,及早发现问题,及早采取措施,有效防范信息披露违规问题的发生,及时纠正或督促整改。三是突出敏感性信息的跟踪监管。对辖区上市公司出现股价异动、市场传闻、新闻宣传、信访投诉反映的敏感事项予以重点关注,采取发函询问、约见谈话、书面提示、现场检查等规范措施及时介入,督促上市公司及时澄清或更正、补充披露信息,提高上市公司透明度,有力维护了中小股东的知情权。四是突出信息披露违规行为的严肃惩处。2010 年,先后对 2 家上市公司信息披露违规行为采取责令整改的行政监管措施,对 1 家公司董监高人员采取出具警示函的行政监管措施,督促上市公司对有关人员进行责任追究,整改不规范问题。

标本兼治、重点突破。进一步推进辖区上市公司的规范化建设,着力夯实辖区上市公司规范化运作基础。2010 年,按照证监会开展"解决同业竞争、减少关联交易"专项活动的整体部署,陕西局有针对性地选取了 6 家公司作为重点检查对象,采取约见谈话、专项检查、与国资管理部门协调等综合措施,努力推动专项治理活动尽快取得突破。根据证监会防范和打击内幕交易行为的整体部署,在 2010 年选择部分上市公司建立内幕信息知情人管理制度试点的基础上,2010 年在辖区全面推行此项制度,使辖区上市公司全部建立了内幕信息知情人登记管理制度、外部信息使用人管理制度和年报信息披露重大差错责任追究制度,完善了综合监管体系。同时,加强与省国资委、省监察厅沟通,共同研究加强上市公司内幕信息管理,落实内幕信息知情人报备制度,构建综合监管和防控体系,加大对违法违规行为的处理力度。辖区两家上市公司的控股股东在海南,陕西局就这两家公司与大股东关联交易及资金往来不规范的问题,与海南局建立了互通信息、加强监管的协作关系。

(二)创新证券期货机构监管方式,构建"行为规范、运行有效、监督有力"的行政执法监管机制

陕西局着力推动证券期货机构监管基础性建设,创新监管方式,推动机构监管不断深入。一是强化对证券公司风险的监测、预警和防控。自主开发了"证券公司风控指标动态监控辅助分析系统",实现对证券公司风控指标远程动态监控、统计分析和自动预警,提高了依法监管效率。制订下发《证券公司风控指标敏感性分析和压力测试机制建设指导意见(试行)》,对敏感性分析与压力测试操作环节的各个方面进行了全面规范,为风险可测、可控、可承受提供了机制保证。二是着力推进辖区机构合规建设,建立健全合规管理长效机制。根据合规管理中存在的问题,指导、督促各机构进一步梳理合规漏洞,明确岗位职责,强化合规考核,加强合规培训,健全合规管理机制,优化合规专员履职环境,加强合规人员选任和业务培训,基本形成了框架清晰、覆盖全面、分级负责的经纪业务营销合规管理体系。

(三)完善工作流程,高效、透明做好行政许可工作

陕西局坚持以依法、合规、公开、透明为原则,做好、做实行政许可工作。在全面贯彻落实《行政许可法》和证监会修订实施的《行政许可实施程序规定》的基础上,根据证监会 2010 年对行政许可工作公开、透明的新要求,结合陕西局监管信息公开工作实际,建立起接收公开、进程公开和结果公开的全程全景式行政许可透明审核机制。以透明审核机制的建立为契机,全面梳理了行政许可工作规程、完善了工作流程、细化了操作指引,规范了接受、登记、补正通知、反馈意见、决定等各个阶段的办理规程,建立起责任清晰、审核透明、运行有效、监督有力的行政许可工作内部运转机制。

(四)加强稽查工作,提高办案质量

2010 年,陕西局根据案件调查任务重、时间紧、要求高的特点,统筹兼顾,顺利完成了全年稽查办案任务,较大提高了办案效率和质量。2010 年,完成了对辖区 1 家上市公司违反证券法规案的立案调查工作,对稽查局交付的 4 起标股票异常交易案件进行了非正式调查,完成了长沙中财等 7 起案件的协查工作和 2 起案件的提前介入调查。积极支持会稽查局创新办案的尝试,在任务繁重、人员紧缺的情况下,派员参加了会稽查局组织的 2 起案件的联合调查,得到了会稽查局的充分肯定。全年送达法律文书 21 份,催缴罚没款 149 万元,保证了行政处罚的严肃性。

## 二、深入推进“整非”、“打非”工作，净化辖区证券期货市场环境

针对非法投资咨询、非法代客理财活动信访投诉形势依然严峻的情况，陕西局继续保持“整非”高压态势，把整治非法证券投资咨询活动作为2010年的工作重点。一是加大对重点案件的查办打击力度。联合公安部门捣毁了2个非法证券活动窝点，现场抓获62人，网上通缉抓捕2人，当场收缴大批电脑、电话等作案工具、冻结了7个银行账户，查封了营业场所，及时制止了诈骗犯罪活动。其中“西北财经”案作为公安部督办案件，目前已进入司法审理程序。二是建立健全打击非法投资咨询活动有效机制。加强与通信管理部门的日常联络和沟通协作，理顺了打击网上非法证券活动中执法协作的具体内容、方式和程序。与西安市公安局联合召开了打击证券电信诈骗犯罪现场会议，通过通报典型案件、举办证券电信诈骗犯罪专题培训，使西安地区各级公安机关对证券电信诈骗犯罪的特点和作案手法有了清楚的认识，明确了各级公安机关对证券电信诈骗案件“优先接警、优先处置”原则，提高了公安部门打击证券电信诈骗犯罪活动的主动性。认真贯彻落实广电总局59号文件和证监会关于协同做好广播电视证券节目规范工作的要求，进一步明确和细化了与省广电局在广播电视证券节目监管方面的职责分工、协作监管内容、工作程序，完善了处室对口联络、双向监测、信息通报和日常协作机制。三是加大宣传教育力度。组织新闻媒体采用随同采访、专题采访、专题报道等多种形式，全方位、多角度地对查处的典型案例进行曝光，充分揭露非法证券活动的特点、形式和手段，警示教育广大投资者，震慑不法分子。通过陕西局互联网页和协会网站曝光非法机构和非法网站，提醒投资者远离非法证券活动，取得了良好的社会效果。

在辖区非法证券活动势头得到有效遏制的基础上，2010年主要把打击新发案件、推动案件侦办审理和开展宣传教育作为“打非”工作的重点。一是保持高压态势，密切监视非法证券活动的新动向。及时发现了利用创业板进行非法证券活动的中暖高科和海世创投两起非法销售股票和非法集资活动，初步调查后，迅速移交公安机关查处，遏制了利用创业板进行非法活动的苗头。二是充分发挥陕西省“打非”工作协作机制的作用，积极促进案件的办理进程，加强与公安等执法部门的合作，及时依法出具案件性质认定意见，支持和促进案件的侦办，达到了震慑不法分子、遏制非法活动、教育广大群众的效果。2010年，司法机关对辖区两起非法证券活动案件作出了判决。三是以上海世博会维稳为契机，推动形成齐抓共管的“打非”工作格局。2010年上海地区多次发生部分购买陕西非上市公司股票的投资者聚集群访事件。为积极配合陕西、上海两地政府处置群体性事件，维护上海世博会期间的社会稳定，陕西局协助制定了有针对性的信访宣传口径，梳理了相关非上市公司基本情况，先后6次参与上海投资者联合接访工作，会同陕西省金融办与部分非上市公司负责人进行座谈，督促做好善后处理工作，维护了社会稳定。同时，及时向陕西省政府提出分类处置、综合整治的意见。促使陕西省政府出台《陕西省处置非法证券活动专项工作方案》，对“打非”工作进行专题部署，并组织在全省范围内进行摸底调查，按“谁审批、谁负责”和属地原则，对处置非法证券活动专项工作责任分工、完成期限等予以明确。目前，这项工作仍在紧密部署推进之中。四是打防并举，加强宣传教育。2010年，在组织媒体宣传报道、对典型案例及时曝光的同时，又深入辖区地市发放宣传材料，联合公安机关走上街头开展宣传，教育群众增强辨别能力，提高风险防范意识，远离非法证券活动。陕西局还积极配合国务院办公厅、科技部、证监会调研组完成了对西安高新区企业进入代办股份转让系统扩大试点的调研工作，建立了代办股份转让挂牌企业后备资源库，与西安高新区联合举办了“西安高新区企业创业板、新三板挂牌培训会”。

## 三、拓展形式、注重质量，提升法制工作服务和支持监管工作效能

根据证券期货市场发展的新形势、新要求，陕西局认真总结分析辖区监管中法制工作的实践经验和工作规律，积极思考和完善法制专业工作的职能定位，确立了“服务监管中心、发挥专业优势、秉承公正忠诚、努力开拓创新”法制

专业工作原则，梳理出法制工作“一个核心、两个保障、三个专项、四个长期”的不同层次工作要求。

（一）认真对待、深入研究，积极完成局内各项重点监管工作制度“立改废”工作和参与立法工作

要全面贯彻落实依法监管，制度合法合规是基础。陕西局从证券期货市场监管实践出发，突出重点、分层推进和逐步覆盖，对监管执法联系密切的工作制度从合法合规角度进行“立改废”。为保障证监会2010年2月生效的涉及行政许可的规章和规范性文件等有效落实和实施，对《陕西证监局行政许可实施程序规定》和《陕西证监局行政许可工作办理规程》进行了全面修订。为认真落实证监会稽查工作会议精神，研究拟定了《陕西证监局稽查提前介入工作规程》和《陕西证监局非正式调查工作规程》。

长期以来，陕西局以“认真、专业、高效”的工作作风，做好证监会及相关部门交付的专项立法调研工作。该项工作由法制处牵头、各处室参与，既发挥了法律专业优势，又吸收了监管实践经验，使参与立法工作与监管工作做到了优势互补，也保证了参与立法工作的广泛性和专业性。2010年，共完成18项制度征求意见稿的意见反馈工作，很多意见被采纳，受到相关部门的好评。

（二）集思广益，专业、客观、审慎做好合法性审查和会签工作，有效防范监管执法法律风险

专业、合法和合理的法律意见源于积极讨论和充分协商。2010年以来，陕西局以法制工作处为平台，各处室充分沟通协调，对领导交办或各处室转交、咨询的日常监管法律问题、重要监督管理措施、复杂信访答复事项、案件调查终结报告、案件移送报告以及日常监管执法过程中遇到疑难法律问题等事项，从定性、程序、适用等各个方面严格把关、认真审核，对相关问题进行深入研究，及时作出报告或答复。全年共对68项监管执法工作事项进行了合法性审查、会签，咨询事项予以回复，工作内容覆盖全局各个处室，对确保全局各项执法行为做到事实清楚、证据充分、程序合法、适用法律正确发挥了重要作用。

（三）以法律意见书事后审查为抓手，有效开展辖区律师事务所从事法律业务的监管

陕西局在充分调研的基础上，针对律师事务所和律师从事证券期货法律业务监管工作中的难点和特点，2010年开展了法律意见书事后审查工作。对20家为辖区上市公司提供了证券法律服务的律师事务所出具的61份法律意见书进行了书面审核。对审核中发现律师事务所在执业中存在的问题，进行通报，督促和提醒相关机构及从业律师加强执业的合规性和严谨性。

（四）热情接待公安、司法机关，积极参与执法协调工作，为辖区市场健康发展营造良好的行政、司法环境奠定坚实基础

从构建辖区健康有序的证券期货市场秩序出发，陕西局按照热情接访与相关疑难问题研判指导相结合的工作思想，各个处室加强协调配合，深入钻研，开拓思路，广泛与司法部门沟通，从案件具体情况出发，依据政策法律法规，充分考虑社会稳定等因素，及时处理好司法机关来访接待事项。2010年共接待司法机关正式来访（不包括电话咨询）共22批、43人次。有效配合了司法机关解决相关问题，为辖区社会稳定和证券期货执法环境优化做出一定的贡献。

（五）持续推进证券期货诚信档案建设与管理工作和监管信息公开工作

按照《陕西证监局诚信档案建设与管理工作规程》，各处室及时报送诚信信息。对各个业务处室规范使用监管措施和监管函件格式文书提供专业指导，促进诚信信息在监管实践中的有效使用，发挥诚信档案服务监管工作、促进监管工作的作用。本年度录入诚信信息6项。

各处室认真贯彻落实《陕西证监局监管信息公开工作规程》，能够及时、全面、主动公开应公开的信息。2010年全局主动公开监管信息132项，基本涵盖监管工作各个方面的事项。2010年以来，企业因上市申报材料、公检法因办案等需要，申请公开监管信息的事项逐步增多，全年共受理依申请公开事项7件。根据2010年国办发5号文对依申请公开工作提出了新的要求，陕西局在工作中准确把握信息公开的范围，坚持“一事一申请”原则，进一步完善申请的受理、审查、处理、答复程序，对申请是

否有效、信息应否公开、公开后可能带来的影响等进行综合分析,准确提出处理意见,使申请公开信息的答复做到依法有据、严谨规范、慎重稳妥。

(六)法制宣传与法制培训并举,为辖区市场监管工作营造浓厚的合规守法文化氛围

着眼于长期规划、逐步推进,不断创新工作方法,持续开展法律宣传教育工作。2010年,陕西局按照证监会的要求,自查、总结了"五五"普法规划实施以来辖区证券期货市场法制宣传教育工作取得的成绩和经验,提出了进一步加强和改进普法工作的思路和建议。同时,对证券期货系统"六五"普法工作规划提出了切实可行的意见建议。

继续发扬法制宣教的优良传统,陕西局进一步推进"走进企业送法律"系列活动。2010年以来,多次组织专业精通、经验丰富的监管干部走进辖区监管对象宣讲法律制度,取得很好的效果。针对广电网络许多分公司变更为子公司,而子公司负责人对资本市场法律制度不了解的情况,对高管进行了证券法律知识全面培训;联合专业协会,对辖区独立董事依法履职进行了培训,并对履职中的法律问题进行探讨;结合证监会打击内幕交易专项活动,对辖区公司的董监高做了打击内幕交易法律制度的专题培训。通过这些专业法制宣教活动,强化了公司规范运作意识,对防范无意无知违规有很好的警示作用。

(七)妥善处理各类信访投诉,全力化解监管法律风险,维护辖区市场稳定有序运行

在"世博"、"亚运"维稳工作压力下,陕西局通过进一步完善细化信访事项办理程序,规范书面答复意见格式,通报典型信访案例,主动上门沟通回访等多种方法,妥善处理了投资者反映证券机构不规范经营、上市公司信息披露不及时、非法发行股票善后查处不力和个别投资者不满意信访答复向法院提起诉讼的问题,实现了息诉息访、维护稳定的目标。全年共处理信访事项956余件次,其中来信(含邮件、传真)134余件,来访43余人次,电话779余个,信访数量继续呈下降趋势。

2010年,针对某投资者向西安市雁塔区人民法院提起的要求撤销信访答复的行政诉讼,陕西局积极与法院的有关领导、案件负责人就案件情况进行沟通,详细介绍了办理此项信访事项的情况,向其释明"代办股份转让系统"的历史沿革和交易制度、上市公司的退市制度以及中国证监会派出机构按照法定授权履行职责的具体规定等证券期货法律法规、制度性规定及相关证券专业知识。经过充分的协调沟通和真诚有效的交流,获得了法院的理解和支持,最终促使法院对此不予立案,平稳解决了涉诉事项、控制了不良社会影响。

## 四、认真执行《陕西证监局法制学习制度》,开展形式多样的法制培训,提高干部职工法律素养

陕西局党委始终把建设一支业务精通,爱岗敬业,勤勉尽责,廉洁高效的监管干部队伍摆在突出位置来抓,从加强法制学习培训入手,提高全体干部职工运用法律分析问题、解决问题的能力,提升依法决策、依法管理、依法监管的意识和水平。一是举办《保密法》专题系列培训,切实增强全局干部职工的保密意识和保密能力。通过观看违法案例视听资料、开展《涉密网络改造及安全管理要求》、《涉密文件管理的有关问题》等主题培训,使大家既全面学习了新修订的《保密法》的相关规定;也了解了工作中涉密文件管理的基本要求。二是配合股指期货等新型证券期货业务的推出,多次组织专题培训,加深了监管干部对股指期货及融资融券业务法律制度和专业知识的理解,为开展新业务的监管打好基础。三是由各处室轮流授课,开展各个业务处室监管法律制度的学习交流活动,使大家不仅熟知了本处室在工作中必须掌握的法律制度,也全面了解了相关处室在工作中经常用到的法律制度,对进一步做好监管工作发挥了积极作用。四是结合纪检监察工作要求,开展党风廉政建设法律制度学习活动。按照证监会党委要求,全局干部职工认真学习了《中国共产党党员领导干部廉洁从政若干准则》,举办专题讲座、收看廉政教育电教片、组织全局同志前往西安市监狱参观并认真听取劳教人员汇报,使干部职工深刻领会到遵守《廉政准则》、廉洁从政的重要性,切实增强贯彻落实《廉政准则》的责任感和紧迫感,不断提高廉洁自律意识,筑牢拒腐防变的思想道德防线。五是以《证券法制资讯要览》为平台,及时向全

局干部职工介绍各类证券期货及相关法律立法、修法信息、应知应会的法理知识、立法背景、立法技术等。拓展了全局监管干部法律视野，丰富了大家的法律知识储备，有利于促进依法监管水平的提高。六是以“12·4”全国法制宣传日为契机，陕西局开展了“国务院《信访条例》应知应会自学自测活动”，全体干部职工在认真学习《信访条例》重要内容的基础上，独立完成“国务院《信访条例》应知应会测试”题目，并结合自身工作实际，深入思考，对改进信访工作提出了切实可行的建议和意见。

（陕西证监局供稿）

# 深圳证监局2010年依法行政工作报告

2010年，深圳证监局（以下简称深圳局）在中国证监会的正确领导和会机关各部门的大力支持下，紧紧围绕证券期货监管中心工作，认真落实依法行政的各项要求，不断加强制度建设，依法积极主动履行监管职责，坚决打击违法违规活动，在一线监管实践中不断探索和完善依法行政工作，维护辖区资本市场秩序，保护投资者的合法权益。

## 一、抓好队伍建设，完善制度规范，夯实依法行政工作基础

一支信念坚定、业务精通、依法行政的干部队伍是做好监管工作的基本保障。深圳局一直高度重视干部队伍依法行政能力建设，采取有效措施，不断提升监管干部依法办事的素养，规范监管执法行为。一是注重学习。结合法律法规的颁布、日常监管活动和专项工作，通过组织集中学习、处内培训交流、邀请专家授课等多种方式开展学习，加强监管干部法律知识储备和更新。二是充实并合理配置法律专业人员。截至2010年底，深圳局共有干部112人，其中法律专业人员22人，占全局人员的20%；有法律职业资格或律师资格的20人，占法律专业人员的91%。各处室均合理配置一定比例的法律专业人员，充分发挥其专业优势，形成各尽所长、优势互补的干部队伍结构体系。三是发挥法制工作处专业平台作用，把好内核审查关。通过对日常监管工作中的具体行政行为、制度建设等提供会签意见，从实体和程序上及时提醒并防范风险，为一线监管提供法律服务和保障。2010年，完成对监管措施、规范性制度、信访复函、合同文本等100多项文件的会签工作，通过多种形式与监管业务处室沟通交流，从专业角度提出意见和建议，支持了一线监管工作。法制处干部还积极参与了业务处室的日常监管工作和调研工作，以充分了解监管实践，更有效地做好法律服务工作。

依法行政离不开基础制度建设。为保障各项工作的有序、规范开展，深圳局根据相关法律法规，结合监管工作实际情况，切实推进管理制度和监管制度建设。在管理制度方面，制定和修订了多项工作规程，强化内部管理和督办落实，提升执行力和办事效率。同时，针对不同业务内容和监管工作重点，全面修订了《深圳证监局信访手册》；制定了《深圳证监局监管信息依申请公开工作指引》；进一步完善了上市公司、证券期货经营机构监管工作指引，如《深圳辖区证券经纪业务员工制营销人员管理工作指引》、《深圳证监局上市证券公司日常监管协作规程》、《深圳证监局新上市公司现场走访指引》等，使各项监管工作有据可依，有章可循，为依法行政提供了制度保障。

## 二、切实推进依法行政，积极履行监管职责

### （一）强化日常监管，促进辖区公司、机构规范运作

深圳局严格落实辖区监管责任制，强调“警力压向路面”，综合运用全面检查和专项检查、现场检查和非现场检查、日常监管和突击检查等方式，保证检查覆盖面；同时注重检查实

效,不走过场,要求必要的检查时间、程序保障,不断拓展监管的深度和精细度,及时有效地防范、揭示和化解风险,推动辖区上市公司、证券期货经营机构规范有序运作。全年共完成15家上市公司、24家证券期货经营机构的全面现场检查,完成上市公司专项检查45家次,证券期货经营机构专项检查238家次。通过检查,一是强化对上市公司未公开信息管理,关联方资金往来等行为的监管。与深圳市纪检监察、国资管理、公安等部门共同建立综合监管机制,推进建设上市公司内幕交易综合防治体系,加强对国有控股上市公司及其股东和政府相关人员内幕信息知情人的监管力度;督促上市公司建立年报信息披露重大差错责任追究机制,提高自治自律水平。二是强化对证券公司从业人员执业行为监管,探索证券公司未公开信息知情人备案登记制度和信息隔离墙制度建设,做好融资融券、股指期货等创新业务推出前后的督导监管工作,切实提高证券公司规范发展水平。三是重视发挥合规负责人在合规管理和风险控制方面的作用。通过了解合规负责人履职情况,共同研讨合规风险,并明确监管要求,督促公司完善自我评价机制,提高合规水平。四是全面贯彻监管责任、会计责任和审计责任相结合的思路,做好审计监管常规化工作;进一步强化以会计师事务所为主体开展监管工作,强调事前督导、事中跟踪和事后问责,最大限度地促进财务信息的真实、透明。

(二)不断强化监管问责力度,提升监管震慑力

对于监管中发现的违法违规行为,深圳局坚决问责、绝不姑息,通过强化监管问责力度,警示监管对象,提升监管震慑力。全年共采取监管谈话、责令整改、出具警示函等行政监管措施32次。结合成功查处基金经理“老鼠仓”案件的情况,2010年,深圳局将基金管理公司履行受托责任和守法合规情况作为监管关注重点,针对不同的合规风险类型建立起了全方位的问责体系。对一些不合规、不诚信、损害基金持有人利益的行为依法果断采取措施,严格问责,问责到人,特别是对公司董事长和管理层的责任追究。在问责过程中,注重问责程序的合法性和完备性,有效地强化了相关市场主体的守法合规意识,推动辖区基金业规范有序发展。

(三)做好诚信建设工作,发挥诚信监管约束力

按照证监会的统一部署和安排,深圳局继续强化辖区上市公司、证券期货经营机构的诚信信息记录,配合做好证监会诚信档案系统建设,积极营造辖区良好的诚信信用氛围。严格按照《证券期货市场诚信档案管理办法(试行)》规定的工作程序和相关要求,做好诚信信息的梳理、审核和录入工作,确保信息的及时、准确、完整。全年新增录入诚信档案信息32条,占诚信档案信息总数的13.8%。同时,深圳局积极利用诚信档案服务一线监管,将查询诚信档案作为审核行政许可、出具监管意见的必经前置程序。全年共查询诚信档案288次,按查询对象分类,涉及法人或其他组织26家次,涉及自然人532人次。对在诚信档案中存在负面信息记录且尚未改正、纠正或存在多项负面信息记录的市场主体,予以重点关注,加大检查力度。在行政许可审核中,关注相关机构、董事、监事、高级管理人员、控股股东和实际控制人的信用记录,将当事人诚信与否作为审核的重要标准。诚信档案已成为监管工作的重要辅助工具和执法参考。

(四)加强行政许可合规管理,促进行政许可透明化

深圳局遵循公开、公平、公正、便民和高效的原则,不断提高行政许可的质量和效率。一是严格程序复核,加强行政许可合规管理。各业务处室严格执行行政许可程序内部复核程序,办公室作为行政许可受理部门统一负责程序审核,通过层层把关,道道防范,规范行政许可审核程序,保障行政许可工作质量。二是利用“学信卡”验证行政许可申请学历证明材料的真伪,提高工作效率。三是按照证监会关于行政许可事项公示的要求,通过深圳局互联网及时、准确、完整地公示行政许可事项的受理、审核、批复进展情况,促进行政许可工作阳光化。全年共接收行政许可申请237件,受理217件,不予受理4件,申请人撤回申请33件,发出补正通知61件,出具行政许可批复187件,未发生相关行政诉讼和投诉。

## 三、创新监管思路，丰富监管手段，深入推进辖区监管工作

（一）创新内幕信息监管手段，构建内幕交易综合防控机制

近几年来，深圳局对内幕交易行为一直保持高压态势，并积极探索遏制内幕交易的有效手段。早在2007年3月，深圳局即下发《关于对上市公司向大股东、实际控制人提供未公开信息行为加强监管的通知》，在辖区上市公司建立内幕信息知情人登记报备制度。经过多年努力，深圳局已基本建立和初步完善了覆盖辖区上市公司及其大股东、证券公司内幕信息知情人的日常报备和监控体系，并据此查处了多起上市公司或其大股东相关人员的内幕交易案件，为打击和防控内幕交易开辟了新路。2010年，深圳局继续加强内幕信息知情人的监管，将其作为日常监管和稽查执法重点，针对日常监管关注到的股价异动情况，对5家上市公司354名董事、监事、高级管理人员及其亲属买卖本公司股票的情况进行核查，及时主动发现违法违规线索。全年共查处3起内幕交易案件，基本实现了内幕交易案件的快查快处，提高了监管威慑力。

2010年11月，国务院办公厅印发了《国务院办公厅转发证监会等部门关于依法打击和防控资本市场内幕交易意见的通知》（国办发〔2010〕55号，以下简称《通知》）。深圳局在辖区率先实施的内幕信息知情人登记报备制度，受到证监会和中央纪检监察部门的高度认可，被《通知》明确采纳，在全国范围内推广实施。

（二）注重培养守法意识，推动新上市公司树立规范理念

针对辖区新上市公司数量较多，部分新上市公司对资本市场法律法规掌握不够的情况，深圳局及时应对，确立对新上市公司“从‘娃娃’抓起、主动服务、重在基础”的思路，大力推动新上市公司树立规范意识。一是上好“上市第一课”。召集新上市公司高管、监事会主席以及保荐代表人等集体谈话，提出明确具体的监管要求。将担任新上市公司董事长或总经理的董事纳入董事监事培训对象范围。二是主动开展新上市公司走访咨询工作。在公司股票上市2个月内到公司现场走访，明确督导要求，提供咨询服务，也为监管部门摸清新上市公司的基本情况打下基础，进一步深化对新上市公司的监管工作内容。全年先后对辖区新上市的35家公司进行了现场走访。三是专门召开针对辖区新上市公司的治理规范会议，剖析新上市公司在规范运作方面存在的主要问题，传达监管政策，明确监管要求和措施，督促新上市公司切实树立公众公司意识。

（三）改进监管模式和手段，完善非现场检查（稽查）系统

非现场检查（稽查）系统是深圳局创新监管模式和手段的重要探索和尝试。监管人员可以借助系统对证券公司业务数据进行抓取，直接形成检查结果或作为稽查办案的证据材料。目前，该系统已正式投入使用。非现场检查系统涵盖了机构监管经纪业务、融资融券、自营、资产管理等7大业务条线，风险监控与主动查询2大功能体系，证券公司IT运行能力评估、工作档案管理、检查工作经验归集3大监管手段，共计409个系统功能点。深圳局充分利用该系统对证券期货经营机构、信访投诉事项、风险控制点以及新产品新业务等进行远程检查和监控，动态掌握风险变化趋势。2010年3月底，在融资融券业务推出的第一时间，非现场检查系统即全面跟进，全方位、立体展现证券公司公司的业务流程和风险关注重点。截至2010年11月，深圳局共使用非现场检查系统7,179次，包括对16家证券公司的业务检查，以及对10余起信访投诉事项的调查处理。先后发现了多起违法违规情况以及风险隐患苗头，并及时采取措施查处和化解，非现场检查质量和效率得到有效提高。

## 四、结合监管实践，积极参与完善法律制度建设

辖区丰富的市场资源和监管工作实践为深圳局积极主动地参与资本市场法制建设提供了源头活水。深圳局结合一线监管实际，积极为相关立法及法规修订工作提供意见和建议。在注重发挥法制处的专业平台作用，集中学习、共同研讨，聚合集体智慧提出专业意见的同时，注意发挥业务处室监管实践的优势，广泛征求监管人员的意见，促进立法工作与监管实践有效结合，使有关建议更加全面、客观和符合实际。

2010 年,深圳局共参与《证券投资基金法(修订)》、《关于办理内幕交易等刑事案件具体应用法律若干问题的解释》、《诚信监督管理办法》等 10 多项文件的征求意见工作,及时组织研究并向有关部门反馈意见,有力地支持了资本市场相关领域的立法工作。

针对我国现行的上市公司退市、并购重组机制中存在的制度性缺陷,深圳局反复深入研究探讨,先后完成《关于严格上市公司退市制度的政策建议》、《关于进一步完善上市公司破产重整机制的建议》和《关于进一步改革绩差公司并购重组监管机制的建议》等调研报告,向证监会提出彻底改革现行扭曲的劣质公司重组与退市机制的政策建议,引起会领导的高度重视。2010 年全国证券监管工作会议将完善退市机制作为重点工作之一,并成立了跨部门的上市公司退市制度改革研究专题小组,研究推进完善资本市场退市与并购重组工作。

**五、加强证券期货执法工作力度,切实维护辖区市场秩序**

(一)明确执法重点,推进以查促管,有效打击违法违规行为深圳局按照"主动执法,快速反应,重点投入,创新手段,注重实效"的稽查工作思路,提高案件查办质量和效率。全年承办各类案件调查 62 件,其中正式立案 6 件,非正式调查 19 件,提前介入 4 件,联合调查 4 件,协查协办 28 件,有力地打击了违法违规行为。

按照证监会的工作部署,深圳局将打击内幕交易作为 2010 年执法工作重点,高度重视内幕交易案件的快速查处。一是将打击内幕交易的关口前移,注重通过日常监管和信访等途径主动发现违法违规线索,及时调查取证。二是加强执法协作及业务交流。主动协调并借助公安网监部门力量和证券交易所监察系统,完善电子证据的取证方式。三是创新方法,提高办案效率。充分利用信息技术手段快速处理海量数据,锁定嫌疑人账户;在缺乏直接证据的情况下,加强对间接证据的搜集和运用,形成认定违法行为的完整证据链。在稽查执法工作中,注重与日常监管的紧密协作、有效衔接。在线索发现、调查取证环节,与业务监管处室紧密配合;利用稽查执法的威慑力推进日常监管目标的实现,达到以查促管的效果;及时提出工作建议,为日常监管工作提供参考,促进监管工作有效开展。

(二)重拳打击非法证券活动,保护中小投资者合法权益

一是进一步完善执法合作机制,形成打击非法证券活动的合力。通过拟定备忘录,明确分工,加强配合,共享信息,形成打击非法证券活动的执法合力。与深圳市公安机关对口办案部门相互走访,建立了情报共享及交换、协助核查、提前介入、联席会议等工作制度。建立与经侦部门的负责人互访机制,会商确定重点打击对象,及时沟通案情与进展,明确工作方向。

二是重拳打击非法证券活动。全年共受理、摸查非法证券活动线索 223 件,其中向公安部门移送非法证券线索 203 件,移送非法证券案件 2 件;联合公安部门打击或侦破非法证券活动 29 件;关闭非法证券活动相关网站 275 个,清理网络非法证券活动信息 311 条。在联合公安机关、工商部门等部门开展的专项整治行动中,推动公安机关共立非法证券案件 66 宗,破案 64 宗,抓获 272 人,刑拘 147 人,逮捕 77 人,打掉非法经营证券业务犯罪团伙 12 个、窝点 20 个,涉案金额过亿元。

三是推动典型案件从严从快查处,确保执法震慑效应。深圳局多次与深圳市公安部门、司法机关沟通交流,推动有关非法证券案件的查处审理进程。在查处两起非法证券案件时,调查结果显示有关公司及人员已达到刑事追诉标准,深圳局及时向公安机关移送案件,并在案件侦结移送检察机关后,即时与检察机关沟通相关案情,推动案件快查快审,确保证券执法的震慑效应。

(三)做好司法机关执法协作工作,营造良好氛围

2010 年,深圳局共接待司法机关来访 54 批,100 多人次,包括业务咨询、证券业务资格查询,查阅复制材料等类型,共出具有关认定意见及一般执法协作函件 47 份。在联合公安机关开展集中整治非法经营证券活动的行动中,深圳局依法合规地针对证券业务资格、行为性质等问题出具书面意见,有力地支持了公安机关的"打非"工作,推动了非法经营证券期货案件的及时查处。以接待司法机关来访为窗

口,既深入了解非法证券活动的新趋势、新问题和司法认定的疑难点,加强日常监管和稽查执法的针对性,也为进一步增强与司法机关的沟通联系,建立稳定的沟通协作机制提供了条件。

(四)协助做好行政处罚文书送达工作,提升执法效果

受行政处罚委、稽查局等部门委托,深圳局按照证监会《法律文书送达工作指引》规定的工作程序、送达方式和相关要求,依法向当事人进行送达相关法律文书。全年共向11宗案件的有关当事人送达行政处罚和市场禁入事先告知书、行政处罚和市场禁入决定书等法律文书59份,涉及机构7家次,人员52人次。在送达过程中,监管干部注重释法说理,既起说法作用,又缓和了当事人的对抗情绪,起到了良好的执法效果。

## 六、积极稳妥推进行政处罚试点准备工作

派出机构实施行政处罚试点工作是我会着眼于合理调配全系统监管资源、完善执法体制和监管工作机制、提高执法效率的一项重要举措。深圳局作为试点单位之一,按照证监会的统一部署和要求,稳妥做好试点实施的各项准备和基础性工作。

一是起草规则,建立机制。深圳局遵循查审分离、提高效率、制度一致性原则,制定了行政处罚案件审理工作规则、听证规则以及审理工作人员行为准则,初步建立了案件审理工作机制。确定由法制处专门负责审理工作,实行"主审—合议"的案件审理制度,一人负责主审,两人协助审理,审理人员从审理小组中产生。二是加强培训学习,适应审理工作要求。派员参加会处罚委组织的"以案代训",轮流在会处罚委实习参与案件审理;安排法制工作处干部参与稽查工作,了解了查案工作过程和案件特点;以会处罚委编印的《证券行政处罚案例判解》为蓝本,针对内幕交易典型案例、行政处罚证明标准、信息披露违法违规行为认定等进行专题学习。还组织审理小组学习培训,熟悉并掌握行政处罚试点相关工作制度。三是主动沟通协调,与辖区人民法院行政审判部门沟通,介绍深圳局承担行政处罚试点工作相关情况,积极建立相关沟通协调工作机制,争取良好的执法环境。

## 七、持续深入开展法制培训宣传,提升市场主体守法合规意识

(一)加强对辖区监管对象的法制培训

为了督促市场主体规范运作,深圳局2010年举办了2期深圳上市公司董事监事培训班。共有109家上市公司的426位董事监事参加培训并获得合格证书。至此,累计有147家上市公司、1,590名董事监事参加了培训并取得合格证书。这些培训对相关人员了解资本市场法律法规,树立依法合规的经营理念,规范公司治理起到了积极作用。

(二)深入开展"打非"培训宣传

一是联合深圳市经侦局,邀请证监会、公安部经侦局打非专家授课,以公安机关经侦办案人员为培训对象,举办了3期"打击非法证券经营活动"业务培训会。通过充实公安机关办案人员的证券专业知识,提高其侦查取证技能,提升打非执法合力,为打非专项行动的顺利开展奠定了基础。二是加强"打非"宣传,进一步加大投资者教育力度。深圳局与地方政府相关部门密切合作,联合主要平面、网络及广电媒体,发动辖区证券、基金、期货经营机构群策群力,开展了一系列生动鲜明、形式多样的"打非"宣传教育活动。全年共组织报纸发表新闻报道765篇;组织广播、电视播放专题节目1,021次;组织网站发布信息492条;组织发放宣传资料878,671份,取得了良好的社会效果。

## 八、积极应对行政诉讼和行政复议

2010年,深圳局共涉及2起行政诉讼案件和1起行政复议案件。2起行政诉讼案件均为涉及"南航权证"交易的同一信访投诉人以申请政府信息公开为由起诉深圳局。据了解这也是会系统内首次涉及以政府信息公开为案由的行政诉讼案件。深圳局组成应诉工作小组,积极应对,及时向证监会报告情况。在会法律部的指导下,应诉工作小组及时调取和查阅与案件有关的事实证据资料;主动向会办公厅请示了解处理政府信息公开申请的关注要点和应对策略;全面分析案件相关法律问题,反复讨论研究,确定答辩思路和应诉方案;认真准备证据清

单、证据材料和答辩状,并及时提交法院,严格履行举证义务,使案件取得了较好的诉讼结果。深圳市福田区人民法院一审分别裁定不予受理和驳回原告起诉;2011年1月深圳市中级人民法院二审裁定维持。

2010年8月某基金管理公司原总经理不服深圳局对其作出的行政监管措施决定,向证监会提出行政复议申请。这既是基金行业监管对象首次就行政监管措施向证监会申请行政复议,也是深圳局首次涉及行政复议。深圳局确定答复思路,讨论理由依据,不断完善答复意见书,并按照稽查办案的要求拟写证据说明、装订案卷,在规定时限内完成了答复工作。经过复议,深圳局的行政决定最终得到维持。

(深圳证监局供稿)

# 第六部分　市场自律组织及相关机构法制建设

## 一、上海证券交易所

### （一）2010 年法制建设工作综述

2010 年是中国资本市场建立和上海证券交易所（以下简称上交所）建所 20 周年，也是上交所市场克服全球金融危机带来的困难和影响，大力加强蓝筹市场建设、促进市场发展、推进市场创新取得显著成效的一年。一年来，在中国证监会的领导下，上交所按照“依法办所”基本要求，进一步加强市场发展的制度建设，持续完善业务规则体系，不断优化自律管理机制，切实引导上市公司、会员公司依法规范运作，重点打击内幕交易、操纵市场等违规行为，深入开展资本市场法制研究和宣传，法制工作取得了新的进展。

**一、完成对业务规则的又一次全面清理和债券类业务规则的专项清理，启动了《交易规则》的修订，新制定和修改业务规则 18 件，业务规则体系和内容得到进一步完善**

（一）注重实效、突出重点，大力开展业务规则清理

业务规则清理是上交所每年定期开展的一项常规工作，对便利市场参与人和监管人员掌握和运用业务规则、促进上交所各项业务的规范有序开展发挥着积极作用。2010 年度，上交所在对业务规则进行新一轮全面清理与评估的同时，还结合大力发展债券市场的实践需求，重点开展了债券类业务规则的专项清理与评估。

一是大幅度精简业务规则的数量。为便于市场参与主体全面理解规则、业务部门准确执行规则，上交所将大力优化业务规则体系、精简规则数量作为规则清理的重要目标之一。经反复研究讨论和征求市场主体意见，形成了业务规则废止、修订、归并和制定方案。经过清理，废止了 47 项业务规则并向市场发文公告；拟订了业务规则优化方案，将对 45 项规则逐步归并，对 11 项规则适时修改。

二是着力优化业务规则的体系结构。为使业务规则体系架构更为合理、实用，上交所对现有业务规则体系进行了适度调整，将具有普遍约束力、持续性效力的规则性通知和具有时效性、事务性的工作性通知区别开来，后者单列为一类，即“事务类业务文件”；将原来分散于各类规则中的财务收费类规则抽离出来，也单列为一类，即“收费类业务文件”。由此，上交所业务规则体系由组织类、发行类、上市类、交易类、会员类、服务类、事务类、收费类八大类规则构成，各类之下的业务规则再分为基本业务规则、业务实施细则、业务指引、业务通知等不同层次。

三是将业务规则清理与落实上交所市场发展战略有机结合。为配合上交所大力发展债券市场的战略布局，针对债券类业务规则开展了专项清理评估，形成了逐步整合债券类规则、建立统一完善的债券市场制度架构的思路。

（二）顺应市场发展需要，及时制定或修改 18 件业务规则

在基本业务规则方面，鉴于上交所《交易规则》关于证券交易方式、品种和市场监管措

施的部分规定已滞后于市场的发展,在证监会的统筹部署下,上交所启动了《交易规则》的修订工作。从规则架构的合理性、相关制度运行的效果、与业务实践的衔接、文字表述的严谨性等方面进行了多次详细、深入的研讨,形成了相对成熟的修订稿。

在业务细则、指引方面,上交所发布了《上海证券交易所证券发行业务指引》,整合了证券发行方面的规定,增补了对相关询价机构、中介机构的监管措施;发布了《上海证券交易所上市公司控股股东、实际控制人行为指引》、《上海证券交易所上市公司独立董事备案及培训工作指引》,引导上市公司进一步规范内部治理;针对商业银行进入上交所债券市场、公司债券分类管理等事宜,分别发布了业务通知,为相关业务的运作提供明确、充分的规范依据。

**二、完善自律监管机制,加强监管的及时性与针对性,着力提升监管效果**

(一)建立以市场监管委员会为核心的监管统筹协调制度,优化纪律处分流程,自律监管机制得到进一步完善

2010年度,上交所成立了由主要监管业务部门的分管所领导和部门负责人组成的市场监管委员会,对所内主要监管业务进行统筹和协调。该委员会每月召开监管工作例会,及时传递上市公司监管、会员监管、市场监察等各方面的信息,沟通、协调监管实践中存在的重点、难点问题,发挥了监管的协同效应,形成了监管合力,提升了监管的效率和效果。

为适应市场监管的需要,上交所2010年初正式启动了纪律处分审核的电子流程,同时加强了纪律处分流程各环节间的衔接,进一步规范了纪律处分委员会的审核流程,提高了纪律处分的效率。2010年度纪律处分委员会共召开8次审核会议、进行10次通讯表决,审核了43件纪律处分事项,经审核,对9家公司和34名个人予以公开谴责,对15家公司和59名个人予以通报批评,对5家公司和2名个人予以限制交易,并公开认定3人不适合担任上市公司董事。上述纪律处分的实施,对市场违法违规行为发挥了惩罚和威慑作用,有效地支持了日常监管。

(二)以推动上市公司改善治理结构、加强信息披露监管和并购重组监管等为抓手,加大监管力度,提升上市公司监管的效果

按照证监会开展的“解决同业竞争、减少关联交易”专项治理要求,上交所强化了上市公司控股股东、实际控制人的行为规范,督促上市公司大股东及时履行股改承诺等承诺事项;在上市公司并购重组中积极引导相关主体依法规范运作,深化与证监局等机构的监管协作,加强对与股价敏感信息披露相关的股价异动监管,推动了并购重组合法化、规范化;推进信息披露制度和监管规则建设,提出改善定期报告信息披露方式和内容、完善停牌制度的工作建议。

(三)围绕防控内幕交易、打击市场操纵等重点,集中高效地开展专项监管工作

对于证监会重点部署的内幕交易防控工作,上交所高度重视、快速执行、认真落实,集中开展了专项行动。一是加强监管联动和重大资产重组交易核查。强化对涉及重大资产重组上市公司股价异动的“每单核查”制度,一旦发现股票交易异常即深入核查相关交易行为,力求避免并购重组成为股价炒作、不当牟利的工具。二是开展内幕交易防控专题宣传,在主流媒体上发表内幕交易监管文章10多篇,并与央视合作制作了内幕交易防控专题视频,塑造良好的舆论宣传氛围。三是提高内幕交易监管分析的能力。在全面总结案例经验的基础上,完善了内幕交易账户交易行为分析功能,提升报告质量和案件线索的准确性;对监管人员开展内幕交易防控的专题培训,提升内幕交易监管的水平。

同时,针对短线操纵手法不断演化、合谋操纵违规行为有所抬头的状况,上交所对市场操纵行为展开专项监管。一是严密打击合谋操纵行为。通过深入分析,开发了分析“多点布局、合谋操纵”案件的功能模块,发现并向证监会上报了多起涉嫌市场操纵的案件线索,其中数起典型案件已移送行政处罚,合谋操纵现象有所下降。二是加强对短线操纵典型案例的总结。分别完成了“开盘价操纵认定研究”、“尾市交易操纵认定研究”、“短线连续交易操纵认定研究”、“抢帽子交易操纵认定研究”四个课题报告初稿,为更好地识别、发现短线操纵案件

线索提供了理论基础。三是开展了“异常关联交易发现机制”的课题研究，为下一步开发相关分析功能、提升异常交联交易的监管水平打下了基础。

（四）大力推动会员客户管理和合规经营，协助做好风险处置收尾工作，着手研究制定非会员类市场参与主体的管理规则

一是继续落实《会员管理规则》和《会员客户证券交易行为管理实施细则》，推动会员增强客户管理意识、适当履行客户管理职责，着重要求会员就权证即将到期等事项做好客户风险揭示；就会员客户新股炒作、异常交易等违规行为，及时约见会员谈话或予以电话提醒；走访和问卷调查100余家会员，全面了解情况，撰写形成《会员客户管理工作专题报告》，提交证监会供决策参考。

二是协助证监会做好证券公司风险处置收尾工作。研究风险处置公司遗留的司法冻结账户转指定和席位转让中存在的问题，提出解决思路，予以妥善处理。

三是积极研究落实非会员业务参与人的日常管理。积极探索对直接参与上交所业务的保险公司、基金公司等非会员主体的管理模式，着手研究制定非会员业务参与人管理实施细则。

**三、配合蓝筹股市场发展战略，坚持“业务发展、规则先行”的基本方针，积极构建国际板、债券交易、跨境ETF等创新业务的配套制度**

（一）扎实开展国际板的制度设计，深入研究国际板的重点、难点问题

国际板是我国资本市场走向开放的必然选择，也是完善国内资本市场功能和结构的重要途径。2010年以来，上交所进一步加大了国际板制度建设的力度，多方征询意见，对已形成的国际板上市、交易等层面的规则初稿进行反复修改完善；翻译并研究纽交所、伦交所等境外交易所的上市规则，在国际板建设中予以借鉴；针对国际板建设中的相关法律问题、投资者适当性管理问题、境内外监管协作等重点、难点问题展开专题研究，全年共形成研究成果37篇。经过努力，国际板的业务规则已基本成型，其他各项准备也在稳步推进。

（二）针对债券市场发展现状，积极推动相关法律、政策和规则的完善

债券市场发展是上交所市场发展战略的重要组成部分。2010年以来，上交所致力于寻求交易所债市发展的路径与突破口，促进相关制度、规则的完善。一是结合业务规则清理等专项工作，初步确定了债券市场业务规则体系建设的总体规划，起草符合市场最新发展趋势的《债券市场交易细则》，为债券市场发展奠定制度基础。二是研究符合债券特点的产品与交易机制，为相关主管部门的政策制定提供建议。三是积极扩大市场主体范围，增加产品种类。目前首只保险公司债券“泰康债”已在上交所挂牌，取得了金融类债券在上交所债券市场挂牌零的突破；上市商业银行回归交易所债券市场的规则、业务、技术等各项准备工作也已完成，试点启动后将给交易所债券市场带来新的活力。

（三）大力推动跨境、跨市场、分级等新型ETF产品研究，梳理解决所涉的法律及规则问题

上交所2010年加大了ETF创新的节奏和力度，全年共计新上市10只ETF产品，已发行、待上市4只ETF产品，产品品种向杠杆、反向、主动和抽样、优化复制型延伸，ETF市场呈现跨越式的发展。除现有境内单市场ETF外，上交所还积极推动跨境、跨市场、分级等创新ETF产品的研究开发，先后召开数十次研讨会，反复梳理业务、规则、技术等问题，并集中业内专家和专业机构的力量，研究探求最优的业务和制度设计思路；组织专业人员就ETF开发中的法律、业务、市场等各方面问题撰写了多份研究报告，为ETF创新产品的推出提供了良好的法律支持。

**四、创办“上证法治论坛”，出版《证券法苑》第二、三卷，研究和推动资本市场法制建设的发展**

（一）配合我国资本市场建立20周年，在京成功举办首届“上证法治论坛”，共商资本市场法制建设发展大计

2010年12月4日，上交所联合北大法学院、人大法学院和华政经济法律研究院，以“与法治同行——中国资本市场20周年法治建设

回顾与展望”为主题,在京举办了首届“上证法治论坛”。证监会主席尚福林、最高人民法院副院长奚晓明、国务院法制办副主任安建、上海证券交易所理事长耿亮等领导到会致辞,中国法学会民法学研究会会长王利明、商法学研究会会长王保树、经济法学研究会会长吴志攀和证券法学研究会会长郭锋等知名学者发表主旨演讲,来自理论界和实务界的近百名专家参加了专题讨论。论坛围绕资本市场建立20年来法制建设取得的成就、存在的问题和未来的发展方向,以及资本市场的法治理念与制度构建、资本市场的监管实践与司法保护等主题,展开了深入的讨论,形成了一批有价值的研究成果,为完善资本市场法制提供了有益启示,获得了与证监会领导、专家和业内人士的一致好评。

(二)编辑出版《证券法苑》第二、三卷,积极组织对资本市场法律问题的研究,为资本市场法制实践服务

上交所作为处于市场一线的证券交易组织者和自律管理者,始终注重发挥自身优势,推动资本市场法制研究,支持资本市场法制建设。

一方面,继续将上交所主办、法律出版社出版的《证券法苑》作为吸引法制研究优秀人才和成果的重要平台,不断拓展撰稿人和读者群体,提高稿件质量。2010年度,上交所结合资本市场发展中的重点、难点、热点法律问题,组织完成了《证券法苑》第二、三卷共三册的出版工作,共收录优秀文章58篇、近100万字,办刊质量和影响力迈上了新台阶。

另一方面,积极组织、参与资本市场热点法制问题的研究,形成了交易所业务规则法律效力与司法审查、上市公司退市法律制度、《证券投资基金法》修改中的私募基金法律规制、债券市场典型案例研究、证券交易中买者自负原则的司法适用等十数篇研究报告;参与承办中国法学会审判理论研究会金融审判专业委员会第二届学术研讨会,推动金融审判司法政策的完善;参与最高人民法院证券侵权民事案件审理相关司法解释、执行司法解释等的阅提意见工作,结合市场实际提供了许多有益的建议。

## 五、深入开展包括法制宣传在内的投资者教育,大力培育成熟、理性的投资者队伍

(一)配合融资融券业务试点,全面开展投资者教育

上交所将融资融券业务列为2010年投资者教育的重点内容,按照循序渐进、深入浅出的原则,专门制定了《融资融券业务教育、宣传及推广计划》,并大力推动落实。一是展开报纸、网站、视频“三位一体”的宣传教育,与中央电视台共同制作了融资融券专题节目,在三大证券报设置的上交所投资者教育专栏刊发了融资融券专题文章60篇,并在上交所投资者教育网站和10余家核心财经网站设置融资融券专栏,分层次、多渠道地开展融资融券业务法律关系、法律风险等宣传教育工作。二是通过推行融资融券业务相关知识测试,积极探索合格投资者认证制度。在上交所投资者教育网站搭建了面向投资者的融资融券基础知识测试平台;本着“教育者先受教育”的原则,面向会员推出了投资者教育服务岗位学习测试平台,共1,365家试点营业部、4,448名一线员工参与了融资融券专题测试。测评平台的建立和运行对强化会员投资者适当性管理制度落实效果、加强一线投资者教育队伍培育、提升会员投资者教育和客户服务质量,发挥了积极作用。

(二)加强ETF等创新产品知识宣传和风险教育,强化权证等高风险产品的风险提示,充分保护投资者的权益

2010年ETF等市场创新力度不断加大,新募集上市的ETF产品层出不穷。上交所的投资者教育紧跟产品创新步伐,同步开展ETF产品宣传教育。利用“三大报”投资者教育专栏文章、“证券大讲堂”视频讲座等载体,完成了上证180价值ETF、上证龙头ETF、上证大宗商品ETF、上证消费80ETF等多只ETF的宣传教育工作,向广大投资者普及了ETF概念、交易流程、套利机理以及对应指数编制规则等相关基础知识,并着重强调了相关产品具有的风险,提醒投资者在投资时予以特别关注。

此外,针对“赣粤”、“石化”、“国电”、“宝钢”、“江铜”等数只权证先后到期,上交所及时组织保荐机构在“三大报”刊发了风险提示文章141篇次,并与央视《交易时间》栏目合作制

作6次风险揭示资讯，通过群发短信等方式督促会员落实风险教育要求，防止投资者因不关注到期风险而遭受损失，切实维护了投资者权益。

（三）继续强化“六个一”载体建设，通过投资者教育能手评选、证券模拟交易开放日等灵活生动的形式，加强投资者教育的效果

一是与新华社上海分社合作，推出了集教育性、通俗性和专业性为一体的五十集大型投资者教育专题片《蓝色梦想》，以生动平实的语言，向广大投资者讲解了晦涩难懂的专业知识，打造上交所投资者教育的品牌。二是依托已上线的证券模拟交易平台，面向部分高校学生开展了“庆世博，证券模拟交易开放日”活动，普及了证券投资知识，受到了师生的好评。三是结合业务发展重点，出版发行了投资者教育丛书第二辑，包括《投资者如何认购新股》、《ETF发展和创新》，为投资者自主学习提供高质量的教材。四是“3·15”期间，面向会员组织了“我服务，我先知”投资者教育能手评选专题活动，并举行了活动颁奖仪式暨投资者教育座谈会，进一步提升了会员对投资者教育服务工作岗位重要性的认识和投资者服务的积极性，增进了业内的沟通和经验交流。

## （二）2010年作出的核准上市决定目录

**股票、可转债类**

| 序号 | 发文日期 | 文　号 | 文件标题 |
|---|---|---|---|
| 1 | 2010－1－5 | 上证发字〔2010〕1号 | 关于中国化学工程股份有限公司人民币普通股股票上市交易的通知 |
| 2 | 2010－1－13 | 上证发字〔2010〕2号 | 关于安徽新华传媒股份有限公司人民币普通股股票上市交易的通知 |
| 3 | 2010－1－20 | 上证发字〔2010〕3号 | 关于浙江正泰电器股份有限公司人民币普通股股票上市交易的通知 |
| 4 | 2010－1－26 | 上证发字〔2010〕4号 | 关于中国西电电气股份有限公司人民币普通股股票上市交易的通知 |
| 5 | 2010－1－29 | 上证发字〔2010〕5号 | 关于二重集团（德阳）重型装备股份有限公司人民币普通股股票上市交易的通知 |
| 6 | 2010－2－5 | 上证发字〔2010〕6号 | 关于中国第一重型机械股份公司人民币普通股股票上市交易的通知 |
| 7 | 2010－2－12 | 上证发字〔2010〕7号 | 关于滨化集团股份有限公司人民币普通股股票上市交易的通知 |
| 8 | 2010－2－24 | 上证发字〔2010〕8号 | 关于华泰证券股份有限公司人民币普通股股票上市交易的通知 |
| 9 | 2010－3－17 | 上证发字〔2010〕10号 | 关于吉林高速公路股份有限公司人民币普通股股票上市交易的通知 |
| 10 | 2010－3－17 | 上证发字〔2010〕11号 | 关于黑龙江交通发展股份有限公司人民币普通股股票上市交易的通知 |
| 11 | 2010－3－25 | 上证发字〔2010〕12号 | 关于重庆水务集团股份有限公司人民币普通股股票上市交易的通知 |

续表

| 序号 | 发文日期 | 文　号 | 文件标题 |
|---|---|---|---|
| 12 | 2010－3－29 | 上证发字〔2010〕13号 | 关于北京昊华能源股份有限公司人民币普通股股票上市交易的通知 |
| 13 | 2010－4－26 | 上证发字〔2010〕15号 | 关于西安陕鼓动力股份有限公司人民币普通股股票上市交易的通知 |
| 14 | 2010－5－11 | 上证发字〔2010〕16号 | 关于江苏双良空调设备股份有限公司可转换公司债券上市交易的通知 |
| 15 | 2010－6－17 | 上证发字〔2010〕17号 | 关于中国银行股份有限公司可转换公司债券上市交易的通知 |
| 16 | 2010－7－1 | 上证发字〔2010〕19号 | 关于唐山港集团股份有限公司人民币普通股股票上市交易的通知 |
| 17 | 2010－7－13 | 上证发字〔2010〕20号 | 关于中国农业银行股份有限公司人民币普通股股票上市交易的通知 |
| 18 | 2010－8－4 | 上证发字〔2010〕21号 | 关于郑州煤矿机械集团股份有限公司人民币普通股股票上市交易的通知 |
| 19 | 2010－8－12 | 上证发字〔2010〕22号 | 关于际华集团股份有限公司人民币普通股股票上市交易的通知 |
| 20 | 2010－8－16 | 上证发字〔2010〕23号 | 关于中国光大银行股份有限公司人民币普通股股票上市交易的通知 |
| 21 | 2010－9－7 | 上证发字〔2010〕24号 | 关于中国工商银行股份有限公司可转换公司债券上市交易的通知 |
| 22 | 2010－9－21 | 上证发字〔2010〕25号 | 关于宁波港股份有限公司人民币普通股股票上市交易的通知 |
| 23 | 2010－9－30 | 上证发字〔2010〕26号 | 关于杭州前进齿轮箱集团股份有限公司人民币普通股股票上市交易的通知 |
| 24 | 2010－10－11 | 上证发字〔2010〕27号 | 关于兴业证券股份有限公司人民币普通股股票上市交易的通知 |
| 25 | 2010－10－26 | 上证发字〔2010〕28号 | 关于中南出版传媒集团股份有限公司人民币普通股股票上市交易的通知 |
| 26 | 2010－10－29 | 上证发字〔2010〕29号 | 关于九州通医药集团股份有限公司人民币普通股股票上市交易的通知 |
| 27 | 2010－11－24 | 上证发字〔2010〕31号 | 关于力帆实业(集团)股份有限公司人民币普通股股票上市交易的通知 |
| 28 | 2010－12－2 | 上证发字〔2010〕32号 | 关于大连港股份有限公司人民币普通股股票上市交易的通知 |
| 29 | 2010－12－13 | 上证发字〔2010〕33号 | 关于永辉超市股份有限公司人民币普通股股票上市交易的通知 |
| 30 | 2010－12－7 | 上证发字〔2010〕34号 | 关于北京歌华有线电视网络股份有限公司可转换公司债券上市交易的通知 |
| 31 | 2010－12－24 | 上证发字〔2010〕35号 | 关于江苏亚星锚链股份有限公司人民币普通股股票上市交易的通知 |

**债券、基金类**

| 序号 | 发文日期 | 文　号 | 文件标题 |
|---|---|---|---|
| 1 | 2010－1－13 | 上证债字〔2010〕1号 | 关于核准2009年沈阳农业高新区国有资产经营有限公司公司债券上市交易的通知 |
| 2 | 2010－1－13 | 上证债字〔2010〕2号 | 关于核准2009年盘锦建设投资有限责任公司公司债券上市交易的通知 |
| 3 | 2010－1－13 | 上证债字〔2010〕3号 | 关于核准2009年招金矿业股份有限公司公司债券上市交易的通知 |
| 4 | 2010－1－13 | 上证债字〔2010〕4号 | 关于核准2009年九江市城市建设投资有限公司公司债券上市交易的通知 |
| 5 | 2010－1－13 | 上证债字〔2010〕6号 | 关于核准2009年上海紫江企业集团股份有限公司公司债券上市交易的通知 |
| 6 | 2010－1－19 | 上证债字〔2010〕7号 | 关于核准2009年南京新港高科技股份有限公司公司债券上市交易的通知 |
| 7 | 2010－1－19 | 上证债字〔2010〕8号 | 关于核准2009年青海省国有资产投资管理有限公司公司债券上市交易的通知 |
| 8 | 2010－1－19 | 上证债字〔2010〕9号 | 关于核准2009年安徽皖通高速公路股份有限公司公司债券上市交易的通知 |
| 9 | 2010－1－22 | 上证债字〔2010〕11号 | 关于核准2009年上海金丰投资股份有限公司公司债券上市交易的通知 |
| 10 | 2010－1－28 | 上证债字〔2010〕12号 | 关于核准2009年海航集团有限公司公司债券上市交易的通知 |
| 11 | 2010－1－28 | 上证债字〔2010〕13号 | 关于核准2009年铁岭公共资产投资运营有限公司公司债券上市交易的通知 |
| 12 | 2010－1－29 | 上证债字〔2010〕14号 | 关于2010年记账式附息（一期）国债上市交易的通知 |
| 13 | 2010－2－1 | 上证债字〔2010〕16号 | 关于核准2009年广州东华实业股份有限公司公司债券上市交易的通知 |
| 14 | 2010－2－4 | 上证债字〔2010〕20号 | 关于核准2009年江苏连云港港口股份有限公司公司债券上市交易的通知 |
| 15 | 2010－2－5 | 上证债字〔2010〕21号 | 关于2010年记账式附息（二期）国债上市交易的通知 |
| 16 | 2010－2－11 | 上证债字〔2010〕27号 | 关于核准2009年河南瑞贝卡发制品股份有限公司公司债券上市交易的通知 |
| 17 | 2010－2－26 | 上证债字〔2010〕32号 | 关于核准2010年中国中铁股份有限公司公司债券（第一期）上市交易的通知 |

续表

| 序号 | 发文日期 | 文　号 | 文件标题 |
|---|---|---|---|
| 18 | 2010-3-1 | 上证债字〔2010〕33 号 | 关于核准2010年巢湖城市建设投资有限公司公司债券上市交易的通知 |
| 19 | 2010-3-2 | 上证债字〔2010〕34 号 | 关于2010年记账式附息(三期)国债上市交易的通知 |
| 20 | 2010-3-8 | 上证债字〔2010〕36 号 | 关于2010年记账式附息(四期)国债上市交易的通知 |
| 21 | 2010-3-8 | 上证债字〔2010〕38 号 | 关于核准2010年北京首都国际机场股份有限公司(第一期)公司债券上市交易的通知 |
| 22 | 2010-3-9 | 上证债字〔2010〕39 号 | 关于核准2010年营口港务股份有限公司公司债券上市交易的通知 |
| 23 | 2010-3-12 | 上证债字〔2010〕41 号 | 关于2010年记账式附息(五期)国债上市交易的通知 |
| 24 | 2010-3-18 | 上证债字〔2010〕44 号 | 关于核准2010年黄山市城市建设投资(集团)有限公司公司债券上市交易的通知 |
| 25 | 2010-3-19 | 上证债字〔2010〕45 号 | 关于核准2010年江苏省太仓港港口开发建设投资公司企业债券上市交易的通知 |
| 26 | 2010-3-19 | 上证债字〔2010〕46 号 | 关于2010年记账式附息(六期)国债上市交易的通知 |
| 27 | 2010-3-22 | 上证债字〔2010〕47 号 | 关于核准2010年北京汽车投资有限公司公司债券上市交易的通知 |
| 28 | 2010-3-24 | 上证债字〔2010〕49 号 | 关于核准2010年长沙高新技术产业开发总公司企业债券上市交易的通知 |
| 29 | 2010-3-24 | 上证债字〔2010〕50 号 | 关于核准2010年郴州市城市建设投资经营有限责任公司公司债券上市交易的通知 |
| 30 | 2010-3-26 | 上证债字〔2010〕52 号 | 关于核准2010年阜阳市城市建设投资有限公司公司债券上市交易的通知 |
| 31 | 2010-3-29 | 上证债字〔2010〕51 号 | 关于2010年记账式附息(七期)国债上市交易的通知 |
| 32 | 2010-3-30 | 上证债字〔2010〕54 号 | 关于核准2010年山东省商业集团总公司企业债券上市交易的通知 |
| 33 | 2010-4-9 | 上证债字〔2010〕58 号 | 关于核准2010年宁波杉杉股份有限公司公司债券上市交易的通知 |
| 34 | 2010-4-9 | 上证债字〔2010〕59 号 | 关于核准2010年辽源市国有资产经营有限责任公司公司债券上市交易的通知 |
| 35 | 2010-4-12 | 上证债字〔2010〕57 号 | 关于2010年记账式附息(八期)国债上市交易的通知 |

续表

| 序号 | 发文日期 | 文　号 | 文件标题 |
|---|---|---|---|
| 36 | 2010-4-14 | 上证债字〔2010〕60号 | 关于2010年记账式贴现(一期)国债上市交易的通知 |
| 37 | 2010-4-14 | 上证债字〔2010〕61号 | 关于2010年记账式贴现(二期)国债上市交易的通知 |
| 38 | 2010-4-19 | 上证债字〔2010〕63号 | 关于2010年记账式附息(九期)国债上市交易的通知 |
| 39 | 2010-4-21 | 上证债字〔2010〕66号 | 关于2010年记账式贴现(三期)国债上市交易的通知 |
| 40 | 2010-4-26 | 上证债字〔2010〕67号 | 关于2010年记账式附息(十期)国债上市交易的通知 |
| 41 | 2010-4-27 | 上证债字〔2010〕68号 | 关于核准2010年南昌市红谷滩城市投资集团有限公司公司债券上市交易的通知 |
| 42 | 2010-4-30 | 上证债字〔2010〕71号 | 关于核准2009年福州建工(集团)总公司企业债券上市交易的通知 |
| 43 | 2010-5-4 | 上证债字〔2010〕72号 | 关于2010年记账式附息(十一期)国债上市交易的通知 |
| 44 | 2010-5-14 | 上证债字〔2010〕76号 | 关于核准2010年漯河市城市建设投资有限公司公司债券上市交易的通知 |
| 45 | 2010-5-14 | 上证债字〔2010〕77号 | 关于核准2009年江苏新海连发展有限公司公司债券上市交易的通知 |
| 46 | 2010-5-17 | 上证债字〔2010〕80号 | 关于2010年记账式附息(十二期)国债上市交易的通知 |
| 47 | 2010-5-19 | 上证债字〔2010〕82号 | 关于2010年记账式贴现(四期)国债上市交易的通知 |
| 48 | 2010-5-19 | 上证债字〔2010〕83号 | 关于2010年记账式贴现(五期)国债上市交易的通知 |
| 49 | 2010-5-24 | 上证债字〔2010〕88号 | 关于2010年记账式附息(十三期)国债上市交易的通知 |
| 50 | 2010-5-26 | 上证债字〔2010〕89号 | 关于2010年记账式附息(十四期)国债上市交易的通知 |
| 51 | 2010-5-28 | 上证债字〔2010〕93号 | 关于核准2010年南昌城市建设投资发展有限公司公司债券上市交易的通知 |
| 52 | 2010-5-28 | 上证债字〔2010〕94号 | 关于核准2010年中国石油化工股份有限公司公司债券上市交易的通知 |
| 53 | 2010-5-31 | 上证债字〔2010〕92号 | 关于2010年记账式附息(十五期)国债上市交易的通知 |

续表

| 序号 | 发文日期 | 文　号 | 文件标题 |
|---|---|---|---|
| 54 | 2010－6－4 | 上证债字〔2010〕95 号 | 关于 2010 年记账式附息(十六期)国债上市交易的通知 |
| 55 | 2010－6－17 | 上证债字〔2010〕101 号 | 关于 2010 年记账式附息(十七期)国债上市交易的通知 |
| 56 | 2010－6－17 | 上证债字〔2010〕102 号 | 关于核准 2010 年镇江市水利投资公司企业债券上市交易的通知 |
| 57 | 2010－6－18 | 上证债字〔2010〕103 号 | 关于 2010 年记账式贴现(六期)国债上市交易的通知 |
| 58 | 2010－6－18 | 上证债字〔2010〕104 号 | 关于 2010 年记账式贴现(七期)国债上市交易的通知 |
| 59 | 2010－6－21 | 上证债字〔2010〕105 号 | 关于核准 2010 年中国高科集团股份有限公司公司债券上市交易的通知 |
| 60 | 2010－6－21 | 上证债字〔2010〕106 号 | 关于核准 2010 年鞍山市城市建设投资发展有限公司公司债券上市交易的通知 |
| 61 | 2010－6－21 | 上证债字〔2010〕107 号 | 关于核准 2010 年长沙市城市建设投资开发有限责任公司公司债券上市交易的通知 |
| 62 | 2010－6－24 | 上证债字〔2010〕110 号 | 关于 2010 年记账式附息(十八期)国债上市交易的通知 |
| 63 | 2010－6－24 | 上证债字〔2010〕111 号 | 关于 2010 年地方政府债券(一期)上市交易的通知 |
| 64 | 2010－6－24 | 上证债字〔2010〕112 号 | 关于 2010 年地方政府债券(二期)上市交易的通知 |
| 65 | 2010－6－25 | 上证债字〔2010〕113 号 | 关于 2010 年记账式附息(十九期)国债上市交易的通知 |
| 66 | 2010－6－28 | 上证债字〔2010〕114 号 | 关于核准 2010 年南通产业控股集团有限公司公司债券上市交易的通知 |
| 67 | 2010－6－28 | 上证债字〔2010〕115 号 | 关于核准 2010 年宜兴市城市发展投资有限公司企业债券上市交易的通知 |
| 68 | 2010－6－28 | 上证债字〔2010〕116 号 | 关于核准 2009 年上海新黄浦置业股份有限公司公司债券上市交易的通知 |
| 69 | 2010－7－7 | 上证债字〔2010〕119 号 | 关于核准 2010 年江苏交通控股有限公司公司债券上市交易的通知 |
| 70 | 2010－7－9 | 上证债字〔2010〕123 号 | 关于核准 2010 年盐城东方投资开发集团有限公司公司债券上市交易的通知 |
| 71 | 2010－7－12 | 上证债字〔2010〕124 号 | 关于 2010 年记账式附息(二十期)国债上市交易的通知 |

续表

| 序号 | 发文日期 | 文　号 | 文件标题 |
| --- | --- | --- | --- |
| 72 | 2010－7－13 | 上证债字〔2010〕125 号 | 关于核准 2010 年赤峰市城市基础设施投资开发有限公司公司债券上市交易的通知 |
| 73 | 2010－7－14 | 上证债字〔2010〕126 号 | 关于 2010 年记账式贴现（八期）国债上市交易的通知 |
| 74 | 2010－7－16 | 上证债字〔2010〕128 号 | 关于 2010 年记账式附息（二十一期）国债上市交易的通知 |
| 75 | 2010－7－20 | 上证债字〔2010〕130 号 | 关于 2010 年地方政府债券（三期）上市交易的通知 |
| 76 | 2010－7－26 | 上证债字〔2010〕132 号 | 关于 2010 年记账式附息（二十二期）国债上市交易的通知 |
| 77 | 2010－7－27 | 上证债字〔2010〕133 号 | 关于 2010 年记账式贴现（九期）国债上市交易的通知 |
| 78 | 2010－7－27 | 上证债字〔2010〕134 号 | 关于核准 2010 年襄樊市建设投资经营有限公司公司债券上市交易的通知 |
| 79 | 2010－7－27 | 上证债字〔2010〕135 号 | 关于核准 2010 年武汉高科国有控股集团有限公司公司债券上市交易的通知 |
| 80 | 2010－8－2 | 上证债字〔2010〕137 号 | 关于 2010 年记账式附息（二十三期）国债上市交易的通知 |
| 81 | 2010－8－6 | 上证债字〔2010〕143 号 | 关于 2010 年记账式附息（二十四期）国债上市交易的通知 |
| 82 | 2010－8－11 | 上证债字〔2010〕144 号 | 关于 2010 年记账式贴现（十期）国债上市交易的通知 |
| 83 | 2010－8－11 | 上证债字〔2010〕149 号 | 关于核准 2010 年鄂尔多斯市国有资产投资经营有限责任公司公司债券上市交易的通知 |
| 84 | 2010－8－12 | 上证债字〔2010〕145 号 | 关于 2010 年地方政府债券（四期）上市交易的通知 |
| 85 | 2010－8－12 | 上证债字〔2010〕146 号 | 关于 2010 年地方政府债券（五期）上市交易的通知 |
| 86 | 2010－8－16 | 上证债字〔2010〕153 号 | 关于 2010 年记账式附息（二十五期）国债上市交易的通知 |
| 87 | 2010－8－18 | 上证债字〔2010〕154 号 | 关于核准 2010 年上海杨浦城市建设投资（集团）有限公司公司债券上市交易的通知 |
| 88 | 2010－8－18 | 上证债字〔2010〕155 号 | 关于 2010 年记账式附息（二十六期）国债上市交易的通知 |
| 89 | 2010－8－20 | 上证债字〔2010〕156 号 | 关于 2010 年记账式附息（二十七期）国债上市交易的通知 |

续表

| 序号 | 发文日期 | 文　　号 | 文件标题 |
| --- | --- | --- | --- |
| 90 | 2010－8－24 | 上证债字〔2010〕157号 | 关于2010年记账式贴现(十一期)国债上市交易的通知 |
| 91 | 2010－8－25 | 上证债字〔2010〕158号 | 关于2010年地方政府债券(六期)上市交易的通知 |
| 92 | 2010－8－27 | 上证债字〔2010〕160号 | 关于2010年记账式附息(二十八期)国债上市交易的通知 |
| 93 | 2010－8－30 | 上证债字〔2010〕161号 | 关于核准2010年芜湖市建设投资有限公司公司债券上市交易的通知 |
| 94 | 2010－9－2 | 上证债字〔2010〕162号 | 关于核准2010年攀枝花市国有资产投资经营有限责任公司企业债券上市交易的通知 |
| 95 | 2010－9－3 | 上证债字〔2010〕163号 | 关于2010年记账式附息(二十九期)国债上市交易的通知 |
| 96 | 2010－9－10 | 上证债字〔2010〕165号 | 关于核准2010年南昌市政公用投资控股有限责任公司公司债券上市交易的通知 |
| 97 | 2010－9－10 | 上证债字〔2010〕166号 | 关于2010年地方政府债券(七期)上市交易的通知 |
| 98 | 2010－9－10 | 上证债字〔2010〕167号 | 关于2010年地方政府债券(八期)上市交易的通知 |
| 99 | 2010－9－10 | 上证债字〔2010〕168号 | 关于2010年记账式附息(三十期)国债上市交易的通知 |
| 100 | 2010－9－15 | 上证债字〔2010〕172号 | 关于2010年记账式贴现(十二期)国债上市交易的通知 |
| 101 | 2010－9－16 | 上证债字〔2010〕169号 | 关于核准2010年通辽市城市投资经营有限责任公司市政项目建设债券上市交易的通知 |
| 102 | 2010－9－16 | 上证债字〔2010〕170号 | 关于核准2010年德州德达城市建设投资运营有限公司公司债券上市交易的通知 |
| 103 | 2010－9－16 | 上证债字〔2010〕171号 | 关于核准2010年营口市城市建设投资发展有限公司公司债券上市交易的通知 |
| 104 | 2010－9－17 | 上证债字〔2010〕173号 | 关于2010年记账式附息(三十一期)国债上市交易的通知 |
| 105 | 2010－9－21 | 上证债字〔2010〕174号 | 关于2010年武汉凯迪控股投资有限公司公司债券上市交易的通知 |
| 106 | 2010－9－21 | 上证债字〔2010〕175号 | 关于核准2010年云南省投资控股集团有限公司公司债券上市交易的通知 |
| 107 | 2010－9－21 | 上证债字〔2010〕176号 | 关于核准2010年芜湖经济技术开发区建设投资公司企业债券上市交易的通知 |

续表

| 序号 | 发文日期 | 文　　号 | 文件标题 |
|---|---|---|---|
| 108 | 2010－9－21 | 上证债字〔2010〕177号 | 关于核准2010年丹东城市开发建设投资有限公司市政项目建设债券上市交易的通知 |
| 109 | 2010－9－21 | 上证债字〔2010〕178号 | 关于核准2010年重庆交通旅游投资集团有限公司公司债券上市交易的通知 |
| 110 | 2010－9－21 | 上证债字〔2010〕179号 | 关于2010年记账式贴现（十三期）国债上市交易的通知 |
| 111 | 2010－10－14 | 上证债字〔2010〕183号 | 关于核准2010年泰豪科技股份有限公司公司债券上市交易的通知 |
| 112 | 2010－10－20 | 上证债字〔2010〕184号 | 关于2010年记账式附息（三十二期）国债上市交易的通知 |
| 113 | 2010－10－22 | 上证债字〔2010〕186号 | 关于2010年记账式附息（三十三期）国债上市交易的通知 |
| 114 | 2010－10－25 | 上证债字〔2010〕187号 | 关于核准2010年西子电梯集团有限公司公司债券上市交易的通知 |
| 115 | 2010－10－25 | 上证债字〔2010〕188号 | 关于核准2010年寿光市金财公有资产经营有限公司企业债券上市交易的通知 |
| 116 | 2010－10－25 | 上证债字〔2010〕189号 | 关于2010年中国中铁股份有限公司公司债券（第二期）上市交易的通知 |
| 117 | 2010－10－26 | 上证债字〔2010〕195号 | 关于2010年记账式贴现（十四期）国债上市交易的通知 |
| 118 | 2010－11－3 | 上证债字〔2010〕201号 | 关于2010年记账式附息（三十四期）国债上市交易的通知 |
| 119 | 2010－11－3 | 上证债字〔2010〕202号 | 关于2010年记账式贴现（十五期）国债上市交易的通知 |
| 120 | 2010－11－4 | 上证债字〔2010〕203号 | 关于核准2010年河北建投交通投资有限责任公司公司债券上市交易的通知 |
| 121 | 2010－11－4 | 上证债字〔2010〕204号 | 关于核准2010年楚雄州开发投资有限公司市政项目建设债券上市交易的通知 |
| 122 | 2010－11－4 | 上证债字〔2010〕205号 | 关于核准2010年大冶有色金属集团控股有限公司公司债券上市交易的通知 |
| 123 | 2010－11－5 | 上证债字〔2010〕207号 | 关于2010年记账式附息（三十五期）国债上市交易的通知 |
| 124 | 2010－11－12 | 上证债字〔2010〕212号 | 关于2010年记账式附息（三十六期）国债上市交易的通知 |
| 125 | 2010－11－16 | 上证债字〔2010〕214号 | 关于核准2010年重庆市江北嘴中央商务区开发投资有限公司市政项目建设债券上市交易的通知 |

续表

| 序号 | 发文日期 | 文　号 | 文件标题 |
|---|---|---|---|
| 126 | 2010 - 11 - 16 | 上证债字〔2010〕215 号 | 关于核准 2010 年江苏华靖资产经营有限公司市政项目建设债券上市交易的通知 |
| 127 | 2010 - 11 - 16 | 上证债字〔2010〕216 号 | 关于核准 2010 年新疆天业(集团)有限公司公司债券上市交易的通知 |
| 128 | 2010 - 11 - 17 | 上证债字〔2010〕217 号 | 关于 2010 年地方政府债券(九期)上市交易的通知 |
| 129 | 2010 - 11 - 17 | 上证债字〔2010〕218 号 | 关于 2010 年地方政府债券(十期)上市交易的通知 |
| 130 | 2010 - 11 - 17 | 上证债字〔2010〕219 号 | 关于 2010 年记账式贴现(十六期)国债上市交易的通知 |
| 131 | 2010 - 11 - 19 | 上证债字〔2010〕221 号 | 关于 2010 年记账式附息(三十七期)国债上市交易的通知 |
| 132 | 2010 - 11 - 26 | 上证债字〔2010〕224 号 | 关于 2010 年记账式附息(三十八期)国债上市交易的通知 |
| 133 | 2010 - 12 - 1 | 上证债字〔2010〕229 号 | 关于 2010 年记账式贴现(十七期)国债上市交易的通知 |
| 134 | 2010 - 12 - 6 | 上证债字〔2010〕230 号 | 关于 2010 年记账式附息(三十九期)国债上市交易的通知 |
| 135 | 2010 - 12 - 6 | 上证债字〔2010〕231 号 | 关于核准 2010 年镇江市交通投资建设发展公司企业债券上市交易的通知 |
| 136 | 2010 - 12 - 6 | 上证债字〔2010〕232 号 | 关于核准 2010 年重庆大晟资产经营(集团)有限公司公司债券上市交易的通知 |
| 137 | 2010 - 12 - 10 | 上证债字〔2010〕234 号 | 关于 2010 年记账式附息(四十期)国债上市交易的通知 |
| 138 | 2010 - 12 - 13 | 上证债字〔2010〕235 号 | 关于核准 2010 年杭州市交通投资集团有限公司公司债券上市交易的通知 |
| 139 | 2010 - 12 - 13 | 上证债字〔2010〕236 号 | 关于核准 2010 年福建省能源集团有限责任公司公司债券上市交易的通知 |
| 140 | 2010 - 12 - 13 | 上证债字〔2010〕237 号 | 关于核准 2010 年江苏海州湾发展集团有限公司公司债券上市交易的通知 |
| 141 | 2010 - 12 - 13 | 上证债字〔2010〕238 号 | 关于核准 2010 年上海化学工业区发展有限公司公司债券上市交易的通知 |
| 142 | 2010 - 12 - 13 | 上证债字〔2010〕239 号 | 关于核准龙源电力集团股份有限公司 2010 年公司债券(第一期)上市交易的通知 |
| 143 | 2010 - 12 - 14 | 上证债字〔2010〕241 号 | 关于 2010 年记账式贴现(十八期)国债上市交易的通知 |

续表

| 序号 | 发文日期 | 文　号 | 文件标题 |
| --- | --- | --- | --- |
| 144 | 2010－12－14 | 上证债字〔2010〕242 号 | 关于核准 2010 年重庆钢铁股份有限公司公司债券上市交易的通知 |
| 145 | 2010－12－17 | 上证债字〔2010〕243 号 | 关于核准 2010 年南通市经济技术开发区总公司企业债券上市交易的通知 |
| 146 | 2010－12－17 | 上证债字〔2010〕244 号 | 关于核准 2010 年红河州开发投资有限责任公司公司债券上市交易的通知 |
| 147 | 2010－12－17 | 上证债字〔2010〕245 号 | 关于核准 2010 年天脊煤化工集团股份有限公司公司债券上市交易的通知 |
| 148 | 2010－12－17 | 上证债字〔2010〕246 号 | 关于 2010 年记账式附息（四十一期）国债上市交易的通知 |
| 149 | 2010－12－29 | 上证债字〔2010〕247 号 | 关于核准 2009 年陕西煤业化工集团有限责任公司公司债券上市交易的通知 |
| 150 | 2010－12－29 | 上证债字〔2010〕248 号 | 关于核准 2010 年龙源电力集团股份有限公司公司债券上市交易的通知 |
| 151 | 2010－12－29 | 上证债字〔2010〕249 号 | 关于核准 2010 年河南银鸽实业投资股份有限公司公司债券上市交易的通知 |
| 152 | 2010－12－29 | 上证债字〔2010〕250 号 | 关于核准 2010 年重庆市南岸区城市建设发展（集团）有限公司企业债券上市交易的通知 |
| 153 | 2010－12－29 | 上证债字〔2010〕251 号 | 关于核准 2010 年上海豫园旅游商城股份有限公司公司债券上市交易的通知 |
| 154 | 2010－12－29 | 上证债字〔2010〕252 号 | 关于核准 2010 年盐城市城市资产经营有限公司市政项目建设债券上市交易的通知 |
| 155 | 2010－12－29 | 上证债字〔2010〕253 号 | 关于核准 2010 年吴江经济技术开发区发展总公司企业债券上市交易的通知 |
| 156 | 2010－12－29 | 上证债字〔2010〕254 号 | 关于 2010 年记账式贴现（十九期）国债上市交易的通知 |
| 157 | 2010－12－31 | 上证债字〔2010〕259 号 | 关于核准 2010 年湘潭九华经济建设投资有限公司企业债券上市交易的通知 |
| 158 | 2010－12－31 | 上证债字〔2010〕260 号 | 关于核准 2010 年南京高新技术经济开发总公司公司债券上市交易的通知 |
| 159 | 2010－3－5 | 上证债字〔2010〕37 号 | 关于上证超级大盘交易所交易基金协助上市申请函的复函 |
| 160 | 2010－5－24 | 上证债字〔2010〕87 号 | 关于上证 180 价值交易所交易基金（ETF）协助上市申请函的复函 |
| 161 | 2010－6－7 | 上证债字〔2010〕96 号 | 关于协助易方达上证中盘交易所交易基金（ETF）上市的复函 |

续表

| 序号 | 发文日期 | 文　号 | 文件标题 |
|---|---|---|---|
| 162 | 2010－8－3 | 上证债字〔2010〕141 号 | 关于上证社会责任交易所交易基金(ETF)协助上市申请函的复函 |
| 163 | 2010－10－25 | 上证债字〔2010〕190 号 | 关于中证南方小康产业交易所交易基金(ETF)上市的通知 |
| 164 | 2010－10－25 | 上证债字〔2010〕191 号 | 关于上证民营企业 50 交易所交易基金(ETF)上市的通知 |
| 165 | 2010－11－5 | 上证债字〔2010〕206 号 | 关于上证周期行业 50 交易所交易基金(ETF)上市交易的通知 |

## (三)2010 年作出的暂停上市决定目录

| 序号 | 发文日期 | 文　号 | 文件标题 |
|---|---|---|---|
| 1 | 2010－4－1 | 上证公字〔2010〕15 号 | 关于对上海宏盛科技发展股份有限公司股票实施暂停上市的决定 |
| 2 | 2010－5－14 | 上证公字〔2010〕26 号 | 关于对中垦农业资源开发股份有限公司股票实施暂停上市的决定 |
| 3 | 2010－5－14 | 上证公字〔2010〕27 号 | 关于对上海白猫股份有限公司股票实施暂停上市的决定 |
| 4 | 2010－5－14 | 上证公字〔2010〕28 号 | 关于对山东鲁北化工股份有限公司股票实施暂停上市的决定 |
| 5 | 2010－5－14 | 上证公字〔2010〕29 号 | 关于对三联商社股份有限公司股票实施暂停上市的决定 |
| 6 | 2010－6－9 | 上证债字〔2010〕98 号 | 关于对 2006 年上海水务资产经营发展有限公司公司债券实施暂停上市的决定 |
| 7 | 2010－6－9 | 上证债字〔2010〕99 号 | 关于对 2008 年广州造纸股份有限公司公司债券实施暂停上市的决定 |
| 8 | 2010－7－7 | 上证债字〔2010〕120 号 | 关于对 2005 年中国铁通集团有限公司公司债券实施暂停上市的决定 |
| 9 | 2010－7－7 | 上证债字〔2010〕121 号 | 关于对 2005 年中国大唐集团公司企业债券等实施暂停上市的决定 |

## （四）2010年作出的恢复上市决定目录

| 序号 | 发文日期 | 文　号 | 文件标题 |
|---|---|---|---|
| 1 | 2010－4－26 | 上证公字〔2010〕18号 | 关于同意厦门华侨电子股份有限公司股票恢复上市申请的通知 |
| 2 | 2010－9－10 | 上证公字〔2010〕56号 | 关于同意中航航空电子设备股份有限公司股票恢复上市申请的通知 |

## （五）2010年作出的终止上市决定目录

| 序号 | 发文日期 | 文　号 | 文件标题 |
|---|---|---|---|
| 1 | 2010－1－21 | 上证公字〔2010〕11号 | 关于决定上海航空股份有限公司股票终止上市的通知 |
| 2 | 2010－2－10 | 上证公字〔2010〕4号 | 关于决定上海实业医药投资股份有限公司股票终止上市的通知 |
| 3 | 2010－2－10 | 上证公字〔2010〕8号 | 关于决定上海中西药业股份有限公司股票终止上市的通知 |
| 4 | 2010－2－23 | 上证公字〔2010〕9号 | 关于决定东北高速公路股份有限公司股票终止上市的通知 |
| 5 | 2010－1－12 | 上证债字〔2010〕5号 | 关于2009年记账式贴现（十四期）国债终止上市及兑付事项的通知 |
| 6 | 2010－2－2 | 上证债字〔2010〕15号 | 关于2009年记账式贴现（二十三期）国债终止上市及兑付事项的通知 |
| 7 | 2010－2－8 | 上证债字〔2010〕22号 | 关于2009年记账式贴现（十七期）国债终止上市及兑付事项的通知 |
| 8 | 2010－2－8 | 上证债字〔2010〕23号 | 关于2003年记账式（一期）国债终止上市及兑付事项的通知 |
| 9 | 2010－2－26 | 上证债字〔2010〕30号 | 关于2009年记账式贴现（九期）国债终止上市及兑付事项的通知 |
| 10 | 2010－2－26 | 上证债字〔2010〕31号 | 关于2009年记账式贴现（二十五期）国债终止上市及兑付事项的通知 |

续表

| 序号 | 发文日期 | 文　号 | 文件标题 |
|---|---|---|---|
| 11 | 2010-3-12 | 上证债字〔2010〕40号 | 关于2009年记账式贴现(二十期)国债终止上市及兑付事项的通知 |
| 12 | 2010-4-2 | 上证债字〔2010〕55号 | 关于2009年记账式贴现(十三期)国债终止上市及兑付事项的通知 |
| 13 | 2010-4-9 | 上证债字〔2010〕56号 | 关于2007年记账式(四期)国债终止上市及兑付事项的通知 |
| 14 | 2010-4-20 | 上证债字〔2010〕64号 | 关于2009年记账式贴现(二十二期)国债终止上市及兑付事项的通知 |
| 15 | 2010-4-20 | 上证债字〔2010〕65号 | 关于2005年记账式(三期)国债终止上市及兑付事项的通知 |
| 16 | 2010-5-4 | 上证债字〔2010〕73号 | 关于2009年记账式贴现(十六期)国债终止上市及兑付事项的通知 |
| 17 | 2010-5-7 | 上证债字〔2010〕74号 | 关于2009年记账式附息(八期)国债终止上市及兑付事项的通知 |
| 18 | 2010-5-18 | 上证债字〔2010〕81号 | 关于2000年记账式(四期)国债终止上市及兑付事项的通知 |
| 19 | 2010-5-28 | 上证债字〔2010〕91号 | 关于2009年记账式贴现(十九期)国债终止上市及兑付事项的通知 |
| 20 | 2010-6-8 | 上证债字〔2010〕97号 | 关于2009年记账式贴现(二十六期)国债终止上市及兑付事项的通知 |
| 21 | 2010-7-1 | 上证债字〔2010〕117号 | 关于2009年记账式附息(十四期)国债终止上市及兑付事项的通知 |
| 22 | 2010-7-2 | 上证债字〔2010〕118号 | 关于2010年记账式贴现(一期)国债终止上市及兑付事项的通知 |
| 23 | 2010-7-9 | 上证债字〔2010〕122号 | 关于2007年记账式(十一期)国债终止上市及兑付事项的通知 |
| 24 | 2010-8-12 | 上证债字〔2010〕147号 | 关于2003年记账式(七期)国债终止上市及兑付事项的通知 |
| 25 | 2010-8-13 | 上证债字〔2010〕150号 | 关于2009年记账式贴现(二十四期)国债终止上市及兑付事项的通知 |
| 26 | 2010-8-27 | 上证债字〔2010〕159号 | 关于2009年记账式附息(二十一期)国债终止上市及兑付事项的通知 |
| 27 | 2010-10-11 | 上证债字〔2010〕181号 | 关于2010年记账式贴现(三期)国债终止上市及兑付事项的通知 |
| 28 | 2010-10-12 | 上证债字〔2010〕182号 | 关于2005年记账式(十一期)国债终止上市及兑付事项的通知 |

续表

| 序号 | 发文日期 | 文　　号 | 文件标题 |
|---|---|---|---|
| 29 | 2010－11－10 | 上证债字〔2010〕209号 | 关于2009年记账式附息（二十八期）国债终止上市及兑付事项的通知 |
| 30 | 2010－11－10 | 上证债字〔2010〕210号 | 关于2010年记账式贴现（四期）国债终止上市及兑付事项的通知 |
| 31 | 2010－11－10 | 上证债字〔2010〕211号 | 关于2003年记账式（十一期）国债终止上市及兑付事项的通知 |
| 32 | 2010－12－31 | 上证债字〔2010〕257号 | 关于2010年记账式贴现（二期）国债终止上市及兑付事项的通知 |
| 33 | 2010－12－31 | 上证债字〔2010〕258号 | 关于2010年记账式贴现（八期）国债终止上市及兑付事项的通知 |

## （六）2010年采取的纪律处分措施及相关监管措施目录

**公开谴责**

| 序号 | 发文日期 | 文　　号 | 文件标题 |
|---|---|---|---|
| 1 | 2010－1－11 | 上证公字〔2010〕3号 | 关于给予杭州天目山药业股份有限公司及原董事长章鹏飞、原董事兼总经理郑智强、财务副总监吴青平公开谴责的决定 |
| 2 | 2010－2－5 | 上证公字〔2010〕6号 | 关于给予重庆四维控股（集团）股份有限公司及董事长雷刚等公开谴责的决定 |
| 3 | 2010－4－29 | 上证公字〔2010〕21号 | 关于给予山东鲁北化工股份有限公司、山东鲁北企业集团总公司、山东鲁北化工股份有限公司董事长冯久田等公开谴责的决定 |
| 4 | 2010－5－6 | 上证公字〔2010〕24号 | 关于给予东新电碳股份有限公司股东四川香凤企业有限公司及其董事长李炜和实际控制人张涌公开谴责的决定 |
| 5 | 2010－7－26 | 上证公字〔2010〕43号 | 关于对山东科达集团有限公司予以公开谴责的决定 |
| 6 | 2010－7－26 | 上证公字〔2010〕44号 | 关于对科达集团股份有限公司和公司前董事长刘双珉等公开谴责并认定刘双珉三年不适合担任上市公司董事的决定 |
| 7 | 2010－8－27 | 上证公字〔2010〕54号 | 关于给予上海海鸟企业发展股份有限公司原实际控制人周正明公开谴责的决定 |

续表

| 序号 | 发文日期 | 文　号 | 文件标题 |
| --- | --- | --- | --- |
| 8 | 2010-8-27 | 上证公字〔2010〕55 号 | 关于给予上海新黄浦置业股份有限公司大股东上海新华闻投资有限公司、实际控制人中国华闻投资控股有限公司公开谴责的决定 |
| 9 | 2010-9-20 | 上证公字〔2010〕58 号 | 关于给予东莞市方达再生资源产业股份有限公司前实际控制人及前董事长麦校勋、公司前股东东莞市勋达投资管理有限公司、公司前股东及前董事许志榕公开谴责并公开认定麦校勋、许志榕三年内不适合担任上市公司董事的决定 |

**限制交易**

| 序号 | 发文日期 | 文　号 | 文件标题 |
| --- | --- | --- | --- |
| 1 | 2010-1-12 | 上证监字〔2010〕1 号 | 关于限制证券账户 A380491284 证券交易的决定 |
| 2 | 2010-1-12 | 上证监字〔2010〕2 号 | 关于限制证券账户 A154369782 证券交易的决定 |
| 3 | 2010-4-26 | 上证监字〔2010〕4 号 | 关于对吉林省信托有限责任公司违规减持解除限售存量股份的处理决定 |
| 4 | 2010-5-14 | 上证监字〔2010〕5 号 | 关于对北京京城华威投资有限公司违规减持解除限售存量股份的处理决定 |
| 5 | 2010-10-25 | 上证监字〔2010〕6 号 | 关于对鄂州市建设投资公司违规减持解除限售存量股份的处理决定 |

（上海证券交易所供稿）

# 二、深圳证券交易所

## (一)2010 年法制建设工作综述

2010 年是我国多层次资本市场建设快速发展的一年。在中国证监会的正确领导下，深圳证券交易所（以下简称深交所）以科学发展观为统领，全面贯彻落实党的历次重要会议、中央经济工作会议和全国证券期货监管工作会议精神，立足全局，抓住机遇，紧紧围绕加快推进多层次市场建设、大力支持中小企业发展的基本主线，紧密结合市场实际，强化一线监管和投资者风险教育，大力加强资本市场法制建设，积极推进依法治所和依法监管，并取得了较为显著的成效。

## 一、大力推进规则体系建设，建立健全与多层次资本市场建设相适应的业务规则体系

（一）全面完成第八次业务规则清理工作

在2003年、2005年、2006年先后三次批量废止业务规则共计288件的基础上，2010年深交所启动并完成了深交所第八次业务规则清理工作。此次清理对象包括自深交所1990年12月1日成立至2010年9月30日公布的除前三次批量废止之外的全部211件规则、细则、指引、通知及其他规定。本次规则清理工作严格按照证监会《关于做好规则清理工作的通知》的要求，着力于从以下三个方面展开：一是业务规则与技术系统的一致性；二是业务规则与业务规则的一致性；三是业务规则与现行法律、法规、规章和规范性文件的一致性。

通过全面认真的清理，确认现行有效业务规则105件，废止业务规则104件。本次废止的104件规则包括已被修订、自行失效、上位法规依据已废止以及因业务发展不再适用应予废止等情形。根据清理工作成果，形成了《关于深交所业务规则清理工作的报告》，于2010年11月正式对外发布《深圳证券交易所关于废止部分业务规则的公告（第四批）》。

第八次业务规则清理工作的顺利完成，为深交所多层次资本市场建设和自律监管奠定了更加坚实的制度基础。

（二）发布实施主板、中小板上市公司规范运作指引，进一步推进深交所三个板块业务规则的简化、整合和归位

在充分借鉴创业板制定单一的《上市公司规范运作指引》成功经验的基础上，并在坚持体现和适应不同层次市场、不同创新业务的差异化监管需求原则的前提下，深交所加快了主板和中小板业务规则的简化、整合和归位的力度和速度，完成了主板和中小板《上市公司规范运作指引》的起草工作，并于2010年9月1日正式发布实施，以确保深交所规则体系的科学性、协调性和可操作性，并减少投资者的负担。在主板和中小板《上市公司规范运作指引》实施的同时，废止了相关业务规则共27件，其中单独适用于主板上市公司的业务规则11件，单独适用于中小板上市公司的业务规则10件，两个板块上市公司均适用的业务规则6件。

上述规则的整合使深交所初步形成了以两大股票上市规则、三大规范运作指引为主体，信息披露业务备忘录为补充的较为完善的上市公司监管规则体系。

（三）积极开展业务规则的废、改、立工作

1. 完成了《交易规则》的修改工作，并于2011年1月17日正式发布。

2. 启动主板《股票上市规则》新一轮的修改，并草拟《关于启动修订股票上市规则的报告》，上报证监会。

3. 完成《证券指数管理细则》、《关于融资融券业务试点初期标的证券名单与可充抵保证金证券范围的通知》、《融资融券业务指南》、《融资融券试点启动通知》、《融资融券交易试点业务备忘录》、《上市公司股东大会网络投票实施细则（2010修订）》、《首次公开发行股票发行与上市指南（2010年修订）》、《债券业务备忘录第1号》、《创业板信息披露业务备忘录第1号——超募资金使用（修订）》、《交易型开放式指数基金风险管理指引》等30余项规则的起草和修改工作。

（四）完成深交所外网“法律/规则”栏目改版上线工作

为更好地服务上市公司、证券公司、广大投资者以及证监会系统和深交所监管人员，深交所法律部会同信息管理部等部门，在2010年11月1日废止第四批104件业务规则的基础上，对深交所外网原“规则/指南”栏目内容、结构和功能进行了调整和优化。全新改版后的深交所外网“法律/规则”栏目于11月8日正式上线运行。

与深交所外网原“规则/指南”栏目仅包括深交所现有业务规则相比，新“法律/规则”栏目增加了与证券市场相关的法律、行政法规、司法解释、部门规章及规范性文件共658件，并涵盖了深交所截至2010年11月8日的现行有效的全部业务规则共124件，以满足监管工作人员及上市公司、投资者的需求。此外，新“法律/规则”栏目在原“规则/指南”栏目的基础上，完善了快速、全面的“关键字”检索功能，便于使用者查询使用。

## 二、加大对上市公司、会员和证券交易的自律监管力度,推进依法监管、依法治市

(一)强化对上市公司的监管

1. 推动和规范上市公司并购重组,促进上市公司做优做强

(1)修订重大资产重组披露相关指引

结合重组审核中发现的问题,修订《业务办理指南10号——重大重组停牌及材料报送》等规则,对上市公司重组的披露进行了进一步规范。

(2)严格审核重大资产重组方案

在重组预案的审核中,重点关注重组估价的确定、参数和方法、近几年标的资产的交易情况和价格、近几年标的资产的利润和收入的波动情况、土地、矿产等资产的权属状况、重组后关联交易、同业竞争的处理、盈利预测与补偿、重大风险的揭示等关键部分和敏感点,要求公司进行充分披露。

对于审核中发现存在标的资产增值巨大,与历史交易价格差异巨大且不能提供合理解释、大股东存在巨额资金占用没有解决、拟注入资产未完成改制、标的资产存在瑕疵等问题的公司的方案,及时予以劝退,避免误导投资者、引起市场波动,切实保护上市公司和投资者的利益。

(3)防范利用重组题材进行市场炒作

有多家公司试图利用重组题材进行市场炒作,深交所公司管理部门在发现相关传闻后立即予以停牌,并及时提请市场监察部进行调查,发现当地出现关联账户大量买入情形。在深交所联动监管作用下,公司不得不取消所谓的“重组”。

(4)督促股改公司大股东履行承诺

督促阿继电器、吉电股份大股东履行股改承诺,对阿继电器、吉电股份股权分置改革部分资产出售特别承诺事项优化方案进行认真审核,严格要求,保证方案做到真正合理和优化,维护中小股东利益。

(5)完成河北钢铁跨市场吸并上市和广发股份借壳上市

2010年1月20日,河北钢铁作为我国证券市场首例跨市场的吸收合并实施完成并上市。这例吸收合并涉及两个市场、三只股票、公司债和可转债,涉及面非常广。河北钢铁项目是中国证券市场有史以来首例上市公司跨市场吸收合并,也是最大的钢铁上市公司并购项目。唐钢股份增发换股吸收合并邯郸钢铁、承德钒钛后更名为河北钢铁,唐钢股份以5.29元/股价格增发了325,070.02万股,发行规模高达171.96亿元,合并后资产总额为969亿元。河北钢铁以跨深沪市场吸收合并的方式成立,开创了跨市场上市公司吸收合并的新途径和做优做强的新模式,标志着并购方式的突破和创新,对于创新我国上市公司兼并重组方式,推动国内钢铁行业大规模整合时代的加速等均具有深远意义。

2010年2月12日,广发证券完成吸收合并并借壳上市延边公路的相关手续,并上市。

2. 强化对涉嫌内幕交易行为及异常交易行为的联动监管

针对目前我国证券市场内幕交易较为猖獗、市场参与者法律意识薄弱的现状,采取多种措施加强对涉嫌内幕交易行为及异常交易行为的监管:

(1)完善内部信息知情人报备制度,从源头进行把关

以内幕信息知情人申报制度为基础逐步建立上市公司内幕信息知情人数据库,实现了内幕信息知情人申报、交易核查、事后处理、违规处罚全程电子化管理。

(2)强化市场传闻、股价异动与信息披露的联动监管

对市场较为关注的高送配传闻,督促浪潮信息、渝三峡、阳光股份、嘉凯城、天茂集团、美利纸业、深南玻等公司及时停牌核查,对媒体传闻情况予以澄清或提前履行相关审议程序后明确分配方案。对股价异动的高送转传闻公司,深交所要求公司提交内幕信息知情人及其直系亲属名单进行核查。就机构和媒体对公司的业绩分析和预测,督促深南玻、宗申动力、深赛格、世纪光华等公司及时刊登业绩快报和业绩预告修正公告,避免由此带来的股价异动,维护市场的公平。

深交所中小板公司管理部还专门制定了高送转的内部审核标准备忘录,对于高送转方案可能提前泄露、股价出现异动的公司,及时停牌,及时澄清或提前披露分配预案,在公司自查

的基础上，提请市场监察部对33家涉及高送转的公司股票交易情况进行了核查。

(3)密切关注并购重组中可能出现的涉嫌内幕交易行为

对多家涉嫌内幕交易的公司进行了重点监管，约见公司相关人员了解情况，上报证监会就完善并购重组内幕交易监管措施提出建议。

(4)加强对上市公司高管人员在敏感期股票交易行为的监管

在2009年报披露期间，深交所公司管理部发现＊ST国农等36家上市公司38名内幕信息知情人在年度报告敏感期存在交易上市公司股票的情况，上报证监会建议进一步调查。同时，对在年报披露期间敏感期买卖股票的6名上市公司董监高进行了处理。

不断强化培训宣传力度，引导相关各方规范运作。通过组织上市公司规范运作培训班、内幕交易防控专题培训班、《上市公司参考》内幕交易防控专辑等多种方式，重点针对重组方、控股股东、实际控制人和政府官员等内幕交易易发人群进行培训和宣教，提高其法律意识，及时提醒，敲响警钟，打好预防针。

3. 严审关联交易，规范同业竞争，推动上市公司解决独立性问题

(1)对独立性存在问题的上市公司进行全面梳理

深交所公司管理部门对上市公司同业竞争、关联交易，控股股东(实际控制人)资产、业务状况进行了全面梳理，并对上市公司关联交易和同业竞争网上调查，完成相关报告上报证监会。例如，通过对主板485家公司具体情况逐一梳理、分析，深交所综合各种因素，按照轻重缓急原则，选择部分公司重点推进。

(2)以监管促发展

对于存在明显同业竞争或严重损害上市公司利益的关联交易，深交所公司管理部门将按“以监管促发展”的思路，结合定期报告审查和日常监管工作，对其中存在未彻底“五分开”问题的公司，先期通过统一发函的方式，督促财务、机构、人员、资产未彻底分开的公司全面充分披露公司的现状，向投资者提示风险。同时与地方证监局共同向相关政府或主管部门建议督促整改。继续研究分析其余公司解决问题的可行性，分阶段要求公司提出解决方案。针对还存在同业竞争的公司，分别采取约见谈话、实地调研等形式，要求公司控股股东或实际控制人提出解决同业竞争措施。采取发函或约谈等方式，要求上市公司提出整改解决的时间表。

(3)实行“一司一策”，多种方式推动解决上市公司独立性问题

根据每家公司的具体情况，深交所公司管理部门通过实地走访、调研、培训、座谈、撰写建议报告等多种方式，向地方政府或主管部门献计献策，提供具体政策咨询。与地方证监局、国资部门及公司管理层和股东进行直接沟通，逐一研究专门方案，分期推进。

(4)通过推进上市公司并购重组和资产注入解决独立性问题

深交所公司管理部门根据公司的不同类型和情况，有针对性地指导和推动上市公司的整体上市和优化重组，彻底解决独立性问题。在深交所公司管理部门的督促和推动下，有48家公司的股东(实际控制人)就解决公司独立性作出了承诺，深交所公司管理部门正在针对每家公司承诺情况，要求股东、实际控制人保质保量履行承诺。目前，已推进双汇发展等公司进行整体上市。

(5)严审关联交易，维护上市公司利益

根据尚福林主席在全国证券期货监管工作会议上的讲话精神，“推动部分改制公司整体上市，严厉打击股东利用关联交易侵占上市公司利益的行为”。健全关联交易披露审查机制，细化关联交易监管，维护上市公司利益。

①对所有重大关联交易，比照重大资产重组的审核要求，建立了“AB角＋小组讨论＋事后复核”的三重审核机制。

②对所有重大关联交易，除要求提交股东大会审议外，还要求上市公司为中小股东提供网络投票方式。

③督促思达高科、ST中服等公司的关联方购回原通过关联交易取得的不良资产或投资，维护上市公司资产和资金安全。

④探索建立关联交易公允性保障机制和责任追究机制。要求交易对手方提供标的资产盈利担保或补偿、标的资产回购再转让价格补偿承诺。对于严重侵害上市公司利益的责任方，要求上市公司应及时采取经济或法律手段进行责任追究。

⑤加强对上市公司放弃优先受让权的监管。中国中期、双汇发展等上市公司在其控股子公司或参股公司股权转让或增资过程中,放弃优先受让权或增资权,也未履行审议程序和信息披露义务。深交所公司管理部门督促公司就放弃优先受让权(或增资权)的事项履行审议程序。对放弃优先受让权议案被股东大会否决的,督促公司严格执行股东大会决议,进行整改。

⑥督促解决日常关联交易问题。在日常监管中关注到,双汇集团的屠宰量和肉制品加工能力均是上市公司的两倍以上,双汇发展关联交易金额逐年增大。2006 年至 2009 年,其关联采购金额从 67 亿元增加到 149 亿元,占采购总额的比例从 49% 增加到 63%。深交所公司管理部多次督促公司规范和解决关联交易问题。2009 年 11 月,深交所公司管理部就此约见公司及其实际控制人谈话,要求公司尽快解决关联交易。2010 年 3 月 19 日,再次约见公司董事长,责令其尽快采取有效措施,解决关联交易和同业竞争问题,提高上市公司独立性。其间,深交所公司管理部与证监局密切沟通,在和证监局的共同督促下,2010 年 3 月 22 日双汇发展申请股票停牌,11 月 29 日,双汇发展公布包括从罗特克斯回购香港华懋集团等出让的上述股权,339.4 亿元肉类加工资产置入,以及管理层收购在内的一揽子整改和解决关联交易、同业竞争计划。

4. 加强中介机构监管,提高会计信息质量

(1)加强审计评估机构的监管

全面梳理中介机构执业情况。就多家中介机构涉嫌违反执业准则有关问题专题上报证监会。

(2)建立中介机构黑名单

针对会计师事务所、保荐机构、财务顾问等中介机构的不良表现和诚信问题,着手建立相关中介机构黑名单,现已初步建立重大重组中相关财务顾问、评估机构、审计机构及其相关负责人名单、2009 年年报存在会计问题的审计机构及签字注册会计师名单以及 IPO 和股改承诺持续督导、存在问题的保荐机构名单,用以作为日后监管的线索和关注点。

(3)与证监局联动,加强会计监管

深交所把日常监管中关注到的部分公司会计处理不规范和部分审计机构执业质量不高的公司和事务所,及时与相关证监局沟通,提请证监局在年报审计监管中予以重点关注;对执业质量问题严重的,与证监局一起督促海王生物、ST 威达、ST 重实、* ST 嘉瑞、隆平高科、* ST 中钨、酒鬼酒 7 家上市公司更换年报审计机构。

(4)就年报披露中的会计问题进行讨论或上报会计部。就 ST 重实等年报中的递延所得税资产确认等问题,上报会计部。

5. 不断创新监管方式和手段,发挥综合监管的效果

(1)进一步提高业务办理的透明化和公开化

通过业务办理流转记录,在网上向上市公司公开重要业务的办理进展情况,督促监管人员提高办理效率,增加监管工作的透明度。

(2)完善和深化信息披露网上业务直通车

深交所公司管理部门完成了业务分类、报批材料、审核要点、相关业务规则等基础资料的整理,建立了规范的内部业务管理流程等,上市公司可以在网上业务系统查询搜索规则,上市公司办理业务和监管人员审核规则均得以规范运行,并统一了监管标准。

(3)建立和完善"深交所上市公司投资者关系互动平台"

深交所建立的"上市公司投资者关系互动平台"于 2010 年 1 月 1 日正式投入使用。"上市公司投资者关系互动平台"旨在为上市公司与投资者之间搭建规范、直接、快速的交流与沟通平台。投资者可登录互动平台,向上市公司提出咨询、建议、投诉或其他相关问题,并查阅其他投资者对上市公司的提问及上市公司的答复等。同时,互动平台还向上市公司提供的服务内容主要包括:收集媒体对上市公司报道信息;汇总投资者提交的问题;上市公司在线回答等;发布投资者关系管理的相关文件。

该平台具有"主动型"、"互动式"、"集成化"和"及时性"等特点,充分借鉴了现有的各种知名财经网站和各公司的投资者互动平台的功能,是首家以交易所名义建立的上市公司投资者关系互动平台。

"上市公司投资者关系互动平台"投入使用后,深交所公司管理部门督促上市公司积极回复平台上投资者的提问,对于不能及时回复

的上市公司给予名单公示，上市公司回复互动平台问题的积极性大大提高。互动平台运行以来，互动平台上的91%以上的问题均得到了上市公司及时答复，平均日访问页面数为65万，日均访问人(次)数超过5万，居全景网和巨潮网各大栏目访问量第三位，成为访问量增长率最高的栏目，为上市公司和投资者提供一个互相沟通的规范渠道。

(4)建立"监管信息交流专区"

2010年初，深交所在外网平台建立了"监管信息交流专区"，将主板、中小板、创业板三个部门给证监会、证监局的发函、监管文件往来、业务通知、信息披露公告等上网，各证监局登录该"监管交流"专区后，可查阅相关的监管文件，业务通知、辖区披露文件，使监管各方及时、完整了解其他各方的监管过程，查询监管历史。"监管信息交流专区"的建立，实现交易所与证监会、证监局三位一体的监管联动，提高了监管效率。

(5)完善上市公司监管台账制度

完成了包括三个板块的业务规则管理系统的立项和审核登记事项平台的立项。需求分析和原型设计已经初步完成。同时继续完善上市公司监管历史留痕制度；完善内部督办制度；往来函件保留的制度化以及查询的自动化、电子化。

(6)完善分类监管制度，提高监管针对性

根据全流通市场环境的变化，在总结原有风险分类办法的基础上，修订完善《上市公司分类监管指引》。分别从公司治理、财务状况、持续经营能力、信息披露水平、规范运作程度等六个方面设计相关指标，将上市公司分成正常、一般风险、次高风险和高风险四个等级进行分类监管。同时根据公司风险情况，制订有针对性的监管方案，提高监管的有效性。

同时，结合2009年报审核结果，完成上市公司风险类别的调整工作。

在此基础上，深交所公司管理部门对高风险公司采取提请保荐机构重点审阅年报、与证监局强化监管协作、提请证监局专项核查或对公司重大违规行为进行调查等措施。对可能实施特别处理的公司进行全年重点监控，谨慎处理，要求公司持续向投资者揭示公司存在的风险和重大不确定性。平稳处理了中核钛白、德棉股份等公司股票退市风险警示，实施了天润发展和江苏琼花等公司的其他特别处理和高新张铜股票暂停上市等业务，积极协调高新张铜退市风险的应急处置。

(7)深入研究首发公司股权分布情况，对公众持股比例较低的公司实施股东主动申请限制买入措施

2009年以来，多数首发公司按照法定的社会公众持股最低比例发行股票，上市后社会公众持股比例很低，存在由于非公众股东从二级市场买入股票导致公司股权分布不符合上市条件的较大风险，其中少数公司一旦出现此类情形，还无法采取任何补救措施。对此，深交所公司管理部门采取了要求该类公司上市前股东自愿限制从二级市场买入本公司股票的措施，并牵头相关部门签署了业务备忘录和业务流程。2010年，已对5家中小板公司的股东实施了股东主动申请限制买入股票的措施。

6. 强化对保荐业务和超募资金的监管

(1)强化对保荐业务的监管

①建立了保荐业务代表制度，由保荐业务代表组织、协调保荐机构与深交所的保荐业务。

②建立保荐业务专区，为保荐机构办理发行上市、持续督导等保荐业务开通了网上平台，提供发行上市资料填报、保荐工作报告报送、基本信息库维护、查阅深交所业务通知和业务规则等功能。

③对中小板50家保荐机构和383名保荐代表人2009年度的保荐工作质量进行了考评，向证监会、证监局通报了考评结果，向考评结果较差的43名保荐人发出了监管关注函，督促其采取措施改进保荐工作。

④在178家新上市公司上市首日，安排监管人员与公司保荐代表人进行面对面交流，提高保荐代表人对持续督导工作的认识。

⑤年报披露工作结束后，与高风险公司的保荐代表人面谈，交流公司风险点，督促其采取措施防范和化解公司风险。

⑥修订《中小企业板保荐工作指引》。深交所于2004年8月首次发布了《中小企业板保荐工作指引》，并于2008年12月进行了第一次修订。近年来，中小企业板规模快速扩大，从严监管，继续打造诚信之板，在当前形势下显得尤为重要。在中小板诚信建设中，保荐机构和保

荐代表人发挥着独特、重要的作用。但从近两年的保荐工作实践来看,中小板保荐业务仍存在一些问题,如保荐机构和保荐代表人现场检查工作不够充分,发表独立意见不够审慎,对关注与报告事项不够重视等。因此,为进一步加强保荐机构和保荐代表人的作用,切实发挥保荐机构和保荐代表人在持续督导方面的职能,结合近两年保荐业务实际情况,深交所对《中小企业板保荐工作指引》进行了第二次修订。2010 年 12 月 31 日,深交所正式发布了第二次修订后的《中小企业板保荐工作指引》。该指引进一步明确了保荐机构和保荐代表人在持续督导方面的权利和义务,并重点对保荐机构和保荐代表人现场检查、关注和报告、发表独立意见、提交年度保荐工作报告等方面提出了更为细化的要求和标准。

(2)强化对超募资金的监管

2010 年新上市的中小板和创业板公司普遍存在超募资金的情况,募集资金的安全性和使用效益存在风险隐患。针对这种情况,深交所中小板公司管理部和创业板公司管理部及时发布和修改了规范超募资金使用的备忘录,要求超募资金在未使用之前必须实行专户管理,并优先用于补充募投项目资金缺口、在建项目及新项目、归还银行贷款、补充流动资金等事项,如果用超募资金归还银行贷款、补充流动资金的,还应承诺未来 12 个月不从事高风险投资。

同时,深交所中小板公司管理部还引导公司避免将超募资金用于购置办公楼或从事房地产开发,禁止公司直接或间接将超募资金进行证券投资或将超募资金一次性补充流动资金。对于超募资金数额巨大的公司,深交所公司管理部门逐一向保荐机构发函,要求保荐机构在公司上市后一年内每月核查募集资金使用情况并向深交所报送核查报告。

此外,创业板修改后的有关超募资金使用的备忘录除了要求严格实行专户存储制度外,还规定了明确的审批程序,以保证募集资金管理的安全和使用的规范。针对成都金亚科技与甘肃大禹节募集资金使用中的不规范行为,深交所创业板公司管理部分别发出了监管函。

7. 推进创业板监管制度创新,促进创业板长远健康发展

(1)完善创业板董监高股份管理制度,规范董监高股份减持行为

创业板成立一年来,陆续有上市公司董事、监事或高管离职,虽然并不普遍,减持套现也并非其离职的主要原因,但确实会对投资者的心理造成一定冲击。为了保证创业板长远健康发展,在借鉴中小板实践经验的基础上,结合创业板上市公司对管理层和核心技术人员稳定性要求更高的特点,深交所于 11 月 4 日发布了《关于进一步规范创业板上市公司董事、监事和高级管理人员买卖本公司股票行为的通知》,对创业板上市公司董监高股份管理以及董监高离任后减持本公司股票的行为提出了进一步的要求,延长了股票锁定期。该举措得到了媒体及各方的积极评价,普遍认为此举有利于创业板可持续发展。

(2)深入研究创业板退市制度,探索优胜劣汰机制

深交所在对境内外退市制度进行深入研究的基础上,结合创业板实际情况,充分吸收借鉴主板退市制度实施过程中的经验和教训,提出建立健全创业板退市制度的方案,并上报证监会。证监会对此高度重视,成立了退市专题小组对退市制度进行全面评估与研究。深交所积极参加证监会退市制度专题小组的工作,并承担海外退市经验分析分小组的牵头工作,完成了有关研究报告。

2010 年 9 月 30 日,为了更好地保护投资者的合法权益,深交所就创业板直接退市制度实施方案做了进一步的论证,进行了适当修改和补充,向证监会提交了修改和完善后的创业板退市制度方案。

(3)针对创业板公司特点,积极推动创业板再融资制度创新

为了更好地了解创业板公司的再融资需求,提出有针对性的创业板再融资政策建议,深交所对创业板公司进行了再融资制度问卷调查,在此基础上,根据创业板公司发展的特点,对创业板再融资制度方案进行了研究,形成了初步方案。

(二)强化对会员的监管

1. 持续做好创业板市场投资者适当性管理工作,推动会员建立长效工作机制

(1)2010 年 11 月 19 日,深交所制定并出

台了《会员持续开展创业板市场投资者适当性管理业务指引》，对客户开通创业板市场交易管理、客户持续管理与服务、投资者教育与风险揭示和客户交易行为监督等作了明确规定，推动会员建立和完善适当性管理的长效机制。

（2）认真回顾总结创业板投资者适当性管理工作，按照第15次自律监管联席工作会议的要求，完成了《关于创业板市场投资者适当性管理实施工作的总结报告》。

（3）持续对投资者开通创业板市场交易的账户监控，推动会员不断完善柜台系统前端控制和业务管理，保障参与创业板市场交易的客户符合创业板投资者适当性管理的要求。

2. 全力做好融资融券业务试点的相关组织和监管工作，确保业务试点顺利启动、平稳运行

（1）在融资融券业务正式启动前，深交所根据市场发展情况适时完善融资融券各项业务制度，发布《关于启动融资融券交易试点相关事项的通知》等四项通知，并修订了《融资融券交易试点会员业务指南》，确保业务试点顺利启动。

（2）认真研究与充分论证，确定了业务试点初期标的证券名单和可充抵保证金证券范围，并持续跟踪研究标的证券范围扩大模式。

（3）建立健全融资融券所内业务制度与操作流程，制定了《融资融券交易部门职责分工与工作流程》，严格规范各部门业务操作、防范所内业务风险。

（4）积极加强所内外业务培训和指导，针对11家试点会员以及15家拟参与试点会员举办多场业务培训，指导会员做好相关准备。

（5）与中国结算深圳分公司联合，组织与指导三批共26家会员参加仿真测试、全网测试，跟踪、稽核测试结果，为会员开展融资融券试点业务提供技术系统安全运行保障。

（6）启动后定期全面总结试点情况，形成《关于融资融券交易初期运行情况及相关建议的报告》等报告，为下一步扩大试点、试点转常规打好基础。

（7）认真做好日常业务的统计与报告工作，定期、持续编制《融资融券业务工作简报》、《融资融券业务工作动态》。

（8）在证监会统一部署下，积极参与对11家试点会员的现场检查和方案评审。

（9）积极参与转融通方案的研究与讨论，形成分段式和直通式两套业务方案，上报证监会融资融券工作小组办公室参考。

3. 继续加强会员日常监管工作，密切关注会员风险状况

（1）针对市场情况，深交所从行业整体财务、各项业务发展等多方面着手，详细分析了2009年会员财务状况、业务收入等情况，起草《2009年度会员业务发展状况分析报告》。

（2）以深化会员创业板投资者适当性管理为抓手，继续推进会员巡检工作。结合创业板市场交易开通、投资者教育与风险揭示、客户交易行为管理等内容，组织所内相关部门对齐鲁证券、方正证券相关工作实施了专项检查。

（3）为提高会员技术系统故障反应能力，深交所于6月组织了会员技术系统故障应急演练，并完成2010年度会员技术故障报告应急演练。

4. 持续关注并积极推动会员制度、业务和产品创新

（1）持续关注会员的业务和产品创新。2010年下半年以来，深交所进一步加强与会员的沟通与交流，深入了解会员在业务创新方面的进展，完成《关于证券公司产品创新的基本情况及工作建议》。

（2）努力开展代办股份市场建设，组织对投资者适当性管理制度的研究和分析工作，讨论确定相关业务技术准备方案，进一步修订代办股份市场投资者适当性管理实施办法。

（3）参加证监会机构部组织的《证券公司做市商业务管理暂行规定》讨论会，对证券公司开展做市商业务的资格、范围和监督等问题进行研讨。

（4）参与证监会机构部组织的大宗股票回购制度、单客户多银行账户体系、现金管理产品等多项创新产品评审，提出完善和改进建议，推动证券公司产品创新。

（三）强化对证券交易的监管

1. 全力防范创业板启动初期的过度炒作，确保创业板市场平稳运行、健康发展

（1）全力防范创业板新股炒作风险，特别是新股上市首日过度炒作风险。创业板新股上市首日，突出重点，严防严控，实施综合干预和

警示措施,全力以赴遏制炒作。

(2)高度重视持续交易中的暴涨暴跌以及持续炒作,对后续交易进行从严监管。针对创业板股票的后续交易,集中力量实施了重点监控,特别是重点股票,及时警示市场风险,全力防范过度炒作。

(3)突出重点,强化监管,重点防范极端情况,对重点会员、重点营业部、重点账户、重点股票实施重点监控,高度关注,依法采取重点干预手段,有效遏制连续炒作。2010 年以来,向会员及营业部累计发出书面警示函 858 份,调阅资料 284 份。

2. 全力遏制和打击涉嫌内幕交易和市场操纵行为

(1)着力强化对市场传言和媒体广泛关注信息的收集和监控力度,及时对相关线索进行深入分析和调查,排查异常线索,将异常情况及时上报证监会。

(2)不断完善对股权转让、重大重组、高送转等重大事项专项核查机制。在重大事项停牌当日进行交易核查,对于发现的重大涉嫌内幕交易行为,做到当日发现、当日完成、当日上报。

(3)进一步强化所内股价异动与信息披露监管联动机制,加强市场监察部与公司监管、会员监管部门信息共享和监管合作,相互提醒,及时共享监管信息。

(4)重点打击和瓦解多点合谋操纵。对多点合谋操纵实施严密监控,强化分析、重点调查,摸清账户实际背景和关联关系,同时实施综合干预,加强持续监管力度,及时上报证监会查处。2010 年以来,深交所所内监管部门累计互发协助调查函和关注函 219 份,联合约见上市公司及大股东高管 3 次,联合约见会员或营业部负责人 9 次,向证监会上报《异动快报》45 份、《核查报告》47 份、专报 1 份。

3. 着力强化对题材概念股、新股上市首日的交易监控和风险控制,遏制过度炒作风险

(1)实施盘中重点监控。2010 年 7 月以来,题材概念股和新股炒作明显升温,对“成飞集成”、“壹桥苗业”、“佛山照明”等题材概念股、新股上市首日实施重点监控,对频繁参与炒作的重点账户和群体性炒作行为,采取电话警示、书面警示和限制交易警示、联合约见会员、现场走访等综合监管措施。

(2)进一步强化对阳光私募的监管。对部分存在异常交易行为的阳光私募的实际背景进行了摸底调查和梳理,对其实施严密监控,及时制止异常交易行为的发生。

(3)市场监察部门联合公司管理部门对相关题材概念股实施特别停牌等风险控制措施。在关键时点实施特别停牌,同时要求上市公司进行核查,及时刊登澄清公告。2010 年以来,累计向相关会员及营业部发出书面警示函 617 份,调阅账户资料 1,698 份,约见 6 家会员,走访了 25 家营业部。

4. 积极推动会员深化投资者适当性管理,强化投资者交易行为规范

(1)实施联合现场走访,积极推动会员深化投资者适当性管理。2010 年3 月下旬和4 月中旬,深交所市场监察部首次联合上交所市场监察部以及 6 个证监局机构监管部门,对 25 家重点监控营业部进行了现场走访,与 8 名投资者进行了面对面交流。

(2)突出强化会员对客户的分类管理机制,要求会员对重点账户、活跃中大户、中小散户采取针对性的风险警示和监管措施,有效遏制过度炒作。要求会员建立监控系统和应急措施,及时规范客户的异常交易行为。

(3)加强对重点会员营业部的培训和指导,2010 年深交所分别对多家会员营业部负责人进行了专题培训。

5. 切实做好融资融券、股指期货市场监察和跨市场监管的各项监察工作,加强对创新业务和创新产品的研究和准备

(1)扎实做好融资融券推出前后的市场监察工作。融资融券推出前,做好各项准备工作,确保融资融券业务的平稳推出。融资融券推出后,实施严密监控,促进融资融券业务平稳运行。

(2)不断完善跨市场联合监管机制,密切关注和分析市场。股指期货推出前,认真落实跨市场监管协议,不断完善跨市场数据交换的技术系统和跨市场监管协作机制。股指期货推出后,及时、高效进行跨市场信息共享和数据交换,有效利用盘中绿色通道,及时分析排查可能存在的跨市场操纵风险。并深入分析现货、期指两个市场活跃投资者的账户资料和交易特点。

(3)加强对港股 ETF、创新基金等创新业务和创新产品的研究和市场监察准备,不断完善创新产品、创新业务推出前后的风险评估、防范和控制机制。

6. 积极探索和创新监管联动机制,实现监管联动的新突破

(1)积极探索和创新一线监管联动机制,建立、完善与证监会稽查部门和地方派出机构的联合调查、联合现场检查和联合约见的联合执法机制。2010 年 3 月下旬和 4 月中旬,深交所市场监察部首次联合上交所市场监察部以及 6 个证监局机构监管部门,对 25 家重点监控营业部进行了现场走访,进一步强化了会员客户管理。

(2)进一步探索、完善跨市场、跨交易所监管协作机制。进一步深化与上交所的定期交流机制,共享监管信息,交流经验。建立了跨市场监管协作工作会议每月例会制度,召开了 6 次月度例会,及时沟通交流市场运行情况和监管形势。

(3)进一步强化深交所所内股价异动与信息披露监管联动机制,加强市场监察部门与公司监管、会员监管部门信息共享和监管合作,相互提醒,及时共享监管信息。2010 年以来,针对市场交易异动,所内监管部门累计互发协助调查函和关注函 219 份,联合约见上市公司及大股东高管 3 次,联合约见会员及营业部负责人 9 次,配合证监会稽查部门和地方派出机构提供涉嫌违规案件的统计资料 97 份。

## 三、积极推动《证券交易所管理办法》和深交所《章程》的修改,进一步完善纪律处分和限制交易执法机制,推动依法治所

(一)积极推动《证券交易所管理办法》和深交所《章程》的修改工作

1. 现行《证券交易所管理办法》为 2001 年颁布实施,已经不能满足新的市场形势需求与新《证券法》的规定。因此,深交所积极推动《证券交易所管理办法》的修改,为完善交易所内部治理结构奠定更加坚实的法律基础。

2010 年,深交所撰写了《证券交易所管理办法》修改建议并上报证监会。此外,根据证券期货规章清理要求,就《证券交易所管理办法》等规章提出清理意见,上报证监会。

2. 积极修订完善深交所章程,起草深交所章程修正稿及修改说明,并报证监会。

3. 着手对证券交易所职能定位进行研究,并完成《有关证券交易所职能定位特殊性的报告》,上报证监会。

(二)完善纪律处分程序和工作流程,健全查审分离的纪律处分机制,认真开展纪律处分委员会的有关工作,打击和遏制各种证券违法违规行为

1. 根据《深圳证券交易所纪律处分程序细则》,进一步完善了纪律处分的相关业务流程、处分标准和格式文本;并根据工作变动情况对纪律处分委员会部分委员进行了调整。

2. 2010 年,深交所组织召开纪律处分委员会审议会议 11 次,作出 52 份纪律处分决定,涉及 44 家上市公司及其有关人员。其中,主板公司 21 家,中小板公司 21 家,创业板公司 2 家;给予公开谴责处分的 5 家,给予通报批评处分的 39 家;给予公司保荐代表人通报批评纪律处分的 3 家,给予会计师事务所通报批评处分的 1 家,给予证券投资咨询公司通报批评处分的 2 家。

3. 建立与诚信建设的衔接机制,实现纪律处分与诚信建设的无缝对接。在纪律处分委员会作出每一个纪律处分决定后,同时在深交所上市公司诚信档案或者会员诚信档案中公布该处分决定。投资者可以按公司名称、证券代码、相关人员名字、处分类别、时间段等单独或组合查询方式快捷、方便地检索有关诚信信息,从而实现了纪律处分与诚信建设的无缝对接。2010 年,深交所诚信信息录入总数为 52 条。其中:公开谴责 8 条;通报批评 44 条。根据主体分类统计:法人或其他组织 43 条;自然人 221 条。根据发文部门分类:公司管理部 25 条;中小企业板公司管理部 25 条;创业板公司管理部 2 条。

(三)完善限制交易机制,认真开展限制交易的有关工作,打击和遏制各种异常交易行为

1. 为防范证券账户限制交易业务的法律风险,深交所完成了证券账户限制交易业务系统的开发、测试和上线等相关工作。

2. 2010 年深交所共对 33 个从事异常交易的投资者的证券账户采取了限制交易措施。其中有 1 个账户属于短线交易违规,有 32 个账户属于超比例买卖股票违规:共涉及 11 只中小板

股票、4 只主板股票和 1 只创业板股票。

**四、持续开展证券法制宣传和培训,大力推进投资者教育工作,强化投资者的法律意识、风险意识和市场参与主体的合规意识,切实保护投资者的合法权益**

2010 年,深交所按照证监会的统一部署,重点围绕多层次资本市场建设,围绕创业板市场的平稳运行及融资融券、防控内幕交易等重点工作,以风险教育和维稳为重点,多管齐下,务求实效,大力推进投资者教育工作,有效保护了投资者的合法权益。

(一)持续开展证券法制宣传和培训工作,弘扬法治意识和诚信文化

1. 对外发布《深交所 2009 年度自律监管报告》

近年来,深交所认真依法履行自律监管职能,每年定期发布《自律监管工作年度报告》等系列文件,主动用数据和事实说话,探索提高市场运行和一线监管工作的规范性和透明度,弘扬法治意识和诚信文化。

2010 年 6 月 24 日,深交所发布了《2009 年度自律监管工作报告》,得到了市场参与者和社会舆论的正面回应,其中,对各类违规行为的处分和对各种异常交易行为的限制交易的定量分析是各方关注的焦点,从一个侧面指明了交易所自律监管的重点与方向。

2. 和中国法学会证券法学研究会联合主办"多层次资本市场建设与投资者权益保护研讨会"

2010 年 5 月 7 日,来自全国人大法工委、最高人民法院、最高人民检察院、公安部、司法部、国务院法制办、有关地方高、中级人民法院、证监会相关部门及派出机构、证券业协会、结算公司、投资者保护基金公司、证券、期货交易所以及高等院校的专家学者共 160 余人参加了本次会议。与会嘉宾紧密围绕证券市场投资者保护司法救济机制、创业板直接退市中的投资者权益保护、证券市场创新业务中的投资者权益保护、多层次资本市场建设中的法律问题四个专题畅所欲言,进行了热烈、深入而富有成效的讨论。

3. 组织举办"12 · 4"全国法制宣传日普法宣传活动

2010 年 12 月 3 日上午,深交所组织所内相关部门、中国结算深圳分公司的业务专家及特邀资深证券律师通过信息公司"投资者在线交流平台"与广大网民进行了一次形式新颖、内容丰富的网上法律咨询与交流,在 2 个小时的交流时间内,共向投资者解答了上百个问题,内容涉及证券发行、上市、交易、登记和结算以及上市公司规范运作和公司治理等各个方面。这种网上交流形式的法律咨询已为越来越多的投资者所熟悉和接受,成为广大投资者了解法律、维护权益的一个有效载体。

4. 强化对市场参与主体的证券法制培训工作

2010 年,深交所新上市的公司数量不断增加,中小板和创业板新增上市公司 321 家,两个板块上市公司突破 650 家。对上市公司尤其是新上市公司及其控股股东、实际控制人、董事、监事、高管等市场参与主体相关规范和诚信教育迫在眉睫。

为此,深交所 2010 年强化上市公司规范运作培训,加大培训力度,举办了上市公司独立董事和财务总监培训班共计 11 期、上市公司规范运作培训班 10 期,内幕交易防控专题培训班 2 期、控股股东、实际控制人培训班 4 期,宣讲资本市场法规、规范及监管要求,弘扬法治意识和诚信文化,使上市公司及相关主体树立"尊重法律、尊重规则"的合规意识,为提高上市公司规范运作水平,提升上市公司质量发挥积极作用。

(二)多管齐下,务求实效,建立多层次、全方位的投资者教育体系,大力推进投资者教育工作

1. 采用动画片、电视专栏、广播专栏及报纸专栏等多种形式,深度开展防控内幕交易的市场宣传和投资者教育

针对 2010 年内幕交易案件发生较多的突出问题,深交所按照证监会统一部署和所里具体要求,全力配合开展防控内幕交易的市场宣传和投资者教育工作。

(1)制作动画宣传片《内幕交易警示录》4 集,《证券教室》3 期,在《交易日》及全国 80 多家电视台播出,并发布到新浪、和讯等门户网站及深交所网站。

(2)制作广播专栏 27 期,在中央人民广播电台华夏之声、中央人民广播电台经济之声、深

圳电台经济频率播出。

(3)组织专栏文章5篇，在三大证券报及数十家地方媒体广泛刊登。同时，制作宣传手册《拒绝侥幸心理远离内幕交易》共计2万册，免费发往各证券公司营业部、基金公司、系统内各单位及参加投资者开放日等活动的投资者。

2. 启动3·15"投资者服务周"活动，切实保护投资者合法权益

为深化投资者教育和保护工作，深交所启动了3·15"投资者服务周"活动。在"投资者服务周"期间，开展了"证券教室丛书"发布会、读者见面会、投资者教育展、投资者在线交流、投资者开放日、扩大广播专栏节目覆盖面、上市公司投资者关系互动平台宣传等系列活动，为投资者提供多种形式的服务的同时，集中展示和报道深交所投资者教育相关工作成果，引导市场各方关注和重视投资者教育和投资者权益保护工作。

其间，深交所领导及20多家新闻媒体参加了"证券教室丛书"发布会，300余名投资者参与了读者见面会，与投资者在线交流问题300余个，30名深圳大学学生参加投资者开放日活动，新增2家广播电台同时开播深交所投资者热线栏目，3·15"投资者服务周"系列活动取得了良好的社会效果。

3. 围绕融资融券等创新业务，全力做好相关投资者教育工作

为确保融资融券的顺利推出，深交所以规则解读和风险揭示为重点，充分发挥各种渠道的优势，全力开展宣传和投资者教育工作。

(1)先后在深交所网站及三大证券报"深交所投资者风险教育专栏"刊登融资融券专栏文章8篇；在深交所网站及证券时报"深交所投资者热线专栏"刊登融资融券热线专栏7期，涉及相关问题69个；同时在深交所官方网站首页及"投资者教育"子网页开设"融资融券业务问答"专栏。

(2)在《深交所证券教室》电视栏目播出共计60余期融资融券相关内容。每日一期，每天滚动播出3次；通过中央人民广播电台华夏之声、中央人民广播电台经济之声、深圳电台经济频率"深交所投资者热线"广播专栏，播出融资融券专辑63期。

(3)设计制作《深交所融资融券交易实施细则》宣传单，要求相关会员印制并发至每一位开立融资融券账户的客户手中。

全方位、多渠道的投资者教育工作，为深交所融资融券业务的顺利推出和平稳运行，奠定了良好基础。

4. 围绕市场平稳运行，及时做好市场风险提示工作

先后在三大证券报及深交所网站发表28篇投资者风险教育文章，其中多篇文章(如《全面理性看待高送转现象，规避题材股风险》、《投资者应理性面对新股发行的"两高"现象》等)均及时向投资者提示市场风险，倡导理性投资，以促进中小板、创业板市场平稳运行。同时，针对创业板破发、高换手率等现象，也起草了相应的投资者风险教育专栏文章备用。

5. 创新投资者教育方式，大力开展"投资者开放日"活动，树立投资者教育新品牌

2010年，深交所共举办"投资者开放日"活动20期，其中面向深圳大学学生1期，面向证券公司营业部客户19期，共接待学生及投资者约500人。通过邀请投资者前来深交所体验模拟交易系统，观看投资者教育相关宣传片，了解深交所投资者服务产品和内容，并与深交所工作人员面对面沟通和交流，创新投资者教育方式，树立了"投资者开放日"这一深交所投资者教育的"新品牌"。

6. 扩大"投资者服务热线"服务面，防范和化解市场风险

(1)强化"投资者服务热线"服务，防范和化解市场风险。2010年深交所"投资者服务热线"共接听处理热线电话10,148个，投资者服务信箱共接收处理邮件705封，短信787条，一般信件37封(其中证监会信访办转办信件5封)，共计11,677件。完成投资者服务热线和信箱工作日报242期，周报48期，并完成工作简报《完善综合服务平台，深化投资者教育与权益保护》。妥善处理了ST张铜退市重组、佛山照明异动停牌、深发展重组等投资者关注的热点问题，有效防范和化解了可能出现的市场风险。

(2)在证券时报刊登"深交所投资者服务热线专栏"39期，计350个问题，逾5万字。

(3)扩大"深交所投资者热线"广播专栏覆盖面。新设中央人民广播电台经济之声、深圳生活频率"深交所投资者热线"广播专栏，使"深交所投资者热线"覆盖面从珠三角地区扩

展至全国绝大部分地区。全年,共播出系列电视节目248期,通过《交易日》覆盖全国80多家电视台;播出广播节目660期;《内幕交易警示录》等视频在新浪、和讯等财经门户网站刊出。

7. 全方位加强投资者服务工作,提升综合服务能力和效率

(1)强化对深交所网站投资者教育内容的即时更新。其中"服务热线"栏目每周更新,"理财文摘"栏目更新113篇文章,约12万字。

(2)印制投资者教育宣传材料。完成《深交所2009年度个人投资者状况调查报告》印制并发送证监会系统内相关单位;完成《深交所投资者教育文章汇编(2010年)》印制并发送相关监管部门及会员单位;完成《证券教室》(2009年度)光盘制作。

(3)高度重视投诉举报工作,及时化解风险。2010年全年处理投资者各类投诉1,183件,接待投资者来访18批次,有效地防范和化解了市场风险。

(4)建立投资者风险教育专栏文章核心作者群。在创业板投资者教育核心作者群的基础上,建立投资者风险教育专栏文章核心作者群,并组织相关核心作者,围绕融资融券、高发行价高市盈率现象等起草了多篇投资者风险教育文章,收到良好效果。目前核心作者约20人,其中所外作者近10人。

**五、加强对资本市场重大法律问题对策性研究,积极参与证券立法工作**

(一)加强对资本市场重大疑难法律问题的对策研究

针对证券监管和业务创新工作中出现的创业板上市公司直接退市制度、短线交易、合伙企业开户相关监管问题、短线操纵、基金从业人员买卖证券、证券行政执法(处罚)机制、独立董事制度、上市公司破产、证券监管和解制度、A+H股监管协调、董事、监事、高管买卖股份、内幕交易、市场操纵认定标准、发行人控股股东转售证券行为的信息披露要求等疑难问题进行了深入和前瞻性的研究,撰写了相关研究报告,提出了解决对策和建议,为证券市场监管和业务创新提供了法律路径和法律支持。

(二)积极参与相关立法工作

在证监会法律部的组织和指导下,积极配合参与证券市场相关立法工作,充分发挥一线监管的优势,为资本市场法制发展建言献策。

2010年里,深交所积极参与了《证券投资基金法》、《商标法》、《现金管理条例》、《大气污染防治法》、《证监会定密工作管理规定(暂行)》(征求意见稿)、《关于〈依法行政实施纲要〉及其〈评价指标体系〉的反馈意见》、央行与证监会公告拟废止规范性文件目录、内幕交易刑事案件司法解释、《涉外民事关系法律适用法》、《进一步规范人民法院委托评估、拍卖工作若干规定(征求意见稿)》、《最高人民法院关于执行权配置若干意见(征求意见稿)》、证券侵权民事责任司法解释、《证券投资者保护基金十二五规划》、《交收违约结算参与机构停止交易试行办法》等法律、法规、司法解释、规章和规范性文件的起草、修订和释义等工作。

## (二)2010年作出的核准上市决定目录

| 序号 | 发文日期 | 文　号 | 文件标题 |
|---|---|---|---|
| 1 | 2010-1-4 | 深证上〔2010〕2号 | 关于广西皇氏甲天下乳业股份有限公司人民币普通股股票上市的通知 |
| 2 | 2010-1-4 | 深证上〔2010〕3号 | 关于山东得利斯食品股份有限公司人民币普通股股票上市的通知 |
| 3 | 2010-1-4 | 深证上〔2010〕4号 | 关于安徽皖通科技股份有限公司人民币普通股股票上市的通知 |

续表

| 序号 | 发文日期 | 文 号 | 文件标题 |
| --- | --- | --- | --- |
| 4 | 2010-1-6 | 深证上〔2010〕7号 | 关于深圳新宙邦科技股份有限公司人民币普通股股票在创业板上市的通知 |
| 5 | 2010-1-6 | 深证上〔2010〕8号 | 关于北京梅泰诺通信技术股份有限公司人民币普通股股票在创业板上市的通知 |
| 6 | 2010-1-6 | 深证上〔2010〕9号 | 关于上海凯宝药业股份有限公司人民币普通股股票在创业板上市的通知 |
| 7 | 2010-1-6 | 深证上〔2010〕10号 | 关于哈尔滨九洲电气股份有限公司人民币普通股股票在创业板上市的通知 |
| 8 | 2010-1-6 | 深证上〔2010〕11号 | 关于湖北回天胶业股份有限公司人民币普通股股票在创业板上市的通知 |
| 9 | 2010-1-6 | 深证上〔2010〕12号 | 关于深圳市朗科科技股份有限公司人民币普通股股票在创业板上市的通知 |
| 10 | 2010-1-8 | 深证上〔2010〕13号 | 关于浙江仙琚制药股份有限公司人民币普通股股票上市的通知 |
| 11 | 2010-1-8 | 深证上〔2010〕14号 | 关于苏州罗普斯金铝业股份有限公司人民币普通股股票上市的通知 |
| 12 | 2010-1-11 | 深证上〔2010〕15号 | 关于深圳市英威腾电气股份有限公司人民币普通股股票上市的通知 |
| 13 | 2010-1-11 | 深证上〔2010〕16号 | 关于厦门科华恒盛股份有限公司人民币普通股股票上市的通知 |
| 14 | 2010-1-11 | 深证上〔2010〕17号 | 关于人人乐连锁商业集团股份有限公司人民币普通股股票上市的通知 |
| 15 | 2010-1-13 | 深证上〔2010〕18号 | 关于天津赛象科技股份有限公司人民币普通股股票上市的通知 |
| 16 | 2010-1-13 | 深证上〔2010〕19号 | 关于长春奥普光电技术股份有限公司人民币普通股股票上市的通知 |
| 17 | 2010-1-18 | 深证上〔2010〕20号 | 关于广东星辉车模股份有限公司人民币普通股股票在创业板上市的通知 |
| 18 | 2010-1-18 | 深证上〔2010〕21号 | 关于深圳市赛为智能股份有限公司人民币普通股股票在创业板上市的通知 |
| 19 | 2010-1-18 | 深证上〔2010〕22号 | 关于北京华力创通科技股份有限公司人民币普通股股票在创业板上市的通知 |
| 20 | 2010-1-18 | 深证上〔2010〕23号 | 关于湖北台基半导体股份有限公司人民币普通股股票在创业板上市的通知 |
| 21 | 2010-1-18 | 深证上〔2010〕24号 | 关于深圳天源迪科信息技术股份有限公司人民币普通股股票在创业板上市的通知 |

续表

| 序号 | 发文日期 | 文　　号 | 文件标题 |
|---|---|---|---|
| 22 | 2010－1－18 | 深证上〔2010〕25 号 | 关于北京合康亿盛变频科技股份有限公司人民币普通股股票在创业板上市的通知 |
| 23 | 2010－1－18 | 深证上〔2010〕26 号 | 关于内蒙古福瑞中蒙药科技股份有限公司人民币普通股股票在创业板上市的通知 |
| 24 | 2010－1－18 | 深证上〔2010〕27 号 | 关于珠海世纪鼎利通信科技股份有限公司人民币普通股股票在创业板上市的通知 |
| 25 | 2010－1－20 | 深证上〔2010〕28 号 | 关于积成电子股份有限公司人民币普通股股票上市的通知 |
| 26 | 2010－1－20 | 深证上〔2010〕29 号 | 关于深圳市格林美高新技术股份有限公司人民币普通股股票上市的通知 |
| 27 | 2010－1－20 | 深证上〔2010〕30 号 | 关于深圳市新纶科技股份有限公司人民币普通股股票上市的通知 |
| 28 | 2010－1－22 | 深证上〔2010〕32 号 | 关于巨力索具股份有限公司人民币普通股股票上市的通知 |
| 29 | 2010－1－22 | 深证上〔2010〕33 号 | 关于浙江禾欣实业集团股份有限公司人民币普通股股票上市的通知 |
| 30 | 2010－1－22 | 深证上〔2010〕34 号 | 关于海宁中国皮革城股份有限公司人民币普通股股票上市的通知 |
| 31 | 2010－1－26 | 深证上〔2010〕35 号 | 关于广东潮宏基实业股份有限公司人民币普通股股票上市的通知 |
| 32 | 2010－1－26 | 深证上〔2010〕36 号 | 关于上海柘中建设股份有限公司人民币普通股股票上市的通知 |
| 33 | 2010－1－26 | 深证上〔2010〕37 号 | 关于安徽泰尔重工股份有限公司人民币普通股股票上市的通知 |
| 34 | 2010－2－1 | 深证上〔2010〕40 号 | 关于广东高乐玩具股份有限公司人民币普通股股票上市的通知 |
| 35 | 2010－2－1 | 深证上〔2010〕41 号 | 关于南通精华制药股份有限公司人民币普通股股票上市的通知 |
| 36 | 2010－2－1 | 深证上〔2010〕42 号 | 关于北京科锐配电自动化股份有限公司人民币普通股股票上市的通知 |
| 37 | 2010－2－3 | 深证上〔2010〕43 号 | 关于深圳市漫步者科技股份有限公司人民币普通股股票上市的通知 |
| 38 | 2010－2－3 | 深证上〔2010〕44 号 | 关于马鞍山鼎泰稀土新材料股份有限公司人民币普通股股票上市的通知 |
| 39 | 2010－2－3 | 深证上〔2010〕45 号 | 关于烟台杰瑞石油服务集团股份有限公司人民币普通股股票上市的通知 |

续表

| 序号 | 发文日期 | 文　号 | 文件标题 |
| --- | --- | --- | --- |
| 40 | 2010－2－5 | 深证上〔2010〕47 号 | 关于大连科冕木业股份有限公司人民币普通股股票上市的通知 |
| 41 | 2010－2－5 | 深证上〔2010〕48 号 | 关于山东兴民钢圈股份有限公司人民币普通股股票上市的通知 |
| 42 | 2010－2－5 | 深证上〔2010〕49 号 | 关于深圳浩宁达仪表股份有限公司人民币普通股股票上市的通知 |
| 43 | 2010－2－8 | 深证上〔2010〕50 号 | 关于四川富临运业集团股份有限公司人民币普通股股票上市的通知 |
| 44 | 2010－2－8 | 深证上〔2010〕51 号 | 关于河南森源电气股份有限公司人民币普通股股票上市的通知 |
| 45 | 2010－2－8 | 深证上〔2010〕52 号 | 关于山东齐星铁塔科技股份有限公司人民币普通股股票上市的通知 |
| 46 | 2010－2－9 | 深证上〔2010〕53 号 | 关于厦门三五互联科技股份有限公司人民币普通股股票在创业板上市的通知 |
| 47 | 2010－2－9 | 深证上〔2010〕54 号 | 关于深圳市中青宝网网络科技股份有限公司人民币普通股股票在创业板上市的通知 |
| 48 | 2010－2－9 | 深证上〔2010〕55 号 | 关于珠海欧比特控制工程股份有限公司人民币普通股股票在创业板上市的通知 |
| 49 | 2010－2－9 | 深证上〔2010〕56 号 | 关于湖北鼎龙化学股份有限公司人民币普通股股票在创业板上市的通知 |
| 50 | 2010－2－24 | 深证上〔2010〕61 号 | 关于北京万邦达环保技术股份有限公司人民币普通股股票在创业板上市的通知 |
| 51 | 2010－2－24 | 深证上〔2010〕62 号 | 关于厦门三维丝环保股份有限公司人民币普通股股票在创业板上市的通知 |
| 52 | 2010－2－24 | 深证上〔2010〕63 号 | 关于汕头万顺包装材料股份有限公司人民币普通股股票在创业板上市的通知 |
| 53 | 2010－2－24 | 深证上〔2010〕64 号 | 关于北京蓝色光标品牌管理顾问股份有限公司人民币普通股股票在创业板上市的通知 |
| 54 | 2010－2－26 | 深证上〔2010〕68 号 | 关于山西同德化工股份有限公司人民币普通股股票上市的通知 |
| 55 | 2010－2－26 | 深证上〔2010〕69 号 | 关于安徽神剑新材料股份有限公司人民币普通股股票上市的通知 |
| 56 | 2010－2－26 | 深证上〔2010〕70 号 | 关于汉王科技股份有限公司人民币普通股股票上市的通知 |
| 57 | 2010－3－3 | 深证上〔2010〕74 号 | 关于山东隆基机械股份有限公司人民币普通股股票上市的通知 |

续表

| 序号 | 发文日期 | 文　　号 | 文件标题 |
| --- | --- | --- | --- |
| 58 | 2010－3－3 | 深证上〔2010〕75 号 | 关于杭州中恒电气股份有限公司人民币普通股股票上市的通知 |
| 59 | 2010－3－3 | 深证上〔2010〕76 号 | 关于潜江永安药业股份有限公司人民币普通股股票上市的通知 |
| 60 | 2010－3－10 | 深证上〔2010〕79 号 | 关于四川丹甫制冷压缩机股份有限公司人民币普通股股票上市的通知 |
| 61 | 2010－3－10 | 深证上〔2010〕80 号 | 关于康力电梯股份有限公司人民币普通股股票上市的通知 |
| 62 | 2010－3－10 | 深证上〔2010〕81 号 | 关于太极计算机股份有限公司人民币普通股股票上市的通知 |
| 63 | 2010－3－12 | 深证上〔2010〕82 号 | 关于深圳市卓翼科技股份有限公司人民币普通股股票上市的通知 |
| 64 | 2010－3－12 | 深证上〔2010〕83 号 | 关于浙江亚太药业股份有限公司人民币普通股股票上市的通知 |
| 65 | 2010－3－12 | 深证上〔2010〕84 号 | 关于北京七星华创电子股份有限公司人民币普通股股票上市的通知 |
| 66 | 2010－3－16 | 深证上〔2010〕86 号 | 关于浙江伟星新型建材股份有限公司人民币普通股股票上市的通知 |
| 67 | 2010－3－16 | 深证上〔2010〕87 号 | 关于北京联信永益科技股份有限公司人民币普通股股票上市的通知 |
| 68 | 2010－3－16 | 深证上〔2010〕88 号 | 关于山东丽鹏股份有限公司人民币普通股股票上市的通知 |
| 69 | 2010－3－17 | 深证上〔2010〕89 号 | 关于东方财富信息股份有限公司人民币普通股股票在创业板上市的通知 |
| 70 | 2010－3－17 | 深证上〔2010〕90 号 | 关于上海康耐特光学股份有限公司人民币普通股股票在创业板上市的通知 |
| 71 | 2010－3－17 | 深证上〔2010〕91 号 | 关于福建中能电气股份有限公司人民币普通股股票在创业板上市的通知 |
| 72 | 2010－3－19 | 深证上〔2010〕92 号 | 关于浙江亚厦装饰股份有限公司人民币普通股股票上市的通知 |
| 73 | 2010－3－19 | 深证上〔2010〕93 号 | 关于山东新北洋信息技术股份有限公司人民币普通股股票上市的通知 |
| 74 | 2010－3－19 | 深证上〔2010〕94 号 | 关于湖北国创高新材料股份有限公司人民币普通股股票上市的通知 |
| 75 | 2010－3－24 | 深证上〔2010〕97 号 | 关于郑州华晶金刚石股份有限公司人民币普通股股票在创业板上市的通知 |

续表

| 序号 | 发文日期 | 文　　号 | 文件标题 |
| --- | --- | --- | --- |
| 76 | 2010－3－24 | 深证上〔2010〕98 号 | 关于北京海兰信数据科技股份有限公司人民币普通股股票在创业板上市的通知 |
| 77 | 2010－3－24 | 深证上〔2010〕99 号 | 关于江西三川水表股份有限公司人民币普通股股票在创业板上市的通知 |
| 78 | 2010－3－24 | 深证上〔2010〕96 号 | 关于广东天龙油墨集团股份有限公司人民币普通股股票在创业板上市的通知 |
| 79 | 2010－3－29 | 深证上〔2010〕100 号 | 关于崇义章源钨业股份有限公司人民币普通股股票上市的通知 |
| 80 | 2010－3－29 | 深证上〔2010〕101 号 | 关于山东鲁丰铝箔股份有限公司人民币普通股股票上市的通知 |
| 81 | 2010－3－29 | 深证上〔2010〕102 号 | 关于南京科远自动化集团股份有限公司人民币普通股股票上市的通知 |
| 82 | 2010－3－31 | 深证上〔2010〕106 号 | 关于浙江双箭橡胶股份有限公司人民币普通股股票上市的通知 |
| 83 | 2010－3－31 | 深证上〔2010〕107 号 | 关于山东蓝帆塑胶股份有限公司人民币普通股股票上市的通知 |
| 84 | 2010－3－31 | 深证上〔2010〕108 号 | 关于北京合众思壮科技股份有限公司人民币普通股股票上市的通知 |
| 85 | 2010－4－7 | 深证上〔2010〕109 号 | 关于苏州东山精密制造股份有限公司人民币普通股股票上市的通知 |
| 86 | 2010－4－7 | 深证上〔2010〕110 号 | 关于北京大北农科技集团股份有限公司人民币普通股股票上市的通知 |
| 87 | 2010－4－7 | 深证上〔2010〕111 号 | 关于宜宾天原集团股份有限公司人民币普通股股票上市的通知 |
| 88 | 2010－4－9 | 深证上〔2010〕113 号 | 关于黑牛食品股份有限公司人民币普通股股票上市的通知 |
| 89 | 2010－4－9 | 深证上〔2010〕114 号 | 关于深圳市新亚电子制程股份有限公司人民币普通股股票上市的通知 |
| 90 | 2010－4－9 | 深证上〔2010〕115 号 | 关于浙江南洋科技股份有限公司人民币普通股股票上市的通知 |
| 91 | 2010－4－14 | 深证上〔2010〕117 号 | 关于贵州信邦制药股份有限公司人民币普通股股票上市的通知 |
| 92 | 2010－4－14 | 深证上〔2010〕118 号 | 关于江苏长青农化股份有限公司人民币普通股股票上市的通知 |
| 93 | 2010－4－19 | 深证上〔2010〕120 号 | 关于上海安诺其纺织化工股份有限公司人民币普通股股票在创业板上市的通知 |

续表

| 序号 | 发文日期 | 文 号 | 文件标题 |
|---|---|---|---|
| 94 | 2010-4-19 | 深证上〔2010〕121号 | 关于浙江南都电源动力股份有限公司人民币普通股股票在创业板上市的通知 |
| 95 | 2010-4-19 | 深证上〔2010〕122号 | 关于浙江金利华电气股份有限公司人民币普通股股票在创业板上市的通知 |
| 96 | 2010-4-19 | 深证上〔2010〕123号 | 关于北京碧水源科技股份有限公司人民币普通股股票在创业板上市的通知 |
| 97 | 2010-4-19 | 深证上〔2010〕124号 | 关于北京华谊嘉信整合营销顾问股份有限公司人民币普通股股票在创业板上市的通知 |
| 98 | 2010-4-21 | 深证上〔2010〕126号 | 关于北京利尔高温材料股份有限公司人民币普通股股票上市的通知 |
| 99 | 2010-4-21 | 深证上〔2010〕127号 | 关于天津力生制药股份有限公司人民币普通股股票上市的通知 |
| 100 | 2010-4-21 | 深证上〔2010〕128号 | 关于江苏联发纺织股份有限公司人民币普通股股票上市的通知 |
| 101 | 2010-4-23 | 深证上〔2010〕130号 | 关于北京三聚环保新材料股份有限公司人民币普通股股票在创业板上市的通知 |
| 102 | 2010-4-23 | 深证上〔2010〕131号 | 关于北京当升材料科技股份有限公司人民币普通股股票在创业板上市的通知 |
| 103 | 2010-4-23 | 深证上〔2010〕132号 | 关于上海华平信息技术股份有限公司人民币普通股股票在创业板上市的通知 |
| 104 | 2010-4-23 | 深证上〔2010〕133号 | 关于北京数字政通科技股份有限公司人民币普通股股票在创业板上市的通知 |
| 105 | 2010-4-27 | 深证上〔2010〕134号 | 关于无锡双象超纤材料股份有限公司人民币普通股股票上市的通知 |
| 106 | 2010-4-27 | 深证上〔2010〕135号 | 关于湖南梦洁家纺股份有限公司人民币普通股股票上市的通知 |
| 107 | 2010-4-28 | 深证上〔2010〕136号 | 关于宁波GQY视讯股份有限公司人民币普通股股票在创业板上市的通知 |
| 108 | 2010-4-28 | 深证上〔2010〕137号 | 关于国民技术股份有限公司人民币普通股股票在创业板上市的通知 |
| 109 | 2010-4-28 | 深证上〔2010〕138号 | 关于杭州中瑞思创科技股份有限公司人民币普通股股票在创业板上市的通知 |
| 110 | 2010-4-28 | 深证上〔2010〕139号 | 关于北京数码视讯科技股份有限公司人民币普通股股票在创业板上市的通知 |
| 111 | 2010-5-4 | 深证上〔2010〕143号 | 关于厦门市建筑科学研究院集团股份有限公司人民币普通股股票上市的通知 |

续表

| 序号 | 发文日期 | 文　　号 | 文件标题 |
|---|---|---|---|
| 112 | 2010－5－4 | 深证上〔2010〕144 号 | 关于深圳市海普瑞药业股份有限公司人民币普通股股票上市的通知 |
| 113 | 2010－5－4 | 深证上〔2010〕145 号 | 关于广东省广告股份有限公司人民币普通股股票上市的通知 |
| 114 | 2010－5－4 | 深证上〔2010〕146 号 | 关于上海交技发展股份有限公司人民币普通股股票上市的通知 |
| 115 | 2010－5－7 | 深证上〔2010〕148 号 | 关于深圳和而泰智能控制股份有限公司人民币普通股股票上市的通知 |
| 116 | 2010－5－7 | 深证上〔2010〕149 号 | 关于浙江爱仕达电器股份有限公司人民币普通股股票上市的通知 |
| 117 | 2010－5－7 | 深证上〔2010〕150 号 | 关于浙江嘉欣丝绸股份有限公司人民币普通股股票上市的通知 |
| 118 | 2010－5－14 | 深证上〔2010〕151 号 | 关于北京四维图新科技股份有限公司人民币普通股股票上市的通知 |
| 119 | 2010－5－14 | 深证上〔2010〕152 号 | 关于许昌远东传动轴股份有限公司人民币普通股股票上市的通知 |
| 120 | 2010－5－14 | 深证上〔2010〕153 号 | 关于多氟多化工股份有限公司人民币普通股股票上市的通知 |
| 121 | 2010－5－14 | 深证上〔2010〕154 号 | 关于淄博齐翔腾达化工股份有限公司人民币普通股股票上市的通知 |
| 122 | 2010－5－18 | 深证上〔2010〕156 号 | 关于河北恒信移动商务股份有限公司人民币普通股股票在创业板上市的通知 |
| 123 | 2010－5－18 | 深证上〔2010〕157 号 | 关于辽宁奥克化学股份有限公司人民币普通股股票在创业板上市的通知 |
| 124 | 2010－5－18 | 深证上〔2010〕158 号 | 关于东莞劲胜精密组件股份有限公司人民币普通股股票在创业板上市的通知 |
| 125 | 2010－5－18 | 深证上〔2010〕159 号 | 关于兰州海默科技股份有限公司人民币普通股股票在创业板上市的通知 |
| 126 | 2010－5－21 | 深证上〔2010〕161 号 | 关于江苏雅克科技股份有限公司人民币普通股股票上市的通知 |
| 127 | 2010－5－21 | 深证上〔2010〕162 号 | 关于广联达软件股份有限公司人民币普通股股票上市的通知 |
| 128 | 2010－5－21 | 深证上〔2010〕163 号 | 关于江苏九九久科技股份有限公司人民币普通股股票上市的通知 |
| 129 | 2010－5－21 | 深证上〔2010〕164 号 | 关于湖南汉森制药股份有限公司人民币普通股股票上市的通知 |

续表

| 序号 | 发文日期 | 文　号 | 文件标题 |
| --- | --- | --- | --- |
| 130 | 2010－5－24 | 深证上〔2010〕165 号 | 关于深圳市银之杰科技股份有限公司人民币普通股股票在创业板上市的通知 |
| 131 | 2010－5－24 | 深证上〔2010〕166 号 | 关于海南康芝药业股份有限公司人民币普通股股票在创业板上市的通知 |
| 132 | 2010－5－24 | 深证上〔2010〕167 号 | 关于安徽荃银高科种业股份有限公司人民币普通股股票在创业板上市的通知 |
| 133 | 2010－5－24 | 深证上〔2010〕168 号 | 关于芜湖长信科技股份有限公司人民币普通股股票在创业板上市的通知 |
| 134 | 2010－5－26 | 深证上〔2010〕170 号 | 关于江苏常发制冷股份有限公司人民币普通股股票上市的通知 |
| 135 | 2010－5－26 | 深证上〔2010〕171 号 | 关于杭州海康威视数字技术股份有限公司人民币普通股股票上市的通知 |
| 136 | 2010－5－26 | 深证上〔2010〕172 号 | 关于深圳市爱施德股份有限公司人民币普通股股票上市的通知 |
| 137 | 2010－5－28 | 深证上〔2010〕173 号 | 关于福建三元达通讯股份有限公司人民币普通股股票上市的通知 |
| 138 | 2010－5－28 | 深证上〔2010〕174 号 | 关于浙江康盛股份有限公司人民币普通股股票上市的通知 |
| 139 | 2010－5－28 | 深证上〔2010〕175 号 | 关于天虹商场股份有限公司人民币普通股股票上市的通知 |
| 140 | 2010－5－28 | 深证上〔2010〕176 号 | 关于广州毅昌科技股份有限公司人民币普通股股票上市的通知 |
| 141 | 2010－6－1 | 深证上〔2010〕177 号 | 关于深圳达实智能股份有限公司人民币普通股股票上市的通知 |
| 142 | 2010－6－1 | 深证上〔2010〕178 号 | 关于四川科伦药业股份有限公司人民币普通股股票上市的通知 |
| 143 | 2010－6－1 | 深证上〔2010〕179 号 | 关于中原特钢股份有限公司人民币普通股股票上市的通知 |
| 144 | 2010－6－1 | 深证上〔2010〕180 号 | 关于贵州百灵企业集团制药股份有限公司人民币普通股股票上市的通知 |
| 145 | 2010－6－4 | 深证上〔2010〕183 号 | 关于凯撒(中国)股份有限公司人民币普通股股票上市的通知 |
| 146 | 2010－6－4 | 深证上〔2010〕184 号 | 关于苏州胜利精密制造科技股份有限公司人民币普通股股票上市的通知 |
| 147 | 2010－6－4 | 深证上〔2010〕185 号 | 关于浙江尤夫高新纤维股份有限公司人民币普通股股票上市的通知 |

续表

| 序号 | 发文日期 | 文　号 | 文件标题 |
| --- | --- | --- | --- |
| 148 | 2010-6-4 | 深证上〔2010〕186号 | 关于云南临沧鑫圆锗业股份有限公司人民币普通股股票上市的通知 |
| 149 | 2010-6-8 | 深证上〔2010〕189号 | 关于深圳市兆驰股份有限公司人民币普通股股票上市的通知 |
| 150 | 2010-6-8 | 深证上〔2010〕190号 | 关于杭州杭氧股份有限公司人民币普通股股票上市的通知 |
| 151 | 2010-6-8 | 深证上〔2010〕191号 | 关于广东棕榈园林股份有限公司人民币普通股股票上市的通知 |
| 152 | 2010-6-8 | 深证上〔2010〕192号 | 关于天津九安医疗电子股份有限公司人民币普通股股票上市的通知 |
| 153 | 2010-6-11 | 深证上〔2010〕194号 | 关于广东皮宝制药股份有限公司人民币普通股股票上市的通知 |
| 154 | 2010-6-11 | 深证上〔2010〕195号 | 关于浙江万里扬变速器股份有限公司人民币普通股股票上市的通知 |
| 155 | 2010-6-11 | 深证上〔2010〕196号 | 关于长江润发机械股份有限公司人民币普通股股票上市的通知 |
| 156 | 2010-6-11 | 深证上〔2010〕197号 | 关于深圳市兴森快捷电路科技股份有限公司人民币普通股股票上市的通知 |
| 157 | 2010-6-21 | 深证上〔2010〕198号 | 关于福建星网锐捷通讯股份有限公司人民币普通股股票上市的通知 |
| 158 | 2010-6-21 | 深证上〔2010〕199号 | 关于哈尔滨誉衡药业股份有限公司人民币普通股股票上市的通知 |
| 159 | 2010-6-21 | 深证上〔2010〕200号 | 关于江苏神通阀门股份有限公司人民币普通股股票上市的通知 |
| 160 | 2010-6-21 | 深证上〔2010〕201号 | 关于北京启明星辰信息技术股份有限公司人民币普通股股票上市的通知 |
| 161 | 2010-6-23 | 深证上〔2010〕202号 | 关于河南新大新材料股份有限公司人民币普通股股票在创业板上市的通知 |
| 162 | 2010-6-23 | 深证上〔2010〕203号 | 关于广东长城集团股份有限公司人民币普通股股票在创业板上市的通知 |
| 163 | 2010-6-23 | 深证上〔2010〕204号 | 关于安徽盛运机械股份有限公司人民币普通股股票在创业板上市的通知 |
| 164 | 2010-6-23 | 深证上〔2010〕205号 | 关于江苏金通灵风机股份有限公司人民币普通股股票在创业板上市的通知 |
| 165 | 2010-7-2 | 深证上〔2010〕214号 | 关于浙江闰土股份有限公司人民币普通股股票上市的通知 |

续表

| 序号 | 发文日期 | 文　号 | 文件标题 |
|---|---|---|---|
| 166 | 2010－7－2 | 深证上〔2010〕215 号 | 关于众业达电气股份有限公司人民币普通股股票上市的通知 |
| 167 | 2010－7－2 | 深证上〔2010〕216 号 | 关于龙星化工股份有限公司人民币普通股股票上市的通知 |
| 168 | 2010－7－2 | 深证上〔2010〕217 号 | 关于浙江金洲管道科技股份有限公司人民币普通股股票上市的通知 |
| 169 | 2010－7－6 | 深证上〔2010〕219 号 | 关于四川科新机电股份有限公司人民币普通股股票在创业板上市的通知 |
| 170 | 2010－7－6 | 深证上〔2010〕220 号 | 关于广东金刚玻璃科技股份有限公司人民币普通股股票在创业板上市的通知 |
| 171 | 2010－7－6 | 深证上〔2010〕221 号 | 关于湛江国联水产开发股份有限公司人民币普通股股票在创业板上市的通知 |
| 172 | 2010－7－9 | 深证上〔2010〕222 号 | 关于杭州巨星科技股份有限公司人民币普通股股票上市的通知 |
| 173 | 2010－7－9 | 深证上〔2010〕223 号 | 关于江阴中南重工股份有限公司人民币普通股股票上市的通知 |
| 174 | 2010－7－9 | 深证上〔2010〕224 号 | 关于广东盛路通信科技股份有限公司人民币普通股股票上市的通知 |
| 175 | 2010－7－9 | 深证上〔2010〕225 号 | 关于大连壹桥海洋苗业股份有限公司人民币普通股股票上市的通知 |
| 176 | 2010－7－14 | 深证上〔2010〕227 号 | 关于武汉高德红外股份有限公司人民币普通股股票上市的通知 |
| 177 | 2010－7－14 | 深证上〔2010〕228 号 | 关于河南省中原内配股份有限公司人民币普通股股票上市的通知 |
| 178 | 2010－7－14 | 深证上〔2010〕229 号 | 关于佛山市国星光电股份有限公司人民币普通股股票上市的通知 |
| 179 | 2010－7－14 | 深证上〔2010〕230 号 | 关于北京康得新复合材料股份有限公司人民币普通股股票上市的通知 |
| 180 | 2010－7－16 | 深证上〔2010〕231 号 | 关于上海摩恩电气股份有限公司人民币普通股股票上市的通知 |
| 181 | 2010－7－16 | 深证上〔2010〕232 号 | 关于湖南长高高压开关集团股份公司人民币普通股股票上市的通知 |
| 182 | 2010－7－16 | 深证上〔2010〕233 号 | 关于苏州天马精细化学品股份有限公司人民币普通股股票上市的通知 |
| 183 | 2010－7－16 | 深证上〔2010〕234 号 | 关于上海加冷松芝汽车空调股份有限公司人民币普通股股票上市的通知 |

续表

| 序号 | 发文日期 | 文　号 | 文件标题 |
| --- | --- | --- | --- |
| 184 | 2010－7－26 | 深证上〔2010〕237 号 | 关于江西华伍制动器股份有限公司人民币普通股股票在创业板上市的通知 |
| 185 | 2010－7－26 | 深证上〔2010〕238 号 | 关于易联众信息技术股份有限公司人民币普通股股票在创业板上市的通知 |
| 186 | 2010－7－26 | 深证上〔2010〕239 号 | 关于大连智云自动化装备股份有限公司人民币普通股股票在创业板上市的通知 |
| 187 | 2010－7－26 | 深证上〔2010〕240 号 | 关于广东高新兴通信股份有限公司人民币普通股股票在创业板上市的通知 |
| 188 | 2010－7－30 | 深证上〔2010〕244 号 | 关于无锡百川化工股份有限公司人民币普通股股票上市的通知 |
| 189 | 2010－7－30 | 深证上〔2010〕245 号 | 关于深圳欧菲光科技股份有限公司人民币普通股股票上市的通知 |
| 190 | 2010－7－30 | 深证上〔2010〕246 号 | 关于宁夏青龙管业股份有限公司人民币普通股股票上市的通知 |
| 191 | 2010－8－4 | 深证上〔2010〕248 号 | 关于山东省尤洛卡自动化装备股份有限公司人民币普通股股票在创业板上市的通知 |
| 192 | 2010－8－4 | 深证上〔2010〕249 号 | 关于宁波双林汽车部件股份有限公司人民币普通股股票在创业板上市的通知 |
| 193 | 2010－8－4 | 深证上〔2010〕250 号 | 关于成都国腾电子技术股份有限公司人民币普通股股票在创业板上市的通知 |
| 194 | 2010－8－6 | 深证上〔2010〕251 号 | 关于山东益生种畜禽股份有限公司人民币普通股股票上市的通知 |
| 195 | 2010－8－6 | 深证上〔2010〕252 号 | 关于秦皇岛天业通联重工股份有限公司人民币普通股股票上市的通知 |
| 196 | 2010－8－6 | 深证上〔2010〕253 号 | 关于江西赣锋锂业股份有限公司人民币普通股股票上市的通知 |
| 197 | 2010－8－10 | 深证上〔2010〕255 号 | 关于厦门乾照光电股份有限公司人民币普通股股票在创业板上市的通知 |
| 198 | 2010－8－10 | 深证上〔2010〕256 号 | 关于西安达刚路面机械股份有限公司人民币普通股股票在创业板上市的通知 |
| 199 | 2010－8－10 | 深证上〔2010〕257 号 | 关于乐视网信息技术（北京）股份有限公司人民币普通股股票在创业板上市的通知 |
| 200 | 2010－8－16 | 深证上〔2010〕260 号 | 关于广州珠江啤酒股份有限公司人民币普通股股票上市的通知 |
| 201 | 2010－8－16 | 深证上〔2010〕261 号 | 关于嘉事堂药业股份有限公司人民币普通股股票上市的通知 |

续表

| 序号 | 发文日期 | 文　号 | 文件标题 |
|---|---|---|---|
| 202 | 2010－8－16 | 深证上〔2010〕262 号 | 关于沪士电子股份有限公司人民币普通股股票上市的通知 |
| 203 | 2010－8－18 | 深证上〔2010〕263 号 | 关于烟台龙源电力技术股份有限公司人民币普通股股票在创业板上市的通知 |
| 204 | 2010－8－18 | 深证上〔2010〕264 号 | 关于新疆西部牧业股份有限公司人民币普通股股票在创业板上市的通知 |
| 205 | 2010－8－18 | 深证上〔2010〕265 号 | 关于河北建新化工股份有限公司人民币普通股股票在创业板上市的通知 |
| 206 | 2010－8－23 | 深证上〔2010〕266 号 | 关于通化双龙化工股份有限公司人民币普通股股票在创业板上市的通知 |
| 207 | 2010－8－23 | 深证上〔2010〕267 号 | 关于博爱新开源制药股份有限公司人民币普通股股票在创业板上市的通知 |
| 208 | 2010－8－23 | 深证上〔2010〕268 号 | 关于青岛华仁药业股份有限公司人民币普通股股票在创业板上市的通知 |
| 209 | 2010－8－25 | 深证上〔2010〕269 号 | 关于浙江向日葵光能科技股份有限公司人民币普通股股票在创业板上市的通知 |
| 210 | 2010－8－25 | 深证上〔2010〕270 号 | 关于深圳万讯自控股份有限公司人民币普通股股票在创业板上市的通知 |
| 211 | 2010－8－25 | 深证上〔2010〕271 号 | 关于杭州顺网科技股份有限公司人民币普通股股票在创业板上市的通知 |
| 212 | 2010－8－25 | 深证上〔2010〕272 号 | 关于中航电测仪器股份有限公司人民币普通股股票在创业板上市的通知 |
| 213 | 2010－8－27 | 深证上〔2010〕273 号 | 关于昆山金利表面材料应用科技股份有限公司人民币普通股股票上市的通知 |
| 214 | 2010－8－27 | 深证上〔2010〕274 号 | 关于广州海格通信集团股份有限公司人民币普通股股票上市的通知 |
| 215 | 2010－8－27 | 深证上〔2010〕275 号 | 关于四川天齐锂业股份有限公司人民币普通股股票上市的通知 |
| 216 | 2010－8－31 | 深证上〔2010〕277 号 | 关于深圳市长盈精密技术股份有限公司人民币普通股股票在创业板上市的通知 |
| 217 | 2010－8－31 | 深证上〔2010〕278 号 | 关于陕西坚瑞消防股份有限公司人民币普通股股票在创业板上市的通知 |
| 218 | 2010－8－31 | 深证上〔2010〕279 号 | 关于北京嘉寓门窗幕墙股份有限公司人民币普通股股票在创业板上市的通知 |
| 219 | 2010－8－31 | 深证上〔2010〕280 号 | 关于东方日升新能源股份有限公司人民币普通股股票在创业板上市的通知 |

续表

| 序号 | 发文日期 | 文　号 | 文件标题 |
|---|---|---|---|
| 220 | 2010－9－6 | 深证上〔2010〕285 号 | 关于二六三网络通信股份有限公司人民币普通股股票上市的通知 |
| 221 | 2010－9－6 | 深证上〔2010〕286 号 | 关于浙江艾迪西流体控制股份有限公司人民币普通股股票上市的通知 |
| 222 | 2010－9－6 | 深证上〔2010〕287 号 | 关于山东三维石化工程股份有限公司人民币普通股股票上市的通知 |
| 223 | 2010－9－6 | 深证上〔2010〕288 号 | 关于山东金正大生态工程股份有限公司人民币普通股股票上市的通知 |
| 224 | 2010－9－8 | 深证上〔2010〕291 号 | 关于江苏中超电缆股份有限公司人民币普通股股票上市的通知 |
| 225 | 2010－9－8 | 深证上〔2010〕292 号 | 关于浙江双环传动机械股份有限公司人民币普通股股票上市的通知 |
| 226 | 2010－9－8 | 深证上〔2010〕293 号 | 关于宁波圣莱达电器股份有限公司人民币普通股股票上市的通知 |
| 227 | 2010－9－13 | 深证上〔2010〕294 号 | 关于福建榕基软件股份有限公司人民币普通股股票上市的通知 |
| 228 | 2010－9－13 | 深证上〔2010〕295 号 | 关于深圳立讯精密工业股份有限公司人民币普通股股票上市的通知 |
| 229 | 2010－9－13 | 深证上〔2010〕296 号 | 关于山东宝莫生物化工股份有限公司人民币普通股股票上市的通知 |
| 230 | 2010－9－13 | 深证上〔2010〕297 号 | 关于河南雏鹰农牧股份有限公司人民币普通股股票上市的通知 |
| 231 | 2010－9－15 | 深证上〔2010〕302 号 | 关于天津瑞普生物技术股份有限公司人民币普通股股票在创业板上市的通知 |
| 232 | 2010－9－15 | 深证上〔2010〕303 号 | 关于天津经纬电材股份有限公司人民币普通股股票在创业板上市的通知 |
| 233 | 2010－9－15 | 深证上〔2010〕304 号 | 关于山东阳谷华泰化工股份有限公司人民币普通股股票在创业板上市的通知 |
| 234 | 2010－9－17 | 深证上〔2010〕306 号 | 关于江苏常宝钢管股份有限公司人民币普通股股票上市的通知 |
| 235 | 2010－9－17 | 深证上〔2010〕307 号 | 关于浙江富春江环保热电股份有限公司人民币普通股股票上市的通知 |
| 236 | 2010－9－17 | 深证上〔2010〕308 号 | 关于成都市新筑路桥机械股份有限公司人民币普通股股票上市的通知 |
| 237 | 2010－9－17 | 深证上〔2010〕309 号 | 关于烟台双塔食品股份有限公司人民币普通股股票上市的通知 |

续表

| 序号 | 发文日期 | 文　号 | 文件标题 |
| --- | --- | --- | --- |
| 238 | 2010－9－21 | 深证上〔2010〕313号 | 关于重庆智飞生物制品股份有限公司人民币普通股股票在创业板上市的通知 |
| 239 | 2010－9－21 | 深证上〔2010〕314号 | 关于太阳鸟游艇股份有限公司人民币普通股股票在创业板上市的通知 |
| 240 | 2010－9－21 | 深证上〔2010〕315号 | 关于深圳市汇川技术股份有限公司人民币普通股股票在创业板上市的通知 |
| 241 | 2010－9－27 | 深证上〔2010〕316号 | 关于深圳广田装饰集团股份有限公司人民币普通股股票上市的通知 |
| 242 | 2010－9－27 | 深证上〔2010〕317号 | 关于江苏润邦重工股份有限公司人民币普通股股票上市的通知 |
| 243 | 2010－9－27 | 深证上〔2010〕318号 | 关于南通江海电容器股份有限公司人民币普通股股票上市的通知 |
| 244 | 2010－10－8 | 深证上〔2010〕321号 | 关于大连易世达新能源发展股份有限公司人民币普通股股票在创业板上市的通知 |
| 245 | 2010－10－8 | 深证上〔2010〕322号 | 关于上海锐奇工具股份有限公司人民币普通股股票在创业板上市的通知 |
| 246 | 2010－10－8 | 深证上〔2010〕323号 | 关于成都银河磁体股份有限公司人民币普通股股票在创业板上市的通知 |
| 247 | 2010－10－8 | 深证上〔2010〕324号 | 关于苏州锦富新材料股份有限公司人民币普通股股票在创业板上市的通知 |
| 248 | 2010－10－13 | 深证上〔2010〕328号 | 关于希努尔男装股份有限公司人民币普通股股票上市的通知 |
| 249 | 2010－10－13 | 深证上〔2010〕329号 | 关于上海嘉麟杰纺织品股份有限公司人民币普通股股票上市的通知 |
| 250 | 2010－10－13 | 深证上〔2010〕330号 | 关于辽宁大金重工股份有限公司人民币普通股股票上市的通知 |
| 251 | 2010－10－15 | 深证上〔2010〕331号 | 关于上海泰胜风能装备股份有限公司人民币普通股股票在创业板上市的通知 |
| 252 | 2010－10－15 | 深证上〔2010〕332号 | 关于深圳市新国都技术股份有限公司人民币普通股股票在创业板上市的通知 |
| 253 | 2010－10－15 | 深证上〔2010〕333号 | 关于深圳市英唐智能控制股份有限公司人民币普通股股票在创业板上市的通知 |
| 254 | 2010－10－19 | 深证上〔2010〕334号 | 关于浙江金固股份有限公司人民币普通股股票上市的通知 |
| 255 | 2010－10－19 | 深证上〔2010〕335号 | 关于浙江永强集团股份有限公司人民币普通股股票上市的通知 |

续表

| 序号 | 发文日期 | 文　号 | 文件标题 |
| --- | --- | --- | --- |
| 256 | 2010－10－19 | 深证上〔2010〕336 号 | 关于山东墨龙石油机械股份有限公司人民币普通股股票上市的通知 |
| 257 | 2010－10－19 | 深证上〔2010〕337 号 | 关于江苏通鼎光电股份有限公司人民币普通股股票上市的通知 |
| 258 | 2010－10－22 | 深证上〔2010〕339 号 | 关于福建青松股份有限公司人民币普通股股票在创业板上市的通知 |
| 259 | 2010－10－22 | 深证上〔2010〕340 号 | 关于浙江华策影视股份有限公司人民币普通股股票在创业板上市的通知 |
| 260 | 2010－10－22 | 深证上〔2010〕341 号 | 关于深圳市大富科技股份有限公司人民币普通股股票在创业板上市的通知 |
| 261 | 2010－10－22 | 深证上〔2010〕342 号 | 关于江苏宝利沥青股份有限公司人民币普通股股票在创业板上市的通知 |
| 262 | 2010－10－29 | 深证上〔2010〕347 号 | 关于珠海恒基达鑫国际化工仓储股份有限公司人民币普通股股票上市的通知 |
| 263 | 2010－10－29 | 深证上〔2010〕348 号 | 关于荣盛石化股份有限公司人民币普通股股票上市的通知 |
| 264 | 2010－10－29 | 深证上〔2010〕349 号 | 关于华斯农业开发股份有限公司人民币普通股股票上市的通知 |
| 265 | 2010－10－29 | 深证上〔2010〕350 号 | 关于广东佳隆食品股份有限公司人民币普通股股票上市的通知 |
| 266 | 2010－11－3 | 深证上〔2010〕352 号 | 关于深圳市信维通信股份有限公司人民币普通股股票在创业板上市的通知 |
| 267 | 2010－11－3 | 深证上〔2010〕353 号 | 关于河北先河环保科技股份有限公司人民币普通股股票在创业板上市的通知 |
| 268 | 2010－11－3 | 深证上〔2010〕354 号 | 关于晨光生物科技集团股份有限公司人民币普通股股票在创业板上市的通知 |
| 269 | 2010－11－5 | 深证上〔2010〕359 号 | 关于江苏辉丰农化股份有限公司人民币普通股股票上市的通知 |
| 270 | 2010－11－5 | 深证上〔2010〕360 号 | 关于四川雅化实业集团股份有限公司人民币普通股股票上市的通知 |
| 271 | 2010－11－5 | 深证上〔2010〕361 号 | 关于青岛汉缆股份有限公司人民币普通股股票上市的通知 |
| 272 | 2010－11－5 | 深证上〔2010〕362 号 | 关于科林环保装备股份有限公司人民币普通股股票上市的通知 |
| 273 | 2010－11－10 | 深证上〔2010〕363 号 | 关于北京福星晓程电子科技股份有限公司人民币普通股股票在创业板上市的通知 |

续表

| 序号 | 发文日期 | 文　　号 | 文件标题 |
| --- | --- | --- | --- |
| 274 | 2010－11－10 | 深证上〔2010〕364 号 | 关于西安启源机电装备股份有限公司人民币普通股股票在创业板上市的通知 |
| 275 | 2010－11－10 | 深证上〔2010〕365 号 | 关于苏州工业园区和顺电气股份有限公司人民币普通股股票在创业板上市的通知 |
| 276 | 2010－11－10 | 深证上〔2010〕366 号 | 关于云南沃森生物技术股份有限公司人民币普通股股票在创业板上市的通知 |
| 277 | 2010－11－11 | 深证上〔2010〕367 号 | 关于山西证券股份有限公司人民币普通股股票上市的通知 |
| 278 | 2010－11－15 | 深证上〔2010〕368 号 | 关于吉林利源铝业股份有限公司人民币普通股股票上市的通知 |
| 279 | 2010－11－15 | 深证上〔2010〕369 号 | 关于广东骅威玩具工艺股份有限公司人民币普通股股票上市的通知 |
| 280 | 2010－11－15 | 深证上〔2010〕370 号 | 关于东莞市搜于特服装股份有限公司人民币普通股股票上市的通知 |
| 281 | 2010－11－16 | 深证上〔2010〕371 号 | 关于江苏东光微电子股份有限公司人民币普通股股票上市的通知 |
| 282 | 2010－11－16 | 深证上〔2010〕372 号 | 关于湖南大康牧业股份有限公司人民币普通股股票上市的通知 |
| 283 | 2010－11－16 | 深证上〔2010〕373 号 | 关于上海超日太阳能科技股份有限公司人民币普通股股票上市的通知 |
| 284 | 2010－11－19 | 深证上〔2010〕374 号 | 关于重庆市涪陵榨菜集团股份有限公司人民币普通股股票上市的通知 |
| 285 | 2010－11－19 | 深证上〔2010〕375 号 | 关于杭州老板电器股份有限公司人民币普通股股票上市的通知 |
| 286 | 2010－11－19 | 深证上〔2010〕376 号 | 关于福建天广消防科技股份有限公司人民币普通股股票上市的通知 |
| 287 | 2010－11－23 | 深证上〔2010〕378 号 | 关于天津汽车模具股份有限公司人民币普通股股票上市的通知 |
| 288 | 2010－11－23 | 深证上〔2010〕379 号 | 关于中顺洁柔纸业股份有限公司人民币普通股股票上市的通知 |
| 289 | 2010－11－30 | 深证上〔2010〕384 号 | 关于中山达华智能科技股份有限公司人民币普通股股票上市的通知 |
| 290 | 2010－11－30 | 深证上〔2010〕385 号 | 关于江苏蓝丰生物化工股份有限公司人民币普通股股票上市的通知 |
| 291 | 2010－11－30 | 深证上〔2010〕386 号 | 关于苏州宝馨科技实业股份有限公司人民币普通股股票上市的通知 |

续表

| 序号 | 发文日期 | 文　号 | 文件标题 |
|---|---|---|---|
| 292 | 2010-11-30 | 深证上〔2010〕387号 | 关于金字火腿股份有限公司人民币普通股股票上市的通知 |
| 293 | 2010-12-3 | 深证上〔2010〕392号 | 关于江苏旷达汽车织物集团股份有限公司人民币普通股股票上市的通知 |
| 294 | 2010-12-3 | 深证上〔2010〕393号 | 关于泰亚鞋业股份有限公司人民币普通股股票上市的通知 |
| 295 | 2010-12-3 | 深证上〔2010〕394号 | 关于深圳科士达科技股份有限公司人民币普通股股票上市的通知 |
| 296 | 2010-12-3 | 深证上〔2010〕395号 | 关于江苏银河电子股份有限公司人民币普通股股票上市的通知 |
| 297 | 2010-12-7 | 深证上〔2010〕399号 | 关于广东星河生物科技股份有限公司人民币普通股股票在创业板上市的通知 |
| 298 | 2010-12-7 | 深证上〔2010〕400号 | 关于杭州宋城旅游发展股份有限公司人民币普通股股票在创业板上市的通知 |
| 299 | 2010-12-7 | 深证上〔2010〕401号 | 关于杭州南方特种泵业股份有限公司人民币普通股股票在创业板上市的通知 |
| 300 | 2010-12-8 | 深证上〔2010〕403号 | 关于浙江日发数码精密机械股份有限公司人民币普通股股票上市的通知 |
| 301 | 2010-12-8 | 深证上〔2010〕404号 | 关于山东齐峰特种纸业股份有限公司人民币普通股股票上市的通知 |
| 302 | 2010-12-8 | 深证上〔2010〕405号 | 关于浙江众成包装材料股份有限公司人民币普通股股票上市的通知 |
| 303 | 2010-12-8 | 深证上〔2010〕406号 | 关于株洲天桥起重机股份有限公司人民币普通股股票上市的通知 |
| 304 | 2010-12-13 | 深证上〔2010〕410号 | 关于广东汤臣倍健生物科技股份有限公司人民币普通股股票在创业板上市的通知 |
| 305 | 2010-12-13 | 深证上〔2010〕411号 | 关于广州市香雪制药股份有限公司人民币普通股股票在创业板上市的通知 |
| 306 | 2010-12-13 | 深证上〔2010〕412号 | 关于湖南天舟科教文化股份有限公司人民币普通股股票在创业板上市的通知 |
| 307 | 2010-12-15 | 深证上〔2010〕416号 | 关于光正钢结构股份有限公司人民币普通股股票上市的通知 |
| 308 | 2010-12-15 | 深证上〔2010〕418号 | 关于山东矿机集团股份有限公司人民币普通股股票上市的通知 |
| 309 | 2010-12-20 | 深证上〔2010〕420号 | 关于江门量子高科生物股份有限公司人民币普通股股票在创业板上市的通知 |

续表

| 序号 | 发文日期 | 文　号 | 文件标题 |
| --- | --- | --- | --- |
| 310 | 2010－12－20 | 深证上〔2010〕421 号 | 关于北京世纪瑞尔技术股份有限公司人民币普通股股票在创业板上市的通知 |
| 311 | 2010－12－20 | 深证上〔2010〕422 号 | 关于深圳市昌红模具科技股份有限公司人民币普通股股票在创业板上市的通知 |
| 312 | 2010－12－22 | 深证上〔2010〕423 号 | 关于上海新时达电气股份有限公司人民币普通股股票上市的通知 |
| 313 | 2010－12－22 | 深证上〔2010〕424 号 | 关于深圳英飞拓科技股份有限公司人民币普通股股票上市的通知 |
| 314 | 2010－12－22 | 深证上〔2010〕425 号 | 关于福建海源自动化机械股份有限公司人民币普通股股票上市的通知 |
| 315 | 2010－12－27 | 深证上〔2010〕426 号 | 关于徐州燃控科技股份有限公司人民币普通股股票在创业板上市的通知 |
| 316 | 2010－12－27 | 深证上〔2010〕427 号 | 关于上海科泰电源股份有限公司人民币普通股股票在创业板上市的通知 |
| 317 | 2010－12－27 | 深证上〔2010〕428 号 | 关于深圳市瑞凌实业股份有限公司人民币普通股股票在创业板上市的通知 |
| 318 | 2010－12－29 | 深证上〔2010〕429 号 | 关于江苏丰东热技术股份有限公司人民币普通股股票上市的通知 |
| 319 | 2010－12－29 | 深证上〔2010〕430 号 | 关于天顺风能(苏州)股份有限公司人民币普通股股票上市的通知 |
| 320 | 2010－12－29 | 深证上〔2010〕431 号 | 关于浙江新界泵业股份有限公司人民币普通股股票上市的通知 |
| 321 | 2010－12－29 | 深证上〔2010〕432 号 | 关于金杯电工股份有限公司人民币普通股股票上市的通知 |

## (三)2010 年作出的暂停上市决定目录

| 序号 | 发文日期 | 文　号 | 文件标题 |
| --- | --- | --- | --- |
| 1 | 2010－3－31 | 深证上〔2010〕104 号 | 关于武汉锅炉股份有限公司股票暂停上市的决定 |
| 2 | 2010－3－31 | 深证上〔2010〕105 号 | 关于中钨高新材料股份有限公司股票暂停上市的决定 |
| 3 | 2010－4－28 | 深证上〔2010〕140 号 | 关于高新张铜股份有限公司股票暂停上市的决定 |
| 4 | 2010－5－4 | 深证上〔2010〕141 号 | 关于湖南金果实业股份有限公司股票暂停上市的决定 |

## (四)2010年作出的终止上市决定目录

(无)

## (五)2010年作出的恢复上市决定目录

| 序号 | 发文日期 | 文　号 | 文件标题 |
|---|---|---|---|
| 1 | 2010－9－20 | 深证上〔2010〕310号 | 关于福建三农集团股份有限公司股票恢复上市的决定 |

## (六)2010年采取的纪律处分决定目录

| 序号 | 发文日期 | 文　号 | 文件标题 |
|---|---|---|---|
| 1 | 2010－1－4 | 深证上〔2010〕1号 | 关于对湖北三环股份有限公司及相关当事人给予通报批评处分的决定 |
| 2 | 2010－1－4 | 深证上〔2010〕5号 | 关于对浙江华峰氨纶股份有限公司董事、副总经理陈林真给予通报批评处分的决定 |
| 3 | 2010－1－22 | 深证上〔2010〕31号 | 关于对锦化化工(集团)有限责任公司、锦化化工集团氯碱股份有限公司及相关当事人给予处分的决定 |
| 4 | 2010－2－11 | 深证上〔2010〕57号 | 关于对深圳劲嘉彩印集团股份有限公司及相关当事人给予处分的决定 |
| 5 | 2010－2－11 | 深证上〔2010〕58号 | 关于对兆山新星集团有限公司及其股东徐新喜、俞林林给予处分的决定 |
| 6 | 2010－2－25 | 深证上〔2010〕65号 | 关于对厦门安妮股份有限公司监事周震国给予处分的决定 |
| 7 | 2010－2－26 | 深证上〔2010〕66号 | 关于对广东健隆达光电科技有限公司给予处分的决定 |
| 8 | 2010－2－26 | 深证上〔2010〕67号 | 关于对广东省科技创业投资公司给予处分的决定 |

续表

| 序号 | 发文日期 | 文　号 | 文件标题 |
| --- | --- | --- | --- |
| 9 | 2010－3－1 | 深证上〔2010〕71 号 | 关于对光明集团家具股份有限公司相关股东给予处分的决定 |
| 10 | 2010－3－2 | 深证上〔2010〕72 号 | 关于对兰州亚太工贸集团有限公司及相关当事人给予处分的决定 |
| 11 | 2010－3－3 | 深证上〔2010〕73 号 | 关于对中国中期投资股份有限公司及相关当事人给予处分的决定 |
| 12 | 2010－3－15 | 深证上〔2010〕85 号 | 关于对石家庄宝石电子集团有限责任公司、石家庄宝石电子玻璃股份有限公司相关当事人给予处分的决定 |
| 13 | 2010－4－9 | 深证上〔2010〕112 号 | 关于对上海莱士血液制品股份有限公司原董事范小清给予处分的决定 |
| 14 | 2010－4－21 | 深证上〔2010〕125 号 | 关于对广东万家乐股份有限公司董事长兼总经理李智给予处分的决定 |
| 15 | 2010－4－29 | 深证上〔2010〕142 号 | 关于对郑州华晶金刚石股份有限公司副总经理杨晋中给予处分的决定 |
| 16 | 2010－6－24 | 深证上〔2010〕207 号 | 关于对江苏三友集团股份有限公司及相关当事人给予处分的决定 |
| 17 | 2010－6－24 | 深证上〔2010〕208 号 | 关于对深圳市华新股份有限公司及相关当事人给予通报批评的决定 |
| 18 | 2010－6－24 | 深证会〔2010〕52 号 | 关于对平安证券有限责任公司杜振宇和国元证券股份有限公司王晨、傅贤江给予处分的决定 |
| 19 | 2010－6－25 | 深证上〔2010〕209 号 | 关于对安徽精诚铜业股份有限公司董事兼总经理何凡给予处分的决定 |
| 20 | 2010－7－1 | 深证上〔2010〕213 号 | 关于对苏州新海宜通信科技股份有限公司董事葛峰给予处分的决定 |
| 21 | 2010－7－9 | 深证上〔2010〕226 号 | 关于对云南绿大地生物科技股份有限公司及相关当事人给予处分的决定 |
| 22 | 2010－7－9 | 深证会〔2010〕56 号 | 关于对华泰联合证券有限责任公司李迅冬和黎海祥给予处分的决定 |
| 23 | 2010－7－26 | 深证上〔2010〕241 号 | 关于对厦门安妮股份有限公司及相关当事人给予处分的决定 |
| 24 | 2010－7－26 | 深证上〔2010〕242 号 | 关于对中审国际会计师事务所有限公司陈祖珍、涂蓬芳给予处分的决定 |
| 25 | 2010－9－6 | 深证上〔2010〕283 号 | 关于对深圳市大族激光科技股份有限公司及相关当事人给予处分的决定 |
| 26 | 2010－9－6 | 深证上〔2010〕284 号 | 关于对周信钢及相关当事人给予处分的决定 |

续表

| 序号 | 发文日期 | 文　号 | 文件标题 |
|---|---|---|---|
| 27 | 2010－9－6 | 深证上〔2010〕289 号 | 关于对广东威华股份有限公司及相关当事人给予处分的决定 |
| 28 | 2010－9－7 | 深证上〔2010〕290 号 | 关于对山东济宁如意毛纺织股份有限公司及相关当事人给予处分的决定 |
| 29 | 2010－9－7 | 深证会〔2010〕65 号 | 关于对海通证券股份有限公司宋立民和王新给予处分的决定 |
| 30 | 2010－9－16 | 深证上〔2010〕300 号 | 关于对广夏(银川)实业股份有限公司及相关当事人给予处分的决定 |
| 31 | 2010－9－16 | 深证上〔2010〕301 号 | 关于对中联实业股份有限公司及梁胜权、马国庆、单河、金爱军给予处分的决定 |
| 32 | 2010－9－20 | 深证上〔2010〕311 号 | 关于对北京置成房地产开发有限公司及相关当事人给予处分的决定 |
| 33 | 2010－9－20 | 深证上〔2010〕312 号 | 关于对深圳中国农大科技股份有限公司相关当事人给予处分的决定 |
| 34 | 2010－10－12 | 深证上〔2010〕325 号 | 关于对湖南天润化工发展股份有限公司及相关当事人给予处分的决定 |
| 35 | 2010－10－12 | 深证上〔2010〕326 号 | 关于对厦门鑫鼎盛证券投资咨询服务公司及相关当事人给予处分的决定 |
| 36 | 2010－10－12 | 深证上〔2010〕327 号 | 关于对厦门旭飞投资股份有限公司及相关当事人给予处分的决定 |
| 37 | 2010－10－19 | 深证上〔2010〕338 号 | 关于对西藏矿业发展股份有限公司及相关当事人给予通报批评处分的决定 |
| 38 | 2010－11－23 | 深证上〔2010〕380 号 | 关于对四川海特高新技术股份有限公司副董事长王万和给予通报批评处分的决定 |
| 39 | 2010－11－25 | 深证上〔2010〕381 号 | 关于对河南双汇投资发展股份有限公司及相关当事人给予处分的决定 |
| 40 | 2010－11－29 | 深证上〔2010〕382 号 | 关于对深圳成霖洁具股份有限公司相关当事人给予处分的决定 |
| 41 | 2010－11－30 | 深证上〔2010〕383 号 | 关于对黑龙江天伦置业股份有限公司自然人股东孙宜然给予处分的决定 |
| 42 | 2010－12－2 | 深证上〔2010〕388 号 | 关于对南京华东电子信息科技股份有限公司及相关当事人给予处分的决定 |
| 43 | 2010－12－2 | 深证上〔2010〕389 号 | 关于对北京鼎泰亨通有限公司、张力鑫给予处分的决定 |
| 44 | 2010－12－2 | 深证上〔2010〕390 号 | 关于对上海厚丰投资有限公司及相关当事人给予处分的决定 |

续表

| 序号 | 发文日期 | 文　号 | 文件标题 |
|---|---|---|---|
| 45 | 2010-12-2 | 深证上〔2010〕391号 | 关于对上海新兰德证券投资咨询顾问有限公司及相关当事人给予处分的决定 |
| 46 | 2010-12-7 | 深证上〔2010〕396号 | 关于对泰复实业股份有限公司及相关当事人给予通报批评的决定 |
| 47 | 2010-12-7 | 深证上〔2010〕397号 | 关于对蚌埠市第一污水处理厂给予通报批评的决定 |
| 48 | 2010-12-7 | 深证上〔2010〕398号 | 关于对安徽丰原集团有限公司给予通报批评的决定 |
| 49 | 2010-12-8 | 深证上〔2010〕402号 | 关于对深圳新都酒店股份有限公司及相关当事人给予处分的决定 |
| 50 | 2010-12-10 | 深证上〔2010〕408号 | 关于对苏州金螳螂建筑装饰股份有限公司董事、总经理杨震给予处分的决定 |
| 51 | 2010-12-13 | 深证上〔2010〕413号 | 关于对桂林广陆数字测控股份有限公司及相关当事人给予处分的决定 |
| 52 | 2010-12-31 | 深证上〔2010〕435号 | 关于对南方风机股份有限公司董事邓健伟给予通报批评处分的决定 |

## (七)2010年采取的限制交易措施目录

| 序号 | 发文日期 | 文件编号 | 限制对象 |
|---|---|---|---|
| 1 | 2009-1-12 | 深圳证券交易所限制交易通知书〔2010〕1号 | 兆山新星集团有限公司、俞林林、李定忠、金德林 |
| 2 | 2010-3-25 | 深圳证券交易所限制交易通知书〔2010〕2号 | 湖南电广传媒股份有限公司 |
| 3 | 2010-4-7 | 深圳证券交易所限制交易通知书〔2010〕3号 | 南通通能投资实业有限责任公司 |
| 4 | 2010-5-23 | 深圳证券交易所限制交易通知书〔2010〕4号 | 兆山新星集团有限公司、俞林林、李定忠、金德林 |
| 5 | 2010-5-31 | 深圳证券交易所限制交易通知书〔2010〕5号 | 黄木秀、黄俊虎、黄俊龙 |
| 6 | 2010-6-28 | 深圳证券交易所限制交易通知书〔2010〕6号 | 周信钢、周晨、南京欧亚香精香料有限公司、圣美伦(南京)香水有限公司、李欣 |
| 7 | 2010-7-7 | 深圳证券交易所限制交易通知书〔2010〕7号 | 银川经济技术开发区投资控股有限公司 |

续表

| 序号 | 发文日期 | 文件编号 | 限制对象 |
|---|---|---|---|
| 8 | 2010－8－9 | 深圳证券交易所限制交易通知书〔2010〕8号 | 孙宜然 |
| 9 | 2010－8－11 | 深圳证券交易所限制交易通知书〔2010〕9号 | 周和平、周文河、周合理 |
| 10 | 2010－8－31 | 深圳证券交易所限制交易通知书〔2010〕10号 | 陈利浩、珠海市东区荣光科技有限公司 |
| 11 | 2010－9－2 | 深圳证券交易所限制交易通知书〔2010〕11号 | 新乡白鹭化纤集团有限责任公司 |
| 12 | 2010－9－13 | 深圳证券交易所限制交易通知书〔2010〕12号 | 香港优柏工业有限公司(EUPA INDUSTRY CORPARATION LIMITED) |
| 13 | 2010－10－25 | 深圳证券交易所限制交易通知书〔2010〕13号 | 重庆长龙农业开发有限公司、重庆利园食品科技开发有限公司 |
| 14 | 2010－11－23 | 深圳证券交易所限制交易通知书〔2010〕14号 | 北京科技风险投资股份有限公司 |
| 15 | 2010－11－25 | 深圳证券交易所限制交易通知书〔2010〕15号 | DIGITAL PACIFIC INC.<br>CIMIC INDUSTRIAL INC. |
| 16 | 2010－12－13 | 深圳证券交易所限制交易通知书〔2010〕16号 | 锦州鑫天纸业有限公司 |

(深圳证券交易所供稿)

# 三、上海期货交易所

## (一)2010年法制建设工作综述

2010年,上海期货交易所(以下简称上期所)在中国证监会的统一领导和部署下,以科学发展观为指导,深入贯彻落实期货市场监管工作座谈会精神,积极配合相关部门对《期货交易管理条例》和司法解释提出修订意见,全面推进交易所章程、交易规则、合约及实施细则的修订和完善,加大违规行为处罚力度,全面修订内部管理制度,加强普法教育及期货市场法规规则宣传,加强国内外期货市场法规动态跟踪和专题研究,全面推进法制建设工作,促进了上期所的稳健运行和稳步发展。

**一、积极配合《刑法》、《期货交易管理条例》、《最高人民法院关于审理期货纠纷案件若干问题的规定》等法律、法规和司法解释的修订与完善**

《期货交易管理条例》是我国期货市场法规体系的核心,最高人民法院2003年6月发布的《关于审理期货纠纷案件若干问题的规定》作为目前最为系统的期货司法解释,对期货市场发展起着重要的规范作用,《刑法》及其相关修正案也加大了对期货市场内幕交易、严重失信等违法犯罪行为的打击力度。近年来,随着我国期货市场的快速发展,刑法、条例和司法解释都显示出滞后于期货市场发展、并亟须做出修订和完善的特性。在国务院法制办、最高院和证监会的统一部署下,上期所积极参与研讨刑法、条例和司法解释的修订与完善,针对规范内幕交易、扩大交易所会员范围、规范变相期货、健全风险警示制度、建立投资者适当性制度等重要问题10余次提出修改意见和建议,部分意见和建议被相关部门采纳。

**二、积极适应期货市场发展新形势,全面推进交易所章程、交易规则及实施细则的修订与完善**

2010年,为适应期货市场发展新形势,贯彻落实期货市场监管工作座谈会精神,配合《期货交易管理条例》及其配套办法的实施,保护投资者利益,强化交易所一线监管职能,促进市场功能发挥,上期所始终坚持"方便套保、打击操纵、防范风险"三大原则,全面推进交易所章程、交易规则、合约及实施细则的修订和完善。

(一)完成章程、交易规则修订稿,并上报证监会期货一部

在充分征求会员和各业务部门意见的基础上,完成了交易所章程、交易规则修订稿。修订稿对章程中的51个条款和交易规则中的96个条款提出了修改意见,分别占章程总条款和交易规则总条款的73.9%和76%,并上报证监会期货一部。之后,按照期货一部的建议,上期所就章程、交易规则修订内容征求了会员公司的意见,并将会员公司意见汇总后,上报期货一部。

(二)根据证监会指引要求,完成上期所2010年、2011年章程、业务规则及合约制定、修订工作规划

为规范交易所章程、业务规则及合约制定、修改工作,2010年4月22日,期货一部下发了《期货交易所业务活动监管工作指引第5号——期货交易所章程、业务规则及合约制定、修改工作指引》(以下简称5号指引)。根据5号指引的要求,上期所在征求各方意见的基础上,拟订了《上海期货交易所2010年度章程、业务规则及合约制定、修订工作规划》(以下简称2010年规划)和《上海期货交易所2011年度章程、业务规则及合约制定、修订工作规划》(以下简称2011年规划)。其中,2010年规划涉及修订项目共15项:章程、交易规则层面2项,实施细则层面11项,合约层面2项;2011年规划涉及项目共18项:章程、交易规则层面2项,实施细则层面13项,合约层面3项。规划的制定大大提高了上期所章程、交易规则、合约及实施细则修订工作的计划性和规范性。

(三)积极推进铅、燃料油等期货合约及实施细则的修订和完善

在合约及实施细则修订方面,为进一步深入贯彻落实期货市场监管工作座谈会精神,方便套期保值者入市交易、打击操纵、抑制市场过度投机、有效控制和防范市场风险,上期所做了很多具体的改进和完善。

1. 配合铅期货上市,完成了铅期货合约及实施细则的修订与完善。上期所铅期货合约及实施细则、尤其是铅套期保值管理办法得到期货一部的高度认可,并作为其他期货合约及实施细则修订的模版。在铅期货合约制定和完善过程中,上期所完成了多处创新。例如,专门制定了《上海期货交易所铅套期保值交易管理办法(试行)》,并依据所处合约运行时间阶段的不同和头寸审批所需材料的差异,明确将铅套期保值交易头寸划分为一般月份套期保值交易头寸和临近交割月份套期保值交易头寸,并大幅简化一般月份申请套期保值交易头寸的申请手续、加大套期保值交易头寸的发放尺度。此外,还就大合约处理、一般规定与铅特殊规定的衔接、重要措辞表述等关键问题提出完善意见,其中《关于解决审批套期保值交割头寸措辞可能引起的误解与质疑的方案初稿》有效解决了规则设计中存在的问题,并作为成果嵌入规则。

2. 完成《关于指定交割仓库收费表述方式修订的预沟通报告》和《关于自然人临近交割期允许交易截止点相关交割细则等修订的预沟通报告》。

3. 完成《上海期货交易所保税交割实施细则(试行)》的拟定,这在国内是首创。为落实

《国务院关于推进上海加快发展现代服务业和先进制造业，建设国际金融中心和国际航运中心的意见》（国发〔2009〕19 号）提出的“支持境内期货交易所在海关特殊监管区内探索开展期货保税交割业务”，配合尽快开展保税交割业务，上期所拟定了《上海期货交易所保税交割实施细则（试行）》及相关说明，为顺利开展保税交割业务提供了规则依据。

4. 完成燃料油合约及实施规则修订。近年来，燃料油现货市场消费格局从锅炉烧油、发电用油为主转变为船用油为主，大量船舶运输行业、船用燃料油贸易企业提出了强烈的避险需求。为贯彻证监会提出的对现有品种做精做深的要求，上期所将根据燃料油现货市场变化，对燃料油合约及实施细则进行了修订和完善，完成了《上海期货交易所燃料油标准合约》修订案、《上海期货交易所燃料油套期保值交易管理办法（试行）》（草案）、《上海期货交易所风险控制管理办法》（修订草案）、《上海期货交易所燃料油期货交割实施细则（试行）》修订草案及其说明。

在燃料油合约及实施细则修订中，上期所始终坚持“方便套保、打击操纵、防范风险”三大原则：一是为方便产业客户利用期货市场开展套期保值业务、更好服务产业经济和国民经济，明确将燃料油套期保值交易头寸划分为一般月份套期保值交易头寸和临近交割月份套期保值交易头寸，同时大幅降低申请一般月份套期保值交易头寸的门槛、增设临近交割月份套期保值交易头寸申请环节；二是将燃料油交易单位由原来的 10 吨/手放大为 50 吨/手、适当提高投资门槛；三是对风险管理具体参数的关系确定、燃料油相比其他品种交割期安排差异及相关配套优化等问题提出独立观点；四是提出仓单变小衔接、大合约统计衔接的相关风险点。目前，燃料油合约及实施细则已获上期所理事会和期货一部通过，合约修改已正式上报证监会。

5. 完成《关于天然橡胶标准合约附件及相关实施细则修订的预沟通报告》。为抑制天然橡胶期货市场过度投机、打击操纵、防范和控制市场风险，上期所对天然橡胶标准合约及实施细则进行了修订和完善。在充分了解现货市场供需状况和现货企业套期保值具体情况的基础上，提出了“品牌注册和品牌交割管理”制度，使得满足一定规范化和标准化程度的民营胶纳入交割范围，大大提高了天然橡胶期货市场可供交割的资源，满足了现货企业套期保值和实物交割的需求，同时拟将现行天然橡胶合约交易单位由 5 吨/手放大为 10 吨/手，提高交易门槛，抑制市场过度投机、控制和防范市场风险，确保市场平稳运行。

通过积极适应新形势，修订和完善交易所章程、交易规则、合约和实施细则，使上期所规则更贴近市场需求，进一步方便套期保值者入市交易，并有效控制市场风险，提升和夯实期货市场在更高层次上服务国民经济的能力和基础。

## 三、树立强势监管理念，主动出击，对违规案件做到“及时发现、及时制止、及时处理”，并加大违规行为处罚力度，强化一线监管的威慑力

近年来，随着期货市场发展和投资者参与度的提高，期货市场违规案件呈现出一些新的特点，例如，通过影响期货市场价格达到非法目的的情况逐步增多，违规手段更加隐蔽等。在新的形势下，上期所深入贯彻落实期货市场监管工作座谈会精神，始终把打击市场操纵、打击交易滥用、防范和化解风险、保护投资者合法权益以及促进市场功能发挥作为期货市场监管的重点，树立强势监管理念，主动出击，并加大违规行为处罚力度，强化一线监管的威慑力。

2010 年，上期所共处理 12 起违规案件：其中 10 起属于对敲，1 起属于为制造虚假市场行情进行连续买卖和自我买卖、影响市场价格，1 起属于通过关联账户交易、影响市场价格、转移资金或牟取不当利益。为强化一线监管的威慑力，上期所加大了违规行为的处罚力度，针对某些性质严重的违规行为，对行为人采取了限制开仓、没收违规所得、通报批评等严厉的处理措施，并及时抄送证监会，取得了较好的效果。例如，2010 年 6 月 17 日，上期所发现某期货公司四家客户在同一指令下达人的操作下、在 Ru1006 合约上进行相互买卖、造成该合约当日价格短期内异常波动、并使得当日结算价异常偏高；而且，由于 6 月 17 日是 Ru1006 合约的最

后交易日、当日结算价即为该合约的交割结算价,本案的违规行为同时对 Ru1006 合约的交割造成了一定影响,并因此使涉案当事人获得不当利益。对于这种通过关联账户之间交易,影响市场价格、转移资金或牟取不当利益的行为,上期所果断采取了通报批评、没收违规所得、限制开仓 6 个月的处罚措施,取得了较好的效果。通过对违规案件及时、有效地处理、并加大违规行为处罚力度,有力地维护了期货市场的正常秩序,坚决守住不发生系统性风险的底线,确保市场稳定运行。在加大违规行为处罚力度的同时,上期所坚持法制化、程序化的理念,不断完善违规行为处罚制度和流程,提升监管效率。2010 年,上期所在总结经验、征求各方意见的基础上,对《上海期货交易所违规案件调查处理工作办法》提出了修订和完善建议,确保在对违法违规行为做到"零容忍"的同时,不断提高监管效率,维护市场正常秩序,提升市场运行质量。

另外,2010 年 7 月,证监会期货一部为遏制过度投机、打击违法违规行为,下发了《期货交易所业务活动监管工作指引第 8 号——关于期货市场异常交易行为和市场异常波动的认定及处理程序工作要求》。为落实和细化证监会指引的规定,上期所对《上海期货交易所违规处理办法》的相关内容提出修订、完善方案,为及时、有效处理违规案件夯实制度基础。

上期所对违法违规行为的查处负有第一责任,同时也具有一线监控的优势,今后,上期所将继续深入贯彻期货市场监管工作座谈会的精神,树立强势监管理念,主动出击,加强一线监管职责,强化一线监管的威慑力,不断完善查处制度,优化查处流程,对违规案件做到"及时发现、及时制止、及时处理",并按程序上报证监会,坚决守住不发生系统性风险的底线,维护期货市场正常秩序,确保市场稳健运行、稳步发展。

### 四、加强内部管理制度建设和合同审核,提高工作的规范性与效率

2010 年,上期所全面推进内部管理制度建设,在广泛征求内部意见的基础上,对《上海期货交易所合同管理办法》等多项交易所内部管理制度办法和流程进行修订,并通过视频方式进行宣传与讲解。通过加强内部管理制度建设,大大提高了工作的规范性与效率,有效防范了内部风险。

2010 年,上期所加强了合同审核工作,并通过制作专业合同模板等形式,防范合同签订和履行中的风险。2010 年,上期所共审核所内各部门提交的合同 255 份,涉及金额约 3.2 亿元。为了加强合同管理、防范和控制合同签订和履行中的法律风险、维护交易所在对外关系中的权益,上期所修订和完善了《上海期货交易所合同管理办法》,完善了合同审核、签订、履行中的相关制度,明确了交易所所有对外签订的合同都必须经过相应的审核程序、对合同基本条款做出明确要求并规范了合同倒签等问题。2010 年 8 - 9 月,上期所又在征求所内相关部门意见的基础上,制定了《上海期货交易所信息经营许可合同》等五类专业合同模板,供相关部门在实际工作中参考使用。专业合同模板的提供大大降低了上期所在对外签订和履行合同中的风险,有力地维护了交易所的权益。

### 五、探索多种渠道和方式,加大期货市场法规和规则的宣传力度

2010 年,上期所探索多种渠道、多种方式,加大法规、规则的宣传力度和范围,取得了良好的效果。

(一)加强监管对象的法规规则宣传

2010 年,上期所继续通过"风险警示会"、"风险管理研讨会"、"期货交易员、结算员、交割员培训班"等多种方式,切实加强监管对象对期货市场法规和规则的理解。2010 年,上期所分别在春节、端午、中秋国庆等长假之前以视频会议、专题讲座等多种方式举办"风险警示会",向会员公司和投资者宣讲规则、宣传合规运作 3 次,分别有 192 家、193 家、177 家会员参加,共约 1,148 人。2010 年 5 月,上期所又在桂林召开了"钢材期货风险管理研讨会",共有 4 家钢铁企业、20 多名代表参加。"交易员、结算员、交割员培训班"也是上期所加强监管对象对期货市场功能、期货交易运作规范、期货业务法规规则理解的重要载体。2010 年,上期所共组织 5 期"交易员、结算员、交割员培训班",参

加人数达511人，大大提高了会员的法制意识和理性运作意识。

（二）为保证金监控中心、证监会稽查干部考察团等介绍上期所交易规则、违规案件处理等内容3次，获得高度评价。

（三）为深入贯彻落实《中宣部、司法部、全国普法办公室关于开展“12·4”全国法制宣传日活动的通知》的要求，弘扬法治精神、服务科学发展、配合“12·4”普法宣传日，上期所于2010年12月3日邀请上海大公律师事务所寿逸明高级律师，向全所员工讲解了“合同签订、履行中的法律风险与防范”，并就员工提出的问题进行现场解答，现场气氛活跃，取得了很好的法制宣传效果，大大增强了员工的法制意识和对合同法的准确理解程度。另外，上期所还通过张贴普法宣传海报的方式，继续大力宣传法规及合规运作。

（四）以上海国际金融中心建设为契机，对上海法院、检察院系统金融法官、检察官进行期货法律问题培训。2010年2月26日和2010年12月17日，上期所分别为中欧陆家嘴国际金融研究院2010年度“金融法律高级培训项目”的40余名法官和30余名检察官讲授了《商品期货市场业务、实践中的法律问题与经典案例介绍》，并分别就期货实务中的相关法律问题与法官、检察官们进行了现场交流。他们表示，通过培训交流，大大加深了对商品期货市场业务和法规规则的认知和理解。

（五）积极参加资本市场研讨会，就期货市场法规规则和法制建设做介绍、交流。2010年，上期所积极参加证监会、中国法学会、上海证券交易所、上海法律顾问协会、华东政法大学等单位举办的各类资本市场法制建设研讨会6次，并就期货市场法规规则和法制建设做介绍、交流。

## 六、积极配合行政机关、司法机关，完成接待查询、司法协助等事宜

2010年，上期所共接待各类接待查询11项，其中会员查询9项、客户查询2项；完成司法协助36项，其中法院21项、检察院4项、公安局11项。

## 七、加强国内外期货市场法规动态与专题问题的研究

加强国内外期货市场法规规则研究是上期所法制建设工作的重要组成部分。为了及时了解国际国内期货市场法规规则的发展动态，上期所特编制了一月一期的《期货法务动态》，并上传交易所内部网站，供全所员工查阅；同时，通过撰写专题研究报告等形式，加强对期货市场重大法律问题的研究力度。2010年，上期所完成了重点课题《期货市场监管制度研究与案例分析专集》，约合9万余字，包括《浅析冻结、扣划期货交易所会员资格费法律适用依据的完善》等在内的6份专题研究报告、3个典型案例分析以及2010年国内外期货市场动态；此外，还对美国新金融监管改革法案和金融市场新案例进行专题研究，并在全所行情分析会上做专题介绍。通过加强国内外期货市场法规动态与专题问题研究，为促进实现期货市场从量的扩张向质的提升转变奠定了良好的理论基础。

2010年是我国经济发展和经济结构调整的关键一年，也是我国期货市场从量的扩张向质的提升转变的关键一年，期货市场已逐步成为服务国民经济发展的重要金融市场之一，并具备了在更高层次服务国民经济的能力和基础。2011年，上期所将继续深入贯彻落实期货市场监管工作座谈会精神，继续积极配合相关部门，完成条例、司法解释和相关法律法规的修订与完善；继续在证监会的统一部署下，推进交易所章程、交易规则、合约及实施细则的修订与完善；继续落实证监会相关指引的要求，完善违规处理办法，加大违规案件处罚力度；继续加强法规、业务规则的宣传以及合同审核，实现合同模板提供专业化与格式化，防范相关法律风险；继续积极适应期货市场发展形势的新变化，加强对期货市场法规建设动态的追踪和对专题问题的研究，为期货市场法规规则的完善奠定坚实的理论基础。

## (二)2010年上海期货交易所采取的纪律措施决定目录

| 序号 | 发文日期 | 文　号 | 文件标题 |
|---|---|---|---|
| 1 | 2010-1-8 | 上期交处字〔2010〕1号 | 违规案件处理决定书 |
| 2 | 2010-1-8 | 上期交处字〔2010〕2号 | 违规案件处理决定书 |
| 3 | 2010-1-8 | 上期交处字〔2010〕3号 | 违规案件处理决定书 |
| 4 | 2010-1-8 | 上期交处字〔2010〕4号 | 违规案件处理决定书 |
| 5 | 2010-1-8 | 上期交处字〔2010〕5号 | 违规案件处理决定书 |
| 6 | 2010-1-15 | 上期交处字〔2010〕6号 | 违规案件处理决定书 |
| 7 | 2010-7-22 | 上期交处字〔2010〕7号 | 违规案件处理决定书 |
| 8 | 2010-7-30 | 上期交处字〔2010〕8号 | 违规案件处理决定书 |
| 9 | 2010-8-10 | 上期交处字〔2010〕9号 | 违规案件处理决定书 |
| 10 | 2010-12-2 | 上期交处字〔2010〕10号 | 违规案件处理决定书 |
| 11 | 2010-12-20 | 上期交处字〔2010〕11号 | 违规案件处理决定书 |
| 12 | 2010-12-20 | 上期交处字〔2010〕12号 | 违规案件处理决定书 |

(上海期货交易所供稿)

# 四、大连商品交易所

## (一)2010年法制建设工作综述

2010年,大连商品交易所(以下简称大商所)严格按照中国证监会各项要求,全面贯彻落实全国证券期货监管工作会议精神,紧紧围绕确保安全稳定运行、积极发挥市场功能、持续推进一流交易所建设的中心目标,以严格防范风险为前提,认真履行法定职责,不断完善业务规则,建立健全工作制度,正确适用法律法规,加强市场监管力度,妥善采取风险控制措施,遏制过度投机,打击违规行为,发挥市场功能,各项工作全面迈上新台阶。

## 一、顺应市场变化，不断完善规则制度

（一）完善业务规则修改程序，重新制定规则制定工作办法

规则是交易所运行的基础，是促进期货市场功能发挥的核心环节，理顺规则制定修改程序，提高工作效率，促进规则制定修改的规范化和科学化是交易所的一项重要工作。2010年度，大商所在总结近年来规则制定修改工作经验的基础上，按照证监会期货一部发布的工作指引，借鉴国内证券期货交易所和证监会的做法，并结合大商所实际情况，重新制定了《大连商品交易所规则制定工作办法》，进一步理顺了规则制定修改程序，提高了工作效率，促进规则制定修改的规范化和科学化。

（二）制定修改和完善多项规则

交易所业务规则是期货市场法律体系的重要补充，是期货市场运行的基础。2010年度，大商所按证监会要求，拟定并上报交易所章程和交易规则修改方案；按照证监会部署，制定并发布了《大连商品交易所异常交易管理办法（试行）》和相关监管标准与处理程序，以遏制市场过度投机；根据业务需要，制定了交割仓库的准入退出、日常考核、等级评定等六项制度，基本建立了较为完备的仓库管理制度体系。为落实国务院加强农产品期货市场监管的精神，大商所启动了扩大合约规格、限仓制度、套期保值和实际控制关系账户四项规则修改项目。此外，还对场内席位管理规定、仓单分散及涨跌停板和交易保证金等相关规则进行研究和修改。

## 二、认真执行法律规则，保持市场稳定

交易所作为市场一线监管主体，在履行职责过程中，认真执行各项法律规则，始终把风险防范放在第一位，坚守不发生系统性风险的底线。2010年大商所市场呈现出明显波动特征，上半年较为低迷，下半年有所回升，尤其是第四季度市场成交、持仓、资金迅速攀升，市场波动增加。按照证监会的统一部署，大商所通过如下措施，积极应对市场风险，提升风险防控管理能力，确保市场的健康、平稳运行。

（一）强化市场风险分析和风险评估工作，及时掌握市场动态

密切跟踪、监测、分析评估市场运行情况。完善诚信档案及大户报告管理，接收大户报告400余份。继续强化监管协作，不断加强与期货一、二部、地方证监局、期货保证金监控中心、期货业协会及兄弟交易所等单位沟通联系。

（二）及时调整交易保证金和涨跌停板标准，保证交易业务正常运行

2010年度，大商所根据市场价格波动情况，先后6次适时调整了各品种交易保证金和涨跌停板幅度，强制平仓、强制减仓等风险措施处置得当，有效防范了市场风险。

（三）加强交割管理和服务，交割业务运行平稳

为保证交割工作安全运行，2010年度大商所根据证监会监管工作指引要求，按照《大连商品交易所指定交割仓库管理办法》、大商所交割仓库管理的相关制度，加强了对交割仓库的监督检查。1－12月份，大商所共对各品种交割仓库检查103次。此外，为保证交割仓库的服务质量，提高交割仓库的整体资质水平，大商所加大了对交割仓库的调整力度。11月份，大商所先后调整了8个品种的交割仓库，并向证监会进行了专项汇报。

（四）全面加强资金结算风险控制

2010年，大商所提高了盘中会员资金风险测算频率，并在每日结算后，对第二日会员的资金风险进行压力测试。对预测结算时可能出现结算准备金不足的会员进行电话通知，要求会员及时补足资金，以排除风险隐患。2010年度共执行盘中预结算2,510次，要求会员盘中追加保证金56亿元，会员保证金不足次数同比下降73%，全年未发生一起因会员保证金不足引发的强平事件，电子资金系统上线近一年运行平稳，未发生一笔资金处理错误，未发生一次重复或延迟结算。

## 三、加大违规查处力度，保障市场平稳运行

目前，我国期货市场正处于从量的扩张向量的提高转型的重要时期。在此情况下，大商所严格贯彻期货监管工作精神，坚守不发生系统风险底线，始终把合规监管放在市场监管工作首位，加大违规行为查处力度，加大对市场违规行为的查处和打击力度，维护市场正常秩序，依法依规对涉嫌违规案件进行调查，对存在违规意图和事实、涉及金额较大、对市场运行造成

一定影响的违规行为人予以及时处罚。对于涉嫌违法违规行为超出交易所规则规定职责范围的,及时向证监会报告。2010年以来,大商所已对13起违规案件进行了立案查处,对违规人员予以相应的处罚,并及时向期货一部移交了相关涉嫌违法违规案件,有力维护了正常的市场秩序,保障了市场的健康稳健运行。

## 四、积极开展法制宣传教育,营造依法治市、保护投资者权益的良好氛围

(一)积极开展"12·4"法制宣传活动

围绕2010年"12·4"法制宣传"弘扬法治精神,促进社会和谐"的主题,大商所积极开展了一系列普法宣传活动,包括在交易大厅交易行情显示大屏幕上滚动播放宣传标语,在大商所和会员办公场区的各个醒目位置张贴法制宣传画,设立免费投资者法律咨询服务电话和信箱,并设专人答复等,形成了强烈的宣传氛围,取得了良好的宣传效果。此外,还组织员工参加了"五五"普法法律在线知识竞赛,进一步提升了员工的法制意识。

(二)通过期货学院和市场推介会等平台,将法制宣传贯穿于市场推介培训工作中

2010年,大商所充分发挥期货学院和市场推介会的宣传优势,将法制宣传与市场推介培训工作有机结合起来,贯穿在全年工作中。大商所期货学院目前设有24个分院,已经基本覆盖了全国主要中心城市,2010年共培训2000余人;2010年大商所与会员单位联合举办了188场市场推介会,合计受众超过2万人次,覆盖了大商所所有会员单位所在省市。大商所在期货学院授课培训和市场推介会设置了普及宣传期货市场法律法规的内容,取得了良好的效果,受到相关会员单位、客户和其他参加人员的一致好评。

(三)广泛深入市场服务,宣传期货市场法律和规则

2010年大商所继续以产业大会和"千厂万企"市场服务工程为抓手,积极促进市场功能和作用的发挥。具体工作如下:

1. 以龙头企业为重点,围绕"产业链服务",深入推进千村万户、千厂万企等一系列市场服务工程,把品种相关上中下游企业和生产者全部纳入服务领域,丰富和深化了产业服务和市场服务的内涵。2010年累计开展产业链培训128场,培训现货企业有关人员11,600多人,其中为中石化等行业龙头企业举办专题培训14场,参加人员共计366人。加强信息服务工作,每天定点向2,200个市场客户发送期货交易信息。

2. 持之以恒办好三个产业大会。大商所分别于5月、9月和11月召开的玉米、塑料、油脂油料三个产业大会,总参会人数达到2,011人,其中产业客户占比在60%以上。

(四)切实做好信访和法制工作

全年共接听客户来电120多个,完成合同审核事务25件,办理询证事务290件,接待来访人员300人580次,出具书证439页,未接到一例投诉,有力维护了市场的稳定。

## 五、改革创新管理体制机制,进一步规范内部治理结构

2010年度,大商所结合中央有关深入开展创先争优活动的意见和证监会要求,从体制机制改革、组织管理创新等多个角度进一步规范交易所内部治理结构,具体工作如下:

(一)建立健全领导干部工作职责和工作责任制,领导自觉加压

先后出台《进一步落实领导干部责任制的若干规定》和《高级管理人员落实岗位责任暨绩效评价办法》两项重要制度,通过岗位责任制推动各项工作落实。注重加强集体领导,发挥集体智慧,不断提高班子决策透明度和决策水平。

(二)创新财务管理,加强内部审计

完善财务费用管理制度,建立严格的财务审批程序,成立由10名普通员工和3名中层干部共同组成的财务委员会,对交易所重大财务支出进行审核决策,形成"事前谨慎立项、事中严格把关、事后审计监督"的工作机制。

(三)加强纪检监察工作

贯彻落实证监会纪委要求,组织开展《工作人员行为准则》执行情况检查、工作人员亲属遵守禁止买卖股票期货情况自查、党风廉政学习教育等三项活动,建立廉政行为规范,加强廉政制度建设。

(四)加强理事会工作

召开3次理事会和6次专门委员会会议,

切实履行理事会职责。成立理事会办公室，建立健全内部工作制度。积极开展调查研究工作，加强对规则和业务细则的管理。

通过上述完善业务规则、提高自律监管水平、加强法制宣传和规范内部治理结构等一系列措施，大商所为产业服务的能力进一步增强，市场运行安全、稳健，各项工作迈上了新台阶。

## （二）2010年大连商品交易所纪律处罚决定目录

| 序号 | 处罚日期 | 处分对象 | 违规事实 | 处分依据 |
|---|---|---|---|---|
| 1 | 2010-9-10 | 自然人客户<br>自然人客户 | 对敲导致价格异常波动 | 《大连商品交易所违规处理办法》第二十九条 |
| 2 | 2010-9-10 | 自然人客户 | 对敲导致价格异常波动 | 《大连商品交易所违规处理办法》第二十九条 |
| 3 | 2010-9-10 | 自然人客户 | 对敲导致价格异常波动 | 《大连商品交易所违规处理办法》第二十九条 |
| 4 | 2010-9-10 | 自然人客户 | 对敲导致价格异常波动 | 《大连商品交易所违规处理办法》第二十九条 |
| 5 | 2010-9-10 | 自然人客户 | 对敲导致价格异常波动 | 《大连商品交易所违规处理办法》第二十九条 |
| 6 | 2010-9-10 | 南京泉峰国际贸易有限公司<br>南京耀泉贸易有限公司 | 对敲导致价格异常波动 | 《大连商品交易所违规处理办法》第二十九条 |

（大连商品交易所供稿）

# 五、郑州商品交易所

## （一）2010年法制建设工作综述

2010年度，面对国际、国内复杂的市场环境，郑州商品交易所（以下简称郑商所）在中国证监会的正确领导下，坚持贯彻科学发展观，以打造"三公"、高效、安全的交易平台为工作目标，以积极稳妥推进市场发展和提高市场运行质量为工作重心，坚持缘法而治，合规诚信，严控市场风险，在业务和管理制度上真抓实干，各项工作有序开展并取得了良好效果。2010年度,郑商所累计成交合约9.9亿手,成交金额61.79万亿元,继续保持良好的发展势头。

## 一、加强制度建设,构建规范化发展的制度基础

2010年度,为适应市场发展需要和国家期货法规政策的变化,更好地发挥期货市场服务实体经济的功能作用,推动市场持续稳步健康发展,郑商所对现行的章程和交易规则进行了全面梳理和修订,征求了会员意见建议,并将相关文件上报证监会。

2010年度,郑商所制定了《郑州商品交易所异常交易行为监管工作指引(试行)》、《关于〈郑州商品交易所异常交易行为监管工作指引(试行)〉有关认定标准及处理程序的通知》、《郑州商品交易所结算参数管理办法》、《郑州商品交易所异常交易行为及市场异常波动监管工作准则(试行)》、《郑州商品交易所违规交易案件调查处理工作准则(试行)》、《郑州商品交易所期货交易厅管理办法》、《郑州商品交易所岗位问责管理办法(试行)》,《郑州商品交易所采购管理办法》、《郑州商品交易所统计工作管理办法(试行)》、《郑州商品交易所信访工作制度(试行)》、《郑州商品交易所信息系统变更管理办法》、《郑州商品交易所劳动人事管理制度》等业务和内部工作制度。此外,郑商所还对原有的251个工作流程及标准进行评估、优化和重组,确定了235个业务工作流程和标准,随后结合工作实际先后两次对其进行相应修订调整并汇编成册,进一步优化了内部工作流程及工作标准。

2010年度,郑商所在业务规范和内部制度两方面,坚持内外并重,进一步夯实了依法合规自律监管期货市场的规范性制度基础。

## 二、强化自律监管、严控风险,确保市场平稳运行

2010年度,郑商所积极适应市场行情波动较大的新形势,不断强化市场风险防范意识,丰富市场风险监控手段,监管效率和效能得到了进一步提升。郑商所从日常监控中发现的异常交易行为入手,进一步加大对涉嫌违法违规交易行为的查处力度,提升市场规范化运作水平。郑商所根据相关规定,加强对自成交、频繁报撤单、大额报撤单、关联账户合并持仓超限、影响交割结算价、盗码交易和自然人客户违规持仓等七类异常交易行为和市场异常情况的监控分析,对确属违规的行为,严厉打击,绝不姑息。

根据市场运行情况,及时调整风险参数,并使之常态化,是符合市场运行规律的风险控制手段。郑商所对不同环节的参数管理和各个节点进行了规范和强化,重点加强了新增参数、参数调整、参数维护、参数差误处理及应对预案四个环节的管理,从制度上防范参数差错带来的结算风险。

郑商所在注重市场功能发挥的同时,从风险控制角度完善套期保值审批,积极探索和尝试既能有效防范市场风险又能够满足产业客户需求的套保审批方式,并进一步完善了套期保值客户信用档案管理工作。

## 三、积极参与期货市场法治建设,各项工作依法合规开展

郑商所牢固树立期货市场必须坚持缘法而治、合规运作的理念,一如既往坚持各项工作依法合规开展,为保障和促进自身持续、健康、稳步和谐发展打下了坚实的根基。

2010年度,郑商所撰写了《郑州商品交易所2009年法治建设工作综述》,并积极参与了证监会组织的自律规则清理工作,承办了证监会等上级机关征求意见的《预备役军官法(草案)》、《粮食法(草案)》、《中华人民共和国计量法》、最高人民法院《关于审理期货案件纠纷的补充规定》、《最高人民法院、最高人民检察院关于办理内幕交易等刑事案件具体应用法律若干问题的解释(征求意见稿)》、《期货公司期货投资咨询业务管理试行办法》、《期货公司分类监管规定(试行)》、《关于征求"加强国家经济安全法制建设"有关意见的函》、《国务院办公厅关于深入贯彻落实〈全面推进依法行政实施纲要〉的意见(代拟稿)》(征求意见稿)、《国务院办公厅关于建立和施行法治政府建设指标体系的指导意见(代拟稿)》(征求意见稿)等10件专项意见建议的书面回复函件,得到了上级部门的肯定。郑商所通过积极参与国家相关规范性文件的立法起草工作,为推进我国期货市场法治建设贡献了力量。

为促进交割仓库依法合规管理、服务水平

再上新台阶，郑商所督促交割仓库贯彻落实《郑州商品交易所指定商品交割仓库风险防范及监管工作指引》（以下简称《指引》），对77家交割仓库进行了2009年度年审。通过年审，摸清了交割仓库及其担保单位的经营状况、资产变化、经营风险等涉及交割商品安全方面的基本情况，纠正了交割仓库日常管理的不足，弥补了交割商品安全漏洞，提高了交割仓库风险防范能力和合规运作意识和水平，也提高了郑商所对交割风险的防控能力。

郑商所对外签署的合同内容相当复杂，既有交割结算等业务合作合同，也有基建搬迁、网络传输、物品购置等合同，涉及本单位各部门的工作。2010年，共审核500余份合同属性文件（约1,500余份次），共涉及实际金额约6,000余万元。经过严格审核，将本单位所涉法律风险降至最低，进一步深化了全体员工对诚信经营、合规运作重要性的认识。

**四、顺应市场形势，创新促发展**

2010年，郑商所成功举办"郑州农产品期货（棉花）高峰论坛"。举办品种产业大会，能够提高行业对期货市场功能的认识，扩大郑商所在国际和国内市场的影响力，为此，郑商所将举办"郑州农产品期货高峰论坛"作为2010年的重点工作之一。在各方的支持和努力下，经过精心筹备，2010年9月10日，由郑商所主办的首届大型郑州农产品期货（棉花）高峰论坛在郑州成功举行。国内涉棉企业、期货公司及美国、英国、巴基斯坦等国家和地区的代表800余人参加论坛，取得了较好的效果。

为适应自2010年和2011年度起棉花仓单实行非通用的业务需求，郑商所启动了对交割、结算、会员服务系统的改造和升级，实现了以下目标：（1）保障了棉花新规则的顺利实施和仓单非通用业务的正常开展；（2）保证了通用仓单和非通用仓单在一个系统内融合并正常运转；（3）符合新的《期货交割棉公证检验实施办法》，并与中纤局数据库对接；（4）实现了仓单注册、注销、提货等业务的完全无纸化；（5）系统功能更加全面、操作更加方便；（6）对交割业务的管理更加精细，得到会员、交割仓库及客户的普遍认可；（7）将交割仓库和质检机构代码由原来的3位升级为4位，消除了交割仓库发展管理的技术瓶颈。

2010年是"十一五"规划收官、"十二五"规划即将开局的承接之年，是"五五"普法规划的检查验收年，也是开展"12·4"全国法制宣传日活动十周年，意义非凡。正如尚主席在中国资本市场20年法治建设回顾与展望论坛上所讲到的那样，法治不一定是期货市场初期发展的先决条件，但却是期货市场成熟发展的必要条件。2010年，郑商所始终坚持缘法而治、合规运作，自觉履行一线自律监管职责，全力推进期货市场法规制度建设，严控内外风险，进一步提升了相关期货品种服务"三农"、服务实体产业经济发展、服务国民经济持续和谐发展的广度和深度。

## （二）2010年郑商所作出的纪律措施决定目录

| 序号 | 处分时间 | 处分原因 | 处分对象 | 纪律决定类型 |
|---|---|---|---|---|
| 1 | 3月17日 | 影响交割结算价 | 安徽阜阳中谷国家粮食储备库、中谷集团江苏粮油有限公司 | 依据《郑州商品交易所违规处理办法》第二十八条的规定，给予两客户警告和暂停早籼稻品种开仓交易一个月的处罚。 |
| 2 | 4月29日 | 以对敲手段，相互成交，扰乱市场秩序 | 益海（石家庄）粮油工业有限公司、益海嘉里（安阳）食品工业有限公司 | 依据《郑州商品交易所违规处理办法》第二十八条、《郑州商品交易所期货交易风险控制管理办法》第四十八条的规定，给予两客户强行平仓的处罚。 |

续表

| 序号 | 处分时间 | 处分原因 | 处分对象 | 纪律决定类型 |
|---|---|---|---|---|
| 3 | 5月24日 | 不以成交为目的,频繁挂撤定单,扰乱市场秩序 | 自然人客户 | 依据《郑州商品交易所违规处理办法》第二十八条的规定,给予该客户警告处罚。 |
| 4 | 5月25日 | 不服从监管 | 益海嘉里(兖州)粮油工业有限公司 | 依据《郑州商品交易所违规处理办法》第三十六条的规定,给予该客户暂停强麦品种开仓交易1个月的处罚。 |
| 5 | 6月30日 | 盗码交易 | 自然人客户 | 依据《郑州商品交易所违规处理办法》第三十四条的规定,给予盗码客户暂停所有品种开仓交易6个月的处罚。此外,违规客户亦将非法获利所得悉数归还亏损方。 |
| 6 | 6月30日 | 盗码交易 | 自然人客户 | 依据《郑州商品交易所违规处理办法》第三十四条的规定,给予盗码客户暂停所有品种开仓交易6个月的处罚。此外,违规客户亦将非法获利所得悉数归还亏损方。 |
| 7 | 7月30日 | 以对敲手段,相互成交,扰乱市场秩序 | 河南同舟棉业有限公司、许昌和润纺织有限公司 | 依据《郑州商品交易所违规处理办法》第二十八条的规定,给予两客户暂停棉花所有合约开仓交易三个月的处罚。 |
| 8 | 9月16日 | 未在规则规定时间内,对其自然人客户违规进入交割月的持仓进行平仓 | 天琪期货公司 | 依据《郑州商品交易所违规处理办法》第二十二条的规定,给予天琪期货公司通报批评处罚。 |
| 9 | 9月16日 | 自然人持仓进入交割月的违规行为 | 自然人客户 | 依据《郑州商品交易所违规处理办法》第三十四条的规定,给予警告处罚。 |
| 10 | 11月8日 | 自然人持仓进入交割月的违规行为 | 自然人客户 | 依据《郑州商品交易所违规处理办法》第三十四条的规定,给予警告处罚。 |
| 11 | 11月8日 | 自然人持仓进入交割月的违规行为 | 自然人客户 | 依据《郑州商品交易所违规处理办法》第三十四条的规定,给予警告处罚。 |
| 12 | 12月2日 | 不服从监管 | 自然人客户 | 依据《郑州商品交易所违规处理办法》第二十八条第四项的规定,给予该客户暂停白糖合约开仓交易1个月的处罚。 |

(郑州商品交易所供稿)

# 六、中国金融期货交易所

## (一)2010年法制建设工作综述

2010年是股指期货平稳上市和安全运行的开局之年。在中国证监会的正确领导下，中国金融期货交易所(以下简称中金所)全面贯彻落实国务院领导的重要指示精神，以证券期货监管工作会议和期货监管工作座谈会精神为指导，切实按照证监会党委确定的“以平稳推出和安全运行为首要目标，严格控制风险，引导投资者有序参与，不追求交易量和活跃程度，逐步发挥市场功能”的上市指导思想和“高标准、稳起步、强监管、防风险、重功能、促发展”的十八字方针，牢牢守住不发生系统性风险的底线，扎实做好股指期货上市运行的各项工作，不断完善交易所业务规则体系和制度安排，强化一线监管和投资者风险教育，稳步推进跨市场监管协作工作，积极参与、推动证券期货市场法制研究和立法工作，并取得较为显著的成绩。

**一、建立交易所业务规则工作规范化运行机制，完善交易所业务规则体系和相关制度**

2010年，中金所致力于提升交易所业务规则制定工作的规范化和透明化程度，重点强化业务规则制定中的规划、意见征求和预沟通等关键环节，进一步完善了交易所的业务规则体系和相关制度，夯实了交易所组织市场运行和履行监管职责的基石，为股指期货的平稳推出和安全运行起到了保驾护航的作用。

(一)规范业务规则制定程序，强化业务规则工作规划等重点环节

按照证监会关于交易所业务活动监管指引的有关要求，修订了《中国金融期货交易所业务规则制定办法》，进一步完善了年度业务规则工作中规划报备、意见征求、与证监会预沟通和向证监会报告及报批等内容。根据业务发展规划和市场实际情况，上半年制定了2010年度的业务工作规划，并推动该规划按期落实。在具体制定和修订业务规则的过程中，严格执行证监会有关要求和《业务规则制定办法》的规定，确保做到预先制定规划、充分征求意见、加强与监管部门沟通、严格履行审议和报告、报批流程，保证了业务规则工作的规范性、透明性，提高了业务规则的科学性和可执行性。

(二)创立股指期货投资者适当性制度

积极贯彻落实证监会指示精神，在深入研究、广泛调研的基础上，借鉴国外市场的成熟经验和国内证券投资基金、信托产品及创业板的相关做法，并充分考虑我国资本市场现阶段特征和投资者特定结构，构建了由证监会规章、交易所业务规则、期货业协会自律规则、期货公司工作制度等组成的多层次制度规则体系和系统性制度安排，创立了系统性的股指期货投资者适当性制度。从可用资金、知识测试、交易经历和诚信记录四个方面规定了投资者从事股指期货交易的硬性条件，并辅以期货公司综合测试要求。股指期货投资者适当性制度的推出，逐步引导期货公司更加理性地选择客户，保护了投资者特别是中小投资者的合法权益，推动股指期货市场初步形成有较强经济实力和风险承受能力，有股指期货基础知识，有相关交易经历和无不良诚信记录的“三有一无”投资者群体。

(三)完成交易规则及相关实施细则全面修订

根据业务发展和市场监管需要，在沪深300股指期货上市前对中金所交易规则及相关实施细则进行了全面修订，为确保市场平稳运行，进一步提高风险管理要求，完善最低交易保证金、持仓限额、大户报告和强制减仓等相关风

险管理制度;为进一步加强市场监管,更好保护投资者合法权益,强化会员资格、客户交易行为管理、程序化监管等相关监管要求和措施;为充分发挥股指期货风险管理和价格发现的功能,更好服务于现货市场,进一步优化了交易编码、套期保值、信息披露等制度安排,为沪深300股指期货的平稳推出打下了坚实基础。

(四)建立异常交易行为监管制度

在沪深300股指期货上市之后,为解决监管实践中面临的日内短线过度交易行为突出等问题,遵循“自律监管关口前移”和“会员管理客户交易行为”监管理念,按照证监会有关监管指引的要求,制定《中国金融期货交易所期货异常交易监控指引(试行)》及配套通知,建立了交易所对异常交易进行监管的制度安排。对应相关法律法规和中金所业务规则中有关违规行为的类别,同时参考证监会《证券市场操纵行为认定指引》等相关规定,在对股指期货上市初期典型异常交易行为进行总结的基础上,充分考虑一线监管的前瞻性,明确了自成交、频繁报撤等九种异常交易行为的表现形态和四种异常交易行为的认定标准,细化了会员对客户交易行为管理的具体要求,强化了会员协助交易所进行自律监管的义务以及交易所对会员、客户的监督管理措施,完善了交易所的监管制度体系。

**二、严格贯彻落实适当性制度,持续进行督导检查**

股指期货投资者适当性制度是我国资本市场一项基础性制度安排,对股指期货顺利推出和平稳运行意义重大。在证监会党委的正确领导下,中金所紧紧围绕确保股指期货平稳推出和安全运行这一中心任务,以防范风险和保护投资者合法权益为主线,以现场检查和非现场检查为抓手,以维护市场安全运行为目标,切实推进报备审核、指标核查、现场督查等重点工作,确保适当性制度落在实处。

(一)加强组织领导,建立健全工作机制

为全面贯彻落实适当性制度,专门成立了以总经理为组长、副总经理为副组长的适当性制度监管工作领导小组,并建立了相应的组织机构和工作机制。同时,要求各会员单位从实际情况出发,加强本单位对落实适当性制度的领导,并从人员、经费、办公设施等各个方面提供强有力的保障。

(二)及时跟踪指导,完成制度报备和审核

为督促期货公司建立健全实施方案和工作细则,通过发布适当性制度报备审核指南、提供范本和一对一的沟通方式,对期货公司进行指导,推动期货公司尽快熟悉适当性制度的各项要求。克服时间紧、任务重的困难,组织审核人员在开户前完成了两批共91家期货公司报备材料的审核,确保股指期货开户工作的顺利启动。

(三)确定核查重点,突出关键指标核查力度

从过程控制的角度出发,加大了对50万可用资金、仿真交易经历等关键指标的核查力度。通过及时跟踪监控中心未满足50万可用资金的预警信息,判断期货公司是否违规开户;通过仿真交易经历验证系统,及时验证客户仿真交易经历是否属实。由于重点突出,核查得力,持续对期货公司保持高压监管态势,投资者开户的各项关键指标均落实到位。

(四)开展督导检查,确保制度落实到位

从股指期货上市前后不同阶段的实际情况出发,采取了有针对性的督导检查策略和方法:股指期货推出之前,采取全方位、广覆盖,集中力量的策略,对所有具有开户资格的124家会员单位进行检查,不留死角和真空。股指期货正式推出以后,及时总结前一阶段督导检查的经验,按照“标准不降、程序不减”和“重点突破,以点带面”的督导检查工作思路,重点检查规模较大的公司、最新获得开户资格的公司或IB营业部、期货公司新设营业部。针对督导检查中发现相关问题及时采取监管措施,有效推动督促期货公司建立健全了开户制度,确保准入门槛执行到位,实现了制度设计的各项目标。全年累计检查了9,112名客户的开户资料,占总客户数的14%;对开户过程中违反股指期货投资者适当性制度的集成期货有限公司和国泰君安期货有限公司给予了书面警示的处理措施。

(五)发挥协作优势,形成落实制度的合力

在期货一部统一指挥和沟通协调下,充分发挥期货市场“五位一体”监管协调机制优势,期货保证金监控中心和中金所对制度关键指标

进行核查验证，各证监局从日常监管角度出发加大监管力度及责任追究，期货业协会加强风险揭示和行业自律，共同构建了适当性制度落实和监管的立体网络，极大地增强了制度落实的效率和效果。

## 三、强化异常交易行为一线监管，维护市场正常运行秩序

股指期货上市交易之后，针对上市初期日内短线交易过度等交易行为相对突出的情况，中金所认真贯彻会领导指示精神，从完善监管制度入手，明确异常交易形态，细化监管标准，前移监管关口，密切监控市场运行，从严打击异常交易行为，坚决抑制市场过热交易，规范市场运行秩序，收到明显成效。

（一）加强对股指期货的实时监控和信息监管，及早防范风险隐患和违规苗头

认真做好股指期货实时监控工作，重点关注价格异常波动，审慎排查异常交易行为，切实防范市场操纵行为。一方面，严密监控客户的交易行为，对价、量、仓变化较大的客户重点跟踪，加强客户交易数据的排查分析，深入分析市场异动，及时发现市场风险隐患和违规迹象，及时向证监会上报违规线索。另一方面，强化信息监管，防范信息型操纵风险。设置专岗对各类信息进行监测，对可能对市场产生较大影响的传闻传言进行分析评估，对引起盘中异动的信息及时排查，及时上报证监会，积极防范信息型操纵。

（二）及时制止和查处异常交易行为，警示会员、教育客户

针对市场出现的异常交易行为，及时采取处理措施，并在会员范围内通报处理情况，同时不断完善相关工作流程。截至12月底，累计拨打警示电话484次，发出问询函62份，协作函19份，关注函505份，警示函275份，告知函80份。对于多次出现异常交易行为的客户，采取了限制开仓的处理措施，对客户交易行为管理不力的会员及时约见高管进行监管谈话，收到良好的警示和教育效果，异常交易行为得到有效遏制。

（三）密切研判市场形势，及时采取针对措施，抑制市场过热倾向

针对股指期货上市不久，市场呈现交易量快速上升、出现过热倾向及舆论高度关注的现象，深入分析市场形势，坚决采取措施予以纠正。先后5次在上海、北京等地召开会员单位座谈会，及时提示异常交易和市场过热的问题，要求会员单位加强客户管理，引导投资者理性参与。同时，制定日内开仓数量的内部监控标准，并最终将日内短线过度交易行为作为《中国金融期货交易所期货异常交易监控指引（试行）》中界定的异常交易行为予以规范，通过监控及时发现触线客户，采取向会员电话提醒、发警示函等措施，严肃查处各类异常交易行为。此外，积极与地方证监局沟通，共同努力抑制市场过热倾向，日内过度交易问题得到有效控制。

## 四、落实跨市场监管机制，严格防范跨市场风险

在证监会统一领导下，根据“职责明确、分工协作、信息畅通、机制健全、讲求实效”的原则，全面落实跨市场监管协议的各项安排，中金所、沪深证券交易所、中证登和保证金监控中心等跨市场监管协作五方之间从期现货两个市场出发，分析市场形势，研究潜在风险，防范违规隐患，协调监管行动，震慑了异常交易行为，促进了市场规范，初步实现“市场信息共享、监管政策协调、监管手段同步、风险防控联动”的跨市场监管目标。

（一）强化沟通联系，不断充实跨市场信息交换内容，完善跨市场信息交换机制

通过与沪深证券交易所、中证登以及保证金监控中心等跨市场监管协作各方的持续沟通与交流，进一步完善了信息交换内容，签署了相关补充备忘录与协议；在日常数据交换的基础上，建立了盘中电话及时沟通信息的绿色通道机制，完善了跨市场信息交换机制。此外，根据监管需要，五方之间在信息交换种类、程序、方式和内容等方面积极探索创新，建立了客户开户信息与异常交易相关重点客户交易情况的信息交换机制。根据沪深交易所和保证金监控中心提供的活跃客户名单、重点监控客户名单和商品期货炒手名单，对其在股指期货市场的交易、持仓和资金情况等加以重点监控。通过与中证登的信息交换，及时跟踪股指期货套期保值客户的股票交易情况，全面掌握相关客户的

跨市场交易活动,确保客户套期保值业务规范运作。

(二)及时排查异动,跨市场监管联动协作机制初步形成

针对股指期货上市以来的跨市场异动情况,与沪深证券交易所通过电话沟通,分析排查、及时分析、提前化解异常交易可能引发的跨市场风险。当市场出现大幅波动时,与沪深证券交易所及时通过绿色通道分析原因,排查跨市场风险隐患和违规苗头。在对市场异动的深入排查中,与沪深证券交易所密切配合,共同查找期现货市场可疑账户,联合分析期现货市场表现、跨市场违规线索和证据。此外,跨市场监管协作五方之间充分利用跨市场信息交换机制,密切跟踪分析重点客户临近到期日在期、现货市场的交易行为,及时交流临近到期日市场交易情况,防范到期日交割风险,确保了期货合约的平稳、顺利交割。

(三)定期召开跨市场监管例会,加强联合研究

与沪深证券交易所、中证登、保证金监控中心等五方建立并严格执行月度监管例会工作机制。全年先后组织召开了8次跨市场监管协作月度例会,重点讨论了股指期货上市后期货和现货市场运行情况,分析了市场可能出现的跨市场违规风险,研究了应对跨市场违规风险的监管措施,监管例会的内容和形式日臻完善,促进了一线监管五方之间的沟通协调。针对股指期货推出后市场变化情况,五方积极开展调研工作,及时通报研究成果,相互启发,有力促进了跨市场监管协作工作向纵深推进。

## 五、常抓不懈,持续深入推动投资者教育工作

2010年,在证监会的领导和股指期货上市领导小组的统筹安排下,中金所围绕股指期货上市工作进程,在投资者教育制度建设、组织完善、常规教育等方面开展了一系列工作。市场投资者教育体系趋于完善,各参与主体逐步"归位",投资者对于股指期货的知识获取比较充分,风险认识度明显提高,参与更加理性谨慎。为确保股指期货的顺利推出和平稳运行创造了良好的外部环境,对市场健康稳定发展及投资者利益的保护发挥了积极作用。

(一)贯彻落实证监会的统一部署和指示精神,加强对投资者教育工作的组织和督导

按照证监会党委和上市工作领导小组的指示精神,通过下发文件、召开会议、现场检查等方式加强投资者教育工作的组织和督导。通过下发文件,对中介机构开户测试的规范性、仿真交易使用的合理性、投资者培训的积极性、投资者教育资料使用的充分性等方面做出明确要求。同时,在适当性制度现场检查中,对各公司及营业部的执行情况进行检查和督导,将投资者教育工作的阵地前移,将强势监管理念融入投资者教育内涵,使投资者教育真正服务于监管要求和市场需要。

(二)激发会员公司及下属营业部的力量,健全"统一领导,多方合力"的投资者教育长效机制

一是健全网络体系。与各地证监局、证券业协会、期货业协会组成构筑更加紧密的投资者教育网络体系,形成"优势互补、资源共享、渠道畅通"的互动协作机制,在向全国各个辖区输送资料、轮番培训方面起到了积极作用。二是建立投资者教育联系人制度。建立了一支高管配比达到87.9%的行业投资者教育联系人队伍,形成交易所、会员公司、营业部"分级督导、逐级汇报"的投资者教育三级监督体系。三是努力把营业部建成"投资者教育基地"。充分发挥营业部贴近投资者的优势,对营业部的投资者教育工作进行统一部署,要求各开户营业部开户现场张贴海报,发放资料,宣讲规则,滚动播放"走进股指期货"风险教育片,现场演练"股指期货学与练"模拟游戏,将投资者开户的过程变成投资者教育的过程。

(三)强化媒体的社会责任,利用媒体放大效应扩大投资者教育的市场效果

积极发挥媒体在投资者教育方面的重要作用,多次召开媒体座谈会,举办了3期共约80家媒体、200多名记者、编辑参加的股指期货知识培训班,强调媒体的社会责任,引导媒体积极参与投资者教育。2010年年初股指期货获批后,支持中证报等14家主流媒体在第一时间开设了"股指期货知识"专栏,以每交易日一期的形式,连续刊登近80期专栏文章;推动新浪、搜狐、和讯等主要网站开辟了9个股指期货投资者教育专区;协助中央电视台、第一财经等录制了《十问股指期货》等多期电视节目,内容覆盖

基础知识、合约规则、交易策略、交易风险及防范等各个方面，在“润物细无声”中促使投资者形成正确的思想。

（四）通过多样化手段全面铺开投资者教育，推动投资者认识实现质的提升

一是通过针对机构投资者开展高密度的套保培训，弘扬套保文化。全年累计举办26期“股指期货套期保值研修班”，培训200多家机构的3,000余人，广为传播套期保值的理念和操作技能。二是与会员合作展开“拉网式”培训。通过提供资金和讲师资源，鼓励中介机构与交易所合作推动投资者教育工作。全年与会员公司合作开展培训活动110余场，培训人数逾2万人。三是对投资者教育资料进行了全新改版和充实，出版了6本丛书，制作了12本知识手册、12张光盘、19张插页、6张海报、1本词典、1个模拟游戏等6大类、63款投资者教育资料，向新浪、和讯、搜狐等主要网站提供了57项权威学习资料。四是坚持办好仿真交易这一期指交易的练兵场和风险教育的大学堂。2010年，仿真交易仍是股指期货投资者教育的重要手段和落实适当性制度的必要环节，全年共有36.4万客户开户，成交总量6,930.3万手，日均成交28.6万手。

**六、积极参加立法和法制研究，为资本市场发展营造良好法制环境**

积极配合最高院、证监会等部门的立法工作，推动期货市场法律法规的完善。就最高人民法院《关于审理期货纠纷案件若干问题的补充规定》、《最高人民法院、最高人民检察院关于办理内幕交易等刑事案件具体应用法律若干问题的解释》等司法解释，证监会《证券投资基金投资股指期货指引》、《证券公司投资股指期货指引》、《关于合格境外机构投资者投资股指期货有关问题的暂行规定》等规范性文件，中国期货业协会《中国期货业协会章程》、《中国期货业协会会员自律公约》、《会员管理办法》、《纪律惩戒程序》和《信息平台管理规则》等自律管理规则研提意见。

密切结合监管业务需要，针对投资者适当性制度、打击防范市场操纵和内幕交易等现实问题积极展开业务研究，完成《股指期货市场主要违规行为及防范》、《股指期货创新中的投资者保护研究》、《美国期货市场信息操纵监管及启示》和《实际控制关系客户号合并限仓问题研究》，形成了一批业内影响较高的研究成果。

## （二）中国金融期货交易所2010年采取的纪律措施决定目录

| 序号 | 发文日期 | 文　号 | 文件标题 |
| --- | --- | --- | --- |
| 1 | 2010-5-18 | | 关于对客户杨海洪采取限制开仓措施的决定 |
| 2 | 2010-7-23 | 中金纪处字〔2010〕001号 | 关于对国泰君安期货有限公司进行书面警示的决定 |
| 3 | 2010-7-23 | 中金纪处字〔2010〕002号 | 关于对集成期货有限公司进行书面警示的决定 |
| 4 | 2010-8-17 | | 关于对客户顾世清采取限制开仓措施的决定 |
| 5 | 2010-12-1 | | 关于对彭国华、龙玉梅采取限制开仓监管措施的决定 |

（中国金融期货交易所供稿）

# 七、中国证券登记结算有限责任公司

## 2010年法制建设工作综述

2010年,中国证券登记结算有限责任公司(以下简称结算公司)在中国证监会的领导下,深入贯彻科学发展观,公司的法制工作在领导的高度重视与周密安排,沪、深分公司与总部各部门的密切配合下,取得了较大的进展。2010年工作主要围绕以下几点展开:证券登记结算业务制度的完善、风险处置的整体收口、参与法律法规及司法解释的制定、对外法制交流以及日常法制工作。

### 一、进一步完善的证券登记结算业务制度建设

(一)2010年4月23日证监会原则上通过了结算公司制定的《中国证券登记结算有限责任公司结算规则》。为做好该规则发布前的准备工作,结算公司制定了一系列配套结算业务细则,包括《中国证券登记结算有限责任公司净额结算业务细则》、《中国证券登记结算有限责任公司交收担保物管理业务细则》、《证券结算互保金管理规则》、《关于对交收违约结算参与人暂停交易试行办法》、《结算备付金管理办法(修订稿)》;针对不同结算参与人类型,分别起草相应的证券资金结算协议,现已基本完成了向券商等参与机构征求意见的工作。

(二)发布了《中国证券登记结算有限责任公司证券登记结算业务参与机构自律管理措施实施细则》;将《证券持有人名册服务业务暂行办法》修订为《证券持有人名册服务业务指引》,并予以发布;发布了《境外上市公司非境外上市股份登记存管服务指南》;在全面修订《中国证券登记结算有限责任公司开放式证券投资基金登记结算业务指南》基础上,制定了《中国证券登记结算有限责任公司开放式证券投资基金及证券公司集合资产管理计划份额登记及资金结算业务指南》,拟于近期发布;制定发布了《基金"分拆转换"与"合并转换"业务加入流程》;为了进一步做好参与人服务工作,全面梳理、修订了28项基金业务办理业务指引;为配合做好跨市场ETF登记结算服务,制定发布了《中国结算三地关于嘉实沪深300ETF网下组合证券认购相关登记结算业务处理流程》。

(三)结算公司上海分公司修订并对外发布了10余部业务指南以及多部规章制度,其中业务指南包括:《证券账户管理业务指南》、《证券发行人业务指南》、《B股清算交收业务指南》、《债券登记结算业务指南》等;结算公司深圳分公司制定并发布了《中国结算深圳分公司证券质押业务指南》、《中国证券登记结算有限责任公司深圳分公司融资融券试点登记结算业务指南》、《中国结算深圳分公司证券发行人权益分派业务指南》。

(四)就国际板建设起草了相关规章制度,并就其中的关键法律问题进行了深入研究。

### 二、法律风险处置工作整体收口

(一)2010年度结算公司多次组织召开三地法律工作会议,并于8月5-6日召开了风险处置收尾工作专题会议,就推动国债回购案件等风险处置工作的整体收口作出部署;2010年度结算公司法务部门就多项诉讼进行了个案协调,在破产债权申报以及司法机关不当执行的处置方面也都进行了卓有成效的工作;公司三地将被处置证券公司与结算公司之间在债权债务处置、司法执行和诉讼案件、资产核销清退、结算备付金等各类账户处理、清算交收路径变更等结算风险处置的若

干遗留事项进行了全面清理和处置,完成了年度既定目标。

(二)积极配合证监会、最高院、国务院法制办等单位就国债回购案件整体解决,开展沟通协调工作。

(三)2010 年 6 月 3 - 4 日,结算公司公司与北京高院合作举办了北京法院系统"证券法律研讨会"。近几年来,在证监会法律部等相关部门的大力支持下,结算公司通过研讨会、交流拜访、专题介绍等方式不断加强与北京高院、一中院、二中院的沟通与协调,为全面落实登记结算公司涉诉案件指定管辖制度奠定了坚实的基础,取得了良好效果。

### 三、稳步推进的日常法律工作

(一)2010 年度结算公司积极落实《证监会、最高人民法院、最高人民检察院、公安部关于查询、冻结、扣划证券和证券交易结算资金事项的通知》,协助执法工作有条不紊;就总部受理上市证券协助执法业务有关问题进行了研究并征求有关部门意见,起草了《总部协助执法业务指南》和《总部协助执法业务办理流程(内部使用)》并征求意见。

(二)按照公司的发展思路,结算公司对国家资本市场的法制建设献计献策,就资本市场法制完善研修项目课题、2010 年度国家法治与法学理论研究项目课题提出建议,并参与了多项法律研究项目,取得了良好的效果。其中包括:完成工作研究《证券登记结算业务自律监管研究》,完成研究报告《从证券登记存管角度看创业板直接退市中投资者权益的保护》、《中央结算机构 DVP 担保权的法律规定》、《证券登记结算业务中司法介入的实践与建议》,参与证监会、上交所组织的《证券期货业务规则法律效力研究》课题以及司法建议稿的起草和修改工作等。

(三)结算公司一向对普法工作非常重视,为落实公司"五五"普法工作规划,公司三地开展了多项普法工作。2010 年 12 月 3 日上午,公司总部在中证网演播中心成功举行了"12 · 4 法制宣传日投资者网上交流"活动,就证券登记结算相关法律、政策、业务问题,与投资者进行了网上交流,解答投资者疑问。

结算公司深圳分公司在 2010 年 3 月 15 日和 12 月 4 日,联合深圳交易所、深圳证券信息公司举办"3 · 15 投资者维权网上咨询"及"12 · 4 法制宣传日网上咨询"活动;2010 年度还在《证券时报》专栏刊登了融资融券、证券质押与解除质押等专题问答共计 24 期,对外宣传热点问答 122 个;多次组织业务骨干赴全国各地对券商进行登记结算业务及相关法律法规的培训,同时印发学习材料以便券商柜面人员学习;在公司内部组织了形式多样的法律知识学习活动。

结算公司上海分公司以多种形式调动员工学习资本市场规范、新颁布法规的积极性;采取走访、举办研讨会的形式,向司法机关宣传"四部委"通知、指定管辖通知与登记结算业务规则等规定,并就国际板、ETF 业务、融资融券、报价回购以及转融通等多项创新业务中涉及的法律问题与司法机关进行了深入讨论,取得了良好效果;通过"PROP 参与人论坛"等形式开展了"12 · 4"全国法制宣传日活动。

### 四、参与法律法规及司法解释的制定工作

(一)继续推动《证券电子簿记法》的立法工作,2010 年度整理了各国证券电子簿记法令的译稿,并完成各国证券无纸化法令译稿统稿及编辑工作。

(二)对《中华人民共和国预备役军官法修正案(草案)》、《中华人民共和国社会救助法》、《中华人民共和国涉外民事关系法律适用法》、《证券投资基金法》、《现金管理条例(征求意见稿)》等提出反馈意见。

(三)全面梳理了当前有效的证券期货规章,对于不符合实践要求的三十多份规章提出了修改或废止建议。

(四)对《最高人民法院关于审理期货纠纷案件若干问题的补充规定(稿)》、《最高人民法院关于进一步规范人民法院委托评估、拍卖工作的若干规定(征求意见稿)》、《最高人民法院关于执行权配置的若干意见(稿)》、《关于征求对最高法院所审理案件有关问题意见的函》等反馈意见。

### 五、多种形式的法制对外合作交流

(一)2010 年 9 月,结算公司主办了亚太地区中央证券存管机构组织(ACG)第十二次交

互培训会议,本次会议的议题包括:参与人破产情形下对结算机构的保护问题、场外市场(OTC)结算服务问题、公司行为直通处理问题、移动通讯在结算业务中应用问题。结算公司作为ACG法律工作组召集人在组织协调相关法律课题的研究方面做出了大量工作。起草了2010年ACG法律工作组工作计划;召开法律工作组的电话会议;完成了《关于2010年ACG法律工作组上半年工作情况的报告》;完成《CSD/CCP在参与人破产时的法律保护》课题的问卷设计,整理各国答卷以及答复汇总工作;完成了《2010年ACG法律工作组工作总结》以及《CSD/CCP在参与人破产情况下的法律保护课题之初步研究成果》;完成了《关于ACG法律工作组在第12届ACG交互培训会议中工作情况的报告》。

(二)结算公司一直积极参与国际统一私法协会《中介化证券实体法公约》的研究工作。2010年度根据我国的情况,按照公约起草小组的要求,整理了我国关于公约解释报告的意见草案,通过商务部反馈了统一私法协会;对《中介化证券实体法公约》新兴市场委员会会议文件进行分析解读,形成了新兴市场委员会会议报告;在认真研究公约内容的基础上,对《中介化证券实体法公约》对我国的借鉴意义进行总结,形成有关我国证券法律体系建设建议报告及后台体系建设建议报告。

(三)2010年度结算公司与香港交易及结算所有限公司(HKEx)举办了两次业务交流会议,其中对证券登记结算业务相关的法律问题展开了深入的讨论。

(中国证券登记结算有限责任公司)

# 八、中国证券投资者保护基金公司

## 2010年法制建设工作综述

中国证券投资者保护基金公司(以下简称保护基金公司)自成立以来,一直高度重视法制工作,坚持用制度管人、管事,并将其作为保护基金公司规范运作和廉政建设的基础。2010年,保护基金公司在前期工作的基础上,继续推进《证券投资者保护基金条例》(以下简称《条例》)立法,大力开展投资者保护法律制度研究,通过多种渠道开展法制宣传工作,进一步加强内部控制制度建设,同时,开展多种形式的对外法制交流与合作。

### 一、继续稳步推进《条例》立法

《条例》立法一直是保护基金公司的工作重点之一。经过五年的努力,《条例》已连续四年被国务院立法计划列为二档项目。为推进《条例》立法进程,保护基金公司在2010年主要做了以下工作:

(一)开展专项研究,不断提升认识水平

结合立法工作的重点难点和金融危机后境外在投资者保护方面的新进展,立法工作组广泛搜集材料,完成了《金融危机下的美国证券投资者与存款人保护制度》等专项报告,对金融调解制度、证券侵权民事责任制度、证券市场风险防范机制、保护基金公司职能定位等重点问题进行系统梳理和研究论证。

(二)坚持科学立法,广泛听取各方意见

为与有关方面尽快达成共识,保护基金公司召开董事长办公会议讨论《条例》文本与重点问题,完成《证券投资者保护基金条例(送审稿)》与起草说明,草拟《关于推进〈证券投资者保护基金条例〉立法工作的请示》,报送证监会会领导审议;并于2010年11月25日召开条例研讨会,对《条例》文本和起草说明进行研究讨论,充分听取、吸收中国证券投资者保护专家委员会委员们的意见。

（三）积极协调国务院立法计划立项

2010年11月，保护基金公司配合证监会法律部完成了国务院2011立法计划建议项目的报送工作，争取尽快出台。

## 二、投资者保护法律制度研究工作取得较大成果

为了进一步推进投资者保护相关法律制度的完善，保护基金公司积极参加相关制度、政策的研究制订，参与投资者保护相关学术讨论，扎实开展证券投资者保护法律制度研究，取得较大成果。

（一）推动风险处置有关政策的出台

保护基金公司积极推动最高人民法院《关于部分人民法院冻结、扣划被风险处置证券公司客户证券交易结算资金有关问题的通知》的论证和出台。

（二）系统研究投资者保护制度

根据证监会研究中心的要求，完成《投资者保护制度》；根据保护基金公司建立常态投资者保护机制的战略安排，研究完成《关于资本市场发展中证券投资者保护相关问题的几点思考》与《关于上市公司退市过程中发挥保护基金公司投资者保护作用的探讨》。

（三）开展金融专业调解制度研究

根据证监会的部署，保护基金公司参与证监会和德国技术合作公司的“金融专业调解制度”的研究工作，受证监会法律部委托承办“金融专业调解制度课题研究项目”的招投标和督办工作，撰写《关于开展证券纠纷调解工作的方案》、《调解规则》等报告和制度设计方案；结合境外调解机制的实践经验，完成《证券纠纷调解机制的境外经验借鉴及发展趋势》，提交中国法学会证券法学研究会主办的“证券市场发展和证券投资者保护”研讨会。

（四）开展证券民事侵权制度研究

根据证监会法律部的要求，积极参与证监会、最高人民法院关于“证券民事侵权制度”的研究工作，与证监会法律部共同承办“完善证券侵权民事责任法律制度专题研讨会”，参加“证券侵权民事赔偿司法解释征求意见会”，完成《关于完善证券侵权民事法律责任制度有关问题的建议》；同时，积极参与中国法学会证券法学研究会以“证券市场发展和证券投资者保护”为主题的学术讨论，结合境外实践和我国投资者民事救济机制的现状，提出完善我国证券投资者保护民事司法救济机制的核心是建立投资者代表机制，保护基金公司可以在投资者代表机制的建立中发挥作用，得到了学术界的普遍关心和支持。

（五）推进系统性风险防范制度研究

保护基金公司参与证监会、国务院法制办关于“系统性风险防范制度”的研究和征求意见工作，向证监会提交书面研究报告和相关资料；同时，结合境外自律组织风险防控的实践，完成《关于在证券市场风险控制与防范中进一步发挥自律管理作用的几点思考》。

（六）组织开展投资者保护课题研究和成果推广

截至2010年底，保护基金公司已立项课题10批次、80项，其中法律类占比超过80%，参与课题研究人员600余人，均具有从事相关研究或实务工作的经历及较强的理论水平。目前，72项课题研究报告已经全部完成，研究成果达550多万字，编辑出版《系列课题研究报告》10卷，具有较高的借鉴及应用价值。为总结、交流投资者保护研究成果，公司将研究报告赠送证监会、法院、研究机构、高校图书馆、投资者保护工作研究专家等单位及个人，收到各大图书馆各种形式的感谢函共82封，取得良好效果。

## 三、多渠道、多形式开展法制宣传工作

（一）以业务转型为载体积极开展直接面向投资者的证券法制宣传与服务工作

2010年，保护基金公司不断创新的投资者教育与服务的内容和形式，使投资者教育内容达到“入脑入心”的效果。在投资者教育方面，保护基金公司在投资者教育“五个一”工程的基础上，继续以电视片、百家工程、手册、软件等多种形式加强投资者教育工作，完成了投资者教育情景剧《舞动的K线》拍摄制作，组织实施了百家证券营业部投资者教育工程，组织编写了《投资者手册》（第二辑），并成功举办了资本市场20周年纪念活动有奖知识竞赛。知识竞赛自8月6日正式启动，在3个月时间里，共有超过155万人次参与答题，11万人成功闯关，

收集感言、寄语9.5万余条,累积点击量突破3,000万。在投资者服务方面,保护基金公司呼叫服务业务继续完善。截至2010年10月底,保护基金公司呼叫服务业务共收到投资者留言7,932条。其中,业务政策咨询类1,235条,占比15.57%;政策咨询类338条,占比4.26%;批评、建议类3,726条,占比46.98%;投诉举报类2,633条,占比33.19%;答复率99.71%。保护基金公司定期将投资者留言进行汇总、分析,编写相关报告报证监会相关部门。截至目前,共完成《证券投资者互动工作周报》40期,《证券投资者互动工作简报》10期,《关于投资者投诉事项的通报》10期,公益性普法教育与服务取得良好社会效果。

(二)积极提升投资者保护门户网站建设

2010年,保护基金公司"投资者保护网"积极探索新方法和新途径,加大专题制作频度和推出力度,共策划制作"资本市场20周年网上有奖知识竞赛"、"证券市场20周年回顾与展望"等43个专题;推出了"证券市场研究"栏目和"宏观研究"、"市场研究"、"行业研究"、"资本市场制度建设"、"数据分析"等5个子栏目;发布研究报告5,459篇,累计更新文章7万余篇,网站日均流量(PV)达2.9万。除基本维护与更新外,保护基金公司"投资者保护网"还组织开展了证券公司舆情监测工作,实现了对新闻网页、论坛、博客、新闻评论等网络资源的精确采集和解析,提供舆情信息检索、热点信息的发现、热点跟踪定位、敏感信息监控、舆情实时预警、舆情监管等多层次、多维度的舆情信息服务,进一步提升了服务水平。

(三)以"12·4"法制宣传日为契机多种形式开展保护基金公司内部普法活动

根据《关于转发〈中宣部、司法部、全国普法办关于开展2010年"12·4"全国法制宣传日系列宣传活动的通知〉等文件的通知》(证监办发〔2010〕106号)的精神和要求,保护基金公司领导高度重视,指派法律部牵头、相关业务部门及工会、团委配合,认真起草活动方案并切实组织实施。

活动期间,保护基金公司组织动员员工21人次参加司法部、国务院新闻办、全国普法办开展的"2010年全国百家网站'五五'普法法律知识竞赛活动";结合业务需要,通过保护基金公司内网发布招投标法律知识9篇,邀请招投标领域的实务专家进行讲座1次,有针对性地开展宣传和教育,努力提高普法工作的实效性。

## 四、进一步加强内部控制制度建设

2010年,保护基金公司立足实际,在不断强化内部控制机制建设的前提下,更加注重内部控制执行。

(一)进一步夯实基础制度建设

秉承"以制度管人、管事"的理念,保护基金公司在2010年先后制定了《接收实习人员管理暂行规定》、《"中国证券投资者保护网"网站管理暂行办法》、《共青团中国证券投资者保护基金有限责任公司委员会工作规定(试行)》等4项管理办法;修改《内设机构与职责规定》和《职务、职级评聘规定》2项内部管理制度,使公司内部运行更加流畅,运转效率明显提高。

此外,为防范和控制项目风险、加强内部控制,结合证券市场交易结算资金监控系统、资本市场XBRL信息系统建设采购金额较大且市场化议价程度较高的特点,保护基金公司专门制定了《招标工作指引》、《询价采购工作指引》、《竞争性谈判采购工作指引》、《单一来源采购工作指引》等4项规范性文件,对保护基金公司项目中采购方式的条件、流程等进行了详尽的规定,使保护基金公司的采购制度更加完备。

(二)进一步加强内控执行和合规管理力度

2010年,保护基金公司立足实际,在不断强化内部控制机制建设的前提下,更加注重内部控制执行,持续完善预算管理、财务支出管理和国有资产管理三者的连动机制,进一步巩固了"有制度、有执行、有监督"的内部控制体系。1.进一步完善了内部控制制度,全面梳理了各部门的岗位职责、风险重点、控制程序,形成了内部控制评价要点,把内部控制岗位责任制落实到人,并引入独立审计机构,探索建立了内部控制季度稽核机制,保证内部控制机制有效运行。2.严格执行"分工审核、集中批准"的审批机制和重大事项集中决策机制,推动"项目负责制",明确业务主办部门、财务部门、法务部门、综合部门在项目管理中的职责。3.进一步加强法律审核工作的专业性和规范性，将法律顾问制度引入日常管理，聘请专职律师独立评估、提示法律风险，参与保护基金公司各项业务的审核、把关，保障项目立项、执行各个环节符合更为严格的法律标准，有效防范各种内控风险。

**五、开展多种形式的对外法制交流与合作**

随着我国金融市场开放的不断深入，跨境投资者保护问题日益凸显。保护基金公司自成立以来已成功组织召开了三次国际研讨会，并开通了中国证券投资者保护网的英文网站，为国际交流与合作搭建了基础平台。

（一）参加国际投资者保护基金年会等国际会议

2010年6月，在加拿大蒙特利尔召开的IOSCO第35届年会上，IOSCO主席委员会审议批准保护基金公司加入该组织，成为其附属会员。同时，保护基金公司第一次参加国际投资者保护基金年会以及美国证券投资者保护公司（SIPC）组织的“现代化工作会议”，就跨境投资者保护机制以及建立投资者保护组织国际论坛与美国、加拿大等国际投资者保护组织进行了磋商，对证券投资者保护工作现代化提出若干建议，并与IOSCO进行了专门沟通，初步达成共识。

（二）参与投资者保护国际合作项目

根据证监会的部署，保护基金公司积极参加中国证监会与德国金融监管局合作开展的“中德证券投资者保护项目”，并负责牵头与欧盟证券投资者保护机构合作项目。通过充分了解资本市场成熟国家在投资者保护法律制度、风险监测、投资者教育与服务等方面的实践经验，为完善我国证券投资者保护制度提供有益借鉴。

（中国证券投资者保护基金公司供稿）

# 九、中国期货保证金监控中心

## 2010年法制建设工作综述

2010年，是面对国际金融危机带来严重影响和国际国内环境发生深刻变化的一年。在这一大背景下，国内期货市场出现重大创新，股指期货得以顺利推出和安全运行，商品市场价格剧烈波动，市场规模不断扩大。中国期货保证金监控中心（以下简称监控中心）在中国证监会党委领导下，利用掌握全市场数据的优势，进一步夯实工作基础，稳妥推进各项新业务开展，重点从开户环节、保证金安全监控、市场监测监控等方面保证股指期货的顺利上市和平稳运行，积极开展对规律性、普遍性和趋势性问题的研究，防范系统性风险再获重大进展，在服务市场监管与市场运行方面做出了积极贡献。

**一、夯实以制度、规则为依托的市场基础，确保股指期货平稳上市和运行**

股指期货上市，不仅是期货市场的一件大事，也是金融市场的一件大事。2010年监控中心围绕开户环节、保证金安全监控、市场监测监控等方面的制度、规则建设夯实市场基础，保证股指期货的顺利上市和平稳运行。

完善统一开户规则体系，用较短时间完成了股指开户的准备工作。在2009年底全面推开统一开户以后，监控中心将中金所开户工作列入重点，积极参与股指期货适当性制度的研究，制定了适当性制度的资金标准和验证方法，完成了相应的系统开发工作，建立了资金标准预警制度；通过沟通协调，与中金所就套保套利交易编码办理流程和特殊法人开户问题达成共识,形成有关规则,既落实了统一开户制度的要求,又适应了中金所尽快开业的需要。经过紧张工作,将中金所全部会员纳入统一开户系统,有力地保障了适当性制度和实名制的落实,为股指期货上市奠定了很好的基础。

完善保证金安全监控规则体系,成功将股指期货纳入保证金监控体系。根据风险防范的有关要求,股指期货实行三级结算,与商品期货的二级结算有很大不同,这就对原保证金安全监控的规则体系提出很大挑战。依据股指期货三级结算的新特点,监控中心首先以完善保证金安全监控规则为突破口,设计开发了相应的保证金监控系统。同时,为保证中金所会员交易结算系统正常运行和报送数据,依据新的规则要求,监控中心逐一对100多家期货公司的新系统进行了检查验收。经过大量工作,股指期货上市运行后顺利实现了与监控系统的顺利衔接,进一步保障了股指期货平稳运行。

积极构建适应市场新形势的监测监控制度体系,全力做好股指期货的监测监控准备工作。2010年初以来,按照证监会"股指期货跨市场监管协调小组"两次会议要求,全力做好监控中心关于股指期货的监测监控准备工作。设计了数十项股指期货监测事项,数百个监测数据及指标,在较短时间内构建了股指期货安全运行监测监控规则体系,完成了"金融期货监控系统"的设计与开发。同时,根据监管要求,拟定了股指期货5类18项达到一定标准需要报告的制度,及时应对了股指期货监控工作之需要。

依托规则,加强对股指期货运行的重点监测监控。股指期货安全上市后,监控中心加强了对股指期货的重点监控。依托规则,向证监会报告股指期货相关指标达到报告标准的事项近百项;初步建立了跨股市与股指、跨股指与商品以及跨几个商品交易所的客户、资金等监测体系。有力保障了股指期货的平稳安全运行。

**二、全面构建以规则为核心的市场监测监控制度体系,防范系统性风险再上新台阶**

2010年,国内期货市场随着股指期货的顺利推出,市场形势在由量变向质变提升的过程中,呈现出更加复杂的业态。国际上,受后金融危机美国率先启动一系列量化宽松的货币政策影响,国内大宗品市场及期货市场出现了剧烈震动。监控中心上海总部紧跟国际、国内形势变化,监测监控和分析研究工作为监管部门、交易所化解系统性风险提供了基础信息支持。

完善了例行报告制度。在2009年建立的《期货市场监测监控周报》基础上,2010年对格式、内容进行了调整及完善;开展若干不定事项的报告,如发现或认为的运行或风险状况,都及时报告给监管部门,包括市场特定情况、特定品种风险、客户违法违规行为等不定事项的报告;还有大量监管部门需要监控中心提供的数据、名单或核查相关情况的,都积极完成并及时上报。2010年,共向监管部门报送了《期货市场监测分析周报》42期;报告市场资金状况73次;每次长假期间整理外盘行情发送给监管部门,并对国内市场进行压力测试,将测试结果报告给监管部门。

初步确立了市场风险隐患发现报告机制。建立了期货市场关联客户档案,发现及报告了涉及3家商品交易所多个品种和客户的交割风险、价格异常风险、持仓异常、报撤单异常等情形。一年来,共维护了200多期市场监控日志,逐日记载每日主要交易品种运行情况、主要问题及关联客户活动情况,为今后建立品种档案奠定了基础。

系统性风险防范再获重大进展。在化解2008年国庆后百年不遇的市场风险并建立了期货市场压力测试系统基础上,利用掌握全市场数据的优势,积极开展规律性、普遍性和趋势性问题的研究与总结,研究、测算关联客户及疑似标准和短线交易、程序化交易概念、认定标准及市场规模等,率先以交易行为测算套期保值规模的模式,设计指标,评估市场功能等,系统研究报撤单等市场行为和突出问题,形成近20期有影响的专报。这些成果为证监会制定若干监控指引化解系统性风险提供了有力支持。

宏观经济与产业经济的分析研究有序推进。开展宏观经济与产业经济分析研究以及以市场热点为导向、以基本面和规律性为落脚点的重点研究,每日、每月、每季对国际衍生品市场信息进行分析和编译,报送《月度全球衍生品市场运行情况及监管动态综述》、《季度中美及全球期货市场分析》以及多篇涉及股指、金属、农产品等重点期货品种的研究分析专报，得到证监会好评。

## 三、依托初步形成的期货公司风险处置规则体系，认真履职，管好用好保障基金

根据证监会、财政部授权，监控中心履行代管保障基金职能。嘉陵期货公司风险处置工作基本结束。作为中国期货市场动用保障基金处理风险的第一次任务，不仅较顺利处置了风险，而且也为保障基金的管理、使用提供了经验。嘉陵期货风险处置工作的基本结束，标志着保障基金参与期货市场风险处置工作走向制度化、规范化，保障基金作为期货市场最后安全防线的作用也初步体现。

同时，监控中心一直配合、参与证监会牵头协调的涉及保障基金的减免税工作，历时近2年，2009年8月，涵盖多税种，涉及多个市场主体的税收优惠政策发布。按相关文件规定，上述税收优惠政策到2010年年底截止。因此，一方面，配合会会计部做好相关文字起草工作；另一方面，主动和财政部、税务总局相关司局沟通，说明税收优惠政策对保障基金相关各方的重要性。目前进展顺利，保障基金各方原有税收优惠政策有望得以持续。

## 四、不断完善制度体系，做实做细现有职能

监控中心运行以来，其保证金监控、统一开户等基本职能发挥了预想的作用，一方面需继续做好各项日常工作，另一方面还需对一些原有的规则欠缺等尽快填补。

做好保证金日常监控工作。做好各方数据催收、账户报备维护、预警甄别、预警信息处置、查询系统客户反映问题的排查与解答等日常监控工作；加强对期货公司的业务指导和培训，对监控中心成立以来所有预警信息的产生原因进行梳理和分析，下发各期货公司借鉴参考，进一步提高了期货公司保证金存管及相关业务的规范程度。

做好统一开户日常工作。2010年以来，监控中心认真开展系统维护工作，主动做好与四家交易所和两家外部验证机构的组织沟通协调，确保期货市场开户业务的持续稳定进行。严格执行实名制、一户一码、市场禁入和投资者适当性制度的检查验证工作，把好市场准入关，目前已阻挡了24,000多次不符合上述制度要求的开户申请；建立了开户预警制度，更有力地保障统一开户制度的执行；强化窗口服务意识，坚持悉心讲解和耐心指导，提高期货公司合规操作水平；进一步加强宣传和引导工作，在期货日报刊登统一开户系列问答，详细介绍统一开户的操作流程。

进一步研究落实提高查询系统访问率的措施。在实现期货公司交易系统对接查询系统、客户可自动登陆查询系统的基础上，选取自动登陆比率低的20家期货公司逐一进行调研，了解到更多市场新情况，找到了更多提高访问率的措施，包括改进期货公司系统配置、督促软件商开放接口和改进监控中心密钥发放方式等。目前，部分改进工作已经完成，部分措施正在继续落实。

期货公司长假出金风险防范取得了新进展。启动了期货公司长假出金风险的研究，经沟通协调，处置思路已与所有结算银行和部分期货公司基本达成共识，待进一步研究、审定后即可进入系统设计开发阶段。

落实对期货公司自有资金银行存款进行监控。在证监会期货二部的指导下研究具体的实施方案，包括存管银行和期货公司的报送数据的内容和方式、监控系统的核对逻辑与算法、预警的情形和处理方式、工作进度安排等；就银行报送监控中心所需数据的可行性进行调研，初步取得了各行的支持；研究期货公司向监控中心报送数据的方式，就从期货公司财务系统采集数据文件报送监控中心的可行性进行调研。

研究基金参与股指期货交易的结算模式和数据交换接口。参与股指期货交易结算模式工作小组的工作，论证基金以客户模式参与交易时，期货市场如何通过保证金安全存管等一列基础制度保障基金资产的独立性和安全性；提出由监控中心向基金托管银行、基金公司提供数据组合查询服务，以解决基金和托管行顾虑的结算数据的真实性、准确性和及时性问题；参与《股指期货业务基金—期货数据交换接口》的制定工作，经协调，承接编制其中结算类接口的任务。

规范统一开户前的客户账户工作。账户规范工作涉及期货市场二十年沉淀的历史遗留问

题,情况复杂,既要考虑正常的工作怎样合理安排才能高效完成,又要考虑如何处理清理出来的问题,避免引发风险和纠纷。为此,监控中心在筹划具体实施方案上做了很多调研,特别在考虑工作流程怎么走、各单位怎么配合、新旧规程怎么协调、如何尽量减轻市场成本消除负面影响、各种不规范的问题发现后怎么平稳化解等方面花费了相当精力。先后制定了休眠账户和不规范账户的认定标准、清理规范工作业务规则、实施方案和时间进度安排,研究设计了详细的业务流程和各单位系统改造方案,获得了各方的认同。协助会期货一部召开了期货市场账户规范工作启动会议,起草新闻稿、答记者问和清理规范工作系统问答材料。目前,账户规范工作已进入具体实施阶段。

统计、编制、报送各类期货市场数据报表。定期向证监会领导、期货一部和二部报送期货市场数据统计周报、月报、年报、期货公司数据统计周报。每两周向证监会期货二部报送中金所分级结算会员的交易情况。定期向各期货交易所和各证监局报送相关数据和报表。每月向各证监局报送交易月报和资金月报。每月向四家期货交易所报送月报,包括交易所资金情况统计,期货公司保证金分布统计。每周向中金所报送期货市场客户情况的需求;每月向中金所报送期货市场客户、交易、权益情况。全年共报送181次,报送各类报表1,186张。

### 五、完善制度,强化内部管理

落实廉政要求,不仅需要筑牢道德防线,也要强化制度约束。根据监控中心工作特点,监控中心一直重视保密制度的建设,2010年完成并下发26个与涉密网改造有关的制度,并督促各部门落实到位。同时,还聘请有关单位为成员,组成IT专家小组;从中心各部选聘员工组成财务审计工作小组,并相应改变了大额采购程序,使采购制度和财务制度更加严格合理,从制度上进一步保证了廉政要求的落实。

(中国期货保证金监控中心供稿)

# 十、中国证券业协会

## 2010年法制建设工作综述

2010年,中国证券业协会(以下简称协会)在中国证监会的正确领导下,紧紧围绕资本市场改革发展大局,依靠全体会员,不断研究证券市场和行业发展的新情况、新问题,进一步完善协会自律规则体系,强化自律监察工作机制,促进各项自律规则的落实。一年来,协会在自律规则基础制度建设方面取得较大成效,在自律监察工作机制方面取得明显进展。

### 一、自律规则基础制度建设情况

2010年,协会围绕各条业务主线,不断完善各项基础制度,进一步健全了协会自律规则体系。

(一)发布信息隔离墙相关制度,促进行业规范发展

建立健全信息隔离墙制度,切实防范内幕交易和管理利益冲突,是法律法规对证券公司的要求,是保护投资者合法权益,维护证券市场公平交易秩序的重要措施。近年来,各证券公司按照法律法规和监管要求,积极探索建立适合自身情况的信息隔离墙制度,已经取得初步成效,但行业内对信息隔离墙的一些概念理解不尽一致,各公司实施信息隔离墙制度的具体方法和措施也不尽相同,证券公司普遍希望出台信息隔离墙制度建设的行业指导意见。2010年6月,协会证券公司合规专业委员会成立《信

息隔离墙制度指引》(简称指引)起草小组,正式启动起草工作。经过半年的反复研究与论证,并两次向行业征求意见后正式发布,于2011年1月1日实施。

(二)制定证券公司专业评价制度,推动行业创新

证券公司专业评价工作不仅是分类监管的重要补充,也是鼓励行业创新,推动行业发展的重要方式。2010年协会继续健全和完善证券公司专业评价工作机制,把专业评价工作作为证券公司自律管理的重要方式。2010年初,协会制定了《证券公司专业评价专家工作守则》和《证券公司自主申请专业评价专家评议参考指标》,组织业内专家对31家证券公司报送的31个申请评价项目进行初评、复评,并组织专家对复评产生的10个事项进行了现场评价,完成了评价报告。随后,协会对10个事项,尤其是"员工制营销管理模式"、"全面压力测试体系的运行机制"、"'一柜通'前台营业管理系统"、"IT自动化运营管理系统"等4个事项在报刊、杂志进行了推广宣传,并建议监管部门对所属公司在分类评价中予以加分。

此外,协会正在研究起草《证券公司压力测试指引》和《证券公司经纪业务客户服务指引》等自律规则,促进证券相关业务规范发展。

(三)完善基金相关自律规则,促进业务规范开展

为了更好地履行基金评价业务自律管理工作职责,协会在2010年初先后颁布实施了《证券投资基金评价业务自律管理规则》、《基金评价业务申请材料的内容与格式》、《基金评价业务专家评估工作组工作规则》、《基金评价业务专家评估参考指标及首次会议评估程序》、《基金评价业务专家评估要点》5项自律规则。

在全面了解了我国上市公司治理及股东大会运作实际状况,协会起草了《基金对外行使投票表决权专题研究报告》。组织业内专家起草完成了《基金管理公司代表基金对外行使投票表决权工作指引》,组织监管部门、会计师事务所、律师事务所等部门相关专家对《工作指引》进行了多次修改。目前,该指引已完成了公开征求意见。该指引的推出将推进基金管理公司作为机构投资人的优势参与上市公司的治理,提高上市公司治理水平,最终维护基金持有人利益。

(四)落实证监会相关规定,重构投资咨询人员管理机制

协会参与了《证券投资顾问业务暂行规定》和《发布证券研究报告暂行规定》制定的全过程,两个暂行规定发布后,协会立即组织落实配套的自律管理工作,研究建立投资咨询执业人员的管理机制。2010年,协会相继发布了《关于做好证券分析师和投资顾问人员注册登记有关事宜的通知》和《证券投资顾问业务风险揭示书内容与格式要求》,调整了投资咨询人员注册管理系统,实现证券分析师和投资顾问的分类注册登记管理;推动证券公司、证券投资咨询机构在开展证券投资顾问业务中做好投资者风险揭示工作。

(五)完善主办券商制度,夯实代办股份转让系统基础

2010年,协会配合证监会多层次市场建设的总体部署,继续做好代办系统的各项监管工作。进一步完善备案审查制度,制定实施《推荐挂牌备案文件风险初步评估办法(试行)》,在备案审查流程中增加风险初步评估环节,建立备案文件的风险筛查机制;积极扩大主办券商队伍,研究引入做市商制度,制定《主办券商执业信息记录工作办法》,涵盖主办券商资格管理、推荐挂牌备案、信息披露督导、定向增资中涉及的各种执业信息记录;规范定向增资业务,增强代办系统融资功能,发布了《关于规范定向增资中主办券商及其工作人员行为的通知》、《关于进一步规范定向增资股份认购的通知》、《定向增资有关问题备案审查指引》;做好挂牌公司信息披露等日常监管工作,建立《不规范信息披露行为记录表》,在对挂牌公司信息披露违规行为处理的基础上进行持续跟踪监督。

(六)研究信息技术发展的热点,开展多种方式的服务

在2008－2009年信息技术基础性制度建设的基础上,协会于2010年度探索开展行业技术服务和技术交流等新的服务会员模式,抓住信息技术专业性、共同性、时效性的特点,开展了一系列技术服务活动。牵头制定了《基金与期货公司之间数据交换统一接口标准》、《技术服务商的运维服务规范》、《技术服务商服务规

范》等,研究行业热点问题,克服面临难题,促进行业信息技术规范发展。

(七)制定质信评级相关规范,引导行业规范发展

2010年,协会起草了关于资信评级行业调研报告,并会同监管部门对部分评级机构会员进行了现场检查。起草了《证券市场资信评级机构信息披露与备案指引》、《证券市场资信评级机构执业行为准则》,进一步规范证券市场资信评级业务。

## 二、推动自律规则贯彻落实情况

(一)认真做好证券从业人员执业行为准则执行情况检查

根据中纪委的统一安排,按照证监会纪委的具体部署,协会组织开展了证券经营机构从业人员执业行为准则执行情况检查。检查活动中,协会发布了《关于贯彻落实中国证监会〈关于组织开展证券期货监管人员和从业人员行为准则执行情况检查的工作方案〉的通知》,制定了《中国证券业协会关于组织开展证券业从业人员执业行为准则执行情况检查的实施方案》和《证券业从业人员准则执行情况现场检查方案》,组织编写了9期检查活动简报,协会领导带队对华东、北京和广东三个片区的10家证券公司、8家证券公司营业部、6家基金公司和2家投资咨询公司开展了现场检查,督查了个别证券公司员工利用亲属名义持股和从业人员无资格等从业人员违规案件。

检查活动中,会员机构再次组织从业人员系统学习了准则,掌握了执业基本规范,熟悉了各项禁止行为。会员机构结合准则和公司实际查找不足,着力完善相关制度,进一步提升了公司管理水平。检查过程中,协会收到机构报送大量的集体或个人先进事迹。经加工整理,协会将部分先进事迹在检查活动简报上分期予以选登,协会还将南京证券公司和国信证券公司的先进事迹上报证监会,在公开媒体上予以宣传报道。通过以上活动,宣传了执业规范,弘扬了行业正气。

(二)切实加强佣金自律管理,提升证券公司客户服务水平

随着行业竞争加剧,证券公司佣金问题日益突出。证券公司会员迫切希望行业协会研究解决同质化竞争阶段的交易佣金管理问题。为此,协会组织了专题调研,走访了大量会员,多次召开经纪业专业委员会和地方协会研讨会及座谈会,反复与会员座谈,在充分调查研究的基础上,向监管部门提交了专题报告和加强佣金管理的建议。协会发布了《关于进一步加强证券公司客户服务和证券交易佣金管理工作的通知》,要求证券公司重新认识经纪业务的服务本质,加大经纪业务的战略性投入,全面提升客户服务水平,制定科学合理的服务定价机制,在对客户进行分类的基础上,按照“同类客户同等收费”、“同等服务同等收费”的原则,制定证券交易佣金标准,并采用全成本核算方式测算证券经纪业务服务成本。此外,协会制定了《证券营业部客户服务和证券交易佣金自律管理检查工作方案》,与地方证券业协会一起组织对各辖区5% -10%的证券营业部进行检查。检查重点包括在客户不知情的情况下随意调高证券交易佣金收取标准、向客户承诺证券买卖收益或赔偿证券买卖损失欺诈客户等违法违规行为,以及采取明显低于成本甚至“零佣金”进行倾销、贬低同行、进入同行营业场所招揽客户等不正当竞争行为。通过持续的佣金自律管理,引导证券公司全面提升客户服务水平,促进了证券经纪业务健康、持续发展。

## 三、自律监察工作开展情况

(一)进一步完善自律监察工作机制

2010年,协会着力完善自律监察相关工作制度,起草了《中国证券业协会纪律处分案件办理规则(试行)》和《中国证券业协会自律管理措施和纪律处分实施办法(试行)》,并向协会各有关部门,协会常务理事单位,自律监察专业委员会全体委员,证监会机构部、法律部、基金部、办公厅、稽查局、处罚委、发行部等征求意见。《中国证券业协会纪律处分案件办理规则》已经协会会长办公会讨论通过,会议决定将规则名称修改为《中国证券业协会自律监察专业委员会纪律处分案件办理程序》,并在协会内部实施。《中国证券业协会自律管理措施和纪律处分办法(试行)》已经协会会长办公会讨论通过,并将提交理事会审议。《中国证券业协会自律监察专业委员会纪律处分案件办理程序》对协会纪律处分的立案、调查、案件处

理、复议等程序做出了系统规定，为协会纪律处分案件的规范办理奠定了坚实的制度基础。

（二）自律监察案件办理情况

1. 组织参加对推荐无投资咨询业务证书人员参加评选的机构进行集体谈话提醒。针对个别机构推荐尚未取得相应的证券执业证书的人员参加2008年或2009年新财富最佳分析师评选的情况，协会于2010年初召集八家机构的合规负责人或人事部门负责人进行谈话提醒，要求上述机构进行整改，消除无执业证书人员从事证券相关专业岗位工作的现象，督促从业人员依法合规执业。

2. 对王玉泉违规情况的处理。2010年11月，协会对东兴证券公司分析师王玉泉违规情况进行了调查，确认其2009年5月至2010年4月期间发表的研究报告中，有一篇研究报告与其他分析师已发表研究报告存在全文雷同，另有三篇研究报告与其他分析师已发表研究报告存在部分雷同，且未注明引用出处。根据相关规定，协会给予其行业内通报批评的纪律处分。

3. 严查考试作弊。随着协会加大对协会各项考试作弊的处罚力度，特别是通过核对注册环节中显示各场次考试现场照片的方式，收到了很好的效果，2010年考试作弊的总量有所下降。2010年，协会共查处作弊考生219人，其中通过举报和执业注册审核途径查处的29起59人次。

（三）认真做好证券从业人员诚信信息管理

2010年协会证券从业人员诚信系统中共记录了84条失信信息，其中包括29条因考试作弊注销执业证书的信息；50条因年检不通过而被注销证书的信息；5条违规执业信息。此外，2010年度接待、受理证监会各部门及公安机关对从业人员注册信息的相关查询27次，其中书面回函24次，查询信息涉及的从业人员有320人。

（中国证券业协会供稿）

# 十一、中国期货业协会

## 2010年法制建设工作综述

2010年，中国期货业协会（以下简称协会）围绕自身宗旨和职能，结合期货行业发展的需要，修订完善了自律规则体系，开展了自律规则的宣传活动，进行了自律规则执行情况检查，严肃处理了违反法律法规和自律规则的行为，促进了期货行业的规范健康发展，取得了良好的效果。

### 一、加强自律规则制定和修订工作，完善自律规则体系

（一）合理确定制定和修订自律规则目录

为了加强自律规则的系统性和规范性，完善自律规则体系，适应行业发展和满足自律管理的需要，协会开展了自律规则的清理和修订工作。2010年初，通过广泛征求意见，协会确定了清理和修订的目录，决定修订《中国期货业协会章程》等八件自律规则。配合证监会股指期货推出工作，制定《股指期货交易特别风险揭示》等四件自律规则。

（二）按照规范的程序开展制定和修订工作

协会严格按照程序开展自律规则制定和修订工作。在自律规则的具体制定和修订工作中，协会根据实际情况和行业发展需要完成征求意见稿，通过“两上两下”程序，在行业内公开征求意见，认真研究反馈意见，说明意见吸收采纳情况，确定制定或修订草案，提交会员大会或理事会审议并表决通过，报证监会核准备案。

严格的程序有效地减少了工作的偏差和失误,杜绝了工作的随意性,保证了制定或修订的自律规则的科学性、合理性、可行性。

(三)制定和修订自律规则的内容

1.《中国期货业协会章程》的修订内容主要有:补充完善了协会职责,增加了对会员资格、会员理事及其代表任职资格的规定,充实了有关协会领导人员能力素质的规定,进一步规范了协会职责和议事程序,增加了对会计人员配备、会计核算工作的规定。

2.《中国期货业协会会员自律公约》进行了大幅修订,修订后主要是从守法经营和合规执业、诚实信用和勤勉尽责、公平竞争和共同发展三个方面要求会员开展业务,对于违反公约的会员,协会将予以批评惩戒。

3.《中国期货业协会会费收取办法》主要修改了特别会员年会费的规定,确定了根据期货市场交易额的递增逐级降低特别会员年会费的标准,按照协会经费预算规模,确定特别会员年会费总额。

4. 修订后的《中国期货业协会会员管理办法》结构调整为总则、会员、会籍、日常管理、奖励与惩戒、附则六章,调整了会员结构与会员资格的规定,建立会员与协会的联络员制度,及时报送信息,建立奖励、批评、惩戒三级体系。

5.《中国期货业协会纪律惩戒程序》修订的内容主要为,进一步明确了协会处理案件的范围,增加了有关当事人权利保障的规定,扩大了纪律惩戒的范围,丰富了纪律惩戒种类,调整了立案和调查程序,提高了通过纪律惩戒和申诉审议决定的比例。

6. 修订后的《中国期货业协会行业信息管理平台管理规则》调整了章节标题和内容,修改了相关概念和用语,进一步明确了信息报送的主体和内容,适当扩大了规则适用范围,完善了有关纪律惩戒的规定。

7.《期货公司信息技术管理指引》修订后,提高了对公司技术人员数量的要求,增加和明确了对部分环节的具体性规定,提高了对低级别的技术要求。

8. 为了配合股指期货推出而发布实施的《股指期货交易特别风险揭示》、《期货公司执行股指期货投资者适当性制度管理规则(试行)》、《证券公司为期货公司提供中间介绍业务协议指引(修订)》主要是从行业自律角度落实投资者适当性制度,避免投资者盲目入市,从源头上真正做到保护投资者的合法权益,保障股指期货平稳推出和安全运行。

9.《期货投资者信用风险信息共享管理办法(试行)》和《期货投资者信用风险信息共享管理办法实施细则(试行)》对投资者的信用风险信息进行了清晰界定,要求期货公司按照规定报送、更新信息,使投资者信用风险信息在各期货公司之间实现共享,打破了投资者信用记录的隔断状态,有利于期货公司了解并合理选择客户,加强风险管理。

另外,协会不断加强内部机构工作的规范性和程序性,修订了《理事会工作办法》、《理事会议事规则》,修订完善了纪律委员会、申诉委员会、信息技术委员会、研究发展委员会、分析师委员会五个理事会下设专业委员会的工作办法。

## 二、大力开展法律法规和自律规则宣传教育活动,促进各项规则的落实和遵守

广泛深入地宣传贯彻法律法规和自律规则是协会有效开展行业自律的重要前提。2010年,协会以股指期货的有关内容作为重点,继续通过多种方式,利用多种渠道,开展了形式多样的法律法规和自律规则宣传教育工作。

(一)重点做好股指期货有关的法律法规和自律规则的宣传教育工作

在开展IB专项培训过程中,协会重点讲授了与IB业务有关的政策规定、股指期货的业务规则与制度、投资者适当性制度等内容,以提高学员对股指期货有关的法律法规和自律规则的理解。截至2010年12月,协会共开展现场培训59场,培训学员11,828人。同时,为了巩固培训效果,便利学员后续学习,协会编印了《IB业务实用手册》和《IB业务培训光盘》,发放给IB机构,以方便其自学,有效地保证了股指期货的平稳推出及顺利运行。

(二)继续做好法律法规和自律规则的常规宣传教育工作

在做好重点内容宣传教育的同时,协会还开展了常规的法律法规和自律规则的宣传教育工作。2010年,协会编写了行业内统一规范的期货入市开户手册,作为新入市投资者的教育

材料,从保护投资者立场出发,力争在开户这一投资者教育工作的关键环节"把规则讲够,把风险讲透"。协会全年共印制3万册,寄发给期货公司和IB机构。

## 三、深入进行自律规则执行情况检查,提高期货公司和从业人员合规守法意识

开展有关法律法规和自律规则执行情况检查,是协会了解行业合规情况,增强期货公司和从业人员合规守法意识,促进行业健康发展的重要途径。2010年,协会按照证监会的统一要求和部署,结合自身的工作安排,重点开展了《期货从业人员执业行为准则》、《〈期货经纪合同〉指引》、行业反洗钱规定、《期货公司信息技术管理指引》等执行情况检查工作。

(一)《期货从业人员执业行为准则》和《〈期货经纪合同〉指引》执行情况、行业执行反洗钱规定情况检查工作

2010年3月至6月,协会集中开展了《期货从业人员执业行为准则》、《〈期货经纪合同〉指引》、行业反洗钱规定等执行情况检查工作。检查内容主要集中在:1. 从业人员在执业过程中是否遵守法律法规和行业自律规则,是否遵守"三公"原则和诚实信用原则,是否勤勉尽责地为投资者服务;2. 期货公司是否按照《〈期货经纪合同〉指引》的要求备案、使用、保管合同;3. 期货公司是否按要求建立反洗钱内控制度和机构,建立客户风险等级标准,对工作人员进行反洗钱培训,履行客户身份识别义务,报送可疑交易报告等。检查工作分为宣传发动、自查自纠、检查整改、总结四个阶段。协会制定了《检查工作方案》,明确了工作总体目标和主要任务,宣传引导期货公司充分认识检查的重要性,督促和指导期货公司对照检查要求开展自查自纠、反馈自查结果,要求期货公司积极整改自查中发现的问题,及时总结检查活动各阶段的工作情况。在检查整改阶段,协会对14个地区的64家期货公司进行了现场检查。通过检查工作,协会掌握了相关自律规则的执行情况,促使期货公司纠正工作中存在的问题,查找堵塞制度漏洞,巩固薄弱环节,健全内控机制。

(二)《期货公司信息技术管理指引》执行情况检查工作

信息技术的安全稳定高效运行是期货公司发展的重要基础。2010年,协会牵头行业有关部门和单位,在上一年工作基础上继续开展了对《期货公司信息技术管理指引》执行情况的检查工作,完成了对163家期货公司信息技术系统的检查,对未通过检查的11家期货公司进行复查工作,对恢复营业的期货公司进行检查。同时,协会组织开展了《期货公司信息技术管理指引》及其检查细则的修订工作,制定了《指引》的相关制度、工作流程和表格等模版,便于期货公司参考借鉴。通过检查、复查,全面摸清了行业信息技术系统现况及其存在的主要问题,有效促进了行业信息技术的水平的提升。

## 四、严肃处理违反法律法规和自律规则的行为,维护规则的权威性和公正性

处理期货公司和从业人员的违法违规行为,是保护投资者正当权益,促进期货市场的健康发展必然要求,是协会进行行业自律的集中体现。2010年,协会召开纪律委员会会议4次,申诉委员会会议1次,对6家期货公司16名从业人员给予了自律惩戒,对14家违规行为较轻的期货公司发出警示函。

在案件调查过程中,协会严格按照相关自律规则和工作制度的规定调查核实案件事实,厘清案件脉络,做到调查行为规范,调查内容全面,调查结果真实客观。在案件处理中,依据自律规则的规定开展纪律惩戒工作,注意保护当事人的正当权益,认真召开听证会议,做出纪律惩戒决定。

## 五、期货经纪合同备案审查、投资者信用风险信息数据库

2010年,协会继续开展《期货经纪合同》备案审查工作,全年共审查合同104份。为了配合开展股指期货业务,审查《股指期货交易特别风险揭示》118份。另外,协会在进行期货经纪合同备案审查工作中发现,部分期货公司经纪合同中仲裁和协议管辖条款约定不明,影响了纠纷解决。经认真研究后,协会向全体期货公司发函说明有效仲裁条款和协议管辖条款的表述方式。

2010年,期货投资者信用风险信息数据库正式运行。协会按照《期货投资者信用风险信息共享管理办法(试行)》及其实施细则的规

定,对期货公司提交的投资者信用风险信息进行审查。截至2010年12月底,数据库共收录投资者信用风险信息18条,其中查封或冻结信息9条,穿仓信息4条,交易所处理信息5条。

(中国期货业协会供稿)

# 附:自律组织和相关机构2010年制定或修改的主要自律规则目录

**上海证券交易所**

| 序号 | 发文日期 | 文　号 | 文件标题 |
| --- | --- | --- | --- |
| 1 | 2010-1-4 | 上证交字〔2010〕1号 | 关于发布《会员间办理客户证券账户批量转指定业务指引》的通知 |
| 2 | 2010-2-10 | 上证交字〔2010〕5号 | 关于启用融资融券业务相关证券代码的通知 |
| 3 | 2010-2-12 | 上证交字〔2010〕6号 | 关于融资融券业务试点初期标的证券与可充抵保证金证券范围的通知 |
| 4 | 2010-3-1 | 上证发字〔2010〕9号 | 关于各新股网下发行配售对象报备相关账户信息的补充通知 |
| 5 | 2010-3-22 | 上证交字〔2010〕8号 | 关于受理试点会员融资融券交易权限申请的通知 |
| 6 | 2010-3-30 | 上证交字〔2010〕11号 | 关于启动融资融券交易试点相关事项的通知 |
| 7 | 2010-4-14 |  | 上市公司重大资产重组信息披露工作备忘录第九号重组停复牌安排及澄清公告要求 |
| 8 | 2010-5-12 | 上证交字〔2010〕17号 | 关于做好扩大债券质押式报价回购业务试点规模相关工作的通知 |
| 9 | 2010-6-2 |  | 上市公司股权分置改革工作备忘录(第十八号)优化股改承诺应注意事项 |
| 10 | 2010-6-25 | 上证交字〔2010〕20号 | 关于发布《上海证券交易所债券质押式报价回购业务指引(试行)》的通知 |
| 11 | 2010-7-8 | 上证交字〔2010〕21号 | 关于调整债券质押式报价回购试点交易时间等事项的通知 |
| 12 | 2010-7-26 | 上证公字〔2010〕46号 | 关于发布《上海证券交易所上市公司控股股东、实际控制人行为指引》的通知 |
| 13 | 2010-8-23 | 上证交字〔2010〕24号 | 关于融资融券业务试点涉及上市公司股东大会网络投票有关事项的通知 |
| 14 | 2010-9-2 | 上证交字〔2010〕26号 | 关于做好长期停牌股票相关融资融券业务风险防范工作的通知 |
| 15 | 2010-10-28 | 上证公字〔2010〕60号 | 关于发布《上海证券交易所上市公司独立董事备案及培训工作指引》的通知 |

续表

| 序号 | 发文日期 | 文　　号 | 文件标题 |
|---|---|---|---|
| 16 | 2010－11－9 | 上证发字〔2010〕30号 | 关于发布《上海证券交易所证券发行业务指引》的通知 |
| 17 | 2010－11－30 | 上证财字〔2010〕6号 | 关于调整固定收益类产品收费标准的通知 |
| 18 | 2010－12－3 |  | 上海证券交易所债券业务指南(商业银行专用) |

**深圳证券交易所**

| 序号 | 发文日期 | 文　　号 | 文件标题 |
|---|---|---|---|
| 1 | 2010－1－6 | 深证会〔2010〕1号 | 关于延长免收综合协议交易平台债券协议交易经收费期限的通知 |
| 2 | 2010－1－27 | 深证会〔2010〕6号 | 关于启用深圳证券交易所“保荐业务专区”并建立保荐业务代表制度的通知 |
| 3 | 2010－2－1 | 深证上〔2010〕39号 | 深圳证券交易所上市公司股东大会网络投票实施细则(2010修订) |
| 4 | 2010－2－12 | 深证会〔2010〕21号 | 关于融资融券业务试点初期标的证券名单与可充抵保证金证券范围的通知 |
| 5 | 2010－7－28 | 深证上〔2010〕243号 | 深圳证券交易所主板上市公司规范运作指引 |
| 6 | 2010－7－28 | 深证上〔2010〕243号 | 深圳证券交易所中小企业板上市公司规范运作指引 |
| 7 | 2010－9－1 | 深证会〔2010〕62号 | 深圳证券交易所交易型开放式指数基金风险管理指引 |
| 8 | 2010－11－4 | 深证上〔2010〕355号 | 关于进一步规范创业板上市公司董事、监事和高级管理人员买卖本公司股票行为的通知 |
| 9 | 2010－11－19 | 深证会〔2010〕75号 | 会员持续开展创业板市场投资者适当性管理业务指引 |
| 10 | 2010－12－31 | 深证上〔2010〕433号 | 深圳证券交易所中小企业板保荐工作指引 |

**上海期货交易所**

| 序号 | 发文日期 | 文　　号 | 文件标题 |
|---|---|---|---|
| 1 | 2010－12－23 | 上期交法律字〔2010〕354号 | 上海期货交易所保税交割实施细则(试行) |
| 2 | 2011－2－25 | 上期交法律字〔2011〕2号 | 上海期货交易所燃料油套期保值交易管理办法(试行) |

**大连商品交易所**

| 序号 | 发文日期 | 文　　号 | 文件标题 |
|---|---|---|---|
| 1 | 2010－11－15 | 大商所发〔2010〕219号 | 大连商品交易所异常交易管理办法(试行) |

## 郑州商品交易所

| 序号 | 发文日期 | 文　号 | 文件标题 |
| --- | --- | --- | --- |
| 1 | 2010－10－25 | 郑商发〔2010〕181号 | 郑州商品交易所异常交易行为监管工作指引(试行) |
| 2 | 2010－10－25 | 郑商发〔2010〕182号 | 关于《郑州商品交易所异常交易行为监管工作指引(试行)》有关认定标准及处理程序的通知 |

## 中国金融期货交易所

| 序号 | 发文日期 | 文　号 | 文件标题 |
| --- | --- | --- | --- |
| 1 | 2010－2－8 | 中金所办字〔2010〕15号 | 股指期货投资者适当性制度实施办法(试行) |
| 2 | 2010－2－8 | 中金所办字〔2010〕15号 | 股指期货投资者适当性制度操作指引(试行) |
| 3 | 2010－2－20 | 中金所办字〔2010〕16号 | 中国金融期货交易所交易规则 |
| 4 | 2010－2－20 | 中金所办字〔2010〕16号 | 中国金融期货交易所违规违约处理办法 |
| 5 | 2010－2－20 | 中金所办字〔2010〕16号 | 中国金融期货交易所交易细则 |
| 6 | 2010－2－20 | 中金所办字〔2010〕16号 | 中国金融期货交易所结算细则 |
| 7 | 2010－2－20 | 中金所办字〔2010〕16号 | 中国金融期货交易所结算会员结算业务细则 |
| 8 | 2010－2－20 | 中金所办字〔2010〕16号 | 中国金融期货交易所会员管理办法 |
| 9 | 2010－2－20 | 中金所办字〔2010〕16号 | 中国金融期货交易所信息管理办法 |
| 10 | 2010－2－20 | 中金所办字〔2010〕16号 | 中国金融期货交易所风险控制管理办法 |
| 11 | 2010－2－20 | 中金所办字〔2010〕16号 | 中国金融期货交易所套期保值管理办法 |
| 12 | 2010－2－20 | 中金所办字〔2010〕16号 | 沪深300股指期货合约 |
| 13 | 2010－3－3 | 中金所办字〔2010〕28号 | 中国金融期货交易所应急交易厅使用指引 |
| 14 | 2010－11－15 |  | 中国金融期货交易所期货异常交易监控指引(试行) |

## 中国证券业协会

| 序号 | 发文日期 | 文　号 | 文件标题 |
| --- | --- | --- | --- |
| 1 | 2010－12－29 | 中证协发〔2010〕203号 | 关于发布《证券公司信息隔离墙制度指引》的通知 |
| 2 | 2010－12－20 | 中证协发〔2010〕200号 | 关于发布《证券投资顾问业务风险揭示书必备条款》的通知 |
| 3 | 2010－11－23 | 中证协发〔2010〕181号 | 关于加强从业人员执业注册管理工作的通知 |
| 4 | 2010－11－17 | 中证协发〔2010〕178号 | 关于证券投资顾问和证券分析师注册登记有关事宜的通知 |

续表

| 序号 | 发文日期 | 文　　号 | 文件标题 |
| --- | --- | --- | --- |
| 5 | 2010-3-15 | 中证协发〔2010〕38号 | 中国证券业协会基金评价业务专家评估工作组工作规则 |
| 6 | 2010-2-9 | 中期协字〔2010〕16号 | 关于发布《证券公司为期货公司提供中间介绍业务协议指引(修订)》的通知 |
| 7 | 2010-1-27 | 中证协发〔2010〕18号 | 关于公布《证券公司融资融券业务试点实施方案专业评价工作规程》等规则的通知 |
| 8 | 2010-1-11 | 中证协发〔2010〕6号 | 关于发布《证券投资基金销售人员从业资质管理规则》有关问题的通知 |
| 9 | 2010-1-11 | 中证协发〔2010〕5号 | 关于发布《证券投资基金评价业务自律管理规则(试行)》的通知 |

## 中国期货业协会

| 序号 | 发文日期 | 文　　号 | 文件标题 | 备注 |
| --- | --- | --- | --- | --- |
| 1 | 2010-2-9 | 中期协字〔2010〕15号 | 股指期货交易特别风险揭示 | 制定类 |
| 2 | 2010-1-27 | 中期协字〔2010〕12号 | 期货投资者信用风险信息共享管理办法(试行) | 制定类 |
| 3 | 2010-1-27 | 中期协字〔2010〕12号 | 期货投资者信用风险信息共享管理办法实施细则(试行) | 制定类 |
| 4 | 2010-2-9 | 中期协字〔2010〕15号 | 期货公司执行股指期货投资者适当性制度管理规则(试行) | 制定类 |
| 5 | —— | —— | 中国期货业协会章程 | 修订,正在核准 |
| 6 | 2010-10-8 | 中期协字〔2010〕119号 | 中国期货业协会会员自律公约 | 修订类 |
| 7 | 2011-1-25 | 中期协字〔2011〕12号 | 中国期货业协会会员管理办法 | 修订类 |
| 8 | —— | —— | 中国期货业协会会费收取办法 | 修订,正在备案 |
| 9 | 2011-2-28 | 中期协字〔2011〕13号 | 中国期货业协会纪律惩戒程序 | 修订类 |
| 10 | 2011-1-17 | 中期协字〔2011〕9号 | 期货公司信息技术管理指引 | 修订类 |
| 11 | 2011-2-28 | 中期协字〔2011〕14号 | 中国期货业协会行业信息管理平台管理规则 | 修订类 |
| 12 | 2010-2-9 | 中期协字〔2010〕16号 | 证券公司为期货公司提供中间介绍业务协议指引 | 修订类 |

# 第七部分　监管专题

## 新股发行体制改革工作报告

2009 年 6 月份中国证监会启动了新一轮新股发行体制改革，并按照分步实施、逐步完善的原则推出了第一阶段四项改革措施。上述改革措施推出一年多以来，新股发行进展有序，各项改革要求逐步落实，达到了第一阶段改革目标，主要表现是：新股定价的市场化程度进一步提高，冻结资金量显著减少，个人投资者中签户数大幅提高，新股上市首日涨幅大幅下降，一二级市场价差明显缩小，市场参与主体的履职尽责意识显著提高，角色定位逐渐清晰。市场化的改革方向得到了社会的普遍认同，把发行体制改革向纵深推进成为市场共识，推出下一步改革措施的市场条件已基本具备。经深入研究并广泛听取市场各方意见，按照改革的统一部署，中国证监会起草了《关于深化新股发行体制改革的指导意见》，并于 2010 年 10 月 11 日发布，11 月 1 日正式实施。

作为前阶段改革的延伸和继续，新股发行体制第二阶段改革主要有四方面的内容：一是继续完善询价过程中报价和配售约束机制，提高中小型公司新股发行中单个机构获配股份的数量，加大定价者的责任，促进报价更加审慎和真实。二是适当扩大参与询价的机构范围，允许主承销商推荐一定数量的具有较高定价能力、优质长期的机构投资者参与网下询价和配售。三是增强定价信息透明度，督促券商、机构的询价定价不断审慎自律，强化社会公众的价值投资理念。四是完善回拨机制和中止发行机制，督促发行人及其主承销商合理设计承销流程，有效管理承销风险。通过这些改革措施，进一步完善询价过程中报价和配售约束机制，促进新股定价进一步市场化；提高定价信息透明度，强化对询价机构的约束，合理引导市场；进一步增加承销与配售的灵活性，强化发行人、投资人、承销商等市场主体的职责。

在新股发行体制改革推进过程中，中国证监会还积极协调主流媒体深入宣传发行体制改革的意义和精髓；及时召开媒体通气会，就市场关心的热点问题主动与媒体交流；多次协调《中国证券报》、《上海证券报》等主要报刊开辟改革宣传专栏；组织证券公司、基金公司等机构专业人士刊发系列文章，澄清部分投资者疑惑，引导他们采用全新的专业角度重新审视市场长期流传的一些观点，深刻了解资本市场尤其是一级市场的运作原理及内在机制。由此逐步使市场各方形成对证券发行市场的共识，营造良好的舆论氛围，为新股发行体制改革创造良好外部环境。

（证监会发行部供稿）

## 增强证券公司行政许可审核工作透明度

公开、透明是行政许可审核工作的基本原则。证券公司监管工作转入常规后，中国证监会机构监管部(以下简称机构部)通过建章立制、改进审核流程、提高审核工作效率,不断总结经验,扎扎实实将公开透明的理念和要求落到实处,实现了审核工作的制度化、流程化,审核标准、审核进程透明公开。

一是率先公示证券类行政许可审核进程。2010年1月5日,机构部向社会公示证券机构类行政许可审核进程,全部证券机构类行政许可的申请材料接收、受理申请、反馈意见、审核决定等关键环节和进展情况,通过会外网公开披露,每周更新,实现了审核过程的公开透明。机构部还督促、指导36家证监局在2010年底实现证券机构类行政许可申请、受理及审核情况的公示。公开审核进程在证监会系统是一次工作方式的改革,是创造性的尝试,也是证监会多年来持续改进和完善行政许可审核工作的结果,获得了市场的广泛好评。公开审核进程,对保障申请人、利害关系人和社会公众的知情权,加强对审批机关的监督,都具有重要意义。申请人直接上网就可以查询到审核进程,方便申请人及时掌握审核进度,合理安排后续工作,减少对审核事项的不确定性预期。公开审核进程,有利于申请人和社会公众对审核工作实行外部监督,从机制上促进审核人员依法公正审核,提高效率和服务意识,树立证监会公正、公平、公开的形象。

二是全面公示行政许可的审核程序。机构部全部15项行政许可事项的审核依据、条件、程序、期限和申请材料目录、申请书示范文本等,均在会外网公开,及时更新。申请人对公示内容存在疑问的,机构部都通过电话咨询、接待来访、专题培训、机构部主任邮箱等方式进行解答。申请人可以自己对照公示内容了解程序、核对材料、衡量自身条件。

三是全面公示行政许可具体审核要求。为加强审核工作规范化建设,机构部陆续制定了11个审核工作指引,对相关行政许可事项的条件予以细化,并在会外网全部公开,使行政许可条件、标准更加具体、简单、明确、可衡量,有效规范了行政许可审核工作。在实践中遇到审核标准不能够涵盖的新情况、新问题,也坚决不搞"特例审批",一律个案论证分析,提出处理办法,明确审核标准,按程序形成审核规则,对外公布后,统一适用所有申请人。例如,某家合资公司的股东拟出售所持股权,涉及有限合伙形式的PE基金入股证券公司问题,相关审核指引并未明确此类情形的审慎性监管要求。机构部及时会同有关部门研究论证,按程序明确了有限合伙企业入股证券公司的审核规则,对外公布后,再对该公司的股权变更申请进行审核。

四是主动公布证券机构行政许可调整方案,加强外部监督。为贯彻党中央、国务院关于行政管理体制改革的总体要求,机构部在认真梳理现行证券机构行政许可项目,客观评估当前证券机构监管成效和行政许可实施效果的基础上,制定了证券机构行政许可工作调整方案,授权派出机构审核部分行政许可事项,并拟取消部分行政许可事项。此次调整证券机构行政许可工作机制,是根据证券公司当前规范发展的行业实际,在总结证券机构监管和审批成效的基础上,主动实施的改革措施,也是机构部对监管机制定期评估、适时调整的结果。在方案制定过程中,机构部充分征求全行业意见,在方案实施过程中,主动召开新闻通气会、发布证监会公告,通报行政许可调整的意义、目的、思路和主要内容,使全社会关注、理解行政许可制度改革及我会行政许可工作。

(证监会机构部供稿)

# 上市公司专项治理活动工作情况

上市公司是我国经济运行中最具发展优势的群体,是我国资本市场的基石。有效的公司治理机制是支撑上市公司健康发展的重要保障,在提高上市公司质量的系统工程中处于中心环节。经过多年努力,基本确立了上市公司治理的原则和框架,并督促上市公司逐步走上了规范发展的轨道。为进一步贯彻落实《国务院关于推进资本市场改革开放和稳定发展的若干意见》(国发〔2004〕3 号)的精神和《国务院批转证监会关于提高上市公司质量意见的通知》(国发〔2005〕34 号)的要求,巩固股权分置改革和清欠解保工作在完善上市公司治理方面取得的积极成效,自 2007 年初至 2009 年底,中国证监会开展了为期三年的"上市公司治理专项活动"(以下简称专项活动),此次专项活动是促进上市公司规范运作、提高上市公司质量、促进资本市场持续健康发展的又一重要基础性制度建设工作。

## 一、专项活动总体进展及完成情况

三年来,证监会坚持以增强上市公司独立性、促进规范运作、提高透明度作为专项活动的总体目标,推动专项活动由浅入深、从面到点,按照自查、评议、检查、整改、验收的具体步骤,在全体上市公司中广泛、有序、深入地开展。

(一)力求全面,明确全体上市公司整改"标准动作"

清查和整改问题,是专项活动的核心工作。为了督促每个上市公司严格清查并整改治理问题,证监会制订了明确具体的分阶段操作方案,要求沪、深交易所的每家上市公司将工作划分为公司自查、公众评议、整改提高三个阶段,分阶段明确目标任务,分阶段推进整改工作。

在公司自查阶段,要求上市公司认真查找治理结构存在的问题,深入分析问题产生的原因,确定具体的整改措施,制订明确的整改时间。为督促公司自查,证监会专门制订了公司治理对照自查事项表,涉及股东状况、规范运作、独立性、透明度、治理创新 5 大类别 100 个小项,要求公司逐项对应、逐项自查。

在公众评议阶段,通过投资者和社会公众对上市公司的治理情况和整改计划的分析评议,协助上市公司查找问题并完善其整改计划。为确保评议广泛、渠道畅通,规定了上市公司接受评议的最短时间(不少于 15 天),要求上市公司设立专门的电话和网络平台,证监局和证券交易所也同时公布专门邮箱,收集投资者和社会公众对上市公司改善治理的意见建议。

在整改提高阶段,要求上市公司要结合自查、监管检查、公众评议多方面情况,认真整改公司治理存在问题。为确保整改效果,我部坚持扶优限劣的原则,对于治理结构存在问题的上市公司,要求证监局采取约见公司高管人员谈话提醒、发关注函、以书面形式进行内部通报批评、通报地方政府和相关部门等措施,督促公司切实整改;对于治理结构完善的上市公司,则对其在发展各方面予以支持。

(二)突出重点,要求部分上市公司做好整改"附加动作"

专项活动历时长、任务重,在推进过程中不可避免会遇到一些疑难问题、新增问题和突发情况。为确保实现专项活动的总体目标,证监会及时调整工作思路,分别制定了阶段性工作指标,尤其是 2008 年的"深入推进年"和 2009 年的"治理整改年",把专项活动推向纵深。

在"深入推进年",证监会一方面规定了上市公司应于 2008 年 11 月 30 日前完成整改的"大限",并明确到期拒不整改的处罚措施,对已查出问题并承诺整改的上市公司起到了一定的震慑作用。另一方面,针对整改中遇到的部分重难点问题和市场热议的焦点,及时明确了三项重点突破工作,即规范上市公司控股股东人行为、建立防止大股东占用上市公司资金的长效机制和规范上市公司信息披露行为。

在"治理整改年",由于部分公司治理问题情况复杂、牵涉面广、时间跨度长,整改难度大,部分公司没有按时完成整改工作。同时,突发的国际金融危机也给公司治理整改工作带来了巨大压力,一些上市公司又出现了新的治理问题。为此,证监会及时启动了"上市公司治理整改年"工作,下大力气督促上市公司彻底整改遗留的治理问题,特别是涉及独立性、"三会"规范运作和内部控制方面的问题。

(三)专项活动成效

专项活动中,各辖区共发现违反公司治理相关规则的问题一万多个,其中主要集中在:上市公司"三会"运作、信息披露、内部控制、独立性等方面。在证监会全系统和各上市公司的共同努力下,截至 2009 年底,大多数治理问题已完成整改,整改率达到 98% 以上。

## 二、专项活动工作特色

(一)全程跟踪、把好进度,指导专项活动有序开展

专项活动中,证监会上市部全程跟踪、严格把握工作进度,并根据活动最新进展和发现的苗头性问题,及时下发文件调整具体工作部署,确保活动“保质保量”扎实开展。

1. 动态掌握专项活动整体进度

动态掌握整改进度,便于及早发现遇到的困难和问题,也为及时调整下一步具体工作奠定了基础。在分阶段清查和整改治理问题过程中,证监会按周汇总专项工作的进展情况,形成对专项活动开展情况的动态全局性掌握。在“治理整改年”中,证监会按月汇总辖区重点公司的治理问题整改情况,同时,针对普遍反应的重点、难点问题,及时进行专题研究、统一应对,分别制定了科学的对策措施。

2. 深入了解活动开展具体情况

一方面,深入一线,召开座谈会了解活动实际开展情况。通过参与各地举办的专项活动座谈会、董秘座谈会等,认真了解活动推进过程中的障碍和问题,提高活动的针对性和实效性。另一方面,集思广益,研究提升治理的策略方法。证监会上市部多次召集各地证监局,通过约见相关负责人谈话、举办经验交流座谈会、召开督导片区会议等形式,对专项活动的进展、做法、成效、建议等内容进行了座谈讨论。此外,还召集部分基金,座谈了解机构投资者对我国上市公司治理现状的意见和建议。

3. 及时调整工作方式和方法

针对少数公司自查走过场的问题,及时下文要求各地证监局召开公司董、监事座谈会,并深入开展监管检查,挖掘公司治理存在的深层次问题。针对投资者评议意见较少的问题,及时下文要求各地证监局和证券交易所鼓励上市公司召开公司治理自查报告发布会、投资者见面会,加强与投资者沟通,广泛收集投资者反映的问题。针对少数公司整改浮于表面的问题,及时下文补充设置了整改验收的工作程序,要求证监局对上市公司整改情况进行验收,强调要关注公司对相关问题是否进行了有针对性的整改、是否仍存有后续隐患等。

(二)积极宣传、造好声势,营造活动开展良好氛围

在扎实推进各项工作的同时,证监会高度重视舆论宣传和示范引导工作,深入烘托活动气氛,形成自下而上、自内而外积极开展专项活动的良好氛围。

1. 加强活动宣传,为活动开展加油助力

各地证监局结合辖区实际,以多种方式开展活动宣传。山东局在协会网站开设专题网页,倡议“上市公司不做附庸、独立董事不做花瓶、财务会计不做假账、监事会不做摆设”的“四不做”。青岛局联合国务院金融研究发展中心,举办“上市公司治理暨投资者关系管理”研讨会。厦门局借助厦门电视台“金融聚焦”栏目,广为宣传专项活动。湖南局举办上市公司治理董事长论坛,深入剖析辖区公司治理突出问题,积极探求解决问题的长期治本之策。

2. 积极推广先进经验,突出示范引导效应

专项活动中,各地证监局深入挖掘、收集本辖区在专项活动推进中的典型经验,并在全系统内宣传。广东局与《上海证券报》合作,开辟专栏宣传部分上市公司的优秀治理经验。山东局组织华鲁恒升召开了公司治理现场评议观摩会,邀请中央电视台等媒体进行广泛报道。深圳局联合《证券时报》等媒体,对部分上市公司在规范运作、投资者关系、透明度等方面的做法进行了系列报道,形成了示范效应。

(三)全面清查、深入挖掘,多渠道发现公司治理薄弱环节

清查问题,不仅是专项活动的端口环节,而且还铺垫着后续阶段工作,对活动的整体成效起着至关重要的影响。为防止公司查问题避重就轻,在督促公司深入自查的同时,各地证监局采取多种方式督促公司认真“体检”,力求把问题查准、查细、查深、查透。

1. 开展董、监事座谈会,促进公司深入自查问题

各地证监局通过与上市公司全体董事、监事及高管人员的全体座谈,讨论公司治理存在的薄弱环节以及进一步改善的策略方法。2007年,各证监局累计召开座谈会672次,涉及参会公司1,754家次;2008年,各证监局累计召开座谈会504次,涉及参会公司1,109家次。2009年,各证监局累计召开座谈会151次,涉及参会公司600家次。

2. 加强现场检查,深入寻找存在的各项问题

专项活动中,各地证监局对所属上市公司进行了全面的现场检查,检查公司家数比例达到98%以上,不仅做到对所有上市公司的"检查全覆盖",而且还对一些风险公司多次进行现场检查。检查过程中,许多证监局专门制定了现场检查工作指引或工作规程,统一了检查程序,制定了检查标准和要求。部分证监局借鉴审计工作方式,采用穿行测试方法,对公司主要内控制度的执行情况进行检查验证。部分证监局拓展检查范围,检查向上拓展到控股股东,向下延伸至异地分支机构。

3. 积极拓宽渠道,借助"外脑"发现问题

专项活动中,各地证监局多次督促公司召开专项活动公开说明会,向投资者和新闻媒体广泛征求意见建议。同时,借助公司治理专业机构,对公司治理进行评价诊断,或通过保荐机构,从外部审视公司治理存在的问题。一些辖区上市公司专门举行公司治理网上交流会,并在公司网站设置治理专页征求意见;一些辖区上市公司聘请了专业机构,对公司治理情况进行了全面分析评估。

(四)多措并举、督促整改,真正提升公司治理水平

发现问题,是为了整改问题。问题是否彻底整改、整改是否不留隐患,直接关系到本次活动的最终质量。为防止公司整改问题避实就虚,各地证监局、证券交易所采取多种方式帮助、督促公司整改问题,确保活动质量效果。

1. 广泛开展培训,深化公司治理及整改提高的主动意识

专项活动中,各证监局累计举办培训班600余次,培训上市公司董事、监事、高管人员35,943人次;沪、深证券交易所累计培训上市公司独立董事和董事会秘书7,735人次。培训中,始终坚持理论联系实际,将法规学习与案例教育相结合,特别突出对新《公司法》、《证券法》、《刑法修正案(六)》、《刑法修正案(七)》的培训,特别突出加强上市公司高管的诚信意识和责任意识,并坚持以考促学,保证配需的质量和效果。同时,积极扩展培训对象,将培训对象范围扩大到控股股东和实际控制人,进一步优化了培训效果。

2. 加强审核验收,督促问题从公司内部彻底整改

针对公司治理问题的整改情况,各地证监局制订了验收工作规程,并对照规程开展活动"验收",认真检查公司问题整改情况,对于部分公司治理环境较差、整改落实情况进度不佳的公司,及时约请高管人员谈话,安排回访,加强后续监管以保证效果。同时,对公司自查报告和整改报告,各地证监局制定了审核标准,开展多层级审核,严把报告审核关,并邀请行业相关人员,充分发挥社会监督作用,共同对上市公司治理整改提高情况进行评审验收。

3. 强化综合协作,形成共同推动完善公司治理的综合环境

针对部分仅靠上市公司的力量难以整改的治理问题(如部分独立性等问题),各地证监局积极构筑综合监管体系,加强与国资监管及政府部门的综合协作,采取约见相关公司控股股东谈话、联合检查、建立定点联系制度等方式,共同推进国有控股股东规范行为,促进相关问题从"外围"得到解决。此外,各地证监局、证券交易积极开展活动调研,针对典型公司和典型问题,深入研究改进公司治理水平的途径方法,并形成了大量有价值的研究成果。

## 三、专项活动开展效果

通过专项活动,上市公司全面整改了治理方面存在的问题,进一步提高了规范运作意识,完善了内部控制制度和有关规章制度,健全了治理长效机制,部分公司探索并建立了与自身特点相适应的治理模式,上市公司治理水平进一步提高。

(一)进一步促进了上市公司"三会"的规范化运作

其一,增强了股东大会决策代表性。

在专项活动中,多数公司在现行《公司章程》以及《股东大会议事规则》中修订完善了公司股东大会网络投票的相关内容,通过创建股东大会网络投票平台,为投资者积极参加股东大会会议表决创造条件,扩大投资者参与重大决策的范围。部分上市公司在审议中小股东反对呼声很高的议案时,由于采用了网络投票,最终得以否决,保护了中小股东的权益。

其二,提升董事会运作水平,强化董事职责、进一步发挥独立董事和专门委员会作用。

在董事会运作方面。一是大多数上市公司结合专项活动修订董事会议事规则、完善授权委托程序和会议记录,进一步提高了董事会规范运作水平。二是优化董事会构成。针对董事会成员多由大股东提名、鲜有小股东代表的情况,许多公司在《公司章程》中明确规定了累积投票制的使用,并制订了相关实施细则。三是大力强化董事的勤勉尽责意识。大多数上市公司通过建章立制、签订责任书等方式,建立了董事问责机制,强化董事勤勉尽责意识。同时,证监会加大监管执法力度,严厉处罚了一批懈怠失职的董事,如中捷股份、九发股份等。

在独立董事方面和董事会专门委员会工作方面。部分上市公司通过优化独立董事的选聘机制和薪酬制度,增强了独立董事的独立性和工作积极性,从而为其参与公司的重大决策、实施对管理层的监督、维护公司及中小股东利益提供保证。上市公司普遍建立了董事会下属专门委员会,并结合公司实际制定了相关工作细则,明确了各专门委员会的职责权限和工作程序。

其三,提高监事专业素质,进一步发挥了监事会的监督职能。

在专项活动中,部分上市公司通过聘任独立监事,增设监事会工作机构,细化监事会工作制度等方式,完善了监事会的来源与专业构成,提高了监事会的独立性和工作效能。部分公司聘任主要债权银行的代表、资深财务专家和法律专家作为独立监事,克服了内部监事不敢监督、不愿监督及监督不到位的难题。

(二)进一步健全了上市公司在重点环节的内部控制制度

通过专项活动,大多数上市公司普遍重新审视了公司内部控制的各个环节,根据内外部环境的变化和监管要求,进一步健全了上市公司在关联交易、对外担保、财务管理、募集资金使用、子公司管理等重点环节的内部控制制度,有效提高了上市公司的内部管理水平和风险防范能力,一定程度上降低了上市公司的风险隐患。部分上市公司针对子公司多、地域分散、管理难度大的特点,通过调整子公司结构和管理层级等方式对子公司的管理流程进行重塑,消除管理盲点,防范子公司管理失控风险。部分上市公司通过在控股子公司建立二级内部审计机构,实行财务人员委派制,提高了对分、子公司的控制力。

(三)进一步提高了上市公司运营的透明度

通过专项活动,上市公司进一步健全了信息披露事务管理制度,规范了重大信息的内部流转通报程序,并制定了涉及股东、实际控制人的信息问询、管理、披露制度,强化了敏感信息内部排查、归集、传递、披露机制,落实信息披露的归口管理,从而提高了信息披露工作的真实性、准确性、完整性、及时性和主动性。部分上市公司在完善信息披露事务管理制度的同时,专门制定了敏感信息排查管理等相关制度,有效地防止了重大信息的“跑、冒、滴、漏”。部分公司主动和容易产生信息混淆的关联公司建立了沟通交流机制,明确了双方的责任,并指定专人负责信息沟通和交流工作,有效防范了关联方以其他方式披露上市公司相关信息的情况。

(四)进一步增强了上市公司独立性

通过专项活动,一是加强了上市公司业务独立性,逐步减少同业竞争。部分上市公司通过并购重组、定向增发等方式较为彻底地解决了业务不独立的问题。二是关联交易金额和比重进一步降低。在各地证监局的大力督导下,相当一部分上市公司解决了长期以来的大额关联交易问题。三是加强人员的独立性。在证监会规范与限制相结合措施的监管威慑下,各辖区上市公司高管人员违规兼职、超期任职问题得到明显改善。四是土地、房产权证的独立和完整性问题得到逐步解决。政策调整及行政规划因素对一些辖区上市公司房屋建筑物权证的独立性和完整性构成一定影响。各地证监局根据公司实际情况,创新方法逐一推动解决,整改的效果较为显著。五是建立健全了防止控股股东违规占用上市公司资金的长效机制。各地证监局督促上市公司普遍建立了防止大股东占用资金的长效机制,并取得了良好的效果。

## 四、上市公司治理存在的深层次问题分析

通过专项活动,集中解决了一批我国上市公司普遍存在的公司治理问题,推进完善了上市公司的基础性制度。但是,上市公司治理“形似而神不至”的形成并非一朝一夕,公司治理的完善也难以一劳永逸,随着全流通时代的

到来,以及后金融危机时代复杂的经济形势,上市公司治理仍将面临严峻的考验。

(一)上市公司经营管理体制改造不彻底,影响到上市公司独立市场主体地位和经营真实性

我国多数上市公司是由原来的国有企业改制而来,一些公司由于改制不彻底,上市公司与母公司存在千丝万缕的联系,不能在资产、业务、人员、财务、机构等方面与母公司真正分开。主要表现在:

一是部分国有控股上市公司大股东尚未树立规范行使股东权利的意识,运用现有旧体制下的国企管理手段,越位干预或影响上市公司及其重要子公司的人员任免、薪酬、重大事项的决策事项等,影响了上市公司经营决策的独立性。二是一些公司仍存在与控股股东、实际控制人及其关联企业的同业竞争问题,或是主要业务或利润来源严重依赖关联方,存在大量的关联交易。三是部分控股股东要求上市公司向其提供未公开的信息,不仅违反了信息披露的公平原则,也存在引发内幕交易的风险。

(二)部分上市公司大股东行为未得到有效制衡,"三会"运作的有效性尚待加强

股权分置改革完成后,大股东和中小股东的利益趋于一致。但是,仍有部分自身素质低、合规意识差的控股股东,漠视公司治理的原则和规则,绕过"三会"直接插手上市公司事务,公司治理并没有真正起到控股股东与中小股东相互制衡、内部董事和外部董事相互制衡、监事会和董事会相互制衡的效果。这些都直接导致上市公司的"三会"运作和内部控制流于形式。主要表现在:

一是部分上市公司大股东为了自身利益,通过资金占用、违规担保、不公允的关联交易等方式,侵占上市公司和中小股东的利益。二是部分上市公司内部董事比例较大,人员构成中大股东垄断现象比较严重,董事会的决策、任免、监督和考核功能弱化。三是独立董事受制于选聘机制、薪酬来源及其与大股东较强的关联性,难以充分发挥独立监督作用;监事会相关监督职能与独立董事相互重叠,增加了监督成本,制衡效果反而趋于弱化;董事会专门委员会的作用发挥也相对有限。四是部分上市公司虽然已建立了较为完善的内部控制制度,但由于未得到有效执行而导致公司内部预警和风险防范机制的失效。

(三)公司治理外部环境建设不足

通过专项活动,上市公司内部治理结构逐步完善,但是,目前上市公司治理规则、证券监管部门执法环境以及市场环境等方面的因素,仍然制约着上市公司治理水平的提高,主要表现在:

一是目前的上市公司治理相关规则具有强制性规定少、偏重于指导公司自治、缺乏相应的责任追究机制。二是虽然现行法律已初步规定了司法介入公司治理的依据和途径,但操作性不强,仍需在实践中加以细化。三是目前我国尚缺乏活跃、高效的控制权市场和优胜劣汰的职业经理人市场,进而缺乏公司改善内部治理的动力。四是中小投资者长期投资、价值投资、理性投资的观念比较淡薄,对公司治理这种基础性、长期性的工作参与热情较低。

## 五、下一步公司治理工作安排

为进一步完善上市公司治理,提高上市公司质量,持续促进资本市场稳定健康发展,下一步,证监会将做好以下工作。

(一)推动解决公司治理深层次问题,切实保护社会公众股东利益

进一步摸清上市公司遗留治理问题底数,逐步制定解决方案,用足用活各项监管措施,加强与各地区、各部门的沟通协作,共同推动上市公司落实整改。加强与相关单位的配合协调,共同研究上市公司治理的深层次问题,对于一些问题,在深化改革中统筹解决,切实保护投资者特别是中小投资者的合法权益。

(二)推进完善资本市场并购重组工作安排,支持上市公司利用资本市场实现经济发展方式转变和经济结构调整

丰富并购手段,增强市场制约,减少审核环节,提高市场效率。支持部分改制上市公司通过并购重组、定向增发等方式实现整体上市,从根本上解决同业竞争、减少关联交易。支持促进经济发展方式转变、经济结构调整的并购重组,鼓励上市公司通过多种金融创新方式和手段,促进产业升级、优化资源配置。

(三)积极推动《上市公司监督管理条例》的出台,完善公司治理规则体系

积极推动《上市公司监督管理条例》的出台，并做好实施准备工作。全面梳理和完善上市公司治理规则体系，及时修订《上市公司治理准则》，探索分类治理模式，引导上市公司积极探索和建立符合自身特点的治理结构。

（四）加强内幕信息管理，建立防控打击内幕交易综合体系

大力督促上市公司健全信息披露事务管理制度，依法公平披露信息。加强与相关部门以及地方政府的沟通协作，强化内幕信息知情人监管，有序扩大内幕信息知情人登记制度的试点范围和登记范围。加强对发行上市、并购重组等环节的信息披露监管，防止发生恶意造假和内幕交易行为。

（五）强化综合监管体系，坚持不懈地推动共同治理

加强与相关部门之间的沟通协作，进一步提高上市公司国有控股股东规范运作水平。始终注重发挥地方政府及相关部门、机构投资者、新闻媒体等相关各方的作用，努力营造各方积极参与治理的良好氛围。鼓励和推动上市公司逐步探索形成制衡有效、和谐共存、规范运作、诚信守法的公司治理文化。

（证监会上市部供稿）

# 基金产品审核市场化改革的主要做法

近年来，按照国务院依法行政的总体要求，中国证监会在基金产品审核方面，始终坚持市场化改革方向，不断改进审核机制、简化审核程序，减少审核内容、增加审核透明度，特别是2010年以来开始实施的基金产品分类审核、公示基金产品审核进度等，顺应了行业市场化的发展需要和广大投资者的理财需求，强化了市场约束和社会监督，得到了行业的广泛认同和肯定。

## 一、实施基金产品分类审核，顺应行业市场化的发展需要

按照《基金法》及相关配套法规的规定，基金管理公司的资产管理业务包括公募基金管理和特定资产管理业务，而公募基金管理是基金管理公司的主要业务。截至2010年12月底，62家基金管理公司管理了702只公募基金，资产规模占全部管理资产规模的82.5%，由此可见，对于基金管理公司而言，公募基金的申请、销售、管理是其最重要的核心业务。

在证券投资基金试点初期，投资人对证券投资基金的运作模式、基金管理人的专家理财方式并不了解，为确保试点成功，基金监管部（以下简称基金部）对公募基金实施了严格的审批制度，对基金公司、托管银行的主体资格、基金合同、发行规模、品种设计、发行方式、基金发行节奏等多方面内容进行审批，为基金行业的平稳起步和规范发展奠定了坚实基础。但是，随着基金行业的不断发展壮大，过去这种严格审核的工作思路也带来了一些问题。首先是限制了基金产品的发行数量，在严格审核机制和销售渠道制约等多重因素的影响下，大部分基金公司一年只能发行一只到两只基金。其次是不利于基金管理公司根据市场时机推出符合投资人需求的基金产品。由于国内市场的波动比较大，部分产品上报时市场可能还处于上升周期，获得核准时市场可能就已经处于下跌周期中，这种情况给基金公司选择适当时机发行适当产品带来了一定的难度，有必要缩短基金产品审核周期，减少发行的不确定性。最后是不利于创造充分竞争的市场化环境。在过去的审核机制下，无论基金管理公司投资管理能力如何，是否具有基金产品创新的动力和能力，最终都只能在一年中发行一到两只基金产品，极少数渠道谈判能力强的公司至多能发行三只基金产品，一定程度上影响了基金管理公司进行差异化发展。

为了解决上述问题，适应行业不断发展变

化的要求,在简化审核、放松管制的指导思想下,基金部在过去几年中不断摸索新的审核思路和审核机制,不断简化审核程序,提高审核效率。特别是2010年1月1日起,开始全面实施基金产品分类审核制度,按照公募基金和特定资产管理计划、境内基金和QDII基金、创新产品和普通产品、固定收益类基金和偏股型基金的分类方式,分别受理基金管理公司的申请材料,分别审核。这样一来,基金管理公司可以结合市场情况和自身能力同时申报多类产品和多只基金,并选择合适的市场时机募集基金产品。按照这一制度,基金管理公司最多可以同时上报一只偏股型的境内基金、一只固定收益类的境内基金、一只QDII基金和一只创新基金,还可以同时开展特定资产管理业务。这一制度的实施,顺应了市场化的需要,改变了过去一个公司一次只能上报一只产品,一年募集一到两只基金的状况。截至2010年底,我会今年共受理基金184只,批复基金产品154只,和去年的情况相比,今年在受理基金的数量、批复基金的数量上都有了较大幅度的提高(2009年全年受理基金149只,批复基金111只)。

## 二、简化行政许可程序,提高行政许可效率

近几年来,随着基金行业的发展,基金部在简化基金审核程序,提高行政许可工作透明度等方面作了诸多工作。具体包括:(一)简化基金产品评审会程序。第一,取消了货币市场基金、债券基金等固定收益类基金的产品评审会程序,由审核人员根据审核标准进行审核并反馈意见,大大简化了审核程序;第二,对指数基金这类被动投资品种,也不再召开基金产品评审会,由审核人员自行反馈意见;第三,对成熟产品不再统一安排专家评审会,而是由两至三个处内审核人员组成评议小组随时对基金产品进行审议;第四,对复杂产品和创新产品之外的其他QDII产品,不再组织境外专家进行评审,而由境内、会内专家及部内相关人员进行评审,根据产品情况灵活处理。(二)减少基金募集申请材料。首先,不再要求基金公司在上报募集申请材料时提交代销协议,改为基金募集时间安排备案时上报该协议即可,缩短了基金公司的产品准备周期。其次,仅在托管人本年度上报的第一只基金申报材料中要求提交基金托管人年报,减少重复工作。(三)简化基金合同备案程序。基金募集完毕后,合同生效的备案申请由主任签发改为由主管处长签字即可,简化了基金合同备案程序。(四)对特定资产管理合同实行备案程序。在推出特定资产管理业务时,考虑到专户理财业务属于私募性质的业务,基金部对特定资产管理合同实行了备案程序,并在收到备案材料后的十个工作日内完成备案手续。

总结过去几年的基金产品审核实践,这些措施的实施,减少了基金审核的工作环节,减轻了基金产品募集申请的工作量。从实施的效果来看,基金产品的审核效率也大幅度提高,过去用四到五个月甚至更长时间才能完成一只基金产品的审核工作,现在基本上两到三个月即可完成一直基金产品的审核。此外,基金部正在积极研究成熟基金产品的标准化合同格式,并准备进一步改进审核机制,研究探索并在条件成熟时实行基金产品注册制度。

## 三、加大政务公开力度,强化社会和舆论监督

政务公开、让权力在阳光下运行,是现代政府的重要特征,是依法行政的重要保障,也是证监会在过去几年的工作中一直全力推动的一项工作。首先,基金部将基金产品审核流程、产品审核条件以及产品申请材料清单等内容通过互联网、受理处向全社会公示,让每一个基金发行申请人都了解我们的审核流程和审核条件,力争创造公平的竞争环境。其次,除了《基金法》、《证券投资基金运作管理办法》等法律和行政法规,还将日常审核中的一些操作细节和注意细节形成审核标准下发全部基金管理公司和托管银行,尽可能使基金产品审核工作“阳光化”。最后,2010年7月1日以来,开始对基金募集申请受理及审核情况实行每周公示一次的制度,公示的内容包括基金产品的受理情况、反馈意见情况、审核情况及核准情况等。通过公示,充分保证了业界的知情权、参与权和救济权。此外,通过公示,业界可以及时了解基金产品的审核进度,提前做好新基金的募集准备工作,避免出现公司利用各种渠道和方式获取审批信息的现象。对于监管机关而言,这种方法也加强了外部监督力量,促使审核人员按照相应审核标准和流程进行审核。总体看来,此项

改革措施得到了市场的广泛认可。

（证监会基金部供稿）

# 股指期货上市工作报告

历经9年研发、4年筹备、3个月准备，2010年4月8日，股指期货正式启动，4月16日，沪深300指数期货合约上市交易。从上市一个月来的市场运行情况看，股指期货总体上实现了平稳起步。股指期货的成功上市标志着我国金融期货市场的诞生，也标志着资本市场改革发展迈出了关键的一大步。

股指期货从筹备到上市，始终坚持以科学发展观为指导，紧紧围绕深化市场功能、服务经济金融改革的目标，充分借鉴国际成熟市场的成功经验，并从国际金融危机和我国过去发展金融期货的实践中汲取教训，坚持创新与风险控制和监管的能力相适应，注重把风险防范放在突出重要的位置，确保创新活动风险可测、可控、可承受。

## 一、指导思想：上市工作正确方向的保障

科学的指导思想是保证上市工作正确方向的制胜法宝。党中央、国务院审时度势，科学决策，从“国九条”到国务院领导同志的多次批示，从岐山副总理重要贺辞、视察中金所到人民日报特约评论员文章，特别是在国际金融危机背景下国务院批准推出股指期货，充分体现了党中央、国务院推进资本市场改革发展的坚定决心。按照“高标准、稳起步”的原则，在股指期货上市准备工作启动之初，证监会党委就研究确立了股指期货上市工作的指导思想：以平稳推出和安全运行为首要目标，严格控制风险，引导投资者有序参与，不追求交易量和活跃程度，逐步发挥市场功能。这个指导思想集中体现了证监会党委对国际金融危机的科学研判，对中国“新兴加转轨”市场实际的深刻理解，以及对资本市场服务国民经济发展功能的准确把握。在整个上市准备工作及上市后的监管工作中，领导小组办公室及中金所等有关各方始终坚持在这个指导思想下开展工作，不犹豫，不动摇。实践证明，这个指导思想是上市工作能在短短的三个月内顺利完成和成功实现平稳上市运行的重要思想保障。

## 二、法规制度建设：为股指期货上市创造良好的市场条件和制度基础

与成熟市场由市场力量为主推动创新的机制不同，“新兴加转轨”的市场特征决定了，我国资本市场主要体现为监管部门主导下的市场创新。证监会除了市场监管职责还承担了推动市场发展的任务。在股指期货筹备及上市过程中，证监会积极稳妥推进了各项基础制度创新、组织创新和监管创新。主要体现在以下几方面：

一是扎实推进资本市场基础制度建设。这些年来，证监会党委按照“标本兼治、远近结合”的原则大力推进市场基础建设，特别是股权分置改革从根本上解决了股票市场定价机制扭曲的问题，为股指期货的推出消除了制度障碍。在全流通的市场条件下，发行制度改革、推出创业板、融资融券试点等重大政策措施的出台，进一步完善了市场体制机制，夯实了推出股指期货的市场基础。

二是逐步健全和初步形成了期货市场的基本制度框架。推动修订并实施了《期货交易管理条例》及配套规章和规范性文件。成立了期货保证金监控中心，推行具有中国特色的期货保证金存管监控制度。建立了严格的期货开户实名制和统一开户制度，确保客户身份的真实性和开户的合规性。建设“期货市场运行监测监控系统”，提高了市场分析和风险防范能力。建立并完善了以净资本为核心的风险监管制度和期货公司分类监管制度。上述法规制度为股指期货的平稳推出和安全运行奠定了坚实的制度基础。

三是积极推动期货市场组织制度创新。一

方面,推动建立了独立于商品期货交易的金融期货交易平台——中国金融期货交易所,以更好地防控风险和加强监管。另一方面,推动建立了证券公司参与期货交易的“防火墙”机制——证券公司从事股指期货中间介绍业务(IB)制度,在期货市场组织创新的同时又相对隔离了证券和期货的风险。与此同时,还推动建立了结算代理商制度——从行政许可上将结算业务和交易业务分离,选择部分实力较强、风险承受能力较高的期货公司作为全面结算会员,代理交易会员进行结算,改变了原来商品期货交易中不分会员资质强弱、人人皆可结算的历史,有助于逐级分散和降低市场的系统性风险。市场的组织制度创新为股指期货的平稳起步提供了有力保障。

四是进一步完善了市场监管工作机制。股指期货上市工作涉及面广、政策敏感性强,证监会党委成立了由会领导挂帅、系统内有关部门和单位主要负责同志参加的股指期货上市工作领导小组及办公室,既发挥领导小组办公室的中枢作用,又集中全系统的智慧和力量;既将任务细分,分阶段推进,又及早谋划,加强进度管理,确保了整个上市工作的积极有序。同时,调整了股指期货市场监管协调小组,加强跨市场信息共享和监管协作,对股指期货上市后的跨市场监管工作预研预判,切实防范和化解跨市场风险。此外,组织对全系统期货监管干部和IB业务监管干部进行了集中培训,为后续各辖区开展股指期货业务的检查验收工作提供了监管力量支持。

## 三、产品供给方(交易所):市场组织和一线监管高标准、严要求

交易所作为产品的供给方,承担着市场交易、结算的组织和技术保障工作,以及市场运行的风控和监查工作。在股指期货合约规则的设计过程中,证监会指导中金所始终坚持从严从紧的思路,加强组织制度创新,统筹处理好创新与监管的关系。

一是借鉴国际经验与中国特定的市场实际相结合。股指期货的合约规则设计主要是立足于我国“新兴加转轨”的市场实际,包括法制基础薄弱、市场机制不健全、个人投资者特别是中小散户比例很高、炒作风气浓厚等,以我为主对西方(美国)成熟市场的经验做法有选择地吸收或者进行中国化改造。如选择抗操纵性的沪深300指数为交易标的;提高合约乘数,增大合约价值;采取较长时间段的连续价格作为结算价和交割价;建立分级结算制度和结算担保金制度以及股指期货中间介绍业务制度等。

二是结合国际金融危机教训进行有针对性的制度安排。在筹备工作中结合国际金融危机的教训和我国过去发展国债期货的挫折进一步完善了针对性的制度安排。提高最低保证金标准到12%,为了防范上市初期的过热交易,还将近月、远月合约的保证金标准分别提高到15%、18%。严格限制投机仓位并增大投机仓位的透明度。将投机持仓限额从600手大幅压缩到100手,促使大型投资者申请套期保值、套利编码,使之浮出水面,接受监管。首次实施期货公司分类监管评价制度和技术评级制度,并与金融期货业务资格直接挂钩。同时在规则制度设计过程中,广泛听取市场和社会各方的意见和建议,多次调研和反复论证,提高了制度设计的科学性和可操作性。

三是强化市场运维管理和市场一线监管。开展了三年多的仿真交易为市场交易、结算和技术保障等运维管理积累了经验,作为投资者教育的平台中金所将予以长久保留。股指期货上市后,证监会指导中金所密切跟踪股票市场和股指期货市场运行情况,切实关注可能出现的风险隐患,树立强势监管形象,对违法违规行为坚决打击,切实保障期、现货市场协调发展。

## 四、产品需求方(投资者):个人投资者适当性管理,机构投资者以套期保值为原则

投资者作为产品的需求方,是市场重要的参与者。资本市场的任何创新都必须充分考虑投资者的风险承受能力,切实维护投资者的合法权益。这是可能影响到市场和社会稳定的大问题。汲取国内市场权证和香港雷曼迷你债券事件的教训,股指期货市场在投资者管理与服务方面有一些创新的经验值得总结。

一是创造性地引入了投资者适当性管理制度。股指期货市场不是一个大众市场,是一个专业化的风险管理市场,不适合一般投资者参与。基于这样的认识,为从源头上深化投资者风险教育,借鉴国际市场“将适当的产品销售给适当的投资者”的理念,通过加强对期货公司和从事中间介绍业务证券公司开户环节监

管,要求中介机构"充分了解自己的客户",综合评估投资者风险承受能力,增强投资者的风险意识和自我保护能力。由于这一制度的坚决贯彻落实,股指期货上市后,没有出现炒新等现象,投资者参与普遍比较理性。包括商品期货在内的其他风险较高的市场都将考虑引入投资者适当性管理制度。

二是加强舆论宣传和投资者教育工作。有节奏、有针对性地做好舆论宣传引导是股指期货上市工作的一条重要经验。主动加强与新闻媒体的沟通,对重大政策正面引导,对不同声音及时解疑释惑,这样既可以为改革创新营造良好的舆论环境,也可以达到对投资者进行风险教育的目的。同时,按照"把规则讲透、把风险讲够"的原则,持续深入地开展投资者教育活动也是制度创新十分重要的一个环节。

三是对于机构投资者坚持"以套期保值原则、风险防范为目的"。证券公司、基金公司等中介机构参与股指期货的政策规定集中体现了服务股票现货市场、服务机构投资者套期保值、抑制过度投机、维护市场稳定的政策导向。这也是发展机构投资者需要始终坚持的一条原则,只有这样,推进金融创新、发展金融期货市场才有了服务经济发展的价值和作用。

**五、中介机构方(期货公司、证券公司):依法运作,合规管理,承担桥梁和纽带角色**

期货公司、证券公司作为中介机构,连接着产品的供给方和需求方,是市场保持高效运转的重要基础。成熟市场上,中介机构也是市场创新的主要动力。在我国,政府主导下的资本市场创新需要中介机构的积极配合和贯彻落实。在股指期货市场,对于中介机构做法是"两手抓":

一手抓培训教育。一项重大制度创新,中介机构的管理人员和业务骨干首先要理解透彻,这样一方面自身才能保持合规运作,控制好风险,另一方面也才能在对客户的风险教育上做到准确、到位。股指期货的培训教育工作做得比较扎实,期货一部分类、多层次举办了系列培训班,培训期货公司、证券公司高管及操作人员6,000余人次,特别是IB培训是迄今为止在证券市场上针对期货相关知识所进行的第一次全覆盖的集中培训。

一手抓严格监管。集中系统监管力量,组织开展了期货行业全行业的技术大检查工作,督促期货公司加大人员及技术投入,强化技术管理,提升运维管理水平,为股指期货平稳推出提供了技术保障。为确保股指期货投资者适当性制度落到实处,各证监局加大了对辖区期货公司、证券公司开户情况和适当性制度落实情况的现场检查工作。中金所组织了若干督导组进行重点检查,证监会组织了巡查组进行非现场和现场巡查。立体监管网络的构建形成了强大的监管威慑力,整个投资者开户工作平稳有序。特别是对证券公司中间介绍业务严格坚持了"成熟一家、验收一家、开业一家"的监管思路以及对代理结算的全面结算会员强化了净资本和技术系统的监管要求。实践证明,这些综合监管措施对于股指期货的平稳起步起到了重要作用。

下一步,期货一部将按照"高标准、稳起步、强监管、防风险、重功能、促发展"的18字要求,继续密切跟踪股指期货市场的运行情况,不断总结经验,探索规律,创新监管方式和手段,切实加强风险研判,守住不发生系统性风险的底线,全力确保股指期货市场平稳运行,为我国金融期货市场的建设开好局、起好步。

(证监会期货一部供稿)

# 期货公司分类监管工作报告

实施分类监管是为了更有效对期货公司进行监督管理,合理配置监管资源,提高监管效率,促进期货公司持续健康发展。实践证明,经过两年分类监管的实施,无论是在提高监管效能,还是在促进期货行业功能发挥、期货公司抗风险能力增强方面都取得了良好效果,对期货行业发展产生了深远影响。

**一、分类监管以规则为本、机制先行,践行科学的评价机制**

在分类评价工作中,证监会始终坚持客观、公平、公正的评价原则,坚持"规则为本、机制先行"的工作方法,在实践中逐步探索出一套较为有效的评价规则体系和工作机制,科学组织分类评价工作,切实保证了分类结果的客观公正。首先,形成了以《试行规定》、《指引》、《会议纪要》为核心的三个层次评价规则体系,使分类评价有据可依、有章可循;其次,制定了科学的复核机制,在统一的规则下进行评价,杜绝主观因素的影响;最后,坚持分类评审的集体决策制度,由评审委员会评审确定期货公司的分类结果,进一步提高了评价结果的公信力。

**二、分类监管对期货行业发展影响深远**

从监管方面看,分类评价体现了监管导向,强化了监管权威,提高了监管效能,分类监管逐步成为期货公司监管工作的有力抓手,提高了日常监管的科学性、针对性和有效性;从期货行业看,通过实施分类监管,期货公司的中介机构功能定位进一步深化,市场竞争格局日益规范,行业结构逐渐优化;从期货公司看,通过分类评价,期货公司对违规成本有了更深刻的认识,违规现象明显减少,合规意识显著提高,自我约束机制不断强化。

**三、分类监管工作是对监管工作质量的全面检验**

分类评价工作既是对期货公司风险管理能力、持续合规状况和市场影响力的全面评价,也是对监管工作质量的全面检验。统一监管标准,提高分类评价的公平公正性,是做好分类监管工作的基础;正确认识和处理分类监管与日常监管的关系,认真履行监管职责,是做好分类监管的保障;依法规范监管行为,严格执法程序,是做好分类监管工作的关键;提高期货公司风控合规水平和服务实体经济能力,促进期货行业规范健康发展,是分类监管工作的核心。分类监管是一把"双刃剑",对监管者与市场主体都提出了更高要求,对于推动监管者进一步提高依法监管水平,提升监管效能发挥了重要作用。

**四、关于进一步完善分类监管工作的思考**

在认真总结两次分类评价经验基础上,结合期货市场新形势和行业新特点,按照有利于期货市场功能发挥,促进期货公司持续健康发展的目标,进一步完善和加强分类监管工作,提高监管的科学性、针对性和有效性,下一步需要重点研究和思考通过完善分类监管制度促进期货公司围绕服务期货市场功能发挥做优做强,促进期货行业公平有序竞争,进一步加强期货公司信息技术监管和自有资金监管等问题,充分发挥分类监管的导向作用,进一步推动期货公司规范健康发展。

(证监会期货二部供稿)

## 推动期货行业创新与对外开放工作报告

创新是资本市场发展的不竭动力。2010年,中国证监会期货监管二部(以下期货二部)紧紧围绕资本市场改革发展大局,不断完善相关规则体系,推动业务创新发展、促进行业对外开放。

### 一、加快推进期货公司投资咨询业务

一是启动了期货公司投资咨询业务立法起草工作，在法律部的支持和审查下，起草完成了《期货公司期货投资咨询管理试行办法（草案）》（以下简称《草案》），并初步征求业内相关方意见。二是组织召开期货投资咨询业务境外专家研讨会和现货企业座谈会，吸纳各方专家意见，并进一步修改《草案》和起草说明。三是协调指导中国期货业协会，研究开展期货投资咨询业务相关从业资格考试、合同指引以及其他行业自律工作。

### 二、稳步推动期货公司客户资产管理业务试点工作

期货二部充分借鉴证券、基金开展客户资产管理相关经验，广泛征求行业内各方意见，不断调整试点工作方案，起草了有关试点管理办法草案，目前草案已基本成熟。本着“有限试点、严控风险、严格监管、循序渐进”的原则，计划审慎选择少量优质期货公司试点，一对一接受企业法人客户委托开展期货资产管理业务，着重强化期货公司的自我风险控制，强化账户监控和日常监管，防范风险传导和利益冲突，也为业务创新保留了适度空间，尊重市场主体的自我选择。下一步，拟进一步加强研究和报告，修改完善相关办法草案和工作思路，并加强与法律部的协商沟通。

### 三、以研究推出境外代理为主线，稳步推进期货行业对外开放

与证券、基金行业相比，我国期货行业对外开放未纳入 WTO 谈判范围，仅开放了 CEPA 通道，处于相对主动地位。综合分析我国期货行业所处的宏观环境，借鉴参考证券、基金行业对外开放经验，以期货公司境外代理试点作为研究推进对外开放的重点，同时配合以合资期货公司、香港子公司等相关政策协同。工作主要包括：一是按照国家和证监会关于对外开放政策的战略部署，进一步研究推进期货行业对外开放政策思路，并保持政策的稳定性和连续性。二是重点研究推进期货境外代理试点，配套调整合资期货公司和香港子公司相关政策，保持各项政策统一、协调。三是加强对合资期货公司、香港子公司的日常监管、信息收集和监控，完善香港子公司业务信息报送，支持香港子公司开展多牌照经营。四是加强与相关部委、会内相关部门、境内外机构的沟通协调，为对外开放创造良好的外部环境。

（证监会期货二部供稿）

## 会计监管工作报告

2005 年 10 月 27 日，《证券法》修订案在十届全国人大常委会第十八次会议审议通过。修订后的《证券法》增加规定了会计师事务所从事证券业务的审批要求，进一步明确了中国证监会对会计师事务所从事证券业务进行监督管理的法定职责。证监会审时度势，主动调整监管思路，提出了“监督、撑腰、引路”的工作方针，通过建立会计辖区监管责任制，形成会机关组织的全面检查与派出机构有针对性的业务检查相结合的联动检查机制，依法加强对会计师事务所从事证券业务的监督，从促进会计师事务所规范执业入手，切实提高资本市场会计信息质量。

### 一、会计监管工作强调以“管”促发展

行政监管不是把会计师事务所管死了，而是以“管”促发展。证监会在具体工作中，以提升资本市场会计信息质量为出发点，从“帮助事务所提高执业质量”和“为事务所提供良好的执业环境”入手，为事务所“撑腰、引路”。为增强监管与服务力度，促进会计师事务所规范发展，提高其执业质量，证监会于2005 年

实施会计师事务所与资产评估机构证券期货相关业务监管责任制，在统一监管体制下，对会计师事务所日常监管建立一套分工科学、职责明确、协调有效的监管制度，充分利用监管资源，形成监管合力，提高监管针对性、有效性、协调性。具有证券期货业务资格会计师事务所在有效监管下，内部治理日趋完善，执业质量不断提升，核心竞争优势日益明显。据初步统计，2005 年业务收入过亿元的事务所仅有 5 家，2009 年业务收入过亿元的事务所已达 29 家；具有证券资格会计师事务所 2005 年业务收入总额为 65.74 亿元，而 2009 年业务收入总额已高达 156 亿元，事务所取得了长足发展。

## 二、会计监管工作已成规范化、常态化

证监会系统上下对会计监督工作高度重视，不断加大检查力度和工作投入，不断摸索、总结检查经验和做法，逐步形成规范化、常态化的工作机制。目前，证监会已对证券期货业务资格事务所全部进行了现场检查，并制定了规范的检查工作流程，统一了检查标准。现场检查对事务所健全质量控制制度、提高执业质量起到了积极的促进作用。目前，已经形成了证监会机关亲自组织全面检查，地方派出机构结合业务监管开展业务检查的会计监管格局。形成了统一部署、上下联动、查前培训、联合检查、查后整改等一整套的工作方法和机制。会计监管工作科学化、法制化和规范化水平不断提高，工作思路明确、监管规范高效的会计监管机制正逐步形成，为会计监管工作持续稳定发展打下了坚实的基础。

## 三、会计监管工作着重"惩前毖后"

在督规范、促发展的同时，证监会强化了事后监管和稽查处罚的力度。通过开展年报审计监管工作，一方面，继续深入查找年报披露和审计过程中未发现的问题，进一步采取补救的措施；另一方面，总结年报审计的经验和问题，有针对性地提出进一步提高资本市场审计质量的措施。通过加大对事务所及从业人员违规行为的处罚力度，达到正确引导市场、规范审计执业的目的。最近五年，对 16 家会计师事务所和 46 名注册会计师进行了行政处罚，对 48 家会计师事务所和 50 名注册会计师采取了行政监管措施，有效的规范了市场秩序，形成"良币驱逐劣币"的良好市场风气，促进审计市场的健康发展。

## 四、会计监管工作努力创建和谐监管环境

针对目前会计师事务所面临的多重监管问题，证监会积极研究对策，主动上门与财政部、国资委、银监会、中注协等相关部门和机构沟通协调，力争为事务所营造一个良好的执业环境。在国际会计监管合作方面，证监会积极与美国 PCAOB 和欧盟等境外监管机构开展交流与合作，提高国际市场的影响力，争取国际市场监管话语权。近两年来，证监会一直在与 PCAOB 谈判磋商，探索双方都能接受的合作监管途径，积极应对境外会计监管机构提出的跨境监管要求，坚决维护国家主权和经济安全，构建平等互利的监管合作机制。在重点与 PCAOB 谈判的同时，证监会还启动了与欧盟及日韩建立监管合作机制的谈判，希望通过加强与境外监管机构的交流与合作，为我国事务所通过资本市场走出去创造良好的国际环境。

## 五、会计监管工作重在队伍建设

近几年证监会着重培养具有会计监管经验的人才，通过邀请国际监管组织培训、选派业务骨干去国外学习、每月一课视频培训、现场检查锻炼队伍等方式，逐步打造出一批既具有专业水平，又具有实战经验的监管队伍。在监管体制方面，通过利用专员办两个平台成立会计检查组，派出机构成立会计专业小组等方式，逐步实现会计监管队伍的专业化和统一化。从事会计监管工作的同志们满怀对事业的赤诚之心，忠于职守、坚持原则，勤勉敬业、无私奉献，树立了证监会会计监管权威及依法行政的良好形象，在会计监管战线形成求真务实、坚持原则、大胆创新、力争上游的良好风气。

今后一个时期，证监会将继续以会计师事务所执业质量检查为主要手段，建立与经济社会发展相适应、与资本市场发展相协调、与国际先进水平相接轨的会计监管体系，构建法制规范、职责明晰、运转协调、监督高效的会计监管长效机制；以开拓创新的精神、求真务实的态

度、迎接挑战的勇气、扎实有效的工作、坚持不懈的努力，不断创新会计监管的内容和手段，不断提高会计监管的层次和效果，全面提升会计师事务所执业质量和资本市场会计信息质量，为资本市场稳定健康发展保驾护航，为建设社会主义和谐社会做出新的贡献！

（证监会会计部供稿）

# 上海证监局开展证券执业律师事务所现场检查工作情况

为了加强对辖区律师事务所的监管，促进律师事务所从事证券法律业务的规范开展，上海证监局（以下简称上海局）根据《证券法》、《律师事务所从事证券法律业务管理办法》（证监会令第41号，以下简称《管理办法》）的相关规定，创新监管理念和监管方式，在中国证监会法律部的统一领导下，积极开展对辖区律师事务所从事证券法律业务的现场检查工作。

## 一、辖区律师事务所从事证券法律业务基本情况

自2007年《管理办法》颁布以来，证监会开始对全国律师事务所从事证券法律业务情况进行检查。从2007年起至2010年，上海局参与和直接进行现场检查的律师事务所共计13家（其中，上海本地所10家，异地分所3家），基本涵盖了辖区从事证券法律业务的主要律师事务所。

从近年来检查调研的情况看，辖区律师事务所从事证券法律业务主要具有以下特点：

1. 业务集中度较高，证券法律业务主要集中于数家律师事务所。随着资本市场的不断创新与发展，市场主体在融资、经营管理等方面面临的法律问题更加复杂，对证券法律服务的全面性、专业性提出了更高的要求；客观上，更加倾向于选择执业经验丰富、专业能力强、规模较大的律师事务所提供专业服务。因此，辖区证券法律业务的集中度较高，主要证券从业律师事务所在该领域保持较为明显的优势地位。据证监会2010年的统计数据，2009年全年，国浩律师集团事务所（含该所下属的北京、深圳、杭州等地分所）出具法律意见书85份、上海市锦天城律师事务所出具法律意见书16份、上海市通力律师事务所出具法律意见书14份、上海市瑛明律师事务所出具法律意见书11份、上海市金茂凯德律师事务所出具法律意见书10份。上述五家律师事务所共计出具法律意见书136份，占全辖区总数的79%。

2. 专业化程度提高，证券法律业务逐步细化。从总体上看，辖区律师事务所在提供法律服务时，涵盖的业务领域较为广泛，涉及IPO、再融资、并购重组、基金、期货等各项证券法律业务。同时，在《管理办法》颁布后，经过数年的培育和发展，证券法律业务也逐步细化，各律师事务所在全面开展各项证券法律业务的同时，还在某一细分业务领域体现专业优势。如：国浩律师集团事务所、上海市锦天城律师事务所以及上海市瑛明律师事务所的2009年度中小板、创业板IPO法律服务；再如：上海市通力律师事务所的2009年度基金法律业务以及上海市金茂凯德律师事务所的2009年度国有控股上市公司并购重组法律业务等也各具特色。可喜的是，一些规模相对较小的律师事务所也结合自身特色，在相应的资本市场法律服务领域，充分发挥业务专长，各自占有一席之地，如：上海市广发律师事务所利用司法会计的方法从事IPO法律业务，取得较好的成果，2009年共计出具法律意见书5份。

## 二、现场检查总体情况

根据局领导的指示和部署，上海局结合辖区监管工作实际，在证监会法律部的统一领导下，通过全面调研摸底、建立执业监管档案等多种方式，精心组织、合理安排、创新方法，积极探

索证券律师监管新途径。按照法律法规对证券律师执业要求,区分证券法律业务的具体类型,分别对涉及上市公司、证券公司、基金、期货及证券衍生品业务的相关法律进行系统梳理,编制了内容完善、形式统一的工作底稿,紧密围绕监管工作重点开展检查,创新检查手段,构建检查合力,形成和完善了以业务监管与律所检查相结合、行业管理与执业规范相结合、形式合规与实质审核相结合以及制度建设与项目抽查相结合等"四个结合"为核心的检查工作方法。

从现场检查结果看,被检查律师事务所在从事证券法律业务的过程中,均能够按照《管理办法》规定,不断规范执业行为的业务流程,强化风险控制,履行核查验证义务,基本保证了所出具的法律意见的真实、准确与完整,体现了较高的证券法律业务水平,具体表现在以下六个方面:

1. 风险控制制度建设与执行方面。一是基本能够依照《证券法》、《管理办法》和有关法律法规的要求,建立和完善证券执业风险控制以及其他各项内部管理制度。二是形成了各具特色的 OA 管理系统,通过现代化的技术手段加强执业规范。

2. 执业利益冲突防范方面。建立了执业利益冲突的风险防范机制,各所设置了内部全所联网共享的利益冲突检索系统,制定了利益冲突的审查、认定和处理规则。在被检查的项目中没有发现执业利益冲突的情形。

3. 核查和验证义务履行方面。能够按照《管理办法》要求,采用面谈、书面审查、实地调查等方法进行核查和验证,履行了法律专业人士特别的注意义务,基本确保了核查和验证程序的完备性与核查验证结果的真实性。

4. 法律意见书质量方面。能够依据法律、行政法规及相关规定,运用法律知识,根据核查验证结果出具法律意见书,体现了较高的证券法律业务水平。同时,法律意见书的格式也基本符合《管理办法》规定。

5. 内部复核方面。制定了专门的证券法律业务办理规程,内容涉及办理程序、标准和时间节点等各项内容。在出具正式法律意见之前,均能履行复核程序,并做好相关记录予以留存。

6. 工作底稿方面。利用了档案管理外服公司提供的专业化服务,妥善保存工作底稿。同时,底稿的内容较为完备,基本能够做到对在核查验证中形成的工作记录和获取的材料进行相应归类和整理。

但上海局在检查中也发现,被检查律师事务所在从事证券法律业务过程中还存在一定薄弱环节,有待进一步加强,主要表现在以下两个方面:

1. 证券律师工作重实体内容研究,轻材料及程序复核。主要体现在:一是虽然对于法律实体问题,各家律师事务所都非常重视,内部认真研讨,但对相关材料的获取及程序要求则相对关心不够。如:对事项的复核,一般都从内容上进行了审核,但在工作流程中有的工作底稿缺少复核或经办人的签字留痕。二是虽对证券法律项目有计划地进行了分步核查,但工作底稿中却缺少相应的核查验证书面计划。三是核查验证未穷尽可能的查证途径,而是过多地依靠当事人提供材料。如:在核查公司对外借款、担保以及纳税时,仅依赖于公司自身提供的相关合同及文件,未见从相关国家机关取得的文书(如人民银行贷款卡记录、税务部门纳税证明)作为出具法律意见的依据。

2. 工作底稿和业务档案的编制尚需进一步完善。主要体现在:一是从底稿编制的内容上看,抽查的部分项目工作底稿中缺少相应书面记录。如:在资产购买项目中,有的缺少相关董事会决议、有的缺少股权转让协议、有的缺少证监会批复、有的缺少国土部门关于办理土地权证的证明文件。二是从底稿编制的格式上看,抽查的部分项目工作底稿存在未编制索引序号,也未按归档要求在工作底稿上加盖公章的情况。三是从底稿的存放上看,由于有的事务所采取集团化管理,部分项目工作底稿资料分散保存于数地,造成某些项目缺乏反映项目全貌的工作底稿。

### 三、检查工作体会

在现场检查工作中,上海局始终坚持在会法律部的领导下,根据局领导的统一部署,依靠局内各兄弟处室的大力支持和协助,围绕监管工作重点开展检查,有效提升了对辖区律师事务所从事证券法律业务监管的质量,同时也得到了被检查律师事务所的认可。

1. 开展现场检查，加强监管非常必要。

一是有利于建立沟通交流渠道，促进证券律师服务资本市场建设。通过现场检查，上海局与辖区律师事务所进行了深入地沟通交流，充分获取了证券律师执业过程中遇到的法律适用疑难问题，为上海局今后完善监管执法、有效进行日常监管、建设辖区资本市场提供了有益借鉴和支持。

二是有利于规范执业行为，提升证券法律业务水平。通过现场检查，进一步明确了辖区律师事务所从事证券法律业务的执业标准，规范了律师事务所证券执业质量的内控要求，强化了法律责任意识。

三是有利于拓展监管手段，加强证券法律业务监管权威。在取消证券律师行政许可后，上海局迅速调整了对于律师事务所从事证券法律业务的监管思路，通过增强相应的后续监管措施（如现场检查），有效拓展了证券律师的监管手段，进一步强化了上海局的证券律师监管职能与权威。

2. 做好辖区证券律师监管工作需要局内各处室相互配合。近年来的辖区证券律师监管工作，始终得到了局内各处室的大力支持与协助。在前期准备阶段，通过局内各业务监管处室进行摸底调查，全面掌握辖区律师事务所从事证券法律业务的基本情况，确立现场检查的重点。在检查实施过程中，邀请局内相关业务部门同志参与现场检查活动，结合辖区日常监管中发现的问题，深入查找原因。因此，可以说，正是有了局内各兄弟处室的广泛参与和大力支持，极大增强了证券律师检查工作的有效性与针对性。

3. 发挥证券律师作用需要良好的环境。从过去几年的市场改革情况看，充分发挥证券律师等中介机构的作用，是提升资本市场规范化水平的有效途径。随着资本市场的不断发展，必须更大程度、更大范围借助证券律师的力量，发挥证券律师的法律监督作用。实践证明，证券律师依法独立开展的法律专业服务，实际承担了维护市场秩序和公共利益的重要功能，已经成为资本市场实现有效监管的重要依靠力量。同时，我们还需进一步建立与证券律师之间的沟通交流平台，全面了解证券律师的执业情况，提升我们的监管水平。

## 四、证券律师监管工作建议

通过近年来的现场检查，上海局较为深入地了解了辖区律师事务所从事证券法律业务的基本情况，看到了辖区律师事务所的优势，也发现了有待提高的薄弱环节。为了加强对于律师事务所从事证券法律业务的日常监管，促进证券法律服务行业的良性发展，还需要进行多方面努力，深入开展各项工作。

1. 必须高度重视证券律师监管这项工作。作为提供专业判断、进行专业把关、提出专业意见的独立第三方，证券律师在资本市场中具有非常重要的地位。一方面，律师接受市场主体的委托，有偿开展业务，必须代表其委托人意志，维护其委托人利益；另一方面，作为中介机构，又必须保持其专业性、独立性和公正性，维护市场的秩序，维护广大公众投资者的利益。要处理好这种“双重性”之间的关系，充分发挥证券律师的法律监督作用，督促证券律师切实履行资本市场的“看门人”职责，这就需要我们在今后工作将证券律师监管这项工作作为资本市场监管工作的一项重要内容。为此，就必须高度重视证券律师监管这项工作，进一步采取措施，强化对于证券律师的监管职能，提升律师事务所提供证券法律业务的服务质量，促进律师事务所的规范执业与健康发展，支持资本市场规范化水平的进一步提高。

2. 进一步加强证券律师业务培训。为达到正确引导市场、规范证券律师执业的目的，建议从证券律师的特点和需要出发，围绕证券执业过程中遇到的问题，定期和不定期地开展各项针对证券法律业务的专业培训。同时还可以与律师协会的业务培训相结合、与保荐代表人的专项培训相结合，探索建立证券律师的长效培训机制，切实提高证券律师的执业水平。同时，进一步建立与证券从业律师和律师事务所之间的沟通交流平台，充分了解证券律师执业过程中遇到的法律适用疑难问题和各项政策业务需求，更好地发挥证券律师的积极作用。

3. 鼓励优秀证券从业律师事务所做大做强。在行政处罚权下放试点的基础上，加快研究推行证券从业律师和律师事务所的激励约束机制。对于讲求诚信、规范执业的律师和律师事务所在现场检查、持续监管以及业务审核等环节给予实质性的支持,鼓励其不断提升服务能力,拓展业务领域,在资本市场法律服务领域做大做强。对于存在违法违规行为的律师和律师事务所,严格依照《证券法》和《管理办法》的有关规定,加大监督检查力度,及时采取责令改正、监管谈话、冷淡对待等各项监管措施;需要进行行政处罚的,及时移送立案查处。

(上海证监局供稿)

## 四川证监局创新期货公司营业部设立监管工作

为深化期货公司中介服务定位,提升服务产业客户和实体经济的能力,四川证监局(以下简称四川局)在辖区期货营业部设立审核工作中遵循"公开、公平、公正"的原则,创新以"陈述会"为载体的审核监管,遴选经营稳健、风控完善、具有较强研发力量和产业客户服务经验的期货公司在辖区设立营业部,引导辖区期货经营机构发展方向,提升市场套期保值和服务产业经济的功能,受到了市场各方的赞同,取得了良好的效果。

**一、精心谋划,确定期货营业部设立审核工作的基本原则**

期货营业部设立工作是优化辖区期货市场结构,引导和强化期货经营机构中介服务功能的一项基础性工作,也是派出机构履行行政许可职责,坚持依法行政的重要体现。为此,四川局高度重视、精心谋划,结合辖区市场实际,确立了期货营业部设立审核工作的四项原则。

一是坚持把期货营业部设立审核工作作为落实党风廉政教育活动的具体体现。近年来,证监会逐步将部分行政许可下放派出机构,派出机构能否用好行政许可权,直接关系到监管体制改革进程。行政许可工作是一项权力运行比较集中的工作,尤其是期货营业部的设立关系到期货公司经营网点的布局和扩张,是一线监管工作中可能滋生腐败的重点环节。为此,四川局结合近期我会开展的党风廉政教育活动,把期货营业部设立审核工作作为一线监管落实学习活动的实践成果,从源头上堵塞和预防行政权力运行过程中可能滋生的腐败行为。

二是坚持审核工作必须贯彻依法行政、政务公开的原则。行政许可工作是派出机构依法行政的重要载体,社会关注度高。为此,四川局梳理了期货营业部设立的相关工作制度,对内明确了受理、审核、反馈、出具批复等各个环节的工作规程,对外完善信息公示制度,提高审核工作的透明度,构建行政权力运行内外部监督约束机制。

三是坚持期货营业部设立要符合辖区市场特点的原则。四川是农产品生产加工基地,同时也拥有大量的金属加工企业,对期货市场定价、询价和套期保值的需求较高;而目前辖区仅有3家期货公司和6家营业部,且均集中在省会城市,不能完全满足产业客户需求。为此,四川局深入调研,统筹规划,制订了新设营业部布局的指导意见,引导期货公司到市场需求大、机构匮乏的地区设立营业部。

四是坚持期货营业部设立要有助于提升市场功能的原则。针对目前辖区期货市场投资者结构不合理、期货经营机构核心竞争力不强、期货市场功能发挥不足的现状,要求拟设立营业部的期货公司必须满足分类监管评级级别较优(目前为A类以上)、经营管理有特色、研究开发有成绩、服务产业客户有经验等基本要求,通过"招优引强",提升辖区期货市场服务产业经济的功能。

**二、以"陈述会"为载体,将"三公"原则嵌入审核流程**

近年来,有意到辖区设立营业部的期货公司很多,为防范"一哄而上",可能引发的恶性竞争加剧、公司内部管理跟不上、人才储备不足、技术系统投入不足等问题,四川局探索以"陈述会"

为核心的一整套审核机制,保证审核流程各环节公开,有标准、有监督,达到公平竞争、择优选择的目的。

一是事前筛选,做到客观公正。对向四川局递交了拟设营业部意向材料的期货公司,按照资本实力、经营状况、合规管理、风险控制、研究开发、客户服务、信息技术等指标进行综合排名,客观公正地筛选出参加"陈述会"的期货公司。

二是提前公示,做到信息公开。提前公告辖区期货营业部设立的工作程序、基本条件和参加"陈述会"需要准备的有关内容,让拟设公司充分做好自我评估和答辩准备工作。

三是综合评估,做到竞争公平。由四川局分管局长,期货处、机构处、上市处等处室负责人及四川证券期货业协会有关负责人组成综合评判小组,根据拟设公司的陈述,对其是否符合辖区市场发展方向、内部管理与公司的网点扩张是否相匹配等做出综合评价。

四是事后公示,做到结果公正。根据综合评价结果,局长办公会最后决策,择优选择期货公司来川设立营业部,并及时对外公示结果。

**三、创新方式开展期货营业部设立工作的几点启示**

目前,四川局已组织召开了六家拟设公司负责人"陈述会",在实践中得到了市场各方的认同,同时也给我们带来了一些启示,为今后的监管工作提供了借鉴。

一要严格把握审核工作的原则。"三公"原则是监管部门依法行政的基本要求,也是市场各方关注的焦点。审核工作必须在每个环节、每个流程坚持好、维护好"三公"原则,才能取信于市场,取信于监管对象。

二要体现分类监管、扶优限劣的原则。证监会已将分类监管评级制度化,派出机构无论是在日常监管还是审核把关上要利用好证监会每年进行的分类监管评级的结果,监管导向应明晰地传导到期货经营机构。

三要充分发挥审核工作的功能。借助"陈述会"这一载体,不仅增进了监管部门与期货公司双方的沟通了解,明确了合规经营、规范发展的监管导向;而且在营业部设立之前就将监管政策传递到公司,实现了监管关口前移,起到了"以审核促监管"的作用。

四要不断创新思路开展监管工作。如在期货营业部设立审核工作中,邀请辖区期货经营机构高管人员参加"陈述会",学习借鉴其他公司先进的发展理念和管理模式,通过"以会代训",实现了监管与服务的有机结合。

下一步,四川局将继续完善有关做法,扎实做好期货营业部设立工作,引导期货经营机构发展方向,为推动辖区市场持续健康发展,增强期货市场服务产业经济功能做出更大贡献!

(四川证监局供稿)

# 第八部分　综述评析

资本市场法制建设是一项系统工程，关系着千百万市场主体的切身利益，始终是公众关注的焦点。许多专家学者认真研究、建言献策，提出了许多值得借鉴研究的意见和建议。本《报告》自2009年起新增“综述评析”栏目，刊登学者对当年资本市场法制建设情况的研究报告。文章是作者个人的研究成果，不代表中国证监会的观点，仅供参考和探讨。

## 2010年中国证券市场法制研究报告

胡改蓉[①]　任　品[②]

2010年，中国资本市场迎来20岁生日。20年间股票市值由最初的23.82亿元增至目前的26.43万亿元，跃居全球第二；上市公司从13家增至目前的2,026家，股市累计融资约6万亿元。[③] 2010年的中国股市继续演绎了大国资本之路：IPO募资位居世界第一，总市值第二；股指期货、融资融券相继推出；创业板初具规模。2010年我国证券市场的法制建设也得以加速发展，陆续出台的相关规定进一步完善了上市公司治理规则、证券公司监管制度、证券发行和交易机制等，监管部门亦完善了行政执法体制，加大了对内幕交易违法行为的打击力度，与此同时，司法部门相关解释的出台、典型案件的审理也进一步净化了资本市场的环境，这些都为我国证券市场的稳步发展提供了制度支持。但与此同时，事关证券市场健康发展的主要制度仍有进一步完善的空间，如上市公司社会责任的加强、创业板退市机制的构建，等等。

### 一、2010年中国证券市场法制概况

2010年中国证券市场的法制建设以部门规章、司法制度、自律性规范为主要渊源，对上市公司、证券公司等市场主体以及发行行为、交易行为等市场活动进行了规范。

在部门规章层面，证监会出台了《中国证券监督管理委员会行政复议办法》、《证券期货业反洗钱工作实施办法》、《关于修改〈证券发行与承销管理办法〉的决定》等3件部门规章；同时，对已不具备法律效力的行政规章进行了清理，废止和自行失效的规章25件，明令废止的规章4件，共计29件。[④] 此外，证监会、公安部、监察部、国资委、预防腐败局等部门联合出台的《关于依法打击和防控资本市场内幕交易的意见》也于11月获国务院同意，专门就依法打击和防控内幕交易工作进行了安排和部署。

在司法制度层面，最高人民法院于2010年年末公布施行了《关于审理非法集资刑事案件

---

① 胡改蓉：法学博士，华东政法大学经济法学院讲师。

② 任品：华东政法大学2009级经济法学硕士。

③ 参见《2010年证券市场十大新闻》，载《证券时报》2010年12月27日；中国证监会主席尚福林在纪念资本市场建立20周年座谈会上的讲话，载《中国证券报》2010年12月31日。

④ 数据来源：《中国证监会2010年监管信息公开年度报告》，载中国证券监督管理委员会网站，2010年4月3日访问；中国证券监督管理委员会公告〔2010〕36号《关于废止部分证券期货规章的决定（第十批）》。

具体应用法律若干问题的解释》，其中对非法发行、经营证券的行为进行了严厉规范；此外，最高人民检察院、公安部于2010年5月联合印发了《关于公安机关管辖的刑事案件立案追诉标准的规定（二）》，对操纵证券期货市场、内幕交易、违规披露重要信息的立案追诉标准作出了明确界定。

在自律规则层面，证券业协会发布了《证券公司信息隔离墙制度指引》、《证券投资基金销售人员从业资质管理规则》等8项自律性规范；上海证券交易所、深圳证券交易所则分别发布了《上海证券交易所证券发行业务指引》、《深圳证券交易所中小企业板保荐工作指引（2010年修订）》等38项（其中上交所21项、深交所17项）业务规则。[①] 此外，中国金融期货交易所也发布了《中国金融期货交易所交易规则（修改）》、《股指期货投资者适当性制度实施办法（试行）》、《沪深300股指期货合约》、《期货异常交易监控指引（试行）》等相关规则，构建了我国金融期货业发展的基本制度框架。

虽然2010年的证券市场法制建设有着长足发展，但仍有诸多制度亟待建立或完善，主要体现在以下几个方面：

首先，应加快推进《证券投资基金法》的修订。其中，将私募基金纳入并对其进行适度监管、丰富基金的组织形式、放宽对基金运作的限制、科学设置对基金从业人员的管理机制应成为制度设计的重点。

其次，逐步构建完善的场外交易市场法制体系。对于场外交易市场，如何在放松准入和严格监管间找到平衡点，进而构建出适合其特性的交易机制、信息披露机制、转板机制，是该法制体系构建的关键和难点。

再次，尽快推出创业板退市制度的细则。退市制度是保证证券市场高效、有序运行，实现健康可持续发展的基础性制度安排。对于创业板退市机制诸多学者和实务界人士都提出了直接退市、快速退市的观点。

最后，深化对国际板制度的研究。国际板的推出可以满足国内机构资产配置与居民理财的需求，为部分存量与增量资本找到一个新的投资渠道。尽快研究、制定有关国际板的上市、交易等业务规则，并对国际板上市公司的信息披露、持续监管、跨境执法、退市和投资者保护制度等重大问题进行深入研究，成为建立国际资本市场的重要问题。[②]

## 二、上市公司相关制度的发展

2010年，证监会及相关政府部门、沪深交易所都发布了诸多部门规章和自治性规则，以规范上市公司发展，前者如《企业内部控制基本规范》，后者如上海证券交易所发布的《上市公司控股股东、实际控制人行为指引》、深圳证券交易所发布的《主板上市公司规范运作指引》、《中小企业板上市公司规范运作指引》、《关于进一步规范创业板上市公司董事、监事和高级管理人员买卖本公司股票行为的通知》以及《上市公司股东大会网络投票实施细则（2010年修订）》，等等。本文主要就证监会及相关政府部门发布的部门规章予以重点分析，同时，就有关制度的进一步完善提出相关建议。

### （一）内部控制制度的细化

2008年财政部、证监会、审计署、银监会及保监会联合发布《企业内部控制基本规范》（以下简称《基本规范》），被称为中国的“萨班斯法案”。但是，由于《基本规范》只提出了要求，并未就如何具体实施做出指引，尤其是企业的自我评价标准和审计师的审计标准没有对应出台，因而操作性受到诸多限制。经过22个月的调研论证，五部委终于在2010年发布了《企业内部控制配套指引》（以下简称《配套指引》）。该《配套指引》包括《企业内部控制应用指引》、《企业内部控制评价指引》以及《企业内部控制审计指引》。为确保上述制度的实施，五部委制定了明确的时间表：自2011年1月1日起首先在境内外同时上市的公司施行，自2012年1月1日起扩大到在深沪证券交易所主板上市的公司施行；在此基础上，择机在中小板和创业板上市公司施行，同时，鼓励非上市大中型企业提前执行。《配套指引》连同此前发布的《基本规范》，标志着我国企业内部控制规范体系基本

---

① 数据来源分别为北大法律信息网、上海证券交易所网站、深圳证券交易所网站，2011年5月31日访问。

② 目前，也有学者对我国当前是否适合推出国际板提出了不同看法。这也恰恰说明了对该问题进行深度研究之必要。参见胡海峰：《我国目前推出国际板时机不成熟》，载《中国社会科学报》第124期。

建成,这对于全面提升上市公司和非上市大中型企业的经营管理水平有明显的积极效应,也是我国应对国际金融危机的重要制度安排。

依据上述规定,执行企业内控规范体系的企业,必须对本企业内部控制的有效性进行自我评价,制作自我评价报告并予以披露;同时聘请具有证券期货业务资格的会计师事务所对其财务报告内部控制的有效性进行审计,出具审计报告;注册会计师在内控审计过程中若发现重大缺陷,应当提示投资者、债权人和其他利益相关者关注。此外,政府监管部门也将对相关企业执行内部控制规范体系的情况进行监督检查。

为使上述内部控制制度能够得以更好的实施,在实践中,还需从以下两方面加强制度建设:(1)明确董事会、监事会及各级管理层在内部控制中的责任,规范审计委员会以及内部审计职能的独立性;(2)要求企业根据自身业务的特性,从战略、运营、财务、资产安全及法律合规等角度出发,分别制定企业最关注的具体指标,制定内部控制评价的具体标准。

(二)并购重组制度的完善

2010年,证监会下发了一系列文件,对并购重组中的细节问题进行了规定,其中主要涉及并购重组中的反垄断审查、文化产业的准入、不得滥用信息披露豁免制度等。

为与《反垄断法》的规定相协调,证监会规定,在对上市公司收购、重大资产重组、吸收合并等事项的审核过程中,申请人及相关专业机构负有如下义务:申请人应当在申报材料中说明其经营者集中行为是否达到国务院规定的申报标准并提供有关依据;若达到申报标准,申请人应提供国务院反垄断执法机构作出的不实施进一步审查的决定或对经营者集中不予禁止的决定,否则不得实施相关并购重组行为;申请人聘请的财务顾问应就相关经营者集中行为是否达到国务院规定的申报标准、是否符合有关法律规定等进行核查,并发表专业意见;法律顾问应就相关经营者集中行为是否符合《反垄断法》有关规定、是否已由有权部门审查批准、是否存在法律障碍等问题发表明确意见。如果是外国投资者实施的并购重组,涉及国家安全的,还须提供国家安全审查的相关文件及行政决定,并由财务顾问、法律顾问发表专业意见。

除上述与《反垄断法》相衔接的内容外,针对上市公司重组中可能产生的文化产业准入问题,证监会依据文化产业具体领域不同,就公有资本与非公有资本进行了明确区分,尤其是对非公有资本可以进入的领域、可以参股但不可控股的领域、不能进入的领域进行了详细规定。此外,为规范军工企业涉密军品信息豁免披露行为,证监会明确规定,上市公司拟收购、重组军工企业、军品业务及相关资产的,交易方案应当经国防科工局批准;上市公司资产重组和股份权益变动等事项,信息披露义务人认为信息披露涉及军品秘密需要豁免披露的,应经国防科工局批准,以防该豁免制度被滥用,侵害投资者利益。

上述规定对于上市公司并购重组的制度完善极为重要,但除此之外,如下问题也需要进一步关注:(1)重组定价机制的市场化改革。实践中,"股份支付式重组"的"市价约束过度"与"破产重整后重组"的"市价约束不足"现象并存;[①](2)停牌时间过长引发的风险问题;(3)信息披露前后反复引起的相关股价异动问题;(4)重组中标的资产质量和标的公司质量波动引起的资产价值前后不符问题;(5)内幕交易问题。[②] 对上述各问题,应从规范分阶段信息披露制度、强化股价异动监管、加强二级市场交易的实时监控,建立并购重组监管与市场交易监管的联动机制、确立并购重组"基准日"等多角度进行制度完善。[③]

(三)社会责任制度的亟待加强

2010年7月福建省环境保护厅下发行政处罚决定书称,2010年7月3日和7月16日,紫金矿业下属紫金山金铜矿铜矿湿法厂先后两次发生含铜酸性溶液渗漏,造成汀江重大水污染事故,直接经济损失为3,187万元,决定对紫金山金铜矿罚款约956万元人民币,并责令采取治理措施以消除污染。该事件的出现对所有上市公司起到了警示性作用,但同时也折射出我国

---

① 参见郭成林、衡道庆:《推进定价机制市场化或成改革重要一环》,载《上海证券报》2010年8月13日。

② 参见李域:《内幕交易居首并购重组存六大问题》,载《21世纪经济报道》2010年8月5日。

③ 参见桂衍民:《监管部门将强化重组信息分阶段披露》,载《证券时报》2010年9月15日。

当前有关上市公司社会责任的法律法规仍需不断完善,同时执法力度也需不断加强。

我国《公司法》第5条就明确规定,公司从事经营活动,必须遵守法律、行政法规,遵守社会公德、商业道德,诚实守信,接受政府和社会公众的监督,承担社会责任。证监会发布的《上市公司治理准则》也明确要求,上市公司在保持公司持续发展、实现股东利益最大化的同时,应关注所在社区的福利、环境保护、公益事业等问题,重视公司的社会责任。此外,沪深交易所还分别发布了《关于加强上市公司社会责任承担工作的通知》、《上市公司社会责任指引》等自律性规定,以引导各上市公司积极履行社会责任。而证监会为推进社会责任理念在上市公司中的实施,也鼓励上市公司在披露年报的同时披露年度社会责任报告,具体内容包括公司在促进社会可持续发展、促进环境及生态可持续发展、促进经济可持续发展方面所做的工作等。

但是,从实践效果来看,上市公司履行社会责任的状况并不乐观。就制度层面而言,主要原因如下:

其一,我国现行有关企业社会责任的立法,主要分散在企业法、产品质量法、消费者权益保护法、劳动法、环境保护法等诸多法律法规中,很多规范过于原则化、缺乏可操作性和强制执行力。为此,法律必须明确企业社会责任的具体内容以及违反其规定的法律后果,否则无法起到指引、评价、威慑的作用。

其二,有关社会责任报告的披露制度仍需改善。目前,各上市公司社会责任报告的质量参差不齐,有些公司披露内容不完整、不真实,不少公司存在报喜不报忧的选择性披露情况,容易误导投资者、顾客等利益相关群体。

其三,专业性机构的社会评价机制有待建立。目前,社会责任报告主要是上市公司自我评价,主观性较强,为此,监管部门应培育更多的专业性社会责任评价机构,形成公认的标准,为社会提供客观的社会责任评估体系和评估成果。

其四,执法和处罚力度应加强。以“紫金矿业案”为例,事件发生后,近千万的罚款竟然未阻止投资者对紫金股票的追捧,股票在二级市场上涨停不断,其主要原因之一就是“罚单”太轻,所谓“天价罚单”并非真正的“天价”,罚款尚不足其净利润的3%。根据紫金矿业发布的《关于受到福建省环境保护厅行政处罚的公告》,福建调查组认定紫金矿业发生的重大水污染事件所造成的直接经济损失为3,187.71万元,其956.31万元的罚单与紫金矿业“污染门”事件所造成的恶劣后果明显不符。作为对比,此前在美国墨西哥湾造成“重大突发环境事件”的世界石油巨头英国石油公司(BP)宣布,正在商讨出售总值约120亿美元的资产给美国阿帕奇石油公司,以弥补因墨西哥湾漏油事件造成的损失,同时,美国政府也要求BP出资200亿美元建立赔偿基金。[①] 可见,我国对企业违反社会责任的行为处罚过轻,这也成为上市公司履行社会责任效果差强人意的主要原因之一。

## 三、证券公司监管机制的完善

（一）信息隔离墙制度的建立

2010年12月29日,证券业协会正式发布《证券公司信息隔离墙制度指引》(以下简称《指引》),明确提出证券公司应建立信息隔离墙制度,控制敏感信息在存在利益冲突的业务之间不当流动和使用。券商投资银行业务与研究业务间、自营业务与资产管理业务间、券商与其从事直接投资业务的子公司间均被要求建立信息隔离墙。

该《指引》扩大了对“信息”的解释,将一般认为的价格敏感性信息扩展至可能对投资决策产生重大影响的尚未公开的其他信息;拓展了信息隔离墙制度的适用范围,使其不仅在证券公司投资银行业务与其他业务之间适用,而且在证券公司相互存在利益冲突的各项业务中均适用,甚至也适用于证券公司与其从事直接投资业务的子公司之间。为防止因敏感信息不当流动和使用所造成的利益冲突,《指引》还专门建立了观察名单制度和限制名单制度,规定了处理利益冲突的基本程序,以便通过制度化的方式实现信息隔离。

除上述的业务隔离、人员隔离机制外,为确保该制度的实施,有关责任机制的建立也必不

---

① 参见童芬芬:《“环保门”企业利益跷跷板　责任缺失需反思》,载《中华工商时报》2010年10月15日。

可少。

(二)证券投资咨询业务的进一步规范

2010年10月19日,证监会发布了《证券投资顾问业务暂行规定》和《发布证券研究报告暂行规定》,确立了证券投资咨询的基本业务形式,明确了证券投资顾问和证券分析师的角色定位。

《证券投资顾问业务暂行规定》强调,证券公司、证券投资咨询机构应当保证服务方式、业务规模与证券顾问人员数量、业务能力、合规管理和风险控制相适应;不得对服务能力和过往业绩进行虚假、不实、误导性的营销宣传;要求投资咨询机构应当了解客户情况和投资需求,评估客户的风险承受能力,向客户提供适当的、具有合理依据的投资建议;提供服务过程中,应当向客户提示风险;禁止以任何方式承诺或者保证投资收益;禁止以个人名义向客户收取顾问服务费用;同时,赋予客户签约后悔权。

《发布证券研究报告暂行规定》则首次针对证券公司、证券投资咨询机构发布的证券研究报告进行了全面规范,以防研究报告被违法使用,损害其独立性和公平性,例如严禁分析师炒股、严禁研究报告受某些利益的影响、严禁发布机构反向操作、明确研究报告发布静默期等。

(三)上市证券公司信息披露制度的加强

为进一步健全和完善上市证券公司的信息管理,提高上市证券公司的规范运作水平,加强对投资者知情权的保护,2010年7月2日,证监会发布了《关于修改〈关于加强上市证券公司监管的规定〉的决定》,要求上市证券公司在报送监管月报的同时,自主披露公司主要财务信息;及时披露行政许可事项等有关情况;在定期报告中披露监管部门对证券公司的分类结果;加强内部信息规范管理,建立健全信息管理制度,包括但不限于内幕信息知情人登记制度、信息保密制度、信息隔离墙制度、信息管理应急机制以及涉及控股子公司的信息披露管理制度;严格执行监管部门关于信息沟通的制度要求,涉及重大事项的,应按规定及时停牌或公告。该制度的完善可以增强投资者对上市证券公司投资价值的判断。

## 四、证券新股发行制度的市场化改革

继2009年证监会颁布《关于进一步改革和完善新股发行体制的指导意见》,开启新股发行制度改革以来,新股发行制度的市场化程度逐步提高。2010年11月1日,证监会又正式施行《关于深化新股发行体制改革的指导意见》(以下简称《指导意见》)和《关于修改〈证券发行与承销管理办法〉的决定》,将新股发行体制的市场化改革推向纵深。

(一)改革的主要内容

第一,进一步完善报价申购和配售约束机制。《指导意见》提出了网下可摇号配售原则,以提高中小型公司新股发行中单个机构获配股份的数量,加大了网下报价的责任机制。在具体操作上,不再对全部有效申购进行比例配售,而是由券商和发行人事前对网下配售确定配售数量,再通过随机摇号的方式确定一定数量的可获配机构。该措施实施后,单个询价机构需购买的股份数量和相应的资金会大幅增加,进而加大了定价者的责任,促进报价更加审慎和真实。

第二,扩大询价对象范围,充实网下机构投资者。为赋予主承销商更大的自主权,在目前的询价对象之外,《指导意见》适度扩大网下询价机构的范围。在具体操作上,网下机构扩容采用的是主承销商挑选推荐方式,即主承销商推荐一定数量的具有较高定价能力、优质长期的机构投资者参与网下询价和配售。主承销商应当制订推荐机构投资者的原则和标准,包括最低注册资本、管理资产规模、专业技能、投资经验、市场影响力、信用记录、业务战略关系等,并建立透明的推荐决策机制。推荐标准、决策程序以及最终确定的机构投资者名单应当报中国证券业协会登记备案。

第三,增强定价信息透明度。《指导意见》要求主承销商披露推介路演阶段投资价值研究报告的关键结论和主要参考信息,包括向询价对象提供的对发行人股票的估值结论、发行人同行业可比上市公司的市盈率或其他等效指标,以督促主承销商更加重视其投资价值研究报告;同时,要求主承销商披露网下机构报价情况,增强对机构报价的软约束。

第四,完善回拨机制和中止发行机制。《指导意见》规定,当网上申购不足时,可以向网下回拨,仍然申购不足的,可以由承销团推荐其他投资者参与网下申购。在既定的网下发售比例内有效申购不足的，不得向网上回拨，可以中止发行。网下报价情况未及发行人和主承销商预期、网上申购不足、网上申购不足向网下回拨后仍然申购不足的，可以中止发行。中止发行后，在核准文件有效期内，经向中国证监会备案，可重新启动发行。

在《指导意见》实施后，为配合新股发行改革，上海证券交易所于2010年11月11日发布了《上海证券交易所证券发行业务指引》，强化和约束了发行人、保荐机构、承销商、询价机构等证券发行参与人行为，尤其是要求保荐机构、主承销商配备足够的业务人员、建立相关的内部管理制度，明确了对发行人、保荐机构、主承销商、询价机构及其他投资者违规行为的监管措施和惩戒措施。这能有力地促进各参与人各尽其责，提高证券发行的定价效率和透明度。

(二)存在的问题与对策

此次发行制度改革在“市场化”理念的指引下，尽管有了诸多进步，但是，在如下几方面仍需要进一步改革：

首先，在发行环节应加大对保荐制度的规范。目前，发行中的保荐工作存有诸多问题，如调查工作不到位、保荐机构内控制度流于形式、信息披露不严(“挤牙膏”式披露、前后矛盾的披露、缺乏后续持续追踪的披露)、对发行条件的把关不严，等等。为解决这些问题，就需要强化保荐责任。

其次，从长远来看，审核机制也应适时考虑纳入改革范畴。上市公司的盈利状况、信息可信度等是市场投资者判断该上市公司发行定价的主要评价基础，它直接决定着发行人和主承销商确定的询价区间的合理性。发审委对这些基础性定价信息的实质性审核，可能会被解读为给市场投资者传导出的信号是这些数据符合真实性要求，从而在客观上影响投资者的定价判断。在这种发行审核制度下，审核时间必然较长，而与此同时，市场上一边是诸多拟发行并上市的公司，另一边是数万亿资金对新股IPO的渴求，新股IPO三高与目前发行审核周期过长、行政核准审查效率无法满足市场需求存在着较大的关联性。这一方面导致了有限监管资源的分配失当——它牵制了监管资源在事中和事后合规监管的投入，很容易使监管资源的配比出现头重脚轻的局面；另一方面则影响了市场机制的有效运转。事实上新股能否上市应该交予市场，通过市场投资者与发行人、保荐人的互动式博弈来决定发行人能否上市。因而，改革以发行审核制为主的新股发行体制，促使发审委的审核由当前的实质性内容审核为程序合规性的核准，有助于促使市场机制在新股发行体制中真正发挥作用，从而矫正新股发行的定价扭曲问题。毕竟，新股发行体制并非简单的新股定价问题，还包括新股上市门槛的市场化选择机制问题。①

此外，也有观点认为，在新股发行制度改革中应加大对发审委委员的责任追究机制，规定审核企业材料并参与投票的委员，在做决定时要阐明支持或反对的理由，此后该企业上市若出现问题，要追究当时决议时有关人员的责任。② 还有的学者认为应完善券商自主配售权等机制，变“价高者得”为“价优者得”。③

## 五、证券交易制度的纵深化发展

——以融资融券制度为核心的分析

从最早记载的1607年阿姆斯特丹证券交易所卖空荷兰东印度公司股票至今，融资融券制度成为证券市场一项重要的基础性制度。在我国，实务界与学界近年来关于融资融券的制度讨论也日益增多，相关制度规则日渐确立。在2010年该业务终于进入了操作层面，也成为本年度中国证券市场交易制度发展中最值得关注的焦点。

(一)相关制度解读

2010年1月22日，中国证监会发布《关于开展证券公司融资融券业务试点工作的指导意见》(以下简称《指导意见》)，规定证券公司按照“试点先行、逐步推开”的步骤有序开展融资融券业务。由符合条件的证券公司提出试点申请，证监会将根据公司净资本规模、合规经营情况、风险控制指标以及中国证券业协会组织的试点实施方案专业评价结果等，择优确定首批

① 参见《新股发行改革不能只盯定价》，载《21世纪经济报道》2010年10月14日。

② 参见王婧、肖莎：《证券发审委该怎样保护投资者保荐机制需要监管》，载《法治周末》2010年5月12日。

③ 参见周翀：《新股发行改革下一步应促“价优者得”》，载《上海证券报》2010年5月10日。

试点证券公司。根据《指导意见》,首批申请试点的证券公司,最近6个月净资本应均在50亿元以上,最近一次证券公司分类评价为A类,且具备开展融资融券业务所需的自有资金和自有证券,自有资金占净资本的比例相对较高。此外,申请公司应该已开发完成融资融券业务交易结算系统,并通过了证券交易所、证券登记结算公司组织的全网测试,且试点实施方案已经通过了中国证券业协会组织的专业评价。考虑到融资融券业务的杠杆风险,《指导意见》还对参与融资融券试点业务的客户进行了准入管理,设定了一定的门槛。

为配合上述制度实施,中国证券业协会随后发布了《证券公司融资融券业务试点实施方案专业评价工作规程》;上海证券交易所、深圳证券交易所也分别发布了《融资融券交易试点会员业务指南》、《关于融资融券业务试点初期标的证券与可充抵保证金证券范围的通知》、《关于启动融资融券交易试点相关事项的通知》、《关于受理试点会员融资融券交易权限申请的通知》,上海证券交易所还专门发布了《关于融资融券业务试点涉及上市公司股东大会网络投票有关事项的通知》、《关于做好长期停牌股票相关融资融券业务风险防范工作的通知》。上述各规定分别对证券公司融资融券业务的技术系统和风险控制、融资融券的交易流程、特殊标的证券的风险防范等进行了全面规定,使《指导意见》具有了明确的可操作性。3月31日,融资融券交易试点正式启动,国泰君安、国信证券、中信证券、光大证券、海通证券和广发证券6家证券公司成为融资融券首批试点证券公司。

(二)融资融券的转融通机制

证券融资融券交易包括证券公司向客户的融资、融券和证券公司获得资金、证券的转融通两个环节。这种转融通的授信有集中和分散之分。在集中授信模式下,由专门的机构,例如证券金融公司,为证券公司提供资金、证券支持;在分散模式下,转融通可由金融市场中任何有资金或证券的人提供。大部分新兴市场都采用了集中模式,如日本、韩国、我国台湾地区。分散式主要为西方国家所采用。但近年来欧美国家也出现集中的趋向,融资融券业务主要由几家大银行来提供,并秉承相对统一的管理标准。这是因为集中模式可以形成统一的借券平台和融资平台,可以对市场上的融资融券业务进行集中统计、监测;分散式的模式虽然灵活便利,但会带来监管和统计上的不利。①

在我国,已出台的《证券公司监督管理条例》中明确规定,融资融券交易采取集中式的转融通模式,即通过设立专门的证券金融公司向证券公司进行融资融券。但在试点阶段,只允许证券公司用自有资金和自有证券进行融资融券业务。尽管有人士指出,集中式转融通模式可能会损害证券公司配置资源的效率,但是,该模式却符合我国当前资本市场发展的客观要求。正如有学者所指出的,通过统一证券金融公司的设立,证监会掌控了所有再融通交易,只要控制证券金融公司就可以控制进出证券市场的资金和证券流量,控制融资融券的放大倍数,从而有效调控市场。由于我国券商资本规模较小,管理和风险控制能力有限,同时证券监管的手段也相对滞后,使用这种模式能够即时、有效的最大程度控制风险。② 在融资融券业务发展步入正轨后,如何设立证券金融公司、如何对其进行治理、如何防范风险就成为今后融资融券制度研究的关键问题之一。

(三)融资融券的担保模式③

在融资融券业务中,担保制度的构建既是重点也是难点。能否建立有效的担保机制,既直接关系到作为债权人的证券公司的权益保护,也关系到融资融券整体性市场风险的防范和控制。

对于融资融券担保的法律性质认定,近年来还有一些争议。从《证券公司融资融券试点管理办法》的规定来看,立法是采取了信托模式来构造融资融券的担保机制。在该模式下,投资者证券担保账户内的证券和投资者资金担保账户内的资金,为担保证券公司因融资融券所产生对投资者债权的信托财产,设定以证券公司为受托人,投资者为委托人,证券公司和投

① 参见《证监会负责人:融资融券对资本市场意义非同小可》,载《证券时报》2010年2月1日。

② 参见徐婕:《我国融资融券交易模式的制度选择分析》,载《上海金融》2008年第3期。

③ 参见《融资融券担保究竟该选择哪种模式》,载《法治周末》2010年3月5日。

资者为共同受益人(其中投资者享有信托财产的收益权、证券公司享有信托财产的担保权益),特定目的为担保的信托。投资者在清偿融资融券债务后,可请求证券公司交付剩余信托财产;未按期交足担保品或到期未偿还债务时,证券公司有权采取强制平仓措施处分信托财产而优先受偿。随后,沪深交易所的《交易细则》、中国登记结算公司的《登记细则》和证券业协会的《合同必备条款》也进一步强化和细化了以信托关系为基础的融资融券担保结构。

该模式利用《信托法》对信托财产独立性的认可,保护了投资者证券的安全,排除司法上的强制执行,同时能够解释证券公司的强制平仓、优先受偿以及对担保品的转担保或出售等处分权利。但尽管如此,信托关系构建的融资融券担保机制还可以进一步研究和探讨,比如,如何建立更加有效的担保机制。有学者提出了让与担保的观点,并认为其具有诸多优势:首先,该模式具有非典型担保迅速、便捷、灵活、低廉的特点,利于投资者充分利用资金、证券;其次,让与担保转移所有权,赋予让与担保权人在其经济目的范围内的权利,这可以解释证券公司设定保证金、维持担保比例、实施强制平仓等一系列权利,从而更有利于担保债权的实现;最后,从监管方面分析,让与担保交易模式及相应账户管理体系有利于监管部门控制信用总量规模,防范风险。① 尽管该观点有着上述合理性,但是,在我国现行法律体系下,却与其他基本法律制度存在着明显冲突,尤其是《物权法》和《担保法》。因我国采用物权法定主义,而根据《物权法》和《担保法》,担保模式不包括让与担保,因此,该模式存在着上位法的缺失。

因此,关于融资融券担保的法律性质还有进一步研究的空间。

## 六、创业板的制度发展

自2009年10月,创业板市场正式运作以来,截止2010年10月22日共有130家企业上市,累计融资947.7亿元,开户数达1,569万。② 在2010年,证监会、深交所针对创业板市场从保荐,到高管买卖公司股权,到信息披露、再到投资者适当性管理等都进行了制度改进,促进了市场的健康发展,但关于退市机制等问题,还需要深度研究并尽快制定相关规范。

### (一)相关制度解读

#### 1. 确立分类保荐机制

为规范创业板市场发展,突出创业板市场企业的创新特色,2010年3月19日,中国证监会发布《关于进一步做好创业板推荐工作的指引》,明确要求保荐机构应重点推荐符合国家战略性新兴产业发展方向的九大类企业,特别是新能源、新材料等领域的企业以及其他领域中具有自主创新能力,成长性强的企业,审慎推荐包括房地产、纺织、交运、金融等八个领域的公司。如果推荐的企业属于“审慎推荐”的领域,保荐人应就企业是否符合创业板市场定位履行严格的核查论证程序,并在发行保荐书和保荐工作报告中说明论证过程和论证结论,尤其重点论述企业在技术和业务模式方面是否具有突出的自主创新能力,是否符合国家促进产业结构调整和技术升级的要求。证监会对保荐机构的论证过程是否科学、依据是否充分、结论是否合理,进行专家评议,并根据评议意见决定是否受理企业的申请。证监会的评议和受理情况将会作为保荐机构和保荐代表人执业能力和是否勤勉尽责的考核依据。

#### 2. 防止高管离职套现

创业板自2009年10月30日开设到2010年10月30日即满一年,一大批持股高管的承诺限售期即将结束。由于高管离职后半年内不得出售股票,因此,未等限售期来临,创业板公司的高管们就已经提前开始离职,从而可以实现尽快减持。

为规范创业板高管离职套现的现象,深圳证券交易所于2010年11月4日发布了《关于进一步规范创业板上市公司董事、监事和高级管理人员买卖本公司股票行为的通知》,在借鉴中小板实践经验的基础上,结合创业板上市公司对管理层和核心技术人员稳定要求更高的特点,对创业板上市公司董监高股份管理以及董监高离任后减持本公司股票的行为提出了明

① 参见尹开拓:《论让与担保制度在融资融券交易中的适用》,资料来源:http://www.financialservicelaw.com.cn/article/default.asp?id=116,2010年9月30日访问。

② 参见:《尚福林:坚决抵制内幕交易 创业板显现出五大作用》,载《中国证券报》2010年10月29日。

确要求,例如,规定上市公司董监高在首次公开发行股票上市之日起六个月内申报离职的,自申报离职之日起十八个月内不得转让其直接持有的本公司股份;在首次公开发行股票上市之日起第七个月至第十二个月之间申报离职的,自申报离职之日起十二个月内不得转让其直接持有的本公司股份;鼓励上市公司董监高追加延长锁定期、设定最低减持价格等承诺;要求保荐机构重点关注上市公司董监高离职情况,督导董监高履行其承诺,并对董监高限售股份上市流通的合规性进行核查。

3. 强化信息披露

由于创业板市场的企业主要为创新型企业,且处于成长期,因而,经营的前景、利润相比于主板市场具有较大的不确定性,为保护投资者合法权益,证监会和深交所对创业板公司的信息披露制度进行了严格规范。证监会在其2010年发布的《公开发行证券的公司信息披露编报规则第20号——创业板上市公司季度报告的内容与格式》和《公开发行证券的公司信息披露内容与格式准则第31号——创业板上市公司半年度报告的内容与格式》中对提高创业板上市公司信息披露的有效性和针对性进行了特别规定。与主板相比,创业板公司季报适当增加了非财务信息的披露要求,并充分关注风险揭示。所谓的非财务信息,主要是指主营业务经营情况、核心竞争能力、无形资产、核心技术团队或关键技术人员等的重大变化以及公司未来经营的主要优势和困难等。

(二)仍待进一步完善的问题

1. 发行审核问题

截至2010年11月12日,创业板发审委共审核企业203家,审核通过企业164家,有39家企业没有通过审核。① 从实践来看,发行审核中的如下问题需重点关注:控股股东和实际控制人的同业竞争问题、非公允的关联交易问题(尤其是隐蔽性极强的间接关联交易问题)、公司内部治理问题(如主要高管是否稳定、主营业务是否发生重大变化、核心技术和主要产品是否存在较大侵权纠纷和潜在的纠纷)等。②

2. 高市盈率问题

没有预期中的高增长业绩,但创业板股票的估值水平始终居高不下。深交所数据显示,以2010年9月29日的收盘价估算,创业板整体估值为61.95倍,远高于中小板的50.15倍和深市主板的31.72倍。从个股的情况看,市盈率超过100倍的股票仍然高达17只,包括华平股份340倍、超图软件233倍等。创业板估值比中小板贵很多,而净利润增长却远低于中小板公司,价格与价值偏离太多,因此,应对创业板累积的风险有所警惕。③ 对于如何降低创业板的高市盈率现象,业界有两种代表性观点:一是尽快推出退市制度,以此对一级市场投资者产生警示作用,从而抑制新股申购环节的非理性;二是适当放宽发行上市审核标准,增加创业板公司数量,即通过增加供给,引导发行市盈率有效回落。另外,还有建议称,尽快完善再融资机制、控制机构在新股发行超募资金部分的提成比例、实施保荐人对上市公司业绩负责制等,可以达到降低市盈率的效果。④

3. 退市问题

有关创业板市场的退市问题一直是业界关注的焦点。在海外创业板市场上,退市是一种普遍和正常的市场行为,退市率明显高于主板市场。英国AIM市场2006年至2008年每年非自愿退市公司均超过60家,3年退市比率分别为1.6%、5.6%和10.1%。⑤ 对于我国创业板市场的退市机制应如何构建,实务界人士提出了"直接退市、快速退市、杜绝借壳炒作"的观点。⑥ 但在法学界,有学者对此提出了不同的看法,如有学者就认为,在退市之前应有一个缓冲的时间段,大约在半年到一年左右,给那些退市公司一个翻身的机会,尽量减少因为退市而

---

① 数据来源:《证监会创业板发行监管部副主任曾长虹:创业板发审委关注五大重点事项》,载《证券时报》2010年11月18日。

② 参见《证监会创业板发行监管部副主任曾长虹:创业板发审委关注五大重点事项》,载《证券时报》2010年11月18日。

③ 参见黄婷:《创业板三宗罪:超募资金、低增长、高市盈率》,载《第一财经日报》2010年10月9日。

④ 参见朱宝琛:《2011年创业板出路:四剑直指高市盈率发行》,载《证券日报》2011年1月28日。

⑤ 参见钟正:《创业板公司有望先行先试直接退市》,载《中国证券报》2010年12月8日。

⑥ 参见张媛媛:《陈东征阐释创业板退市三大要点》,载《证券时报》2010年5月10日。

造成的投资者损失。[①] 笔者认为,基于创业板市场的特色,"直接退市"的基本思路值得肯定,但在具体制度构建上,还应着力关注创业板公司退市之后的去向和监管问题、退市公司再上市问题以及退市后的投资者权益保护问题,等等。

## 七、股指期货制度的实施

2010年4月8日,中国金融期货交易所股指期货启动仪式在上海举行,首批四个沪深300股票指数期货合约于4月16日上市交易,中国期货业自此步入了金融期货的新时代。自2006年筹备之始,中金所按照"高标准、稳起步"的要求,完成了沪深300股指期货的合约设计、规则制定以及股指期货挂牌交易的各项技术系统建设,并开展了大量的投资者教育工作。到2010年初,国务院正式同意推出股指期货品种,随后中国金融期货交易所紧锣密鼓地修订了各项基本制度,并经证监会审议批准后开始实施。

(一)交易规则及相关实施细则的修订与沪深300股指期货合约的出台

2007年6月,中国金融期货交易所曾发布了金融期货交易规则及相关实施细则。此后,随着我国资本市场基础性制度的完善、股指期货仿真交易的运行以及境外金融期货市场的发展,中国金融期货交易所于2008年3月启动了业务规则的修订工作。2010年2月20日,沪深300股指期货合约与修订后的交易规则及相关实施细则正式发布,其中,《交易规则》处于基本业务规则层面,确立了股指期货交易的基本制度;《交易细则》、《结算细则》、《结算会员结算业务细则》、《会员管理办法》、《风险控制管理办法》、《套期保值管理办法》、《信息管理办法》和《违规违约处理办法》等八个业务实施细则分别从不同角度规定了股指期货交易、结算、交割、会员管理、风险控制和信息管理的具体制度。此次修改的具体内容主要如下:

1. 交易编码的开立

为落实投资者适当性制度和满足投资者不同交易目的的需求,规定会员和客户可以根据从事套期保值交易、套利交易、投机交易等不同目的分别申请交易编码;要求会员在为客户开立账户前,应当向客户充分揭示期货交易风险,评估客户的风险承受能力,审慎选择客户,对客户开户资料的真实性、准确性和完整性进行审核;同时,为满足证券公司、基金公司等特殊法人机构分户管理资产的要求,规定证券公司、基金公司、合格境外机构投资者等法律、行政法规和规章规定需要资产分户管理的特殊法人机构,可以以其分户管理的资产组合向交易所申请开立相应的交易编码。

2. 交易的成立、生效和认定依据

为避免有关交易成立、生效和认定的争议和纠纷,在《交易规则》中增加了期货交易的成立、生效时间及认定标准的有关内容。规定买卖申报经撮合成交后,交易即告成立,符合交易所规则各项规定达成的交易于成立时生效,买卖双方应当承认交易结果,履行相关义务;依照交易所规则达成的交易,其成交结果以交易所系统记录的成交数据为准。

3. 竞价交易制度

进一步完善有关交易竞价的相关规定,规定股指期货竞价交易采用集合竞价和连续竞价两种方式。集合竞价是指对在规定时间内接受的买卖申报一次性集中撮合的竞价方式,连续竞价是指对买卖申报逐笔连续撮合的竞价方式。期货竞价交易按照价格优先、时间优先的原则撮合成交。以涨跌停板价格申报的指令,按照平仓优先、时间优先的原则撮合成交。为防止部分会员和客户利用技术优势影响交易系统安全和正常交易秩序,增加"会员、客户采取可能影响交易所系统安全或者正常交易秩序的方式下达交易指令的,交易所可以采取相关措施"的规定。

4. 保证金制度

由于股指期货在我国仍是一个新生事物,投资者对其价格运行的特征及整个市场运行的特点都缺乏深入了解,为加强风险控制,新规将股指期货最低交易保证金的收取标准由10%提高至12%,以降低杠杆率,提高交易安全性。此外,为保证单边市下交易所调整保证金标准的针对性,新规规定期货合约在某一交易日出现单边市、遇国家法定长假以及交易所认为市

① 参见杜晓:《盘点年中中国股市法律之惑》,载《法治周末》2010年7月15日。

场风险明显变化等情形时,交易所可根据市场风险状况调整交易保证金标准。

5. 熔断制度

在未采取涨跌停板制度的境外市场上,熔断制度作为一种价格波动控制机制,在一定程度上可以起到冷静市场情绪和平衡市场指令的作用。中金所在股指期货仿真交易中曾尝试引进该制度,并进行了大胆探索。但由于该制度的复杂性、实施效果的不确定性和市场参与者的接受程度,目前实施该制度的条件还不够成熟。此外,我国股票和股指期货市场都已经实行了涨跌停板制度,对于防止价格过度波动已经有了相应的制度安排。综合考虑相关因素,本次修订取消了《交易规则》和《风险控制管理办法》中有关熔断制度的规定。

6. 涨跌停板制度

沪深300指数期货合约的合约月份为当月、下月及随后两个季月,季月是指3月、6月、9月、12月。考虑到季月合约的波动性可能较近月合约大,中金所借鉴国内各商品期货交易所的规定,除了规定近月合约10%的涨跌停板比例,在规则中还增加"季月合约上市首日涨跌停板幅度为挂牌基准价的±20%。上市首日成交的,于下一交易日恢复到合约规定的涨跌停板幅度;上市首日无成交的,下一交易日继续执行前一交易日的涨跌停板幅度"的规定。该制度的调整,使得股指期货远期合约的涨跌停板制度更趋合理,降低了新上市的远月合约出现极端行情的可能性。

7. 强制减仓制度

根据《期货交易所管理办法》第86条的规定,"期货价格出现同方向连续涨跌停板的,交易所可以采用调整涨跌停板幅度、提高交易保证金标准及按一定原则减仓等措施化解风险"。中金所规定,在连续出现涨跌停板的情况下可以采取强制减仓的制度,即将当日涨跌停板价格申报的未成交平仓单,以当日涨跌停板价格与该合约净持仓盈利客户按照持仓比例自动撮合成交。考虑到这种制度虽然化解风险简单有效、但是对套期保值和套利交易不利,因此只有在出现极端行情时才可谨慎使用。例如,把强制减仓的条件提高到期货交易连续出现同方向涨跌停板,即从16%提高到20%,这样触发强制减仓的可能性就会降低,同时,按照《交易规则》,中金所可以采取调整涨跌停板幅度、提高交易保证金标准等其他风险控制措施化解市场风险。因此,强制减仓措施的使用会非常谨慎,而且有严格的批准要求。

8. 持仓限额和大户报告制度

为进一步加强风险控制,防范市场操纵,新规将持仓限额的标准由600手降低到100手;同时,为适应交易编码制度变化,将持仓限额的限仓单位进一步明确为以客户号为单位。

9. 套期保值制度

套期保值是期货市场存在的基石,为更好发挥套期保值功能,提高套期保值的效率,新规简化了保值申请和审批的程序,将套期保值的申请和审批单位由分合约审批改为按照品种审批,同时规定套期保值额度自获批之日起6个月内有效,有效期内可以重复使用。套期保值额度获批后,可以在多个月份合约中使用,但各合约同一方向套期保值持仓合计不得超过该方向获批的套期保值额度。通过这一修订,投资者进行套期保值就可以在各个合约间进行动态分配,从而避免因合约到期摘牌而需要频繁向交易所申请新的套期保值额度。为鼓励股指期货发挥套期保值的基本功能,中金所允许个人投资者申请套期保值业务。

10. 会员资格变更下的持仓移转制度

股指期货实行会员分级结算制度,当发生交易会员更换结算会员和会员资格变更这两种情形时,都可能涉及交易会员与受托结算会员之间的持仓及相应交易保证金的移转问题,此次修订在《结算细则》"交易会员更换结算会员"一章中增加会员资格变更下的持仓移转的情形,同时将章名改为"委托结算关系变更下的持仓移转",对持仓移转业务进行全面规范。

11. 对会员及其相关从业人员的监管制度

为规范期货市场发展,《会员管理办法》总则规定,会员及其高级管理人员和从业人员应当接受交易所自律监管。如果交易所根据市场发展情况,对会员的业务运作、风险管理、技术系统等提出要求,会员应当持续满足上述要求;同时交易所可以对会员业务、内控的合规性及遵守交易所规则的情况进行日常检查,对存在或者可能存在问题的会员,可以根据情况采取口头警示、书面警示、约见谈话、限期说明情况、责令改正、责令参加培训、责令定期报告、责令增加内部合规检查次数、专项调查、责令处分有关人员、暂停受理或者办理相关业务、提请中国证监会或者其派出机构处理等监管措施；同时，将跨市场操纵行为及会员不配合交易所日常检查等情形纳入违规违约情形；增加对违规开户会员可以采取“暂停受理开立交易编码申请”的处理措施；增加“限制或者暂停业务”和“调整会员资格类型”等处理措施。

12. 期货公司分类监管和会员资格制度

期货公司分类监管和中金所会员资格条件挂钩，D、E类期货公司将无缘股指期货。在《会员管理办法》有关交易会员、交易结算会员和全面结算会员的资格条件中增加了期货公司分类监管评价结果的规定。规定期货公司申请交易会员资格，最近一次的期货公司分类评价结果应当达到C类以上(含C类)；申请交易结算会员资格，最近一次的期货公司分类评价结果应当达到B类以上(含B类)；申请全面结算会员资格，最近两次的期货公司分类评价结果应当均达到A类。

此外，为规范券商、基金等机构参与股指期货交易的行为，证监会于2010年4月发布了《证券公司参与股指期货交易指引》和《证券投资基金从事股指期货交易指引》，就券商以自营资金或集合资产管理业务参与股指期货的目的和交易规模进行限制，同时确立了各项风险控制指标。对于基金经理买卖股指期货的行为，现行法律没有明确禁止，但相关法规明确禁止操纵现货市场以在股指期货交易获利的行为。考虑到基金将来会参与股指期货交易，基金经理为自己买卖股指期货，与其管理的基金买卖股指期货可能存在一定程度的利益冲突，证监会研究起草相关规定，在现阶段不允许基金从业人员买卖股票的情况下，拟不允许基金经理买卖股指期货。①

(二)对期货异常交易的监控

沪深300股指期货上市后交易高度活跃，但由于目前股指期货投资者中个人投资者占绝对多数，交易也以投机交易为主，因而导致市场潜在风险和市场监管难度增加。为此，2010年10月22日，中国金融期货交易所发布了《期货异常交易监控指引(试行)》(以下简称《指引》)，对期货异常交易行为的表现形态、认定标准及监管措施做出了规定，同时进一步明确了会员对客户交易行为的管理责任。

《指引》将十种行为明确界定为异常交易行为，同时对现有的《违规违约管理办法》当中违规行为的主观要件和结果要件进行了适当简化，从而改变了过去对异常交易识别因过分强调主观动机，而导致难以执行的情况，有助于对异常交易行为的及时认定和处理。

该《指引》的出台一方面将监管的“关口前移”，使许多潜在的市场危机事先化解；另一方面实现了“标准细化”的目的，增强了制度的可操作性。这对于期货市场的健康发展至关重要。尽管目前期货市场的风险监控机制与20世纪90年代的期货市场相比已大大完善，如引入持仓限额制度、大户报告制度、强行平仓制度、强制减仓制度等，但由于上述制度更多的是在市场或客户出现一定状况之后才能发生作用，且实施多在盘后而非盘中(例如强制减仓制度实施的前提是市场出现“单边市”，而且需在“当日交易日收市后”进行)，因此对实时风险的应对能力略有不足。此外，有些风险监控制度在过去可能运转良好，但由于股指期货推出之后，期货市场的规模和影响力增大，潜在参与者增多，因此需要更为严格、细致的风险监控机制作为保证。而在期货市场上，交易是监管的第一道防线，市场的系统性风险多为异常交易行为引发，如果在异常交易行为初现时就能够有效遏制，许多潜在的市场危机就会在无形中化解。②

(三)有待进一步规范的问题

为使股指期货业务能够顺利发展，如下几方面的制度完善需要尽快跟进：对做空机制的适度限制；期货市场与现货市场信息共享机制的建立；交易机制的统一。目前沪深交易所对股票和基金交易一律实行“T+1”的交易方式，而股指期货则实行“T+0”的交易制度，这样一来，股指期货投资者就会利用这一时差，针对股票市场的标的物做空，而在股票市场的投资者却无能为力。当然，对于现货市场是否需要开发“T+0”交易，也有学者表达了不同的看法，该学者认为

① 参见《证监会拟出新规：不允许基金经理买卖股指期货》，载《证券日报》2010年6月9日。

② 参见邹功达：《交易所监管：从事后被动转向主动实时》，载《中国证券报》2011年11月8日。

"T+0"模式的采纳会加重证券市场的投机氛围,在我国目前投资者素质不高、参与理性不足,且以中小散户为主的投资结构下,并不利于公众投资者的利益保护。

## 八、投资者适当性管理制度的引入

(一)适当性管理是保护投资者权益的必要制度

适当性管理是海外成熟市场对金融服务机构的一项普遍性监管原则。金融机构向客户特别是零售客户提供一项新的金融服务或销售金融产品时,一般都会通过了解客户的知识与经验、财务状况以及投资需求等信息,帮助客户判断是否具备相应的风险认知与承受能力,是否适合接受该金融服务或投资该金融产品,并充分揭示风险。简单地说,投资者适当性管理制度就是要把适当的产品或服务以适当的方式和程序提供给适当的人。

在我国,多层次市场的发展已成为证券市场建设的基本目标,与多层次市场相对应的就是产品风险的多样性。在我国以"散户"为主的投资者结构下,为促进多层次资本市场的发展、为保护各投资者的利益,必须要加强对高风险金融产品的投资者适当性管理制度,将投资者的投资能力、经验与投资产品的风险相匹配。

(二)投资者适当性管理制度在证券市场中的引入

正是在上述理念指引下,我国有关的证券法规对投资者适当性管理制度提出了明确要求,如2008年6月颁布实施的《证券公司监督管理条例》就明确规定"证券公司应当根据所了解的客户情况推荐适当的产品或者服务";在2009年创业板推出时,投资者适当性管理制度被明确引入,成为创业板市场的基本制度之一。2010年,证监会对证券公司的经纪业务、融资融券业务、股指期货业务再次提出了明确的投资者适当性管理要求。

1. 证券经纪业务

2010年4月17日,证监会发布《关于加强证券经纪业务管理的规定》,明确券商应建立健全证券经纪业务客户管理与客户服务制度、客户适当性管理制度,以便对客户进行分类管理,为客户提供适当服务。具体而言,券商在与客户签订证券交易委托代理协议时,应对客户进行初次风险承受能力评估,以后至少每两年根据客户证券投资情况进行一次后续评估,并对客户进行分类管理。在业务服务中,券商应明确告知客户所提供服务或者销售产品的风险特征,并应提供与客户风险承受能力相适应的服务或产品。

2. 融资融券业务

考虑到融资融券业务的杠杆风险,为保护投资者合法权益,《关于开展证券公司融资融券业务试点工作的指导意见》要求证券公司对参与融资融券试点业务的客户进行准入管理,设定申请融资融券业务客户的资质条件和资产"门槛"(不低于50万元),包括客户金融资产的数额、证券投资经验、风险承担能力,只对符合开户条件的现有客户提供融资融券业务服务。

3. 股指期货业务

股指期货高风险的特性决定了对投资者的高标准要求。从成熟市场经验看,股指期货推出之前进行合格投资者的调查筛选是监管机构的通行做法。比如,1982年,美国标普500指数期货面向机构投资者推出,合约点位设计为250美元,这一点位的设计有效地限制了普通个人投资者的参与。① 基于上述考虑,2010年2月8日,证监会颁布实施了《关于建立股指期货投资者适当性制度的规定(试行)》及其配套文件。在该制度下,股指期货投资者适当性制度包括硬性指标和综合评价指标。硬性指标有开户资金不低于50万元、具备股指期货基础知识并通过测试、具有期货交易经历等;综合评价指标包括投资者的年龄、学历、财务状况和诚信状况等。

## 九、监管制度的完善

(一)证监会行政复议制度的发展

2010年7月1日,修订后的《中国证监会行政复议办法》(以下简称《办法》)正式实施。与原制度相比,该《办法》有三大亮点:

其一,将复议机构固定化、制度化。《办法》改变了过去"由证监会负责法律的机构进行行政复议"的笼统规定,明确证监会设立行

---

① 李中秋:《适当性制度将确保股指期货平稳运行》,载《中国证券报》2010年1月19日。

政复议委员会,审查重大复杂行政复议案件。

其二,新增了回避制度和听证制度。对于案件审理人员或者出席会议的复议委员与案件有利害关系或者有其他关系可能影响公正审理的,《办法》规定应当回避;同时,为给申请人一个申辩的机会,《办法》在总则部分就明确规定,对案件事实争议较大或者案件重大复杂的,应当组织行政复议听证。

其三,引入了和解、调解等新型解决机制。为建立创新型纠纷解决机制,《办法》新设了"行政复议的和解和调解"一章。依据规定,经被申请人同意,原承办部门、派出机构或者授权组织和申请人,可以在作出行政复议决定之前自愿达成和解,并向行政复议机构提交书面和解协议,经行政复议机构准许和解的,和解协议一经申请人和被申请人或原承办部门签字或者盖章,即具有法律效力。另外,对于案件事实清楚,在充分尊重申请人和被申请人意愿,并且调解结果不会损及其他主体合法权益的基础上,行政复议机关可以进行调解。申请人和被申请人经调解达成协议的,行政复议机关应当制作行政复议调解书。行政复议调解书应加盖行政复议专用章。行政复议调解书经申请人、被申请人签字或者盖章,即具有法律效力。

(二)政府监管国际合作的深化

证监会一贯重视与境外证券期货监管机构的交流与合作,自1992年10月成立以来,已相继同美国、新加坡等43个国家和地区的证券期货监管机构签署了监管合作谅解备忘录。2010年,证监会又与德国金管局(BaFin)等证券监管机构签署《监管合作函》,加强中国与融资所在地国证券监管机构之间的信息交换、技术交流及监管合作,共同维护世界金融市场稳定,保护各国证券投资者利益。[①]

(三)内幕交易监管制度的细化

内幕交易一直是各国证券监管机构打击的重点。但是,即便是在美国这样有几百年证券历史的国家,内幕交易也一直屡禁不止,被称为证券市场最大的一个"毒瘤"。

为加强对内幕交易的监管,2010年11月国务院办公厅转发了证监会、公安部、监察部、国资委、预防腐败局等部门联合印发的《关于依法打击和防控资本市场内幕交易的意见》(以下简称《意见》)。《意见》对如下几方面的规定尤其值得肯定:

首先,建立涉及上市公司内幕信息的保密制度与内幕信息知情人登记制度。内幕信息保密制度应明确内幕信息范围、流转程序、保密措施、责任追究机制,并指定负责内幕信息管理的机构和人员;内幕信息知情人登记制度是为涉及到内幕信息的所有环节的知情人建立留痕机制,相关部门可根据知情人的身份证号调查其是否涉及内幕信息,从事内幕交易。这一点在上市公司尤其是国有上市公司的并购、重组等活动中尤为重要,因为并购中涉及的审批部门多、审批链条长,极易发生内幕信息泄露,产生内幕交易。

其次,完善上市公司信息披露和停复牌等相关制度,督促上市公司等信息披露义务人严格依照法律法规,真实、准确、完整、及时地披露相关信息。

再次,建立内幕交易举报奖励制度。鼓励举报,尤其是内部人举报,对打击内幕交易至关重要,能够在社会上形成一种反对内幕交易的积极氛围。当然,对举报人的举报行为要保密,只有这样,才可能使举报人后顾无忧。[②] 如何对举报人进行奖励,美国的做法或许可以借鉴,即让对举证有重要贡献者分享违规收益,在美国,奖励的比例为罚款总数的10%。[③]

复次,完善内幕交易行为认定和举证规则。由于内幕交易越来越隐秘,证据尤其是直接证据的收集也愈发困难,因此,积极探索新的举证规则和行为认定标准对打击内幕交易至关重要。目前,证监会依靠"环境证据",即已知的基础事实,通过逻辑推理来判断待证事实成为了查处内幕交易的新方式。在"环境证据"的逻辑推理下,如果被告不能提出有力证据予以反驳,那么就推定这种大概率事件即为事实,以解决内幕交易认定中举证难的问题。

最后,将监察部和国家预防腐败局等部门纳入内幕交易的监管主体范畴。从近年发生的

---

① 参见吴弘、宋姗姗、邹子妮:《投资者保护:与资本市场共同跨入下一个20年》,载《证券时报》2011年2月12日。

② 参见《"打击内幕交易年"岁尾再发力》,载《法制日报》2010年11月21日。

③ 参见肖莎:《内幕交易将受到"立体化"打击》,载《法治周末》2010年12月1日。

高淳陶瓷内幕交易案、中山公用内幕交易案来看,一些官员利用身份和职务优势获取内幕信息、牟取暴利的现象已成为腐败的新动向之一。为此,将内幕交易纳入预防腐败的视野内是反腐倡廉的重要组成部分。

此外,为明确内幕交易的刑事责任,2010年5月18日,最高人民检察院、公安部还联合发布了《关于公安机关管辖的刑事案件立案追诉标准的规定(二)》,明确了内幕交易犯罪的刑事立案追诉标准,即内幕交易的成交额累计在五十万元以上的;获利或者避免损失数额累计在十五万元以上的;多次进行内幕交易、泄露内幕信息的,都将构成《刑法》第180条规定的内幕交易罪。同时,该规定还对证交所、期交所、券商、基金、银行等金融机构从业人员利用因职务便利获取的内幕信息从事交易的立案追诉标准作出了明确规定。

需要说明的是,尽管上述规定对打击内幕交易行为将产生积极效应,但是,就民事赔偿制度而言,仍需进一步完善,毕竟这才是保护利益受损的投资者的最直接方式。

(四)基金业自律管理的强化

为规范基金业发展,2010年证券业协会专门出台了《证券投资基金评价业务自律管理规则(试行)》和《证券投资基金销售人员从业资质管理规则》。前者主要就基金评价业务的机构准入、评价标准审核、信息披露、持续检查和自律处分等内容进行规定,尤其是明确了建立基金评价业务专家工作组,负责对基金评价机构的评价标准、方法、内控制度、业务流程以及执行情况的评估咨询,以规范基金评价业务的发展;后者则主要界定了基金销售人员持证上岗的范围,并针对不同类别的基金销售机构分别提出了基金销售人员资质的要求,以提高基金销售人员执业素质。

## 十、执法与司法

(一)执法

1. 行政处罚权的下放

目前的行政执法体制自2004年以来一直实行"审查分离",即把行政执法分为调查和审理(包括听证、处罚)两个阶段。目前调查环节由稽查部门负责,审理环节则由行政处罚委员会负责。2007年底,稽查部门体制改革,成立稽查总队,并明确稽查局、稽查总队及相关派出机构的职责分工,稽查力量的充实使得调查环节的效率大大提高。但由此也引发了一个突出问题,即大量已调查完结的案件被积压在了处罚委,造成了调查和审理环节的矛盾,其结果就是大案、要案或社会影响巨大的案件优先获得审理,而一些影响较小或案情较小的案件则被延期。

为解决这一问题,经国务院批准,证监会2010年1月发布了《中国证券监督管理委员会派出机构行政处罚试点工作规定》,决定在上海、广东、深圳等三家证监局正式开展行政处罚试点工作。根据该规定,三家派出机构在"审查分离"的原则下,对自立案件中案情简单、规则明确、影响较小、处罚不重、能够快速结案的证券、期货违法违规案件,以自己的名义进行行政处罚并负责执行;对于案情重大复杂、涉及司法移送以及其他可能对当事人权益造成较大影响的大案要案则仍由证监会负责处理。

2. 司法机关外部委员在行政处罚委员会中的引入

除行政处罚权下放外,执法体制改革的另一重要方面就是,在行政处罚委员会中引入外部委员制度。目前行政处罚实行的是主审委员负责制,即由主审委员负责审查案件的事实、证据和法律适用,并根据法律规定提出处理意见,之后由处罚委员会合议作出决定,进而在此基础上形成行政处罚告知书。这些主审委员均由从事监管工作多年、具有良好专业知识背景的资深监管人员专职担任。在2010年,证监会决定从法院等司法机构的专业人士中选聘外部委员加入行政处罚委员会。该做法旨在加强行政处罚的权威性和公正性,同时也有利于司法机构尽快熟悉资本市场各类案件的发生情形,清除审理此类案件的专业障碍,提高对证券类案件的审判效率。

3. 内幕交易打击力度的加大

内幕交易违背证券市场最基本的公平、公正、公开原则,损害公众投资者的合法权益,一直以来都是证监会执法查处的重点。2010年证监会对内幕交易的打击力度达到前所未有的高度。截至2010年11月底,共立案调查内幕交易案件50件,对19名个人、3家机构做出行政处罚,将15起涉嫌内幕交易犯罪案件移送公安机关[①],查处和曝光了"中山公用"、"上海祖龙"、"天山纺织"等一批有较大社会影响力的案件,其中,"上海祖龙内幕交易案"是证监会查处的首例法人内幕交易案,具有一定的代表性。在严打内幕交易的同时,证监会还加大了对案件查处结果的披露力度,2010年已陆续公布了9起内幕交易案、3起基金经理"老鼠仓"案的查处结果。[②] 就证监会2010年对内幕交易的查处可从如下几方面进行总结:

(1)严打并购重组中的内幕交易行为

上市公司并购重组是内幕交易的易发区,也是证监会监控和查处的重点。在辽河纺织内幕交易案中,上市公司董秘由某亲自操盘数百万资金,试图借重组消息大赚一笔。然而,公司重组并未成功,股价大跌,交易资金亏损大半。为掩盖内幕交易行为,由某将其操作的两个账户从公司前十大股东名单中删除,致使上市公司披露了不真实的年报信息。最终,内幕交易者不仅受到市场的惩罚,受到证监会的行政处罚,还牵连上市公司因违规信息披露而受罚,可谓内幕交易的"多输"结局。在天山纺织内幕交易案中,凯迪投资总经理姚某和副总经理曹某,在天山纺织筹划并购重组期间,将重组信息泄露给他人,导致大量买入"天山纺织"股票的内幕交易行为发生。目前,该案也已移送公安机关,相关当事人已被依法被捕。

(2)首例过失泄露内幕信息行为被罚

格力电器原董事会秘书况某作为某借壳上市项目的谈判中间人,经常赴目标上市公司所在地出差,有时也在家中通过电话讨论重组事宜,但并未向家人主动透露消息。况某的妻子听到丈夫电话内容后,对借壳上市项目有了一定了解,并将此消息告诉给况某的外甥女徐某,建议其买入该公司股票。随后,徐某进行了内幕交易并获利。证监会经调查认为,况某作为借壳项目的参与人,虽未有意泄露内幕信息,却也未采取必要的保密措施,致使内幕信息泄露给妻子,后者又将内幕信息传递给徐某,最终导致了内幕交易,故认定况某泄露内幕信息的行为、其妻泄露内幕信息并建议他人买卖股票的行为,徐某获得内幕信息并以此交易的行为,均触犯了证券法的规定,应受处罚。此案是证监会查处的第一起因过失泄露内幕信息和非主动获知、传递内幕信息而认定的内幕交易案件,具有一定的典型性。

(3)"环境证据推定"促进内幕交易行为的认定

内幕信息的知悉和传递过程非常隐蔽,是内幕交易案件调查和认定的难点。2010年,证监会采取了"环境证据推定"的方式对内幕交易行为进行认定。在我国,第一例以此方法被认定的内幕交易案是四川圣达原董事、总经理佘鑫麒案。在该案中,佘鑫麒在年报、中期业绩快报等利好信息披露前,操作亲属账户进行内幕交易。其在面对调查时既不承认违法行为,也不配合调查工作。对此,证监会通过其工作职责、出勤情况、账户操作、交易时点与内幕信息吻合程度等确凿证据,最终依法认定内幕交易行为成立,对其予以行政处罚并被市场禁入3年。

(4)加大对内幕交易案件的刑事追责力度

内幕交易不仅属于行政违法行为,达到一定情节和标准,还将被追究刑事责任。2010年,黄光裕案、刘宝春案、中山公用案、上海祖龙案等一批内幕交易典型案件,相继进入司法程序,其中部分案件已陆续开庭审理或定罪宣判。

在对内幕交易的惩治中,基金经理"老鼠仓"行为一直以来都是市场关注的焦点。《刑法修正案(七)》已明确将利用未公开信息交易罪写入刑法,基金经理"老鼠仓"行为将直面刑事责任的处罚。2010年,证监会公布了对长城、景顺长城基金公司的基金经理刘海、韩刚和涂强"老鼠仓"案的查处结果。其中,涂某、刘某受到行政处罚并被市场禁入,韩某则因交易时点、交易金额等关键指标达到刑事立案追诉标准而被依法移送公安机关。该案也成为第一例涉嫌违反《刑法》第180条第4款规定的"利用未公开信息交易罪"被移送公安追究刑事责任的案件。

(二)司法

1. 立案追诉标准的明确

2010年5月18日,最高人民检察院、公安部联合印发《最高人民检察院、公安部关于公

① 参见乔晓会、李德林:《尚福林谈资本市场》,载《财经》2010年12月20日。

② 参见《证监会:加大案件查处结果披露力度严打内幕交易》,载证监会网站,2010年12月10日访问。

安机关管辖的刑事案件立案追诉标准的规定(二)》(以下简称《规定》),列举了86种刑事案件的立案追诉标准,其中对操纵证券期货市场、内幕交易、违规披露重要信息的立案追诉标准作出了明确界定。因对内幕交易的追诉标准上文已有阐述,此处仅就操纵市场和违规信息披露的追诉标准予以说明。

对于操纵证券、期货市场的立案追诉标准,《规定》要求,单独或者合谋,持有或者实际控制证券的流通股份数达到该证券的实际流通股份总量百分之三十以上,且在该证券连续二十个交易日内联合或者连续买卖股份数累计达到该证券同期总成交量百分之三十以上的,应予以立案追诉。另外,《规定》还对与他人串通、在自己实际控制的账户之间"对敲"、虚假申报与撤单、上市公司高管利用信息优势操纵股价等市场操纵行为的追诉标准作出了详细规定。

对于违规信息披露的立案追诉标准,《规定》要求,依法负有信息披露义务的公司、企业未按照规定进行信息披露,造成股东、债权人直接经济损失数额累计在五十万元以上的;虚增或虚减资产、利润达到当期披露的总额百分之三十以上的;未按规披露的重大诉讼、仲裁、担保、关联交易占净资产百分之五十以上的,均应予以立案。另外,因违规信息披露导致证券被终止上市、多次被暂停上市或骗取发行上市的也应予以追诉。

2. 非法发行、经营证券的刑事责任认定

2010年年末,最高人民法院会同银监会等有关部门公布施行了《关于审理非法集资刑事案件具体应用法律若干问题的解释》,将"未经国家有关主管部门批准,向社会不特定对象发行、以转让股权等方式变相发行股票或者公司、企业债券,或者向特定对象发行、变相发行股票或者公司、企业债券累计超过200人的",均认定为擅自发行行为,构成犯罪的以擅自发行股票、公司、企业债券罪定罪处罚;将"违反国家规定,未经依法核准擅自发行基金份额募集基金,情节严重的",以非法经营罪定罪处罚。此外,该解释还将"明知他人从事欺诈发行股票、债券,非法吸收公众存款,擅自发行股票、债券,集资诈骗或者组织、领导传销活动等集资犯罪活动,为其提供广告等宣传的",以相关犯罪的共犯论处。

3. 实践对相关司法解释的进一步需求

2010年,在历时两年得以调解的杭萧钢构案件中,受损投资者最终获得了史无前例的82%的高比例现金赔偿。由于该案同时存在内幕交易、虚假陈述两种行为,因而成为一个很好的契机,撞开了中国证券市场内幕交易民事赔偿的大门。这意味着股民今后有可能向进行内幕交易、操纵市场者进行民事索赔,这将对市场深恶痛绝又屡禁不绝的内幕交易起到极大的震慑力。对此,2010年12月4日,最高人民法院副院长奚晓明也公开表示,最高人民法院将对证券市场所发生的内幕交易、操纵市场等违法行为尽快作出民事赔偿的司法解释,以完善资本市场民事侵权责任制度,维护投资者合法权益。

# 第九部分　案例评析

案例是法律的重要载体，一些重要的、典型案例集中体现了资本市场、司法的过程与理念，引领和推动着资本市场法治的发展，具有重要的研究参考价值。本报告收集、整理、选编了9篇评析我国资本市场2010年发生的重要、典型案件的文章。文章为作者本人撰写，不代表中国证监会的观点，仅供读者参考和研讨。

## 光明家具高级管理人员内幕交易行政处罚案

### 一、案情简介

光明集团家具股份有限公司（以下简称光明家具）2005年、2006年连续两年亏损，2007年4月公司股票被实行退市风险警示，若2007年继续亏损，公司股票将被暂停上市，当时长城资产管理公司作为光明家具公司债权人，2007年11月21日，就《关于债务和解的方案》达成一致，2007年12月25日，光明家具发布临时公告，称公司商讨重大事项，公司股票自2007年12月25日起停牌。光明家具公司董事长及其近亲属利用他人的账户，在2007年12月21日全仓买入光明家具公司股票，于2008年1月2日，光明家具公告披露债务和解协议后卖出股票，实现盈利9.86万元。经过调查，证监会于2010年4月19日，对该公司董事长及其近亲属下发了行政处罚决定书，根据中国证券监督管理委员会行政处罚决定书〔2010〕18号决定：没收其账户违法所得98,632.34元，并处以罚款98,632.34元的行政处罚。

### 二、存在问题及监管措施

（一）存在问题

这一案例反映了三个问题：一是部分上市公司的高管人员对于相关法律法规等其他规范性法律文件的禁止性规定了解不清楚；二是部分上市公司董事、监事以及其他高管人员的法律责任和法律义务没有准确的认识；三是部分上市公司董事、监事以及其他高管人员对于某些违法违规行为重视不够，或抱有侥幸心理。

（二）监管措施

案件发生后，黑龙江证监局采取了如下措施：一是约见谈话，并向公司去函向其介绍有关内幕交易的相关规定和作为公司高管应承担的法律责任和义务，强调做好信息披露工作，杜绝内幕交易的重要性；二是派公司监管责任人配合稽查人员对公司涉嫌内幕交易案件进行非正式调查，去公司与公司董事长、董秘、财务负责人以及涉嫌内幕交易人员谈话。与大股东负责人谈话，并了解情况，向其介绍证监会有关要求，督促其履行好上市公司大股东责任，配合上市公司做好信息披露工作，杜绝内幕交易行为的发生；三是组织全省上市公司董秘会议，在会议上强调各公司要从这些案例中吸取经验教训，要求公司健全内部控制制度，加大公司信息披露工作制度的执行力度，坚决杜绝内幕交易行为。

### 三、案例评析

虽然我国证券市场发展的时间不长，但内幕交易行为却几乎是与证券市场的产生和发展相伴随行的。目前我国的证券市场内幕交易现象比较严重。

内幕交易实质上属于证券信息私用行为。在证券信息披露、传递并最终被运用的整个过程中,客观地存在着不同的市场主体在证券信息知晓和获取上的差别:有些市场主体(如上市公司高层管理者、注册会计师及证券律师等市场中介人员、与上市公司关系密切的证券信息中介人员等)要比其他的市场主体(包括绝大多数的个人投资者)具有信息优势,即能先知晓证券信息,或知晓更多、更准确的证券信息。如果具有信息优势的这些市场参与者利用自己所拥有的信息优势谋取私利(包括得到收益或避免损失)并危害其他市场参与者的利益,就构成了证券信息的私用。

除了内幕信息、内幕交易主体以外,内幕交易的界定还需要确定两方面的内容:主观故意和行为方式。

内幕交易行为必须是主观故意的,其主观目的是为了获取利益(利用利好信息)或避免损失(利用利空信息),并在主观上知道或应该知道内幕交易行为的后果。

内幕交易行为方式有多种,根据我国《证券法》第76条归纳起来有三类:一是利用内幕信息进行证券交易;二是泄露内幕信息;三是根据内幕信息建议他人进行证券交易。第二类和第三类内幕交易行为虽然表面上内幕交易行为主体本人并未直接得利或避免损失,但内幕交易行为主体将内幕信息或基于内幕信息的投资建议告诉他人,或是为了得到良好的心理感受,或是期望获得互惠信息,或是为了得到可以转化为未来收益的名誉好处等,总之是为了获得当前和今后的各种形式的回报。

因此,综合起来,内幕交易的定义是指:内幕人员或非法获取内幕信息的人员,以直接或间接获得利益(或减少损失)为目的,自己、或建议他人、或泄露内幕信息使他人利用内幕信息进行证券交易的行为。

我国关于内幕交易的法律规范建设经历了"行政法规"到"国家法律"的过程。最早提出禁止内幕交易的是1990年《上海市证券交易管理办法》和1991年《深圳市股票发行与交易管理暂行办法》这两个地方性行政法规。1993年4月国务院发布的《股票发行与交易管理暂行条例》及同年9月经国务院同意、证券委员会发布的《禁止证券欺诈行为暂行办法》是禁止内幕交易行为的主要行政法规,比较详细地界定了内幕交易、内幕交易主体、内幕交易行为及其法律责任。1997年全国人大八届五次会议修订的《刑法》第180条明确规定了内幕交易的刑事责任,而1998年全国人大九届六次会议通过的《证券法》中有6个条文对内幕信息的知情人员、内幕信息、内幕交易行为、内幕交易的法律责任等进一步做了规定。2005年10月27日,第十届全国人民代表大会常务委员会第十八次会议通过的《证券法》修订案,健全了对内幕交易行为的约束,从第73条至第76条分别对禁止内幕交易、内幕信息的知情人员范围、内幕信息的界定、内幕交易行为及其赔偿责任做出了明确的规定。经过上述循序渐进、逐步完善的过程,我国已经基本建立了禁止内幕交易的法律规范体系。

但在现有的法律法规中,仍有需要改进的地方:

一是我国的法律法规将内幕信息知情人员的范围限于由于职业或职务原因而能够获得内幕信息的人,这些人员的亲属不被视为内幕人员。无论是从我国的历史文化传统,还是现实中的社会家庭结构来看,我国家庭成员之间的联系程度要高于西方国家,内幕信息泄露给家庭成员并被私用的现象比较普遍。大多数西方国家已将公司内部人的亲属也列为内幕人员的范围,而我国关于内幕交易的法律法规中尚未有类似规定。

二是我国关于内幕交易的法律法规中罚金都是依据"违法所得"处以1倍以上5倍以下的罚金。但内幕交易的目的不仅包括获取利益,也包括避免损失。因此我国的立法应借鉴英国等国家的做法,在法律中明确规定"避免损失"也包括在"获得的利益"之中,以此增强法律的严密性。

## 四、工作建议

### (一)对内幕交易的认定实行辩方举证制度

《证券法》规定,内幕人员只有利用了"内幕信息"才构成内幕交易行为,这大大增加了取证和认定的困难。美国关于内幕交易的法律明确指出："只要存在内幕交易事实，控方不需举证"。我国应借鉴这一做法，推行举证责任倒置制度。比如上市公司相关信息公布前，股价产生明显异动的，让上市公司自证清白。如果上市公司无法自证清白，则上市公司难辞其咎，对其进行处罚也顺理成章。从而破解调查内幕交易取证难的难题。

（二）加大对内幕交易行为的处罚力度

美国1984年就出台了《内幕交易处罚法》，1988年又发布了《内幕交易及证券欺诈制裁法》，对内幕交易人除罚款外，最多可监禁25年。而我国《刑法》规定内幕交易罪最高可判10年有期徒刑。在实际查处中，主要以罚款为主，追究刑事责任一般也不超过4年刑期。相对成熟市场，我国缺乏针对内幕交易行为的专门法律法规，对内幕交易的处罚力度也是不够的。因此建议在立法上加大内幕交易行为的法律责任，以提高内幕交易的违法成本。

（三）建立内幕交易举报奖励制度

由于内幕交易无特定受害者特点，监管部门很难获得内幕交易的具体线索，调查中也难得到当事人的配合。美国的相关法律规定，证券交易委员会可以将内幕交易民事罚款的10%奖励给举报者，以此来强化市场监管机制的广泛性。我国立法上可以借鉴这一制度。

（黑龙江证监局　杨维龙）

# 天香集团董事薛某等行政复议案

## 一、案件概要

中国证监会行政处罚决定书〔2009〕53号认定，2004年末，华通天香股份有限公司（以下简称天香集团）在确认收益条件尚不完全具备的情况下，对当年发生的三笔股权转让投资收益提前进行确认，由此导致虚增2004年度利润，此外有两项对外提供的担保，也未按规定及时予以披露。上述行为构成了原《证券法》第一百七十七条所述违法行为。根据当事人的违法事实、性质、情节与社会危害程度，依据原《证券法》第一百七十七条的规定，中国证监会决定对天香集团处以30万元罚款；对薛某给予警告，并处以10万元罚款；对卢某、范某分别给予警告，并处以5万元罚款；对林某、姜某、李某、尤某、胡某和郑某分别给予警告，并处以3万元罚款。2010年3月，薛某等上述当事人不服，分别向中国证监会提起行政复议。

申请人请求撤销对其作出的行政处罚决定，其复议理由大致相同，可归纳为以下几点：（一）天香集团有关股权转让事项的会计处理已基本符合《企业会计制度》规定的条件，该事项并非为虚增利润和虚构交易，天香集团主观上未有虚增利润的目的。（二）天香集团及时进行了更正并进行了充分披露，避免了财报对投资人判断可能产生的影响。（三）关于担保事项的信息披露事项，上海证券交易所已在2006年给予天香集团公开谴责和通报批评的处罚，之后天香集团已迅速进行了补充及后续进展公告。（四）行政处罚将给申请人带来严重后果，其就业面临困难。（五）申请人胡某、郑某、尤某3位独立董事提出，他们对公司股权转让收益的处理和公司未按规定披露两项对外担保事项并不知情。针对上述复议请求、理由以及被申请人的答复意见，中国证监会进行了合并审查。2010年6月，中国证监会作出行政复议决定，维持对上述当事人的行政处罚。

## 二、争议焦点问题

（一）关于股权转让事项的会计处理是否构成虚增利润

经审查，2004年天香集团确认的三笔股权转让的投资收益具体情况为：

1. 确认转让金伟凯股权的投资收益。2004年12月，天香集团将其所持有的北京金伟凯医学生物技术有限公司（以下简称金伟凯)60%的股权转让给福州开发区鸿宇实业有限公司,确认当年该笔股权转让收益1,676万元。根据上交所《股票上市规则》(2004年修订)第9.3(三)项规定,上市公司交易产生的利润占上市公司最近一个会计年度经审计净利润的50%以上,且绝对金额超过500万元的,应提交股东大会进行审议。按照天香集团2003年度经审计的净利润额,此项议案需提交股东大会审议通过。但截至2004年12月31日,天香集团未召开股东大会对上述事项进行审议,金伟凯尚未进行股东变更的工商登记。

2. 确认其控股子公司转让中关村证券的投资收益。2004年12月,天香集团控股的子公司华天投资发展有限公司(以下简称华天投资)将其所持有1.5亿股中关村证券股份有限公司(以下简称中关村证券)股权协议转让给北京宁馨儿经贸有限公司。天香集团合并报表后,确认当年该笔股权转让投资收益3,512.5万元。但截至2004年12月31日,华天投资转让中关村证券股权事项未经中国证监会批准,工商资料显示华天投资仍持有中关村证券7,500万股的股权。

3. 确认转让建瓯天香股权的投资收益。2004年11月30日,天香集团将其持有的福建建瓯天香绿色食品工程有限公司(以下简称建瓯天香)90%的股权转让给福州鸿宇。根据天香集团2004年公司章程,这一事项应经公司董事会批准,但截至2004年12月31日,天香集团董事会未就上述股权转让事项进行审议,建瓯天香的工商登记资料也未作相应变更。天香集团当年确认该笔股权转让收益347万元。2005年6月9日,天香集团董事会审议通过了对2004年年度报告进行修正的议案,对中关村证券、金伟凯股权转让收益进行了调整,公司由盈利变为亏损,并对该项议案进行了公告。

天香集团在确认2004年度发生的三笔股权转让投资收益时,必须满足财政部《关于执行〈企业会计制度〉和相关会计准则有关问题解答的通知》(财政部财会〔2002〕18号)规定的条件。内容包括:出售协议已获股东大会(或股东会)批准通过;与购买方已办理必要的财产交接手续;已取得购买价款的大部分(一般应超过50%);企业已不能再从所持有的股权中获得利益和承担风险。《通知》同时强调,如果有关股权转让需要国家有关部门批准,则转让收益只有在满足以上条件并取得国家有关部门批准文件时才能确认。根据本案认定的事实,截至2004年末,相关股权转让事项的确认收益条件尚不完全具备。天香集团提前确认了三笔股权转让的投资收益,由此导致虚增2004年度利润。天香集团提前确认上述股权转让事项的收益并在2004年度报告中予以披露,构成原《证券法》第177条规定的信息披露违法行为。

(二)关于当事人责任的认定

本案涉及的责任人员包括天香集团及其9名董事。经审查,8名申请人均在通过天香集团2004年年报的董事会决议上签字同意。以上董事对有关股权转让事项知情,但未对年报中提前确认收益的事项合理关注并认真审核,未能勤勉尽责,应当根据原《证券法》规定承担责任。时任天香集团董事长薛某和时任董事、总经理卢某是对这一违法行为直接负责的主管人员,时任董事林某、姜某、李某、尤某、胡某和郑某是其他责任人员。

关于对外担保事项,仅有时任董事长薛某在相关担保合同上签字并盖章,其余申请人对该两项担保不知情。薛某是对未按规定披露担保事项行为直接负责的主管人员。

行政处罚程序中,申请人在其申辩材料以及听证会上提出相关申辩意见,请求对其免于处罚。申请人在行政复议申请中再次提出上述申辩理由。经审查,2005年6月,证监会会计部就股权转让收益确认的事项约谈负责天香集团2004年年报审计的会计师事务所及其签字会计师后,天香集团对2004年年报审计报告进行了更正,申请人关于主动纠正违法事实的理由不能成立。申请人未提出的其他事实和理由不足以支持其复议请求。

## 三、案件主要启示

上市公司董事对上市公司信息披露的真实性、准确性和完整性承担法律责任。在信息披露违法违规行为的查处中,上市公司董事提出的免责理由以两类最为典型:一是提出对未披露事项、虚假披露事项不知情;二是提出有关会计处理并无不当,自己无财会专业知识等理由。本案是上市公司在确认收益条件不完全具备的情况下会计处理不当导致虚增收益和虚假披露的典型案例，各申请人所提出的申辩、复议理由较为典型。尽管不同上市公司的公司治理和违法违规情况各不相同，但证券法律法规对上市公司董事所承担的信息披露责任要求应是标准统一的。这一标准即是要求董事必须勤勉尽责，对于影响投资者决策的企业重大经营信息，必须予以关注并保证上市公司真实、准确和完整地披露。在出现信息披露违法行为的情况下，应当由董事自身对其勤勉尽责的情况进行证明，对违法违规者给予应有的惩罚，才能以儆效尤，切实保护投资者的利益。

（中国证监会法律部　张洪亮）

# 华鼎财经、李某行政复议案

## 一、案件概要

2006年4月，中国证监会深圳证监局对深圳华鼎财经资讯股份有限公司（以下简称华鼎财经）违法一案进行了立案调查。中国证监会审理后认定，2005年9月至2006年3月，华鼎财经聘用的证券投资咨询人员曹某等10人在电视股评节目中，大量使用夸大性、误导性表述，并且明示或暗示保证收益，社会危害后果严重。根据《证券法》及《证券、期货投资咨询管理暂行办法》（以下简称《暂行办法》）的相关规定，中国证监会决定撤销华鼎财经的证券投资咨询业务许可，并处以30万元的罚款，同时给予法定代表人、总经理李某3年的市场禁入措施。2010年9月，华鼎财经、李某不服，分别申请复议，请求撤销以上决定。2010年12月，中国证监会经过审理，分别作出维持行政处罚和市场禁入决定的复议决定。

## 二、争议焦点问题

（一）是否存在夸大、误导以及明示或暗示保证投资收益的行为

对华鼎财经行政处罚、对李某采取市场禁入的主要事实依据是，华鼎财经聘用的证券投资咨询人员在电视股评节目中使用大量的夸大性、误导性的表述，并且明示或暗示保证收益。决定书对主要上述违规言论进行了列举，如“即将飙升30%”、“井喷黑马”、“有望持续飙涨”等。但华鼎财经及李某提出，申请人聘请的分析师在决定书所列举的执业过程中，不存在夸大、误导以及明示或暗示保证投资收益的行为。被申请人没有对申请人提交的证据进行质证，没有提供有关社会危害后果严重的证据。李某还提出，在我会认定的华鼎财经违法行为期间，其因病未能实际履行公司董事长、总经理职责，并提交了住院病历及证明、公司董事会决议、相关证人证言（以上证据均为复印件）等证据证明。

经调查核实，前述有关言论是从华鼎财经在2005年9月至2006年3月期间向深圳证监局报备的媒体股评节目录像中抽查所得。华鼎财经的“分析师”在其电视股评栏目中发表了“黑马”、“飙股”、“稳操胜券”、“跟随实力机构，赚取超额利润”等言论，具有夸大及向公众投资者保证收益的性质，将在很大程度上对普通公众投资者造成误导。深圳证监局自2005年起累计收到投资者针对华鼎财经的信访投诉338件，其中主要投诉华鼎财经存在承诺收益、约定分成等行为。华鼎财经向深圳证监局报备的17份关于对信访人投诉的回复中承认其业务员存在口头承诺收益等违规行为，部分回复中承认所做陈述会使股民产生误解。华鼎财经作为“分析师”执业所在机构，应对其“分析师”有关违法行为承担责任。中国证监会经过听证复核，对李某因病未主动参与监督管理的事实予以认可，对其陈述、申辩意见部分予以采纳，将事先告知的5年市场禁入调减为3年。鉴此，对华鼎财经、李某的复议理由不应支持。

（二）关于行政处罚与市场禁入的幅度问题

华鼎财经及李某提出,即使有关分析师在股评节目中的做法不当,也不足以导致申请人被撤销业务许可和罚款。结合当时的市场背景、执业和监管环境,行政处罚及市场禁入措施过重,被申请人对同期被立案稽查的其他同类公司法定代表人免予处罚,对申请人采取市场禁入措施显失公平。在本案发生的2005年至2006年4月,咨询机构的“分析师”在电视股评栏目中以不当言论推荐个股并从事服务营销的问题具有一定的普遍性,但华鼎财经“分析师”的有关言论和对华鼎财经的投诉信访在同期案件中属于问题比较突出,性质比较恶劣的一类。经核实,华鼎财经的违规言论引发了大量投资者信访投诉,违法行为情节和社会危害后果都比较严重,证监会对同期查处的其他证券投资咨询机构和责任人员也都采取了相应的行政处罚和市场禁入。中国证监会对华鼎财经的处理综合考虑了违法行为的事实、性质、情节与社会危害程度,还参考了同期审理的其他类似案件的处理,不存在处罚结果畸重的情况。

(三)关于行政处罚与市场禁入决定的依据

华鼎财经、李某提出,以存在“夸大性表述”、“明示或暗示保证投资者能够获得投资收益”等为由作出处罚和禁入决定没有法律依据。经审查,华鼎财经及其证券分析师的行为,违反了《暂行办法》第十九条关于“应当以行业公认的谨慎、诚实和勤勉尽责的态度,为投资人或者客户提供证券、期货投资咨询服务”的规定,第二十条关于“应当完整、客观、准确地运用有关信息资料向投资人或者客户提供投资分析、预测和建议”的规定,以及第二十四条第四项“不得与投资人承诺证券、期货投资收益”的规定。上述行为同时是《证券法》第一百七十一条第(四)项规定的证券投资咨询机构及其从业人员不得从事的行为。对于华鼎财经的违法行为,《证券法》第二百二十六条以及《暂行办法》第三十四条规定了相应罚则,可以撤销其证券服务业务许可。对于作为直接负责人员的李某,依据《证券法》第二百三十三条以及《证券市场禁入规定》第三条、第五条,可以对其实施市场禁入措施。

### 三、案件主要启示

华鼎财经违反证券法律法规案的处理是近年来整治非法证券投资咨询活动的典型案例之一,较好体现了“以稽查促监管”的监管思路,为今后加强投资咨询业务监管积累了经验。该案的处理反映出,目前关于投资咨询业务监管的法律法规相对滞后。《证券法》对于投资咨询机构的相关规定,仅有第一百七十一条第(四)项规定了投资咨询机构及其从业人员不得利用传播媒介或者通过其他方式提供、传播虚假或者误导投资者的信息,但对于虚假或误导性信息的区分认定标准、对相关违法行为的罚则等都缺乏明确规定。中国证监会于1997年制定的《证券、期货投资咨询管理暂行办法》也已不能满足市场监管和发展的需要。本案的审理对于完善证券期货投资咨询业务监管具有重要的参考和启示意义。

(中国证监会法律部　张洪亮)

## 江苏期望公司行政诉讼案

### 一、案情概要

江苏期望期货经纪有限公司(以下简称江苏期望公司或者原告)成立于1993年3月,由中国国际期货经纪有限公司、南京市物资局等单位共同出资设立,注册资本1,000万元。2005年1月,国内上海期货交易所、大连商品期货交易所、郑州商品期货交易所均要求提高期货经纪公司会员的最低结算准备金。2005年4月,证监会江苏证监局在年检中发现,江苏期望公司自有资金严重不足,未能按照三家期货交易所的要求以自有资金补充交易所最低结算准备金,并存在2,000万元的委托资产管理。江苏证监局即发监管函要求公司尽快整改,江苏期望公司拒不整改。2005年6月,江苏证监局向三家期货交易所发函通报期望公司最低结算准备金不足的情况。2005年7-8月,江苏期望公司因自有资金严重不足、无法满足期货交易所最低结算准备金的要求,分别被各期货交易所停止交易,无法持续经营,公司停业。2005年10月26日,江苏期望公司在《新华日报》上发布公告,称"公司暂停期货经纪业务",向客户退付保证金。2007年4月15日《期货交易管理条例》施行后,江苏期望公司仍然停业,且连续停业3个月以上。

2008年3月17日,鉴于江苏期望公司已不符合持续性经营规则,且无正当理由停业连续3个月以上,证监会依法作出〔2008〕4号《行政监管措施告知书》,决定依法注销该公司《期货经纪业务许可证》(许可证号A031610063)。江苏期望公司不服证监会作出的注销行政监管措施,以事实不清、证据不足,且程序不合法为由,向北京市第一中级人民法院(以下简称北京一中院)提起行政诉讼。案件一审、二审均对证监会行政监管措施予以维持,证监会胜诉。

本案是我国首例期货市场行政诉讼案,也是司法机关第一次就中国证监会行政监管措施这一新型具体行政行为进行实体裁判的行政诉讼案件,对于进一步加强资本市场监管、切实维护资本市场参与主体合法权益,具有十分重要的指导意义。

## 二、争议的焦点问题

(一)如何界定"停业"

在庭审过程中,江苏期望公司提出,根据《期货交易管理条例》第21条第2款,期货公司在注销期货业务许可证前,应当结清相关期货业务,并依法返还客户的保证金和其他资产,公司至今一直在退付客户保证金,并未停业,而且期货业务许可证除经营期货经纪业务以外,还有期货信息咨询、培训的业务范围,公司也没有停止。

证监会认为,停业是指期货公司暂停或者终止期货经纪业务,没有代理客户参与期货交易。2005年8月期望公司完全停业,2005年10月26日江苏期望公司在《新华日报》上发布公告"公司暂停期货经纪业务",对客户进行保证金退付。此后,公司长期处于停业状态。原告公司虽然还有极少量的客户保证金没有返还完毕,但是实质上已经结清了相关期货业务,构成了实质停业。对于停业的时间,有三家期货交易所出具的停业记录为证。根据《期货交易管理条例》第21条的规定,只要符合《行政许可法》第70条以及《期货交易管理条例》第21条第1款规定的依法注销的情形之一,监管机构就应当依法办理其业务许可证的注销手续。此外,结清期货业务是《期货交易管理条例》第21条第2款规定的期货公司的法定义务,不是监管机构注销的前提条件,期货公司是否履行该义务并不影响监管机构依法采取注销措施。

法院经审查认为,原告在庭审中明确表示,自江苏期望公司被交易所限制或停止交易后,其一直未向期货交易所补充过资金,亦未提出过复业申请,一直处于停业状态,停业事实成立。

(二)公司停业是否有"正当理由"

原告认为,2005年6月29日,中国证监会下属的江苏证监局给上海、大连、郑州三家交易所发出94号函,决定停止给原告开新仓并且冻结了原告账户。三家交易所依据94号函停止给原告开设新仓,冻结了原告在三家交易所账户,造成了原告无法开展任何经营活动。因此,公司停业具有"正当理由"。

证监会则认为,原告停业的根本原因是自有资金不足,无力交纳结算准备金,并非由于不可抗力等不能避免、不能抗拒、不能克服的客观情况,属于无正当理由停业。首先,被诉行政监管措施告知书的事实依据是原告长期处于停业状态。其次,原告对外存在巨额委托理财,自有资金严重不足,无法满足三家期货交易所对其最低结算准备金共计600万元余额的要求,于是原告不得已违反规定使用客户保证金充当最低结算准备金。从原告提供的股东会决议看,股东在了解到公司缺口600万元结算准备金时,决定放弃经营。在原告停业的数年间也没有见到原告采取有效措施恢复经营,上述事实表明,公司自有资金不足经营困难以及股东放弃经营努力不再追加投资是公司停业的根本原因。

对于原告提出的"冻结账户"一说,证监会

认为,交易所依照会员管理规则对原告采取的是“限制出金”措施,根本不存在所谓的“冻结账户”。江苏证监局给交易所去函只是通报情况,不是“行政决定”。而且,根据原告的补充证据清楚反映,为防止客户保证金被挪用,交易所只是“暂停”原告所有出金,原告结算准备金补足后可以继续进行业务,不存在“冻结账户”、无法补交的情况。

法院终审认为,三家期货交易所先后以江苏期望公司其自有资金不足,不符合交易所关于“期货经纪公司会员结算准备金最低余额为200万元,以期货经纪公司会员自有资金足额缴纳”的要求为由,对江苏期望公司作出限制交易或停止交易的决定。江苏期望公司自被限制或停止交易后,一直没有向其在交易所的账户中补充注入过任何资金,没有向交易所提出过复业申请。因此,江苏期望公司停业是因其自身一直未解决相关资金不足、不符合持续性经营条件而被交易所限制或停止交易所致。同时,在江苏期望公司对江苏监管局作出的94号函所另行提起的行政诉讼中,生效的判决已经认定,江苏监管局作出的94号函对期货交易所不具有命令性和强制力,因此,驳回了江苏期望公司的起诉。综上,江苏期望公司关于其停业具有“正当理由”的上诉主张缺乏事实和法律依据。

(三)行政监管措施是否违反程序规定

江苏期望公司一审提出,证监会采取的注销措施,其实质内容是撤销期货业务许可证的行政处罚行为,在程序上应当采取立案调查程序和事实调查程序,告知行政相对人权利义务程序,进行内部审核行政审批程序,最后进行相应送达程序。程序上的瑕疵直接导致了事实认定上的错误。原告二审则改变策略,不再强调注销属于行政处罚,而是从行政许可的法律要求入手。根据《行政许可法》第五条“设定和实施行政许可,应当遵循公开、公平、公正的原则”,原告援引全国人大法工委编辑的《中华人民共和国行政许可法释义》的解释“对相对人做出不利的行政决定时应事先通知相对人,并听取相对人的陈述和申辩意见”,认为证监会做出注销许可前,应该履行事先告知等程序,否则即构成违法。

证监会则认为根据《期货交易管理条例》第21条规定对开业后长期停业的期货公司采取注销这一措施是针对期货公司怠于经营、无正当理由停业的事实状态,本质上是一种许可证的管理措施,原告将注销措施混同于行政处罚,没有法律和事实根据。在程序方面,中国证监会严格依法行政,在法律无明文规定的情况下仍然履行适当程序,在作出注销措施前,证监会多次核实情况,并将拟采取的注销措施通过江苏证监局提前告知给原告及其股东单位,对此原告未能提出其符合持续性经营规则可以恢复营业的事实和理由。在作出《行政监管措施公告书》后,证监会及时送达原告,并同时在报纸上进行了公告,程序符合相关法律要求。

法院一审认为,被诉行政监管措施告知书是中国证监会根据江苏监管局的上报,针对江苏期望公司出现不符合持续性经营条件的事实状态作出的监管措施,其并不具备认定江苏期望公司期货业务许可证的颁发行为违法或江苏期望公司存在某种违法行为的否定性评价的属性。因此,江苏期望公司认为被诉告知书的作出应当履行行政处罚的程序,缺乏事实及法律依据,法院不予支持。法院终审也同样指出,根据《期货交易管理条例》的规定中国证监会依据江苏监管局所上报的材料以及江苏期望公司连续3个月停业的事实作出的行政监管措施告知书,并未违反法定程序,法院不予支持。

(四)复印件证据以及二审新提交证据等是否应予采信

在庭审质证过程中,江苏期望公司认为,中国证监会提交的证据中,用以证明江苏期望公司主动放弃经营,无正当理由停业的证据9所附的江苏期望公司2005年5月20日的《股东会议决议》以及证据10江苏期望公司2006年3月6日的《股东会议纪要》均系复印件而非原件,因此原告对其真实性不予认可。中国证监会认为,证据9是江苏期望公司于2005年5月27日向江苏监管局提交的报告,其中的附件就是这份股东会决议复印件,而证据10也是江苏期望公司主动提交江苏证监局的,其真实性无可置疑。法院经审查认为:虽然原告对被告证据9中的《股东会议决议》及证据10的真实性提出异议,但是,这些证据与其他原告表示无异议的被告证据之间可以相互印证,且考虑到这些证据的来源、形成方式,在原告无相反证据证明前述证据的合法性或真实性存在问题的情况下，法院均予以采纳。

在二审庭审中，江苏期望公司向二审法院提交了2005年7月4日江苏期望公司苏期望总字2005（32）号《关于江苏期望期货公司停业整顿的申请报告》，用以证明江苏期望公司的停业具有正当理由。证监会首先提出，根据最高人民法院《关于行政诉讼证据若干问题的规定》第五十二条，该证据属于江苏期望公司二审才临时提交的新证据，请求法院不予采纳；其次，证监会此前并未收到该证据；再次根据当时有效行政法规规定，中国证监会没有批准期货公司停业的职权，而且从内容上看，该申请报告并不能成为其停业的正当理由，二审法院应当不予采纳。法院审查后认为，该证据不符合最高人民法院《关于行政诉讼证据若干问题的规定》第五十二条关于"新证据"的规定，即不属于以下证据：（1）在一审程序中应当准予延期提供而未获准许的证据；（2）当事人在一审程序中依法申请调取而未获准许或者未取得，人民法院在第二审程序中调取的证据；（3）原告或者第三人提供的在举证期限届满后发现的证据，因此法院不予接纳。

### 三、主要启示

（一）中国证监会要始终坚持依法严格监管的决心和立场

近年来，我国期货市场呈现出快速、健康、稳定发展的良好局面，目前商品期货交易量位居全球前列。2010年4月16日股指期货的成功推出和平稳运行，将对我国资本市场发展改革产生深远影响，这标志着我国期货市场进入了新的历史发展阶段。

期货市场健康良好发展局面的取得与中国证监会始终坚持依法严格监管的决心和立场密切相关。2007年4月15日《期货交易管理条例》施行之前，期货市场存在一批长期停业、经营较差、普遍亏损的期货公司，公司股东也缺乏经营积极性，不愿意为公司继续经营提供资金支持，有的还抽回、挪用期货公司自有资金，导致公司经营难以为继，最终陷于长期停业状态。行业中大量停业公司的存在：一是不利于投资者利益的保护；二是影响了期货市场的秩序和行业的健康发展；三是阻碍了市场功能的有效发挥。修订后的《期货交易管理条例》正式实施后，为进一步净化市场环境，加强期货公司监管，中国证监会根据《期货交易管理条例》的有关规定，针对这些公司在条例实施后仍然无正当理由停业、不能恢复营业的事实，依法全面系统地开展了期货公司的清理规范工作。截至目前，集中清理包括江苏期望公司在内的各类问题期货公司总计16家，保障了期货监管各项工作的顺利开展，有力地规范了期货市场秩序，促进了市场的健康发展，赢得了市场的正面评价。

当然，期货市场的发展不会一帆风顺，面对错综复杂的市场环境，中国证监会将继续坚持依法严格监管的决心和立场，不断加强对市场违法违规行为的打击力度，积极维护我国期货市场健康发展的大局。同时，中国证监会也将高度重视行政诉讼案件中反映的争议问题，进一步提高监管执法工作的规范化水平，适时完善行政监管措施的相关规定。

（二）行政监管措施作为独立的具体行政行为类型，第一次受到司法审查，并得到司法确认

证券期货行政监管措施作为一种新型的具体行政行为类型，是基于金融监管实际需要，及时预防、及时矫正违法违规行为，防范和化解市场风险，提高执法效率的重要执法手段，本身具有独立的价值和属性。由于行政监管措施类型较多、方式较为灵活，行政法理论界、实务界特别是对于注销业务许可证、撤销业务许可等较重的行政监管措施还存在不同意见，有观点认为属于行政处罚，应当适用听证等程序。本案的判决从司法审查的角度进一步明确，行政监管措施并不以认定相对人行政违法、违规为前提，也并非以惩戒违法行为为目的，而是对于金融市场这一特殊领域出现的风险予以及时化解，违规行为予以及时纠正的行政管理手段，具有及时性和有效性，不能简单套用传统行政法理论对行政处罚的理解。本案终审判决认为"本案中，中国证监会依据江苏监管局所上报的材料、江苏期望公司连续3个月停业的事实作出的行政监管措施告知书，并未违反法定程序。江苏期望公司关于被诉告知书应当履行听证程序的理由，缺乏法律依据，本院不予支持。"这一结论表明行政监管措施具有独特的行政行为性质，不同于法律规定的行政处罚等其他典型具体行政行为。

（三）公职律师逐步成为推进中国证监会

依法行政的重要力量

本案的另一特点是证监会公职律师代理的案件。2002 年司法部出台专门规定推进公职律师的试点工作。证监会根据资本市场监管工作的客观需要,经司法部批准,积极开展公职律师试点,成为我国第一家建立公职律师制度的国务院部门。证监会公职律师的职责范围主要包括起草、审查证券期货规章等立法工作、参与证监会日常审核和监管工作、承办证券期货违法案件的调查、处罚、执行和行政复议工作,还可以律师身份代理中国证监会参加诉讼、仲裁等。目前,已经获得公职律师资格的达 400 多人。

近年来,中国证监会改变过去行政诉讼向社会聘请律师的做法,实行公职律师支持应诉以及法制工作部门与业务监管部门共同出庭应诉制度。目前,开庭审理的十余件以证监会为被告的行政诉讼案件都活跃着证监会公职律师的身影,均取得胜诉,取得了较好的法律效果和社会效果。公职律师制度已经证明是有效提升中国证监会依法行政水平,积极推进资本市场法治化进程的重要途径。随着公职律师更加广泛地参与到行政立法、执法中来,相信证监会依法行政能力、监管执法水平必将会得到更好地提升。

(中国证监会法律部　王　强)

# 黄某等内幕交易刑事犯罪案

备受关注的黄某案于 2010 年 8 月 30 日经北京市高级人民法院二审宣判后终于尘埃落定,黄某三罪并罚被判处十四年有期徒刑并处罚金 8 亿元;杜某改判有期徒刑三年缓期三年执行并处罚金 2 亿元。作为在北京辖区乃至全国有重大影响的案件,我局始终关注其进展情况、思考其对资本市场监管工作的影响,现将案件有关情况及对监管工作的启示整理汇总如下:

## 一、本案主要事实

黄某作为北京中关村科技发展股份有限公司(以下简称中关村上市公司)的实际控制人、董事,于 2007 年 4 月至 2008 年 5 月间,分别在中关村上市公司与北京鹏泰投资有限公司(以下简称鹏泰公司,由被告经营管理)的资产置换项目、中关村上市公司拟收购北京鹏润地产控股有限公司(以下简称鹏润地产)全部股权项目中,决定并指使他人购入"中关村"股票(股票代码 000931)累计 2.01 亿余股,成交额达 14.15 亿余元,涉嫌内幕交易。

2007 年 9 月至 11 月间,黄某直接或通过北京恒益祥商业咨询有限公司(以下简称恒益祥公司)将人民币 8 亿元转入深圳市盛丰源实业有限公司(以下简称盛丰源公司)等单位,并通过郑某等人私自兑换港币 8.22 亿元偿还其赌债,涉嫌非法经营。

黄某作为国美公司和鹏润地产的主管人员,指使同案被告许某于 2006 年至 2008 年间,分别向相某、孙某、梁某等国家机关工作人员提出违法请托并给予款、物共计 400 余万元,涉嫌单位行贿。

此外,同案被告杜某涉嫌于 2007 年 7 月至 2008 年 5 月间接受黄某指令,协助管理 79 个股票账户进行"中关村"股票的内幕交易操作。同案被告许某涉嫌于 2007 年 7 月至 2008 年 5 月间,接受黄某指令调拨资金开立内幕交易所用股票账户,并将中关村上市公司拟重组的内幕信息泄露给原公安部经济犯罪侦查局副局长兼北京直属总队总队长的相某及其妻子李某。

## 二、本案争议焦点

本案主要争议焦点集中在对黄某指控的非法经营罪、内幕交易罪和单位行贿罪三项罪名中,具体为:第一,黄某本人未实施场外换汇,其汇款给他人进行场外换汇的行为是否构成非法经营罪;第二,黄某购买中关村股票的行为,在行为主体、内幕信息价格敏感期、是否有获利动机等问题在法律适用上存在争议,其行为是否构成内幕交易;第三,黄某涉嫌的单位行贿罪是否成立;第四,公安部及中国证监会出具的认定意见的证明力如何,能否作为定案证据;第五,股票账户账面收益是否可以作为违法所得计算标准。

**三、本案涉及的主要法律问题**

(一)如何认定场外换汇行为和非法经营罪

法院经审理认为:《中华人民共和国外汇管理条例》第四十五条,将私自买卖外汇、变相买卖外汇或倒买倒卖外汇明确列为需接受行政处罚直至追究刑事责任的违法犯罪行为。其中的"变相买卖外汇行为",应理解为不直接进行人民币和外汇的买卖,而采取如以外汇偿还人民币或以人民币偿还外汇,以外汇和人民币互换实现货币价值转换的行为。全国人大常委会《关于惩治骗购外汇、逃汇和非法买卖外汇犯罪的决定》第四条第一款规定:在国家规定的交易场所以外非法买卖外汇……依照刑法第二百二十五条的规定定罪处罚。本案中黄某以人民币偿还港币债务的行为发生在国家规定的外汇交易场所以外,系变相买卖外汇,属于非法买卖外汇的行为。

根据《最高人民检察院、公安部关于公安机关管辖的刑事案件立案追诉标准的规定》第七十条第二款的规定:在外汇指定银行和中国外汇交易中心及其分中心以外买卖外汇,数额在二十万美元以上的,或违法所得数额在五万元以上的,应以非法经营罪予以立案追诉。本案中黄某非法买卖外汇数额特别巨大,破坏了国家金融市场秩序,根据相关规定应以非法经营罪定罪处罚。

(二)如何鉴别内幕交易行为是个人行为还是公司行为

依据《刑法》第一百八十条规定,内幕交易罪的犯罪主体包括个人和单位。黄某的辩护律师提出:1. 黄某作为鹏投公司的法定代表人,可以代表公司做出购买中关村股票的意思表示;2. 购买中关村股票的部分资金来源于鹏投公司,部分股票账户的资金后又流回该公司。所以黄某涉嫌的内幕交易行为并非黄某的个人行为,而是鹏投公司的公司行为。

《刑法》第三十条规定,"公司、企业、事业单位、机关、团体实施的危害社会的行为,法律规定为单位犯罪的,应当负刑事责任。"这表明只有法律明文规定可由单位实施的犯罪行为,单位才能构成该罪名的主体。从《刑法》第一百八十条第二款规定来看,内幕交易罪是一种既可以由个人实施,也可以由单位实施的犯罪行为。单位犯罪有其不同于个人犯罪的特征:

1. 单位犯罪的主体为单位,即公司、企业、事业单位、机关和团体。

2. 单位犯罪是单位直接负责的主管人员和其他直接责任人员在职务活动中为本单位谋取非法利益根据本单位的意志实施的犯罪行为。

从以上特征可以看出,单位犯罪是为了单位的利益,体现了单位的意志。在现代公司制企业中,董事长、法定代表人在公司经营管理中实施的行为,究竟是代表公司的履职行为还是个人行为,往往很难判断。但要构成单位犯罪,必须具备单位的意志和为单位谋取利益两个必备要件。在本案中法院认为,黄某购买中关村股票的决策并未与公司其他管理人员讨论研究,公司内部管理层并不知悉详细情况,具体经办人员也是依据其指示开立股票账户、调拨资金,现有证据无法证明该购买行为体现单位意志,所以法院没有采纳辩护律师的辩护意见。至于购买中关村股票的部分资金的来源和去向为鹏投公司,也不能直接证明该购买行为是出于公司的利益或者体现公司的意志,所以法院同样没有采纳。

(三)如何理解内幕信息的确定性要求

《证券法》第七十五条规定,"证券交易活动中,涉及公司的经营、财务或者对该公司证券的市场价格有重大影响的尚未公开的信息,为内幕信息。"从条文规定来看,内幕信息的本质特征包括:1. 价格敏感性,即内幕信息是涉及公司的经营、财务或对公司证券的市场价格有重大影响的信息;2. 非公开性,即内幕信息未在证监会指定的媒体发布,也未将其置备于公司住所、证券交易所、供社会公众查阅。①

---

① 李飞主编:《中华人民共和国证券法(修订)释义》,法律出版社2005年版。

上市公司在日常经营活动中发生的涉及内幕信息的重大事项,通常有其产生、可行性论证、各方磋商沟通的一个动态过程,内幕信息的具体内容也会随着重大事项的变化而有所变动。如果涉及的重大事项能否实现还存在不确定因素,这样的信息能否构成证券法规定的内幕信息呢?从《证券法》第七十五条的规定来看,立法者之所以关注内幕信息,是因为其能够引起证券市场价格的变动,内幕信息本身是否完整、是否确定,并不影响它对证券市场价格走势的影响。也就是说,绝对的确定性并不是内幕信息的必备特征。但这并不意味着内幕信息可以完全抛开确定性要求,相反,一定程度的确定性是内幕信息能够影响证券市场价格的基础,只有具备一定程度的完整性和确定性的重大事项信息,才能影响市场投资者对证券交易价格走势的判断。所以一定程度的确定性也是内幕信息形成的标准。

内幕信息确定性判断影响着内幕信息的形成时间,而内幕信息的形成时间又决定着内幕信息敏感期的认定。也就是说对内幕信息确定性要求的高低决定着对内幕信息具体形成时间的判断。上述争议在法院判决书中主要体现在中关村上市公司收购鹏润控股公司全部股权进行重组的内幕信息价格敏感期的认定上。

(四)如何确定内幕信息价格敏感期

《证券法》对内幕信息价格敏感期没有明确规定。在内幕信息涉及的不同类型的重大事项中,内幕信息形成的标准、标志性事件也不尽相同,只能在个案中分别加以判断。本案中黄某的辩护律师对公诉机关认定的中关村上市公司收购鹏润控股公司全部股权进行重组的内幕信息形成提出不同意见。辩护律师认为上述内幕信息形成时间应为 2007 年 9 月 28 日。当天,中关村上市公司向深圳交易所递交《停牌申请》和《关于公司停牌原因的说明》,申请“中关村”股票(000931)从 2007 年 10 月 8 日起停牌。黄某指令其他人购入中关村股票是在 2007 年 8 月 13 日至 9 月 28 日间。如果按照辩护人的主张,黄某买入中关村股票的行为发生在内幕信息价格敏感期外,就不构成内幕交易行为。公诉机关综合各方证据认定内幕信息形成时间为 2007 年 8 月 13 日。法院经审理认为,鹏投公司为运作鹏润控股公司借壳中关村上市公司在境内上市,于 2007 年 8 月 10 日召开会议,成立地产重组工作小组。相关文件《北京鹏润投资有限公司成立地产重组工作小组的报告》明确了鹏投公司确定地产业务开始重组上市工作。2007 年 8 月 13 日,该报告增加了中关村重组的内容。结合其他证据,说明在不晚于 2007 年 8 月 13 日,鹏投公司已将鹏润控股公司借壳中关村上市公司在境内上市作为重点考虑方案,相关内幕信息已形成。

法院对上述内幕信息形成时点的认定,综合考虑了事件的发展的动态过程,同时适当兼顾了内幕信息的确定性要求,符合法律的立法本意。

(五)内幕交易是否需以获利或避损为目的

本案关于内幕交易罪主观要件的争议焦点集中在是否需证明行为人具有获利或避损的目的。关于此点在理论和实务界有较大分歧。从《刑法》条文本身来看,并没有对行为人的主观目的进行限定。内幕交易的主观方面应为故意,即故意实施证券期货交易,至于行为人是否有获利或避损的动机则在所不论。法院经审理认为“内幕交易罪侵犯的客体是国家对证券市场交易的管理制度和投资者公平交易、公开交易的合法权益。无论黄某在买卖中关村股票时所持何种目的,只要作为内幕信息的知情者,在内幕信息价格交易敏感期内买卖该特定证券,无论是否获利,均不影响对内幕交易犯罪性质的认定。”由此可见,审判机关认为内幕交易不以获利或避损的目的为要件。

(六)公安机关及证监会出具的行政认定意见的证据效力如何

本案中,公安部就内幕信息价格敏感期的计算出具了认定意见,并经证监会复函确认。法庭审理过程中,辩护律师对两部门的认定材料的证明效力提出质疑,认为上述材料不能作为认定内幕信息价格敏感期计算的依据。但我们认为就行政认定意见的证明效力可以从以下三方面理解:

1. 证监会系统依据法律、法规和国务院授权,统一管理全国证券期货市场,负责研究拟定证券期货市场有关的法律、法规,制定证券期货市场监管的规章、规则和办法,对证券期货市场的违法违规行为进行查处,所以,证监会系统可以对证券期货类违法违规行为的性质、情节、法律依据作出专业判断，同时这也是证监会系统职能所在。

2. 证监会作为行政主管部门，应公安、检察机关要求对具体证券期货违法违规行为出具行政认定意见，是履行职能的行为，是执法协作的具体方式。在实践中，最高人民法院、最高人民检察院、国务院职能部门常以联合发文的形式，明确某行政职能部门对某事项的认定职能。如在对非法证券活动的打击中，最高人民法院、最高人民检察院、公安部、证监会曾联合发文《关于整治非法证券活动有关问题的通知》（证监发〔2008〕1号）中强调，“公安机关、司法机关认为需要有行政主管进行性质认定的，行政主管机关应当出具认定意见。”可见，出具行政认定意见是行政主管部门的职责所在。这样的表述旨在明确、强调行政主观机关的认定职责，并非初次授权。

3. 行政认定意见被公安、检察机关采纳后，作为公诉方的证据向法庭出示。经与检察部门沟通，检察部门认为行政认定意见属于证据中的书证，而非鉴定结论。所以，本案中辩护律师提出的公安部门、证监会非法定鉴定机构，属于对行政认定意见属性的理解有误，其辩护意见当然不被法庭采纳。

### 四、主要监管启示及立法建议

（一）单位犯罪的认定需结合涉案公司治理的实际情况

单位犯罪中，首先要辨别犯罪行为是单位实施的，还是单位的主管人员、主要责任人员以单位名义实施的个人行为。在公司制企业中，不同企业内部公司治理的完善程度不同，三会架构对管理层约束执行情况不一。有的公司基本是董事长的一言堂，以公司名义作出的行为并没有经过公司内部审议程序，或者只有少数主管人员、经办人知悉实际情况，这样的行为不能体现公司的法人意志。如果无视公司内部治理的实际情况，仅依据书面文件的记载和签名等表面证据来认定行为主体、主要责任人员，将会导致公司因个别管理人员的违法犯罪行为而承受本不应由公司承担的法律责任，为公司的经营带来新的困难。而掌握被查公司的实际情况，是一个复杂艰难的过程，对监管部门的执法力度和监管人员的业务素质都是一个挑战。

（二）吸收《证券市场内幕交易行为认定指引》的成熟条款，上升为法规或规章，提升法律位阶，增强其司法适用性

内幕交易是被各国法律严格禁止的证券欺诈行为。我国《证券法》、《基金法》、《上市公司信息披露管理办法》等法律规章对内幕交易做出了原则性规定。但上述规定较为笼统，监管部门查处内幕交易需要更加细致可操作的规定。2006年证监会制定了《证券市场内幕交易行为认定指引》（以下简称《指引》），《指引》对内幕人、内幕信息、内幕交易行为，违法所得的认定等问题作出了详细规定，有力的指导了稽查部门的调查工作。

案件涉及的一些法律适用问题在《指引》中同样有涉及，而且《指引》中对内幕交易认定的标准更为合理，如《指引》第十四条对内幕信息知情人知悉内幕信息的规定，更有利于实践中内幕交易案件的查处。但《指引》目前仅是证监会内部适用的规范性文件，法律位阶低，建议将《指引》中的相关条文上升到规章或法规层面，增强其法律效力，形成对内幕交易行为的有效遏制。

（北京证监局　傅冬霞、龙子威）

## 华夏建通实际控制人背信损害上市公司利益刑事犯罪案

华夏建通实际控制人何某背信损害上市公司利益案是中国证监会移送司法机关查处的重大案件之一，也是全国第一例以背信损害上市公司利益罪移送上市公司董事、高管和实际控

制人并经司法机关审判追究刑事责任的案件。

## 一、案件概要

何某原为华夏建通科技开发股份有限公司(以下简称华夏建通)董事长及实际控制人。2003 年 4 月,由何某控制的华夏建通科技开发集团有限责任公司(以下简称建通集团)通过资产置换成为原邢台轧辊股份有限公司第一大股东,之后将上市公司为更名华夏建通。2005 年,华夏建通将注册地自邢台迁至北京,2006 年又迁至上海。

2008 年 5 月 12 日,中国证监会对华夏建通涉嫌违反证券法律法规立案稽查。调查发现,何某不仅 2003 年置入上市公司的电线光缆资产存在重大瑕疵,其后利用担任华夏建通董事长的职务便利,违背对公司的忠实义务,操控股东占用、利润造假、不披露重要信息等证券违法违规行为,而且还涉嫌存在背信损害上市公司利益的犯罪情节。2009 年 5 月中国证监会将何某犯罪线索移送公安部。2009 年 7 月 6 日何强被刑事拘留,同年 8 月 12 日被依法逮捕。2010 年 4 月 26 日,上海市卢湾区人民检察对何某提起公诉。2010 年 7 月 2 日,上海市人民法院对何某作出判决,判定何某犯背信损害上市公司利益罪判处有期徒刑三年,宣告缓刑五年,并处罚金 50 万元。何某未提出上诉。

由于何某同时为华夏建通未按规定披露重大信息及利润造假的行政违法违规案件的主要责任人,中国证监会经审理并应何某要求举行听证会,听取了何某代理人的陈述和申辩。2010 年 12 月,中国证监会对何某做出终身不得从事证券业务或担任上市公司董事、监事、高级管理人员职务的处罚决定。

## 二、经法院认定的何某违法犯罪事实

(一)何某在华夏建通收购北京华夏通网络技术服务有限公司(以下简称华夏通公司)股权过程中,致使上市公司损失人民币 2,400 万元。

何某作为北京同方投资管理有限公司(以下简称同方公司)的实际控制人及该公司参股的华夏通公司的法定代表人,于 2006 年 12 月 5 日从北京某担保公司借款人民币 5,000 万元,作为同方公司增资注入华夏通公司,从而将该公司注册资本从人民币 1,000 万元虚增至 6,000万元。当月 8 日,何某利用虚假订货合同预付款的名义将 5,000 万元从华夏通公司抽走,几经周转还给某担保公司。之后,何强利用担任华夏建通董事长的职务便利,在隐瞒了以上事实的情况下,操纵公司董事会通过决议,以总资本 6,000 万元为基数,以 2,880 万元价格从同方投资收购华夏通公司 48% 的股权,从而使华夏建通以明显不合理的价格购买了实际价值为 480 万元的华夏通公司的股权,造成华夏建通经济损失 2,400 万元。

(二)何某在海南中谊国际经济技术合作有限公司(以下简称海南中谊)收购华夏建通股权过程中,擅自挪用华夏建通资金,致使该公司损失 5,650 万元。

2006 年 12 月至 2007 年 2 月,华夏建通公司的股东中钢集团邢台机械轧辊有限公司(以下简称中钢邢机)欲出让价值约 12,000 万元的华夏建通股权合计 4,974 万股,并从华夏建通购回价值约 11,000 万元的二、五分厂资产。期间,何某利用担任华夏建通董事长的职务便利,以虚假贸易合同预付款的名义,将华夏建通公司约3,000万元资金从其下属的上海分公司及控股子公司世信科技发展有限公司(以下简称世信公司)转至绍兴日欣机电科技有限公司(以下简称绍兴日欣),最终划至何某本人控制的海南中谊,由海南中谊再对该笔资金作为收购华夏建通公司股权的部分对价款支付给中钢邢机,中钢邢机再将该资金支付给华夏建通公司作为二、五分厂资产的回购款,从而完成一次周转。如此反复运作四次,从而完成资产和股权的转让。通过以上方法,海南中谊在未支付对价的情况下,获得了华夏建通价值12,450万元的股权。

2006 年 12 月,华夏建通另一股东建通集团(何某控制)所持有的 2,431.78 万股股权将被法院拍卖,何某遂以虚假合同预付款的名义,通过世信公司将华夏建通资金 2,936 万元经绍兴日欣划至海南中谊,用于竞拍上述股权并获成功。至此,何某控制的海南中谊以 19.48% 的持股比例,成为华夏建通第一大股东。

随后,何某通过将该股权出售给万利达集团有限公司等方法,对华夏建通进行资产重组,并将部分资金划回华夏建通以弥补上述挪用留下的资金缺口。期间,何某累计占用华夏建通资金15,386万元,案发前归还9,736万元,造成华夏建通实际损失5,650万元。

## 三、本案评析

本案中,法院最终认定何某上述两项行为构成《刑法》第一百六十九条之一第一款,即:"上市公司的董事、监事、高级管理人员违背对公司的忠实义务,利用职务便利,操纵上市公司从事下列行为之一,致使上市公司利益遭受重大损失,处三年以下有期徒刑或者拘役,并处或者单处罚金;致使上市公司利益遭受特别重大损失的,处三年以上七年以下有期徒刑,并处罚金:(一)无偿向其他单位或者个人提供资金、商品、服务或者其他资产的;(二)以明显不公平的条件,提供或者接受资金、商品、服务或者其他资产的;(三)向明显不具有清偿能力的单位或者个人提供资金、商品、服务或者其他资产的;(四)为明显不具有清偿能力的单位或者个人提供担保,或者无正当理由为其他单位或者个人提供担保的;(五)无正当理由放弃债权、承担债务的;(六)采用其他方式损害上市公司利益的。"本罪是《刑法修正案(六)》新增设的罪名,于2006年6月公布实施。何某的两项背信行为,分属于上述第(三)及第(六)项所述行为。以下将从背信损害上市公司利益罪的犯罪构成出发,对何某的犯罪行为进行简要评析。

1. 犯罪主体

背信损害上市公司利益罪的犯罪主体是特殊主体,包括上市公司的董事、监事、高级管理人员、上市公司的控股股东或者实际控制人。这些主体对于上市公司都有很大的影响力和控制力,可能利用职务之便进行危害上市公司利益、造成重大损失的行为。自然人和单位都可能成为本罪的犯罪主体。本案中,何某作为华夏建通董事长及实际控制人,从主体身份上完全符合本罪的犯罪主体。

2. 犯罪的主观方面

本罪的主观方面只能是故意,包括直接故意和间接故意。过失不构成本罪。故意是指,董事、监事、高级管理人员在明知可能会给上市公司造成严重损失的情况下,仍然希望或放任该危害结果的发生,而违背对公司的忠实义务,利用职权便利,实施损害上市公司利益的行为;或者控股股东或者实际控制人在明知可能会给上市公司造成严重损失的情况下,仍持希望或放任该危害结果发生的态度,指使董事、监事、高级管理人员实施上述背信损害行为。《刑法修正案(六)》第九条规定了"无偿"、"以明显不公平的条件"、"明显无清偿能力"、"无正当理由"的行为方式,行为人明知对方的真实情况,都是明确知道行为对上市公司的不利影响。如果行为人基于对市场判断的错误,单纯决策上的错误,虽然给上市公司利益造成损害,也不能以本条追究刑事责任。法条并未要求犯罪主体有明确的损害目的认识。行为人背信损害上市公司利益的目的,有可能是为了谋取个人利益,也可能是为了第三人的利益,或者是为了损害上市公司的利益。何某的两项行为,均属主观直接故意。

3. 犯罪客体

本罪侵犯的是复杂客体,为国家对上市公司的管理秩序、上市公司的合法权益、公司股东和债权人的合法权益。背信损害上市公司利益罪作为《刑法》第一百六十九条的增加条文之一置于破坏社会主义市场经济秩序罪这一类罪中。在此类犯罪中,本罪侵犯的具体是国家对上市公司的管理秩序。上市公司的董事、监事、高级管理人员违背对公司的忠实义务,直接损害了上市公司的合法权益。上市公司的董事、监事、高级管理人员对其任职的公司负有的法律上的忠实义务,是刑法确立本罪所重点保护的社会关系。同时,本罪主体侵犯上市公司合法权益的行为,必然导致公司股东和债权人的合法权益遭受损害。本案中,何某行为已严重违背对公司的忠实义务,直接造成上市公司经济损失8,050万元,严重损害了其他中小投资者利益。

4. 犯罪的客观方面

本罪在客观方面表现为上市公司的董事、监事、高级管理人员实施了违背对公司的忠实义务,利用职务便利,操纵上市公司从事违法行为,致使上市公司利益遭受重大损失。具体而言有以下四点:

(1)上市公司的董事、监事、高级管理人员实施了背信行为,违背了对上市公司的"忠实义务"。《公司法》第一百四十八条规定董事、监事、高级管理人员对上市公司负有忠实义务。

据此,高级管理人员和所任职的公司之间存在着法律上的信任关系,《公司法》第一百四十九条列举的几种行为可以认为是典型的违背对公司忠实义务的行为。

(2)背信行为必须是"利用职务便利"。职务代表了一种身份,这种身份使得行为人可以代表公司行使一定职权。本罪中,犯罪行为必须是行为人利用了其在上市公司的管理职能。

(3)行为人实施了操纵上市公司的几种行为,《刑法修正案(六)》第九条具体列举了五项行为。可以认为,《刑法修正案(六)》大大增加了损害上市公司利益行为的范围,有利于更好地保护上市公司的利益,打击损害上市公司利益的各类行为。

(4)必须"致使上市公司利益遭受重大损失"。对于重大损失的标准,根据2008年3月5日最高人民检察院、公安部公布的《关于经济犯罪案件追诉标准的补充规定》,对于背信损害上市公司利益案(《刑法》第一百六十九条之一),"涉嫌下列情形之一的,应予追诉:①无偿向其他单位或者个人提供资金、商品、服务或者其他资产,致使上市公司直接经济损失数额在一百五十万元以上的; ②以明显不公平的条件,提供或者接受资金、商品、服务或者其他资产,致使上市公司直接经济损失数额在一百五十万元以上的;③向明显不具有清偿能力的单位或者个人提供资金、商品、服务或者其他资产,致使上市公司直接经济损失数额在一百五十万元以上的;④为明显不具有清偿能力的单位或者个人提供担保,或者无正当理由为其他单位或者个人提供担保,致使上市公司直接经济损失数额在一百五十万元以上的;⑤无正当理由放弃债权、承担债务,致使上市公司直接经济损失数额在一百五十万元以上的;⑥致使公司发行的股票、公司债券或者国务院依法认定的其他证券被终止上市交易或者多次被暂停上市交易的;⑦其他致使上市公司利益遭受重大损失的。"上述除了第六种情况,重大损失的标准都是150万元,且特指上市公司本身的直接经济损失,不包括股东和债权人的损失。此外,对于量刑中的"特别重大损失的标准",司法没有给予明确解释。

本案中何某第一项行为系操纵上市公司以明显不公平的条件收购其本人实际控制的公司股权,即通过虚假增资提高收购标的、再控制上市公司出资购买,给上市公司造成的直接损失即是比照收购标的虚假增资前多支付的股权收购款。何某的第二项行为从定罪上看,法院将其归为第一百六十九条之一第一款第六项,即"采用其他方式损害上市公司利益的。"从行为本身上也符合刑法第一百七十二条挪用资金罪,即何某通过挪用上市公司资金至自己控制的公司收购上市公司股权,未归还的数额巨大且时间超过三个月。但法院最终考虑对何某采用相对量刑较轻的背信损害上市公司利益罪,一是考虑何某到案后主动公安机关尚未掌握的第二项犯罪事实,二是何某当庭自愿认罪,其家属在判决之前主动缴纳了人民币50万元,因此对何某给予从轻处罚并适用缓刑。

## 四、主要启示

背信损害上市公司利益罪扩充了打击不法分子损害上市公司利益行为的手段和能力,拓展了证券监管部门与司法机关协同办案的领域。何某案是中国证监会首例以背信罪名移送公安机关并经最终认定的成功案例,期间中国证监会工作人员在配合抓捕犯罪嫌疑人、证据辅助、专业支持鉴定方面发挥了重要作用,案件的最终判决具有显著的社会宣传和教育作用。今后,为进一步增强对损害上市公司利益行为的打击力度,建议如下:

(一)明确监管部门在处理背信损害上市公司利益行为方面的职责的权限。目前而言,上市公司董事、监事、高管等背信损害上市公司利益的行为,中国证监会通常只是以信息披露违规为由行使监管职责,对尚不够刑事打击但背信损害上市公司利益的行为只能从信息披露违规的角度进行查处,但是尚不能全面和直接的打击背信行为。因此根据资本市场的实际发展需要,可以考虑赋予证券监管部门相应的行政监管职责、处罚手段和执法标准,对尚不够刑事打击但背信损害上市公司利益的行为,通过行政手段弥补刑事手段在打击背信损害上市公司利益行为上的不足。

(二)明确损害认定机制和程序,发挥监管在证据认定上的专业作用。背信损害上市公司利益罪的认定中,对于背信行为导致的损害认定是一个关键性问题。虽然"重大损失"的追诉标准已经确认,但是具体的认定过程根据个案的不同必会呈现出很大的差异,需要较强的专业要求。由于背信犯罪的行为方式各不相同,具体细节千变万化,对这些损害的程度和数量的认定,我国可以考虑建立损害认定的机制和程序,明确由谁对损失进行认定,并根据不同的情况确定不同的认定主体。

(三)明确民事赔偿的标准。对于背信损害上市公司利益的行为,必须做到刑事、民事、行政责任三管齐下。民事赔偿是受害人请求经济赔偿的主要途径。刑事处罚和行政处罚虽然给予了犯罪分子打击,具有很强的威慑力,但是对受害人的弥补作用,没有民事赔偿直接和全面。资本市场犯罪涉及的金额、所得的利益、造成的损害通常都很巨大,只有通过民事诉讼,才能最大程度的减轻和补偿受害人的损失。相对于行政诉讼和刑事诉讼,股东在民事诉讼中处于更主动的地位。而在我国,股东派生诉讼制度是新《公司法》才规定的,实践经验非常少,应该鼓励股东特别是中小股东,通过民事诉讼的方式维护自己的权利。

(四)密切关注国内外司法发展动态。由于资本市场迅速发展,我国近年来出现了很多新型的金融犯罪。为了适应新形势下打击犯罪,维护资本市场正常运营秩序的需要,我国近年来加快了这方面的立法,《刑法修正案(六)》和《刑法修正案(七)》,都是遏制此类犯罪的重要新手段。如何准确理解这些新法的立法精神、法律内容、适用条件和方法,是监管部门面对的迫切而重要的问题。为此,除了加强自身学习和监管系统内部的交流外,还需要与司法机关交流办案经验,学习和沟通关于法规适用、证据要求等方面的实际操作情况,听取司法机关的反馈意见,不断完善我们之间的协同、协作关系。此外,我国的法制建设和我国的国情、经济发展状况密切相关,具有鲜明的中国特色。但是,在当代经济形势下,世界各国的发展越来越紧密,相互之间的影响越来越重大。很多发达国家的资本市场在走过了漫长道路后,已经具备成熟的经验,其中包括成熟的立法经验和司法经验。一些我国的资本市场在发展过程中出现的问题,在其他国家已经出现了。在这些问题上,借鉴其他国家的成功经验有利于我国资本市场法制建设的推进和完善。正如本文所探讨的背信损害上市公司利益罪,在美国、日本、加拿大、法国、瑞士、德国、韩国、奥地利等国家的刑事法律中也有类似罪名。比较我国和其他国家关于背信犯罪之间的异同,有利于我们从更深层次上把握和理解我国的立法,促进法律运行的有效性。

(上海证监局　李焕、虞晶晶)

# 上海祖龙及陈某内幕交易刑事犯罪案

2010年7月26日,厦门市中级人民法院对上海祖龙景观开发有限公司(以下简称上海祖龙)及其法定代表人陈某内幕交易案做出一审刑事判决,认定内幕交易罪成立,判处没收上海祖龙违法所得、并处罚金合计3,830万元,判处陈某有期徒刑二年,缓刑二年。这是继“杭萧钢构案”、“董正青案”及“黄光裕案”后,又一起涉案金额巨大的内幕交易刑事判决,也是截至目前我国第7起内幕交易刑事判例。该案判决对内幕交易刑事审判的相关理论难点做出了重要创新,且被告辩护也出现了一些新的特点,具有较重要的司法理论价值及启示意义。

## 一、案件概要

上海祖龙是上市公司创兴科技股份有限公司(以下简称创兴科技)的实际控股股东,陈某是上海祖龙和创兴科技的董事长及实际控制人。从2007年2-3月起,陈某计划将其控制的相关资产注入上市公司,并指令工作人员与中介机构联系沟通;2007年4月17日,中介机构向陈某提供“再融资方案建议书”,随后进驻创兴科技,正式开展摸底和预评估工作;5月9

日,创兴科技股票停牌,并于5月10日公告拟注入资产事项。期间,陈某利用上海祖龙的资金,通过其所控制的账户买入创兴科技股票约480万股,卖出约142万股,累计盈利1,915万元。

2007年11月,证监会对此立案稽查,并于2008年6月将该案移送公安机关,后于2009年4月应公安机关请求出具了认定函,认定本案内幕信息的价格敏感期间为2007年4月17日至5月9日。2009年7月,厦门市检察院向厦门市中级法院提起公诉。2010年7月26日,厦门中院对该案做出一审判决。上海祖龙及陈某在提出上诉后又申请撤回,2010年9月21日,福建省高院准许其撤回上诉,并裁定原判决生效。

## 二、争议焦点及评析

该案庭审中,控辩双方主要围绕以下问题展开辩论:1. 相关资产注入事项是否已具有确定性,进而是否构成内幕信息;2. 关于内幕信息价格敏感期的认定是否合理;3. 被告是否有利用内幕信息进行交易的主观故意及客观行为;4. 证监会出具的《认定函》是否具有合法的证据效力。法院判决书针对以上四方面作了详细阐释,并在内幕交易认定的相关理论难点上有不少创新。

### (一)首次在司法层面对内幕信息的构成要素进行了全面论述,并明确以“真实性”而非“确定性”作为内幕信息的构成要素

自“杭萧钢构案”以来,内幕信息的构成要素尤其是是否必须具备“确定性”就一直是内幕交易刑事审判的辩论焦点。对此,学理、实务以及司法上尚未形成统一、权威的认识。虽然在“董正青案”中,法院二审判决明确指出,“内幕交易的基本特征是重要性和非公开性,确定性并非内幕信息的基本特征”。但由于我国不属于判例法国家,先前判例对后续审判没有约束力,加之内幕信息确定性问题的高度争议性,该案的相关司法观点并没有为法律实务界所完全接受,在之后的“黄光裕案”及本案中,内幕信息是否须具有确定性仍然是控辩双方的辩论焦点。内幕信息的构成要素问题仍然悬而未决。

对此理论难点,本案判决书首次在司法层面做出了正面论述,并用较大篇幅对内幕信息的构成要素做了全面、深入的个案司法阐释,提出内幕信息应具有“真实性”、“重大性”及“未公开性”三方面法律特征,并逐一阐释。尤其是,判决书首次明确以“真实性”而非“确定性”作为内幕信息的构成要素,并指出,“相关信息只要不是谣传或凭空想象,而是处于发展中的事务的准确信息。尽管尚未实现,尚未构成事实,都应认定其具有真实性”。这一观点对于推动相关理论认识的进一步深化无疑具有创造性司法价值。虽然,严格从司法层面来说,上述观点仅具个案价值,不具普适意义,但鉴于该案判决对内幕交易构成要素所做出的全面、深入阐释,可以预见,其将对后续案件审判产生重大影响。

### (二)关于内幕信息价格敏感期起点的争辩首次涉及了不同案件的认定标准一致性问题

近年来,包括本案在内的几个内幕交易刑事案件的审判中,内幕信息敏感期的起点(也即内幕信息的形成时点)一直是控辩双方的辩论焦点之一。不过,在之前案件中,争辩还仅限于如何根据个案情况确定内幕信息何时形成。而在本案中,辩方开始跳出个案,试图从不同案件中法院判决认定敏感期起点标准的表面不一致性上寻求突破。本案中,辩护人在比较分析了“杭萧钢构案”、“董正青案”等案件中内幕信息敏感期的认定标准之后,提出“杭萧钢构案”系以“交易双方基本达成一致”为起点,“董正青案”以“具体借壳方案确定”为起点,而本案却以2007年4月17日中介机构向陈某提供未经双方协商确定的“再融资方案建议书”作为起点,与之前所适用标准显然不一致。

对此,笔者认为,由于具体情况的差别,不同案件的敏感期起点必然存在差异,但认定敏感期起点(也即内幕信息的形成时点)的基本标准应该是一致的,大致可表述为“某事实的发生表明相关重大事项已经进入实质操作阶段并具有很大的实现可能性”。而不管是杭萧钢构案中的“交易双方基本达成一致”,还是董正青案中的“具体方案确定”,均不是认定敏感期起点的基本标准,充其量只是上述基本标准在适用于具体个案时二级次生标准。因此,所谓本案中认定标准与之前标准不一致的说法是不成立的。

一般而言,内幕信息价格敏感期起点的认

定应根据个案情况综合判断。本案中,与“杭萧钢构案”及“董正青案”情况不同的是,资产注入事项所涉双方公司的背后实际控制人均为陈某,这意味着陈某对整个资产注入过程具有很强的掌控力,加之从2007年2-3月份起,其便计划将其控制的相关资产注入上市公司并派人主动联系中介机构,因而当2007年4月17日,中介机构与陈某见面并提交再融资建议书时,资产注入便已进入实际操作阶段并很可能实现。该信息一旦公布,将对创兴科技的股票价格产生重大影响,此时内幕信息已经形成。因此,本案判决将4月17日作为内幕信息价格敏感期的起点是客观合理的。

(三)该案判决认可了内幕交易须以“利用内幕信息”为要件的观点

一直以来,对于内幕交易是否须以“利用内幕信息”为要件,学理、司法上均存在争议。反对观点的主要依据是现行《刑法》的相关条文并未明确规定内幕交易须以此为要件。如“黄光裕案”的一审判决便指出,无论出于何种目的,只要知情人在内幕交易敏感期内买卖相关股票即构成内幕交易,而未采信辩护人关于黄光裕买入股票的目的在于长期持有而非进行内幕交易的观点。不过,这并非司法实践中的唯一观点,本案中,法院判决便对“利用内幕信息”这一要件持认可态度。

本案庭审中,辩方提出上海祖龙买入“创兴科技”是一种经常性理财行为,并且是为配合股改投票而买的,不是为了内幕交易,因而主观上没有利用内幕信息的意图。对此,本案判决并未像“黄光裕案”判决那样否定“利用内幕信息”这一要件,而是在承认该要件的基础上,综合各方面的间接(环境)证据推定被告主观上具有利用内幕信息的故意,客观上也有利用内幕信息进行交易的行为。这种在认可该要件的基础上再用间接证据对被告关于未利用内幕信息的辩解加以驳斥的司法路径具有一定新意,但其对后续内幕交易刑事审判的影响尚待观察。

(四)该案判决进一步明确了证监会行政认定函作为“公文书证”的合法证据效力

内幕交易作为一种证券领域的犯罪案件,因涉及并购重组、上市公司业务运作等复杂的专业问题,司法机关在认定时往往需要商请中国证监会就相关案件的内幕信息、价格敏感期间、内幕信息知情人等问题出具专业认定意见。而根据《证券法》的规定,中国证监会作为证券市场的监督管理机关,也具有认定内幕交易相关问题的法定权力。因而,在我国的刑事司法审判实践中,证监会根据公安机关调查事实,结合法律规定和自身专业判断出具的行政认定函就成了判决认定内幕交易的一种重要证据类型。

然而,对于这种证据形式,出于辩护需要,辩护方往往以证监会的行政认定函不属于法定的证据形式而否定其证据效力,这已成为大多数内幕交易刑事案件中的固定辩护套路。不过,从“杭萧钢构案”、“董正青案”等目前已做出的司法判决来看,法院显然不认同这种观点,证监会行政认定函的合法证据效力已基本获司法认可。

本案中,被告及辩护人同样抛出类似观点,提出证监会的行政认定函不属于我国《刑事诉讼法》规定的七种证据形式之一,证据形式不合法,不能作为定案依据。对此,本案判决同样不予采信。而且,较之于之前的内幕交易刑事判决更进一步的是,本案判决首次对证监会认定函的证据属性及类型进行了明确论述,指出证监会认定函是“国家机关在法定职权范围内行使职权所制作的书面文件”,与各种命令、决定、通告、指示、信函、证明文书一样,属于“公文书证”,具备证据能力。从而对证监会认定函的证据能力和属性类型做出了明确界定,这显然在司法认识上更进了一步。

## 三、主要启示

本案判决首次在司法层面对内幕信息的构成要素进行了全面阐述,丰富了内幕交易问题的理论认识,对于监管执法和刑事审判具有一定的判例与启示意义。但目前相关判例仍然较少,加之我国不属于判例法国家,关于内幕交易罪的认定仍有很长的路要走。

(一)内幕交易相关司法解释亟待出台。目前,针对内幕交易行为,在立法上仅有原则性的规定,没有可操作性的司法解释。司法解释的缺乏,使有关部门在办理内幕交易案件中,时常出现对相关法律理解上的争议,妨碍办案、审判等过程的顺利推进。如本案在移送、侦查、审理等过程中,证券监管部门开展了大量协调、沟通以及专业协助工作,才最终推动公安、法院等部门达成共识。随着内幕交易逐步上升为证券监管的主要矛盾,有必要尽快出台内幕交易司法解释,对内幕交易构成、内幕信息敏感期等诸多方面作出更为细致、更具操作性的解释条文,以提高司法、执法等多个环节打击内幕交易的效率。

(二)加大内幕交易罪处罚力度。美国已于1984年出台了《内幕交易处罚法》,1988年又发布了《内幕交易及证券欺诈制裁法》,对内幕交易人除巨额罚款外,最多可监禁25年。而我国《刑法》规定内幕交易罪最高可判10年有期徒刑。在实际查处中,主要以罚款为主,追究刑事责任一般也不超过4年刑期。相对成熟市场,我国缺乏针对内幕交易行为的专门法律法规,对内幕交易的处罚力度也不够。因此在立法上应加大内幕交易行为的法律责任,改变当前量刑偏轻的现象,以体现罪责刑相适应的刑罚原则。

(厦门证监局　朱　玲)

# 科龙电器虚假陈述民事赔偿案

海信科龙电器股份有限公司(以下简称科龙电器)虚假陈述民事赔偿案是首宗上市公司因虚假陈述同时被A股股东和H股股东提起证券民事赔偿诉讼的案件,被有关媒体称为“全国五大证券维权案之一”。2010年5月25日,科龙电器虚假陈述民事赔偿案经广东省高级人民法院(以下简称广东省高院)二审并调解,提起上诉的11宗案件中7宗达成调解,另外拒绝调解的4宗案件被驳回上诉,自此历时近4年的该案终于落下帷幕。据法院统计,自2006年以来,共有来自全国各地的202名科龙电器股票投资者向广州市中级人民法院(以下简称广州市中院)起诉,诉讼标的额达2,900多万元。法院最终调解结案149宗,调解率近75%,科龙电器共支付各类调解款、和解款和赔偿款约1,700万元。

## 一、案件基本情况

科龙电器前身为广东珠江冰箱厂,1992年改制为股份有限公司,其H股于1996年在香港联合交易所上市(股票代码00921. HK),A股于1999年在深圳证券交易所上市(股票代码000921. SZ)。2001年10月,由顾某控股的顺德市格林柯尔企业发展有限公司以3.48亿元成功收购科龙电器控股权。顾雏军入主科龙电器后,该公司于2002年迅速实现账面扭亏,并于2003年6月4日实现“ST”摘帽。此后,顾某开始加速并购扩张,先后收购了美菱电器、亚星客车、ST襄轴等3家上市公司,打造了资本市场上广受关注的“格林柯尔系”。

2005年3月,科龙电器因涉嫌虚构利润、格林柯尔系企业违法侵占其巨额资金被中国证监会立案调查。2005年7月,顾某等科龙电器及格林柯尔公司高管人员被公安机关依法采取刑事强制措施。2006年6月,中国证监会作出行政处罚决定(〔2006〕15号和〔2006〕16号,以下分别简称15号处罚决定、16号处罚决定),对科龙电器及相关责任人进行处罚,认定科龙电器2000年至2001年未按规定披露重大关联交易,从2002年至2004年编造虚假财务报告,虚增利润高达3.87亿元。2008年1月和2009年3月,佛山市中级人民法院、广东省高院分别对顾某刑事案作出一审和终审判决,判定主犯顾某构成虚报注册资本罪、违规披露、不披露重要信息罪、挪用资金罪,三罪并罚执行有期徒刑10年,并处罚金680万元;判处姜某、张某等7名被告5年至1年不等的有期徒刑,并处罚金12万元至2万元不等的罚金。

科龙电器及格林柯尔公司违法违规案发后,以上海新望闻达律师事务所宋一欣等为首的全国65位律师于2006年4月9日组成“科龙德勤虚假陈述证券民事赔偿案全国律师维权团”,公开发表《行动宣言》,宣称为权益受损的科龙电器A股股东和H股股东提供法律服务,代理其证券民事赔偿诉讼事宜。中国证监会的行政处罚决定下发后,广州市中院于2006年7月6日受理了上海律师严义明和深圳律师郑名伟递交的诉状,标志着科龙电器虚假陈述民事赔偿案正式进入诉讼程序。其后不久,根据最高人民法院有关延长以科龙电器为被告的民商事案件暂缓受理、暂缓审理、暂缓执行期限的通知,广州中院一度暂停受理科龙电器民事赔偿案件,从2007年4月4日起才恢复受理该类案件。截至2008年7月4日诉讼截止日,全国各地共有202名科龙电器中小股东向广州市中院提起对科龙电器、德勤华永会计师事务所有限公司(以下简称德勤事务所)以及顾雏军等人的虚假陈述民事赔偿诉讼。广州市中院依法组成合议庭,采取单独立案、合并审理(按原告代理律师分类)的方式对上述案件进行了审理,明确2003年4月4日后买入科龙电器股票并在2005年5月10日时仍持有股票者方可作为适格原告,据此认定适格原告案件178件,不适格原告案件24件。2009年12月,广州市中院完成相关案件审理和调解工作,其中149件案件的原告与科龙电器达成和解,由科龙电器支付和解金约1,700万元,33件判决驳回诉讼请求,15件案件的原告自愿撤诉,4件裁定驳回起诉,1件判决科龙电器赔偿损失。其后,11名原告提出上诉,广东省高院经调解后于2010年5月25日作出二审裁定,由科龙电器向同意调解的7位原告现场支付和解金12.11万元,另外4位拒绝调解的原告被驳回上诉。

## 二、本案的争议焦点及审理意见

(一)关于虚假陈述实施日的认定

虚假陈述实施日的认定关系到民事赔偿的范围和金额,是本案中原被告双方争议的最大问题。根据《最高人民法院关于审理证券市场因虚假陈述引发的民事赔偿案件的若干规定》(以下简称《若干规定》),虚假陈述实施日是指作出虚假陈述或者发生虚假陈述之日。本案中,由于作为诉讼前置程序的行政处罚涉及两个处罚文件:15号处罚决定认定科龙电器2000年至2001年未按规定披露重大关联交易;16号处罚决定认定科龙电器从2002年至2004年编造虚假财务报告、虚增利润等,部分原告认为应根据15号处罚决定,认定科龙电器从2000年起便存在虚假陈述行为,虚假陈述实施日应为2000年1月1日。而被告和其他大部分原告则认为应根据16号处罚决定确定虚假陈述日,即科龙电器向公众披露2002年年报的时间即2003年4月4日为虚假陈述日。

法院经审理认定科龙电器2002年年报公布之日为公司虚假陈述的实施日。其主要裁判理由有三:一是尽管中国证监会在2006年6月15日同时做出15号处罚决定和16号处罚决定,但对被告科龙电器做出处罚的是16号处罚决定;二是从16号处罚决定的内容来看,科龙电器2002年至2004年的年度报告中存在虚假记载和重大遗漏,是处罚决定认定的主要违法事实;三是从信息披露的重大性标准来看,科龙电器2002年至2004年年报存在的虚假陈述,对投资人决策和交易价格的影响,远大于15号处罚决定所认定的2000年、2001年未按规定披露重大关联交易的行为。

(二)关于虚假陈述揭露日的认定

本案中,原被告对于公司虚假陈述揭露日的认定存在三种观点。被告科龙电器认为虚假陈述揭露日应为2004年8月11日,其主要答辩理由为:2004年8月10日,著名经济学家郎咸平在上海复旦大学发表题为《格林柯尔:在“国退民进”盛筵中狂欢》的演讲,以事实和数据揭露科龙电器及其关联公司之间存在不当交易,对格林柯尔系公司尤其是科龙电器的资金运作及盈利真相表示质疑,并部分揭露了科龙电器原董事长顾某以制造亏损的手法大肆侵吞公司财产,采用各种手段使科龙电器显示盈利假象的行为。这与中国证监会确定违规处罚的主要内容一致,可视为科龙电器在证券市场虚假陈述行为的揭露。从2004年8月11日开始,全国各大报刊杂志和网络对该次演讲进行了刊登,在全国范围内产生巨大影响,公司股价亦出现了较大波动,所以2004年8月11日符合《若干规定》有关“虚假陈述揭露日是指虚假陈述在全国范围发行或者播放的报刊、电台、电视台等媒体上首次被公开揭露之日”。而原告则认为2004年8月11日不应认定为公司虚假陈述揭露日,因为媒体报道没有揭露科龙电器后来被中国证监会所认定的虚假陈述行为，只是揭露郎咸平对顾某收购三家上市公司及国有资产流失的质疑，当时科龙电器并不承认相关质疑，双方处于争议阶段。因此，2005 年 5 月 10 日科龙电器公告被中国证监会立案调查的日期应认定为虚假陈述揭露日。另外，被告德勤事务所认为，2005 年 8 月 3 日媒体发布中国证监会将对顾某等作出行政处罚的报道，公布的内容与中国证监会认定的公司虚假陈述内容是一致的，符合在全国媒体上被公布的标准，应认定为虚假陈述揭露日，而 2005 年 5 月 10 日科龙电器被中国证监会立案调查与虚假陈述没有关系。

广州市中院经审理采信了原告的观点，认定本案虚假陈述揭露日为 2005 年 5 月 10 日。该院认为，根据《若干规定》第二十条第二款的规定，要以媒体对虚假陈述行为直接的揭露性报道为揭露日，必须同时具备三个要件：揭露虚假陈述内容；发表于全国性媒体；首次公开揭露。而媒体 2004 年 8 月 11 日报道郎咸平教授题为《格林柯尔：在"国退民进"盛筵中狂欢》的演讲，显然不具备第一个要件，主要原因：一是该演讲的内容是基于对公开披露资料的研究分析，质疑 2001 – 2003 年间顾某率领其格林柯尔系企业收购科龙、美菱、扬州亚星、襄樊轴承四家上市公司的行为，并不是在人所不知情况下的揭露；二是关于科龙电器 2002 年年报盈利的原因，郎咸平在演讲中只是认为顾某用多提 2001 年坏账准备金的手段，造成了 2002 年的盈利，"出来一份干干净净报表"。这种说法与 16 号处罚决定中认定的科龙电器在 2002 年至 2004 年中"采取虚构主营业务收入、少计坏账准备、少计诉讼赔偿金等手段编制虚假财务报告"相差甚远。因此，郎咸平的演讲根本没有质疑科龙电器 2002、2003 年年报的真实性。应当说，虚假陈述被揭露或更正的意义，是对证券市场发出警示的信号，提醒投资者重新判断股票价值，进而对市场价格产生影响。2005 年 5 月 10 日，科龙电器在 A 股市场复牌交易，其股价即跌停，第二天又大幅下跌，其跌幅明显大于同期的深圳成份指数、电器指数，而 2004 年 8 月 11 日之后几天，科龙电器的股价虽然也有下跌，但并没有跌停的记录，2005 年 8 月 3 日之后，科龙电器的股价反而上升。所以，从市场的反映来看，2005 年 5 月 10 日科龙电器关于被中国证监会立案调查的公告，显示了比其他时间点更强的警示程度，使市场获得了足够的警示信号。据此，法院认定 2005 年 5 月 10 日为虚假陈述揭露日，并将此日起至科龙电器股票累计成交量达到其可流通部分 100% 的 2005 年 7 月 14 日定为投资损失计算的基准日。

（三）关于 H 股股东的诉讼资格问题

本案中，科龙电器共有 4 名 H 股股东向广州市中院提起对公司的民事赔偿诉讼。根据国务院《关于股份有限公司境外募集股份及上市的特别规定》第 29 条，境外上市外资股（包括 H 股）股东与公司之间发生的争议，依照公司章程规定的方式处理，并适用中国法律。由于科龙电器公司章程中约定了境外上市外资股股东与公司之间的纠纷适用仲裁条款，因此，其 H 股股东能否根据《若干规定》向法院提起诉讼成为审理 H 股股东民事赔偿案争议较大的法律问题。原告认为公司章程虽然约定了仲裁条款，其中明确约定"申请仲裁者可以选择中国国际经济贸易仲裁委员会按其仲裁规则进行仲裁，也可以选择香港国际仲裁中心按其证券仲裁规则进行仲裁"，但是原被告双方未能就仲裁管辖地达成一致，因此上述仲裁条款应无效，原告可以根据《仲裁法》第五条的规定，向法院提起诉讼。

广州市中院经请示最高人民法院后认定：1. 香港联合交易所不属于国家批准设立的证券市场，根据《若干规定》第三条第（一）项的规定，有关 H 股股东提起的民事赔偿诉讼不能适用该司法解释。2. 科龙电器公司章程第 23.1 条虽然约定了中国国际经济贸易仲裁委员会和香港国际仲裁中心两个仲裁机构，但同时也约定了"申请仲裁者将争议或者权利主张提交仲裁后，对方必须在申请者选择的仲裁机构进行仲裁"，所以约定的仲裁机构是明确的。该仲裁条款符合《仲裁法》第十六条的规定，应为有效的仲裁条款。因此，原告的起诉不符合《民事诉讼法》第一百零八条第（四）项的规定，法院据此裁定驳回原告的起诉。

（四）关于系统风险所致损失的扣除

根据《若干规定》第十九条第（四）项的规定，如果损失或部分损失是由证券市场系统风险等其他因素所导致时，虚假陈述与损害后果之间就不存在因果关系。但《若干规定》并没有给出系统风险的计算方法。本案中，部分原告提出，尽管大盘在2002年至2005年一直处在下跌的趋势中，但被告所在的电器行业指数并未下跌，且同行业的美的电器、格力电器等家电类上市公司股价总体上涨，因此，本案中不应考虑系统风险的影响。被告答辩认为，大盘指数的变化能从全局反映系统风险是否存在以及系统风险对投资者损失的影响。因此，对于系统风险致使原告损失的量化方法，应以大盘指数为参照，根据原告买卖科龙电器股票的时间和数量不同，分别计算出系统风险对每一笔买卖所造成影响。

法院经审理认为，虽然个股在短时间内不受股指波动的影响是有可能的，但在相当长的一段时间内，个股不可能不受股指波动影响。2001年至2005年是我国股票市场长达五年的大熊市，大盘的跌幅巨大。科龙电器的股票在2003年至2005年间的价格不断下跌，不可能没有大盘风险的影响，完全否认系统风险的存在是不客观的。市场实践表明，大盘指数能够在相当程度上反映系统风险，因此法院选择以深圳成份指数为标准计算系统风险的损失额，以此作为损害赔偿金的扣除事项。

（五）关于德勤事务所是否应承担连带赔偿责任

本案中，德勤事务所作为全球四大会计师事务所之一，因在科龙电器2002年至2004年年度审计中存在过失，未能揭示该公司虚增利润、隐瞒重大关联交易等违法行为，被部分原告列为共同被告，要求法院判定其对投资者损失承担连带赔偿责任。科龙电器等其他被告在庭审中也一致要求德勤事务所承担审计失败的责任。这一问题成为本案审理的焦点问题之一，受到有关媒体和社会公众的广泛关注。对此，德勤事务所采取了以下辩护策略：一是对广州市中院的案件管辖权提出异议。该所及其辩护律师提出，依照民事诉讼“原告就被告”的原则，该所的住所地在上海市黄浦区，对此案有管辖权的法院应为上海市二中院，因此要求将案件移至上海市二中院审理。二是辩称该所在审计中已尽职。德勤事务所提出以下辩护意见：“会计师事务所也是科龙电器管理层舞弊造假的受害者，会计责任与审计责任是不同的概念，会计师事务所只要做到了勤勉尽责，就无须承担责任。会计师事务所对科龙电器的审计过程中，遵守了职业道德，保持了必要的职业谨慎，在对科龙电器的审计过程中，尽管审计的过程没有发现舞弊的行为，但有三份审计报告出具了保留意见，对市场起到了警示作用，正是会计师事务所的保留意见才使科龙电器的问题浮出水面。投资者损失是科龙电器高层舞弊造假的结果，会计师事务所未能发现虚假陈述行为，这是常规审计的局限性。会计师事务所的常规审计与针对舞弊的专门审计及刑事调查不同。从法律的角度分析，会计师事务所不应承担责任。”为此，该所向广州市中院提供了大量的科龙电器审计工作底稿，以此来证明该所出具审计报告时既没有与科龙电器前管理层进行过串通，也不存在故意的行为，并且遵守了职业的守则，不存在过失。

广州市中院和广东省高院经审理依法驳回了德勤事务所提出的案件管辖权异议。广州市中院审查后认为，根据最高人民法院《若干规定》，如果多个被告中有上市公司的，应由上市公司所在地有管辖权的中级人民法院管辖，故该院对此案有管辖权。但由于认定中介机构审计责任的专业性和复杂性，在中国证监会和财政部均未对德勤事务所作出行政处罚决定、认定其审计责任，以及科龙电器愿意与大多数原告和解并承担民事赔偿责任的情况下，广州市中院在对相关案件作出判决或裁定时未对该所民事赔偿责任作出认定。

## 三、有关启示和建议

科龙电器虚假陈述民事赔偿案是广东辖区首例具有重大影响的证券侵权民事诉讼案件，该案涉及已被顾某掏空资产、面临严重经营财务危机、正处于重组关键时期的知名家电类上市公司科龙电器，同时涉及众多A股和H股投资者以及全球四大会计师事务所之一，并首次由各地律师成立全国规模最大的维权律师团代理投资者诉讼事宜，因此受到证券市场各方的广泛关注。案件审理中，有关法院首次明确了H股投资者不适用最高人民法院的司法解释，并严格按照最高人民法院的司法解释对该案的虚假陈述实施日、揭露日、投资损失基准日作出认定，明确了投资者损失的赔偿标准，通过积极调解的方式最终促成大部分受害投资者与科龙电器达成和解，其损失在一定程度上通过司法救济的形式获得实际补偿，基本实现了化解矛盾、案结事了的目标。该案对于其他司法机关办理相关虚假陈述民事赔偿案件具有积极的借鉴意义。同时该案也反映出当前虚假陈述民事赔偿案中存在的一些普遍性问题。结合该案的审判情况，我们就完善证券侵权民事诉讼机制提出几点建议：

(一)适用法人人格否认制度，直接追究相关责任人的民事责任。在科龙电器虚假陈述民事赔偿案中，有部分原告将顾某等高管人员列为共同被告，与此同时，科龙电器也向法院提出要求追加顾某等高管人员为相关案件被告，但未得到宋一欣等原告代理律师的认同。宋一欣等律师认为，顾某等高管人员已被司法机关采取刑事强制措施，追加其为被告，将会降低法院的审判效率，延长审理周期，且在今后的执行上缺少实际意义，因此无意追究顾某等高管人员的连带赔偿责任。顾某等高管人员的代理人在辩护中均以被告无过错为由作免责辩护。最终由于科龙电器主动与投资者和解并承担了赔偿责任，法院没有判决科龙电器实际控制人和高管人员承担赔偿责任。这对上市公司以及仍然持有上市公司股份的受害投资者来讲是不公平的，因为上市公司只不过是责任人实施违法行为的中介和工具，而受害的投资者从上市公司获得的赔偿本质上属于其股东权益的一部分，其获得赔偿的实际意义并不大。我国《公司法》在第20条和第21条已经规定了民商法领域的法人人格否认制度，为追究直接责任人的民事责任，建议在修订《若干规定》时，明确对于上市公司受实际控制人或者高管人员意志支配实施的信息披露违法行为应适用《公司法》第20条、第21条的规定，直接追究有关责任人的民事赔偿责任，在有关责任人无力承担民事赔偿责任的情况下再追究上市公司的连带赔偿责任。

(二)依法强化对未尽责中介机构审计责任的追究。2007年6月11日，最高人民法院公布《关于审理涉及会计师事务所在审计业务活动中民事侵权赔偿案件的若干规定》，明确规定会计师事务所因过错、过失出具具有虚假记载、误导性陈述或者重大遗漏的审计业务报告，则应认定为不实报告，对此，利害关系人可以以会计师事务所出具不实报告并致其遭受损失为由，向人民法院提起民事侵权赔偿诉讼；会计师事务所除非能够证明自己没有过错，否则应当对因出具不实报告给利害关系人造成的损失承担侵权赔偿责任。在科龙电器虚假陈述民事赔偿案中，有部分原告据此将在科龙电器年度审计中存在过失的德勤事务所列为共同被告，但如前所述的原因，广州市中院并未对该所民事赔偿责任作出认定。据了解，上述司法解释出台后至今尚无一例因会计师事务所存在审计过错或过失而承担民事赔偿责任的判例。考虑到审计业务的高度专业性与证据复杂性，为切实规范会计师事务所在虚假陈述民事赔偿案中的审计责任问题，强化注册会计师的勤勉尽责义务，增强相关民事赔偿案判决的执行能力，维护广大投资者的合法权益，建议最高人民法院完善有关司法解释，进一步明确虚假陈述民事赔偿案中中介机构审计责任的认定标准，切实提高相关法院审理的专业化程度，明确法院应实施专门的司法鉴定，建立专家陪审员制度，通过专家陪审员、专家陪审组陪审，由专家证人到庭作证，由专业机构出具专业认定报告，允许原被告双方提供专家证人发表专业意见，当庭对司法鉴定的结论对鉴定人进行质证等方式，对中介机构的法律责任进行审理、认定，以提高审判的公信力、专业性和公正性。同时，建议证券监管部门或财政部门对上市公司虚假陈述案涉及中介机构审计责任问题尽快予以认定，尽早作出处罚决定，以支持司法机关依法追究相关中介机构的民事赔偿责任。

(三)建立案件信息共享机制，加强司法机关和证监部门的沟通和联系。根据《若干规定》，虚假陈述民事赔偿案由省、直辖市、自治区人民政府所在的市、计划单列市和经济特区中级人民法院管辖。由于目前虚假陈述民事赔偿诉讼存在前置程序的限制，此类诉讼尚未在全国范围内大量铺开。一些法院尚未有审理此类案件的经验，一旦有原告起诉到法院，法院可能会措手不及，建议中国证监会或其派出机构一旦作出涉及上市公司虚假陈述的行政处罚，应及时将有关案情、处罚结果和可能引发的民事诉讼等事项通报有管辖权的法院，以便其做好各项受案和审理准备，避免工作上的被动和审判延误。此外，如果以后取消诉讼前置程序，人民法院可以直接受理虚假陈述民事赔偿案件，法院也应及时将受案情况通报证监部门，以便其掌握，及时进行调查并依法作出处理，避免行政诉讼风险。

（四）加快虚假陈述认定标准的研究。虚假陈述证券民事赔偿案前置程序一旦取消，投资者不必等到中国证监会出具处罚决定后再行起诉，但司法机关可能要求中国证监会或其派出机构出具是否构成虚假陈述的认定意见函。为避免工作上的被动，建议中国证监会尽早对虚假陈述的认定条件、认定机构、认定形式等事项进行研究，与司法机关达成共识，制定虚假陈述认定标准，以统一和规范司法机关的审判尺度，减轻投资者举证责任，切实维护投资者合法权益。

（广东证监局　沈　丽）

# 南宁糖业境外机构投资者股票短线交易民事案

## 一、案件概要

本案为我国证券市场上涉及 QFII 股票交易纠纷的第一案。2007 年 8 月 23 日至 30 日，马丁可利有限公司（Martin Currie Ltd.，简称“MCL”）的两个全资子公司马丁可利投资管理有限公司（Martin Currie Investment Management Ltd.，简称“MCIM”）、马丁可利公司（Martin Currie Inc.，简称“MCI”）通过三个 QFII 账户，分别买入南宁糖业股份有限公司（以下简称“南宁糖业”）股票 9,754,179股及7,168,469股，分别占公司已发行股份总数的 2.73% 和 3.71%（详见下表），合计占比 6.44%（南宁糖业 2007 年 11 月非公开发行股票后，其持股比例下降为 5.90%）。2008 年 1 月 4 日至 25 日，MCI 和 MCIM 又通过相同三家 QFII 累计卖出南宁糖业股票 14,535,656 股，占南宁糖业总股本的 5.07%。该两公司买卖股票前后相隔不到六个月，预计投资收益超过人民币四千万元。南宁糖业认为，MCI 和 MCIM 在合计买入超过 5% 的南宁糖业股票后六个月内卖出，根据《证券法》第四十七条的规定，“持有上市公司股份百分之五以上的股东，将其持有的该公司股票在买入后六个月内卖出，或者在卖出后六个月内又买入，由此所得收益归该公司所有，公司董事会应当收回其所得收益”。为此，南宁糖业向法院对 MCI、MCIM 和 MCL（三公司以下简称“马丁可利”）提起诉讼，追讨应归属上市公司的上述收益。

**MCI 与 MCIM 通过三家 QFII 持有南宁糖业股份情况表**

<table>
<tr><th>股东账户（QFII）</th><th colspan="2">持股数</th><th>投资人</th><th>投资人合计持股</th></tr>
<tr><td>国际金融—花旗—Martin Currie Investment Management Limited</td><td colspan="2">4,215,882</td><td rowspan="3">CI</td><td rowspan="3">9,754,179</td></tr>
<tr><td>国泰君安—建行—香港上海汇丰银行有限公司</td><td colspan="2">2,386,553</td></tr>
<tr><td rowspan="2">中信建投—渣打银行—ING BANK N. V</td><td>10,320,213</td><td>3,151,744</td></tr>
<tr><td>7,168,469</td><td>MCIM</td><td></td><td>7,168,469</td></tr>
<tr><td colspan="5">注：摘自 MCL 于 2007 年 10 月 24 日签署公告的《简式权益变动报告书》。</td></tr>
</table>

2008 年 4 月 25 日，南宁糖业向南宁市中级人民法院（以下简称“南宁中院”）提起诉讼，请求判决马丁可利归还前述短线交易所获取的收益及利息，并承担因本案产生的一切法律费用。南宁中院立案受理此案，并冻结 MCIM 相关财产。由于本案周期较长，南宁糖业先后于 2008 年 12 月、2009 年 6 月、2009 年 9 月、2009 年 12

月、2010年3月和2010年6月五次申请继续冻结MCIM相关财产。

2008年7月,南宁糖业代理律师将诉讼法律文书及其他材料委托翻译后,启动涉外送达程序。马丁可利驻上海办事机构及代理律师拒绝接收法院送达的司法文件,致使本案因通过外交途径送达司法文件拖延日久。在相关财产被冻结后,马丁可利多次与南宁糖业及其代理律师进行非正式接触,积极表达沟通协商的意愿。但马丁可利以未收到中国司法文件为由拒绝与南宁糖业举行具有法律效力的正式协商,代理律师也不愿出具马丁可利的授权委托书,致使双方协商收效甚微。

2009年9月,马丁可利授权律师向南宁中院提交答辩状,签收法院送达的诉讼材料,请求在法院的主持下进行诉讼调解。2010年7月12日,双方授权代表在南宁中院的主持下,签署和解协议。主要内容包括:1. 马丁可利一次性向南宁糖业支付4,000万元人民币等值的美元作为和解款;2. 调解协议生效后,申请解除与本案相关的财产保全措施;3. 南宁糖业与马丁可利均同意此次调解协议的达成并不代表马丁可利承认违反相关法律法规,也不代表南宁糖业承认马丁可利未违反相关法律法规。和解协议须经马丁可利董事会和南宁糖业股东大会审议通过后开始生效。2010年8月6日,南宁中院下达《民事调解书》,马丁可利在12日内将和解款支付到南宁中院账户,在相关财产保全解除后由南宁中院将和解款支付给南宁糖业。

## 二、主要问题分析

### (一)相关法律法规有待完善

1. 《证券法》针对短线交易归入权的条文需进一步完善。南宁糖业依据《证券法》第四十七条起诉马丁可利,而马丁可利认为《证券法》第四十七条中"持有上市公司股份百分之五以上的股东"仅指单一股东,不应解释为包括"一致行动人",在适用归入权制度时,多个股东的股份不能合并计算。马丁可利委托的律师事务所还组织了专家论证会,邀请我国证券法、公司法和民事诉讼法领域的十四位专家研讨相关问题,并提供了专家论证意见。如果该案未和解而继续审理,则需最高法院对《证券法》第四十七条中"股东"是否涵盖"一致行动人"作出司法解释。如果"股东"不包括"一致行动人"的话,则该条款对特定对象的交易限制很容易被规避而失去应有的效力。

2. 现行法律体系下,在QFII交易上市公司股份过程中股东身份错位。从QFII制度来看,QFII只是为境外投资者提供交易通道,并非上市公司股票的真实持有人。然而依照现行QFII管理制度,QFII被确定为上市公司股东,这种身份错位对于通过法律手段约束境外投资者行为造成很大的障碍,有必要通过完善相关法规予以纠正。

### (二)社会法制环境有待改善

本案在法院正式立案后,南宁糖业及其代理律师、院方开始了调查取证过程。由于QFII在证监会的相关材料属于未对市场公开信息,代理律师及法院未能从证监会取得相关证据材料。在法院向上海八家金融机构发出协助调查函,要求提供案件相关材料后,仅有3家外资银行机构提供相关材料,包括香港汇丰银行及另外4家国内金融机构在内的5家机构以各种理由未予配合。由此可见,在目前的市场环境和法律体系下,上市公司在资本市场的维权诉讼中,调查取证存在较大障碍和困难。

### (三)涉外案件要面对更多复杂问题

1. 涉外案件司法送达难。本案被告马丁可利注册地在苏格兰,在马丁可利拒绝通过国内代理律师签收法律文书的情况下,送达程序只能通过外交途径履行。涉外司法送达程序复杂,涉及广西区高院、最高院和外交部等部门,法律文书的翻译也需要一定时间。本案从2008年7月启动送达程序,至2009年9月马丁可利签收诉讼材料,本案送达程序耗时14个月。涉外司法送达程序复杂,使法院对本案的审理无法正常开庭审理,致使本案拖延日久。

2. 外方资金涉及外汇管理问题。南宁糖业与马丁可利达成的和解协议中,和解款为4,000万元人民币等值的美元,该项资金马丁可利需从境外汇入。从境外汇入款项涉及国家外汇管理问题,而作为司法调解和解款形式的外汇支付目前缺乏相应的法律依据。南宁糖业向自治区外管局和国家外管局咨询外汇的托管及支付问题,同时向南宁市政府书面报告,请求协调自治区外管局,尽早明确和解款结汇到账的具体手续。经过国家外管局和自治区外管局研究,确认南宁糖业就和解款的结汇可凭法院出具的判决书或调解书到外汇指定银行直接办理,最终促使南宁糖业与马丁可利的和解协议能得以执行。

## 三、主要启示

(一)推动修改完善相关法律法规,确保法律能够有效执行。

客观而言,在目前的法律框架下,MCI 和 MCL 股东身份较难认定。建议研究进一步完善证券市场法律体系,解决现行 QFII 制度下股东身份错位问题。同时,《证券法》第四十七条规定的“股东”概念能否扩大解释到投资者和一致行动人,需要最高人民法院做出具体的司法解释,或由全国人大做出相应的立法解释。

(二)进一步规范 QFII 等境外机构投资者在我国证券市场的投资行为,维护市场“三公”原则。

随着经济全球化和我国经济国际化程度的日益深化,我国证券市场上境外机构投资者的数量和规模都大幅增加。QFII 的出现对于增强市场流动性,扩大市场规模,提高证券市场服务水平,甚至对提升我国金融业的整体竞争力具有重要意义。建议进一步规范日益增加的 QFII 等境外机构投资者在我国资本市场的投资行为,杜绝钻法律漏洞打擦边球的现象,给国际国内的投资者创造公平的市场环境,维护市场的“三公”原则。

(广西证监局　王　军)

# 第十部分　司法文书选编

## 北京市高级人民法院行政判决书

(2010)高行终字第303号

上诉人(一审原告):江苏期望期货经纪有限公司,住所地江苏省南京市长江路99号长江贸易大楼20层。

法定代表人:朱家瑞,董事长。

委托代理人:徐飚,男,1959年10月29日出生,汉族,江苏期望期货经纪有限公司董事。

被上诉人(一审被告):中国证券监督管理委员会,住所地北京市西城区金融大街19号。

法定代表人:尚福林,主席。

委托代理人:王强,男,中国证券监督管理委员会干部。

委托代理人:牟勇,男,中国证券监督管理委员会干部。

上诉人江苏期望期货经纪有限公司(以下简称江苏期望公司)因行政监管措施告知书一案,不服北京市第一中级人民法院(以下简称一审法院)(2009)一中行初字第1349号行政判决,向本院提起上诉。本院受理后,依法组成合议庭,于2010年3月18日依法公开开庭审理了本案。上诉人江苏期望公司的委托代理人徐飚,被上诉人中国证券监督管理委员会(以下简称中国证监会)的委托代理人王强、牟勇到庭参加了诉讼。本案现已审理终结。

2008年3月17日,中国证监会根据《期货交易管理条例》第二十一条的规定,作出〔2008〕4号行政监管措施告知书(以下简称被诉告知书),决定依法注销江苏期望公司《期货经纪业务许可证》(许可证号A031610063,以下简称第A031610063号许可证)。江苏期望公司不服该告知书,向一审法院提起行政诉讼。

一审法院经审理认为,中国证监会在履行了相关调查手续的程序基础上,作出的被诉告知书证据充分,江苏期望公司的诉讼理由缺乏事实及法律依据,对其诉讼请求不予支持。依照最高人民法院《关于执行〈中华人民共和国行政诉讼法〉若干问题的解释》第五十六条第(四)项之规定,判决驳回江苏期望公司的诉讼请求。

江苏期望公司不服一审判决,向本院提起上诉。该公司诉称,一、一审判决认定事实不清。江苏期望公司被大连商品交易所、郑州商品交易所、上海期货交易所停止交易的原因是,被上诉人的派出机构中国证监会江苏监管局(以下简称江苏监管局)作出了〔2005〕94号《关于商请配合控制江苏期望期货经纪有限公司风险的函》(以下简称94号《函》)。一方面,被上诉人停止或限制上诉人的经营活动,另一方面,被上诉人又以上诉人违反持续经营规则为由,注销了上诉人的第A031610063号许可证。二、被上诉人作出的注销第A031610063号许可证的决定,涉及企业的生死存亡,因此,不论是冠名为“监管措施”或其他名义都应当履行相应的法律程序,应当依照行政处罚的原则执行。三、被诉告知书作出程序违法,在作出前未向江苏期望公司告知,违反了《中华人民共和国行政许可法》第五条的规定。四、一审法院在近一年的时间内未对江苏期望公司的起诉予以立案,违反了法律的规定。请求二审法院撤销一审判决和被诉告知书。

中国证监会答辩称,一审判决认定事实清楚,证据确凿。一、上诉人因自有资金严重不足,不符合期货交易所关于“期货经纪公司会员准备金最低余额为200万元”的要求,于2005年7月、8月相继被大连商品交易所、郑州商品交易所、上海期货交易所停止开新仓。2005年11月26日,上诉人公告称“公司暂停期货经纪业务”,并退付客户保证金。上诉人停业后,一直没有向其在交易所的账号补充注入过任何资金,也没有向交易所提出过复业申请。上诉人长期无正当理由停业的事实清楚,证据确凿。二、中国证监会基于江苏监管局的上报和江苏期望公司长期无正当理由停业的事实作出的被诉告知书属于行政监管措施,并依法履行了相关的行政程序。三、上诉人认为是中国证监会决定停止或限制其经营活动的陈述与事实不符。江苏期望公司针对江苏监管局作出的94号《函》所提起的行政诉讼,已经被驳回起诉。该判决认定,对江苏期望公司作出的停开新仓等措施,是交易所根据会员管理规则对江苏期望公司采取的自律管理措施。综上,请求二审法院驳回上诉,维持一审判决和被诉告知书。

中国证监会在法定期限内向一审法院提交了下列证据:1. 江苏期望公司于2005年11月26日在《新华日报》刊登的《公告》;2. 大连商品交易所于2007年8月16日出具的《停业期货公司情况表》、上海期货交易所于2007年8月16日出具的《上海期货交易所停业期货公司情况总汇》、郑州商品交易所于2007年8月16日出具的《郑州商品交易所停业期货公司有关情况》;3. 江苏期望公司2006年10月18日的《股东会议决议》;4. (2006)苏新总字05号《江苏新中期股份有限公司文件》;5. 江苏期望公司《试算平衡调节表》4页及《〈试算平衡调节表〉说明》1份;6. 江苏期望公司资金汇划补充凭证3份、江苏期望公司于2003年6月25日向中国证监会南京特派办提交的苏期望总字2003(20)号《关于客户保证金封闭管理工作的情况汇报》;7. 郑州商品交易所于2005年1月24日公布的《关于修订〈郑州商品交易所结算细则〉及有关事项的通知》、上海期货交易所于2005年1月24日公布的《关于修订〈上海期货交易所结算细则〉及有关事项的通知》、大连商品交易所于2005年1月24日公布的《关于调整会员结算准备金最低余额的通知》;8. 江苏期望公司于2005年6月30日向上海期货交易所提交的《退出交易席位申请》;9. 江苏期望公司于2005年5月27日向中国证监会江苏监管局提交的苏期望总字2005(27)号《关于请求宽限正当交易时间的报告》(内附江苏期望公司2005年5月20日的《股东会议决议》);10. 江苏期望公司2006年3月6日的《股东会议纪要》;11. 被诉告知书的送达回证;12. 2008年3月25日《期货日报》。

中国证监会还向一审法院提交了下列法律依据:国务院办公厅于1998年9月28日作出的国办发〔1998〕131号《国务院办公厅关于印发中国证券监督管理委员会职能配置内设机构和人员编制规定的通知》;《期货交易管理条例》第二十一条;《关于修订〈上海期货交易所结算细则〉及有关事项的通知》(上期交法字〔2005〕18号)、《关于修订〈郑州商品交易所结算细则〉及有关事项的通知》(郑商发〔2005〕7号)、《关于调整会员结算准备金最低余额的通知》(大商所发〔2005〕5号)、《上海期货交易所交易规则》第七十九条、《郑州商品交易所交易规则》第七十九条、《大连商品交易所交易规则》第七十九条。

江苏期望公司向一审法院提交了下列证据:1. 江苏监管局于2005年5月17日针对江苏期望公司作出的苏证监函字〔2005〕55号《监管意见函》(以下简称55号《监管意见函》)、江苏监管局于2008年3月26日作出的苏证监函〔2008〕75号《关于注销江苏期望期货经纪有限公司期货业务许可证后续工作的监管意见函》(以下简称75号《后续监管意见函》);2. 江苏期望公司起诉江苏监管局的行政起诉状及江苏监管局的答辩状。

上述证据均已随案移送本院,经审查,本院认为,江苏期望公司提交的证据1中的75号《后续监管意见函》形成于被诉告知书作出之后,与本案无关,一审法院不予采纳正确。虽然江苏期望公司对中国证监会证据5中2005年2月2日的《试算平衡调节表》的合法性、证据9中的《股东会议决议》及证据10的真实性提出异议,但,上述证据与中国证监会提交的其他证据可以相互印证,证明江苏期望公司自被停止或限制交易后,未再行经营的事实;中国证监会与江苏期望公司的其他证据,均与本案具有关联性,且合法、真实,一审法院予以采纳正确。

二审庭审中,江苏期望公司向二审法院提交了2005年7月4日江苏期望公司苏期望总字(2005)32号《关于江苏期望期货公司停业整顿的申请报告》,用以证明江苏期望公司的停业具有正当理由。中国证监会认为该证据未向其提交,二审法院应不予采纳。经本院审查,该证据不符合最高人民法院《关于行政诉讼证据若干问题的规定》第五十二条"新证据"的规定,本院不予接纳。江苏期望公司在二审庭审后寄交的证据亦不符合上述规定,本院亦不予接纳。

根据对上述证据的审查认定及双方当事人的陈述,本院确认如下事实:2005年1月24日,上海期货交易所、郑州商品交易所和大连商品交易所向各会员单位发布通知,将期货经纪公司会员结算准备金最低余额由50万元调整为200万元。

2005年3月31日,中国证监会向江苏期望公司颁发了第A031610063号许可证,该许可证所允许从事的经营范围为:期货经纪业务;期货信息咨询、培训。

2005年4月,江苏监管局在对江苏期望公司进行年度检查时发现该公司存在结算准备金不足的问题,遂于同年5月17日针对江苏期望公司作出55号《监管意见函》,其主要内容为:"根据中国证监会及相关法律法规的要求,我局对你公司2004年度年检材料进行了认真审核与现场检查。经检查,你公司存在下列问题:1. 经查,你公司汇至上海、大连、郑州三结算准备金各200万元,共600万元,系客户保证金,不符合中国证监会期函字〔2005〕5号的通知规定。请严格按照中国证监会及期货交易所要求,在收到本通知10个工作日内纠正上述问题,否则我局将协调期货交易所采取限制你公司开新仓等措施。2. 经查,你公司2004年1月2日至12月31日委托江苏跃华实业开发有限公司管理资产1,750万元;2005年1月4日(协议至2005年至12月31日止)委托南京国策科技发展有限公司管理资产2,000万元,公司自有货币资金明显不足,面临较大的经营风险,也违反了相关规定。请你公司按照相关法律法规和中国证监会的相关要求,对上述问题尽快进行整改,并将整改情况报经公司董事会同意后于5月27日前报送我局。否则,公司2004年度年检将不予通过。"

2005年6月29日,江苏监管局向上海期货交易所、大连商品交易所、郑州商品交易所作出94号《函》,主要内容:鉴于目前江苏期望公司在三个交易所的结算准备金和交易保证金均系客户保证金,为防止风险,确保市场和社会稳定,现商请贵所立即配合采取以下措施:一、根据交易所会员结算准备金最低余额的规定,建议立即停止江苏期望公司开设新仓,以防止发生新的风险和纠纷;二、为防止客户保证金被挪用,请立即暂停江苏期望公司所有出金;待我局确定兑付银行后再函告贵所。针对94号《函》,江苏期望公司已向江苏省南京市中级人民法院提起行政诉讼,并且认为该《函》是造成其停业的真正原因,其停业并非无正当理由。现该案已经终审判决,驳回了江苏期望公司的起诉。

2005年7月,江苏期望公司被大连商品交易所限制交易;2005年7月8日,江苏期望公司被郑州商品交易所停止交易;2005年8月,江苏期望公司被上海期货交易所停止交易。

2005年11月26日,江苏期望公司在《新华日报》上发布"公告",其内容为:"本公司因不符合交易所关于'期货经纪公司会员结算准备金最低余额为200万元,以期货经纪公司会员自有资金足额缴纳'的要求,已经被三家交易所停开新仓。请仍未办理退付手续的客户于2006年2月28日前每周三上午携带开户合同、身份证件等相关证明材料至南京市工商银行新街口支行二楼办理退付。保证金退付期间,本公司暂停经营期货经纪业务。"

2005年6月30日,江苏期望公司向上海期货交易所提交了《退出交易席位申请》,主要内容为:我公司于2005年6月中旬召开了股东会议,会议决定公司停业整顿,停止开新仓,会议决议已报江苏监管局备案;现向上海期货交易所申请退出交易席位,并清退我公司所有资金。

2008年3月20日,中国证监会作出被诉告知书。内容是:"鉴于逗苏期望公司已不符合持续性经营规则,且无正当理由停业连续3个月以上,根据《期货交易管理条例》第二十一条的规定,中国证监会决定依法注销该公司《期货经纪业务许可证》(许可证号A031610063)。并将有关事项告知如下:一、江苏期望公司的第

A031610063号许可证自本告知书发布之日起失效。江苏期望公司应及时向江苏监管局缴回该许可证（正副本）；二、江苏期望公司应在江苏监管局的监督指导下，尽快与一家资质较好的期货公司签订客户资金托管协议，妥善处理客户的保证金和其他资产，切实维护投资者的合法权益，并做好相关信息公告工作；三、江苏期望公司应在本告知书发布之后立即办理名称、营业范围和公司章程等工商变更登记，且该公司不得继续以期货公司名义从事期货业务，变更后的名称中不得有“期货”或者近似字样，并将变更结果报中国证监会备案；四、江苏期望公司应认真配合监管部门和司法机关做好有关违法违规问题的责任追究工作。

同日，中国证监会向江苏期望公司送达被诉告知书，江苏期望公司拒绝签收。同年3月25日，中国证监会在《期货日报》上向江苏期望公司公告送达了被诉告知书。

本院认为，本案中，2005年4月，江苏监管局在对江苏期望公司进行年度检查时，认定江苏期望公司的结算准备金不足，并于当年5月17日发出55号《监管意见函》，要求江苏期望公司进行纠正整改。2005年6月29日，江苏监管局向三个交易所发出94号《函》，商请对江苏期望公司采取措施。之后，大连商品交易所、郑州商品交易所、上海期货交易所先后以江苏期望公司其自有资金不足，不符合交易所关于“期货经纪公司会员结算准备金最低余额为200万元，以期货经纪公司会员自有资金足额缴纳”的要求为由，对江苏期望公司作出限制交易或停止交易的决定。江苏期望公司自被限制或停止交易后，一直没有向其在交易所的账户中补充注入过任何资金，没有向交易所提出过复业申请。因此，江苏期望公司停业是因其自身一直未解决相关资金不足、不符合持续性经营条件而被交易所限制或停止交易所致。江苏期望公司虽认为，其停业是江苏监管局的94号《函》的决定，因此其停业具有“正当理由”。但，在江苏期望公司对江苏监管局作出的94号《函》所提起的行政诉讼中，生效的判决已经认定，江苏监管局作出的94号《函》对期货交易所不具有命令性和强制力，因此，驳回了江苏期望公司的起诉。综上，江苏期望公司关于其停业具有“正当理由”的上诉主张缺乏事实和法律依据。

《期货交易管理条例》第二十一条第一款第（二）项规定：“期货公司或者其分支机构有《中华人民共和国行政许可法》第七十条规定的情形或者下列情形之一的，国务院期货监督管理机构应当依法办理期货业务许可证注销手续：……（二）成立后无正当理由超过3个月未开始营业，或者开业后无正当理由停业连续3个月以上；……”。本案中，中国证监会依据江苏监管局所上报的材料、江苏期望公司连续3个月停业的事实作出的被诉告知书，并未违反法定程序。江苏期望公司关于被诉告知书应当履行听证程序的理由，缺乏法律依据，本院不予支持。

对于江苏期望公司提出的一审法院立案庭收到本案起诉书后，未及时立案，转交相关庭室的问题。经本院审查，此事实存在，但本院认为一审法院未及时立案转交未侵害江苏期望公司的实体权利。对此，本院已经通过审判监督的程序，对一审法院进行了监督。

综上所述，中国证监会作出的被诉告知书认定事实清楚，证据充分，适用法律正确，一审法院驳回江苏期望公司的诉讼请求正确。江苏期望公司的上诉请求缺乏事实和法律依据，本院不予支持。据此，依据《中华人民共和国行政诉讼法》第六十一条第（一）项的规定，判决如下：

驳回上诉，维持一审判决。

二审案件受理费50元，由上诉人江苏期望期货经纪有限公司负担（已交纳）。

本判决为终审判决。

二〇一〇年四月二十一日

# 北京市高级人民法院行政判决书

(2010)高行终字第1003号

上诉人(一审原告):张宏,男,1962年5月22日出生,汉族,原江西科龙实业发展有限公司总裁兼董事长、原广东科龙电器股份有限公司董事、江西格林柯尔实业发展有限公司董事。

委托代理人:马振彪,北京市信格律师事务所律师。

被上诉人(一审被告):中国证券监督管理委员会,住所地北京市西城区金融大街19号。

法定代表人:尚福林,主席。

委托代理人:郑文博,男,中国证券监督管理委员会干部。

委托代理人:王景雷,男,中国证券监督管理委员会干部。

上诉人张宏因市场禁入决定一案,不服北京市第一中级人民法院(2007)一中行初字第85号行政判决,向本院提出上诉。本院依法组成合议庭,公开开庭审理了本案。上诉人张宏及其委托代理人马振彪,被上诉人中国证券监督管理委员会的委托代理人郑文博、王景雷到庭参加诉讼。本案现已审理终结。

2006年6月15日,中国证券监督管理委员会(以下简称中国证监会)作出一的证监法律字〔2006〕4号"关于对顾雏军等人实施市场禁入的决定"中对张宏作出的"认定张宏为市场禁入者,自本会宣布决定之日起,10年内不得担任任何上市公司和从事证券业务机构的高级管理人员职务"的市场禁入决定(以下简称被诉禁入决定)。张宏对中国证监会作出的被诉禁入决定不服,向北京市第一中级人民法院(以下简称一审法院)提起行政诉讼。

一审法院判决认定,本案争议焦点在于:一、张宏起诉是否超过法定起诉期限;二、中国证监会作出被诉禁入决定的听证程序是否存在损害张宏质证及申辩权利之情形;三、中国证监会认定广东科龙电器股份有限公司(以下简称科龙电器)2003年通过虚构与珠海德发空调配件有限公司(以下简称珠海德发)、珠海隆加制冷设备有限公司(以下简称珠海隆加)的废料销售业务虚增年度报告利润的事实能否成立;四、被诉禁入决定认定张宏为科龙电器相关违法行为的其他直接责任人员是否成立。

关于争议焦点一。根据《行政诉讼法》第三十八条第二款之规定,申请人不服复议决定的,可以在收到复议决定书之日起十五日内向人民法院提起诉讼。最高人民法院《关于执行〈中华人民共和国行政诉讼法〉若干问题的解释》第四十三条之规定,因人身自由受到限制而不能提起诉讼的,被限制人身自由的时间不计算在起诉期间内。自中国证监会2006年10月19日向张宏送达行政复议决定书至2006年10月29日张宏与委托代理人马振彪签订《授权委托书》,张宏一直处于被逮捕期间,故上述期间应不计算在起诉期间内。2006年11月2日,委托代理人马振彪即向北京市西城区人民法院递交行政起诉状。2006年11月13日,北京市西城区人民法院告知马振彪应当向本院提起诉讼,至2006年11月20日,张宏的委托代理人向本院递交行政起诉状,并未超过法定起诉期限。中国证监会关于张宏起诉超过起诉期限之主张,不予支持。

关于争议焦点二。根据双方当事人无争议之陈述及听证笔录的记载,中国证监会在听证程序中将认定案件事实的相关证据材料带到了听证会现场,并向当事人宣读了当事人违法的事实和证据。在听证程序中,中国证监会亦允许张宏的委托代理人查阅上述证据材料,并听取了张宏的委托代理人的质证意见。虽然因听证程序时间较短,且本案证据材料庞杂,张宏的委托代理人详细查阅证据材料确有困难,听证程序存在瑕疵,但尚难认定行政程序损害了当事人质证及申辩之权利。至于张宏提出中国证监会于2006年3月15日才告知其将于2006年3月23日举行听证，间隔时间过短的问题，因中国证监会的上述告知程序并无违法之处，张宏上述主张不予支持。

关于争议焦点三。根据本案采纳之证据，2003年12月24日江西科龙将900万元资金划入珠海德发，2003年12月26日，珠海德发将900万元资金划入广东科龙配件有限公司（以下简称科龙配件）作为支付废料购买资金，科龙电器伪造了废料出仓单等凭证，确认科龙配件其他业务收入903.61万元。上述行为导致科龙电器2003年年度报告虚增利润。中国证监会作出上述认定有汇款凭证、记账凭证、废料购销合同、出库单以及相关企业2003－2004年账簿、谈话笔录及询问笔录等证据在案佐证，事实清楚，证据充分。张宏认为上述行为是压货销售，并非虚假销售之主张并无证据佐证，不予支持。

关于争议焦点四。根据《证券市场禁入暂行规定》第四条规定，上市公司的董事、监事、经理和其他高级管理人员有下列行为之一或对该行为负有直接责任或直接领导责任的，除依法给予行政处罚外，中国证监会将视情节，认定其为市场禁入者，（二）公司不履行信息披露义务或在信息披露时有虚假、严重误导性陈述或者重大遗漏的行为，严重损害投资者利益的。《证券市场禁入暂行规定》第五条规定，被认定为市场禁入者的上市公司董事、监事、经理及其他高级管理人员，自中国证监会宣布决定之日起三至十年内不得担任任何上市公司和从事证券业务机构的高级管理人员职务，情节特别严重的，永久性不得担任任何上市公司和从事证券从业机构的高级管理人员职务。张宏为科龙电器时任董事，江西科龙实业发展有限公司（以下简称江西科龙）董事长日总裁，对其参与、知悉的科龙电器的违法行为或者审议通过的相关年度报告负责，是其他直接责任人员。中国证监会据此依据上述规定作出被诉禁入决定，于法并无违误。

综上，张宏请求撤销被诉禁入决定的诉讼请求缺乏事实及法律依据，不予支持。故依据最高人民法院《关于执行〈中华人民共和国行政诉讼法〉若干问题的解释》第五十六条第（四）项之规定，判决驳回张宏的诉讼请求。

张宏不服一审判决，向本院提起上诉。诉称，一、一审判决在已经查明案件事实的情况下，未能依法判决。中国证监会没有完全出示证据，致使其决定缺乏证据支持。二、一审法院对证据认定错误，必然导致对事实判断错误。综上，一判决对证据认定错误，未依法判决，应予撤销。请求二审法院撤销一审判决，撤销被诉禁入决定。

中国证监会答辩认为，一、一审判决认定事实清楚，证据确凿，适用法律正确，说理清楚准确，应予维持。二、张宏认为一审法院未能依法判决，缺乏事实和法律依据。三、一审法院不予采纳张宏一审中提交的部分证据，认定正确。综上，张宏的上诉请求和理由缺乏事实与法律依据，不能成立，一审判决认定事实清楚，证据确凿，适用法律正确，说理清楚准确，应予维持，故请求二审法院依法判决驳回上诉，维持一审判决。

一审法院审理期间，中国证监会向法院提供了以下证据：1. 行政程序方面的证据材料复印件，包括行政听证通知书、行政处罚事先告知一书委托送达函及送达回证、行政处罚告知书回执、张宏的听证申请、张宏的授权委托书、张宏委托代理人的律师执业证、听证笔录、被诉禁入决定书送达回证、中国证监会委托其派出机构向张宏送达被诉禁入决定书的情况报告、行政复议立案审批表、行政复议延期通知、行政复议决定书送达回证；2. 被诉禁入决定认定事实所依据之证据材料复印件，包括：

2－1. 科龙电器及其相关子公司的工商登记资料，科龙电器2002年至2004年的公告文件、董事会决议、监事会决议，科龙电器各项财务管理制度，科龙电器关于顾雏军的任职文件；

2－2. 科龙电器财务部门关于年终压货的通知、会议纪要、统计表，虚假出库单、虚假财务凭证，物流盘点清单和说明，勤华永会计师事务所有限公司审计调账资料，公司关于压货的说明，分公司关于压货统计表和说明，合肥市维希电器有限公司（以下简称合肥维希）与武汉长荣电器有限公司（以下简称武汉长荣）的工商登记资料、验资报告、会计资料，营销部门《关于从C/W公司开单发货的通知》；

2－3. 珠海德发与珠海隆加的工商登记资

料、验资报告、会计资料,江西科龙资金流向广东科龙冰箱有限公司(以下简称科龙冰箱)、广东科龙空调器有限公司(以下简称科龙空调)、科龙配件的凭证,科龙电器关于废料销售的说明,虚假出库单,财务调账分录;

2-4. 科龙电器2003年应收账款账龄分析表、应收账款明细账,《三项准备计提指引》,科龙电器及有关人员关于账龄问题的说明,科龙电器《关于2000-2003年保修准备的说明》,科龙电器关于2000-2003年维修保证金相关会计资料;

2-5. 劳动纠纷判决书,赔偿金划款凭证,科龙电器关于劳动诉讼披露及列支情况的说明;

2-6. 科龙电器及其子公司2003年有关贷款的董事会决议、与银行的融资协议、三方信贷协议,科龙电器及其子公司票据及贴现凭证,科龙电器会计分录、明细账,科龙电器对现金流量表的说明;

2-7.《最高额保证合同》及其《补充协议》,中国农业银行深圳罗湖支行农行(以下简称罗湖农行)贷款批复通知书和信贷业务动作审批表,广东格林柯尔企业发展有限公司(以下简称广东格林柯尔)与罗湖农行签订的债务债权合同,相关票据及开票资料;

2-8. 江西科龙与江西格林柯尔资本有限公司(以下简称江西格林柯尔)的工商登记资料)科龙电器关于投资江西科龙的董事会决议,《进区协议》,有关土地出让协议、土地使用证、地出让金缴纳凭证,江西科龙关于项目的说明、建设用款凭证,江西格林柯尔资金情况说明、建设用款凭证;

2-9. 珠海科龙电器股份有限公司(以下简称珠海科龙)与珠海格林柯尔(工业园)有限公司(以下简称珠海格林柯尔)的工商登记资料珠海格林柯尔2004年会计资料,珠海科龙项目预算和建设用款凭证,土地出让协议、土地使用证、土地出让金缴纳凭证;

2-10.《OEM产品生产合同》、科龙电器采购冰箱的付款凭证,增值税发票、合肥美菱股份有限公司(以下简称美菱电器)的股权收购文件,关于顾雏军在美菱电器任职的文件;

2-11. 江西科盛工贸有限公司(以下简称科盛工贸)的工商登记资料、验资报告,采购合同,科龙电器的提货单、化验单、入库单、付款凭证、发票、会计分录,科龙电器购买R411C制冷剂清单;

2-12. 科龙电器董事会决议公告,审议通过了科龙电器2002年年度报告及《摘要》;

2-13. 科龙电器2003年年度报告正文,首页"重要提示":"本公司董事会及其董事保证本报告所有资料不存在任何虚假记载、误导性陈述或者重大遗漏,并对其内容的真实性、准确性和完整性承担个别及连带责任";

2-14. 科龙电器董事会决议,审议通过了2003年年度报告正文及年度报告摘要;

2-15. 科龙电器2003年年度报告正文,首页"重要提示";

2-16. 科龙电器董事会决议,审议通过了《2004年年度报告正文》及《摘要》;

2-17. 科龙电器2004年年度报告正文,首页"重要提示";

2-18. 中国证监会对晏果如的询问笔录两份;

2-19. 中国证监会对张宏的谈话笔录一份,询问笔录四份;

2-20. 中国证监会对魏斌斌的谈话笔录;

2-21. 中国证监会对石艾生的询问笔录;

2-22. 中国证监会对徐万平的询问笔录;

2-23. 中国证监会对张细探的询问笔录;

2-24. 中国证监会对杨修峰的询问笔录;

2-25. 中国证监会对谢红的询问笔录;

2-26. 中国证监会对高国平的谈话笔录。

一审法院庭审期间,张宏向法院提供了以下证据:1. 北京市西城区人民法院与张宏的谈话笔录;2. 佛山市中级人民法院刑事判决书摘录;3. 科龙集团财务部制定的南昌空调财务流程暂行规范;4. 科龙电器2002年11月11日给江西科龙的传真复印件;5. 佛山市公安局佛公经诉〔2006〕01号起诉意见书;6. 证据目录。张宏在一审法院开庭之前向该院提出调取证据的书面申请,请求该院调取听证会笔录及录音。因中国证监会已向一审法院提交听证笔录,故一审法院决定对该证据不予调取,并于庭审时告知张宏,张宏当庭表示不提出复议。对听证会录音资料,一审法院决定向中国证监会调取,中国证监会答复称听证会录音资料因保存不善已灭失,无法提供,一审法院于庭审时将中国证监会上述答复告知张宏。

一审法院另调取广东省高级人民法院(2008)粤高法刑二终字第101号刑事裁定书，查明张宏自2005年8月2日被刑事拘留，2005年9月2日被逮捕，2008年1月30日被取保候审。

一审法院对上述证据认证认为，一、中国证监会提交之证据1均系中国证监会履行处罚程序的相关；证据材料，张宏对上述证据的合法性、真实性、关联性以及履行相关行政程序的基本事实均无异议，证据1应予采纳。二、关于中国证监会提交之证据2是否在被诉禁入决定作出时已经收集的问题。因被诉禁入决定列举了认定科龙电器及张宏相关违法事实的主要证据一共15项(见被诉禁入决定第12页第二段至第14页第一段)，中国证监会向法院提交的证据2与被诉禁入决定所列举之15项证据无论从证据名称、证据内容等方面均可对应，因此可以认定中国证监会所提交之证据2确系在被诉禁入决定作出前已经收集。证据1符合证据关联性、合法性及真实性的要求，可以作为本案定案依据，予以采纳。三、张宏提交之证据用于证明张宏起诉的相关情况，故具有关联性，经审查，该证据亦符合合法性、真实性的要求，予以采纳。张宏提交之证据2.5与本案无关，不予采纳；证据3、4、6未在行政程序中提交，真实性亦无法确认，不予采纳。

上述证据均随案移送本院，经开庭审查，本院认可一审法院的认证意见，予以确认。本院根据合法有效的证据及当事人的有关陈述，确认如下事实：

2006年6月15日，中国证监会作出证监法律字〔2006〕4号“关于对顾雏军等人实施市场禁入的决定”，认定科龙电器披露的2002、2003、2004年年度报告存在以下虚假记载、重大遗漏等违法事实：一、2002年至2004年，科龙电器采取虚构主营业务收入、少计坏账准备、少计诉讼赔偿金等手段编造虚假财务报告，导致其2002年年度报告虚增利润11,996.31万元，2003年年度报告虚增利润11,847.05万元，2004年年度报告虚增利润14,875.91万元；二、科龙电器2003年年度报告现金流量表披露存在重大虚假记载；三、科龙电器2002年至2004年未披露会计政策变更等重大事项，也未披露与关联方共同投资、购买商品等关联交易事项。被诉禁入决定认定科龙电器的上述行为违反了原《证券法》第五十九条、第六十一条、第六十二条的有关规定，构成原《证券法》第一百七十七条所述的“未按照有关规定披露信息，或者所披露的信息有虚假记载、误导性陈述或者有重大遗漏”的行为。张宏为科龙电器时任董事江西科龙董事长、总裁，在审议通过的科龙电器2002、2003、2004年年度报告正文及摘要的董事会决议上签字，应对其参与、知悉的违法行为或者审议通过的相关年度报告负责，是其他直接责任人员。被诉禁入决定认定上述违法事实的证据有：

1. 科龙电器及其相关子公司的工商登记资料，科龙电器2002年至2004年的公告文件、董事会决议、监事会决议，科龙电器各项财务管理制度，科龙电器关于当事人的任职文件；2. 科龙电器及其子公司2002年至2004年的电子账光盘、财务报告、总账、明细账、会计报表、记账凭证以及对财务问题的专项说明；3. 科龙电器财务部门关于年终压货的通知、会议纪要、统计表，虚假出库单、虚假财务凭证，物流盘点表和说明，德勤华永会计师事务所有限公司审计调账资料，公司关于压货的说明，分公司关于压货统计表和说明，合肥维希与武汉长荣的工商登记资料、验资报告、会计资料，营销部门《关于从C/W公司开单发货的通知》；4. 珠海德发与珠海隆加的工商登记资料、验资报告、会计资料，江西科龙资金流向科龙冰箱、科龙空调、科龙配件的凭证，科龙电器关于废料销售的说明，虚假出库单财务调账分录；5. 科龙电器2003年应收账款账龄分析表、应收账款明细账，《三项准备计提指引》，科龙电器及有关人员关于账龄问题的说明；6. 劳动纠纷判决书，赔偿劳动纠纷判决书；赔偿金划款凭证，科龙电器关于劳动诉讼披露及列支情况的说明；7. 科龙电器及其子公司2003年有关贷款的董事会决议、与银行的融资协议、三方信贷协议，科龙电器及其子公司票据及贴现凭证，科龙电器会计分录、明细账，科龙电器对现金流量表的说明；8. 科龙电器《关于2000－2003年保修准备的说明》，科龙电器关于2000－2003年维修保证金相关会计资料；9. 《最高额保证合同》及其《补充协议》，罗湖农行贷款批复通知书和信贷业务动作审批表,广东格林柯尔与罗湖农行签订的债务债权合同,相关票据及开票资料;10. 江西科龙与江西格林柯尔的工商登记资料,科龙电器关于投资江西科龙的董事会决议,《进区协议》,有关土地出让协议、土地使用证、土地出让金缴纳凭证,江西科龙关于项目的说明、建设用款凭证,江西格林柯尔资金情况说明、建设用款凭证;11. 珠海科龙与珠海格林柯尔的工商登记资料,珠海格林柯尔2004年会计资料,珠海科龙项目预算和建设用款凭证,土地出让协议、土地使用证、土地出让金缴纳凭证;12.《OEM产品生产合同》科龙电器采购冰箱的付款凭证,增值税发票,美菱电器的股权收购文件,关于顾雏军在美菱电器任职的文件;13. 科盛工贸的工商登记资料、验资报告,采购合同,科龙电器的提货单、化验单、入库单、付款凭证、发票、会计分录,科龙电器购买R411C制冷剂清单;14. 调查人员对当事人及有关人员的谈话笔录,当事人及有关人员提供的说明等证据;15. 科龙电器及相关单位和个人提供的其他有关证据。

中国证监会依据《证券市场禁入暂行规定》第四条、第五条之规定认定张宏为市场禁入者,自中国证监会宣布决定之日起,10年内不得担任任何上市公司和从事证券业务机构的高级管理人录职务。张宏不服被诉禁入决定于2006年8月9日向中国证监会提出复议申请,中国证监会于2006年10月16日作出〔2006〕21号行政复议决定,维持被诉禁入决定,并于2006年10月19日向张宏的委托代理人送达了行政复议决定,并告知张宏“如不服本复议决定,可在收到本复议决定书之日起巧日内向有管辖权的人民法院提起诉讼或向国务院申请裁决”。张宏不服被诉禁入决定,向一审法院提起行政诉讼。

另查,2005年11月21日,张宏向中国证监会申请听证,2006年3月15日,中国证监会告知张宏于2006年3月23日举行听证。2006年3月23日,听证如期举行,中国证监会将认定案件事实的证据材料带到听证会现场。关于听证程序中证据的出示及质证环节,《听证笔录》有如下记载:

听证主持人黄炜(以下简称黄):“现在进行第二项,首先由案件调查人员向听证会说明所调查的当事人违法的具体事实和证据。

王修祥:见《调查报告》(略)。”

(见《听证笔录》第9页第12行至第14行)

“黄:……现在进行第四项,对案件事实进行质证,也是按照上午发言的顺序进行质证。首先,由当事人及其代理人就案件调查人员提出的案件事实、证据进行质证。当事人及代理人可以依次就案件查明的事实,证据提出问题,案件调查人员进行回答。”(《听证笔录》第13页第5行至第9行)

“黄:……下面请张宏的代理人马律师提出质证意见。

马振彪:我也想提出一个问题,我看到了前面这么多证据,但是在听证会召开之前我全部都是没有看到的。我曾经提前打电话问过证监会,是否可以在听证会召开之前看一下相关的证据。当时得到的回复是没有这种程序,只能在听证会上看。这就要求我们在很短的时间里查看出所有交易流程的相关性,所有法律问题的相关性,所有当事人员之间的关联性等所有问题。这就势必会将听证质证这个程序流于形式。认定张宏是责任人员的事项的证据我想看一下。

调查人员:关于张宏的这些问题有相关人员的笔录可以证明。

马振彪:就是这四页?

调查人员:就是这几页。

马振彪:包括后面的董事会决议么?

调查人员:包括。

马振彪:认定2-3张宏为第三大项违法行为的责任人员的其他的证据是否还有?

调查人员:他是江西科龙的总裁,同时是格林柯尔的总裁,他负责的除了生产之外、还是资金流出凭证的签字负责人,所以对于披露的问题都是可以证明他是有直接责任的。

马振彪:我上午就考虑到这个问题。那么单凭一个个人的笔录就一作为唯一的证据显然是不具备合法性的。……这是我要求出示的第一个证据。第二个证据,他还有两项被认定为一般的责任人员的认定证据我也想看一下。”

(见《听证笔录》第21页第9行至第22页第15行)

“黄:是否还有新的证据需要提交给我们?

马振彪:没有。

(见《听证笔录》第23页第16行至第17行)

马振彪:另外一个,在质证过程中,调查人员给我出示了一个汇款的单据,这个款是从江西汇出的。”(见《听证笔录》第45页倒数第1行至第46页第2行)

“王修祥:董事会记录的签字现在可以提交给你。

马振彪:对不起,质证阶段已经过了,我不再进行质证。”(见《听证笔录》第46页倒数第1行至第47页第1行)

另查,张宏自2005年8月2日被刑事拘留,2005年9月2日被逮捕,2008年1月30日被取保候审。2006年10月29日,张宏与委托代理人马振彪签订《授权委托书》,授权范围包括“提起诉讼”。2006年11月2日,委托代理人马振彪向北京市西城区人民法院递交行政起诉状。2006年11月13日,北京市西城区人民法院法官与马振彪谈话,告知其“应当向北京市第一中级人民法院提起诉讼,西城法院没有管辖权。”2006年11月20日,马振彪以张宏名义向一审法院提起本案行政诉讼。

本院认为,中国证监会作为国务院证券监督管理机构,依法具有对全国证券市场实行集中统一监督管理,制定有关证券市场监督管理的规定,并对违反证券市场监督管理的行为进行查处的行政职权。《证券市场禁入暂行规定》第四条规定,上市公司的董事、监事、经理和其他高级管理人员有下列行为之一或对该行为负有直接责任或直接领导责任的,除依法给予行政处罚外,中国证监会将视情节,认定其为市场禁入者:……(二)公司不履行信息披露义务或在信息披露时有虚假,严重误导性陈述或者重大遗漏的行为,严重损害投资者利益的。《证券市场禁入暂行规定》第五条规定,被认定为市场禁入者的上市公司董事、监事、经理及其他高级管理人员,自中国证监会宣布决定之日起三至十年内不得担任任何上市公司和从事证券业务机构的高级管理人员,情节特别严重的,永久性不得担任任何上市公司和从事证券从业机构的高级管理人员职务。鉴于张宏作为科龙电器时任董事,江西科龙董事长、总裁,对其参与、知悉的科龙电器的违法行为或者审议通过的相关年度报告负责,是其他直接责任人员。中国证监会据此依据上述规定认定张宏为市场禁入者,自决定宣布之日起10年内不得担任任何上市公司和从事证券业务机构的高级管理人员职务并无不当。张宏请求撤销被诉禁入决定,缺乏事实和法律依据,本院不予支持。中国证监会在对张宏作出市场禁入决定过程中,告知了对张宏作出市场禁入决定的事实、理由、依据及其依法享有的权利,中国证监会听证程序虽然存在瑕疵,但是并不影响张宏依法应当享有的听证权、陈述权、申辩权等法定权利。张宏的诉讼请求没有实施根据和法律依据,一审判决驳回张宏的诉讼请求并无不当,本院应予维持。依据《中华人民共和国行政诉讼法》第六十一条第(一)项的规定,判决如下:

驳回上诉,维持一审判决。

二审案件受理费人民币50元,由上诉人张宏负担(已交纳)。

本判决为终审判决。

二〇一〇年十二月十五日

# 北京市高级人民法院行政判决书

(2010)高行终字第896号

上诉人(一审原告):弘信期货经纪有限公司。

法定代表人:隋志先,董事长。

委托代理人:李江,北京市中兆律师事务所

律师。

委托代理人:杨翼飞,男,1983 年 6 月 5 日出生,北京市中兆律师事务所律师助理。

被上诉人(一审被告):中国证券监督管理委员会,住所地北京市西城区金融大街 19 号。

法定代表人:尚福林,主席。

委托代理人:张洪亮,男,中国证券监督管理委员会干部。

委托代理人:牟勇,男,中国证券监督管理委员会干部。

上诉人弘信期货经纪有限公司(以下简称弘信公司)因行政许可决定一案,不服北京市第一中级人民法院(2010)一中行初字第 949 号行政判决,向本院提起上诉。本院受理后依法组成合议庭公开开庭审理了本案。弘信公司的法定代表人隋志先及委托代理人李江、杨翼飞,中国证券监督管理委员会(以下简称中国证监会)的委托代理人张洪亮、牟勇到庭参加了诉讼。本案现已审理终结。

2009 年 7 月 9 日,中国证监会作出〔2009〕6 号《行政监管措施决定书》(以下简称 6 号决定),认为弘信公司违反了《期货公司风险监管指标管理试行办法》(以下简称《试行办法》)第十八条"净资本不得低于人民币 1500 万元"的规定,构成了《试行办法》第三十六条"期货公司逾期未改正或者经过整改风险监管指标仍不符合规定标准"及《期货交易管理条例》第五十九条"经过整改仍未达到持势性经营规则要求,严重影响正常经营"的行为。依据《期货交易管理条例》第五十九条第四款的规定,决定:撤销弘信公司全部期货业务许可,关闭弘信公司所有分支机构。弘信公司《期货经纪业务许可证(许可证号 30670000)和期货公司营业部经营许可证》(许可证号 30671001、30671002)于本决定作出之日起失效,弘信公司不得继续经营期货业务。弘信公司应当自收到本决定书后,立即向中国证券监督管理委员会青岛证监局(以下简称青岛证监局)缴回《期货经纪业务许可证》(正副本)和《期货公司营业部经营许可证》(正副本),关闭弘信公司郑州营业部和大连营业部,并办理公司名称、营业范围和公司章程等工商变更登记,变更后的公司名称中不得有期货或者近似字样,并将关闭分支机构情况和公司名称变更结果报中国证监会备案。弘信公司应当在收到本决定书之日起 10 日内,在青岛证监局的监督指导下,与 1 家资质较好的期货经营机构签订托管协议,妥善做好客户资料托管等后续处理工作。

弘信公司不服中国证监会作出的 6 号决定,向北京市第一中级人民法院(以下简称一审法院)提起行政诉讼。

一审法院判决认定,本案证据证明弘信公司的净资本额在 2008 年 12 月至 2009 年 3 月期间均低于人民币 1500 万元的最低指标标准,在青岛证监局责令其限期整改的情况下,截至 2009 年 3 月 31 日整改期限届满,弘信公司的净资本额仍未达标。中国证监会根据弘信公司的净资本持续不达标,不符合持续性经营规则要求,经限期整改仍未达到要求,严重影响其正常经营的事实,作出的行政监管措施并无不当。由于撤销期货业务许可系基于弘信公司净资本不达标,已经丧失经营期货业务的能力而作出的行政监管措施,并非基于颁发给弘信公司的期货业务许可行为违法或弘信公司存在某种违法行为,因此,弘信公司认定 6 号决定的性质为行政处罚,应当履行行政处罚的告知听证等程序的诉讼主张,缺乏事实及法律依据,不予支持。弘信公司认为其整改受阻系其他企业恶意陷害,相关官员恶意阻挠的诉讼理由与 6 号决定的合法性审查无关,其诉讼主张亦不予支持。综上,中国证监会作出的 6 号决定认定事实清楚,证据充分、适用法律正确。依照最高人民法院《关于执行〈中华人民共和国行政诉讼法〉若干问题的解释》第五十六条第(四)项的规定,判决驳回弘信公司的诉讼请求。

弘信公司不服一审判决,提出上诉。诉称,一、中国证监会撤销弘信公司期货许可证的行为属于行政处罚行为,该行为严重违背了法定程序,应认定无效并予以撤销。中国证监会以 6 号决定,撤销了弘信公司期货许可,并关闭了弘信公司的期货经营业务,严重影响了弘信公司的利益,显然是对弘信公司的行政制裁,该制裁实质上是一种行政处罚行为。《中国证券监督管理委员会行政处罚听证规则》(以下简称《中国证监会听证规则》)已经明确了撤销期货业务许可的行政处罚性质,并纳入了听证程序。而中国证监会在作出 6 号决定前,并未向弘信公司送达《行政处罚事先告知书》,亦未告知弘信公司有要求举行听证的权利，即使在弘信公司主动书面要求举行听证时，也被中国证监会一再拒绝。二、中国证监会撤销弘信公司期货业务许可缺乏事实根据，不符合法定条件。1. 弘信公司无法及时完成整改系相关主管部门的有关官员利用手中职权和相关企业进行了一系列非法活动，蓄意剥夺弘信公司经营权所致；2. 弘信公司没有违反《期货交易管理条例》第五十九条第四款的规定，不存在"严重影响正常经营"的情形。中国证监会没有证据证明弘信公司未达到持续性经营规则要求；3. 弘信公司净资本不达标，并未严重影响公司的正常经营，中国证监会也没有证据证明已经严重影响公司的正常经营。中国证监会作出的6号决定严重违反《中华人民共和国行政处罚法》（以下简称《行政处罚法》）的相关规定，程序违法。同时，中国证监会作出的6号决定不符合《期货交易管理条例》第五十九条第四款的规定，缺乏事实和法律依据，应予撤销。一审法院判决违背事实和法律规定，请求二审法院撤销一审判决，同时撤销中国证监会作出的6号决定。

中国证监会辩称，一、一审法院判决认定事实清楚，证据确凿，适用法律正确，说理清楚准确，应予维持。弘信公司的净资本持续低于《试行办法》第十八条规定的1,500万元最低标准，不符合持续性经营规则要求，经限期整改仍未达到要求，严重影响其正常经营。中国证监会依据《期货交易管理条例》作出撤销弘信公司全部业务许可、关闭全部分支机构的行政监管措施，依据事实清楚，证据确凿充分。一审法院判决采纳了中国证监会的观点并对所适用的法律依据作了清楚正确的阐述，应当予以维持。二、中国证监会作出的6号决定属于行政监管措施，程序合法。第一，《期货交易管理条例》第五十九条第四款规定在第六章"监督管理"一章，而不是第七章"法律责任"一章规定的行政处罚内容。行政监管措施不以行政管理相对人存在违法违规事实为适用前提。中国证监会作出的6号决定不是行政处罚，不适用听证程序。第二，在特定情形下撤销金融机构业务许可，是金融监管部门处置金融机构风险，保护投资者合法权益，维护金融市场秩序和社会稳定的特殊措施。中国证监会依据相关规定，履行了事前告知程序，听取了当事人的陈述申辩。因此，中国证监会作出的行政监管措施决定程序合法。三、弘信公司提出的有关事实和理由不能成立。弘信公司主张的其净资本低于1500万元的原因与本案无直接关系。弘信公司主张的整改期限届满净资本仍未达标的原因是其补资行为被青岛证监局阻止，没有合法有效的证据支持；弘信公司关于"主管部门的有关一官员利用手中职权和有关企业一起"、"蓄意要剥夺弘信公司的经营权"的主张，没有合法有效的证据支持。四、中国证监会作出的撤销决定是贯彻国务院关于期货市场规范发展决策部署的具体措施。近年来，为防范期货市场系统性风险，提高期货公司规范运作水平，中国证监会通过制定完善的规章制度，采取有效措施，专门开展了针对一批问题期货公司的清理规范工作，极大地规范了期货行业秩序，保障了期货市场改革发展工作的顺利实施。弘信公司净资本持续不足，且存在关联公司占用自有资金、违规提供巨额担保等严重违规行为，不仅其正常经营受到严重影响，客户资金安全无法得到保证，而且很可能酿成重大市场风险，影响期货市场稳定运行的全局。综上，一审法院判决认定事实清楚、证据确凿，适用法律正确，请求二审法院驳回弘信公司的上诉，维持一审判决。

本案一审审理期间，中国证监会在法定期限内向一审法院提交了以下主要证据：

第一组：1. 2008年12月弘信公司风险监管报表；2. 2009年1月弘信公司风险监管报表；3. 2009年2月弘信公司风险监管报表；4. 2009年3月弘信公司风险监管报表；5. 2009年4月弘信公司风险监管报表；6. 关于弘信公司整改有关情况的说明；7. 中国工商银行进账单与资金汇划补充凭证；8. 2009年2月16日对弘信公司董事长隋志先的谈话笔录；9. 弘信公司财务人员刘洁的《监管谈话笔录》；10. 2009年2月25日弘信公司临时股东会议记录；11. 关于《青岛弘信期货经纪有限公司申请对整改期限进行宽限的函》中"挪用了580万元弘信期货的保证金"为笔下误的说明；12. 2009年2月17日弘信公司《说明》、（2009）青民四商初字第20号青岛市中级人民法院民事裁定书；13. 《关于恳请中国证监会青岛证监局协调相关法院解冻我公司资本金账户的申请报告》弘期字（2009）第14号。

第二组:14. 《关于加强资金管理的通知》青证监发〔2008〕271号;15. 《整改通知书》青证监函字〔2008〕108号;16. 《监管意见书》青证监函字〔2009〕12号;17. 2009年2月17日青岛证监局与隋志先、马月梅的谈话记录;18. 《关于对弘信期货经纪有限公司限期整改并限制业务的通知》;青证监发〔2009〕41号。

第三组:19. 青岛市中级人民法院2009年4月8日的协助执行通知书(2009)青民四初字第82号;20. 青岛市中级人民法院2009年4月8日的协助执行通知书(2009)青民四初字第82号;21. 青岛市中级人民法院2009年5月20日协助执行通知书(2009)青执二字第111号;22. 青岛市中级人民法院2009年4月9日的协助执行通知书(2009)青民四初字第82号;23. 青岛市中级人民法院2009年4月28日的协助执行通知书第82号;24. 青岛市中级人民法院2009年5月20日协助执行通知书(2009)青执二字第111号;25. 青岛市中级人民法院协助执行通知书(2009)青民四初字第82号。

第四组:26. 《行政监管措施事先告知书》〔2009〕2号;27. 《重要文件签收说明》;28. 行政监管措施事先告知书收件回执及弘信公司《申辩书》;29. 6号决定;30. 6号决定送达回执; 31. 2009年7月29日《期货日报》。

弘信公司向一审法院提交了以下主要证据:1. (2009)南商初字第20059号青岛市市南区人民法院民事裁定书;2. 弘信公司要求按照青证监发〔2009〕41号文补齐资金,但遭到主管部门负责人拒绝的录音资料;3. 青岛证监局非法干预企业运营的录音资料;4. (2009)南商初字第20059号青岛市市南区人民法院民事裁定书;5. 主管部门官员利用职权和有关企业搞非法活动,蓄意要剥夺弘信公司经营权的调研报告;6. 期货机构月度报表;7. 行政处罚决定书3份;8. 专家论证意见书;9. 弘信公司客户提供的证明函;10. 2009年2月25日弘信公司临时股东会议纪要;11. 相关企业勾结政府部门利用职权干预弘信公司经营、重组,谋夺弘信公司经营权,最终导致弘信公司被撤销期货经营许可的录音资料;12. 报刊杂志。

一审法院经审查认为,中国证监会提交的证据与本案具有关联性,且合法、真实,能够作为认定本案事实的依据,予以采纳。弘信公司提交的证据与本案无关联性,不予采纳。

上述证据均已随案移送本院。二审期向各方当事人没有提交新的证据。经庭审质证及审查核实,本院确认一审法院认证意见正确,并据此认定本案如下事实:

2008年12月10日,青岛证监局向弘信公司发出《关于加强资金管理的通知》(青证监发〔2008〕271号),由于弘信公司的实际控股人青岛黄海轮胎厂占用弘信公司的自有资金,导致弘信公司净资本不达标,违反了《期货公司风险监管指标管理办法》第十八条的规定,通知弘信公司加强资金管理。同日,青岛证监局向青岛黄海轮胎厂发出《整改通知书》,责令其于2008年12月底之前,将所占用的630万元资金归还弘信公司。

《弘信期货经纪有限公司风险监管报表》以及《经调整净资本计算表》中均显示:2008年12月,弘信公司净资本额为14,506,914.90元;2009年1月,弘信公司净资本额为7,669 921.44元,被冻结资产6,607,495.71元;2009年2月,弘信公司净资本额为7,601,728.42元,被冻结资产为6,607,495.71元;2009年3月,弘信公司净资本额为7,113,657.57元,被冻结资产6,607,495.71元;2009年4月,弘信公司净资本额为879,117.08元,被冻结资产12,634,151.22元。

2009年1月5日,青岛证监局对弘信公司作出《监管意见书》。同年2月20日,青岛证监局作出《关于对弘信期货经纪有限公司限期整改并限制业务的通知》(青证监发〔2009〕41号),决定对弘信公司采取以下监管措施:一、自本通知下发之日起暂停开新户,并于2009年2月26日起暂停客户开新仓;二、自本通知下发之日起,就监管部门采取的监管措施告知客户,并妥善做好客户解释安抚工作,采取有效措施,确保交易正常进行;三、你公司须于2009年3月31日前,使净资本符合《试行办法》的规定。如采取重组方式,须于2009年3月31日前向中国证监会期货监管部上报公司股权变更行政许可材料,并将股权转让款存入由我局、相关银行、你公司及相关股东四方共管账户;四、你公司如逾期未改正,中国证监会期货监管部将依据《期货交易管理条例》第五十九条的规定对你公司采取更严厉的措施。

2009年4月1日，弘信公司向青岛证监局提交说明，说明截至2009年3月31日，弘信公司未收到青岛黄海轮胎厂应归还所占用弘信公司的630万元资金，青岛市中级人民法院查封弘信公司基本账户等自有资金账户仍未解冻，弘信公司净资本仍处于不达标状态。

2009年4月，青岛市中级人民法院冻结弘信公司所持有的郑州商品交易所席位费40万元，冻结弘信公司所持有的大连商品交易所席位费50万元，冻结弘信公司在郑州商品交易所、大连商品交易所、上海商品交易所的结算准备金各200万元。

2009年5月20日，青岛市中级人民法院划拨弘信公司在郑州商品交易所、大连商品交易所的结算准备金各200万元。

2009年6月4日，中国证监会作出〔2009〕2号《行政监管措施事先告知书》，告知弘信公司中国证监会拟撤销弘信公司的全部期货业务许可于关闭弘信公司所有分支机构，并告知其陈述、申辩的权利。2009年6月8日，弘信公司收到该告知书，并于同年6月12日向中国证监会提交申辩书。

2009年7月9日，中国证监会作出6号决定并于同年7月28日送达弘信公司。弘信公司不服6号决定向中国证监会提出复议申请，中国证监会于2009年10月26日作出〔2009〕7号行政复议决定，维持6号决定。弘信公司仍不服中国证监会作出的6号决定，向一审法院提起行政诉讼。

本院认为，《试行办法》第十八条规定，期货公司应当持续符合净资本不得低于人民币1,500万元的风险监管指标标准，第三十四条规定，期货公司风险监管指标不符合规定标准的，中国证监会派出机构应当在2个工作日内对公司进行现场检查，对不符合规定标准的情况和原因进行核实，并责令期货公司限期整改，整改期限不得超过20个工作日，第三十六条规定，期货公司逾期未改正或者经过整改风险监管指标仍不符合规定标准的，中国证监会及其派出机构可以依据《期货交易管理条例》第五十九条采取监管措施。《期货交易管理条例》第五十九条第四款规定，对经过整改未达到持续性经营规则要求，严重影响正常经营的期货公司，国务院期货监督管理机构有权撤销其部分或者全部期货业务许可、关闭其分支机构。根据上述法律规定，结合本案，弘信公司的净资本额在2008年12月至2009年3月期间均低于人民币1,500万元的最低指标标准，在青岛证监局责令其限期整改的情况下，截至2009年3月31日整改期限庙满，弘信公司的净资本额仍未达标。中国证监会根据弘信公司的净资本持续不达标，不符合持续性经营规则要求，经限期整改仍未达到要求，严重影响其正常经营的事实，作出的行政监管措施并无不妥。

中国证监会作出的撤销期货业务许可是基于弘信公司净资本不达行已经丧失经营期货业务的能力而作出的行政监管措施，非基于颁发给弘信公司的期货业务许可行为违法或弘信公司存在某种违法行为，因此，弘信公司认为中国证监会作出的6号决定的性质为行政处罚，应当履行行政处罚的告知听证等程序的诉讼主张，缺乏事实及法律依据，本院不予支持。

综上，中国证监会对弘信公司作出的6号决定认定事实清楚，证据充分，适用法律正确，一审法院判决驳回弘信公司的诉讼请求正确，本院应予维持。弘信公司的上诉理由和请求缺乏事实及法律依据。本院不予支持，据此，依据《中华人民共和国行政诉讼法》第六十一条第(一)项的规定，判决如下：

驳回上诉，维持一审判决。

二审案件受理费人民币50元，由上诉人弘信期货经纪有限公司负担(已交纳)。

本判决为终审判决。

二〇一〇年十二月二十日

# 广东省高级人民法院民事判决书

(2010)粤高法民二终字第66号

上诉人(原审原告):何其皓,男,汉族,1977年5月31日出生。

委托代理人:王建新,福建大佳律师事务所律师。

被上诉人(原审被告):海信科龙电器股份有限公司(原广东科龙电器股份一有限公司)。

法定代表人:汤业国,董事长。

委托代理人:李敏杰,广东国鼎律师事务所律师。

委托代理人:卢清华,广东国鼎律师事务所律师。

上诉人何其皓因与被上诉人海信科龙电器股份有限公司(以下简称科龙公司)证券虚假陈述赔偿纠纷一案,不服广东省广州市中级人民法院(2008)穗中法民二初字第468号民事判决,向本院提起上诉。本院依法组成合议庭对本案进行了审理,现已审理终结。

何其皓诉称:科龙公司(股票代码:000921)长期以"绩优股"面目出现,并承诺所披露的信息没有任何虚假陈述、误导性陈述和重大遗漏事项,但却连续、长期虚假陈述。何其皓在不知情的情况下,于2001年5月8日开始交易科龙公司A股。科龙公司因虚假陈述,实际业绩无法支撑其股价,致使其蒙受巨大损失。2005年5月10日,科龙公司称因涉嫌违反证券法规被中国证券监督管理委员会(以下简称中国证监会)立案调查,其证券虚假陈述被披露。2006年6月15日,中国证监会对科龙公司作出两个行政处罚(〔2006〕15号、〔2006〕16号),处罚书认定科龙公司自2000年起即存在虚假陈述,实施日应为2000年1月1日。根据最高人民法院司法解释,科龙公司虚假陈述与何其皓2000年9月22日买进的16,000股股票损失有因果关系,科龙公司应当予以赔偿。经计算,何其皓投资差额损失为51,952元、佣金和印花税损失为233.78元、投资金利息303.72元,实际损失共计52,489.50元。何其皓为维护合法权益,遂提起诉讼,请求判决科龙公司因证券虚假陈述赔偿何其皓实际损失52,489.50元人民币,并承担本案全部诉讼费用。

科龙公司答辩称:不同意何其皓的诉讼请求。何其皓的部分损失与科龙公司的虚假陈述没有因果关系。首先,虚假陈述实施日是2003年4月4日,在当天,科龙公司向公众披露的2002年公报中存在虚假记载,误导了投资者。其次,我方认为本案的揭露日是2004年8月11日。因为在2004年8月10日,著名的经济学家郎咸平在上海复旦大学发表演讲,以事实和数据揭露科龙及其关联公司之间存在不当交易,对格林柯尔系(尤其是科龙公司)的资金运作及盈利真相表示质疑,并部分揭露了科龙公司当时的董事长顾雏军以制造亏损的手法大幅席卷国家财产,采用各种手段使科龙公司显示盈利的假象的行为。这与中国证监会确定违规处罚的主要内容一致,可视为科龙公司在证券市场虚假陈述行为的揭露。从次日即2004年8月11日开始,全国各大报刊杂志和网络对该次演讲进行了刊登,在全国范围内产生巨大影响,股市亦出现了较大波动。所以2004年8月11日符合司法解释中有关在全国范围发行或者播放的报刊、电台、电视合等媒体上,首次被公开揭露之日的规定,应当认定为虚假陈述揭露日。关于本案基准日,根据2004年8月11日为虚假陈述揭露日的陈述,依据相关司法解释中有关基准日的规定,并参考科龙公司的历史交易记录,由于至2005年2月2日科龙公司的股票累计成交量达到了其可流通量部分的100%,所以该可以确定为准日。本案何其皓购买股票在揭露日之后,故不存在虚假陈述所造成的影响,因此不存在因果关系。即使如何其皓所述，揭露日是年5月10日，何其皓的损失中也应当扣除因证券市场系统风险造成的损失。综上，请求驳回何其皓的诉讼请求。

广东省广州市中级人民法院经审理查一明：科龙公司成立于1992年12月16日，于1999年7月13日经中国证监会批准在深圳证券交易所（以下简称深交所）上市，证券简称为科龙电器、ST科龙，证券代码000921。

2006年6月15日，中国证监会作出〔2006〕15号《关于对广东科龙电器股份有限公司王国端等相关责任人违反证券法律法规行为的处罚决定》（以下简称15号处罚书），查明科龙公司的股票年、加似年信息披露存在如下违法行为：一、未披露与广东科龙（容声）集团有限公司（以下简称容声集团）的资金往来事项；二、未按规定披露容声集团代科龙公司归还银行贷款事项；三、未按规定披露为容声集团进行担保及担保责任履行事项；四、未按规定披露代容声集团支付广东三洋科龙冷柜有限公司贷一款事项；五、未按规定披露收取容声集团资金占有利息事项；六、未按规定披露其控股子公司与容声集团签订《推广费用摊销协议》事项。中国证监会认定上述行为违反了原《中华人民共和国证券法》第六十条、第六十一条、第六十二条的有关规定，构成原《中华人民共和国证券法》第一百七十七条第一款所述的“未按照有关规定披露信息或者所披露的信息有虚假记载、误导性陈述或者有重大遗漏的行为”，据此对科龙公司原董事长王国端、徐铁峰分别处以警告、罚款10万元，对科龙公司原董事陈同兴、梁垣英、蔡拾贰分别处以警告、罚款3万元。

同日，中国证监会又作出〔2006〕16号《行政处罚决定书》（以下简称16号处罚书），查明科龙公司披露的2002、2003、2004年年度报告存在虚假记载、重大遗漏等违法事实：2003年至2004年间采取虚构主营业务收入、少计坏账准备、少计诉讼赔偿金等手段编制虚假财务报告，导致2002年度报告虚增利润11，996.31万元，2003年度报告虚增利润班847.05万元，2004年度报告虚增利润14，875.91万元；在2003年度报告现金流量表的披露存在重大虚假记载；在2002年至2004年未披露会计政策变更等重大事项，也未披露与关联方共同投资、购买商品等关联交易事项等。另外，在2000年至2001年，科龙公司还存在上述15号处罚书所认定的未按规定披露重大关联交易的行为。中国证监会认为科龙公司的上述行为违反了原《华人民共和国证券法》第五十九条、第六十条、第六十一条、第六十二条的有关规定，构成原《中华人民共和国证券法》第一百七十七条所述的“未按照有关规定披露信息，或者所披露的信息有虚假记载、误导性陈述或者重大遗漏的行为”，根据其违法行为的事实、性质、情节与社会危害程度，决定对科龙公司处以60万元罚款，对科龙公司原董事长顾雏军等高管和董事分别给予警告和罚款。2006年7月，科龙公司公告收到上述16号处罚书。对于2003年4月4日科龙公司向公众披露的2002年年度报告，该处罚书查实有虚增收入40，330.54万元，虚增利润11，996.31万元，未披露维修保证金会计政策变更事项，未披露江西科龙与江西格林柯尔资本有限公司共同投资的事项等多项虚假陈述的内容。

何其皓曾经在股票市场买卖过科龙公司的殷票。本案审理过程中，广东省广州市中级人民法院依法向深交所及中国证券登记结算公司深圳分公司调取了何其皓买卖科龙公司股票的全部交易记录（详见一审判决书附表）。何其皓及科龙公司对该交易记录的真实性均没有异议。

为证明2004年8月11日是科龙公司虚假陈述行为在全国范围发行或者播放的报刊、电台、电视台等媒体上首次被公开揭露之日，科龙公司提交了经公证的人民网、新浪、网易等向站的网页，刊载有2004年8月11日的《郎咸平“猛击”顾雏军“七板斧”席卷国家财富》、《郎咸平质疑顾雏军“七板斧”伎俩席卷国家财富》等新闻，以证明香港中文大学教授郎咸平2004年8月10日在复旦大学以《格林柯尔：在“国退民进”盛筵中狂欢》为题发表的演讲，在次日即加2004年8月11日首次被全国重要媒体报道；提交了此后新京报、上海经济报、证券日报等多家报刊对此事的报道，以证明郎咸平揭露科龙公司虚假陈述的行为被媒体报道后，在社会上产生了巨大的影响，科龙公司的股价大幅下挫。

郎咸平发表的《格林柯尔：在“国退民进”盛筵中狂欢》的演讲，是质疑在2001－2003年间,顾雏军率领其格林柯尔系企业相继收购科龙、美菱、扬州亚星、襄樊轴承等四家上市公司的行为,认为顾雏军是在国退民进中利用资本运作的手段侵占国有资产。在该演讲中,他表示,“我们查阅大量公开披露的资料并进行了研究分析,以期发现外部表象的内部关联,总结其收购活动中一些规律性的手段”;郎咸平认为,顾雏军先后收购了科龙、美菱、扬州亚星、襄樊轴承等四家上市公司,号称投资41亿元,但实际只投入3亿多元,期间顾雏军采取了多种手法,“七大板斧”即“安营扎寨、乘虚而入、反客为主、投桃报李、洗个大澡、相貌迎人以及借鸡生蛋”。该演讲与本案最具关联性的内容是“第五个操作手法;洗个大澡”,质疑的是顾雏军完成收购以后马上实现盈利的手段,也就是本案中科龙公司2002年年报盈利的原因。郎咸平的演讲称,“通过研究它的财务报表和股市表现,我们发现它在上市公司的费用上做了文章……反客为主(在股权转让完成之前进驻目标公司)后,大幅拉高收购当年费用,形成巨亏,一方面降低收购成本,另一方面为将来报出利好财务报表和进一步的资本运作留出空间。只此一招,就可以‘洗去’未来年份的大块费用负担,轻装上阵,出来一份干干净净报表,赢利,就变得容易多了”;“2001年底,针对容声集团对上市公司的8.6亿元的欠款,出于稳健性原则,ST科龙按20%的比例提取了应收账款准备金,高达1.72亿元,让我一次‘亏’个够。同时,股市作出正面回应,股市应声下跌。而后来,净利润由2002年10,127.70万元增至2003年的20,218.02万元,效果明显。”

何其皓认为科龙公司提交的上述证据不足以证明2004年8月11日是虚假陈述行为首次被公开揭露之日,郎咸平的演讲不仅仅是对顾雏军和科龙公司的质疑,同时也是对美菱、扬州亚星、襄樊轴承提出质疑,这几家公司的股价也同期下跌,但这些上市公司最终并未被认定存有虚假陈述,顾雏军和格林柯尔系被郎咸平质疑仅仅是席卷国有资产,不涉及虚假陈述。因此不能据此认定是揭露虚假陈述的行为。

另查明:2005年5月10日,科龙公司董事会公告,其公司因涉嫌违反证券法规已被中国证监会立案调查。当天,ST科龙在A股市场复牌交易,其股价即跌停,第二天又大幅下跌,其跌幅明显大于深圳成指、电器指数。2004年8月11日之后几天,ST科龙的股价有下跌,但没有跌停的记录,自2005年5月10日起至2005年7月14日,在深交所交易的科龙公司股票的累计成交量达到其可流通部分的100%。自2005年5月10日至2005年7月14日之间的交易日收盘平均价格为2.48元。广东省广州市中级人民法院审理认为:原《中华人民共和国证券法》(1999年7月1日起施行)第六十三条规定,“发行人、承销的证券公司公告招股说明书、公司债样集办法、财务会计报告、上市报告文件、年度报告、中期报告、临时报告,存在虚假记载、误导性陈述或者有重大遗漏致使投资者在证券交易中遭受损失的,发行人、承销的证券公司应当承担赔偿责任”,最高人民法院《关于审理证券市场因虚假陈述引发的民事赔偿案件的若干规定》(以下简称《规定》)第二十一条第一款也规定,“发起人、发行人或者上市公司对其一虚假陈述给投资人造成的损失承担民事赔偿责任。科龙公司披露的2002、2003、2004年年度,报告中存在虚假记载、重大遗漏的事实,已为中国证监会号处罚书所查明,应当对投资人因此造成的损失承担民事赔偿责任。

关于虚假陈述实施日的确定。虽然中国证监会同时作出15号处罚书及16号处罚书,但对科龙公司作出处罚的是16号处罚书。从该处罚书的内容来看,科龙公司2002年至2004年的年度报告中存在的虚假记载和重大遗漏,是处罚书认定的主要违法事实;从信息披露的重大性标准来看,科龙公司2002年至2004年年报存在的虚假陈述,对投资人决策和交易价格的影响,远大于15号处罚书所认定的2000年、2001年未按规定披露重大关联交易的行为。所以,法院认定科龙公司2002年年报公布之日即2003年为虚假陈述的实施日。何其皓以15号处罚书为依据,主张2000年1月1日为虚假陈述行为实施,法院不予支持。

关于虚假陈述揭露日的确定。《规定》第二十条第二款确定虚假陈述揭露日是指“虚假陈述在全国范围发行或者播放的报刊、电台、电视台等媒体上,首次被公开揭露之日。”根据此规定,要以媒体对虚假陈述行为直接的揭露性的报道为揭露日,必须同时具备三个要件:揭露虚假陈述内容;发表于全国性媒体;首次公开揭露。而媒体2004年8月11日报道的郎咸平教授《格林柯尔:在"国退民进"盛筵中狂欢》的演讲,显然不具备第一个要件:首先,该演讲的内容是质疑在2001-2003年间,顾雏军率领其格林柯尔系企业相继收购科龙、美菱、扬州亚星、襄樊轴承四家上市公司的行为,其方法是"查阅大量公开披露的资料并进行了研究分析,以期发现外部表象的内部关联,总结其收购活动中一些规律性的手段,可见,演讲的内容是对公开披露资料的研究分析,不是在人所不知的情况下的揭露;其次,对于科龙公司2002年年报盈利的原因,只是认为顾雏军用多提2001年坏账准备金的手段,造成了2002年的盈利,"出来一份干干净净报表",这种说法,与16号处罚书中认定的科龙公司在2002年至2004年中"采取虚构主营业务收入、少计坏账准备、少计诉讼赔偿金等手段编制虚假财务报告",相差甚远,应当说郎咸平的演讲根本没有质疑科龙公司2002、2003年年报的真实性。虚假陈述被揭露或更正的意义,是对证券市场发出警示信息提醒投资者重新判断股票价值,进而对市场价格产生影响。

2005年5月10日,ST科龙在A股市场复牌交易,其股价即跌停,第二天又大幅下跌,其跌幅明显大于同期的深圳成份指数、电器指数,而2004年8月11日之后几天,ST科龙的股价虽然也有下跌,但并没有跌停的记录,2005年8月3日之后,科龙公司的股价反而上升。所以,从市场的反映来看,2005年5月10日科龙公司关于被中国证监会立案调查的公告,显示了比其他时间点更强的警示程度,使市场获得了足够的警示信号。综上,法院认定2005年5月10日为虚假陈述揭露日,科龙公司关于以2004年8月11日为虚假陈述揭露日的主张,不予支持。

根据《规定》第三十三条第一款的规定,自揭露日2005年5月10日起至2005年7月14日,科龙公司的股票累计成交量达到其可流通部分的100%,法院确定2005年7月14日为基准日。

《规定》第十八条规定,"投资人具有以下情形的,人民法院应当认定虚假陈述与损害结果之间存在因果关系:(一)投资人所投资的是与虚假陈述直接关联的证券;(二)投资人在虚假陈述实施日及以后,至揭露日或者更正日之前买入该证券;(三)投资人在虚假陈述揭露日或者更正日及以后,因卖出该证券发生亏损,或者因持续持有该证券而产生亏损。"何其皓在2005年4月4日至2005年5月10日期间买入科龙公司的股票,在2005年5月10日以后因卖出或持续持有而发生的亏损,与科龙公司的虚假陈述行为之间存在因果关系,有权要求科龙公司按照《规定》第三十条的规定赔偿损失。但是依据《规定》第十九条第(四)项的规定,如果损失或部分损失是由证券市场系统风险等其他因素所导致时,虚假陈述与损害后果之间就不存在因果关系。证券市场中,虽然个股在短时间内不受股指波动的影响是有可能的,但在相当长的一段时间内,个股不可能不受股指波动影响。众所周知,从2001年到2005年,是我国股票市场长达五年的大熊市,大盘的跌幅巨大。科龙公司的股票在2003年至2005年间的价格不断下跌,不可能没有大盘风险的影响,完全否定系统风险的存在是不客观的。市场实践表明,大盘指数能够在相当程度上反映出系统风险,故法院选择以深圳成份指数为标准,计算系统风险所致的损失额。

根据上述时间点的确定,结合何其皓买卖科龙公司股票的交易记录,依照《规定》第三十条、第三十一条、第三十二条的规定,经计算,何其皓的实际损失为49,343元(包括投资差额损失、印花税、佣金和利息,参照深圳成份指数扣除系统风险所致的损失额17,944元,何其皓应得到的赔偿总额为31,399元(投资差额损失、印花税、佣金、利息以及系统风险所致损失额的具体计算,详见一审判决书附表)。

综上所述,何其皓的部分诉讼请求,符合法律规定,法院予以支持。依照《中华人民共和国民法通则》第一百零六条第二款,原《中华人民共和国证券法》(1999年7月1日起施行)第六十三条,最高人民法院《关于审理证券市场因虚假陈述引发的民事赔偿案件的若干规定》第十七条、第十八条、第十九条、第二十一条、第二十九条、第三十条、第三十一条、第三十二条、第三十三条的规定,判决:一、科龙公司在判决发生法律效力之日起十日内,赔偿何其皓31,339元;二、驳回何其皓的其他诉讼请求。如果未按本判决指定的期间履行给付金钱义务,应当依照《中华人民共和国民事诉讼法》第二百二十九条的规定,加倍支付延迟履行期间的债务利息。案件受理费1,112元,由科龙公司负担665元,何其皓负担447元。

何其皓不服广东省广州市中级人民法院上述民事判决向本院提起上诉称:根据最高人民法院《规定》,科龙公司如主张何其皓的损失或者部分损失是证券市场系统风险等其他因素所导致的,必须承担举证责任。科龙公司一审未举证证明造成市场系统风险的事由存在;也未举证证明该事由对股票市场产生了重大影响,引起全部股票价格大幅度涨跌,导致了系统风险发生;也未举证证明以某特定指数度量市场系统风险的合理性。事实上同期许多股票根本未跌甚至还大幅上升。原审法院关于扣除系统风险因素所致损失额的认定没有任何事实与法律依据。原审判决认定事实不清,适用法律错误。请求:1. 撤销原审判决,改判科龙公司赔偿何其皓实际损失52,489.50元(上诉金额21,090.5元);2. 一、二审全部诉讼费用由科龙公司承担。

科龙公司答辩称:原审法院关于虚假陈述述实施日、揭露日的认定正确。关于系统风险所致损先应予以扣除。请求驳回何其皓的诉讼请求。

本院经审理,对一审法院查明的事实予以确认。

本院认为,本案为证券虚假陈述赔偿纠纷。本案二审应围绕当事人上诉请求的范围进行。当事人没有提出请求的,不予审查。本案二审争议的焦点为证券市场系统性风险所致损失的扣除问题。根据最高人民法院《关于审理证券市场因虚假陈述引发的民事一赔偿案件的若干规定》第十九条第(四)项的规定,对于因证券市场系统风险所导致的损失,不应认定虚假陈述与损害结果存在因果关系,故应予扣除。原审法院根据2001年至2005年是我国股票市场长达五年大熊市、大盘跌幅巨大的市场背景,在法律法规和司法解释没有明确计算标准的前提下,选择大多数投资者认可的深圳成份指数作为标准,用以计算系统风险所致报失额并予以扣除,并无不当。何其皓认为原审法院关于扣除系统风险因素所致损失额的认定没有事实与法律依据的主张,本院不予支持。

综上原审判决认定事实清楚,适用法律正确,依法应予维持。何其皓的上诉主张缺乏事实和法律依据,依法应予驳回。依照《中华人民共和国民事诉讼法》第一百五十三一条第一款第(一)项、第一百五十八条之规定,判决如下:

驳回上诉,维持原判。

二审案件受理费328元,由何其皓负担。

本判决为终审判决。

二〇一〇年五月二十五日

# 最高人民法院民事判决书

(2010)民提字第111号

申请再审人(一审被告,二审上诉人):银建期货经纪有限责任公司天津营业部。

负责人:韩兵,该公司经理。

委托代理人:于学会,北京市众天律师事务所律师。

委托代理人:詹敏,北京市中咨律师事务所律师。

被申请人(一审原告,二审上诉人):范有孚,男,1960年7月15日出生,汉族,无职业。

委托代理人:李玲,北京市汉韬律师事务所律师。

委托代理人:申利,北京市汉韬律师事务所律师。

申请再审人银建期货经纪有限责任公司天

津营业部（以下简称天津营业部）为与范有孚期货交易合同纠纷一案，不服天津市高级人民法院（2009）津高民二终字第0028号民事判决，向本院申请再审。本院以（2010）民申字第147号民事裁定提审本案并依法组成由审判员贾纬担任审判长，代理审判员沙玲、周伦军参加的合议庭进行了审理，书记员赵穗军担任记录。本案现已审理终结。

2008年4月7日，范有孚向天津市第一中级人民法院提起诉讼称，根据合同约定和《期货交易管理条例》规定，天津营业部强行平仓损害了其权益，请求判令天津营业部赔偿其损失9,027,085.66元并承担诉讼费用。

天津市第一中级人民法院一审查明：2007年3月5日，范有孚与天津营业部签订期货经纪合同及其补充1.2配套协议，委托天津营业部按照交易指令为范有孚进行期货交易。该合同第六条约定："天津营业部有权根据期货交易所的规定或者按照市场情况随时自行通知保证金比例。天津营业部调整保证金、以天津营业部发出的调整保证金公告或者调整为准。第七条约定："天津营业部有权根据自己的判断，随时对范有孚单独提高保证金比例。在此种情形下，提高保证金通知单独对范有孚发出。"第八条约定："范有孚在下达新的交易指令前或者在其持仓过程中，应随时关注自己的持仓，保证金和权益变化。"第十条约定："范有孚因交易亏损或者其他原因，其风险率小于100%时，天津营业部停止接受范有孚下达的开仓指令，并按照本合同约定的方式向范有孚发出追加保证金的通知，范有孚应当在下一交易日开市前及时追加保证金或者立即采取减仓措施，否则，天津营业部有权在事先不通知范有孚的情况下，对范有孚的部分或者全部未平仓合约强行平仓，最高可至范有孚的风险率大于100%。范有孚应承担强行平仓的手续费及由此发生的损失。"第十一条约定："范有孚在不能及时追加保证金情况下应自行采取减仓措施以符合天津营业部的保证金要求，尽量避免由天津营业部执行强行平仓措施。范有孚不得以天津营业部强行平仓的时机、价位和数量不佳为由向天津营业部主张权益。"第十四条约定："天津营业部在每一交易日闭市后向范有孚发出每日交易结算单、调整保证金通知、追加保证金通知等通知事项……。"

合同签订后，2007年12月24日前，范有孚持有Cu0802合约33手、Cu0803合约369手、Cu0804合约10手。2007年12月24日，范有孚根据天津营业部的通知，自行平仓大豆270手，达到天津营业部要求的保证金水平。天津营业部在15时收市后，于18时50分通知范有孚追加保证金。范有孚于2007年12月25日13时48分存入保证金150万元。2007年12月25日8点59分，天津营业部在集合竞价时对范有孚所持空仓合约412手强行平仓，其平仓价位分别为Cu0802合约33手62,390元/吨，Cu0803合约369手61,250元/吨、Cu0804合约10手60,840元/吨。当日，收盘价格分别为Cu0802合约58,850元/吨、Cu0803合约57,970元/吨、Cu0804合约58,050元/吨。按照强行平仓价格与当日收盘价格的差价计算，范有孚持有Cu0802合约33手的差价损失为471,900元、Cu0803合约369手的差价损失为6,051,600元、Cu0804合约10手的差价损失为139,500元，共计损失为6,663,000元。

天津市第一中级人民法院认为，范有孚与天津营业部于2007年3月5日签订的期货经纪合同及补充协议，未违反有关法律规定，合法有效，双方当事人均应依约全面履行合同约定的权利义务。期货交易具有高风险特征，在本案中，范有孚作为天津营业部的期货交易客户，天津营业部在《开户申请书》、《期货交易风险说明书》中均给范有孚进行了风险提示，并经范有孚签字确认；同时在双方签订的期货经纪合同的第三条中对在交易中可能出现的风险及造成的后果也做了明确的约定，范有孚作为交易客户，在持仓过程中，应随时关注自己的持仓保证金及权益的变化，预见风险加大有可能造成强行平仓的后果时，应主动追加保证金或主动减仓，以避免损失的发生。因此范有孚应承担相应的责任。天津营业部作为交易场所，对期货市场风险具有监管的责任，应就交易中有可能或已经出现的风险，对客户进行提示并应在合理的时间内通知客户追加保证金。本案中，天津营业部虽然依据期货交易的相关规定及双方约定，向范有孚发送了追加保证金的通知，但因其未能提供给范有孚追加保证金的合理时间，以致造成范有孚强行平仓的损失，对此天津营业部应承担相应赔偿责任。范有孚的实际损失应以33手Cu0802合约强行平仓价与当日收盘价的差价471,900元、369手Cu0803合约差价6,051,600元、10手Cu0804合约差价139,500元为损失依据,共计损失6,663,000元。范有孚诉讼请求以2007年12月28日的最低价格为据计算损失9,027,085.66元的事实依据不足。天津营业部以强行平仓行为符合有关法律规定,不应赔偿范有孚经济损失的抗辩理由,法律依据不足,不予支持。据此,对范有孚造成的损失,双方应共同承担责任。综上,该院依据《中华人民共和国合同法》第一百二十条,最高人民法院《关于审理期货纠纷案件若干问题的规定》第三十九条的规定,判决:一、天津营业部于该判决生效后十日内赔偿范有孚经济损失6,663,000元的60%,计3,997,800元。二、驳回范有孚其他诉讼请求。一审案件受理费74,989元,范有孚负担44,993.4元,天津营业部负担29,995.6元。

天津营业部和范有孚均不服天津市第一中级人民法院的一审判决,向天津市高级人民法院提起上诉。范有孚上诉称:一审判决认定事实不清,析责失当,应依法改判。一、一审判决书认定事实不清。1. 已有证据充分证明,2007年12月24日下午2时许,天津营业部经理王建玲分别以口头和书面通知范有孚,因其保证金不足,需追加保证金或自行平仓铜合约65手。范有孚当即采取了自行平仓的措施,挂单平仓铜合约65手,天津营业部亦擅自重复为范有孚挂单铜约65手,共计130手。因市场原因未平出去,范有孚按天津营业部要求自行平仓大豆合约270手,已达到天津营业部要求的保证金水平。同时范有孚按照合同约定,以支票的方式向天津营业部支付保证金,但遭拒绝。2. 一审判决认为范有孚于2007年12月25日13时48分存入保证金150万元,与事实不符。2007年12月25日上午9时许,范有孚就将资金即时到账的银行资金卡按惯例交给天津营业部支付保证金,而天津营业部拖至下午才转到公司自己的账上,实际范有孚上午9时许就支付了保证金。3. 天津营业部没有按照合同第十条规定的时间,前后如一地通知范有孚追加保证金,24日天津营业部经理王建玲分别以口头和书面通知,而第二次提高保证金后,通知追加保证金的时间既不合理又严重地违反了合同的规定。4. 一审判决书在损失的计算及责任的分担方面计算有误。二、一审判决书析责失当。一审判决书判定天津营业部承担60%的责任,范有孚承担40%的责任,确为失当。此案是由于天津营业部严重违反合同,肆意侵害范有孚追加支付保证金、自行平仓之权利而造成。范有孚按照合同支付保证金并按照合同采取减仓措施,而天津营业部却滥施平仓之为,依法应当承担全部的责任,即赔偿范有孚经济损失9,027,085.66元。二审诉讼中,范有孚又变更其诉讼请求,要求判决天津营业部赔偿其平仓损失13,066,500元。范有孚请求:1. 撤销一审判决,改判天津营业部赔偿范有孚经济损失9,027,085.66元;2. 本案一、二审案件受理费均由天津营业部承担。针对范有孚的上诉理由和请求,天津营业部答辩称,天津营业部强行平仓的行为符合双方合同约定。由于2007年12月24日收盘时,范有孚所持仓的铜合约出现涨停板,市场发生变化,使范有孚保证金不足。因该公司只允许从登记的结算账户中支付保证金,范有孚于25日向天津营业部提交单位支票支付保证金被拒绝。因此,范有孚账户损失应由其自己负责。

天津营业部上诉称:一审法院认可双方签署的《期货经纪合同》及补充协议合法有效。该《期货经纪合同》第十条约定:范有孚因交易亏损或其他原因,其风险率小于100%时,天津营业部停止接受范有孚下达的开仓指令,并按照本合同约定的方式向范有孚发出追加保证金的通知。范有孚应当在下一交易日开市前及时追加保证金或者立即采取减仓措施,否则,天津营业部有权在事先不通知范有孚的情况下,对范有孚的部分或者全部未平仓合约强行平仓,最高可至范有孚的风险率大于100%。范有孚应承担强行平仓的手续费及由此发生的损失。最高人民法院《关于审理期货纠纷案件若干问题的规定》第三十六条第二款规定:“客户的交易保证金不足,又未能按期货经纪合同约定的时间追加保证金的,按期货经纪合同的约定处理;约定不明确的,期货公司有权就其未平仓的期货合约强行平仓,强行平仓造成的损失,由客户承担。”本案天津营业部对范有孚执行强行平仓完全符合上述合同约定及司法解释的规定,因此,强行平仓的行为应为合法有效,由此造成的损失,理应由范有孚承担。其次,范有孚的账户损失是因其交易方向错误,无法及时追加保证金遭遇的市场风险,并非天津营业部未能提供追加保证金的合理时间所致。2007 年 12 月 24 日收盘后,天津营业部向范有孚发出强行平仓通知书,要求范有孚在第二日开盘前追加保证金 1,336 万元,否则,将对范有孚的持仓予以全部或部分平仓。如果范有孚在 25 日的 9 时 30 分前后将资金追加到位,而在此之前天津营业部已将其账户合约强行平仓,则范有孚可以指责天津营业部未给其提供合理的追加保证金时间。而事实是,12 月 25 日,范有孚已经无力按天津营业部要求追加保证金,到下午 13 时 48 分才追加到账 150 万元,其到账时间及金额均与天津营业部追加保证金通知的要求相差甚远。因此,范有孚的账户损失与天津营业部是否提供合理的追加保证金时间根本无关。综上,一审判决认定的事实及适用法律有误,应予撤销。请求:撤销一审判决,依法改判驳回范有孚的诉讼请求。针对天津营业部的上诉理由和请求范有孚答辩称,天津营业部的上诉理由不成立,应驳回其上诉请求。天津营业部擅自大幅度提高保证金,不合常规地强行平仓 412 手铜合约,应对范有孚损失承担全部赔偿责任。

天津市高级人民法院除确认一审法院查明的事实以外,另查明:2007 年 12 月 25 日,天津营业部将保证金比例提高到 16.5%。天津营业部向范有孚出具的 2007 年 12 月 25 日范有孚《交易结算单》成交记录显示,平仓盈亏为:-13,066,500 元。

天津市高级人民法院二审认为,本案争议的焦点为天津营业部对范有孚因强行平仓所造成的损失是否承担赔偿责任,承担何种赔偿责任;强行平仓损失的计算标准如何确定。

关于天津营业部对范有孚因强行平仓所造成的损失是否承担赔偿责任,承担何种赔偿责任的问题。该院认为,保证金制度是期货交易风险控制的重要组成部分,是期货市场稳定和健康发展的前提。保证金的数额是由期货交易管理机构根据期货交易的实际状况作相应的调整。但期货交易所或期货公司应当给予客户合理追加保证金的时间。本案天津营业部在 2007 年 12 月 24 日 15 时收盘后,于 18 时 50 分通知范有孚追加保证金 1,336 万元。2007 年 12 月 25 日 8 时 59 分,天津营业部在集合竞价时即强行平仓范有孚持有铜合约 412 手,该行为使范有孚持仓虚亏变为实亏,而该期间范有孚根本无法将追加的保证金交到天津营业部账户上。特别是 2007 年 12 月 24 日范有孚根据天津营业部的通知自行平仓,已达到天津营业部要求的保证金水平,其已尽到注意义务。当日收盘后的 18 时 50 分,期货公司又大幅度提高了保证金比例达到 16.5%,对此突变情形,天津营业部也未向范有孚特别告知,从而使范有孚失去对追加保证金数额的合理预期。为了保护客户的利益,由此造成的损失应由天津营业部承担。虽然双方签订的期货经纪合同及补充协议第十条约定:范有孚因交易亏损或其他原因,其风险率小于 100% 时,天津营业部按照合同约定的方式向范有孚发出追加保证金的通知。范有孚应当在下一交易日开市前及时追加保证金或者立即采取减仓措施,否则,天津营业部有权在事先不通知范有孚的情况下,对范有孚的部分或者全部未平仓合约强行平仓,最高可至范有孚的风险率大于 100%。范有孚应承担强行平仓的手续费及由此发生的损失。但上述合同并未就追加保证金的合理时间进行约定,天津营业部挂单强平时银行尚未营业,显属未给予范有孚追加保证金的合理时间。对此,范有孚并无过错,天津营业部的强平行为与范有孚损失具有直接的因果关系,其应承担相应的赔偿责任。关于天津营业部以范有孚并未在 2007 年 12 月 25 日 9 点 30 分前后将资金追加到位,到下午 13 时 48 分才到账 150 万元,其到账时间及金额与天津营业部追加保证金通知的要求相差甚远,因此,范有孚的账户损失与天津管业部是否提供合理的追加保证金时间无关的主张,因天津营业部于 2007 年 12 月 25 日期货市场开盘前已挂单强平范有孚 412 手铜合约,相应的损失已经发生,故此后范有孚是否追加保证金与该损失并无法律上的因果关系,该院对天津营业部的主张不予支持。

关于按照何种标准计算强行平仓损失的问题。对于强行平仓损失的计算标准,我国法律及其行政法规并无相应的规定。根据天津营业部向范有孚出具的 2007 年 12 月 25 日范有孚《交易结算单》反映的内容,范有孚一审诉讼中主张的9,027,085.66元确属强平损失,应予支持。综上,一审判决认定事实清楚,但适用法律不当,应予纠正。依照《中华人民共和国民事诉讼法》第一百五十三条第一款第(二)项之规定,该院判决:一、撤销天津市第一中级人民法院(2008)一中民二初字第61号民事判决;二、天津营业部于该判决生效后十日内赔偿范有孚经济损失9,027,085.66元。如未按该判决规定的期间履行给付金钱义务,应当按照《中华人民共和国民事诉讼法》第二百二十九条的规定,加倍支付迟延履行期间的债务利息。一审案件受理费人民币74,989元,二审案件受理费人民币74,990元,由天津营业部负担。

天津营业部不服天津市高级人民法院二审判决,向本院申请再审称:(一)二审判决适用法律错误。二审判决书认为天津营业部应当在强行平仓前给予客户合理追加保证金的时间,该认定没有法律依据,属于法律适用错误。根据双方《期货经纪合同》第十条约定:只要天津营业部按照约定向范有孚发出追加保证金通知,而范有孚没有在第二日开市前及时追加保证金或者立即采取减仓措施,天津营业部就有权对范有孚的持仓合约强行平仓。一审判决书却认为:"上述合同未就追加保证金的合理时间进行约定。"就是说二审判决书不认可双方上述合同的约定。(二)二审判决认定的基本事实没有证据支持。前一日收盘后,天津营业部向范有孚发出追加保证金通知,要求范有孚在第二日开盘前追加保证金1,300余万元;第二日开盘时,范有孚没有追加保证金,也没有自行平仓的指令,天津营业部在开盘后强行平仓部分合约412手;下午13时38分,范有孚追加150万元到账户。无论从到账时间还是到账金额都是"不合理"的。因此,二审判决认定天津营业部的过错是不成立的。(三)损失计算有误。2007年12月25日,范有孚《交易结算单》上显示范有孚平仓盈亏为-1,300余万元,这是范有孚的平仓合约从建仓起到平仓止的全部盈亏,这是由于范有孚选择买卖方向错误造成的投资亏损。并非天津营业部强行平仓给其造成的损失。天津营业部8时59分强行平仓,如果范有孚的资金在9时30分前到账,范有孚可以要求天津营业部立即为其恢复持仓或自己下单恢复持仓。这时强行平仓与重新恢复建仓之间产生的差价,就是天津营业部"过错"给范有孚造成的实际损失;由于范有孚没有在"合理"时间内追加保证金,其账户就不存在恢复持仓合约的问题,天津营业部的过错也就没有相应的后果。因此,按照二审判决书认定的责任,天津营业部的过错并未给范有孚账户造成实际的损失。综上,请求撤销二审判决,改判驳回范有孚的全部诉讼请求,并由其承担本案全部诉讼费用。

被申请人范有孚答辩称:(一)二审判决于法有据,应依法予以维持。(二)天津营业部的申诉不符合事实、证据和法律,应当依法予以驳回。首先,天津营业部擅自大幅度提高保证金的比例缺乏依据,且其通知范有孚追加保证金的时间不合理。其次,天津营业部的强平时间不合理且违规,剥夺了答辩人自行减仓的权利,其平仓行为不仅超量,平仓顺序也不符合惯例和规定。(三)应当依法对天津营业部惯用的黑箱操作进行彻查。请求驳回申诉,维持原二审判决。

本院再审期间另查明:2007年12月21日(周五),上海期货交易所Cu0802、Cu0803、Cu0804合约的保证金比例均为7%;天津营业部保证金比例均为9.5%。12月24日,Cu0802合约出现第一个涨停板,Cu0803合约、Cu0804合约出现第二个涨停板。当日收市后,上海期货交易所交易发布公告称:今日Cu0803、Cu0804合约出现第2个涨停板,按交易规则,下一交易日上述合约涨/跌停板幅度调整为6%,交易保证金比例调整为9%;Cu0802合约出现第1个涨停板,下一交易日上述合约涨/跌停板幅度调整为5%,交易保证金比例仍为7%。据此,24日收市后天津营业部将Cu0802合约的保证金比例调整为14.5%,Cu0803、Cu0804合约的保证金比例调整为16.5%。25日收市,Cu0803、Cu0804合约未出现第3个涨停板,上海期货交易所将两合约保证金比例调整为6.5%;Cu0802合约未出现第2个涨停板,上海期货交易所该合约保证金比例仍为7%。天津营业部则将Cu0803、Cu0804合约保证金比例调整为9%,将Cu0802合约保证金比例调整为9.5%。

范有孚在Cu0802、Cu0803、Cu0804合约开空仓的时间、价格及合约当日收盘价格如下:Cu0802合约,2007年12月20日开仓33手,开仓均价为55,659.09元,当日收盘价为56,020

元。Cu0803 合约，同年 11 月 23 日开仓 15 手，开仓均价为54,412.67元，当日收盘价为 55,500 元；11 月 26 日开仓 22 手，开仓均价为 55,369.09元，当日收盘价为 54,620 元；11 月 27 日开仓 35 手，开仓均价为 54,051.43 元，当日收盘价为 54,300 元；11 月 28 日开仓 22 手，开仓均价为 54,533.18 元，当日收盘价为 55,500元；11 月 29 日开仓 25 手，开仓均价为 56,467.60 元，当日收盘价为57,040元；11 月 30 日开仓 4 手，开仓均价为 56,965.00 元，当日收盘价为 57,880 元；12 月 4 日开仓 60 手，开仓均价为55,913.50元，当日收盘价为 55,690 元；12 月 5 日开仓 50 手，开仓均价为 55,428.40 元，当日收盘价为 56,930 元；12 月 6 日开仓 31 手，开仓均价为 56,577.74 元，当日收盘价为 56,300元；12 月 10 日开仓 19 手，开仓均价为 56,774.20 元，当日收盘价为 56,900 元；12 月 14 日开仓 5 手，开仓均价为 53,820.00 元，当日收盘价为 54,120 元；12 月 17 日开仓 8 手，开仓均价为54,345.00元，当日收盘价为 53,950 元；12 月 18 日开仓 73 手，开仓均价为 52,641.92 元，当日收盘价为 52,410 元。Cu0804 合约，12 月 13 日开仓 9 手，开仓均价为54,628.89元，当日收盘价为 54,990 元；12 月 17 日开仓 1 手，开仓价为 54,850.00 元，当日收盘价为 54,000 元。以上，范有孚 33 手 Cu0802、396 手 Cu0803、10 手 Cu0804 合约开空仓卖价均价分别为55,659.09元、54,860.78 元、54,651 元。

天津营业部提供的 12 月 24 日范有孚交易结算单，显示："当日结存：15,342,772.36元；浮动盈亏：-7,733,100.00元；客户权益：7,609,672.36 元；保证金占用：20,968,191.75 元；可用资金：-13,358,519.39元；风险度：36.29%；追加保证金：13,358,519.39 元。Cu0802、Cu0803、Cu0804 三张合约 24 日结算价分别为：59,690 元、58,330 元、58,630元。"该交易结算单是天津营业部在 24 日收市后，按照下一交易日 Cu0802 保证金比例调整为 14.5%，Cu0803、Cu0804 调整为 16.5% 计算得出的。如果 24 日保证金比例均按照 9.5% 计算，则范有孚资金账户当日结存24,124,957.86元；浮动盈亏为 -7,733,100.00元；客户权益 16,391,857.86 元；保证金占用 12,186,006.25 元；风险度为 74.34%。

12 月 25 日 8 时 55 分，天津营业部将范有孚所持 412 手空仓合约以涨停价格强行平仓挂单。如此，Cu0802 合约则是第 2 个涨停价，Cu0803、Cu0804 合约已是第 3 个涨停价。集合竞价期间，三张合约 412 手全部以非涨停价格成交，成交价格为一审查明的价格。Cu0802、Cu0803、Cu0804 合约分别于 2008 年 2 月 15 日、3 月 15 日和 4 月 15 日到期，交割价分别为 63,660 元、66,810 元和 64,200 元。

范有孚与天津营业部签订的期货经纪合同第二十八条约定，"如期货公司强行平仓不符合约定条件，天津营业部应当恢复被强行平仓的头寸，并赔偿由此造成的直接损失"。

本院再审认为，本案当事人之间签订的期货经纪合同第六条、第七条、第十条、第十一条和第十四条约定了保证金比例及追加、强行平仓实施条件等风险控制内容。同时，国务院《期货交易管理条例》第二十九条、第三十八条，本院《关于审理期货纠纷案件若干问题的规定》第三十六条、第四十条对维持保证金标准以及合法依约强行平仓均作出了明确规定。故范有孚依据双方合同和《期货交易管理条例》等法律规定认为天津营业部强行平仓行为不当、侵犯其合法权益提起的民事赔偿之诉，是合同责任与侵权责任竞合之诉。双方当事人于本案争议的焦点为天津营业部强行平仓是否存在过错及应否承担民事责任、范有孚的损失构成和天津营业部的责任范围。

（一）关于天津营业部强行平仓是否存在过错及应否承担民事责任

强行平仓是法律规定与合同约定的，当客户账户保证金不足且未按要求追加，客户也未自行平仓的前提下，则期货公司为控制风险有权对客户现有持仓采取方向相反的持仓从而结清客户某金融资产持仓的行为。对客户而言，强行平仓是其期货交易亏损到一定程度后由他人实施的最严厉的风险控制措施。所以，《期货交易管理条例》第三十八条第二款规定的"客户保证金不足时，应当及时追加保证金或者自行平仓。客户未在期货公司规定的时间内及时追加保证金或者自行平仓的，期货公司应当将该客户的合约强行平仓，强行平仓的有关费用和发生的损失由该客户承担"内容，为期货公司采取强行平仓措施之前，设定了以下三个条件：一是客户保证金不足；二是客户没有按照要求及时追加保证金;三是客户没有及时自行平仓。只有满足了上述三个法定条件,期货公司才有权强行平仓。如果期货公司不严格按照法律规定和合同约定执行强行平仓,这将使得客户不仅要承担市场交易风险可能造成的损害,而且还要承担市场运行机制中人为风险对其造成的损害。

天津营业部强行平仓是否存在过错,是否损害了范有孚的权益,应当根据上述三个条件进行分析。第一,范有孚保证金是否不足。2007年12月24日(星期一)收市后,上海期货交易所将下一交易日的Cu0803、Cu0804保证金比例调整为9%,Cu0802保证金比例调整为7%。天津营业部则相应大幅度调高下一交易日Cu0803、Cu0804保证金比例为16.5%、Cu0802保证金比例为14.5%。因为上海期货交易所和天津营业部是在24日收市后调高25日的保证金比例,所以24日当日结算仍应执行21日(星期五)的保证金比例。而21日上海期货交易所Cu0802 、Cu0803、Cu0804合约的保证金比例均为7%;天津营业部该三张合约保证金比例均为9.5%。天津营业部诉讼提交的24日范有孚交易结算单,执行的却是25日大幅度提高后的16.5%和14.5%保证金比例。如果该交易结算单的数据是真实的,天津营业部就不该在25日才采取强行平仓措施,24日交易期间就应强行平仓。因为根据该交易结算单上数据,保证金占用/客户权益计算得出的风险率,不会是该交易结算单上的36.29%,而是275.54%。风险率为275.54%,意味着范有孚保证金不仅全部被持仓合约占用,而且令天津营业部还为其支付了合约占用资金的175.54%。所以,天津营业部提交的按照25日保证金比例计算的交易结算单,不能证明范有孚24日结算保证金不足。这种以下一交易日保证金比例作为当日结算依据的结算方式与上海期货交易所的交易规则相悖,故本院不予采信。保证金比例如按照9.5%计算,24日收市后的范有孚账户客户权益为16,391,857.86元,保证金占用为12,186,006.25元,风险率为74.34%,可用资金为正值。故本院对范有孚关于其24日根据天津营业部的通知,自行平仓270手大豆合约,使账户达到了天津营业部当日保证金比例要求的答辩意见予以支持。如果范有孚继续持仓而不追加保证金,即使不提高保证金比例,随着合约价格的波动,其账户以后也可能要发生穿仓的事实。尽管如此,但也不能以尚未发生的事实而认定范有孚账户保证金24日已经不足。第二,范有孚是否按照要求及时追加保证金。首先,风险率也称风险度,是期货交易客户账户中合约占用保证金金额与客户权益金额之比得出的风险控制参数。风险率越低,客户可用资金越多,合约占用保证金就越少,保证金风险就越小。格式期货经纪合同一般约定风险率大于100%,即客户账户可用资金小于0时,期货公司在交易期间或者结算时向客户发出限制开仓、追加保证金或者自行平仓的通知,客户应当及时追加或者在交易期间及时平仓,使风险率低于100%,即账户可用资金大于0,否则,期货公司有权对客户的部分或全部持仓合约强行平仓,直至客户可用资金大于0,也即风险率小于100%。本案双方期货经纪合同第十条约定的却是风险率小于100%时,天津营业部就可以向范有孚发出限制开仓、追加保证金或者自行平仓的通知,范有孚则需及时追加保证金或者立即采取减仓措施,不然天津营业部有权在事先不通知范有孚的情况下,对范有孚的部分或者全部未平仓合约强行平仓。显然,该条约定内容与风险率参数设置内涵、保证金风险控制目的和方法相左。将"大于100%"条件更换为"小于100%",这意味着天津营业部任何时候都可以采取限制开仓、通知追加保证金和自行平仓、如不满足要求直至强行平仓等措施。其次,法律规定和合同约定客户保证金不足时应当及时追加,但及时是建立在有追加的可能前提下。24日收市后,根据大幅度提高后的保证金比例,范有孚账户25日面临保证金不足需要追加,天津营业部却迟至晚18时50分才通知范有孚提高保证金比例并要求在25日开盘前追加保证金1,336万元,否则强行平仓。而当晚18时50分至次日9时,银行等金融机构处于休息状态并不营业,这期间范有孚没有追加保证金的可能。25日9时以前,期货市场集合竞价期间,天津营业部即对范有孚412手空头合约以第3个和第2个涨停价实施强行平仓且全部以非涨停价格成交。所以,范有孚没有追加保证金的事实,应认定天津营业部没有给范有孚追加保证金的机会,而不应认定范有孚没有按照要求或者没有能力追加保证金。第三,天津营业部25日保证金比例是否合理。保证金比例高低直接关系到期货交易和结算占用资金的多少,关系到客户期货交易结算风险的高低。法律规定期货公司向客户收取的保证金,不得低于期货交易所规定的标准,但高于多少却没有确定。12月21日,天津营业部的保证金比例相对上海期货交易所的没有高过3%。但24日收市后,天津营业部大幅度提高标准,三张合约保证金比例均超过上海期货交易所标准7.5%。25日收市,上海期货交易所没有调整保证金比例,而天津营业部自行将三张合约的保证金比例又分别回调到9.5%和9%,故天津营业部25日保证金比例变动具有随意性和突发性。尽管本案合同没有明确约定保证金比例高于上海期货交易所标准多少,根据双方约定的"随时自行通知保证金比例,随时对范有孚单独提高保证金比例"内容,天津营业部随意单日对范有孚大幅度提高证金比例似乎并不违约。但是,在风险很高的期货市场,这种随意单日远超过期货交易所标准的对客户大幅度提高保证金比例的行为,客观上使得客户在承受期货市场交易风险的同时还承受了来自市场交易风险之外的运行机制中人为导致的风险。"随时自行通知保证金比例,随时对范有孚单独提高保证金比例"的约定,属于概括性约定且以格式合同为表现。当格式合同履行中出现不同理解或履行中发生不公平现实时,应当适用《中华人民共和国合同法》第四十一条的规定,向有利于非格式合同提供方(客户)作合同解释和认定。所以,仅就25日一个交易日单独对范有孚实施远超过上海期货交易所标准的提高保证金比例行为,是不公平和不合理的。第四,范有孚是否有及时自行平仓的机会。法律没有规定强行平仓前多长期间内自行平仓属于及时平仓,但现实要求自行平仓必须发生在期货交易时间之内,如果当日没有开市,即要求客户平仓或者挂出平仓单,是对法律规定的及时自行平仓操作的曲意理解,是对客户的苛刻要求。25日尚未开市的集合竞价期间,范有孚的412手合约即被强行平仓,天津营业部不仅没有给予范有孚追加保证金的机会,甚至连自行平仓的机会也没有给予。

根据本案强行平仓的时间、报价和数量,结合大幅度单日提高保证金比例,可以认定天津营业部不是出于善意的目的,其没有满足法律规定和合同约定条件实施的强行平仓行为存在过错。根据双方合同第二十八条"如期货公司强行平仓不符合约定条件,天津营业部应当恢复被强行平仓的头寸,并赔偿由此造成的直接损失"的约定,本院《关于审理期货纠纷案件若干问题的规定》第四十条"期货交易所对期货公司、期货公司对客户未按期货交易所交易规则规定或者期货经纪合同约定的强行平仓条件、时间、方式进行强行平仓,造成期货公司或者客户损失的,期货交易所或者期货公司应当承担赔偿责任"之规定,天津营业部应对其强行平仓给范有孚造成的损失承担民事责任。本院对天津营业部关于范有孚没有追加保证金,也没有自行平仓的指令,其有权对范有孚的持仓合约强行平仓的再审理由不予支持。范有孚关于天津营业部追加保证金时间要求和强行平仓时间不合理且违规,剥夺了其自行减仓权利的答辩理由成立,本院予以支持。

(二)关于范有孚的损失构成以及天津营业部的责任范围

期货市场的风险包括市场交易风险和市场运行风险两大部分,市场交易风险法定由期货交易人自行承担,而市场运行风险并不法定由期货交易人承担。如果市场运行机制人为错误导致期货交易人发生风险损失,则应由责任人承担。期货交易风险主要是因期货交易人对合约走势判断错误和合约价格波动而产生,加之保证金交易制度放大风险所导致。具体本案,范有孚对Cu0802、Cu0803和Cu0804三张合约自开空仓至被强行平仓,共计亏损13,066,500元,其中就包括了范有孚自己期货交易判断错误导致的亏损和天津营业部强行平仓过错而加大的亏损,即期货交易损失和强行平仓损失两部分。首先,对期货交易损失的分析。根据范有孚在Cu0802、Cu0803和Cu0804合约开空仓的时间和价格、开仓后三张合约价格的整体走势、三张合约到期日的交割价、逐日交易结算单等,证明范有孚对三张合约价格走势的判断发生了根本性错误。范有孚在三张合约价格相对底部开空仓,在三张合约价格震荡走高趋势中持续持仓,是范有孚本案期货交易损失的根本原因。根据期货交易实行的当日无负债结算制度,累计至24日收市结算,交易结算单显示范有孚浮动亏损达7,733,100元。该浮动亏损,完全是由于范有孚判断错误和持续持仓所导致。换言之,只要该三张合约价格不跌至范有孚开仓价格以下,且范有孚持续持仓,那么范有孚始终将处于浮动亏损状态,这期间无论谁平仓,浮动亏损都将变成实际亏损。所以截至24日收市,范有孚期货交易累计结算发生的浮动亏损并非天津营业部强行平仓所引发,也即该770余万元浮动亏损变为实际亏损与天津营业部强行平仓没有直接的因果关系。其次,具有过错的强行平仓的责任方式。如果期货公司强行平仓具有过错,行为损害了客户利益应当承担民事责任的,根据《中华人民共和国民法通则》第一百三十四条民事责任承担方式的规定,则期货公司应当采取恢复客户被强行平仓头寸的补救措施,不能恢复头寸的则应按照公平合理的价格赔偿客户因此发生的损失,本案双方合同第二十八条对此也作了约定。因本案三张合约已经到期交割,恢复被强行平仓的头寸成为不可能,故天津营业部只能赔偿范有孚因强行平仓发生的损失金额。最后,强行平仓损失的计算。站在天津营业部的角度而言,强行平仓后三张合约价格仍震荡走高,直至到期交割期间每日结算价的平均价、三张合约交割价均高于强行平仓价格。对范有孚来说,三张合约25日当日收盘价格就低于24日的收盘价格,28日收盘价格更低,假设其追加了保证金或者自行平仓可以减少更多的损失。双方上述观点都是建立在假设基础之上且都从有利于自己的角度出发,而不是基于已经强行平仓的事实来正确思维和公平认识。同时,双方的观点也不符合期货市场的特征,因为期货市场上对已经发生的价格走势,谁都可以作出准确判断并可以选择有利于自己的价格去适用,但对尚未发生的价格走势预测,谁也不能十分肯定其判断就一定准确。所以,基于已经发生的强行平仓事实,不能往后寻找而只能往前寻找强行平仓损失的计算基准点,才是客观和公正的。故本院对双方当事人有利于自己而忽视对方利益的观点,均不予采信和支持。综上所述,以24日收市后范有孚持仓的事实和结算的数据为基准,确定天津营业部过错的责任范围,对双方而言相对客观公正。那么,25日强行平仓后的范有孚账户亏损金额13,066,500元与24日收市后浮动亏损7,733,100元之差的5,333,400元,是天津营业部对范有孚因强行平仓导致的损失且应承担的赔偿范围。

本案一、二审判决均认为天津营业部强行平仓存在过错,应对范有孚承担相应责任正确。但天津市第一中级人民法院一审以三张合约强行平仓价格与平仓之后当日收盘价格之差计算损失为6,663,000元,是以强行平仓以后某个时间点的合约价格作为参照得出的,难以客观公正,也与范有孚和天津营业部双方各自主张的时间点价格不同,当事人双方都不予以认可。该院不仅损失计算方法不符合期货市场特征和规律,而且还将本应由天津营业部因强行平仓过错导致的损失,错误认定为双方混合过错所导致,判由天津营业部承担60%,范有孚自行承担40%,所以一审判决部分事实认定不清,责任划分不当。天津市高级人民法院二审则完全依据范有孚的诉讼请求,未将范有孚因期货交易判断错误和持续持仓产生的交易损失从整个损失中分离出来,而与天津营业部强行平仓过错导致的损失混同,判决天津营业部全部承担范有孚以28日收市价格计算得出的9,027,085.66元损失,同样是部分事实认定不清和责任划分不当。故本院再审对本案一、二审判决予以纠正。

综上,本院依据《中华人民共和国民事诉讼法》第一百八十六条第一款、本院《关于适用〈中华人民共和国民事诉讼法〉审判监督程序若干问题的解释》第三十八条之规定,判决如下:

一、撤销天津市高级人民法院(2009)津高民二终字第0028号民事判决;

二、撤销天津市第一中级人民法院(2008)一中民二初字第61号民事判决;

三、银建期货经纪有限责任公司天津营业部于本判决生效后十日内赔偿范有孚损失5,333,400元;

四、驳回范有孚其他诉讼请求。

一审受理费74,989元,二审案件受理费74,989元,均由银建期货经纪有限责任公司天津营业部负担。

本判决为终审判决。

二〇一〇年十二月二十四日

# 第十一部分　法律意见书选编

法律意见书①是律师专业智慧的结晶,是证券律师履行法定职责与发挥专业作用的重要载体,其质量高低直接决定了证券法律服务行业对市场发展作用的大小。本报告搜集、整理了年资本市场中从事证券法律业务较多的律师事务所向中国证监会报送的不同类型的法律意见书份,仅供参考和探讨。

## 一、境内发行上市类

### (一)首次公开发行

### 关于中国农业银行股份有限公司首次公开发行人民币普通股股票并上市的法律意见书

致:中国农业银行股份有限公司

本所根据与发行人签订的《法律服务协议》,接受发行人的委托,担任发行人重组改制及上市的特聘专项法律顾问。本所根据《公司法》、《证券法》、《商业银行法》、《管理办法》、《第12号编报规则》、《律师事务所从事证券法律业务管理办法》等有关法律、法规和规范性文件的规定,为发行人本次发行上市事宜出具本法律意见书。

对本法律意见书,本所及本所律师作出如下声明:

1. 为出具本法律意见书,本所律师审查了发行人提供的与发行人本次发行上市有关的文件资料的原件及复印件,并就有关事项询问了发行人的相关人员。发行人已向本所承诺:(1)其提供的文件资料的复印件与原件在形式上和内容上完全一致;(2)文件资料的内容真实、准确、完整、有效且无遗漏;(3)文件资料上的签字和/或印章真实、有效;(4)签署该等文件的各方已就该等文件的签署取得并完成所需的各项授权及批准程序;(5)一切对本法律意见书及《律师工作报告》有影响的事实和文件资料均已向本所律师披露,无任何隐瞒、遗漏。

2. 本所律师根据《第12号编报规则》的规定及本法律意见书出具日以前已经发生或存在的事实和中国现行法律、法规和规范性文件的有关规定发表法律意见。

3. 本所律师已严格履行法定职责,遵循勤

① 为尽可能保持法律意见书的原貌,我们在编辑时基本未作改动。

勉尽责和诚实信用原则,对发行人与本次发行上市相关的行为以及本次发行上市申请的合法、合规、真实、有效性进行了充分的核查验证,保证本法律意见书及《律师工作报告》不存在虚假记载、误导性陈述及重大遗漏。

4. 本所在本法律意见书中仅就与本次发行上市有关的法律问题发表意见,并不对会计、审计、资产评估、财务分析、投资决策、业务发展等法律之外的专业事项发表意见;本所在本法律意见书中对于有关报表、业务报告、财务审计和资产评估文件中的某些数据和结论的引用,并不意味着本所对这些数据和结论的真实性和准确性作出任何明示或默示的保证,对于该等内容本所及本所律师无核查和作出判断的适当资格。

5. 对于本法律意见书至关重要而又无法得到独立证据支持的事实,本所律师依赖于发行人、政府部门、其他有关单位或有关人士出具或提供的证明文件、证言或文件出具法律意见。

6. 发行人拟申请在上交所和香港联交所发行股票并上市。本法律意见书仅就发行人在上交所发行股票并上市涉及的法律问题发表意见。发行人在香港联交所发行股票并上市涉及的中国法律问题,本所将另行发表法律意见。

7. 本法律意见书中涉及发行人境外机构有关事宜的,均依赖发行人境外机构聘请的境外律师根据其所在地法律和职业守则出具的法律意见,本所根据中国法律、法规的要求摘录境外律师出具的专业意见中的相关内容。

8. 本所同意将本法律意见书作为发行人本次发行上市所必备的法律文件,随同其他申请材料一同上报中国证监会,并依法对所出具的法律意见承担相应的法律责任。

9. 本所同意发行人部分或全部在招股说明书及其摘要中自行引用或按中国证监会审核要求引用本法律意见书的内容,但发行人作上述引用时,不得因引用而导致法律上的歧义或曲解。

10. 本法律意见书仅供发行人为本次发行上市申请之目的使用,未经本所书面同意,任何人不得向第三方披露本法律意见书的内容或作片面的、不完整的引述,也不得用于任何其他目的。

基于上述,本所律师根据《公司法》、《证券法》等有关法律、法规和中国证监会的有关规定,按照中国律师行业公认的业务标准、道德规范和勤勉尽责精神,就本次发行上市相关事宜出具法律意见如下:

### 一、本次发行上市的批准和授权

(一)内部批准和授权

发行人于 2010 年 4 月 21 日在北京召开 2010 年度第二次临时股东大会,会议审议通过了与本次发行上市相关的《关于中国农业银行股份有限公司首次公开发行上市方案的议案》、《关于公开发行上市相关授权事项议案》、《关于中国农业银行股份有限公司上市前和上市后股利分配预案的议案》及《关于修订〈中国农业银行股份有限公司章程〉的议案》。经核查,本所律师认为,发行人 2010 年度第二次临时股东大会已依法定程序作出批准本次发行上市的决议;审议通过的与本次发行上市有关的上述决议内容合法有效;授权董事会的范围、程序合法有效。

(二)外部批准和授权

1. 经本所律师核查,发行人本次发行上市方案已经国务院原则同意。

2. 根据银监复〔2010〕175 号文,发行人已取得中国银监会对本次发行上市方案及募集资金用途的核准。

3. 发行人尚需取得财政部对于本次发行上市所涉有关国有股转持方案的核准。

4. 发行人本次发行上市尚需取得中国证监会和上交所的核准。

综上,本所律师认为,发行人已就本次发行上市取得必要的批准和授权,尚需取得财政部对国有股转持方案的核准以及中国证监会、上交所对本次发行上市的核准。

### 二、发行人本次发行上市的主体资格

(一)发行人为经银监复〔2009〕13 号文批准,并于 2009 年 1 月 15 日在国家工商总局办理变更登记的股份有限公司,现持有中国银监会于 2009 年 1 月 13 日颁发的《金融许可证》(机构编码为 B0002H111000001)和国家工商总局于 2010 年 4 月 29 日颁发的《企业法人营业执照》(注册号为 100000000005472)。

经核查,本所律师认为,截至本法律意见书出具日,发行人为依法设立且有效存续的股份有限公司,不存在依法应终止的情形,符合《管

理办法》第八条的规定。

(二)发行人于2009年1月15日以整体改制的方式变更设立为股份有限公司至今不满三年,但已取得国务院对于本次发行上市的原则同意,符合《管理办法》第九条的规定。

(三)经本所律师核查,发行人的注册资本已足额缴纳;发行人整体承继原中国农业银行资产,有关权属证明文件已办理或正在办理名称变更登记手续;根据发行人说明并经本所律师核查,发行人的主要资产不存在重大权属纠纷,符合《管理办法》第十条的规定。

(四)经本所律师核查,发行人所经营的业务符合有关法律、法规和公司章程的规定,符合国家产业政策,符合《管理办法》第十一条的规定。

(五)经本所律师核查,发行人最近三年内主营业务没有发生重大变化;发行人改制为股份有限公司后,其董事、高级管理人员没有发生重大变化;发行人实际控制人最近三年内没有发生变更,符合《管理办法》第十二条的规定。

(六)根据发行人说明并经本所律师核查,发行人的股权清晰,控股股东和受控股股东、实际控制人支配的股东持有的发行人股份不存在重大权属纠纷,符合《管理办法》第十三条的规定。

综上,本所律师认为,发行人具备本次发行上市的主体资格。

**三、本次发行上市的实质条件**

发行人本次发行上市属于发起设立的股份有限公司首次公开发行股票并申请上市,本所律师逐项核对了《证券法》、《管理办法》关于发行人本次发行上市应具备的实质条件。

(一)发行人本次发行上市符合《证券法》第十三条规定的公开发行新股的条件

1. 正如本条第(二)款第3项第(1)点所述,发行人具备健全且运行良好的组织机构,符合《证券法》第十三条第一款第(一)项的规定。

2. 正如本条第(二)款第4项第(10)点所述,发行人具有持续盈利能力,财务状况良好,符合《证券法》第十三条第一款第(二)项的规定。

3. 根据经审计的财务报告及发行人说明,发行人最近三年财务会计文件无虚假记载,无其他重大违法行为,符合《证券法》第十三条第一款第(三)项以及第五十条第一款第(四)项的规定。

4. 发行人本次发行上市前股本总额为2,700亿元,不少于3,000万元,符合《证券法》第五十条第一款第(二)项规定。

5. 发行人拟向境内外社会公众公开发行的股份达到发行人本次境内外公开发行后发行人股本总额的10%以上,符合《证券法》第五十条第一款第(三)项的规定。

(二)发行人本次发行上市符合《管理办法》第八条至第四十三条规定的首次公开发行股票的条件

1. 主体资格

正如本法律意见书第二条"发行人本次发行上市的主体资格"所述,发行人具有本次发行上市的主体资格,符合《管理办法》第八条至第十三条的规定。

2. 独立性

正如本法律意见书第五条"发行人的独立性"所述,发行人具备独立性,符合《管理办法》第十四条至第二十条的规定。

3. 规范运行

(1)经本所律师核查,发行人已经依法建立健全股东大会、董事会、监事会、独立董事、外部监事、董事会秘书制度及其他相应的内部职能部门,相关机构和人员能够依法履行职责,除尚待增补独立董事和外部监事外,发行人具备健全且运行良好的组织机构,符合《管理办法》第二十一条的规定。

(2)经本所律师核查,发行人的董事、监事和高级管理人员已经了解与股票发行上市有关的法律法规,知悉上市公司及其董事、监事和高级管理人员的法定义务和责任,符合《管理办法》第二十二条的规定。

(3)经本所律师核查,发行人的董事、监事和高级管理人员符合法律、行政法规和规章规定的任职资格,不存在《管理办法》第二十三条规定的情形,符合《管理办法》第二十三条的规定。

(4)根据发行人出具的《2009年度内部控制自评估报告》及德勤出具的《内控报告》并经本所律师核查,发行人的内部控制制度健全且被有效执行,符合《管理办法》第二十四条的规定。

(5)根据发行人说明并经本所律师核查,除本法律意见书第十六条“发行人的税务”及第二十条“诉讼、仲裁或行政处罚”中已披露的行政处罚案件外,发行人不存在《管理办法》第二十五条规定的情形。本所律师认为,已披露的行政处罚案件不会对发行人的持续经营及本次发行上市产生重大不利影响,符合《管理办法》第二十五条的规定。

(6)经本所律师核查,公司章程及《公司章程(草案)》中已明确规定了对外担保的审批权限和审议程序,发行人不存在为控股股东、实际控制人及其控制的其他企业进行担保的情形,符合《管理办法》第二十六条的规定。

(7)根据经审计的财务报告并经本所律师核查,发行人有严格的资金管理制度,不存在资金被控股股东、实际控制人及其控制的其他企业以借款、代偿债务、代垫款项或者其他方式占用的情形,符合《管理办法》第二十七条的规定。

4. 财务与会计

(1)根据经审计的财务报告及中国银监会于2010年4月27日出具的《关于向中国农业银行股份有限公司出具监管意见书的函》(银监函〔2010〕65号)并经本所律师核查,发行人资产质量良好,资产负债结构合理,盈利能力较强,现金流量正常,符合《管理办法》第二十八条的规定。

(2)根据德勤出具的无保留意见的《内控报告》,发行人于2009年12月31日在所有重大方面有效地保持了按照《企业内部控制基本规范》以及《商业银行内部控制指引》的规定建立的与财务报表相关的内部控制,符合《管理办法》第二十九条的规定。

(3)根据德勤出具的无保留意见的《审计报告》并经本所律师核查,发行人会计基础工作规范,财务报表的编制符合企业会计准则和相关会计制度的规定,在所有重大方面公允地反映了发行人的财务状况、经营成果和现金流量,符合《管理办法》第三十条的规定。

(4)根据经审计的财务报告并经本所律师核查,发行人编制的财务报表以实际发生的交易或者事项为依据;在进行会计确认、计量和报告时保持了应有的谨慎;对相同或者相似的经济业务,选用了一致的会计政策,未做随意变更,符合《管理办法》第三十一条的规定。

(5)根据经审计的财务报告并经本所律师核查,发行人已在招股说明书中完整披露了关联方关系,发行人与关联方不存在重大关联交易,亦不存在通过关联交易操纵利润的情形,符合《管理办法》第三十二条的规定。

(6)根据经审计的财务报告,发行人财务数据符合《管理办法》第三十三条的规定。

(7)正如本法律意见书第十六条“发行人的税务”所述,除已披露的10万元以上金额的税务行政处罚案件外,发行人近三年不存在其他金额较大的税务处罚案件,该等税务处罚案件未对发行人的财务和经营状况产生重大不利影响;发行人享有的各项税收优惠符合相关法律法规的规定,其经营成果对税收优惠不存在严重依赖,符合《管理办法》第三十四条的规定。

(8)根据经审计的财务报告并经本所律师核查,截至2009年12月31日,发行人不存在重大偿债风险;本法律意见书披露的诉讼以及仲裁等事项不会影响发行人的持续经营,符合《管理办法》第三十五条的规定。

(9)根据发行人说明并经本所律师核查,发行人申报文件不存在《管理办法》第三十六条规定的情形,符合《管理办法》第三十六条的规定。

(10)根据发行人说明并经本所律师核查,发行人不存在《管理办法》第三十七条规定的影响其持续盈利能力的情形,符合《管理办法》第三十七条的规定。

5. 募集资金运用

正如本法律意见书第十八条“发行人募集资金的运用”所述,发行人募集资金运用符合《管理办法》第三十八条至第四十三条的规定。

综上,本所律师认为,发行人具备本次发行上市的实质条件。

## 四、发行人的设立

(一)发行人前身及其主要的历史沿革

发行人前身为始建于1951年的农业合作银行,经国务院于1979年2月23日下发的《关于恢复中国农业银行的通知》(国发〔1979〕56号)批准恢复设立,1986年12月24日取得《企业法人营业执照》(注册号为工商企内字01547号)。根据该《企业法人营业执照》记载,企业名称为"中国农业银行";住所为北京市复兴路二十五号;法定代表人为马永伟;注册资本为238亿元;经济性质为全民所有制;经营范围为"办理农村各项贷款及农村信用社存贷款;办理转账结算和现金结账,商业汇票承兑贴现,信托贷款、委托、代理、租赁、咨询、国际金融组织的农业信贷和中间贷款,人行委托的有关业务;经批准代理外汇存款、贷款,发行金融债券、代理股票债券发行及其转让业务和其他业务"。

经过历次变更,发行人改制为股份有限公司前,持有中国银监会于2007年10月10日颁发的《金融许可证》(机构编码为B0002H111000001)及国家工商总局于2007年12月25日颁发的《企业法人营业执照》(注册号为1000001000547)。根据该《企业法人营业执照》记载,企业名称为"中国农业银行";住所为北京市东城区建国门内大街69号;法定代表人为项俊波;注册资本为361亿元;经济性质为全民所有制;经营方式为存贷、代理、咨询服务;经营范围为"吸收公众存款;发放短期、中期、长期贷款;办理国内外结算;办理票据承兑与贴现;发行金融债券;代理发行、代理兑付、承销政府债券;买卖政府债券、金融债券;从事同业拆借;买卖、代理买卖外汇;结汇、售汇;从事银行卡业务;提供信用证服务及担保;代理收付款项及代理保险业务;提供保管箱服务;经中国银行业监督管理机构等监管部门批准的其他业务",上述经营范围已于2004年11月24日经中国银监会《关于确认中国农业银行业务范围的批复》(银监复〔2004〕193号)确认。

经核查,本所律师认为,发行人在改制为股份有限公司前为依据中国法律设立并有效存续的国有独资商业银行。

(二)发行人改制为股份有限公司

1. 根据国务院第32次常务会议纪要,2008年10月21日召开的国务院常务会议审议并原则同意了发行人股份制改革实施总体方案,发行人取得了国务院对其整体改制为股份有限公司事宜的批准。

2. 根据财金〔2008〕138号文,财政部批准了发行人不良资产剥离方案;财政部购买发行人不良资产后,仍委托发行人进行管理和处置。根据改制《审计报告》记载,发行人以2007年12月31日为基准日,剥离经审计确认的不良资产8,156.95亿元。

3. 财政部和汇金公司于2008年12月12日签署《发起人协议书》,同意共同发起设立"中国农业银行股份有限公司"。根据《发起人协议书》,财政部以截至2007年12月31日经评估的发行人净资产权益为基础,保留1,300亿元作为出资,汇金公司以与1,300亿元等值的外汇资产作为出资。财政部和汇金公司各持有发行人发起人股1,300亿股,各占发行人总股本的50%。发行人整体承继原中国农业银行资产、权益、负债和业务。

4. 根据国土资源部于2008年12月16日签发的《关于中国农业银行重组改制土地资产处置的复函》(国土资函〔2008〕821号),国土资源部同意原中国农业银行12,899宗国有划拨土地使用权按原用途以国家作价出资方式投入股份公司,根据当地地价水平和土地出让收入标准,880,868.61万元用于转增国家资本金,发行人取得了国土资源部对土地估价结果的备案及国有土地处置方案的批复。

5. 根据财政部于2008年12月19日签发的《关于中国农业银行资产评估报告核准的批复》(财金〔2008〕179号),发行人取得了财政部对中企华出具的《资产评估报告》所载评估结果的核准。

6. 根据财政部于2008年12月23日签发的《关于中国农业银行国有股权管理方案的批复》(财金〔2008〕181号),发行人取得了财政部对发行人改制为股份有限公司时的国有股权管理方案的核准。

7. 根据《验资报告》,截至2008年12月25日,发行人已收到发起人缴纳的注册资本(股本)合计2,600亿元。其中,财政部以发行人2007年12月31日经评估的净资产1,300亿元出资;汇金公司于2008年10月29日以美元出资,按出资当日外管局公布的人民币汇率中间价折合1,300亿元。

8. 发行人于2009年1月9日召开创立大会,会议审议通过了《关于〈中国农业银行股份有限公司筹办情况的报告〉的议案》、《关于中国农业银行股份有限公司筹办费用的议案》、《关于设立中国农业银行股份有限公司及发起人出资情况的议案》、《关于〈中国农业银行股份有限公司章程(草案)〉的议案》、《关于选举中国农业银行股份有限公司第一届董事会董事的议案》、《关于选举中国农业银行股份有限公司第一届监事会监事的议案》以及《关于授权董事会办理工商登记及相关事宜的议案》等与股份公司设立有关的议案。

9. 发行人于2009年1月9日召开第一届董事会第一次会议,选举了董事长、副董事长,并聘任了行长、副行长以及董事会秘书等高级管理人员;发行人于2009年1月9日召开第一届监事会第一次会议,选举了监事长。

10. 2009年1月13日,中国银监会以银监复〔2009〕13号文同意发行人改制为股份有限公司,并核准了发行人业务范围、董事、高级管理人员任职资格以及公司章程。

11. 2009年1月13日,发行人取得了中国银监会颁发的《金融许可证》(机构编码为B0002H111000001)。

12. 2009年1月15日,发行人取得了国家工商总局颁发的《企业法人营业执照》(注册号为100000000005472),发行人名称由"中国农业银行"变更为"中国农业银行股份有限公司",注册资本由361亿元变更为2,600亿元,实收资本为2,600亿元,公司类型为股份有限公司。

经核查,本所律师认为,发行人改制为股份有限公司的程序、资格、条件、方式等符合法律、法规和规范性文件的规定,已取得有权部门批准;发行人改制过程中签订的协议不会引致发行人改制行为存在潜在纠纷;发行人改制过程中的资产评估、验资等均履行了法定程序;发行人创立大会的程序及所议事项符合法律、法规和规范性文件的规定。

### 五、发行人的独立性

(一)经本所律师核查,发行人具有完整的业务体系和直接面向市场独立经营的能力,符合《管理办法》第十四条的规定。

(二)经本所律师核查,发行人资产及业务体系独立,符合《管理办法》第十五条的规定。

(三)经本所律师核查,发行人的人员独立,符合《管理办法》第十六条的规定。

(四)经本所律师核查,发行人的财务独立,符合《管理办法》第十七条的规定。

(五)经本所律师核查,发行人的机构独立,符合《管理办法》第十八条的规定。

(六)经本所律师核查,发行人的业务独立,符合《管理办法》第十九条的规定。

(七)经本所律师核查,发行人在独立性方面不存在其他严重缺陷,符合《管理办法》第二十条的规定。

综上,本所律师认为,发行人资产、人员、财务、机构和业务独立,符合《管理办法》的规定。

### 六、发起人和股东

(一)发起人和股东的主体资格

经本所律师核查,截至本法律意见书出具日,发行人现有三家股东,即财政部、汇金公司和社保基金会。其中,财政部和汇金公司作为发行人的发起人股东,各持有发行人股份1,300亿股,分别占发行人股本总额的约48.15%;除上述发起人股东外,社保基金会持有发行人100亿股,占发行人股本总额的约3.70%。

1. 财政部为国务院组成部门,受国务院委托,行使国家财政、税务、国有资本管理等相关职能;其住所为北京市西城区三里河南三巷3号。

2. 汇金公司为国有独资有限责任公司,现持有国家工商总局颁发的《企业法人营业执照》(注册号为100000000038533),其《企业法人营业执照》记载的经营范围为"接受国家授权,对国有重点金融企业进行股权投资"。

3. 社保基金会为国务院直属事业单位法人,现持有国家事业单位登记管理局颁发的《中华人民共和国事业单位法人证书》(事证第110000000017号),其宗旨和业务范围为"受国务院委托,管理中央集中的社会保障基金,促进社会保障事业发展。管理通过减持国有股所获资金、中央财政拨入的资金及其他方式筹集的资金。根据财政部、劳动和社会保障部共同下达的指令和确定的方式拨出资金,选择并委托专业性资产管理公司对基金资产进行运作,实现保值增值。向社会公布基金资产、收益、现金流量等财务状况,承办国务院交办的其他事项"。

本所律师认为,上述发起人和股东均依据

中国法律设立并有效存续,截至本法律意见书出具日,不存在依照法律、法规和规范性文件的规定需要终止的情形,发起人和股东符合《公司法》关于股份有限公司发起人和股东的规定,亦符合《商业银行法》关于股份制商业银行发起人和股东的规定,其发起人和股东资格均已获得中国银监会审核同意。

(二)发起人和股东的人数、住所、出资比例

正如本条第(一)款所述,发行人的发起人2家、现有股东3家,住所全部在中国境内,且发起人认购了发行人改制为股份有限公司时的全部股份。

经核查,本所律师认为,发行人的发起人和股东人数、住所、出资比例符合有关法律、法规和规范性文件的规定。

(三)发起人投入发行人的资产

根据《验资报告》,截至2008年12月25日,发行人已收到发起人缴纳的注册资本(股本)合计2,600亿元。

经核查,本所律师认为,发起人的出资均合法,已投入发行人的资产的产权关系清晰,发起人将上述资产投入发行人不存在法律障碍。

(四)发起人投入发行人的资产或权利的权属证书变更

鉴于发行人是由原中国农业银行整体改制并变更设立的股份有限公司,股份公司整体承继原中国农业银行资产、权益、负债和业务。其中,证载权利人登记在原中国农业银行名下的土地、房屋、知识产权等资产或权利,需办理权属证书证载权利人的名称变更登记手续,将证载权利人名称由"中国农业银行"变更为"中国农业银行股份有限公司",该等名称变更手续不存在法律障碍。

经核查,本所律师认为,发行人的注册资本已足额缴纳,发起人的出资均已实际投入发行人,其中证载权利人登记在原中国农业银行名下的资产或权利绝大部分已办理完毕权属证书证载权利人的名称变更登记手续,发行人的主要资产不存在法律障碍或风险。

(五)根据发行人提供的材料,并经本所律师核查,发起人不存在将其全资附属企业或其他企业先注销再以其资产折价入股的情形,也不存在以在其他企业中的权益折价入股的情形

## 七、发行人的股本及其演变

(一)发行人改制为股份有限公司时的股权设置及股本结构

根据《发起人协议书》、公司章程、《关于中国农业银行国有股权管理方案的批复》(财金〔2008〕181号)及银监复〔2009〕13号文,发行人设立时财政部和汇金公司两家发起人共出资2,600亿元,均按1:1的比例折股,共折为2,600亿股。其中,财政部持有1,300亿股,占发行人股本总额的50%,股份性质为国家股;汇金公司持有1,300亿股,占发行人股本总额的50%,股份性质为国家股。

经核查,本所律师认为,发行人设立时的股权设置、股本结构合法有效,不存在因产权界定和确认产生纠纷及风险的情形。

(二)发行人的股本变动

发行人改制为股份有限公司以来,发生过一次股本变动,具体如下:

经发行人2010年4月15日召开的2010年度第一次临时股东大会审议通过,社保基金会出资15,520,144,000元购买发行人新发行股份100亿股,根据德勤于2010年4月22日出具的《中国农业银行股份有限公司验资报告》(德师报(验)字〔10〕第0022号),截至2010年4月22日,社保基金会购股款15,520,144,000元全部缴付到位。

根据中国银监会于2010年4月23日签发的《关于中国农业银行股份有限公司变更注册资本及修改公司章程的批复》(银监复〔2010〕172号),中国银监会核准发行人的注册资本变更为2,700亿元,并核准了公司章程。

根据财政部于2010年4月28日签发的《关于中国农业银行国有股权管理方案的批复》(财金〔2010〕39号),发行人取得了财政部对社保基金会投资入股后的发行人国有股权管理方案的核准,确认发行人在册股东3户,所持股份总额2,700亿股。其中:国家股持股股东3户,财政部和汇金公司持股数量均为1,300亿股,占总股本比例均约为48.15%,社保基金会持股数量为100亿股,占总股本比例约为3.70%。

综上,本所律师认为,发行人的上述股本变动履行了必要的法律手续,股本变动合法、合

规、真实、有效。

(三)发行人股份的质押情况

根据发行人说明并经本所律师核查,截至本法律意见书出具日,发行人股东所持发行人的股份不存在质押或被冻结的情形。

**八、发行人的业务**

(一)发行人的经营范围、经营方式

1. 根据发行人的《营业执照》记载,发行人经营范围为"吸收公众存款;发放短期、中期、长期贷款;办理国内外结算;办理票据承兑与贴现;发行金融债券;代理发行、代理兑付、承销政府债券;买卖政府债券、金融债券;从事同业拆借;买卖、代理买卖外汇;结汇、售汇;从事银行卡业务;提供信用证服务及担保;代理收付款项;提供保管箱服务;代理资金清算;各类汇兑业务;代理政策性银行、外国政府和国际金融机构贷款业务;贷款承诺;组织或参加银团贷款;外汇存款;外汇贷款;外汇汇款;外汇借款;发行、代理发行、买卖或代理买卖股票以外的外币有价证券;外汇票据承兑和贴现;自营、代客外汇买卖;外币兑换;外汇担保;资信调查、咨询、见证业务;企业、个人财务顾问服务;证券公司客户交易结算资金存管业务;证券投资基金托管业务;企业年金托管业务;产业投资基金托管业务;合格境外机构投资者境内证券投资托管业务;代理开放式基金业务;电话银行、手机银行、网上银行业务;金融衍生产品交易业务;经国务院银行业监督管理机构等监管部门批准的其他业务;保险兼业代理业务(有效期至2011年1月8日)"。上述经营范围已经银监复〔2009〕13号文核准,发行人于2009年1月13日取得中国银监会颁发的《金融许可证》。

发行人持有中国保监会于2009年1月8日颁发的《保险兼业代理业务许可证》(机构编号为110101100005474000),有效期至2011年1月8日。

根据外管局于2009年1月21日签发的《关于中国农业银行变更结售汇业务资格机构名称的批复》(汇复〔2009〕15号),发行人已取得经营结汇、售汇业务及其他外汇业务的批准或备案文件。

此外,发行人已就其从事的其他业务取得了中国银监会、人民银行、中国证监会、外管局、中国保监会等监管部门的核准或备案文件。

2. 发行人境内分支机构已取得中国银监会派出机构颁发的《金融许可证》和地方工商行政机关颁发的《营业执照》,并已就其从事的业务取得发行人授权文件;经营结售汇业务及其他外汇业务的发行人境内分支机构已取得有关外汇主管部门的批准或备案文件;经营保险兼业代理业务的发行人境内分支机构已取得《保险兼业代理业务许可证》或正在申办过程中。其中,绝大部分分支机构的上述资质证照的证载权利人已更名为"中国农业银行股份有限公司××分(支)行",少部分尚在办理更名手续,该等名称变更手续不存在法律障碍。

综上,本所律师认为,发行人的经营范围和经营方式已经有关部门批准,符合有关法律、法规和规范性文件的规定。

(二)发行人在中国境外的经营

经本所律师核查,截至本法律意见书出具日,发行人共有8家境外分支机构(包括2家分行和6家代表处)和2家境外直接控股子公司。具体如下:

1. 境外分支机构

| 序号 | 机构名称 | 所在国家/地区 | 境内批准文件 | 备注 |
| --- | --- | --- | --- | --- |
| 1 | 香港分行 | 中国香港 | 银复〔1994〕10号文<br>银复〔1995〕409号文 | 1994年经人民银行银复〔1994〕10号文批准设立为香港办事处,1995年经人民银行银复〔1995〕409号文批准升格为分行 |
| 2 | 新加坡分行 | 新加坡 | 银复〔1993〕137号文<br>银复〔1995〕5号文 | 1993年经人民银行银复〔1993〕137号文批准设立为新加坡办事处,1995年经人民银行银复〔1995〕5号文批准升格为分行 |

续表

| 序号 | 机构名称 | 所在国家/地区 | 境内批准文件 | 备注 |
|---|---|---|---|---|
| 3 | 纽约代表处 | 美国纽约 | 银复〔1996〕460号文 | —— |
| 4 | 伦敦代表处 | 英国伦敦 | 银复〔1993〕130号文 | —— |
| 5 | 东京代表处 | 日本东京 | 银复〔1994〕89号文 | —— |
| 6 | 法兰克福代表处 | 德国法兰克福 | 银监复〔2009〕245号文 | —— |
| 7 | 首尔代表处 | 韩国首尔 | 银监复〔2009〕253号文 | —— |
| 8 | 悉尼代表处 | 澳大利亚悉尼 | 银监复〔2009〕290号文 | —— |

2. 境外直接控股子公司

| 序号 | 机构名称 | 所在国家/地区 | 境内批准文件 | 各股东名称及持股比例 |
|---|---|---|---|---|
| 1 | 农银财务有限公司 | 中国香港 | 穗外经贸际〔1988〕406号文<br>银函〔1991〕286号文 | 发行人100% |
| 2 | 农银国际控股有限公司 | 中国香港 | 银监复〔2009〕376号文 | 发行人100% |

经本所律师核查,发行人上述境外机构的设立均已取得中国境内主管机关的批准文件;根据发行人聘请的境外律师出具的法律意见,发行人上述境外机构已依所在国或地区法律设立并有效存续,并已取得其开办业务必要的牌照或许可证。

综上,本所律师认为,发行人上述中国境外的经营合法、合规、真实、有效。

(三)发行人的业务变更

经本所律师核查,发行人近三年主要新增业务3项,具体如下:

| 序号 | 业务名称 | 核准或备案机关 | 核准或备案文件名称、文号 | 核准或备案日期 |
|---|---|---|---|---|
| 1 | 企业年金托管业务 | 中国银监会 | 《关于中国农业银行申请企业年金管理机构资格相关意见的函》 | 2007年9月14日 |
|  |  | 中华人民共和国人力资源和社会保障部 | 《企业年金基金管理机构资格证书》(证书编号:0050) | 2009年7月 |
| 2 | 产业投资基金托管业务 | 中国银监会 | 《关于中国农业银行申请开办产业投资基金托管业务的批复》(银监复〔2008〕332号) | 2008年8月19日 |
| 3 | 军人保障卡银行业务 | 人民银行<br>中国人民解放军总后勤部 | 《关于军人保障卡银行业务应用的指导意见》(银发〔2009〕339号) | 2009年11月3日 |

综上,本所律师认为,发行人已就上述业务取得中国银监会或其他相关监管部门的核准或备案,发行人依法开展该等业务,不存在法律障碍。

(四)发行人的主营业务

根据经审计的财务报告并经本所律师核查,发行人的主营业务为商业银行业务,最近三年内没有发生重大变化;发行人的主营业务收入占其全部收入的绝大部分,发行人的主营业务突出。

(五)经本所律师核查公司章程、发行人的《营业执照》、相关业务核准或备案文件,发行人为永久存续的股份有限公司,且发行人从事的相关业务已取得有关监管部门的批准,发行人不存在持续经营的法律障碍。

## 九、关联交易及同业竞争

(一)发行人的关联方

1. 发行人持股5%以上的主要股东

截至本法律意见书出具日,财政部直接持有发行人约48.15%的股份,并通过在《股份认购协议》中的安排享有社保基金会持有的发行人股份约3.70%的投票权,财政部合计享有发行人约51.85%的投票权;汇金公司直接持有发行人约48.15%的股份。鉴于财政部、汇金公司依其持有的股份所享有的表决权均对发行人股东大会的决议产生重大影响,因此财政部、汇金公司均为发行人的控股股东。

财政部是国务院组成部门,是主管财政收支、税收政策等事宜的政府机构;汇金公司的职能为国务院授权的股权投资,不从事任何商业性经营活动。鉴于财政部、汇金公司的前述特殊性质,本所律师认为,财政部、汇金公司不应作为发行人的关联方,财政部、汇金公司与发行人之间的交易亦不应作为关联交易。

综上,本所律师认为,发行人不存在持股5%以上的关联方。

2. 发行人的全资、控股公司

经本所律师核查,截至本法律意见书出具日,发行人存在如下全资、控股公司:

| 公司名称 | 注册地点 | 股权比例(%) | 主要业务 |
|---|---|---|---|
| 农银国际控股有限公司 | 香港 | 100 | 投资 |
| 农银财务有限公司 | 香港 | 100 | 投资 |
| 农银汇理基金管理有限公司 | 上海 | 51.67 | 基金管理 |
| 克什克腾农银村镇银行有限责任公司 | 内蒙古 | 51.02 | 银行 |
| 湖北汉川农银村镇银行有限责任公司 | 湖北 | 50 | 银行 |
| 安塞农银村镇银行有限责任公司 | 陕西 | 51 | 银行 |

3. 发行人的联营公司

经本所律师核查,截至本法律意见书出具日,发行人存在如下联营公司:

| 公司名称 | 注册地点 | 股权比例(%) | 主要业务 |
|---|---|---|---|
| 湖南金健米业股份有限公司 | 湖南 | 20.62 | 生产、加工、销售各类食品、食品油及农产品 |

经本所律师核查,湖南金健米业股份有限公司是发行人接收抵债股权形成的投资,具体详见本法律意见书第十条第(三)款第3项“待处置对外投资”所述。

4. 发行人的董事、监事、高级管理人员

发行人现任董事、监事、高级管理人员情况详见本法律意见书第十五条“发行人董事、监事和高级管理人员及其变化”所述。

5. 受发行人的董事、监事、高级管理人员及其关系密切的家庭成员直接控制的其他企业

根据发行人的董事、监事及高级管理人员的承诺,发行人的董事、监事及高级管理人员及其关系密切的家庭成员不存在其控制、共同控制或施加重大影响的、对发行人有重大影响的企业。

(二)发行人与关联方之间的重大关联交易

根据经审计的财务报告并经本所律师核查,近三年发行人与关联方之间不存在重大关联交易。

(三)经本所律师核查,发行人在公司章程、《公司章程(草案)》、《股东大会议事规则》、《董事会议事规则》、《中国农业银行股份有限公司关联交易管理基本规范》中规定了关联交易公允决策程序,包括但不限于发行人审议关联交易事项时股东大会上关联股东回避、董事会上关联董事回避及关联交易的审批权限、关联交易的表决程序等。

(四)经本所律师核查,发行人与持股5%以上的主要股东本身不存在同业竞争。

(五)根据汇金公司向发行人出具的《不竞争承诺函》,汇金公司已向发行人作出如下承

诺:(1)只要汇金公司持有发行人的股份,而汇金公司持有发行人股份按照中国或发行人股票上市地(如发行人的股票上市交易)的法律或上市规则被视为发行人的控股股东或该等股东的关联人士或发行人的实际控制人,汇金公司承诺将不会在中国境内或境外从事或参与任何竞争性商业银行业务;若汇金公司在中国境内或境外任何地方参与或进行竞争性商业银行业务或任何演变为竞争性商业银行业务的业务或活动,汇金公司承诺立即终止对该等竞争性商业银行业务的参与、管理或经营。(2)若汇金公司取得了任何政府批准、授权或许可直接经营商业银行业务,或者取得了经营商业银行业务的其他机会,则汇金公司承诺立即放弃该等批准、授权或许可,不从事任何商业银行业务。(3)尽管有上述(1)和(2)条的规定,鉴于汇金公司是中国政府设立的从事金融/银行业投资的国有投资公司,汇金公司可以通过其他下属企业,以任何形式(包括但不限于独资经营、合资或合作经营以及直接或间接拥有其他公司或企业的股票或其他权益)在中国国内或者境外从事或参与任何竞争性商业银行业务。(4)汇金公司作为中国政府设立的从事金融/银行业投资的国有投资公司应公平地对待其所投资的商业银行,不得将其所取得或可能取得的经营商业银行业务的政府批准、授权或许可或业务机会授予或提供给任何商业银行,亦不得利用其发行人股东的地位或利用该地位获得的信息作出不利于发行人而有利于其他其所投资的商业银行的决定或判断,并应避免该种客观结果的发生。汇金公司在行使其发行人股东权利时应如同其所投资的商业银行仅有发行人,为发行人的最大或最佳利益行使其股东权利,不得因其投资于其他商业银行而影响其作为发行人股东为发行人谋求最大或最佳利益的商业判断。

(六)经本所律师核查发行人本次发行上市申请文件,发行人已充分披露了有关关联交易和解决同业竞争的承诺或措施,不存在重大遗漏或重大隐瞒的情形。

## 十、发行人的主要财产

(一)发行人在中国境内拥有及实际使用的房屋及土地使用权

1. 自有房屋及土地使用权

根据发行人提供的材料及书面确认,并经本所律师核查,截至2010年3月31日,发行人拥有建筑面积合计约为30,448,180.23平方米的37,564处的房屋。具体情况如下:

(1)发行人建筑面积合计约为29,126,258.45平方米的36,038处房屋,坐落于已取得国有土地使用证和正在办理作价出资土地的国有土地使用证的面积合计约为24,506,587.19平方米的26,179宗土地上。其中:建筑面积合计约为28,744,075.88平方米的35,817处房屋已经取得房屋所有权证,建筑面积合计约为382,182.57平方米的221处房屋未取得房屋所有权证。

上述宗地中:面积合计约为8,959,294.11平方米的12,990宗土地,以出让方式取得国有土地使用证;面积合计约为14,162,007.86平方米的12,576宗土地,以作价出资方式取得国有土地使用证;面积合计约为131,478.67平方米的129宗土地,以租赁国家方式取得国有土地使用证;面积合计约为1,101,628.26平方米的340宗土地,以行政划拨方式取得国有土地使用证;面积合计约为152,178.29平方米的144宗土地,以作价出资方式取得,正在办理国有土地使用证。

本所律师认为:

(a)对于上述已经取得房屋所有权证的房屋及其坐落的以出让、作价出资、租赁国家方式取得国有土地使用证的土地,发行人合法拥有该等房屋的所有权和所占用土地的使用权,有权依法占有、使用、转让、出租、抵押或以其他合法方式处置该等房屋及土地;

(b)对于上述已经取得房屋所有权证的房屋及其坐落的以划拨方式取得国有土地使用证的土地,发行人需依法办理该等土地的出让、租赁等有偿使用手续;在办理完毕该等土地的有偿使用手续前,发行人有权根据房屋所有权证记载的用途占有、使用该等房屋,在办理完毕该等土地的有偿使用手续后,发行人方可转让、出租、抵押或以其他合法方式处置该等房屋及土地;

(c)对于上述已经取得房屋所有权证的房屋及其坐落的以作价出资方式取得并正在办理国有土地使用证的土地,根据《关于中国农业银行重组改制土地资产处置的复函》(国土资函〔2008〕821 号),国土资源部已经批准发行人该等土地的国有土地使用权作价出资方案,发行人取得该等作价出资土地的国有土地使用证不存在实质性法律障碍。发行人有权依法占有、使用、出租该等物业,发行人在取得该等作价出资土地的国有土地使用证后,有权转让、抵押或以其他合法方式处置该等房屋及土地;

(d)对于上述未取得房屋所有权证的房屋及其坐落的以出让、作价出资、租赁国家、划拨方式取得国有土地使用证的土地,因其已取得该等房屋所占用土地的国有土地使用证(就划拨土地而言,发行人需依法办理该等土地的出让、租赁等有偿使用手续),发行人可以占有、使用该等房屋,但需取得该等房屋的房屋所有权证后方可转让、出租、抵押或以其他合法方式处置;

(e)对于上述未取得房屋所有权证的房屋及其坐落的以作价出资方式取得并正在办理国有土地使用证的土地,发行人可以占有、使用该等物业,但需取得该等房屋的房屋所有权证以及作价出资土地的国有土地使用证后,方可转让、出租、抵押或以其他合法方式处置该等房屋及土地;

(f) 对于上述因建筑物毁损、拆除等原因无地上建筑物的土地:(i)以出让、作价出资、租赁国家方式取得国有土地使用证的土地,发行人合法拥有该等土地的使用权,发行人有权依法占有、使用、出租、转让、抵押或以其他合法方式处置该等土地;(ii)以划拨方式取得国有土地使用证的土地,发行人需依法办理该等土地的出让、租赁等有偿使用手续,缴纳土地出让金或租金;在办理完毕该等土地的有偿使用手续前,发行人占有、使用该等土地不存在实质性法律障碍,在办理完毕该等土地的有偿使用手续后,发行人有权依法转让、出租、抵押或以其他合法方式处置该等土地;(iii)以作价出资方式取得并正在办理国有土地使用证的土地,发行人取得该等作价出资土地的国有土地使用证不存在实质性法律障碍。发行人有权依法占有、使用该等土地,发行人在取得该等作价出资土地的国有土地使用证后,有权转让、出租、抵押或以其他合法方式处置该等土地。

(2)发行人建筑面积合计约为1,321,921.78平方米的1,526处房屋,坐落于未取得土地使用证的面积合计约为730,953.53平方米的1,367宗土地上。其中:建筑面积合计约为519,464.51平方米的630处房屋已经取得房屋所有权证,建筑面积合计约为802,457.27平方米的896处房屋未取得房屋所有权证。

本所律师认为:

(a)对于上述土地上已经取得房屋所有权证的房屋,发行人有权根据房屋所有权证记载的用途占有、使用该等房屋,发行人在依法取得该等土地的国有土地使用证后,可以转让、出租、抵押或以其他合法方式处置该等物业。除因开发商原因、学校用地、军队用地、集体土地、划拨地或土地使用权存在争议、租赁第三方等情形外,发行人取得该等土地的国有土地使用证不存在实质性法律障碍。如果因土地使用权人的原因导致该等房屋占地范围内的宗地被拍卖、处置,则该宗地上发行人的房屋也应一并被拍卖、处置,可能导致发行人丧失该等房屋的占有和使用权,但其对被拍卖处置房屋所得的变现款项仍享有所有权;

(b)对于上述土地上未取得房屋所有权证的房屋以及因建筑物毁损、拆除等原因无地上建筑物的土地,本所现时无法确认发行人是否合法拥有该等房屋的所有权及占用土地的土地使用权。

(3)根据发行人说明,如果由于上述物业的房屋所有权或土地使用权瑕疵导致发行人无法继续使用该等物业而必须搬迁时,发行人可以及时在相关区域内找到替代性的合法经营场所继续办公营业,该等搬迁不会对发行人的经营和财务状况产生重大不利影响,亦不会对本次发行上市造成实质影响。

(4)因发行人是由原中国农业银行整体改制而来,发行人有部分房屋所有权证和国有土地使用证仍在原中国农业银行名下,发行人正在办理证载权利人名称变更手续,本所律师认为,发行人办理该等权属证书的证载权利人名称变更手续不存在实质性法律障碍。

2. 购买中的房屋

根据发行人提供的材料及书面确认,并经本所律师核查,截至 2010 年 3 月 31 日,发行人与房地产开发商或其他第三方签订了 374

份房屋购买协议，购买建筑面积合计约为684,695.68平方米的374处房屋。经核查，本所律师认为，房屋购买协议的内容不违反中国有关房地产转让的规定，在发行人支付全部购房价款后，发行人取得该等房屋的所有权及占用土地的土地使用权不存在实质性法律障碍。

（二）发行人在中国境内的在建工程

根据发行人提供的材料及书面确认，并经本所律师核查，截至2010年3月31日，发行人拥有拟建建筑面积合计约为807,133.1平方米的278处在建工程。具体情况如下：

1. 发行人已经取得预计完工后建筑面积合计约为318,945.67平方米的155处在建工程的国有土地使用证（包括以划拨方式取得国有土地使用证的土地及以作价出资方式取得并正在办理国有土地使用证的土地），并已经按其建设进度取得相应的批准或许可文件，项目建设手续合法，待该等在建工程竣工验收完成后，发行人办理房屋所有权证不存在实质性法律障碍。

2. 发行人未取得预计完工后建筑面积合计约为488,187.43平方米的123处在建工程的国有土地使用证，或者未按其建设进度取得相应的批准或许可文件，本所现时无法确认该等在建工程手续是否合法。根据发行人说明，该等情形不会对发行人的财务状况和业务经营产生重大不利影响，亦不会对本次发行上市造成实质影响。

（三）发行人境内对外投资

1. 发行人境内控股企业

经本所律师核查，截至本法律意见书出具日，发行人在中国境内控股4家银行或非银行金融机构，具体如下：

（1）农银汇理基金管理有限公司

根据中国银监会《关于中国农业银行投资设立基金管理公司的批复》（银监复〔2007〕110号）、中国证监会《关于核准设立农银汇理基金管理有限公司的批复》（证监许可〔2008〕307号）及中华人民共和国商务部《外商投资企业批准证书》（商外资资审字〔2008〕0043号），发行人、东方汇理资产管理公司及中国铝业股份有限公司共同投资设立农银汇理基金管理有限公司，发行人目前持有51.67%的股权。

农银汇理基金管理有限公司目前持有上海市工商行政管理局于2008年3月18日颁发的《企业法人营业执照》（注册号为310000400566036）、中国证监会于2008年3月20日颁发的《基金管理资格证书》（编号为A060）。

（2）克什克腾农银村镇银行有限责任公司

根据财政部《关于中国农业银行设立村镇银行试点的批复》（财金〔2008〕52号）、中国银监会赤峰监管分局《关于克什克腾农银村镇银行有限责任公司开业的批复》（赤银监复〔2008〕57号），发行人和当地6家企业法人共同投资设立克什克腾农银村镇银行有限责任公司，发行人目前持有51.02%的股权。

克什克腾农银村镇银行有限责任公司目前持有克什克腾旗工商行政管理局于2008年8月15日颁发的《企业法人营业执照》（注册号为150425000003572）、中国银监会赤峰监管分局于2008年8月14日颁发的《金融许可证》（机构编码为S0002H315040001）。

（3）湖北汉川农银村镇银行有限责任公司

根据中国银监会孝感监管分局《关于湖北汉川农银村镇银行有限责任公司开业的批复》（孝银监复〔2008〕58号），发行人和当地5家企业法人共同投资设立湖北汉川农银村镇银行有限责任公司，发行人目前持有50%的股权。

湖北汉川农银村镇银行有限责任公司目前持有汉川市工商行政管理局于2008年8月12日颁发的《企业法人营业执照》（注册号为420984210014227）、中国银监会孝感监管分局于2008年8月12日颁发的《金融许可证》（机构编码为S0008H342090001）。

（4）安塞农银村镇银行有限责任公司

根据中国银监会延安监管分局《关于安塞农银村镇银行有限责任公司开业的批复》（延银监复〔2010〕16号），发行人和当地6家企业法人共同投资设立安塞农银村镇银行有限责任公司，发行人目前持有51%的股权。

安塞农银村镇银行有限责任公司目前持有安塞县工商行政管理局于2010年3月22日颁发的《企业法人营业执照》（注册号为612624100001638）、中国银监会延安监管分局于2010年3月24日颁发的《金融许可证》（机构编码为S0003H361060001）。

经本所律师核查，截至本法律意见书出具日，上述发行人境内控股企业均依法设立并有效存续,该等企业已就其所经营的业务取得中国银监会、中国证监会等监管部门的核准或备案文件。

2. 发行人境内参股企业

经本所律师核查,截至本法律意见书出具日,发行人在中国境内参股3家银行或非银行金融机构,具体如下:

(1)恒丰银行股份有限公司

恒丰银行股份有限公司注册资本为1,690,000,000元,其中发行人持有其约0.77%的股份。恒丰银行股份有限公司目前持有山东省工商行政管理局于2008年8月18日颁发的《企业法人营业执照》(注册号为370000018080389)。

(2)广东发展银行股份有限公司

广东发展银行股份有限公司注册资本为11,408,422,597元,其中发行人持有其0.14%的股份。广东发展银行股份有限公司目前持有广东省工商行政管理局于2009年7月9日颁发的《企业法人营业执照》(注册号为440000000046541)。

(3)中国银联股份有限公司

中国银联股份有限公司注册资本为2,930,374,380元,其中发行人持有其3.84%的股份。中国银联股份有限公司目前持有上海市工商行政管理局于2009年6月26日颁发的《企业法人营业执照》(注册号为310000000083040)。

经本所律师核查,截至本法律意见书出具日,上述发行人境内参股企业均依法设立并有效存续。

3. 待处置对外投资

截至2010年3月31日,发行人拥有17家境内投资自营的招待所和培训中心,根据银监复〔2010〕174号文,中国银监会同意发行人暂时保留该等招待所和培训中心,并要求发行人尽快制定处置计划,按照有关法规规定完成该等招待所和培训中心的清理工作。

除上述情形外,发行人另持有3家境内公司的股权,不符合《商业银行法》的有关规定,需进行处置。根据发行人说明并经本所律师核查,具体情况如下:

(1)湖南金健米业股份有限公司是发行人下属分支机构接收的抵债上市公司股份,发行人下属分支机构目前持有湖南金健米业股份有限公司约20.62%的股份,为其第一大股东,按照《金融企业国有资产转让管理办法》(财政部令第54号)等要求,国有股东协议转让上市公司股份的价格应接近市场价格,发行人在本次发行上市前按照前述规定的要求整体处置该等股份存在困难,发行人计划在条件具备的情况下尽快完成处置。

(2)张家界旅游开发股份有限公司是发行人下属分支机构承继的其下属已注销实体持有的上市公司股份,由于该等股份尚处于上市公司股权分置改革承诺锁定期,无法在本次发行上市前处置该等股份,发行人计划在该等股份解售后及时处置。

(3)青岛金融押运有限责任公司是发行人下属分支机构承继其下属已注销实体持有的股权形成的投资,出资额10万元,发行人计划对该等股权进行积极地清理处置。

综上,本所律师认为,发行人未处置完毕上述投资自营的招待所和培训中心以及股权投资事宜不会对本次发行上市造成重大不利影响。

(四)发行人境内知识产权

1. 商标

经本所律师核查发行人提供的《商标注册证》、《注册申请受理通知书》等相关文件,截至2010年3月31日,发行人商标共计303项,其中已注册166项、已获受理的注册申请137项。

2. 专利

经本所律师核查发行人提供的专利证书、《专利申请受理通知书》等相关文件,截至2010年3月31日,发行人专利共计29项,其中已取得专利权2项、已获受理的专利申请27项。

3. 著作权

经本所律师核查发行人提供的《计算机软件著作权登记证书》,截至2010年3月31日,发行人已登记的计算机软件著作权共计50项(其中有7项为从第三方受让取得,相关变更手续尚在办理中)。

4. 域名

经本所律师核查发行人提供的域名注册证书,截至2010年3月31日,发行人已注册并正在使用的互联网域名共计10项。

5. 非专利技术

经本所律师核查发行人提供的相关文件,

截至2010年3月31日，发行人非专利技术共计621项。

综上，本所律师认为，发行人依法拥有上述知识产权的所有权或申请权，已取得权属证书的知识产权无他项权利限制；其中，证载权利人为原中国农业银行的权属证书尚需办理证载权利人名称变更手续，该等名称变更手续不存在法律障碍。

（五）发行人在中国境内租赁使用的房屋

1. 根据发行人提供的材料及书面确认，并经本所律师核查，截至2010年3月31日，发行人向第三方承租了建筑面积合计约为2,171,145.80平方米的8,160处房屋。具体情况如下：

（1）发行人承租的建筑面积合计约为1,024,023.61平方米的3,399处房屋，出租方拥有该等房屋的房屋所有权证或房屋所有权人同意出租方转租该等房屋的函件。经核查，本所律师认为，出租方有权出租该等物业，该等物业的租赁协议合法有效。

（2）发行人承租的建筑面积合计约为1,147,122.19平方米的4,761处房屋，出租方未能提供该等房屋的房屋所有权证或房屋所有权人同意出租方转租该等房屋的函件。其中：建筑面积合计约为582,318.34平方米的2,313处房屋的出租方已经出具赔偿确认函，承诺赔偿发行人因该等租赁房屋存在权利瑕疵而受到的任何损失；建筑面积合计约为564,803.85平方米的2,448处房屋的出租方未出具确认函。

本所律师认为，若出租方未拥有该等房屋的所有权或房屋所有权人同意出租方转租该房屋的函件，则出租方无权出租上述房屋。若第三方对该等房屋的所有权或出租权提出异议，则可能影响发行人继续承租该等房屋，但发行人仍可依据赔偿确认函和/或租赁协议向出租方进行索赔。

（3）发行人承租的上述房屋中，共有537处已办理租赁登记备案手续。对于未办理租赁登记备案手续的，根据最高人民法院《关于适用〈中华人民共和国合同法〉若干问题的解释（一）》的有关规定，未办理租赁登记备案手续不影响房屋租赁协议的效力；但根据《城市房屋租赁管理办法》的有关规定，房地产管理部门有权责令有关当事人补办租赁备案手续并处以罚款，发行人存在被房地产管理部门罚款的潜在风险。

2. 根据发行人说明，当发生不能继续使用承租房屋的情形时，发行人可以及时在相关区域内找到可替代的能够合法租赁或拥有的经营场所继续办公营业，该等情形不会对发行人的财务状况和业务经营产生重大不利影响，亦不会对本次发行上市造成实质影响。

3. 部分房屋的相关租赁协议以原中国农业银行的名义签订，因发行人是由原中国农业银行整体改制而来，根据《中华人民共和国合同法》等相关法律规定，以原中国农业银行名义签订的该等租赁协议项下的权利和义务由发行人全部承继。

## 十一、发行人的重大债权债务

（一）本所律师核查了发行人提供的其将要履行、正在履行以及虽已履行完毕但可能存在潜在纠纷的重大合同。截至2009年12月31日，除日常的商业银行业务产生的贷款、存款、担保、承兑、国债、央行票据、银行间拆借等债权债务外，发行人尚在履行或已经签署将要履行的重大合同，或者对发行人生产经营活动、未来发展或财务状况具有重要影响的债权债务如下：

1. 次级债券

根据中国银监会于2009年4月8日签发的《关于中国农业银行发行次级债券的批复》（银监复〔2009〕100号）和人民银行于2009年5月7日签发的《中国人民银行准予行政许可决定书》（银市场许准予字〔2009〕第24号），2009年5月，发行人发行500亿元次级债券，包括5+5固定利率、5+5浮动利率及10+5固定利率三个品种。发行人于2009年5月11日公告了《2009年中国农业银行股份有限公司次级债券（第一期）募集说明书》、《2009年中国农业银行股份有限公司次级债券（第一期）发行公告》、《2009年中国农业银行股份有限公司次级债券（第一期）发行章程》等发行文件。

2. 特别国债

根据财政部《关于发行1998年2700亿元特别国债的通知》（财债字〔1998〕6号），1998年8月18日，财政部向发行人定向发行面额为人民币933亿元的特别国债。该项债券期限为30年,自发行日起至2008年11月30日止期间的年利率为7.2%,相关的利息收入根据国家有关规定作等额上缴中央财政支出处理,不计入发行人利润表。根据财政部《关于特别国债利息核算问题的通知》(财债字〔2000〕8号),国有独资商业银行对特别国债利息不确认收入,也不作等额上交中央财政的支出。根据财政部《关于中国农业银行持有的1998年特别国债付息事宜的通知》(财金〔2009〕9号),该项债券年利率自2008年12月1日起调整为2.25%,财政部亦从该日期起向发行人实际支付该项债券利息。

3. 不良资产处置

正如本法律意见书第十二条第(一)款第1项所述,发行人以2007年12月31日为基准日,按账面值剥离处置不良资产8,156.95亿元。对于上述不良资产,以2007年12月31日人民银行对发行人1,506.02亿元再贷款等额置换不良资产;其余6,650.93亿元形成应收财政部款项,并自2008年1月1日起按3.3%的年利率对未支付款项余额计息。

4. 发行人与深圳市怡亚通供应链股份有限公司于2008年12月31日签署了《中国农业银行主机软件升级保护采购项目内贸合同》,根据该合同,发行人委托深圳市怡亚通供应链股份有限公司代理进口2007年至2012年"主机系统软件升级保护"及"开放平台PPA软件"的相关许可,合同总价款为8,725万美元。

经核查,本所律师认为,上述债权债务及重大合同合法有效,不存在潜在纠纷。

(二)上述债权债务及重大合同的主体均为发行人,履行不存在法律障碍。

(三)根据发行人说明并经本所律师核查,发行人近三年不存在因环境保护、知识产权、产品质量、劳动安全和人身权等原因产生的重大侵权之债。

(四)根据经审计的财务报告并经本所律师核查,截至2009年12月31日,发行人不存在为股东和其他关联方提供担保的情况。

(五)根据经审计的财务报告并经本所律师核查,发行人金额较大的其他应收、应付款均是因正常的银行业务发生的,合法有效。

## 十二、发行人重大资产变化及收购兼并

(一)发行人近三年重大资产变化情况

1. 发行人改制为股份有限公司前,作为其财务重组的一部分,财政部以财金〔2008〕138号文批准发行人不良资产剥离方案。财政部购买发行人上述不良资产后,仍委托发行人进行管理和处置。

根据改制《审计报告》记载,发行人剥离资产2007年12月31日账面原值8,156.95亿元,其中以2007年12月31日人民银行对发行人1,506.02亿元再贷款等额置换不良资产;其余6,650.93亿元形成应收财政部款项,并自2008年1月1日起按3.3%的年利率对应收财政部款项余额计息。

为保障财政部收购上述不良资产而形成的发行人应收财政部款项,财政部与发行人设立"共管基金"。"共管基金"的存续期暂定为15年,资金来源包括发行人在"共管基金"存续期内所缴纳的企业所得税、向财政部派发的现金股利、财政部处置发行人不良资产的净现金回收中扣除回收费用后的部分、财政部减持发行人股份获得的收入中用于"共管基金"的部分、财政部等部门拨入的其他资金以及共管账户资金存放期间产生的利息收入。

2. 2008年10月29日,汇金公司向发行人指定账户汇入与1,300亿元等值的美元。财政部和汇金公司于2008年12月12日签署《发起人协议书》,财政部以截至2007年12月31日经评估的发行人净资产权益为基础,保留1,300亿元作为出资,汇金公司以与1,300亿元等值的外汇资产作为出资,发行人注册资本由361亿元变更为2,600亿元。

3. 2009年5月,发行人在银行间债券市场发行次级债券,包括5+5固定利率、5+5浮动利率及10+5固定利率三个品种,筹集资金500亿元,用于充实发行人附属资本,提高资本充足率。

4. 2010年4月,社保基金会出资15,520,144,000元购买发行人新发行股份100亿股,发行人注册资本由2,600亿元变更为2,700亿元。

综上,本所律师认为,上述重大资产变化符合法律、法规和规范性文件的规定,已履行必要

的法律手续。

（二）根据发行人说明并经本所律师核查，截至本法律意见书出具日，发行人没有准备进行资产置换、资产剥离、资产出售或收购等行为的计划。

## 十三、发行人章程的制定与修改

（一）2009年1月9日，发行人召开创立大会，审议通过了公司章程。该章程已经银监复〔2009〕13号文核准。

（二）发行人章程变更

1. 2010年4月15日，发行人召开2010年度第一次临时股东大会，审议通过了《关于变更中国农业银行股份有限公司注册资本、修改公司章程的议案》，对公司章程中的注册资本、股本总额以及股东条款进行了修订。上述修订已经中国银监会于2010年4月23日签发的《关于中国农业银行股份有限公司变更注册资本及修改公司章程的批复》（银监复〔2010〕172号）核准。

2. 2010年4月21日，发行人召开2010年度第二次临时股东大会，审议通过了为本次发行上市之目的拟定的《公司章程（草案）》，《公司章程（草案）》已经银监复〔2010〕175号文核准。

经核查，本所律师认为，公司章程的制定及其后的历次修改均已履行了必要的程序。

（三）经本所律师核查，发行人公司章程主要根据《公司法》、《商业银行法》及中国银监会、人民银行关于股份制商业银行公司治理的相关规定制定，公司章程符合现行法律、法规和规范性文件的规定。

（四）经本所律师核查，发行人《公司章程（草案）》主要根据《上市公司章程指引（2006年修订）》、《到境外上市公司章程必备条款》及其他有关制定境内外上市公司章程的规定拟定，符合现行法律、法规和规范性文件的规定，《公司章程（草案）》待发行人本次发行上市后生效。

## 十四、发行人股东大会、董事会、监事会议事规则及规范运作

（一）发行人具有健全的组织机构

发行人已根据《公司法》、《商业银行法》及中国银监会、人民银行关于股份制商业银行公司治理的相关规定，设立了股东大会、董事会、监事会和高级管理层，并在董事会及监事会下设各专门委员会。发行人公司章程对股东大会、董事会和监事会的职权进行了明确的规定。

经核查，本所律师认为，除尚待增补独立董事和外部监事外，发行人的组织机构设置健全，符合《公司法》等法律、法规和规范性文件的规定以及公司章程的有关规定。

（二）发行人三会议事规则

发行人根据相关法律、法规和公司章程的规定制订了三会议事规则，并于2009年1月9日经发行人创立大会审议通过。

经核查，本所律师认为，发行人具有健全的三会议事规则，符合相关法律、法规和规范性文件的规定。

（三）发行人历次股东大会、董事会、监事会会议的召开

经本所律师核查发行人提供的历次股东大会、董事会、监事会会议的通知、登记簿、表决单、决议及记录等相关文件资料，发行人个别股东大会存在未按规定期限发出会议通知的情形，但该等情形已获得发行人股东的一致豁免，未侵害发行人及其股东的权利，该等情形的存在不影响会议决议的效力。本所律师认为，发行人历次股东大会、董事会、监事会会议的召开、决议内容及签署合法、合规、真实、有效。

（四）经核查，本所律师认为，发行人股东大会和董事会历次授权或重大决策等行为合法、合规、真实、有效。

## 十五、发行人董事、监事和高级管理人员及其变化

（1）经本所律师核查，截至本法律意见书出具日，发行人现有董事13名，行长1名，副行长5名，董事会秘书1名，发行人董事、高级管理人员均已取得中国银监会对其任职资格的核准文件，其任职符合《公司法》、《商业银行法》和《中国银行业监督管理委员会中资商业银行行政许可事项实施办法》等法律法规及公司章程关于董事、高级管理人员资格的规定。

（2）经本所律师核查，截至本法律意见书出具日，发行人现有监事5名（其中职工代表监

事3名),发行人监事均符合《公司法》、《商业银行法》等法律法规及公司章程关于监事资格任职资格的规定。发行人尚待增补外部监事以符合公司章程关于监事会外部监事不得少于2人的规定,根据银监复〔2010〕174号文,中国银监会已同意发行人待本次发行上市完成后半年内补充外部监事。

(3)经本所律师核查,2009年12月21日,罗熹因工作原因辞去董事、副行长的职务;2010年1月11日,发行人第一届董事会第九次会议聘任朱洪波、蔡华相为副行长;2010年4月21日,发行人2010年度第二次临时股东大会选举潘功胜为执行董事。本所律师认为,上述变化已履行必要的法律程序,符合《公司法》及公司章程的规定。

(4)经本所律师核查,发行人现任董事中有3名独立董事,上述人员已取得中国银监会对其任职资格的核准文件,其任职及职权范围符合《股份制商业银行独立董事和外部监事制度指引》、《关于在上市公司建立独立董事制度的指导意见》等有关法律、法规和规范性文件的规定。发行人尚待增补独立董事以符合中国证监会关于上市公司董事会成员中独立董事至少占三分之一的要求。

## 十六、发行人的税务

(一)执行的税种、税率情况

根据经审计的财务报告、发行人出具的《关于主要税种纳税情况的说明》及德勤出具的《纳税情况的专项说明》,截至2009年12月31日,发行人及其境内分支机构执行的主要税种、税率如下:

1. 企业所得税:2007年度税率为33%,2008年1月1日起税率为25%。

2. 营业税:按应税营业额缴纳营业税,税率为5%。

3. 城市维护建设税:按营业税的1% -7%计缴城市维护建设税。

4. 教育费附加:按营业税的3% -5%计缴教育费附加。

经核查,本所律师认为,发行人执行的税种、税率符合现行法律、法规和规范性文件的要求。

(二)享受的税收优惠政策情况

根据发行人出具的《关于主要税种纳税情况的说明》及德勤出具的《纳税情况的专项说明》并经本所律师核查,发行人享受的主要税收优惠政策如下:

1. 根据国家税务总局于2009年6月1日签发的《关于中国农业银行资产评估增值有关企业所得税问题的通知》(国税函〔2009〕301号),国家税务总局同意对发行人在改制过程中发生的直接增加其国有资本金的资产评估增值510亿元,不征收企业所得税;允许发行人按资产评估增值后的资产价值调整相关资产的计税成本,并按调整后的计税成本计算扣除折旧或进行费用摊销。

2. 根据国家税务总局于2009年7月13日签发的《关于中国农业银行重组改制企业所得税有关问题的通知》(国税函〔2009〕374号),发行人对改制前没有提足的应付利息,可按照权责发生制的原则予以补提并在2008年度企业所得税前扣除。

3. 根据财政部、国家税务总局于2010年4月30日签发的《关于中国农业银行股份有限公司重组改制过程中有关企业所得税问题的通知》(财税〔2010〕39号),经国务院批准,财政部、国家税务总局同意对发行人2008年度用作财政部资本金投入的344.97亿元税前利润应征收的企业所得税不征收入库。

经核查,本所律师认为,发行人享受上述税收优惠政策合法、合规、真实、有效。

(三)依法纳税情况

根据发行人总行及一级分行所在地的税务机关出具的证明及本所律师核查,2007年1月1日至2009年12月31日,前述发行人机构按照国家有关法律、法规及地方税收政策规定的税种、税率依法纳税,并已缴清全部应缴税款;除以下第(四)项所述的金额较大的税务处罚案件外,不存在因漏缴、欠缴或拖欠税款等原因被税务部门处以其他金额较大处罚的情形。

(四)金额较大的税务处罚情况

经本所律师核查,2007年1月1日至2009年12月31日,发行人及其分支机构存在10万元以上金额的税务行政处罚××宗,涉及处罚金额合计约为××万元(含滞纳金),上述处罚金额均已缴清。本所律师认为,上述税务处罚不会对发行人的经营及本次发行上市构成重大不利影响。

## 十七、发行人的环境保护和产品质量、技术等标准

（一）发行人不属于生产型企业，经本所律师核查，发行人的经营活动及拟投资项目符合有关环境保护的要求。

（二）根据发行人说明并经本所律师核查，近三年发行人不存在因经营活动违反环境保护方面的法律、法规和规范性文件而受到处罚的情况。

（三）根据发行人说明并经本所律师核查，近三年发行人不存在因违反有关产品质量和技术监督标准方面的法律、法规和规范性文件而受到处罚的情况。

## 十八、发行人募集资金的运用

（一）经发行人2010年度第二次临时股东大会审议通过，发行人本次发行的募集资金将全部用于补充发行人资本金。经本所律师核查，上述募集资金用途已经银监复〔2010〕175号文核准。

经核查，本所律师认为，发行人募集资金用途符合下列《管理办法》第三十八条至第四十三条的规定：

1. 本次发行的募集资金将用于补充发行人资本金，募集资金有明确的使用方向，用于发行人主营业务，符合《管理办法》第三十八条的规定。

2. 本次发行的募集资金数额和用途与发行人现有经营规模、财务状况、技术水平和管理能力等相适应，符合《管理办法》第三十九条的规定。

3. 发行人募集资金用途符合国家产业政策、投资管理、环境保护、土地管理以及其他法律、法规和规范性文件的规定，符合《管理办法》第四十条的规定。

4. 根据发行人第一届董事会第十一次会议及2010年度第二次临时股东大会决议，本次发行的募集资金用途已经发行人董事会及股东大会审议批准，符合《管理办法》第四十一条的规定。

5. 本次发行的募集资金用于补充发行人资本金后，不会产生同业竞争或者对发行人的独立性产生不利影响，符合《管理办法》第四十二条的规定。

6. 发行人将拟定募集资金存储及使用管理办法并将经董事会审议通过，根据该办法，募集资金存放符合《管理办法》第四十三条的规定。

（二）根据发行人相关股东大会会议决议及招股说明书记载，发行人本次发行的募集资金用途不存在与他人合作的情况。

## 十九、发行人业务发展目标

根据发行人拟定的招股说明书，发行人的战略目标为：凭借发行人在城市和县域地区的领先地位，通过（1）进一步强化在城市地区的领先地位；（2）发挥在县域地区的主导地位，实现潜在的高速增长；（3）通过扩大发行人的产品和服务组合，实现收入多元化；（4）持续优化发行人的多渠道分销网络；（5）持续强化风险管理与内部控制能力；（6）吸引、留住、激励并培养优秀员工六方面的战略举措，成为一家世界级的金融机构。

本所律师认为，发行人上述业务发展目标与其主营业务方向一致，符合国家法律、法规和规范性文件的规定，不存在潜在的法律风险。

## 二十、诉讼、仲裁或行政处罚

（一）经本所律师核查，持有发行人5%以上（含5%）股份的主要股东及发行人控股公司不存在尚未了结的或可预见的重大诉讼、仲裁及行政处罚案件。

（二）经本所律师核查，发行人董事、监事、高级管理人员不存在尚未了结的或可预见的重大诉讼、仲裁及行政处罚案件。

（三）发行人诉讼、仲裁及行政处罚

1. 诉讼、仲裁

（1）发行人作为原告的诉讼、仲裁

根据发行人提供的材料，并经本所律师核查，截至2009年12月31日，发行人及其分支机构作为原告且单笔争议标的在1亿元以上的尚未了结的重大诉讼、仲裁案件共××宗，涉及金额约××万元。该等案件中××宗是发行人从事银行业务所引起的借贷纠纷或追偿贷款纠纷案件，××宗是债务人破产案件。本所律师认为，上述案件不会对发行人的业务经营、财务状况及本次发行上市构成重大不利影响。

(2)发行人作为被告的诉讼、仲裁

根据发行人提供的材料,并经本所律师核查,截至2009年12月31日,发行人及其分支机构作为被告且单笔争议标的在1亿元以上的尚未了结的重大诉讼、仲裁案件共××宗,涉及金额约××万元。该等案件中××宗是发行人从事银行业务所引起的借贷纠纷案件,××宗是其他纠纷案件。本所律师认为,上述案件不会对发行人的业务经营、财务状况及本次发行上市构成重大不利影响。

2. 行政处罚

根据发行人提供的材料,并经本所律师核查,除本法律意见书第十六条“发行人的税务”第(四)项所述税务处罚外,2007年1月1日至2009年12月31日间,发行人及其分支机构因违反国内监管规定而被国内监管部门(包括但不限于中国银监会及其派出机构、人民银行及其派出机构、外汇管理部门、工商行政管理部门等)处以10万元以上金额的行政处罚共计××宗,涉及处罚金额合计约为××元,已缴金额约为××元。

经本所律师核查,上述行政处罚所涉罚款或罚没款总金额占发行人资产总额的比例较小,且相关处罚绝大部分已履行完毕,未导致发行人或其下属分支机构的合法存续受影响或业务经营所需之批准、许可、授权或备案被撤销,因此,上述违法、违规行为不会对发行人的经营和财务状况产生重大不利影响,也不构成发行人本次发行上市的实质性法律障碍。

**二十一、发行人招股说明书法律风险的评价**

本所律师参与了发行人招股说明书的编制及讨论,并审阅了发行人招股说明书,特别是引用本法律意见书相关内容的部分,本所律师认为,截至本法律意见书出具日,发行人招股说明书及其摘要引用的本法律意见书相关内容与本法律意见书无矛盾之处。本所及经办律师对发行人招股说明书及其摘要中引用本法律意见书的相关内容无异议,确认招股说明书及其摘要不会因引用本法律意见书的内容而出现虚假记载、误导性陈述或重大遗漏。

**二十二、律师认为需要说明的其他问题**

(一)辽宁省宽甸盛鑫铁选矿业有限公司、辽宁省宽甸满族自治县残联福利硼粉厂(两者为同一法定代表人)于2007年至2008年期间伪造虚假定期存单和银行承兑汇票骗取发行人所属宽甸支行贷款103,700,000元,截至本法律意见书出具日,人民法院已对相关涉案人员作出司法判决并执行。

(二)发行人所属邯郸分行员工任晓峰、马向景等于2006年10月13日至2007年4月14日期间利用职务便利盗取邯郸分行库款共计50,956,050元,截至本法律意见书出具日,本案已经了结,人民法院已对相关涉案人员作出司法判决并执行,部分追缴的资金已入账。

(三)发行人所属西藏自治区分行行长韩文明于2001年至2005年期间利用职务便利以权谋私收受贿赂1,000,000元,截至本法律意见书出具日,本案已经了结,人民法院已对韩文明作出司法判决并执行。

本所律师认为,上述案件不会对发行人本次发行上市产生重大不利影响。

**二十三、结论意见**

综上所述,本所律师认为,发行人本次发行上市的申请符合《公司法》、《证券法》、《管理办法》等法律、法规和规范性文件的规定,发行人具备公开发行股票并上市的条件,本次发行上市不存在法律障碍。发行人本次发行上市尚需取得中国证监会和上交所的核准。

本法律意见书正本一式伍份,经本所承办律师签字并加盖本所公章后生效。

北京市德恒律师事务所
负 责 人:王 丽
承办律师:王 丽 徐建军 吴莲花
孙艳利 李广新

# 关于唐山港集团股份有限公司首次公开发行股票及上市的法律意见书

致：唐山港集团股份有限公司（以下简称“发行人”或“公司”）

北京市天元律师事务所（以下简称“本所”）根据与发行人签订的《委托协议》，接受发行人委托，担任发行人首次公开发行股票并上市（以下简称“本次发行”）的专项法律顾问，为发行人本次发行出具法律意见书。

本所律师依据《中华人民共和国证券法》（以下简称《证券法》）、《中华人民共和国公司法》（以下简称《公司法》）、《首次公开发行股票并上市管理办法》（以下简称《发行管理办法》）、《公开发行证券公司信息披露的编报规则第12号——公开发行证券的法律意见书和律师工作报告》、《律师事务所从事证券法律业务管理办法》等有关法律、法规和中国证券监督管理委员会（以下简称“中国证监会”）的有关规定，按照律师行业公认的业务标准、道德规范和勤勉尽责精神，出具本法律意见书。

本所律师承诺，已对发行人的行为以及本次发行申请的合法、合规进行了充分的核查验证，并对招股说明书及其摘要进行审慎审阅，保证本法律意见书的真实性、准确性、完整性。

## 第一部分　声明事项

为出具本法律意见书和律师工作报告，本所律师特作如下声明：

1. 本所律师已根据中国证监会颁布的《公开发行证券公司信息披露的编报规则第12号——公开发行证券的法律意见书和律师工作报告》及本法律意见书出具日以前已经发生或存在的事实和我国现行法律、法规和中国证监会有关规定发表法律意见。

2. 本所及经办律师承诺，已遵守法律、行政法规及相关规定，遵循诚实、守信、独立、勤勉、尽责的原则，恪守律师职业道德和执业纪律，严格履行法定职责，对发行人的行为以及本次申请的合法、合规、真实、有效进行了充分的核查验证，对招股说明书及其摘要进行了审慎审阅，保证法律意见书和律师工作报告不存在虚假记载、误导性陈述及重大遗漏，保证所出具文件的真实性、准确性、完整性。

3. 本所律师同意将本法律意见书和律师工作报告作为发行人本次申请公开发行股票所必备法律文件，随其他材料一同上报，并愿意承担相应的法律责任。

4. 本所律师同意发行人部分或全部在招股说明书中自行引用或按中国证监会审核要求引用法律意见书或律师工作报告的内容，但发行人作上述引用时，不得因引用而导致法律上的歧义或曲解，并需经本所律师对招股说明书的有关内容进行审阅和确认。

5. 本所在本次发行项目中，仅为发行人出具法律意见，未同时为保荐人、承销的证券公司出具法律意见。本所律师未担任发行人及其关联方董事、监事、高级管理人员，也不存在其他影响律师独立性的情形。

6. 本所律师已按照依法制定的业务规则，采用了面谈、书面审查、实地调查、查询和函证、计算、复核等方法，勤勉尽责，审慎履行了核查和验证义务。

7. 本所律师已依法对所依据的文件资料内容的真实性、准确性、完整性进行了核查和验证；在进行核查和验证前，已编制核查和验证计划，明确需要核查和验证的事项，并根据业务的进展情况，对其予以适当增加和调整。

8. 本所律师在出具法律意见时，对与法律相关的业务事项已履行法律专业人士特别的注意义务，对其他业务事项已履行普通人一般的注意义务，制作、出具的文件不存在虚假记载、误导性陈述或者重大遗漏。

9. 本所律师对从国家机关、具有管理公

共事务职能的组织、会计师事务所、资产评估机构、资信评级机构、公证机构等公共机构直接取得的文件,对与法律相关的业务事项在履行法律专业人士特别的注意义务,对其他业务事务在履行普通人一般的注意义务后作为出具法律意见的依据;对于不是从公共机构直接取得的文书,经核查和验证后作为出具法律意见的依据。

10. 本所律师已归类整理核查和验证中形成的工作记录和获取的材料,按照中国证监会的要求形成记录清晰的工作底稿。工作底稿由本所保存。

11. 本所为本次发行出具的法律意见和律师工作报告已由本所内核小组讨论复核,并制作相关记录作为工作底稿留存。

12. 本法律意见书仅供发行人本次发行申请之目的使用,不得用作任何其他目的。

## 第二部分　正　　文

### 一、本次发行上市的授权和批准

2009年6月12日,发行人召开2009年第二次临时股东大会,审议通过了《关于申请首次公开发行股票并上市的议案》、《关于发行前公司滚存利润由新老股东共享的议案》和《关于授权董事会办理首次公开发行股票并上市具体事宜的议案》等议案。

本所律师认为,发行人股东大会已依法定程序作出批准发行上市的决议,股东大会的召集召开程序符合法律、法规、规范性文件和《唐山港集团股份有限公司章程》(以下简称《公司章程》)的规定;股东大会通过的发行上市的决议内容合法有效;发行人股东大会已授权董事会全权办理本次发行有关事宜,授权范围、程序合法有效;但发行人本次股票公开发行申请尚需经中国证监会核准,且其股票上市交易尚需经证券交易所核准。

### 二、发行人本次发行上市的主体资格

经本所律师核查,发行人符合法律、法规和规范性文件规定的发行上市的主体资格条件;本次发行和上市已依法经过上市辅导,并已获得保荐机构的保荐;发行人已通过2008年度工商年检;根据法律、法规、规范性文件及《公司章程》的规定,发行人没有需要终止的情形,依法有效存续。因此,本所律师认为,发行人具有发行上市的主体资格。

### 三、本次发行上市的实质条件

(一)发行人本次发行符合《公司法》规定的条件

发行人本次拟发行的股票为人民币普通股票,每股面值一元,每一股份具有同等权利;每股的发行条件和发行价格相同,任何单位或者个人所认购的股份,每股应当支付相同价额,符合《公司法》第一百二十七条的规定。

(二)发行人本次发行上市符合《证券法》规定的条件

1. 发行人符合《证券法》第十三条规定的公开发行新股的条件:

(1)具备健全且运行良好的组织机构;

(2)具有持续盈利能力,财务状况良好;

(3)最近三年财务会计文件无虚假记载,无其他重大违法行为;

(4)经国务院批准的国务院证券监督管理机构规定的其他条件。

2. 发行人符合《证券法》第五十条规定的如下股票上市条件,但还需要取得中国证监会关于公开发行股票的核准。

(1)发行人目前的股本总额为人民币80,000万元,本次发行完毕后股本总额将进一步增加,股本总额将不少于人民币三千万元;

(2)根据发行人股东大会通过的发行方案,发行人本次公开发行不高于20,000万股人民币普通股,在此范围内,本次发行数量只要达到8,900万股,则本次发行完成后,公开发行的股份将达到公司股份总数的10%以上;

(3)根据有关政府部门出具的证明、信永中和会计师事务所有限责任公司(以下简称"信永中和")于2009年5月27日出具的编号为XYZH/2008A9005号的《唐山港集团股份有限公司2006年、2007年、2008年、2009年1-3月审计报告》(以下简称《审计报告》)及本所律师核查,发行人最近三年无重大违法行为,财务会计报告无虚假记载。

(三)发行人本次发行符合《发行管理办法》规定的条件

1. 发行人的主体资格

(1)经本所律师核查,发行人是依法设立且合法存续的股份有限公司,符合《发行管理办法》第八条的规定。

(2)发行人自2003年1月3日以发起设立方式成立,自股份公司成立后持续经营时间已在3年以上,符合《发行管理办法》第九条的规定。

(3)发行人的注册资本已足额缴纳,发起人或股东用作出资的资产的财产权转移手续已办理完毕,发行人的主要资产不存在重大权属纠纷,符合《发行管理办法》第十条的规定。

(4)发行人的生产经营符合法律、行政法规和公司章程的规定,符合国家产业政策,符合《发行管理办法》第十一条的规定。

(5)发行人最近3年内主营业务和董事、高级管理人员没有发生重大变化,实际控制人没有发生变更,符合《发行管理办法》第十二条的规定。

(6)发行人的股权清晰,控股股东和受控股股东、实际控制人支配的股东持有的发行人股份不存在重大权属纠纷,符合《发行管理办法》第十三条的规定。

2. 发行人的独立性

(1)发行人具有完整的业务体系和直接面向市场独立经营的能力,符合《发行管理办法》第十四条规定。

(2)发行人的资产完整。发行人具备与经营有关的业务体系及相关资产,符合《发行管理办法》第十五条规定。

(3)发行人的人员独立。发行人的总经理、副总经理、财务负责人(财务总监)和董事会秘书等高级管理人员未在控股股东、实际控制人及其控制的其他企业中担任任何职务,未在控股股东、实际控制人及其控制的其他企业领薪;发行人的财务人员未在控股股东、实际控制人及其控制的其他企业中兼职,符合《发行管理办法》第十六条规定。

(4)发行人的财务独立。发行人建立了独立的财务核算体系,能够独立作出财务决策,具有规范的财务会计制度和对分公司、子公司的财务管理制度;发行人未与控股股东、实际控制人及其控制的其他企业共用银行账户,符合《发行管理办法》第十七条规定。

(5)发行人的机构独立。发行人建立健全了内部经营管理机构,独立行使经营管理职权,与控股股东、实际控制人及其控制的其他企业间不存在机构混同的情形,符合《发行管理办法》第十八条规定。

(6)发行人的业务独立。发行人的业务独立于控股股东、实际控制人及其控制的其他企业,与控股股东、实际控制人及其控制的其他企业间不存在同业竞争或者显失公平的关联交易,符合《发行管理办法》第十九条规定。

(7)发行人在独立性方面不存在其他严重缺陷,符合《发行管理办法》第二十条规定。

3. 发行人的规范运行

(1)发行人已经依法建立健全股东大会、董事会、监事会、独立董事、董事会秘书制度,相关机构和人员能够依法履行职责,符合《发行管理办法》第二十一条的规定。

(2)经过保荐人和本次发行其他中介机构对发行人的辅导,发行人的董事、监事和高级管理人员已经了解与股票发行上市有关的法律法规,知悉上市公司及其董事、监事和高级管理人员的法定义务和责任,符合《发行管理办法》第二十二条的规定。

(3)根据发行人的董事、监事和高级管理人员的确认及本所核查,发行人的董事、监事和高级管理人员符合法律、行政法规和规章规定的任职资格,且不存在下列情形,符合《发行管理办法》第二十三条的规定:

a. 被中国证监会采取证券市场禁入措施尚在禁入期的;

b. 最近36个月内受到中国证监会行政处罚,或者最近12个月内受到证券交易所公开谴责;

c. 因涉嫌犯罪被司法机关立案侦查或者涉嫌违法违规被中国证监会立案调查,尚未有明确结论意见。

(4)根据信永中和于2009年5月27日出具的XYZH/2008A9005-4号《唐山港集团股份有限公司内部控制审核报告》(以下简称《内控报告》),发行人的内部控制制度健全且被有效执行,能够合理保证财务报告的可靠性、生产经营的合法性、营运的效率与效果,符合《发行管理办法》第二十四条的规定。

(5)根据政府有关主管部门出具的证明以及发行人的确认和承诺,并经本所律师核查,发

行人不存在下列情形,符合《发行管理办法》第二十五条的规定:

a. 最近36个月内未经法定机关核准,擅自公开或者变相公开发行过证券;或者有关违法行为虽然发生在36个月前,但目前仍处于持续状态;

b. 最近36个月内违反工商、税收、土地、环保、海关以及其他法律、行政法规,受到行政处罚,且情节严重;

c. 最近36个月内曾向中国证监会提出发行申请,但报送的发行申请文件有虚假记载、误导性陈述或重大遗漏;或者不符合发行条件以欺骗手段骗取发行核准;或者以不正当手段干扰中国证监会及其发行审核委员会审核工作;或者伪造、变造发行人或其董事、监事、高级管理人员的签字、盖章;

d. 本次报送的发行申请文件有虚假记载、误导性陈述或者重大遗漏;

e. 涉嫌犯罪被司法机关立案侦查,尚未有明确结论意见;

f. 严重损害投资者合法权益和社会公共利益的其他情形。

(6)发行人的《公司章程》中已明确对外担保的审批权限和审议程序,不存在为控股股东、实际控制人及其控制的其他企业进行违规担保的情形,符合《发行管理办法》第二十六条的规定。

(7)根据《审计报告》和本所律师核查,发行人有严格的资金管理制度,不存在资金被控股股东、实际控制人及其控制的其他企业以借款、代偿债务、代垫款项或者其他方式占用的情形,符合《发行管理办法》第二十七条的规定。

4. 发行人的财务与会计

(1)根据《审计报告》,发行人资产质量良好,资产负债结构合理,盈利能力较强,现金流量正常,符合《发行管理办法》第二十八条的规定。

(2)根据《内控报告》,发行人的内部控制在所有重大方面是有效的,并由信永中和出具了无保留结论的内部控制鉴证报告,符合《发行管理办法》第二十九条的规定。

(3)根据《审计报告》及《内控报告》,发行人会计基础工作规范,财务报表的编制符合企业会计准则和相关会计制度的规定,在所有重大方面公允地反映了发行人的财务状况、经营成果和现金流量,并由信永中和出具了无保留意见的审计报告,符合《发行管理办法》第三十条的规定。

(4)根据《审计报告》及《内控报告》,发行人编制财务报表以实际发生的交易或者事项为依据;在进行会计确认、计量和报告时保持了应有的谨慎;对相同或者相似的经济业务,选用一致的会计政策,不存在随意变更的情形,符合《发行管理办法》第三十一条的规定。

(5)根据发行人本次公开发行股票的招股说明书以及《审计报告》,发行人已完整披露了关联方关系并按重要性原则恰当披露了关联交易。关联交易价格公允,不存在通过关联交易操纵利润的情形,符合《发行管理办法》第三十二条的规定。

(6)根据《审计报告》,发行人具备下列条件,符合《发行管理办法》第三十三条的规定:

a. 最近3个会计年度净利润均为正数且累计超过人民币3,000万元,净利润以扣除非经常性损益前后较低者为计算依据;

b. 最近3个会计年度经营活动产生的现金流量净额累计超过人民币5,000万元;且最近3个会计年度营业收入累计超过人民币3亿元;

c. 发行前股本总额不少于人民币3,000万元;

d. 最近一期末无形资产(扣除土地使用权、水面养殖权和采矿权等后)占净资产的比例不高于20%;

e. 最近一期末不存在未弥补亏损。

(7)根据《审计报告》及信永中和于2009年5月27日出具的XYZH/ 2008A9005－3号《唐山港集团股份有限公司2006年至2009年1－3月纳税及税收优惠情况的鉴证报告》以及本所律师核查,发行人最近三年依法纳税,各项税收优惠符合相关法律法规的规定。发行人的经营成果对税收优惠不存在严重依赖,符合《发行管理办法》第三十四条的规定。

(8)根据发行人的确认,并经本所律师适当核查,发行人不存在重大偿债风险,不存在影响持续经营的担保、诉讼以及仲裁等重大或有事项,符合《发行管理办法》第三十五条的规定。

(9)根据《审计报告》、发行人的确认以及本所律师核查,发行人申报文件中不存在下列情形,符合《发行管理办法》第三十六条的规定:

a. 故意遗漏或虚构交易、事项或者其他重要信息;

b. 滥用会计政策或者会计估计;

c. 操纵、伪造或篡改编制财务报表所依据的会计记录或者相关凭证。

(10)经本所律师核查,发行人不存在下列影响持续盈利能力的情形,符合《发行管理办法》第三十七条的规定:

a. 发行人的经营模式、产品或服务的品种结构已经或者将发生重大变化,并对发行人的持续盈利能力构成重大不利影响;

b. 发行人的行业地位或发行人所处行业的经营环境已经或者将发生重大变化,并对发行人的持续盈利能力构成重大不利影响;

c. 发行人最近1个会计年度的营业收入或净利润对关联方或者存在重大不确定性的客户存在重大依赖;

d. 发行人最近1个会计年度的净利润主要来自合并财务报表范围以外的投资收益;

e. 发行人在用的商标、专利、专有技术以及特许经营权等重要资产或技术的取得或者使用存在重大不利变化的风险;

f. 其他可能对发行人持续盈利能力构成重大不利影响的情形。

5. 发行人的募集资金运用

(1)发行人本次发行募集资金用途具有明确的使用方向,系用于主营业务,募集资金使用项目不属于持有交易性金融资产和可供出售的金融资产、借予他人、委托理财等财务性投资,未直接或间接投资于以买卖有价证券为主要业务的公司,符合《发行管理办法》第三十八条的规定。

(2)发行人本次发行募集资金数额和投资项目与发行人现有生产经营规模、财务状况、技术水平和管理能力等相适应,符合《发行管理办法》第三十九条的规定。

(3)发行人本次发行募集资金投资项目符合国家产业政策、投资管理、环境保护、土地管理以及其他法律、法规和规章的规定,符合《发行管理办法》第四十条的规定。

(4)发行人董事会对募集资金投资项目的可行性进行了认真分析,确信投资项目具有较好的市场前景和盈利能力,能够有效防范投资风险,提高募集资金使用效益,符合《发行管理办法》第四十一条的规定。

(5)发行人本次发行募集资金投资项目实施后,不会产生同业竞争或者对发行人的独立性产生不利影响,符合《发行管理办法》第四十二条的规定。

(6)发行人股东大会已通过了《唐山港集团股份有限公司募集资金管理制度》,建立了募集资金专项存储制度,募集资金存放于董事会决定的专项账户,符合《发行管理办法》第四十三条的规定。

综上,本所律师认为,发行人符合《公司法》、《证券法》以及《发行管理办法》等法律法规和规范性文件规定的发行上市的实质条件。

## 四、发行人的设立

发行人系在京唐港务局基础上改制以发起设立的方式设立,其设立已经过有关政府部门的批准。发行人设立的程序、资格、条件、方式等符合当时法律、法规和规范性文件的规定;发行人设立过程中所签订的改制重组合同符合有关法律、法规和规范性文件的规定,不会因此引致发行人的设立行为存在潜在纠纷;发行人设立过程中有关资产评估、验资等履行了必要的程序,符合当时法律法规和规范性文件的规定;发行人创立大会的程序及所议事项符合法律、法规和规范性文件的规定。发行人因出资资产存在对外担保而遭受损失并未导致发行人设立时登记的注册资本不足,且已由本次发行前的全体股东承担,对社会公众股东的利益不会造成重大不利影响,不会对本次发行构成障碍。

## 五、发行人的独立性

(一)发行人业务独立于股东单位及其他关联方

根据发行人的陈述与说明及本所律师核查,发行人目前所从事的主要业务为:码头和其他港口设施经营;在港区内从事货物装卸、驳运、仓储经营;港口拖轮经营;商品销售。发行人独立拥有《港口经营许可证》等生产经营所必需的资质证书,独立为货主提供货物装卸、堆存以及相关的港务管理服务;发行人生产经营所需的资产、物资采购均由发行人独立完成。发行人与控股股东及其控制的其他企业之间不存在同业竞争和显失公平的关联交易。

因此,本所律师认为,发行人业务独立于股东单位及其他关联方。

(二)发行人的资产独立完整

经本所律师核查,发行人设立和增资时,各股东投入的资产已经全部出资到位;发行人及其子公司目前使用的主要经营场所系发行人或其子公司依法拥有,部分辅助经营场所通过合法租赁使用;发行人独立、完整拥有生产经营所需的主要生产设备,不存在依赖于控股股东和其他关联方的情形;发行人股东及其他关联方目前不存在违规占用或转移发行人资金、资产及其他资源的情形。因此,本所律师认为,发行人的资产独立完整。

(三)发行人具有完整的业务体系

经本所律师核查,发行人具有独立完整的生产经营所需的生产业务系统、港口作业系统、安全质量环保和运营保障系统,均由发行人自行管理和控制,独立于股东及其他关联方。因此,本所律师认为,发行人具有完整的业务体系。

(四)发行人的人员独立

根据发行人的总经理、副总经理、财务负责人(财务总监)和董事会秘书等高级管理人员的陈述和本所律师的核查,发行人的总经理、副总经理、财务负责人(财务总监)、董事会秘书均专职在公司工作并仅在公司领取薪酬,不存在在控股股东、实际控制人及其控制的其他企业担任除董事、监事以外的其他职务,也不存在在控股股东、实际控制人及其控制的其他企业领薪的情形;发行人的财务人员不存在在控股股东、实际控制人及其控制的企业兼职的情形。发行人的董事、监事、总经理、副总经理、财务负责人(财务总监)和董事会秘书等高级管理人员的任命程序均符合发行人《公司章程》及其他内部制度的规定,不存在股东、其他任何部门或单位或人员超越公司股东大会和董事会作出人事任免的情形;发行人拥有独立于各股东单位和其他关联方的员工,具备独立的劳动人事和劳动工资机构和管理制度,不存在在股东单位工作或从股东单位领取报酬的情形。因此,本所律师认为,发行人的人员独立。

(五)发行人的机构独立

根据发行人提供的组织机构图并经本所律师核查,发行人设有股东大会、董事会、监事会及经营管理机构,各组织机构和经营管理部门均与控股股东或其他关联方完全分开,不存在机构混同的情形;发行人各内部组织机构和各经营管理部门的设立符合法律、法规、规范性文件、《公司章程》及其他内部制度的规定,其设置不受任何股东或其他单位或个人的控制;发行人各内部组织机构和各经营管理部门均独立履行其职能,独立负责发行人的生产经营活动,其职能的履行不受控股股东、其他有关部门或单位或个人的干预,并且与控股股东及其各职能部门之间不存在隶属关系。因此,本所律师认为,发行人的机构独立。

(六)发行人的财务独立

经本所律师核查,发行人具有独立的财务部门和财务负责人(财务总监),所有财务人员均专职在公司任职,并设有财务部等独立的财务部门;发行人建立了独立的财务核算体系,能够独立作出财务决策,具有规范的财务会计制度和对分公司、子公司的财务管理制度;发行人不存在与控股股东、实际控制人及其控制的其他企业共用银行账户的情形;发行人不存在资金被控股股东、实际控制人及其控制的其他企业以借款、代偿债务、代垫款项或者其他方式占用的情形;发行人具有有效的税务登记证,且独立进行纳税申报和履行税款缴纳义务。因此,本所律师认为,发行人的财务独立。

(七)发行人已按有关法律、法规和规范性文件的要求与其控股股东及其他关联企业在业务、资产、机构、人员、财务等方面独立运作;发行人拥有从事主营业务所需的主要生产经营性资产,具备与经营有关的业务体系及相关资产。因此,本所律师认为,发行人具有面向市场自主经营的能力。

**六、发行人的股东(追溯至实际控制人)**

(一)发行人的股东包括唐山港口投资有限公司(以下简称"港投公司")、河北建投交通投资有限责任公司(以下简称"河北交投")、北京京泰投资管理中心(以下简称"北京京泰")、国富投资公司、唐山建设投资有限责任公司、国投交通公司六家法人股东；根据各股东的持股比例，港投公司构成发行人的实际控制人。经本所律师核查，发行人的股东均为中国境内法人，依法存续，均具有法律法规和规范性文件规定担任发起人或进行出资的资格。

（二）经本所律师核查，发行人的发起人或股东人数、住所、出资比例均符合有关法律、法规和规范性文件的规定；发起人已投入发行人的资产的产权关系清晰，将上述资产投入发行人不存在法律障碍；发行人不存在发起人将其全资附属企业或其他企业先注销再以其资产折价入股的情形；发行人不存在发起人以在其他企业中的权益折价入股的情形；发起人投入发行人的资产或权利均已转移给发行人，不存在法律障碍或风险。

## 七、发行人的股本及其演变

（一）经本所律师核查，发行人设立时，其注册资本为60,000万元，其股权设置和股本结构已经有权政府部门批准，其国有股权设置方案已经有权机关批准，由各股东签署章程和发起人协议确认，办理了验资手续和工商登记备案。因此，本所律师认为，发行人设立时的股权设置、股本结构合法有效，产权界定和确认不存在纠纷和风险。

（二）经本所律师核查，发行人历次股权变动均合法、合规、真实、有效；发行人在最近三年内实际控制人没有发生变更。

（三）根据发行人的确认，发行人股东所持有发行人的股份不存在质押情形。

## 八、发行人的业务

（一）经本所律师核查，发行人的经营范围和经营方式符合有关法律、法规和规范性文件的规定。

（二）经本所律师核查，发行人目前不存在在中国大陆以外经营的情形。

（三）经本所律师核查，发行人自设立以来主营业务没有发生重大变更。

（四）根据发行人的说明、《审计报告》及本所律师核查，发行人主营业务突出。

（五）经本所律师核查，发行人不存在持续经营的法律障碍。

## 九、关联交易及同业竞争

（一）经本所律师核查，目前持有发行人5%以上股份的关联方为港投公司、河北交投、北京京泰，其中港投公司为发行人的控股股东和实际控制人。除控股发行人外，控股股东港投公司控制的企业还包括京唐港首钢码头有限公司。港投公司的参股公司京唐港国际集装箱码头有限公司和国投中煤同煤京唐港口有限公司在最近三年及一期亦曾与发行人及其控股子公司发生过交易。

（二）发行人及其控股子公司与关联方在2006年、2007年、2008年和2009年1－3月期间发生的关联交易不存在损害发行人及其他股东利益的情况；发行人已采取必要措施保护其他股东利益。

（三）发行人在《公司章程》、《公司章程（草案）》及《股东大会议事规则》、《董事会议事规则》、《独立董事工作制度》、《关联交易决策制度》等制度中明确规定了关联交易的公允决策程序。本所律师认为，发行人的上述规定符合国家有关法律、法规、规范性文件的规定。

（四）根据发行人的关联方的说明和本所律师核查，发行人与关联方之间目前不存在同业竞争；有关关联方已经承诺采取有效措施避免将来产生同业竞争；有关关联方避免同业竞争的承诺合法有效。

（五）经本所律师核查，发行人已对有关关联交易和解决同业竞争的承诺或措施进行了充分披露，无重大遗漏和重大隐瞒。

## 十、发行人的主要财产

（一）经本所律师核查，发行人及其子公司拥有的泊位、房产、土地使用权、海域使用权、主要生产经营设备系以合法方式取得，均已取得完备的权属证书。

（二）经本所律师核查，发行人及其控股子公司现有的主要财产不存在产权纠纷或潜在纠纷；除一家控股子公司的一艘散货船存在抵押，为其自身的银行借款提供担保外，发行人及其控股子公司的主要财产不存在其他权利受到限制的情形。

（三）经本所律师核查，发行人及其子公司目前存在的租赁土地及堆场的租赁关系合法有效。

(四)经本所律师核查,发行人及其子公司对外投资企业系合法设立并有效存续的企业,发行人已足额缴纳出资,合法拥有相应股权。

## 十一、发行人的重大债权债务

(一)根据发行人提供的有关资料和本所律师核查,发行人及其子公司已经履行完毕的重大合同不存在潜在纠纷,将要履行、正在履行的重大合同均合法有效,不存在法律风险;上述合同均是以发行人或其子公司的名义对外签署,合同的履行不存在法律障碍。

(二)根据发行人确认和本所律师核查,发行人目前没有因环境保护、知识产权、产品质量、劳动安全、人身权等原因产生的侵权之债。

(三)根据发行人确认和本所律师核查,除因正在履行的正常关联交易产生的债权债务外,发行人与关联方之间目前不存在其他重大债权债务关系;且发行人和关联方之间不存在相互提供担保的情形。

(四)根据《审计报告》及本所律师核查,截至2009年3月31日,发行人金额较大的其他应收款、其他应付款均因正常经营活动产生,合法有效。

## 十二、发行人重大资产变化及收购兼并

(一)根据发行人说明及本所律师核查,发行人自设立以来无合并、分立、减少注册资本的情况;发行人设立以来发生的增资扩股、重大资产收购、出售行为符合当时法律、法规和规范性文件的规定,履行了必要的法律手续。

(二)经发行人确认及本所律师核查,发行人目前不存在拟进行的资产置换、资产剥离、资产出售或收购等行为。

## 十三、发行人章程的制定与修改

经本所律师核查,发行人章程或章程(草案)的制定和历次修改均已履行了法定程序;发行人的《公司章程》或《公司章程(草案)》的内容符合现行法律、法规和规范性文件的规定;拟在首次公开发行的股票上市之日起实施的《公司章程(草案)》系严格按照中国证监会《上市公司章程指引》以及证券交易所上市规则等规定起草,内容合法有效。

## 十四、发行人股东大会、董事会、监事会议事规则及规范运作

(一)根据发行人提供的发行人组织机构图和本所律师核查,发行人具有健全的组织机构,发行人的《公司章程》对公司各组织机构的职权作出明确的划分。

(二)经本所律师核查,发行人具有健全的股东大会、董事会、监事会议事规则,该议事规则符合相关法律、法规和规范性文件的规定;除《公司章程》和股东大会、董事会、监事会议事规则外,发行人还制定了一系列的规章制度,对公司经营管理的各项审批权限、决策程序、监督和制约、管理办法等进行了系统的规范,发行人的上述规章制度符合相关法律、法规和规范性文件的规定。

(三)经本所律师核查,发行人近三年存在部分股东大会会议与决定召开股东大会的董事会会议同日召开或股东大会提前通知时限不足法定要求的情况,不符合法律、法规及《公司章程》关于召开股东大会提前通知时限的要求,除此以外,发行人的股东大会、董事会、监事会的召开及决议签署均合法、合规、真实、有效。对于发行人未按照法律、法规及《公司章程》规定履行提前通知时限的历次股东大会,全体股东均出席了会议并签署了决议,且对前述召开程序不规范的股东大会决议均未在法定期限内提出异议,全体股东对股东大会决议不存在争议。因此,本所律师认为,尽管发行人近三年部分股东大会召开程序存在不规范的情况,但不影响决议的合法有效性,对本次发行不构成障碍;股东大会或董事会历次授权或重大决策等行为均合法、合规、真实、有效。

## 十五、发行人董事、监事和高级管理人员及其变化

(一)经本所律师核查,发行人的董事、监事和高级管理人员的任职符合法律、法规和规范性文件以及《公司章程》的规定。

(二)经本所律师核查,发行人董事、监事和高级管理人员在近三年所发生的变化情况符合有关法律、法规、规范性文件和《公司章程》的规定,并履行了必要的法律程序,不会对本次发行构成影响。

（三）经本所律师核查，发行人设有五名独立董事，其任职资格及职权范围符合法律、法规和规范性文件的规定。

**十六、发行人的税务**

（一）根据《审计报告》及本所律师核查，发行人及其控股子公司执行的税种、税率及享受的税收优惠符合现行法律、法规和规范性文件的要求；发行人及其控股子公司所享受的财政补贴合法、合规、真实、有效。

（二）根据《审计报告》、主管税务机关出具的《证明》及本所律师核查，发行人及其主要控股子公司近三年依法纳税，遵守税务监管有关法律法规的规定，不存在违反上述法律、行政法规而受到行政处罚，且情节严重的情形。

**十七、发行人的环境保护和产品质量、技术等标准以及安全生产**

（一）经本所律师核查，发行人及其控股子公司的生产经营活动和本次募集资金投资项目符合有关环境保护的要求，有权部门已出具意见。

（二）根据主管部门出具的证明及本所律师核查，发行人及其控股子公司近三年不存在因违反环境保护方面的法律法规而受到行政处罚，且情节严重的情形。

（三）发行人及其控股子公司均为服务性企业，不生产产品，近三年不存在因违反有关产品质量和技术监督方面的法律法规而受到行政处罚，且情节严重的情形。

（四）根据主管部门出具的《证明》及本所律师核查，发行人自2006年以来不存在违反安全生产有关法律、法规而受到行政处罚，且情节严重的情形。

**十八、发行人募股资金的运用**

（一）发行人本次募集资金投资项目已经过股东大会合法批准，并已获得有权国家机关的批复或备案，合法有效。

（二）经发行人确认和本所律师核查，上述募集资金投向项目的实施并不涉及与他人进行合作；且上述项目的实施不会导致关联方之间的同业竞争。

（三）发行人本次股票发行是首次向社会发行股票，不存在前次募集资金使用的问题。

**十九、发行人业务发展目标**

根据发行人的陈述及本所律师核查，发行人业务发展目标与主营业务一致；发行人业务发展目标符合国家法律、法规和规范性文件的规定，不存在潜在的法律风险。

**二十、诉讼、仲裁或行政处罚**

（一）根据发行人的确认及本所律师核查，发行人控股子公司京唐港煤炭港埠有限责任公司目前存在一宗尚未了结的诉讼，目前已经完成侵权方造成的漏油事故的处理，对其业务经营的影响已经消除；且本案涉及的诉讼标的金额较小，对本次发行不会产生重大不利影响。

根据相关各方的确认及本所律师核查，发行人、持有发行人5%以上股份的股东、发行人的其他控股子公司目前均不存在尚未了结的或可预见的重大诉讼、仲裁或行政处罚案件。

（二）根据发行人董事长孙文仲、总经理王首相分别出具的《确认函》及本所律师核查，发行人董事长、总经理目前均不存在尚未了结的或可预见的重大诉讼、仲裁或行政处罚案件。

**二十一、发行人《招股说明书》法律风险的评价**

本所律师未参与发行人本次发行上市《招股说明书》的编制，但在《招股说明书》及其摘要编制过程中，本所律师参与了法律问题的讨论，并已审阅该《招股说明书》，特别对发行人引用法律意见书和律师工作报告相关内容进行重点审阅。本所律师确认，发行人《招股说明书》及其摘要不会因上述引用而存在虚假记载、误导性陈述或重大遗漏引致的法律风险。

**二十二、律师认为需要说明的其他问题**

本所律师确认，对发行人本次发行上市的重大事项均进行了核查和披露，不存在需要说明的其他问题。

**二十三、总体结论性意见**

综上所述，本所律师认为，发行人符合股票

发行上市条件,已依法履行公司内部批准和授权程序;发行人申请公开发行股票并上市不存在法律障碍;招股说明书及其摘要引用法律意见书和律师工作报告的内容已经本所律师审阅,引用的内容适当;发行人作为一家合法成立和有效存续的股份有限公司,申请向社会公开发行股票并上市在得到有权机关核准后,可将其股票在证券交易所上市交易。

北京市天元律师事务所

负 责 人:王立华

经办律师:吴冠雄　周世君　贺秋平

# 关于深圳英飞拓科技股份有限公司首次公开发行人民币普通股股票并上市的法律意见书

致:深圳英飞拓科技股份有限公司

根据深圳英飞拓科技股份有限公司(以下简称“发行人”)与广东信达律师事务所(以下简称“信达”)签订的《委托合同》,信达接受发行人的委托,担任其首次公开发行人民币普通股股票并上市(以下简称“本次发行上市”)的特聘专项法律顾问。

信达根据《中华人民共和国公司法》、《中华人民共和国证券法》、《首次公开发行股票并上市管理办法》、《关于设立外商投资股份有限公司若干问题的暂行规定》、《关于上市公司涉及外商投资有关问题的若干意见》等法律法规,依照中华人民共和国证券监督管理委员会《公开发行证券公司信息披露的编报规则第12号——公开发行证券的法律意见书和律师工作报告》的要求,按照律师行业公认的业务标准、道德规范和勤勉尽责精神,出具《广东信达律师事务所关于深圳英飞拓科技股份有限公司首次公开发行人民币普通股股票并上市的法律意见书》(以下简称《法律意见书》)和《广东信达律师事务所关于深圳英飞拓科技股份有限公司首次公开发行人民币普通股股票并上市的律师工作报告》(以下简称《律师工作报告》)。

为出具本《法律意见书》和《律师工作报告》,信达律师调查了发行人本次发行上市的法律资格及其具备的条件,查阅了信达所认为出具本《法律意见书》和《律师工作报告》所需查阅的文件,包括但不限于涉及发行人主体资格、对本次发行与上市的授权批准、本次发行与上市的实质条件、设立及股本演变、独立性、主要业务及资产、重大债权债务、股东、关联方及关联交易和同业竞争、法人治理结构及规范运作、未决诉讼或仲裁、业务发展目标、募集资金投向等方面的资料,并就有关事项询问了发行人董事、监事或高级管理人员。

在前述调查过程中,信达律师已得到发行人如下保证:即发行人已向信达律师提供了为出具本《法律意见书》和《律师工作报告》所必需的、真实有效的原始书面材料、副本材料或者口头证言,有关材料上的签名和/或盖章是真实有效的,有关副本材料或者复印件与正本材料或原件一致,均不存在虚假内容和重大遗漏。

为出具本《法律意见书》,信达及信达律师特别声明如下:

(一)信达律师根据本《法律意见书》出具日以前已经发生或存在的事实以及国家正式公布、实施的法律、法规和规范性法律文件,并基于律师行业对有关事实和法律的通常理解发表法律意见。

(二)对于出具本《法律意见书》和《律师工作报告》至关重要而无法得到独立证据支持的事实,信达律师依赖政府有关部门、发行人或者其他有关机构和人员的证明、声明或答复作出判断。

(三)信达仅就与本次发行上市有关的法律问题发表意见,并不对有关审计、资产评估、投资决策等发表意见。信达在本《法律意见书》和《律师工作报告》中对有关会计报表、审计报告和评估报告中某些数据和结论的引用，不表明信达对这些数据、结论的真实性和准确性做出任何明示或暗示的保证，信达依赖具备资质的专业机构的专业意见对该等专业问题作出判断。

（四）信达及信达律师已按照律师行业公认的业务标准、道德规范和勤勉尽职精神，对发行人为本次发行上市提供或披露的资料和事实进行了合理、必要及可能的核查与验证，保证本《法律意见书》和《律师工作报告》不存在虚假记载、误导性陈述及重大遗漏。

（五）信达律师已对发行人的《深圳英飞拓科技股份有限公司首次公开发行股票招股说明书（申报稿）》（以下简称《招股说明书（申报稿）》）及其摘要进行审慎审阅，信达律师同意发行人部分或全部在《招股说明书（申报稿）》及其摘要中自行引用或按中国证监会审核要求引用本《法律意见书》或《律师工作报告》的内容，但发行人作上述引用时，不得因引用而导致法律上的歧义或曲解。

按照中国证监会《公开发行证券公司信息披露的编报规则第12号〈公开发行证券的法律意见书和律师工作报告〉》的要求，信达对发行人本次发行上市的合法性以及有重大影响的法律问题独立发表法律意见。信达愿意承担相应的法律责任。

信达同意发行人按中国证监会的审核要求，在其招股说明书中部分引用本《法律意见书》的意见及结论，但该引用不应以任何可能导致对本《法律意见书》的理解出现偏差的方式进行。

本《法律意见书》仅供发行人本次发行上市之目的使用，不得用于任何其他目的。信达同意将本《法律意见书》作为发行人本次发行上市的必备文件，与其他公开发行股票申请材料一并上报，并依法对所出具的法律意见承担责任。

## 一、本次发行上市的批准和授权

（一）经核查，本次发行上市的相关议案已获发行人2010年2月22日临时股东大会的有效决议通过，内容合法有效。

（二）经核查，就本次发行上市事宜，发行人2010年2月22日临时股东大会对董事会授权的范围、程序合法有效。

信达律师认为，发行人本次发行上市的批准和授权合法、合规、真实、有效。

## 二、发行人本次发行上市的主体资格

（一）经核查，发行人系根据《公司法》、《暂行规定》等法律法规经商务部批准，由英飞拓科技（深圳）有限公司整体变更发起设立的外商投资股份公司。

（二）经核查，发行人已通过2008年度外商投资企业联合年检；截至《律师工作报告》出具之日，发行人不存在根据《公司法》第181条以及发行人《公司章程》规定需要终止的情形。

综上，信达律师认为，发行人是依法设立且合法存续的股份有限公司，具备本次发行上市的主体资格。

## 三、本次发行上市的实质条件

（一）经核查，发行人符合《公司法》第81条、第88条，《证券法》第11条、第13条，《若干意见》第2条第2款以及《管理办法》规定的下列公开发行股票的条件：

1. 发行人是经商务部批准整体变更发起设立的外商投资股份公司，现已通过2008年度外商投资企业联合年检，合法有效存续，符合《管理办法》第8条的规定。

2. 发行人最近三年均已通过外商投资企业联合年检，其经营范围符合《指导外商投资方向暂行规定》和《外商投资产业指导目录》的要求，符合《若干意见》第2条第2款的规定。

3. 发行人持续经营时间已超过3年，符合《管理办法》第9条的规定。

4. 发行人注册资本已经会计师事务所验证足额缴纳，发起人或股东用作出资的财产已由发起人或股东转移给发行人，发行人的主要资产不存在重大权属纠纷，符合《公司法》第81条和《管理办法》第10条的规定。

5. 发行人最近三年内一直主要从事电子安防产品的研发、生产、销售，符合国家产业政策，董事、高级管理人员未发生重大变化，实际控制人未发生变更，股东所持发行人股份权属清晰，不存在重大纠纷，符合《管理办法》第11条至第13条的规定。

6. 发行人资产完整，人员、财务、机构、业务均保持独立,在独立性方面不存在严重缺陷,具有完整的业务体系和直接面向市场独立经营的能力,符合《管理办法》第 14 条至第 20 条的规定。

7. 发行人规范运作,已依法建立健全股东大会、董事会、监事会、独立董事、董事会秘书制度,相关人员已经了解与股票发行上市有关的法律法规,知悉自身的法定义务和责任,相关机构和人员能够依法履行职责,符合《证券法》第 13 条第(一)项以及《管理办法》第 21 条、第 22 条的规定。

8. 发行人规范运作,董事、监事和高级管理人员具备法定任职资格,且不存在被中国证监会采取行政处罚或证券市场禁入措施,或被证券交易所公开谴责,亦不存在因涉嫌犯罪被司法机关立案侦查或涉嫌违法违规被中国证监会立案调查的情形,符合《管理办法》第 23 条关于发行人董事、监事和高级管理人员任职资格的规定。

9. 经立信大华鉴证,发行人内部控制制度健全有效,能够合理保证财务报告的可靠性、生产经营的合法性、营运的效率与效果;发行人《公司章程》已明确对外担保的审批权限和审议程序,并制订了严格的资金管理制度,不存在为关联方进行违规担保,或资金被关联方违规占用的情形,符合《管理办法》第 24 条、第 26 条和第 27 条的规定。

10. 根据政府有关主管部门出具的说明并经发行人确认,发行人在本次发行上市申报之前,未曾向中国证监会提出过发行申请;未曾擅自公开或变相公开发行过证券;亦不存在违反工商、税收、土地、环保以及其他法律法规而受到行政处罚,且情节严重;或者涉嫌犯罪而被司法机关立案侦查;以及其他严重损害投资者权益和社会公共利益的情形;本次发行上市的申报文件中不存在虚假记载、误导性陈述或重大遗漏,符合《管理办法》第 25 条的规定。

11. 发行人已在本次发行上市的申报文件中完整披露关联方关系并已恰当披露重大关联交易,关联交易价格公允,不存在通过关联交易操纵利润的情形,符合《管理办法》第 32 条的规定。

12. 根据立信大华相关《审计报告》并经信达律师核查各项财务指标,发行人资产质量良好,资产负债结构合理,盈利能力较强,现金流量正常,符合《证券法》第 13 条第(二)项以及《管理办法》第 28 条、第 33 条的要求。

13. 发行人能够依法纳税,发行人的经营成果对税收优惠不存在严重依赖,符合《管理办法》第 34 条的规定。

14. 根据立信大华相关《审计报告》并经信达律师核查,发行人不存在重大偿债风险,不存在影响持续经营的担保、诉讼以及仲裁等重大或有事项,符合《管理办法》第 35 条的规定。

15. 根据立信大华出具的审计报告和内部控制鉴证报告,发行人申报文件中不存在故意遗漏或虚构交易、事项或者其他重要信息,滥用会计政策或者会计估计,操纵、伪造或篡改编制财务报表所依据的会计记录或者相关凭证的情形,符合《管理办法》第 36 条的规定。

16. 根据立信大华相关《审计报告》及发行人说明并经信达律师核查,发行人最近一个会计年度的营业收入或净利润未对关联方或重大不确定性的客户存在重大依赖;最近一个会计年度也不存在净利润主要来自合并财务报表范围以外的投资收益的情形;发行人的经营模式、产品或服务的品种结构以及发行人的行业地位和所处行业的经营环境不存在发生重大变化并对发行人的持续盈利能力构成重大不利影响的情形;发行人在用的商标、专利(专利申请)、土地使用权等重要资产或技术的取得或使用不存在重大不利变化的风险;也不存在其他可能对发行人持续盈利能力构成重大不利影响的情形,符合《管理办法》第 37 条的规定。

17. 根据发行人临时股东大会决议及发行人说明,本次股票发行募集资金将全部投资于主营业务项目,不会用于财务性投资,也不会直接或者间接投资于以买卖有价证券为主要业务的公司,符合《管理办法》第 38 条的规定。

18. 根据广东省电子机械工业设计研究院出具的《核准申请报告》,募集资金数额和投资项目与发行人现有生产规模、财务状况、技术水平和管理能力等相适应,募集资金投资项目具有较好的市场前景和盈利能力,募集资金项目实施后,不会产生同业竞争或对发行人的独立性产生不利影响,符合《管理办法》第 39 条、第 41 条以及第 42 条的规定。

19. 根据相关政府部门出具的证明,并经信达律师核查,发行人本次募集资金拟投资项目符合国家产业政策、环境保护以及其他法律、法规的规定,并已办理投资项目备案登记,符合《管理办法》第40条关于募集资金投资项目合法性的规定。

20. 发行人与具有证券发行保荐(主承销商)资格的平安证券有限责任公司签订了本次发行的保荐协议及主承销协议,符合《公司法》第88条和《证券法》第11条的规定。

(二)经核查,信达律师认为,发行人除了符合上述公开发行股票的条件外,在本次发行依法获得中国证监会批准并发行完毕后,还符合《证券法》、《若干意见》等法律法规和规范性文件规定的股票上市条件:

1. 根据发行人临时股东大会决议,发行人本次拟公开发行3,700万股A股股票。发行人经中国证监会核准并完成公开发行后,即符合《证券法》第50条第1款的规定。

2. 本次公开发行完成后,发行人的股本超过5,000万元,符合《证券法》第50条第2款的规定,也符合《深圳证券交易所股票上市规则》第5.1.1条的规定。

3. 根据发行人持有的《企业法人营业执照》,发行人的股本总额为1.1亿股,根据发行人临时股东大会决议,发行人本次拟公开发行3,700万股A股股票,本次公开发行完成后,发行人公开发行的股份将达到发行人股份总数的25%以上,符合《证券法》第50条第3款的规定。

4. 根据立信大华相关《审计报告》及其他鉴证文件,并经发行人确认和信达律师核查,发行人最近3年财务会计文件无虚假记载,符合《证券法》第50条第4款的规定。

5. 根据相关政府部门的说明,并经发行人确认和信达律师核查,发行人最近3年没有重大违法行为,亦未受过重大行政处罚和司法制裁,符合《证券法》第50条第4款的规定。

综上,信达律师认为,发行人本次发行上市已符合相关法律、法规及中国证监会规定的各项实质性条件,但尚需取得中国证监会和深圳证券交易所的核准。

## 四、发行人的设立

(一)经核查,发行人是由英飞拓科技(深圳)有限公司整体变更发起设立的股份有限公司。发行人设立的程序、资格、条件、方式等符合当时法律、法规和规范性文件的规定,并已得到有权部门的批准。

(二)经核查,发行人发起人签署的《发起人协议》真实、有效,符合有关法律、法规和规范性文件的规定,不会因此引致发行人设立行为存在潜在纠纷。

(三)经核查,发行人整体变更发起设立过程中,有关资产评估、验资已履行了必要程序,符合当时法律、法规和规范性文件的规定。

(四)经核查,发行人创立大会的程序及所议事项符合法律、法规和规范性文件的规定。

综上,信达律师认为,发行人的设立真实、合法、有效。

## 五、发行人的独立性

(一)经核查,发行人已取得从事相关业务的经营许可并具有独立完整的业务体系,业务上独立于股东单位及其他关联方。

(二)经核查,发行人资产独立于股东单位及其他关联方。

(三)经核查,发行人具有独立完整的供应、生产、销售系统。

(四)经核查,发行人高级管理人员未在控股股东、实际控制人及其控制的其他企业中担任除董事、监事以外的其他职务,未在控股股东、实际控制人及其控制的其他企业领薪;发行人的财务人员未在控股股东、实际控制人及其控制的其他企业中兼职。

(五)经核查,发行人具有独立完整的组织机构,不存在混合经营、合署办公的情形。

(六)经核查,发行人独立在银行开立账户,并依法独立纳税,不存在与其股东或关联企业共用同一个银行账户的情形,具备财务独立性。

综上,信达律师认为:发行人在业务、资产、人员、机构和财务上均独立于其股东和关联企业,发行人拥有完整的经营体系,具有独立面向市场的经营能力。

## 六、发起人或股东(实际控制人)

(一)经核查,发行人的发起人或股东具有法律、法规和规范性文件规定的担任股份公司发起人或股东的主体资格。

(二)经核查,发行人的发起人或股东的数量、住所、出资比例符合有关法律、法规和规范性文件的规定。

(三)经核查,发行人的发起人或股东出资的财产或权利凭证已由发起人或股东转移给发行人。

(四)经核查,发行人股东就本次发行上市所作出的股份锁定承诺真实、合法、有效。

综上,信达律师认为,发行人发起人或股东均具备相应的主体资格,各股东的出资及所作出的股份锁定承诺合法、合规、真实、有效。

## 七、发行人直接或间接控制的公司

经核查,信达律师认为,发行人直接或间接控制的公司依法设立并有效存续。

## 八、发行人的股本及演变

(一)发行人设立时的股权设置、股本结构合法有效,产权界定和确认符合当时法律、法规的规定,不存在法律纠纷或法律风险。

(二)发行人历次股权变动履行了股东会或股东大会决议、验资、工商变更等法律程序,符合有关法律、法规和规范性文件的规定。

(三)经发行人及其股东确认并经信达律师核查,各股东所持发行人股份不存在质押或司法冻结的情形。

综上,信达律师认为,发行人的设立及历次股权变动合法、合规、真实、有效,发起人或股东所持发行人股份真实、合法、有效。

## 九、发行人的业务

(一)经核查,发行人经营范围和经营方式符合有关法律、法规和规范性法律文件的规定。

(二)经核查,发行人境外经营合法、合规、真实、有效。

(三)经核查,发行人的三次经营范围变更真实、合法、有效,该等经营范围的变更未导致发行人主营业务发生变化。

(四)经核查,发行人主营业务最近三年内未发生过变更,主营业务突出。

(五)经核查,发行人住所变更合法、合规、真实、有效。

(六)根据发行人说明并经信达律师合理核查,发行人不存在可能影响其持续经营的法律障碍。

综上,信达律师认为,发行人已依法获得其开展业务所必需的批准和许可,不存在影响其持续经营的法律障碍。

## 十、关联交易及同业竞争

(一)经核查,发行人的关联交易已履行了必要的法律程序,发行人在审议相关议案时,关联董事进行了回避。关联交易以市场价格作为定价依据,定价合理,未损害发行人及其他股东的合法权益。

(二)经核查,发行人的章程、关联交易决策制度等明确规定了关联交易公允决策的程序。

(三)经核查,发行人与关联方之间不存在同业竞争,发行人全体股东就避免同业竞争事宜所作出的承诺真实、合法、有效。

综上,信达律师认为,发行人对有关关联方、关联交易和同业竞争的事项进行了充分披露,不存在重大隐瞒或重大遗漏。发行人有关关联交易、同业竞争问题的处理和安排,符合国家法律、法规和其他规范性文件以及发行人章程的规定,不会对发行人的持续合法经营及本次发行上市产生不利影响。

## 十一、发行人的主要财产

信达律师对发行人的房产、机器设备等有形资产,以及拥有的专利、商标等无形资产的情况进行了全面调查,信达律师认为:

(一)发行人拥有的土地使用权及房产、商标、专利等不存在产权纠纷。

(二)发行人生产经营过程中使用的机器设备为发行人合法所有,没有设置抵押担保,也不存在产权纠纷。

(三)发行人签署的租赁合同合法、有效。

综上,信达律师认为,发行人依法拥有其财产,不存在产权纠纷。

## 十二、发行人的重大债权债务

经对发行人签订的销售合同、采购合同等进行了调查,信达律师认为:

(一)截至《法律意见书》出具之日止,发行人正在履行的重大合同合法、有效,不存在潜在风险。发行人不存在虽已履行完毕但存在潜在纠纷的重大合同。

(二)经核查,发行人不存在因环境保护、知识产权、产品质量、劳动安全、人身权等原因产生的侵权之债。

(三)经核查,除《律师工作报告》披露的关联交易外,发行人与关联方之间不存在其他重大债权债务关系及相互担保的情况。

(四)发行人金额较大的其他应收款、其他应付款均因正常的生产经营活动而发生,不违反我国有关法律、法规的规定。

综上,信达律师认为:发行人的债权债务合法有效。

**十三、发行人重大资产变化及收购兼并**

(一)经核查并经发行人确认,发行人自整体变更设立以来无合并、分立、增资扩股、减少注册资本的重大资产变化情形。

(二)经核查并经发行人确认,发行人报告期内存在上述同一公司控制权人下相关业务重组的情形。上述重组行为未构成发行人主营业务的重大变化。

**十四、发行人章程的制定和修改**

(一)经核查,发行人章程系由发行人创立大会制订,发行人设立以来对其章程进行一次修订,发行人章程内容及修改程序均符合有关法律、法规和规范性文件的规定。

(二)发行人2010年2月22日临时股东大会审议通过了《章程(草案)》,并将在收到本次发行所募集资金之日生效。经核查,发行人《章程(草案)》的内容和修改程序符合现行法律、法规及中国证监会颁布的《上市公司章程指引》等规范性文件的规定。

综上,信达律师认为,发行人历次章程和用于本次发行上市的章程草案的内容、修改或制订程序合法、有效。

**十五、发行人股东大会、董事会、监事会议事规则及规范运作**

(一)经核查,发行人已建立了股东大会、董事会、监事会、独立董事和董事会秘书制度,具有健全的组织机构。

(二)经核查,发行人制订的《公司章程》、《股东大会议事规则》、《董事会议事规则》、《监事会议事规则》等公司治理文件的内容符合相关法律、法规和规范性文件的规定,能够维护发行人的规范运作。

(三)经核查,发行人股东大会和董事会的召集和召开符合有关法律、法规和公司章程的规定。

综上,信达律师认为,发行人已依法建立相关组织机构并制订相关公司治理文件;发行人股东大会和董事会召集和召开合法、有效;发行人历次股东大会、董事会、监事会决议内容合法、真实、有效。

**十六、发行人董事、监事和高级管理人员及其变化**

(一)经核查,发行人现有董事、监事和高级管理人员的设置及其任职资格符合相关法律、法规、规范性文件及发行人章程的规定,不存在法律、法规和规范性文件禁止的交叉任职的情况。

(二)经核查,发行人董事、监事和高级管理人员的任免符合有关法律、法规、规范性文件及发行人章程的规定,董事及高级管理人员的变更不构成重大变动。

(三)经核查,发行人设立了3名独立董事,独立董事的职权范围符合相关法律、法规、规范性法律文件及发行人章程的规定。

综上,信达律师认为,发行人历任的董事、监事和高级管理人员符合法律、法规和公司章程规定的任职条件,历次变化的情况合法、有效,不存在董事及高级管理人员变动而影响经营业绩连续性的情形。

**十七、发行人的税务**

(一)经核查,发行人报告期内适用的企业所得税税率合法、有效;发行人适用的增值税税率合法、有效。

经核查,发行人享受的企业所得税减免与现行法律法规存在不一致之处。

(二)根据深圳市国家税务局和深圳市南山区地方税务局出具的证明及信达律师核查,发行人设立以来能够依法申报纳税,不存在受到国家税务部门重大处罚的情形。

综上,信达律师认为,发行人除享受的企业

所得税减免与现行法律法规存在不一致外,其他税收优惠政策和财政补贴合法、合规、真实、有效;发行人不存在重大税务违法行为。

**十八、发行人的环境保护、产品质量及技术标准、海关、劳动和保障**

根据相关政府部门出具的证明和发行人的确认,信达律师认为:发行人报告期内除发行人及子公司英飞拓软件未向住房公积金账户缴存而直接向部分员工发放住房补贴外,不存在因违反环境保护、产品质量及技术标准、海关、劳动和保障方面的法律、法规而受重大行政处罚的情形;发行人及子公司英飞拓软件公司未向住房公积金账户缴存而直接向部分员工发放住房补贴事宜对本次发行上市不构成实质性障碍。

**十九、发行人募股资金的运用**

根据发行人股东大会决议和深圳市发展和改革委员会投资项目备案批文,并经信达律师核查,发行人本次发行上市的募集资金拟投资于:

| 序号 | 项目名称 |
| --- | --- |
| 01 | 视频监控产品技改扩建项目 |
| 02 | 光端机系列产品技改扩建项目 |
| 03 | 营销网络建设项目 |
| 04 | 研发中心技改扩建项目 |

发行人董事会和股东大会已批准本次发行上市的募集资金投资项目。

信达律师认为,发行人募集资金投向符合国家产业政策。发行人募集资金投资项目已办理必要的备案手续,项目的实施不存在法律障碍。

**二十、发行人业务发展目标**

经核查,信达律师认为:发行人招股说明书(申报稿)中所述的业务发展目标与发行人的主营业务一致;发行人招股说明书(申报稿)中所述的业务发展目标符合国家法律、法规和规范性文件的规定;未发现发行人的业务发展目标存在潜在的法律风险。

**二十一、诉讼、仲裁或行政处罚**

(一)根据发行人的声明,并经信达律师核查,发行人不存在尚未了结或可预见的重大诉讼、仲裁及行政处罚案件。

(二)根据发行人股东的声明,并经信达律师核查,发行人股东不存在尚未了结或可预见的重大诉讼、仲裁及行政处罚案件。

(三)经核查,发行人董事长、总经理亦不存在尚未了结或可预见的重大诉讼、仲裁及行政处罚案件。

**二十二、发行人招股说明书法律风险评价**

信达律师未参与招股说明书的制作,但参与了对招股说明书的讨论,并对其作了总括性的审阅,对招股说明书及其摘要中引用信达出具的法律意见书或律师工作报告的相关内容作了特别审查。

信达律师认为:发行人招股说明书及其摘要引用信达出具的法律意见书或律师工作报告时不存在虚假记载、误导性陈述或重大遗漏;发行人招股说明书包含了《公司法》、《证券法》及其他规范性法律文件规定的必备内容,招股说明书合法合规、真实有效,不存在纠纷或潜在风险。

**二十三、本次发行上市的总体结论性意见**

信达律师认为:发行人本次公开发行股票与上市已经获得必要的批准和授权,但尚待中国证监会、证券交易所核准;发行人具备申请股票发行与上市的主体资格;本次发行与上市的实质性条件已得到满足,符合国家现行有关公司股票发行与上市的法律、法规和规范性文件的要求。同时,发行人招股说明书及其摘要引用的法律意见书和律师工作报告的内容适当,不存在导致法律上歧义或曲解的表述;发行人招股说明书已充分披露了对投资者投资决策有重大影响的信息,不存在因虚假记载、误导性陈述及重大遗漏引致的重大法律风险。

本法律意见书正本三份,副本三份。

广东信达律师事务所

负 责 人:尹公辉

经办律师:张　炯　张森林　肖　剑

# 关于西安启源机电装备股份有限公司首次公开发行股票并在创业板上市的法律意见书

致:西安启源机电装备股份有限公司

北京市君合律师事务所(以下简称"本所")为具有从事法律业务资格的律师事务所。本所根据与西安启源机电装备股份有限公司(以下简称"发行人")签订的《委托协议》,委派律师以特聘法律顾问的身份,就发行人申请首次公开发行人民币普通股股票(A股)并在深圳证券交易所创业板上市(以下简称"本次发行、上市")事宜,出具本法律意见书。

本法律意见书根据《中华人民共和国公司法》(以下简称《公司法》)、《中华人民共和国证券法》(以下简称《证券法》)、中国证券监督管理委员会(以下简称"中国证监会")《首次公开发行股票并在创业板上市管理暂行办法》(以下简称《暂行办法》)及《公开发行证券公司信息披露的编报规则第12号——公开发行证券的法律意见书和律师工作报告》(以下简称《编报规则》)等法律、法规及国务院所属部门所颁发的规章及文件(以下简称"规范性文件")的要求而出具。

根据法律、法规的要求和发行人的委托,本所律师就发行人申请本次发行、上市的主体资格、本次发行、上市的条件、上报文件及相关事实的合法性进行了审查,并根据本所律师对事实的了解和对法律的理解就本法律意见书出具日之前已发生并存在的事实发表法律意见。本法律意见书仅就与本次发行、上市有关的法律问题发表意见,并不对会计、审计、资产评估、投资决策等事宜发表意见。

本所律师审查了发行人提供的有关文件及其复印件,并在进行法律审查时基于发行人向本所律师作出的如下保证:发行人已提供了出具本法律意见书所必需的、真实的原始书面材料、副本材料或口头证言,不存在任何遗漏或隐瞒;其所提供的副本材料或复印件与原件完全一致。对于那些对出具本法律意见书至关重要而又无法得到独立证据支持的事实,本所律师依赖于有关政府部门、发行人或其他有关单位出具的证明文件。

本所律师已严格履行法定职责,遵循了勤勉尽责和诚实信用原则,对发行人的行为以及本次发行、上市的合法、合规、真实、有效进行了充分的审查验证,保证本法律意见书不存在虚假记载、误导性陈述及重大遗漏。

本法律意见书仅供发行人本次发行、上市之目的使用,不得用作任何其他目的。本所律师同意本法律意见书作为发行人申请公开发行股票及上市的申请材料的组成部分,并对本法律意见书承担责任。

本所及经办律师保证由本所同意发行人在《招股说明书》(以下简称《招股说明书》)中引用的本法律意见书的内容已经本所审阅,确认招股说明书不致因上述内容出现虚假记载、误导性陈述及重大遗漏引致的法律风险,并对其真实性、准确性和完整性承担相应的法律责任。

本所律师根据《证券法》的要求,按照《编报规则》的相关规定及中国律师行业公认的业务标准、道德规范和勤勉尽责精神,对发行人提供的文件及有关事实进行了审查和验证,现出具法律意见书如下:

## 一、本次发行的批准和授权

(一)股东大会的召开及决议

1. 事实及依据:根据本所律师对发行人股东大会文件及相关事实所作的审查,发行人于2010年3月3日召开了2009年年度股东大会。出席2009年年度股东大会的股东代表了4,366.55万股股份,占发行人总股本的95.97%。经出席2009年度股东大会全体股东审议通过了发行人申请于2010年年度公开发行人民币普通股(A股)并在创业板上市的议案。

2. 结论:2009年年度股东大会的召开、表决程序及决议内容符合《公司法》第一百零一条至第一百零四条、第一百零七条、第一百零八条及发行人章程第四章第三节至第六节的有关规定,其决议程序及内容合法有效。

(二)对董事会的授权

1. 事实及依据:根据本所律师对发行人股东大会文件及相关事实的审查,发行人2009年年度股东大会审议通过了关于授权发行人董事会全权办理本次发行、上市相关事宜的决议。

2. 结论:该授权符合《公司法》第一百零四条、第一百零八条及当时发行人章程第七十七条、第八十八条的有关规定,其决议内容合法有效。

据此,发行人本次发行、上市已获得发行人内部必要的批准和授权,尚待取得中国证监会审核批准及深圳证券交易所安排上市的同意。

## 二、发行人本次发行的主体资格

(一)发行人本次发行的主体资格

1. 事实及依据:

(1)根据本所律师的审查,发行人系经陕西省人民政府于2001年1月20日下发的《关于设立西安启源机电装备股份有限公司的批复》(陕政函〔2001〕28号)及陕西省经济体制改革委员会办公室(以下简称"陕西省体改委")于2001年3月5日下发的《转发陕西省人民政府〈关于设立西安启源机电装备股份有限公司的批复〉的通知》(陕改办发(2001)24号)批准,于2001年3月28日在陕西省工商行政管理局(以下简称"陕西省工商局")登记注册的股份有限公司。

(2)上级主管部门的批复

根据原国家机械工业局于2000年8月3日下发的《关于同意第七设计研究院西安启源机电装备制造公司实行股份制改制的批复》(国机改〔2000〕384号),发行人的设立已获得了主要发起人上级主管部门对组建股份公司的同意。

2. 结论:发行人系依法设立的股份有限公司,符合《暂行办法》第十条第(一)款关于发行人依法设立的规定,具有本次发行的主体资格。

(二)发行人的存续状况

1. 事实及依据:

(1)见本法律意见书本条第(一)款。

(2)根据陕西省工商局2008年8月21日向发行人换发的《企业法人营业执照》(注册号:610000100123853)(以下简称《企业法人营业执照》),其已于2009年6月10日办理2008年年检,发行人存续至今。

(3)根据本所律师对法律、法规、发行人章程、发行人所提供的其作为一方当事人的重大合同及/或协议及其他使发行人财产或者行为受约束的文件进行的审查,截至本法律意见书出具之日,不存在需要发行人终止的情形。

2. 结论:发行人依法有效存续至今,根据法律、法规、其他规范性文件及发行人章程,未出现发行人终止的情形,符合《暂行办法》第十条第(一)款的规定。

据此,发行人具备本次发行的主体资格,符合《暂行办法》第十条第(一)款的规定。

## 三、本次发行的实质条件

(一)事实及依据

1. 根据亚太(集团)会计师事务所有限公司(以下简称"亚太")于2010年2月11日出具的《审计报告》(亚会审字〔2010〕009号,以下简称《审计报告》)、发行人于2010年2月26日向本所律师所作的情况说明及本所律师的审查,发行人在最近三年财务文件无重大虚假记载且无其他重大违法行为,符合《证券法》第十三条第(三)款的规定。

2. 根据《审计报告》及亚太于2010年2月11日出具的《非经常性损益专项审核报告》(亚会专审字(2010)007号)记载,发行人2008、2009年度连续盈利,最近两年净利润及最近两年扣除非经常性损益后归属于公司普通股股东的净利润均不少于1,000万元,且持续增长;截至2009年12月31日,发行人净资产不少于2,000万元,且不存在未弥补亏损;发行人本次发行、上市前股本总额为4,550万元,本次发行、上市完成后发行人的股本不少于3,000万,符合《证券法》第十三条第(二)款、《暂行办法》第十条第(二)、(三)、(四)款的规定。

3. 根据本所律师的审查,发行人系经原国家机械工业局于2000年8月3日下发的《关于同意第七设计研究院西安启源机电装备制造公司实行股份制改制的批复》(国机改〔2000〕384号)、陕西省人民政府于2001年1月20日下发的《关于设立西安启源机电装备股份有限公司的批复》(陕政函〔2001〕28 号)及陕西省体改委于2001 年 3 月 5 日下发的《转发陕西省人民政府〈关于设立西安启源机电装备股份有限公司的批复〉的通知》(陕改办发〔2001〕24 号)批准,于2001 年 3 月 28 日在陕西省工商局登记注册的股份有限公司。发行人存续至今,符合《暂行办法》第十条第(一)款关于发行人依法设立的规定。

4. 根据本所律师的审查,发行人于 2001 年 3 月 28 日登记设立,至今已持续经营 3 年以上,符合《暂行办法》第十条第(一)款关于发行人持续经营三年以上的规定。

5. 如本法律意见书第六条第(三)、(四)款所述,发行人的注册资本已足额缴纳,发起人用作出资的资产的财产权转移手续已办理完毕,发行人的主要资产不存在重大权属纠纷,符合《暂行办法》第十一条的规定。

6. 根据发行人《企业法人营业执照》中载明,发行人的经营范围为:光机电一体化装备的设计、开发、制造、销售;自动控制技术与装置、环保技术与装备的开发、制造、销售;工艺技术研究与技术咨询、转让、培训与服务;计算机技术和软件的开发、销售;机电设备成套;经营本企业自产产品及技术的出口业务;代理出口将本企业生产自行研制开发的技术转让给其他企业所生产的产品。经营本企业生产所需的原辅材料、仪器仪表、机械设备、零配件技术的进口业务(国家限定公司经营和国家禁止进出口的商品除外);管道进料加工和“三来一补”业务。

根据陕西省发展和改革委员会于 2009 年 2 月 16 日出具的《关于符合〈产业结构调整指导目录〉通过 2008 年鼓励类企业年审(第一批)的确认函》(陕发改产业确认函〔2009〕003 号),确认发行人的业务属于国家发展和改革委员会 2005 年 12 月 2 日《产业结构调整指导目录(2005 年本)》(国家发展和改革委员会令第 40 号)中规定的产业领域鼓励类中第十二类(机械)第 2 条“三轴以上联动的高速、精密数控机床,数控系统及交流伺服装置、直线电机制造”。因此,发行人生产经营活动符合国家产业政策及环境保护政策,符合《暂行办法》第十二条的规定。

7. 如本法律意见书第八条第(三)款所述,发行人最近两年主营业务没有发生变化;如本法律意见书第十五条第(一)、(三)款所述,近两年发行人一名非独立董事及董事长任职变化原因均为股东单位人事变动和任职调整,变更后的董事及董事长均分别仍为原股东单位提名的董事,发行人控股股东对发行人的控制权未发生变化,发行人董事未发生重大实质性变化;三位独立董事于海年、李肇林、张晓岚辞去发行人独立董事职务系由于其工作居住地均不在西安市且公务繁忙,该等变化不会对发行人治理结构及本次发行、上市构成重大不利影响;近两年发行人管理团队整体上保持稳定,发行人高级管理人员未发生重大实质性变化。如本法律意见书第七条所述,根据国务院国资委于 2004 年 7 月 6 日下发的《关于中国中旅(集团)公司等 6 户企业重组有关事项的通知》(国资改革〔2004〕552 号)及于 2004 年 11 月 5 日下发的《关于中国新时代控股(集团)公司与中机国际工程咨询设计总院重组方案的批复》(国资改革〔2004〕1012 号),发行人的控股股东中机国际工程咨询设计总院(以下简称“中机总院”)与中国新时代控股(集团)公司(以下简称“新时代集团”)进行重组后成为新时代集团的全资子公司,名称变更为中国新时代国际工程公司(以下简称“工程公司”)。发行人的实际控制人变为新时代集团,中机总院仍为发行人的控股股东并更名为工程公司。上述发行人实际控制人的变化系因国家国有资产管理部门对国有资产结构进行调整所致,发行人的最终控制人始终为国家国有资产管理部门,发行人的控股股东及最终控制人始终保持着对发行人的控制,最近两年发行人实际控制人没有发生变化,符合《暂行办法》第十三条的规定。

8. 根据亚太出具的无保留意见的《审计报告》、《招股说明书》、发行人的确认及本所律师的适当审查,发行人具有持续盈利能力,不存在下列情形,符合《暂行办法》第十四条的规定:

(1)发行人的经营模式、产品或服务的品种结构已经或者将发生重大变化,并对发行人的持续盈利能力构成重大不利影响;

(2)发行人的行业地位或发行人所处行业的经营环境已经或者将发生重大变化,并对发行人的持续盈利能力构成重大不利影响;

(3)发行人在用的商标、专利、专有技术等

重要资产的取得或者使用存在重大不利变化的风险;

(4)发行人最近一年的营业收入或净利润对关联方或者有重大不确定性的客户存在重大依赖;

(5)发行人最近一年的净利润主要来自合并财务报表范围以外的投资收益;

(6)其他可能对发行人持续盈利能力构成重大不利影响的情形。

9. 根据亚太出具的《审计报告》及如本法律意见书第十六条所述,发行人依法纳税,各项税收优惠符合相关法律法规的规定,发行人的经营成果对税收优惠不存在严重依赖,符合《暂行办法》第十五条的规定。

10. 根据亚太出具的《审计报告》及本所律师的适当审查,发行人不存在重大偿债风险,不存在影响持续经营的担保、诉讼以及仲裁等重大或有事项,符合《暂行办法》第十六条的规定。

11. 如本法律意见书第七条所述,发行人的股权清晰,控股股东和受控股股东、实际控制人支配的股东持有的发行人股份不存在重大权属纠纷,符合《暂行办法》第十七条的规定。

12. 如本法律意见书第五条所述,发行人的资产完整,业务、资产、人员、机构、财务等方面均具有中国法律、法规、规章及其他规范性文件所规定的独立性,具有面向市场独立经营的能力,发行人与控股股东、实际控制人及其控制的其他企业间不存在同业竞争,以及严重影响公司独立性或者显失公允的关联交易,符合《暂行办法》第十八条的规定。

13. 根据发行人提供的文件及本所律师的审查,如本法律意见书第十三条至第十五条所述,发行人已依据法律、法规、规章、规范性文件及发行人章程的规定设立了股东大会、董事会、监事会、董事会秘书、独立董事、审计委员会等机构,制定了相应制度,建立了包括总经理、副总经理、董事会秘书、财务总监等高级管理人员在内的高级管理层,根据自身经营管理的需要设置了包括董事会办公室等职能机构/部门,相关机构和人员依法履行职责,不存在控股股东等其他单位或个人干预发行人设置该等职能机构/部门的情形,符合《证券法》第十三条第(一)款、《暂行办法》第十九条的规定。

14. 根据亚太出具的无保留意见的《审计报告》,发行人会计基础工作规范,财务报表的编制符合企业会计准则和相关会计制度的规定,在所有重大方面公允地反映了发行人的财务状况、经营成果和现金流量,符合《暂行办法》第二十条的规定。

15. 根据亚太于2010年2月11日出具的无保留结论的《内部控制鉴证报告》(亚会专审字〔2010〕005号),发行人按照《企业内部控制基本规范》及相关规范建立了与现时经营规模及业务性质相适应的内部控制,于2009年12月31日在所有重大方面保持了与财务报表相关的有效的内部控制,符合《暂行办法》第二十一条的规定。

16. 根据《审计报告》、发行人于2010年2月26日出具的情况说明及本所律师所作的适当审查,发行人有严格的资金管理制度,不存在资金被控股股东、实际控制人及其控制的其他企业以借款、代偿债务、代垫款项或者其他方式占用的情形,符合《暂行办法》第二十二条的规定。

17. 根据发行人章程以及发行人2010年第一次临时股东大会审议通过、将于发行人本次发行的A股在深圳证券交易所创业板上市之日起生效的公司章程及《对外担保制度》,发行人已在公司章程及《对外担保制度》中明确对外担保的审批权限和审议程序。根据本所律师的审查,截至本法律意见书出具之日,不存在发行人为控股股东、实际控制人及其控制的其他企业进行违规担保的情形,符合《暂行办法》第二十三条的规定。

18. 根据保荐机构出具的辅导总结报告及本所律师所进行的培训,保荐机构及本所律师已经对发行人的董事、监事和高级管理人员进行了与股票发行上市有关法律、法规、规章的培训、辅导,发行人的董事、监事和高级管理人员应已知悉上市公司及其董事、监事和高级管理人员的法定义务和责任,符合《暂行办法》第二十四条的规定。

19. 根据本所律师的审查,发行人的董事、监事和高级管理人员符合法律、行政法规和规章规定的任职资格,不存在《暂行办法》第二十五条所列举的情形。

20. 根据发行人及其控股股东、实际控制人的确认及本所律师的审查，发行人及其控股股东、实际控制人最近三年内不存在损害投资者合法权益和社会公共利益的重大违法行为；发行人及其控股股东、实际控制人最近三年内不存在未经法定机关核准，擅自公开或者变相公开发行证券，或者有关违法行为虽然发生在三年前，但目前仍处于持续状态的情形，符合《暂行办法》第二十六条的规定。

21. 根据发行人2009年度股东大会决议、《招股说明书》及本所律师的审查，发行人本次发行、上市的募集资金用于建设电工专用设备生产扩建项目及建设电工专用设备研发中心，募集资金项目没有为持有交易性金融资产和可供出售的金融资产、借予他人、委托理财等财务性投资，没有直接或者间接投资于以买卖有价证券为主要业务的公司；根据《招股说明书》及发行人于2010年2月26日出具的说明，发行人募集资金金额及投资项目与发行人现有生产规模、财务状况、技术水平和管理能力相适应，符合《暂行办法》第二十七条的规定。

22. 根据发行人2010年1月24日2010年第一次临时股东大会决议及本所律师的审查，发行人审议通过《募集资金管理制度》，募集资金将存放于董事会决定的专项账户，符合《暂行办法》第二十八条的规定。

(二)结论：发行人本次发行、上市具备了法律、法规、规章所规定的实质条件

## 四、发行人的设立

(一)事实及依据

1. 根据机械工业部第七设计研究院(以下简称“第七设计院”，后曾更名为“中机总院”，现名称为“工程公司”)、西安筑路机械有限公司(后更名为“中交西安筑路机械有限公司”，以下简称“西安筑路”)、许继集团有限公司(以下简称“许继集团”)、西安保德信投资发展有限责任公司(以下简称“保德信”)、西安中电变压整流器厂(以下简称“西安中电”)、王哲、赵刚于2000年12月20日签署的《发起人协议书》、发行人设立时的公司章程及本所律师的审查，第七设计院、西安筑路、许继集团、保德信、西安中电、王哲、赵刚为发行人的发起人。根据陕西省工商局于1999年2月26日向第七设计院核发的《企业法人营业执照》(注册号：6100001001502)；西安市工商行政管理局(以下简称“西安市工商局”)于2000年3月20日向西安筑路核发的《企业法人营业执照》(注册号:6101011120287)；许昌市工商行政管理局(以下简称“许昌市工商局”)于1999年4月23日向许继集团核发的《企业法人营业执照》(注册号：许工商企4110001100176)；西安市工商局于2000年11月16日向保德信(以下简称“保德信”)核发的《企业法人营业执照》(注册号:6101012410117)；西安市工商局高新分局于2000年8月10日向西安中电核发的《企业法人营业执照》(注册号：6101011110232)，前述五家发起人均为依据中国法律注册成立并合法存续的企业法人。根据西安市公安局碑林分局于1985年12月31日向王哲核发的《居民身份证》(编号：610103550 ******)及于1996年9月30日向赵刚核发的《居民身份证》(编号：610103650 ******)，前述两名自然人均为中国公民。据此，上述五家公司及两名自然人具备了作为股份公司发起人的主体资格。

2. 根据原国家机械工业局于2000年8月3日下发的《关于同意第七设计研究院西安启源机电装备制造公司实行股份制改制的批复》(国机改〔2000〕384号)、陕西省体改委2000年8月18日下发的《关于同意筹建西安启源机电装备股份有限公司的函》(陕改函〔2000〕74号)的记载，发行人的主要发起人第七设计院已获得了其上级主管部门对组建股份公司的同意。

3. 根据第七设计院、西安筑路、许继集团、保德信、西安中电、王哲、赵刚于2000年12月20日签署的《发起人协议书》及本所律师的审查，该《发起人协议》内容符合当时法律法规和规范性文件的规定，不存在因此引致的与发行人设立行为相关的纠纷，亦不存在因进入股份公司之资产和债权、债务所引起的争议及相关的法律诉讼、仲裁案件。该五家公司及两名自然人成为了发行人的发起人。

4. 第七设计院委托西安市地产评估事务所对拟投入股份公司的土地进行了评估，该估价所于2000年10月8日出具了《土地估价报告》(市地价字〔2000〕254号)。前述评估结果经陕西省国土资源厅于2000年12月28日下发的《关于对机械工业部第七设计研究院改制

涉及土地使用权评估结果的确认及土地使用权处置的复函》(陕国土资土函〔2000〕30 号)予以确认。

5. 第七设计院委托陕西华德诚有限责任会计师事务所(以下简称“陕西华德诚”)以2000 年 6 月 30 日为评估基准日对发起人拟投入股份公司的资产进行了评估。根据陕西华德诚于 2000 年 10 月 25 日出具的《关于机械工业部第七设计研究院发起设立股份有限公司的资产评估报告》(陕德诚评字〔2000〕第 364 号)(以下简称《设立资产评估报告》),第七设计院投入发行人的净资产的评估价值为1,918.56万元。上述评估结果已由财政部于 2000 年 12 月29 日下发的《关于机械工业部第七设计研究院等单位拟共同组建股份有限公司资产评估结果项目审核意见的函》(财企〔2000〕906 号)予以确认。

6. 发行人筹委会委托陕西五联有限责任会计师事务所对拟成立的股份公司财务状况进行了审计。该会计师事务所于 2000 年 9 月 28日出具了有关股份公司 1999 - 2000 年 6 月财务状况和经营成果的《审计报告》(陕会审字〔2000〕第 170 号),截至 2000 年 6 月 30 日,股份公司经审计的净资产为 10,903,283.78 元,负债及股东权益总计为 26,642,118.81 元,2000 年 1 - 6 月净利润为 4,101,068.99 元。

7. 各发起人签订了《〈发起人协议书〉补充协议》,调整了第七设计院及西安中电的出资额及相应股本结构,将第七设计院出资额变更为 1,520 万元,将西安中电出资额变更为 115万元。第七设计院于 2001 年 2 月 26 日向财政部提交了《关于发起设立西安启源机电装备股份有限公司股本结构变动的申请》(七设〔2001〕6 号),财政部于 2001 年 2 月 28 日下发了《财政部关于西安启源机电装备股份有限公司(筹)变更出资后国有股权管理有关问题的批复》(财企〔2001〕146 号),批复发行人国有股权管理方案为:发行人股本总额 3,500 万股,全部净资产按 100% 折股,其中第七设计院持有 1,520 万股,许继集团持有 420 万股,西安筑路持有 885 万股,保德信持有 260 万股,西安中电持有 115 万股,分别占总股本的 43.43%、12%、25.28%、7.43%和 3.29%。第七设计院、许继集团的股权性质为国有法人股,西安筑路、保德信、西安中电的股权性质均为法人股。此外,王哲、赵刚分别持有发行人 160 万股、140万股,分别占总股本的 4.57%、4%。

8. 根据上海东华会计师事务所有限责任公司(以下简称“上海东华”)于 2001 年 3 月 18日出具的《验资报告》(东会陕验字〔2001〕第026 号),截至 2001 年 3 月 15 日,发行人已收到七位发起人投入的资本 3,500 万元,发行人实收资本 3,500 万元已全部到位,其中,第七设计院投入股本1,520万元,占总股本的 43.43%;西安筑路投入股本 885 万元(包括货币资金486.44 万元及向第七设计院购买的固定资产398.56 万元),占总股本的 25.28%;许继集团以货币资金投入股本 420 万元,占总股本的12%;保德信以货币资金投入股本 260 万元,占总股本的 7.43%;西安中电以货币资金投入股本 115 万元,占总股本的 3.29%;王哲以货币资金投入股本 160 万元,占总股本的 4.57%;赵刚以货币资金投入股本 140 万元,占总股本的4%。

9. 根据陕西省人民政府于 2001 年 1 月 20日下发的《关于设立西安启源机电装备股份有限公司的批复》(陕政函〔2001〕28 号)及陕西省体改委于 2001 年 3 月 5 日下发的《转发陕西省人民政府〈关于设立西安启源机电装备股份有限公司的批复〉的通知》(陕改办发〔2001〕24号)批准,批准设立发行人。

10. 根据本所律师的审查,发行人创立大会的程序及所议事项符合当时法律法规和规范性文件的规定。

11. 根据陕西省工商局于 2001 年 3 月 28日向发行人核发的《企业法人营业执照》(注册号:6100001011256),发行人在陕西省工商局登记注册并成立。

(二)结论:发行人的设立符合《公司法》等法律法规所规定的设立股份公司的条件,发行人为依法设立的股份有限公司

## 五、发行人的独立性

(一)发行人的业务

根据本所律师所作的审查,发行人独立从事其经营范围中的业务,未受到发行人股东的干涉、控制,亦未因与发行人股东之间存在关联关系而使发行人经营自主权的完整性、独立性

受到不良影响,发行人的业务范围独立于发行人的控股股东、实际控制人及其控制的其他企业的业务范围,与控股股东、实际控制人及其控制的其他企业间不存在同业竞争或者显失公平的关联交易,发行人的业务符合《暂行办法》第十八条的规定。

(二)发行人的资产

根据本所律师所作的审查,第七设计院在改制过程中投入发行人的资产均已全部足额到位,并完成了相关的权属变更手续。其中,发行人使用的主要房屋和土地已获得《房屋所有权证》及《国有土地使用权证》,机动车辆已取得西安市公安局车辆管理所核发的《机动车行驶证》。发行人具备与生产经营有关的生产系统、辅助生产系统和配套设施,合法拥有与生产经营有关的土地、厂房、机器设备以及商标、专利、非专利技术的所有权或者使用权,具备独立的原材料采购和产品销售系统。根据《审计报告》、发行人于2010年2月26日出具的情况说明及本所律师所作的审查,发行人的股东不存在违规占用发行人资金、资产及其他资源的情况。据此,发行人的资产完整,独立于发行人股东,符合《暂行办法》第十八条的规定。

(三)发行人的供应、生产、销售系统

根据发行人于2010年2月26日出具的情况说明及本所律师所作的适当审查,发行人生产所需原料及相关配件均向相关原料供应企业按照市场价格进行采购;发行人具有独立从事业务所需的完整资产、经营机构、人员及能力,生产及销售无需依赖任何其他人。根据发行人于2010年2月26日出具的情况说明及本所律师所作的审查,发行人曾与其关联方发生的重大关联交易均按照市场价格进行交易。据此,发行人作为生产经营企业具有独立完整的生产经营系统及业务体系,符合《暂行办法》第十八条的规定。

(四)发行人的人员

根据发行人于2010年2月26日出具的情况说明及本所律师所作的审查,发行人的总经理、副总经理、财务总监和董事会秘书等高级管理人员均在发行人处领取薪酬,未在控股股东、实际控制人及其控制的其他企业领薪;未在控股股东、实际控制人及其控制的其他企业中担任除董事、监事以外的其他职务;发行人的财务人员未在控股股东、实际控制人及其控制的其他企业中兼职;与发行人业务相关的生产、技术和管理等核心人员均在发行人任职,未在除发行人控股子公司以外的其他任何公司兼职,发行人与其控股股东、实际控制人及其控制的其他企业之间不存在人员重叠;发行人在劳动、人事、工资管理方面完全独立于控股股东、实际控制人及其控制的其他企业。据此,发行人的人员独立,符合《暂行办法》第十八条的规定。

(五)发行人的机构

根据本所律师所作的审查,发行人下设董事会办公室、国内市场部、国际市场部、售后服务部、研发中心、装备制作部、质量管理部、散热器事业部、企管部、人力资源部等部门,拥有健全的内部经营管理机构,独立行使经营管理权,与控股股东、实际控制人及其控制的其他企业没有机构混同的情形;发行人对其机构与部门的设立系根据自身的需要以及法律法规、公司章程的有关规定,不存在控股股东等其他单位或个人干预发行人进行机构设置的情形。据此,发行人的机构独立于发行人控股股东、实际控制人及其控制的其他企业,符合《暂行办法》第十八条的规定。

(六)发行人的财务

根据本所律师审查以及向亚太所作的了解,发行人设有独立的财务会计部门,建立了独立的财务核算体系,能够独立作出财务决策,具有规范的财务会计制度和对子公司的财务管理制度;不存在发行人控股股东、实际控制人及其控制的其他企业占用发行人的货币资金或其他资产的情况;发行人建立了独立的工资管理制度,在有关社会保障、工薪报酬、住房公积金等方面均实行独立管理;不存在发行人为主要股东以及有利益冲突的个人提供担保的情况;亦不存在以发行人名义取得的借款转借给前述法人/个人使用的情况。据此,发行人的财务独立于发行人控股股东、实际控制人及其控制的其他企业,符合《暂行办法》第十八条的规定。

(七)发行人面向市场的自主经营能力

根据本所律师所作的审查,发行人独立从事其《企业法人营业执照》所核定的经营范围中的业务,未受到控股股东、实际控制人的干涉、控制,亦未因与控股股东、实际控制人之间存在关联关系而使发行人经营自主权的完整性、独立性受到不良影响,发行人从事其主营业务不依赖于任何其他人。据此,发行人具备直接面向市场独立经营的能力,符合《暂行办法》第十八条的规定。

据此,发行人的业务、资产、人员、财务等独立于控股股东、实际控制人及其控制的其他企业,具有面向市场自主经营的能力,在独立性方面不存在其他严重缺陷,符合《暂行办法》第十八条的规定。

**六、发起人和股东(追溯至发行人的实际控制人)**

(一)发起人、股东的存续及股东资格

1. 事实及依据:

如本法律意见书第四条所述,发行人的发起人共有7名,包括第七设计院、西安筑路、许继集团、保德信、西安中电五家公司及王哲、赵刚两名自然人。如本法律意见书第七条所述,发行人自设立以来经过四次股权变更、一次派送红股及一次委托持股的清理。根据本所律师的审查,发行人现有股东包括5名法人股东及40名自然人股东,其基本情况如下:

(1)工程公司

根据陕西省工商局于1999年2月26日向第七设计院核发的《企业法人营业执照》(注册号:6100001001502),第七设计院是依法成立并存续的企业法人。

根据国务院办公厅于2000年10月24日下发的《国务院办公厅转发建设部等部门关于中央所属工程勘察设计单位体制改革实施方案的通知》(国办发〔2000〕71号),并经国家工商行政管理局2001年6月下发的(国)名称核变内字〔2001〕第195号文核准,批准第七设计院改制并更名为中机国际工程咨询设计总院。陕西省工商局于2001年6月26日向中机总院换发了《企业法人营业执照》(注册号:6100001001502),第七设计院名称变更为"中机国际工程咨询设计总院"。

根据国务院国资委于2004年7月6日下发的《关于中国中旅(集团)公司等6户企业重组有关事项的通知》(国资改革〔2004〕552号)及于2004年11月5日下发的《关于中国新时代控股(集团)公司与中机国际工程咨询设计总院重组方案的批复》(国资改革〔2004〕1012号),中机总院与新时代集团进行重组后成为新时代集团的全资子公司,名称变更为"中国新时代国际工程公司"。陕西省工商局于2004年8月27日换发了《企业法人营业执照》(注册号:6100001001502),中机公司名称变更为"中国新时代国际工程公司",企业类型为国有企业。

根据陕西省工商局于2008年7月28日换发的《企业法人营业执照》(注册号:610000000005711)及本所律师的审查,工程公司已于2009年4月办理2008年年检,依法存续至今。

根据本所律师的适当审查,截至本法律意见书出具之日,未出现根据法律、法规及工程公司现有章程的有关规定需要其终止的情况。

据此,工程公司依法存续至今,具有法律法规和规范性文件规定的股东资格。

(2)西安筑路

根据西安市工商局于2009年6月3日向西安筑路换发的《企业法人营业执照》(注册号:610131100002986),其企业类型为有限责任公司,西安筑路已通过2008年工商年检。

根据本所律师的适当审查,截至本法律意见书出具之日,未出现根据法律、法规及西安筑路现有章程的有关规定需要其终止的情况。

据此,西安筑路依法存续至今,具有法律法规和规范性文件规定的股东资格。

(3)西安中电

根据户县工商行政管理局于2009年4月20日向西安中电核发的《企业法人营业执照》(注册号:610125000000616),其企业性质为股份合作制,西安中电已通过2008年工商年检。

根据本所律师的适当审查,截至本法律意见书出具之日,未出现根据法律、法规及西安中电现有章程的有关规定需要其终止的情况。

据此,西安中电依法存续至今,具有法律法规和规范性文件规定的股东资格。

(4)中机国际

根据西安市工商局碑林分局于2009年7月9日向中机国际换发的《企业法人营业执照》(注册号:6101031135329),其企业类型为有限责任公司,中机国际已通过2008年工商年检。

根据本所律师的适当审查,截至本法律意见

见书出具之日，未出现根据法律、法规及中机国际现有章程的有关规定需要其终止的情况。

据此，中机国际依法存续至今，具有法律法规和规范性文件规定的股东资格。

（5）上海华觉投资有限公司

根据上海市工商行政管理局于2009年7月22日向上海华觉投资有限公司（以下简称“上海华觉”）换发的《企业法人营业执照》（注册号：310115001117211），其企业类型为有限责任公司（国内合资）。

根据本所律师的适当审查，截至本法律意见书出具之日，未出现根据法律、法规及上海华觉现有章程的有关规定需要其终止的情况。

据此，上海华觉依法存续至今，具有法律法规和规范性文件规定的股东资格。

（6）自然人股东

| 序号 | 姓名 | 身份证号码 |
| --- | --- | --- |
| 1 | 姜群 | 610103601 ****** |
| 2 | 赵利军 | 610103620 ****** |
| 3 | 秦金杨 | 610103631 ****** |
| 4 | 廖文坚 | 610103650 ****** |
| 5 | 马立兴 | 610103196310 ****** |
| 6 | 窦国正 | 610103500 ****** |
| 7 | 薛彦俊 | 340104641 ****** |
| 8 | 吕学忠 | 610103401 ****** |
| 9 | 张丽娟 | 610104620 ****** |
| 10 | 张承根 | 610103193905 ****** |
| 11 | 王忠平 | 610103651 ****** |
| 12 | 刘立东 | 610103661 ****** |
| 13 | 刘有强 | 610103620 ****** |
| 14 | 权小平 | 610103511 ****** |
| 15 | 赵兵 | 430104670 ****** |
| 16 | 李欣 | 410105196711 ****** |
| 17 | 吕玮 | 610104197005 ****** |
| 18 | 赵建彬 | 610103710 ****** |
| 19 | 王传勇 | 510102196802 ****** |
| 20 | 赵刚 | 610103650 ****** |
| 21 | 李永公 | 610113197003 ****** |
| 22 | 李峰 | 610103550 ****** |
| 23 | 许峻 | 610103670 ****** |
| 24 | 亢延军 | 612102197211 ****** |
| 25 | 张煜 | 610103671 ****** |
| 26 | 黎朋 | 610424760 ****** |
| 27 | 刘晓荣 | 610104196509 ****** |
| 28 | 赵永安 | 610114630 ****** |
| 29 | 张静涛 | 610111196912 ****** |
| 30 | 许树森 | 610112196202 ****** |
| 31 | 刘亚芬 | 411002195111 ****** |
| 32 | 吕振卯 | 411002610 ****** |
| 33 | 王哲 | 610103550 ****** |
| 34 | 雷英 | 610103670 ****** |
| 35 | 陈元华 | 422826197211 ****** |
| 36 | 边芳军 | 610113196905 ****** |
| 37 | 郭磊鹰 | 210103197403 ****** |
| 38 | 郭新安 | 610103196705 ****** |
| 39 | 李涛 | 610331197509 ****** |
| 40 | 张弼强 | 610113197205 ****** |

据此，上述自然人股东具有法律法规和规范性文件规定的股东资格。

2. 结论：上述发起人/股东目前均依法存续，其依据《公司法》、《全民所有制工业企业法》等法律法规有权对外进行投资及作为股份公司的发起人/股东。

（二）发起人/股东人数、住所、出资比例

1. 事实及依据：

根据本所律师的审查，发行人发起人7名，均为中国境内企业及自然人（其出资比例详见本法律意见书第四条第（一）款之（7）），符合《公司法》的规定。

根据本所律师的审查，发行人现有股东45名，均为中国境内企业及自然人（其出资比例详见本法律意见书第七条第（二）款第1项之（6）），符合《公司法》的规定。

2. 结论：发行人的发起人及现有股东人数、住所、出资比例均符合《公司法》等有关规定。

（三）发起人投入发行人的资产

1. 事实及依据：根据《发起人协议》的规定，除第七设计院、西安筑路外，其他发起人均全部以现金作为出资投入发行人。如本法律意见书第四条第(一)款所述,第七设计院以实物方式认缴了出资,西安筑路以实物及现金方式认缴了出资,其他发起人均以现金方式认缴了出资。

2. 结论:股东已投入发行人的资产产权清晰,上述资产投入发行人时不存在法律障碍。

(四)股东投入发行人资产的权属变更

1. 事实及依据:根据《发起人协议》的规定,除第七设计院、西安筑路外,其他发起人均全部以现金作为出资投入发行人。根据本所律师审查,第七设计院、西安筑路投入发行人的房产之《房屋所有权证》中记载的所有权人已变更为发行人,第七设计院投入发行人的知识产权的权属证明文件亦已变更至发行人,第七设计院、西安筑路拥有的依法无须取得权属证书的资产亦通过交付实现了其向发行人的转移。

2. 结论:股东投入发行人的资产之权属证书已办理变更至发行人,股东投入的依法无须取得权属证书的资产亦通过交付实现了其向发行人的转移,不存在法律障碍或风险。

(五)发行人的实际控制人

1. 事实及依据:根据国务院国资委于2004年7月6日下发的《关于中国中旅(集团)公司等6户企业重组有关事项的通知》(国资改革〔2004〕552号)及于2004年11月5日下发的《关于中国新时代控股(集团)公司与中机国际工程咨询设计总院重组方案的批复》(国资改革〔2004〕1012号)、工程公司的章程及本所律师所作的审查,发行人的控股股东工程公司是新时代集团的全资子公司,发行人的股东中机国际为工程公司的控股子公司,故新时代集团对发行人及其股东工程公司、中机国际有实际影响。

2. 结论:发行人的实际控制人为新时代集团。

据此,发行人的发起人、股东之主体资格和出资行为等均符合法律法规及《暂行办法》第十一条的有关规定。发行人的实际控制人为新时代集团。

## 七、发行人的股本及演变

(一)发行人设立时的股权设置、股本结构

1. 事实及依据:

(1)根据财政部于2001年2月28日下发的《财政部关于西安启源机电装备股份有限公司(筹)变更出资后国有股权管理有关问题的批复》(财企〔2001〕146号)予以批准,发行人确立了其股权结构:发行人股本总额3,500万股,全部净资产按100%折股,其中第七设计院持有1,520万股,许继集团持有420万股,西安筑路持有885万股,保德信持有260万股,西安中电持有115万股,分别占总股本的43.43%、12%、25.28%、7.43%和3.29%。第七设计院、许继集团的股权性质为国有法人股,西安筑路、保德信、西安中电的股权性质均为法人股。自然人王哲持有160万股,占总股本的4.57%;自然人赵刚持有140万股,占总股本的4%。

(2)如本法律意见书第六条第(三)、(四)款所述,发行人资产权属界定和确认不存在纠纷及风险。

2. 结论:发行人设立时的股权设置、股本结构合法有效,发行人资产权属界定和确认不存在纠纷及风险,符合《公司法》的规定。

(二)发行人股权变动

1. 事实及依据:

(1)第一次股权转让

根据许继集团于2003年8月20日作出的董事会决议,许继集团同意将其持有的发行人12%的出资额(420万股)按照法律有关规定转让给赵刚。

根据许继集团于2003年8月25日向许昌市国有资产管理局上报的《关于转让西安启源机电装备股份有限公司股份的申请》(许继集团字〔2003〕第062号),申请批准向赵刚转让其持有的发行人420万股股份(占发行人总股本的12%),转让价格为1.25元/股,转让价款总计人民币525万元。2003年9月18日,许昌市国有资产管理委员会办公室下发《关于许继集团有限公司转让西安启源机电装备股份有限公司股权的批复》,同意上述股权转让。

根据许继集团与赵刚于2003年8月31日签订的《股权转让协议》,约定由许继集团将其持有的发行人420万股股份转让给赵刚,转让价款共计人民币525万元,由下述《股权托管协议》约定的保证金折抵,股份过户期为2004年3月28日后。根据许继集团、赵刚的说明,签订上述《股权转让协议》的双方地位平等、意思自治,符合《中华人民共和国合同法》(以下简称《合同法》)的规定。

根据当时有效的《公司法》的规定,发起人所持有的股份在公司设立后三年内(至2004年3月28日)不得转让。经审查,许继集团与赵刚在发行人设立后未满三年时就许继集团所持发行人的股权转让进行了协商,并根据双方就股权转让事宜协商一致的结果签订了《股权转让协议》。该协议的签订是双方就股权转让达成一致意见的书面约定,但许继集团所持发行人的股权并未就此转至赵刚。

根据许继集团与赵刚于2003年10月30日签订的《股权托管协议》,约定在双方完成股权转让变更手续前,许继集团将其持有的发行人420万股股份交赵刚托管,赵刚支付给许继集团托管保证金人民币525万元,赵刚则对前述股权承担管理的责任并对许继集团承担相应约定义务。根据许继集团、赵刚的说明,签订上述《股权托管协议》的双方地位平等、意思自治,符合《合同法》的规定。

根据《股权转让协议》的约定及本所律师的审查,除涉及股权交割条款外,前述协议自2003年8月31日签订之日起生效。为了履行前述约定,赵刚在发行人设立后未满三年时向许继集团支付了全部保证金(根据约定,该保证金在双方办理股权变更后与股权转让价款抵付)。但根据《股权转让协议》的约定,赵刚并未因此而实际完成了受让许继集团所持发行人的股权并成为发行人的股东,仅依据《股权托管协议》成为了前述股权管理的受托方。根据《股权转让协议》第9.3条的约定,涉及股权交割的内容于2004年3月28日后生效。据此,赵刚履行《股权转让协议》约定的支付义务并未导致实际股权转让,符合当时有效的《公司法》的规定。

根据《股权转让协议》的约定、本所律师的审查及许继集团、赵刚的说明,许继集团与赵刚在2004年3月28日后进行了股权交割,陕西省工商局于2004年6月7日向发行人换发了《企业法人营业执照》并办理了股东由许继集团变更为赵刚的变更登记,赵刚依法获得了相应的股东权益并承担股东义务。据此,许继集团在发行人成立三年后将其持有的发行人股权转让给赵刚,符合当时有效的《公司法》的规定。

根据《股权托管协议》约定,赵刚未因《股权托管协议》的签订成为发行人的股东,而在办理股权变更工商手续前承担着《股权托管协议》约定范围内对许继集团股权管理的责任,并对许继集团承担相应约定义务。赵刚受托管理许继集团所持股权并未导致许继集团的股东权益受到侵害,未对发行人的正常生产经营、资产及发行人的其他股东权益造成不利影响。

据此,赵刚并未因《股权托管协议》的签订而成为发行人的股东并享有股东权益,符合当时有效的《公司法》关于发起人股份自股份公司成立后三年内不得转让的规定。

基于上述,此次股权转让已获得许继集团必要的内部授权、批准和许昌市国有资产管理局的认可,赵刚受让许继集团持有的发行人国有法人股股份所涉《股权转让协议》及《股权托管协议》的签订及内容,符合当时有效的《公司法》、《公司登记管理条例》、《合同法》等法律、法规的规定。本次股权转让没有取得河南省国有资产监督管理委员会(以下简称"河南省国资委")的批准,根据发行人于2010年2月26日出具的情况说明及本所律师的审查,本次股权转让已向河南省国资委及国务院国资委进行了汇报,并于2006年2月24日取得国务院国资委于下发的《关于西安启源机电装备股份有限公司国有股权管理有关问题的批复》(国资产权〔2006〕182号)。

此次股权转让后,中机总院持有发行人43.43%的股权,西安筑路持有发行人25.28%的股权,保德信持有发行人7.43%的股权,西安中电持有发行人3.29%的股权,赵刚持有发行人16%的股权,王哲持有发行人4.57%的股权。

(2)派送红股

根据发行人于2004年4月19日召开的2003年度股东大会通过的股东大会决议,发行人以2003年末总股本3,500股为基数,向全体股东每10股送3股,本次共送红股1,050万股,剩余未分配利润人民币1,480,379.45元结转下一年度。

发行人于2004年5月14日向陕西省体改委上报了《关于西安启源机电装备股份有限公司转增股本的申请》(启源办〔2004〕3号),申请以发行人2003年末总股本3,500万股为基数,向发行人原股东每 10 股送 3 股,共送红股 1,050 万股。本次转增后,发行人股本为 4,550 万股,注册资金为人民币 4,550 万元。陕西省体改委于 2004 年 5 月 19 日下发了《陕西省经济体制改革委员会办公室关于同意西安启源机电装备股份有限公司增资扩股的批复》(陕改办函〔2004〕36 号),批准了发行人的上述转增股本方案。

上海东华于 2004 年 5 月 21 日出具了《验资报告》(东会陕验〔2004〕002 号),验证新增注册资本实收情况,发行人注册资本为人民币 4,550 万元。

陕西省工商局于 2004 年 6 月 7 日向发行人换发了《企业法人营业执照》,并办理了注册资本变更登记。

前述转增股本后,中机总院认缴注册资本为人民币 1,976 万元,持有发行人 43.43% 的股权;西安筑路认缴注册资本为人民币 1,150.5 万元,持有发行人 25.28% 的股权;保德信认缴注册资本为人民币 338 万元,持有发行人 7.43% 的股权;西安中电认缴注册资本为人民币 149.5 万元,持有发行人 3.29% 的股权;赵刚认缴注册资本为人民币 728 万元,持有发行人 16% 的股权;王哲认缴注册资本为人民币 208 万元,持有发行人 4.57% 的股权。

(3)第二次股权转让

根据西安正衡资产评估有限责任公司(以下简称“西安正衡”)于 2005 年 3 月 1 日出具的《资产评估报告书》(西正衡评报字〔2005〕035 号),以 2004 年 12 月 31 日作为评估基准日对发行人的整体资产和商誉进行了评估。该评估结果已于 2005 年 3 月 16 日取得了新时代集团确认的《国有资产评估项目备案表》(备案编号:05005)。

发行人股东王哲、赵刚与中机国际于 2005 年 3 月 23 日签订的《股权转让协议》,约定王哲、赵刚分别将其持有的 80.5 万股、141.5 万股转让给中机国际,中机国际受让发行人股权共计 222 万股;转让价格以上述《资产评估报告书》评估值为依据并确定为人民币 2.4 元/股,转让价款共计人民币 532.8 万元。中机国际本次受让股权已于 2005 年 4 月 20 日经新时代集团批准。

根据 2005 年 3 月 23 日发行人股东大会决议,同意王哲、赵刚将其所持有发行人股份中的 222 万股转让给中机国际。

根据发行人股东王哲、赵刚与 43 名自然人于 2005 年 3 月 23 日签订的《股权转让协议》,将其所持有的 699.9 万股股权,分别转让给 43 名自然人,其中王哲转让 122.5 万股,赵刚转让 577.4 万股。转让价格以上述《资产评估报告书》评估值为依据并确定为人民币 2.4 元/股,转让价款共计人民币 1,679.76 万元。

陕西省工商局于 2005 年 6 月 30 日向发行人换发了《企业法人营业执照》,并办理了股东工商变更登记。

根据国务院国资委于 2006 年 2 月 24 日下发的《关于西安启源机电装备股份有限公司国有股权管理有关问题的批复》(国资产权〔2006〕182 号),确认工程公司、中机国际分别持有发行人 1,976 万股、222 万股,分别占总股本的 43.43%、4.88%,股份性质均为国有法人股。

根据国务院国资委于 2006 年 12 月 25 日向发行人核发的《企业国有资产产权登记证》所载《企业国有资产产权变动情况》记载,发行人法人资本为 3,836 万元,其中国有法人资本为 2,198 万元,个人资本为 714 万元。

上述股权转让后,工程公司持有发行人 43.43% 的股权;西安筑路持有发行人 25.28% 的股权;保德信持有发行人 7.43% 的股权;西安中电持有发行人 3.29% 的股权;中机国际持有发行人 4.88% 的股权;45 名自然人共计持有发行人 15.69% 的股权。

(4)委托持股的清理

根据发行人于 2010 年 2 月 26 日出具的情况说明及本所律师的审查,发行人曾存在部分自然人委托发行人自然人股东持股的情况。

1)委托持股情况

根据发行人提供的情况说明及本所律师的审查,在发行人设立时,原王哲、赵刚所持有的 300 万股发行人股份系其本人直接持有及接受 112 名自然人委托而持有,其中王哲本人持股 43 万股,接受 31 人委托持股 117 万股,共计 160 万股,赵刚本人持股 30.55 万股,接受 81 人委托持股 109.45 万股,共计 140 万股。

发行人设立至 2002 年 7 月间苏浩等 8 名自然人因工作变动等原因相继与赵刚解除了委

托投资协议，将发行人设立时委托赵刚代持的股份转让给赵刚，转让的股份共计7.6万股，转让价格为每股1元。

2003年4月，赵友安因工作变动与王哲解除了委托投资协议，将发行人设立时委托王哲代持的10万股股份转让给王哲，转让价格为每股1.218元，共计12.18万元。

2003年8－9月，张大治将发行人设立时委托赵刚代持的0.2万股股份转让给郝小更，韩虎贲将发行人设立时委托赵刚代持的0.2万股股份转让给刘安妮，转让后这部分股份仍由赵刚代持。

2003年7月，赵刚、王哲分别将7万股、29万股发行人股份转让给郝小更等9名自然人，转让价格为每股1.218元，转让后该部分股份仍分别由赵刚、王哲代持。

2004年2月，赵刚、王哲分别将29.15万股、20万股发行人股份转让给马立兴等8名自然人，转让价格为每股1.25元，转让后该部分股份仍分别由赵刚、王哲代持。本次转让完成后，赵刚本人持有2万股，受托持股138万股；王哲本人持有4万股，受托持股156万股。

根据许继集团与赵刚于2003年8月31日签订的《股权转让协议》及本所律师的审查，约定由许继集团将其持有的发行人420万股股份转让给赵刚，该股份系赵刚接受51名自然人（包括设立时原委托人及新增委托人）委托受让。该次转让完成后，赵刚本人持有7万股，受托持股553万股，共计560万股，王哲本人持有4万股，受托持股156万股，共计160万股，共计720万股。本次转让完成后，委托赵刚、王哲持股的自然人共计126人，委托持股总数为709万股。

根据发行人于2004年4月19日召开的2003年年度股东大会通过的股东大会决议，发行人以2003年末总股本3,500股为基数，向全体股东每10股送3股，本次共送红股1,050万股。该次转增后，赵刚本人及受托持股共计728万股，王哲本人及受托持股共计208万股，共计936万股。在此次增资扩股过程中，秦金杨、吕学忠、权小平分别将其所获红股共计21万股按照2003年末发行人每股净资产1.394元转让给许树森和张静涛，该部分股份仍分别委托赵刚、王哲代持。本次增资后，委托赵刚、王哲持股的自然人共计127人，委托持股总数921.7万股。

2）清理过程及款项支付

根据发行人于2010年2月26日出具的情况说明及本所律师查证，当时委托王哲、赵刚持有发行人股份的43名自然人均于2005年3月23日分别与王哲、赵刚签署了《委托投资终止确认协议》，在该协议中确认王哲、赵刚始终为发行人合法的股东，在受托期间忠实履行了受托职责、不存在任何争议，对其转让发行人股权的行为无任何异议；约定终止了委托投资关系。上述委托投资关系经终止后已不存在任何争议。

2005年3月23日，包括发行人高级管理人员和核心技术人员在内的原委托发行人自然人股东王哲、赵刚持股的43名自然人，在同王哲、赵刚签署《委托持股终止确认协议》后，又同其签署了《股权转让协议》，受让其所持有的发行人股份，合计699.9万股股权，其中王哲转让122.5万股，赵刚转让577.4万股，转让价款共计人民币1,679.76万元。在同王哲、赵刚签署了《委托持股终止确认协议》后又同其签署了《股权转让协议》的43名自然人，与王哲、赵刚签署了《股权转让付款协议》，按照前述协议，上述43名自然人受让发行人股权需向王哲、赵刚支付的股权转让款项，与王哲、赵刚终止同其委托投资关系需向其返回的委托投资款项折抵；相抵后存在差额的，双方对差额部分已如实履行了支付义务。

2005年3月，赵刚、王哲分别与赵楠等84名委托人签署《委托投资终止确认协议》，确认终止委托投资关系，委托人不是发行人股东且依法不享有任何股东权利、不承担任何股东义务。赵刚、王哲按照每个委托人的委托持股数、2.4元/股的价格返还全部委托投资款及投资收益。

同时，发行人自然人股东王哲、赵刚同中机国际签署了《股权转让协议》，王哲、赵刚分别将其持有的80.5万股、141.5万股转让给中机国际，合计222万股，转让价款共计人民币532.8万元。发行人自然人股东王哲、赵刚在取得前述股权转让价款后，向委托其持股的各自然人返回委托投资款。除上述43名自然人以退还委托投资款与股权转让款项折抵方式履行完成支付义务外,其余委托王哲、赵刚持股的各自然人的委托投资款均已如实全额返回,且不存在任何争议。

除最近新受让发行人股份的股东陈元华、张弼强外,发行人现有其他股东均已出具承诺函,承诺其目前合法持有发行人的股份,该等股份不存在质押、冻结或权属争议,或为接受任何第三方的委托而持有的情形,自其持有发行人股份之日起至该承诺函签署之日止未出现任何争议或法律纠纷。如因发行人 2005 年委托持股清理事项发生权属纠纷及潜在风险,导致发行人被要求承担股份及红利赔偿的民事责任,或导致发行人承担的其他任何损失,该等股东承诺以所持发行人股份为限对发行人承担的全部责任和损失承担连带赔偿责任。

3)国有资产管理程序

上述股权转让价格及返还委托投资金额均以《资产评估报告书》西正衡评报字〔2005〕035 号评估值为依据并确定为人民币 2.4 元/股。该评估结果已于 2005 年 3 月 16 日取得了新时代集团确认的《国有资产评估项目备案表》(备案编号:05005)。

根据国务院国资委于 2006 年 2 月 24 日下发的《关于西安启源机电装备股份有限公司国有股权管理有关问题的批复》(国资产权〔2006〕182 号),确认工程公司、中机国际分别持有发行人 1,976 万股、222 万股,分别占总股本的 43.43%、4.88%,股份性质均为国有法人股。

根据国务院国资委于 2006 年 12 月 25 日对发行人《企业国有资产产权登记证》所载《企业国有资产产权变动情况》记载,发行人法人资本为 3,836 万元,其中国有法人资本为 2,198 万元,个人资本为 714 万元。

4)清理结果

陕西省工商局于 2005 年 6 月 30 日向发行人换发了《企业法人营业执照》,并办理了股东工商变更登记。

原有自然人委托投资股东持有发行人股份的安排已经清理完毕,且不存在任何争议,对发行人的正常经营及本次发行、上市没有重大不利影响。

(5)第三次股权转让

2008 年 9 月 16 日,国务院国资委发布国资发改革〔2008〕139 号文《关于规范国有企业职工持股、投资的意见》(以下简称《意见》)规定:国有企业集团公司及其各级子企业改制,经国资监管机构或集团公司批准,职工可投资参与本企业改制,确有必要的,也可持有上一级改制企业股权,但不得直接或间接持有本企业所出资各级子企业、参股企业及本集团公司所出资其他企业股权。国有企业中已持有上述不得持有的企业股权的中层以上管理人员,自本意见印发后 1 年内应转让所持股份,或者辞去所任职务。

原发行人股东周宜、戎晓明、徐经策、廖明、郝小更、孙惠、曹世清、赵友安、李晓东、王学成、田伯虎均属于《意见》规定范围之内的发行人股东的中层以上管理人员,按照《意见》要求,2009 年 7 月 31 日,前述股东分别向上海华觉投资有限公司、自然人转让其所持有的发行人股份。根据 2009 年 5 月 27 日中威正信(北京)资产评估有限公司以 2008 年 12 月 31 日为评估基准日出具的资产评估报告(评报字〔2009〕1082 号),发行人全部权益价值采用成本法评估结果为 18,862.11 万元,采用收益法评估结果为 29,495.34 万元。本次股权转让的具体情况如下:

1)原发行人股东王学成与上海华觉于 2009 年 7 月 31 日签订《股权转让协议》,约定王学成将其持有的 0.8 万股发行人股权转让给上海华觉,上海华觉受让发行人股权共计 0.8 万股;转让价款以 2009 年 5 月中威正信(北京)资产评估有限公司以 2008 年 12 月 31 日为评估基准日出具的资产评估报告(评报字〔2009〕1082 号)确定的转让价格 6.48 元人民币/股,扣除 2008 年度分红 0.3 元人民币/股计算,转让价款共计人民币 49,400 元。

2)原发行人股东田伯虎与上海华觉于 2009 年 7 月 31 日签订《股权转让协议》,约定田伯虎将其持有的 0.8 万股发行人股权转让给上海华觉,上海华觉受让发行人股权共计 0.8 万股;转让价款以 2009 年 5 月中威正信(北京)资产评估有限公司以 2008 年 12 月 31 日为评估基准日出具的资产评估报告(评报字〔2009〕1082 号)确定的转让价格 6.48 元人民币/股,扣除 2008 年度分红 0.3 元人民币/股计算,转让价款共计人民币 49,400 元。

3)原发行人股东廖明与上海华觉于2009年7月31日签订《股权转让协议》,约定廖明将其持有的13万股发行人股权转让给上海华觉,上海华觉受让发行人股权共计13万股;转让价款以2009年5月中威正信(北京)资产评估有限公司以2008年12月31日为评估基准日出具的资产评估报告(评报字〔2009〕1082号)确定的转让价格6.48元人民币/股,扣除2008年度分红0.3元人民币/股计算,转让价款共计人民币803,400元。

4)原发行人股东戎晓明与上海华觉于2009年7月31日签订《股权转让协议》,约定戎晓明将其持有的19.5万股发行人股权转让给上海华觉,上海华觉受让发行人股权共计19.5万股;转让价款以2009年5月中威正信(北京)资产评估有限公司以2008年12月31日为评估基准日出具的资产评估报告(评报字〔2009〕1082号)确定的转让价格6.48元人民币/股,扣除2008年度分红0.3元人民币/股计算,转让价款共计人民币1,205,100元。

5)原发行人股东周宜与上海华觉于2009年7月31日签订《股权转让协议》,约定周宜将其持有的19.5万股发行人股权转让给上海华觉,上海华觉受让发行人股权共计19.5万股;转让价款以2009年5月中威正信(北京)资产评估有限公司以2008年12月31日为评估基准日出具的资产评估报告(评报字〔2009〕1082号)确定的转让价格6.48元人民币/股,扣除2008年度分红0.3元人民币/股计算,转让价款共计人民币1,205,100元。

6)原发行人股东郝小更与上海华觉于2009年7月31日签订《股权转让协议》,约定郝小更将其持有的58.76万股发行人股权转让给上海华觉,上海华觉受让发行人股权共计58.76万股;转让价款以2009年5月中威正信(北京)资产评估有限公司以2008年12月31日为评估基准日出具的资产评估报告(评报字〔2009〕1082号)确定的转让价格6.48元人民币/股,扣除2008年度分红0.3元人民币/股计算,转让价款共计人民币3,631,368元。

7)原发行人股东徐经策与上海华觉于2009年7月31日签订《股权转让协议》,约定徐经策将其持有的13万股发行人股权转让给上海华觉,上海华觉受让发行人股权共计13万股;转让价款以2009年5月中威正信(北京)资产评估有限公司以2008年12月31日为评估基准日出具的资产评估报告(评报字〔2009〕1082号)确定的转让价格6.48元人民币/股,扣除2008年度分红0.3元人民币/股计算,转让价款共计人民币803,400元。

8)原发行人股东赵友安与上海华觉于2009年7月31日签订《股权转让协议》,约定赵友安将其持有的30.55万股发行人股权转让给上海华觉,上海华觉受让发行人股权共计30.55万股;转让价款以2009年5月中威正信(北京)资产评估有限公司以2008年12月31日为评估基准日出具的资产评估报告(评报字〔2009〕1082号)确定的转让价格6.48元人民币/股,扣除2008年度分红0.3元人民币/股计算,转让价款共计人民币1,887,990元。

9)原发行人股东曹世清与上海华觉于2009年7月31日签订《股权转让协议》,约定曹世清将其持有的27.5万股发行人股权转让给上海华觉,上海华觉受让发行人股权共计27.5万股;转让价款以2009年5月中威正信(北京)资产评估有限公司以2008年12月31日为评估基准日出具的资产评估报告(评报字〔2009〕1082号)确定的转让价格6.48元人民币/股,扣除2008年度分红0.3元人民币/股计算,转让价款共计人民币1,699,500元。

10)原发行人股东孙惠与上海华觉于2009年7月31日签订《股权转让协议》,约定孙惠将其持有的19.5万股发行人股权转让给上海华觉,上海华觉受让发行人股权共计19.5万股;转让价款以2009年5月中威正信(北京)资产评估有限公司以2008年12月31日为评估基准日出具的资产评估报告(评报字〔2009〕1082号)确定的转让价格6.48元人民币/股,扣除2008年度分红0.3元人民币/股计算,转让价款共计人民币1,205,100元。

11)原发行人股东李晓东与上海华觉于2009年7月31日签订《股权转让协议》,约定李晓东将其持有的10.4万股发行人股权转让给上海华觉,上海华觉受让发行人股权共计10.4万股;转让价款以2009年5月中威正信(北京)资产评估有限公司以2008年12月31日为评估基准日出具的资产评估报告(评报字〔2009〕1082号)确定的转让价格6.48元人民币/股,扣除2008年度分红0.3元人民币/股计算,转让价款共计人民币642,720元。

12)原发行人股东王学成与郭磊鹰于2009年7月签订《股权转让协议》,约定王学成将其持有的1万股发行人股权转让给郭磊鹰,郭磊鹰受让发行人股权共计1万股;转让价款以2009年5月中威正信(北京)资产评估有限公司以2008年12月31日为评估基准日出具的资产评估报告(评报字〔2009〕1082号)确定的转让价格6.48元人民币/股,扣除2008年度分红0.3元人民币/股计算,转让价款共计人民币61,800元。

13)原发行人股东王学成与李涛于2009年7月签订《股权转让协议》,约定王学成将其持有的4万股发行人股权转让给李涛,李涛受让发行人股权共计4万股;转让价款以2009年5月中威正信(北京)资产评估有限公司以2008年12月31日为评估基准日出具的资产评估报告(评报字〔2009〕1082号)确定的转让价格6.48元人民币/股,扣除2008年度分红0.3元人民币/股计算,转让价款共计人民币247,200元。

14)原发行人股东田伯虎与郭新安于2009年7月29日签订《股权转让协议》,约定田伯虎将其持有的5万股发行人股权转让给郭新安,郭新安受让发行人股权共计5万股;转让价款以2009年5月中威正信(北京)资产评估有限公司以2008年12月31日为评估基准日出具的资产评估报告(评报字〔2009〕1082号)确定的转让价格6.48元人民币/股,扣除2008年度分红0.3元人民币/股计算,转让价款共计人民币309,000元。

15)原发行人股东田伯虎与边芳军于2009年7月31日签订《股权转让协议》,约定田伯虎将其持有的2万股发行人股权转让给边芳军,边芳军受让发行人股权共计2万股;转让价款以2009年5月中威正信(北京)资产评估有限公司以2008年12月31日为评估基准日出具的资产评估报告(评报字〔2009〕1082号)确定的转让价格6.48元人民币/股,扣除2008年度分红0.3元人民币/股计算,转让价款共计人民币123,600元。

16)原发行人股东王学成与马立兴于2009年7月签订《股权转让协议》,约定王学成将其持有的2万股发行人股权转让给马立兴,马立兴受让发行人股权共计2万股;转让价款以2009年5月中威正信(北京)资产评估有限公司以2008年12月31日为评估基准日出具的资产评估报告(评报字〔2009〕1082号)确定的转让价格6.48元人民币/股,扣除2008年度分红0.3元人民币/股计算,转让价款共计人民币123,600元。

2009年10月10日,发行人股东大会作出决议,同意上海华觉和郭新安等5名自然人受让李晓东等11名自然人股东持有发行人227.31万股股份。

2009年11月6日,发行人本次转让相关工商变更登记在陕西省工商局办理完毕。

根据本所律师所作的审查,本次转让完成后,发行人股权结构如下:

| 股东名称 | 持股总数(万股) | 所占比例(%) |
|---|---|---|
| 中国新时代国际工程公司 | 1,976 | 43.43 |
| 西安筑路机械有限公司 | 1,150.5 | 25.28 |
| 西安保德信投资发展有限责任公司 | 338 | 7.43 |
| 中机国际(西安)技术发展有限公司 | 222 | 4.88 |
| 西安中电变压整流器厂 | 149.5 | 3.29 |
| 上海华觉投资有限公司 | 213.31 | 4.69 |
| 姜群等38名自然人 | 500.69 | 11.00 |
| 合计 | 4550 | 100 |

(6)第四次股权转让

原发行人股东保德信与陈元华于2009年11月3日签订《股权转让协议》,约定保德信分别将其持有的247万股、91万股转让给陈元华、张弼强2名自然人,陈元华、张弼强2名自然人分别受让发行人股权247万股、91万股发行人股权;转让价格为6.6元人民币/股,转让价款分别为人民币1,630.2万元及600.6万元。

2009年11月5日,发行人股东大会作出决议,同意陈元华、张弼强2名自然人受让保德信持有发行人的338万股股份(占发行人股本总额的7.43%)。

2009年12月3日,发行人本次转让相关工商变更登记在陕西省工商局办理完毕。

根据本所律师所作的审查,本次转让完成后,发行人股权结构如下:

| 股东名称 | 持股总数(万股) | 所占比例(%) |
|---|---|---|
| 中国新时代国际工程公司 | 1,976 | 43.43 |
| 中交西安筑路机械有限公司 | 1,150.5 | 25.28 |
| 中机国际(西安)技术发展有限公司 | 222 | 4.88 |
| 西安中电变压整流器厂 | 149.5 | 3.29 |
| 上海华党投资有限公司 | 213.31 | 4.69 |
| 陈元华 | 247 | 5.43 |
| 张弼强 | 91 | 2 |
| 姜群 | 38.1 | 0.84 |
| 赵利军 | 39.1 | 0.86 |
| 秦金杨 | 29.5 | 0.65 |
| 廖文坚 | 20 | 0.44 |
| 张承根 | 22 | 0.48 |
| 马立兴 | 24.84 | 0.55 |
| 窦国正 | 18.8 | 0.41 |
| 薛彦俊 | 18.8 | 0.41 |
| 吕学忠 | 16 | 0.35 |
| 张丽娟 | 19.5 | 0.43 |
| 王忠平 | 16.2 | 0.36 |
| 刘立东 | 16.2 | 0.36 |
| 刘有强 | 17.2 | 0.38 |
| 权小平 | 14 | 0.31 |
| 赵兵 | 14.6 | 0.32 |
| 李欣 | 15.6 | 0.34 |
| 吕玮 | 14.3 | 0.31 |
| 赵建彬 | 10.4 | 0.23 |
| 王传勇 | 10.4 | 0.23 |
| 赵刚 | 9.1 | 0.2 |
| 李永公 | 9.1 | 0.2 |
| 李峰 | 7.1 | 0.16 |
| 许峻 | 8.1 | 0.18 |

续表

| 股东名称 | 持股总数(万股) | 所占比例(%) |
|---|---|---|
| 亢延军 | 7 | 0.15 |
| 张煜 | 7 | 0.15 |
| 黎朋 | 6.6 | 0.15 |
| 刘晓荣 | 6.5 | 0.14 |
| 赵永安 | 6.5 | 0.14 |
| 张静涛 | 14 | 0.31 |
| 许树森 | 13.5 | 0.30 |
| 刘亚芬 | 6.5 | 0.14 |
| 吕振卯 | 6.5 | 0.14 |
| 王哲 | 5 | 0.11 |
| 雷英 | 0.65 | 0.014 |
| 郭新安 | 5 | 0.11 |
| 边芳军 | 2 | 0.04 |
| 郭磊鹰 | 1 | 0.02 |
| 李涛 | 4 | 0.08 |
| 合计 | 4,550 | 100 |

根据发行人提供的情况说明及本所律师所作的审查,本次转让完成后,发行人未办理国有资产产权登记手续。

(7)根据发行人现有股东所作的情况说明,目前发行人现有股东不存在将其所持发行人之股权设置任何质押、第三人权利的情形。

2. 结论:发行人的现有股权结构及历次股权变更已经国务院国资委确认,符合《公司法》、《暂行办法》第十七条及发行人章程的有关规定,发行人的股权变动已办理工商变更登记。

## 八、发行人的业务

(一)发行人经营范围与经营方式

1. 事实及依据:

(1)发行人《企业法人营业执照》记载的经营范围为:光机电一体化装备的设计、开发、制造、销售;自动控制技术与装置、环保技术与装备的开发、制造、销售;工艺技术研究与技术咨询、转让、培训与服务;计算机技术和软件的开发、销售;机电设备成套;经营本企业自产产品及技术的出口业务;代理出口将本企业生产自行研制开发的技术转让给其他企业所生产的产品。经营本企业生产所需的原辅材料、仪器仪表、机械设备、零配件技术的进口业务(国家限定公司经营和国家禁止进出口的商品除外);管道进料加工和"三来一补"业务。

(2)根据本所律师的审查,发行人《企业法人营业执照》中仅载明经营范围而未载明经营方式,发行人的经营方式应为制造、销售。

(3)据本所律师的适当审查,包括但不限于审阅有关合同性文件及在作业现场考察,发行人从事的主营业务与其经营范围及经营方式是相符的。

2. 结论:发行人的经营范围已经有关主管机关批准,并由工商行政主管机关核发了记载相应经营范围的《企业法人营业执照》,其经营范围符合《公司法》、《公司登记管理条例》的有关规定。

(二)发行人在中国大陆以外的经营活动

1. 事实及依据:根据发行人于2010年2月26日出具的情况说明及本所律师审查,发行人目前没有在中国大陆以外设立机构开展经营活动。

2. 结论:发行人没有在中国大陆以外设立机构开展的经营活动。

(三)发行人业务变更

1. 事实及依据:

(1)陕西省工商局于2001年3月28日向发行人核发的《企业法人营业执照》记载的经营范围为:光机电一体化装备的设计、开发、制造、销售;自动控制技术与装置、环保技术与装备的开发、制造、销售;工艺技术研究与技术咨询、转让、培训与服务;计算机技术和软件的开发、销售;机电设备成套。

(2)陕西省对外贸易经济合作厅(以下简称"陕西省经贸厅")于2001年6月29日向发行人核发了《自营进出口权登记证书》([2001]陕外经贸进等字第014号),进出口范围为:经营本企业自产产品及技术的出口业务;代理出口将本企业生产自行研制开发的技术转让给其他企业所生产的产品。经营本企业生产所需的原辅材料、仪器仪表、机械设备、零配件技术的进口业务(国家限定公司经营和国家禁止进出口的商品除外);经营进料加工和"三来一补"业务。陕西省经贸厅于2001年9月27日向发行人核发了《中华人民共和国进出口企业资格证书》,进出口企业代码为6100727342693。

(3)发行人于2001年8月10日召开了2001年第一次临时股东大会,与会股东代表7人,代表股份3,500万股,占发行人股本总额的100%。与会股东代表一致同意将发行人的经营范围变更为:光机电一体化装备的设计、开发、制造、销售;自动控制技术与装置、环保技术与装备的开发、制造、销售;工艺技术研究与技术咨询、转让、培训与服务;计算机技术和软件的开发、销售;机电设备成套;经营本企业自产产品及技术的出口业务;代理出口将本企业生产自行研制开发的技术转让给其他企业所生产的产品。经营本企业生产所需的原辅材料、仪器仪表、机械设备、零配件技术的进口业务(国家限定公司经营和国家禁止进出口的商品除外);经营进料加工和"三来一补"业务。

(4)陕西省工商局于2001年9月7日向发行人换发的《企业法人营业执照》记载的经营范围为:光机电一体化装备的设计、开发、制造、销售;自动控制技术与装置、环保技术与装备的开发、制造、销售;工艺技术研究与技术咨询、转让、培训与服务;计算机技术和软件的开发、销售;机电设备成套;经营本企业自产产品及技术的出口业务;代理出口将本企业生产自行研制开发的技术转让给其他企业所生产的产品。经营本企业生产所需的原辅材料、仪器仪表、机械设备、零配件技术的进口业务(国家限定公司经营和国家禁止进出口的商品除外);经营进料加工和"三来一补"业务。

(5)根据本所律师进行的审查,发行人此后至今没有变更过经营范围。

(6)发行人于2008年8月28日办理了对外贸易经营者备案登记,进出口企业代码为6100727342693。

2. 结论:发行人业务的变更符合《公司法》、《公司登记管理条例》、《中华人民共和国对外贸易法》等法律、法规的规定。

(四)发行人主营业务

1. 事实及依据:发行人主营业务为变压器专用设备的设计、开发、生产、销售、服务。根据《审计报告》,发行人2007年、2008年、2009年主营业务收入分别占总收入的98.87%、98.54%、97.85%。

2. 结论:发行人主营业务突出。

(五)发行人持续经营

1. 事实及依据:

(1)发行人章程第六条载明,发行人为永久存续的股份有限公司。

(2)根据本所律师的审查及发行人于2010年2月26日出具的情况说明,目前不存在影响发行人持续经营的情形,亦不存在有关解散或注销发行人的安排。

2. 结论:发行人依法存续至今,不存在持续经营的法律障碍。

据此,发行人从事其业务符合法律法规及规范性文件的规定。

## 九、关联交易及同业竞争

(一)发行人的关联方

1. 事实及依据:

根据中国证监会《关于发布〈公开发行证券的公司信息披露内容与格式准则第1号——招股说明书〉的通知》、《企业会计准则》等规范性文件的有关规定,本法律意见书所称发行人的关联方是指:

(1)发行人的控股股东:工程公司

(2)持有发行人5%以上股权的其他股东:西安筑路、陈元华

(3)发行人的实际控制人:新时代集团

(4)发行人控股的企业:西安启源软件技术有限责任公司(以下简称"启源软件")

(5)发行人控股股东控制或有重大影响的企业:

| 序号 | 关联方 | 与发行人关系 |
|---|---|---|
| 1 | 中机工程勘察设计研究院 | 控股股东全资企业 |
| 2 | 机械工业部深圳设计研究院 | 控股股东全资企业 |
| 3 | 机械工业部第七设计研究院上海分院 | 控股股东全资企业 |
| 4 | 新时代工程有限公司 | 控股股东全资企业 |
| 5 | 中机工程(西安)启源咨询设计有限公司 | 同一控股股东 |

续表

| 序号 | 关联方 | 与发行人关系 |
|---|---|---|
| 6 | 新时代(西安)设计研究院有限公司 | 同一控股股东 |
| 7 | 广东启源建筑工程设计院有限公司 | 同一控股股东 |
| 8 | 中机工程(西安)启源工程有限公司 | 同一控股股东 |
| 9 | 中机工程陕西物业管理有限公司 | 同一控股股东 |
| 10 | 西安启成印务有限责任公司 | 同一控股股东 |
| 11 | 深圳机械院建筑设计有限公司 | 同一控股股东 |
| 12 | 四川方圆地基基础工程有限责任公司 | 控股股东控制的企业 |
| 13 | 四川中机建设工程质量检测中心 | 控股股东控制的企业 |
| 14 | 成都中机工程勘察设计技术咨询部 | 控股股东控制的企业 |
| 15 | 中机国际(西安)技术发展有限公司 | 控股股东具有重大影响 |
| 16 | 中机国际(西安)系统工程有限责任公司 | 控股股东具有重大影响 |
| 17 | 西安四方建设监理有限责任公司 | 控股股东具有重大影响 |
| 18 | 新时代资源科技有限公司 | 控股股东具有重大影响 |
| 19 | 深圳迪远工程审图有限公司 | 控股股东具有重大影响 |

(6)发行人实际控制人控制或有重大影响的企业(除工程公司及其控制或有重大影响的企业外):

| 序号 | 关联方 | 与本公司关系 |
|---|---|---|
| 1 | 新时代集团国防科技研究中心 | 实际控制人全资企业 |
| 2 | 中新国际(香港)有限公司 | 实际控制人全资企业 |

续表

| 序号 | 关联方 | 与发行人关系 |
|---|---|---|
| 3 | 新时代新材料开发公司 | 实际控制人全资企业 |
| 4 | 新时代置业有限公司 | 实际控制人全资企业 |
| 5 | 新时代工程咨询有限公司 | 实际控制人全资企业 |
| 6 | 新时代资产管理有限公司 | 实际控制人全资企业 |
| 7 | 新时代联合贸易有限公司 | 实际控制人全资企业 |
| 8 | 中国地质工程集团公司 | 实际控制人全资企业 |
| 9 | 中国地质物质供销总公司 | 实际控制人全资企业 |
| 10 | 中国地质矿业总公司 | 实际控制人全资企业 |
| 11 | 北京嵩澜置业有限公司 | 实际控制人全资企业 |
| 12 | 中国地质工程公司上海公司 | 实际控制人全资企业 |
| 13 | 星火投资有限公司 | 实际控制人全资企业 |
| 14 | 北京时代官园物业管理有限公司 | 实际控制人全资企业 |
| 15 | 中健国际集团有限公司 | 实际控制人控股公司 |
| 16 | 深圳市华联发电子联合有限公司 | 实际控制人控股公司 |
| 17 | 新时代民爆科技集团股份有限公司 | 实际控制人控股公司 |
| 18 | 新时代(济南)民爆科技产业有限公司 | 实际控制人控股公司 |
| 19 | 新时代民爆(辽宁)股份有限公司 | 实际控制人控股公司 |
| 20 | 吉林省国华民用爆破器材有限公司 | 实际控制人控股公司 |
| 21 | 新时代久安(北京)科技有限公司 | 实际控制人控股公司 |

续表

| 序号 | 关联方 | 与发行人关系 |
|---|---|---|
| 22 | 吉林新时代爆破工程有限公司 | 实际控制人控股公司 |
| 23 | 新时代(吉林)民爆科技有限公司 | 实际控制人控股公司 |
| 24 | 新时代保险经纪有限公司 | 实际控制人控股公司 |
| 25 | 北京新时代世纪物业管理有限公司 | 实际控制人控股公司 |
| 26 | 中和招标有限公司 | 实际控制人控股公司 |
| 27 | 新时代国际展览有限公司 | 实际控制人控股公司 |
| 28 | 北京新时代国际旅行社有限公司 | 实际控制人控股公司 |
| 29 | 北京中安吉翔航空服务有限公司 | 实际控制人控股公司 |
| 30 | 新时代健康产业集团有限公司 | 实际控制人控股公司 |
| 31 | 烟台新时代健康产业日化有限公司 | 实际控制人控股公司 |
| 32 | 厦门新时代物业管理有限公司 | 实际控制人控股公司 |
| 33 | 北京新时代商务技能培训中心有限公司 | 实际控制人控股公司 |
| 34 | 北京新时代环球进出口公司 | 实际控制人控股公司 |
| 35 | 中地国际工程有限公司 | 实际控制人控股公司 |
| 36 | 中地基业路桥建设有限公司 | 实际控制人控股公司 |
| 37 | 中国新时代科技有限公司 | 实际控制人控股公司 |
| 38 | 中国科招高技术有限公司 | 实际控制人重大影响的公司 |
| 39 | 深圳市华达电子有限公司 | 实际控制人重大影响的公司 |
| 40 | 烟台新时代健康产业有限公司 | 实际控制人重大影响的公司 |
| 41 | 湖南南岭民用爆破器材股份有限公司 | 实际控制人重大影响的公司 |

(7)发行人关键管理人员:董事、监事、高级管理人员及其近亲属

2. 结论：上述各方均为发行人的关联方。

（二）与关联方之间的未履行完毕的关联交易

1. 事实及依据：

（1）2009年12月3日，发行人与中机国际签订《合同书》（合同编号：SDRI09012），约定发行人为中机国际制造、安装和调试BRJ（S2）－1000型箔式线圈绕制机一台，合同总金额为84万元。

（2）根据2010年1月7日发行人三届十一次董事会决议，发行人董事会审议通过《关于处置公司闲置土地的议案》。根据2010年1月15日陕西华地房地产估价咨询有限公司以2009年12月31日为估价基准日出具的《土地估价报告》（陕华地〔2010〕估字第008号），西安经济技术开发区凤城十二路南侧面积为8,057.33平方米（折合12.086亩）的土地的单位面积地价为556元/平方米，折合37.07万元/亩，总地价为447.987,5万元。公司独立董事刘杰、李铁军、莫会成出具《独立董事关于土地转让事宜的独立意见》，认为该关联交易价格定价公允，不会损害发行人及其股东的合法权益。根据2010年1月24日发行人2010年第一次临时股东大会决议，发行人股东大会审议通过《关于处置公司闲置土地的议案》，同意将闲置的土地（面积约12亩，位于东红线距明光路侧红线约130米，南红线距凤城十二路侧红线约61米，面积以最终测量结果为准）按公平交易原则转让给工程公司。

2010年2月11日，发行人与工程公司签订《土地使用权转让合同》，约定发行人将位于西安经济技术开发区凤城十二路，面积为8,057.33平方米（合12.086亩）的国有土地使用权转让给工程公司，转让成交价为556元/平方米，折合37.07万元/亩，转让价格总额为447.987,5万元。

（3）发行人与交通银行股份有限公司西安分行于2008年5月22日签订了《借款合同》（合同编号：240800038），贷款金额为人民币1,000万元，用于项目建设，借款期限自2008年5月22日至2010年12月29日，利率为三年期基准利率上浮10%。发行人与交通银行股份有限公司西安分行于2008年5月22日签订了《抵押合同》（编号：240800038），发行人将位于西安经济技术开发区凤城十二路南侧的土地使用权及地上建筑物作为履行上述《借款合同》的抵押物提供抵押担保，权利证书为西经押他项〔2008〕第043号他项权利证书。2010年1月22日，工程公司与交通银行股份有限公司陕西省分行签订了《保证合同》（合同编号：240800038），约定工程公司为发行人前述贷款提供连带责任保证。根据西安市国土资源局经济技术开发区分局于2006年8月16日向发行人核发的《国有土地使用权证》（西经国用（2006出）第42号）记事栏记载，前述土地使用权抵押登记已注销。

（4）发行人与交通银行股份有限公司陕西省分行于2009年9月11日签订了《借款合同》（合同编号：24090046），贷款金额为人民币1,000万元，用于流动资金周转，借款期限自2009年9月14日至2011年8月26日，利率为二年期基准利率。发行人与交通银行股份有限公司陕西省分行于2009年9月11日签订了《抵押合同》（编号：24090046），发行人将位于西安经济技术开发区凤城十二路南侧的土地使用权及地上建筑物作为履行上述《借款合同》的抵押物提供抵押担保，权利证书为西经押他项〔2009〕第123号他项权利证书。2010年1月22日，工程公司与交通银行股份有限公司陕西省分行签订了《保证合同》（合同编号：24090046），约定工程公司为发行人前述贷款提供连带责任保证。根据西安市国土资源局经济技术开发区分局于2006年8月16日向发行人核发的《国有土地使用权证》（西经国用〔2006〕第42号）记事栏记载，前述土地使用权抵押登记已注销。

根据《审计报告》、发行人于2010年2月26日出具的情况说明及本所律师的审查，除上述交易外，发行人与关联方之间不存在其他尚未履行完毕的重大关联交易。

2. 结论：上述发行人与其关联方之间的重大关联交易履行了发行人章程规定的决策程序。

（三）发行人关联交易的公允保证措施

1. 事实及依据：

（1）根据发行人章程的有关规定，发行人的股东在行使表决权时，不得作出有损于发行人和其他股东合法权益的决定。在股东大会对关联交易事项进行表决时,关联股东应当回避表决,其所代表的有表决权的股份数不计入有效表决总数。同时,关联董事应按照发行人章程的要求向董事会披露其所涉及的关联关系的性质和程度,并且在发行人董事会对关联交易事项进行表决时,有关关联董事不被列入法定人数。

(2)根据发行人董事会、股东大会会议记录及本所律师的审查,发行人的董事会、股东大会在对关联交易进行表决时均回避表决,无法形成有效决议的情况除外。

(3)根据本所律师对发行人相关文件和事实所作的审查及发行人于2010年2月26日向本所律师出具的说明,发行人与各关联方曾订立的各类合同/协议,是依据市场原则,按公平合理的价格及服务条件订立的,不存在有损害发行人及其股东权益的条款。

2. 结论:发行人的关联交易定价是公允的,采取了必要措施对其他股东的利益进行了保护,不存在损害发行人和其他股东利益的情况,符合有关法律法规的规定。

(四)发行人关联交易公允决策程序

1. 事实及依据:

(1)发行人章程及《关联交易规则》规定了发行人股东大会、独立董事以及董事会有关关联交易公允决策的程序。

(2)发行人《股东大会议事规则》规定了发行人股东大会关联交易公允决策的程序。

(3)发行人《董事会议事规则》规定了发行人董事会关联交易公允决策的程序。

(4)发行人《独立董事制度》规定了发行人独立董事对重大关联交易发表意见的制度。

2. 结论:发行人对关联交易公允决策程序的规定符合中国证监会的有关规定。

(五)关于发行人的同业竞争

1. 事实及依据:根据本所律师对相关文件和事实所作审查及发行人的各关联方《企业法人营业执照》记载于2010年2月26日向本所律师出具的情况说明及承诺,发行人控股股东、实际控制人及其控制的其他企业均未从事与发行人相同/相似的业务。

2. 结论:发行人与控股股东、实际控制人及其控制的其他企业之间目前不存在同业竞争,符合《暂行办法》第十八条的有关规定。

(六)关于避免同业竞争的承诺

1. 事实及依据:根据工程公司及新时代集团于2010年3月2日出具的《避免同业竞争承诺函》及本所律师的审查,工程公司、新时代集团及其参与投资的控股企业和参股企业及其下属企业目前没有以任何形式从事与发行人及发行人的控股企业的主营业务构成或可能构成直接或间接竞争关系的业务或活动,并承诺若发行人之股票在境内证券交易所上市,其不会在中国境内外以任何形式直接或间接从事任何与股份公司或股份公司的控股企业主营业务构成或可能构成直接或间接竞争关系的业务或活动,或于该等业务中持有权益或利益,且不会以任何形式支持发行人及发行人的控股企业以外的他人从事与发行人及发行人的控股企业目前或今后进行的主营业务构成竞争或者可能构成竞争的业务或活动,不会以其他方式介入(不论直接或间接)任何与发行人及发行人的控股企业目前或今后进行的主营业务构成竞争或者可能构成竞争的业务或活动。

2. 结论:发行人控股股东及实际控制人已通过不同业竞争承诺避免将来与发行人产生同业竞争。

(七)发行人对有关关联交易和同业竞争事项的披露

1. 事实及依据:经本所律师审查,发行人成立以来,在年度报告及相关股东大会、董事会议案中均披露了重大关联交易。此外,发行人《招股说明书》和本法律意见书本条亦披露了发行人有关的关联交易协议,以及关于避免同业竞争的有关承诺。

2. 结论:发行人对有关关联交易和避免同业竞争承诺进行了充分披露,不存在重大遗漏或重大隐瞒。

据此,发行人关联交易的定价、决策程序及关联交易的披露均符合现行法律法规的有关规定,发行人与控股股东、实际控制人及其控制的其他企业之间不存在同业竞争。

## 十、发行人的主要财产

(一)发行人拥有的房产

1. 事实及依据:

(1)根据西安市房屋管理局于2007年1月30日向发行人核发的《房屋所有权证》(西安市

房权证未央区字第1100118022－1－1号),发行人作为所有权人拥有位于未央区经济开发区凤城十二路下列4幢房屋的所有权:

| 幢号 | 房屋总层数 | 建筑面积(平方米) | 设计用途 |
|---|---|---|---|
| 1 | 平 | 14,756.92 | 工业 |
| 2 | 平 | 1,099.91 | 工业 |
| 3 | 平 | 3,627.57 | 工业 |
| 4 | 二 | 1,317.52 | 未记载 |

(2)根据发行人提供的文件,发行人二期厂房5,507平方米已取得下列许可文件:

1)2004年2月17日西安经济技术开发区管理委员会核发的《建设用地规划许可证》(〔2003〕37号):用地项目名称为“建设电工专用设备和散热器生产项目”,建设地址为凤城十二路南侧,明光路东侧,用地面积为147亩(其中代征路21.458亩)。

2)2008年5月7日西安经济技术开发区管理委员会规划局核发的《建筑工程规划许可证》(〔2008〕第009号):批准建设项目名称为“8#二期厂房,8.1#半成品库房”,建设位置为凤城十二路南侧,建设规模为5,507平方米(钢结构;地上1层)。

3)2008年7月9日西安经济技术开发区管理委员会规划局核发的《建筑工程施工许可证》(西经开〔2008〕025号):批准工程名称为“8#二期厂房,8.1#半成品库房”,建设地址为凤城十二路南侧,建设规模为5,507平方米。

4)西安市建设工程竣工验收备案表(编号:经开监备(2010年)010号):工程名称为“8#二期厂房,8.1#半成品库房”,建设地址为凤城十二路南侧,建设规模为5,507平方米。

根据发行人于2010年2月26日出具的情况说明,发行人“8#二期厂房,8.1#半成品库房”的房屋所有权证目前正在办理中。根据发行人于2010年2月26日出具的情况说明及本所律师的审查,前述房屋取得《房屋所有权证》应不存在法律障碍。

(3)就发行人目前建成并使用的1,076平方米的临建办公室,根据发行人提供的厂区总平面布置图,西安经济技术开发区管理委员会已于2010年1月29日在该总平面布置图上加盖临时建筑审批专用章,原则同意发行人新建临建办公室(一层,钢结构),建筑面积为1,076平方米,使用年限为两年(自2010年1月29日至2012年1月29日)。

2. 结论:发行人合法拥有前述《房屋所有权证》项下房屋所有权,符合《中华人民共和国城市房地产管理法》及建设部2001年8月15日修订的《城市房屋权属登记管理办法》等的有关规定。发行人“8#二期厂房,8.1#半成品库房”5,507平方米取得《房屋所有权证》应不存在法律障碍。

(二)发行人拥有的土地使用权

1. 事实及依据:

根据西安市国土资源局经济技术开发区分局于2006年8月16日向发行人核发的《国有土地使用权证》(西经国用〔2006〕第42号),发行人作为使用权人拥有位于西安经济技术开发区凤城十二路南侧(地号:WY12－42－2)的土地使用权,地类(用途)为工业,使用权类型为出让,使用面积为83,694.7平方米,使用年限至2056年8月16日。

根据2010年2月11日发行人与工程公司签订的《土地使用权转让合同》,发行人将位于西安经济技术开发区凤城十二路,面积为8,057.33平方米(合12.086亩)的国有土地使用权转让给工程公司。根据2010年3月8日西安经济技术开发区管理委员会国土资源和房屋管理局出具的《证明》,发行人将上述国有土地使用权转让给中国新时代国际工程公司,目前关于上述国有土地使用权转让的申请文件已齐备并已提交给该局,上述国有土地使用权转让手续正在办理过程中。发行人及工程公司取得分割后的国有土地使用权证不存在重大法律障碍。

2. 结论:发行人合法拥有前述《国有土地使用证》项下土地的使用权,符合《中华人民共和国土地管理法》等法律、法规的有关规定。

(三)发行人拥有的无形资产

1. 事实及依据:

(1)商标

国家工商行政管理局商标局向发行人核发了以下《商标注册证》:

| 商标 | 证书编号 | 核定服务项目 | 有效期 |
| --- | --- | --- | --- |
| SDRI启源 | 第3010553号 | 第42类:计算机编程;计算机软件设计;计算机硬件咨询;计算机软件更新;计算机软件维护;计算机系统分析(商品截止) | 自2003/01/21至2013/01/20止 |
| SDRI启源 | 第3010554号 | 第40类:层压板加工;激光划线;激光切割;水净化(商品截止) | 自2003/04/14至2013/04/13止 |
| SDRI启源 | 第3010555号 | 第7类:罩套(机器部件);机械台架;外壳(机器部件);机械加工装置;金属加工机械;自动操作机(机械手);机器人(机械);绕线机;制造电线电缆用机械;刀具(机器零件)(商品截止) | 自2003/06/14至2013/06/13止 |
| SDRI启源 | 第3011225号 | 第37类:机械安装、养护和修理;电器设备的安装与修理;计算机硬件安装、维护和修理;清除电子设备的干扰;照明设备的安装与修理(商品截止) | 自2003/04/14至2013/04/13止 |
| SDRI启源 | 第3011226号 | 第9类:远距离点火用电气设备;升降机操作设备;用于计算机操作仪器的机械装置;热调节装置;工业操作遥控电器设备;整流用电力装置;电站自动化装置;电解装置;电镀设备;电弧焊接设备(商品截止) | 自2003/02/21至2013/02/20止 |
| SDRI启源 | 第3011248号 | 第11类:干燥设备;干燥器;冷却装置和设备;空气过滤设备;气体净化装置;空气净化装置和机器;吹干设备和装置;热气装置(商品截止) | 自2003/03/21至2013/03/20止 |

根据国家工商行政管理局商标局向发行人核发的《注册申请受理通知书》,国家工商行政管理局商标局已受理发行人下列商标注册申请:

| 商标 | 申请日期 | 申请号 | 类别 |
| --- | --- | --- | --- |
| SDRI启源 | 2009/11/19 | 6386077 | 第7类 |

(2)专利

根据国家知识产权局向发行人核发的《实用新型专利证书》/《专利登记簿》及《外观设计专利证书》,截至本法律意见书出具之日,发行人拥有23项实用新型专利和1项外观设计专利,具体如下:

| 序号 | 专利名称 | 专利类型 | 权利人 | 专利号 | 申请日 | 授权公告日 |
| --- | --- | --- | --- | --- | --- | --- |
| 1 | 变压器铁心横剪线冲孔装置 | 实用新型 | 发行人 | 01213144X | 2001/04/03 | 2002/03/20 |
| 2 | 全自动绕线机多套、独立排线装置 | 实用新型 | 发行人 | ZL200720031878.7 | 2007/05/28 | 2008/04/09 |
| 3 | 变压器铁芯片电动伺服剪切装置 | 实用新型 | 发行人 | ZL200720032840.1 | 2007/09/24 | 2008/07/23 |
| 4 | 数控绝缘件加工中心真空吸盘装置 | 实用新型 | 发行人 | ZL200320109982.5 | 2003/12/24 | 2004/12/22 |
| 5 | 无地坑立式绕线机防护卷帘装置 | 实用新型 | 发行人 | ZL200320109983.X | 2003/12/24 | 2005/04/27 |
| 6 | 无地坑立式绕线机活动平台装置 | 实用新型 | 发行人 | ZL200320109981.0 | 2003/12/24 | 2005/06/08 |
| 7 | 加工中心刀库弹性刀托 | 实用新型 | 发行人 | ZL200520078817.7 | 2005/05/24 | 2006/08/09 |
| 8 | 测量空间两轴平行度装置 | 实用新型 | 发行人 | ZL200520078919.9 | 2005/06/14 | 2006/08/09 |
| 9 | 变压器端绝缘可调卷绕装置 | 实用新型 | 发行人 | ZL200620078671.0 | 2006/03/29 | 2007/05/02 |

续表

| 序号 | 专利名称 | 专利类型 | 权利人 | 专利号 | 申请日 | 授权公告日 |
|---|---|---|---|---|---|---|
| 10 | 变压器线圈双层箔绕机调偏随动机构 | 实用新型 | 发行人 | ZL200620078663.6 | 2006/03/27 | 2007/05/02 |
| 11 | 自动绕线机排线架 | 实用新型 | 发行人 | ZL200620079520.7 | 2006/08/03 | 2007/10/31 |
| 12 | 电抗器顺磁铁芯片排料装置 | 实用新型 | 发行人 | ZL200620136310.7 | 2006/12/08 | 2007/11/21 |
| 13 | 变压器线圈双层箔绕机无级大张力机构 | 实用新型 | 发行人 | ZL200620136344.6 | 2006/12/14 | 2007/12/12 |
| 14 | 电抗器线圈新型吊装装置 | 实用新型 | 发行人 | ZL200720031320.9 | 2007/03/07 | 2008/01/23 |
| 15 | 箔式线圈绕制机中带材张力装置 | 实用新型 | 发行人 | ZL200720126441.1 | 2007/11/16 | 2008/09/24 |
| 16 | 铝合金可调式绕线模装置 | 实用新型 | 发行人 | ZL200820028566.5 | 2008/03/14 | 2008/12/10 |
| 17 | 干式数控电瓷坯件组合修坯机 | 实用新型 | 发行人 | ZL200820028646.0 | 2008/03/25 | 2009/01/28 |
| 18 | 铅饼造粒机 | 实用新型 | 发行人 | ZL200820029329.0 | 2008/06/06 | 2009/03/04 |
| 19 | 电瓷坯件修坯机内孔加工机构 | 实用新型 | 发行人 | ZL200820028645.6 | 2008/03/25 | 2009/03/04 |
| 20 | 卧式绕线机轴向压紧装置 | 实用新型 | 发行人 | ZL200820030059.5 | 2008/08/22 | 2009/07/08 |
| 21 | 卧式绕线机幅向压紧装置 | 实用新型 | 发行人 | ZL200820030060.8 | 2008/08/22 | 2009/07/08 |
| 22 | 变压器非晶铁芯带料对中导料托料 | 实用新型 | 发行人 | ZL200920032505.0 | 2009/04/08 | 2010/01/27 |
| 23 | 全自动数控线圈压床 | 实用新型 | 发行人 | ZL200920032504.6 | 2009/04/08 | 2010/01/13 |
| 24 | 电力变压器绕线模 | 外观设计 | 发行人 | ZL200830019472.7 | 2008/03/14 | 2009/05/20 |

根据发行人于2010年2月26日出具的情况说明以及本所律师的审查，发行人已合法拥有上述专利权，且发行人均已按时缴纳年费等相关专利费用，符合《中华人民共和国专利法》的相关规定。

根据国家知识产权局向发行人核发的《专利申请受理通知书》，截至本法律意见书出具之日，发行人已向国家知识产权局申请了3项发明专利和6项实用新型专利，具体如下表：

| 序号 | 专利名称 | 专利类型 | 申请人 | 申请号 | 申请日 |
|---|---|---|---|---|---|
| 1 | 铅饼造粒机及其设计方法 | 发明 | 发行人 | 200810150022.0 | 2008/06/06 |
| 2 | 铅锭造粒自动线生产方法及装置 | 发明 | 发行人 | 200810150021.6 | 2008/06/06 |
| 3 | 全自动数控线圈压床的设计方法 | 发明 | 发行人 | 200910021917.9 | 2009/04/08 |
| 4 | 铅锭造粒自动生产线 | 实用新型 | 发行人 | 200820029328.6 | 2008/06/06 |
| 5 | 窑炉作业台 | 实用新型 | 发行人 | 200920312962.5 | 2009/10/21 |
| 6 | 油漆摆式淋涂装置 | 实用新型 | 发行人 | 200920312027.9 | 2009/10/09 |
| 7 | 变压器用片式散热器集流管校圆装置 | 实用新型 | 发行人 | 200920312303.1 | 2009/10/12 |
| 8 | 电抗器线圈绕线模快速、准确装卡装置 | 实用新型 | 发行人 | 200920313064.1 | 2009/10/22 |
| 9 | 铅锭造粒自动生产线 | 实用新型 | 发行人 | 200920310645.X | 2009/09/17 |

(3)专有技术

根据陕西华德诚出具的《设立资产评估报告》，第七设计院投入股份公司的专有技术包括：BHX系列变压器铁芯数控横剪生产线、箔式线圈绕制机和立式绕线机生产技术。

根据发行人与中机总院于2003年5月22日签订的《技术转让(专有技术)合同》及陕西华德诚于2002年12月27日出具的《中机国际工程咨询设计总院拟转让专有技术所有权资产评估报告》(陕德诚评资字〔2002〕第403号)，中机总院转让给发行人的专有技术为：变压器硅钢片纵剪线生产线、卧式绕线机、全自动绕线机、波纹油箱生产线。

根据发行人及工程公司于2010年2月26日出具的情况说明及本所律师所作的查证，控股股东已将上述七项专有技术及相关全部技术资料交付给发行人，发行人排他性的拥有上述七项专有技术的所有权，且该权利的行使不受任何第三人的限制。

(4)域名

根据发行人及其控股子公司提供的《顶级国际域名证书》、《CNNIC中国国家顶级域名注册证书》及《国际域名证书》等文件及本所律师的审查，发行人及启源软件拥有以下域名：

| 序号 | 域名 | 注册有效期 | 注册所有人 |
|---|---|---|---|
| 1 | sdricom. com | 至2010年4月22日 | 发行人 |
| 2 | sdricom. com. cn | 至2010年12月28日 | 发行人 |
| 3 | qiyuansoft. com | 至2011年8月23日 | 启源软件 |

(5)软件著作权

根据启源软件持有的中华人民共和国国家版权局2001年12月颁发的《计算机软件著作权登记证书》(软著登字第0013106号)，启源软件自2001年10月10日起享有启源ERP－计算机辅助企业管理信息系统V1.0的著作权。根据《计算机软件保护条例(2001)》，法人的软件著作权保护期为50年，保护期截止于软件首次发表后第50年的12月31日。

根据发行人于2010年2月26日出具的情况说明，除上述知识产权外，发行人目前不拥有其他商标、专利、专有技术、域名、软件著作权、特许经营权等知识产权。

2. 结论：发行人依法拥有前述商标、专利、专有技术、域名、软件著作权的所有权，且该等知识产权之上不存在任何质押或第三者权益。上述正在申请之中的商标、发明专利或实用新型专利完成相关审核手续并取得相关权证后，发行人可依法获得该等商标、专利的专用权。

(四)发行人的主要生产经营设备

1. 事实及依据：

(1)根据发行人出具的主要固定资产清单及本所律师所作的审查，发行人拥有的主要生产经营设备设施包括但不限于片散成型机、冲孔机、起重机等设备。根据《民法通则》第七十二条第二款之规定，发行人通过实际交付取得该等依法无需权属证明之资产的所有权。

(2)根据西安市公安局车辆管理所向发行人核发的《机动车行驶证》(陕AR3238、陕AJ5132、陕AEG375、陕AER491、陕A116L9、陕AQC020、陕ALQ197)，上述机动车辆的所有权人均为发行人。

2. 结论：发行人合法拥有上述依法无需权属证明之生产经营设备的所有权及上述机动车辆的所有权。

(五)发行人的对外投资

发行人依法受让及增资取得了启源软件的75.42%股份，合法拥有上述企业法人中的投资权益。启源软件2009年10月29日获发的《企业法人营业执照》(注册号：61032100014868)记载的经营范围为：计算机软硬件的开发、销售；系统集成及技术咨询；计算机外部设备、网络产品的零售，注册资本为120万元。发行人投资人民币90.5万元，占注册资本的75.42%；马立兴等7名自然人投资共计人民币29.5万元，占注册资本的24.58%。

(六)有关发行人的主要财产的纠纷情况

1. 事实及依据：根据发行人于2010年2月26日出具的情况说明及本所律师所作的审查，发行人的主要财产未发生产权方面的纠纷。

2. 结论：发行人的主要财产未发生产权纠纷。

(七)发行人租赁房屋及土地使用权的情况

1. 事实及依据：

根据发行人2005年8月出具的场地证明，发行人将西安市经济技术开发区凤城12路办公综合楼一层办公场所面积200平方米拨付启源软件无偿使用。

根据发行人于2010年2月26日所作的情况说明，发行人及启源软件目前不存在承租第三方房屋或土地使用权，或向第三方出租房屋或土地使用权的情形。

2. 结论：启源软件无偿使用发行人拥有的房产合法有效。发行人及启源软件目前不存在承租第三方房屋或土地使用权，或向第三方出租房屋或土地使用权的情形。

(八)发行人对其主要财产的所有权/使用权行使的限制情况

1. 事实及依据：根据本所律师的审查和发

行人于2010年2月26日所作的情况说明以及本所律师向亚太所作的了解，发行人未对其主要资产设置抵押、质押或其他担保，且不存在产权方面的纠纷。发行人对其他主要财产行使财产权利没有受到限制的情况。

2. 结论：发行人对其主要财产的所有权/使用权的行使不存在限制，发行人未对其拥有的其他主要财产设置抵押、质押或其他担保。

据此，发行人已合法取得其占有、使用财产的所有权和使用权。

## 十一、发行人的重大债权债务

（一）发行人的重大合同

本所律师审查了以下发行人提供的其正在履行或将要履行的所有银行贷款合同及保证合同、所有长期战略合作协议、所有标的金额在人民币300万元以上的销售合同以及所有标的金额在人民币50万元以上的采购合同。根据本所律师所作的审查，该等合同/协议中适用中国法律的合同符合《中华人民共和国合同法》等的有关规定，均为合法有效，不存在潜在法律风险。

（二）合同主体的变更及合同的履行

1. 事实及依据：根据发行人于2010年2月26日出具的情况说明及本所律师所作的审查，目前上述重大合同的主体均为发行人及合同另一方签约人，未发生合同主体变更的情况，其履行不存在法律障碍。

2. 结论：目前上述重大合同的主体均为发行人及合同另一方签约人，未发生合同主体变更的情况，其履行不存在法律障碍。

（三）发行人的侵权之债

1. 事实及依据：根据发行人于2010年2月26日出具的情况说明及本所律师对有关事实所作的审查，发行人自成立以来，不存在因环境保护、知识产权、产品质量、劳动安全、人身权等原因产生的侵权之债。

2. 结论：发行人不存在因环境保护、知识产权、产品质量、劳动安全、人身权等原因产生的侵权之债。

（四）发行人与关联方的重大债权债务关系及担保情况

1. 事实及依据：

（1）根据发行人于2010年2月26日出具的情况说明及本所律师的审查，除本法律意见书第九条第（二）款所述发行人将位于西安经济技术开发区凤城十二路，面积为8,057.33平方米（合12.086亩）的国有土地使用权转让给工程公司外，发行人与关联方之间目前不存在其他重大债权债务关系。（关联交易请见本法律意见书第九条第（二）款）

（2）发行人控股股东为发行人提供了以下保证担保：

发行人与交通银行股份有限公司西安分行于2008年5月22日签订了《借款合同》（合同编号：240800038），贷款金额为人民币1,000万元，用于项目建设，借款期限自2008年5月22日至2010年12月29日，利率为三年期基准利率上浮10%。2010年1月22日，工程公司与交通银行股份有限公司陕西省分行签订了《保证合同》（合同编号：240800038），约定工程公司为发行人前述贷款提供连带责任保证。

发行人与交通银行股份有限公司陕西省分行于2009年9月11日签订了《借款合同》（合同编号：24090046），贷款金额为人民币1,000万元，用于流动资金周转，借款期限自2009年9月14日至2011年8月26日，利率为二年期基准利率。2010年1月22日，工程公司与交通银行股份有限公司陕西省分行签订了《保证合同》（合同编号：24090046），约定工程公司为发行人前述贷款提供连带责任保证。

（3）根据发行人于2010年2月26日出具的情况说明及本所律师的审查，发行人不存在为关联方提供担保的情况。

2. 结论：除前述第（1）项国有土地使用权转让之外，目前发行人与关联方之间不存在重大债权债务关系，发行人控股股东为发行人提供了连带责任保证担保，发行人不存在为关联方提供担保的情况。

（五）发行人金额较大的其他应收款、应付款的合法性

1. 事实及依据：根据《审计报告》及本所律师向亚太所作的了解，目前发行人不存在金额较大的其他应收、应付款。

2. 结论：目前发行人不存在金额较大的其他应收、应付款。

## 十二、发行人重大资产变化及收购兼并

(一)发行人已进行的重大资产变化及收购兼并

1. 事实及依据:

(1)增资扩股

请见本法律意见书第七条第(二)款。

(2)资产收购及出售

1)股权收购

根据2003年12月1日发行人2003年临时股东大会决议,发行人与中机总院、马立兴等8人于2004年2月23日签订了《出资转让协议书》,约定中机总院及刘长华等人将其持有的启源软件的相应股权转让给发行人及马立兴,且发行人与马立兴共同向启源软件增加投资人民币80万元。

根据中宇资产评估有限责任公司陕西同盛分公司于2003年11月13日出具的《西安启源软件技术有限责任公司整体资产评估报告书》(中(同)评报字〔2003〕第207号),对启源软件经审计后的全部资产、负债、账外无形资产及净资产的价值进行了评估,评估基准日为2003年10月31日。

根据发行人于2010年2月26日出具的情况说明及本所律师审查,发行人已向股权转让方支付了相应对价,不存在任何纠纷或争议。

根据上海东华于2004年2月23日出具的《验资报告》(东会陕验〔2004〕001号),验证截至2004年2月12日,启源软件共收到全体股东缴纳的注册资本人民币120万元。

西安市工商局于2004年3月23日向启源软件换发的《企业法人营业执照》(注册号:6101011120392)记载的经营范围为:计算机软硬件的开发、零售;系统集成及技术咨询;计算机外部设备、网络产品的零售。启源软件的注册资本增至人民币120万元,其中发行人投资人民币90.5万元,占注册资本的75.42%,马立兴投资人民币29.5万元,占注册资本的24.58%。

2)股权转让

根据2002年4月8日发行人2002年第一次临时股东大会决议,发行人与中机总院、王哲于2002年6月15日签订了《出资协议书》,共同投资设立中机工程(西安)环保有限公司(以下简称“中机环保”),注册资本500万元。其中发行人投资282万元,占注册资本的51.09%,中机总院投资180万元,占注册资本的32.61%,王哲投资人民币90万元,占注册资本的16.3%。

根据西安康胜有限责任会计师事务所于2002年7月12日出具的《验资报告》(西康胜会验字〔2002〕第214号),截至2002年7月12日,中机环保(筹)已收到出资各方缴纳的注册资本合计人民币500万元,其中发行人出资人民币282万元,中机总院出资人民币180万元,王哲出资人民币90万元。

西安市工商局于2002年7月18日向中机环保核发的《企业法人营业执照》(注册号:6101031135316)记载的经营范围为:城市污水,工业废水,工业有害气体,烟尘的处理,城市垃圾的资源化处理,环境评价及相关系统工程设计,工艺装备的制造与成套,运营管理,总承包服务。

根据2005年3月30日发行人2005年第一次临时股东大会决议,发行人同意将所持中机环保的全部股权转让给工程公司及中机工程(西安)启源咨询设计有限公司,关联股东已回避表决。

根据西安正衡于2005年2月24日出具的《资产评估报告书》(西正衡评报字〔2005〕033号),对中机环保的全部资产及相关负债进行了评估,评估基准日为2004年12月31日。该评估结果于2005年5月19日取得了新时代集团确认的《国有资产评估项目备案表》(备案编号:05003)。

根据2005年4月1日发行人与工程公司签订的《股权转让协议》,约定发行人将其持有的中机环保18.48%的股权(102万股)转让给工程公司。根据2005年4月1日发行人与中机工程(西安)启源咨询设计有限公司签订的《股权转让协议》,约定发行人将其持有的中机环保32.61%的股权(180万股)转让给中机工程(西安)启源咨询设计有限公司。

根据发行人于2010年2月26日出具的情况说明及本所律师审查,发行人已收到股权受让方支付的相应款项,不存在任何纠纷或争议。

根据本所律师审查,西安市工商局碑林分局于2005年11月9日向中机环保换发了《企

业法人营业执照》，完成了变更登记手续。

3）土地使用权受让

A. 受让中机总院土地

根据2003年4月8日发行人2002年度股东大会决议，发行人决定受让中机总院3,845平方米的土地使用权。该土地使用权经陕西华地不动产评估咨询公司评估价值为232.238万元，发行人受让价格为232.238万元。

根据中机总院与发行人于2003年9月签订的《土地使用权转让合同》，中机总院将上述土地使用权转让给发行人，转让金额为人民币232.238万元。

根据上述协议及发行人原拥有的土地使用权，西安市国土资源及房屋管理局高新技术产业开发区分局于2005年3月24日将上述两宗土地合并后向发行人核发的《国有土地使用权证》（西高科技国用〔2005〕字第77496号），发行人作为使用权人拥有位于西安市碑林产业园火炬路1号（地号：BL07－(26)－16－1）的土地使用权，使用权类型为出让，使用面积为7,334.60平方米，使用年限至2046年11月20日。根据2007年4月5日发行人与西安热工研究院有限公司签订的《房地产买卖合同》，发行人以拍卖方式将上述土地使用权转让给西安热工研究院有限公司，房地产转让价款为1,400万元。根据发行人提供的凭证，上述房地产转让价款已支付完毕。

B. 受让西安经济技术开发区土地

根据2003年10月22日发行人2003年临时股东会议决议，发行人决定受让西安经济技术开发区新征土地100亩左右的土地使用权。

根据发行人与西安经济技术开发区管理委员会于2003年12月3日签订的《国有土地使用权出让合同》（合同号：03－11－60），约定西安经济技术开发区管理委员会将宗地位于西安经济技术开发区C12区（总面积为98,000平方米）的土地转让给发行人，土地用途为工业用地，用于建设电工专用设备生产项目，土地使用权出让年限为自颁发《国有土地使用权证》之日起50年，土地出让综合价款总额暂为人民币1,396.5万元（如实际测量结果与上述合同约定面积不一致时作相应调整）。

根据上述协议及西安市国土资源局经济技术开发区分局于2006年8月16日向发行人核发的《国有土地使用权证》（西经国用〔2006〕第42号），发行人作为使用权人拥有位于西安经济技术开发区凤城十二路南侧（地号：WY12－42－2）的土地使用权，地类（用途）为工业，使用权类型为出让，使用面积为83,694.7平方米，使用年限至2056年8月16日。

4）受让专有技术

根据2003年4月8日发行人2002年度股东大会决议，发行人决定受让中机总院变压器硅钢片纵剪线生产线、卧式绕线机、全自动绕线机、波纹油箱生产线四项专有技术。陕西华德诚有限责任会计师事务所于2002年12月27日出具的《关于中机国际工程咨询设计总院拟转让专有技术评估报告》（陕德诚评咨字(2002)第403号）对前述专有技术进行了评估，评估价值为152.22万元。实际受让价格为100万元。

根据2003年5月22日发行人与中机总院签订的《技术转让（专有技术）合同》，中机总院向发行人转让变压器硅钢片纵剪线生产线、卧式绕线机、全自动绕线机、波纹油箱生产线的专有技术，转让价款为100万元。

根据2005年3月30日发行人2005年第一次临时股东大会审议通过了关于向工程公司支付专有技术转让费的议案，根据国有资产管理的相关规定，发行人还需就上述专有技术转让向工程公司支付价款52.22万元。

根据2005年4月18日发行人与工程公司签订的《技术转让补充协议》，确认根据《技术转让（专有技术）合同》的约定发行人已于2003年7月将100万元付给工程公司，且发行人向工程公司追加支付专有技术转让费52万元。

根据发行人于2010年2月26日出具的情况说明及本所律师审查，发行人已获得前述四项专有技术并已向工程公司支付了相应款项，不存在任何纠纷或争议。

5）土地使用权转让

根据2010年1月7日发行人三届十一次董事会决议，发行人董事会审议通过《关于处置公司闲置土地的议案》。根据2010年1月15日陕西华地房地产估价咨询有限公司以2009年12月31日为估价基准日出具的《土地估价报告》（陕华地〔2010〕估字第008号），西安经济技术开发区凤城十二路南侧面积为

8,057.33平方米(折合12.086亩)的土地的单位面积地价为556元/平方米,折合37.07万元/亩,总地价为447.987,5万元。公司独立董事刘杰、李铁军、莫会成出具《独立董事关于土地转让事宜的独立意见》,认为该关联交易价格定价公允,不会损害发行人及其股东的合法权益。根据2010年1月24日发行人2010年第一次临时股东大会决议,发行人股东大会审议通过《关于处置公司闲置土地的议案》,同意将闲置的土地(面积约12亩,位于东红线距明光路侧红线约130米,南红线距凤城十二路侧红线约61米,面积以最终测量结果为准)按公平交易原则转让给工程公司。

根据2010年1月7日发行人三届十一次董事会决议,发行人董事会审议通过《关于处置公司闲置土地的议案》。根据2010年1月24日发行人2010年第一次临时股东大会决议,发行人股东大会审议通过《关于处置公司闲置土地的议案》,同意将闲置的土地(面积约12亩,位于东红线距明光路侧红线约130米,南红线距凤城十二路侧红线约61米,面积以最终测量结果为准)按公平交易原则转让给工程公司。

2010年2月11日,发行人与工程公司签订《土地使用权转让合同》,约定发行人将位于西安经济技术开发区凤城十二路,面积为8,057.33平方米(合12.086亩)的国有土地使用权转让给工程公司,转让成交价为556元/平方米,折合37.07万元/亩,转让价格总额为447.987,5万元。

根据发行人提供的凭证,工程公司已按照《土地使用权转让合同》约定的进度向发行人支付土地转让价款。

(3)根据本所律师所作的审查,截至本法律意见书出具之日,发行人未发生合并、分立、减少注册资本等行为。

2. 结论:发行人之资产变化及收购兼并符合法律、法规和规范性文件的有关规定并履行了必要的法律手续。

(二)发行人拟进行的重大资产变化及收购兼并

1. 事实及依据:根据发行人于2010年2月26日出具的情况说明,发行人目前没有作出有关资产置换、资产剥离、资产出售或收购等事项的安排或计划。

2. 结论:发行人目前没有作出有关资产置换、资产剥离、资产出售或收购等事项的安排或计划。

## 十三、发行人章程的制定与修改

(一)发行人章程的修改

1. 事实及依据:

(1)根据发行人《创立大会决议》,全体发起人审议通过了《西安启源机电装备股份有限公司章程》的议案。

(2)根据发行人《2001年度第一次临时股东大会决议》,经出席本次股东大会有表决权的股东一致同意,审议通过了修改《西安启源机电装备股份有限公司章程》的议案。

(3)根据发行人《2003年度第一次临时股东大会决议》,经出席本次股东大会有表决权的股东一致同意,审议通过了修改《西安启源机电装备股份股份有限公司章程》的议案。

(4)根据发行人《2005年度股东大会决议》,经出席本次股东大会有表决权的股东一致同意,审议通过了修改《西安启源机电装备股份股份有限公司章程》的议案。

(5)根据发行人《2007年度股东大会决议》,经出席本次股东大会有表决权的股东一致同意,审议通过《关于变更公司法人股东名称及修改公司章程的议案》。

(6)根据发行人《2009年第一次临时股东大会决议》,经出席本次股东大会有表决权的股东一致同意,审议通过了《关于修改公司章程的议案》。

(7)发行人为本次发行、上市之目的,发行人依据《公司法》、《证券法》和《上市公司章程指引》等法律、法规和规范性文件的规定及《深圳证券交易所创业板股票上市规则》,对公司章程进行全面修订。根据发行人《2010年第一次临时股东大会决议》,发行人于2010年1月24日召开2010年第一次临时股东大会,经出席本次股东大会有表决权的股东一致同意,审议通过了关于修订公司章程的议案,修订后的公司章程将于发行人本次发行的A股在深圳证券交易所创业板上市之日起生效。

2. 结论:发行人自成立以来,历次章程修改均履行了《公司法》及发行人章程所规定的程序。

(二)发行人章程内容的合法性

1. 事实及依据:根据本所律师对发行人章程所作的审查,发行人章程先后根据《公司法》、《上市公司章程指引》、中国证监会和原国家经贸委《上市公司治理准则》、中国证监会《关于在上市公司建立独立董事制度的指导意见》等国家有关法律、法规和规范性意见进行了多次修订。

2. 结论:发行人的章程依照有关法律法规进行了多次修订,其内容符合上市公司章程的有关规定。

## 十四、发行人股东大会、董事会、监事会议事规则及规范运作

(一)发行人具有健全的组织机构

1. 事实及依据:根据本所律师所作的审查,发行人具有股东大会、董事会、监事会、总经理、董事会秘书、审计委员会等健全的组织机构,各组织机构的人员及职责明确,前述组织机构均具有规范的运行制度。

2. 结论:发行人具有健全的组织机构,符合《公司法》、《上市公司章程指引》、《上市公司治理准则》、《关于在上市公司建立独立董事制度的指导意见》等法律法规的有关规定。

(二)发行人股东大会、董事会、监事会的议事规则

1. 事实及依据:

(1)根据本所律师所作的审查,发行人章程第四章、第五章和第七章分别规定了发行人股东大会、董事会、监事会的议事规则。

(2)根据发行人2003年第一次临时股东会议决议,该次股东大会审议并通过了发行人《股东大会议事规则》;发行人于2010年第一次临时股东大会通过决议对发行人《股东大会议事规则》进行了修改,该议事规则将于发行人本次发行的A股在深圳证券交易所创业板上市之日起生效。

(3)根据发行人2003年第一次临时股东会议决议,该次股东大会会议审议并通过了发行人《董事会议事规则》;发行人于2010年第一次临时股东大会通过决议对发行人《董事会议事规则》进行了修改,该议事规则将于发行人本次发行的A股在深圳证券交易所创业板上市之日起生效。

(4)根据发行人2001年度股东大会决议,该次股东大会会议审议并通过了发行人《监事会议事规则》;发行人于2010年第一次临时股东大会通过决议对发行人《监事会议事规则》进行了修改,该议事规则将于发行人本次发行的A股在深圳证券交易所创业板上市之日起生效。

(5)根据发行人2003年第一次临时股东会议决议,该次股东大会会议还审议并通过了发行人《独立董事制度》、《关联交易规则》;发行人于2010年第一次临时股东大会通过决议对发行人《独立董事制度》、《关联交易规则》进行了修改,该等议事规则将于发行人本次发行的A股在深圳证券交易所创业板上市之日起生效。

2. 结论:发行人具有健全的股东大会、董事会、监事会议事规则、董事会审计委员会实施细则及其他相关规则,该等规则的内容符合《公司法》、《上市公司治理准则》、《上市公司股东大会规范意见》以及发行人章程等有关法律、法规和规范性文件的有关规定。

(三)发行人历次股东大会的召开、决议内容及签署

根据本所律师对发行人提供的股东大会会议资料的审阅,发行人以往个别股东大会的召开存在未按照发行人章程提前发出通知或通知时间短于章程规定的情形,就此发行人的股东未提出异议,且出席并在股东大会上审议表决了列入议程的各项议案,签署了股东大会的会议决议,据此,该等情形不影响相关会议决议的效力,且不会对本次发行、上市构成重大不利影响。除上述情形之外,发行人自成立以来,历次股东大会的召开、决议内容及签署、授权和重大决策行为均符合《公司法》、发行人章程等有关法律法规及规范性文件的规定,合法、合规、真实、有效。

(四)发行人历次董事会的召开、决议内容及签署

根据本所律师对发行人提供的董事会会议资料的审阅,发行人个别董事会的召开存在通知时间短于发行人章程规定的情形,就此情形,发行人的董事未提出异议,且出席并在董事会会议上审议表决了列入议程的各项议案,签署

了董事会的会议决议,据此,该等情形不影响相关会议决议的效力,且不会对本次发行、上市构成重大不利影响。除上述情形之外,发行人历次董事会的召集和召开程序、出席会议人员资格及表决程序、重大决策行为等事宜,均符合《公司法》、发行人章程等有关法律法规及规范性文件的有关规定,合法、合规、真实、有效。

(五)发行人历次监事会的召开、决议内容及签署

根据本所律师对发行人提供的监事会会议资料的审阅,发行人个别监事会的召开存在通知时间短于发行人章程规定的情形,就此情形,发行人的监事未提出异议,且出席并在监事会会议上审议表决了列入议程的各项议案,签署了监事会的会议决议,据此,该等情形不影响相关会议决议的效力,且不会对本次发行、上市构成重大不利影响。根据发行人提供的文件,因2006年、2008年和2009年,监事一致认为发行人运营正常,除已召开会议所讨论审议事项外,未发生需要召开会议审议事项,因此,该年度仅召开一次监事会会议。

除上述情形之外,发行人历次监事会的召集和召开程序、出席会议人员资格及表决程序等事宜,均符合《公司法》、发行人章程等有关法律法规及规范性文件的有关规定,合法、合规、真实、有效。

## 十五、发行人董事、监事和高级管理人员及其变化

(一)根据发行人于2010年2月26日提供的情况说明以及本所律师所作的审查,发行人现有董事九名(包括独立董事三名),其任职均符合《公司法》、《关于在上市公司建立独立董事制度的指导意见》及发行人章程关于董事、独立董事任职资格的规定。近两年发行人一名非独立董事及董事长任职变化原因均为股东单位人事变动和任职调整,变更后的董事及董事长均分别仍为原股东单位提名的董事,发行人控股股东对发行人的控制权未发生变化,发行人董事未发生重大实质性变化;三位独立董事于海年、李肇林、张晓岚辞去发行人独立董事职务系由于其工作居住地均不在西安市且公务繁忙,该等变化不会对发行人治理结构、经营决策及本次发行、上市构成重大不利影响。董事任职资格及变更程序符合《公司法》、《关于在上市公司建立独立董事制度的指导意见》及发行人章程的相关规定。

(二)根据发行人于2010年2月26日提供的情况说明以及本所律师所作的审查,发行人现有监事五名(包括两名职工监事),其任职均符合《公司法》及发行人章程关于监事任职资格的规定。近两年发行人五名监事中两名股东代表监事发生变化系因股东变化引起,一名职工代表监事发生变化系因原职工代表监事调离发行人,该等变化不会对发行人治理结构及本次发行、上市构成重大不利影响。发行人监事任职资格及变更程序符合《公司法》及发行人章程的相关规定。

(三)根据发行人于2010年2月26日提供的情况说明及本所律师所作的审查,发行人现有高级管理人员(包括总经理、副总经理、财务总监、总工程师及董事会秘书)六名,其任职均符合《公司法》及发行人章程的规定。近两年发行人高级管理人员中,原总经理郝小更由于在工程公司任职调整辞去发行人总经理职务,原副总经理姜群被聘任为发行人总经理及总工程师,原总经理郝小更继续担任发行人董事职务;郭新安被聘任为副总经理;张静涛因工作调整申请辞去董事会秘书职务,发行人聘任的现任董事会秘书为发行人副总经理赵利军;边芳军被新聘任为发行人财务负责人。除边芳军为新聘任之外,姜群、赵利军原系高级管理人员,本次变动为职位提升和岗位调整,因此,近两年发行人管理团队整体上保持稳定,发行人高级管理人员未发生重大实质性变化,上述个别变化对发行人具体经营决策及业务发展的持续性不会构成重大影响,发行人高级管理人员的任职资格及变更程序符合《公司法》、《暂行办法》及发行人章程的相关规定。

(四)发行人已建立了完善的独立董事制度,符合《关于在上市公司建立独立董事制度的指导意见》以及《上市公司治理准则》等法律法规的有关规定。

## 十六、发行人的税务

(一)发行人及其控股子公司的税种、税率

1. 事实及依据:

(1)根据陕西省国家税务局于2005年12

月29日下发的《陕西省国家税务局关于陕西大公税务师事务所有限责任公司等五户企业享受西部大开发企业所得税优惠政策的批复》(陕国税函〔2005〕583号)、《企业所得税西部优惠政策申请审核确认表》、《审计报告》及发行人于2010年2月26日提供的情况说明,发行人缴纳以下税项:

企业所得税:按纳税所得额的15%缴纳企业所得税。

增值税:按销售收入的17%税率计算销项税,扣除经税务机关确认可以抵扣的进项税后缴纳增值税。

印花税:税率为0.05%。

其他政府附加税:包括城市维护建设税及教育费附加,分别按应流转税额的7%及3%计提。

(2)根据开发区国税局及开发区地税局于2010年出具的《证明》、《审计报告》及发行人于2010年2月26日提供的情况说明,发行人的控股子公司启源软件缴纳以下税项:

企业所得税:按纳税所得额的15%缴纳企业所得税。

增值税:按销售收入的17%税率计算销项税,扣除经税务机关确认可以抵扣的进项税后缴纳增值税。

营业税:按应税收入的5%缴纳营业税。

其他政府附加税:包括城市维护建设税及教育费附加,分别按应流转税额的7%及3%计提。

印花税:税率为0.05%。

(3)根据陕西省国家税务局于2005年12月29日下发的《陕西省国家税务局关于陕西大公税务师事务所有限责任公司等五户企业享受西部大开发企业所得税优惠政策的批复》(陕国税函〔2005〕583号),确认发行人2005年度主营业务收入超过总收入70%以上,可减按15%的税率征收企业所得税。2006年至2010年期间,发行人是否享受此项优惠政策,由西安市国税局审核确认。

(4)根据西安市国家税务局、开发区国税局审核确认的《企业所得税西部优惠政策申请审核确认表》及《审计报告》,发行人2007年、2008年、2009年按15%的税率缴纳企业所得税。

(5)根据2008年11月21日陕西省科学技术厅、陕西省财政厅、陕西省国家税务局、陕西省地方税务局向发行人颁发的《高新技术企业证书》(编号:GR200861000231),发行人被认定为高新技术企业,有效期为三年。

根据2008年11月21日陕西省科学技术厅、陕西省财政厅、陕西省国家税务局、陕西省地方税务局向发行人控股子公司启源软件颁发的《高新技术企业证书》(编号:GR200861000232),启源软件被认定为高新技术企业,有效期为三年。

根据2009年1月20日陕西省科技厅、陕西省财政厅、陕西省国家税务局、陕西省地方税务局发布的《关于公布陕西省2008年第一批高新技术企业名单的通知》,根据《高新技术企业认定管理办法》(国科发〔2008〕172号)、《高新技术企业认定管理工作指引》(国科发〔2008〕362号)规定,经陕西省高新技术企业认定管理工作领导小组办公室组织专家评审,认定发行人及启源软件为陕西省2008年第一批高新技术企业。根据发行人于2010年2月26日提供的情况说明,发行人及启源软件享受高新技术企业所得税优惠政策,以15%税率缴纳企业所得税。

(6)发行人控股子公司启源软件目前持有陕西省信息产业厅2002年3月20日颁发的《软件企业认定证书》(编号:陕R-2002-0009)。根据陕西省工业和信息化厅《2009年第一批通过软件企业年审企业名单》,启源软件已通过2009年软件企业年审。根据《关于鼓励软件产业和集成电路产业发展有关税收政策问题的通知》(财税〔2000〕25号),启源软件自2000年6月24日至2010年底以前,对其销售自行开发的软件产品,按17%的法定税率征收增值税后,对其增值税实际税负超过3%的部分享受即征即退的优惠政策,所退税款由其用于研究开发软件产品和扩大再生产,不作为企业所得税应税收入,不予征收企业所得税。

(7)根据《财政部、国家税务总局关于贯彻落实〈中共中央国务院关于加强技术创新,发展高科技,实现产业化的决定〉有关税收问题的通知》(财税字〔1999〕273号),启源软件技术转让、技术开发业务和与之相关的技术咨询、技术服务业务取得的收入免征营业税。

(8)根据发行人于2010年2月26日提供的情况说明,发行人近三年获得金额超过20万元的政府补助的主要情况如下:

| 获得时间 | 颁发单位 | 政策依据 | 补助项目 | 补助金额(万元) |
| --- | --- | --- | --- | --- |
| 2009年度 | | | | |
| 2009年1月、5月 | 西安经济技术开发区管理委员会 | 《西安经济技术开发区党工委、西安经济技术开发区管委会关于表彰2008年度优秀企业和先进个人的通报》(西经开党发〔2009〕3号) | 表彰2008年度优秀企业和先进个人的奖励资金 | 20.60 |
| 2009年4月 | 陕西省财政厅 | 《陕西省财政厅关于拨付2007年度优化机电和高新技术产品进出口结构资金的通知》(陕财办企〔2008〕14号) | 2007年度优化机电和高新技术产品进出口结构资金及以前年度出口产品研究开发项目清算资金 | 20.00 |
| 2009年12月 | 西安经济技术开发区管理委员会 | 《西安市高新技术产业发展专项无偿资助项目合同书》(项目编号:GX07008) | 关于西安市高新技术产业发展专项无偿资助配套资金剩余工业配套资金尾款 | 30.00 |
| 2009年9月 | 西安市财政局 | 《西安市财政局关于拨付西安市高新技术产业发展专项资金项目余款的通知(一)》(市财发〔2009〕877号) | 高新技术产业发展专项资金项目余款 | 30.00 |
| 2009年11月 | 陕西省工业和信息化厅、陕西省财政厅 | 《陕西省工业和信息化厅、陕西省财政厅关于下达2009年陕西省企业技术创新能力建设专项资金投资计划的通知》(陕工信发〔2009〕251号) | 2009年陕西省企业技术创新能力建设专项资金 | 40.00 |
| 2009年12月 | 西安市经济委员会、西安市财政局 | 《西安市经济委员会、西安市财政局关于下达2009年西安市工业发展专项资金第二批项目计划的通知》(市财发〔2009〕136号) | 2009年西安市工业发展专项资金第二批项目:企业技术中心建设类资金 | 30.00 |
| 2008年度 | | | | |
| 2008年1月 | 西安经济技术开发区管理委员会 | 《西安经济技术开发区党工委、西安经济技术开发区管委会关于表彰2007年度优秀企业和先进个人的决定》(西经开发〔2008〕32号) | 2007年度优秀企业和先进个人奖励资金 | 20.60 |
| 2008年3月 | 陕西省财政厅 | 《陕西省财政厅关于拨付2007年度优化机电和高新技术产品进出口结构资金的通知》(陕财办企〔2008〕14号) | 2007年度优化机电和高新技术产品进出口结构资金 | 30.00 |

续表

| 获得时间 | 颁发单位 | 政策依据 | 补助项目 | 补助金额(万元) |
| --- | --- | --- | --- | --- |
| 2008年12月 | 陕西省财政厅 | 《陕西省财政厅关于拨付陕西省西部外经贸促进资金项目剩余资金的通知》(陕财办企专〔2008〕111号) | 陕西省外经贸发展促进资金项目剩余资金 | 24.00 |
| 2008年12月 | 西安市财政局 | 《西安市经济委员会、西安市财政局关于下达2008年西安市工业发展专项资金第四批使用计划的通知》(市经发〔2008〕99号) | 2008年西安市工业发展专项资金 | 40.00 |
| 2008年12月 | 西安经济技术开发区管理委员会 | 《西安经济技术开发区配套资金使用协议》(2007008号) | 配套专项资金 | 30.00 |
| 2008年12月 | 陕西省发展和改革委员会 | 《关于下达2008年度陕西省装备制造业发展专项资金投资计划(第二批)的通知》(陕发改投资〔2008〕1662号) | 2008年度陕西省装备制造业发展专项资金 | 200.00 |
| 2007年度 | | | | |
| 2007年1月 | 陕西省财政厅 | 《陕西省财政厅关于下达中央应用技术研究与开发资金政策引导类计划项目预算的通知》(陕财办教专〔2006〕69号) | 应用技术研究与开发资金 | 30.00 |
| 2007年2月 | 西安市财政局 | 《西安市经济委员会、西安市财政局关于下达西安市2006年工业发展专项资金第二批扶持项目计划的通知》(市经发〔2007〕1号) | 西安市2006年工业发展专项资金第二批扶持资金 | 30.00 |
| 2007年4月 | 陕西省财政厅 | 《陕西省财政厅关于拨付2004年度出口机电产品研究开发资金的通知》(陕财办企〔2005〕90号) | 2004年度出口机电产品研究开发清算资金 | 24.00 |
| 2007年12月 | 陕西省财政厅 | 《陕西省财政厅关于拨付2007年度陕西省外经贸发展促进资金的通知》(陕财办企专〔2007〕93号) | 2007年度陕西省外贸经济发展促进资金 | 36.00 |
| 2007年12月 | 西安经济技术开发区管理委员会 | 《西安市高新技术产业发展专项无偿资助项目合同书》(项目编号:GX07008) | 关于西安市高新技术产业发展专项无偿资助配套资金 | 70.00 |
| 2007年12月 | 西安市财政局 | 《西安市高新技术产业发展专项无偿资助项目合同书》(项目编号:GX07008) | 关于西安市高新技术产业发展专项无偿资助资金 | 70.00 |
| 2007年度 | | 《关于鼓励软件产业和集成电路产业发展有关税收政策问题的通知》 | 增值税即征即退款项 | 29.19 |

2. 结论:发行人及其控股子公司执行的税种、税率及享受的税收优惠政策符合《中华人民共和国企业所得税法》、《中华人民共和国企业所得税法实施条例》、《增值税暂行条例》、国务院于1991年3月6日颁布并实施的《国务院关于批准国家高新技术产业开发区和有关政策规定的通知》(国发〔1991〕12号)、财政部及国家税务总局于1994年3月29日颁布并于同年4月1日实施的《关于企业所得税若干优惠政策的通知》(财税字〔94〕001号)、国家税务总局于1997年6月18日颁布并实施的《企业所得税减免税管理办法》(国税发〔1997〕99号)、《财政部　国家税务总局 海关总署关于西部大开发税收优惠政策问题的通知》(财税〔2001〕202号)及《国家税务总局关于落实西部大开发有关税收政策具体实施意见的通知》(国税发〔2002〕47号)、财政部、海关总署、国家税务总局2000年9月22日颁布并实施的《关于鼓励软件产业和集成电路产业发展有关税收政策问题的通知》(财税〔2000〕25号)、《财政部、国家税务总局关于贯彻落实〈中共中央国务院关于加强技术创新,发展高科技,实现产业化的决定〉有关税收问题的通知》(财税字〔1999〕273号)等法律、法规、规范性文件的规定。

(二)发行人及其控股子公司近三年纳税情况

1. 事实及依据:根据开发区国税局及开发区地税局于2010年出具的《证明》,发行人及启源软件自2007年1月1日以来,能够遵守国家及地方税收法律、法规、规章和规范性文件的规定,一直根据适用的税种、税率按时进行纳税申报,并已依法缴清了全部应纳税金,未发现欠税、偷税及其他违反税收征管法律法规、或受到处罚的行为,与该局不存在有关税务的争议。

2. 结论:发行人及其控股子公司近三年依法纳税,符合现行法律法规的有关规定。

**十七、发行人的环境保护和产品质量、技术等标准**

(一)发行人的生产经营活动和拟投资项目的环境保护情况

1. 事实及依据:

(1)根据西安市环境保护局于2010年2月3日出具的《证明》记载,发行人的生产经营活动符合环境保护法律、法规和规范性文件的要求,近三年来在西安辖区范围内的生产经营过程中没有发生过环境污染事故,无环境违法行为。

(2)根据中国轻工业西安设计工程有限责任公司于2004年1月29日编制的关于发行人“电工专用装备和散热器生产项目”的建设项目环境影响报告表,西安经济技术开发区管委会根据陕西省第十届人大常委会第二次会议批准的《西安市开发区条例》第十条第(四)款的规定,于2004年2月10日对上表予以审批同意。

根据西安市环境保护局经济开发区分局2008年6月16日出具的环验〔2008〕001号验收意见,该局同意发行人电工专用装备和散热器生产项目通过竣工环境保护验收。

(3)西安市环境保护研究所于2008年2月25日编制了关于发行人“变压器片式散热器生产线二期技改项目”的建设项目环境影响报告表。根据西安市环境保护局经济开发区分局2008年8月4日出具的《关于西安启源机电装备股份有限公司变压器片式散热器生产线二期技改项目环境影响报告表的批复》(经开环批复〔2008〕12号),同意项目建设。

根据西安市环境保护局经济开发区分局2010年1月25日出具的环验〔2010〕005号验收意见,该局同意发行人变压器片式散热器生产线二期技改项目通过竣工环境保护验收。

(4)发行人募集资金投向项目的环保情况

2010年3月1日,西安市环境保护局经济技术开发区分局下发《关于西安启源机电装备股份有限公司电工专用设备生产扩建项目环境影响报告表的批复》(经开环批复〔2010〕11号),同意发行人电工专用设备生产扩建项目建设,项目建设地址位于西安经济技术开发区凤城十二路,项目总投资17,732万元。

2010年3月1日,西安市环境保护局经济技术开发区分局下发《关于西安启源机电装备股份有限公司电工专用设备研发中心项目环境影响报告表的批复》(经开环批复〔2010〕12号),同意发行人电工专用设备研发中心项目建设,项目建设地址位于西安经济技术开发区凤城十二路,项目总投资5,962万元。

2. 结论:发行人的生产经营活动符合国家

与陕西省地方有关环境保护工作的要求,自成立以来未因违反环境保护方面的法律、法规而被处罚;发行人的拟投资项目亦符合国家环保要求,通过国家环保主管机关的审核,取得其对工程建设的同意。

(二)发行人的产品质量和技术监督标准

1. 事实及依据:

根据西安市质量技术监督局经济技术开发区分局于2010年1月10日出具的《证明》,证明发行人自2007年1月1日以来的生产经营及产品符合国家有关质量和技术监督标准,在生产活动中未出现过质量安全事故及其他违反法律、法规和规定的情况,不存在因违反有关质量和技术监督方面的法律法规而受到处罚的情形。

根据西安市安全生产监督管理局于2010年1月21日出具的《证明》,证明发行人依法取得了开展其经营范围内业务所需取得的安全生产经营许可,自2007年1月1日以来,未曾发生过任何重大安全生产事故、人员伤亡事故,在安全生产方面没有违反法律、法规的情形出现,不存在因违反安全生产法律、法规而受到所在地安全生产监督管理部门处罚的情形。

2. 结论:发行人建立的质量监督体系符合中国现行法律、法规、规范性文件及相关行业标准的有关规定,在产品质量和技术标准方面得到了质量监督部门的认可,不存在因其而产生的纠纷。

## 十八、发行人募集资金的运用

(一)发行人募集资金投向的项目

1. 事实及依据:

(1)发行人募集资金投向项目

根据发行人2009年度股东大会决议,发行人审议并通过了董事会提交的发行人公开发行股票之募集资金用途方案,同意发行人本次发行不超过1,550万股境内上市人民币普通股股票(A股),募集资金投资项目如下表:

| 序号 | 项目名称 |
|---|---|
| 1 | 电工专用设备生产扩建项目 |
| 2 | 电工专用设备研发中心项目 |

(2)发行人募集资金投向项目的立项批复、备案或批准情况

2010年2月25日,西安经济技术开发区管理委员会下发《关于西安启源机电装备股份有限公司电工专用设备生产扩建项目备案的通知》(西经开发〔2010〕70号),同意发行人电工专用设备生产扩建项目备案,项目地址位于西安经济技术开发区凤城十二路98号,项目内容为建设电工专用设备生产扩建项目联合厂房13,650平方米,购置安装生产检测设备35台,项目总投资17,732万元。

2010年2月25日,西安经济技术开发区管理委员会下发《关于西安启源机电装备股份有限公司电工专用设备研发中心项目备案的通知》(西经开发〔2010〕71号),同意发行人电工专用设备研发中心项目备案,项目地址位于西安经济技术开发区凤城十二路98号,项目内容为建设研发大楼8,120平方米,购置安装研发检测试验设备180台套,项目总投资5,962万元。

(3)发行人募集资金投向项目的用地情况

根据发行人于2010年2月26日出具的情况说明,发行人电工专用设备生产扩建项目及电工专用设备研发中心项目,建设地点位于西安市经济技术开发区凤城十二路,建设场地为公司现有厂区的预留用地。据此,发行人募集资金投资项目在发行人现有厂区内进行,该项目不涉及新增项目用地问题。根据发行人于2010年2月26日出具的情况说明及本所律师的查证,发行人已经就现有厂区的用地获得西经国用〔2006〕第42号《国有土地使用权证》。(具体请见本法律意见书第十条第(二)款)

(4)发行人募集资金投向项目的环保情况

2010年3月1日,西安市环境保护局经济技术开发区分局下发《关于西安启源机电装备股份有限公司电工专用设备生产扩建项目环境影响报告表的批复》(经开环批复〔2010〕11号),同意发行人电工专用设备生产扩建项目建设,项目建设地址位于西安经济技术开发区凤城十二路,项目总投资17,732万元。

2010年3月1日,西安市环境保护局经济技术开发区分局下发《关于西安启源机电装备股份有限公司电工专用设备研发中心项目环境影响报告表的批复》(经开环批复〔2010〕12号),同意发行人电工专用设备研发中心项目

建设,项目建设地址位于西安经济技术开发区凤城十二路,项目总投资5,962万元。

2. 结论:发行人募集资金投资项目符合国家产业政策、投资管理、环境保护、土地管理的规定。

(二)发行人募集资金投向项目与他人合作的情况

1. 事实及依据:根据发行人于2010年2月26日出具的情况说明及本所律师的查证,发行人本次发行、上市募集资金投向的项目不存在与他人进行合作的情形,不会产生同业竞争或者对发行人的独立性产生不利影响。

2. 结论:发行人本次募股资金投向的项目不存在与他人进行合作的情况,不会产生同业竞争或者对发行人的独立性产生不利影响。

## 十九、发行人业务发展目标

(一)发行人业务发展目标与主营业务的关系

1. 事实及依据:

(1)根据《招股说明书》,发行人的业务发展目标为:以电工专用设备研发、制造与服务为核心,以国家振兴装备制造业为契机,以国际化经营为重点,以做精做强做大为目标,服务国际国内电力设备制造业,引领行业发展;将始终坚持技术领先战略,强调技术与市场的紧密结合,统筹规划,科学发展;内部坚持改革创新、不断优化调整,进一步提升公司的活力与竞争力;外部积极拓展,不断寻求新的增长点,努力使公司成为实力雄厚、品牌卓著、国内领先、国际一流的电工专用设备生产与服务提供商。

(2)根据发行人《企业法人营业执照》,发行人的主营业务主要包括:光机电一体化装备的设计、开发、制造、销售;自动控制技术与装置、环保技术与装备的开发、制造、销售;工艺技术研究与技术咨询、转让、培训与服务;计算机技术和软件的开发、销售;机电设备成套;经营本企业自产产品及技术的出口业务;代理出口将本企业生产自行研制开发的技术转让给其他企业所生产的产品。经营本企业生产所需的原辅材料、仪器仪表、机械设备、零配件技术的进口业务(国家限定公司经营和国家禁止进出口的商品除外);管道进料加工和"三来一补"业务。

2. 结论:发行人提出的业务发展目标与其经核定的主营业务范围是一致的。

(二)发行人业务发展目标的法律风险

1. 事实及依据:

根据发行人《企业法人营业执照》的经营范围中载明:光机电一体化装备的设计、开发、制造、销售;自动控制技术与装置、环保技术与装备的开发、制造、销售;工艺技术研究与技术咨询、转让、培训与服务;计算机技术和软件的开发、销售;机电设备成套;经营本企业自产产品及技术的出口业务;代理出口将本企业生产自行研制开发的技术转让给其他企业所生产的产品。经营本企业生产所需的原辅材料、仪器仪表、机械设备、零配件技术的进口业务(国家限定公司经营和国家禁止进出口的商品除外);管道进料加工和"三来一补"业务。

前述发行人的经营范围属于国家发展和改革委员会2005年12月2日《产业结构调整指导目录(2005年本)》(国家发展和改革委员会令第40号)、《国家重点新产品计划管理办法》(国科发计字〔1997〕503号)、《国家经济贸易委员会、财政部、科学技术部、国家税务总局关于印发〈国家产业技术政策〉的通知》(国经贸技术〔2002〕444号)中列明的范围。

2. 结论:发行人业务发展目标符合国家产业政策及现行法律、法规和规范性文件的有关规定,不存在潜在的法律风险。

## 二十、诉讼、仲裁或行政处罚

(一)发行人、发行人主要股东(溯至实际控制人)及发行人的控股公司的涉诉情况

1. 事实及依据:

(1)2009年5月5日,西安市东新物业管理服务有限公司因物业费纠纷,以发行人为被告,向西安市碑林区人民法院提起诉讼,请求:1)判令发行人给付拖欠其2006年3月至2007年5月的物业管理服务费219,835.10元及违约金182,377.61元;2)判令发行人向其支付所欠物业管理服务费的利息21,983.51元;3)判令发行人支付拖欠其代收代缴的水电费85,260元,采暖费188,991.61元。以上请求给付金额合计698,447.83元。

根据发行人于2010年2月26日出具的情况说明,目前该案已庭审结束,西安市碑林区人

民法院亦进行了调解，但尚未达成调解协议；除该诉讼案件外，发行人及启源软件不存在其他尚未了结的或可预见的法律诉讼、仲裁案件或被行政处罚的案件。

（2）根据新时代集团出具的情况说明，截至2009年12月31日，发行人实际控制人不存在尚未了结的或可预见的重大法律诉讼、仲裁案件或被行政处罚的案件。

（3）根据工程公司、西安筑路、陈元华出具的情况说明及本所律师对相关事实的审查，截至2009年12月31日，发行人主要股东均不存在尚未了结的或可预见的法律诉讼、仲裁案件或被行政处罚的案件。

（4）根据本所律师对发行人全体董事、监事、高级管理人员以及董事会办公室的调查和了解，不存在与上述各方所做声明相反的事实。

2. 结论：发行人除因上述物业费纠纷被西安市东新物业管理服务有限公司提起诉讼外，不存在其他尚未了结的或可预见的法律诉讼、仲裁案件或被行政处罚的案件。发行人主要股东、发行人实际控制人不存在重大任何尚未了结的或可预见的法律诉讼、仲裁案件或被行政处罚的案件，本条所述诉讼不会对发行人的正常经营及本次发行、上市构成重大不利影响。

（二）发行人董事长、总经理的涉诉情况

1. 事实及依据：根据发行人董事长、总经理于2010年2月10日出具的情况说明及本所律师对相关事实所作的审查，发行人董事长、总经理不存在任何尚未了结的或可预见的法律诉讼、仲裁案件或被行政处罚的案件。

2. 结论：综上所述，发行人董事长、总经理不存在尚未了结的或可预见的法律诉讼、仲裁案件或被行政处罚的案件。

## 二十一、《招股说明书》法律风险的评价

本所律师未参与《招股说明书》的编制和讨论，但对其进行了总括性的审阅，对《招股说明书》中引用法律意见书相关内容作了审查。本所认为，《招股说明书》不会因引用本法律意见书的相关内容而出现虚假记载、误导性陈述或重大遗漏。

## 二十二、结论意见

通过对发行人本次发行、上市有关文件和事实的审查，本所律师认为，发行人本次发行、上市符合《公司法》、《证券法》和《暂行办法》规定的条件，其履行的申请程序合法，所形成的有关文件符合法律规定。

本法律意见书正本4份，副本若干。本法律意见书经本所经办律师签字并加盖本所公章后生效。

北京市君合律师事务所

负 责 人：肖　微

经办律师：张　涛

经办律师：赵　君

# 关于恒泰艾普石油天然气技术服务股份有限公司首次公开发行股票并在创业板上市的法律意见书

致：恒泰艾普石油天然气技术服务股份有限公司

北京市中伦律师事务所根据《证券法》、《公司法》等有关法律、行政法规和中国证券监督管理委员会颁布的《首次公开发行股票并在创业板上市管理暂行办法》、《公开发行证券公司信息披露的编报规则第12号——公开发行证券的法律意见书和律师工作报告》等有关规范性文件的规定，按照律师行业公认的业务标准、道德规范和勤勉尽责精神，为恒泰艾普石油天然气技术服务股份有限公司在境内首次公开发行股票并在深圳证券交易所创业板上市事宜出具本法律意见书。

为出具本法律意见书，本所律师特作如下声明：

1. 本法律意见书系依据本法律意见书出

具日以前已发生或存在的事实和我国现行法律、法规和规范性文件而出具。

2. 本所律师已严格履行法定职责，遵循了勤勉尽责和诚实信用原则，对发行人的行为、相关事实以及本次发行上市申请材料的合法性、合规性、真实性、有效性进行了核查验证，保证本法律意见书和律师工作报告不存在虚假记载、误导性陈述及重大遗漏。

3. 本所律师仅就与本次发行上市所涉有关法律事项（以本法律意见书发表意见事项为限）发表法律意见，本所及签名律师并不具备对有关会计、验资、审计、资产评估等专业事项发表专业意见的适当资格，在本法律意见书和律师工作报告中对于有关会计报告、验资报告、审计报告和资产评估报告中某些数据和结论的引用，均为严格按照有关中介机构出具的专业文件和发行人的说明予以引述，并不意味着本所律师对这些数据、结论的真实性和准确性作出任何明示或默示的保证。

4. 发行人保证其已经向本所律师提供了为出具本法律意见书所必需的真实、准确、完整、有效的原始书面材料、副本材料或者口头证言，发行人向本所提供的有关副本材料或者复印件与原件一致，无任何隐瞒、虚假和重大遗漏之处。

5. 对于本法律意见书至关重要而又无法得到独立的证据支持的事实，本所律师依赖于有关政府部门、发行人或其他有关单位出具的证明、说明等文件出具本法律意见书。此外，本所律师自行进行了相关调查并对相关间接证据作出职业判断。

6. 本所律师同意发行人在招股说明书中部分或全部自行引用或按中国证监会审核要求引用本法律意见书和律师工作报告的内容。发行人作上述引用时，不得因引用而导致法律上的歧义或曲解。

7. 本所律师同意将本法律意见书和律师工作报告作为发行人本次发行上市所必备的法律文件，随同其他申报材料一同上报，并愿意就法律意见承担相应的法律责任。

8. 本法律意见书仅供发行人为本次发行上市的目的使用，不得用作任何其他目的。

本所律师根据《证券法》第二十条、第一百七十三条的规定，按照律师行业公认的业务标准、道德规范和勤勉尽责精神，在对发行人提供的文件资料和有关事实进行了核查和验证的基础上，现出具法律意见如下：

## 一、本次发行上市的批准和授权

（一）发行人本次发行上市已经依照法定程序获得于 2010 年 1 月 12 日召开的 2010 年第一次临时股东大会的有效批准。

（二）发行人 2010 年第一次临时股东大会就发行人本次公开发行的股票种类和数量、面值、发行对象、定价方式、募集资金用途、发行前滚存利润的分配方案、上市地点、决议的有效期及授权董事会办理本次发行上市有关事宜等事项进行了审议，会议决议的内容合法有效。

（三）发行人 2010 年第一次临时股东大会作出决议，授权董事会全权办理本次发行上市的具体事宜，其授权范围和表决程序未违反法律、法规和公司章程的规定，有关授权合法有效。

（四）发行人本次发行尚待中国证监会核准，有关股票的上市交易尚需取得深圳证券交易所同意。

## 二、发行人本次发行上市的主体资格

（一）发行人是依法设立且合法存续的股份有限公司。

（二）发行人自设立之日起，已通过历次工商年检；不存在依据法律、法规、规范性文件及《公司章程》规定需要终止的情形。

综上，本所律师认为，发行人具备本次发行上市的主体资格。

## 三、本次发行上市的实质条件

发行人本次发行是发行人首次向社会公开发行人民币普通股股票（A 股）。根据《公司法》、《证券法》、《创业板管理办法》及中国证监会的有关规定，本所律师对发行人本次发行并上市应当具备的条件逐项进行了审查。经向发行人查证，本所律师认为：

（一）发行人本次发行上市符合《公司法》、《证券法》规定的条件

1. 根据本次发行上市的方案，发行人本次拟发行的股票为每股面值 1 元的境内上市的人民币普通股（A 股），每股的发行条件和价格相

同，每一股份具有同等权利，符合《公司法》第一百二十七条之规定。

2. 发行人股东大会已就本次发行股票种类、数额、价格、发行对象等作出决议，符合《公司法》第一百三十四条的规定。

3. 发行人已按照《公司法》等法律、行政法规及规范性文件的要求设立了股东大会、董事会、监事会等组织机构，聘任了总经理、副总经理、董事会秘书等高级管理人员，并根据公司业务运作的需要设置了相关的职能部门，组织机构健全且运行良好，相关人员能够依法履行职责，符合《证券法》第十三条第一款第（一）项之规定。

4. 发行人2008年度和2009年度连续盈利，发行人具有持续盈利能力，财务状况良好，符合《证券法》第十三条第一款第（二）项之规定。

5. 发行人最近三年财务会计文件无虚假记载，无其他重大违法行为，符合《证券法》第十三条第一款第（三）项及第五十条第一款第（四）项之规定。

6. 根据发行人与中信证券签署的《保荐协议》，发行人本次发行上市由具有保荐人资格的中信证券担任保荐人，符合《证券法》第十一条第一款和第四十九条第一款之规定。

7. 发行人目前股本总额为6,666万元，超过3,000万元，符合《证券法》第五十条第一款第（二）项的规定。

8. 发行人本次拟向社会公众发行的股份为2,222万股，占发行后发行人股份总数的25%，符合《证券法》第五十条第（三）项的规定。

（二）发行人本次发行上市符合《创业板管理办法》规定的首次公开发行股票并在创业板上市的条件

1. 发行人是依法设立且合法存续的股份有限公司。发行人系由恒泰有限以经审计的2009年2月28日的账面净资产值折股整体变更而设立，自恒泰有限2005年3月29日成立之日起计算，发行人持续经营时间已在三年以上。符合《创业板管理办法》第十条第（一）项的规定。

2. 根据《审计报告》，发行人2007年、2008年、2009年归属于母公司所有者的净利润（以扣除非经常性损益前后孰低者为计算依据）分别7,763,119.28元，22,967,531.99元，50,701,675.95元。因此，本所律师认为，发行人最近两年连续盈利，最近两年净利润累计不少于一千万元，且持续增长，符合《创业板管理办法》第十条第（二）项的规定。

3. 截至2009年12月31日，合并口径的发行人净资产为285,964,973.05元，不少于2,000万元，且不存在未弥补亏损，符合《创业板管理办法》第十条第（三）项的规定。

4. 发行人目前的股本总额为6,666万元，本次发行完成后，发行人的股本总额为8,888万元，不少于3,000万元，符合《创业板管理办法》第十条第（四）项的规定。

5. 发行人的注册资本已足额缴纳，主要资产不存在重大权属纠纷，符合《创业板管理办法》第十一条的规定。

6. 发行人主要从事的业务是为石油天然气的勘探开发提供技术服务。发行人属高新技术企业，其生产经营活动符合法律、行政法规和《公司章程》的规定，符合国家产业政策及环境保护政策，因此符合《创业板管理办法》第十二条的规定。

7. 发行人最近两年内主营业务和董事、高级管理人员没有发生重大变化，实际控制人没有发生变更，符合《创业板管理办法》第十三条的规定。

8. 发行人不存在《创业板管理办法》第十四条规定的影响持续盈利能力的下列情形：

（1）发行人的经营模式、产品或服务的品种结构已经或者将发生重大变化，并对发行人的持续盈利能力构成重大不利影响；

（2）发行人的行业地位或发行人所处行业的经营环境已经或者将发生重大变化，并对发行人的持续盈利能力构成重大不利影响；

（3）发行人在用的商标、专利、专有技术、特许经营权等重要资产或技术的取得或者使用存在重大不利变化的风险；

（4）发行人最近一年的营业收入或净利润对关联方或者有重大不确定性的客户存在重大依赖；

（5）发行人最近一年的净利润主要来自合并财务报表范围以外的投资收益；

（6）其他可能对发行人持续盈利能力构成

重大不利影响的情形。

9. 发行人依法纳税，享受的各项税收优惠符合相关法律法规的规定，发行人的经营成果对税收优惠不存在严重依赖，符合《创业板管理办法》第十五条的规定。

10. 发行人不存在重大偿债风险，不存在影响持续经营的担保、诉讼以及仲裁等重大或有事项，符合《创业板管理办法》第十六条的规定。

11. 发行人的股权清晰，控股股东和受控股股东、实际控制人支配的股东所持发行人的股份不存在重大权属纠纷，符合《创业板管理办法》第十七条的规定。

12. 发行人资产完整，业务及人员、财务、机构独立，具有完整的业务体系和直接面向市场独立经营的能力；发行人与控股股东、实际控制人及其控制的其他企业间不存在同业竞争，以及严重影响公司独立性或者显失公允的关联交易，符合《创业板管理办法》第十八条的规定。

13. 发行人具有完善的公司治理结构，已经依法建立健全股东大会、董事会、监事会以及独立董事、董事会秘书和审计委员会制度，相关机构和人员能够依法履行职责，符合《创业板管理办法》第十九条的规定。

14. 发行人会计基础工作规范，财务报表的编制符合企业会计准则及相关会计制度的规定，在所有重大方面公允地反映了发行人的财务状况、经营成果和现金流量，并由立信出具无保留意见的《审计报告》，符合《创业板管理办法》第二十条的规定。

15. 发行人的内部控制制度健全且被有效执行，能够合理保证财务报告的可靠性、生产经营的合法性、营运的效率与效果，并已由立信出具无保留结论的《内部控制审核报告》，符合《创业板管理办法》第二十一条的规定。

16. 发行人有严格的资金管理制度，不存在资金被控股股东、实际控制人及其控制的其他企业以借款、代偿债务、代垫款项或者其他方式占用的情形，符合《创业板管理办法》第二十二条的规定。

17.《公司章程》中已明确对外担保的审批权限和审议程序，不存在为控股股东、实际控制人及其控制的其他企业进行违规担保的情形，符合《创业板管理办法》第二十三条的规定。

18. 发行人的董事、监事和高级管理人员已经了解与股票发行上市有关的法律法规，知悉上市公司及其董事、监事和高级管理人员的法定义务和责任，符合《创业板管理办法》第二十四条的规定。

19. 发行人的董事、监事和高级管理人员符合法律、行政法规和规章规定的任职资格，不存在《创业板管理办法》第二十五条列举的各项情形，符合《创业板管理办法》第二十五条的规定。

20. 发行人及其控股股东、实际控制人最近三年内不存在损害投资者合法权益和社会公共权益的重大违法行为，也不存在未经法定机关核准，擅自公开或者变相公开发行证券，或者有关违法行为虽然发生在三年前，但目前仍处于持续状态的情形，符合《创业板管理办法》第二十六条的规定。

21. 发行人的募集资金有明确的用途，且均用于主营业务。发行人本次募集资金数额和投资项目与发行人现有生产经营规模、财务状况、技术水平和管理能力等相适应，符合《创业板管理办法》第二十七条的规定。

22. 发行人建立了募集资金专项存储制度，募集资金将存放于董事会决定的专项账户，符合《创业板管理办法》第二十八条的规定。

综上所述，本所律师认为，发行人本次发行上市符合《公司法》、《证券法》、《创业板管理办法》等法律、法规和规范性文件规定的首次公开发行股票并在创业板上市的各项实质性条件。

**四、发行人的设立**

(一)发行人由恒泰有限整体变更设立，发行人整体变更设立的程序、资格、条件和方式符合法律、法规和规范性文件的规定，并取得北京市工商行政管理局的核准登记。

(二)发起人为设立发行人所签署的《发起人协议》符合法律、法规和规范性文件的规定。

(三)发行人在整体变更设立的过程中履行了必要的审计、验资程序，符合法律、法规和规范性文件的规定。

(四)发行人创立大会召开程序及所议事项符合法律、行政法规及规范性文件的规定。

## 五、发行人的独立性

经核查,本所律师认为:发行人资产完整,业务及人员、财务、机构独立,具有完整的业务体系和直接面向市场独立经营的能力;与控股股东、实际控制人及其控制的其他企业间不存在同业竞争,以及严重影响发行人独立性或者显示公允的关联交易。因此,符合《创业板管理办法》第十八条的规定。

## 六、发起人、股东和实际控制人

(一)发行人的自然人发起人均具备民事权利能力及完全的民事行为能力,法人发起人均为依法设立、合法存续、独立享有民事权利并承担民事义务的企业法人,各发起人均具有法律、法规和规范性文件规定担任发起人的资格。

(二)发行人共有二十三名发起人,除莫业湘外,其他发起人在中国境内均有住所,发起人人数、住所、出资比例符合有关法律、法规和规范性文件的规定。

(三)发起人已投入发行人的资产的产权关系清晰,将上述资产投入发行人不存在法律障碍。

(四)发行人现有的法人股东均依法有效存续,不存在根据法律、法规或者其章程需要终止的情形;自然人股东均具有完全民事行为能力,不存在权利能力受到限制的情形。

(五)孙庚文是发行人的实际控制人,持有发行人34.0134%的股份;本法律意见书出具日的前两年内,发行人不存在实际控制人变更的情形。

## 七、发行人的股本及演变

(一)发行人前身恒泰有限的设立及历次变更已经公司登记机关核准登记,通过了历次年检,至今合法存续。除2008年2月孵化公司将持有的恒泰有限20%的股权协议转让给恒泰有限其他股东,没有进行资产评估和在产权交易机构中履行公开交易程序以外,历次股权变动均履行了必要的法律手续。

(二)发行人由恒泰有限整体变更设立时的股份设置、股本结构合法有效。截至本法律意见书出具之日,发起人股东持有的发行人股份不存在潜在纠纷或争议。

(三)发行人设立后的历次股权变动合法、合规、真实、有效。

(四)发行人各股东所持发行人的股份不存在质押、冻结或设定其他第三者权益的情况,亦未涉及任何争议和纠纷。

## 八、发行人的业务

(一)发行人的经营范围已经获得工商行政主管部门的批准,发行人的经营范围和经营方式符合有关法律、法规和规范性文件的规定。

(二)发行人的全资子公司EPT USA在美国从事地球物理技术服务业务,EPT USA的控股子公司DGS 2008在加拿大从事地球物理技术服务和咨询业务外。除此之外,发行人未在中国大陆以外设立其他子公司或分公司开展业务经营。

(三)发行人的主营业务突出,最近两年内主营业务没有发生重大变化。

(四)发行人不存在持续经营的法律障碍。

## 九、关联交易及同业竞争

(一)发行人的主要关联方包括:

1. 持有发行人5%以上股份的主要股东,包括:孙庚文、郑天才、志大同向、达晨财信、德邦瑞景、杨绍国、莫业湘及邓林。

发行人的控股股东孙庚文除持有发行人34.0134%的股份外,未控制其他企业。

2. 发行人的控股子公司,包括:发行人直接控股的恒泰双狐、EPT USA,以及间接控制的金双狐、DGS 2008。

3. 发行人的董事、监事及高级管理人员,共计十九人。

4. 发行人以前的关联方,包括:

(1)中油恒泰,2005年3月至2008年1月系发行人的控股股东,2008年2月重组后成为发行人的全资子公司,2009年8月经核准注销;

(2)艾普斯特,2005年3月至2008年2月系发行人实际控制人孙庚文控制的公司,2008年2月重组后成为发行人的全资子公司,2009年8月艾普斯特经核准注销;

(3)恒泰天然气,系发行人控股股东孙庚文及其妻子闫瑶控制的公司,已经核准注销;

(4)恒泰勘探,系发行人控股股东孙庚文

及其妻子闫瑶曾经控制的公司,所有股权已转让给无关联第三方;

(5)艾普科技,发行人控股股东孙庚文曾担任该公司董事,发行人股东杨绍国曾担任该公司的董事长和法定代表人,已经核准注销;

(6)北京歌盟,发行人股东郑天才曾担任该公司董事长,发行人控股股东孙庚文曾担任该公司董事;

(7)江南歌盟,系发行人股东孙庚文、郑天才曾控制的公司,孙庚文、郑天才所持有的该公司股权已转让给无关联第三方。

(二)发行人与关联方之间的主要关联交易

根据《审计报告》,发行人与上述关联方之间近三年内存在如下主要关联交易:

1. 向关联方销售货物

| 供货方 | 关联方 | 交易标的 | 关联交易额(元) | | |
|---|---|---|---|---|---|
| | | | 2009 年 | 2008 年 | 2007 年 |
| 恒泰艾普 | 恒泰天然气 | 叠前地震储层描述软件 GMAX reservoir v1.0 软件 | | 1,205,128 | |
| 恒泰艾普 | 恒泰天然气 | LD-EPS image 油气储层频谱成像与解释软件 v3.0 | | 1,367,521 | |
| 艾普斯特 | 恒泰天然气 | 储层预测与解释软件 EPS reservoir v4.0 | | 854,700.86 | |

2. 向关联方提供技术服务

| 服务提供方 | 关联方 | 技术服务内容 | 关联交易额(元) | | |
|---|---|---|---|---|---|
| | | | 2009 年 1-6 月 | 2008 年 | 2007 年 |
| 恒泰艾普 | 恒泰勘探 | 李家堡地区储层精细预测研究 | | 1,980,000 | |
| 恒泰艾普 | 艾普科技 | 十屋断陷中央构造带三维地震资料特殊处理与油气检测 | | 1,500,000 | |

3. 自关联方处采购货物

| 采购方 | 关联方 | 交易标的 | 关联交易额(元) | | |
|---|---|---|---|---|---|
| | | | 2009 年 | 2008 年 | 2007 年 |
| 中油恒泰 | 恒泰天然气 | 油藏一体化软件系统 V4.2(简称:GRE) | | | 1,110,000 |

4. 自关联方处受让股权

2008 年 2 月 28 日,恒泰有限与其股东孙庚文、郑天才签署《出资转让协议书》,约定孙庚文将持有的中油恒泰 210 万元货币出资转让给恒泰有限;郑天才将持有的中油恒泰的 90 万元货币出资转让给恒泰有限。截至 2009 年 2 月 26 日,此次股权转让价款已经全部支付完毕。

2008 年 2 月 28 日,恒泰有限与股东孙庚文、杨绍国、邓林、秦钢平签署《出资转让协议书》,约定孙庚文将持有的艾普斯特 649.358,2 万元出资转让给恒泰有限,杨绍国将持有的艾普斯特 138.84 万元出资转让给恒泰有限,秦钢平将持有的艾普斯特 110.491,8 万元出资转让给恒泰有限,邓林将持有的艾普斯特 101.31 万元出资转让给恒泰有限。截至 2009 年 2 月 26 日,此次股权转让价款已经全部支付完毕。

5. 向关联方出售股权

2008 年 1 月 25 日,中油恒泰、孵化公司与孙庚文、郑天才、林依华、莫业湘、邓林、秦钢平、杨绍国、谢桂生签署《出资转让协议书》,约定:中油恒泰将其持有的恒泰伟业的 94.44 万元出资转让给孙庚文,20.16 万元出资转让给郑天才,8.0 万元出资转让给林依华,14.4 万元出资转让给莫业湘,11.0万元出资转让给邓林。截至2009年2月27日,此次股权转让价款已经全部支付完毕。

6. 关联方借款

根据《审计报告》,2007年艾普斯特向艾普科技提供借款439.15万元。2008年1月至4月期间,艾普斯特向艾普科技提供借款51万元。上述借款均为无息借款,截至2009年3月,艾普科技已向艾普科技归还全部借款。

7. 关联方往来款项余额

根据《审计报告》,发行人与关联方近三年的往来款项余额如下:

| 项目 | 关联方 | 期末金额 | | |
|---|---|---|---|---|
| | | 2009年12月31日 | 2008年12月31日 | 2007年12月31日 |
| 其他应收款 | 艾普科技 | —— | 4,901,500.00 | 4,391,500.00 |
| | 江南歌盟 | —— | 610,000.00 | 610,000.00 |
| | 邓林 | —— | 138,000.00 | —— |
| | 林依华 | —— | 80,000.00 | —— |
| | 秦钢平 | —— | 120,000.00 | —— |
| | 孙庚文 | —— | 1,214,400.00 | 270,000.00 |
| | 杨绍国 | —— | 529,868.73 | 261,390.73 |
| | 郑天才 | —— | 292,013.67 | 90,413.67 |
| 其他应付款 | 邓林 | —— | 1,013,100.00 | —— |
| | 秦钢平 | —— | 1,714,918.00 | 610,000.00 |
| | 孙庚文 | 1,000,000.00 | 8,593,582.00 | —— |
| | 杨绍国 | —— | 1,388,400.00 | —— |
| | 郑天才 | —— | 931,132.10 | —— |

经核查,本所律师认为:

上述关联交易和关联往来中,向关联方销售货物、采购货物及提供技术服务的关联交易,均遵循公平原则,定价公允;自关联方处受让股权及向关联方出售股权均系股权交易,交易价格由双方协商确定,已履行完毕;截至2009年12月31日,关联方向发行人的借款已清偿完毕,目前不存在违规占用发行人资金的情形。因此上述关联交易未对发行人及其股东利益造成实质损害,不存在显失公允的情形。

截至本法律意见书出具之日,发行人与控股股东及其控制的其他企业间不存在严重影响发行人独立性或者显失公允的关联交易。

(三)发行人已在《公司章程》和《公司章程(草案)》及《股东大会议事规则》、《董事会议事规则》、《独立董事制度》、《关联交易制度》等制度中规定了关联交易的决策程序。

(四)发行人与其控股股东及持股5%以上的股东不存在同业竞争的情形,且控股股东已出具关于放弃同业竞争的承诺,该等承诺合法有效。

(五)发行人在为本次发行而编制的《招股说明书(申报稿)》或其他有关申报材料中已对申报期内的重大关联交易及放弃同业竞争的承诺作出充分披露,无重大遗漏或重大隐瞒。

## 十、发行人的主要财产

(一)发行人及其控股子公司均未拥有土地使用权及房屋所有权。

(二)发行人及其控股子公司拥有计算机软件著作权、商标等知识产权,除本法律意见书第二十部分披露的情况外,不存在权属纠纷及权利限制情形。

(三)发行人及其控股子公司拥有的主要生产经营设备均由发行人或其控股子公司合法取得,权属关系明确,不存在任何产权纠纷或潜在的纠纷。

(四)发行人及其控股子公司签署的房屋租赁合同合法有效,不存在任何纠纷或潜在的纠纷或争议。

(五)发行人的长期股权投资

发行人目前直接控股恒泰双狐和 EPT USA,间接控股金双狐和 DGS 2008,并参股万里祥。经核查,发行人的上述子公司均为依法设立的公司,现合法存续。

**十一、发行人的重大债权债务**

(一)发行人正在履行的重大合同均合法有效,截至本法律意见书出具之日,不存在任何纠纷或争议,合同的履行不存在对发行人生产经营及本次发行上市产生重大影响的潜在风险。

(二)发行人不存在因环境保护、知识产权、产品质量、劳动安全、人身权等原因产生的侵权之债。

(三)发行人与关联方之间不存在尚未履行完毕的重大债权债务关系以及相互提供担保的情况。

(四)发行人其他金额较大的其他应收、应付款系在正常的生产经营活动中发生,合法有效。

**十二、发行人的重大资产变化及收购兼并**

(一)发行人已进行的重大资产变化及收购兼并

1. 增资扩股

发行人自设立以来,发生过两次增资扩股,包括 2009 年 11 月发行人向金石投资增发股份,及 2009 年 12 月发行人向百衲投资及林贵等三名自然人增发股份。

2. 收购或出售资产

自发行人前身恒泰伟业成立至今,除下述收购行为外,发行人无其他重大收购或出售资产的情况:

(1)发行人收购孙庚文和郑天才持有的中油恒泰的股权;

(2)发行人收购孙庚文、杨绍国、邓林和秦钢平持有艾普斯特的股权;

(3)发行人对恒泰双狐增资。

经核查,本所律师认为:

发行人设立至今的增资扩股及收购行为符合当时法律、法规和规范性文件的规定,已履行必要的法律手续,合法有效。

(二)根据发行人的声明和保证及本所律师的核查,截至本法律意见书出具之日,发行人没有进行合并、分立、减少注册资本、重大资产置换、资产剥离、重大收购或者出售资产的安排或计划。

**十三、发行人章程的制定与修改**

(一)发行人自整体变更设立以来的公司章程的制定和修改已经履行了法定程序。

(二)发行人设立时的公司章程、现行《公司章程》以及《公司章程(草案)》的内容符合现行法律、法规和规范性文件的规定。

(三)发行人《公司章程(草案)》系按照《上市公司章程指引》(2006 年修订)等规定制定,并已经包含《上市公司章程指引》(2006 年修订)所要求载明的内容,不存在与《上市公司章程指引》(2006 年修订)不一致的内容。

**十四、发行人股东大会、董事会、监事会议事规则及规范运作**

(一)发行人具有健全的股东大会、董事会、监事会等组织机构,上述组织机构的设置符合有关法律、法规和规范性文件的规定。

(二)发行人制定了健全的股东大会、董事会、监事会议事规则,该等规则符合有关法律、法规和规范性文件的规定。

(三)发行人设立后的历次股东大会、董事会、监事会的召开、决议内容及签署合法、合规、真实、有效。

(四)发行人设立后的股东大会或董事会历次授权或重大决策等行为合法、合规、真实、有效。

**十五、发行人董事、监事和高级管理人员及其变化**

(一)发行人目前的董事、监事和高级管理人员的任职符合国家法律、法规、规范性文件及发行人现行《公司章程》的规定。

(二)发行人董事、监事、高级管理人员发生的变化符合有关规定,履行了必要的法律程序。

(三)发行人的董事、高级管理人员最近两年内没有发生重大变化的情形,不会对发行人的持续经营能力产生影响,不影响发行人经营业绩的连续性,符合《创业板管理办法》第十三条的规定。

(四)发行人目前设有三名独立董事,其任

职资格符合有关规定，其职权范围未违反有关法律、法规和规范性文件的规定。

## 十六、发行人的税务

（一）发行人及其控股子公司执行的税种、税率符合现行法律、行政法规和规范性文件的要求。

（二）发行人及其控股子公司享受的税收优惠合法、合规、真实、有效。

（三）发行人所享有的财政补贴符合法律法规及规范性文件的要求，履行了相关批准手续，合法、合规、真实、有效。

（四）近三年以来，发行人及其控股子公司依法缴纳全部税金，不存在因违反税务方面的法律法规而被税务主管部门处罚的情形。

## 十七、发行人的环境保护和产品质量、技术等标准

（一）根据北京市环境保护局出具的环保核查意见函并经本所律师核查，发行人及其控股子公司的经营活动以及发行人本次公开发行股票募集资金投资项目的建设均符合国家现行环境保护法律、法规和规范性文件的有关规定，发行人及其控股子公司近三年未发生因违反环境保护方面的法律、法规和规范性文件而被处罚的情形。

（二）根据北京市海淀区质量技术监督局和保定市质量技术监督局出具的证明，并经本所律师核查，发行人及其控股子公司的生产经营符合国家有关质量和技术监督标准，近三年来无违反产品质量与技术监督有关方面的法律、法规行为而被行政处罚的情形。

## 十八、发行人募集资金的运用

（一）发行人本次募集资金项目符合国家产业政策，且已经有权部门核准或备案登记。

（二）发行人已经建立募集资金专项管理制度，募集资金将存放于董事会决定的专项账户。

（三）发行人本次发行募集资金拟投资项目未涉及与他人合作的情况，亦不会导致同业竞争。

（四）发行人上述募集资金投资项目已经2010年第一次临时股东大会批准，并已按规定办理了核准或备案登记，募集资金的运用合法、合规，项目的实施不存在法律障碍。

## 十九、发行人业务发展目标

本所律师审阅了《招股说明书（申报稿）》第十二节“未来发展与规划”披露的发行人未来三年的发展总体规划及目标。本所认为，发行人上述的业务发展目标与其主营业务一致，符合国家法律、法规和规范性文件的规定，不存在潜在的法律风险。

## 二十、诉讼、仲裁或行政处罚

（一）截至本法律意见书出具之日，根据发行人及其控股子公司书面说明并经本所律师适当核查，发行人及其控股子公司除存在下列诉讼外，不存在其他尚未了结的或可预见的重大诉讼、仲裁及行政处罚案件。

1. 赵殿君诉恒泰双狐、恒泰艾普计算机软件著作权纠纷案

2009年6月30日，原告赵殿君以计算机软件著作权被侵犯为由，向保定市中级人民法院起诉被告恒泰双狐和恒泰艾普，请求法院判决两被告立即停止侵权并连带赔偿原告经济损失100万元。根据发行人的确认以及本所律师核查，本案尚在一审审理过程中，法院尚未作出一审判决。

根据发行人、恒泰双狐确认并经本所律师核查，该软件产品在发行人的生产经营中并不占有重要地位；同时，本案中原告请求赔偿的金额不大。因此，本所律师认为，本案不属于重大诉讼，对本次发行上市不构成实质性障碍。

2. 保定双狐软件有限公司、恒泰双狐诉赵殿君、三河环波软件有限公司计算机软件著作权纠纷案

2009年8月20日，保定双狐软件有限公司、恒泰双狐以赵殿军、三河环波软件有限公司为被告向保定中级人民法院提起诉讼，诉讼请求为：请求法院确认原告对被告登记的软件拥有著作权，判定被告立即停止侵犯原告著作权的行为，两被告停止一切针对原告的不正当竞争行为；请求法院判令被告共同赔偿原告经济损失1,000万元及因制止被告侵权行为和不正当竞争行为而支出的合理费用。根据发行人的确认以及本所律师核查，本案尚在一审审理过程中，尚未作出一审判决。

根据发行人、恒泰双狐确认及本所律师核

查,该案件的诉讼结果对于赵殿君诉恒泰双狐、恒泰艾普计算机软件著作权纠纷案有重大影响。由于赵殿君诉恒泰双狐、恒泰艾普计算机软件著作权纠纷案中所涉及软件产品在发行人的生产经营中并不占有重要地位,因此,本所律师认为,本案不属于重大诉讼,对本次发行上市不构成实质性障碍。

(二)截至本法律意见书出具之日,根据持有发行人5%以上股份的主要股东声明和保证,并经本所律师核查,持有发行人5%以上股份的主要股东不存在尚未了结的或可预见的重大诉讼、仲裁和行政处罚案件。

(三)截至本法律意见书出具之日,根据发行人董事长、总经理的声明和保证,并经本所律师核查,发行人的董事长、总经理不存在尚未了结的或者可预见的重大诉讼、仲裁或者行政处罚案件。

**二十一、发行人招股说明书的法律风险**

本所律师未参与《招股说明书(申报稿)》的编制与讨论,但对其进行了总括性审阅,对《招股说明书(申报稿)》中引用本所出具的法律意见书和律师工作报告的相关内容作了审查。

经审阅,本所确认,招股说明书(申报稿)与本所出具的法律意见书和律师工作报告无矛盾之处,《招股说明书(申报稿)》不会因引用本所法律意见书和律师工作报告的内容而出现虚假记载、误导性陈述或者重大遗漏。

**二十二、律师认为需要说明的其他问题**

发行人目前存在六家法人股东,为志大同向、达晨财信、德邦瑞景、圣华洋创投、金石投资和百衲投资,其他股东均为自然人。经核查,本所律师认为,发行人股东均不属于《境内证券市场转持部分国有股充实全国社会保障基金实施办法》所规定的国有股东,不涉及按照该规定转持国有股的问题。

**二十三、结论意见**

综上所述,本所律师对发行人本次发行上市发表总体结论性意见如下:

发行人具有本次发行上市的主体资格,本次发行上市符合《公司法》、《证券法》、《创业板管理办法》等法律、法规和规范性文件所规定的公开发行股票并在创业板上市的各项实质条件,不存在违法违规行为,除尚需获得中国证监会和深圳证券交易所审核同意外,发行人本次发行不存在法律障碍。

发行人在《招股说明书(申报稿)》中引用的法律意见书和律师工作报告的内容适当,《招股说明书(申报稿)》不致因引用法律意见书和律师工作报告的内容而出现虚假记载、误导性陈述或重大遗漏。

发行人本次发行尚待中国证监会核准,有关股票的上市交易尚需经深圳证券交易所同意。

北京市中伦律师事务所
负 责 人:张学兵
经办律师:冯继勇　胡　宜

## (二)上市公司再融资

# 关于康美药业股份有限公司2010年申请向原股东配售股份的法律意见书

致:康美药业股份有限公司

(一)按照康美药业股份有限公司(以下简

称发行人)与本所订立的《聘请专项法律顾问合同》的约定,本所指派程秉、李彩霞、王志宏律师(以下简称本所律师)担任发行人2010年申请向原股东配售股份(以下简称本次配股)的专项法律顾问,参与相关工作并出具本法律意见书。

(二)本所律师根据《中华人民共和国公司法》(以下简称《公司法》)、《中华人民共和国证券法》(以下简称《证券法》)等有关法律、法规和中华人民共和国证券监督管理委员会(以下简称中国证监会)《上市公司证券发行管理办法》(以下简称《发行管理办法》)、《公开发行证券公司信息披露的编报规则第12号——公开发行证券的法律意见书和律师工作报告》、《律师事务所从事证券法律业务管理办法》及其他相关规定,出具本法律意见书。

(三)本所律师依照上述法律、法规和规范性文件的要求,按照律师行业公认的业务标准、道德规范和勤勉尽责精神,对发行人提供的有关文件和有关事实进行了核查和验证,现出具法律意见如下:

## 引　言

为出具本法律意见书,本所律师及本所声明如下:

(一)本所律师按照中国证监会《公开发行证券公司信息披露的编报规则第12号——公开发行证券的法律意见书和律师工作报告》的规定,仅根据本法律意见书出具日以前已发生或存在的事实和我国现行的法律、法规和中国证监会的有关规定发表法律意见。

(二)本所律师已经严格履行法定职责,遵循勤勉尽责和诚实信用原则,对本法律意见书所述发行人的行为以及本次配股的合法、合规、真实、有效性进行了充分的核查验证,保证本法律意见书和《关于为康美药业股份有限公司2010年申请向原股东配售股份出具法律意见书的律师工作报告》(以下简称《律师工作报告》)不存在虚假记载、误导性陈述及重大遗漏。

(三)本所同意将本法律意见书和《律师工作报告》作为发行人申请本次配股所必备的法律文件,随同其他申报材料一并上报,并依法对所出具的法律意见承担责任。

(四)本所同意发行人在本次配股说明书及摘要中自行引用,或按中国证监会审核要求引用本法律意见书或《律师工作报告》的内容,但发行人在引用时,不得引起法律上的歧义或曲解,本所律师将对本次配股说明书的内容进行再次审阅并确认。

(五)本所律师得到发行人如下保证:发行人已经提供本所律师认为出具本法律意见书和《律师工作报告》所必需的、真实的原始书面材料、副本材料或口头证言,有关材料上的签字和印章均是真实的,有关副本材料和复印件均与正本材料或原件一致。本所律师已对上述文件资料进行了审查,上述文件的副本与正本一致、复印件与原件一致。本所律师根据上述文件所支持的事实出具本法律意见书和《律师工作报告》。

(六)对于本法律意见书至关重要而又无法得到直接证据支持的事实,本所律师采信发行人、有关政府部门及其他有关单位出具的证明文件。

(七)本法律意见书仅就与发行人申请本次配股的有关问题发表法律意见,并不对会计、审计、资产评估、投资决策等专业事项发表意见。本法律意见书和《律师工作报告》中涉及该等内容时,均为严格按照有关中介机构出具的报告或发行人的文件引述。

(八)本所律师按照中国证监会《公开发行证券公司信息披露的编报规则第12号——公开发行证券的法律意见书和律师工作报告》的规定,在本法律意见书中对与发行人本次配股的有关法律问题发表结论性意见,上述意见或结论所涉及的事实根据和法律依据已在《律师工作报告》中具体阐述。

(九)本法律意见书仅供发行人为本次配股之目的使用,不得用作其他任何目的。

## 正　文

### 一、本次配股的批准和授权

(一)2010年9月8日,发行人召开2010年度第二次临时股东大会,会议采取现场投票和网络投票相结合的方式进行。该次股东大会经出席会议的股东所持表决权的三分之二以上(包括现场表决和网络投票)审议通过了有关发行人本次配股的各项议案,同时授权发行人董事会全权办理与本次配股的相关事项。

(二)发行人2010年度第二次临时股东大会审议通过的关于本次配股的决议合法、有效。

(三)发行人2010年度第二次临时股东大会授权董事会在股东大会决议范围内办理有关本次配股事项的授权范围、程序是合法、有效的。

**二、发行人本次配股的主体资格**

(一)发行人是依法设立的上市公司,具备本次配股的主体资格。

(二)发行人是依法有效存续的上市公司,不存在法律、法规、规范性文件及《康美药业股份有限公司章程》(以下简称《章程》)所规定的应当终止的情形,发行人依法有效存续。

(三)发行人的分公司

发行人分公司已通过工商行政管理机关2009年度检验,依法有效存续。

(四)发行人的子公司

发行人子公司已通过工商行政管理机关2009年度检验,依法有效存续。

**三、本次配股的实质条件**

经审查,本所律师认为,发行人本次配股属上市公司向原股东配售股份,具备《证券法》、《发行管理办法》所规定的发行条件,现分述如下:

(一)发行人符合《证券法》第十三条规定的公开发行新股的条件:

1. 发行人具备健全且运行良好的组织机构,符合《证券法》第十三条第一款第(一)项的规定。

2. 发行人具有持续盈利能力,财务状况良好,符合《证券法》第十三条第一款第(二)项的规定。

3. 经核查并经发行人确认,发行人最近三年又六个月财务会计文件无虚假记载,无其他重大违法行为,符合《证券法》第十三条第一款第(三)项的规定。

(二)发行人的组织机构健全、运行良好,符合《发行管理办法》第六条的下列规定:

1. 发行人《章程》合法、有效,股东大会、董事会、监事会和独立董事制度健全,能够依法有效履行职责。

2. 发行人内部控制制度健全,能够有效保证发行人运行的效率、合法合规性和财务报告的可靠性;发行人内部控制制度的完整性、合理性、有效性不存在重大缺陷。

3. 经核查并经发行人有关人员确认,发行人现任董事、监事和高级管理人员具备相应的任职资格,能够忠实和勤勉地履行职务,不存在违反《公司法》第一百四十八条、第一百四十九条规定的行为,且最近三十六个月内未受到过中国证监会的行政处罚、最近十二个月内未受到过证券交易所的公开谴责。

4. 发行人与其控股股东普宁市康美实业有限公司(以下简称康美实业)、实际控制人马兴田先生的人员、资产、财务分开,机构、业务独立,能够自主经营管理。

5. 发行人最近十二个月内不存在违规对外提供担保的行为。

(三)经核查并经发行人确认,发行人的盈利能力具有可持续性,符合《发行管理办法》第七条的下列规定:

1. 发行人最近三个会计年度连续盈利。

2. 发行人业务和盈利来源相对稳定,不存在严重依赖于控股股东、实际控制人的情形。

3. 经向发行人董事会和相关高级管理人员核查,发行人现有主营业务或投资方向能够可持续发展,经营模式和投资计划稳健,主要产品或服务的市场前景良好,行业经营环境和市场需求不存在现实或可预见的重大不利变化。

4. 发行人高级管理人员和核心技术人员稳定,最近十二个月内未发生重大不利变化。

5. 发行人的重要资产、核心技术或其他重大权益的取得合法,能够持续使用,不存在现实或可预见的重大不利变化。

6. 经核查并经发行人确认,发行人不存在可能严重影响其持续经营的担保、诉讼、仲裁或其他重大事项。

7. 发行人最近二十四个月内未公开发行证券。

(四)发行人的财务状况良好,符合《发行管理办法》第八条的下列规定:

1. 发行人的会计基础工作规范,能严格遵循国家统一会计制度的规定。

2. 发行人最近三年的财务报表不存在被注册会计师出具保留意见、否定意见、无法表示意见或带强调事项段的审计报告。

3. 发行人资产质量良好。

4. 发行人经营成果真实,现金流量正常。发行人的营业收入和成本费用的确认严格遵循国家有关企业会计准则的规定,最近三年又六个月资产减值准备计提充分合理,不存在操纵经营业绩的情形。

5. 发行人最近三年以现金方式累计分配的利润不少于最近三年实现的年均可分配利润的30%。(注:该项规定业经中国证监会《关于修改上市公司现金分红若干规定的决定》修改)

(五)发行人最近三十六个月内财务会计文件无虚假记载,且不存在下列重大违法行为,符合《发行管理办法》第九条的规定:

1. 违反证券法律、行政法规或规章,受到中国证监会的行政处罚,或者受到刑事处罚。

2. 违反工商、税收、土地、环保、海关法律、行政法规或规章,受到行政处罚且情节严重,或者受到刑事处罚。

3. 违反国家其他法律、行政法规且情节严重的行为。

(六)发行人募集资金的数额和使用符合《发行管理办法》第十条的下列规定:

1. 发行人本次募集资金数额将不超过项目需要量。

2. 发行人本次募集资金用途符合国家产业政策和有关环境保护、土地管理等法律和行政法规的规定。

3. 发行人本次募集资金将用于补充生产经营所需的营运资金,并非持有交易性金融资产和可供出售的金融资产、借予他人、委托理财等财务性投资,也不是直接或间接投资于以买卖有价证券为主要业务的公司。

4. 本次募集资金投资项目实施后,将更好地推动发行人业务的发展,不会导致与控股股东或实际控制人产生同业竞争或影响发行人生产经营的独立性。

5. 经核查并经发行人确认,发行人将建立本次募集资金专项存储制度,募集资金将存放于发行人董事会决定的专项账户。

(七)经核查并经发行人确认,发行人具备下列条件,符合《发行管理办法》第十一条的下列规定:

1. 发行人本次配股申请文件不存在虚假记载、误导性陈述或重大遗漏。

2. 发行人不存在擅自改变前次公开发行证券募集资金的用途而未作纠正的情形。

3. 发行人最近十二个月内未受到过证券交易所的公开谴责。

4. 发行人及其控股股东或实际控制人最近十二个月内不存在未履行向投资者作出的公开承诺的行为。

5. 发行人或其现任董事、高级管理人员不存在因涉嫌犯罪被司法机关立案侦查或涉嫌违法违规被中国证监会立案调查。

6. 发行人不存在严重损害投资者的合法权益和社会公共利益的情形。

(八)发行人本次配股符合《发行管理办法》第十二条的下列规定:

1. 发行人拟配售股份数量不超过本次配售股份前股本总额的百分之三十。

2. 发行人控股股东已在股东大会召开前公开承诺认配股份的数量。

3. 发行人本次配股采用证券法规定的代销方式发行。

(九)除尚须经中国证监会核准公开发行外,发行人本次配股的上市符合《证券法》第五十条所规定的其他条件:

1. 发行人目前的股本总额为1,694,370,052元,符合《证券法》第五十条第一款第(二)项的规定。

2. 发行人的股本总额超过4亿元,公开发行的股份达到发行人股份总数的10%以上,符合《证券法》第五十条第一款第(三)项的规定。

3. 经核查并经发行人确认,发行人最近三年无重大违法行为,财务会计报告无虚假记载,符合《证券法》第五十条第一款第(四)项的规定。

## 四、发行人的设立

(一)发行人的设立符合当时法律、法规和规范性文件的规定,并得到有关部门的批准。

(二)发行人设立过程中,各发起人订立的《广东康美药业股份有限公司筹备协议书》的内容符合当时有关法律、法规和规范性文件的规定,不存在因该协议引致发行人设立行为存在潜在纠纷的情形。

(三)发行人设立过程中有关资产评估、验资履行了必要程序,符合当时法律、法规和规范性文件的规定。

(四)发行人创立大会的程序及所议事项符合当时法律、法规和规范性文件的规定。

## 五、发行人的独立性

(一)发行人的业务独立于股东及其他关联方

发行人具有独立完整的业务及面向市场自主经营的能力。控股股东、实际控制人及其控制的其他企业均不从事同类产品的生产经营。控股股东、实际控制人均出具了避免同业竞争的承诺函。而且经查验,发行人与控股股东、实际控制人及其控制的企业之间不存在显失公平的关联交易。

(二)发行人的资产独立完整

股东投入发行人的资产足额到位。发行人拥有独立的财产。发行人的生产经营场所和办公场所独立于发行人的股东及其他关联方。发行人的财产未被股东及其他关联方占用。

(三)发行人具有独立完整的供应、生产、销售系统

发行人通过销售部、采购部进行产品的销售、物资采购和新药推广等工作,并通过建立在广州、深圳的分公司进行区域售后服务、市场调研等工作,发行人已建立起一套独立、完整的供应、销售系统;根据发行人药品生产的特点,发行人内设技术开发部、中药基地、西药基地和质量管理部等生产系统,发行人不存在与股东及其他任何第三方合署生产产品的情形。上述部门的人员为发行人的职工,其生产机器设备全部为发行人单独所有,发行人根据市场的需求生产产品,在业务经营的各个环节上均保持独立。

(四)发行人的人员独立

经核查并经发行人确认,发行人的总经理、副总经理、财务负责人、总经理助理和董事会秘书等高级管理人员未在控股股东、实际控制人及其控制的其他企业中担任除董事、监事以外的其他职务或领薪。财务人员不存在在控股股东、实际控制人及其控制的其他企业中兼职的情形。发行人具有独立的人事选择和任免机制,发行人的董事、监事以及总经理、副总经理、财务负责人、总经理助理、董事会秘书等高级管理人员均严格按照《公司法》、《章程》及发行人内部相关规章制度的有关规定选举或聘任。上述人员的任职都通过合法程序,不存在控股股东、实际控制人、其他任何部门和单位或人士干预发行人人事任免的情形。发行人拥有独立于股东单位及其他关联方的员工。

(五)发行人的机构独立

发行人的生产经营场所和办公机构与控股股东、实际控制人及其控制的其他企业完全分开,发行人与控股股东、实际控制人及其控制的其他企业不存在混合经营、合署办公的情形。不存在控股股东、实际控制人及其他任何单位或个人干预发行人机构设置的情形。发行人及其职能部门与控股股东、实际控制人及其控制的其他企业的职能部门之间不存在上下级关系,不存在任何单位或个人以任何形式干预发行人生产经营活动的情形。

(六)发行人的财务独立

发行人设置了独立的财务管理部,设财务总监一名,并配备了专职的财务工作人员,能独立行使职权和履行职责。发行人根据现行会计制度及相关法律、法规的要求,制定了《财务内部管理制度》等内部财务制度,建立了独立的财务核算体系,具有规范、独立的财务会计制度,和对子公司、分公司的财务管理制度。

经核查并经发行人确认,发行人及其子公司均已在银行开设了独立的基本存款账户,拥有独立的银行账户,不存在和控股股东、实际控制人及其控制的其他企业共用银行账户的情形。

发行人及其子公司依法独立进行纳税申报和履行缴纳义务。

(七)发行人具有面向市场自主经营的能力

发行人的内部经营管理机构健全,具有完整的业务体系,业务独立,具有独立和完整的供应、生产和销售的管理及实施部门,发行人的资产完整、独立,财务、人事、机构独立,并已按有关规定的要求建立了健全的法人治理结构。发行人具有面向市场自主经营的能力。

**六、发起人和主要股东(追溯至发行人的实际控制人)**

(一)发行人系由康美实业、普宁市国际信息咨询服务有限公司、普宁市金信典当行有限公司、许燕君和许冬瑾5个发起人以发起方式设立,其人数、住所及出资比例符合发行人设立当时的法律、法规和规范性文件的规定。

(二)发行人的控股股东康美实业依法有效存续,并具有法律、法规和规范性文件规定进行出资的资格。

(三)发行人的实际控制人马兴田先生仍具备完全民事行为能力,具有法律、法规和规范性文件规定进行出资的资格。

**七、发行人的股本及演变**

(一)发行人设立时的股本设置、股本结构合法有效,产权界定和确认不存在纠纷。

(二)发行人历次股本变化是合法、合规、真实、有效的。

(三)康美实业质押其所持发行人股份已履行了必要的法律程序,合法、有效。

**八、发行人的业务**

(一)发行人的经营范围已经审批部门核准和公司登记机关登记,发行人所生产的产品均已获得审批部门批准生产,经营的产品需取得审批部门批准的均已获得审批部门批准经营,发行人的经营范围和经营方式不存在违反法律、法规和规范性文件的情形。

(二)发行人不存在在中国大陆以外经营的情形。

(三)发行人的主营业务最近三年又六个月均未发生重大变更。

(四)发行人主营业务突出。

(五)发行人不存在持续经营的法律障碍。

**九、关联交易及同业竞争**

(一)发行人的关联方情况及最近三年又六个月与关联方发生的关联交易情况详见《律师工作报告》第九节。

(二)发行人最近三年又六个月与关联方发生的关联交易公允,不存在损害发行人及其他股东利益的情形。

(三)发行人《章程》、《关联交易管理制度》、《股东大会议事规则》、《董事会议事规则》和《董事会独立董事工作细则》均对关联交易公允决策的程序作出了明确的规定。

(四)发行人与控股股东、实际控制人及其控制的其他企业间不存在同业竞争。

(五)发行人控股股东康美实业已经与发行人订立《不竞争协议》,并出具了《关于避免同业竞争的承诺函》,向发行人作出避免同业竞争的承诺。发行人实际控制人马兴田先生也出具了《关于避免同业竞争的承诺函》,向发行人作出避免同业竞争的承诺。

(六)发行人现任全体董事已经承诺今后涉及关联交易事项时,将严格执行相关回避制度和信息披露制度,发行人向本所及本所律师提供的《律师工作报告》中所披露的关联交易情况及其相应资料是真实、完整的,不存在重大遗漏或重大隐瞒。

**十、发行人的财产**

(一)发行人的主要财产:

1. 发行人拥有“粤房地证字第4475181号”、“粤房地证字第4475203号”、“粤房地证字第4476871号”、“粤房地证字第C1548408号”、“粤房地证字第C1548409号”、“粤房地证字第C1548412号”、“粤房地证字第C1548415号”、“粤房地证字第C1548416号”、“粤房地证字第C1548417号”、“粤房地证字第C1548418号”、“粤房地证字第C1548419号”、“粤房地证字第C1548420号”、“粤房地证字第C1548421号”、“粤房地证字第C1548422号”、“粤房地证字第C1548423号”、“粤房地证字第C1548424号”、“深房地字第3000073635号”《房地产权证》和“深房地字第3000577485号”《房地产证》所登记的房产及国有土地使用权,“普府国用(2004)第特000844号”、“普府国用(2004)第特00956号”、“普府国用(2007)第特01543号”、“普府国用(2007)第特01659号”、“普府国用(2008)第特00063号”、“普府国用(2008)第特01727号”、“普府国用(2009)第特01968号”和“普府国用(2010)第特02106号”《国有土地使用证》所登记的国有土地使用权。

2. 发行人作为商标注册申请人向国家工商行政管理总局商标局(以下简称国家商标

局)申请并经核准注册已取得71项注册商标,受让取得了4项注册商标。发行人向香港特别行政区政府知识产权署申请并经核准注册已取得1项注册商标,向澳门特别行政区政府经济局申请并经核准注册已取得2项注册商标。发行人已向国家商标局申请且国家商标局已受理的商标注册申请有188项。

3. 发行人作为专利权申请人向国家知识产权局申请并经核准授予专利权已取得1项发明专利、16项外观设计专利。发行人经授权取得2项发明专利。发行人已向国家知识产权局申请且国家知识产权局已受理的专利申请有26项。

4. 发行人拥有生产经营所需的机器设备。

5. 发行人拥有广发基金管理有限公司10%的股权。

(二)发行人子公司成都康美药业有限公司拥有"成高国用〔2010〕第7817号"《国有土地使用证》所登记的国有土地使用权。

(三)发行人子公司康美新开河(吉林)药业有限公司的主要财产:

1. 康美新开河(吉林)药业有限公司拥有"集房权证权字第00039578号"、"集房权证权字第00039579号"和"集房权证权字第00039580号"《房屋所有权证》所登记的房屋所有权,"集国用〔2009〕第058210444号"《国有土地使用证》所登记的国有土地使用权。

2. 康美新开河(吉林)药业有限公司受让取得了4项注册商标,康美新开河(吉林)药业有限公司已向国家商标局申请且国家商标局已受理的商标注册申请有13项,受让取得的商标注册申请有1项。

(四)发行人子公司上海美峰食品有限公司作为商标注册申请人向国家商标局申请并经核准注册已取得11项注册商标。

(五)发行人子公司亳州世纪国药有限公司拥有"房地权亳字第200605309号"、"房地权亳字第200605310号"、"房地权亳字第200605308号"、"房地权亳字第200605311号"和"房地权亳字第200801959号"《房地产权证》所登记的房产及国有土地使用权,"亳国用〔2007〕字第0018号"《国有土地使用证》所登记的国有土地使用权。

(六)发行人子公司亳州世纪国药中药有限公司拥有"房地权亳字第200907864号"《房地产权证》所登记的房产及国有土地使用权,"亳国用〔2009〕字第0012号"《国有土地使用证》所登记的国有土地使用权。

(七)发行人及子公司取得《律师工作报告》第十节所述主要财产的法律手续完备、合法,产权权属明确,不存在权属方面的法律争议。

(八)经核查并经发行人确认,除《律师工作报告》第十节所述财产设置抵押外,发行人及子公司拥有的其他主要财产不存在担保或其他权利受到限制的情形。

(九)发行人租赁房屋的情况详见《律师工作报告》第十一节。

## 十一、发行人的重大债权债务

(一)发行人及子公司将要履行、正在履行以及虽已履行完毕但可能存在潜在纠纷的重大合同详见《律师工作报告》第十一节第一部分。发行人将要履行、正在履行的合同均合法、有效。发行人必须按期依约履行上述合同义务,否则,债权人将可向发行人主张实现债权或主张实现担保权利。

(二)经核查并经相关主体确认,发行人及子公司不存在因环境保护、知识产权、产品质量、劳动安全、人身权等原因产生的侵权之债。

(三)截至2010年6月30日,发行人与关联方之间不存在重大债权债务的内容。

(四)截至2010年6月30日,发行人不存在为关联方提供担保的情形。

(五)截至2010年6月30日,发行人金额较大的其他应收、应付款是在正常的生产经营活动中发生的,合法、有效。

## 十二、发行人重大资产变化及收购兼并

(一)发行人于2001年2月首次公开发行A股,于2006年6月、2007年9月两次公开增发A股,于2009年5月认股权证行权,并于2004年5月、2006年5月、2007年5月、2008年3月、2009年4月以未分配利润及资本公积金转增股本的方式增资扩股,发行人该九次增资行为合法、有效,并已履行了必要的法律手续。

(二)发行人自2008年5月公开发行分离交易的可转换公司债券以来购买资产的情况详

见《律师工作报告》第十二节。

（三）自发行人于2001年2月首次公开发行A股至本法律意见书出具之日，发行人未发生合并、分立、减少注册资本、重大出售资产等行为。

（四）经核查并经发行人确认，发行人股东大会决议和董事会决议中不存在拟进行资产置换、资产剥离、重大资产出售或收购的安排。

## 十三、发行人章程的制定与修改

（一）发行人《章程》的制定及最近三年又六个月的修改均已履行法定程序。

（二）发行人《章程》的内容符合现行法律、法规和规范性文件的规定。

（三）发行人现行《章程》是按有关制定上市公司章程的规定修改的。

## 十四、发行人股东大会、董事会、监事会议事规则及规范运作

（一）发行人组织机构的设置符合《公司法》和《上市公司章程指引（2006年修订）》的规定，亦符合发行人的生产、经营和管理的实际需要。发行人具有健全的组织机构。

（二）发行人具有健全的股东大会、董事会、监事会议事规则，相关议事规则符合相关法律、法规和规范性文件的规定。

（三）发行人自2008年5月公开发行分离交易的可转换公司债券以来，股东大会、董事会会议和监事会会议的召集、召开、表决及公告符合《公司法》、《证券法》及《章程》的规定，其决议的内容及签署均合法、合规、真实、有效。

（四）发行人自2008年5月公开发行分离交易的可转换公司债券以来，股东大会的授权合法、合规、真实、有效。

## 十五、发行人董事、监事和高级管理人员及其变化

（一）经审查并经发行人确认，发行人的董事、监事和高级管理人员的任职符合《公司法》等有关法律、法规和规范性文件以及《章程》的规定。

（二）最近三年又六个月，发行人董事、监事和高级管理人员的任职情况的变化符合《公司法》和发行人《章程》的相关规定，并已履行了必要的法律程序。

（三）发行人的独立董事的任职资格及职权范围符合法律、法规和中国证监会的有关规定。

## 十六、发行人的税务

（一）发行人所执行的增值税、城市维护建设税、教育费附加、企业所得税4个税种及其税率符合法律、法规和规范性文件的规定。发行人2008年度、2009年度享受的企业所得税优惠，符合现行法律、法规和规范性文件的要求，是合法、合规、真实、有效的。

发行人子公司所执行的增值税、营业税、城市维护建设税、教育费附加、企业所得税5个税种及其税率符合现行法律、法规和规范性文件的规定。

（二）发行人及子公司最近三年又六个月享受的财政补贴是以地方政府规定的政策为依据，经有权部门批准的，是合法、合规、真实、有效的。

（三）发行人最近三年又六个月依法纳税，不存在被税务部门处罚的情形。

## 十七、发行人的环境保护和产品质量、技术等标准

（一）发行人的生产经营活动符合环境保护的要求，有关环境保护管理部门已经对此出具核查意见，拟投资项目符合环境保护的要求。

（二）发行人最近三年未因违反环境保护方面的法律、法规和规范性文件的规定而被处罚。

（三）发行人的产品符合有关产品质量和技术监督标准，最近三年未因违反有关产品质量和技术监督方面的法律法规而受到处罚。

## 十八、发行人募集资金的运用

（一）发行人本次配股募集资金全部用于补充生产经营所需的营运资金。

（二）发行人本次配股募集资金的使用业经发行人2010年9月8日召开的2010年度第二次临时股东大会审议通过。

（三）经核查并经发行人确认，发行人本次募集资金使用项目不存在与他人合作的情形。

（四）发行人前次募集资金的使用与原募

集计划一致,未发生改变前次募集资金用途的事项。

**十九、发行人的业务发展目标**

(一)发行人的业务发展目标与主营业务相一致。

(二)发行人的业务发展目标符合国家法律、法规和规范性文件的规定,不存在潜在的法律风险。

**二十、诉讼、仲裁或行政处罚**

(一)经审慎核查并经相关主体确认,截至本法律意见书出具之日,下列相关主体不存在尚未了结的或可预见的重大诉讼、仲裁及行政处罚案件:

1. 发行人;

2. 持有发行人5%以上(含5%)股权的股东——康美实业;

3. 发行人的实际控制人——马兴田先生;

4. 发行人的子公司——成都康美药业有限公司、康美(北京)药业有限公司、康美新开河(吉林)药业有限公司、北京康美工贸有限公司、上海金像食品有限公司、上海美峰食品有限公司、亳州世纪国药有限公司、亳州世纪国药中药有限公司。

(二)马兴田先生担任发行人董事长兼总经理。经审慎核查并经发行人及马兴田先生确认,截至本法律意见书出具之日,马兴田先生不存在尚未了结的或可预见的重大诉讼、仲裁及行政处罚案件。

(三)发行人最近三年不存在因违反工商、税收、土地、环保、质量技术监督、社保以及药品监督管理方面法律、行政法规,而受到行政处罚,且情节严重的情形。

**二十一、发行人的配股说明书法律风险的评价**

(一)本所律师参与了配股说明书编制的讨论。

(二)本所律师已审阅配股说明书。

(三)发行人配股说明书及其摘要中引用本法律意见书及《律师工作报告》的内容不存在虚假记载、误导性陈述或重大遗漏引致的法律风险。

## 结论意见

本所律师认为,发行人申请本次配股的主体资格、实质条件均符合《公司法》、《证券法》、《发行管理办法》以及中国证监会对上市公司申请向原股东配售股份的其他有关规定,建议有关部门核准其申请。

本法律意见书经本所盖章以及本所律师和本所负责人签名,并签署日期后生效。

本法律意见书正本六份。

国浩律师集团(广州)事务所

负 责 人:程 秉

经办律师:程 秉 李彩霞 王志宏

# 关于特变电工股份有限公司2010年度公开增发A股股票并上市之法律意见书

致:特变电工股份有限公司

国浩律师集团(深圳)事务所依据与特变电工股份有限公司签订的《专项法律顾问合同》,担任特变电工股份有限公司2010年度公开增发A股股票并上市的专项法律顾问。

本所律师根据《中华人民共和国证券法》(以下简称《证券法》)、《中华人民共和国公司法》(以下简称《公司法》)、《上市公司证券发行管理办法》(以下简称《管理办法》)、中国证券监督管理委员会证监发〔2001〕37号《公开发行证券公司信息披露的编报规则第12号——公开发行证券的法律意见书和律师工作报告》

等有关法律、法规和规范性文件的规定，按照律师行业公认的业务标准、道德规范和勤勉尽责精神，为特变电工股份有限公司2010年度申请公开增发A股股票并上市出具本法律意见书。

## 声明事项

一、本所律师已依据《管理办法》、《公开发行证券公司信息披露的编报规则第12号——公开发行证券的法律意见书和律师工作报告》（证监发〔2001〕37号）的规定及本法律意见书出具日以前已经发生或存在的事实和我国现行有关法律、法规及中国证监会的有关规定发表法律意见。

二、本所律师已严格履行法定职责，遵循了勤勉尽责和诚实信用原则，对发行人的行为及本次申请的合法、合规、真实、有效性进行了充分的核查验证，保证本法律意见书、律师工作报告不存在虚假记载、误导性陈述及重大遗漏。

三、本所律师同意将本法律意见书和律师工作报告作为本次发行所必备的法律文件，随同其他申报材料一同上报，并愿意承担相应的法律责任。

四、本所律师同意发行人部分或全部在本次发行的《招股意向书（申报稿）》中自行引用或按照证监会审核要求引用本法律意见书或律师工作报告的内容，但发行人作上述引用时，不得因引用而导致法律上的歧义或曲解，本所律师已对截至本法律意见书签字之日最终经签署的《招股意向书（申报稿）》的内容进行再次审阅并确认。

五、发行人已向本所律师保证：其已向本所律师提供了为出具本法律意见书所必需的真实、完整、有效的原始书面材料、副本材料或口头证言，本所律师系基于发行人的上述保证出具本法律意见书。

六、对于本法律意见书至关重要而又无法得到独立的证据支持的事实，本所律师依赖有关政府部门、发行人或其他有关单位出具的书面说明出具本法律意见书。

七、本所律师未授权任何单位或个人对本法律意见书作任何解释或说明。

八、本法律意见书仅供本次发行之目的使用，未经本所律师授权，不得用作其他任何目的。

## 正　文

### 第一章　本次发行的批准与授权

#### 一、本次发行已经取得的内部权力机构的批准和授权

（一）2010年2月22日，发行人在公司三楼会议室召开六届五次董事会会议，审议通过了有关本次发行的议案，并作出了将该议案提交发行人2010年第一次临时股东大会审议的决议。

（二）2010年3月12日，发行人在公司一楼会议室召开2010年第一次临时股东大会，会议采用现场投票与网络投票相结合的方式进行了表决，出席会议的股东所持表决权三分之二以上审议通过了公司2010年度增发符合条件的议案、公司2010年度增发方案、提请股东大会授权董事会办理本次增发相关事宜的议案、公司2010年度增发募集资金运用可行性分析报告及董事会关于前次募集资金使用情况的报告。

经本所律师核查，发行人上述董事会、股东大会的召集、召开、决议内容合法、有效；股东大会对董事会的授权范围及程序合法、有效。

#### 二、本次发行尚需取得的批准和授权

本所律师认为，发行人已就本次发行取得了内部权力机构的批准和授权，但仍需取得中国证监会的核准。

### 第二章　本次发行的主体资格

一、经本所律师核查，发行人系依法成立的股份有限公司，具有《证券法》、《公司法》及《管理办法》规定的公开增发股票的主体资格。

1. 经本所律师核查，发行人成立于1993年2月26日，设立时为股份有限公司。发行人的设立符合当时适用的法律、法规及规范性文件的规定。

2. 经本所律师核查，发行人的注册资本已足额缴纳，发起人或股东用作出资的资产的财产权转移手续已办理完毕，发行人的主要财产

不存在重大权属纠纷。

3. 经本所律师核查,发行人的生产经营活动符合法律、行政法规和公司章程的规定,符合国家产业政策及环境保护政策。

4. 经本所律师核查,发行人最近十二个月内主营业务和董事、高级管理人员没有发生重大变化,实际控制人没有发生变更。

5. 经本所律师核查,发行人的股权清晰,发行人第一、第二大股东及实际控制人持有发行人的股份不存在重大权属纠纷。

6. 根据工商、环保、土地、税务、劳动、社会保障、技术监督、安全生产、外汇、海关等发行人主管单位出具的证明,发行人最近三年在上述方面不存在重大违法、违规的经营行为。

二、经本所律师核查,发行人为依法有效存续的股份有限公司,历年均通过了工商行政管理部门的企业年度检验,不存在根据法律、法规以及发行人公司章程规定的需要终止的情形。

综上,本所律师认为,发行人系依法成立并有效存续的股份有限公司,具备《证券法》、《公司法》及《管理办法》规定的关于公开增发股票的主体资格。

## 第三章　本次发行的实质条件

### 一、经本所律师核查,本次发行符合《公司法》有关公开发行股票的规定

(一)本次发行已经发行人 2010 年第一次临时股东大会审议通过,符合《公司法》第 104 条、第 134 条及公司章程的规定。

(二)本次发行的股票面值 1 元,每股发行条件和价格相同,每一股具有同等权利,符合《公司法》第 127 条的规定。

(三)本次发行由主承销商以余额包销的方式承销,符合《公司法》第 88 条的规定。

### 二、经本所律师核查,本次发行符合《证券法》有关公开发行股票的规定

(一)发行人符合《证券法》第 13 条规定的公开发行新股的规定。

1. 发行人已经依法建立并健全了股东大会、董事会、监事会、独立董事、董事会秘书制度,相关机构和人员能够依法履行职责,发行人具备健全且运行良好的组织机构。

2. 根据发行人近三年的审计报告并经本所律师核查,发行人 2007 年度、2008 年度、2009 年度的净利润(合并数)分别为610,535,818.19 元、1,078,859,993.43 元及1,579,306,619.21 元,具有持续盈利能力,财务状况良好。

3. 根据发行人近三年的审计报告及有关部门出具的证明并经本所律师合理核查,发行人近三年财务会计文件无虚假记载,无其他重大违法行为。

(二)经本所律师核查,发行人已与国信证券签订了《保荐协议》和《主承销协议》,聘请国信证券担任保荐人并委托其承销本次发行的股票,符合《证券法》第 11 条、第 28 条、第 30 条及第 32 条关于公开发行股票的规定。

### 三、经本所律师核查,本次发行符合《管理办法》有关公开发行股票的规定

(一)发行人组织机构健全、运行良好,符合《管理办法》第 6 条的规定

1. 发行人公司章程合法有效,股东大会、董事会、监事会和独立董事制度健全,能够依法有效履行职责;

2. 发行人内部控制制度健全,能够有效保证公司运行的效率、合法合规性和财务报告的可靠性;内部控制制度的完整性、合理性、有效性不存在重大缺陷;

3. 发行人现任董事、监事和高级管理人员具备任职资格,能够忠实、勤勉地履行职务,不存在违反《公司法》第 148 条、第 149 条规定的行为,且最近 36 个月内未受到过中国证监会的行政处罚、最近 12 个月内未受过证券交易所的公开谴责;

4. 发行人与控股股东或实际控制人的人员、资产、财务分开,机构、业务独立,能够自主经营管理;

5. 发行人最近 12 个月内不存在违规对外提供担保的行为。

(二)发行人盈利能力具有可持续性,符合《管理办法》第 7 条的规定

1. 扣除非经常性损益后的净利润与扣除前的净利润相比,以低者作为计算依据,发行人 2007 年度、2008 年度、2009 年度归属于上市公司股东的扣除非经常性损益的净利润(合并数)分别为410,411,471.75元、876,101,210.69元

及1,465,225,411.38元,最近三个会计年度连续盈利;

2. 发行人业务和盈利来源相对稳定,不存在严重依赖于控股股东、实际控制人的情形;

3. 发行人现有主营业务或投资方向能够可持续发展,经营模式和投资计划稳健,主要产品或服务的市场前景良好,行业经营环境和市场需求不存在现实或可预见的重大不利变化;

4. 发行人高级管理人员和核心技术人员稳定,最近12个月内未发生重大不利变化;

5. 发行人重要资产、核心技术或其他重大权益的取得合法,能够持续使用,不存在现实或可预见的重大不利变化;

6. 发行人不存在可能严重影响公司持续经营的担保、诉讼、仲裁或其他重大事项;

7. 发行人2008年曾公开发行股票,发行当年营业利润(合并数)为1,187,527,137.28元,2007年营业利润(合并数)为597,768,789.31元,不存在发行当年营业利润比上年下降50%以上的情形。

(三)发行人财务状况良好,符合《管理办法》第8条的规定

1. 发行人会计基础工作规范,严格遵循国家统一会计制度的规定;

2. 发行人近三年财务报表未被注册会计师出具保留意见、否定意见或无法表示意见的审计报告,不存在被注册会计师出具带强调事项段的无保留意见审计事项的情形;

3. 发行人资产质量良好。不良资产不足以对发行人财务状况造成重大不利影响;

4. 发行人经营成果真实,现金流量正常。营业收入和成本费用的确认严格遵循国家有关企业会计准则的规定,近三年资产减值准备计提充分合理,不存在操纵经营业绩的情形;

5. 根据发行人近三年的《审计报告》及年度、年中利润分配方案,发行人近三年以现金方式累计分配的利润为3.21亿元,近三年实现的年均可分配利润为9.09亿元,近三年以现金方式累计分配的利润与近三年实现的年均可分配利润的比例为35.31%,不少于30%。

(四)发行人最近36个月内财务会计文件无虚假记载,且不存在下列重大违法行为,符合《管理办法》第9条的规定

1. 违反证券法律、行政法规或规章,受到中国证监会的行政处罚,或者受到刑事处罚;

2. 违反工商、税收、土地、环保、海关法律、行政法规或规章,受到行政处罚且情节严重,或者受到刑事处罚;

3. 违反国家其他法律、行政法规且情节严重的行为。

(五)根据发行人2010年第一次临时股东大会决议、本次发行募投项目的可行性研究报告、有关政府部门的批准文件、发行人的募集资金管理办法等相关文件,本次发行所募集资金的数额和使用符合《管理办法》第10条的规定

1. 募集资金数额未超过项目需求量;

2. 募集资金用途符合国家产业政策和有关环境保护、土地管理等法律和行政法规的规定;

3. 本次募集资金不是为持有交易性金融资产和可供出售的金融资产、借予他人、委托理财等财务性投资,不是直接或间接投资于以买卖有价证券为主要业务的公司;

4. 募集资金投资项目实施后,不会与发行人控股股东或实际控制人产生同业竞争或影响公司生产经营的独立性;

5. 发行人已建立募集资金专项存储制度,募集资金将存放于发行人董事会决定的专项账户。

(六)经发行人书面声明并经本所律师核查,本次发行符合《管理办法》第11条的规定,不存在以下不得公开发行证券的情形:

1. 本次发行申请文件有虚假记载、误导性陈述或重大遗漏;

2. 擅自改变前次公开发行证券募集资金的用途而未作纠正;

3. 发行人最近12个月内受到过证券交易所的公开谴责;

4. 发行人及其控股股东或实际控制人最近12个月内存在未履行向投资者作出的公开承诺的行为;

5. 发行人或其现任董事、高级管理人员因涉嫌犯罪被司法机关立案侦查或涉嫌违法违规被中国证监会立案调查;

6. 严重损害投资者的合法权益和社会公共利益的其他情形。

(七)发行人在近三个会计年度加权平均净资产收益率、持有金额较大的金融资产和可

供出售的金融资产、本次发行定价等方面符合《管理办法》第13条的规定

1. 根据发行人近三年的审计报告、年度报告,发行人2007年度、2008年度、2009年度扣除非经常性损益后的加权平均净资产收益率分别为19.83%、25.46%及24.76%,不低于6%,符合《管理办法》第13条第(1)款的规定;

2. 根据发行人书面声明及发行人2009年度审计报告、年度报告等公开披露的资料,发行人最近一期末不存在持有金额较大的交易性金融资产和可供出售的金融资产、借予他人款项、委托理财等财务性投资的情形,符合《管理办法》第13条第(2)款的规定;

3. 根据发行人2010年第一次临时股东大会决议,本次发行的定价原则为"不低于公告招股意向书前二十个交易日公司股票均价或前一个交易日价格,最终发行价格由发行人与保荐机构(主承销商)确定",符合《管理办法》第13条第(3)款的规定。

综上,本所律师认为,本次发行已符合《公司法》、《证券法》、《管理办法》规定的上市公司公开发行股票的实质条件。

## 第四章 发行人的设立

发行人系经自治区经济体制改革委员会《关于设立新疆特种变压器制造股份有限公司的批复》(新体改〔1993〕095号)批准,由昌吉市特种变压器厂、昌吉电力实业总公司、自治区技术改造投资公司、自治区投资公司共同发起,以定向募集方式设立,并于1993年2月26日在昌吉回族自治州工商行政管理局登记注册的股份有限公司。

经核查,本所律师认为:

一、发行人设立的程序、资格、条件、方式等符合当时有效的法律、法规和规范性文件的规定,并得到了有权部门的批准;

二、发行人在设立过程中所签订的发起人协议符合当时有效的法律、法规和规范性文件的规定,不会引致发行人设立行为存在潜在纠纷;

三、发行人设立过程中履行了必要的验证、验资等程序,符合当时有效的法律、法规和规范性文件的规定;

四、发行人创立大会的召开及所议事项符合当时有效的法律、法规和规范性文件的规定,创立大会决议合法有效。

## 第五章 发行人的独立性

### 一、发行人的业务独立

经本所律师核查,发行人业务独立于股东单位及其他关联方,具有完整的业务体系和直接面向市场独立经营的能力。发行人与其第一、第二大股东、实际控制人及其他关联方之间不存在同业竞争,以及严重影响发行人独立性或显失公允的关联交易。

### 二、发行人的资产独立

经本所律师核查,发行人资产独立完整。发行人具备与生产经营相关的生产系统、辅助生产系统及配套设施,合法拥有与生产经营有关的土地使用权,以及厂房、机器设备、商标、专利、非专利技术的所有权;发行人不存在资金被第一、第二大股东、实际控制人及其控制的其他企业违规占用的情形。

### 三、发行人的人员独立

经本所律师核查,发行人人员独立。发行人董事、监事、高级管理人员按照《公司法》、公司章程及其他有关规定产生,不存在股东单位越级任命的情形;发行人总经理、执行总经理、副总经理、总工程师、总会计师、总经济师和董事会秘书等高级管理人员未在第一、第二大股东、实际控制人及其控制的其他企业中担任除董事、监事以外的其他职务,未在第一、第二大股东、实际控制人及其控制的其他企业领薪;发行人财务人员未在第一、第二大股东、实际控制人及其控制的其他企业中兼职。发行人按照国家劳动法律、法规及相关规范性文件建立了相关的劳动、人事、薪酬制度。发行人员工身份、资格、合同关系、劳动人事制度、社会统筹等事项与第一、第二大股东及其他企业相互独立。

### 四、发行人的机构独立

经本所律师核查,发行人机构独立。发行人已建立健全内部经营管理机构,独立行使经营管理职权,与第一、第二大股东、实际控制人及其控制的其他企业间不存在机构混同的情形。

## 五、发行人的财务独立

经本所律师核查,发行人财务独立。发行人已建立独立的财务核算体系、独立的银行账户,独立纳税,能够独立作出财务决策。

## 六、经本所律师核查,发行人具有完整的业务体系和直接面向市场独立经营的能力。

# 第六章　发行人的主要股东及实际控制人

## 一、持有发行人5%以上股份的股东

根据发行人公开披露的年度报告、审计报告,截至基准日,持有发行人5%以上股份的股东如下:

(一)特变集团(发行人第一大股东)

特变集团成立于2003年1月27日,持有注册号为650000059001770的《企业法人营业执照》,法定代表人陈伟林,住所地乌鲁木齐市高新街230号,注册资本、实收资本7,500万元,经营范围为一般经营项目(国家法律、法规有专项审批规定的项目除外):货物与技术的进出口业务;经济信息咨询服务;投资业务;金属材料、机械设备及配件、建材的销售;变压器配件、金属铸件、橡胶制品、塑料制品、机电产品、五金交电、化工产品的生产、销售;电镀加工;再生物质回收;变压器维修;金属制品加工。股权结构为张新持有其40.08%的股权,陈伟林持有其33.61%的股权、叶军持有其9.73%的股权、吕新福持有其9.06%的股权、孟庆荣持有其7.52%的股权。

截至基准日,特变集团持有发行人218,208,198股股份,占发行人已发行股份的12.14%,其中27,750,000股股份被质押。

(二)新疆宏联(发行人第二大股东)

新疆宏联成立于2001年9月7日,持有注册号为310109000284798的《企业法人营业执照》,法定代表人孟庆荣,住所为乌鲁木齐经济技术开发区口岸路34号507室,注册资本、实收资本7,703万元,经营范围为一般经营项目(国家法律、法规规定有专项审批的项目除外):实业投资、投资管理咨询;日用百货;五金交电;金属材料;机电设备;家用电器;办公家具;仪器仪表;建筑材料的销售;货物与技术的进出口业务;商务咨询。股权结构为张新持有其7.27%的股权、叶军持有其2.34%的股权、陈伟林持有其1.40%的股权、魏玉贵等其他26名股东合计持有其88.99%的股权。

截至基准日,新疆宏联持有发行人147,448,026股股份,占发行人已发行股份的8.20%,不存在股份被质押或冻结的情形。

## 二、发行人实际控制人

根据发行人近三年历次股东大会、董事会、监事会会议记录、会议决议、年度报告、审计报告等公开披露的信息,张新先生为发行人实际控制人。

根据发行人公开披露的年度报告,截至基准日,张新先生直接持有发行人201,466股股份,不存在被质押或冻结的情形;张新先生持有发行人第一大股东特变集团40.08%的股权,持有发行人第二大股东新疆宏联7.27%的股权。

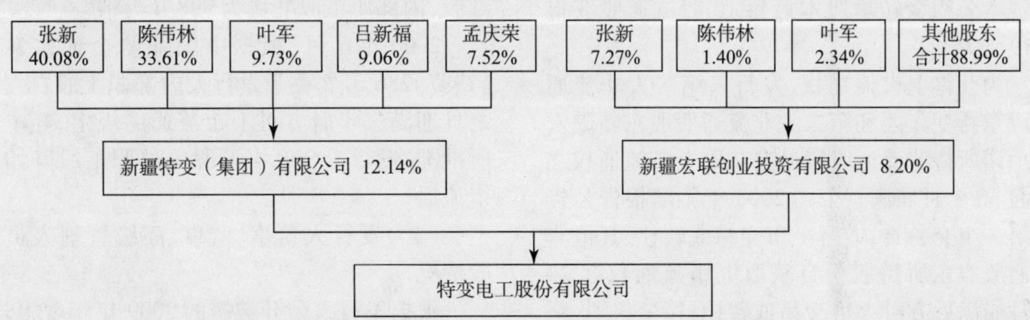


发行人实际控制人张新先生简介:

张新先生,男,汉族,47岁,党员,大专学历,高级工程师职称,未取得其他国家或地区居留权。张新先生参与了发行人的发起设立,自

1993 年 2 月 26 日发行人设立以来,张新先生为发行人历届董事会成员,近五年一直担任发行人董事长。

## 第七章　发行人的股本及其演变

### 一、经本所律师核查,自发行人设立以来,发行人历次股权变动均合法、合规、真实、有效

### 二、发行人股权分置改革方案及其实施情况

2006 年 3 月 6 日,发行人全体非流通股股东签订《关于特变电工股份有限公司股权分置改革方案动议的协议书》,同意发行人进行股权分置改革,并授权董事会制定、修改股权分置改革方案并报相关主管部门审批。

2006 年 4 月 17 日,发行人召开了 2006 年第一次临时股东大会暨股权分置改革相关股东会议,审议通过了《特变电工股份有限公司资本公积金转增股本及股权分置改革方案》。

2006 年 4 月 25 日,发行人董事会发布了《特变电工股份有限股权分置改革方案实施公告》,宣布以 2006 年 4 月 21 日为资本公积金转增股本股权登记日,已向该登记日登记在册的全体股东以资本公积金转增股本每 10 股转增 1 股,公司全体非流通股东以获得的全部转增股份共计16,779,643股向股权登记日登记在册的全体流通股股东支付对价,每 10 股流通股获得约 0.69 股的股权对价。发行人全体非流通股股东向股权登记日登记在册的全体流通股股东共计支付 28,972,798 股对价,按资本公积金转增股本前每 10 股流通股获得 1.31 股对价,按资本公积金转增股本后每 10 股流通股获得 1.19 股对价。

为获得上市流通权,发行人第一大非流通股股东特变集团和第二大非流通股股东新疆宏联承诺所持非流通股股份自获取上市流通权之日起 36 个月届满且公司 2008 年年度报告公告后第一个交易日,方可上市交易或转让,其他非流通股股东所持股份自获取上市流通权起 24 个月届满后方可上市交易或转让;特变集团、新疆宏联所持非流通股份自获取上市流通权之日至限售期 36 个月届满后 24 个月内,当价格低于 7.1 元/股时,不减持发行人股份,其他非流通股股东所持股份自获取上市流通权之日至限售期 24 个月届满后 36 个月内,当价格低于 7.1 元/股时,不减持发行人股份。

上述股权分置方案实施后,发行人注册资本增至 427,019,416.00 元,股本总额增至 427,019,416 股。其中,有限售条件的流通股 138,923,631 股,无限售条件的流通股 288,095,785股。

### 三、发行人内部职工股上市及董事、监事、高级管理人员持股情况

(一)发行人内部职工股演变及上市交易

根据昌吉市审计师事务所出具的昌市社审验字〔93〕315 号《验资报告》、发行人设立时的公司章程记载,1993 年 2 月 26 日发行人设立时,发行人内部职工出资 300 万元,持股 300 万股,占发行人总股本的 19.35%。

1996 年 4 月,发行人增资扩股 3,618 万股,总股本增至 5,168 万股,内部职工持股比例变更为 5.80%。

1997 年 5 月,中国证监会证监发字〔1997〕286 号《关于新疆特变电工股份有限公司申请公开发行股票的批复》规定,发行人已托管的 300 万股内部职工股,自新股发行之日起满三年后,方可上市流通。发行人首次公开发行股票完成后,内部职工持股持股比例变更为 3.67%。

1998 年 10 月,发行人向全体股东配股,内部职工股变更为 390 万股,持股比例变更为 4.18%;1998 年 12 月,发行人实施资本公积金转增股本,内部职工股变更为 624 万股;2000 年 4 月,发行人实施资本公积金转增股本和送红股,内部职工股变更为 998.4 万股。

2000 年 6 月,根据中国证监会证监发字〔1997〕286 号文关于发行人内部职工股自发行之日期满三年后方可上市流通的规定,经上交所批准,发行人 998.4 万股内部职工股开始上市流通。

(二)发行人董事、监事、高级管理人员持股情况

根据发行人公开披露的 2009 年年度报告,截至基准日,发行人董事、监事、高级管理人员持有发行人股份的情况如下:

| 序号 | 姓名 | 在发行人担任职位 | 股份数(股) |
|---|---|---|---|
| 1 | 张新 | 董事长 | 201,466 |
| 2 | 叶军 | 董事、总经理 | 183,331 |
| 3 | 陈伟林 | 董事 | 7,288 |
| 4 | 孙卫红 | 独立董事 | 10,725 |
| 5 | 孙健 | 监事 | 26,859 |
| | | 合计 | 429,669 |

**四、发行人首期股票期权激励计划及其实施情况**

2007年6月18日,发行人2007年第六次临时董事会审议通过了《特变电工股份有限公司首期股票期权激励计划(草案)》,发行人拟授予激励对象1,000万份人民币普通股股票期权,每份股票期权拥有在激励计划有效期内的可行权日以行权价格和行权条件购买一股发行人股票的权利。

2007年6月19日,发行人2007年临时监事会会议审议通过了"对发行人首期股票期权激励计划激励对象名单进行核查的议案",认为发行人首期股票期权激励计划激励对象具备《公司法》、公司章程等法律、法规及规范性文件规定的任职资格,符合《上市公司股权激励管理办法(试行)》规定的激励对象条件,其作为发行人首期股票期权激励对象合法、有效。

2008年1月2日,发行人2008年第一次临时董事会审议通过了"《特变电工股份有限公司股票期权激励计划(草案)修订稿》的议案",发行人因实施资本公积金转增股本,股票期权计划相应调整为公司拟授予激励对象2000万份股票期权,每份股票期权拥有在激励计划有效期内的可行权日以行权价格和行权条件购买一股发行人人民币普通股股票的权利。

2008年5月12日,发行人2008年第七次临时董事会会议审议通过了"关于暂停股权激励事宜的议案",决定暂停股权激励计划,待公司2008年度增发工作完成后再根据公司的实际情况及股权激励相关文件要求重新推出股权激励计划。

## 第八章　发行人的业务

**一、经本所律师核查,发行人的经营范围、经营方式符合相关法律、法规和规范性文件的规定**

**二、发行人在中国大陆以外经营的情况**

经本所律师核查,沈变公司在美国投资设立了TBEA USA Co.,主要从事变压器、电缆等产品的销售和贸易、咨询等业务。该公司的设立已经按照相关法律、法规和规范性文件的规定履行了境外投资的境内审批程序。

**三、发行人主营业务未发生变更**

经本所律师核查,发行人自设立以来主要从事变压器、电线电缆及新能源产品的生产和销售,主营业务未发生变更。

**四、发行人主营业务突出**

经本所律师核查,发行人2007年度、2008年度、2009年度的主营业务收入占营业收入的比例分别为96.55%、97.77%和97.15%,主营业务突出。

**五、发行人持续经营情况**

经本所律师核查,发行人在持续经营方面不存在法律障碍。

## 第九章　关联交易及同业竞争

**一、关联交易**

(一)发行人的关联方及与关联方的关联关系

根据《公司法》、《企业会计准则第36号——关联方披露》(财会〔2006〕3号)、《上海证券交易所股票上市规则》等法律、法规和规范性文件的规定,发行人的关联方主要包括:

1. 持有发行人5%以上股份的股东

截至基准日,持有发行人5%以上股份的股东为特变集团和新疆宏联。

2. 发行人的实际控制人

发行人的实际控制人为张新先生。

3. 持有发行人5%以上股份的股东及实际

控制人控制的除发行人及发行人子公司以外的其他企业

(1)特变集团直接或间接控制的企业:新疆特变机电设备制造有限公司、昌特公司、新疆特变电工自控设备有限公司、湘阳特公司、新疆特变电工国际成套工程承包有限公司、新疆特变电工房地产开发有限责任公司、新疆华凌市场开发有限公司、华凌物流股份有限公司、新疆特变集团矿业有限公司、新疆特变集团青河矿业有限公司、新疆特变集团富蕴矿业有限公司、新疆盈旭房地产开发有限公司、新疆特变阳光房地产开发有限公司、新疆新特房物业管理有限责任公司、阜康市博腾煤化工有限公司、新疆诚信建筑装饰工程有限责任公司、新疆天瑞机械制造有限公司、新疆特变房地产开发有限责任公司。

(2)新疆宏联直接或间接控制的企业:上海金华融通进出口有限责任公司。

4. 发行人实际控制人控制的除发行人及发行人子公司以外的其他企业

除发行人及发行人控股子公司以外,张新先生还是新疆众和的实际控制人。

5. 发行人控股及参股子公司

(1)发行人控股子公司:沈变公司、衡变公司、鲁缆公司、硅业公司、新能源公司、天池能源、天变公司、物业服务公司、新特边贸、电工材料、康嘉互感器、特变电工新利钢(沈阳)金属制品有限公司、德缆公司、德阳新特电工有限公司、特变电工昭和(山东)电缆附件有限公司、碧辟佳阳、碧辟普瑞、新疆桑欧、新疆新索环境能源有限公司、西藏聚能科技有限公司。

(2)发行人主要参股子公司:新疆众和、新疆新特顺电力设备有限责任公司、新疆信息产业有限责任公司、武汉华瑞电力科技股份有限公司。

6. 其他关联方

发行人及发行人第一、第二大股东的关键管理人员(董事、监事及高级管理人员),发行人关键管理人员关系密切的家庭成员,以及该等关键管理人员、关系密切的家庭成员所控制、共同控制或施加重大影响的除发行人及其控股子公司以外的企业。

(二)发行人与关联方之间的重大关联交易

1. 日常性关联交易

根据发行人公开披露的近三年的年度报告、审计报告、专项审计报告以及发行人与关联方签署的关联交易合同、发行人董事会、股东大会决议等文件,发行人报告期内发生的日常性关联交易如下:

(1)向关联方采购货物及劳务

| 关联方 | 关联交易内容 | 定价原则 | 2009 年度(单位:元) | 2008 年度(单位:元) | 2007 年度(单位:元) |
|---|---|---|---|---|---|
| 特变集团 | 油箱、控制柜、电控柜、阀门等 | 市场价 | 113,119,135.94 | 105,384.62 | 0.00 |
| 昌特公司 | 油箱、导电杆 | 市场价 | 38,414,276.33 | 37,378,821.98 | 30,062,010.36 |
| 新疆特变机电设备制造有限公司 | 油箱 | 市场价 | 8,409,454.39 | 25,650,724.33 | 20,357,480.37 |
| 新疆众和 | 铝杆、铝锭 | 市场价 | 37,625,708.58 | 29,890.94 | 7,564,165.27 |
| 新疆特变电工国际成套工程承包有限公司 | 工程 | 市场价 | 36,647,448.31 | 29,122,393.00 | 23,960,000.00 |
| 沈阳市天阳输变电配件有限公司 | 油箱、铜件加工 | 市场价 | 23,656,743.00 | 18,349,302.98 | 15,497,201.42 |
| 湘阳特公司 | 油箱、铜排 | 市场价 | 64,191,991.25 | 106,024,715.53 | 70,821,905.60 |
| 上海金华融通进出口有限责任公司 | 绝缘纸板、开关等 | 市场价 | 17,112,015.80 | 38,887,822.27 | 41,953,688.67 |
| 新疆特变电工自控设备有限公司 | 温控柜 | 市场价 | 1,755,555.53 | 1,413.33 | 4,377,558.27 |

1)2007年2月25日，衡变公司、湘阳特公司签订《工矿产品长期供货协议》，衡变公司向湘阳特公司购买油箱、铜制加工件及其他变压器配件。其中：110kV油箱按9,600元/吨结算，110kV及以上添加油箱按9,800元/吨结算，包含油阀、螺杆、油样活门等附件；35kV及以下油箱的带片散变压器油箱按8,800元/吨结算，带波纹片变压器油箱按9,600元/吨结算，电炉变油箱按8,980元/吨结算，美式变压器油箱按8,400元/吨结算，添加油桶按8,000元/吨结算，包含油阀、螺杆、油样活门等附件，低磁钢板根据单台定额重量，按13,000元/吨进行价格补差；铜制件价格=（铜单价+加工费）×铜净重，加工费为35元/公斤，铜单价按订单下发前10个交易日的期货平均价+外购板（或带、管）的加工费执行；其他变压器配件按市场价格执行。协议有效期自2007年1月1日起至2007年12月31日。

2)2007年2月25日，衡变公司、衡阳天岳电器有限公司（原特变集团下属子公司，已注销）签订《工矿产品长期供货协议》，约定内容同上。

3)2007年2月25日，沈变公司、沈阳市天阳输变电配件有限公司（正在办理注销手续）签订《委托加工协议》，沈变公司将变压器油箱、配件、辅助件及铜件的加工任务部分委托给沈阳市天阳输变电配件有限公司承担，预计全年委托加工量不超过2,000万元。其中，油箱、油枕、夹件（含拉板无磁钢板）加工费按1,200元/吨×产品净重结算，接地片、铜管的加工费按40.90元/公斤结算，引线铜排、铜棒及其他的加工费按39.50元/公斤结算，特殊铜线的价格一单一议，原则是：加工费由加工方提出核算依据，经委托方签字确认后执行，铜件原材料价格按上海期货交易所当月期平均价格核定。协议有效期自2007年1月1日起至2007年12月31日，有效期内，加工方不得向委托方以外的任何一方加工相同的产品。

发行人五届四次董事会会议、2006年度股东大会审议通过了上述1)至3)项关联交易议案，关联董事张新、叶军、李边区、陈伟林回避了董事会对该项议案的表决，关联股东特变集团回避了股东大会对该项议案的表决。

4)2007年2月25日，发行人、上海金华融通进出口有限责任公司签订《供货协议》，发行人向上海金华融通进出口有限责任公司购买香港顺兴电力辽阳纸板厂生产的绝缘纸板及ABB公司的开关，供货数量全年约为1,500吨，价格按照市场原则，招标确定。

发行人五届四次董事会会议、2006年度股东大会审议通过了上述关联交易议案，关联董事张新、叶军、李边区、陈伟林、雷霆回避了董事会对该项议案的表决，关联股东新疆宏联回避了股东大会对该项议案的表决。

5)2008年2月18日，新变厂、昌特公司、新疆特变机电设备制造有限公司签订《变压器油箱、配件、铜件采购及委托加工协议》，发行人向昌特公司、新疆特变机电设备制造有限公司采购变压器油箱及配件，并委托其加工铜排、铜管等铜件，预计采购金额3,000万元。变压器油箱定价原则为钢材+加工费[钢材价格参考酒泉钢铁公司销售中板（8mm）的三个月均价确定，加工费参考采购方当地同类产品市场价格确定]；铜件定价原则为钢材（上海期货交易所当月期货价格）+加工费（参考采购方当地同类产品市场价格确定）；特殊产品的加工费协商确定。协议履行期1年，自采购方股东大会通过之日起执行。

6)2008年2月18日，衡变公司、湘阳特公司、衡阳天岳电气有限公司（2008年注销）签订《变压器油箱、配件、铜件采购及委托加工协议》，衡变公司向湘阳特公司、衡阳天岳电气有限公司采购变压器油箱及配件，并委托其加工铜排、铜管等铜件，预计采购金额5,000万元。变压器油箱定价原则为钢材+加工费（钢材价格参考同类商品的市场价格确定，加工费参考采购方当地同类产品市场价格确定）；铜件定价原则为钢材（上海期货交易所当月期货价格）+加工费（参考采购方当地同类产品市场价格确定）；特殊产品的加工费协商确定。协议履行期1年，自采购方股东会通过之日起执行。各方还对材料选用、技术工艺、产品交货期、产品验收、结算付款、违约责任等做了约定。

7)2008年2月18日，沈变公司、沈阳市天阳输变电配件有限公司签订《变压器油箱、配件、铜件采购及委托加工协议》，沈变公司委托沈阳市天阳输变电配件有限公司加工变压器油箱及配件、铜排、铜管等铜件，预计采购金额

3,000万元。变压器油箱定价原则为钢材+加工费(钢材价格参考同类商品的市场价格确定,加工费参考采购方当地同类产品市场价格确定);铜件定价原则为钢材(上海期货交易所当月期货价格)+加工费(参考采购方采购方当地同类产品市场价格确定)。协议履行期1年,自采购方股东大会通过之日起执行。

发行人五届八次董事会会议、2007年度股东大会审议通过了上述5)至7)项关联交易议案,关联董事张新、叶军、陈伟林回避了董事会对该项议案的表决,关联股东特变集团回避了股东大会对该项议案的表决。

8)2009年3月27日,发行人、特变集团昌吉电气分公司、昌特公司签订《变压器油箱、配件、铜件采购协议》,发行人向特变集团昌吉电气分公司采购变压器油箱及配件、辅助件,预计全年采购2,800万元;向昌特公司采购变压器油箱、铜件、配件、辅助件,预计全年采购7,500万元。其中,油箱、油枕定价原则为:110kV以下的波纹油箱(含波纹片)、油枕附件、片散式油箱、矿用变油箱(扁管式);油箱价格定价原则为:钢材[钢材均价为酒泉钢铁公司销售中板(8mm板为基础)的三个月均价]+加工费,油箱价格具体按下列结算价格执行:

| 序号 | 外协件名称 | 结算价格(元/吨) |
|---|---|---|
| 1 | 波纹油箱(含波纹片) | 13,200 |
| 2 | 油枕附件 | 11,000 |
| 3 | 片散式油箱 | 9,000 |
| 4 | 矿用变油箱(扁管式) | 13,500 |

*钢材价格发生变动的,经双方协商,可以调整上述结算价格。

110kV以上的油箱、油枕价格定价原则为:(钢材均价+加工费单价)×结算重量;钢材均价为酒泉钢铁公司销售中板(8mm板为基础)的三个月均价;220kV级、整流变、电炉变油箱及配套附件上使用的无磁钢板(夹件拉板除外)按照无磁钢板市场价格确定;2009年加工费单价为5,800元/吨。110kV及以下变压器铜件价格定价原则为:特变集团昌吉电气分公司、昌特公司加工铜件所需铜材向发行人采购,加工费根据生产工艺的难易程度及要求确定,预计为18,000元/吨;控制柜及其他配件产品的价格按市场价格确定。协议截止日期为2009年12月31日。各方还对技术资料、过程加工办法、产品验收、产品交货、结算付款方式及违约责任作了约定。

9)2009年3月27日,沈变公司、特变集团沈阳电气分公司、沈阳市天阳输变电配件有限公司签订《变压器油箱、配件、铜件加工协议》,沈变公司向特变集团沈阳电气分公司提出变压器油箱及桥架产品的加工计划,预计全年采购1,500万元;向沈阳市天阳输变电配件有限公司提出变压器油箱及配件、铜排、铜管等铜件产品的加工计划,预计全年采购2,500万元。其中,加工变压器油箱及附件的钢材、耗材由沈变公司提供,钢材大料的切割、折弯由沈变公司承担,焊接、喷漆等由特变集团沈阳电气分公司、沈阳市天阳输变电配件有限公司承担,加工变压器油箱的加工费为1,600元/吨;220kV以上变压器铜件价格按铜材市场价格+加工费结算,铜材由加工方采购,按沈变公司下单前10日铜材期货市场价格确定,加工费为42,000元/吨;铭牌、铁芯、桥架及电控柜等价格按各方确定的价格执行。协议截止日期为2009年12月31日。

10)2009年3月27日,衡变公司、特变集团衡阳电气分公司、湘阳特公司签订《变压器油箱、配件、铜件采购协议》,衡变公司向特变集团衡阳电气分公司采购铜排、铜管等铜件产品、变压器密封件、蝶阀、套管及电控柜等,预计全年采购8,300万元;向湘阳特公司采购变压器油箱及配件、铜排、铜管等铜件产品,预计全年采购6,400万元。变压器油箱的定价原则为:110kV及以上的油箱、油枕按(钢材价格+加工费)×结算重量计算,钢材价格衡阳市当地钢材市场的价格确定,加工费为5,400元/吨-5,800元/吨。使用低(无)磁钢板的,按市场价格确定。110-220kV变压器铜价价格按订单下发前10日铜材期货市场均价+铜件加工费确定。加工费为35,000元/吨。其他配件按双方协商确定价格执行。协议截止日期为2009年12月31日。

发行人五届十二次董事会会议及2008年度股东大会审议通过了上述8)至10)项关联交易议案,关联董事张新、叶军、陈伟林回避了董事会对上述议案的表决,关联股东特变集团回避了股东大会对上述议案的表决。

11)2009 年 3 月 27 日,发行人、新疆众和签订《产品买卖协议》,发行人向新疆众和购买重熔用铝锭 5,200 吨、铝杆5,000吨,重熔用铝锭价格以发货当月的上海期货月度加权平均价为准,铝杆以发货当月的上海期货月度加权平均价为基础,每吨上浮 450 元。协议有效期截至 2009 年 12 月 31 日。

发行人五届十二次董事会会议审议通过了上述关联交易议案,关联董事张新、李建华回避表决。

12)2009 年 8 月 27 日,鲁缆公司、新疆众和签订《产品买卖协议》,鲁缆公司向新疆众和采购电工圆铝杆 1,500 吨,价格以上海期货交易所铝锭月度加权平均价为基础,每吨上浮 980 元(含运输费)。

(2)向关联方销售货物及提供劳务

| 关联方 | 关联交易内容 | 定价原则 | 2009 年度(单位:元) | 2008 年度(单位:元) | 2007 年度(单位:元) |
|---|---|---|---|---|---|
| 新疆新特顺电力设备有限责任公司 | 变压器 | 市场价 | 247,247.86 | 1,253,649.57 | 4,687,505.97 |
| 新疆众和 | 变压器、电线电缆 | 市场价 | 3,789,818.68 | 4,989,887.96 | 9,712,702.41 |
| 沈阳市天阳输变电配件有限公司 | 材料及水、电 | 市场价 | 495,038.26 | 637,006.73 | 845,406.23 |
| 湘阳特公司 | 材料 | 市场价 | 11,223,644.80 | 9,588,771.46 | 14,616,874.06 |
| 新疆特变电工国际成套工程承包有限公司 | 电线电缆 | 市场价 | 1,737,671.47 | 459,874.55 | 3,678,684.47 |
| 上海金华融通进出口有限责任公司 | 材料 | 市场价 | 0.00 | 0.00 | 170,482.47 |
| 昌特公司 | 材料及水、电、气 | 市场价 | 7,061,923.44 | 6,022,823.38 | 0.00 |
| 特变集团 | 工程 | 市场价 | 3,093,287.10 | 70,062.75 | 0.00 |
| 武汉华瑞电力科技股份有限公司 | 电缆 | 市场价 | 0.00 | 114,358.97 | 0.00 |
| 新疆特变机电设备制造有限公司 | 材料及水、电 | 市场价 | 1,132,981.69 | 0.00 | 0.00 |
| 新疆特变电工自控设备有限公司 | 变压器、电线电缆、水电 | 市场价 | 139,419.71 | 0.00 | 0.00 |

2. 偶发性关联交易

(1)2008 年 9 月 5 日,发行人、特变集团签订《出售/购买资产协议书》,发行人从特变集团购买与发行人相邻的土地证号为昌市国用〔2008〕第 20080606 号的土地使用权、地上附着物,其中土地面积197,427.04平方米,建筑物面积共计53,925.07平方米。经新疆华夏资产评估有限公司评估,出售资产评估价值为86,969,952.60元,双方同意以评估价值作为本次出售/购买资产的价格。

发行人 2008 年第十二次临时董事会会议审议通过了上述议案,关联董事张新、叶军、陈伟林回避了对该项议案的表决。

(2)2008 年 8 月 18 日,硅业公司、新疆特变电工房地产开发有限公司签订《协议书》,硅业公司向新疆特变电工房地产开发有限公司购买特变·水木融城小区 27#、28#,共 2 栋楼、6 个单元、72 套房屋,建筑面积累计 9,253.8 平方米,合同总价 27,683,042 元。

(3)2008 年 8 月 18 日,发行人、新疆特变电工国际成套工程承包有限公司签订《建筑工程施工合同》(合同编号:TBEAGJCT20080818),发行人将塔吉克斯坦杜尚别 500kV 架空输电线路工程变电站前期三通一平工程发包给新疆特变电工国际成套工程承包有限公司,竣工日期为2008年12月31日,工程总价款为49,180,600元。

发行人2008年第十一次临时董事会会议审议通过了上述(2)、(3)项关联交易议案,关联董事张新、叶军、陈伟林回避了对上述议案的表决。

(4)2008年1月18日,发行人、特变集团、新疆宏联、峨嵋半导体材料研究所签订了《特变电工多晶硅有限公司出资协议书》、《特变电工新疆硅业公司章程》,共同出资4亿元成立硅业公司,其中发行人出资3亿元,占75%;峨嵋半导体材料研究所出资4,000万元,占10%;特变集团出资3,000万元,占7.5%;新疆宏联出资3,000万元,占7.5%。

发行人2008年第二次临时董事会审议通过了上述关联投资议案,关联董事张新、叶军、李边区、陈伟林、雷霆回避表决。

(5)2008年11月,发行人、特变集团签订《股权转让协议》,发行人将所持新疆特变电工自控设备有限公司49%的股权转让给特变集团,转让价款148.92万元,转让后发行人不再持有新疆特变电工自控设备有限公司股权。

(6)2008年11月,衡变公司、湘阳特公司签订《股权转让协议》,衡变公司将所持新疆特变电工自控设备有限公司27.5%的股权转让给湘阳特公司,转让价款83.6万元,转让后衡变公司不再持有新疆特变电工自控设备有限公司股权。

(7)2008年12月,天池能源、新疆特变电工房地产开发有限公司签订《股权转让协议》,天池能源将所持阜康市博腾煤化工有限公司30%的股权转让给新疆特变电工房地产开发有限公司,转让价款22.57万元,转让后天池能源不再持有阜康市博腾煤化工有限公司股权。

(8)2009年3月1日,发行人控股子公司沈变公司与发行人第一大股东特变集团沈阳电气分公司签订《房屋租赁合同》,沈变公司将位于沈阳经济技术开发区开发大路32号,建筑面积200平米的房屋租赁给特变集团沈阳电气分公司用于生产,租赁期限自2009年3月1日至2012年2月31日,租金总额132,000元。

(三)经本所律师核查,发行人与关联方之间发生的上述关联交易,是其正常生产经营所必需的,定价原则均依照市场交易价格确定,定价公允、合理,未损害发行人及其他股东的利益,符合发行人及全体股东的最大利益。

(四)经本所律师核查,发行人公司章程、《股东大会议事规则》、《董事会议事规则》、《特变电工股份有限公司关联交易公允决策制度》等制度中,对关联交易的公允决策程序进行了规定。

(五)经本所律师核查,发行人第一、第二大股东及实际控制人已承诺采取有效措施进一步规范和减少关联交易。

## 二、同业竞争

经本所律师核查,发行人与特变集团、新疆宏联、张新先生及其控制的其他企业之间不存在同业竞争,发行人已采取和承诺采取有效措施避免同业竞争,并已对该等措施和承诺进行了充分披露。

# 第十章 发行人主要财产

## 一、房产及土地使用权

(一)土地使用权

1. 经本所律师核查,截至本法律意见书出具之日,发行人及其控股子公司共拥有41宗土地使用权。

2. 根据发行人提供的土地他项权利证明书并经本所律师核查,沈变公司拥有的权证号为沈开国用〔2009〕第000101号的土地使用权已设置抵押,抵押期限至2015年5月25日。

3. 根据发行人提供的土地他项权利证明书并经本所律师核查,衡变公司拥有的权证号为衡国用〔2005A〕第301176号、衡国用〔2005A〕第301178号、衡国用〔2007A〕第301218号、衡阳国用〔2009A〕字第06-16366号的土地使用权已设置抵押。其中,衡国用〔2005A〕第301176号、衡国用〔2005A〕第301178号土地使用权的抵押期限至2010年12月18日;衡国用〔2007A〕第301218号、衡阳国用〔2009A〕字第06-16366号土地使用权抵押期限分别至2011年3月2日、2012年12月9日。

4. 根据发行人提供的土地他权证权利证明书并经本所律师核查,鲁缆公司拥有的权证号为新国用〔2003〕第0211号的土地使用权已设置抵押。

5. 根据发行人提供的土地他权证权利证明书并经本所律师核查，德缆公司拥有的权证号为德旌区开发区国用〔2003〕字第099号、德旌区开发区国用〔2006〕第0100号、德旌区开发区国用〔2006〕第00108号的土地使用权已设置抵押。

6. 根据沈变公司、沈阳市铁西区人民政府于2007年4月27日签订的《协议书》的约定，沈变公司拥有的铁西国用〔2003〕字第212号、铁西国用〔2007〕字第1号土地使用权将由铁西区人民政府收回。

（二）房屋所有权

1. 经本所律师核查，发行人及其控股子公司共拥有房产202处。其中，发行人83处，沈变公司32处，衡变公司40处，鲁缆公司19处，新能源公司4处，天池能源12处，天变公司2处，德缆公司10处。

2. 根据发行人提供的房产证书并经本所律师核查，沈变公司拥有的权证号为沈房权证市铁西字第10589号、沈房权证市铁西字第10599号、沈房权证市铁西字第10600号、沈房权证市铁西字第10609号、沈房权证市铁西字第10614号的5处房产已设置抵押，抵押期限至2011年6月22日。

3. 根据发行人提供的房产证书并经本所律师核查，衡变公司拥有的40处房产已设置抵押，抵押期限至2010年12月31日。

4. 根据发行人提供的房产证书并经本所律师核查，鲁缆公司拥有的权证号为新房权证新字第GMG00101号、新房权证新字第GMG00101－1号、新房权证新字第GMG00101－2号、新房权证新字第GMG000123号的4处房产已设置抵押。

5. 根据发行人提供的房产证书并经本所律师核查，除权证号为102房地证2006字第03893号的房产外，德缆公司拥有的其余9处房产已设置抵押。

## 二、除土地使用权之外的其他无形财产

（一）探矿权

经本所律师核查，天池能源拥有位于吉木萨尔县、昌吉奇台县的10宗探矿权。

（二）专利权

1. 经本所律师核查，发行人拥有实用新型专利13项；沈变公司拥有专利59项。其中，发明9项，实用新型48项，外观设计2项；衡变公司拥有专利88项。其中，发明7项，实用新型80项，外观设计1项；鲁缆公司拥有专利16项。其中，发明3项，实用新型13项；新能源公司拥有专利45项。其中，实用新型38项，外观设计7项；天变公司拥有专利26项。其中，发明1项，实用新型23项，外观设计2项；德缆公司拥有发明专利1项，实用新型专利9项；康嘉互感器拥有实用新型专利1项。

2. 经本所律师核查，发行人正在申请的专利18项。其中，发明15项，实用新型3项；沈变公司正在申请的专利13项。其中，发明12项，实用新型1项；衡变公司正在申请的专利10项。其中，发明3项，实用新型7项；鲁缆公司正在申请的实用新型专利3项；新能源公司正在申请的专利4项。其中，发明2项，实用新型2项；天变公司正在申请的发明专利3项；德缆公司正在申请的实用新型专利2项；康嘉互感器正在申请的实用新型专利4项。

3. 根据发行人提供的专利权证书，沈变公司31项实用新型专利、2项外观设计专利及9项正在申请的专利权人登记为沈变公司技术中心。经发行人书面说明并经本所律师核查，因沈变公司技术中心已变更为沈变公司的一个内设部门，沈变公司目前正在办理专利权人或专利权申请人由该技术中心变更为沈变公司的变更登记手续。

（三）商标权

1. 经本所律师核查，发行人拥有（指已经取得注册商标）“TBEA”、“特变电工”、“TBEA特变电工”、“特变字母、文字及图案”、“新特字母、文字及图案”、“特变字母、文字”、“新特字母、文字”、“TOBE特变电工”、“TBEa新特电工”等228个国内、国际注册商标。

发行人书面说明并经本所律师适当核查，发行人共计向国家工商总局申请国内注册商标243件，其中已取得注册商标证书的128件，已通过国家工商总局审核但尚未取得注册商标证书的103件，处于待审状态的商标10件，已宣布无效的注册商标2件。

2. 经本所律师核查,沈变公司拥有的注册商标如下:

| 序号 | 商标权人 | 商标样式 | 注册号 | 核定类别 | 有效期 | 注册地 |
|---|---|---|---|---|---|---|
| 1 | 沈变公司 | SHENBIAN | 3094131 | 第9类 | 2013/05/13 | 中国 |
| 2 | 沈变公司 | SB 及图 | 22051 | 第9类 | 2015/03/15 | 中国 |

3. 经本所律师核查,鲁缆公司拥有的注册商标如下:

| 序号 | 商标权人 | 商标样式 | 注册号 | 核定类别 | 有效期 | 注册地 |
|---|---|---|---|---|---|---|
| 1 | 鲁缆公司 | 泰山牌文字及图 | 168168 | 第15类 | 2013/02/28 | 中国 |

4. 经本所律师核查,新能源公司拥有(指已经取得注册商标)"桑欧文字"、"SunOasis"、"SunOasis 桑欧"等51个国内注册商标。经发行人书面说明并经本所律师适当核查,新能源公司共向国家工商总局申请注册商标68件,其中已经取得注册商标证书的商标51件,已经通过国家工商总局审核但尚未取得注册商标证书的商标17件。

5. 经本所律师核查,德缆公司拥有的注册商标如下:

| 序号 | 商标权人 | 商标样式 | 注册号 | 核定类别 | 有效期 | 注册地 |
|---|---|---|---|---|---|---|
| 1 | 德缆公司 |  | 535620 | 第9类 | 2010/11/29 | 中国 |

## 三、主要生产经营设备

经本所律师核查,发行人及其控股子公司拥有的主要生产经营设备,不存在产权纠纷或潜在纠纷。

## 四、发行人的对外投资

(一)发行人控股子公司

1. 沈变公司

沈变公司成立于2003年11月11日,持有沈阳市工商行政管理局颁发的注册号为210131000013929的《企业法人营业执照》,住所为沈阳经济技术开发区沧海路31号,法定代表人叶军,注册资本、实收资本73,600万元,经营范围为变压器、电抗器的设计、制造、销售、安装、维修服务;自营和代理各类商品和技术的进出口;经营本企业的进料加工和"三来一补"业务;承包境外与出口自产设备相关的工程和境内国际招标工程;上述境外工程所需的设备、材料出口;对外派遣实施上述境外工程所需的劳务人员;输配电及控制设备制造,输配电及控制设备技术开发、咨询服务、成果转让。发行人持有其100%的股权。

报告期内发行人持有沈变公司的股权变化情况如下:

(1)2008年8月,增资

2008年3月3日,发行人、沈变公司签订《增资扩股协议》,发行人以募集资金59,798万元对沈变公司增资;2008年8月16日,五洲松德联合会计师事务所新疆华西分所以五洲审字[2008]8-507号《验资报告》验证了上述增资。此次增资完成后,沈变公司注册资本、实收资本增至73,600万元,发行人持有其89.13%的股权。

(2)2008年9月,股权转让

2008年9月5日,发行人、华融国际信托投资有限公司签订《股权转让协议书》,华融国际信托投资有限公司将所持沈变公司10.87%的股权全部转让给发行人,转让价款81,703,778元。此次股权转让完成后,发行人持有沈变公司100%的股权。

经本所律师核查,截至基准日,沈变公司还控股了康嘉互感器(持股73%)、TBEA USA Co.公司(持股100%)两家公司并持有特变电工新利钢(沈阳)金属制品有限公司50%的股权。

2. 衡变公司

衡变公司成立于2001年1月12日,持有衡阳市工商行政管理局2010年颁发的注册号为430400000009492的《企业法人营业执照》，住所为衡阳市雁峰区白沙洲，法定代表人李建华，注册资本、实收资本12亿元，经营范围为变压器、电抗器、互感器和中央空调的设计、制造、销售及安装维修服务；电力电子产品、高低压电器、机电产品（不含汽车）、环保设备、橡胶制品的生产、销售；电力设备安装；饮食服务；公司内物业管理及维修服务；百货销售；园林绿化设计、施工（以上项目涉及其他行政许可证的取得，相关许可后方可从事经营活动）；出口木质包装热处理（限于分支机构经营）。发行人持有其98.09%的股权。

报告期内发行人持有衡变公司的股权变化情况如下：

（1）2007年12月，增资扩股

2007年11月12日，发行人、中贸信托、衡变公司签订《特变电工衡阳变压器有限公司增资扩股协议书》，发行人、衡变公司、湖南雁能建设集团有限公司签订《增资扩股协议》，中贸信托出资17,663万元认购衡变公司新增注册资本10,513.690,48万元，湖南雁能建设集团有限公司出资685.44万元认购衡变公司新增注册资本408万元；2007年12月28日，湖南天翼有限责任会计师事务所以湘翼会验字〔2007〕第199号《报告书》验证了上述增资。此次增资扩股完成后，衡变公司注册资本、实收资本增至41,421.690,48万元，发行人持有其63.45%的股权。

（2）2008年2月，股权转让

2008年2月，发行人、湖南湘能电力股份有限公司签订《股权转让协议书》，湖南湘能电力股份有限公司将所持衡变公司3,628万元的股权转让给发行人，转让价款7,219.72万元。此次股权转让完成后，发行人持有衡变公司72.21%的股权。

（3）2008年8月，增资扩股

2008年2月18日，特变电工、湖南湘能电力股份有限公司、湖南雁能建设集团有限公司、中贸信托签订《增资扩股协议书》，发行人以募集资金21,833万元认购衡变公司新增注册资本10,971万元；2008年8月16日，五洲松德联合会计师事务所新疆华西分所以五洲审字〔2008〕8－054号《验资报告》验证了上述增资。此次增资扩股完成后，衡变公司注册资本、实收资本增至52,392.690,48万元，发行人持有其78.02%的股权。

（4）2008年11月，股权转让

2008年2月，发行人、中贸信托签订《股权转让协议书》，发行人拟于2009年6月受让中贸信托所持衡变公司10,513.690,48万元的股权，转让价款19,996.645,238万元；2008年11月，发行人、中贸信托签订《补充协议》，发行人提前受让中贸信托所持衡变公司10,513.690,48万元的股权，转让价款19,055.521,885万元。此次股权转让完成后，发行人持有衡变公司98.09%的股权。

（5）2009年10月，资本公积金转增股本及送红股

2009年10月17日，衡变公司2008年度股东会审议通过了公司2008年度利润分配方案，决定以2008年12月31日为基数，以公司未分配利润419,141,523.84元，资本公积金268,628,770.70元向全体股东按其持股比例增加注册资本。2009年10月26日，五洲松德联合会计师事务所新疆华西分所以五洲审字〔2009〕8－526号《验资报告》验证了上述新增资本。此次未分配利润、资本公积金转增股本完成后，衡变公司注册资本、实收资本增至12亿元。

3. 鲁缆公司

鲁缆公司成立于2003年8月25日，持有注册号为370982018016894－3的《企业法人营业执照》，住所为山东省新泰市金斗路568号，法定代表人张新，公司注册资本、实收资本3.6亿元，主要从事电线电缆、电工合金材料、电器机械、输变电设备、橡胶及塑料制品、铸锻件及通用零部件的生产、销售；金属材料压延加工；钢塔、高速公路护栏生产、销售、安装；电缆工程安装。发行人持有其75%的股权。

经本所律师核查，报告期内发行人持有鲁缆公司的股权未发生变化。

经本所律师核查，截至基准日，鲁缆公司还控股了三家子公司，分别为：德缆公司（持股71.83%）、德阳新特电工有限公司（持股100%）、特变电工昭阳（山东）电缆附件有限公司（持股51%）。

4. 硅业公司

硅业公司成立于2008年2月20日成立，

持有注册号为650000039000712的《企业法人营业执照》,住所为乌鲁木齐市昆明路158号野马大厦七层,法定代表人张新,注册资本、实收资本9.4亿元,经营范围为硅及相关产品的生产、销售及相关技术的研发;太阳能产品的销售及相关技术的研发;货物与技术的进出口业务;化工产品的生产及销售。发行人持有其63.83%的股权。

报告期内发行人持有硅业公司的股权变化情况如下:

(1)2008年2月,公司设立

2008年1月18日,发行人、峨嵋半导体材料研究所、特变集团、新疆宏联签订《特变电工多晶硅有限公司出资协议书》,共同出资设立硅业公司。公司设立时注册资本4亿元。其中,发行人出资3亿元,占75%;峨嵋半导体材料研究所出资4,000万元,占10%;特变集团出资3,000万元,占7.5%;新疆宏联出资3,000万元,占7.5%。

2008年2月19日,五洲松德联合会计师事务所以五洲审字〔2008〕8-137号《验资报告》验证,截至2008年2月19日,硅业公司已收到股东缴纳的首期注册资本12,000万元。

2008年2月20日,硅业公司取得自治区颁发的注册号为650000039000712的《企业法人营业执照》。

2008年4月18日,五洲松德联合会计师事务所以五洲审字〔2008〕8-328号《验资报告》验证,截至2008年4月18日,硅业公司收到全体股东缴纳额第二期出资28,000万元。

(2)2008年11月,增资扩股

2008年11月,发行人、硅业公司签订《增资扩股协议书》,发行人出资3亿元认购硅业公司新增注册资本3亿元;2008年11月20日,五洲松德联合会计师事务所新疆华西分所以五洲审字〔2008〕8-667号《验资报告》验证了上述增资。此次增资扩股完成后,硅业公司注册资本、实收资本增至7亿元,发行人持有其85.71%的股权。

(3)2009年2月,增资扩股

2008年12月,中贸信托、发行人、硅业公司签订《增资扩股协议》,中贸信托出资2.4亿元认购硅业新增注册资本2.4亿元;2009年2月4日,五洲松德联合会计师事务所新疆华西分所以五洲审字〔2008〕8-089号《验资报告》验证了上述增资。此次增资扩股完成后,硅业公司注册资本、实收资本增至9.4亿元,发行人持有其63.83%的股权。

5. 新能源公司

新能源公司成立于2000年8月30日,持有注册号为650000040000353的《企业法人营业执照》,住所为乌鲁木齐市长春南路399号,法定代表人张新,注册资本、实收资本13,110万元,经营范围为新能源系列工程的建设及安装,新能源、新材料系列产品和环境设备的研制、开发、生产、安装及销售;电子仪器设备、电磁线的销售、技术咨询服务;自营和代理各类商品和技术的进出口,但国家限定公司经营或禁止进出口的商品和技术除外。发行人持有其72.95%的股份。

报告期内发行人持有新能源公司的股权变化情况如下:

(1)2008年6月,增资扩股

2007年11月,发行人、中贸信托、新能源公司签订《新能源公司增资扩股协议书》,股东刘杰与新能源公司签订《增资扩股协议书》。中贸信托出资9,880万元认购新能源公司新增注册资本4,000万元,刘杰出资271.7万元认购新能源公司新增注册资本110万元;2008年6月13日,五洲松德联合会计师事务所新疆华西分所以五洲审字〔2008〕8-403号《验资报告》验证了上述增资。此次增资扩股完成后,新能源公司注册资本、实收资本增至13,110万元,发行人持有其42.45%的股份。

(2)2009年12月,股权转让

2009年12月1日,发行人、中贸信托签订《股权转让协议》,中贸信托将所持新能源公司的4,000万股股份转让给发行人,转让价款111,849,652.61元。此次股权转让完成后,发行人持有新能源公司72.95%的股权。

经本所律师核查,截至基准日,新能源公司还控股了5家子公司,分别为:碧辟佳阳公司(持股51%)、碧辟普瑞公司(持股51%)、新疆桑欧(持股100%)、新疆新索环境能源有限公司(持股100%)、西藏聚能科技有限公司(持股100%)。

6. 天池能源

天池能源成立于2002年11月29日,持有注册号为652327050000785的《企业法人营业执照》,住所为吉木萨尔县北庭路34号,法定代表人李建华,注册资本、实收资本8,000万元,经营范围为五金交电销售、铝、铜产品开发、腐植酸类、黄腐植酸类产品(危险品除外)开发、房屋设备出租及煤炭咨询服务。发行人持有其85.78%的股权。

报告期内发行人持有天池能源的股权变化情况如下:

2007年5月28日,发行人、徐州矿务集团有限公司签订《股权转让合同》,徐州矿务集团有限公司将所持天池能源51%的股权转让给发行人,转让价款17,797万元。此次股权转让完成后,发行人持有天池能源85.78%的股权。

7. 天变公司

天变公司成立于1999年7月28日,持有注册号为120192000039797的《企业法人营业执照》,住所为天津空港物流加工区中环南路和西十一道交口,法定代表人史祺,注册资本、实收资本24,350万元,经营范围为机电一体化、能源技术、新材料、环保技术及产品的开发、咨询、服务、转让;机械设备、电器设备、五金、化工(危险品、易制毒品除外)、民用建材、金属材料批发兼零售;变压器、金属波纹板材制造;国家法律、法规允许的进出口业务;防爆电器的研发、生产、销售。发行人持有其55%的股权。

报告期内发行人持有天变公司的股权变化情况如下:

(1)2009年4月,未分配利润、资本公积金转增股本

2009年4月25日,天变公司2008年度股东会审议通过了公司2008年度利润分配方案,决定以2008年12月31日为基数,向全体股东以未分配利润送股7,800万股,以资本公积金向全体股东转增股本1,400万股;2009年5月11日,天津东南会计师事务所以东南验字〔2009〕33号《验资报告》验证了上述增资。此次增资完成后,天变公司注册资本增至15,200万元。

(2)2010年1月,吸收合并天津特变电工

2010年1月10日,利安达会计师事务所有限责任公司以利安达验字〔2010〕第A1004号《验资报告》验证,吸收合并天津特变电工后,天变公司注册资本增至24,350万元,其中发行人持有其55%的股权,天津百利特精电气股份有限公司持有其45%的股权。

8. 物业服务公司

物业服务公司成立于2004年2月13日,持有注册号为652300030000396的《企业法人营业执照》,住所为昌吉市延安南路52号,法定代表人张福,公司注册资本、实收资本100万元,主要从事物业管理、房屋租赁、房屋及其水电暖设备的维修、家用电器维修、洗车、销售、建筑材料、机电设备配件、五金交化、日用百货、机票销售(仅限南方航空)、苗木、花卉的种植及销售、草坪种植。发行人持有其90%的股权。

经本所律师核查,报告期内发行人持有物业服务公司的股权未发生变化。

9. 新特边贸

新特边贸成立于2009年6月2日,持有注册号为652700055003682号的《企业法人营业执照》,住所为阿拉山口天山街1号,法定代表人李边区,公司注册资本、实收资本300万元,主要从事金属材料、电工材料、汽车配件、机电产品、五金交电、化工产品、矿产品、建筑材料的销售、货物与技术的进出口业务、边境小额贸易业务。发行人持有其100%的股权。

经本所律师核查,报告期内发行人持有新特边贸的股权未发生变化。

10. 电工材料

电工材料成立于2004年12月24日,持有注册号为652300030000290的《企业法人营业执照》,住所为昌吉市延安南路52号,法定代表人张新,公司注册资本、实收资本1,000万元,经营范围为铜、铝材料加工及销售;电线、电缆的制造和销售;非危险废物经营;技术和货物的进出口业务;与电线电缆相关的技术咨询服务;PVC电缆料、交联聚乙烯绝缘料、交联电缆用半导电屏蔽料、电缆填充用聚丙烯撕裂膜和并股绳、钢带、铜带的制作和销售;电线电缆工装轮盘的制造及销售。发行人持有其100%的股权。

报告期内发行人持有电工材料的股权变化情况如下:

2009年3月1日,发行人、鲁缆公司签订《股权转让协议》,鲁缆公司将所持电工材料全部25%的股权转让给发行人,转让价款665万

元。此次股权转让完成后,电工材料股权结构变更为发行人持有其100%的股权。

(二)发行人主要参股公司

1. 新疆众和

新疆众和成立于1996年2月13日,持有注册号为650000040000431的《企业法人营业执照》,住所为乌鲁木齐市喀什东路18号,法定代表人刘杰,注册资本、实收资本352058684元,经营范围为高纯铝、电子铝箔、腐蚀箔、化成箔电子元器件原料的生产、销售,铝及铝制品、炭素的生产、销售。发行人持有其30.34%的股份。

2. 新疆新特顺电力设备有限责任公司

新疆新特顺电力设备有限责任公司成立于1999年1月22日,持有注册号为650000038000467的《企业法人营业执照》,住所为乌鲁木齐市经济技术开发区中亚南路123号,法定代表人姚建新,注册资本、实收资本2,000万元,经营范围为变压器、箱式变电柜站、环网柜、交流低压配电柜、电缆电线的生产及销售。发行人持有其39%的股权。

3. 新疆信息产业有限责任公司

新疆信息产业有限责任公司成立于1999年11月16日,持有注册号为650000039001906的《企业法人营业执照》,住所为乌鲁木齐市河南东路22号甲新疆在线大厦,法定代表人罗忠敏,注册资本、实收资本2,000万元,经营范围为一般经营项目(国家法律法规有专项审批项目除外):电子计算机技术服务及网络服务,综合布线,系统集成及施工,电子计算机及软硬件开发销售,房屋租赁。发行人持有其20.5%的股权。

4. 武汉华瑞电力科技股份有限公司

武汉华瑞电力科技股份有限公司成立于2007年2月13日,持有注册号为420100000007595的《企业法人营业执照》,住所为武汉市洪山区珞瑜路143号,法定代表人陈维江,注册资本、实收资本1,500万元,经营范围为电缆附件、输变电设备、电力监测设备、电力系统自动化设备、光电设备、仪器仪表、电器机械、机电产品、橡胶及塑料制品、计算机软硬件研究、开发、设计、生产、制造、安装、销售;电力工程施工总承包三级;电力技术咨询、服务;计算机网络系统集成;成套设备及物资采购的招投标代理服务;设备租赁;劳务派遣服务;货物或技术进出口业务。发行人持有其20%的股权。

(三)其他参股公司

根据发行人提供的审计报告、年度报告等资料,除上述主要参股公司外,发行人还参股了新疆天风发电股份有限公司(发行人持有其0.58%的股权)、北京清源德丰创业投资有限公司(发行人持有其5%的股权)、新疆西龙土工新材料股份有限公司(发行人持有其1.59%的股权)、新疆国际实业股份有限公司(发行人持有其484万股股份)。

## 五、房屋土地租赁情况

(一)房屋租赁

1. 2009年9月20日,天池能源与自然人孙泽安签订《租赁合同》,天池能源向出租方租赁位于乌鲁木齐市北京路钻石城1号的盈科国际中心商业用房9层D,总面积为159.34平方米,租期为2009年9月20日至2010年9月20日止,全年租金总额122,819.9元。

2. 2009年3月23日,碧辟普瑞、西安出口加工区投资建设有限公司签订《陕西西安出口加工区写字间租赁合同》(合同编号:XCTZ-0913),租赁位于凤竹二路付一号办公楼202、203、204、205室房产,面积80平方米,租赁期限从2009年3月25日起至2010年4月30日,租金总额24,000元/年。

3. 2009年3月20日,碧辟普瑞、西安出口加工区投资建设有限公司签订《陕西西安出口加工区保税物流仓库租赁合同》(合同编号:XCTZ-0911),租赁保税区1/2 1#东仓库,面积2,434.5平方米,租赁期限从2009年3月25日起至2011年4月30日,租金总额920,241.5元。

4. 2009年4月15日,碧辟普瑞、西安出口加工区投资建设有限公司签订《陕西西安出口加工区保税物流仓库租赁合同》(合同编号:XCTZ-0912),租赁保税区1/2 1#西仓库,面积2434.5平方米,租赁期限从2009年5月1日起至2011年4月30日,租金总额876,420元。

(二)土地租赁

经本所律师核查,发行人不存在租赁土地的情形。

## 第十一章 发行人的重大债权债务

### 一、重大合同

根据发行人的资产规模、业务性质,本章披露发行人报告期内尚未履行完毕的标的超过5,000万元的销售合同、借款合同、担保合同以及标的虽未达到5,000万元,但根据本所律师的判断可能对发行人的生产经营、财务状况产生重要影响的其他合同。

除本法律意见书第九章"关联交易及同业竞争"部分述及的尚未履行完毕的重大关联交易合同外,发行人提供的其他尚未履行完毕的重大合同包括:发行人及其控股子公司对外签署的销售合同49份,重大原材料采购合同6份,借款合同、担保合同各13份,保理合同6份,信托受益权转让合同1份,工程设计合同1份,施工合同2份,技术转让/技术许可合同2份,其他重大合同1份。经本所律师核查,上述重大合同未违反现行法律、法规的禁止性规定,合法有效,不存在影响本次发行上市的风险和纠纷。

### 二、短期融资券

2009年9月21日,中国银行间市场交易商协会向发行人下发《接受注册通知书》(中市协注〔2009〕CP100号),接受发行人短期融资券注册,注册金额12亿元,注册额度自通知书发出之日起2年内有效。

2009年10月15日,发行人发行了2009年度第一期短期融资券,债券基本信息如下:

| 短期融资券名称 | 特变电工股份有限公司2009年第一期短期融资券 | | |
|---|---|---|---|
| 短期融资券代码 | 09特变CP01 | | |
| 短期融资券代码 | 0981193 | 期限 | 1年 |
| 计息方式 | 固息 | 发行招标日 | 2009/10/15 |
| 实际发行总额 | 4亿元 | 计划发行总额 | 4亿元 |
| 发行利率 | 3.15% | 发行价格 | 100元/百元面值 |
| 主承销商 | 中国银行股份有限公司 | | |

三、经发行人书面确认并经本所律师核查,发行人及其控股子公司已经履行完毕的重大合同不存在影响本次发行上市的风险和纠纷。

四、经发行人书面确认并经本所律师核查,发行人及其控股子公司不存在因环境保护、知识产权、产品质量、劳动安全、人身权等原因产生的重大侵权之债。

五、经发行人书面确认并经本所律师核查,发行人及其控股子公司已依照法律法规及当地相关政策,与员工签订了劳动合同,并为该等员工缴纳了社会保险。

六、除在指定媒体及本法律意见书第九章"关联交易及同业竞争"披露的情况外,发行人与关联方之间不存在其他重大债权债务关系及相互提供担保的情况。

七、经发行人书面确认并经本所律师核查,发行人金额较大的其他应收、应付款是因正常的生产经营活动发生,是合法有效的债权债务。

## 第十二章 发行人的重大资产变化及收购兼并

一、经本所律师核查,报告期内,除天变公司吸收合并天津特变电工及园林公司、新泰市特变电工鲁缆能源动力公司、新泰市特变电工物业管理有限公司的注销外,发行人及其他控股子公司在报告期内没有合并、分立、减少注册资本及解散、注销的情形。

二、经本所律师核查,发行人在报告期内历次增资扩股,符合当时有效的法律、法规和规范性文件的规定,并已履行了必要的法律手续。

三、经本所律师核查,发行人在报告期内的重大投资收购行为包括:受让徐州矿务集团有限公司所持天池能源51%的股权、认购新疆众和非公开发行的1,000万股股票、认购国际实业非公开发行的500万股股票、投资3亿元设立硅业公司、收购湖南湘能电力股份有限公司所持衡变公司3,628万元股权、向沈变公司增资59,798万元、向衡变公司增资21,833万元、收购华融国际信托投资有限公司所持沈变公司8,000万元股权、向硅业公司增资3亿元、收购中贸信托所持衡变公司20.07%的股权、收购鲁缆公司所持电工材料25%的股权、收购中贸信托所持新能源公司30.51%的股份。上述收购行为符合当时有效的法律、法规和规范性文件的规定,并已履行了必要的法律手续。

四、发行人在报告期内的重大资产(股权)出售/转让行为

(一)2007年9月,天池能源、兖矿新疆能化有限公司签订《探矿权转让合同》,天池能源将新疆准东煤田吉木萨尔县火烧山煤矿一勘查区详查探矿权、新疆准东煤田吉木萨尔县火烧山煤矿二勘查区详查探矿权、新疆准东煤田吉木萨尔县火烧山煤矿三勘查区详查探矿权、新疆准东煤田吉木萨尔县火烧山煤矿四勘查区详查探矿权一次性转让给兖矿新疆能化有限公司,转让价款为5,705.82万元。

(二)根据发行人提供的年度报告、审计报告等资料文件并经本所律师核查,2008年3月,发行人通过证券市场将所持有的国际实业350万股股票售出,取得转让收益56,231,645.58元。

(三)2008年8月,天池能源、新疆德峰新能源投资有限公司签订《股权转让协议》,天池能源将其所持新疆中德伟业能源有限公司100%的股权全部转让给受让方,股权转让价款总计13,907.55万元。

(四)2008年12月5日,发行人、时代出版传媒股份有限公司签订《股权转让协议》,发行人将持有上海中科大研究发展中心有限责任公司的6.67%的股权转让给时代出版传媒股份有限公司,转让价款274.27万元,转让后发行人不再持有上海中科大研究发展中心有限责任公司股权。

(五)根据发行人公开披露的2009年年度报告并经本所律师核查,2009年8月,发行人通过证券市场将所持有国际实业的16万股股份出售,取得转让收益1,253,369.89元。截至基准日,发行人持有国际实业484万股股份。

五、发行人拟进行的资产置换、剥离、出售、收购行为

根据中贸信托、发行人、硅业公司2008年12月22日签订的《增资扩股协议》(合同编号:1072008-Q092 001 002),中贸信托向硅业公司增资2.4亿元,并阶段性持股。在增资扩股资金支付至硅业公司账户之日起2年期满之日,中贸信托将其所持硅业公司的全部股权转让给发行人、发行人指定或认可的任意第三方。经五洲松德联合会计师事务所新疆华西分所以五洲审字〔2009〕-089号《验资报告》验证,截至2009年2月3日,硅业公司账户收到中贸信托增资扩股金额2.4亿元。依据上述约定,至2011年2月3日中贸信托持股2年期届满时,发行人或发行人指定或认可的第三方将受让中贸信托所持硅业公司25.53%的股权。

经本所律师核查,截至基准日,除上述将要发生的收购外,发行人不存在拟进行的资产置换、剥离、出售、收购行为。发行人或发行人指定或认可的第三方拟进行的上述收购行为不会对本次发行产生实质性影响。

## 第十三章　发行人公司章程的制定与修改

一、经本所律师核查,发行人于1993年2月25日召开了创立大会暨第一次股东大会,审议通过了公司章程。

二、经本所律师核查,自发行人设立以来,发行人历次公司章程的修订已履行了法定的程序,公司章程内容符合现行法律、法规和规范性文件的规定;发行人已根据《上市公司章程指引》(2006修订)格式和内容对公司章程进行了全面修订。

## 第十四章　发行人股东大会、董事会、监事会及规范运作

一、经本所律师核查,发行人已按照《公司法》有关规定设立了股东大会、董事会、监事会、总经理等高级管理人员及公司各部门,具有健全的组织机构。

二、经本所律师核查,发行人具有健全的股东大会、董事会、监事会议事规则,该等议事规则符合相关法律、法规和规范性文件的规定。

三、经本所律师核查,在报告期内,发行人共召开12次股东大会、46次董事会会议、15次监事会会议。根据发行人提供的会议决议、会议记录、律师见证意见书、独立董事独立意见,

本所律师认为，发行人报告期内历次股东大会、董事会及监事会的召集、召开、决议内容合法、有效。

**四**、根据发行人提供的相关会议资料并经本所律师合理核查，在报告期内，发行人股东大会、董事会的历次授权及重大决策行为合法、合规、真实、有效。

## 第十五章　发行人董事、监事和高级管理人员及其变化

### 一、发行人现任董事、监事和高级管理人员及其任职资格

（一）经本所律师核查，发行人现任董事如下

张新，男，汉族，47岁，中共党员，教授级高级工程师，享受国务院特殊津贴专家。现任发行人、鲁缆公司、新能源公司、硅业公司董事长，曾任发行人董事长兼总经理，昌吉市特种变压器厂厂长。

叶军，男，汉族，44岁，中共党员，大专学历，高级经济师职称。现任发行人总经理，沈变公司董事长，曾任沈变公司总经理、衡变公司董事长、发行人常务副总经理。

李建华，男，汉族，39岁，中共党员，研究生学历，工程师职称。现任发行人执行总经理，兼任天池能源、衡变公司及特变电工（德阳）电缆股份有限公司董事长。曾任沈变公司技术中心主任助理、总经办主任。

陈伟林，男，汉族，50岁，中共党员，研究生学历，高级经济师职称。现任特变集团董事长兼总经理，曾任昌吉市特种变压器厂技术员、昌吉市灭菌设备有限责任公司总经理、新疆特变贝斯电子仪器设备有限公司总经理、昌吉市特种变压器厂厂长。

李边区，男，汉族，45岁，中共党员，大专学历，高级经济师职称。现任特变电工股份有限公司进出口公司经理，曾任昌吉市一中教师、昌吉市特种变压器厂供应科科长、新疆特种变压器制造股份有限公司进出口公司经理。

米长印，男，汉族，52岁，中共党员，大专学历。现任新疆送变电工程公司副总经理，曾任昌吉电业局副局长兼昌吉电力实业总公司总经理，呼图壁供电局局长。

王学斌，男，汉族，52岁，中共党员，研究生学历，高级会计师职称。现任新疆投资发展（集团）有限责任公司董事长、党委书记，曾任新疆维吾尔自治区投资公司党总支书记、国资委监事会工作处处长、国资管理中心副主任、财政厅担保公司总经理、国资局企业处处长、国资局评估管理中心主任。

周小谦（独立董事），男，汉族，68岁，中共党员，教授级高级工程师，享受国务院特殊津贴专家。曾先后担任水电部基建司火电处副处长、河南省电力局副局长、国家计委燃料动力工业计划局局长、能源部综合计划司司长、中国电网建设有限公司总经理和国家电网公司总经理助理、国家电力公司顾问、国家电网公司顾问等职务。

余云龙（独立董事），男，汉族，66岁，大学学历，研究员级高级工程师职称、注册咨询工程师，享受国务院特殊津贴的专家。现任上海电缆研究所高级顾问，曾任上海电缆研究所工程师、研究室主任、副总工程师、副所长兼副总工、副所长兼总工。

徐秉金（独立董事），男，汉族，70岁，高级工程师职称。现任中国欧洲经济技术合作协会会长，曾任国家计委外事局副局长、国家经委机电局副局长、国家计委工业综合二司副司长、国务院机电产品进出口办公室副主任、主任、中国对外经济贸易合作部部长助理。

孙卫红（独立董事），女，汉族，46岁，本科学历，中国注册会计师、注册资产评估师、注册税务师执业资格。现任新疆驰远天合有限责任会计师事务所董事长，曾任乌鲁木齐市会计师事务所所长。

（二）发行人现任监事

魏玉贵（职工监事），男，汉族，59岁，中共党员，高级政工师职称，现任发行人监事会主席、党委书记，曾任解放军某部政委，昌吉州石油公司书记兼副经理，新疆电线电缆厂党委书记。魏玉贵先生曾荣获全国机械行业思想政治工作和企业文化建设突出贡献奖、全国五一劳动奖章等荣誉。

孙健（职工监事），男，汉族，42岁，中共党员，大专学历，高级经济师，现任新变厂厂长，曾任新变厂常务副厂长。孙健先生曾荣获新疆优秀青年企业家等荣誉称号。

胡有成（职工监事），男，汉族，36岁，中共

党员,硕士学历,经济师职称,现任发行人工会主席兼纪委书记;曾任发行人总经办主任、总经理助理、副总经理。

张鹏,男,汉族,48岁,中共党员,本科学历,高级经济师职称,现任新疆投资发展(集团)有限责任公司股权运营事业部部长,曾任新疆投资发展(集团)有限责任公司股权运营事业部副部长,新疆投资发展(集团)有限责任公司高级主管,曾在新疆技术改造投资公司、自治区经贸委工作。

蔡文华,女,汉族,67岁,党员,中级会计师,曾任昌吉电业局财务科长、总会计师。

(三)发行人现任高级管理人员

根据《公司法》第217条及发行人公司章程第11条规定,发行人高级管理人员包括发行人总经理、副总经理、总会计师(财务负责人)、总经济师、总工程师、董事会秘书,具体如下:

叶军(总经理),简历同上。

李建华(执行总经理),简历同上。

吴微(副总经理),女,汉族,40岁,中共党员,大学学历,工程师,高级经济师职称。曾任发行人北京办事处主任、总经办主任、人力资源部部长、销售总公司副总经理、总经理助理。

刘钢(副总经理),男,汉族,51岁,经济学博士,教授。曾任发行人董事长特别助理、澳大利亚塔斯玛尼亚大学访问教授、客座研究员、教授,墨尔本巴拉瑞特大学教授。

刘宏伟(副总经理),男,汉族,43岁,中共党员,本科学历,高级工程师职称。曾任沈变公司副总经理、副总工程师、工艺处处长、装配车间副主任、工艺科副科长。

田强(副总经理),男,汉族,41岁,中共党员,硕士研究生,高级经济师职称。曾任衡变公司常务副总经理、新变厂技术副厂长、新疆新特顺电力设备有限责任公司总经理。

王健(总工程师),男,满族,42岁,本科学历,教授级高工。曾任衡变公司总工程师,沈变公司副总工程师。其主持研发的"SFP—720000/500变压器产品"获辽宁省优秀新产品一等奖,并获中国机械联合会一等奖;"超高压直流换流变系列产品"获沈阳市科技振兴奖、国务院科技进步一等奖。

尤智才(总会计师),男,汉族,54岁,党员,大专学历,高级会计师职称。曾任新疆电线电缆厂副厂长、财务科科长。

何世刚(总经济师),男,汉族,37岁,党员,研究生学历,注册会计师。曾任发行人副总经济师、副总经理、新缆厂总会计师。

郭俊香(董事会秘书),女,汉族,38岁,中共党员,本科学历,高级经济师职称。曾任发行人副总经理兼董事会秘书、证券部主任。

根据发行人书面说明及发行人公开披露的信息文件并经本所律师核查,发行人的董事、监事和高级管理人员的任职符合法律、法规和规范性文件以及公司章程的有关规定,知悉上市公司及其董事、监事和高级管理人员的法定义务和责任,不存在因涉嫌违法违规被中国证监会、上海证券交易所等有关部门立案调查、处罚、公开谴责等情形,亦不存在违反有关承诺和声明的情形。

二、经本所律师核查,发行人董事、监事、高级管理人员近三年变化情况符合有关法律法规、规范性文件和公司章程的规定,履行了必要的法律程序,变动皆因任期届满、经营管理需要等正常原因而发生,不构成重大变化,不会对发行人持续经营造成不利影响。

三、经本所律师核查,发行人现任独立董事为周小谦、余云龙、徐秉金、孙卫红,独立董事人数不少于发行人董事总人数的三分之一。根据发行人公开披露的独立董事简历、声明等信息文件,并经本所律师合理核查,发行人独立董事的组成、人数、任职资格符合《关于在上市公司建立独立董事制度的指导意见》等有关法律、法规和规范性文件的规定;发行人公司章程、《独立董事制度》、《独立董事年报工作制度》等有关文件规定了独立董事的职权,其职权范围符合有关法律、法规和规范性文件的规定。

**四、发行人核心技术人员**

根据发行人书面说明并经本所律师合理核查,发行人核心技术人员包括钟俊涛、孙树波、王健、冷勇、王寿民、王相中、李桂苹、禹云长、贾贺强等人,发行人核心技术人员稳定,最近十二个月内未发生重大不利变化。

## 第十六章 发行人的税务及享受的财政补贴

**一、发行人及其控股子公司执行的主要税种和税率**

| 序号 | 纳税人 | 企业所得税(%) | 增值税(%) | 营业税(%) | 城建税(‰) | 教育费附加(‰) |
|---|---|---|---|---|---|---|
| 1 | 发行人 | 15 | 17 | 5 | 7 | 3 |
| 2 | 沈变公司 | 15 | 17 | 5 | 7 | 3 |
| 3 | 衡变公司 | 15 | 17 | 5 | 7 | 3 |
| 4 | 鲁缆公司 | 15 | 17 | 5 | 7 | 3 |
| 5 | 硅业公司 | 25 | 17 | 5 | 7 | 3 |
| 6 | 天池能源 | 25 | 17 | 5 | 7 | 3 |
| 7 | 天变公司 | 15 | 17 | 5 | 7 | 3 |
| 8 | 新能源公司 | 15 | 17 | 5 | 7 | 3 |
| 9 | 电工材料 | 25 | 17 | 5 | 7 | 3 |
| 10 | 物业服务公司 | 25 | 17 | 5 | 7 | 3 |

二、经本所律师核查,发行人及其控股子公司执行的税种、税率符合现行法律、法规和规范性文件的要求,所享受的税收优惠政策合法、合规、真实、有效。

三、经本所律师核查,发行人及其控股子公司近三年依法纳税,在生产经营活动中不存在因严重违反税务方面的法律、法规而受到行政处罚的情形。

**四**、经本所律师核查,发行人及其控股子公司享受的财政补贴或其他形式的政府补助取得了相关部门的批准或书面确认,合法、合规、真实、有效。

## 第十七章　发行人的环境保护和产品质量、技术等标准

一、经本所律师核查,发行人及其控股子公司近三年未因违反环境保护方面的法律、法规和规范性文件而被处罚;发行人及其控股子公司的生产经营活动及拟投资项目符合有关环境保护的要求,并已获得相关环保部门的书面确认。

二、经本所律师核查,发行人本次募投项目已经取得环境保护部门的批准。

三、根据发行人及其控股子公司所在地质量技术监督局出具的《证明》并经本所律师合理核查,在报告期内,发行人及其控股子公司产品质量和技术标准符合符合国家产品质量、技术标准相关法律法规的规定,未因违反产品质量、技术标准等相关法律法规收到行政处罚。

## 第十八章　发行人募集资金的运用

一、经本所律师核查,发行人本次募集资金拟投资项目为超高压项目完善及出口基地建设项目、直流换流变压器产业结构升级技术改造项目、特高压交直流变压器套管国产化建设项目、特高压变电技术国家工程实验室升级改造建设项目、超高压及特种电缆建设项目、国外工程承包项目(苏丹喀土穆北部工程项目、苏丹东部电网工程项目),上述项目已经办理了必要的备案手续,取得了环境保护主管部门的环评批复。

二、经本所律师核查,本次发行涉及新增用地的募集资金投资项目已依法取得了项目所需的土地使用权。

三、经本所律师核查,发行人募集资金投资项目不涉及与他人进行合作,不会导致同业竞争。

**四**、经本所律师核查,发行人前次募集资金的使用与原募集计划一致,发行人变更"新疆变压器'十一五'技术改造项目"实施地点,已依法定程序获得批准。

## 第十九章　发行人业务发展目标

经本所律师合理核查,发行人的业务发展目标与其主营业务相一致,符合国家法律、法规和规范性文件的规定,不存在潜在的法律风险。

## 第二十章　诉讼、仲裁或行政处罚

### 一、商标侵权及不正当竞争纠纷诉讼

(一)诉讼基本情况介绍

2009年7月,浙江江山特种变压器有限公司(原告)向浙江省衢州市中级人民法院提起

诉讼,称衡变公司(被告一)、发行人(被告二)突出使用以“特变”字号及“特变电工”文字与其他形式组合而成的相似商标的行为侵害了原告的商标权并构成不正当竞争。请求法院判令被告一、被告二立即停止对“特变”注册商标的侵权行为和不正当竞争行为;立即停止使用以“特变”字号为首的企业名称(包括企业简称),变更其名称字号;立即停止含有“特变”字号产品的生产、销售、广告和宣传;立即停止使用以文字及其他形式组合而形成的“特变电工”商标,并停止其生产、销售、广告和宣传;判令被告一、被告二分别赔偿其经济损失3,000万元和7,000万元,并由被告一、被告二承担连带赔偿责任;判令被告一、被告二在相关媒体上发布致歉声明、澄清事实、消除影响;判令衢州市诗岩商贸有限公司(被告三)停止侵权产品销售,赔偿原告1万元经济损失,并由被告一、被告二承担连带赔偿责任;判令各被告承担原告为制止侵权行为支出的5.258,2万元费用并承担案件全部诉讼费用。

2009年8月,被告一、被告二向浙江省衢州市中级人民法院提出管辖权异议,认为原告对被告一、被告二的诉讼请求中有反不正当竞争的内容,而对被告三的诉讼请求中只有侵犯商标专用权的内容,两者的诉讼标的不同,在未经当事人同意合并审理的情况下,原告无权任意选择其中一个被告的侵权行为实施地人民法院管辖;原告通过虚构与被告三之间的买卖关系,以销售者为共同被告来设置“管辖陷阱”,实际侵权行为地只能在衡阳市或新疆昌吉市;本案与原告有实质争议的被告系被告一和被告二,故应由自治区高级人民法院或湖南省高级人民法院管辖。

2009年9月,浙江省衢州市中级人民法院以〔2009〕浙衢知初字第13-1号民事裁定书裁定驳回被告一、被告二对本案管辖权提出的异议。

2009年9月,被告一、被告二不服衢州市中级人民法院作出的裁定,向浙江省高级人民法院提起上诉。请求二审法院撤销一审法院作出的〔2009〕浙衢知初字第13-1号民事裁定书,裁定上诉人管辖异议成立,将本案依法移送有管辖权的湖南省高级人民法院或自治区高级人民法院。

2009年11月,浙江省高级人民法院以〔2009〕浙辖终字第239号民事裁定书裁定驳回被告一、被告二提出的上诉,维持原裁定。

2009年12月,因有新证据[衡阳市公安局物证鉴定所出具的(衡)公(刑)鉴(文)字〔2009〕028号和029号《笔迹鉴定书》]表明被告三与被告一签订购买合同的当事人即为原告的业务经理何某,被告一、被告二向最高人民法院、浙江省高级人民法院提出再审申请,请求最高人民法院撤销浙江省高级人民法院〔2009〕浙辖终字第239号民事裁定书和浙江省衢州市中级人民法院〔2009〕浙衢知初字第13-1号民事裁定书。

2010年2月,最高人民法院向发行人发出〔2010〕民申字第22号受理通知书,决定受理发行人因不服浙江省高级人民法院作出的〔2009〕浙辖终字第239号民事裁定而提出的再审申请,并已立案审查。

(二)发行人代理律师关于本案的代理意见

2010年2月,发行人聘任的代理本案诉讼的浙江天册律师事务所出具《关于发行人、衡变公司与浙江江山特种变压器有限公司之间商标侵权及不正当竞争纠纷案件的法律意见书》(编号:TCLH2010 H131),认为:本案原告存在虚构管辖联结点进行虚假诉讼的行为,故不应由浙江省衢州市中级人民法院管辖;原告没有证据证明被告一、被告二存在超出“特变电工”注册商标及其他关联注册商标核定商品使用范围或者以改变其显著特征、以拆分、组合等方式使用“特变电工”注册商标,与原告的“特变”注册商标相同或者近似的情形;就原告指称的发行人使用“特变电工”以及图形文字组合商标的情形,原告应向国家商标局或商标评审委员会申请解决,法院应当依法驳回原告的起诉;原告没有提出任何法律上的合理理由证明被告一、被告二针对原告实施了违反《中华人民共和国不正当竞争法》、《最高人民法院关于审理不正当竞争民事案件应用法律若干问题的解释》以及其他法律法规中规定的不正当竞争行为。

(三)本所律师意见

经核查发行人提供的本案相关诉讼资料并结合发行人本案代理律师的意见,本所律师认为,上述商标侵权及不正当竞争纠纷诉讼不会对本次发行造成重大不利影响。

二、经发行人书面确认并经本所律师合理核查,除上述商标纠纷案件外,发行人、持有发行人5%以上股份的股东、发行人实际控制人、发行人的子公司不存在尚未了结的或可预见的重大诉讼、仲裁或行政处罚案件。

三、经发行人书面确认并经本所律师合理核查,发行人现任董事长、总经理不存在尚未了结的或可预见的重大诉讼、仲裁或行政处罚案件。

### 第二十一章　发行人招股意向书法律风险的评价

本所律师参与了《招股意向书》的编制及讨论,审阅了发行人为本次发行编制的《招股意向书》,特别是对《招股意向书》中所引用的法律意见书和律师工作报告的相关内容进行了审阅。本所律师认为,发行人《招股意向书》对本所出具的律师工作报告及法律意见书的引用真实、准确,不存在因引用本法律意见书和律师工作报告的相关内容而出现虚假记载、误导性陈述或重大遗漏引致的法律风险。

### 结　论

综上所述,本所律师认为:

除需取得中国证监会审核批准外,发行人已依法具备了本次发行上市应具备的实质性和程序性条件;发行人不存在重大违法行为;《招股意向书》及其摘要引用的法律意见真实、准确。

本法律意见书正本四份,无副本。

国浩律师集团(深圳)事务所

负 责 人:张敬前

经办律师:张敬前　武小兵

# 关于北京燕京啤酒股份有限公司可转换公司债券发行及上市的法律意见书

致:北京燕京啤酒股份有限公司

北京市信利律师事务所(以下简称"本所")作为北京燕京啤酒股份有限公司(以下简称"燕京啤酒"、"公司"或"发行人")的常年法律顾问以及发行人本次可转换公司债券(以下简称"可转债")发行及上市工作的特聘专项法律顾问,受发行人委托并根据《中华人民共和国证券法》(以下简称《证券法》)、《中华人民共和国公司法》(以下简称《公司法》)、中国证券监督管理委员会(以下简称"中国证监会")《上市公司证券发行管理办法》(以下简称《管理办法》)、国务院国有资产监督管理委员会《关于规范上市公司国有股东发行可交换公司债券及国有控股上市公司发行证券有关事项的通知》(以下简称《通知》)等法律、法规和规范性文件的要求,就贵公司本次可转债发行及上市的有关法律问题进行了审核并出具本法律意见书。

本法律意见书是本所根据法律意见书出具日期以前已经发生和存在的事实以及我国现行法律、法规和规范性文件发表的法律意见。

本所在出具本法律意见书时,认真审查了有关本次可转债公开发行及上市的事实,全面查阅了有关法律文件,在此基础上,根据我们对事实的了解和对法律的理解发表本法律意见书。在本法律意见书中,本所认定某些事项或文件是否合法、有效是以该等事项发生之时所应适用的法律、法规和规范性文件作为依据的,同时也充分考虑了有关政府部门给予的批准、许可和确认。

本法律意见书的出具已经得到贵公司的保证,即贵公司已经向本所提供了为出具本法律意见书所需的、真实的书面原始材料、副本材料、复印材料和口头证言,以及为出具法律意见书所需要的全部有关事实。本所已就副本材料、复印材料与原件是否一致进行了核实,贵公司所提供的全部有关副本材料、复印材料与其正本原件均一致。

本法律意见书仅就贵公司本次可转债公开发行及上市的合法性以及对本次可转债公开发行及上市有重大影响的法律问题发表法律意见。

本法律意见书系按照中国证监会《公开发行证券公司信息披露的编报规则第 12 号——公开发行证券的法律意见书和律师工作报告》(以下简称《12 号规则》)的格式制作的。在本法律意见书中不存在虚假、严重误导性陈述及重大遗漏,否则本所愿意依法承担相应的法律责任。

本法律意见书仅供贵公司本次可转债公开发行及上市申报之目的使用,不得用作任何其他目的。

本所同意将本法律意见书作为贵公司本次可转债公开发行及上市申报所必备的法定文件,随其他申报材料一起上报,并依法对其承担法律责任。

本所律师根据《证券法》第十六条的要求,按照律师行业公认的业务标准、道德规范和勤勉尽责精神,对燕京啤酒提供的有关文件和事实进行了核查和验证,现出具法律意见如下:

## 一、本次可转债发行及上市的批准和授权

(一)发行人第五届董事会第五次会议于 2010 年 2 月 27 日召开,审议并通过了《关于公司符合发行可转换公司债券条件的议案》、《关于公司公开发行可转换公司债券方案的议案》、《关于提请股东大会对董事会办理本次发行可转换公司债券相关事宜授权的议案》、《董事会关于前次募集资金使用情况的说明》、《关于本次发行可转债募集资金投资项目可行性研究报告的议案》、《关于债券持有人权利义务及债券持有人会议相关事项的议案》以及《关于召开 2009 年年度股东大会的议案》。

经审查,发行人本次董事会的召开程序、表决方式和决议内容均为合法、有效。

(二)北京市人民政府国有资产监督管理委员会(以下简称"北京市国资委")于 2010 年 3 月 18 日出具《关于同意北京燕京啤酒股份有限公司发行可转换公司债券的批复》(以下简称《批复》)(京国资产权〔2010〕39 号),同意发行人公开发行可转债公司债券方案。

(三)发行人同时做出了《关于召开 2009 年年度股东大会的议案》。该次股东大会的通知已于 2010 年 3 月 2 日在《中国证券报》、《证券时报》和巨潮资讯网上公告。发行人 2009 年年度股东大会于 2010 年 3 月 23 日在北京燕京啤酒科技大厦会议室举行。经本所律师见证,该次股东大会的召集、召开程序、出席会议人员资格和表决程序均符合法律、法规和公司章程的规定,所通过的《关于公司公开发行可转换公司债券方案的议案》等项决议合法、有效。发行人本次可转债公开发行及上市已获得其内部决策程序的授权和批准。

(四)发行人本次可转债公开发行及上市尚待中国证监会的核准。

## 二、发行人本次可转债发行的主体资格

2.1　发行人是采取社会募集方式设立的股份有限公司。发行人经北京市证券监督管理委员会京证监发〔1997〕6 号文同意,并经中国证监会证监发字〔1997〕280 号文和证监发字〔1997〕281 号文审核批准,于 1997 年 6 月向社会公众公开发行 8,000 万股人民币普通股股票。发行人发行的股票于 1997 年 7 月 16 日在深圳证券交易所挂牌交易,股票简称"燕京啤酒",股票代码"000729"。据此,本所律师认为,发行人具备发行可转债的主体资格。

2.2　发行人于 1997 年 7 月 8 日在北京市工商行政管理局办理工商登记注册手续,领取了《企业法人营业执照》(注册号 11510844,营业期限为 1997 年 7 月 8 日至 2047 年 7 月 7 日)。根据发行人的《企业法人营业执照》及历年年检证明,经本所律师核查及发行人承诺,自公司设立以来,未发现发行人出现根据法律、法规、规范性文件及公司章程规定需要或必须终止的情形。发行人注册资本已全部募足,发行人创立大会决议已批准发行人设立为股份有限公司。

综上所述,本所律师认为:

(一)发行人具备可转债发行与上市的主体资格。

(二)发行人依法有效存续,未出现法律、

法规、规范性文件及公司章程规定终止的情形。

三、本次可转债发行及上市的实质条件

3.1　根据《证券法》、《公司法》和中国证监会《管理办法》的有关规定，发行人本次可转债公开发行已具备以下条件：

3.1.1　发行人本次发行可转债，符合《证券法》第十三条的规定：

(一)发行人具备健全且运行良好的组织机构；

(二)发行人具有持续盈利能力，财务状况良好；

(三)发行人最近三年财务会计文件无虚假记载，无其他重大违法行为。

3.1.2　发行人本次发行可转债，符合《证券法》第十六条的规定：

(一)发行人的净资产不低于人民币三千万元；

(二)发行人累计债券余额不超过公司净资产的百分之四十；

(三)发行人最近三年平均可分配利润足以支付公司债券一年的利息；

(四)发行人筹集的资金投向符合国家产业政策；

(五)债券的利率不超过国务院限定的利率水平。

发行人本次公开发行可转债筹集的资金，全部用于核准的用途，即发行人的啤酒生产产业，不存在用于弥补亏损和非生产性支出。

3.1.3　发行人本次发行可转债不存在下列情形，符合《证券法》第十八条的规定：

(一)发行人前一次公开发行的公司债券尚未募足；

(二)发行人对已公开发行的公司债券或者其他债务有违约或者延迟支付本息的事实，仍处于继续状态；

(三)发行人违反《证券法》规定，改变公开发行公司债券所募资金的用途。

3.1.4　发行人组织机构健全，运行良好，符合《管理办法》第六条的规定：

(一)发行人章程合法有效，股东大会、董事会、监事会和独立董事制度健全，能够依法有效履行职责；

(二)发行人内部控制制度健全，能够有效保证公司运行的效率、合法合规性和财务报告的可靠性；内部控制制度的完整性、合理性、有效性不存在重大缺陷；

(三)发行人现任董事、监事和高级管理人员具备任职资格，能够忠实和勤勉地履行职务，不存在违反《公司法》第一百四十八条、第一百四十九条规定的行为，且最近三十六个月内未受到过中国证监会的行政处罚、最近十二个月内未受到过证券交易所的公开谴责；

(四)发行人与控股股东北京燕京啤酒有限公司(以下简称“燕京有限”)和实际控制人北京控股有限公司(以下简称“北京控股”)的人员、资产、财务分开，机构、业务独立，能够自主经营管理；

(五)发行人最近十二个月内不存在违规对外提供担保的行为。

3.1.5　发行人的盈利能力具有可持续性，符合《管理办法》第七条的规定：

(一)发行人最近三个会计年度连续盈利；

(二)发行人业务和盈利来源相对稳定，不存在严重依赖于控股股东燕京有限、实际控制人北京控股的情形；

(三)发行人现有主营业务或投资方向能够可持续发展，经营模式和投资计划稳健，主要产品或服务的市场前景良好，行业经营环境和市场需求不存在现实或可预见的重大不利变化；

(四)发行人高级管理人员和核心技术人员稳定，最近十二个月内未发生重大不利变化；

(五)发行人重要资产、核心技术或其他重大权益的取得合法，能够持续使用，不存在现实或可预见的重大不利变化；

(六)发行人不存在可能严重影响公司持续经营的担保、诉讼、仲裁或其他重大事项；

(七)发行人最近二十四个月内未曾公开发行证券。

3.1.6　发行人的财务状况良好，符合《管理办法》第八条的规定：

(一)发行人会计基础工作规范，严格遵循国家统一会计制度的规定；

(二)发行人最近三年及一期财务报表未被注册会计师出具保留意见、否定意见或无法表示意见的审计报告；

(三)发行人资产质量良好。不良资产不足以对公司财务状况造成重大不利影响;

(四)发行人经营成果真实,现金流量正常。营业收入和成本费用的确认严格遵循国家有关企业会计准则的规定,最近三年资产减值准备计提充分合理,不存在操纵经营业绩的情形;

(五)发行人最近三年以现金方式累计分配的利润不少于最近三年实现的年均可分配利润的百分之三十。

3.1.7　发行人最近三十六个月内财务会计文件无虚假记载,且不存在下列重大违法情形,符合《管理办法》第九条的规定:

(一)发行人违反证券法律、行政法规或规章,受到中国证监会的行政处罚,或者受到刑事处罚;

(二)发行人违反工商、税收、土地、环保、海关法律、行政法规或规章,受到行政处罚且情节严重,或者受到刑事处罚;

(三)发行人违反国家其他法律、行政法规且情节严重的行为。

3.1.8　发行人募集资金数额和使用符合《管理办法》第十条的规定:

(一)发行人募集资金数额不超过项目需要量;

(二)发行人募集资金用途符合国家产业政策和有关环境保护、土地管理等法律和行政法规的规定;

(三)发行人本次募集资金使用项目不存在为持有交易性金融资产和可供出售的金融资产、借予他人、委托理财等财务性投资,不存在直接或间接投资于以买卖有价证券为主要业务的公司;

(四)投资项目实施后,发行人不会与控股股东燕京有限或实际控制人北京控股产生同业竞争或影响公司生产经营的独立性;

(五)发行人已建立募集资金专项存储制度,募集资金必须存放于公司董事会决定的专项账户。

3.1.9　发行人本次发行可转债,符合《管理办法》第十四条的规定:

(一)发行人最近三个会计年度加权平均净资产收益率平均不低于百分之六;

(二)发行人本次可转债发行后累计公司债券余额不超过最近一期末净资产额的百分之四十;

(三)发行人最近三个会计年度实现的年均可分配利润不少于公司债券一年的利息。

3.1.10　发行人不存在以下情形,符合《管理办法》第十一条的规定:

(一)发行人本次可转债发行的申请文件有虚假记载、误导性陈述或重大遗漏;

(二)发行人擅自改变前次公开发行证券募集资金的用途而未作纠正;

(三)发行人最近十二个月内受到过深圳证券交易所的公开谴责;

(四)发行人及其控股股东燕京有限或实际控制人北京控股最近十二个月内存在未履行向投资者作出的公开承诺的行为;

(五)发行人或其现任董事、高级管理人员因涉嫌犯罪被司法机关立案侦查或涉嫌违法违规被中国证监会立案调查;

(六)发行人严重损害投资者的合法权益和社会公共利益的其他情形。

3.1.11　发行人最近一期未经审计的净资产为7,355,329,069.19元,超过15亿元人民币,符合《管理办法》第二十条的规定,可以不设置担保。

3.1.12　发行人为本次可转债公开发行及上市所聘请的主承销商及保荐人招商证券股份有限公司,经中国证监会审查确认,具有主承销商及保荐人资格。

3.1.13　依照《深圳证券交易所可转换公司债券业务实施细则》的有关规定,发行人本次发行的可转债可以在深圳证券交易所上市交易。

3.2　经核查,本所律师认为:发行人本次可转债发行及上市的实质条件符合《公司法》、《证券法》和《管理办法》的规定及要求。

## 四、本次可转债发行及上市的方案及有关条款

4.1　本次可转债发行方案的内容包括:(一)本次发行证券的种类;(二)发行规模;(三)票面金额和发行价格;(四)债券期限;(五)债券利率;(六)担保;(七)还本付息的期限和方式;(八)转股期限;(九)转股价格的确定和修正;(十)转股价格的向下修正条款;

（十一）有条件赎回条款；（十二）回售条款；（十三）债券持有人及债券持有人会议；（十四）发行方式及发行对象；（十五）向原股东优先配售的安排；（十六）转股时不足一股金额的处理方法；（十七）转股年度有关股利的归属；（十八）募集资金投向；（十九）本次决议的有效期。

4.2　经核查，本所律师认为：发行人本次可转债发行及上市的方案符合《公司法》、《证券法》和《管理办法》的规定及要求。

## 五、发行人的设立

5.1　发行人是1997年4月25日经北京市人民政府京政函〔1997〕27号文批准，由燕京有限、北京市西单商场股份有限公司、北京市牛栏山酒厂三家发起人共同发起，采取社会募集方式设立的股份有限公司。经北京市证券监督管理委员会京证监发〔1997〕6号文同意，并经中国证监会证监发字〔1997〕280号文和证监发字〔1997〕281号文审核批准，于1997年6月向社会公众公开发行8,000万股人民币普通股股票。1997年7月8日发行人在北京市工商行政管理局办理工商登记注册手续并领取企业法人营业执照（注册号：11510844）。发行人发行的股票于1997年7月16日在深圳证券交易所挂牌交易。

5.2　本所认为发行人设立时的程序、资格、条件、方式均符合当时法律、法规和规范性文件的规定并获得了有权部门的批准；发行人在设立过程中所签订的改制重组合同均符合当时使用的法律、法规和规范性文件的规定，不存在潜在纠纷；发行人设立过程中的资产评估、验资等行为均履行了必要的程序，符合当时的法律、法规和规范性文件的规定；发行人设立时创立大会的程序及所议事项均符合法律、法规和规范性文件的规定。

## 六、发行人的独立性

6.1　经本所律师调查，发行人现时之业务与其股东单位及其他关联单位彼此独立。除发行人的董事长兼总经理李福成兼任控股股东燕京有限的董事长、燕京有限的主要股东燕京集团的董事长及实际控制人北京控股的董事局副主席外，发行人其他部分高管也在发行人的股东单位燕京有限担任董事或其他职位，但均不在燕京有限领取薪酬（具体请详见律师工作报告第六章“发行人的独立性”）。发行人现时的财务、机构等各方面，均独立于其股东及其他关联单位，发行人具有完整的供应、生产、销售系统，且具有面向市场的自主经营能力，本所律师未发现任何影响发行人业务及经营的独立性的情形。

本所律师经审慎调查有关事实后认为：公司董事、监事和高管人员在股东单位的兼职行为没有损害发行人及其中、小股东的利益，也没有实质性地影响发行人业务及经营的独立性。

6.2　经本所律师调查后认为：发行人现时享有所有权的财产均是完整的，且完全独立于其股东及其他关联单位。

## 七、发行人的股东

7.1　现时持有发行人5%以上股份的股东仅燕京有限一家，截至2009年12月31日，其持有发行人683,515,789股，占发行人总股本的56.48%，系发行人的发起人和控股股东。燕京有限是由在英属维尔京群岛注册成立的北京企业与燕京集团在北京合资成立的中外合资经营企业。北京企业系北京控股的全资附属公司，持有燕京有限80%的股权，燕京集团持有燕京有限20%的股权（发行人的股东及实际控制人的股权关系请详见律师工作报告第七章“发行人的股东”），北京控股是发行人的实际控制人。

7.2　经本所审查，燕京有限系合法成立并有效存续的中外合资企业，具备担任发行人的发起人和股东的资格，其持有的发行人的股份不存在质押或被冻结的情况。

## 八、发行人的股本及其演变

8.1　发行人截至2009年12月31日的总股本为1,210,266,963股。其股本的演变过程如下：

8.1.1　发行人于1997年注册成立时的总股本为30,953万股，其中8,000万股为社会公众股。1998年发行人实施《1997年度分红及资本公积金转增股本方案》，以发行人上市时总股本30,953万股为基数，每10股送3股，转增

2股,总股本增加至46,429.5万股。1998年发行人实施《1998年度增资配股方案》,以发行人上市时总股本30,953万股为基数,每10股配售3股,配售8,992.95万股,总股本增加至55,422.45万股。2000年发行人实施《2000年度增资配股方案》,以1998年末总股本55,422.45万股为基数,每10股配售3股,配售11,320万股,总股本增加至66,742.45万股。

8.1.2 2001年5月19日,经财政部财企〔2001〕165号文批准,发行人原发起人、国有法人股股东北京市牛栏山酒厂将其持有的1,757.7万股国有法人股全部转由北京市泰丰现代农业发展中心持有。2003年10月22日,经国务院国有资产监督管理委员国资产权函〔2003〕287号文批准,北京市泰丰现代农业发展中心所持公司1,757.7万股国有法人股无偿划转由北京顺鑫农业发展集团有限公司持有。2001年11月30日,发行人原发起人、境内法人股股东西单商场与燕京有限签订法人股转让协议,西单商场将其持有的1,464,75万股境内法人股全部转让给燕京有限持有,并于2001年12月30日完成股权过户。燕京有限所持发行人境内法人股增至46,264.75万股。

8.1.3 2002年10月16日,发行人经中国证监会证监发行字〔2002〕105号文核准,发行可转换公司债券"燕京转债"(代码125729)共计700万份,面值100元,期限为5年。于2002年10月31日起上市流通。"燕京转债"已于2007年10月16日到期摘牌并还本付息,共有699,861,500元按照转股条件转成发行人发行的流通股股票,截至2007年12月31日,因转股增加股数为93,324,661股。

8.1.4 2004年1月8日经北京市人民政府京政函〔2004〕26号文和国务院国有资产监督管理委员国资产权〔2004〕357号文批准,北京顺鑫农业发展集团有限公司将所持公司的1,757.7万股国有股权无偿划转给北京燕京啤酒集团公司持有。转让后股权性质为国有法人股。

8.1.5 2005年发行人实施《2004年度分红及资本公积金转增股本方案》,以发行人截至股权登记日2005年4月12日的总股本679,035,604股为基数,向全体股东每10股,送2股,转增3股,总股本增加至1,018,553,406股。

8.1.6 根据发行人2006年4月27日股东大会做出的股权分置改革相关决议,发行人于2006年5月16日实施了股权分置改革方案:非流通股股东燕京有限和燕京集团以本次股权分置改革方案实施股权登记日(2006年5月15日)登记在册的流通股为基数向流通股股东每10股执行2.7股的对价安排。流通股股东共获得102,507,399股股份。上述方案实施完成后燕京有限和燕京集团所持有发行人的股份转为有限售条件的流通股,但发行人的股份总数维持不变。截至本法律意见书出具之日,发行人所有限售流通股不存在转为非限售流通股的情况。

8.1.7 2008年9月5日,发行人接到中国证监会《关于核准北京燕京啤酒股份有限公司非公开发行股票的批复》(证监许可〔2008〕1053号),核准公司非公开发行新股不超过11,000万股。其中控股股东燕京有限以10.20元/股认购8,830万股,嘉实基金管理有限公司以10.20元/股认购1,000万股,泰康资产管理有限责任公司以10.20元/股认购870万股,国投瑞银基金管理有限公司以10.20元/股认购330万股,总共认购11,000万股。截至2009年12月31日,发行人股份总数为1,210,266,963股。

8.2 经审查,本所律师认为:发行人的历次股本变更均通过股东大会做出相关决议,及时办理了相应的工商变更登记手续,并对公司章程进行了相应的修改,符合相关法律、法规规定的程序。

## 九、发行人的主要财产

9.1 房产

根据本所律师核查,截至2009年12月31日,并经发行人确认,发行人现时拥有如下房产:

9.1.1 公司拥有的主要房屋所有权情况如下表所示:

| 序号 | 房屋所有权人 | 坐落位置 | 设计用途 | 面积(平方米) | 产权证编号 |
|---|---|---|---|---|---|
| 1 | 北京燕京啤酒股份有限公司 | 北京市顺义区仁和地区双河路南侧 | 工厂仓库用房 | 68,324.78 | 京房权证顺股字第00484号 |
| 2 | 北京燕京啤酒股份有限公司 | 北京市顺义区双河路9号 | 工业 | 233,832.64 | 京房权证顺股更字第00739号 |

9.1.2　子公司拥有的主要房屋所有权情况

公司下属控股子公司已合法取得307处房产所有权,具体情况请详见律师工作报告第九章“发行人的主要财产”。

9.2　土地使用权

9.2.1　发行人现时拥有以租赁方式取得的两项土地使用权,总面积470,262.9平方米,系通过与燕京集团签订《土地租赁使用协议》以租赁方式取得的。该等租赁协议为长期有效的协议,其履行不存在法律障碍。此外,发行人取得京顺国用〔2007〕出字第00002号土地的使用权,使用权面积为395,282.78平方米。

9.2.2　发行人的子公司合法取得的土地使用权有43处,具体情况详见律师工作报告第九章“发行人的主要财产”。

经本所律师审查,并经与发行人聘请的财务审计机构核对,发行人及其子公司上述房屋产权及土地使用权关系清楚,不存在争议或权属争议。上述土地使用权租赁合同合法、有效,符合当时适用的法律、法规和规范性文件的规定,其履行不存在法律障碍。

9.3　知识产权

9.3.1　根据本所律师的核查,发行人现时拥有瓶贴(啤酒)(专利号:ZL00332959.3)、包装箱(啤酒)(专利号:ZL00332960.7)、啤酒瓶(宝石蓝色)(专利号:ZL00332961.5)和啤酒瓶(专利号:ZL200530012298.X)四项外观设计专利,上述专利已在国家知识产权局登记。发行人现时已经拥有三项国家发明专利,分别是《玫瑰啤酒及其生产方法》(专利号:ZL00132433.0)、《改善无醇啤酒口感的方法》(专利号:ZL200610112880.7)、《12°P淡爽型黑啤酒及酿造方法》(专利号:ZL200610112882.6)。

9.3.2　发行人于2003年7月1日与燕京集团签订《商标使用许可协议》,约定燕京集团将其拥有的“燕京牌”系列商标有偿许可公司及控股子公司使用,公司及控股子公司由此取得上述商标的许可使用权。

9.3.3　发行人的控股子公司拥有的发明专利权、商标使用权的具体情况请详见律师工作报告第九章“发行人的主要财产”。

经本所律师核查,发行人取得的上述发明专利权、商标使用权合法有效且迄今为止并无产权纠纷或潜在纠纷。

9.4　发行人通过与燕京集团签订《综合服务协议》,以租赁方式取得59,394.32平方米房屋的使用权,经本所律师核查,该租赁协议是长期有效的协议,其履行不存在法律障碍。

## 十、发行人的业务

10.1　业务范围及经营方式

根据发行人在北京市工商行政管理局领取的企业法人营业执照和公司最新章程,标明公司的经营范围是:制造、销售啤酒、矿泉水、啤酒原料、饲料、酵母、塑料箱;销售五金交电、建筑材料、日用百货;餐饮服务;技术咨询、技术培训、技术转让;制造纸箱、纸箱印刷、包装装潢印刷品印刷;普通货物运输;货物进出口、技术进出口、代理进出口。

10.2　经本所律师审查,发行人现时的经营行为与营业执照标明的范围相同,未发现发行人有超越其经核准的经营范围进行经营活动的情形。

## 十一、发行人的同业竞争及关联交易

11.1　除律师工作报告第11.1段说明的情况外,自2007年至本法律意见书出具日,发行人与其控股股东燕京有限及实际控制人北京控股之间不存在同业竞争,发行人与其控股股东及实际控制人控股的其他子公司之间不存在同业竞争。

11.2　经审查,发行人有以下关联企业(发行人直接或间接持股比例在20%以下的参股企业不计算在内):

| 关联企业名称 | 与发行人的关系 |
| --- | --- |
| 北京燕京啤酒有限公司 | 发行人的控股股东 |
| 北京企业(啤酒)有限公司 | 燕京有限的控股股东 |
| 北京控股有限公司 | 北京企业的控股股东 |
| 北京控股集团有限公司 | 北京控股的控股股东 |
| 北京燕京啤酒集团公司 | 燕京有限的股东,发行人的股东 |
| 四川燕京啤酒有限公司 | 发行人的全资子公司 |
| 新疆农产品开发有限公司 | 发行人的全资子公司 |
| 内蒙古燕京啤酒原料有限公司 | 发行人的全资子公司 |
| 新疆燕京啤酒有限公司 | 发行人的全资子公司 |
| 江西燕京啤酒有限责任公司 | 发行人的直接控股子公司 |
| 燕京啤酒(赣州)有限责任公司 | 发行人的直接控股子公司 |
| 湖南燕京啤酒有限公司 | 发行人的直接控股子公司 |
| 燕京啤酒(衡阳)有限公司 | 发行人的直接控股子公司 |
| 燕京啤酒(襄樊)有限公司 | 发行人的直接控股子公司 |
| 北京燕京中发生物技术有限公司 | 发行人的直接控股子公司 |
| 燕京啤酒(山东无名)股份有限公司 | 发行人的直接控股子公司 |
| 燕京啤酒(包头雪鹿)股份有限公司 | 发行人的直接控股子公司 |
| 福建燕京啤酒有限公司 | 发行人的直接控股子公司 |
| 燕京啤酒(桂林漓泉)股份有限公司 | 发行人的直接控股子公司 |
| 燕京啤酒(浙江仙都)有限公司 | 发行人的直接控股子公司 |
| 燕京啤酒(赤峰)有限责任公司 | 发行人的直接控股子公司 |
| 北京燕京饮料有限公司 | 发行人的直接控股子公司 |
| 福建省燕京惠泉啤酒股份有限公司 | 发行人的直接控股子公司 |
| 燕京啤酒(仙桃)有限公司 | 发行人的直接控股子公司 |
| 广东燕京啤酒有限公司 | 发行人的直接控股子公司 |
| 河北燕京啤酒有限公司 | 发行人的直接控股子公司 |
| 沈阳燕京啤酒有限公司 | 发行人的直接控股子公司 |
| 山西燕京啤酒有限公司 | 发行人的直接控股子公司 |
| 燕京啤酒(中京)有限责任公司 | 发行人的间接控股子公司 |
| 雪鹿啤酒(丰镇)有限责任公司 | 发行人的间接控股子公司 |
| 燕京啤酒(玉林)有限公司 | 发行人的间接控股子公司 |
| 呼和浩特燕京雪鹿啤酒有限公司 | 发行人的间接控股子公司 |
| 燕京啤酒(浙江丽水)有限公司 | 发行人的间接控股子公司 |
| 燕京啤酒(通辽)有限责任公司 | 发行人的间接控股子公司 |
| 燕京啤酒(宝山)有限责任公司 | 发行人的间接控股子公司 |

续表

| 关联企业名称 | 与发行人的关系 |
| --- | --- |
| 泉州市兴龙包装用品有限公司 | 发行人的间接控股子公司 |
| 福建燕京惠泉啤酒福鼎有限公司 | 发行人的间接控股子公司 |
| 燕京惠泉啤酒(抚州)有限公司 | 发行人的间接控股子公司 |
| 惠安县中新再生能源回收有限公司 | 发行人的间接控股子公司 |
| 北京燕京中科生物技术有限公司 | 发行人的合营公司 |
| 北京燕达皇冠盖有限公司 | 燕京集团的控股子公司 |
| 北京长亿人参饮料有限公司 | 燕京集团的控股子公司 |
| 北京双燕商标彩印厂 | 燕京集团的控股子公司 |
| 燕京啤酒(莱州)有限公司 | 燕京有限的控股子公司 |
| 燕京啤酒(曲阜三孔)有限责任公司 | 燕京有限的合营公司 |
| 燕京啤酒(长沙)有限公司 | 燕京有限的控股子公司 |

11.3　经核查,本次可转债公开发行方案中,发行人拟将所募集资金用于公司本部技改项目;对控股子公司广东燕京啤酒有限公司、江西燕京啤酒有限责任公司的增资;设立北京燕京啤酒(晋中)有限公司、燕京啤酒(昆明)有限公司;拟将剩余部分(不超过7,000万元人民币)补充流动资金。经审查,发行人对其控股子公司的增资和新设公司事项不属于本次可转债公开发行及上市所涉及的关联交易,不构成对发行人本次可转债公开发行及上市申请的法律障碍。

11.4　发行人与前述关联方之间存在不同程度和范围内的关联交易(对上述关联交易的具体说明见律师工作报告第11.2段)。经核查,本所律师认为:发行人关联交易符合相关法律法规的规定;发行人关联交易按照相关法规及公司章程、其他规定履行了必要的批准程序,关联股东或董事履行了回避制度,独立董事发表了独立意见,且在发行人依法履行信息披露义务的过程中如实、充分披露;发行人关联交易定价依据充分,定价公允,不存在明显属于单方获利性交易,不存在损害发行人及其他非关联股东利益的情形;最近三年的关联交易对发行人财务状况和经营成果影响较小,关联交易未影响发行人的经营独立性和业绩的稳定性;近三年关联交易无大额销售退回情况;不存在关联交易非关联化的情况;发行人主要关联交易的会计处理符合有关规定。因此,上述关联交易不构成对发行人本次可转债公开发行及上市申请的法律障碍。

## 十二、发行人的重大债权债务关系

12.1　经核查,发行人本次可转债公开发行及上市涉及的所有重大合同包括但不限于下列合同:

可转换公司债券发行承销与保荐协议:

发行人与招商证券股份有限公司(以下简称"招商证券")于2009年12月签订《北京燕京啤酒股份有限公司与招商证券股份有限公司关于上市公司发行可转换公司债券之保荐协议》和《北京燕京啤酒股份有限公司与招商证券股份有限公司关于上市公司发行可转换公司债券之承销协议》。该协议约定由招商证券以余额包销方式包销发行人本次可转债。

12.2　发行人现时正在履行和已经履行的其他重大合同。

12.2.1　发行人于2009年9月27日与中国民生银行股份有限公司(以下简称"民生银行")总行营业部签订《综合授信合同》,发行人据此获得10亿元最高授信额度。发行人在此额度内分别于2009年9月29日和2009年10月13日与民生银行总行营业部签订两份《借款合同》,约定借款共计2亿元人民币,借款期限分别至2010年3月29日和2010年4月13日。

12.2.2　发行人分别于2009年8月至12月与中国建设银行股份有限公司北京顺义支行总共签订三份《借款合同》,约定借款共计2.5亿元人民币,借款期限分别至2010年2月至6

月不等。

12.2.3　发行人分别于2009年11月13日和2009年11月23日与中国交通银行股份有限公司北京顺义支行签订两份《借款合同》,约定借款共计1.5亿元人民币,借款期限分别至2010年5月12日和2010年5月22日。

12.2.4　发行人于2009年9月16日与中国工商银行股份有限公司北京顺义支行签订《借款合同》,约定借款1亿元人民币,借款期限至2010年3月15日。

12.2.5　发行人于2009年11月25日与中国银行股份有限公司(以下简称"中国银行")北京顺义支行签订《授信额度协议》,发行人据此获得5亿元最高授信额度。发行人在此额度内于2009年11月25日中国银行北京顺义支行签订《借款合同》,约定借款1亿元人民币,借款期限至2010年5月24日。

12.2.6　发行人于2009年10月14日和2009年10月29日分别与中信银行股份有限公司总行营业部签订两份《借款合同》,约定借款共计2.5亿元人民币,借款期限分别至2010年4月14日和2010年4月29日。

12.2.7　发行人于2008年11月13日与加拿大小麦局签订采购协议,约定发行人以每吨258美元价格向加拿大小麦局采购3万吨小麦。

12.2.8　发行人于2008年10月16日与澳大利亚TOUTON FAR EAST PTE LTD签订采购协议,约定发行人以每吨292美元价格向TOUTON FAR EAST PTE LTD采购5千吨小麦。

12.2.9　发行人于2009年12月11日与北京鑫顺京华煤炭经销中心签订《2009年煤炭供需合同》,约定以每吨590元价格向供方购买4万吨煤炭,总计价款23,600,000元。

12.2.10　发行人与太平洋制罐(北京)有限公司于2009年2月19日签订《2009年一季度易拉罐买卖合同》,采购2,000万套铝易开盖两片罐,总计价款13,265,000元。

12.2.11　发行人与北京市通州区金城红星副食批发店于2008年12月9日签订啤酒经销合同,约定以每箱34元单价销售20万箱啤酒给批发店。

12.2.12　发行人与北京市亨特金利商贸中心于2008年12月10日签订啤酒经销合同,约定以每箱34元单价销售20万箱啤酒给商贸中心。

12.2.13　发行人与北京市顺义龙宇苍副食品店于2008年12月16日签订啤酒经销合同,约定以每箱34元单价销售20万箱啤酒给副食品店。

12.2.14　发行人与北京盛达联兴源商贸中心于2008年12月11日签订啤酒经销合同,约定以每箱34元单价销售20万箱啤酒给商贸中心。

12.2.15　发行人与北京金桥永增商贸有限公司于2008年12月23日签订啤酒经销合同,约定以每箱34元单价销售20万箱啤酒给商贸中心。

12.3　经核查,上述合同的内容均符合现行法律、法规和规范性文件的有关规定,发行人正在履行以及虽已履行完毕的合同不存在潜在风险,对本次可转债的发行及上市均不构成任何法律障碍。

12.4　经核查,发行人不存在重大对外违规担保情况,与关联方之间提供担保的情况符合《关于规范上市公司对外担保行为的通知》(证监发〔2005〕120号)的相关规定。发行人不存在与关联方之间的未经披露的重大债权债务。

12.5　经核查,发行人不存在正在进行或将要进行的重大诉讼、仲裁事项或行政诉讼事项。

## 十三、发行人的重大资产变化及收购兼并

13.1　发行人近三年重大投资及资产转让情况

13.1.1　2007年发行人根据《惠泉啤酒股权分置改革方案》的相关规定,通过上海证券交易所交易系统累计增持了福建省燕京惠泉啤酒股份有限公司(以下简称为"惠泉啤酒")流通股3,399,971股股份,完成增持计划。增资后,惠泉啤酒的总股本仍为25,000万股,发行人持有惠泉啤酒有限售条件的股份125,067,778股,占总股本的50.03%,为该公司的绝对控股股东。

13.1.2　2007年发行人对控股子公司河北燕京啤酒有限公司(以下简称为"河北燕京")增资9,900万元人民币现金。增资后,河

北燕京注册资本增至15,000万元,发行人的出资额为14,850万元人民币,占其注册资本总额的99%,燕京饮料出资150万元,持股比例1%。2008年发行人对河北燕京增资2,950万元,增资后,河北燕京注册资本增至17,950万元,发行人持股比例为99.16%。

13.1.3 2007年发行人将其持有控股子公司北京燕京饮料有限公司22%的股权转让给上海诺伟其创业投资有限公司,转让价款为3,300万元人民币。转让价款已经北京中恒信德威评估有限责任公司评估的燕京饮料有限公司评估报告为依据。

13.1.4 2008年发行人将其持有控股子公司燕京啤酒(长沙)有限公司80%的股权转让给燕京有限,转让价格为644.656万元人民币。

13.1.5 2008年发行人对控股子公司燕京啤酒(仙桃)有限公司(以下简称"燕京仙桃")增加投资11,000万元人民币。增资后,燕京仙桃注册资本增至29,235.3万元人民币,其中发行人出资额为26,500万元,占其注册资本总额的90.64%。

13.1.6 发行人对新疆燕京啤酒有限公司(以下简称"燕京新疆")增加投资8,000万元人民币。增资后,燕京新疆注册资本增至23,000万元,发行人持股比例为100%。

13.1.7 发行人对控股子公司燕京啤酒(包头雪鹿)股份有限公司(以下简称"燕京包头")单方面增加投资7,630万元人民币。增资后,燕京包头注册资本增至29,763.634万元,其中发行人的出资额为25,612.565万元,持股比例为86.054%。

13.1.8 发行人对控股子公司燕京啤酒(玉林)有限公司(以下简称"燕京玉林")增加投资920万元。增资后,燕京玉林注册资本增至43,000万元人民币,其中发行人的控股子公司燕京漓泉的出资额为41,280万元,占其注册资本总额的96%。发行人的出资额为1,720万元,占其注册资本总额的4%。

13.1.9 发行人对控股子公司湖南燕京啤酒有限公司(以下简称"湖南燕京")单方面增资3,000万元人民币。增资后,湖南燕京注册资本增至12,500万元,其中发行人出资11,800万元人民币,持股比例为94.4%;军神实业有限公司出资700万元人民币,占注册资本的5.6%。

13.1.10 发行人对燕京啤酒(赤峰)有限责任公司(以下简称"燕京赤峰")增资18,404万元人民币。增资后,燕京赤峰注册资本增至36,711.02万元,发行人持股比例为90.99%。

13.1.11 发行人设立四川燕京啤酒有限公司(以下简称"四川燕京"),注册资本20,000万元,发行人持股比例100%。

13.1.12 发行人与山西三禾酿业有限公司合资设立山西燕京啤酒有限公司(以下简称"山西燕京"),注册资本10,598万元,发行人出资额8,000万元,持股比例75.49%,山西三禾酿业有限公司出资额2,598万元,持股比例24.51%。

13.1.13 发行人设立新疆燕京农产品开发有限公司(以下简称"新疆农产品公司"),注册资本23,000万元,第一期投入5,000万元,持股比例100%。

13.1.14 发行人设立内蒙古燕京啤酒原料有限公司(以下简称"内蒙古原料公司"),注册资本9,900万元,持股比例100%。

13.1.15 2008年发行人将其持有的控股子公司广东燕京啤酒有限公司27%的股权即5,400万元人民币出资额以人民币5,400万元转让给北京企业。

13.1.16 2009年发行人对其控股子公司广东燕京啤酒有限公司增资21,600万元用于扩建工程项目,增资后,发行人持有燕京广东公司75%的股权,北京企业持有25%的股权。

13.2 经本所律师审查,上述发行人近三年的重大投资、重大资产转让行为均经过了必要的资产评估程序,签订了合法、有效的合同,发行人根据其公司章程的规定履行了内部批准及授权手续,并依法履行了信息披露义务。该等交易的价格依照公允的市场价格和有关中介机构的独立评估报告确定,没有损害公司及股东利益。所涉及的基于关联交易性质的关联人员、关联股东均履行了公司章程规定的回避程序。因此,本所律师认为,发行人上述重大资产交易行为不存在法律障碍及潜在风险。

## 十四、发行人章程的制定与修改

14.1 发行人于1997年7月8日召开的

创立大会上审议通过了《北京燕京啤酒股份有限公司章程》。

14.2 发行人设立以来历次章程变更均经过相应股东大会的特别决议批准。

14.3 本所认为:

14.3.1 发行人已经按照《上市公司章程指引》对《公司章程》进行了修订,并由其股东大会通过了修订后的章程;

14.3.2 发行人历次章程的制订和修改均符合《公司法》和《上市公司章程指引》的有关规定;

14.3.3 发行人现行的章程已经过股东大会的审议,并合法、有效地获得通过;

14.3.4 发行人现行章程的内容符合现行的法律、法规、规范性文件和中国证监会的有关规定和要求。

## 十五、发行人股东大会、董事会、监事会议事规则及规范运作

15.1 经本所律师调查,发行人依据章程设立有股东大会、董事会、监事会等组织机构。发行人股东大会是公司的最高权力机构。发行人董事会是公司股东大会的执行机构,董事会中设独立董事,聘任董事会秘书。本所律师认为发行人具有健全的组织机构。

15.2 根据本所律师调查,发行人具有健全的股东大会、董事会、监事会议事规则。经本所审查,该等议事规则均符合《公司法》及发行人公司章程的规定。

15.3 经本所律师审查,发行人股东大会、董事会、监事会历次会议的召开程序、决议作出及签署的程序及决议内容均合法、合规且真实、有效;其股东大会、董事会的历次授权及重大决策等行为均符合《公司法》及发行人的章程及其他相关法律、法规及规范性文件的规定。

## 十六、发行人董事、监事和高级管理人员及其变化

16.1 发行人的现任董事由发行人股东大会选举产生,其中独立董事为五人,占董事总数的三分之一。监事由发行人股东大会和职工代表大会分别选举产生。总经理、董事会秘书、财务负责人等高级管理人员的聘任遵守了《公司法》第一百一十二条及发行人公司章程的有关规定。上述人员不存在《公司法》第一百四十七条、第一百四十八条、第一百四十九条规定之情形,具备相应的任职资格。董事会成员、监事会成员、总经理、董事会秘书的任期均为三年。

16.2 发行人第五届董事会第一次会议通过了聘任李福成为总经理、刘翔宇为董事会秘书的议案,现任第五届董事会由发行人2009年度第一次临时股东大会选举产生。经核查,发行人的控股股东或实际控制人推荐高级管理人员通过了合法程序,不存在控股股东或实际控制人干预公司董事会和股东大会已经作出的人事任免决定的情况。上述人员任职资格,任期和产生程序均符合法律、法规和规范性文件及公司章程规定。近三年发行人高级管理人员的变化均符合法律和公司章程及其他规章制度的规定。经本所律师核查,公司高级管理人员和核心技术人员稳定,最近十二个月内未发生重大不利变化。

## 十七、发行人的税务

17.1 发行人目前执行的税种有增值税、营业税、消费税、城建维护建设税和教育费附加、企业所得税等,其执行的税种、税率符合现行法律、法规及规范性文件的要求。

17.2 税收优惠政策

发行人于2009年6月30日获得由北京市科学技术委员会、北京市财政局、北京市国家税务局、北京市地方税务局颁发的《高新技术企业证书》(证书号GR200911001109),根据《高新技术企业认定管理办法》及《中华人民共和国企业所得税法》等有关规定,发行人自获得高新技术企业认定后三年内即2009年至2011年企业所得税按15%计缴。

经本所律师核查,上述税收优惠政策合法、合规、真实、有效。

17.3 根据发行人提供的资料及北京市顺义区国家税务局、地方税务局出具的证明,发行人均依法纳税,无偷税、漏税、欠税情形。发行人近三年以来不存在因偷税漏税而受到或可能受到税务机关处罚的情形。

## 十八、发行人的环境保护和产品质量、技术标准及守法经营情况

18.1 根据发行人提供的资料,经本所律

师核查,发行人的生产经营活动和拟投资的项目符合有关环境保护的要求。

18.2 根据发行人提供的资料及北京市顺义区环境保护局出具的证明,发行人近三年以来没有因重大违反环境保护方面的法律、法规和规范性文件而受到处罚。

18.3 根据发行人提供的资料及北京市顺义区质量和技术监督局出具的证明,发行人的产品符合有关产品质量和技术监督标准,近三年以来没有因违反有关产品质量和技术监督方面的法律、法规和规范性文件而受到处罚。

18.4 根据发行人提供的资料及北京市顺义区工商行政管理局出具的证明,发行人守法经营,近三年以来没有因违反有关工商行政管理方面的法律、法规和规范性文件而受到处罚。

## 十九、发行人执行社会保障、医疗保障情况

19.1 根据发行人提供的资料,经本所律师核查,发行人员工全面实行劳动合同制管理,全面实施了养老、失业、医疗、工伤和生育保险。

19.2 根据发行人提供的资料及北京市顺义区劳动和社会保障局的证明,发行人近三年以来不存在因未缴纳社会保险或缴纳不足而受到处罚。

19.3 发行人外埠各子公司所在地相关部门均已出具证明,证实发行人各外埠子公司自2007年以来足额缴纳各种社会保险。

19.4 经本所律师核查,发行人劳动保护制度、社会保障制度运作规范、合理。劳动合同登记情况符合相关法律、法规之规定,为员工缴纳工伤保险及社会保险的情况符合有关法律、法规的规定。

## 二十、发行人本次可转债发行募集资金的运用

20.1 发行人本次可转债募集资金将用于以下项目:(1)拟投资20,000万元用于北京燕京啤酒股份有限公司年产10万千升纯生啤酒技术改造项目;(2)拟投资30,000万元对广东燕京啤酒有限公司增资用于其年产15万千升啤酒三期工程;(3)拟投资8,000万元对江西燕京啤酒有限责任公司增资用于其扩建工程;(4)拟投资25,000万元设立北京燕京啤酒(晋中)有限公司用于其年产20万千升啤酒一期10万千升工程;(5)拟投资30,000万元设立燕京啤酒(昆明)有限公司用于其年产40万千升啤酒一期20万千升工程;(6)拟将剩余部分(不超过7,000万元)补充流动资金。

如本次募集资金不足或募集资金到位时间与项目进度不一致,公司可根据实际情况暂以自有资金或其他方式筹集的资金先行投入,募集资金到位后予以置换。

20.2 发行人本次可转债公开发行所募集资金的使用项目中,涉及立项、土地、环保等有关报批事项需经过国家主管部门审批的项目均已获得投资项目所在地各级主管部门的立项备案、批准或许可,各个项目分别独立,其项目可行性研究报告以及项目批复文件齐备且为合法、有效。各项目已经通过有关项目公司的董事会、股东会的批准程序,或者已经与有关当事人签订了具有法律约束力的合同、协议,该等合同、协议的内容和形式均为合法、有效,经核查,本所认为:发行人履行该等合同、协议不涉及任何兼并收购、合资控股方面的法律障碍和纠纷。

## 二十一、发行人业务发展目标

21.1 发行人的业务发展目标:啤酒的生产和销售一直是公司的发展重点,也是公司赖以生存和发展的基石。以市场为导向、以经济效益为中心,充分利用燕京啤酒的品牌影响力,大力实施名牌战略,进行低成本扩张是公司啤酒业务发展的既定方针。面对激烈的市场竞争,公司坚持把工艺、技术装备水平做强,使之达到国际先进水平;把品牌做强,使“燕京啤酒”成为世界啤酒行业的知名品牌;把市场网络做强,建立强有力的市场网络,掌握竞争中的主动权;把经济实力做强,使企业发展注入强大的资本动力和资本保障的“四个做强”的业务发展目标,保证燕京啤酒快速、稳定、健康的发展。

公司计划啤酒产销量2010年达到500万千升,2015年突破800万千升,进入世界前六强,成为世界级的大型啤酒企业集团。

21.2 据本所律师审查,发行人业务发展目标符合国家法律、法规和规范性文件的规定,不存在潜在的法律风险。

二十二、诉讼、仲裁或行政处罚

根据发行人的陈述,发行人、发行人的董事长兼总经理李福成先生以及持有发行人5%以上股份的股东燕京有限目前不存在尚未了结的或者可以预见的重大诉讼、仲裁及行政处罚案件。经过调查,本所也未发现与发行人的上述陈述相反的事实或文件存在。

二十三、发行人本次可转债募集说明书法律风险的评价

23.1 《北京燕京啤酒股份有限公司公开发行可转换公司债券募集说明书》(以下简称《募集说明书》)由发行人编制,保荐人(主承销商)招商证券提供了专业化建议。

23.2 本所律师通过对该《募集说明书》的审阅认为,该《募集说明书》的编制遵循了全面、真实的原则,符合中国证监会《公开发行证券的公司信息披露的内容与格式准则第11号——上市公司公开发行证券募集说明书》的要求,无虚假记载、误导性陈述和重大遗漏。对发行预案中引用本所出具的法律意见书和律师工作报告的相关内容,本所律师经审阅认为,其引用不存在法律上的歧义和曲解,本所律师对此予以确认。

二十四、本次可转债发行及上市所涉及的其他中介机构

发行人本次可转债公开发行及上市的中介机构为:

主承销商及保荐人——招商证券股份有限公司

评级机构——大公国际资信评估有限公司

会计师事务所——京都天华会计师事务所有限公司

发行人法律顾问——北京市信利律师事务所

上述参与本次可转债公开发行及上市工作的主承销商、保荐机构及保荐代表人、审计机构、评级机构及律师均具有国家有关主管部门颁发的从事证券业务的从业资格证书,从业资格完备。

二十五、结论意见

综上,本所律师认为,发行人本次可转债发行及上市的程序及实质条件已符合《证券法》、《公司法》、中国证监会《管理办法》等有关法律、法规、规范性文件的规定。发行人本次可转债发行及上市不存在法律障碍。发行人本次可转债发行及上市尚待取得中国证监会的核准。

本律师工作报告正本三份,副本十份。

北京市信利律师事务所

负 责 人:江 山

经办律师:谢思敏 阎建国

# 关于泰豪科技股份有限公司发行公司债券的法律意见书

致:泰豪科技股份有限公司

北京市天元律师事务所(以下简称“本所”)受泰豪科技股份有限公司(以下简称“发行人”)的委托,根据《中华人民共和国公司法》(以下简称《公司法》)、《中华人民共和国证券法》(以下简称《证券法》)、《公司债券发行试点办法》(以下简称《试点办法》)以及中国证券监督管理委员会(以下简称中国证监会)的有关规定,就发行人申请在中国境内发行总额为人民币5亿元的公司债券(以下简称本期公司债券)事宜,出具本法律意见书。

本所律师在出具本法律意见书时遵守法律、行政法规及相关规定,遵循诚实、守信、独立、勤勉、尽责的原则,恪守律师职业道德和执

业纪律，严格履行法定职责，保证所出具文件的真实性、准确性、完整性。

为出具本法律意见书，本所律师对发行人本期公司债券相关的法律事项履行了法律专业人士特别的注意义务，对其他业务事项履行了普通人一般的注意义务，并保证本法律意见书不存在虚假记载、误导性陈述及重大遗漏。

本法律意见书仅供发行人为本次公司债券发行之目的而使用，不得被任何人用于其他任何目的。本所在此同意，发行人可以将本法律意见书作为本次公司债券发行申请所必备的法定文件，随其他申报材料一起上报中国证监会，并依法对本所在其中发表的法律意见承担责任。

基于上述，本所律师根据《证券法》第二十条及《管理办法》的要求，按照中国律师行业公认的业务标准、道德规范和勤勉尽责精神，对发行人提供的文件和有关事实进行了核查和验证，现出具如下法律意见。

## 法律意见正文

### 一、本次债券发行的授权和批准

（一）发行人股东大会已依法定程序作出批准本次债券发行并上市的决议。

1. 2010年1月5日，发行人第四届董事会第三次会议审议通过了《关于公司发行不超过人民币6.5亿元公司债券的议案》，并同意将该议案提交发行人2010年第一次临时股东大会审议。

2. 发行人第四届董事会第三次会议决定于2010年1月22日召开2010年第一次临时股东大会，审议包括上述议案在内的议题。

3. 2010年1月22日，发行人召开了2010年第一次临时股东大会。会议审议并通过了《关于公司发行不超过人民币6.5亿元公司债券的议案》。

（二）根据有关法律、法规、规范性文件以及《公司章程》等规定，发行人本次临时股东大会关于债权发行并上市的决议内容合法有效。

发行人本次临时股东大会有关本次债券发行并上市的决议内容包括：

1. 公司债券的发行规模不超过人民币6.5亿元，具体发行规模授权董事会根据公司资金需求情况和发行时的市场情况，在上述范围内确定；

2. 本次发行公司债券不向发行人原有股东进行配售；

3. 公司债券的存续期限不低于5年（含5年），具体期限授权发行人董事会根据公司资金需求情况和发行时的市场情况确定；

4. 公司债券发行募集的资金拟用于优化公司债务结构、补充公司流动资金、偿还银行借款。具体募集资金用途授权董事会根据公司资金需求情况和公司财务结构确定；

5. 股东大会决议的有效期自股东大会批准之日起24个月内有效。

根据有关法律、法规、规范性文件以及《公司章程》等规定，本所律师认为，上述决议的内容合法有效。

（三）发行人股东大会已授权董事会办理本次有关债券发行并上市事宜，授权范围、程序合法有效。

2010年1月22日，发行人2010年第一次临时股东大会审议并通过了《关于授权公司董事会办理本次公司债券发行相关事宜的议案》，决定授权董事会决定本次债券发行方案的具体事宜；决定及聘请本次债券发行的中介机构及债券受托管理人；批准或签署与本次公司债券发行上市相关的法律文件；向相关监管部门办理本次公司债券发行审核的申报事宜，并依据相关监管部门的反馈意见（若有）对本次公司债券具体发行方案作出适当的调整；办理本次公司债券的发行与上市事宜；本次公司债券的特别偿债措施；采取所有必要的行动，决定或办理其他与本次公司债券发行及上市相关的其他一切事宜。本授权有效期自股东大会审议通过之日起至上述授权事项办理完毕之日止。本所律师认为，该授权的授权范围、程序合法有效。

（四）2010年1月22日，发行人第四届董事会第四次会议审议通过了《关于审议公司债发行方案的议案》，会议审议通过了公司债券的发行规模、债券期限、债券利率、向公司股东配售的安排、回售或赎回、还本付息安排、募集资金用途、发行方式、发行时间安排、拟上市交易所等内容。发行人2010年公司债券发行方

案如下:

1. 发行规模:本次公司债券的发行规模为人民币5亿元。

2. 债券期限:本次公司债券的存续期限为5年。

3. 债券利率:本次公司债券的票面利率为固定利率,在债券存续期内固定不变,采用单利按年计息,不计复利,逾期不另计息。票面利率由发行人和保荐人(主承销商)通过市场询价协商确定。

4. 向公司股东配售的安排:本次公司债券发行不向公司股东配售。

5. 回售或赎回:本次公司债券发行不设回售或赎回条款。

6. 还本付息安排:本次公司债券每年付息一次,到期一次还本,最后一期利息随本金的兑付一起支付。

7. 募集资金用途:本次发行公司债券募集的资金,在扣除发行费用后,其中2亿元用于偿还银行借款,其余部分用于补充公司流动资金。

8. 发行方式:本次公司债券的发行采取中国证监会核准的方式进行。

9. 发行时间安排:本次公司债券的发行自中国证监会核准之日起6个月内完成。

10. 拟上市交易所:本次公司债券发行完毕后,公司将向上海证券交易所申请公司债券上市交易。

11. 在出现预计不能按期偿付债券本息或者到期未能按期偿付债券本息时,公司将采取以下措施:

(1)不向股东分配利润;

(2)暂缓重大对外投资、收购兼并等资本性支出项目的实施;

(3)调减或停发董事和高级管理人员的工资和奖金;

(4)主要责任人不得调离。

(五)本期债券发行尚待取得的核准

本所律师认为,发行人本次债券发行申请尚须经中国证监会核准,并且其债券上市交易尚需经上海证券交易所核准。

## 二、发行人的基本情况

(一)发行人的设立、上市及股本演变

1. 发行人的设立

发行人系经江西省股份制改革和股票发行联审小组以赣股〔1999〕11号《关于同意清华泰豪科技有限公司变更为清华泰豪科技股份有限公司的批复》和江西省人民政府以赣股〔1999〕11号《股份有限公司批准证书》批准设立。设立时的股东为同方股份、泰豪集团、凤凰光学股份有限公司、江西大华置业有限责任公司、江西三和电力股份有限公司、南昌高新技术产业开发区发展有限责任公司。发行人于1999年12月3日成立,成立时的注册资本为人民币8,000万元,股份总数为8,000万股。

2000年7月30日,公司2000年临时股东大会审议通过了调整公司股份的决议,经江西省股份制改革和股票发行联审小组以《对〈关于同意清华泰豪科技有限公司变更为清华泰豪科技股份有限公司的批复〉部分条款进行调整的批复》(赣股〔1999〕29号)同意清华泰豪科技有限公司(2001年1月8日,更名为"清华泰豪科技股份有限公司",2002年9月23日,更名为"泰豪科技股份有限公司")股份总额变更为93,056,828股。

2002年首次公开发行股票前,公司股本结构如下:

| 股东名称 | 股份数量(股) | 占总股本比例(%) |
|---|---|---|
| 清华同方股份有限公司(后更名为同方股份) | 32,569,891 | 35.00 |
| 江西清华科技集团有限公司(后更名为泰豪集团) | 25,590,628 | 27.50 |
| 凤凰光学股份有限公司 | 23,264,207 | 25.00 |
| 江西大华置业有限公司 | 5,816,051 | 6.25 |
| 江西三和电力股份有限公司 | 4,652,841 | 5.00 |
| 南昌高新技术开发区发展有限责任公司 | 1,163,210 | 1.25 |
| 股份总数 | 93,056,828 | 100.00 |

2. 发行人首次公开发行股票并上市

经中国证监会证监发行字〔2002〕59 号文《关于核准清华泰豪科技股份有限公司公开发行股票的通知》核准，发行人于 2002 年 6 月 19 日首次向社会公开发行人民币普通股 4,000 万股。经上海证券交易所上证上字〔2002〕116 号《关于清华泰豪科技股份有限公司人民币普通股股票上市交易的通知》批准，发行人公开发行的4,000万股社会公众股于 2002 年 7 月 3 日在上海证券交易所挂牌交易。股票简称为泰豪科技，股票代码为 600590。

首次公开发行股票后，发行人的注册资本增加至人民币 133,056,828 元，股份总额变更为 133,056,828 股。

3. 2004 年发行人增加注册资本至 199,585,242元

2004 年 4 月 12 日，发行人 2003 年度股东大会审议通过利润分配及资本公积金转增股本的实施方案，以 2003 年末公司总股本 133,056,828 股为基数，按每 10 股送 2 股的比例，向全体股东派送红股26,611,366 股，同时用资本公积金按每10 股转增 3 股的比例向全体股东转增股本39,917,048股。

上述资本公积金转增股本完成后，公司注册资本从 133,056,828 元增至199,585,242元。

4. 发行人的股权分置改革

经发行人于 2005 年 10 月 17 日召开的 2005 年第一次临时股东大会暨相关股东会议批准，发行人将 2005 年 10 月 24 日作为股权登记日实施股权分置改革的方案，发行人非流通股股东以其持有的非流通股股份按照 1∶0.65 的比例单向缩股，缩股完成后，公司非流通股股东持有的非流通股即获得流通权。股权分置改革完成后，公司总股本变更为 150,730,407 股，所有股份均为流通股，其中有限售条件的股份数为 90,730,407 股，占总股本的 60.19%；无限售条件的股份数为60,000,000股，占公司总股本的 39.81%。

公司本次股权分置改革完成后，注册资本由 199,585,242 元变更为150,730,407 元。

5. 2006 年发行人增发新股

经发行人于 2006 年 3 月 9 日召开的 2006 年第一次临时股东大会的批准和中国证监会证监发行字〔2006〕11 号文核准，发行人于 2006 年 6 月 5 日公开增发新股45,600,003 股。

上述增发完成后，公司注册资本从 150,730,407元增至 196,330,410 元。

6. 2008 年发行人注册资本增至 294,495,615元

2008 年 3 月 21 日，发行人召开的 2007 年度股东大会审议通过了《公司 2007 年度利润分配和资本公积金转增股本的预案》，发行人以 2007 年末总股本196,330,410股为基数，用资本公积金按每股转增 0.5 股（每 10 股转增 5 股）的比例，向股权登记日在册的全体股东转增股本，共计 98,165,205 股，转增后公司总股本变更为 294,495,615 股。

7. 2009 年发行人配股

经中国证券监督管理委员会证监许可〔2009〕670 文《关于核准泰豪科技股份有限公司配股的批复》核准，发行人向截至股权登记日 2009 年 7 月 29 日下午上海证券交易所收市后，在中国证券登记结算有限责任公司上海分公司登记在册的发行人全体股东（总股本 294,495,615 股），按照每 10 股配 3 股的比例配售。2009 年 8 月 5 日完成本次配股网上网下认购工作，共配售 84,942,478 股。配股完成后公司总股本变更为 379,438,093 股，注册资本由 294,495,615 元变更为 379,438,093元。

8. 截至 2009 年 12 月 31 日发行人股东数量和持股情况

截至 2009 年 12 月 31 日，发行人总股本为 379,438,093 股，均为无限售条件的流通股股份。发行人股东数量和前 10 名股东的持股情况如下所示：

| 序号 | 股东名称 | 持股数量(股) | 持股比例(%) | 持有有限售条件股份数量(股) | 质押或冻结的股份数量 |
|---|---|---|---|---|---|
| 1 | 同方股份 | 89,525,664 | 23.59 | 0 | 无 |
| 2 | 泰豪集团 | 59,413,892 | 15.66 | 0 | 质押 44,880,000 股 |
| 3 | 中国银行－银华优质增长股票型证券投资基金 | 9,016,160 | 2.38 | 0 | 无 |
| 4 | 交通银行－汇丰晋信动态策略混合型证券投资基金 | 8,300,000 | 2.19 | 0 | 未知 |
| 5 | 交通银行－汇丰晋信龙腾股票型开放式证券投资基金 | 7,516,999 | 1.98 | 0 | 未知 |
| 6 | 中国建设银行－工银瑞信红利股票型证券投资基金 | 5,220,734 | 1.38 | 0 | 未知 |
| 7 | 中信证券－建行－中信证券股债双赢集合资产管理计划 | 5,183,673 | 1.37 | 0 | 未知 |
| 8 | 中国建设银行－银华富裕主题股票型证券投资基金 | 4,761,960 | 1.26 | 0 | 未知 |
| 9 | 中国建设银行－上投摩根阿尔法股票型证券投资基金 | 3,920,290 | 1.03 | 0 | 未知 |
| 10 | 中国工商银行－招商核心价值混合型证券投资基金 | 3,769,396 | 0.99 | 0 | 未知 |

(二)发行人的控股股东及实际控制人

1. 控股股东

发行人的控股股东是同方股份，截至2009年12月31日，同方股份持有发行人89,525,664股股份，占发行人股份总数的23.59%。

同方股份成立于1997年6月25日，公司住所为北京市海淀区清华园清华同方大厦；法定代表人为荣泳霖；注册资本为976,970,554元；公司类型为股份有限公司(上市)。

2. 实际控制人

同方股份的实际控制人为清华控股，清华控股也即发行人的实际控制人。

清华控股原名称是北京清华大学企业集团。北京清华大学企业集团成立于1992年8月26日，2003年9月由原来的全民所有制企业改制为国有独资的有限责任公司，并更名为清华控股有限公司。根据《国务院办公厅关于同意北京大学清华大学设立北大资产经营有限公司和清华控股有限公司的复函》(国办函〔2003〕30号)，清华控股由清华大学设立，其“代表学校统一持有、经营、监督和管理校办企业及学校对外投资的股权，并承担相应的保值增值责任”。

清华控股住所为北京市海淀区中关村东路7号院8号楼(科技大厦)A座25层，法定代表人为宋军，注册资本为20亿元，公司类型为有限责任公司(国有独资)。

(三)发行人的业务及经营资质

根据发行人现行有效的《企业法人营业执照》，发行人的经营范围包括计算机及软件产品、空调机组、发电机组、输变电配套设备、电子产品及通信设备、光机电一体化设备、医疗仪器、环保设备的开发、生产、销售；智能建筑弱电工程、中央空调工程、网络信息系统集成、电气自动化工程、环保工程的承接和综合技术服务；设计、安装防盗报警、闭路电视监控工程；汽车(小轿车除外)销售；房屋及设备租赁；本企业自产产品及相关技术的出口业务(国家组织统一经营的出口商品除外）；本企业生产、科研所需原辅材料、机械设备、仪器仪表、零配件及相关技术的进口业务（国家实行核定公司经营的进口商品除外）；本企业的进料加工和“三来一补”业务。根据发行人最近三年的《审计报告》，发行人最近三年的主营业务收入和主营业务利润情况如下：

1. 2007 年度的主营业务收入为人民币 1,984,593,407.47 元，主营业务利润为 367,072,826.98元；

2. 2008 年度的主营业务收入为 2,241,000,706.21 元，主营业务利润为 471,042,076.90元；

3. 2009 年度的主营业务收入为 2,334,778,885.60 元，主营业务利润为 470,026,777.74元。

发行人最近三年主营业务收入占营业收入比重均超过 95%，本所律师认为，发行人的主营业务突出。

发行人目前已取得《安全生产许可证》、《江西省安全技术防范工程设计、施工资质信用证书》、《工程设计证书》、《建筑业企业资质证书》等经营资质，具备从事承担各类建筑智能化工程的施工、为建筑智能化系统集成（其中消防子系统除外）专项工程设计、建筑施工、防盗报警、闭路电视监控系统设计、安装等业务所必需的资质。

此外，发行人的 T 系列（68kW－502kW）通信专用柴油发电机组获得泰尔认证中心 030064610533ROL《产品认证证书》、T 系列（515kW－2000kW）通信专用柴油发电机组获得泰尔认证中心 030064610534ROL《产品认证证书》、T 系列（2kW－1760kW）通信专用柴油发电机组获得泰尔认证中心 030064610535ROL《产品认证证书》、交流发电机获得中国船级社 WHO4T00001《型式认可证书》、SB－HT 系列船用三相交流有刷同步发电机、SB－HT 船用三相交流无刷同步发电机和 GFC－HT、GFC－HW 系列船用柴油发电机组获得中华人民共和国渔业船舶检验局 C00000400097 号、C00000400098 号《船用产品型式认可证书》，符合船用产品型式认可条件，获得准入。

本所律师认为，发行人已取得与生产经营有关的经营资质，可以合法地开展相关业务。

（四）发行人的持续经营

根据本所律师核查，发行人已通过 2008 年度工商年检。根据法律、法规、规范性文件及《公司章程》关于发行人经营期限为永久存续之规定，本所律师认为，发行人没有需要终止的情形出现，不存在持续经营的法律障碍。

（五）发行人的主要财产

本所律师核查了发行人取得与生产经营有关的电子设备、办公设备、数码产品、工具软件等主要生产设备的法律文件，以及商标、专利、计算机软件著作权等知识产权、房屋建筑物、土地使用权的权属证书。本所律师认为发行人合法拥有上述财产的所有权，该等财产产权清晰，不存在产权纠纷或潜在纠纷；发行人使用部分土地及房产为自身的银行借款提供担保符合相关法律规定，对本次公司债券发行不构成法律障碍。

截至 2009 年 12 月 31 日，发行人共有 17 家控股子公司（包括全资子公司）2 家参股子公司，上述公司基本情况如下：

| 序号 | 单位名称 | 注册地址 | 注册资本（元） | 发行人持股比例（%） |
|---|---|---|---|---|
| 1 | 深圳市清华泰豪智能科技有限公司 | 深圳市南山区科技创业服务中心第二孵化基地 1102 室 | 20,000,000 | 100.00 |
| 2 | 上海泰豪智能建筑电气有限公司 | 上海市张江高科技园区郭守敬路 498 号浦东软件园 22301－293 座 | 35,000,000 | 100.00 |
| 3 | 北京泰豪太阳能电源技术有限公司 | 北京市海淀区知春路 118 号 A 座 6 层 60C | 50,000,000 | 100.00 |
| 4 | 泰豪科技（深圳）电力技术有限公司 | 深圳市宝华区龙华镇牛栏前村民治大道 504 号 B 栋厂房 1－4 层 | 50,000,000 | 82.50 |
| 5 | 山东吉美乐有限公司 | 济南市高新区天辰大街 603 号 | 36,400,000 | 82.42 |

续表

| 序号 | 单位名称 | 注册地址 | 注册资本(元) | 发行人持股比例(%) |
|---|---|---|---|---|
| 6 | 北京泰豪智能科技有限公司 | 北京市北京经济技术开发区锦绣街3号 | 20,000,0000 | 70.20 |
| 7 | 同方人工环境有限公司 | 北京市海淀区王庄路1号清华同方科技大厦B座21-22层 | 249,000,000 | 51.00 |
| 8 | 深圳卓克节能科技有限公司 | 深圳市福田保税区 | 52,000,000 | 37.50 |
| 9 | 江西泰豪科技进出口有限公司 | 南昌市高新开发区清华泰豪大楼 | 100,000,000 | 100.00 |
| 10 | 江西泰豪特种电机有限公司 | 江西高安市新世纪工业城 | 50,000,000 | 100.00 |
| 11 | 江西泰豪电源技术有限公司 | 江西南昌小兰经济开发区 | 20,000,0000 | 100.00 |
| 12 | 江西清华泰豪三波电机有限公司 | 南昌高新开发区清华泰豪大楼 | 10,000,0000 | 100.00 |
| 13 | 济南吉美乐电源技术有限公司 | 济南市高新区天辰大街603号 | 10,000,000 | 100.00 |
| 14 | 衡阳泰豪通信车辆有限公司 | 衡阳市蒸湖区衡祁路74号 | 80,000,000 | 90.19 |
| 15 | 长春泰豪电子装备有限公司 | 高新开发区光谷大街966号 | 30,000,000 | 85.00 |
| 16 | 江西清华泰豪微电机有限公司 | 南昌市爱国路42号 | 10,000,000 | 60.00 |
| 17 | 北京泰豪联星技术有限公司 | 北京市海淀区 | 50,000,000 | 60.00 |
| 18 | 南昌 ABB 发电机有限公司 | 南昌市高新技术开发区 | 5,000,000 美元 | 49.00 |
| 19 | 南昌创业投资有限公司 | 南昌市高新技术开发区 | 12,000,0000 | 25.00 |

发行人基于对该等参、控股子公司的实缴及认缴出资,享有相应的股东权利,并受法律保护。发行人对该等对外出资权利的享有不存在产权争议或潜在的纠纷,亦不存在权利行使限制。

综上所述,发行人系依法设立且有效存续的股份有限公司,具有发行公司债券的合法主体资格。

### 三、本次债券发行的实质条件

根据《证券法》、《公司法》和《试点办法》等相关法律、法规和规范性文件,本所律师对发行人本次债券发行的实质条件进行了逐项核查。

(一)发行人及本次债券发行符合《证券法》关于公开发行公司债券的相关规定

1. 根据中磊会计师事务所2010年3月9

日出具的中磊审字〔2010〕第2011号《审计报告》（以下简称"2009年度《审计报告》"），发行人最近一期即截至2009年12月31日经审计的净资产为人民币1,677,105,053.08元，不低于人民币30,000,000元，符合《证券法》第十六条第一款第（一）项的规定。

2. 在本次发行债券之前，发行人不存在已经发行、尚未到期的公司债券；发行人本次拟发行的公司债券的总面额为人民币5亿元，本次债券发行后累计公司债券余额为5亿元，未超过发行人净资产额的40%，符合《证券法》第十六条第一款第（二）项的规定。

3. 根据中磊会计师事务所2008年2月28日出具的中磊审字〔2008〕第2018号《审计报告》、2009年2月19日出具的中磊审字〔2009〕第0043号《审计报告》及2009年3月9日出具的中磊审字〔2010〕第2011号《审计报告》，发行人2007年度、2008年度和2009年度实现的可分配利润分别为人民币84,191,881.09元、91,486,228.14元和98,286,614.45元。本次债券票面利率由发行人和保荐人（主承销商）通过市场询价协商确定。经合理测算，发行人最近三年平均可分配利润足以支付本次债券一年的利息，符合《证券法》第十六条第一款第（三）项的规定。

4. 根据发行人2010年第一次临时股东大会的决议，本次债券发行筹集的资金可以拟用于优化公司债务结构、补充流动资金、偿还银行借款。具体募集资金用途授权董事会根据公司资金需求情况确定。经发行人第四届董事会第四次会议审议，公司债券的募集资金在扣除发行费用后，其中2亿元用于偿还银行借款，其余部分全部用于补充公司流动资金。本所律师认为，本次债券发行筹集资金用途符合国家产业政策，且用于核准的用途，未用于弥补亏损和非生产性支出，符合《证券法》第十六条第一款第（四）项和第二款的规定。

5. 本次债券票面利率由发行人和保荐人（主承销商）通过市场询价协商确定，不超过国务院限定的利率水平，符合《证券法》第十六条第一款第（五）项的规定。

6. 经本所律师适当核查，发行人不存在以下情形，符合《证券法》第十八条的规定：

（1）前一次公开发行的公司债券尚未募足；

（2）对已公开发行的公司债券或者其他债务有违约或者迟延支付本息的事实，仍处于继续状态；

（3）违反《证券法》规定，改变公开发行公司债券所募资金的用途。

（二）发行人及本次债券发行符合《公司法》关于公开发行公司债券的相关规定

1. 根据2010年第一次临时股东大会审议通过的《关于公司发行不超过人民币6.5亿元公司债券的议案》以及《债券募集说明书》，发行人本次发行的公司债券系依照《证券法》、《公司法》和《试点办法》及中国证监会规定的法定程序发行、约定在一定期限内还本付息的有价证券，符合《公司法》第一百五十四条的规定。

2. 根据2010年第一次临时股东大会审议通过的《关于公司发行不超过人民币6.5亿元公司债券的议案》以及《债券募集说明书》，发行人本次发行的公司债券可以转让，并且将按照上海证券交易所的交易规则上市交易，符合《公司法》第一百六十条的规定。

（三）发行人及本次债券发行符合《试点办法》关于发行公司债券的相关规定

1. 根据发行人现行有效的《企业法人营业执照》，发行人的经营范围为：计算机及软件产品、空调机组、发电机组、输变电配套设备、电子产品及通信设备、光机电一体化设备、医疗仪器、环保设备的开发、生产、销售；智能建筑弱电工程、中央空调工程、网络信息系统集成、电气自动化工程、环保工程的承接和综合技术服务；设计、安装防盗报警、闭路电视监控工程；汽车（小轿车除外）销售；房屋及设备租赁；本企业自产产品及相关技术的出口业务（国家组织统一经营的出口商品除外）；本企业生产、科研所需原辅材料、机械设备、仪器仪表、零配件及相关技术的进口业务（国家实行核定公司经营的进口商品除外）；本企业的进料加工和"三来一补"业务。本所律师认为，发行人的生产经营符合法律、行政法规和《公司章程》的规定，符合国家产业政策，符合《试点办法》第七条第（一）款的规定。

2. 发行人已根据《企业内部控制基本规范》、《上市公司内部控制指引》等规范性文件的要求,充分考虑目标设定、内部环境、风险评估、控制活动、信息与沟通、内部监督等基本要素,以制定和完善基本管理制度为基础,针对公司业务实际需要,建立和完善了公司的内部控制制度。内部控制制度涵盖了公司治理结构及议事规则、日常经营管理等各个方面,内部控制体系完整、合理、执行有效。经本所适当核查,未发现发行人内部控制制度存在重大缺陷,符合《试点办法》第七条第(二)款的规定。

3. 根据中诚信证券评估有限公司于2010年3月12日出具的信评委函字〔2010〕002号《泰豪科技股份有限公司2010公司债券信用评级报告》,发行人主体信用等级为AA,本次债券的信用等级为AA+,债券信用级别良好,符合《试点办法》第七条第(三)款的规定。

4. 如本条第(一)项第1款所述,根据2009年度《审计报告》,截至2009年12月31日,发行人的净资产为人民币1,677,105,053.08元,不低于人民币30,000,000元,符合《证券法》第十六条第一款第(一)项及其他法律、行政法规和中国证监会有关规定的要求,符合《试点办法》第七条第(四)款的规定。

5. 如本条第(一)项第3款所述,发行人2007年度、2008年度和2009年度的实现的可分配利润分别为人民币84,191,881.09元、91,486,228.14元和98,286,614.45元。发行人本次债券票面利率由发行人和保荐人(主承销商)通过市场询价协商确定。经合理测算,发行人最近三个会计年度实现的年均可分配利润不少于本次债券一年的利息,符合《试点办法》第七条第(五)款的规定。

6. 如本条第(一)项第2款所述,发行人本次债券发行后累计公司债券余额为人民币5亿元,最近一期末(即2009年12月31日)经审计净资产额为人民币1,677,105,053.08元,发行人本次债券发行后累计公司债券余额不超过最近一期末净资产额的40%,符合《试点办法》第七条第(六)款的规定。

7. 经本所律师适当核查,发行人不存在以下情形,符合《试点办法》第八条的规定:

(1)最近三十六月内发行人财务会计文件存在虚假记载,或发行人存在其他重大违法行为;

(2)本次发行债券的申请文件存在虚假记载、误导性陈述或重大遗漏;

(3)对已发行的公司债券或者其他债务有违约或者迟延支付本息的事实,仍处于继续状态;

(4)严重损害投资者合法权益和社会公共利益的其他情形。

综上所述,本所律师认为,发行人符合《证券法》、《公司法》、《试点办法》等法律、法规和规范性文件规定的发行公司债券的实质条件。

## 四、发行人的重大债权债务

(一)发行人目前的银行借款

经公司说明及本所适当核查,截至2009年12月31日,发行人及其控股子公司尚在履行的银行借款如下:

| 序号 | 借款方 | 贷款方 | 借款金额(万元) | 放款日期 | 还款日期 | 月利率(‰) |
|---|---|---|---|---|---|---|
| 1 | 发行人 | 中国工商银行南昌市北京西路支行 | 1,900 | 2009/10/27 | 2010/10/25 | 4.204 |
| 2 | | 中国工商银行南昌市北京西路支行 | 2,000 | 2009/5/26 | 2010/5/24 | 4.204 |
| 3 | | 中国工商银行南昌市北京西路支行 | 1,000 | 2009/10/14 | 2010/10/13 | 4.204 |
| 4 | | 中国工商银行南昌市北京西路支行 | 1,000 | 2009/10/30 | 2010/10/28 | 4.204 |

续表

| 序号 | 借款方 | 贷款方 | 借款金额（万元） | 放款日期 | 还款日期 | 月利率（‰） |
|---|---|---|---|---|---|---|
| 5 | 发行人 | 中国工商银行南昌市北京西路支行 | 3,000 | 2009/3/19 | 2010/3/18 | 4.204 |
| 6 | | 中国工商银行南昌市北京西路支行 | 2,000 | 2009/10/30 | 2010/10/29 | 4.204 |
| 7 | | 中国工商银行南昌市北京西路支行 | 4,000 | 2009/1/22 | 2010/1/21 | 4.425 |
| 8 | | 中国工商银行南昌市北京西路支行 | 1,000 | 2009/9/24 | 2010/9/21 | 4.204 |
| 9 | | 中国工商银行南昌市北京西路支行 | 3,000 | 2009/6/23 | 2010/6/22 | 4.204 |
| 10 | | 中国银行南昌市西湖支行 | 2,000 | 2009/8/1 | 2010/8/1 | 4.425 |
| 11 | | 中国银行南昌市西湖支行 | 2,500 | 2009/4/15 | 2010/4/14 | 4.425 |
| 12 | | 中国银行南昌市西湖支行 | 1,000 | 2009/5/15 | 2010/5/15 | 4.425 |
| 13 | | 中国银行南昌市西湖支行 | 2,000 | 2009/6/15 | 2012/6/5 | 4.8 |
| 14 | | 中国银行南昌市西湖支行 | 4,000 | 2009/6/15 | 2013/6/5 | 4.8 |
| 15 | | 中国银行南昌市西湖支行 | 4,000 | 2009/6/15 | 2014/6/5 | 4.8 |
| 16 | | 浦发银行 | 3,000 | 2009/4/3 | 2010/4/2 | 4.425 |
| 17 | | 民生银行 | 3,000 | 2009/7/13 | 2010/7/12 | 4.425 |
| 18 | | 中信银行 | 2,000 | 2009/7/21 | 2010/7/20 | 4.425 |
| 19 | | 中信银行 | 4,000 | 2009/9/25 | 2010/9/24 | 4.204 |
| 20 | | 招商银行福州路支行 | 1,000 | 2009/11/30 | 2010/10/29 | 4.425 |
| 21 | | 中国进出口银行 | 10,000 | 2009/9/25 | 2010/9/20 | 2.930 |
| 22 | | 财政转贷国债借款 | 162 | 2006/8/22 | 2016/8/22 | 2.5 |
| 23 | 泰豪科技（深圳）电力技术有限公司 | 中国建设银行保安支行 | 900 | 2006/4/30 | 2010/4/30 | 6.901,5 |
| 24 | | 中国银行坂田支行 | 2,000 | 2009/8/10 | 2012/4/28 | 4.05 |
| 25 | | | 2,000 | 2009/4/29 | 2012/4/28 | 4.05 |
| 26 | 北京泰豪智能工程有限公司 | 北京银行翠微路支行 | 200 | 2009/3/11 | 2010/3/11 | 4.425 |
| 27 | 山东吉美乐有限公司 | 齐鲁银行高新支行 | 2,000 | 2009/6/25 | 2010/6/25 | 4.425 |
| 28 | | 齐鲁银行高新支行 | 1,000 | 2009/8/26 | 2010/6/25 | 4.425 |
| 29 | 江西泰豪特种电机有限公司 | 中国银行高安市支行 | 200 | 2007/7/9 | 2011/7/9 | 5.775 |
| 30 | | 中国银行高安市支行 | 1,500 | 2007/9/12 | 2011/9/12 | 5.775 |
| 31 | | 中国银行高安市支行 | 1,000 | 2009/2/27 | 2011/2/26 | 4.5 |
| 32 | | 工行高安市支行 | 1,000 | 2009/5/11 | 2010/5/10 | 4.425 |

续表

| 序号 | 借款方 | 贷款方 | 借款金额(万元) | 放款日期 | 还款日期 | 月利率(‰) |
|---|---|---|---|---|---|---|
| 33 | 江西清华泰豪三波电机有限公司 | 中信银行 | 2,000 | 2009/4/30 | 2010/4/29 | 4.425 |
| 34 | | 中国工商银行南昌市北京西路支行 | 1,000 | 2009/11/18 | 2010/11/17 | 4.425 |
| 35 | 衡阳泰豪通信车辆有限公司 | 中国建设银行雁峰支行 | 3,000 | 2009/7/15 | 2013/12/24 | 4.8 |
| 36 | | 中国工商银行衡阳市城中支行 | 350 | 2009/3/31 | 2010/3/30 | 5.75 |
| 37 | | 中国工商银行衡阳市城中支行 | 1,250 | 2009/11/13 | 2010/11/12 | 4.425 |
| 38 | 江西泰豪微电机有限公司 | 南昌银行民德路支行 | 500 | 2009/6/30 | 2010/6/21 | 4.867,5 |
| 39 | 济南吉美乐电源有限公司 | 济南市商业银行高新支行 | 1,000 | 2007/12/10 | 2010/12/10 | 4.425 |
| 40 | 同方人工环境有限公司 | 招商银行北京分行 | 1,500 | 2009/12/29 | 2010/6/28 | 4.425 |

(二)发行人对外担保情况

经公司说明及本所适当核查,截至2009年12月31日,发行人及其控股子公司尚在履行的对外担保情况如下:

| 序号 | 担保方 | 被担保方 | 担保方式 | 主债权金额(万元) | 担保权人 | 主债权期限 |
|---|---|---|---|---|---|---|
| 1 | 发行人 | 江西汇仁药业有限公司 | 连带责任保证 | 3,500 | 中国农业银行南昌县支行 | 2009/4/29-2010/4/28 |
| 2 | 发行人 | 江西汇仁集团医药科研营销有限责任公司 | 连带责任保证 | 2,000 | 中国建设银行南昌铁路支行 | 2009/1/13-2011/1/12 |
| | 发行人 | | 连带责任保证 | 4,500 | 中国建设银行南昌铁路支行 | 2009/1/16-2010/1/15 |
| 3 | 发行人 | 泰豪软件股份有限公司 | 连带责任保证 | 3,000 | 中国建设银行洪都支行 | 2007/8/14-2010/8/13 |
| 4 | 发行人 | 江西特种电机股份有限公司 | 连带责任保证 | 2,000 | 中国工商银行宜春支行 | 2009/5/19-2010/5/18 |

经本所律师适当核查,发行人不存在可能严重影响公司持续经营的担保、诉讼、仲裁或其他重大事项。

**五、发行人的治理结构及董事、监事和高级管理人员**

(一)根据发行人向本所律师提供的发行人组织机构图和本所律师核查,发行人具有健全的组织机构。根据发行人现行有效的公司章程,发行人目前的组织结构包括股东大会、董事会、监事会和经营管理机构,发行人的公司章程对各公司组织机构的职权作出明确的划分,发行人制订了健全的股东大会、董事会、监事会议事规则,符合相关法律、法规和规范性文件的规定。

(二)发行人现任董事、监事、高级管理人员的情况

发行人现任第四届董事会现有董事7名,

分别为陆致成、黄代放、张宇宙、范新、周钟山、熊墨辉、张蕊，其中周钟山、熊墨辉、张蕊3位董事为独立董事。

发行人现任第四届监事会现有3名监事，分别为万晓民、饶兰秀和孙岷。其中万晓民监事为职工代表出任的监事。

发行人现任高级管理人员9名，分别为总裁毛勇；董事会秘书杨骏；副总裁邵建生、李春生、邹映明、杨骏、李自强、邹卫明；总裁助理杨剑；总裁助理兼财务总监吴菊林。

经本所律师适当核查，本所律师认为：

(1)发行人的现任董事、监事、董事会秘书、总经理、副总经理等高级管理人员的任职资格符合法律、法规、规范性文件和《公司章程》的规定，发行人的现任董事、监事、董事会秘书、总经理、副总经理等高级管理人员的任职资格符合法律、法规、规范性文件和《公司章程》的规定，不存在《公司法》第147条规定的情形，亦未涉及被中国证监会宣布为证券市场禁入者的情形。

(2)发行人现任监事中不存在兼任发行人董事、总经理、副总经理和董事会秘书等职务的情形；发行人3名监事中包含1名为职工代表出任的监事，占发行人监事总人数的三分之一以上。

(3)发行人的总经理、副总经理和董事会秘书等高级管理人员未在控股股东、实际控制人及其控制的其他企业中担任除董事、监事以外的其他职务，未在控股股东、实际控制人及其控制的其他企业领薪。

(4)根据发行人的说明和本所律师的适当核查，发行人董事会目前共7名董事，其中独立董事3名，独立董事的比例达到了董事会成员比例的1/3，符合《关于在上市公司建立独立董事制度的指导意见》的规定。

## 六、募集资金的运用

根据发行人2010年第一次临时股东大会审议通过的公司债券募集资金的用途方案，核准募集资金可以用于以下方面：优化公司债务结构、补充公司流动资金、偿还银行借款，具体募集资金用途授权发行人董事会根据公司资金需求情况确定。

根据发行人第四届董事会第四次会议审议通过的发行本次债券募集资金用途方案，发行人拟将本次债券募集资金在扣除发行费用后，其中2亿元用于偿还银行借款，其余部分全部用于补充公司流动资金。

本所律师认为，发行人本次债券发行的募集资金投资用途已经过股东大会批准，在取得中国证监会关于本次债券发行的核准后可以执行。

## 七、本次债券发行的担保

本次债券发行由同方股份提供全额无条件不可撤销的连带责任保证担保，同方股份的情况参见本法律意见书“二、发行人的基本情况”部分“(二)发行人的控股股东及实际控制人”。

(一)2010年2月8日，同方股份召开的第四届董事会第三十五次会议通过了决议，同意同方股份为发行人拟发行的6.5亿元公司债全部本息提供担保。

(二)2010年3月5日，同方股份向发行人出具了《担保函》，为发行人本次发行公司债券提供无条件的不可撤销的连带责任保证担保。《担保函》的主要内容如下：

1. 被担保的债券种类、数额

被担保的债券为泰豪科技股份有限公司2010年发行的5年期公司债券，发行面额总计为不超过人民币5亿元。

2. 债券的到期日

本期债券到期日为：债券发行首日起满5年的前一日。债券发行人应在债券兑付期限内和付息期限内清偿全部债券本金和利息。

3. 保证的方式

担保人承担保证的方式为不可撤销的连带责任保证担保。

4. 保证责任的承担

在《担保函》项下债券到期时，如发行人不能兑付须偿付的债券本息，担保人应主动承担连带保证担保责任(以下简称“保证责任”)，将兑付资金划入债券登记托管机构指定的账户。债券持有人可分别或联合要求担保人承担保证责任。债券受托管理人有权代理债券持有人要求担保人履行保证责任。

5. 保证范围

担保人保证的范围包括本期债券本金不超过人民币5亿元及利息，以及违约金、损害赔偿金、实现债权的费用和其他应支付的费用。

6. 保证的期间

担保人承担保证责任的期限为本期债券存续期及本期债券到期日起二年。债券持有人在此期间内未要求担保人承担保证责任的,担保人免除保证责任。

7. 财务信息披露

本次债券有关主管部门或债券持有人及债券受托管理人有权对担保人的财务状况进行监督,并要求担保人定期提供会计报表等财务信息。

8. 债券的转让或出质

债券持有人依法将债券转让或出质给第三人时,担保人在《担保函》第五条规定的范围内继续承担保证责任。

9. 主债权的变更

经本期债券有关主管部门和债券持有人会议批准,本期债券利率、期限、还本付息方式等发生变更时,不需另行经过担保人同意,担保人继续承担《担保函》项下的保证责任。

10. 加速到期

在本期债券到期之前,担保人发生分立、停产停业等足以影响债券持有人利益的重大事项时,债券发行人应在一定期限内提供新的保证,债券发行人不提供新的保证时,债券持有人有权要求债券发行人、担保人提前兑付债券本息。

11. 担保函的生效

《担保函》自中国证券监督管理委员会批准本期债券发行之日生效,在《担保函》第六条规定的保证期间内不得变更、撤销或终止。

(三)本所认为:

1. 同方股份具备作为本次债券发行担保人的主体资格,其为发行人本期公司债券提供担保已履行其内部审批程序。

2. 发行人本期公司债券取得的担保符合《担保法》、《试点办法》和其他有关法律、法规的规定,《担保函》的内容合法有效。

## 八、偿债计划及其他保障措施

根据本次债券发行的《债券募集说明书》的披露:

(一)发行人的偿债资金来源

1. 经营活动产生的现金流

发行人偿付本期公司债券本息的资金主要来源于经营活动产生的现金流。发行人主营业务突出,财务状况良好,经营活动产生的现金流充足。发行人最近三年销售收入持续增长,2007年度、2008年度及2009年度公司营业收入分别为1,999,737,136.69元、2,279,790,832.58及2,389,284,556.37元,归属于母公司股东的净利润分别为84,191,881.09元、91,486,228.14元及98,286,614.45元。

报告期内,发行人经营活动现金流量情况总体良好。2007年度、2008年度及2009年度,发行人经营活动产生的现金流量净额分别为13,605.97万元、14,715.64万元及4,658.93万元。最近三年发行人经营活动产生的现金流量净额累计为32,980.54万元,占发行人近三年累计归属于母公司股东净利润总额的113.38%,发行人盈利能力较强,盈利质量较好,现金回收能力较好,经营活动回笼的现金对债务保障能力较强。

另外,发行人2009年度配股募集资金投资项目陆续开工、建设和投产,这将为发行人营业收入、利润以及经营性现金流的持续稳定增长奠定基础,保证了发行人的长期偿债能力。

2. 银行借款

发行人在国内银行间具有优良的信用记录,与银行保持着长期良好的合作关系,在偿还银行债务方面从未发生过任何形式的违约行为。截至目前,发行人共拥有多家银行共计约人民币15亿元的综合授信额度,其中尚未使用的额度约5亿元。银行授信额度加强了本期公司债券的偿付能力。同时发行人与各贷款银行建立了良好的长期合作关系并保持了良好的信用记录,自发行人成立以来未发生逾期未偿还贷款、资金偿还纠纷等问题。因此,预计发行人未来仍能持续获得较高的银行授信额度。

3. 流动资产变现

长期以来,发行人注重对资产流动性的管理,资产流动性良好。除货币资金外,发行人流动资产主要由应收账款、应收票据、存货等组成。在发行人现金流量不足的情况下,可以通过加大应收账款催收力度、票据贴现、变现产成品存货来获得必要的偿债资金支持。

(二)偿债保障措施

1. 制订《债券持有人会议规则》

公司按照《试点办法》的要求制订了《债券

持有人会议规则》，约定债券持有人通过债券持有人会议行使权利、维护合法权益的范围、程序和其他重要事项，为保障公司债券本息及时足额偿付做出了合理的制度安排。

2. 充分发挥债券受托管理人的作用

发行人按照《试点办法》的要求引入了债券受托管理人制度，聘任齐鲁证券担任本期公司债券的受托管理人，并签署了《债券受托管理协议》。在债券存续期间内，由债券受托管理人代表债券持有人对发行人的相关情况进行监督，并在债券本息无法按时偿付时，代表债券持有人，采取一切必要及可行的措施，保护债券持有人的正当利益。

3. 加强募集资金的使用管理

本期公司债券发行后，公司将加强对募集资金的使用、管理和日常监控，完善财务规划，提高资金的使用效率，增强公司主营业务现金流对偿付本期公司债券本息的支持。

4. 加大债券到期前的现金流量

在本期公司债券本息到期前，公司将通过适当的销售政策加大收款力度，增加现金流入，并适当缩减现金流出规模，提高结余资金数量，进一步确保公司偿付能力。

5. 设立专项偿债账户

为保证债券持有人的合法权益，规范发行人为本期公司债券开设及管理专项偿债账户的行为，保障发行人按期兑付本期公司债券到期日的本金和利息，发行人制定了《泰豪科技股份有限公司2010年公司债券专项偿债资金管理制度》。发行人将设立专项偿债账户，提前准备本期公司债券的到期应付本息，以保证按约定偿付本期公司债券本息。主要内容如下：

(1)专项偿债账户的设立及偿债资金存储频度、金额

1)在本期债券本金到期日(即募集说明书所约定之兑付日)至少60天前，公司应选定具有良好声誉的金融机构开设债券专项偿债账户，并书面通知本期债券的债券受托管理人。

2)专项偿债账户资金存储的起始日期为本期公司债券兑付日前60天，并且向专项偿债账户内存储的资金数额应满足如下要求：

①不迟于本期公司债券兑付日前30个工作日，专项偿债账户内的资金应不低于到期应付本期公司债券本息的百分之五十(50%)；

②不迟于本期公司债券到期日前5个工作日，专项偿债账户内的资金应不低于到期应付本期公司债券本息的百分之百(100%)。

(2)专项偿债账户及其资金的归集、管理

1)公司指定财务部代表公司负责专项偿债账户及其资金的归集、管理工作，牵头负责协调本期公司债券本息的偿付工作。公司其他相关部门配合财务部在本期公司债券兑付日所在年度的财务预算中落实本期公司债券本息的兑付资金，确保本期公司债券本息如期偿付。

2)公司将做好财务规划，合理安排好筹资和投资计划，同时加强对应收账款和存货的管理，增强资产的流动性，加大本期公司债券兑付日前的现金流量，保证公司在兑付日前能够获得充足的资金用于向债券持有人清偿全部到期应付的本息。

3)公司将根据发展战略和规划需要及公司《对外投资管理办法》的有关规定，谨慎从事对外投资活动，并注重提高现有资源的利用效率，通过调整布局或优化管理等方式挖掘已有资源的内部潜力。本期公司债券兑付日所在年度经营活动产生的现金流将优先用于偿还本期公司债券本息。

(3)专项偿债账户资金来源

专项偿债账户的资金主要来自于公司经营活动产生的现金流净额和货币资金的预先提留。若因经济环境变化或其他不可预见因素导致公司经营活动产生的现金净额和货币资金不能满足按时足额偿付本期公司债券本息的要求时，公司可以通过其他途径筹集偿债资金，包括但不限于：

1)银行贷款；

2)出售公司流动资产或其他资产变现；

3)其他适当及合法的途径筹集的资金。

(4)专项偿债账户监督安排及信息披露

1)公司债券受托管理人可以按照监管协议约定对专项偿债账户进行适当的监督管理。公司债券受托管理人和公司独立董事有权对专项偿债账户资金的存放情况进行检查。

2)除《泰豪科技股份有限公司2010年公司债券专项偿债资金管理制度》另有规定或公司合法作出决议的情形外，专项偿债账户内资金专门用于本期公司债券到期本息的兑付，在本期公司债券到期兑付前不得用于其他一切

支出。

3)在不影响公司在兑付日按期偿付本期公司债券本息的前提下,专项偿债账户内的资金可用于专项偿债账户开户银行的通知存款;经公司债券受托管理人同意,也可投资于该开户银行自营的其他低风险、高流动性的金融产品。前述投资之收益应归集到专项偿债账户,但超过到期应付本期公司债券本息的部分除外。

4)公司董事会授权财务负责人对专项偿债账户行使管理职责,并应当对专项偿债账户内资金在兑付日前的转出情况出具专项说明,公司债券受托管理人应对专项偿债账户内资金在兑付日前的转出情况出具核查意见,上述专项说明及核查意见将按照中国证监会、上海证券交易所有关信息披露的规定及公司《信息披露事务管理制度》的规定在公司指定的媒体披露。

6. 严格的信息披露

发行人将遵循真实、准确、完整的信息披露原则,使公司偿债能力、募集资金使用等情况受到债券持有人、债券受托管理人和股东的监督,防范偿债风险。

发行人将按照债券受托管理协议及中国证监会的有关规定进行重大事项信息披露,至少包括但不限于以下内容:发行人按照募集说明书的规定,已经根据发行人与登记托管机构的约定将到期的本期公司债券利息和/或本金足额划入登记托管机构指定的账户;发行人未按照募集说明书的规定按时、足额支付本期公司债券利息和/或本金;发行人预计不能按照募集说明书的规定按时、足额支付本期公司债券利息和/或本金;发行人发生或者预计将发生超过前一会计年度经审计的净资产10%以上的重大损失;发行人发生减资、合并、分立、解散或进入破产程序;发行人发生标的金额超过前一会计年度经审计的净资产10%以上的重大仲裁或诉讼;本期公司债券被暂停交易;法律、行政法规及中国证监会规定的其他情形。

7. 发行人承诺

发行人在本次债券的《债券募集说明书》中已经作出承诺,当发行人不能按时支付利息或者到期未能按期偿付本期公司债券本息时,发行人将至少采取如下特别偿债措施:

(1)不向股东分配利润;

(2)暂缓重大对外投资、收购兼并等资本性支出项目的实施;

(3)调减或停发董事和高级管理人员的工资和奖金;

(4)主要责任人不得调离。

本所律师认为,发行人已经制订了充分的偿债保障措施,保证发行人可以按照本次债券发行条款约定的条件向债券持有人支付债券利息及兑付债券本金,为保证债券持有人的合法权益作出合理的安排。

## 九、债券持有人会议及其会议规则

根据《试点办法》的规定,在发行人不能按期支付本息、发行人减资、合并、分立、解散或者申请破产等情况发生时,应当召开债券持有人会议。为了保证债券持有人履行其合法权利,发行人已经与本次债券的债券受托管理人齐鲁证券有限公司制定了《泰豪科技股份有限公司2010年公司债券持有人会议规则》(以下简称《债券持有人会议规则》)。债券持有人认购公司债券视为同意并接受《债券持有人会议规则》,受该规则之约束。

经本所律师审阅,《债券持有人会议规则》的主要内容包括债券持有人的权利和义务、债券持有人会议召开的情形、债券持有人会议的出席人员、债券持有人会议的职权、会议的召集与通知、会议的召开、会议的表决与决议等,并且规定债券持有人会议决议对决议生效之日登记在册的全体债券持有人(包括未出席会议或出席会议但明示表达不同意见或弃权的债券持有人)具有同等的效力和约束力。《债券募集说明书》已经披露了《债券持有人会议规则》的主要内容,并且说明投资者认购债券视作同意该规则,符合《债券发行试点办法》第二十六条的规定。

## 十、债券受托管理人及《债券受托管理协议》

按照《试点办法》的规定,发行人应当为债券持有人聘请债券受托管理人,并订立债券受托管理协议;在债券存续期限内,由债券受托管理人依照协议的约定维护债券持有人的利益。发行人为公司债券聘请的债券受托管理人为齐鲁证券有限公司,并且与齐鲁证券有限公司于2010年3月15日签订了《泰豪科技股份有限公司债券受托管理协议》(以下简称《债券受托管理协议》),约定在债券的存续期限内,由债券受托管理人依照该协议的约定维护债券持有人的利益。

经本所律师审阅,《债券受托管理协议》的主要内容包括发行人和债券受托管理人的权利和义务、受托管理事务报告、债券受托管理人的变更和解聘等,对于债券受托管理人为保护债券持有人利益需履行的职责和义务作出明确约定。《债券募集说明书》中已经披露了《债券受托管理协议》的主要内容,并且说明投资者认购公司债券视作同意债券受托管理协议,符合《债券发行试点办法》第二十三条的规定。《债券受托管理协议》于发行人与受托管理人的法定代表人或其授权代表签字并加盖单位公章后成立,自公司债券发行之日起生效。

**十一、《债券募集说明书》及其摘要的法律风险评价**

发行人与保荐人齐鲁证券有限公司共同编制了本次债券发行的《债券募集说明书》及其摘要,本所律师未参与发行人公司债券发行《债券募集说明书》及其摘要的编制,但在《债券募集说明书》及其摘要编制过程中,本所律师参与了法律问题的讨论,并已审阅该《债券募集说明书》及其摘要,特别对发行人引用本法律意见书相关内容进行重点审阅,认为《债券募集说明书》及其摘要不会因上述引用而存在虚假记载、误导性陈述或重大遗漏引致的法律风险。

**十二、律师认为需要说明的其他问题**

本所律师确认,已对发行人本次债券发行有重大影响的法律问题全面发表法律意见,不存在其他对本次债券发行有重大影响的法律问题需要发表法律意见。

**十三、结论意见**

综上,就发行人本次公司债券发行,本所律师认为:

1. 发行人具备了本法律意见书所述的本次公司债券发行的主体资格和实质条件。

2. 发行人本次公司债券发行取得发行人董事会及股东大会的批准合法有效;发行人本次公司债券发行尚待取得中国证监会的核准,并且其债券上市交易尚需经上海证券交易所核准。

3. 发行人申请本次公司债券发行的法律文件,包括担保文件、受托管理协议、债券持有人会议规则符合相关法律法规的要求。

本法律意见书一式六份。

北京市天元律师事务所
负　责　人:王立华
经办律师:王振强　肖泽红

## (三)上市公司并购重组

# 关于光明食品(集团)有限公司就二级市场增持上海海博股份有限公司股份申请豁免要约收购之法律意见书

致:光明食品(集团)有限公司

上海市金茂律师事务所(以下简称"本所")接受光明食品(集团)有限公司(以下简称"申请人")委托,作为申请人的专项法律顾问,根据《中华人民共和国公司法》(以下简称《公司法》)、《中华人民共和国证券法》(以下简称《证券法》)、《上市公司收购管理办法》(以下简称《收购办法》)、《公开发行证券的公司信息披露内容与格式准则第19号——豁免要约收购申请文件》以及其他现行有效的法律、法规和规范性文件的有关规定,按照律师行业公认的业务标准、道德规范和勤勉尽责精神,就申请人通过二级市场增持上海海博股份有限公司(以下简称"海博股份")股份(以下简称"股份增持")而向中国证券监督管理委员会(以下简称"中国证监会")申请豁免对海博股份要约收购事宜(以下简称"申请豁免")出具法律意见书。

## 律师声明的事项

一、本所律师依据本法律意见书出具日以前已经发生或存在的事实,并基于对有关事实的了解和对我国现行法律、法规和相关规定之理解发表法律意见。

二、申请人向本所律师保证,其已经提供了为出具本法律意见书所必需的真实、完整、准确、有效的原始书面材料、副本材料或者口头陈述或说明,不存在任何隐瞒、虚假或重大遗漏;递交给本所的文件上的签名、印章真实,并已履行了该等签署和盖章所需的法定程序,获得合法授权;所有副本材料和复印件与原件一致。

三、对于本法律意见书至关重要而又无法得到独立的证据支持的事实,本所律师依赖有关政府部门、申请人或其他有关机构出具的证明文件出具本法律意见书。

四、本所律师仅就与申请人股份增持及申请豁免有关的法律问题发表法律意见,不对有关会计、审计、资信评级等其他专业事项发表意见。鉴于本所律师并不具有对财务、会计、审计、资信评级、投资决策等非法律领域的事实、数据和结论作出核查和评价的适当资格和义务,本所对上述事实、数据和结论的引用,不应在任何意义上理解为本所对上述事实、数据和结论的真实、准确和完整性作出任何明示或暗示的认可和保证。

五、本法律意见书在阅读时所有章节应作为一个整体,不应单独使用。本所律师未授权任何单位或个人对本法律意见书作任何解释或说明。

六、本法律意见书仅供申请人为本次申请豁免之目的使用,不得用作任何其他目的。

七、本所律师同意将本法律意见书作为申请人本次申请豁免的法律文件,随同其他申报材料一同提交中国证监会审核,本所对本法律意见书的真实性、准确性和完整性承担相应的法律责任。

基于上述,本所律师发表法律意见书如下:

## 正　　文

### 一、申请人的主体资格

1.1　申请人基本情况

根据上海市工商行政管理局核发的《企业法人营业执照》,申请人基本情况如下:

(1)公司名称:光明食品(集团)有限公司

(2)法定代表人:王宗南

(3)注册资本:人民币343,000万元

(4)营业执照注册号:310000100376２

(5)注册地址:上海市华山路263弄7号

(6)成立日期:1995年5月26日

(7)经济性质:有限责任公司(国内合资)

(8)经营范围:食品销售管理(非实物方式),国有资产的经营与管理,实业投资,农、林、牧、渔、水利及其服务业,国内商业批发零售(除专项规定),从事货物进出口及技术进出口业务,产权经纪(涉及行政许可的凭许可证经营)。

1.2　申请人系上海市国有资产监督管理委员会控股的国有企业。本次股份增持前,申请人直接持有海博股份162,524,612股股份,占海博股份股本总额的35.03%,为海博股份的控股股东。

基于上述,本所律师认为,申请人系依据中国法律依法设立、合法存续的具备法人资格的企业法人,具有本次股份增持以及申请豁免的权利能力和行为能力。

### 二、本次股份增持

2.1　海博股份基本情况

根据上海市工商行政管理局核发的《企业

法人营业执照》,海博股份基本情况如下:

(1)公司名称:上海海博股份有限公司

(2)法定代表人:洪明德

(3)注册资本:人民币463,972,956元

(4)营业执照注册号:3100001001541

(5)注册地址:上海市张杨路838号25楼A座

(6)成立日期:1993年5月7日

(7)公司类型:股份有限公司(上市)

(8)经营范围:主营:工业品加工、批发、零售、有色金属加工、农副产品加工、出租车队、商业服务业、房地产开发。兼营:公司下属企业产品经销。

海博股份前身为上海东海股份有限公司,是1992年12月经上海市经济体制改革办公室沪体改办〔92〕第15号文、上海市农业委员会沪东委〔92〕327号文批准,由十六家国有农垦骨干企业采用定向募集方式组建成立的。1996年5月23日,经中国证监会批准,向社会公众公开发行3,250万股A股,于1996年6月6日正式挂牌上市。海博股份属于综合类型的股份制企业,在上海证券交易所的交易代码为600708。

2.2 股份增持情况

根据申请人提供的自查报告,申请人本次股份增持情况如下:

(1)2008年9月22日,申请人在二级市场上买入海博股份1,026,510股股份,占海博股份股本总额的0.22%;

(2)2008年10月29日,申请人再次在二级市场上增持了海博股份2,463,099股股份,占海博股份股本总额的0.53%。

本次股份增持实施完成后,申请人持有海博股份166,014,221股股份,占海博股份股本总额的35.781%。

2.3 根据申请人的确认和本所律师的适当核查,截至本法律意见书出具之日:

(1)申请人不存在到期未清偿且处于持续状态的数额较大债务;

(2)申请人最近3年没有重大违法行为亦未涉嫌有重大违法行为;

(3)申请人最近3年没有严重的证券市场失信行为;

(4)申请人不存在法律、行政法规规定以及中国证监会认定的不得收购上市公司的其他情形。

本所律师认为,申请人不存在《收购办法》第六条规定的不得收购上市公司的情形,申请人本次股份增持符合相关规定要求。

## 三、本次申请豁免符合《收购办法》的规定

3.1 本次股份增持触发要约收购

本次股份增持前,申请人已持有海博股份总股本的35.03%,因此根据《证券法》和《收购办法》的相关规定,申请人本次股份增持触发对海博股份的要约收购义务。

3.2 申请人符合申请豁免要约收购的条件

本次股份增持事项实施前,海博股份的控股股东为申请人,实际控制人为上海市国有资产监督管理委员会,本次增持事项实施后,申请人持有的海博股份权益增加,但不会导致海博股份的控股股东以及实际控制人发生变化,申请人仍为海博股份的控股股东,上海市国有资产监督管理委员会亦仍为海博股份的实际控制人。

因此,根据《收购办法》第六十二条第(一)款的规定,本所律师认为,就本次股份增持,申请人符合申请豁免要约收购的条件。

3.3 申请人符合以简易程序申请豁免要约收购的条件

申请人在本次股份增持事项实施前,在海博股份中拥有权益的股份已超过海博股份已发行股份的30%,为海博股份的控股股东。在申请人已持有海博股份已发行股份30%以上的事实发生后,申请人本次股份增持事项发生在12个月内,且增持的在海博股份中拥有权益的股份比例合计约为0.751%,未超过2%。

因此,根据《收购办法》第六十三条第(二)款的规定,本所律师认为,申请人可以向中国证监会申请以简易程序免除发出要约。

## 四、股份增持的授权与批准

就本次股份增持事宜,2008年9月19日,申请人总裁办公会议决定按照有关规定和要求,择机做好增持海博股份股份的有关工作。申请人已履行了相关内部审批程序。

**五、信息披露义务**

5.1　经本所律师适当核查,就本次股份增持事宜,海博股份已于2009年9月23日进行了公告,履行了相关信息披露义务。

5.2　本所律师认为,根据《收购办法》以及中国证监会颁布的其他有关规定,在中国证监会豁免申请人的要约收购义务后,相关后续信息披露将根据规定予以履行。

**六、不存在证券违法行为**

根据申请人对其本身、其董事、监事、高级管理人员及其直系亲属,以及本次股份增持操作部门的主要负责人及其直系亲属的自查、前述相关人员的自查承诺以及本所律师的适当核查,本次股份增持行为不存在泄露信息、市场操纵、利用内幕信息等证券违法行为。

**七、结论意见**

综上所述,本所律师认为:

(1)申请人系依据中国法律依法设立、合法存续的具备法人资格的企业法人,具有本次股份增持以及申请豁免的权利能力和行为能力,不存在《收购办法》规定的不得收购上市公司的情形。

(2)本次股份增持,申请人符合向中国证监会申请以简易程序免除发出要约的条件。

(3)本次股份增持,申请人已履行了所需的内部审批和授权程序。

(4)截至本法律意见书出具之日,申请人已履行了所需相关信息披露义务。申请人尚需根据《收购办法》以及中国证监会颁布的其他有关规定,在中国证监会豁免申请人的要约收购义务之后履行后续的信息披露义务。

(5)申请人在本次股份增持中不存在证券违法行为。

本法律意见书正本三份,经本所经办律师签字并经本所盖章后生效。

上海市金茂律师事务所
负 责 人:吴伯庆
经办律师:何永哲　杨红良

# 关于上海市医药股份有限公司换股吸收合并、发行股份购买资产暨关联交易之法律意见书

致:上海市医药股份有限公司

## 第一节　法律意见书引言

### 一、法律意见书的出具依据与申明事项

国浩律师集团(上海)事务所(以下简称"本所")接受上海市医药股份有限公司(以下简称"上海医药"或"公司")的委托,担任上海医药换股吸收合并、发行股份购买资产暨关联交易(以下简称"本次重大资产重组"或"本次重组")的专项法律顾问,依据《中华人民共和国公司法》(以下简称《公司法》)、《中华人民共和国证券法》(以下简称《证券法》)、《上市公司重大资产重组管理办法》(以下简称《重组管理办法》)、《上海证券交易所股票上市规则(2008年修订稿)》(以下简称《上市规则》)、《公开发行证券的公司信息披露内容与格式准则第26号——上市公司重大资产重组申请文件》(以下简称《26号准则》)等现行公布并生效的法律、法规、行政规章和中国证券监督管理委员会(以下简称"中国证监会")及上海证券交易所的有关规范性文件,按照律师行业公认的业务标准、道德规范和勤勉尽责精神就本次重大资产重组事宜出具本法律意见书。

对本法律意见书,本所律师特作如下声明:

本所律师是依据本法律意见书出具日以前

已经发生或存在的事实和我国现行法律、法规和中国证监会有关规定发表法律意见，并且该等意见是基于本所律师对有关事实的了解和对有关法律的理解作出的；

本所及在本法律意见书上签字的律师已严格履行法定职责，遵循了勤勉尽责和诚实信用原则，对本次重组的合法、合规、真实、有效性进行了核实验证，法律意见书中不存在虚假、误导性陈述及重大遗漏；

为出具本法律意见书，本所律师审查了本次重大资产重组相关方提供的与出具本法律意见书相关的文件资料的正本、副本或复印件，听取了本次重大资产重组相关方就有关事实的陈述和说明，并对有关问题进行了必要的核查和验证。本次重大资产重组相关方均应对本所律师作出如下保证：其已向本所律师提供的出具本法律意见书所需的所有法律文件和资料（包括但不限于原始书面材料、副本材料或口头证言等）均是完整的、真实的、有效的，且已将全部事实向本所律师披露，无任何隐瞒、遗漏、虚假或误导之处，其所提供的文件资料的副本或复印件与正本或原件一致，且该等文件资料的签字与印章都是真实的，该等文件的签署人业经合法授权并有效签署该文件；

本所律师已对本次重大资产重组相关方提供的相关文件根据律师行业公认的业务标准进行核查，本所律师是以某项事项发生之时所适用的法律、法规为依据认定该事项是否合法、有效，对与出具本法律意见书相关而因客观限制难以进行全面核查或无法得到独立证据支持的事实，本所律师依赖政府有关部门、其他有关机构或本次重大资产重组相关方出具的证明文件出具本法律意见书；

本所律师已经审阅了本所律师认为出具本法律意见书所需的有关文件和资料，并据此出具法律意见；但对于会计、审计、资产评估等专业事项，本法律意见书只作引用，不进行核查且不发表法律意见；本所律师在本法律意见书中对于有关会计、审计、资产评估、财务顾问等专业文件之数据和结论的引用，并不意味着本所律师对这些数据、结论的真实性做出任何明示或默示的同意或保证，且对于这些内容本所律师并不具备核查和作出判断的合法资格；

本所律师同意将本法律意见书作为本次重大资产重组必备的法律文件，随同其他材料一同上报，并愿意承担相应的法律责任；

本所律师同意公司部分或全部在本次重大资产重组报告书中引用法律意见书的内容，但公司作上述引用时，不得因引用而导致法律上的歧义或曲解；

本法律意见书仅供公司本次重大资产重组之目的使用，不得用作任何其他目的。

## 二、法律意见书所涉相关定义与简称

在本法律意见书中，除非根据上下文另作解释，否则下列简称和术语具有以下含义：

| | | |
|---|---|---|
| 上海医药、吸并方 | 指 | 上海市医药股份有限公司 |
| 上实医药 | 指 | 上海实业医药投资股份有限公司 |
| 中西药业 | 指 | 上海中西药业股份有限公司 |
| 上药集团 | 指 | 上海医药（集团）有限公司 |
| 上实集团 | 指 | 上海实业（集团）有限公司 |
| 上海上实 | 指 | 上海上实（集团）有限公司 |
| 上实控股 | 指 | 上海实业控股有限公司 |
| 本次重大资产重组、本次重组 | 指 | 上海医药换股吸收合并上实医药和中西药业、上海医药向上药集团发行股份购买资产及上海医药向上海上实发行股份募集资金，并以该等资金向上实控股购买医药资产的行为，上述三项交易共同构成本次重大资产重组不可分割的组成部分，其中任何事项未获得所需的批准（包括但不限于相关交易方内部有权审批机构的批准和相关政府部门的批准），则本次重大资产重组自始不生效 |

续表

| | | |
|---|---|---|
| 本次换股吸收合并、本次吸收合并 | 指 | 上海医药以新增A股股份换股吸收合并上实医药和中西药业,上海医药为合并后的存续公司,上实医药和中西药业将终止上市并注销法人资格,其全部资产、负债、权益并入上海医药的行为 |
| 备考上海医药 | 指 | 假设于2008年1月1日完成本次重大资产重组后的上海医药 |
| 新上药 | 指 | 本次重大资产重组完成后的上海医药 |
| 被吸并方 | 指 | 上实医药和中西药业 |
| 换股吸并 | 指 | 吸并方换股吸收合并被吸并方,被吸并方股东所持被吸并方股票按照换股比例换成吸并方股票的行为 |
| 异议股东 | 指 | 在上海医药、上实医药和中西药业的股东大会正式表决换股吸收合并方案时明确投出有效反对票的股东 |
| 《换股吸收合并协议》 | 指 | 上海医药、上实医药和中西药业签署的《上海市医药股份有限公司、上海实业医药投资股份有限公司与上海中西药业股份有限公司之换股吸收合并协议书》 |
| 换股实施日、换股日 | 指 | 换股吸并协议生效后,各方协商一致确定的换股实施日期。在换股日,上实医药和中西药业股东将根据本协议的约定将其所持有的被吸并方股份转换成上海医药的股份 |
| 异议股东收购请求权实施日 | 指 | 收购请求权提供方受让成功申报行使异议股东收购请求权的上海医药异议股东的股份,并向其支付现金对价之日,具体日期由各方董事会另行确定并公告 |
| 被吸并方股东现金选择权实施日 | 指 | 现金选择权提供方受让成功申报行使现金选择权的被吸并方股东的股份,并向其支付现金对价之日,具体日期由各方董事会另行确定并公告 |
| 申报期 | 指 | 符合条件的上海医药异议股东可以要求行使异议股东收购请求权的期间,以及符合条件的被吸并方股东可以要求行使现金选择权的期间,具体日期将由各方董事会另行确定并公告 |
| 换股吸并交割日 | 指 | 与换股日为同一日或各方同意的较晚日期,于该日,被吸并方应将其全部资产、负债、权益、业务、人员直接交付给上海医药或其指定的接受方 |
| 本次向上药集团发行股份购买资产 | 指 | 上海医药向上药集团发行股份购买资产的行为 |
| 拟购买上药集团资产 | 指 | 上海医药向上药集团非公开发行股份购买的资产 |
| 《发行股份购买资产协议》 | 指 | 上海医药和上药集团签署的《关于上海市医药股份有限公司发行股份购买资产之协议》及其补充协议 |
| 交易交割日 | 指 | 本次重大资产重组生效后,就本次向上药集团发行股份购买资产的行为,双方协商确定的上药集团向上海医药交付拟购买上药集团资产的日期 |
| 本次向上海上实发行股份并向上实控股购买资产 | 指 | 上海医药向上海上实发行股份,并向上实控股购买资产的行为 |
| 拟购买上实控股资产 | 指 | 上海医药以现金向上实控股购买的资产 |
| 《向上海上实发行股份并向上实控股购买资产协议》 | 指 | 上海医药、上海上实、上实控股签署的《关于上海市医药股份有限公司向特定对象发行股份暨购买资产之协议》 |

续表

| | | |
|---|---|---|
| 资产交割日 | 指 | 本次重组生效后，就本次向上海上实发行股份并向上实控股购买资产的行为，由各方协商一致确定的上实控股向上海医药交付拟购买上实控股资产的日期 |
| 《拟购买上药集团资产补偿协议》 | 指 | 上药集团与上海医药签署的《上海医药（集团）有限公司与上海市医药股份有限公司关于拟置入资产实际盈利数与净利润预测数差额的补偿协议》 |
| 《拟购买上实控股资产补偿协议》 | 指 | 上海上实与上海医药签署的《上海上实（集团）有限公司与上海市医药股份有限公司关于拟置入资产实际盈利数与净利润预测数差额的补偿协议》 |
| 申能集团 | 指 | 申能（集团）有限公司 |
| 上海国盛 | 指 | 上海国盛（集团）有限公司 |
| 收购请求权提供方、现金选择权提供方、现金选择权第三方 | 指 | 申能集团和上海国盛 |
| 信谊药厂 | 指 | 上海信谊药厂有限公司 |
| 第一生化 | 指 | 上海第一生化药业有限公司 |
| 三维有限 | 指 | 上海三维有限公司 |
| 三维制药 | 指 | 上海三维制药有限公司 |
| 药材公司 | 指 | 上海市药材有限公司 |
| 中华药业 | 指 | 上海中华药业有限公司 |
| 青岛国风 | 指 | 青岛国风药业股份有限公司 |
| 上海施贵宝 | 指 | 中美上海施贵宝制药有限公司 |
| 上海味之素 | 指 | 上海味之素氨基酸有限公司 |
| 信谊天一 | 指 | 上海信谊天一药业有限公司 |
| 信谊黄河 | 指 | 上海信谊黄河制药有限公司 |
| 物资供销公司 | 指 | 上海医药物资供销有限公司 |
| 进出口公司 | 指 | 上海医药进出口有限公司 |
| 上海新先锋 | 指 | 上海新先锋药业有限公司 |
| 上海新亚 | 指 | 上海新亚药业有限公司 |
| 上海华康 | 指 | 上海新先锋华康医药有限公司 |
| 新华联制药厂 | 指 | 上海医药（集团）有限公司新华联制药厂 |
| 上实医药科技 | 指 | 上海实业医药科技（集团）有限公司 |
| 正大青春宝 | 指 | 正大青春宝药业有限公司 |
| 胡庆余堂药业 | 指 | 杭州胡庆余堂药业有限公司 |
| 厦门中药厂 | 指 | 厦门中药厂有限公司 |
| 辽宁好护士 | 指 | 辽宁好护士药业（集团）有限责任公司 |
| 胡庆余堂国药号 | 指 | 杭州胡庆余堂国药号有限公司 |
| 复旦张江 | 指 | 上海复旦张江生物医药股份有限公司 |
| 上海医创 | 指 | 上海医创中医药科研开发中心有限公司 |
| 三维生物 | 指 | 上海三维生物技术有限公司 |

续表

| | | |
|---|---|---|
| 上实医药有限公司 | 指 | S. I. Pharmaceuticals Group Limited.(上海实业医药集团有限公司) |
| 上实医药控股公司 | 指 | S. I. Pharmaceutical Holdings Limited.(上实医药控股有限公司) |
| 医药科技 | 指 | 上海实业医药科技(集团)有限公司 |
| MERGEN | 指 | MERGEN BIOTECH LIMITED |
| 上实健康 | 指 | 上实医药健康产品有限公司 |
| 运诚投资 | 指 | 运诚投资有限公司 |
| 华谊集团 | 指 | 上海华谊(集团)公司 |
| 上海工投 | 指 | 上海工业投资(集团)有限公司 |
| 国家发改委 | 指 | 国家发展与改革委员会 |
| 商务部 | 指 | 中华人民共和国商务部 |
| 中国证监会 | 指 | 中国证券监督管理委员会 |
| 上交所 | 指 | 上海证券交易所 |
| 上海市国资委 | 指 | 上海市国有资产监督管理委员会 |
| 国务院国资委 | 指 | 国务院国有资产监督管理委员会 |
| 国家药监局 | 指 | 国家食品药品监督管理局 |
| 上海医药独立财务顾问、中金公司 | 指 | 中国国际金融有限公司 |
| 被吸并方独立财务顾问、东方证券 | 指 | 东方证券有限责任公司 |
| 本所、国浩 | 指 | 国浩律师(集团)上海事务所 |
| 竞天公诚 | 指 | 北京竞天公诚律师事务所 |
| 立信 | 指 | 立信会计师事务所有限公司 |
| 上海东洲 | 指 | 上海东洲资产评估有限公司 |
| 境外律师 | 指 | 为拟购买上实控股资产分别出具法律意见书的胡关李罗律师行,Maples and Calder,Harney Westwood & Riegels 的统称 |
| 《公司章程》 | 指 | 《上海医药现行有效的公司章程》 |
| 《证券法》 | 指 | 《中华人民共和国证券法》 |
| 《公司法》 | 指 | 《中华人民共和国公司法》 |
| 《重组办法》 | 指 | 《上市公司重大资产重组管理办法》(证监会令第53号) |
| 《上市规则》 | 指 | 《上海证券交易所股票上市规则》 |
| 《收购办法》 | 指 | 《上市公司收购管理办法》(中国证券监督管理委员会令第35号) |
| 《26号准则》 | 指 | 《公开发行证券的公司信息披露内容与格式准则第26号——上市公司重大资产重组申请文件》 |
| 定价基准日 | 指 | 上海医药关于本次重大资产重组的董事会决议公告日 |
| 评估基准日 | 指 | 2009年6月30日 |
| 元、万元、亿元 | 指 | 人民币元、人民币万元、人民币亿元 |

续表

| | | |
|---|---|---|
| 中国 | 指 | 中华人民共和国,仅为本法律意见书之目的,不包括香港特别行政区、澳门特别行政区及台湾地区 |
| BVI | 指 | British Virgin Islands(英属维尔京群岛) |
| 开曼 | 指 | Cayman Islands(开曼群岛) |

## 第二节　法律意见书正文

### 本次重大资产重组方案(概述)

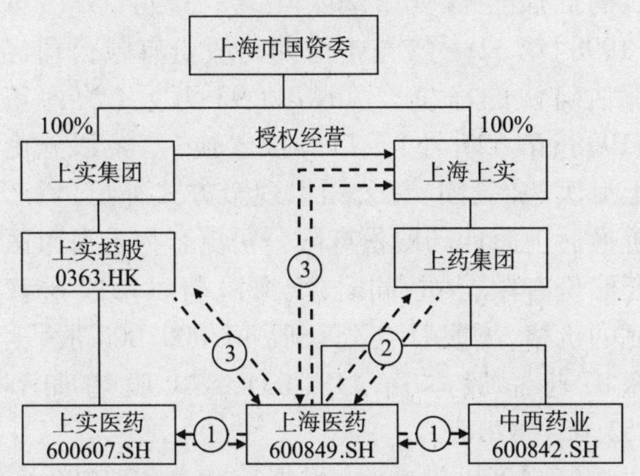


本次重组由三项交易构成,基本情况如下:

**上海医药换股吸收合并上实医药和中西药业**

上海医药拟采用换股吸收合并的方式合并上实医药和中西药业,换股价格以上海医药、上实医药和中西药业三家上市公司审议本次重大资产重组事项的董事会决议公告日前20个交易日的A股股票交易均价确定,分别为每股11.83元、每股19.07元和每股11.36元,由此确定换股比例,即上实医药与上海医药的换股比例为1∶1.61,即每1股上实医药股份换取1.61股上海医药股份;中西药业与上海医药的换股比例为1∶0.96,即每1股中西药业股份换取0.96股上海医药股份。

本项交易中,上实控股出于自身战略发展的需要,拟通过其全资附属公司Shanghai Industrial YKB Ltd.行使现金选择权转让其持有的全部上实医药43.62%的股份,从而进一步专注其核心业务。

此外,为充分保护吸并方上海医药异议股东的利益以及被吸并方上实医药及中西药业全体股东的利益,本次换股吸收合并交易将由上海国盛和申能集团向上海医药异议股东提供收购请求权、向上实医药及中西药业全体股东提供现金选择权。

**上海医药向上药集团发行股份购买上药集团医药资产**

上海医药拟向上药集团发行股份作为支付方式购买其医药资产。拟购买上药集团资产参见本法律意见书"9.本次向上药集团发行股份购买资产涉及的资产"。本次拟购买上药集团资产以资产评估值为作价依据,根据上海东洲出具并经上海市国资委备案的资产评估报告,本次拟购买上药集团资产的评估值合计为538,607.53万元。本公司以发行45,528.95万股A股作为支付对价,发行价格为公司本次重大资产重组事项的董事会决议公告日前20个交易日的A股股票交易均价,即每股11.83元,计算公式为:董事会决议公告日前20个交易日总金额/董事会决议公告日前20个交易日股票总交易量。

**上海医药向上海上实发行股份募集资金,并以该等资金向上实控股购买医药资产**

上海医药拟向上海上实发行股份募集资金,并以该等资金向上实控股购买医药资产。拟购买上实控股资产参见本法律意见书"10.本次向上海上实发行股份并向上实控股购买资产涉及的资产"。本次拟购买上实控股资产以资产评估值为作价依据(9.28%复旦张江股权资产除外),根据上海东洲出具并经上海市国资委备案的资产评估报告,以及《向上海上实发行股份并向上实控股购买资产协议》,本次拟购买上实控股资产的评估值合计为199,960.37万元。据此,本公司拟向上海上实发行16,902.82万股A股,所得199,960.37万元作为拟购买上实控股资产的交易对价。上述发行的发行价格为公司本次重大资产重组事项的董事会决议公告日前20个交易日的A股股票交易均价,即每股11.83元,计算公式为:董事会决议公告日前20个交易日总金额/董事会决议公告日前20个交易日股票总交易量。

上述三项交易共同构成本次重大资产重组不可分割的组成部分,其中任何事项未获得所需的批准(包括但不限于相关交易方内部有权审批机构的批准和相关政府部门的批准或核准),则本次重大资产重组自始不生效。

本次重大资产重组相关方的主体资格:

**上海医药的主体资格**

**上海医药的设立及历次股份演变**

(1)上海医药的前身为上海四药股份有限公司(以下简称"四药股份"),1993 年 10 月经上海市证券管理办公室沪证办〔1993〕119 号文审核批准,由上药集团独家发起并向社会公众公开发行人民币普通股 15,000,000 股后,于 1994 年 1 月 18 日以募集方式成立。成立时公司的总股本为 57,966,600 股,股本结构为:

| 股份类别 | 股份数量(股) |
|---|---|
| 国家股 | 42,966,600 |
| 内部职工股 | 1,500,000 |
| 社会公众股 | 13,500,000 |

1994 年 3 月 24 日,经上海证券交易所上证上〔94〕字第 2045 号文审核批准后,四药股份股票在上海证券交易所挂牌上市,股票代码为 600849。

(2)1994 年 9 月,四药股份内部职工股上市。内部职工股上市后,四药股份股本结构为:

| 股份类别 | 股份数量(股) |
|---|---|
| 国家股 | 42,966,600 |
| 社会公众股 | 15,000,000 |

(3)1997 年 3 月,经上海市证券管理办公室沪证办字〔1996〕238 号文、中国证券监督管理委员会证监上字〔1997〕号文及公司 1996 年度临时股东大会审议批准,四药股份向全体股东按每 10 股配 3 股的比例进行配股,以股本总额 57,966,600 股计,配股总量为 17,389,980 股,其中,国家股配 3,323,568 股,社会公众股配14,066,412股(含社会公众股股东认购转配股 9,566,412 股),四药股份总股本由 57,966,600股增加到 75,356,580 股。

(4)1997 年 6 月,根据四药股份 1996 年度股东大会审议通过的利润分配方案,四药股份实施 1996 年度分红方案,以总股本 75,356,580 股为基数,以公积金每 10 股转增 5 股,总股本由 75,356,580 股增加到 113,034,870 股。

(5)1998 年,经中国证券监督管理委员会证监发字〔1998〕220 号和〔1998〕221 号文、上海市证券期货监督管理办公室沪证发〔1998〕024 号文批准,上海医药(集团)总公司对上海四药股份有限公司实施资产重组并增发股票。该次资产重组,上海医药(集团)总公司以上海市医药有限公司、上海医药工业销售有限公司、上海天平制药厂三家企业经重组剥离后评估确认的优质经营资产 26,567.08 万元(沪评审〔1998〕第 328 号)与上海四药股份有限公司经评估确认的净资产 26,790.93 万元(沪评审〔1998〕第 327 号)予以等额置换,差额部分由上海医药(集团)总公司以现金方式补足,资产置换后上海四药股份有限公司更名为上海市医药股份有限公司;同时,上海医药以每股 6.72 元的价格,增发社会公众股 40,000,000 股,上海医药总股本由 113,034,870 股增加到 153,034,870股。

(6)1999 年 5 月,根据上海医药 1998 年度股东大会审议通过的利润分配方案,上海医药实施 1998 年度分红方案,以 1998 年 12 月 31 日的总股本 153,034,870 股为基数,按每 10 股送 3 股、每 10 股资本公积金转增 2 股进行分配。转增后,上海医药的总股本为 229,552,305 股。

(7)2000 年 12 月,根据中国证监会《关于安排上市公司转配股分期、分批上市的通知》,经上海证券交易所批准,上海医药国家股转配股21,524,427 股上市流通。转配股上市后,上海医药股本结构为:

| 股份类别 | 股份数量(股) |
|---|---|
| 国家股 | 104,152,878 |
| 社会公众股 | 125,399,427 |

(8)2001 年 3 月,经中国证监会上海证券监管办公室沪证司〔2000〕150 号文、中国证券监督管理委员会证监公司字〔2001〕20 号文批准及经上海医药2000 年度第一次临时股东大会审议通过,上海医药以 1999 年末总股本 229,552,305 股为基数,每 10 股配售 3 股,配股价为每股 16 元人民币。本次配售发行股份

总数为40,744,414股,其中,国家股股东上药集团经上海市国有资产管理办公室沪国资预〔2000〕292号文批准,以实物资产及现金认购其可配售的10%,即3,124,586股,其余放弃。社会公众股股东可配售37,619,828股,未认购部分为714,581股,由本次配股承销团包销。本次实际配售股份为40,744,414股。

(9)2001年末,经上海医药2000年度股东大会决议通过,上海医药以2000年12月31日总股本229,552,305股为基数,按每10股资本公积金转增2股。本次实际转增按股权登记日在册的股份计,每10股转增1.698,52股,共计转增45,910,439股。2001年度配股和转增完成后,上海医药总股本由229,552,305股增加到316,207,158股。

(10)2003年6月,经上海医药2002年度股东大会决议通过,上海医药以2002年12月31日总股本316,207,158股为基数,按每10股资本公积金转增5股。本次实际转增按股权登记日在册的股份计,共计转增158,103,579股,转增后,上海医药的总股本为474,310,737股。

(11)2006年7月5日,上海医药召开股权分置改革相关股东会,审议通过公司股权分置改革方案。上药集团向全体流通股股东每10股免费派送10份认沽权利,即股权分置改革方案实施之日起第十个完整月份的倒数第三个交易日登记在册的全体无限售条件的流通股股东,在该月份最后一个交易日,有权将其持有的无限售条件的流通股份以5.1元的行权价格出售给上药集团;上药集团向方案实施股权登记在册的全体流通股股东每10股支付1元现金。本次股权分置改革实施后的股本结构为:

| 改革前 | | | 改革后 | | |
|---|---|---|---|---|---|
| 股份类别 | 股份数量(股) | 占总股本比例(%) | 股份类别 | 股份数量(股) | 占总股本比例(%) |
| 一、未上市流通股份合计 | 188,248,134 | 39.69 | 一、有限售条件流通股合计 | 188,248,134 | 39.69 |
| 国家持有股份 | 188,248,134 | 39.69 | 国家持有股份 | 188,248,134 | 39.69 |
| 二、流通股份合计 | 286,062,603 | 60.31 | 二、无限售条件流通股合计 | 286,062,603 | 60.31 |
| A股 | 286,062,603 | 60.31 | A股 | 286,062,603 | 60.31 |
| 三、股份总数 | 474,310,737 | 100.00 | 三、股份总数 | 474,310,737 | 100.00 |

(12)2007年6月,经上海医药2006年度股东大会决议通过,上海医药以2006年度末的总股本474,310,737股为基数,向全体股东实施以资本公积每10股转增2股,转增股份总数为94,862,147股。转增后,上海医药的总股本增加至569,172,884股。

**上海医药目前情况**

根据上海市工商行政管理局于2009年1月12日核发的注册号为310000 000026221的《企业法人营业执照》,上海医药注册资本及实收资本均为人民币56,917.288,4万元,住所为浦东新区金桥路1399号,法定代表人为吕明方,经营范围:中成药、化学原料药、化学药制剂、抗生素、生化药品、生物制品、麻醉药品、精神药品、医疗用毒性药品(与经营范围相适应)、疫苗的批发,各类医疗器械,制药设备,化学危险品,食品销售管理(非实物方式),日用百货,商务咨询及上述经营范围内的咨询服务,自营和代理各类商品和技术的进出口(国家限定公司经营或禁止进出口的商品和技术除外),自有制药设备、医疗器械仪器及设备的租赁、仓储,海上、陆路、航空货运代理业务,寄递服务(除信件),自有房屋租赁,社会经济咨询,广告制作、代理,二类机动车维修(小型车辆维修,大、中型客车维修,大、中型货车维修)(限分支机构经营),(涉及行政许可的凭许可证经营)。上海医药已经通过2008年年检。

综上,本所律师认为,上海医药是依法设立并有效存续的股份有限公司;且截至本法律意见书出具之日,上海医药未出现依据相关法律法规或其目前适用之公司章程规定需要终止的情形;上海医药具备实施本次重大资产重组的主体资格。

**上实医药的主体资格**

**上实医药的设立及历次股份演变**

(1)上实医药的前身为1981年7月设立的上海市第一家中外合资企业——上海联合毛纺织有限公司,1991年12月经批准改制为上海市第一家中外合资股份制试点企业。

(2)1992年经上海市对外经济贸易委员会沪经贸外资字〔91〕第1466号文及中国人民银行上海市分行金融行政管理处〔92〕沪人金股字第4号文批准,以募集方式设立股份有限公司,当时名称为上海联合纺织实业股份有限公司(后先后更名为上海联合实业股份有限公司、上海实业联合集团股份有限公司)。1992年3月,上海联合纺织实业股份有限公司向社会个人公开发行1,100万元人民币面值的股票,每股10元,共计110万股(包括内部职工认购的22万股),1992年3月27日在上海证券交易所挂牌上市。发行后上海联合纺织实业股份有限公司总股本为6,176,630股。

(3)1992年12月,上海联合纺织实业股份有限公司拆细股份,将原1股每股面值10元之股票拆细成10股每股面值1元的股票,股份拆细后上实医药的总股本变更为61,766,300股,股本结构如下所示:

| 股份类别 | 股份数量(股) | 所占比例(%) |
|---|---|---|
| 一、未上市流通股份 | 50,766,300 | 82.19 |
| 1. 国有股 | 10,934,000 | 17.70 |
| 2. 境内法人股 | 19,507,900 | 31.58 |
| 3. 外资法人股 | 20,324,400 | 32.91 |
| 二、上市流通股份 | 11,000,000 | 17.81 |
| 1. 流通A股 | 11,000,000 | 17.81 |
| 三、总股本 | 61,766,300 | 100 |

(4)1993年7月2日,上海市证券管理办公室发沪证办〔1993〕043号《关于核准上海联合实业股份有限公司分红利、送股方案的通知》核准上海联合实业股份有限公司的送股分红方案,即向全体股东每10股送3股,共送1,852.99万股,同时按每股分配红利0.1元,分红总额617.66万元。根据该通知,上海联合实业股份有限公司原有股本金为6,176.63万元,经本次送股后,股本总额扩大到8,029.62万元。

(5)1994年6月28日,上海市证券管理办公室发沪证办〔1994〕073号《关于核准上海联合实业股份有限公司1993年度分红、送股方案的通知》核准上海联合实业股份有限公司的送股分红方案,即以10:2比例向全体老股东送红股,共送1,605.924万股,同时每股派发现金红利0.1元,分红总额802.96万元。根据该通知,上海联合实业股份有限公司原有股本金为8,029.62万元,经本次送股后,股本总额增至9,635.544万元,股本结构比例不变。

(6)1995年6月14日,上海市证券管理办公室发沪证办〔1995〕056号《关于同意上海联合实业股份有限公司1995年增资配股方案的批复》文,同意上海联合实业股份有限公司1995年增资配股方案,即上海联合实业股份有限公司以10:3比例向全体股东进行增资配股,上海纺织工业经营开发公司和上海爱建股份有限公司同意在其配股份额中有偿转让343.3万股给社会个人股东,其余配股份额放弃;香港联沪毛纺织有限公司放弃此次增资配股权;社会公众股东还可以10:2比例认购法人转配股,合计可达10:5比例配股。本次实际配股总数为858.252万股,配股后上海联合实业股份有限公司总股本变更为104,937,960股。

(7)根据1997年6月5日上海市外国投资工作委员会沪外资委协字〔97〕第681号《关于上海联合实业股份有限公司股权转让的批复》,同意上海纺织工业经营开发公司将其持有上海联合实业股份有限公司29%的股权转让给上海上实(集团)有限公司;香港联沪毛纺织有限公司将其持有的上海联合实业股份有限公司25%的股权转让给City Note Holdings Ltd.。股权转让后,总股本仍为10,493.796万元,股权结构调整为:

| 股东 | 持股数(万元) | 占总股本比例(%) |
|---|---|---|
| 上海上实(集团)有限公司 | 3,034.2 | 29 |
| 上海纺织工业经营开发公司 | 1,230.6 | 11.72 |
| 上海爱建股份有限公司 | 475.056 | 4.53 |
| 香港联沪毛纺织有限公司 | 546.735 | 5.21 |
| City Note Holdings Ltd. | 2,623.449 | 25 |
| 社会公众股 | 2,574.756 | 24.54 |

(8)根据1997年9月18日上海市证券管理办公室沪证司〔1997〕127号《关于核准上海联合实业股份有限公司1997年中期资本公积金转增股本方案的通知》,同意上海联合实业股份有限公司以1997年6月30日总股本10,493.796万股为基数,按10:2的比例向全体股东用资本公积金转增股本,共转增2,098.759,2万股;经本次转增后,上海联合实业股份有限公司股本总额为12,592.555,2万元。

(9)根据1997年10月21日上海市证券管理办公室沪证司〔1997〕136号《关于同意上海联合实业股份有限公司1997年增资配股方案的意见》,同意上海联合实业股份有限公司以12,592.555,2万股为基数,按10:2.5的比例向全体股东配股,共配售2,841.601,5万股,每股配股价不高于5元。配股后,上海联合实业股份有限公司股本总额为15,434.156,7万元,股权结构为:

| 股东 | 持股数(万元) | 占总股本比例(%) |
|---|---|---|
| 上海上实(集团)有限公司 | 4,564.8 | 29.58 |
| 上海纺织工业经营开发公司 | 1,845.9 | 11.96 |
| 上海爱建股份有限公司 | 570.067,2 | 3.69 |
| 香港联沪毛纺织有限公司 | 656.082 | 4.25 |
| City Note Holdings Ltd. | 3,935.173,5 | 25.5 |
| 社会公众股 | 3,862.134 | 25.02 |

(10)1999年11月29日,公司临时股东大会批准决议并报经中国证券监督管理委员会以证监公司字〔2000〕40号《关于核准上海实业联合集团股份有限公司申请发行股票的通知》文批准,2000年6月公司发行人民币普通股5,000万股,其中向原有A股流通股股东配售15,764,840股,占发行总量的31.53%;向证券投资基金配售15,000,000股,占发行总量的30%;上网定价发行19,235,160股,占发行总量的38.47%。增发后上海实业联合集团股份有限公司总股本变更为204,341,567股,股本结构如下所示:

| 股份类别 | 股份数量(股) | 所占比例(%) |
|---|---|---|
| 一、未上市流通股份 | 135,869,739 | 66.49 |
| 1. 国有股 | 45,648,000 | 22.34 |
| 2. 境内法人股 | 39,159,672 | 19.16 |
| 境内发起人股 | 24,159,672 | 11.82 |
| 基金持有获配股余额 | 15,000,000 | 7.34 |
| 3. 外资法人股 | 45,912,555 | 22.47 |
| 4. 转配股 | 5,149,512 | 2.52 |

续表

| 股份类别 | 股份数量(股) | 所占比例(%) |
| --- | --- | --- |
| 二、上市流通股份 | 68,471,828 | 33.51 |
| 1. 流通 A 股 | 68,471,828 | 33.51 |
| 三、总股本 | 204,341,567 | 100 |

(11)2001 年 4 月 11 日,经公司 2000 年度股东大会决议通过,以 2000 年末总股本 20,434.156,7万股为基数,用资本公积向全体股东每 10 股转增 5 股,每股面值 1 元,共计增加股本人民币 102,170,784 元,上海实业联合集团股份有限公司股本变更为 306,512,351 元。

(12)2004 年 9 月 24 日经中华人民共和国商务部商资批〔2004〕1443 号文批准、2004 年 6 月 29 日经国务院国有资产监督管理委员会国资产权〔2004〕501 号文批准、2004 年 12 月 1 日经中国证券监督管理委员会证监公司字〔2004〕97 号文批准,同意公司原国家股东上海上实、原境内法人股股东上海纺织发展总公司和上海爱建股份有限公司以及原境外法人股股东 City Note Holdings Ltd. 和香港联沪毛纺织有限公司将其分别持有公司的 22.34%、9.03%、2.79%、19.26%、3.21% 的股权转让给境外法人 YKB。经此次股权转让,股权结构变为:

| 股东 | 持股数 | 所占比例(%) |
| --- | --- | --- |
| 境外法人(YKB) | 173,580,341 股 | 56.63 |
| 社会公众 | 132,932,010 股 | 43.37 |

(13)2006 年 5 月 25 日,上海证券交易所上证上字〔2006〕378 号文《关于实施上海实业联合集团股份有限公司股权分置改革方案的通知》,批准上海实业联合集团股份有限公司实施股权分置改革方案,非流通股股东即境外法人股东向流通股股东即社会公众股东支付 39,879,603股股票,社会公众股东按其持有公司的流通股股数每 10 股获付 3 股。股权分置改革后,总股本仍为306,512,351股,股权结构变为:

| 股份类别 | 变动前(股) | 变动数(股) | 变动后(股) | 所占比例(%) |
| --- | --- | --- | --- | --- |
| 非流通股(YKB) | 173,580,341 | -173,580,341 | 0 | |
| 有限售条件流通股(YKB) | 0 | 133,700,738 | 133,700,738 | 43.62 |
| 无限售条件 A 股流通股 | 132,932,010 | 39,879,603 | 172,811,613 | 56.38 |
| 股份总额 | 306,512,351 | 0 | 306,512,351 | 100.00 |

(14)根据 2006 年 9 月 26 日商务部商资批〔2006〕1919 号文《商务部关于同意上海实业联合集团股份有限公司变更企业名称和增加注册资本的批复》,公司名称变更为"上海实业医药投资股份有限公司",上实医药以 2005 年末总股本306,512,351股为基数,以资本公积向全体股东以每 10 股转增 2 股,每股面值 1 元,共计增加股本 61,302,470 元。上实医药股本总额增至 367,814,821 元,其中无限售条件的流通股股份由 172,811,613 股增至207,373,936股,有限售条件的流通股份由133,700,738股增至160,440,885 股,占总股本比例保持不变,分别为 56.38% 和 43.62%。

**上实医药目前情况**

根据上海市工商行政管理局核发的注册号为企股沪总字第 019013(市局)的《企业法人营业执照》,上实医药注册资本为 367,814,821.00 元人民币,企业类型为中外合资股份制企业(上市),住所为上海市浦东新区郭守敬路 351 号海泰楼 2 号楼 628 室,法定代表人为吕明方,公司经营范围为:与境内外企业合资、合作或公司独资在国内投资举办其他企业,从事来料加工和补偿贸易业务;为公司投资企业进口原料、零配件、出口该公司的产品;提供国际贸易信息和咨询业务;经政府批准可在海外设立办事机构、分支机构和联合国内企业开发境外投资业务、开厂设店、开拓海外市场和资源(涉及许可经营的凭许可证经营)。上实医药已通过2008年年检。

综上,本所律师认为,上实医药是依法设立并有效存续的股份有限公司;且截至本法律意见书出具之日,上实医药未出现依据相关法律法规或其目前适用之公司章程规定需要终止的情形;上实医药具备实施本次换股吸收合并的主体资格。

**中西药业的主体资格**

**中西药业的设立及历次股份演变**

(1)中西药业前身为中西大药房,解放后曾更名为中西药厂。1991年12月根据上海市医药管理局沪医药计字〔1991〕651号文和沪医药计〔1992〕714号文的批准,改制为上海中西药业公司,1992年2月在上海市工商行政管理局登记设立。

(2)经上海市经济委员会于1993年9月25日下发的沪经企〔1993〕410号文和上海市国有资产管理局于1993年7月16日下发的沪国资〔1993〕426号文的批准,上海中西药业公司改制为股份有限公司,并向社会公开发行股票。发行后总股本5,000万股,其中国家股3,080.49万股,占总股本的61.61%;公募法人股669.51万股,占总股本的13.39,内部职工股125万股,占总股本的2.5%,社会公众股1,125万股,占总股本的22.5%。

(3)经1995年4月29日召开的中西药业股东大会审议通过,中西药业实施向全体股东每10股送1股红股并派发2元人民币现金红利的年度分红方案。送股完成后,中西药业总股本5,500万股,其中国家股3,388.54万股,公募法人股736.46万股,社会个人股1,375万股。

(4)经1996年4月26日召开的中西药业股东大会审议通过,并经上海市证券管理办公室沪证办〔1996〕080号文和中国证监会证监配审字〔1996〕17号文批准,中西药业实施1995年度增资配股方案,按5,500万股股本以10:2.7的比例向全体股东配售1,289.125,5万股。配股完成后,中西药业总股本6,789.125,5万股,其中国家股3,437.686,0万股,占总股本的50.64,境内法人持有股份739.431万股,占总股本的10.89%,转配股865.758,5万股,占总股本的12.75%,境内上市的人民币普通股1,746.25万股,占总股本的25.72%。

(5)经1997年6月7日召开的中西药业股东大会审议通过,中西药业以1996年末股本6,789.125,5万股为基数,向全体股东每10股送2.5股、转增6股的方案。本次送股和转增方案实施后,中西药业总股本12,559.882,2万股,其中国家股6,359.719,1万股,社会法人股1,367.947,4万股,国家股转配股1,601.653,2万股,社会公众股3,230.562,5万股。

(6)经1998年4月27日召开中西药业股东大会审议通过,并经上海市证券期货管理办公室沪证司〔1997〕152号文和中国证监会证监上字〔1998〕45号文批准,中西药业实施每10股配售1.62股的配股方案。国有股东以现金639.34万元和实物资产折价5,336.25万元全额认购应配股份1,030.274万股,社会法人股东放弃所享有的221.607万股配股权。本次配股完成后,中西药业股份总额为14,372.975,2万股。其中国家股7,389.993,1万股,占总股本的51.42%,公募法人股1,367.947,4万股,占总股本的9.52%,转配股1,861.121,2万股,占总股本的12.94%,境内上市人民币普通股3,753.913,5万股,占总股本的26.12%。

(7)经1999年9月28日召开的中西药业1999年度第一次临时股东大会通过,中西药业实施向全体普通股股东每10股送3股、转增2股的方案。本次送股完成后,中西药业总股本21,559.462,8万股。前述利润分配方案经中国证监会上海证券监管办公室沪证司〔1999〕184号《关于核准上海中西药业股份有限公司一九九九年中期利润分配及资本公积金转增股本方案的通知》核准。本次股本变更完成后,中西药业股本结构为:国家股11,084.989,6万股,占总股本的51.42%,社会法人股2,051.921,1万股,占总股本的9.52%,转配股2,791.681,8万股,占总股本的12.95%,社会公众股5,630.870,3万股,占总股本的26.12%。

(8)2000年1月21日,经中华人民共和国财政部财管字〔1999〕379号文以及沪国资预〔2000〕7号文批准,上海华谊(集团)公司将其所持有的上海中西药业股份有限公司7,389.993,1万股国家股转让给中科创业。转让后,该部分股权性质为社会法人股。

(9)2000年11月6日,根据中国证监会《关于安排上市公司转配股分期分批上市的通知》和上交所的安排,中西药业转配股上市流通。本次转配股上市后的股权结构为:国家股5,693.989,6万股,占总股本的26.41%,公募法人股2,051.921,1万股,占总股本的9.52%,社会法人股5,391万股,占总股本的25%,人民币普通股8,422.552,1万股,占总股本的39.07%。

(10)根据上海市国有资产监督管理委员会于2005年12月21日签发《关于上海中西药业股份有限公司股权分置改革有关问题的批复》(沪国资委产〔2005〕752号)以及中西药业相关股东大会决议(现场会议于2005年12月5日召开)批准的股权分置改革方案,上药集团以将现金人民币3.5亿元、4,300万元权益性资产、通过承担上海申华控股股份有限公司为公司借款所承担的连带担保责任及其他义务,换取上海申华控股股份有限公司、上海圆通汽车销售服务有限公司、深圳正国投资发展有限公司、中国正通控股有限公司豁免中西药业债务人民币2.78亿元的方式,向全体流通股股东作出对价安排,相当于流通股股东获得每10股获得10.3股。股权分置改革完成后,中西药业股本结构如下:

| 股东名称 | 持股数量 | 持股比例(%) |
| --- | --- | --- |
| 1. 有限售条件的流通股: | 131,369,107 | 60.93 |
| 上药集团 | 118,416,239 | 54.93 |
| 上海万馨投资管理有限公司 | 1,400,000 | 0.65 |
| 上海中惠投资管理有限公司 | 1,120,000 | 0.52 |
| 上海协发金属材料有限公司 | 700,000 | 0.32 |
| 上海高盈投资咨询有限公司 | 280,000 | 0.13 |
| 上海德鸿酒楼有限公司 | 210,000 | 0.1 |
| 上海斯米克机电设备有限公司 | 3,663,000 | 1.7 |
| 上海医药进出口公司 | 3,052,500 | 1.42 |
| 中国建设银行上海分行第二营业部 | 387,668 | 0.18 |
| 江苏南通二建集团第六建筑安装工程有限公司 | 305,250 | 0.14 |
| 上海市石化安装检修工程公司 | 305,250 | 0.14 |
| 上海医药职工大学 | 183,150 | 0.08 |
| 上海振康经营公司 | 61,050 | 0.03 |
| 上海岩鑫实业投资有限公司 | 1,000,000 | 0.46 |
| 上海立新气体有限公司 | 200,000 | 0.09 |
| 海南中网投资管理有限公司 | 85,000 | 0.04 |
| 2. 无限售条件的流通股: | 84,225,521 | 39.07 |
| 总股本 | 215,594,628 | 100 |

截至2009年6月30日,除海南中网投资管理有限公司持有的85,000股仍属于有限售条件的流通股外,股权分置改革方案项下的其他限售流通股份锁定期已届满,中西药业已发行股份中215,509,628股为无限售条件流通股,85,000股为有限售条件流通股。

**中西药业目前的情况**

根据上海市工商行政管理局核发的注册号

为3100001001339的《企业法人营业执照》，中西药业注册资本为215,594,628元人民币，企业类型为股份有限公司(上市)，住所为上海市浦东新区江心沙路9号，法定代表人为周德孚，公司经营范围为：经营本企业自产产品及相关技术，电子元器件产品及其他相关产品，保健产品的研究开发(上述经营范围涉及许可经营的凭许可证经营)，自营和代理各类商品及技术的进出口业务，但国家限定公司经营或禁止进出口的商品及技术除外，经营进料加工和"三来一补"业务，经营对销贸易和转口贸易。中西药业已通过2008年年检。

综上，本所律师认为，中西药业是依法设立并有效存续的股份有限公司；且截至本法律意见书出具之日，中西药业未出现依据相关法律法规或其目前适用之公司章程规定需要终止的情形；中西药业具备实施本次换股吸收合并的主体资格。

**上药集团的主体资格**

根据上海市工商局颁发的注册号为310000000052016号《企业法人营业执照》，上药集团成立于1997年4月23日，住所地为上海市张江路92号，法定代表人吕明方，注册资本为人民币315,872万元，实收资本为人民币315,872万元，公司类型为有限责任公司(国有控股)，经营范围为医药产品(包括但不限于片剂、胶囊剂、气雾剂、免疫制剂、颗粒剂、软膏剂、丸剂、口服液、吸入剂、搽剂、酊剂、栓剂、原料药)、医疗器械及相关产品的科研、制造和销售，医药装备制造、销售和工程安装、维修，实业投资，经国家批准的进出口业务(以上涉及许可经营的凭许可证经营)。已通过2008年度年检。

本所律师核查后认为，上药集团是依法设立并有效存续的企业法人；且截至本法律意见书出具之日，上药集团未出现依据相关法律法规或其目前适用之公司章程规定需要终止的情形；上药集团具备实施本次重大资产重组的主体资格。

**上海上实的主体资格**

根据上海市工商管理局颁发的注册号为310000000046524《企业法人营业执照》，上海上实成立于1996年8月20日，住所地为上海市淮海中路98号金钟广场21楼，法定代表人为张志群，注册资本为185,900万元人民币，实收资本为185,900万元人民币，公司类型为有限责任公司(国内独资)，经营范围为：实业投资、国内贸易(除专项规定)，授权范围内的国有资产经营与管理。已经通过2008年度年检。

本所律师核查后认为，上海上实是依法设立并有效存续的企业法人；且截至本法律意见书出具之日，上海上实未出现依据相关法律法规或其目前适用之公司章程规定需要终止的情形；上海上实具备实施本次重大资产重组的主体资格。

**上实控股的主体资格**

根据胡关李罗律师行出具的《上海市医药股份有限公司向上海上实(集团)有限公司发行股份暨向上实实业控股有限公司购买资产之协议牵涉的香港公司之法律意见书》，上实控股系于1996年1月9日根据香港法律在香港注册成立的一家有限责任公司，上实控股于2009年8月19日仍列入公司注册处所备案的公司登记册，是一家有效注册成立、继续存续的有限公司；目前上海实业(集团)有限公司(Shanghai Industrial Investment (Holding) Company Limited)持有或控制上实控股每股面值0.1港元的股份数目为549,643,371股，占上实控股已发行股本约51%。

另根据Harney Westwood&Riegels出具的关于S. I. PHARMACEUTICAL GRO UP LTD(上实医药有限公司)的法律意见书，上实医药有限公司是依据BVI法律于1999年9月2日在BVI成立的国际商业公司；上实医药有限公司合法设立并有效存续，上实医药有限公司目前授权了50,000股面值1美元的股份，目前仅上实控股(Shanghai Industrial Holdings Ltd.)持有上实医药有限公司1股普通股。

根据Harney Westwood&Riegels出具的关于S. I. PHARMACEUTICAL HOLDINGS LTD(上实医药控股公司)的法律意见书，上实医药控股公司是依据BVI法律于1995年10月25日在BVI成立的国际商业公司；上实医药控股公司合法设立并有效存续；S. I. Pharmaceuticals Group Limited 持有上实医药控股公司发行的50,000股股份，而上实控股是上实医药控股公司的最终实益股东。

根据境外律师出具的相关法律意见,经上实控股的确认并经本所律师适当核查,上实控股是依法设立并有效存续的公司;上实控股具备实施本次重大资产重组的主体资格。

**本次重大资产重组的相关协议**

**《换股吸收合并协议》**

上海医药、上实医药及中西药业于2009年10月15日签署了《换股吸收合并协议》。

本所律师核查后认为,《换股吸收合并协议》的内容符合有关法律、法规及规范性文件的规定,对协议各方具有法律约束力;根据《公司法》第143条的规定,对股东大会作出的公司合并、分立决议持异议的股份公司股东可以要求公司收购其股份,但包括《公司法》在内的法律、行政法规并未禁止拟吸收合并的股份公司给予全体股东要求公司收购其股份的权利,因此《换股吸收合并协议》中关于上海医药异议股东收购请求权、被吸并方全体股东现金选择权的安排在吸并方和被吸并方股东大会合法审议通过后,不违反法律、行政法规的强制性规定,合法有效。

**《发行股份购买资产协议》**

上海医药于2009年10月14日与上药集团签署了《关于上海市医药股份有限公司发行股份购买资产之协议》,并于2009年11月9日根据经上海市国资委备案的评估值与上药集团签署了《关于上海市医药股份有限公司发行股份购买资产之补充协议》。

本所律师核查后认为,《发行股份购买资产协议》的内容符合有关法律、法规及规范性文件的规定,对协议各方具有法律约束力。

**《向上海上实发行股份并向上实控股购买资产协议》**

上海医药于2009年10月15日与上海上实、上实控股签署了《向上海上实发行股份并向上实控股购买资产协议》。

本所律师核查后认为,《向上海上实发行股份并向上实控股购买资产协议》的内容符合有关法律、法规及规范性文件的规定,对协议各方具有法律约束力。

**利润预测补偿协议**

根据上药集团与上海医药于2009年10月14日签署的《拟购买上药集团资产补偿协议》,针对拟购买上药集团资产中涉及收益法评估定价的部分实际盈利数与评估报告中利润预测数的差异情况,由上药集团承诺对标的资产本次发行股份购买资产实施完毕当年度起的3年内利润预测数的实现承担保证责任。

根据上海上实与上海医药于2009年10月15日签署的《拟购买上实控股资产补偿协议》,针对拟购买上实控股资产中涉及收益法评估定价的部分实际盈利数与评估报告中利润预测数的差异情况,由上海上实承诺对标的资产本次发行股份购买资产实施完毕当年度起的3年内利润预测数的实现承担保证责任。

本所律师核查后认为,《拟购买上药集团资产补偿协议》及《拟购买上实控股资产补偿协议》的内容符合有关法律、法规及规范性文件的规定,对协议各方具有法律约束力,上海上实和上药集团已经根据《重组办法》就相关资产实际盈利数不足利润预测数的情况提供了明确可行的补偿方案。

**本次重大资产重组的批准与授权**

**上海医药的授权与批准**

2009年10月14日,上海医药第三届董事会第七次会议审议并通过了本次重大资产重组的方案。

本所律师核查后认为,上海医药董事会已依照法定程序作出批准本次重大资产重组的相关议案,关联董事就所涉及的相关关联事项回避了表决,独立董事就本次重大资产重组及所涉及的关联交易发表了独立意见。该等决议的程序和内容合法、有效。

2009年11月5日,上海医药2009年第一次临时股东大会审议并通过了本次重大资产重组的方案。

本所律师核查后认为,上海医药股东大会已依照法定程序作出批准本次重大资产重组的相关议案,关联股东就所涉及的相关关联事项回避了表决,该等决议的程序和内容合法、有效。

**交易相关方的授权与批准**

(1)上实医药

2009年10月14日,上实医药第六届董事会第十九次会议审议并通过了关于上海医药吸收合并上实医药的议案。

2009年11月5日,上实医药2009年第二次临时股东大会审议并通过了关于上海医药吸收合并上实医药的议案。

(2)中西药业

2009年10月14日,中西药业第五届董事会第八次会议审议并通过了关于上海医药吸收合并中西药业的议案。

2009年11月5日,中西药业2009年第一次临时股东大会审议并通过了关于上海医药吸收合并中西药业的议案。

(3)上药集团

(a)股东会决议

根据上药集团于2009年8月14日召开的2009年第二次股东会所作决议,上药集团股东上海上实、华源集团均同意本次重大资产重组的相关安排,具体包括:(i)同意本次换股吸收合并;(ii)同意上药集团所持中西药业的股份全部转换为上海医药的相应股份,注销中西药业;(iii)同意本次发行股份购买资产;(iv)同意本次向上海上实发行股份并向上实控股购买资产;(v)同意授权上药集团董事会根据法律、法规以及中国证监会的相关规定和要求,结合资本市场的实际情况,决定前述各项安排的具体事项。

本所律师注意到:华源集团目前持有上药集团40%的股权。华源公司因与上海浦东发展银行、上海银行股份有限公司、招商银行上海外滩支行借款合同纠纷案,被相关债权人申请冻结该40%的股权。上海市第二中级人民法院分别作出〔2005〕沪二中民三(商)初字第378号、第394号、第395号、第397号、第330-336号、第338-340号《民事裁定书》,以及〔2006〕沪二中民三(商)初字第24-29号《民事裁定书》,准予冻结标的股权。

标的股权冻结意味着在冻结期间内,华源集团不得转让其所持上药集团的股权,如果上药集团在冻结期间向股东分配股息或红利,华源集团应得的股息或红利也在被冻结的范围内,华源集团不得支配。即华源集团对标的股权的处置权和收益权受到限制,但标的股权冻结并不改变华源集团作为上药集团股东的法律地位,其对上药集团的重大生产经营事项仍然能够依法行使表决权。且上药集团目前有效的公司章程并无股权被司法冻结的股东不得行使表决权的相关表述。因此,本所律师认为华源集团有权作为股东在上药集团股东会议上就资产重组事宜行使表决权,上药集团重组股东会决议合法有效,华源集团所持上药集团股权被司法冻结的事宜不影响本次重大资产重组。

(b)董事会决议

上药集团于2009年8月27日召开的第三届董事会第八次会议已经审议通过关于本次重大资产重组相关安排的决议。

(4)上实控股

上实控股于2009年10月14日召开的董事会已经审议通过关于本次向上海上实发行股份并向上实控股购买资产、本次换股吸收合并以及全额行使现金选择权等决议。

上实控股股东大会已经批准向上海医药出售资产,并且批准其通过全资附属公司 Shanghal Iidustriat YKB Llmited 按照上实医药股东大会审议通过的换股吸收合并协议全额行使现金选择权。

(5)上海上实

上海上实于2009年9月28日签署的第144号董事会决议已经通过关于本次重大资产重组相关安排。

(6)上实集团

上实集团于2009年9月28日签署的第603号执行董事会决议已经通过关于本次重大资产重组相关安排。

**其他方的授权或批准**

(1)上海市国资委已于2009年9月24日出具了沪国资委重〔2009〕491号《关于同意上海市医药股份有限公司吸收合并、发行股份购买资产和重大资产购买可行性方案的批复》,原则同意上海医药本次重大资产重组的方案;

(2)国务院国资委已出具《关于上海市医药股份有限公司换股吸收合并上海实业医药投资股份有限公司和上海中西药业股份有限公司有关问题的批复》[国资产权〔2009〕1212号]批准本次换股吸收合并方案;上海市国资委已出具《关于上海市医药股份有限公司换股吸收合并、发行股份购买资产暨关联交易有关问题的批复》[沪国资委产权〔2009〕600号]批准本次重大资产重组方案;

(3)上海医药向上药集团发行股份购买

资产所依据的评估价值,以及上海医药向上海上实发行股份,购买上实控股下属医药资产所依据的评估价值已分别经上海市国资委沪国资评备〔2009〕第389号文、沪国资评备〔2009〕第390号文、沪国资评备〔2009〕第391号文备案;

(4)就上海医药发行股份向上药集团购买下属医药企业股权之事项,拟购买上药集团资产所涉标的企业其他股东已签署放弃优先购买权的同意函;

(5)就上海医药向上海上实发行股份购买上实控股下属医药企业股权之事项,拟购买上实控股资产涉及的标的股权所对应标的企业其他股东(指持有Mergen 29.59%的其他股东)已签署放弃优先购买权的同意函。

**尚待获得的授权或批准**

本次重大资产重组尚待获得的授权与批准如下:

(1)本次重大资产重组获得中国证监会的批准;

(2)本次重大资产重组获得中国证监会关于同意豁免上药集团及其关联方要约收购义务的批复;

(3)本次重大资产重组获得商务部及国家发改委的批准;

(4)其他相关政府部门和监管部门批准本次重大资产重组的具体实施等。

**本次重大资产重组的实质性条件**

本次重大资产重组符合《重组办法》第十条规定的实质性条件

本所律师经核查后认为:

上海医药已就本次重组向商务部申请反垄断审查,根据上海医药向商务部反垄断局书面沟通后得到的答复,本次重组属于上实集团内部重组,不构成相关法律、法规和示范性文件所规定的"经营者集中"情形,无须就该事项向商务部反垄断局进行申报。因此,本次重大资产重组符合国家产业政策、反垄断等法律、行政法规的规定。

本次重大资产重组在重大方面均符合国家有关环境保护等法律和行政法规的规定。

除本法律意见书已披露的尚待规范的土地使用权外,本次重大资产重组符合土地管理等法律、行政法规的规定;对于拟注入上海医药的上药集团资产,以及被吸并方及其下属企业资产中部分尚待规范的土地使用权,上药集团均已作出相关安排或承诺,该等安排或承诺将有效维护上海医药的利益。

本次重大资产重组完成后,上海医药仍然符合股票上市条件。

本次重大资产重组所涉及的相关资产定价,系由具有证券期货从业资格的资产评估机构评估并经上海市国资委备案确认,上海医药董事会及独立董事均对该定价的公允性发表了肯定意见。该定价符合相关法律、法规和规范性文件的规定,不存在损害上海医药及其股东合法权益的情形。

本次重大资产重组涉及的资产包括拟购买上药集团资产以及拟购买上实控股资产。拟购买上药集团资产主要包括上药集团下属13家公司的股权或权益、固定资产(车辆和机器设备)、房产和在研品种,除本法律意见书披露的情形外,拟购买上药集团资产权属清晰、完整,所涉上药集团下属13家公司的股权或权益不存在出资不实的情形,不存在抵押、质押或其他权利受限制的情形,但本次注入上海医药尚需要履行相关外商投资企业股权变更审批手续(上海味之素、上海施贵宝、信谊黄河)。拟购买上实控股资产主要包括上实控股通过其全资附属企业持有的2家境外公司的股权以及复旦张江的股权,该部分资产权属清晰、完整,不存在出资不实的情形,也不存在质押或其他权利限制的情形,但本次注入上海医药所涉及的境外投资(收购)事项尚需要履行商务部和国家发改委核准的程序。在各方均能严格履行《换股吸收合并协议》、《发行股份购买资产协议》和《向上海上实发行股份并向上实控股购买资产协议》的情况下,上述资产的过户和转移不存在法律障碍。

上海医药、上实医药和中西药业对本次换股吸收合并涉及的债务处理及相关约定符合法律法规的规定,不存在侵害债权人利益的情形。

本次重大资产重组前,上药集团与上实集团之间、上海医药、上实医药及中西药业之间业务重叠和交叉现象。通过本次重大资产重组,上海医药将集聚上实集团和上药集团的核心医药资产和业务,基本实现两大集团医药产业的整体上市。上海医药将拥有包括医药研发与制造、医药分销和医药零售在内的完备的医药产业链，并集中发挥上实集团和上药集团在原料药、医药制剂，中药材、中成药、生物生化制药以及医药商业流通网络等方面的资源共享优势，有利于上海医药增强持续经营能力，排除潜在的同业竞争、减少关联交易风险、切实保护社会公众股东的利益。并且本次重大资产重组不存在重组后上海医药的主要资产为现金或者无具体经营业务的情形。

本次重大资产重组不会造成上海医药在业务、资产、财务、人员、机构等方面依赖于实际控制人及关联人，符合中国证监会关于上市公司独立性的相关规定。

本次重大资产重组完成后，上海医药仍然保持健全有效的法人治理结构。

本次重大资产重组符合《重组办法》第四十一条规定的发行股份购买资产的要求。

如本法律意见书5.1.8所述，本次重大资产重组有利于上海医药增强持续经营能力，排除潜在的同业竞争、减少关联交易风险、切实保护社会公众股东的利益。

立信会计师事务所有限公司已对上海医药最近一年及一期财务会计报告出具无保留意见的审计报告。

如本法律意见书5.1.6条所述，在各方均能严格履行《换股吸收合并协议》、《发行股份购买资产协议》和《向上海上实发行股份并向上实控股购买资产协议》的情况下，本次重大资产重组涉及的资产的过户和转移不存在法律障碍。

上海医药向上海上实非公开发行股份募集资金、并以该等现金向上实控股购买资产的行为符合“特定对象以现金或者资产认购上市公司非公开发行的股份后，上市公司用同一次非公开发行所募集的资金向该特定对象购买资产的，视同上市公司发行股份购买资产”。

(1)上实集团是经国务院港澳办、外贸部和国家进出口管理委员会以〔81〕进出综字第010号文件批准于1981年在香港设立的有限责任公司，上海市国资委对其拥有100%的权益。前述权益关系及比例已经国有资产产权登记。上实控股是一家于1996年在香港设立的公司，目前在香港联合交易所上市(股票交易代码:0363. HK)，截至2008年12月31日，上实集团拥有上实控股51.98%的股权。上海上实是一家在上海设立的上海市国资委下属国有独资公司。上海市国资委于1998年下发《关于授权上海实业(集团)有限公司统一经营上海海外公司及其海外各大集团公司和上海上实(集团)有限公司国有资产的决定》[沪国资委授〔1998〕6号文]，授权上实集团统一经营上海上实及其下属公司。

(2)根据《公司法》第二百一十七条关于实际控制人的定义——“实际控制人，是指虽不是公司的股东，但通过投资关系、协议或者其他安排，能够实际支配公司行为的人”，上实控股和上海上实的实际控制人均为上实集团。

(3)因此，上海医药向上海上实非公开发行股份募集资金、并以该等现金向上实控股购买资产的行为可以视为向同一特定对象发行股份并购买资产。

**本次换股吸收合并的实施无法律障碍**

在本次吸收合并的方案中，为充分保护异议股东和被吸并方全体股东的合法权益，对上海医药的异议股东赋予了收购请求权，对上实医药和中西药业的全体股东赋予了现金选择权。

为充分保护股东在相关公司股东大会的投票权，上海医药、上实医药和中西药业审议本次吸收合并相关议案的股东大会将提供网络投票平台，上海医药、上实医药和中西药业股东在审议本次吸收合并方案时可以进行网络投票。

截至2009年6月30日，上实医药的总股本为367,814,821股，其中实际流通A股为367,814,821股。中国证券登记结算有限责任公司上海分公司于2009年9月25日出具的上实医药前十名股东名册查询证明，截至2009年6月18日，上实医药前十大股东所持的上实医药股份不存在质押、冻结、查封等情形。

截至2009年6月30日，中西药业的总股本为215,594,628股，其中，实际流通A股为215,509,628股，限售的流通A股为85,000股，该等限售股份均由海南中网投资管理有限公司持有。由于该公司在中西药业股权分置改革时未明确表示同意参加股改,为使股改尽快实施,避免中西药业退市的风险,由上药集团先行代其支付对价,上药集团保留向其追偿的权利,被代付对价的非流通股股东在办理其持有的非流通股股份上市流通时,应先征得上药集团的同意,并由中西药业向证券交易所提出该等股份的上市流通申请,因此流通时间未定。中国证券登记结算有限责任公司上海分公司于2009年9月25日出具的中西药业十份投资者记名证券持有数量查询单,截至2009年6月18日,中西药业前十大股东所持的中西药业股份不存在质押、冻结、查封等情形。

综上,本所律师认为,上海医药、上实医药和中西药业采取的上述旨在保障股东利益的措施符合中国法律法规的要求,能够有效保护本次吸收合并各方股东的合法权益;《换股吸收合并协议》生效后,上实医药、中西药业的股份根据本次吸收合并方案转换成上海医药的股份不存在法律障碍。

**被吸并方上实医药的主要资产**

根据《吸收合并协议》的约定,上海医药吸收合并上实医药后,上实医药的全部资产、负债、权益、业务、人员将由上海医药享有和承担。

**长期股权投资**

上实医药直接对外投资的企业有8家,其中6家为控股子公司,2家为参股子公司。因本次换股吸收合并,上实医药持有的该等子公司股权将由上海医药持有。经上实医药确认并经本所律师适当核查,该等子公司均合法有效存续,上实医药持有的该等子公司股权权属清晰,不存在质押、司法查封或冻结等权利限制;上海医药承继该等控股子公司股权不存在实质性法律障碍,但上海医药承继上实医药持有之广东天普生化医药股份有限公司的股权需外商投资主管部门的批准,上海医药承继上实医药持有的香港上联国际有限公司的股权需境外投资主管部门的批准。

上实医药目前合并报表范围内对外长期股权投资的详细情况参见本法律意见书附件6.1。

**土地使用权和房屋所有权**

**上实医药本部的房地产**

根据沪房地卢字〔2006〕第003583号房地产权证,上实医药目前拥有位于淮海中路98号1601室的自有房屋,建筑面积为2,911.99平方米,土地面积为203平方米,所占用土地为出让地。

根据上实医药的确认并经本所律师适当核查,该等房地产未设置抵押、司法查封或冻结等第三方权利限制。本次吸收合并完成后,该等房地产由上海医药承继不存在法律障碍。

**上实医药下属控股子公司的房地产**

截至2009年6月30日,上实医药下属控股子公司拥有的土地使用权中,出让类和转让类土地使用权面积为431,988.76平方米;经批准使用的集体土地使用权面积为8,733.60平方米;其他为不规范用地,其中划拨类土地使用权面积为23,274.08平方米,空运转类使用权土地面积256平方米,无土地证的土地面积267平方米。上实医药下属控股子公司拥有的房屋所有权中,有房产证及办理房产证无法律障碍的房产面积为229,876.44平方米,无房产权证的房产面积为9,539平方米。详细参见本法律意见书附件6.2.2。

其中,位于青浦区赵巷镇6街坊148丘的沪房地青字〔2006〕第005328号房地产,以及位于青浦区赵巷镇6街坊152丘的沪房地闵字〔2006〕第005327号房地产,目前权利人均为上海上联药业有限公司(以下简称“上海上联”)。

上实医药通过上海实业联合集团药业有限公司(以下简称“联合药业”)持有上海实业联合集团制药有限公司(以下简称“联合制药”,目前已变更为上海上联)51%的股权,而联合药业系由上海绿波制药实业总公司药业公司(原为上海绿波投资实业总公司全资拥有的集体企业)改制重组而来,上述两处房产原为联合药业名下资产。2005年6月,联合药业以包括上述房产在内的可经营性净资产作为出资,和其他自然人股东一并设立联合制药,目前联合药业已经将作为出资的上述房地产过户至联合制药名下(所占用土地为经批准使用的集体土地),但是由于根据上海市政府的规划,上述房产所占用土地目前已被调整为绿化用地,无法办理国有土地出让手续。根据上实医药、联合药业、上海赵巷资产经营管理有限公司(上海绿波投资实业总公司持有联合药业之股权后转让给上海赵巷资产经营管理有限公司）以及联合制药于2005年12月14日签署的《关于人员、房地产和股权等事项的处置协议》以及相关的补充协议，上海赵巷资产经营管理有限公司应当协助联合药业将上述房地产过户至联合制药名下，并且变更为国有出让用地；如果上述房产需要拆迁搬离时都无法完成有关房地产转为国有出让用地手续，则上海赵巷资产经营管理有限公司承诺将应获得的土地置换指标、土地使用权补偿等权益无偿转让给联合制药，并协助联合制药实现该等土地置换指标、土地使用权补偿等权益。

根据《中华人民共和国土地管理法》，经县级以上地方人民政府批准，村集体经济组织可以使用乡（镇）土地利用总体规划确定的建设用地与其他单位、个人以土地使用权入股、联营等形式共同举办企业。因此，本所律师认为上海上联拥有的上述房地产合法、有效，即使目前无法办理国有出让手续，上海上联拥有的该等房地产不会因此遭受权益损失。

经上实医药确认及本所律师核查，除本法律意见书披露的部分上实医药控股子公司土地、房屋以及建筑物所有权设定的抵押或其他任何第三方权益及部分土地使用权、房屋和建筑物的所有权或使用权存在不规范的情形（包括土地出让方式为划拨、空转、集体土地，土地或房屋无权证等情形）外，上实医药控股子公司享有的其他土地使用权、房屋以及建筑物所有权不存在产权纠纷或潜在纠纷的情形，未被司法查封或冻结，权属清晰。

上述尚待规范的土地、房屋以及建筑物的土地使用权和房屋、建筑物所有权的规范工作正在进行中，上药集团承诺促使上实医药控股子公司尽快规范该等土地使用权和房屋以及建筑物所有权。或者如因上实医药控股子公司名下尚待规范的土地、房屋以及建筑物未能完成规范手续，而导致吸收合并后的新上药不能继续以现有的方式使用该等土地、房屋以及建筑物；或因该等土地、房屋以及建筑物不规范受到政府部门处罚从而导致上海医药遭受相应经济损失的，上药集团承诺予以补偿（包括直接经济损失和间接经济损失）。

**资质证书、药品批件**

根据上实医药的确认并经本所律师适当核查，上实医药为投资控股型公司，自身并不从事医药生产或经营，其并不拥有经营许可证书和新药证书。

截至2009年6月30日，上实医药下属控股子公司共有7张药品生产许可证、19份GMP认证、446份药品批件，其中有1份GMP认证证书正在申请续期认证，详细参见本法律意见书附件6.3－1和6.3－2。

根据上实医药的说明并经本所律师适当核查，上实医药下属控股子公司拥有的药品生产许可证、GMP认证中除1份GMP证书正在申请续期认证外，均在有效期内；上实医药下属控股子公司拥有的药品批件权属清晰，未设定质押权或其他任何第三方权益，亦未被司法查封或冻结；本次吸收合并不会对上实医药控股子公司拥有该等资质或资产造成法律障碍。

**专利、商标等知识产权**

根据上实医药的确认并经本所律师适当核查，上实医药为投资控股型公司，自身并不从事具体生产或经营，其并不拥有专利或商标。

截至2009年6月30日，上实医药下属控股子公司共计拥有45项专利，100项注册商标，详细参见本法律意见书附件6.4。

根据上实医药的说明并经本所律师适当核查，上实医药下属控股子公司拥有的上述专利及商标权属清晰，未设定质押权或其他任何第三方权益，亦未被司法查封或冻结；本次吸收合并不会对上实医药控股子公司拥有或使用该等专利、商标造成法律障碍。

**被吸并方中西药业的主要资产**

根据《吸收合并协议》的约定，上海医药吸收合并中西药业后，中西药业的全部资产、负债、权益、业务、人员将由上海医药享有和承担。

**长期投资**

中西药业直接对外投资的企业有12家，8家为控股子公司，4家为参股公司或联营企业。因本次换股吸收合并，该等中西药业持有的该等企业股权（权益）将由上海医药持有。该等企业中：

（1）根据中西药业的确认并经本所律师核查，上海远东制药机械总厂于1991年1月经上海市经委批准,由原上海制药机械厂、上海制药机械二厂、上海制药机械三厂、上海制药机械四厂合并组建而成。1995年4月10日,上海远东制药机械总厂在上海市工商行政管理局浦东新区分局设立登记并成立。上海远东制药机械总厂为一家全民所有制企业,中西药业享有上海远东制药机械总厂100%权益。目前,上海远东制药机械总厂正进行改制成有限责任公司的程序。本所律师认为,上海远东制药机械总厂的改制工作不会对本次吸收合并进展构成实质性法律障碍,本次吸收合并完成后,吸并方承继上海远东制药机械总厂(或改制后的有限公司)100%的权益不存在法律障碍。

(2)中西药业直接持有7.04%股权的上海诺美国际贸易有限公司(以下简称"诺美贸易")和直接持有45%股权的上海野生源高科技有限公司(以下简称"野生源公司")均已被工商吊销营业执照,尚未办理注销手续。根据中西药业提供的财务数据,截至2009年6月30日,中西药业对野生源公司的长期股权投资期末余额为2,141,165.20元,对诺美贸易的长期投资期末余额为1,408,000.00元。根据《换股吸收合并协议》的约定,上海医药吸收合并中西药业后,中西药业的全部资产、负债、权益、业务、人员将由上海医药享有和承担。因此,即使诺美贸易和野生源公司在换股吸收合并实施日后方完成注销手续,中西药业对诺美贸易和野生源公司的长期股权投资余额亦由上海医药享有,该等被吊销营业执照的情形不会对本次吸收合并构成重大法律障碍。

经中西药业确认并经本所律师适当核查,除上述(1)和(2)所述情形外,中西药业直接对外投资的企业均合法有效存续,中西药业持有的该等企业股权(权益)权属清晰,不存在质押、司法查封或冻结等权利限制,该等企业股权过户至上海医药不存在法律障碍;上海远东制药机械总厂正在改制事宜,诺美贸易和野生源公司被吊销营业执照事宜不会对本次吸收合并构成重大法律障碍。

中西药业目前合并报表范围内对外长期股权投资的详细情况参见本法律意见书附件7.1。

**土地使用权和房屋所有权**

**中西药业本部的房地产**

截至2009年6月30日,中西药业本部拥有或使用的土地和房产如下:

| 编号 | 房屋所有权证号/房地产权证号 | 所占用土地使用权证号 | 地址 | 土地面积($m^2$) | 所占用土地性质 | 地号 | 建筑面积($m^2$) | 用途 | 备注 |
|---|---|---|---|---|---|---|---|---|---|
| 1 | 沪房普字第36095号 | 沪国用(普陀)字第029816号 | 上海市交通路1515号 | 12,548 | 空运转 | 宜川街道52坊12丘 | 16,890 | 工厂 | 空运转 |
| 2 | 在建工程 | 沪房地奉字(2007)第013285号 | 星火开发区2街坊8/25丘 | 21,988 | 转让 | 星火开发区2街坊8/25丘 | — | — | 目前在建,根据建设工程规划许可证沪奉建〔2008〕20-080104F00022,建筑物面积为6,845.00平方米 |
| 3 | 沪房地浦字〔1999〕第003622号 | 房地合一 | 星火开发区民乐路158号 | 36,066 | 转让 | 星火开发区2坊8-1丘 | 7,979 | — | — |

续表

| 编号 | 房屋所有权证号/房地产权证号 | 所占用土地使用权证号 | 地址 | 土地面积（$m^2$） | 所占用土地性质 | 地号 | 建筑面积（$m^2$） | 用途 | 备注 |
|---|---|---|---|---|---|---|---|---|---|
| 4 | 深房地字第6000358485号 | — | 康达尔蝴蝶堡1栋A座1A－2804 | | | — | 84.42 | 住宅 | |
| 5 | 深房地字第6000358488号 | — | 康达尔蝴蝶堡1栋A座1A－2504 | | | — | 84.42 | 住宅 | |
| 6 | 深房地字第6000358490号 | | 康达尔蝴蝶堡1栋A座1A－2502 | | | | 100.91 | 住宅 | |
| 7 | 深房地字第6000358487号 | — | 康达尔蝴蝶堡1栋A座1A－2401 | | | — | 88.96 | 住宅 | |
| 8 | 深房地字第6000358491号 | — | 康达尔蝴蝶堡1栋A座1A－2803 | | | — | 84.22 | 住宅 | |
| 9 | 深房地字第6000358493号 | — | 康达尔蝴蝶堡1栋A座1A－2802 | 22,634.39（宗地面积） | 居住用地 | — | 100.91 | 住宅 | 抵债资产，来源情况详细参见本法律意见书15.3.1(3) |
| 10 | 深房地字第6000358494号 | — | 康达尔蝴蝶堡1栋A座1A－2801 | | | — | 88.96 | 住宅 | |
| 11 | 深房地字第6000358497号 | — | 康达尔蝴蝶堡1栋A座1A－2704 | | | — | 84.42 | 住宅 | |
| 12 | 深房地字第6000358499号 | — | 康达尔蝴蝶堡1栋A座1A－2702 | | | — | 100.91 | 住宅 | |
| 13 | 深房地字第6000358500号 | — | 康达尔蝴蝶堡1栋A座1A－2602 | | | — | 100.91 | 住宅 | |
| 14 | 深房地字第6000358486号 | — | 康达尔蝴蝶堡1栋A座1A－2201 | | | — | 88.96 | 住宅 | |

截至2009年6月30日，中西药业的房地产中，出让和转让类土地使用权面积为58,054.00平方米；其他不规范的土地使用权，即面积为12,548.00平方米的空运转类土地，根据中西药业的说明，中西药业拟规范前述地块的土地使用权。中西药业拥有的房屋所有权中，房屋建筑物面积为25,877.00平方米，有房产证的房产面积为25,877.00平方米。

经中西药业确认及本所律师核查，上述全部土地使用权和房屋所有权不存在产权纠纷或潜在纠纷的情形，未设定抵押或其他任何第三方权益，亦未被司法查封或冻结，本所律师认为，本次吸收合并完成后，除上述第1项外的土地使用权和房屋所有权由吸并方承继不存在法律障碍；上述第1项土地使用权的规范工作完成后，该等土地使用权和房屋所有权由吸并方承继不存在法律障碍。

**中西药业下属控股子公司的房地产**

截至2009年6月30日，中西药业下属控股子公司拥有的土地使用权中，出让和转让类土地使用权面积为73,693.00平方米；经批准使用的集体土地使用权面积为26,355.00平方米；其他为不规范用地，即面积为40,381.30平方米的划拨土地。中西药业下属控股子公司拥有的房屋所有权中，房屋建筑物面积为42,905.73平方米，有房产证的房产面积为42,905.73平方米。详细参见本法律意见书附件7.2.2。

上海中西制药有限公司（以下简称“中西制药”）目前拥有位于嘉定区外青松公路446号的沪房地嘉字〔2004〕第003756号房地产权证，土地性质为集体土地批准使用。根据《中华人民共和国土地管理法》，经县级以上地方人民政府批准，村集体经济组织可以使用乡（镇）土地利用总体规划确定的建设用地与其他单位、个人以土地使用权入股、联营等形式共同举办企业。根据《上海市人民政府办公厅转发市计委等三部门关于上海市农村集体土地使用权流转试点意见的通知》（沪府办〔2001〕54号）的规定，允许采用土地使用权的合作、入股、联营、置换等流转方式，参与兴办除商品房开发以外的工业、商业、旅游、娱乐、金融、服务业等经营性项目的建设。根据中西药业的确认以及本所律师的适当核查，中西制药的投资方（合作方）为集体经济组织或集体企业，合作条件是将集体土地作为出资，中西制药已获得相关房产证。本所律师据此认为，中西制药拥有的该块房地产合法有效。

经中西药业确认及本所经办律师核查，除本法律意见书披露的部分土地使用权使用权存在不规范的情形（划拨）外，中西药业控股子公司其他土地、房屋以及建筑物所有权及使用权不存在产权纠纷或潜在纠纷的情形，未被司法查封或冻结。

对上述尚需规范的土地、房屋以及建筑物的所有权或使用权的规范工作正在进行中，上药集团承诺尽快规范该等土地使用权和房屋以及建筑物所有权。如因中西药业名下尚待规范的土地、房屋以及建筑物未能完成规范手续，而导致吸收合并后的新上药无法承继该等土地、房屋以及建筑物或其所对应的权益，或导致吸收合并后的新上药不能继续以现有的方式使用该等土地、房屋以及建筑物，或因该等土地、房屋以及建筑物不规范受到政府部门处罚从而导致上海医药遭受相应经济损失的；或者如因中西药业控股子公司名下尚待规范的土地、房屋以及建筑物未能完成规范手续，而导致吸收合并后的新上药不能继续以现有的方式使用该等土地、房屋以及建筑物，或因该等土地、房屋以及建筑物不规范受到政府部门处罚从而导致上海医药遭受相应经济损失的，上药集团承诺予以补偿（包括直接经济损失和间接经济损失）。

**资质证书、药品批件**

截至2009年6月30日，中西药业及其控股子公司共有2张药品生产许可证、3张GMP认证、69份药品批件，详细参见本法律意见书附件7.3-1和附件7.3-2。

中西药业本部拥有1张药品生产许可证、1张GMP认证、8份药品批件。该等药品生产许可证、GMP认证，均在有效期内；该等药品批件权属清晰，未设定质押权或其他第三方权益，亦未被司法查封或冻结，在经国家药监局及其派出机构核准后，上海医药承继该等资质或资产不存在实质性法律障碍。

中西药业控股子公司拥有的药品生产许可证、GMP认证均在有效期内；拥有的药品批件权属清晰，未设定质押权或其他第三方权益，亦未被司法查封或冻结；本次吸收合并不会对中西药业控股子公司拥有该等资质或资产产生法律障碍。

**专利、商标等知识产权**

截至2009年6月30日，中西药业及其控股子公司共计拥有24项专利，另有3项被许可独占使用的专利。中西药业及其控股子公司共计拥有60项注册商标，详细参见本法律意见书附件7.4。

中西药业本部共拥有8项专利，其中1项专利上存在共同权利人，上述专利权属清晰，未设定质押权或其他任何第三方权益，亦未被司法查封或冻结。本次吸收合并完成后，上海医药承继中西药业专利不存在实质性法律障碍。

中西药业本部共拥有50项注册商标，有1项注册商标许可给上海中西制药有限公司使用，上述商标权属清晰，未设定质押权或其他任何第三方权益，亦未被司法查封或冻结。本次吸收合并完成后，上海医药承继中西药业商标不存在实质性法律障碍。

中西药业控股子公司拥有的或被许可使用的专利、商标权属清晰，未设定质押权或其他任何第三方权益，亦未被司法查封或冻结；本次吸收合并不会对中西药业控股子公司拥有或被许可使用该等专利、商标等产生法律障碍。

**本次换股吸收合并涉及的债权债务安排**

本次上海医药吸收合并上实医药和中西药业后，上实医药和中西药业将注销法人资格，上实医药和中西药业的债务及或有债务依法将分别由上海医药承继。2009 年 11 月 5 日，本次上海医药吸收合并上实医药和中西药业分别由上海医药、上实医药和中西药业股东大会审议通过。根据《公司法》的规定，上海医药、上实医药和中西药业于 2009 年 11 月 10 日分别就本次换股吸收合并履行了公告程序，并向所有银行债权人、前 10 大应付款债权人、尚未履行完毕的按照合同金额排序前 10 大销售合同对方单独发送了通知函。截至本法律意见书出具之日，上海医药和上实医药的所有银行债权人已签署书面同意函，同意其对上海医药/上实医药依法享有的债权（或或有债权），将由上海医药或上实医药分别根据原债权文件的约定继续履行，并在本次换股吸收合并完成后由存续方上海医药根据原债权文件的约定继续履行。上海医药和上实医药的其他债权人、中西药业的银行债权人和其他债权人的书面同意函正在获取过程中。

本所律师认为：截至本法律意见书出具之日，上海医药、上实医药和中西药业对本次换股吸收合并涉及的债务处理及相关约定符合法律法规的规定，不存在侵害债权人利益的情形。

**本次向上药集团发行股份购买资产涉及的资产**

**拟购买上药集团资产涉及的标的股权**

根据《关于上海市医药股份有限公司发行股份购买资产之协议》，上海医药拟购买的标的股权/股份/权益为：（1）信谊药厂 100% 股权；（2）第一生化 100% 股权；（3）三维有限 100% 股权；（4）三维制药 48% 股权；（5）药材公司 100% 股权；（6）中华药业 100% 股权；（7）青岛国风 63.93% 股份；（8）上海施贵宝 30% 股权；（9）上海味之素 38% 股权；（10）信谊黄河 36% 股权；（11）信谊天一 41.43% 股权；（12）物资供销公司 100% 权益；（13）进出口公司 100% 权益。

**拟购买上药集团资产涉及的标的资产**

上海医药通过本次重大资产重组，除购买本法律意见书第 9.1 条项下的标的股权/股份/权益外，还将购买上药集团部分固定资产（车辆和设备）、无形资产（在研品种）和一幢房产。

**关于信谊药厂**

（1）现状

根据注册号为 310115000131987 的《企业法人营业执照》，信谊药厂成立于 1993 年 10 月 23 日，注册资本为人民币 66,000 万元，实收资本为人民币 66,000 万元，法定代表人为徐国雄，注册地址为上海市浦东新区新金桥路 905 号，公司类型为一人有限责任公司（法人独资），经营范围为：药品生产（范围详见许可证，有效期至 2010 年 12 月 31 日），从事货物及技术的进出口业务，药品生产领域内的技术开发、技术转让、技术咨询、技术服务（涉及许可的凭许可证经营）。已经通过 2008 年年检。

上药集团目前持有信谊药厂 100% 的股权，经上药集团确认并经本所律师适当核查，上药集团持有信谊药厂 100% 的股权权属合法、清晰，不存在质押、司法冻结或司法查封等第三方权利限制。

（2）设立及主要历史沿革

（a）上海信谊药厂有限公司的前身是信谊药厂（以下简称“原信谊药厂”）的开业时间可以追溯到 1925 年。1979 年在工商行政管理部门设立登记时经济性质为全民所有制，上级主管部门为上海医药工业公司和上海市医药局，注册资金为人民币 1,527.1 万元。

（b）1992 年 6 月 12 日，原信谊药厂申请工商变更登记，注册资本变更为 1,917 万元，前述注册资本已经原信谊药厂的《企业国有资产产权登记证》验证。

（c）根据 2002 年 1 月上药集团出具的“发沪医药办〔2002〕002 号”《关于成立信谊大药厂的通知》，原信谊药厂对上海延安制药厂实行吸收式合并重组，合并后企业的注册资本由 1,917万元变更为3,106.7万元，全部由上药集团出资，上药集团拥有原信谊药厂 100% 的权益。前述注册资本已经原信谊药厂的《企业国有资产产权登记证》验证。

(d)根据2002年4月2日上药集团出具的“发沪医药董〔2002〕11号”《关于组建信谊大药厂并增加其注册资本的决议》,上药集团以现金方式对原信谊药厂增加注册资本人民币2,000万元,使原信谊药厂的注册资本增至人民币5,106.7万元。本次增资经公信中南会计师事务所出具的“公会〔2002〕验字第7-49号”《验资报告》验证核实。

(e)根据2008年11月11日上药集团出具的“发沪医药投〔2008〕223号”《关于“大信谊”公司制改制方案的批复》,信谊药厂拟从非公司制企业法人整体改制为公司制企业法人。根据2009年4月20日信谊药厂的股东决定,根据上海东洲资产评估有限公司出具的编号为沪东洲资评报字DZ090003045号的资产评估报告(沪国资评备〔2009〕第016号《上海市国有资产评估项目备案表》),以2008年10月31日为基准日,信谊药厂的净资产评估值为人民币285,014,134.26元,扣除按税法规定提取的企业所得税,实际可作为投资的资产净值为人民币284,575,109.28元,将信谊药厂整体改制为有限责任公司“上海信谊药厂有限公司”,改制后的信谊药厂注册资本为人民币220,000,000元,其余64,575,109.28元作为公司的资本公积。

本次改制方案不涉及重新安置原信谊药厂员工,已经信谊药厂职工代表大会工会委员会〔2008〕沪药信工字第004号《关于〈信谊药厂公司制改制以及职工安置方案的报告〉的回复》确认。

本次改制的注册资本缴纳情况已经上海宏大东亚会计师事务所出具的“沪宏会师报字〔2008〕第HB0111号”《验资报告》验证核实。本次改制已经工商行政管理局核准并办理了变更登记手续。

(f)2009年5月15日,信谊药厂作出股东决定:同意由原股东上药集团以货币出资31,000万元,实物出资13,000万元对公司增加注册资本44,000万元,增资后公司的注册资本为66,000万元。本次用于增资的实物为上药集团拥有的位于金桥加工区11坊3丘和川沙镇31坊1丘的土地使用权及建筑物、金桥出口加工区11街坊1丘的建筑物,其作价已经上海东洲资产评估有限公司评估并出具“DZ090073033号”《资产评估报告》确认。信谊药厂已于2009年6月4日取得了沪房地浦字〔2009〕036274号、沪房地浦字〔2009〕036276号、沪房地浦字〔2009〕036299号《上海市房地产权证》,权利人为上海信谊药厂有限公司,上药集团用于出资的房地产已经办妥过户手续。

本次增资经上海宏大东亚会计师事务所出具的“沪宏会师报字〔2009〕第HB0149号”、“沪宏会师报字〔2009〕第HB0174号”《验资报告》验证核实。

本所律师认为,信谊药厂是依法设立并有效存续的有限责任公司,且截至本法律意见书出具之日,信谊药厂未出现依据相关法律法规或其目前适用之公司章程规定需要终止的情形。

**关于第一生化**

(1)现状

根据注册号为310112000093774的《企业法人营业执照》,第一生化成立于1994年7月30日,注册资本为人民币1亿元,实收资本为人民币1亿元,法定代表人为徐国雄,注册地址为上海市闵行区剑川路1317号,公司类型为一人有限责任公司(法人独资),经营范围为:药品、医疗器械的生产(详见许可证)、从事货物及技术的进出口业务(涉及行政许可的,凭许可证经营)。已经通过2008年年检。

经上药集团确认并经本所律师适当核查,上药集团持有第一生化100%的股权权属合法、清晰,不存在质押、司法冻结或司法查封等第三方权利限制。

(2)设立及主要历史沿革

(a)第一生化前身为上海第一生化药业公司。1994年6月13日,根据上海市医药管理局出具的“沪医药计〔1994〕467号”《关于同意联合组建上海第一生化药业公司(暂定)的批复》批准,上海第一制药厂、上海生物化学制药厂联合组建上海第一生化药业公司。成立时公司性质为全民所有制企业,注册资本为14,258,000元,上海市医药管理局(上药集团前身)为其上级主管单位。设立时注册资本的缴纳已经上海审计师事务所大公分所出具的“沪审师验〔94〕

023号"《验资证明书》验证核实。

(b)根据2001年11月12日上药集团出具的"沪医药资〔2001〕508号"《关于同意重组上海第一生化药业公司的批复》,上药集团以剥离不实资产后的上海第一生化药业公司净资产7,500万元和上海医药以现金出资2,500万元,组建成新的上海第一生化药业有限公司。第一生化重组后注册资本为人民币1亿元,上药集团以原上海第一生化药业公司净资产7,500万元出资,占注册资本的75%;上海市医药股份有限公司以现金2,500万元出资,占注册资本的25%。

上述出资经上海中佳永信会计师事务所有限公司出具的"上佳信会验〔2002〕第24003号"《验资报告》验证核实。其中上药集团用于出资的净资产作价已经上海立信资产评估有限公司出具"信资评报字〔2001〕356号"《资产评估报告书》评估并经上海市资产评审中心出具的"沪评审〔2001〕1057号"《关于上海第一生化药业公司整体资产评估结果的确认通知》确认。

(c)2004年1月19日,上海医药与上药集团签署了《股权转让协议》,上海医药向上药集团转让了其所持第一生化25%的股权,最终交易价格以2003年12月31日为基准的经评估确认的净资产值为准。本次股权转让已于2004年6月28日在上海联合产权交易所办理了交割手续(No.0003761《产权交割单》),并于2006年补办了工商变更登记手续。

本次股权转让完成后,上药集团持有第一生化100%的股权。

本所律师认为,第一生化是依法设立并有效存续的有限责任公司,且截至本法律意见书出具之日,第一生化未出现依据相关法律法规或其目前适用之公司章程规定需要终止的情形。

**关于三维有限**

(1)现状

根据注册号为310107000007186的《企业法人营业执照》,三维有限成立于1990年2月10日,注册资本为人民币9,903.3万元,实收资本为人民币9,903.3万元,法定代表人为黄彦正,注册地址为普陀区永登路50号,公司类型为有限责任公司,经营范围为:五金交电,钢材,纺针织产品,建筑材料(销售);自由房屋租赁(除租赁)(涉及许可的凭许可证经营)。已经通过2008年年检。

经上药集团确认并经本所律师适当核查,上药集团持有三维有限100%的股权权属合法、清晰,不存在质押、司法冻结或司法查封等第三方权利限制。

(2)设立及主要历史沿革

(a)三维有限的前身为上海第二制药厂,设立时为全民所有制企业,注册资金为4,468万元,企业设立时的注册资金经上海市嘉定审计事务所验证核实。1993年4月7日经上海市医药管理局以《关于同意上海第二制药厂改名为上海三维制药公司的批复》(沪医药计〔1993〕272号)文的批准,上海第二制药厂更名为上海三维制药公司。

(b)1995年12月,经上海市医药管理局"沪医药企〔1995〕第905号"文批准,以上海市医药管理局和上海三维制药公司职工持股会(以下简称"三维职工持股会")共同发起设立上海三维有限公司。上海市医药局以上海三维制药公司现有净资产8,813.3万元出资,占注册资本总额的89%,上海三维制药公司职工持股会以工会社团法人名义出资1,090万元,占资本总额的11%。上述出资经上海中华社科会计师事务所《关于上海三维制药公司职工持股会所持股份的验证报告》(沪中社会字〔95〕第853号)验证核实。

(c)2005年7月20日,三维有限通过临时股东会决议,上海三维有限公司89%的国家股权由上海华谊(集团)转为上海医药(集团)有限公司。该项变更已办理工商变更登记。

(d)2001年8月25日,三维有限和上海三维有限公司职工持股会签署了《上海三维有限公司和上海三维有限公司职工持股会清算退股协议》,根据协议约定,三维公司在2003年12月31日前将三维职工持股会在三维公司的股本金予以清退,清退完成后三维职工持股会不再持有三维公司11%的股权。同时根据三维职工持股会于2009年出具的说明,截至2003年12月31日,三维职工持股会已经全额收到上药集团指定第三方支付的股本金,自2004年1月1日起,三维职工持股会不再持有三维公司11%的股权,亦不再享有该部分股权所对应的任何权益。因此,自 2004 年 1 月 1 日起,上药集团即持有三维有限 100% 的权益。2009 年 10 月,三维职工持股会与上药集团正式签署了《上海市产权交易合同》(合同编号 Q009SH1010516),并在上海联合产权交易所补办了产权交割手续。2009 年 11 月,三维有限在上海市工商局普陀分局办理工商变更登记并领取新的企业法人营业执照。

本所律师认为,三维有限是依法设立并有效存续的有限责任公司,且截至本法律意见书出具之日,三维有限未出现依据相关法律法规或其目前适用之公司章程规定需要终止的情形。

**关于三维制药**

(1)现状

根据注册号为 3101071021071 的《企业法人营业执照》,三维制药成立于 1995 年 12 月 1 日,注册资本为人民币 36,600 万元,实收资本为人民币 36,600 万元,法定代表人为顾耀明,注册地址为上海市永登路 50 号,公司类型为有限责任公司(国内合资),经营范围为:开发、生产药品(药品生产许可证有效期至 2010 年 12 月 31 日)、兽用原料药(兽药许可证有效期至 2011 年 5 月 16 日)、医药中间体(除食品),从事货物及技术的进出口业务(涉及许可的凭许可证经营)。已通过 2008 年年检。

经上药集团确认并经本所律师适当核查,上药集团持有三维制药 48% 的股权权属合法、清晰,不存在质押、司法冻结或司法查封等第三方权利限制;该等股权注入上海医药已经获得其余合作股东的同意。

(2)设立及主要历史沿革

(a)三维制药系经上海市外国投资工作委员会于 1995 年 11 月 30 日出具的沪外资委批字〔95〕第 1423 号文批准,由 S. I. Pharmaceutical Holdings Ltd. 以及三维有限共同出资设立。其中,三维有限以设备、厂房、土地使用权、技术及其他资产作价出资,出资额为 83,300,000 元,出资比例为 49%。三维有限的前述出资作价已经资产评估机构评估并经国有资产管理部门确认。

(b)1996 年 3 月,经上海市外国投资工作委员会出具"沪外资委批字〔96〕第 372 号"文批准,三维制药注册资本从原 17,000 万元人民币增加至 21,600 万元人民币,出资比例不变。本次增资经大华会计师事务所"华业字〔96〕第 798 号"《验资报告》验证核实。

(c)1997 年 10 月 6 日,根据上海市外国投资工作委员会出具"沪外资委协字〔97〕)第 1324 号"文批准,S. I. Pharma-ceuti-cal Holdings Ltd. 将其持有三维制药 3% 的股权转让给上海医药对外经济技术合作公司。转让后,三维制药投资各方对注册资本的出资额分别为:S. I. Pharmaceutical Holdings Ltd. 占 48%,上海三维有限公司占 49%,上海医药对外经济技术合作公司占 3%。

(d)根据 2000 年 11 月 20 日上海市外国投资工作委员会出具的"沪外资委批字〔2000〕第 1278 号"文,三维制药注册资本由 2.16 亿元人民币增加到 3.66 亿人民币,增加部分由投资各方按比例以现金出资。本次增资经上海立信长江会计师事务所有限公司"信长会师报字〔2001〕第 21297 号"《验资报告》验证核实。

(e)根据 2001 年 2 月 13 日上海市外国投资工作委员会出具的"沪外资委批字〔2001〕第 190 号"文,中方投资者"上海医药对外经济技术合作公司"更名为"上海医药进出口公司"。

(f)根据 2005 年 7 月 13 日上海市外国投资工作委员会出具的"沪外资委协字〔2005〕1571 号"文,S. I. Pharmaceutical Holdings Ltd. 将三维制药 48% 的股权连同相应的权利和义务转让给上药集团。本次转让完成后,三维制药的股权结构为:上药集团持有 48% 的股权,三维有限持有 49% 的股权,进出口公司持有 3% 的股权。

本所律师认为,三维制药是依法设立并有效存续的有限责任公司,且截至本法律意见书出具之日,三维制药未出现依据相关法律法规或其目前适用之公司章程规定需要终止的情形。

**关于药材公司**

(1)现状

根据注册号为 310000000009031 的《企业法人营业执照》,药材公司成立于 1992 年 4 月 28 日,注册资本为人民币46,369万元,实收资本为人民币 46,369 万元,法定代表人为杨弘,注册地址为上海市汉口路 239 号,公司类型为有限责任公司(国有独资),经营范围为:经营中药材、中药饮片、中成药、中药保健品、营养保健品和所需的机械设备、原辅料,包装材料及相关技术的进出口,承办中外合资合作及“三来一补”,中西复合制剂,部分西药制剂,中医仪器及设备,化工原料(除危险品),自有房屋销售及租赁,并提供相关第三产业服务。已通过2008年年检。

经上药集团确认以及本所律师适当核查,上药集团持有药材公司100%的股权权属合法、清晰,不存在质押、司法冻结或司法查封等第三方权利限制。

(2)设立及主要历史沿革

(a)药材公司前身为上海市药材公司。1992年2月29日,根据上海市医药管理局出具的沪医药办〔1992〕139号《关于转发上海市经委经企〔1991〕716号文同意组建实体性的上海市药材公司批复的通知》,同意由上海市药材公司、中药制药一厂、中药制药二厂、中药制药三厂、中药机械厂等全民所有制企业组成实体性的上海市药材公司。1992年4月27日,上海市药材公司成立,注册资本8,100.6万元,经济性质是全民所有制。前述出资已经中国工商银行上海市分行出具的《验资证明书》验证。

(b)根据1995年12月6日上海市医药管理局出具的“沪医药企〔1995〕908号”文,上海市药材公司改制为上海市药材有限责任公司,注册资本为5,694.5万元,全部由上海市医药管理局认缴出资。前述注册资本及出资已经编号243101153834510的《国有资产产权登记表》(1995年4月10日核发)确认。

(c)根据1999年2月26日上海市国有资产管理办公室出具的沪国资产〔1999〕62号《关于同意上海华谊(集团)公司所属上海医药(集团)公司处理库存积压产品损失额核销国有资本金的批复》,以及1999年3月8日上海市财政局出具的沪财企一〔1999〕29号《关于同意上海医药(集团)总公司所属企业处理库存积压产品损失冲减损益的批复》,药材公司进行清产核资。经过本次清产核资,药材公司注册资本从5,694.5万元变更为4,542万元,上海医药集团总公司仍持有100%股权。前述注册资本已经相应的《企业国有资产占有权登记表》确认。药材公司于1998年4月25日、26日、27日在相关报纸上刊登了减资公告。

(d)根据上药集团2009年第10号执行委员会作出决议,上药集团以现金14,000万元、所持有的上海雷允上药业有限公司59.69%的股权及上海杏灵科技药业股份有限公司37.50%的股权对药材公司实施增资,增资后药材公司的注册资本变更为46,369万元。本次增资已经上海华瑞会计师事务所有限公司出具的“沪华瑞验字〔2009〕第0017号”、“沪华瑞验字〔2009〕第0022号”《验资报告》验证核实。其中作为出资的股权经上海东洲资产评估有限公司评估,并出具“沪资评报字〔2009〕第026号”《上海雷允上药业有限公司企业价值评估报告》,并且已经办理出资股权的工商变更登记手续。

本所律师认为,药材公司是依法设立并有效存续的有限责任公司,且截至本法律意见书出具之日,药材公司未出现依据相关法律法规或其目前适用之公司章程规定需要终止的情形。

**关于中华药业**

(1)现状

根据注册号为310105000356668的《企业法人营业执照》,中华药业成立于2009年3月10日,注册资本为人民币63,641,789元,实收资本为人民币63,641,789元,法定代表人为陈军力,注册地址为上海市长宁区延安西路1448弄139号,公司类型为一人有限责任公司(法人独资),经营范围为:生产片剂、硬胶囊剂、颗粒剂、软膏剂、丸剂、吸入剂、搽剂;销售中成药、化学药制剂、抗生素、生化药品、生物制品,医疗器械,化妆品,日用百货;食品销售管理(非食物方式);从事货物及技术进出口业务;房屋租赁,物业管理;设计、制作、代理各类广告,利用自有媒体发布广告。(企业经营涉及行政许可的,凭许可证件经营)

经上药集团确认及本所律师适当核查,上药集团持有中华药业100%的股权权属合法、清晰,不存在质押、司法冻结或司法查封等第三方权利限制。

(2)设立及主要历史沿革

(a)2008年12月,上药集团出具《关于组建上海中华药业有限公司的批复》[沪医药投〔2008〕279号],同意组建中华药业。2009年2月,上药集团作出股东决定,同意设立中华药业并通过《上海中华药业有限公司章程》。根据该章程的规定,中华药业为一人有限责任公司,注册资本为人民币4,000万元,由股东上药集团以现金方式缴付。中华药业设立时的注册资本已经天职国际会计师事务所有限公司于2009年3月出具的"天职沪核字〔2009〕第655号"《验资报告》验证核实。

(b)2009年7月,中华药业股东会作出决定,对中华药业实施增资,增资方式为实物增资(机器设备和车辆),增资金额为人民币23,697,041元。但由于用作本次增资的一辆车辆未能及时办理过户手续,最终办理验资的出资为23,641,789元,增资后注册资本为63,641,789元。本次增资经天职国际会计师事务所有限公司出具的"天职沪核字〔2009〕第1205号"《验资报告》验证核实。

本所律师认为,中华药业是依法设立并有效存续的有限责任公司,且截至本法律意见书出具之日,中华药业未出现依据相关法律法规或其目前适用之公司章程规定需要终止的情形。

**关于青岛国风**

(1)现状

根据注册号为370200018001346的《企业法人营业执照》,青岛国风成立于1994年6月30日,注册资本为人民币9,300万元,实收资本为人民币9,300万元,法定代表人为陈军力,注册地址为青岛市经济技术开发区松花江路18,公司类型为股份有限公司,经营范围为:许可经营项目:中成药、滋补保健品、生物药品、海洋药物制造;批发、零售、代销:西药制剂,中成药,中药饮片,中药材,医疗器械,玻璃仪器,化学试剂,保健饮品,医药化工原料,医药中间体;零售避孕药械。一般经营项目:国内商贸(审批项目除外);技术转让;货物和技术的进出口(以上范围需经许可经营的,须凭许可证经营)。已通过2008年年检。

经上药集团确认并经本所律师适当核查,上药集团持有青岛国风63.93%的股权权属合法、清晰,不存在质押、司法冻结或司法查封等第三方权利限制。

(2)设立及主要历史沿革

(a)青岛国风原为山东青岛中药厂,1989年3月,经青岛市医药总公司《关于同意实行企业法人登记的通知》[〔89〕青药总司企字第3号]批准设立,其设立时的注册资金为人民币198万元,经济性质为全民所有制企业,住址为青岛市延安三路101号,主营生产中成药。

(b)1994年6月,青岛市经济体制改革委员会(以下简称"青岛市体改委")出具《关于同意设立青岛中药股份有限公司的批复》[青体改发〔1994〕79号],批准青岛中药厂改制为青岛中药股份有限公司(以下简称"青岛中药股份")。青岛中药股份的股本金总额为人民币17,050,238元,股份总数为17,050,238股,其中,青岛中药厂以经评估的净资产折股13,640,191股,计13,640,191元,占股份总数的80%;内部职工个人股3,410,047股,计3,410,047元,占股份总数的20%。

上述出资经山东青岛会计师事务所〔94〕青会验字第065号《验资报告》验证核实。其中青岛中药厂作为出资的净资产经青岛市资产评估中心青评字〔1994〕第66号《资产评估报告书》评估,评估结果经青岛市国有资产管理局确认[青国资确认字〔1994〕第49号]。

(c)1995年5月,青岛市体改委出具《关于同意青岛中药股份有限公司增资扩股的批复》[青体改发〔1995〕37号],同意青岛中药股份内部职工股增股112万股,青岛中药股份总股本增至1,817万股,其中国家股1,364万股,占总股本的75.07%;内部职工股453万股,占总股本的24.93%。

(d)1997年1月20日,青岛市体改委出具《关于同意青岛中药股份有限公司在1996年度利润分配中调整股权结构的批复》[青体改发〔1997〕5号],同意青岛中药股份送股和分红方案,即每10股送5股,每股面值人民币1元;国有法人股分红额50%即341万元直接派送现金,另50%以红股派送。

本次利润分配后青岛中药股份股本总数增加至2,384.5万股,其中国有法人股1,705万股,占股本总额的71.5%,内部职工股679.5万股,占股本总额的28.5%。

(e)1997年1月23日,青岛市体改委出具《关于青岛中药股份有限公司关于1996年配股方案的请示的批复》[青体改发〔1997〕9号],同意青岛中药股份以10:2的比例向全体股东配售股权证,每股4元人民币,经市医药总公司同意,将国有法人股应配股份全部向内部职工股东转让,即内部职工股共配363.4万股。

此次配股后青岛中药股份的股本总额增至2,747.9万股,其中国有法人股1,705万股,占股本总额的62%,内部职工股1,042.9万股,占股本总额的38%。

(f)1997年7月,青岛市证券管理委员会出具《关于对青岛中药股份有限公司1997年中期送配股预案的批复》[青证管办字〔1997〕52号],同意青岛中药股份以1996年的股本总额为基数,按每10股送2股的比例向全体股东送股;同时,按每10股配3股的比例向全体股东配售股份824.37万股,配售价格为每股4.8元人民币,其中,国家股股东应配售511.5万股,个人股东应配售312.87万股。因国家股股东拟将411.5万股的配股权以每股0.2元的价格向个人股东转让,故个人股东实际配售股份724.37万股。本次送配股经山东青岛会计师事务所"〔97〕青所验字第5-021号"《验资报告》验证核实。

本次送配股完成后,青岛中药股份的股本总额增至4,121.85万股,其中国家股增至2,146万股,占股本总额的52.06%;个人股增至1,975.85万股,占股本总额的47.94%。

(g)1998年10月、11月,青岛市医药总公司和青岛市体改委分别出具《关于同意青岛中药股份有限公司更名为青岛国风药业股份有限公司的批复》[青药司企字〔1998〕第15号]和《关于青岛中药股份有限公司更名为青岛国风药业股份有限公司的批复》[青体改发〔1998〕187号],同意青岛中药股份更名为青岛国风药业股份有限公司。同年11月,青岛市工商局核准上述名称变更事项并办理名称变更登记。

(h)1999年5月,青岛国风1998年度股东大会审议通过了青岛国风吸收合并宏仁堂连锁有限公司的方案。

1999年8月,青岛国风与青岛宏仁堂连锁有限公司(以下简称"宏仁堂")签署《合并协议书》,根据该协议书:由青岛国风作为本次吸收合并的合并方,合并后法人资格予以保留;宏仁堂作为被合并方,合并后注销法人资格;青岛国风截至1999年3月31日的股本总额为4,121.85万股,每股净资产为3.56元;宏仁堂净资产总额为15,325,860.5元(由山东汇德会计师事务所审计确认);本次吸收合并后,宏仁堂的原股东均成为吸收合并后的青岛国风股东,其所持有的宏仁堂股权均折算成青岛国风股份;协议书还对本次吸收合并的债权债务清理、职工安置等问题进行了约定。本次吸收合并获得青岛市人民政府"青政字〔1999〕69文号"、青岛市体改委"青体改发〔1999〕62号"文、青岛市国有资产管理局"青国资企〔1999〕114号"文和青岛市医药总公司"青药司字〔1999〕第291号"文的批准。

本次吸收合并完成后,青岛国风股本总额增至4,552.4万股,其中国家股2,575.31万股,法人股1.24万股,内部职工股1,975.85万股。青岛国风因本次吸收合并而增加的股本已由山东青岛会计师事务所出具的"(99)汇所验字第5-011号"《验资报告》验证核实。

(i)1999年6月,青岛市医药总公司出具《青岛市医药总公司关于同意青岛医药大厦更名为青岛国风大酒店的批复》[青药司字〔1999〕第137号],同意将原青岛医药大厦更名为青岛国风大酒店。1999年7月,青岛市工商局就此次更名事项出具《企业名称变更核准通知书》。青岛国风的股东之一青岛医药大厦因此相应更名为青岛国风大酒店。

(j)1999年7月,青岛市人民政府出具《青岛市人民政府关于组建青岛国风集团有限公司的通知》[青政发〔1999〕137号],决定以青岛市医药总公司为主体,成立青岛国风集团有限公司(以下简称"国风集团"),国风集团为国有资产控股公司,以其为母公司,将青岛市医药总公司受托经营范围内的国有企事业单位、集体企业按《公司法》及有关规定的要求进行改造、改制,作为国风集团的全资子公司、控股公司或参股公司。因此,作为青岛医药总公司控股的青岛国风的股东亦相应变更。

(k)2003年12月,青岛国风将其国家股中1,860万股按每股7元的价格转让给青岛开发投资有限公司;青岛国风主要经营者成员1999年至2002年风险年薪合计738.29万元按每股6.06元的价格以国家股权兑付,折股121.83万股,该部分股份并入青岛国风内部职工股,使青岛国风的内部职工股增至2,097.68万股。上述股权转让事宜获得青岛市国有资产管理办公室"青国资产〔2003〕192号"文、青岛市体改办“青体改股字〔2003〕65 号”文、青岛市企业改革工作领导小组办公室“青企改领办字〔2003〕1 号”文批准。

(l)2003 年 12 月,青岛市体改办出具《关于青岛国风药业股份有限公司增资扩股的批复》[青体改股字〔2003〕64 号],同意青岛国风以定向增发方式增资扩股,按每股 7 元的价格向上药集团增发股份4,747.598,4万股。

同月,青岛市国有资产管理办公室出具《关于青岛国风药业股份有限公司增资扩股后国有股权设置的批复》核准了上述增发。

本次增资完成后,青岛国风的股本总额增到 9,300 万股,其中国家股 593.48 万股;国有法人股 1,860 万股(其中上药集团持有 4,747.598,4 万股法人股);内部职工股 2,097.68万股。上药集团对青岛国风的持股额占股本总额的 51.05%。本次增资已由山东光大会计师事务所出具的“鲁光会青内验字〔2004〕020 号”《验资报告》验证核实。

(m)2004 年 4 月,青岛市体改办出具《关于青岛国风药业股份有限公司内部职工股处理事宜的批复》[青体改股字〔2004〕15 号],同意上药集团收购青岛国风内部职工股。上药集团据此通过报纸公告发出全面收购内部职工股股份的要约邀请。

2004 年 7 月,上药集团就收购青岛国风内部职工股事项与青岛市股份制企业股权托管中心有限公司(以下简称“托管中心”)签署《股权转让协议》,根据该协议,托管中心确认并同意代表青岛国风内部职工股持有人将其持有的青岛国风11,974,949股的股份全部转让给上药集团,转让价格为每股 7 元人民币,总计转让价款为 83,824,643 元。

本次股权转让完成后,青岛国风的内部职工股由 2,097.68 万股减至 900.185,7 万股,占总股本的 9.68%,上药集团对青岛国风的持股数增至 5,945.093,3 万股,占总股本的 63.93%。青岛国风股本总额不变,其股本结构如下:

| 股东 | 出资额(万元人民币) | 性质 | 股比(%) |
|---|---|---|---|
| 国风集团 | 593.48 | 国家股 | 6.38 |
| 青岛国风大酒店 | 1.24 | 法人股 | 0.01 |
| 内部职工 | 900.185,7 | 内部职工股 | 9.68 |
| 上药集团 | 5,945.093,3 | 法人股 | 63.93 |
| 青岛开发投资有限公司 | 1,860 | 法人股 | 20 |
| 合计 | 9,300 | | 100 |

本所律师认为,青岛国风是依法设立并有效存续的股份有限公司,且截至本法律意见书出具之日,青岛国风未出现依据相关法律法规或其目前适用之公司章程规定需要终止的情形。

**关于上海施贵宝**

根据注册号为 310000400000105(市局)的《企业法人营业执照》,上海施贵宝成立于 1982 年 10 月 14 日,注册资本为1,844万美元,实收资本为 1,844 万美元,法定代表人为杨苏鸣,注册地址为上海市闵行区剑川路 1315 号,公司类型为有限责任公司(中外合资),经营范围为:制造药品、在国内外市场销售自产产品,并独立进行经营、推广、进口和出口等业务(涉及许可经营的凭许可证经营)。已通过 2008 年年检。

经上药集团确认以及本所律师适当核查,上药集团持有上海施贵宝 30% 的股权权属合法、清晰,不存在质押、司法冻结或司法查封等第三方权利限制;该等股权注入上海医药已经获得合营方的同意,尚需要获得外商投资主管部门的核准,而获得外商投资主管部门的核准不存在实质性的法律障碍。

本所律师认为,上海施贵宝是依法设立并有效存续的有限责任公司,且截至本法律意见书出具之日,上海施贵宝未出现依据相关法律法规或其目前适用之公司章程规定需要终止的情形。

**关于上海味之素**

根据注册号为 310000400189313(松江)的

《企业法人营业执照》,上海味之素成立于1998年2月24日,注册资本为1,200万美元,实收资本为1,200万美元,法定代表人为陈牧,注册地址为上海市松江区荣乐路518号,公司类型为有限责任公司(中外合资),经营范围为:生产医药用、食品用和工业用氨基酸,并将其销售和出口(涉及行政许可的,凭许可证经营)。已通过2008年年检。

经上药集团确认以及本所律师适当核查,上药集团持有上海味之素38%的股权权属合法、清晰,不存在质押、司法冻结或司法查封等第三方权利限制;该等股权注入上海医药已经获得合营方的同意,尚需要获得外商投资主管部门的核准,而获得外商投资主管部门的核准不存在实质性的法律障碍。

本所律师认为,上海味之素是依法设立并有效存续的有限责任公司,且截至本法律意见书出具之日,上海味之素未出现依据相关法律法规或其目前适用之公司章程规定需要终止的情形。

**关于信谊黄河**

(1)现状

根据注册号为310000400018488的《企业法人营业执照》,信谊黄河成立于1992年8月2日,注册资本为120万美元,实收资本为120万美元,法定代表人为周伟晓,注册地址为上海市松江区新桥镇卖新公路1633号,公司类型为中外合资企业,经营范围为:生产西药片剂、销售公司自产产品(涉及许可经营的凭许可证经营)。已通过2008年年检。

经上药集团确认以及本所律师适当核查,上药集团持有信谊黄河36%的股权权属合法、清晰,不存在质押、司法冻结或司法查封等第三方权利限制;该等股权注入上海医药已经获得合营方的同意,尚需要获得外商投资主管部门的核准,而获得外商投资主管部门的核准不存在实质性的法律障碍。

(2)设立及主要历史沿革

(a)信谊黄河原为中美合资上海辛帕斯制药有限公司。1992年5月由上海黄河制药厂一分厂和美国辛帕斯有限公司共同出资设立,注册资本120万美元,其中上海黄河制药厂一分厂以实物资产出资90万美元,占注册资本75%,美国辛帕斯有限公司以现金出资30万美元,占注册资本25%。上述出资已经上海茸信会计师事务所出具的"茸业字〔93〕第078号"《关于中外合资上海辛帕斯制药有限公司投资双方投入资本的验资报告书》验证核实。

(b)2002年9月2日,松江区人民政府出具"沪松府外经字〔2002〕533号"文,同意上海辛帕斯制药有限公司原合资中方上海黄河制药厂一分厂将其拥有公司75%的股权分别转让给新的投资方松江新桥工业公司、上海九福药业有限公司、上海市医药保健品进出口公司。股权转让后,各方出资如下:松江新桥工业公司出资36万美元,占注册资本的30%;上海九福药业有限公司出资43.2万美元,占注册资本的36%;上海市医药保健品进出口公司出资10.8万美元,占注册资本的9%;美国辛帕斯有限公司出资30万美元,占注册资本的25%。

(c)2004年7月1日,上海辛帕斯制药有限公司董事会作出决议,同意上海九福药业有限公司将其持有上海辛帕斯制药有限公司36%的股份(计43.2万美元)及相应债权债务转让给其上药集团。该股权转让事项经松江区人民政府出具的"沪松府外经字〔2004〕第374号"文批准。

(d)2007年4月17日,上海辛帕斯制药有限公司董事会作出决议,同意松江新桥工业公司将其持有的公司30%股权,转让给上海万和投资发展有限公司。股权转让后,美国辛帕斯有限公司出资30万美元,占注册资本的25%;上海万和投资发展有限公司出资36万美元,占注册资本的30%;上药集团出资43.2万美元,占注册资本的36%;上海市医药保健品进出口公司出资10.8万美元,占注册资本的9%。

(e)2008年2月20日,上海辛帕斯制药有限公司董事会作出决议,同意上海万和投资发展有限公司将其持有的公司30%的股权转让给信谊药厂。本次股权转让的价格以经评估净资产为依据并确定为72万元。根据上海上咨资产评估有限公司出具的〔2008〕第031号《上海辛帕斯制药有限公司整体资产评估报告书》,评估后总资产的评估价值为17,801,958.39元,负债评估价值为15,396,202.73元,净资产为2,405,755.66元。2008年5月9日,上海市国有资产监督管理委员会对该评估报告出具了国资评估备案表。

该等股权转让事项经松江区人民政府出具的“沪松府外经字[2008]第304号”文批准,已经在上海联合产权交易所No.0005431《产权交易凭证(A类)》交割,且办理了工商变更登记手续。股权转让完成后,美国辛帕斯有限公司出资30万美元,占注册资本的25%;信谊药厂出资36万美元,占注册资本的30%;上药集团出资43.2万美元,占注册资本的36%;上海市医药保健品进出口公司出资10.8万美元,占注册资本的9%。

(f)2009年2月18日,上海辛帕斯制药有限公司董事会作出决议,同意企业名称由原来的“上海辛帕斯制药有限公司”更名为“上海信谊黄河制药有限公司”。

本所律师认为,信谊黄河是依法设立并有效存续的有限责任公司,且截至本法律意见书出具之日,信谊黄河未出现依据相关法律法规或其目前适用之公司章程规定需要终止的情形。

**关于信谊天一**

(1)现状

根据注册号为310108000244965的《企业法人营业执照》,信谊天一成立于2000年12月29日,注册资本为人民币350万元,实收资本为人民币350万元,法定代表人为徐国雄,注册地址为上海市老沪太路210号,公司类型为有限责任公司(国内合资),经营范围为:中成药、化学药制剂、化学原料药、抗生素、生化药品、生物制品、第二类精神药品(制剂)、中药饮片、医疗斜切(范围见许可证)、化工原料(不含危险品)、包装材料、劳防用品、化妆品、日用百货、消毒用品的销售,食品销售管理(非实物方式),货物及技术的进出口业务(涉及许可项目的,凭许可证经营)。已通过2008年年检。

经上药集团确认及本所律师适当核查,上药集团持有信谊天一41.43%的股权权属合法、清晰,不存在质押、司法冻结或司法查封等第三方权利限制;该等股权注入上海医药已经获得其余合作股东的同意。

(2)设立及主要历史沿革

(a)信谊天一系由上海信谊药业有限公司、蔡同德药业有限公司、上海信谊嘉华制药厂、陈军力以及顾浩亮等股东共同出资设立的有限责任公司。公司成立时的注册资本为500万元,该出资经公信中南会计师事务所出具的“公会〔2000〕验字第12-46号”《验资报告》验证核实。信谊天一成立时的股权结构为:

| 股东名称 | 出资方式 | 出资额(万元) | 股权比例(%) |
| --- | --- | --- | --- |
| 上海信谊药业有限公司 | 现金 | 145 | 29 |
| 蔡同德药业有限公司 | 现金 | 150 | 30 |
| 上海信谊嘉华制药厂 | 现金 | 145 | 29 |
| 陈军力 | 现金 | 14 | 2.8 |
| 顾浩亮 | 现金 | 12 | 2.4 |
| 赵秀棉 | 现金 | 9 | 1.8 |
| 胡心合 | 现金 | 6 | 1.2 |
| 陆陪康 | 现金 | 6 | 1.2 |
| 周伟晓 | 现金 | 6 | 1.2 |
| 胡林森 | 现金 | 3 | 0.6 |
| 李松 | 现金 | 2 | 0.4 |
| 张连富 | 现金 | 2 | 0.4 |
| 合计 | | 500 | |

(b)2001年8月2日,胡心合将其持有的信谊天一1.2%的股权转让给茅建医。

(c)2004年,因信谊天一原股东上海信谊药业有限公司注销,其相关权益转由上药集团行使,原股东名称由上海信谊药业有限公司变更为上药集团。

(d)根据2005年信谊天一的股东会决议,信谊天一股东陈军力、顾浩亮、赵秀棉、茅建医、陆陪康、周伟晓、胡林森、李松、张连富分别将其所持的信谊天一的2.8%、1.2%、1.8%、2.4%、1.2%、1.2%、0.6%、0.4%、0.4%股权(共计12%的股权)分别以60,000元、60,000元、20,000元、120,000元、20,000元、30,000元、140,000元、90,000元、60,000元的价格转让给信谊药厂。截至本法律意见书出具之日,本次股权变更尚未办理工商变更登记手续。

(e)根据2008年6月3日信谊天一临时股东会决议,采用减资的方式退回蔡同德药业在信谊天一的注册资本30%,减资150万元,信谊天一注册资本由500万元减至350万元。本次减资事项已经上海宏大东亚会计师事务所有限公司出具的"沪宏会师报字〔2008〕第HB0387号"《验资报告》验证核实。根据信谊天一的确认,信谊天一已经履行了减资公告的程序。

至此,信谊天一工商备案的股权结构为:

| 股东名称 | 出资额(万元) | 股权比例(%) |
|---|---|---|
| 上海医药集团有限公司 | 145 | 41.43 |
| 上海信谊嘉华药业有限公司 | 145 | 41.43 |
| 陈军力 | 14 | 4.00 |
| 顾浩亮 | 6 | 1.71 |
| 赵秀棉 | 9 | 2.57 |
| 茅建医 | 12 | 3.43 |
| 陆陪康 | 6 | 1.71 |
| 周伟晓 | 6 | 1.71 |
| 胡林森 | 3 | 0.86 |
| 李松 | 2 | 0.57 |
| 张连富 | 2 | 0.57 |
| 合计 | 350 | 100 |

(f)根据2005年9月10日陆培康、顾浩亮、张连富、茅建医、李松、胡林森、陈军力、赵秀棉、周伟晓联签出具的《上海信谊天一药业有限公司个人股东股权转让款签收单》,以及2005年9月23日信谊药厂出具的55万元银行付款通知单以及2005年10月24日信谊药厂出具的5万元现金付款凭证,自2005年10月24日起,信谊药厂即持有信谊天一12%的股权,享有该12%股权的权益,经过2008年减资手续后该部分股比增至17.14%。2009年10月22日,该17.14%股权已在上海联合产权交易所履行交割手续。2009年10月23日,信谊天一在上海市工商局闸北分局工商变更登记并领取新的企业法人营业执照。本次股权转让完成后,信谊天一的股权结构变更为:

| 股东名称 | 出资额(万元) | 股权比例(%) |
|---|---|---|
| 上药集团 | 145 | 41.43 |
| 上海信谊嘉华药业有限公司 | 145 | 41.43 |
| 信谊药厂 | 60 | 17.14 |
| 合计 | 350 | 100 |

本所律师认为,信谊天一是依法设立并有效存续的有限责任公司,且截至本法律意见书出具之日,信谊天一未出现依据相关法律法规或其目前适用之公司章程规定需要终止的情形。

**关于物资供销公司**

(1)现状

根据注册号为 310101000007422 的《企业法人营业执照》,物资供销公司成立于 1982 年 5 月 12 日,住所地为上海市黄浦区重庆北路 235 号,法定代表人吴解雄,注册资本为人民币 7,139 万元,实收资本为人民币 7,139 万元,公司类型为有限责任公司(法人独资),经营范围为钢材,木材,水泥,玻璃,有色金属,生铁制药机械,五金工具,通用设备及零部件,仪器仪表,电动机,电工器材,建筑五金,水暖器材,包装材料,塑料原料及制品,为国内企业提供劳务派遣服务,模具维修,有关设备的安装及维修,化工原料,化学原料药,附设分支机构(企业经营涉及行政许可的,凭许可证件经营)。物资供销公司已通过 2008 年年检。

经上药集团确认以及本所律师适当核查,上药集团持有物资供销公司 100% 的股权权属合法、清晰,不存在质押、司法冻结或司法查封等第三方权利限制。

(2)设立及主要历史沿革

(a)物资供销公司原为上海市医药管理局供应站,1992 年 5 月,上海市医药管理局出具《关于同意更改单位名称的批复》[沪医药计〔1992〕440 号],同意将其更名为上海市医药物资供销公司。

(b)物资供销公司原注册资金为人民币 663 万元。因其 1994 年清产核资造成实收资本与注册资金不一致,上药集团于 2001 年 9 月出具《关于同意变更注册资金的批复》[沪医药资〔2001〕450 号],同意物资供销公司将注册资金减至 519 万元。2001 年 11 月,前述减资事项在《上海法制报》上公告三次。本次减资已经上海上瑞会计师事务所有限公司出具的"沪瑞会〔2001〕第 1786 号"《验资报告》验证核实,并于 2002 年 4 月办理工商变更登记。

(c)2009 年 10 月,上实集团出具《关于同意上海市医药物资供销公司改制的批复》[上实集发字〔2009〕91 号],同意物资供销公司改制为一人有限责任公司。改制后的物资供销公司注册资本为人民币71,390,000元,由上药集团以其拥有的物资供销公司截至 2009 年 6 月 30 日经评估后的全部净资产71,395,585元折合实收资本 71,390,000 元,余额计入资本公积。本次改制的出资经上海东洲政信会计师事务所出具的"沪东洲政信会所验字〔2009〕第 383 号"《验资报告》验证核实,用于出资的净资产经上海东洲评估,并出具"沪东洲评报字第 DZ090528062 号"资产评估报告。物资供销公司改制后,名称变更为"上海医药物资供销有限公司",并已办理工商变更登记。

本所律师认为,物资供销公司是依法设立并有效存续的企业法人,且截至本法律意见书出具之日,物资供销公司未出现依据相关法律法规或其目前适用之公司章程规定需要终止的情形。

**关于进出口公司**

(1)现状

根据注册号为 310000000005039 的《企业法人营业执照》,进出口公司成立于 1990 年 6 月 14 日,注册地为上海浦东东园一村 139 号 1006 室,法定代表人为林钧渊,注册资本为人民币 9,014 万元,实收资本为人民币 9,014 万元,公司类型为一人有限责任公司(法人独资),经营范围为:经营和代理各类商品及技术的进出口业务(但国家限定公司经营或禁止进出口的商品及技术除外),医疗器械,中成药,化学药制剂,化学原料药,抗生素,生化药品;商务咨询(企业经营涉及行政许可的,凭许可证经营)。进出口公司已通过 2008 年年检。

经上药集团确认以及本所律师适当核查,上药集团持有进出口公司 100% 的股权权属合法、清晰,不存在质押、司法冻结或司法查封等第三方权利限制。

(2)设立及主要历史沿革

(a)进出口公司原为上海医药对外经济技术合作公司(以下简称"上医外经"),注册资本为人民币 510 万元,出资单位为上海医药(集团)总公司。

(b)根据上海市对外经济贸易委员会出具的"沪经贸发字〔2000〕第 881 号"文,上医外经更名为上海医药进出口公司。2000 年 7 月上海医药(集团)总公司出具"沪医药外〔282〕号"文,同意上医外经更名并增加注册资金至 1,000 万元人民币,增加的部分由进出口公司从盈余公积中转入。本次增资已经上海华申会计师事务所出具的"华会发〔2000〕第 2034 号"《验资报告》验证核实。

(c)根据上药集团2009年第7号执行委员会决议,进出口公司增加注册资本940万元,由上药集团以现金一次性缴足,变更后的注册资本为人民币1,940万元。本次增资已于2009年6月17日缴纳完毕,并由立信会计师事务所有限公司于2009年7月1日出具的"信会师报字〔2009〕第23861号"《验资报告》验证核实。

(d)2009年10月,上实集团出具《关于同意上海医药进出口公司改制的批复》[上实集发字〔2009〕92号],同意进出口公司改制为一人有限责任公司。改制后的进出口公司注册资本为人民币90,140,000元,由上药集团以进出口公司截至2009年6月30日经评估后的全部净资产90,148,082.54元折合实收资本90,140,000元,余额计入资本公积。本次改制的出资经上海东洲政信会计师事务所出具的"沪东洲政信会所验字〔2009〕第384号"《验资报告》验证核实,用于出资的净资产经上海东洲评估,并出具"沪东洲评报字第DZ090522171号"资产评估报告。进出口公司改制后,名称变更为"上海医药进出口有限公司",并已办理工商变更登记。

本所律师认为,进出口公司是依法设立并有效存续的有限责任公司,且截至本法律意见书出具之日,进出口公司未出现依据相关法律法规或其目前适用之公司章程规定需要终止的情形。

**关于非股权类资产**

(1)固定资产(车辆和设备)和在研品种

本次拟购买资产中包括中央研究院部分固定资产(车辆和设备)和在研品种,清单见本法律意见书附件9.2.14。

经上药集团确认以及本所律师适当核查,上述中央研究院固定资产(车辆和设备)权属清晰、完整,未设定抵押权或其他第三方权益,亦未遭司法查封或冻结。

根据上药集团中央研究院出具的说明,本法律意见书附件9.2.14清单中所列在研品种除"多烯紫杉醇脂质体"为自主研发外,其余为与其他单位合作开发,上药集团与合作方签有相关合作协议。截至本法律意见书出具之日,所有合作开发的在研品种项目均已获得合作方签署的同意函,同意在本次重组完成后相关合作协议项下的权利义务转移给上海医药。

本所律师核查后认为,上述固定资产(车辆和设备)和在研品种转移至上海医药不存在法律障碍。

(2)房产

根据厦门市人民政府房产契证(编号:未字第0211号),位于湖北西堤别墅6号的房产,地号为八段1001-5号,建筑面积为104.1平方米。目前权证记载的权利人是上海中华制药厂。

根据上药集团的说明并本所律师适当核查,上海中华制药厂曾为上药集团的子公司,2003年6月上药集团出具《关于设立上海医药(集团)有限公司中华药业分公司的通知》[沪医药技〔2003〕191号],决定设立上药集团中华药业分公司,原上海中华制药厂的相关资产并入上药集团,但该房产的权利人尚未过户至上药集团。2009年初,上药集团出具《关于组建上海中华药业有限公司的批复》[沪医药投〔2008〕279号],决定以中华药业分公司和非处方药分公司的主要资产组建设立中华药业。

基于上药集团中华药业分公司的历史沿革,本所律师认为,上海中华制药厂名下上述房产过户至上药集团名下无实质性法律障碍,在办妥前述房产过户手续后,上药集团将该房产注入上海医药也无实质性法律障碍。

**拟购买上药集团资产涉及标的股权所对应公司的主要资产**

**土地使用权**

根据相关公司的确认并经本所律师适当核查,截至2009年6月30日,拟购买上药集团资产所对应各控股公司共拥有面积共计942,462.14平方米的土地使用权(详细参见本法律意见书附件9.3.1)。该等土地使用权中以出让方式或长期承租出让土地方式获得的土地使用权面积为529,766.70平方米,为规范用地,其中有82,341.7平方米土地使用权的权属证书记载权利人尚需变更至相关公司名下(详细参见本法律意见书附件9.3.1);上药集团正在通过补办出让金方式获得出让土地使用权的宗地共3块,面积为235,076.00平方米,补办出让金手续后即可变更为规范用地;上药集团中经批准使用的集体土地面积为37,908平方米;其他为不规范用地,其中属于划拨地的面积为97,213.41平方米,空运转土地的面积为35,010平方米,无权证的土地面积为7,488.03平方米,前述不规范用地合计面积为139,711.44平方米。前述规范和正在规范的土地使用权面积合计占土地使用权总面积的85.18%。

除部分土地及其地上建筑物为银行债务作抵押外(详细参见本法律意见书附件9.3.1),拟购买上药集团资产所对应各控股公司拥有的土地使用权未设有抵押或其他第三方权益,亦未被司法查封或冻结。

本所律师认为,除上述正在规范和不规范的用地外,拟购买上药集团资产所对应各控股公司拥有的土地使用权均由相关公司合法拥有。

**房屋所有权**

根据相关公司的确认并经本所律师适当核查,截至2009年6月30日,拟购买上药集团资产所对应各控股公司共拥有建筑面积共计514,859.58平方米的房屋,其中有房产证或办理房产证无法律障碍的房屋产建筑面积为400,006.71平方米,无房产证的房屋为114,852.87平方米,占总面积的22.31%(详细参见本法律意见书附件9.3.2)。

(1)根据《中华人民共和国土地管理法》,经县级以上地方人民政府批准,村集体经济组织可以使用乡(镇)土地利用总体规划确定的建设用地与其他单位、个人以土地使用权入股、联营等形式共同举办企业。根据《上海市人民政府办公厅转发市计委等三部门关于上海市农村集体土地使用权流转试点意见的通知》[沪府办〔2001〕54号]的规定,允许采用土地使用权的合作、入股、联营、置换等流转方式,参与兴办除商品房开发以外的工业、商业、旅游、娱乐、金融、服务业等经营性项目的建设。根据各标的企业的确认以及本所律师的适当核查,下列房屋建筑物中1建造于经批准使用的集体土地上,2、3建造于农方作为合作条件提供使用的集体土地上,标的企业中的投资方(合作方)为集体经济组织或集体企业,合作条件是将集体土地作价投入于标的企业或提供于标的企业使用并收取收益,并且相关房屋已获得相关房产证。本所律师据此认为,上述集体土地上的房屋所有权合法有效。

| 序号 | 房地产坐落 | 房地产证编号/土地证(房地合一情况) | 权利人 | 使用单位 | 土地权属性质 | 土地使用性质 | 土地面积 | 房产证编号(房地分开情况) | 建筑面积(平方米) | 房产类型 | 备注 |
|---|---|---|---|---|---|---|---|---|---|---|---|
| 1 | 青浦区赵重路217号 | 沪房地青字〔2007〕第007123号 | 上海信谊万象药业股份有限公司 | 上海信谊万象药业股份有限公司 | 集体土地批准使用 | 工业 | 35,571(农方土地作价出资) | — | 13,145.11 | 厂房 | 农方以土地作为合作条件 |
| 2 | 宝安公路800号(即宝山区顾村乡星星村39丘) | 宝集建〔92〕字第2529号 | 第二制药厂一分厂(宝灵厂前身) | 上海三维宝灵药厂 | 集体 | 工业 | 9,919(农方作为合作条件提供使用) | 沪房宝字第12414号 | 65,901 | 厂房 | 农方以土地作为合作条件 |
| 3 | 青浦区赵巷镇沪青平公路3502号 | 沪房地青字2006第003039号 | 上海信谊九福药业有限公司 | 上海信谊九福药业有限公司 | 集体土地批准使用 | 工业 | 6,898.6(农方作为合作条件提供使用) | — | 5,457.42 | 厂房 | 农方以土地作为合作条件 |

(2)就拥有房产证及办理房产证无法律障碍的房产,经各标的企业确认以及本所律师适当核查,前述房屋中部分房屋及其所占用土地使用权抵押给银行外(详细参见本法律意见书附件9.3.2),该等债务和抵押房产将在本次重组中一并注入上海医药,除前述抵押外,上述房屋未设有抵押权或其他第三方权益,亦未被司法查封或冻结。本所律师认为,已办理房产证或办理房产证无法律障碍的房产均由相关公司合法拥有,该等房产随各标的企业注入上海医药不存在法律障碍。

上述尚待规范的土地、房屋以及建筑物的所有权或使用权的规范工作正在进行中,上药集团承诺尽快规范该等土地使用权和房屋以及建筑物所有权。如果有部分土地、房屋以及建筑物的所有权或使用权未能完成规范手续,而导致该等土地、房屋和建筑物目前的持有者或使用者不能继续以现有方式使用该等土地、房屋以及建筑物;或者因该等土地、房屋以及建筑物不规范受到政府部门处罚从而导致上海医药遭受相应经济损失,上药集团承诺将予以补偿(包括直接经济损失和间接经济损失)。

**资质证书、药品批件**

截至2009年6月30日,拟购买上药集团资产所对应各控股公司共拥有的27张药品生产许可证、65份GMP认证,详细参见本法律意见书附件9.3.3-1;拟购买上药集团资产所对应各控股公司及重要联营企业共计拥有1,836份药品批件,详细参见本法律意见书附件9.3.3-2。

根据上药集团的确认并经本所律师适当核查,除5份GMP认证正在办理续期的认证外(详细参见本法律意见书附件9.3.3-1),上述生产许可证和GMP认证均在有效期内;上述药品批件的权属清晰、完整,未设定质押权或其他第三方权益,亦未遭司法查封或冻结。

**专利和商标**

截至2009年6月30日,拟购买上药集团资产所对应各控股公司共计拥有117项专利和409项注册商标,其中有6项专利存在专利共有权人,有79项注册商标正在办理受让手续,已经获得受理通知书。详细参见本法律意见书附件9.3.4。

经本所律师核查,除本法律意见书15.4.1披露的上海杏灵科技药业股份有限公司专利纠纷以及正在办理注册商标过户手续的79项注册商标外,上述专利和注册商标权属清晰,未设定质押权或其他第三方权益,亦未遭司法查封或冻结。

**对外股权投资**

拟购买上药集团资产所对应各标的公司对外股权投资情况参见本法律意见书附件9.3.5。

**本次向上海上实发行股份并向上实控股购买资产涉及的资产**

**拟购买上实控股资产涉及的标的股权**

根据《向上海上实发行股份并向上实控股购买资产协议》,上海医药拟收购的标的股权为:

(1)上实控股通过上实医药有限公司持有之医药科技100%的股权;

(2)上实控股通过上实医药控股公司持有之MERGEN 70.41%的股权;

(3)上实控股通过上实医药控股公司持有之复旦张江9.28%的股份。

**拟购买上实控股资产涉及的标的资产**

上海医药通过购买本法律意见书第10.1条项下的标的股权,最终获得以下标的资产:

(1)上实医药控股持有之复旦张江9.28%的股份,以及医药科技持有之复旦张江0.66%的股份,合计持有复旦张江9.94%的股份;

(2)医药科技持有之上海医创55%的股权;

(3)医药科技通过其全资附属公司持有之正大青春宝55%的股权;

(4)医药科技通过其全资附属公司持有之胡庆余堂药业51.006,9%的股权;

(5)医药科技通过其全资附属公司持有之胡庆余堂国药号24%的股权;

(6)医药科技通过其全资附属公司持有之辽宁好护士55%的股权;

(7)医药科技通过其全资附属公司持有之厦门中药厂61%的股权;

(8)MERGEN持有之上海三维生物技术有限公司100%的股权;以及

(9)其他相关附带资产,主要指医药科技全资附属的境外持股平台公司,如医药科技持有之上实医药科研开发有限公司(香港)100%

的股权,医药科技持有之 SIMST MEDICAL SCIENCE AND TECHNOLOGY DEVELOPMENT LTD(BVI)100% 的股权,医药科技间接持有之运诚投资 100% 的权益。

**关于医药科技**

医药科技全称为 SIIC Medical Science and Technology (Group) Limited,是一家注册在开曼的公司。根据 Maples and Calder 出具的关于 SIIC Medical Science and Technology (Group) Limited 的法律意见书,医药科技为一家依法设立、合法存续且目前状况良好的开曼有限责任公司;根据其公司章程的规定,医药科技具有拥有并运营其资产和业务的适格公司能力;医药科技不存在重大诉讼、仲裁、行政处罚事项,依据所在地法律合法经营;医药科技的资产、权益并无第三方权利限制;上实医药有限公司目前持有医药科技 408,934,000 股股份,持有其 100% 的股权,均已出资到位。另根据 Harney Westwood & Riegels 出具的关于 S. I. PHARMACEUTICAL GROUP LTD(上实医药有限公司)的法律意见书,上实医药有限公司持有之医药科技的股权无第三方权利限制。

**MERGEN**

MERGEN 全称为 Mergen Biotech Limited,是一家注册在 BVI 的公司。根据 Harney Westwood & Riegels 出具的关于 Mergen Biotech Limited 的法律意见书,Mergen 为一家依据 BVI 法律于 1998 年 12 月 22 日在 BVI 成立的国际商业公司,合法存续且目前状况良好;Mergen 目前被授权发行 3,900,000 股面值 0.1 港元的股份,其中 S. I. Pharmaceutical Holdings Ltd 持有 Mergen 749,667 股普通股,Excellent Hope Holdings Inc. 持有 Mergen 117,000 股普通股,Sino - Alliance International Ltd 持有 Mergen 198,034 股普通股,且上述股份均已出资到位。Mergen 不存在重大诉讼、仲裁、行政处罚事项,依据所在地法律合法经营;Mergen 的资产、权益无第三方权利限制。另根据 Harney Westwood & Riegels 出具的关于 S. I. PHARMACEUTICAL HOLDINGS LTD(上实医药控股公司)的法律意见书,上实医药控股持有之 Mergen Biotech Limited 的股权无第三方权利限制。

该等股权注入上海医药已经获得合作股东的书面同意。

**关于复旦张江**

根据注册号为 310000400159083《企业法人营业执照》,复旦张江成立于 1996 年 11 月 11 日,注册资本为 7,100 万元,法定代表人为王海波,注册地址为上海市浦东张江高科技园区蔡伦路 308 号,经营范围为:研究、开发生物与医药技术,生产中间体、医疗器械、药品(小容量注射剂、散剂、原料药、体外诊断试剂),销售自产产品,医疗器械[三类:临床检验分析仪器(含医疗器械类体外诊断试剂);二类:医用激光仪器设备,口腔科设备及器具]的批发及进出口业务,并提供相关的技术服务(涉及许可证及国家专项规定的按有关规定办理)(涉及行政许可的凭许可证经营)。已经通过 2008 年年检。复旦张江于 2002 年 8 月以发行 H 股的方式在香港联合交易所创业板挂牌上市,股票代码为:8231。

上实控股全资附属企业上实医药控股持有复旦张江 9. 28% 的股份,上实控股全资附属企业医药科技持有复旦张江 0. 66% 的股份,经上实控股确认,上实控股通过其全资附属企业持有复旦张江 9. 94% 的股份不存在质押、司法冻结或司法查封等第三方权利限制。

另根据上实控股的说明,如上海医药从上实控股处收购复旦张江 9. 94% 的股份行为完成,根据香港联合交易所的相关上市规则,上海医药收购的复旦张江 9. 94% 股份将被认定为非流通股,从而导致复旦张江 H 股流通股比例不足 25%,存在退市风险。

**关于上海医创中医药科研开发中心有限公司**

(1)现状

根据注册号为 310000400237665 的《企业法人营业执照》,上海医创成立于 2000 年 5 月 25 日,注册资本为 300 万元,实收资本为人民币 300 万元,法定代表人为汤德平,注册地址为上海市零陵路 530 号,公司类型为中外合作有限责任公司,经营范围为:研究、开发中医药产品、保健品,提供相关咨询、技术转让和技术服务(涉及许可的凭许可证经营)。已经通过 2008 年年检。

上实控股通过其全资附属公司医药科技目前持有上海医创 55% 的权益,经上实控股确认并经本所律师适当核查,上实控股通过其全资附属企业持有上海医创55%的权益权属合法、清晰，不存在质押、司法冻结或司法查封等第三方权利限制。

(2)设立及主要历史沿革

上海医创原名上海灵医百中医药科研开发中心有限公司(以下简称“灵医百公司”)。根据上海市外国投资工作委员会于2000年5月出具的《关于设立中外合作经营上海灵医百中医药科研开发中心有限公司的批复》[沪外资委批字〔2000〕第494号]，上海中医大科技发展公司和英属开曼群岛注册的上海实业医药科技(集团)有限公司设立中外合作经营的灵医百公司，灵医百公司投资总额为人民币300万元，注册资本为人民币300万元，合作条件为：上海中医大科技发展公司提供研究开发项目所需要的科研人员和科研设施，医药科技出资300万元人民币，以等值的外汇现汇出资。上海中医大科技发展公司和医药科技按照45:55的比例进行利润分配及清算后财产分配。合作期限为20年。

2000年7月，灵医百公司董事会作出决议，将公司名称变更为“上海医创中医药科研开发中心有限公司”。该名称变更事项经上海市外资委“沪外资简协字〔2000〕第1063号”文批准，并经上海市工商局核准名称变更登记。

2000年12月，经大华会计事事务所有限公司出具的“华业字〔2000〕第1243号”《验资报告》验证核实，医药科技的300万元出资款已经到位。

本所律师认为，上海医创是依法设立并有效存续的有限责任公司，且截至本法律意见书出具之日，上海医创未出现依据相关法律法规或其目前适用之公司章程规定需要终止的情形。

**关于正大青春宝**

(1)现状

根据注册号为330100400012915号《企业法人营业执照》，正大青春宝成立于1992年11月6日，住所地为杭州市西溪路551号，法定代表人为姚方，注册资本为人民币12,850元，实收资本为人民币12,850元，公司类型为有限责任公司(台港与境内合资)。经营范围为：加工：中成药、中药饮片、化学药品制剂、硬胶囊、片剂类保健食品(有效期至2010年12月22日)；服务：制药技术咨询、开发医药新产品；委托加工：定型包装食品；批发：定型包装食品(有效期至2012年3月24日)(以上商品进出口不涉及国营贸易、进出口配额许可证、出口配额招标、出口许可证专项管理的商品)(涉及行政许可的项目凭许可证经营)。已经通过2008年度年检。

上实控股通过其全资附属公司运诚投资目前持有正大青春宝55%的股权，经上实控股确认并经本所律师适当核查，上实控股通过其全资附属企业持有正大青春宝55%的股权权属合法、清晰，不存在质押、司法冻结或司法查封等第三方权利限制。

(2)设立及主要历史沿革

(a)根据杭州市对外经济贸易委员会、杭州市经济委员会于1992年8月14日出具杭外经贸资〔1992〕511号、杭经技〔1992〕515号《关于同意杭州正大青春宝制药有限公司项目建议书的批复》，正大青春宝总投资额为2,000万美元，注册资本不低于总投资的40%，其中杭州第二中药厂出资40%，正大国际财务有限公司(泰国)出资60%。根据杭州市对外经济贸易委员会于1992年10月13日出具杭外经贸资〔1992〕691号《关于同意合资经营正大青春宝药业有限公司合同、章程的批复》。同意中国青春宝集团公司(杭州)与正大健康产品有限公司(香港)共同签署的合资经营正大青春宝有限公司合同、章程及董事会组成，批准成立正大青春宝药业有限公司。正大青春宝成立时的注册资本为人民币5,120万元，其中中国(杭州)青春宝集团公司出资2,048万元；正大健康产品有限公司 出资3,072万元。前述出资已经相关银行进账单以及杭州会计师事务所1992年12月25日出具的杭会〔1992〕字第322号《验资报告书》验证。

(b)根据杭州市对外经济贸易委员会于1997年3月25日出具杭外经贸资〔1997〕97号文件批复同意，正大青春宝增加投资总额12,000万元，增加注册资本7,730万元，增资后正大青春宝的注册资本变更为12,850万元，合资双方出资比例不变。其中，中国(杭州)青春宝集团公司新增注册资本额3,092万元，以经国有资产管理部门确认评估价值的固定资产投入；正大健康产品有限公司新增注册资本额

4,638万元,以其在合资公司利润分配所得45,431,212.81元人民币和相当于948,787.19元人民币的美元现汇投入。前述人民币利润再投资45,431,212.81元,已经于1996年12月28日取得国家外汇管理局杭州分局证明。上述出资已经杭州会计师事务所于1997年3月28日出具的杭会验〔97〕字第27号《验资报告》验证。

(c)根据杭州市对外经济贸易委员会于1999年8月6日下发杭外经贸资〔1999〕289号批复《关于同意合资经营正大青春宝药业有限公司变更股权修改合同章程的批复》,正大青春宝的出资人变更为中国(杭州)青春宝集团公司、正大健康产品有限公司、杭州市正大青春宝职工持股协会;出资比例分别为20%、60%、20%。其中杭州市正大青春宝职工持股协会以经杭州市人民政府批准的国有资产转让价格,共出资3,032.47万元现金溢价购入正大青春宝2,570万元股权。

(d)根据杭州市对外经济贸易委员会于2001年12月19日下发的杭外经贸资〔2001〕394号批复,正大青春宝的投资方因名称变更而相应变更正大青春宝的合同和章程,中国(杭州)青春宝集团公司更为为中国(杭州)青春宝集团有限公司,正大健康产品有限公司更名为上实医药健康产品有限公司,杭州市正大青春宝职工持股协会更名为杭州市正大青春宝职工持股会;上实医药健康产品有限公司将部分股权转让予第一投资有限公司,转让完成后,中国(杭州)青春宝集团有限公司持有正大青春宝20%的股权,上实医药健康产品有限公司持有正大青春宝55%的股权,杭州市正大青春宝职工持股会持有正大青春宝20%的股权,第一投资公司持有正大青春宝5%的股权。

(e)2009年6月29日,根据上实健康与运诚投资签订的《正大青春宝药业有限公司股权转让协议》,上实健康将其持有的杭州青春宝55%股权转让至运诚投资。杭州市对外贸易经济合作局于2009年8月19日已出具"杭外经贸外服许〔2009〕54号"文核准签署股权转让。本次股权转让已经办理工商变更手续,正大青春宝目前的股权结构变更为:第一投资公司持有出资642.5万元,持股比例为5%;运诚投资持有出资7,067.5万元,持股比例为55%;中国(杭州)青春宝集团公司出资2,570万元,持股比例为20%;杭州市正大青春宝职工持股会出资2,570万元,持股比例为20%。

本所律师认为,正大青春宝是依法设立并有效存续的有限责任公司,且截至本法律意见书出具之日,正大青春宝未出现依据相关法律法规或其目前适用之公司章程规定需要终止的情形。

**关于胡庆余堂药业**

(1)现状

根据杭州市工商局于2008年8月25日颁发的注册号为330100400018147的《企业法人营业执照》,胡庆余堂药业成立于1999年1月1日,住所地为杭州市江干区杭海路78-10号,法定代表人为姚方,注册资本为人民币5,316万元,实收资本为人民币5,316万元,公司类型为有限责任公司(台港澳与境内合资),经营范围为:制造、加工:片剂,丸剂,散剂,冲剂,曲剂,胶丸,膏剂,胶囊,栓剂,锭剂,口服液,糖浆剂,酒剂,茶剂,非酒精饮料,保健食品,制药机械;咨询服务:制药技术。已经通过2008年年检。

上实控股通过其全资附属公司运诚投资目前持有胡庆余堂药业51.006,9%的股权,经上实控股确认并经本所律师适当核查,上实控股通过其全资附属企业持有胡庆余堂药业51.006,9%的股权权属合法、清晰,不存在质押、司法冻结或司法查封等第三方权利限制。

(2)设立和历史沿革

(a)胡庆余堂药业的前身是杭州胡庆余堂制药厂。根据杭州市人民政府于1999年2月8日出具的杭政发〔1999〕22号《关于同意杭州胡庆余堂制药厂改制并将部分国有资产转让给职工的批复》,杭州胡庆余堂制药厂国有经营性净资产的55%有偿转让给该企业的内部职工(其中,职工持股协会40%,经营者15%),转让日期为1999年1月1日,转让价格按照国家有关规定进行资产评估并经市国资局确认后的价值为依据。同时,杭州胡庆余堂制药厂改制为有限责任公司。

杭州资产评估事务所以杭评二〔1998〕字第125号文对杭州胡庆余堂制药厂截至1998年10月31日的整体资产进行了评估,资产评估总额为129,679,067.19元,负债总额95,544,733.54元,所有者权益为

34,134,333.65元。杭州市国有资产管理局以杭国资〔1998〕字260号文对前述评估结果进行了确认。根据1999年2月中国(杭州)青春宝集团公司、杭州市医药管理局、杭州市经济委员会、杭州市财政局直属分局、杭州市国有资产管理局联合下发的关于杭州胡庆余堂制药厂的《改制企业资产处置审批表》,经相关分离、剥离、提留,杭州胡庆余堂制药厂剩余净资产为19,311,629.38元。

经工商核准登记,杭州胡庆余堂药业有限公司(分立前,分立情况参见11.2.4(2)(c))于1999年1月1日正式成立。1999年5月13日,经杭州市工商行政管理局核准,原杭州胡庆余堂制药厂予以工商注销。

原杭州胡庆余堂药业有限公司成立时的股权结构为:

| 名称/姓名 | 出资额(万元) | 出资比例(%) |
|---|---|---|
| 中国(杭州)青春宝集团公司 | 869.02 | 45 |
| 杭州胡庆余堂药业有限公司职工持股会 | 772.47 | 40 |
| 冯根生 | 67.59 | 3.5 |
| 黎豫杭 | 57.93 | 3 |
| 范韵华 | 19.31 | 1 |
| 刘俊 | 48.27 | 2.5 |
| 冯鹤 | 19.31 | 1 |
| 叶方 | 19.33 | 1 |
| 韩桢中 | 19.31 | 1 |
| 朱建国 | 19.31 | 1 |
| 富学仁 | 19.31 | 1 |

(b)根据2000年7月28日杭州市国有资产管理局下发的杭国资〔2000〕字282号文,中国(杭州)青春宝集团公司将所持原杭州胡庆余堂药业有限公司总股本45%的国有法人股计8,690,233股,划出7,145,304股分别转让予公司主要经营者6,372,838股,转让予公司职工持股协会772,466股,转让价格为每股1.22元,转让价款共计8,717,271元。2000年8月10日,中国(杭州)青春宝集团公司与杭州胡庆余堂药业有限公司职工持股协会、冯根生、黎豫杭、范韵华、刘俊、冯鹤、叶方、朱建国、富学仁分别签署了《股东转让出资协议》。

本次股权转让完成后,原杭州胡庆余堂药业有限公司的股本结构如下:

| 名称/姓名 | 出资额(元) | 出资比例(%) |
|---|---|---|
| 杭州胡庆余堂药业有限公司职工持股会 | 8,492,466 | 44 |
| 中国(杭州)青春宝集团公司 | 1,539,696 | 8 |
| 冯根生 | 2,027,310 | 10.5 |
| 黎豫杭 | 1,544,580 | 8 |
| 范韵华 | 772,350 | 4 |
| 刘俊 | 1,448,080 | 7.5 |
| 冯鹤 | 965,468 | 5 |
| 叶方 | 772,350 | 4 |
| 朱建国 | 772,350 | 4 |
| 富学仁 | 772,350 | 4 |
| 韩桢中 | 193,000 | 1 |

(c)根据2002年11月18日和2003年3月13日原杭州胡庆余堂药业有限公司股东会分别作出的决议,原杭州胡庆余堂药业有限公司进行派生分立,存续公司杭州胡庆余堂药业有限公司和新设公司杭州胡庆余堂投资有限公司,公司各股东按各自在本公司的持股比例分别在分立后的公司中持股。

根据浙江东方会计师事务所有限公司出具的审计报告,以2003年2月28日为公司分立基准日,公司总资产157,988,630.25元,总负债85,115,930.18元,净资产72,872,700.07元。根据2003年3月13日的《公司分立协议》,各方股东对原杭州胡庆余堂药业有限公司分立的模式及资产划分原则、分立后两公司的注册资本、股东及股本构成、分立后各方的财产范围、分立后各方的经营方式和经营范围等事项作出了约定。分立后,存续公司杭州胡庆余堂药业有限公司总资产为125,193,863.69元,总负债为74,182,982.64元,净资产为51,010,881.05元,其中注册资本为1,351万元;新设公司杭州胡庆余堂投资有限公司总资产为33,146,215.85元,总负债为11,284,396.83元,净资产为21,861,819.02元,其中注册资本为579万元。

原杭州胡庆余堂药业有限公司已经按照《公司法》的相关规定履行了公司分立债权人公告以及公司大额债权人书面通知程序。

根据浙江东方会计师事务所于2003年3月20日出具的浙东会验〔2003〕第38号《验资报告》,截至2003年3月19日,杭州胡庆余堂药业有限公司变更后的累计注册资本实收金额为1,351万元。

分立后,胡庆余堂药业的股权结构如下:

| 名称/姓名 | 出资额(元) | 出资比例(%) |
|---|---|---|
| 杭州胡庆余堂药业有限公司职工持股会 | 5,944,726 | 44 |
| 中国(杭州)青春宝集团公司 | 1,077,787 | 8 |
| 冯根生 | 1,419,117 | 10.5 |
| 黎豫杭 | 1,081,206 | 8 |
| 范韵华 | 540,645 | 4 |
| 刘俊 | 1,013,656 | 7.5 |
| 冯鹤 | 675,828 | 5 |
| 叶方 | 540,645 | 4 |
| 朱建国 | 540,645 | 4 |
| 富学仁 | 540,645 | 4 |
| 韩桢中 | 135,100 | 1 |

(d)根据胡庆余堂药业于2003年3月28日的股东会决议,杭州胡庆余堂药业有限公司职工持股会将持有的本公司股份4,677,573股转让予杭州胡庆余堂投资有限公司,中国(杭州)青春宝集团公司将其持有的本公司股份848,051股转让予杭州胡庆余堂投资有限公司,冯根生将其持有的本公司股份1,116,624股转让予杭州胡庆余堂投资有限公司,黎豫杭将其持有的本公司股份850,741股转让予杭州胡庆余堂投资有限公司,刘俊将其持有的本公司股份7,907,589股转让予杭州胡庆余堂投资有限公司,冯鹤将其持有的本公司股份531,771股转让予杭州胡庆余堂投资有限公司,范韵华将其持有的本公司股份425,403股转让予杭州胡庆余堂投资有限公司,叶方将其持有的本公司股份425,403股转让予杭州胡庆余堂投资有限公司,朱建国将其持有的本公司股份425,403股转让予杭州胡庆余堂投资有限公司,富学仁将其持有的本公司股份425,403股转让予杭州胡庆余堂投资有限公司,韩桢中将其持有的本公司股份106,303股转让予杭州胡庆余堂投资有限公司。冯根生将其持有的本公司股份302,493股转让予范韵华,黎豫杭将其持有的本公司股份230,465股转让予刘俊,冯鹤将其持有的本公司

股份144,057股转让予叶方。2003年3月28日，上述转让方与受让方分别签署了《股东转让出资协议》,转让价格均为1元/股。

本次转让后，胡庆余堂药业的股权结构如下：

| 名称/姓名 | 出资额(元) | 百分比(%) |
|---|---|---|
| 杭州胡庆余堂投资有限公司 | 10,630,264 | 78.684 |
| 杭州胡庆余堂药业有限公司职工持股会 | 1,267,153 | 9.379 |
| 中国(杭州)青春宝集团公司 | 229,736 | 1.7 |
| 刘俊 | 446,532 | 3.305 |
| 范韵华 | 417,735 | 3.092 |
| 叶方 | 259,299 | 1.919 |
| 朱建国 | 115,242 | 0.853 |
| 富学仁 | 115,242 | 0.853 |
| 韩桢中 | 28,797 | 0.213 |

(e)根据2003年3月29日召开的胡庆余堂药业的股东会，公司未分配利润12,966,169.86元中提取2003年1-2月份"二金"650,182.94元后再提取1,206万元,对公司股东按出资比例进行红股分配;在公司法定盈余公积5,322,470.68元中提取526万元,用于对公司股东按出资比例进行公积金转增实收资本;在任意盈余公积1,570,698.26元中提取157万元,对公司股东按出资比例进行公积金转增实收资本。前述增资已经浙江东方会计师事务所出具的浙东会验〔2003〕第42号验资报告验证。

本次红股分配、盈余公积金转增后，公司注册资本增至3,240万元,股本结构为：

| 名称/姓名 | 出资额(元) | 百分比(%) |
|---|---|---|
| 杭州胡庆余堂投资有限公司 | 25,493,752 | 78.684 |
| 杭州胡庆余堂药业有限公司职工持股会 | 3,038,918 | 9.379 |
| 中国(杭州)青春宝集团公司 | 550,956 | 1.700 |
| 刘俊 | 1,070,883 | 3.305 |
| 范韵华 | 1,001,822 | 3.092 |
| 叶方 | 621,856 | 1.919 |
| 朱建国 | 276,376 | 0.853 |
| 富学仁 | 276,376 | 0.853 |
| 韩桢中 | 69,061 | 0.213 |

(f)根据2003年4月11日杭州市江干区对外贸易经济合作局出具的江外〔2003〕27号《关于同意合资经营杭州胡庆余堂药业有限公司合同、章程的批复》以及胡庆余堂药业于2003年4月10日召开的股东会,杭州胡庆余堂药业有限公司职工持股会将3,038,918股按1:7.55的价格转让给上实医药健康产品有限公司;刘俊将1,070,883股、范韵华将1,001,822股、叶方将621,856股、朱建国将276,376股、富学仁将276,376股、韩桢中将69,061股分别按1:7.55的价格转让给上实医药健康产品有限公司;上实医药健康产品有限公司按1:7.52的价格对公司单独增资481万股，增资价款为3,618万元,增资后胡庆余堂药业的注册资本增至3,721万元;上实医药健康产品有限公司以在国内外商投资企业的分配利润投资，其中

以4,800万元受让635.53万元股权,以3,618万元增资481万元股权,溢价部分转入合资公司资本公积金。

2003年4月10日,原股东杭州胡庆余堂投资有限公司、杭州胡庆余堂药业有限公司职工持股会、中国(杭州)青春宝集团公司、刘俊、范韵华、叶方、朱建国、富学仁、韩桢中与上实医药健康产品有限公司共同签署了《关于杭州胡庆余堂药业有限公司之股权转让及增资扩股协议》。

上述增资已经浙江东方会计师事务所出具的浙东会验〔2003〕第84号《验资报告》验证。

本次增资及股权转让完成后,胡庆余堂药业的股权结构如下:

| 名称/姓名 | 出资额(元) | 百分比(%) |
| --- | --- | --- |
| 杭州胡庆余堂投资有限公司 | 25,493,752 | 68.513 |
| 上实医药健康产品有限公司 | 11,165,292 | 30.006 |
| 中国(杭州)青春宝集团公司 | 550,956 | 1.481 |

(g)根据2005年6月22日杭州市江干区对外贸易经济合作局出具的江外〔2005〕50号文件,杭州胡庆余堂投资有限公司将其持有的胡庆余堂药业159.48万元出资,以人民币900万元的价格转让予益增资产管理有限公司;上实医药健康产品有限公司以从杭州正大青春宝药业有限公司分配所得利润13,280万元单方面增资1,595万元,其余溢价部分11,685万元计入资本公积金;胡庆余堂药业投资总额由7,440万元增加至13,290万元,注册资本由3,721万元增至5,316万元。

上述增资已经2005年7月15日浙江东方中汇会计师事务所有限公司出具的东方中汇会验〔2005〕1729号《验资报告》验证。

本次变更完成后,公司股权结构如下:

| 名称/姓名 | 出资额(元) | 百分比(%) |
| --- | --- | --- |
| 杭州胡庆余堂投资有限公司 | 23,898,952 | 44.957 |
| 上实医药健康产品有限公司 | 27,115,292 | 51.007 |
| 中国(杭州)青春宝集团公司 | 550,956 | 1.036 |
| 益增资产管理有限公司 | 1,594,800 | 3.000 |

(h)2009年6月29日,根据上实健康与运诚投资签订的《杭州胡庆余堂药业有限公司股权转让协议》,上实健康将其持有的胡庆余堂药业51.006,9%股权转让至运诚投资。2009年8月12日杭州市江干区对外贸易经济合作局出具的《关于同意胡庆余堂药业有限公司股权转让的批复》[江外〔2009〕55号]已经核准前述股权转让。本次股权转让已经工商核准变更登记。

本次股权转让完成后,胡庆余堂药业的股权结构变更为:

| 名称/姓名 | 出资额(元) | 百分比(%) |
| --- | --- | --- |
| 杭州胡庆余堂投资有限公司 | 23,898,952 | 44.957 |
| 运诚投资有限公司 | 27,115,292 | 51.007 |
| 中国(杭州)青春宝集团公司 | 550,956 | 1.036 |
| 益增资产管理有限公司 | 1,594,800 | 3.000 |

本所律师认为,胡庆余堂药业是依法设立并有效存续的有限责任公司,且截至本法律意见书出具之日,胡庆余堂药业未出现依据相关法律法规或其目前适用之公司章程规定需要终

止的情形。

**关于胡庆余堂国药号**

根据注册号为330100000048616的《企业法人营业执照》,胡庆余堂国药号成立于2001年6月18日,注册资本为1,315.79万元,实收资本为1,315.79万元,法定代表人为冯根生,注册地址为杭州市上城区大井巷95号,经营范围为:经营:定型包装食品(含冷冻和冷藏食品)有效期至2012年5月29日;批发、零售:百货,农副产品(需许可证的除外);零售:处方药与非处方药:中成药,中药材,中药饮片,化学药制剂,抗生素,生化药品,生物制品,第二类精神药品(有效期至2009年12月31日);医疗器械(限第一类、第二类中无须医疗器械许可证的项目);服务:中药煎药,中药材收购;含下属分支机构的经营范围。

上实控股通过其全资附属公司运诚投资目前持有胡庆余堂国药号24%的股权,经上实控股确认并经本所律师适当核查,上实控股通过其全资附属企业持有胡庆余堂药业24%的股权权属合法、清晰,不存在质押、司法冻结或司法查封等第三方权利限制。

**关于辽宁好护士**

(1)现状

根据持有辽宁省工商管理局核发的注册号为编号为210000400005904号的《企业法人营业执照》,辽宁好护士注册资本为5,100万元人民币,法定代表人为汤德平,企业类型为有限责任公司(台港澳与境内合资)。经营范围为:生产中药提取物、片剂、颗粒剂、胶囊剂、蜜丸剂、口服液、糖浆剂;中医药及相关技术、设备研发(国家限制和禁止的中药品种除外)(凭相关许可经营)。卫生用品:皮肤、黏膜卫生用品(湿巾、卫生湿巾、喷液)。已通过2008年工商年检。

上实控股通过其全资附属公司运诚投资目前持有辽宁好护士55%的股权,经上实控股确认并经本所律师适当核查,上实控股通过其全资附属企业持有辽宁好护士55%的股权权属合法、清晰,不存在质押、司法冻结或司法查封等第三方权利限制。

(2)设立及主要历史沿革

(a)辽宁好护士药业(集团)有限公司的前身为辽宁桓仁药业股份有限公司。原桓仁中药厂于2002年8月28日转制设立辽宁桓仁药业有限责任公司,注册资本2,000万元人民币。2002年12月24日,经辽宁省人民政府辽政〔2002〕326号文《关于同意辽宁省桓仁药业有限责任公司变更为辽宁桓仁药业股份有限公司的批复》批准,原辽宁桓仁药业有限责任公司整体变更并于2003年1月15日成立辽宁桓仁药业股份有限公司(以下简称"辽宁桓仁"),辽宁桓仁经批准发行的股份总数为3,000万股,每股面值1元,全部由发起人认购,其中桓仁科技投资公司认购410万股,占13.67%,葫芦岛金鑫投资集团有限公司认购200万股,占6.66%,郑继宇认购1,120万股,占37.33%,曲文阁认购530万股,占17.67%,吕锡伟认购530万股,占17.67%,曾呈煌认购210万股,占7%。前述注册资本的认缴已经中瑞华恒信会计师事务所2002年12月30日出具的中瑞华恒信验字〔2002〕第2055号《验资报告》验证,变更后的累计注册资本实收金额为3,000万元人民币。

2004年2月23日,辽宁桓仁根据辽桓药股字(2004)1号之股东会决议,修改了公司章程,并获得公司名称预先核准的情况下,申请改名为辽宁好护士药业(集团)有限责任公司。

(b)根据2004年3月18日辽宁省对外贸易经济合作厅的辽外经贸资字〔2004〕166号《关于辽宁好护士药业(集团)有限责任公司合同、章程的批复》,中世纪国际有限公司收购桓仁科技投资公司410万股、葫芦岛金鑫投资集团有限公司100万股、郑继宇280万股、曲文阁120万股、曾呈煌210万股、吕锡伟350万股;上实健康用2002年所得人民币利润6,589万元人民币再投资于辽宁好护士,其中2,100万元增加注册资本4,489万元增加资本公积。前述变更已经工商变更登记。

本次变更后,辽宁好护士的股权结构为:

| 股东名称 | 认购股份（万股） | 出资比例（%） |
| --- | --- | --- |
| 中世纪国际有限公司 | 1,470 | 28.82 |
| 葫芦岛金鑫投资集团有限公司 | 100 | 1.96 |
| 上实医药健康有限公司 | 2,100 | 41.18 |
| 郑继宇 | 840 | 16.47 |
| 曲文阁 | 410 | 8.04 |
| 吕锡伟 | 180 | 3.53 |
| 合计 | 5,100 | 100 |

（c）根据2007年1月23日本溪市对外贸易经济合作局本外经贸发〔2007〕5号《关于辽宁好护士药业（集团）有限责任公司股权转让的批复》，中世纪国际有限公司向上实健康转让其持有辽宁好护士13.823,5%的股权，转让后中世纪国际有限公司拥有辽宁好护士15%的股权，上实医药健康有限公司拥有辽宁好护士55%的股权。

本次变更完成后，辽宁好护士的股权结构为：

| 股东名称 | 认购股份（万股） | 出资比例（%） |
| --- | --- | --- |
| 中世纪国际有限公司 | 765 | 15 |
| 葫芦岛金鑫投资集团有限公司 | 100 | 1.96 |
| 上实医药健康有限公司 | 2,805 | 55 |
| 郑继宇 | 840 | 16.47 |
| 曲文阁 | 410 | 8.04 |
| 吕锡伟 | 180 | 3.53 |
| 合计 | 5,100 | 100 |

（d）2009年6月29日，根据上实健康与运诚投资签订的《厦门中药厂有限公司股权转让协议》，上实健康将其持有的厦门中药厂61%股权转让至运诚投资。2009年8月11日本溪市对外贸易经济合作局出具的本外经贸发〔2009〕62号《关于辽宁好护士药业（集团）有限责任公司股权转让的批复》已经核准前述股权转让。本次变更已经工商核准登记。

本次变更后，辽宁好护士的股权结构为：

| 股东名称 | 认购股份（万股） | 出资比例（%） |
| --- | --- | --- |
| 中世纪国际有限公司 | 765 | 15 |
| 葫芦岛金鑫投资集团有限公司 | 100 | 1.96 |
| 运诚投资有限公司 | 2,805 | 55 |
| 郑继宇 | 840 | 16.47 |
| 曲文阁 | 410 | 8.04 |
| 吕锡伟 | 180 | 3.53 |
| 合计 | 5,100 | 100 |

本所律师认为，辽宁好护士是依法设立并有效存续的有限责任公司，且截至本法律意见书出具之日，辽宁好护士未出现依据相关法律法规或其目前适用之公司章程规定需要终止的情形。

**关于厦门中药厂**

(1)现状

根据厦门市工商管理局核发的注册号为350200400008513号《企业法人营业执照》，厦门中药厂注册资本为8,403万元人民币，实收资本8,403万元，法定代表人为汤德平，企业类型为有限责任公司(台、港、澳与境内合资)。经营范围为：从事中药材、中成药、化学制剂、生物制品的加工生产(以上经营范围涉及许可证经营项目的，应在取得有关部门的许可后方可经营)。已经通过2008年度工商年检。

上实控股通过其全资附属公司运诚投资目前持有厦门中药厂61%的股权，经上实控股确认并经本所律师适当核查，上实控股通过其全资附属企业持有厦门中药厂61%的股权权属合法、清晰，不存在质押、司法冻结或司法查封等第三方权利限制。

(2)设立及主要历史沿革

(a)厦门中药厂有限公司的前身为厦门中药厂，成立于1965年5月1日，企业性质为全民所有制，厦门鼎炉实业总公司为厦门中药厂产权所有人，拥有对厦门中药厂的全部投资权益。2002年，厦门鼎炉实业总公司、上实健康、维尔京群岛罗克健康有限公司、香港港怡企业有限公司就厦门中药厂整体改制变更设立事宜签署了相关改制协议，约定合资公司厦门中药有限公司投资总额为9,000万元，注册资本为4,783万元；其中厦门鼎炉实业总公司以其持有的原厦门中药厂的所有者权益折合人民币1,435万元进行出资，持有合资公司注册资本的30%；上实健康以现金人民币4,159.2万元进行出资，其中2,678.5万元为注册资本，占合资公司注册资本的56%；维尔京群岛罗克健康有限公司以现金人民币667.8万元进行出资，其中430.5万元为注册资本，占合资公司注册资本的9%；香港港怡企业有限公司以现金人民币371万元进行出资，其中239万元为注册资本，占合资公司注册资本的5%。

(b)根据厦门联盟资产评估有限公司出具的闽联盟评报〔2002〕第2号《厦门中药厂评估报告书》，并经厦门市财政局2002年8月14日厦财〔2002〕95号文的确认，截至评估基准日2001年12月31日原厦门中药厂的净资产折合人民币66,721,025.82元，厦门市财政局同意原厦门中药厂经改制剥离后剩余净资产22,280,000元作为厦门鼎炉实业总公司对合资公司的投资。经福建闽都有限责任会计师事务所厦门分所2002年11月4日出具的福州闽都所(厦门)验字〔2002〕第NY1015号《验资报告》审验，截至2002年10月24日止上述合资公司注册资本已经全部到位。

2002年8月21日，厦门市外商投资局厦外资审〔2002〕588号文《关于同意变更设立中外合资厦门中药厂有限公司的批复》批准厦门鼎炉实业总公司对厦门中药厂进行整体改制变更设立，同意厦门中药厂吸收香港上实医药健康产品有限公司、维尔京群岛罗克健康有限公司、香港港怡企业有限公司入股而变更厦门中药厂为中外合资经营有限公司。

改制设立时，厦门中药厂的股权结构如下：

| 股东名称 | 出资额(万元) | 比例(%) |
|---|---|---|
| 厦门鼎炉实业总公司 | 1,435.0 | 30 |
| 上实医药健康产品有限公司 | 2,678.5 | 56 |
| 罗克健康有限公司 | 430.5 | 9 |
| 香港港怡企业有限公司 | 239.0 | 5 |

(c)根据2005年1月24日厦门市外商投资局厦外资审〔2005〕52号《厦门市外商投资局关于同意厦门中药厂有限公司股权转让的批复》，上实健康收购香港港怡企业有限公司对厦门中药厂5%的股权。

本次股权转让完成后，厦门中药厂的股权结构为：

| 股东名称 | 出资额(万元) | 比例(%) |
|---|---|---|
| 厦门鼎炉实业总公司 | 1,435.0 | 30 |
| 上实医药健康产品有限公司 | 2,917.5 | 61 |
| 罗克健康有限公司 | 430.5 | 9 |

(d)根据厦国投产权〔2005〕130号、厦国资产〔2006〕112号文,2006年8月30日,厦门轻工集团有限公司、上实健康、维尔京群岛罗克健康有限公司三方签署《关于设立厦门中药厂有限公司之合资合同(2006年8月30日修订稿)》,确认原厦门鼎炉实业总公司持有的厦门中药厂有限公司的30%的股权划拨给厦门轻工集团有限公司。根据2006年12月8日厦门市外商投资局出具的《关于同意厦门中药厂有限公司股权转让的批复》,厦门轻工集团有限公司经划拨持有厦门中药厂有限公司30%的股权。

本次变更完成后,厦门中药厂的股权结构如下:

| 股东名称 | 出资额(万元) | 比例(%) |
| --- | --- | --- |
| 厦门轻工集团有限公司 | 1,435.0 | 30 |
| 上实医药健康产品有限公司 | 2,917.5 | 61 |
| 罗克健康有限公司 | 430.5 | 9 |

(e)根据2007年10月25日厦门市外商投资局出具厦外资制〔2007〕904号《厦门市外商投资局关于同意厦门中药厂有限公司增资的批复》,厦门中药厂注册资本从人民币47,830,000元增加至人民币84,030,000元;厦门中药厂将2005年和2006年的未分配利润转增为注册资本,由现有三方股东按各自出资比例以所分配的现金股利形式认缴。本次增资已经福建立信闵都会计师事务所有限公司厦门分公司出具的福建立信闵都厦门所验字〔2007〕第WY4042号《验资报告》验证。

(f)2009年6月29日,根据上实健康与运诚投资签订的《辽宁好护士药业(集团)有限责任公司股权转让协议》,上实健康将其持有的辽宁好护士55%股权转让至运诚投资。2009年8月14日厦门市外商投资局出具的厦外资制〔2009〕596号《厦门市外商投资局关于同意厦门中药厂有限公司股权转让等事项的批复》已经核准前述股权转让。本次股权转让已经工商变更登记。

本次变更完成后,截至本法律意见书出具之日,厦门中药厂的股权结构为:

| 股东名称 | 出资金额(元) | 出资比例(%) |
| --- | --- | --- |
| 厦门轻工集团有限公司 | 25,210,000 | 30 |
| 香港运城投资有限公司 | 51,257,000 | 61 |
| 罗克健康有限公司 | 7,563,000 | 9 |
| 合计 | 84,030,000 | 100 |

本所律师认为,厦门中药厂是依法设立并有效存续的有限责任公司,且截至本法律意见书出具之日,厦门中药厂未出现依据相关法律法规或其目前适用之公司章程规定需要终止的情形。

**关于上海三维生物技术有限公司("三维生物")**

(1)现状

根据上海市工商局浦东新区分局颁发的注册号为310115400034757(浦东)的《企业法人营业执照》,三维生物成立于1995年12月29日,住所地为上海市浦东新区金桥出口加工区桂桥路1150号,法定代表人为徐国雄,注册资本为1,534.330,0万美元,实收资本为1,534.330,0万美元,公司类型为有限责任公司(外国法人独资),经营范围为生产生物工程产品、药物、保健品、诊断试剂、生化试剂,销售自产产品(涉及许可经营的凭许可证经营)。

上实控股通过其下属企业Mergen(上实控股间接持有其70.41%的股权)目前持有三维生物100%的股权,经上实控股确认并经本所律师适当核查,Mergen持有三维生物100%的股权权属合法、清晰,不存在质押、司法冻结或司法查封等第三方权利限制。

(2)设立及主要历史沿革

(a)三维生物原为上海三维制药有限公司于1995年12月29日出资设立的有限责任公司,注册资本为人民币500万元,三维制药拥有三维生物100%的股权。1998年12月,三维制药与MERGEN BIOTECH LIMITED签署《股权转让合同》,三维制药向MERGEN BIOTECH LIMITED转让三维制药持有的三维生物90%的股权,转让价格为900万元人民币。1999年2月,根据上海市外国投资工作委员会(以下简称"上海市外资委")出具的《关于同意设立中外合资上海三维生物技术有限公司的批复》[沪外资批医药字〔99〕第144号],三维制药与

MERGEN BIOTECH LIMITED 合资设立三维生物,投资总额 85 万美元,注册资本 60 万美元,其中,三维制药出资 6 万美元,占注册资本的 10%,MERGEN BIOTECH LIMITED 出资 54 万美元,占注册资本的 90%。本次出资已经大华会计师事务所有限公司出具的"华业字〔99〕第 277 号"《验资报告》验证核实。

此次变更后,三维生物的股权结构为:

| 股东 | 出资额（美金万元） | 股比(%) |
|---|---|---|
| MERGEN BIOTECH LIMITED | 54 | 90 |
| 三维制药 | 6 | 10 |
| 合计 | 60 | 100 |

(b)根据 1999 年 5 月上海市外资委出具的《关于中外合资上海三维生物技术有限公司增资的批复》[沪外资委批字〔99〕第 474 号],三维生物注册资本增加为 1,060 万美元,投资总额相应增加为2,585万美元。增资方式为同比例增资。本次增资已分别经大华会计师事务所有限公司"华业字〔99〕第 1012 号"《验资报告》、大华会计师事务所有限公司"华业字〔99〕第 1214 号"《验资报告》、上海中佳永信会计师事务所有限公司"上佳信会验〔2002〕第 24032 号"《验资报告》验证核实。

(c)根据 2003 年 4 月上海市外资委出具《关于上海三维生物技术有限公司转股改制的批复》[沪外资委批字〔2003〕第 459 号],三维制药将其持有的三维生物 10% 的股权转让给 S. I. Pharmaceutical Holdings Ltd. (上实医药控股有限公司)。

本次股权转让完成后,三维生物的股权比例为:

| 股东 | 出资额（美金万元） | 股比(%) |
|---|---|---|
| MERGEN BIOTECH LIMITED | 954 | 90 |
| S. I. Pharmaceutical Holdings Ltd | 106 | 10 |
| 合计 | 1060 | 100 |

(d)根据 2004 年 2 月上海市外资委出具《关于上海三维生物技术有限公司增资并变更为中外合资企业的批复》[沪外资委批字〔2004〕第 140 号],三维生物的投资总额增加至 2,998 万美元,注册资本增加至 1,534. 33 万美元。上海联合投资有限公司(以下简称"联合投资")以等值于1,080万美元的人民币现金全额认缴注册资本增加部分中 285. 39 万美元,溢价部分记入三维生物资本公积,联合投资将持有三维生物增资后 18. 6% 的股权。本次增资已经上海东洲政信会计师事务所出具的"沪东洲政信会所审字〔2004〕第 018 号"《验资报告》验证核实。

本次增资完成后,三维生物的股权结构如下:

| 股东 | 出资额（美金万元） | 股比(%) |
|---|---|---|
| MERGEN BIOTECH LIMITED | 1,124. 05 | 73. 26 |
| S. I. Pharmaceutical Holdings Ltd | 124. 89 | 8. 14 |
| 联合投资 | 285. 39 | 18. 6 |
| 合计 | 1,534. 33 | 100 |

(e)根据 2007 年 3 月上海市外资委出具的《关于同意上海三维生物技术有限公司股权转让的批复》,联合投资将其持有的三维生物 18. 6% 的股权以 220 万美元的价格转让给 MERGEN BIOTECH LIMITED, 同意 S. I. Pharmaceutical Holdings Ltd 将其持有的三维生物 8. 14% 的股权以13,784,873. 44港元的价格转让给 MERGEN BIOTECH LIMITED。

本次股权转让完成后,三维生物的股权结构(延续至今)如下:

| 股东 | 出资额（美金万元） | 股比(%) |
|---|---|---|
| MERGEN BIOTECH LIMITED | 1,534. 33 | 100 |
| 合计 | 1,534. 33 | 100 |

本次股权结构的变更已经上海市工商局浦东新区分局核准变更登记。

本所律师认为,三维生物是依法设立并有效存续的有限责任公司,且截至本法律意见书出具之日,三维生物未出现依据相关法律法规或其目前适用之公司章程规定需要终止的情形。

**关于其他相关附带资产**

其他相关附带资产,主要指医药科技全资

附属的境外持股平台公司,如医药科技持有之上实医药科研开发有限公司100%的股权,医药科技持有之SIMST MEDICAL SCIENCE AND TECHNOLOGY DEVELOPMENT LTD 100%的股权,医药科技间接持有之运诚投资100%的权益。

(1)关于上实医药科研开发有限公司

上实医药科研开发有限公司[SIIC MedTech Research and Development Limited]是一家注册在香港的公司。根据胡关李罗律师行出具的《上海市医药股份有限公司向上海上实(集团)有限公司发行股份暨向上实实业控股有限公司购买资产之协议牵涉的香港公司之法律意见书》,上实医药科研开发有限公司于2001年10月17日根据相关法律在香港注册成立的一间有限责任公司,上药科研为一家有效注册成立、继续存续的公司;目前医药科技[SIIC Medical Science and Technology (Group) Limited]持有上实医药科研开发有限公司每股面值1港元的股份2股,占上药科研开发已发行股本100%;上实医药科研开发有限公司无按揭或质押等第三方权利限制。上实医药科研开发有限公司不存在重大诉讼、仲裁、行政处罚事项,依据所在地法律合法经营。另根据Harney Westwood & Riegels出具的关于S. I. PHARMACEUTICAL GROUP LTD(上实医药有限公司)的法律意见书,上实医药有限公司间接持有之SIIC MedTech Research and Development Limited的股权无第三方权利限制。

(2)关于SIMST MEDICAL SCIENCE AND TECHNOLOGY DEVELOPMENT LTD

SIMST Medical Science & Technology Development Ltd,是一家注册在BVI的公司。根据Harney Westwood & Riegels出具的关于SIMST Medical Science & Technology Development Ltd的法律意见书,SIMST Medical Science & Technology Development Ltd为一家依据BVI法律于1999年3月18日在BVI成立的国际商业公司,公司合法存续且目前状况良好;SIMST Medical Science & Technology Development Ltd目前发行了50,000股面值1美元的股份,目前仅医药科技[SIIC Medical Science and Technology (Group) Limited]持有上实医药有限公司1股普通股;SIMST Medical Science & Technology Development Ltd不存在重大诉讼、仲裁、行政处罚事项,依据所在地法律合法经营;SIMST Medical Science & Technology Development Ltd的资产、权益无第三方权利限制。另根据Harney Westwood&Riegels出具的关于S. I. PHARMACEUTICAL GROUP LTD(上实医药有限公司)的法律意见书,上实医药有限公司间接持有之SIMST Medical Science & Technology Development Ltd的股权无第三方权利限制。

(3)关于运诚投资

运诚投资全称World Honest Investments Limited,是一家注册在香港的公司。根据胡关李罗律师行出具的《上海市医药股份有限公司向上海上实(集团)有限公司发行股份暨向上实实业控股有限公司购买资产之协议牵涉的香港公司之法律意见书》,运诚投资于2000年6月9日根据相关法律在香港注册成立的一间有限责任公司,是一家有效注册成立、继续存续的公司;目前SIMST Medical Science & Technology Development Ltd持有运诚投资每股面值1港元的股份10,000股,占运诚投资已发行股本100%;运诚投资无按揭或质押等第三方权利限制;运诚不存在重大诉讼、仲裁、行政处罚事项,依据所在地法律合法经营。另根据Harney Westwood & Riegels出具的关于S. I. PHARMACEUTICAL GROUP LTD(上实医药有限公司)的法律意见书,上实医药有限公司间接持有之World Honest Investments Limited的股权无第三方权利限制。

**本次拟购买上实控股资产所对应公司的主要资产**

**土地使用权**

根据相关公司的确认并经本所律师适当核查,截至2009年6月30日,拟购买上实控股资产所对应各控股公司共拥有面积共计585,537.22平方米的土地使用权,该等土地使用权均采取出让方式获得,除部分土地使用权及其地上建筑物为银行债务作抵押外(详细参见本法律意见书附件10.3.1),拟购买上实控股资产所对应公司拥有的土地使用权未设有抵押或其他第三方权益,亦未被司法查封或冻结。

本所律师认为,拟购买上实控股资产所对应各控股公司拥有的土地使用权均由相关公司合法拥有。

**房屋所有权**

根据相关公司的确认并经本所律师适当核查，截至2009年6月30日，拟购买上实控股资产所对应各控股公司共拥有建筑面积共计264,348.88平方米的房屋建筑物，其中已办理房产证或办理房产证无法律障碍的房屋建筑面积合计247,073.29平方米，无房产证的房屋建筑面积合计为17,275.59平方米，占总面积的6.54%。

就拥有房产证及办理房产证无法律障碍的房产，经各标的企业确认以及本所律师适当核查，部分房屋及其所占用土地使用权为银行债务作抵押外（详细参见本法律意见书附件10.3.1），该等债务和抵押房产将在本次重组中一并注入上海医药，除前述抵押情形外，拟购买上实控股资产所对应各控股公司拥有的房屋未设有抵押或其他第三方权益，亦未被司法查封或冻结。本所律师认为，已办理房产证或办理房产证无法律障碍的房产均由相关公司合法拥有，该等房产随各标的企业注入上海医药不存在法律障碍。

就拟购买上实控股资产所对应各控股公司拥有的房屋建筑物尚未办理房屋所有权证的情形，上药集团承诺如相关公司无法就其拥有的尚未办理房屋建筑物办理房屋所有权证，或无法就其拥有的房屋建筑物所占用土地办妥续租事宜，而导致相关公司无法继续以现有的方式使用该等房屋以及建筑物或无法享有相关房屋及建筑物的权益（如拆迁补偿）；或因该等土地、房屋以及建筑物不规范受到政府部门处罚从而导致上海医药遭受相应经济损失的，上药集团承诺予以补偿（包括直接经济损失和间接经济损失）。

**资质证书、药品批件**

截至2009年6月30日，本次拟购买上实控股资产所对应各控股公司共拥有7张药品生产许可证、14张GMP认证，详细参见本法律意见书附件10.3.3－1；共计拥有459份药品批件，详细参见本法律意见书附件10.3.3－2。

根据相关公司的确认并经本所律师适当核查，除1份GMP认证正在办理续期的认证外，上述生产许可证和GMP认证均在有效期内；上述药品批件的权属清晰、完整，未设定质押权或其他第三方权益，亦未遭司法查封或冻结。

**专利和商标**

截至2009年6月30日，本次拟购买上实控股资产所对应各控股公司共计拥有73项专利和100项注册商标，其中有1项专利存在共有权人，另有1项"青春宝"商标为中国（杭州）青春宝集团有限公司授权正大青春宝使用，1项"登峰"商标为中国（杭州）青春宝集团有限公司授权正大青春宝使用，4项"胡庆余堂"商标为杭州胡庆余堂集团有限公司授权胡庆余堂药业使用，详细参见本法律意见书附件10.3.4。

经本所律师核查，除本法律意见书15.5披露的三维生物专利权人纠纷外，上述专利和商标权属清晰，未设定质押权或其他第三方权益，亦未被司法查封或冻结。

**对外股权投资**

本次拟购买上实控股资产所对应各控股公司对外股权投资情况参见本法律意见书附件10.3.5。

**同业竞争以及关联交易**

**同业竞争**

2008年6月30日，上海市国资委将华谊集团和上海工业投资（集团）有限公司各自持有的30%上药集团的股权划转给上海上实，以推动上实集团和上药集团医药资产重组。由于历史原因，在本次重大资产重组实施前，上药集团及上实集团之间，上海医药、上实医药及中西药业之间存在着一定程度的潜在同业竞争的现象。

经过本次重大资产重组，上实控股下属医药类资产将全部进入上海医药。

经过本次换股吸收合并，以及本次向上海上实发行股份并向上实控股购买资产，上实控股下属医药类资产已经全部注入上海医药，该类医药资产所对应的企业主要包括：上实医药及其下属企业、复旦张江、上海医创、正大青春宝、胡庆余堂药业、胡庆余堂国药号、辽宁好护士、厦门中药厂、三维生物。

《向上海上实发行股份并向上实控股购买资产协议》中约定了部分除外资产不在本次拟购买上实控股资产的范围内，其中包括：医药科技持有之SIMST Medical Network Ltd 100%的股权及SIMST Medical Network Ltd持有之珠海友通科技有限公司24.35%的股权，以及医药科技持有之 GREEN SOURCE MEDICAL TRADING LTD 100%的股权。珠海友通科技有限公司主要从事二类医用X射线附属设备和三类医用X射线设备的生产经营,上实控股通过其全资附属公司仅持有其24.35%的股权,且该公司因“持续经营”问题于2008年被审计机构出具了保留意见的审计报告,上实控股对珠海友通科技有限公司的长期股权投资账面价值已经为零。SIMST Medical Network Ltd 及 GREEN SOURCE MEDICAL TRADING LTD 均为在境外设立的控股型公司,并不直接从事生产经营。

因此,经过本次重大资产重组,上实控股与上海医药之间不存在同业竞争。

经过本次重大资产重组,除抗生素业务板块及新华联制药厂外,上药集团下属医药资产将全部进入上海医药。

(1)上海新先锋、上海新亚为上药集团抗生素业务的主要生产性企业,上海华康系其销售平台。由于历史原因,该等公司及其下属企业的资产、业务、财务均需全面梳理、整合后方能达到上市公司监管法律、法规的要求,而该等梳理、整合还需要一段时间。因此,上药集团未将该等公司纳入本次重大资产重组的注资范围。上海新先锋、上海新亚主要生产抗生素制剂,其主要产品与上药集团本次重组拟注入企业的其他产品并不重复。抗生素制剂的用途为治疗病毒、细菌等微生物感染类疾病,就治疗领域、病种而言与上药集团本次重组拟注入企业的其他制剂产品不存在可替代性。就生产方式、生产工艺而言,上海新先锋、上海新亚的原料和制剂产品与上药集团其他原料及制剂产品有较大差异。上海华康主要销售上海新亚、上海新先锋生产的抗生素制剂产品,仅有少量其他药品分销业务。综上所述,上海新先锋、上海新亚及上海华康与本次重组后的上海医药之间不存在实质性的同业竞争。

(2)新华联制药厂为上药集团下属非独立法人分支机构,该厂因2007年9月发生重大药损事件而受到国家药监主管部门的处罚,导致其生产经营受到重大不利影响,经营亏损严重。目前,该厂的整顿、梳理工作尚未完成。因此,本次重组未将该等公司纳入注资范围。新华联制药厂主要生产皮质激素类等大宗原料药产品,该等产品与上药集团本次重组拟注入企业的产品不构成同业竞争。此外,该厂原料药产品主要供应上药集团以外的药品制造企业,仅有少量产品为上药集团本次重组拟注入企业配套。综上所述,新华联制药厂与本次重组后的上海医药之间不存在实质性的同业竞争。

(3)上药集团下属部分企业(如上海东浩医药生物企业有限公司、上海医用仪表厂、集成药厂、上海索玛格先锋药业有限公司、上海五洲药业股份有限公司、上海五洲药厂一分厂等)虽然其经营范围中包括医药类生产经营业务或曾经从事过医药类生产经营业务,但由于其实际处于停产、歇业或拟办理注销状态而未纳入本次重组注资范围,该等企业并不实际从事医药生产经营,因而与本次重组后的上海医药之间不存在同业竞争。

(4)上药集团参股25%的上海赛金生物医药有限公司从事生物制剂业务,其研发、生产和销售的产品为注射用重组人甲状旁腺激素(1-34)(适用于适用于治疗绝经后妇女骨质疏松)和注射用重组人Ⅱ型肿瘤坏死因子受体-抗体融合蛋白(适用于中度及重度活动性强直性脊柱炎患者),由于其他股东未同意出具放弃优先购买权的同意函而无法纳入本次重组注资范围;上药集团参股30.2%的上海中药制药技术有限公司主要从事药品研发、中试,其研发的产品和技术包括树脂型膏剂及制备方法、复方双抗素制剂及制备方法、微波诱导萃取中药有效成份的方法等,不纳入本次重组注资范围;上药集团参股25%的上海医凯精细化工有限公司主要从事中间体和精细化工产品的研发生产,主要包括β-氨基醇和氨基酸衍生物,旋光性双氨、双酚和双醇衍生物、类固醇类、杂环族化合物等,不纳入本次重组注资范围;上药集团参股11%的上海国佳生化工程技术研究中心有限公司主要从事生物工程技术的研发业务,主要研发和生产各类生物反应器产品,不纳入本次重组注资范围。因上药集团对该等企业并不具有控制权,且上述企业的主要产品和研发内容和本次重组后的上海医药的产品无重复,该等企业与本次重组后的上海医药之间不存在实质性的同业竞争。

(5)除12.2.2条(1)-(4)所述企业外,上药集团下属与从事医药生产、经营相关的资产均已进入本次重组注资范围。

**避免同业竞争的措施**

(1)上药集团已出具承诺:将尽快推进上海新先锋、上海新亚、上海华康以及新华联制药厂的梳理、整顿进程,以实质性地提升该等企业的营运质量;同时在本次重组完成以后的24个月以内,会将其持有的上海新先锋、上海新亚、上海华康以及新华联制药厂的全部股权或资产以适当方式注入上海医药;本次重大资产重组实施完毕后,就其所有下属控股或参股企业,给予上海医药以优先购买权。

(2)为充分保护上海医药的利益并避免将来与上海医药发生同业竞争,上海医药的实际控制人上实集团承诺:本次重大资产重组完成后,上实集团(包括受上实集团控制的子公司,上海医药及其下属公司除外,下同)将避免从事与上海医药构成实质性同业竞争的业务和经营,避免在上海医药及其下属公司以外的公司、企业增加投资,从事与上海医药构成实质性同业竞争的业务和经营。

(3)为充分保护上海医药的利益并避免将来与上海医药发生同业竞争,上药集团承诺:本次重大资产重组完成后,上药集团(包括受上药集团控制的子公司,上海医药及其下属公司除外,下同)将避免从事与上海医药构成实质性同业竞争的业务和经营,避免在上海医药及其下属公司以外的公司、企业增加投资,从事与上海医药构成实质性同业竞争的业务和经营。

综上,本所律师认为,本次重组资产重组后,上实集团与医药生产、经营相关的主要经营性资产均已进入上海医药;上药集团已承诺将采取适当措施,解决部分未注入资产对上海医药可能产生的不利影响;上实集团和上药集团已采取有效措施避免与公司发生潜在同业竞争,其关于避免同业竞争的承诺切实可行。

**关联交易**

**本次重大资产重组涉及的关联交易**

本次重大资产重组由三项交易构成,本次重组包括三项交易:上海医药换股吸收合并上实医药和中西药业、上海医药向上药集团发行股份购买资产及上海医药向上海上实发行股份募集资金、并以该等资金向上实控股购买医药资产,该三项交易互为生效要件。并且,该三项交易均发生在上海医药与其实际控制人上实集团之间,因此本次重大资产重组构成关联交易。

上海医药已召开董事会对本次重大资产重组所涉各项交易分别作出决议,关联董事按照规定进行了回避表决,独立董事就该关联交易发表了独立意见,且公司财务顾问已出具独立财务顾问报告,认为本次重大资产重组所涉及的资产定价公允,不存在损害上海医药和股东合法权益的情形。

本所律师认为,本次重大资产重组中涉及关联交易的处理,已经履行了法律、法规和其他规范性文件规定的程序,尚需要经上海医药、上实医药和中西药业股东大会审议通过,关联股东在股东大会表决时需回避表决。

**本次重组前的关联交易情况**

根据立信对上海医药2007年度、2008年度及2009年1-6月期间的财务报表审计出具的信会师报字〔2009〕第11775号审计报告,本次重组前,备考上海医药2008年及2009年1-6月的主要关联交易情况如下:

(1)销售商品、提供劳务

| 关联方 | 关联关系 | 关联交易类型 | 2009年1-6月 | | 2008年 | |
|---|---|---|---|---|---|---|
| | | | 交易金额(万元) | 占同期营业收入比例(%) | 交易金额(万元) | 占同期营业收入比例(%) |
| (1)上药集团及其下属企业 | | | | | | |
| 上海市药材有限公司 | 同受最终控制方控制 | 销售商品 | 116.37 | 0.01 | 126.34 | 0.01 |
| 上海医疗器械股份有限公司 | 同受最终控制方控制 | 销售商品 | 40.14 | — | — | — |

续表

| 关联方 | 关联关系 | 关联交易类型 | 2009年1-6月 | | 2008年 | |
|---|---|---|---|---|---|---|
| | | | 交易金额(万元) | 占同期营业收入比例(%) | 交易金额(万元) | 占同期营业收入比例(%) |
| 上海雷允上药业有限公司 | 同受最终控制方控制 | 销售商品 | 2,666.26 | 0.28 | — | — |
| 上海新先锋华康医药有限公司 | 同受最终控制方控制 | 销售商品 | 424.95 | 0.04 | — | — |
| 上海雷允上北区药业股份有限公司 | 同受最终控制方控制 | 销售商品 | 1,489.49 | 0.16 | — | — |
| 上海雷允上南翔医药有限公司 | 同受最终控制方控制 | 销售商品 | 2.36 | — | — | — |
| 上海信谊天一药业有限公司 | 同受最终控制方控制 | 销售商品 | 62.69 | 0.01 | — | — |
| 小计 | | | 4,802.26 | 0.50 | 126.34 | 0.01 |
| (2)上海医药的合营、联营企业 | | | | | | |
| 上海健尔药房有限公司 | 合营企业 | 销售商品 | 70.75 | 0.01 | 146.65 | 0.01 |
| 江西南华医药有限公司 | 合营企业 | 销售商品 | 6,661.55 | 0.70 | 8,629.97 | 0.52 |
| 上海健新医药商店 | 合营企业 | 销售商品 | 670.12 | 0.07 | 1,117.07 | 0.07 |
| 重庆医药上海药品销售有限公司 | 联营企业 | 销售商品 | 92.05 | 0.01 | 70.41 | — |
| 吉林亚泰华氏医药有限公司 | 联营企业 | 销售商品 | 44.25 | — | 100.41 | 0.01 |
| 上海绿苑药房有限公司 | 联营企业 | 销售商品 | 590.74 | 0.06 | 76.08 | — |
| 上海罗达医药有限公司 | 联营企业 | 销售商品 | 844.23 | 0.09 | 152.24 | 0.01 |
| 上海得一医药有限公司 | 联营企业 | 销售商品 | 1,302.16 | 0.14 | 2,005.38 | 0.12 |
| 上海市医药股份有限公司安庆公司 | 联营企业 | 销售商品 | 326.36 | 0.03 | 426.56 | 0.03 |
| 上海华翔药业有限公司 | 联营企业 | 销售商品 | 1,587.71 | 0.17 | 2,128.53 | 0.13 |
| 上海通用药业股份有限公司 | 联营企业 | 销售商品 | | — | 1,226.08 | 0.07 |
| 小计 | | | 12,189.92 | 1.28 | 16,079.38 | 0.97 |
| 合计 | | | 16,992.18 | 1.78 | 16,205.72 | 0.98 |

(2)购买商品、接受劳务

| 关联方 | 关联关系 | 关联交易类型 | 2009年1-6月 | | 2008年 | |
|---|---|---|---|---|---|---|
| | | | 交易金额(万元) | 占同期营业成本比例(%) | 交易金额(万元) | 占同期营业成本比例(%) |
| (1)上药集团及其下属企业 | | | | | | |
| 上海医药(集团)有限公司 | 母公司 | 购买商品 | — | — | 1,394.40 | 0.09 |
| 上海五洲药业股份有限公司 | 同受最终控制方控制 | 购买商品 | — | — | 0.75 | — |
| 上海市药材有限公司 | 同受最终控制方控制 | 购买商品 | 208.46 | 0.02 | 10.68 | — |
| 上海三维制药有限公司 | 同受最终控制方控制 | 购买商品 | 82.55 | 0.01 | 0.98 | — |
| 上海三维制药销售有限公司 | 同受最终控制方控制 | 购买商品 | 2,792.03 | 0.32 | 4,452.80 | 0.29 |
| 上海信谊天一药业有限公司 | 同受最终控制方控制 | 购买商品 | 2,979.33 | 0.34 | 4,023.12 | 0.27 |
| 上海信谊嘉华药业有限公司 | 同受最终控制方控制 | 购买商品 | 303.15 | 0.03 | 492.68 | 0.03 |
| 上海信谊金朱药业有限公司 | 同受最终控制方控制 | 购买商品 | 145.03 | 0.02 | 315.15 | 0.02 |
| 上海信谊康捷药业有限公司 | 同受最终控制方控制 | 购买商品 | 65.66 | 0.01 | 131.69 | 0.01 |
| 上海信谊联合医药药材有限公司 | 同受最终控制方控制 | 购买商品 | 29.06 | — | 10.03 | — |
| 正大青春宝药业有限公司 | 同受最终控制方控制 | 购买商品 | 3,181.32 | 0.37 | 2,441.42 | 0.16 |
| 广东天普生化医药股份有限公司 | 同受最终控制方控制 | 购买商品 | 1,610.49 | 0.19 | 1,596.52 | 0.11 |
| 常州制药厂有限公司 | 同受最终控制方控制 | 购买商品 | 224.63 | 0.03 | 451.52 | 0.03 |
| 上海华宇药业有限公司 | 同受最终控制方控制 | 购买商品 | 69.21 | 0.01 | 75.86 | 0.01 |
| 上海中西药业股份有限公司 | 同受最终控制方控制 | 购买商品 | 14.45 | — | 1,023.02 | 0.07 |
| 上海新先锋华康医药有限公司 | 同受最终控制方控制 | 购买商品 | 361.71 | 0.04 | 311.61 | 0.02 |
| 上海实业联合集团长城药业有限公司 | 同受最终控制方控制 | 购买商品 | 33.77 | — | 57.05 | — |

续表

| 关联方 | 关联关系 | 关联交易类型 | 2009 年 1－6 月 | | 2008 年 | |
|---|---|---|---|---|---|---|
| | | | 交易金额（万元） | 占同期营业收入比例(%) | 交易金额（万元） | 占同期营业收入比例(%) |
| 上海雷允上北区药业股份有限公司 | 同受最终控制方控制 | 购买商品 | 422.23 | 0.05 | 39.82 | — |
| 辽宁好护士药业(集团)有限责任公司 | 同受最终控制方控制 | 购买商品 | 8.39 | — | — | — |
| 杭州胡庆余堂药业有限公司 | 同受最终控制方控制 | 购买商品 | 23.75 | — | — | — |
| 上海三维生物技术有限公司 | 同受最终控制方控制 | 购买商品 | 82.55 | 0.01 | — | — |
| 厦门中药厂有限公司 | 同受最终控制方控制 | 购买商品 | 68.37 | 0.01 | — | — |
| 上海第一生化药业有限公司 | 同受最终控制方控制 | 购买商品 | 7.05 | — | 1.46 | — |
| 上海新先锋药业有限公司 | 同受最终控制方控制 | 购买商品 | — | — | 1.48 | — |
| 上海雷允上药业有限公司 | 同受最终控制方控制 | 购买商品 | — | — | 1,038.40 | 0.07 |
| 上海中西制药有限公司 | 同受最终控制方控制 | 购买商品 | — | — | 138.44 | 0.01 |
| 青岛国风药业股份有限公司 | 同受最终控制方控制 | 购买商品 | — | — | 240.92 | 0.02 |
| 上海杏灵科技药业股份有限公司 | 同受最终控制方控制 | 购买商品 | — | — | 139.96 | 0.01 |
| 上海信谊黄河制药有限公司 | 同受最终控制方控制 | 购买商品 | — | — | 136.28 | 0.01 |
| 小计 | | | 12,713.19 | 1.45 | 18,526.04 | 1.22 |
| (2)上海医药合营、联营企业 | | | | | | |
| 上海青平药业有限公司 | 联营企业 | 购买商品 | 1.83 | — | 16.94 | — |
| 上海罗达医药有限公司 | 联营企业 | 购买商品 | 115.1 | 0.01 | 3.72 | — |
| 上海得一医药有限公司 | 联营企业 | 购买商品 | 504.91 | 0.06 | 583.73 | 0.04 |
| 上海国际医药贸易有限公司 | 联营企业 | 购买商品 | 4,360.07 | 0.50 | 2,793.32 | 0.18 |
| 上海华翔药业有限公司 | 联营企业 | 购买商品 | 584.04 | 0.07 | — | — |

续表

| 关联方 | 关联关系 | 关联交易类型 | 2009年1－6月 | | 2008年 | |
|---|---|---|---|---|---|---|
| | | | 交易金额（万元） | 占同期营业收入比例（%） | 交易金额（万元） | 占同期营业收入比例（%） |
| 上海市医药股份有限公司安庆公司 | 联营企业 | 购买商品 | 2.21 | — | — | — |
| 上海通用药业股份有限公司 | 联营企业 | 购买商品 | — | — | 449.23 | 0.03 |
| 小计 | | | 5,568.16 | 0.64 | 3,846.94 | 0.25 |
| 合计 | | | 18,281.35 | 2.09 | 22,372.98 | 1.47 |

**本次重组后的关联交易情况**

根据立信对备考上海医药2008年度及2009年1－6月期间的备考模拟合并财务报表及其附注审计并出具的《上海市医药股份有限公司2008年1月1日至2009年6月30日止专项审计报告》（信会师报字〔2009〕第11797号），备考上海医药2008年及2009年1－6月的关联交易情况如下：

（1）销售商品、提供劳务

| 关联方 | 关联方与备考上海医药的关系 | 关联交易类型 | 2009年1－6月 | | 2008年 | |
|---|---|---|---|---|---|---|
| | | | 交易金额（万元） | 占同期营业收入比例（%） | 交易金额（万元） | 占同期营业收入比例（%） |
| （1）上药集团及其下属企业 | | | | | | |
| 上海医药（集团）有限公司 | 母公司 | 销售商品 | 575.46 | 0.04 | 421.45 | 0.02 |
| 商丘新先锋药业有限公司 | 同受最终控制方控制 | 销售商品 | 714.66 | 0.05 | 917.64 | 0.03 |
| 上海华联月浦制药有限公司 | 同受最终控制方控制 | 销售商品 | 12.47 | — | 27.93 | — |
| 上海五洲药业股份有限公司 | 同受最终控制方控制 | 销售商品 | — | — | 354.51 | 0.01 |
| 上海新先锋华康医药有限公司 | 同受最终控制方控制 | 销售商品 | 1,306.64 | 0.09 | 1,502.19 | 0.06 |
| 上海新先锋药业有限公司 | 同受最终控制方控制 | 销售商品 | 0.54 | — | 4.66 | — |
| 上海新亚闵行药业有限公司 | 同受最终控制方控制 | 销售商品 | 443.64 | 0.03 | 980.59 | 0.04 |
| 上海新亚药业有限公司 | 同受最终控制方控制 | 销售商品 | 5.77 | — | 32.01 | — |
| 小计 | | | 3,059.18 | 0.20 | 4,240.98 | 0.16 |
| （2）备考上海医药合营、联营企业 | | | | | | |
| 北京联馨药业有限公司 | 参股企业 | 销售商品 | 1,559.83 | 0.10 | 1,474.36 | 0.05 |

续表

| 关联方 | 关联方与备考上海医药的关系 | 关联交易类型 | 2009 年 1 – 6 月 | | 2008 年 | |
|---|---|---|---|---|---|---|
| | | | 交易金额（万元） | 占同期营业收入比例(%) | 交易金额（万元） | 占同期营业收入比例(%) |
| 常州凯普生物化学有限公司 | 联营企业 | 销售商品 | — | — | —190.8 | —0.01 |
| 杭州胡庆余堂国药号有限公司 | 联营企业 | 销售商品 | 346.14 | 0.02 | 692.64 | 0.03 |
| 吉林亚泰华氏医药有限公司 | 联营企业 | 销售商品 | 164.16 | 0.01 | 355.07 | 0.01 |
| 江西南华医药有限公司 | 联营企业 | 销售商品 | 7,084.19 | 0.47 | 9,332.39 | 0.34 |
| 上海得一医药有限公司 | 联营企业 | 销售商品 | 1,750.62 | 0.11 | 3,290.82 | 0.12 |
| 上海和黄药业有限公司 | 联营企业 | 销售商品 | 1,363.64 | 0.09 | 2,835.78 | 0.10 |
| 上海华翔药业有限公司 | 联营企业 | 销售商品 | 1,946.22 | 0.13 | 3,001.54 | 0.11 |
| 上海健尔药房有限公司 | 联营企业 | 销售商品 | 70.75 | — | 146.65 | 0.01 |
| 上海健新医药商店 | 联营企业 | 销售商品 | 670.12 | 0.04 | 1,117.07 | 0.04 |
| 上海津村制药有限公司 | 联营企业 | 销售商品 | — | — | 3 | — |
| 上海康健进出口有限公司 | 联营企业 | 销售商品 | 4,415.40 | 0.29 | 3,062.47 | 0.11 |
| 上海雷允上北区药业股份有限公司 | 联营企业 | 销售商品 | 1,853.46 | 0.12 | 3,562.20 | 0.13 |
| 上海绿苑药房有限公司 | 联营企业 | 销售商品 | 590.74 | 0.04 | 76.08 | — |
| 上海罗达医药有限公司 | 联营企业 | 销售商品 | 2,020.13 | 0.13 | 2,344.20 | 0.09 |
| 上海市医药股份有限公司安庆公司 | 联营企业 | 销售商品 | 664.33 | 0.04 | 662.31 | 0.02 |
| 上海通用药业股份有限公司 | 联营企业 | 销售商品 | 0.26 | — | 1,239.84 | 0.05 |
| 上海卫达制药机械有限公司 | 联营企业 | 销售商品 | 38.46 | — | 59.56 | — |
| 中美上海施贵宝制药有限公司 | 联营企业 | 销售商品 | 532.82 | 0.03 | 290.13 | 0.01 |
| 重庆医药上海药品销售有限公司 | 联营企业 | 销售商品 | 92.05 | 0.01 | 70.41 | — |
| 小计 | | | 25,163.32 | 1.65 | 33,425.72 | 1.22 |
| 合计 | | | 28,222.50 | 1.85 | 37,666.70 | 1.38 |

(2)购买商品、接受劳务

| 关联方 | 关联方与备考上海医药的关系 | 关联交易类型 | 2009年1－6月 | | 2008年 | |
|---|---|---|---|---|---|---|
| | | | 交易金额(万元) | 占同期营业成本比例(%) | 交易金额(万元) | 占同期营业成本比例(%) |
| (1)上药集团及其下属企业 | | | | | | |
| 上海医药(集团)有限公司 | 母公司 | 购买商品 | 384.99 | 0.03 | 2,194.49 | 0.10 |
| 上海五洲药业股份有限公司 | 同受最终控制方控制 | 购买商品 | — | — | 0.75 | — |
| 上海新先锋华康医药有限公司 | 同受最终控制方控制 | 购买商品 | 835.15 | 0.07 | 336.55 | 0.02 |
| 上海新先锋药业有限公司 | 同受最终控制方控制 | 购买商品 | — | — | 1.48 | — |
| 上海医药(集团)有限公司美国公司 | 同受最终控制方控制 | 购买商品 | 0.51 | — | 13.53 | — |
| 上海振申医药进出口有限公司 | 同受最终控制方控制 | 购买商品 | — | — | 36.92 | — |
| 小计 | | | 1,220.65 | 0.10 | 2,583.72 | 0.12 |
| (2)备考上海医药合营、联营企业 | | | | | | |
| 杭州胡庆余堂国药号有限公司 | 联营企业 | 购买商品 | 63.59 | 0.01 | — | — |
| 桓仁满族自治县格瑞恩包装有限公司 | 联营企业 | 购买商品 | 144.71 | 0.01 | 420.61 | 0.02 |
| 江西南华医药有限公司 | 联营企业 | 购买商品 | 18.12 | — | — | — |
| 上海得一医药有限公司 | 联营企业 | 购买商品 | 584.82 | 0.05 | 821.07 | 0.04 |
| 上海国际医药贸易有限公司 | 联营企业 | 购买商品 | 4,360.07 | 0.36 | 2,793.32 | 0.13 |
| 上海和黄药业有限公司 | 联营企业 | 购买商品 | 4,072.81 | 0.33 | 3,416.49 | 0.16 |
| 上海华翔药业有限公司 | 联营企业 | 购买商品 | 584.04 | 0.05 | — | — |
| 上海康健进出口有限公司 | 联营企业 | 购买商品 | 3.35 | — | 429.56 | 0.02 |
| 上海雷允上北区药业股份有限公司 | 联营企业 | 购买商品 | 3,118.24 | 0.25 | 3,044.51 | 0.14 |
| 上海罗达医药有限公司 | 联营企业 | 购买商品 | 115.1 | 0.01 | 3.72 | — |

续表

| 关联方 | 关联方与备考上海医药的关系 | 关联交易类型 | 2009 年 1 - 6 月 | | 2008 年 | |
|---|---|---|---|---|---|---|
| | | | 交易金额（万元） | 占同期营业成本比例(%) | 交易金额（万元） | 占同期营业成本比例(%) |
| 上海罗氏制药有限公司 | 联营企业 | 购买商品 | 23,644.31 | 1.93 | 43,984.45 | 2.00 |
| 上海青平药业有限公司 | 联营企业 | 购买商品 | 1.83 | — | 16.94 | — |
| 上海市医药股份有限公司安庆公司 | 联营企业 | 购买商品 | 2.21 | — | — | — |
| 上海通用药业股份有限公司 | 联营企业 | 购买商品 | 4.73 | — | 449.23 | 0.02 |
| 上海信谊百路达药业有限公司 | 联营企业 | 购买商品 | 47.53 | — | — | — |
| 中美上海施贵宝制药有限公司 | 联营企业 | 购买商品 | 21,329.79 | 1.74 | 31,527.81 | 1.44 |
| 小计 | | | 58,095.25 | 4.72 | 86,907.71 | 3.96 |
| 合计 | | | 59,315.90 | 4.82 | 89,491.43 | 4.08 |

(3)其他主要关联交易

(a)关联租赁

根据 2007 年 4 月 1 日上海医疗器械股份有限公司(以下简称“医械股份”)与上药集团签订的生产用房租赁协议之补充协议,医械股份下属分公司每年需向上药集团支付房屋租赁费 391.28 万元。2008 年及 2009 年 1 - 6 月,医械股份应承担房屋租赁费分别为 391.28 万元和 195.64 万元。

根据 2007 年 12 月 25 日医械股份下属上海市医疗器械批发部与上海五洲药业股份有限公司签订的租赁协议,上海市医疗器械批发部每年需向上海五洲药业股份有限公司支付房屋租赁费 55.22 万元。2008 年及 2009 年 1 - 6 月,上海市医疗器械批发部应承担房屋租赁费分别为 55.22 万元和 27.61 万元。

(b)关联方委托贷款

截至 2009 年 6 月 30 日,上实管理(上海)有限公司通过银行向三维生物发放委托贷款 2,000.00 万元。

(c)向关联方转让土地及房产

本次重组前,下列企业分别与上药集团就土地及房产转让达成协议,将相关资产按照账面净值转让给上药集团,明细如下:

| 企业名称 | 资产类别 | 资产所在地 | 交易价格(万元) | 资产账面净值(万元) |
|---|---|---|---|---|
| 上海三维制药公司长江制药厂 | 土地及房产 | 骊山路 201 号 | 316.20 | 316.20 |
| 上海三维制药公司石浦药物化工厂 | 土地及房产 | 昆山石浦镇木雪塘河(三维路一号) | 114.21 | 114.21 |
| 上海医药进出口有限公司 | 土地及房产 | 凯旋路 2701 号 | 1,135.35 | 1,135.35 |
| 上海医药物资供销公司 | 土地及房产 | 祁连山路 2292 号 | 105.34 | 105.34 |
| 上海海昌医用塑胶厂 | 土地及房产 | 中山北一路 66 号和祁连山路 2292 号 | 1,061.15 | 1,061.15 |

续表

| 企业名称 | 资产类别 | 资产所在地 | 交易价格(万元) | 资产账面净值(万元) |
|---|---|---|---|---|
| 上海市药材有限公司及控股子公司上海雷允上药业有限公司 | 土地及房产 | 曹行路88号、老沪闵路1303号、梅陇乡行南72丘、中山西路1500号、天马山镇许家浜村38/2丘、真北路501号和霍山路1087号 | 9,023.06 | 9,023.06 |
| 上海医药(集团)有限公司信谊制药二厂 | 土地 | 上川路5210号 | 217.53 | 217.53 |
| 上海信谊药厂有限公司 | 投资性房地产－房屋建筑物 | 中兴路494号 | 692.58 | 692.58 |
| 上海第一生化药业有限公司 | 房屋及建筑物、土地使用权 | 江宁路853号、陕西北路835弄50号、海拉尔路127－129号、胶州路556号 | 356.01 | 356.01 |
| 合计 | | | 13,021.43 | 13,021.43 |

根据上述企业分别与上药集团签订的《资产转让协议》的约定，上述资产转让的相关税费均由上药集团承担。

(d)为关联方提供担保

截至2009年6月30日，备考上海医药及其控股子公司除对备考上海医药合营企业和联营企业提供担保外，不存在对实际控制人及其控制的关联方提供担保的情况。

备考上海医药及其控股子公司对关联方提供的担保如下：

| 担保方 | 被担保方 | 担保金额(万元) | 债务到期日 |
|---|---|---|---|
| 上海市医药股份有限公司 | 上海罗达医药有限公司 | 100.00 | 2010/05/27 |
| | 上海通用药业股份有限公司 | 500.00 | 2009/12/25 |
| | 上海市医药股份有限公司安庆公司 | 400.00 | 2009/11/17 |
| | 上海市医药股份有限公司安庆公司 | 400.00 | 2010/05/13 |
| | 重庆医药上海药品销售有限责任公司 | 494.31 | 2009/06/30 |
| 上海市药材公司 | 上海和黄药业有限公司 | 750.00 | 2009/07/01 |
| | 上海和黄药业有限公司 | 1,000.00 | 2009/10/23 |
| 上海中西药业股份有限公司[注] | 深圳市康达尔(集团)股份有限公司 | 8,000.00 | 2006/06/16 |
| 上海医药进出口有限公司 | 上海康健进出口有限公司 | 490.00 | 2009/12/09 |
| | 上海康健进出口有限公司 | 1,006.95 | 2009/11/12 |
| | 上海康健进出口有限公司 | 美元416.50 | 2009/12/09 |
| | 上海康健进出口有限公司 | 美元171.50 | 2009/12/31 |

注：深圳市康达尔(集团)股份有限公司尚欠兴业银行股份有限公司深圳分行贷款本金人民币8,000万元。为此，兴业银行股份有限公司深圳分行于2008年6月向深圳仲裁委员会递交了《仲裁申请书》，要求深圳市康达尔(集团)股份有限公司、中西药业及罗爱华履行相应的还款义务和保证责任。

**本次重组完成后持续发生的关联交易**

本次重组完成后，上海医药与上药集团及其关联方仍存在一定的关联交易，主要包括原料药、中间体、产成品的采购和销售、租赁及综合服务等。

为规范本次重组完成后的经常性关联交易，2009年10月14日，上海医药与上药集团签订了《日常交易综合框架协议》；2009年6月30日，上海医药与上药集团签订了系列《土地使用权及房屋租赁协议》和《公有非居住房屋租赁协议》。

(1)日常交易综合框架协议

根据上海医药与上药集团签署的《日常交易综合框架协议》,上海医药与上药集团均同意在本次重组完成后按照该协议的约定,按照公平的市场价格进行日常销售商品、提供劳务、采购商品、接受劳务等方面的交易。该协议自上海医药股东大会审议通过且本次重大资产重组生效之日起生效。

(2)土地使用权及房屋租赁协议

本次重组注入上海医药的相关公司根据实际经营需要,与上药集团(作为出租方)签署了相关《土地使用权及房屋租赁协议》,具体如下表:

| 承租方 | 租赁土地面积(平方米) | 租赁房屋建筑面积(平方米) |
|---|---|---|
| 上海雷允上药业有限公司 | 60,269.00 | 75,462.34 |
| 上海三维制药公司长江制药厂 | 907.00 | 2,665.00 |
| 上海三维制药公司石浦药物化工厂 | 14,560.90 | 4,079.05 |
| 物资供销公司 | 9,114.00 | 9,260.11 |
| 信谊药厂 | 11,221.00 | 13,221.50 |
| 药材公司 | 105,150.00 | 26,840.10 |
| 第一生化 | 6,956.90 | 11,018.89 |
| 进出口公司 | 2,851.00 | 4,541.00 |
| 上海海昌医用塑胶厂 | 3,188.00 | 4,262.96 |
| 中华药业 | 7,245.00 | 13,810.00 |
| 合计 | 221,462.80 | 165,160.95 |

根据该等租赁协议的约定,租赁标的的租赁期限为10年,租赁期限届满,承租方可以选择继续承租协议项下的租赁标的。如承租方选择继续租赁,承租方应于租赁期限届满前30日向上药集团发出续租的书面通知,承租协议可以自动续展,每次续展的有效期为10年,并且协议有效期的延长不影响承租方应享有的承租选择权,但租赁期限的延长不应超过相关土地使用权证书核准的土地使用权期限;租金根据租赁标的的固定资产折旧和无形资产摊销确定(不含税费,与租赁标的相关的营业税、土地使用税和房产税等税费均由承租方承担),如租金需要调整,由双方重新约定一致同意并另行签订书面补充协议。

(3)公有非居住房屋租赁协议

本次重组注入上海医药的相关公司根据实际经营需要,与上药集团(作为出租方)协商签署了相关《公有非居住房屋租赁协议》,具体如下表:

| 承租方 | 租赁房屋建筑面积(平方米) |
|---|---|
| 上海信谊天一药业有限公司 | 2,023.03 |
| 上海华氏北区大药房有限公司 | 2,601.73 |
| 物资供销公司 | 406.38 |
| 进出口公司 | 385.38 |
| 药材公司 | 7,842.93 |
| 合计 | 13,259.45 |

根据该等租赁协议的约定,上药集团将租赁标的出租给承租方的租赁期限从2009年6月30日起计算,直至原租赁协议约定租赁期限届满日止。协议租赁期限届满,承租方有权选择继续承租协议项下的租赁标的。如承租方选择继续租赁的,承租方应于租赁期限届满前三个月向上药集团发出续租的书面通知,上药集团应当配合承租方办理续租所需要的所有条件,包括但不限于与出租方达成继续租赁的协议以保证满足承租方续租的要求。租金与原租赁协议或项下的租金相同。如上述租金需要调整,由双方重新约定一致同意并另行签订书面补充协议。如原出租方根据上海市人民政府的规定提高租金标准的,则上药集团可以按照同等金额提高协议项下的租金;如原出租方根据上海市人民政府的规定降低租金标准的,则上药集团应当按照同等金额降低本协议项下的租金。

**关联方资金占用及担保情况**

根据立信对备考上海医药2008年度及2009年1-6月期间的备考模拟合并财务报表及其附注审计并出具的《上海市医药股份有限公司2008年1月1日至2009年6月30日止专项审计报告》(信会师报字〔2009〕第11797号):

实际控制人或其他关联方占用上海医药（备考）资金、资产的情况：

截至2009年6月30日，关联方占用备考上海医药的资金总额为34,786.38万元，其中实际控制人及其关联方占用资金2,534.78万元，占比为7.29%。

根据立信对备考上海医药2008年度及2009年1-6月期间的备考模拟合并财务报表及其附注审计并出具的《上海市医药股份有限公司2008年1月1日至2009年6月30日止专项审计报告》（信会师报字〔2009〕第11797号），截至2009年6月30日，关联方占用备考上海医药的资金为日常经营性往来形成的备考上海医药的应收账款、预付账款、其他应收款和应收股利等，关联方占用备考上海医药的资金总额为34,740.32万元，其中实际控制人及其关联方占用资金946.13万元，占比为2.72%；截至2009年6月30日，备考上海医药不存在任何为实际控制人及其关联方提供担保的情况。

**上实集团和上药集团关于关联交易的承诺**

上药集团承诺：

（1）保持重组后的上海医药在资产、业务、人员、机构、财务等方面在上市公司治理准则的规定下均独立于上药集团及其控制的关联企业；确保新上药具备面向市场的独立运营能力。

（2）促使新上药遵守《公司法》、《上市公司治理准则》、《上市规则》等法律法规和规范性文件的规定（以下简称"关联交易法规"），在《公司章程》、《股东大会议事规则》、《董事会议事规则》和《关联交易管理制度》（以下简称"关联交易制度"）中对关联交易做出了严格规定，包括关联交易的回避表决制度、决策权限、决策程序等内容。

（3）对于正常的、不可避免的且有利于新上药发展的关联交易，上药集团将自行或促使其控制的关联企业继续遵循公开、公平、公正的市场原则，严格按照有关关联交易法规和关联交易制度进行相关交易，严格履行关联交易决策、回避表决等公允决策程序，促使新上药按照严格按照有关关联交易法规和关联交易制度规定履行决策程序，确保交易价格公允，并按照有关关联交易法规和关联交易制度给予充分、及时的披露。

上实集团作为新上药的实际控制人也参照上述内容相应出具了规范关联交易的承诺。

本所律师认为，上实集团和上药集团出具的关于减少和规范关联交易的承诺，未违反国家法律、法规和规范性文件，合法、有效，在上实集团和上药集团严格履行承诺的前提下，不会发生因上海医药与实际控制人、控股股东之间关联交易而导致上海医药以及中小投资者权益受到损害的情况。

**本次重大资产重组后上海医药股权结构及股权分布**

本次重大资产重组安排了现金选择权和收购请求权，因而假设：

（1）在仅有上实控股全部行使现金选择权，上海医药异议股东未行使收购请求权，且上实医药和中西药业全体股东的现金选择权行权比例为零的情况下，本次重组完成后：上实集团及其关联方持有上海医药96,372.68万股，占上海医药总股本的48.38%；上海国盛和申能集团作为现金选择权提供方持有上海医药25,830.98万股，占上海医药总股本的12.97%；社会公众股东持有上海医药77,009.28万股，占上海医药总股本的38.66%。

（2）在上实控股全部行使现金选择权，上海医药异议股东行使收购请求权比例达到上限（即非关联股东持有股份数量的三分之一）且上实医药和中西药业除上药集团及其关联企业之外的股东全部行使现金选择权的情况下，则本次重组完成后：上实集团及其关联方持有上海医药96,372.68万股，占上海医药总股本的48.38%；上海国盛和申能集团作为现金选择权提供方持有上海医药79,955.26万股，占上海医药总股本的40.14%；社会公众股东持有上海医药22,885.00万股，占上海医药总股本的11.49%。

根据《证券法》、《上市规则》、《关于〈上海证券交易所股票上市规则〉有关上市公司股权分布问题的补充通知》等的规定，上市公司股权分布发生变化不再具备上市条件是指"社会公众持有的股份低于公司股份总数的25%，公司股本总额超过人民币4亿元的，社会公众持股的比例低于10%。社会公众不包括：①持有上市公司10%以上股份的股东及其一致行动人；②上市公司的董事、监事、高级管理人员及其关联人。”

因此,本所律师认为,无论上述两个假设情形,本次重组完成后上海医药均具有上市资格。

**税务**

**被吸并方的税务守法情况**

**税收优惠**

(1)上实医药

上实医药及其控股子公司享受的主要税收优惠情况见本法律意见书附件 13.1.1-1。

经本所律师核查,上实医药及其控股子公司享受的该等税收优惠符合法律、法规和规范性文件的要求,合法、有效。

(2)中西药业

中西药业及其控股子公司享受的主要税收优惠情况见本法律意见书附件 13.1.1-2。

经本所律师核查,中西药业及其控股子公司享受的该等税收优惠符合法律、法规和规范性文件的要求,合法、有效。

**税务守法情况**

(1)上实医药

根据上实医药及其控股子公司的说明并经本所律师适当核查,上实医药及其控股子公司近三年未因重大税收违法行为受到税务部门的行政处罚。

(2)中西药业

本所律师就中西药业及其从事医药类生产经营的主要控股子公司的税务守法情况,向各主管税务机关进行了核查,根据中西药业及其控股子公司的确认,中西药业及其控股子公司近三年不存在因重大税收违法行为而受到税务部门的行政处罚的情形。

**拟购买上药集团资产涉及的标的公司税务情况**

**税收优惠**

拟购买上药集团资产涉及的标的公司及其控股子公司享受的主要税收优惠情况见本法律意见书附件 13.2.1。

经本所律师核查,除上海信谊康捷药业有限公司2007年至2008年度享受的奉贤海湾经济园区规定的企业所得税和增值税的税收优惠,不符合税务法律、行政法规以及规范性文件外,该等税收优惠符合法律、法规和规范性文件的要求,合法、有效。

上药集团已出具承诺,若拟购买上药集团资产涉及的标的公司及其控股子公司因享受的税收优惠不合法而受到相关部门或机构的追偿,上药集团将向上海医药承担全额赔偿责任。

**税务守法情况**

本所律师就拟购买上药集团资产涉及的标的公司及其控股子公司的税务守法情况,向主要企业的各主管税务机关进行了核查,并根据各相关公司的说明,拟购买上药集团资产涉及的标的公司及其控股子公司近三年不存在因重大税收违法行为而受到税务部门的行政处罚的情形。

**拟购买上实控股资产涉及的标的公司税务情况**

**税收优惠**

拟购买上实控股资产涉及标的公司享受的主要税收优惠情况见本法律意见书附件 13.3.1。

经本所律师核查,该等税收优惠符合法律、法规和规范性文件的要求,合法、有效。

**税务守法情况**

本所律师就拟购买上实控股资产涉及的标的公司的税务守法情况,向各主管税务机关进行了核查,并根据各相关公司的说明,拟购买上实控股资产涉及的标的公司及其控股子公司近三年不存在因重大税收违法行为而受到税务部门的行政处罚的情形。

**环保**

**上海医药的环保情况**

上海医药及其控股子公司主要经营医药销售,目前从事医药生产类的上海医药控股子公司为6家,其中上海医药第十五制药厂有限公司已经停产,上海农药厂有限公司已经停业。根据其余4家控股子公司各环保主管部门出具的环保守法证明以及各家公司出具的自查报告,除以下披露的事项外,上海医药及其从事医药生产类业务的控股子公司近三年不存在因重大环保违法行为而受到主管部门行政处罚的情形:

上海医药控股的上海华氏制药有限公司的下属企业上海农药厂有限公司(以下简称“上海农药厂”)主要经营农药、染料中间体及化工产品。2008年9月,上海农药厂由于在生产过程中发生莎稗磷及其碳化废气外泄事件,以及因此引发的违反调查配合义务的行为,被上海市环境保护局分别予以罚款20万元和5万元的行政处罚。根据上海医药的说明并经本所律师的适当核查，上海农药厂已经缴纳了前述罚款，该公司目前已经停产歇业。

**上实医药的环保情况**

上实医药下属从事医药生产类业务的控股子公司为7家，根据该7家公司各环保主管部门出具的环保守法证明，上实医药及其从事医药生产类业务的控股子公司近三年不存在因重大环保违法行为而受到主管部门行政处罚的情形。

**中西药业的环保情况**

中西药业及其下属实际从事医药生产类业务的控股子公司为2家。根据该2家企业各环保主管部门出具的环保守法证明，中西药业及其从事医药生产类业务的控股子公司近三年未因环保违法事件受到环保主管部门的行政处罚。

**本次拟购买上药集团资产涉及的标的公司的环保情况**

本所律师就本次发行股份购买资产涉及的标的公司中实际从事医药生产业务的25家控股公司的环保守法情况，向各环保主管部门进行了核查。上述公司中：

有22家已获得环保主管部门出具的近三年无环保违法事项或近三年无重大污染事故和环境纠纷事件的证明，该等企业包括信谊药厂、上海信谊嘉华药业有限公司、上海信谊康捷药业有限公司、上海信谊金朱药业有限公司、上海信谊万象药业股份有限公司、上海信谊延安药业有限公司、三维制药、上海紫源制药有限公司、上海三维长江生化制药厂、中华药业、上海雷允上药业有限公司（环保守法证明分别出具给其下属两个主要生产基地——三分厂和奉浦分厂）、上海德华国药制品有限公司、上海华鹰药业有限公司、上海雷允上封浜制药有限公司、浙江华信中药材有限公司、第一生化、青岛国风、青岛国风集团莱西医药有限责任公司、上海杏灵科技药业股份有限公司（与上海雷允上药业有限公司奉浦分厂共用一套环保设备，其环保守法证明包含在上海雷允上药业有限公司奉浦分厂的环保守法证明之中）、青岛国风维奥制药有限公司、青岛国风东瑞制药有限责任公司、青岛国风高科技药业股份有限公司（该3家企业与青岛国风共用环保设备，其环保守法证明包含在青岛国风的环保守法证明之中）。

上海信谊九福药业有限公司因目前正在进行废水改造工程尚未获得环保主管部门出具的书面守法证明，根据企业出具的自查报告，其近三年未因环保违法事件受到环保主管部门行政处罚。

有2家企业曾因环保违法行为受到过环保主管部门的行政处罚而未获得环保守法证明或近三年环保守法证明，目前均已经整改完毕。具体包括：

（1）2008年3月4日，信谊黄河因排放的废水中污染物浓度超标，被上海市松江区环保局以第2220080032号《行政处罚决定书》处以36,000元罚款。

根据信谊黄河提供的说明，其已于2008年8月将污水统一交上海松东水环境净化有限公司纳管，即：排放的污水不流入河道，直接进入上海松东水环境净化有限公司的污水处理系统，从而有效地避免了对水环境的污染。上海市水环境监测中心松浦分中心于2009年8月13日向信谊黄河出具“SHSHJSP〔2009〕第（W492）号”《检测报告》，根据该检测报告，信谊黄河的污水排放符合污水排放标准（三级）规定的限值。

（2）2007年8月，上海三维宝灵制药厂因废气超标被上海市宝山区环保局处以10,000元罚款。

根据上海三维宝灵制药厂提供的说明，该厂在2009年下半年对大炉脱硫装置进行了改造，增加了“碱水脱硫”装置。根据上海市宝山区环境监测站2009年9月27日出具的《测试报告》，整改后的上海三维宝灵制药厂的烟尘、二氧化硫、氮氧化物排放浓度及烟气黑度符合《锅炉大气污染物排放标准》（DB31/387－2007）规定的限值。

经核查各环保主管机关出具的证明及各公司分别出具的自查报告，本次发行股份购买资产涉及的标的公司近三年未因重大环保违法行为受到环保主管部门的行政处罚。

**本次拟购买上实控股资产涉及的标的公司的环保情况**

本次拟购买上实控股资产涉及的实际从事医药生产类业务控股公司共计4家，根据各公司分别出具的自查报告以及4家公司各环保主管部门出具的环保守法证明,本次拟购买上实控股资产涉及的从事医药生产类业务控股公司近三年未因重大环保违法事件受到环保主管部门的行政处罚。

综上,本所律师认为,上海医药及其控股子公司,被吸并方上实医药和中西药业及其控股子公司,拟购买上药集团资产所涉及各控股公司,拟购买上实控股资产所涉及各控股公司最近三年在重大方面均遵守国家关于环境保护的法律、法规和规范性文件;根据相关公司的确认,由于存在环保行政处罚的各公司均已对被行政处罚的环保违法行为进行整改并已经整改完毕,该等情形不会对本次重大资产重组构成实质性法律障碍。并且,对于中西药业、拟购买上药集团资产所涉及各控股公司若因违反环保法律、法规或规范性文件而受到相关机构或部门的处罚或第三方索赔,从而使上海医药遭受经济损失的(包括直接损失或间接损失),上药集团承诺将予以全额补偿。

**诉讼、仲裁及行政处罚**

**吸并方上海医药的诉讼、仲裁及行政处罚情况**

**诉讼、仲裁**

经上海医药确认以及本所律师适当核查,截至2009年6月30日,上海医药不存在任何尚未了结的或可预见的并且将构成重大偿债风险、影响上海医药持续经营的重大诉讼、仲裁案件。

**行政处罚**

根据部分企业主管行政机关(税务、社保、工商、药监及环保等方面)出具的核查意见,并根据上海医药及其控股子公司的书面确认,上海医药及其控股子公司近三年不存在因重大违法行为而受到主管行政机关处罚的情形,但存在以下情节较为严重的违法行为:

(1)关于上海医药及其控股子公司的环保处罚情况参见本法律意见书14.1条。

(2)上海医药控股子公司宁波亚太生物技术有限公司因未按规定转出非正常损失的增值税进项税额造成偷税126,845.55元,以及被宁波经济技术开发区国家税务局根据《中华人民共和国增值税暂行条例》处以转出进项税126,845.55元并加收13,382.21元滞纳金,以及根据《中华人民共和国税收征收管理法》处以所偷税款50%的罚款(计63,422.78元)。

(3)上海外高桥医药分销中心有限公司因代理进口药品漏税170多万元,于2007年12月1日被上海浦东国际机场海关处以罚款100万元,补缴税款1,722,121.01元。

本所律师认为,上述行政处罚不属于重大违法行为,不会对上海医药持续经营或合法存续造成重大不利影响,亦不会对本次重组的实施造成法律障碍。

除上述已经披露的行政处罚案件外,根据上海医药部分行政主管机关的意见,经上海医药确认并经本所律师适当核查,上海医药不存在任何尚未了结的或可预见的并且将构成重大偿债风险、影响上海医药持续经营的重大诉讼、仲裁和行政处罚案件。

**被吸并方上实医药的诉讼、仲裁及行政处罚情况**

**诉讼、仲裁**

(1)证券代理纠纷

上实医药控股子公司上海医疗器械股份有限公司(以下简称"医械股份")与闽发证券有限责任公司(以下简称"闽发证券")因证券代理纠纷引起诉讼,根据上海市第一中级人民法院〔2004〕沪一中民三(商)初字第158号民事判决书判决医械股份胜诉,闽发证券及其上海水电路营业部应偿还61,991,754.46元及相应的利息。2005年7月,中国证券监督管理委员会取消闽发证券证券业务许可并责令其关闭,同时委托东方资产管理公司组成闽发证券清算组负责清算工作。目前,根据闽发证券破产管理人于2009年7月30日发的编号为闽发债审字第6号《闽发证券有限责任公司破产管理人债权审查结论通知书》,管理人确认医械股份对闽发证券的破产债权为购买国债的本金人民币54,970,297.95元,案件受理费和财产保全费共人民币633,238元,利息待定,债权总额待定。

(2)证券权益纠纷

上实医药控股子公司上海华瑞投资有限公司(以下简称"华瑞投资")与华龙证券有限责任公司(以下简称"华龙证券")上海长宁路营业部因证券权益纠纷引起诉讼,根据上海市第一中级人民法院〔2004〕沪一中民三(商)初字第457号民事判决书判决，并经上海市高级人民法院〔2005〕沪高民二（商）终字第83号民事判决书终审判决华瑞投资胜诉，华龙证券及其上海长宁路营业部应偿还60,000,000.00元及相应的利息。华瑞投资已经收到华龙证券以股票偿还的部分欠款，金额为10,465,253.00元。2006年12月，华瑞投资与华龙证券及其上海长宁路证券营业部签署《还款协议书》，其中约定自2006年12月20日起至2011年12月20日止，华龙证券、华龙证券长宁路营业部应分期五年、将4,500万元本金债务全部偿还华瑞投资，在此期间，该本金债务应按同期国债2.72%的年利率计付利息。在上述债务的偿还义务未履行完毕之前，继续维持对冻结保全房产的司法查封状态。

上实医药已经按照相关法律、法规、规章、规则的规定对上述尚未了结的诉讼进行了信息披露，并且已在财务报表中作相应减值准备；上述尚未了结的诉讼不会构成上实医药的重大偿债风险，亦不会对上实医药持续经营造成重大影响，也不会对本次重大资产重组构成法律障碍。

**行政处罚**

根据部分企业主管行政机关（税务、社保、工商、药监及环保等方面）出具的核查意见，并根据上实医药及其控股子公司的书面确认，除以下披露的情形外，上实医药及其控股子公司近三年不存在因重大违法行为而受到主管部门行政处罚的情形，但存在以下部分情节较为严重的违法行为：

根据常州工商行政管理局钟楼分局于2009年7月21日出具的常钟工商案字〔2009〕第00092号《行政处罚决定书》，由于上实医药下属企业常州药业股份有限公司（以下简称“常药股份”）以收取订金、预付款、房款等形式出卖申龙广场房地产项目，常州工商行政管理局钟楼分局认为常药股份违反了《中华人民共和国房地产管理法》第六十四条和《城市房地产开发经营管理条例》第三十四条的规定，对常药股份处罚如下：责令立即停止违法行为，没收违法所得38.361万元，并处罚款95万元。

根据常药股份的说明，申龙商务广场项目建设成本中有银行借贷资金，为避免对企业资金流动产生影响，常药股份董事会同意待申龙商务广场物业建成后，在满足自用和租赁的条件，以自有资产处置的方式向社会有需求的单位和个人转让其中部分物业。并且常药股份在申龙商务广场获得大产权证后才发生的物业转让行为，在取得小产权证后才发生的物业过户行为。

根据常药股份的说明及本所律师的适当核查，常药股份已就该等处罚事项缴纳了罚款。该等行政处罚事项不涉及上实医药的主营业务，不会影响上实医药主体存续、持续经营，亦不会对本次重大资产重组造成法律上的障碍。

本所律师认为，上述行政处罚事宜并不会影响上实医药持续经营，亦不会对本次重大资产重组构成法律障碍。

**被吸并方中西药业的诉讼、仲裁及行政处罚情况**

**诉讼仲裁**

（1）借款合同纠纷案

2008年6月，兴业银行股份有限公司深圳分行（以下简称“兴业银行”）向深圳市仲裁委员会申请仲裁[案号：深仲受字〔2008〕第841号]，要求借款人深圳市康达尔（集团）股份有限公司（以下简称“康达尔”）立即清偿贷款本金8,000万元、利息4,722,653.12元（暂计至2008年6月12日）以及至贷款本息还清日止的全部欠息；并要求保证人中西药业、保证人罗爱华承担保证责任。本案已被深圳市仲裁委员会受理。

截至2009年6月30日，康达尔应付兴业银行的借款本金已经减少至7,000万元，康达尔正在与兴业银行继续协商本案的解决方案。

（2）质押合同纠纷案

中西药业曾分别于2000年5月10日和2000年8月7日为上海中科向上海银行借款3,000万元、向中国光大银行借款2,000万元提供担保。2000年9月25日，中西药业就上述担保与上海中科签署了《反担保协议》，约定上海中科以其拥有的胜利股份转配股900万股质押给中西药业作为反担保。由于上海中科未履行质押手续，中西药业遂于2001年1月3日向上海市第一中级人民法院（以下简称“一中院”）提起诉讼，要求上海中科履行有关质押手续。2001年5月11日，一中院作出〔2001〕沪一中经初字第29号《民事调解书》确认，上海中科应归还中西药业人民币 51,016,745 元;若上海中科不能如期偿付上述款项,则以其所有的、可执行的胜利股份法人转配股折价清偿;上海中科还应负担案件诉讼费。由于申银万国证券股份有限公司(以下简称"申银万国")以上海中科欠其债务为由(另案起诉)已将上述转配股全部抛售,所得款项39,684,716.85元归至其名下。因此,中西药业于 2005 年 2 月 28 日申请追加申银万国为被执行人。经审理,一中院于 2005 年 4 月 11 日作出〔2001〕沪一中执字第 798 号、〔2005〕沪一中执恢复字第 47 号《民事裁定书》,裁定"追加案外人申银万国为本案的被执行人,被执行人上海中科不履行本院作出的〔2001〕沪一中经初字第 29 号《民事调解书》确定的应归还申请执行人中西药业的义务,由案外人申银万国在人民币 39,684,716.85 元的范围内承担赔偿责任"。申银万国不服一中院的上述裁定,于 2006 年 4 月 26 日向上海市高级人民法院(以下简称"上海高院")申请复议。上海高院在 2006 年 11 月 14 日公开进行了复议听证后,于 2006 年 11 月 29 日作出了〔2006〕沪高执复议字第 12 号《民事裁定书》,裁定驳回申请,维持原判。

另外,申银万国为使其占有上海中科 39,684,716.85元合法化,于 2006 年 11 月向一中院另案起诉,要求上海中科归还其人民币 1 亿元。经审理,一中院、上海高院分别支持了申银万国的诉请。上海中科不服,于 2009 年 7 月 21 日已向最高院提起再审申请。

截至 2009 年 6 月 30 日,本案尚未执行完毕。

(3)借款担保案

农行上海黄浦支行诉借款人新生力公司、保证人中西药业、保证人深圳市康达尔(集团)股份有限公司借款本金为 1,950 万元人民币借款合同纠纷一案[案号:〔2006〕沪二中民三(商)初字第 79 号;执行案号:〔2006〕沪二中执字第 798 号],中西药业已依法承担了全额保证责任,向银行归还了全部本息欠款合计人民币 23,973,439.86元。作为上述借款的共同连带保证人,康达尔同意承担全部欠款一半金额即人民币 11,986,719.93 元的保证责任。为此,中西药业、康达尔、深圳市康达尔(集团)房地产开发有限公司三方于 2008 年 3 月 21 日签订了《债务清偿协议书》,约定以康达尔蝴蝶堡十一套商品房抵债。

根据本所律师适当核查,截至本法律意见书出具之日,上述抵债商品房均已过户至中西药业名下。

(4)联营纠纷

1992 年 9 月 5 日,上海市南汇区康桥镇梓潼居民委员会(以下简称"梓潼居委")与上海远东制药机械总厂签订《联营协议书》,约定由双方共同投资开办上海远东制药机械总厂化工设备厂(以下简称"联营企业"),企业性质为国集联营。上海远东制药机械总厂以知识产权、经营销售、部分现用设备和资金作为出资投入,梓潼居委以土地和资金作为出资投入。由于联营企业自 1995 年投产后连续多年出现巨额亏损,后靠厂房出租也未能扭转不利局面。梓潼居委遂于 2008 年 9 月 19 日向法院递交了《民事起诉状》,请求依法解除双方于 1992 年 9 月 5 日签订的《联营协议书》,并依据审计评估值按《联营协议书》中所约定对联营企业的财产进行分割。截至 2009 年 6 月 30 日,该案尚在执行过程中。

中西药业已经按照相关法律、法规、规章、规则的规定对上述尚未了结的诉讼进行了信息披露,并且已在财务报表中作相应减值准备;上述尚未了结的诉讼不会构成中西药业的重大偿债风险,亦不会对中西药业持续经营造成重大影响,也不会对本次重大资产重组构成法律障碍。

**行政处罚**

本所律师就中西药业及其从事医药类生产经营的主要控股子公司在税务、社保、工商、药监及环保守法情况,向各主管行政机关进行了核查,并根据中西药业及其控股子公司的书面确认,中西药业及其控股子公司近三年不存在因重大违法行为而受到主管部门行政处罚的情形。

**拟购买上药集团资产的诉讼、仲裁及行政处罚情况**

**诉讼、仲裁**

根据拟购买上药集团资产所对应各控股公司的确认以及本所律师的适当核查,以相关公司作为原告诉讼标的金额超过1,000万元,或作为被告诉讼标的金额超过 500 万元,或虽标的金额不明确但可能对公司未来生产经营产生较大影响为“重大标准”，截至2009年6月30日，除下列已经披露的情形外，拟购买上药集团资产所对应各控股公司不存在其他尚未了结或可预见的重大诉讼、仲裁案件。

(1)专利无效诉讼案

根据上海杏灵科技药业股份有限公司(以下简称“杏灵药业”)提供的资料，杏灵药业于1999年3月19日向知识产权局申请中国专利“银杏叶组织物及其制备方法与应用”，2004年7月28日获得授权，专利号ZL99803683.8号。由于第三方异议，2009年7月1日该专利被知识产权局决定“宣告专利权全部无效”，截至本法律意见书出具之日，杏灵药业拟通过向北京市第一中级人民法院提起撤销该行政决定的行政诉讼。由于该潜在诉讼目前在筹划阶段，经与杏灵药业确认，暂无法预估该潜在诉讼胜诉的可能性。

根据杏灵科技提供的财务数据，2007年、2008年以及2009年1－6月，与ZL99803683.8号专利有关的银杏酮酯产品的销售额分别为317万元、399万元、328万元，分别占杏灵药业总销售收入的3.71%、4.49%、5.92%；销售毛利分别为146万元、242万元、199万元，分别占杏灵药业销售总毛利的2.33%、4.14%、5.12%。

综上，本所律师认为，若杏灵药业拟提起的行政诉讼最终败诉，或不提起行政诉讼，则ZL99803683.8号专利将被宣告无效，与ZL99803683.8号专利相关的银杏酮酯产品销售可能受到不利影响，可能对杏灵药业的经营产生一定的影响；但由于银杏酮酯产品的销售收入和毛利占比较小，该等不利影响不会对本次重大资产重组构成法律障碍。

(2)担保合同纠纷案

2003年6月，青岛国风大酒店与青岛市商业银行延安三路支行签订借款合同，借款总额为1,000万元，青岛国风药业股份有限公司为保证人，青岛国风集团有限责任公司为此提供了反担保。因青岛国风大酒店到期未能归还借款，青岛市中级人民法院作出〔2004〕青民四初字第183号民事判决书，青岛国风药业股份有限公司已依照判决向青岛市商业银行延安三路支行偿还了1,000万元及诉讼费用115,530元，并因此遭受经济损失93,280元。因此青岛国风药业股份有限公司将青岛国风大酒店和青岛国风集团有限责任公司诉至法院，要求其偿还10,115,530元，赔偿经济损失93,280元。

2004年10月，青岛市中级人民法院作出“〔2004〕青民四初字第203号”民事判决书，判决青岛国风大酒店偿还青岛国风药业股份有限公司人民币10,115,530元；青岛国风大酒店赔偿青岛国风药业股份有限公司经济损失93,280元，青岛国风集团有限责任公司对上述款项承担连带清偿责任。该判决作出后，各方当事人均未上诉。

2005年3月，青岛国风药业股份有限公司向青岛市中级人民法院递交强制执行申请。2005年7月，青岛市中级人民法院向青岛国风药业股份有限公司下发“〔2005〕执二字第68号”文，通知因青岛市国有企业改革领导小组办公室向青岛市中级人民法院致建议函，决定本案暂缓执行。

(3)保证合同纠纷案

2005年1月11日和2005年7月22日，青岛国风药业股份有限公司分别为青岛国风东瑞制药有限责任公司向中国工商银行青岛市市南区支行和青岛市商业银行深圳路支行借款365万元和500万元提供连带责任保证。后因青岛国风东瑞制药有限责任公司经营不善全面停产，无力偿还到期债务，青岛国风药业股份有限公司代青岛国风东瑞制药有限责任公司履行还款义务。故青岛国风药业股份有限公司诉至法院，要求青岛国风东瑞制药有限责任公司偿还865万元和相应的利息。

2006年6月，青岛市中级人民法院作出“〔2006〕青民四初字”第12号民事调解书，上述当事人达成调解协议，青岛国风药业股份有限公司自愿承担青岛国风东瑞制药有限责任公司在本案中涉及的两笔贷款共计865万元及相应利息的还款义务。青岛国风东瑞制药有限责任公司自愿以诉讼过程中被法院查封的被告名下房产(青房自字第331号房产证项下的青岛市四方区东吴家村461号房产)通过法律程序评估、作价偿还该865万元的借款本息。

截至2009年6月30日，上述房产尚未办理过户手续。

(4)欠款纠纷案

2006 年 5 月,青岛国风药业股份有限公司向青岛市市南区人民法院提起诉讼,要求青岛宏仁堂制药厂、青岛国风集团药材有限责任公司、青岛国风集团有限责任公司偿还青岛国风药业股份有限公司因托管青岛宏仁堂制药厂垫付的资金共计5,019,339.03元。

2009 年 5 月,青岛国风药业股份有限公司为确保案件标的额能够有效执行,将另一诉宏仁堂制药厂的案件撤诉,将该案的诉讼标的合并至本案,并向原起诉法院递交变更诉讼请求申请书,将诉讼请求数额增加到 23,919,339.3 元。

由于青岛宏仁堂制药厂对上述诉讼请求数额提出异议,该案现进入委托审计阶段,截至 2009 年 6 月 30 日,相关审计工作尚未结束。

(5)租赁合同纠纷案

2008 年 4 月,梅陇城乡建设发展公司因与上海雷允上药业有限公司(以下简称"雷允上药业")租赁合同纠纷一案,向上海市闵行区人民法院提起诉讼称,因雷允上药业承租的位于莘朱路 1015 弄 24 号的租赁场地面临动迁,雷允上药业在梅陇城乡建设发展公司多次通知搬迁后仍拒绝搬离租场地,要求法院判令与雷允上药业解除租赁协议书、雷允上药业立即搬离。

上海市闵行区人民法院于 2009 年 7 月 3 日作出一审判决,判令原告梅陇城乡建设发展公司与雷允上药业解除租赁协议,雷允上药业搬离租赁场所,梅陇城乡建设发展公司按每年 138,888.89 元的标准向雷允上药业返还自搬离之日起至 2017 年 12 月 31 日的租金。

雷允上药业不服一审判决,于 2009 年 8 月向上海市第一中级人民法院提出上诉。上海市第一中级人民法院于 8 月 13 日作出终审判决,驳回上诉,维持原判。

上药集团同时出具书面承诺,对于拟购买上药集团资产所对应各控股公司在本次重组评估基准日前发生延续至评估基准日后的尚未了结的诉讼、仲裁,以及于评估基准日起至上海医药本次向上药集团发行股份购买资产交割日(如相关资产于交割日未完成实际交割的则至交割完成日)期间发生的诉讼、仲裁,如给上海医药造成损失的,且截至 2009 年 6 月 30 日本次重大资产重组相关审计报告中无计提损失的情形,上药集团承诺将予以全额补偿。因此,本所律师认为,上述尚未了结的重大诉讼、仲裁案件不会对本次重大资产重组构成法律障碍。

**行政处罚**

本所律师就拟购买上药集团资产所对应各控股公司工商、社保、税务、药监、环保等方面的守法情况,向主要企业的各主管税务机关进行了核查,并根据各相关公司的书面确认,该等公司近三年均不存在因重大违法行为受到相关主管部门行政处罚的情形,但存在以下部分情节较为严重的违法行为:

(1)关于部分公司因环保事项被行政处罚的详细内容参见本法律意见书 14.4 条(环保)的具体表述。

(2)上海雷允上药业有限公司奉浦分厂因生产安全事故(致 1 人死亡)于 2008 年 8 月 26 日被上海市奉贤区安全生产监督管理局处以罚款人民币 10 万元的行政处罚。

本所律师认为,上述行政处罚不属于重大违法行为,不会对涉罚企业持续经营或合法存续造成重大不利影响,亦不会对本次重组的实施造成法律障碍。

另外尚有上海三维制药销售有限公司(以下简称"三维销售")和雷允上药业被行政调查两项事项,其中三维生物因涉嫌商业贿赂违法行为于 2009 年 6 月被工商行政管理机关立案查处,截至本法律意见书出具之日尚未有处罚结论;雷允上药业因批号 08020303 丹溪玉屏风颗粒"水分"项目不合格,批号 73735 连翘"杂质"项目不合格于 2009 年 8 月分别被药品监督管理局予以调查,尚未立案。经本所律师核查及相关公司确认,上述被行政调查事项不构重大违法行为。

上药集团已经出具书面承诺,在本次重组评估基准日前发生延续至评估基准日后,以及于评估基准日起至上海医药本次向上药集团发行股份购买资产交割日(如相关资产于交割日未完成实际交割的则至交割完成日)期间发生的行政处罚给上海医药造成损失的(包括但不限于应缴纳的罚款、被没收的收入或者应改正而导致的额外支出等),上药集团承诺全额承担该等损失。因此,本所律师认为,上述行政处罚事宜虽情节较为严重或尚未结案或尚未立案,但其并不会影响相关公司的持续经营,亦不会对本次重大资产重组构成法律障碍。

**其他重大事项**

根据2009年4月19日美国食品药品监督管理局(U. S. Food & Drug Administration,以下简称FDA)致第一生化的警告函,FDA认为第一生化在出口肝素钠药品生产方面与美国CGMP要求存在重大偏差,并要求第一生化必须确保产品符合美国CGMP的标准和法律后方能将产品销往美国,在此之前建议扣留第一生化作为制造商的任何新的申请许可,已生产产品不予发往美国。

根据第一生化做出的说明,第一生化自1979年起开始生产肝素钠,并于1996年和2004年分别委托美国Amphaster公司向FDA递交并更新了肝素钠API的DMF 12281;自2001年起第一生化共计向美国IMS公司销售了148批肝素钠起始原料,后者全部用于研究,制剂尚未上市,目前第一生化已经主动停止该等销售;同时,第一生化已针对根据美国FDA的意见进行整改并及时向美国FDA报告。2009年8月期间第一生化接受了FDA委托的美国第三方对玻璃酸酶原料以及整个质量保证体系的审计,美国第三方审计公司对第一生化的CGMP实施情况表示满意。

2007年和2008年,第一生化境外业务营业收入分别为5,635万元和953万元,占其营业收入的15.95%和2.56%;其中肝素钠产品境外销售收入分别为4,987万元和819万元,分别占其营业收入的14.12%和2.20%。2007年和2008年,第一生化境外业务销售毛利分别为305万元和185万元,占其营业收入的2.83%和1.06%;其中肝素钠产品境外销售毛利分别为96万元和171万元,分别占其营业收入的0.89%和0.98%。2009年以来,第一生化未经营从事境外业务。

据上,本所律师认为:若美国FDA继续要求扣留第一生化的新的申请许可,并禁止其产品发往美国,可能将对第一生化的境外业务经营产生不利一定的影响;但由于境外销售收入占比较低,境外销售毛利占比较低,肝素钠销售收入占比较低,肝素钠销售毛利占比较低,第一生化已经对FDA警告函质疑事宜进行整改,因而FDA警告函不会对第一生化的财务有重大不利影响,也不会构成本次重大资产重组的法律障碍。

**拟购买上实控股资产涉及的标的公司的诉讼、仲裁及行政处罚情况**

根据拟购买上实控股资产所对应控股公司的确认以及本所律师的适当核查,以相关公司作为原告诉讼标的金额超过1,000万元,或作为被告诉讼标的金额超过500万元,或虽标的金额不明确但可能对公司未来生产经营产生较大影响为"重大标准",截至2009年6月30日,除下列已经披露的情形外,拟购买上实控股资产所对应控股公司不存在其他尚未了结或可预见的重大诉讼、仲裁和行政处罚案件。

三维生物研发的国家一类抗肿瘤药物H101项目于2005年11月获得国家食品药品监督管理局颁发的《新药证书》,于2006年4月获得生产批文,并于2006年5月取得国家知识产权局颁发的"基因工程腺病毒及其用途"专利权证书(专利号:CN981032192.2)。2006年6月,美籍华人俞德超先生(原告)向上海市第一中级人民法院起诉三维生物、杭州赛狮生物技术开发有限公司和自然人胡放,以其曾向H101项目研发人员提供过用于研发的病毒样本为由,要求法院确认其为该发明专利的发明人和专利权人。截至2009年6月30日,该专利权纠纷一案尚在审理当中。

根据三维生物提供的使用专利号为981032192的产品"安珂瑞"在2007年、2008年以及2009年1-6月份的财务数据:2007年、2008年及2009年1-6月,三维生物生产的使用专利号为981032192的产品"安珂瑞"的销售收入分别为202万元、224万元和85万元,分别占三维生物营业收入的17.01%、18.17%和12.16%;销售毛利分别为72万元、105万元和18万元,分别占三维生物毛利的10.02%、15.29%和6.69%。

根据本所律师向三维生物的情况了解,本所律师认为,如果专利权被主管法院重新认定,三维生物的专利权的有效性会受到不利影响,但三维生物目前拥有的新药证书(国药证字S20050088)不因此受到不利影响;三维生物需要就使用专利的行为向专利权人支付一定的使用费,从而对三维生物的生产经营产生不利影响;但由于三维生物在本次重组中的评估作价在拟购买上实控股资产作价的占比不足2%,而安珂瑞产品的销售收入和销售毛利近两年一期占比均较低,因而专利纠纷事宜不会对三维生物的财务有重大不利影响,也不会构成本次重大资产重组的法律障碍。

对于拟购买上实控股资产所对应控股公司在本次重组评估基准日前发生延续至评估基准日后的尚未了结的诉讼、仲裁,以及于评估基准日起至资产交割日(如相关资产于交割日未完成实际交割的则至交割完成日)期间发生的诉讼、仲裁,如给上海医药造成损失,且截至 2009 年 6 月 30 日本次重大资产重组相关审计报告中无计提损失的情形,上药集团承诺将予以全额补偿。

## 职 工 安 置

**本次换股吸收合并涉及的职工安置**

根据《换股吸收合并协议》,本次换股吸收合并完成后,上实医药、中西药业在吸并交割日的全体在册员工将由存续方上海医药全部接收。上实医药及中西药业与其全部员工之前的所有权利和义务,均自吸并交割日起由上海医药享有和承担。2009 年 10 月 22 日,上实医药已经召开全体职工大会审议通过了本次换股吸收合并涉及的职工安置方案;2009 年 10 月 26 日,中西药业已经召开职工代表大会审议通过了本次换股吸收合并涉及的职工安置方案。

本所律师认为,截至本法律意见书出具之日,本次换股吸收合并所涉及的员工安置方案不存在违反法律、行政法规规定的情形。

**本次向上药集团发行股份购买资产涉及的职工安置问题**

根据《发行股份购买资产协议》,本次向上海医药发行股份购买资产所涉及的标的资产所对应公司现有员工将跟随标的资产进入上海医药,其于交易交割日与现有雇主的劳动关系和相互之间权利义务状况并不因本次重组发生改变(根据相关适用法律进行的相应调整除外)。标的资产中非股权资产相关的员工(主要指与在研品种研发相关的部分员工),将于交易交割日由上海医药接受,并由上海医药承担该等员工的安置责任,包括但不限于由上海医药或其指定的下属企业(该等下属企业包括上海医药于交易交割日已有的下属企业,也包括因本次重组进入上海医药的下属企业)与该等员工重新签署劳动合同,并根据法律法规的相关规定办理社会保险的衔接工作。

本所律师认为,截至本法律意见书出具之日,本次向上海医药发行股份购买资产涉及的员工安置方案不存在违反法律、行政法规规定的情形。

**本次拟购买上实控股资产涉及的职工安置问题**

根据《向上海上实发行股份并向上实控股购买资产协议》,本次拟购买上实控股资产涉及标的资产所对应公司现有员工将跟随标的资产进入上海医药,其于资产交割日与现有雇主的劳动关系和相互之间权利义务状况并不因本次重大资产重组发生改变(根据相关适用法律进行的相应调整除外)。

本所律师认为,截至本法律意见书出具之日,本次向上海上实发行股份并向上实控股购买资产涉及的员工安置方案不存在违反法律、行政法规规定的情形。

**与本次重大资产重组相关的信息披露**

上海医药于 2009 年 10 月 14 日召开董事会,就本次重大资产重组事项形成的相关决议,已向上海证券交易所报告并公告。

中西药业于 2009 年 10 月 14 日召开董事会,就本次重大资产重组事项形成的相关决议,已向上海证券交易所报告并公告。

上实医药于 2009 年 10 月 14 日召开董事会,就本次重大资产重组事项形成的相关决议,已向上海证券交易所报告并公告。

上海医药已于 2009 年 11 月 5 日召开股东大会,就本次重大资产重组事项形成相关决议,已向上海证券交易所报告并公告。

上实医药和中西药业已于 2009 年 11 月 5 日分别召开股东大会,就换股吸并事项形成相关决议,已向上海证券交易所报告并公告。

截至本法律意见书出具之日,相关各方履行了法定披露和报告义务,不存在应披露而未披露的合同、协议或安排。

上海医药、中西药业和上实医药将根据本次非公开发行股票购买资产事宜的进展情况,继续履行法定披露和报告义务。

**为本次重大资产重组出具专业意见的中介机构及其报告签字人的资格**

为本次重大资产重组出具专业意见的中介机构及其报告签字人如下:

| 中介机构职能 | 中介机构名称 | 中介机构资质证书 | 签字人 |
| --- | --- | --- | --- |
| 独立财务顾问 | 中国国际金融有限公司 | 1.《企业法人营业执照》(企合国字第000599号)<br>2.《经营证券业务许可证》(编号:Y00111000) | 1. 魏奇(执业证号:S0080100010087)<br>2. 韩敏(执业证号:S0080100010701)<br>3. 王晶(执业证号:S0080107120957) |
| 上市公司法律顾问 | 国浩律师集团(上海)事务所 | 《律师事务所执业许可证》(编号:090193107030) | 1. 韦玮(执业证号:0920052100189)<br>2. 张莹(执业证号:0920052104622) |
| 财务审计机构 | 立信会计师事务所有限公司 | 1.《企业法人营业执照》(注册号:310101000244883)<br>2.《执业证书》(证书编号:000227)<br>3.《会计师事务所证券、期货相关业务许可证》(证书号:000057) | 1. 朱晓东 证书编号:310000062230<br>2. 张昕 证书编号:310000850023<br>3. 王英 证书编号:310000050198<br>4. 王凌云 证书编号:310000052143<br>5. 吕秋萍 证书编号:310000050142<br>6. 陈春晖 证书编号:310000050211<br>7. 刘弋 证书编号:310000060008<br>8. 朱荣元 证书编号:310000060273<br>9. 李元平 证书编号:440600160001 |
| 资产评估机构 | 上海东洲资产评估有限公司 | 1.《企业法人营业执照》(注册号:310226000077229)<br>2.《证券期货相关业务评估资格证书》(编号:0210049005) | 1. 方明《注册资产评估师资格证书》编号:34000021<br>2. 孙业林《注册资产评估师资格证书》编号:31000776 |
| 被吸并方财务顾问 | 东方证券股份有限公司 | 1.《企业法人营业执照》(注册号:3100001005003)<br>2.《经营证券业务许可证》(编号:Z22631000) | 1. 王森鹤(执业证号:S0860108071109)<br>2. 王喆(执业证号:S0860107020782)<br>3. 胡刘斌(执业证号:S0860106110716) |
| 被吸并方律师 | 北京市竞天公诚律师事务所上海分所 | 《律师事务所分所执业许可证》(证号:091198112348) | 1. 陆琛(执业证号:091196112355)<br>2. 何颖翔(执业证号:A20063101080478) |
| 中西药业审计机构 | 上海上会会计师事务所有限公司 | 1.《企业法人营业执照》(注册号:3101092008995)<br>2.《会计师事务所证券、期货相关业务许可证》(证书序号:000055)<br>3.《会计师事务所执业证书》(批准设立文号:沪财会〔98〕160号) | 1. 耿磊 注册会计师资格证号:310000080366<br>2. 赵彧非 注册会计师资格证号:310000080400 |

本所律师核查后认为,上述中介机构及其签字人具有为本次重大资产重组提供服务的资质。

## 股 票 买 卖

根据中国证券登记结算有限责任公司上海分公司出具的证明文件,本次重大资产重组所涉三家境内上市公司(上海医药、上实医药、中西药业)、上药集团、上海上实、上实控股及其各自的董事、监事、高级管理人员、参与项目的中介机构人员以及上述人员的直系亲属(以下简称"自查人员")在敏感期内[自三家境内上市公司停牌之日(2009 年 6 月 18 日)前 6 个月至本次重大资产重组报告书公告之日]买卖上海医药、上实医药和中西药业股票,详细情况见本法律意见书附件 19。

本所律师对本次重大资产重组的决策过程及保密情况进行了核查,并对部分自查人员买卖相关上市公司股票的行为是否可能涉及内幕交易进行了重点调查。根据本所律师的适当核查,上述人员在买卖相关上市公司股票时对本次重大资产重组并不知情,不存在利用内幕信息进行股票交易的情况。上述人员已分别出具承诺函,承诺内容包括:(1)其在敏感期内买卖相关上市公司股票所获得的收益交上市公司所有;(2)其目前仍持有的相关上市公司股票(若适用),自本次重组方案公告后 6 个月内不进行交易,若违反承诺,其所得收益交上市公司所有。

本所律师认为,上述自查人员虽存在于敏感期内买卖相关上市公司股票的行为,但该行为并未利用本次重大资产重组的内幕信息,不构成内幕交易;该等交易行为不会对本次重大资产重组构成法律障碍。

## 结 论 意 见

综上所述,本所律师认为:

(1)本次重大资产重组方案符合相关法律、法规的规定,并且采取了保护上海医药、上实医药及中西药业股东合法利益的必要措施。

(2)本次重大资产重组的交易各方均依法设立并有效存续,具备实施本次重大资产重组的主体资格。

(3)上药集团、上实控股本次拟注入上海医药的资产,除本法律意见书披露的尚待补办权属证书或尚待获得第三方书面同意或尚待履行相关批准手续外,该等资产注入上海医药不存在实质性法律障碍。

(4)与上药集团、上实控股拟注入上海医药资产相关的人员安置、税务、环保、诉讼、仲裁或行政处罚事项不存在对本次重大资产重组构成实质性法律障碍的情形。

(5)本次重组的被吸并方上实医药、中西药业的资产状况、债权债务处理方案不存在对本次重大资产重组构成实质性法律障碍的情形。

(6)为本次重组而签署的《换股吸收合并协议》、《发行股份购买资产协议》以及《向上海上实发行股份并向上实控股购买资产协议》的内容符合有关法律、法规及规范性文件的规定,对协议各方具有法律约束力。

(7)本次重组有利于减少上海医药与关联方的关联交易。

(8)本次重大资产重组完成后,除因客观原因无法注入或不宜注入上海医药的上药集团下属存续资产与上海医药不存在实质性同业竞争外,上药集团、上实控股与上海医药之间不存在同业竞争。上药集团已经承诺采取适当措施解决前述非实质性同业竞争可能给上海医药造成的不利影响。

(9)本次重组完成后,上海医药的股权分布仍将符合上市条件。

(10)上海医药就本次重大资产重组进行的信息披露符合相关法律、法规及规范性文件的规定。

(11)参与本次重组的中介机构均具有为本次重组提供服务的适合资质。

(12)本次重大资产重组已经依其进程已经取得了上海医药、上实医药及中西药业董事会、股东大会的同意,获得了上实控股董事会、股东大会批准,获得了国务院国资委和上海市国资委的批准;本次重大资产重组方案尚待获得中国证监会的核准;本次重组获得中国证监会关于同意豁免上药集团及其关联方要约收购义务的批复;本次重组的具体实施尚待商务部、国家发改委等政府主管机关的核准。

### 第三节　法律意见书结尾

**一、法律意见书的日期及签字盖章**

本法律意见书于二〇〇九年十一月十七日由国浩律师集团(上海)事务所出具,经办律师为韦玮律师、张莹律师。

**二、法律意见书的正、副本份数**

本法律意见书正本七份,无副本。

国浩律师集团(上海)事务所
负 责 人:管建军
经办律师:韦　玮　张　莹

# 二、境外发行上市类

## 关于新疆金风科技股份有限公司发行境外上市外资股(H股)股票并在香港联合交易所有限公司主板上市的法律意见书

致:新疆金风科技股份有限公司

本所接受金风科技的委托,担任金风科技本次申请发行境外上市外资股(H股)并在香港联交所主板上市的特聘中国法律顾问,根据《公司法》、《证券法》、《特别规定》、中国证监会关于《境外上市通知》、《改革意见》和《编报规则第12号》以及其他法律、行政法规和规范性文件的规定,并根据与金风科技签署的《专项法律顾问协议书》,按照中国律师行业公认的业务标准、道德规范和勤勉尽责精神,出具本《法律意见书》。

### 第一节　律师声明的事项

一、根据本所与金风科技签订的《专项法律顾问协议》,本所律师作为金风科技本次发行的特聘专项法律顾问,出具本《法律意见书》。

二、本所律师仅依据本《法律意见书》出具日以前已经发生或存在的事实和中国法律、行政法规和规范性文件的有关规定,发表法律意见。

三、本所律师已经对与出具本《法律意见书》有关的所有文件资料及有关事实进行核查判断,并据此发表相关的法律意见。

四、对于本《法律意见书》至关重要而又无法得到独立证据支持的事实,本所律师依赖于有关政府部门、金风科技或其他有关单位出具的证明文件出具本《法律意见书》。

五、金风科技已经向本所保证:金风科技已提供了为出具本《法律意见书》所必需的真实、完整、有效的原始书面材料、副本材料或者有关事实。

六、本所律师已严格遵循了勤勉尽责和诚实信用原则,对金风科技的行为以及本次发行并上市申请的真实性和有效性进行了充分的审核、核查和审验,保证本《法律意见书》不存在虚假记载、误导性陈述及重大遗漏。

七、在本《法律意见书》中,本所律师仅就金风科技本次股票发行并上市所涉及的中国法律问题发表法律意见,并不对除此之外的任何其他境外法律问题发表意见。本《法律意见书》对有关会计、审计、验资、评估等报告数据的引用并不表明本所律师对该等事项的有效性判断。本《法律意见书》并不对有关的会计、审计、评估、验资发表审核意见。

八、本《法律意见书》仅供金风科技为申请香港联交所主板发行股票并上市之目的使用,不得用作任何其他目的。

九、本所未授权任何单位或个人对本《法律意见书》作任何解释或说明。

十、本所同意金风科技按照香港联交所规定的要求,在本次申请发行股票并上市刊发的招股文件中部分或全部引用本《法律意见书》的内容,但金风科技作上述引用时,不得因引用而导致法律上的歧义或曲解。

十一、本所同意本《法律意见书》作为金风科技申请本次发行上市所必备的法定文件,随同其他申报材料提呈香港联交所审查,并依法对所发表的法律意见承担责任。

## 第二节　法律意见书正文

### 一、本次发行上市的批准和授权

1. 金风科技于2009年8月31日召开第三届董事会第十六次会议,审议并通过了与本次公开发行H股股票并上市的有关议案。

金风科技于2009年9月25日召开2009年第二次临时股东大会,审议通过《关于公司发行H股股票并上市的议案》、《关于公司发行H股股票并上市方案的议案》、《关于公司转为境外募集股份有限公司的议案》、《关于〈金风科技前次募集资金使用情况专项报告〉的议案》、《关于公司发行H股股票募集资金使用及投向计划的议案》、《关于本次H股股票发行并上市决议有效期的议案》、《关于提请股东大会授权公司董事会及其获授权人士全权处理与发行H股股票并上市有关事项的议案》、《关于修订〈新疆金风科技股份有限公司章程〉(草案)的议案》、《关于公司发行H股之前滚存利润分配方案的议案》、《关于修订〈新疆金风科技股份有限公司募集资金使用管理制度〉相关条款的议案》等与本次发行H股股票并上市的相关议案。

金风科技于2010年7月23日召开第四届董事会第四次会议,审议并通过《关于延长公司H股发行上市相关事项有效期的议案》,该董事会决议将2009年第二次临时股东大会审议通过的关于H股股票发行上市相关议案及《关于提请股东大会授权公司董事会及其获授权人士全权处理与发行H股股票并上市有关事项的议案》的有效期延长18个月,即自2010年9月25日起18个月内有效,除此之外,2009年第二次临时股东大会审议通过的其他议案内容保持不变。该议案已经发行人2010年第二次临时股东大会审议通过。

本所律师认为,发行人2009年第二次临时股东大会审议通过的事项现仍在有效期内。发行人董事会《关于延长公司H股发行上市相关事项有效期的议案》,经发行人股东大会审议通过后,将对发行人H股股票发行上市相关议案及《关于提请股东大会授权公司董事会及其获授权人士全权处理与发行H股股票并上市有关事项的议案》的有效期延长18个月。

2. 金风科技2009年第二次临时股东大会对董事会的授权

金风科技2009年第二次临时股东大会审议通过了《关于提请股东大会授权公司董事会及其获授权人士全权处理与发行H股股票并上市有关事项的决议》,授权董事会及其获授权人士处理与发行H股股票并上市有关的事项。

3. 自治区人民政府于2009年10月11日出具《关于推荐新疆金风科技股份有限公司在香港联合交易所发行H股并上市的函》(新政函〔2009〕216号),同意推荐金风科技在香港联合交易所发行H股并上市。

4. 中国证监会于2010年5月12日出具《关于核准新疆金风科技股份有限公司发行境外上市外资股的批复》(证监许可〔2010〕622号),同意发行人到香港交易所主板上市。

本所律师认为:

1. 金风科技2009年第二次临时股东大会的召集和召开程序、出席会议人员的资格、表决程序、表决内容及授权董事会办理的事项符合《公司法》及金风科技《公司章程》的规定,该次股东大会决议合法、有效。

2. 金风科技本次发行上市已获得金风科技《公司章程》所规定的内部批准与授权,并获得了自治区人民政府及中国证监会的批准手续,本次发行上市尚待取得香港联交所的批准。

## 二、发行人本次发行上市的主体资格

发行人的前身新疆新风科工贸有限责任公司(以下简称"新风科工贸")系于1998年2月17日由风能公司与四名自然人共同设立的有限责任公司。2000年12月31日,新风科工贸临时股东会决议将公司的组织形式由有限责任公司整体变更为股份有限公司(股份有限公司的公司名称为新疆金风科技股份有限公司)。该次整体变更为股份有限公司的行为经自治区人民政府批准(新政函〔2001〕29号)。发行人于2001年3月26日取得自治区工商局核发的《企业法人营业执照》(注册号:6500001001045)。

经发行人第三届董事会第二次会议及2007年第二次临时股东大会决议,并经中国证监会《关于核准新疆金风科技股份有限公司首次公开发行股票的通知》(证监发行字〔2007〕453号)的核准,发行人于2007年12月13、14日公开向社会发行5,000万股A股股票。深交所于2007年12月24日出具《关于新疆金风科技股份有限公司人民币普通股股票上市的通知》(深证上〔2007〕202号),同意发行人首次公开发行的5,000万普通股股票在深交所上市。

发行人现持有自治区工商局于2010年4月13日核发的《企业法人营业执照》(注册号:650000410001060),根据该执照记载,公司名称:新疆金风科技股份有限公司;住所:乌鲁木齐市经济技术开发区上海路107号;法定代表人:武钢;注册资本:贰拾贰亿肆仟万元;实收资本:贰拾贰亿肆仟万元;公司类型:股份有限公司(上市);经营范围:大型风力发电机组生产销售及技术引进与开发、应用;建设及运营中试型风力发电场;制造及销售风力发电机零部件;有关风机制造、风电场建设运营方面的技术服务与技术咨询;风力发电机组及其零部件与相关技术的进出口业务;成立日期:2001年3月26日。

经本所律师核查,发行人自股份有限公司成立以来,一直持续有效地进行各项经营活动,参加并通过了2007年度、2008年度和2009年度的工商年检手续,不存在根据《公司法》和其他法律、行政法规、规范性文件以及《公司章程》规定需要终止的情形,为依法有效存续的股份有限公司(上市),具有《公司法》、《证券法》等法律、行政法规和规范性文件规定的本次发行上市的主体资格。

## 三、本次发行上市的实质条件

发行人本次发行上市符合中国法律、行政法规规定的实质条件:

(一)发行人系经自治区人民政府批准、依法变更设立的股份有限公司,发行人的设立方式、发起人人数、发起人的住所等事项均符合《公司法》第七十七条、第七十八条、第七十九条及《特别规定》第六条的相关规定。

(二)根据本所律师的核查,发行人本次发行上市符合《公司法》、《证券法》、《特别规定》等法律、行政法规、规则和规范性文件的规定,符合《境外上市通知》第一条第一款的规定。

(三)根据发行人提供的本次发行募集资金拟投资的项目清单,发行人本次发行所募集的资金拟投资的项目符合国家产业政策、利用外资政策及国家有关投资项目管理的规定,符合《境外上市通知》第一条第二款的规定。

(四)根据五洲松德出具的五洲松德证审字〔2010〕2-0128号《审计报告》,发行人2009年12月31日的净资产超过4亿元人民币;发行人2009年度的净利润超过6,000万元人民币;根据发行人拟定的发行方案,发行人本次发行筹资额不少于5,000万美元,发行人上述财务指标符合《境外上市通知》第一条第三款的规定。

(五)发行人系其股票在深交所公开发行并上市交易的上市公司,其已根据中国法律、行政法规及规范性文件,制定了《公司章程》、《股东大会议事规则》、《董事会议事规则》、《监事会议事规则》、《对外担保管理制度》、《关联交易决策制度》、《风电项目开发投资转让权限规定》、《重大资产处置管理制度》、《独立董事工作制度》、《信息披露制度》、《对外投资管理制度》及《募集资金使用管理制度》等相关内控制度,具有规范的法人治理结构及较完善的内部管理制度,有较稳定的高级管理层及较高的管理水平,符合《境外上市通知》第一条第四款的规定。

(六)根据《特别规定》和中国有关外汇管

理的法律、行政法规,发行人本次发行上市后,可依法用其人民币向外汇指定银行购汇用于向境外上市外资股(H股)股东分红派息,上市后分红派息有可靠的外汇来源,符合《境外上市通知》第一条第五款的规定。

(七)发行人2009年第二次临时股东大会审议通过了《关于修订〈新疆金风科技股份有限公司章程〉(草案)的议案》,该《公司章程》(草案)载明了《必备条款》所要求的内容,符合《特别规定》第十三条的规定。

(八)发行人已依法建立健全的三会议事规则及相关内控制度,具备健全且运行良好的组织机构,相关机构和人员能够依法履行职责,符合《证券法》第十三条第一款第(一)项的规定。

(九)根据五洲松德出具的2007年度、2008年度、2009年度的《审计报告》(五洲审字〔2008〕8-008号、五洲审字〔2009〕8-168号及五洲松德证审字〔2010〕2-0128号)及发行人的确认,发行人2007年度、2008年度、2009年度连续三年盈利,具有持续盈利能力,可以向股东支付股利,发行人财务状况良好,符合《证券法》第十三条第一款第(二)项的规定。

(十)根据发行人提供的相关主管部门分别出具的税务、环境保护、社会保险、技术质量方面的证明及发行人的书面确认,发行人最近三年无重大违法行为,符合《证券法》第十三条第一款第(三)项的规定。

(十一)根据五洲松德出具的2007年度、2008年度及2009年度的《审计报告》(五洲审字〔2008〕8-008号、五洲审字〔2009〕8-168号及五洲松德证审字〔2010〕2-0128号)及发行人的确认,发行人2007年度、2008年度及2009年度的财务会计文件不存在虚假记载,符合《证券法》第十三条第一款第(三)项及《证券法》第五十条第四款的规定。

综上所述,本所律师认为:

1. 发行人已具备中国法律、行政法规或规范性文件规定的有关向境外公开发行股票并在香港联交所主板上市的实质性条件。

2. 发行人本次发行并上市尚需获得香港联交所的批准。

**四、发行人的设立**

(一)新风科工贸的设立

发行人的前身新风科工贸系于1998年2月17日由风能公司与四名自然人共同设立的有限责任公司。

经本所律师核查,新风科工贸的设立履行了必要的验资程序,并依法办理了工商注册登记手续,符合《公司法》的相关规定。

(二)新风科工贸整体变更设立股份有限公司

1. 新风科工贸于2000年7月11日取得自治区工商局出具的《企业名称预先核准通知书》,预先核准新风科工贸变更为股份有限公司的名称为"新疆金风科技股份有限公司"。

2. 新风科工贸于2000年12月31日召开临时股东会审议通过将新风科工贸由有限责任公司整体变更为股份有限公司的决议。

3. 新疆华西会计师事务所于2000年12月31日出具华会所审字[2000]421号《审计报告》,审定:截至2000年12月31日公司的总资产为54,032,453.20元,负债为21,688,994.10元,净资产为32,343,459.10元。

4. 自治区人民政府于2001年3月1日出具新政函〔2001〕29号《关于同意设立新疆金风科技股份有限公司的批复》,批准新风科工贸整体变更设立为新疆金风科技股份有限公司。

5. 五洲联合会计师事务所于2001年3月8日出具五洲会字〔2001〕8-159号《验资报告》,验证:新风科工贸整体变更股份有限公司全体股东足额认缴出资资本。

6. 发行人于2001年3月9日召开第一次股东大会暨创立大会审议通过《关于通过股份公司筹备情况工作报告的决议》、《关于股份公司筹备费用的决议》、《关于通过股份公司章程的决议》、《关于选举产生公司董事会成员的决议》及《关于选举产生公司监事会成员的决议》等决议。

7. 发行人于2001年3月26日取得自治区工商局核发的注册号为6500001001045的《企业法人营业执照》。

8. 自治区国有资产管理中心于2002年9月23日出具新国资调〔2002〕10号《关于新疆金风科技股份有限公司国有股权管理有关问题

的批复》,确认风能公司、国水集团、风能研究所及太阳能公司所持股份为国有法人股。

综上,本所律师核查认为:

(1)发行人变更设立为股份有限公司的程序、资格、条件、方式等符合《公司法》等法律、行政法规和规范性文件的规定,得到有关部门的批准,并办理了必要的相关手续;

(2)发行人设立过程中有关审计、验资等事宜履行了必要的程序,符合《公司法》等法律、行政法规和规范性文件的规定;

(3)发行人变更设立股份有限公司的股本设置及创立大会召开的程序及所议事项符合《公司法》等法律、行政法规和规范性文件的规定。

## 五、发行人的独立性

经本所律师合理查验,发行人的业务独立、资产独立、人员独立、机构独立及财务独立,具有独立面向市场经营的能力。

(一)发行人的业务

经本所律师核查及发行人确认,发行人的主要从事大型风力发电机组的研发和生产制造,中试型风力发电场的建设和经营,以及有关风机制造、风电场建设运营方面的系统服务,具有独立完整的经营管理系统,其业务经营独立于股东单位,经营活动均由其独立进行、自主决策,与股东不存在显失公允的关联交易。

(二)发行人的资产

经本所律师核查并经发行人确认,发行人拥有与生产经营有关的生产系统、辅助生产和配套设施,合法拥有与生产经营有关的厂房、土地、机器设备以及商标、专利、非专利技术的所有权或使用权。发行人的资产与股东的资产完全分离,产权关系清晰,不存在股东单位占有发行人资金及资产或发行人为其提供担保的情况。

(三)发行人的人员

经本所律师核查,发行人的首席执行官、总裁、副总裁、首席财务官和董事会秘书等高级管理人员不存在控股股东及实际控制人中担任除董事、监事以外的其他职务;发行人的财务人员未在股东单位兼职。发行人的高级管理人员不存在股东单位越权任命的情形。

经本所律师核查并经发行人确认,发行人拥有独立于股东单位或其他关联方的员工,有独立的工薪报酬及社会保障的核算管理体系,有独立的行政管理机构(包括劳动、人事及工资管理机构),有一套完整系统的管理制度、规章。

(四)发行人的机构

经本所律师核查,发行人具有健全的组织机构和内部经营管理机构,独立行使经营管理职权,与股东单位不存在机构混同的情形。

(五)发行人的财务

发行人设置了独立的财务部门,建立了独立的财务核算体系,能够独立作出财务决策,具有规范的财务会计制度和对子公司的财务管理制度。发行人独立开设银行账户,依法独立纳税,不存在与股东单位共用一个银行账户的情形。

(六)发行人面向市场自主经营的能力

经本所律师核查,发行人的业务独立于股东单位;发行人的资产独立完整;发行人作为风机整机制造企业,具有技术研发的机构,具有提供生产所需的完整设备和资质,具有产品和服务质量控制体系;发行人作为独立主体与客户直接签约、直接发生业务往来;发行人能够按照市场经济规律自主经营,具有面向市场自主经营的能力。

## 六、发行人的主要股东

(一)发行人的主要股东

截至本《法律意见书》出具日,发行人的主要股东为风能公司、国水集团(现更名为"三峡新能源")、中国 - 比利时直接股权投资基金(以下简称"中比基金")、深圳市远景新风投资咨询有限公司(以下简称"远景新风投资")、风能研究所、深圳市远景新能投资咨询有限公司(以下简称"远景新能投资")、深圳市远风投资有限公司(以下简称"远风投资")等 7 家法人股东合计持有1,112,428,800股有限售条件的股份(包括待转持股份);发行人现任 4 名高级管理人员共计持有 73,128,906 股锁定股,该等股东的具体情况如下:

1. 风能公司

风能公司现持有自治区工商局于 2010 年 6 月 22 日核发的注册号为 650000030001096 的《企业法人营业执照》。根据该《企业法人营业执照》记载,该公司住所:乌鲁木齐市公园北街162号;法定代表人为高忠;注册资本:9,000万元;实收资本:9,000万元;企业类型:有限责任公司;经营范围:许可经营项目:风力发电;太阳能发电;一般经营项目:货物及技术的进出口经营;计算机软件的开发和销售;发电成套设备、矿产品、化工产品的销售;新能源技术的开发、研究、推广服务;成立日期:2005年10月13日。

风能公司现持有发行人409,248,000股有限售条件的股份,占总股本的18.27%。

2. 国水集团(现更名为"三峡新能源")

三峡新能源现持有国家工商总局于2010年6月12日核发的注册号为100000000003764的《企业法人营业执照》。根据该《企业法人营业执照》记载,该公司住所:北京市宣武区白广路二条12号;法定代表人为樊建军;注册资金:272,050.2万元;经济性质:全民所有制;经营范围:风能、太阳能的开发、投资;清洁能源、水利、水电、电力、供水、清淤、滩涂围垦、环境工程、种植业、养殖业、旅游业的投资;投资咨询;资产托管、投资顾问;机械成套设备及配件的制造、销售;承包境内水利电力工程和国际招标工程;与上述业务相关的技术、信息咨询服务。

三峡新能源(原国水集团)现持有发行人352,800,000股有限售条件的股份,占总股本的15.75%。

3. 中比基金

中比基金现持有国家工商总局于2010年3月23日核发的注册号为100000400010872的《企业法人营业执照》。根据该《企业法人营业执照》记载,该公司住所:北京市西城区金融街35号国际企业大厦C座10层;法定代表人:卢力;注册资本:欧元壹亿元整;实收资本:欧元壹亿元整;企业类型:有限责任公司(中外合资);经营范围:对未上市企业进行股权投资;在一级市场认购中国政府发行的债券及其他固定收益债券;向被投资企业提供管理咨询;主管机关批准的其他业务;成立日期:2004年11月18日,营业期限:2004年11月18日至2016年11月17日。

中比基金现持有发行人161,280,000股有限售条件的股份,占总股本的7.2%。

4. 远景新风投资

远景新风投资现持有深圳市工商局于2007年6月29日核发的注册号为企独粤深总字第321041的《企业法人营业执照》。根据该《企业法人营业执照》记载,该公司住所:深圳市福田区深南大道4013号兴业银行大厦802室;法定代表人:刘诚;注册资本:2,546.25万元;实收资本:2,546.25万元;公司类型:有限责任公司(台港澳法人独资);经营范围:项目投资咨询(涉及许可证管理或须取得相关资质方可经营的,按有关规定办理);成立日期:2006年11月13日,营业期限:2006年11月13日至2017年2月27日。

远景新风投资现持有发行人97,776,000股有限售条件的股份,占总股本的4.365%。

5. 风能研究所

风能研究所是1986年7月1日由自治区水利厅开办的事业单位。

风能研究所现持有自治区事业单位登记管理局核发的登记号为事证第165000020945号的《事业单位法人证书》,根据该《事业单位法人证书》记载,该所住所:乌鲁木齐市黄河路93号;法定代表人:张剑;经费来源:全额拨款;开办资金:1,137万元;举办单位:自治区水利厅;宗旨和业务范围:研究水电、风电科学、促进科技发展、水电、风电科学研究、科技成果推广、业务培训。

风能研究所现持有发行人47,980,800股有限售条件的股份,占总股本的2.14%。

6. 远景新能投资

远景新能投资现持有深圳市工商局于2008年9月12日核发的注册号为440301503223659的《企业法人营业执照》。根据该《企业法人营业执照》记载,该公司住所:深圳市福田区上步南路东南园路北佳兆业中心B2701;法定代表人:腾凡;注册资本:人民币1,050万元;实收资本:人民币1,050万元;公司类型:有限责任公司(台港澳法人独资);经营范围:项目投资咨询(涉及许可证管理或须取得相关资质方可经营的,按有关规定办)。成立日期:2006年11月17日,营业期限自2006年11月17日至2017年2月27日。

远景新能投资现持有发行人40,320,000股有限售条件的股份,占总股本的1.8%。

7. 远风投资

远风投资现持有深圳市工商局于2007年

8月8日核发的注册号为440301102760436的《企业法人营业执照》。根据该《企业法人营业执照》记载,该公司住所:深圳市福田区深南大道4013号兴业银行大厦805室;法定代表人:路峰;注册资本:10万元;实收资本:10万元;公司类型:有限责任公司;经营范围:投资兴办实业(具体项目另行申报),投资咨询(不含限制项目);成立日期:2006年11月24日,营业期限自2006年11月24日至2036年11月24日。

远风投资现持有发行人3,024,000股有限售条件的股份,占总股本的0.14%。

8. 自然人股东

根据《公司法》和《公司章程》的规定及发行人高级管理人员股份转让的情况,4名发行人现任高级管理人员现合计持有73,128,906股锁定股。

经本所律师合理查验,发行人上述7家主要法人股东均为合法存续并具有完全民事行为能力,具有担任股东的资格;发行人的4名高级管理人员股东均为中国公民,拥有完全民事行为能力,具有担任股东的资格。

(二)发行人无控股股东及实际控制人

1. 首次公开发行股票时的控制状况

本所于2007年8月26日向中国证监会出具的《关于新疆金风科技股份有限公司首次公开发行股票并上市之补充法律意见书》(天阳证发字〔2007〕第05-1号)认为:

(1)风能公司的控股股东为自治区国资委。风能公司直接持有发行人20.30%的股权,该公司不能通过实际支配金风科技有表决权的股权决定金风科技董事会半数以上成员的选任及决定金风科技的重大事项。

(2)国水集团持有风能公司33.89%的股权,不能通过实际支配风能公司有表决权的股权决定风能公司董事会半数以上成员的选任,因此,国水集团不能透过风能公司的股权间接控制金风科技;国水集团持有金风科技17.5%的股权,不能通过实际支配金风科技股份有表决权的股份决定金风科技董事会半数以上成员选任。因此,国水集团不能通过直接持有金风科技的股份决定金风科技的重大事项,亦不能透过风能公司的股权直接或间接控股金风科技。

综上,本所律师认为,根据风能公司、国水集团及其他股东分别出具的《声明》及金风科技主要股东对金风科技的实际影响,并据《公司法》的相关规定,金风科技不存在控股股东及实际控制人。

2. 风能公司及国水集团的股权变化对发行人控制状况的影响

(1)风能公司的股权变化

根据国务院国资委《关于中国长江三峡工程开发总公司与中国水利投资集团公司重组的通知》(国资改革〔2008〕1151号)及长江新能源开发有限公司于2008年10月购买新疆瑞达房地产开发有限公司所持风能公司9.44%的股权。三峡总公司间接合计持有风能公司43.33%的股权。但根据自治区国资委与新疆昌源水务集团有限公司联合出具关于二者为一致行动人的相关说明,风能公司的控股权未发生变更,其控股股东及实际控制人仍为自治区国资委。

(2)国水集团的股权变化

根据国务院国资委《关于中国长江三峡工程开发总公司与中国水利投资集团公司重组的通知》(国资改革〔2008〕1151号),国水集团并入三峡总公司,成为其全资子公司。

本所律师认为,风能公司及国水集团的股权变化,未对发行人原有的控制状况产生影响。

3. 发行人本次发行上市前的控制状况

在本次发行上市之前,风能公司和国水集团持有的发行人股份,因发行人首次公开发行A股而摊薄,并因A股国有股转持而进一步降低。同时根据发行人主要股东提供的资料及说明,风能公司控股股东及实际控制人未因风能公司的股权变化而发生变更,目前仍为自治区国资委。风能公司未能通过所持股份(单独或合并)或控制金风科技过半数董事会成员等方式控制金风科技;国水集团未能通过所持股份(单独或合并)或控制风能公司过半数董事会成员等方式成为风能公司的控股股东,因此,国水集团及三峡总公司均不能通过风能公司直接或间接控制金风科技;同时也未能通过所持股份(单独或合并)或控制金风科技过半数董事会成员等方式控制金风科技。

本所律师认为,本次发行上市之前,金风科技不存在控股股东,亦不存在实际控制人。

基于所述,并据风能公司、国水集团及其他股东分别出具的《声明》,本所律师认为:发行人自首次公开发行以来,其无控股股东及实际控制人的状态未发生改变。

## 七、发行人的股本及其演变

(一)发行人有限责任公司阶段注册资本及其演变

发行人系由新风科工贸整体变更设立的股份有限公司。发行人设立前,新风科工贸的注册资本及股权结构先后因增资扩股、公积金转增、股权转让等事项引致变动。

经本所律师核查,新风科工贸的设立及其历次的股权变动、注册资本的增加,均履行了必要的法律程序,并依法办理了工商变更登记手续,符合《公司法》及《公司章程》的规定。

本所律师核查认为,新风科工贸1999年增资扩股及资本公积金转增存在股东出资不实的情形,已得到有效补足,不会对发行人主体资格及本次发行上市构成法律障碍。

(二)发行人变更设立股份有限公司

1. 新风科工贸于2000年12月31日召开临时股东会审议通过将新风科工贸由有限责任公司整体变更为股份有限公司的决议。

2. 新风科工贸于2000年7月11日取得自治区工商局出具的《企业名称预先核准通知书》,同意新风科工贸变更设立股份的名称预先核准为“新疆金风科技股份有限公司”。

3. 新疆华西会计师事务所(有限公司)于2000年12月31日为新风科工贸本次有限公司变更股份有限公司出具华会所审字〔2000〕421号《审计报告》。

4. 自治区人民政府于2001年3月1日出具新政函〔2001〕29号《关于同意设立新疆金风科技股份有限公司的批复》,同意新风科工贸整体变更设立为新疆金风科技股份有限公司。

5. 五洲联合会计师事务所于2001年3月8日就新风科工贸整体变更股份有限公司事项出具五洲会字〔2001〕8-159号《验资报告》,对新风科工贸变更设立时各发起人的出资进行了验证。

6. 发行人于2001年3月9日召开第一次股东大会暨创立大会审议通过《关于通过股份公司筹备情况工作报告的决议》、《关于股份公司筹备费用的决议》、《关于通过股份公司章程的决议》、《关于选举产生公司董事会成员的决议》及《关于选举产生公司监事会成员的决议》等决议。

7. 金风科技于2001年3月26日取得自治区工商局核发的注册号为6500001001045的《企业法人营业执照》。

经本所律师核查,发行人变更设立股份有限公司时的股权设置、股本结构符合中国相关法律、行政法规的规定,该等变更合法、有效,且已办理了必要的手续,股权界定和确认不存在纠纷及风险。

(三)发行人为股份有限公司阶段的股本及其演变

经本所律师核查,发行人在股份有限公司阶段历次的股权变动、增资等,均履行了必要的法律程序,并依法办理了工商变更登记手续,符合《公司法》及《公司章程》的规定。

(四)变更为外商投资的股份有限公司

商务部于2007年4月4日向发行人核发了商外资资审字〔2007〕0129号《中华人民共和国外商投资企业批准证书》。

根据发行人2006年年度股东大会审议通过的2006年度利润分配及公积金转增股本的决议。2007年5月17日,自治区外经贸厅出具新外经贸函字〔2007〕51号《关于同意新疆金风科技股份有限公司增加注册资本和变更注册地址的批复》,批准以下事项:(1)同意发行人注册资本由1亿元人民币变更为4.5亿元人民币;(2)增资后发行人的总股本为4.5亿股股份;(3)发行人的注册地址变更为乌鲁木齐经济技术开发区上海路107号;(4)发行人的公司章程修正案。

(五)外商投资的股份有限公司阶段的股份转让

2007年5月30日,自治区外经贸厅出具的新外经贸外资函〔2007〕63号《关于同意新疆金风科技股份有限公司股权变更的批复》,批准股权转让及股份转让涉及的公司章程修改案。

2007年6月4日,自治区人民政府出具商外资资审字〔2007〕0129号《外商投资企业批准证书》。

2007年6月8日,发行人取得自治区工商局核发的注册号为企股新总副字第001144号的《企业法人营业执照》(外资比例低于25%),并办理了股份转让的变更登记手续。

（六）2007 年发行 A 股股票并上市

经发行人第三届董事会第二次会议及 2007 年第二次临时股东大会决议，并经中国证监会证监发行字〔2007〕453 号文《关于核准新疆金风科技股份有限公司首次公开发行股票的通知》的核准，发行人于 2007 年 12 月 13、14 日公开向社会发行5,000万股 A 股股票。2007 年 12 月 19 日，北京五洲出具五洲审字〔2007〕8－622 号《验资报告》，验证：截至 2007 年 12 月 19 日止，发行人收到其股东缴纳的新增注册资本 5,000 万元，各股东认缴的公开发行投资款为 180,000 万元，扣除发行费用后，发行人实际收到股东投入的现金净额为 1,744,663,841.73 元。

深交所于 2007 年 12 月 24 日出具《关于新疆金风科技股份有限公司人民币普通股股票上市的通知》（深证上〔2007〕202 号），同意发行人首次公开发行的 5,000 万元人民币普通股股东在深交所中小企业板上市，其中：网上定价发行的 4,000 万股于 2007 年 12 月 26 日起上市交易；网下配售的 1,000 万股股票锁定三个月，于 2008 年 3 月 26 日锁定期满上市交易。

风能公司、国水集团、风能研究所、中比基金、远景新风投资、远景新能投资、远风投资分别出具承诺，同意其所持发行人的股份自本次发行 A 股股票并上市之日起至 2010 年 12 月 25 日止锁定三年；立安多投资等其他 23 家发起人及 30 名自然人股东分别出具承诺，同意其所持发行人的股份自本次发行 A 股股票并上市之日起至 2008 年 12 月 25 日止锁定一年。

2008 年 2 月 4 日，发行人取得自治区工商局核发的注册号为 650000410001060 的《企业法人营业执照》，将公司的企业类型由外资变更为内资。根据该执照记载，公司名称为新疆金风科技股份有限公司；住所：乌鲁木齐经济技术开发区上海路 107 号；法定代表人：武钢；注册资本：伍亿元；公司类型：上市股份有限公司；经营范围：大型风力发电机组生产销售及技术引进与开发、应用；建设及运营中试型风力发电场（法律、行政法规规定应取得相关行政许可的，在取得许可后方可从事）；制造及销售风力发电机零部件；有关风机制造、风电场建设运营方面的技术服务与技术咨询；风力发电机组及其零部件与相关技术的进出口业务（但国家限定公司经营或禁止出口的商品及技术除外）。发行人成立日期：2001 年 3 月 26 日。

（七）2008 年送红股及资本公积金转增

发行人 2007 年度股东大会审议通过《关于金风科技 2007 年度利润分配及资本公积金转增股本的议案》，发行人以 2007 年末总股本 50,000 万股为基数，按 10∶9 的比例派送红股、按 10∶1 的比例用资本公积金转增股本。

发行人该次增资业经五洲松德出具的《验资报告》（五洲审字〔2008〕8－176 号）验证，截至 2008 年 2 月 27 日止，发行人已将未分配利润 45,000 万元，资本公积金 5,000 万元转增股本，变更后的注册资本为 100,000 万元。

发行人于 2008 年 3 月 3 日在自治区工商局办理了本次增资的工商变更登记。

（八）解除部分限售股份

发行人于 2008 年 3 月 21 日发布《网下配售股票上市流通的提示性公告》，网下配售原 1000 万股（因送红股及资本公积金转增，已增至 2000 万股）股票自 2008 年 3 月 26 日起上市流通。

发行人于 2008 年 12 月 23 日发布《关于首次公开发行前已发行股份上市流通提示性公告》，除风能公司等七家法人股东承诺所持股份自上市之日起 3 年内不转让外，其他 23 家法人股东及 30 名自然人股东所持发行人的股份自 2008 年 12 月 26 日上市流通。

（九）2009 年送红股

发行人 2008 年度股东大会审议通过《关于金风科技 2008 年度利润分配方案的议案》，发行人以 2007 年末总股本 100,000 万股为基数，按 10∶4 的比例派送红股。

发行人该次增资已经五洲松德出具的《验资报告》（五洲审字〔2009〕8－350 号）验证，发行人向全体股东实施了未分配利润送红股方案，截至 2009 年 4 月 24 日止，已将未分配利润 40,000.00 万元转增股本，变更后的注册资本为 140,000 万元。

发行人于 2009 年 5 月 11 日在自治区工商局办理了本次增资的工商变更登记。发行人送红股后，其股本由 100,000 万股增加到 140,000 万股。

（十）2010 年送红股

发行人 2009 年度股东大会审议通过《关于

金风科技2009年度利润分配方案的议案》,发行人以2009年末总股本140,000万股为基数,按10:6的比例派送红股。

2010年3月25日,发行人第四届第一次董事会聘请武钢、郭健、李玉琢、魏红亮、崔新维、曹志刚、王相明、马金儒、孙亮、王海波及Jürgen Rinck为公司的高级管理人员,其中:武钢、郭健、曹志刚、王相明等高级管理人员持有公司股份。

发行人向全体股东实施了未分配利润送红股方案后,股本由140,000万股增加到224,000万股。

(十一)因A股发行上市而进行的国有股转持

根据《境内证券市场转持部分国有股充实全国社会保障基金实施办法》(财企〔2009〕94号)的规定,并据自治区国资委新国资产权〔2007〕120号《关于新疆金风科技股份有限公司国有股权管理有关事项的批复》,发行人A股上市后国有股东须将其持有的发行人2,240万股股份转由全国社会保障基金(以下简称"社保基金")持有,上述国有股划转尚未实施。

综上所述,本所律师认为:

(1)发行人股本除上述变动外,不存在其他变动事项;

(2)发行人设立时的股权设置、股本结构已经自治区国资委批准,合法、有效;

(3)发行人的历次股权变动,符合中国有关法律、行政法规及规范性文件的规定,并履行了相关法律程序,合法、有效;

(4)截至2010年8月31日,风能公司将其所持20,462.4万股股份质押给中国建设银行股份有限公司新疆分行营业部;远景新能投资将其所持2,112万股股份质押给华商银行,其他法人股东及4名高管所持的股份不存在质押的情形。

## 八、发行人的业务

(一)发行人的经营范围

根据发行人股东大会审议通过的《公司章程》记载,发行人的经营范围为:"大型风力发电机组生产销售及其技术引进与开发、应用;建设及运营中试型风力发电场;制造及销售风力发电机零部件;有关风机制造、风电场建设运营方面的技术服务与技术咨询;风力发电机组及其零部件与相关技术的进出口业务。"

根据发行人现持有自治区工商局于2010年4月13日核发的注册号为650000410001060的《企业法人营业执照》记载,公司的经营范围:大型风力发电机组生产销售及技术引进与开发、应用;建设及运营中试型风力发电场;制造及销售风力发电机零部件;有关风机制造、风电场建设运营方面的技术服务与技术咨询;风力发电机组及其零部件与相关技术的进出口业务。

本所律师认为,发行人的经营范围和经营方式符合中国有关法律、行政法规和规范性文件的规定,主要从事的业务与其营业执照记载的范围一致。

(二)发行人及其控股子公司的主营业务

根据发行人提供的资料和本所适当核查,发行人及其控股子公司开展的相关业务为:

1. 大型风力发电机组整机的研发和生产制造业务。发行人主要通过其及境内外14家控股子公司开展此业务。

2. 风力发电场的投资、开发和运营业务。发行人主要通过境内外34家控股子公司开展此业务。

3. 风电场建设运营方面的系统服务业务。发行人主要通过1家控股子公司开展此业务。

4. 其他业务。发行人通过控股子公司新疆天运风电设备配送有限公司及天运风电(北京)物流有限公司开展运输业务,通过北京金风天通进出口贸易有限公司开展货物进出口业务。

(三)发行人及其控股子公司的经营资质

根据发行人提供的资料和本所适当核查,发行人及其境内11家控股子公司主要从事风力发电机组的生产和销售,根据中国法律和行政法规的规定,从事该等业务不需要经营资质和许可,发行人及其他境内控股子公司在中国境内开展相关业务取得经营资质、认证、许可、批准及授权的情况:

1. 发电业务许可证

根据《中华人民共和国电力法》及《电力业务许可证管理规定》(国家电力监管委员会令第9号),在境内从事发电业务的企业,应当取得发电类电力业务许可证。

经本所律师核查，并经发行人确认，发行人境内外共34家从事风力发电场的投资、开发和运营，其中境内为24家。截至目前，发行人境内19家控股子公司尚处于项目核准或在建状态。

2. 安全生产许可证

根据《安全生产许可证条例》和《建筑施工企业安全生产许可证管理规定》，国家对建筑施工企业实行安全生产许可制度。经核查，北京天源从事设备安装及建筑施工业务，该公司于2008年10月30日取得北京市建设委员会核发的《安全生产许可证》(编号:(京)JZ安许证字〔2008〕234963)，许可北京天源自2008年10月至2011年10月29日从事建筑施工。

3. 建筑业企业资质证书

根据《中华人民共和国建筑法》、《建筑工程质量管理条例》和《建筑业企业资质管理规定》，对在中国境内从事建筑活动的企业，实施建筑业企业资质管理。建筑业企业取得相应等级的资质证书后，方可在其资质等级许可的范围内从事建筑活动。经核查，北京天源从事设备安装及建筑施工业务，该公司于2008年8月14日取得北京市建设委员会核发的《建筑业企业资质证书》(编号:A3064011010801－4/1)，核定北京天源具有电力工程施工程总承包三级资质，可承担单项合同额不超过企业注册资本金5倍的单机容量10万千瓦及以下的机组整机工程、110千伏及以下送电线路及相同电压等级的变电店整体工程施工总承包。

4. 道路运输经营许可证

根据《中华人民共和国道路运输条例》的规定，对境内从事道路运输经营的企业，实施道路运输经营许可管理。经核查，发行人的控股子公司新疆天运风电设备配送有限公司及天运风电(北京)物流有限公司从事道路运输经营。新疆天运风电设备配送有限公司于2008年7月28日取得乌鲁木齐市公路运输市场管理总站核发的《道路运输经营许可证》(编号:新交运管许可乌字650110003937号)，核准新疆天运从事道路普通货物运输，有效期至2012年7月27日。天运风电(北京)物流有限公司于2009年12月15日取得北京市运输管理局核发的《道路运输经营许可证》(编号:京交运管许可货字110231000102号)，核准天运风电(北京)物流有限公司普通货物及大型物件运输(1)；有效期至2013年12月14日。

5. 进出口货物收发货人报送注册登记证书

根据《海关法》和《海关对报关单位注册登记管理规定》的规定，在中国境内办理报关业务的报关单位，应当按照规定到海关办理注册登记。经核查，发行人涉及报关业务，并取得乌鲁木齐海关核发的海关注册登记编码为6501260084的《进出口货物收发货人报关注册登记证书》；发行人控股子公司北京金风天通进出口贸易有限公司涉及报关业务，并取得北京海关核发的《进出口货物收发货人报关注册登记证书》(海关注册登记编码为1113210066)。

6. 对外贸易经营者备案登记表

根据《中华人民共和国对外贸易法》的规定，在中国境内从事货物进出口的对外贸易经营者，应当向国务院对外贸易主管部门或者其委托的机构办理备案登记。经核查，发行人从事货物进出口业务，并于2009年2月5日取得对外贸易经营者备案登记机关核发的《对外贸易经营者备案登记表》(备案登记表编号:00511900)。发行人控股子公司北京金风天通进出口贸易有限公司从事货物进出口业务，并取得对外贸易经营者备案登记机关核发的《对外贸易经营者备案登记表》(备案登记表编号:00723687)。

综上，本所律师认为：

(1)发行人及其控股子公司从事主要业务的经营范围、经营方式符合有关法律、行政法规和规范性文件的规定。

(2)除本法律意见书另有披露外，发行人及其控股子公司的经营已获得了业务经营必需的许可、资格、资质、授权以及批准。

(3)发行人及其控股子公司的主营业务突出。

(4)发行人及其控股子公司不存在持续经营的法律障碍。

(5)发行人通过其境外控股子公司经营在中国大陆以外的业务，该等公司的设立已获得商务主管部门的批准。

## 九、发行人的控股子公司

发行人于本《法律意见书》出具日,直接或间接拥有境内、外控股子公司共计52家,按其从事的业务领域分述如下:从事大型风力发电机组整机的研发和生产制造的14家(其中3家境外子公司);从事风力发电场的投资、开发和运营的34家(其中10家境外子公司);从事风电场建设运营方面的系统服务的1家;从事运输及其他业务的3家。

经核查,本所律师认为:

1. 发行人的上述境内子公司均依法设立并有效存续,不存在法律上需要终止的情形。

2. 发行人合法持有上述公司的股权,不存在潜在的纠纷。

3. 发行人控股子公司的产权清晰,不存在资产权益上的重大争议。

4. 发行人设立境外公司的行为均已经取得了境内商务主管部门的审批。

## 十、关联交易及同业竞争

(一)发行人的关联方

根据《公司法》、财政部《关于印发〈企业会计准则——关联方关系及其交易的披露〉的通知》和《深圳证券交易所股票上市规则》及《编报规则12号》的规定,发行人主要关联方如下:

1. 持有发行人5%或以上股份的股东

| 序号 | 关联方名称 | 关联关系 | 持股数量(股) | 持股比例(%) |
| --- | --- | --- | --- | --- |
| 1 | 风能公司 | 第一大股东 | 409,248,000.00 | 18.27 |
| 2 | 国水集团 | 第二大股东 | 352,800,000.00 | 15.75 |
| 3 | 中比基金 | 第三大股东 | 161,280,000.00 | 7.2 |

2. 发行人的控股子公司、共同控制的公司及参股公司

(1)发行人的控股子公司

该等公司详情参见本法律意见书"九、发行人的控股子公司"。

(2)发行人与他人共同控制的公司

根据发行人提供的相关资料及本所律师核查,发行人与他人共同控制4家公司。

(3)发行人的参股公司

根据发行人提供的相关资料及本所律师核查,截至目前,发行人拥有7家参股公司。

3. 发行人现任的董事、监事、高级管理人员

发行人现任董事为武钢、高忠、李荧、魏红亮、郭健、吕厚军、王友三、施鹏飞、李民斌;发行人现任监事为王孟秋、王世伟、洛军、肖治平、郑成江;发行人的高级管理人员为首席执行官武钢、总裁郭健、常务副总裁李玉琢、执行副总裁曹志刚、副总裁兼首席技术官Jürgen Rinck、副总裁王相明、副总裁魏红亮、副总裁王海波、副总裁兼董事会秘书马金儒,总工程师崔新维,首席财务官孙亮。

4. 发行人现任的董事、监事、高级管理人员直接或间接控制的企业或担任董事、高级管理人员的企业

经本所律师合理查验并经发行人现任的董事、监事、高级管理人员分别出具的《声明》,发行人现任的董事、监事、高级管理人员不存在直接或间接控制的企业。

5. 发行人现任的董事、监事、高级管理人员关系密切的家庭成员及其直接或间接控制的企业

经本所律师合理查验并经发行人现任的董事、监事、高级管理人员分别出具的《声明》,上述人员关系密切的家庭成员不存在直接或间接控制的其他企业,亦不存在担任其他公司的董事、高级管理人员的情形。

6. 发行人的控股股东及实际控制人

根据发行人提供的资料及说明,并经本所律师核查,认为:发行人不存在控股股东及实际控制人,详细内容参见本《法律意见书》"六、发起人和股东"。

(二)关联交易

根据发行人提供的相关资料,并据本所律师核查,发行人近三年与关联方之间发生的重大关联交易为:

1. 关联担保

2006年12月25日,发行人就5,000万元

借款事宜,与中国银行股份有限公司新疆分行签署《人民币借款合同》(编号:RG20061207号),该行向发行人提供5,000万元借款,借款期限自2006年12月27日至2010年12月26日;利率为浮动利率,年利率为6.48%,利率水平一年一定。2007年3月1日,国水集团与中国银行股份有限公司新疆分行签署《保证合同》(编号:2006年保字057号),国水集团为发行人向该行的债权提供连带责任担保。截至目前,发行人尚余2,000万元借款未归还。

2010年3月26日,中国银行股份有限公司新疆分行出具《说明》,同意将上述贷款的担保方式变更为信用方式。

2. 处置固定资产

经发行人独立董事认可,并经发行人第三届董事会第十二次董事会审议通过,2009年3月,发行人与风能公司签订《新疆金风科技股份有限公司达坂城6台600kW风力发电机组转让合同》、《新疆金风科技股份有限公司达坂城2台750kW风力发电机组转让合同》和《新疆金风科技股份有限公司达坂城1台1200kW风力发电机组转让合同》及《新疆金风科技股份有限公司达坂城2台1200kW风力发电机组销售合同》,发行人将11台风力发电机组处置给风能公司,转让价格按照华评评报字〔2008〕第046号及第047号的《资产评估报告书》的评估值确定。

3. 销售风力发电机组

2009年4月16日,发行人中标风能公司利用德国政府混合贷款扩建新疆达坂城风电一场29.25MW风电项目。2009年4月22日,发行人与风能公司签订《总容量为29.25MW主机设备(含塔架)及服务采购合同》,合同标的为39台金风750kW风电机组(含塔架),合同金额145,380,000元。根据《深圳证券交易所股票上市规则》的规定,发行人已向深交所申请,并获得深交所豁免,本次关联交易不需提交公司董事会及股东大会审议。

2007年度、2008年度、2009年度,发行人向河北金风电控设备有限公司销售风机及配件的金额分别为1,428.80万元、1,371.62万元及零元;2009年度及2010年1-6月,发行人向吉林同力销售风机及配件的金额分别为19,000.25万元及18,974.88万元。因该等公司系发行人的参股公司,根据《深圳证券交易所股票上市规则》及发行人的《公司章程》的规定,该等关联交易无须经发行人董事会或股东大会决策的关联交易事项。

4. 联合投资

经发行人独立董事认可,并经发行人第三届董事会第十二次会议审议通过。2008年12月16日,发行人与风能公司、国水集团及北京群瑞能源投资有限公司共同签署了国水投资集团西安风电设备股份有限公司(以下简称"国水西安")《增资扩股协议》,共同增资国水西安。发行人追加出资1,700万元,增资后,发行人持股比例为14.67%。2009年7月15日,国水西安在西安市工商局办理了本次增资扩股的变更登记手续。

5. 股权转让

经发行人独立董事认可,发行人第三届董事会第十五次会议审议批准,发行人将所持国水西安10%的股份转让给国水集团,以2009年6月30日的《资产评估报告》(西正衡评报字〔2009〕080号)为依据,转让后发行人持有国水西安4.67%的股份。2009年8月31日,发行人与国水集团签订《股权转让合同》。

6. 提供劳务

2007年度、2008年度、2009年度及2010年1-6月,发行人向河北金风提供风电机组安装服务费分别为1,675.20万元、2,245.21万元、2,476.26万元及795.21万元。

因该等公司系发行人的参股公司,根据《深圳证券交易所股票上市规则》及发行人的《公司章程》的规定,该等关联交易无须经发行人董事会或股东大会决策的关联交易事项。

本所律师认为,发行人上述重大关联交易事项的决策程序符合其《公司章程》及《深圳证券交易所股票上市规则》的规定,不存在损害发行人及其他股东利益的情况。

(三)发行人内部制度明确规定的关联交易公允决策程序

1. 发行人《公司章程》中关于关联交易方面规定

(1)发行人现行有效的《公司章程》关于关联交易方面的规定

《公司章程》第4.10条规定,公司的控股股东、实际控制人员不得利用其关联关系损害公司利益。违反规定给公司造成损失的,应当承担赔偿责任。

《公司章程》第4.11条第15款规定,发行人股东大会有权审议公司(含控股子公司)与关联自然人发生的交易金额在300万元以上、与关联法人发生的交易金额在3,000万元以上,且占公司最近一期经审计净资产绝对值5%以上的关联交易(提供担保的除外)。

《公司章程》第4.12条第5款规定,发行人股东大会有权决定对公司股东、实际控制人及其关联方提供的担保。

《公司章程》第4.49条规定,股东大会审议有关关联交易事项时,关联股东不应当参与投票表决,其所代表的有表决权的股份数不计入有效表决总数;股东大会决议的公告应当充分披露非关联股东的表决情况。股东大会就关联交易进行表决时,涉及关联交易的各股东应当回避,上述股东所持表决权不应计入出席股东大会有表决权的股份总数。

《公司章程》第5.16条第4款规定,发行人董事会有权决定公司(含控股子公司)与关联自然人发生的交易金额在30万元以上至300万元之间、与关联法人发生的交易金额在300万元以上至3,000万元之间,且占公司最近一期经审计净资产绝对值0.5%以上至5%之间的关联交易(提供担保的除外)。

《公司章程》第5.25条规定,董事与董事会会议决议事项所涉及的法人和自然人有关联关系的,不得对该项决议行使表决权,也不得代理其他董事行使表决权。该董事会会议由过半数的无关联关系董事出席即可举行,董事会会议所作决议须经无关联关系董事过半数通过。出席董事会的无关联董事人数不足3人的,应将该事项提交股东大会审议。

(2)发行人《公司章程》(草案)关于关联交易方面的规定

发行人于2009年9月25日召开2009年第二次临时股东大会审议通过的《公司章程》(草案),该《公司章程》(草案)将于发行人发行H股股票并在香港上市后生效,其中关于关联交易方面的规定如下:

《公司章程》(草案)第7.10条规定,公司的控股股东、实际控制人员不得利用其关联关系损害公司利益。违反规定给公司造成损失的,应当承担赔偿责任。

《公司章程》(草案)第8.02条第15款规定,发行人股东大会审议公司(含控股子公司)与关联自然人发生的交易金额在300万元以上、与关联法人发生的交易金额在3,000万元以上,且占公司最近一期经审计净资产绝对值5%以上的关联交易(提供担保的除外);股东大会该项职权不得通过授权的形式由董事会或其他机构和个人代为行使。

《公司章程》(草案)第8.03条第5款规定,发行人对股东、实际控制人及其关联方提供的担保,须经股东大会审议通过。

《公司章程》(草案)第8.43条规定,股东大会审议有关关联交易事项时,关联股东不应当参与投票表决,其所代表的有表决权的股份数不计入有效表决总数;股东大会决议的公告应当充分披露非关联股东的表决情况。

《公司章程》(草案)第10.11条规定,董事会作出关于公司关联交易的决议时,必须由独立非执行董事签字后方能生效。

《公司章程》(草案)第10.23条规定,董事与董事会会议决议事项所涉及的法人和自然人有关联关系的,不得对该项决议行使表决权,也不得代理其他董事行使表决权。该董事会会议由过半数的无关联关系董事出席即可举行,董事会会议所作决议须经无关联关系董事过半数通过。出席董事会的无关联董事人数不足3人的,应将该事项提交股东大会审议。

《公司章程》(草案)第14.07条规定,监事不得利用其关联关系损害公司利益,若给公司造成损失的,应当承担赔偿责任。

2. 发行人《股东大会议事规则》关于关联交易方面的规定

发行人于2007年6月7日召开2007年第二次临时股东大会审议通过《股东大会议事规则》,该规则于发行人发行股票并上市后生效,其中第5.4条规定:股东与股东大会拟审议事项有关联关系时,应当回避表决,其所持有表决权的股份不计入出席股东大会有表决权的股份总数。关联股东的回避表决程序:(1)关联股东应在股东大会前主动向召集人提出回避申请,否则其他股东有权向召集人提出关联股东回避申请;(2)关联股东可以参与审议关联交易的议案;(3)关联股东回避表决关联交易的议案，由出席股东大会的非关联股东按公司章程和本规则的规定表决；(4)关联股东及代理人不得参加计票、监票，不得受托代理其他非关联股东的进行投票；(5)关联股东其所代表的有表决权的股份数不计入有效表决总数。公司持有的本公司股份没有表决权，且该部分股份不计入出席股东大会有表决权的股份总数。

3. 发行人《董事会议事规则》关于关联交易方面的规定

发行人于2007年6月7日召开2007年第二次临时股东大会审议通过《董事会议事规则》(草案)，该规则将于发行人发行股票并上市后生效，其中关于关联交易方面的规定：

《董事会议事规则》第5.5条规定：委托和受托出席董事会会议应当遵循以下原则：(1)在审议关联交易事项时，非关联董事不得委托关联董事代为出席，关联董事也不得接受非关联董事的委托；(2)独立董事不得委托非独立董事代为出席，非独立董事也不得接受独立董事的委托；(3)董事不得在未说明其本人对提案的个人意见和表决意向的情况下全权委托其他董事代为出席，有关董事也不得接受全权委托和授权不明确的委托；(4)一名董事不得接受超过两名董事的委托，董事也不得委托已经接受两名其他董事委托的董事代为出席。

《董事会议事规则》第6.11条第1款规定：出现下述情形的，董事应当对有关提案回避表决：(1)证券交易所股票上市规则规定董事应当回避的情形；(2)董事本人认为应当回避的情形；(3)本公司《公司章程》规定的因董事与会议提案所涉及的企业有关联关系而须回避的其他情形。

《董事会议事规则》第6.11条第2款规定：在董事回避表决的情况下，有关董事会会议由过半数的无关联关系董事出席即可举行，形成决议须经无关联关系董事过半数通过。出席会议的无关联关系董事人数不足3人的，不得对有关提案进行表决，而应当将该事项提交股东大会审议。

4. 关联交易公允决策制度

发行人2007年第二次临时股东大会审议通过了《关联交易决策制度》，该制度对关联方和关联关系、关联交易、关联交易的决策程序及信息披露的内容进行了明确的规定，经本所律师核查认为，该制度的内容符合深交所颁布的《股票上市规则》关于关联交易的相关规定。

5. 独立董事工作制度

发行人于2007年6月7日召开的2007年第二次临时股东大会审议通过了《独立董事工作制度》，明确要求发行人发生的重大关联交易应由独立董事认可后，提交董事会讨论；独立董事作出判断前，可以聘请中介机构出具独立财务顾问报告。

(四)同业竞争

根据发行人提供的资料及说明，并经本所律师核查认为，发行人不存在控股股东及实际控制人，因此，不存在与其控股股东及实际控制人之间同业竞争的情形。

综上，本所律师认为：

1. 发行人与关联方之间签署的关联交易协议的内容不违反中国法律之规定，对协议双方均有拘束力并可强制执行。

2. 发行人通过内部制度规定了关联交易公允决策的程序，对发行人及非关联股东的利益已采取了必要措施进行保护，该等规定合法、有效。

3. 发行人不存在控股股东及实际控制人，因此不存在与控股股东及实际控制人之间同业竞争的情形。

## 十一、发行人的主要财产

根据发行人提供的相关资料，并经本所律师核查，发行人及其控股子公司拥有及使用的主要资产包括：

(一)发行人拥有的股权资产

发行人拥有的控股子公司的情况详见本《法律意见书》“九、发行人的控股子公司”。

发行人拥有的共同控制公司及参股公司的情况详见本《法律意见书》“十、关联交易及同业竞争”之共同控制的公司及参股公司。

(二)土地使用权

经本所律师核查，发行人及其控股子公司占有使用生产经营用地共99宗，总面积约1,294,081.02平方米，其中：以出让方式及划拨方式取得94宗土地使用权，共计面积1,128,127.02平方米；正在以出让方式办理2宗土地的出让手续，共计面积45,874.00平方米；尚待依法完善3宗土地的用地手续，面积约

120,080.00 平方米。

(三)房屋所有权

根据发行人及其控股子公司提供的资料，截至本《法律意见书》出具日，发行人及其控股子公司自有房屋共应取得 118 个《房屋所有权证》，总建筑面积为109,480.00平方米。其中：已取得 97 个《房屋所有权证》，总建筑面积为106,246.59平方米；正在办理的外购商品房 20 项，建筑面积为1,867.73平方米；尚待完善许可证手续的房屋 1 个，建筑面积1,365.68平方米。

(四)知识产权

1. 注册商标及商标申请权

(1)注册商标

根据发行人提供的资料并经本所适当核查，截至本《法律意见书》出具日，发行人拥有 19 项注册商标已分别取得了国家工商行政管理总局商标局核发的《注册商标证》和《核准转让注册商标证明》及香港特别行政区政府知识产权署商标注册处核发的《注册证明书》，具体情况如下：

| 序号 | 所有权人 | 商标名称 | 注册号/商标编号 | 类别/商标种类 | 注册日期 | 有效期限 |
| --- | --- | --- | --- | --- | --- | --- |
| 1 | 发行人 | 金风科技 | 1697742 | 7 | 2002.1.14 | 2002.1.14 至 2012.1.13 |
| 2 | 发行人 | GOLDWIND | 1697741 | 7 | 2002.1.14 | 2002.1.14 至 2012.1.13 |
| 3 | 发行人 | 金风科技 | 6651810 | 7 | 2010.3.28 | 2010.3.28 至 2020.3.27 |
| 4 | 发行人 | GOLDWIND | 6651816 | 7 | 2010.3.28 | 2010.3.28 至 2020.3.27 |
| 5 | 发行人 | 金风科技 | 6651820 | 7 | 2010.3.28 | 2010.3.28 至 2020.3.27 |
| 6 | 发行人 | 金风科技 | 6651833 | 7 | 2010.3.28 | 2010.3.28 至 2020.3.27 |
| 7 | 发行人 |  | 6651809 | 37 | 2010.4.21 | 2010.4.21 至 2020.4.20 |
| 8 | 发行人 |  | 301495170 | 一般商标 | 2009.12.10 | 自注册之日起 10 年 |
| 9 | 发行人 | GOLDWIND | 301495206 | 一般商标 | 2009.12.10 | 自注册之日起 10 年 |
| 10 | 发行人 | GOLDWIND | 301495378 | 一般商标 | 2009.12.10 | 自注册之日起 10 年 |

续表

| 序号 | 所有权人 | 商标名称 | 注册号/商标编号 | 类别/商标种类 | 注册日期 | 有效期限 |
|---|---|---|---|---|---|---|
| 11 | 发行人 | GOLDWIND | 301495341 | 一般商标 | 2009.12.10 | 自注册之日起10年 |
| 12 | 发行人 | 金风科技 | 301495242 | 一般商标 | 2009.12.10 | 自注册之日起10年 |
| 13 | 发行人 | 金风 | 301495260 | 一般商标 | 2009.12.10 | 自注册之日起10年 |
| 14 | 发行人 | 金风科技 | 301495314 | 一般商标 | 2009.12.10 | 自注册之日起10年 |
| 15 | 发行人 | 金风科技 | 301495350 | 一般商标 | 2009.12.10 | 自注册之日起10年 |
| 16 | 北京天源 | | 6633956 | 37 | 2010.4.7 | 2010.4.7至2020.4.6 |
| 17 | 北京天源 | | 6633957 | 7 | 2010.3.28 | 2010.3.28至2020.3.27 |
| 18 | 北京天源 | 天　源　科　创 TIANYUAN CREATION | 6482967 | 7 | 2010.3.21 | 2010.3.21至2020.3.20 |
| 19 | 北京天源 | 天源科创 TIAN YUAN CREATION | 6633954 | 37 | 2010.4.14 | 2010.4.14至2020.4.13 |

发行人拥有的注册号为6651819的商标注册公告日期为2010年3月28日及注册号为6651828的商标注册公告日期为2010年7月14日，该等商标注册证书正在领取中。

(2)注册商标许可使用

2007年5月18日，发行人分别与北京金风和内蒙金风签订《商标使用许可合同》，允许北京金风和内蒙金风免费使用第1697741号、第1697742号注册商标，使用期限为自2007年5月1日至2012年1月13日，并将上述许可合同提交给国家工商行政管理总局商标局备案。2007年7月9日，国家工商行政管理总局商标局分别核发了备案号为200707185、200707186、200707187、200707188的《商标使用许可合同备案通知书》，许可期限自2007年5月1日至2012年1月13日，核准了上述商标使用许可合同的备案。

(3)商标申请权

根据发行人提供的相关资料，并据本所律师核查，发行人及其控股子公司拥有30项商标申请权，已取得了国家工商行政管理总局商标局核发的《注册申请受理通知书》。发行人及控股子公司取得该等注册商标，尚须按《商标法》的规定履行必要的程序。

2. 专利及专利申请权

(1)专利

根据发行人提供的相关资料，并据本所律师核查，发行人及其控股子公司拥有1项发明专利、2项外观设计专利、28项实用新型专利。

(2)专利申请权

根据发行人提供的相关资料，并据本所律师核查，发行人及其控股子公司拥有19项发明、2项外观设计及5项实用新型的专利申请权。

3. 专有技术

根据发行人提供的相关资料，发行人拥有6项专有技术，分别为：

| 序号 | 专有技术名称 | 专有技术的应用内容 |
|---|---|---|
| 1 | 3.0兆瓦直驱永磁风力发电机组 | 生产、制造 |
| 2 | 2.5兆瓦直驱永磁风力发电机组 | 生产、制造 |
| 3 | 1.5兆瓦直驱永磁风力发电机组 | 生产、制造 |

续表

| 序号 | 专有技术名称 | 专有技术的应用内容 |
| --- | --- | --- |
| 4 | 1.2 兆瓦直驱永磁风力发电机组 | 生产、制造 |
| 5 | 750kW 风力发电机组 | 生产、制造 |
| 6 | 600kW 风力发电机组 | 生产、制造 |

本所律师核查认为,发行人合法有效地拥有上述专有技术。

4. 域名

经本所律师核查认为,发行人拥有11项域名。

5. 境外子公司的知识产权

(1)根据发行人提供的相关资料,德国金风及Vensys能源分别拥有2项注册商标,具体情况如下:

| 序号 | 公司名称 | 商标名称 | 注册日期 | 注册号 |
| --- | --- | --- | --- | --- |
| 1 | 德国金风 | 名称和图标 | 2008.7.18 | DE 30781626 |
| 2 | 德国金风 | 金风和图标 | 2008.7.18 | DE 30781627 |
| 3 | Vensys 能源 | "VENSYS " | 2003.10.10 | DE 30339799 |
| 4 | Vensys 能源 | "VENSYS"的图案 | 2003.10.24 | DE 30339798 |

(2)根据发行人提供的相关资料,Vensys能源拥有3项专利和5项专利申请,具体情况如下:

| 序号 | 公司名称 | 专利名称 | 申请日 | 专利号或申请号 |
| --- | --- | --- | --- | --- |
| 1 | Vensys 能源 | 直驱兆瓦级风力发电机组不同轴承布局形式 | 1994.1.26 | DE 4402184 C2 |
| 2 | Vensys 能源 | 直驱兆瓦级风力发电机组冷却和布局方式 | 1996.9.10 | DE 19636591 C2 |
| 3 | Vensys 能源 | 风力发电机组齿形带安全变浆驱动 | 1992.7.3 | DE 4221783 C2 |
| 4 | Vensys 能源 | 直驱主动冷却方式 | 2004.7.16 | EP 1586769 A2 |
| | | 直驱主动冷却方式 | 2004.4.16 | DE 10 2004018758 A1 |
| 5 | Vensys 能源 | 新型直驱整流概念 | 2002.3.7 | DE 10210164 A1 |
| 6 | Vensys 能源 | 一种用于固定永磁磁钢到发电机转子的方法 | 2007.9.20 | CN 101159339(A) |
| | | 一种用于固定永磁磁钢到发电机转子的方法 | 2006.9.20 | DE 102006044268 A1 |
| | | 一种用于固定永磁磁钢到发电机转子的方法 | 2007.9.8 | EP 1903665 A2 |
| 7 | Vensys 能源 | 用于风力发电场的发电机 | 2008.3.5 | CN 101299552(A) |
| | | 用于风力发电场的发电机 | 2007.3.6 | DE 102007011261 A1 |
| | | 用于风力发电场的发电机 | 2008.2.28 | EP 1968172 A2 |
| 8 | Vensys 能源 | 一种调整风力发电机转子叶片攻角的设备 | 2008.3.12 | DE 102008013926 A1 |
| | | 一种调整风力发电机转子叶片攻角的设备 | 2009.3.10 | WO 2009/112024 A2 |
| | | 一种调整风力发电机转子叶片攻角的设备 | 2009.3.11 | AR 070873A1 |

(五)房屋租赁

根据发行人提供的资料,截至本《法律意见书》出具日,发行人及其控股子公司租赁的房屋共37项、总建筑面积为49,979.71平方米,其中:对外租赁的房屋有15项,面积为21,124.27平方米;租赁他人使用的房屋有22项、面积为28,855.44平方米。

经核查,本所律师认为,发行人及其控股子公司对外租赁及租赁他人的房屋及建筑物,均依法签订了租赁协议,该等协议合法、有效。

(六)主要财产权利受限情况

1. 房屋及土地抵押

根据发行人提供的资料及书面确认,并经本所律师核查,截至本《法律意见书》出具日,

发行人在其拥有的1宗自有土地使用权及7栋房屋上设置了抵押,具体情况如下:

经发行人第三届董事会第六次会议及2007年度股东大会审议批准,发行人为德国金风向中国建设银行股份有限公司法兰克福分行3,634万欧元的贷款(一期贷款1,638万欧元,二期贷款1,996万欧元)提供担保。2008年8月,发行人与中国建设银行股份有限公司乌鲁木齐中山路支行签署《抵押合同》,发行人将其拥有的1宗证号为乌国用(2007)字第0021938号的土地使用权、证号为乌房权证经济技术开发区字第2008318035号、乌房权证经济技术开发区字第2008318036号、乌房权证经济技术开发区字第2008318038号、乌房权证经济技术开发区字第2008318040号、乌房权证经济技术开发区字第2008318042号、乌房权证经济技术开发区字第2008318043号、乌房权证经济技术开发区字第2008318045号等7项房屋抵押给该行,为该行开具的2,350万欧元融资性保函的提供保证。

经核查,发行人拥有该宗证号为乌国用(2007)字第0021938号的土地使用权,其地上建有11栋房屋,其中7栋房屋已抵押给中国建设银行股份有限公司乌鲁木齐中山路支行,发行人在乌鲁木齐市国土资源局办理了《土地他项权利证明书》(乌他项2008第001105号);在乌鲁木齐市房地产管理局办理了乌房经济技术开发区他字第2008316683号、第2008316678号、第2008316680号、第2008316679号、第2008316677号、第2008316681号、第2008316192号《房屋他项权证》。根据《中华人民共和国物权法》第182条的规定,该宗地上的其他4栋房屋视为一并抵押。

除上述抵押房屋外,发行人及其控股子公司自有房屋不存在其他强制征用、诉讼、纠纷或其他对该等房屋有重大不利影响的情形。本所律师认为,发行人及其控股子公司拥有该等房屋的所有权、对该等房屋的处分行为符合中国法律、法规的规定,合法、有效;对于设置了抵押的房屋,发行人对该等房屋享有占用、使用和收益的权利,但未经抵押权人同意,不得转让、抵押或其他方式处分该等房屋所有权。

2. 电费收费权质押

(1)布尔津天润与国家开发银行签署《国家开发银行人民币资金借款合同》(编号:6500441872008020034)、与国家开发银行和广东发展银行股份有限公司深圳分行签署《广东发展银行与国家开发银行联合贷款合作协议》(编号:6500441872008601054)、与国家开发银行签署《国家开发银行人民币资金借款合同变更协议》(编号:6500441872009025006)及《国家开发银行人民币资金贷款应收账款质押合同》。

(2)达茂天润与中国建设银行股份有限公司乌鲁木齐中山路支行签署《人民币资金借款合同》(编号:建乌中2008(130))及《抵押合同》(编号:建乌中2008(130))和《权利质押合同》(编号:建乌中2008(130))。

(3)商都天润与国家开发银行股份有限公司签署《国家开发银行人民币资金借款合同》(编号:1500443562009020135)及《国家开发银行人民币资金贷款抵押合同》和《国家开发银行人民币资金贷款应收账款质押合同》。

(4)瓜州天润与国家开发银行股份有限公司签署《国家开发银行人民币资金借款合同》(编号:620010233200902079)及《国家开发银行人民币资金贷款抵押合同》和《国家开发银行人民币资金贷款应收账款质押合同》。

(5)达茂天润与国家开发银行股份有限公司签署《国家开发银行人民币资金借款合同》(编号:1500443572009020214)及《国家开发银行人民币资金贷款抵押合同》和《国家开发银行人民币资金贷款应收账款质押合同》。

(6)伊春太阳能与国家开发银行股份有限公司签署《国家开发银行人民币资金借款合同》(编号:2301101262009110164)及《国家开发银行人民币资金贷款抵押合同》和《国家开发银行人民币资金贷款应收账款质押合同》。

(7)赤峰新能源与国家开发银行股份有限公司签署《人民币资金借款合同》(编号:1500443592009020743)及《人民币资金贷款抵押合同》和《人民币资金贷款应收账款质押合同》。

(8)塔城新能源与国家开发银行股份有限公司签署《人民币资金借款合同》(编号:6500442562009020230)及《人民币资金贷款抵押合同》和《人民币资金贷款应收账款质押合同》。

## 十二、发行人的重大债权债务关系

(一)根据发行人提供的相关资料,并经本所律师核查,截至目前,发行人及其控股子公司正在履行的各类重大合同如下:

1. 关联交易协议

详见本《法律意见书》之"十、关联交易及同业竞争"。

2. 采购合同

根据发行人提供的资料及确认并经本所适当核查,发行人及其控股子公司尚在履行中且金额在1亿元以上的采购合同共计51份。

3. 销售合同

根据发行人提供的资料及确认并经本所适当核查,发行人及其控股子公司尚在履行中且金额在1亿元以上的销售合同共计91份。

4. 借款合同

根据发行人提供的资料及确认并经本所适当核查,发行人及其子公司共计签署了23笔《借款合同》。

5. 核证减排量(CERs)销售合同

根据发行人提供的资料及书面确认并经本所适当核查,发行人及其控股子公司已经就核证减排量(CERs)签署了9份销售合同。

6. 项目总承包合同

(1)2008年12月15日,北京天源与山西云光风电有限责任公司签订《山西神池二期49.5MW风电项目工程(EPC)总承包合同》,北京天源承揽山西神池风电场二期工程的施工;双方还就建设规模、建设地点、投产日期、履约保函及预付款保函、工作范围、一般规定、业主、业主的管理、承包商、设计、员工、生产设备、材料和工艺、业主的接收、缺陷责任、最终验收、变更和调整、付款、风险与职责、保险、不可抗力、索赔、争端和仲裁及其他等事项亦作了明确的约定。

(2)2009年8月25日,北京天源与中水白城风电发展有限公司签订《吉林白城查干浩特风电场二期(15MW)EPC工程总承包合同》,北京天源承揽吉林白城查干浩特风电场二期工程的施工;双方还就工程范围、支付条款、税费、包装运输、履约保证金及质量保证金、一般规定、业主、业主代表、承包人、设计、职员与员工、工程设备、材料和工艺、完工检验与竣工检验、业主的接收、竣工后的质量保证期、缺陷责任、变更、承包人的违约、承包人的权利、风险与责任、保险、仲裁及其他等事项亦作了明确的约定。

7. 技术合同

(1)2003年11月5日,发行人与Vensys能源签订《Vensys 62/1200联合设计、开发及技术分享合同》,Vensys能源将其拥有的Vensys 62/1200(轮毂高69米)风机的设计、组装、安装和试运行等专有技术转让给发行人;发行人用Vensys能源的专有技术设计、制造且在中国市场(指合同区域)销售直驱风机,禁止其他公司的同样产品进入合同区域,包括Vensys能源与其他公司以任何方式合作或合资生产的产品;双方同意发行人在合同区域内拥有合同产品的知识产权;该合同还就定价、付款和付款条件、文件交付、技术资料的修订和改进、验收和接收、承诺和赔偿、侵权和保密、税收、仲裁、其他约定事项作了明确的约定。

(2)2005年11月24日,发行人与Vensys能源签订《Vensys 70/1500和77/1500风机联合设计、开发及技术分享合同》,约定:Vensys能源将其拥有的Vensys 70/1500(轮毂高65米)和77/1500(轮毂高85米)风机的设计、组装、安装和试运行的专有技术转让给发行人;发行人用Vensys能源的专有技术设计、制造且在中国市场(指合同区域)销售直驱风机,禁止其他公司的同样产品进入合同区域,包括Vensys能源与其他公司以任何方式合作或合资生产的产品;双方同意发行人在合同区域内拥有合同产品的知识产权;该合同还就定价、付款和付款条件、文件交付、技术资料的修订和改进、验收和接收、承诺和赔偿、侵权和保密、税收、仲裁、其他约定事项作了明确的约定。

(3)2006年12月3日,发行人与Vensys能源签署《Vensys 92/2.5风机的联合设计,开发,合作和技术分享合同》,约定:Vensys能源授予发行人Vensys 92/2.5风机生产的不可转让和专有权,并在"合同区域"内生产和销售Vensys 92/2.5型风机;Vensys能源同意发行人在"延展合同区域"范围内具有非独家销售权利;Vensys能源将与发行人分享Vensys 92/2.5的制造、装配、测试、包装、运输、安装、运行、服务和维护的技术文件、图纸、特别说明等文件;允许发行人在拥有75%以上股权的子公司生产、组装和维护本合同产品。该合同还就分享费用、双方责任、验证和接受、保证和声明、合同产品联合开发和改进、合同的存续期、行业所有权、突然终止、保密、税收和义务、仲裁、生效和其他等事项作了明确的约定。

8. 对外担保合同

(1)经发行人第三届董事会第六次会议及2007年度股东大会审议批准，发行人为德国金风向中国建设银行股份有限公司法兰克福分行3,634万欧元的贷款(一期贷款1,638万欧元，二期贷款1,996万欧元)提供担保。2008年3月6日及3月31日，发行人分别与中国建设银行股份有限公司乌鲁木齐中山路支行签订了两份《出具保函协议书》(编号:建乌中2008(022)号、建乌中2008(030)号)，中国建设银行股份有限公司乌鲁木齐中山路支行同意应发行人因其子公司德国金风收购Vensys能源的需要，出具以中国建设银行股份有限公司法兰克福分行为受益人、保证金额4,280万欧元(其中:建乌中2008(022)号涉及的保证金额为1,930万欧元、建乌中2008(030)号涉及的保证金额为2,350万欧元)的融资性保函；发行人按0.8%的年费率向该行支付保证费用。中国建设银行股份有限公司乌鲁木齐中山路支行已向法兰克福分行出具了《保函》，同意为德国金风向中国建设银行股份有限公司法兰克福分行贷款3,634万欧元提供融资性担保，贷款期限三年。

经发行人第三届董事会第八次会议审议批准，发行人将其乌鲁木齐开发区二期叶片厂房抵押给中国建设银行股份有限公司乌鲁木齐中山路支行，为该行开具的3,634万欧元融资性保函的提供保证。2008年8月，发行人与中国建设银行股份有限公司乌鲁木齐中山路支行签订《抵押合同》，为确保发行人与中国建设银行股份有限公司乌鲁木齐中山路支行签订的编号为建乌中2008(030)号《出具保函协议书》(以下简称“主合同”，其涉及的融资性保函金额为2,350万欧元)的履行，发行人愿意为债务人及该行依主合同所形成的债务提供抵押担保，抵押财产为发行人拥有的1宗证号为乌国用(2007)字第0021938号的土地使用权、证号为乌房权证经济技术开发区字第2008318035号、乌房权证经济技术开发区字第2008318036号、乌房权证经济技术开发区字第2008318038号、乌房权证经济技术开发区字第2008318040号、乌房权证经济技术开发区字第2008318042号、乌房权证经济技术开发区字第2008318043号、乌房权证经济技术开发区字第2008318045号等7处房屋。该等抵押财产均办理了抵押手续。

(2)2010年6月15日，德国金风与中国银行法兰克福分行签订了《贷款合同》，德国金风向中国银行法兰克福分行贷款540万欧元；贷款应该在2010年12月1日前偿还；该贷款由中国银行新疆分行向中国银行法兰克福分行开立570万欧元的融资保函。

(3)经发行人2008年度股东大会审议批准，发行人代北京金风、内蒙金风、新疆天运、北京天源向银行申请出具不超过28亿元的保函，用于风电场项目设备销售及运输的投标、履约、预付款、质量保证等；经发行人2009年度股东大会审议批准，发行人代北京金风、内蒙金风、天运物流、北京天源向银行申请出具不超过16亿元的保函，用于风电场项目设备销售及运输的投标、履约、预付款、质量保证等。

(4)2009年1月4日，中国建设银行股份有限公司乌鲁木齐中山路支行向达茂天润提供3亿元银行贷款。2009年1月4日，北京天润与中国建设银行股份有限公司乌鲁木齐中山路支行签订了《保证合同》(编号:建乌中2008(130))，北京天润为达茂天润银行贷款提供3亿元的连带责任保证。保证期限至2021年1月3日。

(5)2009年9月25日，发行人2009年第二次临时股东大会审议通过《关于为北京欧伏电气设备有限公司项目贷款提供担保的议案》，同意发行人为北京欧伏电气设备有限公司(以下简称“北京欧伏”)2,345万元项目贷款提供担保，担保期限三年。

2009年12月22日，北京欧伏与交通银行北京丰台支行签订《固定资产贷款合同》(编号:25910103)约定，该行为北京欧伏提供2,100万元的借款，利率为浮动利率；借款期限为2009年12月23日至2012年12月22日。

2009年12月，发行人与交通银行丰台支行签订《保证合同》(编号:25910103)，发行人为上述合同项下的债权提供连带责任保证。

(6)2009 年 9 月 9 日,发行人 2009 年度第一次临时股东大会审议通过《关于为全资子公司北京天润新能投资有限公司美国明尼苏达 UILK 项目贷款提供担保的议案》,同意发行人为奥克公司 850 万美元项目贷款提供连带责任担保,担保期限为 10 - 12 年。

2010 年 4 月 6 日,奥克公司与国家开发银行股份有限公司签订贷款协议(编号:6500442902009020265)约定,该行为奥克公司提供 820 万美元的借款,利率为浮动利率;借款期限为 14 年。

2010 年 7 月 1 日,发行人与国家开发银行股份有限公司签订《国家开发银行股份有限公司外汇资金贷款保证合同》,发行人为上述合同项下的债权提供连带责任保证。

(二)经本所律师审查,上述合同的形式和内容均符合相关法律、行政法规的规定,合法、有效,不存在潜在法律风险。该等合同项下的义务,对其本次发行不构成法律障碍。

(三)经本所律师核查并经发行人确认,发行人不存在因环境保护、知识产权、产品质量、劳动安全、人身权等原因产生的侵权之债。

(四)根据经发行人出具的相关说明,发行人的其他应收、应付款项,系因正常的生产经营活动发生,合法、有效。

## 十三、发行人及其控股子公司的重大资产变化、收购兼并及境外投资

根据发行人提供的相关资料,并据本所律师核查,发行人及其控股子公司最近三年的重大资产变化、收购兼并及境外投资情况如下:

(一)发行人控股子公司转让股权

1. 富汇风能转让巴彦淖尔乌拉特中旗富汇风能电力有限公司的股权

2. 富汇风能转让巴彦淖尔乌拉特后旗富汇风能电力有限公司的股权

3. 北京天润转让克什克腾旗汇风新能源有限责任公司的股权

4. 北京天润转让塔城天润风力发电有限公司的股权

综上,本所律师认为:

(1)发行人及控股子公司最近三年转让内资公司的股权行为符合当时的法律、行政法规的相关规定,履行了必要的程序,上述股权转让的相关主体已签订了《股权转让协议》,该等股权转让是真实的,目前不存在纠纷。

(2)北京天润设立中外合资公司及转让中外合资公司股权的行为,履行了必要的审批程序,符合当时中国法律关于设立中外合资公司及中外合资公司股权变动的相关规定。

(二)境外投资与收购

1. 发行人投资设立德国金风

2. 德国金风收购 Vensys 能源

本所律师认为:

(1)金风科技境外设立德国金风及其历次增资行为,取得了必要的批准和核准,符合当时法律、法规关于境内公司境外投资的相关规定;

(2)就收购 Vensys 能源事宜,相关主体签署了《股份购买协议》及补充协议,该协议内容系相关主体的真实意思表示,不违反中国法律、行政法规的相关规定。

(三)发行人设立至今无合并、分立、减少注册资本等行为

(四)经本所律师核查,发行人历次增资扩股、利润分配、资本公积金转增股本等事项均已履行了必要的法律程序并取得必要的批准,符合《公司法》等法律、行政法规和规范性文件的规定。

(五)经本所律师核查并经发行人确认,发行人目前不存在正在进行的资产置换、资产剥离等行为。

## 十四、发行人章程的制定与修改

(一)发行人《公司章程》的制定和修改

1. 发行人于 2001 年 3 月 9 日召开的第一次股东大会,审议通过了《新疆金风科技股份有限公司章程》(草案),该《公司章程》已经自治区工商局核准备案。

经本所律师核查,发行人第一次股东大会审议通过的《公司章程》内容符合《公司法》等法律、行政法规、规范性文件的规定。

2. 发行人《公司章程》的历次修改

(1)2001 年 8 月 16 日,发行人召开 2001 年度第一次临时股东大会,审议通过了修改《公司章程》的议案,对公司董事会成员组成人数的变化事项修改了《公司章程》的相应条款。

(2)2004 年 5 月 18 日,发行人召开 2004 年临时股东大会,审议通过了修改《公司章程》

的议案，对公司住所地、注册资本、经营宗旨、股权结构、股东大会特别决议表决权、选举董事、监事的方式等事项修改了《公司章程》的相应条款。

(3) 2005 年 10 月 27 日，发行人召开了 2005 年临时股东大会，审议通过了修改《公司章程》的议案，对注册资本、股权结构、股东大会特别表决事项、董事会成员组成人数等事项修改了《公司章程》的相应条款。

(4) 2006 年 3 月 8 日，发行人召开了 2005 年年度股东大会，审议通过了修改《公司章程》的议案，在《公司章程》中增设了首席执行官职务，明确首席执行官由董事长兼任，并明确了首席执行官的职责。

(5) 2007 年 3 月 24 日，发行人召开了 2006 年度股东大会，审议通过了修改《公司章程》的议案，对住所地、注册资本、高级管理人员范围、董事会成员组成人数等事项修改了《公司章程》的相应条款。

(6) 2007 年 1 月 5 日，发行人召开的 2007 年临时股东大会决议，同意成盛高达将其持有股份转让给新宏远创（境外法人），并向商务部报备了《公司章程》修正案；2007 年 4 月 2 日，商务部出具商资批〔2007〕496 号《商务部关于同意外资参股新疆金风科技股份有限公司的批复》，批准了发行人的公司章程修正案。

(7) 因发行人实施 2006 年利润分配及公积金转增股本，2007 年 5 月 17 日，自治区外经贸厅出具的新外经贸外资函〔2007〕51 号《关于同意新疆金风科技股份有限公司股权变更的批复》，批准发行人增加注册资本、变更注册地址及公司章程修改案。

(8) 因发行人股东转让股份，2007 年 5 月 30 日，自治区外经贸厅出具的新外经贸外资函〔2007〕63 号《关于同意新疆金风科技股份有限公司股权变更的批复》，批准发行人股东的股权转让及发行人的公司章程修改案。

(9) 因发行人首次公开发行 5,000 万股 A 股、股东大会授权董事会事项、首席执行官及总裁职责及终止上市事等事项，2008 年 2 月 19 日，发行人召开了 2007 年年度股东大会，审议通过《关于修改〈新疆金风科技股份有限公司章程〉的议案》，对《公司章程》中股权结构、股东大会授权董事会事项、首席执行官和总裁职责及终止上市等条款的内容进行了修改。

(10) 根据深交所和中国证券登记结算有限责任公司深圳分公司《关于进一步规范中小企业板上市公司董事、监事和高级管理人员买卖本公司股票行为的通知》（深证上〔2008〕49 号）的规定，2008 年 8 月 14 日，发行人召开 2008 年第一次临时股东大会，审议通过《关于修改〈金风科技公司章程〉的议案》，在原《公司章程》第 3.13 条款的基础增加了“上述人员离职后半年内，不得转让其所有的本公司股份，在申报离任六个月后的十二个月内通过证券交易所挂牌交易出售本公司股票数量占其所持有本公司股票总数的比例不得超过 50%”。

(11) 根据《深圳证券交易所股票上市规则》关于关联交易的有关规定，2008 年 11 月 12 日，发行人召开 2008 年第二次临时股东大会，审议通过《关于修改金风科技公司章程的议案》，明确了原《公司章程》股东大会及董事会决策关联交易的权限。

(12) 根据发行人需要及中国证监会第 57 号令《关于修改上市公司现金分红若干规定的决定》的要求，2009 年 4 月 14 日，发行人召开 2008 年度股东大会，审议通过《关于修改〈新疆金风科技股份有限公司章程〉的议案》，对原《公司章程》中关于董事担任高级管理人员的数量及利润分配方式等条款的内容进行了修改。

(13) 此外，发行人因其股东转让股权对《公司章程》也进行了相应修改。

经本所律师核查，发行人现行《公司章程》的制定及历次修改符合《公司法》等法律、行政法规和规范性文件的规定。

（二）发行人境外上市《公司章程》（草案）

发行人于 2009 年 9 月 25 日召开 2009 年第二次临时股东大会，审议通过《公司章程》（草案），待发行人公开发行的 H 股股票在香港联交所挂牌交易之日起生效。

根据发行人 2009 年第二次临时股东大会的授权，发行人第四届董事会第二次会议根据《中国证券监督管理委员会行政许可项目审查一次反馈意见通知书》（100190 号）的要求，对发行人《公司章程》（草案）部分条款进行了修订。

经本所律师核查，发行人已根据《必备条

款》和其他适用的中国法律、行政法规、规范性文件以及香港联交所主板上市规则的要求,制订并修改了《公司章程》(草案)。发行人章程修订之内容符合现行相关中国法律、行政法规和规范性文件的规定,其内容及形式亦符合到境外上市公司的有关规定。该《公司章程》(草案)尚待发行人于本次发行后上报中华人民共和国商务部批准。

## 十五、发行人股东大会、董事会、监事会及规范运作

(一)发行人具有健全的组织机构和生产经营管理机构

1. 发行人依法设立了股东大会,股东大会由全体股东组成,是发行人的权力机构。

2. 发行人依法设立了董事会并在其下设置了战略决策委员会、薪酬与考核委员会、审计委员会及提名委员会。董事会由 9 名董事组成,其中:三名独立董事。董事会作为公司的决策机构,对公司股东大会负责。

3. 发行人依法设立了监事会,监事会由 5 名监事组成,其中:两名职工监事。监事会作为公司监督机构,对公司股东大会负责。

4. 发行人董事会聘任了总裁、副总裁、总工程师、董事会秘书及首席财务官等高级管理人员;设置了战略投资部、人力资源部、企业文化发展部、董事会秘书处、审计法务部、研发部、技术咨询部、技术部、品质管理部、国际业务部、资金管理部、会计核算部等经营管理机构。

经本所律师核查,发行人按照《公司法》等有关法律、行政法规的规定,建立了法人治理组织机构,建立健全了内部经营管理机构。

(二)发行人的股东大会议事规则、董事会议事规则和监事会议事规则

发行人 2007 年第二次临时股东大会审议通过了《股东大会议事规则》(修订草案)、《董事会议事规则》(修订草案)及《监事会议事规则》(修订草案)的决议,该次修订的《股东大会议事规则》、《董事会议事规则》及《监事会议事规则》(修订草案)于 A 股发行上市时生效。

经本所律师合理查验,发行人现行生效的《股东大会议事规则》、《董事会议事规则》、《监事会议事规则》的内容,符合《公司法》等法律、行政法规、规范性文件及《公司章程》的规定。

(三)发行人自成立以来历次股东大会、董事会、监事会会议的召开、决议内容及签署

根据本所律师对发行人自成立以来历次股东大会、董事会、监事会会议文件及相关事实所作的核查,发行人历次股东大会、董事会、监事会会议的召开、决议内容及签署均符合《公司法》等有关法律、行政法规和规范性文件及《公司章程》的规定,合法、合规、真实、有效。

(四)经本所律师核查,发行人的股东大会、董事会、监事会、首席执行官及总裁均在《公司章程》规定的职责权限内行使权力,股东大会、董事会、监事会的历次授权及重大决策行为,均经股东大会或董事会审议批准,该等行为合法、有效。

## 十六、发行人董事、监事和高级管理人员及其变化

(一)经本所律师审查,发行人的董事、监事和高级管理人员的任职符合中国法律、行政法规和规范性文件以及公司章程的规定。

发行人董事会成员有 9 名,其中:3 名独立董事;监事会成员有 5 名,其中:2 名职工监事;高级管理人员 11 名,其中:3 名董事同时兼任高级管理人员。

经本所律师合理查验,并经发行人董事、监事及高级管理人员本人确认,董事、监事及高管人员简历如下:

1. 董事

董事长兼首席执行官武钢先生:男,汉族,出生于 1958 年 10 月,中国籍,无境外永久居留权,硕士研究生学历,教授级高级工程师;中国动力工程学会新能源设备专业委员会副主任委员,中国电工技术学会新能源发电设备专业委员会副主任委员,中国资源综合利用协会可再生能源专业委员会副主任委员,享受国务院特殊津贴专家,新疆维吾尔自治区专家顾问团成员;2006 年被世界风能协会授予世界风能奖;曾任风能公司风电场场长、副总经理,新风科工贸总经理,2002 年至 2006 年任金风科技董事长兼总经理;现任新疆风能有限责任公司副董事长;自 2006 年 3 月起担任发行人董事长兼首席执行官。

副董事长李荧先生:男,汉族,出生于 1935 年 6 月,中国籍,无境外永久居留权,高级工程

师，国务院特殊津贴专家；曾担任水利部水电司处长、副司长；现任江河农村电气化发展有限公司董事长、北京群瑞能源投资有限公司董事长，福建宁德市大港水电站开发有限公司董事长；自2001年3月起担任发行人副董事长。

董事兼总裁郭健先生：男，汉族，出生于1963年3月，中国籍，无境外永久居留权，硕士研究生学历，高级工程师；曾任金风科技副总经理、常务副总经理、总经理、总裁等职务；自2004年5月起担任发行人董事，于2007年3月起担任发行人总裁。

董事高忠先生：男，汉族，出生于1958年11月，中国籍，无境外永久居留权，本科学历，工程师及高级政工师；曾任新疆纺织工业（集团）公司副总经理，新疆金纺纺织股份有限公司党委书记、董事、副总经理，新疆八钢集团公司工会副主席、监事，新疆贝正实业有限责任公司党委书记、董事长；现任风能公司董事长、党委书记；自2008年8月起担任发行人董事。

董事兼副总裁魏红亮先生：男，汉，出生于1971年11月，中国籍，无境外永久居留权，法学学士、管理学硕士，博士生，经济师，具有律师资格；曾任国水集团规则发展部经理、资本运营与股权管理部总经理；现任国水集团总经理助理、风能公司副董事长；自2009年8月起担任发行人副总裁。

董事吕厚军先生：男，汉族，出生于1963年5月，中国籍，无境外永久居留权，经济学博士，高级经济师；曾任无锡建升期货经纪有限公司副总经理，江苏新思达投资管理顾问有限公司常务副总经理，建设银行苏州分行行长助理，建设银行江苏省分行国际业务部副总经理，建设银行南京分行国际业务部总经理，海通证券股份有限公司国际部副总经理；现任南京云海特种金属股份有限公司董事、芜湖长信科技股份有限公司董事、上海恒荣国际货运有限公司董事、无锡百川化工股份有限公司董事及海富产业投资基金管理有限公司总经理、董事；自2006年3月起担任发行人董事。

独立董事王友三先生：男，汉族，出生于1935年8月，中国籍，无境外永久居留权，高级经济师；曾任自治区建设银行副科长、科长、副行长、行长，自治区人民银行行长，自治区人民政府副主席，自治区政协副主席等职务；2001年2月退休，现任新疆众和股份有限公司、新疆天富热电股份有限公司及新疆啤酒花股份有限公司的独立董事；自2007年3月起担任发行人独立董事。

独立董事施鹏飞先生：男，汉族，出生于1940年12月，中国籍，无境外永久居留权，大学本科学历，教授级高级工程师；曾任第一机械工业部西宁高原机电研究所技术情报室主任，中国风能技术开发中心对外联络部主任，电力部（1997年后为国家电力公司）水电水利规划设计总院新能源处处长、副总工程师，中国太阳能学会副理事长等职务；现任中国水电工程顾问集团专家委员会委员；自2007年3月起担任发行人独立董事。

独立董事李民斌先生：男，出生于1974年，中国（香港）籍，法律和会计专业、学士学位，美国斯坦福大学商学院MBA，英格兰及威尔士特许会计师公会会计资格，香港会计师公会会员资格；曾任香港亚洲策略投资管理公司执行董事、香港东亚银行有限公司总经理兼财富管理主管、香港东亚银行有限公司副行政总裁；现任蓝十字（亚太）保险有限公司董事、东亚人寿保险有限公司董事、东亚联丰投资管理有限公司董事会主席、东亚银行（中国）有限公司董事、港华燃气有限公司独立非执行董事、AFFIN Bank Berhad替代董事、东亚银行有限公司副行政总裁、东亚证券股份有限公司董事、美国东亚银行董事、Industrial and Commercial Bank of China（Canada）董事；自2010年3月起担任发行人独立董事。

2. 监事

监事王孟秋先生：男，汉族，出生于1964年8月，中国籍，无境外永久居留权，大学本科学历，助理会计师；现任云南龙陵腊寨水电发展有限公司、中材科技风电叶片股份有限公司和国水投资集团包头风电科技有限公司及湖北家城江河供水有限责任公司等公司的监事，现任国水集团风险控制部主任；自2008年8月担起任发行人监事。

监事王世伟先生：男，汉族，出生于1957年12月，中国籍，无境外永久居留权，大专学历，工程师；曾任风能公司副总工程师；现任风能公司副总经理；自2009年9月起担任发行人监事。

监事洛军先生:男,汉族,出生于 1967 年 4 月,中国籍,无境外永久居留权,大学专科学历,会计师;现在风能公司股管办主任;自 2004 年 5 月担起任发行人监事。

职工监事郑成江先生:男,汉族,出生于 1974 年 1 月,中国籍,无境外永久居留权,大学专科学历。曾任新疆屯河投资股份有限公司信息化管理部副部长,金风科技总经理助理、计划管理部部长;现任发行人信息系统总监;自 2007 年 3 月起担任发行人监事。

职工监事肖治平:男,汉族,出生于 1977 年 4 月,中国籍,无境外永久居留权,曾在中国银行新疆分行、新天国际经贸股份有限公司工作,曾任新疆金融租赁有限公司租赁二部经理、租赁部副总经理;现任发行人投资与股权管理部副部长;自 2010 年 3 月起担任发行人监事。

3. 高级管理人员

首席执行官武钢先生、总裁郭健先生及副总裁魏红亮先生的简历详见本节第一部分董事相关内容。

副总裁李玉琢先生:男,汉,出生于 1948 年 9 月,中国籍,无境外永久居留权,本科学历,曾任北京利德华福电气技术有限公司总经理,北京中益合康电气技术有限公司总经理等职务;自 2007 年 3 月起担任发行人副总裁。

副总裁王相明先生:男,汉,出生于 1969 年 11 月,中国籍,无境外永久居留权,大学本科学历,高级工程师;自 2002 年起历任发起人生产总监、副总工程师、总工程师等职务;自 2007 年 3 月起担任发行人副总裁。

副总裁曹志刚先生:男,汉,出生于 1975 年 12 月,中国籍,无境外永久居留权,大学本科学历,工程师;自 2002 年起历任金风科技电控事业部部长、总工办主任、副总工程师等职务;自 2007 年 3 月起担任发行人副总裁。

副总裁王海波先生:男,汉族,出生于 1974 年 1 月,中国籍,无境外永久居留权,大学本科学历;曾任金风科技营销中心主任、投资发展部主任;现任发行人全资子公司北京天润常务副总经理;自 2005 年 7 月起担任发行人监事。

副总裁兼首席技术官 Jürgen Rinck 先生:男,出生于 1963 年,萨尔州工程应用大学机械系结构专业硕士;曾任德国萨尔布吕肯市风能研发中心、风能研发组开发工程师,德国萨尔布吕肯市风能研发中心负责研发 Genesys 600 风机项目,德国 VENSYS Energiesysteme GmbH & Co. KG 公司总经理;现任德国 VENSYS Energy AG 公司 CEO。自 2010 年 3 月起担任发行人副总裁兼首席技术官。

副总裁兼董事会秘书马金儒女士:女,汉族,出生于 1966 年,中国籍,无境外永久居留权,硕士研究生学历,高级经济师;曾任大连港设计院经济师,大连港外经处合资合作科科长,大连港集装箱综合发展公司财务管理部经理,大连港集装箱股份有限公司董事会秘书,大连港股份有限公司董事会秘书。自 2010 年 3 月起担任发行人副总裁兼董事会秘书。

总工程师崔新维先生:男,汉,出生于 1961 年 7 月,中国籍,无境外永久居留权,硕士研究生,副教授;曾任新疆农业大学机械交通学院院长、发行人副总工程师兼研发事业部总工程师;自 2009 年 3 月起担任发行人总工程师。

首席财务官孙亮:男,汉,出生于 1969 年 11 月,中国籍,无境外永久居留权,硕士研究生学历,拥有经济学学士、财务管理硕士,澳大利亚注册执业金融财务师资格证书;曾任美国泛华医药公司北京代表处财务经理、阿尔斯通(中国)投资公司财务总监、中联重科首席财务官;于 2009 年 10 月担任发行人首席财务官。

(二)经本所律师核查,发行人的董事、监事和高级管理人员近三年变化符合《公司法》等相关法律、行政法规及《公司章程》的规定,履行了必要的法律程序,并办理了工商变更登记手续。

1. 董事

(1)2004 年 5 月 18 日,金风科技召开临时股东大会,选举武钢先生、李荧先生、刘同良先生、王黎明先生、杨永保先生、郭健先生为公司普通董事,选举倪维斗先生、彭成武先生、宋常先生为公司独立董事,共同组成公司第二届董事会。

2004 年 5 月 18 日,金风科技第二届董事会第一次会议,选举武钢先生为公司第二届董事会董事长,选举李荧先生为公司第二届董事会副董事长。

(2)2006 年 1 月 3 日,王黎明先生向金风科技董事会递交辞职书,辞去董事职务。

2006 年 3 月 8 日,公司召开 2005 年年度股东大会，审议通过增补潘世杰先生、吕厚军先生为公司普通董事，增补林志军先生为公司独立董事。

(3)2007 年 3 月 24 日，发行人召开 2006 年年度股东大会，选举武钢先生、潘世杰先生、李荧先生、刘同良先生、郭健先生、吕厚军先生为公司普通董事，选举王友三先生、施鹏飞先生、宋常先生为公司独立董事，共同组成公司第三届董事会。

2007 年 3 月 24 日，发行人第三届董事会第一次会议，选举武钢先生为公司第三届董事会董事长，选举李荧先生为公司第三届董事会副董事长。

(4)2008 年 6 月 11 日，发行人原董事潘世杰先生因工作变动提出辞职。2008 年 7 月 23 日，发行人第三届董事会第八次会议审议同意推荐高忠先生为公司第三届董事会候选人。2008 年 8 月 14 日，公司 2008 年第一次临时股东大会选举高忠先生为公司第三届董事会董事。

(5)2010 年 3 月 25 日，发行人 2009 年年度股东大会选举武钢先生、李荧先生、高忠先生、魏红亮先生、郭健先生、吕厚军先生为公司普通董事，选举王友三先生、施鹏飞先生、李民斌先生为公司独立董事，共同组成公司第四届董事会。

2010 年 3 月 25 日，发行人第四届董事会第一次会议，选举武钢先生为公司第四届董事会董事长，选举李荧先生为公司第四届董事会副董事长。

2. 监事

(1)2004 年 5 月 18 日，发行人召开临时股东大会，选举张华先生、王敦春先生、洛军先生为公司非职工监事，与职工大会于 2004 年 4 月 8 日选举产生的职工监事曹志刚先生、聂新慧女士共同组成公司第二届监事会。

2004 年 5 月 18 日，发行人召开第二届监事会第一次会议，选举张华先生为公司第二届监事会主席。

(2)2005 年 5 月 9 日，曹志刚先生向金风科技监事会递交了辞职申请，辞去公司监事职务。

2005 年 7 月 8 日，发行人职工大会选举王海波先生为公司第二届监事会的职工监事。

(3)2007 年 3 月 24 日，发行人召开 2006 年年度股东大会，选举张华先生、王敦春先生、洛军先生为公司非职工监事，与职工大会于 2007 年 2 月 25 日选举产生的职工监事王海波先生、郑成江先生共同组成公司第三届监事会。

2007 年 4 月 6 日，发行人召开第三届监事会第一次会议，选举张华先生为公司第三届监事会主席。

(4)2008 年 6 月 23 日，发行人原监事王敦春先生因工作变动提出辞职。2008 年 7 月 21 日，发行人第三届监事会第五次会议审议同意推荐王孟秋先生为公司第三届监事会候选人。2008 年 8 月 14 日，发行人 2008 年第一次临时股东大会选举王孟秋先生为公司第三届监事会监事。

(5)公司监事会于 2009 年 8 月 5 日收到监事会主席张华先生提交的书面辞职报告，张华先生因工作变动原因请求辞去公司监事会主席、监事职务，辞职后不在公司担任任何职务，张华先生的辞职自辞职报告送达监事会之日起生效。

2009 年 8 月 14 日，发行人第三届监事会第九次会议审议通过选举王孟秋先生为公司第三届监事会主席，同意推荐王世伟先生为公司第三届监事会监事候选人。

2009 年 9 月 9 日，发行人 2009 年第一次临时股东大会审议通过选举王世伟先生为公司第三届监事会股东监事。

(6)2010 年 3 月 25 日，发行人 2009 年年度股东大会选举王孟秋先生、王世伟先生、洛军先生为非职工监事，与职工大会于 2010 年 3 月 25 日选举产生的职工监事先生、郑成江先生共同组成公司第四届监事会。

2010 年 3 月 25 日，发行人召开第四届监事会第一次会议，选举王孟秋先生为公司第四届监事会主席。

3. 高级管理人员

(1)2004 年 5 月 18 日，金风科技第二届董事会第一次会议决议，聘任武钢先生担任公司总经理，聘任蔡晓梅女士担任公司董事会秘书，聘任郭健先生、刘同良先生、李力女士担任公司副总经理，聘任石勤清先生担任公司总经济师。

(2)2005 年 2 月 28 日，金风科技第二届董事会第二次会议决议，聘任王相明先生担任公司总工程师。

(3)2006年2月6日,发行人第二届董事会第四次会议决议,聘任郭健先生担任公司总经理。

(4)2006年3月8日,发行人2005年年度股东大会审议通过了修改《公司章程》的议案,在《公司章程》中增设了首席执行官职务,明确首席执行官由董事长兼任。

(5)2007年3月24日,发行人第三届董事会第一次会议决议,选举武钢先生担任第三届董事会董事长即兼任首席执行官,聘任郭健先生担任公司总裁,聘任蔡晓梅女士担任公司董事会秘书,聘任刘同良先生、李玉琢先生、曹志刚先生、王相明先生、李力女士担任公司副总裁,聘任马鸿兵先生为公司总工程师。

(6)2007年6月30日,经发行人第三届董事会第三次会议审议同意,聘任余丹柯为公司首席财务官。

(7)2009年3月20日,经发行人第三届董事会第十二次会议审议同意,聘任马鸿兵先生为公司副总裁,免去其原公司总工程师职务;聘任崔新维先生为公司总工程师。

(8)2009年8月14日,发行人第三届董事会第十五次会议审议通过聘任魏红亮先生为公司副总裁职务。

2009年8月17日,发行人原副总裁刘同良因工作变动辞去公司副总裁职务。

(9)2009年8月31日,公司首席财务官因个人原因于2009年8月31日提出辞职,经公司第三届董事会第十六次会议审议同意,聘任郭健先生暂时代理首席财务官的职务。

(10)2009年10月23日,经公司第三届董事会第十七次会议审议同意,聘任孙亮先生担任首席财务官的职务。

(11)2010年3月25日,发行人第四届董事会第一次会议决议,聘任郭健先生担任公司总裁,聘任李玉琢担任常务副总裁,聘任曹志刚担任执行副总裁,聘任马金儒女士担任副总裁兼董事会秘书,聘任魏红亮先生、王相明先生、王海波先生担任公司副总裁,聘任崔维新担任公司总工程师,聘任Jürgen Rinck担任副总裁兼首席技术官,聘任孙亮担任首席财务官。

除上述变更以外,发行人的董事、监事、高级管理人员未发生其他变更。

(三)经本所律师核查,发行人目前设有三名独立董事,其任职资格和选聘程序符合相关中国法律、行政法规及《公司章程》的规定,其职权范围未违反有关法律、行政法规和规范性文件的规定。

## 十七、发行人的税务

根据税收法律、行政法规的有关规定和发行人2007年度、2008年度及2009年度的《审计报告》及发行人提供相关资料,发行人及其控股子公司适用的税种为增值税、营业税、城建税、企业所得税等,适用税种的税率具体为:

1. 增值税执行《中华人民共和国增值税暂行条例》,一般纳税人适用税率17%,小规模纳税人适用税率3%;

2. 营业税执行《中华人民共和国营业税暂行条例》,税率为3%及5%;

3. 城市维护建设税按增值税及营业税税额之7%计缴;

4. 教育费附加税按增值税及营业税税额之3%计缴;

5. 2008年1月1日以前执行《中华人民共和国企业所得税暂行条例》;2008年1月1日以后执行《中华人民共和国企业所得税法》,税率为25%;

6. 其他税项:执行国家有关规定。

(一)发行人及控股子公司所享受的税收优惠

1. 增值税

(1)乌鲁木齐市国家税务局税收管理七局根据《财政部、国家税务总局关于部分资源综合利用及其他产品增值税政策问题的通知》(财税〔2001〕198号)的规定,于2002年9月11日出具《关于新疆金风科技股份有限公司享受风力发电收入增值税减半征收的通知》(乌国税管七函〔2002〕20号),同意发行人自2001年1月1日起享受风力发电收入增值税减半征收的政策。

(2)根据《国家发展改革委　财政部　国家税务总局关于印发〈国家鼓励的资源综合利用认定管理办法〉的通知》(发改环资〔2006〕1864号)和财政部、国家税务总局《关于资源综合利用及其他产品增值税政策的通知》(财税

〔2008〕156号）及布尔津县国家税务局于2009年7月12日出具的《税务认定通知书》（布国税认字〔2009〕第1号），布尔津天润被认定为资源综合利用企业，认定期限自2009年1月1日起。布尔津天润依据上述规定及文件自2009年1月1日起享受风力发电收入即征即退50%的政策。

（3）根据《国家发展改革委　财政部　国家税务总局关于印发〈国家鼓励的资源综合利用认定管理办法〉的通知》（发改环资〔2006〕1864号）和财政部、国家税务总局《关于资源综合利用及其他产品增值税政策的通知》（财税〔2008〕156号）及内蒙古自治区包头市达尔罕茂名安联合国家税务局于2009年6月1日出具的《税务认定通知书》（达国税限改字〔2009〕第2号），达茂天润被认定为资源综合利用企业，认定期限自2009年2月1日起。达茂天润依据上述规定及文件自2009年2月1日起享受风力发电收入即征即退50%的政策。

2. 企业所得税

（1）自治区人民政府办公厅根据《新疆维吾尔自治区招商引资若干政策规定》（新政发〔2000〕83号）的规定，于2005年1月14日出具《关于同意新疆金风科技股份有限公司享受有关税优惠政策的复函》（新政办函〔2005〕4号），同意继续给予发行人免征企业所得税2年的优惠政策，免征期限自2004年4月1起至2006年3月31日止。

（2）根据《中华人民共和国企业所得税暂行条例》第八条关于"民族自治地方的企业，需要照顾和鼓励的，经省级人民政府批准，可以实行定期减税或者免税"之规定，2006年11月21日，自治区人民政府办公厅出具《关于同意新疆金风科技股份有限公司享受有关税收优惠政策的复函》（新政办函〔2006〕202号），同意继续给发行人免征企业所得税2年的优惠政策，免征期限自2006年4月1起至2008年3月31日止。

（3）根据《北京市人民政府关于实施国家发展高新技术政策的通知》（京政发〔1991〕63号）和北京市税务局《关于贯彻〈北京市人民政府关于实施国家发展高新技术政策的通知〉有关税收问题的通知》（京税二〔1992〕97号）的规定，北京天源作为高新技术企业（证书编号：061108A14058）依上述规定，自2006年1月1日至2008年12月31日期间享受免征企业所得税的优惠。

（4）根据《高新技术企业认定管理办法》（国科发火〔2008〕172号）和《高新技术企业认定管理工作指引》（国科发火〔2008〕362号）的规定，北京金风于2008年12月24日获得由北京市科学技术委员会、北京市财务局、北京市国家税务局、北京市地方税务局联合核发的《高新技术企业证书》（证书编号：GR200811000986）。

根据《中华人民共和国企业所得税法》第二十五条和《关于实施企业所得税过渡优惠政策的通知》（国发［2007］39号）第一条第四项的规定，北京经济技术开发区国家税务局于2009年5月8日出具《企业所得税减免税备案登记书》（编号：20090059），北京金风自2008年1月1日起至2009年12月31日止免征企业所得税。

（5）根据《高新技术企业认定管理办法》（国科发火〔2008〕172号）和《高新技术企业认定管理工作指引》（国科发火〔2008〕362号）的规定，北京天源于2008年12月24日获得由北京市科学技术委员会、北京市财务局、北京市国家税务局、北京市地方税务局联合核发的《高新技术企业证书》（证书编号：GR200811002140）。

根据《中华人民共和国企业所得税法》第二十五条的规定，北京市海淀区国家税务局于2009年4月9日出具《企业所得税减免税备案登记书》（海国函200908JMS1600034号），北京天源自2008年1月1日起至2008年12月31日止免征企业所得税；自2009年1月1日起至2010年12月31日止享受减按15%征收所得税。

（6）根据《中华人民共和国企业所得税法》第二十七条和《中华人民共和国企业所得税法实施条例》第八十七条第（二）项及财政部、国家税务总局和国家发展改革委联合发布《关于公布公共基础设施项目企业所得税优惠目录（2008年版）的通知》（财税〔2008〕116号）的规定，布尔津县国家税务局于2009年7月12日出具《享受公共基础设施项目企业所得税政策备案表》，备案登记：布尔津天润享受第一年至第三年免征企业所得税,第四年至第六年减半征收企业所得税。

(7)根据《高新技术企业认定管理办法》(国科发火〔2008〕172号)和《高新技术企业认定管理工作指引》(国科发火〔2008〕362号)的规定,发行人于2009年5月6日获得由自治区科学技术厅、自治区财务厅、自治区国家税务局及自治区地方税务局联合核发的《高新技术企业证书》(证书编号:GR200965000058)。

根据《中华人民共和国企业所得税法》第二十八条第二款、《中华人民共和国企业所得税法实施条例》第九十三条及《关于实施企业所得税过渡优惠政策的通知》(国发〔2007〕39号)第一条第四项的规定,乌鲁木齐经济技术开发区地方税务局于2009年9月15日出具《享受高新技术企业所得税优惠政策备案文件》,核准发行人2009年度减按15%缴纳企业所得税;乌鲁木齐经济技术开发区地方税务局于2010年5月19日出具《享受高新技术企业所得税优惠政策备案表》,核准发行人2010年度减按15%缴纳企业所得税。

(8)根据西部大开发企业所得税税收优惠政策,2009年11月30日,甘肃省国家税务局出具甘国税批字〔2009〕131号《企业所得税税务处理事项批复通知书》,同意甘肃金风在2009-2010年度减按15%的税率征收企业所得税。

(9)根据《高新技术企业认定管理办法》(国科发火〔2008〕172号)和《高新技术企业认定管理工作指引》(国科发火〔2008〕362号)的规定,内蒙金风于2009年9月1日获得由内蒙古自治区科学技术厅、内蒙古自治区财务厅、内蒙古自治区国家税务局及内蒙古自治区地方税务局联合核发的《高新技术企业证书》(证书编号:GR200915000019)。

根据《中华人民共和国企业所得税法》第二十八条第二款、《中华人民共和国企业所得税法实施条例》第九十三条及《关于实施企业所得税过渡优惠政策的通知》(国发〔2007〕39号)第一条第四项的规定,包头稀土高新技术产业开发区国家税务局于2010年1月15日出具《减、免税批准通知书》(包开国税登字〔2010〕第1号),批准内蒙金风免征期间减按15%缴纳企业所得税。

(二)发行人及其控股子公司的税务登记情况

发行人拥有52家境内外控股子公司,其中:13家境外公司,其余39家均为发行人境内控股子公司。

(三)依法纳税情况

发行人拥有52家境内外控股子公司,其中:13家境外公司;2009年11月之后新设立及新收购12家。

根据发行人及其控股子公司分别出具的说明及其主管税务机关分别出具的证明,发行人适用的税种、税率以及适用的税收优惠政策,符合国家税收法律、行政法规和规范性文件的规定,发行人依法纳税,未受到税务部门的行政处罚。

**十八、发行人的环境保护和产品质量**

(一)生产经营活动的环境保护

1. 发行人的环境管理体系认证

发行人持有中国质量认证中心于2009年12月25日核发的证书编号为00109E25122R0L/6500的《环境管理体系认证证书》,认证发行人及北京金风、内蒙金风、甘肃金风建立的环境管理体系符合ISO4001:2004及GB/T 24001-2004标准,通过认证范围:风力发电机械设备及其配件的设计、开发、生产制造和服务及相关管理活动。该证书的有效期至2012年12月24日。

2. 发行人的生产经营活动的环境保护

根据自治区环境保护厅于2009年9月29日出具的《关于新疆金风科技股份有限公司环境保护审核情况的复函》(新环控函〔2009〕435号),经该局审核,认为:金风科技自成立以来,能够遵守国家有关环境保护法律、行政法规,执行了建设项目环境影响评价和“三同时”制度,排放的主要污染物达到了国家规定的排放标准,在生产过程中使用的原辅料及产品中均不含有国家法律、行政法规、标准中禁用的物质以及我国签署的国际公约中禁用的物质,生产经营活动符合国家有关环保要求。截至目前,金风科技没有违反环境保护法律、行政法规的行为,没有发生过污染事故,没有因环保问题而受到环保行政主管部门的行政处罚。同意金风科技通过环境保护审核。

3. 发行人的控股子公司生产经营活动的

环境保护

发行人拥有52家境内外控股子公司，其中：6家公司为非生产经营类公司；13家公司为境外公司；20家控股子公司尚处于项目核准阶段。

（二）发行人的产品质量

1. 发行人的产品质量管理体系认证

发行人持有中国质量认证中心于2009年12月25日核发的证书编号为00109Q260087R3L/6500的《质量管理体系认证证书》，认证发行人及北京金风、内蒙金风、甘肃金风建立的质量管理体系符合ISO9001：2008及GB/T 19001－2008标准，通过认证范围：风力发电机械设备及其配件的设计、开发、生产制造和服务。该证书的有效期至2012年12月24日。

2. 发行人的产品质量

根据自治区质量技术监督局于2009年10月23日出具的《证明》，发行人自成立以来尚未发现违反《中华人民共和国产品质量法》等国家及自治区相关质量技术监督法律、行政法规而受到自治区质量技术监督局的行政处罚。

发行人拥有52家境内外控股子公司，其中只有北京金风、内蒙金风、甘肃金风、北京天诚4家境内控股子公司已投产从事风力发电机组制造，该等公司的产品质量情况：

根据北京市质量技术监督局于2009年11月11日出具的《证明》，北京金风所生产的产品，近三年来无行政处罚及产品投诉方面的不良记录。

根据包头市质量技术监督局稀土高新技术产业开发区分局于2009年9月30日出具的《证明》，内蒙金风自该公司成立以来，在生产经营活动中，能够遵守《中华人民共和国产品质量法》及其他相关产品质量监督法律、行政法规及规范性文件，没有因违反产品质量技术方面的法律、行政法规和规范性文件而受到技术监督管理机关的任何处罚。

根据甘肃省酒泉市质量技术监督局于2009年9月30日出具的《证明》，甘肃金风自该公司成立以来，在生产经营活动中，能够遵守《中华人民共和国产品质量法》及其他相关产品质量监督法律、行政法规及规范性文件，没有因违返产品质量技术方面的法律、行政法规和规范性文件而受到技术监督管理机关的任何处罚。

根据北京市质量技术监督局于2009年12月1日出具的《证明》，北京天诚所生产经营的产品，自该公司成立以来，无行政处罚及产品投诉方面的不良记录。

经本所律师合理查验，并据发行人提供的文件资料和有关政府部门出具的证明文件，发行人及其控股子公司的生产经营活动，符合国家法律、行政法规有关环境保护的要求，未因违反环境保护法律、行政法规受到行政处罚。发行人的主要产品质量和技术标准，符合国家法律、行政法规的规定，未因违反产品质量等法律、行政法规而受到行政处罚。

## 十九、发行人的劳动保障、社会保险和住房公积金情况

（一）劳动保障

经本所律师对发行人提供的劳动合同范本的合理查验，未发现该等劳动合同范本的条款存在违反中国现行法律、行政法规的情况。

根据发行人提供的相关资料，并据本所律师核查，发行人及其控股子公司自成立以来，与其雇用员工签署了《劳动合同》，劳动用工符合《劳动法》及《劳动合同法》的相关规定。

（二）社会保险

根据发行人提供的相关说明和资料，发行人拥有52家境内外控股子公司，其中：13家境外公司；11家境内控股子公司于2009年11月之后成立或收购；北京天润控股的17家境内控股子公司及南京金风，截至目前均未正式聘用员工，该等公司的正常运行均由北京天润、北京天源及发行人的相关主管部门负责，因此，该等公司不涉及员工的社会保险及住房公积金的缴纳事项；除上述公司外，相关社会保险管理机构为发行人及其他控股子公司均出具了书面证明。

本所律师认为，发行人及其控股子公司依法为其员工足额缴纳了各项社会保险费，从未有受到社会保险管理机构罚款或其他任何形式处罚的情况。

（三）住房公积金

根据发行人提供的相关资料，并据本所律师核查，发行人及其控股子公司自成立以来，依

法为其雇佣员工办理了住房公积金缴存登记手续及按时足额缴纳有关住房公积金,从未受到罚款或任何其他形式的处罚。

## 二十、发行人募集资金的运用

(一)关于前次募集资金使用

根据发行人第三届第十六次董事会和2009年第二次临时股东大会审议通过的《金风科技关于前次募集资金使用情况专项说明》及五洲松德出具的五洲审字〔2009〕8-475号《关于金风科技前次募集资金使用情况的鉴证报告》,本所律师认为,发行人关于募集资金实际使用情况与披露的相关内容一致,不存在擅自改变资金用途或者未经股东大会认可的情形。

(二)关于本次公开发行H股募集资金的运用

发行人于2009年9月25日召开的2009年第二次临时股东大会审议通过了《关于公司发行H股股票并上市的决议》及《关于公司发行H股股票募集资金使用及投向计划》,决议将本次发行所募集的资金投资以下项目:

1. 国际化业务拓展、新产品新技术研发、市场推广、偿还部分银行贷款、相关业务收购整合、业务链优化,以及补充公司流动资金等。

2. 大功率风电机组产能建设项目,包括:

(1)南京产能基地项目

2009年9月11日,南京市江宁区环境保护局出具审批意见,同意南京金风扩建100台3兆瓦及5MW风力发电机组装配车间项目。

2009年9月4日,南京市江宁区发展和改革局出具江宁发改投字〔2009〕240号《关于同意南京金风科技有限公司建设兆瓦级风电机组产业化扩建项目备案的通知》,同意南京金风建设该项目。

该项目建设在江宁科学园实施。2009年4月21日,南京金风与南京市国土资源局江宁分局签订《国有建设用地使用权出让合同》。

(2)北京亦庄综合基地项目

2009年8月31日和2009年10月11日,北京市经济技术开发区环境保护局发别出具京技环审字〔2009〕123号和京技环审字〔2009〕142号《关于北京金风科创风电设备有限公司研发生产经营基地项目环境影响报告表的批复》(一、二期),同意北京金风研发生产经营基地项目在北京经济技术开发区南部新区X21F1地块建设。

2009年7月27日和2009年9月9日,北京经济技术开发区管委会分别出具出具京技管项备字〔2009〕35号及京技管项备字〔2009〕40号《关于北京金风科创风电设备有限公司研发生产经营基地项目备案的通知》(一、二期),准予北京金风研发生产经营基地项目备案。

2009年10月21日,北京金风与北京市国土资源局经济技术开发区分局签署的《国有建设用地使用权出让合同》(编号:京技国土出让(合)字〔2009〕第41号)。

(3)新疆定子生产基地项目

2009年9月24日,乌鲁木齐经济技术开发区市政环保局出具乌经开环评字〔2009〕72号《关于新疆金风科技股份有限公司兆瓦级风力发电机定子生产基地项目环境影响报告表的批复》,同意发行人建设该项目。

2009年9月5日,乌鲁木齐经济技术开发区投资促进局出具乌经开投〔2009〕47号《乌鲁木齐经济技术开发区关于新疆金风科技股份有限公司兆瓦级风力发电机定子生产基地项目备案的批复》,同意发行人建设该项目。

该项目建设在乌鲁木齐经济技术开发区二期实施。2009年11月27日,金风科技与乌鲁木齐市国土资源局经济技术开发区分局签署《国有建设用地使用权出让合同》(编号:65010020090171)。

本所律师认为,发行人关于本次发行H股的募集资金投资项目履行了必要的决策和批准程序,符合国家产业政策和利用外资政策,募集资金投资项目与其主营业务一致。

## 二十一、发行人业务发展目标

(一)经本所律师核查,并据发行人2007年第二次临时股东大会决议,发行人的业务发展战略具体为:面对风电行业的发展趋势和竞争格局给发行人未来发展带来的机遇和挑战,发行人将一如既往坚持风力发电整机制造为主,积极开拓风电技术服务、风电场开发与销售、风电知识产品销售等多种盈利模式,成为国内风力发电机组制造行业优秀的系统开发和集成商,利用发行人在市场方面的领先优势和经验,将风电技术、制造、服务、项目开发等要素整合成发行人的核心能力。在持续不断提供优质风机产品的同时向客户提供风电系统解决方案，为客户创造最大价值，做国内风电行业领先企业。坚持走国际化的发展方向，循序渐进、逐步实现技术、市场、人才、资本的国际化。

（二）经本所律师核查，发行人业务发展目标与主营业务一致，其业务发展目标符合国家法律、行政法规和规范性文件的规定，不存在潜在的法律风险。

## 二十二、诉讼、仲裁或行政处罚

（一）经本所律师合理查验，并据发行人主管税务、环境保护、社会保障及产品质量等政府部门出具的《证明》和发行人出具的相关说明，发行人不存在尚未了结的或可预见的重大诉讼、仲裁及行政处罚案件。

（二）经本所律师适当查验，并据持有发行人5%以上股份的股东分别出具的《声明》，该等股东不存在尚未了结的或可预见的重大诉讼、仲裁及行政处罚案件。

（三）经本所律师适当查验，并据发行人控股子公司分别出具的说明，发行人控股子公司不存在尚未了结的或可预见的重大诉讼、仲裁及行政处罚案件；发行人控股子公司不存在破产或清算的情形。

（四）经本所律师适当查验，并据发行人董事、监事、高级管理人员分别出具的《声明》，发行人董事、监事、高级管理人员不存在尚未了结的或可预见的重大诉讼、仲裁及行政处罚案件。

## 二十三、《招股说明书》涉及的法律事项

本所律师参与了发行人《招股说明书》的讨论及修改工作，对《招股说明书》的内容进行了审阅，特别是对引用本《法律意见书》的相关内容进行了认真审阅，认为发行人《招股说明书》对本《法律意见书》相关内容的引用不存在虚假记载、误导性陈述或有重大遗漏引致的法律风险。

## 二十四、国有股减持事项

根据自治区国资委《关于新疆金风科技股份有限公司国有股权管理有关问题的批复》（新国资产权〔2007〕120号），风能公司、国水集团、风能研究所和太阳能公司为国有法人股（以下简称“发行人四家国有股东”）。

根据2001年6月12日国务院发布的《减持国有股筹集社会保障资金管理暂行办法》（以下简称《暂行办法》）及国务院国资委关于国有股转持的有关要求，发行人四家国有股东应按照本次发行境外上市外资股（H股）10%的比例将其所持有的国有股划转给社保基金持有并转为境外上市外资股（H股）。发行人四家国有股东分别向国家国资委和社保基金出具《关于减持国有股筹集社会保障资金的承诺函》，均承诺：根据金风科技2009年第二次临时股东大会确定的发行方案，金风科技本次H股发行拟向境外机构投资者及公众人士新发行的股份不超过发行后金风科技总股本的15%，即新发行股份总计不超过24,705.88万股；如果全额行使占新股发行总数15%的超额配售选择权，则新发行股份总计不超过28,411.76万股。发行人四家国有股东均同意按下表确定的转持比例，计算各自应分摊的转持份额：

| 股东名称 | A股上市后持股数（股） | 减持分摊比例（%） | H股发行后 | |
|---|---|---|---|---|
| | | | （不行使超额配售权）转持股数（股） | （行使超额配售权）转持股数（股） |
| 风能公司 | 91,350,000 | 49.113,18 | 12,133,844 | 13,953,919 |
| 国水集团 | 78,750,000 | 42.338,95 | 10,460,210 | 12,029,241 |
| 风能研究所 | 10,710,000 | 5.758,10 | 1,422,589 | 1,635,977 |
| 太阳能公司 | 5,188,950 | 2.789,77 | 689,237 | 792,623 |
| 合计 | 185,998,950 | 100.00 | 24,705,880 | 28,411,760 |

受国水集团、风能研究所和太阳能公司的委托,风能公司于2009年9月10日向自治区国资委提交了《新疆风能有限责任公司关于划转所持新疆金风科技股份有限公司股份充实全国社会保障基金理事会的请示》(新风能〔2009〕22号)。根据该请示,发行人本次境外发行时,其四家国有股东须按公开发行时实际发行股份数量的10%,将其持有的金风科技部分国有股转由社保基金持有。

国务院国资委于2009年12月31日出具《关于新疆金风科技股份有限公司股份划转有关问题的批复》(国资产权〔2009〕1470号),同意金风科技境外发行H股时,分别将风能公司持有的金风科技1,395.391,9万股、国水集团持有的金风科技1,202.924,1万股、风能研究所持有的金风科技163.597,7万股及太阳能科技持有的金风科技79.262,3万股划转给全国社会保障基金理事会。

社保基金于2010年2月3日出具《关于新疆金风科技股份有限公司到香港上市国有股转持有关问题的函》(社保基金发〔2010〕25号),同意发行人在向中国证监会提出上市申请时,同时申请社保基金持有划转发行人的国有股转为境外上市外资股东,并在上市前将上述股份数量登记到社保基金在香港中央结算有限公司开立的投资者账户上。

综上所述,本所律师认为,风能公司、国水集团、风能研究所和太阳能公司已依据《暂行办法》的规定及国务院国资委关于国有股转持的有关要求履行了国有股减持的报批和划转手续的义务,发行人本次发行上市所涉的国有股减持方案已获国务院国资委和社保基金的批准和同意,发行人有权依法办理相关的国有股减持手续并签署相关的法律文件。

## 二十五、本次发行上市的基本情况

(一)本次发行上市的方案

根据发行人于2009年9月25日召开的2009年第二次临时股东大会审议通过的发行方案,本次H股发行拟向境外机构投资者及公众人士新发行的股份不超过发行后金风科技总股本的15%,新发行股份总计不超过24,705.88万股;如果全额行使占新股发行总数15%的超额配售选择权,则新发行股份总计不超过28,411.76万股。

本次发行上市后的股本结构为:

若不行使超额配售权,发行人本次H股发行完成后,公司的股本结构为:普通股总数为164,705.88万股。其中,境内股东持有的流通股为137,529.41万股,约占公司股本总额的83.50%;H股股东持有27,176.47万股,约占公司股本总额的16.50%。

若行使超额配售权,发行人本次H股发行完成后,公司的股本结构为:普通股总数为168,411.76万股。其中,境内股东持有的流通股为137,158.82万股,约占公司股本总额的81.44%;H股股东持有31,252.94万股,约占公司股本总额的18.56%。

本次发行的H股数量及方式须按照发行人与有关承销商订立的承销协议(包括有关超额配售股份有限公司H股之安排),并须在得到香港联交所批准后方可最终确定。

(二)发行人聘请的中介机构

发行人为本次发行上市聘请了如下中介机构:

1. 保荐人兼主承销商:中国国际金融香港证券有限公司、花旗环球金融亚洲有限公司、海通(香港)金融控股有限公司

2. 境外会计师:安永会计师事务所

3. 境内会计师:五洲松德联合会计师事务所

4. 发行人中国律师:新疆天阳律师事务所

5. 发行人境外律师:欧华律师事务所

6. 承销商中国律师:北京市竞天公诚律师事务所

7. 承销商境外律师:富而德律师事务所

8. 境外物业评估师:仲量联行西门有限公司

经核查上述各中介机构的《执业许可证》、《企业法人营业执照》以及注册登记文件,本所律师认为,上述各中介机构所承担的发行人本次发行上市的各项专业工作,均在其各自经核准的业务范围之内,上述中介机构符合担任发行人本次发行上市的中介机构所必需的资格要求。

## 二十六、其他需要说明的事项

(一)关于股权分置改革

根据中国证监会《上市公司股权分置改革

管理办法》的规定，股权分置是指 A 股市场的上市公司股份在证券交易所上市交易被区分为非流通股和流通股，实施股权分置改革旨在消除非流通股和流通股的流通制度差异。自《首次公开发行股票并上市管理办法》实施后，首次公开发行股票的上市公司均为全流通股，根据有无锁定期限可细分为有限售条件股份和无限售条件股份，不再被区分为非流通股和流通股。因此，股权分置改革适用于2006 年5 月18 日之前首次公开发行 A 股的上市公司。

发行人系按《首次公开发行股票并上市管理办法》的规定，经中国证监会核准，于2007 年12 月首次向社会发行5,000 万股 A 股股票，发行人的股份均为全流通股，因此，股权分置改革不适用于发行人。

（二）关于2009 年度利润分配

经本所律师核查：

1. 发行人2009 年第二次临时股东大会审议通过："公司拟发行 H 股并上市，为平衡公司现有股东和未来 H 股股东的利益，同意将2010 年1 月1 日之前的公司滚存利润由老股东享有，2010 年1 月1 日之后至本次公开发行 H 股之前公司的滚存利润由发行后的新老股东共同享有"。

2. 发行人第三届董事会第十八次会议制订的利润分配方案进一步明确公司2010 年1 月1 日前的合并归属上市公司股东的滚存净利润由老股东享有，即：经五洲松德联合会计师事务所审计，发行人合并实际可供分配的利润为1,767,765,960. 26元，其中：发行人可供股东分配的利润998,907,577. 92 元，以 2009 年末总股本1,400,000,000. 00 股计算，拟按每 10 股送 6 股派 1 元（含税）分配；除上述可供股东分配的利润，尚余 2009 年度合并可分配利润787,765,960. 26元，作为2010 年1 月1 日前的合并归属上市公司 A 股股东的滚存净利润的一部分，将在各子公司利润分回发行人后，依照相关规定，以现金方式进行分配。该利润分配方案已经发行人2009 年度股东大会审议通过。

发行人第四届董事会第三次会议审议通过《关于金风科技特别股利分配方案的议案》，对2009 年度末应向 A 股股东未分配完的利润进一步明确具体的分配方案：以发行人目前总股本224,000 万股计算，按每 10 股派 3. 5 元（含税）分配。发行人2010 年第一次临时股东大会审议通过《关于金风科技特别股利分配方案的议案》，同意以发行人目前总股本224,000 万股计算，按每 10 股派 3. 5 元（含税）分配。截至2010 年7 月29 日，发行人已将上述股利分配完毕。

本所律师认为：

（1）发行人 2009 年度利润分配方案制订及决策程序符合《公司法》及《公司章程》的规定，发行人 A 股股东对公司2010 年1 月1 日之前的利润分配及 2010 年 1 月 1 日之后至本次公开发行 H 股之前公司的滚存利润分配，系其依法行使股东权利的表现，未侵害发行人未来 H 股股东的利益，不违反中国法律、法规及《公司章程》的相关规定。

（2）对于发行人2010 年1 月1 日之前形成的、尚余可分配利润 787,765,960. 26 元，由公司董事会拟定"只分配给发行人 A 股股东"的具体利润分配方案，经股东大会审议通过，该利润分配方案符合中国法律、法规及发行人《公司章程》的规定，合法、有效。

（3）发行人第四届第三次董事会及 2010 年第一次临时股东大会关于利润分配方案是对2009 年度利润分配方案的补充，该利润分配方案符合中国法律、法规及发行人《公司章程》的规定，合法、有效。

## 二十七、结论意见

经本所律师核查：

1. 发行人本次发行已取得中国境内相关有权机关之批准，尚待取得香港联交所的批准。

2. 发行人是经政府有关部门批准成立并在深交所上市的股份有限公司，具有中国企业法人的法律地位，能够依法行使民事权利，承担民事责任，其成立和持续存在合法、有效，具备本次发行的主体资格。

3. 发行人具备本次发行并上市的实质条件。

4. 发行人变更设立为股份有限公司的程序、资格、条件、方式等符合《公司法》等法律、行政法规和规范性文件的规定，设立时的股权设置、股本结构已经自治区国资委批准，上述股权设置、股本结构合法有效。

5. 发行人的业务、资产、人员、机构、财务独立于股东及其他第三方。公司拥有独立完整的生产、供应、销售系统,具有独立从事生产活动和独立面向市场经营的能力。

6. 发行人的历次股权变动,符合中国有关法律、行政法规及规范性文件的规定,并履行了相关法律程序,合法有效。

7. 发行人主要经营业务自其成立至今,未发生变更,不存在持续经营的法律障碍。

8. 发行人关联交易决策程序符合《公司法》、《深圳证券交易所上市规则》及其《公司章程》的相关规定,合法、有效,不存在损害发行人及其他股东利益的情况。

9. 发行人已经合法取得的财产所有权或使用权,不存在产权纠纷。正在办理的相关产权不会对发行人的正常生产经营产生影响,依法取得该等财产权利,不存在法律障碍。

10. 发行人正在履行的重大合同内容合法、有效,继续履行无重大法律障碍。

11. 发行人制订、历次修改的章程之内容现行相关中国法律、行政法规和规范性文件的规定,发行人已根据《必备条款》和其他适用的中国法律、行政法规、规范性文件以及香港联交所主板上市规则的要求,制订并修改了《公司章程》(草案),其内容及形式亦符合到境外上市公司的有关规定。该《公司章程》(草案)尚待发行人于本次发行后上报中华人民共和国商务部批准。

12. 发行人建立了完善的公司治理结构,其股东大会、董事会、监事会的运行合法有效,内部治理结构符合我国有关法律、行政法规及《改革意见》的有关规定。

13. 发行人已办理了合法的税务登记、最近三年依法纳税、现行执行的税种、税率符合国家法律的规定。

14. 发行人的生产经营活动,符合国家法律、行政法规有关环境保护的要求,未因违反环境保护法律、行政法规受到行政处罚。发行人的主要产品质量和技术标准,符合国家法律、行政法规的规定,未因违反产品质量等法律、行政法规而受到行政处罚。

15. 发行人按照我国法律、行政法规及地方各级政府的要求规范其劳动用工、劳动保护等各项工作,严格遵守并执行国家和地方有关社会保险的法律、行政法规,按时足额缴纳各项社会保险费及有关住房公积金,从未受到罚款、追缴或任何其他形式的处罚。

16. 发行人主要从事的业务和本次发行境外上市外资股(H股)募集资金用途符合国家的产业政策和利用外资的政策。

17. 发行人没有影响本次发行的重大诉讼、仲裁和行政处罚。

18. 发行人《招股说明书》中对章程概要的描述与发行人《公司章程》(草案)是一致的,符合中国法律、行政法规的规定。

19. 发行人国有股减持方案符合《暂行办法》的规定。

综上所述,本所律师认为,发行人符合中国法律、行政法规以及其他规范性文件规定的各项发行上市条件,在取得香港联交所的批准后,发行人本次境外上市外资股(H股)发行并上市符合中国法律、行政法规的要求,合法有效。

## 第三节　法律意见书结尾

本法律意见书由新疆天阳律师事务所出具,经办律师为陈盈如律师、孙德生律师。

本法律意见书正本八份,无副本,均以逐页加盖新疆天阳律师事务所条形章为正式文本。

新疆天阳律师事务所

负 责 人:金　山

经办律师:陈盈如　孙德生

# 关于中国国际航空股份有限公司定向增发境外上市外资股(H股)的法律意见书

致:中国国际航空股份有限公司

根据发行人的委托,本所担任发行人本次发行的专项法律顾问,并获授权为本次发行出具法律意见书。

本所根据《公司法》、《证券法》和《特别规定》等有关法律、法规的规定,参照中国证监会证监发〔2001〕37号《公开发行证券公司信息披露的编报规则第12号——公开发行证券的法律意见书和律师工作报告》的要求,按照律师行业公认的业务标准、道德规范和勤勉尽责精神,对发行人提供的有关文件和事实进行了核查和验证,出具本法律意见书。

为出具法律意见书之目的,本所按照《公司法》、《证券法》和《特别规定》等有关法律、法规的规定,就发行人本次发行所涉及的包括但不限于下列各方面事实和有关法律问题进行了调查:本次发行的批准和授权、发行人本次发行的主体资格、本次发行实质条件、发行人的独立性、发行人的主要股东、发行人的业务、关联交易及同业竞争、主要资产权益、重大债权债务关系、高级管理人员、诉讼、税务、环境保护、产品质量和募集资金运用等。由于发行人成立于2004年,并于当年首次公开发行H股及上市,于2006年首次公开发行A股及上市,是一家已于境内外上市的股份有限公司,因此,对于发行人的设立情况、发起人及其出资情况等,本法律意见书不再详细叙述有关事实及发表相关法律意见。

在调查工作中,本所向发行人提交了发行人应向本所律师提供资料的清单和补充清单,并得到了发行人依据该等清单提供的资料、文件和对有关问题的说明,该等资料、文件和说明构成本所律师出具法律意见书的基础。本所律师还就发行人本次发行所涉及的有关问题向发行人作了询问并进行了必要的讨论。在调查过程中,本所得到发行人如下保证:即其已经提供了本所认为出具法律意见书所必需的、真实的原始书面材料、副本材料或口头证言,发行人在向本所提供文件时并无遗漏,所有文件上的签名、印章均是真实的,所有副本材料或复印件均与原件一致。此外,对于本所律师认为对本次发行至关重要而又缺少资料支持的问题,本所律师向发行人发出了书面询问、备忘录,或取得公司的政府主管部门的证明,以及发行人对有关事实和法律问题的确认函或承诺函。

本所依据本法律意见书出具之日以前已经发生或存在的事实,并依据我国现行法律、法规和规范性文件发表法律意见。

本所仅就与本次发行有关的中国法律问题发表法律意见,并不对有关境外法律问题、会计审计、资产评估、盈利预测、投资决策等专业事项发表评论,因为本所并不具备发表该等评论和意见的适当资格。在本法律意见书中涉及该等内容时,均为严格按照有关中介机构出具的报告或发行人的文件引述,该等引述并不表明本所对有关数据、结论、考虑的真实性和准确性做出任何明示或默示的认可或保证。

本所出具本法律意见书时已严格履行了法定职责,遵守中国法律,遵循了诚实、守信、独立、勤勉、尽责的原则,恪守律师职业道德和执业纪律,对与法律相关的业务事项履行了法律专业人士特别的注意义务,对其他业务事项履行了普通人一般的注意义务,对涉及本次发行申请的合法、合规、真实、有效性进行了核查验证。本所保证本法律意见书真实、准确、完整,不存在虚假记载、误导性陈述及重大遗漏。

本所同意将本法律意见书作为发行人申请本次发行所必备的法定文件,随同其他申报材料一起上报,并依法对所出具的法律意见承担法律责任。

本法律意见书仅供发行人为本次发行之目的使用,本法律意见书不得由任何其他人使用,或用于其他任何目的。

在本法律意见书中,除非文中另有特别说明,下列简称具有如下特定含义:

| A股 | 指 | 在境内上市的人民币普通股,即获准在上交所或深圳证券交易所上市的以人民币标明面值、以人民币认购和进行交易的股票 |
|---|---|---|
| 《A股认购协议》 | 指 | 中航集团公司与发行人于2010年3月11日签署的附条件生效的《中国航空集团公司与中国国际航空股份有限公司关于中国国际航空股份有限公司非公开发行A股股票的认购协议》 |
| H股 | 指 | 获准在联交所上市的以人民币标明面值、以港币认购和进行交易的股票 |
| 《H股认购协议》 | 指 | 中航有限与发行人于2010年3月11日签署的附条件生效的《中国航空(集团)有限公司与中国国际航空股份有限公司关于中国国际航空股份有限公司定向增发H股股票的认购协议》 |
| 安永华明 | 指 | 安永华明会计师事务所 |
| 本次发行 | 指 | 中国国航经2010年第一次临时股东大会及2010年第一次内资股类别股东会和2010年第一次外资股类别股东会批准拟向中航有限定向增发不超过15,700万股每股面值1元的境外上市外资股(H股) |
| 本所 | 指 | 北京市海问律师事务所 |
| 财务公司 | 指 | 中国航空集团财务有限责任公司 |
| 财政部 | 指 | 中华人民共和国财政部 |
| 传媒公司 | 指 | 中国航空传媒广告公司 |
| 发改委 | 指 | 中华人民共和国国家发展和改革委员会 |
| 发行人、公司、中国国航 | 指 | 中国国际航空股份有限公司 |
| 富而德 | 指 | 富而德律师事务所 |
| 《公司法》 | 指 | 《中华人民共和国公司法》(2005年修订) |
| 《公司章程》 | 指 | 《中国国际航空股份有限公司章程》 |
| 《关联交易决策制度》 | 指 | 《中国国际航空股份有限公司关联交易决策制度》 |
| 国货航 | 指 | 中国国际货运航空有限公司 |
| 《国籍登记证》 | 指 | 《民用航空器国籍登记证》 |
| 国泰航空 | 指 | 国泰航空有限公司 |
| 国土资源部 | 指 | 中华人民共和国国土资源部 |
| 国资委 | 指 | 国务院国有资产监督管理委员会 |
| 建设开发公司 | 指 | 中国航空集团建设开发有限公司 |
| 经审计财务报告 | 指 | 发行人根据适用的中国会计准则编制的2007年度、2008年度和2009年度财务报告,或其中任何一份,前述财务报告已经安永华明分别于2008年3月17日出具了安永华明〔2008〕审字第60468040_A01号《审计报告》、于2009年4月16日出具了安永华明〔2009〕审字第60468040_A01号《审计报告》和于2010年4月22日出具了安永华明(2010)审字第60468040_A01号《审计报告》 |
| 控股股东及其控制的其他企业 | 指 | 中航集团公司及其控制的企业,但中国国航及其控制的企业除外 |
| 控股子公司 | 指 | 就本法律意见书而言,截至2010年3月31日,发行人直接持股50%以上的境内子公司,包括国航进出口有限公司、北京金凤凰人力资源服务有限公司、浙江航空服务有限公司、上海国际航空服务有限公司、国货航、成都富凯飞机工程服务有限公司、国航汕头实业发展公司 |

续表

| | | |
|---|---|---|
| 老国航 | 指 | 中国国际航空公司 |
| 联交所 | 指 | 香港联合交易所有限公司 |
| 旅业公司 | 指 | 中国航空集团旅业有限公司 |
| 伦敦证交所 | 指 | 伦敦股票交易所有限公司 |
| 民航局 | 指 | 中国民用航空局 |
| 民航总局 | 指 | 原中国民用航空总局 |
| 商务部 | 指 | 中华人民共和国商务部 |
| 上交所 | 指 | 上海证券交易所 |
| 上交所上市规则 | 指 | 《上海证券交易所股票上市规则》(2008 年修订) |
| 深圳航空 | 指 | 深圳航空有限责任公司 |
| 斯奈克玛 | 指 | 四川斯奈克玛航空发动机维修有限公司 |
| 斯奈克玛投资 | 指 | 斯奈克玛投资股份有限公司 |
| 《特别规定》 | 指 | 《国务院关于股份有限公司境外募集股份及上市的特别规定》 |
| 香港 | 指 | 中华人民共和国香港特别行政区 |
| 香港上市规则 | 指 | 《香港联合交易所有限公司证券上市规则》 |
| 香港证监会 | 指 | 香港证券及期货事务监察委员会 |
| 元 | 指 | 人民币元,除非特别说明,本法律意见书中所涉及的金额单位均为人民币元 |
| 招商香港 | 指 | 招商证券(香港)有限公司 |
| 《证券法》 | 指 | 《中华人民共和国证券法》(2005 年修订) |
| 直接控制 | 指 | 就本法律意见书而言,直接持股且能够合并财务报表 |
| 中国/境内 | 指 | 中华人民共和国,就本法律意见书而言,不包括香港、澳门特别行政区和台湾地区 |
| 中国证监会 | 指 | 中国证券监督管理委员会 |
| 中航集团公司 | 指 | 中国航空集团公司 |
| 中航兴业 | 指 | 中航兴业有限公司 |
| 中航有限 | 指 | 中国航空(集团)有限公司 |
| 中信香港 | 指 | 中信证券融资(香港)有限公司 |

## 一、发行人本次发行的批准和授权

1. 民航局于 2010 年 4 月 21 日以民航函〔2010〕476 号《民航企业机场联合重组改制许可决定书》许可中航集团公司控股的中国国航按所报方案非公开发行数量不超过 58,500 万股的 A 股,定向增发数量不超过 15,700 万股的 H 股,非公开发行 A 股及定向增发 H 股完成后,中航集团公司应保持在中国国航的控股地位。

2. 国资委于 2010 年 4 月 23 日以国资产权〔2010〕297 号《关于中国国际航空股份有限公司非公开发行股票有关问题的批复》同意中航集团公司关于以现金认购发行人非公开发行 A 股股票及中航集团公司所属中航有限以现金认购发行人非公开发行 H 股股票的方案。

3. 发行人于 2010 年 4 月 29 日分别召开的 2010 年第一次临时股东大会及 2010 年第一次内资股类别股东会和 2010 年第一次外资股类别股东会分别作出了批准发行人本次发行的决议。前述股东大会及类别股东会并审议了《关于本公司与特定对象签署的股份认购协议的议案》;此外,2010 年第一次临时股东大会还审议了《关于授权董事会全权办理本次非公开发行 A 股股票和本次定向增发 H 股股票相关事宜的议案》;前述议案均获得了批准。

4. 发行人2010年第一次临时股东大会及2010年第一次内资股类别股东会和2010年第一次外资股类别股东会会议召开程序合法,已依法定程序作出批准本次发行的决议,与本次发行相关的决议内容符合法律、法规和规范性文件以及现行《公司章程》,合法有效。

5. 发行人2010年第一次临时股东大会授权董事会办理本次发行相关事宜的授权范围和程序符合法律、法规和规范性文件的规定,合法有效。

6. 发行人本次发行尚待获得中国证监会的核准。

## 二、发行人发行股票的主体资格

1. 发行人为国资委以国资改革〔2004〕872号文件批准,由中航集团公司和中航有限以发起方式设立的股份有限公司。发行人于2004年9月30日在国家工商行政管理总局注册成立,获发注册号为1000001003917的《企业法人营业执照》,公司设立时的注册资本为6,500,000,000元。

2. 经国资委国资改革〔2004〕939号文、中国证监会证监国合字〔2004〕39号文批准,发行人于2004年12月在境外公开发行(含其后的超额配售)H股3,226,532,000股(其中2,933,210,909股新股,293,321,091股为发起人出售的存量股份),其后并在联交所和伦敦证交所上市,公司股份总数变更为9,433,210,909股。

3. 上述增资发行完成后,经发行人申请,商务部于2005年11月29日以商资批〔2005〕2877号文批准发行人转为外商投资股份有限公司,于2006年2月23日向发行人颁发了批准号为商外资资审A字〔2005〕0649号的《中华人民共和国台港澳侨投资企业批准证书》。

4. 经中国证监会以证监发行字〔2006〕57号文核准,2006年8月,中国国航在境内首次公开发行A股1,639,000,000股,并经上交所以〔2006〕609号文审核同意,于2006年8月18日在上交所上市。

5. 经中国证监会证监国合字〔2006〕19号《关于同意中国国际航空股份有限公司增发境外上市外资股的批复》核准,2006年9月,中国国航向国泰航空发行了1,179,151,364股H股,公司股份总数变更为12,251,362,273股。

6. 上述增资发行完成后,经发行人申请,商务部于2007年12月11日向发行人颁发了批准号为商外资资审A字〔2005〕0649号的《中华人民共和国台港澳侨投资企业批准证书》。

7. 发行人现持有国家工商行政管理总局于2008年7月22日核发的《企业法人营业执照》,注册号为100000400011521,住所为北京市顺义区天竺空港工业区A区天柱路28号楼蓝天大厦9层,法定代表人为孔栋,注册资本为12,251,362,273元,经营范围为"国际、国内定期和不定期航空客、货、邮和行李运输业务;国内、国际公务飞行业务;飞机执管业务;航空器维修;航空公司间业务代理。与主营业务有关的地面服务和航空快递(信件和信件性质的物品除外);机上免税品;机上商品零售业务;航空意外保险销售代理"。

8. 发行人自成立以来,未出现根据法律、法规及发行人《公司章程》规定需要终止的情形,为依法有效存续的中外合资股份有限公司。

基于上述,本所认为,发行人具备本次发行的主体资格。

## 三、本次发行的实质条件

1. 发行人本次发行的H股均为普通股,且与发行人已发行的其他普通股同股同权,符合《公司法》第一百二十七条之规定。

2. 发行人设立了股东大会、董事会及监事会,其中有4名独立董事、2名职工代表监事。发行人设总裁1名,副总裁8名,总飞行师和总会计师各1名,并根据生产经营的需要,建立了相应的管理机构。《公司章程》对股东大会、董事会、监事会的职责、议事规则和总裁职责等作了具体规定。经发行人确认并经适当核查,发行人的组织机构运行良好。基于上述事实,本所律师认为,发行人具备健全且运行良好的组织机构,符合《证券法》第十三条第(一)项的规定。

3. 根据经审计财务报告,发行人2007年1月1日以来归属于母公司股东的净利润分别为2007年度3,881,348,000元,2008年度-9,149,080,000元,2009年度5,029,451,000元。经发行人确认并经适当核查,基于我们作为非财务专业人员的理解和判断,尽管发行人2008年度出现了亏损,我们认为,发行人具有持续盈利能力，财务状况良好，符合《证券法》第十三条第（二）项之规定。

4. 经发行人确认及本所律师对发行人执照年检、纳税情况的核查，未发现发行人最近三年内有重大违法行为，符合《证券法》第十三条第（三）项、第五十条第（四）项之规定。

5. 经发行人确认，发行人近三年的财务会计报告无虚假记载。安永华明分别于2008年3月17日出具的安永华明〔2008〕审字第60468040_A01号《审计报告》、于2009年4月16日出具的安永华明〔2009〕审字第60468040_A01号《审计报告》和于2010年4月22日出具的安永华明（2010）审字第60468040_A01号《审计报告》显示，发行人"财务报表已经按照企业会计准则的规定编制"，"在所有重大方面公允地反映了贵集团和贵公司2007年12月31日的财务状况以及2007年度的经营成果和现金流量"，"在所有重大方面公允地反映了中国国际航空股份有限公司及其子公司2008年12月31日的财务状况以及2008年度的经营成果和现金流量"，"在所有重大方面公允地反映了中国国际航空股份有限公司及其子公司2009年12月31日的财务状况以及2009年度的经营成果和现金流量"。经适当核查，并基于我们作为非财务专业人员对相关文件的理解和判断，我们认为发行人最近三年的财务会计报告无虚假记载，符合《证券法》第十三条第（三）项、第五十条第（四）项之规定。

6. 发行人现时股本总额为人民币12,251,362,273元，超过人民币3,000万元，符合《证券法》第五十条第（二）项之规定。

7. 本次发行完成后，发行人的社会公众股占发行人股份总数比例不低于发行人股份总数的10%，符合《证券法》第五十条第（三）项之规定。

基于上述，本所认为，本次发行符合《证券法》和《公司法》等有关法律法规规定的股份有限公司定向增发H股的实质条件。

## 四、发行人的独立性

1. 经发行人确认并经适当核查，本所律师认为，发行人在资产、业务、人员、机构、财务方面独立于其控股股东及其控制的其他企业。

（1）资产独立

发行人独立拥有生产经营所需的完整的资产，包括发行人设立时中航集团公司投入的和发行人设立后自行购置的飞机、发动机等生产设备、土地使用权、商标、房产、原材料及库存品等。发行人现时资产独立完整，独立于其控股股东及其控制的其他企业。

（2）业务独立

发行人主要从事国际、国内及地区航空客货运输服务业务。发行人拥有独立的采购和销售系统，除飞机的对外采购须报有关部门批准外，油料、航材等物资设备由发行人独立采购，机票通过其自有的销售网点及代理商独立销售。发行人拥有独立的航空客运、货运运营系统，并且客货航空运输服务业务均由其独立开展，独立于其控股股东及其控制的其他企业。

（3）人员独立

发行人建立了独立的人事管理部门和劳动、人事、工资及社保等管理制度。除董事长、副董事长（共三人，均非执行董事）由控股股东的高级管理人员兼任并在控股股东处领薪外，发行人董事、监事、高级管理人员在相关单位的任职符合中国证监会关于上市公司董事、监事、高级管理人员任职的有关规定。董事、监事及高级管理人员均系按照《公司法》、《公司章程》规定的程序产生，不存在控股股东干预董事会和股东大会作出人事任免决定的情况。发行人在人员方面独立于其控股股东。

（4）机构独立

发行人设立了股东大会、董事会和监事会，实行董事会领导下的总裁负责制。根据生产经营的需要，发行人建立了相应的管理机构，包括规划发展部、人力资源部、财务部、航空安全管理部等生产经营管理部门。发行人拥有独立的办公场所，不存在与控股股东混合经营、合署办公的情况。发行人现时拥有独立的决策机构和管理机构。

（5）财务独立

发行人设立了独立的财务部门，独立建账、独立纳税，并制定了财务管理、内部控制等财务制度。发行人在财务上独立于其控股股东及其控制的其他企业。

2. 经发行人确认并经适当核查，本所律师认为，发行人具有面向市场自主经营的能力。

## 五、发行人的主要股东(追溯至发行人的实际控制人)

发行人现时主要股东(持股5%以上的股东)具体如下:

1. 中航集团公司。截至2010年3月31日,中航集团公司合计持有发行人约51.82%股份,其中直接持股约40.40%,通过全资子公司中航有限持股约11.42%。中航集团公司是经国务院以国函〔2002〕62号文件批准,以老国航为主体,联合中国航空总公司和中国西南航空公司等企业,组建的大型国有航空运输企业,经国务院批准进行国家授权投资的机构和国家控股公司的试点。中航集团公司于2002年10月11日在国家工商行政管理总局注册成立,现时持有国家工商行政管理总局于2008年9月19日核发的注册号为100000000037199的《企业法人营业执照》,注册资本为8,167,652,000元,法定代表人为孔栋,住所为北京市朝阳区霄云路36号国航大厦,经营范围为"经营集团公司及其投资企业中由国家投资形成的全部国有资产和国有股权;飞机租赁;航空器材及设备的维修"。中航集团公司为现时依法有效存续的企业法人。

2. 中航有限。截至2010年3月31日,中航有限持有发行人约11.42%股份。中航有限是于1995年在香港注册成立的公司。其注册地址为香港大屿山香港国际机场东辉路12号中航大厦5楼,董事长为高宏峰。中航有限是中航集团公司的全资子公司。

3. 国泰航空。截至2010年3月31日,国泰航空持有发行人约18.10%股份。国泰航空为依香港法律正式成立的公司。

## 六、发行人的股本及其演变

1. 发行人设立时的股本结构为:

| 股东 | 股份数量(万股) | 所占比例 |
|---|---|---|
| 中航集团公司 | 5,054,276,915 | 77.76% |
| 中航有限 | 1,445,723,085 | 22.24% |
| 合计 | 6,500,000,000 | 100% |

发行人设立时的股权设置和股本结构已获得国资委国资产权〔2004〕854号文批复;各发起人投入公司的资产已履行评估程序,其评估结果已获得国资委国资产权〔2004〕837号文核准;所涉的土地使用权已履行评估程序,土地估价报告已报国土资源部备案,土地资产处置方案已获得国土资源部国土资函〔2004〕264号文批准;发行人已履行验资程序,经利安达信隆会计师事务所有限责任公司的利安达验字〔2004〕第A-1043号《验资报告》验证,两个发起人的出资已全部缴足。

基于上述,发行人设立时的股权设置和股本结构合法有效,产权界定和确认不存在纠纷及风险。

2. 发行人股权演变情况

(1)首次公开发行H股并上市

2004年12月,发行人在境外首次公开发行H股,其后并在联交所和伦敦证交所上市。

经国资委以国资改革〔2004〕939号文、中国证监会以证监国合字〔2004〕39号文批准,发行人在境外首次公开发行H股。同时,经国资委以国资产权〔2004〕913号文批准,中航集团公司和中航有限分别减持其所持中国国航的国有股。根据前述批准,发行人最终发行和出售H股3,226,532,000股(含行使超额配售权),其中两家发起人股东出售存量股份293,321,091股。该次发行完成后,发行人总股本为9,433,210,909元,其股权结构变更为:

| 股东 | 股份数量(万股) | 所占比例 |
|---|---|---|
| 中航集团公司 | 4,826,195,989 | 51.162% |
| 中航有限 | 1,380,482,920 | 14.634% |
| H股股东 | 3,226,532,000 | 34.204% |
| 合计 | 9,433,210,909 | 100% |

根据北京天华会计师事务所2005年5月19日出具的天华(验)字〔2005〕023-57号《验资报告》,截至2005年1月11日,发行人变更后的累计注册资本实收金额为9,433,210,909元。

(2)首次公开发行A股并上市

2006年8月,发行人在境内首次公开发行A股,并于2006年8月18日在上交所上市。

经中国证监会以证监发行字[2006]57号文核准,发行人在境内首次公开发行A股1,639,000,000股。该次发行完成后,发行人总

股本为11,072,210,909元,其股权结构变更为:

| 股东 | 股份数量(万股) | 所占比例 |
|---|---|---|
| 中航集团公司 | 4,826,195,989 | 43.59% |
| 中航有限 | 1,380,482,920 | 12.47% |
| 其他A股股东 | 1,639,000,000 | 14.80% |
| H股股东 | 3,226,532,000 | 29.14% |
| 合计 | 11,072,210,909 | 100% |

根据北京天华会计师事务所2006年8月15日出具的天华(验)字〔2006〕023－046号《验资报告》,截至2006年8月15日止,发行人变更后的累计注册资本实收金额为11,072,210,909元。

(3)中航集团公司增持发行人股份

根据中航集团公司就发行人首次公开发行A股股票向中国证监会出具的承诺函,中航集团公司自发行人网上资金申购定价发行的股票在上交所上市交易后,至2006年12月31日,在发行人A股股票市场价格低于发行价格的前提下,中航集团公司将以不低于当时市场价的价格,按相关监管要求在二级市场上增持股票,直至恢复到发行价格为止,累计增持不超过6亿股的A股股票。中航集团公司增持发行人股份的承诺已在发行人首次公开发行A股的招股说明书中作出披露。中航集团公司并于2006年8月17日获中国证监会证监公司字〔2006〕172号《关于同意豁免中国航空集团公司要约收购"中国国航"股票义务的批准》批准,被豁免因增持发行人不超过6亿股股份而应履行的要约收购义务。根据发行人于2006年12月29日(2006年最后一个交易日)在《中国证券报》、《上海证券报》和《证券日报》及上交所网站上刊发的《关于中国航空集团公司增持中国国航股票的承诺期限届满的提示性公告》,截至2006年8月21日,中航集团公司通过上交所交易系统增持发行人股份共计122,870,578股,约占公司股份总数11,072,210,909股的1.11%,其后,中航集团公司增持发行人股份的承诺期限于2006年12月31日届满前,中航集团公司并未再增持发行人的股份。增持后,发行人的总股本未发生变化,中航集团公司持有发行人股份共计4,949,066,567股,持股比例变更为约44.70%,其他A股股东持有发行人股份共计1,516,129,422股,持股比例变更为约13.69%。

(4)向国泰航空定向增发H股

经中国证监会证监国合字〔2006〕19号《关于同意中国国际航空股份有限公司增发境外上市外资股的批复》批准,2006年9月,发行人向国泰航空定向增发H股1,179,151,364股。经发改委发改外资〔2006〕1752号《国家发展改革委关于中国航空集团公司在香港与国泰航空有限公司一揽子投资项目核准的批复》核准,该次发行不需进行国有股减持。该次发行完成后,发行人注册资本为12,251,362,273元,总股本为12,251,362,273股,其股权结构为:

| 股东 | 股份(股) | 所占比例 |
|---|---|---|
| 中航集团公司 | 4,949,066,567 | 40.40% |
| 中航有限 | 1,380,482,920 | 11.26% |
| 其他A股股东 | 1,516,129,422 | 12.38% |
| H股股东 | 4,405,683,364 | 35.96% |
| 合计 | 12,251,362,273 | 100% |

根据北京天华中兴会计师事务所2007年1月28日出具的天华中兴(审)字〔2007〕1023－15－d号《验资报告》,截至2006年9月28日止,发行人变更后的累计注册资本12,251,362,273元。

(5)中航集团公司增持股份

2008年9月2日,中国证监会下发证监许可〔2008〕1086号《关于核准豁免中国航空集团公司要约收购中国国际航空股份有限公司股份义务的批复》,豁免中航集团公司因通过证券交易所的证券交易而控制发行人3.5亿股股份,导致合计控制发行人约54.52%的股份而应履行的要约收购义务。根据中国证监会的前述豁免,中航集团公司通过中航有限增持发行人共66,852,000股H股股份,合计持有发行人股份数变更为6,396,401,487股,持股比例变更为约52.21%。发行人在2008年年度报告中对中航集团公司前述增持后的持股情况进行了披露。

(6)有限售条件流通股上市流通

根据发行人于2009年8月13日在《中国证券报》、《上海证券报》和《证券日报》以及上交所网站上刊发的《中国国际航空股份有限公司关于中国航空集团公司及中国航空(集团)有限公司持有的有限售条件流通股份上市流通的提示性公告》,中航集团公司及中航有限分别持有的发行人4,826,195,989股和1,380,482,920股有限售条件的流通股股份于2009年8月18日起在上交所上市流通。根据发行人及中航有限的确认,截至2010年3月31日,中航有限持有发行人股份共计1,399,334,920股,持股比例约为11.42%。

(7)基于上述,发行人历次股本变动合法、合规、真实、有效。

3. 发起人和主要股东所持股份质押情况

根据本所律师适当核查以及中航集团公司、中航有限、国泰航空的确认,前述发起人及主要股东所持有的发行人股份不存在质押情形。

**七、发行人的业务**

1. 经适当核查,发行人主要从事航空客货运输业务,其经营范围和经营方式系经民航总局批准及国家工商行政管理总局核准,符合有关法律、法规的规定。

2. 发行人在中国大陆以外设有多个营业部、航站及分公司,并直接持有三家中国大陆以外地区子公司(即中航兴业、国航香港发展有限公司和国航海外控股)的股权。经发行人确认并经适当核查,该等中国大陆以外地区子公司的设立,均已经国家有关主管部门批准。

3. 经适当核查,发行人自设立以来主营业务未发生过变更。

4. 经适当核查并根据发行人提供的资料及经审计财务报告,发行人的主营业务单一,其利润绝大部分来自航空客货运输业务。本所律师认为,发行人的主营业务突出。

5. 发行人已经通过了2006年度至2008年度工商行政管理部门的年度检验(2009年度检验尚未进行),为合法存续的股份有限公司,具有依法从事其业务的主体资格。基于我们作为非相关专业人员的理解和判断,本所律师认为发行人不存在持续经营方面的重大法律障碍。

**八、关联交易及同业竞争**

(一)发行人的主要关联方

经适当核查,截至2010年3月31日,发行人主要有如下关联企业:

1. 发行人的控股股东中航集团公司,直接和间接合计持有发行人约51.82%股份,为发行人的控股股东。

2. 其他持有发行人5%以上股份的股东中航有限及国泰航空,分别持有发行人约11.42%及约18.10%股份。

3. 发行人的控股股东中航集团公司直接控制的除发行人及其子公司以及中航有限以外的法人或其他组织,主要包括但不限于:建设开发公司、传媒公司、旅业公司、中国航空集团资产管理公司、老国航、北京航空货运公司、财务公司、民航快递有限责任公司、中国航空资产经营有限公司。

(二)发行人与关联方的重大关联交易

1. 发行人正在履行的重大关联交易

发行人于2004年12月成为境外上市公司后,即按照香港上市规则的规定确定关联方范围,与关联方之间发生的关联交易均遵守不时生效的香港上市规则及其他适用的有关法律法规下有关关联交易的要求进行。其后,发行人于2006年8月成为境内上市公司,发行人对关联方的确定及与关联方之间发生的关联交易亦同时按照上交所上市规则的规定进行。

发行人目前正在履行的对发行人生产经营有重大影响的持续性关联交易(不包括仅依香港上市规则构成的关联交易)主要系发行人与中国航空集团之间的持续性关联交易,目前正在履行的该等关联交易合同具体如下:

(1)2009年10月27日,发行人与中航集团公司签署《房产租赁协议》,根据该协议,双方(发行人全权代表其子公司、中航集团公司全权代表除发行人外的其下属全资或控股子公司)相互向对方出租房产(含设施),中航集团公司拟向发行人出租房产的总建筑面积约为66,489.35平方米(以双方最后实测或相关房产证上记载的面积为准);发行人拟向中航集团公司出租的房产(如有)的具体情况由双方另行协商确定。协议房产的具体租金价格由双方根据国家有关规定或市场价格协商确定,并签订具体房产租赁协议;双方每年可根据市场情况对年租金做相应调整,原则上每年租金价格递增不超过5%;但考虑到新增租赁房产的可能性,2010-2012年发行人向中航集团公司支付的最高租金分别为14,000万元、14,700万元、15,435万元；中航集团公司向发行人支付的交易金额合计预期将不超过发行人董事会批准前述协议时的审批权限。协议房产的租赁期限为2010年1月1日至2012年12月31日，该期限届满，经双方协商一致，可延长该协议的有效期。该协议已经发行人2009年第一次临时股东大会批准。

(2)2009年10月27日，发行人与传媒公司签署《广告业务合作协议》，根据该协议，发行人授予传媒公司机上读物独家发放权；发行人航班使用的登机牌、飞机座椅枕片、纸杯、机上娱乐系统节目及班机时刻表媒体的独家经营权；发行人航班上的机上娱乐系统节目全部委托传媒公司向独立第三方采购或自行制作，并可包含广告内容；传媒公司有权开发和使用发行人媒体，发行人同意在广告销售过程中给予传媒公司有效支持和帮助。费用标准为：①就发行人媒体的独家经营权，传媒公司应从2010至2012年分别向发行人支付媒体使用费2,381万元、2,500万元和2,625万元；并按照发行人下达的年度预算计划，免费向发行人提供除机上娱乐系统节目外充足的发行人媒体(包括符合发行人需求的机上刊物、登机牌、枕片、航班时刻表、纸杯)；②就为发行人提供或采购机上娱乐系统节目，发行人向独立的娱乐节目提供方即时直接支付采购价款；如果相关娱乐系统节目是由传媒公司按发行人要求自行制作，发行人应向传媒公司支付相应的制作成本和费用；③发行人委托传媒公司为其提供广告设计及形象宣传，应按市场价向传媒公司支付相应的广告费；④就传媒公司提出开发未在前述协议中提及的发行人媒体，双方应一事一议。传媒公司同意，将该新开发的发行人媒体广告收入的20%支付给发行人；2010-2012年传媒公司每年向发行人支付的最高交易金额将不超过发行人董事会批准前述协议时的审批权限；发行人每年向传媒公司支付的最高交易金额预计分别为6,000万元、6,000万元、6,000万元。协议期限自2010年1月1日至2012年12月31日，该期限届满，经双方书面同意，可延长该协议的有效期。该协议已经发行人2009年第一次临时股东大会批准。

(3)2009年10月27日，发行人与建设开发公司签署《基本建设工程项目委托管理框架协议》，根据该协议，发行人委托建设开发公司为发行人的项目建设提供管理服务，包括项目的前期管理、项目实施进程中的管理和项目的后期管理。建设开发公司以具体委托项目的工程总概算为依据，根据项目的实际情况，向发行人收取委托管理费，委托管理费按工程批复概算(扣除甲方自行实施的项目、委托管理费、建设单位管理费、贷款利息、征地相关费用)的2%-2.5%计取；原则上，工程总概算在10亿元以上(含10亿元)的项目费率，按工程总概算的2%计取，工程总概算在10亿元以下的项目费率，按工程总概算的2.5%计取；管理费由发行人根据工程进度分期拨付；如建设开发公司代理发行人办理征地，发行人将另行支付与征地有关的代理费；如果由于建设开发公司的原因造成工程实际结算超出了协议约定的预算，则建设开发公司应就超出部分进行补足；发行人于该协议有效期内向建设开发公司支付的交易金额合计预期将不超过发行人董事会批准前述协议时的审批权限。协议期限为2010年1月1日至2012年12月31日，该期限届满，经双方书面同意，可延长该协议的有效期。该协议已经发行人2009年第一次临时股东大会批准。

(4)2009年10月27日，发行人(并全权代表其有关子公司和合营公司)与财务公司签署《金融财务服务协议》，根据该协议，财务公司向发行人提供金融财务服务。服务价格如下：①财务公司吸收发行人存款的利率，应不低于中国人民银行就该种类存款规定的利率下限；且应不低于财务公司吸收其他集团成员单位同种类存款所确定的利率，及一般商业银行向发行人提供同种类存款服务所确定的利率；②财务公司向发行人发放贷款(含其他信贷业务)的利率，应不高于中国人民银行就该类型贷款规定的利率上限；且应不高于财务公司向其他集团成员单位发放同种类贷款所确定的利率，及一般商业银行向发行人提供同种类贷款服务所确定的利率；③财务公司向发行人有偿提供票据承兑、信用证、担保、网上银行等服务所收取手续费，凡中国人民银行或银行业监督管理委员会有收费标准规定的，应符合相关规定；且应不高于一般商业银行向发行人提供同种类金融服务所收取的手续费,及财务公司向其他集团成员单位提供同种类金融服务所收取的手续费;④财务公司现时向发行人提供的结算服务和提供金融信息服务等服务尚未收费;⑤财务公司向发行人在前述协议有限期内提供现时尚未收费服务和将来开展的金融服务所收取的手续费应符合中国人民银行或银行业监督管理委员会就该类型服务所规定的收费标准;且应不高于一般商业银行向发行人提供同种类型金融服务所收取的手续费,及财务公司向其他集团成员单位提供同种类金融服务的手续费。发行人对与财务公司的金融财务服务交易在前述协议有效期内作了以下限制:财务公司向发行人吸收的存款,每日余额(含累计利息)不超过70亿元;财务公司向发行人发放的贷款及提供其他信贷业务,每日余额(含累计利息)不超过30亿元;财务公司向发行人提供其他金融财务服务所收取的手续费,预期将不超过发行人董事会批准前述协议时的审批权限。协议期限为2010年1月至2012年12月31日止,该期限届满,经双方书面同意,可延长该协议的有效期。该协议已经发行人2009年第一次临时股东大会批准。

(5)2009年10月27日,发行人(并全权代表其子公司)与中航集团公司(并全权代表除发行人外的其下属全资或控股子公司)签署《空运销售代理协议》,根据该协议,发行人委托中航集团公司下属的空运代理公司为发行人的代理人之一,代表发行人办理航空旅客或货物运输销售业务;发行人和空运代理公司均有权自主选择空运销售代理业务的合作对象;空运代理公司将与发行人订立具体的销售代理安排,空运代理公司将招揽客户,代理发行人的机票及舱位销售,并收取佣金;或购买公司的机票(国内机票除外)及舱位,并将该等机票及舱位销售给最终客户。对于航空旅客运输代理业务,在国家有关政府主管部门颁发空运销售代理手续费幅度管理的规定之前,执行政府现行规定的航空旅客运输销售代理手续费标准;在代理手续费幅度管理的规定颁发之后,发行人与空运代理公司按平等自愿原则,在规定的浮动幅度范围内协商确定代理手续费标准;发行人和空运代理公司可以在法律许可的范围内按照行业惯例,约定特定的代理销售目标和实现销售目标对应的奖励;对于航空货物运输代理业务,发行人与空运代理公司按市场价协商确定双方之间适用的运输价格,空运代理公司在前述运输价格基础上,制定其向客户收取的运输价格(包含向客户提供的延伸服务的价格),其差额部分作为佣金;此外,发行人和空运代理公司可在法律允许的范围内,按行业惯例,约定特定代理销售目标和实现特定销售目标对应的奖励或货物运输价格折扣。2010－2012年,中航集团公司每年代理销售的机票及货位最高交易金额分别为27,000万元、32,400万元、38,880万元,发行人在上述协议有效期内向中航集团公司支付的佣金及奖金金额合计预期将不超过发行人董事会批准上述协议时的审批权限。协议期限为2010年1月1日至2012年12月31日止,该期限届满,经双方书面同意,可延长该协议的有效期。该协议已经发行人2009年第一次临时股东大会批准。

(6)2009年10月27日,发行人(并全权代表其有关子公司)与旅业公司签署《旅游合作协议》,根据该协议,双方开展多种形式的旅游合作。交易价格如下:①常旅客计划合作:当发行人的常旅客以其里程积分,按照一定折扣价兑换旅业公司酒店住宿时,发行人应就折扣部分按发行人与常旅客计划中其他合作伙伴的类似价格标准向旅业公司进行支付结算;当发行人知音卡会员入住旅业公司所属酒店而增加其相应的常旅客积分时,旅业公司应就发行人售出的积分,按照市场价向发行人进行支付;②旅游套票服务:发行人应将其中包含旅业公司所属酒店的价格支付给旅业公司;③酒店住宿服务:若旅业公司所属酒店向发行人执勤员工及延误航班提供住宿服务,发行人应按照实际发生额向甲方按期支付酒店房费;④商业包机(包括包航线):服务按市场上商业包机价格计算;⑤航空旅游特色服务:按市场价执行,具体由协议双方另行协商确定。2010－2012年旅业公司每年向发行人支付的最高交易金额分别为6,900万元、6,900万元、6,900万元;发行人在上述协议有效期内向中航集团公司支付的佣金及奖金金额合计预期将不超过发行人董事会批准上述协议时的审批权限。协议期限为2010年1月1日至2012年12月31日,该期限届满,经双方书面同意,可延长该协议的有效期。该协议已经发行人2009年第一次临时股东大会批准。

(7)2009年10月27日,发行人(并全权代表其子公司)与中航集团公司(并全权代表除发行人外的其下属全资或控股子公司)签署《相互提供服务协议》,根据该协议,发行人接受中航集团公司的委托,为其代管离退休员工的服务管理和福利保障的具体组织实施工作;中航集团公司的辅业公司为发行人提供辅助生产类和供应类服务。发行人和辅业公司均有权自主选择交易对象,且辅业公司向发行人提供的产品或服务条件,不得逊于其向独立第三方提供的产品或服务条件,而在独立第三方的产品和服务条件相同时,发行人应优先使用辅业公司的产品或服务。发行人按照中航集团公司确认的向离退休人员实际支付的福利费用4%的费率收取代管的管理费;辅业公司向发行人提供的服务均按市场价执行,且定价不应高于市场价(含招标价)及其向独立第三方提供同种类服务的价格;如无市场价,则双方按照独立协商的公平合理价格执行。2010-2012年,发行人每年向中航集团公司支付的最高交易金额分别为78,400万元、86,200万元、86,200万元;中航集团公司向发行人支付交易金额合计预期将不超过发行人董事会批准上述协议时的审批权限。协议期限为2010年1月1日至2012年12月31日,该期限届满,经双方书面同意,可延长该协议的有效期。该协议已经发行人2009年第一次临时股东大会批准。

(8)2009年10月27日,发行人与中航集团公司签署《政府包机服务协议》,根据该协议,中航集团公司为完成政府包机任务,需使用发行人提供的包机服务。该协议规定的政府包机服务的小时费率计算方式为:每飞行小时的总成本×(1+6.5%)。2010-2012年,中航集团公司每年向发行人支付的最高交易金额预计分别为7.5亿元、8.25亿元、9亿元。协议期限为2010年1月1日至2012年12月31日,该期限届满,经双方协商一致,可延长该协议的有效期。该协议已经发行人2009年第一次临时股东大会批准。

2. 发行人拟进行的须经股东大会批准的重大关联交易(不包括仅依香港上市规则构成的关联交易)

2010年3月11日,发行人分别与中航集团公司及中航有限签署了《A股认购协议》和《H股认购协议》。

根据《A股认购协议》,中航集团公司拟以不低于15亿元现金按照A股具体发行价格认购相应股数,其认购的总股数不超过157,000,000股,认购价格与本次非公开发行A股的发行价格(即其他发行对象的认购价格)相同,并且中航集团公司不参与发行人本次非公开发行A股询价过程中的报价。中航集团公司认购的本次非公开发行的A股股份自本次非公开发行A股结束之日起36个月内不得转让。

根据《H股认购协议》,中航有限拟认购发行人定向增发的H股股票,认购数量为不超过157,000,000股,认购价格每股不低于港币6.62元,即不低于定价基准日前二十个交易日在联交所上市的发行人H股股票交易均价。中航有限承诺自本次定向增发H股股票结束之日起12个月内不转让其认购的本次定向增发的H股股票。

前述关联交易已获得发行人2010年第一次临时股东大会、2010年第一次内资股类别股东会、2010年第一次外资股类别股东会及国资委的批准,尚待取得中国证监会的核准后方可实施。

3. 发行人现行《公司章程》对关联交易决策程序进行了规定。相关重要条款内容如下:依第100条规定,与审议事项有利害关系的股东在类别股东会议上没有表决权,并对有利害关系的股东范围进行了明确规定;依第71条第5项和第169条,任何董事、监事、总裁、副总裁和其他高级管理人员与将讨论的事项有重要利害关系,应向董事会披露其利害关系的性质和程度;除非有利害关系的公司董事、监事、总裁、副总裁和其他高级管理人员向董事会做了披露,并且董事会在不将其计入法定人数,其亦未参加表决的会议上批准了该事项,公司有权撤销该合同、交易或安排;依第79条,进一步明确规定股东大会审议有关关联交易事项时,关联股东不得参与投票表决,其所代表的有表决权的股份数不计入有效表决总数;股东大会决议的公告应当充分披露非关联股东的表决情况;依第129条,须经股东大会审议的重大关联交易，如适用的法律、法规及/或有关上市规则载有有关规定，应遵守该等规定，且先由二分之一以上的独立董事认可后，提交董事会讨论；董事会作出关于公司关联交易的决议时，必须由独立董事签字后方能生效；独立董事作出判断前，可以聘请中介机构出具独立财务顾问报告，作为其判断的依据。

为规范发行人的关联交易，确保关联交易的公允性，维护中小投资者的利益，发行人还制定并通过了《关联交易决策制度》。《关联交易决策制度》规定：发行人应采取有效措施防止关联人以垄断采购和销售业务渠道等方式干预公司的经营，侵害公司利益。关联交易的价格或取费原则应不偏离市场独立第三方的价格或收费的标准。发行人应对关联交易的定价依据予以充分披露。发行人应采取有效措施防止股东及其关联方以各种形式转移公司的资金、资产及其他资源。

基于上述，本所律师认为，发行人已采取必要的措施对发行人及其小股东的利益进行了保护。

(三)发行人与关联方的同业竞争

1. 同业竞争现状

发行人的经营范围为：国际、国内定期和不定期航空客、货、邮和行李运输业务；国内、国际公务飞行业务；飞机执管业务；航空器维修；航空公司间业务代理。与主营业务有关的地面服务和航空快递(信件和信件性质的物品除外)；机上免税品；机上商品零售业务；航空意外保险销售代理发行人的主营业务为航空客货运输。

发行人的控股股东中航集团公司的经营范围为：经营集团公司及其投资企业中由国家投资形成的全部国有资产和国有股权；飞机租赁；航空器材及设备的维修。中航集团公司及其全资和控股企业(不含发行人及其子公司，下同)不经营航空客货运输业务。

目前，中航集团公司及其全资和控股企业在发行人的主营业务方面，不存在与发行人构成同业竞争的业务。

2. 避免同业竞争的安排

为支持发行人发展，尽量避免发行人与受中航集团公司控制的企业之间的同业竞争，发行人与中航集团公司(并代表其控股子公司)于2004年11月20日签署了《避免同业竞争协议》，主要约定如下：

(1)中航集团公司承诺，除非经发行人董事会讨论通过，并经独立董事审查后作出书面同意；否则，中航集团公司不会单独或连同、代表任何人士或公司(企业或单位)，直接或间接从事、发展、经营或协助经营(但不含仅持股5%或以下的情形)与发行人主营业务相竞争的业务。

(2)中航集团公司承诺，如中航集团公司获得有关与发行人主营业务相同或类似的投资机会(以下简称“业务机会”)，将尽其最大努力，使该等业务机会具备转移给发行人的条件(包括但不限于征得第三方同意)，并优先提供给发行人，除非发行人放弃优先权(且可不受上文第(1)条限制)。

(3)如中航集团公司明确表示，其投资或收购与发行人主营业务相同的业务，系基于整个中国航空集团的发展战略，并且中航集团公司在投资或收购过程中，已作出可以向发行人转让该等业务的安排，那么，即使中航集团公司将取得被投资或收购公司5%(不含5%)以上的股权，中航集团公司的此等投资或收购行为也不受上文第(1)、(2)条的限制。但如自中航集团公司投资或收购该等业务之日起三年内，未能按下文第(4)条加以解决，那么，除非获得发行人独立董事同意，中航集团公司应将该等业务转让予独立的第三方。在同等条件下，发行人具有优先购买权。

(4)中航集团公司同意，对于发行人认为可能与发行人形成实质竞争的业务(包括但不限于上文第(2)条所述业务机会形成的业务，及中航集团公司根据上文第(3)条获取的业务)，将采取国家法律、法规及有关监管部门许可的方式(该方式应对发行人公平合理)加以解决(包括但不限于转让、委托经营、租赁、承包等方式)；且中航集团公司授予发行人选择权，由发行人选择解决的方式。

(5)中航集团公司承诺，在一般日常业务营运中，给予发行人的待遇不逊于中航集团公司给予其其他下属公司的待遇，并按公平、合理的原则，正确处理与发行人的各项关系。中航集团公司并承诺，不利用大股东地位，进行不利于发行人及其股东的行为。

鉴于上述事实，本所律师认为，发行人及

控股股东中航集团公司已采取必要措施，避免和减少将来可能存在的同业竞争。

## 九、发行人的主要财产

发行人的本部设在北京，在成都、重庆、天津、杭州等地共设有10家分公司，在全国各地设有多个营业部和基地，在中国大陆以外地区设有多个境外营业部和航站。

1. 发行人的房产

经适当核查并经发行人确认，截至2010年3月31日，发行人在中国大陆拥有的房产情况如下：

(1)本部在京房产

本部已取得房产证的房产共计51处，主要位于首都机场，建筑面积合计为332,189.6平方米。就前述房产，发行人持有北京市国土资源和房屋管理局核发的“京房权证顺国”字头的25份《房屋所有权证》，北京市建设委员会核发的京房权证市东港澳台字第0370151号《房屋所有权证》，北京市顺义区建设委员会核发的“京房权证顺股”字头的3份《房屋所有权证》和京房权证顺国更字第A00156号《房屋所有权证》，北京市朝阳区房屋管理局核发的“京房权证朝股份06”字头的7份《房屋所有权证》、京房权证朝私06字第00346号《房屋所有权证》、“京房权证朝股07”字头的10份《房屋所有权证》和“京房权证朝股08”字头的3份《房屋所有权证》。

本部有1处房产已抵押，该处抵押房产位于顺义区首都机场飞行员公寓，《房屋所有权证》编号为“京房权证顺国字第01012号”。就该处房产抵押事宜，发行人已办理了抵押登记手续。

(2)本部京外房产

本部设在成都的维修基地已办理房产证的房产共计38处，位于东升镇石佛村、迎春村及成都双流国际机场，建筑面积合计为195,892.54平方米。发行人持有双流县人民政府核发的“双房权证双权”字头的38份《房屋所有权证》。

(3)本部下属的营业部房产

本部下属的营业部已办理房产证的房产共计48处，分别位于深圳、北海、广州、大连、哈尔滨、烟台、福州、青岛、厦门、长沙、南京、昆明、乌鲁木齐，建筑面积合计为10,591.66平方米。发行人或其下属的营业部持有各地房地产管理局核发的48份《房屋所有权证》。

(4)上海分公司房产

上海分公司已办理房产证的房产共计4处，分别位于沪青平公路及张虹路，建筑面积合计为1,752.61平方米。上海基地持有上海市房屋土地资源管理局核发的“沪房地长”字头的3份《房屋所有权证》，以及沪房地闵字〔2005〕第000022号《房屋所有权证》。因上海基地变更为上海分公司，发行人正在办理上述4处房产的更名手续。

(5)西南分公司房产

西南分公司已办理房产证的房产共计31处，主要位于成都双流国际机场，建筑面积合计为128,836.06平方米。发行人持有双流县人民政府核发的“双房权证双权”字头的25份《房屋所有权证》，以及成都市房产管理局核发的“成房权证监证”字头的6份《房屋所有权证》。

(6)重庆分公司房产

重庆分公司已办理房产证的房产共计45处，主要位于渝北区双凤桥街道、渝中区中山三路及建新北路，建筑面积合计为79,793.16平方米。重庆分公司持有重庆市国土资源和房屋管理局核发的“201房地证2005”字头的40份《房地产权证》，“101房地证2005”字头的2份《房地产权证》，103房地证2005字第09695号《房地产权证》，201房地证2006字第03989号《房地产权证》以及201房地证2008字第28528号《房地产权证》。

(7)浙江分公司房产

浙江分公司已办理房产证的房产共计5处，主要位于艮园小区和延安路，建筑面积合计为936.17平方米。浙江分公司持有杭州市房产管理局核发的“杭房权证下移”字头的2份《房屋所有权证》和“杭房权证上移”字头的3份《房屋所有权证》。

浙江分公司另有1处房产，面积约为598.99平方米，系由发行人的发起人中航集团公司于设立发行人时作为出资投入，中航浙江航空公司已取得杭房下移字0089733号《房屋所有权证》。发行人正在办理将该处房产的所有权人变更到中国国航名下的手续。

浙江分公司另有未办理房产证的房产13处,据公司说明面积约28,183.60平方米。此前因该等房产坐落的土地证载使用权人名称有误,未能及时办理房产证,现土地证载使用权人名称已更正,发行人正在办理上述房产的房产证。

(8)天津分公司房产

天津分公司已办理房产证的房产共计6处,主要位于东丽区机场及和平区上海道,建筑面积合计为84,523.99平方米。天津分公司持有天津市房地产管理局核发的"房权证东丽"字头的5份《房屋所有权证》,以及房权证和平字第010028548号《房屋所有权证》。

天津分公司另有1处房产,系由发行人的发起人中航集团公司,于设立发行人时作为出资投入,老国航已取得房权证东丽字第100063328号《房屋所有权证》,所载面积总计为934.23平方米,经发行人确认,目前该处房产大部分已被拆除,剩余实际面积约为203.05平方米。发行人尚待办理将所有权人变更到中国国航名下的手续,实际面积以变更后的《房屋所有权证》上记载为准。

(9)内蒙古分公司房产

内蒙古分公司已办理房产证的房产共计49处,位于白塔机场,建筑面积合计为55,102.41平方米。内蒙古分公司持有呼和浩特市房地产管理局核发的"呼赛罕区"字头的49份《房屋所有权证》。

(10)西藏分公司房产

西藏分公司无房产所有权。

(11)湖北分公司房产

湖北分公司无房产所有权。

(12)贵州分公司房产

贵州分公司已办理房产证的房产共计1处,位于龙洞堡机场,建筑面积合计为12,057.51平方米。贵州分公司持有贵阳市房地产管理局核发的筑房产证南明字第010051420号《房屋所有权证》。

(13)公务机分公司房产

公务机分公司无房产所有权。

除前述发行人拥有的房产外,经发行人确认并经适当核查,截至2010年3月31日,发行人在中国大陆租赁的房产情况具体如下:①根据发行人与中航集团公司签署的《房产租赁协议》(具体详见本法律意见书"八、关联交易及同业竞争"),发行人拟从中航集团公司(全权代表除发行人外的其下属全资或控股子公司)租赁建筑面积合计约66,489.35平方米(以双方最后实测或相关房产证上记载的面积为准)的房产,《房产租赁协议》项下的各具体协议正在签署中。②发行人从其他第三方共租赁建筑面积合计约为62,127.33平方米的房产(不含租赁协议中未写明面积数的50处房产面积),就前述房产,发行人已经签署了或尚待续签相关租赁协议。

2. 发行人的主要无形资产

(1)发行人的土地使用权

经适当核查并经发行人确认,截至2010年3月31日,发行人在中国大陆拥有的土地使用权情况如下:

(a)本部在京的土地使用权

本部已办理土地证的土地计30宗,位于顺义区首都机场、天竺空港工业区,面积合计为1,495,816.12平方米。就该30宗土地,发行人持有北京市顺义区人民政府核发的"京顺国用〔2004〕"字头的12份《国有土地使用证》,"京顺国用(2004初)"字头的15份《国有土地使用证》,以及"京顺国用2003出字第0229号"、"京顺国用〔2005〕出字第0190号"《国有土地使用证》和顺义县人民政府核发的"京顺国用(95出)字第3号"《国有土地使用证》。

上述土地中,有3宗为出让地,27宗为授权经营地,该27宗授权经营地系由发行人的发起人中航集团公司于设立发行人时作为出资投入发行人,目前发行人获发的《国有土地使用证》上记载的土地性质仍为划拨,发行人现正在办理将土地证所载土地性质由划拨变更为授权经营或出让的手续。前述27宗授权经营地中有18宗已由发行人与北京市国土资源局签署了《北京市国有土地使用权出让合同》,发行人正在办理该18宗土地的土地性质为出让的土地证。据发行人说明,其余9宗土地因被纳入首都机场西区空侧用地规划,待与北京首都国际机场股份有限公司确定具体处理方案后,再办理该等土地的规范手续。

本部有1宗土地已抵押,该宗抵押土地位于顺义区首都机场,《国有土地使用证》编号为"京顺国用(2004初)字第0021号"。就该宗土地抵押事宜，发行人已办理了抵押登记手续。

(b)本部京外的土地使用权

本部设在成都的维修基地已办理土地证的土地计8宗，位于双流县东升镇，面积合计为568,290.76平方米，使用权类型为作价入股。就该8宗土地，发行人持有四川省人民政府核发的"川国用〔2005〕"字头的8份《国有土地使用证》。

(c)本部下属营业部的土地使用权

本部下属的北海营业部已办理土地证的土地计1宗，位于北海市北京路深港花园8#东单元，面积合计为236.6平方米，使用权类型为出让。就该宗地，发行人持有北海市人民政府核发的"北国用〔2005〕第802780号"《国有土地使用证》。

本部下属的哈尔滨营业部已办理土地证的土地计1宗，位于南岗区丽顺街11号，面积合计为127.6平方米，使用权类型为出让。就该宗地，发行人持有哈尔滨市人民政府核发的"哈国用(2006)第8009号"《国有土地使用证》。

(d)上海分公司的土地使用权

上海分公司已办理土地证的土地计2宗，位于浦东国际机场，面积合计为80,429平方米，使用权类型为出让。就该2宗土地，发行人持有上海市房屋土地资源管理局核发的"沪房地浦字(2006)"字头的《房地产权证》。

(e)西南分公司的土地使用权

西南分公司已办理土地证的土地计7宗，位于双流县东升镇及白家镇，面积合计为260,274.05平方米，使用权类型为作价入股。就该7宗土地，发行人持有四川省人民政府核发的"川国用〔2005〕"字头的7份《国有土地使用证》。

(f)重庆分公司的土地使用权

重庆分公司已办理土地证的土地计10宗，位于江北机场、渝航路及建新北路，面积合计为289,436.36平方米。使用权类型9宗为授权经营，1宗为作价入股。就该10宗土地，重庆分公司持有重庆市国土资源和房屋管理局核发"201D房地证2005"字头的3份《房地产权证》，"201房地证2005"字头的4份《房地产权证》，103房地证2005字第09695号《房地产权证》，201房地证2006字第03989号《房地产权证》和201房地证2008字第28528号《房地产权证》。

(g)浙江分公司的土地使用权

浙江分公司已办理土地证的土地计6宗，位于上城区和靖江镇，面积合计为417,438.1平方米。使用权类型4宗为出让，1宗为授权经营，1宗为划拨。就该6宗土地，浙江分公司持有杭州市国土资源局核发"杭上国用〔2008〕"字头的3份《国有土地使用证》，杭州市国土资源局核发的杭萧国用(2007)第3000014号《国有土地使用证》和"杭萧国用〔2008〕"字头的2份《国有土地使用证》。就前述编号为杭萧国用(2007)第3000014号的1宗划拨土地，其土地证上记载该宗地的年检到期日为2009年11月30日，根据发行人说明，浙江分公司尚待办理年检验证的相关手续。

(h)天津分公司的土地使用权

天津分公司已办理土地证的土地计7宗，位于天津滨海国际机场及和平区上海道，面积合计为216,720.1平方米，使用权类型1宗为出让，6宗为授权经营。就该7宗土地，天津分公司持有天津市人民政府核发的"东丽单国用〔2005〕"字头的6份《国有土地使用证》以及和单国用〔2005〕第069号《国有土地使用证》。

(i)内蒙古分公司的土地使用权

内蒙古分公司已办理土地证的土地计9宗，位于白塔机场，面积合计为138,260.12平方米，使用权类型为授权经营。就该9宗土地，发行人或其内蒙古分公司持有内蒙古自治区人民政府核发"内蒙国用〔2005〕"字头的9份《国有土地使用证》。

(j)西藏分公司的土地使用权

西藏分公司无土地使用权。

(k)湖北分公司的土地使用权

湖北分公司无土地使用权。

(l)贵州分公司的土地使用权

贵州分公司已办理土地证的土地计3宗，位于花溪区云盘村及南明区龙洞堡机场，面积合计为481,575.09平方米，使用权类型1宗为出让，2宗为授权经营。就该3宗土地，贵州分公司持有贵阳市人民政府核发的"筑国用〔2005〕"字头的2份《国有土地使用证》，以及贵阳市花溪区人民政府核发的花溪国用〔2005〕第10182号《国有土地使用证》。

贵州分公司于发行人成立后申请使用2宗

土地,尚未办理土地证。该2宗土地位于花溪区云盘村,面积合计约14,913.65平方米,使用权类型均为划拨。尽管前述2宗土地的建设用地项目未能严格符合国土资源部颁布的《划拨用地目录》,但是贵阳市人民政府分别以筑地字(2006)66号《贵阳市人民政府关于中国国际航空股份有限公司贵州分公司申请用地的批复》以及筑地字(2007)129号《贵阳市人民政府关于中国国际航空股份有限公司贵州分公司机组及生产勤务楼用地的批复》,同意贵州分公司以划拨的方式使用该等土地,贵州分公司并已取得贵阳市国土资源局核发的筑地字(2006)66号和筑地字(2007)129号《建设用地批准书》以及贵阳市国土资源局花溪分局核发的2份《土地使用权预登记证》。因此,贵州分公司取得国有土地使用证后,被有关土地管理部门要求有偿使用前述土地的可能性较小。因该两宗土地上的建设项目尚未竣工,根据有关要求,于建设项目竣工验收后,贵州分公司方可持建设项目竣工验收报告和其他有关文件申请国有土地使用权设定登记。

(m)公务机分公司的土地使用权

公务机分公司无土地使用权。

(2)发行人的商标

截至2010年3月31日,发行人拥有的注册商标共56个,56份商标注册证情况详见下表:

(略)

3. 发行人的主要生产经营设备

发行人最主要的生产经营设备是飞机,其他设备还包括飞机发动机和航材等。

(1)截至2010年3月31日,发行人拥有的飞机共×架,均已获发《国籍登记证》,其中×架飞机已经抵押,具体情况如下:

(略)

(2)截至2010年3月31日,发行人通过融资性租赁使用的飞机共×架,均已获发《国籍登记证》,并均已抵押,其具体情况如下:

(略)

(3)截至2010年3月31日,发行人以经营性租赁方式使用的飞机共×架,均已获发《国籍登记证》,其具体情况如下:

(略)

(4)截至2010年3月31日,发行人以湿租方式使用的飞机共×架,其中从××公司湿租的飞机共4架,其国籍和登记标志分别为(略);从××公司湿租的飞机共×架,经发行人确认,其国籍标志和登记标志分别为(略)。

4. 除部分房产待办更名或过户或尚未取得房产证、需更正部分土地使用权证上记载的土地使用权性质、浙江分公司尚待办理1宗划拨土地使用证年检验证的相关手续、贵州分公司使用2宗划拨土地尚待办理土地证外,上述发行人拥有的房产、土地使用权、飞机的产权关系清楚,不存在重大产权纠纷。

5. 经发行人确认并经适当核查,除本部分“3. 发行人的主要生产经营设备”中列示的飞机抵押,以及发行人本部有1处房产及1宗土地已经抵押外,发行人对其上述土地使用权、房产、商标和主要生产经营设备等各类主要资产的所有权和使用权的行使不存在重大权利限制。

## 十、发行人的重大债权债务

1. 重大贷款/授信合同

经发行人确认并经适当核查,发行人于2010年3月31日前签署的、现时正在履行的合同金额5亿元或等值外币以上的借款合同如下:

(略)

2. 对外担保

经发行人确认并经适当核查,发行人于2010年3月31日前签署的、现时正在履行的对外担保合同具体情况如下:

(1)根据经审计财务报告及未经审计财务报表,并经发行人确认,截至2010年3月31日,发行人为深圳航空提供反担保的具体情况如下:1999年5月17日,老国航(其本项担保责任已由发行人承继)向中国工商银行深圳市分行(以下简称“担保人”)出具了《不可撤销的反担保》函(以下简称“《反担保函》”),就反担保人为深圳航空融资租赁两架飞机提供担保事宜,提供金额为19,429,161.77美元的反担保,其中对担保人与Purple Star Limited之间保函的反担保金额为4,192,336.52美元,对担保人与Eximbank之间反担保函的反担保金额为15,236,825.25美元。根据《反担保函》,《反担保函》为不可撤销的反担保书,发行人与深圳航空对租赁合同承担连带责任。如果深圳航空没有按照租赁合同规定按期缴付租赁费，发行人愿全部承担担保人因履行担保及反担保责任而造成的一切损失。前述对外担保系发行人于2006年首次公开发行A股并上市前发生，并已在发行人首次公开发行A股的招股说明书、发行人已经披露的2006－2009年度的各年度报告中作出了披露。

（2）2008年10月24日，发行人和中国银行股份有限公司北京市分行签署了编号为2008年01RGB字002号《保证合同》。发行人为国货航和中国银行股份有限公司北京市分行签署的《人民币借款合同（中长期）》项下的债权提供总额为16,520万美元的连带责任保证，保证期间为主债权的清偿届满之日起两年。前述对外担保已经发行人第二届董事会第十八次会议批准。

（3）2009年10月27日，发行人、斯奈克玛投资和斯奈克玛共同签署了《贷款和担保安排协议》。根据前述协议，发行人和斯奈克玛投资均同意分别就财务公司为斯奈克玛提供的金额为2,618.184万元的贷款和中国工商银行成都分行高新技术产业开发区支行为斯奈克玛提供的金额为3,381.816万元的贷款提供直接或间接、独自的100%的担保，把财务公司贷款和中国工商银行成都分行高新技术产业开发区支行贷款作为一个整体考虑时，发行人和斯奈克玛投资各自承担的担保责任的比例应为26,181,840/33,818,160，如果斯奈克玛违反前述合同、贷款合同或担保合同的约定，导致发行人和/或斯奈克玛投资无法按照前述比例承担担保责任，则以高于前述协议项下其应承担的担保责任比例承担了担保责任的一方，有权要求斯奈克玛立即向其提供相应的反担保，或要求另一方分担前述担保责任，以达到发行人和斯奈克玛投资能够按照前述比例承担担保责任的效果。前述对外担保已经发行人2009年第一次临时股东大会批准。

3. 经发行人确认并经适当核查，截至本法律意见书出具之日，发行人前述正在履行的重大合同合法有效，不存在对本次发行构成重大不利影响的重大法律障碍。

4. 经发改委以发改财金［2005］1651号《国家发展改革委关于同意发行2005年中国国际航空股份有限公司债券的批复》批准，并经发行人2004年度股东大会批准，发行人于2005年9月发行30亿元债券，债券期限为10年（2005年9月7日起至2015年9月6日止），票面年利率为4.5%。经上交所以上证债字〔2005〕90号文核准，发行人的前述债券于2005年12月15日在上交所挂牌上市（债券简称为“05国航债”）。

经发行人2008年第二次临时股东大会批准及向中国银行间市场交易商协会注册和备案，发行人于2009年先后在中国境内发行了总额分别为30亿元的“中国国际航空股份有限公司2009年度第一期中期票据”以及“中国国际航空股份有限公司2009年度第二期中期票据”，期限分别为3年和5年。

根据有关法律、行政法规以及发行人《公司章程》的相关规定，发行人发行前述债券已经适当批准，合法有效。

5. 经发行人确认并经适当核查，截至本法律意见书出具之日，发行人不存在因环境保护、知识产权、产品质量、劳动安全、人身权等原因产生的重大侵权之债。

6. 除本法律意见书“八、关联交易及同业竞争”中已经说明的关联交易外，发行人与其主要关联企业之间不存在重大债权债务关系及重大的相互提供担保的情况。

7. 根据发行人提供的资料并经向发行人有关人士核查，截至2010年3月31日，发行人金额最大的前五项其他应收、应付款，均系因正常的生产经营活动发生。

## 十一、发行人重大资产变化及收购兼并

1. 发行人设立后发生的对发行人有重大影响的资产变化包括以下三次增资：2004年12月，发行人首次公开发行H股，其后并在联交所和伦敦证交所上市；2006年8月，发行人首次公开发行A股，其后并在上交所上市；2006年9月，发行人向国泰航空定向增发H股。前述三次增资的情况详见本法律意见书第七部分“发行人的股本及其演变”中的相关说明。

2. 经适当核查，发行人自成立以来未发生中国证监会《上市公司重大资产重组管理办法》规定的重大收购或出售资产的行为。

3. 经适当核查，本所律师认为，上述发行

人已发生的增资行为符合法律、法规及有关规范性文件的规定和要求,已获得必要的批准和/或履行有关的法律手续。

4. 除上述发行人已发生的增资行为外,发行人设立至今未发生合并、分立、增资扩股、减少注册资本、中国证监会《上市公司重大资产重组管理办法》规定的重大收购或出售资产的行为,也没有拟进行的中国证监会《上市公司重大资产重组管理办法》规定的重大资产置换、资产剥离、资产出售或收购行为。

## 十二、发行人章程的修改

1. 近三年来,发行人章程进行了如下几次修改:

(1)因变更经营范围,发行人对其《公司章程》进行了修改,并经于2007年5月30日召开的2006年度股东大会以特别决议通过。前述修改后的《公司章程》经国资委于2007年8月7日以国资改革〔2007〕811号《关于修改中国国际航空股份有限公司章程的批复》批准。

(2)因董事会人数发生变化及根据发行人实际情况修改有关股本结构的表述,发行人对其《公司章程》进行了修改,并经于2008年5月30日召开的2007年度股东大会以特别决议通过。前述修改后的《公司章程》经国资委于2009年3月4日以国资改革〔2009〕132号《关于修改中国国际航空股份有限公司章程的批复》批准。

(3)为符合最新修订的境内外相关上市规则的规定,并满足中国证监会及上交所关于现金分红政策的相关要求,发行人对其《公司章程》进行了修改,并经发行人于2009年6月10日召开的2008年度股东大会以特别决议审议通过。前述修改后的《公司章程》经国资委于2009年10月19日以国资改革[2009]1164号《关于修改中国国际航空股份有限公司章程的批复》批准。

2. 基于上述,近三年来,发行人《公司章程》的修改均已履行法定程序。

3. 发行人现时系同时在境内外上市的股份有限公司,发行人现行《公司章程》符合《公司法》、《证券法》和《到境外上市公司章程必备条款》的规定。

## 十三、发行人股东大会、董事会、监事会议事规则及规范运作

1. 发行人设立了股东大会、董事会、监事会和生产经营管理部门,董事会下设战略和投资委员会、审计和风险管理委员会、管理人员培养及薪酬委员会、航空安全委员会。股东大会为发行人的权力机构,由发行人全体股东组成。董事会为发行人的决策机构,现有12名董事(其中4名为独立董事),董事会向股东大会负责并报告工作。监事会由股东选举的代表和职工选举的代表组成,现有5名监事(其中2名为职工代表),负责监督检查公司的经营管理、财务状况,对董事、总裁和其他高级管理人员执行公司职务进行监督,维护公司和股东利益。生产经营管理部门包括规划发展部、人力资源部、财务部、航空安全管理部等。基于上述事实,本所律师认为,发行人具有健全的组织机构。

2. 经适当核查,前述发行人现行《公司章程》(包括单行的议事规则)中有关股东大会、董事会和监事会的议事规则符合相关法律、法规和规范性文件的规定。

3. 根据发行人提供的资料并经向发行人核查,发行人2007年以来共召开过9次股东大会、47次董事会、14次监事会。

(1)2007年以来股东大会召开时间及会议编号:

| 序号 | 会议编号 | 召开时间 |
|---|---|---|
| 1 | 2006年度股东大会 | 2007.05.30 |
| 2 | 2007年第一次临时股东大会 | 2007.10.30 |
| 3 | 2007年第二次临时股东大会 | 2007.12.17 |
| 4 | 2007年度股东大会 | 2008.05.30 |
| 5 | 2008年第一次临时股东大会 | 2008.10.09 |
| 6 | 2008年第二次临时股东大会 | 2008.12.22 |
| 7 | 2008年度股东大会 | 2009.06.10 |
| 8 | 2009年第一次临时股东大会 | 2009.12.22 |
| 9 | 2010年第一次临时股东大会 | 2010.04.29 |

(2)2007年以来董事会召开时间及会议编号：

| 序号 | 会议编号 | 召开时间 |
|---|---|---|
| 1 | 第一届董事会第二十八次会议 | 2007.01.31 |
| 2 | 第一届董事会第二十九次会议 | 2007.03.19 |
| 3 | 第一届董事会第三十次会议 | 2007.04.27 |
| 4 | 第一届董事会第三十一次会议 | 2007.06.14 |
| 5 | 第一届董事会第三十二次会议 | 2007.07.06 |
| 6 | 第一届董事会第三十三次会议 | 2007.08.28 |
| 7 | 第一届董事会第三十四次会议 | 2007.09.12 |
| 8 | 第一届董事会第三十五次会议 | 2007.10.30 |
| 9 | 第二届董事会第一次会议 | 2007.10.30－31 |
| 10 | 第二届董事会第二次会议 | 2007.11.14 |
| 11 | 第二届董事会第三次会议 | 2007.12.17 |
| 12 | 第二届董事会第四次会议 | 2007.12.19 |
| 13 | 第二届董事会第五次会议 | 2007.12.28 |
| 14 | 第二届董事会第六次会议 | 2008.01.02 |
| 15 | 第二届董事会第七次会议 | 2008.03.04 |
| 16 | 第二届董事会第八次会议 | 2008.03.17 |
| 17 | 第二届董事会第九次会议 | 2008.03.31 |
| 18 | 第二届董事会第十次会议 | 2008.04.14 |
| 19 | 第二届董事会第十一次会议 | 2008.04.24 |
| 20 | 第二届董事会第十二次会议 | 2008.06.20 |
| 21 | 第二届董事会第十三次会议 | 2008.06.26 |
| 22 | 第二届董事会第十四次会议 | 2008.07.15 |
| 23 | 第二届董事会第十五次会议 | 2008.07.30 |
| 24 | 第二届董事会第十六次会议 | 2008.08.13 |
| 25 | 第二届董事会第十七次会议 | 2008.08.26 |
| 26 | 第二届董事会第十八次会议 | 2008.10.09 |
| 27 | 第二届董事会第十九次会议 | 2008.10.13 |
| 28 | 第二届董事会第二十次会议 | 2008.10.28 |
| 29 | 第二届董事会第二十一次会议 | 2008.11.04 |
| 30 | 第二届董事会第二十二次会议 | 2008.11.21 |
| 31 | 第二届董事会第二十三次会议 | 2008.12.03 |
| 32 | 第二届董事会第二十四次会议 | 2009.01.15 |
| 33 | 第二届董事会第二十五次会议 | 2009.04.16 |
| 34 | 第二届董事会第二十六次会议 | 2009.06.10 |
| 35 | 第二届董事会第二十七次会议 | 2009.07.13 |

续表

| 序号 | 会议编号 | 召开时间 |
|---|---|---|
| 36 | 第二届董事会第二十八次会议 | 2009.08.17 |
| 37 | 第二届董事会第二十九次会议 | 2009.08.25 |
| 38 | 第二届董事会第三十次会议 | 2009.10.27 |
| 39 | 第二届董事会第三十一次会议 | 2009.11.04 |
| 40 | 第二届董事会第三十二次会议 | 2009.12.04 |
| 41 | 第二届董事会第三十三次会议 | 2009.12.22 |
| 42 | 第二届董事会第三十四次会议 | 2010.02.10 |
| 43 | 第二届董事会第三十五次会议 | 2010.02.25 |
| 44 | 第二届董事会第三十六次会议 | 2010.03.11 |
| 45 | 第二届董事会第三十七次会议 | 2010.03.21 |
| 46 | 第二届董事会第三十八次会议 | 2010.04.08 |
| 47 | 第二届董事会第三十九次会议 | 2010.04.22 |

(3)2007 年以来监事会召开时间及会议编号：

| 序号 | 会议编号 | 召开时间 |
|---|---|---|
| 1 | 第一届监事会第八次会议 | 2007.03.16 |
| 2 | 第一届监事会第九次会议 | 2007.08.28 |
| 3 | 第一届监事会第十次会议 | 2007.10.30 |
| 4 | 第二届监事会第一次会议 | 2007.10.30 |
| 5 | 第二届监事会第二次会议 | 2008.03.17 |
| 6 | 第二届监事会第三次会议 | 2008.04.24 |
| 7 | 第二届监事会第四次会议 | 2008.07.28 |
| 8 | 第二届监事会第五次会议 | 2008.08.26 |
| 9 | 第二届监事会第六次会议 | 2008.10.28 |
| 10 | 第二届监事会第七次会议 | 2009.04.15 |
| 11 | 第二届监事会第八次会议 | 2009.08.25 |
| 12 | 第二届监事会第九次会议 | 2009.10.27 |
| 13 | 第二届监事会第十次会议 | 2009.12.22 |
| 14 | 第二届监事会第十一次会议 | 2010.04.22 |

4. 经发行人确认并经适当核查，发行人 2007 年以来股东大会、董事会、监事会的召开、决议内容及签署在重大方面合法有效。

5. 根据发行人提供的资料并经适当核查，发行人 2007 年以来股东大会或董事会的历次授权或重大决策行为在重大方面合法、有效。

**十四、发行人董事、监事和高级管理人员及其变化**

1. 发行人现任董事、监事和高级管理人员(即总裁、副总裁、董事会秘书、总飞行师、总会计师)的任职情况：

(1)发行人现任董事为孔栋、王银香、王世翔、曹建雄、白纪图、陈南禄、蔡剑江、樊澄、胡鸿烈、张克、贾康、付洋共12名，其中胡鸿烈、张克、贾康和付洋为独立董事。就前述董事，孔栋、王世翔、白纪图、陈南禄、蔡剑江、樊澄、胡鸿烈、张克、贾康由发行人2007年第一次临时股东大会选举产生；王银香由发行人2008年第一次临时股东大会选举产生；曹建雄和付洋由发行人2008年度股东大会选举产生。现任董事任期届满可连选连任。

(2)发行人现任监事为孙玉德、何超凡、周国友、陈邦茂、苏志永共5名，其中孙玉德、周国友由发行人2007年第一次临时股东大会选举产生；何超凡由发行人2008年第二次临时股东大会选举产生；陈邦茂、苏志永由发行人职工推选产生。现任监事任期届满可连选连任。

(3)发行人现任总裁1名(由公司董事蔡剑江兼任)、副总裁8名(由公司董事樊澄兼任，及由谭植洪、宋志勇、贺利、李虎晓、张兰、马崇贤、冯刚担任)、总飞行师1名(由徐传钰担任)、总会计师1名(由公司董事樊澄兼任)、董事会秘书1名(由黄斌担任)，均由董事会聘任。

根据发行人提供的资料并经向发行人核查，发行人的上述董事、监事和高级管理人员不存在《公司法》第一百四十七条所规定的禁止担任公司董事、监事和高级管理人员的情形，亦不存在被中国证监会确定为市场禁入者的情形。发行人的上述董事、监事和高级管理人员的任职情况符合法律、法规和规范性文件以及发行人现行《公司章程》的有关规定。

2. 发行人董事、监事和高级管理人员2007年以来的变化情况：

(1)2007年1月31日，发行人第一届董事会第二十八次会议同意马须伦不再担任总裁，并决定聘任蔡剑江为总裁，不再担任公司副总裁。同时决定聘任谭植洪为公司副总裁。

(2)因郑保安不再担任公司董事会秘书，2007年6月14日，发行人第一届董事会第三十一次会议决定聘任黄斌为公司董事会秘书，聘期于2007年6月26日上交所及联交所同意该等聘任时生效。

(3)因孙玉德辞去公司副总裁职务，2007年7月6日，发行人第一届董事会第三十二次会议决定聘任李虎晓为副总裁。

(4)2007年10月30日，发行人2007年第一次临时股东大会通过了董事会及监事会换届选举的议案，选举李家祥、孔栋、王世翔、姚维汀、马须伦、白纪图、陈南禄、蔡剑江、樊澄、胡鸿烈、吴志攀、张克、贾康为公司第二届董事会董事，其中胡鸿烈、吴志攀、张克、贾康为独立董事，选举孙玉德、廖伟、周国友为第二届监事会股东代表监事。

(5)2007年8月，经职工民主选举，柳峰当选为第二届监事会职工代表监事。刘国庆虽任期届满，根据公司章程的规定将继续履行其监事职务至新的职工代表监事选出时止。

(6)2007年10月30日，发行人第二届董事会第一次会议同意选举李家祥为公司第二届董事会董事长，选举孔栋和王世祥为公司第二届董事会副董事长，并决定继续聘任公司现任各高级管理人员。

(7)2007年10月30日，发行人第二届监事会第一次会议同意选举孙玉德为第二届监事会主席。

(8)因李家祥辞去公司董事及董事长职务，2008年4月24日，发行人第二届董事会第十一次会议同意选举孔栋为公司第二届董事会董事长。

(9)因姚维汀辞去公司董事职务，2008年10月9日，发行人2008年第一次临时股东大会同意选举王银香为公司非执行董事；其后，发行人第二届董事会第十八次会议同意选举王银香为公司第二届董事会副董事长。

(10)2008年12月22日，发行人2008年第二次临时股东大会同意选举何超凡为公司第二届监事会股东代表监事，并同意廖伟自股东大会批准之日起不再担任监事职务。

(11)因高殿榜辞去公司总飞行师职务，2009年1月15日，发行人第二届董事会第二十四次会议同意聘任徐传钰担任公司总飞行师职务。

(12)因吴志攀辞去公司独立董事职务、马须伦辞去公司董事职务，2009年6月10日，发行人2008年度股东大会同意选举付洋为公司独立董事，同时选举曹建雄为公司非执行董事。

(13)因柳峰辞去职工监事职务、刘国庆任期届满，2009年8月7日，经职工民主选举，陈邦茂、苏志永当选为公司职工监事。

(14)因杨丽华辞去公司副总裁职务，2010

年4月8日,发行人第二届董事会第三十八次会议同意聘任马崇贤、冯刚为公司副总裁。

基于上述,发行人2007年以来董事、监事和高级管理人员的更换符合更换当时的有关规定,履行了必要的法律程序。

3. 发行人现时独立董事的任职情况:

发行人现任独立董事为胡鸿烈、张克、贾康和付洋,分别由发行人2007年第一次临时股东大会及发行人2008年度股东大会选举产生。根据发行人提供的资料并经向发行人核查,发行人的上述独立董事的任职资格符合有关规定,其职权范围未违反有关法律、法规和规范性文件的规定。

## 十五、发行人的税务

1. 截至本法律意见书出具之日,发行人执行的主要税种税率情况为:

| 税种 | 税率 | 备注 |
| --- | --- | --- |
| 所得税 | 25% | 总机构和分支机构分期预缴的企业所得税,50%在各分支机构分摊预缴,50%由总机构预缴。 |
| 营业税 | 3%或5% | 交通运输业收入3%,租赁等服务收入5%。 |
| 增值税 | 3%或17% | 增值税一般纳税人17%,增值税小规模纳税人3%。 |
| 城市维护建设税 | 5%或7% | 按实际缴纳营业税额、增值税额的7%或5%计缴。 |
| 教育费附加 | 3%或4% | 按实际缴纳增值税税额和营业税税额的3%或4%计缴。 |

发行人执行的上述税种、税率符合现行税收法律、法规和规范性文件的规定。

2. 发行人目前享受的主要税收优惠

(1)根据财政部财关税〔2004〕63号《财政部关于2005年对营运国际航线和港澳航线的国内航空公司进口维修用航空器材税收问题的通知》,经国务院批准,自2005年1月1日起,对国内航空公司用于国际航线和港澳航线飞机、发动机维修用的进口航空器材(包括送境外维修的零部件)免征进口关税和进口环节增值税。具体管理办法按《关于营运国际航线和港澳航线的国内航空公司进口维修用航空器材进口税收的暂行规定》执行。根据财政部财关税〔2009〕3号《财政部关于2009年度营运国际航线和港澳航线的国内航空公司进口维修用航空器材税收问题的通知》和财政部财关税〔2010〕5号《财政部关于2010年度营运国际航线和港澳航线的国内航空公司进口维修用航空器材税收问题的通知》,发行人2009年度、2010年度进口全部航材(包括执行国内航线和国际航线的全部飞机维修所需航材)减征部分进口关税和进口环节增值税的比例分别为50.3%、35.5%。

(2)根据财政部、国家税务总局财税〔2008〕178号《财政部　国家税务总局关于航空公司燃油附加费免征营业税的通知》,经国务院批准,自2008年1月1日至2010年12月31日,对航空公司经批准收取的燃油附加费免征营业税。对于本通知到达之日前已缴纳的应予免征的营业税,从以后的应缴营业税税款中抵减,一个年度内抵减不完的营业税由税务机关按照现行有关规定退还给航空公司。根据前述通知,自2008年1月1日至2010年12月31日,发行人经批准收取的燃油附加费免交营业税。

发行人享受的上述税收优惠政策合法合规。

3. 根据发行人及其控股子公司所属相关国家税务机关和地方税务机关出具的证明,经发行人确认并经适当核查,截至2010年3月31日,发行人及其控股子公司最近三年依法纳税,未发生重大税务处罚。

## 十六、发行人的环境保护和产品质量、技术等标准

1. 经发行人确认,发行人最近三年的生产经营在一切重大方面符合有关法律、行政法规关于环境保护的要求,近三年来未发生因违反环境保护法规的行为而受到环保部门重大行政处罚的情形。

2. 根据发行人的说明及本所律师的适当核查,发行人为交通运输企业,不直接生产产

品,近三年来未发生因违反产品质量和技术监督法规而受到重大行政处罚的情形。

## 十七、发行人募集资金的运用

1. 根据发行人2010年第一次临时股东大会及2010年第一次内资股类别股东会和2010年第一次外资股类别股东会的决议,发行人本次发行的募集资金净额不超过港币10.40亿元,全部用于补充流动资金。

2. 前次募集资金使用情况

发行人于2006年首次公开发行A股。根据发行人首次公开发行A股制作的《首次公开发行A股股票招股说明书》所载,发行人计划将首次公开发行A股所募集资金用于以下用途:(1)购置20架空客A330－200飞机;(2)购置15架波音787飞机;(3)购置10架波音737－800飞机;(4)首都机场三期扩建工程国航配套扩建项目。根据北京天华会计师事务所2006年8月15日出具的天华(验)字〔2006〕023－046号《验资报告》,“截至2006年8月15日止,发行人已收到发行的人民币普通股(A)股1,639,000,000股,发行价格为每股2.80元,扣除券商承销佣金及其他发行费用后募集资金净额为4,513,195,722.11元”。

根据发行人2010年第一次临时股东大会批准的《中国国际航空股份有限公司前次募集资金使用情况报告》,发行人首次公开发行A股“实际筹得募集资金净额为4,513,195,722元”,截至2009年12月31日止,“已全部按照首次公开发行A股招股说明书中披露的募集资金运用方案使用”,具体使用情况如下:

| 支付用途 | 实际投资金额(万元) |
| --- | --- |
| 购置20架空中客车A330－200飞机 | 310,274 |
| 购置15架波音B787飞机 | 17,971 |
| 购置10架波音B737－800飞机 | 63,281 |
| 扩建首都机场三期配套项目工程 | 59,793 |

根据安永华明于2010年3月11日出具的安永华明(2010)专字第60468040－A01号《前次募集资金使用情况专项鉴证报告》,“发行人于2006年8月在境内首次公开发行A股股票的募集资金使用情况报告已按照中国证监会颁布的《关于前次募集资金使用情况报告的规定》编制,并在所有重大方面反映了截至2009年12月31日止发行人前次募集资金使用情况”。

基于上述,本所律师认为,发行人不存在未经法定程序擅自改变前次公开发行证券募集资金用途的情形。

## 十八、重大诉讼、仲裁或行政处罚

根据发行人、中航集团公司、中航有限、国泰航空的确认,并经本所律师适当核查,目前发行人、中航集团公司、中航有限、国泰航空、发行人董事长和发行人总裁不存在尚未了结的、如作出不利判决或裁决将可能实质性地影响发行人本次发行的重大诉讼、仲裁或行政处罚。

## 十九、本次发行的有关中介机构及其资质

经适当核查,本次发行的财务顾问为中信香港。中信香港持有香港证监会颁发的ABF671号《注册证》。

经适当核查,本次发行的境外法律顾问为富而德。富而德持有10059730－000－10－09－6号《商业登记证》。

经适当核查,本次发行的独立财务顾问为招商香港。招商香港持有香港证监会颁发的AAI650号《注册证》。

本所作为发行人本次发行的中国律师,持有北京市司法局颁发的21101200110258667号《律师事务所执业许可证》,为本次增发出具法律意见书的两位经办律师分别持有北京市司法局颁发的执业证号为11101199511372343和11101200711373268的律师执业证,本所及经办律师的执业证均通过了2009年度检验,有效期至2010年6月。因此,本所和经办律师有资格为本次发行出具法律意见书。

## 二十、其他需要说明的问题

根据发行人2010年第一季度报告并经发行人确认,截至2010年3月31日,发行人持有交易性金融负债1,298,141,000元,约占同期公司总资产(109,290,876,000元)的1.19%,净资产(26,119,753,000元)的4.97%,其中主要为油料套期保值的金融衍生产品。

发行人开展油料套期保值业务的目的是为

规避油价上行风险,保证航油成本预算的有效执行,确保发行人经营目标的实现。作为有效管理风险、实现稳健经营的一种重要手段,油料套期保值是发行人长期以来坚持的政策。发行人从事境外油料套期保值已经董事会批准,并向国家有关主管部门报告。

2008 年,发行人油料衍生合同出现公允价值亏损。此后,发行人进一步加强了油料套期保值的风险管理,采取了更加审慎的内部控制措施。根据发行人的确认,发行人自2008 年后逐步调整优化仓位并未建立新仓,并将油料套期保值业务按照操作流程划分为前台、中台和后台三大部分,形成了由不同部门管理的内控机制;还制定了《中国国际航空股份有限公司油料套期保值业务管理规定(暂行)》及《中国国际航空股份有限公司金融衍生品操作指引》等相关文件,防范油料套期保值业务的交易风险。根据发行人 2009 年年度报告,2009 年 12 月 31 日,发行人油料衍生合约按交易性金融负债核算为2,051,428,000元;根据发行人 2010 年第一季度报告,2010 年1 月至3 月,发行人油料衍生合约产生公允价值变动收益 9. 38 亿元。

## 二十一、结论

基于上述,本所律师认为:

1. 发行人是依法设立并有效存续的在境内外上市的股份有限公司,本次发行符合《证券法》、《公司法》等有关法律、法规规定的股份有限公司定向增发 H 股的实质条件。

2. 发行人不存在对本次发行构成实质性障碍的重大违法违规行为。

北京市海问律师事务所

负 责 人:江惟博

经办律师:华李霞 孙艳玲

# 附　　录

## 2010年资本市场法制建设大事记

### 一月

1.5　深圳证券交易所发布《创业板信息披露业务备忘录第1号——超募资金使用》，针对创业板超募比例迭创新高的现象，进一步规范创业板上市公司募集资金尤其是超募资金的使用和管理，以提高上市公司募集资金的安全性和使用效率，保护投资者的权益和上市公司的利益。

1.7　中国证监会发布公告，对证券机构行政许可申请受理及审核情况予以公示。公示内容包括申请人申请事项、申请材料接受与受理、审查与意见反馈、行政许可审核流程、审核工作进度、行政许可决定和相关事项说明等。

1.8　中国证监会新闻发言人表示，国务院已原则上同意开展证券公司融资融券业务试点和推出股指期货品种。

1.11　中国证监会在北京召开资本市场法制建设新春座谈会。中国证监会主席尚福林出席会议并作了重要讲话。尚主席回顾总结了近年来资本市场法制工作，充分肯定了资本市场法制建设取得的显著成绩，他指出资本市场法制建设正面临着从以制度建构为重点向以法律实施为重点的转变，进一步提高资本市场依法监管工作水平，增强工作的有效性和主动性，是当前所面临的现实课题。全国人大常委会法工委副主任安建、郎胜，国务院法制办副主任宋大涵，最高人民法院副院长奚晓明、熊选国，最高人民检察院副检察长朱孝清，司法部副部长赵大程等领导参会。中国证监会副主席桂敏杰、姚刚、刘新华出席了会议。

中国证监会发布《公开发行证券的公司信息披露编报规则第9号——净资产收益率和每股收益的计算及披露》(2010年修订)和《公开发行证券的公司信息披露编报规则第15号——财务报告的一般规定》(2010年修订)，规范公开发行证券的公司信息披露行为。

中国证券业协会发布《证券投资基金评价业务自律管理规则(试行)》。《规则》规定了基金评价业务的机构准入、评价标准、信息披露、持续检查和自律处分等内容，并明确了申请开展基金评价业务机构的资质条件和申请程序。

1.12　中国证监会发布《关于同意中国金融期货交易所开展股指期货交易的批复》，同意中国金融期货交易所组织股指期货交易。

1.13　全国证券期货监管工作会议在京召开。中国证监会主席尚福林指出，要进一步健全市场法制，引导和规范市场健康发展，配合做好《证券投资基金法》和《期货交易管理条例》的修订工作，推动出台《上市公司监督管理条例》。完善违法违规线索的发现、处理机制，加大违法违规案件的查办力度，重点打击内幕交易、“老鼠仓”和损害上市公司利益等违法违规行为，做好派出机构实施行政处罚试点工作，创新行政处罚委工作机制，探索引入外部委员，修订完善信息披露违法责任、会计师事务所及其执业人员违法违规行为认定指引。

1.22　中国证监会发布《关于开展证券公司融资融券业务试点工作的指导意见》，明确首批申请融资融券业务试点的证券公司需满足最近6个月净资本均在50亿元以上，最近一次分类评价为A类等七大条件。

中国证监会正式批复中国金融期货交易所沪深300股指期货合约和业务规则，标志着股指期货市场的主要制度已全部发布。与此同时，中国金融期货交易所决定从即日起正式受理客户开立股指期货交易编码申请。

1.26　中国证监会主席尚福林与马耳他金融服务局主席乔·班尼斯特签署了《证券期货监管合作谅解备忘录》。至此,中国证监会已与42个国家和地区的证券期货监管机构签署了46个监管合作谅解备忘录。

1.27　中国证券业协会公布《证券公司融资融券业务试点实施方案专业评价工作规程》、《证券公司融资融券业务试点实施方案专业评价申请材料内容与格式》、《证券公司融资融券业务试点实施方案专业评价专家工作守则》等三项规则及专业评价专家小组名单。

**二月**

2.5　中国证监会发布《关于建立股指期货投资者适当性制度的规定(试行)》。《规定》明确了投资者参与股指期货的硬性指标和综合性指标,开户资金门槛为50万元人民币,法人投资者同时应拥有100万元以上人民币净资产。

2.8　中国证监会发布《证券投资基金信息披露XBRL模板第3号〈年度报告和半年度报告〉》,要求证券投资基金公司按XBRL模板编制披露基金年报和半年报。

2.23　中国证监会发布《关于证券市场交易结算资金监控系统有关事项的公告》,决定建立证券市场交易结算资金监控系统,以保障客户的资金安全。这是我国证券市场首次建立覆盖全市场的结算资金监控系统。中国证券投资者保护基金公司负责监控系统的建设、维护和日常管理工作。

**三月**

3.15　中国证监会发布《关于期货交易所、期货公司缴纳期货投资者保障基金有关事项的规定》。《规定》就期货交易所、期货公司缴纳期货投资者保障基金的时间、缴纳比例、减免税等有关事项作出了规定。

3.19　中国证监会发布《关于进一步做好创业板推荐工作的指引》。《指引》规定保荐机构应重点推荐符合国家战略性新兴产业发展方向的企业,应审慎推荐纺织、服装,公用事业,房地产开发与经营,交通运输,酒类、食品、饮料,金融,一般性服务业,国家产业政策明确抑制的产能过剩和重复建设的行业。强调保荐机构应重点关注所推荐企业的创新能力,对企业的成长性发表明确意见,并主动揭示企业的成长性风险。

中国证监会核准国泰君安、国信证券、中信证券、光大证券、海通证券、广发证券第一批6家试点证券公司开展融资融券业务。

3.20　中国证监会副主席姚刚主持召开基金法修改国际研讨会,全国人大财经委副主任委员吴晓灵等参加会议。汇丰银行、JP摩根、普信资产、荷宝投资等境外资产管理公司,以及境内基金管理公司、基金销售机构,就基金管理公司及基金的治理、公司型基金的运作、基金销售的法律责任、私募基金的监管等基金法修改涉及的主要问题进行了研讨。

3.24　中国证监会发布《中国证监会2009年监管信息公开年度报告》。2009年中国证监会共组织新闻通气会、媒体座谈会60余次,接待记者2,000余人次;主动公开监管信息7,916条,其中,会机关公开1,927条,派出机构公开5,989条。

3.26　中国证监会批复同意中国金融期货交易所上市沪深300股票指数期货合约。

3.29　中国证监会发布《公开发行证券的公司信息披露编报规则第20号——创业板上市公司季度报告的内容与格式》,根据创业板公司业绩不稳定、经营风险高等特点,对创业板上市公司季度报告作出更为严格的规定。《规则》要求公司应披露管理层对报告期内财务指标发生大幅度变化的原因分析、经营情况分析等信息,无形资产、核心竞争力、核心技术团队等重大变化对公司经营可能产生的影响,以及拟采取的应对措施。

3.30　上海、深圳证券交易所正式向6家试点券商发出通知,将于2010年3月31日起接受券商的融资融券交易申报,这标志着经过4年精心准备的融资融券交易正式进入市场操作阶段。

**四月**

4.1　中国证监会发布《关于加强证券经纪业务管理的规定》。《规定》首次明确证券公司应对客户进行分类管理,要求证券公司不得限制客户终止交易代理关系、转移资产,客户申请转托管、撤销指定交易和销户的，应当在接受客户申请并完成其账户交易结算后两个交易日内办理完毕。

4.2　中国证监会公布了对时任四川圣达实业股份有限公司董事、总经理佘鑫麒内幕交易及短线交易案处罚决定。这是我国第一起在当事人不承认违法行为、不配合调查工作的情况下，中国证监会经调查获取了确凿证据，通过"间接证据"依法认定的内幕交易案件。

4.8　股指期货启动仪式在上海举行，中共中央政治局委员、上海市市委书记俞正声和中国证监会主席尚福林共同启动了股指期货。中共中央政治局委员、国务院副总理王岐山发来贺词。

4.13　中国证监会发布《上市公司现场检查办法》。《办法》规定现场检查范围不仅包括上市公司及其附属企业和机构，如果现场检查中发现的问题涉及上市公司股东或实际控制人、并购重组当事人、证券服务机构等有关单位和个人的，可以一并在检查事项范围内进行检查。

4.15　财政部、审计署、银监会、证监会、保监会联合发布《企业内部控制配套指引》。《配套指引》包括《企业内部控制应用指引》、《企业内部控制评价指引》和《企业内部控制审计指引》。《应用指引》共有18项，分别对企业的组织架构、发展战略、人力资源、社会责任、企业文化、资金活动、采购业务、资产管理、销售业务、研究与开发、工程项目、担保业务、业务外包、财务报告、全面预算、合同管理、内部信息传递和信息系统等方面进行了规范。本《配套指引》连同此前发布的《企业内部控制基本规范》，标志着中国企业内部控制规范体系基本建成。

4.16　股指期货上市仪式在中国金融期货交易所举行。中国证监会副主席桂敏杰为沪深300股票指数交易鸣锣开市。上海市副市长屠光绍和中国证监会副主席姚刚共同为沪深300股票指数期货合约揭牌。中国证监会主席助理姜洋宣读中国证监会《关于同意中国金融期货交易所上市沪深300股票指数期货合约的批复》。

4.21　中国证监会发布《证券公司参与股指期货交易指引》和《证券投资基金参与股指期货交易指引》。两个《指引》要求证券公司、证券投资基金参与股指期货以套期保值目的为主，严格限制投机，严控风险，严控规模。两个《指引》的发布意味着券商和基金将在有规可循的情况下逐步进入股指期货市场。

4.28　中共中央政治局委员、国务院副总理王岐山视察中国金融期货交易所，并召开资本市场改革发展座谈会。

4.30　中国证监会组织翻译、证监会主席尚福林作序的《境外资本市场重要法律文献译丛》第一册——《欧盟金融工具市场指令》由法律出版社出版发行。《指令》是欧盟为推进欧洲单一市场的建立和欧洲金融服务业的发展而出台的重要立法，被认为是欧洲建立单一、有效的金融市场的基石。《译丛》是中国证监会立足监管执法实际需要，着力提供基础性、权威性、实用性法律文献服务的又一重要成果，对于科学借鉴境外市场法治经验，进一步提升我国资本市场法治水平具有积极意义。

## 五月

5.4　第十二届主板发行审核委员会成立大会在京举行，中国证监会主席尚福林在会议上发表重要讲话，希望新一届发审委委员牢固树立保护投资者合法权益的理念，不断提高审核水准。

中国证监会发布新修订的《中国证券监督管理委员会行政复议办法》。《办法》将复议委员会制度法定化，细化了行政复议受理、审理等一整套程序，明确行政复议听证制度和建议书制度，规定了行政复议和解等创新做法，进一步加强了行政复议工作。

5.5　中国证监会主席尚福林与科威特工商业部长兼科威特股票交易所委员会主席艾哈迈德·拉希德·阿尔哈鲁恩签署了《证券期货监管合作谅解备忘录》。至此，中国证监会已与43个国家和地区的证券期货监管机构签署了47个监管合作谅解备忘录。

5.6－5.7　全国证券期货监管系统纪检监察工作会议在湖北武汉召开，会议回顾总结2009年以来的党风廉政建设和反腐败工作，研究提出了今后一段时期反腐倡廉建设的主要任务。中国证监会纪委书记李小雪出席会议并讲话。

5.7　中国证监会发布《关于废止部分证

券期货规章的决定(第九批)》,对中国证监会成立以来至2009年12月31日期间公布的证券期货类规章进行了再次清理,同时公布2009年应废止及已废止的证券期货规章7件。

多层次资本市场建设与投资者权益保护研讨会在深圳举行,研讨会围绕证券市场投资者保护司法救济机制、创业板直接退市中的投资者权益保护、证券市场创新业务中的投资者权益保护、多层次资本市场建设中的法律问题等进行了深入讨论。中国证监会主席助理朱从玖和深圳证券交易所理事长陈东征出席会议并讲话。

5.14　中国证监会发布《关于修改〈证券公司分类监管规定〉的决定》,新《规定》增加了证券公司评价项目,调整了部分评价标准,明确了专家评审委员会的成员由中国证监会及其派出机构、证券行业自律组织、证券公司有关人员组成。

5.18　最高人民检察院、公安部联合印发《关于公安机关管辖的刑事案件立案追诉标准的规定(二)》,对公安机关经济犯罪侦查部门管辖的86种刑事案件的立案追诉标准作出了规定。其中,对内幕交易、泄露内幕信息案,操纵证券、期货市场案等的立案追诉标准作出了规定。

证券行政处罚体制改革和投资者保护国际研讨会在京召开,中国证监会副主席姚刚在会上表示,证监会将建立健全行政处罚与司法合作打击证券期货犯罪的有效模式,加大对内幕交易、"老鼠仓"和损害上市公司利益等违法违规行为的查办力度。

中国证券业协会公布了首批具备协会会员资格的10家基金评价机构名单,其中包括证券投资咨询机构和独立基金评价机构3家、证券公司4家、评奖媒体3家。

**六月**

6.1　深圳证券交易所发布创业板指数。创业板指数包括价格指数和收益指数,价格指数为主指数。创业板指数基日为2010年5月31日,基点为1,000点。

6.4　中国证监会发布公告,公布了其行政事业性收费标准。该标准与之前相比并无重大变化,其中,向上海、深圳证券交易所收取的证券交易监管费收费标准为:对股票、证券投资基金按年交易额的0.04%收取;对债券(不包括国债回购交易)按年交易额的0.01%收取。

6.8　中国证监会核准申银万国、东方证券、招商证券、华泰证券、银河证券等第二批5家试点券商开展融资融券业务。至此,获试点资格券商达到11家。

6.10　上海期货交易所发布《关于规范期货公司远程交易接入的通知》,要求期货公司会员根据上海期货交易所《期货公司会员交易接入指引》,实现到上海期货交易所位于上海的两个同城数据中心的互备接入链路。

6.21　人民银行、银监会、证监会、保监会联合发布《关于进一步做好中小企业金融服务工作的若干意见》。《意见》旨在贯彻落实《国务院关于进一步促进中小企业发展的若干意见》,进一步改进和完善中小企业金融服务,拓宽融资渠道,着力缓解中小企业(尤其是小企业)的融资困难,支持和促进中小企业发展。

6.27–7.6　中国证监会主席助理姜洋带领国务院大宗商品中远期交易市场整顿规范第四督察组赴山东、广东、青岛两省一市进行督察。督察组与两省一市政府交换了督察意见,提出了进一步贯彻落实国务院办公厅整顿规范大宗商品中远期交易市场工作的意见和建议。

6.29　中国证监会发布《公开发行证券的公司信息披露内容与格式准则第31号——创业板上市公司半年度报告的内容与格式》。《准则》根据创业板公司业绩不稳定、经营风险高等特点,对创业板上市公司半年度报告作出更为严格的规定。《准则》要求公司董事会报告无形资产、核心竞争力、核心技术团队等重大变化对公司经营可能产生的影响,以及拟采取的应对措施。

中国证监会党委中心组(扩大)召开学习报告会,专门邀请中国政法大学法学院院长薛刚凌为证券期货监管系统全体干部作"行政程序制度与依法行政"专题法制讲座。中国证监会党委书记、主席尚福林主持报告会并讲话,就切实加强程序法治建设提出四点要求:一是要抓程序完善;二是要抓程序执行;三是要抓公开透明;四是要抓责任落实。

6.30　中国证监会发布《关于修改〈关于加强上市证券公司监管的规定〉的决定》。《决定》强化了上市证券公司的信息披露义务，要求上市证券公司建立健全信息管理制度、重大事项报告和内幕信息知情人登记制度。

七月

7.6　中国证监会主席尚福林和德国金管局主席约亨·萨尼奥(Jochen Sanio)代表中德证券监管机构在北京签署《合作函》，中国证监会和德国金管局(BaFin)同意继续加强中德两国证券监管机构之间的技术交流及监管合作。

7.14　第四次异常交易监管三方联席会议在北京召开，中国证监会副主席桂敏杰出席会议并讲话，对当前证券市场违法违规形势进行了全面深入分析，提出了加强内幕交易综合治理的具体措施，部署了下半年稽查执法重点工作。

中国证监会首次对外公布证券公司分类评价结果，在98家参与分类评价的证券公司中，有12家获评AA级，A类公司占比达到35.7%，没有被评价为D类和E类的公司。

7.20　国家广电总局发布《关于切实加强广播电视证券节目管理的通知》，重申各级广播电台、电视台应对参与证券节目的咨询机构和人员进行严格审查把关，在广播电台、电视台播出证券信息类产品广告前，相关产品的运营机构应当向当地证监局报告有关广告内容。

7.21　中国证监会2008－2009年度稽查立功表彰大会在京召开，证监会主席尚福林指出，近年来，证监会加强法制建设，强化市场监管，严厉打击违法违规行为，市场上发生较多的庄家操纵股票、欺诈上市、大股东侵占上市公司资金、证券公司挪用客户保证金等行为得到有效遏制。当前突出的问题是内幕交易案件发生较多，特别是并购重组过程中的内幕交易问题成为市场监管的主要矛盾，必须高度重视，重点打击，综合治理。

7.22　人民银行、发展改革委、工业和信息化部、财政部、税务总局和证监会联合下发《关于促进黄金市场发展的若干意见》。《意见》提出要充分认识促进黄金市场健康发展的重要意义，进一步明确黄金市场发展定位，切实加强黄金市场服务体系建设，完善黄金市场法律法规和相关政策支持体系，切实防范黄金市场风险，切实保护投资者利益。

7.26　上海证券交易所发布《上市公司控股股东、实际控制人行为指引》，进一步推动公司治理，规范上市公司控股股东、实际控制人行为，切实保护上市公司和全体股东的合法权益。

7.29　中国证监会召开新闻通气会，通报了“山煤国际”股价操纵案以及两起内幕交易案件的查处结果，相关案件责任人受到行政处罚。

中国证监会公布景顺长城原基金经理涂强和长城基金原基金经理刘海、韩刚等三人“老鼠仓”案的处理决定。对涂强、刘海二人没收违法所得、处以罚款，并对其采取市场禁入措施，韩刚被移送公安机关追究刑事责任。这是我国证券市场首例因涉嫌违反刑法规定的利用未公开信息交易罪，被移送公安机关追究刑事责任的案件。

八月

8.2　中国证监会向各证监局下发《关于协同做好广播电视证券节目规范工作的通知》，要求各证监局协同广电管理部门做好广播电视证券节目规范工作，切实规范节目内容，加强资质审查，加强对证券信息类产品广告的管理，完善协作监管机制。

8.7　中国证监会发布公告，对创业板发审委进行了换届，第一届创业板发审委委员全部续聘为第二届委员。中国证监会副主席姚刚等会领导充分肯定了第一届创业板发审委委员的工作，希望各委员在第二届任期内继续秉公执法、廉洁自律。

8.8　中国证监会研究中心和上海期货交易所共同举办的“境外期货监管研讨会”在京召开，证监会主席助理姜洋出席会议并讲话。姜助理指出，要推动期货法的立法工作，不断完善市场监管，坚守不发生系统风险的底线并始终坚持把风险防范放在期货监管的首位，要促进投资者结构的完善，进一步加强与其他政府部门的合作。

8.10　由人民银行、银监会、证监会、保监会、中投公司联合主办的金融系统反腐倡廉建设展在北京展览馆隆重开幕。展览组委会顾问、中央纪委副书记李玉赋，展览组委会主任委员、人民银行行长周小川，展览组委会主任委员、证监会主席尚福林，展览组委会主任委员、保监会主席吴定富,展览组委会主任委员、中投公司董事长楼继伟,银监会纪委书记王华庆等出席了开幕式。

8.12　中国证监会副主席桂敏杰在京主持召开整治非法证券活动协调小组第二次专题协调会,听取打击证券期货犯罪专题工作组工作汇报,审议《关于办理内幕交易等刑事案件具体应用法律若干问题的解释》和《关于办理证券期货犯罪案件若干问题的意见》建议稿。国务院法制办主任宋大涵、全国人大常务会法工委副主任郎胜、最高人民法院副院长熊选国、最高人民检察院副检察长朱孝清、中国证监会副主席姚刚、公安部经侦局局长孟庆丰及专题工作组有关同志参加了会议。

8.16　中国证监会发布《〈合格境内机构投资者境外证券投资管理试行办法〉第四十六条境外证券投资定向资产管理业务的适用意见——证券期货法律适用意见第6号》。《适用意见》就证券公司办理定向资产管理业务,运用所管理的资金投资于境外证券市场如何参照执行《合格境内机构投资者境外证券投资管理试行办法》作出具体规定。

8.25　中国证监会在京召开期货市场监管工作座谈会。各证券、期货交易所,中国证券登记结算公司,中国期货保证金监控中心公司,中国期货业协会及会机关相关部门的负责人参加会议。中国证监会主席尚福林、副主席桂敏杰、主席助理姜洋出席会议并讲话。

8.27　全国依法行政工作会议在京召开,国务院总理温家宝发表重要讲话。温总理指出,依法行政是现代政治文明的重要标志,贯彻依法治国基本方略、推进依法行政、建设法治政府,是我们党治国理政从理念到方式的革命性变化,是我国政治体制改革迈出的重要一步,具有划时代的重要意义。温总理强调,要继续深入贯彻落实《全面推进依法行政实施纲要》,推进依法行政,建设法治政府。

8.30　国美电器黄光裕案在北京市高院进行二审宣判,二审法院认定黄光裕内幕交易罪、非法经营罪与单位行贿罪成立,维持判处黄光裕数罪并罚有期徒刑14年、没收人民币8亿元的一审判决,改判其妻子杜鹃有期徒刑3年,缓期3年执行。该案的查处对于打击和防控资本市场内幕交易犯罪具有标本意义。

8.31　中国证券登记结算有限责任公司发布《证券登记结算业务参与机构自律管理措施实施细则》。《实施细则》的实施将进一步提高自律监管水平,有力促进账户管理长效机制的建立与落实。

**九月**

9.1　中国证监会发布《证券公司借入次级债务规定》。《规定》要求证券公司借入次级债务应当经股东大会作出专项决议,并符合借入资金有合理用途、借入债务数额不得超过一定比例、债务借入形式被中国证监会认可等条件。

深圳证券交易所发布实施主板、中小板两个上市公司规范运作指引,同时废止相关业务规则27件。通过规则整合,形成了以两大股票上市规则、三大规范运作指引为主体,信息披露业务备忘录为补充的较为完善的上市公司监管业务规则体系。

中国证监会发布我国证券期货行业首部反洗钱部门规章《证券期货反洗钱工作实施办法》,对证券监管机构、协会履行反洗钱工作的职责以及证券期货经营机构的反洗钱义务作出明确规定。《办法》自2010年10月1日起施行。

9.13　中国证监会开出首张“过失泄露内幕信息”罚单。原格力电器董事会秘书况勇因过失泄露格力地产借壳海星科技事宜,被处以3万元罚款。

9.15　中国证监会通报了上海祖龙内幕交易案,这是中国证监会移送司法机关查处的首例法人内幕交易案。作为上市公司创兴科技的直接控制人,上海祖龙景观开发有限公司董事长陈榕生利用公司及个人账户,通过导演资产注入“故事”,买卖“创兴科技”股票,累计账面盈利2,000多万元。2010年7月,厦门市中级人民法院一审判处上海祖龙公司犯内幕交易罪,判处罚金1,915万元,判处陈榕生有期徒刑2年,缓期2年执行。

中国证监会公布《并购重组共性问题审核意见关注要点》,涉及监管层在审核重组项目时重点关注的十大方面,包括:交易价格公允性、盈利能力与预测、资产权属与完整性、同业竞争、关联交易、持续经营能力、内幕交易、债权债务处置、股权转让和权益变动、过渡期间损益安排等。

9.16 人民银行、财政部、国家发改委、中国证监会联合发布公告，修订了《国际开发机构人民币债券发行管理暂行办法》，对国际开发机构发行人民币债券的行为作了进一步规范。

9.20 中国期货业协会第三次会员大会在京召开，中国证监会主席尚福林、主席助理姜洋出席会议并讲话。尚主席指出，我国期货市场发展正处于从量的扩张向质的提升转变的关键时期，明确了期货公司是期货市场功能发挥重要一环的职能定位，并对今后一个时期加强对期货公司合规监管，切实防范风险，保护投资者合法权益等提出了原则要求。

证券公司风险处置总结会在大连召开，中国证监会副主席庄心一在会上表示，在国务院的坚强领导和有关部门、司法机关、地方政府的大力支持和配合下，经过近七年的艰苦奋战和不懈努力，证券行业风险处置主要工作任务已经完成。

9.27 全国人大财经委在人民大会堂召开《基金法》修改领导小组第二次会议，对《基金法（修改建议稿草稿）》进行讨论。证监会、银监会、保监会、人民银行、国家发改委、国务院法制办、全国社保基金理事会、中国证券业协会、中国工商银行、中国农业银行等相关部门和单位参会。中国证监会副主席姚刚出席会议并提出修改意见。

9.30 中宣部会同国务院法制办组织《人民日报》、新华社、中央电视台、《中国青年报》、《法制日报》5家中央新闻单位组成依法行政采访团，对中国证监会全面推进依法行政工作的典型经验进行集中采访。证监会主席尚福林接受了中央电视台采访，并做了“依法行政是树立资本市场监管公信的根本保障”的讲话。

## 十月

10.7 中国证券业协会公布《关于进一步加强证券公司客户服务和证券交易佣金管理工作的通知》，要求证券公司在经纪业务全成本核算的基础上，按照“同类客户同等收费、同等服务同等收费”的原则，针对不同分类客户制定相应佣金标准，经备案、公示后方可执行。按新规要求，证券公司将在年内完成自查自纠，新的佣金费率制定、收取标准将于明年起在全行业推行。

10.10 第三届上市公司并购重组审核委员会成立大会召开。中国证监会主席尚福林在会上指出，要大力推进资本市场并购重组规范发展，以优先支持符合国家产业政策、有利行业整合、结构优化的并购重组活动为导向，形成规范推进资本市场并购重组的十项工作安排，并在下一步工作中逐步推出。

10.11 中国证监会公布《关于深化新股发行体制改革的指导意见》和《关于修改〈证券发行与承销管理办法〉的决定》，进一步完善报价申购和配售约束机制，扩大询价对象范围，充实网下机构投资者，增强定价信息透明度，完善回拨机制和中止发行机制。

10.12 中国证监会公布《证券投资顾问业务暂行规定》和《发布证券研究报告暂行规定》，为证券公司、证券投资咨询机构从事证券投资顾问业务和发布证券研究报告提供制度规范，促进证券公司服务深化和证券投资咨询机构业务转型。

10.20 中国证监会与司法部联合公布了《律师事务所证券法律业务执业规则（试行）》和《律师事务所证券投资基金法律业务执业细则（试行）》，为律师从事证券法律业务活动提供了业务规范和指导，也为查处律师未勤勉尽责案件提供了认定依据。上述规定将于2011年1月1日起施行。

中国证监会发布公告，决定设立创业板专家咨询委员会，并聘任15人为第一届委员，以深入做好创业板发行审核工作。

10.26 中国证监会发布《关于发布〈中国证券监督管理委员会派出机构行政处罚试点工作规定〉的通知》，决定在上海市、广东省、深圳市3个辖区开展行政处罚试点工作。试点期间，3家派出机构按照授权开展行政处罚工作，对本辖区内案情简单、规则明确、影响较小、能够快速结案的自立案件进行调查和审理处罚。

中国证监会公布《关于保本基金的指导意见》，要求基金管理人通过一定的保本投资策略进行运作，同时引入保本保障机制，以保证基金份额持有人在保本周期到期时，可以获得投资本金保证。《指导意见》自公布之日起施行。

10.27　证监会、人民银行、银监会联合发布《关于上市商业银行在证券交易所参与债券交易试点有关问题的通知》，要求试点上市商业银行在证券交易所集中竞价交易系统进行规定业务范围内的债券现券交易，并对涉及的债券登记、托管业务及结算业务做了安排。

10.29　第一届创业板专家咨询委员会成立大会暨创业板市场与战略性新兴产业发展研讨会在深圳举行。中国证监会主席尚福林出席会议并讲话，强调进一步发挥创业板支持战略性新兴产业发展的重要性和紧迫性，希望咨询委委员切实发挥专业特长和优势，独立、客观、公正地发表咨询意见。

## 十一月

11.1　深圳证券交易所完成第八次业务规则清理工作，对截至2010年9月30日前公布的业务规则进行了全面清理，确认现行有效的业务规则107件，废止业务规则104件，正式发布《深圳证券交易所关于废止部分业务规则的公告(第四批)》。

11.4　深圳证券交易所发布《关于进一步规范创业板上市公司董事、监事和高级管理人员买卖本公司股票行为的通知》，对创业板上市公司的股份管理及董事、监事和高级管理人员离任后减持股票的行为进一步提出了要求。

深圳证券交易所发布《关于废止部分业务规则的公告(第四批)》，公布已失效或因业务发展不再适用的业务规则104件。

11.5　上海期货交易所发布《上海期货交易所异常交易监控暂行规定》，遏制过度投机，打击期货市场违法违规行为，保护投资者合法权益。

11.8　上海证券交易所发布《关于废止部分业务规则的公告(第四批)》，涉及应予废止和自行失效的业务规则47件。

11.10　财政部、国家税务总局和证监会联合发布《关于个人转让上市公司限售股所得征收个人所得税有关问题的补充通知》，进一步明确了征收个人所得税的限售股范围，规定了个人应纳所得税额的计算方式、具体征收办理程序等内容，增加了税款征收的可操作性。

11.11　上海证券交易所发布《证券发行上市业务指引》，重点强化和约束发行人、保荐机构、承销商、询价机构等证券发行参与人行为，促进各参与人归位尽责，提高证券发行的定价效率和透明度。《指引》自发布之日起实施。

11.16　国务院办公厅印发《国务院办公厅转发证监会等部门关于依法打击和防控资本市场内幕交易意见的通知》，对依法打击和防控内幕交易工作进行统筹安排和全面部署，明确了国务院相关部门、地方政府和监管部门的职责任务，“群防群控、综合防治”的内幕交易防控体系初步形成。

11.18　中国证监会公布《关于填报〈上市公司并购重组财务顾问专业意见附表〉的规定》，对相关并购重组申请事项出具专业意见的财务顾问尽职调查工作的关注要点提出明确、具体的要求，充分发挥财务顾问的把关作用。《规定》自2011年1月1日起施行。

中国证监会公布《证券投资基金信息披露XBRL模板第4号〈基金合同生效公告及十一类临时公告(试行)〉》，要求基金管理公司在对外公开披露基金合同生效公告及十一类临时公告时应用模板，并及时向证监会报送公告XBRL文档，相关文件的纸质报备文档不再报送证监会。

11.19　国务院发布《关于稳定消费价格总水平保障群众基本生活的通知》，要求完善农产品市场交易规则，严厉打击操纵市场等违法行为，抑制过度投机。

第四次国务院部门行政复议协作会在京召开，国务院法制办副主任郜风涛出席会议并讲话，对中国证监会负责人署名宣传行政复议工作、加强行政复议制度建设等做法给予了充分肯定。

深圳证券交易所发布《会员持续开展创业板市场投资者适当性管理业务指引》，对证券公司加强客户交易服务、深化投资者教育与风险揭示以及完善客户交易行为管理等作出了明确规定，进一步完善了创业板投资者适当性管理制度。

11.26　中国证监会公布《并购重组共性问题审核意见关注要点(二)》，增加编制5个关注点：收购资金来源，挽救上市公司财务困难的重组方案可行性，实际控制人变化，矿业权的信息披露与评估，审计机构与评估机构的独立性。

11.27　中国证监会副主席姚刚在“2010

第二届北京律师论坛”上表示，中国证监会正在加紧研究推动国际板建设，着力解决相关法律问题，要求律师在做好委托人利益服务者的同时，做好“市场秩序的维护者”。

**十二月**

12.2　中国证监会副主席姚刚在“第九届中国证券投资基金国际论坛”上表示，要对公募基金加强监管、放松管制。对于资产管理行业市场竞争的加剧，公募基金行业应当有客观、理性的认识，以积极进取的精神顺应变化、迎接挑战。证监会将做好积极推动基金法及配套法规修改，进一步完善公司治理，深入推进销售领域的改革，进一步推动产品创新，坚守“三条底线”不动摇，打击“老鼠仓”等五方面工作。

中国证监会上市部、稽查局、稽查总队、法律部、行政处罚委等五部门负责人接受央视“12·4”《中国法制年度报告》专题节目采访时表示，中国证监会进一步加强了与公安机关、司法机关和纪检部门的合作，通过多项举措加大对内幕交易打击力度。

中国证监会发布了《关于填报〈上市公司并购重组专业意见附表〉的规定》，进一步推进并购重组市场化进程，加大中介机构在并购重组中的作用和责任，提高并购重组的效率和质量。

12.4　中国证监会主席尚福林出席第一届“上证法治论坛”并讲话。尚主席指出，伴随资本市场改革发展的实践，我国资本市场法治建设取得了令人瞩目的成绩，实践表明，法治是推动资本市场改革的主导力量，是实现资本市场规范化运作的必然选择。当前及今后一段时期，中国证监会将从加快多层次资本市场法律制度建设、积极推动基金法律制度的修改和完善、抓紧制定完善期货交易法律制度、推动建立专门的资本市场监管执法制度等方面推动资本市场法制建设。

12.7　内地与香港就落实在对方上市的公司可选择以本地会计准则编制财务报表，并由本地会计师事务所按照本地审计准则进行审计的事宜达成共识，内地与香港会计交流与合作达到新的水平。

12.12　中国资本市场20周年成就展在北京展览馆隆重开幕。中共中央政治局委员、国务院副总理王岐山出席开幕式并参观展览。中国证监会主办的资本市场20周年成就展，由“历史回顾”、“发展成就”、“贡献作用”以及11个专题展等部分构成，展现了我国资本市场从无到有、从小到大，功能逐步发挥的发展历程，反映了资本市场为我国经济发展和社会进步做出的重要贡献。

12.15　中国证监会主席尚福林接受《财经》杂志与《证券市场周刊》联合采访，回顾了我国资本市场改革历程，并就市场关心的热点问题发表看法，表示要处理好创新与监管的关系，积极探索既能调动市场积极性、增强市场活力，又能防止创新失控，有效避免系统性风险的创新机制，促进市场平稳健康发展。

科龙电器时任董事张宏不服中国证监会行政处罚、市场禁入一案在北京市高院审理终结，二审判决驳回张宏的上诉请求。至此，科龙电器证券虚假陈述违法系列案历经刑事、民事、行政等法律程序后，全部结案。

12.16　《中国上市公司治理发展报告》在2010年亚洲公司治理圆桌会议上发布，这是中国证监会按照经合组织公司治理原则的框架，首次对中国上市公司治理情况进行的自我评估。中国证监会主席尚福林为《报告》撰写序言。中国证监会副主席庄心一出席会议并致辞。他指出，中国的公司治理实践是由政府和市场参与者共同推动的，形成了有中国特色的公司治理经验和模式。中国资本市场还处于“新兴加转轨”阶段，公司治理方面需要进一步学习借鉴各国及国际组织的成熟经验；同时，中国公司治理的实践经验和改革成果也能够为世界各国的公司治理提供有益的参考。

中国证监会纪委书记李小雪在中国证监会2010年会计监管工作会议上强调，监管机关必须转换监管思路，充分利用会计师事务所等中介机构的力量，延长监管手臂，同时加强对会计师事务所执业质量的监管，提高资本市场整体会计信息质量。下一步将理顺监管体制，整合监管资源，进一步推动会计监管国际合作，着重培养会计监管人才。

《基金法》修改领导小组第三次会议在人民大会堂召开，证监会、银监会、保监会、人民银行、国家发改委、国务院法制办、全国社保基金理事会、中国证券业协会、中国工商银行、中国农业银行等相关部门和单位参加。中国证监会副主席桂敏杰出席会议并提出修改意见。

12. 17　中国证监会主席尚福林在《财经》年会上表示,证监会注重内幕交易的防控和打击,初步形成了打击内幕交易的防控体系。为加快推进经济转型和实现安全高效的金融体系,证监会将加快完善多层次市场体系,巩固市场运行的基础,稳步深化市场改革创新,加强和改革市场监管。

中国证监会主席尚福林与巴基斯坦证券交易委员会委员塔哈·马赫穆德签署《证券期货监管合作谅解备忘录》。至此,中国证监会已与44个国家和地区的监管机构签署了48个监管合作谅解备忘录。

12. 18　中国证监会主席尚福林在"第九届中国公司治理论坛"上表示,中国资本市场诞生20年来,已基本建立了符合中国国情和市场情况的公司治理框架,形成以市场为基础的外部治理机制,有效的司法制度逐步成为完善公司治理的重要推动力量。

12. 20　弘信期货经纪有限公司不服中国证监会撤销其业务许可决定一案二审在北京市高院审理终结。北京市高院驳回弘信期货上诉,维持不予支持弘信期货诉讼请求的一审判决。该案为首例不服中国证监会撤销其业务许可监管措施的行政诉讼案。

12. 21　中国证监会主席尚福林在接受媒体采访时表示,当前的一项重要工作是场外市场建设。证监会已经初步拟定了中关村代办股份转让系统扩大试点方案,明确了非上市股份公司股份公开转让的监管原则,基本形成了场外市场建设的总体思路。

12. 23　上海期货交易所发布《上海期货交易所保税交割实施细则(试行)》,增加了对保税标准仓单和保税交割仓库概念的界定,实现了现行的实物交割方式与保税交割并行的交割业务模式,为开展保税交割业务提供了规则保障。

12. 24　中国证监会主席助理姜洋在上海期货交易所期货保税交割业务启动仪式上表示,上海期货交易所期货保税交割业务试点正式启动,有利于积极稳妥推进期货市场对外开放,进一步拓展期货市场的发展空间,标志着我国期货市场的发展迈出了重要一步。

12. 26　中国证监会主席助理姜洋在郑州商品交易所庆祝期货市场暨郑商所20周年纪念活动上表示,我国期货市场已发展成为全球第一大商品期货市场,品种体系初步形成,符合中国实际的法规体系基本建立,各项监管制度日益完善,市场功能逐步深化。

最高人民法院第1507次审委会通过了《关于审理期货纠纷案件若干问题的规定(二)》,对期货交易所指定管辖制度、期货保证金的诉讼保全和执行、结算担保金的司法保护制度进行了明确规定。

12. 28　"引进法官深化证券执法体制改革会议"在京召开,中国证监会聘请法官挂职担任行政处罚委专职委员的工作正式启动。中国证监会主席尚福林在会上表示,不断加强监管执法工作是维护资本市场稳定健康发展的根本保障,司法部门的大力支持是加强证券监管执法的必要条件,引进法官挂职担任专职委员是深化我国证券执法体制的重要探索。希望双方进一步深化合作,完善机制,使这项干部交流合作机制常态化、长效化。

12. 29　中国证券业协会发布《证券公司信息隔离墙制度指引》,要求证券公司建立信息隔离墙制度,控制敏感信息在存在利益冲突的业务间不当流动和使用。券商投行与研究业务、自营与资管业务、券商与其直投子公司间均被要求建立信息隔离墙。

12. 30　"中国资本市场20周年座谈会"在京举行,中国证监会主席尚福林在会上表示,我国资本市场历经20年发展,探索出了一条符合市场发展规律和我国国情市情的发展道路,已成为社会主义市场经济体系的重要组成部分,在拓宽融资渠道、促进资本形成、优化资源配置、分散市场风险方面发挥了不可替代的重要作用,有力推动了实体经济又好又快发展,成为支持我国经济社会健康发展的重要平台。未来要进一步加快资本市场重点领域和关键环节的改革创新步伐,开创资本市场稳定健康发展新局面。

12. 31　深圳证券交易所发布《中小企业板保荐工作指引》(2010年修订)。该《指引》进一步明确了保荐机构和保荐代表人在持续督导方面的权利和义务,并重点对保荐机构和保荐代表人现场检查、关注和报告、发布独立意见、提交年度保荐工作报告等方面提出了更为细化的要求和标准。

# 后 记

为了全面反映过去一年中资本市场法制建设的实践情况，客观记录中国资本市场法制发展的工作成果和文献资料，我们组织编辑了《中国资本市场法制发展报告(2010)》。在编辑过程中，中国证监会会内相关部门、各派出机构、各系统单位提供了大量的资料，给予了大力支持和帮助。中国证监会领导一直关心《报告》的编辑工作，并对《报告》提出了许多指导和建议。相关部门、机构和工作人员做了大量工作，付出了艰辛的劳动。中国证监会信息中心纪巍同志提供了部分照片，《上海证券报》记者张欢先生帮助收集整理了部分资料，我们在此一并表示感谢！

由于编写时间有限，书中难免有疏漏、不足之处，欢迎读者批评指正。

中国证监会法律部

2010 年 9 月